ENCYCLOPÉDIE THÉOLOGIQUE,

OU

SÉRIE DE DICTIONNAIRES SUR CHAQUE BRANCHE DE LA SCIENCE RELIGIEUSE,

OFFRANT EN FRANÇAIS

LA PLUS CLAIRE, LA PLUS FACILE, LA PLUS COMMODE, LA PLUS VARIÉE
ET LA PLUS COMPLÈTE DES THÉOLOGIES ;

CES DICTIONNAIRES SONT :

D'ÉCRITURE SAINTE, DE PHILOLOGIE SACRÉE, DE LITURGIE, DE DROIT CANON, DE RITES ET
CÉRÉMONIES, DE CONCILES, D'HÉRÉSIES ET DE SCHISMES, DE LÉGISLATION RELIGIEUSE, DE
THÉOLOGIE DOGMATIQUE ET MORALE, DES PASSIONS, DES VERTUS ET DES VICES, DE CAS
DE CONSCIENCE, D'HISTOIRE ECCLÉSIASTIQUE, D'ORDRES RELIGIEUX (HOMMES ET
FEMMES), D'ARCHÉOLOGIE SACRÉE, DE MUSIQUE RELIGIEUSE, DE GÉOGRAPHIE
SACRÉE ET ECCLÉSIASTIQUE, D'HÉRALDIQUE ET DE NUMISMATIQUE RELI-
GIEUSES, DES LIVRES JANSÉNISTES ET MIS A L'INDEX, DES DIVERSES
RELIGIONS, DE PHILOSOPHIE, DE DIPLOMATIQUE CHRÉTIENNE
ET DES SCIENCES OCCULTES,

PUBLIÉE

PAR M. L'ABBÉ MIGNE,

ÉDITEUR DES COURS COMPLETS SUR CHAQUE BRANCHE DE LA SCIENCE RELIGIEUSE.

50 VOLUMES IN-4°.

PRIX : 6 FR. LE VOL. POUR LE SOUSCRIPTEUR A LA COLLECTION ENTIÈRE, 7 FR., 8 FR., ET MÊME 10 FR. POUR LE
SOUSCRIPTEUR A TEL OU TEL DICTIONNAIRE PARTICULIER.

TOME DIXIÈME.

DROIT CANON.

TOME SECOND.

—

2 VOL., PRIX : 14 FRANCS.

CHEZ L'ÉDITEUR,

AUX ATELIERS CATHOLIQUES DU PETIT-MONTROUGE,
RUE D'AMBOISE, BARRIÈRE D'ENFER DE PARIS.

—

1846

Paris — Imprimerie de VRAYET DE SURCY, rue de Sèvres, 37.

COURS ALPHABÉTIQUE ET MÉTHODIQUE
DE
DROIT CANON

MIS EN RAPPORT

AVEC LE DROIT CIVIL ECCLÉSIASTIQUE,

ANCIEN ET MODERNE ;

CONTENANT

TOUT CE QUI PEUT DONNER UNE CONNAISSANCE EXACTE, COMPLÈTE ET ACTUELLE

DES CANONS DE DISCIPLINE,
DES CONCORDATS, SURTOUT DE CELUI DE 1801 ET DE SES ARTICLES ORGANIQUES,
DES DIVERS ACTES LÉGISLATIFS RELATIFS AU CULTE,
DES USAGES DE LA COUR DE ROME,
DE LA PRATIQUE ET DES RÈGLES DE LA CHANCELLERIE ROMAINE,
DE LA HIÉRARCHIE ECCLÉSIASTIQUE,
AVEC DROITS ET DEVOIRS DES MEMBRES DE CHAQUE DEGRÉ,
ET GÉNÉRALEMENT
DE TOUT CE QUI REGARDE, DANS LE DROIT CANON, LES PERSONNES, LES BIENS, LA JURISPRUDENCE
ET LA POLICE EXTÉRIEURE DE L'ÉGLISE ;

DÉDIÉ A MONSEIGNEUR L'ARCHEVÊQUE DE SENS ;

Nulli sacerdotum liceat canones ignorare, nec quidquam facere quod Patrum possit regulis obviare. Quæ enim a nobis res digne servabitur, si Decretalium norma constitutarum, pro aliquorum libitu, licentia populis permissa, frangatur ?
(*Cœlestinus, papa, Distinctio XXXVIII, can. IV.*)

PAR M. L'ABBÉ ANDRÉ,

CHANOINE HONORAIRE, MEMBRE DE LA SOCIÉTÉ ROYALE ASIATIQUE DE PARIS,

Publié par M. l'abbé Migne,

Éditeur des COURS COMPLETS sur chaque branche de la science religieuse.

2 VOLUMES IN-4°. — PRIX : 14 FRANCS.

TOME SECOND

CHEZ L'ÉDITEUR,

AUX ATELIERS CATHOLIQUES DU PETIT-MONTROUGE,

BARRIÈRE D'ENFER DE PARIS.

1845.

AVERTISSEMENT.

L'année dernière, en publiant le premier volume de cet ouvrage, nous disions que l'une des principales causes qui mettent obstacle à l'étude du droit canonique, c'est le défaut d'ouvrages appropriés aux circonstances présentes et mis en rapport avec notre législation actuelle. Nous ajoutions que nous cherchions à combler ce qui nous paraissait une lacune. Nous ne savons si nous avons en partie réussi ; mais la rapidité avec laquelle s'est épuisée la première édition de ce volume nous confirme dans la pensée que nous avions alors manifestée, c'est que partout on comprend l'indispensable nécessité de recourir à l'étude du droit canonique, depuis trop longtemps négligée. « On commence à sentir de toutes parts, remarque avec nous le R. P. Guéranger, la nécessité de connaître et d'étudier le droit ecclésiastique. L'indifférence dans laquelle a vécu la France depuis quarante ans, sur la discipline générale et particulière de l'Eglise, est un fait sans exemple dans les annales du christianisme. Les conséquences de cette longue indifférence se sont aggravées par le temps, et ne peuvent se guérir qu'en recourant aux véritables sources de la législation ecclésiastique, aux graves et doctes écrits des canonistes irréprochables. » (*Institutions liturgiques*, tom. I, pag. XXI de la *préface*).

Tout ce que nous avons dit de l'importance, de la nécessité, de l'utilité de l'étude du droit canonique, a toujours paru si certain, excepté dans ces derniers temps, qu'il n'y a point d'étude, après celle de la sainte Ecriture, qui ait été si fortement recommandée que celle des canons. Le pape Sirice écrivant à l'évêque Himère lui disait : « Il n'est libre à aucun prêtre du Seigneur d'ignorer les prescriptions du siège apostolique, ni les définitions vénérables des canons. » *Statuta sedis apostolicæ, vel canonum venerabilia definita nulli sacerdotum ignorare sit liberum* (*Apud Coust.*, col. 637). Le souverain pontife parlait ainsi, remarque M. l'abbé Sionnet, parce que ces prescriptions et ces définitions règlent l'exercice du pouvoir donné à chaque membre de la hiérarchie, les formes à observer pour appliquer aux âmes les mérites de la passion du Sauveur et les procédures qu'il faut suivre lorsqu'il s'agit de constater la culpabilité de nos frères, ou de les punir de leur perversité. C'est par un semblable motif que le grand pape saint Grégoire ne craint pas d'affirmer que *le corps de l'Eglise n'est entier qu'alors que la foi est intègre et que les canons sont observés* (Tom. II, col. 1244, ed. Bened.) ; aussi le défaut de science est constitué par le droit ecclésiastique au rang des irrégularités dont il est impossible de dispenser.

Mais si l'étude du droit canon a toujours été d'une obligation indispensable pour les prêtres, on peut dire que cette obligation est devenue aujourd'hui plus rigoureuse encore, par suite des erreurs que l'on cherche à répandre sur la constitution de l'Eglise et les pouvoirs hiérarchiques. Le prêtre, par la connaissance des canons, doit se prémunir contre ce droit civil ecclésiastique français, qu'on cherche à faire prévaloir parmi nous dans un but qu'il est facile de comprendre. La véritable science du droit canon le mettra aussi en garde contre ces nouveaux docteurs qui cherchent à mettre en honneur les canonistes du parti janséniste, et voudraient ainsi nous amener insensiblement au presbytérianisme.

Il faut bien remarquer que, pour acquérir une connaissance exacte du droit canon, il ne suffit pas de posséder dans sa bibliothèque Durand de Maillane, d'Héricourt, Fleury, Thomassin, etc. « Ces auteurs écrivaient pour leur époque, » dit un recueil périodique, en rendant compte de la publication de notre premier volume. « L'Eglise de France était alors un corps, et le premier corps de l'Etat ; elle avait sa jurisprudence spéciale, ses assemblées, ses agents généraux, d'immenses domaines. Les parlements et autres cours souveraines avaient leur législation. L'Eglise de France n'est plus qu'une province de l'empire spirituel dont le pape est le chef. Les prérogatives de tout genre ont péri sous les coups de la tempête. Les parlements à leur tour ont succombé sous le même ouragan. Le code civil a mis son niveau égal sur toutes ces surfaces diversement accidentées. Il fallait donc envisager ce que nous nommons encore le droit canon dans ses nouveaux rapports avec la société civile de notre siècle. Il ne fallait pas néanmoins rompre la chaîne qui relie les temps présents avec les temps anciens. » (*Bulletin de Censure*, sept. 1844, pag. 65.)

Nous avons essayé de satisfaire à toutes ces exigences ; cependant on a bien voulu nous faire remarquer que nous avons passé très-légèrement sur plusieurs lois civiles ecclésiastiques, et que quelques questions importantes, les refus de sépulture, par exemple, n'ont point été abordées, ou que nous ne les avons qu'effleurées. Nous répondrons que quelques-unes des questions qu'on croit omises se trouvent traitées dans le second volume, et que les autres le seront plus convenablement dans le *Cours théorique et pratique de la législation religieuse*, qui fera suite à cet ouvrage, et que nous espérons publier prochainement.

Nous prendrons de là occasion de prier nos lecteurs qui remarqueraient soit des omissions, soit des inexactitudes, de vouloir bien nous les signaler. Nous aurons occasion de nous en occuper dans le nouveau travail que nous annonçons. Nous présumons que, malgré toutes nos précautions, il nous est échappé quelques fautes ; ceux donc qui voudraient nous les faire connaître peuvent être assurés de toute notre reconnaissance.

Nous avons un peu retardé la publication de ce second volume, bien qu'il fût imprimé déjà depuis quelque temps, afin de le faire examiner et de le revoir nous-même d'une manière plus particulière. Nous avons profité de cette circonstance pour y ajouter un supplément, motivé d'ailleurs par les circonstances présentes.

Ainsi que nous l'avons annoncé dans l'avertissement du premier volume, nous avons mis à la fin de celui-ci une *table méthodique* pour diriger les lecteurs qui voudraient étudier le droit canonique par ordre de matières, et une *table chronologique*, pour que l'on puisse facilement trouver tous les actes législatifs rapportés ou seulement cités dans cet ouvrage. On verra même d'un coup d'œil, à l'aide de cette table, avec quelle question canonique se trouve mis en rapport tel ou tel acte législatif.

Nous avons cru devoir faire précéder ces deux tables de *Notices biographiques et bibliographiques* sur les canonistes, les jurisconsultes et les autres auteurs cités dans cet ouvrage. Nous avons pensé que le lecteur serait satisfait de pouvoir connaître, sans avoir besoin de chercher ailleurs, le canoniste dont il vient de voir le nom cité, de savoir en quel temps il vivait, quels ouvrages il a composés, dans quel esprit ils sont écrits, etc. Nous en avons omis quelques-uns, bien que nous les ayons cités, parce qu'il nous a été impossible de pouvoir découvrir la moindre circonstance de leur vie. Il en est d'autres, au contraire, sur lesquels nous avons donné des notices, quoique nous ne les ayons pas cités, parce que nous avons cru utile de faire connaître les mauvaises doctrines qu'ils enseignent, afin qu'on puisse s'en défier. De ce nombre sont Tabaraud, Travers, Maultrot, Raymond, etc.

Qu'il nous soit permis de répéter ici ce que nous avons déjà dit dans l'avertissement du premier volume : c'est que nous tenons, du fond de nos entrailles, à l'orthodoxie catholique et à la sainte Eglise romaine, *mère et maîtresse de toutes les autres*. Nous condamnons donc, nous réprouvons de la manière la plus formelle, la moindre expression qui pourrait porter atteinte, même indirectement, à cette orthodoxie. Nous ne voulons avoir d'autre foi, nous dirons même, d'autre opinion théologique que celle que professe le vicaire de Jésus-Christ sur la terre, auquel nous soumettons de nouveau les doctrines de cet ouvrage. Nous le soumettons également à nos vénérables évêques, qui sont, avec le souverain pontife, les juges de la foi.

On nous a reproché d'être gallican ; c'est à tort. Sans doute nous ne condamnons pas le gallicanisme tel que l'entendait Bossuet et les évêques de France ; mais nous pensons comme l'un de nos plus savants prélats qui a daigné nous écrire à l'occasion de notre premier volume : « Que la France a grand besoin de revenir sur une infinité d'articles à la doctrine de celui à qui il a été dit : *Pasce oves meas,... agnos meos,... rogavi pro te ut non deficiat fides tua*. Ne sommes-nous pas catholiques romains, etc. ? » Nous rejetons le gallicanisme, parce que cette opinion théologique ne nous paraît conforme ni à l'Ecriture sainte ni à la tradition, qu'il est dangereux d'en tirer les funestes et déplorables conséquences que l'on en tire, et enfin parce qu'il est préconisé par tous les ennemis de l'Eglise, ce qui devrait le rendre à tout catholique singulièrement suspect. D'ailleurs nous nous sommes toujours montré très-calme et très-modéré dans notre opinion ; nous n'aimons pas les exagérations : on ne les aime pas à Rome même.

COURS
ALPHABÉTIQUE ET MÉTHODIQUE
DE DROIT CANON,
MIS EN RAPPORT
AVEC LE DROIT CIVIL ECCLÉSIASTIQUE,
ANCIEN ET MODERNE

> Nulli sacerdotum liceat canones ignorare, nec quidquam facere quod Patrum possit regulis obviare. Quæ enim a nobis res digne servabitur, si Decretalium norma constitutorum, præ aliquorum libitu, licentia populis permissa, frangatur?
> (*Cœlestinus, papa, Distinctio,* XXXVIII, *can.* IV.)

F

FABRIQUE.

Fabrique signifie en général le temporel ou le revenu affecté à l'entretien d'une église paroissiale, tant pour les réparations que pour la célébration du service divin : *Fabrica ecclesiæ appellatione veniunt ornamenta necessaria cultui divino, ut si relictum pro fabrica, censetur relictum pro omnibus necessariis ministerio ecclesiæ* (Covar., *in c. ult., n. 4 de Test.*).

L'expression *fabrique des églises*, prise dans le sens littéral, signifiait autrefois la construction des églises; on dit encore en Italie fabriquer une église, une maison. Le mot *fabrique*, *fabrica*, est employé en ce sens dans plusieurs canons (c. *Futuram*, 12, *qu.* 1; *fabricare ecclesias, c.* 24, *de Consecr., dist.* 1). Plus tard, on comprit sous le même terme les reconstructions et réparations quelconques, et enfin toutes les dépenses à faire, soit pour le bâtiment lui-même, soit pour sa décoration, soit pour les vases sacrés, les livres, les ornements, en un mot, les divers objets employés au service divin.

Dans une acception différente, dit M. Hennequin (*Journal des conseils de fabriques*, tom. 1, pag. 2), on entendait par *fabrique* les biens temporels des églises prises individuellement; on y comprenait également les biens meubles et immeubles possédés par elles, et les revenus ordinaires ou casuels affectés à l'entretien du temple et aux frais du culte.

Enfin, le terme *fabrique* servait et sert encore aujourd'hui à désigner le corps ou la réunion des personnes chargées de l'administration des biens de chaque église.

§ 1. *Origine et progrès de l'administration des* FABRIQUES.

L'Eglise de Jésus-Christ est une société spirituelle, mais société spirituelle qui subsiste et exerce son action dans le temps. Comme société spirituelle, *son royaume n'est pas de ce monde*, non plus que celui de son divin fondateur; elle n'a rien à démêler avec les intérêts grossiers de la terre, elle n'a que faire d'un or et d'un argent corruptibles. Ses richesses sont sa grâce; son glaive, sa parole; sa force, la promesse de celui qui a dit : *Je suis avec vous jusqu'à la consommation des siècles.* Toute sa mission ici-bas est d'engendrer des enfants, de les nourrir du lait de sa doctrine, de les affermir dans sa voie par la vertu de ses sacrements, pour les conduire enfin au terme de la gloire.

Mais, tandis qu'elle voyage et combat, elle ne peut se défendre d'avoir des relations avec ce monde extérieur; elle doit répondre à la double nature de l'homme pour mieux s'emparer de tout son être; parler à son esprit et parler à ses yeux, intéresser son cœur en frappant son imagination par des pompes saintes qui lui rendent sensible la loi de vérité et d'amour. Ses mystères même les plus sublimes, les plus élevés au-dessus de la région des sens, ne se peuvent accomplir sans le secours d'éléments et de symboles qui leur servent de signe et d'expression. Il lui faut des temples pour ses assemblées, des autels pour son sacrifice, des ornements pour ses prêtres, une chaire pour ses enseignements, un tribunal, une table, une piscine pour la participation de ses enfants aux sources de la grâce et du salut. De là la nécessité d'une épargne qui subvienne à toutes ces exigences du culte public et, par suite, d'une administration temporelle préposée à la garde et à la dispensation de ce pieux trésor.

Aussi, dès les premiers temps de l'Eglise, voyons-nous l'attention des apôtres se porter avec sollicitude vers la gestion des libéralités offertes par les fidèles, tant pour l'entretien du ministère ecclésiastique que pour l'assistance des veuves et des pauvres.

Mais l'administration des *fabriques*, qui acquiert tant d'importance par ses rapports avec le culte divin, avec l'ordre public et la tranquillité des paroisses, a éprouvé, depuis la naissance du christianisme, toutes les révolutions qu'entraîne la diversité des temps et des personnes.

Il est difficile, en lisant l'histoire, de suivre cette administration dans les vicissitudes qu'elle éprouve, et plus encore de fixer l'époque où elle a pris une forme régulière. Elle a eu l'instabilité des usages auxquels elle est asservie dans tout ce qui ne tient pas au droit primitif.

Les plus anciens monuments de l'histoire nous montrent la piété libérale et empressée bâtissant les temples, dressant et ornant les autels sous l'inspection et l'autorité des évêques. (*Voyez* BIENS D'ÉGLISE.)

Les premiers fidèles avaient vendu leurs héritages, ils en avaient apporté le prix aux pieds des apôtres; leurs successeurs chargeaient les autels de leurs présents, ils enrichissaient les églises de leurs bienfaits : c'est ce que disent de ces temps heureux saint Cyprien dans ses épîtres, et Tertullien dans son Apologétique.

Les offrandes que chaque église recevait, et tous les biens qu'elle possédait étaient en commun; l'évêque en avait l'intendance et la direction, et ordonnait, comme il jugeait à propos, de l'emploi du temporel, soit pour la *fabrique*, soit pour la subsistance des ministres de l'église.

Dans presque tous les lieux, les évêques avaient sous eux des économes qui souvent étaient des prêtres et des diacres auxquels ils confiaient l'administration de ce temporel et qui leur en rendaient compte. (*Voyez* ÉCONOME.)

Ces économes touchaient les revenus de l'église et avaient soin de pourvoir à ses nécessités, pour lesquelles ils prenaient sur les revenus ce qui était nécessaire : en sorte qu'ils faisaient réellement la fonction de fabriciens.

Dans la neuvième session du concile de Calcédoine, tenu en 451, on obligea les évêques, à l'occasion d'Ibas, évêque d'Edesse, de choisir ces économes dans leur clergé, de leur donner ordre sur ce qu'il convenait de faire, et de leur faire rendre compte de tout. Les évêques pouvaient déposer ces économes, pourvu que ce fût pour quelque cause légitime. On pratiquait aussi à peu près la même chose dans les monastères ; on choisissait entre les plus anciens religieux celui qui était le plus propre à en gouverner le temporel.

Vers le milieu du quatrième siècle, les choses changèrent de forme dans l'Eglise d'Occident ; les revenus de chaque église ou évêché furent partagés en quatre lots ou parts égales : la première pour l'évêque, la seconde pour son clergé et pour les autres clercs du diocèse, la troisième pour les pauvres, et la quatrième pour la *fabrique*, c'est-à-dire pour l'entretien et les réparations de l'église. Ce partage fut ainsi ordonné dans un concile tenu à Rome du temps de Constantin. La quatrième portion des revenus de chaque église fut destinée pour la réparation des temples et des églises.

Le pape Simplicius écrivait à trois évêques que ce quart devait être employé *ecclesiasticis fabricis*; et c'est de là probablement qu'est venu le terme de *fabrique* (can. 28, caus. 12, quæst. 2).

On trouve aussi dans les lettres du pape Gélase, en 494, dont l'extrait est rapporté dans le canon *Vobis* 23, *causa* 12, *quæst*. 2, que l'on devait faire quatre parts, tant des revenus des fonds de l'église que des oblations des fidèles; que la quatrième portion était pour la *fabrique, fabricis vero quartam;* que ce qui resterait de cette portion, la dépense annuelle prélevée, serait remis à deux gardiens choisis à cet effet, afin que, s'il survenait quelque dépense plus considérable, *major fabrica*, on eût la ressource de ces deniers ou que l'on en achetât quelque fonds : *Ex qua tamen collectione habeatur ratio, quod ad causas vel expensas accidentium necessitatum opus esse perspicitur, ut de medio sequestretur, et quatuor portiones, vel de fidelium oblatione, vel de hac fiant modis omnibus pensione : ita ut unam sibi tollat antistes, aliam clericis pro suo judicio et electione dispertiat, tertiam pauperibus sub omni conscientia facial erogari : fabricis vero quartam, quæ competit ad ordinationem pontificis, erogatione vestra decernimus esse pensandam. Si quid forte sub annua remanebit expensa, electo idoneo ab utraque parte custode, tradatur enthecis : ut si major excreverit fabrica, sit subsidio, quod ex diversi temporis diligentia potuerit custodiri, aut certe ematur possessio, quæ utilitates respiciat communes.* Le même pape répète cette disposition dans les canons 25, 26 et 27, au même titre. Il se sert partout du terme de *fabricis*, qui signifie en cet état les constructions et réparations.

Saint Grégoire le Grand, dans une lettre à saint Augustin, apôtre d'Angleterre, prescrit pareillement la réserve du quart pour la *fabrique*, *quarta ecclesiis reparandis* (c. 30, *ead. caus.*).

Le décret de Gratien contient encore un canon (c. 31, *ead. caus. et quæst.*) tiré d'un concile de Tolède, sans dire lequel, où la division et l'emploi des revenus ecclésiastiques sont ordonnés de même ; en sorte, est-il dit, que la première part soit employée soigneusement aux réparations des titres, c'est-à-dire des églises, et à celles des cimetières, *secundum apostolorum præcepta* ; mais ce canon ne se trouve dans aucun des conciles de Tolède. La collection des canons, faite par un auteur incertain, qui est dans la bibliothèque vaticane, attribue celui-ci au pape Sylvestre ; on n'y trouve pas ces paroles *secundum apostolorum præcepta*. Et en effet, du temps des apôtres, il n'était pas question de *fabriques* dans le sens où nous le prenons aujourd'hui, ni même de réparations.

Quoi qu'il en soit de l'autorité de ce canon, ceux que nous venons de rapporter sont plus que suffisants, au moins pour établir l'usage qui s'observait depuis le quatrième siècle par rapport aux *fabriques* des églises.

Les évêques seuls avaient, dès l'origine de l'Eglise, l'administration des biens ecclésiastiques. Nous ne devons pas trouver sur cet objet un grand nombre de monuments des trois premiers siècles : l'Eglise, à cette époque, n'ayant point ou presque point de biens, les lois sur la régie des biens ecclésiastiques doivent être bien rares. Nous trouvons cependant des dispositions précieuses sur cet objet dans les recueils connus sous les noms de *Canons des apôtres* et de *Constitutions apostoliques*.

Les canons des apôtres ordonnent que l'évêque ait le soin de toutes les choses ecclésiastiques, et qu'il les administre comme étant sous l'œil de Dieu : *Omnium rerum ecclesiasticarum episcopus curam gerat et eas administret tanquam Deo intuente* (*Canones apost.*, can. 37). Il y a dans cette collection un autre canon plus précis encore ; il ordonne que l'évêque ait sous sa puissance toutes les choses de l'Eglise. Car, est-il ajouté, si les âmes des fidèles, qui sont si précieuses, doivent lui être confiées, combien plus doit-il être chargé des affaires pécuniaires, en sorte qu'il soit en son pouvoir de tout administrer : *Jubemus episcopum rerum Ecclesiæ potestatem habere. Si enim pretiosæ hominum animæ sunt ei credendæ, multo magis ei sunt committendæ pecuniæ, ut in ejus sit facultate omnia administrare* (*Ibid.*, can. 40).

Les Constitutions apostoliques parlent dans le même sens ; elles défendent d'appeler en compte l'évêque et même d'observer sa dispensation et son administration, car il en doit le compte à Dieu, qui lui a confié cette gestion : *Habet enim ipse ratiocinatorem Deum, qui hanc illi procurationem in manus tradidit, qui ei sacerdotium tantæ dignitatis mandare voluit* (*Constitut. apostol.*, lib. II, cap. 25, 27 et 35).

Dépositaire nécessaire de tous les biens ecclésiastiques, de ceux qui faisaient le patrimoine du clergé et de ceux qui étaient offerts par les peuples pour l'entretien ou la décoration des temples, les évêques en disposaient en pères, et ils n'étaient comptables qu'aux conciles de cette importante administration. Les capitulaires de nos premiers rois et les canons des premiers temps de l'Eglise ne laissent aucun lieu d'en douter : *Decretum est ut omnes Ecclesiæ cum dotibus suis et decimis, et omnibus suis in episcopi potestate consistant atque ad ordinationem suam semper pertineant* (*Caus.* 10, quæst. 1, cap. 3). *Noverint conditores basilicarum, in rebus quas eisdem ecclesiis conferunt, nullam se potestatem habere ; sed juxta canonum instituta, sicut ecclesiam, ita et dotem ejus ad ordinationem episcopi pertinere* (ead. caus., cap. 6). *De his quæ parochiis in terris, vineis, mancipiis atque peculiis quicumque fideles obtulerint, antiquorum canonum statuta serventur, ut omnia in episcopi potestate consistant. De his tamen quæ altario accesserint, tertia pars fideliter episcopis deferatur* (ead. caus., qu. 1, cap. 7).

Comme, à la naissance des églises, il n'y avait eu que l'église cathédrale qui avait engendré tous les fidèles du diocèse, il est visible que toutes les offrandes et tous les fonds qu'on donnait à l'église lui appartenaient. L'évêque ayant depuis permis la fondation de nouvelles églises dans la ville ou aux champs, il demeurait toujours le maître et le souverain modérateur de tout ce qui s'y offrait, parce que, ces nouvelles églises étant comme des démembrements de son église cathédrale, il conservait sur elles les mêmes droits qu'il avait dans sa cathédrale ; il y nommait des bénéficiers, il leur laissait telle part qu'il lui plaisait des fonds et des offrandes. On voit donc d'abord que les évêques disposèrent de tout, se chargeant seulement de l'entretien du bénéficier (Thomassin, *Discipline de l'Eglise*, part. II, liv. IV, ch. 17).

Le concile d'Orléans, tenu en 511, confirme les droits de l'évêque, mais il détermine l'emploi des biens et des offrandes, et il ajoute : « Quoique l'évêque ne doive rendre « compte de son administration qu'à Dieu « seul, s'il manque néanmoins à exécuter les « ordonnances générales de toute l'Eglise, « le concile doit lui en faire sentir la juste con- « fusion, doit même le séparer de la commu- « nion de l'Eglise. »

L'archidiacre, l'archiprêtre et le curé avaient quelquefois, sous l'inspection et l'autorité de l'évêque, l'intendance de la *fabrique* ; les constitutions du sixième siècle nous offrent des exemples de chacun de ces genres d'administration.

C'est au commencement du septième siècle que la nécessité d'un nouvel ordre de choses força les conciles à donner des économes aux églises (*Voyez* ÉCONOME). Saint Isidore de Séville, qui mourut en 636, nous a donné le détail de leurs fonctions : une des principales était de recevoir la contribution qui devait fournir aux besoins des églises, et le soin de les faire reconstruire : *Tributi quoque acceptio, reparatio basilicarum atque constructio*. Mais la gestion de l'économe était soumise aux ordres et à l'inspection des évêques : *Quæ omnia cum jussu et arbitrio sui episcopi ab eo implentur.*

Le second concile de Séville, de l'an 619, se plaint de l'abus qui s'introduisait, que les évêques nommaient des économes laïques; il veut que désormais les économes des biens ecclésiastiques soient pris dans le clergé. On voit, par ce canon, que l'économe était l'homme de l'évêque choisi par lui, et qui gérait sous lui le temporel. Il est appelé le vicaire de l'évêque; il est dit qu'il lui est associé dans l'administration; tout cela annonce clairement que c'était sous l'évêque seul qu'il travaillait. Enfin il est fait des menaces à l'évêque qui ne voudrait pas avoir d'économe ou qui en prendrait un laïque : *Didicimus quosdam ex nostris collegis, contra mores ecclesiasticos, laicos habere in rebus divinis constitutos œconomos. Proinde pariter tractantes elegimus ut unusquisque nostrum secundum Calcedonensium Patrum decreta, ex proprio clero œconomum sibi constituat. Indecorum est enim laicum vicarium esse episcopi, et sœculares in ecclesia judicare. In uno enim eodemque officio non debet dispar professio. Quod etiam in lege divina prohibetur, dicente Moyse : non arabis in bove et asino simul; id est, homines diversæ professionis in officio uno non sociabis. Unde oportet nos et divinis libris et sanctorum Patrum obedire præceptis, constituentes ut hi qui in administrationibus ecclesiæ pontificibus sociantur, discrepare non debeant, nec professione, nec habitu. Nam cohærere et conjungi non possunt quibus et studia et vita diversa sunt. Si quis autem episcopus posthac ecclesiasticam rem aut laicali procuratione administrandam elegerit, aut sine testimonio œconomis gubernandam crediderit, vere est contemptor canonum et fraudator ecclesiasticarum rerum, non solum a Christo de rebus pauperum judicetur reus, sed etiam et concilio manebit obnoxius* (Conc. Hispalense II, an. 619, can. 9).

Les capitulaires renferment plusieurs dispositions sur le plein pouvoir des évêques dans l'administration du temporel de leurs églises. D'après les sanctions des saints canons, y est-il dit, les évêques ont la pleine puissance de toutes les choses ecclésiastiques; nul ne peut les donner ou les recevoir sans l'ordre de son propre évêque : *Placuit ut episcopi rerum ecclesiasticarum, juxta sanctorum canonum sanctiones plenam semper habeant potestatem. Nullus eas dare vel accipere absque proprii episcopi audeat jussione* (Capitularia, lib. VII, cap. 261). Ceux-mêmes qui ont bâti les églises auraient tort d'imaginer que les biens dont ils les ont dotées ne sont pas à la disposition de l'évêque. Tout, selon l'antique constitution, appartient à l'ordre et à la puissance de l'évêque. *Omnia secundum constitutionem antiquam et episcopi ordinationem et potestatem pertineant* (Ibid., cap. 292). Toutes les églises, avec leurs dotations et toutes leurs choses, sont sous la puissance du propre évêque; elles sont soumises à son ordre et à sa disposition : *Placuit ut omnes ecclesiæ cum dotibus et omnibus rebus suis in episcopi proprii potestate consistant, atque ad ordinationem vel dispositionem suam semper pertineant* (Ibid., cap. 468).

L'histoire nous représente ensuite les évêques se dépouillant de l'administration générale de tous les biens des églises de leurs diocèses, et les conciles cherchant à la mettre dans la dépendance du clergé, de l'archidiacre, de l'économe.

Le célèbre Hincmar, archevêque de Reims, qui vivait en 845, est le premier qui donne à certains officiers de l'Eglise le nom de marguilliers, *matricularii*. Mais ces marguilliers qui, quoique laïques, avaient une portion des dîmes, étaient différents de ceux que nous avons dans nos églises; leurs fonctions se bornaient à tenir le rôle des pauvres, et à leur distribuer les charités de l'Eglise. Il est possible que le temps ait ajouté à leurs fonctions et à leurs droits les fonctions et les prérogatives dont jouissent les marguilliers d'aujourd'hui. Thomassin dit qu'il n'est ni incroyable, ni sans exemple que le temps opère de semblables révolutions.

Celle-ci s'est opérée d'une manière bien insensible. Le concile de Dalmatie, tenu en 1199, laisse la portion des dîmes et des offrandes destinée aux réparations, entre les mains de l'archiprêtre qui doit en faire l'emploi par les ordres de l'évêque. Guillaume, archevêque d'York, avait ordonné, dans son diocèse, en 1153, que chaque bénéficier en serait chargé dans son bénéfice; il lui laissait en même temps la jouissance et la disposition des fonds destinés aux réparations des églises.

Il y avait, en 1304, quatre marguilliers laïques dans l'église de Troyes. Une transaction passée entre l'évêque et le chapitre leur prescrit leurs fonctions, et les menace d'être privés de leurs places, s'ils sont négligents à les remplir. Mais il y avait encore des marguilliers prêtres en 1395, comme on le voit dans un acte de ce temps-là, cité par Thomassin.

Le concile de Lavaur, tenu en 1368, exhorte les curés à choisir et à nommer parmi leurs paroissiens des intendants de *fabrique*: *Constituentes nihilominus dicti rectores aliquos parochianos illarum collectarum operarios et executores qui ad præmissa complenda sint fideles, solliciti et attenti.*

Nous ne trouvons, jusqu'à cette époque, rien de plus favorable à l'administration des laïques. Les canons du quinzième siècle leur permettent indistinctement d'administrer les biens des *fabriques*; mais ils exigent que ce soit avec le consentement des évêques, et en rendant compte à l'évêque ou à l'archidiacre, lors de sa visite : *Laici sine assensu prælatorum et capitulorum bona fabricæ ecclesiæ deputata administrare non possunt* (Canon 53 du concile de Salzbourg, en 1420).

Le concile de Mayence, tenu en 1549, semble avoir établi l'ordre de choses actuellement existant; il veut que les revenus de la *fabrique* soient levés et employés par les soins des laïques; que le curé soit néanmoins le principal fabricien : *Cum aliquot laicis cujusque ecclesiæ, rectori seu plenabo, velut principali, officium fabricæ, seu procuratio ecclesiæ committatur; ita tamen ne ipsi ecclesiarum rectores seu plenabi, officio exactionis censuum, proventuum, sive redituum seu procurationis labore graventur.*

Le cardinal Compège, dans sa légation apostolique en Allemagne, avait, un peu auparavant, ordonné en outre que les revenus de la *fabrique* seraient remis dans un coffre à trois clefs, dont le curé en garderait une, et les administrateurs laïques garderaient les deux autres (Thomassin, *Discipl. de l'Eglise*, liv. III).

Comme les paroissiens contribuaient de leurs biens pour les *fabriques*, on leur accordait aussi plus volontiers à eux-mêmes l'administration des quêtes, afin qu'ils donnassent plus abondamment et qu'ils fussent plus convaincus du bon usage qu'on faisait de leur charité; on désirait seulement qu'ils ne s'ingérassent pas dans le maniement de ces biens, sans y être appelés par l'évêque et le chapitre. Ce sont les expressions de Thomassin qui avoue ingénument qu'il voudrait apprendre de quelqu'un plus habile que lui, quand et comment les marguilliers sont devenus ce que nous les voyons présentement dans les églises (*Discipl. de l'Eglise*, part. IV, liv. IV, ch. 29).

Les monuments de l'histoire que nous avons rapprochés d'après les travaux immenses du savant père Thomassin et d'après les auteurs les plus versés dans la connaissance de l'antiquité, nous autorisent à avancer que l'intendance des *fabriques* était anciennement, comme le dit Févret, tout entière aux évêques ou aux autres ministres de l'Eglise, et que ce n'est que par une gradation insensible qu'elle a passé dans les mains des laïques (Févret, *Traité de l'abus*, tom. 1, pag. 411).

Il est inutile d'examiner par quel principe l'administration des *fabriques* est sortie de la main des ecclésiastiques pour passer à celle des laïques; nous observerons seulement que certains jurisconsultes n'ont pas connu l'antiquité, lorsqu'ils ont avancé que la négligence ou la malversation des prêtres en a été la seule cause; s'ils avaient lu les épîtres de saint Augustin, ou les homélies de saint Chrysostome, ils auraient vu par quel principe ces grands évêques avaient consenti à céder à des laïques des soins et une administration qui appartenaient, dans les premiers temps, comme nous l'avons prouvé, aux seuls ministres des autels. Saint Grégoire blâmait l'évêque de Cagliari d'avoir confié à des laïques le soin d'orner les temples et d'administrer les fonds destinés à cet usage, par la crainte de leur indépendance : le saint pape prévoyait ce qui a lieu aujourd'hui. Il pensait néanmoins que l'évêque ne devait pas se livrer tout entier à des emplois qui devaient le distraire d'un ministère plus sublime; mais qu'il devait en partager les fonctions avec des personnes dignes de les remplir (*Epist. ad episcopum Calaritanum*).

Le détail où nous sommes entré, sur l'origine de l'administration des *fabriques*, n'a pour objet que le désir de voir cesser un préjugé introduit par l'ignorance ou la mauvaise foi, relativement à l'existence des membres du clergé dans cette administration.

On croira les prêtres moins étrangers aux *fabriques*, lorsqu'on saura qu'ils en avaient autrefois l'intendance absolue; que c'est à *leur choix* ou à leur silence que les laïques doivent les places qu'ils y occupent; que les administrateurs laïques *étaient dans le principe, sous l'inspection et aux ordres du clergé;* que la qualité de ministre des autels n'est et ne saurait être étrangère à une administration où il ne faut que du zèle pour l'honneur du temple, de l'intelligence et de la probité pour en recevoir ou en employer les revenus. Les laïques, au contraire, n'entendent rien la plupart aux choses de l'église, et c'est déjà beaucoup quand ils n'y apportent pas de mauvais vouloir et de mesquines tracasseries.

L'expérience montre souvent que les laïques ont besoin d'être surveillés dans l'administration des *fabriques*. Le concile de Rouen disait en 1581 : *A plerisque laicorum fabricarum dilapidantur possessiones et in alios usus distrahuntur.* C'est d'après cette expérience, et pour laisser exister des monuments de l'ancienne autorité des évêques, que les lois civiles et canoniques ont prescrit aux marguilliers, quoique laïques, de rendre compte de leur administration aux évêques, à leurs vicaires généraux, à leurs archidiacres ou à ceux que les évêques envoient sur les lieux pour recevoir les comptes des *fabriques.*

Le saint concile de Trente, session XXII, chapitre 9, *de Reform.* ordonne que les administrateurs des *fabriques*, des confréries, *et quorumcumque locorum piorum*, rendent tous les ans leurs comptes à l'ordinaire, si ce n'est que le titre de la fondation en ait autrement disposé, et alors l'évêque sera appelé à l'audition des comptes. Les conciles provinciaux tenus à Narbonne en 1551, can. 64, et en 1609, c. 37; ceux de Rouen de l'an 1581, de Reims de l'an 1583, de Tours, de la même année, titre 20, et de Bourges, de l'an 1584, titre 9, ont réglé aussi que les comptes des *fabriques* seront rendus à l'évêque tous les ans dans la visite.

Le concile de Narbonne, de l'an 1609, veut qu'il soit fait un inventaire exact des biens, meubles et immeubles des églises : *Inventarium rerum omnium mobilium et immobilium ecclesiæ fiet, et videbunt electi an omnia in bono statu sint, rationem de omnibus reddituri.* (c. 37.)

Le même concile défend de donner à bail les biens des *fabriques*, si ce n'est du consentement du curé et avec les publications requises. *Non arrentabunt bona ad fabricas prædictas pertinentia, nisi publicis præcedentibus proclamationibus, et de consensu parochi, quo præsente et aliis deputari consuetis, reddent computa administrationis, in quibus non admittantur expensæ factæ, si summam sex francorum excesserint, nisi tales expensæ de assensu expresso parochi fuerint factæ* (Ibid.).

Le concile de Rouen, de l'an 1581, défend sous de grièves peines, d'aliéner ou de vendre les biens et les revenus des *fabriques*, que par autorité de l'ordinaire, comme aussi de les employer à d'autres effets que ceux auxquels ils sont destinés. *Ad tollendos abusus circa fabricarum administrationem decernimus nemini licere sine ordinariorum judicio et auctoritate, bona ad eas pertinentia vendere, aut cuiquam dare, aut in alios usus convertere quam quibus assignantur, et omnes declaramus sacrilegos, qui quacumque de causa illis fuerint abusi, et ad restitutionem teneri, ad eamque cogi per censuras ecclesiasticas atque alia juris remedia.*

§ 2. *Etat des* FABRIQUES *en France avant la révolution.*

Le concile de Trente, ainsi que les lois civiles, avaient ordonné l'établissement des *fabriques*; mais elles avaient été réglées dans des termes généraux qui ne pouvaient empêcher les usages locaux, et plus tard la multitude des règlements particuliers.

En Provence, les *fabriques* n'étaient pas distinguées de l'administration municipale des communautés. La communauté elle-même, ou les consuls qui la représentaient, étaient fabriciens nés et, comme tels, obligés d'agir et de répondre pour tous les droits comme pour toutes les charges de la *fabrique* paroissiale. Les curés y jouissaient de la plupart des revenus qui formaient ailleurs la dotation des *fabriques*, et les décimateurs fournissaient, pour en tenir lieu, une somme fixée par la déclaration de 1771.

L'ordre d'établir des *fabriques* dans toutes les paroisses du ressort du parlement de Toulouse ne datait que de 1772, et de vastes diocèses n'en avaient presque pas, sous prétexte que les *fabriques* qui auraient été établies se seraient trouvées sans dotation, et les marguilliers sans fonctions.

Peu d'années avant la révolution, les parlements multiplièrent les arrêtés de règlement sur l'administration des *fabriques*; mais ces arrêtés, accordés la plupart sur requêtes, avaient consacré des usages locaux qui variaient à l'infini, et, loin de servir de règle sûre, plusieurs pouvaient égarer ceux qui auraient voulu en faire l'application à des paroisses régies par des usages contraires.

Au milieu de ces variations, dit Mgr Affre, on peut regarder comme presque généralement admises les règles suivantes :

1° Les marguilliers, fabriciens ou procureurs (car on leur donnait indifféremment ces noms; aujourd'hui on ne donne le nom de marguilliers qu'aux membres du bureau de la fabrique, et celui de fabriciens à tous ceux qui appartiennent à la fois au conseil et au bureau) étaient nommés dans les assemblées des habitants. On pouvait élire tous les laïques résidant sur la paroisse, à l'exception de ceux qui en étaient exempts par un privilège particulier.

2° A Paris et dans quelques autres grandes villes, il y avait des marguilliers d'honneur et des comptables; ceux-ci étaient les seuls qui eussent le maniement des deniers et qui en fussent responsables.

3° Les marguilliers devaient rendre leurs comptes aux archevêques, aux évêques et aux archidiacres, mais en cours de visite seulement. Si la visite n'avait pas lieu une année, les comptes devaient être arrêtés provisoirement par le curé, et représentés à l'évêque à sa prochaine visite. Les officiers de justice et les principaux habitants devaient être appelés lorsque les marguilliers rendaient leurs comptes (*Edit de* 1695, art. 17; De Héricourt, *Lois ecclés. part.* IV, *ch.* 4, *n.* 37).

4° Les marguilliers ne pouvaient accepter des fondations sans le consentement du curé (*Ordonn. de Blois, art.* 55; De Héricourt, *ibid., n.* 37).

5° Aucun procès ne pouvait être intenté sans que les marguilliers n'eussent provoqué une délibération de la communauté des habitants, et obtenu une autorisation de l'intendant de la généralité dans l'étendue de laquelle la paroisse se trouvait située (*Déclaration du* 2 *octobre* 1703; de Héricourt, *ibid.*).

6° Les marguilliers devaient veiller à la conservation des fonds, comme à la perception des revenus, c'est pourquoi ils étaient chargés de faire faire un inventaire des titres de la *fabrique*, et de les conserver avec soin (De Héricourt, *ibid.*).

7° Il n'était point permis aux marguilliers d'emprunter de l'argent à intérêt ou à fonds perdu, pour réparer, pour augmenter ou faire de nouveaux bâtiments appartenant à la paroisse, sans que le roi n'eût autorisé l'emprunt par des lettres patentes enregistrées au parlement. Si les marguilliers contrevenaient à cette loi, ils étaient tenus en leur propre et privé nom de la dette qu'ils avaient contractée (*Déclaration du* 31 *janvier* 1690; de Héricourt, *ibid., n.* 38).

8° Les réparations de l'église étaient supportées en partie par les habitants, en partie par les gros décimateurs. Le plus souvent la nef était à la charge des premiers; le chœur et le sanctuaire à la charge des seconds (*Déclaration du* 31 *janvier* 1690 *et du* 18 *février* 1623; de Héricourt, *ibid., page* 657).

De tous les règlements en vigueur avant la révolution pour l'administration des *fabriques*, nous ne rapporterons ici que le suivant qui, à la vérité, est fort long, mais très-important tant pour la sagesse de ses dispositions que parce qu'il a servi de modèle aux rédacteurs du décret du 30 décembre 1809.

ARRÊT *de la cour du parlement, du* 2 *Avril* 1737, *portant règlement pour la fabrique de la paroisse de Saint-Jean en Grève.*

« ARTICLE PREMIER. Les assemblées ordinaires du bureau de l'œuvre et de la fabrique de Saint-Jean en Grève se tiendront tous les lundis de quinzaine en quinzaine, à deux heures après midi, dans la salle du bureau destinée à tenir lesdites assemblées; pourront néanmoins être lesdites assemblées tenues plus souvent, si le cas le requiert, et être remises au lendemain, lorsqu'il se trouvera une fête le lundi.

« Art. 2. Seront pareillement tenues dans le dit bureau, les assemblées générales où seront appelées les personnes de considération, officiers de judicature, avocats exerçant la profession, anciens marguilliers, commisssaires des pauvres et autres notables de la paroisse.

« Art. 3. Il y aura trois assemblées générales fixées par chacun an, l'une le dimanche de Pâques après le service divin, pour l'élection des marguilliers, l'autre le jour de saint Thomas, pour arrêter le compte du marguillier en exercice de comptable de l'année précédente, et la troisième le jour de Noël, pour l'élection d'un commissaire des pauvres.

« Art. 4. Seront tenues en outre telles assemblées générales qui seront nécessaires, lesquelles ne pourront néanmoins être faites qu'elles n'aient été convoquées par le premier marguillier qui en fixera le jour et l'heure, ou qu'il n'en ait été délibéré dans l'assemblée ordinaire du bureau, dans lequel au dit cas le jour et l'heure en seront pareillement fixés, et seront les dites assemblées ensemble lesdits jour et heure publiées au prône de la messe paroissiale, avant la dite assemblée ; même y seront invités par billets ceux qui ont droit d'y assister suivant l'article 2 ci-dessus, et ce, deux jours avant la dite assemblée, si ce n'est qu'il se trouve nécessité urgente de la convoquer.

« Art. 5. Ne pourront être tenues aucunes assemblées générales ni particulières les dimanches et fêtes pendant les offices publics de l'église.

« Art. 6. Le bureau ordinaire sera composé du curé, des quatre marguilliers en charge, du plus ancien marguillier comptable et des deux marguilliers qui sont les derniers sortis de charge, et en cas d'absence, les délibérations seront prises au nombre de trois au moins. Le curé y aura la première place ainsi que dans les assemblées générales, le premier marguillier présidera et recueillera les suffrages qui seront donnés par ordre, un à un, sans interruption ni confusion. Le curé donnera sa voix immédiatement avant celui qui présidera, lequel conclura à la pluralité des suffrages, sauf au dit curé ou autres personnes de l'assemblée qui auraient quelques propositions à faire pour le bien de l'église et de la fabrique, de les faire succinctement pour être mises en délibération par le premier marguillier, s'il y échoit ; et s'il y avait partage d'opinions, la voix du premier marguillier prévaudra.

« Art. 7. Les délibérations des assemblées ordinaires et générales seront inscrites sur un registre tout de suite et sans aucuns blancs, ensemble les noms de chacun de ceux qui y auront assisté, qui signeront lesdites délibérations ; et faute de les avoir signées, elles seront réputées signées de tous ceux qui auront été présents.

« Art. 8. Dans l'assemblée générale du jour de Pâques, où sera faite l'élection des marguilliers, il y aura toujours un premier marguillier du nombre des personnes les plus qualifiées de la paroisse, et notamment des principaux officiers de cour souveraine, et un du nombre des avocats faisant la profession, ou autres personnes qu'il n'est pas d'usage, à raison de leur état et condition, de nommer pour marguilliers comptables. Il y aura deux marguilliers bourgeois qui seront comptables, chacun à leur tour ; au moyen de quoi seront élus deux marguilliers par chacun an, à savoir un premier marguillier et un marguillier bourgeois qui sera comptable dans la seconde année de son exercice, et ne pourront aucuns des marguilliers être continués au delà des deux années d'exercice, si ce n'est les premiers marguilliers.

« Art. 9. Les marguilliers bourgeois seront toujours choisis dans le nombre des anciens commissaires des pauvres, sans que la même personne puisse être en même temps commissaire des pauvres et marguillier, et sans préjudice de pouvoir élire et choisir pour commissaire des pauvres ceux qui auront été ci-devant marguilliers et n'auront point été commissaires des pauvres. Ne pourront être élus pour l'une et l'autre fonctions, que ceux qui n'exerceront aucun art mécanique.

« Art. 10. Le compte du marguillier comptable sera rendu régulièrement chaque année tant en recette que dépense et reprise ; et après que le dit compte avec les pièces justificatives d'icelui aura été vu avant la fête de saint Thomas par le bureau ordinaire, sur le rapport qui y sera fait par deux des anciens marguilliers qui auront été, suivant l'usage, nommés commissaires à cet effet, il sera examiné, calculé, clos et arrêté le jour de saint Thomas dans l'assemblée générale.

« Art. 11. L'ordre des chapitres, tant de recette que de dépense, sera toujours uniforme dans tous les comptes, ainsi que l'ordre des articles de chacun chapitre, sauf au cas qu'il y ait des chapitres ou des articles couchés dans des comptes dont il n'y aurait ni recette ni dépense, dans d'autres à en faire mention par mémoire.

« Art. 12. Dans chacun des articles de recette, soit de rentes, loyers, fermages ou autres revenus, sera fait mention du nom des débiteurs, fermiers ou locataires, du nom et situation de la maison ou héritage, de la qualité de la rente seigneuriale, foncière ou constituée, de la date du dernier titre nouvel et du notaire qui l'aura reçu, ensemble de la fondation à laquelle la rente sera affectée, si elle est connue.

« Art. 13. Si quelque rente, soit par le décès du débiteur ou par le partage de la maison ou héritage chargé d'icelle, se trouvait due par plusieurs débiteurs, n'en sera fait néanmoins qu'un seul article de recette, dans lequel il sera fait mention de tous les débiteurs, ensemble du décès, partage ou autre acte qui les aura rendus débiteurs.

« Art. 14. Faute par le marguillier qui

aura fini l'exercice de comptable, de présenter et rendre son compte dans les temps portés par l'article 10 ci-dessus, le marguillier qui lui aura succédé audit exercice de comptable sera tenu de faire les diligences nécessaires pour l'y contraindre, après néanmoins en avoir communiqué au bureau ordinaire, à peine de demeurer, en son propre et privé nom, garant et responsable de tous les événements.

« Art. 15. Sera pareillement tenu le marguillier en exercice de comptable de faire le recouvrement de tous les biens et revenus de la *fabrique*, et d'avertir le bureau ordinaire des poursuites qu'il conviendra faire pour contraindre les débiteurs, ensemble de rapporter lesdites poursuites et procédures, ou une copie de la délibération qui y aurait autrement pourvu ; à faute de quoi les articles de reprises seront rayés, sauf au dit cas à en être le recouvrement fait au profit du marguillier, à ses risques et à ses frais.

« Art. 16. Il sera fait à chaque double de chacun compte une marge blanche de chaque côté, pour y inscrire dans l'une les apostilles, et pour tirer dans l'autre les sommes hors de ligne, en chiffres, par livres, sous et deniers, lesquelles sommes seront en outre inscrites en entier en toutes lettres dans le texte du compte.

« Art. 17. Lors de la visite du compte au bureau ordinaire, toutes les pièces justificatives, tant de la recette que de la dépense et reprise, seront paraphées par les deux commissaires, et seront ensuite après l'examen arrêté, et clôture faite dans l'assemblée générale, lesdites pièces déposées avec un double de compte signé et arrêté, dans l'armoire de la *fabrique* destinée à y enfermer les titres d'icelle, l'autre double restant au comptable.

« Art. 18. Le reliquat du compte sera payé au marguillier qui sera en exercice, lorsque ledit compte sera arrêté, ou au marguillier qui sera près d'entrer en exercice, le tout suivant qu'il sera arrêté dans ladite assemblée générale ; et sera tenu celui qui aura reçu le dit reliquat, de s'en charger dans le premier chapitre de recette de son compte.

« Art. 19. Sera fait, lors de l'arrêté de compte, un bordereau du chapitre de reprise pour être remis au marguillier qui sera en exercice de comptable, qui sera tenu de veiller au recouvrement des articles de la dite reprise, conformément à l'article 15 ci-dessus, et sous les mêmes peines.

« Art. 20. Sera fait en outre un état de tous les revenus tant fixes que casuels de la *fabrique*, ensemble de toutes les charges et dépenses d'icelle, tant ordinaires qu'extraordinaires dans le même ordre de chapitres et articles du compte, lequel état sera remis à chaque marguillier comptable entrant en exercice, pour lui servir au recouvrement des revenus et à l'acquittement des charges, et sera ledit état renouvelé tous les ans par rapport aux changements qui pourraient arriver dans le courant de chaque année.

« Art. 21. Ne sera faite aucune autre dépense par le marguillier comptable en exercice, que celle mentionnée au dit état, si ce n'est qu'il en eût été délibéré dans une assemblée du bureau ou dans une assemblée générale, ainsi qu'il sera dit ci-après.

« Art. 22. En cas d'augmentation ou diminution d'espèces, le marguillier en exercice sera tenu de faire sa déclaration des espèces qu'il aura entre les mains, dans la première assemblée ordinaire qui sera tenue, si mieux n'aime le premier marguillier en convoquer une plus prompte à autre jour que le jour ordinaire, et sera fait mention sur le registre des délibérations de la dite déclaration, ensemble de la somme à laquelle l'augmentation ou la diminution d'espèces aura monté ; le tout à peine par ledit marguillier de supporter en son propre et privé nom les diminutions des espèces, ou de lui être imputé dans son compte les augmentations sur le pied des recettes du jour de l'augmentation, sans avoir égard aux dépenses, si elles ne se trouvent justifiées par quittances par-devant notaires.

« Art. 23. Sera tenu le marguillier en exercice de présenter tous les trois mois à l'assemblée ordinaire, un bordereau signé de lui et certifié véritable, de la recette et dépense pendant les trois mois précédents, à l'effet de connaître la situation actuelle des recouvrements, et l'acquittement des charges ; et seront lesdits bordereaux signés de ceux qui auront assisté au bureau, et déposés dans l'armoire de la *fabrique* pour être représentés, tant lors de la reddition du compte, que dans le cas d'augmentation ou diminution d'espèces.

« Art. 24. Ne pourront les marguilliers entreprendre aucuns procès ni y défendre, faire aucun emploi ni remploi de deniers appartenants à la *fabrique*, ni accepter aucunes fondations sans délibération précédente de l'assemblée générale, sans préjudice néanmoins des poursuites nécessaires pour le recouvrement des revenus ordinaires de la *fabrique*, pour l'exécution des baux et pour faire passer des titres nouvels, pour raison de quoi en sera délibéré au bureau ordinaire, et dans tous les cas de procès à intenter ou à soutenir, seront délivrées aux procureurs chargés d'occuper, des copies en forme de délibérations, soit du bureau ordinaire, soit de l'assemblée générale.

« Art. 25. Ne pourront être ordonnées des dépenses extraordinaires que par délibération de l'assemblée, et ces assemblées ordinaires ne pourront en ordonner que jusqu'à la somme de cinq cents livres, au delà de laquelle il n'en pourra être fait que par délibération de l'assemblée générale ; pourra néanmoins le marguillier, en exercice de comptable, en faire jusqu'à la somme de cent livres seulement, dont il rendra compte au premier bureau ; ne pourront, en conséquence, les ouvriers, faire aucun ouvrage sans délibération du bureau, ou de l'assemblée générale, ou pouvoir du marguillier comptable, suivant la somme ci-dessus. Ne feront, notamment, aucunes réparations dans les maisons dont les locataires seraient tenus, suivant l'usage ou suivant leurs baux ; et seront les ouvrages qu'ils auront faits sans pouvoir, ou ceux qui excéderont le pouvoir qui leur aura été remis, rayés de leurs mémoires. Ne pourront en outre être, les réparations ordonnées et les mémoires des ouvriers arrêtés et payés, qu'après visite préalablement faite par un des marguilliers au moins, lequel pourra même être assisté d'un expert ou architecte nommé par le bureau, dans le cas qu'il serait jugé nécessaire qu'il fût fait un devis desdites réparations, et un rapport de la manière dont elles auront été faites, et qu'il n'ait été statué sur le tout par délibération de l'assemblée ordinaire ou de l'assemblée générale, suivant les sommes ci-dessus, le tout à peine d'être les dépenses faites en contravention du présent article, rayé du compte.

« ART. 26. Ne seront entrepris aucuns bâtiments considérables, soit pour construire, rétablir ou augmenter l'église et paroisse de Saint-Jean en Grève, soit pour y faire quelques constructions nouvelles, sans en avoir obtenu la permission du roi, par lettres patentes dûment enregistrées en la cour, suivant la déclaration du roi, du 31 janvier 1690, qui sera exécutée selon sa forme et teneur.

« ART. 27. Le dernier marguillier visitera souvent les maisons appartenantes à la *fabrique*, pour voir si les locataires les tiennent en bon état, s'ils font les réparations dont ils sont tenus, suivant l'usage ou suivant leurs baux ; s'il n'y a point de réparations à faire aux dépens de la *fabrique*, et autres choses concernant le bien et l'avantage d'icelle, dont il rendra compte à l'assemblée ordinaire.

« ART. 28. Ne seront faits aucuns emprunts de deniers, soit à constitution de rente ou autrement, que par délibération de l'assemblée générale, homologuée en la cour, et qui contiendra le motif et la nécessité de l'emprunt, la quotité de la somme qu'il conviendra d'emprunter, et l'emploi qui en sera fait ; ne seront pareillement passés aucuns contrats de constitution de rentes en payement des sommes qui pourraient être dues par la *fabrique*, pour quelque cause que ce soit, qu'après avoir observé les mêmes formalités ; et ne pourront en aucuns cas être passées des obligations qui porteraient intérêts.

« ART. 29. Lorsqu'il sera fait quelque emprunt dans la forme prescrite par l'article précédent, les contrats ou obligations seront signés par les quatre marguilliers en charge, et les deniers mis ès-mains de celui qui sera en exercice de comptable, lequel s'en chargera en recette dans son compte ; et ne pourront être empruntées des sommes plus fortes que celles portées en la délibération de l'assemblée générale et arrêt d'homologation d'icelle, ni lesdites sommes être employées à d'autres usages que ceux auxquels elles auront été destinées.

« ART. 30. Sera, au surplus l'édit du mois d'août 1661 exécuté selon sa forme et teneur, et, en conséquence, ne pourront les marguilliers accepter aucuns deniers comptants, maisons, héritages ou rentes, par donation entre vifs ou autres contrats, directement ou indirectement, en quelque sorte et manière, et sous quelque prétexte que ce soit, à condition d'une rente viagère plus forte que ce qui est permis par les ordonnances, ou qui excède le légitime revenu que pourraient produire les biens donnés, à peine par lesdits marguilliers d'en répondre en leurs propres et privés noms, et aux particuliers qui auraient donné, de restituer les arrérages qu'ils auraient reçus, et de perte de leur dû.

« ART. 31. Les baux à loyer des maisons appartenantes à la *fabrique*, ne pourront être faits que six mois avant l'expiration des baux précédents, après qu'il aura été mis un écriteau à chaque maison, et après trois publications au prône de huitaine en huitaine, dont sera donné certificat qui sera annexé à la minute du bail ; et, lors de la dernière publication, seront indiqués le jour et l'heure de l'adjudication, laquelle sera faite dans l'assemblée ordinaire, au plus offrant. Pourront néanmoins les curé et marguilliers avoir égard aux offres des anciens locataires, en faisant par eux la condition de l'Eglise bonne.

« ART. 32. Tous les baux seront passés devant notaire, et, lors de chaque bail d'une maison dépendante de ladite *fabrique*, sera fait un état des lieux bien circonstancié, pour que les locataires puissent être contraints de les rendre en fin de bail comme ils les auront reçus, et sera ledit état signé de tous ceux qui seront parties dans le bail, dont l'un sera remis au locataire et l'autre joint à la grosse du bail, avec laquelle il sera déposé dans l'armoire destinée à renfermer les titres de la *fabrique* ; et sera fait, à la fin de chaque bail, une visite pour connaître l'état des lieux, et faire le récolement de l'état qui aura été fait au commencement du bail, à l'effet de faire rétablir les lieux et faire faire les réparations locatives. Et sera le contenu au présent article exécuté, même dans les baux qui seraient renouvelés à l'ancien locataire, sans qu'audit cas le nouveau bail puisse lui être fait, que l'état des lieux n'ait été constaté par ledit récolement, et les réparations locatives faites par ledit ancien locataire.

« ART. 33. Les concessions de chapelles ne pourront être faites qu'après trois publications, de huitaine en huitaine, et qu'à des personnes demeurant actuellement sur la paroisse ; ce qui sera pareillement observé pour les concessions des bancs, qui ne pourrons être faites que pour la vie de ceux auxquels ils seront concédés, et pour tant de temps qu'ils demeureront sur ladite paroisse, sans qu'il puisse être concédé qu'un seul banc à la même personne et au même chef de famille ; seront, en cas de changement de domicile hors de la paroisse, les bancs concédés de nouveau un an après la translation de domicile; seront néanmoins, après la mort ou translation de domicile des pères et mères, les enfants demeurants sur la paroisse préférés, en continuant la même rente ou redevance sous laquelle l'adjudication aurait été faite, en cas qu'elle l'eût été à la charge d'une rente ou redevance, et en reconnaissant d'ailleurs la *fabrique* par quelques deniers d'entrée, du tiers, au moins, de ce qui aurait été donné par les pères et mères, ou telle somme qui sera arbitrée par le bureau, si le banc avait été adjugé sans deniers, et pour une rente seulement.

« Art. 34. Sera fait un registre, si fait n'a été, de toutes les concessions de chapelles, bancs, épitaphes, caves et autres de pareille qualité, qui seront accordées par le bureau, lesquelles seront transcrites en entier dans ledit registre, avant qu'elles soient signées et délivrées ; ne seront néanmoins troublés ceux qui, un an avant le présent règlement, seront en possession paisible de quelques bancs et places, sans même en avoir obtenu la concession, sauf à les concéder après leur sortie ou après leur décès, et sans qu'audit cas leurs enfants puissent être préférés. Comme aussi dans le cas que par délibération de l'assemblée générale, il serait arrêté que, pour la décence de l'église ou autre cause légitime, les bancs seraient supprimés en tout ou en partie et reconstruits de nouveau d'une manière uniforme, ne pourront ceux qui auraient des places sans concessions, les conserver, s'ils ne s'en rendent adjudicataires en la forme portée par l'article précédent.

« Art. 35. Les chaises continueront d'être affermées ainsi qu'elles l'ont été par le passé dans ladite église, et le bail en sera fait après trois publications au prône, de huitaine en huitaine, et les enchères reçues au bureau de la fabrique, suivant et ainsi qu'il est ordonné pour les maisons par l'article 31 ci-dessus.

« Art. 36. Le prix des chaises sera réglé pour les différents offices et instructions de chaque temps de l'année, par délibération du bureau et de l'assemblée générale, qui sera annexée à la minute du bail, et inscrite sur un tableau qui sera mis dans l'église en un endroit visible, sans néanmoins qu'il puisse jamais être permis de louer lesdites chaises les dimanches et fêtes aux messes de paroisse, prônes et instructions, qui les accompagnent ou qui se feront ensuite, ni même chaque jour aux prières du soir et autres instructions qui se feront pour lors dans la chaire, et seront tenus les adjudicataires de garnir également l'église d'un nombre de chaises suffisant, pendant lesdits offices et instructions auxquels il ne leur doit être payé aucune rétribution, comme aussi de laisser dans tous les temps un espace suffisant pour placer ceux des paroissiens qui ne voudraient pas se servir de chaises.

« Art. 37. Sera fait un registre dans lequel seront inscrits par extrait sommaire tous les baux des maisons et autres biens appartenants à la *fabrique*, la date d'iceux, le temps de leur durée, le prix, le nom des locataires et des notaires qui les auront passés.

« Art. 38. Les titres, comptes et pièces justificatives d'iceux, et autres pièces concernant les biens, revenus et affaires de ladite *fabrique* et de la cure, ensemble le registre des délibérations, autre que le registre courant, seront mis dans une armoire placée au bureau de ladite *fabrique*, fermant à ceux clefs et serrures différentes, qui seront mises ès mains des deux marguilliers bourgeois; et sera fait d'iceux titres et papiers un inventaire signé du curé et marguilliers en charge ; ensemble un récolement tous les ans, où sera ajouté le nouveau compte, pièces justificatives d'icelui et autres titres de l'année courante, lequel sera signé comme dessus. Sera fait, au surplus, un double desdits inventaire et récolement, pour être remis au marguillier en exercice de comptable.

« Art. 39. Ne sera tiré de ladite armoire aucuns titres et papiers en quelque sorte que ce puisse être, que par délibération de l'assemblée ordinaire ou de l'assemblée générale, au désir de laquelle le marguillier, procureur ou autre qui s'en chargera, en donnera son récépissé sur un registre qui sera tenu à cet effet et déposé dans ladite armoire, lequel sera déchargé lors de la remise ; et dudit registre sera tenu un double qui sera remis au marguillier en exercice de comptable.

« Art. 40. Le récépissé fera mention de la pièce qui sera tirée, de la qualité de celui qui s'en chargera et qui signera ledit récépissé, de la raison pour laquelle elle aura été tirée de l'armoire ; et si c'est pour un procès, sera fait mention de la juridiction et du procureur chargé de la cause.

« Art. 41. Le registre des délibérations courantes sera remis au marguillier comptable en exercice.

« Art. 42. Les titres, contrats et papiers concernant les revenus de la charité des pauvres de ladite paroisse, seront mis dans la même armoire que ceux de la *fabrique*; mais en une tablette distincte et séparée ; il en sera pareillement fait inventaire, si fait n'a été, ensemble un récolement tous les ans en la même forme portée par l'article 38 ci-dessus, et ne sera tiré de ladite armoire aucun desdits titres et papiers, qu'avec les mêmes précautions ordonnées par les articles 39 et 40 du présent règlement.

« Art. 43. Les marguilliers en charge pourront, suivant leur zèle, assister aux assemblées de charité, qui se tiendront chez le curé de quinzaine en quinzaine, comme par le passé, dans lesquelles assemblées se feront et ordonneront les distributions des aumônes, et il y sera délibéré et statué sur l'administration des biens de ladite charité, tant en fonds que fruits et revenus, sans préjudice de l'assemblée des dames de charité de ladite paroisse.

« Art. 44. Le curé aura toujours la première place aux assemblées de charité, èsquelles il présidera et **recueillera** les suffrages, à la pluralité desquels se formeront les délibérations, et aura voix prépondérante en cas de partage d'opinions; et ne sera, au surplus, gardé aucun rang dans ces assemblées, si ce n'est celui du curé qui sera le premier, et des marguilliers en charge après lui.

« Art. 45. Sera tenu un registre des délibérations prises dans les assemblées de charité, en la forme prescrite par l'article 7 ci-dessus.

« Art. 46. Sera incessamment fait élection, dans une assemblée de charité, d'un trésorier des pauvres, lequel ne sera en fonction que pendant trois ans, après lequel temps il en sera élu un autre. Pourra néanmoins être continué trois autres années sans qu'il puisse être en place plus de six ans de suite, mais pourra encore être élu après trois ans d'intervalle, s'il est ainsi jugé à propos par l'assemblée de charité.

« Art. 47. Le trésorier des pauvres rendra aussi tous les ans son compte, tant en recette que dépense, chez le curé, dans une assemblée qui sera indiquée à ce sujet, dans lequel compte il mettra en dépense les deniers qu'il aura délivrés à la trésorière de l'assemblée des dames de charité, pour le secours des pauvres malades, des enfants au lait et à la farine, et autres qui, par l'usage et la bienséance ne peuvent être administrés que par elles.

« Art. 48. Le marguillier, en exercice de comptable, ne pourra payer qu'entre les mains du trésorier des pauvres, les sommes et rentes qui sont dues chaque année par la *fabrique* à la charité, soit des pauvres malades, soit des pauvres ménages, à quelque titre et sous quelque autre dénomination que la fondation ait été faite, et en retirera quittance, pour lui servir de pièce justificative de son compte.

« Art. 49. Le trésorier des pauvres recevra aussi et se chargera en recette des sommes qui sont dues aux pauvres chaque année par la confrérie de saint François de Sales, érigée en ladite paroisse, pour être employées suivant l'intention des fondateurs.

« Art. 50. Les fondations faites pour mettre chaque année en métier des orphelins et autres pauvres enfants seront exécutées sans que les sommes destinées à cet effet puissent être employées à d'autres usages. La nomination, tant des enfants que des maîtres chez lesquels ils seront mis, sera faite par délibération du bureau ordinaire, dont copie sera annexée à la minute du brevet d'apprentissage. Les enfants de ladite paroisse seront préférés à tous autres, et choisis dans le nombre de ceux qui auront été plus assidus aux écoles de charité et instructions qui se font dans ladite paroisse; et la somme qu'il conviendra donner pour chaque apprentissage, sera payée directement par le marguillier comptable en exercice, conformément aux titres desdites fondations, et suivant qu'il aura été réglé par l'assemblée ordinaire, lesquels payements ne passeront en compte qu'en rapportant par ledit marguillier une expédition dudit brevet d'apprentissage bien et dûment quittancé, avec copie de la délibération du bureau, en vertu de laquelle il aura été fait.

« Art. 51. Les prédicateurs de l'avent, du carême, des octaves du saint sacrement et des dimanches et fêtes, après midi, seront nommés, suivant l'ancien usage, par le bureau ordinaire, à la pluralité des suffrages, et sera fait un registre sur lequel seront inscrits les noms des prédicateurs qui auront été nommés, l'année et le temps qu'ils doivent prêcher.

« Art. 52. Le curé nommera et choisira les prêtres habitués pour desservir l'église, les confesseurs et ceux qui exerceront les fonctions de diacre et sous-diacre d'office, et de porte-Dieu; à l'égard des chantres et des prêtres chargés d'acquitter les annuels et messes de fondation, lorsque les fondateurs n'y auront pas pourvu, ensemble des enfants de chœur et maîtres d'iceux, organiste, bedeaux, suisses, et autres serviteurs de ladite église, ils seront choisis et congédiés par l'assemblée ordinaire du bureau. Seront néanmoins préférés, autant que faire se pourra, pour enfants de chœur, ceux qui seront nés ou domiciliés sur la paroisse.

« Art. 53. Seront aussi préférés, dans la distribution des annuels et messes de fondation, d'abord les officiers du chœur et de l'église, ensuite les ecclésiastiques employés à l'administration des sacrements, et enfin les prêtres habitués; et lors de chaque nomination, l'on aura égard à l'ancienneté, à la qualité des services et autres raisons qui peuvent déterminer le choix, suivant les règles de la prudence et de l'équité.

« Art. 54. Les ecclésiastiques qui viendront à cesser de remplir leurs emplois, ou qui quitteront la paroisse, seront à l'instant privés de leurs annuels, lesquels, à l'égard des officiers, passeront à ceux qui leur succéderont dans les offices du chœur et de l'église; on pourra néanmoins conserver l'annuel à ceux que leur grand âge ou des infirmités, contractées après de longs services rendus à l'église, mettraient hors d'état de continuer à travailler, pourvu que d'ailleurs les charges en soient acquittées, ce qui dépendra de la prudence et justice de l'assemblée ordinaire.

« Art. 55. Le clerc de l'œuvre sera choisi par l'assemblée générale, et la caution y sera reçue, et le traité fait avec lui sera absolument supprimé, sans qu'il puisse en être fait à l'avenir aucun autre semblable, mais lui seront fixés des appointements convenables, par délibération de l'assemblée générale; il en sera usé de même à l'égard du sacristain des messes basses.

« Art. 56. Le clerc de l'œuvre pourra, si bon lui semble, se choisir à ses frais un sous-clerc pour l'aider dans ses fonctions, en le faisant néanmoins agréer par l'assemblée ordinaire, sans que ledit sous-clerc puisse être regardé comme officier de l'église, et être préféré, pour l'acquit des annuels et des fondations, à des ecclésiastiques habitués plus anciennement dans la paroisse.

« Art. 57. Sera fait un état ou inventaire, si fait n'a été, de tous les ornements, linges, vases sacrés, argenterie, cuivre et autres ustensiles servant aux deux sacristies, dont il y aura deux doubles, signés du clerc de l'œuvre et du sacristain, chacun en droit soi, ensemble des curé et marguilliers, dont un sera déposé dans l'armoire du bureau destinée aux titres de la *fabrique*, et l'autre double remis ès mains du clerc de l'œuvre et du sacristain, chacun à leur égard ; et en sera fait tous les ans un récolement qui sera signé de même et déposé, à l'effet d'être statué par délibération du bureau sur les nouveaux ornements, linges, vases et ustensiles, qu'il faudrait acheter, changer ou raccommoder, dont sera mention sur le récolement, pour en charger ou décharger le clerc de l'œuvre, sa caution et le sacristain, et seront tenus, ledit clerc de l'œuvre et le sacristain, s'il se trouve quelques-uns desdits ornements, linges, vases sacrés et ustensiles, qui, pendant le cours de l'année, ne puissent être d'usage par vétusté ou autrement, d'en donner avis au bureau pour y être statué, sans qu'ils puissent en ordonner sans délibération du bureau, et sans que lesdits clerc de l'œuvre et sacristain puissent prêter aucuns ornements sans la permission des marguilliers.

« Art. 58. Toutes les dépenses de l'église et frais de sacristie seront faits par le marguillier comptable en exercice, et en conséquence il ne sera fourni par aucuns marchands, artisans ou autre, aucunes choses sans un ordre et mandement précis du marguillier tenant le compte, au pied duquel le clerc de l'œuvre ou autre personne à qui la livraison devra être faite, certifiera que le contenu audit mandement aura été rempli.

« Art. 59. Le clerc de l'œuvre tiendra un registre sur lequel il se chargera jour par jour des droits de fossoieries et autres, appartenant à la *fabrique*, et dus pour les ornements, argenterie et sonnerie, fournis tant lors des convois, services, enterrements et bouts de l'an, que lors des mariages et des fêtes de confréries, comme aussi des droits d'assistance des enfants de chœur auxdits convois, enterrements et services, et sera tenu de compter tous les trois mois de sa recette au marguillier comptable qui lui en donnera quittance sur ledit registre qui sera remis à la fin de chaque année audit marguillier comptable pour lui servir dans son compte de pièces justificatives de la recette desdits droits, en donnant par lui au dit clerc de l'œuvre, bonne et valable décharge ; seront tenus en outre ledit clerc de l'œuvre et le fossoyeur, de mettre tous les dimanches ès mains du marguillier tenant le compte, un mémoire de tous les convois, services et enterrements qui auront été faits dans la semaine précédente.

« Art. 60. Sera fait incessamment, si fait n'a été, un livre ou registre dans lequel seront transcrites toutes les fondations faites à ladite église, transcrites de suite par ordre de date, où seront énoncés le titre de la fondation le nom du notaire, la somme ou l'effet donné, les charges que la *fabrique* doit acquitter, suivant les premiers titres, et la réduction qui peut en avoir été faite par l'ordonnance de l'archevêque de Paris du 31 décembre 1685, et y seront ajoutées tous les ans les fondations nouvelles : ledit livre ou registre sera fait double, dont un sera déposé dans les armoires de la *fabrique*, et l'autre demeurera entre les mains du marguillier en exercice de comptable ; sera fait au surplus un état tous les samedis des fondations qui doivent être acquittées pendant le cours de la semaine suivante, qui sera affiché le dimanche matin dans la sacristie, et publié ledit jour au prône de la messe paroissiale.

« Art. 61. Sera mis à la sacristie, au commencement de chaque année, un registre paraphé du marguillier comptable, et disposé de manière qu'il contienne autant de pages qu'il y a de jours dans l'année, et que chaque page ait deux colonnes partagées en autant de parties qu'il y a d'annuels à acquitter, lesquelles seront numérotées depuis un jusqu'au nombre du dernier annuel. Dans chaque partie de la première colonne sera inscrit le nom et l'intention de la personne pour qui la messe doit être célébrée, avec l'heure et le nom de la chapelle à laquelle elle doit être dite, si l'heure est fixée et la chapelle désignée pour la fondation ; et dans chaque partie de la seconde colonne, chaque ecclésiastique chargé de l'annuel, ou celui qui serait chargé d'acquitter en sa place pour quelque cause que ce soit, sera tenu de signer chaque jour son nom lorsqu'il acquittera ladite fondation portée au numéro de son annuel, sinon en cas de maladie ou autre empêchement dont il donnera avis aux curé et marguilliers : enjoint au sacristain de donner avis au bureau, des ecclésiastiques qui négligeraient d'y satisfaire, ensemble de ceux qui n'acquitteraient pas les messes dont ils sont chargés, aux lieux et heures prescrites par les fondations ; seront néanmoins les officiers du chœur exceptés de l'exécution du présent article quant aux heures seulement, quand ils en seront empêchés par les offices du chœur.

« Art. 62. Le curé réglera seul tout ce qui concerne le spirituel et le service divin, et indiquera aux prêtres habitués l'heure à laquelle ils diront la messe chaque jour, tant pour les messes de dévotion que pour celles de fondation, dont l'heure n'aura point été fixée par la fondation.

« Art. 63. L'honoraire des ecclésiastiques chargés d'annuels sera payé suivant qu'il se trouvera porté au titre de chaque fondation ; sinon et lorsqu'il n'y aura point été pourvu par la fondation, sera fixé à raison de quinze sous pour chaque messe sans aucune diminution ni distinction des officiers d'avec les autres ecclésiastiques.

« Art. 64. Le clerc de l'œuvre tiendra encore un registre sur lequel il écrira jour par jour les obits solennels, octaves, saluts et autres fondations particulières au chœur, à mesure qu'elles y seront acquittées, avec ce qu'il aura payé de rétribution à chacun des assistants ; et ce suivant qu'il a été réglé par ladite ordonnance de l'archevêque de Paris, du 31 décembre 1685, laquelle à cet égard sera exécutée selon sa forme et teneur.

« Art. 65. Le sacristain des basses messes tiendra pareillement un registre paraphé du marguillier comptable, sur lequel il inscrira jour par jour les messes casuelles et de dévotion, sans pouvoir en mettre plusieurs en un seul article ; et sera tenu de faire signer en marge de chaque article les prêtres qui auront acquitté les dites messes, auxquels il donnera pour la rétribution de chaque messe douze sols six deniers, conformément à ladite ordonnance de 1685, et le reliquat sera remis au marguillier tenant le compte, par le dit sacristain, lorsqu'il comptera de la recette et dépense des dites messes casuelles, ce qu'il sera tenu de faire tous les trois mois ; et à la fin de chaque année, ledit registre sera remis audit marguillier comptable, pour lui servir dans son compte de pièce justificative de la dite recette, en donnant aussi par lui audit sacristain bonne et valable décharge.

« Art. 66. Comme il peut arriver que par le décès ou la retraite des ecclésiastiques chargés d'annuels, les messes de fondation ne soient point acquittées pendant l'intervalle du dit décès ou retraite jusqu'à ce qu'il ait été nommé un autre ecclésiastique pour les acquitter, il sera fait tous les trois mois, ou au plus tard tous les ans, un état du nombre desdites messes qui n'auront pas été acquittées pendant ledit intervalle, à l'effet d'être choisi par l'assemblée ordinaire, des ecclésiastiques pour les acquitter incessamment ; et en sera fait chaque année un récolement pour examiner si toutes les messes des précédents états ont été acquittées, afin d'ajouter dans les nouveaux états celles qui ne l'auraient point été dans l'année précédente ; il en sera usé de même par rapport aux messes casuelles qui n'auraient pu être acquittées dans leur temps.

« Art. 67. Sera fait aussi, si fait n'a été, un état ou inventaire de tous les meubles et ustensiles, soit du bureau et de l'œuvre, soit de la chambre du prédicateur et de celles des enfants de chœur, et généralement de tout ce qui appartient à la *fabrique*, qui ne fait point partie de la sacristie, lequel sera signé au bureau par les curé et marguilliers, et en sera fait pareillement un récolement tous les ans ; lesquels état et récolement seront déposés dans l'armoire des titres de la *fabrique*.

« Art. 68. Le produit des quêtes qui se feront au profit de la *fabrique*, et les offrandes qui seront faites à l'œuvre par ceux qui rendent les pains à bénir, seront inscrits jour par jour sur un registre destiné à cet effet, tenu par le marguillier comptable en exercice, pour en être rendu compte tous les quinze jours à l'assemblée ordinaire, lequel registre servira au marguillier comptable de pièce justificative de son compte, concernant le provenu desdites quêtes et offrandes.

« Art. 69. Sera tenu un pareil registre du nombre des cierges qui auront été offerts sur les pains bénits, ensemble de ceux qui auront été délivrés pour les différentes chapelles où il en peut être nécessaire, pour l'entretien du luminaire desquelles ils seront principalement destinés. Les souches desdits cierges et de ceux qui auront été pareillement fournis par le marchand cirier, en vertu des mandements et certificats expliqués en l'article 58 ci-dessus, seront reprises, mises dans un coffre et envoyées audit marchand cirier pour être converties en nouveaux cierges, suivant le poids qui s'en trouvera ; et, afin de marquer le nombre des cierges qui seront employés, tant sur le grand autel que sur ceux des chapelles où il est d'usage d'en mettre, il en sera fait incessamment un règlement, dont copie sera délivrée à qui besoin sera pour être exécuté.

« Art. 70. Seront tenus les curé et marguilliers en charge de veiller à ce que les bedeaux et le suisse, et autres serviteurs de l'église s'acquittent de leurs fonctions avec exactitude ; qu'ils portent honneur et respect auxdits curé et marguilliers en charge et autres ecclésiastiques, et à toutes sortes de personnes, sans exception ; qu'ils soient assidus à leurs devoirs et fonctions, aux offices des fêtes annuelles et solennelles, des dimanches et fêtes d'obligation, à conduire ceux qui seront chargés de faire la quête du prédicateur, et généralement à tout ce qui est de leurs fonctions ; ensemble à ce qu'ils distribuent fidèlement dans l'église du pain bénit à tous ceux qui assistent à la messe paroissiale, et suivent exactement le rang et l'ordre des habitants de la paroisse pour leur porter les chanteaux, à l'effet d'être fournis par chacun desdits habitants les pains qui doivent être offerts pour être bénits.

« Art. 71. Au cas que lesdits bedeaux, suisse et autres serviteurs de l'église manquent à remplir leur devoir, qu'ils se conduisent avec irrévérence, ou donnent lieu à quelque autre plainte légitime, il y sera statué, dans l'assemblée ordinaire, soit par le retranchement d'une partie de leur rétribution pour un temps, soit en leur ôtant aussi leur robe ou habit de suisse pour quelque temps, soit en les leur ôtant pour toujours.

« Art. 72. Sera tenu un registre par rues et maisons de chacun des habitants qui auront rendu les pains à bénir, qui fera mention du jour que chacun d'eux l'aura rendu ; lequel registre sera représenté tous les quinze jours au bureau ordinaire, pour veiller à ce que chacun des habitants s'acquitte de ce devoir à son tour, et qu'il n'y ait ni omission ni préférence ; et seront à cet effet les bedeaux tenus, deux ou trois jours avant que de porter le chanteau, d'avertir le marguillier en charge des noms, qualités et demeures de ceux qui sont en tour de rendre le pain à bénir.

« Art. 73. Les anciens marguilliers et commissaires des pauvres, et les notables qui sont en usage de se placer dans l'œuvre et d'assister aux processions, y viendront en habit décent.

« Art. 74. Ne seront à l'avenir donnés aucuns repas ni jetons par les marguilliers comptables lors de leur élection et de la reddition de leur compte.

« Art. 75. Sera au surplus l'article 74 de l'ordonnance de Moulins exécuté dans sa forme et teneur ; et, en conséquence, ne sera faite aucune dépense, ni même aucune distribution de bougies, lors et à l'occasion des assemblées générales et particulières pour les élections des marguilliers, pour la reddition des comptes ou, autrement, en quelque sorte et manière que ce puisse être : ne seront pareillement faites aucunes distributions de bougies aux marguilliers lors des processions, saluts, et en quelque autre occasion que ce soit, à l'exception seulement des jours auxquels il est porté par quelque fondation, qu'il leur en sera distribué, auquel cas lesdites bougies seront du même poids que celles qui seront distribuées au clergé. »

La cour..... homologue les articles du règlement, joints à la minute du présent arrêt au nombre de soixante-quinze, pour être exécutés dans ladite paroisse selon leur forme et teneur, etc.

§ 3. *Etat actuel des* FABRIQUES.

La révolution frappa les *fabriques* comme tous les autres établissements ecclésiastiques et religieux. La loi du 19 août 1792 ordonna que les immeubles réels affectés aux *fabriques*, à quelque titre et pour quelque destination que ce pût être, fussent vendus dans la même forme et aux mêmes conditions que les autres domaines nationaux. Cette spoliation, l'une des plus scandaleuses dont il soit fait mention dans les histoires connues, fut suivie d'une autre non moins criante ; d'après la loi du 13 brumaire an II, tout l'actif affecté, à quelque titre que ce fût, aux *fabriques* des églises cathédrales, curiales et succursales, ainsi que l'acquit des fondations, dut faire partie des propriétés nationales.

Cet état de choses dura pendant tout le temps que la religion catholique fut proscrite dans le royaume. Mais, dès que le gouvernement réparateur du consulat eut succédé aux gouvernements de violence qui l'avaient précédé, on reconnut le besoin de rétablir la religion, indispensable base de toute civilisation et même de toute société. La loi du 18 germinal an X (8 avril 1802) réorganisa les cultes chrétiens, et en même temps ordonna, article 76, le rétablissement des *fabriques*, pour veiller à l'entretien et à la conservation des temples, ainsi qu'à l'administration des aumônes.

Cette loi se bornait, quant aux *fabriques*, à cette seule disposition : nulle règle n'était tracée pour en indiquer le mode d'organisation. Les évêques pensèrent, avec raison, qu'il leur appartenait, comme anciennement, de nommer les membres des conseils de *fabrique* ; et le gouvernement partagea leur opinion (*Arrêté du* 9 *floréal an* XI — 29 *avril* 1803).

Bientôt, toutefois, le décret du 7 thermidor de la même année (26 juillet 1803), en décidant que les biens ayant anciennement appartenu aux *fabriques* et qui n'auraient pas été aliénés par l'Etat, leur seraient restitués, chargea les préfets de nommer pour administrer ces biens, trois marguilliers dans chaque commune.

Il y avait évidemment incohérence entre ces deux décisions. C'était instituer dans chaque paroisse deux sortes de *fabriques* soumises à des autorités et à des règles différentes sous certains rapports. Il était irrationnel de confier ainsi à deux administrations distinctes la régie de biens et de revenus destinés au même emploi. D'ailleurs, d'une part, les fabriciens nommés par les évêques n'avaient que des fonctions très-restreintes ; de l'autre, les biens ecclésiastiques échappés au naufrage révolutionnaire étaient en si petit nombre, que les marguilliers nommés par les préfets se trouvaient, dans beaucoup de localités, presque sans attributions ; il s'éleva entre les uns et les autres des rivalités, des conflits, des divisions et par suite des plaintes.

Le gouvernement en profita pour publier le décret du 30 décembre 1809, qui fut une atteinte grave portée aux droits de l'Eglise, car jusque-là elle avait fait elle-même ses règlements, sauf l'appui matériel que les rois de la terre lui accordaient ensuite. L'ordre de choses établi par ce décret était si nouveau, qu'on n'avait pas même osé l'insinuer dans la loi cependant si hardie du 18 germinal an X. L'article 76 de cette loi porte seulement qu'*il sera établi des fabriques*, et l'on reconnaissait encore si peu au gouvernement le droit de les règlementer, que le 9 floréal an XI, les évêques furent invités à faire, pour leurs diocèses respectifs, des règlements de *fabrique*, parce que c'était encore la seule discipline connue, et que jamais le pouvoir séculier n'avait pris sur ce point l'initiative. Que l'on compulse les archives de toutes les cures et succursales de France, et partout où l'on trouvera des règles pour leur administration temporelle antérieurement à 1809, on verra qu'elles partent avant tout de l'autorité ecclésiastique. Jamais les parlements eux-mêmes ne lui avaient contesté ce droit sacré. Ils intervenaient bien comme juges des différends survenus sur ces matières, de même que le pouvoir royal intervenait pour confirmer, par ses édits, certains actes épiscopaux ; mais jamais, encore une fois, ni les parlements, ni le souverain n'avaient eu la pensée de se faire législateur dans l'Eglise. Si les parlements intervenaient quelquefois dans des règlements, c'était, comme nous l'avons dit plus haut, sur requête et seulement pour les homologuer. Jusque-là cette entreprise avait été le privilège et le signe des hérésies et des schismes.

Ce décret de 1809, d'après un avis du conseil d'Etat, du 28 février 1813, a abrogé tous les anciens règlements des évêques, et quoi que développé ou modifié dans diverses de ses dispositions par différents actes postérieurs, et notamment par l'ordonnance du

10 janvier 1825, il forme aujourd'hui la base de la législation fabricienne, aussi en donnons-nous ci-après le texte avec notes et commentaires, ainsi que le texte de l'ordonnance du 12 janvier 1825.

Quant aux *fabriques* des églises métropolitaines et cathédrales, sauf quelques dispositions nouvelles insérées au décret du 30 décembre 1809, elles continuent, aux termes de ce décret, à être composées et administrées conformément aux règlements épiscopaux approuvés par le gouvernement.

Si quelques ecclésiastiques regardaient la manière d'établir et de diriger les *fabriques*, comme une occupation de peu d'importance, qu'ils nous permettent de leur dire, après monseigneur l'évêque de Langres (Mgr Parisis) que : « L'administra-« tion régulière du temporel des églises non-« seulement prête un heureux secours à l'ad-« ministration spirituelle de chaque paroisse, « mais tient aujourd'hui plus que jamais aux « destinées catholiques de la France. » (*Instruction sur la comptabilité des fabriques*).

Une longue expérience du ministère nous a fait connaître que beaucoup d'ecclésiastiques, même d'un mérite distingué, ignorent, en grande partie du moins, les droits qu'ils doivent avoir sur les églises, les palais épiscopaux, les séminaires, les presbytères, les cimetières, etc. et négligent d'une manière déplorable l'administration de leurs *fabriques*; qu'ils veuillent bien nous permettre encore de mettre sous leurs yeux ces admirables paroles d'un savant canoniste de nos jours, monseigneur l'archevêque de Paris. « Si le « premier devoir d'un prêtre, » dit-il, dans son *Traité de la propriété des biens ecclésiastiques*, « est d'instruire, de toucher, de faire « connaître les règles de la morale, de faire « aimer, surtout par ses exemples, les véri-« tés saintes de la religion, et pour employer « la sublime allégorie des livres saints, d'éle-« ver avec des pierres vivantes un temple au « Seigneur, il doit aussi défendre des pro-« priétés que la religion consacre, qui sont « un moyen nécessaire, quoique matériel, de « la conserver, soutenir des droits fondés sur « les règles immuables de la morale, et qui « ont été respectés chez tous les peuples que « n'agite pas la fièvre des révolutions. » (*Avertissement*, page VIII.)

Nous avons vu que, suivant l'ancienne discipline de l'Eglise, les évêques étaient seuls chargés de veiller à l'emploi des revenus des *fabriques*, et d'examiner les comptes de ceux qui en étaient les administrateurs. Le décret du 30 décembre 1809 leur reconnaît encore ce droit ; il est donc bien essentiel qu'ils ne négligent pas cette partie importante de leurs fonctions ; car cette négligence a eu et pourrait encore avoir de bien funestes conséquences pour l'honneur du culte et l'intérêt de l'Eglise. Il ne faut pas se le dissimuler, le clergé, en beaucoup de localités, ne s'est point lassé de l'administration des *fabriques*. De là les empiétements continuels du pouvoir civil sur le temporel de l'Eglise. « Nous savons très-per-« tinemment, » dit à cette occasion monseigneur l'évêque de Langres, « que l'on s'oc-« cupe au ministère des cultes d'un projet de loi « destiné à remplacer le décret du 30 décem-« bre 1809, que l'on trouve encore trop ec-« clésiastique. Dans ce ministère, dont le « premier devoir est de soutenir les inté-« rêts de l'Eglise, il est des fonctionnai-« res supérieurs qui verraient avec satisfac-« tion les revenus des *fabriques* versés dans « la caisse du receveur communal, les bud-« gets du culte discutés par le conseil muni-« cipal, et ses comptes réglés par le conseil « de préfecture. Chacun comprend que ces « mesures seraient la ruine des églises, mais « il est bien vrai qu'elles ne seraient que la « conséquence des principes posés. » (*De la liberté de l'Eglise*, page 101).

« Parmi les intérêts les plus chers et les plus importants de vos paroisses, dit un autre prélat, à son clergé, il en est peu qui méritent de notre part une sollicitude plus vigilante, et de la vôtre un zèle plus dévoué, que la bonne administration des biens de vos églises.... Hélas! nos très-chers coopérateurs, continue l'éloquent évêque de Rodez (monseigneur Giraud, actuellement archevêque de Cambrai), vous avez perdu cette haute tutelle que vos prédécesseurs exerçaient autrefois sur les établissements de charité publique fondés en grande partie par les libéralités de vos évêques ! Vous avez perdu, légalement du moins, la suprême direction des petites écoles, attribution si essentielle de votre mission divine d'enseigner ; ou, si quelque influence vous y est encore laissée, cette influence est souvent trop faible et vous donne une action trop bornée pour corriger les abus et les désordres qui demandent une prompte répression ! Quel surcroît de disgrâce si vous perdiez encore la part qui vous revient si légitimement dans l'économie des deniers de vos églises, si les oblations des fidèles et les fondations pieuses passaient à une administration purement civile, si vous étiez contraints d'aller mendier à la porte d'un bureau subalterne la matière des sacrements et du sacrifice !.... Quel opprobre imprimé au front des pasteurs et des administrateurs des paroisses, qui seraient ainsi déclarés incapables de gérer convenablement leurs propres affaires, opprobre plus humiliant et plus cruel encore, si vous aviez la douleur de vous dire que vous l'avez encouru par votre faute, oui, faute d'un peu de cette vigilance que nous vous demandons et qui vous aurait épargné d'amers et d'inutiles regrets. » (*Instruction de monseigneur l'évêque de Rodez, sur l'administration temporelle des paroisses*).

DÉCRET *du* 30 *décembre* 1809, *concernant les fabriques des églises.*

« NAPOLÉON, etc.

« Vu l'article 76 de la loi du 18 germinal an X (8 avril 1802) ;

« Sur le rapport de nos ministres de l'Intérieur et des Cultes ;

« Notre conseil d'Etat entendu

« Nous avons décrété et décrétons ce qui suit : (1)

CHAPITRE PREMIER,
De l'administration des fabriques (2).

« ART. 1er. Les *fabriques* dont l'article 76 de la loi du 18 germinal, an X (8 avril 1802) a ordonné l'établissement, sont chargées de veiller à l'entretien et à la conservation des temples, d'administrer les aumônes et les biens, rentes et perceptions autorisées par les lois et règlements, les sommes supplémentaires fournies par les communes, et généralement tous les fonds qui sont affectés à l'exercice du culte; enfin, d'assurer cet exercice et le maintien de sa dignité dans les églises auxquelles elles sont attachées, soit en réglant les dépenses qui y sont nécessaires, soit en assurant les moyens d'y pourvoir.

« ART. 2. Chaque *fabrique* sera composée d'un conseil et d'un bureau de marguilliers.

Section première. — Du Conseil.

§ 1er. *De la composition du conseil.*

« ART. 3. Dans les paroisses où la population sera de cinq mille âmes ou au-dessus, le conseil sera composé de neuf conseillers de *fabrique* ; dans toutes les autres paroisses, il devra l'être de cinq : ils seront pris parmi les notables ; ils devront être catholiques et domiciliés dans la paroisse.

« ART. 4. De plus, seront de droit membres du conseil :

« 1° Le curé ou desservant, qui aura la première place, et pourra s'y faire remplacer par un de ses vicaires ;

« 2° Le maire de la commune du chef-lieu de la cure ou succursale, il pourra s'y faire remplacer par l'un de ses adjoints : si le maire n'est pas catholique, il devra se substituer un adjoint qui le soit, ou, à défaut, un membre du conseil municipal, catholique. Le maire sera placé à la gauche, et le curé ou desservant à la droite du président.

« ART. 5. Dans les villes où il y aura plusieurs paroisses ou succursales, le maire sera de droit membre du conseil de chaque *fabrique*; il pourra s'y faire remplacer comme il est dit dans l'article précédent.

« ART. 6. Dans les paroisses ou succursales dans lesquelles le conseil de *fabrique* sera composé de neuf membres non compris les membres de droit, cinq des conseillers seront pour la première fois, à la nomination de l'évêque, et quatre à celle du préfet ; dans celles où il ne sera composé que de cinq membres, l'évêque en nommera trois, et le préfet deux. Ils entreront en fonctions le premier dimanche du mois d'avril prochain (1).

« ART. 7. Le conseil de *fabrique* se renouvellera partiellement tous les trois ans, savoir : à l'expiration des trois premières années dans les paroisses où il est composé de neuf membres, sans y comprendre les membres de droit, par la sortie de cinq membres qui, pour la première fois, seront désignés par le sort, et des quatre plus anciens après les six ans révolus ; pour les *fabriques* dont le conseil est composé de cinq membres, non compris les membres de droit, par la sortie de trois membres désignés par la voie du sort, après les trois premières années, et des deux autres, après les six ans révolus. Dans la suite, ce seront toujours les plus anciens en exercice qui devront sortir.

« ART. 8. Les conseillers qui devront remplacer les membres sortants seront élus par les membres restants.

« Lorsque le remplacement ne sera pas fait à l'époque fixée, l'évêque ordonnera qu'il y soit procédé dans le délai d'un mois; passé lequel délai, il y nommera lui-même, et pour cette fois seulement.

« Les membres sortants pourront être réélus (2).

« ART. 9. Le conseil nommera au scrutin son secrétaire et son président : ils seront renouvelés le premier dimanche d'avril de chaque année (3), et pourront être réélus. Le président aura, en cas de partage, voix prépondérante.

« Le conseil ne pourra délibérer que lorsqu'il y aura plus de la moitié des membres présents à l'assemblée : et tous les membres présents signeront la délibération, qui sera arrêtée à la pluralité des voix.

§ 2. *Des séances du conseil.*

« ART. 10. Le conseil s'assemblera le premier dimanche du mois d'avril (3), de juillet, d'octobre et de janvier à l'issue de la grand'messe ou des vêpres, dans l'église, dans un lieu attenant à l'église ou dans le presbytère.

« L'avertissement de chacune de ses séances sera publié, le dimanche précédent, au prône de la grand'messe.

« Le conseil pourra de plus s'assembler extraordinairement, sur l'autorisation de l'évêque ou du préfet, lorsque l'urgence des affaires ou de quelques dépenses imprévues l'exigera (4).

§ 3. *Des fonctions du conseil.*

« ART. 11. Aussitôt que le conseil aura été formé, il choisira au scrutin, parmi ses membres, ceux qui, comme marguilliers, en-

---

(1) Une décision du gouvernement du 9 floréal an XI, (29 avril 1803) avait autorisé les archevêques et évêques à statuer par des règlements, sur l'administration de toutes les *fabriques*, sans distinction ; mais aux termes d'un avis du conseil d'État, du 22 février 1813, le décret de 1809 ayant donné une nouvelle organisation aux *fabriques*, ces règlements doivent être considérés comme abrogés de droit par ce décret (*Voyez* ci-dessus, col. 35).

(2) Plusieurs détails réglementaires de ce décret sont tirés des anciens règlements de *fabriques*, notamment de celui de la *fabrique* de Saint-Jean de Grève à Paris, du 2 avril 1737. Ce règlement est cité comme un modèle par tous les auteurs qui ont traité cette matière. Il est rapporté à la suite du § 2 ci-dessus, col. 20.

(1) Les chapelles vicariales doivent avoir le même nombre de fabriciens ; ils sont nommés de la même manière (*Voyez* ci-après l'ordonnance du 12 janvier 1825). Pour les *fabriques* des cathédrales, *voyez* l'art. 104 de ce décret. — Cet article a abrogé l'art. 3 de l'arrêté du 7 thermidor an XI (26 juillet 1803).

(2) Voyez l'ordonnance du 12 janvier 1825, art 3 et 4 modifiant cet article.

(3) C'est maintenant le dimanche de Quasimodo. *Voy.* l'ordonnance du 12 janvier 1825, art. 2. — Une séance tenue le premier dimanche d'avril serait nulle ; c'est ce que dit une ordonnance du 11 octobre 1833.

(4) Voyez l'ordonnance du 12 janvier 1825, art. 6.

treront dans la composition du bureau ; et, à l'avenir, dans celle de ses sessions qui répondra à l'expiration du temps fixé par le présent règlement pour l'exercice des fonctions de marguilliers, il sera fait également, au scrutin, élection de celui de ses membres qui remplacera le marguillier sortant.

« Art. 12. Seront soumis à la délibération du conseil :

« 1° Le budget de la fabrique ;

« 2° Le compte annuel de son trésorier ;

« 3° L'emploi des fonds excédant les dépenses, du montant des legs et donations, et le remploi des capitaux remboursés ;

« 4° Toutes les dépenses extraordinaires au delà de cinquante francs dans les paroisses au-dessous de mille âmes, et de cent francs dans les paroisses d'une plus grande population ;

« 5° Les procès à entreprendre ou à soutenir, les baux amphytéotiques ou à longues années, les aliénations ou échanges, et généralement tous les objets excédant les bornes de l'administration ordinaire des biens des mineurs.

Section II. — Du bureau des marguilliers.

§ 1er. *De la composition du bureau des marguilliers.*

« Art. 13. Le bureau des marguilliers se composera :

« 1° Du curé ou desservant de la paroisse ou succursale, qui en sera membre perpétuel et de droit ;

« 2° De trois membres du conseil de *fabrique.*

« Le curé ou desservant aura la première place, et pourra se faire remplacer par un de ses vicaires.

« Art. 14. Ne pourront être en même temps membres du bureau les parents ou alliés, jusques et compris le degré d'oncle et de neveu.

« Art. 15. Au premier dimanche d'avril de chaque année (1), l'un des marguilliers cessera d'être membre du bureau, et sera remplacé.

« Art. 16. Des trois marguilliers qui seront pour la première fois nommés par le conseil, deux sortiront successivement par la voie du sort, à la fin de la première et de la seconde année, et le troisième sortira de droit, la troisième année révolue.

« Art. 17. Dans la suite, ce seront toujours les marguilliers les plus anciens en exercice qui devront sortir.

« Art. 18. Lorsque l'élection ne sera pas faite à l'époque fixée, il y sera pourvu par l'évêque.

« Art. 19. Ils nommeront entre eux un président, un secrétaire et un trésorier.

« Art. 20. Les membres du bureau ne pourront délibérer s'ils ne sont au moins au nombre de trois.

« En cas de partage, le président aura voix prépondérante.

(1) Maintenant au dimanche de Quasimodo. *Voyez* l'ordonnance du 12 janvier 1825, art. 2.

DROIT CANON. II.

« Toutes les délibérations seront signées par les membres présents.

« Art. 21. Dans les paroisses où il y avait ordinairement des marguilliers d'honneur, il pourra en être choisi deux par le conseil parmi les principaux fonctionnaires publics domiciliés dans la paroisse. Ces marguilliers, et tous les membres du conseil, auront une place distinguée dans l'église ; ce sera *le banc de l'œuvre :* il sera placé devant la chaire autant que faire se pourra. Le curé ou desservant aura, dans ce banc, la première place toutes les fois qu'il s'y trouvera pendant la prédication.

§ 2. *Des séances du bureau des marguilliers.*

« Art. 22. Le bureau s'assemblera tous les mois, à l'issue de la messe paroissiale, au lieu indiqué pour la tenue des séances du conseil.

« Art. 23. Dans les cas extraordinaires, le bureau sera convoqué, soit d'office par le président, soit sur la demande du curé ou desservant.

§ 3. *Fonctions du bureau.*

« Art. 24. Le bureau des marguilliers dressera le budget de la *fabrique,* et préparera les affaires qui doivent être portées au conseil ; il sera chargé de l'exécution des délibérations du conseil, et de l'administration journalière du temporel de la paroisse (1).

« Art. 25. Le trésorier est chargé de procurer la rentrée de toutes les sommes dues à la *fabrique,* soit comme faisant partie de son revenu annuel, soit à tout autre titre.

« Art. 26. Les marguilliers sont chargés de veiller à ce que toutes fondations soient fidèlement acquittées et exécutées suivant l'intention des fondateurs, sans que les sommes puissent être employées à d'autres charges.

« Un extrait du sommier des titres contenant les fondations, qui doivent être desservies pendant le cours d'un trimestre, sera affiché dans la sacristie, au commencement de chaque trimestre, avec les noms du fondateur et de l'ecclésiastique qui acquittera chaque fondation.

« Il sera rendu compte à la fin de chaque trimestre, par le curé ou desservant, au bureau des marguilliers, des fondations acquittées pendant le cours du trimestre.

« Art. 27. Les marguilliers fourniront l'huile, le pain, le vin, l'encens, la cire, et généralement tous les objets de consommation nécessaires à l'exercice du culte ; ils pourvoiront également aux réparations et achats des ornements, meubles et ustensiles de l'église et de la sacristie.

« Art. 28. Tous les marchés seront arrêtés par le bureau des marguilliers, et signés par le président, ainsi que les mandats.

« Art. 29. Le curé ou desservant se conformera aux règlements de l'évêque pour

(1) Le bureau des marguilliers doit également constater le jour de prise de possession et d'installation des curés, desservants et vicaires (*Ordonnance du 15 mars 1852, art. 1 et 2*).

(*Deux.*)

tout ce qui concerne le service divin, les prières et les instructions, et l'acquittement des charges pieuses imposées par les bienfaiteurs, sauf les réductions qui seraient faites par l'évêque, conformément aux règles canoniques, lorsque le défaut de proportion des libéralités et des charges, qui en sont la condition, l'exigera.

« Art. 30. Le curé ou desservant agréera les prêtres habitués, et leur assignera leurs fonctions.

« Dans les paroisses où il en sera établi, il désignera le sacristain-prêtre, le chantre-prêtre et les enfants de chœur.

« Le placement des bancs ou chaises dans l'église ne pourra être fait que du consentement du curé ou desservant, sauf le recours à l'évêque.

« Art. 31. Les annuels auxquels les fondateurs ont attaché des honoraires, et généralement tous les annuels emportant une rétribution quelconque, seront donnés de préférence aux vicaires, et ne pourront être acquittés qu'à leur défaut par les prêtres habitués ou autres ecclésiastiques ; à moins qu'il n'en ait été autrement ordonné par les fondateurs.

« Art. 32. Les prédicateurs seront nommés par les marguilliers, à la pluralité des suffrages, sur la présentation faite par le curé ou desservant, et à la charge par les dits prédicateurs d'obtenir l'autorisation de l'ordinaire (1).

« Art. 33. La nomination et la révocation de l'organiste, des sonneurs, des bedeaux, suisses ou autres serviteurs de l'église, appartiennent aux marguilliers, sur la proposition du curé ou desservant (2).

« Art. 34. Sera tenu le trésorier de présenter, tous les trois mois, au bureau des marguilliers, un bordereau signé de lui, et certifié véritable, de la situation active et passive de la *fabrique*, pendant les trois mois précédents ; ces bordereaux seront signés de ceux qui auront assisté à l'assemblée, et déposés dans la caisse ou armoire de la *fabrique*, pour être représentés lors de la reddition du compte annuel.

« Le bureau déterminera, dans la même séance, la somme nécessaire pour les dépenses du trimestre suivant.

« Art. 35. Toute la dépense de l'église et les frais de sacristie seront faits par le trésorier ; en conséquence, il ne sera rien fourni par aucun marchand ou artisan, sans un mandat du trésorier, au pied duquel le sacristain, ou toute autre personne apte à recevoir la livraison, certifiera que le contenu audit mandat a été rempli.

CHAPITRE II.
Des revenus, des charges, du budget de la fabrique.

Section première. — Des revenus de la fabrique.

« Art. 36. Les revenus de chaque *fabrique* se forment :

(1) Voyez ci-après, art. 37, n. 2.
(2) Cet article est modifié par l'article 7 de l'ordonnance du 12 janvier 1825.

« 1° Du produit des biens et rentes restitués aux *fabriques*, des biens des confréries, et généralement de ceux qui auraient été affectés aux *fabriques* par nos divers décrets (1);

« 2° Du produit des biens, rentes et fondations, qu'elles ont été ou pourront être par nous autorisées à accepter (2) ;

« 3° Du produit des biens et rentes célés au domaine, dont nous les avons autorisées ou dont nous les autoriserions à se mettre en possession (3);

« 4° Du produit spontané des terrains servant de cimetières ;

« 5° Du prix de la location des chaises (4) ;

« 6° De la concession des bancs placés dans l'église (5) ;

« 7° Des quêtes faites pour les frais du culte (6) ;

« 8° De ce qui sera trouvé dans les troncs placés pour le même objet (7) ;

« 9° Des oblations faites à la *fabrique* (8) ;

« 10° Des droits que, suivant les règlements épiscopaux approuvés par nous, les *fabriques* perçoivent, et de celui qui leur revient sur le produit des frais d'inhumation (9) ;

« 11° Du supplément donné par la commune, le cas échéant (10).

Section II. — Des charges de la fabrique.

§ 1er *Des charges en général.*

« Art. 37. Les charges de la *fabrique* sont :

« 1° De fournir aux frais nécessaires du culte, savoir, les ornements, les vases sacrés, le linge, le luminaire, le pain, le vin, l'encens, le payement des vicaires, des sacristains, chantres, organistes, sonneurs, suisses, bedeaux et autres employés de l'é-

(1) Lois du 18 germinal an X (8 avril 1802), art. 72.— Arrêté du 7 thermidor an XI (26 juillet 1803) ; — Arrêté du 25 frimaire an XII (17 décembre 1803) ; — Décret du 22 fructidor an XIII (9 septembre 1805) ; — Avis du conseil d'État du 21 frimaire an XIV (12 décembre 1805) ; — 13 ventôse an XIII (6 mars 1805) ; — 17 juin 1805 ; — 30 mai, 19 juin, 31 juillet 1806 ; — 17 mars 1809 ; — Avis du conseil d'État du 28 août 1810 ; décret du 10 novembre 1810 ; — 1er juin 1812 ; — Décisions du ministre des finances, des 6 août, 10 septembre 1817 et 27 septembre 1818 ; — Ordonnance royale du 28 mars 1820, etc.
(2) Loi du 2 janvier 1817.—Ordonnance du 2 avril 1817. — Instruction du ministre de l'intérieur, du 12 avril 1819. (*Voyez* ces trois pièces au tome I er, col. 72 et 1028).
(3) Voyez les lois du 4 ventôse an IX (23 février 1801) et 27 frimaire an XI (18 décembre 1804) ; l'arrêté du 7 thermidor an XI (26 juillet 1803) ; le décret du 19 juin 1806 ; l'avis du conseil d'État du 25 avril–31 mai 1807, 20 septembre et 28 novembre 1809 ; arrêtés du 29 mars 1810 et 25 mai 1814 ; décision du ministre des finances du 6 août 1817 ; arrêt du conseil d'État du 19 février 1823.
(4) Voyez les art. 64, 65, 66 et 67 de ce décret.
(5) Voyez les art. 68, 69, 70, 71 et 72 ci-après, et le décret du 1er août 1803.
(6) Voyez les art. 74 et 75 ci-après.
(7) Voyez le décret du 25 mai 1803.
(8) Voyez les décrets du 23 prairial an XII (12 juin 1804), art. 20 et 24, 18 mai 1806, art. 7 et 12 ; 30 décembre 1809, art. 76 ; avis du conseil d'État, du 26 février 1813 ; décret du 26 décembre 1813 (*Voyez* surtout le tarif du diocèse).
(9) Voyez les décrets des 23 prairial an XII (12 juin 1804), 10 février et 18 mai 1806, 18 août 1811, et l'ordonnance royale du 25 juin 1832 (*Voyez* encore le décret du 26 décembre 1813).
(10) Voyez ci-après les art. 49, 92 et suivants.

glise, selon la convenance et les besoins des lieux (1) ;

« 2° De payer l'honoraire des prédicateurs de l'Avent, du Carême et autres solennités (2) ;

« 3° De pourvoir à la décoration et aux dépenses relatives à l'embellissement intérieur de l'église ;

« 4° De veiller à l'entretien des églises, presbytères et cimetières, et, en cas d'insuffisance des revenus de la *fabrique*, de faire toutes diligences nécessaires pour qu'il soit pourvu aux réparations et reconstructions, ainsi que tout est réglé au paragraphe 3.

§ 2. *De l'établissement et du payement des vicaires.*

« Art. 38. Le nombre de prêtres et de vicaires habitués à chaque église sera fixé par l'évêque, après que les marguilliers en auront délibéré, et que le conseil municipal de la commune aura donné son avis.

« Art. 39. Si, dans le cas de la nécessité d'un vicaire reconnu par l'évêque, la *fabrique* n'est pas en état de payer le traitement, la décision épiscopale devra être adressée au préfet, et il sera procédé ainsi qu'il est expliqué à l'article 49, concernant les autres dépenses de la célébration du culte, pour lesquelles les communes suppléent à l'insuffisance des *fabriques*.

« Art. 40. Le traitement des vicaires sera de cinq cents francs au plus, et de trois cents francs au moins (3).

§ 3. *Des réparations.*

« Art. 41. Les marguilliers et spécialement le trésorier seront tenus de veiller à ce que toutes les réparations soient bien et promptement faites. Ils auront soin de visiter les bâtiments avec des gens de l'art, au commencement du printemps et de l'automne.

« Ils pourvoiront sur le champ et par économie (4), aux réparations locatives ou autres qui n'excéderont pas la proportion indiquée en l'article 12, et sans préjudice toutefois, des dépenses réglées pour le culte.

« Art. 42. Lorsque les réparations excéderont la somme ci-dessus indiquée, le bureau sera tenu d'en faire rapport au conseil, qui pourra ordonner toutes les réparations qui ne s'élèveraient pas à plus de cent francs dans les communes au-dessous de mille

(1) Voyez ci-dessus l'art. 27.
(2) Voyez art. 52 ci-dessus.
(3) Depuis le décret de 1809, le sort des vicaires a été beaucoup amélioré. On peut voir notamment l'avis du conseil d'État, du 10 mai 1811, relatif à leur payement par les *fabriques*, ou à défaut par les communes ; l'ordonnance du 5 juin 1816, qui assura un traitement de 200 fr. aux vicaires, autres que ceux des villes de grande population qui n'avaient joui jusqu'alors d'aucune rétribution sur les fonds de l'État ; l'ordonnance du 9 avril 1817, qui porta ce traitement de 200 fr. à 250 fr. ; l'ordonnance du 31 juillet 1821, qui l'éleva à 300 fr., et enfin l'ordonnance du 8 janvier 1830, qui l'a fixé à 350 fr. Ce traitement est indépendant de celui voté par la *fabrique* ou la commune.
Aux termes d'une ordonnance du 13 mars 1832, le traitement des vicaires, comme celui des curés et desservants, ne commence à courir que du jour de leur installation, constatée par le bureau des marguilliers.
(4) Par *économie*, c'est-à-dire sans adjudication, en payant eux-mêmes les ouvriers, les matériaux, etc.

âmes, et de deux cents francs, dans celles d'une plus grande population.

« Néanmoins le dit conseil ne pourra, même sur le revenu libre de la *fabrique*, ordonner les réparations qui excéderont la quotité ci-dessus énoncée qu'en chargeant le bureau de faire dresser un devis estimatif et de procéder à l'adjudication au rabais ou par soumission, après trois affiches renouvelées de huitaine en huitaine.

« Art. 43. Si la dépense ordinaire, arrêtée par le budget ne laisse pas de fonds disponibles ou n'en laisse pas de suffisants pour les réparations, le bureau en fera son rapport au conseil, et celui-ci prendra une délibération tendant à ce qu'il y soit pourvu dans les formes prescrites au chapitre IV du présent règlement, cette délibération sera envoyée par le président au préfet.

« Art. 44. Lors de la prise de possession de chaque curé ou desservant, il sera dressé aux frais de la commune, et à la diligence du maire, un état de situation du presbytère et de ses dépendances (1). Le curé ou desservant ne sera tenu que des simples réparations locatives, et des dégradations par sa faute (2). Le curé ou desservant sortant, ou ses héritiers ou ayants cause, seront tenus desdites réparations locatives et dégradations (3).

Section III. — *Du budget de la fabrique.*

« Art. 45. Il sera présenté chaque année au bureau, par le curé ou desservant un état par aperçu des dépenses nécessaires à l'exercice du culte soit pour les objets de consommation, soit pour réparation ou entretien d'ornements, meubles et ustensiles d'église.

« Cet état, après avoir été, article par article, approuvé par le bureau, sera porté en bloc sous la désignation de *dépenses intérieures*, dans le projet du budget général ; le détail de ces dépenses sera annexé au dit projet.

« Art. 46. Ce budget établira la recette et la dépense de l'église. Les articles de dépense seront classés dans l'ordre suivant :

« 1° Les frais ordinaires de la célébration du culte ;

« 2° Les frais de réparations des ornements, meubles et ustensiles d'église ;

« 3° Les gages des officiers et serviteurs de l'église ;

« 4° Les frais de réparations locatives.

« La portion des revenus qui restera après cette dépense acquittée servira au traitement des vicaires légitimement établis, et l'excédant, s'il y en a, sera affecté aux grosses réparations des édifices affectés au service du culte.

« Art. 47. Le budget sera soumis au con-

(1) Si le presbytère appartient à la *fabrique* ou à la cure, c'est par le trésorier de la *fabrique* que l'état de situation doit être dressé. (*Voyez* le décret du 6 novembre 1813, tome Ier, col. 317.)
(2) Voyez les art. 1754 et 1755 du Code civil relatifs aux réparations locatives.
(3) Voyez le décret du 6 novembre 1813, art. 21, au tome Ier, col. 319.

seil de la fabrique, dans la séance du mois d'avril de chaque année (1); il sera envoyé, avec l'état des dépenses de la célébration du culte à l'évêque diocésain, pour avoir sur le tout son approbation.

« Art. 48. Dans le cas où les revenus de la *fabrique* couvriraient les dépenses portées au budget, le budget pourra, sans autres formalités, recevoir sa pleine et entière exécution.

« Art. 49. Si les revenus sont insuffisants pour acquitter, soit les frais indispensables du culte, soit les dépenses nécessaires pour le maintien de sa dignité, soit les gages des officiers et des serviteurs de l'église, soit les réparations des bâtiments, ou pour fournir la subsistance de ceux des ministres que l'Etat ne salarie pas, le budget contiendra l'aperçu des fonds qui devront être demandés aux paroissiens, pour y pourvoir ainsi qu'il est réglé dans le chapitre iv.

CHAPITRE III.

Section première. — De la régie des biens de la fabrique.

« Art. 50. Chaque *fabrique* aura une caisse ou armoire fermant à trois clefs, dont une restera dans les mains du trésorier, l'autre dans celles du curé, ou desservant et la troisième dans celles du président du bureau.

« Art. 51. Seront déposés dans cette caisse tous les deniers appartenant à la *fabrique* ainsi que les clefs de toutes les églises.

« Art. 52. Nulle somme ne pourra être extraite de la caisse sans autorisation du bureau, et sans un récépissé qui y restera déposé.

« Art. 53. Si le trésorier n'a pas dans les mains la somme fixée à chaque trimestre, par le bureau pour la dépense courante, ce qui manquera sera extrait de la caisse, comme aussi ce qu'il se trouverait avoir d'excédant sera versé dans cette caisse.

« Art. 54. Seront aussi déposés dans une caisse ou armoire les papiers, titres et documents concernant les revenus et affaires de la fabrique, et notamment les comptes, avec les pièces justificatives, les registres de délibérations autres que le registre courant, le sommier des titres et les inventaires ou récolements dont il est mention aux deux articles qui suivent.

« Art. 55. Il sera fait incessamment et sans frais, deux inventaires; l'un, des ornements, linges, vases sacrés, argenterie, ustensiles, et en général de tout le mobilier de l'église ; l'autre des titres, papiers et renseignements avec mention des biens contenus dans chaque titre, du revenu qu'ils produisent, de la fondation à la charge de laquelle les biens ont été donnés à la *fabrique*. Un double inventaire du mobilier sera remis au curé ou desservant.

« Il sera fait, tous les ans, un récolement desdits inventaires, afin d'y porter les additions, réformes ou autres changements : ces inventaires et récolements seront signés par le curé ou desservant, et par le président du bureau.

« Art. 56. Le secrétaire du bureau transcrira, par suite de numéros et par ordre de dates, sur un registre sommier :

« 1° Les actes de fondation, et généralement tous les titres de propriétés ;

« 2° Les baux à ferme ou loyer.

« La transcription sera entre deux marges qui serviront pour y porter, dans l'une, les revenus, et dans l'autre, les charges.

« Chaque pièce sera signée et certifiée conforme à l'original par le curé ou desservant et par le président du bureau.

« Art. 57. Nul titre ni pièce ne pourra être extrait de la caisse sans un récépissé qui fera mention de la pièce retirée, de la délibération du bureau par laquelle cette extraction aura été autorisée, de la qualité de celui qui s'en chargera et signera le récépissé, de la raison pour laquelle elle aura été tirée de la dite caisse ou armoire; et, si c'est pour un procès, le tribunal et le nom de l'avoué seront désignés.

« Ce récépissé, ainsi que la décharge au temps de la remise, seront inscrits sur le sommier ou registre des titres.

« Art. 58. Tout notaire devant lequel il aura été passé un acte, contenant donation entre-vifs ou disposition testamentaire au profit d'une *fabrique*, sera tenu d'en donner avis au curé ou desservant (1).

« Art. 59. Tout acte contenant des dons ou legs à une *fabrique*, sera remis au trésorier, qui en fera son rapport à la prochaine séance du bureau. Cet acte sera ensuite adressé par le trésorier, avec les observations du bureau, à l'archevêque ou évêque diocésain, pour que celui-ci donne sa délibération s'il convient ou non d'accepter.

« Le tout sera envoyé au ministre des cultes, sur le rapport duquel la *fabrique* sera, s'il y a lieu, autorisée à accepter; l'acte d'acceptation, dans lequel il sera fait mention de l'autorisation, sera signé par le trésorier, au nom de la *fabrique* (2).

« Art. 60. Les maisons et biens ruraux appartenant à la *fabrique* seront affermés, régis et administrés par le bureau des marguilliers, dans la forme déterminée pour les biens communaux (3).

« Art. 61. Aucun des membres du bureau des marguilliers ne peut se porter, soit pour adjudicataire, soit même pour associé de l'adjudicataire, des ventes, marchés de réparations, constructions, reconstructions, ou baux des biens de la *fabrique*.

---

(1) Cet article est modifié par l'art. 2 de l'ordonnance du 12 janvier 1825. Cette séance a lieu maintenant le dimanche de *Quasimodo*.

(1) Voyez les lois relatives aux donations et legs en faveur des fabriques, tome Ier, col. 72. Décret du 12 août 1807, ordonnance du 10 juin 1814, loi du 2 janvier 1817, ordonnance du 2 avril 1817, loi du 24 mai 1825, ordonnances des 7 mai 1826 et 14 janvier 1831.
(2) Voyez ordonnance du 2 avril 1817. Circulaire du 12 avril 1819, tome Ier, col. 72 et 1028.
(3) Voyez décret du 7 thermidor an XI, art. 3. — Code civil, art. 1712. — Lois des 5 novembre 1790, 11 février 1791. — Décret du 7 août 1807. — Circulaire du 12 avril 1819. — Avis du conseil d'État, des 12 et 17 novembre 1811. — Ordonnance du 7 octobre 1818, art. 4 et 5.

« Art. 62. Ne pourront les biens immeubles de l'église être vendus, aliénés, échangés, ni même loués pour un terme plus long, que neuf ans, sans une délibération du conseil, l'avis de l'évêque diocésain et notre autorisation (1).

« Art. 63. Les deniers provenant de donations ou legs dont l'emploi ne serait pas déterminé par la fondation, les remboursements de rentes, le prix de ventes ou soultes d'échanges, les revenus excédant l'acquit des charges ordinaires, seront employés dans les formes déterminées par l'avis du conseil d'État, approuvé par nous le 21 décembre 1808 (2).

« Dans le cas où la somme serait insuffisante, elle restera en caisse, si on prévoit que dans les six mois suivants il rentrera des fonds disponibles, afin de compléter la somme nécessaire pour cette espèce d'emploi, sinon le conseil délibérera sur l'emploi à faire, et le préfet ordonnera celui qui paraîtra le plus avantageux (3).

« Art. 64. Le prix des chaises sera réglé, pour les différents offices, par délibération du bureau, approuvée par le conseil; cette délibération sera affichée dans l'église (4).

« Art. 65. Il est expressément défendu de rien percevoir pour l'entrée de l'église, ni de percevoir dans l'église plus que le prix des chaises, sous quelque prétexte que ce soit.

« Il sera même réservé dans toutes les églises une place où les fidèles qui ne louent pas de chaises ni de bancs puissent commodément assister au service divin et entendre les instructions.

« Art. 66. Le bureau des marguilliers pourra être autorisé par le conseil, soit à régir la location des bancs et chaises, soit à la mettre en ferme.

« Art. 67. Quand la location des chaises sera mise en ferme, l'adjudication aura lieu après trois affiches de huitaine en huitaine ; les enchères seront reçues au bureau de la *fabrique* par soumission, et l'adjudication sera faite au plus offrant, en présence des marguilliers, de tout quoi il sera fait mention dans le bail, auquel sera annexée la délibération qui aura fixé le prix des chaises.

« Art. 68. Aucune concession de bancs ou de places dans l'église ne pourra être faite, soit par bail pour une prestation annuelle, soit au prix d'un capital ou d'un immeuble, *soit* (5) pour un temps plus long que la vie de ceux qui l'auront obtenue, sauf l'exception ci-après.

« Art. 69. La demande de concession sera présentée au bureau, qui préalablement la fera publier par trois dimanches, et afficher à la porte de l'église pendant un mois, afin que chacun puisse obtenir la préférence par une offre plus avantageuse.

« S'il s'agit d'une concession pour un immeuble, le bureau le fera évaluer en capital et en revenu, pour être cette évaluation, comprise dans les affiches et publications.

« Art. 70. Après ces formalités remplies, le bureau fera son rapport au conseil.

« S'il s'agit d'une concession par bail pour une prestation annuelle, et que le conseil soit d'avis de faire cette concession, sa délibération sera un titre suffisant.

« Art. 71. S'il s'agit d'une concession pour un immeuble, il faudra, sur la délibération du conseil, obtenir notre autorisation dans la même forme que pour les dons et legs. Dans le cas où il s'agirait d'une valeur mobilière, notre autorisation serait nécessaire, lorsqu'elle s'élèvera à la même quotité pour laquelle les communes et les hospices sont obligés de l'obtenir (1).

« Art. 72. Celui qui aurait entièrement bâti une église, pourra retenir la propriété d'un banc ou d'une chapelle pour lui et sa famille, tant qu'elle existera.

« Tout donateur ou bienfaiteur d'une église pourra obtenir la même concession, sur l'avis du conseil de *fabrique*, approuvé par l'évêque et par le ministre des cultes.

« Art. 73. Nul cénotaphe, nulles inscriptions, nuls monuments funèbres ou autres, de quelque genre que ce soit, ne pourront être placés dans les églises que sur la proposition de l'évêque diocésain et la permission de notre ministre des cultes.

« Art. 74. Le montant des fonds perçus pour le compte de la *fabrique*, à quelque titre que ce soit, sera, à fur et mesure de la rentrée, inscrit avec la date du jour et du mois, sur un registre coté et paraphé (2), qui demeurera entre les mains du trésorier.

« Art. 75. Tout ce qui concerne les quêtes dans les églises sera réglé par l'évêque sur le rapport des marguilliers, sans préjudice des quêtes pour les pauvres, lesquelles devront toujours avoir lieu dans les églises, toutes les fois que les bureaux de bienfaisance le jugeront convenable.

« Art. 76. Le trésorier portera parmi les recettes en nature les cierges offerts sur les pains bénits ou délivrés pour les annuels, et ceux qui, dans les enterrements et services funèbres, appartiennent à la *fabrique* (3).

« Art. 77. Ne pourront les marguilliers entreprendre aucun procès, ni y défendre, sans une autorisation du conseil de préfecture, auquel sera adressé la délibération qui devra être prise à ce sujet par le conseil et le bureau réunis (4).

« Art. 78. Toutefois le trésorier sera tenu

---

(1) Voyez arrêté du 8 thermidor an IV, et la circulaire ministérielle du 12 avril 1819.
(2) L'avis du conseil d'État, du 21 décembre 1808, a été modifié par un décret du 16 juillet 1810.
(3) Voyez le décret du 16 juillet 1840.
(4) Voyez arrêté du 13 thermidor an XIII (1er août 1805), décrets du 18 mai 1806, du 18 août 1811, et ordonnance royale du 25 juin 1832.
(5) Ce mot, quoique dans le texte du décret, nous paraît devoir être supprimé.

(1) C'est-à-dire 500 fr. sur la concession des bancs. (*Voyez* la circulaire du ministre de l'intérieur, 12 avril 1819, tome 1er, col. 1028; la décision du ministre des affaires ecclésiastiques, 28 juin 1825.)
(2) Par le président du conseil.
(3) Voyez le décret du 26 décembre 1813, art. 1er et 2.
(4) Une foule de décisions du conseil d'État confirment et expliquent cet article.

de faire tous actes conservatoires pour le maintien des droits de la *fabrique*, et toutes diligences nécessaires pour le recouvrement de ses revenus.

« Art. 79. Les procès seront soutenus au nom de la fabrique, et les diligences faites à la requête du trésorier, qui donnera connaissance de ces procédures au bureau (1).

« Art. 80. Toutes contestations relatives à la propriété des biens, et toutes poursuites à fin de recouvrement des revenus seront portées devant les juges ordinaires.

« Art. 81. Les registres des fabriques seront sur papier non timbré (2). Les dons et legs qui leur seraient faits ne supporteront que le droit fixe d'un franc (3).

Section II. — Des comptes.

« Art. 82. Le compte à rendre chaque année par le trésorier sera divisé en deux chapitres : l'un de recette, et l'autre de dépense.

« Le chapitre de recette sera divisé en trois sections : la première, pour la recette ordinaire ; la deuxième, pour la recette extraordinaire ; et la troisième, pour la partie des recouvrements ordinaires ou extraordinaires qui n'auraient pas encore été faits.

« Le reliquat d'un compte formera toujours le premier article du compte suivant. Le chapitre de dépenses sera aussi divisé en dépenses ordinaires, dépenses extraordinaires, et dépenses tant ordinaires qu'extraordinaires non encore acquittées.

« Art. 83. A chacun des articles de recette, soit des rentes, soit des loyers ou autres revenus, il sera fait mention des débiteurs, fermiers ou locataires, des noms et situation de la maison et héritages, de la qualité de la rente foncière ou constituée, de la date du dernier titre nouvel ou du dernier bail, et des notaires qui les auront reçus ; ensemble de la fondation à laquelle la rente est affectée, si elle est connue.

« Art. 84. Lorsque, soit par le décès du débiteur, soit par le partage de la maison ou de l'héritage qui est grevé d'une rente, cette rente se trouve due par plusieurs débiteurs, il ne sera néanmoins porté qu'un seul article de recette, dans lequel il sera fait mention de tous les débiteurs, et sauf l'exercice de l'action solidaire, s'il y a lieu.

« Art. 85. Le trésorier sera tenu de présenter son compte annuel au bureau des marguilliers, dans la séance du premier dimanche du mois de mars.

« Le compte, avec les pièces justificatives, leur sera communiqué sur le récépissé de l'un d'eux. Ils feront au conseil, dans la séance du premier dimanche du mois d'avril (4), le rapport du compte : il sera examiné, clos et arrêté dans cette séance, qui sera, pour cet effet, prorogée au dimanche suivant si besoin est.

« Art. 86. S'il arrive quelques débats sur un ou plusieurs articles du compte, le compte n'en sera pas moins clos, sous la réserve des articles contestés.

« Art. 87. L'évêque pourra nommer un commissaire pour assister, en son nom, au compte annuel ; mais si ce commissaire est un autre qu'un grand vicaire, il ne pourra rien ordonner sur le compte, mais seulement dresser procès-verbal sur l'état de la *fabrique* et sur les fournitures et réparations à faire à l'église.

« Dans tous les cas, les archevêques et évêques en cours de visite, ou leurs vicaires généraux, pourront se faire représenter tous comptes, registres et inventaires, et vérifier l'état de la caisse.

« Art. 88. Lorsque le compte sera arrêté, le reliquat sera remis au trésorier en exercice, qui sera tenu de s'en charger en recette. Il lui sera en même temps remis un état de ce que la *fabrique* a à recevoir par baux à ferme, une copie du tarif des droits casuels, un tableau par approximation des dépenses, celui des reprises à faire, celui des charges et fournitures non acquittées.

« Il sera, dans la même séance, dressé sur le registre des délibérations, acte de ces remises ; et copie en sera délivrée, en bonne forme, au trésorier sortant, pour lui servir de décharge.

« Art. 89. Le compte annuel sera en double copie, dont l'une sera déposée dans la caisse ou armoire à trois clefs, l'autre à la mairie.

« Art. 90. Faute par le trésorier de présenter son compte à l'époque fixée et d'en payer le reliquat, celui qui lui succédera sera tenu de faire, dans le mois au plus tard, les diligences nécessaires pour l'y contraindre ; et, à son défaut, le procureur impérial, soit d'office, soit sur l'avis qui lui en sera donné par l'un des membres du bureau ou du conseil, soit sur l'ordonnance rendue par l'évêque en cours de visite, sera tenu de poursuivre le comptable devant le tribunal de première instance, et le fera condamner à payer le reliquat, à faire régler les articles débattus ou à rendre son compte, s'il ne l'a été, le tout dans un délai qui sera fixé ; sinon, et le dit temps passé, à payer provisoirement au profit de la *fabrique*, la somme égale à la moitié de la recette ordinaire de l'année précédente, sauf les poursuites ultérieures (1).

---

(1) Ou, à défaut du trésorier, par un commissaire nommé par le préfet.
(2) Voyez la loi du 13 brumaire an VII, art. 16. Cette loi ne soumet à la formalité du timbre que le registre des dépenses et recettes. Décret du 4 messidor an XIII, art. 1er et 3 ; loi des finances du 26 avril 1816, art. 72 ; loi du 16 juin 1824 ; décret du 9 décembre 1810.
(3) Cette faveur a été ôtée aux fabriques, ainsi qu'à divers établissements publics, par la loi du 18 avril 1831, art. 17.
(4) C'est maintenant le dimanche de *Quasimodo*.

(1) Les comptes des trésoriers des *fabriques* doivent être rendus, débattus et réglés en la forme administrative, et non devant les tribunaux. Il n'y a lieu de s'adresser aux tribunaux que pour faire ordonner la reddition du compte, ou le payement du reliquat, si le trésorier s'y refuse, ou pour faire juger des contestations élevées sur des articles du compte (Arrêt de la cour de cassation, du 9 juin 1825).

L'action contre le trésorier est une action personnelle qui ne se prescrirait que par le délai de trente ans, à compter de la fin de l'exercice.

Mais le trésorier est, en cette qualité, comme les administrateurs comptables des établissements publics, responsable, sous hypothèque légale de ses biens (Code

« Art. 91. Il sera pourvu dans chaque paroisse, à ce que les comptes qui n'ont pas été rendus le soient dans la forme prescrite par le présent règlement, et six mois plus tard après la publication.

CHAPITRE IV.
Des charges des communes relativement au culte.

« Art. 92. Les charges des communes relativement au culte sont (1) :
« 1° De suppléer à l'insuffisance des revenus de la *fabrique* pour les charges portées en l'article 37 ;
« 2° De fournir au curé ou desservant un presbytère, ou, à défaut de presbytère, un logement, ou à défaut de presbytère et de logement, une indemnité pécuniaire.
« 3° De fournir aux grosses réparations des édifices consacrés au culte (2).

« Art. 93. Dans le cas où les communes sont obligées de suppléer à l'insuffisance des revenus des *fabriques* pour ces deux premiers chefs, le budget de la *fabrique* sera porté au conseil municipal dûment convoqué à cet effet pour y être délibéré ce qu'il appartiendra. La délibération du conseil municipal devra être adressée au préfet, qui la communiquera à l'évêque diocésain pour avoir son avis. Dans le cas où l'évêque et le préfet seraient d'avis différents, il pourra en être référé, soit par l'un, soit par l'autre, à notre ministre des cultes.

« Art. 94. S'il s'agit de réparations des bâtiments, de quelque nature qu'elles soient, et que la dépense ordinaire arrêtée par le budget ne laisse pas de fonds disponibles, ou n'en laisse pas de suffisants pour ces réparations, le bureau en fera son rapport au conseil, et celui-ci prendra une délibération tendant à ce qu'il y soit pourvu par la commune ; cette délibération sera envoyée par le trésorier au préfet.

« Art. 95. Le préfet nommera les gens de l'art par lesquels, en présence de l'un des membres du conseil municipal et de l'un des marguilliers, il sera dressé, le plus promptement qu'il sera possible, un devis estimatif des réparations. Le préfet soumettra ce devis au conseil municipal, et, sur son avis, ordonnera, s'il y a lieu, que ces réparations soient faites aux frais de la commune et, en conséquence, qu'il soit procédé par le conseil municipal, en la forme accoutumée, à l'adjudication au rabais.

---

civil, art. 2121), et passible de la contrainte par corps (Code de procédure, art. 126, 127).

(1) Quand plusieurs communes sont réunies pour le culte, et ne forment qu'une seule paroisse, la répartition des frais du culte doit être faite entre ces communes proportionnellement à leurs contributions respectives (Loi du 14 février 1810).

(2) Les communes ont, en général, relativement aux réparations des édifices les obligations d'un propriétaire, et les *fabriques* les obligations d'un usufruitier.

L'article 606 du Code civil porte : « Les grosses réparations sont celles des gros murs et des voûtes, le rétablissement des poutres et des couvertures entières ; celui des digues et des murs de soutènement et de clôture aussi en entier. Toutes les autres réparations sont d'entretien. »

Le curé est toujours tenu des réparations locatives et des dégradations survenues au presbytère par sa faute.

« Art. 96. Si le conseil municipal est d'avis de demander une réduction sur quelques articles de dépenses de la célébration du culte, et dans le cas où il ne reconnaîtrait pas la nécessité de l'établissement d'un vicaire, sa délibération en portera les motifs.
« Toutes les pièces seront adressées à l'évêque, qui prononcera.

« Art. 97. Dans le cas où l'évêque prononcerait contre l'avis du conseil municipal, ce conseil pourra s'adresser au préfet ; et celui-ci enverra, s'il y a lieu, toutes les pièces au ministre des cultes, pour être par nous, sur son rapport, statué en notre conseil d'État ce qu'il appartiendra.

« Art. 98. S'il s'agit de dépenses pour réparations ou reconstructions qui auront été constatées, conformément à l'article 95, le préfet ordonnera que ces réparations soient payées sur les revenus communaux, et, en conséquence, qu'il soit procédé par le conseil municipal, en la forme accoutumée, à l'adjudication au rabais.

« Art. 99. Si les revenus communaux sont insuffisants, le conseil délibérera sur les moyens de subvenir à cette dépense, selon les règles prescrites par la loi.

« Art. 100. Néanmoins, dans le cas où il serait reconnu que les habitants d'une paroisse sont dans l'impuissance de fournir aux réparations, même par levée extraordinaire, on se pourvoira devant nos ministres de l'intérieur et des cultes, sur le rapport desquels il sera fourni à cette paroisse tel secours qui sera par eux déterminé, et qui sera pris sur le fonds commun établi par la loi du 15 septembre 1807, relative au budget de l'État.

« Art. 101. Dans tous les cas où il y aura lieu au recours d'une *fabrique* sur une commune, le préfet fera un nouvel examen du budget de la commune, et décidera si la dépense demandée pour le culte peut être prise sur les revenus de la commune, ou jusqu'à concurrence de quelle somme ; sauf notre approbation pour les communes dont les revenus excèdent vingt mille francs.

« Art. 102. Dans le cas où il y a lieu à la convocation du conseil municipal, si le territoire de la paroisse comprend plusieurs communes, le conseil de chaque commune sera convoqué, et délibérera séparément.

« Art. 103. Aucune imposition extraordinaire sur les communes ne pourra être levée pour les frais du culte, qu'après l'accomplissement préalable des formalités prescrites par la loi.

CHAPITRE V.
Des églises cathédrales, des maisons épiscopales et des séminaires.

« Art. 104. Les *fabriques* des églises métropolitaines et cathédrales continueront à être composées et administrées conformément aux règlements épiscopaux qui ont été réglés par nous.

« Art. 105. Toutes les dispositions concernant les *fabriques* paroissiales sont applicables, en tant qu'elles concernent leur administration intérieure, aux *fabriques* des cathédrales.

« Art. 106. Les départements compris dans un diocèse sont tenus, envers la *fabrique* de la cathédrale, aux mêmes obligations que les communes envers leurs *fabriques* paroissiales.

« Art. 107. Lorsqu'il surviendra de grosses réparations ou des reconstructions à faire aux églises cathédrales, aux palais épiscopaux et aux séminaires diocésains, l'évêque en donnera l'avis officiel au préfet du département dans lequel est le chef-lieu de l'évêché ; il donnera en même temps un état sommaire des revenus et des dépenses de sa *fabrique*, en faisant sa déclaration des revenus qui restent libres après les dépenses ordinaires de la célébration du culte.

« Art. 108. Le préfet ordonnera que, suivant les formes établies pour les travaux publics, en présence d'une personne à ce commise par l'évêque, il soit dressé un devis estimatif des ouvrages à faire.

« Art. 109. Ce rapport sera communiqué à l'évêque, qui l'enverra au préfet avec ses observations.

« Ces pièces seront ensuite transmises par le préfet, avec son avis, à notre ministre de l'intérieur ; il en donnera connaissance à notre ministre des cultes.

« Art. 110. Si les réparations sont à la fois nécessaires et urgentes, notre ministre de l'intérieur ordonnera qu'elles soient provisoirement faites sur les premiers deniers dont les préfets pourront disposer, sauf le remboursement avec les fonds qui seront faits pour cet objet par le conseil général du département, auquel il sera donné communication du budget de la *fabrique* de la cathédrale, et qui pourra user de la faculté accordée aux conseils municipaux par l'article 96.

« Art. 111. S'il y a dans le même évêché plusieurs départements, la répartition entre eux se fera dans les proportions ordinaires, si ce n'est que le département où sera le chef-lieu du diocèse paiera un dixième de plus.

« Art. 112. Dans les départements où les cathédrales ont des *fabriques* ayant des revenus dont une partie est assignée à les réparer, cette assignation continuera d'avoir lieu, et seront, au surplus, les réparations faites conformément à ce qui est prescrit ci-dessus.

« Art. 113. Les fondations, donations ou legs faits aux églises cathédrales, seront acceptés, ainsi que ceux faits aux séminaires, par l'évêque diocésain, sauf notre autorisation, donnée en conseil d'État, sur le rapport de notre ministre des cultes.

« Art. 114. Nos ministres de l'intérieur, et des cultes sont chargés, chacun en ce qui le concerne, de l'exécution du présent décret. »

En 1824, on proposa de modifier plusieurs dispositions de ce décret, qui furent effectivement modifiées par l'ordonnance du 12 janvier, 1825. Cette ordonnance était précédée du rapport suivant qui en fait connaître l'esprit et les motifs.

Rapport *présenté à Son Excellence le Ministre de l'Intérieur.*

Paris, le 27 février 1824.

« Monseigneur ,

« Le décret du 30 décembre 1809, sur les *fabriques*, a été rendu en exécution de l'article 76 de la loi du 18 germinal an X (8 avril 1802), portant : « Il sera établi des *fabriques* pour « veiller à l'entretien et à la conservation des « temples, à l'administration des aumônes. »

« Les *fabriques* avaient anciennement pour base une espèce d'assemblée primaire où étaient appelés tous les paroissiens. L'on a senti le danger de pareilles assemblées, et les articles du décret du 30 décembre 1809, relatifs à la composition du conseil et du bureau des marguilliers prescrivent un mode différent pour procéder à l'élection. Mais l'expérience a démontré la nécessité de réviser ces articles, qui ont été l'objet de réclamations fondées, présentées par messeigneurs les évêques et messieurs les préfets.

« L'article 6 du décret du 3o décembre 1809, qui fixe la législation quant à la première formation des conseils de *fabriques*, donne à l'évêque et au préfet le droit d'instituer, mais non de destituer; de là l'indépendance de ces conseils, qui ne craignent aucun appel à l'autorité et jouissent d'une sorte d'inamovibilité.

« D'après l'article 7, le conseil est renouvelé tous les trois ans, par la sortie, pour la première fois, des membres désignés par le sort, et des plus anciens après six ans révolus.

« L'article 8 veut que les conseillers qui devront remplacer les membres sortants puissent être réélus. De là la perpétuité des conseils, formés, depuis 1809, dans un esprit peu favorable à la légitimité et même à la religion.

« Le même article porte : « Lorsque le rem- « placement ne sera point fait à l'époque fixée, « l'évêque ordonnera qu'il y soit procédé dans « le délai d'un mois, passé lequel délai, il y « nommera lui-même et pour cette fois seu- « lement. »

« Ce droit de surveillance attribué à l'évêque pourrait peut-être suffire dans des temps ordinaires ; mais pendant les années qui ont précédé la restauration, et pendant la longue vacance d'un grand nombre de sièges épiscopaux, les conseils de *fabriques* ont négligé de se renouveler, sans que le droit de l'évêque ait pu être exercé.

« Mais, soit que les conseils de *fabriques* aient ou non négligé de se renouveler aux époques déterminées, la faculté de réélire les membres sortants a eu pour résultat général, comme il a été dit, de perpétuer au conseil les membres désignés à la première formation, par les autorités, dans le système d'alors.

« L'intérêt politique et religieux semble donc commander une mesure qui, sans blesser les individus, puisse rendre cette partie de l'administration plus facile, en plaçant les curés et desservants en rapport avec ceux de leurs paroissiens qui se distinguent par leur piété et leur royalisme.

« Ce résultat avantageux pourrait-être obtenu en décidant :

« 1° Que dans toutes les églises où le conseil de *fabrique* et le bureau des marguilliers n'ont pas été régulièrement renouvelés aux époques déterminées, il sera immédiatement procédé à une nouvelle nomination, ainsi que le prescrit l'article 6 du décret du 30 décembre 1809 ;

« 2° Qu'à l'avenir, et un mois après que le conseil aura négligé de procéder au renouvellement de ses membres ou au remplacement de ceux décédés ou démissionnaires, l'évêque diocésain nommera lui-même les nouveaux fabriciens ;

« 3° Que les membres élus et réélus ne pourront siéger au conseil et au banc de l'œuvre qu'après que leur nomination aura été approuvée par l'évêque (1) ;

« 4° Qu'en cas de refus d'approbation, le conseil usera trois fois de son droit de présentation, après quoi l'évêque nommera lui-même (2) ;

« 5° Que sur la demande des évêques et l'avis des préfets, Votre Excellence pourra, pour cause grave, révoquer le conseil de *fabrique*, et prescrire qu'il soit procédé à une nouvelle formation, conformément à l'article 6.

« Il paraîtrait également indispensable de modifier le droit existant en ce qui concerne la nomination des sacristains, chantres et sonneurs, dans les communes rurales. D'après l'article 33 du décret du 30 décembre 1809, la nomination et la révocation de l'organiste, des sonneurs, des bedeaux, suisses et autres serviteurs de l'église, appartient aux marguilliers, sur la proposition du curé ou desservant.

« Mais il est facile de concevoir combien ce droit, exercé rigoureusement, présente d'inconvénients dans des communes rurales, où la plupart des marguilliers n'ont point d'éducation, et peuvent dès lors manquer aux égards et aux convenances.

« C'est un moyen certain d'entretenir les mésintelligences entre le pasteur et les paroissiens peu zélés, et de susciter de grandes contrariétés au desservant. Ce serait donc concourir à rendre au clergé des campagnes la considération dont il doit jouir, que de le soustraire à cette dépendance.

« Il est d'ailleurs, à remarquer, en ce qui concerne particulièrement le sacristain, que, dans l'état actuel des choses, il est plutôt l'homme du curé que celui de la *fabrique*.

« Le sacristain est en rapport continuel avec le pasteur ; il prend et remet les clefs de l'église chez lui ; il reçoit ses ordres pour la préparation et l'appel à tous les offices ; il l'accompagne même la nuit, lorsqu'il s'agit de porter le viatique. Il faut donc nécessairement que le sacristain mérite la confiance du desservant, et qu'il lui soit entièrement dévoué. Dès lors ce n'est point à la *fabrique* qu'il doit appartenir de le nommer ni de le révoquer, mais bien au pasteur, comme étant la partie vraiment intéressée.

« J'ai l'honneur de proposer à Votre Excellence de renvoyer à l'examen du comité de l'intérieur le projet d'ordonnance ci-joint, rédigé dans le sens des conclusions du présent rapport. »

ORDONNANCE DU ROI, *du 12 janvier 1825, relative aux conseils de fabrique des églises* (1).

« CHARLES, roi de France et de Navarre, etc. ;

« Sur le rapport de notre ministre secrétaire d'Etat au département des affaires ecclésiastiques et de l'instruction publique ;

« Vu le décret du 30 décembre 1809, contenant règlement général sur les *fabriques* des églises ;

« Considérant que, dans la plupart des conseils de *fabriques* des églises de notre royaume, les renouvellements prescrits par les art. 7 et 8 dudit décret n'ont pas été faits aux époques déterminées ;

« Voulant que les dispositions relatives à cette partie de l'administration temporelle des paroisses puissent donner les moyens de remédier aux inconvénients que l'expérience a signalés.

« Notre conseil d'Etat entendu ;

« Nous avons ordonné et ordonnons ce qui suit :

« ARTICLE PREMIER. Dans toutes les églises ayant le titre de cure, succursale ou chapelle

---

(1 et 2) Ces deux propositions, que consacrait le projet d'ordonnance présenté à la suite du rapport, en furent retranchées sur l'avis du conseil d'Etat.

(1) Quelques jurisconsultes ont contesté la légalité de cette ordonnance. Ils ont prétendu que, d'après la jurisprudence, les décrets impériaux devant avoir force de loi, il n'était pas au pouvoir de l'autorité royale de déroger aux prescriptions de ces décrets par de simples ordonnances.

Nous ne pensons pas que cette argumentation puisse être admise dans des termes aussi généraux : nous croyons qu'il faut établir une distinction.

Lorsque des décrets impériaux ont statué sur des matières qui n'auraient dû être réglées que par des lois, ces décrets, s'ils n'ont pas été attaqués dans les formes tracées par la constitution de l'empire, ont acquis la même force qu'auraient eue des lois, et des lois nouvelles peuvent seules y déroger ou les modifier. Mais il n'en est pas de même des décrets qui ont statué sur des matières qu'il appartenait au pouvoir exécutif seul de régler, et qui, par conséquent, ne renferment que des dispositions réglementaires. Ces décrets ne sont que des règlements d'administration publique ; ces matières n'en sont pas moins essentiellement du domaine des ordonnances ; et, dès lors, des ordonnances nouvelles peuvent valablement modifier les dispositions des ordonnances ou des décrets antérieurs.

Or, si l'on parcourt les différents articles de l'ordonnance ci-dessus, il est facile de se convaincre qu'ils ne font qu'assurer l'exécution du décret du 30 décembre 1809, modifier quelques-unes des dispositions réglementaires de ce décret et ajouter quelques nouvelles prescriptions également de règlement.

Aucune de ces mesures n'exigeait donc pour être prise l'autorité et l'intervention du pouvoir législatif, et l'ordonnance du 12 janvier 1825 doit être considérée comme parfaitement légale et constitutionnelle.

(Nous avons emprunté cette note importante au *Journal des Conseils de fabriques*) vicariale, dans lesquelles le conseil de *fabrique* n'a pas été régulièrement renouvelé, ainsi que le prescrivent les art. 7 et 8 du décret du 30 décembre 1809, il sera immédiatement procédé à une nouvelle nomination des fabriciens, de la manière voulue par l'art. 6 du même décret.

« Art. 2. A l'avenir la séance des conseils de fabrique qui, aux termes de l'art. 10 du règlement général, doit avoir lieu le premier dimanche du mois d'avril, se tiendra le dimanche de Quasimodo.

« Dans cette séance devront être faites, tous les trois ans, les élections ordinaires prescrites par le décret du 30 décembre 1809.

« Art. 3. Dans le cas de vacance par mort ou démission, l'élection en remplacement devra être parfaite dans la première séance ordinaire du conseil de *fabrique* qui suivra la vacance.

« Les nouveaux fabriciens ne seront élus que pour le temps d'exercice qui restait à ceux qu'ils sont destinés à remplacer.

« Art. 4. Si un mois après les époques indiquées dans les deux articles précédents, le conseil de *fabrique* n'a pas procédé aux élections, l'évêque diocésain nommera lui-même.

« Art. 5. Sur la demande des évêques et l'avis des préfets, notre ministre secrétaire d'Etat au département des affaires ecclésiastiques et de l'instruction publique pourra révoquer un conseil de *fabrique* pour défaut de présentation du budget ou de reddition de comptes, lorsque ce conseil, requis de remplir ce devoir, aura refusé ou négligé de le faire, ou pour toute autre cause grave.

« Il sera, dans ce cas, pourvu à une nouvelle formation de ce conseil, de la manière prescrite par l'art. 6 du décret du 30 décembre 1809.

« Art. 6. L'évêque et le préfet devront réciproquement se prévenir des autorisations d'assemblées extraordinaires, qu'aux termes de l'art. 10 du décret du 30 décembre 1809 ils accorderaient aux conseils de *fabriques*, et des objets qui devront être traités dans ces assemblées extraordinaires.

« Art. 7. Dans les communes rurales, la nomination et la révocation des chantres, sonneurs et sacristains seront faites par le curé desservant ou vicaire ; leur traitement continuera à être réglé par le conseil de *fabrique* et payé par qui de droit.

« Art. 8. Le règlement général des *fabriques* du 30 décembre 1809 continuera d'être exécuté en tout ce qui n'est pas contraire à la présente ordonnance.

« Art. 9. Notre ministre secrétaire d'Etat au département des affaires ecclésiastiques et de l'instruction publique est chargé de l'exécution de la présente ordonnance qui sera insérée au bulletin des lois.

« Donné en notre château des Tuileries, le 12 janvier, l'an de grâce 1825 et de notre règne le premier. »

CIRCULAIRE *de M. le ministre des affaires ecclésiastiques et de l'instruction publique à* messeigneurs *les archevêques et évêques* (1).

Paris, le 30 janvier 1825.

« Monseigneur,

« J'ai l'honneur de vous transmettre une ampliation de l'ordonnance royale du 12 janvier 1825, qui a modifié plusieurs dispositions du décret du 30 décembre 1809 sur les *fabriques*.

« Des conseils de *fabriques* avaient négligé de se renouveler. L'art. 1er donne les moyens de remédier à cette négligence.

« L'art 2 remet au dimanche de Quasimodo la séance du conseil dans laquelle les élections devront être faites, afin de mieux fixer l'attention par une date remarquable et prévenir que le conseil de *fabrique* puisse, par inadvertance, laisser passer l'époque après laquelle le droit d'élection ne lui appartiendrait plus, ainsi que le prescrit l'art. 4.

« L'art. 5, qui a pour objet de déterminer les formes à suivre pour la révocation d'un conseil de *fabrique*, lorsqu'elle sera jugée nécessaire, remplit une lacune qui existait dans le décret du 30 décembre 1809.

« Au nombre des causes de révocation se trouve le défaut de reddition de compte et de présentation du budget, ce qui donne à MM. les évêques le pouvoir de surveiller plus spécialement encore cette partie importante d'administration. Je ne doute pas, Monseigneur, que vous ne vous en occupiez avec intérêt.

« Il convenait de prescrire des avertissements mutuels à l'égard de l'autorisation d'assembler extraordinairement les conseils : l'art. 6 est relatif à cet objet.

« Il paraissait également indispensable de modifier le droit ancien en ce qui concerne la nomination des sacristains, chantres et sonneurs dans les communes rurales, afin de soustraire le curé à une dépendance qui tendait à diminuer la considération dont il doit jouir. L'art. 7 donne plein pouvoir à cet égard.

« Enfin, l'art. 8 veut que les autres dispositions du règlement général des *fabriques* du 30 décembre 1809 continuent à être exécutées jusqu'à ce qu'il y soit légalement dérogé.

« Les détails de ce règlement sont au surplus tirés des anciens règlements de *fabrique*.

« Ils ont été adaptés le mieux possible à l'état des choses, et ils donnent même aux évêques, dans certains cas, un droit d'initiative, de surveillance et d'intervention qui était autrefois exercé exclusivement par les assemblées générales de paroisse, les sénéchaux et baillis ou par les marguilliers.

« Si l'expérience démontrait que d'autres modifications importantes fussent encore nécessaires, je les soumettrais à Sa Majesté. Mais je pense que la plupart des difficultés que pourrait présenter actuellement l'exécution du règlement du 30 décembre 1809, seraient l'objet de questions que je déciderais conformément à la jurisprudence établie et au droit ancien.

« Vous me trouverez toujours disposé,

(1) Nous avons cru devoir joindre à l'ordonnance du 12 janvier 1825 cette circulaire, parce qu'elle en explique les motifs et en est comme le commentaire.

Monseigneur, à répondre aux observations que vous auriez à m'adresser à cet égard.

« J'invite M. le préfet de.... à se concerter avec vous relativement aux mesures à prendre pour l'exécution de l'ordonnance ci-jointe, dont je vous prie de vouloir bien m'accuser réception.

« Je désire vivement que vous trouviez dans les dispositions de cette ordonnance un nouveau moyen de maintenir l'harmonie qui doit exister entre les administrateurs du temporel de l'église et leur curé, et la preuve de mon empressement à saisir toutes les occasions favorables pour obtenir les améliorations généralement désirées.

« Veuillez agréer, Monseigneur, l'expression de mon attachement respectueux.

« Le ministre secrétaire d'État, etc.,
« D. Ev. d'HERMOPOLIS. »

FACULTÉS.

On appelle ainsi les compagnies des universités, et qui sont ordinairement de quatre sortes ; savoir : la *faculté* des arts, la *faculté* de médecine, la *faculté* de droit et la *faculté* de théologie. Ces quatre *facultés* composent ce qu'on appelle l'université, quoique toutes les universités ne soient pas composées de ces quatre *facultés*. (*Voyez* ÉCOLE, UNIVERSITÉ, BACHELIER.)

Le décret du 17 mars 1808, portant organisation de l'université, a établi cinq ordres de *facultés*. Voici les dispositions de ce décret qui y sont relatives :

DÉCRET du 17 mars 1808.

TITRE II. — *De la composition des facultés.*

« ART. 6. Il y aura dans l'université impériale cinq ordres de *facultés*, savoir :

« 1° Des *facultés* de théologie ;
« 2° Des *facultés* de droit ;
« 3° Des *facultés* de médecine ;
« 4° Des *facultés* de sciences mathématiques et physiques ;
« 5° Des *facultés* des lettres.

« ART. 7. L'évêque ou l'archevêque du lieu de l'académie présentera au grand maître les docteurs en théologie, parmi lesquels les professeurs seront nommés. Chaque présentation sera de trois sujets au moins, entre lesquels sera établi le concours sur lequel il sera prononcé par les membres de la *faculté* de théologie.

« Le grand maître nommera, pour la première fois, les doyens et professeurs entre les docteurs présentés par l'archevêque ou l'évêque, ainsi qu'il est dit ci-dessus.

« Les doyens et professeurs des autres *facultés* seront nommés, pour la première fois, par le grand-maître.

« Après la première formation, les places de professeurs vacantes dans ces *facultés* seront données au concours.

« ART. 8. Il y aura autant de *facultés* de théologie que d'églises métropolitaines ; et il y en aura une à Strasbourg et une à Genève pour la religion réformée.

« Chaque *faculté* de théologie sera composée de trois professeurs au moins ; le nombre pourra en être augmenté si celui des élèves paraît l'exiger.

« ART. 9. De ces trois professeurs : l'un enseignera l'histoire ecclésiastique, l'autre le dogme, et le troisième la morale évangélique.

« ART. 10. Il y aura, à la tête de chaque *faculté* de théologie, un doyen qui sera choisi parmi les professeurs.

TITRE III. — *Des grades des facultés et des moyens de les obtenir.*

§ 1er. — Des grades en général.

« ART. 16. Les grades, dans chaque *faculté*, seront au nombre de trois, savoir : le baccalauréat, la licence, le doctorat.

« ART. 17. Les grades seront conférés par les *facultés*, à la suite d'examen et actes publics.

« ART. 18. Les grades ne donneront pas le titre de membre de l'université ; mais ils seront nécessaires pour l'obtenir.

§ 5. Des grades de la *faculté* de théologie.

« ART. 27. Pour être admis à subir l'examen de baccalauréat en théologie, il faudra 1° être âgé de vingt ans ; 2° être bachelier dans la *faculté* des lettres ; 3° avoir fait un cours de trois ans dans une des *facultés* de théologie. On n'obtiendra les lettres de bachelier qu'après avoir soutenu une thèse publique.

« ART. 28. Pour subir l'examen de la licence en théologie, il faudra produire ses lettres de bachelier obtenues depuis un an au moins.

« On ne sera reçu licencié dans cette *faculté* qu'après avoir soutenu deux thèses publiques, dont l'une nécessairement en latin.

« Pour être reçu docteur en théologie, on soutiendra une dernière thèse générale. »

L'établissement de *facultés* civiles de théologie a toujours été réprouvé par le corps épiscopal de France, comme anticanonique. A part, la constitution civile du clergé, qui fut un schisme manifeste, dit, à cet égard, monseigneur Parisis, évêque de Langres, jamais il n'y eut en France d'institution plus effrayante pour l'Église. « Laissez au gouvernement le droit d'avoir des *facultés* de théologie, disait le ministre des cultes à la chambre des députés le 13 juillet 1839, ne renoncez pas à ce qui est peu important, j'en conviens aujourd'hui, mais *ce qui peut le devenir beaucoup dans l'avenir.* » En effet, pour ceux qui ont en vue la sécularisation de l'Église de France, c'est-à-dire sa séparation d'avec le saint siége, que peut-il y avoir de plus important que de s'emparer du haut enseignement théologique ? Si, ce qu'à Dieu ne plaise ! le clergé se prêtait à ces projets ennemis, avant cinquante ans la France comme nation serait dans le schisme. Mais si le clergé s'en éloigne, et si surtout l'épiscopat s'y refuse, tous les complots de l'erreur échoueront devant cette résistance purement négative, et les fidèles resteront catholiques, par cela seul que les prêtres seront demeurés orthodoxes.

« Nous bénissons, ajoute monseigneur Parisis, la mémoire de l'illustre archevêque de Quélen, qui se refusa toujours à concourir par ces présentations à la formation de ces *facultés* théologiques universitaires dans son diocèse ; nous félicitons le vénérable archevêque de Toulouse, qui s'y refuse encore ; et, en ce qui nous concerne, nous ne conseillerons jamais à aucun prêtre d'aller prendre des grades dans une *faculté* de théologie qui n'aurait pas été instituée par le saint siége, et qui ne serait pas placée sous la direction de l'évêque : sans ces deux conditions, s'associer, n'importe à quel titre, aux *facultés* de théologie telles que l'Etat les a faites, ce serait favoriser, pour sa part, une œuvre que nous définirions mal, en lui donnant le nom beaucoup trop radouci d'*empiétement.* » (*Des empiétements, pag.* 78.)

Il est vrai que ces *facultés,* créées par le décret du 17 mars 1808, et tout à fait assimilées à celles de droit et de médecine, sont placées en dehors des grands séminaires ; mais qu'importe, si les grands séminaires leur sont légalement subordonnés, et si les élèves de ces maisons saintes doivent subir leurs examens sur la science de Dieu devant ces *facultés* qui ne relèvent que de l'Etat ? Or, n'est-ce pas là ce que voudrait l'ordonnance du 25 décembre 1830 (*voyez* cette ordonnance sous le mot BACHELIER) ? Le gouvernement n'y a-t-il pas érigé en principe que nul ecclésiastique ne pourrait devenir ni curé de canton, ni chanoine, ni vicaire général, ni évêque, sans avoir été interrogé, examiné, jugé, et enfin gradué en théologie par les chefs de ces institutions anticanoniques, qui ne sont autre chose qu'une pâle copie du collége philosophique du roi Guillaume Ier, ou du séminaire général de l'empereur Joseph II.

En vain se tranquillisera-t-on sur ce que le grand maître nomme le doyen et les professeurs de ces *facultés* de théologie, parmi ceux que lui présente l'évêque ou l'archevêque du chef-lieu de l'académie. A ceux qui trouveraient cette disposition suffisamment rassurante, nous répondrons que, pour la sécurité de l'Eglise en si grave matière, il ne suffit pas que l'évêque présente, il faudrait encore qu'il pût surveiller, diriger, révoquer même au besoin ceux qui seraient chargés de cet enseignement supérieur et de ce droit redoutable d'examiner tous les pasteurs des âmes ; or, c'est là ce que ni le décret de 1808, ni l'ordonnance de 1830 ne leur reconnaissent aucunement.

D'ailleurs ne voit-on pas que si l'on accorde au gouvernement le droit de faire à l'Eglise, à titre de pure concession, cette position déjà si restreinte, on lui confère par cela même celui de la lui refuser ; si l'on admet que, dans ce qui concerne les *facultés* de théologie, le gouvernement peut être législateur *proprio jure,* comme il s'est permis de l'être par le décret du 17 septembre 1809 et les ordonnances du 25 décembre 1830 et du 24 août 1838, pourquoi ne lui serait-il pas permis de réformer arbitrairement ce qu'il aurait souverainement réglé ? Et si quelque jour les évêques ne lui faisaient pas des présentations qui lui convinssent, pourquoi ne pourrait-il pas passer outre ? Ne l'a-t-il pas déjà fait ? N'est-ce pas ce que signifient ces paroles d'un ministre des cultes à la chambre des députés le 13 juillet 1839 : « Les professeurs des *facultés* de théologie sont nommés par la puissance temporelle, bien que ce soit *le plus souvent* sur la présentation des évêques. » *Le plus souvent*, donc pas toujours. Et ne suffit-il pas qu'on reconnaisse au gouvernement même indirectement le droit de le faire, pour poser un principe subversif de la foi et de l'unité catholique ?

Si ces *facultés* de théologie, au contraire, étaient sous la direction des évêques, comme l'est actuellement la *faculté* de théologie de l'université catholique de Louvain, en Belgique, ou qu'elles dépendissent du saint-siége ; oh ! alors, on ne pourrait qu'applaudir à leur établissement ; elles serviraient puissamment à fortifier les études théologiques en France ; car on sait combien étaient précieuses nos anciennes *facultés* de théologie. Disséminées dans tout le royaume, elles nous y apparaissaient comme autant de forteresses gardiennes du dépôt de la foi ; celle de la maison et société de Sorbonne surtout a produit un si grand nombre d'habiles théologiens et de personnes de mérite, qu'elle a donné, en quelque sorte son nom à toute la *faculté* de théologie de Paris.

Les docteurs qui composaient cette *faculté* étaient divisés en quatre classes, savoir : ceux de la maison et société de Sorbonne, ceux de la maison de Navarre, les docteurs religieux et les ubiquistes, c'est-à-dire ceux qui n'étaient pas religieux ni attachés à aucune des deux maisons de Sorbonne et de Navarre.

La *faculté* de théologie de Paris était devenue si célèbre, qu'elle avait acquis le droit de donner son avis doctrinal sur les questions qui lui étaient proposées concernant la religion, et l'histoire nous apprend que plusieurs conciles en ont tiré de très-grandes lumières. Aussi l'a-t-on toujours regardée comme le plus ferme appui de la foi catholique en France.

RAPPORT AU ROI, *par M. le ministre de l'instruction publique, grand maître de l'université, sur un projet d'ordonnance relatif aux facultés de théologie.*

SIRE,

« Dans les huit années qui viennent de s'écouler, les chambres ont accusé constamment la décadence des études théologiques, et l'abandon presque absolu où les *facultés* de théologie étaient tombées.

« Le gouvernement du roi a dû prendre, à plusieurs reprises, l'engagement de mettre un terme à un état de choses contraire aux plus précieux intérêts de l'Eglise gallicane. En soumettant à votre haute approbation les mesures que les circonstances ont rendues nécessaires pour atteindre ce but, je suis assez heureux pour pouvoir déclarer qu'aujourd'hui l'épiscopat s'unit d'intention aux vœux si souvent exprimés au sein des grands pouvoirs de l'Etat. Les chefs du sacerdoce savent et proclament que les bonnes et fortes études lui sont nécessaires pour remplir toute sa mission, et que l'université, par la surveillance qu'elle exerce comme par les grades qu'elle confère, peut seule rendre de l'éclat et de l'autorité au haut enseignement ecclésiastique.

« Le décret du 17 mars 1808, qui a organisé l'université, en vertu de la loi du 10 mai 1806, créa cinq ordres de *facultés*, parmi lesquelles celles de théologie tiennent le premier rang.

L'article 7 de ce décret porte : « qu'à cha-
« que vacance de place dans les *facultés* de
« théologie, il y sera pourvu, par la voie du
« concours, entre trois candidats au moins,
« présentés par les supérieurs ecclésiasti-
« ques au grand maître de l'université. »

« Mais la règle posée, on reconnut que tout manquait pour l'appliquer : il n'y avait ni concurrents ni juges. En effet, dans le long abandon des études théologiques, conséquence inévitable des événements de la révolution, l'université ne pouvait pas trouver de docteurs pour composer les jurys, et il n'y aurait pas eu dans le jeune clergé de candidats assez sûrs d'eux-mêmes pour courir les chances des épreuves. En conséquence, sire, le fondateur de l'université décida, par l'article 9 du décret du 17 septembre 1809, que les chaires des *facultés* de théologie ne seraient données au concours qu'à dater du premier janvier 1815. Il pensa qu'un délai de six années serait suffisant pour fournir le nombre de gradués indispensable à la mise en œuvre du régime nouveau : il se trompa, et les vingt dernières années, loin de changer cette situation, l'ont aggravée en laissant presque entièrement périr les *facultés*. Les difficultés sont donc aussi réelles et de même nature qu'en 1809. Nulle *faculté* n'est pourvue de tous ses professeurs, et les professeurs peuvent seuls, aux termes des décrets, former un jury de concours. De plus, les concurrents doivent être docteurs et se présenter au nombre de trois. A peine existe-t-il trois docteurs dans le royaume. Et il importe d'autant plus de sortir de cet état de choses, qu'une ardeur récente, mais réelle, et qu'on ne peut trop encourager, se manifeste dans le clergé pour obtenir les grades, et il n'y a pas d'autorité instituée pour les conférer.

« L'unique moyen de donner satisfaction aux vœux les plus légitimes et au besoin le mieux senti, est donc de prolonger le délai qui avait été fixé en 1809 pour l'établissement des formes du concours, et de lui donner assez de durée pour que l'Eglise ait le temps de s'enrichir d'un nombre suffisant d'ecclésiastiques pourvus des grades universitaires. Alors seulement on pourra rentrer dans l'exécution des dispositions générales du décret du 17 mars.

« A cette occasion, Votre Majesté jugera sûrement opportun de pourvoir à une lacune signalée au sein du conseil royal dans l'enseignement théologique. Il se compose des cours suivants : dogme, morale, Ecriture sainte, histoire et discipline ecclésiastique, hébreu, éloquence sacrée. L'intérêt de la science, celui de la religion, réclament la création de nouvelles chaires qui compléteraient l'enseignement public de la théologie en France. Une chaire de *droit ecclésiastique* est particulièrement demandée dans chacune des six *facultés* du royaume. Cette chaire aurait pour objet le droit commun de l'Eglise et le droit spécial qui, sans préjudice de l'unité de l'Eglise catholique, régit les Eglises de France, d'Allemagne, et des autres nations chrétiennes.

« De tels motifs justifieront sans doute, aux yeux de Votre Majesté, les propositions que j'ai l'honneur de lui soumettre, et qui ont pour but de rendre à cette antique Eglise gallicane, si imposante longtemps par l'autorité de ses lumières, le lustre que lui promet la réorganisation des *facultés* de théologie. C'est un but sur lequel s'accordent les intérêts et les sentiments de l'Eglise, le vœu des chambres et celui du gouvernement du roi

« Le ministre secrétaire d'Etat, etc.

« Salvandy. »

Ordonnance du roi, *autorisant le ministre de l'instruction publique à nommer les professeurs des facultés de théologie, sans concours, jusqu'en 1850, et portant création dans chacune de ces facultés d'une chaire de droit ecclésiastique.*

Au palais des Tuileries, le 24 août 1838.

« Louis-Philippe, roi des Français, à tous présents et à venir, salut.

« Sur le compte qui nous a été rendu de l'état où se trouvent plusieurs *facultés* de théologie ;

« Voulant pourvoir promptement et d'une manière convenable aux besoins de l'enseignement dans ces *facultés;*

« Vu l'article 7 du décret du 17 mars 1808 et l'article 9 du décret du 17 septembre 1809;

« Sur le rapport de notre ministre secrétaire d'Etat de l'instruction publique, grand maître de l'Université.

« Nous avons ordonné et ordonnons ce qui suit ;

« Art. 1er. Le terme dans lequel, en vertu du décret du 17 septembre 1809, il devait être procédé par la voie du concours, pour nommer aux chaires vacantes dans les *facultés* de théologie, est prorogé jusqu'au premier janvier 1850.

« Art. 2. Jusqu'à l'époque fixée par l'article premier, notre ministre secrétaire d'Etat au département de l'instruction publique, grand maître de l'université, nommera auxdites chaires, sur une présentation de candidats faite en vertu de l'article 7 du décret du 17 mars 1808.

« Art. 3. Il est créé dans chacune des *facultés* de théologie du royaume une chaire de droit ecclésiastique.

« Art. 4. Notre ministre secrétaire d'Etat au département de l'instruction publique, grand maître de l'université, assurera l'exécution de la présente ordonnance. »

FAIT.

En matière canonique, on emploie ce mot pour les excommunications et les suspenses qui sont encourues par le seul *fait*, *ipso facto* (*Voyez* EXCOMMUNICATION, SUSPENSE).

FALSIFICATION.

On entend par ce mot l'action par laquelle quelqu'un *falsifie* une pièce qui était véritable en elle-même. Il y a de la différence entre fabriquer une pièce fausse et *falsifier* une pièce. Fabriquer une pièce fausse, c'est fabriquer une pièce qui n'existait pas, et lui donner un caractère supposé; au lieu que *falsifier* une pièce, c'est retrancher ou ajouter quelque chose à une pièce véritable en elle-même, pour en induire autre chose que ce qu'elle contenait. Du reste, l'une et l'autre action est également un faux. (*Voyez* FAUX.)

FAMILIER.

Familier est un nom fort commun en Italie, et qui signifie la même chose que commensal parmi nous; mais dans un sens beaucoup plus étendu; car il ne comprend pas moins que les domestiques, et généralement tous ceux qui sont au service et aux gages d'un prélat. *Illos familiares appellamus, qui actu deserviunt, et continuam in domo commensalitatem habent* (Gomez). On appelle les *familiers*, en Italie, *criardos*, et la plupart sont ecclésiastiques, au moins auprès des grands prélats; ce qui paraît n'être pas nouveau, par l'idée qu'avait autrefois le pape Boniface VII, de ce qu'on appelle ordinairement clercs d'un évêque : *Verum quia dubitas, écrivait ce pape à un évêque de France, qui clericorum tuorum appellatione debeant contineri brevi respondemus oraculo, quod illos in his et similibus casibus, tuos volumus intelligi clericos, qui per te non quæsiti propterea vel recepti sine fraude, et fictione qualibet, vere tui clerici familiares existunt, et in tuis expensis continue domestici commensales : etiamsi quod ex illis aliquando pro tuis gerendis negotiis abesse contingat.* (*C. final de verb. signif. in* 6°.)

En se rapelant l'ancien usage des syncelles (*voyez* SYNCELLE), on ne trouve pas surprenant de voir des ecclésiastiques au service des évêques; en plusieurs occasions il ne leur en faut pas d'autres; mais on serait choqué parmi nous de voir un prêtre employé auprès de quelque dignitaire que ce fût, aux viles fonctions de domestique. On raconte qu'à Avignon un ambassadeur français, dînant chez le vice-légat, ne voulut jamais souffrir qu'un prêtre, *familier* d'un prélat italien, lui versât à boire, par respect pour son caractère, et qu'à cet exemple le vice-légat prit un laïque pour son échanson, ce qui a été pratiqué par tous ses successeurs.

Le nom et la qualité des *familiers* ne se prend donc pas ici pour les enfants ou les membres d'une famille, parce que nous n'en parlons que relativement aux matières ecclésiastiques. Or, les auteurs romains entrent à ce sujet dans un détail que nous ne pouvons suivre, parce qu'il est fait à l'occasion des réserves exprimées dans deux ou trois règles de chancellerie. Ces règles de chancellerie, qui regardent les *familiers*, sont les règles 1, 2, 32, 33. (*Voyez* REGLE.) La première est tirée de l'Extravagante *Ad regimen*, *de præb. et dignit.* Elle réserve au pape la disposition des bénéfices possédés par les *familiers* de sa Sainteté. Ces *familiers* sont presque sans nombre; l'Extravagante en nomme plusieurs; mais différentes bulles des papes, postérieures et à l'Extravagante et à la règle, en font une énumération qui ne finit plus. Et, en effet, si, comme nous avons dit, tous ceux qui tiennent à une maison par les fonctions qu'ils y exercent, ou par les gages qu'ils en reçoivent, sont réputés *familiers*, ainsi que nous l'apprend Gomez, le pape doit en avoir un grand nombre.

La seconde de ces règles porte une réserve en faveur du pape, des bénéfices de ses *familiers*, même du temps de son cardinalat et de ceux des autres cardinaux. La règle 32 prescrit la manière d'impétrer les bénéfices des *familiers* des cardinaux. La règle 33 est une explication de la précédente, mais elle a été abrogée par des bulles de Grégoire XIV et de saint Pie V.

A l'égard du privilège des *familiers*, le plus considérable, ou du moins qu'il nous intéresse le plus de savoir, est celui que donne le chapitre *Cum dilectus, de cleri. non resid.*, aux *familiers* du pape, d'être réputés présents dans leurs églises.

Aucun évêque ne peut ordonner un de ses *familiers* qui ne serait pas de son diocèse, s'il n'a demeuré trois ans avec lui. (Concil. de Trente. sess. XXIII, ch. 9, *de ref.*) En l'ordonnant, il doit lui conférer un bénéfice, quand même le *familier* en posséderait un dans un autre diocèse. (Décis. de la sacrée congrégation du concile, du 22 avril 1617.) De plus, le *familier*, ordonné pour un bénéfice qu'il possède dans un autre diocèse, encourt la suspense, comme étant ordonné illicitement. (Décision de la même congrég., du 6 septembre 1687.)

Un évêque ne peut non plus ordonner son frère ou son neveu, sans dimissoire du propre évêque, sous prétexte qu'il l'a retenu auprès de lui comme son *familier*, à ses propres frais, quand même il lui conférerait un bénéfice. (Décision de la même congrégation, du 7 février 1654.) (*Voyez* DIMISSOIRE.) Cependant, un évêque qui fait une ordination dans un autre diocèse, avec la permission de l'ordinaire, peut y conférer les ordres à un *familier* qui n'est point de son diocèse, pourvu que les conditions prescrites par le concile de Trente soient observées. (Décision de la sacrée congrégation, du 22 avril 1604.) On peut voir encore d'autres décisions dans la *Prompta Bibliotheca canonica* de Ferraris, au mot FAMILIARIS. Celles-ci nous ont paru suffisantes.

FAMILLE.

On donne ce nom au corps de familiers qui composent la maison d'un prélat, d'un évêque. Le concile de Trente s'est servi de ce terme dans le même sens, session XIV, *de reform.* (*Voyez* ci-dessus FAMILIER.) Les anciens titres désignent sous le nom de *famille de l'évêque* tous ceux qui faisaient partie de sa maison.

En prenant le nom de *famille* dans le sens ordinaire, *voyez* ce qui est dit sous le mot EMPÊCHEMENT, à l'article des causes des dispenses, cause 21, col. 1154 du tome I*er*.

On entend, en droit, par *père de famille*, toute personne, soit majeure ou mineure, qui jouit de ses droits, c'est-à-dire, qui n'est point en la puissance d'autrui; et par *fils ou fille de famille*, on entend pareillement un enfant majeur ou mineur qui est en la puissance paternelle. Ainsi, pour le mariage et le domicile des *fils de famille*, *voyez* FILS DE FAMILLE.

FARCEUR.

Le troisième concile de Carthage n'accorde aux *farceurs* et à ceux qui paraissent sur le théâtre la communion de l'Église que quand ces personnes ont renoncé à leur profession et se sont sincèrement converties.

FAUSSAIRE.

Le *faussaire* est celui qui fait des actes faux, ou qui les altère : *falsarius, falsificator*. (*Voyez* FALSIFICATION.) Un *faussaire* pèche mortellement en faisant de faux actes, ou en altérant les véritables, lorsque la matière est grave. Il est aussi obligé à restitution de tous les dommages dont il est la cause ou l'occasion volontaire, par ses falsifications, suivant ces paroles de Grégoire IX : *Si culpa tua datum est damnum, vel injuria irrogata; seu aliis irrogantibus opem forte tulisti, aut hæc imperitia tua sive negligentia evenerunt jure super his satisfacere te oportet: nec ignorantia te excusat si scire debuisti ex facto tuo injuriam verisimiliter posse contingere, vel jacturam..... sane qui occasionem damni dat, damnum dedisse.* (*Cap. Si culpa, fin. de injuriis et damno dato, tit.* 36 (*Voyez* ci-après FAUX.)

FAUX.

On définit ordinairement la fausseté: *Actus dolosus animo corrumpendæ veritatis ad decipiendum alterum adhibitus*: et de là on conclut que la fausseté ne peut être regardée comme un crime, que lorsqu'elle est accompagnée de dol, et d'un dol même qui cause préjudice à un tiers. Il y a plusieurs sortes de faussetés; mais on peut en distinguer trois notables : Savoir, celle qui se commet sur des écrits, celle dont on se rend coupable en se parjurant, et celle qui résulte d'un faux témoignage. Nous avons à parler particulièrement ici, de la première sorte de ces faussetés, par rapport aux rescrits de la cour de Rome; mais à l'article des peines de ce crime, on reconnaîtra que les principes qui y sont exposés, s'appliquent à toutes sortes de faussetés commises dans les circonstances qui caractérisent le crime(*Voy.* PARJURE, TÉMOINS).

§ 1. FAUX RESCRITS.

Le pape Innocent III, écrivant à l'archevêque de Milan, l'avertit que de son temps on falsifiait en plusieurs manières les lettres apostoliques.

Ut autem varietates falsitatis circa nostras litteras deprehendere valeatis, eas vobis præsentibus litteris duximus exprimendas. Prima species falsitatis hæc est, ut falsa bulla falsis litteris apponatur. Secunda, ut filum de vera bulla extrahatur ex toto, et per aliud filum immissum, falsis litteris inseratur. Tertia, ut filum ab ea parte, in qua charta plicatur incisum, cum vera bulla falsis litteris immittatur, sub eadem plicatura cum filo similis canapis restauratum. Quarta, cum a superiori parte bullæ, altera pars fili sub plumbo rescinditur, et per idem filum litteris falsis inserta, reducitur intra plumbum. Quinta, cum litteris bullatis et redditis, in eis aliquid per rasuram tenuem immutatur. Sexta, cum scriptura litterarum, quibus fuerat apposita vera bulla, cum aqua, vel vino universaliter abolita seu deleta, eadem charta cum calce, et aliis juxta consuetum artificium dealbata, de novo rescribitur. Septima, cum chartæ, cui fuerat apposita vera bulla, totaliter abolitæ vel abrasæ, alia subtilissima charta ejusdem quantitatis scripta cum tenacissimo glutino conjungitur; eos etiam a crimine falsitatis non reputamus immunes, qui contra constitutionem nostram scienter litteras non de nostra, vel bullatoris nostri manu recipiunt. Illos quoque, qui accedentes ad bullam, falsas litteras caute projiciunt, ut de vera bulla cum aliis sigillentur. Sed hæ duæ species falsitatis non possunt facile comprehendi: nisi vel in modo dictaminis, vel in forma scripturæ vel qualitate chartæ falsitas cognoscatur. In cæteris autem diligens indagator falsitatem poterit intueri vel in adjunctione filorum, vel in collatione bullæ, vel motione, vel obtusione, præsertim si bulla non sit æqualis, sed alicubi magis tumida, et alibi magis depressa.

Ces différentes manières de commettre le crime de *faux*, sont marquées dans le chapitre *Licet ad regimen de crimin. falsi*, et rendues par ces deux vers :

Forma, stylus, membrana, littura, sigillum,
Hæc sex, falsata, dant scripta valere pusillum.

L'on voit sous le mot DIPLOME, ces règles expliquées relativement aux anciennes bulles dont on veut se faire des titres de privilège et d'exemption. Nous n'avons donc qu'à faire l'application de ces mêmes règles que propose Innocent III, aux expéditions journalières qui émanent de la chancellerie romaine : or, Rebuffe (*in prax. c. Opponi quæ,* etc.), fait à ce sujet une distinction très-méthodique que nous avons cru devoir suivre dans cette matière, l'une des plus obscures, ou du moins des plus incertaines dans le droit canon.

On peut, suivant cet auteur, opposer contre une bulle des défauts de forme, qui ne peuvent être corrigés et qui doivent nécessairement produire la nullité du rescrit, selon que le défaut qu'on oppose est plus ou moins dans le cas du crime de *faux*. On peut aussi n'opposer que de ces défauts, qui ne supposant aucune fausseté criminelle, sont susceptibles de réformation. Les défauts de la première sorte sont : 1° L'écriture différente, *diversa scriptura*, ce qui souffre quelques exceptions, comme quand la première ligne est en lettres capitales, quand il a fallu différentes mains pour écrire, etc.

2° La rature, *littura seu rasura in loco suspecto* (*C. Inter dilectos*; *c. Ex litteris, de fid. instrum.*), c'est-à-dire, que quand la rature ne tombera pas sur un endroit essentiel, ce ne sera plus une nullité, ni une marque de fausseté (*Cap. Ex conscientia, ad crim fals.*). Rebuffe met, en matière de provisions de bénéfice, le nom du bénéficier, de la personne, du lieu et autres semblables, au rang des choses substantielles ; il en est de même, dit-il, des interlignes, à moins que, parties présentes, on n'ait fait approuver la rature ou l'addition ; mais il vaut mieux, dit-il, refaire l'acte quand on le peut. La rature est toujours censée faite par la partie intéressée (*C. fin de crim. falsi*) et l'addition par celui qui est nanti de l'acte (*L. Majorem, cod. fals. J. G.*). Au surplus, cette addition mérite toujours attention, ne fût-ce qu'en un point, pour changer le sens de la phrase.

3° L'obreption et subreption : nous parlons ailleurs de cette espèce de fausseté (*Voyez* OBREPTION).

4° Si le pape parle au pluriel dans l'adresse, la bulle est suspecte de fausseté, *ut vobis Joanni*, etc., parce que cela est contre le style de la cour de Rome. Il en est de même si le pape donne le nom de fils à un évêque, archevêque ou patriarche ; qu'il ne nomme jamais que frères (*C. Quam gravi de crimin. falsi*). Mais si ce ne sont là que des erreurs, dit Rebuffe, les officiers de la chancellerie en sont responsables et doivent les corriger à leurs propres frais.

5° On peut imposer une fausse latinité (*C. Ad audientiam, de rescript.*) ; mais seulement quand c'est un vice de langage inexcusable (*C. Forus, de verb. signif.*) qui est dans la construction, et non en une lettre ou syllabe, et qu'il est apparent *ex aspectu codicis*, (*C. Ex parte, de fid. instrum.*). Plusieurs docteurs ont avancé qu'on ne s'arrête pas à Rome à ces minuties, si la faute n'est pas dans le style même : ce qui est certain, c'est que les fautes dans le latin des rescrits ne produisent pas leur nullité ; mais seulement un soupçon de fausseté, qui se répand toutefois sur tout le contenu de l'acte.

6° On peut opposer l'imperfection du rescrit comme si les noms propres ne sont pas étendus ; autrefois on se contentait d'étendre le nom et d'exprimer le surnom par une lettre initiale ; mais à présent les surnoms doivent être étendus sous peine de nullité.

7° Les omissions des mots et clauses de style. (*Voyez* STYLE.)

8° Enfin, l'accélération du temps, comme au cas de la règle *de verisim. notitia*, est une preuve de fausseté.

9° Le chapitre *Ex parte de rescriptis* dit que la clause *si preces veritate nitantur*, est toujours mise ou sous entendue dans les rescrits ; en sorte que si, par une clause contraire, le rescrit défendait qu'on fît la vérification des faits exposés, ce serait une marque de fausseté. Le chapitre *Super eo, de crim. falsi*, décide aussi qu'une sentence rendue sur de fausses pièces, ne doit pas être mise à exécution.

A l'égard des fautes qui, n'ayant pas un caractère de fausseté, peuvent être corrigées, *voyez* RÉFORMATION.

C'est une grande règle établie par le chapitre *Accedens, de crim. falsi*, qu'on ne présume point qu'on ait falsifié des rescrits de cour de Rome, quand ils ne contiennent que des concessions de justice, ou des grâces qu'on n'a pas coutume de refuser.

§ 2. *Peines du crime de* FAUX.

Le crime de *faux* a toujours été mis par les canons au nombre des crimes graves qui méritent une punition sévère : *Si quis clericus falso testimonio convictus fuerit, reus capitalis criminis censeatur*. (Concile d'Epaone en 517). Le concile d'Agde avait déjà fait en 506, canon 50, un semblable règlement, et Justinien déclare, dans une loi du code, *tit. de episcopis*, que les ecclésiastiques faussaires sont de droit commun dégradés de leurs offices. L'on a vu, sous le mot DÉGRADATION, que la falsification des lettres du pape est un des trois cas pour lesquels on dégrade un ecclésiastique. La bulle *In cœna Domini*, en a fait un cas majeur de la connaissance du pape. Et la privation des bénéfices, qui est une peine de droit, n'est souvent pas la seule qu'on inflige à Rome contre les auteurs de ce crime, qu'on regarde en cette ville comme une espèce de crime de lèse-majesté. Du temps d'Innocent X, dit Durand de Maillane, il y eut des officiers qui firent des faussetés. Leur procès leur fut fait, et ils furent punis du dernier supplice, entre autres le fameux Mascabrun, sous-dataire. Il était en grande faveur auprès du pape, qui le destinait au cardinalat, lorsque, par un de ces jeux bizarres de la fortune, il passa, dit Ferraris, du haut de la gloire à l'échafaud. Quelquefois on ne punit ces faussaires que d'une prison perpétuelle. (*C. Ad audientiam, de crim. falsi.*)

Le crime de *faux* est aussi puni très-sévèrement par l'autorité séculière. Voici à cet égard les dispositions du Code pénal :

« ART. 145. Tout fonctionnaire ou officier public qui, dans l'exercice de ses fonctions, aura commis un faux, soit par fausses signatures, soit par altération des actes, écritures ou signatures, soit par supposition de personnes, soit par des écritures faites et intercalées sur des registres ou d'autres actes publics, depuis leur confection ou clôture, sera puni des travaux forcés à perpétuité.

« ART. 146. Sera aussi puni des travaux forcés à perpétuité, tout fonctionnaire ou officier public qui, en rédigeant des actes de son ministère, en aura frauduleusement dénaturé la substance ou les circonstances, soit en écrivant des conventions autres que celles qui auraient été tracées ou dictées par les parties, soit en constatant comme vrais des faits *faux*, ou comme avoués des faits qui ne l'étaient pas.

« Art. 147. Seront punis des travaux forcés à temps, toutes autres personnes qui auront commis un *faux* en écriture authentique et publique, ou en écriture de commerce ou de banque, soit par contrefaçon ou altération d'écritures ou de signatures, soit par fabrication de conventions, dispositions, obligations ou décharges, ou par leur insertion après coup dans ces actes, soit par addition ou altération de clause, de déclarations ou de faits que ces actes avaient pour objet de recevoir et de constater.

« Art. 148. Dans tous les cas exprimés au présent paragraphe, celui qui aura fait usage des actes *faux* sera puni des travaux forcés à temps.

« Art. 149. Sont exceptés des dispositions ci-dessus, les *faux* commis dans les passeports ou feuilles de route, sur lesquels il sera particulièrement statué.

« Art. 150. Tout individu qui aura, de l'une des manières exprimées en l'art. 147, commis un *faux* en écriture privée, sera puni de la réclusion.

« Art. 151. Sera puni de la même peine celui qui aura fait usage de la pièce fausse. »

Par application de l'article 147 du Code pénal, une lettre d'ordination doit être considérée comme un acte émanant d'un fonctionnaire public, et ayant un caractère d'authenticité tel que celui qui se rend coupable de fabriquer faussement une pareille lettre, doit être considéré et puni comme *faussaire* en écriture publique. Ainsi jugé par la cour de cassation.

Voici l'arrêt de cette cour suprême et les circonstances qui l'ont motivé :

En 1838, un nommé Pierre Ladmiral fut traduit devant la cour d'assises de la Haute-Marne, sous l'accusation d'avoir frauduleusement fait fabriquer à son profit une lettre d'ordination lui conférant le caractère de prêtre, et qui était censée émaner de Mgr l'évêque de Versailles, et d'avoir fait contrefaire, au bas de cette lettre, la signature de cet évêque et de son grand vicaire ; déclaré coupable avec des circonstances atténuantes, il a été condamné, par arrêt du 6 août 1840, à sept années de réclusion et à l'exposition, pour *faux* en écriture publique, par application des articles 147 et 463 du Code pénal.

Pierre Ladmiral se pourvut en cassation contre ce jugement ; mais la cour rejeta son pourvoi par l'arrêt ci-après :

« La Cour,

« Attendu que, pour apprécier, sous le rapport des lois sur le *faux* le caractère qui appartient à un acte émané de l'autorité ecclésiastique, il faut rechercher si cet acte peut produire par lui-même des effets légaux dans l'ordre civil, ou s'il ne peut avoir d'effet qu'au spirituel ;

« Que, dans ce dernier cas, où il ne peut être considéré que comme écriture privée, tandis que dans le premier il a tous les caractères d'une écriture publique ;

« Attendu que la qualité de ministre d'un culte reconnu en France, spécialement celle de prêtre catholique, fait jouir celui qui en est revêtu de droits et d'avantages particuliers ;

« Qu'ainsi, les violences exercées contre lui dans ses fonctions sont punies, d'après l'article 263 du Code pénal, d'une peine plus sévère que celles qui portent sur de simples citoyens ;

« Que, d'après l'article 14, n° 5, de la loi du 21 mars 1832, il est dispensé de concourir au tirage au sort pour le recrutement de l'armée ;

« Que, d'après l'article 12, n° 1, de la loi du 22 mars 1831, il ne doit pas être appelé au service de la garde nationale ;

« Attendu que le titre de prêtre est dans les lettres d'ordination dont la délivrance, d'après les règles de la matière, reconnues par l'article 26 des articles organiques du Concordat, appartient aux évêques ;

« Que, d'après les principes ci-dessus posés, de telles lettres ont donc le caractère d'écriture publique ;

« D'où il suit que la cour d'assises de la Haute-Marne, en condamnant aux peines de l'article 147 du Code pénal le demandeur reconnu coupable d'avoir fait fabriquer à son profit de fausses lettres d'ordination, et d'y avoir fait apposer la fausse signature de l'évêque de Versailles, n'a fait qu'une juste application de cet article ;

« Rejette, etc. »

Arrêt de la cour de Cassation, du 29 août 1840.

§ 3. FAUX, *procédure*.

On distingue deux sortes de *faux*, le principal et l'incident : il est principal lorsqu'on attaque directement une pièce qui n'a pas encore été produite, et dont le prétendu faussaire n'a fait encore aucun usage ; le *faux* est incident quand on attaque une pièce remise dans le cours d'une instance, et que l'une ou l'autre des parties l'a fait servir de fondement à sa demande. Nous n'entrerons pas dans de plus grands détails sur cette question, puisque les officialités n'ont plus d'existence légale en France.

§ 4. FAUX-MONNAYEURS.

Le pape Jean XXII déclara que ceux qui falsifiaient la monnaie du roi de France et des autres Etats encouraient, par ce seul fait, une excommunication qui était réservée au saint-siège (*Extravag. de crimine falsi*, 10, *cap.* 1)

Le crime de fausse monnaie, commis par un bénéficier, ne fait pas vaquer son bénéfice, *ipso jure*, mais seulement *per sententiam iudicis*.

(*Trois.*)

FEMME.

On entend sous le nom de *femme*, généralement toutes les personnes du sexe féminin.

Par une règle du droit civil, une *femme* ne peut exercer aucune charge publique : *feminæ ab omnibus officiis civilibus vel publicis remotæ sunt. Et ideo nec judices esse possunt nec magistratum gerere, nec postulare, nec pro alio intervenire, nec procuratrices existere.* § 2, *ff. de reg. juris.* Il en est encore de même sous l'empire du Code civil. Par le droit canon, les *femmes* sont également exclues de toutes fonctions spirituelles. Si l'on a vu dans l'Eglise pendant assez longtemps, des diaconesses employées à quelque office, la nécessité, la bienséance les avaient fait admettre ; mais ces causes n'ont pas plutôt cessé, qu'on a jugé convenable de ne plus les employer. (*Voy.* DIACONESSES.)

Une *femme* ne peut donc recevoir aucun ordre ecclésiastique ; si elle le reçoit, l'ordre n'imprime sur elle aucun caractère (*C. Diaconissam*, 27, *qu.* 1, *const.* 30, *lib. const.* 8) ; que si une abbesse a l'exercice d'une juridiction par un droit tout particulier, elle ne peut toutefois excommunier ni absoudre (*C. Nova de pœn. et remiss. cap. Mulieres et fin.* 32). Elle ne peut porter de censures, parce qu'elle n'a pas pour cela de juridiction (*cap. Dilecta, de major. et obed.*) (*Voy.* ABBESSE, § 2).

Une *femme*, même religieuse, ne peut ni encenser à l'autel, ni toucher les vases sacrés (*C. In sacratis, dist.* 24). Cependant les évêques permettent aux religieuses et à des femmes pieuses de toucher aux vases sacrés dans certaines circonstances. Elles ne peuvent non plus s'approcher de l'autel pour servir les ministres de l'Eglise ; elles ne peuvent par conséquent servir la messe (*Decius. de reg. juris, n.* 39). Le missel, § 1, *De defectibus* le défend expressément, et le chap. *Inhibendum* 1, *de cohabitat. clericor.*, dit *prohibendum, quoque est, ut nulla femina ad altare præsumat accedere aut presbytero ministrare.*

Une *femme*, quelque sainte qu'elle soit, ne peut ni prêcher ni enseigner (*C. Nova de pœn. et rem., c. Mulier, dist.* 23). *Mulier quamvis docta et sancta, viros in conventu docere..... non præsumat.* La glose du ch. *Addidimus, glos.* 16, 33, *qu.* 1, dit qu'elle le peut avec la permission du supérieur, mais ce ne doit point être en public. Une *femme* qui aurait juridiction, comme une abbesse, ne peut bénir publiquement, parce que le droit de bénir vient du pouvoir des clefs, qui ne convient point à la *femme*.

Elle peut toutefois exercer un patronage. Elle est même capable de certains bénéfices, qu'on appelle à cause de cela féminins, et qui ne peuvent être possédés par des hommes. Mais si elle peut exercer un patronage et posséder même des bénéfices, elle ne peut nommer un prédicateur.

La *femme* est sous la puissance du mari, et le mari n'est pas sous la puissance de la femme. Le mari peut la corriger (*C. Placuit* 33, *qu.* 2). Sur quoi voyez SÉPARATION. Elle doit être plus modeste qu'un homme (*Decius, loc. cit. n.* 54).

Une *femme* est plutôt excusable pour une moindre crainte qu'un homme (*Decius, n.* 80). Une *femme* est dispensée d'aller à Rome pour obtenir du pape l'absolution d'une excommunication (*C. Mulieres de sent. excom.*) (*Voy.* CAS RÉSERVÉS).

Une *femme* mariée est obligée de suivre le domicile de son mari, partout où il lui plaît d'aller fixer sa demeure.

§ 1. FEMME *grosse, avortement.*

Le pape Sixte V publia, l'an 1588, une constitution très-sévère contre ceux qui causent l'avortement des *femmes* grosses, ou y coopèrent en quelque manière que ce soit. Elle prononça diverses peines, dont elle réserva la rémission ou absolution au pape ; ce que Grégoire XIV modifia par une autre constitution de l'an 1591, en ôtant la réserve de toutes ces peines, qu'elle laissa néanmoins subsister, telles que Sixte V les avait réglées, suivant les termes du droit commun et du concile de Trente, contre les homicides volontaires.

Plusieurs rois de France entrant dans les vues des papes ont publié différentes ordonnances, qui condamnent au dernier supplice les *femmes* qui cachent leur grossesse. Nous rapporterons le règlement qui fut fait à ce sujet en 1708, par une déclaration confirmative et interprétative de l'édit du roi Henri II, de 1556.

« Louis, par la grâce de Dieu roi de France et de Navarre, à tous ceux qui ces présentes lettres verront, salut. Le roi Henri II ayant ordonné, par son édit de février 1556, que toutes les *femmes* qui auraient célé leur grossesse et leur accouchement, dont les enfants seraient morts sans avoir reçu le saint sacrement du baptême, seraient présumées coupables de la mort de leurs enfants, et condamnées au dernier supplice, ce prince crut en même temps qu'on ne pouvait renouveler dans la suite avec trop de soin le souvenir d'une loi si juste et si salutaire. Ce fut dans cette vue qu'il ordonna qu'elle serait lue et publiée de trois en trois mois par les curés ou leurs vicaires aux prônes des messes paroissiales. Mais quoique la licence et le déréglement des mœurs, qui ont fait de continuels progrès depuis le temps de cet édit, en rendent tous les jours la publication plus nécessaire, et que notre parlement de Paris l'ait ainsi jugé par un arrêt du 19 mars de l'année 1608, qui renouvelle à cet égard l'exécution de l'édit de l'année 1556, nous apprenons néanmoins que depuis quelque temps plusieurs curés de notre royaume ont fait difficulté de publier cet édit, sous prétexte que par l'article 32 de notre édit du mois d'avril 1695, concernant la juridiction ecclésiastique, nous avons ordonné que les curés ne seraient plus obligés de publier aux prônes ni pendant l'office divin, les actes de justice et autres qui regardent l'intérêt particulier de nos juges, à quoi ils ajoutent encore que nous avons bien voulu étendre cette règle à nos propres affaires, en ordonnant par notre déclaration du 16 décembre 1698, que les publications qui se feraient pour nos intérêts ne se feraient plus au prône, et qu'elles seraient faites seulement à l'issue de la messe paroissiale par les officiers qui en sont chargés ; et quoiqu'il soit visible que par là nous n'avons eu intention d'exclure que les publications qui, se faisant pour des affaires purement séculières et profanes, ne doivent pas interrompre le service divin, comme nous l'avons assez marqué par notre dite déclaration du 16 décembre 1698, nous avons cru néanmoins, pour faire cesser jusqu'aux moindres difficultés dans une matière si importante, devoir expliquer nos intentions sur ce point d'une manière si précise, que rien ne pût empêcher à l'avenir une publication qui regarde, non l'intérêt particulier de quelques-uns de nos sujets ou le nôtre même, mais le bien temporel et spirituel de notre royaume, et que l'Église devait nous demander, si elle n'était pas encore ordonnée, puisqu'elle tend à assurer non-seulement la vie, mais le salut éternel de plusieurs enfants conçus dans le crime, qui périraient malheureusement sans avoir reçu le baptême, et que leurs mères sacrifieraient à un faux honneur, par un crime encore plus grand que celui qui leur a donné la vie, si elles n'étaient retenues par la connaissance de la rigueur de la loi, et si la crainte des châtiments ne faisaient en elles l'office de la nature.

« A ces causes et autres à ce nous mouvant de notre certaine science, pleine puissance et autorité royale, nous avons par ces présentes signées de notre main, dit, déclaré et ordonné, disons, déclarons et ordonnons, voulons et nous plaît, que l'édit du roi Henri II, du mois de février 1556, soit exécuté selon sa forme et teneur ; ce faisant que ledit édit soit publié de trois en trois mois, par tous leurs curés et leurs vicaires, aux prônes des messes paroissiales ; enjoignons aux dits curés et vicaires de faire la dite publication, et d'envoyer un certificat signé d'eux à nos procureurs des bailliages et sénéchaussées dans l'étendue desquels leurs paroisses sont situées : voulons qu'en cas de refus, ils puissent y être contraints par saisie de leur temporel, à la requête de nos procureurs généraux en nos cours de parlement, poursuite et diligence de leurs substituts, chacun dans leur ressort. Si donnons, etc. »

Les peines prononcées par l'édit de 1556, que cette déclaration confirme, regardent pareillement les *femmes* qui, par des breuvages ou autrement, se procurent l'avortement.

Il n'est pas permis à une *femme* de faire périr le fruit qu'elle porte dans son sein. L'avortement volontaire est un péché mortel, qui n'admet pas de légèreté de matière, un crime que rien ne peut excuser, pas même la crainte du déshonneur (*Décret d'Innocent XI, de l'an 1679*). En morale, on ne distingue point entre le fœtus animé et le fœtus inanimé, vu qu'il est probable que l'animation du fœtus a lieu au moment même de la conception ; la pénitencerie romaine pense que l'animation n'a lieu que quarante jours après la conception *quoad masculum*, et quatre-vingts *quoad feminam*. Ceux qui coopèrent à l'avortement, comme les médecins, les chirurgiens, les apothicaires, les sages-femmes, qui donnent ou indiquent à une *femme* enceinte les remèdes ou les moyens propres à faire périr son fruit, pèchent mortellement. Il en est de même du père de l'enfant, ou de toute autre personne qui porte cette *femme* au crime.

Il n'est pas permis à une *femme* dangereusement malade de prendre un remède, dans le but de se délivrer de sa grossesse, à moins qu'il n'y ait certitude de corruption dans le fœtus : *Excipe*, comme le dit saint Alphonse de Liguori, *si fœtus esset corruptus, quia tunc non est jam fœtus, sed massa putrida, quæ amplius non est capax animationis* (*Lib. III, n. 394*). Mais elle peut prendre un remède dans le but de se guérir, même au risque d'un avortement, lorsque la maladie est mortelle, et que le remède est jugé nécessaire à sa guérison : *Certum est apud omnes licitum esse remedium præbere prægnanti, directe ad eam curandam etiam cum periculo abortus, si morbus est mortalis ; secus si non esset talis* (*Ibid.*).

L'avortement est un si grand crime, que les canons avaient autrefois statué que les *femmes* qui s'en rendaient coupables, de quelque manière que ce soit, devaient être soumises à une longue pénitence. Le concile d'Ancyre, tenu l'an 314, ne voulait qu'on les admît à la participation des sacrements qu'après une pénitence de dix ans (*Can. 21*).

Ceux qui auront fait périr le fruit de leur adultère, dit le concile de Lérida, tenu l'an 524 (*Can. 2*), ne recevront la communion qu'au bout de sept ans, et ne laisseront pas de faire pénitence toute leur vie.

§ 2. FEMME, *couche*.

L'usage où sont les *femmes* d'aller à l'église après leurs couches, à l'imitation de ce qui se pratiquait dans l'ancienne loi, n'est qu'une pieuse cérémonie dans le christianisme, dont on peut s'acquitter dans d'autres églises que celle de sa paroisse ; il n'y a pas même de péché à ne l'observer dans aucune (*Voy.* COUCHE).

§ 3. FEMMES, *séparation* (*Voy.* SÉPARATION).

§ 4. FEMMES *sous-introduites*.

(*Voy.* AGAPÈTE, SOUS-INTRODUITES.)

FENÊTRES.

Il n'est pas permis d'ouvrir des *fenêtres* dans les églises pour y entendre l'office divin, par respect pour ces saints lieux (*Clem., lib. V, tit. 10, de sentent. excom.*). Le pape saint Pie V ordonna, en 1566, de supprimer toutes ces sortes de *fenêtres* ; en conséquence de cet ordre du souverain pontife, la congrégation des évêques refuse ordinairement toutes les permissions qu'on lui demande à cet égard, et prescrit la fermeture des *fenêtres* qui existent (*Décrets* des 11 septembre 1615, 5 mars 1619, 3 octobre 1692, 25 janvier 1717, 5 juillet 1719, etc.).

On ne doit pas laisser ouvrir des *fenêtres* qui auraient vue dans le monastère des religieuses, comme l'a plusieurs fois déclaré la congrégation des évêques, principalement dans une décision du 5 mars 1602, dans laquelle on lit : *Non esse permittendas fenestras respicientes monasterium, et statim claudi debere ab ordinario.*

Si dans un monastère de religieuses il se trouve des *fenêtres* par lesquelles elles peuvent voir ou être vues, ces *fenêtres* doivent être condamnées. Les *fenêtres* des couvents de femmes doivent être percées de telle sorte, qu'elles servent seulement à donner la lumière (*Décis.* de la cong. des évêques, du 12 mars 1601). Et quand les *fenêtres* qui regardent sur la voie publique ne peuvent éclairer que percées assez bas, elles doivent être faites de telle manière, que les religieuses ne puissent être ni vues ni entendues par les passants (*Décis.* de la même cong., du 16 octobre 1615). On ne doit pas souffrir non plus, qu'à cause du voisinage, et de la correspondance des *fenêtres*, les religieuses puissent voir les voisins ou en être vues (*Décis.* du 16 août 1594).

Les *fenêtres*, ou toute autre ouverture des monastères de religieux, donnant dans le jardin ou dans la clôture des religieuses, doivent être supprimées (*Décis.* du 23 décembre 1693).

Pour l'exécution de ces décisions, en France, il faut connaître les dispositions suivantes du Code civil:

« Art. 675. L'un des voisins ne peut, sans le consentement de l'autre, pratiquer dans le mur mitoyen aucune *fenêtre* ou ouverture, en quelque manière que ce soit, même à verre dormant.

« Art. 676. Le propriétaire d'un mur non mitoyen, joignant immédiatement l'héritage d'autrui, peut pratiquer dans ce mur des jours ou *fenêtres* à fer maillé et verre dormant.

« Ces *fenêtres* doivent être garnies d'un treillis de fer, dont les mailles auront un décimètre (environ trois pouces huit lignes) d'ouverture, au plus, et d'un châssis à verre dormant.

« Art. 677. Ces *fenêtres*, ou jours, ne peuvent être établis qu'à vingt-six décimètres (huit pieds) au-dessus du plancher, ou sol de la chambre qu'on veut éclairer, si c'est à rez-de-chaussée; et à dix-neuf décimètres (six pieds) au-dessus du plancher, pour les étages supérieurs.

« Art. 678. On ne peut avoir des vues droites, ou *fenêtres* d'aspect, ni balcons, ou autres semblables saillies, sur l'héritage clos ou non clos de son voisin, s'il n'y a dix-neuf décimètres (six pieds) de distance entre le mur où on les pratique et ledit héritage.

« Art. 679. On ne peut avoir des vues par côté, ou obliques, sur le même héritage, s'il n'y a six décimètres (deux pieds) de distance.

« Art. 680. La distance dont il est parlé dans les deux articles précédents se compte depuis le parement extérieur du mur où l'ouverture se fait; et, s'il y a balcons ou autres semblables saillies, depuis leur ligne extérieure jusqu'à la ligne de séparation des deux propriétés. »

FÉRIE.

Les anciens entendaient par *férie*, le jour auquel on cessait de travailler. L'Eglise s'est servie de ce nom pour marquer les jours de la semaine, dans la célébration des offices divins, parce que les chrétiens doivent s'abstenir, non de travailler, mais de pécher : *Feriare id est, vacare a vitiis* (Ration. de Durand, *offic.*, *lib.* VII, c. 1).

Dans l'origine, la *férie* était un jour férié ou fêté. Constantin ayant ordonné de fêter toute la semaine de Pâques, dit Bergier dans son *Dictionnaire de théologie*, le dimanche se trouva être la première *férie*, le lundi la seconde, le mardi la troisième, etc. Ces noms, dans la suite, furent adaptés aux autres semaines; leur sens changea ; *férie*, en terme de rubrique, signifie un jour non fêté et non occupé par l'office d'un saint.

Il y a des *féries majeures*, comme le jour des Cendres et les trois derniers jours de la semaine sainte, dont l'office prévaut à tout autre; des *féries mineures*, qui n'excluent point l'office d'un saint, mais desquelles il faut faire un mémoire ; les simples *féries* n'excluent rien; tout autre office prévaut à celui de la *férie*.

Sous le terme de *féries*, les décrétales comprennent les fêtes chômées dans l'Eglise, et le temps des vacances des tribunaux.

Les canonistes et les jurisconsultes distinguent trois sortes de *féries* : les *féries* solennelles, les *féries* fortuites, *repentinæ*, et les *féries* rustiques.

Les *féries* solennelles sont proprement les jours de dimanches et de fêtes consacrées à l'honneur de Dieu et de ses saints. Dans l'usage, on n'appelle ces jours du nom de *féries*, que relativement aux affaires de justice, et dans cette acception, le chapitre *Conquestus extra de feriis* détermine les fêtes de l'année auxquelles on doit s'abstenir de plaider.

Les *féries* fortuites, *repentinæ*, sont celles qu'un souverain trouve bon d'ordonner dans ses états, dans certaines occasions de réjouissance.

Les *féries* rustiques sont celles que l'on observe pour vaquer aux récoltes du blé et du vin : *Feriæ gratia vindemiarum et messium*, dit le chapitre *Conquestus*. Pendant toutes ces *féries* il n'était pas permis de plaider.

Sous le titre *de Feriis*, nous trouvons une décrétale d'Alexandre III sur l'observation des dimanches et des fêtes, et une autre de Clément III sur le temps auquel il est permis de se marier. Par la première, le pape permet aux habitants d'une paroisse de pêcher les dimanches et les fêtes, à l'exception des principales fêtes de l'année, quand on ne peut avoir d'autre temps que les jours de dimanches et de fêtes pour faire la pêche de certains poissons. Le pape recommande ensuite aux pêcheurs qui auront profité de cette dispense de faire part à l'Eglise et aux pauvres de quelque partie de leur pêche : *Licet tam Veteris quam Novi Testamenti pagina, septimum diem ad humanam quietem specialiter deputaverit : et tam eum, quam alios dies majestati altissimæ deputatos, nec non natalitia sanctorum martyrum Ecclesia decreverit observanda : et in his ab omni opere servili cessandum; indulgemus ut liceat parochianis vestris diebus dominicis, et aliis festis præterquam in majoribus anni solemnitatibus, si alecia terræ se inclinaverint, eorum captioni ingruente necessitate intendere : ita quod post factam capturam ecclesiis circumpositis et Christi pauperibus congruam faciant portionem (cap. Licet 3, tit. 9)*. Dans la seconde, Clément III déclare que l'usage de l'Eglise romaine était de défendre la célébration des noces depuis la Septuagésime jusqu'au septième jour d'après la fête de la Pentecôte (*cap. Capellanus* 4, *eod. tit.*). Le concile de Trente, qui est suivi sur ce point par tous les catholiques, ne défend de marier que depuis le premier jour de Carême jusqu'après l'octave de Pâques, et depuis le commencement de l'Avent jusqu'après la fête de l'Epiphanie.

FERME, FERMIER.

On appelle *ferme* l'exploitation d'une terre, d'un fonds, en vertu d'un contrat de bail ou d'arrentement. Le *fermier* est celui qui est chargé de cette exploitation (*Voyez* BAIL).

Les ecclésiastiques ne doivent ni ne peuvent être *fermiers*, *quia militans Deo implicare se negotiis sæcularibus non debet*. Les ordonnances d'Orléans, de Blois, de Moulins et divers édits, l'avaient autrefois formellement défendu.

Les administrateurs des fabriques ne peuvent se rendre adjudicataires, ni directement ni indirectement, de la *ferme* des biens appartenant à ces établissements.

FETES.

Les *fêtes*, en général, sont des jours consacrés au service de Dieu ou à l'honneur de ses saints. Le nom de *fêtes* ne diffère de celui de férie que par une certaine idée de joie ou de solennité que ce dernier ne donne point : *Dies festi, hoc est feriati et læti* (*Voyez* FÉRIE).

§ 1. *Etablissement des* FÊTES.

Il est prouvé que de tout temps l'Eglise a ordonné la sanctification des *fêtes* et du dimanche en particulier, qui a été substitué au Sabbat des Juifs. Il faut voir à ce sujet le chapitre 59 du second livre des Constitutions apostoliques, l'épître de saint Ignace aux Magnésiens, le concile de Laodicée, le second concile de Mâcon, en 585, confirmé par une ordonnance du roi Gontran et par différents capitulaires. L'auteur du Rational des Offices divins (*Lib.* VII, *cap.* 1, *art.* 28), rapporte que l'empereur Constantin, dans un voyage qu'il fit au delà des mers : *Petens partes transmarinas*, trouva Eusèbe, évêque de Césarée, à qui il dit ces paroles : *Enseignez-moi les moyens d'enrichir votre église*. L'évêque lui répondit : Mon église ne manque pas de richesses ; je ne vous en demande point, mais je vous prie d'envoyer, par toutes les parties du monde, les noms des saints morts pour Jésus-Christ, le temps de leur martyre, sous quel prince, où et comment ils l'ont enduré. Ce que l'empereur lui accorda volontiers. Le même Eusèbe qui, dans la suite, eut le malheur de participer aux erreurs d'Arius, rapporte que, de son temps, il se rencontrait, tous les jours, cinq mille martyrs dont on aurait pu célébrer la *fête*. Il n'exceptait que les jours pendant lesquels les persécuteurs étaient livrés à la crapule dans la célébration de leurs *fêtes* païennes.

Le canon *Pronuntiandum, dist.* 3 *de Consecratione*, tiré d'un concile de Lyon, marque les *fêtes* que l'on doit annoncer aux laïques pour qu'ils s'abstiennent de travailler : *Pronuntiandum est laicis ut sciant tempora feriandi per annum, id est, omnem dominicam a vespera usque ad vesperam feriandi per annum isti sunt dies : Natalis Domini, S. Stephani, S. Joannis ev., Innocentium, S. Sylvestri, octava Domini (Circumcisio), et Theophani, Purificatio, S. M. S. Pascha cum tota hebdomada, Rogationes tribus diebus, Ascensio, sancti dies, Pentecotes, S. Joannis Baptistæ, duodecim apostolorum, maxime tamen Petri et Pauli; Assumptio S. Mariæ, Dedicatio Ecclesiæ S. Michaelis, dedicatio cujuscumque oratorii, et omnium sanctorum; S. Martini, et illæ festivitates quos singuli episcopi in suis episcopatibus cum populo collaudaverint*. Ce même canon, ainsi que le chapitre *Conquestus*, met au nombre de ces *fêtes* que les peuples doivent observer, celles que chaque évêque fait célébrer dans son diocèse : *Et illæ festivitates, quas singuli episcopi, in suis episcopatibus cum populo collaudaverint*. Ce qui fait entendre que l'évêque a le droit d'établir des *fêtes* et, par conséquent, celui de les supprimer. Le concile de Trente l'entend sans doute ainsi quand il ordonne, session XXV, chapitre 12, que les jours de *fêtes* que l'évêque aura commandés dans son diocèse seront pareillement gardés par tous les exempts, même réguliers. C'est sur ces autorités que le concile de Reims, en 1583, attribua expressément ce pouvoir aux évêques (Barbosa, *de Offic. et potest. episcop. alleg.* 105, *n.* 36).

Loin de s'obstiner à conserver toutes les *fêtes*, les pasteurs ont souvent fait des tentatives pour en diminuer le nombre. Le P. Thomassin, dans son *Traité des fêtes*, le P. Richard, dans son *Analyse des conciles*, ont cité à ce sujet les conciles provinciaux de Sens, en 1524, de Bourges en 1528, de Bordeaux, en 1583. Ces conciles exhortent les évêques diocésains de réduire les *fêtes* au moindre nombre que faire se pourra, afin que celles qui resteront soient solennisées avec plus de décence et de piété. Le pape Benoît XIV, en 1746, a donné deux bulles sur la représentation de plusieurs évêques, pour supprimer un certain nombre de *fêtes*. Clément XIV en a donné une semblable pour les États de Bavière, en 1772, et une autre pour les États de Venise.

Avant la révolution, les *fêtes* étaient fort multipliées en France. Par l'arrêté du 29 germinal an X, et l'indult du cardinal Caprara, elles ont été réduites comme on va le voir.

ARRÊTÉ *du 29 germinal an* X (19 *avril* 1802) *qui ordonne la publication d'un indult concernant les jours de fêtes.*

« Les consuls de la république, sur le rapport du conseiller d'État chargé de toutes les affaires concernant les cultes,

« Le conseil-d'État entendu,

« Arrêtons ce qui suit :

« ART. 1er. L'indult donné à Paris, le 9 avril 1802, et qui fixe le nombre des jours de *fêtes*, sera publié sans approbation des clauses, formules ou expressions qu'il renferme, et qui sont ou pourraient être contraires aux lois de la république, aux libertés, franchises ou maximes de l'Église gallicane.

« ART. 2. Ledit indult sera transcrit en latin et en français sur les registres du Conseil d'État, et mention en sera faite sur l'original par le secrétaire général du Conseil : il sera inséré au bulletin des lois.

« Le premier consul, signé BONAPARTE ; le s. d'État, H.-B. Maret. Le Conseil-d'État, etc. PORTALIS. »

INDULT *pour la réduction des fêtes.*

« Nous, Jean-Baptiste CAPRARA, cardinal-prêtre de la sainte Église romaine, du titre de Saint-Onuphre, archevêque, évêque d'Iési, légat *a latere* de notre très-saint père le pape Pie VII, et du saint-siége apostolique, auprès du premier consul de la république française.

« Le devoir du siége apostolique, qui a été chargé par Notre-Seigneur Jésus-Christ du soin de toutes les églises, est de modérer l'observance de la discipline ecclésiastique avec tant de douceur et de sagesse qu'elle puisse convenir aux différentes circonstances des temps et des lieux. Notre très-saint père le pape Pie VII, par la divine Providence, souverain pontife, avait devant les yeux ce devoir, lorsqu'il a mis au nombre des soins qui l'occupent à l'égard de l'Église de France, celui de réfléchir sur ce qu'il devait statuer touchant la célébration des *fêtes* dans ce nouvel ordre de choses. Sa Sainteté savait parfaitement que, dans la vaste étendue qu'embrasse le territoire de la république française, on n'avait pas suivi partout les mêmes coutumes ; mais que, dans divers diocèses, les jours de *fêtes* différents avaient été observés. Sa Sainteté observait de plus, que les peuples soumis au gouvernement de la même république avaient le plus grand besoin, après tant d'événements et tant de guerres, de réparer les pertes qu'ils avaient faites pour le commerce et les choses nécessaires à la vie, ce qui devenait difficile par l'interdiction du travail aux jours de *fêtes*, si le nombre de ces jours n'était diminué. Enfin, elle voyait, et ce n'est point sans une grande douleur, elle voyait que, dans ce pays, les *fêtes*, jusqu'à ce jour, n'avaient point été observées partout avec la même piété, d'où il résultait, en plusieurs lieux, un grave scandale pour les âmes pieuses et fidèles.

« Après avoir examiné et mûrement pesé toutes ces choses, il a paru qu'il serait avantageux pour le bien de la religion et de l'État de fixer un certain nombre de jours de *fêtes*, le plus petit possible, qui seraient gardées dans tout le territoire de la république, de manière que tous ceux qui sont régis par les mêmes lois fussent également soumis partout à la même discipline ; que la réduction de ces jours vînt au secours d'un grand nombre de personnes dans leurs besoins, et que l'observation des *fêtes* conservées en devînt plus facile.

« En conséquence, et en même temps pour se rendre aux désirs et aux demandes du premier consul de la république à cet égard, Sa Sainteté nous a enjoint, en notre qualité de son légat *a latere*, de déclarer, en vertu de la plénitude de la puissance apostolique, que le nombre des jours de *fêtes*, autres que les dimanches, sera réduit aux jours marqués dans le tableau que nous mettons au bas de cet indult, de manière qu'à l'avenir tous les habitants de la même république soient censés exempts, et que réellement ils soient entièrement déliés, non-seulement de l'obligation d'entendre la messe et de s'abstenir des œuvres serviles aux autres jours de *fêtes*, mais encore de l'obligation du jeûne aux veilles de ces mêmes jours. Elle a voulu cependant que, dans aucune église, rien ne fût innové dans l'ordre et le rit des offices et des cérémonies qu'on avait coutume d'observer aux *fêtes* maintenant supprimées et aux veilles qui les précédent, mais que tout soit entièrement fait comme on a eu coutume de faire jusqu'au moment présent, exceptant néanmoins la *fête* de l'Epiphanie de Notre-Seigneur, la *Fête*-Dieu, celle des apôtres saint Pierre et saint Paul, et celle des saints patrons de chaque diocèse et de chaque paroisse, qui se célébreront partout le dimanche le plus proche de chaque *fête*.

« En l'honneur des saints apôtres et des saints martyrs, Sa Sainteté ordonne que dans la récitation, soit publique, soit privée des heures canoniales, tous ceux qui sont obligés à l'office divin soient tenus de faire, dans la solennité des apôtres saint Pierre et saint Paul, mémoire de tous les saints apôtres, et dans la *fête* de saint Étienne, premier martyr, mémoire de tous les saints martyrs ; on fera aussi ces mémoires dans toutes les messes qui se célébreront ces jours-là. Sa Sainteté ordonne encore que l'anniversaire de la dédicace de tous les temples érigés sur le territoire de la république soit célébré dans toutes les églises de France, le dimanche qui suivra immédiatement l'octave de la Toussaint.

« Quoiqu'il fût convenable de laisser subsister l'obligation d'entendre la messe au jour des *fêtes* qui viennent d'être supprimées, néanmoins Sa Sainteté, afin de donner de plus en plus de nouveaux témoignages de sa condescendance envers la nation française, se contente d'exhorter ceux principalement qui ne sont point obligés de vivre du travail des mains, à ne pas négliger d'assister ces jours-là au saint sacrifice de la messe.

« Enfin, Sa Sainteté attend de la religion et de la piété des Français que, plus le nombre des jours de *fêtes* et des jours de jeûne sera diminué, plus ils observeront avec soin, zèle et ferveur, le petit nombre de ceux qui restent, rappelant sans cesse dans leur esprit que celui-là est indigne du nom chrétien, qui ne garde pas comme il le doit les commandements de Jésus-Christ et de son Eglise; car, comme l'enseigne l'apôtre saint Jean, *quiconque dit qu'il connaît Dieu, et n'observe pas ses commandements, est un menteur, et la vérité n'est pas en lui.*

« *Les jours de fêtes qui seront célébrés en France, outre les dimanches, sont :*

« La naissance de Notre-Seigneur Jésus-Christ;

« L'Ascension ;

« L'Assomption de la très-sainte Vierge ;

« La *fête* de tous les saints.

« Donné à Paris, en la maison de notre résidence, cejourd'hui 9 avril 1802.

« J. B. cardinal Caprara, légat.

« J. A. Sala, secrétaire de la légation apostolique.

« Certifié conforme : *Le secrétaire d'Etat*, signé Hugues B. Maret : *Le conseiller d'Etat chargé de toutes les affaires concernant les cultes*, signé Portalis. »

Le gouvernement impérial poursuivit avec sévérité l'abolition des *fêtes* supprimées. Il publia dans ce but plusieurs circulaires, notamment celle du 19 octobre 1813, que nous ne croyons pas devoir insérer ici. Toutefois, ce gouvernement si fort et devant lequel tout pliait, ne réussit point à atteindre ce résultat. Le gouvernement de 1830 s'engagea aussi dans la même voie à cet égard par les deux circulaires suivantes que nous regardons, avec plusieurs évêques, comme contraires à l'indult du cardinal Caprara et à la Charte de 1830.

Circulaire *de M. le ministre de l'instruction publique et des cultes, à messeigneurs les archevêques et évêques, au sujet des fêtes supprimées.*

« Paris, le 30 novembre 1830.

« Monseigneur,

« L'article 41 de la loi du 8 avril 1802 porte : « Aucune *fête*, à l'exception du dimanche, ne « pourra être établie sans la permission du « gouvernement. »

« De nombreuses réclamations relatives à la célébration des *fêtes* supprimées ayant été formées, je crois devoir appeler votre attention sur cet important objet.

« L'indult donné à Paris le 9 avril 1802, par le cardinal Caprara, et dont la publication fut autorisée par un arrêté du gouvernement, en date du 29 germinal an X, en déclarant la suppression de ces *fêtes* et en abolissant toutes les obligations qui s'y rattachaient, n'avait néanmoins rien innové dans l'ordre et le rit des offices et des cérémonies qui y étaient observées.

« Cette sorte de tempérament, dont on n'avait pas prévu les suites, donna lieu à une multitude d'usages divers et abusifs, dont l'effet eût été de détruire insensiblement une réforme fondée sur les plus graves motifs. Dans un très-grand nombre de localités, ces *fêtes* continuèrent d'être annoncées au prône et par le son des cloches ; elles y étaient solennisées, comme auparavant, avec le concours du peuple, frappé de cet appareil extérieur, et excité encore par les exhortations des pasteurs. L'idée de leur suppression s'affaiblissait peu à peu, pour laisser revivre celles d'obligations qui n'existaient plus.

« Ainsi ce règlement de discipline ecclésiastique, introduit pour établir, dans toute l'étendue du territoire français, une désirable uniformité sur l'observation des solennités religieuses, y était devenu naturellement la source des abus qui le détruisaient.

« Cet état de choses dut frapper l'attention du gouvernement, et il prit les mesures nécessaires pour faire subir aux dispositions de l'indult du 9 avril 1802 les modifications dont l'expérience avait démontré la nécessité.

« Des explications interprétatives furent données en conséquence, le 6 juillet 1806, par le cardinal Caprara : « Puisqu'on s'est « aperçu, y est-il dit, que les annonces des « *fêtes* supprimées occasionnaient des équi- « voques dont il pouvait résulter des abus, il « paraît expédient que les curés et autres « ecclésiastiques s'abstiennent d'en faire les « annonces, de les indiquer la veille par le « bruit des cloches, et d'en célébrer l'office « avec la pompe et l'appareil extérieur qu'on « doit employer aux *fêtes* conservées, etc. »

« Ces instructions, transmises aux évêques, furent suivies dans leurs diocèses respectifs, et ce n'est que depuis 1814 que l'on a dérogé aux règles établies; aussi a-t-on vu se reproduire et se multiplier les plaintes et les inconvénients qu'on avait eu en vue de prévenir.

« Il suffira pour y remédier de rentrer dans les limites sagement fixées par les deux autorités civile et ecclésiastique. Il n'a été apporté légalement aucune modification à ces dispositions; l'on doit dès lors s'y conformer exactement. Je vous prie, en conséquence, Monseigneur, d'exercer une surveillance spéciale sur le maintien de ce point important de la discipline, et de transmettre à votre clergé les instructions convenables pour faire cesser immédiatement, dans chaque paroisse de votre diocèse, tout ce qui pourrait s'y pratiquer de contraire.

« En définitive, les *fêtes* conservées sont celles de Noël, l'Ascension, l'Assomption et la Toussaint. Aucune autre ne doit être annoncée, ni interrompre les travaux journaliers, les foires et marchés, etc.

« Les *fêtes* patronales, dont la célébration a été constamment en usage, ne sauraient justifier (les jours ou elles sont indiquées dans le calendrier) des offices publics, ou un cérémonial ordinairement employé quand le peuple est réuni, ces jours étant entièrement assimilés aux autres jours de la semaine. Dans ce cas, la *fête* doit continuer à être renvoyée au dimanche qui la suit.

« Je transmets un exemplaire de cette circulaire à M. le préfet de... Je vous prie de vouloir bien me faire connaître les mesures que vous avez prises pour assurer l'exécution des règles qu'elle rappelle.

« Agréez, Monseigneur, l'assurance de ma haute considération.

« Le ministre secrétaire d'Etat de l'instruction publique et des cultes,

« MÉRILHOU. »

CIRCULAIRE *de M. le ministre de la justice et des cultes à messeigneurs les archevêques et évêques, au sujet des fêtes supprimées.*

« Paris, le 24 juin 1855.

« Monseigneur,

« Les difficultés qui se sont élevées dans plusieurs diocèses relativement aux *fêtes* supprimées, les collisions qui en ont été la suite entre le clergé et les autorités civiles dans quelques localités, m'obligent de vous rappeler les règles établies par notre législation.

« L'indult donné à Paris le 9 avril 1802, par le cardinal-légat, et inséré au bulletin des lois, délie entièrement les fidèles de toutes les obligations qui leur étaient imposées pour la solennisation de ces *fêtes;* mais comme le même acte portait qu'il ne serait rien innové dans l'ordre et le rit des offices qu'on avait coutume d'observer, elles continuèrent presque partout d'être célébrées. On les annonça même au prône et par le son des cloches.

« Ainsi les intentions du saint-siége et du gouvernement étaient éludées; la force de l'habitude l'emportait sur la règle, et des obligations que les autorités spirituelle et civile avaient trouvé sage d'abolir, étaient journellement remises en vigueur.

« Pour faire cesser ces infractions, le légat crut devoir ajouter à son indult, le 6 juillet 1806, que, « puisqu'on s'était aperçu que les « annonces des *fêtes* supprimées occasion- « naient des équivoques dont il pouvait ré- « sulter des abus, il paraissait expédient que « les curés et les autres ecclésiastiques s'abs- « tinssent d'en faire les annonces, de les in- « diquer la veille par le bruit des cloches, et « d'en célébrer l'office avec la pompe et l'ap- « pareil extérieur qu'on doit employer aux « *fêtes* conservées. »

« Le gouvernement impérial tint sévèrement la main à l'exécution de ce règlement, et je trouve dans une circulaire émanée du ministre des cultes, le 19 octobre 1813, qu'il considérait comme une irrégularité dans le *ordo*, l'indication des *fêtes* supprimées en caractères particuliers, même lorsque cette indication était suivie des expressions *non festivatur* ou autres semblables.

« Les abus que l'indult et l'interprétation qui l'avait suivi avaient entr... is de déraciner ne tardèrent pas à se reproduire sous la restauration. Les infractions étaient si nombreuses en 1830, elles excitaient un si vif mécontentement, que le ministre des cultes se vit obligé de rappeler, par une nouvelle circulaire du 30 novembre, à l'exécution des règlements qui n'avaient reçu aucune modification, ni de la part du saint-siège, ou de la part du gouvernement. MM. les évêques furent invités à exercer une surveillance spéciale sur ce point important, et à transmettre au clergé de leur diocèse des instructions pour faire cesser immédiatement toute pratique contraire ; mais ou ces instructions n'ont pas été partout transmises, ou MM. les évêques n'ont pas également tenu la main à les faire observer, et aujourd'hui encore, il s'élèvent de vives plaintes, surtout dans les campagnes, contre la persévérance avec laquelle les curés, au moins beaucoup d'entre eux, arrachent les cultivateurs à leurs travaux pour les forcer à assister à des offices qui ont cessé d'être compris au nombre des devoirs. Il est vrai que généralement, en annonçant ces *fêtes*, les curés préviennent leurs paroissiens qu'elles ne sont point obligatoires ; mais la simple annonce de la célébration est déjà une contrainte morale exercée sur les esprits. Ceux qui y cèdent regardent avec défaveur ceux qui n'en tiennent compte; de là des dissensions, des animosités qui trop souvent amènent des rixes, et fournissent aux ennemis du clergé de nombreux motifs de reproches contre lui. La religion ne saurait rien gagner à de pareils conflits.

« Il devient donc nécessaire de remettre en vigueur, partout où l'on aurait pu s'en écarter, les sages règlements concertés, en 1802 et 1806, entre l'autorité spirituelle et l'autorité civile ; de veiller surtout à ce qu'il ne soit fait aucune annonce de *fêtes* supprimées, même comme simples *fêtes* de dévotion : parce que les fidèles peuvent trop facilement par là être induits en erreur, et parce que, d'ailleurs, c'est l'exécution littérale de nos lois.

« La sagesse de MM. les évêques ne peut permettre au gouvernement de douter de leur active et constante coopération à l'exécution d'une mesure si importante pour la paix publique. Je la recommande en particulier à votre sollicitude.

Agréez, Monseigneur, l'assurance de ma haute considération.

« Le garde des sceaux, ministre de la justice et des cultes,

« C. PERSIL. »

La suppression des *fêtes* ne regarde que la liberté donnée aux peuples de vaquer à leurs occupations ordinaires ; mais, à l'égard de l'office, les conciles de Sens, de Bourges et de Bordeaux, cités ci-dessus, exigent qu'il soit célébré avec la même pompe dans les églises qu'avant la suppression. C'est aussi le règlement du concile de Trèves en 1549 (*Mém. du clergé; t.* V, p. 1306). *Cætera vero festa quacumque ratione instituta sunt vel recepta; in foro libera facimus, in choro vero et ecclesia eadem festa prout ab antiquo observanda sunt, devote celebrentur.* La décision du cardinal Caprara, dans son indult du 9 avril 1802, est entièrement conforme à ces conciles ; il y dit en termes formels que *Sa Sainteté a voulu que, dans aucune église, rien ne fût innové dans l'ordre et le rit des offices et des cérémonies qu'on avait coutume d'observer aux fêtes maintenant supprimées.* Les deux circulaires ministérielles que nous venons de rapporter sont donc attentatoires à la liberté des cultes garantie par la Charte de 1830.

Plusieurs évêques de France ont consulté le saint-siége sur la question de savoir si tous les curés et autres prêtres, ayant titre à charge d'âmes, sont obligés d'appliquer la messe à leurs paroissiens, les jours de *fêtes* supprimées, en vertu de l'indult du 9 avril 1802, comme ils y sont obligés le saint jour du dimanche et les *fêtes* commandées. Il leur a été répondu affirmativement, ce qui prouve que le saint-siége veut que ces *fêtes* soient toujours célébrées. Nous rapporterons deux de ces décisions ; la première, adressée à monseigneur l'archevêque de Toulouse, la seconde à S. E. le cardinal évêque d'Arras.

Perillustris ac reverendissime domine uti frater : — *Relatis sanctissimo nostro per sub secretarium sacræ congregationis concilii adjunctis precibus datis nomine Amplitudinis tuæ, eadem Sanctitas Sua ad Amplitudinem tuam præsentes dari, eidemque notificari mandavit, juxta resolutiones alias editas a sacra congregatione, teneri parochos ad applicationem, missæ pro populo etiam iis festis diebus qui suppressi fuerunt vigore indulti sanctæ memoriæ Pii VII, die 9 aprilis 1802 : attentis vero peculiaribus circumstantiis, ipsa Sanctitas Sua facultatem concedit Amplitudini tuæ singulos parochos suæ diœcæis a præteritis omissionibus hujusmodi pro suo arbitrio et prudentia gratis absolvendi, iisdemque missas sic de præterito non applicatas, celebrata tamen unica missa ab unoquoque parocho, gratis pariter condonandi, supplente in reliquis eadem Sanctitate Sua de thesauro Ecclesiæ. Quo vero ad futurum ipsa Sanctitas Sua facultatem impertitur eidem Amplitudini tuæ per triennium proximum tantum cum iis parochis quos vere indigere censuerit super applicatione ejusdem missæ pro populo festis diebus, ut supra a sanctæ memoriæ Pio VII, suppressis pro suo arbitrio et prudentia gratis dispensandi, firmo tamen onere hujusmodi applicationis in festo Circumcisionis D. N. J. C., necnon Conceptionis, Annuntiationis et Nativitatis B. M. V. Hæc Sanctitatis Suæ mandato dum nos præsentes exsequimur Amplitudini tuæ fausta omnia precamur a Domino*

Romæ, 6 augusti 1842.

Amplitudinis tuæ uti frater studiosissimus,
L. card. POLIDORIUS, *præf.*

Voici le texte de la supplique de S. E. le cardinal évêque d'Arras, et la réponse :

Beatissime Pater,

Diarium gallicanum cui titulus, l'Ami de la religion, *retulit resolutionem apostolicam ad episcopum Cenomanensem directam die* 14 *junii* 1841, *ex qua constat parochos teneri missam applicare pro populo omnibus diebus festis etiam reductis.*

Quum autem hujusmodi resolutio ad omnem clerum gallicanum exspectet, postulat cardinalis episcopus Atrebatensis a S. V., ut ipsi impertiri dignetur facultatem condonandi juxta bene placitum singulis parochis qui huc usque applicationem omiserint.

Unde, etc.

Sacra Pœnitentiaria de speciali et expressa apostolica auctoritate reverendissimo in Christo Patri S. R. E. cardinali episcopo Atrebatensi facultatem concedit sive per se, sive per aliam idoneam personam ecclesiasticam, ad hoc specialiter deputandam, missas diebus festis prout in precibus a parochis suæ diœcesis de præterito omissas, mediante celebratione alicujus numeri missarum, prudenti judicio suo juxta eorum vices respective taxandi, apostolica expressa auctoritate benigne condonandi. Contrariis quibuscumque non obstantibus.

Datum Romæ, in sacra Pœnitentiaria, die 23 *augusti* 1841.

C. card. CASTRACANE, M. P.

§ 2. *Sanctification des* FÊTES *et des dimanches.*

L'assemblée générale du clergé, en 1700, condamna cette proposition : *Præceptum servandi festa non obligat sub mortali, seposito scandalo, si absit contemptus.* On peut contrevenir en trois manières à la solennité ou sanctification des *fêtes* : 1° en ne faisant pas les œuvres de piété qui sont commandées dans ces saints jours ; 2° en faisant un travail ou exerçant un négoce qui est défendu ; 3° en prenant des divertissements qui ne sont point permis en ces temps-là.

1° A l'égard des œuvres de piété, les saints décrets imposent aux fidèles l'obligation d'entendre la messe les jours de dimanches et de *fêtes*. (*Voyez* MESSE.) Le concile d'Agde, en 506, y est précis, de même que le concile de Toulouse en 1229, et celui de Narbonne en 1551. Un autre concile de Narbonne, en 1609, prescrit l'observation de ce précepte, sous peine de péché mortel.

2° A l'égard du travail, il y a une infinité de règlements sur ce sujet, mais qui ne sont pas uniformes ; les Etats chrétiens ont eu leurs polices différentes, et il y a eu dans tous les siècles de la variété dans les Eglises touchant le travail qui a été permis ou défendu aux jours de *fêtes*. Sans rappeler ici les différentes autorités à cet égard, que l'on trouve recueillies dans les Mémoires du clergé (*Tom.* V, *p.* 1200 *et suiv.*), il nous suffira d'observer avec Barbosa, que la sacrée congrégation décida qu'on devait s'abstenir, les jours de *fêtes*, de toute sorte de travail, à l'exception de celui qui est nécessaire à la vie, ou qu'une pressante raison de nécessité ou de piété oblige de faire. *A sancta congregatione decisum fuit, licere diebus festis dare operam rebus ad vitam neces-*

sariis, tempore perituris, præsertim tempore vindemiarum et messium, ac collectionis fructuum, vel ubi necessitas urgeat, aut suadeat pietas, adque judicium scilicet ordinarii, ne privatis effectibus, ac domesticarum rerum studio aliqui eo perducantur, ut ea indulgentia aliis etiam casibus abutantur. Itaque rursum ibidem censuit prætextu mercatuum, nundinarum et feriarum, festa nullatenus esse violanda : cæterum his diebus licere sarcinas, et onera nundinarum causa exonerare inceptumque iter missa tamen prius audita prosequi, non autem sarcinas, componere et jumenta onerare ad iter de novo accipiendum, aut merces quibuscumque etiam viatoribus, et clausis apothecis vendere, nisi tantum ad victum necessaria, et alia minuscula et modici momenti operata confecta pro transeuntium, hospitum, advenarum et externorum urgenti, præsentanea necessitate et opportunitate, quia in re episcopi propositis edictis curare debent, et festi dies debita observatione colantur, populorum eo confluentium necessitatibus, quantum sine divina offensione fieri potest, consolatur (Barbosa, *de Offic. et potest. episc. alleg.* 103, n. 40).

On permet de travailler les *fêtes* et les dimanches, quand il y a grande nécessité, comme dans le cas où les fruits dépériraient considérablement, si l'on différait de les recueillir. *Voyez*, sous le mot FÉRIE, le chapitre *Licet, extra, de Feriis.*

Les saints décrets défendent de tenir aucune foire et marché, ni de faire aucun négoce public aux jours de *fêtes* et de dimanches. Les derniers conciles provinciaux et l'assemblée de Melun, en 1579, contiennent la même défense.

Il est défendu, par la loi du 18 novembre 1814, de tenir les cabarets ouverts, les jours de dimanches et de *fêtes*, pendant les offices (*Voyez* DIMANCHE).

Quant aux divertissements qui sont défendus aux jours de *fêtes*, les saints canons sont encore exprès là-dessus. Les derniers conciles provinciaux de Rouen, en 1581, de Tours, en 1583, de Bourges, en 1584, interdisent aux jours de *fêtes* et de dimanches, les jeux, les danses, les combats et autres spectacles (*C. 2, dist. 9, de Consecrat.*).

Il régnait autrefois, dans différentes églises, un abus qui revenait tous les ans, à la *fête* des Innocents ou à telles autres, où les ecclésiastiques excédaient, dans leurs offices et cérémonies, les termes de la modestie et du respect qui doivent accompagner le service divin. On appelait ces *fêtes* les *fêtes* des Fous. Gerson s'en plaint vivement dans un endroit de ses OEuvres, et fait un devoir aux princes d'y remédier. Les doyen et chapitre de Saint-Vincent de Châlons, profitant des avis de ce docteur, s'adressèrent au parlement, pour l'abolition d'une semblable *fête* dans leur église, et, sur leur requête, intervint l'arrêt suivant, qui a servi comme de signal à l'abolition de ces *fêtes* dans toutes les églises du royaume. En voici la teneur, que nous rapportons comme curiosité ; car ces sortes de *fêtes* n'existent plus nulle part :

« Sur la doléance et requête, faite en la cour, par les doyen et chapitre de Saint-Vincent de Châlons, ampliée par le procureur général du roi, ayant eu communication d'icelle, ladite cour, pour obvier aux scandales et irrisions qui, de jour à autre, sont ci-devant avenus et peuvent avenir ; à ce que le service divin soit continué aux églises cathédrales, collégiales et autres, du ressort de ladite cour, en l'honneur et révérence telle qu'il appartient, selon le droit canon, les saints décrets et concordats, sans irrévérence et insolence, icelle cour a ordonné et ordonne que défenses seront faites aux choriaux et habitués de ladite église Saint-Vincent, et de toutes autres églises de son ressort, dorénavant le jour de la *fête* des Innocents et autres jours, faire aucunes insolences et tumultes esdites églises, vaquer en icelles, et courir parmi les villes avec danses et habits indécents à leur état ecclésiastique ; ainsi de faire continuer ledit sacrifice divin avec telle modestie de mœurs et d'habits qu'il est requis par lesdits saints canons et décrets ; le tout à peine de mettre le temporel des contrevenants sous la main du roi, et à cette fin là, exhorte tous les juges ecclésiastiques supérieurs, et enjoint aux juges ordinaires royaux des lieux, de faire entretenir et étroitement garder le contenu de cet arrêt, etc. » (*Mémoire pour servir à l'Histoire de la Fête des Fous*, pag. 42.) Ces *fêtes* s'appelaient indistinctement *fêtes* de l'Ane, des Fous ou des Innocents. Les évêques ont usé de toute leur autorité pour supprimer ces cérémonies absurdes ou indécentes, et, grâce à Dieu, il n'en reste plus nulle part aucun vestige. On peut voir, dans le *Dictionnaire de Théologie*, de Bergier, quelle fut l'origine de ces *fêtes*.

§ 3. FÊTES *mobiles et immobiles.*

Les *fêtes mobiles*, proprement dites, sont celles qui dépendent en tout du jour de Pâques, qui avancent ou reculent, selon que la Pâque tombe en mars ou en avril ; qui ne suivent point le cours du soleil, mais celui de la lune, et qui par conséquent, changeant de place, arrivent tantôt dans un mois, tantôt dans un autre, selon que le cours de la lune avance ou recule sur celui du soleil ; tels sont les dimanches de la Septuagésime, les Cendres, les Quatre-Temps et les dimanches de Carême, toute la quinzaine de Pâques, les dimanches d'après Pâques, les Rogations, l'Ascension, la Pentecôte, la Trinité, la Fête-Dieu, tous les dimanches d'après la Pentecôte, jusqu'à l'Avent. Ce sont là les *fêtes* que l'on appelle *mobiles* proprement dites ; elles se règlent toutes sur le jour de Pâques et sur le cours de la lune, sans avoir égard à celui du soleil ; ce qu'on ne peut point dire des dimanches de l'Avent et des autres *fêtes* que l'on n'appelle *mobiles* que parce qu'elles sont attachées aux jours de la semaine et point à ceux du mois.

Les *fêtes immobiles* sont ainsi appelées, parce qu'en suivant le cours du soleil, elles sont fixées à certains jours du mois, comme la Circoncision, au premier janvier; l'Epiphanie, au sixième du même mois; la Présentation de Notre-Seigneur au temple, ou la Purification de la sainte Vierge, au second février; l'Annonciation, au 25 de mars, et toutes les *fêtes* des saints, qui se célèbrent toujours les mêmes jours du mois, sans changer de place; c'est ce qui fait qu'on les appelle *immobiles*.

Entre les *fêtes mobiles* et non *mobiles*, il y en a qu'on appelle cardinales, parce que c'est sur elles que roule presque toute l'économie de l'office divin pendant tout le cours de l'année. Ces *fêtes* cardinales sont Pâques, qui comprend la passion, la mort et la résurrection du Sauveur; l'Ascension, la Pentecôte, Noël et l'Epiphanie. Les dimanches d'après cette dernière *fête* se comptent par un, deux, trois, comme ceux d'après Pâques et d'après la Pentecôte. Quelquefois il n'y a qu'un dimanche après l'Epiphanie, comme lorsque la Pâque tombe le 22 mars. Quelquefois il y en a deux ou plus, mais jamais au-dessus de six : lorsqu'il n'y a point assez de place pour célébrer ces six dimanches entre l'Epiphanie et la Septuagésime, on renvoie à la fin des dimanches de la Pentecôte; ceux dont on n'a pu faire l'office avant la Septuagésime. Alors le nombre des dimanches d'après la Pentecôte augmente à proportion qu'on en a renvoyé d'après l'Epiphanie, et ce nombre peut aller jusqu'au vingt-huitième; le moindre est de vingt-trois, lorsque Pâques tombe le 24 ou le 25 avril.

Certaines *fêtes* sont chômées ou d'obligation, comme le dimanche, quel que soit le jour où elles tombent; d'autres ne sont que de dévotion, c'est le plus grand nombre : celles-ci n'emportent aucune obligation d'entendre la messe, ni de s'abstenir de travailler.

FIANÇAILLES.

Les *fiançailles* ne sont autre chose qu'une promesse que deux personnes de différent sexe se font l'une à l'autre de se prendre pour mari et femme (*C. Nostrates*, 30 *quæst.*, 5, *cap.* 3). Nous nous sommes servis dans notre langue du nom de *fiançailles*, qui vient du vieux mot *fiance*, lequel signifiait autrefois *assurance*, *confiance*. L'Eglise donne aux *fiançailles* le nom de *sponsalia*.

§ 1. *Nature des* FIANÇAILLES.

L'usage des *fiançailles* est très-ancien : il avait lieu chez les païens, et quoique parmi les chrétiens on n'ait jamais cru qu'il fallût nécessairement se fiancer avant de se marier, l'Eglise a adopté la cérémonie des *fiançailles* par plusieurs sages motifs; elle sert à rendre les parties mieux disposées à recevoir la grâce que le mariage confère; à les bien faire réfléchir sur les obligations et l'indissolubilité de cet état, afin qu'elles ne s'exposent pas témérairement aux maux qui sont la suite ordinaire des mariages précipités et mal assortis. Saint Augustin a rendu énergiquement cette dernière raison : *Hanc esse consuetudinem, ut jam pactæ sponsæ non statim tradantur, ne vilem habeat maritus datam, quam non suspiravit sponsus dilatam. Quod enim quis non diligit, nec optat, facile contemnit* (*C. Constitutum*, 23, *qu.* 2; *c. Præsens* 20, *qu.* 3).

On peut voir dans les conférences d'Angers les autres motifs qui autorisent l'usage des *fiançailles*.

Les anciens canonistes distinguaient deux sortes de *fiançailles*: celles qui se faisaient par paroles de présent, et celles qui se faisaient par paroles de futur; les premières étaient de vrais mariages, avant que le concile de Trente eût fait un empêchement dirimant de la clandestinité, c'est-à-dire qu'il suffisait, avant ce concile, à deux personnes de différent sexe, d'exprimer entre elles le consentement au mariage, qu'il faut nécessairement donner actuellement devant le propre curé, pour que ces personnes fussent censées mariées. Comme cette sorte de mariage se faisait par une promesse, dont l'effet avait trait au temps actuel et présent, on l'appela promesse par paroles de présent; elles étaient aussi appelées quelquefois *fiançailles* clandestines, et plus proprement mariages clandestins (*Voyez* CLANDESTIN), en opposition à cette promesse, qui, ne devant être accomplie que dans un temps à venir, fut appelée promesse par parole de futur. Depuis que les mariages clandestins ont été abolis, et surtout en France, où ils n'ont jamais été tolérés, comme nous le disons sous le mot CLANDESTIN, on ne s'est plus tant attaché à cette distinction, et l'on ne parle plus généralement que des *fiançailles* par paroles de futur, c'est-à-dire de cette promesse par laquelle deux personnes promettent et s'engagent à se marier. Or, dans cette acception, voici quelle est la forme des *fiançailles*.

§ 2. *Forme des* FIANÇAILLES.

Il n'y a dans l'Eglise latine aucune loi générale qui détermine précisément la forme des *fiançailles*. Comme c'est un acte tout fondé sur le consentement des parties, la preuve de ce consentement dépend de la manière dont il plaît aux parties de l'exprimer. Il suffit que la promesse ait été faite librement, réciproquement et légitimement.

1° La liberté est d'une nécessité absolue dans tous les actes où notre consentement doit produire contre nous quelque obligation. Il faut appliquer ici les principes exposés sous les mots CRAINTE, EMPÊCHEMENT. Nous ajouterons seulement ici que, pour le for intérieur, les théologiens demandent, outre la liberté dans la promesse que l'on fait d'épouser une personne, la sincère volonté de l'accomplir : car, si dans les circonstances d'une passion intéressée, on lâchait légèrement une promesse de mariage sans intention réfléchie et déterminée de l'effectuer, la promesse serait, comme l'on dit, fictive, et n'obligerait point.

2° Il ne suffit pas que le consentement que l'on a prêté, ou plutôt que la promesse qu'on a faite d'épouser une personne soit libre et sincère, il faut encore qu'elle soit réciproque, c'est-à-dire qu'elle soit non-seulement acceptée par la personne à qui elle est adressée, mais encore que cette même personne en fasse à l'autre une semblable.

3° Par la légitimité de la promesse, nous entendons ici l'âge des parties, et la forme extérieure du consentement. Quant à l'âge, il est fixé par le droit canon à sept ans accomplis : *Sponsalia intra septimum annum non tenent* (*C. Accessit J. G.; c. Litteras; c. Ad dissolvendum de despons. impub.*). Suivant le même droit, les parents peuvent fiancer leurs enfants impubères, mais ces *fiançailles* ne seront valides qu'autant que les enfants parvenus à l'âge de puberté les auront ratifiées, à quoi ils ne sauraient être forcés. C'est la décision du chapitre : *Infantes de despons. impub. in 6°*, et de la Glose sur le chapitre *Tua nos, de despons. impub.* Autrefois les *fiançailles* par paroles de présent, qui étaient de vrais mariages, étaient converties en *fiançailles de futuro*, quand elles avaient été contractées par des impubères (*C. Unico. despons. in 6°*).

Quant à la forme extérieure du consentement, elle n'est réglée dans l'Eglise latine par aucune loi générale. Le concile de Trente, qui a fait des règlements assez étendus sur la matière du mariage, n'en parle pas ; il se contente de témoigner le désir qu'il a que les fidèles observent ce qui est sagement établi par l'usage dans plusieurs diocèses, au sujet des cérémonies et des dispositions de ce sacrement : *Si quæ provinciæ aliis ultra prædictas laudabilibus consuetudinibus et ceremoniis utuntur, eas omnino retineri sancta synodus vehementer optat* (*Sess. XXIV, c. 1, de matrim.*).

Il en est donc de ce contrat comme de tous les autres, aux termes du droit canonique, c'est-à-dire qu'on peut le contracter de différentes manières, sans que les cérémonies ecclésiastiques n'y entrent pour rien : *Ut puta, re, verbis, litteris et consensu.*

On se fiance par la chose, *re*, quand on se donne des arrhes, ou un anneau pour signe de la promesse de mariage qu'on se fait : *Per nudam subharrationem vel annuli immissionem* (*C. Nostrates, c. 30, qu. 5 ; c, Fœminæ, dist. 27 ; c. Quod interrogasti; c. Si quis uxorem 27, qu. 1*).

On se fiance par les paroles, *verbis*, quand on se fait une promesse réciproque et expresse, en ces termes ou en autres équivalents : *Je te prendrai pour femme, et moi je te prendrai pour mari* (*C. Si inter. de spons. duorum*).

Les *fiançailles* se contractent aussi par lettres ou par procureur spécial, *litteris* (*C. fin. de procur. in 6°*).

Elles se contractent enfin, par un consentement présumé, *consensu*, dans le cas où un impubère, un pubère, ou deux impubères se marient par paroles de présent : *Juris tamen interpretatione in sponsalia de futuro resolvuntur, si quod ago non valet ut ago, valet ut valere potest* (*C. A nobis , de despons. impub.*). Ces sortes de *fiançailles* présumées n'ont plus lieu depuis que le concile de Trente a aboli les mariages clandestins.

La forme des *fiançailles* varie beaucoup selon l'usage des diocèses ; il en est même où il n'en est nullement question. Le rituel romain donné par le pape Paul V n'en dit pas un seul mot. On vient de les supprimer dans le diocèse de Paris. L'Eglise par conséquent ne les regarde pas comme nécessaires ; elle ne les a même jamais considérées comme telles.

§ 3. FIANÇAILLES, *effets*.

Les deux grands effets des *fiançailles* sont :
1° l'obligation d'accomplir sa promesse ;
2° l'empêchement d'honnêteté publique.

I. A l'égard du premier de ces effets, il est fondé sur le droit naturel, qui ne permet pas de se rétracter au préjudice d'un autre, de la parole que l'on a donnée avec connaissance de cause et dans une entière liberté : *Hi qui de matrimonio contrahendo pure, et sine omni conditione fidem dederunt, commovendi sunt, et modis omnibus inducendi, ut fidem præstitam observent* (*C. Præterea despons. Mutare consilium quis non potest in alterius detrimentum, Reg. jur. in 6°*).

La promesse de mariage a été faite purement et simplement, ou sous un certain délai, ou sous condition, *aut pure, aut adjecta die, aut sub conditione*; si elle est pure et simple, et faite sans généralité, à une telle personne en particulier, les fiancés doivent l'accomplir à la réquisition l'un de l'autre.

Si elle est faite sous un certain temps, il faut distinguer : ou ce temps a été fixé pour contracter alors le mariage, *ad sollicitandum implementum*, ou il n'a été apposé que comme le terme de l'obligation, *ad limitandam vel finiendam obligationem*. Dans le premier cas, l'engagement subsiste toujours quand le temps prescrit est arrivé ; ce n'est même que de ce moment qu'on est proprement engagé. Dans l'autre cas, celui qui a promis de se marier dans un tel espace de temps est dégagé de sa promesse s'il n'a pas tenu à lui que le mariage ne se fît (Lancelot, *Ins. can. de sponsal.* § *Dies*).

Quand la promesse est faite sous condition, il faut encore distinguer : ou la condition est licite, ou elle est illicite. Si la condition est licite, il n'y a point de doute que la promesse ne doive avoir son effet, quand la condition sera remplie ; mais si elle est illicite, il faut encore faire une distinction : ou elle est impossible ou contre les bonnes mœurs, ou elle est contre la substance du mariage. Si elle est contre les bonnes mœurs ou impossible, elle est regardée comme non écrite : *Pro non adjecta habetur, vitiatur et non vitiat ob favorem matrimonii*. Si elle est contre la substance du mariage, comme dans le cas où l'un des fiancés aurait dit à l'autre : Je te promets de t'épouser, si tu fais en sorte de n'avoir point d'enfants : *Aut si pro questu adulterandam te traderis*, la promesse est nulle.

Dans tous les cas où une promesse de mariage n'est pas invalide, pour avoir été faite par contrainte, ou contre les règles que l'on vient de voir, plusieurs auteurs disent sur l'autorité du chapitre *Ex litteris de sponsal.* qu'on peut contraindre les parties à l'accomplir par la voie des censures ecclésiastiques.

D'autres auteurs au contraire suivent à cet égard le chapitre *Requisivit de spons.*, où il est dit que les engagements contraints n'ont jamais que des suites fâcheuses : *Cum libera debent esse matrimonia, monenda est potius quam cogenda, cum coactiones difficiles soleant exitus frequenter habere;* c'est-à-dire que si ceux qui ont fait des promesses de mariage refusent de les accomplir, on ne peut les y contraindre par censures. Telle était la jurisprudence des anciennes officialités de France.

II. Le second effet principal que produisent les *fiançailles* est l'empêchement d'honnêteté publique; sur quoi voyez EMPÊCHEMENT, § 4, n. X, tom. Ier, col. 1148.

Quoique le Code civil ne parle pas des *fiançailles*, il ne faut pas en conclure qu'il les ait abrogées. Les auteurs des *Pandectes françaises*, et M. Merlin, pensent que les *fiançailles*, considérées comme simple promesse de mariage, peuvent encore se pratiquer, quoique le Code n'en fasse pas mention (*Repert. de Jurisp.* verbo FIANÇAILLES).

§ 4. *Dissolution des* FIANÇAILLES.

Quand deux personnes se promettent réciproquement de s'épouser, c'est, nécessairement, avec la condition sous-entendue qu'il ne surviendra rien qui les empêche d'accomplir leur promesse ; or, les causes légitimes de dissolution sont renfermées dans les trois vers suivants d'Eustache du Bellai, évêque de Paris :

Crimen, dissensus, fuga, tempus et ordo, secundas,
Morbus et affinis, vox publica, cumque reclamant,
Quodlibet istorum sponsalia solvit eorum.

I. Une volonté contraire : *Dissensus*, quelque grand que soit l'engagement des *fiançailles*, cela n'empêche pas, dit saint Augustin, que les fiancés ne soient en droit de se relâcher mutuellement leur promesse, et leur serment n'y met pas obstacle. Telle est la disposition du droit canon : *Per quascumque causas res nascitur, per eos dissolvatur (Reg. jur. in 6°). Si autem se ad invicem admittere noluerint ut forte deterius inde contingat ut talem scilicet ducat quam odio habet, videtur quod ad instar eorum qui societatem interpositione fidei contrahunt, et postea eamdem remittunt, hoc possit in patientia tolerari (C. Præterea de Sponsalibus).*

Par le mot *dissensus*, on peut entendre aussi une antipathie et des inimitiés survenues. Voyez ci-dessous, n. IV.

II. S'il survient un empêchement dirimant après les *fiançailles*, *crimen et affinis;* par exemple, si un promis a eu commerce avec la parente de sa promise, il ne peut plus l'épouser, parce qu'il est devenu son allié. Navarre décide qu'en ce cas, si la partie innocente requiert la partie coupable d'obtenir dispense, celle-ci pourra s'y refuser, par la raison qu'il ne doit pas tirer avantage de sa faute : *Nemini fraus aut dolus, ut culpa patrocinari debet (Reg. jur. in 6°).*

III. L'âge de puberté, *cumque reclamant* ; quand deux enfants impubères se sont fiancés, leurs *fiançailles* sont dissoutes quand, étant parvenus à l'âge de puberté, ils ne veulent pas ratifier leurs promesses (*C. De illis de despons. impub.*)

IV. Un changement notable, *morbus;* ce changement peut arriver en plusieurs manières.

1° Dans l'esprit; si un promis tombe en démence ou dans un état qui en approche et qui autorise une séparation entre mari et femme (*C. Quemadmodum de juris.*); s'il survenait des dégoûts, des antipathies, des haines insurmontables et de grandes oppositions entre les parties.

2° Dans les mœurs, si un des fiancés s'était perdu de réputation, soit par le libertinage, soit par des accusations et des jugements flétrissants. A l'égard du libertinage, *Si scortator efficiatur*, on demande si, quand l'un des fiancés est tombé dans la fornication, la partie innocente peut retirer sa parole. L'affirmative est incontestable suivant les textes du droit, quand même il n'y aurait que des familiarités, pourvu qu'elles soient du nombre de celles qui justifient certains soupçons. (*C. Raptæ* 27, qu. 2, c. *Quemadmodum de jurej.*) *Frustra quis sibi fidem postulat et eo servari qui iidem a se præstitam servare recusat (Reg. jur. in 6°).* Mais la partie innocente est libre de réclamer, nonobstant cette infidélité, l'exécution des promesses, étant toutefois bien assurée de la faute commise à son préjudice.

3° Dans les biens du corps. Le pape Innocent III décide clairement que, quoique les défauts du corps qui surviennent aux personnes mariées ne donnent pas lieu à la dissolution d'un mariage, ils autorisent la dissolution des *fiançailles;* parce que, dit le cardinal d'Ostie, la promise n'est plus en état de plaire à son promis, selon la fin par laquelle Dieu permet le mariage. Si l'on contraignait, dit saint Thomas, un homme à épouser une fille qui serait devenue toute difforme et désagréable à ses yeux, ce serait peut-être l'engager dans le libertinage (*C. Quemadmodum de jurej.*).

4° Le changement dans les biens de la fortune, s'il est notable, donne lieu à la dissolution. L'ignorance même de certains dérangements, découverts dans la suite, autorise aussi cette dissolution, à moins qu'avec toutes ces connaissances, les fiancés ne continuassent à se voir et à se fréquenter comme à l'ordinaire. Il en est de même, s'il survient à l'un des deux fiancés de grands biens qu'il n'avait, ni n'attendait lors des *fiançailles*.

V. Un mariage contracté, *secundas;* on est déchargé de l'engagement des *fiançailles* par un mariage valide, contracté dans la suite avec une autre personne que sa fiancée. Les papes décident, dans le droit, que, si un second mariage ne peut rompre le premier, un mariage postérieur à des *fiançailles*, et contracté avec une autre personne que sa fiancée, rompt les *fiançailles;* mais aussi celui qui se marie de la sorte viole la première promesse, et mérite, selon le droit, de recevoir une pénitence (*C. Sicut ex litteris de spons.; Si inter visum; c. Duobus modis, eod.*).

Les secondes *fiançailles* n'ont pas le même effet de rompre les premières, quand même elles auraient été faites avec serment, parce que, selon le droit, les secondes sont nulles, et le serment n'y ajoute rien. Avant le concile de Trente, de secondes *fiançailles* suivies de l'action charnelle rompaient les premières *fiançailles*, parce que l'Église, dans ce temps-là, reconnaissait, ou plutôt tolérait ces secondes *fiançailles* pour de véritables mariages (*C. Is qui fidem de spons.*); mais ce n'est plus la même chose, quand même, dit saint Charles, les parties se seraient fiancées en présence du curé, parce que le concile de Trente a condamné et annulé les mariages clandestins.

VI. L'ordre et les vœux, *ordo*; l'engagement des vœux solennels et même des vœux simples, de chasteté et de religion, donne lieu à la dissolution des *fiançailles*, parce que les promesses de mariages renferment toujours cette condition tacite, qu'elles ne subsisteront qu'en cas que Dieu n'appelle pas à un état plus saint et plus parfait (*C. Ex publico de conv. conjug.; c. Commissum de spons.; c. Veniens qui clerici vel vov.*). Saint Antonin pense que les vœux simples ne rompent pas les *fiançailles*, s'ils ont été faits après.

VII. Le grand éloignement, *fuga*; quand l'un des fiancés quitte le pays, et en est absent depuis longtemps, sans avoir donné de ses nouvelles à sa promise, il semble céder son droit, retirer sa parole, et lui permettre de se marier à sa volonté (*C. De illis de spons.*).

VIII. Le délai, *tempus*; lorsqu'un des fiancés diffère sans raison l'exécution de sa promesse, au delà du temps qu'ils s'étaient mutuellement prescrit (*C. Sicut de spons., J. G.*).

IX. La jactance, *vox publica*; si le fiancé se vante d'avoir connu déshonnêtement sa fiancée.

FIANCÉ, FIANCÉE.

On appelle ainsi les deux personnes qui ont contracté entre elles des fiançailles. (*Voy.* ci-devant FIANÇAILLES.)

FIDÈLE.

On donne ce nom à celui qui est baptisé et catholique; ainsi l'on dit l'assemblée des *fidèles*, en parlant de l'Eglise. (*Voy.* ÉGLISE, INFIDÈLE.)

FILIATION.

Filiation est un terme dont on se sert pour marquer la dépendance d'un monastère envers un autre qui l'a produit et comme enfanté. On voit sous le mot ABBÉ, § 3, l'origine de ces *filiations*. Elles ont servi de fondement, ou peut-être de prétexte aux supérieurs des grandes maisons, de réclamer l'exemption des monastères de leur *filiation*, c'est-à-dire dépendant, de celui dont ils sont supérieurs, et d'exercer sur eux une juridiction qui exclut celle des évêques. (*Voy.* EXEMPTION, CHEF-D'ORDRE, ORDRES.)

FILLEUL.

On appelle ainsi l'enfant à qui l'on a servi de parrain. (*Voy.* AFFINITÉ, PARRAIN.)

FILS DE FAMILLE.

Le *fils de famille* est un enfant qui est encore sous la puissance paternelle, soit qu'il soit majeur ou mineur, soit que la puissance paternelle réside en la personne du père ou de l'aïeul.

Le pupille est celui qui n'a pas encore atteint l'âge de puberté, et le mineur est celui qui, ayant atteint l'âge de puberté, n'est pas encore parvenu à sa majorité. Si ce pupille ou ce mineur ne sont point sous la puissance paternelle, ils ne sont point *fils de famille*, quoiqu'ils soient sous une autre puissance. Le pupille est alors sous celle d'un tuteur, et le mineur a un curateur qui l'assiste et l'autorise dans la passation de certains contrats importants; le tuteur est donné à la personne et aux biens du pupille, il fait tout en son propre nom.

§ 1. FILS DE FAMILLE, *domicile.*

Les *fils de famille* n'ont qu'un domicile, qui est celui de leurs père et mère, lorsqu'ils sont toujours dans la maison paternelle. Quand ils demeurent ailleurs, ils en ont deux: celui où ils sont, qu'on appelle domicile de *fait*, et celui de leur père et mère, ou après leur mort celui de leurs tuteurs et curateurs, qu'on appelle domicile de *droit*.

§ 2. FILS DE FAMILLE, *mariage.*

(*Voy.* RAPT.)

§ 3. FILS *de prêtre.*

(*Voy.* BATARD.)

FISC.

Le mot *fisc* se prend pour le domaine ou le trésor public. Il vient du latin *fiscus*, qui, dans l'origine, signifiait un panier d'osier, parce que du temps des Romains on se servait de semblables paniers pour mettre l'argent.

L'Eglise n'a point de *fisc* en France, et ne doit point en avoir ailleurs; cela n'appartient qu'aux états ou corps laïques, suivant cette définition expresse du canon *Majores* 16, *qu.* 7, *hoc tollit fiscus, quod non accipit Christus*. Les *cameræ* des Italiens ne doivent donc s'appliquer qu'à la chambre apostolique du pape, comme prince temporel dans ses états, et nullement aux évêques.

FLORENCE.

Ce concile, tenu l'an 1439, sous le pape Eugène IV, fut une continuation de celui de Ferrare. Quelques auteurs ont cru devoir attaquer l'œcuménicité de ce concile, mais actuellement elle n'est contestée par personne.

Le pape Eugène, mécontent des décrets du concile de Bâle, le transféra à Ferrare en 1437. Il écrivit à cet effet à toutes les universités de l'Europe pour les engager à y envoyer leurs principaux membres, et malgré les précautions qu'avaient prises les Pères de Bâle pour empêcher l'inconvénient du double concile, la première session de celui de Ferrare s'ouvrit le 10 janvier 1438. Il s'y trouva cinq archevêques, dix abbés et quelques généraux d'ordres. Les Grecs, dont la réunion faisait une cause importante de ce nouveau concile, furent exacts à s'y rendre; mais les ambassadeurs de l'empereur et des rois étant restés à Bâle par ordre de leurs maîtres, aucun prélat français ne passa de Bâle à Ferrare. On y continua au contraire les sessions du concile, comme s'il ne s'en fût point tenu ailleurs. Eugène, de son côté, après avoir fait déclarer dans la première session du concile de Ferrare, qu'ayant transféré celui de Bâle en ladite ville de Ferrare, la translation était canonique et le concile général de Ferrare légitimement assemblé. On fit ensuite, dans les sessions suivantes, d'autres décrets contre le concile de Bâle et ceux qui le composaient; mais on y traita principalement de l'union des Grecs, dont les difficultés étaient : 1° la procession du Saint-Esprit; 2° l'addition *filioque* faite au symbole; 3° le purgatoire et l'état des âmes avant le jugement; 4° l'usage des azymes dans les saints mystères; 5° l'autorité du saint-siège et la primauté du pape (*Voyez* SCHISME).

Ces différents articles de contestations ne furent terminés que dans le concile de *Florence*, où le pape trouva à propos de transférer encore le concile en 1439. Là, après bien des discussions, se fit le décret d'union avec les Grecs. On le signa de part et d'autre avec assez de sincérité de la part du plus grand nombre des Grecs, ce qui méritera toujours des éloges au pape Eugène, dont le zèle, à cet égard, ne se ralentit jamais. Mais ces Grecs étant partis en 1440, ils trouvèrent à Constantinople les esprits fort mal disposés; la plupart avaient naturellement tant d'aversion pour l'union avec les Latins, qu'il fut facile à Marc d'Ephèse, le seul opposant à l'union dans le concile de *Florence*, de renouveler le schisme et d'en fomenter même un nouveau entre les Grecs ayant signé le décret d'union. Cependant le concile de Bâle continuait ses sessions, et le pape Eugène en fit autant dans le concile de *Florence* après le départ des Grecs. Il y fit des décrets contre les Pères de Bâle et contre le pape qu'ils avaient élu; il fut question aussi de la réunion des différentes sectes grecques. Enfin le concile de *Florence* fut transféré, le 26 avril 1442, à Rome, où il finit après deux séances ou sessions.

Quelques canonistes et quelques théologiens, comme nous le disons ci-dessus, ont cru que ce concile n'avait jamais été véritablement et proprement œcuménique. Tel fut autrefois le sentiment du cardinal de Lorraine, qui s'en expliqua d'une manière assez vive, au temps même du concile de Trente. « Mais, reprend sur cela le P. Alexandre, l'opinion de ce grand prélat n'oblige pas les théologiens français de retrancher le concile de *Florence* de la liste des conciles généraux; car jamais l'église gallicane ne s'est récriée contre ce concile, jamais elle n'a mis opposition à l'union des Grecs ni à la définition de foi publiée à *Florence*; au contraire, elle a toujours fait profession de la respecter. A la vérité, les évêques de la domination du roi n'eurent pas permission d'aller à Ferrare et à *Florence*, mais ils y furent présents d'esprit et de volonté; ils entrèrent dans les intérêts de cette union tant désirée entre les deux Eglises....; sans compter que plusieurs prélats de l'Eglise gallicane, mais établis dans les provinces qui n'étaient pas encore réunies à la couronne, assistèrent en personne à ce concile. Ainsi les actes font mention des évêques de Térouanne, de Nevers, de Digne, de Bayeux, d'Angers, etc. » Le même auteur prouve ensuite très au long que l'assemblée de *Florence* fut générale par *la convocation, la célébration, la représentation de l'Eglise universelle; en un mot*, dit-il, *par l'autorité*: et il répond ensuite à toutes les objections.

Le P. Berthier (*Histoire de l'Eglise gallicane*, tom. XVI, *liv.* XLVIII) ajoute que ce sentiment du P. Alexandre est celui de Marca et Bossuet, de la Faculté de théologie de Paris et du clergé de France.

La répugnance d'un petit nombre de canonistes et de théologiens français à reconnaître avec l'univers catholique l'œcuménicité du concile de *Florence*, viendrait-elle de la grande difficulté de concilier sa doctrine sur l'autorité du pontife romain avec les opinions gallicanes? Sans doute il n'est pas facile d'accorder les trois derniers articles de la déclaration de 1682 et le décret de *Florence* qui attribue au pontife romain *la primauté sur toute la terre et la pleine puissance de gouverner l'Eglise universelle. Definimus sanctam apostolicam sedem et romanum pontificem in universum orbem tenere primatum: et ipsum pontificem romanum successorem esse sancti Petri principis apostolorum et verum Christi vicarium, totiusque Ecclesiæ caput et omnium christianorum patrem et doctorem existere; ipsi in B. Petro pascendi regendi et gubernandi universalem Ecclesiam a Domino nostro Christo Jesu plenam potestatem traditam esse, quemadmodum etiam in gestis œcumenicorum conciliorum et in sacris canonibus continetur* (Sess. ult. concil. Florent.).

Mais comment donc ces mêmes canonistes et ces mêmes théologiens qui, pour ce décret, voudraient rayer le concile de *Florence* du catalogue des conciles œcuméniques, placent-ils au rang des quatre premiers conciles généraux et révèrent-ils comme les quatre évangiles les conciles de Bâle et de Constance? Si un décret de *Florence* est difficile à concilier avec les derniers articles de la déclaration, comment ne voient-ils pas qu'il y a même difficulté à concilier le dernier de ces articles avec certains règlements des conciles de Bâle et de Constance?

En effet, le concile de Constance, non-seulement après l'union des deux obédiences de Grégoire XII et de Jean XXIII, mais lorsque les trois obédiences qui composaient le corps de l'Eglise furent réunies, défendit expressément à qui que ce soit, fût-il empereur, roi, duc, prince, comte, marquis, sous peine d'être privé, par le seul fait de la dignité temporelle, de porter obstacle à l'extinction du schisme, ou de contrevenir à la défense d'obéir à Pierre de Lune. *Quicumque, cujuscumque status aut conditionis existat, etiamsi regalis, cardinalatus, patriarchalis, archiepiscopalis, episcopalis, ducatus, principatus, comitatus, marchionatus, seu alterius cujuscumque dignitatis, seu status ecclesiastici vel sæcularis existat, qui serenissimum et christianissimum principem dominum Sigismundum Romanorum et Hungariæ*, etc., *regem, vel alios cum eodem ad conveniendum cum domino rege Aragonum, pro pace Ecclesiæ, ad extirpationem, præsentis schismatis, per hoc sacrum concilium ordinatos, ad dictam conventionem euntes vel redeuntes impediverit... Sententiam excommunicationis, auctoritate hujus sacri concilii generalis, ipso facto incurrat... et ulterius omni honore et dignitate officio, beneficio ecclesiastico vel sæculari, sit ipso facto privatus* (Concil. Const. sess. XVII). Il est dit la même chose dans la session XXXVII à l'occasion du schisme de Pierre de Lune. Le concile de Bâle renouvela les mêmes peines contre ceux qui auraient maltraité les légats du saint-siége qui devaient venir au concile, de quelque dignité qu'ils soient, même royale et ducale, etc.

On agite une autre question touchant le concile de *Florence*. Il s'agit de savoir si cette assemblée représentait véritablement l'Eglise universelle quand les Grecs furent partis, et en particulier quand on publia le décret célèbre pour l'union des Arméniens. Or, il semble, dit le P. Berthier, que le départ des Grecs n'empêchait pas l'œcuménicité du concile, puisque durant le séjour de *Florence*, l'empereur Jean Paléologue y avait donné un plein consentement, puisqu'il y avait encore en cette ville deux des plus célèbres prélats de l'Eglise grecque qui pouvaient bien être censés représenter les suffrages des autres évêques d'Orient, puisqu'au concile de Trente le cardinal du Mont, qui en était un des présidents, assura que le concile de *Florence* avait duré près de trois ans encore après le départ des Grecs comme concile œcuménique. Enfin, le pape Eugène et tous les Pères qui étaient à *Florence* se donnèrent aux Arméniens comme formant encore l'assemblée de l'Eglise universelle, le décret même en fait foi : apparemment qu'ils prétendirent ne pas tromper les députés de cette nation, et apparemment aussi que leur autorité peut bien l'emporter sur celle de quelques théologiens français fort modernes qui ont voulu douter de ce point (*Hist. de l'Eglise gallicane*, tom. XVI).

FOI CHRÉTIENNE.

La *foi chrétienne* est une grâce donnée à l'homme par un effet de la bonté de Dieu, et une lumière surnaturelle qui éclaire notre entendement, par laquelle l'homme croit fermement tout ce que Dieu nous a révélé et proposé à croire par son Eglise, soit que ces vérités de *foi* se trouvent dans l'Ecriture ou qu'elles n'y soient pas, c'est-à-dire qu'elles nous viennent par la voie de la tradition, telles, par exemple, que le canon des livres saints, le culte des images, etc.; parce que c'est entre les mains de l'Eglise que Dieu a mis en dépôt toutes les vérités de la *foi*, et qu'ainsi, nous devons acquiescer à ses décisions. L'objet matériel de la *foi*, qui est une puissance intellectuelle, sont les vérités que Dieu nous a révélées, et que l'Eglise nous propose. L'objet formel est la raison qui nous détermine à croire ces mêmes vérités que Dieu, qui ne peut se tromper ni nous tromper, a bien voulu nous révéler.

Les théologiens distinguent la *foi* en implicite et explicite, habituelle et actuelle, vive et morte. La *foi* implicite est la croyance de tous les articles de foi à les considérer tous en général. La *foi* explicite est la croyance de ces mêmes articles, à les considérer tous en particulier. La *foi* habituelle est une habitude surnaturelle de l'entendement, qui fait que nous croyons tout ce que Dieu a révélé, et que l'Eglise nous propose comme tel. La *foi* actuelle, ce sont les actes que produit l'habitude de la *foi*, soit intérieurs, soit extérieurs. La *foi* vive est celle qui est animée de la charité, laquelle donne la vie à l'âme. Enfin, la *foi* morte est celle qui est sans la charité, sans les bonnes œuvres.

La *foi* est de nécessité de précepte, chacun doit croire ce que l'Eglise lui enseigne concernant la foi et les bonnes œuvres : *Ecclesia universalis in his quæ sunt fidei errare non potest* (Panorm. in c. A nobis, de sent. excom.); *nec etiam finaliter statuendo et ordinando decreta contra bonos mores*. (*Voyez* CANON, DROIT CANON.) Le précepte de la *foi* est affirmatif, en ce qu'il nous oblige de croire tout ce que Dieu a révélé, ou ce qu'il nous propose de croire par son Eglise; et il est négatif, c'est-à-dire qu'il nous oblige de rejeter toutes les erreurs que l'Eglise a condamnées (*Voyez* HÉRÉTIQUE).

Voyez au mot PROFESSION, § 1, ce qui regarde la profession de *foi*.

FOLIE OU DÉMENCE.

La *folie* est une aliénation d'esprit qui ôte l'usage de la raison. Il y a plusieurs sortes de *démence*, ou plutôt les fous sont plus ou moins tels, selon la nature ou la violence de leur maladie; les uns sont furieux, les autres ne sont qu'imbéciles; dans ceux-ci la *démence* est habituelle, dans ceux-là elle ne vient que par accès et leur laisse par intervalle l'usage de leur raison. Mais en général, il nous suffit de remarquer ici que, pour le contrat de mariage, le plus important de la vie, on ne saurait trop avoir l'usage de la raison. L'on voit sous le mot EMPÊCHEMENT, au premier et VIIe empêchement que, le consentement des parties est le premier fondement de ce contrat : si donc elles n'ont pas la faculté de le prêter, ce consentement, elles ne sauraient s'engager dans l'état du mariage. C'est la disposition du droit canon (c. *Dilectus est de spons.*). Que si la *folie* avait des intervalles lucides, comme dans ce cas, le fou n'est pas toujours privé de sa raison, il pourrait se marier dans cet espace de temps où il est capable de donner, avec connaissance de cause, le consentement qui est requis pour la validité du mariage; c'est l'exception qu'apporte saint Thomas (*Voyez* EMPÊCHEMENT, § 4, n. XI).

A l'égard des esprits faibles et des imbéciles qui, sans être furieux, sont pourtant assez fous pour n'avoir pas le sens commun, la décision ordinaire est qu'ils peuvent se marier pourvu qu'ils connaissent ce qu'ils font; toutefois dans ce cas, comme dans celui où un furieux aurait de bons intervalles, un curé agira toujours très-prudemment de ne rien faire sans l'avis de l'évêque.

Par une suite des mêmes principes, les sourds et les muets, et généralement tous ceux qui ne peuvent manifester au dehors leur consentement par signes ou par paroles d'une manière claire et intelligible, ne peuvent se marier. Quelques textes du droit feraient penser que les paroles sont essentiellement nécessaires pour exprimer le consentement dans le contrat du mariage. (c. *Tuæ fraternitati, de Spons.*). Mais le pape Innocent III, auteur de cette décrétale, décide le contraire dans une autre : *Videtur quod si mutus velit contrahere, sibi non possit, vel debeat denegari, cum quod verbis non potest, signis valeat declarare* (c. *Cum apud, de Spons.*).

FONCTIONS.

Toutes les *fonctions* ecclésiastiques seront gratuites, sauf les oblations qui seront autorisées et fixées par les règlements (*Art. organiq.* 5).

Ces droits, qui ne se paient qu'après l'exercice des *fonctions*, ne présentent rien qui ne soit légitime, pourvu que l'intention des ministres qui les reçoivent soit pure, et qu'ils ne les regardent pas comme un prix des sacrements ou des *fonctions* spirituelles, mais comme un moyen de subvenir à leurs besoins temporels (*Voyez* CASUEL, HONORAIRES).

Les *fonctions* ecclésiastiques sont interdites à tout prêtre qui n'appartient à aucun diocèse (*Art. organiq.* 33).

Pour les *fonctions* curiales, voyez CURÉ, PAROISSE.

FONDATEUR.

Le *fondateur* est l'auteur d'une fondation; on confond souvent ce nom avec celui de patron, et en effet, il y a peu de différence entre l'un et l'autre; mais le nom de *fondateur* est plus générique, s'appliquant à tous ceux généralement qui ont fait quelque fondation, au lieu que le nom de patron, selon les idées qu'en donnent les matières de patronage, ne convient qu'au *fondateur* d'une église ou d'un bénéfice, à qui, outre des services et des prières, il est dû certains droits honorifiques, comme à celui sans lequel l'église ou le bénéfice ne subsisterait point.

FONDATION.

Le mot *fondation*, qui vient du latin *fundatio* signifie fondement ou construction, et s'entend communément de l'établissement d'une église, d'un monastère, d'un service, etc. Nous le prenons ici dans ce dernier sens, c'est-à-dire pour les services et prières fondées dans une église, prières qu'on appelle ordinairement *Obits*.

On distingue deux espèces de *fondations*. Les *fondations* de la première espèce ont pour objet l'entretien des vicaires ou chapelains à charge de la desserte des chapelles érigées ou en chapelles de secours ou en annexes. Celles de la seconde comprennent la célébration des messes, services ou obits, la subsistance d'étudiants ou de prêtres pauvres, le soulagement des indigents ou autres œuvres de cette nature.

§ 1. FONDATION, *exécution*.

Les derniers conciles provinciaux tenus en France, tels que ceux de Sens en 1528, de Rouen en 1581, ordonnent que les *fondations* soient exactement acquittées, et que, pour cet effet, l'évêque diocésain oblige les curés des paroisses, les chapelains, les administrateurs, etc., de produire les titres de leur établissement, institution, *fondation* et administration.

Les *fondations* doivent être exécutées au temps, au lieu et en la manière prescrite par le fondateur. Le rédacteur des conférences d'Angers pense même qu'il est plus probable qu'on doit faire célébrer une seconde fois des messes qui ne l'ont pas été dans l'Eglise déterminée par la *fondation* (*Du sacrifice de la messe*, qu. 2).

Mais si la chapelle désignée par l'acte de *fondation* n'existe pas, ou si, bien qu'elle existe, elle est trop éloignée pour que les ecclésiastiques d'une paroisse puissent s'y rendre, si d'ailleurs la *fondation* n'offre pas des ressources suffisantes pour l'entretien d'un chapelain résidant, nous pensons, dit monseigneur Affre, que l'évêque est autorisé à désigner l'église paroissiale ou un autre lieu pour faire le service de la *fondation*.

Le tableau des *fondations* doit être placé dans un lieu apparent de la sacristie, et néanmoins le curé doit faire connaître au peuple, lorsqu'il fait le prône du dimanche, les *fondations* qui doivent être acquittées dans la semaine, en déterminant le jour et l'heure où elles doivent l'être. C'est aux marguilliers qu'appartient le soin d'en donner, tous les dimanches, la note au curé.

Les marguilliers doivent donner au prêtre qui dit une messe l'entier honoraire que la *fondation* ou la volonté des fidèles ont déterminé. La fabrique ne doit retenir que la somme qui lui est destinée par la volonté connue ou présumée du fondateur ou de celui qui a donné l'honoraire. La somme à retenir, qui est une représentation des débourrés de la fabrique pour la célébration du sacrifice, ne doit pas être bien considérable.

Le curé est toujours admis au service et à la rétribution des *fondations* faites dans son église, s'il n'en a été nommément exclu par le fondateur. Les marguilliers sont tenus de préférer, pour l'acquit des messes, le curé

(*Quatre*)

et les prêtres habitués de la paroisse. Le curé a même le choix des messes dont il veut se charger. On peut regarder comme un principe invariable du droit commun le dispositif d'un arrêt du parlement de Rouen, du 26 juillet 1761 ; il porte que « les curés et « ensuite les vicaires seront remplis les « premiers des messes et autres *fondations*, « quand elles ne sont pas attachées à l'en- « tretien d'un chapelain. »

Les fondateurs, leurs descendants et leurs héritiers ont qualité pour faire contraindre en justice les marguilliers ou le titulaire d'une *fondation* quelconque à remplir ses obligations. Cependant le débiteur de la rente destinée à la servir ne peut en refuser le prix sous ce prétexte qu'elle n'est pas acquittée. Ainsi l'ont décidé deux arrêts de la cour de cassation, du 14 frimaire an VIII et du 13 prairial an IX. Il est cependant dans le droit de ceux qui paient le service de la *fondation* d'exiger qu'il soit fait : ils peuvent même le poursuivre devant les tribunaux.

L'exécuteur testamentaire, ou celui que le fondateur a chargé de veiller à l'exécution de la *fondation*, est tenu de réclamer contre la négligence des marguilliers.

L'article 16 de l'édit de 1695 charge les archevêques et évêques en cours de visite, de pourvoir à l'exécution des *fondations* ; ils doivent se faire rendre compte des *fondations* qui existent, et de la manière dont elles sont acquittées, et en charger leur procès-verbal de visite (*Voyez cet édit sous le mot* JURIDICTION).

Le décret du 30 décembre 1809 renferme les dispositions suivantes sur les *fondations* :

« ART. 26. Les marguilliers sont chargés de veiller à ce que toutes *fondations* soient fidèlement acquittées et exécutées suivant l'intention des fondateurs, sans que les sommes puissent être employées à d'autres charges.

« Un extrait du sommier des titres contenant les *fondations* qui doivent être desservies pendant le cours d'un trimestre sera affiché dans la sacristie, au commencement de chaque trimestre, avec les noms du fondateur et de l'ecclésiastique qui acquittera chaque *fondation*.

» Il sera rendu compte à la fin de chaque trimestre, par le curé ou desservant, au bureau des marguilliers, des *fondations* acquittées pendant le cours du trimestre.

» ART. 29. Le curé ou desservant se conformera aux règlements de l'évêque pour tout ce qui concerne le service divin, les prières et les instructions, et l'acquittement des charges pieuses imposées par les bienfaiteurs, sauf les réductions qui seraient faites par l'évêque, conformément aux règles canoniques, lorsque le défaut de proportion des libéralités et des charges qui en sont la condition l'exigera.

« ART. 31. Les annuels auxquels les fondateurs ont attaché des honoraires, et généralement tous les annuels emportant une rétribution quelconque, seront donnés de préférence aux vicaires, et ne pourront être acquittés qu'à leur défaut par les prêtres habitués ou autres ecclésiastiques, à moins qu'il n'en ait été autrement ordonné par les fondateurs. »

S'il y avait quelques termes obscurs dans le titre qui établit la *fondation*, il nous paraîtrait juste de l'interpréter d'après l'usage des lieux. Ainsi l'on entend ordinairement par le mot *annuel* 365 messes ; mais s'il était reçu dans telle ou telle paroisse que ce mot n'en désigne que 52, c'est à ce dernier nombre qu'il faudrait se borner, à moins toutefois que d'autres circonstances ne fissent mieux connaître la volonté du fondateur.

L'inexécution des *fondations* n'est pas un titre qui exempte d'en payer le revenu. Les *fondations* doivent être acquittées, et la rente doit être payée. C'est ce qui a été jugé formellement au profit de la régie de l'enregistrement, lorsqu'elle était chargée du recouvrement des rentes dont il s'agit (*Avis du conseil d'État du 23 vendémiaire an* X — 17 *octobre* 1801).

Mais que penser, dit monseigneur Affre, si la *fondation* n'avait pas été acquittée pendant le temps nécessaire pour acquérir la prescription ? Celle-ci pourrait-elle être invoquée pour ne plus payer non-seulement les arrérages, mais la charge annuelle ? Citons un exemple. C'est un hospice auquel le gouvernement a transféré des rentes de fabrique. Ce transfert fait en temps utile est inattaquable ; mais l'hospice a été tenu d'acquitter des messes attachées à ces rentes, en vertu d'un décret de 1805. Il ne les a pas acquittées pendant trente ans ; est-il exempt de les acquitter à l'avenir ? Nous ne le pensons pas ; le but de la prescription est de ne pas laisser d'incertitude sur la propriété des biens corporels ou incorporels. Voilà pourquoi toutes les lois supposent toujours qu'on prescrit contre un tiers usufruitier, usager, propriétaire ou ayant droit à un titre quelconque ; mais on ne prescrit pas un droit qui ne prescrit à personne, et qui est une condition du droit dont on jouit soi-même ; dans le cas présent, la charge des messes ne tourne au profit de personne ; c'est le cas de dire : *On ne prescrit pas contre son titre*. Ce serait bien différent si l'hospice payait la rente à la fabrique : il pourrait alors prescrire contre le titre d'un autre (*Traité de l'administration temp. des paroisses*, 3ᵉ *édit*., pag. 355).

DÉCRET *du* 19 *juin* 1806 *concernant l'acquit des services religieux dus pour les biens dont les hospices et les bureaux de bienfaisance ont été envoyés en possession.*

« ART. 1ᵉʳ. Les administrations des hospices et des bureaux de bienfaisance qui, en vertu de la loi du 4 ventôse an IX et des arrêtés y relatifs, auront été mis en possession de quelques biens et rentes chargés précédemment de *fondations* pour quelques services religieux, paieront régulièrement la rétribution de ces services religieux, conformément à notre décret du 22 fructidor an

XIII, aux fabriques des églises auxquelles ces *fondations* doivent retourner.

« Art. 2. Le payement des arrérages de cette rétribution s'effectuera à compter du premier vendémiaire an XII, et dans les trois mois qui suivront la publication de notre présent décret.

« Art. 3. Les fabriques veilleront à l'exécution des *fondations* et en compteront le prix aux prêtres qui les auront acquittées, aux termes de notre décret du 22 fructidor an XIII.

« Art. 4. Dans les trois mois à compter d'aujourd'hui, les préfets donneront connaissance aux fabriques respectives des *fondations* qui leur compètent, en conséquence de l'article 1er ci-dessus, et ils en enverront un état à notre ministre des cultes. »

§ 2. FONDATION, *réduction*.

« Il arrive souvent en certaines églises, dit le concile de Trente, session XXV, chapitre 4, *de Reform.*, ou qu'il y a un si grand nombre de messes à dire par les diverses *fondations* ou legs pieux des défunts, qu'on ne peut pas y satisfaire précisément aux jours marqués par les testateurs, ou que les aumônes qui ont été laissées pour dire lesdites messes sont si faibles, qu'on ne trouve pas aisément des personnes qui s'en veuillent charger, d'où il arrive que les pieuses intentions de ceux qui les ont fondées demeurent sans effet, et que la conscience de ceux à qui il appartient de les faire acquitter, se trouve par là exposée. Or, le saint concile, désirant qu'il soit satisfait le plus pleinement et le plus utilement qu'il sera possible aux susdits legs pieux, donne le pouvoir aux évêques, qu'après avoir soigneusement examiné la chose dans le synode de leur diocèse, et aux abbés et généraux d'ordre, après avoir fait la même chose dans leurs chapitres généraux, ils règlent et ordonnent à cet égard, dans les dites églises qu'ils connaîtront avoir besoin qu'on y mette ordre, tout ce qu'ils jugeront, selon leur conscience, de plus expédient à l'honneur et au service de Dieu et à l'avantage des dites églises, de sorte néanmoins qu'il se fasse toujours mémoire des défunts qui ont laissé ces legs pieux pour le salut de leurs âmes. » Le concile de Rouen, en 1381, donne aux évêques le même pouvoir sur ces réductions.

« Lorsque les fonds assignés par le fondateur pour la rétribution du service qu'il ordonne ne sont pas suffisants à la faire, l'usage, dit Catellan, est de recourir à l'ordinaire pour en demander la réduction. Cette demande n'a jamais éprouvé de difficulté, dans le cas où les fonds dépéris rapportent moins de revenu qu'ils n'en rapportaient auparavant, ou bien dans le cas où la somme annuelle léguée, quoique toujours la même, a diminué de valeur par une plus grande abondance d'argent monnayé depuis survenue ; dans le cas enfin où le fonds qui a été donné, suffisant au service, est devenu insuffisant par le cas fortuit et le laps du temps. » (*Tom.* I, *liv.* 1, *chap.* 54, *qu.* 150.)

Le service des *fondations*, dit l'abbé de Boyer, dans ses *Principes sur l'administration temporelle des paroisses*, doit conserver sa proportion primitive avec la dotation déterminée par le fondateur ; il doit être réduit lorsque les revenus sont diminués, lorsque la taxe des honoraires est augmentée ; il doit cesser absolument lorsque la dotation est perdue sans espérance de recouvrement. On doit même observer, en réduisant une *fondation*, qu'elle doit laisser au titulaire un bénéfice proportionné à celui que lui donnait la *fondation*, lors de son établissement.

Il n'y a pas lieu à la réduction d'une *fondation* lorsque les revenus n'en sont diminués que par la négligence des marguilliers ou d'un titulaire dans le recouvrement des rentes, par des abonnements onéreux à la fabrique, par des baux frauduleux, par la mauvaise culture, etc..... Les marguilliers doivent justifier que la *fondation* dont ils veulent faire réduire le service, n'est pas appauvrie par leur fait. C'est la décision de Benoît XIV, *qu.* 53.

Il n'y a pas lieu à la réduction d'une *fondation*, quoique les revenus en soient diminués, lorsque le fondateur a voulu qu'ils fussent suppléés. Ce qui est prouvé, non-seulement par la cause expresse qui l'aurait ainsi ordonné, mais encore lorsque, déterminant le service, il a chargé ses héritiers de le faire acquitter. Les marguilliers doivent alors se pourvoir contre les héritiers du fondateur, ou contre les possesseurs des biens hypothéqués par le fondateur, pour le payement de l'honoraire.

On a de l'indulgence pour une fabrique ou un titulaire de *fondation*, qui éprouvent un désastre inopiné dans les biens de leur dotation. La chute d'un bâtiment détermine quelquefois à suspendre pour un temps l'acquit de la *fondation*, laissant ainsi à la fabrique les moyens de le relever. Mais cette condescendance, qu'on ne doit pas mettre en principe, ne doit jamais avoir lieu lorsque la fabrique a trouvé dans la *fondation* un bénéfice considérable, ni lorsque la chute du bâtiment a été occasionnée par la négligence des fabriciens.

Une privation momentanée des revenus d'une *fondation*, occasionnée par une grêle ou un ouragan, etc....., n'autorise pas à suspendre l'acquit d'une *fondation* : ce sont des accidents que la fabrique a dû prévoir lorsqu'elle a accepté la *fondation*.

Il arrive quelquefois qu'on ne trouve aucune trace de l'existence de la dotation primitive de certaines *fondations*. Il est possible que le capital ait été employé en réparations ou décorations utiles, ou en remboursements d'anciennes dettes ; si ces faits étaient constatés, il n'y aurait pas de difficulté : la fabrique doit acquitter les charges, puisqu'elle a profité du capital donné en représentation.

Mais, lorsqu'on ignore quel a été l'emploi primitif de la somme léguée, ou ce qu'elle est devenue à l'époque d'un remboursement connu, on examine alors si le service a toujours été fait; s'il n'a pas cessé, c'est une présomption que l'emploi ou le remploi a cédé au profit de la fabrique, et la fabrique ne doit pas être reçue, en ce cas, dans sa demande en réduction. Si le service de la *fondation* a cessé, on examine si c'est par voie de fait ou en vertu d'une ordonnance de réduction; on cherche, dans ces cas épineux, des présomptions dans l'exactitude ou l'inexactitude des curés et marguilliers qui étaient en place, lorsque le service a cessé, et c'est par ces présomptions qu'on se détermine.

Celui qui réduit une fondation doit apprécier séparément les obligations qu'elle impose: lorsqu'elle est chargée de messes, de prières et autres œuvres pieuses, la réduction doit porter sur chacun de ces objets dans la même proportion (*Benoît* XIV. *qu.* 54).

Le service d'une *fondation* ne doit être ni réduit, ni supprimé, par la seule raison que l'autel ou l'église auxquels la *fondation* était attachée sont détruits ou supprimés. La *fondation* doit être acquittée à un autel et dans une église déterminés par l'évêque que les lois ont chargé de veiller à l'exécution des *fondations*.

Lorsqu'une *fondation*, d'ailleurs légitime, renferme des clauses injustes, déshonnêtes ou impossibles, ces clauses sont supprimées de droit, mais la *fondation* n'en subsiste pas moins.

C'est à l'évêque que les constitutions canoniques ont réservé le pouvoir de régler les honoraires des fonctions ecclésiastiques d'ordonner l'exécution de toutes les *fondations*; c'est à l'évêque qu'il est également réservé de réduire le nombre de messes, obits et prières fondés dans une église.

Pour les formalités à suivre dans la réduction des *fondations*, le concile de Trente veut que l'évêque prononce dans son synode; mais l'usage en France est contraire, l'évêque seul fait les réductions.

§ 3. *Des nouvelles* FONDATIONS.

Il a toujours été permis dans l'Eglise d'y faire de pieuses *fondations* à la plus grande gloire de Dieu, pour le bien public et des pauvres, et même pour la sanctification personnelle du fondateur.

Les anciennes *fondations* périrent en grande partie dans la tempête révolutionnaire de 1793, par la spoliation des biens ecclésiastiques; mais après avoir abandonné, par l'article 13 du Concordat qu'il fit avec le premier consul, ceux de ces biens qui avaient été aliénés, le pape Pie VII eut soin de stipuler, dans l'article 15, que *le gouvernement prendrait des mesures pour que les catholiques français pussent faire en faveur des églises des fondations*.

En vertu de cet article 15 du Concordat, l'Etat doit reconnaître les *fondations* régulièrement faites aux églises, et donner à leur maintien l'appui de la puissance séculière; mais il doit d'ailleurs laisser l'Eglise libre d'administrer, comme le fait tout propriétaire, conformément aux lois générales du pays, les biens provenant de ces *fondations*.

Cependant les divers gouvernements qui se sont succédés, n'ont pas toujours été fidèles aux conventions qu'ils avaient acceptées, de favoriser les *fondations* faites aux églises. Il suffit, en effet, d'avoir eu l'occasion de solliciter une ordonnance royale au sujet de quelques *fondations* en faveur d'une église, pour savoir que le conseil d'Etat, loin de faciliter ces œuvres pieuses, les entrave toujours par des délais rebutants, souvent même par des oppositions directes. On nous objectera que le gouvernement, étant le tuteur des familles, doit veiller à ce qu'elles ne soient pas frustrées des héritages qui leur reviennent naturellement, par des dévotions excessives et des générosités mal entendues. Nous pourrions répondre d'abord, dit monseigneur Parisis, évêque de Langres, que le Concordat n'a pas chargé le gouvernement de cette odieuse surveillance sur l'Eglise, qu'il a laissé aux pasteurs le soin de repousser, comme ils le font toujours au besoin, ce qu'il y aurait d'imprudent ou d'exagéré dans des projets de *fondations* pieuses, et que ces œuvres étant très-souvent des acquits de conscience, le conseil d'Etat est incapable d'en apprécier la justice ou l'à-propos, tellement qu'en repoussant ce que les pasteurs des âmes ont jugé convenable, ce conseil suprême s'expose, sans pouvoir s'en rendre compte, à violer des engagements légitimes et des obligations sacrées. (*Voyez* DONATIONS.)

Mais pouvons-nous croire que les difficultés apportées par le gouvernement aux *fondations* en faveur des églises n'aient pour motif que les intérêts des familles, quand nous voyons que les *fondations* faites en faveur des communes et des autres établissements civils en rencontrent incomparablement moins? cependant l'intérêt des familles est le même dans les deux cas. Or, c'est un fait constant et notoire que de deux donations parfaitement semblables, faites simultanément à la commune et à la fabrique, l'une sera favorablement accueillie et promptement ordonnancée; l'autre, au contraire, rencontrera des répugnances et des obstacles sans nombre. Pourquoi cette différence? Est-ce en considération des moyens que le gouvernement s'est engagé à prendre pour faciliter les *fondations* catholiques?

Mais que disons-nous? s'en tient-on à de simples obstacles? n'a-t-on pas imaginé des impossibilités absolues? Cette Eglise de Dieu, qu'on a promis de protéger par le glaive des lois pour qu'elle puisse recevoir les pieuses offrandes des fidèles, ne l'a-t-on pas déclarée, pour des cas importants, incapable de les accepter? Ainsi le conseil d'Etat ne refuse-t-il pas expressément et toujours aux fabriques le droit de recevoir en don, aussi bien que d'acquérir par elles-mêmes, la propriété d'un cimetière? N'a-t-il pas prétendu qu'un évêque ne pouvait accepter un legs applicable *aux objets qu'il croirait utiles à son diocèse?* (*Avis du conseil d'Etat, du* 21 *décembre* 1841.)

N'a-t-on pas vu des donations considérables faites à des évêques pour les caisses ecclésiastiques, en faveur des prêtres âgés et infirmes, arrêtées et rendues impossibles, parce que le gouvernement voulait avant tout soumettre les caisses alimentées par de pieuses aumônes à des conditions inacceptables? Il n'est pas en France un secrétariat d'évêché qui ne possède des preuves écrites et nombreuses de ces violations directes que souffre de la part du gouvernement l'article 15 du Concordat (*Liberté de l'Eglise*, pag. 96).

Maintenant nous le demandons à tout homme de bonne foi, dit plus loin monseigneur Parisis (*pag.* 107), lorsqu'en 1801 le saint siége, invité par la France à signer un concordat où le gouvernement promet de prendre des moyens pour que l'Eglise pût recevoir des *fondations*, afin de l'indemniser à la longue de la perte énorme de ses biens aliénés ; dans ce moment solennel, le souverain pontife eût-il accordé tant de faveurs au prince, s'il eût pu prévoir que l'Etat violerait un jour manifestement ses engagements les plus sacrés, lorsque l'Eglise, au contraire, reste si religieusement fidèle aux siens. C'est donc un fait incontestable que l'article 15 de la convention de l'an IX est aujourd'hui violé, bravé et presque anéanti par l'Etat.

L'article organique 73 porte que les *fondations* qui ont pour objet l'entretien des ministres et l'exercice du culte ne peuvent consister qu'en rentes sur l'Etat; mais la restriction portée par cet article, de ne constituer de *fondations* qu'en rentes sur l'Etat, a été abrogée par la loi du 2 janvier 1817. Voyez cette loi sous le mot ACCEPTATION.

FONTS BAPTISMAUX.

Vaisseau de pierre, de marbre ou de bronze, placé dans les églises paroissiales et succursales, dans lequel on conserve l'eau bénite dont on se sert pour baptiser. Autrefois ces *fonts* étaient placés dans un bâtiment séparé que l'on nommait le *baptistère* ; à présent on les met dans l'intérieur de l'église, près de la porte dans une chapelle (*Voyez* BAPTISTÈRE).

Lorsque le baptême était administré par immersion, les *fonts* étaient en forme de bain; depuis qu'il s'administre par infusion, il n'est plus besoin d'un vaisseau de grande capacité.

La bénédiction des *fonts baptismaux* se fait solennellement deux fois l'année, savoir : la veille de Pâques et la veille de la Pentecôte. On bénit ces jours-là l'eau destinée pour le baptême. Les cérémonies qui s'y observent, et les oraisons que le prêtre récite, sont toutes relatives à l'ancien usage de baptiser en ces jours-là les catéchumènes. Quand on renouvelle la bénédiction des *fonts*, on doit verser ce qui reste de l'ancienne eau bénite, non dans les bénitiers, mais dans la piscine de l'église ou du baptistère (*Voyez* PISCINE).

Les *fonts baptismaux* doivent être élevés de terre au moins d'un mètre, et si bien couverts qu'il ne puisse y entrer ni ordure ni poussière. On les ferme à clef et on les environne d'une balustrade d'une hauteur convenable et fermant également à clef. Le vaisseau destiné à contenir l'eau baptismale doit être d'étain ou de plomb, avec un **couvercle** de même matière, fermant bien exactement ; ou, s'il est de cuivre, il faut qu'il soit étamé dans l'intérieur, de crainte qu'il ne s'y amasse du vert de gris ou d'autre crasse qui pourrait corrompre l'eau. Dans certains diocèses, il est expressément défendu de se servir de vases de terre cuite.

Il n'y avait autrefois des *fonts baptismaux* que dans quelques églises principales que l'on appelait *plebes*, et le prêtre qui les gouvernait *plebanus*. On croit que ces églises appelées *plebes* étaient les églises archipresbytérales. En effet, un concile de 904, dont le lieu est incertain, porte, c. 12 : *Ut singulæ plebes archipresbyterum habeant... qui non solum imperiti vulgi sollicitudinem gerant, verum etiam eorum presbyterorum qui per minores titulos habeant.*

FOR.

Ce mot vient du latin *forum*, qui signifie proprement marché, place publique, et plus spécialement tribunal, parce que, chez les Romains, toutes les affaires se traitaient dans la place publique. On l'emploie fréquemment dans les matières ecclésiastiques pour distinguer ce qui regarde la conscience, qui est une sorte de tribunal où se discutent intérieurement les affaires du salut et de la religion. On dit donc *for* de la conscience, *for* intérieur ou interne, dans les cas et les choses qui n'ont rapport qu'à la conscience. On dit au contraire *for* extérieur ou externe, dans les cas où il s'agit d'intérêt temporel, ou de police et de gouvernement.

L'Eglise a donc deux sortes de *for*, l'un extérieur et l'autre intérieur. Le *for* extérieur de l'Eglise est cette juridiction accordée par les souverains aux évêques, pour l'exercer sur les ecclésiastiques qui leur sont soumis, et pour connaître de certaines matières ecclésiastiques (*Voyez* OFFICIALITÉ). Le *for* intérieur de l'Eglise est la puissance spirituelle que l'Eglise tient de Dieu, et qu'elle exerce sur les âmes et sur les objets purement spirituels.

On appelle *for pénitentiel* la puissance que l'Eglise a d'imposer aux fidèles des pénitences salutaires pour les ramener à leur devoir.

FORME.

La *forme* est la disposition que doivent avoir les actes ; c'est en matière bénéficiale, la manière dont les provisions de Rome sont conçues.

§ 1. FORME, *provisions*.

Les provisions bénéficiales s'expédient toutes à Rome, ou en *forme* commissoire, ou en *forme* gracieuse, *in forma dignum, aut in forma gratiosa.*

1. Les provisions appelées *in forma di-*

gnum sont en général des provisions de bénéfices accordées en *forme* commissoire; c'est une espèce de mandat *de providendo* adressé à l'ordinaire de qui dépend le bénéfice, ou à son grand vicaire, par lequel le pape leur ordonne de conférer le bénéfice à l'impétrant, s'il l'en trouve digne. Ces provisions sont ainsi appelées à cause que la formule dans laquelle elles sont conçues commence par ces mots : *Dignum arbitramur*, etc.

Ces provisions *in forma dignum*, ou en *forme* commissoire, sont aujourd'hui de quatre sortes, suivant le style de la chancellerie : 1° *in forma dignum antiqua*; 2° *in forma dignum novissima*; 3° *in forma juris*; 4° *cum clausula si per diligentem*.

1° La *forme dignum antiqua* est ainsi appelée par opposition à la *forme dignum novissima*. Les effets sont : 1° qu'elle ne prescrit d'autre temps à l'exécuteur, pour mettre les bulles à exécution, que celui marqué par le droit, suivant la qualité du rescrit; 2° elle fait qu'on n'expédie qu'une bulle adressée à l'official, qui doit justifier les conditions qui y sont insérées; 3° par cette *forme* de provisions, on ne peut avoir recours, *neque viciniori, neque superiori, nisi tanquam a denegata justitia*. On s'adresse au pape pour lui demander un autre juge qui supplée au défaut ou à la négligence de l'ordinaire, ce qui s'appelle, en terme de daterie, *commutatio judicis*; 4° cette *forme* comprend toujours ces deux clauses : *Dummodo tempore datæ præsentium non sit specialiter alteri jus quæsitum, vocatis vocandis*. D'où il suit que si le bénéfice est occupé, l'ordinaire ne peut mettre l'impétrant en possession du bénéfice qu'il n'ait ouï le possesseur ; 5° elle contient encore cette autre clause : *Amoto quolibet detentore*. Ce qui suppose aussi que le délégué doit prendre connaissance de cette possession prétendue illicite.

2° Après que les réservations apostoliques et les dévoluts furent mis en usage ordinaire, les papes crurent qu'il fallait établir une *forme* particulière en faveur de cette sorte de collation, afin que l'exécution ne fût point sujette aux rigueurs de la *forme dignum*, telle qu'on vient de la voir, et qu'il ne dépendît pas des ordinaires exécuteurs ou de leurs supérieurs de refuser les pourvus apostoliques, ou de retarder l'exécution qui leur était commise. C'est cette *forme dignum* qu'on appelle *novissima*, parce qu'elle a été introduite longtemps après l'autre. Les effets sont : 1° que le pape n'entend point que les pourvus d'un bénéfice réservé soient retardés par l'ordinaire au delà de trente jours ; 2° qu'au cas de refus ou de négligence, il ne soit pas nécessaire de recourir au pape, ni au supérieur, mais au plus voisin ; 3° que l'exécuteur doit mettre en possession le pourvu *amoto quolibet detentore*, sans que rien ne puisse suspendre l'exécution, sauf de juger les oppositions après l'exécution de la provision, en vertu de la clause ordinaire en cette *forme* comme en l'autre : *Dummodo datæ præsentium*, etc. D'où vient que cet exécuteur est appelé *merus executor*, à la différence de l'autre, qui est appelé *mixtus executor*.

Il est aisé de remarquer, par ce que nous venons de dire, les différences qu'il y a entre la *forme dignum antiqua* et la *forme dignum novissima*. C'est une règle assez certaine que la *forme novissima* est toujours opposée lorsqu'il n'y a point d'apparence de contestation, ni de préjudice d'un tiers.

3° A l'égard des provisions *in forma juris*, c'est une espèce de rescrit *ad lites*, qui participe à la nature de la *forme dignum antiqua*.

4° Les provisions avec la clause *si per diligentem* ont lieu dans les permutations (*Voyez* PERMUTATION).

Nous avons à remarquer, sur ce que nous venons de dire, que ces différentes *formes dignum antiqua, novissima*, ne sont d'aucun usage en France.

II. La *forme dignum* n'a été introduite que parce que le pape, dont l'intention est de ne pourvoir de bénéfices aucun indigne, ne pouvant connaître les impétrants par lui-même, a dû nécessairement en renvoyer l'examen aux ordinaires des lieux ; de sorte que, quand Sa Sainteté connaît le sujet qu'il pourvoit, soit par des attestations ou autrement, on cesse d'être alors au cas de la *forme dignum*, et le pourvu a fait suffisante preuve de mérite. On lui expédie donc ses provisions *in forma gratiosa*, c'est-à-dire, sans aucune commission pour procéder à l'examen, de manière qu'en vertu de cette *forme*, l'impétrant peut se faire mettre en possession, *auctoritate propria*, sans aucun *visa* de l'ordinaire. Les paroles dont le pape se sert à cet effet sont celles-ci : *Cum expressione quod dictus orator testimonio ordinarii sui de vita, moribus et idoneitate commendatur*.

Ces paroles supposent qu'on lèvera des bulles et que ce sera en *forme* gracieuse. Ces bulles sont toujours adressées à l'impétrant, quand elles s'expédient par la chambre. Mais quand elles sont expédiées par la chancellerie, elles n'ont pas toujours cette adresse. Elles l'ont pour les bénéfices consistoriaux et pour les bénéfices inférieurs, quand il plaît au pape de mettre un *motu proprio* à côté du *fiat* de la signature.

Ces provisions expriment toujours le motif de la faveur, par ces expressions relatives aux qualités des orateurs; si c'est une personne de qualité ordinaire, on y voit *vitæ et morum honestas*. Si c'est une personne de lettres, elles commencent : *Litterarum scientia, vitæ et morum*, etc. Si c'est une personne noble : *Nobilitas generis, vitæ et morum honestas*. Enfin, si c'est un régulier : *Religionis zelus, vitæ*, etc. A la suite de toutes, on voit ces mots : *Aliaque laudabilia probitatis, et virtutum merita nos inducunt, ut te specialibus favoribus prosequamur, cum itaque beneficium*, etc. Mais comme par cette *forme* de provisions le pape n'entend pas nuire au droit d'un tiers, on y voit aussi cette clause : *Et dummodo super antea data capta, et consensus extensus non fuerint, alias præsens gratia nulla sit eo ipso*.

Le moyen le plus ordinaire, pour obtenir

une provision en *forme* gracieuse, c'est d'envoyer une attestation de vie et mœurs de l'ordinaire du domicile. Cette attestation est adressée au pape, parce qu'elle est d'un prélat ; quand c'est un vicaire qui la donne, elle n'a ordinairement que l'adresse générale, *à tout lecteur*. On pourrait se servir d'une attestation du nonce, et sans doute qu'à Rome on y ferait honneur ; mais on fait plus de fond sur celle de l'évêque, qui est censé mieux connaître le sujet. Au reste, il est essentiel de marquer, dans ces attestations, le temps pendant lequel on a reconnu la capacité ou la dignité du sujet, parce qu'à Rome on n'aurait point d'égard à l'attestation d'une bonne conduite pendant peu de temps.

C'est une maxime attestée par Corradus, que les dispenses matrimoniales ne s'accordent jamais en *forme* gracieuse, conformément au règlement du concile de Trente, qui veut que toutes ces dispenses soient accordées en *forme* commissoire.

§ 2. FORME *des pauvres*.

La *forme des pauvres* ou *in forma pauperum* est la *forme* dans laquelle on expédie en cour de Rome les dispenses de mariage entre personnes qui sont parentes en degré prohibé, lorsque ces personnes ne sont point en état de payer les droits accoutumés.

On a toujours été dans l'usage à Rome d'accorder des expéditions aux pauvres, ou gratuitement, ou à moins de frais qu'aux riches ; mais comme cette faveur, que la charité chrétienne doit toujours entretenir dans la chancellerie, donnait lieu à des abus qui blessaient la justice, Corradus nous apprend qu'on a exigé comme une condition, de ceux qui y prétendent, qu'ils joignissent la qualité de misérable à celle de pauvre : *Dummodo pauperes et miserabiles existant*. Qui est pauvre, dit le même auteur, est bien misérable ; mais le mot *miserabilis* signifie ici quelque chose de plus que celui de pauvre, puisqu'on peut appeler pauvre, non-seulement celui qui n'a pas de quoi vivre, mais encore qui manque des choses convenables à son état. Il signifie aussi autre chose que ce qu'on entend par *miserabiles personæ*, quand on parle de veuves, d'orphelins, de vieillards, d'infirmes, d'incurables, d'étrangers, d'infâmes, de prisonniers, etc.

Le même auteur dit qu'on expédie aussi à la chancellerie les dispenses gratuitement, c'est-à-dire, *in forma pauperum*, sur une attestation de pauvreté de l'ordinaire ou de son official, et que, lorsqu'il s'agit de vérifier la dispense, l'évêque vérifie aussi encore une fois la teneur de son attestation. Il ajoute que, quand ces dispenses sont pour la France, on y insère la clause suivante : *Deinde si veniam a te petierint imposita eis pro modo culpæ, pænitentia salutari, receptoque ab eis juramento, quod talia deinceps non committent neque committentibus præstabunt auxilium, consilium vel favorem, ipsos ab incestus reatu, et excommunicationis, aliisque ecclesiasticis sententiis, censuris et pœnis ecclesiasticis et temporalibus, tam a jure quam ab homine contra similia perpetrantes promulgatis incurrerunt in utroque foro absolvere*, etc. (*De Dispens*. lib VIII, *cap*. 6, *n*. 68).

L'auteur des conférences de Paris dit qu'à Rome on accorde plutôt dispense *pro copula* aux personnes pauvres qu'à celles qui sont riches, parce qu'on suppose moins de déréglement dans celles-ci. Mais, dans l'usage, plusieurs impétrants ne suivent pas toujours le sens de ces deux termes, *pauper* et *miserabilis*, pauvre et digne de compassion.

L'usage présent de la cour de Rome est d'accorder des dispenses *in forma pauperum* à des gens qui n'ont point de biens en fonds, ou qui n'en ont que pour vivre, selon leur naissance.

L'évêque ou son vicaire atteste les facultés de l'impétrant, telles qu'on les lui rapporte. Quand des pauvres désirent obtenir une dispense pour un empêchement, *in forma pauperum*, ils doivent faire exposer sur l'attestation qu'ils obtiendront de l'ordinaire, ou du grand-vicaire, ou de l'official de leur diocèse, la paroisse où ils demeurent, le garçon depuis cinq ans, et la fille depuis deux, qu'ils sont pauvres, et qu'ils ne vivent que de leur travail : *Pauperes et miserabiles et ex suo labore et industria tantum vivere ;* ou qu'ils n'ont du bien que pour vivre selon leur qualité. Si cela est vrai, leur dispense est bonne et valide. Si cela est faux, elle est subreptice et nulle, par la raison que ce n'est pas l'intention du pape d'accorder des grâces à des personnes, sans leur imposer quelques aumônes ou componende, quand ils les peuvent payer. Voici une formule d'attestation de véritable pauvreté :

N. officialis, etc., *universis*, etc., *notum facimus et attestamur, ex fide dignorum virorum testimonio et relatu nobis constitisse N. laicum, et N. mulierem de parochia N. diœcesis N. oriendos esse, aut ibi habitantes catholicos et fidei orthodoxæ cultores, pauperes tamen et bonis fortunæ destitutos, et sudore vultus sui, labore et industria brachiorum suorum vitam quærere cogantur. In quorum fidem*, etc.

Lorsque les mandats avaient lieu autrefois, on distinguait ceux qui étaient *in forma pauperum, in forma rationi congrua, in forma communi* et *in forma speciale*.

§ 3. FORME, *sacrements*.

On distingue dans chaque sacrement la matière, la *forme* et le ministre. La *forme* en ce sens est donc une des parties essentielles des sacrements. On a donné le nom de matière aux choses ou aux actions extérieures et sensibles dont on se sert pour faire un sacrement, et le nom de *forme* aux paroles que le ministre prononce en appliquant la matière : *In sacramentis verba se habent per modum formæ, res autem sensibiles per modum materiæ* (*S. Thom. sum. part*. III, *quæst*. 60, *art*. 7). Ainsi, dans le baptême l'eau est la matière du sacrement, et les paroles : *Ego te baptizo in nomine Patris, et Filii, et Spiritus Sancti*, en sont la *forme*.

Chaque sacrement a une matière et une

forme qui lui sont propres : *Omnia sacramenta*, dit le pape Eugène IV, *tribus perficiuntur; videlicet, rebus tanquam materia, verbis tanquam forma, et persona ministri cum intentione faciendi quod facit ecclesia : quorum si aliquod desit, non perficitur sacramentum* (*Decret. ad Armenos*). Mais, quoique la personne du ministre soit nécessaire pour la confection d'un sacrement, elle doit plutôt en être regardée comme la cause efficiente que comme faisant partie de son essence ; car l'essence d'un sacrement consiste dans la matière et dans la *forme*, qui en sont les seules parties constitutives : *Materia et forma sacramenti essentia perficitur*, dit le concile de Trente (Sess. XIV, ch. 2); ce qui s'accorde parfaitement avec cette maxime de saint Augustin : *Accedit verbum ad elementum et fit sacramentum* (*Tract.* 88 *in Joannem*).

Tous les sacrements étant d'institution divine, il est certain que la matière et la *forme* qui en font la substance ont été déterminées par Jésus-Christ. On convient également qu'il a déterminé, non seulement en général, mais en particulier et dans leur espèce, la matière et la *forme* du baptême et de l'eucharistie. Mais en est-il de même pour les autres sacrements ? C'est une question controversée parmi les canonistes et les théologiens. Les uns pensent que notre Seigneur n'a déterminé qu'en général la matière et la *forme* de plusieurs sacrements, laissant à ses apôtres le soin de déterminer eux-mêmes, d'une manière plus particulière, les signes qu'ils jugeraient plus propres à exprimer les effets de ces mêmes sacrements. Les autres, en plus grand nombre, enseignent que Jésus-Christ a déterminé lui-même, sans recourir à ses disciples, la matière et la *forme* de tous les sacrements. Nous adoptons ce sentiment, comme nous paraissant beaucoup plus probable que le premier, par cela même qu'il est plus conforme à la dignité des sacrements et à l'unité du culte catholique. On conçoit difficilement que Jésus-Christ ait laissé à ses disciples le soin d'assigner à quelques sacrements la matière et la *forme* qui leur sont propres. On ne peut objecter la diversité des rites qu'on remarque chez les Grecs et les Latins, car elle n'est pas essentielle ; autrement, on ne pourrait l'attribuer vraisemblablement même aux apôtres. Quoi qu'il en soit, les Latins et les Grecs doivent, dans la pratique, observer exactement les rites qui leur sont prescrits pour l'administration des sacrements.

FORNICATION.

La *fornication* est le péché que commettent deux personnes de divers sexes, et qui ne sont liées ni par parenté, ni par vœu, ni par mariage. *Copula carnalis soluti cum soluta.*

La *fornication* en général est un péché très-grief. L'Ecriture déclare qu'il prive du royaume des cieux ceux qui le commettent : *Nolite errare*, dit saint Paul, *neque fornicarii, neque adulteri*, etc., *regnum Dei possidebunt* (*Gal.*, V). Le droit canon met ce péché au nombre des crimes : *Nosse debent talem de perjurio pœnitentiam imponi debere qualem et de adulterio et de fornicatione* (*Decret.* 22, *qu.* 1. *c.* 17). (*Voyez* ADULTÈRE).

En 1526, la faculté de théologie de Paris ayant été consultée par un évêque pour savoir si le cas de *fornication* dans les prêtres était réservé à l'évêque, parce que l'infraction des vœux et les sacrilèges lui étaient réservés, les docteurs déclarèrent que le vœu de continence étant annexé aux ordres sacrés, la *fornication* des prêtres devait être un cas réservé.

Un concile de Germanie, tenu par l'ordre du prince Carloman, l'an 742, parle ainsi sur ce sujet : « Les personnes consacrées à Dieu, qui, de ce jour, seront tombées dans la *fornication*, seront mises en prison pour faire pénitence au pain et à l'eau. Si c'est un prêtre, il y demeurera deux ans, après avoir été fouetté jusqu'au sang, et l'évêque pourra augmenter la peine. Si c'est un clerc ou un moine, après avoir été fouetté trois fois, il sera un an en prison. De même pour les religieuses voilées, elles seront rasées. »

FOU.

(*Voyez* FOLIE.)

FOUET.

Le *fouet* est une peine autrefois fort en usage chez les Hébreux, et ordonnée contre les clercs coupables de certaines fautes, par différents textes du droit canon : *Ut cum dolore, et citra vitæ ac membrorum periculum corrigantur.* (*C.* 1, 23, *qu.* 5, *c. Universitatis, de Sent. excom.*). Les canons distinguent à cet égard les prêtres des simples clercs : *Presbyteri et levitæ, exceptis gravioribus criminibus, nullis debent verberibus subjicere; non est dignum ut prælati honorabilia membra sua verberibus subjiciant*, *et dolori* (*C. Cum beatus dist.* 45). Cette peine ne peut ou ne doit être exécutée ni par l'évêque, ni par le juge d'Eglise, ni par un laïque : *Suis manibus aliquem cædere, hoc enim alienum esse debet a sacerdote* (*C. penult. dist.* 86, *c. Universitatis, de Sent. excom.*). Le juge d'Eglise ne serait pas irrégulier, s'il survenait dans l'exécution de cette peine quelque petite effusion de sang, parce que, *non veniet principaliter ex sententia, sed accedit ex post facto.* L'esprit de l'Eglise, en permettant aux juges ecclésiastiques d'infliger cette peine contre des clercs, est que le *fouet* soit donné par un ecclésiastique même, *inter privatos parietes*, ou, comme l'on dit, *sous la custode* (*Mém. du clergé, tom.* VII, *pag.* 1265).

Dans les églises où les juges ecclésiastiques ordonnaient cette peine, un laïque n'était pas exécuteur de la sentence, particulièrement depuis le pontificat du pape Clément III ; elle était exécutée par un clerc.

Cette discipline pouvait être en partie fondée sur ce que cette peine n'était pas imposée comme un supplice, mais comme une correction, et qu'on estimait que si le supérieur ecclésiastique faisait exécuter son jugement par un laïque, il y aurait eu lieu de regarder cette peine comme un supplice, parce qu'un laïque ne doit pas être employé pour la correction des clercs.

Les canonistes ajoutent que cet exécuteur ne devait pas être prêtre. Ils se fondent sur un décret qu'on dit être d'un concile d'Agde, rapporté par Gratien, dist. 86, chap. 25.

Saint Augustin rend témoignage dans son épître à Marcellin, que le *fouet* était de son temps, *modus coercitionis qui et a magistris artium liberalium et ab ipsis parentibus, et sæpe etiam in judiciis solet ab episcopis adhiberi*. Le canon du quatrième concile de Braga, en 675, explique l'usage que les évêques pouvaient faire, dans ce siècle, de cette espèce de châtiment. Saint Grégoire étant informé qu'un sous-diacre avait calomnié un diacre, écrivit aux évêques qui avaient laissé la calomnie impunie une lettre sévère, et ordonna que son évêque, après l'avoir dégradé, *verberibus publice castigatum faciat in exilium deportari*.

La peine du *fouet* dont nous venons de parler, et qui est une correction vraiment ecclésiastique, *quæ non vindictam canonicam egreditur*, a cessé d'être en usage dans les officialités depuis plus de deux siècles.

FRAIS FUNÉRAIRES.

Les *frais funéraires* sont ceux qui se font pour l'inhumation d'un mort. Dans ces *frais* sont compris l'honoraire des prêtres, l'ouverture de la fosse, la tenture, la cire, les billets d'invitation et autres frais nécessaires et usités selon la qualité des personnes. L'annuel ou anniversaire ne fait pas partie des *frais funéraires*.

L'article 2101 du Code civil place les *frais funéraires* au rang des créances privilégiées; mais il est à remarquer qu'on ne peut entendre par *frais funéraires* que les *frais* des funérailles qui sont d'une indispensable nécessité, et que ce privilége ne peut s'étendre jusqu'aux prières qui ne sont que d'usage ou même de dévotion de la part des parents de la personne hérédée. Ainsi jugé par la cour royale d'Agen, le 28 août 1834.

FRANCHISE.

Nous prenons ce mot dans le sens de privilége; nous parlerons d'abord du privilége qu'avaient autrefois les églises de servir d'asile, et ensuite du privilége accordé au clergé de correspondre sans frais, pour tout ce qui regarde l'exercice du culte catholique.

§ 1. FRANCHISE, *asile*.

Ce nom, qui a été donné généralement aux droits des peuples, aux immunités et aux asiles, avait été régulièrement affecté aux quartiers des ambassadeurs à Rome. On y appelait *franchise* un certain espace de terrain autour de leurs palais, qui était plus ou moins grand, selon la volonté de l'ambassadeur. Toute cette étendue était un asile pour les criminels, qu'on ne pouvait y poursuivre. Mais cette *franchise*, a été restreinte, sous Innocent XI, à l'enceinte des hôtels.

La *franchise* qu'avaient autrefois les églises et monastères qui servaient d'asile est abolie en France (*Voyez* ASILE). Elle fut d'abord restreinte par Charlemagne, et ensuite totalement abrogée par François Ier en son ordonnance de 1539, article 166. Il faut cependant tâcher d'éviter le scandale autant qu'il est possible, et attendre que celui que l'on guette sorte de l'Église pour le prendre.

Il suffisait au débiteur ou au criminel, pour être en lieu de *franchise*, qu'il eût passé son bras dans l'anneau ou marteau de la porte de l'église ou du monastère (*Voyez* PRIVILÉGE).

§ 2. FRANCHISE, *correspondance ecclésiastique*.

Pour la matière de ce paragraphe, nous n'avons qu'à rapporter la partie de l'ordonnance du 14 décembre 1825, relative à la correspondance ecclésiastique, et la circulaire du ministre des cultes du 1er octobre 1841, et celle du 21 juillet 1843.

ORDONNANCE *du 14 décembre 1825, concernant les franchises et les contre-seings.*

Section III.

« ART. 3. Les personnes ci-après dénommées jouiront du contre-seing limité.

« Ce contre-seing n'opèrera la *franchise* que pour les lettres et paquets qui seront adressés, savoir :

« Par le ministre secrétaire d'État des affaires ecclésiastiques et de l'instruction publique, aux fonctionnaires désignés dans l'état n° 5, annexé à la présente ordonnance; par le ministre de l'intérieur, aux fonctionnaires désignés à l'état n° 6, annexé *ibidem*.

« État des fonctionnaires envers lesquels le contre-seing du ministre des affaires ecclésiastiques et de l'instruction publique opère la *franchise* :

« 1° Les ministres d'État, les conseillers d'État, les maîtres des requêtes ;

« 2° Les préfets et les sous-préfets ;

« 3° Les archevêques, évêques, vicaires généraux, curés, desservants et succursalistes ;

« 4° Les recteurs et inspecteurs des académies ;

« 5° Les proviseurs et principaux des colléges royaux, les chefs d'institution, les maîtres de pension, les maîtres d'écoles primaires et les frères des écoles chrétiennes.

Dispositions particulières.

« Les ecclésiastiques, fonctionnaires et préposés dépendant des ministères, ci-après dénommés, jouiront de la *franchise* et du contre-seing, mais sous bandes seulement, savoir :

« 1° Les archevêques et évêques, pour leur correspondance sous bandes avec les préfets, les sous-préfets et les recteurs d'académies, dans les départements qui composent leur diocèse, et aussi avec les surveillants des écoles primaires désignés par eux, soit qu'un ecclésiastique seul exerce cette surveillance, soit qu'elle se trouve exercée par un comité ;

« 2° Les mêmes archevêques et évêques, pour l'envoi sous bandes de leurs mandements imprimés, aux préfets, sous-préfets et maires des communes de leur diocèse ;

« 3° Les archevêques et évêques pourront expédier en *franchise*, sous leur contre-seing, aux curés, desservants et succursalistes de leur diocèse, et recevoir en *franchise*, sous le contre-seing de ces fonctionnaires ecclésiastiques, les objets ci-après énoncés, savoir :

« Imprimés remplis ou non remplis à la main ;

« Les mandements ;

« Les lettres pastorales ;

« Les lettres circulaires ;

« Les feuilles d'approbation des prêtres exerçant les fonctions spirituelles ;

« Les lettres d'instruction des curés ;

« Les pouvoirs des desservants ;

« Manuscrits avec ou sans lettres d'envoi ;

« Le compte des fabriques ;

« Les budgets des fabriques ;

« Les délibérations des conseils des fabriques ;

« Les ordonnances pour fondations de chapelles domestiques ;

« Les ampliations des ordonnances royales.

« Tous ces objets doivent être mis sous bandes, contre-signés par les expéditeurs.

« Dans le cas où quelques-uns des paquets auraient été taxés pour suspicion d'incluses ou omission de formalités, les archevêques, évêques, curés, desservants et succursalistes, pourront en obtenir immédiatement la remise gratuite, en prouvant par l'ouverture de ces paquets, faite en présence des directeurs des postes, qu'il ne s'y trouve que les papiers dont l'exemption de taxe a été autorisée.

« 4°....

« État n° 6.

Dispositions particulières.

« Les fonctionnaires ou préposés dépendant du ministère de l'intérieur, ci-après dénommés, jouiront de la *franchise* et du contre-seing, mais sous bandes seulement :

« 1° Les préfets et sous-préfets, pour leur correspondance sous bandes avec les curés, desservants et succursalistes de leur département ou arrondissement.

Section V. — *Dispositions générales.*

« Art. 5. Le contre-seing du ministre secrétaire d'État, du directeur général de la caisse d'amortissement et des dépôts et consignations, du procureur-général près la cour royale de Paris, et des fonctionnaires désignés dans l'article 3 du présent règlement, continueront d'avoir lieu, au moyen d'une griffe fournie par notre directeur général des postes, et dont l'emploi ne pourra être confié qu'à une seule personne qui en sera responsable.

« Art. 6. Tous les autres fonctionnaires seront tenus de mettre, de leur main, sur l'adresse des lettres et paquets qu'ils expédieront, leur signature au-dessous de la désignation de leur fonction.

« Art. 7. Les lettres et paquets contre-signés devront être remis, savoir : dans les départements, aux directeurs des postes, et à Paris, au bureau du départ de la direction générale. Lorsqu'ils auront été jetés à la boîte, ils seront assujettis à la taxe.

« Art. 8. Les lettres et paquets contre-signés, qui devront être mis sous bandes, en conformité du présent règlement et des états y annexés, ne pourront être reçus ni expédiés en *franchise*, lorsque la largeur des bandes excédera le tiers de la surface de ces lettres et paquets.

« Art. 9. Aucun fonctionnaire n'a le droit de déléguer à d'autres personnes le contre-seing qui lui est accordé par le présent règlement.

« Toute dépêche ainsi contre-signée sera assujettie à la taxe.

« Lorsqu'un fonctionnaire sera hors d'état de remplir ses fonctions par absence, maladie ou par toute autre cause légitime, le fonctionnaire qui le remplacera par intérim contre-signera les dépêches à sa place ; mais, en contre-signant chaque dépêche, il inscrira qu'il remplit par intérim les fonctions auxquelles le contre-seing est attribué ».

On a remis en exemption de taxe les lettres fermées que s'adressent les archevêques et évêques et les préfets, dans les cas où les pièces de leur correspondance ne sont pas de nature à passer sous bandes, et sous la réserve que, conformément à l'article 4 de l'ordonnance du 14 décembre 1825, ils déclarent, par une note mise sur chaque dépêche, qu'il y a nécessité de la fermer (*Décision du ministre des finances du 11 octobre 1826*).

Circulaire *de M. le ministre de la justice et des cultes à messeigneurs les archevêques et évêques, leur donnant avis d'une décision qui étend le contre-seing à MM. les curés, pour les imprimés, à l'exclusion de toute lettre manuscrite.*

« Paris, le 1er octobre 1841.

« Monseigneur,

« Quelques prélats ont réclamé, pour MM. les curés, la faculté de contre-signer et d'expédier en *franchise*, par la poste, à l'adresse des desservants de leurs cantons respectifs, les lettres pastorales, mandements et circulaires qui leur sont transmis à cet effet. J'ai communiqué à M. le ministre des finances, en les appuyant auprès de lui, les demandes qui m'avaient été adressées. Mon collègue vient de m'informer qu'il lui a été possible de les accueillir, et que, par décision du 17 septembre, il a donné son approbation aux dispositions suivantes :

« Les archevêques et évêques sont autori-
« sés à emprunter l'entremise des curés de
« canton pour la distribution aux desservants
« et succursalistes des lettres pastorales,
« mandements et circulaires imprimés. Ces
« lettres pastorales, mandements et circu-
« laires, dûment contre-signés par les curés
« de canton, seront admis à circuler en *fran-*
« *chise*, sous bandes, dans le canton du contre-

« signataire, et ce à l'exclusion de toute
« lettre ou autre pièce manuscrite. »

« Je m'empresse de vous communiquer cette décision ; elle sera pour vous, Monseigneur, une preuve du soin avec lequel le gouvernement aime toujours à faciliter aux premiers pasteurs l'accomplissement de leurs importantes fonctions.

« Agréez, Monseigneur, etc.
« N. Martin (du Nord). »

La circulaire suivante introduit une heureuse innovation qui, depuis longtemps était sollicitée par les évêques, et qui serait d'une grande utilité sans la modification qu'y a mise la circulaire du 20 mai 1844.

Circulaire *de M. le ministre de la justice et des cultes à messeigneurs les archevêques et évêques, les informant qu'ils sont autorisés à correspondre entre eux en franchise.*

« Paris, le 21 juillet 1843.

« Monseigneur,

« Plusieurs archevêques et évêques sollicitaient, depuis longtemps, l'autorisation de correspondre en *franchise* entre eux. Cette demande, mûrement examinée, m'a paru fondée sur de justes motifs, et je suis intervenu auprès de M. le ministre des finances pour l'inviter à l'accueillir. Mon collègue m'informe que, par décision du 6 de ce mois, il a donné son approbation aux dispositions suivantes :

« Les archevêques et évêques sont auto-
« risés à correspondre en *franchise* entre eux,
« dans tout le royaume, par dépêches sous
« bandes, sans préjudice de la faculté de clore
« en cas *de nécessité.* »

« Je suis heureux, Monseigneur, d'avoir pu concourir à l'adoption d'une mesure à laquelle vous attachiez un intérêt réel, et qui donne aux prélats du royaume les facilités de correspondance mutuelle qu'ils désiraient obtenir, afin de pouvoir se fournir réciproquement des renseignements précis sur le compte des ecclésiastiques étrangers à leurs diocèses qui demanderaient à y être employés. J'ai apprécié, comme vous l'aviez fait vous-même, la convenance et l'opportunité de cette *franchise.* La concession qui vous est ici faite est une preuve nouvelle de la sollicitude du gouvernement pour les graves intérêts confiés à la haute sagesse et à la direction de l'épiscopat.

« Agréez, Monseigneur, l'assurance de ma haute considération.

« Le Garde des sceaux, etc.
« N. Martin (du Nord). »

Nous sommes fâché d'ajouter à la circulaire qui précède celle que nous allons transcrire ; car elle a pour but d'empêcher les évêques de se concerter ensemble par lettres sur les questions qui intéressent l'Eglise. Elle est une suite de l'interprétation que M. le ministre a cru devoir donner à l'article 4 des articles organiques, interprétation contraire à l'esprit comme à la lettre de notre pacte fondamental (*Voyez* tome 1ᵉʳ, col. 576, *note*).

Circulaire *de M. le ministre de la justice et des cultes à messeigneurs les archevêques et évêques, restreignant le droit de correspondance en franchise entre eux.*

« Paris, le 20 mai 1844.

« Monseigneur,

« J'ai eu l'honneur de vous informer, par une circulaire du 21 juillet 1843, que, sur ma demande, M. le ministre des finances venait d'autoriser les archevêques et évêques à correspondre en *franchise* entre eux dans tout le royaume. En me félicitant d'avoir pu concourir à l'adoption de cette mesure, j'ai pris le soin de vous indiquer qu'elle avait pour but de *donner aux prélats du royaume les facilités de correspondance mutuelle qu'ils désiraient obtenir, afin de pouvoir se fournir réciproquement des renseignements précis sur le compte des ecclésiastiques étrangers à leurs diocèses qui demanderaient à y être employés.* La concession demandée et accordée ne devait donc avoir pour objet que des correspondances relatives au service de l'administration diocésaine.

« Il résulte, Monseigneur, des rapports adressés par les agents de l'administration des postes, que cette règle n'a pas été toujours rigoureusement observée, et que quelques prélats ont cru pouvoir profiter de la *franchise* pour correspondre entre eux sur d'autres objets que ceux que la décision du 6 juillet 1843 avait eus en vue, et notamment pour se communiquer des imprimés ne se rattachant qu'indirectement à l'administration diocésaine.

« M. le ministre des finances vient de m'informer qu'il lui était impossible d'autoriser cette extension de la *franchise accordée*, et qu'il invitait les agents de l'administration des postes à taxer, en vertu de l'article 12 de l'ordonnance du 14 décembre 1825, tout paquet contre-signé par un prélat à l'adresse d'un autre prélat, et pouvant être soupçonné de renfermer soit des imprimés, soit des correspondances étrangères aux affaires du personnel du clergé. Je m'empresse de vous faire connaître les mesures prises par mon collègue, bien convaincu qu'il m'aura suffi de rappeler à quel objet s'applique exclusivement la *franchise* accordée à votre correspondance avec vos collègues dans l'épiscopat, pour qu'à l'avenir on s'abstienne scrupuleusement, dans votre secrétariat, de toute irrégularité à cet égard.

« Agréez, etc.
« Le Garde des sceaux, ministre secrétaire d'Etat de la justice et des cultes.
« N. Martin (du Nord). »

FRANCISCAIN.

On appelle ainsi, en général, tous les religieux qui vivent sous la règle de saint François (*Voyez* ordres religieux).

Les *franciscains* furent institués par saint François d'Assise au commencement du treizième siècle. La règle qu'il leur donna fut approuvée d'abord par Innocent III, et confirmée ensuite par Honorius ou Honoré III, l'an 1223. Un des principaux articles de cette règle est la pauvreté absolue, ou le vœu de ne rien posséder, ni en propre ni en commun, mais de vivre d'aumônes.

Cet ordre ne tarda pas de se diviser en différentes branches ; les principales sont les cordeliers, distingués eux-mêmes en conventuels et en observantins, les capucins, les récollets, les religieux du tiers-ordre, etc.

FRANCS-MAÇONS.

L'Eglise, qui ne perd jamais de vue le salut de ses enfants, a reconnu que la société des *francs-maçons* lui était contraire ; elle a fait par conséquent, contre cette société, des lois qui entrent dans le plan et l'objet de cet ouvrage. Deux constitutions apostoliques ont condamné cette société.

La première de ces constitutions, publiée par Clément XII en 1738, prononce l'excommunication contre les *francs-maçons* et leurs fauteurs, et en réserve l'absolution au pape, hors le cas du péril de mort. Benoît XIV, dont une science profonde éclairait le zèle, en confirmant cette censure, exhorte pathétiquement les rois et les princes d'y joindre les peines temporelles. Nous rapporterons ici sa bulle, dont les dispositions ont de quoi faire impression sur l'esprit de ceux qui ont encore quelque respect pour la puissance apostolique.

BENEDICTUS episcopus, servus servorum Dei.
Ad perpetuam rei memoriam.

« Providas romanorum prædecessorum nostrorum leges atque sanctiones, non solum eas, quarum vigorem vel temporum lapsu, vel hominum neglectu labefactari aut extingui posse veremur, sed eas etiam quæ recentem vim, plenumque obtinent robur, justis gravibusque id exigentibus causis, novo auctoritatis nostræ munimine roborandas confirmandasque censemus.

« Sane, felicis recordationis prædecessor noster Clemens papa XII, per suas apostolicas litteras, anno Incarnationis dominicæ 1738, IV calend. maii, pontificatus sui anno VIII datas, et universis Christi fidelibus inscriptas, quarum initium est : *In eminenti* ; nonnullas societates, cœtus, conventus, collectiones, conventicula, seu aggregationes, vulgo *de liberi muratori*, seu *des francs-maçons*, vel aliter nuncupatas in quibusdam regionibus tunc late diffusas, atque in dies invalescentes, perpetuo damnavit atque prohibuit : præcipiens omnibus Christi fidelibus, sub pœna excommunicationis *ipso facto* absque ulla declaratione incurrenda, a qua nemo per alium quam per romanum pontificem pro tempore existentem, excepto mortis articulo, absolvi potest, ne quis auderet vel præsumeret hujusmodi societates inire, vel propagare, aut confovere, receptare, occultare, iisque adscribi, aggregari aut interesse, et alias prout in eisdem litteris latius et uberius continetur, quarum tenor talis est, videlicet :

« Clemens episcopus, servus servorum Dei, universis Christi fidelibus, salutem et apostolicam benedictionem. In eminenti apostolatus specula, etc., *ut supra*.

« Cum autem, sicut accepimus, aliqui fuerint, qui asserere, ac vulgo jactare non dubitaverint, dictam excommunicationis pœnam a prædecessore nostro, ut præfertur, impositam non amplius afficere, propterea quod ipsa præinserta constitutio a nobis confirmata non fuerit, quasi vero pro apostolicarum constitutionum a prædecessore editarum subsistentia, pontificis successoris expressa confirmatio requiratur

« Cumque etiam a nonnullis piis ac Deum timentibus viris nobis insinuatum fuerit, ad omnia calumniantium subterfugia tollenda, declarandamque animi nostri cum ejusdem prædecessoris mente ac voluntate uniformitatem, magnopere expediens fore, ut ejusdem prædecessoris constitutioni novum confirmationis nostræ suffragium adjungeremus.

« Nos, licet hucusque, dum pluribus Christi fidelibus, de violatis ejusdem constitutionis legibus vere pœnitentibus atque dolentibus, seque a damnatis hujusmodi societatibus seu conventiculis omnino recessuros, et nunquam in posterum ad illos et illa redituros ex animo profitentibus, absolutionem ab incursa excommunicatione, tum antea sæpe, tum maxime elapso jubilæi anno benigne concessimus : seu dum facultatem pœnitentiariis a nobis deputatis communicavimus, ut hujusmodi pœnitentibus, qui ad ipsos confugerunt eamdem absolutionem nostro nomine et auctoritate impertiri valerent : dum etiam sollicito vigilantiæ studio instare non præter misimus, ut à competentibus judicibus et tribunalibus adversus ejusdem constitutionis violatores, pro delicti mensura procederetur, quod et ab eis reipsa sæpe præstitum fuit : non quidem probabilia duntaxat, sed plane evidentia, et indubitata argumenta dederimus, ex quibus animi nostri sensus, de forma et deliberata voluntas, quoad censuræ per dictum Clementem prædecessorem ut præfertur, impositæ vigorem et subsistentiam, satis aperte inferri debuerant, siqua autem contraria de nobis opinio circumferretur, nos eam securi contemnere possemus, causamque nostram justo Dei omnipotentis judicio relinquere, ea verba usurpantes, quæ olim inter sacras actiones recitata fuisse constat : *Præsta quæsumus, Domine, ut mentium reprobatum non curemus obloquium, sed eadem pravitate calcata exoramus, ut nec terreri nos lacerationibus patiaris injustis, nec captiosis adulationibus implicari, sed potius amare quod præcipis*, ut habet antiquum missale, quod sancto Gelasio prædecessori nostro tribuitur, et a ven. S. D. Josepho Maria cardinali Thomasio editum fuit, in missa quæ inscribitur *contra obloquentes*.

« Ne tamen aliquid per nos improvide prætermissum dici valeret, quod facile possemus mendacibus calumniis fomentum adimere, atque os obstruere : audito prius non nullorum venerabilium fratrum nostrorum S. R. E. cardinalium consilio, eamdem prædecessoris nostri constitutionem præsentibus, ut supra, de verbo ad verbum insertam, in forma specifica, quæ omnium amplissima et efficacissima habetur, confirmare decrevimus; prout cum ex certa scientia, et apostolicæ auctoritatis nostræ plenitudine, earumdem præsentium litterarum tenore in omnibus et per omnia, perinde ac si nostris motu proprio, auctoritate, ac nomine primum edita fuisset confirmamus, roboramus et innovamus, ac perpetuam vim et efficaciam habere volumus et decernimus.

« Porro inter gravissimas præfatæ prohibitionis et damnationis causas, in præinserta constitutione enunciatas una est quod in hujusmodi societatibus et conventiculis cujuscumque religionis ac sectæ homines invicem consociantur; qua ex re satis patet, quam magna perniciis catholicæ religionis puritati inferre valeat : altera est arctum et impervium secreti fœdus, quo occultantur ea, quæ in hujusmodi conventiculis fiunt; quibus proinde ea sententia merito aptari potest, quam Cæcilius natalis apud Minucium Felicem in causa nimium diversa protulit. *Honesta semper publica gaudent; scelera secreta sunt* : tertia est jusjurandum, quo se hujusmodi secreto inviolabiliter servando se adstringunt; quasi liceat alicui, cujuslibet promissionis aut juramenti obtentu se tueri, quominus a legitima potestate interrogatus, omnia fateri teneatur, quæcumque requiruntur, ad dignoscendum, an aliquid in hujusmodi conventiculis fiat, quod sit contra religionis ac reipublicæ statum et leges. Quarta est, quod hujusmodi societates non minus civilibus quam canonicis sanctionibus adversare dignoscuntur; cum scilicet jure civili omnia collegia et sodalitia, præter publicam auctoritatem consociata prohibeantur, ut videre est in Pandectarum, lib. XLVII, tit. 22, *de collegiis et corporibus illicitis;* et in celebri epistola C. Plinii Cæcilii secundi, quæ est 97, lib. X, in qua ait edicto suo, secundum imperatoris mandata, vetitum fuisse ne hetæriæ essent, id est, ne societates et conventus sine principis auctoritate iniri, et haberi possent. Quinta est, quod jam in pluribus regionibus memoratæ societates et aggregationes sæcularium principum legibus proscriptæ atque eliminatæ fuerunt. Ultima demum, quod apud prudentes et probos viros eædem societates et aggregationes male audirent, eorumque judicio, quicumque eisdem nomina darent pravitatis et perversionis notam incurrerent.

« Denique, prædecessor præinserta constitutione, episcopos et superiores prælatos, aliosque locorum ordinarios excitat, ut pro illius executione, si opus fuerit, brachii sæcularis auxilium invocare non prætermittant.

« Quæ omnia et singula, non solum a nobis approbantur et confirmantur, eisdem ecclesiasticis superioribus respectivi commendantur et injunguntur; verum etiam nos ipsi, pro apostolicæ sollicitudinis officio, præsentibus nostris litteris, catholicorum principum, omniumque sæcularium potestatum opem, auxiliumque ad præmissorum effectum invocamus, et enixo studio requirimus;

cum ipsi supremi principes et potestates electi sint a Deo defensores fidei, Ecclesiæque protectores; ideoque eorum munus sit idoneis quibusque rationibus efficere, ut apostolicis constitutionibus debitum obsequium, et omnimoda observantia præstetur; quod iis in memoriam revocaverunt Tridentinæ synodi Patres, *sess.* xxv, *cap.* 20, multoque antea egregie declaraverat imperator Carolus Magnus, suorum capitularium, *tit.* i, *cap.* 2, ubi, post demandatam omnibus suis subditis, ecclesiasticarum sanctionum observantiam, hæc addidit : *Nam nullo pacto agnoscere possumus qualiter nobis fideles existere possunt, qui Deo infideles, et suis sacerdotibus inobedientes apparuerint.* Quapropter cunctis ditionum suarum præsidibus, et ministris suis injungens, ut omnes et singulos ad debitam obedientiam ecclesiæ legibus exhibendam omnino compellerent; gravissimas quoque pœnas adversus eos indixit, qui hoc præstare negligerent, subdens inter alia : *Qui autem in his (quod absit) aut negligentes eisque inobedientes fuerint inventi, sciant se nec in nostro imperio honores retinere, licet etiam filii nostri fuerint, nec in palatio locum, neque nobiscum aut cum nostris societatem aut communionem ullam habere, sed magis sub districtione et ariditate pœnas luent.*

» Volumus autem ut earumdem præsentium transumptis etiam impressis, manu alicujus notarii publici subscriptis, et sigillo personæ in dignitate ecclesiastica constitutæ munitis, eadem fides prorsus adhibeatur, quæ ipsis originalibus litteris adhiberetur, si forent exhibitæ vel ostensæ.

« Nulli ergo omnino hominum liceat hanc paginam nostræ confirmationis, innovationis, approbationis, commissionis, invocationis, requisitionis, decreti et voluntatis infringere, vel ei ausu temerario contraire : si quis autem hoc attentare præsumpserit, indignationem omnipotentis Dei ac beatorum Petri et Pauli apostolorum ejus se noverit incursurum.

« Datum Romæ apud sanctam Mariam Majorem, anno Incarnationis Dominicæ millesimo septingentesimo quinquagesimo primo, quintodecimo calendas junii, pontificatus nostri anno undecimo.

« D. Card. Passioneus.
« J. Datarius.
« Visa
« De Curia J. C. Boschi.
« Loco † Plumbi.   J. B. *Eugenius.* »

Le pape Pie VII publia, le 13 septembre 1821, la bulle *Ecclesiam a Jesu Christo* contre les *Carbonari,* nouvelle société de *francs-maçons;* cette bulle concerne principalement l'Italie. Et le pape Léon XII, dans sa bulle du 13 mars 1826, défend, sous peine d'excommunication réservée au saint siége, à tous les fidèles de faire partie d'aucunes sociétés secrètes, de les propager ou de les favoriser. Quoique ces deux bulles n'aient point été promulguées en France, elles n'en obligent pas moins tous ceux qui en ont connaissance. Nous croyons devoir consigner ici ces deux monuments de la sollicitude pontificale qui renferment des avertissements d'une très-haute importance.

LETTRES APOSTOLIQUES *de Sa Sainteté PieVII contre les Carbonari.*

« PIE, évêque, serviteur des serviteurs de Dieu.

« *Pour en conserver le perpétuel souvenir.*

« L'Eglise que Jésus-Christ notre Sauveur a fondée sur la pierre ferme, et contre laquelle, selon la promesse du même, les portes de l'enfer ne prévaudront jamais, a été si souvent attaquée, et par des ennemis si terribles que, sans cette divine et immuable promesse, il eût paru à craindre qu'elle ne succombât entièrement, circonvenue, soit par la force, soit par les artifices de ses persécuteurs. Ce qui est arrivé dans des temps déjà reculés se renouvelle encore, et surtout à la déplorable époque où nous vivons, époque qui semble être ces derniers temps, annoncée tant de fois par les apôtres, où *viendront des imposteurs marchant d'impiété en impiété, en suivant leurs désirs*. Personne n'ignore quel nombre prodigieux d'hommes coupables s'est liguée dans ces temps si difficiles contre le Seigneur et contre son Christ, et a mis tout en œuvre pour tromper les fidèles par les subtilités d'une fausse et vaine philosophie, et pour les arracher du sein de l'Eglise dans la folle espérance de ruiner et de renverser cette même Eglise. Pour atteindre plus facilement ce but, la plupart d'entre eux ont formé des sociétés occultes, des sectes clandestines, se flattant par ce moyen d'en associer plus librement un plus grand nombre à leurs complots et à leurs desseins pervers.

« Il y a longtemps que ce saint siége, ayant découvert ces sectes, s'éleva contre elles avec force et courage, et mit au grand jour les ténébreux desseins qu'elles formaient contre la religion et contre la société civile. Il y a déjà longtemps qu'il excita l'attention générale sur ce point, et provoquant la vigilance nécessaire pour que ces sectes ne pussent tenter l'exécution de leurs coupables projets. Mais il faut gémir de ce que le zèle du saint siège n'a pas obtenu les effets qu'il attendait, et de ce que ces hommes pervers ne se sont pas désistés de leur entreprise, de laquelle sont enfin résultés tous les malheurs que nous avons vus. Bien plus, ces hommes, dont l'orgueil s'enfle sans cesse, ont osé former de nouvelles sociétés secrètes.

» Dans le nombre il faut indiquer ici une société nouvellement formée, qui s'est propagée au loin dans toute l'Italie et dans d'autres contrées, et qui, bien que divisée en plusieurs branches et portant différents noms, suivant les circonstances, est cependant réellement une, tant par la communauté d'opinions et de vues que par sa constitution. Elle est le plus souvent désignée sous le nom de *carbonari*. Ils affectent un singulier respect et un zèle tout merveilleux pour la religion catholique, et pour la doctrine et la personne de notre Sauveur Jésus-Christ, qu'ils ont quelquefois la coupable audace de nommer leur grand-maître et le chef de leur société. Mais ces discours, qui paraissent plus doux que l'huile, ne sont autre chose que des traits dont se servent ces hommes perfides pour blesser plus sûrement ceux qui ne sont pas sur leurs gardes. Ils viennent à vous semblables à des brebis, mais ils ne sont au fond que des loups dévorants.

« Sans doute, ce serment si sévère par lequel, à l'exemple des anciens priscillianistes, ils jurent qu'en aucun temps et qu'en aucune circonstance ils ne révèleront quoi que ce soit qui puisse concerner la société, à des hommes qui n'y seraient point admis, ou qu'ils ne s'entretiendront jamais avec ceux des derniers grades des choses relatives aux grades supérieurs; de plus, ces réunions clandestines et illégitimes qu'ils forment à l'instar de plusieurs hérétiques, et cette aggrégation de gens de toutes les religions et de toutes les sectes dans leur société, montrent assez, quand même il ne s'y joindrait pas d'autres indices, qu'il ne faut avoir aucune confiance dans leurs discours.

« Mais il n'est besoin, ni de conjectures, ni de preuves pour porter sur leurs discours le jugement que nous venons d'énoncer. Leurs livres imprimés, dans lesquels on trouve ce qui s'observe dans leurs réunions, et surtout dans celles des grades supérieurs, leurs catéchismes, leurs statuts, d'autres documents authentiques et très-dignes de foi, et les témoignages de ceux qui, après avoir abandonné cette société, en ont révélé aux magistrats les artifices et les erreurs ; tout prouve que les *carbonari* ont principalement pour but de propager l'indifférence en matière de religion, le plus dangereux de tous les systèmes ; de donner à chacun la liberté absolue de se faire une religion suivant ses penchants et ses idées ; de profaner et de souiller la passion du Sauveur par quelques-unes de leurs coupables cérémonies ; de mépriser les sacrements de l'Eglise (auxquels ils paraissent en substituer quelques-uns inventés par eux), et même les mystères de la religion catholique ; enfin, de renverser ce siège apostolique contre lequel, animés d'une haine toute particulière, ils trament les complots les plus noirs et les plus détestables.

« Les préceptes de morale que donne la société des *carbonari* ne sont pas moins coupables, comme le prouvent ces mêmes documents, quoiqu'elle se vante hautement d'exiger de ses sectateurs qu'ils aiment et pratiquent la charité et les autres vertus, et s'abstiennent de tout vice. Ainsi elle favorise ouvertement les plaisirs des sens ; ainsi elle enseigne qu'il est permis de tuer ceux qui révéleraient le secret dont nous avons parlé plus haut ; et quoique Pierre, le prince des apôtres, recommande aux chrétiens *de se soumettre, pour Dieu, à toute créature humaine qu'il a établie au-dessus d'eux, soit au roi, comme étant le premier dans l'Etat, soit aux magistrats, comme étant les envoyés du roi, etc.* ; et quoique l'apôtre saint Paul ordonne que *tout homme soit soumis aux puissances plus élevées*, cependant cette société enseigne qu'il est permis d'exciter des révoltes pour dépouiller de leur puissance les rois et tous ceux qui commandent, auxquels elle donne le nom injurieux de *tyrans*.

« Tels sont les dogmes et les préceptes de cette société, ainsi que tant d'autres qui y sont conformes. De là ces attentats commis dernièrement en Italie par les *carbonari*, attentats qui ont tant affligé les hommes honnêtes et pieux. Nous donc qui sommes constitués les gardiens de la maison d'Israël, qui est la sainte Église ; nous qui, par notre charge pastorale, devons veiller à ce que le troupeau du Seigneur, qui nous a été divinement confié, n'éprouve aucun dommage, nous pensons que, dans une cause si grave, il nous est impossible de nous abstenir de réprimer les efforts sacriléges de cette société. Nous sommes aussi frappé de l'exemple de nos prédécesseurs d'heureuse mémoire, Clément XII et Benoît XIV, dont l'un, par sa constitution *In eminenti*, du 28 avril 1738, et l'autre, par sa constitution *Providas*, du 18 mai 1751, condamnèrent et prohibèrent la société : *Die liberi muratori* ou des *francs-maçons*, ou bien les sociétés désignées par d'autres noms, suivant la différence des langues et des pays, sociétés qui ont peut-être été l'origine de celle des *carbonari*, ou qui certainement lui ont servi de modèle ; et, quoique nous ayons déjà expressément prohibé cette société par deux édits sortis de notre secrétairerie d'état, nous pensons, à l'exemple de nos prédécesseurs, que des peines sévères doivent être solennellement décrétées contre ladite société, surtout puisque les *Carbonari* prétendent qu'ils ne peuvent être compris dans les deux constitutions de Clément XII et de Benoît XIV, ni être soumis aux peines qui y sont portées.

« En conséquence, après avoir entendu une congrégation choisie parmi nos vénérables frères les cardinaux, et sur l'avis de cette congrégation, ainsi que de notre propre mouvement, et d'après une connaissance certaine des choses et une mûre délibération, et par la plénitude du pouvoir apostolique, nous arrêtons et décrétons que la susdite société des *carbonari*, ou de quelque autre nom qu'elle soit appelée, doit être condamnée et prohibée, ainsi que ses réunions, affiliations et conventicules, et nous la condamnons et prohibons par notre présente constitution, qui doit rester toujours en vigueur.

« C'est pourquoi nous recommandons rigoureusement, et en vertu de l'obéissance due au saint siége, à tous les chrétiens en général, et à chacun en particulier, quels que soient leur état, leur grade, leur condition, leur ordre, leur dignité et leur prééminence, tant aux laïques qu'aux ecclésiastiques, séculiers et réguliers ; nous leur recommandons, disons-nous de s'abstenir de fréquenter, sous quelque prétexte que ce soit, la société des *carbonari*, ou de la propager, de la favoriser, de la recevoir ou de la cacher chez soi ou ailleurs, de s'y affilier, d'y prendre quelque grade, de lui fournir le pouvoir et les moyens de se réunir quelque part, de lui donner des avis et des secours, de la favoriser ouvertement ou en secret, directement ou indirectement, par soi ou par d'autres, ou de quelque manière que ce soit, ou d'insinuer, de conseiller, de persuader à d'autres de se faire recevoir dans cette société, de l'aider et de la favoriser ; enfin, nous leur recommandons de s'abstenir entièrement de tout ce qui concerne cette société, de ses réunions, affiliations et conventicules, sous peine de l'excommunication, qu'encourront tous ceux qui contreviendraient à la présente constitution, et dont personne ne pourra recevoir l'absolution que de nous, ou du pontife romain alors existant, à moins que ce ne soit à l'article de la mort.

« Nous leur ordonnons en outre, sous la même peine de l'excommunication, réservée à nous et aux pontifes romains, nos successeurs, de dénoncer aux évêques ou à qui de droit tous ceux qu'ils connaîtraient pour être membres de cette société ou pour avoir trempé dans quelques-uns des complots dont nous avons parlé.

« Enfin, pour repousser plus efficacement tout danger d'erreur, nous condamnons et nous proscrivons ce que les *carbonari* nomment leurs catéchismes, leurs livres où est décrit ce qui se passe dans leurs assemblées, leurs statuts, leurs codes, tous les livres écrits pour leur défense, soit imprimés, soit manuscrits, et nous défendons à tous les fidèles, sous la même peine d'excommunication, de lire ou de garder aucun de ces livres, leur ordonnant en même temps de les livrer tous aux autorités ordinaires et aux autres qui ont le droit de les recevoir... »

(*Les deux derniers paragraphes de la bulle sont la conclusion ordinaire des bulles.*)

« Donné à Rome, à Sainte-Marie-Majeure, le 13 septembre de l'an de l'incarnation de Notre-Seigneur mil huit cent vingt-et-un, la vingt-deuxième année de notre pontificat.

« J., cardinal pro-dataire.

« H., cardinal Consalvi. »

Lettres apostoliques *de Sa Sainteté Léon XII, qui condamnent les sociétés secrètes.*

« Léon, évêque, serviteur des serviteurs de Dieu.

« *Pour en conserver le perpétuel souvenir.*

« Plus sont grands les désastres qui menacent le troupeau de Jésus-Christ, notre Dieu et Sauveur, plus doit redoubler, pour les détourner, la sollicitude des pontifes romains auxquels, dans la personne de saint Pierre, prince des apôtres, ont été conférés le pouvoir et le soin de conduire ce même troupeau. C'est à eux en effet, comme étant placés au poste le plus élevé de l'Église, qu'il appartient de découvrir de loin les embûches préparées par les ennemis du nom chrétien pour exterminer l'Église de Jésus-Christ (ce à quoi ils ne parviendront jamais) : c'est à eux qu'il appartient tantôt de signaler aux fidèles ces embûches afin qu'ils s'en gardent, tantôt de les détourner et de les dissiper de leur propre autorité.

« Les pontifes romains, nos prédécesseurs, ayant compris qu'ils avaient cette grande tâche à remplir, veillèrent toujours comme de bons pasteurs et s'efforcèrent, par des exhortations, des enseignements, des décrets, et en exposant même leur vie pour le bien de leurs brebis, de réprimer et de détruire entièrement les sectes qui menaçaient l'Eglise d'une ruine complète. Le souvenir de cette sollicitude pontificale ne se retrouve pas seulement dans les anciennes annales ecclésiastiques, on en retrouve d'éclatantes preuves dans ce qui a été fait de nos jours et du temps de nos pères par les pontifes romains, pour s'opposer aux associations secrètes des ennemis de Jésus-Christ ; car Clément XII, notre prédécesseur, ayant vu que la secte dite des *francs-maçons*, ou appelée d'un autre nom, acquérait chaque jour une nouvelle force, et ayant appris avec certitude, par de nombreuses preuves, que cette secte était non-seulement suspecte, mais ouvertement ennemie de l'Eglise catholique, la condamna par une excellente constitution qui commence par ces mots : *In eminenti*, et qui fut publiée le 28 avril 1738. (*Suit la teneur de la bulle.*)

« Cette bulle ne parut pas suffisante à notre prédécesseur d'heureuse mémoire, Benoît XIV ; car le bruit s'était répandu que, Clément XII étant mort, la peine d'excommunication portée, sa bulle était sans effet, puisque cette bulle n'avait pas été expressément confirmée par son successeur. Sans doute il était absurde de prétendre que les bulles des anciens pontifes dussent tomber en désuétude si elles n'étaient pas approuvées expressément par leurs successeurs, et il était évident que Benoît XIV avait ratifié la bulle publiée par Clément XII. Cependant, pour ôter aux sectaires jusqu'à la moindre chicane, Benoît XIV publia une nouvelle bulle commençant ainsi : *Providas*, et datée du 18 mars 1751 ; dans cette bulle, il rapporta et confirma textuellement et de la manière la plus expresse celle de son prédécesseur.(*Suit la teneur de la bulle de Benoît* XIV, *dont le texte se trouve ci-dessus*, col. 127.)

« Plût à Dieu que ceux qui avaient le pouvoir en main eussent su apprécier ces décrets autant que l'exigeait le salut de la religion et de l'Etat ! plût à Dieu qu'ils eussent été convaincus qu'ils devaient voir dans les pontifes romains, successeurs de saint Pierre, non-seulement les pasteurs et les chefs de l'Eglise catholique, mais encore les plus fermes appuis des gouvernements et les sentinelles les plus vigilantes pour découvrir les périls de la société ! plût à Dieu qu'ils eussent employé leur puissance à combattre et à détruire les sectes dont le siége apostolique leur avait découvert la perfidie ! Ils y auraient réussi dès lors ; mais, soit que ces sectaires aient eu l'adresse de cacher leurs complots, soit que, par une négligence ou une imprudence coupable, on eût présenté la chose comme peu importante et devant être négligée, les *francs-maçons* ont donné naissance à des réunions plus dangereuses encore et plus audacieuses.

« On doit placer à leur tête celle des *carbonari*, qui paraîtrait les renfermer toutes dans son sein, et qui est la plus considérable en Italie et dans quelques autres pays. Divisée en différentes branches et sous des noms divers, elle a osé entreprendre de combattre la religion catholique et de lutter contre l'autorité légitime. Ce fut pour délivrer l'Italie, et spécialement les Etats du souverain pontife, de ce fléau qui avait été apporté par des étrangers dans le temps où l'autorité pontificale était entravée par l'invasion, que Pie VII, notre prédécesseur d'heureuse mémoire, publia une bulle, le 13 septembre 1821, commençant par ces mots : *Ecclesiam a Jesu Christo*. Elle condamna la secte dite des *carbonari* sous les peines les plus graves, sous quelque dénomination et dans quelque pays qu'elle existe. (*Suit la teneur de cette bulle, que nous avons rapportée ci-dessus*, col. 131.)

« Il y avait peu de temps que cette bulle avait été publiée par Pie VII, lorsque nous avons été appelé, malgré la faiblesse de nos mérites, à lui succéder au saint siége. Nous nous sommes aussitôt appliqué à examiner l'état, le nombre et la force de ces associations secrètes, et nous avons reconnu facilement que leur audace s'était accrue par les nouvelles sectes qui s'y sont rattachées. Celle qu'on désigne sous le nom d'*Universitaire* a surtout fixé notre attention ; elle a établi son siége dans plusieurs universités, où des jeunes gens sont pervertis au lieu d'être instruits, par quelques maîtres, initiés à des mystères qu'on pourrait appeler des mystères d'iniquités, et formés à tous les crimes.

« De là vient que si longtemps après que le flambeau de la révolte a été allumé pour la première fois en Europe par les sociétés secrètes, et qu'il a été porté au loin par ses agents, après les éclatantes victoires remportées par les plus puissants princes et qui nous faisaient espérer la répression de ces sociétés ; cependant, leurs coupables efforts n'ont pas encore cessé ; car, dans les mêmes contrées où les anciennes tempêtes paraissaient apaisées, n'a-t-on pas à craindre de nouveaux troubles et de nouvelles séditions que ces sociétés trament sans cesse ? N'y redoute-t-on pas les poignards impies dont ils frappent en secret ceux qu'ils ont désignés à la mort ? Combien de luttes terribles l'autorité n'a-t-elle pas eu à soutenir malgré elle, pour maintenir la tranquillité publique !

« On doit encore attribuer à ces associations les affreuses calamités qui désolent l'Eglise, et que nous ne pouvons rappeler sans une profonde douleur : on attaque avec audace ses dogmes et ses préceptes les plus sacrés ; on cherche à avilir son autorité, et la paix dont elle aurait le droit de jouir est non-seulement troublée, mais on pourrait dire qu'elle est détruite.

« On ne doit pas s'imaginer que nous attribuions faussement et par calomnie à ces associations secrètes, tous les maux et d'autres que nous ne signalons pas. Les ouvrages que leurs membres ont osé publier sur la religion et sur la chose publique, leur mépris pour l'autorité, leur haine pour la souveraineté, leurs attaques contre la divinité de Jésus-Christ et l'existence même d'un Dieu, le matérialisme qu'ils professent, leurs codes et leurs statuts, qui démontrent leurs projets et leurs vues, prouvent ce que nous avons rapporté de leurs efforts pour renverser les princes légitimes et pour ébranler les fondements de l'Église ; et ce qui est également certain, c'est que ces différentes associations, quoique portant diverses dénominations, sont alliées entre elles par leurs infâmes projets.

« D'après cet exposé, nous pensons qu'il est de notre devoir de condamner de nouveau ces associations secrètes, pour qu'aucune d'elles ne puisse prétendre qu'elle n'est pas comprise dans notre sentence apostolique et se servir de ce prétexte pour induire en erreur des hommes faciles à tromper.

« Ainsi, après avoir pris l'avis de nos vénérables frères les cardinaux de la sainte Église romaine, de notre propre mouvement, de notre science certaine et après de mûres réflexions, nous défendons pour toujours et sous les peines infligées dans les bulles de nos prédécesseurs insérées dans la présente et que nous confirmons, nous défendons, disons-nous, toutes associations secrètes, tant celles qui sont formées maintenant que celles qui pourront se former à l'avenir, et celles qui concevraient contre l'Église et toute autorité légitime les projets que nous venons de signaler.

« C'est pourquoi nous ordonnons à tous et à chaque chrétien, quels que soient leur état, leur rang, leur dignité ou leur profession, laïques ou prêtres, réguliers ou séculiers, sans qu'il soit nécessaire de les nommer ici en particulier, et, en vertu de la sainte obéissance, de ne jamais se permettre, sous quelque prétexte que ce soit, d'entrer dans les susdites sociétés, de les propager, de les favoriser ou de les recevoir ou cacher dans sa demeure ou autre part, de se faire initier à ces sociétés dans quelque grade que ce soit, de souffrir qu'elles se rassemblent ou de leur donner des conseils ou des secours ouvertement ou en secret, directement ou indirectement, ou bien d'engager d'autres, de les séduire, de les porter ou de les persuader à se faire recevoir ou initier dans ces sociétés, dans quelque grade que ce soit, ou d'assister à leurs réunions, ou de les aider ou favoriser de quelque manière que ce soit ; au contraire, qu'ils se tiennent soigneusement éloignés de ces sociétés, de leurs associations, réunions ou assemblées, sous peine d'excommunication dans laquelle ceux qui auront contrevenu à cette défense tomberont par le fait même, sans qu'ils puissent jamais en être relevés que par nous ou nos successeurs, si ce n'est en danger de mort.

« Nous ordonnons en outre à tous et chacun, sous peine de l'excommunication réservée à nous et à nos successeurs, de déclarer à l'évêque et aux autres personnes que cela concerne, dès qu'ils en auront connaissance, si quelqu'un appartient à ces sociétés ou s'est rendu coupable de quelques-uns des délits sus-mentionnés.

« Nous condamnons surtout et nous déclarons nul le serment impie et coupable par lequel ceux qui entrent dans ces associations s'engagent à ne révéler à personne ce qui regarde ces sectes, et à frapper de mort les membres de ces associations qui feraient des révélations à des supérieurs ecclésiastiques ou laïques. N'est-ce pas, en effet, un crime que de regarder comme un lien obligatoire, un serment, c'est-à-dire un acte qui doit se faire en toute justice, et où l'on s'engage à commettre un assassinat, à mépriser l'autorité de ceux qui, étant chargés du pouvoir ecclésiastique ou civil, doivent connaître tout ce qui est important pour la religion et la société, et ce qui peut porter atteinte à leur tranquillité ? N'est-ce pas indigne et inique, de prendre Dieu à témoin de semblables attentats ? Les Pères du concile de Latran ont dit avec beaucoup de sagesse, « qu'il ne faut pas considérer comme ser-« ment, mais plutôt comme parjure tout ce « qui a été promis au détriment de l'Église « et contre les règles de tradition. » Peut-on tolérer l'audace ou plutôt la démence de ces hommes, qui disant, non-seulement en secret, mais hautement, qu'il n'y a point de Dieu, et le publiant dans leurs écrits, osent cependant exiger en son nom un serment de ceux qu'ils admettent dans leur secte ?

« Voilà ce que nous avons arrêté pour réprimer et condamner toutes les sectes odieuses et criminelles. Maintenant, vénérables frères, patriarches, primats, archevêques et évêques, nous demandons, ou plutôt nous implorons votre secours ; donnez tous vos soins au troupeau que le Saint-Esprit vous a confié en vous nommant évêques de son Église. Des loups dévorants se précipiteront sur vous et n'épargneront pas vos brebis. Soyez sans crainte, et ne regardez pas votre vie comme plus précieuse que vous-mêmes. Soyez convaincus que la constance de vos troupeaux dans la religion et dans le bien dépend surtout de vous ; car, quoique nous vivions dans des jours mauvais et où plusieurs ne supportent pas la saine doctrine, cependant beaucoup de fidèles respectent encore leurs pasteurs, et les regardent avec raison comme les ministres de Jésus-Christ et les dispensateurs de ses mystères. Servez-vous donc, pour l'avantage de votre troupeau, de cette autorité que Dieu vous a donnée sur leurs âmes par une grâce signalée. Découvrez-leur les ruses des sectaires et les moyens qu'ils doivent employer pour s'en préserver. Inspirez-leur de l'horreur pour ceux qui professent une doctrine perverse, qui tournent en dérision les mystères de notre religion et les préceptes si purs de Jésus-Christ, et qui attaquent la puissance légitime. Enfin, pour nous servir des paroles de notre prédécesseur Clément XIII, dans sa lettre encyclique à tous les patriarches, primats, archevêques et évêques de l'Eglise catholique, en date du 14 septembre 1758 :

« Pénétrons-nous, je vous en conjure, de
« la force de l'esprit du Seigneur, de l'intel-
« ligence et du courage qui en sont le fruit,
« afin de ne pas ressembler à ces chiens qui ne
« peuvent aboyer, laissant nos troupeaux ex-
« posés à la rapacité des bêtes des champs.
« Que rien ne nous arrête dans le devoir où
« nous sommes de souffrir toutes sortes de
« combats pour la gloire de Dieu et le salut
« des âmes. Ayons sans cesse devant les
« yeux celui qui fut aussi, pendant sa vie,
« en butte à la contradiction des pécheurs ;
« car si nous nous laissons ébranler par l'au-
« dace des méchants, c'en est fait de la force
« de l'épiscopat, de l'autorité sublime et di-
« vine de l'Eglise. Il ne faut plus songer à
« être chrétiens, si nous en sommes venus au
« point de trembler devant les menaces ou
« les embûches de nos ennemis. »

« Princes catholiques, nos très-chers frères en Jésus-Christ, pour qui nous avons une affection particulière, nous vous demandons avec instance de venir à notre secours. Nous vous rappellerons ces paroles que Léon le Grand, notre prédécesseur et dont nous portons le nom, quoique indigne de lui être comparé, adressait à l'empereur Léon :
« Vous devez sans cesse vous rappeler que
« la puissance royale ne vous a pas seule-
« ment été conférée pour gouverner le monde,
« mais encore et principalement pour prêter
« main-forte à l'Eglise, en comprimant les
« méchants avec courage, en protégeant les
« bonnes lois, en rétablissant l'ordre dans
« toutes les choses où il a été troublé. » Les circonstances actuelles sont telles que vous avez à réprimer ces sociétés secrètes, non-seulement pour défendre la religion catholique, mais encore pour votre propre sûreté et pour celle de vos sujets. La cause de la religion est aujourd'hui tellement liée à celle de la société, qu'on ne peut plus les séparer ; car ceux qui font partie de ces associations ne sont pas moins ennemis de votre puissance que de la religion. Ils attaquent l'une et l'autre et désirent les voir également renversées ; et s'ils le pouvaient, ils ne laisseraient subsister ni la religion ni l'autorité royale.

« Telle est la perfidie de ces hommes astucieux, que lorsqu'ils forment des vœux secrets pour renverser votre puissance, ils feignent de vouloir l'étendre. Ils essaient de persuader que notre pouvoir et celui des évêques doit être restreint et affaibli par les princes, et qu'il faut transférer à ceux-ci les droits, tant de cette chaire apostolique et de cette Eglise principale, que des évêques appelés à partager notre sollicitude.

« Ce n'est pas la haine seule de la religion qui anime leur zèle, mais l'espoir que les peuples soumis à votre empire, en voyant renverser les bornes posées dans les choses saintes par Jésus-Christ et son Eglise, seront amenés facilement par cet exemple à changer ou détruire aussi la forme du gouvernement.

« Vous aussi, fils chéris, qui professez la religion catholique, nous vous adressons particulièrement nos exhortations. Evitez avec soin ceux qui appellent la lumière ténèbres, et les ténèbres lumière. En effet, quel avantage auriez-vous à vous lier avec des hommes qui ne tiennent aucun compte ni de Dieu ni des puissances ; qui leur déclarent la guerre par des intrigues et des assemblées secrètes, et qui, tout en publiant tout haut qu'ils ne veulent que le bien de l'Eglise et de la société, prouvent par toutes leurs actions qu'ils cherchent à porter le trouble partout et à tout renverser. Ces hommes sont semblables à ceux à qui l'apôtre saint Jean ordonne de ne pas donner l'hospitalité, et qu'il ne veut pas qu'on salue (IIe Epître, ch. 10) ; ce sont les mêmes que nos pères appelaient les premiers-nés du démon.

« Gardez-vous donc de leurs séductions et des discours flatteurs qu'ils emploieront pour vous faire entrer dans les associations dont ils font partie. Soyez convaincus que personne ne peut être lié à ces sociétés sans se rendre coupable d'un péché très-grave : fermez l'oreille aux paroles de ceux qui, pour vous attirer dans leurs assemblées, vous affirmeront qu'il ne s'y commet rien de contraire à la raison et à la religion, et qu'on n'y voit et n'y entend rien que de pur, de droit et d'honnête. D'abord, ce serment coupable dont nous avons parlé, et qu'on prête même dans les grades inférieurs, suffit pour que vous compreniez qu'il est défendu d'entrer dans ces premiers grades et d'y rester ; ensuite, quoique l'on n'ait pas coutume de confier ce qu'il y a de plus honorable à ceux qui ne sont pas parvenus à des grades éminents, il est cependant manifeste que la force et l'audace de ces sociétés pernicieuses s'accroissent en raison du nombre et de l'accord de ceux qui en font partie. Ainsi ceux qui n'ont pas passé les rangs inférieurs doivent être considérés comme les complices du même crime, et cette sentence de l'Apôtre (Epître aux Romains, ch. 1) tombe sur eux :
« Ceux qui font ces choses sont dignes de
« mort, et non-seulement ceux qui les font,
« mais même les protecteurs de ceux qui s'en
« rendent coupables. »

« Enfin, nous nous adressons avec affection à ceux qui, malgré les lumières qu'ils avaient reçues, et quoiqu'ils aient eu part au don céleste et eussent reçu l'Esprit-Saint, ont eu le malheur de se laisser séduire et d'entrer dans ces associations, soit dans des rangs inférieurs, soit dans des degrés plus élevés. Nous qui tenons la place de celui qui a déclaré qu'il n'était pas venu appeler les justes mais les pécheurs, et qui s'est comparé au pasteur qui, abandonnant le reste de son troupeau, cherche avec inquiétude la brebis qu'il a perdue, nous les pressons et nous les prions de revenir à Jésus-Christ. Sans doute ils ont commis un grand crime, cependant ils ne doivent point désespérer de la miséricorde et de la clémence de Dieu et de son Fils Jésus-Christ; qu'ils rentrent dans les voies du Seigneur, il ne les repoussera pas; mais, semblable au père de l'enfant prodigue, il ouvrira ses bras pour les recevoir avec tendresse. Pour faire tout ce qui est en notre pouvoir et pour leur rendre plus facile le chemin de la pénitence, nous suspendons pendant l'espace d'un an après la publication des lettres apostoliques, dans le pays qu'ils habitent, l'obligation de dénoncer leurs frères, et l'effet des censures qu'ils ont encourues en entrant dans ces associations, et nous déclarons qu'ils peuvent être relevés de ces censures, même en ne dénonçant pas leurs complices, par tout confesseur approuvé par les ordinaires des lieux qu'ils habitent.

« Nous usons également de la même indulgence à l'égard de ceux qui demeurent à Rome. Si quelqu'un, repoussé par le Père des miséricordes, était assez endurci pour ne pas abandonner ces sociétés dans le temps que nous avons prescrit, il sera tenu de dénoncer ses complices, et il sera sous le poids des censures s'il revient à résipiscence après cette époque; et il ne pourra obtenir l'absolution qu'après avoir dénoncé ses complices ou, au moins, juré de les dénoncer à l'avenir. Cette absolution ne pourra être donnée que par nous, nos successeurs ou ceux qui auront obtenu du saint-siége la faculté de relever de ces censures :

« Nous voulons que les exemplaires imprimés du présent bref apostolique, lorsqu'ils seront signés de la main d'un notaire public ou munis du sceau d'un dignitaire de l'Église, obtiennent la même foi que l'original.

« Que personne ne se permette d'enfreindre ou de contredire notre présente déclaration, condamnation, ordre, défense, etc. Si, néanmoins, quelqu'un se le permettait, qu'il sache qu'il s'attire par là la colère de Dieu tout-puissant et des saints apôtres Pierre et Paul.

« Donné à Rome, près Saint-Pierre, l'année de l'Incarnation de Notre-Seigneur, 1825 (1), le 3 des ides de mars (13 mars), de notre pontificat l'an III.

« B. BARTHELEMI PACCA, *cardinal pro-dataire*.
« Visa, D. Testa. Pour le cardinal ALBANI.
« *Lieu † du plomb.* CAPACCINI, *substitut.* »

FRATERNITÉ.

La *fraternité* est le lien qui unit ensemble des frères et des sœurs (*Voyez* FRÈRE).

Ce terme se prend aussi dans une acception générale, pour signifier l'union qui règne entre différentes espèces de personnes. Tertullien, saint Cyprien et d'autres Pères de l'Église se sont servis du mot *fraternité* pour désigner l'Église, ou pour mieux dire les chrétiens qui la composent. Les auteurs

---
(1) Cette bulle est datée suivant l'ancien usage de la chancellerie romaine, qui commençait les années de l'Incarnation au 25 mars (*voyez* ANNÉE); ainsi a date répond au 13 mars de l'année 1826.

qui traitent de la vie ascétique s'en servent pour désigner, 1° les membres qui composent une communauté; 2° l'association de plusieurs maisons religieuses, dont l'effet était de faire regarder les membres de l'une comme membres de l'autre; 3° l'union que les laïques contractaient avec un ordre monastique, afin de participer aux prières, suffrages et autres bonnes œuvres des religieux.

Enfin le quatrième concile de Latran donne le nom de *fraternité* aux redevances et autres prestations dues aux monastères par les laïques qui s'y faisaient agréger.

FRÈRE.

Ce terme signifie ceux qui sont nés d'un même père et d'une même mère, ou bien d'un même père et de deux mères différentes, ou enfin d'une même mère et de deux pères différents.

On distingue les uns et les autres par des noms particuliers : ceux qui ont le même père et la même mère sont *frères germains*; ceux qui sont nés du même père seulement sont *frères consanguins*; et ceux qui sont d'une même mère *frères utérins*.

La qualité de *frère* naturel procède de la naissance seule; la qualité de *frère* légitime procède de la loi, c'est-à-dire qu'il faut être né d'un même mariage valable.

On ne peut pas adopter quelqu'un pour son *frère*, mais on peut avoir un *frère* adoptif. Lorsqu'un homme adopte un enfant, cet enfant devient *frère* adoptif des enfants naturels et légitimes du père adoptif (*Voyez* ADOPTION).

L'étroite parenté qui est entre deux *frères* fait que l'un ne peut épouser la veuve de l'autre (*Voyez* AFFINITÉ).

On appelle improprement *frères et sœurs de lait* les enfants d'une femme qui a allaité les enfants d'une autre, quoiqu'il n'y ait aucune parenté ou affinité entre les enfants de cette femme et les enfants étrangers qu'elle a nourris.

§ 1. FRÈRES *lais*.

Dans les monastères on appelle *frères lais* ou *frères convers* les religieux qui ne sont point dans la cléricature et qui n'ont été reçus que pour rendre des services manuels à la maison (*Voyez* CONVERS). On les a appelés aussi *frères extérieurs*, parce que le monastère les employait aux affaires du dehors. Selon Fleury, saint Jean Gualbert fut le premier qui reçut des *frères lais* dans son monastère de Valombreuse en 1040; jusqu'alors les moines se servaient eux-mêmes. Comme les laïques n'entendaient pas le latin, ne pouvaient apprendre les psaumes par cœur, ni profiter des lectures latines qui se faisaient dans l'office divin, on les regarda comme inférieurs aux autres moines qui étaient clercs ou destinés à le devenir; pendant que ceux-ci priaient à l'Église, les *frères lais* étaient chargés du soin de la maison et des affaires du dehors. On a distingué de même chez les religieuses les sœurs converses d'avec les religieuses du chœur (*Voyez* CONVERS).

Le même auteur observe que cette distinction a été pour les religieux une source de relâchement et de division. D'un côté, les moines du chœur ont traité les *frères* avec mépris comme des ignorants et des valets ; ils se sont distingués d'eux, en prenant le titre de *Dom*, qui, avant le onzième siècle, ne se donnait qu'aux seigneurs ; de l'autre, les *frères*, se sentant nécessaires pour le temporel, ont voulu se révolter, dominer, se mêler même du spirituel : c'est ce qui a obligé les religieux à tenir les *frères* bas ; mais l'humilité chrétienne et religieuse s'accorde mal avec cette affectation de supériorité, chez des hommes qui ont renoncé au monde (*Huitième discours sur l'hist. ecclés.*, c. 5, p. 314).

On appelle *frères externes* ceux qui sont affiliés aux prières et suffrages d'un monastère, ou des religieux d'un autre monastère, qui sont de même affiliés.

§ 2. FRÈRES *des écoles chrétiennes.*

(*Voyez* ECOLES, § 2.)

3. FRÈRES *mineurs, prêcheurs*, etc.

(*Voyez* ORDRES RELIGIEUX.)

FRIGIDITÉ

La *frigidité*, qui forme dans l'homme un empêchement dirimant pour le mariage, est un défaut de force et une espèce de faiblesse de tempérament qui n'est occasionnée ni par la vieillesse ni par aucune maladie passagère ; c'est l'état d'un homme impuissant qui n'a jamais les sensations nécessaires pour remplir le devoir conjugal.

Celui qui est froid ne peut régulièrement contracter mariage ; et, s'il le fait, le mariage est nul et peut être dissous.

On ne parle ici que des hommes ; car la *frigidité* n'est point dans les femmes une cause d'impuissance ni un empêchement au mariage.

La *frigidité* peut provenir de trois causes différentes, savoir : de naissance, par cas fortuit, ou de quelque maléfice (*Voyez* IMPUISSANCE).

FRUIT D'UN BÉNÉFICE.

Les canonistes se sont exercés à marquer l'exacte signification de ces différents mots en matière de bénéfice : *fructus, redditus, proventus, obventio, emolumentum*. En Italie, ces différences sont intéressantes, à cause des droits pécuniaires qui s'y payent, ou à la chambre apostolique, ou à la chancellerie. Rien de plus inutile ici que toutes ces subtilités hors d'usage en France.

FULMINATION.

On appelle ainsi la publication et l'aggrave d'une excommunication (*Voyez* AGGRAVE). On s'est servi du mot *fulminer* dans cette occasion, pour marquer que les censures de l'Eglise sont redoutables et étaient, en effet, autrefois redoublées autant et plus que la foudre. On a donné ensuite le même nom à la publication ou entérinement de tous les rescrits qui viennent de Rome (Voyez sous le mot EMPÊCHEMENT la manière de fulminer ou publier les dispenses ; et, sous les mots PROVISIONS, RESCRITS, CONSISTOIRE, celle de publier les autres sortes de rescrits.

On appelle aussi *fulmination* la sentence de l'évêque ou de l'official qui est commis par le pape pour ordonner l'exécution des bulles (*Voyez* DÉLÉGUÉ). En fait de sentence qui porte anathème, la *fulmination* est la dénonciation de cette sentence faite publiquement.

FUNÉRAILLES.

(*Voyez* SÉPULTURE.)

FUNÉRAIRES (*frais*).

(*Voyez* FRAIS FUNÉRAIRES.)

FURIEUX.

(*Voyez* FOLIE, IRRÉGULARITÉ.)

G

GAGE.

Le *gage* est l'effet que donne l'obligé pour sûreté de l'exécution de son engagement.

C'est une espèce de dépôt dont ne peut se servir celui qui l'a entre les mains, sans le consentement du propriétaire.

« Le *gage* confère au créancier le droit de se faire payer sur la chose qui en est l'objet, par privilège et préférence aux autres créanciers (*Code civil*, art. 2073). »

Le *gage* ne transfère point la propriété de l'objet au créancier, qui n'a droit d'en disposer qu'à défaut de payement (art. 2078 et 2079) ; par conséquent, il n'a pas droit de s'en servir.

On ne doit jamais engager les meubles ou les immeubles de l'Eglise, sans nécessité ou sans utilité : *Nullus presbyter præsumat calicem, vel patenam, vel vestimentum sacerdotale, aut librum ecclesiasticum tabernario, vel negotiatori, aut cuilibet laico, vel feminæ in vadium dare, nisi justissima necessitate urgente* (cap. 1, tit. 19 lib. III, *de Pignoribus*). Si un bénéficier avait engagé des effets de son bénéfice, le créancier serait obligé de le restituer à l'église, sauf son recours contre la succession de celui à qui il aurait prêté (*cap.* 3 *Ex præsentium, eod. tit.*).

La convention de prendre les *gages* pour ce qui est dû, en cas de défaut de payement, étant illicite, on doit permettre au débiteur de retirer ces *gages*, en payant ce qu'il doit, même après le temps marqué par sa convention (*cap.* 7, *Significante, eod. tit.*).

« Le *gage* est indivisible, nonobstant la divisibilité de la dette entre les héritiers du débiteur ou ceux du créancier.

« L'héritier du débiteur, qui a payé sa portion de la dette, ne peut demander la restitution de sa portion dans le *gage*, tant que la dette n'est pas entièrement acquittée.

« Réciproquement, l'héritier du créancier qui a reçu sa portion de la dette ne peut remettre le *gage* au préjudice de ceux de ses cohéritiers qui ne sont pas payés (*Art*. 2083 *du Code civil*). »

Pour les maisons de prêt sur *gage*, voyez MONT-DE-PIÉTÉ.

GALÈRES.

C'est un usage assez commun en Italie, que les juges d'église condamnent les clercs aux *galères*. En Espagne, pour l'honneur du clergé, on n'a permis ni aux juges d'église ni aux juges séculiers de condamner les ecclésiastiques à une peine qui avilit le caractère clérical plus qu'aucune autre.

Quant à la France, on n'y a pas eu la même délicatesse qu'en Espagne, et on y condamne les clercs aux *galères* comme à d'autres peines afflictives, sans différence, selon qu'ils sont dignes par leurs crimes des unes ou des autres.

GALLICAN, GALLICANISME.

(*Voyez* LIBERTÉS DE L'ÉGLISE GALLICANE.)

GANT.

Le nom latin est *manica*, parce que le *gant* est destiné à couvrir les mains.

On donne des *gants* à un évêque, lors de sa consécration, pour lui faire entendre qu'il aura soin de couvrir par son humilité les bonnes œuvres que ses mains doivent pratiquer (*Biblioth. canon. tome* I, *pag*. 642).

Des abbés mîtrés qui ont le droit de porter la crosse reçoivent aussi des *gants* dans la cérémonie de leur bénédiction, comme les évêques.

GARDE GARDIENNE

On appelait lettres de *garde gardienne* celles que le roi accordait autrefois aux abbayes, chapitres, prieurés et autres églises, universités, collèges et communautés, par lesquelles Sa Majesté déclarait qu'elle prenait en sa *garde* spéciale ceux auxquels elle les accordait, et pour cet effet leur assignait des juges particuliers, par-devant lesquels toutes leurs causes étaient commises. Le juge auquel cette juridiction était attribuée prenait le titre de juge conservateur (*Voyez* CONSERVATEUR).

GÉNÉRAL ou GÉNÉRAUX D'ORDRE.

Le *général* d'un ordre religieux est le supérieur le plus élevé en dignité et en puissance dans cet ordre : *Generalis dicitur, qui omnibus suæ religionis præest*. Autrefois, comme on peut le voir sous le mot ABBÉ, le nom, ni même l'état des *généraux* d'ordre, n'étaient connus ; on ne s'est servi que du nom d'abbé jusqu'à la première réforme de Cluny, qui réduisit différents monastères indépendants en un corps de congrégation, présidé par un supérieur général. Depuis, le nom d'abbé s'est bien toujours conservé, mais dans les ordres mêmes où il est employé, on ne laisse pas que d'appeler *général* l'abbé premier supérieur de toute la filiation. A l'égard des ordres mendiants et des autres ordres où le nom d'abbé n'est pas en usage, les *généraux* sont, disent ces religieux, les patriarches de la hiérarchie régulière ; ils leur attribuent des droits et des honneurs que nous ne saurions rappeler ici sans répéter la plupart des choses qui se trouvent exposées sous le mot ABBÉ, et dont on doit faire l'application à toutes sortes de supérieurs réguliers. Nous remarquerons seulement ici : 1° par rapport à leurs prérogatives et élections, que les *généraux d'ordre* précèdent les abbés particuliers dans les conciles où ils ont voix décisive ; qu'ils précèdent encore les vicaires des autres *généraux* dont les ordres sont plus anciens, lesquels étant présents auraient la préséance. Presque tous les *généraux d'ordre* sont confirmés par leur élection même (*Voyez* ABBÉ). A l'égard des qualités qu'ils doivent avoir pour être élevés à cette dignité, elles sont prescrites par les statuts de chaque ordre, indépendamment des règles générales établies sous le mot ABBÉ ; il en faut dire autant de la forme de leur élection. On estime que les *généraux d'ordre* ne se trouvent pas compris dans les dispositions pénales des canons, statuts ou constitutions, s'il n'y est fait expresse mention d'eux, à l'instar des évêques ; qu'ils ne peuvent être poursuivis et punis par le chapitre même général sans la permission du pape, qui est leur juge naturel. Les causes de déposition contre un *général* sont, dans certains ordres : *Si transgrediatur publice regulam ; si sit notorie criminosus ; si sit notabiliter negligens in officio suo ; si sit incorrigibilis in suis defectibus ; si sit senior*. Tels sont les statuts de ordre des Carmes déchaussés.

2° Quant à l'autorité de ces *généraux*, elle est poussée bien loin par les religieux qui en ont écrit. Voici en abrégé les pouvoirs qu'ils leur attribuent : ils distinguent, d'abord, dans un *général* ce qui se peut distinguer à l'égard de tout autre supérieur de réguliers : la puissance dominative et la puissance de juridiction, sans parler de la puissance économique par rapport au temporel, qui regarde plus spécialement les abbés ou supérieurs particuliers de chaque monastère. (*Voyez* ABBÉ SUPÉRIEUR.)

La puissance dominative vient du vœu d'obéissance (*Voyez* VOEU, OBÉISSANCE) ; l'autre concerne l'état et le gouvernement de l'odre en général et des membres qui le composent en particulier. Cette puissance de juridiction que les canons leur accordent, comme supérieurs des religieux (*Voyez* ABBÉ), a été fort étendue par les privilèges des religieux. Les *généraux* n'ont pas ce qu'on appelle la pleine puissance, *plena potestas*, cela n'est dû qu'au pape ; mais ils ont, disent les auteurs cités, *plenum jus*, c'est-à-dire que s'ils ne peuvent pas juger absolument, *remota appellatione*, ils ont une sorte de juridiction qu'on divise en directive ou directe, en coercitive ou coactive, absolutive et dispensative.

La puissance économique par rapport au temporel, nous l'avons dit, regarde plus spécialement les abbés ou supérieurs de chaque monastère (*Voyez* ABBÉ, SUPÉRIEUR).

La juridiction directive est celle qui s'exerce sur les religieux par la force de leurs vœux, et à laquelle ils sont soumis en conscience. En vertu de cette juridiction, le *général* peut faire des règlements qui obligent les religieux en conscience, pourvu qu'ils ne soient pas contre la règle ou qu'ils ne la rendent pas plus austère. Il peut, en vertu de cette même juridiction, former de nouvelles provinces, instituer des provinciaux, si cela ne lui est pas défendu par les statuts de l'ordre. Il peut transférer les religieux d'une province à l'autre, mais avec juste cause. Il ne peut les envoyer aux missions où il y a du danger; il n'y a que les religieux qui, s'étant engagés par vœux à cette sorte d'obéissance, ne peuvent pas se refuser aux ordres qu'on leur signifie à ce sujet. Un *général* ne peut exempter un religieux de la puissance de son supérieur immédiat, comme d'un prieur, d'un provincial : ce pouvoir est réservé au pape. C'est au *général* qu'appartient de droit la dispensation des bénéfices et places monacales de l'ordre; il doit s'en acquitter sans acception de personnes, et sans déférer à aucune sollicitation. C'est aux *généraux* à interpréter les statuts, constitutions, indults, grâces et priviléges de l'ordre, *non doctrinaliter, sed jure privilegiorum*. Les *généraux* et même les provinciaux peuvent communiquer aux bienfaiteurs de leur ordre le mérite des indulgences et des prières qui y sont attachées. Un *général* ne peut transférer un provincial d'une province à l'autre, sans une expresse permission du pape, à moins que le provincialat ne fût pas électif, mais manuel. Un *général* peut désigner, parmi les religieux approuvés de l'ordinaire, ceux qui doivent ouvrir les lettres scellées de la sacrée pénitencerie. Un *général* ne peut abandonner aucun monastère, ni consentir que d'autres s'en emparent sans permission du pape. Il ne peut pas ordonner à un religieux d'accepter un évêché ou une autre dignité. Si les provinciaux sont manuels, et, comme tels, au choix du *général*, il doit toujours en choisir du nombre de ceux qui sont dans la province même ; si le *général* ne suit pas cette règle et qu'il envoie un étranger, quand ce n'est pas faute de sujets dignes et capables, sur les lieux, la province aurait en ce cas une juste cause d'appel et de plainte. Le *général* ne peut recevoir un novice, et le mettre dans un couvent où il a été refusé par l'avis du chapitre de ce même couvent (*Voyez* NOVICE).

A l'égard de la puissance coercitive d'un *général*, elle est une suite nécessaire de la précédente, parce qu'il n'est guère possible de tirer avantage des plus sages règles, si l'on ne peut contraindre ceux qui y sont soumis **par la crainte** d'une punition plus sensible que celle qui attend les coupables dans l'autre vie ; or, sur ce principe, les supérieurs des religieux exercent sur tous leurs sujets une autorité que produit d'abord le vœu d'obéissance et ensuite le droit de juridiction ecclésiastique.

Respectivement au vœu, un supérieur régulier ne saurait exercer son autorité avec trop de douceur, *modo paternitatis*. Nous n'avons rien à ajouter à ce qui est dit à cet égard sous le mot ABBÉ. Par rapport à la juridiction ecclésiastique, le pouvoir coercitif d'un *général* et des autres supérieurs réguliers se peut exercer dans les cas graves, par les peines exprimées sous le mot PEINE. De droit commun, un *général* a la puissance d'un évêque à cet égard, à moins que sa règle ne le décide autrement. Un *général* peut défendre la confession à ses sujets approuvés d'ailleurs par l'évêque ; il doit visiter par lui ou par d'autres les provinces et maisons de l'ordre, et dans le cours de sa visite, régler, ordonner, punir selon les besoins et l'exigence des cas (*Voyez* VISITE). Un *général* ne peut au gré ôter, sans juste cause, à un religieux la charge dont il est revêtu, soit qu'elle soit élective ou manuelle ; il peut seulement, pour le bien commun, limiter l'exercice de sa juridiction. Il peut évoquer à lui, pour juste cause, la connaissance des affaires pendantes devant les supérieurs inférieurs, si ce n'est que la règle fût contraire. Le *général* doit s'enquérir de l'état et des besoins des couvents, ainsi que de l'observation des règles ; il doit obvier aux cabales, aux discordes, aux factions ; enfin à tous ces mauvais effets de l'ambition qui éclatent quelquefois au grand scandale des fidèles. S'il est permis de dissimuler certaines fautes pour éviter de plus grands maux, on ne doit jamais laisser impunis les auteurs de celles-ci, les plus contraires à l'état religieux et à la paix qui doit en être inséparable.

Le pouvoir dispensatif du *général* consiste à dispenser les religieux de son ordre dans tous les cas pour raison desquels l'évêque peut dispenser les séculiers mêmes, suivant le concile de Trente, à moins que les statuts de l'ordre n'apportassent des restrictions à cette maxime. Il en faut dire autant de la puissance absolutive pour les censures et les péchés réservés.

Au surplus, les *généraux*, dans chaque ordre, ont plus ou moins de droits, plus ou moins de pouvoirs, selon les constitutions et la règle même de l'ordre (*Voyez* ABBÉ).

GENS DE MAINMORTE

On entend par *gens de mainmorte* les corps et communautés ecclésiastiques qui sont perpétuels, et qui, par une subrogation de personnes, étant censés toujours les mêmes, ne produisent aucune mutation par mort; qui ne peuvent ni acquérir, ni disposer de leurs biens par vente, donation ou échange, sans y être autorisés par le gouvernement, et sans observer un grand nombre de formalités prescrites par les ordonnances. Les *gens de mainmorte* sont ceux dont les biens ne peuvent être changés de main, c'est-à-dire aliénés. L'édit du mois de décembre 1691 comprenait sous cette dénomination les archevêques, évêques, abbés, prieurs, archidiacres, curés, monastères, fabriques, collèges, etc.

GEOLIER
(*Voyez* PRISON.)

GLAIVE.

Ce mot signifie littéralement toutes sortes d'armes tranchantes, et figurément la puissance spirituelle et temporelle. Le *glaive* spirituel marque le pouvoir de l'Église sur toutes les âmes de les frapper de censures. Le *glaive* temporel signifie le droit de vie et de mort, qui n'appartient qu'aux souverains.

GLOSE.

On entend par *glose* du droit canon l'interprétation du texte des chapitres ou des canons dont les collections, divisées par titres, forment le corps du droit. La *glose* a moins d'autorité que la rubrique des titres, approuvée dans les collections de Grégoire IX, Boniface VIII et Clément V (Fagnan, *in c. Ne innitaris, de const.*). (*Voyez* DROIT CANON.)

GOMINE (MARIAGE A LA).

On appelle mariage à la *gomine* celui qui est contracté par deux parties, lesquelles, en présence du curé qui ne veut pas les marier, protestent qu'elles se prennent pour mari et femme. Les docteurs sont fort partagés sur la validité de ce mariage, et le seront vraisemblablement toujours, si l'Eglise ne termine jamais la question.

GONFALON ou GONFANON.

Le *gonfanon* est une grande bannière d'étoffe de couleur, découpée par le bas en plusieurs pièces pendantes, dont chacune se nomme *fanon*. L'on donnait ce nom principalement aux bannières des églises, que l'on arborait lorsqu'il fallait lever des troupes et convoquer les vassaux pour la défense des églises et des biens ecclésiastiques. La couleur en était différente, selon la qualité du saint patron de l'église, rouge pour un martyr, verte pour un évêque, etc. En France, ces bannières étaient portées par les *avoués* ou défenseurs des abbayes (*Voyez* AVOUÉ); ailleurs par des seigneurs distingués que l'on nommait *gonfaloniers*. Quelques écrivains prétendent que de là est venu l'usage des bannières dont on se sert aujourd'hui dans les processions. Dans les auteurs de la basse latinité, ces bannières sont nommées *portiforium* (*Voyez* BANNIÈRE).

Clément IV établit à Rome, en 1264 ou 1267, une confrérie appelée la confrérie du *gonfalon* ou *confalon*, *societas confalonis*. Grégoire XIII la confirma en 1576, lui donna de grands privilèges et l'érigea en archiconfrérie en l'an 1585 (*Voyez* CONFRÉRIE).

GRACE.

On appelle ainsi à Rome les dispenses, les mandats, les provisions de bénéfices, la réhabilitation en matière de crimes, et tous les autres rescrits qu'il est loisible au pape de refuser ou d'accorder (*Voy.* RESCRIT, MANDAT, ABOLITION).

GRACES EXPECTATIVES.
(*Voyez* EXPECTATIVE.)

GRADE.

C'est la même chose que degrés (*Voyez* DEGRÉS). Voyez, sous le mot FACULTÉS, le titre III du décret du 17 mars 1808, sur les *grades* des facultés et les moyens de les obtenir.

On entend par *grade* le témoignage authentique de capacité que rend une université à celui qui a fait le temps d'étude, et subi les examens exigés par les statuts de cette université.

GRADUÉS.

Les *gradués* sont ceux qui ont obtenu des degrés dans quelque faculté (*Voy.* FACULTÉS).

On distinguait autrefois trois sortes de *gradués* : les *gradués* en forme, les *gradués* de grâce et les *gradués* de privilège.

Les *gradués* en forme étaient ceux qui avaient obtenu leurs degrés dans les universités du royaume, dans les formes prescrites par les statuts et règlements autorisés par les lois reçues et observées; qui avaient fait le temps d'étude, subi les examens et fait les autres exercices ordonnés pour parvenir à ces degrés.

Les *gradués* de grâce étaient ceux qui, ayant la capacité requise pour les degrés, avaient été dispensés du temps d'étude et de quelques exercices ordinaires.

Les *gradués* de privilège étaient ceux qui recevaient ce titre par des lettres du pape, de ses légats ou autres personnes qui avaient le droit d'en donner, avec dispense du temps d'étude, des examens et des autres exercices.

Ces sortes de *gradués* par le pape avaient la préséance sur les *gradués* en forme (*Arg. c. Statuimus, de major. et obed.*).

Les *gradués* sont distingués par le concile de Trente, même pour la possession de certains bénéfices.

Il n'est pas nécessaire aujourd'hui d'être gradué pour être revêtu d'un office ou dignité ecclésiastique. (*Voyez* néanmoins FACULTÉS.)

GRAND AUMONIER.
(*Voyez* AUMONIER.)

GRAND VICAIRE.
(*Voyez* VICAIRE.)

GRATIFICATION.

On est dans l'usage à la daterie d'insérer une clause dans les provisions de bénéfices, par laquelle celui à qui elles sont accordées est préféré aux autres pourvus le même jour; on appelle cette clause *clausula gratificatio-*

nis. Rebuffe en parle dans sa pratique bénéficiale comme d'une clause très-utile qu'on doit se procurer pour avoir la préférence, non-seulement sur un pourvu ou sur un mandataire du même jour, mais aussi sur un précédent résignataire (*Praxis, tertia pars signat. de claus. gratif. n.* 1).

La clause de *gratification* n'est pas en usage en France.

GRECS.

Il est fait quelque mention des *Grecs,* relativement à l'Eglise latine, sous les mots CÉLIBAT, FLORENCE ; mais nous en parlons avec plus d'étendue sous le mot SCHISME.

GREFFE, GREFFIER.

Le *greffe* est un bureau public où s'expédient les actes de justice, et où sont déposés les registres où l'on insère en minute ces mêmes actes. Le *greffier* est l'officier chargé des expéditions qui se font dans un *greffe,* et de la garde des registres et papiers qui y sont en dépôt.

Il paraît que les évêques ont toujours eu auprès d'eux des espèces de *greffiers* pour écrire les actes qui, pour la bonne discipline d'un diocèse, ont dû toujours se faire dans une certaine forme authentique. Telles étaient sans doute autrefois les fonctions des syncelles et chanceliers dont nous parlons ailleurs ; mais comme ces secrétaires n'exerçaient pas leur état avec beaucoup d'exactitude, soit parce qu'ils ne retenaient pas des minutes des actes qu'ils écrivaient ou expédiaient, soit que les évêques n'employassent pas toujours leur ministère, même dans l'exercice de la juridiction contentieuse, le concile de Latran, tenu sous le pape Innocent III, fit, à ce sujet, un règlement dont nous avons cru devoir rapporter ici la teneur : *Quoniam contra falsam assertionem iniqui judicis innocens ligator quandoque non potest veram negationem probare cum negantis factum, per rerum naturam nulla fit directa probatio, ne falsitas veritati præjudicet, aut iniquitas prævaleat æquitati : statuimus ut tam in ordinario judicio quam extraordinario, judex semper adhibeat aut publicam (si potest habere) personam aut duos viros idoneos qui fideliter universa judicii acta conscribant, videlicet citationes, dilationes, recusationes, exceptiones, petitiones, responsiones, interrogationes, confessiones, testium dispositiones, instrumentorum productiones, interlocutiones, appellationes, renuntiationes, conclusiones et cætera quæ occurrunt competenti ordine conscribenda loca designando tempora et personas. Et omnia sic conscripta partibus tribuentur, ita quod originalia penes scriptores remaneant, ut si super processu judicis fuerit suborta contentio per hoc possit veritas declarari : quatenus hoc adhibito moderamine, sic honestis et discretis deferatur judicibus, quod per improvidos et iniquos innocentium justitia non lædatur. Judex autem qui constitutionem ipsam neglexerit observare, si propter ejus negligentiam quid difficultatis emerserit, per superiorum iudicem animadversione debita castigetur:*

nec pro ipsius præsumatur processu, nisi, quatenus in causa, legitimis constituit documentis (I *cap.* 11 *de Probat*).

C'est en conséquence de cette sage loi que les derniers conciles provinciaux ont fait divers règlements sur cette matière. Celui de Rouen, tenu en 1581, ordonne aux évêques d'instituer des *greffiers, actuarios vel graffarios,* des cours ecclésiastiques, qui seront des clercs ou des notaires non mariés et versés dans l'écriture : *Quibus non liceat suum aliis delegare officium ;* et s'ils ne peuvent s'acquitter de leurs fonctions, soit par maladie, soit par quelque autre nécessité urgente, les officiaux mettront à leur place quelque personne de probité. Le même concile défend à ces *greffiers,* en l'absence des officiaux, d'examiner les témoins à peine de nullité ; il ordonne aussi de taxer modérément les pièces et les salaires des huissiers et des autres officiers de leurs cours, et ne veut pas que la taxe des officialités du diocèse soit plus forte que celle de l'officialité métropolitaine (*Mém. du clergé, tom.* VII, *pag.* 987).

Ces règlements ne regardent que les *greffiers* des officialités, c'est-à-dire ceux qui doivent dresser, expédier et conserver les actes de la juridiction contentieuse. Quant à la juridiction gracieuse et volontaire, les *greffiers* des évêques se nomment *secrétaires.* Ces officiers remplissent des fonctions très-importantes, qui n'ont point échappé aux soins et à la vigilance des conciles. Celui de Rouen, que nous venons de citer, a fait pour eux un règlement particulier conçu en ces termes : *Præcipitur vero episcopis ut certum locum secretariis suis assignent, ubi registra ordinationum, provisionum, collationum, et aliorum actorum a dictis episcopis, seu eorum vicariis emanatorum perpetuo custodiantur, ne earum rerum pereat memoria, et inde exempla seu extractus cum necessarium fuerit, petantur.* (*Voyez* SECRÉTAIRE.)

GRÉGORIEN.

On appelle *grégorien* les rites, les usages, les institutions que l'on attribue au pape saint Grégoire ; ainsi l'on dit : *rit grégorien, chant grégorien, liturgie grégorienne.*

Le *rit grégorien,* ce sont les cérémonies que ce pontife fit observer dans l'Eglise romaine, soit pour la liturgie, soit pour l'administration des sacrements, soit pour les bénédictions, et qui sont contenues dans le livre nommé *sacramentaire* de saint Grégoire.

On appelle calendrier *grégorien* celui qui a été réformé par le pape Grégoire XIII (*Voyez* CALENDRIER).

GROS.

C'est ainsi qu'on appelait autrefois la portion principale du revenu d'un bénéfice. A l'égard d'un chanoine, le *gros* de ses revenus consistait dans les fruits particuliers de sa prébende, ou dans les sommes qui lui étaient payées, par des tables et par quartier, et non par distribution. C'est ce qui était appelé *gros fruit* dans les chapitres (*Voyez* DISTRIBUTIONS).

Le *gros* d'une cure était une portion en argent ou en fruit que les gros décimateurs donnaient aux curés, au lieu de dîmes, ou bien une portion congrue qu'un curé primitif, qui prenait toutes les grosses dîmes d'une paroisse, donnait au vicaire perpétuel pour sa subsistance, outre les menues dîmes, les novales et le casuel de l'église (*Voyez* DIME).

GROSSESSE.

(*Voyez* FEMME, HOMICIDE, ENFANTS.)

GUERRE.

Les préceptes de l'Evangile, qui recommandent partout la douceur et qui défendent la vengeance, pourraient faire croire que le parti des armes serait absolument défendu, si les Pères et la pratique de l'Eglise ne nous avaient appris qu'on peut conserver dans le cœur cet esprit de douceur et de modération, en réprimant ceux qui font des injustices à un Etat, pour les engager par là à n'en plus commettre dans la suite. C'est pourquoi saint Jean-Baptiste n'a point ordonné aux soldats de quitter la profession des armes, mais seulement de ne point faire de concussions et de se contenter de leur solde (*Can. Noli quid culparis, caus.* 23, qu. 1).

Saint Augustin et saint Isidore appellent *guerre* juste et légitime celle qui se fait par l'ordre du prince, pour punir l'injure qu'il souffre, parce qu'on lui refuse ce qui lui appartient, ou parce qu'on ne répare pas le tort qu'on lui a fait (*Can. Justum, ead. caus.* qu. 1). C'est aux souverains et à leurs conseils, et non aux particuliers, à examiner si la *guerre* est légitime (*Voyez* ARMES).

Le sentiment commun des canonistes est que dans une *guerre* juste, il n'y a que ceux qui tuent ou qui mutilent de leurs propres mains qui encourent l'*irrégularité* (*Voyez* IRRÉGULARITÉ).

GYROVAGUES

On appelait ainsi autrefois des moines errants qui couraient d'un pays à l'autre, passant par les monastères, sans s'arrêter à aucun, comme s'ils n'eussent trouvé nulle part une vie assez parfaite. Ils abusaient de l'hospitalité des vrais moines pour se faire bien traiter; ils entraient en tous lieux, se mêlaient avec toutes sortes de personnes, sous prétexte de les convertir, et menaient une vie déréglée à l'abri de l'habit monastique qu'ils déshonoraient (*Voyez* MOINES).

H

HABITS.

Il faut distinguer ici, avec le père Thomassin, deux sortes d'*habits* ecclésiastiques : les uns qui servent aux clercs dans la vie civile, et les autres destinés au ministère des autels.

§ 1. HABIT *civil des clercs.*

Il est prouvé que durant les cinq premiers siècles de l'Eglise, les ecclésiastiques n'ont pas porté un *habit* différent des autres fidèles, ni pour la couleur, ni pour la forme. On remarquait seulement alors dans les clercs une chevelure moins longue et plus modeste que celle des gens du siècle. (*Voyez* TONSURE.) Quand les monastères se formèrent en Orient, on vit pour la première fois une différence dans l'habillement des moines. Ces saints solitaires, soit pour éviter la dépense, soit plutôt par humilité et pour fuir le luxe des *habits* séculiers, se revêtirent d'un long manteau serré et grossier, qui couvrait en même temps le cou et les épaules; on appelait ce manteau, *mafortes* (Cassien, *Collat. de habit. et cleric.* c. 7). Les clercs séculiers n'avaient pas les mêmes raisons pour se rendre si méprisables au peuple, parmi lequel ils étaient obligés de vivre; ils continuèrent donc d'aller et de se vêtir suivant la règle générale de modestie, qui défendait une propreté ou une négligence affectée. Dans la suite, plusieurs moines ayant été tirés de la solitude pour être élevés à l'épiscopat, conservèrent les *habits* et la manière de vivre de leurs monastères. On cite pour exemple saint Martin, évêque de Tours; Fauste, abbé de Lérins; saint Germain d'Auxerre. Ce dernier, sans avoir été moine, voulut en imiter toute l'austérité pendant son épiscopat: l'hiver et l'été, il était vêtu d'une coule et d'une tunique qui couvraient un cilice. Le pape Célestin n'approuva pas cette réforme qu'il appelait une nouveauté superstitieuse, ainsi qu'il l'écrivit, l'an 428, aux évêques de Vienne et de Narbonne. Il se plaignait de ce que les évêques portaient un manteau et une ceinture, au lieu des *habits* ordinaires qui étaient la tunique et la toge romaine. Il disait que Jésus-Christ n'avait recommandé à ses disciples que la chasteté, en leur ordonnant de se ceindre les reins, et que c'était faire injure aux premiers évêques de l'Eglise, qui n'ont pas donné dans cette affectation : *Unde hic habitus in Ecclesiis gallicanis, ut tot annorum tantorumque pontificum in alterum habitum consuetudo vertatur,* etc., *nam si incipiamus studere novitati, traditum nobis a patribus ordinem, calcabimus ut locum supervacuis superstitionibus faciamus.*

La lettre du pape Célestin pouvait avoir de bons motifs; mais il paraît qu'elle n'eut point d'effet. La vie des disciples de saint Martin et des solitaires de Lérins avait inspiré dans les Gaules une grande vénération pour les moines et leur profession. Le peuple était plein de respect pour cet *habit* de pénitence. C'était lui rendre l'épiscopat plus respectable, que de l'allier avec les marques de l'humilité monastique.

Des évêques, l'usage de ces *habits* monastiques et méprisables passa sans doute aux clercs inférieurs, comme le prouve la lettre même du pape Célestin ; mais cette distinction particulière dans l'*habillement* des ecclésiastiques ne fut générale et commune à tout le clergé que vers le sixième siècle, lorsqu'après l'inondation des barbares, les laïques ayant quitté l'*habit* long, les ecclésiastiques le conservèrent (Thomassin, *Discipl. part.* II, *liv.* I, *chap.* 22). En effet, ce n'est que depuis cette époque que commencent tous ces différents conciles qui ont fait des règlements sur l'*habillement* des clercs. Le concile d'Agde, canon 20, après avoir réglé la tonsure, vient aux *habits* des clercs, et y prescrit la même modestie. Le premier concile de Mâcon, canon 5, défend aux ecclésiastiques l'usage des *habits* séculiers, surtout des militaires et le port des armes, sous peine de la prison et d'un jeûne de trente jours au pain et à l'eau. Il serait trop long de rapporter les autres canons des conciles qui, successivement de siècle en siècle, ont fait sur les mêmes sujets des règlements quelquefois différents, contraires même, suivant le goût et les mœurs des temps et des lieux. (Thomass. *Disci. part.* IV, *liv.* I, *ch.* 35). En sorte qu'il n'en reste rien de bien précis, comme l'observe la glose in *Clem.* I, *de Elect.* Le concile de Trente, dont on voit ci-après le règlement, exige que les clercs portent l'*habit* clérical. Ceux de Narbonne en 1551, de Bordeaux en 1583, et de Milan, défendent aux clercs de porter la soie, les chemises froncées et brodées au bras et au cou ; ils déterminent la couleur noire, et n'exceptent à ce sujet que les prélats, obligés, par leur dignité, d'en avoir une autre sur leurs *habits*. Ils défendent même les calottes, les soutanelles, les manteaux courts et le deuil des parents, toutes choses, comme l'on voit, que l'usage commun a rendues pour ainsi dire canoniques. Les ecclésiastiques croient qu'il suffit de porter ce qu'on appelle la soutane longue, *vestem talarem* pour qu'ils soient dans la décence que demandent les canons ; et en effet, les plus sévères demandent seulement que l'*habit* couvre les jambes. (*Mémoires du clergé*, tom. III, pag. 1164 ; tom. IV, pag. 1106 ; tom. V, pag. 420).

C'est donc cette soutane et la couronne dont il est parlé sous le mot TONSURE, qu'on doit entendre par l'*habit* clérical, et c'est la soutane aussi que le concile de Trente ordonne que les ecclésiastiques portent, sous certaines peines, en ces termes : « Encore « que l'*habit* ne rende pas l'homme religieux, « étant nécessaire néanmoins que les ecclé- « siastiques portent toujours des *habits* con- « venables à leur propre état, afin de faire « paraître l'honnêteté de la droiture inté- « rieure de leurs mœurs, par la bienséance « extérieure de leurs *habits* : et cependant le « dédain de la religion, et l'emportement de « quelques-uns étant si grand en ce siècle, « qu'au mépris de leur propre dignité et de « l'honneur de la cléricature, ils ont la témé- « rité de porter publiquement des *habits* tout « laïques, voulant mettre, pour ainsi dire, un « pied dans les choses divines et l'autre « dans celles de la chair ;

« Pour cela donc, tous ecclésiastiques, « quelque exempts qu'ils puissent être, ou « qui seront dans les ordres sacrés, ou qui « posséderont quelque dignité, personnats, « offices ou bénéfices ecclésiastiques quels « qu'ils puissent être ; si après en avoir été « avertis par leur évêque ou par son ordon- « nance publique, ils ne portent point l'*habit* « clérical, honnête et convenable à leur or- « dre et dignité, et conformément à l'ordon- « nance et au mandement de leur dit évêque, « pourront et doivent y être contraints par « la suspension de leur ordre, office et bé- « néfice, et par la soustraction des fruits, « rentes et revenus de leurs bénéfices ; et « même, si après avoir été repris, ils tombent « dans la même faute, par la privation de « leurs offices et bénéfices, suivant la con- « stitution de Clément V, publiée au concile « de Vienne, qui commence par *Quoniam in-* « *novando, et ampliando.* » (Session XIV, ch. 6, *de reform.*)

Le pape Sixte V publia en 1588, conformément à ce décret du concile et à tous les anciens canons qui défendent aux clercs le luxe dans leur parure (c. *Clerici* 23, dist. c. fin. dist. 41, tot caus. 21, qu. 4 ; c. *clerici* ; c. *Quoniam de vit. et honest. cleric.*), une bulle commençant par *Sacrosanctam*, où il ordonne aux clercs de porter l'*habit* clérical, sous peine, en cas de désobéissance, dans un certain délai, d'être privés de leurs bénéfices *ipso facto*. Les canonistes ont expliqué cette bulle, ainsi que le décret du concile de Trente, en ce sens que les peines qui y sont prononcées n'ont pas lieu contre celui à qui il n'est arrivé qu'une fois de quitter l'*habit* clérical, ou qui ne le quitte que chez lui, dans sa maison, où il n'est point vu. Un clerc qui par misère n'aurait point de soutane, ou ne porterait point de tonsure, pour raison de maladie, non plus que celui qui, pour éviter quelque péril, se serait déguisé, ne mériterait pas ces peines. En voyage il est permis de porter des *habits* moins longs, *vestes breviores* (c. *Episcopis* 21, quæst. 4).

Suivant l'analyse des conciles donnée par le père Richard, tom. IV, pag. 78, on compte jusqu'à treize conciles généraux, dix-huit papes, cent cinquante conciles provinciaux, et plus de trois cents synodes, tant de France que des autres royaumes, qui ont ordonné aux clercs de porter l'*habit* long.

Le père Thomassin remarque que, quoiqu'il n'y eût point de loi qui prescrivît le noir avant le concile de Trente, l'usage en était toutefois établi depuis longtemps.

Si les ecclésiastiques, après avoir lu et pesé les règlements faits par ces conciles, trouvaient encore quelque difficulté sur ce point de discipline, pour se convaincre de l'obligation qu'ils ont de porter toujours la soutane dans le lieu de leur résidence, ils n'ont qu'à consulter les ordonnances que les évêques des différentes provinces ecclésiastiques de France ont fait publier depuis dans leurs diocèses : ils verront qu'elles tendent toutes à obliger les ecclésiastiques constitués dans les ordres sacrés, ou qui sont attachés au service de quelque église, à porter toujours, dans le lieu de leur résidence, la soutane noire qui descende jusqu'aux talons ; et que, pour engager ceux qui ne se portent pas par estime pour leur état à s'acquitter de ce devoir, de le faire au moins par crainte, plusieurs évêques ont ordonné des peines canoniques contre les réfractaires.

L'article organique 43 porte : « Tous les ecclésiastiques seront habillés à la française et en noir ». Mais cet article a été modifié par un arrêté du gouvernement du 8 janvier 1804 (*Voyez* COSTUME).

§ 2. HABITS *ecclésiastiques destinés au ministère des autels.*

Les *habits* dont on se servait anciennement dans les églises pour le ministère des autels n'étaient différents des *habits* civils et ecclésiastiques que par la propreté et la couleur. Ce n'a été que dans la suite que l'on a affecté avec des sens mystiques certains *habits* particuliers pour la célébration des saints mystères. Fleury remarque (*Mœurs des chrétiens*, p. 41) que la chasuble était un *habit* vulgaire du temps de saint Augustin, que la dalmatique était en usage dès le temps de l'empereur Valérien, et que l'étole était un manteau commun, même aux femmes. Nous l'avons confondu, dit-il, avec l'*orarium*, qui était une bande de linge dont se servaient tous ceux qui voulaient être propres pour arrêter la sueur du cou et du visage ; enfin le manipule, en latin *manipula*, n'était qu'une serviette ou une espèce de mouchoir sur le bras pour servir à la sainte Table. A l'égard de l'aube, c'est-à-dire cette robe blanche de laine ou de lin dont on se sert à présent dans les églises, elle était sans doute commune autrefois dans le siècle, puisque l'empereur Aurélien fit au peuple romain des largesses de ces sortes de tuniques. C'est sur tous ces *habits* et sur quelques autres, que les conciles ont fait divers règlements. Les diacres de l'Eglise romaine se servaient de manipules pendant le sacrifice. Les diacres de Ravenne s'en servaient aussi ; et afin que ce droit ne leur fût pas disputé, ils prièrent le pape saint Grégoire de le leur confirmer. Saint Césaire d'Arles obtint du pape Symmaque que les diacres de son église porteraient la dalmatique. L'auteur de la vie de ce saint distingue la chasuble dont il se servait à l'église, de celle qu'il portait dans les rues. Cette circonstance prouve ce que nous avons avancé, qu'autrefois on se servait à l'autel des *habits* ordinaires, mais avec une certaine distinction de propreté. La couleur blanche paraît avoir toujours été celle qu'on a recherchée le plus dans l'Eglise. Saint Grégoire de Tours nous représente le chœur des prêtres en *habits* blancs, et saint Grégoire de Nazianze avait fait la même représentation de son clergé, avec cette observation, que les clercs, ainsi vêtus de blanc, imitaient les anges par l'éclat de cette couleur.

Le quatrième concile de Tolède veut qu'on rende à ceux qui ont été injustement déposés les ornements dont ils ont été dépouillés : aux évêques, l'étole, l'anneau et la crosse ; aux prêtres, l'étole et la chasuble ; aux diacres, l'étole et l'aube ; aux sous-diacres, la patène et le calice. En Espagne, les sous-diacres, dans ce temps-là, ne portaient point encore d'aube, ni les diacres de dalmatique. Le même concile défend aux diacres de porter deux étoles. Le troisième concile de Bretagne ordonne de déposer ceux qui emploient les vases et ornements sacrés à l'usage de la vie civile ; il veut que le prêtre se couvre de l'étole, la tête et les deux épaules, et qu'elle soit croisée sur l'estomac de manière qu'elle représente le signe de la croix. (*Voyez* ÉTOLE.)

Le pape Nicolas régla les *habits* que devaient avoir au chœur les chanoines de l'église de Saint-Pierre de Rome : il leur donna des surplis sans chapes, depuis Pâques jusqu'à la Toussaint, et depuis la Toussaint jusqu'à Pâques, des chapes de serge sur leur surplis, ce qui a depuis été pratiqué dans tous les chapitres. Ce surplis allait apparemment jusqu'à terre, puisque le pape dit : *Lineis togis superpelliceis*. La chape de chanoine était différente de celle des autres bénéficiers. Le concile de Bâle, session XXI, chap. 3, veut que le surplis descende plus bas que la moitié des jambes, et qu'on se serve de chapes ou de surplis, suivant les saisons et l'usage de chaque pays. On pourrait douter, dit le père Thomassin, si ces anciens surplis avaient des manches, parce que ce n'était que des chapes de lin, et le concile de Narbonne sembla opposer le surplis au rochet : *Linea non machinata veste sine roqueto*. Dans l'Italie, du temps de saint Charles, le surplis avait des manches. Le premier concile de Milan ordonna de les porter larges, afin qu'elles fussent distinguées de celles du rochet. Il se peut faire qu'on ait porté en quelques endroits de France le surplis sans manches plus longtemps que dans les autres églises. Le concile d'Aix condamne cet usage ; il ordonne en même temps de porter le rochet sous la chape. Le plus ancien auteur qui ait parlé de surplis est Etienne de Tournay ; il dit : *Superpelliceum novum, candidum talare*.

Quant aux *habillements* de tête, l'usage n'en est pas fort ancien. En 1242, les religieux de l'Eglise métropolitaine de Cantorbéry obtinrent du pape Innocent IV la permission d'avoir le bonnet sur la tête pendant le service divin, parce qu'y ayant assisté jusqu'alors tête nue, ils en avaient contracté de fâcheuses maladies. Le concile de Bâle veut qu'on se couvre d'une aumusse ou d'un bonnet qu'il appelle *biretum*. C'est ce que nous appelons aujourd'hui la barrette. Cette barrette n'était pas seulement portée dans l'intérieur de l'église, mais encore en tout temps. Aujourd'hui elle n'est mise que lorsqu'on est en habit de chœur, soit dans l'église, soit dans les processions extérieures. Ces ornements de tête étaient communs aux ecclésiastiques et aux séculiers ; car, dans la chronique de Flandres et dans le continuateur de Nangis, il est parlé de l'aumusse et de la barrette de l'empereur Charles IV dans l'endroit où ces auteurs rapportent ce qui s'est passé à l'entrevue de ces princes. La couleur de la barrette doit être noire, selon le concile d'Asti, tenu en 1588 : *Biretum nigri sit coloris, illudque non fronti vel alteri temporum descendens inclinatumque, sed capiti æqualiter impositum ferant.* L'écrivain Sarnelli rapporte que les chanoines d'Anvers portaient la barrette violette, non pas comme une prérogative, mais pour se conformer à une ancienne tradition. Les barrettes des cardinaux sont rouges, celles des évêques violettes et celles des chanoines noires avec un liséré rouge. (*Voyez* la *Liturgie* de M. Pascal, col. 142.)

Ce qu'on appelait *caputium* est défendu dans le concile de Bâle, et permis dans les conciles postérieurs ; peut-être que dans le premier il signifie un chapeau, et dans les autres l'aumusse ou le capuchon de la chape. Depuis, au lieu de porter l'aumusse sur la tête, on l'a mise sous le bras. Le concile de Reims en parle comme d'un ornement propre aux chanoines : *Sine almutio et aliis canonicorum insignibus*, dit ce concile au titre des chanoines ; ensuite il défend de porter l'aumusse et le surplis dans les lieux publics. (*Voyez* le DICTIONNAIRE liturgique de M. Pascal, col. 94 et col. 301, où il parle de l'aumusse et du chapeau.)

Le camail est un *habillement* de chœur usité surtout en hiver (*Voyez* CAMAIL).

L'aube était autrefois d'un usage ordinaire, il en était de même de l'étole ; mais toutes ces choses ont changé. Comme c'était alors, dit le père Thomassin, principalement par l'aube que les clercs se distinguaient des laïques, qui étaient aussi bien qu'eux vêtus de long, il était de bienséance qu'ils la portassent toujours ; mais cet usage ayant été aboli, et la distinction des clercs d'avec les laïques se remarquant par tant d'autres choses, on a jugé contraire à la bienséance de porter le surplis, qui a succédé à l'aube, hors de l'église. C'est aussi ce qui a été défendu par le concile de Reims, en 1583 : *Ut sine superpellicco et almutio in ecclesia comparere plane irreligiosum est ; sic illa ad loca publica rerum venalium deferre, prorsus indecorum ac sordidum esse, nemo est qui non videat* (part. IV, liv. I, chap. 37).

Comme l'aube devenait incommode à cause de son ampleur, on prit l'habitude de la serrer avec un cordon ou une ceinture. Mais cette ceinture n'est point, à proprement parler, un *habit* ou un ornement ecclésiastique. La ceinture ou cordon doit être de la couleur de l'aube. La même raison qui fit adopter la ceinture sur l'aube la fit aussi adopter pour la soutane. Celle-ci fait partie du costume ecclésiastique. Sa signification mystique, comme l'indique la prière qu'on récite en la ceignant autour des reins, est la chasteté, qui doit surtout briller dans un ministre des autels.

La plupart des chanoines réguliers avaient conservé l'ancien usage de porter le surplis sur la soutane hors de l'église. Quelques évêques cependant le font encore aujourd'hui.

A l'égard des ornements épiscopaux de ces derniers, et qui consistent dans la mitre, la crosse, l'anneau, la croix, le pallium, etc., nous en parlons sous chacun de ces noms. Le concile de Milan dit que les curés doivent porter le chaperon sur l'épaule, et l'évêque doit avoir le rochet et le camail même à la campagne, et avec un *habit* court ; qu'il doit s'habiller de noir les jours de jeûne, et de violet en tout autre temps ; et enfin qu'il ne doit paraître devant un cardinal, un légat, un métropolitain, qu'avec le mantelet sur le rochet.

On appelle *habits pontificaux* ceux qui sont propres aux évêques, et *habits sacerdotaux* ceux qui sont à l'usage des prêtres.

§ 3. HABITS *religieux*.

Les religieux sont soumis à tous les règlements qui ont été faits touchant l'*habillement* des clercs séculiers, et de plus à d'autres particuliers qui les concernent et dont nous parlons sous le mot RELIGIEUX.

« Les fondateurs des ordres monastiques qui ont d'abord habité les déserts, dit Bergier dans son *Dictionnaire de Théologie*, ont donné à leurs religieux le vêtement qu'ils portaient eux-mêmes, et qui était ordinairement celui des pauvres. Saint Athanase, parlant des *habits* de saint Antoine, dit qu'ils consistaient en un cilice de peau de brebis, et dans un simple manteau. Saint Jérôme écrit que saint Hilarion n'avait qu'un cilice, une saie de paysan et un manteau de peau ; c'était alors l'*habit* commun des bergers et des montagnards, et celui de saint Jean-Baptiste était à peu près semblable. On sait que le cilice était un tissu grossier de poil de chèvre.

« Saint Benoît prit pour ses religieux l'*habit* ordinaire des ouvriers et des hommes du commun ; la robe longue qu'ils mettaient par dessus était l'*habit* de chœur. Saint François et la plupart des ermites se sont bornés de même à l'*habit* que portaient de leur temps les gens de la campagne les moins aisés, *habit* toujours simple et grossier. Les ordres religieux qui se sont établis plus récemment dans les villes ont retenu communément l'*habit* que portaient les ecclésiastiques de leur temps, et les religieuses ont pris l'*habit* de deuil des veuves. Si dans la suite il s'y est trouvé de la différence, c'est que les religieux n'ont pas voulu suivre les modes nouvelles que le temps a fait naître. »

Nous ne pouvons nous abstenir de rapporter ici les observations de Fleury sur ce sujet. « Si les moines, dira-t-on, ne prétendaient que de vivre en bons chrétiens, pourquoi ont-ils affecté un extérieur si éloigné de celui des autres hommes ? A quoi bon se tant distinguer dans les choses indifférentes ? Pourquoi cet *habit*, cette figure, ces singularités dans la nourriture, dans les heures du sommeil, dans le logement ? En un mot, à quoi sert tout ce qui les fait paraître des nations différentes répandues entre les nations chrétiennes? Pourquoi encore tant de diversité entre les divers ordres de religieux, en toutes ces choses qui ne sont ni commandées ni défendues par la loi de Dieu? Ne semble-t-il pas qu'ils aient voulu frapper les yeux du peuple pour s'attirer du respect et des bienfaits? Voilà ce que plusieurs pensent, et ce que quelques-uns disent, jugeant témérairement, faute de connaître l'antiquité. Car si l'on veut se donner la peine d'examiner cet extérieur des moines et des religieux, on verra que ce sont seulement les restes des mœurs antiques qu'ils ont conservés fidèlement durant plusieurs siècles, tandis que le reste du monde a prodigieusement changé.

« Pour commencer par l'*habit*, saint Benoît dit que les moines doivent se contenter d'une tunique avec une cuculle et un scapulaire pour le travail. La tunique sans manteau a été longtemps l'*habit* des petites gens, et la cuculle était un capot que portaient les paysans et les pauvres. Cet habillement de tête devint commun à tout le monde dans les siècles suivants, et comme il était commode pour le froid, il a duré dans notre Europe environ jusqu'à deux cents ans d'ici. Non-seulement les clercs et les gens de lettres, mais les nobles même et les courtisans portaient des capuches et des chaperons de diverses sortes. La cuculle marquée par la règle de saint Benoît servait de manteau ; c'est de la colle ou coule des moines de Cîteaux ; le nom même en vient, et le froc des bénédictins vient de la même origine. Le scapulaire était destiné à couvrir les épaules pendant le travail et en portant des fardeaux.

« Saint Benoît n'avait donc donné à ses religieux que les *habits* communs des pauvres de son pays, et ils n'étaient guère distingués que par l'uniformité entière, qui était nécessaire afin que les mêmes *habits* pussent servir indifféremment à tous les moines du même couvent. Or, on ne doit pas s'étonner si depuis près de douze cents ans il s'est introduit quelques diversités pour la couleur et pour la forme des *habits* entre les moines qui suivent la règle de saint Benoît, selon les pays et les diverses réformes ; et quant aux ordres religieux qui se sont établis depuis cinq cents ans, ils ont conservé les *habits* qu'ils ont trouvés en usage. Ne point porter de linge paraît aujourd'hui une grande austérité ; mais l'usage du linge n'est devenu commun que longtemps après saint Benoît ; on n'en porte point encore en Pologne ; et parmi toute la Turquie, on couche sans draps, à demi-vêtu. Toutefois même avant l'usage des draps de linge, il était ordinaire de coucher nu, comme on fait encore en Italie ; et c'est pour cela que la règle ordonne aux moines de dormir vêtus, sans ôter même leur ceinture. »

HABITUÉS.

On appelle prêtre *habitué* celui qui est seulement chargé dans une paroisse de certaines fonctions déterminées, comme la célébration des offices, le catéchisme, la prédication, mais qui généralement n'est pas censé député pour représenter le curé dans la charge pastorale. Il n'est par conséquent pas vicaire.

Les prêtres *habitués* dans une paroisse doivent obéir au curé ; ils sont obligés d'assister aux offices en habit d'Eglise. Si après trois avertissements ou monitions, ils persistent à négliger ce devoir, quelques conciles donnent au curé le pouvoir de les déclarer suspens de leurs fonctions. On doit leur fournir une subsistance convenable sur les revenus, fondations et casuels de l'église où ils servent. Les conciles provinciaux de France l'ont ainsi réglé (*Mémoires du clergé*, tom. III, pag. 383). (*Voy.* VICAIRE.)

HEBDOMADAIRE ou HEBDOMADIER.

On appelle ainsi dans les chapitres et dans les églises le chanoine ou le prêtre en exercice de quelque fonction pendant une semaine, *hebdomas*. On lui donne le nom de *semainier*, *septimanarius*. En certains chapitres, le suppléant de l'*hebdomadier* est un prêtre qui porte le titre de vicaire de chœur.

HEBDOMADIÈRE.

C'est le nom qu'on donne, dans les couvents de femmes, à la religieuse qui est en semaine, pour dire l'office et y présider.

HÉRÉSIE, HÉRÉTIQUE.

L'*hérésie* est une espèce d'infidélité dont se rendent coupables les chrétiens qui corrompent les dogmes de la religion ; c'est la définition qu'en donne saint Thomas : *Hæresis est infidelitatis species pertinens ad eos qui fidem Christi profitentur, sed ejus dogmata corrumpunt*.

Fleury, dans son *Institution au droit ecclésiastique*, dit qu'on appelle *hérésie* l'attachement opiniâtre à quelque dogme condamné par un jugement de l'Eglise universelle, soit par les décrets d'un concile œcuménique, comme l'*hérésie* d'Arius condamnée au concile de Nicée ; soit par la décision du pape reçue de toute l'Eglise, comme celle de saint Innocent contre Pélage ; soit par un concile particulier reçu de toute l'Eglise, comme le concile d'Antioche, qui condamna Paul de Samosate. Cette définition revient à celle du canon : *Hæc est* 24, qu. 1, qu'un sommiste rend ainsi : *Ut autem quis sit hæreticus, est necessarium ut quandoque fidem catholicam sit professus, et deinde in iis quæ sunt fidei erraverit, vel etiam determinationem in concernentibus fidem, falsam putaverit*.

Hæreticus est, dit le canon 28, de la cause 24, qu. 3, *qui alicujus temporalis commodi, et maxime vanæ gloriæ principatusque sui gratia, falsas ac novas opiniones vel gignit vel sequitur*.

Ce n'est pas l'erreur d'elle-même qui caractérise l'*hérésie*, il faut pour cela qu'elle soit jointe à l'opiniâtreté, de sorte que celui qui, après s'être trompé, reviendrait de bonne foi à la vérité, ne serait pas censé avoir été *hérétique.* C'est le canon 29, chap. 24, qu. 3, qui le décide ainsi : *Sed qui sententiam,* etc.

Saint Augustin s'exprime ainsi à cet égard : « Quant à ceux qui défendent un sentiment faux et mauvais, sans aucune opiniâtreté, surtout s'ils ne l'ont pas inventé par une audacieuse présomption, mais s'ils l'ont reçu de leurs parents séduits et tombés dans l'erreur, et s'ils cherchent la vérité avec soin, et prêts à se corriger lorsqu'ils l'auront trouvée, on ne doit pas les ranger parmi les *hérétiques* (*L.* 1, *de bapt. contra Donat.,* c. 4, n: 5). Ceux qui tombent chez les *hérétiques* sans le savoir, et en croyant que c'est là l'Eglise de Jésus-Christ, sont dans un cas différent de ceux qui savent que l'Eglise est celle qui est répandue par tout le monde. (*Liv.* IV, c. 1, n. 1). Supposons qu'un homme soit dans l'opinion de Photin touchant Jésus-Christ, croyant que c'est la foi catholique, je ne l'appelle point encore *hérétique*, à moins qu'après avoir été instruit, il n'ait mieux aimé résister à la foi catholique que de renoncer à l'opinion qu'il avait embrassée (*L. de Unit. Eccles.,* c. 25, n. 73). »

Aussi distingue-t-on entre l'*hérésie* matérielle et l'*hérésie* formelle. La première consiste à soutenir une proposition contraire à la foi, sans savoir qu'elle y est contraire, par conséquent sans opiniâtreté, et dans la disposition sincère de se soumettre au jugement de l'Eglise. La seconde a tous les caractères opposés, et c'est toujours un crime qui suffit pour exclure un homme du salut.

L'*hérétique* véritablement opiniâtre est celui qui, malgré la défense de ses supérieurs, persiste dans ses erreurs avec connaissance de cause : *Pertinax est hæreticus qui contra prohibitionem superioris quasi ex contemptu scienter, vel studiose talia affirmat vel defendit* (*C. Excellentissimus* 11, qu. 3; c. *fin. extra. de pœnis;* c. 2, c, *fin. in fin. de cler. exc. minist.*).

Des définitions que nous avons rapportées ici de l'*hérésie*, il faut conclure que les crimes, quelque énormes qu'ils puissent être, dès qu'ils sont commis sans intention d'altérer ou de corrompre les dogmes de la religion, la foi de l'Eglise, n'emportent pas *hérésie* : *Ita imagines baptizare, puerum rebaptizare, dæmonibus thurificare, eosque adorare, et consulere, eorum responsa suscipere et corpus Christi in luto conculcare, licet omnia hujusmodi sint horrenda peccata, nisi sit error in intellectu, non faciunt hominem hæreticum* (Saint Antonin, *in* III *part. sum. tit.* 12, c. 4, *in princ.*).

Nous nous sommes borné à donner ici la définition de l'*hérésie* et d'un *hérétique,* laquelle, selon saint Augustin, ne peut être exactement donnée, parce que nous traitons ailleurs la matière de ces deux mots (*Voyez* PROTESTANT, INQUISITION).

On livrait autrefois au bras séculier le clerc coupable du crime d'*hérésie* (*Voyez* ABANDONNEMENT).

§ 1. *Peines contre les* HÉRÉTIQUES.

L'*hérésie* est punie des plus grandes peines canoniques : de la déposition pour les clercs, de l'excommunication pour tous ; et ceux qui demeurent en cet état sont privés de la sépulture ecclésiastique (*C. Sicut ait* 8, *de hæret.;* c. *Statutum* 15, *cod. in* 6). La peine s'étend jusqu'à leurs enfants, et ils sont irréguliers pour les ordres et les bénéfices, au premier degré seulement, à cause de la mère; au second degré, à cause du père, c'est-à-dire que, si c'est la mère qui est *hérétique,* l'irrégularité est encourue par les enfants seulement ; au lieu que si c'est le père, elle s'étend jusqu'aux petits enfants. Cette distinction est apparemment fondée sur ce que l'on craint qu'une mauvaise impression qui vient du père ne soit plus forte et ne dure plus longtemps que celle qui vient de la mère ; et surtout pour les garçons, dont l'éducation est plus du ressort du père que de celui de la mère.

Quant aux peines temporelles, les princes les ont imposées plus ou moins rigoureuses, selon les temps et la qualité des *hérétiques,* plus ou moins séditieux. Les plus ordinaires étaient les amendes pécuniaires, la confiscation des biens en tout ou en partie, le bannissement et quelquefois la mort. Actuellement en France et dans les autres Etats catholiques, où l'on a proclamé la liberté de culte et de conscience, il n'y a plus de peines contre les *hérétiques* (*Voyez* PEINES).

L'*hérésie* ne fait pas perdre le pouvoir d'administrer les sacrements, car le caractère du sacerdoce ne s'efface pas plus que celui du baptême; seulement les *hérétiques* pèchent en exerçant ce pouvoir hors de la communion de l'Eglise (*De Consecrat.,* dist. 4. c. 10). Ainsi, comme le baptême administré par un *hérétique* est valable, aussi bien que celui qui est administré par un ivrogne ou un impudique, ainsi, les prêtres ordonnés par un évêque *hérétique* sont prêtres, pourvu que l'évêque eût été ordonné lui-même validement. Car ceux que des laïques ou de simples prêtres auraient prétendu établir évêques ou pasteurs, sous quelque nom que ce soit, ne seraient jamais que des laïques.

§ 2. *Absolution du crime d'*HÉRÉSIE.

Les canonistes diffèrent de sentiment sur la question de savoir si les évêques peuvent absoudre du crime d'*hérésie*. Nous n'entrerons pas dans cette difficulté; nous nous contenterons de dire que, d'après la discipline actuelle de l'Eglise de France, les évêques absolvent de l'excommunication pour cause d'*hérésie,* et qu'ils donnent même cette faculté aux prêtres de leur diocèse, quand ils jugent prudent de le faire (*Mémoires du clergé,* tom. II, pag. 317). Suivant le concile de Trente, l'évêque est le seul qui puisse absoudre du crime d'*hérésie* : il ne peut commettre personne pour cet effet, pas même un de ses grands vicaires (Sess. XXIV, ch. 6, *de Reform.*).

L'Eglise a toujours exigé que les *hérétiques* rétractassent leurs erreurs pour rentrer dans son sein (*Voyez* ABJURATION).

§ 3. *Mariage des* HÉRÉTIQUES *avec les catholiques.*

(*Voyez* EMPÊCHEMENT, § 5, *n.* VI.)

4. *Livres* HÉRÉTIQUES.

(*Voyez* LIVRES.)

HÉRÉTICITÉ.

L'*héréticité* est une note d'hérésie imprimée à une proposition par la censure de l'Eglise.

HÉRITIERS.

(*Voyez* LEGS, SUCCESSION.)

HERMAPHRODITE.

L'*hermaphrodite* est une personne qui participe de la nature des deux sexes. On demande si un *hermaphrodite* peut se marier, et s'il peut aussi recevoir les ordres. Le droit romain décide, sur la première question, que l'*hermaphrodite* peut se marier avec une personne d'un sexe différent de celui qui prévaut en lui : *Eligendo sexum qui in iis prævalet* (L. X, *ff. de Stat. hominum*) ; ce qui serait suivi dans l'usage (*Glos. in can. Si testes* 4, qu. 2).

Collet, dans son *Traité des dispenses, l.* II, *ch.* 14, *n.* 230, s'exprime ainsi, relativement au mariage des *hermaphrodites* : Un curé ne doit jamais les marier *priusquam ecclesiasticus judex, ex expertorum inspectione, dijudicaverit quis sexus prævaleat; et declarationem juramento firmatam exegerit, qua spondeant androgyni se numquam usuros altero sexu, etiamsi æqualiter utriusque compotes essent, quod raro aut numquam contingere docent peritiores medici. Quin hodie censent recentiores plerique androgynos nullos esse; et hermaphroditi nomen perperam inditum fuisse mulieribus alio penes hanc partem modo constitutis, quam esse consueverint, uti videris in Dictionario Trevoltiensi. Verum præterquam oculos habuit antiquitas, quis in re obvia credi possit : si natura iisdem humeris duplex aliquando caput superponat, quidni et errando, utrumque in eadem persona sexum ingeminet?*

Quant à la seconde question, les canonistes répondent: *Hermaphroditus, si virilis in eo sexus prævaleat, ordinari valide potest, sed non sine scelere; est enim etiam tum irregularis ut pote quædam species monstri. Si, quod rarissimum, sexum utrumque pari gradu participet, ne valide quidem ordinabitur, cum fœmina sit æque ac vir* (Collet, *liv.* VI, *ch.* 2, n. 138, *in fin.; Dict. Gloss.*, *verb.* hermaphroditus).

HEURES CANONIALES.

On appelle *heures canoniales* les heures du bréviaire, qui sont matines et laudes, prime, tierce, sexte et none, vêpres et complies. Ce qui vient de ce qu'on a appelé autrefois canon l'office ecclésiastique, ou parce que ces *heures* ont été prescrites par les anciens canons. (*Voy.* OFFICE DIVIN.)

HIERARCHIE.

Ce nom est formé de deux mots grecs qui signifient une sainte principauté. On l'a appliqué à propos, dans l'Eglise, à cette sainte principauté instituée par Jésus-Christ. Elle consiste dans un ordre de personnes consacrées à Dieu, qui, toutes dans divers degrés de rang et de pouvoir, concourent à l'observance de la loi de Dieu, et à la plus grande gloire de son nom.

La *hiérarchie* ecclésiastique, considérée comme une principauté, comprend le pouvoir de la juridiction et de l'ordre; considérée comme un ordre, elle représente une suite merveilleuse de ministres qui, par leurs différentes fonctions, forment cette belle Eglise que l'Ecriture compare à une armée rangée en bataille (*Cantiq.* V; I *Corinth.*, XII; *Eph.*, III; *Conc. de Trente, sess.* XXIII, *ch.* 4). On voit d'un côté la subordination des ministres entre eux, et la variété de leurs fonctions; d'où naît une concorde et une union qui fait le vrai caractère distinctif de l'Eglise de Dieu. Voici comment s'expriment deux canons du décret sur ces deux objets :

Singula ecclesiastici juris officia singulis quibusque personis singulatim committi jubemus. Sicut enim in uno corpore multa membra habemus, omnia autem membra non eumdem actum habent : ita in Ecclesiæ corpore secundum veridicam Pauli sententiam, uno eodemque spiritu alii conferendum est hoc officium, alii committendum est illud : neque uni, quantumlibet exercitatæ personæ uno tempore duarum rerum officia committenda sunt; quia si totum corpus est oculus, ubi auditus? Sicut enim varietas membrorum per diversa officia et robur corporis servat, et pulchritudinem repræsentat : ita varietas personarum per diversa nihilominus officia distributa et fortitudinem et venustatem sanctæ Dei Ecclesiæ manifestat. Et sicut indecorum est, ut in corpore humano alterum membrum alterius fungatur officio, ita nimirum noxium, simulque turpissimum, si singula rerum ministeria personis totidem non fuerint distributa (C. 1, *dist.* 89).

Ad hoc dispensationis divinæ provisio gradus diversos et ordines constituit esse distinctos, ut dum reverentiam minores potioribus exhiberent et potiores minoribus dilectionem impenderent, vera concordia fieret, et ex diversitate contextio et recte officiorum geretur administratio singulorum. Neque enim universitas alia poterat ratione subsistere, nisi hujusmodi magnus cum differentiæ ordo servaret. Quia vero quæque creatura in una eademque qualitate gubernari, vel vivere non potest : cœlestium militiarum exemplar nos instruit; quia dum sunt angeli, et sunt archangeli, liquet quia non sunt æquales, sed in potestate et ordine (sicut nostri) differt alter ab altero (C. *ult. ead. dist.*).

« Si quelqu'un dit que dans l'Eglise catholique il n'y a point de *hiérarchie* établie par l'ordre de Dieu, laquelle est composée d'évêques, de prêtres et de ministres, qu'il soit anathème. » (Concile de Trente, *Session* XXIII, *can.* 6.)

Comme il y a dans l'Eglise deux puissances, l'une de l'ordre et l'autre de la juridiction, il y a aussi deux *hiérarchies*, l'une de l'ordre et l'autre de la juridiction.

La *hiérarchie* de l'ordre est celle qui a été établie pour former le corps de Jésus-Christ, en commémoration de sa dernière cène, à l'effet de sanctifier les fidèles intérieurement par la participation du sacrement de l'eucharistie. Cette *hiérarchie* est composée des clercs qui sont dans les ordres mineurs, et de ceux qui sont dans les ordres sacrés. Cette *hiérarchie* est d'institution divine.

La *hiérarchie* de la juridiction est celle qui a été établie pour le gouvernement et la conduite de ces mêmes fidèles, et pour leur procurer une espèce de sanctification extérieure ; et cette *hiérarchie* est composée du pape, des patriarches, des primats, des métropolitains ou archevêques, des évêques et des autres prélats de l'Eglise ; elle est d'institution ecclésiastique.

La *hiérarchie* de l'ordre diffère de celle de la juridiction : 1° en ce que la première tend à sanctifier et à élever les fidèles dans une vie spirituelle, par la prédication de l'Evangile et par l'administration des sacrements, au lieu que la *hiérarchie* de la juridiction tend à les sanctifier par le gouvernement ecclésiastique. 2° La *hiérarchie* de l'ordre n'attribue point de juridiction, mais seulement le pouvoir de faire les fonctions ecclésiastiques et d'administrer les sacrements, au lieu que l'autre *hiérarchie* attribue juridiction, et conséquemment le droit de faire des règlements concernant la foi et la discipline ecclésiastique, et de châtier les rebelles par des peines convenables à son pouvoir. En effet, la principale fonction des ministres de l'Eglise étant de conduire les hommes à la connaissance et au culte de Dieu, l'Eglise ne pouvant y parvenir sans quelque juridiction, elle a besoin de règles et de lois, de ministres qui aient le pouvoir de les faire exécuter, et de ramener, par des peines légitimes, ceux qui s'écartent de la véritable voie. 3° La *hiérarchie* de l'ordre appartient à tous les prêtres et à tous les clercs, chacun dans l'étendue de son pouvoir ; au lieu que la *hiérarchie* de la juridiction, qui est proprement la *hiérarchie*, n'appartient qu'aux évêques ou aux autres prélats ; ainsi la *hiérarchie* de l'ordre subsiste souvent sans la *hiérarchie* de la juridiction, au lieu que celle-ci ne peut jamais subsister sans l'autre ; car elle la suppose, et en est comme le fondement. 4° Dans la *hiérarchie* de l'ordre, on a égard au caractère : sacerdotal, au lieu que dans la *hiérarchie* de la juridiction, on a égard aux degrés : sur quoi il faut observer que, quoique les mots ordre et degré se prennent souvent dans la même signification, néanmoins, à les prendre dans le vrai sens, l'ordre se dit de l'office ecclésiastique qui est annexé à chaque clerc, suivant l'ordre de cléricature qui lui a été conféré, au lieu que, par le mot degré, on entend le rang de la juridiction qui est annexée aux prélatures de l'Eglise.

Ainsi l'évêque, quant au caractère, est absolument l'égal de l'archevêque, du primat. Il en est de même du simple prêtre, quant au caractère, vis à vis le vicaire général, le doyen, le curé. Ainsi, sous ce rapport, le simple prêtre est supérieur au cardinal qui n'est que diacre, etc. Mais, sous le rapport de la juridiction, le vicaire général est supérieur au prêtre dont le pouvoir ecclésiastique se borne à la direction d'une paroisse comme curé, etc. Le cardinal qui n'est que diacre est, sous ce rapport, supérieur à l'évêque, surtout s'il est investi du titre de légat ; mais ici c'est une *hiérarchie* d'honneur dans le plus grand nombre de cas.

Les deux *hiérarchies* de l'ordre et de la juridiction ont cela de commun, qu'elles ont une même cause et une même origine : elles émanent du caractère clérical, en sorte qu'un laïque, un religieux même, s'il n'était considéré comme clerc, ne saurait faire nombre dans aucune de ces deux *hiérarchies*.

On a fait passer dans l'ordre civil le nom de *hiérarchie*, pour exprimer politiquement et administrativement la gradation des pouvoirs.

Le titre de *hiérarque* est donné quelquefois au pape, et même à un prélat. Il est alors employé dans le sens de *prince sacré* ou *chef spirituel*. Quelquefois le pape se donne lui-même ce titre. (*Voy.* tome Ier, col. 727.)

Nous n'avons point mis dans les degrés de la *hiérarchie* de juridiction telle qu'elle existe actuellement, les patriarches ; cette dignité, principalement établie dans l'Eglise d'Orient, n'a plus été chez les catholiques qu'un titre d'honneur, depuis le schisme de Photius. Les papes l'ont donné comme celui des autres évêchés, *In partibus infidelium*. En France, nos primats peuvent être comparés aux patriarches orientaux. Si quelques communions grecques, réunies à la communion romaine, décorent leurs principaux évêques de ce titre, on ne doit point en conclure qu'ils remplacent, dans la *hiérarchie* ecclésiastique, les anciens patriarches de Constantinople, de Jérusalem, d'Antioche et d'Alexandrie. On compte cependant trois patriarches qui assistèrent au concile de Trente, et qui précédèrent les archevêques ; mais on peut dire que c'est une préséance d'honneur et non de juridiction.

Il en est de même des cardinaux ; quelque éminent que soit le rang qu'ils tiennent dans l'Eglise, ils ne forment cependant point un degré de la *hiérarchie* de juridiction ecclésiastique. Les honneurs et les prérogatives dont ils jouissent n'y ont absolument aucun rapport. Les cardinaux sont les premiers à Rome après le souverain pontife, qu'ils ont seuls le droit d'élire et dont ils forment le conseil ; mais ils ne sont rien dans la *hiérarchie* d'ordre et de juridiction, s'ils ne sont revêtus du caractère sacerdotal ou épiscopal.

Les réguliers ont voulu, non-seulement former un des degrés de la *hiérarchie* ecclésiastique, mais encore en être la plus noble partie. A ne les considérer que comme moines ou religieux, ils sont sous la *hiérarchie*. Ils ne peuvent être dans la *hiérarchie* d'ordre que comme prêtres, mais nullement dans la *hiérarchie* de juridiction. Voyez, à ce sujet, les censures du clergé de France et de la Faculté de théologie de Paris, dans les *Mémoires du clergé*, tom. I, pag. 588 *et suiv.*

HISTOIRE DU DROIT CANON.
(*Voyez* DROIT CANON.)

HOMICIDE.

L'*homicide* est l'action par laquelle on donne la mort à un homme : *Homicidium est hominis occisio ab homine facta, quasi hominis cædium.*

L'*homicide* est un crime énorme, que les lois divines et humaines punissent de mort : *Si quis per industriam occiderit proximum, et per insidias, ab altari meo evelle eum ut moriatur* (*Exod.*, ch. XXI, v. 14 ; c. 1, *de Homicid. vol. vel cas.*).

§ 1. *Différentes sortes d'*HOMICIDES.

L'*homicide* est un crime qui se peut commettre en plusieurs manières, et avec une volonté plus ou moins criminelle; d'où vient cette distinction tirée du concile de Trente, session XIV, ch. 7, en *homicide* volontaire, casuel et nécessaire.

L'*homicide* volontaire est celui qu'on a intention de commettre ; le casuel, celui qui arrive par hasard ; et l'*homicide* nécessaire, celui qu'on commet pour défendre sa propre vie.

Comme la matière de ce mot, soit par rapport à l'irrégularité, soit par rapport à la conscience, est du ressort de la morale, les casuistes en ont parlé dans un détail que nous ne saurions suivre, d'autant moins que l'irrégularité, procédant du défaut de douceur, nous oblige de rappeler ailleurs les mêmes principes. Nous nous bornerons donc ici à donner une idée générale des différentes sortes d'*homicides*, qui produisent ou non l'irrégularité et la vacance des offices.

1° L'*homicide* volontaire se commet par soi-même, ou par autrui, ou conjointement avec d'autres.

On le commet par soi-même, quand, sans le secours de personne, on donne la mort à un homme par le fer, par le poison ou autrement (*Tit. de Homicid.*).

On le commet par d'autres ou avec eux, suivant le droit canon, quand on le conseille, quand on y excite, en donnant du secours à ceux qui le commettent, en ne l'empêchant pas quand on le peut, en y donnant occasion. Gibert dit qu'on ne lit pas, dans tout le corps du droit canon, d'autres cas de coopération à l'*homicide* volontaire, si ce n'est quelques-uns, où, sans avoir commis aucun *homicide*, et sans avoir en effet coopéré, on est traité comme *homicide* : le premier, quand on donne à des assassins de profession de tuer quelqu'un, et qu'ils ne le tuent pas effectivement ; le second, quand on reçoit chez soi, ou qu'on protége de tels assassins ; le troisième,

DROIT CANON. II.

quand on donne lieu de croire qu'on est coupable d'*homicide*. Les textes du droit canon qui autorisent toutes ces différentes décisions sont ceux-ci successivement : *c.* 8, *distinct.* 50 ; *c.* 2, *de Cler. pug.*; *c.* 18, *de Homicid.*; *c.* 6, *de Homicid.* § *Qui vero*, § *Illi etiam*; *c.* 45, *de Sentent. excom.*; *c.* 5, 6, 7, 11, *caus.* 23, *qu.* 3 ; *c.* 6, *de Sentent. excom. in* 6° ; *c.* 11, *de Homic.*; *c.* 3, *eod. in* 6° ; *c.* 5, *de Pænis*; *c.* 23, *de Sentent. excom., in* 6° ; *c.* 1, *de Homic., in* 6° ; *c.* 14, *de Pænis*; *c.* 47, *de Sentent. excom.*; *c.* 4, *de Homic.*

La dernière de ces décisions, qui porte qu'on est traité comme *homicide* quand on donne lieu de croire qu'on l'est en effet, peut servir d'éclaircissement à cet autre du cardinal Tolet et de Navarre, qui disent que l'*homicide*, quoique très-coupable, n'est pas volontaire dans le sens du concile de Trente, quand il arrive contre l'attente de celui qui en a fourni la cause, bien que cette cause produise souvent la mort, *ut plurimum*, pourvu qu'elle ne la produise pas nécessairement. Collet (*Traité des Dispenses*, liv. II, part. VI, ch. 3) oppose à cette opinion celle de Molina, qui prétend que l'*homicide* est volontaire dans le sens des canons, et lorsqu'on a intention de tuer, et lorsque, sans l'avoir, on se comporte de manière à faire dire aux personnes sages qu'on a voulu tuer. Ce dernier sentiment, dit l'auteur cité, nous paraît moins juste que celui de Tolet. Ainsi, ajoute-t-il, quoique nous soyons persuadé qu'un homme en pareil cas serait et devrait souvent être présumé *homicide* volontaire dans le for extérieur, nous croyons que la dispense de l'évêque lui suffirait pour le for de la conscience. Le doute même, quand il n'y aurait rien de plus, établirait suffisamment cette décision. (*Voyez* IRRÉGULARITÉ.)

2° L'*homicide* casuel est, ou purement casuel, ou mixte ; il est purement casuel, quand il suit d'une action dont on ne pouvait moralement prévoir qu'il suivrait. Il est mixte, c'est-à-dire partie fortuite et partie volontaire, quand il naît d'une action dangereuse dont on pouvait prévoir qu'il serait l'effet, et qui par conséquent ne devait se faire qu'avec des précautions qu'on n'a pas prises. Dans l'un et l'autre cas, on suppose qu'un homme n'avait pas dessein de tuer.

Mais voici les distinctions qui se font à ce sujet, par rapport à l'irrégularité que produit l'*homicide*. Ou ce crime a été commis casuellement à la suite et dans les circonstances d'une œuvre illicite, ou il a été commis au contraire dans les circonstances d'une œuvre permise.

Dans le premier cas, celui qui a commis l'*homicide* est sans contestation irrégulier, soit que la mort ou la mutilation des membres soit arrivée sur-le-champ, ou quelque temps après, *sive immediate, sive mediate*. On appelle, dans ce sens, œuvre illicite, celle qui relativement à la personne, au lieu et au temps, est défendue par les lois ou par les canons : *Ut verbum injuriosum, adulterium, stuprum, ludum, aliudve opus illicitum et simile, etiam si improvise mors alterius aut*

(*Six.*)

membri mutilatio (*C. Continebatur; c. Suscepimus de homicid.*).

Par rapport à l'état des clercs, la médecine et la chirurgie sont des professions dont l'exercice serait pour eux une œuvre illicite capable de les rendre irréguliers en cas de mort ou de mutilation, à la suite de leurs ordonnances ou de leurs opérations (*Voyez* IRRÉGULARITÉ).

Mais dans le cas où l'*homicide* aurait été commis dans les circonstances d'une œuvre licite, il n'y aurait point d'irrégularité encourue, à moins qu'il n'y eût de la faute ou de la négligence de la part de celui qui l'a commis : *homicidium casuale imputatur ei qui dedit operam rei licitæ, si non adhibuit diligentiam quam debuit* (*c. Ad audientiam, c. et seq. Dilectus de homic.; c. Sæpe contingit, dist.* 50, c. 37, *et seq. eod.*).

3° Quant à l'*homicide* nécessaire, on distingue encore la nécessité procédant de la défense d'un bien, d'avec celle qui vient de la défense de la personne.

Par rapport au bien, quoique par le droit civil il soit permis de tuer de nuit comme de jour le dépopulateur des champs, quand il fait usage d'armes, par le droit canonique, celui qui se rendrait coupable de cet *homicide* serait irrégulier (*c. Interfecisti de homicid.*).

Dans le second cas, on distingue encore : ou il s'agit de la défense de sa propre personne, ou il s'agit de la défense du prochain. Si l'*homicide* n'a été commis que pour se défendre soi-même, et qu'on n'ait pu se sauver qu'en tuant son aggresseur, il n'y a point d'irrégularité, *secus*, s'il a pu se sauver sans un extrême danger : *Jure naturæ vim vi repellere licet, adhibito moderamine disculpatæ tutelæ* (*c. Interfecisti et seq. de homicid.*). Dans le cas où l'*homicide* a été commis pour la défense du prochain, l'irrégularité a toujours lieu, soit qu'on ait pu le défendre sans coup férir ou autrement, soit même que l'*homicide* ait été commis par nécessité d'office, ou non : de sorte que le soldat, le magistrat, qui par leur état, le premier en combattant pour son prince, l'autre en punissant les coupables, sont obligés de commettre ces espèces d'*homicides* nécessaires, ne sont pas exempts d'irrégularité, pas même le greffier du juge, non plus que les satellites.

Les assesseurs, les avocats, les procureurs, les accusateurs et les témoins, dans une procédure suivie de jugement à mort, sont aussi irréguliers ; mais à cet égard on fait des distinctions qui viennent mieux sous le mot IRRÉGULARITÉ.

§ 2. HOMICIDES, *peines*.

Nous avons dit ci-dessus que par les lois divines et humaines, l'*homicide* était puni de mort, cela s'applique en général à toutes sortes d'*homicides* volontaires, et à toutes sortes de personnes qui commettent ce crime, de quelque manière que ce soit, dans l'usage libre de leur raison. On n'excepte pas même les femmes qui, par des breuvages ou autrement, se font avorter et tuent le fruit qu'elles portent (*Voyez* FEMME). A l'égard des peines canoniques, elles consistent dans l'irrégularité et dans la privation des bénéfices. Autrefois, on punissait de l'excommunication le laïque coupable seulement d'un *homicide* involontaire. Il faut voir ce que nous disons de la peine de l'irrégularité et de sa dispense, sous le mot IRRÉGULARITÉ. On vient de voir par quelle espèce d'*homicide* on encourt cette peine. Nous exposons en l'endroit cité d'autres principes liés avec les précédents, mais que nous n'avons pu réunir, à cause de cette irrégularité qui naît du défaut de douceur, et même de celle que produit la mutilation. Nous ne parlerons donc ici que de la privation des bénéfices et de l'incapacité d'en obtenir, que produit l'*homicide* volontaire. Il y a longtemps qu'on n'use plus d'excommunication pour l'*homicide* casuel (*Voyez* IRRÉGULARITÉ).

Toute irrégularité rend inhabile à obtenir des bénéfices, mais toute irrégularité ne fait pas perdre le droit déjà acquis, c'est-à-dire qu'elle ne prive pas de plein droit du bénéfice, si la loi ou les canons ne l'ont expressément déclaré. Or, le crime de simple *homicide* rend bien celui qui l'a commis irrégulier, indigne même d'obtenir à l'avenir aucun bénéfice, de posséder ceux qu'il a, et d'en obtenir jamais à l'avenir ; mais il ne le prive pas de plein droit de ceux qu'il possède déjà, suivant la distinction établie sous le mot INCAPABLE.

Mais s'il faut que la vacance de droit soit exprimée par les canons, l'*homicide* qualifié, c'est-à-dire commis avec dol et fraude, et dans le caractère d'un assassinat, doit la produire, puisque, par le chapitre *Pro humani*, 1 *de homicid.* in 6°, le pape Innocent IV déclare que qui que ce soit, prélats ou autre personne ecclésiastique ou séculière, qui fera prix avec des assassins pour tuer quelqu'un, quand même l'effet ne s'en suivrait pas, qui retirera ces assassins chez soi, ou qui les cachera et les recèlera, encourra de plein droit la privation de ses bénéfices, lesquels pourront être conférés dès ce moment par ceux à qui la collation en appartient, sans qu'il soit besoin d'attendre une sentence qui les en déclare privés (*Voyez* ASSASSIN).

L'*homicide* contre les clercs est puni plus rigoureusement que celui commis sur les simples fidèles. Il y a excommunication de plein droit contre celui qui frappe un clerc constitué dans les ordres sacrés, à plus forte raison contre celui qui lui ôte la vie (*c. Si quis suadente*, 19).

Celui qui se tue soi-même est traité comme pécheur impénitent, c'est-à-dire, privé de sépulture et des prières ecclésiastiques.

HONNÊTETÉ PUBLIQUE.

(*Voyez* EMPÊCHEMENT, FIANÇAILLES.)

HONNEURS ET PRÉSÉANCES.

(*Voyez* DROITS HONORIFIQUES.)

HONORAIRES.

On appelle *honoraire* la rétribution accordée pour des services rendus. Ce mot s'emploie lorsqu'il est question de personnes qui cultivent les sciences et les arts libéraux, et pour les rétributions qui appartiennent aux ecclésiastiques.

Il est expressément et sévèrement défendu aux ecclésiastiques de rien exiger en payement des fonctions dont ils s'acquittent dans l'administration des sacrements, pas même pour les funérailles et sépulture, sauf de recevoir ce qu'on leur offre volontairement dans ces occasions. Les canons ne sauraient être sur cette matière ni plus précis ni en plus grand nombre : nous ne rapporterons que les termes du canon 101 de la cause 1re, quest. 1 du décret, où l'on en voit plusieurs autres semblables, mais dont l'application se fait mieux à la matière du mot SIMONIE :

Quidquid invisibilis gratiæ consolatione tribuitur, nunquam quæstibus, vel quibus libet præmiis venundari pœnitus debet, dicente Domino : « *Quod gratis accepistis gratis date.* » *Et ideo quicumque deinceps in ecclesiastico ordine constitutus, aut pro baptisandis, consignandisque fidelibus aut collatione chrismatis, vel promotionibus graduum pretia quælibet, vel præmia (nisi voluntarie oblata) pro hujusmodi ambitione susceperit, equidem, si sciente loci episcopo, tale quidquam a subditis perpetratum fuerit, idem episcopus duobus mensibus excommunicationi subjaceat pro eo, quod scita mala contexit, et correptionem necessariam non adhibuit. Sin autem suorum quispiam, eodem nesciente, pro supradictis quodcumque capitulis, accipiendum esse sibi crediderit, si presbyter est, quatuor mensium excommunicatione plectatur ; si diaconus, trium : subdiaconus vero, vel clericus his cupiditatibus serviens, et competenti pœna et debita excommunicatione plectendus est.*

Le concile de Trente, session XXI, chapitre 1er du décret de réformation, défend de recevoir quoi que ce soit pour la collation des ordres et pour les lettres dimissoires. Voici comme s'exprime le saint concile : « Comme l'ordre ecclésiastique doit être hors « de tout soupçon d'avarice, les évêques ou « autres qui ont droit de conférer les ordres « ou leurs officiers, sous quelque prétexte « que ce puisse être, ne prendront rien pour « la collation de quelque ordre que ce soit, « ni même pour la tonsure cléricale, ni pour « les dimissoires ou lettres d'attestation ; « soit pour le sceau ou pour quelque autre « cause que ce puisse être, quand même on « leur offrirait volontairement. Pour les « greffiers, dans les lieux seulement où la « louable coutume de ne rien prendre n'est « pas en vigueur, ils ne pourront prendre « que la dixième partie d'un écu d'or pour « chaque dimissoire ou lettre de témoignage, « pourvu toutefois qu'il n'y ait aucuns gages « attribués à l'exercice de leurs charges. Et « l'évêque ne pourra ni directement ni indi- « rectement, dans la collation des ordres, « tirer aucun profit sur lesdits greffiers, at- « tendu que, s'ils ont des gages, le concile « ordonne qu'ils seront eux-mêmes tenus de « donner leur peine gratuitement, cassant « et annulant toute taxe contraire, tous « statuts et toutes coutumes, même de temps « immémorial et en quelque lieu que ce soit, « comme étant plutôt des abus et des corrup- « tions qui tiennent de la simonie que de « légitimes usages ; et ceux qui en useront « autrement, tant ceux qui donneront que « ceux qui recevront, encourront réellement « et de fait, outre la vengeance de Dieu, les « peines portées par le droit. »

Cependant les curés et autres prêtres chargés de quelque fonction sacrée peuvent recevoir et, en rigueur, exiger l'*honoraire* qui leur est dû, conformément aux règlements de leur diocèse. Ce serait une ingratitude, une injustice même de la part des fidèles, de refuser cet *honoraire* que prescrit le droit naturel. Celui qui travaille ou qui est occupé par un autre, de quelque manière que ce soit, a droit à une récompense : *Dignus est operarius mercede sua*, dit Notre-Seigneur (*Luc*, X, c. 7). (*Voyez* CASUEL).

Mais un prêtre ne peut rien exiger au delà des règlements de son diocèse, sans se rendre coupable d'exaction ; c'est à l'ordinaire à régler ce qui convient, et ses règlements font loi. Il serait même odieux de recourir aux tribunaux, sans l'agrément de l'évêque, pour faire rentrer des *honoraires* ; il le serait également de se faire payer d'avance. Le prêtre, qui ne désire que la gloire de Dieu, sacrifierait même le nécessaire pour le salut des âmes : aussi, après avoir établi le droit qu'il avait à un *honoraire*, comme ministre de l'Évangile, l'Apôtre ajoute qu'il ne s'en est point prévalu, dans la crainte de nuire à son ministère (I *Cor.*, c. IX, v. 15).

L'article 69 des articles organiques porte : « Les évêques rédigeront les projets de règlements relatifs aux oblations que les ministres du culte sont autorisés à recevoir pour l'administration des sacrements. Les projets de règlements rédigés par les évêques ne pourront être publiés, ni autrement mis à exécution, qu'après avoir été approuvés par le gouvernement. »

Voyez au tome 1er ce que dit Portalis à l'occasion de cet article.

§ 1. HONORAIRES *de messes*.
(*Voyez* MESSES, § 5.)

§ 2. HONORAIRES *des prédicateurs*.
(*Voyez* PRÉDICATEURS.)

HONORIFIQUES.

(*Voyez* DROITS HONORIFIQUES.)

HOPITAL.

Hôpital est un mot générique qui ne doit pas se rapporter uniquement à ce lieu où l'on ne reçoit que les pauvres malades. Dans le droit civil et canonique, il est fait mention de plusieurs espèces d'*hôpitaux*, qui, quoique différents par le nom, ont tous pour objet l'exercice de la charité : *Hospitale dicitur ab hospitibus qui ibi gratis accipiuntur.* On donne aussi aux *hôpitaux* le nom d'*hôtel-Dieu, maison-Dieu, hospice.*

§ 1. *Origine et établissement des* HÔPITAUX

Anciennement l'évêque était chargé du soin de tous les pauvres, sains ou malades, des veuves, des orphelins et des étrangers. Quand les églises eurent des revenus assurés, on en affecta le quart au soulagement des pauvres (*Voyez* BIENS D'ÉGLISE). Ce partage ou cette affectation donna lieu à la construction des *hôpitaux*, *domus religiosæ*, où les pauvres assemblés pouvaient recevoir plus commodément les secours dont ils avaient besoin. Dans la suite, la quarte des pauvres ne se paya plus si exactement, l'abus ou le changement de discipline à cet égard réduisit même les choses à tel point que les *hôpitaux* ne subsistèrent plus que par les libéralités des fidèles; les uns furent fondés avec exemption de la juridiction des ordinaires, les autres à titre de bénéfice ecclésiastique: c'est pour cela que les canons et les canonistes parlent tant des *hôpitaux*, sous la distinction de ceux qui forment de vrais bénéfices avec administration spirituelle et perpétuelle par des ecclésiastiques titulaires, d'avec les *hôpitaux* qui, n'étant pas régis par des ecclésiastiques ni fondés par les évêques, forment un établissement purement laïcal où l'évêque n'a qu'un droit de visite, comme s'agissant d'une œuvre pie.

Les lois du code romain nous apprennent, sous des noms grecs, les différentes sortes d'*hôpitaux* autrefois en usage dans l'Orient. La maison où l'on recevait les pèlerins ou étrangers s'appelait *Xenodochium*; il en est parlé sous la même dénomination en plusieurs endroits du droit canon (*C. Qualibet*, § *Sancimus*, 23, qu. 8. J. G. : *C. Xenodochiis de Relig. domib. Clem. Quia contingit eod.*) La loi *Sancimus*, § *Sed Deo nobis, de episc. et cler.* appelle l'endroit où l'on prend soin des malades *Noscomium* ou *Nosconium*. Les administrateurs de cette sorte d'*hôpital* sont appelés en droit *parabolani*.

Le lieu où l'on nourrissait les petits enfants, comme aujourd'hui la maison des enfants trouvés, était appelé *Brephotrophium* (*L. Illud 29 eod. de sacro eccles.*). *Procotrophrium* était le lieu destiné à l'entretien des pauvres et des mendiants. *Orphanotrophium* était l'hôpital des orphelins (*L. 3, cod. de episc. et cleric.*) *Gerentozomium*, c'était l'hôpital des pauvres vieillards et des estropiés (*L. Illud, L. Sancimus, cod. de sacr. sanct.*). *Grotophomium* était le lieu *ubi fœminæ debilium sententatrices habitabant*. Il y avait encore des léproseries, espèce d'*hôpitaux* affectés aux lépreux. Toutes ces différentes maisons, et d'autres sous d'autres noms, mais dans le même genre de fondation, sont comprises aujourd'hui sous le nom générique d'*hôpital* : *Et denique alia hujusmodi sunt pia loca quæ, sicut et supra relata generali nomine hospitalia appellantur, licet diversis nominibus secundum diversos religionum mores soleant nuncupari*, glos. *verb. eleemosynariis; Clem. Quia contingit de relig. domib.* Bientôt il y eut de ces maisons de charité dans toutes les grandes villes : « Les évêques, dit saint Epiphane (*hæres.* 75, « n. 1), par charité pour les étrangers, ont « coutume d'établir ces sortes de maisons, « dans lesquelles ils placent les estropiés et les « malades, et leur fournissent la subsistance « autant qu'ils le peuvent. » Ordinairement, c'était un prêtre qui en avait l'intendance. Il y avait de riches particuliers qui entretenaient des *hôpitaux* à leurs dépens, et qui y servaient eux-mêmes les pauvres.

« De tous les *hôpitaux* de l'Europe, dit Bergier, l'hôtel-Dieu de Paris est le plus célèbre par son antiquité, par ses richesses, par son gouvernement, par le nombre des malades. Tout ce que les historiens les plus exacts ont pu recueillir s'est borné à prouver que cette maison de charité existait avant Charlemagne, par conséquent avant l'an 814. Le huitième concile de Paris, tenu l'an 829, ordonna que la dîme de toutes les terres cédées aux chanoines de Paris par l'évêque Jonade serait donnée à *l'hôpital de saint Christophe*, dans lequel les chanoines exerçaient la charité envers les pauvres. L'an 1002, l'évêque de Paris céda aux chanoines tous ses droits sur cet *hôpital*, et cette cession fut confirmée par une bulle du pape Jean XVIII en 1007. »

§ 2. HÔPITAUX, *administration.*

On a vu ci-dessus que tous les *hôpitaux* n'ont pas une même nature de titre et de fondation, quoique tous aient pour fondement l'exercice de la charité envers les pauvres. Parmi ceux qui, n'étant pas purement laïcaux, sont de fondation ecclésiastique ou confiés à des ecclésiastiques, il y en a qui sont en titre de bénéfice avec administration perpétuelle; ceux-là sont de vrais bénéfices sujets aux charges attachées à la nature des bénéfices perpétuels : *Si rector in perpetuum vel ad ejus vitam in titulum conferatur, non vero in administrationem, certum est beneficium esse ecclesiasticum* (*Clem. Quia contingit* §. *Ut autem de relig. domib.*); c'est-à-dire que si le recteur ou autre ecclésiastique n'avait que la simple administration de *l'hôpital*, il ne serait pas censé alors posséder un bénéfice; et, régulièrement, un *hôpital* ne doit être conféré à titre de bénéfice, si le titre de la fondation ne le porte. C'est la disposition d'une bulle du pape Urbain V, qui déclara nulles toutes les collations qui avaient été faites des *hôpitaux*, à titre perpétuel, depuis le pape Clement V. En sorte que, dans le doute, on présume toujours que l'hôpital est une œuvre pie, sujette seulement à une administration qui doit être entièrement conforme à la charité et aux intentions des fondateurs, suivant le règlement du concile de Trente, qui est trop important pour ne pas trouver ici place.

« Le saint concile avertit tous ceux qui possèdent des bénéfices ecclésiastiques, séculiers ou réguliers, de s'accoutumer, autant que leur revenu le pourra permettre, d'exercer avec zèle et donner l'hospitalité qui a été si souvent recommandée par les saints Pères, se ressouvenant que ceux qui s'affectionnent à la pratique de cette vertu reçoivent Jésus-Christ même dans la personne de leurs hôtes. Mais à l'égard de ceux qui tiennent en commende, en régie, ou sous quelque autre titre que ce soit, des *hôpitaux*, ainsi qu'on les appelle communément, ou d'autres lieux de dévotion établis particulièrement pour l'usage des pèlerins, ou malades, ou vieillards, ou pauvres, encore que les dits lieux fussent unis à leurs églises, ou quand même il arriverait que des églises paroissiales se trouveraient unies à des *hôpitaux* ou érigées en *hôpitaux*, et accordées à ceux qui en seraient patrons, pour en avoir l'administration, le saint concile leur demande à tous absolument de s'acquitter des obligations et des charges qui y sont imposées, et d'employer actuellement, à la manière d'hospitalité et de charité à laquelle ils sont tenus, les revenus qui y sont destinés, suivant la constitution du concile de Vienne déjà renouvelée dans ce même concile sous Paul III, d'heureuse mémoire, laquelle commence par ces mots : *Quia contigit*.

« Que si les dits *hôpitaux* ont été fondés pour y recevoir une certaine sorte de pèlerins, ou malades, ou autres personnes d'une certaine qualité, et que dans le lieu où sont les dits *hôpitaux*, il ne se trouve pas de telles personnes, ou qu'il n'y en ait qu'un fort petit nombre, il ordonne encore que les revenus en soient convertis en quelque autre pieux usage qui approche le plus qu'il se pourra du dessein de la fondation, et qui soit le plus utile selon le temps et le lieu, suivant que l'ordinaire, avec deux du chapitre, expérimentés en ces matières, et qui seront choisis par lui, le trouvera le plus à propos, si ce n'est peut-être que dans la fondation même ou établissement il ait été autrement pourvu à ce cas ; car alors l'évêque aura soin que ce qui aura été ordonné soit observé, ou si cela même ne se peut encore, il y donnera ordre, comme dessus, le mieux qu'il lui sera possible.

« Si donc aucun de tous les susdits, en général ou en particulier, de quelque ordre et religion et de quelque dignité qu'ils soient, quand ce serait même de laïques qui auraient l'administration desdits *hôpitaux* (pourvu qu'ils ne soient pas soumis à des réguliers, où l'observance régulière serait en vigueur), après avoir été avertis par l'ordinaire, manquent à exercer effectivement l'hospitalité avec toutes les conditions requises et nécessaires auxquelles ils sont obligés, non-seulement ils pourront y être contraints par censures ecclésiastiques et par autres voies de droit, mais même être privés à perpétuité de la conduite et de l'administration desdits *hôpitaux*, pour en être mis et substitué d'autres en leur place par ceux à qui il appartiendra. Seront encore cependant les susdits tenus en conscience à la restitution des fruits dont ils auront joui et usé contre l'institution desdits *hôpitaux*, sans qu'aucune grâce, remise ni composition leur puisse être accordée à cet égard ; et ne sera commise à l'avenir l'administration ou conduite desdits lieux à la même personne au delà de trois ans, s'il ne se trouve que dans la fondation il en ait été autrement ordonné ; nonobstant, à l'égard de tout ce que dessus, toute union, exemption et coutume contraire, même de temps immémorial, tous priviléges ou indults que ce puisse être. » (Session XXV, chapitre 8, *de Reform*.)

Il est bon de savoir, après la lecture de ce règlement, que presque tous les *hôpitaux* étaient autrefois entre les mains des religieux que pour cela on a appelés hospitaliers. Ces religieux, dit Fleury, suivaient tous la règle de saint Augustin, parce que tous les *hôpitaux* étaient gouvernés par des clercs.

Depuis plus de quatre cents ans, on a plusieurs fois travaillé à la réformation des *hôpitaux*. Dans le relâchement de la discipline, la plupart des clercs qui en avaient l'administration l'avaient tournée en titre de bénéfice, dont ils ne rendaient point de compte. Ainsi plusieurs appliquaient à leur profit la plus grande partie du revenu, laissaient périr les bâtiments et dissiper les biens ; en sorte que les institutions des fondateurs étaient frustrées. C'est pour ce motif que le concile de Vienne défendit, à la honte du clergé, de ne plus donner les *hôpitaux* en titre de bénéfices à des clercs séculiers, et ordonna que l'administration en fût donnée à des laïques, gens de bien, capables et solvables, qui prêteraient serment comme des tuteurs, feraient inventaire, et rendraient compte tous les ans par-devant les ordinaires. Ce décret a eu son exécution, et a été confirmé par le concile de Trente, qui donne aux ordinaires toute inspection sur les *hôpitaux*, et leur permet de convertir en autres œuvres pies, les fonds destinés à certains genres de pauvres qu'on ne voit plus, c'est-à-dire aux pèlerins et aux lépreux.

Si les évêques ont ainsi, par le droit et le concile de Trente, l'inspection sur les biens et l'administration des *hôpitaux*, ils ont à plus forte raison droit, en faisant la visite de leurs diocèses, de visiter ces lieux pieux, de voir si les revenus sont fidèlement employés aux usages auxquels ils sont destinés, si les biens ne dépérissent pas par la négligence ou par la fraude des administrateurs, d'examiner si les malades y sont bien servis selon les fondations, si les chapelains, les religieux ou les religieuses qui les desservent et administrent, s'acquittent fidèlement de leurs devoirs et mènent une vie régulière ; toutes ces décisions sont conformes aux décrets du concile de Trente, session XXII, chapitre 8, *de Reform*.; session VII, chapitre 15, *de Reform*., et à ceux des derniers conciles provinciaux tenus en France, tels que celui de Reims en 1585, ceux de Bourges en 1584, d'Aix en 1583, de Toulouse en 1590, et de Narbonne en 1609 (*Mémoires du clergé, tom*. VII, *pag*. 28 *et suiv*.).

Il faut remarquer, avec l'auteur des Mémoires du clergé, qu'on peut distinguer deux sortes d'*hôpitaux* par rapport au gouvernement spirituel, que l'état des lieux ou le titre de la fondation y rendent nécessaire; les uns sont pour l'administration des sacrements, et les autres fonctions de pasteurs, sous la conduite des curés des paroisses dans lesquelles ils sont situés. Les chapelains qui y sont établis, quoiqu'ils soient titulaires, n'y font les fonctions que sous l'autorité des curés, ils en sont comme les vicaires dans l'*hôpital*.

D'autres *hôpitaux* sont administrés par leurs chapelains sous l'autorité de l'évêque, et n'ont point de subordination aux curés des lieux, pour le gouvernement spirituel. On prétend que cette dernière forme du gouvernement est plus convenable au bon ordre (*Mémoires du clergé*, tom. XI, *pag.* 709). Quant à l'administration temporelle, on l'a plus particulièrement confiée en France à des laïques.

L'administration des *hôpitaux* est actuellement purement séculière. Nous ne rapporterons pas ici les lois du 7 octobre 1796, 2 juillet 1799, etc., qui y sont relatives; nous allons seulement donner le texte de l'ordonnance du 6 juin 1830.

ORDONNANCE DU ROI *relative à l'administration et à la comptabilité des hospices et des établissements de bienfaisance.*

« Au château de Saint-Cloud, le 6 juin 1830.

« CHARLES, etc.,

« Sur le rapport de notre ministre secrétaire d'Etat au département de l'intérieur;

« Vu les lois, ordonnances et règlements concernant l'administration et la comptabilité des *hospices* et des autres établissements de bienfaisance,

« Nous avons ordonné et ordonnons ce qui suit :

« ARTICLE 1er. A l'avenir, les préfets nommeront les membres des commissions administratives des *hospices* et des autres établissements de bienfaisance dont ils règlent les budgets;

« ART. 2. Ils nommeront également les receveurs des mêmes établissements, sur une liste de trois candidats présentés par la commission administrative, en se conformant d'ailleurs aux dispositions de l'article 24 de notre ordonnance du 31 octobre 1821.

« Ils arrêteront les remises et les cautionnements des mêmes comptables, en observant les proportions rappelées par l'article 22 de l'ordonnance du 31 octobre 1821, et sauf le compte périodique qu'ils rendront à notre ministre secrétaire d'État de l'intérieur, de l'exécution de ces deux dispositions dans la forme et aux époques qui leur seront indiquées.

« ART. 3. Les préfets pourront, pour de justes causes, provoquer la révocation des **administrateurs** et des **receveurs** par eux nommés. S'il y a urgence, ils en prononceront la **suspension provisoire.** Dans l'un et l'autre cas, ils en référeront à notre ministre secrétaire d'État de l'intérieur, qui statuera définitivement sur leurs propositions. Quant aux simples remplacements que des démissions acceptées rendraient nécessaires, il y sera pourvu par le préfet, conformément à l'article premier.

« ART. 4. Les cautionnements auxquels sont assujettis les receveurs des *hospices* et des établissements de bienfaisance seront, à l'avenir, fournis en immeubles ou en rentes sur l'État.

« Toutefois, notre ministre secrétaire d'État de l'intérieur pourra, s'il y a lieu, autoriser ces comptables à fournir leur cautionnement en deniers, dont le versement demeurera soumis aux règles prescrites par l'article 23 de l'ordonnance du 31 octobre 1821.

« ART. 5. Les cautionnements immobiliers seront établis sur des immeubles libres de tous priviléges et hypothèques, et d'une valeur qui excédera d'un tiers au moins la fixation en deniers du cautionnement. Les commissions administratives seront toujours appelées à délibérer sur l'acceptation des immeubles offerts à cet effet.

« ART. 6. Les cautionnements en rentes sur l'État seront, à la volonté des receveurs qui les proposeront, fournis, soit en inscriptions de rentes cinq pour cent, soit en rentes à quatre ou à quatre et demi au pair, ou en trois pour cent à 75 francs, suivant la faculté consacrée par l'ordonnance du 19 juin 1825.

« ART. 7. Les arrérages des rentes appartiendront aux titulaires des cautionnements, qui auront droit de les réclamer auprès des commissions administratives, sauf les cas d'oppositions légales.

« ART. 8. Les receveurs ne pourront être installés qu'après avoir réalisé le cautionnement auquel ils sont soumis. En conséquence, ils ne seront admis au serment qu'autant qu'ils représenteront, soit le certificat d'inscription hypothécaire, si le cautionnement est en immeubles, soit le récépissé des inscriptions de rentes dont il se composerait, soit enfin le reçu du caissier du Mont-de-Piété, dans le cas où le cautionnement serait fourni en numéraire, en vertu de l'autorisation de notre ministre secrétaire d'État de l'intérieur.

« ART. 9. Lorsqu'il y aura lieu au remboursement des cautionnements fournis par les receveurs, les préfets, sur le vu des pièces constatant la libération définitive des comptables, pourront autoriser, suivant les cas, la main levée des inscriptions hypothécaires, la remise des inscriptions de rentes, ou la délivrance des fonds versés aux Monts-de-Piété.

« ART. 10. Dans le cas où par suite d'un débet régulièrement constaté, il y aura lieu à l'application du cautionnement au profit de l'établissement créancier, le préfet ordonnera les poursuites nécessaires pour parvenir à l'expropriation du débiteur en vertu des condamnations qu'il aurait encourues, et pour assurer l'exercice du droit acquis audit établissement, sur le produit de la vente des immeubles ou rentes qui en répondront.

« ART. 11. Continueront de recevoir leur plein et entier effet les ordonnances et actes du gouvernement relatifs à la recette et à la comptabilité des établissements de bienfaisance, en tout ce qui ne serait pas contraire aux présentes dispositions.

« ART. 12. Notre ministre secrétaire d'Etat de l'intérieur est chargé de l'exécution de la présente ordonnance. »

§ 3. HÔPITAUX, *faveurs, priviléges*.

Les *hôpitaux* sont, de tous les établissements pieux, ceux qui paraissent mériter le plus de faveur; aussi leur en a-t-on accordé dans tous les temps. 1° Les *hôpitaux* qui ne sont pas érigés et possédés en titre de bénéfice sont exempts de toute charge et contributions, même de celle qui est imposée pour l'érection des séminaires (Barbosa, *de Jure eccles.*, *lib.* II, *cap.* 12, *n.* 31).

2° Les *hôpitaux* jouissent des priviléges des églises : *Hospitale gaudet omnibus privilegiis concessis.* (L. *Omnia privilegia*; L. *Sancimus*, cod. *de episc et cler.*; Archid. in c. *Si ex laicis* 1° qu. 1 ; Abbas in c. *Ecclesiæ de immunit. eccles.*) Les causes des *hôpitaux* sont donc du nombre de celles qu'on appelle causes pies : *Si loca pauperum dicuntur pia, et fruuntur immunitatibus favore et causa pauperum, a fortiori, et ipsi pauperes pii appellari et immunitatibus potiri debent, est major sit causa quàm causatum.*

3° Le concile de Trente a excepté les *hôpitaux* du règlement qu'il a fait touchant les juges conservateurs.

4° On peut voir au surplus les différents priviléges que les papes Clément III, Pie III et Pie V, ont accordés aux *hôpitaux* par différentes bulles ; la plus célèbre est celle de saint Pie V, commençant par *Sacro sanctum*.

HOSPICE.

Les religieux appellent de ce nom la maison qui leur sert d'asile dans les villes où ils n'ont point d'autres établissements. Comme ces lieux sont contraires à l'esprit et aux règles de l'Église, sur la forme des monastères, la congrégation des évêques et des réguliers a souvent décidé qu'on ne pouvait ériger ces *hospices* en églises ni en couvent ; qu'à peine pouvait-on y avoir intérieurement une chapelle privée, qui fût sans cloche, dont la porte ne donnât pas sur la rue, et où l'on n'administrât point les sacrements ; que les religieux ne pourraient y faire une continuelle résidence, encore moins y faire des actes communs ou publics de leurs fonctions monastiques, sous peine, en cas de contravention en tous ces points, d'être traités comme ceux qui vivent hors du cloître : *Sicut degentes extra claustra*.

On donne assez généralement aujourd'hui le nom d'*hospices* aux hôpitaux (*Voyez* HÔPITAL).

HOSPITALIÈRES.

Nous avons rapporté, sous le mot CONGRÉGATIONS RELIGIEUSES, § 2, les décrets qui concernent les maisons *hospitalières* de femmes.

HOSTIE.

On donne ce nom au petit pain sans levain destiné pour consacrer le corps de Notre-Seigneur, et le recevoir par la communion. On voit dans un concile de Tolède, de l'an 693, un canon qui ordonne aux prêtres de ne se servir, pour le sacrifice de la messe, que d'un pain entier, qui soit blanc, fait exprès et en petite quantité, et facile à conserver dans une petite boîte ; ce qui prouve qu'on faisait dès lors des *hosties* à peu près comme elles sont aujourd'hui.

HUILES (SAINTES).

On appelle *saintes huiles* celles dont l'Église se sert dans l'administration des sacrements de baptême, de confirmation, de l'ordre et de l'extrême-onction. (*Voyez* CHRÊME, CONSÉCRATION.)

Nous croyons devoir rapporter ici la décision suivante que donna Pie VI pendant la révolution française, relativement à la consécration des *saintes huiles*.

On avait demandé à Sa Sainteté, pour quelqu'un des vicaires généraux des diocèses de France et pour d'autres simples prêtres, le pouvoir de consacrer l'*huile* des malades, l'*huile* des catéchumènes et le saint chrême, hors le temps prescrit, parce que ces trois sortes de *saintes huiles* manquaient, et qu'il ne se trouvait pour en faire la consécration aucun évêque, tant dans le diocèse où manquaient les *saintes huiles*, que dans les diocèses voisins privés de leur légitime pasteur.

Il fut répondu à cette demande de la manière qui suit : « Il y aurait des inconvénients aux simples prêtres de consacrer les *huiles* saintes dont il est ici question; l'histoire de l'Église latine ne présente aucun exemple d'une semblable concession, et l'on a d'autant moins de raisons de s'écarter de cette règle, qu'il n'est pas d'une impossibilité absolue de se procurer, sinon dans les diocèses voisins, au moins dans ceux qui sont plus éloignés, ces sortes d'*huiles* saintes bénites par un évêque catholique.

« Mais de peur que le défaut de saint-chrême et d'*huiles* pour les malades n'expose les fidèles à la privation des sacrements de la confirmation et de l'extrême-onction, il a été jugé convenable d'avertir le vicaire général qui faisait cette demande, qu'il est de son devoir, dans ces malheureuses circonstances, d'avoir soin d'en faire apporter le plus tôt possible des diocèses voisins, ou de ceux qui seraient plus éloignés, dans celui où il exerçait les fonctions de vicaire général ; et l'on s'est convaincu que la chose n'était pas d'une extrême difficulté, en prenant pour cela les précautions nécessaires moyennant quoi, pour empêcher qu'elles ne manquent, on lui a donné le conseil de mettre sous les yeux la méthode prescrite à ce sujet par le rituel romain (*tit.* II, *ch.* I, *sess.* 23).

Dans le cas où les anciennes *huiles* bénites ou le saint-chrême sembleraient sur le point de manquer, et qu'on n'eût pas de moyens d'en avoir de nouvelles, on ajoutera de l'*huile* d'olives non bénite, mais en moindre quantité. On n'a pas oublié d'informer ce grand vicaire qu'il pouvait réitérer plusieurs fois, avec la précaution que chacune des portions de cette *huile* de surcroît, prise à part, soit toujours en moindre quantité que l'*huile* consacrée, quand même la totalité de ces additions partielles formerait un volume plus considérable que celui de l'*huile* bénite, comme l'a résolu la congrégation du concile du 23 septembre 1682. » (*Voyez* CONSÉCRATION.)

Le même souverain pontife, par un bref en date du 10 mai 1791, accorda aux évêques de France, pendant tout le temps que devait durer la persécution, la faculté de bénir les *saintes huiles* en d'autre temps qu'au jour du jeudi saint.

Les *saintes huiles* doivent être distribuées avec un grand respect. Voici, à ce sujet, ce que portent les statuts du diocèse de Lyon, chap. I, art. 11 : « Quoique, par les anciens « statuts de notre diocèse, il soit ordonné à « tous les curés d'aller recevoir les *saintes* « *huiles* des archiprêtres, immédiatement « après Pâques, nous avons cependant été « informé que plusieurs, oubliant leurs « devoirs sur cela, se dispensent d'assister « à la distribution qu'on en fait, et se con« tentent d'y envoyer quelques ecclésias« tiques; d'autres, manquant de respect « pour les choses saintes, les vont prendre « en habit court, et quelques-uns enfin, « par une irrévérence terrible, envoient des « laïques pour les apporter. A quoi vou« lant remédier, nous ordonnons à tous « curés, vicaires et autres, ayant charge « d'âmes, de se trouver à la distribution des « *saintes huiles*, aux lieu et jour marqués par « l'archiprêtre, qui les leur distribuera, « après les avoir assemblés dans l'Eglise, « et leur avoir fait un discours sur ce sujet, « en soutane et surplis, et qu'ils les em« portent eux-mêmes avec décence; leur « défendons de contrevenir à notre présente « ordonnance, sous peine de suspense *ipso* « *facto*, qu'encourront ceux qui sont en « état de se trouver à cette cérémonie; à « l'égard de ceux qui seront malades, ils « chargeront un prêtre ou un curé de leurs « voisins de recevoir les *saintes huiles* de « l'archiprêtre, et de certifier leur maladie ; « enjoignons aux archiprêtres de nous in« former de ceux qui manqueront à ce que « nous avons ordonné, pour être procédé « contre eux, à la diligence de notre pro« moteur. »

Monseigneur l'évêque du Mans (M. Bouvier) adressa, le 4 février 1841, aux prêtres de son diocèse, une circulaire relative aux *saintes huiles*, que nous allons rapporter, parce qu'elle contient des avis d'une utilité pratique, d'une grande sagesse et d'une application générale.

« Les *saintes huiles*, c'est-à-dire l'*huile* des catéchumènes, le saint chrême et l'*huile* des infirmes, dit ce savant théologien, étant sanctifiées par le ministère épiscopal, exercé de la manière la plus solennelle, le jeudi saint, devant servir à d'augustes cérémonies et à la confection de deux sacrements, sont par là même des objets sacrés, dignes de tous nos respects.

« Benoît XIV, dont l'autorité est si grande, comme théologien et comme pontife, traite longuement des *saintes huiles* et du respect qui leur est dû, dans son institution quatre-vingt-unième. Il commence par faire remarquer que les évêques sont obligés de les consacrer tous les ans, le jeudi saint, dans leurs cathédrales, en présence des prêtres, des diacres et sous-diacres, désignés pour les assister.

« Il prouve ensuite, par l'autorité des canons de l'Eglise et par de solides raisons, selon sa coutume, que les curés, les supérieurs de communautés et autres personnes chargées de fonctions pour lesquelles l'usage des *saintes huiles* est prescrit, sont obligés de prendre des *huiles* nouvelles, et ne peuvent les recevoir que de leur propre évêque; qu'ils ne pourraient s'excuser, sous le prétexte que les anciennes ne sont pas épuisées; qu'à la vérité, ces anciennes sont valides pour l'administration des sacrements ; mais ne sont plus licites, à partir du moment où il est possible d'en avoir de nouvelles. *Is tantum culpæ vacuus et immunis erit*, dit-il, *qui oleo veteri ægrotantes unxerit ob eam rationem, quod recens oleum accipere, legitima causa impeditus, non potuerit*.

« Le même pontife veut encore que tous les curés s'efforcent d'avoir des *huiles* nouvellement consacrées ou bénites pour la bénédiction solennelle des fonts, le samedi saint, et il rapporte ce qu'il avait statué à cet égard dans son diocèse, pendant qu'il était archevêque de Bologne.

« Il ajoute : *Præcipimus autem ut oleum viro solum ecclesiastico, qui sacris ordinibus initiatus sit, tradatur a sacerdote, cui hoc munus fuerit demandatum, qui libro quoque adnotabit ecclesias quibus idem oleum traditum fuerit*. L'illustre saint Charles avait fait la même prescription pour son diocèse, dans le second concile de Milan.

« Il serait donc à souhaiter qu'un ecclésiastique, engagé dans les ordres sacrés, fût député par chaque canton pour assister à la consécration des *saintes huiles*, les recevoir des mains du prêtre qui est chargé de la distribution générale, et les emporter aussi respectueusement que possible au chef-lieu du canton. Là, ces *huiles* sacrées devraient être distribuées par le curé du canton lui-même, revêtu d'un surplis et d'une étole, ou par un autre prêtre qu'il aurait délégué, à des ecclésiastiques également en surplis et en étole, qui les porteraient avec respect dans les diverses paroisses.

« C'est là ce qui se pratique, à notre connaissance, dans plusieurs diocèses de France.

« Dans quelques-uns même, tous les curés

sont tenus de se présenter en personne au chef-lieu du canton au jour désigné, ou, en cas d'empêchement légitime, dont mention est faite au procès-verbal, de se faire représenter par un vicaire. Une table couverte d'une nappe est placée au milieu du sanctuaire : les *saintes huiles* y sont déposées. Tous les curés réunis, en surplis et en étole, déposent leurs vases respectifs sur la table. On chante le *Veni, Creator*; on célèbre une messe solennelle, et après la messe, les *saintes huiles* sont distribuées avec une religieuse gravité par le célébrant, qui doit être le curé du canton, ou, à son défaut, le plus ancien curé. Pendant cette distribution on chante le psaume *Laudate, pueri*, et le répons *Quicumque baptisati sumus*.

« Cette solennité n'a point eu lieu jusqu'ici dans ce diocèse ; notre intention n'est pas de l'établir, au moins actuellement ; mais nous croyons devoir recommander à votre attention d'une manière spéciale le respect dû aux *saintes huiles*.

« Il est d'usage que MM. les curés de canton envoient des commissaires au Mans pour les recevoir le jeudi saint, immédiatement après la cérémonie de la consécration. Nous souhaiterions beaucoup que ces commissaires fussent des ecclésiastiques, conformément à ce que saint Charles et Benoît XIV avaient statué; mais s'il n'est pas possible de députer des ecclésiastiques, au moins faut-il envoyer des laïques recommandables par leur conduite morale et religieuse. Il y aurait une grave inconvenance à ce que des hommes mal notés dans l'opinion publique fussent honorés de cette mission, qui a un caractère tout religieux. L'inconvenance serait bien plus grave encore, si des voituriers ou des conducteurs de diligences étaient chargés d'apporter les vases vides, de les faire remplir et de les remporter, comme s'il s'agissait de marchandises ordinaires. Ce serait là un abus criant que nous ne pourrions tolérer pour aucune raison.

« Il arriva l'année dernière, à notre confusion et à notre grande douleur, que des vases remplis de *saintes huiles*, ainsi confiés à des conducteurs de voitures, furent égarés au milieu de bagages ignobles, et ne parvinrent à leur destination que longtemps après.

« Voulant empêcher le renouvellement d'une telle profanation, nous avons défendu au prêtre sacristain de la cathédrale, qui préside de notre part à la distribution générale des *saintes huiles*, le jeudi saint, d'en délivrer à d'autres qu'à des envoyés exprès, munis de billets signés qui fassent foi de leur mission spéciale. Nous voulons, en outre, qu'il fasse l'inspection des vases et refuse ceux qui ne seraient pas d'argent ou au moins d'étain et bien purifiés, tant à l'intérieur qu'à l'extérieur.

« Nous recommandons à MM. les curés de canton de prendre eux-mêmes les précautions requises, afin que la distribution qu'ils doivent faire soit environnée de tout le respect possible. Ils veilleront aussi, sous leur propre responsabilité devant Dieu, à ce que les vases qu'on leur présentera soient parfaitement réguliers, et portent les inscriptions nécessaires pour qu'il n'arrive pas de fâcheuses méprises.

« Depuis qu'à l'aide d'opérations chimiques, on est parvenu à extraire des *huiles* d'un grand nombre de substances, rien n'est plus aisé que de présenter de l'*huile* d'olives falsifiée. Afin de ne pas exposer à la nullité les sacrements de confirmation et d'extrême-onction, nous ne négligeons aucune des précautions conseillées par la prudence pour nous procurer, même à grands frais, de l'*huile* d'olives non suspecte. Vous pouvez, Messieurs, être tranquilles à cet égard.

« Mais il est bon que vous sachiez qu'au jugement d'habiles pharmaciens, l'*huile* la plus pure, si elle est déposée dans des vases malpropres, peut facilement se corrompre. Dans ce cas, il y aurait raison de craindre que les sacrements qui dépendent de la substance de l'*huile*, comme l'eucharistie dépend de la substance du pain et du vin, ne fussent plus valides.

« Saint Charles et les rituels demandent que les boîtes aux *saintes huiles* soient renfermées dans une petite armoire fermant à clef, placée auprès des fonts baptismaux ou dans la sacristie. Nous verrions avec une juste affliction qu'on s'écartât de cette sage recommandation.

« Si, pour des raisons graves, ce qui doit être le plus rare possible, des prêtres devaient conserver chez eux l'*huile* des infirmes, qu'ils aient soin de placer le vase dans un lieu décent, où il ne soit pas confondu avec des objets profanes.

« Le prêtre qui va administrer l'extrême-onction doit lui-même porter l'*huile sainte*: il ne peut confier le vase au sacristain que dans des circonstances extraordinaires, et pour une véritable nécessité... »

HYPOTHÈQUE.

L'*hypothèque* est un droit réel sur les immeubles affectés à l'acquittement d'une obligation. Elle est, de sa nature, indivisible, et subsiste en entier sur tous les immeubles affectés, sur chacun et sur chaque portion de ces immeubles. Elle les suit, dans quelques mains qu'ils passent (*Code civil*, art. 2114).

Nous ne parlons ici de l'*hypothèque* que relativement aux biens ecclésiastiques ; or, les fabriques, pas plus que les communes et les autres établissements publics, ne peuvent être autorisés à *hypothéquer* les immeubles qui leur appartiennent. C'est ce qui résulte d'une décision du ministre de l'intérieur, du 30 janvier 1835 ; car, consulté relativement à plusieurs demandes formées par différentes communes, d'être autorisées à contracter des emprunts en hypothéquant des immeubles à elles appartenant, a répondu de la manière suivante:

« En thèse générale, il ne serait pas d'une bonne administration d'autoriser les communes à donner *hypothèque* sur tout ou par tie de leurs biens, et cette jurisprudence a été consacrée par le conseil d'Etat.

« En effet, sans parler de l'inconvenance patente qu'il y aurait à grever d'une *hypothèque* les immeubles communaux affectés à un service public, et en ne considérant la question que sous le rapport du droit, il y a lieu de se demander si une commune peut être légalement autorisée à hypothéquer ses biens. Or des doutes sérieux peuvent s'élever à cet égard.

« De deux choses l'une : en effet, l'*hypothèque* consentie par la commune doit emporter toutes les conséquences de l'*hypothèque* entre particuliers, c'est-à-dire la faculté de provoquer l'expropriation forcée, pour se faire colloquer sur le prix ; ou, si elle ne devait pas avoir ces effets, et s'il fallait encore une autorisation nouvelle de l'autorité administrative pour faire vendre l'immeuble hypothéqué, elle ne serait qu'un leurre, qu'une véritable déception indigne de l'administration qui y aurait prêté la main.

« On ne peut s'arrêter à cette dernière hypothèse ; mais la première détruirait les principes administratifs les mieux établis. La législation a interdit expressément aux créanciers des communes, le droit d'agir contre elles par voie d'expropriation forcée, et on ne peut se dissimuler qu'une semblable mesure, si exorbitante du droit commun, puisqu'elle tend à paralyser l'exercice légitime des actions que les lois générales accordent aux porteurs de titres exécutoires, n'a pu être prise que pour de graves considérations d'ordre et d'intérêt publics. D'un autre côté, appartiendrait-il bien, même à l'autorité royale, d'autoriser un conseil municipal à dépouiller sa commune de cette garantie, et à abandonner éventuellement à un tiers créancier la faculté de compromettre les services municipaux, et d'exciter ainsi de graves perturbations dans une population, en poursuivant des aliénations dont les lois avaient voulu que l'opportunité fût appréciée par les autorités administratives seules ? »

Les principes développés dans cette réponse sont tous également applicables aux communes, aux fabriques et aux établissements publics en général : la solution de la question doit donc être la même.

L'*hypothèque* est un espèce de gage (*Voyez* GAGE), la chose hypothéquée étant obligée au payement de la dette. Elle a de commun avec le gage proprement dit : 1° que l'une et l'autre sont accordés aux créanciers pour sûreté de leurs créances ; 2° que l'une et l'autre affectent la chose qui y est sujette, et qu'on ne peut pas engager la même chose à un second créancier au préjudice du premier.

L'*hypothèque* diffère du gage proprement dit, en ce que : 1° le terme d'*hypothèque* s'applique ordinairement aux immeubles, et celui de gage aux meubles ; 2° que l'*hypothèque* donne aux créanciers le droit de suivre la chose *hypothéquée*, en quelques mains qu'elle passe, et de forcer le détenteur à la délaisser pour être vendue, si mieux il n'aime acquitter la dette, ce qui est à son choix. Au contraire, suivant le droit commun, le meuble n'a pas de suite par *hypothèque* ; 3° l'*hypothèque* se constitue sans tradition ; elle comprend seulement l'obligation tacite de délaisser la chose hypothéquée, à défaut de payement de la part du débiteur ; mais le gage ne peut subsister sans tradition ; le créancier n'a de sûreté que quand il est en possession du gage. Un acte par lequel un débiteur serait obligé à donner à son créancier des effets en nantissement, ne donnerait pas à ce créancier un droit de gage sur ces effets, quoiqu'ils fussent désignés dans l'obligation, et que le débiteur les eût en sa possession lors du contrat, par la raison que le meuble n'a pas de suite par *hypothèque*, et que la personne obligée a toujours été maîtresse d'en frustrer son créancier.

Les sentences des officiaux ne donnaient pas autrefois *hypothèque* sur les biens des condamnés, parce qu'ils n'avaient aucune autorité sur le temporel.

Justinien, pour prévenir la dilapidation des biens ecclésiastiques, défendit de les hypothéquer ; pour les garantir, il établit une *hypothèque* légale sur le domaine privé de l'évêque et de l'économe (*Cod. Justin., lib.* I, *tit.* 4, *n.* 30)

I

IDES.

(*Voyez* CALENDES.)

IDIOME.

Idiome vient d'un mot grec qui signifie langage propre d'un pays ou d'une nation.

On a toujours exigé, ou du moins souhaité dans l'Eglise, que les pasteurs ne fussent pas étrangers, et qu'ils entendissent et parlassent la langue des diocèses et paroisses où ils doivent pourvoir aux besoins spirituels des peuples : *Nam rector ecclesiæ officium prædicandi in ecclesia sua habere dignoscitur* (c. *Ecce, distinct.* 95) (*Voyez* ÉTRANGER). Le pape Innocent III reconnut si bien cette nécessité qu'il fit rendre dans le concile de Latran le décret suivant : *Quoniam in plerisque partibus infra eamdem civitatem atque diœcesim, permixti sunt populi diversarum linguarum habentes sub una fide varios ritus et mores ; distincte præcipimus, ut pontifices hujusmodi civitatum sive diœcesum provideant viros idoneos, qui secundum diversitates rituum et linguarum, divina illis officia celebrent, et ecclesiæ sacramenta ministrent, instruendo eos verbo pariter et exemplo ; prohibemus autem omnino, nec una eademque civitas ; sive diœcesis, diversos pontifices habeat, tanquam unum corpus diversa capita, quasi monstrum ; sed ei propter præ-*

dictas causas urgens necessitas postulaverit, pontifex loci catholicum præsulem nationibus illis conformem provida deliberatione constituat sibi vicarium in prædictis qui ei per omnia sit obediens et subjectus. Unde si quis aliter se ingesserit excommunicationis se noverit mucrone percuti, et si nec sic resipuerit, ab omni ministerio ecclesiastico deponendum, adhibito (si necesse fuerit) brachio seculari ad tantam insolentiam repellendam (c. 14 de Offic. judic.).

Le pape Eugène IV sentit les inconvénients qu'il y avait que les paroissiens n'entendissent pas la voix de leur curé : *Oves illum sequuntur, quia sciunt vocem ejus.* En conséquence, il publia la règle 20 de chancellerie de *Idiomate*, conçue en ces termes : *Item voluit, quod si contingat ipsum alicui personæ de parochiali ecclesia, vel quovis alio beneficio exercitium curæ animarum parochianorum quomodolibet habente providere, nisi ipsa persona intelligat, et intelligibiliter loqui sciat idioma loci, ubi ecclesia vel beneficium hujusmodi consistit, provisio seu mandatum gratiæ desuper, quod parochialem ecclesiam, vel beneficium hujusmodi, nullius sint roboris vel momenti.*

Gomez, qui a commenté cette règle, la justifie par des autorités qu'il tire du droit naturel et même du droit divin : *Valde honestum et fructuosum*, dit Panorme, *in c. Ad decorem, de Instit. ut quisque in patria sua beneficitur, quia sic non depauperantur beneficia, et homines inducuntur facilius ad residendum in eis, quam extranei, qui cum lingua differant, disparitate quoque morum distare videntur, ac propterea non gerunt affectionem. Melius, ut ait Augustinus (lib. IX de Civit. Dei, c. 7) quis cum cane suo, quam cum homine diversi idiomatis conversatur.*

La règle de *Idiomate* n'a lieu que pour les bénéfices à charge d'âmes, et le pape peut y déroger, mais il faut que la dérogation soit expresse : *Quis motus proprius, nec certa scientia papæ, defectum idiomatis purgare potest, et facere, quod loqui insciens, loquatur* (Gomez, *in hac reg. q.* 12, 14). A Rome on expédie tous les actes en latin.

Voici les règles que Brunet propose en son notaire apostolique, sur la matière de cet article : 1° Que tous les actes qui doivent aller en cour de Rome, ou à la légation, doivent être conçus en latin.

2° Tous les actes des évêques et autres prélats ecclésiastiques, qui n'ont rapport qu'à des ecclésiastiques, doivent être faits en latin, puisque cette langue est celle de l'Eglise romaine. Il en doit être autrement, si les actes ont rapport à des gens qu'on présume n'être point obligés de savoir cette langue, comme sont les ordonnances générales des évêques, etc.

3° Tous les actes qui concernent les religieuses doivent être faits en français.

4° Les actes qui concernent les communautés séculières ou régulières d'hommes, les chapitres des cathédrales ou collégiales, doivent être faits dans la langue qui est d'usage dans lesdites communautés, c'est-à-dire dans celle dans laquelle ces registres sont conçus et les actes expédiés.

5° Tous les actes judiciaires qui ne sont point destinés à être envoyés en cour de Rome doivent être faits en français.

IGNORANCE.

(*Voyez* IRRÉGULARITÉ, QUALITÉS, COADJUTEUR, SCIENCE.)

ILLÉGITIME.

Ce mot s'applique à tout ce qui est contre la loi et est opposé à quelque chose de légitime. Ainsi en parlant de l'union de l'homme et de la femme, on appelle conjonction *illégitime* celle qui est défendue par la loi ; de même on donne aux enfants bâtards le nom d'*illégitimes*, parce que leur naissance n'est pas le fruit d'une union approuvée par la loi (*Voyez* BATARD).

ILLUSIONS NOCTURNES.

Les exemples rapportés par Gratien, dans la cinquième distinction, l'ont engagé à y joindre ce qui regarde les *illusions nocturnes*.

Il observe après le pape saint Grégoire, et après saint Isidore de Séville (*can. Testamentum, dist.* 6), que quand on n'y a point donné lieu par des pensées déshonnêtes dont on se soit occupé pendant le jour, et qu'on n'a point consenti aux plaisirs sensuels qu'excitent ces mouvements irréguliers de la nature, on ne doit point regarder cet accident comme une faute ; que si les pensées dont on a été occupé pendant le jour ont donné lieu aux *illusions nocturnes*, il faut s'abstenir de la sainte communion le jour que cet accident est arrivé. *Non est peccatum, quando nolentes imaginibus nocturnis illudimur; sed tunc est peccatum, si antequam illudamur, cogitationis affectibus prævenimur. Luxuriæ quippe imagines, quas in veritate gessimus, sæpe dormientibus in animo apparent, sed innoxiæ, si non concupiscendo occurrunt (c. 8, ead. dist.).*

IMAGE.

On appelle *image* la représentation faite en peinture ou en sculpture d'un objet quelconque. Nous n'avons à parler que des *images* qui représentent les objets du culte religieux, comme les personnes de la sainte Trinité, Jésus-Christ, les saints, la croix, etc.

Il ne faut que lire sur la matière de ce mot le sage règlement du concile de Trente, session XXV, *de l'invocation et de la vénération des saints, de leurs reliques et des saintes images*, où il est parlé du second concile de Nicée, le septième général, qui condamna l'hérésie des iconoclastes (*Voyez* NICÉE). Comme ce règlement du concile de Trente que les derniers conciles provinciaux de France ont confirmé, contient aussi des dispositions touchant les reliques des saints, leurs fêtes et leurs miracles, nous avons cru devoir le rapporter ici en entier.

« Enjoint le saint concile à tous les évêques et à tous autres qui sont chargés du soin et de la fonction d'enseigner le peuple, que, suivant l'usage de l'Eglise catholique et apostolique, reçu dès les premiers temps de la religion chrétienne, conformément aussi au sentiment unanime des saints Pères et aux décrets des saints conciles, ils instruisent sur toutes choses les fidèles avec soin touchant l'intercession et l'invocation des saints, l'honneur qu'on rend aux reliques et l'usage légitime des *images*; leur enseignant que les saints qui règnent avec Jésus-Christ offrent à Dieu des prières pour les hommes ; que c'est une chose bonne et utile de les invoquer et supplier humblement, et d'avoir recours à leurs prières, à leur aide et à leur assistance, pour obtenir des grâces et des faveurs de Dieu, par son fils Jésus-Christ Notre-Seigneur, qui est seul notre rédempteur et notre Sauveur ; et que ceux qui nient qu'on doive invoquer les saints qui jouissent dans le ciel d'une félicité éternelle, ou qui soutiennent que les saints ne prient point Dieu pour les hommes, ou que c'est une idolâtrie de les invoquer afin qu'ils prient, même pour chacun de nous en particulier, ou que c'est une chose qui répugne à la parole de Dieu et qui est contraire à l'honneur qu'on doit à Jésus-Christ, seul et unique médiateur entre Dieu et les hommes, ou même que c'est une pure folie de prier de parole ou de pensée les saints qui règnent dans le ciel, ont tous des sentiments contraires à la piété.

« Que les fidèles doivent semblablement porter respect aux corps saints des martyrs et des autres saints qui vivent avec Jésus-Christ, ces corps ayant été autrefois les membres vivants de Jésus-Christ et le temple du Saint-Esprit, et devant être un jour ressuscités pour la vie éternelle, et revêtus de gloire, et Dieu même faisant beaucoup de bien aux hommes par leur moyen ; de manière que ceux qui soutiennent qu'on ne doit point d'honneur ni de vénération aux reliques des saints, ou que c'est inutilement que les fidèles leur portent respect, ainsi qu'aux autres monuments sacrés ; et que c'est en vain qu'on fréquente les lieux consacrés à leur mémoire pour en obtenir secours, doivent être aussi tous absolument condamnés, comme l'Église les a déjà autrefois condamnés, et comme elle les condamne encore maintenant.

« De plus, qu'on doit avoir et conserver principalement dans les églises, les *images* de Jésus-Christ, de la Vierge, mère de Dieu, et des autres saints ; et qu'il leur faut rendre l'honneur et la vénération qui leur est due ; non que l'on croie qu'il y ait en elles quelque divinité ou quelque vertu pour laquelle on leur doive rendre ce culte, ou qu'il faille leur demander quelque chose, ou arrêter en elle sa confiance, comme faisaient autrefois les païens, qui mettaient leur espérance dans les idoles ; mais parce que l'honneur qu'on leur rend est référé aux originaux qu'elles représentent ; de manière que par le moyen des *images* que nous baisons, et devant lesquelles nous nous découvrons la tête et nous nous prosternons, nous adorons Jésus-Christ et nous rendons nos respects aux saints dont elles portent la ressemblance, ainsi qu'il a été défini et prononcé par les décrets des conciles et particulièrement du second concile de Nicée, contre ceux qui attaquent les *images*.

« Les évêques feront aussi entendre avec soin que les histoires des mystères de notre rédemption, exprimées par peintures ou par autres représentations, sont pour instruire le peuple et pour l'accoutumer et l'affermir dans la pratique de se souvenir continuellement des articles de la foi ; de plus, que l'on tire encore un avantage considérable de toutes les saintes *images*, non-seulement en ce qu'elles servent au peuple à lui rafraîchir la mémoire des faveurs et des biens qu'il a reçus de Jésus-Christ, mais parce que les miracles que Dieu a opérés par les saints, et les exemples salutaires qu'ils nous ont donnés, sont par ce moyen continuellement exposés aux yeux des fidèles, pour en rendre grâces à Dieu, et pour les exciter à conformer leur vie et leur conduite sur le modèle des saints, adorer Dieu, l'aimer et vivre dans la piété. Si quelqu'un enseigne quelque chose de contraire à ces décrets, ou qu'il ait d'autres sentiments, qu'il soit anathème.

« Que s'il s'est glissé quelques abus parmi ces observations si saintes et si salutaires, le saint concile souhaite extrêmement qu'ils soient entièrement abolis ; de manière qu'on n'expose aucunes *images* qui puissent induire à quelque fausse doctrine, ou donner occasion aux personnes grossières de tomber en quelque erreur dangereuse. Et s'il arrive quelquefois qu'on fasse faire quelques figures ou quelques tableaux des histoires ou événements contenus dans la sainte Écriture selon qu'on le trouvera expédient pour l'instruction du peuple, qui n'a pas la connaissance des lettres, on aura soin de le bien instruire qu'on ne prétend pas par là représenter la Divinité, comme si elle pouvait être aperçue par les yeux du corps, ou exprimée par des couleurs et par des figures.

« Dans l'invocation des saints, la vénération des reliques et le saint usage des *images*, on bannira aussi toutes sortes de superstitions, on éloignera toute recherche de profit indigne et sordide, et on évitera enfin tout ce qui ne sera pas conforme à l'honnêteté ; de manière que dans la peinture ou dans l'ornement des *images*, on n'emploie point d'agréments ni d'ajustements profanes et affectés, et qu'on n'abuse point de la solennité des fêtes des saints, ni des voyages qu'on entreprend à dessein d'honorer leurs reliques, pour se laisser aller aux excès et à l'ivrognerie, comme si l'honneur qu'on doit rendre aux saints aux jours de leurs fêtes consistait à les passer en débauches et en dérèglements.

« Les évêques, enfin, apporteront en tout ceci tant de soins et tant d'application qu'il n'y paraisse ni désordres, ni tumulte, ni emportement, rien enfin de profane ni de contraire à l'honnêteté, puisque la sainteté convient à la maison de Dieu (*Psaume* XCXII).

« Or, afin que ces choses s'observent plus exactement, le saint concile ordonne qu'il ne soit permis à qui que ce soit de mettre ou de faire mettre aucune *image* extraordinaire et d'un usage nouveau dans aucun lieu ou église, quelque exempte qu'elle puisse être, sans l'approbation de l'évêque.

« Que nuls miracles nouveaux ne soient admis non plus, ni nulles nouvelles reliques, qu'après que l'évêque s'en sera rendu certain et y aura donné son approbation. Et pour cela, aussitôt qu'il viendra sur ces matières quelque chose à sa connaissance, il en prendra avis et conseil des théologiens et autres personnes de vertu, et il fera ensuite ce qu'il jugera à propos, conformément à la vérité du fait et aux règles de la piété. Que s'il se rencontre quelque usage douteux à abolir ou quelque abus difficile à déraciner, ou bien qu'il naisse quelque question importante sur ces mêmes matières, l'évêque, avant de rien prononcer, attendra qu'il en ait pris le sentiment du métropolitain et des autres évêques de la même province, dans un concile provincial ; en sorte néanmoins qu'il ne se décide rien de nouveau et d'inusité jusqu'à présent dans l'Eglise, sans en avoir auparavant consulté le Très-Saint-Père. »

Nous avons dit que les conciles provinciaux du royaume avaient confirmé le règlement que nous venons de rapporter. Tels sont en effet ceux de Sens en 1528, de Tours et de Reims en 1583, de Bourges en 1584, et de Narbonne en 1609. Mais ce qui est dit sur la fin de ce règlement, qu'il faut que l'évêque, pour retrancher les anciens abus sur les reliques, consulte son métropolitain et le concile de la province, et même qu'il s'adresse au pape, n'est pas suivi en France, où l'évêque peut faire seul sur ce sujet ce qu'un zèle prudent et éclairé lui suggère (*Mémoires du clergé*, tom. V, pag. 1561, et tom. VI, pag. 1224).

L'archevêque de Paris fit un mandement, le 21 mai 1717, portant défense d'exposer des tapisseries, tableaux et autres décorations indécentes dans les églises, les rues et aux reposoirs à la Fête-Dieu. Il serait bien convenable de faire de semblables défenses en certains diocèses, où nous avons vu exposer des tapisseries qui sont bien éloignées de donner à ceux qui les voient des idées religieuses.

IMBÉCILE.

(*Voyez* FOLIE.)

IMMERSION.

Manière ancienne de conférer le baptême, par laquelle on plongeait dans l'eau le corps du catéchumène qu'on baptisait : cet usage est aboli dans l'Occident (*Voyez* BAPTÊME, § 1).

Le cinquantième canon des apôtres ordonne d'administrer le baptême par trois *immersions* ; plusieurs Pères de l'Eglise ont regardé ce rit comme une tradition apostolique, dont l'intention était de marquer la distinction des trois personnes de la sainte Trinité.

Il y avait cependant des cas dans lesquels le baptême par *immersion* était impraticable, comme lorsqu'il fallait baptiser des malades alités, ou lorsqu'on n'avait pas assez d'eau pour en faire un bain ; alors on administrait le baptême par aspersion ou plutôt par infusion, en versant de l'eau trois fois sur la tête du baptisé, comme nous faisons encore aujourd'hui. Quelques personnes voulurent élever des doutes sur la validité de ce baptême ; mais saint Cyprien, consulté à ce sujet, répondit et prouva qu'il était très-valide (*Epist.* 67 *et* 97 *ad Magnum*).

IMMUNITÉ.

L'*immunité*, en général, est l'exemption d'une charge, *a munere exemptio*. On a consacré dans l'usage le mot d'*immunité*, aux exemptions et aux priviléges dont jouissait autrefois l'Eglise. Quoiqu'elle n'en jouisse plus aujourd'hui, surtout en France, nous allons néanmoins en parler pour faire voir en quoi ils consistaient. Nous disons sous les mots ASILE et FRANCHISE qu'on a aboli en France les franchises ou *immunités* des églises et des monastères.

Les canonistes distinguent trois sortes d'*immunités* : 1° l'*immunité* des lieux, qui se rapporte au temple même des églises ; 2° l'*immunité* des personnes, qui regarde les priviléges dont jouissent les ecclésiastiques ; 3° l'*immunité* des biens, qui concerne les biens et revenus de l'Eglise.

§ 1. IMMUNITÉS *des lieux*.

On voit, sous le mot ÉGLISE, § 6, le respect que l'on doit avoir pour les églises, et les actes profanes et indécents qu'il est défendu d'y exercer. Le canon *Tabernaculum*, rapporté sous le même mot, § 3, marque aussi la nécessité de célébrer les saints mystères dans les églises. Nous ne parlerons donc ici que de ce droit fameux d'*immunité*, qui faisait des églises et des lieux contigus un asile sacré pour les criminels qui s'y réfugiaient. *Tuis quæstionibus respondentes, juxta sacrorum statuta canonum et traditiones legum civilium, ita duximus distinguendum : quod fugiens ad ecclesiam, aut liber, aut servus existit. Si liber quantumcumque gravia maleficia perpetraverit non est violenter ab ecclesia extrahendus, nec inde damnari debet ad mortem vel ad pœnam ; sed rectores ecclesiarum sibi obtinere debent membra et vitam. Super hoc tamen quod iniqui fecit et alias, legitime puniendus ; et hoc verum est nisi publicus latro fuerit, vel nocturnus depopulator agrorum, qui dum itinera frequentata, vel publicas stratas obsidit aggressionis insidiis, ab ecclesia extrahi potest, impunitate non præstituo, secundum canonicas sanctiones. Si vero servus fuerit, qui confugerit ad ecclesiam ; postquam de impunitate sua dominus ejus clericis juraverit, ad servitium domini sui redire compellitur, etiam invitus ; alioquin a domino poterit occupari* (C. 6, *de immun. eccles.*).

Les saints canons dont parle ce chapitre sont ceux du décret en la cause 17, question 4, C. *Definivit* ; C. *Id constituimus* ; C. *Mutuentes*. Les lois civiles au Code *De his qui ad eccles. confug.* sont celles dont il fait aussi mention. Quoique certains canonistes disent que l'*immunité* des églises est de droit divin, elle paraît cependant n'avoir eu lieu que sous les premiers empereurs chrétiens, et n'est par conséquent que de droit positif. L'Eglise n'a commencé même à faire des canons sur ce sujet que vers le sixième siècle. Quoi qu'il en soit, pour donner une idée de ce droit encore en usage dans quelques pays, il faut distinguer les lieux auxquels il est attaché, les personnes qui peuvent en jouir et les crimes qui sont exceptés.

1° A l'égard des lieux, la règle générale est que l'*immunité* existe dans tous les lieux sacrés et religieux. Les auteurs disent qu'à l'effet de cette *immunité*, on entend par lieu sacré généralement toutes les églises, basiliques, chapelles non domestiques, oratoires et autres lieux semblables consacrés par l'évêque. Les lieux religieux sont en général, les monastères et les habitations conventuelles des ecclésiastiques séculiers ou réguliers, les hôpitaux, les séminaires et autres semblables, établis de l'autorité de l'évêque ou du pape. La constitution de Grégoire XIV, qui contient un règlement nouveau sur cette matière, n'a rien changé à cette règle générale, qu'il faut expliquer ici suivant les usages des pays où cette *immunité* est encore observée.

Une église non paroissiale, où l'on ne célèbre jamais les saints mystères, est comprise dans cette règle, c'est-à-dire que le droit d'asile y a lieu, ainsi que dans les églises non encore consacrées (pourvu qu'on y chante les offices divins), interdites ou ruinées, avec espérance de réédification; car, si l'église avait été démolie par ordre de l'évêque, pour ne devoir plus être réédifiée, l'*immunité* ne pourrait y avoir lieu. L'*immunité* a encore lieu dans une église dont la construction n'est pas finie, mais où l'évêque a déjà posé la première pierre, pourvu toutefois que la construction n'en ait pas été abandonnée. Elle a lieu encore dans le cimetière de la paroisse, qu'il soit contigu ou séparé de l'église; dans les hôpitaux fondés par l'évêque, ou établis de son autorité, dans les oratoires ou chapelles publiques et non privées, fondées par la même autorité de l'ordinaire, dans l'enceinte de l'église : *In atrium ecclesiæ*, c'est-à-dire dans le cloître, le portique, le dortoir et autres lieux accessoires; dans le palais de l'évêque, pourvu qu'il ne soit pas éloigné de plus de quarante pas de la cathédrale, qu'il y ait une chapelle où l'on dise la messe; dans le palais des cardinaux; mais aujourd'hui cette *immunité* n'a plus lieu. Le prêtre qui porte le Saint Sacrement peut servir de refuge et d'*immunité* à un criminel. On avait aussi, autrefois, attaché ce privilége aux statues des princes, mais cet usage a depuis longtemps cessé. L'*immunité* s'étend jusqu'aux degrés de l'église, quand ils sont contigus; l'*immunité* a donc lieu à plus forte raison à la porte même de l'église et sur le toit.

On dit ordinairement, et cela se trouve ainsi réglé par les canons ou leurs gloses (*Glos. in cap. Sicut antiquitas* 17, qu. 4), que l'*immunité* a lieu dans les églises et jusqu'à trente pas à l'entour quand ce ne sont pas des églises cathédrales, et jusqu'à quarante pas à l'entour des églises cathédrales. Toutes ces différentes décisions, que nous avons cru ne devoir rapporter que sommairement, à cause de leur inutilité en France, sont prises dans les canonistes qui ont traité au long cette matière.

2° Régulièrement, l'*immunité* des églises est due à toutes sortes de personnes, sans en excepter les ecclésiastiques. L'excommunié et d'autres à qui l'entrée de l'église a été interdite jouissent également du droit d'asile. Le débiteur pour cause civile jouit de l'*immunité*, de quelque nature que soient ses dettes.

3° Les termes du chapitre rapporté ci-dessus : *Quantumcumque gravia maleficia perpetraverit*, ne permettent pas de douter que l'*immunité* n'ait lieu pour toutes sortes de crimes, et c'est aussi la règle générale. Mais, comme indépendamment de ce que plusieurs croient que le droit d'asile est défavorable et qu'il le faut restreindre, il est certaines espèces de crimes dont l'impunité serait dangereuse, dans cet esprit, Grégoire XIV excepta, par sa constitution, modifiée et expliquée par celle de Benoît XIII, dans le concile de Rome, en 1725, les voleurs publics, les brigands ou voleurs de grands chemins, les dépopulateurs nocturnes des champs, ceux qui ont commis homicide ou quelque mutilation des membres dans les églises mêmes, les homicides de guet-apens ou par trahison, les assassins, les hérétiques, les criminels de lèse-majesté en la personne du prince : *Publici scilicet latrones, viarum grassatores, depopulatores agrorum, homicidia et mutilationes membrorum in ecclesiis committentes, homicide proditorii, assassinii, hæretici, reique læsæ majestatis in personam principis.* Benoît XIII a ajouté les complices et adhérents des assassinats, les faussaires de lettres apostoliques, les faux monnayeurs, les concussionnaires dans des administrations publiques, les assassins qui ont commis leur crime, non-seulement dans un lieu saint, mais contre des personnes qui n'y étaient pas elles-mêmes, et *vice versa*, les violateurs des *immunités* en la personne des réfugiés.

Par la règle *Inclusio unius est exclusio alterius*, les coupables de toutes autres sortes de crimes jouissent de l'*immunité*; si bien qu'on ne peut, sur la nature des crimes commis par les réfugiés, raisonner par identité de raison sur ceux que Grégoire XIV et Benoît XIII ont nommément exceptés. Ainsi, les ravisseurs, les adultères, les sodomites, les simples homicides ou voleurs, les sacriléges, les blasphémateurs, les incendiaires, les simoniaques, ceux qui ont brisé les prisons, etc., jouissent de l'*immunité*.

Une fois que le criminel est dans le lieu d'*immunité*, on ne peut, sans crime, violer son asile, soit par voie de fait, soit par ruse ou autrement : *Ad ecclesiam confugientes, nec directe, nec indirecte inde extrahi possunt et sic nec per vim expulsivam, nec etiam per compulsivam, et propterea illis nec alimenta, nec quiescendi commoditas, negari potest;* c'est-à-dire qu'on ne peut refuser les aliments ni les autres secours nécessaires à la vie pour obliger un réfugié de quitter son asile; si peu que s'il n'a absolument rien, l'église où il s'est retiré doit l'alimenter. On peut bien user de quelque flatterie pour l'obliger à sortir, mais on ne peut user de dol, comme si on lui promettait malicieusement l'impunité.

Ceux qui, au préjudice de toutes ces règles, sont assez téméraires pour violer l'asile des réfugiés, sont punis des peines prononcées par les canons, comme les violateurs des droits, libertés et *immunités* ecclésiastiques; c'est la disposition de la bulle de Grégoire XIV, sur cette matière: *Quod si quis, etc., quovis prætextu quicquam præter aut contra hujus nostræ constitutionis tenorem attentare præsumpserit, declaramus eum ipso facto, censuras et pœnas easdem incurrere, quæ contra libertatis, juris et immunitatis ecclesiasticæ violatores, per sacros canones, conciliorumque generalium, et nostrorum prædecessorum constitutiones sunt promulgatæ.*

L'*immunité* accordée aux criminels réfugiés dans les lieux saints ne les sauve pas des peines pécuniaires, encore moins des dommages qu'ils ont causés, et dont leurs biens répondent toujours (*C. Reum, in fin.,* 17 *qu.* 4).

Les différentes bulles des papes qui défendent aux supérieurs des monastères de recevoir les criminels en asile dans leurs cloîtres, ne dérogent ni à la bulle de Grégoire XIV ni aux règles qui viennent d'être établies. Ces bulles n'ont en vue, dans leurs défenses, que d'empêcher que les réfugiés ne séjournent scandaleusement dans l'enceinte des monastères; en sorte qu'elles ordonnent, non pas de les livrer à la justice, mais de les congédier avec cette charité que nous devons aux plus grands pécheurs, ou de les garder, après en avoir averti les supérieurs.

Le droit d'asile dont nous venons de parler a eu lieu pendant assez longtemps en France; on trouve sur cette matière d'anciennes lois de nos souverains et des canons des conciles du royaume qui ne permettent pas d'en douter (*Mémoires du clergé, tom.* V, *pag.* 1627 *et suiv.*).

§ 2. IMMUNITÉS *des personnes.*

On doit entendre ici par *immunités* des personnes ces différents priviléges dont jouissaient les ecclésiastiques à cause de la dignité de leur état: comme de ne plaider que devant les juges d'église, de ne pouvoir être emprisonnés pour dettes, d'être exempts de certaines charges personnelles, etc. (*Voyez* DÉLIT, EMPRISONNEMENT, PRIVILÉGE).

Pour ce qui regarde l'exemption des charges, il faut distinguer: en général, le mot de charge se prend pour tout ce qui est onéreux; et, en ce sens, on divise les charges en personnelles, patrimoniales et mixtes.

Les charges personnelles sont celles qui s'acquittent par le soin de l'esprit ou du travail du corps, comme les tutelles, la collation des impôts, le logement des gens de guerre.

Les charges patrimoniales sont celles qui s'acquittent aux dépens du patrimoine, et sont imposées sur les biens.

Les charges mixtes sont celles auxquelles, outre le ministère de son corps, l'on est obligé de fournir de son bien.

Après avoir donné cette idée des différentes charges en prenant le mot pour l'*onus* des latins, nous ne parlerons sur cet article que de l'*immunité* des charges personnelles, renvoyant à parler, dans l'article suivant, de l'*immunité* des autres charges, que nous pouvons appeler réelles, ou plutôt pécuniaires.

Les premiers empereurs chrétiens s'empressèrent, après avoir reconnu la sainteté de notre religion, d'en favoriser les ministres par l'exemption des charges, qu'ils ne pouvaient exercer sans avilir leur caractère, et sans abandonner même leurs fonctions: *Qui divino cultui ministeria religionis impendunt, id est, hi qui clerici appellantur, ab omnibus omnino muneribus excusantur in sacrilego livore quorumdam, a divinis obsequiis avocentur.* Ce sont les termes de l'empereur Constantin (*in Leg.* 7, *cod. Theod. lib.* XVI, *tit.* 2). L'empereur Constant confirma cette loi ou ce privilége; Julien l'apostat le révoqua en révoquant tous les autres priviléges accordés au clergé; mais Valentinien, et ensuite Gratien les rétablirent. Ce dernier n'excepta aucun ecclésiastique, et Théodose le Grand étendit cette exemption aux laïques même, qui étaient gardes et conservateurs des églises et des lieux saints: *Custodes ecclesiarum, vel sanctorum locorum, quis enim capite censos patiatur esse divinitos, quos necessario intelliget supra memorato obsequiis mancipatos (Loc. cit. lib.* XXIV). Aucun privilége ne s'est si bien soutenu que cette exemption des charges personnelles en faveur des ecclésiastiques. Les obligations de leur état, qui leur interdit d'ailleurs l'exercice de toute profession séculière et profane, en ont fait, même dans la suite, un point de défense; en sorte qu'un ecclésiastique ne saurait être, même volontairement, receveur d'impôt; il pourrait être tuteur, parce qu'une tutelle peut lui fournir les moyens de protéger l'orphelin et de le défendre de l'avide et dangereuse administration de certains tuteurs (*Voyez* CLERC, TUTELLE, OFFICE).

A l'égard des charges onéreuses, appelées anciennement par les lois *sordida munera,* ou *parangarias,* comme de réparer les chemins et les ponts, faire des charrois, fournir de la chaux, du charbon, du bois, des bêtes de charge, de la farine, du pain et autres choses semblables, connues parmi nous sous le nom de corvées, ils en étaient déchargés par privilége (*Cod. Théod., liv.* XI, *tit.* 16;

Thomassin, *Discip. de l'Egl.*, part. II, liv. III, ch. 4, n. 5 ; can. *Generaliter* 16, qu. 1).

Lorsque les Français se furent rendus maîtres des Gaules, on y suivit ce que l'on y avait pratiqué pendant que ce pays avait été sous la domination des empereurs chrétiens; c'est-à-dire que nos rois exemptèrent les clercs des charges personnelles. Le chapitre CXVI du livre VI des Capitulaires porte, que la consécration doit rendre libres de toutes les charges serviles et publiques les évêques, les prêtres et les autres ministres des autels, afin qu'ils ne soient occupés que du service qu'ils doivent rendre à l'Eglise. Cette raison, comme nous l'avons déjà observé, a toujours maintenu en France, ainsi qu'ailleurs, les ecclésiastiques dans l'exemption des charges personnelles, telles que nous les avons définies.

La loi du 22 mars 1831 dispense les ecclésiastiques du service de la garde nationale; la loi sur le recrutement de l'armée exempte aussi les élèves des grands séminaires du service militaire (*Voyez* ECCLÉSIASTIQUES). Ils sont dispensés de la tutelle (*Voyez* TUTELLE).

En Sardaigne, en vertu de traités passés avec le saint-siége, traités qui sont reconnus lois de l'Etat, les couvents jouissent de l'*immunité* et sont regardés comme des asiles sacrés.

§ 3. IMMUNITÉ *des biens.*

Nous entendons ici par *immunité* des biens les exemptions des charges et impositions réelles, c'est-à-dire attachées au bien de l'Eglise.

Les premiers empereurs chrétiens, qui, comme de sages princes, voulaient concilier la justice avec ce que la piété leur inspirait en faveur de la religion qu'ils avaient nouvellement embrassée, furent plus réservés dans les exemptions qu'ils accordèrent à l'Eglise pour les impositions et les charges pécuniaires, que pour les exemptions des charges personnelles ; celles-ci n'intéressaient pas si essentiellement le peuple que les autres. Il y avait à Constantinople plusieurs boutiques dont les revenus étaient destinés pour les frais des sépultures; Justinien ne voulut exempter qu'une partie de ces boutiques, de peur que, s'il les exemptait toutes des charges ordinaires, cette exemption ne devînt préjudiciable au public : *Nemine queunte inniti privilegiis*, etc., *neque enim sustinemus aliorum onus, ad alios deferri; aut tam immittem proponere formulam, ut quotidie vectigalia exigeantur*, etc., *cum nihil tam magno studio, tamque serio affectemus, quam de novo quisquam vectigali oneretur* (*Nov.* 43, c. 1). Le même empereur, dans une autre de ses novelles (131, c. 5), fait une distinction sur cette matière, qui répond aux sentiments d'équité qu'il avait pris pour règle dans la concession de cette espèce de privilége. Il distingue les impositions sordides et extraordinaires des charges ordinaires ; il veut que les fonds de l'Eglise soient exempts des premières, et qu'ils soient soumis aux autres : *Ad hæc sancimus omnium sanctarum ecclesiarum et omnium venerabilium domorum possessiones, neque sordidas functiones, neque extraordinarias descriptiones sustinere. Si tamen itineris sternendi, aut pontum ædificii, vel reparationis opus fuerit ad instar aliorum possessorum hujusmodi opus et sanctas ecclesias et venerabiles domos complere dum sub illa possident civitate, sub quale fit opus.*

Avant Justinien, quelques empereurs avaient exempté les ecclésiastiques de certaines impositions que la novelle rapportée comprend parmi les charges ordinaires, mais qui, étant municipales, participent à la nature des charges personnelles : telles sont les contributions dont nous parlons en l'article précédent, et qu'on appelait autrefois *sordida munera*, ou *angarias, et parangarias* (*C. Generaliter*, § *Novarum* 16, qu. 1). La glose du chapitre *Non minus de Immunit. Eccles.* nous apprend que les charges appelées *angarias* étaient celles qu'on fournissait à ses dépens, *propriis sumptibus* et *parangarias*, celles dont on s'acquittait aux frais d'autrui, *sumptibus alienis*.

Mais ces premiers empereurs n'ont jamais entendu, non plus que Justinien, décharger absolument les biens de l'Eglise de toutes sortes d'impôts ; rien ne le prouve mieux que ces paroles de saint Ambroise, dont on a fait les canons 27 et 28 de la cause 11, question 1 du décret : *Si tributum petit imperator, non negamus, agri Ecclesiæ solvunt tributum, si agros desiderat imperator, potestatem habet vendicandorum.*

Magnum quidem est, et spirituale documentum, quo christiani viri sublimioribus potestatibus docentur debere esse subjecti, ne quis constitutionem terreni regis putet esse solvendam. Si enim censum Dei filius solvit, quis tu tantus es, qui non putes esse solvendum? Item Apostolus : Omnis anima sublimioribus potestatibus subdita sit. Item Petrus apostolus generaliter omnibus fidelibus scribit : estote subditi dominis vestris, sive regi quasi præcellenti, sive ducibus, tanquam ab eo missis ad vindictam malefactorum, laudem vero bonorum (*Grat.*). A ce témoignage, nous pourrions en joindre ici une infinité d'autres aussi clairs et non moins respectables ; mais bornons-nous à celui de saint Augustin : « Les donatistes, dit le saint docteur, savent-ils bien ce qu'ils disent, quand ils se plaignent qu'on leur a enlevé leurs maisons de campagne et leurs autres biens ? Ils produisent pour titre de propriété les testaments de ceux qui leur ont transmis ces héritages; mais de quel droit veulent-ils en faire usage pour défendre leur propriété ? Est-ce du droit divin ? est-ce du droit humain ? qu'ils choisissent. Le droit divin est consigné dans les Ecritures, et le droit humain est renfermé dans les ordonnances des rois. D'où chacun posséda-t-il ce qu'il possède ? N'est-ce pas en vertu du droit humain ; car suivant le droit divin, la terre et tout ce qu'elle contient appartient à Dieu ; c'est de son limon qu'il a formé les pauvres et les riches, et c'est la même terre qui les porte tous. C'est cependant en vertu du droit humain, par les lois impériales que nous les possédons; et pourquoi? parce que Dieu s'est servi du droit humain, des lois des empereurs et des rois de la terre pour les distribuer au genre humain. Lisons, si vous le voulez, ces lois, et traitons d'après elles ces possessions, et l'on verra si elles permettent aux hérétiques de rien posséder. »

Hincmar, archevêque de Reims, a employé ce passage dans une de ses lettres au pape Adrien II, pour prouver que les évêques sont obligés de rendre hommage de leur temporel aux souverains, ce qui emporte nécessairement l'obligation de lui fournir en certains cas le cens dû à la souveraineté de leur domaine. Il est vrai que le même prélat, dans une autre de ses lettres à Louis III, défend *l'immunité* des biens ecclésiastiques, par la sainteté de leur destination. « L'Esprit Saint nous a enseigné, dit-il, que les biens de l'Eglise sont appelés *oblation*, parce qu'ils sont offerts et consacrés à Dieu. Ces biens sont les vœux des fidèles, le prix des péchés et le patrimoine des pauvres; celui qui en retient une partie, mérite le même châtiment qu'Ananie et Saphire. » On voit sous les mots ALIÉNATION, OBLATION, que c'était là le langage commun des anciens canons copiés dans les Capitulaires de nos rois; mais on n'avait alors en vue, dans ces exclamations, que l'injustice des usurpateurs et des tyrans, ce qui est bien loin de notre cas, où il s'agit seulement de savoir si le prince n'est pas fondé à retirer des biens ecclésiastiques les secours nécessaires. Or, il n'y avait pas dans ce temps-là même jusqu'aux fonds de l'Eglise de Rome qui ne fussent assujettis à cette loi. Saint Grégoire lui-même recommandait au défenseur de Sicile de faire cultiver avec soin les terres de ce pays qui appartenaient au saint-siége, afin qu'on pût payer plus facilement les impositions dont elles étaient chargées (Thomassin, *part.* II, liv. III, ch. 22) (*cap.* Omnis anima *extr. de censibus*).

Nos anciens rois, par un effet de leur piété, voulurent exempter les biens de l'Eglise de certaines charges, sans pourtant les exempter absolument de toutes. L'empereur Clotaire, qui n'avait pas été favorable au clergé dans le commencement de son règne, lui accorda dans la suite diverses exemptions. Sous l'empire de Louis le Pieux et de Charlemagne, l'Eglise n'était chargée que des impositions pour les réparations des ponts et des chemins; c'est ce que l'on voit par le sixième livre des Capitulaires. Ces empereurs avaient même affranchi de toute servitude les dîmes, les offrandes, la maison du curé, les jardins et une terre d'une certaine grandeur déterminée, appelée *mansus*, pour chaque église paroissiale. C'est ce que vient le canon *Secundum canonicam* du décret, cause 23, question 8 (*Voyez* MENSE). Mais si l'Eglise acquérait quelque fonds nouveau, soumis au cens envers le roi, elle était obligée d'abandonner ses terres ou de satisfaire au cens accoutumé. Au surplus, l'Eglise ne pouvait même, sous la première race de nos rois, acquérir aucun fonds par donation, achat ou autrement sans le consentement du prince: ce qui a été appelé depuis amortissement (*Voyez* AMORTISSEMENT.)

Toutes ces différentes exemptions laissaient subsister le droit de gîte, le service militaire et les dons que faisaient les ecclésiastiques, comme les autres sujets, dans les assemblées qu'on appelait *parlements*. Le droit de gîte consistait à loger et nourrir le roi et ceux de sa suite quand il passait. Toutes les églises séculières et régulières indistinctement étaient sujettes à ce droit, il n'y avait d'exemptes que celles à qui le roi avait accordé particulièrement l'exemption, ainsi qu'on en voit des exemples. Le plus souvent on permettait qu'on acquittât ce droit en argent, pour ne pas troubler les évêques dans leurs fonctions ou les religieux dans leur retraite. Ces églises devaient aussi recevoir les officiers que le roi envoyait dans les provinces; et, quand elles y manquaient, les rois condamnaient ceux qui en avaient les revenus à de grosses amendes. Cette faute était d'autant moins pardonnable, dit Thomassin, que le roi faisait toujours avertir avant le passage, et qu'il marquait dans ses lettres ce qu'on serait obligé de fournir à celui qui en recevrait et à sa suite.

Le même auteur dit que cet usage n'était pas particulier à la France, mais qu'il s'y introduisit plus tôt que dans les autres pays, parce que les rois y avaient donné des biens considérables à l'Eglise. L'empereur Frédéric I prétendait avoir le droit de loger chez les évêques d'Italie, non-seulement quand il irait à Rome pour se faire couronner, ce que le pape ne lui contestait point, mais encore toutes les fois qu'il passerait dans ce pays. Il soutenait aussi que les personnes qui allaient de sa part en Italie, devaient jouir du même droit, parce que les palais des évêques sont tous bâtis, disait-il, sur les fonds de l'empereur.

En 903, l'empereur Bérenger fit une constitution dans une assemblée d'évêques et de seigneurs d'Italie, qui portait que les évêques et les comtes fourniraient à l'entretien de l'empereur, quand il passerait sur leurs terres, suivant l'ancienne coutume, et que si une partie des biens du comte entrait dans le domaine de l'Eglise, l'Eglise augmenterait aussi sa part de la contribution. Les seigneurs particuliers voulurent, à l'exemple des empereurs et des rois, exiger des droits de gîte et des repas dans certains monastères. Raimond, comte de Toulouse, menaça de peines très-sévères, ceux qui commettraient de pareilles violences; et les conciles de France et d'Irlande permirent de se servir, contre ces personnes, de toute la rigueur des censures ecclésiastiques.

L'obligation dans laquelle était l'Eglise, sous les premières races de nos rois, d'envoyer des troupes pour servir dans les armées, avait à peu près la même origine que

(*Sept.*)

le droit de gîte ; les évêques et les abbés possédaient de grandes terres ; ils avaient sous eux des vassaux, et ils devaient, comme les autres seigneurs, conduire un certain nombre d'hommes armés dans les temps de guerre. L'empereur Charlemagne, persuadé que le service militaire ne convenait point à l'esprit de l'Eglise, ne voulait avoir dans son armée que deux ou trois évêques, et quelques prêtres pour annoncer la parole de Dieu, et pour administrer les sacrements. Les autres, selon les capitulaires, devaient demeurer dans leurs diocèses, et envoyer leurs vassaux bien armés avec le roi, ou sous la conduite de la personne que le roi leur indiquait. Un règlement si conforme aux règles de l'Eglise ne fut pas longtemps observé : un concile tenu sous Charles-le-Chauve en 847, ordonne aux évêques qui ne conduiraient pas eux-mêmes leurs soldats aux expéditions militaires, à cause de leurs infirmités, ou parce que le roi les en aura dispensés, de les confier à quelques-uns des officiers du roi. Celui de Meaux tenu presque en même temps, veut que l'évêque chargé de ce soin quelqu'un des vassaux de l'Eglise. Dans un autre concile, Charles-le-Chauve se plaint de ce que Vermillon, archevêque de Sens, n'avait point été lui-même à l'armée, et de ce qu'il n'avait pas fourni le secours d'hommes que ses prédécesseurs avaient envoyé. Hincmar de Reims, écrivant au pape Nicolas, lui mande qu'il doit bientôt partir, malgré ses infirmités, pour aller à l'armée avec ses vassaux contre les Bretons et les Normands. Il ajoute que les autres évêques iront comme lui à l'armée, suivant la dure coutume du pays. Si les évêques, dit ailleurs ce prélat, tiennent des biens considérables du roi et de l'Etat, peuvent-ils se dispenser de rendre à l'Etat les services que leurs prédécesseurs lui ont toujours rendus ?

Les évêques véritablement pleins de l'esprit de l'Eglise, gémissaient de la triste nécessité dans laquelle ils se trouvaient de paraître à la tête des troupes ; mais ils étaient excusables quand, après avoir gémi, ils suivaient la coutume du temps. C'est la remarque du docte Thomassin (*Discipl. de l'Eglise, part.* III, *liv.* III, *ch.* 8).

C'est aussi sur le fondement de cette coutume que les évêques d'Orléans et d'Auxerre, étant sortis du camp de Philippe-Auguste, parce qu'ils prétendaient n'être obligés de s'y trouver que quand le roi y était en personne, le prince fit saisir tous leurs fiefs ; les prélats se plaignirent au pape Innocent III, qui condamna leur conduite ; et ils ne rentrèrent dans leurs fiefs, deux ans après la saisie, qu'après avoir payé l'amende à laquelle ils avaient été condamnés selon les lois du royaume. Ces anciens usages s'accordent peu avec l'irrégularité qui paraît attachée aujourd'hui au seul port des armes (*Voyez* ARMES).

A l'égard des présents dont nous avons parlé, il y en avait d'annuels, et d'autres qui se payaient à titre d'exemption du service militaire. Dans le parlement que tint Louis le Pieux en 817, il fit faire une liste des abbayes de son empire, dans laquelle il marqua celles qui étaient obligées de fournir des troupes et celles qui n'étaient obligées qu'à des présents. Cet empereur accordant un monastère à saint Anschaire, archevêque de Hambourg, se réserva les présents qu'on avait coutume de faire à ses prédécesseurs. La chronique de saint Arnoulph, dit sur l'année 833, que Lothaire tint son assemblée à Compiègne ; et qu'il y reçut les présents annuels des évêques, des abbés, des comtes et de tout le peuple. Dans le concile de Thionville on exhorta tous les ecclésiastiques à contribuer aux besoins de l'Etat, *subsidium*, autant que leur pourrait permettre les revenus de leurs églises (Thomassin, *lieu cité, ch.* 9).

Il paraît que telles étaient les charges que supportaient les ecclésiastiques sous le règne de ces pieux empereurs ; mais étant devenus et plus riches et plus puissants vers la fin du neuvième siècle, et au commencement du dixième, ils prétendirent que les biens d'église devaient être exempts de toutes sortes de charges comme la personne des clercs. Il y en eut même, dit d'Héricourt (*Lois eccl.*, pag. 660), qui allèrent jusqu'à soutenir que l'une et l'autre de ces exemptions étaient de droit divin. Ayant répandu cette maxime vers la fin du neuvième siècle, et au commencement du dixième, ils s'exemptèrent du don annuel que chacun d'eux avait coutume de faire au roi, comme les autres sujets. En sorte que lorsqu'on voulut vers le douzième siècle réclamer leurs secours par des contributions, on fit successivement ces deux fameux règlements qui se trouvent dans le recueil de Grégoire IX, au titre *de Immunit. Eccles.* Le premier est tiré du concile de Latran, tenu en 1179, sous le pape Alexandre III, et l'autre du concile de ce nom tenu en 1215, sous Innocent III. En voici la disposition : *Non minus*, etc., *in diversis mundi partibus consules civitatum, et rectores, nec non et alii, qui potestatem habere videntur, tot onera frequenter imponunt ecclesiis ut deterioris conditionis, factum sub eis sacerdotium videatur, quam sub Pharaone fuerit, qui legis divinæ notitiam non habebat. Ille quidem omnibus aliis servituti subactis sacerdotes et possessiones eorum in pristina libertate dimisit, et eis alimoniam de publico administravit. Isti vero onera sua fere universa imponunt ecclesiis, et tot angariis eos affligunt, ut eis quod Jeremias deploral competere videatur : princeps provinciarum facta est sub tributo. Sive quidem fossata, sive expeditiones, seu alia qualibet sibi arbitrentur agenda, de bonis ecclesiarum et clericorum, et pauperum Christi usibus deputatis, volunt fere cuncta compleri. Juridictionem etiam, et auctoritatem prælatorum ita evacuant, ut nihil potestatis eis in suis videatur hominibus remansisse. Quo circa sub anathematis districtione fieri de cætero talia prohibemus : nisi episcopus et clerus tantam necessitatem vel utilitatem aspexerint, ut absque ulla exactione ad relevandas communes utilitates vel necessi-*

tates, ubi laicorum non suppetunt facultates, subsidia per ecclesias existimunt conferenda. Si autem consules, aut alii de cœtero ista commiserint, æ commoniti desistere noluerint, tam ipsi quam fautores eorum excommunicationi reddantur donec satisfactionem fecerint competentem (c. 4, *de Immunit. Eccles.*).

Adversus consules et rectores civitatum vel alios, qui ecclesias et ecclesiasticos viro talliis seu collectis et exactionibus aliis aggravare nituntur, volens immunitati ecclesiasticæ Lateranense concilium providere, præsumptionem hujusmodi sub anathematis distinctione prohibuit : transgressores et fautores eorum excommunicationi subjacere præcepit, donec satisfactionem impenderint competentem. Verum si quando forte episcopus simul cum clericis tantam necessitatem et utilitatem perspexerit ut absque ulla coactione ad relevandas utilitates vel necessitates communes, ubi laicorum non suppetunt facultates, subsidia duxerit per ecclesias conferenda : prædicti laici humiliter et devoti recipiant cum gratiarum actione.

Propter imprudentiam tamen quorumdam romanus pontifex prius consulatur, cujus interest communibus utilitatibus providere. Quia vero nec sic quorumdam malitia contra Dei Ecclesiam conquievit, adjicimus ut constitutiones et sententiæ quæ a talibus vel de ipsorum mandato fuerint promulgatæ, inanes et irritæ habeantur, nullo unquam tempore, valituræ. Cæterum quia fraus et dolus alicui patrocinari non debent, nullus vano decipiatur errore. Ut intra tempus regiminis sustineat anathema, quasi post illud non sit ad satisfactionis debitum compellendus ; nam et ipsum qui satisfacere recusaverit, et successorem ipsius, nisi satisfecerit intra mensem, manere decernimus ecclesiastica censura conclusum, donec satisfecerit competenter ; cum succedat in onere, qui in honore substituitur (*C.* 7 *eod. tit.*).

Dans le concile où ce dernier décret fut rendu, on ordonna que tous les clercs paieraient la vingtième partie de leurs revenus ecclésiastiques, pendant trois ans pour le secours de la Terre-Sainte, et le pape avec les cardinaux se taxèrent à la dixième, c'est-à-dire que pour les croisades dont l'objet était la conquête de la Terre-Sainte, toute exemption cessait, et il n'y avait pas même jusqu'au pape qui ne contribuât du sien aux frais de l'entreprise. C'est de là aussi que vinrent les décimes en France.

« Jusqu'ici, dit Patru, dans son traité des
« décimes, les levées ordinaires ou extraor-
« dinaires que les rois firent sur le clergé
« n'eurent le nom ni de dîme ni de décime.
« Ces mots, en cette signification, ne furent
« connus que sous le règne de Philippe-Au-
« guste, et aux temps des guerres de la Terre-
« Sainte. Or, pour parler des voyages d'outre-
« mer qui furent comme la source de nos
« décimes, le premier, et je puis dire, le plus
« fameux, se fit sous Godefroi de Bouillon, en
« l'an 1096. Toute la France contribua avec
« grand zèle pour cette sainte expédition ;
« mais toutes ces contributions ne furent que
« purement volontaires.

« Louis le Jeune fut le premier de nos
« rois qui se croisa. Pour fournir à la dé-
« pense de ce voyage, il se fit une levée sur
« les ecclésiastiques. Il est vrai que tous nos
« historiens se taisent sur cette levée, qui se
« fit par forme de taxe sur chaque bénéfice ;
« mais elle est justifiée par trois actes, rap-
« portés dans Duchêne (*tom.* IV, *pièce* V,
« *pag.* 423).

« Depuis le voyage de Louis le Jeune, et
« pendant plus de quarante ans, il ne se fit au-
« cune levée sur le clergé ; mais en l'an 1187,
« et le 26 de septembre, Saladin, soudan
« d'Egypte, ayant pris la ville de Jérusalem,
« et chassé les chrétiens presque de toute la
« Palestine, cette nouvelle alarma toute la
« chrétienté, qui se mit en armes pour cette
« guerre. L'empereur, le roi d'Angleterre,
« Philippe-Auguste, et avec lui tout ce qu'il
« y avait de plus illustre dans le royaume,
« se croisa. Pour fournir à la dépense de
« cette sainte expédition, dans une assem-
« blée d'Etat, tenue à Paris en l'an 1188, au
« mois de mars, il fut ordonné qu'on livre-
« rait sur les ecclésiastiques le dixième d'une
« année de leur revenu, et sur les laïques
« qui ne feraient point le voyage, le dixième
« de tous leurs biens, meubles, et de tous
« leurs revenus. Cette levée, du nom du
« soudan, fut appelée la dîme saladine, et
« depuis ce temps toutes les impositions
« mises sur le clergé, se nommèrent *dîmes*
« ou *décimes*, quoiqu'elles soient presque
« toujours fort éloignées du dixième du re-
« venu des églises du royaume. »

Dans la suite, on fit plusieurs autres levées à l'exemple de celle qui fut ordonnée contre Saladin. Dans le treizième siècle, on en compte treize, et vingt-une sous Philippe le Bel ; il s'en trouve presque dans tous les règnes depuis Philippe-Auguste.

Comme on publiait des croisades et des indulgences, dit Fleury (*Inst. au droit ecclés.*), non-seulement contre les infidèles pour le secours de la Terre-Sainte, mais encore contre les hérétiques et les autres excommuniés, on étendit aussi les décimes à ces croisades. Ainsi, en 1226, Honorius III accorda une décime à Louis VIII, apparemment pour la guerre contre les Albigeois. Le pape Urbain IV, en 1262, en accorda une à Charles d'Anjou, pour la guerre contre Mainfroi ; et, après les Vêpres siciliennes, Martin IV en accorda une pour la guerre contre Pierre d'Aragon.

Les papes accordèrent aux souverains le droit de lever des décimes sur le clergé, comme les deux décimes que Clément IV accorda à Philippe de Valois, en 1348, pour les nécessités de l'Etat. Mais depuis l'extinction du schisme d'Avignon, les décimes furent plus rares. En 1501, Louis XII leva une décime avec permission du pape, pour secourir les Vénitiens contre les Turcs. En 1516, Léon X donna une bulle, par laquelle il accordait à François Ier une décime pour un an sur le clergé de France, qui ne serait employée à autre usage qu'à la guerre contre les Turcs. On dressa pour lors une taxe de chaque bénéfice en particulier, qui fut au-dessous de la dixième partie du revenu. Depuis ce temps, il se trouve plusieurs levées faites sur le clergé, sans consulter le pape. En 1527, le clergé offrit un million trois cent mille livres pour la rançon du roi François Ier. En 1534, le revenu des biens ecclésiastiques fut partagé entre le roi et le clergé. En 1551, le clergé fit encore une offre considérable. Enfin, ces concessions étaient devenues, en 1557, annuelles et ordinaires, puisque le roi Henri II créa, en cette année, des receveurs de décimes en chaque archevêché ou évêché, et qu'il leur assigna douze deniers par livres de ce qu'ils percevraient. Les douze deniers devaient être imposés sur les bénéficiers au-dessus du principal des décimes, et les nouveaux officiers devaient rendre compte de leur gestion à la chambre des comptes.

En Italie, on a conservé les exemptions des ecclésiastiques dans toute leur intégrité. On y use de censure contre quiconque ose contrevenir au décret du concile de Latran.

Après ce que nous venons de dire touchant l'*immunité* des biens ecclésiastiques, relativement à ce qui s'est passé dans le royaume comme ailleurs, il ne nous reste qu'à marquer ici, sur le même sujet, l'état présent des choses.

D'après les lois actuellement en vigueur, tous les biens ecclésiastiques qui sont regardés comme établissements d'utilité publique jouissent de l'*immunité*, c'est-à-dire qu'ils sont exempts des charges et impositions réelles.

Ainsi ne sont pas imposables : « Les églises et les temples consacrés à un culte public, les cimetières, les archevêchés, évêchés et séminaires, les presbytères et jardins y attenant, les hospices, enfin tous les bâtiments dont la destination a pour objet l'utilité publique » (*art 403 des règles du cadastre*). Les collèges, les maisons fournies par les communes aux instituteurs pour leur logement, les bâtiments, cours et jardins des communautés religieuses qui se vouent à l'éducation, sont également exempts de la contribution foncière.

Les petits séminaires, ou écoles secondaires ecclésiastiques, qui sont établissements publics et dont le gouvernement nomme les directeurs, sont assimilés aux grands séminaires et jouissent de même de l'exemption de la contribution foncière. Mais cette exemption ne pourrait être réclamée par un petit séminaire ou école secondaire ecclésiastique tenue par un particulier pour son compte, et qui ne serait plus un établissement public.

Quoique l'exemption de la contribution foncière accordée aux presbytères ait été proclamée depuis longtemps par les instructions ministérielles, il est cependant encore un certain nombre de paroisses dans lesquelles ces bâtiments ont continué de payer cette contribution. Le conseil d'État a rendu l'arrêt suivant, sur le pourvoi du ministre des finances, pour faire cesser un tel abus.

Arrêt du conseil d'*État du 23 avril 1836*.

« Louis-Philippe, etc.

« Vu l'article 103 de la loi du 3 frimaire an VII, le n° 72 des articles organiques de la loi du 18 germinal an x ;

« Considérant qu'il résulte des articles organiques de la loi du 18 germinal an X, que les presbytères doivent être considérés comme affectés à un service public, que dès lors ils doivent jouir de l'exemption prononcée par l'article 105 de la loi du 3 brumaire an VII ;

« Art. 1er. L'arrêté de préfecture du département de la Sarthe, du 23 août 1835, est annulé. Le presbytère de la commune de Conlie sera rayé du rôle de la contribution foncière.»

Il arrive assez souvent, dans les campagnes, que les curés ne conservent pas toujours le jardin de leur presbytère en jardin proprement dit, qu'ils y font venir quelque petite récolte, ou qu'ils en convertissent la totalité ou partie en gazon, en prairie artificielle ou naturelle. Des agents des contributions ont pensé que la contribution foncière était due pour le jardin ou la partie du jardin dont le curé retirait ainsi un produit ; mais cette prétention n'est pas fondée. Le jardin est donné au curé pour en jouir comme il le juge convenable ; il n'en demeure pas moins un accessoire, une dépendance du presbytère dont il doit suivre la condition. Il est donc toujours exempt de la contribution foncière.

Les petits séminaires sont exempts de la contribution des portes et fenêtres (*arrêt du conseil d'État du 22 février 1838*).

IMPÉTRANT, IMPÉTRATION

Impétration vient du verbe latin *impetrare*, qui signifie demander. Toutes les provisions qui émanent du pape, dit Castel, peuvent être dites *impétrations*, et toutes sortes de pourvus *impétrants*; car impétrer n'est autre chose qu'obtenir du pape ce qu'on lui a demandé ; de sorte que par *impétration* on entend une demande formée par une supplication qui est suivie de son effet. On appelait *impétrant* celui qui impétrait en cour de Rome un bénéfice vacant par dévolut ou par résignation.

IMPLORER le bras séculier.

Voyez, sous le mot abandonnement au bras séculier, ce qu'on appelle ainsi.

IMPOSITION DES MAINS.

C'est une cérémonie ecclésiastique regardée comme essentielle dans la collation des ordres. Les anciens canons, les Épîtres même des apôtres recommandent de ne pas imposer les mains avec précipitation (*S. Paul I à Tite, concile de Sardique, canon 10*). (*Voyez* ordre, interstices.) L'*imposition des mains* se faisait autrefois pour d'autres sacrements que pour celui de l'ordre. Quelques théologiens pensent que l'essence du sacrement de pénitence consiste dans l'*imposition des mains*, mais ce sentiment n'est pas le plus suivi. Le plus grand nombre pensent que cette cérémonie, usitée dans l'Eglise primitive pour réconcilier les pénitents, n'a jamais été regardée comme faisant partie du sacrement.

IMPOT

On trouve la matière importante de ce mot traitée assez au long sous le mot IMMUNITÉ.

IMPRIMERIE.

(*Voyez* LIVRES.)

IMPUBÈRES.

On appelle *impubères* ceux qui n'ont pas encore atteint l'âge de puberté qui est fixé à quatorze ans accomplis pour les hommes, et à douze ans pour les filles (*Voyez* IRRÉGULARITÉ, FIANÇAILLES, PUBERTÉ et ci-dessous IMPUISSANCE).

Le droit canon défend le mariage aux *impubères* sous peine de nullité. Cependant, s'ils peuvent obtenir une dispense de l'Eglise, dispense qu'elle accorde aux princes en certains cas, quand ils ont une connaissance suffisante et nécessaire pour consentir à un engagement indissoluble, leur mariage est bon. Mais si des *impubères* se sont mariés sans cette dispense, ils peuvent faire casser leur mariage. On en a plusieurs exemples pour des mariages entre des princes souverains. Cependant il y a des canonistes qui assurent, qu'ils ne le peuvent pas en conscience, lorsqu'ils ont usé du mariage après avoir atteint l'âge de puberté, et le droit canon le défend (Clément III, *cap.* 4. *Insuper*, *tit.* 18 *qui matrimonium accusare possunt*).

IMPUISSANCE.

Par l'*impuissance*, qui est au nombre des empêchements dirimants du mariage, on entend une incapacité de pouvoir jamais consommer le mariage : *Impotentia est inhabilitas ad habendam copulam carnalem*.

Cet empêchement est de droit naturel et de droit positif ecclésiastique. Il est de droit naturel, suivant saint Thomas, parce que l'*impuissance* met la personne qui en est atteinte hors d'état de remplir les devoirs auxquels elle s'est engagée en se mariant ; il est de droit ecclésiastique positif, comme il paraît par le canon : *Quod autem* 33, *qu.* 1. Le pape Grégoire II donna la même décision dans le huitième siècle (*Can. Requisisti ead. caus.*; *can. Si quis*; *can. Si per sortiarias ead. caus. et quæst.*). Depuis, mais non plus tôt l'Eglise a toujours déclaré que le mariage des impuissants n'était pas légitime (*Tot tit. de frigid. et malef. etc.*).

Il y a *impuissance* perpétuelle, temporelle, naturelle, surnaturelle, absolue et respective.

L'*impuissance* perpétuelle est celle qui ne peut être ôtée, ni par les remèdes naturels, ni par les prières ordinaires de l'Eglise, c'est-à-dire, qui ne peut être guérie que par un miracle ou un péché, comme s'il fallait ou détruire un maléfice par un autre, ou exposer à un danger évident de mort.

L'*impuissance* temporelle est celle qui peut cesser ou avec le temps, comme dans les impubères, ou par les secours ordinaires de la médecine, ou par les prières qu'emploie l'Eglise dans ces sortes d'occasions.

L'*impuissance* naturelle est celle qui vient *ex vitio naturali temperamenti, vel partium genitalium*; et l'accidentelle, qui vient d'une maladie, d'une opération ou de quelque autre cause de même espèce.

L'*impuissance* surnaturelle est celle qui est causée par un maléfice du démon que Dieu permet, dit un pieux et savant évêque de Luçon, parce que la concupiscence domine particulièrement dans l'action charnelle. Depuis le temps d'Hincmar, archevêque de Reims, qui est l'auteur du canon : *Si per sortiarias* 33, *qu.* 1, presque tous les rituels marquent non-seulement les pieux avis qu'un curé doit donner à ceux qui se trouvent impuissants par quelque maléfice, *ligamento, fascinamento, et maleficio Satanæ, ex quo non læditur organum, sed ejus usus impeditur*, mais aussi les prières qu'il doit faire pour lever cet empêchement. Zachias (*liv.* III, *tit.* 4, *qu.* 5) remarque très-judicieusement que souvent l'on attribue à des maléfices l'impuissance qui provient *vel ex verecundia et pudore, vel ex nimio amore, vel in senso odio sponsæ quem vir invitus duxit;* mais ce savant médecin admet l'*impuissance* surnaturelle, et saint Thomas dit qu'elle est perpétuelle, si elle ne peut être guérie par aucun remède humain, *maleficium est perpetuum quod non potest habere remedium humanum, quamvis Deus remedium posset præstare* (*In suppl. qu.* 57, *art.* 2).

L'*impuissance* absolue est celle qui rend une partie incapable de consommer le mariage avec quelque personne que ce puisse être. La respective est celle qui rend un homme impuissant à l'égard d'une femme, par exemple, d'une fille qui a toujours été sage, mais qui ne l'empêcherait pas d'user du mariage avec une autre, par exemple, avec une veuve. Saint Thomas ne croit pas qu'il y ait d'*impuissance* respective, saint Antonin soutient fortement le contraire.

C'est l'*impuissance* perpétuelle, dit Zachias avec tous les canonistes et les jurisconsultes, qui seul est un empêchement dirimant du mariage et une juste cause pour le faire déclarer nul; parce que si elle peut se lever naturellement, ou avec les prières de l'Eglise, le mariage qui peut avoir son exécution, a été valide et subsiste.

Le mariage est défendu aux impubères par le droit civil et par le droit canonique; le droit romain ne permet le mariage qu'à l'âge de douze ans accomplis pour les filles, et quatorze ans pour les garçons. D'après notre Code civil, art. 144 : « L'homme avant dix-huit ans révolus, la femme avant quinze ans révolus, ne peuvent contracter mariage. » Cette défense n'est faite par le droit civil, que parce qu'il suppose qu'avant cet âge, un enfant n'est pas capable de prêter à cet engagement important un consentement bien libre et bien éclairé. Le droit canonique, se décidant par un autre motif, qui est de prévenir le péché et de fournir un moyen légitime de l'éviter, ne suit par le droit civil sur cet article; en défendant le mariage aux impubères, il ne fixe point d'âge, et s'il arrivait qu'avant la puberté simple, un enfant fut capable de consommer le mariage, il pourrait le contracter (*C. Continebatur, de despons. impub.*). On permet aussi quelquefois pour de grandes raisons, *aliqua urgentissima necessitate*, le mariage à des impubères (*C. Illi eod. tit. cap, Pubere, eod. tit. c. Quod sedem de frigid. et malef.*).

Avant la naissance de Jésus-Christ, deux consuls firent une loi appelée de leur nom *Papia popœa*, qui défendait aux hommes de se marier après soixante ans, et aux femmes après cinquante. Cette loi s'observa jusqu'à l'empire de Justinien qui l'abrogea (*L. Sancimus, C. De nuptiis*).

L'Église a toujours été dans l'usage de permettre aux vieillards de se marier validement. Si le mariage n'est pas toujours pour eux un remède contre le crime, c'est toujours un secours pour la faiblesse qui est attachée à leur âge: *Nuptiarum donum semper quidem bonum est, quod bonum semper in populo Dei fuit, sed aliquando fuit legis obsequium, nunc est infirmitatis remedium, in quibusdam vero humanitatis solatium* (*Can. Nuptiarum* 27, *qu.* 1). La glose dit sur ce canon: *Nemo est adeo senex quin aliquando calore possit natura vel artificio, quod non est in frigido, vel in puero vel spadone.*

La stérilité n'est pas un empêchement de mariage: *Si uxorem quis habeat sterilem.... Pro fide et societate sustineat* (*Can. Si uxorem*, 32, *qu.* 6), Saint Antonin parlant de ce défaut connu avant le mariage dit: *Steriles scienter possunt contrahere, cum sterilitas est solum generationis impedimentum.*

Si deux personnes se sont mariées ayant connaissance l'une et l'autre de l'*impuissance* de l'une des deux, leur mariage n'est pas valide; c'est l'opinion de saint Thomas, contraire à celle de saint Antonin qui n'est pas la plus suivie; mais rien n'empêche que ces personnes ne puissent vivre comme frère et sœur (*C. Requisisti* 33, *qu.* 1. *Consult. de frigidis.*), ainsi que dans le cas où l'*impuissance* n'a été reconnue qu'après le mariage; mais alors elles ne peuvent user d'aucune liberté conjugale.

Tout ce que nous venons de dire s'entend de l'impuissance de la femme, *eo quod est arcta*, comme de celle de l'homme (*C. Fraternitatis de frigid.*).

Suivant le Code civil, art. 313, le mari ne peut désavouer l'enfant conçu pendant son mariage, en alléguant son *impuissance* naturelle. Cette cause de désaveu a été sagement supprimée, non-seulement parce qu'elle était difficile à apprécier, mais encore parce qu'elle donnait lieu à des débats scandaleux. Mais cette disposition, quelque sage qu'elle soit, ne peut concerner que le for extérieur.

INALIÉNABLE.

On appelle *inaliénables* les choses dont la propriété ne peut valablement être transportée à une autre personne. Les biens d'église ne peuvent être aliénés sans une nécessité ou une utilité évidente (*Voyez* ALIÉNATION.)

INAMOVIBILITÉ.

On entend par *inamovibilité* ce qui ne peut être déplacé ou changé. Ainsi, l'*inamovibilité* dans le clergé, n'est rien autre chose que la stabilité des prêtres dans les paroisses où ils ont été canoniquement institués : *In ecclesia quilibet intitulatus est, in ea perpetuo perseveret* (*Can.* 2, *dist.* 70.) (*Voyez* EXEAT, TITRE, TRANSLATION.)

L'*inamovibilité* canonique est une question aujourd'hui fort agitée et d'une grande importance. Nous allons essayer de la traiter avec tout le soin et toute l'étendue qu'elle mérite.

§ 1. *Origine et histoire de l'*INAMOVIBILITÉ.

Les partisans outrés de l'*inamovibilité* avancent qu'elle a toujours eu lieu depuis l'origine du christianisme, et que l'état de choses établi en France par les articles organiques, est une innovation inouïe dans l'Église. Cette assertion est contredite par l'histoire, car nous voyons que dans les premiers siècles tous les prêtres étaient auprès de l'évêque, que celui-ci en disposait à son gré pour le besoin des fidèles, qu'il les tenait, pour ainsi dire, sous la main, et que ce n'est que le temps et l'accroissement du nombre des fidèles qui obligèrent d'ériger des paroisses. Le savant Thomassin, que nous sommes heureux de pouvoir citer souvent, dit qu'il y a apparence qu'il n'existait aucune paroisse dans les deux ou trois premiers siècles, ni dans les campagnes, ni dans les villes, ou que du moins elles furent très-rares. Les Actes des apôtres, dit-il, les épîtres de saint Paul, l'apocalypse, ne nous entretiennent que des églises des villes considérables, et des évêques ou des prêtres qui y résidaient, sans nous parler jamais des églises, ou des prêtres des paroisses de la campagne. Saint Paul écrit à Tite qu'il l'a laissé à Crète pour ordonner des prêtres dans les villes : *Ut constituas per civitates presbyteros* (Tit. ch. 1). L'Église imita en beaucoup de choses la synagogue. Les prêtres et les lévites n'avaient pas été dispersés dans tous les villages. Moïse, par l'ordre reçu de Dieu, les avait distribués dans un nombre considérable de villes, et en avait destiné le plus grand nombre pour assister le souverain pontife dans la ville capitale de l'État. Il ne faut pas trouver étrange, ajoute Thomassin, si les apôtres et les hommes apostoliques du premier et du second siècle, gardèrent quelques traces de cette police. Nous ne répèterons pas ici ce que nous avons dit ailleurs de l'origine des curés et des paroisses (*Voyez* CURÉ, § 1, et PAROISSE, § 1). Quoi qu'il en soit, tout porte à croire comme nous le disons encore ailleurs (*Voyez* BÉNÉFICE, § 1), que les paroisses commencèrent à s'établir dans la campagne où l'évêque ne pouvait pas se transporter sans négliger le soin des villes dans lesquelles il était seul le propre curé. Il fut, par la suite, comme forcé d'abandonner aux prêtres les fonds que possédaient ces églises de la campagne. Mais, dans ces premiers temps, cette jouissance de fonds que les évêques accordaient aux titulaires des différentes églises de leur diocèse, ne rendaient point encore les paroisses des titres *perpétuels*. Les monuments de l'histoire des premiers siècles de l'Eglise que nous avons rapportés ailleurs, prouvent suffisamment cette assertion. Ainsi l'*inamovibilité* n'a pas toujours existé, elle est d'institution purement ecclésiastique, et elle pourrait cesser d'être en usage sans que la constitution de l'Eglise en fût altérée. Il en fut à l'origine de l'Eglise comme il en est encore aujourd'hui dans les missions chez les peuples idolâtres. Les hommes apostoliques vont partout d'après la mission qui leur est donnée sans se fixer nulle part, annoncer la doctrine de l'Evangile. Ce n'est que lorsque le nombre des fidèles s'est notablement accru qu'on songe à former des paroisses et à y attacher des pasteurs.

Mais lorsqu'après trois siècles de persécutions et d'épreuves, la paix fut rendue à l'Eglise, on fit des lois pour prescrire la stabilité des pasteurs dans les paroisses, ou, en d'autres termes, elle établit l'*inamovibilité*, c'est-à-dire, la stabilité pour les prêtres comme pour les évêques. *Propter multam turbationem et seditiones quæ fiunt*, dit le canon 15 du premier concile de Nicée, *placuit consuetudinem omnimodis amputari quæ præter regulam in quibusdam partibus videtur admissa, ita ut de civitate ad civitatem non episcopus, non presbyter, non diaconus transferatur.*

Le concile de Calcédoine, au cinquième siècle, défend d'ordonner aucun prêtre que pour quelque église de la campagne, et déclare nulles les ordinations absolues. Il prescrit la stabilité ou *inamovibilité* en ces termes : *De his qui transmigrant de civitate in civitatem, episcopis aut clericis placuit ut canones qui de hac re a sanctis patribus statuti sunt habeant propriam firmitatem* (*Conc. Calced.*, can. 5, c. *Propter eos episcopos* 7, qu. 1).

Le concile d'Antioche décerne des peines contre les curés qui quittent leur paroisse : *Si quis presbyterum proprium deserens parochiam ad aliam properaverit..... a ministerio modis omnibus amoveatur, ita ut nequaquam locum restitutionis inveniat.*

Thomassin cite le canon suivant du quatrième concile de Carthage : *Inferioris vero gradus sacerdotes, vel alii clerici concessione suorum episcoporum possunt ad alias ecclesias transmigrare.* Puis il ajoute : « Il faut considérer sérieusement que ce canon dit que les prêtres et les autres clercs inférieurs pourront passer à d'autres églises avec la permission de leur évêque, pour montrer que ces bénéficiers consentent à ce changement, et ne peuvent y être forcés par l'évêque; que les curés pouvaient être transférés d'une paroisse à une autre, pourvu que leur évêque y consentit et les dispensât du lien qui les attachait à leur pasteur et a leur première paroisse, et qu'ils donnassent eux-mêmes un libre consentement à ces changements. » (*Discipl.*, tom. I, p. 199).

Nous voyons, dans les lois de Justinien, que le curé comme l'évêque, est lié à son église par un mariage spirituel. Ce lien était en quelque sorte indissoluble : cependant, pour cause de nécessité ou d'utilité : *Necessitatis aut utilitatis causa*, l'évêque pouvait transférer le prêtre, *de son consentement*, d'une paroisse à une autre, comme le patriarche ou un concile transférer l'évêque d'un siège à un autre siège, quand le titulaire renonçait à son titre (*Authent.*, coll. I, tit. 3, nov. 3, c. 2). En conséquence de l'union qu'il contractait avec sa paroisse, le curé ne pouvait ni s'en absenter, ni accepter des fonctions ailleurs sans une permission expresse de son évêque. C'était le moyen de fermer la porte aux désirs ambitieux, et de forcer le pasteur à s'attacher au peuple qu'il ne devait plus quitter. Le prêtre est le coopérateur de l'évêque, c'est en son nom qu'il exerce le ministère ; l'évêque seul est son juge, et le jugement qu'il porte ne peut être réformé que par le métropolitain assisté de ses suffragants ; c'est la règle de l'Eglise et Justinien la confirme (*Authent.*, col. 1).

L'auteur des fausses décrétales (*Voyez* DÉCRÉTALES) veut que le prêtre ait une position fixe ; une fois attaché à une église, il doit y rester toute sa vie : *Atque in ea diebus vitæ suæ duraturus* ; son évêque ne peut être à la fois accusateur, juge et témoin, car il faut, dit-il, pour tout jugement, quatre classes de personnes : des accusateurs, des défenseurs, des témoins, des juges choisis. Si le prêtre, condamné par son évêque, croit avoir à se plaindre, il peut en appeler au métropolitain, et alors il doit être jugé par les évêques de la province.

Le concile de Plaisance, tenu en 1095, en renouvelant la défense d'ordonner sans titre, veut que le prêtre, une fois pourvu d'un bénéfice, n'en soit jamais dépouillé : *Sanctorum canonum statutis consensu sanctione decernimus, ut sine titulo facta ordinatio irrita habeatur, et in qua ecclesia quilibet titulatus est in ea perpetuo perseveret* (can. 2, dist. 70).

Un concile de Clermont, tenu la même année, dit absolument la même chose : *Ut omnis clericus ad eum titulum, ad quem ordinatus est, semper ordinetur* (can. 13).

Tout prêtre, dit le concile de Nimes de l'an 1096, canon 9, préposé au gouvernement d'une église, doit recevoir de la main de l'évêque le pouvoir de conduire les âmes, et rester dans cette église jusqu'à la fin de ses jours, à moins qu'il ne soit dégradé par un jugement canonique : *Sacerdotes, quando regendis præficiuntur ecclesiis de manu episcopi curam animarum suscipiant et ibi tota vita sua deserviant ; nisi canonico degradentur judicio.* D'après ce canon et les précédents, il est évident que les curés ne pouvaient ni renoncer à leur charge, ni en être dépouillés par personne sans un jugement canonique.

Le concile d'Arles, tenu en 1234, canon 24, défend aux évêques de dépouiller un ecclésiastique de son bénéfice sans connaissance de cause. S'il le fait et ne le rétablit pas avant un mois, on charge le prélat supérieur, c'est-à-dire le métropolitain, d'y pourvoir.

Un concile de Béziers, tenu en 1233, ordonne que chaque paroisse ait un curé propre et perpétuel : *Ut quælibet parochialis proprium habeat et perpetuum sacerdotem*. Le concile de Latran, de l'an 1179, prescrit à l'évêque d'établir des vicaires perpétuels dans les églises sans curés : *Perpetuos ordinet vicarios*. Le quatrième concile de Latran exige que l'on nomme des vicaires perpétuels dans tous les chapitres et collégiales auxquelles des églises paroissiales ont été unies : *Ecclesia idoneum et perpetuum studeat vicarium canonice institutum*.

Toutes les églises patriarchales et collégiales de Rome qui ont charge d'âmes, sont pourvues de vicaires à vie. Le saint concile de Trente s'est lui-même déclaré pour les vicaires perpétuels ; ce n'est qu'à des prêtres fixes et irrévocables, qu'il veut que l'on confie la charge des âmes, même dans les paroisses qui sont unies aux églises cathédrales, collégiales, abbatiales, etc. *per idoneos vicarios, etiam perpetuos ; nisi ipsis ordinariis pro bono ecclesiarum regimine, aliter expedire videbitur* (sess. VII, ch. 7).

Le même concile de Trente, renouvelant toute l'ancienne discipline, veut, en plusieurs endroits de ses sessions, que les clercs qui ont été ordonnés ou attachés à un certain ministère par l'autorité légitime de l'Église et par leur vocation, y demeurent toute leur vie pour remplir les fonctions qui y sont annexées (*Voyez* TITRE).

Ainsi l'avait voulu l'Église dans des motifs de sagesse que nous ne pouvons qu'approuver. Elle a toujours pensé et toujours voulu que les cures fussent pourvues d'un administrateur perpétuel et indépendant, craignant avec raison qu'un prêtre temporaire n'eût pas l'autorité nécessaire pour commander à tous le respect et l'obéissance. Ce n'est d'ailleurs que par une longue résidence que le pasteur peut bien connaître le troupeau qu'il est chargé de conduire. Une puissance purement morale comme le sacerdoce ne peut rien en effet sur l'esprit du peuple, que par la considération qu'elle inspire et l'ascendant qu'elle exerce. Or, quelle dignité, quelle force morale surtout peut avoir sur les populations un pasteur dépendant du caprice de ses subordonnés et destituable à la volonté de son évêque ? Aussi l'Église avait-elle statué que le privilège de l'*inamovibilité*, serait inhérent à la qualité de pasteur des âmes. L'épiscopat français lui-même a reconnu les inconvénients de l'*amovibilité* du prêtre à charge d'âmes ; voici l'opinion qu'il exprimait à Louis XV en 1760, relativement à un petit nombre de cures desservies transitoirement par des ecclésiastiques non pourvus en titre : « Les cures sont abandonnées « ou desservies par des vicaires amovibles... « Les peuples n'ont point pour eux la même « confiance, les pauvres ne sont pas secou« rus dans leur misère, et l'expérience n'ap« prend que trop qu'en de pareils cas, les « paroisses se dérangent quelquefois à un « tel point que les évêques ne peuvent plus « y remédier. »

L'*inamovibilité* établie par les canons, prend pour cette raison le nom de *canonique*: Or, comment se fait-il, que les partisans outrés de cette *inamovibilité canonique* s'adressent aux chambres par voie de pétition pour l'obtenir ? Est-ce que les chambres sont des conciles qui puissent faire de nouveaux canons de discipline ou remettre en vigueur les anciens qui seraient tombés en désuétude ? et depuis quand le pouvoir civil est-il investi du droit de gouverner l'Église et de lui faire des lois ? comment nos adversaires ne voient-ils pas ce qu'il y a de contradiction dans une demande qui aurait des conséquences si funestes et si déplorables pour l'Église ? cette voie n'est nullement canonique. Mais l'amovibilité déconsidère le clergé et nuit notablement à l'heureuse influence qu'il pourrait avoir dans les paroisses pour le bien de la religion. A la bonne heure, nous sommes parfaitement de votre avis. Mais alors employez des moyens *canoniques* pour rappeler l'ancienne discipline. Adressez-vous au souverain pontife, recourez humblement à vos Pères dans la foi, faites-leur voir le mal que peut-être ils ignorent, suggérez leur les moyens d'y remédier, priez-les, conjurez-les de mettre le doigt sur la plaie profonde que fait à l'Église de Jésus-Christ l'amovibilité anti canonique si vous le voulez, puis attendez avec patience et avec une humble soumission la décision que prendra leur sagesse ; vous serez alors dans la voie *canonique*. L'*inamovibilité* donnée par les évêques avec le rétablissement des anciens tribunaux ecclésiastiques, connus sous le nom d'officialités, aurait des résultats heureux pour l'Église de France ; l'*inamovibilité* garantie par le pouvoir civil, au contraire, sachez-le bien, serait peut-être parmi nous la ruine du catholicisme, ainsi que nous le disons plus loin.

§ 2. INAMOVIBILITÉ. *Jugements canoniques.*

Quelque précieux que pût être au clergé le privilège de l'*inamovibilité*, il ne devait pas devenir une sauvegarde en faveur de ceux qui auraient été tentés de s'en servir comme d'un bouclier pour protéger, non leur liberté, mais leurs vices, à l'aide de l'impunité. Aussi y avait-il une justice ferme et impartiale pour apprécier la culpabilité et punir les prévarications des prêtres infidèles (*Voyez* OFFICIALITÉS). Toutefois, malgré la sévérité de l'Église envers les coupables, on a lieu de s'apercevoir, par l'examen de toutes les procédures usitées dans les jugements ecclésiastiques, de sa bienveillante sollicitude à assurer à ses ministres tous les moyens de défense propres à faire ressortir leur innocence, quand ils se trouvaient sous le poids de quelques accusations. Que de précautions et de formalités ordonnées pour protéger la position et la faiblesse d'un simple prêtre et même d'un clerc inférieur contre les préventions et l'injustice du supérieur. L'ancienne jurisprudence si juste, si sage et si paternelle, mettait la personne et l'honneur du prêtre à l'abri de toutes les passions. Les canons qui avaient tout prévu et tout réglé, n'avaient rien laissé au caprice et à l'arbitraire. Aucun accusé ne pouvait être jugé que conformément aux règles consignées dans le droit canon. Si l'on eût rendu des sentences contrairement aux usages établis on se serait universellement récrié contre elles, et on les aurait frappées de nullité. L'ordre des jugement était tracé d'une manière fixe et régulière.

Pour dépouiller les clercs de leur rang, de leurs titres et de leurs bénéfices, il fallait au préalable qu'ils fussent convaincus, par le jugement de leurs pairs d'un crime canonique : *Nisi prius fuerint crimine convicti canonice vel confessi. Nullus, non nisi gravi culpa sua, ecclesiam amittat* (2ᵉ concile de Châlons). Déjà même, dans les temps apostoliques, saint Paul avait tracé des règles sur ce point: *Adversus presbyterum accusationem noli recipere nisi sub duobus aut tribus testibus* (I ad Tim.). On ne pouvait même pas révoquer un prêtre incapable, sans que son incapacité ne fut prouvée par un jugement canonique. De même, qu'on ne pouvait déposer les évêques que dans les cas prévus par les canons, de même aussi jugeait-on les prêtres et les autres clercs.

La sentence d'un évêque contre ses prêtres et ses diacres, avait besoin, dit le père Thomassin, d'être appuyée sur les lois de la justice, et non sur son bon plaisir seulement, aussi bien que le jugement d'un concile provincial contre les personnes sacrées des évêques mêmes. Et puisque les canons déterminent les cas auxquels les évêques doivent être déposés, et qu'ils les assujettissent aux mêmes lois que les prêtres, ne devons nous pas tirer cette conclusion générale que, comme les évêques ne peuvent être déposés que dans les rencontres décidées par les canons, il faut faire le même jugement des prêtres ? (*Discip. de l'Eglise, part.* 1, *liv.* II, ch. IV, n. 5 et 7.)

Cette preuve est si évidente, si solide et si convaincante, qu'on pourrait se passer d'en ajouter d'autres. Il ne sera cependant pas inutile de la fortifier du canon 17 du concile de Sardique, tenu l'an 341 : *Si quis episcopus quis forte iracundus, quod esse non debet, cito et aspere commoveatur, adversus presbyterum, sive diaconum suum, et exterminare eum de ecclesia voluerit; providendum est ne innocens damnetur aut perdat communionem. Et ideo habet potestatem is qui abjectus est, ut episcopos finitimos interpellet, et causa ejus audiatur, et diligentius tractetur, quia non oportet ei negari audientiam roganti. Et ille episcopus, qui aut juste, aut injuste eum abjecerit, patienter accipiat, ut negotium discutiatur, ut vel probetur sententia ejus a plurimis vel emendetur.*

Tous les termes de ce canon semblent avoir été étudiés et concertés pour favoriser la doctrine que nous soutenons. Ces saints évêques étaient bien persuadés, que si l'empire absolu et indépendant de l'évêque sur ses curés peut être avantageux en quelques circonstances, il y en a mille autres où il serait très-dangereux, s'il était sans règle et sans frein, et où l'évêque même serait d'autant plus à plaindre, que ses passions et ses emportements ne pourraient être arrêtés ni par l'autorité de ses collègues dans l'épiscopat, ni par la crainte des lois (*Ibid.*, n. 8).

C'est pour cela que le second concile de Carthage, voulant protéger d'un double bouclier l'innocence des prêtres et des diacres contre le jugement trop précipité de quelques évêques, décida que l'ordinaire ne pourrait pas faire seul leur procès. Le nombre des juges nécessaires pour rendre des sentences contre les personnes ecclésiastiques, avait été ainsi fixé par ce concile : *A duodecim episcopis episcopus audiatur, a sex presbyter a tribus diaconus, cum proprio suo episcopo* (Can. 10). Il est vrai que pour les clercs inférieurs, l'évêque prononçait seul : *Reliquorum autem causas etiam solus episcopus loci agnoscat et finiat* (3ᵉ *concile de Carthage*) ; mais il ne jugeait qu'en première instance, et il y avait toujours droit de recours au concile. Si un clerc, dit le troisième concile d'Orléans, se croit injustement condamné par son évêque, qu'il recoure au concile : *Recurrat ad synodum.* Un concile de Milève autorise les clercs à prendre les évêques voisins pour juges de la sentence de leur propre évêque, et d'en appeler ensuite au concile national.

Le quatrième concile de Constantinople, le huitième des conciles généraux, suppose un prêtre ou un diacre déposé par son évêque pour quelque crime; mais qui prétend avoir éprouvé une injustice et qui n'acquiesce point au jugement de son propre évêque, disant qu'il le regarde comme suspect; le concile dit que cet ecclésiastique doit recourir au métropolitain et lui dénoncer la déposition ou le tort quelconque qu'il taxe d'injustice. Le métropolitain doit le recevoir sans difficulté, appeler l'évêque qui a déposé le clerc, ou lui a fait un autre tort, et réuni aussi aux autres évêques, examiner l'affaire pour que le concile confirme ou infirme par le jugement de plusieurs la déposition du clerc : *Placuit et hoc sanctæ synodo ut quicumque presbyter aut diaconus a proprio episcopo depositus fuerit, propter aliquod crimen, vel si aliquam justitiam se pati dixerit et non acquieverit judicio proprii episcopi, dicens eum suspectum se habere..... potestatem habeat, ad metropolitanum ipsius provinciæ concurrere, et eam quam putat injustam depositionem, vel aliam læsionem denuntiare metropolita vero ille libenter suscipiat hujuscemodi, et advocet episcopum qui deposuit, vel alio modo clericum læsit, et apud se cum aliis etiam episcopis negotii faciat examen, ad confirmandum scilicet, sine omni suspicione, vel destruendum per generalem synodum, et multorum sententia clerici depositionem* (*Concil. Constantin.* IV, an. 870, can. 26).

Les anciens évêques jugeaient que c'était conférer un pouvoir exhorbitant à un prélat que d'abandonner à sa merci le sort des prêtres et des diacres. Ce sont les évêques eux-mêmes, dit le père Thomassin, qui ont cru devoir, dans un sentiment de haute sagesse, imposer ces bornes à leur puissance ; ils étaient persuadés que leur autorité serait d'autant plus respectable, qu'elle serait mieux établie sur la justice immuable des lois. Ce n'est pas diminuer la souveraineté spirituelle de l'épiscopat que de la limiter par les canons : car l'autorité n'est jamais plus ferme que lorsqu'elle est bornée en elle-même, et ne peut franchir les limites égales. Il est beau de voir ainsi les prélats de l'Eglise, posant de leurs propres mains les bornes de leur autorité, se rendant justice à eux-mêmes avant de la rendre aux autres, et affermissant leur puissance en la posant sur la base immuable des lois. En cela ils ont fait preuve d'une sagesse profonde (*Discipline de l'Eglise*, partie I, liv. II, ch. 4, n. 15).

Le respect pour la position inamovible des curés allait si loin, que les évêques ne se seraient même pas permis d'opérer leur translation à un poste supérieur sans leur consentement préalable ; toutes les mutations étaient volontaires. C'est la sagesse divine de l'Eglise qui a établi ces règles empreintes de tant de modération et de justice, et qui a posé des bornes au pouvoir épiscopal, voulant en régler l'exercice selon la lettre et l'esprit des saints canons. Rien d'ailleurs ne convenait mieux de la part de l'Eglise que de soustraire ses pontifes à la grave responsabilité de prononcer seuls sur la culpabilité des prêtres et sur la pénalité à leur infliger. C'est donc bien sagement que le second concile de Séville, en 619, avait statué que l'évêque peut bien seul honorer quelqu'un de la dignité sacerdotale, mais que seul il ne peut la lui enlever. Ce n'est pas, ajoute ce concile, obscurcir l'éclat de l'autorité épiscopale que de la limiter dans les bornes de la justice, puisque autrement ce serait donner aux prélats une puissance tyrannique, et non une autorité canonique et légitime : *Decrevimus ut juxta priscorum Patrum synodalem sententiam nullus nostrum, sine concilii examine, dejiciendum quemlibet presbyterum vel diaconum audiat. Nam multi qui indiscussos potestate tyrannica, non auctoritate canonica damnant, et sicut non nullos gratia, favore subliment, ita quosdam odio invidiaque permoti humiliant, et ad levem opinionis auram condemnant quorum crimen non approbant. Episcopus enim sacerdotibus et ministris solus honorem dare potest ; auferre solus non potest* (*Concil. Hispalense* II, can. 6).

On peut voir encore la même discipline confirmée par le quatrième concile de Tolède, canon 28 ; par le onzième de la même ville, canon 7 ; par le cinquième d'Arles, canon 4 ; par le second de Tours, canon 7, qui tous renouvellent les canons d'Afrique, lesquels réservent le jugement d'un évêque à douze autres évêques, d'un prêtre à six et d'un diacre à trois.

Telle a été la jurisprudence de toute l'Eglise latine dès le quatrième siècle et pendant les siècles suivants. La cour de Rome l'a constamment suivie depuis cette époque. Le pape Jean VIII écrivit à l'archevêque de Narbonne, qui lui avait envoyé la cause d'un prêtre, qu'il ne pouvait juger à Rome une affaire dont il n'avait ni instruction ni témoins, et qu'il était nécessaire que le métropolitain la jugeât, d'accord avec six autres évêques, le métropolitain non compris.

Qui ne connaît la cause célèbre du prêtre Apiarius ? Tous les tribunaux ecclésiastiques d'Afrique l'avaient privé de sa cure, sans le dégrader de la prêtrise. Il appela au pape Zozime qui le rétablit. Les évêques d'Afrique s'en plaignirent au pape Célestin, se fondant seulement sur ce que, d'après le concile de Nicée, les causes des prêtres devaient être remises au jugement du métropolitain. Ils reconnaissaient donc qu'un évêque seul ne pouvait pas priver un prêtre de sa paroisse.

Mille autres exemples et autorités démontrent combien se sont éloignés de la vérité et de la pratique constante de tous les siècles, ceux qui ont pensé que la seule volonté de l'évêque suffit pour prononcer la suspension ou la déposition d'un prêtre. Comme il devint par la suite trop difficile de convoquer fréquemment des évêques pour le jugement des personnes ecclésiastiques, les prélats de chaque diocèse avaient formé autour d'eux un conseil composé des prêtres qui desservaient l'Eglise principale et les autres de la ville épiscopale ; ce conseil de prêtres avec lequel l'évêque délibérait sur les affaires les plus importantes, et avec lequel même il vivait le plus souvent en communauté, est connu dans l'histoire ecclésiastique sous le nom de *senatus, cœtus presbyterorum, presbyterium* : ce corps existait déjà du temps de saint Jérôme et de saint Basile qui en ont parlé.

Dans les siècles plus rapprochés de nous, le prêtre accusé d'un délit spirituel, était renvoyé à l'officialité de l'évêque pour être jugé par elle. C'était un archidiacre d'abord, puis un vicaire épiscopal, et enfin un official qui présidait ou formait ce tribunal. Le condamné pouvait en appeler à l'officialité métropolitaine. (*Voyez* OFFICIALITÉS).

Ce mode de jugement entraînait à la vérité des lenteurs qui pouvaient être préjudiciables au bien de la religion ; mais il prouve l'attention bienveillante que mettait l'Eglise à assurer des garanties à la position de ses ministres. Toujours protectrice de leur honneur et de leur existence, elle avait cru devoir ne rien négliger pour leur assurer des moyens de défense et faire ressortir leur innocence, quand il s'élevait contre eux des voix accusatrices et passionnées.

« Ce sera un acte de haute sagesse, de la part de l'épiscopat, dit M. l'abbé Dieulin, vicaire général de Nancy, (1) de faire cesser l'état exceptionnel et anormal de l'Eglise de France qui est hors du droit commun, et de la faire rentrer dans l'esprit et la lettre de la vénérable discipline canonique sous laquelle elle a prospéré pendant tant de siècles. Le chef suprême de l'Eglise, qui porte un intérêt si paternel au fidèle clergé de France, désire le voir sortir de la position précaire et critique qu'on lui a faite, position qui est une funeste et déplorable anomalie ; et il applaudira avec joie au rétablissement d'une des plus belles prérogatives qu'on lui a injustement ravies. Nos évêques, protecteurs et conservateurs de l'Eglise, et de l'antique discipline, ne s'opposeront pas assurément à un acte qui n'est qu'une restitution de stricte justice. Loin de nous une pensée contraire : ce serait une injure à des hommes qui ne sont pas moins nos patrons que nos pères dans la foi ! »

§ 3. *Inconvénients de l'*INAMOVIBILITÉ *civile.*

L'Esprit-Saint a préposé les évêques au gouvernement de l'Eglise de Dieu : *Posuit episcopos regere Ecclesiam Dei*, et leur a conféré en conséquence une royauté spirituelle sur le clergé et les fidèles des diocèses commis à leur haute juridiction. Quoique, d'après la lettre et l'esprit de la discipline ecclésiastique, ils ne doivent pas gouverner seuls et sans le concert d'hommes éclairés, dont il leur est prescrit de s'environner, ils ne sont pas moins, de droit divin et ecclésiastique, les chefs de tout l'ordre pastoral, avec pouvoir de régir et de censurer tous ses membres, de quelque titre qu'ils soient revêtus, et même de les interdire et de les destituer, en se conformant toutefois aux règles adoptées par l'Eglise et pratiquées de tout temps. Si, en se tenant dans les limites précises des canons, un évêque n'était pas maître de révoquer un prêtre incapable, ou d'éliminer des sujets dangereux et indignes, il serait, par cela seul, dépouillé des prérogatives divines attachées à sa dignité, et n'aurait plus que le titre vain, nominal et mensonger de supérieur des membres du clergé. Il faut donc reconnaître à l'évêque une souveraineté spirituelle sur tout le clergé et les fidèles confiés à sa vigilance, sous peine de renverser le droit divin, et de faire tomber l'Eglise dans le presbytérianisme ; car, par l'*inamovibilité civile*, un curé pourrait rester dans son poste, malgré l'évêque et les canons, et même malgré toute l'Eglise. Ce prêtre n'aurait donc réellement pour chef que le conseil d'Etat ou le ministre des cultes. Qui ne voit combien est anticanonique l'*inamovibilité civile* ? La demander, n'est-ce pas demander l'établissement d'une Eglise ministérielle, pour nous servir d'une expression d'un savant prélat espagnol, Mgr. Romo, évêque des Canaries ? Tout homme attaché à la hiérarchie catholique doit donc la repousser avec toute l'énergie de son âme.

Si l'on établissait l'*inamovibilité* civile en faveur des curés desservants, comme le désirent les adversaires que nous combattons ici, les jugements mêmes les plus légitimes de l'évêque touchant le déplacement, l'interdit et la destitution des curés seraient susceptibles d'appel et de réforme au conseil d'Etat qui, portant peut-être bientôt l'abus de pouvoir aussi loin que les parlements d'autrefois, s'érigerait en cour de haute justice ecclésiastique, et prétendrait exercer le droit souverain de cassation des sentences de nos prélats français. Ainsi, l'évêque ne pourrait déposséder un curé de son titre, malgré les motifs les plus légitimes, sans s'exposer à voir réviser sa sentence de condamnation, et sans subir peut-être même une humiliation publique, en la voyant annuller par un arrêt solennel du conseil d'Etat. Ce n'est donc pas sans motif que l'épiscopat a, de tout temps, conçu de si fortes préventions contre l'*inamovibilité* civile des curés, elle excite, à bon droit, de vives appréhensions de la part de tous ceux qui veulent environner nos premiers pasteurs d'une puissante autorité. Quels moyens d'action, en effet, lui resteraient-ils sur le corps presbytéral, si un tribunal de l'ordre civil pouvait réformer ses actes administratifs, et frapper de nullité ses sentences pénales et répressives ? Par conséquent, l'*inamovibilité* civile équivaudrait à l'*émancipation* du clergé inférieur, et réduirait l'épiscopat à une véritable impuissance ; et c'est ce que ne craignent pas de demander, en propres termes, des prêtres qui, sans doute, n'en ont pas calculé toutes les conséquences.

L'*inamovibilité* civile est contraire à l'esprit de l'Eglise et aux droits imprescriptibles de l'épiscopat, puisqu'un évêque ne pourrait destituer un prêtre, même pour les motifs les plus graves, sans l'intervention du gouvernement. Placés sous cette sauvegarde civile, les mauvais prêtres seraient maîtres, si le roi ne donnait pas son agrément à leur révocation, de braver l'autorité de l'évêque, de rester dans leur poste, malgré toutes les censures ecclésiastiques dont on pourrait les frapper. Or, constituer un pareil état de choses dans l'Eglise, c'est établir et sanctionner un principe de rébellion, c'est ravir à l'évêque le jugement final de ses prêtres, pour le remettre entre les mains du gouvernement. C'est donc avec raison que tout catholique éclairé s'alarme de l'*inamovibilité* civile, qui pourrait en effet devenir une cause d'anarchie, de schisme et de révolte dans l'Eglise.

L'immoralité est la cause la plus ordinaire des révocations et des interdits prononcés par nos évêques. Mais si l'on accorde aux curés l'*inamovibilité* civile, on ne pourra plus priver de son bénéfice un titulaire ecclésiastique sans lui faire un procès en forme au conseil d'Etat, dans l'hypothèse que le coupable porte appel contre le jugement de son évêque. Or, ce tribunal ne voudra pas

---

(1) M. l'abbé Dieulin est auteur de l'opuscule qui a pour titre : *De l'inamovibilité des curés*, opuscule qui nous a été d'une grande utilité pour quelques articles, et en particulier pour celui-ci.

confirmer ou casser la sentence ecclésiastique, sans avoir sur table le dossier des pièces relatives au procès : il faudra donc dévoiler les accusations et les griefs imputés à l'appelant, exposer toutes les preuves de culpabilité sur lesquelles repose la justice de sa condamnation, et, enfin, initier les conseillers d'Etat à tous les mystères d'une affaire peut-être infamante qu'il importe, pour l'honneur du clergé, d'ensevelir dans un profond oubli. Le conseil d'Etat ne jugera-t-il pas encore nécessaire, en maintes circonstances, d'en référer au préfet, peut-être même au procureur-général, pour obtenir de plus amples informations sur des points qui n'auraient pas paru suffisamment éclaircis dans la procédure faite devant le tribunal de l'évêque. Alors on comprendra suffisamment combien grave et facile à la fois pourrait être une indiscrétion de la part d'un chef de bureau ou d'un greffier, lorsque l'affaire passerait dans la filière de ces diverses administrations. De là ne résulterait-il pas une immense publicité, qui serait un triomphe pour les ennemis de la religion et du sacerdoce; de là encore peut-être la mise en jugement de l'accusé devant le jury, après la production des preuves manifestes de culpabilité au sujet de certains délits ou crimes dont on le croirait en droit pouvoir se dispenser de poursuivre la punition. Ne voit-on pas que le retentissement de quelques procès en appel, pour cause de mœurs, suffirait pour ébruiter d'affreux scandales et ébranler la foi des âmes simples ? L'*inamovibilité* civile aurait donc, comme on le voit, les suites les plus déplorables, et l'on doit tout faire pour conjurer un pareil malheur. Le seul moyen de l'éviter, c'est de rétablir au plus tôt l'*inamovibilité* canonique. Que nos évêques veuillent bien y réfléchir sérieusement devant Dieu ; il y va peut-être du salut du catholicisme en France.

§ 4 *Nécessité de rétablir l'*INAMOVIBILITÉ *canonique.*

Les articles organiques (*Voyez* ce mot) ont complétement anéanti toutes les garanties qui protégeaient autrefois l'existence du prêtre, en accordant à l'évêque le droit de déplacer, de transférer et de destituer sans aucune forme de procès, tous les curés desservants, qui forment la presque totalité du clergé, sans admonestation, sans information, sans allégation même d'aucun motif pour justifier cette grave mesure. Ceux-ci ne peuvent exercer aucun recours, ni former aucune opposition contre une sentence qui les frappe de suspense ou d'interdit ; des larmes, des prières, ou de très-humbles observations, tel est le seul genre de réclamations qu'il leur soit permis de faire contre la menace d'un changement ou le coup d'une destitution. En un mot, le curé desservant est aujourd'hui destituable à volonté, sans appel, en vertu de l'article 31 de la loi du 18 germinal an X. Or, assurément une telle situation n'est pas régulière. Malgré le respect qui est d'ailleurs si justement dû à nos chefs spirituels, on ne doit pas se dissimuler qu'ils peuvent être sujets aux erreurs de l'humanité. Tout auguste et sacré que soit le caractère épiscopal, il ne saurait conférer à ceux qui l'ont reçu l'inspiration divine ; ils restent peccables et faillibles relativement à tous les actes qui sont de leur ressort administratif. Or, pour peu seulement qu'un supérieur ecclésiastique soit soupçonneux, confiant ou crédule ; pour peu qu'il ne connaisse pas suffisamment les membres de son clergé, ou qu'il n'ait pas fait avec assez de discernement le choix des hommes qui doivent former son conseil, que de surprises ne parviendra-t-on pas à faire à sa religion ! Des prêtres estimables, pieux et instruits ne peuvent-ils pas être desservis auprès de lui et devenir les victimes malheureuses de sa bonne foi et de sa crédulité trop souvent surprises par les manœuvres secrètes de l'intrigue et de la jalousie. Combien n'en voit-on pas d'exemples ! Les prélats les plus pieux et même les plus vigilants, malgré leur perspicacité et leur connaissance des hommes, y sont tous les jours trompés.

Mais si, par surcroît de malheur, un diocèse avait une administration tracassière, passionnée ou suspecte d'hérésie, ne le bouleverserait-elle pas irrémédiablement, à l'aide d'une constitution qui livre tout le clergé paroissial à la merci de ses chefs ? On a vu en effet depuis le concordat de 1801 des prélats constitutionnels, gouvernant des diocèses qui comptaient de sept à huit cents paroisses, poursuivre de vénérables curés qui avaient été confesseurs de la foi pendant la tourmente révolutionnaire, et lancer arbitrairement des interdits contre des curés desservants qui étaient les prêtres les plus réguliers et les plus fidèles de leur clergé. Ne doit-on pas craindre le renouvellement de tels abus, de tels excès de pouvoir ?

Que deviendrait l'Eglise de France sous l'empire d'une législation qui confère aux évêques un pouvoir discrétionnaire, si un gouvernement moins prudent et moins sage que le nôtre parvenait à élever à l'épiscopat des hommes indignes ou fauteurs de schisme et d'erreurs ? L'Allemagne et la Russie surtout nous font assez voir tout ce dont sont capables des prélats lâches, prévaricateurs et apostats, quand ils maîtrisent souverainement leurs prêtres et qu'ils sont de complicité avec la puissance civile ? Ces exemples doivent nous faire trembler pour l'avenir. Le concordat accorde au roi la nomination aux évêchés, ce qui donne, par cela seul, une immense influence au gouvernement sur l'esprit de l'épiscopat lui-même. Si donc, à l'aide de ce privilége, des ministres adroits et ennemis du catholicisme, sous une régence, par exemple, parvenaient à obtenir de la composition du corps épiscopal dans un sens parfaitement favorable à leurs vues, le gouvernement ne dominerait-il pas, par les évêques, l'ordre ecclésiastique tout entier, si, surtout, les curés étaient assujettis à la suprématie épiscopale, comme ils le sont aujourd'hui sous le régime de l'amovibilité. C'est aussi le plan qu'avait conçu Bonaparte, celui de soumettre les curés à la volonté absolue des évêques, qu'il avait l'assurance de pouvoir maîtriser eux-mêmes à son tour. De là à une église nationale la pente est rapide et le trajet facile, surtout quand les gouvernements sont oppresseurs et impies. Aussi a-t-il suffi d'un ukase de l'empereur de Russie pour faire apostasier plusieurs millions de catholiques grecs. Avec un clergé façonné et asservi par des évêques sur lesquels un gouvernement a la toute-puissance, on ne s'assouplit pas si facilement aux vœux des gouvernants; il trouve dans ses principes et dans son indépendance une force de résistance qui fait presque toujours échouer les tentatives des ennemis de la religion. L'Église catholique a sans doute des promesses divines qui garantissent sa perpétuité et son indéfectibilité sur la terre, mais c'est à l'Église en général, et non à des églises particulières que Jésus-Christ a assuré ces divins priviléges.

L'état présent du personnel de l'épiscopat en France est sans doute très-rassurant. Jamais, peut-être, l'Église gallicane n'a eu des prélats plus pieux, plus zélés, plus instruits, plus fermes et plus courageux que ceux qu'elle possède actuellement, et qui font sa gloire. Tous ces évêques inspirent donc une confiance entière aux membres du corps sacerdotal. Grâce à ce choix providentiel de nos premiers pasteurs, on n'a point à craindre aujourd'hui de résultats fâcheux de la puissance absolue que leur a conférée l'article 31 de la loi du 18 germinal an X, sur leur clergé. Mais les hommes passent et varient, et les mauvais systèmes restent avec leurs désastreuses conséquences. Or, c'est un système dangereux, que d'abandonner à un homme, à moins qu'il ne soit un ange, le droit de prononcer seul des sentences qui décident de l'honneur et de l'existence de tout l'ordre pastoral. Aussi l'Église, toujours si sage, a-t-elle statué de tout temps, comme nous l'avons dit plus haut, par des règles de discipline, que nul ne pourrait juger seul les questions concernant la révocation des ecclésiastiques.

Il convient assurément que l'épiscopat reconnaisse au clergé inférieur les franchises que le gouvernement attribue à un grand nombre de ses fonctionnaires dans les diverses branches d'administration. Les juges de nos cours et de nos tribunaux ne peuvent être dépouillés de leurs places ni de leurs appointements, par arrêté ministériel, ni même par ordonnance royale. Un professeur de l'Université ne perd sa charge que par décision du conseil d'instruction publique. Il faut une ordonnance pour révoquer le maire de la plus obscure commune du royaume : on ne peut même le poursuivre pour délit commis dans l'exercice de ses fonctions, sans une autorisation du conseil d'Etat. Un maître d'école, encore imberbe, dès qu'il a son brevet et son institution, est inamovible, jusque dans le plus petit hameau de la France ; il peut, à dix-huit ans, braver son maire et son curé, académie et comité, s'il ne viole ni la loi, ni la morale publique. Son avenir n'est pas, comme celui du prêtre, remis à l'arbitraire d'un seul juge, prononçant en dernier ressort. Le curé peut-il décemment rester destituable à côté de l'instituteur inamovible? n'a-t-il pas droit de revendiquer sa part de liberté et d'indépendance ? La mairie et l'école sont aujourd'hui des puissances dans une paroisse; il serait souverainement inconvenant, pour la dignité sacerdotale, que le presbytère ne pût faire contre-poids par une égale proportion d'indépendance et de franchises. Et l'épiscopat voudrait-il donc moins faire pour ses curés que le gouvernement n'a fait pour ses maires et ses maîtres d'école? Ce refus serait offensant pour le prêtre qui offre assurément mille fois plus de garanties qu'un instituteur qui n'a même pas atteint l'âge de la majorité ; il ne serait propre qu'à décourager le sentiment du devoir dans les rangs du clergé.

Aussi le pouvoir de déplacer et de révoquer les curés desservants, et par conséquent de les réduire à l'opprobre et à la misère, a paru tellement exhorbitant à nos prélats français les plus sages, que la plupart d'entre eux n'ont osé faire usage de ce droit dans toute sa plénitude ; ils ont senti le besoin d'imposer des bornes à leur pouvoir illimité, en partageant, avec un conseil formé par eux, la grave responsabilité des sentences qui pouvaient avoir pour objet l'interdit ou même le déplacement obligé des curés desservants. C'est par ce conseil de leur choix que nos évêques, pour l'acquit de leur conscience, font juger ces importantes questions, de la décision desquelles ils n'oseraient assumer sur eux seuls la responsabilité.

Mais, qu'on le remarque bien, ce n'est pas contre l'épiscopat lui-même que le clergé demande précisément des garanties propres à abriter sa faiblesse. L'autorité épiscopale, quoique absolue de fait, en vertu du droit civil, est toujours en réalité la plus indulgente et la plus paternelle ; il n'est point au monde de plus douce dépendance. Protecteur naturel des curés qui forment en quelque sorte sa famille, un évêque aime le plus souvent à être leur ami et leur patron, plutôt que leur maître ; c'est ce qui fait que les prêtres français sont si prédisposés à la confiance dans le corps épiscopal, composé universellement de prélats infiniment recommandables, qui gouvernent leur clergé avec bien plus de paternité que d'autorité. En demandant l'*inamovibilité* pour eux, c'est moins par la crainte de devenir victimes de l'arbitraire d'un supérieur, que pour se soustraire aux dangers qui menacent leur position. Ce que sollicitent avec instance nos curés de campagne, c'est de secouer le joug de la démagogie paroissiale, c'est de faire cesser l'état de servilité qui les humilie ; ce qu'ils veulent, c'est une protection et une sauve-garde contre les tracasseries et les vexations perpétuelles des maires de village, des fonctionnaires, des industriels, des grands propriétaires, qui se plaisent si souvent à harceler les curés desservants, et dirigent une croisade contre eux ; c'est contre les administrations civiles, dont on surprend quelquefois la religion, et qui, incitées par des hommes passionnés et violents, veulent qu'un évêque immole nos pasteurs amovibles aux brutales exigences de leurs ennemis. Il n'est presque plus de paroisses rurales où il n'existe un foyer de tentatives d'insurrection, dirigées contre les curés desservants, par des êtres irréligieux et turbulents, qui leur ont voué une haine implacable, et qui s'entendent tous pour faire alliance contre eux. Comment ceux-ci pourront-ils, faibles et dépourvus de tout moyen de défense, faire tête à tant d'ennemis conjurés? Ne leur faut-il pas un point d'appui contre ces coalitions ennemies et ce système de vexations, organisé en tant de localités? Ils ne sortiront de cette fausse position, qui a pour principale cause leur amovibilité, qu'autant qu'on leur donnera une force de résistance qui lasse leurs ennemis, en leur montrant l'impuissance de leurs efforts.

Pour décourager ces tentatives ennemies, il faut les rendre impuissantes. Le mal déjà produit est grand, mais il n'est pas incurable ; il est encore temps d'y porter remède. Pour y parvenir, il faut rendre au clergé son organisation ancienne et lui restituer le privilège de l'*inamovibilité* canonique. C'est la seule barrière qui puisse protéger efficacement la position du clergé contre les attaques de ses ennemis. Quand l'épiscopat n'accorderait pas comme un droit l'*inamovibilité* aux curés desservants, qu'il la leur accorde du moins comme une satisfaction et par respect pour la dignité outragée du sacerdoce. C'est une haute nécessité de mettre la position du prêtre en rapport avec la noblesse de son caractère et l'importance de sa mission au milieu des peuples.

Rien ne contribue plus à décourager l'homme et à lui inspirer un invincible dégoût, qu'un état qui lui offre beaucoup de peines, peu de consolations et nulles garanties de stabilité. Or, tel est le sort du prêtre amovible. Envoyé dans un village, il n'y rencontre, le plus souvent, pour paroissiens, que des hommes dont l'intelligence est absorbée par des pensées terrestres, dont le cœur est imbu de préventions contre le clergé et desséché par le souffle du plus abject matérialisme. Que de journées tristes et amères passera ainsi un prêtre pieux et sensible dans sa solitude des jours et des nuits, en déplorant la stérilité de son ministère et la mort d'un peuple qui n'a pas de foi! Hélas ! il cueillera bien plus d'épines que de fleurs sur le chemin de la vie ; il n'aura, le plus souvent, qu'une existence fatiguée et orageuse. Que de tracasseries, de dénonciations et d'hostilités ne sera-t-il pas condamné à souffrir. Tourmenté sans relâche par des antagonistes remuants qui ont résolu de le dégoûter de sa position et de lasser sa constance, il ressemblera, s'il est révocable, à un soldat nu et sans armes, que l'on envoie combattre un ennemi armé de toutes pièces, c'est-à-dire que, convaincu de sa faiblesse et de son impuissance, ce soldat se démoralise et succombe dans la lutte. Pour résister seul à une opposition quelquefois très-puissante, le prêtre aurait besoin d'une autorité et d'une indépendance qu'il ne retrouvera que dans le sentiment de son *inamovibilité*. C'est un contre-poids nécessaire pour protéger sa faiblesse et relever son courage.

Combien de prêtres d'abord pleins de zèle, d'ardeur, de dévouement et de désintéressement, se sont soudain découragés par un changement que rien de raisonnable ne pouvait motiver, si ce n'est de donner satisfaction à l'amour-propre d'une personne influente de la paroisse, jalouse de l'influence qu'y prenait à son tour le pasteur, par ses vertus et par son zèle ! Combien d'autres, lassés d'être continuellement transportés d'une paroisse dans une autre, cherchent, au détriment de leur devoir, la paix et la stabilité ! Combien se laissent aller aux défaillances du découragement en se voyant sacrifier, comme des victimes malheureuses, à toutes les oppositions qu'ils ne se seront attirées même que par devoir et par un principe de conscience. Etre étonné de la défection de prêtres d'abord pieux et zélés, et du dépérissement de la foi dans les paroisses, c'est ne pas connaître le cœur de l'homme. Or, pour empêcher le clergé de faiblir de cœur et lui inspirer de l'énergie, il faut lui rendre assez de force pour qu'il puisse triompher de tous les efforts de ses antagonistes.

Cet état précaire décourage non-seulement le prêtre en exercice, il entrave même singulièrement les vocations ecclésiastiques. Le célibat et la pauvreté du sacerdoce sont sans doute pour beaucoup dans le petit nombre de vocations. Mais quelque puissants que soient ces motifs, au point de vue humain, pour décourager les vocations et en diminuer le nombre, ce ne sont pas les seuls qui contribuent à éloigner les jeunes gens de la carrière ecclésiastique. Une des principales causes de cette désertion déplorable, c'est que le sacerdoce n'est plus un état à leurs yeux et qu'il ne présente pas le moindre gage de sécurité. Les parents, presque toujours guidés par des vues humaines, relativement au choix de l'état qu'embrassent leurs enfants, possèdent admirablement l'instinct du bien-être matériel qu'il importe de leur procurer. N'étant mus que par des sentiments charnels et mondains, ils éloignent leurs fils d'une carrière où l'on n'est souvent abreuvé que de dégoûts et d'ennuis, où l'on n'a en perspective qu'une médiocre existence et qu'une faible considération, où enfin, l'on n'a même pas l'assurance d'être fixé d'une manière stable et permanente, en compensation des peines qu'elle procure en si grande abondance. Aussi plusieurs familles qui aperçoivent dans leurs enfants des dispositions précoces pour l'Eglise, prennent-elles soin d'étouffer en eux les germes d'une vocation naissante, et font-elles tous leurs efforts pour les engager à prendre parti pour les professions séculières.

« J'ai vu à plusieurs reprises, dans les fonctions administratives que je remplissais, dit M. Dieulin, vicaire général de Nancy, de simples campagnards qui, en considérant le sort actuel des curés desservants et l'extrême mobilité de leur position, m'avouaient ingénument qu'ils se garderaient bien de faire des prêtres de leurs fils, aimant mieux les voir commis d'un bureau ou d'une boutique, ou même simples fermiers, que de les exposer aux vexations et à toutes les avanies que subissent tant de pauvres curés de campagne. On ne peut imaginer à quel degré d'abaissement le triste spectacle des nombreux changements opérés par les administrations de quelques diocèses, y a fait descendre l'état ecclésiastique dans l'opinion de gens matériels qui n'estiment les places qu'au prix de l'argent qu'elles rapportent, ou des gages de sûreté qu'elles procurent. Rien ne déshonore à leurs yeux le prêtre comme l'incertitude et la fragilité de sa position. Ce sont là des faits significatifs et concluants en faveur de la nécessité de consolider l'état pastoral, pour l'empêcher de tomber dans un discrédit complet. Presque tous les hommes vraiment dévoués au clergé partagent ces convictions, et demandent que l'on rende aux desservants l'*inamovibilité* canonique qui réparera insensiblement les maux commis. Si l'épiscopat s'y refuse, il risquera peut-être d'être accusé par des hommes mal intentionnés de favoriser l'extinction des libertés ecclésiastiques et de vouloir tenir le sacerdoce sous le joug d'une servile dépendance, accusation perfide qu'il serait aussi dangereux qu'injuste de laisser peser sur nos prélats français. » (*De l'inamovibilité des curés.*)

Nous ne saurions mieux terminer ce long paragraphe qu'en empruntant au savant et pieux Thomassin, le passage suivant :

« C'est une opinion qui a eu cours dans les
« esprits, que les curés de l'Eglise ancienne
« étaient absolument en la disposition de l'évê-
« que pour être continués, ou transférés, ou
« entièrement dépouillés, selon que l'évêque
« jugeait plus à propos pour le bien de son
« église. Les curés ou les prêtres, tenant le
« plus haut rang dans les dignités ecclésias-
« tiques après l'évêque, n'ont pu être
« *amovibles* au gré de l'évêque, sans que tous
« les autres bénéficiers et absolument tous les
« clercs aient été soumis à la même loi.

« Mais quelque couleur qu'on ait pu don-
« ner à cette opinion pour la rendre agréa-
« ble, et pour la faire paraître avantageuse
« aux évêques à qui elle donne un empire
« absolu, et en quelque manière supérieur
« aux lois et aux canons mêmes; si l'on con-
« sidère les choses de plus près, et si l'on
« pénètre dans la discipline des anciens ca-
« nons, on trouvera que la doctrine contraire

« est plus véritable, et qu'elle donne aux
« évêques une autorité d'autant plus grande
« qu'elle est plus ferme, et d'autant plus fer-
« me qu'elle est plus douce et plus juste, et
« d'autant plus juste et plus douce qu'elle
« est établie sur les lois. Car comme la jus-
« tice des lois est éternelle et inébranlable,
« elle communique ces mêmes avantages
« aux empires qu'elle règle et qu'elle sou-
« tient. Ceux qui ont les yeux de l'esprit
« assez bons et assez perçants, découvrent
« dans toutes les lois positives, et surtout
« dans celles de l'Eglise, quelques rayons du
« droit naturel qui est éternel et immuable.
« Mais quoi qu'il en soit, c'est une loi natu-
« relle, éternelle et immuable, que tout em-
« pire doit être réglé par les lois, et que
« quelque souveraineté qu'on puisse préten-
« dre, les lois sont encore au-dessus. L'em-
« pire épiscopal n'en sera donc pas moins
« souverain pour être soumis aux canons,
« et pour reconnaître que c'est Dieu seul
« dont la volonté est la règle de toutes cho-
« ses, parce que non-seulement elle est essen-
« tiellement juste, mais elle est la justice
« même. » (*Discipline de l'Eglise, partie* I, liv. II, *ch.* 4, n. 1 et 2, *tome* I, *pag.* 190. 2ᵉ *édit.*)

§ 5. *Réponses aux objections faites contre l'*INAMOVIBILITÉ.

1° Il y aurait, dit-on, de graves inconvénients à reconnaître tous les curés inamovibles, car quel surcroît d'embarras pour les évêques qui ne pourraient interdire qu'avec des peines extrêmes ceux de leurs prêtres que leur conduite y forcerait.

On juge de l'inconvénient de l'*inamovibilité* par celle reconnue actuellement aux curés de canton, c'est-à-dire par l'*inamovibilité* civile, mais ce n'est pas ainsi que nous l'entendons, nous ne voulons parler que de l'*inamovibilité* canonique. L'entendre autrement, ce serait vouloir établir l'anarchie et le scandale perpétuel dans l'Eglise, ainsi que nous l'avons dit ci-dessus. Or, l'*inamovibilité* canonique ne blesse en rien les droits de l'évêque sur ses clercs; il a toujours la puissance de les frapper de peines canoniques toutes les fois qu'ils les ont méritées, et que, par un jugement régulier, ils ont été convaincus de culpabilité. Le droit canon n'a-t-il pas établi au contraire, contre les clercs criminels, la dégradation, l'excommunication, la suspense, etc.? Qu'on rétablisse les officialités (*Voyez* OFFICIALITÉS), avec ces tribunaux ecclésiastiques tous les inconvénients de l'*inamovibilité* ne sont plus qu'imaginaires; au contraire, par ce moyen l'évêque se trouve délivré d'une foule d'affaires qui absorbent une partie notable de son temps, nuisent à sa tranquillité et attirent sur sa tête tout l'odieux de l'administration diocésaine, comme nous le disons sous le mot OFFICIALITÉS. Qu'on remarque bien que l'*inamovibilité* est inséparable de l'existence des tribunaux ecclésiastiques; demander l'une sans le rétablissement des autres, ce serait demander une chose impossible, impraticable, anticanonique.

2° Mais, ajoute-t-on, cette forme judiciaire entraînera des lenteurs dans les mesures de l'administration, et il est nécessaire quelquefois d'employer une prompte et sévère répression.

Il est sans doute des cas extraordinaires et pressants où l'évêque est autorisé de droit, à prendre des mesures promptes et sévères; ainsi qu'actuellement un curé de canton, inamovible même civilement, commette un crime public qui emporte avec lui le scandale, que ce crime soit notoire, évident, l'évêque n'hésitera pas un instant à fulminer contre le coupable les sentences de l'Eglise; ainsi en serait-il de l'*inamovibilité* canonique. Et c'est ce que fit saint Augustin, malgré son respect pour les saints canons, en se permettant une fois de faire seul le procès à un de ses prêtres, qui avait passé une nuit chez une femme de mauvaise vie. Il est à remarquer néanmoins que le saint docteur ne déposa le criminel Xantippe, qu'après lui avoir fait son procès. Ainsi quand un crime est notoire, et qu'un scandale est flagrant, il ne convient pas d'en ajourner le châtiment, il faut au contraire en faire une prompte et éclatante justice. Tels seront, dans les cas graves et exceptionnels, les mesures d'urgence à employer; elles sont tout à fait conformes à l'esprit même de l'ancienne discipline. Mais il faut bien se garder de faire de l'exception une règle générale.

Les mesures d'administration sont plus expéditives dans un diocèse où l'évêque commande, défend et prononce sur tout en maître absolu, nous l'avouons volontiers; mais un évêché n'est pas, que nous sachions, d'après les règles canoniques, un gouvernement où le chef spirituel puisse agir arbitrairement et en dictateur. Cela est plus commode et plus expéditif, dit-on; c'est comme si l'on disait que le despotisme et l'arbitraire valent mieux que la liberté et l'équité. Un évêque ne doit pas chercher, dans son administration, ce qui est plus commode et plus expéditif, mais ce qui est plus juste et plus conforme aux saintes règles de l'Eglise (*Voyez* ÉVÊQUE). C'est d'ailleurs précisément parce que l'administration sera lente dans ses procédures, qu'elle se montrera plus réfléchie et plus équitable. Cette nouvelle manière, si expéditive de rendre la justice, est arbitraire et anticanonique; car elle n'est pas l'expression des vœux de l'Eglise qui n'eût pas manqué de l'adopter, si elle lui eût semblé sage et avantageuse.

3° L'amovibilité des desservants est un article secret du concordat. « Je pense, » dit un auteur bien connu, « que si
« cette amovibilité n'est pas, comme tout
« porte à le croire, un article secret du
« concordat, elle a été connue et formelle-
« ment approuvée par le saint-siége et par
« nos évêques. Qu'elle ait été un article se-
« cret du concordat, cela est très-probable;
« on sait qu'il y en a de ce genre dans tous
« les traités. »

C'est là une assertion bien gratuite et dont on ne donne aucune preuve, car des *probabilités* ici ne peuvent établir un droit. Il n'existe aucun monument, que nous sachions, dont on puisse inférer, même indirectement, qu'il en fût ainsi, et pour avancer de telles assertions, dans une question aussi grave, il faudrait pouvoir les prouver par des pièces authentiques. On dit bien que « le bel ordre que Bonaparte commençait à introduire dans ses finances, un an après avoir conclu le concordat, l'avait rendu assez confiant pour révéler *son secret;* et que le concordat parut, *tel qu'il avait été conçu* (assertion bien gratuite encore et peut-être injurieuse à la mémoire de l'immortel Pie VII), avec un curé inamovible par canton et un desservant amovible par commune. » Que le premier consul ait conservé comme *son secret* d'ajouter de nouvelles dispositions au concordat par les articles organiques, nous le croyons sans peine, et c'est le reproche que le saint-siége lui adressa par l'entremise du cardinal Caprara (*Voyez* ARTICLES ORGANIQUES). Mais que le pape ou ses plénipotentiaires soient entrés dans ce *secret*, c'est ce qu'on ne parviendra jamais à prouver. S'il en eût été ainsi, le gouvernement consulaire eût été à l'aise pour répondre aux *Réclamations* du saint-siége (*Voyez* tom. I, col. 217). Il lui eût été facile de se justifier en disant que des articles secrets ayant été arrêtés de commun accord, on n'avait rien fait à l'*insu* du saint-siége.

4° On invoque une autre raison en faveur de l'amovibilité, c'est la prescription. « Une
« coutume, revêtue de toutes les conditions
« voulues par le droit, dit-on, a force de
« loi. »

Une coutume revêtue de toutes les conditions voulues par le droit canon, a force de loi, sans doute; mais la coutume qui a introduit l'amovibilité est-elle revêtue de toutes les conditions requises pour abolir l'ancien droit reconnu et pratiqué pendant quinze siècles, et en établir un nouveau, c'est ce qu'il faut examiner.

Les canonistes, comme nous le disons ailleurs (*Voy.* COUTUME), distinguent trois sortes de coutume : *Consuetudo præter legem, secundum legem et contra legem*. La coutume contraire à la loi, *contra legem*, ne peut tenir lieu de loi que lorsqu'elle est raisonnable et légitimement prescrite : *Nisi fuerit rationabilis et legitime præscripta*. Or, une coutume en général est sensée raisonnable, quand elle n'est réprouvée ni par le droit divin, ni par le droit naturel, ni par le droit canon, et qu'elle est de nature à ne pouvoir ni induire à mal, ni porter préjudice au bien général de la société, dans lequel cas elle ne saurait jamais avoir force de loi (*Cap. Non debet* 8, *de Consang.*). La coutume introduite par l'article 8 de la loi purement civile du 18 germinal an X ne peut être censée raisonnable, puisqu'elle est réprouvée par le droit canon et la discipline générale de l'Eglise pendant plus de quinze siècles, et qu'elle est de nature à pouvoir porter un préjudice notable à l'Eglise, en tarissant la source des vocations, en jetant la déconsidération sur le clergé, et en le portant au découragement, comme nous l'avons dit plus haut.

La prescription ne peut être invoquée en faveur de la constitution dite des articles organiques, constitution récente qui a mis des entraves à la liberté de l'Eglise, et en particulier à la liberté du clergé du second ordre ; constitution qui est pour lui une cause de malaise perpétuel et une source de dangers pour sa propre sécurité ; constitution contradictoire avec la discipline ancienne, qui est un abus de pouvoir et une usurpation, qui a été désapprouvée au moment de sa promulgation, condamnée en plusieurs circonstances et formellement abrogée par un nouveau concordat, celui de 1817 (*Voyez* CONCORDAT *de* 1817, *Art*. 3). La constitution organique est une loi d'oppression pour l'Eglise de France, loi qui par conséquent n'a pu être légitimée par le temps, et ne pourra jamais prescrire. Il est une loi canonique, ancienne et plus respectable, qui annulle celle-là, ou qui du moins en trouble la possession, et l'empêche d'être légitime.

5° Mais c'est le gouvernement, et non l'épiscopat qui a fait les articles organiques et établi l'amovibilité ; il n'est pas au pouvoir des évêques de changer cette législation et de rendre l'irrévocabilité aux desservants.

Il est vrai que l'épiscopat ne peut abroger les articles organiques, ni changer civilement la position des curés desservants. Mais s'il ne peut leur faire reconnaître l'*inamovibilité* légale, il est maître de déclarer qu'il ne veut pas profiter des dispositions de l'article 31 de la loi du 18 germinal an X, ni de la puissance illimitée dont, par là, il jouit civilement, quoique non canoniquement. Ce n'est pas une obligation pour nos évêques d'user de l'étendue du pouvoir que leur confère la constitution de l'an X ; ce n'est qu'une simple faculté à l'usage de laquelle ils peuvent renoncer. Que les évêques déclarent vouloir gouverner d'après la loi canonique, et non suivant un décret émané du pouvoir séculier, et qu'ils proclament solennellement, en dehors du gouvernement, l'*inamovibilité* canonique des curés desservants, et aussitôt, par le seul fait de cette déclaration, le clergé recouvrera la liberté, l'indépendance et la considération, et il bénira l'épiscopat ; ses antagonistes le laisseront en paix, et le gouvernement lui-même se taira. Pour atteindre ce but, il n'est besoin ni de l'assentiment royal, ni de l'autorisation des chambres ; pour le réaliser, il suffit de le vouloir.

INCAPABLES.

§ 1. INCAPABLES, *bénéfices*.

On appelle *incapables*, en matière de bénéfices ou d'offices, ce qui est actuellement la même chose, ceux qui n'ont pas les capacités requises pour les posséder. Les canonistes latins emploient plus souvent, dans ce sens, le mot d'inhabile, *inhabilis* ; et il faut convenir qu'en prenant le terme d'incapacité dans l'étroite signification que l'on voit sous le mot CAPACITÉ, le mot d'*incapable* n'aurait pas la signification qu'on lui donne dans l'usage. Il faut pour cela qu'on l'interprète différemment, et que par les capacités, dont il est parlé en cette définition, on n'entende pas seulement ces pièces qu'on distingue des titres, mais aussi toutes les sortes de capacités, qui, réunies dans une personne, la rendent apte ou habile à posséder un bénéfice.

Suivant les lois de l'Eglise, on ne peut posséder un bénéfice ou office qu'on ne soit muni d'un titre légitime et exempt de tous les défauts exclusifs marqués par les canons. Par rapport au titre, c'est une grande règle en droit canon que *beneficia ecclesiastica sine titulo possideri non possunt*. Tout possesseur sans titre, au moins coloré, n'est qu'un usurpateur et un intrus (*Voyez* INTRUS, TITRE, PROVISIONS).

A l'égard des défauts qui rendent, suivant les canons, *incapables* de posséder un bénéfice, on distingue ceux qui dérivent du droit et ceux qui viennent du crime. Ces derniers rendent plutôt indignes qu'*incapables* de posséder des bénéfices ; mais les uns et les autres produisent une inhabilité qui rend ici les principes communs sur la matière.

Rebuffe dit que chacun est présumé capable, jusqu'à ce qu'on ait prouvé qu'il ne l'est pas.

Nous ajouterons qu'il faut distinguer l'inhabilité à être pourvu d'un office quelconque, de l'inhabilité à le posséder. Tel ne saurait obtenir un bénéfice, qui n'est cependant pas *incapable* de posséder celui qu'il a déjà obtenu ; c'est là une distinction applicable à plusieurs de ceux dont nous allons marquer l'inhabilité d'une manière générale, nous réservant de faire connaître sous le mot VACANCE ceux qui ne peuvent ni obtenir ni garder des bénéfices, par opposition à ceux à qui l'obtention est seulement interdite.

1° Ceux-là sont *incapables* de posséder des bénéfices ou offices qui n'ont pas l'âge requis : *Indecorum enim est ei concedere beneficium, qui non novit regere seipsum.* (*Cap. Indecorum, de ætat. et qualit.*) (*Voyez* AGE.)

2° Les furieux et tous ceux qui sont sous l'administration d'un autre sont *incapables* de posséder des bénéfices (*Dicto capite Indecorum*). *Collatio eis facta pro non facta habetur* (Bonif. *in clem. una, n.* 58, *de homicid.*) (*Voyez* IRRÉGULARITÉ).

3° Le clerc marié, *conjugatus* (*Voyez* CÉLIBAT).

Rebuffe estime que le fiancé par paroles de futur peut obtenir des bénéfices, et les posséder s'il les a obtenus. (*Glos. in c.* 1 *de cler. conjug. in* 6°. *Extr. unic. de voto*).

4° Le laïque (*Voyez* LAÏQUE).

5° Le promu *per saltum*, et le promu *extra tempora* (*C. Cum quidam de tempor. ordin.*:

(*Huit.*

c. Dilectus, eod. tit.; c. Litteras; clem. fin. de œtat. et qualit.) (*Voyez* PROMOTION, EXTRA TEMPORA, INTERSTICES.)

6° Le bigame : Rebuffe marque sept différents cas de bigamie, qui rentrent dans la division que nous faisons de ce défaut sous le mot BIGAMIE.

7° L'hérétique.

8° Le schismatique (*Voyez* SCHISMATIQUE).

9° Le simoniaque (*Voyez* SIMONIE, CONFIDENCE).

10° Le sorcier, *sortilegus* (*Voyez* SORTILÉGE).

11° Le banni, le condamné (*Voyez* MORT CIVILE, BANNISSEMENT).

12° Le sacrilége, *sacrilegus* (*Voyez* SACRILÉGE).

13° Le faussaire (*Voyez* FAUX).

14° L'excommunié (*Voyez* EXCOMMUNICATION)

15° Le suspens (*Voyez* SUSPENSE).

16° L'apostat (*Voyez* APOSTASIE).

17° Le sodomite (*Voyez* SODOMIE).

18° Le concubinaire public (*Voyez* CONCUBINAGE).

19° L'homicide (*Voyez* HOMICIDE, ARMES, IRRÉGULARITÉ).

20° Les épileptiques (*Voyez* IRRÉGULARITÉ).

21° L'ignorant, *illitteratus* (*Voyez* IRRÉGULARITÉ, SCIENCE).

22° L'étranger (*Voyez* IDIOME, ÉTRANGER).

23° Le parjure (*Voyez* SERMENT).

24° Le bâtard (*Voyez* BATARD).

25° Les enfants des bénéficiers pour les bénéfices de leurs pères (*Voyez* BATARD).

26° Les irréguliers en général (*Voyez* IRRÉGULARITÉ).

27° L'usurier (*Voyez* USURIER).

28° L'usurpateur, *violentus* (*Voyez* INTRUS, USURPATION).

29° Les femmes ne sont capables que de certaines prélatures (Innoc. *et alii in c Cum nostris de conces. præb.*) (*Voyez* FEMME).

30° Le non baptisé, parce qu'il ne peut être ordonné (*C. fin. de presbyt. non baptiz.*) (*Voyez* INFIDÈLE).

31° Les incendiaires, les incestueux et généralement tous ceux qui par leurs crimes sont *in reatu*, ou notés d'infamie, ne peuvent obtenir des bénéfices (*Voyez* INCENDIE, INCESTE, INDIGNE, INFAME, IN REATU).

Les capacités requises par la nature et la qualité du bénéfice consistent à être non-seulement exempt des défauts et des crimes dont il est parlé sous les mots cités ci-dessus, mais aussi à être pourvu des qualités que requiert le bénéfice même.

Parmi les différentes incapacités, il n'en est aucune qui ne rende la collation nulle, quand elle est faite à quelqu'un de ceux qui en sont atteints; mais comme ces incapacités peuvent ne survenir qu'après la collation faite, il faut bien distinguer celles qui font vaquer les bénéfices déjà obtenus, d'avec certaines qui ne les font pas vaquer, comme l'inhabilité procédant de l'irrégularité (*Voyez* IRRÉGULARITÉ, HOMICIDE).

Parmi les incapacités qui étant survenues après l'obtention des bénéfices, les font vaquer ou empêchent qu'on ne puisse les posséder, il faut encore distinguer celles qui produisent une vacance de plein droit, de celles qui ne donnent que le droit de procéder contre le titulaire pour le priver de ses bénéfices par une sentence (*Voyez* VACANCE).

Les conciles recommandent très-expressément aux collateurs de ne conférer les bénéfices qu'à ceux qui ont les qualités requises pour les posséder. Celui de Trente s'exprime ainsi : « Les bénéfices, principalement ceux qui ont charge d'âmes, seront conférés à des personnes dignes et capables, et qui puissent résider sur les lieux et exercer elles-mêmes leurs fonctions, suivant la constitution *Quia nonnulli* d'Alexandre III, au concile de Latran, et l'autre de Grégoire X, au concile de Lyon, laquelle commence par *Licet canon.* Toute collation ou provision de bénéfice, faite autrement, sera nulle, et que le collateur ordinaire sache qu'il encourra les peines de la constitution *Grave nimis* du même concile général.» (Session VII, ch. 3, *de Reform.*) Le concile de Paris avait dit auparavant ; *Statuimus etiam ne beneficia ecclesiastica, vel dignitates, vel curæ animarum, minoribus vel indignis, contra canones concedantur.* On peut voir ce qu'ont dit à cet égard le troisième concile général de Latran, tenu l'an 1179, le quatrième, tenu l'an 1215, le concile de Lavaur, de l'an 1368, celui d'Angers, de l'an 1365 et celui d'Aix, de l'an 1585.

Il est à remarquer que l'incapacité attachée à la qualité d'étranger est moins ordonnée par les canons que par les anciennes ordonnances du royaume, et particulièrement par les articles organiques (art. 16 et 32); les canons n'excluent à cet égard que les étrangers d'un pays dont ils ignorent l'idiome et le langage (*Voyez* IDIOME, ÉTRANGER).

§ 2. INCAPABLES, *contrats*.

Il n'y a que ceux qui ont suffisamment l'usage de raison qui peuvent contracter. Toute convention faite par une personne qui est privée de l'usage des facultés intellectuelles est absolument nulle et ne peut avoir aucun effet. Mais tous ceux qui sont capables de contracter naturellement et canoniquement ne sont pas toujours capables de contracter civilement. Le Code civil a statué ainsi sur la capacité des parties contractantes :

« ART. 1123. Toute personne peut contracter, si elle n'en est pas déclarée *incapable* par la loi.

« ART. 1124. Les *incapables* sont :

« Les mineurs,

« Les interdits,

« Les femmes mariées, dans les cas exprimés par la loi,

« Et généralement tous ceux auxquels la loi a interdit certains contrats.

« ART. 1125. Le mineur, l'interdit et la femme mariée ne peuvent attaquer, pour cause d'incapacité, leurs engagements que dans les cas prévus par la loi.

« Les personnes capables de s'engager ne

peuvent opposer l'incapacité du mineur, de l'interdit ou de la femme mariée avec qui elles ont contracté. »

INCAPACITÉ.

L'*incapacité* est un défaut ou une privation des dispositions et des qualités nécessaires pour être pourvu de bénéfices ou d'offices, comme le défaut d'âge, d'ordre, etc. (*Tot. tit. de œtate et qualit. præficiend.*) (*Voyez* ci-dessus le mot INCAPABLE).

INCENDIAIRE, INCENDIE.

L'*incendie* est un crime que les canons punissent de peines très-sévères, quand il est commis avec intention de nuire, *cum dolo et malitiose* (c. Pessimam 23, *q.* 8; *c. Super in litteris de raptorib. et incendiar.*). Le premier de ces canons punit les *incendiaires* criminels de l'excommunication et défend de leur donner la sépulture et l'absolution qu'ils n'aient payé le dommage que l'*incendie* a causé. Le chapitre *Super* ordonne que ceux qui ont pillé les églises ou qui y ont mis le feu ne soient admis à la pénitence qu'après avoir réparé le tort qu'ils ont fait, s'ils sont en état de le réparer, ou donné des assurances de le faire quand ils le pourront dans la suite; que s'ils déclarent ce crime à l'article de la mort, leurs héritiers sont tenus de satisfaire pour eux et de réparer le dommage que l'église a souffert.

Il y a des *incendies* qui n'ont rien de criminel, et qui sont causés par une négligence condamnable ou par un pur hasard. Les dommages doivent toujours en être payés au propriétaire de la chose brûlée, quand l'*incendie* n'est pas arrivé par un cas tout fortuit ni par sa propre faute : *Nam tunc res suo domino perit.*

On voit sous le mot CAS RÉSERVÉS, § 1, dans quelles circonstances l'absolution d'un *incendiaire* est réservée au pape.

En France, les *incendiaires* sont punis plus ou moins sévèrement, selon que l'*incendie* est de leur part plus ou moins criminel; mais régulièrement les peines portées par les canons, et qui comprennent la privation des bénéfices, ne sont à cet égard que *ferendæ sententiæ*, c'est-à-dire que les bénéfices des *incendiaires* ne vaquent pas de plein droit, à moins que l'*incendie* n'eût été commis dans des circonstances qui en aggravassent notablement l'espèce, comme si le feu avait été mis malicieusement à une église, ou de nuit à une maison où il y eût eu des gens brûlés ou échappés avec peine du feu. On peut à ce sujet argumenter par la distinction qui se fait entre le simple homicide et l'assassinat. (*Voyez* HOMICIDE.)

INCESTE, INCESTUEUX.

L'*inceste* est un crime qui se commet par la conjonction de personnes qui sont parentes ou alliées dans un degré prohibé : *Incestus est copula carnalis consanguineorum vel affinium intra gradus prohibitos.* Il y a donc *inceste* de parenté et *inceste* d'affinité; et comme il y a deux sortes d'affinités, l'affinité naturelle et l'affinité spirituelle, on distingue aussi trois sortes d'*incestes*, celui de parenté, celui d'affinité, et l'*inceste* spirituel. Ce dernier se commet par les personnes qui sont liées entre elles par l'affinité que produit l'administration des sacrements de baptême et de confirmation. (*Voyez* AFFINITÉ, PARENTÉ.)

Plusieurs canonistes, se fondant sur des anciens canons qui appellent filles spirituelles les pénitentes des confesseurs (*c.* 8, 10, *caus.* 30, *qu.* 1), soutiennent que l'administration du sacrement de pénitence produit une alliance spirituelle, comme l'administration du baptême et de la confirmation ; d'où ils concluent que le confesseur qui abuse de sa pénitente se rend coupable du crime énorme de l'*inceste*. Mais le plus grand nombre soutient le contraire, sur l'autorité du chapitre *Quamvis, de Cognat. spirit.*, in 6°, où le pape Boniface VIII, après avoir dit que l'on contracte une alliance spirituelle par l'administration du baptême et de la confirmation, ajoute qu'on n'en contracte point par les autres ; par où ce pape déroge clairement aux anciens canons, qui semblent attribuer le même effet à l'administration du sacrement de pénitence : *Ex donatione vero aliorum sacramentorum cognatio spiritualis nequaquam oritur, quæ matrimonium impediat vel dissolvat.* Saint Thomas, qui est de ce dernier sentiment, s'exprime ainsi sur ce sujet : *Per sacramentum pænitentiæ non contrahitur, proprie loquendo, spiritualis cognatio..., nec obstat quod per pænitentiam tollatur peccatum actuale, quia non est per modum generationis, sed magis per modum sanationis* (dist. 4, 42, qu. 1, art. 2, ad 8).

Mais si ce crime du confesseur avec sa pénitente n'est pas, à proprement parler, un *inceste* spirituel, non plus qu'un pareil crime entre un curé et sa paroissienne, les peines dont il doit être puni ne sont pas moins sévères : *Non debet episcopus aut presbyter commisceri cum mulieribus quæ eis sua fuerint confessæ peccata. Si forte (quod absit) hoc contigerit, sic pæniteat quomodo de filia spirituali, episcopus quindecim annos, presbyter duodecim et deponatur* (can. Non debet 30, quæst. 1, J. G.). *Graviori autem sunt animadversione plectendi qui proprias filias spirituales quas baptizaverint, vel semel ad confessionem admiserint, corrumpunt* (can. 3 *conc. Ciscestrensis, an.* 1289, tom. XI Concil., part. 11, pag. 1347). *Et rectores qui proprias parochianas corrumpere non verentur, qui secundum rigorem canonum ab omni officio peregrinando debent quindecim annis pænitere, et postmodum ad monasterium divertere ac ibidem toto vitæ suæ tempore commorari* (can. 4). Le canon cinquième du même concile étend ces peines à tous les prêtres indistinctement, préposés comme vicaires ou comme habitués dans les paroisses : *Hæc autem quæ supra diximus de pæna presbyterorum qui parochias regunt, ad alios extendi volumus qui non regunt parochias, cum omnes pari voto continentiæ sint adstricti et omnes deceat par honestas.*

C'est encore une sorte d'*inceste* improprement dit que celui qui se commet avec une religieuse; il y a même aussi dans ce crime l'adultère et le sacrilége, suivant la glose du canon *Virginibus* 27, qu. 1 : *Accedens ad monialem incestum committit, quia sponsa Dei est, qui est pater noster*, 12, qu. 2 ; c. *Qui abstulerit, et incestus committitur cum affini, sicut cum consanguinea*, 35, qu. 3 ; c. *De incestis, et adulterium committit qui sponsum alterius corrumpit. Item sacrilegium, quia res est sacra.*

Les anciens canons punissaient les clercs coupables de mauvaises habitudes avec des religieuses, de la déposition et d'une prison perpétuelle (*Panorm. in c. Monasteria de vit. et honest. n.* 5). Les canonistes sur le chapitre *Quocirca de bigamis*, tiennent que les prêtres et les clercs constitués dans les ordres, *plus peccant fornicando, quam uxoratus adulterando*.

Le prêtre accusé et convaincu d'*inceste* doit être déposé et privé de son bénéfice (*C. pen. de purg. vulg.*).

La peine portée dans le droit canon contre l'*incestueux*, c'est de le déclarer infâme (*C.* 17 *Infames*, 6, qu. 1), et qu'il ne puisse ni porter accusation contre des prêtres ou contre des époux légitimes, d'être privé de la communion des fidèles, et de ne pouvoir contracter mariage, même avec une autre, bien que le contrat ne fût pas dissous, parce que cet empêchement qui est apposé n'est que prohibitif (*c. Transmissa* 4, *De eo qui cogn. cons. uxor.*). Les enfants nés d'un commerce incestueux ne sont pas censés légitimes et ne succèdent pas à leurs parents (*C.* 35, qu. 7, *Nov.* 12, *cap.* 1, *Nov.* 89).

L'article 331 du Code civil porte que « Les enfants nés hors mariage, autres que ceux nés d'un commerce *incestueux* ou adultérin, pourront être légitimés par le mariage subséquent de leurs père et mère. » Ainsi les enfants *incestueux* sont exclus à juste titre du privilége de la légitimation. « La reconnaissance, ajoute l'article 335, ne peut avoir lieu au profit des enfants nés d'un commerce *incestueux* ou adultérin. »

Ni la légitimation, ni la reconnaissance, qui donne droit à une portion de la succession, ne peuvent avoir lieu au profit des enfants *incestueux* ; mais ils peuvent être reconnus à l'effet d'obtenir des aliments, conformément à l'article 762 du Code civil. (*Voyez* ALIMENTS.)

« Celui qui a commis *inceste* avec sa belle-fille, dit le concile de Verberie de l'an 753, sa belle-mère, sa belle-sœur ou la cousine de sa femme, ne peut jamais se remarier, ni à elle ni à une autre, et la femme coupable de même ; mais la partie innocente peut se remarier. » Ce qu'il faut entendre après la mort de l'autre. Une partie de la pénitence des grands crimes était autrefois d'exclure du mariage pour toujours.

Dans le onzième siècle, on donna à certains écrivains italiens, le nom d'*incestueux*. Les jurisconsultes de la ville de Ravenne, consultés par les Florentins, sur les degrés de consanguinité qui empêchent le mariage, répondirent que la septième génération marquée par les canons, devait se prendre des deux côtés joints ensemble, en sorte que l'on comptât quatre générations d'un côté seulement, et trois de l'autre.

Ils prétendaient prouver cette opinion par un endroit du Code de Justinien, où il est dit que l'on peut épouser la petite-fille de son frère ou de sa sœur, quoiqu'elle soit au quatrième degré. Delà ils concluaient : si la petite-fille de mon frère est à mon égard au quatrième degré, elle est au cinquième pour mon fils, au sixième pour mon petit-fils, et au septième pour mon arrière petit-fils. Mais c'était une erreur. Il est évident que la petite-fille de mon frère n'est à mon égard qu'au troisième degré. Le B. Pierre Damien écrivit contre l'erreur de ces jurisconsultes ; Alexandre II la condamna dans un concile tenu à Rome, l'an 1065, et lança l'excommunication contre ceux qui oseraient contracter mariage dans les degrés prohibés par les canons.

INCOMPATIBILITÉ.

On appelle *incompatibilité* l'obstacle ou l'empêchement qui se trouve dans la possession de deux bénéfices ou offices dont les fonctions sont incompatibles et ne peuvent être exercées par la même personne. Pour bien entendre la matière de ce mot, il faut savoir ce qui s'est passé dans l'Eglise touchant la pluralité des bénéfices ; mais l'histoire, à la faire dans un certain détail, en serait trop longue. Nous nous bornerons donc à quelques exemples et règlements des conciles dans les divers siècles que nous diviserons en deux époques. L'une précédera le concile de Trente, et l'autre le suivra.

§ 1. *Ancienne discipline de l'Eglise sur l'*INCOMPATIBILITÉ *des bénéfices.*

Tant que les bénéfices n'ont pas été connus dans l'Eglise, il n'y a pu être question d'*incompatibilité* que pour les évêchés et les monastères ; et à cet égard on ne voit aucun exemple que deux évêchés ou deux monastères aient été donnés à une seule et même personne pour d'autres causes que pour celles qui se voient sous les mots ÉVÊQUE, § 7 , TRANSLATION, ABBÉ, COMMENDE. L'Eglise n'avait donc pas besoin, dans ce premier temps, de faire des règlements sur cette matière ; tous les ecclésiastiques étant attachés à une église, comme nous le disons ailleurs (*Voyez* TITRE), chaque église donnait à ceux qui étaient chargés de la desservir, une suite continuelle d'occupations et de rétributions qui ne leur permettaient pas d'aller exercer les mêmes fonctions dans une autre église. Si quelqu'un de ceux-là l'eût entrepris, malgré les défenses des canons (*Voyez* EXEAT), ou il n'eût pas été reçu dans la nouvelle église, ou en y restant, il ne participait plus aux fonctions ni aux honneurs et rétributions de celle qu'il avait quittée. Le concile de Calcédoine fit à ce sujet un règlement qui prouve néanmoins que la cupidité a toujours eu ses sectateurs, et qu'elle en aura, comme l'a dit un auteur, particulièrement en cette matière, jusqu'à la fin du monde.

Ces mêmes clercs, ainsi attachés à leurs églises, violaient donc quelquefois la stabilité, et en allaient desservir d'autres, où, en jouissant de la rétribution ordinaire, ils tâchaient de retenir l'administration et les profits de quelque oratoire ou de quelque hôpital de la première église dont ils avaient été les administrateurs. Mais on remédia bientôt à cet abus. Le dixième canon du concile de Calcédoine ordonna qu'un clerc ne peut en même temps être compté dans le clergé de deux villes, de celle où il a été ordonné d'abord, et de celle où il a passé par ambition. Ceux qui l'auront fait, seront rendus à la première église. Que si quelqu'un est déjà transféré à une autre église, il n'aura plus aucune part aux affaires de la première, ou des oratoires et des hôpitaux qui en dépendent : le tout sous peine de déposition (*Can.* 2, *caus.* 21, *qu.* 1, *dist.* 89).

Cette discipline se conserva assez longtemps dans l'Eglise avec la même vigueur, ainsi que le prouvent les canons de plusieurs conciles, et entre autres ceux du concile d'Agde, qui défendit aux abbés d'avoir plusieurs cellules ou monastères, quoique en ce temps les abbés n'eussent rien en propre, comme le dit le canon 11 du quatrième concile d'Orléans : *Si quid abbatibus aut monasteriis collatum fuerit, in sua proprietate hoc abbates minime possidebunt* (Thomass. *part.* II, *liv.* II, *n.* 68). Le canon 15 du huitième concile général, tenu l'an 870, renouvela le règlement du concile de Calcédoine. Un concile de Paris, tenu l'an 829, défendit aux prêtres, c'est-à-dire aux curés, suivant l'explication de Fleury (*Hist. liv.* XLVII, *n.* 45), de s'absenter de leurs églises, et d'avoir plus d'une paroisse et plus d'un peuple. Dans le même siècle, l'an 874, le célèbre Hincmar, archevêque de Reims, tint un synode au mois de juillet, où il se plaint que des prêtres de son diocèse négligent leurs paroisses, et reçoivent la prébende dans le monastère de Montfaucon, et que des chanoines du même monastère prennent des paroisses à la campagne.

Le même Hincmar reprochait à l'évêque de Laon, son neveu, d'avoir obtenu un office chez le roi et une abbaye dans une autre province sans sa permission.

Les défenseurs intéressés de la bigamie spirituelle opposaient du temps d'Hincmar l'autorité du pape saint Grégoire, qui quelquefois commettait plusieurs églises à un seul évêque. Mais ce savant prélat leur répondait qu'il n'est jamais permis à un chrétien d'avoir en même temps deux femmes, ou une femme et une concubine, et que saint Grégoire n'a usé de cette dispense que quand de deux églises fort proches, il en a vu une désolée par les Barbares. Le même auteur témoigne toutefois qu'un curé pouvait avec sa cure tenir une chapelle, pourvu qu'il n'y eût ni peuple ni service attaché, et qu'elle ne fût pas dans l'usage d'être desservie par un prêtre particulier. Mais le concile tenu à Metz, l'an 888, ne permit de posséder ces sortes de chapelles conjointement avec des cures, que dans le cas où elles étaient comme des membres de l'église paroissiale.

Le concile de Lérida, en Espagne, canon 19, parle de quelques cures qui étaient si pauvres, qu'on en commettait plusieurs à un seul curé. En ce cas, le concile ordonne que le curé dira la messe tous les dimanches dans chacune des églises qui lui sont confiées. Le seizième concile de Tolède défendit absolument de confier plusieurs églises à un seul curé, si elles avaient de quoi occuper dix esclaves, permettant d'unir celles qui seraient plus pauvres à d'autres plus riches. Le huitième concile général, cité ci-dessus, après avoir défendu aux clercs de se faire inscrire ou immatriculer dans deux différentes églises pour en recevoir les rétributions, accorde aux prêtres la liberté de desservir deux églises de campagne, à cause de la pauvreté des habitants qui ne leur permet pas d'entretenir chacune un pasteur. Telle est l'origine des *bis cantare*, ou binages autorisés de nos jours (*Voyez* BINAGE).

La pluralité des bénéfices qui n'étaient plus dans le neuvième siècle dépendants des ordinations, devint alors si commune, qu'on crut de bonne foi que les fonctions et les obligations d'un bénéfice même à charge d'âmes pouvaient être acquittées par un autre : ce qui dispensait naturellement de résidence personnelle. Les ecclésiastiques séduits par leur avarice, détournèrent le sens des canons qui, par des motifs bien opposés aux leurs, avaient permis la pluralité des bénéfices par la voie des unions ou autrement (Van. Espen, *Jus ecclesiast. part.* II, *tit.* 20, *de Benef.*, *n.* 6). En sorte que, comme l'abus ne fait jamais tant de progrès que lorsqu'il passe pour un légitime usage, on ne vit bientôt plus à cet égard que confusion; non-seulement les ecclésiastiques, mais les laïques s'emparèrent des bénéfices; ce qui fait dire au père Thomassin qu'on ne doit pas condamner tous ceux qui possédaient plusieurs abbayes, sous la seconde race de nos rois, parce que les évêques pleins de zèle pouvaient les demander pour empêcher que des laïques ou des ecclésiastiques de cour ne les obtinssent seulement pour les piller; l'abus n'était pas moindre pour les bénéfices inférieurs aux évêchés et aux abbayes; on en peut juger par les canons des différents conciles que ces désordres occasionnaient, et dont le père Thomassin fait mention dans son *Traité de la discipline*, où il revient quatre ou cinq fois sur la même matière (*Part.* IV, *liv.* II, *ch.* 58).

Le pape Alexandre III, à qui l'on s'était déjà adressé plusieurs fois pour décider des contestations touchant la pluralité des bénéfices, ne put en souffrir plus longtemps l'abus, et rempli d'un zèle qui fut mal secondé dans la pratique, il fit faire dans le troisième concile de Latran, tenu en 1179, le canon dont plusieurs ont fait la première loi de la nouvelle discipline de l'Eglise, sur la pluralité ou *incompatibilité* des bénéfices :

Quia nonnulli modum avaritiæ non imponentes, dignitates diversas ecclesiasticas, et plures ecclesias parochiales, contra sacrorum canonum instituta nituntur accipere, ut cum unum officium vix implere sufficiant, stipendia sibi vindicent plurimorum; ne id de cætero fiat, districtius inhibemus. Cum igitur ecclesia, vel ecclesiasticum ministerium committi debuerit, talis ad hoc persona quæratur, quæ residere in loco, et curam ejus per seipsam valeat exercere. Quod si aliter actum fuerit, et qui receperit quod contra sacros canones accepit, amittat : et qui dederit largiendi potestate privetur (cap. 3 *de cler. non resid.).*

Ce decret n'eut pas l'exécution qu'on en désirait et qui était si nécessaire; c'est pourquoi le quatrième concile de Latran, tenu sous Innocent III, l'an 1215, ordonna que quiconque ayant un bénéfice à charge d'âmes en recevrait un autre de même nature, serait de plein droit privé du premier de ces deux bénéfices; et que s'il s'efforçait de le retenir, il serait privé de l'un et de l'autre; que le collateur conférera librement le premier bénéfice, et que s'il diffère plus de six mois, la collation sera dévolue au supérieur. Il ordonne de plus que le pourvu de ce second bénéfice à charge d'âmes sera contraint de restituer les fruits qu'il en a perçus. Il étend ce décret aux personnats, et réserve au saint-siège la faculté de dispenser de cette règle les personnes distinguées par leur rang ou par leur science.

Le même concile fit un autre règlement pour détruire l'abus qui s'était introduit de faire desservir les cures par des ignorants, pour profiter des revenus. Il ordonna que nonobstant toute coutume contraire, on assignerait aux curés une portion suffisante; que le curé desservirait par lui-même et non par un vicaire, à moins que la cure ne fût annexée à une prébende ou à une dignité qui l'oblige à servir dans une plus grande église, dans lequel cas il doit avoir un vicaire perpétuel pour recevoir une portion congrue sur le revenu de la cure (cap. *Extirpandæ*, § *Qui vero de præb.*) (*Voyez* VICAIRE, PORTION CONGRUE).

Les règlements de ce concile eurent le sort de tous ceux qui combattent la cupidité fortifiée par un long usage; la pluralité des bénéfices ne cessa point. On peut voir dans Thomassin (*Discip. part.* IV, *liv.* II, *ch.* 58) les résistances que trouva en Angleterre le cardinal Othon, légat du pape Grégoire IX, quand il entreprit de faire publier les décrets du concile de Latran dans celui de Londres, tenu en 1237. En France, où l'on défera davantage à l'autorité du concile de Latran, on en éluda la disposition par la voie des commendes; les conciles s'élevaient contre cet abus, mais en vain, on l'autorisait de cette décrétale d'Innocent III, qui dit : *Nullus potest plures parochiales ecclesias obtinere, nisi una penderet ex altera, vel unam intitulatam et alteram commendatam haberet* (*cap.* Dudum. 53, *de elect.*). Innocent III parle dans ce canon d'une commende temporelle; mais les ecclésiastiques ambitieux l'entendaient ou la faisaient entendre d'une commende perpétuelle. C'est encore pour remédier à cette fausse interprétation des règles que le second concile général de Lyon, tenu sous Grégoire X, l'an 1274, défendit de donner en commende une église paroissiale à quiconque n'aurait pas atteint l'âge de 25 ans, et ne serait actuellement prêtre; il défend en outre de donner à la même personne plus d'une église en commende, et veut que la commende pour les cures soit limitée à six mois, à peine de privation de plein droit (C. 15 *de Elect.* in 6°) (*Voyez* COMMENDE).

Comme par une suite de la cause du décret *De multa providentia*, les dispenses pour la possession des offices *incompatibles* s'étaient multipliées à un tel point, qu'on parvint à les regarder comme étant en quelque sorte de droit commun, le même concile ordonna à tous les ordinaires des lieux de faire représenter à ceux qui possédaient des offices *incompatibles*, les dispenses de leur possession irrégulière et de ne conférer à l'avenir de pareils offices à une même personne, qu'elle ne soit légitimement dispensée.

Le pape Grégoire, auteur de ces règlements, regardait comme canoniques les provisions des offices *incompatibles*, pourvu qu'elles fussent accompagnées d'une dispense du pape.

Le pape Boniface VIII autorisa ces dispenses par ses décrétales, en condamnant toutefois l'usage scandaleux de la pluralité des bénéfices (c. 1, *de Consuet. in* 6°; c. 6, *Præb. eod. lib.*). Clément V en fit autant dans le concile général de Vienne (c. *Si plures de præb. in Clem.*). Enfin le pape Jean XXII, touché des désordres qu'occasionnait la pluralité des bénéfices, ou la possession des bénéfices *incompatibles*, combattue depuis longtemps avec si peu de fruit, publia la fameuse extravagante, *Execrabilis de præb. et dign.*, où après avoir déclaré que les cardinaux et les enfants des rois ne sont pas compris dans son nouveau règlement, ordonne que ceux qui, en vertu d'une dispense légitime, possèdent actuellement plusieurs dignités, personnats, offices, prieurés, bénéfices et autres qu'on ne peut posséder ensemble sans dispense, ne pourront retenir qu'un seul desdits bénéfices à charge d'âmes, avec une dignité, personnat, office, prieuré, bénéfices sans charge d'âmes; qu'il leur sera permis de choisir celui desdits bénéfices à charge d'âmes qu'ils voudront retenir; qu'ils seront tenus de faire ce choix dans le mois, à compter du jour qu'ils auront connaissance de la présente constitution; qu'ils seront tenus de se démettre en présence des ordinaires, de tous les autres bénéfices dont ils étaient pourvus, qui, par les canons requièrent dispense; que faute par eux d'avoir satisfait au présent décret, ils seront privés de plein droit, tant des bénéfices dont il leur était enjoint de donner leur démission, que de ceux qu'il leur était permis de retenir; que ceux qui, en vertu d'expectatives, auxquelles le pape ne prétend point déroger, ont obtenu ou obtiendront des bénéfices de la qualité susdite, auront pareillement un mois pour opter celui qu'ils voudront retenir; que ceux qui, sans dispense, possèdent plusieurs bénéfices cures, seront tenus d'en donner leur démission, et ne pourront retenir que le dernier; et faute par eux de donner leur démission des autres, ils seront privés de tous de plein droit, et incapables d'obtenir à l'avenir aucun bénéfice; que ceux qui, dans la suite, recevront un bénéfice à charge d'âmes, seront tenus de donner leur démission de ceux qu'ils avaient déjà, à peine de privation de plein droit, et de ceux dont ils devaient donner leur démission, et de celui dont ils venaient d'être pourvus, et d'incapacité aux ordres et aux bénéfices. Le pape se réserve la collation de tous les bénéfices qui vaqueront en vertu de la présente constitution.

Peu de temps avant le concile de Trente, les règlements les moins sévères parmi ceux que nous avons rapportés au sujet de la pluralité des bénéfices, n'étaient plus reconnus; l'abus ne se bornait pas à tenir ensemble plusieurs cures, plusieurs dignités; il s'étendait aux abbayes et aux évêchés. On voyait des prélats en tenir jusqu'à quatre à la fois, ou même un plus grand nombre. Le concile de Trente vint donc fort à propos pour remédier à ces désordres. C'est aussi à cette époque qu'on fixe le rétablissement de la discipline en cette matière.

§ 2. *Nouvelle discipline relative à l'*INCOMPATIBILITÉ *des offices ou bénéfices.*

Le saint concile de Trente a fait sur cette matière trois différents décrets que nous allons rapporter, parce qu'on y voit la disposition de ceux dont il a été parlé, et le fondement de toutes les règles qu'on doit suivre actuellement à cet égard.

« Nul, quelle que soit sa dignité, son grade, sa prééminence, ne présumera, contre les règles des saints canons, d'accepter ou de garder tout à la fois plusieurs églises métropolitaines ou cathédrales, soit en titre ou en commende, ou sous quelque autre nom que ce soit, puisque celui qui peut réussir à bien gouverner une seule église, et à y procurer l'avancement et le salut des âmes qui lui sont commises, doit s'estimer suffisamment heureux. Et pour ceux qui maintenant tiennent plusieurs églises, contre la teneur du présent décret, ils seront obligés, en gardant seulement celle qui leur plaira, de se défaire des autres dans six mois, si elles sont à l'entière disposition du siège apostolique, et si elles n'y sont pas, dans un an; autrement lesdites églises seront estimées vacantes dès ce moment-là, à l'exception seulement de celle qui aura été obtenue la dernière. » (*Session* VII, *ch.* 2, *de Reform.*).

« Quiconque à l'avenir présumera d'accepter ou de garder tout à la fois plusieurs cures ou autres bénéfices *incompatibles*, soit par voie d'union pendant leur vie, ou en commende perpétuelle, ou sous quelque autre nom ou titre que ce soit, contre les saints canons et particulièrement contre la constitution d'Innocent III, qui commence : *De multa*, sera privé desdits bénéfices de droit même, suivant la disposition de la même constitution, aussi bien qu'en vertu du présent canon. » (*Ibid. ch.* IV).

« Les ordinaires des lieux obligeront étroitement tous ceux qui possèdent plusieurs cures ou autres bénéfices *incompatibles*, de faire voir leurs dispenses; et à défaut de le faire, ils procéderont contre eux suivant la constitution de Grégoire X, au concile général de Lyon, qui commence *Ordinarii*, que le saint concile juge à propos de renouveler, et qu'il renouvelle en effet; y ajoutant de plus que les mêmes ordinaires auront soin de pourvoir par tous moyens, même par la députation de vicaires capables, et par l'assignation d'une partie du revenu suffisante pour leur entretien, à ce que le soin des âmes ne soit aucunement négligé, et qu'il soit ponctuellement satisfait aux fonctions et devoirs dont les bénéfices sont chargés, sans que personne ne puisse mettre à couvert à cet égard par aucunes appellations, priviléges, exemptions, même avec commissions de juges spéciaux, ni par leurs défenses. » (*Ibid. ch.* V).

« L'ordre de l'Église étant perverti quand un seul ecclésiastique occupe les places de plusieurs, les sacrés canons ont saintement réglé que nul ne devait être reçu en deux églises. Mais parce que plusieurs, aveuglés d'une malheureuse passion d'avarice, et s'abusant eux-mêmes sans qu'ils puissent tromper Dieu, n'ont point de honte d'éluder, par diverses adresses, des ordonnances si bien établies, et de tenir tout à la fois plusieurs bénéfices, le saint concile désirant de rétablir la discipline nécessaire pour la bonne conduite des églises, ordonne par le présent décret, qu'il enjoint être observé à l'égard de qui que ce soit, de quelque titre qu'il soit revêtu, quand ce serait même de la dignité de cardinal, qu'à l'avenir il ne soit conféré qu'un seul bénéfice ecclésiastique à une même personne; et si pourtant ce bénéfice n'est pas suffisant pour l'entretien honnête de celui à qui il est conféré, il sera permis de lui conférer un autre bénéfice simple suffisant, pourvu que l'un et l'autre ne requièrent pas résidence personnelle. Ce qui aura lieu non-seulement à l'égard des églises cathédrales, mais aussi de tous autres bénéfices tant séculiers que réguliers, même en commende, de quelque titre et qualité qu'ils soient.

« Et pour ceux qui, présentement, tiennent plusieurs églises paroissiales, ou une cathédrale et une autre paroissiale, ils seront absolument contraints, nonobstant toutes dispenses et unions à vie, n'en retenant seulement qu'une paroissiale ou la cathédrale seule, de quitter dans l'espace de six mois, les autres paroissiales; autrement, tant les paroissiales que tous les autres bénéfices qu'ils tiennent seront censés être vacants de plein droit et, comme tels, pourront être librement conférés à des personnes capables, et ceux qui les possédaient auparavant ne pourront en sûreté de conscience, après ledit temps, en retenir les fruits. Cependant le saint concile souhaite et désire que, selon que le souverain pontife le jugera à propos, il soit pourvu par quelque voie la plus commode qu'il se pourra, aux besoins de ceux qui se trouveront obligés de résigner de la sorte. » (*Session* XXIV, *ch*. 17, *de Reform*.).

Par ces règlements qu'il faut joindre à ceux du même concile touchant l'obligation de résider, on doit conclure : 1° qu'ils diffèrent des précédents en ce que la constitution d'Innocent III : *De multa providentia*, ne marque expressément que l'*incompatibilité* des cures, des dignités, des personnats. Le concile de Trente marque par le troisième décret rapporté, que par bénéfices *incompatibles*, il faut entendre tous ceux qui requièrent une résidence personnelle. Ce qui toutefois, en Italie, a eu besoin de l'interprétation des cardinaux en la congrégation de ce concile, suivant la remarque de Gonzalès.

2° Le concile de Trente, en ne déclarant *incompatibles* que les bénéfices qui demandent résidence, a autorisé la distinction qui se fait des bénéfices, entre ceux qui exigent résidence, et ceux qui ne l'exigent pas. C'est aussi en conséquence que le même concile permet de conférer un second bénéfice simple à celui qui est déjà pourvu d'un autre bénéfice dont le revenu n'est pas suffisant pour son honnête entretien. Cette disposition, conforme à la plus pure discipline de l'Église, dont l'esprit ne peut ni se perdre, ni se prescrire, paraît n'être suivie partout que dans le for de la conscience, c'est-à-dire, qu'on n'empêche ni ne punit la pluralité des bénéfices simples qui ne demandent pas résidence, quelque considérables que soient leurs revenus, quoiqu'on ne cesse d'avertir le bénéficier qu'après avoir pris sur les revenus du bénéfice ce qui est nécessaire pour sa subsistance, le reste appartient aux pauvres.

3° De ce que le concile de Trente ne déclare bénéfices *incompatibles*, que ceux qui demandent résidence, on pourrait conclure que, quand deux bénéfices sont dans le même lieu ou dans la même église, la résidence que l'on fait dans ce lieu lève l'obstacle de l'*incompatibilité* ; mais ce n'est pas ainsi qu'on a interprété les choses, la résidence dont parle le concile n'est requise que par rapport aux fonctions, en sorte qu'un seul et même bénéficier ne peut tenir deux bénéfices qui demandent chacun les mêmes fonctions, ou qu'on appelle pour cette raison, *uniformes* ou *conformes*, comme deux canonicats, ou un canonicat et une chapelle, lorsque le chapelain, ainsi que le chanoine, est tenu d'assister au chœur aux mêmes heures : c'est l'esprit du concile et la règle de tous les canonistes. Que si les fonctions du chapelain et les charges de la chapelle ne consistaient qu'à acquitter quelques messes, alors le canonicat et la chapelle n'étant pas bénéfices *conformes*, mais plutôt *difformes*, parce que leurs fonctions sont disparates, seraient compatibles. Bien plus, deux bénéfices simples, comme deux chapelles de même nom, *sub eodem tecto*, ne sont bénéfices conformes que quand ils ont le même objet et les mêmes fonctions dans leur fondation. C'est là l'opinion de Navarre, en ses conseils 16 et 22 *De præbend*., indistinctement suivie par plusieurs canonistes, mais combattue par un plus grand nombre, qui veulent que deux bénéfices quelconques dans la même église, *sub eodem tecto*, soient *incompatibles*.

4° L'on voit que le concile de Trente, par dernier de ses décrets rapportés, ne fait acception de personne dans son règlement sur l'*incompatibilité* ou la pluralité des bénéfices, pas même des cardinaux. Sur cela nous remarquerons que l'adoption des grandes dignités a toujours opéré une vacance de droit des autres bénéfices. Ainsi le cardinalat, l'épiscopat, les abbayes et autres pareilles dignités supérieures étaient, dès avant même le concile de Trente, au moins de droit commun, *incompatibles* avec d'autres bénéfices, parce que les fonctions qui y sont attachées sont si importantes, que ceux qui doivent les exercer, sont supposés ne pouvoir en acquitter d'autres.

Le chapitre *Cum in cunctis*, § *Cum vero de elect.* ne saurait exprimer plus précisément la vacance et le temps même de la vacance que produit la promotion à l'épiscopat, pour tous les bénéfices du promu : *Cum vero electus fuerit, et confirmationem electionis acceperit, et ecclesiasticorum bonorum administrationem habuerit, decurso tempore de consecrandis episcopis, a canonibus definito, is ad quem spectant beneficia quæ habebat, de illis disponendi liberam habeat facultatem.* C'est du jour de l'administration, c'est-à-dire du jour de la prise de possession que commencent la vacance et l'*incompatibilité* dont il s'agit.

5° L'on voit sous le mot RÉSIDENCE, qu'il y a la résidence qu'on appelle précise, *præcisa et simplex*, et l'autre causative, *causativa*. La première est requise sous peine de la privation du titre même du bénéfice ; l'autre sous peine de la perte des fruits. Le concile de Trente ne parlant que des bénéfices en général, on aurait pu douter s'il n'avait pas rendu cette distinction inutile, et si toutes sortes de bénéfices qui demandent résidence, quelle qu'elle soit, ne sont pas *incompatibles* ; mais divers auteurs nous apprennent qu'on l'a interprété différemment et que les bénéfices de résidence causative n'y sont pas censés *incompatibles* (Garcias, *de Benef*, part. II, *cap*. 5, *n*. 161 ; Van-Espen, *part*. II, *tit*. 20, *cap*. 4).

6° Le concile de Trente prononce la vacance de droit des bénéfices *incompatibles* (*ch*. 4, *sess*. VII), mais ne détermine point le temps auquel le premier bénéfice *incompatible* doit être réputé vacant de plein droit, si c'est dès le moment de l'acceptation par le titulaire, suivant la disposition du chapitre *De multa*, ou seulement après la paisible possession, suivant l'extravagante *Execrabilis*. Or, de ce que le concile ne s'est point expliqué sur ce point, on doit conclure qu'il n'a point eu intention de rien innover à cet égard, et qu'il a voulu qu'on s'en tînt à l'usage où à la règle des dernières constitutions. Au surplus, les démissions qui se font en pareil cas sont toujours pures et simples, et l'on ne peut se rien réserver sur le bénéfice que l'on est obligé de laisser par le choix d'un autre *incompatible* : *dimittere omnino tenetur*, disent les textes rapportés. De là vient qu'en pareil cas, les provisions de la chancellerie romaine contiennent toujours le décret *ut dimittat primum infra duos menses*, ce qui signifie, suivant Flaminius, que cette démission doit être pure et simple, sans aucune condition ni réserve.

Pour prévenir certains inconvénients, entre autres celui d'une demande prématurée et ambitieuse d'un bénéfice non vacant, on a fait en chancellerie la règle suivante :

De beneficiis vacaturis per promotionem ad ecclesias et monasteria.

Item, prædictus D. N. papa voluit, decrevit et ordinavit, quod quæcumque concessiones, gratiæ et mandata, etiam motu proprio, et cum derogatione hujus constitutionis, quæ ab eo pro quibusvis personis emanaverint, de providendo eis de quibusvis beneficiis vacaturis per promotionem quorumcumque ad ecclesiarum et monasteriorum regimina, si hujusmodi concessiones, et mandata diem promotionis promovendorum ipsorum præcesserint, necnon quæcumque collationes, provisiones et dispositiones pro tempore faciendæ, de præmissis ac quibusvis aliis beneficiis ecclesiasticis secularibus et regularibus, quæ per promovendos vel assumendos, ad quascumque prælaturas, inter illarum vacationis, et hujusmodi promotionis vel assumptionis tempora, simpliciter vel ex causa permutationis ubicumque resignari, vel alias dimitti contigerit, cum inde secutis pro tempore, sint cassæ et irritæ, nulliusque roboris vel momenti.

§ 3. INCOMPATIBILITÉ, *fonctions civiles et ecclésiastiques.*

Aux termes des articles 6 et 8 de la loi du 21 mars 1831, sur l'organisation municipale, les ministres des cultes ne peuvent être ni maires ni adjoints; mais ils peuvent être conseillers municipaux, pourvu qu'ils n'exercent pas leur ministère dans la même commune. A plus forte raison peuvent-ils être électeurs municipaux.

Les ecclésiastiques peuvent de même être élus membres des conseils généraux du département et des conseils d'arrondissement. C'est ce qui a été décidé, après de longs et vifs débats, lors de la discussion à la chambre des députés de la loi du 22 juin 1833, sur l'organisation des conseils de département et d'arrondissement.

Ils peuvent également être électeurs, soit pour ces conseils, soit pour la chambre des députés. La loi n'a reconnu aucune *incompatibilité* dans ces différents cas avec les fonctions ecclésiastiques.

INDÉFECTIBILITÉ.

L'*indéfectibilité* est un caractère qu'a l'Eglise catholique de ne pouvoir jamais périr ou tomber en ruine. Elle est appuyée sur divers passages de l'Ecriture, et en particulier sur ces paroles de Jésus-Christ à ses apôtres : *Ecce ego vobiscum sum omnibus diebus usque ad consummationem seculi* (Matth., XXVIII), et sur la doctrine constante et unanime des saints Pères.

INDEMNITÉ.

Ce mot signifie en général ce qui est donné à quelqu'un pour empêcher qu'il ne souffre quelque dommage.

Le décret du 17 novembre 1811 règle les *indemnités* qui doivent être payées aux remplaçants des titulaires des cures, en cas d'absence, de maladie ou d'éloignement pour cause de mauvaise conduite. (*Voyez* ce décret sous le mot ABSENCE.)

Le traitement accordé par le gouvernement au clergé n'est qu'une *indemnité* légitimement due pour la spoliation des biens ecclésiastiques. Elle n'est point un salaire, comme on se plaît à le dire (*Voyez* TRAITEMENT, SPOLIATION).

INDÉPENDANCE DE L'ÉGLISE.

Aujourd'hui que la puissance séculière tend, dans tous les Etats, à s'assujettir la puissance ecclésiastique, il est nécessaire d'avoir des idées bien nettes et bien précises sur l'*indépendance de l'Eglise*.

La puissance temporelle est celle qui règle l'ordre civil, et la puissance spirituelle celle qui règle l'ordre de la religion. Or, l'Eglise étant une société visible, il est évident qu'il doit y avoir une autorité suprême pour la gouverner, car toute société quelconque a besoin d'une pareille autorité; cette maxime n'est guère contestée. Mais, tout en avouant qu'elle appartient à l'Eglise, de nouveaux docteurs la subordonnent néanmoins à la puissance séculière. Nous allons donc établir contre eux cette vérité fondamentale, que l'Eglise a une puissance qui lui est propre et totalement *indépendante* de toute autre puissance, dans l'ordre de la religion.

Une puissance immédiatement émanée de Dieu, dit Pey (*De l'autorité des deux puissances*, part III, ch. 1, § 1), est de sa nature indépendante de toute autre puissance qui n'a point reçu de mission dans l'ordre des choses qui sont de la compétence de la première. Or, telle est la puissance de l'Eglise. Jésus-Christ, envoyé de son Père avec une pleine autorité pour former un nouveau peuple, a commandé en maître en tout ce qui concernait sa religion. Quoiqu'il fût soumis aux empereurs dans l'ordre civil, quoiqu'il leur payât le tribut comme simple sujet, il a exercé le pouvoir de sa mission avec une entière *indépendance* des magistrats et des princes de la terre. Avant de quitter le monde, il a transmis son pouvoir, non aux princes (pas un mot dans l'Ecriture sainte qui puisse nous le faire soupçonner), mais à ses apôtres : *Je vous donnerai*, leur dit-il, *les clefs du royaume des cieux. Tout ce que vous lierez sur la terre sera lié dans le ciel, et tout ce que vous délierez sur la terre sera aussi délié dans le ciel* (*Matth.*, XVI, 19). *Je vous envoie comme mon Père m'a envoyé* (*Matth.*, XVIII, 18). *Vous êtes Pierre, et sur cette pierre je bâtirai mon Église* (*Ibid.*, XVI, 18). Et ailleurs : *Paissez mes agneaux, paissez mes brebis* (*Jean*, XXI, 15, 17). Or, le pouvoir de paître, de lier et de délier est un pouvoir de gouvernement dans l'ordre de la religion. Le pasteur paît les brebis lorsqu'il instruit, qu'il juge, qu'il administre les choses saintes ; il lie lorsqu'il commande ou qu'il défend ; il délie lorsqu'il pardonne ou qu'il dispense.

Après sa résurrection, Jésus-Christ, apparaissant à ses apôtres, ratifie d'une manière plus solennelle encore la mission qu'il leur a donnée ; il leur commande *d'enseigner les nations et de les baptiser ;* il leur déclare en même temps que toute puissance lui a été donnée dans le ciel et sur la terre, et qu'il sera avec eux tous les jours jusqu'à la consommation des siècles : *Data est mihi omnis potestas in cœlo et in terra. Euntes ergo docete omnes gentes, baptizantes eos in nomine Patris, et Filii, et Spiritus sancti ; docentes eos servare omnia quæcumque mandavi vobis. Et ecce ego vobiscum sum omnibus diebus usque ad consummationem seculi* (*Matth.*, XVIII, 18, 19, 20). Saint Paul, dans l'énumération qu'il fait des ministres destinés à l'édification du corps mystique de Jésus-Christ, compte des apôtres, des prophètes, des évangélistes, des pasteurs, des docteurs (*Ephes.*, IV, 11, 12) ; nulle part il ne fait mention des puissances du siècle. Il fait souvenir aux évêques assemblés à Milet qu'ils ont été appelés, non par l'autorité des princes, mais par la mission de l'Esprit-Saint pour gouverner l'Église de Dieu : *Attendite vobis et universo gregi in quo vos Spiritus sanctus posuit episcopos regere Ecclesiam Dei* (*Act.*, XX, 28). Il s'annonce lui-même, non comme l'envoyé des rois de la terre, mais comme l'ambassadeur de Jésus-Christ, agissant et parlant en son nom, et revêtu de la puissance du Très-Haut : *Pro Christo legatione fungimur* (II *Cor.*, V, 20).

Or, si la puissance spirituelle a été donnée immédiatement par Jésus-Christ à ses apôtres, si elle n'a été donnée qu'à eux, elle est indépendante, elle est distincte de la puissance des princes.

Jésus-Christ distingue lui-même expressément les deux puissances, en ordonnant de rendre à César ce qui appartient à César, et à Dieu ce qui appartient à Dieu. S'il honore la magistrature dans la personne d'un juge même inique, s'il reconnaît que la puissance de ce juge lui a été donnée de Dieu (*Matth.*, XXI, 7), il parle aussi avec toute l'autorité d'un maître souverain, lorsqu'il exerce les fonctions de l'apostolat. Il déclare que quiconque *ne croit pas en lui est déjà jugé* (*Jean*, III, 18). Il dit à ses disciples, en leur donnant sa mission : *Celui qui vous écoute m'écoute, et celui qui vous méprise me méprise* (*Luc*, X, 16). *Quiconque n'écoute pas l'Église, qu'il soit regardé comme un païen et un publicain* (*Matth.*, XVIII, 17). Bien loin d'appeler les empereurs au gouvernement de cette Église, il prédit qu'ils en seront les persécuteurs ; il exhorte ses disciples à s'armer de courage pour souffrir la persécution et à se réjouir d'être maltraités pour l'amour de lui (*Luc*, VI, 22, 23).

La puissance que Jésus-Christ a donnée à ses apôtres se confirme par l'autorité que les apôtres ont exercée ; ils enseignent, ils définissent les points de doctrine, ils statuent sur tout ce qui concerne la religion, ils instituent les ministres, ils punissent les pécheurs obstinés, ils transmettent à leurs successeurs la mission qu'ils ont reçue. Ceux-ci exercent le même pouvoir avec la même *indépendance*, sans que les empereurs interviennent jamais dans le gouvernement ecclésiastique. Or, comme l'Église n'a acquis aucun droit sur le temporel des rois en les recevant au nombre de ses enfants, elle n'a rien perdu non plus de sa puissance ; ses pouvoirs sont inaliénables et imprescriptibles, parce qu'ils sont essentiels à son gouvernement et fondés sur l'insitution divine. Elle doit donc les exercer dans tous les temps avec la même *indépendance*.

Ajoutons à ces raisonnements le témoignage des Pères. Saint Athanase rapporte avec éloge ces belles paroles d'Osius de Cordoue à l'empereur Constance : « Ne vous mêlez pas des affaires ecclésiastiques, ne « commandez point sur ces matières, mais « apprenez plutôt de nous ce que vous devez « savoir. Dieu vous a confié l'empire, et à « nous ce qui regarde l'Église. Comme celui « qui entreprend sur votre gouvernement « viole la loi divine, craignez aussi à votre « tour qu'en vous arrogeant la connaissance « des affaires de l'Église vous ne vous ren- « diez coupable d'un grand crime. Il est écrit : « *Rendez à César ce qui est à César, et à Dieu* « *ce qui est à Dieu*. Il ne nous est pas permis « d'usurper l'empire de la terre, ni à vous, « seigneur, de vous attribuer aucun pouvoir « sur les choses saintes. » *Ne te misceas ecclesiasticis, neque nobis in hoc genere præcipe, sed potius ea a nobis disce. Tibi Deus imperium commisit, nobis quæ sunt Ecclesiæ concredidit. Quemadmodum qui tibi imperium subripit contradicit ordinationi divinæ, ita et tu cave ne quæ sunt Ecclesiæ ad te trahens, magno crimini obnoxius fias. Date, scriptum est, quæ sunt Cæsaris Cæsari, et quæ sunt Dei Deo. Neque igitur fas est nobis in terris imperium tenere, neque tu thymiamatum et sacrorum potestatem habes, imperator* (*Epist. ad solitar. vitam agentes*).

Écoutons parler saint Athanase lui-même : « Quel est le canon, dit-il, qui ordonne aux « soldats d'envahir les Églises, aux comtes « d'administrer les affaires ecclésiastiques, « et de publier les jugements des évêques « en vertu des édits ?... Quand est-ce qu'un « décret de l'Église a reçu de l'empereur son « autorité ? Il y a eu jusqu'à présent plu- « sieurs conciles, plusieurs définitions de « l'Église, et jamais les Pères n'ont rien con- « seillé de pareil à l'empereur : jamais l'em- « pereur ne s'est mêlé de ce qui regardait

« l'Eglise. C'est un nouveau spectacle que
« donne au monde l'hérésie d'Arius. Constance évoque à lui dans son palais, la
« connaissance des causes ecclésiastiques,
« et préside lui-même au jugement... Qui est-
« ce qui, en le voyant commander aux évêques, et présider aux jugements de l'Eglise,
« ne croira voir avec raison l'abomination de
« la désolation dans le lieu saint? » (*Ibid.*)
Quis videns illum iis qui episcopi putantur præfici, in ecclesiasticisque judiciis præsidere, non jure dicat, abominationem desolationis? Point du tout, répondraient M. Dupin et les partisans de la suprématie temporelle, qui enseignent que *les décrets et règlements ecclésiastiques ne peuvent et ne doivent être exécutés sans l'autorité des souverains* (*Manuel du droit pub. eccles. franç.* 2e édit. p. 16). S'il en est ainsi, l'empereur ne fait qu'exercer une juridiction légitime: la puissance des évêques n'est qu'un pouvoir dépendant de l'autorité civile, qui *n'accepte les règlements de la police ecclésiastique faits par les conciles qu'autant qu'ils sont convenables au bien de l'État;* c'était par faiblesse, par erreur ou par indifférence, que les princes avaient alors abandonné aux pontifes le gouvernement de l'Eglise; c'est par préjugé que les évêques ont prétendu à *l'indépendance;* les conciles et les Pères ont ignoré jusque-là les bornes de leur autorité, et les droits du souverain!

C'est donc ce même Athanase, que l'Eglise avait regardé comme une des colonnes de la vérité, qui foule aux pieds l'Evangile, qui insulte aux empereurs, qui tente de le dépouiller de sa couronne, et qui invite tous les évêques à la rébellion! On nous permettra de n'en rien croire, car il n'est pas le seul à professer cette doctrine comme nous allons le voir.

Le concile de Sardique, tenu l'an 347, et dont le célèbre Osius de Cordoue était l'âme, statue « qu'on priera l'empereur d'ordonner qu'aucun juge n'entreprenne sur les affaires ecclésiastiques, parce qu'ils ne doivent connaître que des affaires temporelles. « Saint Hilaire se plaint à Constance des entreprises de ses juges, et leur reproche de vouloir connaître des affaires ecclésiastiques, eux à qui il ne doit être permis de se mêler que des affaires civiles.

« La loi de Jésus-Christ vous a soumis à moi, disait saint Grégoire de Nazianze, en s'adressant aux empereurs et aux préfets: car nous exerçons aussi un empire beaucoup au-dessus du vôtre. » Et ailleurs: « Vous qui n'êtes que de simples brebis, ne transgressez pas les limites qui vous sont prescrites. Ce n'est pas à vous à paître les pasteurs; c'est assez qu'on vous paisse bien. Juges, ne prescrivez pas des lois aux législateurs. On risque à devancer le guide qu'on doit suivre, et on enfreint l'obéissance qui, comme une lumière salutaire, protège et conserve également les choses de la terre et celles du ciel. » (*Orat.* XVII).

Quel est donc cet empire des évêques, cet empire auquel les empereurs sont obligés d'obéir, si les empereurs doivent juger eux-mêmes, en dernier ressort, des matières ecclésiastiques? Car alors ne sera-ce pas plutôt à l'évêque à obéir, qu'au magistrat?

« Sur les affaires qui concernent la foi ou l'ordre ecclésiastique, c'est à l'évêque de juger, disait saint Ambroise, en citant le rescrit de Valentinien. L'empereur est dans l'Eglise et non pas au-dessus. » *Imperator bonus intra Ecclesiam, non supra Ecclesiam est* (*Epist. ad Valent.* 21, n. 2; *in conc. contr. Aux.* n. 36).

L'antiquité a toujours applaudi à cette noble fermeté d'un illustre pontife (Léonce, évêque de Tripoli, dans la Lydie) qui, dans une assemblée d'évêques où Constance se mêlait de régler la discipline de l'Eglise, rompit enfin le silence par ces paroles, rapportées par Suidas. « Je suis surpris que vous, qui êtes préposé au gouvernement de la république, vous entrepreniez de prescrire aux évêques ce qui n'est que de leur ressort. » *Miror qui ut aliis curandis destinatus, alia tractes; qui cum rei militari et reipublicæ præsis, episcopis ea præscribas, quæ ad solos pertinent episcopos.*

Selon saint Jean Damascène, ce n'est pas au roi à statuer sur les objets de la religion. *His de rebus (ecclesiasticis) statuere ac decernere non ad reges pertinet* (*Orat.* I. *de imag.*), et ailleurs: « Prince, nous vous obéissons dans ce qui concerne l'ordre civil, comme nous obéissons à nos pasteurs sur les matières ecclésiastiques. » (*Orat.* II, n. 17).

« Comme il ne nous est pas permis de porter nos regards dans l'intérieur de votre palais, disait Grégoire II à Léon l'Isaurien, vous n'avez pas non plus le droit de vous mêler des affaires de l'Eglise. »

Les évêques catholiques tiennent le même langage à Léon l'Arménien qui les avait assemblés en Orient, au sujet du culte des images (*Baron. Tom.* IX, *ad ann.* 814, n. 12, *pag.* 610).

Nicolas I, dans sa lettre à l'empereur Michel, marque expressément les fonctions que Dieu a prescrites aux deux puissances; aux rois, l'administration du temporel; aux évêques, l'administration des choses spirituelles: « Si l'empereur est catholique, il est l'enfant et non le prélat de l'Eglise, dit le canon: *Si imperator.* Qu'il ne se rende donc pas coupable d'ingratitude par ses usurpations, contre la défense de la loi divine; car c'est aux pontifes, non aux puissances du siècle, que Dieu a attribué le pouvoir de régler le gouvernement de l'Eglise » (*C. Si imperator*, 2, *dist.* 96).

On peut encore voir dans le droit canon la distinction 10, *c. Certum est*, 3; *c. Imperium*, 6, et le chapitre *Solitæ* 6, *de majorit. et obedientia, tit.* 33. Nous avons rapporté sous le mot LÉGISLATION, § 2, le canon *Duo sunt, dist.* 96.

L'indépendance de l'Eglise quand elle ne serait pas formellement établie par la parole divine, par les traditions apostoliques et les saints canons, serait encore un corollaire indispensable de son universalité. Les États naissent et périssent, l'Eglise est fondée pour tous les siècles; les États sont circonscrits dans des limites éventuelles et variables,

l'Eglise n'a d'autres limites que les limites mêmes du monde. Comment pourrait-elle tomber sous la dépendance d'une puissance qui, existant aujourd'hui, peut n'être plus demain, et dont les intérêts changent sans cesse, tandis que la vocation de l'Église et les moyens que le Sauveur lui a laissés pour pouvoir la remplir sont aussi permanents l'une que les autres? De cette diversité de nature et de constitution naît essentiellement un droit *d'indépendance*, c'est-à-dire de souveraineté des deux puissances, en ce qui est du ressort de chacune; et si cet ordre admirable est si souvent troublé, si la souveraine *indépendance* de l'Eglise est aujourd'hui si vivement et si communément controversée par les champions de la souveraineté politique, c'est que, sans doute, il n'en est pas autrement de cette question que de tant d'autres qui se présentent dans la vie politique comme dans la vie individuelle : « C'est que ce qui est tem-
« porel, dit l'illustre archevêque de Cologne,
« est préféré à ce qui est éternel; ce qui est
« de la terre l'emporte sur ce qui est du ciel;
« la puissance militaire, en laquelle se ré-
« sume, en dernière analyse, le pouvoir civil,
« obtient plus de respect que le droit, cette
« force physique se fait plus craindre que
« l'autorité de la morale. » (*De la paix entre l'Eglise et les États*).

L'*indépendance* de l'Eglise a été reconnue par les lois de beaucoup de princes chrétiens. Valentinien III enseigne qu'il n'est pas permis de porter devant les tribunaux séculiers les causes qui concernent la religion. Quelque habile que fût ce prince dans la science du gouvernement, il n'ose toucher à ces objets sacrés qu'il reconnaît être au-dessus de lui. *Pie admodum in Deum affectus fuit*, dit Sozomène, *adeo ut neque sacerdotibus quidquam imperare, neque novare aliquid in institutis Ecclesiæ quod sibi deterius videretur vel melius, omnino aggrederetur. Nam quamvis esset optimus sane imperator, et ad res agendas valde accommodatus, tamen hæc suum judicium longe superare existimavit* (Sozom., *Hist. lib.* VI, c. 21).

Les empereurs Honorius et Basile renvoient aux évêques les matières ecclésiastiques, et déclarent qu'étant eux-mêmes du nombre des ouailles, ils ne doivent sur cela avoir en partage que la docilité des brebis (*Labbe, concil. tom.* II, col. 1311). L'empereur Justinien se borne à exposer au souverain pontife ce qu'il croit utile au bien de l'Eglise et lui en laisse la décision, protestant qu'il veut conserver l'unité avec le saint-siège (*L. Reddentes* 9; *cod. de summa Trinitate*).

Rien de plus précis que cette loi du même empereur sur l'origine et la distinction des deux puissances. « Dieu, dit-il, a confié aux
« hommes le sacerdoce et l'empire; le sa-
« cerdoce pour administrer les choses divi-
« nes, l'empire pour présider au gouverne-
« ment civil, l'un et l'autre procédant de la
« même source. » *Maxima quidem hominibus sunt dona Dei a superna collata clementia, sacerdotium et imperium : et illud quidem divinis ministrans, hoc autem humanis præsi-*
dens ac diligentiam exhibens; ex uno eodemque principio utraque procedentia, humanam exornant vitam (Authent. *Quomodo oport. episcopos, in princ. col.* I).

Nos rois ne se sont pas expliqués d'une manière moins précise. Quelque attentif que soit Philippe le Bel à maintenir les droits de sa couronne, il les renferme dans l'ordre des choses temporelles. Il refuse le privilège que lui offre Boniface VIII de nommer aux évêchés, et il allègue pour raison qu'il ne veut point exposer son salut en se chargeant de donner des pasteurs aux Eglises. Ce soin était donc étranger aux droits de la souveraineté. *Gratias agimus tibi de his quæ in periculum animarum nostrarum imperasti, videlicet ut Ecclesiis provideamus* (*Rebuffe, præm. in concord.*). François Ier, Henri III dans l'édit de Melun, Henri IV dans celui de 1608, Louis XIII dans celui de 1610 et dans l'ordonnance de 1629, Louis XIV dans l'édit de 1695, défendent aux juges séculiers de prendre connaissance des matières spirituelles.

On trouve dans les *Preuves des libertés* de l'Eglise gallicane (*tom.* II, édit. de 1731), ouvrage peu suspect, beaucoup d'autres autorités semblables.

Domat ne cesse d'inculquer que Dieu ayant établi ses ministres dans l'ordre spirituel de la religion et les rois dans l'ordre temporel de la police, ces deux puissances doivent se protéger mutuellement et respecter les bornes que Dieu leur a prescrites, en sorte que les rois soient soumis à la puissance spirituelle en ce qui regarde les matières de la religion, et les évêques à celle des rois dans les matières civiles.

« Ces deux puissances, dit-il, ayant entre elles l'union essentielle qui les lie à leur origine commune, c'est-à-dire à Dieu, dont elles doivent maintenir le culte, chacune selon son usage, sont distinctes et *indépendantes* l'une de l'autre dans les fonctions propres à chacune. Ainsi les ministres de l'Église ont de leur part le droit d'exercer les leurs, sans que ceux qui ont le gouvernement temporel puissent les y troubler ; et ils doivent même les y soutenir en ce qui peut dépendre de leur pouvoir. Ainsi ceux qui ont le ministère du gouvernement ont, de leur part, le droit d'exercer les fonctions qui en dépendent, sans qu'ils y puissent être troublés par les ministres de l'Eglise, qui doivent, au contraire, inspirer l'obéissance et les autres devoirs envers les puissances que Dieu a établies sur le temporel » (*Lois civiles du droit public, liv.* I, tit. 19, sect. 2, § 1).

Il est évident que cette protection réciproque que se doivent les deux puissances ne leur donne point le droit de s'assujettir réciproquement dans l'exercice de leur juridiction, et qu'en se protégeant il ne leur est pas permis de sortir de la subordination où elles sont sur les matières qui concernent la puissance protégée, puisque les deux puissances sont totalement distinctes et par conséquent souveraines et *indépendantes* dans leurs fonctions.

Il est donc incontestable que Jésus-Christ,

par son ineffable providence, sépara le pouvoir de l'Eglise de celui de l'Etat, en pourvoyant chacun de tout ce qui lui était nécessaire à son *indépendance* et pour s'élever par de mutuels secours : toute tentative pour obscurcir cette vérité et tenir l'Eglise en tutelle doit donc être regardée comme une usurpation audacieuse, comme le renversement de l'ordre établi par Dieu même.

« L'Eglise, dit à ce sujet un savant évêque « d'Espagne, peut subsister sans dîmes, sans « propriétés, sans religieuses, sans moines « et même sans temples, mais nullement sans « liberté et sans *indépendance*. Cet élément « est si indispensable à son régime moral, « qu'en accordant pour un moment l'aliéna-« tion de son *indépendance*, on aperçoit aus-« sitôt la destruction, la fin et la disparition « du catholicisme; car le gouvernement de « l'Eglise, depuis son établissement, ayant « été entre les mains des apôtres et de leurs « successeurs, si les évêques consentaient « aujourd'hui à le transférer au pouvoir ci-« vil, ce gouvernement, comme tous les gou-« vernements du monde, serait variable, dé-« fectible et sujet aux variations continuelles « des constitutions politiques, comme l'a « déjà observé dans un autre sens le très-« savant Capellari (Grégoire XVI avant d'ê-« tre pape, lorsqu'il écrivait contre les jan-« sénistes). Or, l'*indépendance* de l'Eglise est « un dogme corrélatif à la foi, son gouverne-« ment est immuable, son pouvoir est divin; « et afin que jamais, sous quelque prétexte « que ce fût, on ne pût élever des doutes sur « cette vérité importante, le Seigneur délé-« gua aux évêques le même pouvoir avec « lequel l'avait envoyé son Père éternel. « Avec une prérogative si prodigieuse, il n'y « a plus lieu à faire attention aux personnes. « Comme hommes, ils pourront paraître obs-« curs, faibles, d'une humble naissance, et « quelquefois même peut-être peu versés « dans la littérature, les sciences et les arts ; « mais, comme évêques, ils représenteront « toujours ceux que le Saint-Esprit a insti-« tués pour le gouvernement de son Eglise, « avec laquelle il doit être jusqu'à la consom-« mation des siècles.

« Cette doctrine catholique qui, au com-« mencement du christianisme, retentissait « aux oreilles des savants du monde comme « une hyperbole, devient plus intelligible à « mesure que les siècles se succèdent. Dans « l'espace de dix-huit siècles et demi le monde « a vu la fin et le terme d'innombrables « royaumes, empires et nations ; on a vu des « milliers de peuples, d'idiomes, de lois et « d'usages disparaître les uns après les au-« tres, sans nous laisser autre chose qu'un « souvenir confus de leur ancienne renom-« mée; mais l'Eglise de Dieu, figurée dans la « parabole du grain de sénevé, a levé la tête, « comme il était prédit, sur toutes les îles, « mers, climats et régions, et réuni autour « d'elle d'innombrables enfants sous le gou-« vernement de Jésus-Christ. Comment les « évêques auraient-ils osé commencer, pu « poursuivre et venir à bout d'une œuvre si

« admirablement prodigieuse, s'ils n'étaient « assistés du Saint-Esprit ? Or, un tel prodige « étant incontestable, il est de toute évidence « que l'autorité temporelle ne saurait enva-« hir le gouvernement de l'Eglise sans s'op-« poser à l'ordre de Dieu. Je sais que les no-« vateurs répondent que leur intention n'est « pas de soumettre l'Eglise pour ce qui tou-« che au dogme, mais seulement pour ce qui « est de discipline. Mais, même en admettant « une si insidieuse distinction, je leur ferai « observer qu'ils professent une doctrine hé-« rétique mille fois anathématisée ; que l'E-« glise, depuis sa naissance, ayant eu besoin « de discipline pour se gouverner, elle a dû « la former, la soutenir et la varier à son « gré avec une *indépendance* absolue » (*Indépendance constante de l'Eglise du pouvoir civil, par Monseigneur Romo, évêque des Canaries, part*. I, *ch*. 1) (*Voyez* LÉGISLATION).

Concluons donc par cette maxime d'un auteur gallican : « La puissance ecclésiastique est *indépendante* de la temporelle, et la temporelle est *indépendante* de la spirituelle » (*Hist. du droit can., ch*. 10).

INDEX.

Ce mot signifie catalogue ou table. Il s'applique à la liste des livres dont on a défendu à Rome l'usage et la lecture. Il y a à cet effet une congrégation de cardinaux, qu'on appelle la congrégation de l'*index* (*Voyez* LIVRE, CONGRÉGATION).

Voici en quels termes sont conçus les décrets qui mettent les livres dangereux à l'*Index*.

Sacra congregatio eminentissimorum ac reverendissimorum sanctæ romanæ Ecclesiæ cardinalium a sanctissimo Domino nostro Gregorio papa XVI *sanctaque sede apostolica indici librorum pravæ doctrinæ, eorumdemque proscriptioni, expurgationi, ac permissioni in universa christiana republica præpositorum et delegatorum, habita in palatio apostolico vaticano, damnavit et damnat, proscripsit proscribitque, vel alias damnata atque proscripta in indicem librorum referri mandavit et mandat opera quæ sequuntur :*

Vient ensuite la liste des ouvrages condamnés.

Itaque nemo cujuscumque gradus et conditionis prædicta opera damnata atque proscripta, quocumque loco, et quocumque idiomate, aut in posterum edere, aut edita legere, vel retinere audeat, sed locorum ordinariis, aut hæreticæ pravitatis inquisitoribus ea tradere teneatur, sub pœnis in indice librorum vetitorum indictis.

Quibus sanctissimo Domino nostro Gregorio papæ XVI *per me infra scriptum secretarium relatis, sanctitas sua decretum probavit et promulgari præcepit. In quorum fidem,* etc.

Datum Romæ die..... 1844.
Card. N. Præfectus.

C'est dans la congrégation du saint office de Rome que se fait l'*index expurgatorius,* auquel on inscrit à mesure tous les livres qui sont censurés par le saint office. Paul IV qui avait un grand zèle pour le maintien et l'accroissement de l'inquisition, voulant remédier aux désordres causés par la lecture des mauvais livres, chargea les inquisiteurs d'en faire un *index* ou catalogue, qu'il publia dans la suite. Les peines qu'il impose à ceux qui violeraient la défense de lire ces livres sont extrêmement sévères : elles consistent dans l'excommunication, la privation et l'incapacité de toutes charges et bénéfices, l'infamie perpétuelle et autres peines semblables. Il se réservait le pouvoir de lever seul de ces censures et de ces peines. On députa au concile de Trente en 1562, dans une congrégation, dix-huit Pères du concile, pour travailler au catalogue ou *index* des livres défendus, à condition néanmoins que ce catalogue ne serait publié qu'à la fin du concile, pour ne pas aigrir l'esprit des protestants. Il y eut le 24 mars 1564, une bulle de Pie IV, pour l'approbation de l'*index*, c'est-à-dire, du catalogue des livres dont la lecture fut défendue, et qui fut composé par les députés du concile de Trente. Cet *index* a été considérablement augmenté depuis. Ainsi lorsqu'on dit qu'un livre a été mis à l'*index* à Rome, on veut dire qu'il a été condamné par la congrégation de l'*index*, et mis au catalogue des livres défendus.

L'*index* est divisé en trois parties; la première contient les noms des auteurs, la seconde les livres condamnés, et la troisième les livres anonymes.

INDICTION.

L'*indiction* est une révolution de quinze années dont il est fait usage dans la date des bulles de Rome (*Voyez* CALENDES, CALENDRIER.)

INDIGNE, INDIGNITÉ.

Parmi ceux qui sont incapables de posséder des bénéfices dont nous avons parlé sous le mot INCAPABLE, on trouve compris les *indignes* rendus tels par leurs crimes, reconnus par un jugement, ou légitimement soupçonnés de les avoir commis.

En traitant de l'irrégularité, nous parlons de ceux qui sont *indignes* des ordres; et sous le mot INFAME, nous éclaircissons les principes sur cette double *indignité* de recevoir les ordres ou de les exercer, d'obtenir ou de posséder des bénéfices. Nous ne nous répéterons pas (*Voyez* INCAPABLES, IRRÉGULARITÉ, INFAMIE).

Les canons ont établi diverses peines contre ceux qui confèrent les bénéfices à des *indignes*.

INDULGENCES.

Indulgence vient du mot latin *indulgere*, qui signifie remettre ou pardonner à quelqu'un les fautes dont il s'est rendu coupable. On se servait autrefois du mot rémission pour *indulgence*, comme il paraît par le chapitre : *Quod autem, de pœnit. et remiss.* Polman la définit en général dans ces termes : *Indulgentia est absolutio potestate clavium a pœna injuncta vel injungenda.*

§ 1. INDULGENCES. *Pouvoir de les accorder.*

L'Église a le pouvoir d'accorder des *indulgences*, et l'usage en est très-salutaire aux fidèles ; c'est ce que le concile de Trente nous défend de nier sous peine d'anathème, en ces termes : « Comme l'Église a reçu de Jésus-Christ le pouvoir d'accorder des *indulgences*, et que dès les temps les plus anciens elle a fait usage de ce pouvoir divin, le saint concile décide et enseigne que l'usage des *indulgences* est très-salutaire au peuple chrétien, qu'il est appuyé sur l'autorité des saints conciles, et doit être retenu dans l'Église. Il anathématise ceux qui disent qu'elles sont inutiles ou qui nient que l'Église ait le pouvoir de les accorder. » (Sess. XV, *Décret sur les indulgences.*)

Les théologiens et les canonistes parlent de plusieurs sortes d'*indulgences*, mais celles qui s'introduisirent dans le onzième siècle, en considération de quelque œuvre de piété, comme de bâtir ou de visiter certaines églises, de porter les armes contre les ennemis de la religion, etc., sont les dernières et celles qui ont fait abroger la pénitence canonique ou les canons pénitentiaux, dont plusieurs anciens conciles permettaient de modérer la rigueur, suivant les circonstances et la disposition des pénitents (*Voyez* PÉNITENCE, CANONS PÉNITENTIAUX).

Comme on abuse des meilleures choses, les *indulgences* qu'on trouva bon d'introduire pour inviter aux bonnes œuvres, et pour suppléer seulement à l'impuissance et à la faiblesse des pécheurs, furent bientôt, à ceux qui les dispensaient, une occasion de simonie et d'avarice, et à ceux qui les recevaient, le prétexte d'une impénitence d'autant plus dangereuse, qu'elle leur paraissait permise. On voit la preuve de ces désordres dans le règlement que fit sur cette matière le concile de Latran tenu en 1215, sous le pape Innocent III : *Qui autem ad quærendas eleemosynas destinantur modesti sint et discreti : nec in tabernis, aut in aliis locis incongruis hospitentur, nec inutiles, faciant, aut sumptuosas expensas, caventes omnino ne falsæ religioni habitum gestent.*

Ad hæc, quia per indiscretas et superfluas indulgentias, quas quidem ecclesiarum prælati facere non verentur, et claves ecclesiæ contemnuntur, et pænitentialis satisfactio enervatur, decernimus, ut cum dedicatur basilica, non extendatur indulgentia ultra annum, sive ab uno solo, sive a pluribus episcopis dedicetur, ac deinde in anniversario dedicationis tempore quadraginta dies de injunctis pænitentiis indulta remissio non excedat; infra hunc quoque dierum numerum indulgentiarum litteris præcipimus moderari, quæ pro quibuslibet casibus aliquoties conceduntur cum Romanus pontifex, qui plenitudinem obtinet potestatis hoc in talibus moderamen consueverit observare (C. *Cum ex eo de pænit. et remis.*).

Ce décret n'a pas eu dans la suite l'exécution qu'on en devait attendre : les mêmes abus et peut-être de plus grands encore de la part de ces quêteurs ont continué jusqu'au temps du concile de Trente. Les conciles de Lyon et de Vienne les avaient déjà condamnés, mais inutilement ; les hérétiques s'en faisaient un titre de mépris contre les saintes pratiques de notre religion, quand le concile de Trente prononça l'anathème dont nous avons parlé, en ordonnant toutefois à tous les évêques de recueillir, chacun soigneusement dans son diocèse, toutes ces sortes d'abus, et d'en faire le rapport dans le premier synode provincial ; pour, après avoir aussi été reconnus par le sentiment des autres évêques, être incontinent renvoyés au souverain pontife, afin que par son autorité et sa prudence, il soit réglé ce qui sera expédient à l'Eglise universelle, et que, par ce moyen, le trésor des saintes *indulgences* soit dispensé à tous les fidèles, avec piété, sainteté et sans corruption : *Ut ita sanctarum indulgentiarum munus pie, sancte et incorrupte omnibus fidelibus dispensetur* (*Sess.* XXV, *Sess.* XXI, *ch.* 9).

Il n'y a que le pape et les évêques qui puissent accorder des *indulgences*. C'est un acte de dignité épiscopale. Le concile de Trente, après avoir aboli, en la session II, chapitre 9, *de Reform.*, et le nom et l'usage des quêteurs d'aumônes, veut et ordonne que les *indulgences* soient à l'avenir publiées au peuple dans les temps convenables par les ordinaires des lieux qui prendront pour adjoints deux du chapitre auxquels il donne aussi pouvoir de recueillir fidèlement les aumônes et les autres secours de charité qui leur seront offerts, sans en rien prendre du tout, afin que tout le monde voie, dit le concile, et comprenne enfin véritablement que ces trésors célestes de l'Eglise y sont dispensés pour l'entretien de la piété, et non pour le profit particulier : *Ut tandem cœlestes hos ecclesiæ thesauros non ad quæstum, sed ad pietatem exerceri, omnes vere intelligant.*

Les conciles provinciaux de France ont suivi et confirmé ce décret du concile, par rapport au droit exclusif des évêques dans la concession et publication des dispenses ; en sorte que les abbés, les chapitres, même exempts, n'ont pas ce pouvoir (Conciles de Tours, en 1448, can. 17 ; de Reims en 1564 ; de Rouen, en 1581 ; d'Aix, en 1585 ; de Narbonne, en 1606).

Quelques anciens conciles ont réglé qu'en certains cas les métropolitains pourraient accorder de plus grandes *indulgences* que les suffragants. Mais cette distinction a cessé depuis que l'on suit en France, comme dans les autres églises, le décret rapporté d'Innocent III, qui règle sans aucune différence, entre les archevêques et évêques, qu'ils ne pourront accorder à l'avenir que quarante jours d'*indulgences*, si ce n'est lors de la dédicace d'une église, où il leur est permis, comme on l'a vu, d'en donner une année. Mais on a laissé subsister cette distinction, quant au pouvoir que les archevêques ont toujours d'accorder ces *indulgences* dans toute leur province, suivant le chapitre *Nostro postulasti, de pœnit. et remis.*

Le pouvoir d'accorder des *indulgences* tient à la juridiction et non au caractère. Il en résulte par conséquent plusieurs conséquences : 1° Ce pouvoir peut être exercé par délégation, car c'est un principe reconnu dans le droit civil et dans le droit canonique, que celui qui a une autorité indépendante peut la déléguer validement à un autre ; le pape pourrait déléguer même un laïque, s'il le jugeait convenable ; mais les évêques ne peuvent déléguer qu'un ecclésiastique, car le droit canonique, dont ils ne peuvent se dispenser, exige au moins un clerc. 2° Un évêque élu et canoniquement institué, quoique non sacré, peut accorder des *indulgences* par lui-même ou par un délégué. 3° Un évêque *in partibus infidelium*, ou purement titulaire ou démissionnaire, ne peut accorder d'*indulgences*, puisqu'il n'a point de sujets à gouverner ni par conséquent de juridiction. 4° Un évêque ne peut accorder des *indulgences* qu'à ses diocésains, car il n'a de juridiction que sur eux : cependant s'il attachait l'*indulgence* à une église, à une chapelle, à une croix, etc., les étrangers qui visiteraient ce lieu ou cet objet pourraient gagner l'*indulgence* aussi bien que les diocésains, selon le sentiment commun des canonistes et des théologiens. 5° Plusieurs évêques convoqués pour faire la dédicace d'une église accordent, *per modum unius*, c'est-à-dire en commun, l'*indulgence* d'un an pour ce jour-là, et quarante jours à perpétuité pour l'anniversaire, quoiqu'ils ne soient pas tous chez eux, parce que le droit l'a ainsi statué (*Decretal.*, liv. V, tit. 38, cap. 14), en se servant des propres paroles du soixante-deuxième canon du concile de Latran. Par la même raison, si les évêques étaient réunis pour faire une dédicace dans un diocèse dont le siège serait vacant, ils pourraient accorder les mêmes *indulgences* que si le siège était rempli, puisqu'il n'y a pas d'exception. 6° Un évêque hors de son diocèse peut accorder des *indulgences* à ses diocésains, puisqu'il continue d'avoir autorité sur eux. 7° Les évêques ou archevêques coadjuteurs, même avec le titre de future succession, ne peuvent accorder d'*indulgences*, car ils n'ont aucune juridiction. 8° Les archevêques, les primats et les patriarches peuvent donner les mêmes *indulgences* que les évêques dans les diocèses dont ils sont titulaires, et en outre dans leurs provinces respectives, sans même être en cours de visite (*Ibid.*, lib. V, tit. 38, cap. 15). 9° Ils pourraient accorder des *indulgences* déjà accordées par l'évêque pour la même chose ; et alors en faisant cette chose on gagnerait double *indulgence*. Les cardinaux, par une coutume qui a force de loi, accordent cent jours d'*indulgences* dans les églises dont ils sont titulaires, quand ils assistent aux offices dans les fêtes solennelles. 10° Les légats *a latere*, les nonces et les simples légats peuvent accorder dans les terres de leur juridiction une *indulgence* de sept ans et sept quarantaines à perpétuité, attachée à une église ou à une chapelle, et cent jours, ou même davantage, mais moins d'un an pour une œuvre de piété quelconque. Ils n'exercent pas cette faculté en France, disent les *Mé-*

moires du *Clergé* (*tom.* VIII, *pag.* 1429), à moins d'une délégation spéciale, comme l'a eue en 1801 le cardinal Caprara : sans une délégation spéciale de la part de l'évêque, il ne paraît pas que les vicaires généraux, quoique participant à la juridiction épiscopale, puissent accorder des *indulgences;* c'est le sentiment d'un très-grand nombre de théologiens et de canonistes cités par Ferraris (*art.* 2, *n.* 25); c'en est assez pour que dans la pratique ils ne puissent se prévaloir de cette faculté. Les vicaires-généraux capitulaires sont encore moins en droit de la revendiquer. Les abbés exempts on non exempts, les provinciaux, visiteurs et généraux d'ordres, ne peuvent accorder aucune *indulgence*, à moins qu'ils n'aient obtenu à cet effet un indult apostolique qui le leur permette, et alors ils agissent comme délégués.

Les simples prêtres, quels qu'ils soient, les curés, les archidiacres, les pénitenciers ne peuvent non plus en donner aucune, qu'en vertu d'une délégation spéciale; on excepte le grand pénitencier du pape, qui, par sa place et sans nouvelle concession, peut accorder cent jours; mais son titre n'étant que de droit ecclésiastique, il n'agit aussi que comme délégué (Bouvier, *Traité des Indulgences*, part. I, chap. 2, art. 2),

§ 2. *Division des* INDULGENCES.

L'*indulgence* se divise en plénière et en partielle. L'indulgence plénière remet toute la peine temporelle due au péché; elle est quelquefois appelée, dans les bulles des souverains pontifes, plus plénière ou très-plénière, non parce qu'elle est plus ou moins grande en elle-même, mais à cause des privilèges qui y sont annexés, comme la faculté, pour le confesseur, d'absoudre des cas réservés au saint-siège, ou des censures, de dispenser de l'irrégularité, de commuer les vœux, etc.

L'*indulgence* partielle est celle qui remet une partie seulement, plus ou moins grande, de la peine temporelle due au péché, par exemple quarante jours, cent jours, sept ans, dix ans, etc. Pour les *indulgences* de dix, quinze, vingt mille années ou davantage, un décret de la congrégation des *indulgences*, du 17 mars 1678, les condamne comme fausses ou apocryphes. Benoît XIV (*De synodo diœcesana*, lib. XIII, c. 18, *n.* 8), et tout ce qu'il y a eu de meilleurs canonistes et théologiens avant et après lui, disent qu'en général des *indulgences* accordées pour des milliers d'années sont de pures fictions, et ne doivent point être attribuées au saint-siège. Cet illustre pape rapporte, au même endroit, le témoignage du vénérable Tomasi, béatifié en 1803, savant très-distingué, qui assure que les pontifes romains n'accordent, pour l'ordinaire, que des *indulgences* d'un petit nombre d'années, et le loue de ce qu'il regarde comme incroyables et tout à fait improbables celles de milliers d'années.

2° L'*indulgence* se divise en temporelle et en perpétuelle. La temporelle est celle qui n'est accordée que pour un temps déterminé, et finit à l'expiration de ce temps. La perpétuelle, au contraire, dure jusqu'à ce qu'elle soit positivement révoquée.

3° On divise encore l'*indulgence* en locale, réelle et personnelle. L'*indulgence* locale est celle qui est attachée aux lieux, par exemple, à telle église, à telle chapelle, à tel autel, etc.; de sorte que, pour la gagner, il faut visiter ce lieu et y remplir les conditions requises par les termes de la concession. L'*indulgence* réelle est celle qui est attachée à certains objets portatifs, comme petites croix, chapelets, médailles, etc. Si les objets n'étaient pas portatifs, l'*indulgence* serait locale. L'*indulgence* personnelle est celle qui est attachée directement à une ou plusieurs personnes; telles sont les *indulgences* accordées aux confréries, et dont les membres de ces pieuses associations peuvent jouir, quelque part qu'ils se trouvent, en faisant ce qui est prescrit pour cela.

Le Pelletier dit que l'on n'accorde des brefs d'*indulgence* à perpétuité qu'aux ordres de religion, confréries ou communautés, et qu'on n'en accorde pas même autrement aux confréries, quoique celles qu'elles obtiennent pour les quarante heures et les autels privilégiés puissent n'être que pour sept ans. L'expérience nous apprend que la règle que propose cet auteur n'est pas invariable.

On a fait en chancellerie deux règles sur la forme d'expédier les concessions d'*indulgences* par le pape. La première est la cinquante-troisième *de Clausulis ponendis in litteris indulgentiarum*. Elle veut que l'*indulgence* accordée par une église pour laquelle le même pape en a déjà accordé une, et dont on n'aura pas fait mention dans la supplique, soit de nulle valeur : *Item, voluit quod in litteris indulgentiarum ponatur, quod si ecclesiæ, vel capellæ, vel alias, aliqua indulgentia fuerit per ipsum concessa, de qua inibi specialis mentio facta non sit, hujusmodi litteræ nullæ sint.* C'est de cette règle qu'on a formé la clause suivante, qu'on ne manque jamais d'insérer dans ces sortes d'expéditions : *Volumus autem ut si alias Christi fidelibus dictam ecclesiam visitantibus, aliquam aliam indulgentiam perpetuo vel ad tempus nondum elapsum duraturam concesserimus, præsentes nullæ sint*, etc.

L'autre règle, qui est la cinquante-quatrième *de indulgentiis concessis ad instar*, exige que l'on spécifie dans les lettres, la nature des nouvelles *indulgences* qui sont accordées, sans se contenter d'exprimer qu'on les accorde comme d'autres précédentes : *Ad instar, ne sic papa decipiatur, ut in c.* 1, *de Constit. in* 6°. *Item voluit D. N. quod litteræ super indulgentiam non expediantur ad instar nisi specificentur.*

Quand on présente à l'évêque des *indulgences* obtenues à Rome, pour avoir son approbation et la permission de les publier, l'évêque met : Vu par nous les présentes lettres apostoliques d'*indulgences* à perpétuité; nous permettons, par les présentes, qu'elles soient publiées dans les églises de notre ville épiscopale et de notre diocèse. Donné à, etc. Ce *visa* est absolument nécessaire pour la publication de ces *indulgences* de Rome. Saint François de Sales (*Lettre* 32), renvoya avec politesse, mais avec fermeté, un ecclésiastique qui ne rapportait pas le titre original des *indulgences* qu'il voulait publier dans son diocèse avec droit de quête et d'aumône, en faveur d'une maison religieuse dont les vertus et les priviléges étaient d'ailleurs notoires.

Pour les *indulgences* du jubilé, *voyez* JUBILÉ.

INDULT.

L'*indult* est une grâce que le pape accorde par bulles, à quelque corps ou communauté, ou à quelque personne distinguée, par un privilége particulier, pour faire ou obtenir quelque chose contre la disposition du droit commun : *Pontificiaria gratia indultum a verbo indulgere*.

Ainsi, le pape accorde aux évêques, par un *indult* particulier, le privilége de dispenser de certains empêchements de mariage, ou d'en dispenser en telles ou telles circonstances, de faire des ordinations *extra tempora*, etc.

Lorsqu'un évêque obtient de Rome un *indult* pour pouvoir accorder certaines dispenses, cet *indult* doit ordinairement être renouvelé tous les quatre ou cinq ans, et il faut peser et suivre de point en point toutes les formalités qui y sont prescrites, parce qu'en vertu d'un *indult* on ne peut que ce qu'il accorde, et cela même on ne le peut qu'en remplissant les conditions qu'il prescrit comme nécessaires. Quand l'évêque dispense d'une chose en vertu d'un *indult*, ses grands vicaires n'en peuvent dispenser, parce que l'*indult* est attaché à la personne de l'évêque, et non à son siége, et que l'évêque, étant à cet égard délégué du souverain pontife, il ne peut subdéléguer.

Le cardinal Caprara publia un *indult* pour la réduction des fêtes en France. *Voyez* cet *indult* sous le mot FÊTES.

Nous ne parlerons pas ici des *indults* que le pape avait autrefois accordés aux rois de France et aux cardinaux, pour la collation des bénéfices, car il n'en est plus question parmi nous. Durand de Maillane, dans son *Dictionnaire de droit canonique*, en parle fort au long.

L'*indult* du parlement de Paris, dont on trouve quelques traces dès l'an 1303, sous Boniface VIII et Philippe le Bel, mais dont l'établissement le plus certain est fixé à une bulle d'Eugène IV, en 1434, était une grâce, par laquelle le pape permettait au roi de nommer à tel collateur qu'il lui plairait, un conseiller ou un autre officier du parlement, à qui le collateur était obligé de conférer un bénéfice. Chaque officier ne pouvait exercer ce droit qu'une fois dans sa vie, et chaque collateur ne pouvait en sa vie en être chargé qu'une fois, ou une fois pendant la vie du roi. Si l'officier était clerc, et ils l'étaient la plupart au commencement de la

DROIT CANON. II.

concession de l'*indult*, il pouvait nommer lui-même; s'il était laïque, il pouvait nommer une autre personne capable, pour être nommée par le roi. L'*indult* s'étendait aux bénéfices réguliers, aussi bien qu'aux séculiers; ainsi pour ceux-là, les officiers étaient toujours astreints à nommer d'autres personnes, et même des religieux; ce qui donnait quelquefois occasion à des confidences.

La spoliation des biens ecclésiastiques, et par conséquent la suppression des bénéfices, nous dispense de dire que cette espèce d'*indult* n'a plus d'application.

INDUT.

Dans certaines églises, on donne le nom d'*indut* à un clerc revêtu d'une aube et d'une tunique, qui assiste et accompagne le diacre et le sous-diacre aux messes solennelles.

INFAILLIBILITÉ.

L'*infaillibilité* est le privilége de ne pouvoir se tromper soi-même, ni tromper les autres en les enseignant.

Le sens du mot *infaillibilité*, par rapport à l'Eglise, est qu'en vertu du pouvoir qu'elle a reçu de Jésus-Christ, d'examiner et de décider toutes les questions qui regardent la foi et les mœurs, d'une manière certaine et indubitable, elle ne peut jamais se tromper, ni nous tromper.

Cette *infaillibilité* de l'Eglise, est établie sur l'Ecriture sainte. Jésus-Christ lui promet l'assistance de son Esprit divin jusqu'à la consommation des siècles : *Et ecce vobiscum sum omnibus diebus usque ad consummationem sæculi* (*Matth*. XXVIII). *Tu es Petrus et super hanc petram ædificabo Ecclesiam meam, et portæ inferi non prævalebunt adversus eam* (*Ibid.*, XVI).

Ces promesses solennelles que Jésus-Christ fit dès lors à l'Eglise en la personne de ceux qu'il en établit pasteurs, font voir que l'Eglise doit toujours subsister; que les portes de l'enfer, c'est-à-dire tous les efforts du démon ne sauraient la renverser, ni la faire tomber dans l'erreur; que Jésus-Christ doit tous les jours assister l'Eglise de son Esprit et ne l'abandonner jamais : *Omnibus diebus usque ad consummationem sæculi*. Ainsi les promesses de Jésus-Christ ne regardent pas seulement les apôtres, mais elles regardent aussi leurs successeurs dans le ministère, jusqu'à la consommation des siècles.

L'Eglise, pour juger de la qualité d'une doctrine, c'est-à-dire si elle est catholique ou hérétique, se sert de deux règles qui sont le fondement inébranlable de la foi, savoir: l'Ecriture et la Tradition. 1° L'Ecriture, parce qu'elle contient la parole de Dieu écrite, c'est-à-dire, ce que Dieu a voulu que les prophètes, les apôtres et les évangélistes écrivissent. 2° La Tradition, parce que c'est elle qui nous a conservé la parole de Dieu non écrite, c'est-à-dire, ce que les apôtres, après l'avoir entendu de la bouche de Jésus-Christ, ou appris par l'inspiration du Saint-Esprit, ont laissé à leurs disciples de vive voix,

(*Neuf.*)

pour servir d'instruction à l'Eglise, soit sur les dogmes, soit sur la discipline, et afin que par une suite de doctrine de pasteurs en pasteurs, ces vérités vinssent jusqu'à nous.

Mais ces deux fondements ne sont règles de la foi des fidèles, qu'autant qu'elles sont expliquées par l'Eglise, parce que les fidèles, comme particuliers, n'ont pas reçu le don d'expliquer infailliblement l'Ecriture sainte, et que tout ce que Jésus-Christ ou le Saint-Esprit a révélé aux apôtres sur les mystères, n'a pas été écrit dans les livres canoniques, et qu'ainsi il faut avoir recours à la tradition; voilà pourquoi saint Paul disait aux Thessaloniciens : *Tenete traditiones quas didicistis, sive per sermonem, sive per epistolam nostram* (II ad Thess., 11). La plupart des hérétiques ont été condamnés par l'autorité de la seule tradition; car quand ils ont attaqué un dogme, ils ont été condamnés comme novateurs, par cela seul que l'Eglise était en possession de croire le contraire.

En vertu de cette *infaillibilité*, l'Eglise ne peut enseigner une doctrine par la bouche de tous ses évêques unis au pape, que cette doctrine ne soit véritable, parce que Dieu l'assiste de son esprit, pour discerner la vérité de l'erreur, mais en même temps l'Eglise consulte la tradition pour faire ce discernement.

De même que la Providence divine, veille à ce que la certitude morale dans l'usage ordinaire de la vie ne reçoive aucune atteinte, dit Bergier, et dirige les hommes avec une pleine sécurité dans leur société qui ne pourrait subsister autrement, ainsi le Saint-Esprit, par une assistance spéciale, veille sur l'Eglise dispersée ou rassemblée, pour empêcher que la certitude de la foi ne reçoive aucune atteinte, et demeure immobile au milieu des orages excités par les passions des hommes. Tel est le sens de la formule si souvent répétée par les Pères de Trente. *Le saint concile assemblé légitimement sous la direction du Saint-Esprit.*

Pour savoir si le pape est *infaillible*, voyez PAPE.

INFAMES

Les *infâmes*, en général, sont ceux qui se trouvent notés de quelque infamie. Il faut donc savoir ce que c'est que l'infamie et les cas qui la font encourir, pour reconnaître les *infâmes* (Voyez ci-après INFAMIE).

INFAMIE.

L'*infamie* est la perte de l'honneur et de la réputation : *Infamia famæ existimationisque ac pudoris labem et maculam significat*. C'est dans le sens de cette définition qu'on dit indifféremment : *Irregularitas ex infamia* ou *ex defectu bonæ famæ*.

§ 1. *Nature de l'*INFAMIE.

Il y a deux sortes d'*infamie* : l'une est l'*infamie* de fait, l'autre est l'*infamie* de droit. L'*infamie* de fait est celle qui, indépendamment des dispositions du droit, se contracte par la notoriété publique de certains crimes énormes qu'on a commis, ou par l'exercice public de métiers ignominieux. L'*infamie* de droit au contraire est celle qui résulte d'un jugement de condamnation pour crime, ou de la disposition d'une loi. Cette division est approuvée par ces paroles : *Si proposita crimina ordine judiciario comprobata, vel alias notoria non fuerint* (cap. *Quæsitum, de temp. ordin.*). Nul ne peut donc être infâme de droit et de fait par rapport aux ordres, qu'à raison ou de ses crimes atroces, ou de la peine dont il a été puni, qui est infamante, comme sont le fouet, le carcan, les galères, le bannissement, ou à raison de sa profession honteuse ; et en France, nul n'est infâme de droit à raison de son crime, ni irrégulier, s'il n'est déclaré criminel par sentence, ou du moins s'il n'est décrété de prise de corps à cause de son crime.

L'*infamie* de fait n'est fondée que sur la mauvaise opinion qu'on s'est acquise dans l'esprit des gens de bien et d'honneur, auprès desquels les mauvaises actions d'un homme lui ont fait perdre l'estime qu'il pouvait y avoir, en faisant concevoir contre lui des sentiments désavantageux. C'est pourquoi, si les crimes, quoique énormes, n'étaient pas publics et notoires, il n'y aurait point d'*infamie* de fait, puisque la personne qui serait coupable de ces crimes ne serait ni décriée ni diffamée, sa réputation ne pouvant pas lui avoir été ôtée par des crimes qui seraient demeurés secrets et cachés. Cela n'empêcherait pas qu'elle ne pût devenir infâme de droit, étant convaincue en justice de ces crimes.

L'une et l'autre *infamie* rendent un homme irrégulier pour les ordres et pour les bénéfices, comme on peut le prouver par le canon *Qui in aliquo, dist.* 51, par le chapitre *Omnipotens, de accusat.* et par le canon *Infames, caus.* 6, qu. 1, c. 17 : *Infames eas personas dicimus, quæ pro aliqua culpa notantur infamia, id est omnes quos ecclesiasticæ vel sæculi leges pronuntiant, hi omnes... nec ad sacros gradus debent provehi.* On voit, par ce canon, que les lois civiles, qui prononcent la peine d'*infamie*, n'ont pas besoin d'une acceptation particulière de l'Eglise pour avoir leur effet, et produire l'irrégularité; car c'est une maxime que tous les péchés qui rendent infâme selon le droit civil, rendent aussi infâme selon le droit canonique : *Omnes vero infames esse dicimus, quos leges sæculi infames appellant* (c. 2, caus. 6, qu. 1). Mais il y a plusieurs péchés qui, selon le droit canonique, rendent infâme, et qui ne le rendent pas selon le droit civil. Les marques générales par lesquelles on juge que les péchés rendent infâme selon le droit canon, sont : 1° s'ils sont capitaux ou dignes de mort (Can. 16, 6, qu. 1); 2° s'ils sont punis d'excommunication majeure, *ipso facto* (C. 11, *de hæret.* § *Credentes*); 3° s'ils excluent de l'accusation et du témoignage (C. 9, 3, qu. 5, cap. 54, 56, *de Testibus*); 4° enfin s'ils rendent irréguliers (C. 26, qu. 1). On ne peut se former dans l'esprit qu'une mauvaise idée de tous ceux qui se sont rendus dignes de ces peines.

Quant à l'*infamie* de droit, elle est toujours censée encourue par la condamnation à une peine infamante. Or, le droit canon n'a d'autre peine infamante que la déposition, ou verbale ou réelle, et l'excommunication majeure. Par le droit civil, toutes les peines capitales emportent *infamie*.

Par les principes du droit canonique, la simple accusation d'un crime grave rend infâme (*Voyez* ACCUSÉ).

Les peines afflictives et infamantes sont ainsi déterminées par le Code pénal.

« ART. 7. Les peines afflictives et infamantes sont. 1° la mort; 2° les travaux forcés à perpétuité; 3° la déportation; 4° les travaux forcés à temps; 5° la réclusion.

« ART. 8. Les peines infamantes sont; 1° le carcan; 2° le bannissement; 3° la dégradation civique. »

§ 2. INFAMIE. *Effets.*

Les effets de l'*infamie* sont, dans la société civile, d'être privé de l'estime des gens de bien, et de ne pouvoir exercer certains actes en justice.

Par le droit canon, un infâme est irrégulier, c'est-à-dire inhabile aux ordres et aux bénéfices.

Cette irrégularité se tire des passages de saint Paul, où en parlant des diacres et des évêques, cet apôtre veut qu'ils soient doués d'une bonne réputation : *Oportet episcopum irreprehensibilem esse... Oportet autem illum testimonium habere bonum ab iis qui foris*, etc.

La règle 87 du sexte ne saurait donc avoir un fondement plus respectable : *Infamibus portæ non pateant dignitatum* (C. 11, *de excessib.*).

Par personnes infâmes, dit Gibert, on entend celles qui sont viles, et celles qui sont indignes; car ces deux sortes de personnes sont comprises sous le nom d'infâmes. En effet, si l'*infamie* rend indigne des charges civiles, à plus forte raison doit elle exclure des fonctions ecclésiastiques qui exigent dans celui qui les exerce, des dispositions plus saintes : *Si enim ad sæculares honores famosis aut notatis hominibus, non pateat aditus, accusatione præsertim criminis pendente, multominus ad ecclesiastica ministeria, quæ majorem promovendi dignitatem exigunt* (Corradus, *Paraphras. part.* III, c. 6, n. 9).

Le même auteur ajoute, comme plusieurs autres, que l'*infamie* ne prive pas seulement un clerc des dignités dont il est revêtu, mais qu'elle le rend absolument incapable d'en obtenir d'autres à l'avenir.

§ 3. *Comment finissent l'*INFAMIE *et les peines qui y sont attachées.*

Gibert dit que l'irrégularité de l'*infamie* cesse : 1° par le rétablissement de l'infâme en son honneur; 2° par la justification; 3° par la pénitence; 4° par le renoncement à la profession qui rendait infâme; 5° par le laps de temps.

1° L'auteur cité dit que quand l'*infamie* vient de la loi, le rétablissement de l'*infamie* n'appartient qu'au prince. Quand l'*infamie* vient du canon, celui qui peut dispenser du canon, peut rétablir l'infâme. Enfin quand l'*infamie* vient d'une sentence, si celui qui l'a portée peut en dispenser, il peut aussi rétablir de l'*infamie*. Suivant certains canonistes, le pape peut restituer de l'*infamie, etiam quoad temporalia.*

2° La justification fait cesser l'*infamie* : rien de plus juste. Il n'est personne au monde sur qui la calomnie ne puisse exercer son venin. Quelquefois le mensonge l'emporte, et l'innocent est condamné. La justice ne cesse pas pour cela d'être justice en jugeant sur les charges; mais ce malheur est rare, parce que s'il ne faut qu'une langue pour accuser un honnête homme, il faut des preuves, et de fortes preuves pour le faire condamner.

3° La pénitence, proportionnée au crime, fait cesser l'*infamie* populaire; mais elle ne suffit pas pour rendre capables des ordres, si l'Eglise n'y consent.

4° Quand une profession rend infâme, on est quitte de l'*infamie* en y renonçant, lorsque la profession n'est infamante qu'à l'égard de la personne qui l'exerce; mais quand la profession est infamante en elle-même, comme celle de comédien (*Can.* 2, *dist.* 33), l'*infamie* ne finit pas avec l'exercice de la profession, il faut encore la dispense de l'Eglise.

5° Quand l'*infamie* n'est que pour un temps déterminé, elle finit par l'expiration de ce même temps; mais quand elle est l'effet d'un crime public pour raison duquel on a été condamné en justice, alors elle ne cesse que quand le crime est prescrit. Or, voyez quand un crime est prescrit, sous les mots PURGATION, PRESCRIPTION.

INFÉODATION.

L'*inféodation* était une espèce d'investiture qui différait en quelque chose du bail à fief; mais dans l'usage, on n'observait guère cette différence, et par *inféodation* on entendait tantôt la reception en foi et hommage ou l'investiture (*Voyez* INVESTITURE), et tantôt le bail à fief qui, étant de même nature que l'emphytéose, était soumis aux formalités générales des aliénations (*Voyez* EMPHYTÉOSE, ALIÉNATION).

On trouve dans le droit canon plusieurs textes relatifs aux dîmes inféodées; bien qu'il n'existe plus de dîmes en France (*Voyez* DÎME), nous dirons néanmoins quelques mots de cette *inféodation* pour l'intelligence des anciens canonistes qui en traitent presque tous.

C'est une règle, suivant le droit canonique, que les laïques sont incapables de jouir du droit actif des dîmes, c'est-à-dire du droit de percevoir les dîmes ecclésiastiques. On cite à cet effet les textes suivants : *C. Quia sacerdotes* 10, qu. 1; *c. Decimas* 16, qu. 7; *c. Causam de prescript.; c. fin. de rer. permut. c.* 2, *de judic. glos. communis, in c. Quamvis de decimis.*

Les auteurs qui considèrent les dîmes comme un droit tout spirituel, disent que l'évêque même ne peut, contre cette incapacité, en donner à des laïques, si ce n'est qu'il ne s'agit de délivrer son église d'une oppression tyrannique. Il n'y a, continuent-ils, que le pape qui puisse concéder à des laïques le droit de percevoir les dîmes ecclésiastiques. Cette incapacité est si absolue, dans le système de ces auteurs, que les possessions au titre d'une *inféodation* antérieure au concile de Latran, ne sont pas une preuve du contraire : *Laici nec ante, nec post concilium Lateranense fuerunt decimarum capaces* (Fagnan, *in c. Cum apostolica de his quæ fiunt a prælat.* Rebuffe, *de decim. cap.* 7, qu. 13; Guipape, *decis.* 61 ; Moneta, *de decim.* 5, qu. 4, n. 57).

Ces mêmes auteurs attribuent l'usage des dîmes inféodées, à ces temps fâcheux de trouble, où les évêques faisaient des protecteurs à leurs églises, en donnant les dîmes aux seigneurs qui étaient le mieux en état de les défendre. Plusieurs autres seigneurs, à cet exemple, n'attendirent pas dans la suite que les évêques leur donnassent les dîmes, ils s'en emparèrent eux-mêmes. Le clergé se plaignit de ces usurpations. Pour les faire cesser, le pape Alexandre III fit rendre au concile de Latran, tenu sous son pontificat l'an 1179, le décret suivant : *Prohibemus ne laici decimas cum animarum suarum periculo detinentes, in alios laicos possint aliquo modo transferre. Si quis vero receperit et Ecclesiæ non reddiderit, christiana sepultura privetur* (cap. 19. de decimis).

A l'époque de la Révolution beaucoup de laïques possédaient des dîmes inféodées, ce qui ne contribua pas peu à les rendre odieuses et à les faire enfin supprimer totalement.

INFIDÈLE.

L'*infidèle* est celui qui n'a pas la foi. Il y a deux sortes d'*infidèles*, suivant saint Thomas, ceux qui n'ont pas la foi pour n'en avoir jamais entendu parler, et ceux qui résistent à la foi qu'on leur annonce et qu'ils méprisent. La première de ces infidélités est une peine mystérieuse, et une suite du péché de notre premier père, l'autre est un vrai péché actuel et effectif (*saint Thomas*, 22, qu. 10).

C'est un grand principe de droit naturel et ecclésiastique, que la foi ne doit jamais être l'œuvre de la contrainte et de la violence ; c'est la disposition formelle de plusieurs textes du droit ; en voici un tiré du quatrième concile de Tolède, dont les termes ne sauraient être plus précis : *De judæis autem præcipit sancta synodus nemini deinceps ad credendum vim inferri. Cui enim vult Deus miseretur, et quem vult indurat ; non enim tales inviti salvandi sunt, sed volentes, integra sit forma justitiæ. Sicut enim homo proprii arbitrii voluntate serpenti obediens periit, sic vocante se gratia Dei, propria mentis conversione homo quisque credendo salvatur. Ergo non vi, sed liberi arbitrii facultate, ut convertantur, suadendi sunt, non potius impellendi. Qui ante jampridem ad christianitatem coacti sunt venire (sicut factum est temporibus religiosissimi principis Sisebuti), quia jam constat eos sacramentis divinis sociatos baptismi gratiam suscepisse et chrismate unctos esse, et corporis et sanguinis Domini extitisse participes, oportet, ut fidem, quam etiam vi vel necessitate susceperunt tenere cogantur, ne nomen Domini blasphemetur, et fides quam susceperunt, vilis et contemptibilis habeatur.*

Quant à l'état des *infidèles*, par rapport à l'Eglise, voici la doctrine des canonistes à cet égard. Il a été dit sous les mots EGLISE, EXCOMMUNICATION, que les *infidèles* ne sont point membres de l'Eglise, ce qui les rend exempts de toute excommunication : *Cum Ecclesia*, dit le concile de Trente, *in neminem judicium exerceat qui non prius in ipsam per baptismi januam fuerit ingressus ;* (sess. XIV, cap. 2). *Ad Ecclesiam non spectat de his qui foris sunt, judicare* (C. *Multi* 2, qu. 1).

Mais les canonistes, considérant les *infidèles* comme des créatures soumises au domaine souverain de Dieu, et comme des sujets capables de participer aux mérites de Jésus-Christ, dont le pape est le vicaire sur la terre, ne font pas difficulté de donner à ce dernier un droit de juridiction sur eux, *saltem quoad legem naturæ*, le pape Innocent ne fait même, à cet égard, aucune restriction : *Etenim*, dit-il, *cum Christus plenam receperit potestatem, unde in psalmo, Deus, judicium tuum regi da ; non videretur diligens paterfamilias nisi vicario suo, quem in terra dimittebat, plenam potestatem super omnes dimisisset. Item alibi, pasce oves meas ; omnes autem tam fideles, quam infideles oves sunt Christi per creationem, licet non sint de ovili Ecclesiæ ; et sic per prædicta apparet, quod papa super omnes habet jurisdictionem, et potestatem de jure, licet non de facto.*

C'est sur ces principes que différents papes ont ordonné aux juifs de brûler leur Talmud, que Panorme et plusieurs autres ont dit que les délits ecclésiastiques des *infidèles* doivent être punis par le pape, les délits civils par le prince temporel, et les délits mixtes en concurrence par tous les deux. On voit en effet, dans le droit, les jugements de certains papes contre les juifs ou *infidèles* coupables en matière de mariage et même d'usure (C. *In nonnullis de judæis ; C. Post miserabilem ; C. fin. de usur. C. Cum sit generale, de for. competenti*). Les mêmes auteurs disent que les papes peuvent ordonner aux *infidèles* de recevoir les prédicateurs de la foi, de ne pas molester les fidèles qui sont sous leur domination, sous peine de les en délivrer (C. *Cum sit ; C. Ex speciali, C. et fin. de judæis ; C. Mancipia et seq.* 54 dist.).

Fagnan, qui rappelle la doctrine que nous venons d'exposer, touchant les *infidèles*, traite conséquemment la question de savoir si les *infidèles* sont obligés de suivre les canons et les lois de l'Eglise ; et il la résout par le moyen de cette distinction : si les canons, dit-il, contiennent une disposition générale qui lie tous les hommes, *modo adoptabili*, les *infidèles* ne sont pas exceptés, et dans ce sens le pape Innocent a repris justement la glose du chapitre *Canonum statuta*, de ce qu'elle a ajouté le mot de *subditis* au mot *omnibus*, employé dans le texte, comme si, dit ce pape, toute créature n'était pas soumise au vicaire du créateur, et à celui qui a le pouvoir de faire les canons : *Hæc non est bona glossa, quia conditori canonum et vicario creatoris omnis creatura subjecta est*; à quoi Fagnan ajoute, *et hoc dictum Innocentii quotidie a doctoribus allegatur et probatur.*

Que si le canon ou la loi ecclésiastique n'est pas adoptable à l'état des *infidèles*, ils ne sauraient être tenus de la suivre : par exemple toutes les lois faites sur la matière des sacrements, ne regardent jamais les *infidèles* et ne les lient par conséquent point, puisqu'ils ne peuvent participer à ces grâces. C'est pour cela que le mariage des *infidèles*, contracté suivant leurs usages, subsiste après leur conversion. (*V.* empêchement, § 4, n° VI.)

INFIRMES.

Nous ne parlerons des *infirmes*, sous ce mot, que par rapport à la règle de chancellerie qui a pour titre *De infirmis resignantibus.*

Cette règle, dans son origine, parlait en général de tous les résignants, et ne faisait aucune distinction entre ceux qui étaient en santé ou en état de maladie. On l'appelait alors *la règle de vingt jours*: les uns l'attribuent à Innocent VIII, les autres à Martin V. Boniface VIII y ajouta ces termes *in infirmitate constitutus*, ce qui la restreignait beaucoup. Clément VIII voulant la rapprocher de son origine, ordonna, par une constitution expresse, qu'elle aurait lieu également pour les résignations en santé ou en maladie. Sa constitution fut confirmée par Paul III, et l'on ajouta à la règle, *etiam vigore supplicationis dum esset sanus signatæ*; Jules II y fit insérer *a die per ipsum resignantem præstandi consensus computandos.*

La règle *de infirmis resignantibus* a pour but d'empêcher que les bénéficiers ne disposent, sur la fin de leur vie, de leurs bénéfices comme d'un bien profane, contre l'esprit et la lettre des canons (*c. Apostolica*; *c. Plerique* 8, *q.* 1; *c. Primum de præbend.*; *c. Ad decorem de instit.*). Elle est conçue en ces termes : *Si quis in infirmitate constitutus resignaverit aliquod beneficium, dimiserit aut illius commendæ cesserit, seu ipsius beneficii dissolutioni consenserit, etiam vigore supplicationis dum esset sanus signatæ, postea infra viginti dies per ipsum resignantem præstiti consensus numerandos de ipsa infirmitate decesserit, ac ipsum beneficium quavis auctoritate conferatur per resignationem sic factam, collatio hujusmodi nulla sit, ipsumque beneficium nihilominus per mortem censeatur vacare.*

C'est ainsi que Gohard (*tom.* III, *pag.* 509), rapporte cette règle. Cependant Pérard Castel, dans sa *Pratique de la cour de Rome*, Drapier, dans son *Recueil des décisions sur les matières bénéficiales*, Durand de Maillane, dans son *Dictionnaire de droit canon*, la donnent en ces autres termes : *Item voluit quod si quis in infirmitate constitutus, resignaverit aliquod beneficium, sive simpliciter sive ex causa permutationis, et postea infra viginti dies, a die per ipsum resignantem præstandi consensus computandos, de ipsa infirmitate decesserit; ac ipsum beneficium conferatur per resignationem sic factam, collatio hujusmodi nulla sit, ipsumque beneficium per obitum vacare censeatur.*

Les canonistes donnent d'assez longues explications de la règle *de infirmis*; nous ne les imiterons pas, parce que cette règle n'est plus pratiquée en France.

INFORMATION.

L'*information*, en matières ecclésiastiques, s'applique aux instructions qui se prennent sur les vie, mœurs et doctrine de certaines personnes, et principalement de ceux qui sont nommés aux évêchés (*c. Qualiter quando de allus.*) (*Voyez* attestation).

INHABILE.

L'*inhabile* est celui qui est incapable de faire ou de recevoir quelque chose. Nous remarquerons ici que l'indigne et l'incapable sont *inhabiles*, que l'indigne est toujours incapable, mais que l'*inhabile* ou l'incapable n'est pas toujours indigne, ou n'est tel, c'est-à-dire indigne que par le crime, tandis qu'on peut être incapable par des raisons de droit très-innocentes comme il est aisé de s'en convaincre sous le mot incapable (*Voyez* qualité).

INHUMATIONS.

(*Voyez* sépulture, cimetières.)

INJURE.

Sans entrer dans le détail des questions qui s'agitent sur la matière des *injures*, et dont on doit chercher la solution dans les ouvrages de droit civil, nous donnerons ici la définition que donne l'empereur Justinien de ce mot, l'un des plus importants chez les Romains. 1° *Generaliter injuria dicitur omne quod non jure fit* : Tout ce qui se fait contre le droit est donc une *injure*. C'est le premier sens du mot et le plus commun. 2° *Specialiter, alias contumelia quæ contemnendo dicta est* : Le mépris est une espèce particulière d'*injure*, et la seule presque que nous entendons dans notre façon de parler par le mot d'*injure* ou d'insulte : 3° *Alias culpa ut in lege Aquilia* : Cette loi *Aquilia* parle d'un dommage causé par la faute de quelqu'un, ce qui est mis par Justinien au rang des injures, en prenant ici le mot de faute dans une large signification qui embrasse les fautes de dol, comme les fautes de pure imprudence : *Culpæ autem appellatio ibi late accipitur, ut complectatur tam dolum, quam culpam proprie dictam*; *Alias iniquitas et injustitia* : *Cum enim prætor vel judex non jure contra quem pronuntiat, injuriam accepisse dicitur*. De toutes ces différentes sortes d'*injures*, on ne doit entendre ici que celles que Justinien appelle *contumelia a contemnendo*; il est bien parlé dans les décrétales des injures, dans les autres sens, ne fût-ce que sous le titre *de injuriis et damno dato* ; mais comme suivant notre plan nous ne devons traiter que des matières civiles qu'accessoirement, ce serait s'en écarter nécessairement, que de rappeler la disposition des canons et des décrétales qui n'ont pas d'autres objets.

INQUISITEUR DE LA FOI.

C'est le chef du tribunal de l'inquisition dont nous allons parler.

INQUISITION.

Ce mot se prend dans le droit canon en deux sens différents. On entend par *inquisition* une procédure que le juge fait de lui-même sans accusateur ni dénonciateur, étant seulement excité par la diffamation, c'est-à-dire par la voie publique, et l'on entend aussi par *inquisition*, ce tribunal établi par les papes pour juger et punir les hérétiques.

§ 1. INQUISITION, *procédure par information.*

La procédure par voie d'*inquisition* n'est autre chose dans le fond que la procédure par information. Toutes ces distinctions que l'on voit sous le titre premier du quatrième livre des institutions du droit canonique, peuvent se réduire à procéder sur accusation ou d'office.

En procédant sur accusation, ou il y a inscription de la part de l'accusateur, ou il n'y a qu'une simple dénonciation. Dans ce dernier cas, la procédure se fait pour ainsi dire d'office, parce que les décrétales ne supposant aucune partie publique, et le dénonciateur ne paraissant pas, le juge paraît agir par lui-même, comme quand il procède par *inquisition* sur le bruit public.

La seule différence que l'on peut remarquer entre ce que le droit canon appelle *inquisition*, et la procédure sur dénonciation, c'est que le prévenu peut exciper du défaut de diffamation dans la procédure par *inquisition*: au lieu que la dénonciation n'a été portée au juge que sur le mépris que le coupable a fait de l'avis charitable que le dénonciateur lui a donné auparavant à lui-même. A l'égard de l'accusateur, comme il n'a fait précéder son accusation d'aucune monition, et qu'il paraît agir pour la vindicte publique, on exige de lui une inscription, qui en l'obligeant de faire personnellement partie dans l'affaire, le soumette aux peines du talion, si son accusation se trouve par l'événement calomnieuse. Un homme qui ne revèle un crime dans un autre que par manière d'exception, n'est pas non plus soumis à aucune inscription, parce qu'il ne fait que se défendre en accusant ; mais toutes ces distinctions ne sont applicables que dans le sens qu'on explique sous les mots ACCUSATION, DÉNONCIATION.

§ 2. INQUISITION, *Origine et établissement de ce tribunal.*

L'*inquisition* est un tribunal établi autrefois dans quelques pays de la chrétienté par le concours de l'autorité ecclésiastique et de l'autorité civile, pour la recherche et la répression des actes qui tendent au renversement de la religion.

Dès les premiers siècles de l'Eglise jusqu'à la conversion de l'empereur Constantin, on ne punissait les hérétiques que par l'excommunication ; il n'y avait point alors d'autre tribunal que celui des évêques, non-seulement pour juger de la doctrine, mais encore pour punir ceux qui s'obstinaient à soutenir celle qu'on avait condamnée comme hérétique. Dans la suite les empereurs firent des lois pour faire le procès à ceux que les évêques avaient déclarés hérétiques.

Les premiers édits, en ce genre, furent publiés par Constantin, vers l'an 316, contre les donatistes qui troublaient alors l'Eglise d'Afrique par toutes sortes de violences et de brigandages. L'empereur, ayant inutilement employé tous les moyens de douceur et de conciliation pour les ramener à la foi catholique, rendit enfin une loi par laquelle il leur ôtait leurs églises, et confisquait leurs biens avec les lieux où ils avaient coutume de s'assembler, il bannit même quelques-uns d'entre eux, qui se montraient plus opiniâtres et plus séditieux (Saint Augustin, *Epist.* 88, *ad Januar*, n° 3; Thomassin, *Traité des édits*, tom. I, ch. 11).

Quelques années après, c'est-à-dire en 325, Arius ayant été condamné dans le concile de Nicée, Constantin publia aussitôt plusieurs édits, par lesquels il le notait d'infamie, le condamnait à l'exil avec les évêques de son parti, et ordonnait de brûler ses écrits, obligeant ses partisans à les livrer, et menaçant de mort ceux qui refuseraient d'obéir. Il condamna aussi les particuliers qui persévèreraient dans l'erreur, à payer, outre leur capitation, celle de dix autres personnes (Socrate, *Hist. eccles.*, lib. I, *cap*. 9; Sozomène, *Hist. eccles.*, lib. I, *cap*. 20). L'année suivante, un nouvel édit restreignit aux catholiques les immunités accordées aux clercs, ordonnant que les hérétiques et les schismatiques, au lieu d'être déchargés, fussent plus grevés que les autres. L'empereur exceptait cependant de cette loi les novatiens, qu'il ne regardait pas encore à ce qu'il paraît, comme absolument condamnés ; mais, ayant dans la suite, mieux connu cette secte, il lui défendit, aussi bien qu'à celle des valentiniens, des marcionites, et à toutes les autres, de tenir des assemblées, soit publiques, soit particulières, voulant que leurs églises fussent données aux catholiques, que les autres lieux de leurs assemblées fussent confisqués, et que leurs livres fussent recherchés avec soin pour être détruits (Eusèbe, *Vita Const.*, lib. III, *cap*. 60-66).

Tous ces édits de Constantin furent depuis renouvelés par ses successeurs, et appliqués, avec plus ou moins de rigueur, aux différentes sectes hérétiques. Théodose le Grand, par un édit du mois de janvier 381, ôte aux hérétiques toutes les églises, et casse tous les rescrits contraires qu'ils auraient pu obtenir par surprise. *Nullus hæreticis mysteriorum locus, nulla ad exercendam animi ob-*

stinationis dementiam pateat occasio. Sciant omnes, etiamsi quid speciali quolibet rescripto, per fraudem elicito, ab hujusmodi hominum genere impetratum est, non valere.... Ab omnium submoti ecclesiarum limine penitùs arceantur, cum omnes hæreticos illicitas agere intra oppida congregationes vetemus; ac si quid eruptio factiosa tentaverit, ab ipsis etiam urbium manibus, exterminato furore, propelli jubemus (Cod Theod., lib. XVI, tit. V, n° 6).

Il condamne nommément, dans cet édit, les photiniens, les ariens et les eunomiens; il recommande la foi de Nicée, et défend toutes les assemblées des hérétiques dans l'enceinte des villes; ajoutant que, s'ils veulent faire du bruit, ils seront même chassés des villes. La même année il publia une loi beaucoup plus sévère contre les manichéens, les déclarant infâmes, les privant absolument du droit de tester, ou même de succéder aux biens paternels et maternels; voulant que tous ces biens soient confisqués, excepté à l'égard des enfants, qui pourraient hériter du bien de leurs pères et mères, s'ils embrassent une religion plus sainte (Cod. Theod., lib. XVI, tit. V, n° 7). Une autre loi de Théodose traite encore plus rigoureusement ceux d'entre les manichéens qui, pour mieux se déguiser, prenaient les noms d'encratides, de saccophores et d'hydroparastates; car elle veut qu'on les punisse du dernier supplice. Pour assurer l'exécution de cette loi, l'empereur ordonne au préfet du prétoire d'établir des *inquisiteurs*, chargés de rechercher les hérétiques, et d'informer contre eux. *Sublimitas itaque tua det inquisitores, aperiat forum, indices denuntiatoresque, sine invidia accipiat* (Ibid., n° 9). C'est la première fois qu'on trouve dans les lois le nom d'*inquisiteur* contre les hérétiques; mais l'*inquisition* dont il s'agit ici n'est pas nouvelle; car nous avons déjà vu Constantin en ordonner une semblable contre les ariens et d'autres hérétiques de son temps. Ces mesures sévères étaient provoquées par la doctrine abominable des manichéens, qui avait excité, dès l'origine de leur secte, la sévérité des empereurs païens (Thomassin, *Traité des édits*, tom. I, ch. 3, n° 12). Il est certain, en effet, que les erreurs de cette secte n'attaquaient pas seulement le dogme catholique, mais les fondements de la morale, et tendaient à multiplier de jour en jour, dans la société, les plus grands excès de corruption et de scélératesse.

Plusieurs autres lois de Théodose défendent aux hérétiques de s'assembler, soit à la ville, soit à la campagne, et de faire des ordinations d'évêques. L'empereur ordonne que les maisons où ils se seront assemblés soient confisquées, et que leurs docteurs ou ministres publics soient chassés et renvoyés au lieu de leur origine. Plusieurs constitutions des empereurs Honorius et Théodose le Jeune, déclarent les hérétiques en général incapables de tout emploi et de tout droit civil, et sujets à toutes les peines portées par les constitutions précédentes. Une des plus remarquables est celle qui fut publiée vers l'an 407, par Théodose le Jeune. » Nous punissons, dit-il, les manichéens et les donatistes de l'un et de l'autre sexe, comme le mérite leur impiété. Ainsi, nous ne voulons pas qu'ils jouissent des droits que la coutume et les lois donnent au reste des hommes. Nous voulons qu'on les traite en criminels publics, et que tous leurs biens soient confisqués, parce que *quiconque viole la religion établie de Dieu, pèche contre l'ordre public...* De plus, nous ôtons à tous ceux qui seront convaincus de ces hérésies, la faculté de donner, d'acheter, de vendre et de faire aucun autre contrat.... Nous voulons aussi qu'on regarde comme nulle leur dernière volonté, en quelque manière qu'ils l'aient déclarée, soit par testament, soit par codicille, soit par lettre ou autrement; et que leurs enfants ne puissent se porter pour leurs héritiers, s'ils ne renoncent à l'impiété de leurs pères (Cod. Just., lib. VII, tit. V, n° 4). Une autre loi du même empereur ordonne que les manichéens soient chassés des villes, et punis du dernier supplice, *comme coupables des derniers excès de scélératesse* (Ibid., n° 5).

L'empereur Marcien, ne se montra pas moins sévère à l'égard des eutichiens, depuis qu'ils eurent été condamnés par le concile de Calcédoine. Il publia contre eux plusieurs édits. Justinien, non content d'insérer dans son code ces différentes constitutions, en publia de nouvelles, pour expliquer et confirmer les anciennes. Une loi du mois de mars 541, place les quatre conciles généraux parmi les lois de l'empire. Par une conséquence naturelle de ce principe, plusieurs autres constitutions infligent des peines sévères à tous les hérétiques, sans exception, comme transgresseurs des lois de l'Etat. Nous remarquerons en particulier une loi de Justinien, conçue en ces termes : « Nous déclarons infâmes à perpétuité, déchus de leurs droits, et condamnés au bannissement, *tous les hérétiques des deux sexes, de quelque nom qu'ils soient;* voulant que leurs biens soient confisqués sans espérance de retour, et sans que leurs enfants puissent prétendre à leur succession; *parce que les crimes qui attaquent la majesté divine sont infiniment plus graves que ceux qui attaquent la majesté du prince de la terre.* Quant à ceux qui seront notablement suspects d'hérésie, s'ils ne démontrent leur innocence par des témoignages convenables, après en avoir reçu l'ordre de l'Eglise, qu'ils soient aussi regardés comme infâmes, et condamnés au banissement. » (Cod. Just., lib. I, tit. II, n. 19.)

Tous ces détails, dit le savant auteur du *Pouvoir du pape au moyen âge* (édit. de 1845, pag. 91), peuvent servir à corriger ces assertions échappées à la plume de quelques écrivains modernes : « Que les princes chrétiens, et surtout l'Eglise, ont eu pour règle constante de n'employer que les armes de la persuasion, contre l'erreur qui n'emploie que celles du raisonnement; que la secte des priscillianistes est la première contre laquelle le bras séculier se soit armé du glaive; que, depuis le milieu du cinquième siècle, il n'est plus question des lois impériales, en Occident, contre les hérétiques. » (Bergier, *Dict. théol.*, art. HÉRÉTIQUES). Il résulte au contraire des témoignages et des faits que nous avons cités : 1° que, depuis la conversion de Constantin, les peines temporelles ont été employées, par les empereurs chrétiens, contre tous les hérétiques sans exception, quoiqu'on ait toujours traité avec beaucoup plus de sévérité les hérétiques séditieux et turbulents, particulièrement les donatistes et les manichéens; 2° que depuis le milieu du cinquième siècle, et même longtemps après, les lois impériales contre les hérétiques ne furent pas moins en vigueur en Occident qu'en Orient. En effet, la plupart des lois que nous avons citées sur cette matière, font partie du Code Théodosien, publié en 438, par Théodose le jeune. Or, il est certain et généralement reconnu, que ce code, qui était en vigueur dans toutes les provinces de l'empire d'Occident, où les peuples barbares s'établirent depuis le milieu du cinquième siècle, continua d'y être observé, du moins par les anciens habitants, longtemps après ces établissements.

En 1179, le troisième concile de Latran renouvela contre les Albigeois et plusieurs autres hérétiques de cette époque, les principales dispositions du droit romain, alors en vigueur dans tous les États chrétiens de l'Europe, comme nous venons de le dire. Dans le préambule de son décret, le concile distingue soigneusement les *peines spirituelles* que l'Église décerne contre les hérétiques, par sa propre autorité, d'avec les *peines temporelles* qu'elle décerne du consentement *et avec le secours des princes chrétiens*. Voici les propres expressions du concile : « Quoique l'Église, comme dit saint Léon, contente de prononcer des peines spirituelles par la bouche de ses ministres, ne fasse point d'exécutions sanglantes, elle est pourtant aidée par les lois des princes chrétiens, afin que la crainte du châtiment corporel engage les coupables à recourir au remède spirituel. »

Ce décret du troisième concile de Latran fut renouvelé, au commencement du siècle suivant, par le quatrième concile du même nom, tenu en 1215. Après avoir anathématisé généralement et sans exception, toutes les hérésies contraires à la foi catholique, le concile continue en ces termes : « Nous ordonnons que les hérétiques, après avoir été condamnés, soient livrés aux puissances séculières, ou à leurs baillis, pour être punis comme ils le méritent, en observant néanmoins de dégrader les clercs, avant de les livrer au bras séculier; que les biens des laïques ainsi condamnés soient confisqués, et ceux des clercs appliqués aux églises dont ils ont reçu les rétributions, etc. »

Il semble, au premier abord, que le concile, en publiant de pareils décrets, entreprenait sur les droits de la puissance temporelle. Mais, outre que le concours des princes, nécessaire pour la validité de ces décrets, avait été clairement expliqué dans le troisième concile de Latran, il est certain que ces décrets ne furent publiés que de concert avec les princes chrétiens, qui avaient tous été convoqués à ce concile, et qui y assistèrent en effet par leurs ambassadeurs. C'est ainsi que Bossuet, Fleury et la plupart des historiens et des canonistes, particulièrement en France, expliquent les décrets dont il s'agit, et plusieurs autres du même genre, qu'on rencontre dans les conciles généraux du moyen âge.

Mais, indépendamment de ce concours des deux puissances dans le troisième et le quatrième concile de Latran, le consentement que les princes chrétiens donnaient aux décrets que nous venons de citer, est clairement prouvé par un grand nombre de lois émanées, vers le même temps, de la puissance temporelle, et par plusieurs conciles ou assemblées mixtes, tenues en divers États. Nous remarquerons en particulier une constitution publiée par Frédéric II, empereur d'Allemagne, en 1220, le jour même où il reçut la couronne impériale, de la main du pape Honorius III. L'empereur confirme expressément, par cette constitution, les décrets du troisième et du quatrième concile de Latran, et qui sont textuellement insérés dans cette ordonnance. Quelques années après, saint Louis, à peine monté sur le trône, en publia une semblable pour assurer l'exécution des mêmes décrets, dans les provinces du midi de la France, où l'hérésie des Albigeois et la protection que le comte de Toulouse leur avait longtemps accordée, rendaient cette exécution plus difficile. Ce fut par de semblables motifs que le saint roi demanda depuis, au pape Alexandre IV, et obtint de lui l'établissement du tribunal de l'*inquisition* en France.

On doit expliquer ou modifier, d'après cet exposé, l'assertion de plusieurs canonistes français du dernier siècle, qui assurent que *les peines temporelles, prononcées par les papes contre les hérétiques, ne sont point d'usage en France* (de Héricourt, *Lois ecclésiast. pag.* 149). Il est certain que, sous le règne de saint Louis, et même longtemps après, la France n'avait point, à cet égard, d'autre usage que celui de tous les États catholiques de l'Europe.

Le concile de Vérone, tenu en 1184, avait ordonné aux évêques de Lombardie, de rechercher les hérétiques avec soin, et de livrer au magistrat civil ceux qui seraient opiniâtres, afin qu'ils fussent punis corporellement.

Fleury attribue à ce concile, où se trouvaient le pape Lucius III, l'empereur Frédéric Ier et un grand nombre d'évêques et de seigneurs, le premier établissement du tribunal de l'*inquisition*. « Je crois y voir, dit-il, l'origine de l'*inquisition* contre les hérétiques, en ce que l'on ordonne aux évêques de s'informer eux-mêmes ou par *commissaires*, des personnes suspectes d'hérésie, suivant la commune renommée et les dénonciations particulières ; que l'on distingue les degrés de suspects, pénitents et relaps, suivant lesquels les peines sont différentes ; enfin, qu'après que l'Église a employé contre les coupables les peines spirituelles, elle les abandonne au bras séculier. » (*Hist. ecclés.*, liv. LXXIII, n. 54.)

« Il n'est pas douteux, en effet, dit le père Lacordaire, que les premiers linéaments de *l'inquisition* ne soient là tout entiers, quoique informes : recherche des hérétiques par commissaires, application de peines spirituelles graduées, abandon au bras séculier en cas d'impénitence manifeste, concours des laïques et des évêques. Il n'y manque qu'une forme définitive, c'est-à-dire l'élection d'un tribunal particulier qui exerce ce nouveau mode de justice ; mais on n'en vint là que beaucoup plus tard. » (*Mém. pour le rétablissement des frères préch.*, ch. VI.)

Quatorze ans après le concile de Vérone, en 1198, apparaissent les premiers commissaires inquisiteurs dont l'histoire ait conservé le nom : c'étaient deux moines de l'ordre de Citeaux, Rainier et Guy. Ils furent envoyés dans le Languedoc par le pape Innocent III, pour la recherche et la conversion des hérétiques albigeois. Fleury, dans son *Histoire ecclésiastique*, et dom Vaissette, dans son *Histoire du Languedoc*, leur donnent également la qualification d'inquisiteurs (*Hist. ecclés.*, liv. LXXV, n. 8 ; *Hist. du Langued.*, tom. III, liv. XXI, page 13.)

Le pape Grégoire IX, en 1233, donna des commissions particulières aux religieux de saint Dominique, fondés principalement pour la conversion des Albigeois et des autres hérétiques qui affligeaient l'Église en ce temps là, pour s'informer de la diligence que faisaient les évêques, les princes même, dans la recherche et la punition des hérétiques. Les frères mineurs dont le zèle édifiait tout le monde, furent aussi employés dans la suite à cet effet par les papes. Mais jusques-là ni les uns ni les autres n'avaient encore aucune juridiction ; ils excitaient seulement en vertu de leurs commissions, qui ont fait donner le nom de *Saint-Office* au tribunal de *l'inquisition*, les magistrats à bannir ou à punir les hérétiques obstinés, ou les seigneurs à armer contre eux, et le peuple à se croiser, c'est-à-dire à s'associer pour cette guerre sainte, avec une croix de drap sur la poitrine. On donnait l'indulgence plénière pour ces croisades, comme pour celles d'outre-mer. L'empereur Frédéric II, se trouvant à Padoue dans ces circonstances, après sa réconciliation avec le pape Honorius III, fit en 1224, un édit très-sévère contre les hérétiques, et prit sous sa protection les *inquisiteurs*, ainsi appelés à cause des recherches qu'ils faisaient des hérétiques. Par ce même édit, il était ordonné aux inquisiteurs d'examiner ceux qui seraient accusés d'hérésie, pour être condamnés au feu par les juges séculiers, s'ils étaient opiniâtres, ou à une prison perpétuelle, s'ils abjuraient.

Cet édit n'empêcha pas que l'hérésie ne fit de grands progrès. Innocent IV, monté sur le saint-siège en 1243, en fut touché et fit tous ses efforts pour rétablir les fonctions des frères prêcheurs et des frères mineurs, c'est-à-dire *l'inquisition* ; il y réussit dans une partie de l'Italie ; il confia les droits de ce nouveau tribunal aux Dominicains et aux Cordeliers, mais conjointement avec les évêques, comme juges légitimes du crime d'hérésie, et les assesseurs nommés par le magistrat pour condamner les coupables aux peines portées par les lois. C'est ce que porte entre autres, dit Fleury (*Inst. au droit ecclés.*, tom. II, ch. 9), une bulle de ce pape, du 15 mai 1252, adressée à tous les recteurs, les consuls et les communautés de la Lombardie, la Romagne et la Marche Trévisane.

Alexandre IV et Clément IV, renouvelèrent successivement cette constitution ; mais toute l'autorité des papes dans ces trois provinces, n'empêcha pas que *l'inquisition* n'y trouvât de grands obstacles à vaincre pour s'y établir : on se plaignait des excès des inquisiteurs comme on s'était plaint de la négligence des évêques dans la recherche et la punition des hérétiques ; il y eût à cette occasion des séditions dangereuses. Les plus notables sont celles de Milan, en 1242, et de Parme, en 1279. Venise ne reçut l'office de *l'inquisition* qu'en 1289 par un concordat entre le saint-siège et la république ; mais *l'inquisition* y était tout-à-fait indépendante de la cour de Rome. L'office de *l'inquisition* fut introduite en Toscane l'an 1258, et donné aux religieux de saint François qui avaient vécu dans ce pays.

L'inquisition entra en Aragon en 1233 à la sollicitation de saint Raymond de Pennafort ; elle fut même établie en quelques villes d'Allemagne et de France, particulièrement en Languedoc, où elle avait commencé ; mais elle ne subsista pas longtemps en France ni en Allemagne. Elle n'entra point dans le royaume de Naples, à cause de la mauvaise intelligence qui fut depuis ce temps entre les rois et les papes. Elle subsistait faiblement en Aragon, et à peine en voit-on quelques traces dans les autres royaumes d'Espagne. Mais le roi Ferdinand, après avoir entièrement chassé les Maures, sachant que la plupart des nouveaux chrétiens ne l'étaient qu'en apparence, voulut les retenir par la crainte, particulièrement les Juifs qui étaient en très grand nombre. Il obtint du pape Sixte IV, en 1483, une bulle par laquelle fut créé inquisiteur général, frère Thomas de Torquemada, plus connu par son nom latin de *Turrecremata* ; il était dominicain et confesseur du roi, et ce fut principalement par ses conseils que s'établit *l'inquisition* d'Espagne. Il présida à une grande assemblée qui se tint à Séville en 1484, où furent dressées les instructions qui servirent de règle en cette matière. Le pouvoir d'inquisiteur général lui fut confirmé par le pape Innocent VIII en 1485, et cette charge a toujours été depuis une des plus considérables d'Espagne. Fleury remarque que le pape n'avait d'autre pouvoir sur l'*inquisition* d'Espagne que de confirmer l'inquisiteur général qui lui était nommé par le roi pour tous ses États. L'*inquisition* de Portugal fut érigée sur le modèle de celle d'Espagne en 1535 par le pape Paul III, à l'instance du roi Jean III. L'*inquisition* n'existe plus dans ces deux royaumes.

A Rome le pape Paul III, à l'occasion de l'hérésie de Luther, releva le tribunal de l'*inquisition* qui n'y avait pas été continuellement exercée; il établit une congrégation de cardinaux pour juger souverainement toutes les affaires qui concernaient l'hérésie ou les crimes semblables, instituer ou destituer les inquisiteurs, et régler toutes leurs fonctions.

Le pape Sixte V, érigeant les diverses congrégations des cardinaux qui subsistent à Rome, donna le premier rang à celle-ci. Elle est composée du pape, qui en est le chef et y préside en personne, et de douze cardinaux qui tiennent la place de juges, de consulteurs, d'avocats, et qui examinent les livres, les sentiments et les actions des personnes dénoncées (*Voyez* INDEX).

Plusieurs auteurs ont écrit que saint Dominique avait été le premier inquisiteur général, qui avait été commis par Innocent III et par Honoré III, pour procéder contre les hérétiques albigeois : c'est une erreur. Le père Echard, le père Touron et les Bollandistes prouvent que saint Dominique n'a fait aucun acte d'inquisiteur, qu'il n'opposa jamais aux hérétiques d'autres armes que l'instruction, la prière et la patience, qu'il n'eut aucune part à l'établissement de l'*inquisition*. Le premier inquisiteur fut le légat Pierre de Castelnau ; cette commission fut donnée ensuite à des moines de Citeaux. Ce ne fut qu'en 1233, comme nous le disons ci-dessus, que les dominicains en furent chargés, et saint Dominique était mort en 1221 (*Vies des Pères et des martyrs*, par Godescard, tom. VII).

§ 3. INQUISITION, *idée qu'on s'en doit faire*.

L'*inquisition* ne consiste pas dans les lois pénales établies contre la profession publique de l'hérésie, et, en général, contre les actes extérieurs destructifs de la religion. Depuis mille ans, des lois semblables étaient en vigueur dans la société chrétienne. Constantin et ses successeurs en avaient publié un grand nombre, comme on le voit dans le paragraphe précédent, toutes appuyées sur cette maxime que, la religion étant le premier bien des peuples, les peuples ont le droit de la placer sous la même protection que les biens, la vie et l'honneur des citoyens. Nous n'examinons pas la valeur de cette maxime, nous nous contentons de l'énoncer. Avant les temps modernes, elle passait pour incontestable; toutes les nations de la terre l'avaient mise en pratique, et aujourd'hui même la liberté religieuse n'existe qu'en deux pays, aux Etats-Unis et en Belgique. Partout ailleurs, sans en excepter la France, l'ancien principe domine, quoique affaibli dans son application. On croyait, et presque tout l'univers croit encore que la société civile doit empêcher les actes extérieurs contraires à la religion qu'elle professe, et qu'il n'est pas raisonnable de l'abandonner aux attaques du premier venu qui a assez d'esprit pour soutenir un dogme nouveau. C'est en ce sens qu'a jugé la Cour de cassation même, après 1830, lorsqu'elle a décidé que la Charte ne donnait pas droit à qui voulait d'ouvrir un temple et de fonder une chaire religieuse. Le principe ancien subsiste donc dans la jurisprudence interprète de nos lois ; la magistrature française juge aujourd'hui en ces matières, comme jugeait la magistrature du Bas-Empire et du moyen âge ; et peu importe que la pénalité soit adoucie, car elle l'est également pour tous les autres crimes. Adoucir une pénalité, ce n'est pas déclarer innocent le fait qui en est atteint ; ce n'est pas surtout le déclarer libre. Reste donc à la France la solidarité du principe d'où est née l'*inquisition*.

Jusqu'à la fin du douzième siècle, les attentats religieux étaient poursuivis et jugés par les magistrats ordinaires. L'Eglise frappait une doctrine d'anathème : ceux qui la propageaient opiniâtrément dans les assemblées publiques ou secrètes, au moyen d'écrits ou de prédications, étaient recherchés et condamnés par les tribunaux de droit commun. Tout au plus l'autorité ecclésiastique intervenait-elle quelquefois dans la procédure par voie de plainte. Mais à côté de ce fait spécial de la répression des hérétiques se développait un autre élément d'origine toute chrétienne, l'élément de la douceur à l'égard des criminels, et surtout à l'égard des criminels d'idées. Tous les chrétiens étaient convaincus que la foi est un acte libre, dont la persuasion et la grâce sont la source unique, tous disaient avec saint Athanase : « Le pro-« pre d'une religion d'amour est de persua-« der, non de contraindre.» (*Epist. ad Solit.*) Mais ils n'étaient pas d'accord sur le degré de liberté qu'il fallait accorder à l'erreur. Cette seconde question leur paraissait toute différente de la première ; car autre chose est de ne pas violenter les consciences, autre chose de les abandonner à l'action arbitraire d'une force intellectuelle mauvaise. Ceux qui souhaitaient la liberté absolue parlaient ainsi par la bouche de saint Hilaire, évêque de Poitiers : « Qu'il nous soit permis de déplorer la misère de notre âge, et les folles opinions d'un temps où l'on croit protéger Dieu par l'homme, et l'Eglise du Christ par la puissance du siècle. Je vous prie, ô évêques qui croyez cela, de quels suffrages se sont appuyés les apôtres pour prêcher l'Evangile ? Quelles armes ont-ils appelées à leur secours pour prêcher Jésus-Christ ? Comment ont-ils converti les nations du culte des idoles à celui du vrai Dieu ? Est-ce qu'ils avaient obtenu leur dignité du palais, ceux qui chantaient Dieu après avoir reçu des chaînes et des coups de fouet ? Etait-ce avec les édits du prince que Paul, donné en spectacle comme un malfaiteur, assemblait l'Eglise du Christ ? ou bien était-ce sous le patronage de

Néron, de Vespasien, de Décius, de tous ces ennemis dont la haine a fait fleurir la parole divine? Ceux qui se nourrissaient du travail de leurs mains, qui tenaient des assemblées secrètes, qui parcouraient les bourgs, les villes, les nations, la terre et la mer, malgré les sénatus-consultes et les édits des princes, ceux-là n'avaient-ils point les clefs du royaume des cieux? et le Christ n'a-t-il pas été d'autant plus prêché qu'on défendait davantage de le prêcher? Mais maintenant, ô douleur! des suffrages terrestres servent de recommandation à la foi divine, et le Christ est accusé d'indigence de pouvoir par des intrigues faites en sa faveur! que l'Eglise donc répande la terreur par l'exil et la prison, elle qui avait été confiée à la garde de l'exil et de la prison! qu'elle attende son sort de ceux qui veulent bien accepter sa communion, elle qui avait été consacrée de la main des persécuteurs! » (*Contr. Aux.*)

Saint Augustin s'adressait dans le même esprit aux Manichéens : « Que ceux-là sévissent contre vous qui ne savent pas avec quel labeur la vérité se découvre, et combien péniblement on échappe à l'erreur. Que ceux-là sévissent contre vous qui ne savent pas combien il est rare et difficile de vaincre les fantômes du corps par la sérénité d'une pieuse intelligence. Que ceux-là sévissent contre vous qui ne savent pas par quels soupirs et quels gémissements il arrive qu'on comprend Dieu tant soit peu. Enfin que ceux-là sévissent contre vous, que n'a jamais trompé l'erreur qui vous trompe! » (*Contr. epist. Fond.*)

Le même saint docteur écrivait à Donat, proconsul d'Afrique, ces paroles bien remarquables au sujet des hérétiques les plus atroces qui furent jamais : « Nous désirons qu'ils soient corrigés, mais non mis à mort; qu'on ne néglige pas à leur égard une *répression disciplinaire*, mais aussi qu'on ne les livre pas aux supplices qu'ils ont mérités.... Si vous ôtez la vie à ces hommes pour leurs crimes, vous nous détournerez de porter à votre tribunal des causes semblables; et alors l'audace de nos ennemis, portée à son comble, achèvera notre ruine par la nécessité où vous nous aurez mis d'aimer mieux mourir de leurs mains que de les déférer à votre jugement. » (*Epist.* CXXVII.)

C'était en vertu de ces maximes que saint Martin de Tours refusa constamment sa communion aux évêques qui avaient pris part à la condamnation sanglante des priscillianistes d'Espagne.

On voit donc l'Eglise placée dans cette question entre deux extrémités, la liberté absolue de l'erreur ou sa poursuite à outrance par le glaive inexorable de la loi civile. Quelques-uns de ses docteurs penchent pour le premier parti, aucun pour le second : quelques-uns pour la douceur sans bornes, aucun pour la pénalité impassible et illimitée. L'Eglise est crucifiée là entre deux appréhensions également terribles. Si elle laisse à l'erreur toute latitude, elle craint l'oppression de ses enfants, si elle réprime l'erreur par l'épée de l'*évêque du dehors*, elle craint d'opprimer elle-même : il y a du sang partout. Le cours des événements augmentait encore cette angoisse ; car les lois portées contre les hérétiques retombaient sans cesse sur les catholiques, et, d'Arius aux Iconoclastes, ce n'étaient qu'évêques et prêtres emprisonnés, exilés, meurtris, refoulés aux catacombes par des empereurs qui ne se lassaient pas d'offrir à l'Eglise le choix entre leurs idées et leurs bourreaux.

Dès que l'Eglise le put, elle songea sérieusement à sortir de cette situation. La phrase de saint Augustin avait eu le temps de mûrir : « Nous désirons qu'ils soient corrigés, mais non mis à mort; qu'on ne néglige pas à leur égard une répression disciplinaire, mais aussi qu'on ne les livre pas aux supplices qu'ils ont mérités. » Le pontificat conçut, ajoute le père Lacordaire, un dessein dont le dix-neuvième siècle se glorifie beaucoup, mais dont les papes s'occupaient déjà, il y a six cents ans, celui d'un *système pénitentiaire*. Il n'y avait pour les fautes des hommes que deux sortes de tribunaux en vigueur, les tribunaux civils et les tribunaux de la pénitence chrétienne. L'inconvénient de ceux-ci était de n'atteindre que les pécheurs apportant volontairement l'aveu de leurs crimes ; l'inconvénient de ceux-là, qui avaient la force en main, était de ne posséder aucune puissance sur le cœur des coupables, de les frapper d'une vindicte sans miséricorde, d'une plaie extérieure incapable de guérir la plaie intérieure. Entre ces deux tribunaux les papes voulurent établir un tribunal intermédiaire, un tribunal de juste milieu, un tribunal qui pût pardonner, modifier la peine même prononcée, engendrer le remords dans le criminel, et faire suivre pas à pas le remords par la bonté; un tribunal qui changeât le *supplice* en *pénitence*, l'échafaud en éducation, et n'abandonnât ses justiciables au bras fatal de la justice humaine qu'à la dernière extrémité. Ce tribunal, c'est l'*inquisition*; non pas l'*inquisition* espagnole, corrompue par le despotisme des rois d'Espagne et le caractère particulier de cette nation ; mais l'*inquisition* telle que les papes l'avaient conçue, telle qu'après beaucoup d'essais et d'efforts ils l'ont enfin réalisée en 1542, dans la *congrégation romaine du Saint-Office*, le tribunal le plus doux qu'il y ait au monde, le seul qui en trois cents ans de durée n'ait pas versé une goutte de sang (*Mém. pour le rétabl. des frères prêch.*)(*Voyez* INDEX, CONGRÉGATION).

§ 4. INQUISITION, *compétence de ce tribunal*.

L'édit de foi qui émane du tribunal général de l'*inquisition* établi à Rome, prescrit de dénoncer à ce tribunal les hérétiques, ceux qui sont suspects ou fauteurs d'hérésie ; ceux qui ont nié la foi en adhérant à celle des infidèles, qui ont invoqué expressément ou tacitement les démons, qui ont pratiqué des actes de magie et de sortilège ou autre superstition criminelle; qui, en se supposant prêtres, ont célébré la messe et administré le sacrement de pénitence; qui ont abusé de leurs fonctions de confesseurs contre les saints décrets et constitutions apostoliques; qui ont assisté à des conciliabules en matière de religion; qui ont proféré des blasphèmes contre Dieu et ses saints, et particulièrement contre la sainte Vierge; qui ont troublé les fonctions de l'inquisiteur et ont empêché les témoins de l'instruire; qui ont des livres hérétiques, ou contenant des magies et superstitions; qui en font imprimer et qui les impriment sans la permission du saint-siége; enfin tous ceux qui se sont rendus coupables des autres cas mis par le droit au nombre de ceux qui sont du ressort du Saint-Office. Cet édit déclare que les révélations incertaines, par lettres anonymes, ne sont point reçues et que ceux qui ne révèlent point ce qu'ils savent de ce qui vient d'être exposé, seront excommuniés.

Sixte V, par sa bulle *Immensa*, attribue à l'*inquisition* romaine les pouvoirs suivants : *Omnem auctoritatem inquirendi, citandi, procedendi, sententiandi et definiendi in omnibus causis, tam hæresim manifestam quam schismata, apostasiam a fide, magiam, sortilegia, sacramentorum abusus, et quæcumque alia, quæ etiam præsumptam hæresim sapere videntur, concernentibus, non solum in Urbe et Statu temporali S. Sedi subdito, sed etiam in universo terrarum orbe super omnes patriarchas, archiepiscopos et alios inferiores, ac inquisitores*, etc.

La congrégation de l'*inquisition* peut procéder contre les évêques et même contre les cardinaux hérétiques (Const. *Romanus* de Pie IV). Mais elle ne peut le faire que d'après une commission spéciale du pape (*cap. Inquisitores* 16, *de hæreticis* in 6°; *extravag. de hæreticis, cap. Cum Mattheus*). Les inquisiteurs ne peuvent excommunier les évêques (*cap. Statuta* 20 *de hæreticis* in 6°). Ils ne peuvent procéder contre les légats ni contre les nonces du pape, mais si ceux-ci étaient soupçonnés d'hérésie, les inquisiteurs devraient en faire un rapport au pape (*cap. Inquisitores* 16). Ils ne peuvent non plus excommunier les officiers du pape, ni procéder contre eux (*cit. cap. Inquisitores, et cit. cap. Cum Mattheus*). Il leur est défendu, par la Constitution *Licet a diversis* de Jules III, sous peine d'excommunication encourue *ipso facto* et réservée au pape; d'admettre dans leurs jugements des juges laïques. Il est encore défendu aux inquisiteurs sous la même peine d'excommunication, d'extorquer de l'argent des coupables par des voies illicites (*Clem. de hæreticis; cap. Nolentes*, 2).

Les inquisiteurs ne peuvent être excommuniés ni par les évêques, ni même par les légats du pape, à moins que ceux-ci n'en aient une permission expresse (*cap. Cum Mattheus; extravag. de hæreticis*; Const. *Inquisitionis* d'Urbain IV).

On trouve dans la *Bibliotheca canonica* de Ferraris, art. INQUISITIO, tout ce qui regarde la compétence des inquisiteurs. Ce que nous venons d'en dire nous paraît suffisant pour la faire connaître.

IN REATU

Un homme est *in reatu*, quand il est dans un état suspect de crime, ou qu'il en est prévenu. Ce mot vient de *reus*, qui en français signifie *coupable*; on donne aussi ce nom au simple accusé (*Voyez* INFAME).

INSCRIPTION.

On donne ce nom à l'acte qui fait foi d'une accusation ou dénonciation (*Voyez* DÉNONCIATION).

INSIGNE.

C'est une qualification donnée par le droit canon à certaines églises considérables. Cette qualification n'était appliquée qu'à certaines églises collégiales, qui ne participant pas aux honneurs et prérogatives des églises cathédrales, se prétendaient cependant, soit à cause du grand nombre d'ecclésiastiques qui les composaient, ou de la grandeur de leurs revenus, supérieures à d'autres églises collégiales, dont les chanoines n'étaient ni en si grand nombre, ni si bien rentés. Barbosa dit que c'étaient là les seules marques de l'insignité d'une église collégiale, et qu'il n'y a à cet égard aucune règle certaine. Le même auteur dit qu'un chapitre de collégiale *insigne* précédait le chapitre d'une simple église collégiale, quoique d'une fondation plus ancienne. Les églises *insignes* reconnues pour telles, portaient ordinairement dans les processions et dans les autres cérémonies publiques et capitulaires, une sorte de bannière pour marque de leur *insignité*.

INSINUATION.

L'*insinuation* en matière séculière est l'enregistrement de certains actes aux greffes publics. En matière bénéficiale, c'est l'enregistrement des collations, présentations, procurations aux greffes des *insinuations* ecclésiastiques. On distinguait en France deux sortes d'*insinuations*: les *insinuations* laïques qui regardaient les donations, testaments, substitutions, achats, ventes, etc., et les *insinuations* ecclésiastiques qui regardaient les actes se rapportant aux choses, ou aux personnes ecclésiastiques. L'édit du mois de décembre 1691, avait autrefois réglé le tarif des droits à payer aux greffiers des *insinuations*. Ainsi l'on payait 30 francs pour l'*insinuation* des bulles d'archevêché ou évêché, et la prise de possession; 20 francs pour l'*insinuation* des bulles d'abbayes, fulmination et prise de possession; 6 francs pour les signatures des prébendes des églises métropolitaines et cathédrales, 5 francs pour celles des églises collégiales, etc.

INSPIRATION (ÉLECTION PAR).

(*Voyez* ÉLECTION, § 2.)

INSTALLATION.

L'*installation, quasi in stallum introductio*,

est la mise en possession d'une charge ou d'un bénéfice. L'*installation* des curés et des autres ecclésiastiques doit être gratuite, et les conciles défendent de rien exiger à ce sujet (Concile de Latran, de l'an 1179, can. 7) (*Voyez* CURÉ, § 3).

Dans l'usage on se sert indistinctement des mots *réception*, *installation* et *prise de possession*, quoique l'*installation* soit toujours une prise de possession, et qu'une prise de possession ne soit pas toujours une *installation* ou une *réception*.

INSTITUT

L'on donne souvent ce nom aux règles ou constitutions d'un ordre monastique, et l'on nomme instituteur de cet ordre celui qui en est le premier auteur.

INSTITUTION.

Ce mot signifie quelquefois établissement, quelquefois il se prend pour introduction et instruction.

On dit l'*institution* d'une compagnie, d'une confrérie, d'une communauté, c'est-à-dire sa création, son établissement.

Quelquefois, par le terme d'*institution*, on entend l'objet pour lequel une compagnie a été établie, et la règle primitive qui lui a été imposée; ainsi, lorsqu'elle fait quelque chose de contraire, on dit qu'elle s'écarte de son *institution*, ou que ce n'est pas là l'esprit de son *institution*. Cela se dit principalement en parlant des monastères et églises où le relâchement s'est introduit.

Les théologiens distinguent ce qui est d'*institution* divine d'avec ce qui est d'*institution* humaine ou ecclésiastique. Ce que les apôtres ont établi est censé d'*institution* divine, parce qu'ils n'ont rien fait que conformément aux ordres qu'ils avaient reçus de Jésus-Christ, et sous la direction immédiate du Saint-Esprit. Ainsi tous les sacrements ont été institués par Jésus-Christ, quoique l'Ecriture ne parle pas aussi clairement et aussi distinctement de tous qu'elle parle du baptême et de l'eucharistie; dès qu'il est certain que les autres ont été en usage du temps des apôtres pour donner la grâce, on doit présumer que Jésus-Christ l'avait ainsi ordonné; lui seul a eu le pouvoir divin d'attacher à un rite extérieur la vertu de produire la grâce dans nos âmes (*Voyez* SACREMENTS).

Mais il a laissé à son Eglise le pouvoir et l'autorité d'établir les cérémonies et les usages qu'elle jugerait les plus propres à instruire et à édifier les fidèles, ainsi que les lois nécessaires pour son propre gouvernement; c'est ce qu'on appelle proprement le droit canon (*Voyez* DROIT CANON, LOIS, DISCIPLINE).

En matière bénéficiale, l'*institution* est l'acte par lequel celui qui est nommé à un office quelconque en est mis en possession par le supérieur ecclésiastique duquel dépend l'*institution*.

§ 1. INSTITUTION *canonique*.

L'*institution* canonique est le nom qu'on donne à différents actes qui concourent à établir un bénéficier en jouissance et en exercice des revenus et des fonctions de son bénéfice ou office.

Dans le langage canonique, les mots *institution*, *mission*, *provision*, peuvent être regardés comme synonimes (*Voyez* PROVISION).

On distingue plusieurs sortes d'*institutions* dans le droit canonique, 1° l'*institution* proprement dite : suivant le concile de Trente, cette *institution* ne peut appartenir qu'à l'évêque (*Sess.* VIII, *ch.* 13, *de Reform.*) : *Multiplex est institutio, una est propria quæ sumitur pro translatione juris non libera a superiore facta, quando scilicet præsentatus per patronum, instruitur, et istud jus instituendi transit in capitulum sede vacante* (c. 1, *de Inst. lib.* 6).

2° L'*institution* collative ou la pleine collation, *alia est institutio quæ capitur pro libera collatione de qua in c. Ex frequentibus de inst. lib.* 6, *in antiq.* Cette *institution* appartient aussi de droit commun aux évêques, parce qu'ils sont les collateurs de tous les offices de leurs diocèses.

3° L'*institution* autorisable, c'est-à-dire pour gouverner les âmes : *Tertia est institutio autorisabilis quæ est ad curam populi tantum. Ut si collatio beneficii spectet ad inferiorem pro cura populi non exempti, recurritur ad episcopum, ut in c.* 1 *de Capella Monach. in* 6°.

L'*institution* autorisable est réellement propre aux évêques.

De cette distinction d'*institution* collative et d'*institution* autorisable, plusieurs canonistes en ont tiré de fausses conséquences. La première, disent-ils, consiste dans la collation du titre du bénéfice, et peut s'exercer par la puissance séculière ; la seconde consiste dans la mission qui donne le pouvoir d'en faire les fonctions, et ne peut appartenir qu'à la puissance spirituelle. Distinction futile qui ne sert qu'à prouver que, lorsqu'il s'agit de dépouiller l'épiscopat, on adopte tout sans rien examiner. Car en quoi consiste le titre d'un bénéfice, quant au spirituel, sinon au droit irrévocable de faire les fonctions ecclésiastiques, annexées au bénéfice? Or, ce droit, qui est certainement dans l'ordre des choses spirituelles, peut-il être du ressort du magistrat politique ? ce droit peut-il être séparé, par la puissance civile, de la mission qui autorise le ministre à faire ses fonctions? Peut-il l'être, par conséquent, de l'*institution* autorisable? Les apôtres et les ministres de la primitive Eglise n'avaient-ils pas, en vertu de la mission divine, un pouvoir complet pour exercer leurs fonctions ? S'ils l'avaient, ils avaient donc aussi la mission autorisable ? et de qui la tenaient-ils? est-ce des empereurs païens ? S'ils n'avaient point la mission autorisable, en quoi consistait donc cette mission qui ne donne aucun pouvoir? Il est donc incontestable que l'*institution* collative et l'*institution* autorisable ne peuvent être données que par l'évêque.

4° L'*institution* possessoire et corporelle, c'est-à-dire la mise en possession même : *Alia est institutio quæ capitur pro inductione in possessionem* (*C. Ad hæc, et c. Ut nostrum de offic. archid.*). Cette sorte d'*institution*, que plusieurs ont appelée investiture, se doit faire par l'archidiacre, suivant le droit (*Cap. Ad hæc, et C. Ut nostrum de offic. archid.*).

5° L'*institution* canonique, qui se dit lorsque tout ce qui sert à mettre un bénéficier en paisible possession a été consommé : *Canonica vero institutio appellatur, in qua omnia substantialia valide institutionis largo modo sumptæ, concurrunt, id est, collatio, investitura, et in possessionem inductio; et decens personæ habilitas tam ex parte conferentis, quam ex parte illius in quem collatio facta est ut solemnis institutionis forma.*

Pour bien saisir ce que l'on doit entendre par les mots d'*institution canonique*, il est très-important de remonter à l'origine des choses et de démêler, au milieu des variations qu'a éprouvées la discipline de l'Eglise, les vrais principes auxquels ces variations n'ont jamais pu donner atteinte, afin de se former une juste idée de ce qui peut être, pour mettre les bénéficiers en état d'exercer dignement et valablement le saint ministère.

Les apôtres chargés de porter partout la lumière de l'Evangile et de fonder l'Eglise, en eurent seuls le gouvernement et l'administration suprêmes, et les transmirent aux évêques leurs successeurs. Cette autorité et ce pouvoir des évêques paraissaient surtout, et avec plus d'éclat, dans l'établissement des ministres de l'autel et des choses saintes. Quoiqu'à l'exemple des apôtres, les évêques se fissent un devoir de consulter non-seulement leur clergé, mais le peuple, sur le choix des personnes qu'ils se proposaient d'élever aux ministères ecclésiastiques, il n'appartenait pourtant qu'à eux seuls de confirmer et de ratifier les suffrages et les vœux du peuple, d'admettre dans le clergé et de fixer le grade, le rang, le ministère que chacun aurait à remplir.

Dans ces temps primitifs, on n'ordonnait des ministres que suivant les besoins des églises et des peuples ; et en les ordonnant, les évêques les attachaient aux postes qu'ils leur avaient destinés. L'*institution canonique* n'était point alors distinguée de l'ordination : en vertu de celle-ci le nouveau ministre recevait tout à la fois le droit, le pouvoir, et toutes les facultés nécessaires pour exercer dans tel lieu les fonctions qui lui étaient confiées : il se trouvait aussi régulièrement et canoniquement établi dans la place que lui avait assignée son prélat, et n'avait besoin d'aucune autre mission pour en commencer l'exercice.

La division des biens de l'Eglise, l'érection des titres de bénéfices, les droits de patronage, et même de collation accordés, soit à des fondateurs, soit à des bienfaiteurs ou protecteurs des églises, etc. portèrent autant d'atteintes à l'autorité et aux droits primitifs des évêques dans cette partie du gouvernement de l'Eglise ; ils n'eurent plus ni l'entière, ni la libre disposition de tous les bénéfices de leurs diocèses, et se trouvèrent obligés d'en conférer une partie sur la présentation des patrons, ou sur la réquisition des différents brévetaires, gradués, etc.; ils virent même des bénéfices établis dans leurs diocèses, sans qu'ils eussent en rien concouru à leur nomination. Au nombre des collateurs, on comptait même des laïques.

Mais, si pour récompenser la libéralité des fondateurs, la bienfaisance des protecteurs, et pour exciter, dans d'autres, le même zèle, etc., si pour reconnaître les grâces reçues des princes, si pour favoriser et animer le goût des lettres, l'Eglise a cru devoir admettre les droits de patronage, de collation, de joyeux avénement, etc., elle n'en a pas moins regardé dans tous les temps comme imprescriptible et comme inviolable la maxime qui veut que rien ne se fasse dans l'administration spirituelle des diocèses, sans le consentement, le concours et l'intervention des évêques, et que les évêques aient surtout la principale influence dans la distribution et disposition des bénéfices, offices et ministères ecclésiastiques; aussi sont-ils aujourd'hui les seuls collateurs de tous les offices de leurs diocèses (*Voyez* NOMINATION).

L'*institution* canonique une fois accordée, le pourvu ne pouvait plus être destitué qu'en lui faisant son procès (*Voyez* INAMOVIBILITÉ, OFFICIALITÉ).

§ 2. INSTITUTION *canonique des évêques*.

(*Voyez* NOMINATION.)

INSTRUCTION DES PAROISSES.

(*Voyez* CURÉS § 4.)

INSTRUCTION PRIMAIRE.

(*Voyez* ÉCOLE.

INTENTION.

L'*intention* est un acte de la volonté par lequel elle se propose une certaine fin pour agir.

§ 1. INTENTION, *en matière bénéficiale*.

Celui qui entre dans un bénéfice doit avoir l'*intention* de servir Dieu dans le ministère de l'Eglise où il l'appelle. C'est la doctrine du concile de Trente (*session* XXIII, *de Reform.*). Les *intentions* vicieuses, c'est d'y entrer : 1° par un esprit d'orgueil et d'ambition, comme de parvenir plus facilement à l'épiscopat ; 2° par un esprit de convoitise des biens du monde, en ne se proposant que le revenu et la possession des richesses ; 3° dans un esprit de sensualité, pour mener une vie molle et oisive, ce qui est directement contraire à la doctrine du même concile qui dit, que les personnes constituées en dignités ecclésiastiques ne sont pas appelées à rechercher leurs commodités, ni à vivre dans les richesses, ni dans le luxe, mais plutôt à travailler fidèlement, et à supporter toutes les peines qui se rencontrent pour remplir les obligations de ces places.

§ 2. INTENTION, *en matière de sacrements.*

L'Eglise a décidé que, pour la validité d'un sacrement, il faut que celui qui l'administre ait au moins l'*intention* de faire ce que fait l'Eglise. « Si quelqu'un dit que l'*intention*, au moins celle de faire ce que l'Eglise fait, n'est pas requise dans les ministres des sacrements, lorsqu'ils les font et les confèrent; qu'il soit anathème. » (Concil. de Trente, session VII, can. 1). Conséquemment, dit Bergier, un prêtre incrédule qui ferait toute la cérémonie et prononcerait les paroles sacramentelles, dans le dessein de tourner en ridicule cette action, et de tromper quelqu'un, ne ferait point un sacrement et ne produirait aucun effet; mais une *intention* aussi détestable ne doit jamais être présumée, à moins qu'elle ne soit prouvée par des signes extérieurs indubitables.

INTERCESSEUR.

Dans l'Eglise d'Afrique, pendant le quatrième et le cinquième siècle, ce nom fut donné aux évêques administrateurs d'un évêché vacant. C'était le primat qui le nommait pour gouverner le diocèse et pour procurer l'élection d'un nouvel évêque. Mais cette commission donna lieu à deux abus; le premier fut que ces *intercesseurs* profitaient de l'occasion pour gagner la faveur du peuple et du clergé, et pour se faire élire à l'évêché vacant, lorsqu'il était plus riche ou plus honorable que le leur; espèce de translation que l'Eglise n'approuva jamais; le second, qu'ils faisaient quelquefois durer longtemps la vacance, pour leur profit particulier.

Le cinquième concile de Carthage y remédia, en ordonnant, 1° que l'office d'*intercesseur* ne pourrait être exercé pendant plus d'un an par le même évêque, et que l'on en nommerait un autre si, dans l'année, il n'avait pas pourvu à l'élection d'un successeur; 2° que nul *intercesseur*, quand même il aurait pour lui les vœux du peuple, ne pourrait être placé sur le siège épiscopal dont l'administration lui aurait été confiée pendant la vacance (Bingham, *Origines ecclésiastiques*, tom. I, liv. II, c. 15).

INTERDIT, INTERDICTION.

L'*interdit* est l'une des trois censures dont il est parlé sous le mot CENSURE; elle défend les offices divins, la messe, les sacrements, la sépulture en certains lieux ou à certaines personnes: *Interdictum ecclesiasticum est a certis sacramentis, et omnibus divinis officiis, et sepultura ecclesiastica facta prohibitio*. Le nom d'*interdit* convient à toutes sortes de défenses, mais plus particulièrement, dit Gibert, à la censure qui le porte, à cause de l'excellence des choses qu'elle défend. On ne laisse pas de se servir quelquefois du mot *interdiction*, surtout quand l'*interdit* est personnel; le mot d'*interdit*, et le sens même de ce mot sont souvent confondus avec le mot et le sens de la suspense. L'*interdit*, pris dans sa signification la plus étendue, est une censure ecclésiastique, qui suspend les ecclésiastiques de leurs fonctions, et qui prive le peuple de l'usage des sacrements, du service divin et de la sépulture ecclésiastique.

On distingue trois sortes d'*interdits*, le local, le personnel et le mixte.

L'*interdit* local est celui qui porte sur un certain lieu et non sur les personnes.

L'*interdit* personnel porte immédiatement et directement sur les personnes; et enfin l'*interdit* mixte est celui qui participe de l'un et de l'autre.

L'*interdit* local se divise en général et en particulier. Le général s'étend sur plusieurs lieux, *non solum cum regno et provinciæ, sed etiam cum castro et villæ divinis interdicitur* (Lancelot, *de eccles. interdict.* § *Rursus*).

L'*interdit* local particulier ne s'étend que sur un lieu, une église particulière, ou sur quelques-unes parmi plusieurs, *speciale est cum inter plures ecclesias, paucæ vel una jure interdicitur* (Lancelot, *Ibid.*).

L'*interdit* spécial d'une église s'étend aux chapelles ou au cimetière contigu à cette église (*C. Civitas* 17, § *Ratione quoque*); s'il en était autrement, on mépriserait la censure, *si in illis locis posset licite celebrari ecclesiastica censura facile contemni posset* (c. 16, 17, *de excom. in* 6°).

L'*interdit* personnel se subdivise aussi en général et en particulier; le premier s'étend sur une communauté ou sur plusieurs personnes. Le personnel particulier est celui qui tombe sur une ou plusieurs personnes exprimées par leurs noms.

Gibert remarque qu'il y a peu de cas d'*interdit* dans le droit canonique. Il y en a encore moins pour les *interdits* locaux, parce que ceux-ci ne doivent être prononcés qu'après une mûre discussion du délit. On ne remarque que trois cas pour l'*interdit* local particulier, 1° celui du chapitre 1ᵉʳ *de sepult. in* 6° qui interdit le cimetière, où l'on a fait promettre avec argent de se faire enterrer; 2° du cimetière où l'on enterre un hérétique (c. 3 *de privat.*); 3° des églises où l'on reçoit des *interdits* nommément (*eod.*). A l'égard de la défense d'entrer dans l'Eglise, le même auteur a recueilli sept cas, où le droit ordonne de défendre l'entrée de l'église, *ferenda sententia*.

1° Ceux qui ont vexé l'Eglise ou quelque clerc, et qui ne veulent pas faire une pénitence convenable à leur péché (can. 8, caus. 5, qu. 6).

2° Ceux qui retiennent le bien donné à l'Eglise par leurs parents, ou qu'ils lui ont laissé par testament (c. caus. 1, 3, qu. 2).

3° Ceux qui étant obligés par leur état à conserver l'immunité de l'Eglise, la laissent violer, quoiqu'ils puissent empêcher qu'on le fasse (can. 19, caus. 17, qu. 4).

4° Ceux qui violent l'immunité de l'Eglise, en y prenant à main armée les personnes à qui les canons et les lois y donnent droit d'asile (can. 10, 11, caus. 17, quæs. 1) (*Voyez* IMMUNITÉ).

5° Ceux qui ne satisfont pas au devoir pascal (ch. 12, *de Pœnit. et remiss.*).

6° Les médecins qui manquent d'avertir

dès leur première visite et d'engager les malades qu'ils visitent à appeler les médecins des âmes (*ch.* 13, *de Pœn. et remiss.*).

7° Le dernier cas est celui où l'on exclut pour plusieurs années de l'entrée de l'église les clercs qui ont quelque part à l'homicide d'un évêque (*ch.* 6 *de Homicid.* § *ult.*).

A l'égard de la sépulture, *voyez* SÉPULTURE.

Les autres *interdits* personnels qui regardent la célébration des offices divins et de la messe, l'assistance à ces offices, l'administration ou la réception des sacrements, sont renfermés dans ce qu'on doit dire sur l'*interdit* général, sur la suspense et sur l'excommunication mineure. L'*interdit* de l'entrée dans l'église renferme tous les autres *interdits* personnels; il faut toutefois remarquer que la cessation des offices divins n'est point une censure, quoiqu'elle y ait beaucoup de rapport (*Voyez* OFFICE DIVIN, CESSATION DES OFFICES DIVINS).

L'*interdit* général ne tombe absolument que sur les personnes et les lieux dénommés, mais il arrive souvent qu'on souffre de l'*interdit* sans être coupable, et c'est le seul exemple d'une peine que l'on endure pour la faute d'autrui (*c.* 16, *de excomm. in* 6°). En sorte que quand l'église principale d'une ville interdite garde l'interdit, les autres, fussent-elles exemptes, doivent le garder (*Clem.* 1. *de excom.*). Quand le tout est interdit, les parties qui le composent le sont également. Si l'on interdit une terre, une ville (ces deux noms sont en ces matières synonimes, *c.* 17, *de verb. signif.*), le peuple de cette terre qui peut aussi s'entendre d'une province est interdit, et chaque personne en particulier. Mais comme ces *interdits* ont un air d'injustice et de grands inconvénients, le concile de Bâle, session XX, décret 3, établit qu'aucune puissance ecclésiastique, soit ordinaire, soit déléguée, ne peut jeter un *interdit* contre une ville, que pour une faute notable de cette ville, ou de ses gouverneurs, et non pas pour la faute d'une personne particulière, à moins que cette personne n'ait été auparavant dénoncée publiquement dans l'église, et que les gouverneurs de cette ville requis par le juge de chasser cet excommunié, n'aient pas obéi avant deux jours; mais quand l'excommunié aura été chassé, ou qu'il aura subi telle autre satisfaction convenable, l'*interdit* sera censé levé après les deux jours.

Un des effets de l'*interdit* est, à l'égard des personnes, que ceux qui sont interdits nommément sont exclus des grâces générales accordées à ceux dont les églises sont interdites, quand ces grâces regardent l'*interdit* (*c.* 24 *de Privil.*).

Pendant l'*interdit* général il est permis:
1° d'administrer en tous cas, les sacrements de baptême et de confirmation; celui de l'eucharistie ne peut l'être que dans le cas de nécessité (*c.* 9, *de Spons.*; *c.* 43, *de Excommunicat.*; *c.* 11, *de Pœnit.*; *c. ult. de Excom. in* 6°).

2° De faire le saint chrême; et cela, parce qu'il est nécessaire pour le baptême et la confirmation qu'on peut donner en ce temps là (*c.* 19, *de Excom. in* 6°).

3° De célébrer tous les jours les offices divins et la messe, portes fermées, sans son des cloches, et à voix basse; et cela, pour obtenir plus facilement la cessation du péché qui attire l'*interdit* (*c.* 19, *de Excom. in* 6°).

4° D'ensevelir en terre sainte sans solennité les clercs qui avaient gardé l'*interdit*; et cela, à cause du respect et de l'honneur dus à leur personne (*c.* 11 *de Pœnit.*).

5° De célébrer solennellement la messe et les offices aux fêtes de Noël, de Pâques, de la Pentecôte et de l'Assomption, les portes de l'église étant ouvertes, à haute voix, et avec le son des cloches; et cela, en l'honneur de ces fêtes qui sont les principales. Ce privilège s'est étendu à la Fête-Dieu, à la conception, et à leur octave (*c.* 13, *de Excom. in* 6°).

6° D'admettre aux offices, ces jours de fêtes, les *interdits* nommément, pourvu que ceux qui ont fourni le sujet de l'*interdit* ne s'approchent pas de l'autel; et cela pour les porter par cette grâce à s'humilier, et à désirer leur réconciliation (*Ibid.*).

7° D'ouvrir, une fois l'an, une église d'un lieu *interdit*, à l'arrivée de certains religieux, afin d'y célébrer les offices divins, et cela, comme on peut l'inférer du chapitre 24, se faisait pour procurer une meilleure quête à ces religieux qui allaient dans ce lieu pour y quêter. (*C.* 3, 24, *de Privat.*)

Par ce qui est permis, on doit juger de ce qui est défendu: c'est un principe que quand une chose est défendue en termes généraux, tout ce qu'on n'accorde pas expressément est censé défendu. (*Clem.* 1, § *Porro de verb. signif.*)

L'*interdit* personnel suit la personne et non le local; mais l'*interdit*, quel qu'il soit, ne prive pas du pouvoir d'agir en justice comme l'excommunication. (*C.* 23, *de verb. signif.*, *c.* 31, *de Præb. c.* 3, *de Privil.*)

Ceux qui violent l'*interdit*, qui entrent dans l'église et assistent aux offices contre l'*interdit* prononcé, ceux mêmes qui y souffrent, sont punis par le droit canonique de différentes peines: la suspense et la déposition, qui sont de sentence à prononcer; l'excommunication et l'*interdit* particulier, qui sont de sentence prononcée. (*C.* 11, *de Privat.*; *c. ult. de Excess. Prælat.*; *c.* 3, 4, *de cler. excom. Clem.* 2 et 3, *de sent. excom.*; *c.* 3, *de Privat.*)

Celui qui célèbre dans une église interdite par censure et non par pollution, devient irrégulier. Quand une église est pollue, elle est moins censée interdite qu'inapte aux offices divins, ainsi qu'une église non bénite. (*C.* 18, *de Excom. in* 6° § 1, *c.* 4, 10, *de Censur. eccles.*)

Le violement de l'*interdit* produit toujours une incapacité pour les charges et bénéfices. (*C. de Postul.*; *c. ult. de Exces. præl.*; *c.* 11, *de Privat.*)

Enfin, il y a une sorte d'*interdit* connu sous le nom de *cessation de l'office divin*. Nous en parlons sous le mot CESSATION.

L'usage des *interdits*, que nous avons voulu faire connaître avant de parler de leur origine, est presque aussi ancien que l'Eglise, si l'on considère l'*interdit* de l'entrée dans l'église comme une des peines des pénitents publics, et les autres *interdits* personnels, comme l'excommunication mineure et la suspense. Le même auteur remarque que l'*interdit* de la sépulture ne se voit pas dans le droit canonique avant le sixième siècle, quoiqu'on puisse présumer qu'il existait avant ce temps-là.

A l'égard des *interdits* locaux et généraux, leur première époque n'est pas bien certaine. On cite certains exemples de notre histoire, et c'est une opinion assez générale, que les plus anciens *interdits* locaux se trouvent dans l'église de France. (*Mémoires du clergé*, tom. VII, pag. 1222.) Mais le grand usage de ces *interdits* se remarque dans le onzième, le douzième et même le treizième siècle. L'*interdit* est aujourd'hui la censure la plus rare, s'il n'est local. On y substitue toujours la suspense ou l'excommunication.

L'*interdit* est levé par le laps de temps, s'il avait été prononcé à temps, ou bien par la réalisation de la condition, s'il était conditionnel, et il n'est pas besoin d'absolution. Si l'*interdit* est simple, il est levé par l'absolution. Si c'est un *interdit* du juge, il est levé par celui qui l'a porté ou par son supérieur. Si c'est un *interdit* de droit, il est levé par les ordinaires, les légats apostoliques, ou le pape, si le pape se l'était réservé.

On entend aussi par *interdit*, la défense faite à un ecclésiastique, par son supérieur légitime, d'exercer les fonctions attachées à son ordre ou à son titre. Cette défense peut être un acte de la juridiction volontaire ou de la juridiction contentieuse ; elle peut être prononcée *de plano*, et sans forme de procès, et il y a des cas où elle ne doit l'être que précédée d'un jugement canonique.

Tout prêtre a reçu dans son ordination le pouvoir d'exercer les fonctions du sacerdoce ; mais il en est pour lesquels ce pouvoir est lié par les lois de l'Eglise, et qui ne peuvent être licitement exercées que lorsqu'on a une mission *ad hoc*. Ces fonctions sont celles qui supposent des sujets et une juridiction : telles sont particulièrement la confession et la prédication.

On reçoit la mission de l'Eglise pour exercer ces fonctions, lorsqu'on est pourvu d'un titre auquel elles sont attachées, et qu'on y a été canoniquement institué. On la reçoit encore lorsqu'on obtient une permission particulière d'un évêque, pour la remplir dans tout son diocèse, ou dans quelque lieu désigné.

La première mission ne peut pas être révoquée arbitrairement; elle est devenue, dans la personne de celui qui l'a reçue, une propriété sacrée dont il ne peut être dépouillé que par les saints canons, et selon les formes prescrites par eux. L'acte qui interdirait à un curé les fonctions curiales, doit émaner de la juridiction contentieuse de l'évêque. Il faut pour cela une plainte, une information en règle, des conclusions du promoteur, et une sentence de l'official. (*Voyez* OFFICIALITÉS, INAMOVIBILITÉ.) Les titulaires des autres bénéfices à charge d'âmes ne peuvent pas non plus être interdits de leurs fonctions, sans que les mêmes formalités soient observées. Cependant, d'après la discipline qu'ont introduite en France les articles organiques, on n'y observe plus ces formalités canoniques.

Quant à la seconde espèce de mission, qui consiste dans une permission particulière, qu'on nomme ordinairement *pouvoirs*, les évêques sont les maîtres de la limiter, de la circonscrire et de la révoquer à leur volonté. Les ecclésiastiques qui l'obtiennent sont, pour ainsi dire, des auxiliaires que leurs supérieurs n'emploient qu'autant qu'ils le jugent à propos. Ils n'exercent qu'une juridiction déléguée, qui doit cesser à la volonté du déléguant. Les pouvoirs de prêcher et de confesser ne sont ordinairement donnés que pour un certain temps ; et, à l'expiration de ce temps, on est obligé de les faire renouveler. Si l'évêque refuse de les renouveler, c'est un *interdit* tacite dont il n'est obligé de rendre compte à personne : Ici *stat pro ratione voluntas*. On ne peut pas contester aux évêques le droit de révoquer les pouvoirs de prêcher et de confesser avant le terme expiré. Cette révocation expresse, qui se signifie à celui qui en est l'objet, forme un *interdit* pour tout le diocèse de l'évêque qui la prononce.

Il est, comme nous l'avons observé, des pouvoirs qu'un prêtre reçoit dans son ordination, et qui ne supposent aucune juridiction pour être exercés. On peut regarder comme le premier de tous ces pouvoirs celui d'offrir le saint sacrifice de la messe. On ne peut les interdire à un prêtre, dans son diocèse, sans lui faire son procès, et prouver que sa conduite l'en rend indigne.

Mais il est d'usage, dans la plupart des diocèses, d'exiger des prêtres étrangers qu'ils se munissent d'une permission de l'évêque diocésain, permission qui ne leur est accordée que lorsqu'ils représentent ce qu'on appelait autrefois *litteræ commendatitiæ*, c'est-à-dire des lettres de leur propre évêque (*Voy.* LETTRES), qui consent à ce qu'ils sortent ou s'absentent de leur diocèse. Cet usage est fondé sur les canons, qui ordonnent aux clercs de ne pas quitter les églises auxquelles ils ont été attachés par leur ordination, ou qui ont pour objet d'empêcher qu'il y ait des ecclésiastiques vagabonds. (*Voyez* EXEAT.)

Tous les règlements ecclésiastiques, qui ont pour but d'écarter des autels des ministres indignes ou incapables, et de maintenir la subordination et la discipline, doivent sans doute être accueillis favorablement; mais il ne faut pas non plus leur donner trop d'extension. Un ecclésiastique sans fortune, sans état, qui quitte son diocèse sans le consentement de son évêque, et parcourt successivement différentes villes et différentes provinces pour y faire, pour ainsi dire, le commerce d'y dire la messe doit être soumis aux usages et aux ordonnances synodales, qui défendent d'admettre à la célébration des saints mystères, sans les lettres de son propre évêque, et sans la permission de l'évêque diocésain ; c'est le seul moyen d'arrêter des désordres scandaleux. Le concile de Trente a sagement statué que : « Nul ecclésiastique « étranger ne sera reçu par aucun évêque à « célébrer les divins mystères, ni à admi- « nistrer les sacrements, sans lettres de « recommandation de son ordinaire. » (Session XXIII, ch. 16, *de Refor.*) (*Voyez* CÉLÉBRET.)

Mais si un ecclésiastique sorti de son diocèse est fixé dans un autre, sans aucune réclamation de son propre évêque; si, sans se livrer aux fonctions du saint ministère, il vit dans des occupations honorables et d'une manière décente; s'il ne célèbre que pour sa propre satisfaction, et pour l'édification publique, alors il n'a pas besoin d'une permission expresse pour exercer une fonction qui dérive nécessairement du caractère sacerdotal ; le pouvoir qu'il en a reçu, n'est lié par aucune loi, et il lui suffit de l'agrément du curé, qui ne peut même le lui refuser sans des raisons légitimes.

Nous ne sommes plus dans ces temps où l'ordination et le titre n'étaient point séparés, dans ces temps où la stabilité dans une église était la suite de l'ordre. Les anciens canons rendus à ce sujet, ne peuvent donc plus avoir d'application. Ceux qui leur ont succédé, n'ont en vue que les prêtres vagabonds, et ceux dont nous parlons ici, ne peuvent être rangés dans cette classe.

INTÉRÊT.

L'*intérêt* est l'accroissement du sort principal, ou la somme qu'on paie chaque année à celui dont on a emprunté l'argent. Voyez sous le mot USURE si le prêt à *intérêt* est ou non permis par le droit canonique.

INTERNONCE.

On nomme *internonce* un envoyé du pape dans une cour étrangère, soit pour y tenir en attendant la place d'un nonce ordinaire, soit pour y rester en titre, comme dans les États où il n'y a point de nonciature (*Voyez* NONCE).

INTERNONCIATURE.

Dignité d'un internonce. On le dit aussi de la durée des fonctions et de la juridiction de l'internonce.

INTERPRÉTATION.

La matière de ce mot a beaucoup de rapport avec celle du mot DISPENSE. L'*interprétation* d'une loi n'est pas toujours une dispense, parce qu'on peut s'en tenir à la lettre de sa disposition, après en avoir connu l'esprit en l'interprétant, et alors ce n'est pas proprement une *interprétation*, mais une explication *per modum declarationis;* au lieu que toute dispense est nécessairement fondée sur une *interprétation* de la règle dont on dispense, parce qu'on ne saurait dispenser d'un canon, qu'en interprétant l'esprit de ses termes en tel sens que si l'Église qui l'a fait, avait prévu telle ou telle circonstance, elle eût ordonné dans ce cas l'exception de sa règle.

Les canonistes usent, à cet égard, d'une distinction exprimée en ces termes : *Si interpretatio sit intrinseca substantialis et inseparabilis a lege, tunc est mera declaratio ; si vero sit argumentalis vel extrinseca, tunc proprie fit interpretatio vel potius correctio seu modificatio.* Dans ce dernier sens, dit Fagnan, on est au cas de la dispense.

On distingue plusieurs sortes d'*interprétations :* 1° l'*interprétation* législative du prince; 2° l'*interprétation* générale et nécessaire, mais non rédigée par écrit, celle de la coutume ; 3° l'*interprétation* du juge qui est nécessaire, et par écrit sans être générale ; 4° l'*interprétation* qu'on appelle des gloses et des docteurs ; 5° l'*interprétation* translative, qui se fait d'une langue dans une autre ; 6° l'*interprétation* translative, que l'on distingue en intrinsèque et en argumentale, ou extrinsèque, comme on le voit ci-dessus ; 7° l'*interprétation* littérale, par laquelle la traduction se fait littéralement suivant les règles de la grammaire ; 8° l'*interprétation* morale qui ne se contente pas de traduire les mots, mais qui en donne le sens et l'explication.

Les règles du sexte fournissent de sages principes sur la forme des *interprétations*. Voici les maximes que d'Héricourt en a extraites.

Certum est quod in his committit in legem, qui legis verba complectens, contra legis nititur voluntatem (*Reg.* 88, *de regulis juris in* 6°; *cap. Propterea de verb. signif.*). Cela signifie que dans l'*interprétation* des lois, il faut plus s'attacher à découvrir le véritable sens et l'esprit de la loi, qu'à en suivre les paroles. C'est pourquoi, quand on rencontre dans une loi quelque endroit obscur, il faut la lire tout entière avec attention, même le préambule, s'il y en a un, afin de juger de ses dispositions par ses motifs, et préférer à toute autre explication celle qui paraît la plus conforme à l'esprit de la loi et à l'intention du législateur.

Cum quid prohibetur quæ sequuntur ex illo (*Reg.* 39 in 6°). C'est-à-dire, que s'il se trouve quelque règlement qui soit une suite naturelle de la disposition de la loi, et qui tende à lui donner son entier effet, on doit suppléer ce qui manque à l'expression, et étendre la loi à tout ce qui est compris dans l'intention du législateur.

Inspicimus in obscuris quod est verisimilius, vel quod plerumque fieri consuevit (*Reg.* 45). Dans le doute sur l'*interprétation* d'une loi, il faut s'en tenir au sens qui est fixé par l'usage, pourvu qu'il soit constant, ancien et confirmé par une suite de jugements uniformes.

Cum partium jura obscura, reo favendum est potius quam actori (*Reg.* 11 in 6°). *In pœ-*

nis benignior est interpretatio facienda (Reg. 40). In obscuris nimium est sequendum (Reg. 30. ibid.). Lorsque le droit des parties paraît obscur et embarrassé, il faut incliner plutôt en faveur du défendeur qui combat pour ne point perdre, qu'en faveur du demandeur qui cherche à gagner; c'est en conséquence du même principe, qu'en matière criminelle, on doit toujours pencher vers la douceur, et se déterminer pour le parti le plus doux.

Odia restringi et favores convenit ampliari (Reg. 15, *in* 6°). Les lois qui favorisent ce que l'utilité publique, l'humanité, la religion, et d'autres motifs rendent favorables doivent s'interpréter avec l'étendue que peut y donner la faveur de ces motifs, joints à l'équité. Pour celles qui restreignent la liberté naturelle, ou qui établissent des peines, elles ne doivent point être tirées à conséquence pour les cas qui n'y sont pas marqués expressément. Il faut donc les renfermer dans leurs espèces, et leur donner tout le tempérament d'équité qu'elles peuvent souffrir. Mais quelque rigoureuses que puissent paraître les dispositions d'une loi, il faut les suivre à la lettre, s'il est évident que cette rigueur soit essentielle à la loi, et qu'on ne puisse y apporter de tempérament sans l'anéantir. Mais si la loi peut avoir son effet par une *interprétation* qui modère cette rigueur du droit, il faut préférer l'équité, qui est l'esprit de toutes les lois, à la manière étroite et dure de les interpréter.

Quæ contra jus fiunt, debent utique pro infectis haberi (Reg. 64). *Non firmatur tractu temporis quod de jure ab initio non subsistit (Reg.* 18). *Factum legitime retractari non debet, licet casus postea eveniat a quo non potuit inchoari (Reg.* 37). Il y a des lois qui déclarent nul tout ce qui est fait au préjudice de leurs dispositions, comme celles qui regardent les empêchements dirimants du mariage; d'autres, au contraire, prononcent des peines contre ceux qui y contreviennent, sans déclarer les actes nuls. Dans le cas de la contravention aux lois de la première espèce, ce qui a été fait au préjudice de la loi, ne peut être confirmé par ce qui se passe dans la suite; mais si l'acte était valable dans son principe, il ne serait point annulé par ce qui serait arrivé dans la suite; quoique ce qui s'est passé l'eût rendu nul, si les choses s'étaient trouvées dans le même état, dans le temps que l'acte a été fait.

Quod alicui gratiose conceditur trahi non debet in aliis in exemplum (Reg. 74). *In argumentum trahi nequeunt, quæ propter necessitatem aliquando sunt concessa (Reg.* 78). Les grâces que les lois accordent par faveur, ou dans le cas d'une nécessité absolue, à certaines personnes, ne doivent point être appliquées à d'autres, quand même elles prétendraient se trouver dans le même cas.

Quod alicui suo non licet nomine, nec alieno licebit (Reg. 67). *Cum quid una via prohibetur alicui, ad id alia non debet admitti (Reg.* 84). Nous ne pouvons faire indirectement, et sous le nom d'un autre, ce que la loi nous défend

Quod ob gratiam alicujus conceditur, non est in ejus dispendium retorquendum (Reg. 61). Les grâces qui sont accordées à des particuliers par un privilége ou par la loi, ne doivent jamais tourner à leur préjudice.

Privilegium personale personam sequitur, et extinguitur cum persona (Reg. 7). On regarde les priviléges comme des lois faites en faveur des particuliers; quand ils sont personnels, ils s'éteignent par la mort de la personne à laquelle ils sont attachés; quand ils ont été accordés à la dignité ou au monastère, ils subsistent après la mort de celui qui les a obtenus pour sa dignité ou pour son monastère.

Contractus ex conventione legem accipere dignoscuntur (Regula 85). *In malis promissis fidem non expedit observari (Regula* 69). *Non est obligatorium contra bonos mores præstitum juramentum (Regula* 58). Les actes et les transactions que passent entre eux les particuliers, sont des lois qui doivent être exactement observées entre ceux qui les ont passés, pourvu qu'ils aient traité d'une chose dont ils pouvaient disposer, et que leurs conventions ne contiennent rien de contraire aux bonnes mœurs.

Imputari non debet ei, per quem non stat, si non faciat quod per eum fuerat faciendum (Reg. 41). *Cum non stat per eum ad quem pertinet, quominus conditio impleatur, haberi debet perinde ac si impleta fuisset (Reg.* 66). Si une personne s'est engagée à faire quelque chose, et qu'elle ne puisse exécuter ce qu'elle a promis sans que cette impuissance vienne de sa part, on ne peut rien lui imputer. On doit aussi regarder une condition comme exécutée, quand il n'a point dépendu de celui qui s'y était engagé qu'elle ne le fût.

Contra eum qui legem dicere potuit apertius est interpretatio facienda (Reg. 57). Quand il y a dans un acte quelque clause obscure, il faut l'expliquer contre celui qui aurait pu s'exprimer plus clairement.

Nemo potest plus juris transferre in alium, quam sibi competere dignoscatur (Reg. 79). *Rationi congruit ut succedat in onere, qui substituitur in honore (Reg.* 77). *Is qui in jus succedit alterius eo jure quo ille, uti debebit (Reg.* 46). Personne ne peut transférer à un autre plus de droits qu'il n'en a lui-même : le cessionnaire qui profite du droit qui lui a été cédé, doit en porter les charges, et se soumettre aux mêmes conditions que celles auxquelles s'était soumis celui qui lui a fait la cession.

In alternativis electoris est electio, et sufficit alterum adimpleri (Reg. 70). *Quod semel placuit, amplius displicere non potest (Reg.* 21). Lorsqu'on propose dans un acte une alternative, c'est à celui à qui l'alternative est proposée de choisir, et il satisfait à l'acte en accomplissant l'une des deux choses qui lui sont proposées. Mais après son option, il ne peut plus varier.

Utile non debet per inutile vitiari (Reg. 37). Une clause vicieuse qui ne tombe pas sur le principal de la convention, ne rend point un acte nul.

Toutes ces règles, comme l'on voit, ont une application générale à toutes les espèces de l'un et de l'autre droit.

L'on voit sous le mot DISPENSE, à qui il appartient de dispenser des canons. Par une suite du grand principe que c'est au législateur à interpréter les lois, *ejus est interpretare, cujus est condere*, les canonistes, et parmi plusieurs Fagnan, établissent qu'il n'appartient qu'au pape d'interpréter les canons en général, et particulièrement ceux du concile de Trente et des autres conciles généraux; ses *interprétations* en tant que déclarations d'un texte douteux et équivoque, font loi comme le texte même, suivant cette règle de droit : *Declaratio legis ab eo facta, qui a principe seu legis conditore jus habet legem interpretandi, essentialiter non differt a lege declarata* (L. *Hominis et rei*, § *Verbum ex legibus, ff. de verb. signif.*). *Ergo eumdem auctoritatem et obligandi vim habet quam ipsa lex.*

Relativement à l'*interprétation* des décrets du concile de Trente, la bulle de Paul IV, de l'an 1564, ne saurait contenir une défense plus formelle sous peine d'excommunication. Fagnan nous atteste que cette bulle s'est exécutée exactement, et qu'on est à Rome si sévère sur cet article, que la collection d'Augustin Barbosa, des opinions des différents docteurs qui s'accordent avec le concile, a été mise à l'*index* par un jugement de la sacrée congrégation, du 27 avril 1621. La même congrégation déclara qu'un jurisconsulte espagnol était justement tombé dans l'excommunication prononcée par la bulle de Paul IV, pour avoir voulu faire une glose du concile. Ce droit est exclusivement et privativement attribué à la congrégation établie à Rome expressément pour cela (*Voy.* CONGRÉGATION.)

Pour l'*interprétation* des lois civiles, on observe la maxime généralement reçue qu'elle appartient au pouvoir législatif : *Ejus est interpretari legem, cujus est condere.* La loi du 30 juillet 1828 a statué sur ce qu'il y avait à faire en cette matière.

Fagnan établit encore que les juges laïques n'ont pas le pouvoir d'interpréter, *auctoritative*, les canons et autres lois ecclésiastiques : *Supervacaneum fuisset*, dit-il, *et præter intentionem pontificis in ea constitutione prohibere judicibus laicis interpretationem auctoritativam decretorum concilii, cum indubitati juris sit, judices sæculares non posse leges canonicas et conciliares auctoritative interpretari* (*Glos. in c. Nec licuit*, 18 *dist.*).

A l'égard des archevêques et des évêques, s'ils ont le pouvoir d'interpréter les canons des conciles provinciaux et synodaux, *voyez* ARCHEVÊQUE, SYNODE.

Le concile de Trente, session IV, défend d'interpréter l'Ecriture sainte dans un sens contraire au sentiment unanime des saints Pères et à celui de l'Eglise, à laquelle il appartient de juger du vrai sens des livres saints. Le cinquième concile général, en 553, avait déjà établi la même règle, fondée sur ce qu'a dit saint Pierre (Epît. II, ch. I, v. 20), qu'aucune prophétie de l'Ecriture ne doit être expliquée par une *interprétation* particulière. (*Voyez* LIVRES, § 1.)

INTERSTICES.

On appelle *interstice* le temps qu'il faut passer dans un ordre avant de pouvoir être promu à un ordre supérieur.

L'usage des *interstices* est ancien dans l'Eglise, et si l'on excepte ces premiers temps où il fallait sur le champ des ministres pour annoncer l'Evangile et le répandre dans l'univers, chaque ministre restait autrefois très-longtemps dans l'exercice d'un ordre avant qu'il fût élevé à un ordre supérieur. C'était le désir des conciles. Celui de Sardique, tenu l'an 347, dit. can. 10, *Habebit autem unius cujusque ordinis gradus, non minimi scilicet temporis longitudinem, per quod et fides et morum probitas, et constantia et moderatio possint cognosci.*

La première lettre du pape Sirice porte qu'un homme qui s'est donné à l'Eglise dès son enfance demeure sous-diacre jusqu'à l'âge de trente ans, qu'on le fasse diacre à cet âge, qu'il en exerce les fonctions pendant cinq années et plus, qu'ensuite on l'élève à la prêtrise; il ajoute que dix ans après il pourra être nommé à un siége épiscopal. Pour ceux qui ne se consacraient au service de l'Eglise que dans un âge avancé, il ordonne qu'on les fasse d'abord lecteurs ou exorcistes, qu'ils servent dans cette fonction pendant deux années, qu'ensuite ils soient acolytes et sous-diacres durant cinq ans; qu'après ce temps-là on les élève au diaconat et à la prêtrise, en leur faisant garder les mêmes *interstices* qu'aux autres. Ce pape dit dans la même lettre, au chapitre 13, qu'on doit faire observer cette loi aux moines qui seront promus au sacerdoce et à l'épiscopat.

Cette discipline ne s'est pas toujours conservée avec la même rigueur, parce qu'on n'a pas exigé dans la suite un âge si avancé pour les ordres; mais la loi des *interstices* a toujours subsisté, et le concile de Trente a fait à cet égard des règlements que l'on suit aujourd'hui exactement dans la pratique.

« Les ordres moindres ne seront donnés qu'à ceux qui tout au moins entendront la langue latine, en observant entre chaque ordre les intervalles ordinaires des temps qu'on appelle communément les *interstices*, si l'évêque ne juge plus à propos d'en user autrement, afin qu'ils puissent être mieux instruits de l'importance de cette profession; et, suivant l'ordonnance de l'évêque, ils s'exerceront aussi en chaque office et fonction d'ordre, et cela dans l'église au service de laquelle ils auront été appliqués, si ce n'est peut-être qu'ils soient absents pour continuer leurs études; et ils monteront ainsi de degré en degré, de manière qu'avec l'âge ils croissent en vertu et en science, dont ils donneront des preuves certaines par la bonne conduite qu'ils feront paraître; par leur assiduité au service de l'Eglise, par le respect et la déférence qu'ils rendront de plus en plus aux prêtres, et à ceux qui leur seront supérieurs en ordres, et par la réception plus fréquente qu'auparavant du corps de Notre-Seigneur. Et comme ces ordres moindres ouvrent l'entrée aux plus hauts degrés, et aux plus sacrés mystères, personne n'y sera reçu, s'il ne donne lieu d'espérer que, par sa capacité, il se rendra un jour digne des ordres majeurs. Nul ne pourra non plus être promu aux ordres sacrés, qu'un an après avoir reçu le dernier degré des ordres moindres, si la nécessité ou l'utilité de l'Église ne le requiert autrement, suivant le jugement de l'évêque.» (Sess. XXIII ch. 11.)

Ce décret ordonne qu'on garde les *interstices* entre les quatre mineurs, et il en donne la raison ; mais il ne détermine pas la durée de ces *interstices* ; il la laisse à la disposition des évêques. A l'égard des ordres sacrés, ce décret ordonne, comme l'on voit, que nul ne puisse être promu aux ordres sacrés, qu'un an après avoir reçu le dernier degré des ordres mineurs. Les chapitres 13 et 14 de la même session ordonnent que l'intervalle soit le même entre le sous-diaconat et le diaconat, et entre le diaconat et la prêtrise ; en sorte qu'à compter de l'ordre mineur que l'on a reçu en dernier lieu, on ne reçoive un ordre supérieur qu'après avoir été éprouvé durant un an dans les fonctions de l'ordre inférieur ; mais il n'est pas nécessaire que cette année soit composée de douze mois entiers ; il suffit que ce soit une année ecclésiastique ; par exemple, depuis les quatre temps de décembre d'une année, jusqu'aux quatre temps de décembre de l'année suivante.

Le concile de Trente, aux endroits cités, confirme aux évêques le pouvoir de dispenser des *interstices*, et il résulte des termes dont ce concile se sert, que par rapport aux *interstices* d'un ordre moindre à l'autre, c'est entièrement à l'arbitrage de l'évêque, que du dernier ordre moindre reçu, jusqu'au premier ordre sacré, ou du sous-diaconat au diaconat, il y ait ou la nécessité ou l'utilité de l'Église, et que du diaconat à la prêtrise, il y ait l'un et l'autre. Cette nécessité s'entend du besoin de prêtres pour le salut des âmes, et l'utilité des plus grands talents de l'ordinand et la gloire de Dieu.

Cette disposition du concile de Trente n'est pas négligée par les évêques, quoiqu'il n'y ait aucune peine attachée à l'ordination faite contre la loi des *interstices*. On dit seulement que le clerc qui se fait ainsi ordonner prématurément, pèche s'il n'avertit son évêque du temps de sa dernière promotion. (Barbosa, *de offic. et potest. episc. alleg.* 18.) Les décrétales des papes ont prononcé la suspense contre ceux qui se feraient ainsi ordonner.

Le pouvoir de dispenser des *interstices*, passe aux grands vicaires avec celui d'accorder des dimissoires. Le chapitre a aussi la même faculté, le siège vacant. (Barbosa, *loc. cit.* n. 6. Fagnan, *in c. De eo, de temp. ordin.*) Mais les supérieurs réguliers n'ont pas le pouvoir de dispenser leurs religieux de cette règle, ils peuvent seulement s'employer pour cela auprès des évêques. Miranda soutient le contraire (*Man. Prælat.* tom. 1, qu. 38).

Quand les évêques n'ont point de causes légitimes pour dispenser des *interstices*, on s'adresse alors au pape, et l'on obtient de Sa Sainteté une dispense *pro devotione oratoris*. Cette dispense est très-familière, selon ce que nous apprend Corradus (*De dispens. lib.* IV, *cap.* 4, *n.* 2). Les officiers de la chancellerie l'appellent, *in temporibus*, par opposition à celle qui est accordée pour être ordonné hors du temps prescrit, et qu'on appelle *extra tempora*. (*Voyez* EXTRA TEMPORA).

Le chapitre, et encore mieux la glose du chapitre *Ex eo, de temp. ordin.* décident qu'on peut conférer tous les ordres mineurs en un seul jour : *Et sic videtur*, dit la glose, *quod omnes minores possit aliquis simul recipere ex eo quod dicit, potest promovere unum ad minores : quia quod indeterminate dixit ad minores, de omnibus potest intelligi.*

Le concile de Trente ne contredit pas cette décision, quoiqu'il exige des *interstices* entre les ordres mineurs, parce qu'en laissant à cet égard les choses à la disposition des évêques, il est à présumer qu'en aucun cas et en aucun temps ces prélats n'useront d'une telle faveur envers un clerc, que pour de justes causes. (Fagnan, *in c. De eo, de temp. ordin.*) Mais il est défendu par le chapitre *Cum lator, de eo qui furtive ordin.* de recevoir les quatre mineurs et le sous-diaconat en un même jour. Quelques diocèses fournissent par une coutume irrégulière et abusive, suivant Fagnan en l'endroit cité, des exemples contraires à la décision de ce chapitre.

Quant aux ordres sacrés, il n'y a aucune coutume, ni aucun privilége, suivant le concile de Trente, qui autorise de les recevoir deux le même jour : *Duo sacri ordines non eodem die, etiam regularibus conferantur : privilegiis ac indultis quibusvis concessis, nonobstantibus quibuscumque* (Sess. XXIII, ch. 13, *de Reform.* ; *c. Litteras* ; *c. Dilectus, de tempor. ordin.* ; *cap. Innotuit, de eo qui furtiv. ordin.*). Ces défenses n'ont pas empêché les papes d'accorder à certains ordres religieux des priviléges contraires.

Rien de plus sage que les motifs de la loi des *interstices*. Il faut que les ministres de l'Église aient le temps de se former aux fonctions de leurs ministères, de se remplir de l'esprit de leur état, et que leurs supérieurs aient celui d'éprouver leur piété et leurs talents, afin, comme a dit saint Jérôme, qu'on ne devienne pas, *miles antequam tyro, prius magister quam discipulus*.

INTESTAT.

On appelle *intestat* celui qui meurt sans faire de testament, *intestatus*. On distingue l'*intestat* de fait et de droit. L'*intestat* de fait est celui qui meurt sans faire effectivement de testament. L'*intestat* de droit est celui qui fait un testament nul. On regardait autrefois comme infâmes ceux qui mouraient *intestats*, parce qu'ils n'observaient pas les canons des conciles qui ordonnaient aux moribonds de donner une partie de leurs biens à l'Eglise ou aux pauvres. On privait même de l'absolution, du viatique et de la sépulture ceux qui manquaient à ce devoir. Mais il y a longtemps que cette discipline n'est plus en usage.

INTOLÉRANCE.

L'*intolérance* consiste à n'avoir aucune communion en fait de religion, de prières, de service divin, avec ceux qui n'obéissent point à l'Eglise romaine.

INTRONISATION.

L'*intronisation* est l'installation dans la chaire épiscopale qui est faite en forme de trône élevé et couvert d'un dais, comme le trône des princes.

Après la consécration de l'évêque par l'archevêque, celui-ci envoyait autrefois un de ses suffragants avec la personne élue à l'évêché; le suffragant faisait asseoir l'élu dans son trône le premier jour, et après trois mois de résidence, l'archevêque dans sa visite le remettait entre les mains de l'archiprêtre et de l'archidiacre pour examiner s'il était bien instruit dans la discipline et les usages de son évêché, et après cette information il y était confirmé. C'est ce qui se voit dans le LXXIe chapitre des canons arabiques faits en 325, et qu'on attribue au concile de Nicée, bien que l'on sache que ce concile ne fit que vingt canons. C'était là ce qu'on appelait *intronisation*; elle ne convenait qu'aux bénéficiers à charge d'âmes et aux évêchés.

Cette cérémonie de l'*intronisation* s'est conservée en plusieurs diocèses à l'égard des évêques, mais dans un plus grand nombre par rapport aux curés (*Voyez* INSTALLATION).

Le septième canon du concile de Latran, tenu en 1179, condamne comme un abus d'exiger quelque chose pour l'*intronisation* des évêques.

INTRUS, INTRUSION.

On appelle *intrus* celui qui s'est mis en possession d'une dignité ou d'un office, sans titre canonique. *Intrusus dicitur qui præter auctoritatem superioris ad quem pertinet collatio, beneficium est ingressus.* (*C. Quia diversitatem de concess. præb.; C. Ex frequentibus de institut.; C. Cum venissent de re integr. rest.*) L'*intrusion* est l'acte même d'usurpation dont se rend coupable l'*intrus*.

A prendre les mots d'*intrus* et d'*intrusion* dans leur signification originaire, on ne doit les concevoir qu'en se formant l'idée d'une usurpation dont l'histoire nous donne de trop fréquents exemples. Nous ne rapporterons point ici les nombreux monuments de la tradition à cet égard, nous nous contenterons de rappeler l'*intrusion* qui fut la suite de la constitution civile du clergé (*Voyez* ce mot). Le souverain pontife Pie VI, dans un bref qu'il publia, le 13 avril 1791, à l'occasion du schisme de France, s'exprimait ainsi, aux applaudissements de toute l'Église: *Declaramus electiones prædictorum* (c'est-à-dire, faites en vertu de la constitution civile du clergé), *illegitimas, sacrilegas et prorsus nullas fuisse... declaramus ac decernimus nefarias eorumdem consecrationes esse omnino illicitas, illegitimas, sacrilegas et factas contra sanctorum canonum sanctiones, ac proinde eosdem temere nulloque jure electos, omni ecclesiastica et spirituali jurisdictione pro animarum regimine carere.... Præcipientes dictis electis et eligendis, sive in episcopos, sive in parochos, ne ullo modo se pro episcopis, sive parochis, sive vicariis gerant... et ne jurisdictionem ullam, proque animarum regimine auctoritatem facultatemve sibi arrogent sub pœna suspensionis et nullitatis, a qua quidem suspensionis pœna nemo ex hactenus nominatis poterit unquam liberari, nisi per nos ipsos, aut per eos quos apostolica sedes delegaverit.*

Le même souverain pontife, Pie VI, dans des brefs datés du 26 septembre 1791 et 16 décembre 1793 répondit : « Qu'il n'était pas permis aux fidèles, soit les jours fériés, soit les dimanches, ou fêtes de précepte, d'assister à une messe célébrée par un curé ou un simple prêtre qui auraient prêté serment à la constitution civile du clergé; qu'ils ne devaient point assister aux vêpres ou autres prières publiques présidées par des prêtres jureurs, puisqu'il avait été expressément défendu par Sa Sainteté, dans son bref apostolique du 9 mars 1792, de communiquer en quelque manière que ce soit, mais surtout *in divinis*, avec les *intrus* et les réfractaires, quelque nom qu'on leur donne;

« Que les fidèles ne pouvaient aller trouver un *intrus* pour le sacrement de baptême, excepté le cas d'une extrême nécessité, et qu'il fût impossible de trouver un autre prêtre qui pût baptiser;

« Qu'il n'était point permis aux fidèles de tenir un enfant sur les fonts sacrés dans un baptême administré par un prêtre jureur ou un curé *intrus*;

« Que les femmes, après leurs couches, ne devaient point se présenter devant un curé ou un prêtre assermenté;

« Qu'on ne devait point blâmer la méthode de certains évêques français qui avaient permis aux fidèles de pouvoir recevoir le sacrement de pénitence à l'article de la mort, ou dans un danger pressant, des prêtres jureurs et même des curés *intrus*, mais à défaut de tout autre prêtre catholique;

« Mais qu'il n'était pas permis de demander à un curé *intrus* l'absolution et la communion, dans quelque temps que ce soit de l'année, mais surtout au temps pascal;

« Qu'il n'était pas permis de se présenter devant un curé *intrus* pour le mariage; »

(Plusieurs évêques de France avaient d'abord pensé le contraire, parce que le curé avait conservé sa juridiction; mais, selon Pie VI, c'eût été communiquer *in divinis* avec les schismatiques. De là, lorsque le recours au propre prêtre était censé impossible, le mariage, en son absence, devait être néanmoins estimé célébré validement.)

« Que les fidèles devaient fléchir les genoux devant les hosties consacrées, même par des *intrus*. Mais de peur qu'ils ne parussent communiquer en cela avec les schismatiques, qu'on devait recommander aux fidèles d'éviter les occasions de se rencontrer avec les prêtres *intrus*, lorsqu'ils portaient le saint sacrement. »

Les prêtres *intrus* sont obligés de rétracter leurs erreurs. (*Voyez* ABJURATION.)

On distingue trois espèces d'*intrusion* : la première consiste à se mettre en possession d'un bénéfice ou office, sans en avoir ni demandé, ni obtenu aucun titre; la seconde, à se mettre en possession avec un titre non seulement vicieux, mais absolument nul, et dont le vice est tel qu'il ne peut jamais être couvert par la possession triennale et paisible; la troisième consiste à prendre possession, sans en avoir obtenu les lettres de *visa* de l'ordinaire, dans le cas où ces lettres sont nécessaires.

I. Il n'est point d'*intrusion* plus formelle que celle de la première espèce, celle d'un homme qui, sans aucune sorte de titre, sans l'avoir même demandé, se met en possession d'un bénéfice. Si, au défaut de titre, l'*intrus* ajoute la violence, son *intrusion* sera alors dans le caractère de celles que commettaient autrefois les hérétiques, dans le trouble qu'avait excité leur hérésie, et les schismatiques de la constitution civile du clergé. Ce sera de cet *intrus* qu'il faudra entendre la qualification de voleur et d'usurpateur, que donnent les canons à ceux qui s'emparent violemment des bénéfices. *Tales dicuntur invasores et fures*. (*C. Ordinationes* 9, qu. 1; *C. Scire* 7, qu. 1; *C. Inter hæresim* 24, qu. 3.)

Les archidiacres étaient ordinairement chargés de desservir ou de faire desservir les cures vacantes, et de veiller à ce qu'elles ne demeurassent pas longtemps sans pasteur. La cupidité en séduisait quelques-uns. Après la mort des curés, ils s'en appropriaient les revenus, comme s'ils en eussent été les véritables titulaires. Le pape Alexandre III se plaignit de cet abus, comme d'une *intrusion*. *Ad aures nostras pervenit quod quidam archidiaconi tui in ecclesias quæ in tuis archidiaconatibus vacant, auctoritate propria se intrudere non verentur*, etc. (*Cap. Ad aures de excess. prælat.*).

II. Se mettre en possession d'un bénéfice sans titre, ou ne se parer que d'un titre faux, c'est à peu près la même chose, si, dans l'un ou l'autre cas, on n'exerce aucune violence. Par faux titre, l'on doit entendre ici, non pas un titre fabriqué à l'imitation d'un légitime, qui serait un crime de faux, digne de peines grièves, mais un titre qui est absolument nul et sans couleur, nul dans son principe, et tel que l'on puisse lui appliquer cette règle de droit : *Quod ab initio non valet, tractu temporis convalescere nequit*.

Plusieurs appellent *intrus*, mais improprement, le bénéficier qui garde son bénéfice, après en avoir encouru la privation, *ipso jure*, par le crime ou autrement.

III. Quant à la troisième espèce d'*intrusion*, qui consiste à prendre possession d'un bénéfice, sans le *visa* de l'ordinaire, sur une provision en forme commissoire, nous en parlons sous le mot VISA.

L'*intrus* est tenu non-seulement de restituer les fruits qu'il a perçus, mais aussi ceux dont il pouvait jouir, et si le titulaire vient à mourir, son droit ne devient pas meilleur par cette mort; le successeur du légitime possesseur rentre dans ses droits, tels qu'il les possédait au jour de son décès. (*C. Cum jam dudum de præb.; C. Quia in vivorum de concess. præb.; C. Quia judiciis.*)

L'*intrusion* emporte une incapacité perpétuelle à celui qui est *intrus*, de posséder le bénéfice dans lequel il est *intrus*. Il est aussi incapable d'en posséder aucun autre, selon les canonistes, qui disent que l'*intrusion* produit l'irrégularité, et l'irrégularité produit l'inhabilité générale aux bénéfices.

INVESTITURE.

Le mot d'*investiture* vient du latin *investire*, qui signifie vêtir ou orner; c'est pour cela qu'investir et inféoder sont synonymes, et signifient l'un et l'autre mettre en possession et revêtir du fief celui qui prête le serment de fidélité au prince ou au seigneur dominant.

L'*investiture* en général, dit M. l'abbé Gosselin (*Pouvoir du pape, part.* II, ch. IV, art. 2, § 1), dans le style des auteurs du moyen âge, est la tradition ou la mise en possession d'un fief ou d'un bien-fonds, donné par un seigneur suzerain à son vassal. Cette tradition se faisait communément par quelque action symbolique, qui exprimait la cession faite du fief ou bien-fonds au nouveau propriétaire; par exemple, par la présentation d'une pierre, d'une branche d'arbre, d'un morceau de gazon, ou de tout autre objet dont l'usage avait été introduit par le caprice des coutumes locales.

Depuis que les princes eurent doté les évêchés et les abbayes, en leur assignant des fiefs ou des biens-fonds, ils réclamèrent naturellement le droit d'investir les prélats du temporel de leurs évêchés ou de leurs abbayes, comme ils avaient coutume d'en investir auparavant les seigneurs laïques. Les fiefs ecclésiastiques suivaient, à cet égard, la loi des fiefs séculiers; en sorte que les évêques et les abbés, comme les autres seigneurs temporels, ne pouvaient entrer en possession de leurs fiefs qu'après avoir reçu l'*investiture* du prince. Cette *investiture* se faisait, pour les prélats, par la tradition de l'anneau et de la crosse : *Per baculum et annulum*, emblèmes naturels de la juridiction épiscopale. Pour cet effet, aussitôt qu'une église ou une abbaye devenait vacante, l'anneau et la crosse étaient portés au prince par une députation du chapitre ou de la communauté; et le prince les remettait à celui qu'il avait choisi, avec une lettre qui ordonnait aux officiers laïques de le maintenir dans la possession des terres appartenant à l'église ou à l'abbaye.

Cette cérémonie, en elle-même, n'avait rien que de légitime, en bornant son effet à la collation du temporel attaché aux dignités ecclésiastiques ; mais elle pouvait donner lieu à un grand abus, qui ne tarda pas en effet, à s'introduire en Allemagne. L'anneau et la crosse étant des symboles naturels de l'autorité spirituelle, les princes abusèrent du droit d'*investiture*, pour s'arroger celui de conférer la juridiction spirituelle : ils prétendirent disposer en maîtres souverains des évêchés et des abbayes, comme des dignités séculières, et les distribuer à prix d'argent, au grand détriment des droits et de la discipline de l'Eglise. Telle fut l'origine de la querelle des *investitures* ; l'Eglise les avait tolérées tant qu'elles n'avaient pas gêné la liberté des élections ; mais elle réclama hautement, d'abord par l'organe des souverains pontifes, ensuite par l'organe même des conciles œcuméniques, depuis qu'on les eut fait servir de prétexte à une usurpation manifeste des droits qu'elle a reçus de Jésus-Christ, pour le libre choix de ses ministres (Jager, *Hist. de Grégoire* VII, *introd.*, pag. VI).

Pour éclaircir davantage cette matière, il faut encore distinguer ici la cérémonie de l'*investiture*, d'avec celle de l'hommage et du serment de fidélité. L'*investiture* était, comme on l'a vu, la tradition ou la mise en possession d'un fief donné par le seigneur à son vassal. L'hommage qui précédait ordinairement l'*investiture*, était une profession extérieure de la soumission et du dévouement du vassal envers son seigneur. Pour faire cette profession, le vassal à genoux, la tête nue, les mains placées dans celles de son seigneur, promettait de le servir loyalement et fidèlement, en considération du fief qu'il tenait de lui. L'hommage était ordinairement suivi du serment de fidélité ; mais cette dernière cérémonie n'était pas nécessairement personnelle, comme celle de l'hommage : celui-ci était fait par le vassal en personne, tandis que le serment de fidélité pouvait être fait par procureur.

Ces notions étant supposées, il est important de remarquer que la controverse relative aux *investitures* ecclésiastiques, était tout à fait différente de celle qui regardait l'hommage et le serment de fidélité. Il y eut à la vérité, depuis le pontificat de Grégoire VII, des contestations assez vives entre les deux puissances, sur ces deux dernières cérémonies, aussi bien que sur la première ; mais le principal sujet de contestation fut toujours sur les *investitures*, constamment blâmées, même par les papes et les conciles, qui croyaient devoir tolérer, par une sage condescendance, la cérémonie de l'hommage et celle du serment de fidélité.

Le premier pape qui contesta le droit d'*investiture* aux souverains, fut Grégoire VI, l'an 1045 ; mais saint Grégoire VII, qui monta sur le siége apostolique l'an 1073, le fit avec beaucoup plus de force. Il excommunia l'empereur Henri IV, et défendit à tout ecclésiastique, sous peine d'excommunication, de recevoir l'*investiture* de la main des princes temporels : *Si quis deinceps*, dit ce pape, *episcopatum vel abbatiam de manu alicujus laicæ personæ susceperit, nullatenus inter episcopos vel abbates habeatur : nec ulla ei, ut episcopo seu abbati, audientia concedatur. Insuper ei, et gratiam beati Petri, et introitum ecclesiæ interdicimus, quousque locum, quem sub crimine tam ambitionis quam inobedientiæ, quod est scelus idololatriæ, cepit, resipiscendo non deserit. Similiter etiam de inferioribus ecclesiasticis dignitatibus constituimus* (cap. 12 ; *Si quis deinceps, caus.* 16, *qu.* 7).

Victor III et Urbain II, successeurs immédiats de saint Grégoire VII, défendirent généralement toutes les *investitures*. On commença sous Paul II à faire une attention particulière sur la cérémonie de la concession du bâton et de l'anneau, et l'on considéra ces ornements comme des marques du pouvoir ecclésiastique, d'où l'on concluait que le prince, en faisant cette cérémonie, semblait donner la puissance spirituelle. C'est ainsi que Paul II s'expliqua dans la conférence qu'il eut à Châlons avec les députés de l'empereur, et c'était le fondement principal de ceux qui regardaient les *investitures* comme une hérésie pire que la simonie. Il y eut un règlement entre le pape Calixte II et l'empereur Henri V qui fut confirmé par le premier concile général de Latran, tenu au mois de mars 1123. Ce règlement portait que « les élections des évêques « et des abbés se feraient en présence et du « consentement des princes ; que dans l'Al- « lemagne, l'évêque élu serait investi par « le sceptre des régales, c'est-à-dire de tous « les biens qu'il tenait de la couronne, avant « d'être consacré, et dans les autres Etats, « pendant les six mois après la consécra- « tion ; que les évêques rendraient aux prin- « ces tous les devoirs et tous les services « qu'ils leur devaient à cause de leurs fiefs « ou de leurs régales. » (Labbe, *Collect. des concil., tom.* X, *pag.* 901).

A l'égard de la France, les rois eurent peu de démêlés avec les papes touchant les *investitures*. Cette contestation fit plus de bruit en Angleterre ; mais enfin on s'y conforma au règlement de Calixte II.

On voit, d'après cela, quelle était l'importance de la question des *investitures* si long temps agitée entre les deux puissances, avec une chaleur que nous avons aujourd'hui tant de peine à comprendre. L'objet de cette question n'était pas *une cérémonie indifférente*, comme le supposent, à la suite de Voltaire (*Essai sur l'Hist. gén., tom.* I, *ch.* 46), des écrivains légers et superficiels. Il faudrait ignorer complètement l'histoire de cette controverse, pour en avoir une pareille idée. Il résulte, au contraire, de tous les détails de cette histoire, que jamais aucune controverse ne fut d'un plus grand intérêt, dans l'ordre de la religion. « Les empereurs, dit Bossuet (*Defens. declar. lib.* III, *cap.* 12), abusaient de l'usage des *investitures* pour vendre les évêchés, et réduire l'Eglise de Jésus-Christ à une éternelle servitude. »

Il ne s'agissait donc ici de rien moins dit

M. Gosselin, dans le savant ouvrage déjà cité, que de la liberté essentielle à l'Eglise dans son gouvernement, et particulièrement dans le choix de ses ministres ; il s'agissait de la religion tout entière, dont le sort dépend principalement de ce choix ; d'où il suit que les papes, en sauvant les droits de l'Eglise, dans la querelle des *investitures*, ont sauvé la religion elle-même, comme ils l'eussent infailliblement perdue, en fléchissant sur un point si essentiel.

« Certes, dit à ce sujet le comte de Maistre,
« ce n'était pas une vaine querelle que celle
« des *investitures*. Le pouvoir temporel me-
« naçait ouvertement d'éteindre la supréma-
« tie ecclésiastique. L'esprit féodal qui do-
« minait alors, allait faire de l'Eglise, en Al-
« lemagne et en Italie, un grand fief relevant
« de l'empereur... Ce prince vendait publi-
« quement les bénéfices ecclésiastiques. Les
« prêtres portaient les armes ; un concubi-
« nage scandaleux souillait l'ordre sacerdo-
« tal ; il ne fallait plus qu'une mauvaise
« tête pour anéantir le sacerdoce, en propo-
« sant le mariage des prêtres comme un re-
« mède à de plus grands maux. Le saint-
« siège seul put s'opposer au torrent, et met-
« tre au moins l'Eglise en état d'atteindre,
« sans une subversion totale, la réforme qui
« devait s'opérer dans les siècles suivants...
« Les papes ne disputaient point aux empe-
« reurs l'*investiture* par le sceptre, mais seu-
« lement l'*investiture* par la crosse et l'an-
« neau. Ce n'était rien, dira-t-on. Au con-
« traire, c'était tout. Et comment se serait-
« on si fort échauffé de part et d'autre, si la
« question n'avait pas été importante ? Les
« papes ne disputaient pas même sur l'élec-
« tion, comme Maimbourg le prouve par
« l'exemple de Suger (*Hist. de la Décad. de
« l'Emp.*). Ils consentaient de plus à l'*in-
« vestiture* par le sceptre ; c'est-à-dire
« qu'ils ne s'opposaient point à ce que les
« prélats, considérés comme vassaux, re-
« çussent de leur seigneur suzerain, par
« l'*investiture* féodale, ce *mere et mixte em-
« pire* (*merum et mixtum imperium*), pour
« parler le langage féodal, véritable essence
« du fief, qui suppose, de la part du seigneur
« féodal, une participation à la souverai-
« neté, payée envers le seigneur suzerain
« qui en est la source, par la dépendance
« politique et la loi militaire. Mais ils ne
« voulaient point d'*investiture* par la crosse
« et par l'anneau, de peur que le souverain
« temporel, en se servant de ces deux signes
« religieux, pour la cérémonie de l'*investi-
« ture*, n'eût l'air de conférer lui-même le
« titre et la juridiction spirituels, en chan-
« geant ainsi le bénéfice en fief ; et sur ce
« point, l'empereur se vit, à la fin, obligé de
« céder. En un mot, c'en était fait de l'E-
« glise, humainement parlant ; elle n'avait
« plus de forme, plus de police, et bientôt
« plus de nom, sans l'intervention extraor-
« dinaire des papes qui se substituèrent à
« des autorités égarées ou corrompues, et
« gouvernèrent d'une manière plus immé-
« diate pour rétablir l'ordre. » (De Maistre,
Du pape, liv. II, chap. 7, col. 336-360, passim., édit. Migne.)

Tel est le jugement porté de la controverse des *investitures*, non-seulement par des écrivains catholiques, mais par des auteurs protestants, que de profondes études ont conduits à juger les papes du moyen âge avec une modération qu'on regrette de ne pas trouver dans certains auteurs catholiques (Voigt. *Hist. de Grég.* VII, liv. IV, pag. 133 ; Hurter, *Hist. d'Inn.* III, tom. I, pag. 123).

On trouve, dans le droit canon, le mot *investiture* employé pour la mise en possession ou l'installation (*C. Cum olim, de re jud.* ; c. *Uxore de iis quæ fiunt a præs.*) (*Voyez* INSTITUTION, PROVISION).

INVOCATION DES SAINTS.

L'invocation des saints est une pratique qui a toujours été en usage dans l'Eglise, et qui est de tradition apostolique. *Voyez* sous le mot IMAGE ce qu'en dit le concile de Trente dans sa session XXV.

IRRÉGULARITÉ.

L'irrégularité est un empêchement canonique qui rend incapable de recevoir les ordres et de faire les fonctions de ceux qu'on a reçus (*Can. Curandum ; can. Si quis uxor, dist.* 34 ; can. *Quæsitum de tempor. ordin.*).

La nature de ce mot est une de celles qui, par rapport à la morale, sont traitées fort au long par les théologiens. Comme elle intéresse aussi essentiellement la discipline de l'Eglise, les canonistes s'en sont aussi beaucoup occupés. Nous nous bornerons ici aux règles générales et à une méthode qui nous dispensera d'entrer dans un détail inutile ou étranger à cet ouvrage. Les renvois apprendront néanmoins que nous n'avons pas négligé d'en dire ce qui était nécessaire.

§ 1. *Des* IRRÉGULARITÉS *en général*.

Le terme d'*irrégularité* n'a pas toujours été en usage dans l'Eglise, quoiqu'on y ait toujours connu et pratiqué ce qu'il signifie. « Ce mot, » dit Rousseau de Lacombe,
« ne se trouve point formellement dans les
« anciens canons ; mais, comme ils ont
« donné des règles pour connaître ceux qui
« doivent être ordonnés, ou qui n'ont point
« les qualités requises pour l'être, l'*irrégu-
« larité* n'est autre chose que d'être ou de
« n'être pas conforme à la règle. » Le pape Innocent III est le premier qui se soit servi du mot *irrégularité*, mais d'une manière à faire comprendre qu'il était usité de son temps, du moins par rapport à l'*irrégularité* procédant du défaut : car *irrégularité* veut dire qu'on est atteint de certains défauts contraires au canon, c'est-à-dire à la règle ; on l'a ensuite appliqué à ceux qui ont commis certains crimes marqués par les canons : *Tales regula non admittit*, dit le canon 9 du concile de Nicée, parlant de ceux qui, étant ordonnés prêtres sans examen, se confessent ensuite des péchés commis avant leur ordination. Par où l'on voit clairement

que dans la suite on a pu déclarer *irréguliers* ceux que la règle n'admet pas aux ordres, ou qu'elle exclut du clergé après l'ordination.

L'*irrégularité* n'est point une censure ni une peine semblable à la déposition. Elle diffère de la censure, 1° en ce qu'elle regarde les ordres comme ordres, et la censure les regarde comme communication de biens ; 2° il y a des *irrégularités*, *ex defectu*, il n'y a point de censures, *ex defectu*; 3° l'ignorance invincible excuse de la censure, mais elle n'excuse pas de l'*irrégularité*; 4° il n'y a point d'*irrégularité ab homine*, il y a des censures *ab homine* ; 5° il n'y a point de censures occultes dont l'évêque ne puisse absoudre, il y a des *irrégularités* cachées, soit *ex delicto*, soit *ex defectu*, dont l'évêque ne peut dispenser ; 6° la censure est une peine médicinale, l'*irrégularité* est un empêchement canonique qui rend inhabile à la tonsure et aux ordres, ou à en exercer les fonctions même après la pénitence; si les censures, comme l'excommunication, la suspense et l'interdit, empêchent aussi les fonctions de l'ordre, ce n'est qu'indirectement, *et per consequentias*; 7° tout supérieur qui a juridiction au for extérieur peut ordonner des censures, mais il n'y a que le concile général et le pape qui puissent établir des *irrégularités;* 8° enfin l'*irrégularité* ne peut être appelée nulle, invalide, injuste, etc., comme la censure.

A l'égard de la déposition, on peut en remarquer les différences par ce qui est dit sous le mot DÉPOSITION.

La propre et unique fin prochaine de l'*irrégularité* est de conserver aux saints ordres le respect qui leur est dû. C'est pour cela que l'Église ne s'est pas contentée d'exclure des ordres ceux que leurs crimes en rendent indignes ; elle a encore voulu en éloigner ceux que certains défauts de conformation dans le corps rendent incapables de les exercer avec décence. De là cette distinction principale des *irrégularités*, en celles qui viennent de quelque défaut, *ex defectu*, et celles qui procèdent de quelque crime, *ex delicto*.

On fait encore une distinction d'*irrégularités* en totales et particiles. Les premières privent de tout ordre et de toutes les fonctions des ordres ; les autres ne regardent pas tous les ordres, mais seulement un certain ordre, ou n'excluent pas un clerc de l'exercice de ses ordres en entier, mais seulement de quelques fonctions.

Cette distinction pourrait être désavouée par rapport à la promotion aux ordres, qui ne souffre point de partage ; mais elle est toujours juste par rapport à l'exercice des ordres. Cependant on trouve de quoi l'autoriser en général par divers textes du droit canon, tels que le chapitre *Ex litteris, de cleric. non ordin. ministr.*; can. *Si evangelica* dist. 55; can. 16, dist. 34; c. 4, *de cleric. percuss.*; c. *Presbyterum, de cleric. ægrot. et debilit.*

Il n'y a point de doute à l'égard des bénéfices dont l'*irrégularité* ne prive pas absolument, la privation n'étant pas expressément prononcée par le droit ; c'est-à-dire qu'on peut être irrégulier pour exercer les ordres reçus, et capable en même temps de posséder des bénéfices. Mais il faut observer que l'*irrégularité*, pour la promotion aux ordres, rend inhabile pour l'obtention des bénéfices.

On peut faire une autre distinction des *irrégularités* : les unes sont perpétuelles, les autres temporelles ou momentanées. Les premières ne peuvent cesser que par la dispense, comme est l'*irrégularité* qui vient de l'homicide ou du défaut de naissance; les secondes peuvent finir par le laps du temps, comme est celle qui vient du défaut d'âge ou d'étude. Au surplus, c'est une règle que l'*irrégularité* n'est pas sujette aux lois de la prescription.

L'*irrégularité* ne peut être établie que par le concile général ou par le pape. Gibert établit cette règle sur l'autorité du fameux chapitre *Is qui* 18 *de sent. excom. in* 6°, dont voici la teneur : *Is qui in ecclesia sanguinis aut seminis effusione polluta, vel præsentibus majori excommunicatione nodatis, scienter celebrare præsumit, licet in hoc temerarie agat, irregularitatis tamen cum id non sit expressum in jure, laqueum non incurrit.* C'est-à-dire, qu'aux termes de cette décrétale du pape Boniface VIII, il n'y a point d'*irrégularité* qui ne soit exprimée par le droit canonique. Un évêque ne pourrait donc point établir ou imposer pour peine une *irrégularité* ; il ne peut que faire exécuter la loi qui prononce l'*irrégularité*, en obligeant celui qui l'a encourue à s'abstenir des ordres qu'il n'a pas, ou des fonctions de ceux qu'il a déjà. Nous avons donc eu raison de dire que toutes les *irrégularités* sont *a jure*, et ne peuvent être appelées *nulles, injustes*, etc.

La coutume générale de l'Église peut établir des *irrégularités*, ce qui n'est pas contraire au chapitre *Is qui*, dont les termes peuvent s'appliquer au droit écrit et non écrit. Mais comme il ne paraît pas qu'une telle coutume ait introduit une telle *irrégularité*, on ne doit recevoir aucun cas d'*irrégularité* qui ne soit exprimé dans le droit.

Or, voici les règles qu'on s'est formées pour l'intelligence de certaines expressions, où il y a lieu de douter si le droit prononce une *irrégularité* non de nouveau genre, mais de même espèce, surtout dans les anciens canons faits dans un temps où le mot d'*irrégularité* n'était pas encore employé.

La première de ces règles est que, quand les paroles du texte du droit, qui prononcent quelque peine, sont obscures et ambiguës, en sorte qu'elles ne signifient pas plus l'*irrégularité* qu'une autre peine, mais qu'on les peut aussi bien expliquer de quelque censure que de l'*irrégularité*; alors on ne peut pas dire qu'il y ait une *irrégularité*, par ce texte du droit, puisqu'elle n'y est pas expressément portée.

La seconde, que toutes les fois que le droit ne prononce pas une peine qui s'encourt par le seul fait, qui doit être prononcée par un juge, *quando*, disent les canonistes, *jus non continet sententiam latam, sed ferendam*, on ne doit pas entendre par cette peine l'*irrégularité*, puisqu'un juge n'a pas le pouvoir de l'imposer.

La troisième règle est que si le droit fait seulement défense d'exercer les fonctions des ordres qu'on a reçus, il est censé prononcer une suspense ou la déposition, et non une *irrégularité*, à moins qu'il n'y ait quelques autres paroles jointes, dont on puisse inférer le contraire. La raison est que l'*irrégularité* tend directement à empêcher la promotion aux ordres, et la suspense à en interdire les fonctions.

Une quatrième règle est que, lorsqu'il est marqué qu'un empêchement se contracte sans péché, il est évident que c'est une *irrégularité* et non une suspense, parce que la suspense ne s'encourt point sans avoir commis quelque faute, au lieu que l'irrégularité se contracte souvent sans aucun péché.

Cinquième règle : quand il est dit dans le droit canonique qu'un défaut, ou qu'un crime exclut pour toujours un homme de l'entrée aux ordres ou aux bénéfices, on doit juger que cela marque une *irrégularité* qui est établie par cette expression même comme les suivantes : *Non potest fieri presbyter aut diaconus aut prorsus eorum qui ministerio sacro deserviunt* (Can. *Si quis potest acceptum*). *Clericus non ordinandus est* (can. *Maritum*). *Ad superiorem sacri regiminis gradum ascendere non possunt* (can. *Si clerici distinctione* 33). *Ad ministerium ecclesiasticum admitti non potest* (can. *Si cujus*). *Clericus non debet esse* (can. *Cognoscamus ad clerum*; can. *Si quis viduam*). *Ad sacerdotis officium non poterit promoveri* (Capite *de clerico non ordinato ministr.*).

Sixième règle : Les expressions qui ne permettent la promotion aux ordres ou aux bénéfices que par grâce ou par une dispense comme celle-ci, *de beneficio misericorditer agatur cum eo* (cap. *Ex litteris, de clerico non ordinato ministrante*) marquent qu'il y a en ce cas une *irrégularité*. En un mot, les expressions qu'on trouve dans le droit canon, et qui signifient un empêchement canonique aux ordres, encouru sans sentence de juge, marquent que c'est une *irrégularité*.

Il y a encore des expressions qui marquent la défense d'exercer les ordres déjà reçus, ou la grâce de les exercer; par exemple : *Ad administrandum non accedat.... ab altaris ministerio abstineat.... in sacris ordinibus non debet ministrare... non possunt secundum canones sacerdotii jura concedi.... de misericordia cum ministrare permittas.... cum eis de nostra licentia dispensare poteris, ut in susceptis ministrent... beneficia retinere non valent nisi cum eis misericorditer dispensetur.... cum eo misericorditer agi possit ut divina valeat celebrare* (c. 2 *de cleric. pugn. indult.*, c. 2, 3 *De eo qui furtive*, etc.; c. 10, 12, 19, 24 *de homicid.*; c. 13, dist. 55; c. 1, *de cler. per sal. prom.*).

§ 2. Des IRRÉGULARITÉS *en particulier.*

Nous venons de dire qu'on divise les *irrégularités* en celles qui naissent du crime, *ex delicto*, et en celles qui viennent d'un défaut, *ex defectu*; cette division qui est la principale, sert ordinairement de règle pour traiter toutes les espèces particulières d'*irrégularités*; nous la suivrons donc après avoir remarqué quelques différences qui se rencontrent entre les *irrégularités ex delicto*, et les *irrégularités ex defectu* : 1° Celles-ci sont ordinairement involontaires, et, il n'y a point d'*irrégularités ex delicto* qui ne soient volontaires. 2° L'*irrégularité ex delicto* ne finit que par la voie de la dispense : il y a des *irrégularités ex defectu*, qui finissent en plusieurs autres manières. 3° Le défaut d'où vient l'*irrégularité ex defectu* cessant, l'*irrégularité* cesse aussi souvent; au lieu que l'*irrégularité ex delicto* ne finit jamais avec le péché auquel elle est attachée, par la seule cessation du péché. 4° L'*irrégularité ex defectu* ne prive jamais des bénéfices déjà obtenus; l'*irrégularité ex delicto* en prive quelquefois. 5° L'évêque peut dispenser de toute *irrégularité ex delicto*, quand elle est occulte, excepté celle de l'homicide; il ne peut pas communément dispenser des *irrégularités* occultes qui viennent *ex defectu*. 7° L'*irrégularité ex defectu* n'est point une peine, mais un empêchement; l'autre au contraire est une peine et un empêchement tout ensemble.

Les *irrégularités* qui naissent du crime, sont fondées sur l'autorité de saint Paul qui instruisant son disciple Tite des qualités nécessaires à ceux qu'on élève au ministère sacré, exige qu'ils aient vécu sans crime : *Reliqui te Cretæ, ut ea quæ desunt corrigas, et constituas per civitates presbyteros. Si quis sine crimine est* (Ad Tit. I); et ailleurs, écrivant à Timothée, (cap. III), *Nullum crimen habentes*. Ce qui signifie, suivant saint Augustin (in *Joan.*, *Tract.* 41), sans aucune faute grière et mortelle.

Les conciles de Nicée, d'Elvire et d'autres anciens conciles, ont fait des canons qui portent l'exclusion des ordres contre ceux qui sont coupables de certains crimes : ce qui prouve bien clairement que de tout temps l'Église, conformément à la doctrine de saint Paul, a eu soin d'éloigner de ses autels, ceux qui par leurs crimes se sont rendus indignes d'en approcher. Il y a à ce sujet une infinité de preuves qu'il serait trop long de déduire ici. Il est aussi prouvé que l'Église a également reconnu dans les premiers siècles des *irrégularités* qui venaient des défauts.

Le quatrième concile de Tolède, tenu en 589, dit, canon 19 : « Nous croyons être obligés de marquer ceux qui, selon les règles des canons, ne doivent point être clercs ni élevés au sacerdoce. Ce sont ceux qui ont été surpris dans quelque crime, qui après s'en être confessés en ont fait une pénitence publique, qui sont notés de quelque infamie; ceux qui sont tombés dans l'hérésie ; qui y ont été baptisés; ceux qui ont été rebaptisés; ceux qui se sont eux-mêmes mutilés; ceux qui ont été mariés deux fois; qui ont épousé en premières noces une veuve, une femme abandonnée par son mari, une fille débauchée; ceux qui ont eu des concubines, les esclaves, les inconnus, les néophytes; ceux qui sont engagés dans la milice et dans les charges de judicature; enfin les ignorants. » (Thomassin *Discipl. de l'Eglise*, part. I, *liv.* II, *ch.* 12.)

L'on voit, par ce canon, sans en rapporter d'autres, que l'on connaissait autrefois les *irrégularités* provenant des défauts, comme celles qui naissent du crime. Voici la discipline présente de l'Eglise à cet égard par rapport aux défauts.

§ 3. IRRÉGULARITÉS *ex defectu*.

On compte dans le droit canon, huit défauts qui rendent *irrégulier*. 1° Le défaut de naissance; 2° le défaut d'esprit; 3° le défaut du corps; 4° le défaut d'âge; 5° le défaut de liberté; 6° le défaut de réputation; 7° la bigamie; 8° le défaut de douceur.

I. *Défaut de naissance* (*Voyez* BATARD, LÉGITIMATION).

II. *Défaut d'esprit*. L'irrégularité qui procède du défaut d'esprit, s'applique à ceux qui manquent des connaissances nécessaires pour s'acquitter des fonctions des saints ordres, que l'ignorance soit l'effet d'une maladie d'esprit, ou de quelque autre cause. On comprend donc sous cette *irrégularité* les malades d'esprit, les ignorants, et ceux dont la foi n'est pas encore suffisamment éclairée.

1° Les fous sont *irréguliers*: l'on voit sous le mot FOLIE, s'ils peuvent se marier. Le pape saint Grégoire parle de l'*irrégularité* des furieux, ainsi que de celle des possédés ou des énergumènes, dans le canon *Maritum*, *dist.* 33, en ces termes: *Neque illum qui in furiam aliquando versus insanivit, vel afflictione diaboli vexatus est*. Il ne faut donc pas que le fou ou le possédé soit habituellement dans la fureur ou dans l'obsession pour être irrégulier; quelques accès que l'on aura eus par le passé, suffisent à la lettre de ce canon, pour être pour toujours exclus des ordres. La raison de cette *irrégularité* est qu'on ne doit pas exposer les choses saintes à la profanation d'une personne dont le caractère n'est pas certain. Ainsi, pour la même raison, les canons de cette même distinction déclarent irréguliers les épileptiques (*C.* 3, 4, 5, *ead. dist.*; *c.* 1, *caus.* 7, *qu.* 2) (*Voyez* ÉPILEPSIE). Toutefois, comme il y aurait une rigueur excessive à désespérer du rétablissement d'un homme en qui la fureur ou l'obsession n'a paru que quelquefois, les mêmes canons laissent à l'évêque le pouvoir de lui permettre l'exercice des ordres qu'il a déjà reçus; mais, quelque parfaite que paraisse la guérison, ces mêmes canons défendent de promouvoir l'affligé aux ordres sacrés, s'il n'en a aucun; sauf, s'il en a déjà quelqu'un, de le promouvoir aux autres: *Si vero Dei misericordia conva-*

luerit, dit le canon 2. cause 7, question 2, *quandoquidem non culpa sed infirmitas est in causa, eum sacrificare jam non interdicimus*.

La folie ne fait pas perdre les bénéfices que l'on a, quoique celui qui est atteint de cette maladie doive s'en démettre dans les intervalles de raison qu'il peut avoir; ou tout au moins, il doit faire desservir son bénéfice par un substitut au gré de l'évêque (*C. Uniq. de cler. ægrot. et debil. in* 6°).

2° Les irréguliers par le défaut de science, sont ceux dont il est parlé sous le mot SCIENCE.

Les néophytes sont irréguliers (*Voyez* NÉOPHYTE); les cliniques aussi; on entend par cliniques, ceux qui, étant malades, se font baptiser dans le lit (*C. Uniq. dist.* 57). Comme autrefois le baptême était souvent différé jusqu'à la maladie par mauvaises vues, les exemples de cette sorte de néophytes étaient assez fréquents; mais depuis que le baptême ne se diffère plus, et qu'il est rare de le voir donner à des adultes, cette espèce d'*irrégularité* n'est presque plus en usage. Tout le fruit qu'on en peut tirer, dit Gibert, c'est de n'admettre ou de n'avancer aux ordres, ceux qu'une maladie aurait convertis, qu'après la même épreuve qu'on exigeait pour ordonner le clinique (*Voyez* CLINIQUE).

III. *Irrégularité du défaut du corps*. Cette *irrégularité* ne s'entend pas ici des défauts du corps produits par la mutilation, mais seulement de ceux qui forment, non un délit, mais un défaut, un vice innocent dans la conformation, *vitium corporis* (*tot. tit. de corpor. vitiat.*). Dans cette acception, Gibert dit, qu'avant le milieu du cinquième siècle, on ne voit pas dans le droit canon que les mutilés soient irréguliers, quoiqu'il faut, dit-il, qu'il se soit fait anciennement des canons pour exclure des ordres ceux qui étaient affligés de quelque défaut du corps. Les canons, et les plus anciens que cet auteur cite pour justifier son opinion, sont ceux de la cinquante-cinquième distinction, où il est beaucoup parlé de la mutilation volontaire.

Les persécutions et les martyres mettaient autrefois beaucoup de ministres au cas de notre *irrégularité*, telle qu'elle est reçue aujourd'hui. Le droit canon a marqué deux conditions, pour qu'un défaut du corps rende irrégulier. L'une des deux suffit (*C.* 2, *de cler. ægrot.*). La première de ces conditions est que le défaut rende tellement inhabile aux fonctions, qu'on ne puisse les faire sans danger, ou qu'on ne puisse point du tout les faire (*C.* 10 *de Renunt.*; *c.* 7, *de corp. vitiat.*; *c.* 6, *de cler. ægrot.*). La seconde condition est, que le défaut rende tellement horrible ou difforme, qu'on ne puisse exercer les ordres sans scandale ou sans faire horreur au peuple, *sine scandalo vel populi abominatione* (*C.* 1 *de corpore vitiat.*; *c.* 2, 3, 4, *de cler. ægrot.*; *c.* 5, *dist.* 33. *c.* 2, 7, *quæst.* 2).

De ces deux conditions, il faudrait conclure qu'il n'y a point d'*irrégularité* occulte. *ex defectu corporis*, puisqu'on ne peut cacher les défauts qui empêchent d'exercer les ordres sans danger ou sans scandale. On fait donc mal, dit Gibert, de mettre les eunuques parmi les irréguliers *ex defectu*, s'ils sont nés eunuques, ou qu'ils aient été faits tels par l'ordre des médecins, ou par leurs maîtres, ou par des barbares ; que s'ils se sont faits eunuques par eux-mêmes ou par le ministère d'autrui sans nécessité, ils sont irréguliers *ex delicto* (*Voyez* EUNUQUE).

Voici les défauts du corps auxquels le droit canon a affecté l'*irrégularité*; on y en reconnaîtra quelques-uns qui, par le rapport qu'ils ont avec l'esprit, ont été compris sous l'*irrégularité* précédente.

1° Le manque d'un œil, quel qu'il soit (*Can.* 13, *dist.* 55). Ce n'est donc que par l'usage des dispenses qu'on a distingué l'œil du canon, c'est-à-dire, l'œil du côté du missel au canon de la messe. Ces dispenses portent: *Quoties missam celebrabit, tabellam canonis in medio altaris habere.*

2° L'épilepsie ou mal caduc. *Voyez* ci-devant.

3° Tout défaut de jambe qui empêche de servir à l'autel sans bâton (*C. Nullus de conserc.* 57 *distinc.*).

4° Le manque d'un doigt nécessaire aux fonctions sacerdotales, ou d'une telle partie de ce doigt qu'on ne puisse célébrer solennellement sans scandale : *secus*, s'il n'est pas nécessaire à ces fonctions (*C.* 1, 7, *de corp. vit.*; *c.* 11, *dist.* 55).

5° Une tache considérable dans un œil (*C.* 2, *de corp. vit.*).

6° Le manque d'une main (*c.* 6, *eod. tit.*).

7° Le manque de l'ongle du gros doigt de la main droite, si ce défaut empêche qu'on puisse rompre l'hostie (*c.* 7, *eod. tit.*).

8° Le manque de deux doigts avec la moitié de la paume de la main (*c.* 2, *de cler. ægrot.*).

9° La lèpre (*c. de Rectoribus; c. Tua de cler. ægrot.*).

10° La paralysie (*c. Consultationibus, eod. tit.*).

11° La migraine ou autre mal de tête qui empêche l'application de l'esprit (*c.* 3, *caus.* 7, *quæst.* 1).

12° Les vertiges qui causent de grandes aliénations d'esprit (*c.* 14, 7, *qu.* 1). *Voyez* ci-devant.

Ce sont là tous les défauts du corps qui rendent irrégulier suivant le droit; mais par identité de raison, il peut s'en rencontrer plusieurs autres. Les papes n'ont parlé que de ceux-là, parce qu'on ne les a pas consultés sur d'autres. Quand on dit qu'il n'y a pas d'autres *irrégularités* que celles exprimées dans le droit, cela s'entend du genre et non des individus conformes de l'espèce; il suffit dit Gibert, qu'une des deux conditions dont il a été parlé, puisse être appliquée au défaut dont il s'agit pour qu'on soit véritablement au cas de l'*irrégularité*, quoique le droit ne l'exprime point. D'où il suit :

1° Que toute monstruosité un peu considérable rend irrégulier, si elle est visible ou connue; 2° que l'hermaphrodite est irrégulier, quelque soit le sexe qui domine en lui, car si le mâle y prévaut, il est irrégulier de droit ecclésiastique; si l'autre y prévaut, il est irrégulier de droit divin (*Voyez* HERMAPHRODITE) ; 3° qu'un homme à qui il manque une des lèvres, ou qui l'a notablement fendue, est irrégulier ; 4° qu'un homme qui est tout à fait ou presque aveugle, ou qui a une grande disposition à le devenir, est irrégulier; 5° celui qui a une si grande difficulté de parler, qu'à grand peine il peut prononcer quelques paroles, est irrégulier ; 6° qu'il faut mettre au nombre des défauts corporels qui rendent irréguliers, les maux vénériens, lorsqu'ils défigurent les personnes ; (ces malades méritent d'ailleurs d'être exclus des ordres par leur mauvaise habitude, ou par leur mauvaise réputation, si la cause de leur difformité est publiquement connue) ; 7° que comme les canons obligent les clercs à porter leurs cheveux si courts que les oreilles paraissent, ceux qui ont perdu les deux oreilles, ou même l'une des deux, doivent être irréguliers, parce que le défaut est considérable et manifeste.

Les défauts du corps qui surviennent après les ordres, interdisent les fonctions des ordres, mais ne privent pas des bénéfices (*c.* 5, *de cleric. ægrot.*).

Par rapport à la dispense de cette *irrégularité*, Gibert établit ces trois règles : 1° il est certain que le pape peut dispenser de l'*irrégularité ex defectu corporis*, selon qu'elle est de droit ecclésiastique ; mais il n'est pas aussi certain que le droit réserve ce pouvoir au pape ; 2° quoique nul texte du droit canon ne permette expressément aux évêques de dispenser de l'*irrégularité ex defectu corporis*, on a lieu de croire qu'ils le peuvent (Nous ne pouvons partager ici le sentiment de Gibert, puisque ni le droit ni l'usage ne l'autorisent); 3° l'usage est que le pape seul dispense de l'*irrégularité* du défaut du corps, quand elle est considérable, et qu'il adresse la dispense à l'ordinaire, afin qu'il examine par lui-même, si le défaut est indispensable par une clause conçue en ces termes : *Committatur ordinario qui, inspecto per seipsum et considerato diligenter, dicto defectu, si talis non sit, nec ex eo proveniat difformitas quæ scandalum generet in populo, aut divinis impedimentum præstet, super quo ejusdem ordinarii conscientia oneretur, cum ex eo dispenset.*

Sur cette clause on a remarqué que si le pape renvoie sa dispense à l'évêque pour juger si elle doit produire son effet, inutilement l'obtient-on du pape plutôt que de l'évêque ; mais on répond à cela qu'il y a des défauts qui, en eux-mêmes, peuvent causer du scandale, mais qui étant couverts ou par le mérite de la personne qui les a, ou par la nécessité de l'Église, ne scandalisent pas, et que c'est de ces défauts dont le pape veut et peut dispenser; qu'il y en a aussi qui en certaines personnes prudentes ne sont pas dangereux, quoiqu'ils le soient en eux-mêmes, et que ces défauts sont dispensables.

Corradus, en convenant avec Panorme et le pape Innocent que l'on doit s'en tenir au jugement de l'évêque en ces matières, dit cependant que le pape seul peut accorder dispense de cette *irrégularité*, s'il en était autrement, l'évêque, dit-il, pourrait abuser à cet égard de son pouvoir (*De dispens. lib.* III, *cap.* 6, *n.* 9).

IV. *Défaut d'âge.* Sous le mot AGE, nous disons que le défaut d'âge produit l'*irrégularité*. Nous ajouterons deux observations de Gibert : 1° qu'on ne voit pas que l'Eglise ait fait des lois sur l'âge nécessaire aux ordres avant le quatrième siècle, et que la plus ancienne loi à ce sujet, est le canon 4 de la distinction 78, tiré du concile de Néocésarée, où l'âge des prêtres est fixé à trente ans ; 2° que le pape qui peut seul dispenser des défauts d'âge, ne dispense jamais d'un plus long espace de temps que de celui de deux ans, excepté les princes et les autres personnes d'une haute naissance.

V. *Défaut de liberté.* Gibert applique l'*irrégularité* qui provient du défaut de liberté à quatre sortes de personnes : 1° aux esclaves ; 2° aux curiaux ; 3° aux administrateurs du bien d'autrui ; 4° aux gens mariés.

A l'égard des esclaves, nous n'ajouterons rien à ce qui est dit sous le mot ESCLAVE.

Nous avons parlé des curiaux et de leur *irrégularité* sous le mot COMPTABLE, où nous parlons aussi de l'*irrégularité* des administrateurs du bien d'autrui, appelés et toujours censés comptables jusqu'à ce qu'ils aient rendu leur compte et payé le reliquat.

Quand à l'*irrégularité* des gens mariés, VOYEZ CÉLIBAT, MARIAGE, SÉPARATION.

VI. *Défaut de réputation.* Nous avons traité cette *irrégularité* sous le mot INFAMIE. Elle est d'une nature à tenir du défaut et du délit, elle est *irrégularité ex delicto*, quand c'est le crime qui produit l'infamie ; elle est *ex defectu*, quand on exerce une profession vile.

VII. *Défaut du sacrement ou la bigamie* (*Voyez* BIGAMIE).

VIII. *Défaut de douceur.* Contribuer volontairement et prochainement à un homicide juste, ou à une mutilation aussi juste, mais violente, tel est le défaut de douceur qui, selon le droit canon, rend irrégulier (*c.* 1, *dist.* 51 ; *c.* 24, *de homicid.*).

Le défaut de douceur est donc une *irrégularité* différente de celle que produit l'homicide proprement dit, et qui vient, comme l'on dit, *ex delicto*. Elle s'encourt par ces deux voies : par l'exercice de la justice criminelle et par la profession des armes. Quoiqu'il y ait des homicides nécessaires et casuels qui ne rendent pas irréguliers ceux qui les commettent, on ne peut les appeler justes, parce qu'il n'y a de tel que ceux que la justice autorise dans les formes régulières ; ce que nous allons dire de l'*irrégularité* par le défaut de douceur n'aura donc rien de commun avec ce qui est dit sous le mot HOMICIDE, de l'*irrégularité* encourue *ex delicto* par un individu qui en tue ou en mutile un autre.

L'*irrégularité* du défaut de douceur s'encourt, disons-nous, par deux voies ; par l'exercice de la justice criminelle et par la profession des armes. Cette dernière voie est traitée ailleurs (*Voyez* ARMES). Nous n'avons à parler ici que de l'exercice de la justice, par rapport à tous ceux dont les différentes fonctions, quoique subordonnées, concourent toutes à un homicide ou à une mutilation, d'où s'ensuive cette effusion de sang qu'abhorre l'Eglise : *Discite a me quia mitis sum.*

Nous disons, sous le mot HOMICIDE, que le juge et le soldat ne sont pas exempts d'*irrégularité* en répandant le sang, par la nécessité et dans la justice de leur profession. C'est la disposition des canons 1, 2, 3, 4, 5 de la distinction 51 ; canon 29, cause 23, qu. 8, c. 5, 9 *Ne cler.*, etc. Mais il faut observer que la mort et la mutilation, desquelles résulte effusion de sang, sont les seules peines afflictives qui rendent irréguliers, et que par conséquent les personnes ecclésiastiques ne puissent ordonner (*c.* 4, *de raptorib.*). (*Voyez* PEINES).

Voici les actions que le droit canon défend aux ecclésiastiques, comme contraires à la douceur : d'être juges des causes criminelles où l'on n'a pas promis avec serment de faire grâce au criminel (*can. Sœpe principes* 23, qu. 8) ; de faire ou d'ordonner des mutilations (*Ibid. c.* 5, *Ne cler.*, etc.), de dicter ou de prononcer une sentence de sang (*c.* 9. *Ne cler., vel mon.*). de l'exécuter, d'assister à son exécution, d'écrire des lettres contenant des ordres de sang, d'être capitaine, de conduire des vaisseaux, de combattre et d'y animer les autres (*Ibid.*), d'exercer la partie de la chirurgie qui brûle et qui coupe, même par charité (*Ibid., c.* 9. *Ne cler.*, etc.), de battre et frapper facilement et par colère (*c.* 1, *de Cler. percuss.*), de faire la guerre, de se battre dans une querelle, et s'ils y meurent, on ne doit pas prier pour eux, ni au saint sacrifice, ni dans les autres prières publiques (*c.* 4, *caus.* 23, *qu.* 8) ; de porter les armes sous peine de déposition, encore plus de les prendre dans une ligue, ou une sédition, ou une querelle. (*c.* 5, *caus.* 23, *qu.* 8, *c.* 2, *de vit. et hon.*) ; de veiller nuit et jour contre les pirates qui font des incursions (*c.* 18, *ibid.*) ; de contribuer de près par le conseil à la mort de quelqu'un (*c.* 19, *ibid.*) ; de tuer même dans une guerre juste et offensive (*c.* 14, *de homicid. c.* 36, *dist.* 50).

Nous n'avons rapporté ces différentes actions contraires à la douceur, que pour faire connaître l'esprit de l'Eglise qui, ne parlant dans la plupart des textes cités que des ecclésiastiques, nous apprend sensiblement que les ecclésiastiques sont plus étroitement obligés que les laïques à garder dans leur état la douceur qu'inspire la religion dont ils ont le bonheur d'être les ministres ; en sorte que ces actions, quoique très-expressément défendues aux clercs sous peine de déposition à l'égard de plusieurs, ne produisent pas toutes l'*irrégularité* ; il faut nécessairement pour cela mort ou peine de sang, la procurer ou y contribuer volontairement et prochainement. C'est aussi sur ce fondement que le même droit canon permet expressément aux ecclésiastiques d'appeler à leur secours les princes catholiques contre les ennemis de l'Eglise (c. 2, caus. 23, qu. 8); de conseiller, exhorter, prier, presser de faire la guerre quand elle est nécessaire pour la religion ou pour le temporel de l'Eglise (c. 10, 17, 18, caus. 23, qu. 8); de combattre dans la nécessité, pourvu qu'ils ne tuent pas (c. 3, de cler. percuss., c. 24 de homicid.); (Gibert a essayé de concilier ces canons avec le chapitre 5 de Pœnis, qui apprend que c'est un grand péché aux ecclésiastiques de combattre par eux-mêmes, par la distinction de la nécessité de la guerre offensive ou défensive. Cette conciliation est applicable à ce qui est dit sous le mot ARMES, mais elle laissera bien des nuages à l'esprit sur cette matière par rapport à l'ancienne discipline); de mettre le peuple sous les armes et le faire aller au-devant de l'ennemi, quand ils sont princes temporels (c. 7, 23, qu. 8); d'entretenir les troupes (c. 2, 23, qu. 3, § in regesto); de déléguer des causes criminelles, ordonner de faire justice sur certains crimes s'ils ont juridiction temporelle (c. 3, Ne cler. vel mon.); de livrer les méchants au bras séculier, d'implorer les secours contre les mêmes (c. 10, de judic. c. 2, de cler., excom.); de porter plainte devant le juge séculier contre ceux qui leur font du mal, quoiqu'en conséquence de cette plainte ils dussent être punis de peine de sang, en protestant ne vouloir que la réparation de l'injure reçue; de tuer en se défendant, s'ils ne peuvent pas autrement conserver leur vie (Clem. de homicid.), d'exercer la médecine (au moins par des remèdes sanglants), qu'ils soient ou non dans les ordres sacrés (c. 7 de œtat. et qual.); d'exercer la chirurgie qui brûle et qui coupe, avant d'avoir reçu les ordres sacrés et après les avoir reçus, celle qui ne coupe ni ne brûle (c. 9, Ne cler. vel mon. c. 5 eod. c. 29, caus. 23, qu. 8); d'user de la peine du fouet, sans effusion de sang (c. 4 de raptorib.; c. 2 de cler. percuss.). (Voyez FOUET.)

Quant aux laïques, c'est une règle que toute action défendue au laïque comme contraire à la douceur, est défendue à l'ecclésiastique, mais il n'en est pas de même des actions défendues aux ecclésiastiques relativement aux laïques. De là on peut étendre aux ecclésiastiques les canons qui ne parlent expressément que des laïques; cependant quand le canon parle en général, il est applicable aux uns et aux autres. Ainsi ces termes du canon : Designata 2, dist. 51, si quis fidelis causas egerit, hoc est postulaverit, ont été étendus et appliqués par les canonistes à toutes sortes de personnes, qui par leur état ont contribué volontairement et prochainement en justice, à la mort ou à la peine du sang de quelqu'un, comme en qualité de juge, d'avocat, de procureur, de greffier, d'huissier, d'exécuteur, d'accusateur et même de témoin. Le chapitre 2, de homicid. in 6°, décide que lorsqu'on ne demande pas le sang du criminel dont on se plaint en justice, mais qu'on veut seulement obtenir la réparation de l'injure reçue, on ne devient pas irrégulier, pourvu toutefois que l'on fasse à ce sujet une protestation qui ne laisse aucun doute sur ses intentions. Les canonistes ont étendu cette règle aux témoins.

Mais pour que toutes ces sortes de personnes encourent l'irrégularité, il ne suffit pas que la sentence de condamnation ait été prononcée, il faut qu'elle ait été exécutée, et que la mort ou la peine de sang en ait été le résultat. (Van-Espen, Jur. Ecclesiast., part. II, tit. X, cap. 5, n. 19.) Toutefois Corradus (Traité des Dispenses, lib. V, cap. 2) dit que l'irrégularité subsiste indépendamment de l'exécution, et que, dans ce cas, comme dans les autres, concernant cette sorte d'irrégularité, le pape est seul dans l'usage d'en dispenser. Mendosa, que cite Corradus, est d'avis que l'évêque peut au moins accorder la dispense, dans le cas où la mort ou la peine de sang n'a pas eu réellement lieu. Gibert tranche la difficulté, en disant en général que la dispense de l'irrégularité, ex defectu lenitatis, n'est réservée au pape par aucun texte de droit; d'où il résulterait que l'évêque pourrait en dispenser en toutes sortes de cas, et c'est aussi ce que voudrait établir cet auteur; mais l'usage, ainsi que nous l'avons déjà dit, est contraire à son opinion. On s'adresse ordinairement à Rome pour cette dispense.

Au surplus, celui qui peut dispenser de l'irrégularité par défaut de douceur, lorsqu'elle est contractée, peut aussi permettre les actions par lesquelles elle se contracte, et e converso.

Le chapitre Sententiam ne cler. vel mon., défend, comme on l'a vu, d'assister à une exécution de mort ou de mutilation; mais la glose et les canonistes ont dit que cette assistance ne produisait point d'irrégularité, quoique l'ecclésiastique qui, contre la douceur de son état, aurait eu cette curiosité, doive être puni. On ne parle pas de l'exécuteur de la haute justice, qui est sans contredit irrégulier, bien que ceux qui lui vendent les échelles, etc., ne le soient pas, par la raison qu'ils ne contribuent à l'exécution que d'une manière éloignée.

Quelques canonistes ont cherché la raison pour laquelle on déclare irréguliers ceux qui contribuent légitimement à la mort d'un homme, comme les juges et les soldats, pendant qu'on ne regarde point comme irréguliers ceux qui ont tué par un pur accident, dans le cas d'une défense légitime, lorsqu'ils étaient dans leur enfance ou pendant le sommeil. Il y en a qui disent, pour lever cette difficulté, qu'il faut distinguer, par rapport à l'irrégularité que produit l'homicide, celle qui provient du crime, et celle qui provient du défaut de douceur. Il faut, disent-ils, pour la première, qu'il y ait un péché mortel, ce qui ne se trouve pas quand l'homicide est l'effet du hasard ou d'un premier mouvement; au lieu que pour l'irrégularité qui vient du défaut de douceur, il n'est pas nécessaire qu'il se rencontre rien de criminel dans l'action qui l'a produit, comme on le voit par la bâtardise et la bigamie. Mais on pourrait demander à ces canonistes pourquoi on n'a point mis l'homicide casuel au nombre des *irrégularités* qui proviennent d'un défaut de douceur, question à laquelle il semble qu'il ne leur serait pas facile de répondre. C'est pourquoi il paraît plus naturel de dire que l'Eglise a déclaré irréguliers tous ceux qui auraient part à la mort d'un homme, de dessein prémédité et avec une entière connaissance, soit que l'action qui donne lieu à la mort fût innocente, soit qu'elle fût criminelle, parce qu'il se trouve, dans l'un et dans l'autre cas, un défaut de douceur dans l'esprit et dans l'intention; ce qui ne peut s'appliquer à ceux qui ont tué ou mutilé par un pur hasard, pendant le sommeil ou dans le cas d'une défense nécessaire, qui se fait dans un premier mouvement, et sans qu'on ait le temps de réfléchir sur les suites de l'acte.

§ 4. IRRÉGULARITÉS *ex delicto*.

Les *irrégularités* qui proviennent du crime sont au nombre de cinq, ou plutôt il y a cinq péchés qui rendent un homme irrégulier, savoir : 1° l'homicide; 2° la profanation qu'on fait du baptême, en le recevant ou le conférant deux fois; 3° la réception non canonique des ordres; 4° leur exercice illicite; 5° l'hérésie. Nous n'entrerons pas dans le détail des raisons que l'Eglise a eues pour attacher l'*irrégularité* à certains péchés plutôt qu'à d'autres, nous observerons seulement en général que ceux qui produisent l'*irrégularité* sont les plus opposés à l'esprit et aux fonctions des ordres.

I. *Irrégularité ex homicidio.* L'homicide comprend ici la mort et la mutilation volontaire. A l'égard de l'homicide, nous en avons assez dit, sous le mot HOMICIDE; mais quant à la mutilation, on en distingue de quatre genres : trois qui sont *ex defectu*, et une *ex delicto*. La mutilation qui se fait par voie de guerre ou de justice produit l'*irrégularité ex defectu lenitatis* contre celui qui la procure. Si la mutilation se fait par voie de peine, comme cette peine est toujours infamante, le mutilé est irrégulier *ex defectu bonæ famæ*. Si la mutilation est manifeste, elle rend d'ailleurs le mutilé irrégulier *ex defectu corporis*; enfin, si la mutilation se fait sans autorité légitime ou sans juste cause, il en vient *irrégularité ex delicto mutilationis*. C'est de cette dernière sorte d'*irrégularité*, qui comprend toujours l'*irrégularité ex defectu lenitatis*, dont il s'agit (*Tot. dist.* 55).

Par mutilation, on entend le retranchement ou l'altération d'un membre qui a quelque opération particulière : *mutilatio membrorum, diminutio, detruncatio* (*C.* 6, *de corpor. vitiat.*) On se règle, en fait de mutilation, par les mêmes principes qui ont été exposés sous le mot HOMICIDE. Gibert donne ces deux règles : 1° que la mutilation qu'on fait sur soi ne diffère de celle qu'on fait sur un autre, qu'en ce que, pour devenir irrégulier par la première, il ne faut pas que la partie coupée soit si considérable qu'il faut qu'elle le soit pour devenir irrégulier par la seconde (*C.* 6, 55 *dist.*); 2° qu'en fait d'*irrégularité* qui vient du crime de mutilation qu'on commet sur soi-même, se faire mutiler ou s'exposer criminellement à un danger évident d'être mutilé, c'est dans le droit *mutilatione secuta* une même chose que de se mutiler soi-même (*C.* 4, *de Corp. vitiat.*). Mais si l'on donne le nom de mutilation au retranchement des parties qui ne sont pas membres, il y a des mutilations qui rendent le mutilé irrégulier *ex defectu corporis*, qui ne font pas que le mutilant soit irrégulier *ex delicto mutilationis*.

L'évêque peut dispenser de toutes les *irrégularités* provenant des péchés occultes, à l'exception de l'homicide volontaire. Le décret du concile de Trente, à ce sujet, est conçu en ces termes : « Pourront les évêques « donner dispenses de toutes sortes d'*irré-* « *gularités* et de suspensions encourues pour « des crimes cachés, excepté dans le cas de « l'homicide volontaire, ou quand les in- « stances seront déjà pendantes en quelque « tribunal de juridiction contentieuse. » (*Sess.* XXIV, *chap.* 6, *de Reformat.*) Il faut remarquer ici que la mutilation n'est pas comprise dans l'exception que fait le concile de l'homicide volontaire, à l'égard duquel le pape seul peut dispenser et ne dispense même jamais, au rapport de Fagnan, sur le chapitre *Henricus de cleric. pugnant. in luell.*, n. 32. Mais la pénitencerie en donne quelquefois, sous une dure pénitence, à des prêtres qui ont eu le malheur de commettre ce crime, quand ils ne peuvent s'abstenir de leurs fonctions, sans qu'on les en soupçonne.

Quand le pape accorde une dispense pour homicide, il en adresse toujours la commission à l'évêque, en ces termes : *Et committatur ordinario qui veris existentibus prænarratis, oratorem imposita ei aliqua pœnitentia salutari, et attenta pace, ut præfatur, habita, absolvat, secumque dummodo ad id reperiatur idoneus, vitæque ac morum probitas, ac alia virtutum merita, sibi alias suffragentur, nec aliud canonicum ei obsistat, ad beneficia simplicia, nullumque sacrum ordinem annexum habentia, ac quatuor minores tantum dispenset pro suo arbitrio, et parito prius judicato.*

II. *Réitération du baptême.* Le sacrement de baptême imprime sur ceux qui l'ont reçu un caractère indélébile, et il n'est pas permis de le réitérer, à moins que l'on ne doute s'il a été conféré, ou si, en le conférant, on a suivi la forme prescrite par l'Eglise. Hors de ces cas, si le baptême est réitéré, il rend irrégulier celui qui l'a reçu une seconde fois, même sans savoir qu'il avait déjà été baptisé (*Can. Qui bis de Consecrat. dist.* 4). Celui qui le confère une seconde fois, n'ayant point sujet de douter qu'on eût observé tout ce qui est nécessaire pour la validité d'un premier baptême qui lui est connu, encourt l'*irrégularité*, de même que les clercs qui l'assistent dans cette cérémonie (*Cap. Ex litterarum*). La réitération du baptême est un crime si énorme, qu'il est appelé, dans le droit, *res nefanda, immanissimum scelus* (*C.* 106, 117, 218, *de Consecrat., dist.* 4). Ces canons apprennent que ceux qui, avec connaissance de cause, reçoivent deux fois le baptême, crucifient de nouveau Jésus-Christ. Il ne faut donc pas être surpris si un tel crime produit l'*irrégularité;* mais il est aujourd'hui moins fréquent qu'il n'était autrefois pendant le feu de l'hérésie des donatistes. Il ne peut regarder que trois sortes de personnes : le baptisant, le clerc qui le sert, et le baptisé. On a remarqué que le droit canon ne dit rien du baptisant, que ce n'est que par une extension juste et nécessaire qu'on lui a appliqué ce que le droit dit du clerc. On peut voir, sous le mot BAPTÊME, les cas où l'on peut légitimement réitérer le baptême.

Quand la réitération du baptême est publique, le pape seul peut dispenser de l'*irrégularité* qu'elle produit ; mais l'évêque le peut, si elle est occulte, par une conséquence nécessaire du chapitre 6, de la session XXIV, du concile de Trente, rapporté ci-dessus.

Au reste, on n'est pas irrégulier pour recevoir deux fois la confirmation ou l'ordre, ou pour consacrer de nouveau une hostie qui l'aurait déjà été, parce que ces cas ne sont nulle part exprimés dans le droit ; mais on serait irrégulier, si, sans nécessité, on se faisait baptiser par un hérétique déclaré (*C.* 18, *caus.* 1, *qu.* 1, *in fin.*).

III. *Irrégularité qui naît de la réception non canonique des ordres.* Nous ne saurions mieux remplir la matière de cet article, qu'en indiquant avec Gibert les cas où il est certain que l'*irrégularité* est encourue par la réception non canonique des ordres, ceux où il n'est pas certain que l'*irrégularité* soit encourue par la même voie, et les cas où l'on ne peut douter que l'*irrégularité* ne soit pas encourue.

Il est certain qu'on devient irrégulier : 1° Si l'évêque ayant défendu sous peine d'anathème de se présenter à l'ordination sans y avoir été auparavant admis, il arrive qu'un diacre reçoive la prêtrise, sans avoir été auparavant examiné et approuvé pour cet ordre (*Cap.* 1, *De eo qui furtive,* etc.) ;

2° Un clerc qui, ayant reçu les ordres mineurs, prend encore le même jour le sous-diaconat, sans avoir été auparavant approuvé pour cet ordre (*Cap.* 2, *De eo qui furtive,* etc.) ;

3° Si un évêque ayant prohibé, sous peine d'excommunication, de recevoir deux ordres dans la même ordination, des clercs constitués dans les ordres moindres y reçoivent le sous-diaconat et le diaconat (*Cap.* 3, *eod.*);

4° Tout homme marié qui, pendant un mariage soit consommé, soit non consommé, reçoit un ordre sacré sans le consentement de sa femme et les autres conditions prescrites par les canons (*Cap.* 4, *caus.* 9, *q.* 1; *Extravag. de vot. vel. vot. redempt.*);

5° Quiconque reçoit les ordres d'un évêque catholique qu'il sait être excommunié (*Cap.* 4, *caus.* 5, *qu.* 1; *cap.* 1 *de Ordin. ab eo,* etc.).

Il est certain qu'on ne devient pas irrégulier, 1° en recevant les ordres avant l'âge prescrit par les canons; on encourt seulement la suspense de ces ordres jusqu'à ce qu'on ait atteint l'âge qui manque (*Cap.* 14, *de Temp. ordin.*; c. 2, *de œtat. et qualit.*).

2° Tout homme qui reçoit les ordres d'un autre évêque que du sien, sans le consentement de ce dernier, est suspens des ordres ainsi reçus, tant qu'il plaît à son évêque (*Cap.* 1, 3, *dist.* 71; *cap.* 1, 6, *caus.* 9, *qu.* 2; *sess.* XIV, *cap.* 8 *concil. Trid.*). (*Voyez* DIMISSOIRES.)

3° Selon Urbain III, quand on reçoit les ordres hors du temps prescrit, on est suspens des ordres reçus jusqu'au bon plaisir du pape. Selon Alexandre III, on devrait être déposé, c'est-à-dire être privé du rang comme de l'usage de ces ordres. Selon Grégoire IX, l'absolution de la suspense est permise à l'évêque, à condition qu'il ne la donnera qu'après que la faute sera expiée par une pénitence convenable (*C.* 8, *de temp. ordin., c.* 16 *eod.*).

4° Celui qui reçoit deux ordres sacrés en un jour en est suspens jusqu'au bon plaisir du pape. Que si, par les chapitres 2, 3, *De eo qui furtive,* il ne peut ni exercer les ordres reçus, ni monter aux autres, c'est que ce crime y est joint à un autre qui rend irrégulier (*Cap.* 15, *de temp. ordin.*).

5° Selon l'ancien droit, quand, sachant qu'un évêque est simoniaque, on reçoit de lui les ordres, on est privé pour toujours de l'exercice de ces ordres et du rang qu'ils donnent, et conséquemment cette faute est aussi sévèrement punie que la simonie par laquelle on reçoit les ordres : on en peut juger par les canons cités ci-après. Selon le nouveau droit, celui qui reçoit les ordres par simonie, est seulement suspens des ordres reçus (*Extravag. de simon.*), ainsi *a majori* ceux dont la faute est moindre, ne doivent être que suspens (*C.* 13, *de temp. ordin., c.* 107, 108, 109, *caus.* 1, *qu.* 11).

6° Quand un clerc constitué dans les ordres abandonne la foi catholique pour embrasser l'hérésie, et reçoit d'un évêque hérétique les ordres qu'il a déjà, ou d'autres, il n'est admis qu'à la communion laïque à son retour à l'Église (*C.* 6, *de Apostat.*).

7° Un religieux qui, ayant quitté l'habit de religion, reçoit en cet état quelque ordre sacré, ne peut l'exercer sans dispense du pape (*C.* 13, 14, *dist.* 23).

8° Si l'on reçoit, ou le diaconat, ou la prêtrise d'un évêque qui impose seulement les mains et fait dire les prières à un prêtre, on ne jouit pas de ce qu'on a mal reçu (*C.* 1, 2, *dist.* 70).

Il n'est pas certain qu'on devienne irrégulier : 1° quand on est lié de censures (*C.* 32, *de Sentent. excom.*); 2° quand sachant, ou pouvant savoir qu'un évêque a renoncé à la dignité épiscopale, on reçoit de lui les ordres sacrés (*Cap.* 1, *de Ordin. ob episcop.,* etc.); 3° en recevant les ordres sacrés avant d'avoir reçu les ordres mineurs. Les textes qui punissent la promotion *per saltum,* ne parlent que de celle qui regarde les ordres sacrés (*C.* 1, *dist.* 59; *c.* 1, *de Promot. per sal-*

tum promot.); 4° en recevant par négligence l'ordre supérieur avant l'ordre inférieur, même parmi ceux qui sont sacrés (*C.* 1, *dist.* 52; *c.* 1, *de Cler. per saltum,* etc.).

IV. *Irrégularité procédant de l'exercice illicite des ordres.* On exerce illicitement les ordres, quand on exerce ceux qu'on n'a pas, et quand on exerce dans les liens des censures ceux que l'on a reçus.

1° Le chapitre 1, *de Cler. non ordin. min.* est précis sur la première partie de cette proposition : *Si quis baptizaverit, aut aliquod divinum officium exercuerit non ordinatus, propter temeritatem abjiciatur de ecclesia, et numquam ordinetur.* Par les mots *si quis*, on doit entendre ici toutes sortes de personnes, et à l'égard du baptême dont la collation n'est pas une fonction propre de quelque ordre, puisque chacun peut le conférer dans un cas de nécessité, il faut entendre ici la décrétale dans le sens de celui qui baptise solennellement avec les habits et les cérémonies prescrites par les canons.

Le chapitre 2 du titre cité parle d'un diacre qui a célébré la messe, qu'il déclare irrégulier pour la prêtrise, suspens pour le diaconat et pour les bénéfices qu'il avait.

2° Quant au violement des censures, il n'y a nul doute qu'on devient irrégulier en violant par l'exercice des ordres l'excommunication majeure, la suspense et l'interdit, soit que la censure soit publique ou occulte. Mais on ne devient pas irrégulier en violant l'excommunication mineure ; il y a même sujet de croire, dit Gibert, qu'il n'y a que le violement des censures, par l'exercice des ordres sacrés, qui rende irrégulier.

Les textes sur lesquels on fonde l'*irrégularité* du violement de l'excommunication, sont les can. 6, *caus.* 1, qu. 3, les chapitres 3, 4, 5, 6, 7, § *Quæsivistis, c.* 10, *de Cler. excom. vel depos*; à l'égard de la suspense, *c.* 9, *de Cler. excom.*; *c.* 1, *de Sent. et re jud. in* 6°; *c.* 1, *de Sent. excom. in* 6°; quant à l'interdit, *c.* 1, *de Postul., c.* 18, 20 ; *de Sent. excom. in* 6°. (*Voyez* INTERDIT, SUSPENSE, EXCOMMUNICATION.) Nul ne devient irrégulier en faisant violer les censures par les autres.

L'évêque dispense de l'*irrégularité* du violement des censures, lorsqu'elle est occulte, et le pape en dispense lorsqu'elle est publique, suivant la règle ordinaire, ainsi que de la réception non canonique des ordres.

V. *Irrégularité qui vient de l'hérésie.* On est irrégulier à raison de l'hérésie, par quatre voies : 1° par un péché qui fait perdre la foi, comme l'hérésie, l'apostasie, le schisme accompagné d'hérésie (*C.* 32, *dist.* 50 ; *c.* 13, *de Hær. in* 6°; *c.* 30, 32, *caus.* 24, *q.* 3).

2° En favorisant ceux qui pèchent de cette façon, soit en les recevant dans sa maison, dans ses terres, ou en les protégeant autrement (*C.* 8 *de Hæret., c.* 2, § *Hæretici, eod. in* 6°, *c.* 13. *eod.*).

3° En naissant de quelqu'un de ceux qui sont morts dans cette *irrégularité*. Si c'est la mère qui était hérétique, il n'y a que les enfants au premier degré qui soient irréguliers ; si c'est le père, l'*irrégularité* s'étendra jus-

qu'aux petits-fils, mais non au delà (*C.* 2, 13, 25, *de Hæret.. in* 6°). L'enfant même d'un juif, d'un païen, n'est pas irrégulier, parce que le droit n'en parle pas, non plus que l'enfant de l'hérétique qui se serait converti avant sa mort.

4° En acquérant des bénéfices à la recommandation des hérétiques. Si l'on ignore l'hérésie de ceux que l'on emploie pour se procurer des bénéfices, on n'est que privé des bénéfices *ipso facto*; mais, si on la connaît, on est inhabile pour en obtenir d'autres (*C.* 2, *de Hæret. in* 6°).

§ 5. *Par quelles voies finit l'*IRRÉGULARITÉ.

L'*irrégularité* finit par deux voies générales : 1° par la dispense ; 2° par la cessation du défaut. L'*irrégularité ex delicto* ne finit que par la dispense. L'*irrégularité ex defectu* finit aussi quelquefois par la profession religieuse.

Il est certain qu'il y a des irrégularités qui finissent par la cessation du défaut d'où elles naissent ; la cause cessant, l'effet doit cesser. Ainsi, l'ignorant qui acquiert la science requise, l'esclave qui recouvre la liberté, les comptables qui ont rendu leurs comptes, les néophytes qui ont été éprouvés, les trop jeunes qui ont atteint l'âge prescrit, l'infâme qui a fait une pénitence convenable, les lépreux, les épileptiques, les fous qui sont guéris et éprouvés, le bâtard qui est légitimé ou qui se fait religieux, cessent d'être irréguliers (*C.* 11, *de nunc.*; *c.* 1, *de servit.* ; *c.* 1, *de oblig. ad rat.*; *c.* 6, *dist.* 61 ; *c.* 14, *de temp.* ; *c.* 2, *de ætat. et qual.*; *c.* 18 *et seq. dist.* 50; *c.* 1, *caus.* 7. *qu.* 2; *c.* 6, *qui filii*, etc.).

Le pape, le légat, l'évêque et l'abbé sont ceux qui peuvent accorder des dispenses pour l'*irrégularité*. Le pape peut dispenser de l'*irrégularité*, en tout cas dispensable ; il n'y a que lui qui ait un tel pouvoir. *Secundum plenitudinem potestatis de jure possumus supra jus dispensare* (*C.* 4 *de Concess. præb.*).

Le légat peut dispenser de l'*irrégularité*, dans tous les cas non réservés au pape, aussi bien que l'évêque (*C.* 2, *de Offic. leg. in* 6°).

L'abbé peut, sans privilège particulier, dispenser de l'*irrégularité*, hors des cas expressément permis par le droit, par exemple, si un homme se fait religieux après avoir reçu témérairement le sous-diaconat et les ordres mineurs le même jour (*C.* 2, *De eo qui furt.*), ou après avoir tué quelqu'un par accident (*C.* 4, *de hom.*).

Quand un évêque dispense d'une *irrégularité*, sa dispense ne sert pas seulement pour le for de la conscience, mais pour le for extérieur, pourvu néanmoins que celui qui aurait obtenu cette dispense fût en état d'en faire preuve.

Les chapitres des cathédrales, qui succèdent à la juridiction de l'évêque pendant la vacance du siége, peuvent pareillement dispenser des *irrégularités* qui viennent d'un crime secret et caché, suivant la doctrine d'Honoré III (*Cap. His quæ, de majorit. et obed.*) ; mais ils ne peuvent user de ce droit que par leurs grands vicaires, à qui seuls il appartient d'*accorder* cette dispense.

Une dispense d'*irrégularité* est bonne en quelques termes qu'elle soit conçue, pourvu qu'ils expriment distinctement quelle est l'*irrégularité* dont elle délivre. Le droit n'ayant point déterminé la forme de cette sorte de dispense, le supérieur peut se servir de quels termes il veut, pourvu qu'ils expriment distinctement l'*irrégularité* dont il relève.

De quelque part que vienne la dispense de l'*irrégularité*, elle ne doit être accordée que pour le bien de l'Eglise ; mais on présume qu'elle a été accordée, quand celui qui pouvait l'accorder a concédé à l'irrégulier, dont l'*irrégularité* lui était connue, une grâce incompatible avec cette *irrégularité*.

§ 6. IRRÉGULARITÉS *abrogées*.

Gibert parle des *irrégularités* abrogées ; ce sont celles qui procèdent de la simonie, de l'étude des lois, de la médecine et du concubinage public des ecclésiastiques. Le canon 16 de la distinction 33 qui défend de promouvoir aux ordres ceux qui ont connu des prostituées, peut s'entendre aussi de la bigamie interprétative ; mais on a ôté à ce sujet tous les doutes, en ôtant l'*irrégularité* du concubinage (*Voyez* BIGAMIE).

IRRÉGULIER.

On appelle *irrégulier* celui qui se trouve atteint de quelqu'une des irrégularités dont nous venons de parler.

IRRITANT.

La contravention à un décret *irritant*, à une clause *irritante*, annule toute disposition qui lui est contraire (*Voyez* DÉCRET IRRITANT.

IVROGNE.

L'ivrognerie doit faire horreur aux ecclésiastiques ; rien ne leur est si expressément défendu par les canons que l'intempérance ; nous le disons sous le mot CLERC. On fait une différence entre l'homme ivre et l'*ivrogne* ; le premier est tel *actu*, et l'autre *habitu*. Ce dernier doit être averti de se corriger ; s'il ne défère aux monitions, *ab officio et beneficio suspenditur* (*Cap. A crapula, de vita et honestate clericorum*). Quand on commet un homicide dans un état d'ivresse, on n'est pas si sévèrement puni : *Ebrius et furiosus æquiparantur*. Mais si c'est un prêtre qui ait eu le malheur de commettre un tel crime dans cet état, il doit sans difficulté s'abstenir du ministère et de l'exercice de ses ordres. Fagnan s'est beaucoup étendu sur le véritable caractère de l'ivresse et ses effets (*In cap. A crapula, de vit. et honest. cleric., in c. Constant. de accus., in c. Audivimus, de relig. et vener. sanct.*).

J

JACOBINS.

On appelait en France de ce nom les frères prêcheurs ou dominicains, parce qu'ils avaient acquis à Paris, l'an 1218, la maison de saint Jacques pour le premier établissement de leur ordre en cette capitale. (*Voyez* ORDRES RELIGIEUX, DOMINICAIN).

JÉSUITES.

§ 1. *Institution et suppression de la compagnie de Jésus.*

L'ordre des *jésuites* a été fondé par saint Ignace de Loyola, gentilhomme espagnol, pour instruire les ignorants, convertir les infidèles et défendre la foi catholique contre les hérétiques. Il est connu sous le nom de *compagnie* ou *société de Jésus*. Il fut approuvé, ou plutôt institué par Paul III, le 27 septembre 1540, par la bulle *Regimini militantis Ecclesiæ*, et confirmé par plusieurs papes postérieurs. L'institut en fut déclaré *pieux* par le concile de Trente, en ces termes : « Par « cette ordonnance néanmoins, le saint con- « cile n'a pas intention de rien changer à l'é- « gard de la religion des clercs de la *compagnie* « *de Jésus*, ni d'empêcher qu'ils ne rendent « service à Notre-Seigneur et à son Eglise, « conformément à leur *pieux* institut ap- « prouvé par le saint-siége apostolique. » (Sess. XXV, ch. 16, *de Reformat.*) Cet institut, approuvé par vingt papes, fut supprimé par un bref de Clément XIV, du 21 juillet 1773, commençant par ces mots, *Dominus ac Redemptor noster*.

Il n'entre pas dans notre plan de faire l'historique de la suppression de cet ordre célèbre, mais nous devons mentionner un document authentique, tracé tout entier de la main du duc de Choiseul, signé par ce premier ministre de Louis XV, à la date du 26 août 1769, et adressé au cardinal de Bernis, chargé des affaires de la cour de France à Rome. Ce document se trouve dans l'*Histoire du pape Léon XII*, par M. Artaud. La trame de cette ténébreuse conspiration où le cabinet de Versailles a joué le triste rôle de solliciter, en commun avec l'Espagne et le Portugal, la suppression des *jésuites*, apparaît tout entière dans cette lettre précieuse, improvisée par le ministre à l'insu de ses bureaux, et destinée à demeurer confidentielle ; et ce que le duc de Choiseul, un des principaux agents, et possesseur des secrets de la négociation, n'y dit pas, il le laisse clairement entrevoir. En livrant cette pièce à la publicité, l'historien de Pie VII et de Léon XII a excusé Clément XIV « autant qu'il peut l'être, dit M. Artaud lui-même, avant la consommation de son acte de faiblesse. » Chacune des trois cours a, sous la plume du duc de Choiseul, la juste part qui lui revient dans la provocation à cet acte ; on voit que Clément XIV avait promis seulement d'*examiner* avec attention ; il voulait s'en référer à tous les souverains de l'Europe étrangers à l'affaire; le duc de Choiseul connaissait les dispositions de ces princes contraires à la destruction demandée; mais on jugeait à Versailles que Louis XV devait être complaisant pour son cousin Charles III, et le roi d'Espagne *avait dans le cœur l'aversion la plus vive contre les jésuites*, tandis que le Portugal se montrait moins ardent à les poursuivre. Voilà sur quel fonds de vérité l'historien rend évident qu'il faut s'appuyer, pour se former une opinion impartiale sur cette grave question, si souvent controversée avec ignorance des faits.

§ 2. *Rétablissement des jésuites.*

La *compagnie de Jésus* fut rétablie par une bulle de Pie VII, du 7 août 1814, qui commence par ces mots: *Sollicitudo omnium Ecclesiarum*. Le souverain pontife mit beaucoup de solennité dans la publication de cette bulle. Il se rendit lui-même dans l'ancien couvent des *jésuites* où il célébra la messe à l'autel consacré sous l'invocation de saint Ignace de Loyola. Il entendit ensuite une messe d'actions de grâce, et se rendit à la salle de la congrégation des nobles. Il se plaça sur un trône, et là, entouré du sacré collége, des prélats et des évêques qui avaient été convoqués, il fit lire, par un maître des cérémonies la bulle dont voici la traduction :

BULLE *de Sa Sainteté Pie* VII *pour le rétablissement de la société de Jésus.*

« PIE, évêque, serviteur des serviteurs de Dieu.

« *Pour en conserver le perpétuel souvenir.*

« La sollicitude de toutes les Eglises confiée par la disposition de Dieu à notre faiblesse, malgré la disproportion de nos mérites, nous impose le devoir de mettre en œuvre tous les moyens qui sont en notre pouvoir, et que la divine Providence, dans sa miséricorde, daigne nous accorder, pour subvenir à temps, et sans aucune acception de peuple, aux besoins spirituels de l'univers chrétien, autant que le permettent les vicissitudes multipliées des temps et des lieux.

« Désirant satisfaire à ce que notre charge pastorale demande de nous, il n'est pas plus tôt venu à notre connaissance, que François Kareu et d'autres prêtres séculiers établis depuis plusieurs années dans l'immense empire de Russie, et autrefois attachés à la *Société de Jésus*, supprimée par notre prédécesseur Clément XIV, d'heureuse mémoire, nous suppliaient de leur donner, par notre autorité, le pouvoir de se réunir en corps, afin d'être en état, en vertu des lois particulières à leur institut, d'élever la jeunesse dans les principes de la foi et de la former aux bonnes mœurs ; de s'adonner à la prédication, de s'appliquer à entendre les confessions et à l'administration des autres sacrements, que nous avons cru devoir écouter leur prière. Nous l'avons fait d'autant plus volontiers, que l'empereur Paul Ier, qui régnait alors, nous avait instamment recommandé ces mêmes prêtres par des lettres qui étaient l'expression de son estime et de sa bienveillance pour eux, et qu'il nous adressa, le 11 août de l'an du Seigneur 1800, lettres par lesquelles il déclarait qu'il lui serait très-agréable que, pour le bien des catholiques de son empire, la *Société de Jésus* y fût établie par notre autorité.

« C'est pourquoi, considérant l'extrême utilité qui en proviendrait dans ces vastes régions, presque entièrement destituées d'ouvriers évangéliques, réfléchissant quel avantage inestimable de tels ecclésiastiques, dont les mœurs éprouvées avaient été la matière de tant d'éloges, pouvaient procurer à la religion, par leurs travaux infatigables, par l'ardeur de leur zèle pour le salut des âmes, et par leur application continuelle à la prédication de la parole de Dieu ; nous avons pensé qu'il était raisonnable de seconder les vues d'un prince si puissant et si bienfaisant. En conséquence, par nos lettres données en forme de bref, le 7 mai de l'an du Seigneur 1801, nous accordâmes au susdit François Kareu, à ses compagnons établis dans l'empire russe, et à tous ceux qui pourraient s'y transporter, la faculté de se réunir en corps ou congrégation, sous le nom de *Société de Jésus*, en une ou plusieurs maisons, à la volonté du supérieur, et seulement dans les limites de l'empire de Russie ; et, de notre bon plaisir et de celui du siége apostolique, nous députâmes, en qualité de supérieur général de ladite société, ledit François Kareu, avec le pouvoir et les facultés nécessaires et convenables pour suivre et maintenir la règle de saint Ignace de Loyola, approuvée et confirmée par notre prédécesseur Paul III, d'heureuse mémoire, en vertu de ses constitutions apostoliques : et afin qu'étant ainsi associés et réunis en une congrégation religieuse, ils pussent donner leurs soins à l'éducation de la jeunesse dans la religion, les lettres et les sciences, au gouvernement des séminaires et des colléges, et, avec l'approbation et le consentement des ordinaires des lieux, au ministère de la confession, de la parole sainte et de l'administration des sacrements, nous reçûmes la congrégation de la *Société de Jésus*, sous notre protection et la soumission immédiate au siége apostolique; et nous nous réservâmes, à nous et à nos successeurs, de régler et d'ordonner ce qui, avec l'assistance du Seigneur, serait trouvé expédient pour munir et affermir ladite congrégation, et pour en corriger les abus, s'il s'y en introduisait ; et, à cet effet, nous dérogeâmes expressément aux constitutions apostoliques, statuts, coutumes, priviléges et indults, accordés et confirmés de quelque manière que ce fût, qui se trouveraient contraires aux dispositions précédentes, nommément aux lettres apostoliques de Clément XIV, notre prédécesseur, qui commençaient par les mots *Dominus ac Redemptor noster*, mais seulement en ce qui serait contraire à nos dites lettres en forme de bref, qui commençaient par le mot *Catholicæ*, et qui étaient données seulement pour l'empire de Russie.

« Peu de temps après avoir décrété ces mesures pour l'empire de Russie, nous crûmes devoir les étendre au royaume des Deux-Siciles, à la prière de notre très-cher Fils en Jésus-Christ, le roi Ferdinand, qui nous demanda que la *Société de Jésus* fût établie dans ses États, comme elle l'avait été par nous dans le susdit empire ; parce que, dans des temps si malheureux, il lui paraissait être de la plus haute importance de se servir des clercs de la *Société de Jésus*, pour former la jeunesse à la piété chrétienne et à la crainte du Seigneur, qui est le commencement de la sagesse, et pour l'instruire de ce qui regarde la doctrine et les sciences, principalement dans les colléges et les écoles publiques. Nous, par le devoir de notre charge, ayant à cœur de répondre aux pieux désirs d'un si illustre prince, qui n'avait en vue que la plus grande gloire de Dieu et le salut des âmes, avons étendu nos lettres données pour l'empire de Russie, au royaume des Deux-Siciles, par de nouvelles lettres, sous la même forme de bref, commençant par les mots : *Per alias*, expédiées le trentième jour de juillet l'an du Seigneur 1804.

« Les vœux unanimes de presque tout l'univers chrétien pour le rétablissement de la même *Société de Jésus* nous attirent tous les jours des demandes vives et pressantes de la part de nos vénérables frères les archevêques et évêques, et des personnes les plus distinguées de tous les ordres ; surtout depuis que la renommée a publié de tous côtés l'abondance des fruits que cette société produisait dans les régions qu'elle occupait, et sa fécondité dans la production des rejetons qui promettent d'étendre et d'orner de toutes parts le champ du Seigneur.

« La dispersion même des pierres du sanctuaire causée par des calamités récentes et des revers qu'il faut plutôt pleurer que rappeler à la mémoire, l'anéantissement de la discipline des ordres réguliers (de ces ordres, la gloire et l'ornement de la religion et de l'Eglise), dont la réunion et le rétablissement sont l'objet de nos pensées et de nos soins continuels, exigent que nous donnions notre assentiment à des vœux si unanimes et si justes. Nous nous croirions coupables devant Dieu d'une faute très-grave, si, au milieu des besoins si pressants qu'éprouve la chose publique, nous négligions de lui porter ces secours salutaires que Dieu, par une Providence singulière, met entre nos mains, et si, placés dans la nacelle de Pierre, sans cesse agitée par les flots, nous rejetions les rameurs robustes et expérimentés qui s'offrent à nous, pour rompre la force des vagues qui menacent à tout instant de nous engloutir dans un naufrage inévitable.

« Entraînés par des raisons si fortes et de si puissants motifs, nous avons résolu d'exécuter ce que nous désirions le plus ardemment dès le commencement de notre pontificat. A ces causes, après avoir imploré le secours divin par de ferventes prières, et recueilli les suffrages et les avis de plusieurs de nos vénérables frères les cardinaux de la sainte Eglise romaine, de notre science certaine, et, en vertu de la plénitude du pouvoir apostolique, nous avons résolu d'ordonner et de statuer, comme en effet nous ordonnons et statuons, par cette présente et irrévocable constitution émanée de nous, que toutes les concessions faites et les facultés accordées par nous, uniquement pour l'empire de Russie et le royaume des Deux-Siciles, soient, de ce moment, étendues et regardées comme telles, comme de fait nous les étendons à toutes les parties de notre Etat ecclésiastique, ainsi qu'à tous autres Etats et domaines.

« C'est pourquoi, nous concédons et accordons à notre très-cher Fils, Thaddée Borzozowski, supérieur général de la *Société de Jésus*, et à ceux qui seront légitimement députés par lui, toutes les facultés nécessaires et convenables, selon notre bon plaisir et celui du siége apostolique, pour pouvoir librement et licitement, dans tous ces Etats et domaines ci-dessus mentionnés, admettre et recevoir tous ceux qui demanderont d'être admis et reçus dans l'ordre régulier de la *Société de Jésus*, lesquels réunis dans une ou plusieurs maisons, dans un ou plusieurs colléges, dans une ou plusieurs provinces, sous l'obéissance du supérieur général en exercice, et distribués selon l'exigence des cas, conformeront leur manière de vivre aux dispositions de la règle de saint Ignace de Loyola, approuvée et confirmée par les constitutions apostoliques de Paul III : nous permettons aussi et voulons qu'ils aient la faculté de donner leurs soins à l'éducation de la jeunesse catholique dans les principes de la religion, et l'attachement aux bonnes mœurs, ainsi que de gouverner des séminaires et des colléges, et, avec le consentement et l'approbation des ordinaires des lieux dans lesquels ils pourront demander, d'entendre les confessions, de prêcher la parole de Dieu, et d'administrer les sacrements librement et licitement. Nous recevons dès à présent les maisons, les provinces et les membres de ladite Société, ainsi que ceux qui pourront à l'avenir s'y associer et s'y agréger, sous notre garde, sous notre protection et obéissance et celle du siége apostolique ; nous réservant et à nos successeurs les pontifes romains, de statuer et prescrire ce que nous croirons expédient pour établir et affermir de plus en plus ladite Société, et de réprimer les abus, si (ce qu'à Dieu ne plaise), il s'y en introduisait.

« Nous avertissons et exhortons de tout notre pouvoir, tous et chacun des supérieurs, préposés, recteurs, associés et élèves quelconques de cette Société rétablie, à se montrer constamment et en tout lieu les fidèles enfants et imitateurs de leur digne père et d'un si grand instituteur ; à observer avec soin la règle qu'il leur a donnée et prescrite, et à s'efforcer de tout leur pouvoir de mettre en pratique les avis utiles et les conseils qu'il a donnés à ses enfants.

« Enfin, nous recommandons dans le Seigneur, à nos chers fils, les personnes nobles et illustres, aux princes et seigneurs temporels, ainsi qu'à nos vénérables frères les archevêques et évêques, et à toute personne constituée en dignité, la *Société de Jésus* et chacun de ses membres, et nous les exhortons et prions de ne pas permettre, ni de souffrir que personne les inquiète, mais de les recevoir, comme il convient, avec bonté et charité.

« Voulons que les présentes lettres et tout leur contenu demeurent perpétuellement fermes, valides et efficaces ; qu'elles aient et sortissent leur plein et entier effet, et soient inviolablement observées en tout temps et par tous qu'il appartiendra, et qu'il soit jugé et statué conformément à icelles, par tout juge revêtu d'un pouvoir quelconque; déclarons nul et de nul effet tout acte à ce contraire, de quelque autorité qu'il émane sciemment ou par ignorance.

« Nonobstant toutes constitutions et ordonnances apostoliques, et notamment les lettres susdites en forme de bref de Clément XIV, d'heureuse mémoire, commençant par les mots : *Dominus ac Redemptor noster*, expédiées sous l'anneau du pêcheur, le vingt et unième jour de juillet de l'an du Seigneur 1773, auxquelles, comme à toutes autres contraires, nous dérogeons expressément et spécialement à l'effet des présentes.

« Qu'il ne soit donc permis à personne d'enfreindre ou de contredire, par une entreprise téméraire, la teneur de notre ordonnance, statut, extension, concession, indult, déclaration, faculté, réserve, avis, exhortation, décret et dérogation ; et si quelqu'un ose le tenter, qu'il sache qu'il encourra l'indignation du Dieu tout-puissant et des bienheureux apôtres Pierre et Paul.

« Donné à Rome à Sainte-Marie-Majeure, l'an de l'Incarnation de Notre-Seigneur mil huit cent quatorze, le 7 des Ides d'août et de notre pontificat le quinzième.

« A. cardin. pro-dataire.

« R. card. BRASCHI HONESTI.

« *Visa de curia* D. TESTA.

Lieu † du sceau.

« F. LAVIZZARI. »

La lecture de cette bulle causa dans l'auditoire une émotion sensible. On ne voyait pas sans étonnement cette résurrection d'un corps éprouvé par tant de traverses ; on se rappelait que ses disgrâces avaient précédé de bien peu celles de l'Eglise et de la religion, et l'on trouvait conforme aux vues de la Providence qu'il se relevât avec elle. La lecture de la bulle achevée, le père Pannizoni, provincial d'Italie, s'avança vers le trône de Sa Sainteté, et reçut de ses mains un exemplaire de la bulle. Il fut ensuite admis au baisement des pieds, ainsi que le provincial de Sicile et les *jésuites* qui se trouvaient présents, et qui étaient au nombre de cent quarante.

Après la publication de cette bulle, le cardinal Pacca, qui remplissait les fonctions de secrétaire d'Etat en l'absence du cardinal Consalvi, fit lire un édit de Sa Sainteté, qui ordonnait la restitution des capitaux existants des biens des *jésuites*, et des dédommagements pour ceux qui avaient été aliénés. Le marquis Ercolani, trésorier, rendit un décret exécutoire, et en conséquence les *jésuites* furent mis en possession des trois belles maisons qu'ils possédaient auparavant à Rome.

On voit, par cette bulle, que Pie VII avait déjà autorisé l'établissement des *jésuites* en Russie, par un bref du 7 mars 1801, et dans le royaume de Naples, par un bref du 31 juillet 1804. Mais la révolution qui arriva peu après dans ce royaume y détruisit cette œuvre naissante, néanmoins la société subsista en Sicile. Outre les établissements qu'avaient alors les *jésuites* dans ces deux Etats, ils en avaient aussi en Angleterre et aux Etats-Unis.

L'Espagne qui avait donné le jour au fondateur de la *compagnie de Jésus*, s'empressa de rétablir cette société. Le pape Pie VII, pour en témoigner sa satisfaction, adressa le bref suivant à Ferdinand VII, roi d'Espagne.

« Il nous est difficile de vous exprimer la joie que nous avons éprouvée lorsque nous avons appris, par les lettres de Votre Majesté catholique, que vous aviez agréé le dessein que nous avions formé de rétablir la *Société de Jésus* et que nous avons mis à exécution par notre constitution du 7 des Ides du mois d'août dernier.

« Quoique les justes raisons qui nous avaient porté à rétablir une société si utile, et que plusieurs pontifes romains nos prédécesseurs avaient approuvée et confirmée, nous fissent croire que les fidèles de Jésus-Christ applaudiraient à notre projet, notre joie a été à son comble, notre cher fils, lorsque nous avons su que vous l'approuviez, vous dont la religion, la sagesse, la prudence font notre admiration.

« Nous nous sommes réjoui encore des biens immenses que l'Espagne retirera, comme nous l'espérons, des prêtres réguliers de la *Société de Jésus;* car une longue expérience nous apprend que ce n'est pas seulement par leurs bonnes mœurs et leur vie évangélique qu'ils répandent la bonne odeur de Jésus-Christ, mais encore par le zèle avec lequel ils travaillent au salut des âmes pour y parvenir ; unissant à la vie la plus pure une connaissance approfondie des sciences, ils s'appliquent à étendre la religion, à la défendre contre les efforts des méchants, à retirer les chrétiens de la corruption, à enseigner les belles lettres à la jeunesse et à la former à la piété chrétienne.

« Aussi n'avons-nous aucun doute que le rappel dans vos Etats de ces religieux, qui se livreront absolument aux devoirs qui leur sont imposés, n'y fassent refleurir l'amour de la religion, le goût des bonnes études et la sainteté des mœurs du christianisme, qui augmenteront de jour en jour. A tous ces avantages s'en joindront d'autres d'une bien grande importance, les liens d'amour et d'obéissance qui unissent les sujets à leur roi, se resserreront ; l'union entre les citoyens, la tranquillité et la sûreté renaîtront ; enfin, pour tout dire, en un mot, on verra reparaître parmi les peuples commis à Votre Majesté royale, le bonheur public et particulier.

« Ce n'est pas seulement vous, notre cher fils en Notre-Seigneur, que nous félicitons de tous ces biens, mais encore toute la nation espagnole, cette nation (que nous chérissons en Notre-Seigneur d'un amour particulier, à cause de son constant attachement à la religion chrétienne et des preuves de fidélité qu'elle nous a données, ainsi qu'au saint-siége apostolique) sera une des premières à ressentir les heureux effets qui résulteront du rétablissement de cette illustre société, et que nous nous sommes proposé de procurer à tous les fidèles de Jésus-Christ.

« Nous pouvons encore assurer Votre Majesté, que le rétablissement de cette société, dont le fondateur est Espagnol, qui compte dans son sein plusieurs Espagnols qui l'ont illustrée par leur sainteté et leur science, et qui enfin a fait tant de bien à l'Espagne, sera regardée par les peuples commis à Votre Majesté, comme un nouveau bienfait et un des plus précieux parmi ceux que ne cesse de leur procurer votre sage prévoyance. Ce bienfait rattachera de plus en plus à votre personne sacrée le royaume d'Espagne, assurera parmi les gens de bien et perpétuera la gloire de votre nom, et, ce qui est bien plus important encore, sera pour vous un sujet de mérite auprès de Dieu.

« Afin que vous puissiez recueillir tous ces biens, comme nous l'espérons, nous vous exhortons à mettre en exécution, le plus tôt possible, un projet si utile et si religieux ; et afin que vous commenciez votre entreprise sous des auspices heureux, et que Dieu bénisse vos travaux, nous donnons à Votre Majesté catholique notre bénédiction apostolique.

« Donné à Rome, le 15 décembre 1814, et l'an 15ᵉ de notre pontificat. »

En conséquence, le roi d'Espagne rendit, le 29 mai 1815, pour le rétablissement des *jésuites*, le décret suivant :

« Depuis que, par la singulière miséricorde de Dieu, je suis remonté sur le trône glorieux de mes ancêtres, il m'est continuellement parvenu une foule d'adresses des villes et des provinces de mon royaume, pour me supplier de rétablir dans toute l'étendue de mes Etats la *compagnie de Jésus*. Elles m'exposent tous les avantages qui en résulteraient pour mes sujets, et m'invitent à imiter l'exemple de plusieurs souverains de l'Europe, et particulièrement celui de Sa Sainteté, qui n'a point hésité à révoquer le bref de Clément XIV, du 21 juillet 1773, en vertu duquel fut aboli cet ordre célèbre, et à publier la bulle du 7 août 1814, *Sollicitudo omnium Ecclesiarum*. Les vœux de tant de respectables personnes qui m'ont donné les preuves les plus signalées de leur loyauté, de leur amour pour la patrie et de l'intérêt qu'elles n'ont cessé de prendre à la félicité temporelle et spirituelle de mes sujets,

m'ayant déterminé à un examen plus approfondi des imputations faites à la *compagnie de Jésus*, j'ai reconnu que sa perte avait été conjurée par la jalousie de ses plus implacables ennemis, qui sont également ceux de la sainte religion, qui est la base essentielle de la monarchie espagnole. Comme elle a toujours été hautement protégée par mes prédécesseurs, ce qui leur a mérité le titre de *catholique*, mon intention est de faire preuve du même zèle et d'imiter de si grands exemples. Convaincu de plus en plus que les plus ardents ennemis de la religion et du trône étaient ces mêmes hommes qui mettaient en œuvre toutes les ressources de l'intrigue et de la calomnie pour décrier la *compagnie de Jésus*, la détruire et persécuter ses membres, malgré les services inappréciables qu'ils rendaient à l'éducation de la jeunesse, j'ai pensé que cet important objet devait être soumis à la délibération de mon conseil, pour rendre ma décision plus inébranlable, ne doutant point que, dans l'exécution de mes ordres, il ne fasse ce qui convient le mieux à ma dignité et à la félicité spirituelle et temporelle de mes sujets. La nécessité et l'utilité de la *compagnie de Jésus* ayant été reconnue, il a été décidé que son rétablissement serait aussitôt effectué dans les villes et les provinces qui l'ont sollicité, sans avoir égard à la disposition de la pragmatique sanction de mon bisaïeul, du 2 avril 1767, et à tous autres décrets et ordres royaux, qui, dès ce moment, demeurent supprimés et abrogés.

« En conséquence, les colléges, hospices, maisons professes et de noviciat, résidences et missions des *jésuites* seront rétablis, tant dans les villes que dans les provinces espagnoles, conformément aux lois et règlements portés dans le même décret. »

Les *jésuites* s'établirent alors en France comme en beaucoup d'autres Etats, et, suivant le but de leur institut, ils fondèrent plusieurs maisons d'éducation pour élever chrétiennement la jeunesse. Mais l'esprit d'impiété, qui avait sollicité leur suppression, obtint encore de les exclure du droit commun, en leur défendant d'enseigner dans les séminaires ou les colléges, sous la direction même des évêques. Tel est le but de l'ordonnance suivante :

Ordonnance *du 16 juin 1828, contenant diverses mesures relatives aux écoles secondaires ecclésiastiques et autres établissements d'instruction publique.*

« Charles, etc.

« Sur le compte qui nous a été rendu,
« 1° Que, parmi les établissements connus sous le nom d'écoles secondaires ecclésiastiques, il en existe huit qui se sont écartés de leur institution, en recevant des élèves dont le plus grand nombre ne se destine pas à l'état ecclésiastique ;
« 2° Que ces huit établissements sont dirigés par des personnes appartenant à une congrégation religieuse non légalement établie en France, voulant pourvoir à l'exécution des lois du royaume, de l'avis de notre

conseil, nous avons ordonné et ordonnons ce qui suit ;

« ARTICLE PREMIER. A dater du 1er octobre prochain, les établissements connus sous le nom d'écoles secondaires ecclésiastiques, dirigés par des personnes appartenant à une congrégation religieuse non autorisée, et actuellement existant à Aix, Billom, Bordeaux, Dôle, Forcalquier, Montmorillon, Saint-Acheul et Sainte-Anne d'Auray, seront soumis au régime de l'université.

« ART. 2. A dater de la même époque, nul ne pourra être ou demeurer chargé, soit de la direction, soit de l'enseignement dans une des maisons d'éducation dépendantes de l'université, ou dans une des écoles secondaires ecclésiastiques, s'il n'a affirmé par écrit qu'il n'appartient à aucune congrégation religieuse non légalement établie en France. »

On invoque dans cette ordonnance les lois du royaume ; mais M. de Vatimesnil, qui était, à cette époque, ministre de l'instruction publique, démontre très-bien aujourd'hui que les anciens arrêts et édits sur les *jésuites* sont évidemment étrangers à l'ordre de choses actuel.

« De deux choses l'une, dit cet ancien ministre, dans sa *Lettre au R. P. de Ravignan* (page 17), ou les lois postérieures à 1789, qui prohibent les associations religieuses, et notamment le décret de l'an XI, existent encore dans toute leur vigueur, et alors il est parfaitement inutile de s'occuper des anciens arrêts et édits relatifs aux *jésuites*, puisque la législation moderne suffit pour donner au pouvoir le droit de les dissoudre, comme pour lui donner celui de dissoudre toute autre corporation religieuse ; ou au contraire, ces lois ont été abrogées par les articles 291 et suivants du Code pénal, et par l'article 5 de la Charte, qui forment le dernier état de la législation ; et, en ce cas, il faut examiner si les anciens édits et arrêts ont recouvré une existence qu'ils avaient perdue, et si, par suite, les individus qui appartiennent à la société des *jésuites*, se trouvent placés dans une situation différente de celle des individus qui appartiennent à d'autres congrégations religieuses. »

M. de Vatimesnil montre qu'effectivement les lois postérieures à 1789 ont été abrogées par l'article 291 et suivants du Code pénal, et par l'article 5 de la Charte. *Voyez* ce qu'il dit à cet égard dans le tome 1er de ce COURS, sous le mot CONGRÉGATIONS RELIGIEUSES, colonne 775.

Les *jésuites* ne sont pas dans une situation à part ; pour qu'ils y fussent, il faudrait que quelque chose eût fait revivre les anciens arrêts et édits qui suppriment leur société. La question consiste donc à savoir si, en effet, ils ont repris la force et l'autorité que les lois rendues depuis 1789 leur avaient enlevées. Or, sa solution négative ne paraît pas douteuse : elle dérive d'un point de doctrine important et aujourd'hui bien établi, *c'est qu'une loi anéantie ne peut jamais ressusciter de plein droit*. Ce serait, dit M. Dupin, procureur général, un miracle aussi impossible en législation que dans l'ordre de la nature. Un arrêt de la cour de cassation, du 13 février 1836, a consacré cette doctrine. D'ailleurs, si nous ne savions que les préventions aveuglent et font souvent tomber les meilleurs esprits dans l'absurde et l'inconséquence, nous ne nous expliquerions pas qu'on pût contester une vérité aussi claire et aussi évidente en présence de l'article 5 de la Charte, qui garantit à chacun la pleine et entière liberté de culte et de conscience. Les *jésuites* sont donc actuellement en France sur le même pied que tous les autres citoyens : ils ne réclament aucun privilège, ils ne demandent que le droit commun, le droit de vivre humblement sous le même toit, de partager la même table, de se vouer aux services les plus pénibles et les plus durs, de se sacrifier en commun et sous la garantie d'un vœu que Dieu a reçu, à l'instruction de la jeunesse, à la prédication de la parole divine, aux fonctions sévères du sacerdoce ; ils le demandent au nom de la liberté de conscience, au nom de la liberté des cultes, au nom de la liberté d'enseignement, au nom de la Charte ! Vouloir leur refuser le droit commun, ne serait-ce pas violer la Charte elle-même et commettre une souveraine injustice ? On nous pardonnera cette réflexion, moins étrangère qu'on ne pense au but de cet ouvrage, en faveur d'un ordre persécuté que nous vénérons et que nous admirons.

§ 3. *Régime de la société des* JÉSUITES.

La *Société de Jésus* est composée de quatre sortes de personnes : les écoliers, les coadjuteurs spirituels, les profès et les coadjuteurs temporels.

Les écoliers, appelés aussi étudiants ou scolastiques, ne font que des vœux simples ; ils sont différents des novices. Les coadjuteurs spirituels sont ainsi nommés parce qu'on les considère comme les aides des profès dans le ministère et le gouvernement ecclésiastique. Ils ne font que les trois vœux de chasteté, de pauvreté et d'obéissance ; ce qui comprend l'instruction de la jeunesse. Ils sont agrégés à la société pour faire les mêmes fonctions que les profès, excepté d'enseigner la théologie, et ils sont au-dessus des écoliers. Ils ont le même engagement à la société que les profès, mais la société n'est pas engagée de même à leur égard, et ils peuvent être congédiés si on le juge nécessaire. Les profès sont le principal corps de la compagnie, et, suivant la première approbation de leur institut, ils ne devaient être que soixante ; mais leur grande utilité fit bientôt lever cette restriction. Ces profès font des vœux solennels. Il y a deux sortes de profès, savoir, ceux qu'on appelle *ordinaires*, qui ne font que les trois vœux, et les profès qu'on appelle profès *de quatre vœux*, parce qu'ils font un quatrième vœu, par lequel ils promettent spécialement obéissance au pape pour ce qui regarde les missions ; mais le pape n'use point de ce pouvoir, il le laisse au général. Les coadjuteurs temporels sont comme les frères lais chez les moines (*Const. societ., part.* II, *c.* 1).

Les *jésuites* ont quatre sortes de maisons, savoir, les *maisons professes*, les *maisons de probation* ou *de noviciat*, les *colléges* et les *missions*. Toutes ces maisons sont distribuées par provinces et soumises au général, qui demeure à Rome.

Tout se fait chez les *jésuites* par l'autorité du général; il approuve tous les sujets qui se présentent pour entrer dans la compagnie, il en retranche ceux qui n'y sont pas propres, il donne toutes les charges (*Const. societ. Jesu, part.* IX, *c.* 3). Il y a en chaque maison un recteur qu'on appelle préfet en quelques endroits, un procureur, un ministre et quelques officiers semblables. Un provincial a l'intendance sur plusieurs maisons, suivant la division des provinces de la société. Le général établit d'ordinaire ces officiers pour trois ans, mais il peut les continuer ou les révoquer. C'est aussi lui qui reçoit les fondations et qui fait tous les contrats au profit de la société, mais il ne peut aliéner sans le consentement de la congrégation générale, qui ne s'assemble que rarement : elle est nécessaire au moins pour l'élection du général, qui est à vie (*Const., part.* VIII, *c.* 6). La société donne au général un certain nombre d'assistants tirés des différentes provinces, et qu'il doit consulter pour les choses qui regardent son administration. La société désigne aussi un *admoniteur*, dont la charge est d'avertir le général, surtout en ce qui regarde sa conduite personnelle et privée (*Const., part.* IX, *c.* 4, § 4). Du reste, l'autorité du général n'a point d'autre contrôle régulier et ordinaire : il est obligé de prendre et de recevoir des conseils ; il est seul juge de sa détermination dernière. (*Voyez* ABBÉ.) Tous les supérieurs provinciaux et locaux, tous les membres de la compagnie sont soumis au général et lui doivent obéissance; tous peuvent librement recourir à lui et lui écrire comme aux autres supérieurs (*Const., part.* IX, *c.* 3 *et* 6).

Les *jésuites* sont mis, par la bulle de leur fondation, au nombre des religieux mendiants; mais la même bulle porte qu'ils pourront avoir des colléges auxquels il y aura des revenus attachés pour les professeurs et les étudiants qui sont membres de la société, et que le général et la société auront le gouvernement et l'intendance de ces colléges et de leurs biens. Les constitutions défendaient au général d'appliquer aucune partie des revenus des colléges à l'usage des profès ; mais les déclarations, qu'on peut regarder comme une glose qui modifie quelquefois le texte, permettent au général d'assister de ces revenus les profès qui sont utiles aux colléges, comme les prédicateurs, les professeurs et les confesseurs.

JÉSUITESSES.

Congrégation de religieuses qui avaient des établissements en Italie et en Flandre; elles suivaient la règle et imitaient le régime des *jésuites*. Quoique leur institut n'eût point été approuvé par le saint-siége, elles avaient plusieurs maisons auxquelles elles donnaient le nom de colléges, d'autres qui portaient le nom de noviciat ; elles faisaient entre les mains de leurs supérieures les trois vœux de pauvreté, de chasteté et d'obéissance ; mais elles ne gardaient point la clôture, et se mêlaient de prêcher (*Voyez* FEMME).

Ce furent deux filles anglaises venues en Flandre, nommées Warda et Tuitia, qui formèrent cet institut, selon les avis et sous la direction du père Gérard, recteur du collége d'Anvers, et de quelques autres jésuites. Le dessein de ces derniers était d'envoyer ces filles en Angleterre, pour instruire les personnes de leur sexe. Warda devint bientôt supérieure générale de plus de deux cents religieuses.

Le pape Urbain VIII, par une bulle du 13 janvier 1630, adressée à son nonce de la basse Allemagne et imprimée à Rome en 1632, supprima cet ordre, institué avec plus de zèle que de prudence (Bergier, *Diction. de Théol.*).

JEU.

Le *jeu* est un exercice pris dans la vue de se divertir ou de se délasser ; il est défendu aux clercs, comme on le voit sous le mot CLERC. Le canon 1, distinction 35, menace de déposition, s'ils s'adonnent à tels *jeux*, qui passent les bornes de l'honnêteté et de la modération: *Episcopus, aut presbyter, aut diaconus aleæ atque ebrietati deserviens, aut desinat, aut certe damnetur (in græco deponatur) ; subdiaconus, aut lector, aut cantor similia faciens aut desinat, aut communione privetur.* On voit par les termes de ce canon, que la peine qu'il prononce contre les clercs n'est, pour ainsi dire, que comminatoire ; et telle est l'interprétation de la glose qui est la même au chapitre *Inter dilectos de exces. prælat*, où le pape Innocent III, déclare nulle la collation d'un bénéfice faite à un clerc du diocèse de Tours, joueur et usurier en même temps. Ce clerc alléguait pour sa défense la coutume du pays où les clercs étaient communément dans l'usage de jouer et de prêter avec profit. Le pape n'eût point d'égard à cette excuse, et condamna cette honteuse coutume : *Nos tamen qui ex officii nostri debito pestes hujusmodi extirpare proponimus atque ludos voluptuosos (occasione quorum sub quadam curialitatis imagine, ad dissolutionis materiam devenitur) penitus improbamus excusationem prædictam, quæ per pravam consuetudinem (quæ corruptela dicenda est), palliatur, frivolam reputantes.* Les termes de la glose sur le même chapitre sont aussi remarquables : *Aleæ hodie prohibentur, tamen videtur quod propter hoc non debet privari jure suo, si vellet se corrigere, idem videtur de usura, sed aliud est in obtento, aliud in obtinendo propter usuram : indistincte repelletur ab obtinendo, sed in obtento beneficio potest episcopus facere gratiam si se libenter corrigat, de jure tamen potest de-*

poni (*C.* 1, *dist.* 47; *c. Si quis oblitus; c. Quoniam multi* 14, *quæst.* 4.) (*Voyez* USURE, HOMICIDE.)

Quant aux *jeux* permis ou tolérés par l'usage, on ne peut trouver mauvais qu'un prêtre y consacre quelques moments pour cause de délassement; mais il doit avoir soin de ne jouer qu'à un *jeu* modéré. Les statuts des diocèses de Belley, de 1749; de Grenoble, de 1838; de Périgueux, de 1839, défendent aux ecclésiastiques de jouer la nuit. Quelques évêques engagent à ne pas jouer au delà de neuf heures du soir.

Les *jeux* qui se jouent en public, comme le mail, la paume, sont défendus aux clercs, et généralement tous ceux dans lesquels ils peuvent être un scandale pour les laïques, canon 25 du concile de Sens en 1528. Aussi les ordonnances du diocèse de Sens défendent-elles, sous peine de suspense encourue *ipso facto*, de jouer à la paume, ou aux boules en public ou à la vue du public. La même peine est portée contre ceux qui jouent dans des lieux publics. Les conciles de Reims et de Bordeaux, tenus en 1583, défendent aux clercs toute espèce de *jeux* de hasard.

Bergier remarque, dans son *Dictionnaire de Théologie*, que les Pères de l'Eglise ont regardé comme une espèce d'usure, ou plutôt de vol défendu par le huitième commandement de Dieu, le gain fait aux *jeux* de hasard. Suivant le sentiment de plusieurs canonistes, il faut restituer ce que l'on a gagné aux *jeux* défendus, non aux joueurs, mais aux pauvres, ou l'employer à de bonnes œuvres.

Sur la question si l'on peut demander de l'argent que l'on a gagné au *jeu*, ou répéter celui que l'on y a perdu, l'on distingue les *jeux* défendus des autres; on ne peut demander l'argent qu'on a gagné à des *jeux* défendus, ni répéter celui que l'on y a perdu, et que l'on a payé; mais on a une action légitime à intenter contre celui qui refuse de payer ce qu'il a perdu à un *jeu* permis et honnête. Voici ce que le Code civil a statué à cet égard:

« ART. 1965. La loi n'accorde aucune action pour une dette du *jeu* ou pour le payement d'un pari.

« ART. 1966. Les *jeux* propres à exercer au fait des armes, les courses à pied et à cheval, les courses de chariot, le *jeu* de paume et autres *jeux* de même nature qui tiennent à l'adresse et à l'exercice du corps, sont exceptés de la disposition présente.

« Néanmoins le tribunal peut rejeter la demande quand la somme lui paraît excessive.

« ART. 1967. Dans aucun cas, le perdant ne peut répéter ce qu'il a volontairement payé, à moins qu'il n'y ait eu, de la part du gagnant, dol, supercherie ou escroquerie. »

JEUNE

Le *jeûne* est une mortification qui consiste dans la privation de quelques repas, et qu'il ne faut pas confondre avec l'abstinence de certains aliments, comme de la viande, des œufs ou du laitage. Le *jeûne* comprend sans doute l'abstinence; mais l'abstinence de certains aliments n'est pas toujours accompagnée de *jeûne*.

Le *jeûne* est ordonné par l'Eglise pendant le carême, les quatre-temps et certaines vigiles. Le *jeûne* du carême a été établi dès les premiers siècles de l'Eglise, afin qu'il y eût un temps de l'année consacré à la pénitence, et pour imiter l'exemple de Jésus-Christ qui a jeûné pendant quarante jours. On ne trouve pas une époque certaine de l'établissement du carême; on sait seulement par les constitutions apostoliques, que les chrétiens de la primitive Eglise jeûnaient pendant le temps qui précédait la Pâque, et que ce *jeûne* durait jusqu'à l'heure de vêpres, c'est-à-dire jusqu'au soir. Voici ce qu'en dit le canon 16, distinction 5, *de Consecratione*, pris pour le sens, d'une homélie de saint Grégoire pape : *Quadragesima, summa observatione est observanda, ut jejunium in ea (præter dies dominicos, qui de abstinentia subtracti sunt), nisi quem infirmitas impedierit, nullatenus solvatur: quia ipsi dies decimæ sunt anni. A prima igitur dominica quadragesimæ, usque in pascha Domini sex hebdomadæ computantur, quarum videlicet dies quadraginta et duo fiunt. Ex quibus dum sex dominici dies abstinentiæ subtrahuntur, non plus in abstinentia, quam triginta et sex dies remanent, verbi gratia, si per trecentos et sexaginta quinque dies annus volvitur, et nos per triginta et sex dies affligimur, quasi anni decimas Deo damus. Sed ut sacer numerus quadragintorum dierum adimpleatur, quem Salvator noster suo sacro jejunio consecravit, quatuor dies prioris hebdomadæ ad supplementum quadraginta dierum tolluntur, id est, quarta feria, quæ caput jejunii subnotatur, et quinta feria sequens, et sexta, et sabbatum. Nisi enim istos dies quatuor superioribus triginta sex adjunxerimus, quadraginta dies in abstinentia non habemus.*

A l'égard du *jeûne* des quatre-temps, il en est parlé dans la distinction 76 du décret. Nous ne rapporterons à ce sujet que les termes du canon 4, qui détermine l'ordre de ces quatre-temps que l'on suit aujourd'hui : *Statuimus etiam ut jejunia quatuor temporum hoc ordine celebrentur: Primum initio quadragesimæ, secundum in hebdomade Pentecostes, tertium vero in septembri, quartum in decembri, more solito fiat.*

Outre les *jeûnes* du carême et des quatre-temps, il y a plusieurs fêtes solennelles dans l'année qui sont précédées d'un *jeûne*. Mais à cet égard il n'y a pas de règle uniforme dans l'Eglise, ce qui oblige les fidèles de se conformer à l'usage du lieu où ils se trouvent. L'indult du cardinal Caprara, inséré sous le mot FÊTES, a supprimé avec certaines fêtes les *jeûnes* qui les précédaient. On ne *jeûne* jamais le dimanche, ni on ne fait jamais maigre le jour de Noël. Il y a même des diocèses où il est permis de manger de la viande les samedis qui se trouvent entre la fête de Noël et celle de la Purification. (*Cap.*

Ex parte; c. *Explicari, de Observ. jejun.*) (*Voyez* ABSTINENCE.)

L'Église a laissé aux évêques le pouvoir de dispenser du *jeûne* et de l'abstinence pour des causes nécessaires (*c.* 2 *de Observat. jejunior.*); et ils communiquent ce pouvoir aux curés à cause du besoin pressant des malades. Quelquefois même l'évêque relâche à tout son diocèse quelque partie de l'abstinence, pour la disette des vivres. Actuellement en France, la plupart des évêques permettent l'usage d'aliments gras pendant le carême, les dimanche, lundi, mardi et jeudi de chaque semaine, excepté la semaine sainte.

Les curés doivent donc accorder aux malades la permission de manger de la viande en carême ou dans d'autres temps d'abstinence, quand cet usage est nécessaire pour rétablir leur santé. Ce n'est point un péché de manger de la viande en carême, quand on se trouve dans une si grande nécessité, qu'on serait en danger évident de mourir de faim, si l'on n'en mangeait (*c. Concilium, de Observ. jejun.*).

Le saint concile de Trente exhorte tous les pasteurs d'apporter toute sorte de soin et de diligence pour obliger les peuples aux observations qui tendent à mortifier la chair, comme sont la différence des viandes et les *jeûnes* (session XXV, décret de réformation). Suivant les lois et la pratique constante et générale de l'Eglise, on ne doit recevoir l'eucharistie que lorsqu'on est à jeun. Ce *jeûne* qu'on appelle naturel, eucharistique ou sacramentel, est beaucoup plus sévère que le *jeûne* ecclésiastique; il consiste à n'avoir rien pris, ni solide ni liquide, ni comme nourriture, ni comme remède, depuis minuit. L'Eglise n'admet d'exception à cette règle que pour les malades qui communient en viatique, et pour quelques cas beaucoup plus rares où peut se trouver le prêtre qui célèbre ou qui doit célébrer la messe (*Voyez* BINAGE).

JOUR.

On considère le *jour* comme naturel ou comme civil. Comme naturel, il s'entend depuis le lever jusqu'au coucher du soleil; la nuit est la nuit, quoique quelques uns l'appellent aussi jour naturel. Le *jour* civil comprend le *jour* et la nuit tout ensemble, le commencement de ce *jour* civil est différent selon les différents usages des pays et des nations. Ici on prend le *jour* au lever du soleil, là au midi, et les autres après le coucher du soleil. A Rome, on suit, comme en France, la règle de la loi *More romano,* (*f. de feriis,* qui fixe le *jour* à minuit, et le fait finir par une révolution de vingt-quatre heures à minuit suivant: *More romano: dies a media nocte incipit, et sequentis noctis media parte finitur: itaque quidquid in his viginti quatuor horis, id est duabus dimidiis noctibus et luce media actum est, perinde est quasi quavis hora lucis actum esset.* C'est aussi sur cette loi qu'on détermine à Rome la date des impétrations. *Si quid,* dit Censorius, *ante medium noctis actum sit diei qui præteriit adscribatur; si quid autem post mediam noctem et ante lucem factum sit, eo die gestum dicatur, qui eam sequitur noctem.* A l'égard de l'office divin, l'Église suit une manière particulière de compter les heures du *jour* (*Voyez* OFFICE, CALENDES).

JOYEUX AVÉNEMENT.

(*Voyez* BREVET, ENTRÉE.)

JUBILAIRE.

On appelait ainsi autrefois les religieux qui avaient cinquante ans de profession dans un monastère, l'ecclésiastique qui avait desservi une église pendant cinquante ans, le chanoine qui avait assisté aux offices le temps porté par les statuts capitulaires. Il y avait, en France et ailleurs, plusieurs chapitres dont les statuts portaient que ceux qui avaient été trente ans chanoines, seraient *jubilaires*, et en cette qualité exempts de l'obligation d'assister aux matines. Mais ces statuts étaient abusifs, parce qu'ils étaient contraires à la nature même des canonicats, qui obligent tous les chanoines, non légitimement empêchés, d'assister à tous les offices divins, et plus contraires encore aux lois supérieures des conciles généraux et particuliers, ainsi qu'aux constitutions des papes, contre lesquelles les chapitres ne peuvent rien, puisque les inférieurs ne peuvent jamais dispenser des lois de leurs supérieurs. Le concile de Bâle, session XXI, et celui de Trente, session XXIV, ne reconnaissent d'autre cause légitime, pour laquelle les chanoines puissent en conscience s'absenter de l'office canonial, que l'infirmité du corps, ou autre nécessité corporelle juste et raisonnable, ou une évidente nécessité qui regarde le bien de l'Eglise.

JUBILÉ.

Le *jubilé* est une indulgence solennelle, dont on fixe le premier établissement à l'an 1300; temps auquel le pape Boniface VIII, publia la bulle *Antiquorum, cap.* 1, *de Pœnit. et remiss.,* où il est dit: « Selon le rapport fidèle des anciens, il y a des indulgences accordées à ceux qui visitent l'église du prince des apôtres. Nous les confirmons et les renouvelons toutes; mais afin que saint Pierre et saint Paul soient plus honorés, et leurs églises plus fréquentées, nous accordons indulgence plénière à tous ceux qui, étant vraiment repentants et s'étant confessés, visiteront respectueusement lesdites églises durant la présente année 1300, commencée à Noël dernier, et toutes les centièmes années suivantes. »

Clément VI réduisit cette indulgence, que la bulle de Boniface VIII, n'avait pas encore appelée *jubilé*, à tous les cinquante ans (*Cap. Unigenitus* 2, *eod.*). Mais avant que les cinquante ans fussent écoulés, Urbain VI, restreignit ce temps à trente-trois ans, en 1389, sur le fondement que Jésus-Christ avait vécu ce nombre d'années sur la terre. En conséquence il ordonna que le *jubilé* serait l'année suivante 1390; mais cette institution ne se conserva que pendant le schisme. L'Église de Rome revint après aux cinquante ans de Clément VI. Paul II, en 1468, réduisit encore le *jubilé* à vingt-cinq ans ; ce qui fut confirmé par Sixte IV en 1478. (*C. Quemadmodum* 4, *de Pœn. et rem. in extrav. commun.*) Enfin Sixte V l'étendit à toutes les églises sans aller à Rome.

§ 1. JUBILÉ *extraordinaire.*

Le *jubilé* extraordinaire est celui que les papes accordent, ou à tous les fidèles dans l'Eglise entière pour quelques raisons générales, ou à certaines régions, pour des causes qui leur sont particulières.

Léon X accorda une indulgence de cette nature, en 1518, aux Polonais pour les engager à se liguer contre les Turcs ; il est le premier qui ait donné cette sorte de *jubilé*.

Paul III en publia une semblable à Rome, le 25 juillet 1546, pour implorer la miséricorde de Dieu dans l'excès des maux dont l'Eglise était accablée par l'hérésie, et obtenir d'heureux succès dans la guerre qu'il se croyait obligé de faire aux protestants, dont l'opiniâtreté ne cédait à aucune voie de persuasion.

Pie IV étant parvenu avec beaucoup de peine à faire reprendre le concile de Trente, interrompu depuis huit ans, publia, le 15 novembre, un *jubilé* universel pour obtenir l'assistance de l'Esprit-Saint à cette assemblée et l'heureuse issue de cette grande affaire.

Sixte V, à son avénement au pontificat, donna un *jubilé* universel qui fut publié à Rome le 25 mai 1585, et devait être gagné dans cette ville la semaine suivante ou la semaine d'après et, dans les autres parties du monde, la première semaine qui suivrait la connaissance qu'on en aurait, ou la semaine d'après. Ainsi il n'y avait qu'un espace de quinze jours pour le gagner. La fin de ce *jubilé* était d'attirer sur le nouveau pontife les bénédictions du ciel pour le bon gouvernement de l'Eglise.

Les autres papes, depuis Sixte V, ont presque tous accordé, à leur avénement au pontificat, un *jubilé* extraordinaire et universel dont la durée n'excédait pas quinze jours pour obtenir le succès de l'administration pontificale. On peut voir, dans le Bullaire romain, les constitutions *Quod in omni vita* de Paul V, le 28 juin 1606 ; *Spiritus Domini*, de Grégoire XV, le 26 mars 1620 ; *Æternis rerum*, d'Urbain VIII, le 22 octobre 1623. Ce *jubilé* était dans la forme des prières solennelles des quarante heures ; il n'y avait non plus que quinze jours pour le gagner.

Il est inutile de citer les bulles qu'ont données les autres papes pour le même objet, lors de leur élévation sur la chaire de saint Pierre. Pie VI ayant été élu au commencement de l'année 1775, se contenta de publier le *jubilé* séculaire, et n'en donna point de particulier pour son élection. Pie VII et Léon XII n'en ont point donné non plus ; le premier, à cause des guerres d'Italie, qui ne lui permirent même pas de publier celui de 1800, et le second, parce qu'il était trop près de l'année sainte ; Pie VIII en a donné un et Grégoire XVI n'en a point donné.

Paul V indiqua un *jubilé* universel, le 12 juin 1617, pour obtenir la cessation des maux dont l'Eglise était affligée ; il accordait aux fidèles et aux confesseurs des priviléges particuliers touchant la juridiction, les censures et les vœux.

Urbain VIII publia un semblable *jubilé* pour les mêmes fins, le 22 novembre 1629, et accorda pareillement de grands priviléges aux confesseurs, en faveur des fidèles qui voudraient en profiter. Il prorogea le même *jubilé* l'année suivante pour remercier Dieu d'avoir fait cesser une partie des fléaux dont on avait demandé à être délivré : il y eut encore deux autres prorogations, d'abord pour trois mois, puis pour deux mois (*Const.* 109 *et* 111).

Clément XI accorda aussi deux *jubilés* extraordinaires, l'un en 1706, qui regardait spécialement la France ; il avait pour fin d'obtenir la paix entre les princes chrétiens : et l'autre en 1715, pour faire échouer, par la protection divine, les projets hostiles et l'appareil formidable des Turcs contre la république de Venise.

Le cardinal Caprara, légat *a latere*, publia, au nom du saint Père, le 9 avril 1802, une indulgence plénière en forme de *jubilé*, qu'on pouvait gagner pendant trente jours, et cela pour remercier Dieu du rétablissement du culte public de la religion catholique en France après la révolution. Les peuples s'ébranlèrent de toutes parts : on les vit s'empresser de jouir de la faveur qui leur était offerte, et les nouveaux pasteurs recueillirent de grandes consolations dans leurs pénibles travaux (Bouvier, *Traité des indulgences*, 4ᵉ *édit.*, pag. 383).

Il y a des *jubilés* particuliers dans certaines villes à la rencontre de quelques fêtes : au Puy en Vélay, lorsque la fête de l'annonciation arrive le vendredi saint, ce qui a eu lieu en 1842 ; à Lyon, quand celle de saint Jean-Baptiste concourt avec la Fête-Dieu.

§ 2. *Priviléges du* JUBILÉ.

Il y a de grands priviléges attachés au *jubilé* ; mais comme ils dépendent de la volonté des souverains pontifes, ils ne sont pas toujours absolument les mêmes. Il faut donc avoir soin de peser les paroles de chaque bulle, et s'en tenir aux clauses qu'elles renferment.

On accorde aux fidèles de tout âge, de tout sexe et de toute condition, la faculté de se choisir un confesseur parmi les prêtres réguliers ou séculiers qui sont approuvés dans le diocèse où la confession doit se faire.

Les religieuses et les novices peuvent aussi avoir recours pendant ce temps, mais pour la confession du *jubilé* seulement, à un autre confesseur, pourvu qu'elles le prennent parmi ceux qui sont approuvés pour entendre les confessions des religieuses. On éleva, pendant le *jubilé* de 1750, la question de savoir si les religieuses pouvaient choisir pour confesseur, à l'effet du *jubilé*, un prêtre approuvé pour un autre monastère et non pour le leur. Benoît XIV, faisant réflexion que si on les restreignait aux prêtres approuvés pour leur maison, on ne leur accordait réellement aucun privilége, déclara dans sa bulle *Celebrationem*, du 1er janvier 1751, § 11, qu'il leur serait permis de choisir parmi les prêtres approuvés pour les autres monastères ou pour les religieuses en général. Telles furent aussi les dispositions de la bulle de Léon XII.

Les souverains pontifes ont coutume d'accorder à tous les confesseurs les plus amples pouvoirs d'absoudre ceux qui s'adresseront à eux, dans l'intention de gagner le *jubilé*, de l'excommunication, de la suspense, des autres censures ecclésiastiques, infligées par le droit ou le supérieur, pour quelque cause que ce soit, réservées aux ordinaires ou au saint-siége, et de toutes sortes de péchés, même les plus énormes, réservés ou non réservés, en enjoignant une pénitence salutaire et en supposant toujours les dispositions requises. C'est la traduction littérale des paroles mêmes de Benoît XIV, dans sa bulle *Benedictus Deus*, § 4, donnée pour l'extension du *jubilé* de l'année sainte, le 23 décembre 1750 ; les mêmes expressions se trouvent dans les bulles de Pie VI et de Léon XII.

Il faut toutefois excepter ceux qui seraient frappés de censures pour une injustice commise envers une tierce personne, et qui auraient été dénoncés publiquement comme tels, quand même leurs noms n'auraient pas été imprimés ; s'ils satisfaisaient à ce que la justice exige d'eux avant la fin du temps fixé pour le *jubilé*, ils pourraient alors être absous. Cette sorte de censure a été exceptée par Innocent XIII, Clément XII et Benoît XIV, dans sa bulle de 1740, et dans celle que nous venons de citer par Clément XIV, Pie VI et Léon XII ; cette exception d'ailleurs est fondée sur la nature et sur la raison (*Voyez* CENSURE).

Le confesseur approuvé pour le *jubilé* n'a pas le pouvoir de réhabiliter dans ses fonctions un prêtre à qui son évêque les a nommément interdites ; les facultés qui lui sont accordées, bien que très-étendues, ne vont pas jusque là, et personne n'oserait le soutenir.

On convient que le confesseur du *jubilé* ne peut dispenser des irrégularités qui proviennent *ex defectu* ; mais on n'est pas si parfaitement d'accord sur l'irrégularité *ex delicto* (*Voyez* IRRÉGULARITÉS). Benoît XIV, dans sa bulle *Convocatis*, dit qu'il ne prétend, ni dispenser, ni permettre à aucun prêtre de dispenser d'aucune irrégularité publique, ni occulte, ni d'aucune inhabilité quelconque. Il accorde seulement le pouvoir de dispenser de l'irrégularité occulte, provenant *ex violatione censurarum*, tant à l'effet d'exercer les fonctions sacrées, que pour recevoir un ordre supérieur. Pie VI et Léon XII ont renouvelé cette disposition, en se servant des paroles de Benoît XIV, qu'ils citent.

Les bulles de *jubilé* accordent aussi aux confesseurs le privilége de pouvoir commuer certains vœux (*Voyez* VOEU).

Les confesseurs approuvés pour le *jubilé* peuvent le proroger en faveur des voyageurs sur terre ou sur mer, les infirmes, les convalescents, les prisonniers, etc.

On peut voir dans le *Traité des indulgences* de Mgr. Bouvier ce que l'on est obligé de faire pour gagner le *jubilé*.

JUGE.

Le *juge*, en général, est une personne qui a le droit ou la faculté de terminer les différends par ses jugements, et de rendre à chacun ce qui lui appartient : *Judex quasi jus dicens : non est ergo judex nisi sit justus* (Alberic *a Rosat.*).

On distingue plusieurs sortes de *juges*; juge ordinaire, *juge* délégué, *juge* laïque ou séculier, *juge* d'église ou ecclésiastique, *juge* supérieur, *juge* inférieur. Les auditeurs, les assesseurs, les arbitres sont aussi des *juges*, mais d'un caractère différent. Nous parlons dans cet ouvrage de chacun de ces *juges* sous le nom qui leur est propre. Mais il faut voir cette matière traitée dans les principes du droit, au titre Ier du livre III des Institutes du droit canon.

Les *juges* ne peuvent juger ni licitement ni validement que ceux qui leur sont soumis.

Les *juges* ne peuvent, sans un grand péché, recevoir des présents de leurs clients. L'Ecriture et les conciles leur défendent également ce contagieux commerce : *Xenia et dona excæcant oculos judicum, et quasi mutus in ore avertit correptiones eorum* (*Eccli.* c. XX, v. 31). On peut voir le concile de Toulouse de l'an 1229, celui de Cantorbéry de l'an 1295, etc.

JUGEMENT CANONIQUE.

(*Voyez* INAMOVIBILITÉ, § 2, OFFICIALITÉS, SENTENCE, IRRÉGULARITÉ).

JUGEMENT DOCTRINAL.

On appelle *jugement doctrinal*, une décision rendue par des personnes qui n'ont point une autorité suffisante pour prononcer un *jugement* juridique, définitif ou décisif. Les docteurs et les autres théologiens ne peuvent porter que des *jugements doctrinaux* sur les questions qui leur sont proposées ; le pape seul et les évêques ont reçu de Dieu le droit de rendre des *jugements* décisifs en matière ecclésiastique et théologique (*Voyez* CENSURES, § 6).

JUIF.

Il est parlé des *Juifs* en plusieurs endroits du décret, et l'on voit aux décrétales le titre de *Judæis et Sarracenis et eorum servis*, dont il suffira de faire l'analyse. Par le chapitre premier de ce titre, il paraît qu'au temps des décrétales, comme anciennement, il n'était pas permis aux *Juifs* d'avoir des esclaves chrétiens. Ce chapitre permet aux esclaves des *Juifs* qui font profession de la religion chrétienne, ou qui veulent se convertir et se faire baptiser, de se racheter eux-mêmes ou de se faire racheter par un autre chrétien pour une somme très-modique, *cum duodecim solidis*. Le chapitre *Ad hæc, eod.*, défend aussi à tous les chrétiens de servir aux *Juifs* de domestiques. Et comme l'Eglise ne pouvait exercer son pouvoir spirituel quand ils contrevenaient à ses lois, on défendait à tout fidèle, sous peine d'excommunication, d'avoir commerce avec les *Juifs* qui ne s'étaient pas soumis aux règlements qui les concernaient (*Cap. Etsi. Consuluit, ibid.*).

Le pape Alexandre III permit aux *Juifs* de rétablir les anciennes synagogues, mais il défendit qu'ils en construisissent de nouvelles (*C. Sicut. eod.*).

On ne doit pas baptiser les *Juifs* malgré eux, troubler l'exercice de leur religion dans les lieux où il est permis, ni entrer dans leurs cimetières pour y faire violence; d'un autre côté il faut empêcher les *Juifs* d'insulter aux chrétiens, surtout dans ce qui concerne la religion, d'avoir des charges publiques et de lever des impôts.

A l'égard des *Juifs* convertis, on fut obligé d'abolir une mauvaise coutume, qui s'était établie dans quelques endroits, de les dépouiller d'une partie de leurs biens (*Extravag. comm.; c. Dignum, eod.*).

Le pape Grégoire XIII défendit par une bulle l'exercice de la médecine à tous *Juifs* et infidèles dans les Etats chrétiens; et Paul IV ordonna par une autre bulle que les *Juifs*, tant hommes que femmes, porteraient un signal de couleur jaune pour être connus et distingués des chrétiens. Les mêmes bulles portent que les *Juifs* seront soumis à toutes les lois civiles des pays où ils sont tolérés. Innocent IV et Clément VIII leur ordonnèrent ensuite de brûler leur talmud, et ce dernier pape les chassa, par la bulle de l'an 1592, de toutes les terres de sa domination à cause de leurs criantes usures.

Les règlements que l'on vient de voir, sont pour la plupart des lois de police qui ne passent pas les bornes des Etats du législateur, qui les a publiées. En France, les *Juifs* jouissent actuellement de tous les droits dont jouissent tous les autres citoyens français; leurs rabbins reçoivent même un traitement du trésor royal comme les ministres des cultes chrétiens (Loi du 8 février 1831).

On trouve dans le code Théodosien des lois très-sévères contre les *Juifs*. Pour qu'on puisse bien juger de leur état actuel avec leur ancien état, nous allons rappeler ici ces anciennes lois.

La première loi que Constantin publia contre les *Juifs*, fut provoquée par les violences et par les excès manifestes dont plusieurs d'entre eux s'étaient rendus coupables. Environ deux ans après la conversion de ce prince, un certain nombre de *Juifs* ayant osé insulter publiquement les chrétiens, jusqu'à leur jeter des pierres, l'empereur déclara, par un édit, que si quelqu'un d'entre les *Juifs* se permettait à l'avenir de pareils excès, il serait brûlé avec tous ses complices. Il défend, par la même loi, à tous ceux d'une autre religion, d'embrasser le judaïsme, qu'il représente comme une secte d'hommes turbulents, animés d'une haine violente et irréconciliable contre le christianisme (*Cod. Theod. lib.* XVI, *tit.* 8, *n.* 1). Dans cette vue, Constantin défendit encore aux *Juifs* de circoncire ceux de leurs esclaves qui ne seraient pas de leur religion; les transgresseurs de cette loi sont condamnés à perdre leurs esclaves (*Ibid. tit.* 9, *n.* 1).

Cette malheureuse nation ne fut pas traitée plus favorablement sous les successeurs de Constantin; car ils défendirent aux *Juifs*, sous des peines très-sévères, de contracter mariage avec les chrétiens, d'acheter et de circoncire des esclaves d'une autre nation et d'une autre religion, et surtout des esclaves chrétiens. Une loi de l'empereur Constance veut que l'acheteur soit puni, dans ce dernier cas, non-seulement par la perte de ses esclaves, mais par la confiscation de tous ses biens; il doit même être puni de mort, s'il a osé circoncire ses esclaves (*Ibid., lib.* XVI, *tit.* 9, *n.* 2). Une autre loi du même prince condamnait aussi à mort le *Juif* qui aurait épousé une femme chrétienne (*Ibid., tit.* 8, *n.* 6); mais la sévérité de cette loi fut adoucie par Théodose, qui ordonna seulement que ces sortes de mariages fussent punis comme de véritables adultères, et que toute personne fût reçue à les dénoncer (*Ibid., lib.* III, *tit.* 7, *n.* 2). Plusieurs édits postérieurs défendirent encore aux *Juifs* d'exercer aucun emploi civil, de témoigner en justice contre des chrétiens, de bâtir aucune synagogue nouvelle et de pervertir aucun chrétien (*Cod. inst., lib.* I, *tit.* 5, *n.* 21). Ce dernier point est défendu par Théodose le Jeune, sous peine de confiscation des biens et d'exil perpétuel pour les transgresseurs (*Ibid., lib.* I, *tit.* 9, *n.* 16).

Quelques-unes de ces dispositions, dit M. Gosselin, peuvent sans doute paraître sévères; mais on doit remarquer: 1° que les *Juifs* y donnaient souvent lieu par de nouveaux excès, non moins contraires à la tranquillité publique qu'à l'honneur de la religion chrétienne. La haine invétérée dont ils étaient animés contre le christianisme se manifestait, en toute occasion, tantôt par les violences et les cruautés qu'ils exerçaient envers les chrétiens, tantôt par les persécutions qu'ils leur suscitaient de la part des païens, souvent même par les révoltes et les séditions qu'ils excitaient dans les différentes parties de l'empire (Fleury, *Hist. ecclés., liv.* XII, *n.* 28; *liv.* XIII, *n.* 15; *liv.* XXIII, *n.* 25).

2° Les *Juifs* étaient d'autant moins fondés à se plaindre des édits publiés contre eux, que les empereurs avaient d'abord usé envers eux d'une grande modération. Malgré les excès dont ils s'étaient rendus coupables sous le règne de Constantin, ce prince avait accordé à leurs chefs, et à tous les ministres des synagogues, l'exemption de toutes les charges personnelles et civiles qui les eussent empêchés de vaquer librement à leurs fonctions (Fleury, *Hist. ecclés., liv.* XI, *n.* 46). Ils jouirent, en effet, de cette exemption jusqu'au temps de Valentinien II, qui la révoqua en 383, ne jugeant pas convenable de laisser aux chefs de la religion juive une exemption dont les ministres de la religion chrétienne avaient été dépouillés par Valentinien I".

3° Enfin, il est également à remarquer que les empereurs chrétiens, tout en publiant des lois sévères contre les *Juifs*, condamnaient hautement, et réprimaient avec sévérité les violences arbitraires qu'un zèle indiscret inspirait quelquefois contre eux à leurs ennemis. Plusieurs constitutions impériales ont pour objet de prévenir ces violences, et menacent d'un châtiment sévère les chrétiens qui, sous prétexte de religion, se permettraient d'abattre ou de piller les synagogues, ou d'empêcher, de quelque autre manière, les assemblées des *Juifs* (*Pouvoir du pape*, pag. 80).

JURIDICTION.

On prend en général le mot de *juridiction* pour le pouvoir de faire droit et d'exercer la justice. Il y a deux sortes de *juridiction* : la *juridiction* séculière, qui regarde le civil et qui appartient au roi et aux laïques commis de sa part; et la *juridiction* ecclésiastique, qui regarde le spirituel et qui appartient au clergé.

Ce monde est gouverné par deux puissances, la puissance spirituelle et la puissance temporelle; l'une appartient au sacerdoce, l'autre à l'empire ou à la puissance politique. La première est d'autant plus noble et plus importante, que son objet est plus sublime ou que les choses divines sont au-dessus des choses humaines. Mais elles sont toutes deux indépendantes l'une de l'autre (*Voyez* INDÉPENDANCE), quoique, comme nous le disons ailleurs (*Voyez* ABANDONNEMENT *au bras séculier*), elles se doivent mutuellement les secours dont elles ont besoin. *Duo sunt quippe, imperator auguste, quibus principaliter hic mundus regitur : auctoritas sacra pontificum et regalis potestas; in quibus tanto gravius pondus est sacerdotum, quanto etiam pro ipsis regibus hominum in divino sunt reddituri examine rationem* (c. 10, *dist.* 96; c. *Cum verum*, ead.; c. *Si imperator*, ead.; c. *Si convenior*, 25, qu. 8). Nous n'avons à parler ici que de la *juridiction* ecclésiastique.

§ 1. De la JURIDICTION *ecclésiastique en général*.

Il est une sorte de *juridiction* toute spirituelle, propre et essentielle à l'Eglise dans la forme de sa divine institution. Jésus-Christ envoie les apôtres baptiser et instruire les nations, leur donne la puissance de lier et de délier, menace de la malédiction de Dieu ceux qui ne les écouteront pas. La *juridiction* confiée par Notre-Seigneur à son Eglise regarde les biens spirituels, la grâce, la sanctification des âmes, la vie éternelle. Cette *juridiction* suppose nécessairement dans ceux qui doivent l'exercer le droit de faire des lois et des règlements pour conserver la saine doctrine et les bonnes mœurs : *Qui vos audit me audit, et qui vos spernit me spernit : qui autem me spernit spernit cum qui misit me* (*Luc.*, X, 15). *Quod si non audierit vos, dic Ecclesiæ; si autem Ecclesiam non audierit, sit tibi ethnicus et publicanus* (*Matth.*, XVIII, 17).

« Il y a deux sortes de juridictions dans l'Eglise, dit Eveillon, l'une intérieure et secrète...; l'autre s'appelle juridiction extérieure, et consiste en l'autorité de régir et gouverner l'Eglise, régler la discipline et la police d'icelle, ordonner des censures et peines canoniques, faire des lois et statuts, ou constitutions, et juger les causes de matière ecclésiastique spirituelle » (*Traité de l'excomm.*, pag. 8).

La doctrine se conserve en établissant des docteurs pour la perpétuer dans tous les siècles et en réprimant ceux qui la voudraient altérer. L'Eglise a toujours exercé ce droit en enseignant la doctrine qu'elle a reçue de Jésus-Christ et en ordonnant, outre les évêques qui sont les premiers et principaux docteurs, des prêtres, des diacres et d'autres ministres inférieurs pour les aider dans l'administration des sacrements, et particulièrement de la pénitence.

Quant à la discipline et aux bonnes mœurs, l'Eglise a fait aussi sur ce sujet toutes les lois et les canons nécessaires (*Voyez* CANON), elle a exercé en cela un droit propre à chaque société (*Voyez* LÉGISLATION) et entièrement indépendant de toute puissance séculière (*Voyez* INDÉPENDANCE).

Sous les empereurs chrétiens, l'Eglise reçut une puissance coactive du bras séculier qu'elle n'avait pas connue dans les trois premiers siècles. Sa *juridiction* se soutenait alors par elle-même; renfermée dans ses bornes, elle n'employa jamais le secours d'aucune puissance séculière, et jamais, dit Fleury, l'Eglise ne fut plus forte ni plus heureuse, c'est-à-dire plus florissante en toutes sortes de vertus, qui est l'unique bien que Jésus-Christ lui a promis en cette vie. Ces trois premiers siècles sont aussi considérés comme le premier et le plus pur état de la juridiction ecclésiastique.

Constantin et ses successeurs firent successivement des lois en faveur du clergé; les unes étaient contre les hérétiques (*Voyez* INQUISITION), les autres pour autoriser les arbitrages des évêques, en usage dès le commencement de l'Eglise, pour conserver, suivant l'avis de saint Paul, l'union parmi les fidèles et pour éviter le scandale que donne toujours la dissension entre ceux qui professent une religion fondée sur la charité. Justinien recueillit toutes ces lois (*Cod. de episc.*), et y en ajouta d'autres, parmi lesquelles la novelle 83 fait le premier titre du privilége *De foro et canone*. (*Voyez* OFFICIALITÉ.)

Les évêques, qui par leur état sont obligés de veiller aux bonnes mœurs des peuples dont le salut leur est confié, obtinrent ou reçurent librement des mêmes empereurs l'inspection sur la police des mœurs et l'honnêteté publique. Si les pères et les maîtres voulaient prostituer leurs filles et leurs esclaves, elles pouvaient implorer la protection de l'évêque pour conserver leur innocence. Il pouvait aussi empêcher, comme le magistrat, qu'on engageât une femme libre ou esclave à monter sur le théâtre malgré elle. Il devait, conjointement avec le magistrat, conserver la liberté aux enfants exposés. L'évêque intervenait encore à la création et à la prestation du serment des curateurs, soit pour les insensés, soit pour les mineurs; il était ordonné aux évêques de visiter les prisons une fois la semaine, savoir le mercredi ou le vendredi; de s'informer du sujet de la détention des prisonniers esclaves ou libres, pour dettes ou pour crimes; d'avertir les magistrats de faire leur devoir, et, en cas de négligence, en donner avis à l'empereur. Enfin, les évêques avaient inspection sur l'administration et l'emploi des revenus et des deniers communs des villes, et la construction ou réparation des ouvrages publics (*cod. tot., tit. de episc. aud.*). Tel fut le second état de la *juridiction* ecclésiastique pendant lequel les empereurs, devenus chrétiens, soutenaient de leur autorité celle des évêques et leur donnaient quelque inspection sur les affaires temporelles, par l'estime et la confiance qu'ils avaient en eux; et les évêques, de leur côté, inspiraient au peuple la soumission et l'obéissance aux souverains, par principe de conscience, comme faisant partie de la religion. Ainsi les deux puissances, spirituelle et temporelle, s'aidaient et s'appuyaient mutuellement.

Voici le décret que le concile de Trente fit sur la manière dont les causes doivent être traitées dans les *juridictions* ecclésiastiques :

« Toutes les causes qui, de quelque manière que ce soit, sont de la *juridiction* ecclésiastique, quand elles seraient bénéficiales, n'iront en première instance que devant les ordinaires des lieux seulement, et seront entièrement terminées dans l'espace au plus de deux ans, à compter du jour que le procès aura été intenté; autrement, après ce temps là, il sera libre aux parties ou à une d'elles de se pourvoir devant les juges supérieurs, mais qui soient néanmoins compétents, lesquels prendront la cause en l'état auquel elle se trouvera, et auront soin qu'elle soit terminée au plus tôt. Mais avant le terme de deux ans, lesdites causes ne pourront être commises à d'autres qu'aux ordinaires, et ne pourront être évoquées, ni les appellations interjetées par les parties ne pourront être relevées par quelques juges supérieurs que ce soit, lesquels ne pourront non plus délivrer de commissions ni de défense que sur une sentence définitive, ou une qui ait pareille force, et dont le grief ne pût être réparé par l'appel que l'on ferait de la sentence définitive.

« Sont exceptées de cette règle les causes qui, selon les ordonnances canoniques, doivent aller devant le siège apostolique; ou que le souverain pontife, pour de justes et pressantes raisons jugera à propos de commettre ou d'évoquer à lui par un rescrit spécial, signé de la propre main de Sa Sainteté.

« Les causes concernant le mariage et les causes criminelles ne seront point laissées au jugement du doyen, de l'archidiacre ni des autres inférieurs, même en faisant le cours de leurs visites, mais seront de la connaissance de la *juridiction* de l'évêque seulement, encore qu'entre quelque évêque et le doyen, archidiacre ou autres inférieurs, il y eût maintenant même quelque procès pendant en quelque instance que ce soit, touchant la connaissance de ces sortes de causes.

« Si en fait de mariage l'une des parties fait devant l'évêque preuve véritable de sa pauvreté, elle ne pourra être contrainte de plaider hors de la province, ni en seconde, ni en troisième instance, si ce n'est que l'autre partie voulût fournir à ses aliments et aux frais du procès.

« Les légats même *a latere*, les nonces, gouverneurs ecclésiastiques et autres, en vertu de quelques pouvoirs et facultés que ce soit, non-seulement n'entreprendront point d'empêcher les évêques dans les causes susdites, ni de prévenir leur *juridiction* ou de les y troubler en quelque manière que ce soit, mais ne procéderont point non plus contre aucun clerc, ou autre personne ecclésiastique, qu'après que l'évêque en aura été requis et qu'il s'y sera rendu négligent; autrement, toutes leurs procédures et ordonnances seront nulles, et ils seront tenus de satisfaire aux dommages et intérêts des parties.

« De plus, si quelqu'un appelle dans les cas permis par le droit, ou fait plainte de quelque grief qu'on lui ait fait, ou qu'autrement il ait recours à un autre juge, à raison du terme de deux ans expiré, comme il est dit ci-dessus, il sera tenu d'apporter et remettre, à ses frais et dépens, devant le juge de l'appel, toutes les pièces du procès intenté devant l'évêque, et d'en donner avis auparavant audit évêque, afin que s'il estime qu'il y ait quelque chose dont il doive informer ledit juge de l'appel, pour l'instruction du procès, il puisse le lui faire savoir. Que si l'intimé comparaît, il sera obligé de porter sa part et portion des frais qu'il aura fallu faire pour le transport des pièces en cas qu'il s'en veuille servir, si ce n'est que la coutume du lieu soit autre, c'est-à-dire que ce soit à l'appelant à fournir à tous les frais.

« Au surplus, le greffier sera tenu de délivrer audit appelant la copie des pièces, le plus promptement qu'il se pourra, le plus tard dans le mois, moyennant le salaire raisonnable qui lui sera payé; et si par fraude et par malice il diffère de délivrer les pièces, il sera interdit de la fonction de sa charge autant de temps qu'il plaira à l'ordinaire, et condamné à la peine du double de ce à quoi pourra aller le procès, pour ladite amende être partagée entre l'appelant, il sera tenu comme dessus, à la peine du double, nonobstant, à l'égard de toutes les choses susmentionnées, tous privilèges, induits, concordats qui n'obligent que leurs auteurs, et toutes autres coutumes » (session **XXIV**, ch. 20, *de Reform.*).

§ 2. *Différentes sortes de* juridictions.

On distingue la *juridiction* en volontaire et contentieuse, ordinaire et déléguée. La *juridiction* se subdivise en gracieuse et pénitentielle, selon qu'elle est exercée dans le for intérieur ou dans le for extérieur. Quand elle s'exerce dans le for intérieur on l'appelle pénitentielle, parce qu'elle regarde particulièrement le sacrement de pénitence. Tout confesseur approuvé possède cette *juridiction*, et ceux qui ont un bénéfice-cure ou à charge d'âmes, l'ont de droit par l'institution autorisable (*Cap. Omnis de Pœnit. et remis. J. G.*) (*Voyez* approbation).

La *juridiction* gracieuse est celle que l'évêque exerce sans qu'il soit exposé à un appel ou au recours au supérieur; comme s'il s'agit de donner des permissions à des prêtres qui n'ont point de titre pour prêcher et pour confesser.

Les évêques sont dans l'usage de faire part de leur *juridiction* volontaire et gracieuse aux grands vicaires (*Voyez* vicaire), et de leur *juridiction* contentieuse aux officiaux (*Voyez* official). La première peut s'exercer partout, l'autre dans l'étendue du diocèse seulement.

Quant à la *juridiction* ordinaire, c'est celle qu'on a le droit d'exercer par la loi, sur tout ce qui est susceptible de contestation dans l'étendue d'un certain ressort : *Quæ tribuitur a lege ad universitatem causarum* (Fagnan, *in c. Perniciosam, de Offic. ordin.*). Ce n'est pas seulement par la loi qu'on acquiert la *juridiction* ordinaire; le prince, la coutume peuvent l'attribuer : *Princeps, lex et consuetudo* (*C. 1. cum seq. dist. 1*).

L'évêque a une *juridiction* de droit *a jure communi et canone* dans toute l'étendue de son diocèse. Mais c'est une grande question, parmi les canonistes, si cette *juridiction* des évêques leur donne de droit divin le pouvoir de faire dans leurs diocèses tout ce que le pape peut faire dans l'Eglise universelle. Avant de résoudre cette difficulté, on excepte d'abord certaines réserves expresses et l'on agite ensuite préalablement cette autre et plus grande question, si les évêques ont reçu la puissance de *juridiction* immédiatement de Jésus-Christ ou du pape. *An episcopi accipiant potestatem jurisdictionis immediate a Christo, an vero a papa?* On voit, sous le mot confirmation, ce qu'on pense à ce sujet Benoît XIV. Fagnan s'explique avec François Léon et une infinité d'autres d'une manière plus précise : *Quoad immediationem virtutis*, dit Fagnan, *omnis auctoritas à Christo*, suivant ce mot de saint Paul aux Romains : *omnis potestas est a Deo*; mais ce n'est pas là, dit-il, notre cas : *Quantum ad immediationem suppositorum agentium.* En supposant un supérieur aux évêques entre eux et Jésus-Christ, ce n'est que par le canal de ce supérieur à qui Jésus-Christ a confié directement tous les pouvoirs de *juridiction* que les évêques ont reçus les leurs : *Sic jurisdictio episcoporum non est immediate a Christo sed a papa*. Fagnan fournit différentes preuves à l'appui de son argument, et il conclut pour la négative sur la première question. François Léon, laissant les preuves et les raisonnements, dit sur l'autorité des canons *Constantinop. ; c. Omnes ; c. Sacrosanctæ dist. 22 ; c. Cuncta per mundum ; c. Principalem 9, qu. 3* : que le pape est l'ordinaire des ordinaires, et que les prélats n'ont dans l'Eglise de *juridiction* que par participation à la sienne. *Papa est ordinarius ordinariorum et totius orbis, cum totius mundus sit sibi territorium. Impartitur autem aliis ordinariis vices suas ita ut in partem vocentur sollicitudinis, non in plenitudinem potestatis* (*C. Decreto ; c. Qui se scit, 2, qu. 6 ; c. Loquitur, § Episcopatus, 24, qu. 1*).

La *juridiction* déléguée se divise, suivant les canonistes, en celle qui vient du droit et en celle qui vient de l'homme; il n'y a pas de délégués de droit, *a jure*, au-dessous de l'évêque, à moins qu'ils n'aient une *juridiction* ordinaire (*Voyez* ordinaire). Ainsi les délégués de l'évêque sont toujours tels, *ab homine per litteras delegatorias*, comme les grands vicaires et les officiaux (*Voyez* délégués). Par rapport au pape, d'après les auteurs cités, la *juridiction* ordinaire des évêques dont nous venons de parler, ne serait qu'une délégation consignée dans le droit, ainsi que celle qui leur est donnée nommément à l'effet de certains actes dans le concile de Trente : *Tanquam a sedis apostolicæ delegati* (*Voyez* évêque). En sorte que la *juridiction* que l'évêque exerce sur l'adresse des rescrits qui émane de Rome, ne serait qu'une *juridiction* déléguée *ab homine*. C'est bien aussi dans ce sens que nous l'entendons. Nous devons ajouter cependant que l'opinion contraire, qui prétend que les évêques tiennent leur *juridiction* immédiatement de Jésus-Christ, est assez communément adoptée.

§ 3. juridiction *des prêtres*.

Le concile de Trente parle ainsi de la *juridiction* accordée aux prêtres, par Jésus-Christ même, dans le sacrement de pénitence : « Notre-Seigneur, étant près de monter de la terre au ciel, laissa les prêtres pour ses vicaires, et comme des juges et des présidents, devant qui les fidèles porteraient tous les péchés mortels dans lesquels ils seraient tombés, afin que, suivant la puissance des clefs qui leur était donnée pour remettre ou pour retenir les péchés, ils prononçassent la sentence, étant manifeste que les prêtres ne pourraient exercer cette *juridiction* sans connaissance de cause, ni garder l'équité dans l'imposition des peines, si les pénitents ne déclaraient leurs péchés qu'en général seulement, et non en particulier et en détail. » (*Session XIV, ch. 5.*) Et plus loin, au chapitre VII de la même session, le concile ajoute : « Mais, comme il est de l'ordre et de l'essence de tout jugement, que nul ne prononce de sentence que sur ceux qui lui sont soumis, l'Eglise de Dieu a toujours été persuadée, et le saint concile confirme encore la même vérité, qu'une absolution prononcée par un prêtre sur une personne, sur laquelle il n'a point de *juridiction* ordinaire ou déléguée, est une absolution nulle. » (*Voyez* CONFESSION, CAS RÉSERVÉS.)

§ 4. JURIDICTION *comme épiscopale*.

On appelait autrefois *juridiction* quasi épiscopale ou comme épiscopale, celle dont jouissaient plusieurs chapitres ou abbayes qui leur donnait droit d'avoir des officiaux, de donner l'institution canonique des bénéfices, d'ordonner des prières, de faire la visite dans leur ressort, de tenir synodes, de donner des démissoires, etc.

La *juridiction* comme épiscopale n'a pas d'autre origine que celle des exemptions, c'est-à-dire un certain affaiblissement de l'autorité épiscopale dont les abbés, et principalement les chapitres des cathédrales avaient su profiter (*Voyez* EXEMPTION). Nous ne saurions donc rien dire à cet égard sans nous répéter inutilement. Nous remarquerons seulement que la *juridiction* comme épiscopale avait quelque chose de plus contraire à l'esprit et à l'ordre hiérarchique de l'Eglise que les exemptions. Cette *juridiction* donnait à ceux qui en avaient reçu le privilège le pouvoir de faire généralement, dans le district qui leur était assigné, tout ce qui n'était pas particulier et propre au caractère et à l'ordre épiscopal, et c'est sous cette restriction qu'on leur appliquait les dispositions de l'édit de 1695 sur la *juridiction*, édit dont nous allons rapporter ici le texte, tant parce qu'il a été en vigueur jusqu'à la révolution, que parce que plusieurs de ses dispositions se trouvent citées dans beaucoup d'ouvrages de droit canon.

ÉDIT *du mois d'avril* 1695 *concernant la juridiction ecclésiastique.*

« Louis, par la grâce de Dieu, roi de France et de Navarre, à tous, présents et à venir, salut. Les députés du clergé de notre royaume, assemblés en différents temps par notre permission, nous ayant représenté que quelques-uns des édits que les rois nos prédécesseurs ont faits concernant la *juridiction* ecclésiastique, et certaines dispositions de quelques autres, n'étaient pas également observés dans tous nos départements, et que depuis qu'ils avaient été faits, il était survenu des difficultés auxquelles ils n'avaient pas pourvu, ils nous ont très-humblement supplié de donner les ordres que nous estimerions nécessaires pour rendre l'exécution de ces édits uniforme dans tous nos parlements, et de régler, ainsi que nous le trouverions plus à propos, les nouveaux sujets de contestation; et comme nous reconnaissons que nous sommes particulièrement obligé d'employer pour le bien de l'Eglise et pour le maintien de la discipline, de la dignité et *juridiction* de ses ministres, l'autorité souveraine qu'il a plu à Dieu de nous donner, nous avons bien voulu réunir dans un seul édit les principales dispositions de tous ceux qui ont été faits jusqu'à présent, touchant ladite *juridiction* ecclésiastique, et les honneurs qui doivent être rendus à cet ordre qui est le premier de notre royaume, et en réglant les difficultés survenues, prévenir les inconvénients qu'elles pourraient produire au préjudice de la discipline ecclésiastique dont nous sommes les protecteurs, et faire savoir en même temps notre volonté à tous nos officiers pour leur servir de règle pour ce sujet. A ces causes, après avoir fait examiner en notre conseil lesdits édits et déclarations, de l'avis d'icelui et de notre certaine science, pleine puissance et autorité royale, nous avons, par ces présentes signées de notre main, dit, statué, déclaré et ordonné; disons, statuons, déclarons et ordonnons ce qui en suit :

« ARTICLE PREMIER. Que les ordonnances, édits et déclarations faits par nous et par les rois nos prédécesseurs, en faveur des ecclésiastiques de notre royaume, pays, terres et seigneuries de notre obéissance, concernant leurs droits, leurs rangs, honneurs, *juridiction* volontaire et contentieuse, soient exécutés en conséquence.

« ART. 2. Ceux qui auront été pourvus en cour de Rome de bénéfices en la forme appelée *Dignum*, seront tenus de se représenter en personne aux archevêques ou évêques, dans les diocèses desquels lesdits bénéfices sont situés, et en leur absence à leurs vicaires généraux pour être examinés en la manière qu'ils estimeront à propos, et en obtenir des lettres de *visa*, dans lesquelles il sera fait mention dudit examen, avant que lesdits pourvus puissent entrer en possession et jouissance desdits bénéfices; et ne pourront les secrétaires desdits prélats prendre que la somme de trois livres pour lesdites lettres de *visa*.

« ART. 3. Ceux qui auront obtenu en cour de Rome des provisions en forme gracieuse d'ancienne cure, vicariat perpétuel, ou autres bénéfices ayant charge d'âmes, ne pourront entrer en possession et jouissance desdits bénéfices qu'après qu'il aura été informé de leurs vie et mœurs, et avoir subi l'examen devant l'archevêque ou évêque diocésain, ou son vicaire général en son absence, ou après avoir obtenu le *visa*. Défendons à nos sujets de se pourvoir ailleurs pour ce sujet; et à nos juges en jugeant le possessoire desdits bénéfices, d'avoir égard aux titres et capacités desdits pourvus, qui ne seraient pas conformes à notre présente ordonnance.

« ART. 4. Les archevêques et évêques, étant hors de leurs diocèses, pourront y renvoyer, s'ils l'estiment nécessaire, ceux qui leur demanderont des lettres de *visa*, afin d'y être examinés en la manière accoutumée.

« ART. 5. Les archevêques et évêques, ou leurs vicaires généraux qui refuseront de donner leurs *visa* ou institutions canoniques, seront tenus d'en exprimer les causes dans les actes qu'ils feront délivrer à ceux auxquels ils les auront refusés.

« ART. 6. Nos cours et autres juges ne pourront contraindre les archevêques, évêques ou autres collateurs ordinaires de donner des provisions des bénéfices dépendants de leurs collations, ni prendre connaissance du refus, à moins qu'il n'y ait appel comme d'abus, et en ce cas leur ordonnons de renvoyer pardevant les supérieurs ecclésiastiques desdits prélats et collateurs, lesquels nous exhortons, et néanmoins leur enjoignons de rendre telle justice à ceux de nos sujets qui auront été ainsi refusés, qu'il n'y en ait aucun sujet de plainte légitime.

« Art. 7. Lorsque nos cours et autres juges auront permis aux pourvus desdits bénéfices, à qui les archevêques ou évêques auront refusé de donner des *visa*, d'en prendre possession pour la conservation de leurs droits, ils ne pourront y faire aucunes fonctions spirituelles ou ecclésiastiques en conséquence desdits arrêts et règlements.

« Art. 8. Si nos cours ou juges ordonnent le séquestre des fruits d'un bénéfice ayant charge d'âmes, *juridiction*, ou fonction ecclésiastique et spirituelle, dont le possessoire soit contentieux, ils renverront par le même jugement pardevant l'archevêque ou évêque diocésain, afin qu'il commette pour le desservir une ou plusieurs personnes, autres que ceux qui y prétendront droit, et il leur assignera telle rétribution qu'il estimera nécessaire, laquelle sera payée par préférence sur les fruits du bénéfice, nonobstant toutes saisies et autres empêchements.

« Art. 9. Nos juges ne pourront maintenir en possession d'un bénéfice ceux à qui les archevêques ou évêques auront refusé des *visa*, si ce n'est en grande connaissance de cause, et sans s'être enquis diligemment, et avoir connu la vérité des causes du refus, et à la charge d'obtenir *visa* desdits prélats ou de leurs supérieurs, avant de faire aucune fonction spirituelle et ecclésiastique desdits bénéfices.

« Art. 10. Aucuns réguliers ne pourront prêcher dans leurs églises et chapelles sans s'être présentés en personne aux archevêques ou évêques diocésains, pour leur demander leur bénédiction, ni y prêcher contre leur volonté ; et à l'égard des autres églises les séculiers et réguliers ne pourront y prêcher sans en avoir obtenu la permission des archevêques ou évêques, qui pourront la limiter et révoquer ainsi qu'ils le jugeront à propos ; et dans les églises dans lesquelles il y a titre ou possession valable pour la nomination des prédicateurs, ils ne pourront pareillement prêcher sans l'approbation et mission desdits archevêques ou évêques. Faisons défense à nos juges, et à ceux desdits seigneurs ayant justice, de commettre et autoriser des prédicateurs, et leur enjoignons d'en laisser la libre et entière disposition auxdits prélats, voulant que ce qui sera par eux ordonné sur ce sujet, soit exécuté nonobstant toutes oppositions ou appellations, ni sans y préjudicier (*Voyez* PRÉDICATION).

« Art. 11. Les prêtres séculiers et réguliers ne pourront administrer le sacrement de pénitence sans en avoir obtenu permission des archevêques ou évêques, lesquels la pourront limiter pour les lieux, les personnes, le temps et les cas ainsi qu'ils le jugeront à propos, et la révoquer avant le terme expiré, pour causes survenues depuis à leur connaissance, lesquelles ils ne seront pas obligés d'expliquer, et sans que lesdits séculiers et réguliers puissent continuer de confesser, sous quelque prétexte que ce soit, sinon en cas d'extrême nécessité, jusqu'à ce qu'ils aient obtenu de nouvelles permissions, et même subi un nouvel examen si lesdits archevêques ou évêques le jugent nécessaire ; voulons que les permissions soient délivrées sans frais, et que les ordonnances qui auront été rendues par les archevêques ou évêques sur ce sujet soient exécutées ; nonobstant toutes appellations simples ou comme d'abus, et sans y préjudicier.

« Art. 12. N'entendons comprendre dans les articles précédents les curés, tant séculiers que réguliers, qui pourront prêcher et administrer le sacrement de pénitence dans leurs paroisses, comme aussi les théologaux qui pourront prêcher dans les églises où ils sont établis sans aucune permission plus spéciale (*Voyez* APPROBATION).

« Art. 13. Les théologaux ne pourront substituer d'autres personnes pour prêcher à leur place sans la permission des archevêques ou évêques (*Voyez* THÉOLOGAL).

« Art. 14. Les archevêques et évêques visiteront tous les ans au moins une partie de leurs diocèses, et feront visiter par leurs archidiacres, ou autres ecclésiastiques ayant droit de le faire sous leur autorité, les endroits où ils ne pourront aller en personne à la charge par lesdits archidiacres ou autres ecclésiastiques, de remettre aux archevêques ou évêques dans un mois leurs procès verbaux de visites, après qu'elles seront achevées, afin d'ordonner sur iceux ce qu'ils estimeront nécessaire (*Voyez* VISITE).

« Art. 15. Ils pourront visiter en personne les églises paroissiales situées dans les monastères, commanderies et églises de religieux qui se prétendent exempts de leur *juridiction*, et pareillement, soit par eux, soit par leurs archidiacres ou autres ecclésiastiques, celles dont les curés seront religieux, et celles où les chapitres prétendent avoir droit de visite.

« Art. 16. Les archevêques et évêques pourvoiront en faisant leurs visites, les officiers des lieux appelés, à ce que les églises soient fournies de livres, croix, calices, ornements et autres choses nécessaires pour la célébration du service divin ; à l'exécution des fondations, à la réduction des bancs, et même des sépultures qui empêcheraient le service divin ; et donneront tous les ordres qu'ils estimeront nécessaires pour la célébration, pour l'administration des sacrements, et la bonne conduite des curés et autres ecclésiastiques séculiers et réguliers, qui desservent lesdites cures ; enjoignons aux marguilliers, fabriciens desdites églises, d'exécuter ponctuellement les ordonnances desdits archevêques et évêques ; et à nos juges, et à ceux des seigneurs ayant justice, d'y tenir la main (*Voyez* VISITE).

« Art. 17. Enjoignons aux marguilliers, fabriciens, de présenter les comptes des revenus et de la dépense des fabriques, aux archevêques, évêques, et à leurs archidiacres, aux jours qui leur auront été marqués, au moins quinze jours auparavant lesdites visites, et ce, à peine de six livres d'aumônes au profit de l'église du lieu, dont les successeurs, en charge de marguilliers, seront tenus de se charger en recette ; et, en cas qu'ils manquent à présenter lesdits comptes, les prélats pourront commettre un ecclésiastique sur les lieux pour les entendre sans frais. Enjoignons aux officiers de justice, et autres principaux habitants d'y assister en la manière accoutumée, lorsque les archevêques, évêques ou archidiacres les examineront, et, en cas que lesdits prélats et archidiacres ne fassent pas leurs visites dans le cours de l'année, les comptes seront rendus et examinés sans aucun frais, et arrêtés par les curés, officiers et autres principaux habitants des lieux, et représentés auxdits archevêques, évêques ou archidiacres, aux premières visites qu'ils y feront ; enjoignons auxdits officiers de tenir la main à l'exécution des ordonnances que lesdits prélats et archidiacres rendront sur lesdits comptes, et particulièrement pour le recouvrement et emploi des deniers en provenant ; et à nos procureurs, et à ceux des seigneurs ayant justice, de faire avec ces marguilliers successeurs, et même eux seuls, à leur défaut, toutes les poursuites qui seront nécessaires pour cet effet (*Voyez* FABRIQUE).

« Art. 18. Les archevêques et évêques veilleront, dans l'étendue de leurs diocèses, à la conservation de la discipline régulière dans tous les monastères exempts et non exempts, tant d'hommes que de femmes, où elle est observée, et à son rétablissement dans tous ceux où elle ne sera pas en vigueur ; et, à cet effet, pourront, en exécution et suivant les saints décrets et constitutions canoniques, et sans préjudice des exemptions desdits monastères en autres choses, visiter en personne, lorsqu'ils l'estimeront à propos, ceux dans lesquels les abbés, abbesses ou prieurs qui sont chefs d'ordre ne font pas leur résidence ordinaire ; et, en cas qu'il y trouvent quelques désordres touchant la célébration du service divin, le défaut du nombre des religieux nécessaire pour s'en acquitter, la discipline régulière, l'administration et l'usage des sacrements, la clôture des monastères de femmes, et l'administration des biens et revenus temporels, ils y pourvoiront ainsi qu'ils l'estimeront convenable pour ceux qui sont soumis à leur juridiction ordinaire ; et, à l'égard de ceux qui se prétendent exempts, ils ordonneront à leurs supérieurs réguliers d'y pourvoir dans trois mois, et même dans un moindre délai, s'ils jugent absolument nécessaire d'y apporter un remède plus prompt, et de les informer de ce qu'ils auront fait en exécution ; et, en cas qu'ils n'y satisfassent pas dans lesdits délais, ils pourront y donner eux-mêmes les ordres qu'ils jugeront les plus convenables pour y remédier suivant la règle desdits monastères : enjoignons auxdits supérieurs réguliers de déférer, comme ils le doivent, aux avis et aux ordres que lesdits archevêques ou évêques leur donneront à ce sujet ; et à nos officiers, et particulièrement à nos cours, de leur donner l'aide et le secours dont ils auront besoin pour lesdites visites et l'exécution des ordonnances qu'ils y rendront, lesquelles, en cas d'appel simple comme d'abus, seront exécutées par provision.

« Art. 19. Voulons pareillement que, suivant et en exécution des saints décrets et constitutions canoniques, aucunes religieuses ne puissent sortir des monastères exempts et non exempts, sous quelque prétexte que ce soit, et pour quelque temps que ce puisse être, sans cause légitime, et qui ait été jugée telle par l'archevêque ou évêque diocésain, qui en donnera la permission par écrit ; et qu'aucune personne séculière n'y puisse entrer sans la permission desdits archevêques ou évêques, ou des supérieurs réguliers, à l'égard de ceux qui sont exempts : le tout, sous les peines portées par lesdites constitutions canoniques, et par nos ordonnances.

« Art. 20. Voulons qu'en cas qu'on interjette appel comme d'abus des ordonnances que lesdits archevêques et évêques pourront rendre, et des procédures qu'ils pourront faire touchant les deux articles précédents, elles soient portées en nos cours de parlement, auxquelles seules, en tant que de besoin est ou serait, nous attribuons toute cour, *juridiction* et connaissance, sans préjudice des attributions de *juridiction*, et évocation accordées à certains ordres ou monastères en autres causes.

« Art. 21. Les ecclésiastiques qui jouissent des dîmes dépendantes des bénéfices dont ils sont pourvus et subsidiairement ceux qui possèdent des dîmes inféodées seront tenus de réparer et entretenir en bon état le chœur des églises paroissiales dans l'étendue desquelles ils lèvent lesdites dîmes, et d'y fournir les calices, ornements et livres nécessaires. Si les revenus des fabriques ne suffisent pas pour cet effet, enjoignons à nos baillis et sénéchaux, leurs lieutenants généraux, et autres nos juges ressortissant nûment en nos cours de parlement, dans le ressort desquelles lesdites églises sont situées, d'y pourvoir soigneusement, et d'exécuter par toutes voies, même par saisie et adjudication desdites dîmes, à la diligence de nos procureurs, les ordonnances que lesdits archevêques ou évêques pourront rendre pour les réparations desdites églises et achat desdits ornements dans le cours de leurs visites, et sur les procès-verbaux de leurs archidiacres, et qui leur seront envoyés par lesdits archevêques ou évêques, et à nos procureurs généraux en nos cours de parlement, dans le ressort desquelles lesdites églises se trouvent situées, auxquels nous enjoignons pareillement d'y tenir la main : voulons que lesdits décimateurs dans les lieux où il y en a plusieurs, puissent y être contraints solidairement, sauf le recours des uns contre les autres, et que les ordonnances qui seront rendues par nos juges à ce sujet, soient exécutées nonobstant toutes oppositions ou appellations quelconques, et sans y préjudicier.

« Art. 22. Seront tenus pareillement les habitants desdites paroisses, d'entretenir et réparer la nef des églises et la clôture des cimetières, et de fournir aux curés un logement convenable. Voulons à cet effet que les archevêques envoient à notre très-cher et féal chancelier, et aux intendants et commissaires départis dans nos provinces pour l'exécution de nos ordres, des extraits des procès-verbaux de leurs visites, qu'ils auront dressés à cet égard. Enjoignons auxdits intendants et commissaires de faire visiter par des experts lesdites réparations, d'en faire dresser des devis et estimations en leur présence, ou de leurs subdélégués, le plus promptement qu'il sera possible, les maires et échevins, syndics et marguilliers appelés, et de donner ordre que celles qui seront jugées nécessaires soient faites incessamment, et de permettre même auxdits habitants d'emprunter les sommes dont il sera besoin, le tout en la forme portée en notre déclaration du mois d'avril 1683.

« Art. 23. Si aucuns prélats ou autres ecclésiastiques qui possèdent des bénéfices à charge d'âmes, manquent à y résider pendant un temps considérable, ou si les titulaires des bénéfices ne font pas acquitter le service des aumônes dont ils peuvent être chargés, et entretenir en bon état les bâtiments qui en dépendent, nos cours de parlement, nos bailifs, sénéchaux ressortissant nûment en nos dites cours, pourront les en avertir, et en même temps leurs supérieurs ecclésiastiques ; et en cas que dans trois mois après ledit avertissement, ils négligent de résider, sans en avoir des excuses légitimes, ou de faire acquitter le service et les aumônes, et de faire faire les réparations, particulièrement aux églises, nosdites cours et les bailifs et sénéchaux pourront seuls, à la requête de nos procureurs généraux ou de leurs substituts, faire saisir jusqu'à concurrence du tiers du revenu desdits bénéfices, pour être employé à l'acquit des services et aumônes à la réparation des bâtiments, ou distribué, à l'égard de ceux qui ne résident pas, par les ordres du supérieur ecclésiastique, au profit des pauvres des lieux, ou autres œuvres pies, telles qu'ils le jugeront à propos. Enjoignons à nos officiers et procureurs de procéder auxdites saisies, avec toute la retenue et circonspection convenable, et par la seule nécessité de faire observer les saints décrets, de faire exécuter les fondations, et de conserver les églises et bâtiments qui dépendent desdits bénéfices ; et à l'égard des archevêques et évêques, voulons que de tous nos juges et officiers, nos seules cours de parlement en prennent connaissance, et qu'elles donnent avis à notre très-cher et féal chancelier, de tout ce qu'elles estimeront à propos de faire à cet égard pour nous en rendre compte.

« Art. 24. Les archevêques et évêques pourront, avec les solennités et procédures accoutumées, ériger des cures dans les lieux où ils l'estimeront nécessaire. Ils établiront pareillement, suivant notre déclaration du mois de janvier 1686, des vicaires perpétuels où il n'y a que des prêtres amovibles et pourvoiront à la subsistance des uns et des autres par union de dîmes et d'autres revenus ecclésiastiques ; en sorte qu'ils aient, aussi bien que tous les autres curés ci-devant établis, la somme de 300 livres, suivant et en la forme portée par nos déclarations des mois de janvier 1686 et juillet 1687.

« Art. 25. Les régents, précepteurs, maîtres et maîtresses d'écoles des petits villages seront approuvés par les curés des paroisses, ou autres personnes ecclésiastiques qui ont droit de le faire ; et les archevêques et évêques, ou leurs archidiacres, dans le cours de leurs visites, pourront les interroger, s'ils le jugent à propos, sur le catéchisme, en cas qu'ils l'enseignent aux enfants du lieu, et ordonner qu'on en mette d'autres à leur place, s'ils ne sont pas satisfaits de leur doctrine ou de leurs mœurs, et même en d'autre temps que celui de leurs visites, lorsqu'ils y donneront lieu pour les mêmes causes.

« Art. 26. Les archevêques et évêques et leurs officiaux ne pourront décerner des monitoires que pour des crimes graves et scandales publics ; et nos juges n'en ordonneront la publication que dans les mêmes cas, et lorsque l'on ne pourrait avoir autrement la preuve.

« Art. 27. Le règlement de l'honoraire des ecclésiastiques appartiendra aux archevêques et évêques, et les juges d'église connaîtront des procès qui pourront naître sur ce sujet entre des personnes ecclésiastiques. Exhortons les prélats, et néanmoins leur enjoignons d'y apporter toute modération convenable, et pareillement aux rétributions de leurs officiaux, secrétaires et greffiers des officialités (*Voyez* HONORAIRES).

« Art. 28. Les archevêques et évêques ordonneront les fêtes qu'ils trouveront à propos d'établir ou de supprimer dans leurs diocèses, et les ordonnances qu'ils rendront sur ce sujet, nous seront présentées pour être autorisées par nos lettres, ordonnons à nos cours et juges de tenir la main à l'exécution desdites ordonnances, sans qu'ils en puissent prendre connaissance, si ce n'est en cas d'appel comme d'abus, ou en ce qui regarde la police (*Voyez* FÊTES).

« Art. 29. Voulons que les archevêques, évêques, leurs grands vicaires et autres ecclésiastiques, qui sont en possession de présider et d'avoir soin de l'administration des hôpitaux et lieux pieux, établis pour le soulagement, retraite et instruction des pauvres, soient maintenus dans tous les droits, séances et honneurs, dont ils ont bien et dûment joui jusqu'à présent, et que lesdits archevêques et évêques aient à l'avenir la première séance et président dans tous les bureaux établis pour l'administration desdits hôpitaux ou lieux pieux, ou eux et leurs prédécesseurs n'ont point été jusqu'à présent, et que les ordonnances et règlements qu'ils y feront pour la conduite spirituelle et célébration du service divin soient exécutés, nonobstant toutes oppositions et appellations simples et comme d'abus, et sans y préjudicier.

« Art. 30. La connaissance et le jugement de la doctrine concernant la religion appartiendra aux archevêques et évêques ; enjoignons à nos cours de parlement et à tous nos autres juges, de la renvoyer auxdits prélats, de leur donner l'aide dont ils auront besoin pour l'exécution des censures qu'ils en pourraient faire, et de procéder à la punition des coupables, sans préjudice à nosdites cours et juges de pourvoir par les autres voies qu'ils trouveront convenables à la réparation du scandale et trouble de l'ordre et tranquillité publique, et contravention aux ordonnances que la publication de la dite doctrine aura pu causer.

« Art. 31. Les archevêques et évêques ne seront tenus d'établir des vicaires généraux, mais seulement des officiaux pour exercer la *juridiction* contentieuse dans les lieux de leurs diocèses ou provinces qui sont dans le ressort d'un parlement, autre que celui dans lequel est établi le siège ordinaire de leur officialité.

« Art. 32. Les curés, leurs vicaires et autres ecclésiastiques, ne seront obligés de publier aux prônes, ni pendant l'office divin, les actes de justice et autres qui regardent l'intérêt particulier de nos sujets ; voulons que les publications qui en seront faites par des huissiers, sergents ou notaires, à l'issue des grandes messes de paroisses, avec les affiches qui en seront par eux posées aux grandes portes des églises, soient de pareille force et valeur, même pour les décrets, que si lesdites publications avaient été faites auxdits prônes, nonobstant toutes ordonnances et coutumes à ce contraires, auxquelles nous avons dérogé à cet égard.

« Art. 33. Voulons que notre déclaration du 7 janvier 1681, concernant les revenus des bénéfices incompatibles, soit exécutée, et qu'ils soient distribués et appliqués par les archevêques et évêques, suivant sa disposition.

« Art. 34. La connaissance des causes concernant les sacrements, les vœux de religion, l'office divin, la discipline ecclésiastique et autres purement spirituelles, appartiendra aux juges d'église ; enjoignons à nos officiers et même à nos cours de parlement de leur en laisser, et même de leur en renvoyer la connaissance sans prendre aucune *juridiction*, ou connaissance des affaires de cette nature, si ce n'est qu'il y eût eu appel comme d'abus interjeté en nosdites cours de quelques jugements, ordonnances ou procédures faites sur ce sujet par les juges d'église, ou qu'il s'agit d'une succession ou autres effets civils, à l'occasion desquels on traiterait de l'état des personnes décédées ou de celui de leurs enfants.

« Art 35. Nos cours ne pourront connaître ni recevoir d'autres appellations des ordonnances et jugements des juges d'église, que celles qui seront qualifiées comme d'abus. Enjoignons à nosdites cours d'en examiner, le plus exactement qu'il leur sera possible, les moyens avant de les recevoir et procéder à leur jugement avec telle diligence et circonspection que l'ordre et la discipline ecclésiastique n'en puissent être altérés ni retardés, et qu'au contraire elles ne servent qu'à les maintenir dans leur pureté, suivant les saints décrets, et à conserver l'autorité légitime et nécessaire des prélats et autres supérieurs ecclésiastiques.

« Art. 36. Les appellations comme d'abus qui seront interjetées des ordonnances et jugements rendus par les archevêques, évêques et juges d'église, pour la célébration du service divin, réparations des églises, achats d'ornements, subsistance des curés et autres ecclésiastiques qui desservent les cures, rétablissement ou conservation de la clôture des religieuses, correction des mœurs des personnes ecclésiastiques et toutes autres choses concernant la discipline ecclésiastique et celles qui sont interjetées des règlements faits et ordonnances rendues par lesdits prélats dans le cours de leurs visites, n'auront effet suspensif, mais seulement dévolutif, et seront les ordonnances et jugements exécutés nonobstant lesdites appellations et sans y préjudicier.

« Art. 37. Nos cours en jugeant les appellations comme d'abus, prononceront qu'il n'y a abus, et condamneront en ce cas les appelants en soixante-quinze livres d'amende, lesquelles ne pourront être modérées, ou diront qu'il a été mal, nullement et abusivement procédé, statué et ordonné, et, en ce cas, si la cause est de la *juridiction* ecclésiastique, elles renverront à l'archevêque ou à l'évêque dont l'official aura rendu le jugement ou l'ordonnance qui sera déclarée abusive, afin d'en nommer un autre, ou au supérieur ecclésiastique, si ladite ordonnance ou jugement sont émanées de l'archevêque ou évêque, ou s'il y a des raisons d'une suspicion légitime contre lui ; ce que nous chargeons nos officiers en nosdites cours d'examiner avec tout le soin et l'exactitude nécessaires.

« Art. 38. Les procès criminels qu'il sera nécessaire de faire à tous prêtres, diacres, sous-diacres ou clercs vivant cléricalement, résidant et servant aux offices ou au ministère et bénéfices qu'ils tiennent en l'église, et qui seront accusés des cas que l'on appelle privilégiés, seront instruits conjointement par les juges d'église et par nos baillis et sénéchaux ou leurs lieutenants, en la forme prescrite par nos ordonnances et particulièrement par l'article vingt-deux de l'édit de Melun, par celui du mois de février 1678, et par notre déclaration du mois de juillet 1684, lesquels nous voulons être exécutés selon leur forme et teneur.

« Art. 39. Les archevêques et évêques ne seront obligés de donner des vicariats pour l'instruction et jugements des procès criminels, si ce n'est que nos cours l'aient ordonné pour éviter la recousse des accusés durant leur translation, et pour quelques raisons importantes à l'ordre et au bien de la justice dans les procès qui s'y instruisent, et en ce cas, lesdits prélats choisiront tels conseillers clercs desdites cours qu'ils jugeront à propos, pour instruire et juger lesdits procès pour le délit commun.

« Art. 40. Nos cours ne pourront faire défense d'exécuter des décrets, même ceux d'ajournements personnels décernés par les juges d'église, ni élargir les prisonniers sans avoir vu les procédures et informations sur lesquelles ils auront été rendus, et les ecclésiastiques qui seront appelants des décrets de prise de corps, ne pourront faire aucune fonction de leurs bénéfice et ministère, en conséquence des arrêts de défense qu'ils auront obtenus, jusqu'à ce que les applications aient été jugées définitivement, ou que par les archevêques, évêques ou leurs officiaux, il en ait été autrement ordonné.

« Art. 41. Lorsque nos cours après avoir vu les charges et informations faites contre les ecclésiastiques, estimeront juste qu'ils soient absous à cautèle, elles les renverront aux archevêques et évêques qui auront procédé contre eux ; et en cas de refus, à leurs supérieurs dans l'ordre de l'église, pour en recevoir l'absolution, sans que lesdits ecclésiastiques puissent en conséquence faire aucune fonction ecclésiastique ni en prendre d'autre effet que d'ester à droit.

« Art. 42. Les prévôts des maréchaux ne pourront connaître des procès criminels des ecclésiastiques, ni les juges présidiaux les juger pour les cas privilégiés, qu'à la charge de l'appel.

« Art. 43. Les archevêques, évêques ou leurs grands vicaires, ne pourront être pris à partie pour les ordonnances qu'ils auront rendues dans les matières qui dépendent de la *juridiction* volontaire, et à l'égard des ordonnances ou jugements que lesdits prélats ou leurs officiaux auront rendus, et que leurs promoteurs auront requis dans la *juridiction* contentieuse, ils ne pourront pareillement être pris à partie ni intimés en leurs propres et privés noms, si ce n'est en cas de calomnie apparente, et lorsqu'il n'y aura aucune partie capable de répondre des dépens, dommages et intérêts qui sont requis, ou qui soutienne leurs ordonnances et jugements, et ne seront tenus de défendre à l'intimation, qu'après que nos cours l'auront ainsi ordonné en connaissance de cause.

« Art. 44. Les sentences et jugements sujets à exécution, et les décrets décernés par les juges d'église, seront exécutés en vertu de notre présente ordonnance, sans qu'il soit besoin de prendre pour cet effet aucun *pareatis* de nos juges, ni de ceux des seigneurs ayant justice. Leur enjoignons de donner main forte, et toute l'aide et secours dont ils seront requis, sans prendre aucune connaissance desdits jugements.

« Art. 45. Voulons que les archevêques et évêques et tous autres ecclésiastiques, soient honorés comme le premier des ordres de notre royaume, et qu'ils soient maintenus dans tous les droits, honneurs, rangs, séances, présidences et avantages dont ils ont joui ou dû jouir jusqu'à présent ; et que ceux des prélats qui ont des pairies attachées à leurs archevêchés ou évêchés, tiennent près de notre personne, et dans notre conseil, aussi bien que dans notre cour de parlement, les rangs qui leur y ont été donnés jusqu'à présent ; comme aussi que les corps des églises cathédrales précèdent en tous lieux ceux de nos bailliages et siéges présidiaux ; que ceux qui sont titulaires des dignités desdits chapitres, précèdent les présidents des présidiaux, les lieutenants généraux, et que les chanoines précèdent les conseillers et tous les autres officiers d'iceux ; et que même les laïques dont on est obligé de se servir dans certains lieux pour aider au service divin, y reçoivent pendant ce temps les honneurs de l'église, préférablement à tous autres laïques.

« Art. 46. Lorsque nous aurons ordonné de rendre grâces à Dieu, ou de faire des prières pour quelque occasion, sans en marquer le jour et l'heure, les archevêques et évêques les donneront, si ce n'est que nos lieutenants généraux et gouverneurs pour nous dans nos provinces, ou nos lieutenants en leur absence, se trouvent dans les villes où la cérémonie devra être faite, ou qu'il y ait aucunes de nos cours de parlement, chambres de nos comptes et cours des aydes qui y soient établies, auquel cas ils en conviendront ensemble, s'accommodant réciproquement à la commodité des uns et des autres, particulièrement à ce que lesdits prélats estimeront de plus convenable pour le service divin.

« Art. 47. Défendons à toutes personnes, de quelque qualité et condition qu'elles puissent être, d'occuper pendant le service divin les places destinées pour les dignités et chanoines, ils en laissent un certain nombre vuides de chaque côté, pour les dignités et chanoines qui ont accoutumé de les remplir.

« Art. 48. Les charges de nos cours, bailliages et autres siéges, destinées à des ecclésiastiques, ne seront remplies par des laïques, sans néanmoins innover aucune chose à l'égard des charges de conseillers possédées par les présidents aux enquêtes d'aucunes de nos cours.

« Art. 49. Voulons que lesdits ecclésiastiques jouissent de tous les droits, biens, dîmes, justices, et, de toutes autres choses appartenantes à leurs bénéfices ; faisons défense à toutes personnes de leur y donner aucun trouble ni empêchement. Enjoignons à nos cours et juges de les y maintenir sous notre protection, quand même ils ne rapporteraient que des titres et preuves de possession, et sans que les détenteurs des héritages qui peuvent être sujets aux droits prétendus par lesdits ecclésiastiques, puissent alléguer d'autres prescriptions que celle de droit.

« ART. 50. Les syndics des diocèses seront reçus dans nos bailliages, sénéchaussées et autres sièges royaux, et même dans nos cours de parlement, à poursuivre, comme parties principales ou intervenantes, les affaires qui regardent la religion, le service divin, l'honneur et la dignité des personnes ecclésiastiques des diocèses qui les ont nommées; et les agents généraux du clergé seront reçus pareillement en nos cours de parlement à faire les mêmes poursuites, et pour les mêmes causes, et à y demander ce qu'ils estimeront être de la dignité, de l'intérêt général du clergé de notre royaume, lorsqu'il ne sera pas assemblé.

« Si donnons en mandement à nos amés et féaux conseillers les gens tenant notre cour de parlement à Paris, que ces présentes ils aient à faire lire, publier et registrer, et le contenu en icelles garder et observer selon leur forme et teneur, sans souffrir qu'il y soit contrevenu en quelque sorte et manière que ce soit, nonobstant tous édits, déclarations, règlements et usages à ce contraires, auxquels pour ce regard seulement nous avons dérogé et dérogeons par cesdites présentes; car tel est, etc. Registré le 14 mai 1695 ».

L

LAI (FRÈRE).

On nomme ainsi celui qui n'est point engagé dans la cléricature : c'est une abréviation du mot laïque, et ce terme est particulièrement en usage parmi les moines.

Fleury dit, dans son *Institution au droit ecclésiastique* (part. I, chap. 25), que les moines de Vallombreuse sont les premiers que l'on trouve avoir pris des *frères lais* pour les aider dans les travaux et les affaires extérieures. Cette origine n'est sans doute pas la plus ancienne des religieux de ce caractère; c'est ce qu'on voit par l'histoire et par le premier état des moines. Tout porte à croire qu'il y a toujours eu de saints religieux qui, sans être clercs, ou du moins dans les ordres, se sont bornés au travail des mains dans la pratique des trois vœux (*Voyez* CONVERS, MOINE, FRÈRES).

Bergier (*Dictionnaire de théologie*), dit que cette institution commença dans le onzième siècle. Ceux à qui l'on donnait le nom de *frères lais* étaient des hommes trop peu lettrés pour devenir clercs, et qui, en se faisant religieux, se destinaient entièrement au travail des mains et au service temporel des monastères. On sait que dans ce temps-là, la plupart des laïques n'avaient aucune teinture des lettres, et que l'on nomma *clercs* tous ceux qui avaient un peu étudié, et qui savaient lire. Cependant, il n'aurait pas été juste d'exclure les premiers de la profession religieuse, parce qu'ils n'étaient pas lettrés.

Le *frère lai* porte un habit un peu différent de celui des religieux; il n'a point de place au chœur, ni de voix au chapitre; il n'est pas dans les ordres, ni même souvent tonsuré; il ne fait vœu que de stabilité et d'obéissance. Il y a aussi des *frères lais* qui font les trois vœux de religion, qui sont destinés au service intérieur et extérieur du couvent, qui exercent les offices de jardinier, de cuisinier, de portier, etc. On les nomme aussi *frères convers* (*Voyez* CONVERS).

On appelait autrefois moines *lais*, les soldats estropiés qui, sur la nomination du roi, étaient nourris et entretenus aux dépens des abbayes et monastères.

LAIQUE.

Nous entendons par *laïque*, une personne du siècle, qui n'est ni clerc ni religieux : ce mot vient d'un mot grec qui veut dire peuple en latin : *Aliud vero genus est christianorum, ut sunt laici : græce est populus latine* (Can. *Duo sunt* 12, qu. 1). Ce canon apprend que les chrétiens sont ou clercs ou *laïques*, et que chacun de ces deux états a ses fonctions propres et particulières.

Les décrétales publiées sous le nom des premiers papes portent que les *laïques* ne peuvent jamais accuser les clercs, ni les clercs inférieurs dénoncer les crimes de ceux qui sont constitués dans les ordres supérieurs, à moins qu'il ne s'agisse de la foi (Can. *Non est*; can. *Nullus*; can. *Laico*, etc., 2, qu. 7.). Mais des autorités incontestables des conciles et des Pères des premiers siècles, font voir qu'il était permis aux *laïques* et à tout les ecclésiastiques d'accuser non-seulement les clercs, mais encore leurs évêques (Cans *Clericos*; can. *Si quis*, caus. 2, qu. 7). Il y en a des décisions formelles dans le concile de Calcédoine, dans les décrets du pape Gélase et dans les lettres de saint Grégoire (C. *Sacerdotes*; C. *Criminationes*, ead. caus. et quæst.). Ce qu'on observait dans ce temps-là par rapport aux évêques, aux prêtres et aux clercs, était de ne point recevoir contre eux les accusations des hérétiques, des juifs, des pénitents, et de tous ceux qui étaient tombés dans des irrégularités qui les empêchaient d'être admis dans le clergé.

On a longtemps conservé aux *laïques* le droit d'assister aux élections et d'y donner leur suffrage (Can. *Quanto*; can. *Plebs*; can. *Nosse*, 63 dist.). La confusion que pouvait causer la multitude des électeurs et la crainte que le peuple ne fît point assez d'attention sur les qualités que doivent avoir les évêques engagea à n'y admettre plus que le clergé (Can. *Nullus*; can. *Adrianus*, ead. dist.). On en fit un décret exprès dans le huitième concile général, qui fut suivi dans l'Eglise d'Occident comme dans celle d'Orient. On défendit en même temps de recevoir pour évêques ceux qui ne seraient nommés que par les empereurs ou par les rois (Can. *Quia*;

c. Nobis; c. Lectis, ead. dist.). Ce changement n'a point empêché que l'on ne fût obligé de demander le consentement et l'approbation des souverains avant de sacrer ceux qui étaient élus (*Can. Adrianus; can. Constitutio, ead. dist.*). Le concordat de Léon X et ensuite celui de 1801 ont transféré à nos rois tout le droit des électeurs; ce sont maintenant les princes, et par conséquent des *laïques*, qui nomment les évêques; mais c'est toujours le pape qui donne l'institution canonique.

Quelques auteurs ont écrit que l'évêque peut faire un *laïque* official ou promoteur, quand les ecclésiastiques de son diocèse négligent de se rendre capables de ces charges. On a dit aussi qu'il était permis à un official de prendre un *laïque* pour assesseur dans ses jugements, au défaut de clercs capables. Mais ces questions ne sont aujourd'hui d'aucune utilité.

LANGUE.

De toutes les *langues* mortes, la latine est la plus nécessaire aux ecclésiastiques. Ils ne sauraient entendre sans elle l'Ecriture sainte, les livres de théologie et de droit canon, ainsi que les offices qui sont en usage dans l'Eglise. C'est aussi une partie des connaissances qu'ils doivent avoir nécessairement pour être admis aux ordres.

On voit, dans le discours sur le renouvellement des études, par le continuateur de l'histoire ecclésiastique de Fleury, le sort de la *langue* latine, ainsi que des *langues* grecque et hébraïque. L'étude en est devenue d'autant plus importante, dans ces derniers temps, que les ennemis de la religion s'en sont servis quelquefois avec avantage contre ceux qui, ayant la vérité dans leur cause, la défendaient mal, parce qu'ils ne savaient pas aussi bien le grec et l'hébreu que ceux qui l'attaquaient (*Voyez* SCIENCE, IDIOME, MESSE).

Voyez sous le mot MALTE, ce qu'on entend par *langue* dans cet ordre.

LATRAN

Latran est le nom d'un ancien palais de la ville de Rome, devenu fameux par la basilique de saint Pierre qu'on y construisit, par le siège des papes qui y font leur demeure, et enfin par les conciles généraux qu'on y a célébrés et qui sont au nombre de cinq.

On rapporte que le nom de *Latran* vient d'un consul romain que Néron proscrivit, et qui s'appelait Plautius Lateranus. Les empereurs firent leur palais de la maison de ce proscrit dont les biens avaient été confisqués; et on prétend que Constantin qui avait épousé Fausta, fille de l'empereur Maximilien, fit don de ce même palais au pape Miltiade et à ses successeurs.

I. Le premier concile général de *Latran* est le neuvième des conciles œcuméniques qui se sont tenus dans l'Eglise; il fut célébré sous le pontificat de Calixte II, en 1123, c'est-à-dire un an après la fameuse assemblée de Vormes, où, par deux écrits réciproques, l'empereur renonça à donner les investitures par l'anneau et la crosse, et le pape accorda à l'empereur de donner l'investiture des régales par le sceptre (*Voyez* INVESTITURE).

La cause principale de ce concile n'est pas bien déterminée, si ce n'est les ordinations irrégulières de l'anti-pape Bourdin, que le pape déclara nulles; il paraît par les canons que l'on y fit, au nombre de vingt-deux, que les abus des moines excitèrent les plaintes des évêques. « Il ne leur reste plus, disaient « ces derniers, que de nous ôter la crosse et « l'anneau, et nous soumettre à leur ordina- « tion. Ils possèdent les églises, les cures, les « châteaux, les dîmes, les oblations des vi- « vants et des morts. » En s'adressant au pape, ils disaient : « La gloire des chanoines « et des clercs est obscurcie, depuis que les « moines, oubliant les désirs célestes, recher- « chent les droits des évêques avec une am- « bition insatiable, au lieu de se borner au « repos, suivant l'intention de saint Benoît. »

Ces plaintes furent suivies du décret suivant : « Nous défendons aux abbés et aux « moines de donner des pénitences publi- « ques, de visiter les malades, faire les onc- « tions et chanter les messes publiques. Ils « recevront des évêques diocésains les sain- « tes huiles, la consécration des autels et « l'ordination des clercs. »

Les autres canons de ce concile parlent des croisades et du concubinage des clercs. Il y avait trois cents évêques et plus de six cents abbés. On voit par ce concile que les mœurs de l'Europe étaient alors très-corrompues, que la licence des séculiers, portée à son comble, s'était communiquée au clergé.

II. Le second concile général de *Latran*, et le dixième de l'Eglise, fut composé d'environ mille prélats, et tenu en 1139, sous le pape Innocent II. Le principal objet de ce concile fut la réunion de l'Eglise après le schisme formé par Pierre de Léon, ou l'anti-pape Anaclet. On y fit trente canons qui sont presque les mêmes que ceux du concile de Reims, en 1131, répétés mot pour mot, mais divisés autrement. On y défendit de nouveau les tournois; on menaça d'anathème les chanoines qui excluraient de l'élection de l'évêque les hommes religieux, c'est-à-dire les moines et les chanoines réguliers; on voulut par ce canon réprimer l'entreprise des chanoines des églises cathédrales, qui s'attribuaient à eux seuls l'élection des évêques, à l'exclusion, non-seulement des laïques, mais des curés et de tout le clergé séculier et régulier. Les mêmes canons condamnent les erreurs des nouveaux Manichéens, et celles d'Arnaud de Bresse, qui déclamait contre le clergé, soutenant qu'il n'y avait point de salut pour les ecclésiastiques qui avaient des biens en propriété, pour les évêques qui avaient des seigneuries, ni pour les moines qui possédaient des immeubles, et que les uns et les autres devaient vivre des dîmes et des oblations volontaires du peuple.

On déposa dans ce concile les évêques qui avaient été ordonnés par les schismatiques. Le pape les appela par leur nom, et il leur arracha leur crosse, leur anneau et leur pallium, après leur avoir reproché leur faute. On défendit aux laïques de posséder les dîmes ecclésiastiques, soit qu'ils les eussent reçues des évêques ou des rois, et on déclara que s'ils ne les rendaient pas à l'Eglise, ils encourraient le crime de sacrilége et la peine de la damnation éternelle.

III. Le troisième concile général de Latran, et le onzième de l'Eglise, fut tenu en 1179, sous le pape Alexandre III.

Les abus introduits par le long schisme qui venait de finir, l'avaient rendu absolument nécessaire. Il fut composé de trois cents deux évêques ; on y fit vingt-sept canons en trois différentes sessions. La discipline y fut rétablie, et l'on y condamna les hérésies et les hérétiques du temps. Ces hérétiques étaient les Cathares, Patarins ou Publicains, mieux connus sous les noms d'Albigeois et de Vaudois. Quant aux Brabançons, dit le dernier canon de ce concile, Aragonais, Navarrois, Basques, Cottereaux et Triaverdins, qui ne respectent ni les églises, ni les monastères, n'épargnent ni veuves, ni orphelins, ni âge, ni sexe, mais pillent et désolent tout, comme les païens ; nous ordonnons pareillement que ceux qui les ont soudoyés, retenus et protégés, soient dénoncés, excommuniés dans les églises, les dimanches et les fêtes, et ne soient absous qu'après avoir renoncé à cette pernicieuse société. Le pape Alexandre voulait condamner dans ce concile cette proposition de Pierre Lombard : Jésus-Christ en tant qu'homme n'est pas quelque chose : *Christus qua homo non est aliquid.* Mais cette condamnation fut renvoyée aux docteurs des écoles de Paris.

Quant à la discipline, les canons de ce concile ont tous été insérés dans le recueil des Décrétales de Grégoire IX, sous cette dénomination : *Can. ex concilio Lateranensi.* Chacun de ces canons, respectivement à sa matière, est rappelé dans le cours de cet ouvrage. Voici en général sur quoi roulent leurs dispositions. On y fit un règlement pour l'élection du pape, et on déclara nuls ensuite les actes ecclésiastiques des anti-papes Octavien, Gui et Jean de Strume. On y détermina l'âge et les qualités nécessaires pour être élevé à l'épiscopat. On y régla la vacance qu'opérait cette promotion, et les peines qu'encouraient les électeurs, qui, par leur choix, seraient contrevenus aux règlements du concile. On prescrivit la forme des visites, et on défendit aux évêques les exactions et appropriations, autres que les secours charitables. On leur enjoignit de nourrir les prêtres jusqu'à ce qu'ils eussent du revenu de l'Eglise ; c'est là l'origine des patrimoines. On condamna plusieurs abus que les appellations fréquentes avaient introduits. On défendit de rien exiger pour la prise de possession des évêques, des abbés et des curés, pour les sépultures, les mariages et les autres sacrements. On défendit aussi de promettre les bénéfices avant leur vacance, et on ordonna de les conférer dans les six mois après qu'ils auraient vaqué. Les évêques firent de grandes plaintes contre les nouveaux ordres militaires des Templiers et des Hospitaliers. On défendit aux religieux, de quelque institut qu'ils fussent, de recevoir aucun novice pour de l'argent, d'avoir aucun pécule sous peine d'excommunication. On renouvela les règlements pour la continence des clercs, leur éloignement des affaires et des fonctions séculières. On défendit la pluralité des bénéfices ; on régla le droit des patrons ; on leur défendit d'instituer et de destituer des clercs dans les églises sans l'autorité de l'évêque. On défendit aussi aux laïques d'obliger les ecclésiastiques à comparaître en jugement devant eux, et de transférer à d'autres laïques les dîmes qu'ils possédaient au péril de leurs âmes. On leur défendit encore de faire des levées et impositions sur le clergé. On régla la succession des clercs, et on ordonna que dans les délibérations on suivrait la plus grande et la plus saine partie du chapitre. On établit l'usage des maîtres dans les églises cathédrales ; on renouvela la défense des tournois et l'injonction d'observer la trêve de Dieu. On défendit les nouveaux péages et autres exactions sans l'autorité des souverains. On renouvela l'excommunication contre les usuriers. On permit aux lépreux d'avoir une église, un cimetière et un prêtre particulier. Enfin on défendit, sous peine d'excommunication, de rien fournir aux Sarrasins, ennemis de l'Eglise.

L'on peut regarder les canons de ce concile comme la première source du nouveau droit, renfermé dans les collections postérieures au décret de Gratien. (*Voyez* DROIT.)

IV. Le quatrième concile général de Latran, et le douzième de l'Eglise, est le plus célèbre et le plus important de tous ceux qui portent ce nom. Il fut tenu dans la basilique de Constantin, depuis le 11 jusqu'au 30 novembre 1215, sous le pape Innocent III, qui l'ouvrit par un sermon qui avait pour texte ces paroles de l'Evangile : *Desiderio desideravi hoc pascha manducare vobiscum.* Le pape fit dans son discours une explication du mot *Pâque*, qui signifie passage, où il marqua ingénieusement les raisons qui lui avaient fait convoquer le concile. Il distingua trois sortes de passages : le passage corporel d'un lieu à un autre, qu'il appliqua au voyage de la Terre-Sainte ; le passage spirituel d'un état à l'autre, par la réformation de l'Eglise ; le passage éternel de cette vie à la gloire céleste.

On a de ce concile soixante et dix chapitres ou canons, que les canonistes regardent comme la base de la discipline suivant le nouveau droit. Plusieurs critiques ont soutenu que tous ces canons n'étaient pas l'ouvrage du concile ; que le pape Innocent III en fit lui seul que le concile n'approuva point, et qui n'ont pas laissé que d'être publiés et suivis comme les autres sous le nom du concile, distingué du précédent dans le droit par la dénomination de concile général, *ex concilio generali*. Ce qu'il y a de certain, c'est que tous les canons sont au nom du pape, et qu'on ne voit qu'en quelques-uns cette clause dont on n'avait commencé de se servir qu'au troisième concile général de Latran : *avec l'approbation du saint concile*. Il y avait quatre cent douze évêques, huit cents abbés et prieurs, et plusieurs ambassadeurs des rois et des princes.

Nous dirons des canons de ce concile ce que nous avons dit de ceux du concile précédent, que leurs dispositions sont respectivement rappelées dans l'étendue de ce COURS DE DROIT CANON, mais que pour donner une idée suivie de ce qui en fait la matière, nous remarquerons ici que ce concile fit d'abord des décrets sur la foi par rapport aux hérésies du temps, telles que celles des Vaudois et des Albigeois, l'erreur de l'abbé Joachim sur la trinité, et l'hérésie absurde d'Amaury. Le troisième canon prononce anathème contre toutes les hérésies contraires à l'exposition de la foi, que fit à ce sujet le concile, et ordonna différentes peines, tant contre les coupables que contre les seigneurs temporels qui négligeraient de purger leurs terres d'hérétiques (*Voyez* INQUISITION).

Le concile prescrivit la visite annuelle des évêques ; il fit un règlement touchant les cérémonies et les rits des Grecs ; il déclara le rang des quatre patriarches dans cet ordre, Constantinople, Alexandrie, Antioche, Jérusalem.

Le concile ordonna qu'on tînt tous les ans des conciles provinciaux ; il régla la manière dont le supérieur doit procéder pour la punition des crimes, et fit d'autres règlements sur la procédure et les appels en toute matière. Ces canons sont fameux dans le droit ; ils ont servi de fondement à la procédure des tribunaux, même séculiers.

Le concile défendit aux clercs de juger à mort, ni d'assister à aucune exécution sanglante ; et aux princes de faire aucune constitution touchant les droits spirituels de l'Eglise ; à l'égard de l'excommunication, il défendit de la prononcer contre qui que ce fût, sans l'avoir averti auparavant en présence de témoins, sous peine d'être privé de l'entrée de l'Eglise pendant un mois. Il fut ordonné que les évêques choisiraient pour la prédication des hommes capables qui visiteront à leur place les paroisses de leurs diocèses, quand ils ne le pourront pas par eux-mêmes, aussi bien que pour entendre les confessions et administrer la pénitence.

Dans les églises cathédrales et collégiales, le chapitre choisira un maître pour enseigner *gratis* la grammaire et les autres sciences, selon qu'il en sera capable. A l'égard des métropolitaines, elles auront un théologien pour enseigner aux prêtres l'Ecriture sainte, et principalement ce qui regarde la conduite des âmes, et on assignera à chacun de ses membres le revenu d'une prébende.

Viennent ensuite les canons sur les élections et les ordinations, le temps, la forme de l'élection et de la confirmation, le choix des bons sujets pour les charges et pour les ordres, l'exclusion des mauvais, et surtout des bâtards des ecclésiastiques. On confirma le décret du précédent concile contre la pluralité des bénéfices, et on fit un règlement touchant la congrue des vicaires ou curés.

Le concile ordonna que la dîme serait payée partout avant les autres redevances ; il confirma les statuts des moines de Cîteaux, portant que nonobstant leurs privilèges, ils paieraient la dîme des terres qu'ils acquerraient de nouveau, si elles y étaient auparavant sujettes ; et le concile étend ce règlement à tous les autres réguliers jouissant de semblables privilèges. Une des erreurs des Vaudois était de dire qu'on ne devait pas payer les dîmes. (*Voyez* DIME.)

Quant aux sacrements, le concile reçut le mot *Transsubstantiation* pour exprimer le changement du pain et du vin au corps et au sang de Jésus-Christ. Il fit ensuite le célèbre canon *Omnis utriusque sexus* qui ordonne à tous les fidèles de se confesser au moins une fois l'an à leur propre prêtre, et de recevoir la sainte eucharistie au moins à Pâques. Il fut fait à l'occasion des Albigeois et des Vaudois, qui méprisaient la confession et la pénitence administrée par les prêtres, et prétendaient recevoir l'absolution de leurs péchés par la seule imposition des mains de leurs chefs.

Le concile ordonna que dans toutes les églises, le saint chrême et l'eucharistie seraient gardés sous clef ; que les médecins exhorteront les malades à appeler un confesseur. Il réduisit les degrés de parenté et d'affinité touchant le sacrement de mariage ; il ordonna la publication des bans, et condamna les mariages clandestins (*Voyez* CLANDESTIN).

Par rapport aux religieux, le concile fit divers règlements ; il ordonna que les abbés ou prieurs tiendraient des chapitres généraux tous les trois ans, et que l'on y traiterait de la réforme et de l'observance régulière : que les chanoines réguliers feraient de même ; on n'établira pas, dit le concile, de nouveaux ordres religieux, de peur que la trop grande diversité n'apporte de la confusion dans l'Eglise. Un abbé ne pourra gouverner plusieurs monastères , ni un moine avoir des places en plusieurs maisons.

On ne montrera point hors de leurs châsses les anciennes reliques, ni on ne les exposera point en vente ; on ne rendra aucune vénération aux nouvelles qu'on pourrait trouver, qu'elles n'aient été approuvées par l'autorité du pape. L'indulgence pour la dédicace d'une église ne sera que d'un an , et de quarante jours pour l'anniversaire , ainsi que pour les autres causes, et les quêteurs seront munis de lettres et pouvoirs légitimes. Les autres décrets sont sur la simonie. Le concile défend les taxes pour le sacre des évêques , les bénédictions d'abbés, les ordinations des clercs ; il veut que les sacrements soient administrés gratuitement. Défenses aux religieuses de prendre des filles pour de l'argent, sous prétexte de pauvreté ; celles qui auront commis cette faute seront enfermées dans d'autres monastères d'une observance plus étroite pour y faire pénitence perpétuelle, comme pour un des plus grands crimes ; de même pour les hommes.

Après tous ces canons fut fait le décret pour la croisade.

V. Le cinquième concile général de *Latran*, et le dix-neuvième de l'Eglise, suivant notre division (*Voyez* CONCILE), fut convoqué en 1512, par Jules II, pour mettre fin au schisme qu'occasionnait le concile de Pise, et pour abroger la pragmatique de Charles VII. L'ouverture du concile se fit le 3 mai ; il était composé de près de quatre-vingts archevêques ou évêques, tous Italiens, et six abbés ou généraux d'ordre. Le pape y présida assisté de quinze cardinaux ; il y eût douze sessions, le pape Jules mourut six jours après la cinquième, et Léon X, qui lui succéda, présida au concile dans la sixième. Il reprit les poursuites de son prédécesseur contre les Français au sujet de la pragmatique, mais avec bien plus de douceur. Nous parlons ailleurs de cette procédure et de ce qui en faisait le sujet et la matière (*Voyez* PRAGMATIQUE).

Quant à la réformation de la discipline et de la cour romaine, elle se fit dans la neuvième session. L'archevêque de Naples lut un décret qui règle l'âge des évêques à vingt-sept ans, et celui des abbés à vingt-deux, la manière de proposer les nommés dans le consistoire, la forme des privations et translations d'un bénéfice à un autre, des commendes, des unions et désunions ; il prescrit aux cardinaux un genre de vie nécessaire dans l'éminente dignité qui les expose à un plus grand jour dans l'Eglise. Le décret parle ensuite des maîtres d'école, des blasphémateurs, des concubinaires, des simoniaques. Il oblige les bénéficiers à réciter l'office divin ; il défend aux séculiers de saisir ou séquestrer les biens ecclésiastiques sans la permission du pape, ce qui suppose que l'administration et la disposition de ces biens lui appartiennent. Il renouvelle les lois touchant l'exemption des personnes et des biens ecclésiastiques de la juridiction laïque, et la défense de faire des impositions sur les clercs. Enfin il ordonne qu'il sera procédé par inquisition contre les hérétiques, les juifs, les relaps, refusant tout pardon à ces derniers.

LAURE.

On appelait ainsi, très-anciennement, ce que nous appelons aujourd'hui une église paroissiale. (Maimbourg, *Histoire de l'Arianisme*.) *Laure* vient d'un mot grec qui signifie *place, rue, village, hameau*.

Les différents quartiers d'Alexandrie furent d'abord appelés *laures* ; mais après l'institution de la vie monastique, ce terme fut borné à signifier les espèces de hameaux habités par des moines. Ceux-ci ne se rassemblaient qu'une fois la semaine pour assister au service divin, et s'édifier mutuellement. Ce que l'on avait d'abord appelé *laure* dans les villes, fut nommé *paroisse*. (*Voyez* CURÉS, § 1, col. 891.)

LAZARISTES.

(*Voyez* PRÊTRES DE LA MISSION.)

LECTEUR.

On peut prendre ici ce mot en deux sens : 1° pour un ecclésiastique revêtu d'un des quatre ordres mineurs ; 2° pour une personne qui fait des leçons dans une école. Nous parlons du *lecteur* dans la première acception sous le mot ORDRE. A l'égard des *lecteurs* qui font des leçons dans les écoles, on n'appelle guère de ce nom que les religieux professeurs de théologie dans leurs monastères. Ceux dont le concile de Trente ordonne, conformément à de précédents règlements, l'établissement dans les églises cathédrales et collégiales considérables, sont appelés *théologaux* ; et le maître de grammaire, dont ce concile parle au même endroit, s'appelle *précepteur*. (*Voyez* THÉOLOGAL, PRÉCEPTEUR.)

Le concile de Trente, session V, chapitre 1, *de Reform.*, ordonne « que dans les monastères des moines, il se fera une leçon de la sainte Ecriture, partout où il se pourra commodément ; et si les abbés s'y rendent négligents, les évêques des lieux, comme délégués en cela du siége apostolique, les y contraindront par les voies justes et raisonnables. Dans les couvents des autres réguliers, où les études peuvent aisément se maintenir, il y aura aussi leçon de l'Ecriture sainte, et les chapitres généraux et provinciaux y destineront les maîtres les plus habiles....

« Et, afin de ne donner pas lieu à l'impiété de se répandre, sous apparence de piété, le saint concile ordonne que personne ne soit employé à faire ces leçons de théologie, soit en public, soit en particulier, sans avoir été premièrement examiné sur sa capacité, ses mœurs et sa bonne vie, et approuvé par l'évêque des lieux : ce qui ne se doit pas entendre des *lecteurs* qui enseignent dans les couvents des moines : *Quod tamen de lectoribus in claustris monachorum non intelligatur*. » Ce dernier article ne passa pas au concile sans débats, non plus que celui de l'établissement des *lecteurs* indépendamment des évêques. (*Mémoires du clergé*, tom. III, p. 1086.)

LÉGALISATION

La *légalisation* est un certificat, une signature donnée par une personne publique, avec le sceau de sa dignité, afin qu'on y ajoute foi partout.

Il n'est point parlé de *légalisation* dans le droit canon, quoique la plupart des lois dont il est composé aient été faites dans un temps où les *légalisations* étaient déjà en usage. En effet, le décret de Gratien parut en 1151 ; les décrétales de Grégoire IX, l'an 1230, le sexte, en 1298, les clémentines, en 1317, et les extravagantes de Jean XXII, en 1334. Or, on trouve que les *légalisations* étaient dès lors en usage. Comme il n'y a aucune loi qui ait établi la formalité des *légalisations*, on ne sait pas précisément en quel temps on a commencé à légaliser. Cependant il paraît par diverses pièces qui se trouvent au trésor des chartes, que l'usage des *légalisations* était déjà fréquent dans les années 1330 et suivantes.

Les actes émanés d'officiers publics ecclésiastiques, tels que les curés, vicaires, etc., doivent être légalisés par l'évêque ou archevêque, ou l'un de ses grands vicaires. La *légalisation* de ces actes, par le supérieur diocésain, surtout pour le mariage, devrait toujours avoir lieu quand les parties sont de deux diocèses différents. Il se fait quelquefois des mariages nuls et sacriléges, faute de prendre ces sages précautions. Nous savons même que des personnes liées par des vœux solennels ont reçu sans difficulté la bénédiction nuptiale.

LÉGAT

On entend par *légat*, en droit canon, un prélat envoyé par le pape pour tenir sa place et exercer sa juridiction dans les lieux où il ne peut se trouver.

§ 1. *Origine des* LÉGATS, *leurs différentes qualités.*

Le premier exemple de légation est celui de Nicée, où le fameux Osius, évêque de Cordoue, assista en qualité de *légat* du pape Sylvestre. Saint Cyrille tint au concile d'Éphèse la place de Célestin. Paschasin et Lucentius présidèrent au concile de Calcédoine au nom du pape saint Léon. Les *légats* du pape, une fois reçus pour les conciles, furent envoyés pour des commissions particulières dans certaines occasions où il s'agissait de condamner quelque hérésie, ou de réformer les abus de la discipline ecclésiastique. Après le faux concile d'Éphèse, saint Léon envoya à Constantinople l'évêque Luculentius et le prêtre Basile pour travailler avec le patriarche Anatolius à réparer le mal qui avait été fait à cette assemblée séditieuse. Le même pape envoya en Afrique le prêtre Potentius, seulement pour examiner ce qui se passait dans cette province contre les règles de la discipline ecclésiastique et lui en rendre un compte exact.

Toutefois le pape Zozime ayant voulu envoyer l'évêque Faustin en Afrique, pour y faire recevoir le décret du concile de Sardique sur les appellations, des évêques de ce pays lui écrivirent à ce sujet, et ils le prièrent de rappeler Faustin parce qu'ils n'avaient trouvé, dans aucun concile, que le pape eût le droit d'envoyer des *légats a sanctitatis tuæ latere* (Thomassin. *Discipl. de l'Église*, part. I, liv. 2, chap. 57).

Cette lettre n'empêcha pas, comme l'on voit, que le pape saint Léon n'envoyât après des *légats*, en Afrique; l'on trouve même que saint Augustin, évêque d'Hyppone, alla en Mauritanie pour y terminer quelques affaires par l'ordre du pape Zozime; mais il faut convenir que ces légations particulières étaient anciennement très-rares et très-bornées. L'autorité des légations appelées *vicariats apostoliques* était beaucoup plus étendue. L'histoire ecclésiastique nous apprend que l'évêque de Thessalonique gouvernait onze provinces en qualité de vicaire et de *légat* du saint-siége, et que plusieurs autres prélats ont joui d'une manière particulière de ces sortes de légations, ne fût-ce que les archevêques d'Arles et de Reims, dont les premiers avaient été faits *légats* ou vicaires apostoliques sur toutes les Gaules, et les derniers, suivant leurs prétentions, sur tous les États de Clovis.

Lorsque la simonie et les autres désordres des ecclésiastiques rendirent les conciles nécessaires pour la réformation des mœurs et la discipline, vers les dixième et onzième siècles, les papes envoyèrent à cet effet des *légats* dans les différents royaumes; nous en avons en France un ancien exemple dans le concile que saint Grégoire fit tenir dans le royaume sous la présidence de saint Boniface, *légat* du saint-siége (Thomassin, *part.* II. *liv.* I, *ch.* 52).

Mais si tous les *légats* de Rome n'eussent été envoyés que pour des réformations, avec le désintéressement de saint Boniface, on n'eût point vu s'élever dans la suite des plaintes de toutes parts contre l'avarice et les entreprises de ces envoyés. Saint Bernard, plein de respect pour le saint-siége, ne put s'empêcher de s'écrier à cette occasion : *Nonne alterius sæculi res est rediase legatum de terra auri sine auro, transisse per terram argenti, et argentum nescisse?* Le prétexte de ces exactions était d'entretenir le *légat* dans ses voyages. Grégoire VII fit promettre à tous les métropolitains, en leur donnant le *pallium*, qu'ils recevraient honorablement les *légats* du saint-siége ; ce qui fut étendu dans la suite à toutes les églises, dont ils tirèrent ces sommes dont parle saint Bernard. Innocent III défendit aux *légats* d'exiger d'autres droits que ceux que l'on donnait aux évêques en visite, sous le titre de procuration.

Ce furent ces abus des *légats* qui obligèrent chaque nation de prendre certaines précautions pour y obvier. Les Anglais firent connaître au pape Pascal II, qu'ils ne souffriraient pas d'autres *légats* du saint-siége que l'archevêque de Cantorbéry, et qu'aucun ne mettrait le pied dans l'Angleterre, que le roi ne l'eût demandé ; ce qui fut imité par les Siciliens, au rapport de Baronius. Dans les autres royaumes on fut également sur ses gardes à cet égard, si bien que Boniface VIII, ayant soutenu qu'il pouvait envoyer des *légats* et des nonces dans toutes les provinces, sans demander le consentement des souverains, nonobstant tout usage contraire, Philippe le Bel répondit qu'il n'en recevrait aucun s'il lui était suspect, ou s'il avait quelque autre cause raisonnable de le refuser (Thomassin, *partie* IV, *liv.* 1, *chap.* 81).

Mais nonobstant toutes ces oppositions, l'usage des *légats* et des légations de la part du pape a toujours eu lieu, si non avec la même facilité qu'autrefois, du moins avec l'agrément des souverains du pays où ils sont envoyés. On verra ci-après les droits et l'autorité que le droit canon leur donne. Nous observons auparavant qu'on en distingue de trois sortes. Les premiers, sont les *légats a latere*; les seconds, les *légats* envoyés, *legati missi*; les troisièmes, sont les *légats* nés.

Les *légats a latere* tiennent le premier rang entre ceux qui sont honorés de la légation du saint-siége. Ce sont des cardinaux que le pape tire du sacré collége pour les envoyer dans différents Etats, avec une autorité plus étendue que celle des autres *légats* (*Cap.* 1, *de offic. legat.*).

Les *légats* envoyés sont des prélats non cardinaux envoyés par le pape pour une commission particulière, ou pour exercer une juridiction ordinaire dans un certain pays. Les nonces et les internonces sont de ce nombre. Ils ont la juridiction ordinaire par le droit canonique. On insère dans leurs facultés, qu'ils sont envoyés avec la puissance du *légat a latere*, quand ils ont touché le bout de la robe du pape. Leurs pouvoirs sont moins étendus que ceux des *légats* cardinaux (*C. Valentes de offic. legat*; *c. Septuaginta* 16, *distinct.* 16; *cap. Significasti. J. G. de elect.*) (*Voyez* MISSION).

Les *légats* nés sont des archevêques, aux siéges desquels est attachée la qualité de *légat* du saint-siége.

Le pape peut faire *légat* qui bon lui semble; mais s'il est *a latere*, il est dans l'usage de demander conseil au consistoire.

L'archevêque de Reims se qualifie encore de *légat* né du saint-siége. Mais cette qualification est tout ce qui lui reste de cet ancien vacariat apostolique, que ce prélat exerçait réellement autrefois dans l'étendue d'un grand ressort. Il en était de même de l'archevêché supprimé d'Arles dont le titulaire était également *légat* né.

§ 2. *Autorité et pouvoirs des* LÉGATS.

Bouchel, en sa *Bibliothèque canonique*, a recueilli tous les textes du droit qui ont rapport à cet article; et après avoir exposé assez inutilement tout ce que peut faire de droit un *légat*, il expose ensuite ce qu'il ne peut pas faire. Nous disons assez inutilement, parce que l'auteur cité se référant au fameux chapitre *Legatos, de officio legati, in* 6°, dit que tout ce que peuvent généralement le patriarche, le primat, l'archevêque, l'évêque en leurs diocèses et provinces, le *légat a latere* le peut en la province qui lui est commise, parce que là il est ordinaire des ordinaires, et le lieutenant du pape, avec toute juridiction; tellement, dit toujours Bouchel, que tout ce que nous trouvons écrit dans le droit, de la puissance des patriarches, primats, archevêques, évêques et autres ordinaires, doit être censé être rapporté et ajouté aux facultés du *légat*. Ces facultés que l'auteur expose dans le détail, s'entendent ici par celles qui sont réservées au pape, et que le même auteur a recueillies dans ces termes: *Exclusio unius, est inclusio alterius. Exceptio firmat regulam.*

Il nous suffira donc de faire connaître ici ce que ne peuvent pas les *légats* suivant le droit même, pour faire entendre ce qu'ils peuvent.

Mais observons auparavant que le concile de Trente a corrigé la décrétale de Clément IV, d'où a été tiré le chapitre cité *Legatos*, en ce qu'il défend expressément, sess. XXIV, chap. 10, *de Reform.* aux *légats a latere*, aux nonces et aux gouverneurs ecclésiastiques, de troubler les évêques dans l'exercice de leur juridiction, dans les causes qui sont du for ecclésiastique, et de procéder contre des clercs sans la réquisition de leur évêque, ou excepté qu'il néglige de les punir. (*Mém. du clergé, tom.* VII, *pag.* 1402.)

Il n'y a rien de si certain, dit Bouchel, que le *légat a latere* ne se doit point immiscer dans les cas réservés au siége apostolique, à moins qu'il n'en eût un mandement spécial, ou que la faculté lui en fût attribuée favorablement par les lettres de sa légation.

1° Il ne lui est pas permis de porter le *pallium*.

2° Il ne peut approuver, confirmer, ni canoniser les saints, ni enregistrer leurs noms au catalogue des saints (*cap.* 1, *de reliq. et vener. sanctor.*).

3° Il ne peut de nouveau ériger ni ordonner les églises cathédrales, car on tient à Rome que toute dignité prend son origine de l'Eglise de Rome (22 *dist.*).

4° Il ne peut soumettre une église cathédrale à une autre (*cap. Quod translationem, de offic. leg.*).

5° Il ne peut unir des évêchés séparés, ni en diviser un en deux (*cap. Et temporis*, § *Sicut duos* 26, *q.* 2, *et dict. cap. Quod translationem*).

6° Il ne peut changer le siége épiscopal d'un lieu à un autre (*cap.* 1, *de Translat. episcop.*, *et c.* 1, *de privil.*).

7° Il ne peut transférer un évêque d'une église en une autre (*c. Mutationes*, etc., 7, *q.* 1, *c.* 1, *pen. et fin. de translat.*).

8° Il ne peut exempter les évêques de la juridiction de l'archevêque, ni les autres inférieurs de la juridiction du diocésain (*cap. Frater noster* 16, *q.* 1).

9° Il ne peut attenter à aucune chose par laquelle les droits des diocésains soient diminués, et qui leur fasse un préjudice perpétuel (*c. fin. de Confirm. uti abbas, in c. Sicut unire de excess. prælat.*).

10° Il ne peut exempter aucune église de la juridiction de son ordinaire.

11° Il ne peut admettre les renonciations des évêques, même de ceux qui l'ont été par simonie (*c.* 1. *Nisi de renunc.*; *c. Post translationem*).

12° Il ne peut ôter un évêque de son évêché pour avoir délaissé son église (*c. Quamvis* 3, *quæst.* 6).

13° Il ne peut déposer les évêques ni les élus confirmés (*c. Quamvis* 3, *q*, 6; *c. Inter corporalia*, § 1, *de translat.*).

14° Il ne peut faire d'une église séculière une église régulière (*c. fin. de relig. dom.*).

15° Il ne peut concéder les ornements épiscopaux aux abbés ou prélats inférieurs : comme la mitre, l'anneau, la crosse ou bâton pastoral et autres semblables (*c. Ut apostolicæ, de privil.*).

16° Il ne peut donner permission à un prêtre de mettre le chrême au front des enfants (*c. Quanto de consuet.; c. Unit.* § *Quia vero, vers. Per frontis de sacr. unct.*).

17° Il ne peut conférer ni réserver les églises cathédrales, régulières, collégiales, ni les dignités des églises cathédrales qui , étant les plus grandes après les pontificales, doivent être prises par élection (*c. Pen. et fin. de offic. leg. lib.* 6°). Il ne peut admettre les postulations aux évêchés, parce que cela est des plus grandes causes, pour lesquelles il se faut retirer par devers le pape.

18° Il ne peut conférer les bénéfices où les laïques et les clercs ont droit de patronage (*c. Cum dilectus, de jure patron.*).

19° Il ne peut conférer les bénéfices vacants, *in curia*, parce que celui qui a puissance générale ou spéciale de conférer les bénéfices même réservés, ne peut toutefois conférer ceux qui sont vacants, *in curia*.

20° Il ne peut conférer les bénéfices qui vaqueront (*c. Licet, de offic. leg.*).

21° Il ne peut admettre les résignations des bénéfices *in favorem*.

22° Il ne peut donner à personne un pouvoir général ou spécial de recevoir les résignations de la province, et de les conférer à personnes capables.

23° Il ne peut créer un chanoine surnuméraire contre les statuts de l'église, ni diviser une prébende en deux.

24° Il ne peut rien faire contre les priviléges concédés à une église (*c.* 1, 25, *quæst.* 2; *c. Pro illorum*).

25° Il ne peut ôter le droit acquis à autrui, si ce n'est qu'expressément on lui eût concédé tout ce qui est de la pleine puissance.

26° Il ne peut casser ce qui n'est pas encore fait, c'est-à-dire, il ne peut déclarer une provision ou élection nulle qui est encore à faire car cela n'appartient qu'au pape (*c. Innotuit*, § *fin. de elect.; c. Inter cætera, de præb.*).

27° Il ne peut suppléer aux défauts qui se rencontrent aux contrats et aux jugements (*c.* 1, *de transact.*).

28° Il ne peut concéder à un laïque des droits spirituels (*c. A nobis; c. Quamvis*).

29° Il ne peut commuer le vœu de la Terre-Sainte, ni en recevoir le rachat, s'il n'a un mandement spécial pour cela (*c. Magno; c. Quod super his, de voto et vot. redempt.*).

30° Il ne peut définir aucun article de la foi, si l'on en doute, encore que l'article de la foi soit indubitable.

31° Il ne peut entendre ni juger les grandes causes, parce qu'elles doivent être renvoyées au siége apostolique (*c. Christus, de hæret.*).

32° Il ne peut examiner, définir ni déterminer une cause, *sive per relationem factam aut pollicitam, sive per commissionem, sive per quærelam, sive per postulationem porrectam, sive per revocationem factam, sive per appellationem, sive alias quocumque modo ad papam deferatur, imo in his omnibus superioris jussio, decisio vel responsio est expectanda* (*c. Multum* 3, *q.* 6).

33° Il ne peut s'entremettre en une cause que le pape aura spécialement déléguée à un autre.

34° Il ne peut, contre l'ordre judiciaire, commettre une cause à quelqu'un pour en connaître *simpliciter et de plano, quia non potest tollere substantialia juris* (*c. Officii, de elect.*, etc.).

35° Il ne peut empêcher les appellations ; il ne peut commettre les causes, *remota appellatione*, ni faire qu'on n'appelle de lui, *cum superiorem habeat* (*c. Licet. de elect.*).

36° Il ne peut être envoyé en une province qui n'a point de prince, connaître des causes et différends des laïques, soit par simple querelle ou par appellation (*c. Venerabilem, de elect.*), si cette charge ne lui est spécialement commise. Il peut toutefois, pour le bien de la paix, s'entremettre de beaucoup de choses (*c. Novit.* § *Cæterum et seq., de judic.*).

37° Il ne peut commettre une cause spirituelle à un laïque.

38° Il ne blesse point la juridiction contentieuse de l'évêque, et par ce moyen il ne peut changer, relâcher ni autrement empêcher l'exécution de la sentence par lui rendue, ni absoudre de l'excommunication fulminée par les ordinaires.

39° Il ne peut exercer une juridiction contentieuse hors de la province qui lui est commise.

40° Il ne peut évoquer à soi une cause mue ou à mouvoir pardevant un juge compétent.

41° Il ne peut donner rescrit contre le droit.

42° Il ne peut rien changer dans l'ordre des jugements, *procedendo vel omittendo*.

43° Il ne saurait faire une loi ou ordonnance générale (*c.* 1, *de constit.*).

44° Quoiqu'il puisse interpréter le mandement du pape, toutefois il ne peut déclarer ou interpréter une loi ou ordonnance de lui, s'il y a de l'obscurité (*c, Per tua, de simon.; c. Inter alia, de sent. excomm.*), comme si l'on doutait d'une dispense ou de quelque cas qui par les mêmes lois sont réservés au saint-siége, il n'appartient qu'au pape d'en faire déclaration ou donner dispense.

45° Il ne peut interpréter la loi, le statut et l'ordonnance obscure d'un autre *légat*, s'il ne lui a succédé en son office (*c.* 1, *de loc. et concred.; c. Quod dilectio de consang. et affin.*).

46° Il ne peut tenir un concile général (c. *Ideo* 2, *quæst.* 6).

47° Il ne peut abolir la loi d'un prince dont il est officier.

48° Il ne peut rien faire contre les statuts ou conciles généraux, ni en ordonner dispense (c. *Significasti de elect. specul.*).

49° Il ne peut attenter contre les saints canons, ni contre la coutume généralement observée (c. *Nisi specialis de off. legat.*).

50° Il ne peut conférer les ordres hors des quatre-temps, et aux jours de fêtes, comme aux dimanches (c. 1. *De eo, de temp. ordin.*). Que si quelqu'un a reçu l'ordre hors de ces temps-là, il n'y a que le pape qui puisse dispenser et l'ordonné et l'ordinateur (c. *Cum quidam de temp. ordin.*). Mais celui qui a reçu l'ordre, se doit bien donner de garde de célébrer avant d'avoir obtenu la dispense, autrement il tomberait dans une irrégularité qui ne peut être remise que par le pape.

51° Il ne peut promouvoir quelqu'un à deux ordres sacrés en un même jour (c. *Dilectus, de temp. ordin.*). Mais si la promotion avait été faite par un autre, il en pourrait dispenser, attendu que cela ne se trouve point lui être défendu.

52° Il ne peut donner l'ordre à celui qui a reçu le sous-diaconat, ou autre ordre par le pape (c. *Cum distribuendis, de temp. ordin.*).

53° Il ne peut donner dispense à un évêque d'Italie pour promouvoir aux ordres des sujets d'un autre royaume, sans congé spécial du pape; et si quelqu'un a été ordonné de cette manière, il ne pourra lui donner dispense, mais demeurera suspens, sans qu'il puisse être absous que par le pape seul (c. 1. *de temp. ordin. lib.* 6°).

54° Il ne peut dispenser avec un prélat schismatique (c. 2. *de schismat.*).

55° Il ne peut dispenser avec un évêque qui sciemment, étant excommunié, a reçu l'ordre (c. *Cum illorum, de sent. excom.*).

56° Il ne peut dispenser avec un qui aura été ordonné étant en apostasie (c. *fin. de apostat.*).

57° Il ne peut dispenser avec un qui célèbre, étant suspens et excommunié ou interdit (c. *Ab homine*).

58° Il ne peut dispenser avec les moines réguliers qui sortent pour apprendre les lois et la physique, afin d'être promus, si dans deux mois ils ne retournent (c. *Non magno; in c. Super, ne cleric. vel monach.*).

59° Il ne peut dispenser avec un clerc qui vient en la justice d'un prince séculier, au mépris du juge ecclésiastique (c. *Si quis episcopus*).

60° Il ne peut dispenser avec un chrétien pour porter des armes aux Sarrasins (c. *Significavit, de re judic.*).

61° Il ne peut dispenser pour vendre les choses ecclésiastiques, sinon en temps de famine pour alimenter les pauvres, et pour la rançon des captifs (c, 2, 10, *quæst.* 2).

62° Il ne peut dispenser de l'âge pour obtenir une église paroissiale, avant le temps requis de droit (c. *Licet, de elect. lib.* 6°)

63° Il ne peut dispenser du **vœu de continence**.

64° Il ne peut dispenser contre les canons, qui enjoignent certaine pénitence ou satisfaction aux crimes énormes, comme est l'homicide et la simonie, en double bénéfice ou en l'ordre (c. *Miror*, 5 dist., et *post translationem, in fin. de renunc.*).

65° Il ne peut restreindre ni annuler les empêchements canoniques de mariages (C. *Non debet, de consang. et affin.*; C. *Quædam* 35, *quæst.* 3).

66° Il ne peut dispenser au degré prohibé de consanguinité (C. *Non debet.*).

67° Il ne peut légitimer les illégitimes (C. *Per venerabilem, qui filii sunt legit.*).

68° Il ne peut dispenser ceux qui sont incapables, ou souffrent quelque défaut qui empêche leur promotion, comme il ne peut promouvoir les bigames (C. *Lector*, 34, *dist*; C. *Quicumque* 30 *dist.*), ni les illégitimes (C. *Pen. et fin. de fil. presbyt.*), ni les mineurs de trente ans pour obtenir des évêchés (C. *Cum nobis.*), ni ceux qui n'ont pas l'âge compétent pour obtenir des dignités, ni ceux qui veulent être évêques sans être promus aux saints ordres (C. *Dudum, in fin. de elect.*; C. *De multis de ætat. et qualit.*). Car il n'y a que le pape qui puisse dispenser ces personnes, et lui seul juge des évêchés.

69° Il ne peut permettre que quelqu'un ait plusieurs dignités ecclésiastiques, plusieurs églises paroissiales, ou plusieurs autres bénéfices incompatibles (C. *Sicut* 21, *quæst.* 6; C. *Dudum, § Nos igitur, de elect.*; C. *De multa, in fin. de Præbend.*).

70° Il ne peut dispenser quelqu'un qui a été suspendu par le concile, pour avoir injustement conféré les bénéfices.

71° Il ne peut dispenser des crimes qui sont plus grands que l'adultère, mais bien ceux qui sont moindres (c. *At si de judic.*).

72° Il ne peut dispenser de la simonie.

73° Il ne peut dispenser celui qui est tombé en irrégularité (C. *Veniens, de eo qui furt. ordin. suscep.*).

74° Il ne peut absoudre du serment quand il n'y va pas du salut du corps ou de l'âme.

75° Il ne peut absoudre un excommunié par le pape, s'il n'a mandement spécial à cet effet : *Ejus enim est solvere, cujus est ligare* (C. *Venerabilem, de elect.*; C. *Inferior*, 21 *dist.*; C. *Frater* 16, *quæst.* 1.).

76° Il ne peut absoudre celui qui aura été excommunié par un autre *légat* du siège apostolique s'il ne lui a succédé à l'office de sa légation. (C. *Pastoralis* § 1, *vers. Ad quod de offic. ordin.*). Il peut bien confirmer et approuver la sentence du *légat* du pape, mais non pas la révoquer ou empêcher (C. *Studuisti, de offic. leg.*).

77° Il ne peut absoudre ceux qui sciemment communiquent avec les excommuniés par le pape (C. *Significavit, de sent. excom.*).

78° Il ne peut absoudre celui qui est excommunié à *Canone, si lator canonis absolutionem sibi retinuit : alias autem aliis absolu-*

tionem concessisse videtur (*C. Nuper* 29 *de sent. excom.*).

79° Il ne peut absoudre les meurtriers des clercs, ou ceux qui leur font injures atroces (*C. 4, vers. Item potest. de jure*).

80° Il ne peut absoudre les incendiaires, après que leur excommunication a été dénoncée. (*C. Tua et eo conquesti, de sent. excom.*)

81° Il ne peut absoudre celui qui a été excommunié ou suspendu pour avoir administré les sacrements aux hérétiques (*C. Excommunicamus, vers. Sane de hæret.*).

82° Il ne peut absoudre de la sentence d'excommunication les gouverneurs de provinces qui imposent tailles et collectes sur les clercs, sans l'avis et le consentement du pape (*C. Adversus, de immun. eccles.*).

« Il y a plusieurs autres cas, dit Bouchel, tant aux conciles généraux que compris au droit nouveau, qui sont défendus aux *légats*, lesquels il n'est pas moins difficile que laborieux d'extraire d'un si grand labyrinthe des droits : c'est pourquoi, ajoute-t-il, je me suis contenté de remarquer ici ceux qui sont de l'usage ordinaire. »

Tous les cas que nous venons de rapporter à peu près dans les propres termes de Bouchel, sont donc défendus de droit aux *légats*, mais les papes leur donnent souvent des pouvoirs contraires sur la plupart, ainsi qu'on peut s'en convaincre dans les facultés des *légats* rapportées aux endroits cités (*Voyez* VICE-LÉGAT).

Le pape Pie VII, par un bref du 29 novembre 1801, donna au cardinal Caprara, *légat a latere* des pouvoirs très-étendus pour la nouvelle circonscription des diocèses et l'institution des nouveaux évêques nommés en vertu du concordat de 1801 ; voyez ce bref dans le tome Iᵉʳ sous le mot CONCORDAT, col. 616.

C'est une règle que dès qu'une affaire qui est de la compétence du *légat* est portée au pape, soit que le *légat* lui-même l'ait renvoyée, soit que les parties se soient adressées directement au saint-siége, le *légat* ne peut plus en prendre connaissance, et tout ce qu'il décide sur cette affaire est absolument nul (*Cap. Licet. de offic. legat.*). Quoique le pape donne à ses *légats* un pouvoir général dans un pays, ceux qui ont par ordre du saint-siége une commission pour une affaire particulière doivent exécuter leur commission sans que les *légats* aient sujet de s'en plaindre, parce qu'un ordre particulier déroge à la commission générale (*Cap. Studuisti, eod.*).

D'après les articles 11 et 12 des libertés de l'Eglise gallicane de Pithou, les *légats* du pape ne pouvaient être envoyés en France qu'avec le consentement et sur la prière du roi ; lorsque ce consentement était accordé, les *légats* étaient obligés d'envoyer les bulles qui contenaient leurs pouvoirs ou leurs facultés au parlement pour y être examinées, vérifiées et enregistrées. L'article 2 de la loi du 18 germinal an X (*Voyez* ARTICLES ORGANIQUES) fait revivre cette servitude en déclarant : « Qu'aucun *légat*, nonce ou délégué du saint-siége ne pourra exercer ses pouvoirs en France sans l'autorisation du gouvernement. » Les apôtres et les premiers pasteurs de l'Eglise naissante eussent-ils pu prêcher l'Evangile, répond le cardinal Caprara, si les gouvernements eussent exercé sur eux un pareil droit ?

On a un exemple de l'observation de cette ancienne servitude dans l'arrêté relatif à l'enregistrement des bulles du cardinal Caprara, *légat a latere*, qui prescrit les formalités à observer par ce *légat* pour l'exercice des facultés énoncées dans lesdites bulles. Cet arrêté, en date du 18 germinal an X, est ainsi conçu :

« ART. 1ᵉʳ Le cardinal Caprara, envoyé en France avec le titre de *légat a latere*, est autorisé à exercer les facultés énoncées dans la bulle donnée à Rome le lundi 6 fructidor an IX, à la charge de se conformer entièrement aux règles et usages observés en France en pareil cas, savoir :

« 1° Il jurera et promettra, suivant la formule usitée, de se conformer aux lois de l'Etat et aux libertés de l'Eglise gallicane, et de cesser ses fonctions, quand il en sera averti par le premier consul de la république.

« 2° Aucun acte de la légation ne pourra être rendu public ni mis à exécution sans la permission du gouvernement.

« 3° Le cardinal *légat* ne pourra commettre ni déléguer personne sans la même permission.

« 4° Il sera obligé de tenir ou faire tenir registre de tous les actes de la légation.

« 5° La légation finie, il remettra ce registre et le sceau de sa légation au conseiller d'Etat chargé de toutes les affaires concernant le culte, qui le déposera aux archives du gouvernement.

« 6° Il ne pourra, après la fin de sa légation, exercer directement ou indirectement soit en France, soit hors de France, aucun acte relatif à l'Eglise gallicane.

« ART. 2. La bulle du pape contenant les pouvoirs du cardinal *légat*, sera transcrite en latin et en français sur les registres du conseil d'Etat, et mention en sera faite sur l'original par le secrétaire du conseil d'Etat, elle sera insérée au bulletin des lois. »

C'est aussi sur ces arrêtés de vérification qu'il faut régler les pouvoirs des *légats*, et nullement sur les règles générales du droit. Le cardinal *légat* fut donc obligé de se conformer aux termes de cet arrêté lors de sa présentation auprès de Napoléon Bonaparte, premier consul, à l'audience du 19 germinal, an X, en présence des ministres, des conseillers d'Etat, du corps diplomatique, etc. Voici le discours qu'il y prononça :

« Général premier consul, c'est au nom du souverain pontife et sous vos auspices, que je viens remplir au milieu des Français les augustes fonctions de *légat a latere*.

« Je viens au milieu d'une grande et belliqueuse nation, dont vous avez rehaussé la gloire par vos conquêtes et assuré la tranquillité extérieure par une paix universelle, et au bonheur de laquelle vous allez mettre le

(Treize.)

comble en lui rendant le libre exercice de la religion catholique. Cette gloire vous était réservée, général consul : le même bras qui gagna des batailles, qui signa la paix avec toutes les nations, redonne de la splendeur aux temples du vrai Dieu, relève ses autels et raffermit son culte.

« Consommez, général consul, cette œuvre de sagesse si longtemps désirée par vos administrés, je ne négligerai rien pour y concourir.

« Interprète fidèle des sentiments du souverain pontife, le premier et le plus doux de mes devoirs est de vous exprimer ses tendres sentiments pour vous et son amour pour tous les Français. Vos désirs règleront la durée de ma demeure auprès de vous; je ne m'en éloignerai qu'en déposant entre vos mains les monuments de cette importante mission, pendant laquelle vous pouvez être sûr que je ne me permettrai rien qui soit contraire aux droits du gouvernement et de la nation. Je vous donne pour garant de ma sincérité et de la fidélité de ma promesse, mon titre, ma confiance connue, et, j'ose le dire, la confiance que le souverain pontife et vous-même m'avez témoignée. »

§ 3. *Priviléges et honorifiques des* LÉGATS.

De droit commun, il est dû un grand respect aux *légats* du pape, soit qu'on les considère comme des envoyés de Sa Sainteté qu'ils représentent, soit qu'on les regarde comme simples ambassadeurs (*C. Cum instantia* 17; *c. Procurationes* 23, *de censibus*). L'extravagante *Super gentes, de consuetud. inter communes* prononce l'excommunication et l'interdit contre ceux qui violent tyranniquement ce respect : *Qui vere contra tyrannice præsumpserit, puniendus,* etc.

Les *légats* jouissent du droit de procuration (*C. Accedentes de Præscript.; C. Cum instantia, de testib.*). Ils jouissent des marques distinctives des dignités apostoliques, pourvu qu'ils soient hors de la ville où le pape fait sa résidence. Autrefois, ces marques de distinction n'avaient lieu que quand les *légats* passaient les mers; aujourd'hui ils en usent partout, et s'ils sont *a latere*, tout autre *légat* doit leur céder sur les lieux, et les droits et les honorifiques de la légation (*C. Denique, dist.* 21; *C. Volentes, de offic. legat.*).

Les marques de distinction dont nous parlons ici, consistent dans les habillements et la forme de l'entrée dans les villes. Les *légats* portent la pourpre et le lin. Ils ont la haquenée et entrent dans les villes sous le dais, processionnellement avec le clergé et le peuple. Les évêques et les autres prélats ne peuvent bénir le peuple en présence du *légat*, ni faire porter leur croix, ni même porter aucun habit qui marque le droit de juridiction (*C. Antiqua de privil.*; Barbosa, *de jure ecclesiast. lib.* I, *cap.* 5, *n.* 21 *et seq.*). Plusieurs auteurs prétendent que c'est principalement des honneurs extraordinaires qu'on a rendus aux *légats* que sont venus ceux des cardinaux; les premiers ont du moins bien servi à préparer la voie des autres.

On accorde en France certains honneurs aux *légats*, quand ils font leur entrée dans les villes de leur légation. Les archevêques mêmes, *légats* nés, ne portent point leur croix haute en leur présence.

§ 4. *Comment finissent les pouvoirs des* LÉGATS.

La légation finit par quatre voies différentes : 1° par le laps du temps prescrit pour sa durée, *finito tempore constituto*; 2° par la mort du *légat* même, *morte ipsius legati*; 3° quand le pape révoque ses pouvoirs, *quando papa legatum revocat*; 4° quand le *légat* quitte sa province et rentre dans Rome.

Les *légats* conservent toujours leur légation, parce qu'elle est attachée à leur siège plutôt qu'à leur personne.

Le pape n'est pas censé révoquer un *légat* parce qu'il en nomme un autre pour la même province. La légation ne finit pas même par la mort du pape, suivant le chapitre *Legatos*. Différents auteurs prétendent que les *légats* représentent plutôt le pape, qui peut les révoquer, que le saint-siège qui ne meurt point. Dans le doute, dit d'Héricourt, s'il y en avait sur cette matière, on devrait présumer la commission révoquée par la mort du pape, parce que l'autorité des *légats* donne atteinte à celle des ordinaires, qui est toujours favorable.

LÉGATION.

C'est la charge ou la commission du légat, ou sa cour, ou son tribunal, sa dignité, sa juridiction, *legati munus, dignitas, curia, legatio*. On ne reçoit point en France de *légation* qui ne soit limitée (*Voyez* LÉGAT).

Il y a des *légations* ordinaires qui sont proprement des vicariats apostoliques. Les *légations* extraordinaires sont celles des légats que le pape envoie pour traiter quelque affaire particulière.

La *vice-légation* est la charge du vice-légat.

LÉGENDE.

Le mot *légende* vient du latin *legenda*, ce qui se doit lire. Les vies des saints et des martyrs ont été appelées des *légendes*, parce qu'on les devait lire dans les leçons de matines et dans les réfectoires des communautés.

LÉGISLATION.

Certains canonistes parlementaires ont prétendu, et prétendent encore que l'Eglise n'a pas le pouvoir de faire des règlements de discipline pour sa police extérieure, sans l'autorisation du gouvernement. Nous devons donc établir, sous ce mot, contre ces canonistes : 1° que l'Eglise a un pouvoir de *législation* pour faire des règlements de discipline en matière spirituelle; 2° que ce pouvoir de *législation* dans l'Eglise est indépendant de la puissance séculière.

§ 1. *Pouvoir de* LÉGISLATION *dans l'Eglise.*

L'Eglise a exercé ce pouvoir dès sa naissance, remarque l'auteur de l'*Autorité des deux puissances* (*part.* III, *chap.* V, § 1). Nous voyons les apôtres s'assembler à Jérusalem pour régler ce qui concerne les cérémonies légales, et leur décision est adressée à toutes les Eglises, comme une loi dictée par l'Esprit-Saint : *Visum est Spiritui-Sancto et nobis* (*Act.*, XV, 28). Saint Paul la propose à ces Eglises, en leur ordonnant de s'y conformer : *Præcipiens custodire præcepta apostolorum et seniorum* (*Act.* XX, 41). Il prescrit lui-même des règles de conduite sur les mariages des chrétiens avec les infidèles (I *Cor.*, VII, 12), sur la manière de prier dans les assemblées (*Ib.*, XI, 4, etc.), sur le choix des ministres sacrés (I *Tim.*, III), sur la manière de procéder contre les prêtres lorsqu'ils sont accusés (*Ib.*, XV, 19). Il se réserve de statuer de vive voix sur plusieurs autres points de discipline : *Cætera cum venero disponam* (I *Cor.*, XI, 34). Ces règlements sont reçus des fidèles comme des lois sacrées, et plusieurs sont encore en usage dans l'Eglise, telle que la loi qui exclut les bigames des ordres sacrés (*Voyez* BIGAMIE). Saint Augustin rapporte à ces premiers temps les pratiques généralement observées dans le monde chrétien, le jeûne quadragésimal et les fêtes instituées en mémoire de la passion, de la résurrection et de l'ascension de Jésus-Christ : *Illa autem qui non scripta sed tradita custodimus, quæ quidem toto terrarum orbe servantur, dantur intelligi vel ab ipsis apostolis, vel a plenariis conciliis, quorum est in Ecclesia saluberrima auctoritas, commendata atque statuta* (*Epist.* 54 *ad Januar.*). Saint Basile y rapporte les usages établis dans l'administration des sacrements, usages, ajoute-t-il, qu'on ne saurait contredire pour peu qu'on connaisse les lois de l'Eglise : *Alia quidem habemus e doctrina scripto prodita, alia vero mysteria tradita recepimus ex traditione apostolorum, quorum utraque vim eamdem habent ad pietatem, nec illis quisquam contradicet, nullus certe qui vel tenui experientia noverit quæ sint Ecclesiæ instituta* (*De Spir. Sanct.* c. 27).

Les évêques, successeurs des apôtres, ont exercé le même pouvoir sans interruption jusqu'à nous. Les canons des apôtres et les institutions apostoliques remontent aux premiers siècles (*Voyez* DROIT CANON, § 2, n. I). Quelle multitude d'anciens règlements faits par les papes, par les autres évêques et par les conciles, avant la conversion des empereurs ! Ces règlements en étaient-ils moins regardés comme des lois sacrées, quoique la puissance impériale n'y eût aucune part ! L'abbé de Celles, qui vivait du temps de saint Bernard et qui fut ensuite évêque de Chartres, appelle ces canons le supplément des saintes Ecritures : *Quibus sanctis et antiquis* (*episcopis*) *sua tam familiariter revelavit Deus consilia, ut etiam ad supplementum evangeliorum, et prophetarum, perpetua stabilitate canones et decreta statuerint, pari pene observantia tenenda cum Evangelio* (*Petr. cellens, lib.* VI, ep. 23). Presque point de concile, ou général ou particulier, qui n'ait fait des décrets de discipline, et aucun qui ait jamais douté du pouvoir qu'il en avait, aucun catholique qui l'ait jamais contesté.

L'Eglise s'en est expliquée elle-même de la manière la plus précise. Lorsque les Vaudois ont osé soutenir qu'elle n'avait point le pouvoir de faire des lois, qu'on ne devait aucune obéissance ni au pape ni aux évêques ; lorsque Jean Hus a osé avancer que l'obéissance à l'Eglise était une obéissance inventée par les prêtres contre l'autorité expresse de l'Ecriture sainte ; lorsque Luther a enseigné qu'il n'appartenait ni à l'Eglise ni au pape de faire des lois sur les mœurs ni sur les bonnes œuvres ; lorsque Marsille de Padoue a voulu réduire le droit des premiers pasteurs à un droit de direction et de conseil et non de juridiction ; tous ces hérétiques ont été frappés d'anathème ; les Vaudois, par un décret d'Innocent III, en 1183 ; Jean Hus, par le concile de Constance ; Luther par Léon X ; Marsille de Padoue, par Jean XXII et par les conciles de Sens en 1528 et de Cambrai en 1565.

Le concile de Trente s'énonce en ces termes : « Si quelqu'un dit qu'on n'est pas « obligé d'observer les commandements de « Dieu et de l'Eglise, qu'il soit anathème. » (*Session* VI, *canon* 20.) « Si quelqu'un dit « que les rits et les cérémonies reçus en ap- « prouvés par l'Eglise catholique, et qu'elle « a coutume d'employer dans l'administra- « tion des sacrements, peuvent être mépri- « sés ou omis, suivant la volonté des mi- « nistres, et qu'ils peuvent être changés en « d'autres cérémonies nouvellement inven- « tées, qu'il soit anathème. » (*Session* VII, *canon* 13.) Mais si l'on est obligé de garder les commandements de l'Eglise ; si l'on est obligé d'observer les usages et les cérémonies qu'elle établit, elle a donc le droit de faire des lois sur les objets de son administration.

Le même concile déclare que tous les chrétiens sont indistinctement obligés à l'observance des canons : *Sciant universi sacratissimos canones exacte ab omnibus, et quo ad ejus fieri poterit, indistincte observandos* (*Sess.* XXV c. 18, *de Reform.*) ; que l'Eglise a en particulier le pouvoir de faire des décrets sur l'administration des sacrements ou de révoquer ceux qui ont déjà été faits, selon qu'elle le croit utile (*Sess.* XXI, can. 2) (*Voyez* LOIS, § 3).

M. Dupin, dans son *Manuel du droit public ecclésiastique français* (1), semble refuser ce pouvoir à l'Eglise, car il dit que les décrets et règlements ecclésiastiques ne peuvent et ne *doivent* être exécutés sans l'autorité des souverains.

« J'ai vu partout, dit-il, en parcourant « l'histoire de notre droit public ecclésiasti- « que, que les actes du pape et les canons « mêmes des conciles n'ont jamais eu de « force en France qu'autant qu'ils y ont été « reçus et publiés avec l'assentiment de la

---

(1) Sur ce titre, on croirait que ce livre est du ci-devant fondateur de la défunte *Eglise française*. Nous sommes bien éloigné cependant, de vouloir établir la moindre comparaison entre celui-ci et notre célèbre et savant avocat. Mais il est certaines expressions qui sonnent toujours mal aux oreilles catholiques. Le seul intitulé de ce livre suffit pour le rendre suspect en fait d'orthodoxie.

« puissance publique ; j'ai vu que dans les
« occasions les plus solennelles, pour don-
« ner cours d'exécution à ces actes, nos rois
« en reprenaient la substance dans leurs
« édits, afin que les citoyens parussent obéir
« à leurs lois et non aux prescriptions d'un
« pouvoir étranger ; c'est notamment ce que
« l'ordonnance de Blois a fait en reprodui-
« sant les dispositions du concile de Trente
« relativement aux mariages... Plusieurs
« articles de cette ordonnance, concernant
« la discipline de l'Eglise, sont conformes
« aux décrets du concile de Trente. Cepen-
« dant on ne peut pas dire qu'*ils tirent leur
« autorité de ce concile : mais du roi*, qui, de
« l'avis des états de son royaume, en a fait
« une ordonnance (*pag.* 16 *et* 488; 2ᵉ *édit.*).
Mais, répondrons-nous à l'illustre auteur
du *Manuel*, dans les premiers siècles de
l'Eglise, les apôtres et les évêques deman-
daient-ils aux empereurs la confirmation
des règlements qu'ils faisaient sur la discipline de l'Eglise ? Les chrétiens avaient-ils
jamais soupçonné que cette formalité fût nécessaire, pour donner à ces règlements force
de lois ? Auraient-ils jamais pensé qu'on eût
pu déférer les canons aux tribunaux séculiers, pour en demander la suppression ?
Pierre et Paul auraient-ils reconnu la légitimité de cet appel ? Or, que M. le procureur
général, et tous ceux qui partagent son
erreur, le sachent bien, l'Eglise n'a rien
perdu de son autorité, depuis que les princes
sont devenus chrétiens.

« S'il était possible, dit l'illustre Clément-
« Auguste, archevêque de Cologne, s'il était
« même imaginable que l'Eglise fût soumise
« à l'Etat, et son autorité subordonnée à la
« puissance politique, dès lors toutes les per-
« sécutions exercées dans l'antiquité et de
« nos jours contre le christianisme, contre
« les chrétiens, contre leur doctrine, par les
« Césars comme par nos rois, seraient, sauf
« les horribles cruautés mises en œuvre
« contre eux, pleinement justifiées ; car rien
« n'est moins douteux, rien n'est plus incon-
« testable que si les apôtres, dont la con-
« duite devait devenir la règle de leurs suc-
« cesseurs dans l'épiscopat, enfreignaient les
« *lois* de l'Etat, leurs successeurs, les évê-
« ques actuels, les enfreignent en quelque
« sorte, par l'exercice même de l'autorité
« épiscopale, et surtout de leur *puissance
« législative, judiciaire et exécutive*.

« Ces lois, dites d'Etat, étaient ouverte-
« ment enfreintes par la tenue des conciles,
« par les communications des Eglises avec
« les souverains pontifes, par l'institution
« canonique de leurs coadjuteurs, par leur
« déposition en cas de forfaiture, par l'éta-
« blissement d'institutions scolaires ou de
« charité, par l'acceptation de legs et de
« dons, par l'érection de nouveaux sièges
« épiscopaux et de paroisses nouvelles. Elles
« l'étaient donc par la célébration du con-
« cile apostolique à Jérusalem, ainsi que
« par la mission donnée par saint Paul à Tite,
« son disciple et évêque de Crète ou de Can-
« die, lorsque l'Apôtre lui écrivait : « C'est
« pour cela que je t'ai laissé en Crète, afin
« que tu corriges ce qui est défectueux, et
« que tu institues des prêtres dans les cités,
« comme déjà je te l'ai ordonné. » (*Tit.*,
I, 5.)

« En tout cela, ils blessaient donc les droits
« de la souveraineté politique (rappelons ici
« que nous n'entendons nullement parler des
« droits que se sont forgés ou que s'arrogent
« eux-mêmes les princes) ; car ni dans l'exer-
« cice de la prérogative apostolique, ni pour
« aucun acte gouvernemental en fait de ju-
« ridiction ecclésiastique, les Pères de notre
« foi ne consultaient l'autorité temporelle,
« ni ne sollicitaient le *placet* impérial, ce que,
« dans la supposition où l'Eglise serait sou-
« mise à l'Etat, ils auraient été tenus de
« faire ? Car (nous prions nos lecteurs de se
« fermement attacher à cette distinction,
« puisque pour peu qu'ils en franchissent les
« limites ils se trouveraient placés sous l'em-
« pire des lois infiniment variables et très-
« souvent modifiées, suivant les perverses
« théories des hommes d'Etat et des savants
« de cabinet) les droits souverains des em-
« pereurs romains ne différaient en rien de
« ceux des souverains actuels ; ils leur
« étaient parfaitement égaux, et les obliga-
« tions qui correspondent à ces droits, et
« que l'on prétendrait en déduire pour nos
« évêques, sont identiques avec celles que
« reconnaissaient les apôtres et leurs premiers
« successeurs. » (*De la paix entre l'Eglise et
les Etats*, page 44.)

M. Dupin confond, dans cette question,
deux choses qu'il est bien important de distinguer : l'obligation qu'impose la loi d'une
part, et de l'autre la force coactive et intérieure pour la faire exécuter. L'Eglise, n'ayant
qu'une puissance spirituelle, ne peut commander qu'à la conscience, ses canons obligent par eux-mêmes tous les chrétiens devant
Dieu ; et voilà proprement ce qui fait l'essence de la loi. Mais les canons de l'Eglise
seront exposés au mépris et à la transgression de la part de ceux qui ne redoutent que
les peines temporelles, si le prince n'emploie
la rigueur des lois civiles pour les faire
observer ; et les magistrats ne donneront
aucun secours, tant que ces canons ne paraîtront point sous le sceau de la puissance
séculière. L'Eglise donc, pour en assurer
l'observance, implore la religion des souverains, afin qu'ils donnent à ses règlements,
non cette autorité qui lie la conscience, et
qu'ils ont déjà, mais la sanction des lois
civiles, qui arme le magistrat pour leur
défense. C'est la remarque que fait Bossuet,
en distinguant la validité des décrets de la
protection que le prince accorde pour l'exécution. Voici ses propres expressions :

« Pour la discipline ecclésiastique, dit-il
« dans sa *Politique sacrée* (*Liv.* VII, *art.* 5,
« *prop.* 11), il me suffit de rapporter une
« ordonnance d'un empereur, roi de France.
« *Je veux*, dit-il, aux évêques, *qu'appuyés de
« notre secours, et secondés de notre puis-
« sance, comme le bon ordre le prescrit, vous
« puissiez exécuter ce que votre autorité dé-*

« mande (*Ludov. Pii*, *cap.* II, *tit.* 4, *tom.* II, « *Concil. gallic.*).Partout ailleurs la puissance « royale donne la loi et marche la première « en souveraine : dans les affaires ecclésias- « tiques, elle ne fait que seconder et servir : « *Famulante ut decet, potestate nostra* : ce « sont les propres termes de ce prince. Dans « les affaires non-seulement de la foi, mais « encore de la discipline ecclésiastique, à « l'Eglise la décision ; au prince la protec- « tion, la défense, l'exécution des canons et « des règles ecclésiastiques. C'est l'esprit du « christianisme, que l'Eglise soit gouvernée « par les canons. Au concile de Calcédoine « (*act.* 6), l'empereur Marcien, souhaitant « qu'on établît dans l'Eglise des règles de « discipline, lui-même en personne les pro- « posa au concile pour être établies par l'au- « torité de cette assemblée. Et, dans le même « concile, s'étant émue, sur le droit d'une « métropole, une question où les lois de « l'empereur semblaient ne s'accorder pas « avec les canons, les juges, préposés pour « maintenir le bon ordre d'un concile si « nombreux, firent remarquer cette con- « trariété aux Pères, en leur demandant ce « qu'ils pensaient sur cette affaire. Aussitôt « le concile s'écria : *Que les canons l'empor-* « *tent, qu'on obéisse aux canons* (*act.* 13); « montrant par cette réponse, que si, *par* « *condescendance et pour le bien de la paix*, « elle cède en certaines choses qui regardent « son gouvernement, à l'autorité séculière ; « son esprit, quand elle agit librement (ce « que les princes pieux lui défèrent toujours « très-volontiers), est d'agir par ses propres « règles, et que ses décrets prévalent par- « tout. »

Bien plus, les Pères et les conciles ne se bornent pas à solliciter auprès du prince l'exécution des canons de discipline, ils lui demandent encore de *munir leurs décrets dogmatiques de la force des lois civiles, pour les faire observer*. Oserait-on cependant en inférer que la validité de ces décrets, et l'obligation où sont les fidèles de s'y soumettre, dépendent de la volonté des souverains ?

L'homologation de ces décrets, ainsi que celle des règlements de discipline, ne leur donne donc point la force de lois dans l'ordre spirituel, pour obliger à l'obéissance, mais seulement dans l'ordre civil, pour les faire exécuter par la force du bras séculier.

Nos souverains ont toujours reconnu à l'Eglise le pouvoir de faire des lois comme un attribut essentiel de l'épiscopat. Il a toujours été avoué par les jurisconsultes catholiques. Louis XV enseigne « que, indépendamment du droit qu'a l'Eglise de décider les questions de doctrine sur la foi et la règle des mœurs, elle a encore celui de faire des canons ou règles de discipline, pour la conduite des ministres de l'Eglise et des fidèles, dans l'ordre de la religion. » (Arrêt du 24 mai 1766 ; *Voyez* en le texte à la fin de cet article.)

Non-seulement, M. Dupin pense que les décrets de l'Eglise ne peuvent et ne doivent être exécutés que sous l'autorité des souverains ; mais encore que ceux-ci ont le droit de faire des lois et des règlements ecclésiastiques (*pag.* 14), et pour caractériser sa pensée, il dit que « le pouvoir politique a le droit de veiller *avec empire* sur la discipline ecclésiastique. » (*pag.* 35 de l'introd.) Cette doctrine n'est pas celle d'un catholique *ancien*, c'est, au contraire, une doctrine qui a le schisme pour conséquence directe et immédiate. Car si les princes ont le *droit* d'assembler des conciles, le *droit* de faire des lois et des règlements ecclésiastiques, le *droit* de veiller avec *empire* sur la discipline, ils auront par conséquent le *droit* de changer, de supprimer, de modifier les anciens canons de l'Eglise en matière de discipline et d'en faire de nouveaux ; ils auront le *droit* de supprimer le célibat ecclésiastique, de dispenser des empêchements de mariage, de changer la liturgie, de faire des livres de prières, de proposer de nouveaux rituels pour l'administration des sacrements, de prescrire ou de supprimer des jeûnes et des abstinences, etc., etc.; car toutes ces choses et bien d'autres sont de discipline. La conséquence de ces maximes serait donc l'entier asservissement de l'Eglise aux caprices du pouvoir temporel, nous repoussons, avec S. E. le cardinal de Bonald, ce prétendu droit de toutes nos forces (1).

Les prétentions de M. Dupin ne sont pas nouvelles, et déjà le savant abbé Pey lui répondait d'avance, il y a plus de soixante ans, en réfutant un jurisconsulte des parlements : « Ainsi, ce sera au prince, non à l'Eglise, de « juger ce qui convient au bien de la reli- « gion ; si les usages établis sont des abus « qui blessent l'esprit évangélique, ou de « louables coutumes conformes à la pureté « de l'Evangile. Ce sera à lui d'interpréter « les livres saints, la doctrine de la tradition « et les canons de l'Eglise, puisqu'ils doivent « servir de règle dans de pareils jugements. « Ce sera à lui de prescrire aux évêques la « règle qu'ils doivent suivre sur tous ces ob- « jets. Ce sera enfin à lui de juger de l'utilité « de tous ces règlements ecclésiastiques. Il « pourra, s'il le juge à propos, changer les « lois de l'Eglise, abolir les jeûnes, les céré- « monies du culte divin, le célibat des prê- « tres, les usages qui concernent l'adminis- « tration des sacrements. Les rois d'Angle- « terre n'auront donc fait qu'user de leurs « droits, en changeant la discipline de l'E- « glise romaine sur tous ces points ; et leurs « sujets n'auraient pu leur désobéir, pour se « conformer aux commandements de l'E- « glise, sans violer la loi divine ? Qu'y a-t-il « de plus absurde ? » (*De l'Autorité des deux puissances*, tom. III, *pag.* 421, *édit.* de 1780).

L'immortel Bossuet, dont le célèbre auteur du *Manuel* ne récusera pas l'autorité, reprochait dans le même sens aux évêques d'Angleterre « d'avoir souffert que le prince

---

(1) Ce qui précède était déjà sous presse lorsque nous avons reçu le *Mandement portant condamnation du Manuel du droit public ecclésiastique français*. Nous sommes heureux de trouver dans notre critique l'appui d'une si puissante autorité. Nous avions déjà signalé, dans notre premier volume publié l'année dernière, les dangereuses doctrines du *Manuel*.

« étendît son empire sur le gouvernement
« ecclésiastique, et de n'avoir pas osé témoi-
« gner, à l'exemple de tous les siècles pré-
« cédents, que leurs décrets, *valables par*
« *eux-mêmes* et par l'autorité sainte que Jé-
« sus-Christ avait attachée à leur caractère,
« n'attendaient de la puissance royale qu'une
« entière soumission et une protection ex-
« térieure. » (*Hist. des variat., liv.* X, *n.* 18.)

Si nous relevons ici les dangereuses erreurs de l'illustre député de la Nièvre, c'est qu'elles sont préconisées partout, par certains publicistes, dans les chambres comme dans les journaux. On veut inculquer même au clergé ces pernicieuses doctrines. Notre devoir est donc de combattre tout ce qui peut porter atteinte aux saints canons et à la noble indépendance de l'Eglise (*Voyez* INDÉPENDANCE).

§ 2. *Indépendance de l'Eglise quant au pouvoir de* LÉGISLATION.

Le pouvoir législatif est un droit essentiel **aux deux puissances civile et ecclésiastique, ces deux puissances sont souveraines chacune en son ressort**, elles doivent par conséquent exercer l'une et l'autre le pouvoir de *législation* avec une pleine indépendance sur les matières qui sont de leur compétence. C'est là un pouvoir inséparable de tout gouvernement, inhérent à toute société. Or, l'Eglise comme société a reçu immédiatement de Dieu le droit de gouverner le monde chrétien, et elle n'est comptable qu'à lui seul de l'exercice qu'elle fait de ce pouvoir. Les princes chrétiens, comme le reste des fidèles, doivent obéir aux lois de l'Eglise et respecter les saints canons. Telle est la doctrine constante de l'Eglise. (*Voyez* JURIDICTION.)

Comme les pontifes préposés sur leurs Eglises ne se mêlent point des affaires civiles, disait Grégoire II à l'empereur Léon, de même les empereurs ne doivent point s'immiscer dans l'administration qui leur a été confiée. *Scis, imperator, sanctæ Ecclesiæ dogmata non imperatorum esse, sed pontificum, quæ tuto debent prædicari. Idcirco Ecclesiis præfecti sunt pontifices, reipublicæ negotiis abstinentes, ut imperatores similiter a causis ecclesiasticis abstineant et quæ sibi commissa sunt capessant* (Labb. *Concil.* VII, *col.* 18). Le pape saint Gélase écrivait à l'empereur Anastase : « Ce monde est
« gouverné par deux principales puissan-
« ces, celle des pontifes et celle des rois. »
L'une et l'autre, ajoute Bossuet, en rapportant les paroles de ce pape, l'une et l'autre est principale, souveraine et sans dépendance mutuelle pour les choses de son ressort. « Vous savez, mon très-cher fils, conti-
« nue ce pape, qu'encore que votre dignité
« vous élève au-dessus des autres hommes,
« cependant vous vous humiliez devant les
« évêques qui ont l'administration des cho-
« ses divines, et vous vous adressez à eux,
« pour qu'ils vous conduisent dans la voie
« du salut. Bien loin de leur commander dans
« ce qui concerne la religion, vous savez que
« c'est à vous à leur obéir, à recevoir d'eux
« les sacrements, et à leur laisser le soin de
« les administrer de la manière qui convient.
« Vous savez, dis-je, que dans tout cela, ils
« ont droit de vous juger, et que vous aurez
« tort par conséquent, de vouloir les assujet-
« tir à vos volontés. Car si les ministres de
« la religion obéissent à vos lois dans l'ordre
« politique et temporel, parce qu'ils savent
« que vous avez reçu de lui votre puis-
« sance ;... avec quel zèle, je vous prie, avec
« quelle affection, devez-vous leur obéir dans
« les choses de la religion, puisqu'ils sont
« chargés de distribuer nos redoutables mys-
« tères ? » (*Gel., epist.* 8, *ad Anast. Concil. tom.* IV, *p.* 1184), (*cap. Duo sunt, dist.* 96). Osius tient le même langage. Saint Avit de Vienne, le pape Félix, Facundus d'Hermiane, ne parlent pas autrement que ces Pères. Nous pourrions encore ajouter un grand nombre de témoignages, si nous ne les avions pas rapportés ailleurs (*Voyez* INDÉPENDANCE).

S'il n'est pas permis aux princes de se mêler des matières ecclésiastiques, ils ne peuvent, à plus forte raison, prendre connaissance des règlements que fait l'Eglise sur ces matières, s'il leur est ordonné d'obéir, à plus forte raison ne leur est-il pas permis de commander. Ils ne peuvent donc rien contre la puissance de l'Eglise, parce qu'ils ne peuvent rien contre le droit divin. *Ex sacris litteris*, dit le concile de Sens de l'an 1528, *palam ostenditur non ex principum arbitrio dependere ecclesiasticam potestatem, sed ex jure divino quo Ecclesiæ conceditur leges ad salutem condere fidelium, et in rebelles legitima censura animadvertere.*

Les constitutions impériales ne peuvent rien contre les canons, dit le concile de Calcédoine, parlant de la distribution des provinces ecclésiastiques, déterminées par l'Eglise, et qui avaient été changées par les empereurs : *Contra canones pragmaticæ constitutiones, nihil possint* (*act.* 4). Le pape Nicolas I dit la même chose : *Imperiali auctoritate non possunt ecclesiastica jura dissolvi* (*Voyez* LOIS).

La conduite de nos rois auprès du concile de Trente, suppose cette vérité généralement reconnue. Le zèle de Henri II, pour faire revivre la discipline ecclésiastique, se borne à exposer aux Pères du concile les abus qui s'étaient glissés dans l'Eglise gallicane. Ce prince les *invite* à régler le service divin et la forme des élections pour les dignités ecclésiastiques. Il demande qu'on n'élève à la prêtrise que des personnes âgées et avec un titre de bénéfice ; qu'on garde les interstices dans la collation des ordres ; qu'on rétablisse les fonctions des diacres et des autres ordres inférieurs : qu'il soit défendu aux ministres de l'Eglise de se mêler des affaires étrangères ; que les évêques prêchent ou fassent prêcher les dimanches et les fêtes, et tous les jours de l'avent et du carême, que les abbés et les prieurs expliquent l'Ecriture sainte ; qu'on proscrive la pluralité des bénéfices ; qu'on chante les psaumes en langue vulgaire, qu'on permette l'usage du calice ; qu'on observe la dévolution établie par le concile de

Latran, pour la collation des bénéfices; qu'on abolisse les expectatives et les pensions; qu'on révoque les exemptions; qu'on abrége les procédures en matière bénéficiale, en supprimant la distinction du pétitoire et du possessoire; qu'on ordonne la fréquente tenue des synodes et des conciles, pour régler ce qui regarde le gouvernement ecclésiastique et pour punir les coupables. Ces articles qui se trouvent dans le *Commentaire des libertés de l'Eglise gallicane* (Tom. III pag. 712, édit. 1731) sont précédés d'un préambule, où le prince reconnaît que la puissance spirituelle est *seule* compétente pour faire des règlements sur tous ces objets : *Cognitionem et judicium ad vos omnino (rex) sciat pertinere.* L'empereur Marcien a fait le même aveu au concile de Calcédoine. L'empereur Basile au troisième concile général tenu à Constantinople (*Voyez* CONSTANTINOPLE) reconnaît aussi que les affaires ecclésiastiques ne sont pas de son ressort, et qu'il ne lui appartient pas d'examiner et de juger ce qui est au-dessus de lui.

Louis XV a consacré cette doctrine dans ses arrêts : « Notre premier devoir, dit-il, est « d'empêcher qu'on mette en question les « droits sacrés d'une puissance qui a reçu de « Dieu seul, l'autorité de décider les ques- « tions de doctrine sur la foi, ou sur la règle « des mœurs ; de faire des canons ou des rè- « gles de discipline, pour la conduite des mi- « nistres de l'Eglise et des fidèles. » (Arrêts du conseil, rendus le 10 mars et le 31 juillet 1731 et le 24 mai 1766. Nouveau comment. des lib. gallic. tom. V, pag. 77 et 155.)

Or, si c'est de Dieu seul que l'Eglise a reçu l'autorité de faire des lois de discipline, elle ne doit dépendre à cet égard que de Dieu seul ; si cette autorité dérive de la même source que le droit de décider les questions de foi, l'Eglise doit l'exercer avec la même indépendance (*Voyez* INDÉPENDANCE).

On trouve dans le savant ouvrage de l'abbé Pey, sur l'*Autorité des deux puissances* (tom. III, chap. 5, § 2) plusieurs autres preuves sur cette importante question.

L'arrêt du 24 mai 1766 que nous avons cité dans cet article, s'exprime d'une manière digne d'éloges sur le droit qu'a l'Eglise de faire des lois ou règles de discipline. Quoique cet arrêt n'ait aucune autorité dans l'Eglise, il nous paraît digne de fixer l'attention. Il donne une juste idée de la juridiction ecclésiastique. On se rappelle, en le lisant, dit le cardinal de Bonald, la lettre de saint Augustin au tribun Marcellin sur les peines extérieures infligées par l'Eglise. En voici par conséquent le texte.

ARRÊT *du conseil d'Etat du roi, du* 24 *mai* 1766.

« Le roi s'étant fait représenter l'arrêt rendu en son conseil, le 15 septembre 1765, par lequel, entre autres dispositions, Sa Majesté se serait réservé de faire connaître d'une manière plus expresse ses intentions ultérieures sur des objets importants renfermés dans des actes qui venaient de paraître au nom de l'assemblée générale du clergé de son royaume ; et Sa Majesté étant informée des diversités d'opinions, des interprétations litigieuses, et des réclamations auxquelles la seconde partie desdits actes aurait donné occasion : considérant combien il est essentiel pour le bien de la religion et pour celui de l'Etat, qui ne peuvent être séparés, d'empêcher qu'on n'agite dans son royaume des questions téméraires ou dangereuses, non-seulement sur les expressions qui peuvent être différemment entendues, mais sur le fond des choses mêmes ; elle aurait résolu d'apporter à ce mal naissant le remède le plus prompt et le plus capable d'affermir l'union qui doit régner entre le sacerdoce et l'empire ; et dans cette vue, elle aurait jugé nécessaire, en attendant qu'elle soit en état de prendre à ce sujet les mesures définitives que sa sagesse et sa piété lui suggéreront, d'arrêter dès à présent le cours de pareilles disputes, et de rappeler, comme il appartient à son autorité, les principes invariables qui sont contenus dans les lois du royaume, et notamment dans les édits de 1682 et 1695, et dans l'arrêt de son conseil du 10 mars 1731, principes suivant lesquels il est incontestable que l'Eglise a reçu de Dieu même une véritable autorité qui n'est subordonnée à aucune autre dans l'ordre des choses spirituelles, ayant le salut pour objet : Que d'un autre côté la puissance temporelle, émanée immédiatement de Dieu, ne relève que de lui seul, et ne dépend ni directement ni indirectement d'aucune autre puissance qui soit sur la terre : que le gouvernement des choses humaines, et tout ce qui intéresse l'ordre public et le bien de l'Etat, est entièrement et uniquement de son ressort, et qu'il n'y a aucune puissance qui, sous quelque prétexte que ce soit, puisse, en aucun cas, affranchir les sujets, de quelque rang, qualité et condition qu'ils soient, de la fidélité inviolable qu'ils doivent à leur souverain, qu'il appartient à l'Eglise seule de décider ce qu'il faut croire et ce qu'il faut pratiquer dans l'ordre de la religion, et de déterminer la nature de ses jugements en matière de doctrine, et leurs effets sur l'âme des fidèles, sans que la puissance temporelle puisse, en aucun cas, prononcer sur le dogme, ou sur ce qui est purement spirituel ; mais qu'en même temps la puissance temporelle, avant que d'autoriser la publication des décrets de l'Eglise, de les rendre lois de l'Etat, et d'en ordonner l'exécution, avec défenses, sous les peines temporelles d'y contrevenir, a droit d'examiner la forme de ces décrets, leur conformité avec les maximes du royaume, et tout ce qui, dans leur publication, peut altérer ou intéresser la tranquillité publique, comme aussi d'empêcher, après leur publication, qu'il ne leur soit donné des qualifications qui n'auraient point été autorisées par l'Eglise; qu'indépendamment du droit qu'a l'Eglise de décider les questions de doctrine sur la foi et la règle des mœurs, elle a encore celui de faire des canons ou règles de discipline, pour la conduite des ministres de l'Eglise, et des fidèles, dans l'ordre de la religion ; d'établir des ministres ou de les destituer conformément aux mêmes règles, et de se faire obéir, en imposant aux fidèles, suivant l'ordre canonique, non-seulement des pénitences salutaires, mais de véritables peines spirituelles, par les jugements ou par les censures que les premiers pasteurs ont droit de prononcer et de manifester, et qui sont d'autant plus redoutables, qu'elles produisent leur effet sur l'âme du coupable, dont la résistance n'empêche pas qu'il ne porte, malgré lui, la peine à laquelle il est condamné ; mais qu'à la puissance temporelle seule appartient, privativement à toute autre autorité, d'employer les peines temporelles et la force visible et extérieure sur les biens et sur les corps, même contre ceux qui résisteraient à l'autorité spirituelle, et qui contreviendraient aux règles de l'Eglise, dont la manutention extérieure et la défense contre toute infraction est un droit de la puissance temporelle comme elle en est un devoir : qu'en conséquence, la puissance temporelle protectrice des canons doit à l'Eglise le secours de son autorité pour l'exécution des jugements prononcés contre des fidèles, suivant les règles canoniques ; mais qu'elle ne doit pas moins veiller à la conservation de l'honneur des citoyens, lorsqu'il serait compromis par l'inexécution des formes requises, et punir même ceux qui se seraient écartés de ces formes et des règles sagement établies : que ce droit, qui donne au souverain la qualité d'évêque du dehors, et de vengeur des règles anciennes, droit que l'Eglise a souvent invoqué elle-même pour le maintien de l'ordre et de la discipline, ne s'étend point à imposer silence aux pasteurs sur l'enseignement de la foi et de la morale évangélique ; mais qu'il empêche que chaque ministre ne soit indépendant de la puissance temporelle, en ce qui concerne les fonctions extérieures appartenantes à l'ordre public, et qu'il donne au souverain le moyen d'écarter de son royaume des disputes étrangères à la foi, et qui ne pourraient avoir lieu sans nuire également au bien de la religion et à celui de l'Etat ; qu'il appartient à l'autorité spirituelle d'examiner et d'approuver les instituts religieux dans l'ordre de la religion ; et qu'elle seule peut commuer les vœux, en dispenser, ou en relever dans le for intérieur ; mais que la puissance temporelle a droit de déclarer abusifs, et non valablement émis, les vœux qui n'auraient pas été formés suivant les règles canoniques et civiles ; comme aussi d'admettre ou de ne pas admettre des ordres religieux, suivant qu'ils peuvent être utiles ou dangereux dans l'Etat, même d'exclure ceux qui s'y seraient établis contre lesdites règles, ou qui deviendraient nuisibles à la tranquillité publique : qu'enfin, outre ce qui appartient essentiellement à la puissance spirituelle, elle jouit encore dans le royaume de plusieurs droits et priviléges sur ce qui regarde l'appareil extérieur d'un tribunal public, les formalités de l'ordre ou du style judiciaire, l'exécution forcée des jugements sur les corps ou sur les biens, les obligations ou les effets qui en résultent dans l'ordre de la société, et en général tout ce qui ajoute la terreur des peines temporelles à la crainte des peines spirituelles ; mais que ces droits et priviléges accordés pour le bien de la religion, et pour l'usage même des fidèles, sont des concessions des souverains, dont l'Eglise ne peut faire usage sans leur autorité ; et que, soit pour empêcher les abus qui peuvent se commettre dans l'exercice de cette juridiction extérieure, soit pour réprimer également toute entreprise des deux côtés, sur l'une ou l'autre puissance ; la voie de recours au prince a été sagement établie, utilement observée, et constamment reconnue. Le roi rendra toujours au clergé de son royaume la justice de croire qu'il est convaincu de la vérité de ces maximes inviolables, qui servent de fondement à l'indépendance des deux puissances ; qu'il les soutiendra toutes avec le même zèle, et qu'il ne cessera jamais de resserrer, par son enseignement et par son exemple, les liens de fidélité, d'amour et d'obéissance qui unissent les sujets à leur souverain ; et Sa Majesté, pénétrée également de l'obligation où elle est de rendre elle-même, et de faire rendre aux décisions de l'Eglise universelle, le respect et la soumission qu'elles exigent, et de maintenir en même temps, contre toutes entreprises, l'indépendance absolue de sa couronne, se fera un devoir de réprimer tout excès, et d'empêcher que personne ne transgresse les bornes que Dieu lui-même a établies pour le bien de la religion et la tranquillité des empires : et Sa Majesté étant persuadée que rien n'est plus instant dans les circonstances présentes que de mettre hors de toute atteinte ces principes inviolables sur les limites des deux puissances, et d'affermir entre elles ce concours si essentiel pour leur avantage réciproque, n'a pas cru devoir différer plus longtemps de renouveler les lois faites à ce sujet, de proscrire tout ce qui pourrait s'opposer à leur exécution, et d'imposer, au surplus, par provision, comme elle a déjà fait par son arrêt du conseil du 10 mars 1731, un silence général et absolu sur tout ce qui pourrait exciter dans son royaume, du trouble et de la division sur une matière si importante.

« A quoi voulant pourvoir : ouï le rapport, le tout considéré ; le roi étant en son conseil, a ordonné et ordonne que les ordonnances, édits, déclarations et lettres patentes concernant la nature, l'étendue et les bornes de l'autorité spirituelle, et la puissance séculière, notamment les édits des mois de mars 1682, et avril 1695, seront exécutés selon leur forme et teneur, dans tout son royaume, terres et pays de son obéissance ; veut en conséquence, Sa Majesté, que les quatre propositions arrêtées en l'assemblée des évêques de son royaume, convoqués ordinairement à cet effet, en ladite année 1682, et les maximes qui ont été reconnues et consacrées, soient inviolablement observées en tous ses États, et soutenues dans toutes les universités, et par tous les ordres, séminaires et corps enseignants, ainsi qu'il est prescrit par ledit édit de 1682 : fait défense à tous ses sujets, de quelque état et condition qu'ils soient, de rien entreprendre, soutenir, écrire, composer, imprimer, vendre ou distribuer directement, ou indirectement, qui soit contraire auxdites maximes et aux principes ci-dessus rappelés : ordonne en outre, Sa Majesté, que l'arrêt de son conseil, du 10 mars 1731, sera exécuté ; ce faisant, fait très-expresses inhibitions et défenses à toutes personnes, de rien écrire, publier et soutenir qui puisse tendre à renouveler des disputes, élever des contestations, ou faire naître des opinions différentes sur ladite matière ; Sa Majesté imposant de nouveau, et par provision, un silence général et absolu sur cet objet : exhorte Sa Majesté, et néanmoins enjoint à tous archevêques et évêques de son royaume, de veiller, chacun dans son diocèse, à ce que la tranquillité qu'elle veut y maintenir, par la cessation de toutes disputes, y soit charitablement et inviolablement conservée : se réserve à elle seule de prendre, sur l'avis de ceux qu'elle jugera à propos de choisir incessamment, dans son conseil et même dans l'ordre épiscopal, les mesures qu'elle estimera les plus convenables pour conserver toujours de plus en plus les droits inviolables des deux puissances, maintenir entre elles l'union qui doit y régner pour le bien commun de l'Église et de l'État, et généralement pour mettre fin à toutes les disputes et contestations relatives aux matières renfermées dans lesdits actes de l'assemblée du clergé.

« Et sera, le présent arrêt, publié et affiché partout où besoin sera : enjoint Sa Majesté, à tous juges, chacun en droit soi, notamment au sieur lieutenant général de police de la ville de Paris, comme aussi aux lieutenants généraux et juges de police des autres villes, de tenir la main à l'exécution du contenu au présent arrêt.

« Fait au conseil d'État du roi, Sa Majesté y étant, tenu à Versailles, le vingt-quatrième mai, mil sept cent soixante-six.

« *Signé* PHELIPPEAUX. »

LÉGITIMATION.

L'on voit sous le mot IRRÉGULARITÉ, que le défaut de naissance produit l'irrégularité, et sous le mot BATARD, nous disons que ce défaut finit par trois moyens, par la profession religieuse, par la dispense et par la *légitimation*. C'est de ce dernier moyen dont il s'agit ici.

On entend par *légitimation* l'acte par lequel un enfant bâtard acquiert l'état et les droits d'enfant légitime, et devient capable de succéder ou de jouir de certains droits dont la naissance illégitime le privait.

Cette *légitimation* se fait par deux voies, l'une de droit, l'autre de grâce, savoir : par le mariage subséquent et par lettre du prince. Justinien parle d'une troisième voie de légitimer les enfants qui n'a peut-être jamais eu lieu dans l'Occident ; c'était la *légitimation per oblationem curiæ*, introduite par Théodose le Jeune, c'est-à-dire que, lorsqu'un bâtard se faisait admettre dans l'ordre des décurions de la ville où il avait pris naissance, ou que son père l'y faisait admettre, il devenait légitime.

1° Le chapitre 6, au titre des décrétales, *Qui filii sunt legitimi*, dit : *Tanta est vis matrimonii, ut qui ante sunt geniti, post contractum matrimonium legitimi habeantur. Si autem vir, vivente uxore sua, aliam cognoverit et ex ea prolem susceperit, licet post mortem uxoris eamdem duxerit, nihilominus spurius erit filius et ab hæreditate repellendus.*

Il s'est formé des termes de cette décrétale ces deux grandes maximes : 1° que le mariage subséquent légitime de droit les enfants nés auparavant, de manière à les rendre entièrement semblables à ceux qui sont nés *constante matrimonio* ; 2° que le mariage subséquent ne produit pas ces effets, si les enfants sont nés ou s'ils ont été conçus avant le mariage, dans un temps où le père et la mère, ou l'un des deux n'était pas libre, soit qu'ils fussent mariés ou qu'il y eût entre eux quelque autre empêchement qui ne leur permît pas de s'unir alors par le mariage.

C'est encore une maxime importante, fondée sur le chapitre *Cum inter* et le chapitre *Ex tenore* du titre cité, que l'ignorance de l'empêchement et la bonne foi d'un seul des conjoints mariés rend les enfants légitimes, quoique le mariage vienne à être dissous par l'ordonnance du juge.

Le chapitre *Quod nobis eod.* décide que les enfants nés d'un mariage clandestin sont aussi légitimes, quand il est devenu public et que l'Église l'a approuvé ; mais cette décision n'a rien de nouveau ni de particulier après celle du chapitre *Tanta*. Celle du chapitre *Gaudemus eod.* est plus intéressante, en ce qu'elle porte que, lorsque les infidèles ont été mariés dans un degré prohibé par l'Église, on ne déclare pas leur mariage nul (*Voyez* EMPÊCHEMENT), et par conséquent les enfants qui en sont nés avant ou depuis le baptême sont légitimes.

Le chapitre *Transmissæ eod.* veut que, si un homme et une femme nient qu'un enfant soit né de leur mariage, on s'en rapporte à eux ; et Alexandre III ordonne, aux chapitres *Lator; Causam eod.* que, quand, à l'occasion d'une succession, il naîtrait une question pour savoir si les enfants sont légitimes, on renvoie la question de la qualité de l'enfant devant le juge de l'Église.

2° Le pape Innocent III refusa de légitimer un enfant d'un seigneur de France, mais il insinua qu'il pourrait en certains cas rendre les enfants bâtards habiles à succéder par un pouvoir indirect qu'il prétendait que le pape pouvait quelquefois avoir sur le temporel (*cap. Qui venerabilem; c. Qui filii*, etc.). Par rapport au spirituel, personne ne doute que le pape ne puisse légitimer les bâtards ; et à cet égard Gibert observe que la *légitimation* du pape, dans le spirituel, diffère de la dispense du défaut de naissance, en ce que celle-ci est une *légitimation* partielle, et l'autre une dispense totale ; que la dispense peut être donnée en quelques cas par l'évêque, tandis que l'autre ne peut jamais être faite que par le pape.

Il est dit que le mariage subséquent efface entièrement la tache de l'illégitimité originaire de la naissance. Le pape Sixte V déclara cependant par une bulle qu'une telle *légitimation* ne suffirait pas pour le cardinalat.

Dans notre ancien droit français, les bâtards pouvaient être légitimés par lettres du prince. Notre législation actuelle n'admet que la *légitimation* par mariage subséquent. Voici quels sont à cet égard les dispositions du Code civil :

« Art. 331. Les enfants nés hors mariage, autres que ceux nés d'un commerce incestueux ou adultérin, pourront être légitimés par le mariage subséquent de leurs père et mère, lorsque ceux-ci les auront légalement reconnus avant leur mariage, ou qu'ils les reconnaîtront dans l'acte même de célébration.

« Art. 332. La *légitimation* peut avoir lieu même en faveur des enfants décédés qui ont laissé des descendants, et, dans ce cas, elle profite à ces descendants.

« Art. 333. Les enfants légitimés par le mariage subséquent auront les mêmes droits que s'ils étaient nés de ce mariage. »

Si l'ordre public, les devoirs du père et de la mère, la faveur due à l'enfant, semblent demander la *légitimation* d'un enfant naturel, l'intérêt des mœurs, la défaveur que méritent l'adultère et l'inceste s'opposent à ce que la même *légitimation* ait lieu en faveur des enfants qui ne sont pas nés de parents libres.

La *légitimation* n'ayant point d'effet rétroactif, elle ne remonte point jusqu'à la naissance de l'enfant ; elle n'opère son effet que du moment où existe le mariage qui l'a produite. Ainsi, l'enfant légitimé ne succède pas à ceux de ses parents qui sont morts dans l'intervalle qui s'est écoulé depuis sa conception jusqu'à l'époque où son père et sa mère ont contracté mariage (*Arrêt de la Cour de cassation, du 11 mars 1811*).

Les enfants nés d'un oncle et d'une nièce seraient-ils légitimés par un mariage subséquent contracté en vertu d'une dispense? Comme, dans l'ancienne jurisprudence, ils étaient légitimés lorsqu'ils étaient nés de parents ou alliés au degré où l'on obtenait des dispenses, il semble, dit fort bien M. Corbière, qu'on pourrait suivre cette disposition raisonnable. Mais on objecte que les termes de la loi sont généraux, que l'article ne pouvant jamais être appliqué hors le cas du mariage de l'oncle avec la nièce ou de la tante avec le neveu, puisque les ascendants et les descendants, les frères et les sœurs sont relativement frappés d'une incapacité perpétuelle, il faut bien trouver un objet à la loi (*Droit privé, tom. II, pag. 161*).

Les enfants d'un beau-frère et d'une belle-sœur peuvent-ils être légitimés par le mariage subséquent de leurs père et mère? Sous le rapport canonique ils peuvent l'être, mais sous le rapport civil, la cour d'Orléans du 25 avril 1833 a résolu la question négativement, sur ce motif que, s'il est aujourd'hui permis au roi de lever la prohibition du mariage, la dispense qui est accordée à cet égard a bien pour objet de faire cesser l'empêchement, mais non d'effacer la tache que la naissance incestueuse a imprimée aux enfants nés antérieurement du commerce des beaux-frères et belles-sœurs.

LÉGITIME.

(*Voyez* succession.)

LEGS.

Le *legs* est une donation par laquelle le testateur lègue les biens qu'il laisse à son décès : *Legatum est donatio quædam a defuncto relicta, ab hærede præstanda*. Nous n'avons à parler ici que des *legs* qu'on appelle pieux, parce qu'ils sont faits en faveur des églises ou des ecclésiastiques, *animo pietatis*.

De ce qu'il est permis par le droit canon aux églises d'acquérir des biens, il s'ensuit qu'elles peuvent être instituées héritières ou légataires, de même qu'elles peuvent recevoir des donations. L'on trouve bien à cet égard quelques anciennes lois des empereurs et des rois, contraires à cette règle. Mais il est certain qu'aucun canon ne défend expressément ces institutions et donations en faveur de l'Eglise.

Barbosa, en son excellent traité du droit ecclésiastique, livre III, chapitre 27, parle des *legs* pieux d'une manière très-détaillée. Il examine, 1° quels sont les véritables *legs* pieux ; 2° à qui l'exécution en appartient ; 3° en quel cas on en doit ou on en peut changer la destination ; 4° quels sont les privilèges attachés à cette sorte de *legs*.

1° Le *legs* n'est censé pieux, suivant l'auteur cité et les autres qu'il rappelle, que quand il est fait dans un esprit de piété, et en faveur de personnes dignes de l'exciter : *Ut interveniat pietas personæ, ut fiat causa pietatis*. Un *legs* fait à un riche dans un esprit de piété n'est pas un *legs* pieux, non plus qu'un *legs* fait à un pauvre sans aucune pensée de charité. Dans le doute, on présume que le *legs* est pieux, quand il serait même fait à un parent pauvre.

Le *legs* est certainement réputé pieux quand il est fait pour le bien de l'âme : *Pro anima, et in exoneratione conscientiæ*. Et tout *legs* fait à l'Eglise ou aux pauvres est censé fait à cette fin, suivant les mêmes auteurs : *Quamvis testator non dicat se id facere amore Dei, vel misericordia pauperi*.

Il en faut dire autant des *legs* faits pour la rédemption des captifs ou des prisonniers, pour faire religieuses de pauvres filles, *pro monachanda paupercula*, ou pour les marier ; pour l'éducation des pupilles ou des orphelins ; pour la pension alimentaire d'un pauvre ; pour faire étudier en général, *causa studii*, sans parler de pauvres écoliers, *largo modo sumptum;* pour la construction et réparation des églises.

Dans un sens plus étendu, on regarde comme *legs* pieux, dit Barbosa, ce qui est légué pour le bien public, comme pour la réparation des ponts et la sûreté des chemins : *Si adest vero necessitas* (*Arg. cap. Non minus... adversus de immunit. eccles*).

2° Par rapport à l'exécution des *legs* pieux, les mêmes canonistes, et particulièrement Covarruvias, *in cap. Si hæredes, de testam.*, n. 1, conviennent qu'elle appartient concurremment et par prévention aux deux juges ecclésiastique et laïque (*Voyez* TESTAMENT).

Si le testateur a fixé un temps pour le payement ou la délivrance du *legs*, les exécuteurs ne peuvent contraindre plus tôt l'héritier à cette délivrance. S'il n'y a point de temps prescrit, alors on donne six mois à l'héritier, après lesquels on use de contrainte; *Intra sex menses opus pium expediri valet* (*Auth. de ecclesiis*, etc.). Mais l'un et l'autre de ces délais ne court que du jour que l'héritier a appréhendé la succession; *a tempore aditæ hæreditatis;* ce qu'on peut l'interpeller de faire dans le temps de droit, et en conséquence, s'il répudie, ou si, après avoir accepté et dûment averti, il néglige d'acquitter le *legs*, l'exécution en est dévolue à l'évêque (*C. Non quidem de testam.*).

Rien n'empêche au surplus que le testateur ne nomme d'autres exécuteurs de ses volontés que l'évêque; mais il ne saurait par aucune défense l'exclure entièrement, ni même décharger les exécuteurs qu'il lui plaît de choisir, de la reddition de compte, pour raison de ces *legs* pieux. (*Clem. unic. in fin. de testam.; cap. Tua nobis* 17, *extr. eod. tit.*)

3° Il peut arriver que le *legs* ne puisse recevoir la destination exprimée par le testateur, comme s'il est fait pour bâtir une église, et que l'évêque ne veuille point en permettre la construction; ou si les fonds ne sont pas suffisants pour cette construction; si les messes fondées doivent être célébrées dans une église interdite ou ruinée. Dans tous ces cas et autres semblables, l'empêchement est de droit et de fait, mais le *legs* est toujours valable, quoiqu'on en change l'application, parce que c'est une maxime qu'on doit interpréter les intentions du défunt suivant le droit commun, et de manière que le *legs* sorte plus tôt son effet, afin qu'il ne soit pas rendu inutile : *Voluntas testatoris est secundum jus commune interpretanda, ut res magis valeat quam pereat* (*C. Abbate, de verb. signif.; cap. Nos quidem, de testam, et non obstante mutatione loci, legatum, neque fieri caducum, neque haberi pro non scripto, idque favore piæ causæ.* Barbosa).

Mais le concile de Trente qui attribue encore aux évêques le pouvoir de changer les dispositions testamentaires en qualité de délégués du siége apostolique, leur recommande de ne le faire que pour quelque cause juste et raisonnable, et avec précaution. Barbosa dit que les évêques doivent observer **trois choses** dans ces changements ;

1° que l'on soit véritablement au cas du changement, qu'il y ait une cause juste, sans quoi il faudrait recourir au pape : *Cum intersit testatorum voluntates conservari.* (*Clem. Quia contingit, de relig. domib.*); **2°** que la nouvelle destination ne soit pas éloignée de celle qu'avait déclaré le testateur ; autant que faire se peut, et surtout qu'on ne l'applique jamais à des choses profanes ; 3° qu'on fasse intervenir les héritiers ou les légataires du fondateur (*Dict. Clem. Quia contingit*).

On demande si le testateur ayant légué une distribution annuelle pour les pauvres, ou pour marier des filles, on peut anticiper cette distribution et la faire tout à la fois. Barbosa, et tous ceux qu'il cite, tiennent pour l'affirmative ; mais ils nient, contre plusieurs autres, que le *legs* étant fait pour les pauvres, l'exécuteur s'estimant pauvre, ou l'étant même réellement puisse s'en approprier une portion comme celle des autres pauvres.

Quant à la réduction des messes et anniversaires, *voyez* FONDATIONS, § 2.

4° Pour ce qui est des priviléges attachés par le droit ou par les auteurs aux *legs* pieux, voici en quoi ils consistent. Le *legs* pieux subsiste dans un testament déclaré nul pour défaut de forme et non de volonté dans le testateur. (*Cap. Indicante, de testam.; c. Cum dilectus, de success. ab intest.*) Mais le *legs* pieux serait valable, si le défaut de volonté ne venait que de captation, et que le testament ne fût déclaré nul que pour cette raison (Barbosa, n. 73).

Quoique le testament du fils de famille soit nul, parce qu'il ne peut tester, les *legs* pieux qu'il aura faits subsisteront (Barbosa, n. 74).

Les personnes incapables de recevoir par testament peuvent quelquefois recevoir des *legs* pieux, par exemple, un religieux peut recevoir un *legs* modique à titre de pension alimentaire, ou pour les ornements de son église.

De droit commun, quand un *legs* est fait à une personne sous condition, le *legs* s'évanouit, si cette personne vient à mourir avant l'événement de la condition ; il n'en est pas de même du *legs* pieux ; une autre personne du même état, ou un autre usage serait substitué, et le *legs* aurait toujours lieu (Barbosa, n. 81).

Régulièrement, on ne peut demander le *legs* à l'héritier avant qu'il ait accepté l'hérédité. Le *legs* pieux peut lui être demandé avant cette acceptation, s'il néglige de la faire, ou s'il répudie. Le *legs* pieux est toutefois sujet à la distinction que font les jurisconsultes, de l'expression taxative ou démonstrative touchant la caducité du *legs*, quand on ne trouve pas la chose léguée (*Id.*, n. 82 et 83).

Le *legs* fait à l'église, sans savoir laquelle, est dû à l'église paroissiale ou aux pauvres. (*Auth. de eccles. tit.* § *Si quis in nomine.*)

Voyez sous le mot ACCEPTATION la loi du 2 janvier 1817 relative aux *legs* faits aux établissements religieux et les ordonnances y relatives. *Voyez* aussi le mot DONATION.

Il est bien à remarquer que dans ce qui concerne les *legs* pieux, les canons exigent que l'on se conforme à l'intention du défunt, lors même que le testament ne serait pas selon les formes prescrites par les lois civiles Sans parler des décrets d'Alexandre III et de Grégoire IX, cités par tous les canonistes, nous ferons remarquer que le second concile de Lyon, de l'an 567, et le cinquième concile de Paris, de l'an 614, défendent, sous peine d'excommunication, de faire casser les donations ou testaments faits par des clercs ou des religieux en faveur des églises ou de qui que ce soit. Ils ordonnent expressément qu'on exécute la volonté du défunt, quoique, soit par nécessité, soit par ignorance, il ait omis dans son testament quelqu'une des formalités requises par la loi. *Quia multæ tergiversationes infidelium Ecclesiam Dei quærunt collatis privare denariis, secundum constitutionem præcedentium pontificum, id convenit inviolabiliter observari, ut testamento quæ episcopi, presbyteri, seu inferioris ordinis clerici, vel donationes aut quæcumque instrumenta propria voluntate confecerint, quibus aliquid ecclesiæ, aut quibuscumque personis conferre videantur, omni stabilitate subsistant. Specialiter statuentes, ut etiam si quorumcumque religiosorum voluntas, aut necessitate, aut simplicitate faciente, aliquid a legum sæcularium ordine visa fuerit discrepare, voluntas tamen defunctorum debeat inconvulsa manere, et in omnibus, Deo auspice, custodiri. De quibus rebus si quis animæ suæ contemptor aliquid alienare præsumpserit usque ad emendationis suæ, vel restitutionis rei oblatæ tempus a consortio ecclesiastico, vel a christianorum convivio habeatur alienus.* (Labbe, *Concil.*, tom. V, col. 848, 1551 et 1652.)

Nous transcrivons ici les dispositions du Code civil relatives aux *legs* particuliers.

« Art. 1014. Tout *legs* pur et simple donnera au légataire, du jour du décès du testateur, un droit à la chose léguée, droit transmissible à ses héritiers ou ayant cause.

« Néanmoins le légataire particulier ne pourra se mettre en possession de la chose léguée, ou en prétendre les fruits ou intérêts, qu'à compter du jour de sa demande en délivrance, formée suivant l'ordre établi par l'article 1011, ou du jour auquel cette délivrance lui aurait été volontairement consentie.

« Art. 1015. Les intérêts ou fruits de la chose léguée courront au profit du légataire, dès le jour du décès, et sans qu'il ait formé sa demande en justice,

« 1° Lorsque le testateur aura expressément déclaré sa volonté, à cet égard, dans le testament;

« 2° Lorsqu'une rente viagère ou une pension aura été léguée à titre d'aliments.

« Art. 1016. Les frais de la demande en délivrance seront à la charge de la succession, sans néanmoins qu'il puisse en résulter de réduction de la réserve légale.

« Les droits d'enregistrement seront dûs par le légataire (*Voyez* ENREGISTREMENT).

« Le tout s'il n'en a été autrement ordonné par le testament.

« Chaque *legs* pourra être enregistré séparément, sans que cet enregistrement puisse profiter à aucun autre qu'au légataire ou à ses ayant cause.

« Art. 1017. Les héritiers du testateur, ou autres débiteurs d'un *legs*, seront personnellement tenus de l'acquitter, chacun au prorata de la part et portion dont ils profiteront dans la succession.

« Ils en seront tenus hypothécairement pour le tout jusqu'à concurrence de la valeur des immeubles de la succession dont ils seront détenteurs.

« Art. 1018. La chose léguée sera délivrée avec les accessoires nécessaires et dans l'état où elle se trouvera au jour du décès du donateur.

« Art. 1019. Lorsque celui qui a légué la propriété d'un immeuble, l'a ensuite augmentée par des acquisitions, ces acquisitions, fussent-elles contiguës, ne seront pas censées, sans une nouvelle disposition, faire partie du *legs*.

« Il en sera autrement des embellissements ou des constructions nouvelles faites sur le fonds légué, ou d'un enclos dont le testateur aurait augmenté l'enceinte.

« Art. 1020. Si avant le testament ou depuis, la chose léguée a été hypothéquée pour une dette de la succession, ou même pour la dette d'un tiers, ou si elle est grevée d'un usufruit, celui qui doit acquitter le *legs* n'est point tenu de la dégager, à moins qu'il n'ait été chargé de le faire par une disposition expresse du testateur.

« Art. 1021. Lorsque le testateur aura légué la chose d'autrui, le *legs* sera nul, soit que le testateur ait connu ou non qu'elle ne lui appartenait pas.

« Art. 1022. Lorsque le *legs* sera d'une chose indéterminée, l'héritier ne sera pas obligé de la donner de la meilleure qualité, et il ne pourra l'offrir de la plus mauvaise.

« Art. 1023. Le *legs* fait au créancier ne sera pas censé en compensation de la créance, ni le *legs* fait au domestique en compensation de ses gages.

« Art. 1024. Le légataire à titre particulier ne sera point tenu des dettes de la succession, sauf la réduction du *legs*, ainsi qu'il est dit ci-dessus, et sauf l'action hypothécaire des créanciers. »

Pour le *legs* universel et le *legs* à titre universel, voyez l'article 1003 du Code civil et les suivants jusqu'à l'article 1014.

L'article 59 du décret du 30 décembre 1809 porte :

« Tout acte contenant des dons ou *legs* à une fabrique sera remis au trésorier, qui en fera son rapport à la prochaine séance du bureau. Cet acte sera ensuite adressé par le trésorier, avec les observations du bureau, à l'archevêque ou évêque diocésain, pour que celui-ci donne sa délibération s'il convient ou non d'accepter.

« Le tout sera envoyé au ministre des

cultes, sur le rapport duquel la fabrique sera, s'il y a lieu, autorisée à accepter ; l'acte d'acceptation, dans lequel il sera fait mention de l'autorisation, sera signé par le trésorier, au nom de la fabrique. »

LÈPRE, LÉPROSERIE.

La *lèpre* est une sorte de maladie dont on ne voit plus heureusement que très-peu d'exemples : elle produit dans ceux qui en sont affligés, un moyen de dissolution pour les fiançailles, et une irrégularité pour les ordres *ex defectu corporis*. Nous l'avons remarqué sous les mots FIANÇAILLES, IRRÉGULARITÉ. Nous ajouterons ici que si la *lèpre* ou une maladie équivalente peut faire rompre des fiançailles, elle n'est pas un moyen de dissolution pour le mariage, et les lépreux peuvent se marier (*Extr. tit. de conjug. lepros.*). On trouve cependant un règlement contraire dans le concile de Compiègne, tenu l'an 757. Voici ce que décidait en 1180 le pape Alexandre III, dans le chapitre *Quoniam 2, eod. tit. de conjug. lepros. Quoniam neminem licet* (*excepta causa fornicationis*) *uxorem dimittere : constat, quod sive mulier lepra percussa fuerit, seu alia gravi infirmitate detenta, non est a viro propterea separanda, vel etiam dimittenda. Leprosi autem si continere nolunt, et aliquam, quæ sibi nubere velit, invenerint, liberum est eis ad matrimonium convolare. Quod si virum sive uxorem leprosum fieri contigerit, et infirmus a sano carnale debitum exigat, generali præcepto Apostoli, quod exigitur, est solvendum : cui præcepto nulla in hoc casu exceptio invenitur.*

Par *léproserie*, on doit entendre un hôpital de lépreux. Fleury (*Hist. ecclés. liv.* LXXIII, *n.* 3) remarque que la première constitution de l'Eglise touchant les *léproseries*, est le décret du troisième concile général de Latran, qui blâme la dureté de quelques ecclésiastiques qui ne permettaient aux lépreux d'avoir des églises particulières, quoiqu'ils ne fussent pas reçus aux églises publiques, ordonna que partout où les lépreux seraient en assez grand nombre, vivant en commun pour avoir une église, un cimetière et un prêtre particulier, on ne fit pas difficulté de le leur permettre.

Boschelli, en sa collection des décrets de l'Eglise gallicane, (*liv.* III, *chap.* 16), a rapporté les canons des derniers conciles suivant lesquels on devait se conduire à l'égard des lépreux.

Quand quelqu'un était seulement soupçonné de cette horrible maladie, le curé et les marguilliers de la paroisse le menaient devant l'official pour y être soigneusement examiné par les médecins et chirurgiens. S'il était trouvé et reconnu atteint de la ladrerie, on en faisait une dénonciation dans l'église le dimanche suivant, le tout aux frais provisoires de l'église, laquelle avait ensuite le droit de les répéter sur les biens du lépreux, s'il n'était absolument pauvre. Voici à ce sujet les propres termes du concile de Paris, de l'an 1557, sous Eustache du Bellai. *Si quis de lepra probabili conjectura suspectus fuerit, coram officiali nostro citetur et a curato cum matriculariis adducatur ; coram quo a peritis medicis et chirurgis diligenter visitetur et examinetur. A quibus si talis judicetur, ab officiali nostro leprosus denuncietur, et a sanorum consortio segregetur : idque per vicarium aut alium sacerdotem die dominica sequente, populo congregato, significetur in ecclesia.*

Hæc autem ecclesiæ expensis fieri quidem mandamus ; quos a leproso postea, si habeat unde reddere posset, repetere possit ecclesia.

Quoniam modum et formam separandorum, a consortio leprosorum manuale ad usum Parisiensem satis abunde tractat de his modo supersedamus, tanquam supervacaneis (*cap.* 5).

LÈSE-MAJESTÉ.

Le crime de *lèse-majesté*, c'est-à-dire, de la majesté lésée regarde la *majesté* divine ou la *majesté* humaine. Le crime de *lèse-majesté* divine se commet directement contre Dieu, par l'apostasie, l'hérésie, le sortilège, le blasphème, etc. (*Voyez* ces mots).

Le crime de *lèse-majesté* humaine est une offense qui se commet contre les rois et les princes souverains.

Le crime de *lèse-majesté* humaine en tous ses chefs était autrefois déclaré cas royal par l'article 11 du titre 1er de l'ordonnance de 1660. A l'égard des évêques qui étaient accusés du crime de *lèse-majesté* humaine, *voyez* CAUSES MAJEURES.

LETTRES.

Lettres est un mot générique employé en bien des choses. On entend en droit par *lettres*, un acte par écrit ; ce qui fait le sujet de cet acte donne ensuite le caractère et le nom aux *lettres* ; quelquefois le lieu seul où les *lettres* sont expédiées produit cet effet. Il est parlé dans cet ouvrage des *lettres* apostoliques sous le mot RESCRIT, des *lettres* testimoniales ou commendatices sous les mots ATTESTATION, EXEAT, des *lettres* d'attache sous le mot ATTACHE, des *lettres* de tonsure et autres ordres sous les mots ORDRES, TITRE, des *lettres* de vicariat sous les mots VICARIAT, VICAIRE, etc.

Les *lettres* d'ordination ont le caractère d'écriture publique. *Voyez* sous le mot FAUX un arrêt de la cour de cassation qui le reconnaît.

§ 1. LETTRES *de la pénitencerie*.

Ce sont des *lettres* qu'on obtient de la pénitencerie de Rome dans les cas où l'on doit s'adresser à ce tribunal pour des dispenses sur les empêchements de mariage, des absolutions des censures, etc. (*Voyez* PÉNITENCERIE.)

§ 2. LETTRES *formées*.

On appelait ainsi autrefois une espèce d'attestation qui était donnée aux fidèles qui voyageaient, afin que les autres fidèles leur prêtassent les secours dont ils pouvaient avoir besoin. Le nom de *formées* vient de ce qu'elles étaient d'une certaine forme préscrite, ou qu'elles contenaient quelque sceau ou autre marque (*Voyez* EXEAT). L'usage des *lettres* formées était fort commun dans les premiers siècles de l'Eglise ; il en est souvent parlé dans les anciens conciles. On les appelait aussi des *lettres canoniques, de recommandation, de paix, de communion*. La vie du pape Sixte I tirée du pontifical du pape Damase, dit que ce fut ce saint pontife qui établit l'usage de ces lettres.

On appelait aussi *loi formée*, celle qui était scellée du sceau de l'empereur.

On peut voir dans le père Sirmond, jésuite, plusieurs formules de *lettres formées*.

§ 3. LETTRES *encycliques*.

Le mot *encyclique* signifie circulaire ; ainsi les *lettres encycliques* sont des *lettres* que le pape envoie à tous les patriarches, primats, archevêques ou évêques de la catholicité, ou seulement aux évêques d'une Eglise particulière (*Voyez* RESCRIT, BULLE, BREF, CONSTITUTION).

§ 4. LETTRES *dominicales*.

(*Voyez* CALENDRIER).

LIBELLATIQUES.

On appelait ainsi les chrétiens qui avaient la lâcheté d'acheter leur délivrance des persécuteurs qui leur donnaient à cet effet des billets d'où leur vient le nom de *libellatiques*, du mot latin *libelli*. Ils étaient traités comme apostats, et devaient subir une rude pénitence.

LIBELLE.

Le mot *libelle* est employé dans un sens odieux et dans la signification d'un écrit injurieux et diffamatoire. Rien n'est plus singulièrement défendu par le droit canon que les *libelles* diffamatoires contre l'honneur des personnes. (*Cap. Si quis famosum* 5, qu. 1.) Le concile d'Elvire, tenu vers l'an 300, prononça la peine d'excommunication contre ceux qui auraient la témérité de publier des *libelles* diffamatoires. Les lois romaines punissaient de mort les auteurs de *libelles* diffamatoires, (*Leg. Signis. cod. de famos. libel. lib.* III., *tit.* 36). Dans la suite on se contenta de les punir du fouet.

On appelle *libelle*, dans les décrétales, un écrit qui doit contenir les conclusions de la demande pour les jugements, et les principaux moyens sur lesquels elle est appuyée. Le demandeur devait présenter au juge une copie de cet écrit, et une autre copie au défendeur. Dans les actions réelles, il fallait désigner le fond contentieux, de manière qu'il n'y eût ni obscurité ni équivoque ; et quand on demandait une somme d'argent, il fallait marquer la raison pour laquelle cette somme était due. Quand le *libelle* n'avait point été fait suivant ces règles, le défendeur pouvait refuser de procéder jusqu'à ce qu'on y eût satisfait (*Cap. Ignarus, significantibus... Dilecti, extra*).

On appelle aussi *libelle* le billet que les martyrs donnaient autrefois aux chrétiens tombés dans la persécution, par lequel ils priaient les évêques de leur remettre une partie de la pénitence due à leur crime.

Les billets que les lâches chrétiens obtenaient par faveur ou par argent des magistrats païens pour se mettre à couvert de la persécution, s'appelaient *libelles* (*Voyez* LIBELLATIQUES).

LIBERTÉ.

La *liberté* est la faculté de faire tout ce qui est conforme avec ce qu'on doit à Dieu, à la justice, à l'ordre public et à soi-même ; car faire quelque chose d'injuste, c'est licence, et la licence est destructive de la *liberté*.

§ 1. LIBERTÉ *de l'Eglise*.

La *liberté* est le droit originel de l'Eglise ; son divin fondateur la lui a conquise en la formant : *Non sumus ancillæ filii sed liberæ, qua libertate Christus nos liberavit* (*Gal.* IV, v. 31), et il a dit à tous ses enfants : Désormais la *liberté* est votre vocation : *Vos enim in libertatem vocati estis, fratres* (*Ibid.* V, 13). Porter atteinte à la *liberté* de l'Eglise, c'est aller directement contre les desseins de Dieu qui, lon saint Anselme, n'aime rien tant que la *liberté* de son Eglise : *Nihil magis diligit Deus in hoc mundo quam libertatem Ecclesiæ suæ* (*Epist.* IV, 9). Aussi Pie VII stipula-t-il, dans le concordat de 1801, que *la religion catholique, apostolique et romaine, serait librement exercée en France* (Art. 1). Les articles dits organiques du concordat qui mettent des entraves au libre exercice du culte sont donc une violation de cette convention solennelle. C'est ce qui explique les réclamations dont ils ont été l'objet (*Voyez* ces réclamations dans le tome I, col. 217). En vertu de l'article 1 du concordat et de l'article 5 de la charte, l'Eglise en France a donc le droit de pourvoir à tous ses besoins et d'accomplir toutes les œuvres de sanctification et de charité qu'elle opéra toujours partout où elle fut libre (*Voyez* INDÉPENDANCE, LÉGISLATION, JURIDICTION).

C'est une question parmi les canonistes en matières ecclésiastiques si *liberté* diffère d'immunité : *Largo modo*, dit Farinacius (*De immunit. Eccles.*, *cap.* 1), *ecclesiastica immunitas, et ecclesiastica libertas confunduntur : stricte vero per ecclesiasticam immunitatem intelligitur exemptio loci sacri, et per libertatem, exemptio personæ ecclesiasticæ.* La *liberté* est un droit, l'immunité est plutôt une exemption, une faveur, un privilége (*Voyez* IMMUNITÉ). Cependant le concile de Trente et plusieurs bulles des souverains pontifes en parlant des *libertés* ecclésiastiques en général, se servent de ces expressions : *Libertates, jura et immunitates Ecclesiæ*.

Dieu a établi dans le monde, comme nous le disons ailleurs (*Voyez* JURIDICTION), deux sociétés libres et indépendantes l'une de l'autre (*Can. Duo sunt* 10, *dist.* 96). Il a conféré au pouvoir politique un droit effectif et réel sur les personnes et sur les choses dont il a besoin pour maintenir son existence ; et comme tout État est, de sa nature, indépendant et souverain, il possède le droit de se procurer par lui-même, et sans ingérence étrangère à laquelle il serait obligé de recourir, tout ce qui, en fait de personnes ou de choses, est nécessaire à son existence.

L'Eglise, elle aussi, a été fondée par Dieu et constituée par lui en société libre et souveraine. C'est à elle qu'il a été dit : « *Toute puissance m'a été donnée au ciel et sur la terre. Allez donc, enseignez toutes les nations et baptisez-les au nom du Père, et du Fils et du Saint-Esprit, leur apprenant à garder tout ce que je vous ai commandé, et voilà que je suis avec vous, tous les jours, jusqu'à la consommation des siècles* (*Matth.*, XVIII, 18-20). L'Eglise possède donc, à l'égal de la société politique ou de l'Etat, un droit naturel et imprescriptible tant sur les personnes que sur les choses qui sont nécessaires à sa durée et dont elle peut avoir besoin pour atteindre ses fins, c'est-à-dire, pour sa conservation et sa propagation ; car elle est appelée à se propager sur la terre entière et, par conséquent, le pouvoir ecclésiastique a le droit de réclamer les personnes et les choses dont la possession lui est nécessaire, sans que qui que ce soit puisse se croire autorisé à s'ingérer dans les conditions de cette possession.

Ainsi l'Eglise a la *liberté* naturelle et imprescriptible de choisir et de fixer le nombre des ministres de ses autels ; la *liberté* d'instruire et de former à la science et à la vertu tous ceux qu'elle appelle au ministère évangélique (*Voyez* SÉMINAIRE) : la *liberté* de se réunir en concile et de faire tous les canons de dogme et de discipline qu'elle jugera nécessaires (*Voyez* CONCILE, LÉGISLATION) ; la *liberté* d'établir et de fonder des monastères et des congrégations religieuses (*Voyez* CONGRÉGATIONS RELIGIEUSES) ; car, de même que l'Etat peut permettre et approuver des associations temporelles qui vivent et prospèrent en son sein, de même l'Eglise peut permettre et approuver, dans son propre domaine, des sociétés religieuses ; la *liberté* de posséder des biens, de recevoir des donations (*Voyez* BIENS D'ÉGLISE, DONATION) ; etc. L'Eglise possédait cette *liberté* du temps des apôtres et de leurs premiers successeurs. Les souverains qui régnaient alors avaient, on ne saurait trop le redire, sur l'Eglise le même droit que celui que possèdent les souverains de nos jours, et les apôtres reconnaissaient, envers le pouvoir temporel, les mêmes devoirs que reconnaissent les évêques actuels.

« Or, dit l'illustre prisonnier de Minden, il ne se trouve dans l'histoire ecclésiastique aucune trace d'un devoir avoué et reconnu par les apôtres, de se laisser imposer un frein quelconque dans l'exercice de leur droit et de leur devoir *sur tout ce qui se rapportait au gouvernement de l'Eglise*, et cependant l'on sait quelle était la rigueur de leur doctrine en fait de soumission à l'autorité des Césars. Il ne faut pas, il est vrai, perdre de vue la barbare inimitié des souverains d'alors à l'égard de l'Eglise naissante ; mais aussi nous ferons observer que partout où règne entre l'Eglise et l'Etat (*Voyez* ÉGLISE, § 14) cette douce et intime harmonie que l'institution divine établit entre eux, là les exigences de l'Etat ne pouvant être oppressives, les résistances de l'Eglise ne sauraient avoir d'objet. » (*De la paix entre l'Eglise et les Etats*, p. 154.)

Complètement en dehors du pouvoir humain, vivant de sa vie propre, l'Eglise a toujours rejeté la domination de l'Etat en ce qui touche le spirituel, et, lorsque des pouvoirs usurpateurs ont voulu la soumettre comme une institution elle a résisté. Ne s'est-elle pas relevée victorieuse lorsque ces pouvoirs d'un jour sont venus s'anéantir devant son caractère de perpétuité ? Cette résistance de quinze siècles pour sa *liberté* chrétienne a commencé dès le temps où finissait la lutte de trois siècles pour la vérité chrétienne contre les princes idolâtres ; les héros n'ont pas manqué. L'Eglise, faible ou puissante, abaissée ou triomphatrice, n'a pas failli à l'un plus qu'à l'autre. Faut-il rappeler la fermeté d'un Ambroise, l'exil d'un Athanase, le martyre d'un Thomas de Cantorbéry, les douleurs de tant de papes, et, sous les yeux de nos pères, la captivité de deux pontifes, et, sous nos propres yeux, l'emprisonnement ou l'exil de deux archevêques d'Allemagne ! faut-il ajouter qu'à toute tentative de schisme national, comme à toute tentative d'assujettissement, l'Eglise a invariablement résisté ? Elle a combattu contre Louis XIV, et Louis XIV, après être resté comme suspendu au-dessus du schisme, Louis XIV a reculé pourtant ; contre la révolution et le schisme révolutionnaire, et l'église nationale de 92 a été vaincue ; contre Bonaparte, et Bonaparte n'a pas réussi à l'entamer ; contre les tentatives insensées qui désolent encore la péninsule ibérique, et déjà le schisme, un instant vainqueur dans ces royaumes, commence à fléchir. Voilà ce que l'Eglise a fait pour l'indépendance chrétienne et contre le principe idolâtrique des religions nationales. Elle a constamment revendiqué l'inviolabilité et l'indépendance de sa *liberté*.

§ 2. LIBERTÉS *de l'Eglise gallicane.*

« Les *libertés de l'Eglise gallicane*, dit Mgr Frayssinous, dans ses *Vrais principes* (pag. 55), sont une de ces choses dont on parle d'autant plus qu'on les entend moins, il semble aux uns que ces mots, *libertés gallicanes*, sont un cri de guerre contre le saint-siège ; et aux autres, qu'il faut y voir non-seulement des opinions et des usages respectables, mais des *dogmes* tout aussi *sacrés* que ceux qui servent de *fondement* au christianisme. Les premiers, trop timides, jugent de la chose même par l'abus qu'on peut en faire, et confondent les *libertés* telles que les entendent quelques écrivains téméraires, avec les véritables *libertés* telles qu'elles ont été enseignées par Bossuet, l'épiscopat français et la Sorbonne. Les seconds oublient que nous devons vivre en paix avec les églises qui ne professent pas nos maximes et les tolérer comme elles nous tolèrent. Unité dans la foi, *liberté* dans les opinions, charité partout, telle doit être la devise de quiconque écrit sur cette matière. » Telle sera la nôtre.

Les *libertés* de l'Eglise gallicane telles que les ont entendues Bossuet, l'épiscopat français et la Sorbonne sont spécialement consignées dans la célèbre déclaration du clergé de France en 1682, qu'on appelle ordinairement les quatre articles. Nous allons d'abord rapporter cette déclaration, l'édit qui la suivit et les autres pièces qui s'y rapportent, puis nous montrerons que la déclaration n'a aucune valeur canonique et que les papes n'ont aucun pouvoir sur le temporel des rois.

Déclaration *du clergé de France, du 19 mars 1682, sur la puissance ecclésiastique.*

« Plusieurs s'efforcent de ruiner les décrets de l'Eglise gallicane, et ses *libertés* que nos ancêtres ont soutenues avec tant de zèle, et de renverser leurs fondements, appuyés sur les saints canons et sur la tradition des Pères. Il en est aussi qui sous le prétexte de ces *libertés*, ne craignent pas de porter atteinte à la primauté de saint Pierre et des pontifes romains ses successeurs, institués par Jésus-Christ; à l'obéissance qui leur est due par tous les chrétiens, et à la majesté si vénérable aux yeux de toutes les nations, du siége apostolique, où s'enseigne la foi et se conserve l'unité de l'Eglise. Les hérétiques, d'autre part, n'omettent rien pour présenter cette puissance, qui maintient la paix de l'Eglise, comme insupportable aux rois et aux peuples, et pour séparer, par cet artifice, les âmes simples de la communion de l'Eglise et de Jésus-Christ. C'est dans le dessein de rémédier à de tels inconvénients, que nous, archevêques et évêques assemblés à Paris par ordre du roi, avec les autres députés, qui représentons l'Eglise gallicane, avons jugé convenable, après une mûre délibération, d'établir et de déclarer.

« I. Que saint Pierre et ses successeurs vicaires de Jésus-Christ, et que toute l'Eglise même n'ont reçu de puissance que sur les choses spirituelles et qui concernent le salut et non point sur les choses temporelles et civiles. Jésus-Christ nous apprenant lui-même que *son royaume n'est pas de ce monde*; et en un autre endroit, *qu'il faut rendre à César ce qui est à César, et à Dieu ce qui est à Dieu*; et qu'ainsi ce précepte de l'apôtre saint Paul ne peut en rien être altéré ou ébranlé : *Que toute personne soit soumise aux puissances supérieures ; car il n'y a point de puissance qui ne vienne de Dieu, et c'est lui qui ordonne celles qui sont sur la terre; celui donc qui s'oppose aux puissances, résiste à l'ordre de Dieu*. Nous déclarons, en conséquence, que les rois et les souverains ne sont soumis à aucune puissance ecclésiastique, par l'ordre de Dieu, dans les choses temporelles; qu'ils ne peuvent être déposés, ni directement ni indirectement par l'autorité des clefs de l'Eglise; que leurs sujets ne peuvent être dispensés de la soumission et de l'obéissance, qu'ils leur doivent, ni absous du serment de fidélité; et que cette doctrine, nécessaire pour la tranquillité publique, et non moins avantageuse à l'Eglise qu'à l'Etat, doit être inviolablement suivie, comme conforme à la parole de Dieu, à la tradition des saints Pères et aux exemples des saints.

« II. Que la plénitude de puissance que le saint-siége apostolique et les successeurs de saint Pierre, vicaires de Jésus-Christ, ont sur les choses spirituelles, est telle, que néanmoins les décrets du saint concile œcuménique de Constance, contenus dans les sessions IV et V, approuvés par le saint-siége apostolique, confirmés par la pratique de toute l'Eglise et des pontifes romains, et observés religieusement dans tous les temps par l'Eglise gallicane, demeurent dans leur force et vertu, et que l'Eglise de France n'approuve pas l'opinion de ceux qui donnent atteinte à ces décrets, ou qui les affaiblissent, en disant que leur autorité n'est pas bien établie, qu'ils ne sont point approuvés, ou qu'ils ne regardent que les temps de schisme (*Voyez* constance, et ci-après § 6).

« III. Qu'ainsi l'usage de la puissance apostolique doit être réglé suivant les canons faits par l'esprit de Dieu, et consacrés par le respect général; que les règles, les coutumes et les constitutions reçues dans le royaume et dans l'Eglise gallicane, doivent avoir leur force et vertu, et les usages de nos pères demeurer inébranlables ; qu'il est même de la grandeur du saint-siége apostolique que les lois et coutumes, établies du consentement de ce siége respectable et des églises, subsistent invariablement.

« IV. Que le pape a la principale part dans les questions de foi; que ses décrets regardent toutes les églises, et chacune en particulier; mais que cependant son jugement n'est pas irréformable, à moins que le consentement de l'Eglise n'intervienne.

« Nous avons arrêté d'envoyer à toutes les églises de France, et aux évêques qui y président par l'autorité du Saint-Esprit, ces maximes que nous avons reçues de nos pères, afin que nous disions tous la même chose, que nous soyons tous dans les mêmes sentiments, et que nous suivions tous la même doctrine. »

Les signataires de cette déclaration qui étaient au nombre de trente cinq évêques et de trente ecclésiastiques députés à l'assemblée, écrivirent la lettre suivante qui en explique les motifs.

Lettre *de l'assemblée du clergé de France, tenue en 1682, à tous les prélats de l'Eglise gallicane.*

« *Les archevêques et évêques, et autres ecclésiastiques députés par le clergé de France et assemblés à Paris par ordre de Sa Majesté, aux illustrissimes et révérendissimes archevêques et évêques de tout le royaume de France : Salut :*

« Nos révérendissimes et très-religieux collègues dans l'épiscopat,

« Vous n'ignorez pas que la paix de l'Eglise gallicane vient d'être un peu ébranlée, puisque c'est pour éloigner ce danger que votre amour pour l'union nous a députés.

« Nous le disons avec confiance, nos très-chers collègues, en empruntant les paroles de saint Cyprien : *Jésus-Christ pour montrer l'unité a établi une seule et unique chaire, et a placé la source de l'unité de manière qu'elle descende d'un seul. Celui donc qui abandonne la chaire de Pierre, sur laquelle l'Église a été fondée, n'est plus dans l'Église; et celui qui ne conserve plus l'unité n'a plus de foi.* C'est pour cette raison que dès que nous avons été *assemblés au nom de Jésus-Christ,* nous n'avons eu rien de plus à cœur que de faire en sorte que *nous n'eussions tous qu'un même esprit,* comme nous ne sommes tous , selon l'Apôtre, *qu'un même corps,* et que non-seulement *il n'y eût point de schisme parmi nous,* mais qu'il ne s'y trouvât même pas la plus légère apparence de dissension avec le chef de toute l'Église. Nous appréhendions d'autant plus ce malheur, que, par un effet de la bonté et de la Providence divine, nous avons aujourd'hui un pontife qui mérite, par toutes ses grandes qualités, par les vertus pastorales dont il est rempli, que nous le révérions non-seulement *comme la pierre de l'Église*, mais encore comme l'exemple et le modèle des fidèles dans toutes sortes de bonnes œuvres.

« L'illustre orateur qui a ouvert notre assemblée, pendant le sacrifice que nous offrions en commun par les mains de l'illustrissime archevêque de Paris, notre digne président, pour implorer la grâce et le secours de l'Esprit-Saint, nous a tracé par avance l'idée de cette union, et du zèle avec lequel nous devons tous concourir au maintien de *l'unité de l'Église* ; et il l'a fait avec tant d'éloquence, d'érudition et de piété, que tout le monde a dès lors auguré l'heureux succès de notre assemblée.

« Nous ne doutons nullement que vous n'ayez été satisfaits, soit de ce que nous avons obtenu de la piété de notre roi très-chrétien , soit de ce que nous avons fait de notre côté, tant pour conserver la paix que pour mériter les bonnes grâces d'un si grand prince, et lui marquer en même temps notre reconnaissance, soit enfin de la lettre que nous eûmes l'honneur d'écrire à notre saint-père le pape. Nous avons cependant jugé qu'il était très-important de nous expliquer encore davantage, afin qu'il n'arrivât jamais rien qui pût tant soit peu troubler le repos de l'Église et la tranquillité de l'ordre épiscopal.

« En effet, chacun de nous ayant frémi d'horreur à la moindre ombre de discorde, nous avons cru que nous ne pouvions rien faire de plus propre au maintien de l'unité ecclésiastique, que d'établir des règles certaines ou plutôt de rappeler à l'esprit des fidèles le souvenir des anciennes, à l'abri desquelles toute l'Église gallicane, dont le *Saint-Esprit nous a confié le gouvernement,* fût tellement en sûreté, que jamais personne, soit par une basse adulation, ou par un désir déréglé d'une fausse liberté, *ne pût passer les bornes que nos pères ont posées* ; et qu'ainsi la vérité, mise dans son jour, nous mît elle-même à couvert de tout danger de division.

« Et comme nous sommes obligés, non-seulement de maintenir la paix parmi les catholiques, mais encore de travailler à la réunion de ceux *qui se sont séparés de l'épouse de Jésus-Christ pour s'unir à l'adultère, et qui ont renoncé aux promesses de l'Église,* cette raison nous a encore engagés à déclarer quel est le sentiment des catholiques, que nous croyons conforme à la vérité ; après quoi nous espérons que *personne ne pourra plus imposer à la société des fidèles par ses calomnies, ni corrompre par une perfide prévarication les vérités de la foi.* Nous espérons aussi que ceux qui, sous prétexte des erreurs qu'ils nous imputaient, se sont déchaînés jusqu'à présent contre l'Église romaine, comme contre une Babylone réprouvée, parce qu'ils ne connaissaient pas, ou feignaient de ne pas connaître nos véritables sentiments, cesseront, maintenant que la fausseté est démasquée, de nous calomnier, et ne persévéreront pas plus longtemps dans leur schisme, que saint Augustin détestait comme un crime plus horrible que l'idolâtrie même.

« Nous faisons donc profession de croire que, quoique Jésus-Christ ait établi les douze disciples qu'il choisit et qu'il nomma apôtres pour gouverner solidairement son Église, et qu'il les ait tous également revêtus de la même dignité et de la même puissance, selon les expressions de saint Cyprien, il a cependant donné la primauté à saint Pierre, comme l'Évangile nous l'apprend, et comme toute la tradition ecclésiastique l'enseigne. C'est pourquoi nous reconnaissons avec saint Bernard que le pontife romain, successeur de saint Pierre, possède, *non pas à la vérité seul, et à l'exclusion de tout autre, mais dans le plus haut degré, la puissance apostolique établie de Dieu* : et pour conserver en même temps l'honneur du sacerdoce auquel Jésus-Christ nous a élevés, nous soutenons, avec les saints Pères et les Docteurs de l'Église, que les clefs ont été d'abord données *à un seul,* afin qu'elles fussent conservées à *l'unité* : et nous croyons que tous les fidèles sont assujettis aux décrets des souverains pontifes, soit qu'ils regardent la foi ou la réformation générale de la discipline et des mœurs, de telle sorte néanmoins que l'usage de cette souveraine puissance spirituelle doit être modéré et réglé par les canons révérés dans tout l'univers ; et que si, par la diversité de sentiment des Églises, *il s'élevait quelque difficulté considérable, il serait nécessaire alors,* comme dit saint Léon, *d'appeler de toutes les parties du monde un plus grand nombre d'évêques, et d'assembler un concile général qui dissipât ou apaisât tous les sujets de dissension, afin qu'il n'y eût plus rien de douteux dans la foi, ni rien d'altéré dans la charité.*

« Au reste, la *république chrétienne* n'étant pas seulement gouvernée par le sacerdoce, mais encore par l'empire que possèdent les

(Quatorze.)

rois et les puissances supérieures, il a fallu qu'après avoir obvié aux schismes qui pourraient diviser l'Eglise, nous prévinssions aussi les mouvements des peuples qui pourraient troubler l'empire, surtout dans ce royaume, où, sous prétexte de la religion, il s'est commis tant d'attentats contre l'autorité royale. C'est pour cela que nous avons déterminé que la puissance des rois n'est point soumise, quant au temporel, à la puissance ecclésiastique, de peur que si la puissance spirituelle paraissait entreprendre quelque chose au préjudice de la puissance temporelle, la tranquillité publique n'en fût altérée.

« Enfin, nous conjurons votre charité et votre piété, nos très-vénérables confrères, comme les Pères du premier concile de Constantinople conjuraient autrefois les évêques du concile romain, en leur envoyant les actes de ce concile, de *confirmer par vos suffrages* tout ce que nous avons déterminé pour assurer à jamais la paix de l'Eglise de France, et de donner vos soins, afin que la doctrine que nous avons jugée, d'un commun consentement, devoir être publiée, soit reçue dans vos églises et dans les universités et les écoles qui sont de votre juridiction, ou établies dans vos diocèses, et qu'il ne s'y enseigne jamais *rien de contraire*. Il arrivera, par cette conduite, que, de même que le concile de Constantinople est devenu universel et œcuménique par l'acquiescement des Pères du concile de Rome, notre assemblée deviendra aussi, par votre unanimité, un concile national de tout le royaume, et que les articles de doctrine que nous vous envoyons seront des canons de toute l'Eglise gallicane, respectables aux fidèles et dignes de l'immortalité (*Voyez* ASSEMBLÉE du clergé).

« Nous souhaitons que vous jouissiez en Jésus-Christ d'une santé parfaite, et nous prions Dieu de vous y conserver, pour le bien de son Eglise.

« Vos très-affectionnés confrères, archevêques, évêques et autres ecclésiastiques députés par le clergé de France.

† FRANÇOIS, archevêque de Paris, *président.*

« A Paris, le 19 mars 1682. »

EDIT *du roi sur la déclaration faite par le clergé de France de ses sentiments touchant l'autorité ecclésiastique.*

« LOUIS, par la grâce de Dieu, etc.

« Bien que l'indépendance de notre couronne de toute autre puissance que de Dieu, soit une vérité certaine et incontestable, et établie *sur les propres paroles de Jésus-Christ*, nous n'avons pas laissé de recevoir avec plaisir la déclaration que les députés du clergé de France, assemblés par notre permission en notre bonne ville de Paris, nous ont présentée, contenant leurs sentiments touchant la puissance ecclésiastique; et nous avons d'autant plus volontiers écouté la supplication que lesdits députés nous ont faite, de faire publier cette déclaration dans notre royaume, qu'étant faite par une assemblée composée de tant de personnes également recommandables par leur vertu et leur doctrine, et qui s'emploient avec tant de zèle à tout ce qui peut être avantageux à l'Eglise et à notre service, la sagesse et la modération avec laquelle ils ont expliqué les sentiments que l'on doit avoir sur ce sujet, peut beaucoup contribuer à confirmer nos sujets dans le respect qu'ils sont tenus, comme nous, de rendre à l'autorité que Dieu a donnée à l'Eglise, et à ôter en même temps aux ministres de la religion prétendue réformée le prétexte qu'ils prennent des livres de quelques auteurs, pour rendre odieuse la puissance légitime du chef visible de l'Eglise.

« A ces causes et autres bonnes et grandes considérations à ce nous mouvant, après avoir fait examiner ladite déclaration en notre conseil, nous, par notre présent édit perpétuel et irrévocable, avons dit, statué et ordonné; disons, statuons et ordonnons, voulons et nous plaît que ladite déclaration des sentiments du clergé sur la puissance ecclésiastique ci-attachée sous le contre-scel de notre chancellerie soit enregistrée dans toutes nos cours de parlement, bailliages et sénéchaussées, universités et facultés de théologie et de droit canon de notre royaume, pays, terres et seigneuries de notre obéissance.

« ART. 1er. Défendons à tous nos sujets et aux étrangers étant dans notre royaume, séculiers et réguliers, de quelque ordre, congrégation et société qu'ils soient, d'enseigner dans leurs maisons, collèges et séminaires ou d'écrire aucune chose contraire à la doctrine contenue en icelle.

« ART. 2. Ordonnons que ceux qui seront dorénavant choisis pour enseigner la théologie dans les collèges de chaque université, soit qu'ils soient séculiers ou réguliers, souscriront ladite déclaration aux greffes des facultés de théologie, avant de pouvoir faire cette fonction dans les collèges ou maisons séculières et régulières qui se soumettront à enseigner la doctrine qui y est expliquée, et que les syndics des facultés de théologie présenteront aux ordinaires des lieux et à nos procureurs généraux des copies desdites soumissions signées par les greffiers desdites facultés.

« ART. 3. Que dans tous les collèges et maisons desdites universités où il y aura plusieurs professeurs, soit qu'ils soient séculiers ou réguliers, l'un d'eux sera chargé tous les ans d'enseigner la doctrine contenue en ladite déclaration; et dans les collèges où il n'y aura qu'un seul professeur, il sera obligé de l'enseigner l'une des trois années consécutives.

« ART. 4. Enjoignons aux syndics des facultés de théologie de présenter tous les ans avant l'ouverture des leçons, aux archevêques ou évêques des villes où elles sont établies, et d'envoyer à nos procureurs généraux les noms des professeurs qui seront chargés d'enseigner ladite doctrine, et auxdits professeurs de représenter auxdits prélats et à nosdits procureurs généraux les écrits qu'ils dicteront à leurs écoliers, lorsqu'ils leur ordonneront de le faire.

« Art. 5. Voulons qu'aucun bachelier, soit séculier ou régulier, ne puisse être dorénavant licencié, tant en théologie qu'en droit canon, ni être reçu docteur qu'après avoir soutenu ladite doctrine dans l'une de ses thèses, dont il fera apparoir à ceux qui ont droit de conférer ces degrés dans les universités.

« Art. 6. Exhortons, et néanmoins enjoignons à tous les archevêques et évêques de notre royaume, pays, terres et seigneuries de notre obéissance, d'employer leur autorité pour faire enseigner, dans l'étendue de leurs diocèses, la doctrine contenue dans ladite déclaration faite par lesdits députés du clergé.

« Art. 7. Ordonnons aux doyens et syndics des facultés de théologie de tenir la main à l'exécution des présentes, à peine d'en répondre en leur propre et privé nom.

« Si donnons en mandement à nos amés et féaux les gens tenant nos cours de parlement, que ces présentes nos lettres en forme d'édit, ensemble ladite déclaration du clergé, ils fassent lire, publier et enregistrer aux greffes de nosdites cours et des bailliages, sénéchaussées et universités de leurs ressorts, chacun en droit soi ; et aient à tenir la main à leur observation, sans souffrir qu'il y soit contrevenu directement ni indirectement ; et à procéder contre les contrevenants en la manière qu'ils le jugeront à propos, suivant l'exigence des cas. Car tel est notre plaisir. Et afin que ce soit chose ferme et stable à toujours, nous avons fait mettre notre scel à cesdites présentes.

« Donné à Saint-Germain-en-Laye, au mois de mars, l'an de grâce 1682, et de notre règne le trente-neuvième.

« *Signé*, Louis.

« Et plus bas : *Par le roi*, Colbert, »

« Registrées, ouï et ce requérant le procureur général du roi, pour être exécutées selon leur forme et teneur, suivant l'arrêt de ce jour.

« A Paris, en Parlement, le 23 mars 1682. »

L'article 24 de la loi du 18 germinal an X (*Voyez* articles organiques), prescrit aux professeurs de théologie d'enseigner les quatre articles de 1682 dans les séminaires.

La loi du 14 mars 1804, relative à l'établissement des séminaires, y prescrit, article 2, l'enseignement des maximes de l'Eglise gallicane.

Napoléon voulut faire de la déclaration de 1682 une loi de l'Etat, par le décret suivant.

Décret *du 25 février* 1810, *qui déclare loi générale de l'empire l'édit du mois de mars 1682, sur la déclaration faite par le clergé de France sur les libertés de l'Eglise gallicane.*

« L'édit de Louis XIV, sur la déclaration par le clergé de France, de ses sentiments touchant la puissance ecclésiastique, donné au mois de mars 1682, et enregistré le 23 desdits mois et an, est déclaré loi générale de l'empire.

« Duquel édit la teneur suit (*Voyez* ci-devant l'édit et la déclaration).

« Mandons et ordonnons que les présentes, revêtues du sceau de l'Etat, insérées au Bulletin des lois, soient adressées aux cours, aux tribunaux, aux autorités administratives, à tous les archevêques et évêques de notre empire, au grand-maître et aux académies de notre université impériale, et aux directeurs des séminaires et autres écoles de théologie, pour qu'ils les inscrivent dans leurs registres, les observent et les fassent observer, etc. »

Déclaration *des évêques de France, du 3 avril* 1826.

« Depuis longtemps la religion n'a eu qu'à gémir sur la propagation de ces doctrines d'impiété et de licence qui tendent à soulever toutes les passions contre l'autorité des lois divines et humaines. Dans leurs justes alarmes, les évêques de France se sont efforcés de préserver leurs troupeaux de cette contagion funeste. Pourquoi faut-il que les succès qu'ils avaient droit d'espérer de leur sollicitude soient compromis par des attaques d'une nature différente, il est vrai, mais qui pourraient amener de nouveaux périls pour la religion de l'Etat ?

« Des maximes, reçues dans l'Eglise de France, sont dénoncées hautement comme un attentat contre la divine constitution de l'Eglise catholique, comme une œuvre souillée de schisme et d'hérésie, comme une profession d'athéisme politique.

« Combien ces censures, prononcées sans mission, sans autorité, ne paraissent-elles pas étranges, quand on se rappelle les sentiments d'estime, de confiance et d'affection que les successeurs de Pierre, chargés comme lui de confirmer leurs frères dans la foi, n'ont cessé de manifester pour une Eglise qui leur a toujours été si fidèle.

« Mais ce qui étonne et afflige le plus, c'est la témérité avec laquelle on cherche à faire revivre une opinion née autrefois du sein de l'anarchie et de la confusion où se trouvait l'Europe, constamment repoussée par le clergé de France et tombée dans un oubli presque universel, opinion qui rendrait les souverains dépendants de la puissance spirituelle, même dans l'ordre politique, au point qu'elle pourrait dans certains cas délier leurs sujets du serment de fidélité.

« Sans doute, le Dieu juste et bon ne donne pas aux souverains le droit d'opprimer les peuples, de persécuter la religion, et de commander le crime et l'apostasie ; sans doute encore les princes de la terre sont, comme le reste des chrétiens, soumis au pouvoir spirituel dans les choses spirituelles. Mais prétendre que leur infidélité à la loi divine annulerait leur titre de souverain, que la suprématie pontificale pourrait aller jusqu'à les priver de leurs couronnes, et à les mettre à la merci de la multitude, c'est une doctrine qui n'a aucun fondement, ni dans l'Evangile, ni dans les traditions apostoliques, ni dans les écrits des docteurs et les exemples des saints personnages qui ont illustré les plus beaux siècles de l'antiquité chrétienne.

« En conséquence, nous, cardinaux, archevêques et évêques soussignés, croyons devoir au roi, à la France, au ministère divin qui nous est confié, aux véritables intérêts de la religion, dans les divers états de la chrétienté, de déclarer que nous réprouvons les injurieuses qualifications par lesquelles on a essayé de flétrir les maximes et la mémoire de nos prédécesseurs dans l'épiscopat; que nous demeurons inviolablement attachés à la doctrine, telle qu'elle nous est transmise, sur les droits des souverains et sur leur indépendance pleine et absolue, dans l'ordre temporel, de l'autorité, soit directe, soit indirecte, de toute puissance ecclésiastique.

« Mais nous condamnons, avec tous les catholiques, ceux qui, sous prétexte de *libertés*, ne craignent pas de porter atteinte à la primauté de saint Pierre, et des pontifes romains ses successeurs, institués par Jésus-Christ, à l'obéissance qui leur est due par tous les chrétiens, et à la majesté, si vénérable aux yeux de toutes les nations, du siége apostolique où s'enseigne la foi, et se conserve l'unité de l'Eglise.

« Nous nous faisons gloire, en particulier, de donner aux fidèles l'exemple de la plus profonde vénération, et d'une piété toute filiale envers le pontife que le ciel, dans sa miséricorde, a élevé de nos jours sur la chaire du prince des apôtres.

« Fait à Paris, le 3 avril 1826. »

Cette déclaration avait pour but de réprouver les opinions exagérées de M. de La Mennais sur la puissance du pape, touchant le temporel des rois. (*Voyez* ci-après, § 5.)

LETTRE *de Monseigneur l'archevêque de Paris, du 6 avril 1826, portant adhésion à la déclaration du 3 du même mois.*

« Sire,

« Les cardinaux, archevêques et évêques qui se trouvent en ce moment à Paris, ont cru qu'il était bon de rédiger collectivement un exposé de leurs sentiments sur l'indépendance de la puissance temporelle, en matière purement civile. Quoique cet exposé ne porte point ma signature, je n'en professe pas moins la même opinion, et je prie Votre Majesté de me permettre d'en déposer entre ses mains le témoignage par écrit, comme j'ai eu l'honneur de lui en faire la déclaration de vive voix.

« Les considérations que j'ai soumises au roi, et dans lesquelles la réflexion n'a fait que me confirmer davantage, ont pu seules m'empêcher de signer un acte qui renferme, touchant les bornes de l'autorité spirituelle, des principes sur lesquels j'ai eu plus d'une fois l'occasion de m'expliquer, même en public, et au sujet desquels je ne connais point de discordance parmi les pasteurs et le clergé de mon diocèse.

« H. DE QUÉLEN. »

§ 3. LIBERTÉS *de l'Eglise gallicane, coutumes.*

La déclaration de 1682 se résume en deux points, ou si l'on veut en deux maximes. La première, que le pape et les autres supérieurs ecclésiastiques, n'ont aucun pouvoir ni direct, ni indirect sur le temporel des rois, ni sur la juridiction séculière. La seconde, que les jugements du pape ne sont point irréformables, que par conséquent il n'est point infaillible et que le concile œcuménique lui est supérieur.

Mais dans ces deux maximes, nous ne voyons rien de particulier à la France, car si le pape n'a aucun pouvoir ni direct ni indirect sur le temporel des rois, et cette maxime est incontestable, cela regarde non-seulement la France, mais tous les royaumes du monde. Il n'y a à cet égard aucun dissentiment parmi les catholiques de toutes les nations; ils savent tous que Jésus-Christ a établi deux puissances en ce monde, la puissance spirituelle et la puissance temporelle, et que toutes deux sont indépendantes l'une de l'autre (*Voyez* INDÉPENDANCE).

Que le pape soit infaillible ou qu'il ne le soit pas, qu'il soit inférieur ou supérieur au concile, etc., nous ne voyons encore là rien de spécial à l'Eglise de France ; cette maxime intéresse toute l'Eglise catholique. Nous ne comprenons point qu'on puisse donner à ces deux maximes le nom de *libertés de l'Eglise gallicane*. Ces deux points tiennent au dogme qui est invariable et non à la discipline qui peut changer, et, dans certaines choses, être propre à une église particulière. Voici donc, d'après les canonistes français, l'idée que nous nous faisons des *libertés de l'Eglise gallicane* :

« Les *libertés de l'Eglise gallicane*, dit d'Héricourt dans ses *Lois Ecclésiastiques* (Part. I, ch. 17, n. 3), ne sont autre chose que la possession dans laquelle s'est maintenue l'Eglise de France, de conserver ses anciennes coutumes, qui sont la plupart fondées sur les canons et sur la discipline des premiers siècles, et de ne point souffrir qu'on y portât atteinte, en introduisant une discipline à laquelle elle n'a point été soumise. Ainsi les *libertés de l'Eglise gallicane* ne consistent que dans l'observation de son ancien droit. »

C'est en ce sens que saint Léon le grand disait : *Privilegia Ecclesiarum, sanctorum Patrum canonibus instituta nulla possunt improbitate convelli, nulla novitate mutari. In quo opere, auxiliante Christo, fideliter exequendo, necesse est hujus sanctæ sedie pontifici perseverantem exhibere famulatum; dispensatio enim nobis credita est, et ad nostrum tendit reatum, si paternarum regulæ sanctionum nobis consentientibus vel negligentibus violentur* (*Epist.* 52).

C'est une règle générale, répétée plusieurs fois dans le droit canonique, et encore d'Héricourt, que les coutumes anciennes des Eglises doivent être observées, quand ces coutumes sont anciennes et légitimes; c'est-à-dire, quand elles ne sont contraires ni à l'équité naturelle, ni aux règles de la discipline ecclésiastique, qui ont été de tout temps observées dans l'Eglise. *In his rebus de quibus nihil certi statuit divina Scriptura, mos populi Dei et instituta majorum pro lege tenenda sunt; et sicut prævaricatores divinarum legum, ita contemptores ecclesiasticarum consuetudinum coercendi sunt (Can.* 15, *dist.* 11).

Aussi les papes ont-ils toujours cru qu'on devait avoir des égards particuliers pour les anciennes coutumes de l'Eglise gallicane, qui s'est de tout temps distinguée entre toutes les autres par son exactitude à conserver la foi et à maintenir la discipline ecclésiastique. C'est pourquoi ils ont cru que ces coutumes devaient être observées, même quand elles seraient contraires aux usages des autres églises. *Licet Ecclesia romana non consueverit, propter naturalem frigiditatem, nec propter alia maleficia legitime conjunctos dividere; si tamen Ecclesiæ gallicanæ consuetudo generalis habeat, ut ejusmodi matrimonium dividatur, patienter tolerabimus* (Alex. III, *Collect. decret. lib.* IV, *tit.* 16, *cap.* 2).

Les papes ont toujours respecté ou du moins toléré les coutumes des diverses églises, quand ces coutumes n'avaient rien de contraire à l'équité. Les coutumes de l'Eglise grecque sont différentes de celles de la discipline de l'Eglise romaine pour l'idiome, la liturgie, les pains azymes, le célibat, etc. Ce sont là autant de *libertés* fondées sur l'ancienneté que l'Eglise grecque peut revendiquer. Plusieurs autres Eglises peuvent avoir de ces sortes de coutumes ou de *libertés* qu'elles tiennent à conserver. L'Eglise gallicane peut être jalouse de maintenir, comme les autres Eglises particulières, ses anciennes coutumes ou *libertés*; rien de plus juste, rien de plus conforme au droit canonique.

Ainsi, en vertu des anciennes coutumes, des anciennes *libertés* de l'Eglise gallicane, les évêques pouvaient se réunir périodiquement en conciles provinciaux et faire des canons de discipline conformes aux temps et aux circonstances. Ainsi, en vertu de ces mêmes *libertés* les métropolitains visitaient les diocèses de leurs suffragants, jugeaient en appel de leurs jugements, etc. Leur autorité, par suite des anciennes *libertés*, était telle que les évêques ne voulaient point qu'on y portât atteinte. Ils s'opposèrent même à la primatie que le pape Jean VIII donnait à Ansegise, archevêque de Sens, sur les Gaules et la Germanie, et répondaient au roi Charles le Chauve et aux légats qui les pressaient d'obéir au pape, qu'ils lui rendraient une obéissance canonique, *regulariter*, et en ce qui serait conforme aux saints canons.

Voilà comment entendaient les *libertés de l'Eglise gallicane* les anciens évêques, l'honneur et la gloire de notre Eglise de France, voilà comme nous les entendons nous-même. Toutes autres *libertés* qui mettraient obstacle à celles-là, nous les regarderions, suivant l'expression du savant et judicieux Fleury, comme autant de *servitudes*.

§ 4. *La déclaration de* 1682 *n'a aucune autorité canonique; c'est un acte purement politique.*

La doctrine exprimée dans la déclaration de l'assemblée de 1682 est une opinion libre en théologie (*Voyez* OPINION), qui n'a jamais été frappée d'aucune censure et qui vraisemblablement ne le sera jamais. Quoique nous ne partagions pas cette opinion, parce qu'elle ne nous paraît pas conforme à l'Ecriture et à la tradition, et qu'on en peut tirer des conséquences funestes à l'Eglise, nous reconnaissons néanmoins qu'elle est appuyée sur des raisons et des autorités qui peuvent la faire adopter. Mais le tort de la déclaration, c'est de se présenter sous la forme d'une décision doctrinale, tandis qu'elle n'est que l'expression d'une simple opinion. Les auteurs et les signataires de cette déclaration l'ont déclaré formellement. D'ailleurs, les assemblées du clergé de France (*Voyez* ASSEMBLÉES) n'avaient nullement le caractère de conciles, étant convoquées principalement pour les affaires temporelles, dit Fleury, et par députés seulement, comme les assemblées d'Etat. Elles ne pouvaient faire des canons de doctrine, comme semblent l'être les *quatre articles*, et comme le dit en propres termes la fin de la lettre ci-dessus, col. 424, écrite à tous les prélats de l'Eglise gallicane. Rome a donc eu raison de désapprouver et d'annuler la déclaration de 1682. Alexandre VIII, par une constitution du 4 août 1690, *improuva* et *cassa* cette déclaration, la regardant comme *nulle* et de *nulle valeur;* Pie VI, dans sa bulle *Auctorem fidei*, se montra justement offensé de ce qu'un synode avait osé insérer la déclaration dans un *décret* présenté comme *appartenant à la foi : fraudis plena synodi temeritas*, dit-il, *quæ ausa sit eam in decretum de fide inscriptum insidiose includere.*

Pie VI ajoute qu'après les décrets de ses prédécesseurs, l'adoption faite par le concile de Pistoie de la déclaration de 1682, est très-injurieuse au saint-siége. Voici en quels termes il en parle : *Quamobrem quæ acta conventus gallicani mox ut prodierunt, prædecessor noster venerabilis Innocentius* XI *per litteras in forma brevis, die* 11 *aprilis* 1682, *post autem expressius Alexander* VII *constitutione,* Inter multiplices, *die* 4 *augusti* 1690, *pro apostolici sui muneris ratione, improbarunt, resciderunt, nulla et irrita declararunt, multo fortius exigit a nobis pastoralis sollicitudo recentem horum factam in synodo tot vitiis affectam adoptionem, velut temerariam, scandalosam, ac præsertim post edita prædecessorum nostrorum decreta huic apostolicæ sedi summopere injuriosam reprobare ac damnare, prout præsenti hac nostra constitutione reprobamus et damnamus, ac pro reprobata ac damnata haberi volumus.*

Rome, dit Mgr Frayssinous, dans ses *Vrais principes de l'Eglise gallicane*, fut alarmée, et il faut convenir qu'elle avait lieu de l'être, lorsqu'elle vit Louis XIV prescrire l'enseignement des *quatre articles* dans toutes les facultés de théologie, et défendre de rien enseigner qui y fût contraire. Elle semble croire que le clergé de France avait voulu porter un *jugement doctrinal*, établir une sorte de *règle de foi*. De là des différends entre le saint-siège et la France, qui ne furent apaisés qu'en 1693. Des ecclésiastiques du second ordre, qui avaient assisté à l'assemblée du clergé de 1682, et souscrit la déclaration, furent nommés à des évêchés; Innocent XI et Alexandre VIII refusèrent de leur accorder des bulles; ce refus donna lieu à des plaintes et à des négociations qui ne se terminèrent que sous le pontificat d'Innocent XII. Les ecclésiastiques nommés aux évêchés ne purent obtenir leurs bulles d'institution canonique, qu'en écrivant au souverain pontife qu'*ils n'avaient pas eu intention de rien définir ni régler, dans cette assemblée, qui pût déplaire au saint-siége, et que tout ce qu'on avait pu croire être un décret, ne devait pas être regardé pour tel.*

Cette lettre fut écrite le 4 septembre 1693. De son côté, Louis XIV écrivit à Innocent XII, le 14 du même mois, une lettre dans laquelle il lui marque qu'il consent à ne pas faire observer les choses contenues dans son édit, à quoi les conjonctures passées l'avaient obligé. Cela voulait dire qu'il rendait aux écoles la liberté qu'elles avaient, avant l'édit confirmatif de la déclaration, de débattre le pour et le contre sur les questions de la supériorité du concile et de l'infaillibilité du pape. Cette sage condescendance eut l'avantage de tout pacifier.

La déclaration de 1682 n'est donc point un acte canonique, mais seulement une simple déclaration d'opinion. Bossuet lui-même dit qu'il n'a pas entrepris de la défendre : *Abeat ergo declaratio quo libuerit, non enim eam tutandam suscipimus* (*Défense de la décl.; Disc. prél.* n. 10). « Nos prélats français déclarent, « dit-il, et montrent assez clairement qu'ils « n'ont point voulu faire une décision *de foi*, « mais seulement adopter une *opinion* qui « leur paraissait meilleure et préférable à « toutes les autres.... Il est vrai qu'on y rap-« pelle dès le commencement les décrets de « l'Eglise gallicane ; mais nos évêques ont-« ils voulu par là exprimer des décrets de « foi ? Point du tout, ils ne disent rien qui en « approche ; ils se servent simplement d'une « expression très-connue et très-latine (*de-« cretum*), mise en usage dans les derniers « siècles, laquelle ne signifie rien autre chose, « sinon que leur sentiment, fondé dans l'an-« tiquité, est reçu communément en France.» (*Ibid.* n. 6.)

Cette déclaration ne fut faite, au résumé, comme le disent les évêques mêmes qui la signèrent, que *pour conserver la paix et mériter les bonnes grâces de Louis XIV* (*Voyez* la lettre ci-dessus col. 424). On en peut voir l'historique, qui n'est pas de notre domaine, dans la belle *Histoire de Bossuet*, par le cardinal de Bausset.

Après avoir démontré que la déclaration de 1682 est dépourvue de toute autorité ecclésiastique, et qu'elle n'est qu'une *opinion*, nous ne pouvons nous taire sur cette étrange et inconstitutionnelle prétention de la puissance temporelle, de vouloir nous imposer des *opinions*, lorsque la Charte a déclaré que les opinions sont libres (art. 7). « Ainsi, par une loi de l'Etat, dit le cardinal de Bonald on veut nous obliger à reconnaître et à enseigner *la supériorité du concile sur le pape, la faillibilité du pontife romain, et l'obéissance qu'il doit aux canons.* Et les évêques et les professeurs des séminaires, prêtant les mains à ces actes inconstitutionnels du pouvoir séculier, forceraient les élèves du sanctuaire, en dépit de la maxime de saint Augustin, *in dubiis libertas*, à adopter ces trois articles de la déclaration de 1682. Mais les élèves ne seraient pas obligés de porter jusque là l'obéissance envers leur supérieur ecclésiastique.

« Nous soutiendrons ici, continue le cardinal archevêque de Lyon, que les évêques ne doivent pas se laisser imposer la déclaration. De quoi s'agit-il en effet ? il s'agit de l'interprétation de quelques textes de l'Ecriture. Il s'agit de déterminer, d'après la tradition, le sens de ces paroles de l'Evangile : *Vous êtes Pierre, et sur cette pierre je bâtirai mon Eglise et les portes de l'enfer ne prévaudront point contre elle* (*Matth.*, XVI, 18). *J'ai prié pour vous afin que votre foi ne défaille pas* (*Luc.*, XXII, 17). Or à qui appartient-il d'interpréter l'Ecriture ? A la puissance civile, aux parlements, aux cours royales ? Ces corps n'ont pas reçu cette mission. C'est là le privilége exclusif de l'Eglise. Elle a seule reçu la mission d'enseigner les vérités du salut, d'interpréter les livres saints. Et s'il appartenait au pouvoir temporel de faire une loi pour enjoindre aux évêques d'admettre et d'enseigner la déclaration de 1682, ce serait une usurpation de la mission qui a été donnée par Jésus-Christ aux apôtres et à leurs successeurs, puisqu'alors la puissance civile ne ferait autre chose dans le fond, que d'ordonner aux pasteurs, aux évêques, d'interpréter les paroles de l'Evangile dans tel ou tel sens. Le pouvoir civil, empiétant sur la puissance spirituelle, monterait dans la chaire pontificale pour enseigner. Le parlement s'érigerait en concile pour prononcer sur les matières de foi : tout serait confondu (*Voyez* INDÉPENDANCE, LIBERTÉ DE L'EGLISE (.

« C'est à l'Eglise qu'il appartient d'examiner, d'après l'Ecriture et la tradition, si elle doit admettre ou rejeter l'infaillibilité du pape, sa supériorité sur le concile. C'est aux évêques à régler l'enseignement de la religion dans leurs écoles ecclésiastiques, à voir s'il est à propos de faire développer telles ou telles opinions, mais sans obliger à admettre comme de foi ce qui est abandonné aux disputes des écoles. Quant aux choses de foi, il faut conserver l'unité de doctrine ; *In necessariis unitas*. Autrement Jésus-Christ veut qu'on regarde *celui qui n'écoute pas l'Eglise, comme un païen et un publicain* (*Matth.* XVIII, 17). Oui, un évêque professant d'ailleurs les maximes gallicanes, devrait rejeter la déclaration par cela seul qu'elle lui serait imposée par une autorité qui outrepasserait ses droits, et qui n'est pas chargée de lui interpréter les Ecritures inspirées. » (*Mandement portant cond. du Manuel de droit eccl. franc.*) (1).

Léon XII se plaignait à Louis XVIII de ce que son gouvernement prescrivait dans les facultés de théologie l'enseignement de la déclaration : « Il est permis à chacun de pen-« ser et de croire comme il lui convient le « mieux, écrivait-il, et les professeurs de « langues sacrées sont contraints de s'enga-« ger par serment à enseigner des doctrines « appartenant à la classe des opinions qui « ont déjà été la cause de maux bien grands, « et qui ont fourni aux ennemis de la reli-« gion des armes puissantes pour la combat-« tre et l'insulter. » (*Lettre du 4 juin 1824*; on trouve cette lettre dans l'*Hist. de Léon XII* par M. Artaud.)

Que la déclaration de 1682 ait eu pour principe un intérêt purement politique, c'est ce qui ressort évidemment de l'histoire même de cette déclaration. L'abbé Ledieu, secrétaire de Bossuet, le dit de manière à bannir toute incertitude. « Je demandai, dit-il, à M. de Meaux qui lui avait inspiré le dessein des propositions du clergé sur la puissance de l'Eglise; il me dit que M. Colbert, alors ministre et secrétaire d'Etat, en était véritablement l'auteur, et que lui seul y avait déterminé le roi. M. Colbert prétendait que la division que l'on avait avec Rome sur la régale était la vraie occasion de renouveler la doctrine de France sur l'usage de la puissance des papes; que, dans un temps de paix et de concorde, le désir de conserver la bonne intelligence et la crainte de paraître être le premier à rompre l'union empêcheraient une telle décision, et qu'il attira le roi à son avis pour cette raison contre M. Letellier. »

Cependant le chancelier Letellier avait eu le premier l'idée d'une déclaration; il communiqua ce projet à son fils, l'archevêque de Reims; mais ils l'abandonnèrent par la crainte des suites qu'elle devait avoir et des difficultés de son exécution. Ce ne fut que plus tard que, recueillie par Colbert, il la fit adopter au roi sans difficulté.

Il n'est pas hors de propos de faire remarquer ici, que la déclaration de 1682 n'a eu lieu qu'à l'instigation des parlements et par conséquent du parti janséniste qui y dominait. On sait que quelques années avant, en 1663, les parlements pressèrent la Sorbonne de faire une déclaration solennelle pour être présentée au roi. Cette déclaration fut une première concession obtenue pour arriver à celle de 1682, qui n'a fait que la reproduire en d'autres termes. En voici la traduction :

DÉCLARATION *de la Faculté de théologie de Paris, faite au roi par ses députés, le 8 mai 1663, au sujet des thèses touchant l'infaillibilité du pape.*

« Le jour de l'Ascension de Notre-Seigneur Jésus-Christ (le 3 mai 1663), MM. de Mincé, Morel, Betille, de Bréda, Grandin, Guyard, Guischard, Gobillon, Coquelin et Monfgaillard, députés, s'assemblèrent en la maison de la faculté, suivant l'arrêté de l'assemblée générale du jour précédent, afin de résoudre entre eux la déclaration qui devait être faite au roi, au nom de la faculté, par monseigneur l'illustrissime et révérendissime archevêque de Paris, désigné à cet effet, et accompagné d'un grand nombre de docteurs.

« Déclaration de la Faculté de Paris faite au roi au sujet de certaines propositions que quelques-uns ont voulu faire souscrire à ladite Faculté (1).

« ART. 1er Que ce n'est point la doctrine de la Faculté que le souverain pontife ait aucune autorité sur le temporel du roi ; qu'au contraire, elle a toujours résisté même à ceux qui n'ont voulu lui attribuer qu'une puissance indirecte.

« ART. 2. Que c'est la doctrine de la Faculté que le roi ne reconnaît et n'a d'autre supérieur, au temporel, que Dieu seul ; que c'est son ancienne doctrine, de laquelle elle ne se départira jamais.

« ART. 3. Que c'est la doctrine de la même Faculté que les sujets du roi lui doivent tellement fidélité et obéissance, qu'ils n'en peuvent être dispensés sous quelque prétexte que ce soit.

« ART. 4. Que la Faculté n'approuve point, et qu'elle n'a jamais approuvé aucunes propositions contraires à l'autorité du roi ou aux véritables libertés de l'Eglise gallicane, et aux canons reçus dans le royaume : par exemple, que le pape puisse déposer les évêques contre la disposition des mêmes canons.

« ART. 5. Que ce n'est pas la doctrine de la Faculté que le souverain pontife soit au-dessus du concile œcuménique.

« ART. 6. Que ce n'est pas la doctrine ou le dogme de la Faculté que le souverain pontife soit infaillible, lorsqu'il n'intervient aucun consentement de l'Eglise. »

§ 5. *Du 1er article de la déclaration de 1682. Indépendance du pouvoir temporel.*

Que Louis XIV, monarque absolu, s'il en fut jamais, ait tenu à faire enseigner, dans son royaume, que son pouvoir était de droit divin, indépendant de toute puissance ecclésiastique et inamissible, ce que toutefois les papes ne songeaient guère à lui contester, nous le concevons ; que la Restauration ait

---

(1) Ce mandement vient d'être déféré au conseil d'Etat, par appel comme d'abus (*Voyez* APPEL *comme d'abus*). C'est la preuve la plus évidente que les prétendues libertés de l'Eglise gallicane sont pour l'Eglise de véritables servitudes. *Voyez*, sous le mot LIVRES, § 3, le dispositif de ce mandement.

(1) M. Dupin, qui rapporte cette déclaration dans son *Manuel*, pag. 129, retranche ces mots. Ils sont cependant nécessaires pour faire voir que la faculté n'a pas adopté spontanément et d'elle-même ces propositions, mais parce qu'elle y fut sollicitée par les parlements, *quas nonnulli voluerunt adscribere eidem facultati*. Ce qui le prouve, c'est qu'à cette époque elle soutenait des thèses en faveur de l'infaillibilité du pape. (*Voyez* ci-après, § 6, ce qu'en dit Pierre de Marca.)

cherché à faire prévaloir cette même opinion du droit divin des rois, nous le concevons encore ; la prescription de l'enseignement des quatre articles dans les écoles ecclésiastiques, avait alors un but tout politique. Mais ce que nous ne concevons pas aussi bien, c'est que Napoléon, par son décret du 25 février 1810, ait voulu faire de la déclaration de 1682 une loi de l'Etat. Ce que nous concevons encore moins, c'est que certains publicistes de nos jours veuillent encore que sous l'empire de la charte de 1830, qui consacre le principe de la souveraineté du peuple, et la liberté de culte et de conscience, une telle loi soit toujours en vigueur et qu'elle soit enseignée dans les séminaires et dans les facultés de théologie. Or, si la doctrine du 1er article de la déclaration de 1682 est vraie, si le pouvoir temporel est de droit divin et inamissible, ce que veut consacrer cette déclaration, si, *sous quelque prétexte que ce soit*, selon l'explication naturelle qu'en fait Mgr Frayssinous, dans ses *Vrais principes de l'église gallicane* (pag. 72), *il n'est pas permis de déposséder un souverain, fût-il tyran, hérétique, persécuteur, impie ;* si par conséquent, contrairement aux principes qui font aujourd'hui la base de notre droit public, la nation n'a aucun droit sur les princes persécuteurs, parjures, tyrans et despotes, ne voit-on pas combien la prescription de l'enseignement des quatre articles est non-seulement anticanonique, mais imprudent et inconstitutionnel ?

Cependant les papes ont joui, pendant plusieurs siècles, d'un pouvoir très-étendu sur les affaires temporelles et les grands intérêts des nations ; mais il est à remarquer que ce pouvoir avait son origine dans le droit public alors en usage, dans une concession faite aux papes par les peuples et par les rois eux-mêmes. Jamais du reste les papes n'ont prétendu, et ils ne prétendront jamais faire un article de foi de cette croyance à cette sorte de pouvoir dans leur personne, car rien n'est mieux démontré dans la tradition que l'indépendance réciproque de l'Etat et de l'Eglise (*Voyez* INDÉPENDANCE). Le 1er article de la déclaration de 1682 est donc aujourd'hui, plus que jamais, sans objet ; car ce n'est pas des papes que les rois ont à craindre pour l'indépendance de leur couronne ; ce premier article se résume tout entier dans un fait historique du moyen âge que nous devons apprécier et juger ici.

Fénelon, dans le chapitre trente neuvième de sa *Dissertation sur l'autorité du souverain pontife*, examine *ex professo*, *en vertu de quel droit l'autorité ecclésiastique a déposé autrefois les princes temporels ;* et voici de quelle manière il croit pouvoir résoudre cette question délicate. Il remarque d'abord que la réponse du pape Zacharie aux Français, sur la déposition de Childéric, en 752, et la déposition de Louis le Débonnaire par les évêques de France, en 833, ne sont pas proprement des *actes de juridiction*, exercés par l'autorité ecclésiastique, sur le temporel des princes. La réponse du pape Zacharie était un *simple avis* sur un cas de conscience que les Français avaient porté librement à son tribunal. Cette explication de Fénelon est adoptée par Bossuet et par nos meilleurs historiens. Les évêques de France qui prononcèrent la déchéance de Louis le Débonnaire, ne le firent point en vertu de l'autorité ecclésiastique, mais *en qualité de premiers seigneurs du royaume*, et de concert avec les autres seigneurs qui composaient les états généraux de la nation.

Après ces observations importantes, Fénelon continue ainsi : « Depuis ce dernier événement, *on vit peu à peu s'imprimer profondément*, *dans l'esprit des peuples catholiques*, *cette opinion*, que la puissance suprême ne pouvait être confiée qu'à un prince orthodoxe, et qu'une des conditions opposées au contrat tacitement passé entre les peuples et le prince, était que les peuples obéiraient fidèlement au prince, pourvu que celui-ci fût lui-même soumis à la religion catholique (Fénelon suppose ici que l'autorité du prince peut être restreinte par la *loi fondamentale de l'Etat*, au moyen de certaines conditions, mises à l'élection du souverain, et dont l'infraction l'expose à être déposé par l'assemblée générale de la nation. Cette doctrine est en effet admise par les plus célèbres et les plus sages publicistes, et par Bossuet lui-même). Cette condition étant supposée, *on pensait généralement* que le lien du serment qui attachait la nation à son prince était rompu aussitôt que celui-ci, au mépris de la condition dont il s'agit, se révoltait ouvertement contre la religion catholique. *Il était alors d'usage* que les excommuniés fussent privés de toute société avec les fidèles, et ne pussent communiquer avec eux que pour les besoins indispensables de la vie. Il n'est donc pas étonnant que les peuples, alors si attachés à la religion catholique, secouassent le joug d'un prince excommunié. En effet, ils avaient promis de lui obéir, à condition qu'il serait lui-même soumis à la religion catholique ; or, le prince qui était excommunié par l'Eglise pour cause d'hérésie, ou pour les crimes et les impiétés dont il s'était rendu coupable dans le gouvernement de son royaume, n'était plus considéré comme ce prince religieux auquel toute la nation avait voulu se soumettre ; *on pensait donc que* le lien du serment qui attache les sujets à leur souverain, était rompu en ce cas. De plus, le *droit canonique* avait décidé que les excommuniés qui n'obtiendraient pas l'absolution en se soumettant à l'Eglise dans un certain espace de temps, seraient censés hérétiques ou du moins très-suspects d'hérésie. Ainsi, les princes qui croupissaient avec obstination sous le lien de l'excommunication, étaient regardés comme coupables d'un mépris sacrilège envers l'Eglise, et par conséquent d'hérésie ; et le peuple, les regardant comme coupables de l'infraction du contrat qu'ils avaient passé avec lui, secouait leur autorité. Toutefois *cet usage* était modifié, en ce que la déposition du prince ne pouvait être effectuée qu'après avoir consulté l'Eglise.

« Cette *discipline*, qui a été longtemps en

vigueur, ne peut donner lieu de révoquer en doute aucun point de la doctrine de l'Eglise ; car il s'agit uniquement *d'une maxime qui avait alors prévalu chez toutes les nations catholiques,* savoir : que l'autorité séculière n'était confiée au prince que sous la condition expresse de protéger et d'observer en toutes choses la religion catholique. Ainsi, l'*Eglise ne destituait point et n'instituait point les princes temporels ;* mais étant consultée par les peuples, elle répondait seulement ce qui regardait la conscience, à raison du contrat et du serment. Elle n'exerçait pas *un pouvoir civil et juridique,* mais le *pouvoir purement directif et ordinatif* approuvé par Gerson... Ce pouvoir consiste uniquement en ce que le pape en tant que prince des pasteurs, en tant que principal directeur et docteur de l'Eglise, dans les grandes questions de morale, est obligé d'instruire le peuple qui le consulte sur l'observation du serment de fidélité. Du reste, *les pontifes n'ont aucune raison de prétendre commander aux princes, à moins qu'ils n'aient acquis ce droit par un titre spécial, ou par une possession particulière, sur quelque prince feudataire du saint-siége ;* car c'est à tous les apôtres et par conséquent à Pierre, que Jésus-Christ a dit : *Les rois des nations exercent leur empire sur elles ; pour vous, n'en usez pas ainsi. »* (Fénelon, *Dissert. de auctoritate summi Pontificis, cap.* 39, *pag.* 382 ; *cap.* 27, *pag.* 334.)

Conformément à ces principes, Fénelon enseigne, dans les *plans de gouvernement,* rédigés en 1711 pour le duc de Bourgogne, que le pape n'a aucun *pouvoir direct sur le temporel* des princes, mais seulement un *pouvoir indirect,* dans le sens qu'il vient d'expliquer, c'est-à-dire, un *pouvoir purement directif,* qui se réduit *à décider sur le serment, par voie de consultation,* et qui ne suppose en aucune manière *le pouvoir proprement dit de déposer les souverains.*

Ainsi, dans le sentiment de Fénelon, dit M. Gosselin qui a traité cette question *in extenso* dans son bel ouvrage du *Pouvoir du pape au moyen âge,* la conduite des souverains pontifes qui ont autrefois déposé des princes temporels, s'explique naturellement *par les maximes alors généralement admises* parmi les peuples catholiques de l'Europe, et qui donnaient, en certains cas, à l'Eglise *le pouvoir au moins indirect* d'instituer et de destituer les souverains. Ce pouvoir, selon l'archevêque de Cambrai, n'était pas un *pouvoir de juridiction temporelle, fondé sur le droit divin ;* mais c'était tout ensemble un *pouvoir directif* d'institution divine, et un *pouvoir de juridiction temporelle,* d'institution purement humaine. En effet, le pape et l'Eglise, ayant, d'après l'institution divine, l'obligation et par conséquent le pouvoir d'éclairer et de diriger la conscience des princes et des peuples, en tout ce qui regarde le salut, ont, par cela même, le pouvoir de décider les questions relatives aux obligations de conscience, qui résultent du *serment de fidélité.* Mais indépendamment de ce *pouvoir directif,* d'institution divine, ils avaient, au moyen âge, un *pouvoir de juridiction temporelle,* d'institution purement humaine, fondé sur l'*usage* et les *maximes de droit public alors généralement admises.* En déposant un souverain opiniâtre dans l'hérésie ou l'excommunication, ils n'agissaient pas seulement comme docteurs et directeurs des fidèles, dans l'ordre du salut ; ils agissaient en même temps comme juges établis et reconnus par l'*usage* et le *droit public* alors en vigueur, pour examiner et juger la cause des souverains qui encouraient la déchéance, par l'infraction du contrat qu'ils avaient passé avec leur peuple.

Il est aisé de voir que, dans ce sentiment, la sentence de déposition prononcée par le pape ou le concile, au moyen âge, contre un souverain hérétique ou excommunié, était fondée tout à la fois sur le *droit divin* et sur le *droit humain.* Elle était fondée sur le *droit divin,* non-seulement en tant qu'elle éclairait et dirigeait la conscience des princes et des peuples, relativement aux obligations qui résultaient du *serment de fidélité ;* elle était en même temps fondée sur le *droit humain,* non-seulement en tant qu'elle déclarait le prince déchu de ses droits, par suite de la condition mise à son élection, mais encore en vertu du pouvoir que l'*usage* et le *droit public* donnaient alors au pape et au concile, pour juger la cause des souverains qui encouraient la déchéance. En prononçant cette sentence, le pape et le concile ne déposaient pas proprement le souverain, et ne s'attribuaient pas *de droit divin* le pouvoir de le *déposer ;* mais ils *déclaraient* seulement et ils *décidaient* que d'après la condition mise à son élection par l'*usage* et la *jurisprudence* du temps, il était déchu de sa dignité. Leur sentence peut être comparée à celle d'un juge ordinaire, qui prononce la nullité d'un acte invalidé par les lois, mais dont la nullité n'existe pas *de plein droit,* et n'a d'effet qu'après avoir été prononcée par le juge.

Il est à remarquer que, dans ce sentiment, le pape ou le concile, qui déliaient les sujets du *serment de fidélité* prêté au souverain, ne donnaient pas une *dispense proprement dite* de ce serment, mais une simple *interprétation* ou *déclaration* de sa nullité. En effet, le *serment de fidélité* étant uniquement relatif au contrat passé entre le prince et ses sujets, n'avait de force que pour appuyer ce contrat, et uniquement dans l'hypothèse de la validité de ce contrat. Par le seul fait de la rupture du contrat, le serment devenait sans objet ; et la même sentence qui déclarait le contrat nul, renfermait, par une conséquence naturelle, une déclaration de la nullité du serment, sans qu'il fût nécessaire d'en *dispenser,* dans le sens propre et rigoureux de ce mot. Si donc le pape et les conciles emploient quelquefois, en ce cas, les termes de *dispense, d'absolution,* et d'autres semblables, c'est dans un sens large et impropre, comme Fénelon l'explique à l'occasion de la sentence de déposition prononcée par le pape Innocent IV, contre Frédéric II, dans le concile de Lyon, en 1245 (Fénelon, *ubi supra*, *cap.* 39, *pag.* 387). Au reste, si l'on insiste pour voir ici *une dispense proprement dite*, nous ne disputerons pas; nous remarquerons seulement qu'il est souvent difficile de distinguer en cette matière une *dispense proprement dite* d'avec une simple *interprétation*. Il faut avouer du moins que la différence communément assignée entre ces deux choses n'est pas toujours facile à saisir (*Voyez* DISPENSE, INTERPRÉTATION).

Plusieurs savants auteurs, même protestants, ont adopté plus ou moins ouvertement, depuis un siècle, quoiqu'avec diverses modifications, le sentiment de Fénelon. Nous ne citerons ici que le comte de Maistre. « Il faut partir, dit-il, d'un principe général et incontestable, savoir, *que tout gouvernement est bon lorsqu'il est établi et qu'il subsiste depuis longtemps sans contestation*.... Toutes les formes possibles de gouvernement se sont présentées dans le monde, et toutes sont légitimes dès qu'elles sont établies, sans qu'il soit permis de raisonner d'après des hypothèses entièrement séparées des faits. Or, s'il est un fait incontestable, attesté par tous les monuments de l'histoire, c'est que les papes, dans le moyen âge, et bien avant dans les derniers siècles, ont exercé une grande puissance sur les souverains temporels; qu'ils les ont jugés, excommuniés dans quelques grandes occasions et que souvent même ils ont déclaré les sujets de ces princes déliés envers eux du serment de fidélité.... L'autorité des papes fut la puissance choisie et constituée, dans le moyen âge, pour faire équilibre à la souveraineté temporelle, et la rendre supportable aux hommes.... Il n'y avait là certainement rien de contraire à la nature des choses qui n'exclut aucune forme d'association politique. Si cette puissance n'est pas établie, je ne dis pas qu'on doive l'établir ou la rétablir; c'est de quoi je n'ai cessé de protester solennellement; je dis seulement, en me reportant aux temps anciens, que si elle est établie, elle sera légitime comme toute autre, aucune puissance n'ayant d'autre fondement que la possession.... L'autorité des papes sur les rois n'était contestée que par celui qu'elle frappait. Il n'y eut donc jamais d'autorité plus légitime, comme jamais il n'y en eut de moins contestée.... Qu'y a-t-il donc de sûr parmi les hommes, si la coutume, non contredite surtout, n'est pas la mère de la légitimité? Le plus grand de tous les sophismes, c'est celui de transporter un système moderne dans les temps passés, et de juger sur cette règle les choses et les hommes de ces époques plus ou moins reculées. Avec ce principe, on bouleverserait l'univers; car il n'y a pas d'institution établie qu'on ne pût renverser par le même moyen, en la jugeant sur une théorie abstraite. Dès que les peuples et les rois étaient d'accord sur l'autorité des papes, tous les raisonnements modernes tombent...

J'ai beaucoup entendu demander dans ma vie de quel droit les papes déposaient les empereurs; il est aisé de répondre, du droit sur lequel repose toute autorité légitime. *possession* d'un côté, *assentiment* de l'autre.

« Je ne terminerai point ce chapitre sans faire une observation, sur laquelle il me semble qu'on n'a point assez insisté; c'est que les plus grands actes de l'autorité qu'on puisse citer de la part des papes, agissant sur le pouvoir temporel, attaquaient toujours une souveraineté *élective*, c'est-à-dire, une demi-souveraineté à laquelle on avait sans doute le droit de demander compte, et que même on pouvait déposer, s'il lui arrivait de malverser à un certain point. Voltaire a fort bien remarqué que *l'élection suppose nécessairement* un contrat entre le roi et la nation (*Essai sur les mœurs*, tom. III, *chap.*121); en sorte que le roi électif peut toujours être pris à partie et être jugé. Il manque toujours de ce caractère sacré qui est l'ouvrage du temps; car l'homme ne respecte réellement rien de ce qu'il a fait lui-même. Il se rend justice en méprisant ses œuvres, jusqu'à ce que Dieu les ait sanctionnées par le temps. La souveraineté étant donc en général fort mal comprise et fort mal assurée dans le moyen âge, la souveraineté élective en particulier n'avait guère d'autre consistance que celle que lui donnaient les qualités personnelles du souverain: qu'on ne s'étonne donc point qu'elle ait été si souvent attaquée, transportée ou renversée. » (*Du pape*, liv. II, ch.9, col. 368, *édit.* Migne).

On voit assez, par ces explications, la différence essentielle qui existe entre le *pouvoir directif* admis par Fénelon, et le *pouvoir indirect*, au sens où les théologiens et canonistes ultramontains l'ont expliqué dans ces derniers temps. Toutefois, conclut M. Gosselin (*page* 748), nous sommes très-porté à croire que plusieurs d'entre eux eussent volontiers admis l'opinion de Fénelon, s'ils l'eussent connue; qu'il existe aujourd'hui parmi les canonistes et les théologiens étrangers, une tendance particulière à l'embrasser; enfin que les défenseurs du *pouvoir direct ou indirect*, n'ont été entraînés dans cette opinion que par la difficulté d'expliquer ou de justifier autrement la conduite des papes du moyen âge envers les souverains. Si nos conjectures, à cet égard, sont bien fondées, ne pourrait-on pas en conclure, avec assez de vraisemblance, que l'opinion de Fénelon, à mesure qu'elle se répandra, fera de plus en plus tomber dans l'oubli l'ancienne opinion du *pouvoir direct ou indirect?* (*Voyez* LYON.)

La conduite et le langage même du saint-siége dans ces derniers temps, semblent venir à l'appui de ces conjectures. Plusieurs pièces officielles, d'une authenticité incontestable, montrent clairement combien le saint-siége est aujourd'hui éloigné de soutenir l'opinion théologique dont nous parlons. Bien plus, il y professe ouvertement sur la distinction des deux puissances, et sur l'indépendance des princes, dans l'ordre temporel, des principes très-difficiles à concilier avec l'opinion théologique du *pouvoir direct ou indirect*. On peut voir en particulier, à l'appui de cette assertion, plusieurs brefs de Pie VI, relatifs à la révolution française ; la lettre du cardinal Antonelli, préfet de la propagande, aux archevêques d'Irlande, en date du 23 juin 1791 ; la bulle d'excommunication de Napoléon, où il est dit expressément qu'on n'entend rien prononcer contre la puissance temporelle et la soumission des peuples (*Voyez* cette bulle sous le mot EXCOMMUNICATION, tom. 1er, col. 1216) ; la lettre encyclique de N. S. P. le pape Grégoire XVI à tous les patriarches, primats, archevêques et évêques, du 15 août 1832 ; l'exposition du droit et du fait en réponse à la déclaration du gouvernement prussien, du 31 décembre 1838 ; enfin l'allocution de N. S. P. le pape Grégoire XVI, prononcée dans le consistoire secret du 8 juillet 1839. Il suffit, à ce qu'il nous semble, de lire attentivement ces différentes pièces, pour être convaincu que le saint-siége, bien loin de favoriser aujourd'hui *l'opinion théologique du pouvoir direct ou indirect*, saisit volontiers les occasions qui se présentent de montrer le peu d'importance qu'il attache à cette opinion, et de professer hautement les principes qui la combattent, ou du moins qui se concilient plus difficilement avec elle. Aussi plusieurs écrivains judicieux ont-ils cru pouvoir conclure des divers monuments que nous venons de citer, que l'opinion théologique dont nous parlons est aujourd'hui *surannée, même au delà des monts* (Affre, *Essai hist. sur la suprém. tempor. de l'Eglise et du pape*, p. 504).

§ 6. *Des trois derniers articles de la déclaration de 1682*

Nous avons dit que la déclaration de 1682 n'a aucune autorité canonique, qu'elle est un acte purement politique et que la doctrine comprise dans le premier article se résume dans une question purement historique et non dans un point de juridiction spirituelle. Il nous reste à examiner les trois autres articles qui consacrent cette maxime, que tout pape est soumis au jugement de tout concile universel et que ses jugements ne sont pas irréformables. Cette doctrine est appuyée sur la quatrième et cinquième sessions du concile de Constance, ainsi conçues :

Ex sessione IV, *et primo quod ipsa synodus in Spiritu Sancto congregata legitime generale concilium faciens, Ecclesiam catholicam militantem repræsentans, potestatem a Christo immediate habet, quilibet cujuscumque status vel dignitatis, etiamsi papalis, existat, obedire tenetur in his quæ pertinent ad fidem et extirpationem dicti schismatis et reformationem generalem Ecclesiæ Dei in capite et membris.*

Ex sessione V, *item declarat, quod quicumque cujuscumque conditionis, status, dignitatis, etiamsi papalis, qui mandatis, statutis, sive ordinationibus, aut præceptis hujus sacræ synodi et cujuscumque alterius concilii generalis legitime congregati, super præmissis seu ad ea pertinentibus factis vel faciendis, obedire contumaciter contempserit, nisi resipuerit, condignæ pænitentiæ subjiciatur, et debite puniatur, etiam ad alia juris subsidia, si opus fuerit, recurrendo.*

L'assemblée de 1682 n'approuve pas qu'on révoque en doute l'autorité de ces décrets, ou qu'on les réduise au seul cas de schisme. Elle prétend qu'ils ont été approuvés par le siège apostolique et confirmés par le pape et par l'usage de toute l'Eglise. Or s'il en est ainsi, comme nous le disons sous le mot CONSTANCE, il faut en conclure que ces décrets, dans le sens que leur prête l'assemblée de 1682, ont toute la force d'une décision définitive d'un concile œcuménique. Tout chrétien est obligé de s'y soumettre, à moins de cesser d'être catholique. Cependant depuis le concile de Constance, on a toujours continué de disputer sur ces décrets et sur leur sens, c'est-à-dire depuis plus de quatre siècles. Et comment donc peut-on dire que cette autorité ne soit pas douteuse ? Une condition indispensable aux décrets des conciles œcuméniques, c'est que leur autorité ne soit pas longtemps révoquée en doute parmi les catholiques. Il peut arriver que les décrets et les définitions des conciles œcuméniques rencontrent des oppositions, même de la part des catholiques, tant que les faits ne sont pas assez connus, comme cela est arrivé au cinquième et au septième concile, et cela peut même être toléré pour quelque temps par une prudente et charitable condescendance ; mais après ce temps, il est indispensable que tous les catholiques se soumettent à leur autorité. Prétendre que ces décrets de Constance sont des décrets d'un concile œcuménique, et avouer que depuis quatre siècles une grande quantité de catholiques ont douté et doutent encore de leur autorité, ce sont deux choses qui se détruisent réciproquement.

On doute de l'œcuménicité des quatrième et cinquième sessions, 1° parce que les trois obédiences de Grégoire XII, Jean XXIII et Benoît XIII ne paraissaient pas encore réunies dans ce concile, et que ces trois convocations au nom de ces trois papes que le concile même avait jugées nécessaires pour ôter les doutes sur sa propre légitimité, n'avaient pas eu lieu ; 2° parce que Martin V, dans sa bulle de confirmation, ne parle que de la condamnation des erreurs de Wiclef, de Jean Hus et de Jérôme de Prague. D'ailleurs il est évident en lisant les décrets du concile de Constance, et l'histoire le confirme, que ces décrets n'ont été faits que pour l'extirpation du schisme qui divisait alors l'Eglise, *extirpationem dicti schismatis*, et comme il y avait trois prétendants à la papauté, les Pères du concile décrètent sagement que les trois prétendants doivent se soumettre à l'autorité du présent concile, toujours dans le but d'éteindre le présent schisme *extirpationem dicti schismatis*. C'est là un point historique dans lequel nous ne pouvons entrer sans nous éloigner du plan de cet ouvrage. Au reste les auteurs de la déclaration de 1682 reconnaissent eux-mêmes que l'autorité des décrets de Constance est douteuse, puisqu'ils disent que l'Eglise gallicane n'*approuve pas* ceux qui affaiblissent l'autorité de ces décrets. N'est-ce pas évidemment mettre en doute cette autorité, puisqu'on ne pourrait, sans une coupable prévarication, dire seulement qu'on n'*approuve pas* ceux qui révoquent en doute l'autorité certaine d'un concile œcuménique : donc l'autorité de celui de Constance n'était pas certaine pour les auteurs de la déclaration.

L'assemblée de 1682 déclare que les jugements du pape ne sont pas *irréformables*, ou en d'autres termes que le pape n'est point infaillible. Cependant une autre assemblée du clergé de France s'exprimait tout autrement dans le même siècle, quelques années seulement auparavant. Voici comme les évêques s'exprimaient en 1626 : « Ils respecte-
« ront aussi notre saint-père le pape, chef
« visible de l'Eglise universelle, vicaire de
« Dieu en terre, évêque des évêques et pa-
« triarche, en un mot successeur de saint
« Pierre, auquel l'apostolat et l'épiscopat ont
« eu commencement, et sur lequel Jésus-
« Christ a fondé son Eglise, en lui baillant
« les clefs du ciel avec l'*infaillibilité de la foi*,
« que l'on a vu miraculeusement durer dans
« ses successeurs jusqu'aujourd'hui. » Voilà comment pensaient et parlaient les évêques en France en 1626, ce qui prouve que la doctrine consacrée dans la déclaration de 1682, n'était pas la doctrine constante du clergé de France. Le célèbre de Marca, archevêque de Paris, nous dit qu'en 1660 la doctrine contraire était enseignée dans toutes les universités, excepté en Sorbonne. Voici ses paroles : « L'opinion qui attache l'*infailli-
« bilité* au pontife romain est la seule qui soit
« enseignée en Espagne, en Italie et dans
« toutes les autres provinces de la chrétienté ;
« de sorte que ce qu'on appelle le sentiment
« des docteurs de Paris doit être rangé parmi
« les opinions qui ne sont que tolérées... Tou-
« tes les universités, excepté cependant l'an-
« cienne Sorbonne, s'accordent à reconnaître
« dans les pontifes romains l'autorité de dé-
« cider les questions de foi par un jugement
« *infaillible*. Bien plus, nous voyons encore
« aujourd'hui enseigner en Sorbonne même
« cette doctrine de l'*infaillibilité* du souve-
« rain pontife ; car le 12 décembre 1660, on
« soutint publiquement en Sorbonne cette
« thèse, savoir, que Jésus-Christ a établi le
« pontife romain juge des controverses qui
« naissent dans l'Église, et a promis qu'il
« *n'errerait jamais* dans les définitions de
« foi : *Romanus pontifex controversiarum
« ecclesiasticarum est constitutus judex a
« Christo qui ejus definitionibus indeficientem
« fidem promisit.* » (P. de Marca, *manuscrits conservés à la biblioth. royale*, t. II, n. 31).

Nous pourrions reproduire ici un grand nombre de passages qui établissent que l'Eglise de France a constamment suivi une doctrine différente de celle des évêques de l'assemblée de 1682 sur l'irréformabilité des jugements du pape. « Quel évêque, dit le canon 20 du second concile de Tours, osa jamais s'opposer aux décrets émanés du siège apostolique ? Nos pères ont toujours obéi à ce que son autorité leur a commandé. *Quis sacerdotum contra decreta talia, quæ a sede apostolica processerant agere præsumat ?.....
Et patres nostri hoc semper custodierunt, quod eorum præcepit auctoritas.* »

Saint Prosper voit dans la puissance du premier apôtre la puissance même de Jésus-Christ. « Qui ne connaît, dit-il, la force de cette pierre, laquelle emprunte de la principale pierre, qui est le Christ, et son nom et toute sa vertu ? » Ose-t-on donner des juges à un pape, même de son consentement, même sur sa demande, toutes les Eglises des Gaules se troublent et se sentent ébranlées dans leur chef. *Nos sedem apostolicam judicare non audemus. Nam ab ipsa nos omnes et vicario suo judicamur. Ipse autem a nemine judicatur, quemadmodum et antiquitus mos fuit : sed sicut ipse summus pontifex censuerit, canonice obediemus* (Concil. gall. an. 800). » S'il y a quelque chose à réformer dans les autres membres du sacerdoce, on le peut ; mais si l'on élève des doutes sur le pape, si l'on se permet de le juger, ce n'est plus un évêque, c'est l'épiscopat même qui est chancelant ; parce que l'épiscopat, suivant saint Césaire d'Arles, a sa source dans la personne de Pierre ; d'où le saint docteur conclut que toutes les Eglises doivent recevoir de lui leur discipline.

Jean de Sarisberg, évêque de Chartres, répondait au nom des évêques de la province de Chartres, à l'archevêque de Lyon qui les avait invités à se trouver à un concile pour discuter la conduite de Pascal II : « Il ne nous paraît point utile de nous rendre à ces conciles, dans lesquels nous ne pouvons *ni condamner ni juger* les personnes contre qui l'on procède, parce qu'il est avéré qu'elles ne sont soumises ni à notre jugement ni à celui d'aucun homme. *Quis præsumat summum judicare pontificem, cujus causa Dei solius reservatur examini ? Utique qui hoc attentaverit, laborare, sed nequaquam proficere poterit* (Polic. lib. VIII). »

Le père Thomassin, parlant du concile romain, où il s'agissait du jugement du pape Symmaque, observe qu'un concile même œcuménique doit être convoqué et confirmé par le pape, et par conséquent ne peut tourner contre le pape l'autorité qu'il a de lui ; que ce concile n'en est pas moins une union des membres de l'Eglise, qui ne peut juger le chef, un troupeau qui ne doit pas juger son pasteur ; que dans ce concile aussi bien que dans les conciles particuliers, ce seraient toujours les inférieurs qui jugeraient leur supérieur ; qu'un tel jugement mettrait en danger tout l'épiscopat, et détruirait tous les privilèges des autres sièges ; qu'enfin il est de droit divin que le pape ne soit jugé que par Dieu, et que le concile ne peut rien contre ce droit (*Dissert. in conc.* 1667).

Nous ne nous arrêterons pas à examiner la question si le concile œcuménique est supérieur au pape, ou le pape supérieur au concile, car c'est là une question chimérique ; nous nous contenterons de dire que c'est au pape à convoquer et à confirmer les conciles œcuméniques, qu'il est impossible qu'il y ait un concile œcuménique sans pape, et qu'en dernière analyse, c'est le pape qui donne aux conciles généraux leur caractère d'œcuménicité et par conséquent d'infaillibilité.

Veut-on dire que le pape est obligé d'observer les saints canons? mais il est avoué par tous les catholiques que le pape possède, suivant la décision du concile général de Florence, *une pleine puissance* pour gouverner l'Eglise universelle (*Voyez* FLORENCE), et que par conséquent il peut dispenser des canons de discipline et les modifier, quand la nécessité ou le bien de l'Eglise le demande. Le concordat de 1801 et la suppression de tous les anciens sièges épiscopaux de France, en est la preuve la plus frappante et la plus évidente. Il nous semble qu'en présence d'un tel fait, il faut être ou anticoncordataire, c'est-à-dire schismatique, ou cesser d'être gallican.

§ 7. LIBERTÉ *de la presse.*

La *liberté de la presse* est garantie par la Charte dont l'article 7 porte « Les Français « ont le droit de publier et de faire imprimer « leurs opinions, en se conformant aux lois.» Ainsi les catholiques peuvent profiter, comme tous les autres citoyens, de ce droit garanti à tous les cultes et à toutes les opinions, pour défendre leurs droits, combattre l'erreur et propager la vérité. Mais de ce que la *liberté de la presse* est devenue une nécessité publique dans un Etat, il ne s'ensuit nullement qu'on puisse et qu'on doive la préconiser comme une chose utile et avantageuse. Telle a été, de nos jours, l'erreur d'un homme devenu trop célèbre, erreur solennellement condamnée par l'encyclique de Grégoire XVI, adressée le 15 août 1832, à tous les patriarches, primats, archevêques et évêques. Le successeur de Pierre s'exprime ainsi sur cette question:

« De cette source infecte de l'*indifférentisme* découle cette maxime absurde et erronée, ou plutôt ce délire qu'il faut assurer et garantir à qui que ce soit la *liberté de conscience.* On prépare la voie à cette pernicieuse erreur par la *liberté* d'opinions pleine et sans bornes, qui se répand au loin pour le malheur de la société religieuse et civile; quelques-uns répétant avec une extrême impudence qu'il en résulte quelque avantage pour la religion. Mais, dit saint Augustin, *qui peut mieux donner la mort à l'âme que la liberté de l'erreur?*

« En effet, tout frein étant ôté, qui peut retenir les hommes dans les sentiers de la vérité, leur nature inclinée au mal tombe dans un précipice, et nous pouvons dire avec vérité que le *puits de l'abîme* est ouvert, ce puits d'où saint Jean vit monter une fumée qui obscurcit le soleil, et sortir des sauterelles qui ravagèrent la terre. De là le changement des esprits, une corruption plus profonde de la jeunesse, le mépris des choses saintes et des lois les plus respectables répandu parmi le peuple, en un mot, le fléau le plus mortel pour la société, puisque l'expérience a fait voir, de toute antiquité, que les Etats qui ont brillé par leurs richesses, par leur puissance, par leur gloire, ont péri par ce seul mal, la *liberté* immodérée des opinions, la licence des discours et l'amour des nouveautés.

« Là se rapporte cette *liberté* funeste, et dont on ne peut avoir assez d'horreur, la *liberté* de la librairie pour publier quelque écrit que ce soit, *liberté* que quelques-uns osent solliciter et étendre avec tant de bruit et d'ardeur. Nous sommes épouvanté, vénérables frères, en considérant de quelles doctrines, ou plutôt de quelles erreurs monstrueuses nous sommes accablés, et en voyant qu'elles se propagent au loin et partout par une multitude de livres et par des écrits de toute sorte, qui sont peu de chose pour le volume, mais qui sont remplis de malice, et d'où il sort une malédiction qui, nous le déplorons, se répand sur la surface de la terre. Il en est cependant, ô douleur! qui se laissent entraîner à ce point d'impudence qu'ils soutiennent opiniâtrement que le déluge d'erreurs qui sort de là est assez bien compensé par un livre qui, au milieu de ce déchaînement de perversité, paraîtrait pour défendre la religion et la vérité.

« Or, c'est certainement une chose illicite et contraire à toutes les notions de l'équité, de faire de dessein prémédité un mal certain et plus grand, parce qu'il y a espérance qu'il en résultera quelque bien. Quel homme en bon sens dira qu'il faut laisser se répandre librement des poisons, les vendre et transporter publiquement, les boire même, parce qu'il y a un remède tel que ceux qui en usent parviennent quelquefois à échapper à la mort?

« La discipline de l'Eglise fut bien différente, dès le temps même des apôtres, que nous lisons avoir fait brûler publiquement une grande quantité de mauvais livres. Qu'il suffise de parcourir les lois rendues sur ce sujet, dans le cinquième concile de Latran, et la constitution qui fut depuis donnée par Léon X, notre prédécesseur, d'heureuse mémoire, pour empêcher *que ce qui a été sagement inventé pour l'accroissement de la foi et la propagation des sciences utiles, soit dirigé dans un but contraire, et porte préjudice au salut des fidèles.*

« Ce fut aussi l'objet des soins des Pères du concile de Trente, qui, pour apporter remède à un si grand mal, firent un décret salutaire, pour ordonner de rédiger un *index* des livres qui contiendraient une mauvaise doctrine (*Voy.* INDEX, LIVRES). *Il faut combattre avec force,* dit Clément XIII, notre prédécesseur, d'heureuse mémoire, dans ses lettres encycliques, sur la proscription des livres dangereux; *Il faut combattre avec force, autant que la chose le demande, et tâcher d'exterminer cette peste mortelle; car jamais on ne retranchera la matière de l'erreur, qu'en livrant aux flammes les coupables éléments du mal* (Lettre de Clément XIII, *Christianæ*, du 25 novembre 1766).

« D'après cette constante sollicitude avec

laquelle le saint-siége s'est efforcé, dans tous les temps, de condamner les livres suspects et nuisibles, et de les retirer des mains des fidèles, il est assez évident combien est fausse, téméraire, injurieuse au saint-siége, et féconde en maux pour le peuple chrétien, la doctrine de ceux qui non-seulement rejettent la censure des livres, comme un joug trop onéreux, mais en sont venus à ce point de malignité, qu'ils la représentent comme opposée aux principes de la droiture et de l'équité, et qu'ils osent refuser à l'Eglise le droit de l'ordonner et de l'exercer. »

Quand on considère le nombre effroyable de mauvais écrits qui circulent de toute part, et l'impiété et l'immoralité qu'ils répandent partout, on comprend toute la sagesse des paroles solennelles que nous venons de rapporter, et toute la folie de ceux qui vantent comme un bien la *liberté* illimitée de la presse.

§ 8. LIBERTÉ *de conscience et de culte.*
(*Voyez* CHARTE, et, ci-dessus, LIBERTÉ *de la presse.*)

§ 9. LIBERTÉ *de l'enseignement.*

Jésus-Christ, en fondant son Eglise, lui a donné la mission d'instruire et d'enseigner toutes les nations. *Ite, docete omnes gentes.* Sa vocation propre est l'éducation de l'homme ; elle doit lui enseigner toutes les vérités qui lui sont nécessaires, le préserver de l'erreur et du mensonge, le sanctifier par la foi, par l'espérance et par l'amour. Sa divine mission ne se borne pas à la correction de ses enfants indociles ou rebelles ; elle embrasse un but encore plus salutaire, celui de les empêcher de se corrompre et de se perdre. Fidèle à sa mission, à sa tendresse, à sa céleste nature, l'Eglise reçoit en ses bras, et environne de ses maternelles sollicitudes, chacun de ses enfants, depuis le moment de leur naissance jusqu'à celui de leur mort ; elle s'efforce de les préserver de la contagion de l'erreur, des séductions du vice, de toute offense à la loi morale, de tout ce qui, en un mot, pourrait ternir en eux la vertu, et altérer la paix de leurs âmes ; elle les en préserve, en les introduisant à la vie chrétienne, en sorte que, dès le premier âge, la sainteté du chrétien soit leur partage.

Or, nous le demandons, l'Eglise pourra-t-elle satisfaire à sa destination et atteindre le but de sa salutaire mission, si elle est privée d'écoles propres et d'institutions appropriées à sa continuelle activité ? Ne serait-ce pas de sa part, dit l'illustre archevêque de Cologne, une prévarication à sa vocation divine, si elle venait à se contenter des fruits qu'il lui serait uniquement permis de cueillir, en matière d'éducation, sur l'arbre que l'Etat seul aurait planté ?

Lorsque l'Etat ne professe aucune religion, comme en France, lorsqu'il déclare que tous les cultes sont libres, et que chaque citoyen obtient pour le sien la même protection, il est évident que l'Etat est inhabile à donner aucun enseignement religieux, quel qu'il puisse être. L'Etat fût-il même catholique, s'il revendiquait le droit exclusif de l'éducation, il contredirait le fait de la mission apostolique, qui n'existe que dans l'Eglise.

La *liberté d'enseignement* par elle-même est un mal ; car il n'est jamais permis d'enseigner l'erreur. Il en est d'elle comme de la *liberté* de la presse ; car s'il n'est pas permis de répandre par ce moyen les mauvaises doctrines ; il n'est pas plus permis de les enseigner de vive voix. (*Voyez* LIBERTÉ DE la presse.) Mais la *liberté d'enseignement* est devenue dans certains Etats, et notamment en France, une nécessité, comme la *liberté* de la presse elle-même ; elle est donc de droit commun, et les catholiques doivent en jouir comme tous les autres membres des cultes dissidents. L'Eglise est donc obligée de réclamer au moins sa part dans l'enseignement public. C'est ce qu'expliquent les réclamations si vives, si pressantes et si unanimes de l'épiscopat français tout entier. L'Etat ne pourrait refuser aux catholiques la *liberté d'enseignement*, sans porter atteinte à la constitution même de l'Eglise, dont la mission propre et spéciale est d'enseigner non-seulement dans ses temples, mais partout et toujours ; aussi un évêque n'a pas craint de trop s'avancer, en disant que refuser la *liberté d'enseignement* aux catholiques, ce serait détruire le catholicisme en France.

Pour mieux éclairer la question, entrons dans les détails relatifs à l'enseignement. Les écoles de paroisses, que nous appelons actuellement écoles primaires (*Voyez* ÉCOLE), sont instituées pour enseigner à l'âme encore neuve de l'enfant la doctrine chrétienne, et pour lui inspirer d'une manière ineffaçable le véritable esprit religieux, afin que cette précieuse semence produise des fruits de salut. Les enfants y apprennent à lire, à écrire, à calculer dans la proportion conforme à leur condition future, qui n'exigera pas des études proprement dites ; dira-t-on que ce qu'ils auront ainsi appris à lire est indifférent à l'Eglise, qu'il doit même l'être à la société ? Inspirer au jeune âge l'esprit religieux, l'obéissance, le respect dû à la vieillesse, l'amour du travail et de l'ordre, la modestie, une pudique retenue et toutes les autres vertus qui font le véritable chrétien, c'est la tâche qui est imposée aux écoles primaires. Qui peut méconnaître que ces écoles, en vertu de leur destination religieuse et morale, sont essentiellement du domaine exclusivement du domaine de l'Eglise ? Car comment exiger d'elle qu'elle souffre sans résistance et même sans oser s'en plaindre, que l'éducation des enfants catholiques soit remise aux mains de maîtres qui ne sont pas catholiques, et qui le plus souvent ne sont pas même chrétiens ?

Pour les colléges et l'instruction secondaire qui s'y donne, ils ne sauraient être du domaine exclusif de l'Etat, l'Eglise ne peut y rester étrangère, et pour les mêmes raisons que nous venons de déduire relativement aux écoles primaires. De plus le choix d'un état qui a des conséquences si importantes et si graves pour le bien-être temporel et le salut éternel, ne se fait qu'au sortir des colléges. Il faut donc que les jeunes gens y reçoivent une éducation qui leur donne la capacité, la ferme volonté et tous les moyens nécessaires pour connaître l'état auquel Dieu les appelle. Il faut encore que l'instruction qu'ils y reçoivent les rende capables d'acquérir toutes les connaissances nécessaires pour remplir, dans toute leur étendue, les devoirs de l'état qu'ils auront à choisir. Mais, avant tout, il faut que les élèves des colléges reçoivent une éducation solidement chrétienne, autrement tout ce qu'ils y auront appris, loin de leur être utile, leur deviendra préjudiciable; car, quelle que soit sa science, s'il n'a pas été formé en véritable chrétien, *l'homme ne sera jamais*, suivant l'expression de l'illustre archevêque que nous avons déjà cité, *qu'un poison vivant parmi ses semblables*. Si l'Etat ne peut donner dans ses colléges, cette éducation chrétienne qui rassure l'Eglise; et l'Etat malgré toute la bonne volonté possible, ne le peut guère, sans s'exposer à porter atteinte à la *liberté* de conscience, on comprend l'indispensable nécessité de donner à l'Eglise et à toutes les familles catholiques qui en sont membres, la *liberté d'enseignement*, la *liberté* d'ouvrir des colléges spéciaux pour l'éducation de leurs enfants.

Nous n'entrerons pas dans de plus amples considérations qui pourraient s'éloigner du but de notre ouvrage (*Voyez* UNIVERSITÉ, LIBERTÉ *de l'Eglise*, INDÉPENDANCE).

Nous ajouterons néanmoins que la *liberté de l'enseignement* fut proclamée par l'assemblée constituante, par la constitution de 1791, par les décrets de l'an II, et de l'an III, par la constitution de l'an III, et par les hommes d'Etat les plus distingués du directoire, du consulat et de l'empire. Les décrets de 1806, 1808 et 1811, constitutifs de l'université, poussèrent à l'extrême le droit de l'Etat de diriger l'éducation publique, et firent de la *liberté de l'enseignement* un monopole exercé au profit d'un corps privilégié. Mais l'article 69, § 8, de la Charte a consacré le retour au droit commun en proclamant cette *liberté*, et en déclarant qu'*il serait pourvu par une loi séparée, et dans le plus court délai possible, à l'instruction publique et à la liberté de l'enseignement*. La Charte distingue, comme on le voit, l'instruction publique et la *liberté de l'enseignement* : l'une sera donnée par l'Etat, l'autre sera exercée par les citoyens. La loi promise a donc dû séparer ces deux choses, et ne porter aucune atteinte à cette *liberté* des citoyens corrélative du droit de l'Etat, laquelle est un droit public inhérent à la *liberté* de conscience et à l'exercice de la puissance paternelle.

Plusieurs projets de loi sur la *liberté de l'enseignement* ont été présentés depuis 1830, en vertu de l'article 69 de la Charte, mais aucun n'est parvenu à l'état de loi. Ils étaient tous plus ou moins hostiles à la *liberté* des catholiques; aussi en ont-ils constamment demandé le rejet, et actuellement ils ne cessent de réclamer, par la voie des pétitions, une *liberté d'enseignement* qui leur permette de faire élever leurs enfants dans les principes de leur foi. *Liberté* pour tout le monde, monopole pour personne : tel est le vœu de tous les catholiques, les évêques à leur tête (*Voyez* SÉMINAIRES, UNIVERSITÉ).

LIBRAIRIE (LIBERTÉ DE LA).

(*Voyez* LIBERTÉ *de la presse*.)

LICENCE, LICENCIÉ.

La *licence* est un des quatre différents degrés que l'on obtient dans les universités : et le *licencié* est celui qui a obtenu le degré de *licence* (*Voyez* UNIVERSITÉ).

LIEN CONJUGAL.

Cette expression se prend figurément pour le mariage même qui lie les personnes mariées.

Le *lien*, *ligamen*, est un empêchement dirimant de mariage (*Voyez* EMPÊCHEMENT, § 4).

LIEUX PIEUX.

On entend par *lieux pieux* généralement tous les *lieux* consacrés à Dieu. On entend aussi par *lieux pieux* ceux où la charité s'exerce.

LIGNE.

En termes de généalogie, la *ligne* est une suite de parents en divers degrés qui descendent tous d'une même souche ou père commun. Il y a deux sortes de *lignes*, la *ligne* directe, et la *ligne* collatérale. La *ligne* directe est celle qui va de père en fils, soit en montant, soit en descendant. La *ligne* collatérale est l'ordre des personnes qui descendent d'une même souche ou d'un même père, mais qui ne descendent pas les uns des autres, comme deux frères (*Voyez* DEGRÉS *de parenté*).

LITIGE.

Le *litige* est une contestation en justice. On se servait autrefois de ce mot en matière canonique, en parlant des contestations qui s'élevaient sur la possession des bénéfices.

LITURGIE.

Ce mot signifie l'ordre et les cérémonies qui s'observent dans l'office et le service divin (*Voyez* OFFICE DIVIN, § 5).

Tout ce qui concerne la *liturgie* se trouve traité avec autant de science que d'étendue par M. l'abbé Pascal, dans son *Dictionnaire de liturgie* qui fait partie, comme celui-ci, de l'*Encyclopédie théologique*. Cet ouvrage que nous recommandons dans l'*avertissement* de notre premier volume, se lie étroitement avec le nôtre, et nous pouvons dire qu'ils se complètent réciproquement.

LIVRES.

§ 1. LIVRES *sacrés et canoniques, impression, traduction, lecture.*

On voit sous le mot ECRITURE SAINTE quels sont les *livres* que le concile de Trente reconnaît dans la quatrième session pour sacrés et canoniques : voici le décret que le même concile fit en conséquence pour obvier à bien des abus par rapport à l'impression des *livres* qui regardent la religion.

« Le même saint concile, considérant qu'il ne sera pas d'une petite utilité à l'Eglise de Dieu de faire connaître entre toutes les éditions latines des saints *livres* qui se débitent aujourd'hui, quelle est celle qui doit être tenue pour authentique, déclare et ordonne que cette même édition ancienne et vulgate, qui a déjà été approuvée dans l'Eglise par le long usage de tant de siècles, doit être tenue pour authentique dans les disputes, les prédications, les explications et les leçons publiques; et que personne, sous quelque prétexte que ce puisse être, n'ait assez de hardiesse et de témérité pour la rejeter.

« De plus, pour arrêter et contenir les esprits inquiets et entreprenants, il ordonne que dans les choses de la foi, ou de la morale même, en ce qui peut avoir rapport au maintien de la doctrine chrétienne, personne se confiant en son propre jugement n'ait l'audace de tirer l'Ecriture sainte à son sens particulier, ni de lui donner des interprétations, ou contraires à celles que lui donne et lui a données la sainte mère Eglise, à qui il appartient de juger du véritable sens et de la véritable interprétation des saintes Ecritures ; ou opposées au sentiment unanime des Pères, encore que ces interprétations ne dussent jamais être mises en lumière. Les contrevenants seront déclarés par les ordinaires, et soumis aux peines portées par le droit.

« Voulant aussi, comme il est juste et raisonnable, mettre des bornes en cette matière à la licence des imprimeurs qui, maintenant sans règle et sans mesure, croyant, pourvu qu'ils y trouvent leur compte, que tout leur est permis, non-seulement impriment sans permission des supérieurs ecclésiastiques les *livres* mêmes de l'Ecriture sainte avec des explications et des notes de toutes mains indifféremment, supposant bien souvent le lieu de l'impression, et souvent même le supprimant tout à fait, aussi bien que le nom de l'auteur, ce qui est encore un abus plus considérable; mais se mêlent aussi de débiter au hasard et d'exposer en vente sans distinction toutes sortes de *livres* imprimés çà et là de tous côtés, le saint concile a résolu et ordonné qu'au plus tôt l'Ecriture sainte, particulièrement selon cette édition ancienne et vulgate, soit imprimée le plus correctement qu'il sera possible, et qu'à l'avenir il ne soit permis à personne d'imprimer ou faire imprimer aucuns *livres* traitant des choses saintes, sans le nom de l'auteur, ni même de les vendre ou de les garder chez soi, s'ils n'ont été examinés auparavant et approuvés par l'ordinaire, sous peines d'anathème et de l'amende pécuniaire portée au canon du dernier concile de Latran : et si ce sont des réguliers, outre cet examen et cette approbation, ils seront encore obligés d'obtenir permission de leurs supérieurs, qui feront la revue de ces *livres* suivant la forme de leurs statuts. Ceux qui les débiteront ou feront courir en manuscrits sans être auparavant examinés et approuvés, seront sujets aux mêmes peines que les imprimeurs ; et ceux qui les auront chez eux ou les liront, s'ils n'en déclarent les auteurs, seront eux-mêmes traités comme s'ils en étaient les auteurs propres. Cette approbation que nous désirons à tous les *livres*, sera donnée par écrit et sera mise en vue à la tête de chaque *livre*, soit qu'il soit imprimé ou écrit à la main ; et le tout, c'est-à-dire tant l'examen que l'approbation, se fera gratuitement, afin qu'on approuve que ce qui méritera approbation et qu'on rejette ce qui devra être rejeté (session IV). »

On voit la suite de ce décret sur l'usage des *livres* sacrés, sous le mot ABUS *des paroles de l'Ecriture sainte*.

Différents conciles provinciaux, tels que ceux de Bordeaux en 1583, de Bourges en 1584, et de Sens en 1527, ont renouvelé la défense du concile de Trente, touchant l'impression des *livres*.

Le souverain pontife Grégoire XVI a publié sur l'impression, la traduction et la lecture des *livres* de l'Ecriture sainte, l'encyclique suivante dirigée spécialement contre les sociétés bibliques.

LETTRES *encycliques à tous les patriarches, primats, archevêques et évêques.*

« GRÉGOIRE XVI, pape.

« Vénérables frères, salut et bénédiction apostolique.

« Entre les principaux ressorts que les hérétiques de tout nom s'efforcent de faire jouer contre les enfants de l'Eglise pour détourner leurs esprits de la sainteté de la foi, les sociétés bibliques ne tiennent pas le dernier rang. Fondées d'abord en Angleterre, elles se sont de là répandues au loin : nous les voyons conspirer en masse à publier un nombre immense d'exemplaires des *livres* saints traduits dans toutes les langues, les semer au hasard au milieu des chrétiens et des infidèles, et inviter chacun d'eux à les lire sans guide. Ainsi, ce que saint Jérôme déplorait déjà de son temps, on livre l'interprétation des Ecritures *au babil de la vieille femme, au radotage du vieillard décrépit, à la verbosité du sophiste, à tous en un mot* (*Epist. ad Paulin.*), de toutes les conditions, pourvu qu'ils sachent lire : et, ce qui est encore plus absurde, et presque inouï, on ne refuse pas cette commune intelligence aux peuplades infidèles.

« Vous ne pouvez ignorer, vénérables frères, où tendent toutes ces menées des sociétés bibliques. Vous n'avez pas oublié l'avis du prince des apôtres, consigné dans les sacrées Ecritures, lorsque, après avoir loué les Epîtres de saint Paul, il dit qu'*elles contiennent quelques endroits difficiles à entendre, que des hommes ignorants et sans consistance détournent en de mauvais sens, aussi bien que les autres Ecritures, à leur propre ruine*. Et il ajoute incontinent : *Vous donc, mes frères, qui connaissez cela, n'allez pas, emportés par les égarements de ces insensés, déchoir de votre fidélité* (II *Pet.*, c. III, v. 16 *et* 17). Il est donc bien établi pour vous que, dès les premiers âges de l'Eglise, ce fut là un art commun aux hérétiques : répudiant l'interprétation traditionnelle de la parole de

Dieu et rejetant l'autorité de l'Eglise catholique, ils altèrent de *leur main* les Ecritures, ou en corrompent *le sens par leur interprétation* (Tertull. *de Præscript.*, c. 37). Vous n'ignorez pas non plus quelle sollicitude, quelle sagesse est nécessaire pour transporter fidèlement dans une autre langue les paroles du Seigneur. Qu'y a-t-il donc de surprenant, si, dans ces versions multipliées par les sociétés bibliques, on insère les erreurs les plus graves, grâce à l'imprudence ou à la mauvaise foi de tant d'interprètes, erreurs que la multitude et la diversité des traductions tient longtemps cachées pour la ruine de plusieurs? Mais qu'importe à ces sociétés bibliques si ceux qui doivent lire leurs traductions tombent dans une erreur ou dans une autre, pourvu qu'ils s'accoutument insensiblement à s'attribuer une interprétation libre des saintes Ecritures, à mépriser les traditions divines des Pères conservées dans l'Eglise catholique, à répudier même l'autorité enseignante de l'Eglise?

« Aussi les membres de ces sociétés ne cessent de poursuivre de leurs calomnies l'Eglise et le saint-siége, comme si, depuis plusieurs siècles, il s'efforçait de défendre au peuple fidèle la connaissance des Ecritures sacrées. Et cependant, combien de preuves éclatantes du zèle singulier que, dans ces derniers temps même, les souverains pontifes, et, sous leur conduite, les évêques catholiques ont mis à procurer aux peuples une connaissance plus étendue de la parole de Dieu écrite et transmise par la tradition ! A cela se rapportent d'abord les décrets du concile de Trente par lesquels non-seulement il est enjoint aux évêques de veiller à ce que *les sacrées Ecritures et la loi divine* soient plus fréquemment expliquées dans leurs diocèses (sess. XXIV, ch. 4, *de Reform.*); mais de plus, enchérissant sur une institution due au concile de Latran (*cap.* 4 *de Magistris*), il fut réglé que, dans chaque église cathédrale ou collégiale des grandes cités et des principales villes, il y eût une prébende théologale, et qu'elle fût conférée à des personnes parfaitement capables d'exposer et d'interpréter les saintes Ecritures (*Voyez* THÉOLOGAL). Ce qui concerne l'érection de cette prébende théologale conformément aux décisions du concile de Trente (sess. V, ch. 1, *de Reform.*), et les explications publiques à donner aux clercs et au peuple par un chanoine théologien, fut traité ensuite dans plusieurs synodes provinciaux (concil. I et V de Milan des an. 1565 et 1576, d'Aix de l'an 1585, et autres), et dans le concile romain de l'année 1725 (*Tit.* I, *ch.* 6), où avaient été convoqués par le pape Benoît XIII, notre prédécesseur d'heureuse mémoire, non-seulement les évêques de la province romaine, mais aussi plusieurs des archevêques, évêques et autres ordinaires des lieux qui relevaient immédiatement du saint-siége. De plus, le même souverain pontife, pour un motif semblable, établit plusieurs statuts dans des lettres apostoliques adressées notamment à l'Italie et aux îles adjacentes (Constit. *Pastoralis officii*, de l'an 1725). Et vous, nos vénérables frères, qui, aux temps voulus, avez coutume d'informer le saint-siége de l'état de chaque diocèse, vous connaissez les réponses données par notre congrégation du concile à vos prédécesseurs, et réitérées souvent à vous-mêmes (Constit. *Romanus Pontifex*, de Sixte V, de l'an 1585, et *Quod sancta Sardicensis synodus* de Benoît XIV, de l'an 1740). Vous savez assez combien le saint-siége s'empresse de féliciter les évêques qui ont dans leurs prébendes des théologiens dignes interprètes des saintes Ecritures; combien il excite et anime la sollicitude pastorale, si quelque chose manque à l'exécution.

« Quant à ce qui regarde les traductions de la Bible, déjà, depuis plusieurs siècles, les évêques ont dû s'armer bien des fois d'une grande vigilance, en les voyant lues dans des conventicules secrets, et répandues avec profusion par les hérétiques. C'est à cela qu'ont trait nos avertissements et les clauses de notre prédécesseur de glorieuse mémoire Innocent III, relatives à certaines réunions secrètes d'hommes ou de femmes, tenues dans le diocèse de Metz, sous le prétexte de vaquer à la piété et à la lecture des *livres* saints. Bientôt après, nous voyons des traductions de Bibles condamnées en France et en Espagne avant le seizième siècle (concil. de Toulouse, de l'an 1229, can. 14). Mais il fallait user d'une vigilance nouvelle avec les hérésies de Luther et de Calvin. Assez audacieux pour vouloir ébranler la doctrine immuable de la foi par la diversité presque incroyable des erreurs, leurs disciples mirent tout en œuvre pour tromper les âmes des fidèles par de fautives explications des saintes lettres et de nouvelles traductions, merveilleusement aidés dans la rapidité et l'étendue de leur débit par l'art naissant de l'imprimerie. Aussi dans les règles que rédigèrent les Pères choisis par le concile de Trente, qu'approuva notre prédécesseur Pie IV, d'heureuse mémoire (Const. *Dominici gregis*, du 24 mars 1564) et qui furent inscrites en tête de l'*index* des *livres* défendus, il est expressément statué de ne permettre la lecture d'une traduction de la Bible qu'à ceux qui sembleront devoir y puiser l'*accroissement de la piété et de la foi* (règ. 3 et 4 de l'*index* ci-après). Cette règle, environnée de nouvelles clauses, à raison de l'astuce persévérante des hérétiques, fut interprétée par Benoît XIV en ce sens, qu'on pouvait regarder comme permise la lecture des traductions *approuvées par le siége apostolique*, ou publiées avec *des annotations tirées des Pères de l'Eglise, ou d'interprètes savants et catholiques* (Décret de la cong. de l'*index*, du 17 juin 1757).

« Cependant il se rencontra des adeptes de la secte janséniste qui, empruntant la logique des luthériens et des calvinistes, ne rougirent pas de reprocher à l'Eglise et au saint-siége cette sage économie. A leur dire, la lecture de la Bible était utile et nécessaire à chaque fidèle en tout temps et partout : aucune autorité n'avait donc le droit de l'inter-

(*Quinze.*)

dire. Cette audace des jansénistes fut condamnée avec vigueur dans deux décisions solennelles que portèrent contre leurs doctrines, aux applaudissements de tout l'univers catholique, deux souverains pontifes d'heureuse mémoire, Clément XI par sa constitution *Unigenitus* de 1713, Pie VI par la constitution *Auctorem fidei* de 1794.

« Ainsi, les sociétés bibliques n'étaient pas encore établies, et déjà les décrets mentionnés avaient prémuni les fidèles contre l'astuce des hérétiques voilée sous le zèle spécieux de propager la connaissance des Ecritures. Pie VII, notre prédécesseur de glorieuse mémoire, vit ces sociétés naître et se fortifier par leur accroissement; il ne cessa de résister à leurs efforts par ses nonces apostoliques, par des lettres, des décrets rendus dans diverses congrégations des cardinaux, par deux lettres pontificales adressées aux archevêques de Gnesne et de Mohiloff (1er juin et 4 septembre 1816). Léon XII signala les manœuvres des sociétés bibliques, dans sa lettre encyclique du 5 mai 1824, adressée à tous les évêques de l'univers catholique: c'est ce que fit aussi Pie VIII, dans l'encyclique du 24 mai 1829. Nous enfin, qui avons succédé à sa charge, tout indigne que nous en sommes, nous n'avons pas oublié que les mêmes nécessités réclamaient notre sollicitude pastorale. Nous avons tenu surtout à rappeler aux fidèles la règle déjà établie relativement aux traductions de la Bible.

« Mais nous devons aussi, nos vénérables frères, vous féliciter vivement de ce qu'excités par votre piété et votre sagesse, soutenus par les lettres de nos prédécesseurs, vous n'avez pas négligé d'avertir au besoin le troupeau fidèle, pour le prémunir contre les pièges tendus par les sociétés bibliques. Ce zèle des évêques, uni à la sollicitude du saint-siége, a été béni du Seigneur: avertis du mal, plusieurs catholiques imprévoyants qui favorisaient les sociétés bibliques, se sont retirés; et le peuple a été presque entièrement préservé de la contagion qui le menaçait.

« Cependant les sectaires bibliques se promettaient un grand honneur, dans l'espoir d'amener les infidèles à une profession quelconque du nom chrétien, par la lecture des *livres* saints traduits en langues vulgaires; ils s'efforçaient, par leurs missionnaires et leurs colporteurs, de distribuer ces *livres* en grand nombre dans ces pays, de les imposer même à ceux qui ne les voulaient point. Mais ces hommes qui prétendaient propager le nom chrétien à l'aide de moyens que n'avait point sanctionnés Jésus-Christ, n'ont réussi qu'à jeter de nouveaux obstacles sur les pas des prêtres catholiques envoyés vers les nations par ce saint-siége, et qui n'épargnaient aucuns travaux pour enfanter à l'Eglise de nouveaux fils, par la prédication de la parole de Dieu et l'administration des sacrements; prêts même, pour le salut des peuples, et en témoignage de la foi, à prodiguer leur sang dans les plus cruels supplices.

« Parmi ces sectaires ainsi trompés dans leur attente, et qui se rappelaient avec dépit les sommes immenses employées à mettre au jour leurs Bibles et à les répandre sans fruit, il s'en est rencontré naguère qui ont donné à leurs artifices une direction nouvelle, pour atteindre surtout les Italiens et les citoyens de notre Rome elle-même. De nouveaux documents nous apprennent que plusieurs hommes de diverses sectes se sont réunis l'an dernier à New-York, en Amérique, et que la veille des ides de juin, ils ont formé une société dite l'*Alliance chrétienne*, destinée à s'accroître de toute sorte d'adeptes ou d'autres sociétés auxiliaires, dans le but commun de répandre, parmi les Romains et les habitants du reste de l'Italie, l'esprit de liberté religieuse, ou plutôt le parti insensé de l'indifférence en matière de religion. Ils avouent que, depuis plusieurs siècles, les institutions de Rome et de l'Italie ont eu un si grand poids, que rien de grand ne s'est fait dans le monde qui n'ait eu son principe dans cette ville-mère; toutefois, ce n'est point dans le siège suprême de Pierre, établi en cette ville par les conseils divins, qu'ils trouvent la source de cette prépondérance, mais plutôt dans quelques restes de l'ancienne domination romaine, maintenus par la puissance usurpée, comme ils parlent, de nos prédécesseurs. Ainsi, résolus à doter tous les peuples de la liberté de conscience, ou plutôt de la liberté de l'erreur, de laquelle, selon eux, dériveraient, comme de leur source, la liberté politique et l'accroissement de la prospérité publique; ils croient toutefois ne rien pouvoir, s'ils n'ont agi d'abord sur les Italiens et les citoyens romains, dont l'autorité et le suffrage les appuieraient ensuite auprès des autres nations. Et ils ont la confiance d'arriver d'autant plus facilement à leur but que, parmi le grand nombre d'Italiens répandus en diverses contrées et par toute la terre, plusieurs revenant dans leur pays, enflammés déjà de l'amour de la nouveauté, ou corrompus dans leurs mœurs, ou assouplis par l'indigence, on les induirait sans peine à s'enrôler dans la société, ou du moins à lui vendre leur concours. Ils ont donc mis tous leurs soins à ramasser de toutes parts les Bibles falsifiées et traduites en langue vulgaire, à les faire passer secrètement entre les mains des fidèles, à répandre en même temps d'autres mauvais *livres* et libelles, propres à affaiblir dans l'esprit des lecteurs l'obéissance due à l'Eglise et au saint-siége, et composés par ces mêmes Italiens, ou traduits d'auteurs étrangers en leur langue maternelle. Parmi ces *livres*, on signale, d'une manière spéciale, l'*Histoire de la Réforme*, par Merle d'Aubigné, et les *Mémoires sur la Réforme en Italie*, par Jean Cric. Pour ce qui regarde le genre de ces *livres*, on comprendra quel il doit être, par cela seul que, d'après les statuts de cette société, les assemblées particulières destinées au choix des *livres* ne doivent jamais, dit-on, renfermer deux hommes de la même secte religieuse.

« Ces nouvelles n'ont pu que nous affliger profondément, par la considération des dangers que ces sectaires préparaient à la sainte Église, non pas en des lieux éloignés de Rome, mais près du centre même de l'unité catholique. Car, bien qu'il ne soit nullement à craindre que le siége de Pierre sur lequel Jésus-Christ, Notre-Seigneur, a posé les fondements inexpugnables de son Église vienne jamais à faillir, il ne nous faut cependant point cesser de défendre son autorité; et de plus, la charge même de notre apostolat suprême nous avertit du compte sévère que le divin chef des pasteurs nous redemandera, et pour la zizanie qui croîtrait dans le champ du Seigneur, semée par l'homme ennemi pendant notre sommeil, et pour le sang des brebis confiées à notre garde, qui auraient péri par notre faute.

« C'est pourquoi, après avoir réuni plusieurs cardinaux de la sainte Église romaine, et examiné gravement et avec maturité toutes ces choses, nous avons résolu de vous adresser à tous, vénérables frères, cette lettre, par laquelle nous condamnons de nouveau, en vertu de l'autorité apostolique, toutes les susdites sociétés bibliques dès longtemps réprouvées par nos prédécesseurs; et par une décision de notre apostolat suprême, nous réprouvons de même nommément, et condamnons ladite nouvelle société de l'*alliance chrétienne,* fondée l'an dernier à New-York, et toutes autres sociétés semblables qui pourraient s'y être adjointes ou s'y adjoindre à l'avenir. Que tous sachent donc que ceux-là se rendront coupables d'un très-grand crime devant Dieu et devant l'Église, qui auront osé donner leur nom à quelqu'une de ces mêmes sociétés, ou leur prêter leur appui, ou les favoriser de quelque manière que ce soit. En outre, nous confirmons et renouvelons d'autorité apostolique les susdites prescriptions, dès longtemps faites sur la publication, la propagation, la lecture et la conservation des *livres* de la sainte Écriture, traduits en langues vulgaires : quant aux ouvrages de tout autre auteur, nous rappelons à la connaissance de tous qu'on doit s'en tenir aux règles générales et décrets de nos prédécesseurs placés en tête de l'*index* des *livres* prohibés; et qu'ainsi il ne faut pas seulement se garder des *livres* mentionnés nommément dans cet *index*, mais encore des autres dont il est parlé dans lesdites prescriptions générales.

« Pour vous, vénérables frères, qui êtes appelés à partager notre sollicitude, nous vous recommandons instamment en Notre-Seigneur de faire connaître et d'expliquer, selon les lieux et les temps, aux peuples confiés à votre charge, les décrets apostoliques et cette présente décision; de faire tous vos efforts pour détourner les brebis fidèles, de la susdite société de l'*alliance chrétienne,* et de celles qui l'assistent de leurs secours, comme aussi des autres sociétés bibliques; et de les éloigner de toute communication avec elles. En conséquence, il sera de votre office d'arracher des mains des fidèles, soit les bibles qui auraient été traduites en langue vulgaire, contrairement aux sanctions des pontifes romains, soit tous autres *livres* proscrits ou condamnés, et de prendre soin que les fidèles eux-mêmes apprennent de vos avertissements et de votre autorité *quelle nourriture ils doivent regarder comme salutaire, ou comme nuisible et mortelle* (Décis. de l'*Index,* du 26 mars 1825). Cependant appliquez-vous tous les jours davantage à la prédication de la parole de Dieu, vous et tous ceux qui ont charge d'âmes dans chaque diocèse; et veillez avec plus de soin sur ceux surtout qui sont destinés à enseigner publiquement l'Écriture sainte, afin qu'ils s'acquittent de cette charge avec diligence et selon la capacité de leurs auditeurs, et que sous aucun prétexte ils n'entreprennent d'interpréter et d'expliquer les saintes lettres contrairement à la tradition des Pères et au sens de l'Église catholique. Enfin, comme c'est le propre du bon pasteur, de ne pas seulement protéger et nourrir les brebis qui s'attachent à lui, mais encore de chercher et de rappeler au bercail celles qui s'en seraient éloignées; ainsi sera-t-il de votre devoir pastoral et du nôtre, de faire tous nos efforts pour que chacun de ceux qui se sont laissé séduire par ces sectaires et par ces propagateurs des mauvais *livres*, reconnaisse, avec l'aide de Dieu, la griéveté de son péché, et s'applique à l'expier par le remède d'une salutaire pénitence. Mais il ne faut point excepter du zèle de la sollicitude sacerdotale ceux qui ont été leurs séducteurs : bien que leur iniquité soit plus grande, nous ne devons pas laisser de procurer ardemment leur salut par toutes les voies et par tous les moyens qui seront en notre pouvoir.

« Au reste, vénérables frères, nous demandons une vigilance singulière et plus diligente contre les embûches et les menées des associés de l'*alliance chrétienne,* à ceux de votre ordre qui gouvernent les églises d'Italie ou des autres lieux où les Italiens se rencontrent souvent, mais surtout des pays voisins de l'Italie ou de tous les lieux où il y a des marchés et des ports d'où l'on passe fréquemment en Italie. Car comme c'est là que les sectaires se sont proposé de conduire leurs desseins à terme, il faut aussi que là surtout, les évêques travaillent avec nous par un zèle vif et constant à dissiper, avec le secours de Dieu, tous leurs artifices.

« Nous ne doutons point que nos soins et les vôtres ne soient aidés du secours des puissances civiles, d'abord des puissances de l'Italie, soit à cause de leur zèle singulier pour la conservation de la religion catholique, soit parce qu'il ne peut échapper à leur prudence qu'il est souverainement dans l'intérêt public de rendre vaines les entreprises des susdits sectaires; car il est constant, et une longue expérience du passé a montré que pour soustraire les peuples à la fidélité et à l'obéissance envers les princes, il n'est point de voie plus assurée que l'indifférence en matière de religion propagée par ces sectaires sous le nom de liberté religieuse. Les associés mêmes de l'*alliance chrétienne* ne le dissimulent pas ; bien qu'ils se disent étrangers à toute excitation à la guerre civile, cependant ils déclarent que le droit d'interpréter la Bible qu'ils revendiquent pour l'homme du peuple, et la liberté des consciences, comme ils l'appellent, répandue dans toute la nation italienne, doivent avoir pour conséquence naturelle la liberté politique de l'Italie.

« Mais, ce qui est la première et la plus importante des choses, levons ensemble nos mains vers Dieu, vénérables frères, et recommandons-lui autant que nous le pouvons, par l'humilité de nos ferventes prières, notre cause et celle de tout le troupeau et de son Eglise : invoquons aussi la bénigne intercession du prince des apôtres, saint Pierre, et des autres saints, et surtout de la bienheureuse vierge Marie, à laquelle il a été donné de détruire toutes les hérésies dans le monde entier.

« Enfin, pour gage de notre ardente charité, nous vous donnons avec toute l'affection de notre cœur la bénédiction apostolique, à vous, vénérables frères, aux clercs confiés à vos soins et à tous les fidèles laïques.

« Donné à Rome, à Saint-Pierre, le lendemain des nones de mai de l'an 1844, de notre pontificat le XIV°

« GRÉGOIRE, seizième du nom. »

§ 2. LIVRES *censurés et défendus*.

On doit comprendre sous cette dénomination, non-seulement les *livres* des hérétiques, mais encore tous ceux qui attaquent plus ou moins directement la religion, et ceux qui sont contraires aux bonnes mœurs.

On prétend que jusqu'à Ferdinand, roi d'Espagne, qui ordonna en 1558 qu'on fit connaître par l'inquisition les *livres* défendus, on n'avait point encore fait à Rome d'*index* à ce sujet ; que ce ne fut qu'à cet exemple que le pape Paul IV ordonna que la congrégation du saint office ferait un catalogue des *livres* défendus ; ce qui fut confirmé dans le concile de Trente qui fit un décret touchant le catalogue des *livres* censurés et défendus en ces termes :

« Le saint concile, dans la seconde session tenue sous Pie IV, notre très-saint Père, avait donné commission à quelques Pères choisis exprès, d'examiner ce qu'il y avait à faire à l'égard de diverses censures et de plusieurs *livres* suspects et pernicieux, et d'en faire le rapport au concile. Et comme il apprend maintenant qu'ils ont mis la dernière main à cet ouvrage, et que cependant la multitude et la variété des *livres* ne permet pas que le saint concile en puisse faire aisément sur-le-champ le discernement, il ordonne que tout leur travail soit porté au très-saint Père, afin qu'il soit clos et mis en lumière, selon qu'il le jugera à propos, et sous son autorité. Il ordonne pareillement aux Pères qui avaient été chargés du catéchisme, de faire la même chose à l'égard dudit catéchisme, aussi bien que du missel et du bréviaire. » (Sess. XXV.)

Léon X a été le premier pape qui, en condamnant Luther, défendit la lecture de tous ses *livres*, sous peine d'excommunication. Il défendit aussi l'impression d'aucun *livre* à l'avenir, sans permission par écrit de l'ordinaire ou de l'inquisiteur, qui l'aura examiné préalablement, sous peine de la perte des *livres* et de cent ducats d'amende. Les successeurs de Léon X ont prononcé la même censure dans la bulle *In cœna Domini*, contre ceux qui liront les *livres* des hérétiques en général ; il ne faut pas moins que la permission du pape ou de son légal, pour pouvoir contrevenir à ces défenses sans encourir l'excommunication.

Anciennement il n'y avait à ce sujet d'autres défenses que celle de notre religion même, qui, en nous prêchant de fuir les occasions d'erreur et et de péché, interdit sensiblement la lecture des mauvais *livres* à ceux qui ne sauraient en faire usage sans danger pour leur âme. On n'encourait pas l'excommunication par le fait même, comme actuellement.

On lit à cet égard, ce qui suit, dans une délibération du clergé de France de l'assemblée de 1656.

« On fit aussi réflexion sur la clause du bref (il était question d'un bref d'Innocent X relatif au *livre* de Jansénius) par laquelle Sa Sainteté exhorte les prélats d'affermir par l'usage l'exécution de son décret du 23 avril 1654, qui condamne certains *livres* en conséquence de sa constitution. On reconnut que cette conséquence était tirée du droit, qui déclare que la condamnation de l'hérésie comprend celle des *livres* qui la défendent, comme enseigne saint Grégoire en l'épître qu'il a écrite à Anastase, évêque d'Antioche, d'où est pris le chapitre 4 *De hæreticis* aux décrétales. Les anciens conciles ont été dans ce sentiment ; et, de plus, encore bien qu'ils ne soumissent pas à l'excommunication de droit, ceux qui liraient ou retiendraient les *livres* traitant de l'hérésie, ils ont employé l'autorité séculière pour les faire brûler. Constantin ordonna cette peine contre les *livres* des Ariens, Théodose contre ceux des Nestoriens, Marcien contre ceux des Eutychiens, Honorius contre les *livres* des Origénites, et Justinien contre ceux de Sévère. Depuis ce temps-là l'Eglise a ordonné cette peine par son autorité, comme fit Innocent II contre les *livres* de Pierre Abailard, et le concile de Constance contre ceux de Wiclef et de Jean Hus ; et depuis les évêques l'ont pratiqué en diverses occasions. Suivant les exemples de ces princes, le roi a ordonné en conséquence du bref par ses lettres de déclaration, que les *livres* composés pour la défense des opinions condamnées seraient supprimés, nonobstant tous priviléges qui pourraient avoir été accordés.

« Quant à la peine spirituelle de l'excommunication, le second concile de Nicée veut qu'elle soit ordonnée par les évêques contre les laïques et les moines, et celle de déposition contre les clercs ; mais il n'ordonne pas l'excommunication de droit. Elle n'a pas été aussi introduite par les décrétales, ni par le concile de Constance, qui veulent seulement que ceux qui lisent ou retiennent les *livres* hérétiques, puissent être poursuivis comme fauteurs de l'hérésie : ce qui est conforme au concile de Nicée II. La bulle de la Cène, pour remédier aux maux qui arrivaient de l'impunité, a ordonné sagement en ce cas l'excommunication de droit, réservée au saint-siége, laquelle doit avoir lieu en toute son étendue dans les provinces où cette bulle est reçue en usage, comme parlent les docteurs. Par l'usage du royaume, les hommes prudents et sages qui ont eu la faculté de leurs évêques, de lire les *livres* hérétiques pour le bien de la religion, sont déchargés de cette peine et de celle du droit, qui est celle d'être tenus suspects d'hérésie et poursuivis comme fauteurs. » (*Mémoires du clergé*, tom. I, pap. 218.)

Le concile de Trente condamne, comme l'on a vu ci-dessus, les *livres* qui, traitant des choses saintes, s'impriment sans nom d'auteur. Cette disposition a été expliquée et modifiée par les bulles des papes, et notamment par celle de Clément VIII, de l'an 1595, en tel sens que pourvu qu'il paraisse du nom de l'approbateur de droit, la défense est levée. La raison de cette modification est exprimée dans la préface des règles de l'*index*, que l'on voit imprimées dans plusieurs éditions du concile de Trente : « Parce que
« l'on sait, y est-il, que souvent des person-
« nes doctes et saintes ont publié de très-bons
« *livres*, sans y mettre leur nom, afin que
« l'Eglise en tirât du fruit, et qu'eux ne fus-
« sent pas exposés à la vanité. »

Ainsi il y a peine d'excommunication contre ceux qui sciemment impriment, vendent, retiennent, lisent ou défendent, *defendentes*, les *livres* des hérétiques qui contiennent quelque hérésie, ou qui, sans contenir aucune hérésie, traitent de la religion, *de religione tractantes*, c'est-à-dire de l'Ecriture sainte, de la théologie dogmatique, morale, canonique ou ascétique : *Libros hæreticorum*, dit la bulle *In cœna Domini*, *hæresim continentes, vel de religione tractantes, sine auctoritate sedis apostolicæ scienter legentes, aut retinentes, imprimentes, seu defendentes ex quavis causa, publice vel occulte.* Cette prohibition a été souvent renouvelée avec les règles générales de l'*Index*. Nous ferons remarquer, avec plusieurs théologiens, qu'on ne comprend pas dans cette défense les *livres* des hérétiques des premiers siècles de l'Eglise, comme ceux de Tertullien, d'Eusèbe, d'Origène, de Pélage, etc. ; mais on doit y comprendre plusieurs autres *livres* que la congrégation de l'*Index* juge dangereux, et qu'elle défend sous des peines graves.

Il est évident que les *livres* des protestants qui prennent *ex professo* la défense de l'hérésie, se trouvent compris dans la défense générale de lire ou de retenir les *livres* hérétiques. Nous sommes étonné que M. Lequeux dise, dans son *Manuale juris canonici*, qu'il n'y ait aucune censure portée *ipso facto* contre ceux qui lisent ou retiennent les *livres* des protestants.

La même défense regarde aussi les *livres* qui renferment la doctrine hérétique de Jansénius. La constitution *Ad sanctam* d'Alexandre VII de l'an 1657 porte : *Librum Jansenii, cui titulus Augustinus, omnesque alios tum manuscriptos, quam typis editos, et si quos forsan in posterum edi contigerit, in quibus prædicta ejusdem Jansenii doctrina, ut supra damnata, defenditur vel adstruitur aut defendetur vel adstruetur, damnamus ac prohibemus.* La constitution *Unigenitus* de Clément XI ajoute : *Eumdem librum* (Nouveau Testament, avec des réflexions morales, par Quesnel)..... *prohibemus ac damnamus, quemadmodum etiam alios omnes, in ejus defensionem tam scriptos quam typis editos seu edendos seu libellos, eorumque lectionem, descriptionem, retentionem et usum omnibus et singulis fidelibus sub pœna excommunicationis ipso facto incurrenda prohibemus pariter et interdicimus.*

Innocent XII condamna aussi, sous la même peine d'excommunication encourue *ipso facto, l'explication des Maximes des saints* de Fénelon. *Ipsius libri impressionem,* dit le bref, *lectionem, retentionem et usum, omnibus Christi fidelibus, etiam specifica et individua mentione dignis, sub pœna excommunicationis ipso facto incurrenda interdicimus et prohibemus ; volentes et mandantes ut quicumque supra dictum librum penes se habuerint, illum statim locorum ordinariis vel inquisitoribus tradere omnino teneantur.*

Les évêques de France, même ceux dans les diocèses desquels l'excommunication se trouve en vigueur, permettent la lecture des *livres* des hérétiques, et accordent la faculté d'absoudre ceux qui ont encouru l'excommunication en les lisant.

Nous croyons qu'on sera bien aise de trouver ici les règles de la congrégation de l'*Index*, relatives aux *livres* défendus, parce que ces règles sont trop peu connues en France, et elles méritent de l'être.

RÈGLES *de la congrégation de l'index établie par ordre du concile de Trente.*

« *Regula* I. Libri omnes, quos ante annum 1515, aut summi pontifices, aut concilia œcumenica damnarunt, et in hoc indice non sunt, eodem modo damnati esse censeantur, sicut olim damnati fuerunt.

« *Regula* II. Hæresiarcharum libri tam eorum, qui post prædictum annum hæreses invenerunt, vel suscitarunt, quam qui hæreticorum capita, aut duces sunt, vel fuerunt, quales sunt Lutherus, Zuinglius, Calvinus, Balthasar Pacimontanus, Schwenefeldius, et his similes cujuscumque nominis, tituli aut argumenti existant, omnino prohibentur.

« Aliorum autem hæreticorum libri, qui de religione quidem ex professo tractant, omnino damnantur.

« Qui vero de religione non tractant, a theologis catholicis jussu episcoporum, et inquisitorum examinati, et approbati permittuntur

« Libri etiam catholice conscripti, tam ab illis, qui postea in hæresim lapsi sunt, quam ab illis, qui post lapsum, ad Ecclesiæ gremium rediere, approbati a facultate theologica alicujus universitatis catholicæ, vel ab inquisitione generali permitti poterunt.

« *Regula* III. Versiones scriptorum etiam ecclesiasticorum, quæ hactenus editæ sunt a damnatis auctoribus, modo nihil contra sanam doctrinam contineant, permittuntur.

« Librorum autem Veteris Testamenti versiones viris tantum doctis et piis, judicio episcopi concedi poterunt, modo hujusmodi versionibus tanquam elucidantibus vulgatæ editionis, ad intelligendam sacram Scripturam, non autem tamquam sacro textu utantur.

« Versiones vero Novi Testamenti ab auctoribus primæ classis hujus indicis factæ, nemini concedantur, quia utilitatis parum, periculi vero plurimum lectoribus earum lectiones manare solet.

« Si quæ vero adnotationes cum hujusmodi quæ permittuntur versionibus, vel cum vulgata editione circumferrentur, expunctis locis suspectis a facultate theologica alicujus universitatis catholicæ, aut inquisitione generali, permitti eisdem poterunt, quibus et versiones.

« Quibus conditionibus totum volumen bibliorum, quod vulgo biblia Vatabli dicitur, aut partes ejus, concedi viris piis, et doctis poterunt.

« Ex bibliis vero Isidori Clarii Brixiani prologus, et prolegomena præcidantur, ejus vero textum nemo textum vulgatæ editionis esse existimet.

« *Regula* IV. Cum experimento manifestum sit, si sacra biblia vulgari lingua passim sine discrimine permittantur, plus inde ob hominum temeritatem, detrimenti, quam utilitatis oriri : hac in parte judicio episcopi, aut inquisitoris stetur, ut cum consilio parochi, vel confessarii bibliorum a catholicis auctoribus versorum, lectionem vulgari lingua eis concedere possint, quos intellexerint ex hujusmodi lectione non damnum, sed fidei, atque pietatis augmentum capere posse, quam facultatem in scriptis habeant.

« Qui autem, absque tali facultate ea legere seu habere præsumpserit, nisi prius bibliis ordinario redditis, peccatorum absolutionem percipere non possit.

« Bibliopolæ vero, qui prædictam facultatem non habent, biblia idiomate vulgari conscripta vendiderint, vel alio quovismodo concesserint, librorum pretium in usus pios ab episcopo convertendum, amittant; aliisque pœnis pro delicti qualitate ejusdem episcopi arbitrio subjaceant.

« Regulares vero, nonnisi facultate a prælatis suis habita, ea legere, aut emere possint.

« *Regula* V. Libri illi, qui hæreticorum auctorum opera interdum prodeunt, in quibus nulla aut pauca de suo apponunt, sed aliorum dicta colligunt, cujusmodi sunt lexica, concordantiæ, apophtegmata, similitudines, indices, et hujusmodi, si quæ habeant admixta, quæ expurgatione indigeant illis episcopi et inquisitoris, una cum theologorum catholicorum consilio, sublatis, aut emendatis, permittantur.

« *Regula* VI. Libri vulgari idiomate de controversiis inter catholicos, et hæreticos nostri temporis disserentes, non passim permittantur, sed idem de iis servetur, quod de bibliis vulgari lingua scriptis statutum est.

« Qui vero de ratione bene vivendi, contemplandi, confitendi, ac similibus argumentis vulgari sermone conscripti sunt, si sanam doctrinam contineant, non est cur prohibeantur, sicuti nec sermones populares, vulgari lingua prohibiti.

« Quod si hactenus, in aliquo regno, vel provincia aliqui libri sunt prohibiti, quod nonnulla contineant, quæ sine delectu ab omnibus legi non expediat, si eorum auctores catholici sunt, postquam emendati fuerint, permitti ab episcopo, et inquisitore poterunt.

« *Regula* VII. Libri qui res lascivas, seu obscenas ex professo tractant, narrant, aut docent cum non solum fidei, sed et morum, qui hujusmodi librorum lectione facile corrumpi solent, ratio habenda sit, omnino prohibentur, et qui eos habuerint, severe ab episcopis puniantur.

« Antiqui vero ab ethnicis conscripti propter sermonis elegantiam, et proprietatem permittuntur; nulla tamen ratione pueris prælegendi erunt.

« *Regula* VIII. Libri, quorum principale argumentum bonum est, in quibus tamen, obiter aliqua inserta sunt, quæ ad hæresim, seu impietatem, divinationem, seu superstitionem spectant, a catholicis theologis inquisitionis generalis auctoritate expurgati concedi possunt.

« Idem judicium sit de prologis, summariis, seu annotationibus, quæ si damnatis auctoribus, libris non damnatis appositæ sunt, sed posthac nonnisi emendati excudantur.

« *Regula* IX. Libri omnes, et scripta geomantiæ, hydromantiæ, aeromantiæ, pyromantiæ, onomantiæ, chiromantiæ, necromantiæ sive in quibus continentur sortilegia, veneficia, auguria, auspicia, incantationes artis magicæ prorsus rejiciuntur.

« Episcopi vero diligenter provideant, ne astrologiæ judiciariæ libri, tractatus, indices legantur, vel habeantur, qui de futuris contingentibus successibus, fortuitisve casibus aut iis actionibus, quæ ab humana voluntate pendent, certo aliquid eventurum affirmare audent.

« Permittuntur autem judicia, et naturales observationes, quæ navigationis, agriculturæ, sive medicæ artis juvandæ gratia conscripta sunt.

« *Regula* X. In librorum, aliarumque scripturarum impressione servetur quod in concilio Lateranensi sub Leone X, sessione XX factum est.

« Quare si in alma urbe Roma liber aliquis sit imprimendus, per vicarium summi pontificis, et sacri palatii magistrum, vel personam a sanctiss. D. N. deputandam prius examinetur.

« In aliis vero locis ad episcopum, vel alium habentem scientiam libri scripti imprimendi ab eodem episcopo deputandum, ac inquisitorem hæreticæ pravitatis ejus civitatis, vel diœcesis, in qua impressio fiet, ejus approbatio, et examen pertineat, et per eorum manum, propria subscriptione gratis, et sine dilatione imponendam, sub pœnis, et censuris in eodem decreto contentis, approbetur: hac lege, et conditione addita, ut exemplum libri imprimendi authenticum, et manu auctoris subscriptum apud examinatorem remaneat.

« Eos vero, qui libellos manuscriptos vulgant, nisi ante examinati, probatique fuerint, iisdem pœnis subjici debere judicarunt Patres deputati, quibus impressores ; et qui eos habuerint et legerint, nisi auctores prodierint, pro auctoribus habeantur.

« Ipsa vero hujusmodi librorum probatio in scriptis detur, et in fronte libri, vel scripti, vel impressi authenticæ appareat, probatioque et examen, ac cætera gratis fiant.

« Præterea in singulis civitatibus, ac diœcesibus, domus, vel loci, ubi ars impressoria exercetur, et bibliothecæ librorum venalium sæpius visitentur a personis ad id deputandis ab episcopo, sive ejus vicario, atque etiam ab inquisitore hæreticæ pravitatis, ut nihil eorum, quæ prohibentur, aut imprimatur, aut vendatur, aut habeatur.

« Omnes vero librarii et quicumque librorum venditores habeant in suis bibliothecis indicem librorum venalium, quos habent, cum subscriptione dictarum personarum, nec alios libros habeant, aut vendant, aut quacumque ratione tradant sine licentia eorumdem deputatorum sub pœna amissionis librorum, et aliis arbitrio episcoporum vel inquisitorum imponendis ; emptores vero, lectores, vel impressores corumdem arbitrio puniantur.

« Quod si aliqui libros quoscumque in aliquam civitatem introducant, teneantur iisdem personis deputandis enuntiare ; vel si locus publicus mercibus ejusmodi constitutus sit, ministri publici ejus loci prædictis personis significent libros esse adductos.

« Nemo vero audeat librum, quem ipse, vel alius in civitatem introducit, alicui legendum tradere, vel aliqua ratione alienare, aut commodare, nisi ostenso prius libro, et habita licentia a personis deputandis, aut nisi notorie constet, librum jam esse omnibus permissum.

« Idem quoque servetur ab hæredibus, et executoribus ultimarum voluntatum, ut libros a defuncto relictos, sive eorum indicem illis personis deputandis offerant, ab iis licentiam obtineant, priusquam eis utantur, aut in alias personas quacumque ratione eos transferant.

« In his autem omnibus, et singulis, pœna statuatur, vel amissionis librorum, vel alia arbitrio corumdem episcoporum, vel inquisitorum pro qualitate contumaciæ, vel delicti.

« Circa vero libros, quos Patres deputati aut examinarunt, aut expurgarunt, aut expurgandos tradiderunt, aut certis conditionibus, ut rursus excuderentur, concesserunt, quidquid illos statuisse constiterit, tam bibliopolæ quam cæteri observent.

« Liberum tamen sit episcopis, aut inquisitoribus generalibus secundum facultatem, quam habent, eos etiam libros, qui his regulis permitti videntur, prohibere, si hoc in suis regnis, aut provinciis, vel diœcesibus expedire judicaverint.

« Cæterum nomina eorum librorum, qui a Patribus deputatis purgati, tum eorum, quibus illi hanc provinciam dederunt, eorumdem deputatorum secretarius notario sacræ universalis inquisitionis Romanæ descripta sanctiss. D. N. jussu tradat.

« Ad extremum vero omnibus fidelibus præcipitur, ne quis audeat contra harum regularum præscriptum, aut hujus indicis prohibitionem, libros aliquos legere, aut habere.

« Quod si quis libros hæreticorum, vel cujusvis auctoris scripta, ob hæresim, vel ob falsi dogmatis suspicionem damnata, atque prohibita legerit, sive habuerit, statim in excommunicationis sententiam incurrat.

« Qui vero libros, alio nomine interdictos legerit, aut habuerit, præter peccati mortalis reatum, quo afficitur, judicio episcoporum severe puniatur. »

Les évêques comme juges de la foi dans leurs diocèses, ont droit de condamner tous les *livres* hérétiques et dangereux et d'en défendre l'impression et la lecture. Ils doivent conserver intact le dépôt de la foi, *depositum custodi*, et frapper de censures (*Voyez* CENSURES § 6) tous les écrits quelconques qui peuvent y porter atteinte. Les évêques de France en particulier n'ont jamais négligé ce devoir ; ou ils ont dénoncé à Rome les doctrines hétérodoxes, ou ils les ont proscrites eux-mêmes de leur propre autorité. C'est encore ce que vient de faire le cardinal archevêque de Lyon dans un important mandement dont voici le dispositif.

« A ces causes, après avoir examiné nous-même le livre intitulé *Manuel du droit public ecclésiastique français*, par M. Dupin, docteur en droit, procureur général près la cour de cassation, député de la Nièvre, etc., etc., *Paris*, 1844, et un écrit du même auteur intitulé *Réfutation des assertions de M. le comte de Montalembert, dans son manifeste catholique, Paris*, 1844 ;

« Le saint nom de Dieu invoqué : nous avons condamné et condamnons lesdits ouvrages, comme contenant des doctrines propres à ruiner les véritables libertés de l'Eglise, pour mettre à leur place de honteuses servitudes ; à accréditer des maximes opposées aux anciens canons et aux maximes reçues dans l'Eglise de France ; à affaiblir le respect dû au siége apostolique ; à introduire dans l'Eglise le presbytérianisme ; à entraver l'exercice légitime de la juridiction ecclésiastique ; à favoriser le schisme et l'hérésie : comme contenant des propositions respectivement fausses, hérétiques, et renouvelant les erreurs condamnées par la bulle dogmatique *Auctorem fidei* de notre saint-père le pape, de glorieuse mémoire, Pie VI, du 28 août 1794.

« Nous défendons à tous les ecclésiastiques de notre diocèse de lire et de retenir ces ouvrages; nous leur défendons d'en conseiller la lecture; nous défendons pareillement aux professeurs de théologie et de droit canon de mettre ces *livres* entre les mains de leurs élèves, et d'en expliquer les doctrines autrement que pour les réfuter et les combattre. Nous faisons la même défense aux professeurs de la faculté de théologie de l'université.

« Et sera, notre présent mandement, envoyé aux curés de notre diocèse, aux supérieurs de nos séminaires, et aux doyen et professeurs de la faculté de théologie de l'université.

« Donné à Lyon, en notre palais archiépiscopal, sous notre seing, le sceau de nos armes et le contre-seing de notre secrétaire, le 21 novembre, jour de la Présentation de la sainte Vierge au temple, 1844.

« † L. J. M., card. DE BONALD, archevêque de Lyon. »

Monseigneur l'archevêque de Reims a publié un mandement dans le même sens; et plus de cinquante autres archevêques et évêques ont adhéré à la même condamnation.

On trouve dans le tome premier des *Mémoires du Clergé*, page 565 jusqu'à 745, les censures de *livres* ou de propositions touchant la doctrine, que le clergé de France a faites ou approuvées en différents temps. (*Voyez* CENSURES, § 6.)

Le concile de la province de Sens, tenu à Paris en 1528, défend d'imprimer aucun *livre* traitant de la religion, sans la permission de l'ordinaire; cette défense fut renouvelée depuis par les conciles provinciaux de Bourges et de Bordeaux.

§ 3. LIVRES d'*Eglise*; *droits des évêques.*

Les *livres* liturgiques, ceux qui contiennent des pratiques de piété, des formules de prières, des récits de miracles, les catéchismes, etc., ne peuvent être imprimés sans une autorisation spéciale; car s'ils venaient à manquer d'exactitude théologique, ils compromettraient plus qu'ils ne serviraient la cause de la religion. Ils sont donc soumis à la surveillance et à la direction des évêques, qui doivent en prévenir l'altération, en empêchant qu'on y introduise, soit des termes contraires à la saine doctrine, soit des légendes rédigées par des esprits crédules et superstitieux. C'est pourquoi nos lois modernes, comme les lois canoniques, réservent à l'évêque seul le droit de composer ou de modifier ces *livres*, et défendent de les imprimer sans obtenir sa permission. Voici ce que statue à cet égard le décret du 28 mars 1805:

DÉCRET *du 7 germinal an* XIII, *concernant l'inspection des livres d'Eglise, des Heures et des prières.*

« ARTICLE PREMIER. Les *livres* d'Eglise, les Heures et les prières, ne pourront être imprimés ou réimprimés que d'après la permission donnée par les évêques diocésains, laquelle permission sera textuellement rapportée et imprimée en tête de chaque exemplaire.

« ART. 2. Les imprimeurs, libraires, qui feraient imprimer, réimprimer des *livres* d'Eglise, des Heures ou prières, sans avoir obtenu cette permission, seront poursuivis conformément à la loi du 19 juillet 1793. »

La détermination de la nature et de l'étendue des droits des évêques sur les *livres* d'Eglise de leur diocèse, a été depuis longtemps l'objet de fréquentes difficultés, et a donné lieu à des interprétations contradictoires. Mais un arrêt de la Cour de cassation, du 9 juin 1843, nous paraît mettre désormais hors de toute controverse le droit des évêques. Voici le texte de cet arrêt:

« La Cour,

« En ce qui touche la publication des *livres* d'Eglise qui ont fait l'objet de la poursuite;

« Attendu que le décret du 7 germinal an XIII a son principe et sa source dans les articles 14 et 39 de la loi du 18 germinal an X, sur l'organisation du culte, portant que les évêques veilleront au maintien de la foi et de la discipline; qu'il n'y aura qu'une liturgie et qu'un catéchisme pour toutes les Eglises catholiques de France;

« Que ce décret défend, dans les termes les plus absolus, d'imprimer ou de réimprimer les *livres* d'Eglise, Heures et prières, sans la permission des évêques diocésains; cette permission devant être textuellement rapportée et imprimée en tête de chaque exemplaire; qu'il veut que les imprimeurs et les libraires qui, sans l'avoir obtenue, feraient imprimer ou réimprimer des *livres* d'Eglise, des Heures ou prières, soient poursuivis conformément à la loi du 19 juillet 1793;

« Attendu que, pour la solution de la question soumise à la décision de la cour, il n'est pas nécessaire de déterminer la nature des droits que le décret du 7 germinal an XIII confère aux évêques diocésains; qu'il suffit de considérer qu'il ne permet pas d'entreprendre contre l'autorité et l'inspection qu'il leur a donnée sur la publication des *livres* d'Eglise;

« Attendu que ce décret est impératif et formel, qu'il subordonne l'impression et la réimpression de ces *livres* à l'accomplissement d'une condition toujours nécessaire, savoir, la permission de l'évêque diocésain; que celui-ci est donc le maître de l'accorder ou de la refuser; qu'il est hors de doute que cette permission est personnelle et spéciale pour l'imprimeur qui l'obtient, puisque, d'une part, il est tenu d'en justifier et de la rapporter en tête de chaque exemplaire; et que, de l'autre, l'imprimeur ou le libraire qui ne s'en serait pas muni avant toute publication, encourrait les pénalités de la loi du 19 juillet 1793;

« Que l'évêque donnant, sous sa responsabilité, les *livres* de liturgie nécessaires à son diocèse, il faut bien qu'il ait le **choix** de l'imprimeur qui sera chargé de les publier sous sa direction ; que s'il suffisait d'une permission une fois donnée, pour que tout imprimeur ou libraire se crût autorisé à faire de ces *livres* une édition nouvelle, ces spéculations intéressées rendraient vaines les mesures que l'évêque lui-même aurait prises pour les publications qu'il aurait ordonnées ; que l'exercice du droit de haute censure, qui lui appartient incontestablement serait impossible, ou qu'il donnerait lieu à des discussions dangereuses, soit sur les retranchements ou les additions qui auraient été faites aux textes sacrés, soit même sur leur altération ;

« Que, cependant, il y aurait péril pour la pureté du dogme ; que l'unité de la liturgie et de la discipline serait compromise ; que ce serait méconnaître tout à la fois le but du décret du 7 germinal an XIII, et enfreindre ses prohibitions les plus expresses ;

« Et attendu que l'arrêt attaqué a constaté, en fait, que Dufaure avait, sans la permission de l'évêque de Versailles, imprimé et publié les *livres* d'Eglise, Heures et prières, intitulés : La sainte Quarantaine, l'*Eucologe et le petit Paroissien*;

« Qu'en décidant que, par là, il avait contrevenu au décret du 7 germinal an XIII, combiné avec la loi du 19 juillet 1793, et en prononçant contre lui les peines établies par le Code pénal, ledit arrêt, loin de violer le décret précité, en a fait une juste application ;

« Rejette, etc. »

C'est un droit des évêques et une obligation que les conciles leur imposent, d'examiner attentivement les *livres* d'Eglise, tels que Missels, Antiphoniers, Bréviaires, Rituels, etc., et de réformer ce qui s'y trouve de défectueux. C'est la disposition des conciles de Sens, en 1528, de Reims, en 1483, de Bourges, en 1584, et d'Aix, en 1585. (*Mémoires du Clergé*, tome V, page 1505.)

LOGEMENT DES CURÉS.

C'est un ancien usage que les habitants ou paroissiens logent leurs curés : c'est même la disposition d'un ancien concile de Langres en 1455, adoptée par les derniers conciles provinciaux de France; on peut voir à cet égard, dans les *Mémoires du clergé*, tom. III, *pag.* 224, et tom. VII, *pag.* 71, les conciles de Rouen de 1581, de Bourges de 1584 et de Tours de 1583, can. 14.

Le décret du 30 décembre 1809, article 92, met le *logement* des curés à la charge des communes. C'était aussi la disposition des anciens édits. Celui de 1695, qui se trouve sous le mot JURIDICTION, porte, art. 22 : « Seront tenus les habitants desdites paroisses de fournir aux curés un logement convenable. »

LOI.

La *loi* est un règlement général, juste, fait et publié en forme de précepte et de commandement pour le bien commun d'une société, par le supérieur qui a droit de la gouverner.

La matière de ce mot se trouve déjà traitée ailleurs dans cet ouvrage (*Voyez* CANON, CONSTITUTION, DROIT CANONIQUE).

§ 1. *Différentes sortes de* LOIS.

On distingue trois sortes de *lois*, la *loi* naturelle, qui n'est autre chose que la raison elle-même, la *loi* divine, fondée sur la révélation, et la *loi* humaine qui est établie par les hommes. Or, il est certain que la *loi* humaine est subordonnée aux *lois* divines et naturelles, puisque la volonté de l'homme doit être soumise à celle de Dieu. Les législateurs mêmes ne tiennent leur autorité que de ces *lois* primitives. « Comme on ne « doit pas obéir au préteur contre la volonté « du prince, dit saint Augustin, on ne peut « à plus forte raison obéir au prince contre « la volonté de Dieu » (*De Verbo Domini*, serm. 6, c. 8).

Quoique la *loi* naturelle et la *loi* divine procèdent immédiatement de la même source, cependant celle-ci est subordonnée à la première qui est immuable, en sorte que Dieu lui-même ne peut la changer ; qu'elle est même la règle des commandements particuliers qu'il nous fait, et qu'enfin l'obéissance que nous devons à la *loi* divine, est fondée sur l'obligation que nous impose la *loi* naturelle elle-même d'obéir à Dieu. Lors donc que ces *lois* semblent être en opposition, les *lois* humaines doivent céder aux deux premières, et la *loi* divine cesse elle-même, dans les cas particuliers où elle ne peut s'accorder avec la *loi* naturelle. Jésus-Christ reprend les pharisiens de ce que pour observer la *loi* du sabbat, ils violent la *loi* naturelle de la charité (*Matth.*, XII, v. 12).

Les *lois* humaines se divisent en *lois* ecclésiastiques et en *lois* civiles. Les premières concernent directement le bien spirituel de l'Eglise, et émanent de la puissance spirituelle : les secondes se rapportent directement au gouvernement temporel, et elles ont leur source dans l'autorité du souverain. Quoique dans l'ordre de la Providence, l'ordre temporel soit relatif à l'ordre spirituel, ces deux espèces de *lois* sont pourtant indépendantes, parce qu'elles ont chacune un empire séparé.

Les *lois* ecclésiastiques et les *lois* humaines comprennent sous elles différentes classes de *lois*, qui gardent une certaine subordination les unes à l'égard des autres, ou à raison de l'autorité qui les crée, ou à raison de la fin à laquelle elles se rapportent. Ainsi, dans le gouvernement ecclésiastique, les statuts synodaux peuvent être réformés par les conciles provinciaux, et les canons de ces conciles peuvent être abolis par les conciles œcuméniques.

§ 2. *Promulgation des* LOIS

La promulgation de la *loi* est nécessaire,

car il faut qu'elle soit connue pour éviter ce qu'elle défend, et accomplir ce qu'elle ordonne. La *loi* n'oblige, dit saint Thomas, qu'autant que la promulgation l'a rendue publique. *Promulgatio ipsa necessaria est ad hoc quod lex habeat suam virtutem* (1, 2, qu. 90, art. 4). *Leges instituuntur cum promulgantur* (dist. 3, c. 3).

Il ne suffit même pas que sa publication soit faite dans un lieu ; il faut laisser un certain intervalle entre la publication et l'exécution, afin que la *loi* puisse parvenir à la connaissance de tous. Il est certain du moins qu'elle ne peut obliger en conscience, ni soumettre les transgresseurs à aucune peine s'ils n'ont pu la connaître. C'est la disposition du droit canonique fondé sur le droit naturel. *Lex seu constitutio et mandatum nullos adstringunt, nisi postquam ad notitiam pervenerint eorumdem, aut nisi post tempus intra quod ignorare minime debuissent* (C. 1, *de concess. præb. in* 6°).

Les *lois* romaines avaient fixé l'intervalle entre la publication et l'exécution, à deux mois à compter du jour de l'insinuation. *Ut novæ constitutiones post insinuationes earum post duos menses valeant* (*Auth. Ut factæ novæ constit.* 5, *tit.* 21). Pie IV s'est conformé à cette règle, dans sa bulle donnée en confirmation du concile de Trente, lorsqu'il a déterminé le même intervalle de temps, après lequel les canons du concile devaient avoir leur exécution. *Et jure etiam communi sancitum est, ut constitutiones novæ vim, non nisi post certum tempus, obtineant.*

Pour les *lois* civiles en France, le Code civil, art. 1er porte : « Les *lois* sont exécutoires dans tout le territoire français, en vertu de la promulgation qui en est faite par le roi.

« Elles seront exécutées dans chaque partie du royaume, du moment où la promulgation en pourra être connue.

« La promulgation faite par le roi sera réputée connue dans le département de la résidence royale, un jour après celui de la promulgation ; et dans chacun des autres départements, après l'expiration du même délai, augmenté d'autant de jours qu'il y aura de fois dix myriamètres (environ vingt lieues anciennes) entre la ville où la promulgation en aura été faite et le chef-lieu de chaque département. »

La promulgation des *lois* et des ordonnances résulte de leur insertion au bulletin des lois. Cette insertion ou promulgation est censée connue, dans le département de la résidence du roi, un jour après que le bulletin a été reçu de l'imprimerie royale par le ministre de la justice ; et, dans les autres départements du royaume, après l'expiration du même délai, augmenté d'autant de jours qu'il y a de fois dix myriamètres entre la ville où la promulgation a été faite et le chef-lieu de chaque département (*Ordonnance du* 27 *novembre* 1816, *art.* 1, 2, 3).

Dans le cas où le roi jugera convenable de hâter l'exécution d'une *loi* ou d'une ordonnance il fera parvenir sur les lieux extraordinairement, et les préfets prendront incontinent un arrêté par lequel ils ordonneront que la dite *loi* ou ordonnance sera imprimée et affichée partout où besoin sera ; et cette *loi* ou ordonnance sera exécutée à compter du jour de la publication, c'est-à-dire du jour de l'affiche (*Ordonn. du* 18 *janvier* 1817, *art.* 1 *et* 2).

Une bulle du souverain pontife ne devient, en France, *loi de l'Etat*, qu'autant que la publication en a été autorisée par ordonnance du roi. Mais cette formalité n'est qu'extérieure ; les constitutions du pape tirent toute leur force de l'autorité qu'il a reçue de Jésus-Christ.

Cependant M. Dupin ne craint pas de dire qu'une *loi* n'oblige pas tant qu'elle n'est pas promulguée dans le pays où il s'agit de l'exécuter. « Peu importe, dit-il, qu'une bulle *faite* à Rome ait été publiée à Rome et en Italie, ou même en d'autres royaumes. Pour être exécutoire en France, il faudrait qu'elle y eût été reçue et publiée : car les *lois* même de France, et les ordonnances du roi ne sont exécutoires qu'après leur promulgation en la forme légale. Or, aucune bulle du pape ne peut être reçue ni publiée en France qu'après l'autorisation du gouvernement.... Le pape ne pourrait pas, de sa seule autorité, déroger au décret du 30 décembre 1809, concernant les fabriques des églises (*Voyez* sous le mot FABRIQUES ce que nous disons de ce décret); ni à l'article 39 de la loi du 18 germinal an X, portant « qu'il « n'y aura qu'une liturgie et un catéchisme « pour toutes les églises catholiques de « France ; » (*Voyez* OFFICE DIVIN, § 5) ni à l'article 41, suivant lequel « aucune fête, à « l'exception du dimanche, ne peut être éta-« blie sans la permission du gouvernement.» (*Voyez* FÊTES.) (*Manuel de droit ecclés. franç.,* pag. 33 et 89.)

« Et de quelle permission le pontife romain a-t-il besoin, répond l'illustre cardinal de Bonald, si, après un mûr examen, il juge à propos de publier une liturgie et un catéchisme. Le pape, en vertu de la juridiction qu'il a reçue de Jésus-Christ, peut faire des *lois* qui obligent l'Eglise universelle, et chaque église en particulier. « Il a reçu, dit le « concile de Florence, dans la personne de « Pierre, le plein pouvoir de paître, de diri-« ger et de gouverner l'Eglise universelle. »

« Le droit canonique formé presque en entier de décrets des papes, prouve assez que les souverains pontifes ont exercé, dès les premiers siècles, ce pouvoir législatif (*Voyez* LÉGISLATION). Ainsi, que le pape publie des ordonnances liturgiques, un catéchisme rédigé dans une nouvelle forme ; qu'il presse l'acceptation de ces décrets pontificaux : et après des représentations respectueuses de la part des évêques, s'il y a lieu, l'Eglise est obligée de se soumettre. Autrement quel serait le sens du décret du concile de Florence ? C'était la doctrine des évêques de 1682. « Nous « croyons,» écrivaient ces prélats à leurs collègues, « que tous les fidèles sont assujettis

« aux décrets des souverains pontifes, soit « qu'ils regardent la foi ou la réformation « générale de la discipline et des mœurs. » (*Voyez* cette lettre ci-dessus, col. 424.) Ce sont là les vrais principes de l'Eglise de France.» (*Mandement portant condamnation du Manuel de droit ecclésiastique.*)

Pour ce qui regarde les statuts et les ordonnances, les règlements qui émanent de l'autorité épiscopale, la promulgation qu'en fait l'évêque, en les adressant à ses diocésains, à son clergé, de quelque manière qu'il les adresse, les rend obligatoires, et tous ceux qui en ont connaissance sont obligés de s'y conformer. C'est au législateur à régler le mode dont une *loi* doit être publiée. Ce mode peut varier suivant les temps et les lieux ; il est laissé à la sagesse de celui qui gouverne : *Quod ad promulgationis modum pertinet, hic ab arbitrio et intentione legislatoris pendet* (S. Liguori, *de Legibus*, n° 96).

§ 3. LOIS *ecclésiastiques*.

On entend par *lois* ecclésiastiques, celles qui émanent du souverain pontife et des évêques préposés au gouvernement de l'Eglise. On distingue les *lois* écrites et les *lois* non écrites ou introduites par l'usage (*Voyez* COUTUME); les *lois* générales et communes à toute l'Eglise, et les *lois* particulières à une ou à plusieurs provinces, à un ou à plusieurs diocèses.

Il est de foi que l'Eglise peut établir des *lois* proprement dites, *lois* qu'on ne peut violer sans se rendre coupable devant Dieu. Nous avons sur ce point plusieurs canons du concile de Trente qui sont formels (sess. VII, can. 13; sess. XIII, can. 11; sess. XIV, can. 8; sess. XXIV, can. 3, 4, 9). Le pouvoir législatif qu'a l'Eglise vient de Jésus-Christ (*Matth.*, ch. XVIII, v. 17, 18, etc.). Aussi de tout temps, à l'exemple des apôtres (*Act.*, ch. XV, 28 et 41 ; ch. XVI, v. 4 ; ch. XX, v. 28, etc.), les papes et les évêques ont-ils réglé ce qui a rapport à la discipline de l'Eglise, recourant même à des peines plus ou moins sévères pour faire observer les *lois*, les ordonnances, les règlements qu'ils ont publiés dans l'intérêt des fidèles. La discipline a varié suivant les temps et les lieux ; mais le pouvoir d'où elle émane n'a jamais souffert la moindre altération (*Voyez* LÉGISLATION, § 1).

Le pape étant le chef de l'Eglise universelle, peut porter des *lois* obligatoires pour tous les chrétiens, Pierre est chargé de paître les *agneaux et les brebis*, c'est-à-dire les fidèles et les évêques. C'est à Pierre, à Pierre seul et à ses successeurs que le Sauveur a confié les *clefs* qui sont le symbole du pouvoir monarchique et souverain. Les Pères nous représentent le pape comme chef de toute l'Eglise, comme prince, comme étant le pasteur des pasteurs : expressions qui ne peuvent convenir qu'à celui qui a droit de commander à tous. Aussi, suivant le concile de Florence, le pontife romain étend sa primauté sur tout l'univers, et en sa qualité de successeur de Pierre, il a reçu de Jésus-Christ le plein pouvoir de paître, de régir et de gouverner l'Eglise universelle : *Plenam potestatem pascendi, regendi et gubernandi universalem Ecclesiam.*

Les évêques ont aussi le droit de porter des *lois* pour leurs diocèses respectifs. Ils sont établis par l'Esprit-Saint, dit l'Apôtre, pour gouverner l'Eglise de Dieu : *Attendite vobis et universo gregi, in quo vos Spiritus Sanctus posuit regere Ecclesiam Dei*. Mais, soit que leur juridiction vienne immédiatement de Jésus-Christ, soit qu'ils la reçoivent du souverain pontife, ils sont, de l'aveu de tous les catholiques, subordonnés, dans l'exercice de leurs pouvoirs, à l'autorité du saint-siège : *Episcopi, qui successores sunt apostolorum, bene ferre possunt leges pro suis diœcesibus sine consensu capituli, exceptis rebus quœ cedere possunt in prœjudicium capituli vel cleri.* (S. Alph. de Liguori, *de Legibus*, n° 104.)

Les conciles, c'est-à-dire les évêques assemblés pour traiter les intérêts de l'Eglise, peuvent également faire des *lois*. Si les conciles sont généraux, œcuméniques, les *lois* qui en émanent pourront être générales et communes à tous les fidèles ou à tous les clercs, sans distinction de pays ; car le concile général représente l'Eglise universelle. Si les conciles sont particuliers, leurs décrets n'obligent que celles des églises ou ceux des diocèses qui sont représentés par ces conciles. Encore, ces décrets ne deviennent obligatoires pour un diocèse qu'autant que l'évêque y souscrit. Car, à part ce qui concerne les métropolitains, les évêques réunis ou non n'ont pas de juridiction sur les diocèses qui leur sont étrangers. Leurs actes ne peuvent donc lier d'autres évêques, à moins que le souverain pontife ne les confirme et ne les rende lui-même obligatoires pour toutes les églises de la province ou du royaume (Mgr. Bouvier, évêque du Mans, *de Legibus*, etc.).

Enfin, le chapitre d'une cathédrale peut, pendant la vacance du siége, faire les règlements qu'il juge nécessaires ; mais il n'a pas droit d'abolir les statuts du diocèse, il peut seulement en dispenser, ou, dans un cas de nécessité, en suspendre l'exécution. *Episcopali sede vacante, non debet innovari* (Innocent III, Decret., *lib*. III, *tit*. 9, *cap*. 1).

Le pouvoir législatif de l'Eglise étant un pouvoir tout spirituel, les *lois* ecclésiastiques n'étendent leur domaine que sur ce qui a rapport au culte et au salut des âmes. L'office divin, la célébration des saints mystères, l'administration des sacrements, la sanctification des dimanches et des fêtes, la prédication de l'Evangile, l'institution des ministres de la religion, les jeûnes et les abstinences, les ordres religieux, ce qui a rapport à la conduite des clercs, les peines canoniques, les irrégularités, en un mot, tout ce qui tient à la discipline ecclésiastique doit être réglé par le pape ou par les évêques. Mais l'Eglise n'intervient en ce qui touche au temporel, que quand il s'agit des pactes et des contrats considérés dans leurs rapports avec la morale.

Ce qui est prescrit par la *loi* divine peut devenir l'objet d'une *loi* canonique; l'Eglise peut le commander en déterminant le temps pour l'accomplissement du précepte, ou en fixant le terme avec défense de le dépasser. C'est ce qui a lieu pour la confession annuelle et la communion pascale. L'Eglise a également le droit de défendre, sous quelque peine spirituelle, ce qui est d'ailleurs défendu par une *loi* divine, soit naturelle, soit positive.

Quant aux choses indifférentes de leur nature, elle peut encore les prescrire ou les défendre, suivant les circonstances et la diversité des temps et des lieux, qui en déterminent le danger ou l'utilité générale, sous le rapport des mœurs (*Théol. morale*, par Mgr. Gousset, archev. de Reims, tom. I, pag. 51).

§ 4. LOIS *civiles*.

Les *lois* civiles émanent de la puissance temporelle; elles sont établies par ceux qui gouvernent, pour maintenir l'ordre, la police, la tranquillité publique dans l'Etat, et fixer les droits respectifs des citoyens. Les *lois* civiles obligent en conscience : *Reddite quæ sunt Cæsaris Cæsari, et quæ sunt Dei Deo* (Matth. ch. XXII, v. 21).

Aussi quelle que soit la forme du gouvernement, les *lois* portées et publiées conformément aux constitutions de l'Etat, si d'ailleurs elles ne sont point contraires à la justice ou à la religion, obligent, indépendamment de leur acceptation de la part des sujets. Que deviendrait la société, si les citoyens pouvaient, par le refus de leur adhésion, suspendre l'exécution des *lois?*

§ 5. *Si la* LOI *civile est athée.*

Le but de cet ouvrage est de mettre en rapport, ou, pour mieux dire, en parallèle, les *lois* ecclésiastiques avec les *lois* civiles, c'est-à-dire, d'examiner en quoi elles sont d'accord, en quoi elles sont opposées. Or, il est important de savoir si les *lois* qui nous régissent sont athées, comme on l'a dit, et comme on le répète encore souvent. Nous ne le pensons pas.

D'abord, que veut-on dire, en avançant que *la loi est athée?* que la *loi* n'enseigne pas Dieu? Mais le doit-elle? Puis, quelle *loi* le devrait, est-ce le Code civil? Mais son objet est de fixer l'état des personnes au sein de la société, pour en déduire leurs obligations et leurs droits; c'est de régler l'acquisition, le maintien, la transmission de la propriété; ce ne sont là que des intérêts matériels et passagers, qui ne doivent pas être, immédiatement du moins, régis par des principes d'une nature toute différente et bien plus haute !

Pour être athée, il ne suffit pas de se taire sur l'existence de Dieu, il faut la nier, et c'est ce que ne fait pas notre Code civil; au contraire, il y croit implicitement, quand il organise et régit la famille conformément à la rigueur de la chasteté chrétienne.

N'est-il pas vrai, en effet, qu'il ne souffre entre l'homme et la femme que l'union publique et solennelle du mariage? qu'il déclare cette union indissoluble à jamais? que toutes ses faveurs sont pour les enfants légitimes; toutes ses sévérités pour les enfants naturels? et, enfin, qu'il ose à peine nommer les enfants de l'adultère et de l'inceste, et seulement pour leur donner d'une main avare le morceau de pain qui doit soutenir leurs tristes jours ? (*Voyez* ALIMENTS.)

Il est juste de dire cependant que le code primitif admettait le divorce, qui n'a été aboli qu'en 1816; mais nous discutons la *loi* telle qu'elle est aujourd'hui, et non telle qu'elle fut d'abord; elle avait, d'ailleurs, même dans son premier état, placé à côté du divorce la séparation de corps, qui était le *divorce des catholiques*, ainsi que le disaient avec intention les auteurs du Code. Cette *loi* du divorce, après sa suppression, est restée écrite dans le Code, comme une lettre morte; deux fois, cependant, depuis 1830, on a essayé de lui rendre la vie, deux fois en vain; le souffle de la philosophie n'a pas été assez puissant pour ressusciter ce cadavre. (*Voyez* DIVORCE.)

Le Code s'est donc approprié l'un des principes les plus délicats de l'Evangile, l'indissolubilité du lien conjugal, qui a sur le bonheur de la famille une si utile influence; mais il va plus loin : il ne craint pas, pour régler les rapports respectifs des époux, de lui emprunter encore un de ses plus beaux et de ses plus doux préceptes : « Les époux, dit-il, se doivent mutuellement fidélité, secours, assistance (art. 212). C'est le résumé de la doctrine de saint Paul (*Ephés., ch.* V, *v.* 22), quand il établit la réciprocité la plus équitable de devoirs, d'affections, de droits, entre deux personnes égales devant Dieu; et, si le Code ajoute : « Le mari doit protection à sa femme, la femme obéissance à son mari » (art. 213), on croit entendre encore la parole du grand Apôtre, qui introduit l'ordre dans la famille, comme il est dans l'Eglise, comme il est dans le monde.

Enfin, lorsque, par un de ces événements qui deviennent, chaque jour, moins rares, l'un des époux vient à disparaître, si longue que soit son absence, la loi française ne veut pas que l'époux présent convole à de secondes noces : pourquoi? Ecoutons cette belle réponse de l'Eglise dans la bouche de Bossuet : « C'est une règle inviolable parmi « nous de ne point permettre les secondes « noces à l'une des parties, qu'après que les « preuves de la mort de l'autre sont con- « stantes. On n'a point égard aux captivi- « tés ni aux *absences les plus longues*.... L'E- « glise parle toujours pour l'absent, et ne « permet pas qu'on l'oublie, ni qu'on mette « au rang des morts celui pour qui le so- « leil se lève encore. » *(Quatrième avert. aux protest.* (*Voyez* ABSENT, § 3.)

Nous n'ignorons pas que le Code, dans sa malheureuse fiction de la mort civile (*Voyez* MORT CIVILE), brise impitoyablement tous les liens civils entre les deux époux, et permet à l'époux non condamné de contracter une nouvelle union, du vivant de son conjoint; mais encore faut-il dire que cette disposition n'est point passée dans la *loi* sans une généreuse protestation; et ce fut Napoléon, dont la grande âme, comme on sait, avait une sympathie si vive pour la foi catholique, qui la fit entendre au conseil d'Etat. « Il sera « donc défendu, s'écriait-il, à une femme « profondément convaincue de l'innocence « de son mari, de suivre dans sa déporta- « tion celui auquel elle est le plus étroite- « ment unie; ou, si elle cédait à sa convic- « tion, à son devoir, elle ne serait plus qu'une « concubine!... N'aurait-elle pas le droit de « vous dire : *Mieux valait ôter la vie à mon* « *époux ; au moins me serait-il permis de ché-* « *rir sa mémoire ; mais vous ordonnez qu'il* « *vive, et vous ne voulez pas que je le con-* « *sole!* » (Conférences du Code civil, tom. I, pag. 86). La dureté philosophique devait cependant triompher cette fois de la tendresse chrétienne.

Que dirons-nous du Code de procédure, qui, de même que la *loi* de 1814, fait de l'observation chrétienne du dimanche et des fêtes légales une règle absolue de droit commun, au point de frapper de nullité toute procédure qui serait faite en violation de cette *loi*? (*Voyez* DIMANCHE.)

Enfin, la *loi* criminelle est bien plus explicite encore, puisqu'elle ne craint pas de faire une profession publique de sa foi, quand elle met dans la bouche du jury ces paroles sacramentelles : « Je jure devant Dieu et devant les hommes... » comme si elle voulait, qu'avant de rendre ses arrêts, la justice des hommes vînt se placer en présence et au pied de la justice de Dieu !

Ainsi l'on ne peut s'empêcher de reconnaître que l'ensemble de notre législation, soit qu'on la considère dans l'ordre politique, civil ou criminel, offre souvent la trace du sentiment religieux, et quelquefois même de la foi catholique.

Sans doute, il ne faudrait pas un examen bien sévère pour y découvrir de tristes contradictions; mais cela prouve seulement qu'elle est née à une époque où des hommes et des principes ennemis se disputaient l'empire du monde. Que l'on veuille bien se rappeler quels étaient les législateurs qui composaient alors nos assemblées politiques, et devant quelles divinités sanglantes ou impures, la veille encore, ils étaient prosternés, et l'on admirera la puissance de l'architecte qui a su relever tant de ruines en présence des préjugés et des haines qui les avaient faites. Il n'a pas, il est vrai, osé inscrire le nom de Dieu sur le fronton du temple ; mais il l'a gravé furtivement sur la pierre angulaire qu'il cachait dans les fondements; si ce n'est pas assez pour l'édification des peuples, c'est beaucoup pour la solidité du monument ; la postérité l'y retrouvera (Cette question est traitée assez au long par un docteur en droit, dans le *Journal des conseils de fabriques*, tom. XI, p. 5).

§ 6. LOI *diocésaine et de juridiction.*

On entend en droit canon, par *loi diocésaine*, une partie de la juridiction épiscopale, qui regarde principalement les droits et les devoirs qui sont dus à l'évêque par ses diocésains. Cette *loi* qui comprend quelquefois toute la juridiction de l'évêque comme il se voit dans le chapitre *Auditis de præscrip.* et dans plusieurs autres, est différente de ce qu'on appelle aussi *loi de juridiction*. Par celle-ci, l'évêque donne, et par l'autre il reçoit. La nature de ces deux sortes de *lois* est parfaitement expliquée dans le chapitre *Conquerente* et le chapitre *Dilectus de offic. judic.* Voici comment parle la glose sur ce dernier : *Not. hic differentiam inter legem jurisdictionis et legem diœcesanam, in quibus legibus consistit totum jus et potestas episcoporum. Ad legem cum jurisdictionis pertinent ista, de quibus hic contendebatur: datio curæ animarum, delictorum coercitio (item causas audire et omnia quæ circa judicium aguntur, expedire, visitare, corrigere, suspendere, interdicere, statuta facere, inquirere, tam de vita clericorum quam de officiis et statu ecclesiarum), ordinatio ecclesiarum, sive consecratio altarium et virginum, confectio chrismatis, et generaliter omnium sacramentorum et ordinorum collatio, quæ consistunt in dando, et alia pluria et similia quæ enumerantur in capite Conquerente usque verb. synodum, a quo incipit enumerare quædam quæ pertinent ad legem diœcesanam.* C'est-à-dire, qu'à ce mot *synodum*, commence l'énumération des droits qui sont compris sous la *loi diocésaine* : *Ad legem vero diœcesanam*, continue la glose, *spectat vocatio ad synodum, et ad sepulturas mortuorum, cathedraticum, tertia vel quarta mortuariorum, quarta decimarum ut not. in c. Conquerente, quando hospitium et consimilia quæ consistunt in recipiendo, quandoque tamen lex diœcesana comprehendit legem jurisdictionis.*

Cette glose nous apprend donc distinctement quels sont les droits qui se rapportent à la *loi de juridiction*, et ceux qui se rapportent à la *loi diocésaine*. Les premiers sont en général tous ceux que nous avons exposés sous le mot ÉVÊQUE, en considérant l'épiscopat, et du côté de l'ordre et du côté de la juridiction. En le considérant comme dignité, nous distinguons sous le même mot les droits honorifiques des droits utiles. Ce sont précisément ceux-ci que l'on entend par *loi diocésaine*. Ces droits sont le cens cathédratique ou synodatique, la procuration, le subside caritatif, les cartes canoniques et funéraires et autres semblables, *quandoque hospitium et consimilia*, dit la glose. Nous parlons de chacun de ces droits sous leur nom.

Nous remarquerons ici que les monastères sont exempts par le droit de la *loi diocésaine* : *Dicas ergo quod omnia monasteria ipso jure in favorem religionis exempta sunt a lege diœcesana* (*C.* 1, 10, *qu.* 1; *c. Inter cætera* 16, *qu.* 1 ; *c. Cum pro utilitate* 18, *qu.* 2; *c. Quem sit, c. ult.; c. Placuit,* 16, *qu* 1). La chapitre *Conquerente* ne soumet les monastères qu'au droit de procuration, réglé selon leurs facultés et la modification du concile de Latran dans un cas de visite (*c. Eleuther.* 18, *qu.* 2 ; *c. Cum ex præsc.*). Mais les monastères sont soumis à la *loi de juridiction*, s'ils n'ont à cet égard un légitime titre d'exemption : *A lege vero jurisdictionis non sunt exempta monasteria, nisi speciali privilegio sint munita, sed omnia monasteria sua in diœcesi constituta subsunt episcopo quoad legem jurisdictionis* (*c. Hæc tantum* 18, *qu.* 2; *c. Cognovimus* eod.; *c. Interdicimus* 16, 2).

Quant aux églises séculières, elles sont soumises à l'une et à l'autre *loi* : *Sæculares vero ecclesiæ subsunt episcopo quantum ad utramque legem* (*c. De his; c. Antiquos* 10, *qu.* 1). Il en est de même des chapelles ou églises particulières des religieux non réduites en monastères, à moins que ces églises ne fussent dans la dépendance des monastères mêmes, ou qu'elles participassent à leurs exemptions (*c. Conquerente; c. Sane* 16, *qu.* 2; *c. Cum et plantare,* § *in ecclesiis; c. Ex ore in fin. de privil.*).

Nos canonistes français connaissent la distinction de la *loi diocésaine*, d'avec la *loi de juridiction*; ils l'emploient dans leurs écrits; mais dans la pratique les droits utiles de l'évêque, consistant en tous ces différents droits dont parle le chapitre *Conquerente*, se réduisent à rien.

LYON

Cette ville, la première de France après Paris, est très-célèbre dans l'histoire ecclésiastique par plusieurs conciles qui s'y sont tenus. Nous ne parlerons ici que des deux conciles généraux qu'on y célébra, l'un en 1245, et l'autre en 1274.

I. Le premier concile général de *Lyon* est le treizième de l'Eglise. Le pape Innocent IV le convoqua en 1245 par une lettre circulaire adressée à tous les princes, sans en excepter l'empereur Frédéric II, qui fut jugé dans ce même concile. Les prélats se trouvèrent assemblés au jour de l'indication qui était la Saint-Jean. Ils étaient au nombre de cent quarante tant archevêques qu'évêques; on y voyait trois patriarches latins, savoir, de Constantinople, d'Antioche et de Venise. L'empereur Frédéric, le roi d'Angleterre et quelques autres princes, avaient envoyé leurs ambassadeurs. Baudoin, empereur de Constantinople, et le comte de Toulouse, étaient présents en personne. L'abbé de saint Alban en Angleterre, y envoya un de ses moines accompagné d'un clerc.

Le détail de ce concile a été donné par Matthieu Paris, moine de ce monastère.

Le lundi d'après la Saint-Jean, 26 juin 1245, le pape fit tenir une congrégation préliminaire dans le réfectoire des religieux de Saint-Just, chez lesquels il était logé, pour préparer la matière du concile. Deux jours après se tint la première session, le pape et tous les autres prélats, revêtus pontificalement, se rendirent à l'église métropolitaine de Saint-Jean, où, après la messe et quelques prières, le pape prononça un sermon dans lequel on trouve les motifs et les causes du concile. Il prit pour sujet les cinq douleurs dont il était affligé, comparées aux cinq plaies de Notre-Seigneur. La première était le déréglement des prélats et de leurs peuples ; la seconde, l'insolence des Sarrasins ; la troisième, le schisme des Grecs ; la quatrième, la cruauté des Tartares; la cinquième, la persécution de l'empereur Frédéric. Le pape s'étendit sur ce dernier point, et représenta les maux que ce prince avait faits à l'Eglise et au pape Grégoire son prédécesseur. Mais Thadée de Suesse, ambassadeur, se leva, après le sermon, au milieu de l'assemblée, et parla fortement pour la justification de son maître ; ses raisons lui procurèrent dans la session suivante, tenue le 5 juillet, un délai jusqu'au 17 de ce mois, pour attendre l'arrivée de l'empereur, qui vint en effet jusqu'à Turin, mais pas plus avant.

La troisième et dernière session se tint exactement au jour marqué. Le pape y ordonna, avec l'approbation du concile, que désormais on célébrerait l'octave de la nativité de la sainte Vierge, et fit lire ensuite dix-sept articles de règlements, dont la plupart regardent la procédure judiciaire, et ont été insérés dans le sexte. On voit dans ces règlements, dit Fleury, l'esprit de chicane qui régnait alors entre les ecclésiastiques, occupés pour la plupart à poursuivre ou à juger des procès; et c'est ce qui obligeait les conciles à entrer si avant dans ces matières, qui dans de meilleurs temps, auraient paru indignes de l'attention des évêques. Les quatre derniers de ces articles étaient cependant sur des matières plus importantes, ils regardaient les moyens de se défendre contre les Grecs et les Tartares, tant dans la Terre-Sainte, que dans la Pologne et la Russie. Enfin, le pape vint à l'affaire de l'empereur déjà excommunié, et même déposé par Grégoire IX. Thadée de Suesse voyant que le pape allait prononcer, déclara que si le pape voulait procéder contre l'empereur, il en appelait au pape futur et à un concile général. Le pape, de son côté, après avoir représenté que le concile était général, et que c'était la faute de Frédéric, si les prélats de son obéissance ne s'y trouvaient point, rejeta l'appel, et prononça de vive voix la sentence de sa déposition. Il y réduisit les crimes de Frédéric à quatre principaux : parjure, sacrilège, hérésie et félonie. Il prouvait le parjure par les contraventions à la paix faite avec l'Eglise, c'est-à-dire avec le pape Grégoire IX, en 1230, et d'autres serments violés; le sacrilège, par la prise des légats et des autres prélats qui allaient au concile sur les galères de Gênes; l'hérésie par le mépris des censures, nonobstant lesquelles le pape disait qu'il avait fait célébrer l'office divin, par sa liaison avec les Sarrasins, son alliance avec l'empereur Vatau schismatique, à qui l'empereur avait donné sa fille, et d'autres conjectures qui fondaient un soupçon véhément. Enfin, le pape prouvait la félonie, par la vexation des sujets du royaume de Sicile, fief de l'Eglise romaine, la guerre contre l'Eglise même, et la cessation du payement du tribut pendant neuf ans. Sur ces raisons, le pape prononça la sentence de déposition contre l'empereur avec les clauses ordinaires dans ce temps-là, touchant le serment de fidélité des sujets dont le pape absolvait. La sentence fut lue ensuite en présence du concile, le pape et les prélats tenant chacun un cierge allumé (*Voyez* LIBERTÉS *de l'Eglise gallicane* § 5).

Les historiens ecclésiastiques nous font remarquer : 1° que, dans le préambule de cette sentence, le pape disait seulement qu'il la prononçait en présence du concile, mais non pas avec son approbation, comme dans les autres décrets; 2° que les papes prétendaient avoir un droit particulier sur l'empire d'Allemagne, et que quant au royaume de Sicile, les papes prétendaient avec plus de fondement que c'était un fief mouvant de l'Eglise romaine.

On a beaucoup déclamé contre ces sentences de déposition et d'excommunication, mais on ne fait point attention que c'était la jurisprudence générale du temps. Elle était reconnue par le droit commun de tous les Etats catholiques de l'Europe, acceptée par les princes mêmes qui se bornaient à en restreindre les conséquences et à en éviter l'application. Tout le monde du reste, excepté peut-être quelques incorrigibles parlementaires, convient aujourd'hui des heureux résultats du pouvoir temporel dont la papauté a été investie au moyen âge.

« L'excommunication à ces époques, » dit admirablement bien M. Artaud, « était une
« arme placée dans la main des pontifes, du
« consentement de tout le monde. Chacun in-
« voquait le secours de cette arme, quand
« il en avait besoin. Absous d'une excom-
« munication, on en sollicitait une autre
« contre l'ennemi qui survenait. Ce que font
« les congrès d'aujourd'hui, n'est-ce pas une
« sorte d'excommunication prononcée en
« dehors de l'autorité du pape? Les congrès
« distribuent les trônes, et les reprennent;
« ils déclarent donner la liberté, et cette li-
« berté se trouve être souvent un odieux es-
« clavage et une solennelle déception. »
(*Considérations sur le règne des quinze premiers papes qui ont porté le nom de Grégoire.*)

On prétend que ce fut dans ce concile de Lyon, que le chapeau rouge fut donné aux cardinaux (*Voyez* CARDINAL).

II. Le second concile général tenu à Lyon en 1274, sous le pape Grégoire X, est le quatorzième de l'Eglise. Il s'y trouva cinq cents évêques, soixante-dix abbés, et quantité de députés de presque tous les princes chrétiens.

La première session se tint le 7 du mois de mai de la dite année 1274, précédée d'un jeûne de trois jours. On employa à entendre le sermon du pape, qui, à l'exemple d'Innocent III dans le quatrième concile de Latran, prit pour texte ces paroles de l'Evangile : *Desiderio desideravi hoc pascha mandu-* *care vobiscum.* Il expliqua les raisons qu'il avaient fait convoquer le concile, savoir : le secours de la Terre-Sainte, la réunion des Grecs, et la réformation des mœurs. Nous ne parlerons ici en abrégé que des dispositions du concile touchant la discipline ecclésiastique et la réformation des mœurs. *Voyez* sur les deux autres objets le mot SCHISME.

Dans les troisième et cinquième sessions du concile, on publia sur la discipline diverses constitutions dont voici en substance la disposition. La première de ces constitutions porte que ceux qui s'opposent aux élections et en appellent, exprimeront dans l'acte d'appel ou autre instrument public, tous leurs moyens d'opposition sans qu'ils soient reçus ensuite à en proposer d'autres. La seconde défend aux élus de se faire donner l'administration du spirituel de l'église à titre de procuration ou d'économat, et de s'y immiscer en aucune manière, jusqu'à ce que leur élection soit confirmée. Pour obvier aux longues vacances des églises, les électeurs présenteront au plus tôt l'acte d'élection à l'élu, qui sera tenu d'y consentir dans un mois, et d'en demander la confirmation dans trois. Celui qui aura donné son suffrage à un indigne, ne sera point privé du droit d'élire, si l'élection n'a pas eu d'effet. Celui qui aura donné son suffrage à quelqu'un dont l'élection aura eu son effet, ne sera plus recevable à combattre, sinon pour quelque défaut qu'il y ait pu vraisemblablement ignorer. Dans le partage de l'élection, si les deux tiers sont d'un côté, l'autre tiers n'est pas recevable à rien objecter contre l'élection, ou contre l'élu. Quoique Alexandre IV ait déclaré que les appels des élections doivent être portés au saint-siège, comme causes majeures; toutefois si l'appellation interjetée hors jugement est manifestement frivole, elle ne sera point portée au saint-siège. Or, en cette matière d'élection, il est toujours permis de se désister de l'appel, pourvu que ce soit sans fraude. Les avocats et les procureurs feront serment de ne soutenir que des causes justes, et le renouvelleront tous les ans. Les évêques qui auront ordonné des clercs d'un autre diocèse, seront suspendus pour un an de la collation des ordres. La monition canonique doit exprimer le nom de celui qui est admonesté. L'absolution à cautèle n'a point lieu dans les interdits locaux.

Les constitutions qui contenaient ces divers règlements furent publiées au nombre de douze dans la troisième session. Celles qui furent publiées au nombre de quatorze dans la cinquième session portaient premièrement un règlement sur l'élection du pape et le conclave (*Voyez* PAPE). Ensuite, qu'entre les moyens d'opposition contre une élection, on doit commencer par l'examen des reproches personnels contre l'élu, et si l'opposant s'y trouve mal fondé, il ne sera point écouté sur tout le reste. Si les chanoines veulent cesser l'office divin, ils doivent auparavant en exprimer la cause dans un acte public signifié à la partie, sous peine de restitution des revenus qu'ils auront perçus pendant la cessation.

Le concile déclare nulle l'absolution de quelque censure que ce soit extorquée par force ou par crainte, et déclare excommunié celui qui l'aura exigée. Même peine contre ceux qui auront maltraité les électeurs, parce qu'ils n'ont pas voulu élire ceux qu'ils désiraient. Défense d'user de représailles, et d'en accorder particulièrement contre les ecclésiastiques. Excommunication de plein droit contre ceux qui auront permis de tuer, prendre ou molester en sa personne ou en ses biens, un juge ecclésiastique pour avoir prononcé quelque censure contre les rois, les princes, leurs officiers, ou quelque personne que ce soit. Défense, sous même peine d'excommunication de plein droit, à toute personne, de quelque dignité que ce soit, d'usurper de nouveau sur les églises le droit de régale ou d'avouerie, pour s'emparer sous ce prétexte des biens de l'église vacante. Quant à ceux qui sont en possession de ces droits par la fondation des églises, ou par une ancienne coutume, ils sont exhortés à n'en point abuser, soit en étendant leur jouissance au delà des fruits, soit en détériorant le fonds qu'ils sont tenus de conserver. C'est la première constitution qui ait autorisé, du moins tacitement, le droit de régale (*Voyez* RÉGALE).

Les bigames sont déchus de tout privilége clérical, et il leur est défendu de porter l'habit et la tonsure. On recommande d'observer dans les églises le respect convenable, et on défend d'y tenir les assemblées des communautés séculières, et tout ce qui peut troubler le service divin. Ordre aux communautés de chasser de leurs terres dans trois mois les usuriers manifestes, étrangers ou autres, et défense de leur louer des maisons. Défense de leur donner l'absolution, ou la sépulture ecclésiastique, jusqu'à ce que les restitutions qu'ils doivent faire soient exécutées, ou qu'ils en aient donné les sûretés nécessaires. Défense aux prélats de soumettre aux laïques leurs églises, les immeubles ou les droits qui en dépendent, sans le consentement du chapitre et la permission du saint-siége, sous peine de nullité du contrat, de suspense contre les prélats, et d'excommunication contre les laïques. Les bénéfices vacants en cour de Rome peuvent être conférés par l'ordinaire après un mois de vacance.

Ce furent là les constitutions qu'on publia, comme nous avons dit, dans la cinquième session. Dans la sixième, on en publia encore deux, dont l'une était pour réprimer la multitude des ordres religieux, l'autre ne se trouve plus. Après la lecture et publication de ces deux dernières constitutions, le pape dit qu'à l'égard de la troisième cause de la convocation du concile, qui était la réformation des mœurs, si les prélats se corrigeaient, il ne serait pas nécessaire de faire des constitutions pour leur réformation; qu'il s'étonnait que quelques-uns qui menaient une vie déréglée ne se corrigeassent point, et il déclara que s'ils ne le faisaient, il le ferait lui-même avec beaucoup de sévérité, ajoutant que les prélats étaient cause de la chute du monde entier. Il promit de remédier à plusieurs autres abus, ce qu'on n'avait pu exécuter à cause de la multitude des affaires.

Pour la magnificence de l'ancien chapitre de Lyon, pour la noblesse des chanoines qui le composaient, *voyez* le mot. CHAPITRE, § 5, et le mot NOBLESSE.

M

MAGIE.

(*Voyez* ASTROLOGIE, SORTILÉGE.)

MAGNÉTISME.

Le *magnétisme*, considéré comme une branche très-curieuse d'histoire naturelle intéressant la physiologie, la psychologie, l'art de guérir, etc., a été la cause ou l'occasion de déplorables abus. Car, sans parler ici des atteintes portées à la morale dans plus d'une circonstance, quelques magnétiseurs ont poussé au delà de toute limite l'extravagance de leurs prétentions. Il en est qui, se croyant tout à coup en possession du foyer même de la puissance surnaturelle, n'ont pas reculé devant la pensée de tout expliquer au moyen du *magnétisme*; ils ont osé avancer que les prophéties de l'Ancien et du Nouveau Testament, les miracles de l'Evangile, les extases des saints, les possessions n'étaient qu'un résultat de l'action magnétique.

De pareils excès étaient de nature, comme on le pense, à éveiller l'attention de l'orthodoxie catholique. Aussi plusieurs consultations furent adressées à Rome qui, dans sa prudente réserve et sa profonde sagesse, n'a résolu que les questions spéciales qui lui étaient soumises, laissant la question générale du *magnétisme* livrée aux disputes de la science.

La lutte qui dure depuis plus de soixante ans avec la faculté de médecine, peut donc se prolonger encore, sans que les adversaires du *magnétisme* aient le droit de se faire une arme contre lui des enseignements de la foi catholique. Sûre qu'elle est de dépasser toujours toutes les données de la science, l'Eglise assiste, sans se troubler, à ces luttes savantes, elle les suit avec intérêt, elle les encourage même, car c'est du Dieu qu'elle adore qu'il est écrit : *Deus scientiarum Dominus est*; l'éternelle vérité brille à ses yeux au-dessus des nuages qui enveloppent les combattants, et tandis que la science humaine, soumise à toutes les conditions d'erreurs, est le plus souvent forcée de marcher à tâtons, elle reste immobile dans son infaillibilité pour la juger.

Quoi qu'il en soit, nous allons consigner ici une décision de la sacrée Pénitencerie et une lettre de S. E. le cardinal Castracane, sur cette importante question.

CONSULTATION *adressée à la sacrée Pénitencerie, par* M. FONTANA, *chancelier de l'évêché de Lausanne et de Genève, en date du* 19 *mai* 1841.

« Eminentissime D. D.,

« Cum hactenus responsa circa *magnetismum animalem* minime sufficere videantur, sitque magnopere optandum ut tutius magisque uniformiter solvi queant casus non raro incidentes ; infra signatus Eminentiæ vestræ humiliter sequentia exponit.

« Persona *magnetisata*, quæ plerumque sexus est fœminei, in eum statum soporis ingreditur, dictum *somnambulismum magneticum*, tam alte ut nec maximus fragor ad ejus aures, nec ferri ignisve ulla vehementia illam suscitare valeant. A solo *magnetisatore* cui consensum suum dedit (consensus enim est necessarius), ad illud extasis genus adducitur, sive variis palpationibus gesticulationibusve, quando ille adest, sive simplici mandato eodem interno, cum vel pluribus leucis distat.

« Tunc viva voce seu mentaliter de suo absentiumque, penitus ignotorum sibi, morbo interrogata, hæc persona evidenter indocta illico medicos scientia longe superat; res anatomicas accuratissime enuntiat; morborum internorum in humano corpore, qui cognitu definituque peritis difficillimi sunt, causam, sedem, naturam indigitat; eorumdem progressus, variationes, complicationes evolvit, idque propriis terminis, sæpe etiam dictorum morborum diuturnitatem exacte prænuntiat, remediaque simplicissima et efficacissima præcipit.

« Si adest persona de qua *magnetisata* mulier consulitur, relationem inter utramque per contactum instituit *magnetisator*. Cum vero abest, cincinnus ex ejus cæsarie eam supplet ac sufficit. Hoc enim cincinno tantum ad palmam *magnetisatæ* admoto, confestim declarare quid sit (quin aspiciat oculis), cujus sint partis, ubinam versetur nunc persona ad quam pertinent, quid rerum agat; circaque ejus morbum omnia supra dicta documenta ministrare, haud aliter atque si, medicorum more, corpus ipsa introspiceret.

« Postremo *magnetisata* non oculis cernit. Ipsis velatis, quidquid erit, illud leget legendi nescia, seu librum seu manuscriptum, vel apertum vel clausum, suo capiti vel ventri impositum. Etiam ex hac regione ejus verba egredi videntur. Hoc autem statu educta, vel ad jussum etiam internum *magnetisantis*, vel quasi sponte sua, ipso temporis puncto a se prænuntiato, nihil omnino de rebus in paroxysmo peractis sibi conscire videtur, quantumvis ille duraverit : quænam ab ipsa petita fuerint, quæ vero responderit, quæ pertulerit ; hæc omnia nullam in ejus intellectu ideam, nec minimum in memoria vestigium reliquerunt.

« Itaque, orator infra scriptus, tam validas cernens rationes dubitandi an simpliciter

DROIT CANON. II.

naturales sint tales effectus, quorum occasionalis tam parum cum eis proportionata demonstratur, enixe vehementissimeque vestram Eminentiam rogat ut ipsa, pro sua sapientia, ad majorem Omnipotentis gloriam, nec non ad majus animarum bonum, quæ a Domino redemptæ tanti constiterunt, decernere velit an, posita præfatorum veritate, confessarius parochusve tuto possit pœnitentibus aut parochianis suis præmittere :

« 1° Ut *magnetismum* animalem illis characteribus aliisque similibus præditum exerceant, tanquam artem medicinæ auxiliatricem atque suppletoriam ;

« 2° Ut sese illum in statum somnambulismi *magnetici* demittendos consentiant ;

« 3° Ut vel de se, vel de aliis personas consulant illo modo magnetisatas ;

« 4° Ut unum de tribus prædictis suscipiant, habita prius cautela formaliter ex animo renuntiandi cuilibet diabolico pacto explicito vel implicito, omni etiam satanicæ interventioni, quoniam hac nonobstante cautione, a nonnullis ex *magnetismo* hujusmodi vel iidem vel aliquot effectus obtenti jam fuerunt.

« Eminentissime D. D. Eminentiæ vestræ, de mandato reverendissimi episcopi Lausanensis et Genevensis, humillimus obsequentissimusque servus, Jac. Xaverius FONTANA, can. cancell. episc. »

« Friburgi Helvetiæ, ex ædibus episcopalibus, die 19 maii 1841. »

RÉPONSE *de la sacrée Pénitencerie, en date du* 1er *juillet* 1841.

« Sacra Pœnitentiaria mature perpensis expositis respondendum censet prout respondet : Usum *magnetismi*, *prout in casu exponitur*, non licere.

« Datum Romæ, in S. Pœnitentiaria, die 1 julii 1841.

« C. card. CASTRACANE, M. P.

« P. H. POMELLA, S. P., *secretarius*. »

Cette réponse, dit Mgr. Gousset, archevêque de Reims, qui la rapporte dans le 1er volume de sa *Théologie morale*, page 567, ne paraissant point absolue, nous avons cru devoir, en 1842, consulter le saint-siège sur la même question, demandant si, *sepositis rei abusibus rejectoque omni cum dæmone fœdere*, il était permis d'exercer le *magnétisme* animal, ou d'y recourir, en l'envisageant comme un remède que l'on croit utile à la santé. Cette consultation n'a pas eu jusqu'ici d'autre résultat que la lettre suivante, que son Eminence le cardinal de Castracane, grand pénitencier, a bien voulu nous écrire en français, en date du 2 septembre 1843.

« Monseigneur,

« J'ai appris par Mgr. de Brimont que votre Grandeur attend de moi une lettre qui lui fasse savoir si la sainte Inquisition a décidé la question du *magnétisme*.

« Je vous prie, Monseigneur, d'observer que la question n'est pas de nature à être décidée de sitôt si jamais elle l'est, parce

(*Seize.*)

qu'on ne court aucun risque à en différer la décision, et qu'une décision prématurée pourrait compromettre l'honneur du saint-siége; que tant qu'il a été question du *magnétisme* et de son application à quelques cas particuliers, le saint-siége n'a pas hésité à se prononcer, comme on l'a vu par celles de ses réponses qui ont été rendues publiques par la voie des journaux.

« Mais à présent il ne s'agit pas de savoir si, dans tel ou tel cas, le *magnétisme* peut être permis; mais c'est en général qu'on examine si l'usage du *magnétisme* peut s'accorder avec la foi et les bonnes mœurs.

« L'importance de cette question ne peut échapper ni à votre sagacité, ni à l'étendue de vos connaissances.

« Je vous remercie, Monseigneur, de ce que vous me donnez cette occasion de vous renouveler l'assurance, etc.

« Le cardinal Castracane. »

Mgr. Gousset pense qu'on doit tolérer l'usage du *magnétisme*, jusqu'à ce que Rome ait prononcé, pourvu que le magnétiseur et le magnétisé soient de bonne foi; qu'ils regardent le *magnétisme* animal comme un remède naturel et utile; qu'ils ne se permettent rien, ni l'un ni l'autre, qui puisse blesser la modestie chrétienne, la vertu; qu'ils renoncent à toute intervention de la part du démon. S'il en était autrement, on ne pourrait absoudre ceux qui ont recours au *magnétisme*. Il ajoute qu'un confesseur ne peut ni conseiller ni approuver le *magnétisme*, surtout entre personnes de différent sexe, à la raison de la sympathie trop grande et vraiment dangereuse qui se forme le plus souvent entre le magnétiseur et la personne magnétisée.

MAIN-MORTE.

(*Voyez* GENS DE MAIN-MORTE, ACCEPTATION.)

MAIRE.

On appelait *maire de religieux*, en latin *major*, dans quelques monastères, celui qui était le premier entre les religieux, qu'on appela depuis *prieur*.

MALADE.

Plusieurs conciles, et notamment ceux de Bordeaux, en 1583, de Bourges, en 1584, d'Aix, en 1585, de Narbonne, en 1609, ordonnent aux médecins qui voient les *malades*, de les engager à se confesser, et qu'à la troisième visite, ils cessent de les voir, s'il ne leur apparaît que les *malades* se soient acquittés de ce devoir, et cela sous peine d'excommunication; c'est aussi la disposition du canon 22 du quatrième concile de Milan. Cette prescription n'est plus praticable aujourd'hui parmi nous; mais il en faut conclure que les médecins doivent faire tout ce qui dépend d'eux pour que les *malades* qu'ils visitent ne meurent pas sans sacrements. *Medici debent ante omnia inducere infirmum ad confessionem* (*con.* Later. IV).

L'assemblée du clergé de France, tenue en 1655, déclara ses sentiments sur la confession qui se fait dans la maladie; elle témoigne que les *malades* doivent se confesser à leur curé, et, au cas qu'ils s'adressent à d'autres, que les confesseurs sont tenus d'attester au curé, par un billet qu'ils laisseront chez les *malades*, écrit et signé de leur main, qu'ils les ont confessés. (*Mémoires du Clergé*, tom. I, pag. 686.)

Différents conciles exhortent les évêques d'aller visiter les *malades* agonisants, et de leur donner leur bénédiction, principalement à ceux qui ont vécu avec édification : *iis maxime qui vitæ spiritualis studio et pietatis nomine laudeque sunt insignes.* Le concile de Bourges en 1584, veut qu'on avertisse, par le son de la cloche, les fidèles de l'état des *malades* agonisants, afin qu'on prie pour eux.

Les mêmes conciles et ceux de Milan ont fait plusieurs beaux règlements concernant le port du saint viatique aux *malades*. Les plus remarquables sont : 1° l'établissement d'une confrérie, dite du Saint-Sacrement, dont les confrères seront exacts à accompagner le saint sacrement, quand on le portera aux *malades*, et à faire en sorte que tout soit en état décent et convenable dans la chambre du *malade* ; 2° qu'on ne portera jamais de nuit le saint viatique aux *malades*, *nisi ægro mortis periculum instet* ; 3° qu'on n'administrera qu'une fois au *malade* le saint sacrement, en forme de viatique. (*Mémoires du Clergé*, tom. V, pag. 109 *et suiv.*)

Le concile de Trente parle ainsi de la coutume de porter le saint viatique aux *malades* : « La coutume de conserver dans un vaisseau sacré la sainte eucharistie est si ancienne, qu'elle était connue dès le siècle du concile de Nicée. Et pour ce qui est de porter la sainte eucharistie aux *malades*, outre que c'est une chose tout à fait conforme à la raison et à l'équité, il se trouve en plusieurs canons des ordonnances qui recommandent aux Eglises d'en conserver soigneusement la pratique; et il se voit que ç'a été l'ancien usage observé de tout temps dans l'Eglise : c'est pourquoi le saint concile ordonne qu'il faut absolument retenir cette coutume si salutaire et si nécessaire.» (*Session* XIII, *ch.* 6.)

Les *malades* doivent recevoir l'extrême-onction (*Voyez* EXTRÊME-ONCTION).

MALÉFICE.

Le *maléfice* est un effet de la magie : c'est lorsque, par le secours du démon, ou en vertu d'un pacte fait avec lui, on fait des choses extraordinaires et impossibles aux hommes, pour nuire à quelqu'un, soit en son corps, soit en son âme, soit en ses biens. (*Voyez* SORTILÉGE.)

MALTE.

Malte est le nom d'une île, dans la Méditerranée, devenue célèbre par l'ordre des chevaliers de ce nom.

§ 1. *Origine de l'ordre de* MALTE.

Vers la fin du neuvième siècle, des négociants d'Amalfi (royaume de Naples), qui faisaient le commerce dans le Levant, obtinrent du calife, par un tribut annuel, la permission de rebâtir à Jérusalem une maison pour eux et pour ceux de leur nation, qui viendraient en pèlerinage dans la Palestine. Quelque temps après, ils bâtirent deux églises, consacrées à la sainte Vierge et à sainte Madeleine, l'une pour les hommes et l'autre pour les femmes, et y recevaient les pèlerins avec charité. Ce succès encouragea quelques autres à s'employer aux mêmes œuvres de zèle et de piété : on fonda une église, sous l'invocation de saint Jean, avec un hôpital, où l'on avait soin de traiter les malades, et d'y recevoir ceux que la dévotion attirait dans ce pays. Le bienheureux Gérard était directeur de cet hôpital, en 1099, quand les chrétiens, conduits par Godefroi de Bouillon, prirent Jérusalem.

La réputation de Gérard, et les témoignages que chacun rendait de sa bonne et pieuse conduite, engagèrent les papes et les rois de Jérusalem à donner des ordres pour un établissement si utile. Ceux qui desservaient cet hôpital, et que l'on appela quelque temps frères hospitaliers, prirent un habit uniforme : il était noir, avec une croix à huit pointes ou pattée ; ils firent les trois vœux ordinaires de religion, sous la règle de saint Augustin, et y en ajoutèrent un quatrième, par lequel ils s'engageaient de recevoir, traiter et défendre les pèlerins. La fondation est de l'an 1104. Cette dernière obligation les engageait à escorter les pèlerins dans les passages les plus dangereux. Ils s'accoutumèrent peu à peu à la guerre, par les combats qu'il fallait livrer de temps en temps aux bandes de voleurs qui infestaient les chemins, et leur ordre devint insensiblement un ordre militaire, et d'hospitaliers ils devinrent chevaliers. Leur but fut toujours le même, celui d'assurer la liberté des chemins, et de donner la chasse aux infidèles et aux ennemis de la religion chrétienne. Les libéralités des rois et des princes de l'Europe firent que cet ordre s'augmenta considérablement, et fut en état non-seulement de faire des entreprises, où il acquit la réputation de bravoure, mais même de faire des conquêtes, et ils rendirent de très-grands services aux rois de Jérusalem.

Gérard étant mort en 1118, on lui donna pour successeur Raymond Dupuy, Florentin, qui, à proprement parler, fut le premier grand maître de l'ordre, et posséda cette dignité trente-deux ans.

Saladin, profitant des divisions qui étaient entre les princes chrétiens, les attaqua, et se rendit maître de Jérusalem, en 1187. La profession des chevaliers les obligea de suivre la destinée des princes vaincus, et ils perdirent peu à peu leurs conquêtes, de sorte qu'il ne leur resta plus que Margat, où ils s'étaient réfugiés.

L'an 1191, les chevaliers conquirent la ville de Saint-Jean d'Acre après un siége de trois ans.

La même année l'ordre ayant perdu la forteresse de Margat, se retira à Saint-Jean d'Acre, où il subsista près de cent ans, malgré les attaques continuelles que lui livraient les Sarrasins, et qui fournirent de grandes épreuves à la bravoure des chevaliers.

Quelquefois accablés, jamais vaincus, ces hardis champions de la croix, semblaient, à l'exemple de leur maître crucifié, renaître plus glorieux du milieu de leurs forteresses démantelées et de leurs possessions envahies. L'hydre indestructible dont ils tranchaient en vain les têtes renaissantes, les pressait cependant. Le pas qu'ils faisaient en arrière ils ne le regagnaient jamais. Livrés seuls avec leur foi courageuse, au sein de peuplades acharnées à leur perte, chaque coup qu'ils frappaient ouvrait devant eux un grand espace ; mais presque aussitôt cet espace était rempli, et leur bras lassé retombait impuissant : heureux encore dans leurs calamités, si l'union avait secondé leurs efforts. Peut-être est-ce en punition des divisions des hospitaliers et des templiers, que Dieu changea leur fortune et les conduisit, de désastre en désastre, jusqu'à la catastrophe de Saint-Jean d'Acre.

En 1292, les forces des Sarrasins prévalurent à la fin sur la valeur des chevaliers, qui se virent contraints d'abandonner Saint-Jean d'Acre ; ils se retirèrent dans l'île de Chypre, auprès de Gui de Lusignan, roi de Jérusalem. La retraite qu'il leur donna, et les secours qu'ils tirèrent des autres princes chrétiens, les mirent en état de se relever des pertes que l'ordre avait faites, et ils songèrent même à faire la conquête de diverses îles, en quoi ils réussirent.

Entre les îles que l'ordre avait conquises, celle de Rhodes ayant paru un séjour commode, on s'y établit entièrement, sous le magistère de Foulques de Villaret, environ vers l'an 1308.

Dans la suite, c'est-à-dire, vers l'an 1521 environ, et sous le magistère de Philippe de Villiers de l'Ile-Adam, Soliman II, empereur des Turcs, se rendit maître de Rhodes, après un siège où les chevaliers firent des prodiges de valeur. Le grand maître se retira à Candie, et ensuite en Sicile, et la contagion s'étant mise dans son armée, il fut contraint de se remettre en mer, et d'aller côtoyer le royaume de Naples. Il s'arrêta quelque temps à Orviette, par l'ordre du pape Adrien VI, qui le fit venir à Rome. Ce pape étant mort peu après, eut pour successeur Clément VII, qui donna à l'Ile-Adam et à son ordre, la ville de Viterbe pour retraite, jusqu'à ce qu'ils eussent trouvé un lieu plus commode. Enfin l'empereur Charles-Quint leur fit présent de l'île de *Malte*, à condition qu'ils y auraient toujours un nombre suffisant de vaisseaux pour faire la guerre aux Turcs, et qu'ils se tiendraient sous la protection du roi d'Espagne, ou de Sicile, et de ses successeurs. En 1530, ce monarque se rendit en personne en Sicile, où il expédia à cet ordre des lettres impériales de donation. Il y ajouta les États de Gaza et de Tripoli.

Soliman qui les avait chassés de Rhodes, voulut encore, sur la fin de ses jours, leur enlever *Malte*, qu'il fit assiéger le 18 mai 1565. Mais cette fois l'ordre se maintint debout malgré les efforts de son formidable ennemi. La Valette se défendit avec un courage invincible, et força les infidèles à lever le siége. Les barbares, après y avoir perdu quatre mois de temps, soixante et dix-huit mille coups de canon, quinze mille soldats et huit mille matelots, se retirèrent avec la confusion de n'avoir pu triompher de lui; depuis ce temps là la ville et l'île furent fortifiées d'une manière à ne rien craindre.

Tel fut l'ordre de *Malte* jusqu'aux derniers temps. Mais, en France, il fut, pendant la révolution, supprimé avec les autres corporations religieuses, et ses biens confisqués. En 1798 Bonaparte s'empara même de l'île de *Malte*, à l'aide d'une trahison; mais il ne jouit pas longtemps de cette facile conquête; car les Anglais ne tardèrent pas à s'en rendre maîtres. En Allemagne, l'ordre fut aussi supprimé en 1806. Quand aux autres pays, il s'y est maintenu, seulement le siége en a été déplacé; et de Catane, en Sicile, où le chapitre s'était réfugié après la conquête de *Malte*, il a été transféré par Léon XII à Ferrare en 1826.

Le roi de Sardaigne voulant favoriser l'ordre de Saint-Jean de Jérusalem, a publié tout récemment (le 3 octobre 1844), des lettres patentes en leur faveur. Voici les détails de cette renaissance de l'ordre de *Malte* dans les Etats Sardes.

Sur les revenus des biens de l'ordre appartenant aujourd'hui à l'Etat, revenus qui, déduction faite des pensions accordées à d'anciens chevaliers, s'élèvent encore à 34,809 l. 57, il sera fait un prélèvement annuel de 12,000 l. Ce prélèvement aura lieu à dater du premier janvier 1845; les fonds en seront destinés à la création de deux commanderies de 3,000 l., et trois de 2,000 l., à établir dans les Etats Sardes, en faveur des chevaliers de l'ordre qui appartiennent à la langue italienne.

Ces commanderies seront, pour la première fois, conférées par le roi de Sardaigne à des personnes que l'ordre recevra chevaliers de justice, c'est-à-dire, ayant fait leurs vœux. L'ordre y nommera ensuite sur la désignation du roi et de ses successeurs; mais il ne pourra recevoir aucun chevalier de justice, ni créer aucune commanderie dans les Etats Sardes sans l'autorisation royale; il lui sera permis seulement de donner à quelques personnes dignes de cet honneur la croix de dévotion dont elles ne pourront se décorer qu'avec l'approbation du roi.

En conséquence des lettres patentes du roi de Sardaigne, Sa Sainteté Grégoire XVI, par un bref, en date du 17 décembre 1844, rétablit dans les Etats Sardes l'ordre religieux et militaire des chevaliers de *Malte*.

§ 2. *Ordre de* MALTE, *état et réception des chevaliers.*

L'ordre de *Malte*, ou de Saint-Jean de Jérusalem, comprend trois états: le premier est celui des chevaliers, le second celui des chapelains, le troisième celui des servants d'armes. Il y a des prêtres d'obédience qui desservent dans les églises, des frères servants d'office ou serviteurs, et des donnés ou demi-croix, mais ils ne sont pas proprement du corps de l'ordre, qui ne renferme que les trois premiers états ou rangs. Cette division fut faite en 1130 par le grand maître Raymond Dupuy, et a toujours subsisté depuis.

Les chevaliers sont nobles de quatre races, du côté paternel et maternel, et portent les armes. On a vu souvent des fils de roi, et des princes honorer ce rang. Les chapelains sont nobles ou du moins de famille considérable. Les dignités ecclésiastiques, comme l'évêché de *Malte*, le prieuré de l'église de Saint-Jean, et autres prieurés de l'ordre leur sont affectés, et il y en a eu de ce rang qui sont ensuite parvenus au cardinalat. Les servants sont nobles ou du moins issus d'une famille élevée au-dessus du commun.

Les nations différentes qui composent l'ordre de *Malte* sont appelées *langues*. Il y en avait huit, savoir: Provence, Auvergne, France, Italie, Aragon, Allemagne, Castille et Angleterre. Les chefs de ces langues résidaient à *Malte* et formaient le conseil du grand maître. A chaque langue était aussi perpétuellement affectée une des huit dignités supérieures de l'ordre. Chaque langue se subdivisait en prieurés, et ceux-ci en bailliages comprenant les maisons et biens, lesquels étaient conférés aux chevaliers en commende, à l'instar des bénéfices ecclésiastiques. Lors de la réforme, au seizième siècle, la langue anglaise défaillit; en 1781, on lui substitua la langue bavaroise. La langue teutonique, qui autrefois s'étendait aux prieurés mêmes de Danemarck et de Hongrie, ne renfermait plus à la fin que ceux de Bohême et de Germanie.

Les chevaliers de *Malte* sont reçus dans l'ordre de saint-Jean de Jérusalem, en faisant toutes les preuves requises par les statuts, ou avec quelque dispense. La dispense s'obtient du pape par un bref, ou du chapitre général de l'ordre, et est ensuite entérinée au sacré conseil. Les chevaliers sont reçus d'*âge* ou de *minorité*, ou *pages* de Son Eminence le grand maître. Celui-ci a seize chevaliers-pages qui le servent depuis douze ans jusqu'à quinze. L'âge ordinaire pour la profession, est le même par les statuts de l'ordre (Art. 5, *de recept. fratr.*) qu'il a été réglé par le concile de Trente, pour tous les ordres religieux. Celui qui souhaite d'être ainsi reçu d'âge dans l'ordre, doit se présenter en personne au chapitre ou à l'assemblée provinciale du grand prieuré, dans l'étendue duquel il est né. Ceux qui se présentent en minorité, c'est-à-dire, au-dessus de seize ans, sont reçus en vertu d'une bulle du grand maître qu'il leur accorde suivant le pouvoir qui lui en est donné par le pape, ou par le chapitre général.

L'habit ordinaire du grand maître est une soutane de tabis ou de drap, ouverte par le devant, et liée d'une ceinture d'où pend une grosse bourse, pour marquer la charité envers les pauvres, suivant l'institution de l'ordre. Par-dessus ce vêtement, il porte une espèce de robe de velours, au lieu de laquelle il prend un manteau à bec qui est fort long, quand il va à l'église les jours solennels. Au devant de la soutane, sur l'estomac, et sur la robe vers la manche gauche, il y a une croix de toile blanche à huit pointes, comme sont toutes les croix que portent ceux de l'ordre.

Les chevaliers de l'ordre de *Malte* ont obtenu des papes les plus grands priviléges, surtout de Clément VII, qui avait été lui-même chevalier de *Malte*. Ils ont des bulles qui leur donnent le privilége de se faire ordonner par tel évêque catholique qu'il leur plaît de choisir, et même sans être tenus de garder les interstices ; ce qui a pour fondement ou pour prétexte le service que les chapelains de cet ordre sont obligés de faire sur mer et ailleurs.

Les chevaliers de *Malte* ne peuvent pas être en tout comparés aux religieux des autres ordres. Les vœux des uns et des autres ne sont pas entièrement semblables. La destination de l'ordre de *Malte* l'exigeait ainsi. Les chevaliers de *Malte* ne sont religieux que *largo modo*, selon l'expression de Panorme. Leur vœu d'obéissance ne rompt pas tous les liens qui attachent un citoyen à la société ; il ne les rend pas incapables de servir leur patrie, soit dans les armées, soit dans les conseils des princes. Le vœu de pauvreté des chevaliers de *Malte* n'est pas aussi étendu que celui des autres ordres ; ils ne promettent pas de vivre *cum paupertate*, mais seulement *sine proprio*. La maxime, *quidquid acquirit monachus acquiritur monasterio*, ne peut pas leur être appliquée dans son entier, puisqu'ils peuvent acquérir pour eux, et disposer pendant leur vie de ce qu'ils acquièrent.

Lorsque les chevaliers de *Malte* sont tonsurés, ils peuvent posséder des bénéfices séculiers, sans aucune dispense de la règle *sæcularia sæcularibus, regularia regularibus*. C'est encore un rapport sous lequel il est difficile de les considérer comme les autres religieux.

On trouve dans l'histoire des chevaliers de *Malte*, si élégamment écrite par l'abbé de Vertot, des détails sur les statuts, le gouvernement, les dignités, etc., de cet ordre. Nous ne pourrions y entrer ici sans nous éloigner du but de notre ouvrage.

MANDAT.

Les *mandats* sont des rescrits apostoliques que les souverains pontifes accordaient autrefois pour la collation des bénéfices. L'origine des *mandats* apostoliques, dit Durand de Maillane, n'est ni ancienne, ni même bien certaine. On n'en voit aucune trace dans le décret de Gratien, publié, comme nous le disons sous le mot DROIT CANON, vers l'an 1150. Quoi qu'il en soit, le concile de Trente les supprima dans la session XXIV, ch. 19 (*Voyez* ce décret sous le mot EXPECTATIVE).

MANDEMENT.

On donne ce nom aux ordonnances et aux règlements que font les évêques dans le gouvernement de leurs diocèses. L'on voit ailleurs que l'évêque peut faire, en matière de religion, des *mandements*, auxquels ses diocésains doivent se soumettre (*Voyez* ÉVÊQUE, LOI). Ce droit est essentiellement attaché à l'autorité et à la juridiction que son caractère lui donne. On peut dire même que c'est un devoir que son état lui impose. Comme pasteur, il doit veiller sur son troupeau, suivre sa conduite, et régler lui-même ses commandements ou ses défenses selon que ses ouailles paraissent avoir besoin des uns ou des autres (*Voyez* DOCTRINE).

M. Emery, dans son opuscule sur les chapitres cathédraux, fait remarquer qu'autrefois les évêques « consultaient leur chapitre sur la plupart de leurs *mandements* et de leurs ordonnances, mais toujours quand il s'agissait de liturgie et de prières publiques ; et, lors même qu'ils ne se trouvaient pas dans le cas de suivre leurs avis, ils n'en mettaient pas moins dans leurs *mandements* qu'ils les avaient donnés, après avoir pris l'avis de leurs vénérables frères les dignitaires et chanoines du chapitre de la cathédrale. Ces sortes de formules n'apportaient aucune autorité à leurs ordonnances, mais elles leur ajoutaient plus de poids aux yeux de leurs diocésains, et donnaient ainsi aux chapitres une marque de la considération qui leur est due.

« Presque tous les anciens évêques replacés par le concordat, ajoute M. Emery, se sont servis de la même formule que ci-dessus dans les nouveaux *mandements* qu'ils ont fait paraître, et les plus savants comme les plus saints évêques modernes s'y sont conformés, tant par respect pour les anciennes règles, que pour conserver l'uniformité convenable dans une Eglise aussi unie par les liens de sa discipline que par les principes et les égards de politesse et de bienséance. »

Le *mandement* est précédé des noms et des titres du prélat qui le promulgue et terminé par sa signature. Celle-ci ne porte ordinairement qu'un des prénoms de l'évêque précédé d'une croix. Il y a peu de siècles, dit M. Pascal, dans son *Dictionnaire de Liturgie*, que le nom de famille est joint aux prénoms dans le titre des *mandements* épiscopaux ; mais la souscription a toujours été précédée de la croix.

MANIPULE.

(*Voyez* HABITS § 2.)

MANSE.

(*Voyez* MENSE.)

MANSIONNAIRE.

On appelait autrefois de ce nom les clercs qui demeuraient dans une maison proche de l'église, pour les distinguer des clercs forains qui ne résidaient pas dans le lieu. Fleury en parle dans son *Institution au droit ecclésiastique*, tom. I, chap. 3.

Bergier, dans son *Dictionnaire de théologie*, dit que les critiques sont partagés sur les fonctions de cet ancien officier ecclésiastique. Quelques-uns pensent que l'office de *mansionnaire* était le même que celui du portier, parce que saint Grégoire appelle Abundius le *mansionnaire*, le gardien de l'église, *custodem ecclesiæ*. Dans un autre endroit, le même pape remarque que la fonction du *mansionnaire* était d'avoir soin du luminaire et d'allumer les lampes et les cierges, ce qui reviendrait à peu près à l'office des acolytes. Fleury (*Mœurs des chrétiens*, n. 37) pense que ces officiers étaient chargés d'orner l'église aux jours solennels, soit avec des tapisseries de soie ou d'autres étoffes précieuses, soit avec des feuillages et des fleurs, et d'avoir soin que le lieu saint fût toujours dans un état de propreté et de décence capable d'inspirer le respect et la piété.

Justel et Bévéridge prétendent que ces *mansionnaires* étaient des laïques et des fermiers qui faisaient valoir les biens de l'Eglise. C'est aussi le sentiment de plusieurs autres auteurs. Cette idée, du reste, répond assez à l'étymologie du nom; mais elle s'accorde mal avec ce que dit saint Grégoire. Il se pourrait faire aussi que les fonctions du *mansionnaire* n'aient pas été les mêmes dans l'Eglise latine que dans l'Eglise grecque.

Quoi qu'il en soit, nous ne devons pas omettre la réflexion que fait à ce sujet Fleury, que toutes les fonctions qui s'exerçaient dans les églises paraissaient si respectables, que l'on ne permettait pas à des laïques de les faire; l'on aima mieux établir exprès de nouveaux ordres de clercs, pour en décharger les diacres.

MANUSCRITS.

Les *manuscrits* qui traitent des choses saintes doivent être examinés et approuvés, comme les livres, avant de passer dans les mains des fidèles (*Voyez* LIVRES, § 1).

MARGUILLIERS.

On donnait autrefois le nom de *marguillier* à celui qui avait l'administration des affaires temporelles d'une église, et qui avait le soin de la fabrique. Aujourd'hui on appelle *marguilliers* les membres du bureau de la fabrique (*Voyez* FABRIQUE).

L'intendance de la fabrique des églises appartenait anciennement à l'évêque, comme nous le disons sous le mot FABRIQUE, § 1. Les évêques s'en déchargèrent sur les archidiacres, et les archidiacres sur les curés. On commit ensuite ce soin à des séculiers notables et zélés. C'est ce qui fut ordonné dans le concile général de Vienne l'an 1311.

MARIAGE.

Justinien a défini le *mariage*, une union de l'homme et de la femme, qui contient une société indissoluble : *Nuptiæ autem sive matrimonium est viri et mulieris conjunctio individuam vitæ consuetudinem continens* (*Instit. de patr. potest.*, § 1). La définition que fait du *mariage* le catéchisme du concile de Trente ne paraîtra pas beaucoup différente de celle de l'empereur Justinien. Le *mariage*, dit ce catéchisme, est l'union conjugale de l'homme et de la femme, qui se contracte entre des personnes qui en sont capables selon les lois, et qui les oblige de vivre inséparablement, c'est-à-dire dans une parfaite union l'une avec l'autre : *Matrimonium est viri, mulierisque maritalis conjunctio inter legitimas personas individuam vitæ consuetudinem retinens*.

Le *mariage* est exprimé en latin par ces trois mots : *conjugium*, *nuptiæ* et *matrimonium*. Par *conjugium*, il faut entendre un engagement mutuel, *quasi commune jugum*. Le mot *nuptiæ*, ou noces, vient de *nubere*, qui signifie se voiler, comme en effet, suivant l'ancienne pratique de l'Eglise, les femmes étaient voilées lorsqu'elles recevaient la bénédiction nuptiale; enfin le nom de mariage, *matrimonium*, a été ainsi appelé, *vel quasi matrem muniens*, *vel quasi matris munium*, *vel quasi matrem monens*, toutes expressions qui se rapportent à la procréation des enfants et à leur éducation.

§ 1. *Nature du* MARIAGE.

Le concile de Trente, session XXIV, explique en douze canons la foi et la doctrine de l'Eglise sur le sacrement de *mariage*.

Saint Thomas, parlant de la nature du *mariage*, remarque qu'il faut le considérer sous trois points de vue différents, par rapport aux trois fins différentes que Dieu s'y est proposées, qui sont la propagation perpétuelle du genre humain, celle de la société civile, et celle de l'Eglise; que par rapport à ces trois fins, il a besoin de différents règlements qui y conduisent. Sous le premier rapport, dit ce saint, c'est un devoir de la nature, *officium naturæ*, qui a pour règle et pour fin la génération; sous le second, il a pour fin le bien de la société civile, et pour règle les lois civiles; sous le troisième rapport, qui regarde le bien de l'Eglise, le *mariage* doit dépendre des canons et des règlements de l'Eglise, dont les ministres sont les dispensateurs des sacrements, du nombre desquels est le *mariage* des chrétiens. Mais il faut bien se garder de croire que ce soient trois contrats distincts; c'est un contrat unique, qui consiste dans la translation du droit mutuel sur les corps des époux, et qui prend ces différents noms suivant ses différents rapports.

1° En considérant le *mariage* comme contrat naturel, Dieu en est l'auteur; il l'institua dans le paradis terrestre, et l'ayant formé Eve, et l'ayant amenée à Adam, il les bénit tous deux, et leur dit : *Croissez et multipliez* : *Non legistis*, dit notre Sauveur lui-même aux pharisiens, *quia qui fecit hominem ab initio, masculum et fœminam fecit eos et dixit*, etc. (Matth., chap. XIX, v. 4). Toutefois, bien que Dieu soit l'auteur du contrat naturel du *mariage*, et que, selon saint Léon, tous les *mariages* légitimes depuis Adam représentent en leur manière l'union de Jésus-Christ avec son Eglise, on ne peut pas dire qu'il soit un sacrement, parce que ce contrat ne conférait pas la grâce, et n'était qu'imparfaitement la figure de l'union de Jésus-Christ avec l'Eglise. Ainsi quand le pape Innocent III (*C. Gaudemus de divortiis*) appelle le *mariage* des infidèles un sacrement, il entend que c'est un sacrement improprement dit, à peu près, remarque Estius, comme il l'étaient chez les anciens Juifs.

Suivant le même contrat naturel, un homme ne doit avoir qu'une femme légitime, et une femme qu'un seul mari (*Voyez* EMPÊCHEMENT, § 4, n. IX).

2° Le penchant que la nature donne pour l'union des deux sexes, est commun à tous les animaux; mais la raison et la pudeur en modèrent chez les hommes la brutalité. Chaque peuple policé a fait à cet égard des lois qui empêchent qu'on ne donne des sujets à l'Etat par les voies contraires à l'honnêteté. Ces lois déterminent la qualité et l'état des enfants légitimes, par le caractère du *mariage* dont elles prescrivent la forme. Et c'est ce qui fait considérer le *mariage* comme un contrat civil, c'est-à-dire, comme un contrat auquel la société a un intérêt d'autant plus grand, que si elle n'en prenait aucun, elle ne subsisterait que dans le désordre et par le désordre. C'est pour cette raison que les souverains peuvent établir des empêchements dirimants de *mariage*, relativement aux effets civils. (*Voyez* EMPÊCHEMENT.)

3° Le *mariage* des chrétiens est un véritable sacrement; la doctrine contraire des hérétiques a toujours été condamnée dans l'Eglise. L'on y a même réfuté l'opinion des jurisconsultes, qui ont voulu soutenir que les empereurs chrétiens n'ont regardé le *mariage* que comme un simple contrat civil. Nous ne rapporterons à ce sujet que le canon du concile de Trente, conçu en ces termes: « Si quelqu'un dit que le *mariage* n'est pas véritablement et proprement un des sept sacrements de la loi évangélique, institué par Notre-Seigneur Jésus-Christ, mais qu'il a été inventé par les hommes dans l'Eglise, et qu'il ne confère point la grâce: qu'il soit anathème.»

Les jurisconsultes prétendent encore qu'*aujourd'hui le mariage est un contrat essentiellement civil*. Cette proposition fausse est développée par M. Dupin, dans son *Manuel de droit ecclésiastique* (pag. 48 et 510), d'une manière très-opposée au dogme catholique. Mais le *mariage* n'est pas plus aujourd'hui qu'autrefois un contrat *essentiellement civil*. Depuis la prédication de l'Evangile, remarque le cardinal de Bonald, le contrat matrimonial étant établi parmi les chrétiens pour une fin spirituelle, et ayant été par Notre-Seigneur rendu à la sainteté primitive, élevé même à la dignité de sacrement de la nouvelle loi, après avoir été longtemps profané par les vices et la polygamie des païens, il est, par ces raisons, au-dessus de tous les contrats purement civils, et, sous ce rapport, il est soumis à l'autorité que l'Eglise a reçue de son fondateur, en tout ce qui regarde la validité, la légitimité et la sainteté du lien conjugal. Comment ose-t-on assimiler aux contrats les plus vulgaires un acte qui participe aux sublimes priviléges dont le *mariage* fut honoré dès l'origine, indépendamment de sa qualité de sacrement de la nouvelle loi? Ces priviléges, c'est d'avoir été établi par l'institution divine avant toute société civile; c'est de retracer en caractères ineffaçables l'union de Jésus-Christ avec son Eglise; c'est de rendre indissoluble le nœud sacré qui unit deux personnes; c'est de l'indispensable nécessité qu'il impose de donner un consentement mutuel et intérieur qui ne peut jamais être suppléé par aucun pouvoir humain; c'est enfin d'être établi parmi les chrétiens pour perpétuer la société des *adorateurs en esprit et en vérité*. Ce sont là les caractères distinctifs du *mariage*, et qui spiritualisent le contrat dont nous parlons, en sorte que dans l'Eglise catholique on regarde l'union conjugale comme bien au-dessus de tout autre contrat. Toute cette matière est résumée dans ces paroles du père Drouin: *Licet inter gentes quæ Deum ignorant, matrimonium in contractibus mere civilibus numeretur, non tamen in Ecclesia Dei, in qua contractus ipse divini sacramenti materia est, ad gratiæ productionem accommodati: ea itaque ratione de matrimonio judicare, eique modum necessarium ponere ad Ecclesiam pertinet* (*de Re sacramentaria, lib. IX, qu. 6*).

Voilà pourquoi la puissance civile, qui peut quelquefois annuler des contrats quoique valides, et même suppléer dans certaines circonstances le consentement requis de la part des contractants, ne peut et n'a jamais rien pu de semblable à l'égard du contrat matrimonial. C'est ce qui faisait dire à Pie VI, dans son bref du 11 juillet 1789, adressé à l'évêque d'Agria, que le *mariage* était un contrat institué et confirmé de *droit divin* avant toute société civile, et que c'était là ce qui établissait une différence essentielle entre le *mariage* et tout autre contrat. Par conséquent le *mariage*, institué par Dieu même au jardin d'Eden, a toujours conservé sa nature divine et immuable. Aussi il a porté avec lui le droit exclusif et singulier de l'unité et de l'indissolubilité, qui n'est pas le privilége exclusif des contrats humains et civils qui se peuvent faire et défaire à la volonté des partis.

Le concile de Trente, dans sa session XXIV, déclare nul et invalide le *mariage* contracté hors de la présence du curé et de deux témoins; il dit anathème et à ceux qui soutiennent que les causes matrimoniales ne regardent pas les juges ecclésiastiques, et à ceux qui prétendent que l'Eglise ne peut pas établir des empêchements dirimants du *mariage*. Benoît XIV déclare, dans son bref aux catholiques de Hollande, qu'*un mariage con-*

tracté contre les dispositions du concile de Trente ne vaut ni comme contrat, ni comme sacrement ; que ceux qui osent se marier ainsi ne sont pas de légitimes époux. Pie VI, dans la bulle dogmatique *Auctorem fidei*, condamne comme hérétique la proposition du synode de Pistoie, qui affirme que la puissance civile pouvait *seule* primitivement établir des empêchements dirimants du *mariage*. *Doctrina synodi asserens ad supremum civilem potestatem duntaxat originarie spectare contractui matrimonii opponere impedimenta ejus generis, quæ ipsum nullum reddunt dicunturque dirimentia ; subjungens, supposito assensu vel conniventia principum, potuisse Ecclesiam juste constituere impedimenta dirimentia ipsum contractum matrimonii....., eversiva, hæretica.* (*Voyez* EMPÊCHEMENT, § 1.) Le même Pie VI, dans une lettre adressée à un évêque, s'exprime ainsi : *Fallitur quisquis existimat matrimonium, dummodo absit ab eo ratio sacramenti, non esse nisi contractum mere civilem, atque adeo civili potestate solubilem. Nam primo matrimonium non est contractus mere civilis, sed et contractus naturalis divino jure ante omnem societatem institutus et firmatus, qui etiam hoc insigni discrimine differt ab alio quocumque mere civili contractu, quod in eo genere civili consensus certis de causis interdum per legem suppleatur ; in matrimonio vero nulla humana potestate suppleri consensus valeat.* Cette proposition : *Le mariage est un contrat essentiellement civil*, est donc contraire à la doctrine catholique. Elle est renouvelée de Luther, qui enseignait que le *mariage* est un contrat tout humain, purement civil, sur lequel l'Eglise n'avait aucun pouvoir, et qui relevait exclusivement de la puissance temporelle.

Les propositions suivantes, adressées par Pie VI à l'évêque de Varsovie en 1808, sont avouées de tous les catholiques, qui en font la règle de leur conduite en cette matière, quoi qu'en dise M. Dupin :

1° Qu'il n'y a point de *mariage*, s'il n'est contracté dans les formes que l'Eglise a établies pour le rendre valide ;

2° Que le *mariage* une fois contracté selon les formes établies par l'Eglise, il n'y a pas de puissance sur la terre qui en puisse rompre le lien ;

3° Que, dans le cas d'un *mariage* douteux, il appartient à l'Eglise seule d'en juger la validité ou l'invalidité, en sorte que tout autre jugement émané d'une autre puissance quelconque est un jugement incompétent ;

4° Qu'un *mariage* auquel ne s'oppose aucun empêchement canonique est bon, valide et par conséquent indissoluble, quel que soit l'empêchement que la puissance laïque y oppose indûment, sans le consentement, l'approbation de l'Eglise universelle ou de son chef suprême, le pontife romain (1) ;

5° Qu'au contraire on doit tenir pour nul de toute nullité, tout *mariage* contracté malgré un empêchement canonique dirimant,

(1) « Si cette assertion était vraie, dit M. Dupin, il fau-« drait donc déclarer valides les *mariages* des enfants mi-« neurs contractés à l'insu de leurs parents. En effet, le

abrogé par le souverain, et que tout catholique doit en conscience regarder comme nul un tel *mariage*, jusqu'à ce qu'il ait été validé par une dispense légitime accordée par l'Eglise, si toutefois l'empêchement qui le rend nul est susceptible de dispense.

M. Dupin conclut que, s'il en est ainsi, il faut abandonner à l'Eglise toute la partie de la jurisprudence civile relative au *mariage*, et que conséquemment l'état civil des personnes serait dans la dépendance de l'autorité ecclésiastique. La conclusion n'est pas juste, car le contrat naturel du *mariage*, comme nous le disons ci-dessus, d'après saint Thomas, est en même temps contrat civil et contrat ecclésiastique. Il est évident que le *mariage*, qui touche aux plus graves intérêts de la société, a dû appeler l'attention des législateurs : il était impossible d'abandonner ce contrat à la licence des passions. Pour le bon ordre, et dans l'intérêt du bien public, il fallait l'assujettir à des lois, ne fût-ce que pour protéger les engagements des époux, et prévenir le trouble et les désordres que les mariages peuvent occasionner dans l'Etat. Ainsi quand le contrat naturel du *mariage* est considéré dans ses rapports avec la société, il est, sous ce point de vue, soumis à l'autorité civile : *Matrimonium, in quantum ordinatur ad bonum politicum, subjacet ordinationi legis civilis*, dit saint Thomas. L'Etat a donc le droit de déclarer que le *mariage* est un *contrat civil*, et de faire des lois pour en régler les effets sous ce rapport. Il ne peut aller au delà ; le reste n'est pas de sa compétence. Ainsi, comme actuellement la *législation* est *purement sécularisée*, un *mariage* contracté selon toutes les règles canoniques, mais que n'aurait pas précédé le contrat civil, serait, civilement parlant, un acte nul qui ne produirait aucun *effet civil* ; mais il n'en serait pas moins un *mariage* réel, véritable et indissoluble aux yeux de l'Eglise.

Quand on considérera, dit l'illustre Bossuet, que Jésus-Christ a donné une nouvelle forme au *mariage*, en réduisant cette sainte société à deux personnes immuablement et indissolublement unies, et quand on verra que cette inséparable union est le signe de son union éternelle avec son Eglise, on n'aura pas de peine à comprendre que le *mariage* des fidèles est accompagné du Saint-Esprit et de la grâce, et on louera la bonté divine de ce qu'il lui a plu de consacrer de cette sorte la source de notre naissance.

En effet, le *mariage* a toutes les conditions requises pour un sacrement : 1° c'est un signe sensible, il est la figure de l'union de Jésus-Christ avec son Eglise, comme dit saint Paul ; 2° il confère la grâce ; 3° Jésus-Christ l'a institué, soit en assistant aux noces de Cana, où il fit son premier miracle, soit en déclarant aux pharisiens que les liens du *mariage* sont indissolubles.

« concile de Trente les déclare bons, la loi civile seule en « prononce la nullité. » Il n'y a en cela rien d'étonnant, le *mariage* est nul, quant aux *effets civils*, mais il est bon et valide quant à la *conscience* ; ce sont là deux choses distinctes qu'il ne faut pas confondre.

La matière éloignée de ce sacrement, ce sont les personnes libres qui se marient sans aucun empêchement; la matière prochaine, c'est le mutuel consentement de ces mêmes parties au *mariage*.

La forme éloignée, ce sont les paroles qu'elles prononcent devant le prêtre; la forme prochaine, c'est leur mutuelle acceptation exprimée par paroles ou par signes.

A l'égard du ministre du sacrement de *mariage*, il y a deux sentiments parmi les théologiens et les canonistes; les uns disent que ce sont les parties qui, contractant le *mariage*, se l'administrent mutuellement l'une à l'autre en présence de leur curé. La bénédiction du prêtre n'est, suivant ces mêmes théologiens, qu'une cérémonie ecclésiastique; ils se fondent sur ce que l'Eglise a toléré pendant plusieurs années les *mariages* clandestins; sur ce qu'on reconnaît pour valides les *mariages* des hérétiques, qui se marient sans prêtre ni curé: sur ce que les fidèles qui réhabilitent secrètement leur *mariage* invalide, ne vont pas devant le curé, et sur ce que le concile de Trente ne regarde, selon eux, le curé que comme témoin du sacrement, et non comme le ministre nécessaire.

Les autres théologiens prétendent que le prêtre est le ministre de ce sacrement, parce que l'Eglise, qui par tradition a regardé le *mariage* comme un sacrement, a toujours désiré que le prêtre y donnât sa bénédiction; ce dernier sentiment a été adopté par plusieurs rituels. Nous n'avons rien à ajouter sur cette matière, à ce qui est dit sous le mot CLANDESTIN.

§ 2. *Des formalités du* MARIAGE.

Pour réduire la matière de cet article, l'une des plus vastes que nous ayons à traiter dans cet ouvrage, et pour l'exposer avec méthode sans répétition, il faut considérer 1° la capacité des parties qui contractent; 2° les solennités de la célébration du *mariage*.

I. A l'égard de la capacité, nous aurions tout dit en avançant que pour être capable de se marier, il ne faut être dans le cas d'aucun des empêchements marqués sous le mot EMPÊCHEMENT. Ce qui est bien vrai aussi, car le *mariage* est permis à tous ceux à qui il n'est pas défendu. Mais pour donner plus de jour aux principes de ces mêmes empêchements, nous observerons ici que l'incapacité peut provenir d'une impuissance naturelle, du défaut de consentement, de la qualité des parties.

1° Nous comprenons ici dans un sens étendu sous le terme d'impuissance, le défaut d'âge, dont nous parlons sous le mot IMPUISSANCE. L'on pourrait le comprendre aussi sous l'incapacité, pour défaut de consentement dont nous allons parler.

2° Le consentement des parties est si essentiel dans ce contrat, qu'il en est le fondement et de plus la matière éloignée et prochaine du sacrement, comme nous l'avons dit. Ceux donc qui ne peuvent pas prêter ce consentement, sont absolument incapables de se marier. De ce nombre sont les furieux (*Voyez* FOLIE); les parties qu'on a trompées ou forcées à l'effet du *mariage*, d'où sont venus les empêchements d'erreur et de violence. A l'égard de l'empêchement de contrainte, on en distingue de plusieurs sortes; on distingue la contrainte qui vient de la part d'un tiers, et qui forme incontestablement un empêchement dirimant, celle qui procède des parents, et sur laquelle on fait des distinctions (*Voyez* EMPÊCHEMENT); enfin celle qui vient de la personne même avec qui l'on contracte le *mariage*. Cette dernière sorte, mieux connue sous le nom de rapt, est ou violente ou insinuante: d'où vient la distinction de rapt de violence et rapt de séduction (*Voyez* RAPT). Enfin le pupille qui ne saurait connaître les conséquences du *mariage*, peut être aussi appelé incapable de le contracter pour défaut de consentement, indépendamment de son incapacité naturelle.

3° Quant à la qualité des parties, il faut qu'elles soient dans un état qui ne leur défende pas le *mariage*; ainsi les parents à un certain degré, ne peuvent pas se marier entre eux (*Voyez* PARENTÉ).

Les clercs constitués dans les ordres sacrés, les religieux ne peuvent se marier. (*Voyez* VOEU, CÉLIBAT). Les païens ne peuvent se marier avec des chrétiens (*Voyez* EMPÊCHEMENT § 4, n. VI).

II. Il ne suffit pas que les parties puissent se marier et qu'il n'y ait entre elles aucun empêchement, il faut aussi qu'elles se marient suivant les lois et les solennités requises. Ces solennités sont ordonnées par l'Eglise ou par le prince. Les solennités ordonnées par l'Église sont essentielles au sacrement ou seulement de précepte. Les premières sont le consentement légitime, libre et mutuel des parties, et en outre, depuis le concile de Trente, la présence du propre curé et de deux témoins. Par consentement légitime nous entendons ici un consentement prêté par deux parties, entre lesquelles il n'y a aucun empêchement de *mariage*. Voyez sur tout cela les mots EMPÊCHEMENT, CLANDESTIN. Au surplus ce consentement peut être prêté par procureur (*Voyez* ci-après § 3).

Les solennités ou cérémonies de l'Eglise qui ne sont que de précepte, précèdent ou accompagnent la célébration du *mariage*. Celles qui précèdent, sont les fiançailles, la publication, la confession. (*Voyez* FIANÇAILLES, BANS). La confession regarde la conscience des parties qui, pour profiter des grâces du sacrement de *mariage*, doivent s'en rendre dignes par leurs dispositions intérieures.

Les cérémonies qui se pratiquent dans l'administration même du sacrement, sont: 1° La bénédiction de l'anneau que le prêtre donne à l'époux, et que celui-ci met dans le quatrième doigt de la main gauche de l'épouse. 2° La pièce de monnaie que le prêtre bénit en certains diocèses, et que l'époux donne à l'épouse. 3° Le prêtre fait mettre la main droite de l'époux dans celle de l'épouse, pour montrer qu'il doit être le premier à garder la fidélité qu'il lui promet. 4° La célébration du sacrifice de la messe, pour obtenir les grâces attachées à ce sacrement. 5° L'offrande des deux époux, avec un cierge à la main. 6° Le voile ou le poêle qu'on étend sur la tête des mariés, cérémonie très-ancienne ; c'est alors que le prêtre interrompt le sacrifice pour prier le Seigneur de bénir les deux époux par l'abondance de ses grâces. Cette bénédiction ne se donne pas quand l'épouse est une veuve, ou une fille qui a perdu sa virginité. 7° La paix que le prêtre leur souhaite comme le plus grand bien des *mariages* chrétiens. Ces cérémonies doivent se faire dans l'église, et suivant les conciles, depuis le lever du soleil jusqu'à midi.

Quant aux lois du prince, on voit sous le mot EMPÊCHEMENT, qu'il peut en faire pour que le *mariage* ne jouisse d'aucun effet civil. Elles prescrivent la publication des bans (*Voyez* BAN, § 3), et que le mariage sera célébré publiquement devant l'officier civil du domicile de l'une des deux parties. (ART. 165 du Code civil.) Elles défendent au prêtre de donner la bénédiction nuptiale à ceux qui ne justifieraient pas avoir contracté mariage devant l'officier de l'Etat civil (ART. organiq. 54 ; Code civil, ART. 199 et 200).

§ 3. MARIAGE *par procureur.*

Le *mariage* par procureur, et entre des personnes absentes, est valide à la rigueur : c'est le sentiment des canonistes, fondé sur le chapitre *Procurator*, et le concile de Trente n'a rien changé à cet égard. Cet usage s'observe dans les *mariages* des souverains et des princes ; et depuis le pape Boniface VIII, l'Eglise a autorisé ces sortes de *mariages*, mais tous les théologiens et les canonistes conviennent que les personnes mariées ainsi, doivent réitérer leur *mariage* en personne, et en présence de leur propre curé ; et quelques-uns, très-habiles, croient que ces *mariages* ne sont des sacrements qu'après cette ratification. C'est l'usage de l'Eglise latine, parce qu'on peut contracter plusieurs fois sur la même chose, et surtout parce qu'une des parties n'est pas absolument certaine que l'autre n'ait pas révoqué sa procuration avant la célébration du *mariage*, auquel cas le *mariage* serait nul, selon tous les canonistes.

§ 4. MARIAGE *de conscience.*

Le *mariage* de conscience est un *mariage* valide célébré en face de l'Eglise, et qu'on tient caché et secret, ou qu'on ne déclare pas dans le public. Les casuistes disent que ces *mariages* peuvent absolument être permis pour de grandes et fortes raisons, mais qu'en général on ne doit pas les souffrir, parce que c'est un grand scandale que des personnes habitent ensemble comme mari et femme, n'étant pas connus pour tels, et qu'il y a à craindre beaucoup de tromperies et d'inconvénients. L'esprit de l'Eglise ne désapprouve comme on peut le voir par les décisions des papes et des conciles. Néanmoins, il y a quelquefois des motifs justes et légitimes qui engagent l'Eglise à les tolérer quand les inconvénients et les abus qui peuvent en résulter ne sont point à craindre.

§ 5. MARIAGE, *Absence.*

(*Voyez* ABSENT, § 4.)

§ 6. *Effets du* MARIAGE

Sans parler des grâces que confère le sacrement de *mariage* à ceux qui le reçoivent, nous observerons que le *mariage* produit cinq effets remarquables : l'unité, l'indissolubilité, l'honnêteté, la légitimation et les effets civils.

1° Par rapport à l'unité, nous avons déjà remarqué ci-dessus que l'homme ne peut avoir qu'une femme, et qu'une femme ne avoir qu'un mari (*Voyez* POLYGAMIE, EMPÊCHEMENT).

2° L'indissolubilité est le plus important des effets du *mariage*. Rien ne le peut dissoudre, une fois qu'il a été légitimement contracté. Jésus-Christ a prononcé lui-même cette vérité : *Quod Deus conjunxit, homo non separet* (Matth. XIX, v. 6). *Sciendum est*, dit Lancelot (*Inst. lib.* II, *tit.* 16, § 1), *legitime contractum matrimonium dissolvi non posse, quippe a Deo conjuncti ab homine separari nec debent nec valent* (*Can. Quos Deus* 33, qu. 2). Nous traitons ailleurs cette matière de la dissolution du *mariage* (*Voyez* SÉPARATION).

3° A l'égard de l'honnêteté, elle exige la fidélité réciproque des deux conjoints, et condamne l'adultère, qui est le crime le plus contraire à l'esprit et au caractère du *mariage* (*Voyez* ADULTÈRE).

4° La légitimation des enfants est merveilleusement expliquée par ces termes de la novelle 22 de Justinien : *In principio ex filiorum procreatione renovata genera manent et jugiter Dei clementia naturæ nostræ quamdam immortalitatis speciem donat* : et le jurisconsulte Callistrate ajoute : *Ideo filios filiasque concipimus, atque edimus, ut ex prole eorum earumve diuturnitatis nobis memoriam in ævum relinquamus* (*Voyez* LÉGITIMATION).

5° Enfin le *mariage* produit les effets civils et qui consistent dans l'autorité maritale, l'autorité paternelle, la dot, la communauté, les droits de naturelle succession, et généralement tous les autres droits qui dérivent de la société, et que pour cela on appelle *civils*. Le *mariage* en est la première source.

Nous ne saurions mieux terminer cet article qu'en transcrivant ici les belles considérations de Domat sur le *mariage*.

« L'engagement que fait le *mariage* entre le mari et la femme, dit ce célèbre jurisconsulte, et celui que fait la naissance entre eux et leurs enfants, forment une société particulière dans chaque famille, où Dieu lie ces personnes plus étroitement pour les engager à un usage continuel des divers devoirs de l'amour mutuel. C'est dans ce dessein qu'il n'a pas créé tous les hommes comme le premier ; mais qu'il a voulu les faire naître de l'union qu'il a formée entre les deux sexes dans le *mariage*, et les mettre au monde dans un état de mille besoins, où le secours de ces deux sexes leur est nécessaire pendant un long temps, et c'est dans les manières dont Dieu a formé ces deux liaisons du *mariage* et de la naissance, qu'il faut découvrir les fondements des lois qui les regardent.

« Pour former l'union entre l'homme et la femme, et instituer le *mariage* qui devait être la source de la multiplication, et en même temps de la liaison du genre humain, et pour donner à cette union des fondements proportionnés aux caractères de l'amour qui devait en être le lien, Dieu ne forma premièrement que l'homme seul, et puis il en tira de lui un second sexe, et forma la femme d'une des côtes de l'homme, pour marquer, par l'unité de leur origine, qu'ils sont un seul tout, ou la femme est tirée de l'homme, et lui est donnée de la main de Dieu comme une compagne et un secours semblable à lui et formé de lui ; c'est ainsi qu'il les lia par cette union si étroite et si sainte, dont il est dit que c'est Dieu lui-même qui les a conjoints, et qui les a mis deux dans une chair. Il rendit l'homme le chef de tout, et il affermit leur union, défendant aux hommes de séparer ce qu'il avait lui-même conjoint.

« Ce sont ces manières mystérieuses dont Dieu a formé l'engagement du *mariage*, qui sont les fondements, non-seulement des lois, qui règlent tous les devoirs du mari et de la femme, mais aussi des lois de l'Église et des lois civiles qui regardent le *mariage* et les matières qui en dépendent ou qui s'y rapportent.

« Ainsi, le *mariage* étant un lien formé de la main de Dieu, il doit être célébré d'une manière digne de la sainteté de l'institution divine qui l'a établi. Et c'est une suite naturelle de cet ordre divin que le *mariage* soit précédé et accompagné de l'honnêteté du choix réciproque des personnes qui s'y engagent ; du consentement des parents qui tiennent en plusieurs manières la place de Dieu ; et qu'il soit célébré par le ministère de l'Église où cette union doit recevoir les effets du sacrement qui en est le lien.

« Ainsi, le mari et la femme étant donnés l'un à l'autre de la main de Dieu qui les unit en un seul tout que rien ne peut séparer, on ne peut jamais dissoudre un *mariage* qui a été une fois contracté légitimement.

« Ainsi, cette union des personnes dans le *mariage* est le fondement de la société civile qui les unit dans l'usage de leurs biens et de toutes choses.

« Ainsi, le mari étant par l'ordre divin le chef de la femme, il a sur elle une puissance proportionnée à ce qu'il est dans leur union ; et cette puissance est le fondement de l'autorité que les lois civiles donnent au mari, et des effets de cette autorité dans les matières où elle a son usage.

« Ainsi, le *mariage* étant institué pour la multiplication du genre humain par l'union de l'homme et de la femme, liés de la manière dont Dieu les unit, toute conjonction hors du *mariage* est illicite et ne peut donner qu'une naissance illégitime. Et cette vérité est le fondement des lois de la religion et de la police contre les conjonctions illicites, et de celles qui règlent l'état des enfants qui en naissent.

« Le lien du *mariage* qui unit les deux sexes est suivi de la naissance qui lie au mari et à la femme les enfants qui naissent de leur *mariage*...

« Le lien de la naissance qui unit les pères et les mères à leurs enfants, les lie encore à ceux qui naissent et descendent de leurs enfants. Et cette liaison fait considérer tous les descendants comme les enfants et tous les ascendants comme étant dans le rang des pères ou des mères.

« On peut remarquer sur la différence des caractères de l'amour qui unit le mari et la femme, et de celui qui lie les parents et les enfants, que c'est l'opposition de ces différents caractères qui est le fondement des lois qui rendent illicite le *mariage* entre les ascendants et les descendants en tous degrés, et entre les collatéraux en quelques degrés : et il est facile d'en voir les raisons par de simples réflexions sur ce qu'on vient de remarquer dans ces caractères, sur quoi il n'est pas nécessaire de s'étendre ici.

« Le *mariage* et la naissance, qui unissent si étroitement le mari et la femme, et les parents avec les enfants, forment aussi deux autres sortes de liaisons naturelles qui en sont des suites. La première est celle des collatéraux, qu'on appelle parenté ; et la seconde est celle des alliés, qu'on appelle alliance ou affinité (*Voyez* PARENTÉ, AFFINITÉ).

« La parenté lie les collatéraux qui sont ceux dont la naissance a son origine d'un même ascendant commun. Ainsi, ils sont l'un à côté de l'autre ; et le fondement de leur liaison et de leur parenté est leur union commune aux mêmes parents dont ils ont leur naissance.

« Il n'est pas de ce lieu d'expliquer les degrés de parenté, c'est une matière qui fait partie de celle des successions. Et il suffit de remarquer ici que cette liaison des parentés est le fondement de diverses lois, comme de celles qui défendent le *mariage* entre les proches, de celles qui les appellent aux successions et aux tutelles, de celles des récusations des juges et des reproches des témoins parents des parties, et des autres semblables.

« Les alliances sont les liaisons et les relations qui se font entre le mari et tous les parents de la femme, et entre la femme et tous les parents du mari. Le fondement de cette liaison est l'union si étroite entre le mari et la femme, qui fait que ceux qui sont liés par la parenté à l'un des deux sont par conséquent liés à l'autre ; et cette alliance fait que le mari considère le père et la mère de sa femme comme lui tenant lieu de père et de mère, et ses frères et sœurs, et ses autres proches, comme lui tenant lieu de frères, de sœurs et de proches ; et que la femme regarde de même le père et la mère, et tous les proches de son mari.

« Cette relation des alliances est le fondement des lois qui défendent le *mariage* entre les alliés en ligne directe de descendants et d'ascendants en tous degrés, et entre les collatéraux jusqu'à l'étendue de certains degrés ; et aussi des lois qui appellent les alliés aux tutelles, de celles qui rejettent les juges et les témoins alliés des parties, et des autres semblables. » (*Traité des lois*, ch. III, pag. IV, tom. I, édit. de 1777.)

§. 7. MARIAGES nuls.

(*Voyez* RÉHABILITATION.)

MARQUE DU FER CHAUD.

Un décret d'Urbain III permet aux juges d'Eglise de condamner les clercs à la *marque du fer chaud* ; un autre décret d'Innocent III, dans le concile de Latran, le leur défend ; et la glose ainsi que les canonistes ont tâché de concilier ces deux lois, en disant que la *marque du fer chaud* ne doit pas être assez profonde pour tirer du sang. Cette loi, du reste, n'est plus nulle part en usage.

MARRAINE.

On appelle *marraine*, celle qui tient un enfant sur les fonts de baptême, afin de répondre à sa place, et rendre compte de sa foi.

Le baptême étant une seconde naissance, la *marraine* est regardée comme la mère de l'enfant baptisé ; mais l'empêchement de mariage qui résulte de cette parenté spirituelle, n'est que d'institution ecclésiastique, et l'Eglise peut en dispenser (*Voyez* ALLIANCE).

Une religieuse ne peut être *marraine*, parce que l'état de retraite qu'elle a choisi n'est pas compatible avec les obligations dont l'Eglise charge les parrains et les *marraines*, et parce qu'elle doit éviter toute occasion de dissipation.

MASCARADE.

Un ancien usage des païens était de se masquer le premier jour de janvier, de prendre la figure de certains animaux, comme de vache, de cerf, etc., de courir ainsi les rues, de faire des avanies et des indécences. Les prêtres de Vénus, dans certaines cérémonies, s'habillaient en femmes, et les femmes, pour sacrifier à Mars, se revêtaient des habits et des armes d'un homme. Les auteurs même profanes remarquent que ces sortes de *mascarades* avaient toujours pour but le libertinage le plus grossier, et ne manquaient jamais d'y conduire. On sait assez que chez nous, comme ailleurs, ceux qui se déguisent pour se trouver dans des assemblées nocturnes, ne le font que pour jouir, sous le masque, d'une liberté qu'ils n'oseraient prendre à visage découvert (Bergier, *Dictionnaire de théologie*).

La loi de Moïse, pour cette raison, défendait aux femmes de s'habiller en homme, et aux hommes de prendre des habits de femme, parce que c'est une abomination devant Dieu (*Deut.* ch. XXII, v. 5). L'Eglise a fait la même défense : un concile d'Auxerre, tenu l'an 585, défend aux chrétiens d'imiter cette coutume ; et un ancien pénitentiel romain, impose trois ans de pénitence à ceux qui auraient donné ce scandale.

MATIÈRES.

On entend par ce mot ce qui est relatif à l'exercice des deux puissances spirituelle et temporelle. On en distingue de trois sortes. Les *matières* spirituelles, les *matières* temporelles et les *matières* mixtes. Les premières sont proprement les choses qui ne regardent que la religion. Les *matières* temporelles sont au contraire celles qui ne conviennent qu'à la puissance séculière. Les *matières* mixtes sont celles qui participent de la nature des deux autres (*Voyez* JURIDICTION, INDÉPENDANCE).

Les *matières* purement spirituelles sont de la compétence de l'Eglise seule, les *matières* purement temporelles sont uniquement de la compétence du pouvoir civil ; mais les *matières* mixtes dépendent des deux puissances, chacune en ce qui la concerne ; et, pour l'avantage de l'Eglise et de l'Etat, elles doivent s'aider mutuellement et se faire des concessions réciproques. Ce principe, d'où naissent les concordats, entretient l'union si désirable du sacerdoce et de l'empire.

Quant à la *matière* des sacrements, *voyez* FORME.

MATRICULE.

Ce mot vient du latin *matricula*, qui signifie catalogue, et dans ce sens on le trouve employé dans les lois des empereurs, pour marquer l'état des troupes de l'empire.

Chez les auteurs ecclésiastiques, il est fait mention de deux sortes de *matricules* : l'une qui contenait la liste des ecclésiastiques, l'autre celle des pauvres qui étaient nourris aux dépens de l'Eglise. On appelait aussi *matricule* une maison où les pauvres étaient nourris, et qui pour cela avait certains revenus affectés ; elle était d'ordinaire bâtie à la porte de l'église, ce qui a fait quelquefois donner ce nom à l'église même, et à nos marguilliers le nom de *matricularii*.

MATRICULIERS.

On voit ci-dessus l'étymologie de ce nom qui était donné autrefois aux marguilliers ou économes de l'église (*Voyez* MARGUILLIER, ÉCONOME).

MATRIMONIALES (CAUSES).

(*Voyez* MARIAGE.)

MÉDECIN, MÉDECINE.

Nous traitons ailleurs de ce qui regarde l'état et les fonctions du *médecin*, par rapport aux ordres et aux malades (*Voyez* IRRÉGULARITÉ, MALADE).

MENDIANTS.

Sous le nom de *mendiants*, l'on peut en

tendre les pauvres qui mendient leur pain, ainsi que les religieux qui mendient aussi par esprit de pauvreté et en vertu de la règle qu'ils ont professée. L'on peut voir ce qui regarde les premiers sous le mot PAUVRE. Nous parlerons ici des *mendiants* dans la seconde acception.

Les quatre ordres *mendiants* les plus anciens sont les carmes, les dominicains, les cordeliers et les augustins; les plus modernes sont les capucins, les récollets, les minimes et d'autres dont on peut voir l'institut et le régime dans l'*Histoire des Ordres Monastiques*, par le père Héliot.

C'est dans le douzième siècle que les ordres *mendiants* ont commencé. Dans ce temps-là, remarque Bergier, l'Europe était infectée de différentes sectes d'hérétiques, qui, par les dehors de la pauvreté, de la mortification, de l'humilité, du détachement de toutes choses, séduisaient les peuples et introduisaient leurs erreurs. Tels étaient les cathares, les vaudois, etc. Plusieurs saints personnages qui voulaient préserver de ce piége les fidèles, sentirent la nécessité d'opposer des vertus réelles à l'hypocrisie des sectaires et de faire par religion ce que ces derniers faisaient par le désir de tromper les ignorants. Tout prédicateur qui ne paraissait pas aussi mortifié que les hérétiques, n'aurait pas été écouté; il fallut donc des hommes qui joignissent à un véritable zèle la pauvreté que Jésus-Christ avait commandée à ses apôtres (*Matth.* ch. X, v. 9; *Luc*, XIV, v. 33). Plusieurs s'y engagèrent par vœu, et trouvèrent des imitateurs. Telle fut l'origine des ordres *mendiants* (*Voyez* MOINE).

Les religieux *mendiants* ne peuvent posséder aucun bénéfice de quelque qualité qu'il soit. C'est l'esprit de leur règle et la disposition des lois ecclésiastiques. La clémentine *Ut professores*, publiée dans le concile de Vienne, ne fait que renouveler le règlement des plus anciens conciles, en ordonnant que les religieux *mendiants* qui passent à d'autres ordres, n'auront pas voix en chapitre, et ne pourront avoir ni prieurés, ni administrations, ni cures, ni vicairies, ni enfin aucune sorte de bénéfice : *Sacro concilio approbante statuimus mendicantes quoslibet, qui non ad mendicantes ordines, etiam auctoritate apostolica transibunt in posterum, quive hactenus transiverunt, quamvis nunc prioratus administrationes, vel officia aut curam animarum, vel regimen quodcumque obtineant inibi, vocem aut locum in capitulo non habere, etiamsi hoc sibi ab aliis libere concedatur. Ad prioratus quoque administrationes, aut quæcumque in antea non assumi officia, etiam tanquam vicarios seu ministros, vel locum aliorum tenentes; quodque animarum curam et regimen, nec pro se possunt, nec pro aliis exercere. Quidquid autem in contrarium attentatum fuerit sit irritum ipso jure quovis privilegio non obstante* (*Clem.* 3, *de relig.*).

Les termes de ce règlement ne sont pas équivoques; ils ne parlent pas des bénéfices de l'ordre même des *mendiants*, parce qu'il n'y en a aucun. C'est donc là une règle générale dont on ne peut s'écarter sans dispense particulière du pape. « Je crois, dit un auteur, que la raison pour laquelle on ne veut pas accorder aux *mendiants* la faculté d'être curés, c'est parce que ce serait leur donner moyen de détruire leur vœu et leur faire perdre la qualité de *mendiants*, dont le propre est de chercher leur vie, et leur subsistance dans la charité des fidèles et de vivre selon leur libéralité, qui est une peine qui leur est imposée par la sévérité de leur règle, de leur profession et de leurs statuts. S'ils étaient curés, ils ne seraient plus *mendiants* que par leur habit, et rompraient leur vœu en ce qu'ils posséderaient des biens en particulier : ce qui est contraire à la qualité de *mendiant*. » (*Mém. du clergé*, tom. IV, *pag.* 1001).

Comme les papes ne peuvent lier leurs successeurs (*Arg. c. Innotuit de elect. cum par in parem imperium non habet*), la glose de la clém. *Ut professores*, nous apprend que les papes ne font pas difficulté d'y déroger par des dispenses.

MENSE.

Ce mot, qui vient du latin *mansus*, signifiait autrefois une certaine mesure de terre exempte d'imposition. La loi des Francs avait donné à chaque église une *mense* entière exempte de toute charge, excepté du service ecclésiastique. D'autres font dériver *mense* de *mensa* qui signifie table.

On a appelé *mense épiscopale* la portion assignée à l'évêque dans le partage des biens entre lui et son église; celle du chapitre fut appelée *mense capitulaire*; celle de l'abbé *mense abbatiale*, et, enfin, celle des religieux *mense conventuelle*. (*Voyez* BIENS D'ÉGLISE.)

Voyez, sous le mot BIENS D'ÉGLISE, le titre II du décret du 6 novembre 1813, relatif aux *menses* épiscopales.

MÉPART.

On appelait ainsi un double service dont un ecclésiastique curé, chanoine ou bénéficier s'acquittait dans une même église.

MESSE.

Ce mot vient du verbe latin *mitto*, et veut dire *envoi*, ou action de congédier une assemblée. Il doit son origine à l'usage où l'on était, dans l'ancienne Église, de congédier, avant la célébration de saints mystères, ceux qui n'étaient point dignes d'y assister. Après la célébration, on congédiait les fidèles, en disant à haute voix : *Ite, missa est*; paroles que l'usage présent conserve encore. Par ce mot *messe*, on entend la célébration du sacrifice auguste de nos autels. Les Grecs se servent du mot de liturgie pour signifier la *messe*. Dans l'Église latine, le mot *messe* est d'un usage très-ancien. Saint Ambroise en fait mention à l'occasion des violences des Ariens, qui voulaient se rendre maîtres des églises à Milan : *Ego tamen mansi in munere, missam facere cœpi..... Amarissime flere et orare in ipsa oblatione Deum cœpi (lib. V, epist. 33).* Saint Augustin s'en sert dans un sermon, pour marquer au peuple le sacrifice de l'eucharistie : *In lectione quæ nobis ad missas legenda est,* etc. (Serm. 91, *de temp.*). Saint Léon, dans une décrétale, dit qu'aux solennités on doit célébrer plus d'une messe, afin que tous les fidèles puissent satisfaire à leur dévotion : *Si unius tantum missæ sacrificium offerre non possint, nisi qui prima diei parte convenerint.* (*C. Necesse* 51, *de Consecrat. dist.* 1.)

§ 1. *Institution du saint sacrifice de la* MESSE.

Les Pères du concile de Trente ont développé d'une manière admirable les causes de l'institution du sacrifice de la *messe*. «Parce que, sous l'ancien Testament, disent-ils, selon le témoignage de l'apôtre saint Paul, il n'y avait rien de parfait ni d'accompli, à cause de la faiblesse et de l'impuissance du sacerdoce lévitique, il a fallu, Dieu, le père des miséricordes, l'ordonnant ainsi, qu'il s'élevât un autre prêtre, selon l'ordre de Melchisédech, savoir Notre-Seigneur Jésus-Christ, lequel pût consommer et conduire à la perfection tous ceux qui devaient être sanctifiés. Or, quoique Notre-Seigneur dût s'offrir lui-même à Dieu son Père, en mourant sur l'autel de la croix, pour y opérer la rédemption éternelle, néanmoins, parce que son sacerdoce ne devait pas être éteint par la mort, pour laisser à l'Eglise, sa chère épouse, un sacrifice visible, tel que la nature des hommes le requérait, par lequel ce sacrifice sanglant, qui devait s'accomplir une fois en la croix, fût représenté, la mémoire en fût conservée jusqu'à la fin des siècles, et la vertu le salutaire en fût appliquée pour la rémission des péchés que nous commettons tous les jours. Dans la dernière cène, la nuit même qu'il fut livré, se déclarant prêtre établi pour l'éternité, selon l'ordre de Melchisédech, il offrit à Dieu le Père son corps et son sang sous les espèces du pain et du vin, et, sous les symboles des mêmes choses, les donna à prendre à ses apôtres, qu'il établissait alors prêtres du nouveau Testament, et par ces paroles : *Faites ceci en mémoire de moi,* leur ordonna à eux et à leurs successeurs dans le sacerdoce, de les offrir, ainsi que l'Eglise catholique l'a toujours entendu et enseigné. Car, après avoir célébré l'ancienne Pâque, que l'assemblée des enfants d'Israël immolait en mémoire de la sortie d'Egypte, il établit la Pâque nouvelle, se donnant lui-même pour être immolé par les prêtres, au nom de l'Eglise, sous des signes visibles, en mémoire de son passage de ce monde à son Père, lorsqu'il nous a rachetés par l'effusion de son sang, nous a arrachés de la puissance des ténèbres, et nous a transférés dans son royaume. (*Coloss.* I.) C'est cette offrande pure, qui ne peut être souillée ni par l'indignité, ni par la malice de ceux qui l'offrent; que le Seigneur a prédit, par *Malachie, devoir être offerte en tout lieu toute pure, à son nom, qui devait être grand parmi les nations.* (*Chap.* 1.) C'est la même que l'apôtre saint Paul, écrivant aux Corinthiens a marquée assez clairement quand il a dit : *Que ceux qui sont souillés par la participation de la table des démons, ne peuvent être participants de la table du Seigneur* (*I Cor., ch.* X); entendant, dans l'un et l'autre endroit, l'autel par le nom de table. C'est elle, enfin qui, au temps de la nature et de la loi, était figurée et représentée par différentes sortes de sacrifices, comme renfermant tous les biens qui n'étaient que signifiés par les autres, dont elle était l'accomplissement et la perfection.» (*Session XXII, ch.* 1.)

L'essence du sacrifice de la *messe* consiste, selon l'opinion commune, dans la seule consécration, et plus vraisemblablement dans la consécration des deux espèces, parce que ce sacrifice doit représenter la mort de Jésus-Christ. Or, la représentation ne peut être expresse et complète que l'une et l'autre espèces soient consacrées. Saint Irénée, qui vivait au second siècle, l'enseigne expressément en ces termes : « Le Sauveur du monde, dit ce Père, a prononcé les paroles sacramentelles, lorsqu'après avoir pris le pain et rendu grâces, il dit : *Ceci est mon corps,* et qu'après avoir pris de même le calice, il dit : *Ceci est mon sang.* Et il nous enseigna que c'était le nouveau sacrifice du nouveau Testament : *Et vovi Testamenti novam docuit oblationem.* Et l'Eglise, ajoute-t-il, ayant appris la manière de l'offrir, célébra cet auguste mystère dans tout le monde. C'est de ce sacrifice dont il est parlé dans les prophètes et que Malachie a prédit : *De quo in duodecim prophetis Malachias sic præsignavit.* » (*Iren., lib. IV adv. Hæres.*) Quelques canonistes et théologiens prétendent que la communion du prêtre qui célèbre, est de l'essence du sacrifice ; mais le plus grand nombre la regardent seulement comme une partie intégrante. La communion du peuple n'est ni de l'essence, ni de l'intégrité. L'oblation n'est point de l'essence, mais elle est nécessaire pour l'intégrité du sacrifice.

§ 2. *Célébration de la sainte* MESSE

Les conciles ont fait divers règlements concernant les rits et cérémonies de la *messe,* le lieu de la célébrer, les obligations et les devoirs des prêtres qui la célèbrent, etc. Nous allons rapporter ici le règlement plein de lumière et d'onction qu'a fait le saint concile de Trente sur ce qu'il faut observer ou éviter dans la célébration de la *messe.*

« Si celui qui fait l'œuvre de Dieu avec négligence, disent les Pères de ce concile, est maudit dans les divines Ecritures, que l'on juge quel soin l'on doit apporter pour pouvoir célébrer le très-auguste sacrifice de la *messe,* avec tout le respect et la vénération qu'une si sainte action demande. Puisque nous sommes nécessairement obligés d'avouer, qu'il n'y a point d'œuvre aussi sainte et aussi divine que l'est ce redoutable mystère, dans lequel cette hostie vivifiante, par laquelle nous avons été réconciliés à Dieu le Père, est tous les jours immolée sur l'autel par les prêtres, concevons avec quelle pureté intérieure de cœur et quelle piété même extérieure, on doit s'acquitter d'une fonction si sainte et si divine.

« Mais comme il semble que, soit par le malheur des temps, soit par la corruption et la négligence des hommes, il se soit glissé plusieurs choses fort contraires à la dignité d'un si grand sacrifice, pour rétablir l'honneur et le culte qui lui est dû, à la gloire de Dieu et à l'édification des fidèles, le saint concile ordonne que les évêques ordinaires des lieux auront un soin très-particulier, de défendre et d'abolir tout ce qui s'est introduit, ou par l'avarice qui est une idolâtrie, ou par l'irrévérence qui est presque inséparable de l'impiété, ou par la superstition qui est une fausse imitatrice de la véritable piété. Et pour renfermer beaucoup de choses en peu de paroles : premièrement, pour ce qui regarde l'avarice, ils défendront absolument toutes sortes de conditions et de pactes pour quelques récompenses et salaires que ce soit, et tout ce qui se donne quand il se dit des premières messes, comme aussi ces demandes d'aumônes si pressantes, si inconvenantes, qu'on les doit plutôt appeler des exactions, et toutes autres choses semblables qui sont peu éloignées de la simonie, ou qui sentent au moins un trafic sordide et honteux.

« En second lieu, pour éviter l'irrévérence, ils défendront dans leurs diocèses respectifs, de laisser dire la messe à aucun prêtre vagabond et inconnu ; ils ne permettront point non plus à ceux qui sont publiquement et notoirement prévenus de crimes, de servir au saint autel, ni d'être présents aux saints mystères ; ils ne souffriront pas que le saint sacrifice soit offert par quelques prêtres que ce soit, séculiers ou réguliers, dans des maisons particulières ni aucunement hors de l'église et des chapelles dédiées uniquement au service divin, et qui seront pour cela désignées et visitées par les mêmes ordinaires ; et à condition encore que ceux qui y assisteront feront connaître, par leur modestie et leur maintien extérieur, qu'ils sont présents, non-seulement de corps, mais aussi d'esprit et de cœur dans une sainte attention. Ils banniront aussi de leurs églises toutes sortes de musiques, dans lesquelles, soit sur l'orgue ou dans le simple chant, il se mêle quelque chose de lascif ou d'impur, aussi bien que toutes les actions profanes, discours et entretiens vains et d'affaires du siècle, promenades, bruits, clameurs, afin que la maison de Dieu puisse paraître et être dite véritablement une maison d'oraison.

« Enfin, pour ne laisser aucun lieu à la superstition, ils ordonneront, par mandement exprès et sous les peines qu'ils jugeront à propos, que les prêtres ne disent la messe qu'aux heures convenables, et qu'ils n'admettent dans la célébration de la messe aucunes autres pratiques, cérémonies, ni prières, que celles qui ont été approuvées par l'Église et reçues par un usage louable et fréquent. Ils aboliront aussi entièrement dans leurs églises l'observation d'un certain nombre de messes et de lumières, qui a été inventée par une manière de superstition plutôt que par un esprit de véritable piété ; et ils apprendront aux peuples quel est et d'où principalement procède le fruit si précieux et tout céleste de ce très-saint sacrifice ; et les avertiront aussi d'aller souvent à leurs paroisses, au moins les dimanches et jours de grandes fêtes.

« Or, tout ce qui vient d'être sommairement touché doit être entendu proposé à tous les ordinaires des lieux, de telle manière que par la puissance que leur est donnée par le saint concile, et même comme délégués du saint-siège apostolique, non-seulement ils puissent défendre, ordonner, réformer et établir tout ce que dessus, mais aussi toutes les autres choses qui leur paraîtront y avoir relation et obliger les fidèles à les observer inviolablement, par censures ecclésiastiques et autres peines qu'ils jugeront à propos d'établir, nonobstant tous priviléges, exemptions, coutumes et appellations quelconques. » (*Sess.* XXII, *Décret sur le sacrif. de la messe.*)

La *messe* doit être célébrée en langue latine dans l'Église latine, et non en langue vulgaire, parce que, disent avec raison les canonistes, on serait exposé à changer souvent les paroles du sacrifice, la langue vulgaire étant sujette à varier et une infinité de mots n'étant plus entendus par succession de temps. Puis on ne pourrait plus entretenir la communication qui doit être entre toutes les églises, si chaque prêtre célébrait la *messe* dans la langue de son pays. D'ailleurs cela est plus à propos pour ne pas s'éloigner de l'ancienne coutume de l'Église, qui ne l'a célébrée au plus qu'en deux ou trois langues : car toutes les anciennes liturgies, dans l'Orient, sont ou grecques ou chaldaïques, et dans l'Occident toutes latines. Enfin, le concile de Trente dit anathème à ceux qui prétendent que la *messe* doit être célébrée en langue vulgaire, comme aussi à ceux qui soutiennent que l'on doit prononcer toutes les paroles de la *messe* à haute voix (*Sess.* XXII, can. 9). Il a paru de nos jours une secte appelée *Église catholique française* dont les prêtres célébraient la *messe* en langue vulgaire. On sait que cette secte qui avait pris naissance aux troubles politiques de 1830, est tombée sous le coup de l'absurde et du ridicule.

Le canon de la *messe* est infiniment respectable par son antiquité. « L'Église catholique, disent les Pères du concile de Trente, a établi depuis plusieurs siècles le saint canon de la *messe*, qui est si épuré et si exempt de toute erreur, qu'il ne contient rien qui ne respire en tout la sainteté et la piété, et n'élève à Dieu l'esprit de ceux qui offrent le sacrifice, n'étant composé que des paroles mêmes de Notre-Seigneur, des traditions des apôtres et de pieuses institutions des saints papes (*Sess.* XXII, *ch.* 4). »

La *messe* doit être célébrée avec les usages et les cérémonies reçues dans l'Église. Les prêtres doivent se servir d'ornements destinés au saint sacrifice, de cierges, d'autels consacrés. Le concile de Trente confirme cette obligation, parce que ces cérémonies sont de tradition apostolique, *ex apostolica disciplina*, et qu'elles servent à faire connaître aux fidèles la grandeur des saints mystères et à leur imprimer le respect dû à un si redoutable sacrifice (*Sess.* XXII, *ch.* 3).

§ 3. MESSE *paroissiale*.

Les saints canons enjoignent à tous les fidèles d'assister à la messe paroissiale toutes les fois qu'il est en leur pouvoir. Nous rappellerons ici principalement la disposition du concile de Trente, rapportée ci-dessus, laquelle exhorte les évêques à représenter au peuple leur obligation d'assister souvent, et au moins les dimanches et fêtes, au service de la paroisse. Il permet aux ordinaires, non-seulement de contraindre les fidèles par les censures à aller entendre la messe de paroisse, mais encore à exécuter les décrets qu'ils jugeront à propos de faire sur cette matière. On a tâché d'éluder la force de ce décret par différentes exceptions; mais elles n'ont point empêché les théologiens et les canonistes les plus célèbres d'adopter la décision de ce concile, et de l'enseigner. En 1645, l'assemblée du clergé de France renouvela dans l'article 3 de son règlement sur les réguliers, la loi de pouvoir contraindre les fidèles, par les censures ecclésiastiques, à assister au moins de trois dimanches l'un à la messe de paroisse, et défendit aux religieux de prêcher ou d'enseigner aucune doctrine contraire à cette obligation, et de fournir au peuple aucune occasion ou aucun prétexte de s'y soustraire, en prêchant, en faisant des processions pendant la messe de paroisse.

Les conciles de France, tenus après celui de Trente ne sont pas moins exprès, et contiennent diverses dispositions remarquables. Le concile de Bordeaux en 1583, enjoint aux curés d'annoncer aux peuples un ancien décret, qui leur ordonne, sous peine d'excommunication, d'assister à la messe de paroisse, au moins de trois dimanches l'un. Il faut cependant remarquer que cet ancien décret, dont ces nouveaux conciles réclament l'exécution, est le canon 15 du concile de Sardique, conforme au canon 21 du concile d'Elvire, tenu en 305, faits l'un et l'autre dans un temps où il n'y avait qu'une messe dans la paroisse; l'usage des messes basses n'ayant commencé que dans le neuvième siècle. On était même autrefois si exact touchant la messe de paroisse, qu'un curé ne devait point souffrir le paroissien d'un autre curé dans son église (*Can.* 4, *caus.* 9, *qu.* 2).

La messe de paroisse a toujours été regardée comme si avantageuse et si nécessaire aux peuples que dans tous les établissements de confrérie, de chapelles, et surtout de monastères, on a toujours exigé que les droits de la paroisse n'en souffrent point, et que les exercices publics de piété ne s'y fassent jamais pendant le temps du prône et de la messe paroissiale.

Gavantus dit que la *messe* paroissiale doit se dire deux heures après le lever du soleil; que l'on peut dire avant la *messe* paroissiale, une première *messe* à la pointe du jour, pour les voyageurs; qu'aucun prêtre ne peut dire sa *messe* dans l'étendue d'une paroisse avant la *messe* paroissiale un jour de dimanche ou de fête, sans permission du curé; que si même la première *messe* des voyageurs nuisait à celle de la paroisse, on doit la supprimer; que l'heure de la *messe* de la paroisse ne doit être ni avancée, ni reculée en considération de qui que ce soit: si l'on use à cet égard de menaces ou de violence, l'évêque peut infliger les peines convenables contre les coupables.

§ 4. MESSES *privées*.

On entend par *messes* privées, celles où il n'y a que le prêtre qui communie, ou celles qui sont célébrées sans qu'il y ait un grand nombre de fidèles, comme sont celles qui se disent dans des chapelles particulières, et toutes celles qu'on ne peut appeler *messes* publiques, comme celles qui ont une heure déterminée, et où le plus grand nombre des fidèles assistent. Mais elles ne sont privées que de nom, car, à parler exactement, il n'y a point de *messes* privées, et toutes sont publiques et communes, comme dit le concile de Trente: *Si quidem illæ quoque missæ vere communes censeri debent*. Il n'y a point où les fidèles n'aient droit de communier, et qui ne soient célébrées par un ministre public de l'Eglise, qui offre à Dieu le sacrifice, et pour lui et pour tous les fidèles. Ainsi, les *messes* dites dans les chapelles d'un séminaire, d'une communauté religieuse, etc., sont des *messes* privées.

L'usage des *messes* privées, dans ce sens, est très-ancien dans l'Eglise. On en voit la preuve dans les Pères (Tertullien, *lib.* IV *de fug. imperf.*; Eusèbe, *lib.* IV *de vit. Const. c.* 14; saint Augustin, *lib.* XXII *de Civit. c.* 8; saint Grégoire, *hom.* 37, *in Evang.*, saint Chrysostome, *hom.* 7, *in Epist. ad Ephes.*). Le concile d'Agde, vers le commencement du sixième siècle, permet de bâtir des oratoires dans des maisons de campagne éloignées des paroisses, et d'y célébrer la *messe*, excepté les jours de fêtes solennelles. Dans le huitième siècle, les évêques firent des règlements pour défendre aux prêtres de célébrer les *messes* privées dans un temps qui peut détourner le peuple d'assister à la *messe* publique.

A l'égard des *messes* qui se disent dans les chapelles domestiques, on voit, sous le mot CHAPELLE, que par le canon *Si quis*, on ne peut les y célébrer les jours de fêtes solennelles. Cette règle ne doit être violée dans l'usage, que quand on a une permission expresse de l'évêque. De plus, la concession et l'usage de ces sortes de chapelles, ne doivent jamais être préjudiciables aux droits de l'Eglise paroissiale: c'est-à-dire, qu'il n'y aura ni cloches, ni clocher pour y attirer le peuple, dit Ducasse (*Traité de la juridiction ecclés., pag.* 180); qu'on n'y fera pas publiquement de l'eau bénite ; qu'on n'y offrira pas de pain bénit ; qu'on n'y chantera point de *messes* ; qu'on n'y recevra point d'oblations ; qu'on n'y administrera point les sacrements de baptême et de pénitence ; qu'on n'y fera point d'enterrement ; qu'on n'y donnera point la bénédiction à des femmes relevées de couches ; qu'on n'y dira pas la *messe* dans le temps qu'on la dira dans l'église paroissiale ; qu'on n'y admettra, les jours de dimanches et de fêtes, que des personnes à qui leurs infirmités ne permettent pas d'aller à l'église de la paroisse ; et que même dans ce jour, on enverra régulièrement quelqu'un des domestiques à l'église de la paroisse pour y entendre la *messe*, le prône et les instructions. Et enfin que les prêtres étrangers et inconnus n'y pourront célébrer sans une permission expresse de l'ordinaire.

§ 5. *Honoraires de* MESSES

L'usage de recevoir un honoraire ou une rétribution pour dire la *messe* à l'intention des personnes qui le donnent, est très-permis. Cet usage est approuvé par l'Eglise dans toutes les parties de l'univers, et l'on peut en faire remonter l'époque jusqu'aux temps apostoliques. Saint Paul veut que ceux *qui ont quelque emploi dans le temple, vivent de ce qui appartient au temple, et que ceux qui servent à l'autel, aient leur part des biens de l'autel* (I *Cor.*, ch. IX, v. 13). Or, qu'est-ce que vivre des biens du temple et participer aux biens de l'autel, sinon recevoir, à l'occasion des fonctions de son ministère, une rétribution ou quelque chose d'équivalent ? Saint Chrodegang, évêque de Metz, qui vivait vers l'an 750, parlait des rétributions pour les *messes*, comme d'une chose qui n'était pas nouvelle : *Si aliquis uni sacerdoti pro missa sua... aliquid in eleemosynam dare voluerit, hoc sacerdos accipiat; et exinde quod voluerit faciat.* Tout ce que la théologie a de plus respectable dépose en faveur de cet usage, dont saint Thomas (2-2, *qu.* 100, *art.* 2) rend cette raison, qu'on ne reçoit pas l'argent comme un salaire proprement dit, ni comme le prix de la *messe* ou de la consécration, mais comme une aumône nécessaire à l'entretien du ministre. Aussi Rome a flétri une *Dissertation sur l'honoraire des messes*, dans laquelle l'auteur blâmait cet usage.

Le prêtre doit se contenter de la rétribution fixée par la loi ou par la coutume. Il peut cependant recevoir ce qu'on lui offre volontairement de plus, ou même le demander modestement, à raison de la peine accessoire au sacrifice qu'il doit avoir, lorsqu'il faut célébrer dans une chapelle éloignée, ou chanter la *messe*, etc.

Les prêtres qui ont assez de biens de patrimoine pour vivre, peuvent recevoir des rétributions comme les autres, parce qu'en général l'ouvrier est digne de sa récompense. Qu'il soit riche ou non, cela ne change rien dans les choses : dès qu'il sert l'autel, il a droit de vivre de l'autel.

DROIT CANON. II.

Un prêtre doit dire autant de *messes* qu'il a reçu d'honoraires, même insuffisants, parce qu'il s'y engage en les acceptant, et que la sacrée congrégation le déclara ainsi en 1625, par les ordres d'Urbain VIII.

Un prêtre ne peut recevoir deux honoraires pour une seule *messe*, en appliquant à l'un des donateurs cette partie du fruit spirituel qui doit lui revenir en qualité de ministre. Le concile de Narbonne en 1609, défend, sous peine d'excommunication, de recevoir plus d'un honoraire pour une seule *messe* ; et le pape Alexandre VII, condamna en 1665 la proposition qui autorisait un trafic aussi peu fondé et aussi indigne du sacerdoce. Il en fit autant de celle qui approuvait un autre genre de commerce défendu dans la même matière, et qui consistait à faire acquitter par un autre, pour la rétribution ordinaire, un certain nombre de *messes* payées plus abondamment, en retenant pour soi l'excédant de la somme donnée.

Il n'est point permis d'anticiper le sacrifice, en l'offrant d'avance pour ceux qui dans la suite donneront des rétributions. Clément VIII et Paul V condamnèrent cette pratique, qui est effectivement très-condamnable en elle-même, puisqu'on ne dit la *messe* que selon l'intention d'une personne, relativement à ses besoins, et que la personne qui apportera un honoraire à un prêtre dans un ou deux mois, n'a au moment qu'il célèbre pour elle, ni intention, ni peut-être aucun de ces besoins qui lui feront naître l'intention et la volonté de faire dire la *messe* pour elle.

Cependant quelques auteurs pensent, et ce sentiment ne nous paraît pas blâmable, que si cependant un prêtre prévoyait qu'on lui demandera des *messes* pour une personne décédée, il pourrait dès lors commencer à les dire, sans en avoir été requis, et recevoir ensuite la rétribution, parce que le sujet et les besoins sont déterminés. Tout ce qu'il risque, c'est de perdre son honoraire, en cas qu'on ne s'adresse pas à lui.

Il est défendu à tout prêtre de recevoir aucun honoraire pour de nouvelles *messes*, à moins qu'il n'ait acquitté les anciennes, ou qu'il ne puisse les acquitter en peu de temps, si ce n'est que le donateur consente au délai. C'est ainsi que l'a déclaré la congrégation du concile de Trente, le 21 juillet 1625. Quant à l'intervalle qu'on peut mettre entre l'acceptation et l'acquit, hors les cas pressants qui ne permettent pas de différer quelquefois d'un seul jour, comme lorsqu'il s'agit d'un malade qui tend à sa fin, ou d'une affaire qui doit être décidée dans deux ou trois heures, le sentiment commun des canonistes et des théologiens est qu'on ne peut recevoir des *messes*, qu'autant qu'on peut en dire dans l'espace de deux mois.

Cependant, lorsqu'un fidèle remet à un prêtre une somme considérable, cinq cents francs, par exemple, pour des rétributions de *messes*, en le priant de les acquitter lui-même, celui-ci peut s'en charger, sans être

(Dix-sept.)

obligé de dire la *messe* tous les jours, ni de l'appliquer absolument, toutes les fois qu'il la dit, à la même personne; il peut la dire de temps en temps ou pour lui-même, ou pour ses parents, ou pour d'autres personnes, pourvu cependant que cela n'arrive que rarement.

Nous ferons remarquer que celui qui a reçu un certain nombre de *messes* de différentes personnes, par exemple, dix rétributions provenant de dix fidèles, peut satisfaire à ses obligations, en appliquant chaque *messe* aux dix personnes ensemble, attendu que le prix du sacrifice est divisible dans son application. Chaque personne recevant ce qui lui est dû, c'est-à-dire la dixième partie de chaque *messe*, lorsque les dix *messes* sont dites, chacun reçoit le fruit auquel il avait droit, c'est-à-dire l'équivalent d'une *messe* (*Decret. part.* III, *dist.* 1, *cap.* 1 et 12).

§ 6. MESSE *conventuelle.*

On appelle ainsi la grand'*messe* où tous les membres d'un chapitre ou d'un monastère chantent et assistent ensemble. Gavantus dit qu'il a été décidé par la congrégation des rits, que les chanoines doivent assister à la *messe* conventuelle pour gagner leurs distributions; que cette *messe* doit toujours être célébrée avec diacre et sous-diacre, dans les églises cathédrales et collégiales, quand il y a pour cela un nombre suffisant de clercs; on doit même donner un assistant si tel est l'ancien usage; que la *messe* votive ou de *requiem* ne remplit pas la *messe* du jour, ni la *messe* du jour un anniversaire; qu'on ne peut introduire la coutume de ne dire point de *messe*; que les deux *messes* de fêtes et de férie doivent être célébrées le même jour, si elles sont prescrites; que le jour de Noël on ne doit pas manquer de célébrer dans les églises collégiales et paroissiales la *messe* de l'aurore; que celui qui bénit les cendres, les cierges et les rameaux, doit chanter la *messe* qui suit; que l'orgue ne touche pas au *Credo*; qu'on ne chante à la *messe* que ce qui est marqué dans le missel; que ceux qui portent les ornements d'office, soient encensés plutôt que leurs supérieurs revêtus de leurs habits ordinaires; que les bénéficiers en fonction, *solemniter celebrantes*, avec diacre et sous-diacre, doivent s'asseoir aux mêmes places des chanoines quand ils officient, que ceux qui font diacres et sous-diacres, s'ils ne sont prêtres, communient au moins les jours de fêtes, etc.

§ 7. *Célébration de la* MESSE *par des prêtres étrangers.*

Rien n'est plus souvent répété dans les conciles, que la défense d'admettre à la célébration des saints mystères, les prêtres vagabonds, ou ceux qui, étant d'un diocèse étranger, n'ont point de lettres commendatices, *litteras formatas*, de leur propre évêque (*Voyez* LETTRES FORMÉES, EXEAT, CELEBRET).

Le trente-deuxième des canons apostoliques, les conciles de Laodicée, d'Antioche, d'Agde, d'Epaone, le troisième d'Orléans, ceux de Worms, de Soissons, d'Aix, de Meaux, de Rome, sous saint Grégoire VII, de Melphi et autres, s'accordent tous à décider que les évêques et les prêtres ne seront point admis à la célébration des saints mystères, s'ils ne sont munis de bons certificats, *sine litteris formatis vel canonicis*, ou bien, *sine litteris pacificis*, ou *commendatitiis*, de leurs églises, ou du patriarche, quant aux évêques, ou de l'évêque à l'égard des prêtres; et si ces certificats n'ont été approuvés par l'évêque du diocèse où ces étrangers veulent célébrer.

Cet ancien droit a été renouvelé par les conciles des derniers temps. Par celui de Trente (sess. XXIII, ch. 16, *de Reform.*). Le décret de ce concile est expliqué et étendu par les conciles I, II, III de Milan, approuvés par saint Pie V et Grégoire XIII, publiés dans toute l'Italie, et adoptés dans les synodes d'Arezzo, de Nocera et de Ravenne.

Les conciles de France ne sont pas moins exprès. Tels sont celui de Reims, en 1534, sous le cardinal de Lorraine; un autre concile de Reims, sous Louis de Guise; ceux de Bordeaux et de Tours, en 1583, de Bourges, en 1584, d'Aix, en 1585, de Toulouse, en 1590, de Narbonne, en 1609. Les décrets de ces conciles établissent plus ou moins clairement deux choses: 1° que les ecclésiastiques, qui quittent un diocèse, seront munis d'un certificat de leur propre évêque; 2° que ce certificat soit examiné et confirmé par l'évêque du lieu où ils veulent célébrer.

Ces règlements sont pleins de sagesse, car il pourrait se trouver, ce qui s'est vu plus d'une fois, des individus qui, sans être prêtres, auraient la témérité de célébrer les saints mystères. D'ailleurs on s'exposerait à laisser dire la sainte *messe* à des prêtres excommuniés, suspens, interdits, irréguliers, infâmes, suspects dans leur foi, etc., ce qui tournerait à la honte de l'Eglise, au mépris des choses saintes, comme plusieurs conciles l'ont démontré.

MÉTROPOLE.

Métropole est la même chose qu'archevêché. La matière de ce mot est tellement liée avec celle du mot DIOCÈSE, que pour donner une idée suivie de ces deux choses, nous renvoyons au mot PROVINCE. L'on voit aussi sous les mots ORDINAIRE, ORDINATION, ÉVÊQUE, certains principes que l'on pourrait chercher en vain sous les mots DIOCÈSE, DIOCÉSAIN. Il est à remarquer que toute église métropolitaine est en même temps église cathédrale, mais non *vice versâ*.

MÉTROPOLITAIN.

Ce n'est autre chose que l'évêque d'une métropole, appelé plus communément archevêque (*Voyez* ARCHEVÊQUE). On donna autrefois ce nom aux évêques des grandes villes. C'est le premier degré d'honneur et de distinction qu'on leur ait donné, ce fut pour désigner l'évêque de la ville métropolitaine de toutes les autres de la province dont elle est comme la mère et la capitale. Le nom de *métropolitain* est très-ancien, car il en est parlé dans le concile de Nicée, canons 4 et 6. L'autorité des *métropolitains* n'est que de droit ecclésiastique.

MEUBLE.

On appelle *meuble*, *mobilis*, un bien ou un effet susceptible de transport, et immeuble, au contraire, *immobilis*, un fonds stable qui ne change pas de lieu. Nous disons, sous le mot ALIÉNATION, que l'aliénation des immeubles qui appartiennent à l'Église, est défendue, ainsi que celle des *meubles*, si ce n'est dans certains cas de nécessité ou d'utilité, et avec certaines formalités. Il faut cependant distinguer, à l'égard des *meubles*, ceux qui sont destinés à des usages pieux et sacrés, et qui, à cause de cela, sont hors du commerce, d'avec les *meubles* qui ne sont pas destinés à des usages pieux, et qui, par leur valeur, n'ont rien de comparable aux immeubles, c'est-à-dire, qui ne sont pas précieux. Les premiers ne sont aliénables absolument que pour des œuvres de piété, comme pour racheter les captifs (*Can.* 10, 70; *caus.* 12, *qu.* 2) (*Voyez* ALIÉNATION.)

On peut toutefois les aliéner lorsqu'ils sont devenus inutiles dans les usages auxquels ils étaient destinés; mais dans ce cas si l'on en transporte la propriété, comme par une vente faite à des laïques, on en doit changer la forme, s'il est possible, pour ne pas les exposer à l'abus et au mépris; ce qui n'est pas nécessaire quand on les engage simplement, parce que l'église en conserve la propriété, et que celui à qui on les donne en gage, n'a pas droit de s'en servir (*cap.* 2, *De pignor.*).

A l'égard des *meubles* de l'autre espèce, ils peuvent être vendus sans formalités, et au gré de ceux qui en ont l'administration. Les canons n'en ont pas défendu l'aliénation, parce que leur conservation est peu intéressante, et qu'ils périssent par l'usage.

MILICE.

On voit sous le mot ECCLÉSIASTIQUE, que les clercs sont dispensés de la *milice*.

MINEURS.

Par une décrétale du sexte, il est décidé que le majeur de quatorze ans peut agir et se défendre en cause spirituelle, mais nullement l'impubère sans le secours d'un procureur ou curateur nommé d'autorité de justice (*Voyez* PUBERTÉ).

A l'égard du fils de famille, cette même décrétale décide qu'il peut, dans les mêmes causes, plaider et se défendre sans l'assistance de son père, parce que, dit la glose, les titres des bénéfices et tout ce qui en dépend, sont censés *peculium castrense vel quasi castrense* (*C. Si annum* 3, *De judic. in* 6°).

Par causes spirituelles, il faut entendre, suivant ce chapitre, celles qui en dépendent. *Idem est judicium de causis spiritualibus et descendentibus ab eisdem*. J. G. La même glose remarque que dans les décrétales, on ne voit point de titres des tuteurs et curateurs, *de tutelis et curis*, parce que la matière est étrangère aux ecclésiastiques.

§ 1. *Ordres* MINEURS.

(*Voyez* ORDRE.)

§ 2. *Frères* MINEURS.

Les *frères mineurs* sont les religieux de l'ordre de saint François (*Voyez* MOINE).

MINIMES.

Ordre religieux, fondé dans la Calabre par saint François de Paule, l'an 1436, confirmé par Sixte IV, en 1474, et par Jules II, en 1507. Ce saint, par humilité, fit prendre à ses religieux le nom de *minimes*, c'est-à-dire les plus petits, comme pour les rabaisser au-dessous des Franciscains, qui se nommaient *frères mineurs* (*Voyez* ORDRES RELIGIEUX, MOINE).

MINISTÈRE.

Les clercs, dit Fleury (*Inst. au droit ecclés.*, tom. I, ch. 3) se divisent en deux genres, suivant leurs fonctions qui sont le sacerdoce et le *ministère*; le sacerdoce appartient aux évêques et aux prêtres; le *ministère* appartient aux diacres et aux moindres clercs; ainsi dans l'ancienne loi, les lévites n'étaient que les ministres des sacrificateurs qui étaient de la famille d'Aaron, et dont le chef était le souverain pontife. On appelle les ordres, les différents degrés des clercs; l'épiscopat les contient tous éminemment; il en est la source et renferme toute la plénitude du sacerdoce, c'est-à-dire toute la puissance spirituelle que Jésus-Christ a donnée à ses apôtres pour le gouvernement de son Église, et dont les prêtres, les diacres et les autres ministres n'ont qu'une partie. Outre les ordres, on a distingué les clercs par divers offices qui se sont multipliés suivant les besoins des églises; ce n'est pas, au reste, l'office ecclésiastique qui fait le clerc, c'est l'ordre (*Voyez* ORDRE, OFFICE, ÉPISCOPAT).

Quoique dans l'usage on ne s'exprime pas toujours conformément à ces distinctions, et que très-souvent l'on confonde le *ministère* avec le sacerdoce, ce qui peut arriver sans beaucoup d'inconvénient, il est néanmoins toujours bon de parler proprement sur ces matières et dans les idées que l'histoire ou la bonne théologie nous en donne.

MIRACLE.

Un *miracle* est une œuvre extraordinaire et surprenante, au-dessus du pouvoir et de l'espérance des hommes qui l'admirent; tel fut le *miracle* de la mer Rouge et les autres dont il est parlé dans le canon *Revera, dist.* 2, *de Consecrat. Miraculum est opus arduum et insolitum supra spem et facultatem consistens admirantis, sicut fuit maris Rubri divisio*, etc. Cette définition s'accorde avec ce que dit saint Thomas, que trois choses doivent concourir dans le *miracle*, la difficulté, la rareté et le surnaturel : *Tria requiruntur ad miraculum, sit aliquod arduum et difficile, sit insolitum, præter ordinem et vires naturæ* (S. Thom., *part.* I, *qu.* 103, *art.* 7). En supposant, dit Origène (*in Cels., lib.* XI), une puissance au-dessus de la nature, s'il y en a une mauvaise, il faut qu'il y en ait une bonne encore supérieure et, par conséquent, s'il y a de faux *miracles* dont les démons soient auteurs, il y en a de vrais qui viennent de Dieu. Or, ajoute-t-il, il y a des moyens de les discerner ; ces moyens sont : les mœurs de ceux qui les font, leur doctrine et les effets qui en suivent. Le canon *Sciendum* 26, *qu.* 4, tiré du livre de saint Augustin. *De divinatione dæmonum*, nous apprend que les sorciers peuvent faire des choses véritablement surprenantes, quoiqu'elles soient dans l'ordre de la nature, mais jamais de vrais *miracles* opérés par une force ou une vertu surnaturelle : *Magi, sive dæmones non faciunt miracula, sed mira, quia non supra naturam; sed secundum naturam, sunt tamen hominibus insolita* (*Voyez* SORTILÉGE).

Albéric a rappelé dans son dictionnaire les différents textes du droit canon, qui parlent des *miracles* en ces termes : *Miracula facere est speciale donum Spiritus sancti* (dist. 2, de *pœnit.; c. Si quis semel,* § *Quærendum*). *Quantumcumque sint aliqui sancti, miracula tamen facere non possunt quando volunt, nisi gratia speciali Spiritus sancti permittente*(Ibid.). *Non est credendum asserenti se missum vel inspiratum a Deo nisi hoc ostendat, aut per operationem miraculi, aut per Scripturæ testimonium speciale* (C. *Cum ex injuncto de hæret.*). *Miracula sanctorum, sunt admiranda, non in exemplo nostræ actionis trahenda* (cap. *Nos* 2, *qu.* 2). *Quidam habent prophetiæ spiritum qui non habent meritum* (C *Prophetavit* 1, *qu.* 1). *Multa faciunt extra charitatem constituti, quæ in charitate positi facere non possunt* (C. *Teneantur* 1, *qu.*1). *An ex miraculis debeat quis canonizari pro sancto* (C. *Nec mirum* 26, *qu.* 5 ; *c. Statuimus,* § *His auctoribus, dist.* 61)? (*Voyez* CANONISATION).

Il y a excommunication de la part du pape contre ceux qui prêchent de faux miracles.

L'on voit dans le décret du concile de Trente, rapporté sous le mot IMAGE, que les *miracles* doivent être reconnus et autorisés par l'évêque : *Nulla etiam admittenda nova miracula*, etc.

Ce règlement a été approuvé par les conciles de France et d'Italie. On conservait, avant la révolution, dans les archives de Rouen, un acte de satisfaction faite en 1452 à un archevêque de Rouen, par les cordeliers de cette ville, qui avaient publié un *miracle* sans l'approbation de l'ordinaire.

Il faut remarquer que le pouvoir d'approuver de nouveaux *miracles* attribué aux ordinaires par le concile de Trente, ne regarde que les saints déjà canonisés ou béatifiés et non les personnes éminentes en vertu qui ne sont point encore canonisées ou béatifiées ; puisque si les ordinaires avaient droit de publier et de proposer aux peuples les *miracles* qu'on attribue à l'intercession de ces sortes de personnes, ils auraient droit aussi d'engager le peuple à leur rendre un culte religieux, qui est une suite de la sainteté attestée par les *miracles*, ce qui n'appartient qu'au siége apostolique (Card. Lambertini, *De la béatification et canonis. des saints*).

MISÉRABLE.
(*Voyez* PAUVRE.)

MISSEL.
(*Voyez* OFFICE DIVIN, § 5.)

MISSION.

Par le mot *mission*, on entend le pouvoir qui est donné par les évêques aux ministres de l'Eglise, pour prêcher et administrer les sacrements. Ce mot, qui vient du latin *mittere*, signifie *envoyer*.

Jésus-Christ donna la *mission* à ses apôtres, en leur disant : *Sicut misit me Pater, et ego mitto vos* (*Saint Jean, ch.* XX). Cette *mission* a passé aux évêques, et le pouvoir de la conférer réside uniquement en leur personne. Ils la confèrent comme ils l'ont reçue eux-mêmes, en ordonnant les pasteurs et en les envoyant prêcher, administrer les sacrements, et remplir tous les devoirs attachés à leur ministère.

Dans l'usage, on ne donne le nom de *mission* qu'au pouvoir que le pape ou les évêques confèrent à des ecclésiastiques, pour aller dans certains pays travailler à la conversion des âmes. Les évêques, par une suite des obligations qui leur sont imposées (*Voyez* ÉVÊQUE), ne se contentent pas souvent de veiller à ce que les curés de leurs diocèses s'acquittent exactement de leurs fonctions ; il envoient , selon les temps et les besoins des peuples, de nouveaux ouvriers dans la vigne du Seigneur, pour la mieux faire fructifier. Les curés des paroisses ne peuvent s'opposer à cet usage. Dans l'assemblée générale du clergé de France, en 1675, l'archevêque de Bordeaux demanda la protection de la compagnie contre le curé d'Ambarez, de son diocèse, qui avait refusé de recevoir des *missionnaires* qu'il avait envoyés dans sa cure.

§ 1. *Prêtres de la* MISSION.

On appelle prêtres de la *mission*, cette congrégation instituée par saint Vincent de Paule, et confirmée par le pape Urbain VIII, en 1626, sous le titre de prêtres de la congrégation de la *mission*.

Le premier emploi des membres de cette congrégation est de travailler à l'instruction et au salut des peuples de la campagne ; le second est d'entretenir et de cultiver diverses œuvres de piété, établies par leur saint instituteur, comme les séminaires, les exercices des retraites, soit pour les ordinands, soit pour les autres ecclésiastiques ou les laïques, les conférences, les confréries, etc. (*Voyez* COMMUNAUTÉ.)

§ 2. *Séminaire des* MISSIONS *étrangères*.

C'est une société de prêtres établis à Paris,

qui font profession d'aller prêcher l'Evangile dans les pays étrangers. Bernard de Sainte-Thérèse, évêque de Babylone, ayant prêché la foi avec succès, dans plusieurs contrées de l'Asie, résolut de fonder à Paris une maison où l'on élevât des missionnaires pour le même objet ; il consacra tout ce qu'il possédait pour un établissement si utile. Telle est l'origine et la destination du séminaire des *missions* étrangères. (*Voyez* COMMUNAUTÉ.)

MISSIONNAIRES APOSTOLIQUES.

Les *missionnaires* envoyés par le pape pour travailler à la conversion des infidèles et des hérétiques, sont des espèces de légats du saint-siége, dont les pouvoirs sont si étendus, qu'on les appelle ordinairement vicaires ou même légats apostoliques. Voici un exemplaire de ces pouvoirs, qui fera juger combien la faveur de ces commissions mérite qu'on s'écarte des règles ordinaires.

« Facultates concessæ a S. D. N. Gregorio, divina providentia papa XVI, fratri N. præfecto missionum in N., etc.

« 1. Dispensandi in quibuscumque irregularitatibus, exceptis illis, quæ vel ex bigamia vera vel ex homicidio voluntario proveniunt, et in his duobus casibus, etiamsi præcisa necessitas pœnitentiariorum ibi fuerit, si tamen quoad homicidium voluntarium ex hujusmodi dispensatione scandalum non oriatur.

« 2. Dispensandi, et commutandi vota simplicia, etiam castitatis ex rationabili causa in alia pia opera, non tamen religionis.

« 3. Absolvendi et dispensandi in quacumque simonia, et in reali, dimissis beneficiis, et super fructibus male perceptis, injuncta aliqua eleemosyna, vel pœnitentia salutari arbitrio dispensantis vel etiam retentis beneficiis, si fuerint parochialia, et non sint, qui parochiis præfici possint.

« 4. Dispensandi in tertio et quarto consanguinitatis et affinitatis simplici, et mixto tantum, et in secundo, tertio et quarto mixtis, non tamen in secundo solo quoad futura matrimonia, quo vero ad præterita, etiam in secundo solo dummodo nullo modo attingat primum gradum cum iis qui ab hæresi vel infidelitate convertuntur ad fidem catholicam, et in prædictis casibus prolem susceptam declarandi legitimam.

« 5. Dispensandi super impedimento publicæ honestatis justitiæ ex sponsalibus proveniente.

« 6. Dispensandi super impedimento criminis, neutro tamen conjugum machinante, et restituendi jus petendi debitum amissum.

« 7. Dispensandi in impedimento cognationis spiritualis, præter quam inter levantem et levatum.

« 8. Hæ vero matrimoniales dispensationes, videlicet 4, 5, 6 et 7, non concedantur, nisi cum clausula, dummodo mulier rapta non fuerit, et si rapta fuerit in potestate raptoris non existat, neque in utroque foro ubi erunt episcopi, sed in foro conscientiæ tantum, et in illis expediendis, tenor hujusmodi facultatum in dispensationibus inseratur, cum expressione temporis ad quod fuerint concessæ.

« 9. Dispensandi cum gentilibus, et infidelibus plures uxores habentibus, ut post conversionem et baptismum, quam maluerint ex illis, si etiam fidelis fiat, retinere possint, nisi prima voluerit converti.

« 10. Absolvendi ab hæresi et apostasia a fide, et a schismate quoscumque etiam ecclesiasticos, tam sæculares quam regulares, non tamen eos qui ex locis fuerint, in quibus impune grassantur hæreses, deliquerint, nec illas judicialiter abjuraverint, nisi isti nati sint ubi impune grassantur hæreses, et post judicialem abjurationem illuc reversi in hæresim fuerint relapsi, et hos in foro conscientiæ tantum.

« 11. Absolvendi ab omnibus casibus sedi apostolicæ reservatis, etiam in bulla *Cœnæ Domini* contentis.

« 12. Benedicendi paramenta et alia utensilia pro sacrificio missæ.

« 13. Recitandi rosarium vel alias preces si breviarium secum deferre non poterit, vel divinum officium ob aliquod legitimum impedimentum recitare non valeat.

« 14. Reconciliandi ecclesias pollutas aqua ab episcopo benedicta, et, in casu necessitatis, etiam aqua non benedicta ab episcopo, hujusmodique facultatem communicandi simplicibus sacerdotibus.

« 15. Consecrandi calices, patenas, et altaria portatilia cum oleis ab episcopo benedictis ubi non erunt episcopi, vel distent duas lineas, vel sedes vacet.

« 16. Dispensandi quando expedire videbitur, super usu carnium, ovorum, et lacticiniorum tempore jejuniorum, et præsertim quadragesimæ.

« 17. Celebrandi bis in die, si necessitas urgeat, ita tamen ut in prima missa non sumpserit ablutionem, per unam horam ante auroram, et aliam post meridiem, in altari portatili sine ministro, sub dio et sub terra, in loco tamen decenti, etiamsi altare sit fractum, vel sine reliquiis sanctorum et præsentibus hæreticis, schismaticis, infidelibus et excommunicatis, dummodo minister non sit hæreticus, aut excommunicatus ac aliter celebrari non possit. Hujusmodi autem facultate bis in die celebrandi nullatenus uti liceat, nisi rarissime et ex gravissimis et urgentissimis causis, in quo graviter ejus conscientia oneratur; quod si ad præsens aut in posterum quandocumque aderit episcopus, aut vicarius generalis, aut capitularis, sive vicarius apostolicus ad cujus diœcesim seu administrationem pertineant loca, ubi secundo celebrari contigerit, præfata facultas bis celebrandi, nullius prorsus sit roboris ac momenti, nisi prius prædicto episcopo aut eo absente, ipsius vicario generali aut respective capitulari, aut vicario apostolico fuerit exhibita, ab eoque examinatæ et approbatæ fuerint in scriptis causæ ea utendi; nec aliter concessa intelligatur quam juxta moderationem ab ipso apponendam et non alias, cujus episcopi seu vicarii conscientia oneratur, ut nonnisi ex urgentissimis causis, ut supra dictum est, et ad breve tempus ea uti permittat. Quam tamen facultatem poterit episcopus seu vicarius, si in Domino visum fuerit expedire, ad aliud breve tempus pluries et eadem servata forma, prorogare intra tempus in hac facultate a sancta sede concessum et non ultra. Idipsum autem prorsus servetur ab iis, quibus hæc eadem facultas celebrandi bis in die juxta potestatem inferius apponendam, communicata fuerit, adeo ut nemo ex ipsis nisi juxta moderationem ab episcopo, vel ejus vicario capitulari vel generali seu vicario apostolico, ut dictum est, singulis apponendam, hujusmodi facultate uti valeat, injuncto eorumdem episcoporum seu vicariorum conscientiæ, ut ultra superius dicta non omnibus indifferenter, quibus fuerit communicata, sed paucis duntaxat; iisque maturioris prudentiæ ac zeli, et qui absolute necessarii sunt, nec pro quolibet loco, sed ubi gravis necessitas tulerit, et ad breve tempus ut dictum est, facultatem quoad hoc communicatam approbet.

« 18. Concedendi indulgentiam plenariam primo conversis ab hæresi, atque etiam fidelibus quibuscumque in articulo mortis, saltem contritis si confiteri non poterunt.

« 19. Concedendi indulgentiam plenariam in oratione quadraginta horarum ter in anno indicenda diebus bene visis, contritis et confessis, ac sacra communione refectis, si tamen ex concursu populi et expositione sacratissimi sacramenti notabilis et nulla probabilis suspicio sit sacrilegii ab hæreticis, seu infidelibus vel magistratum offensum iri.

« 20. Lucrandi sibi easdem indulgentias.

« 21. Singulis secundis feriis non impeditis, festis 9 lectionum, vel eis impeditis, die immediate sequenti, celebrandi missam de *Requiem* in quocumque altari etiam portatili, liberandi animam secundum ejus intentionem a purgatorii pœnis per modum suffragii.

« 22. Deferendi sacratissimum sacramentum occulte ad infirmos sine lumine, illudque sine eodem retinendi pro eisdem infirmis in loco tamen decenti, si ab hæreticis aut infidelibus sit periculum sacrilegii.

« 23. Induendi vestibus sæcularibus, si aliter vel transire vel permanere non poterit in locis missionum.

« 24. Tenendi et legendi non tamen aliis concedendi libros hæreticorum vel infidelium de eorum religione tractantium, ad effectum eos impugnandi et alios quomodolibet prohibitos, præter opera Caroli Molinei, Nicolai Macchiavelli, ac libros de astrologia judiciaria principaliter aut incidenter, vel alias quovis modo de ea tractantes, ita tamen ut libri ex illis provinciis non afferantur.

« 25. Administrandi omnia sacramenta, etiam parochialia, ordine et confirmatione exceptis, et quoad sacramenta parochialia in diœcesibus, ubi non erunt episcopi vel ordinarii aut eorum vicarii, vel in parochiis ubi non erunt, de eorum licentia.

« 26. Communicandi has facultates in totum vel in parte fratribus suæ missionis, quos sacra congregatio de propaganda fide destinaverit et approbaverit, et non aliis, tam pro omnibus locis in ea missione contentis, quam pro aliquibus eorum et ad tempus sibi bene visum, prout magis in Domino expedire judicaverit, nec non, quatenus opus fuerit, revocandi sive etiam moderandi tam circa illarum usum, quam circa loca et tempus easdem exercendi, quod etiam eo absente vicepræfecto intelligatur concessum, ita tamen ut nec eidem præfecto aut vicepræfecto, nec ipsorum cuilibet, liceat eisdem ullo pacto uti extra fines suæ missionis; tempore vero sui obitus liceat eidem, si in missione præsens fuerit, hanc eamdem præfecti facultatem alteri communicare; si vero fuerit absens hoc ipsum vicepræfecto tempore obitus ipsius vicepræfecti concessum intelligatur, ut sit qui interim possit supplere donec sedes apostolica certior facta, quod quamprimum fieri debebit, delegatum alio modo promoveat.

« 27. Et prædictæ facultates gratis et sine ulla mercede exerceantur, et ad annos quatuor tantum concessæ intelligantur. »

MITRE.

La *mitre* est un ornement pontifical que les évêques et les abbés ont sur leurs têtes quand ils officient ou marchent pontificalement. Il paraît, par ce que dit le père Thomassin, en son *Traité de la discipline, partie III, liv. I, ch. 25*, que les évêques n'ont pas toujours usé de la *mitre* dans l'église, ou du moins que leur ornement de tête était autrefois plus simple. Plusieurs auteurs disent qu'on n'en a point vu avant le onzième siècle.

Chacun sait la forme de la *mitre* telle qu'elle est aujourd'hui en usage; c'est un bonnet rond, pointu et fendu par le haut, ayant deux fanons qui pendent sur les épaules.

On distingue à Rome plusieurs sortes de *mitres*. On en compte communément trois, la précieuse, ornée de diamants, la dorée sans diamants, et la simple, faite de soie ou même de lin blanc. La *mitre* des évêques est uniforme; on la leur met sur la tête à leur consécration, et les auteurs ecclésiastiques donnent plusieurs sens mystiques à cet ornement.

Il n'y avait d'abord que les évêques qui eussent droit de porter la *mitre*, mais la concession s'en étendit aux abbés qui en firent la demande, malgré l'énergique improbation de saint Bernard. Quelques chapitres obtinrent aussi le droit de *mitre*, et entre autres les chanoines de Lyon, de Besançon, etc., eurent le privilége de la porter quand ils officiaient. Le prieur et le chantre de la collégiale de Loches, en Touraine, jouissaient de la même prérogative. Quelques chapitres d'Allemagne ont encore ce privilége. Le pape a le droit exclusif d'accorder la *mitre* à tous les prélats et ecclésiastiques, quoiqu'ils n'aient pas le caractère épiscopal. Les abbés ou chanoines qui ont reçu du pape la faculté de porter une *mitre* plus précieuse, ont la préséance sur les autres.

MOBILES (fêtes).
(*Voyez* fêtes, § 3.)

MŒURS.

On appelle *mœurs* la façon de vivre ou d'agir, bonne ou mauvaise. La morale chrétienne n'est autre chose que ce corps de préceptes que prescrit la religion, et qui servent à diriger les actions des hommes conformément aux principes naturels de justice et d'équité. C'est dans ce sens que l'on regarde les canons que l'Eglise fait touchant les *mœurs* comme ceux qu'elle fait sur la foi, c'est-à-dire, comme infaillibles et invariables (*Voyez* canon, droit canonique).

MOINE.

Ce terme, dérivé d'un mot grec qui signifie *seul*, a été donné, dans la primitive Eglise, aux chrétiens qui vivaient loin du commerce du monde, pour se consacrer plus particulièrement à Dieu. Saint Isidore de Séville tire la signification du mot *moine*, *monachus*, de deux mots grecs, dont la signification ne saurait mieux s'appliquer à l'état d'un religieux solitaire, appelé, en général, du nom de moine : *Agnoscat nomen suum; monos enim græce, latine est unus, achos græce, latine tristis sonat; inde dicitur monachus, id est, unus tristis; sedeat ergo tristis et officio suo valet* (*Can.* Placuit 16, *qu.* 1. *Isid. Etym., lib.* VII, *cap.* 13).

Comme les *moines* sont les premiers religieux, et que le nom en est même resté dans l'usage à toutes sortes de religieux, quoiqu'il ne convienne proprement qu'à ceux qui vivent dans la solitude, nous donnerons ici une idée de l'origine et du progrès de la vie monastique.

§ 1. *Origine de la vie monastique.*

Fleury suit le sentiment de Cassien, qui fixe au delà du temps des persécutions, l'origine de la vie monastique ; mais l'opinion la plus commune, embrassée par saint Jérôme et Thomassin, est qu'il n'y a eu de véritables *moines* dans l'Eglise qu'à la paix de Constantin ; que saint Antoine réduisit en corps de communauté ceux que la persécution avait fait fuir dans les déserts, et, qu'à l'exception de saint Paul, qui y était avant saint Antoine même, on ne doit regarder les apôtres, saint Jean, Elie même et Elisée, que comme les modèles, et nullement comme les instituteurs des *moines*. L'état même de ceux que l'on dit avoir précédé saint Paul dans la solitude et dans le renoncement des choses du monde, n'a rien de déterminé. « Je ne sais, dit Thomassin, si Cassien pourrait trouver des preuves assez solides pour nous persuader que les premiers fidèles de l'Eglise de Jérusalem renonçaient au mariage aussi bien qu'à leurs héritages. L'autre point est plus vraisemblable, qu'il y a toujours eu depuis quelques particuliers qui ont vécu dans la retraite, et y ont pratiqué toutes les vertus des véritables solitaires.

Ainsi, comme on est remonté au-dessus de saint Antoine jusqu'à saint Paul, ermite, on pourrait aussi monter encore plus haut, et former la suite de cette sainte institution qui remplit les trois premiers siècles ; mais, à dire la vérité, cet enchaînement est imaginaire ; l'histoire ne nous apprend rien de cette continuation, elle n'est appuyée que sur des conjectures. A quoi il faut ajouter que ces solitaires écartés des trois premiers siècles, n'ont point formé de disciples, n'ont point ouvert d'écoles, n'ont dressé aucune règle, n'ont pu se distinguer par aucune sorte d'habits, n'ont point formé de corps différent du clergé et des laïques : ce qu'on ne peut pas opposer à saint Antoine et à ses imitateurs. » (*Discipl. de l'Eglise*, part. I, *liv.* I, *ch.* 46).

En effet, à l'exemple des monastères de saint Antoine en Egypte, on vit s'en former d'autres dans le même pays et ailleurs. Saint Pacôme fonda les fameux monastères de Tabenne, et les gouverna par la règle qu'un ange lui avait dictée. Saint Hilarion, disciple de saint Antoine, établit en Palestine des monastères à peu près semblables, et cet institut se répandit bientôt dans toute la Syrie. Saint Basile fonda des monastères dans le Pont et la Cappadoce, et leur donna une règle qui contient tous les principes de la morale chrétienne.

Le grand fondateur des ordres monastiques est donc saint Basile ; il a mis à cette tâche sa grande âme et son brillant génie. Avant lui, on avait pratiqué la vie ascétique ; lui, en a donné les règles, il a fait marcher de front la théorie et la pratique ; il a réduit en méthode ce qu'il avait vu pratiquer en Syrie et en Egypte ; il a donné la raison des vertus et des exercices ascétiques, et, cette raison, il l'a puisée dans l'exposition des Ecritures, dans l'explication de la nature humaine.

Ainsi fondés sur une règle commune, les monastères devinrent un des plus beaux ornements de l'Eglise ; ils répandirent chacun dans une large circonférence, le vif éclat des plus sublimes vertus ; ils attirèrent les regards et l'admiration de tous les peuples, et se multiplièrent ensuite, comme on le voit dans le paragraphe suivant, avec une rapidité prodigieuse.

§ 2. *Progrès et histoire de la vie monastique.*

Du Pont et de la Cappadoce où saint Basile avait établi des monastères, la vie monastique s'étendit dans toutes les parties de l'Orient, en Ethiopie, en Perse, et jusque dans les Indes. Les monastères prirent un développement proportionné à leur multiplication. Mais tous les *moines* de ces monastères étaient encore laïques. Saint Jérôme nous apprend qu'ils vivaient trente ou quarante ensemble en chaque maison, et que trente ou quarante de ces maisons composaient un monastère, dont chacun, par conséquent, comprenait depuis douze cents jusqu'à seize cents *moines*. Ils dépendaient entièrement des évêques, et s'assemblaient tous les dimanches dans un oratoire commun, où souvent le prêtre était étranger. Chaque monastère avait un abbé pour le gouverner ; chaque maison un supérieur, un prévôt, et chaque dixaine de *moines* un doyen. Dans la première origine, tous les monastères reconnaissaient un seul chef, avec lequel ils s'assemblaient pour célébrer la pâque, quelquefois jusqu'au nombre de cinquante mille, et cela des seuls monastères de Tabenne, outre lesquels il y avait encore en d'autres parties de l'Egypte, ceux de Scété, d'Oxirinque, de Nitrie, etc. Ces *moines* égyptiens ont été regardés comme les plus parfaits, et les originaux de tous les autres.

On a demandé si, dans les premiers temps, il y avait des engagements perpétuels. Certains ont prétendu qu'il n'en existait pas, qu'on sortait et qu'on rentrait à volonté. Cette réponse, dans sa généralité, est inexacte ; elle a besoin d'explications et de restrictions. On n'était point attaché au monastère par un lien indissoluble. Saint Basile le suppose évidemment lorsque, dans l'article 33 de ses *Constitutions monastiques*, il prescrit de renvoyer ceux qui, après plusieurs avertissements, ne se corrigent pas, et défend de recevoir dans une autre communauté les *moines* chassés ou déserteurs. On pouvait donc renvoyer les *moines*, et ils pouvaient se retirer volontairement ; mais lorsqu'ils étaient sortis, ils n'étaient plus reçus qu'à la condition de se soumettre à la pénitence, et de donner des signes évidents de vocation, en passant par différentes épreuves (Thomassin, *tom*. II, *pag*. 30). Si donc il n'y avait pas de vœu de clôture et d'obéissance, on ne peut pas dire qu'il n'y avait aucune espèce d'engagement ; on n'était admis que sur la promesse de persévérer. De là, nous voyons saint Basile écrire à un *moine* relaps, et lui reprocher d'avoir violé le pacte fait avec Dieu devant plusieurs témoins (*Idem., tom.* III, *pag*. 188). Expressions qui semblent même indiquer plus qu'une promesse ordinaire, et qui donneraient à supposer que plusieurs du moins faisaient à prononcer des vœux. Saint Chrysostome emploie toute son éloquence à ramener Théodose de Mopsueste, qui avait renoncé à la vie monastique. Il en faut dire autant des religieuses (*Idem., tom.* II, *pag.* 30). Ajoutons qu'on faisait vœu de chasteté, et qu'il fallait ensuite dispense pour contracter un mariage ; d'où l'expression d'adultère que les Pères appliquent aux vierges qui se marient après avoir renoncé à la vie monastique. Quant à la contrainte de la loi civile qui viendra plus tard en Occident s'adjoindre au vœu, elle n'a jamais existé en Orient.

Saint Athanase ayant écrit la vie de saint Antoine, la fit connaître à Rome lorsqu'il y vint lui-même. Saint Jérôme y retourna aussi quelque temps après, et ce fut par cette voie que la vie monastique s'introduisit dans l'Occident ; elle y fut d'abord un scandale et une dérision pour les gens du monde ; mais Dieu la fit triompher de cet obstacle. On vit bientôt toutes les îles de la mer de Toscane remplies de *moines* et de monastères. Saint Martin en forma un à Milan, d'où ayant été chassé par la persécution des Ariens, il se retira dans l'île Gallinaire, et de là en France, où il bâtit d'abord un second monastère près de Poitiers ; et depuis, étant évêque de Tours, le fameux monastère de Marmoutier, à deux milles de la ville. C'est ce monastère qui passait pour être le père de tous les autres monastères de France, contre l'opinion cependant de plusieurs qui donnent cette gloire au monastère de Lérins, d'où furent tirés tant de saints évêques de France. Mais saint Honoré, dit le père Thomassin, qui fut depuis évêque d'Arles, ayant été fondateur de ce dernier monastère, il paraît que les monastères de saint Martin étaient plus anciens d'environ cinquante ans. C'est aux historiens à discuter ce point. L'auteur que nous venons de citer ne veut pas convenir que saint Augustin ait donné lui-même cours à la vie monastique dans l'Afrique. Ce saint docteur, dit-il, opposant aux vertus fausses et affectées des Manichéens, la piété sincère et la perfection achevée des solitaires de l'Eglise catholique, il ne propose que ceux de l'Egypte et de l'Orient. Si cette sainte institution eût eu cours dans l'Afrique, lorsqu'il écrivait ce livre, il n'eût pas été chercher si loin de quoi repousser ces ennemis de la vérité. Toutefois, Possidius dit que saint Augustin laissa en mourant un grand nombre de monastères de l'un et de l'autre sexe.

Il y avait près de deux cents ans que la vie monastique était en vigueur quand saint Benoît, après avoir longtemps vécu en solitude avec des *moines*, écrivit sa règle pour le monastère qu'il avait fondé au mont Cassin entre Rome et Naples. Il la fit plus douce que celle des orientaux. Elle fut trouvée si sage, qu'elle fut volontairement embrassée par la plupart des *moines* d'Occident, sans en excepter la France. L'apôtre de l'Angleterre, Augustin, fonda dans ce pays plusieurs monastères, et l'on ne peut pas douter qu'il n'y ait porté la règle de saint Benoît.

Après tous ces différents établissements, vinrent les Lombards en Italie, et les Sarrasins en Espagne, qui désolèrent les monastères ; les guerres civiles qui affligèrent la France sur la fin de la première race, causèrent aussi un grand relâchement. On commença de piller les monastères qui devenaient riches par les donations que la vertu des *moines* attirait, et que leur travail augmentait. La France étant rétablie sous Charlemagne, la discipline se rétablit aussi sous sa protection, par les soins de saint Benoît d'Aniane, à qui Louis le Pieux donna ensuite autorité sur tous les monastères. Cet abbé fit une concorde de toutes les règles précédentes avec celle de saint Benoît ; et ce fut lui qui donna les instructions sur lesquelles on dressa, l'an 817, le grand règlement d'Aix-la-Chapelle, inséré en soixante-dix chapitres dans les capitulaires de nos rois, et qu'on devait observer aussi exactement que la règle même de saint Benoît. Mais il resta beaucoup de relâchement ; le travail des mains fut méprisé sous prétexte d'étude et d'oraison ; les abbés devinrent bientôt des seigneurs, ayant des vassaux, et étant admis aux parlements avec les évêques, avec lesquels ils commençaient à vouloir aller de pair (*Voyez* ABBÉ). Rien ne prouve mieux le dérangement de la vie et de la discipline monastique en ce temps là, que ce qui est dit des abbayes sous le mot COMMENDE. Les courses des Normands achevèrent en suite de tout ruiner ; les *moines* qui pouvaient échapper, quittaient l'habit, revenaient chez leurs parents, prenaient les armes, ou faisaient quelque profit pour vivre. Les monastères qui restaient sur pied, étaient occupés par des *moines* ignorants souvent jusqu'à ne savoir pas lire leur règle, et gouvernés par des supérieurs étrangers ou intrus (Thomassin, *part*. III, *liv*. I, *ch*. 33).

Dieu suscita dans ces temps de misère saint Odon, qui commença de relever la discipline monastique dans la maison de Cluny, fondée par les soins de l'abbé Bernon en 910. Il suivit la règle de saint Benoît avec quelque modification, et prit l'habit noir. Sa réforme fut embrassée par un grand nombre de religieux. On fonda plusieurs monastères pour ces nouveaux *moines*, et on en envoya dans d'autres anciens qu'ils réformèrent, et qu'ils mirent sous la dépendance de l'abbé de Cluny. Le célèbre monastère de Luxeuil fut de ce nombre.

La maison de Cluny fut mise par le titre de la fondation sous la protection particulière de saint Pierre et du pape, avec défense à toutes les puissances séculières et ecclésiastiques de troubler les *moines* dans la possession de leurs biens, ni dans l'élection de leur abbé, qu'on voulut au reste appeler abbé des abbés, au préjudice du mont Cassin, à qui ce titre était plus légitimement dû. Ceux de Cluny se prétendirent donc exempts de la juridiction des évêques, et étendirent ce privilège à tous les monastères qui en dépendaient. C'est la première congrégation de plusieurs maisons unies, sous un chef immédiatement soumis au pape, pour ne faire qu'un corps ou ordre religieux. Auparavant, quoique tous les *moines* suivissent la règle de saint Benoît, chaque abbaye était indépendante de l'autre, et soumise à son évêque (*Voyez* ABBÉ).

La discipline s'affaiblit en l'ordre de Cluny à mesure qu'il s'étendit ; il fallut disperser les meilleurs sujets pour faire de nouveaux établissements, et avant deux cents ans il se trouva fort relâché ; mais la vie monastique reprit un nouveau lustre dans la maison de Cîteaux, fondée par saint Robert, abbé de Molesme en 1098. Il suivit la règle de saint Benoît à la lettre, sans aucune addition, rétablissant le travail des mains, le silence plus exact et la solitude, et renonçant à toutes sortes de dispenses et de privilèges. Il prit l'habit blanc, et le nom de *moines blancs* fut principalement donné à ceux de Cîteaux, comme le nom de *moines noirs* à ceux de Cluny. Les monastères qui suivirent l'ordre de Cîteaux, s'unirent ensemble par une constitution de l'an 1119, appelée la carte de charité, qui établit entre eux une espèce d'aristocratie, pour remédier aux inconvénients du gouvernement monarchique de Cluny (*Voyez* CARTE DE CHARITÉ).

On convint donc que les abbés feraient réciproquement des visites les uns chez les autres, et que l'on tiendait tous les ans des chapitres généraux, où tous les abbés seraient tenus d'assister, et dont les règlements seraient observés par tout l'ordre. Ces chapitres généraux se trouvèrent si utiles que tous les ordres religieux les imitèrent, et que l'on en fit même un canon dans le grand concile de Latran.

Les croisades produisirent un nouveau genre de religion inconnu jusqu'alors. Ce furent les ordres militaires dont le plus illustre est celui de Malte (*Voyez* MALTE). On en établit particulièrement en Espagne, à cause des infidèles qui en occupaient une partie. Mais la plupart de ces ordres militaires d'Espagne qui suivaient la règle de saint Benoît, comme celle de saint Augustin, ont été sécularisés et réduits à des confréries de chevaliers, qui sont mariés, et ne laissent pas de jouir des commanderies. A l'égard des ordres de Saint-Michel, du Saint-Esprit, de la Toison d'or, de la Jarretière et tous les autres que les princes ont institués par des dévotions particulières, ce ne sont que de simples confréries.

A l'exemple des chevaliers de Malte que l'hospitalité a produits, il y a eu plusieurs ordres de religieux hospitaliers destinés, ou à servir, ou à loger les pèlerins, sous la règle de saint Augustin ; mais les plus célèbres de tous les religieux sont les mendiants. Saint Dominique, chanoine d'Osma en Castille, ayant suivi son évêque en un voyage, s'arrêta en Languedoc à travailler à la conversion des Albigeois. En 1206, il assembla quelques prêtres auxquels il produisit de grands fruits de salut ; et l'an 1216 il obtint du pape Honorius III un privilège pour le prieuré de saint Romain de Toulouse en faveur des clercs qui y vivaient sous sa conduite, suivant la règle de saint Augustin qu'il avait déjà embrassée comme chanoine. On les nomma les frères prêcheurs ; et comme dans un chapitre général tenu l'an 1220, ils renoncèrent à tous biens, on les mit dans la suite au rang des religieux mendiants dont ils formèrent le premier ordre.

En même temps saint François, fils d'un marchand d'Assise, commença de mener une vie extrêmement pauvre et pénitente ; il assembla quelques compagnons, les uns clercs, les autres laïques, exhortant tout le monde à la pénitence plus encore par ses exemples que par ses discours. Il avait peu de lettres, et ne voulut jamais être ordonné prêtre, se contentant de rester diacre. Il travaillait, et recommandait à ses frères le travail des mains, voulant toutefois qu'ils n'eussent point honte de mendier au besoin : il les nomma les frères mineurs, comme moindres que les autres et leur donna une règle particulière qui fut confirmée par le pape Honorius III en 1223, et fut embrassée en même temps par saint e

Claire de la même ville d'Assise. Cet ordre de filles fut nommé le second ordre de saint François, et le tiers ordre comprenait des hommes et des femmes, vivant dans le monde, même dans le mariage, qui s'obligeaient par vœu à une vie véritablement chrétienne, et à l'observation de la règle de saint François autant que leur état le permettait.

Dès le commencement du même siècle, Albert, patriarche de Jérusalem, avait donné une règle à des ermites qui vivaient sur le mont Carmel dans une grande austérité. Il en vint en Europe, et leur règle fut confirmée en 1226. Saint Louis en amena à Paris en 1254; on les nomme carmes.

Ce fut aussi dans le même temps que le pape Alexandre IV unit en un seul ordre plusieurs congrégations d'ermites de différents noms et de différentes institutions, sous le nom d'ermites de saint Augustin.

Voilà l'origine des quatre principaux ordres mendiants, appelés tels, parce que les religieux qui les composaient faisaient profession de ne point posséder de biens, même en commun, et de ne subsister que des aumônes journalières des fidèles. Mais cette désappropriation ne se soutint exactement que dans certaines congrégations de l'ordre de saint François, parce que la règle de ce saint fondateur porte toute sur la pauvreté, et que posséder des biens en la professant, c'est la détruire ou la déshonorer.

Dans le commencement du seizième siècle, il s'éleva des congrégations de clercs pour la réformation des mœurs et de la discipline, et pour s'opposer aux nouvelles hérésies; tels sont les théatins, les jésuites, les oratoriens, les doctrinaires et les prêtres même de la mission et autres, dont nous parlons sous le nom de chacune de ces congrégations. En sorte que, suivant ce que nous venons de dire, on peut rapporter les différents ordres de religieux à cinq genres; moines, chanoines, chevaliers, frères mendiants et clercs réguliers.

1° A l'égard des moines, leur état est aujourd'hui bien différent de ce qu'il était autrefois. Nous avons dit que dans l'origine des monastères, les *moines* étaient tous laïques, et que des prêtres étrangers venaient dans leurs oratoires leur administrer les sacrements, et s'acquitter des autres fonctions ecclésiastiques. En plusieurs endroits ils allaient à l'église de la paroisse. Si un clerc se faisait *moine*, il cessait de servir l'Eglise en public : et si un *moine* était fait clerc, on le tirait du monastère et on l'obligeait à venir servir l'Eglise. Le devoir d'un *moine*, dit saint Jérôme, n'est point d'enseigner, mais de pleurer ses péchés et ceux des autres (*Can. Monachus*, 16, qu. 1). Toutefois, l'usage d'envoyer des prêtres aux monastères, ne dura pas longtemps; on permit bientôt aux *moines* d'avoir entre eux quelques prêtres ou quelques clercs pour dire la messe dans leurs propres chapelles, ce qui les dispensait, ou de venir aux églises paroissiales, ou de demander des ministres aux évêques. On s'accoutuma aussi, dit Fleury, à prendre entre les *moines*, ceux que l'on voulait ordonner clercs, parce que l'on ne trouvait point ailleurs de chrétiens si parfaits; et l'on trouva dans la suite le moyen d'allier la vie contemplative avec la vie active par les communautés des chanoines, sans pourtant confondre les moines avec les ecclésiastiques; quoique dès le huitième siècle les uns et les autres fussent déjà compris sous le terme de clergé. Depuis le onzième siècle on n'a plus compté pour *moines* que les clercs, c'est-à-dire ceux qui étaient destinés au chœur, et instruits du chant et de la langue latine, qui depuis longtemps n'était point vulgaire. Enfin, le concile général de Vienne, tenu l'an 1311 ordonna à tous les *moines* de se faire promouvoir à tous les ordres sacrés. Quant à ceux qui n'ayant point de lettres, n'étaient capables que du travail des mains et des bas offices, quoiqu'on les reçût à la profession monastique, on ne leur donna, ni voix au chapitre, ni entrée au chœur, et on les nomma frères lais ou convers, comme qui dirait laïque converti. (*Voyez* CONVERS; LAIQUE.)

Il faut remarquer que par le mot de *moine*, le concile de Vienne comprend, suivant la façon de parler de ce temps-là, tous les religieux en général; nous ne l'entendons ici que dans la signification des religieux bénédictins.

Dès le temps de la fondation de Cluny et de Cîteaux, les *moines* prêchaient souvent, et ils faisaient toutes les fonctions ecclésiastiques; il n'en faut pas d'autres preuves que l'exemple de saint Bernard; mais alors, comme anciennement, ils étaient ou devaient être toujours dans la dépendance des évêques (*Mémoires du clergé*, tom. VI, pag. 991 et suiv., pag. 1637.—Thomassin, *part. I, liv. I*, chap. 47).

Nous disons que les *moines* devaient être alors, comme anciennement, sous la dépendance de l'évêque, parce que depuis la réunion des monastères en corps de congrégation, sous l'autorité de l'abbé de Cluny, on vit s'introduire l'usage de ces priviléges, par le moyen desquels les *moines* se sont prétendus exempts, non-seulement de la juridiction de l'ordinaire, dans leur gouvernement monastique, mais aussi dans l'administration des cures, que l'ignorance du clergé et d'autres circonstances leur avaient fait confier. Mais actuellement, il n'y a plus de ces sortes d'exemptions (*Voyez* EXEMPTION).

Vers le quatorzième siècle, tous les *moines*, même ceux de Cîteaux, tombèrent de nouveau dans un grand relâchement. Les abbés vivaient en grands seigneurs comme les autres prélats, et leur exemple fut bientôt imité par les officiers des monastères; de là sont venus les offices claustraux ou bénéfices réguliers. Ces désordres que l'on voyait principalement dans les monastères exempts, qui n'étaient d'aucun ordre particulier, firent réclamer l'exécution du règlement du concile de Latran, touchant les réformes, et il se forma, en conséquence, quelques congrégations en divers pays. Mais le mal était trop enraciné pour être sitôt guéri; le relâchement demeura ou se renouvela dans la plupart des maisons de *moines*; de sorte qu'à l'époque de leur suppression en France, en 1789, il en était plusieurs dans lesquelles on ne reconnaissait aucune trace de l'esprit monastique. Mais il est juste de dire aussi que quelques-unes, en très-petit nombre, à la vérité, avaient conservé leur ancienne régularité.

2° Les chanoines réguliers de saint Augustin, sous les différents noms que portent leurs congrégations, se sentirent du relâchement de la discipline, comme les *moines*, et peut-être davantage. Les règlements que l'on fit pour la réforme des premiers, les concernaient aussi, et depuis longtemps, les chapitres des cathédrales n'étaient plus composés que de chanoines séculiers: on ne connaissait donc, depuis environ le treizième siècle, pour chanoines réguliers, que ceux qui vivaient en communauté et dans les liens des vœux ordinaires de religion, sous la règle de saint Augustin. On comptait de ce nom, en France, les chanoines de Saint-Victor, de Prémontré, de Sainte-Geneviève, etc.

3° Les ordres de chevalerie, dans lesquels les chevaliers ne sont pas engagés par les vœux solennels de religion, ne sont regardés que comme des confréries distinguées de toutes les autres, par le rang et la qualité des personnes qui y sont associées. Parmi ces différents ordres, on distingue particulièrement celui de Malte (*Voyez* MALTE).

En France, l'ordre du Saint-Esprit est le plus illustre de tous ceux qui ont été institués dans le royaume. Le but du roi Henri III, dans cette institution, ne fut pas seulement de donner une marque de distinction aux seigneurs de sa cour, qui la mériteraient par leur vertu et leur naissance, mais encore de s'attacher plus particulièrement la noblesse de France, et de prouver son attachement à la religion catholique, afin d'empêcher les entreprises de la ligue. Par les statuts de l'ordre, il faut être catholique, entendre, autant que l'on peut, la messe tous les jours, s'approcher au moins deux fois l'année des sacrements de la pénitence et de l'eucharistie, dire un chapelet d'une dizaine par jour, et prier Dieu pour les commandeurs morts. Le roi est chef et grand maître de cet ordre; il en nomme tous les chevaliers. Les trois fêtes de l'ordre sont la Circoncision, la Chandeleur et la Pentecôte, jours auxquels le roi, revêtu du grand collier, est précédé, quand il va entendre la messe, des chevaliers et des grands officiers de l'ordre. Mais, depuis la révolution de 1830, cet ordre est tombé en désuétude.

4° Les quatre différents ordres mendiants dont nous avons parlé ci-dessus, ne furent pas exempts de la contagion. Fleury remarque que leur prodigieuse multiplication, le commerce continuel de ces religieux avec le monde, où ils n'étaient pas cependant si déplacés que les *moines*, dans les fonctions ecclésiastiques, et les subtilités de la scolastique, à laquelle ils s'appliquaient fortement, les firent relâcher en peu de temps, et ils obtinrent des papes plusieurs interprétations de leur règle, et plusieurs dispenses. Il est vrai qu'ils se relevèrent bientôt. Deux cents ans après saint François, saint Bernardin de Sienne rétablit une observance plus étroite, rejetant toutes les dispenses. De là vient la distinction des frères mineurs, en observantins et en conventuels. Dans le même temps, sœur Colette de Corbie réforma en France les filles de sainte Claire.

Vers la fin du même siècle quinzième, commença en Espagne une autre réforme, qui fut approuvée par le pape Innocent VIII. On appela ces franciscains récollets, *regogidos*, c'est-à-dire, en espagnol, réformés. Sous Clément VII, en 1525, Matthieu Baschi, frère mineur de l'observance, commença dans la Marche d'Ancône, une autre réforme, la plus exacte de toutes pour la pratique de la pauvreté. On les nomma capucins, à cause du capuce long et pointu qui les distingue. Au commencement du dix-septième siècle, il s'est fait aussi une réforme de pénitents du tiers ordre de saint François, qui ont formé une congrégation française de religieux assez semblables aux capucins. Chacun des autres ordres mendiants comprend aussi plusieurs réformes.

Les carmes avaient obtenu d'Eugène IV, en 1432, une relaxation de leur règle, qui a fait nommer mitigés ceux qui s'y sont tenus. Sainte Thérèse, qui était de cet ordre, commença à introduire parmi les filles une réforme très-exacte à Avila, en Castille, en 1568, et elle excita Jean de la Croix, et Antoine de Jésus, à faire la même réforme des hommes. De là sont venus en France les carmes déchaussés et les carmélites, au commencement du dix-septième siècle.

5° Enfin les clercs réduits en congrégations, sont ou réguliers ou séculiers. Comme l'état de ces clercs est différent de celui des *moines* ou religieux proprement dits, nous en parlons sous les noms qu'ils portent dans le cours de cet ouvrage.

Reste à dire quelque chose de ces demi-solitaires qui habitaient, pour la plupart, au voisinage des villes, et qu'on appelle communément *ermites*. Autrefois on appelait de ce nom tous les solitaires qui s'étaient retirés dans les déserts, soit pour se mettre à l'abri des persécutions, soit pour mieux vaquer à la contemplation, et se débarrasser des affaires du monde. Mais on distinguait aussi plusieurs sortes d'ermites ou de solitaires; les uns vivaient seuls dans des déserts affreux; on les appelait *anachorètes* ou *ascètes*, à cause de leur profonde retraite ou de leurs exercices continuels; d'autres vivaient plusieurs ensemble, soumis à un supérieur; on les appelait *cénobites*; d'autres vivaient deux ou trois ensemble, sans supérieur, et c'étaient les moins fervents; on les appelait *remobotes* ou *sarabaïtes*. Mais les pires de tous étaient ceux qu'on appelait *gyrovagues* ou *moines errants*, parce qu'ils couraient de pays en pays, passant par les monastères, sans s'arrêter en aucun, comme s'ils n'eussent trouvé nulle part, dit Fleury, une vie assez parfaite. On joignait quelquefois, dans les mêmes monastères, des anachorètes et des cénobites. Le bienheureux Gérasime avait fait bâtir un monastère, où il élevait ceux qui voulaient embrasser l'état monastique; proche du monastère, il y avait des laures ou des cellules, dans lesquelles se retiraient ceux qui s'étaient perfectionnés dans les monastères; mais l'abbé conservait toujours sur ces solitaires l'autorité qu'il avait sur eux avant leur retraite.

Autrefois, dans le temps où l'on distinguait tous ces différents solitaires dont nous venons de parler, il ne fallait d'autre disposition, pour être *moine*, que la bonne volonté et un désir sincère de faire pénitence. On recevait dans les monastères des gens de toutes les conditions et de tous les âges, même de jeunes enfants que les parents offraient pour les faire élever dans la piété; les esclaves y étaient reçus comme les libres, pourvu que leurs maîtres y consentissent; les ignorants comme les savants, et plusieurs ne savaient pas lire. On ne regardait ni aux talents de l'esprit, ni à la vigueur du corps, chacun faisait pénitence à proportion de ses forces (Thomassin, *part.* I, *ch.* 46 et 49). La forme de gouvernement qu'introduisirent dans la suite et les règles et les vœux de religion, exclut des monastères ceux qui n'avaient pas les qualités requises pour y être admis. (*Voyez* PROFESSION.)

Voyez, pour ce qui regarde l'état et le gouvernement des *moines*, le mot RELIGIEUX, et ci-dessous MONASTÈRE.

§ 3. *Utilité sociale des institutions monastiques.*

Après avoir expliqué l'origine et la nature des institutions monastiques, nous ne croyons pas sortir de notre sujet en parlant des services rendus par les *moines*. Saint Antoine avait commencé par cultiver un petit coin de terre; saint Basile donna l'exemple de grands défrichements, et saint Grégoire de Nazianze, son ami, nous raconte comment il s'animait dans les travaux rustiques, en s'attelant avec lui à un traîneau. A la fin du quatrième siècle, les *moines* avaient déjà défriché des parties considérables des déserts. Ne sont-ce pas les *moines* qui ont défriché une grande partie des landes de notre France? Ne voyons-nous pas encore nos trappistes à l'œuvre dans l'Algérie et ailleurs? Voilà un premier service rendu à la société générale; en voici un autre : Dans les intervalles de ses prières et de ses méditations, saint Antoine s'était livré à l'étude de l'Ecriture; dans la suite, les *moines*, outre la lecture des saints livres, s'occupèrent à méditer, à copier et à répandre les monuments de l'histoire et de la tradition; les monastères devinrent de savantes écoles de théologie, d'où sortaient de grands évêques et d'illustres docteurs; il en sortait de terribles champions pour combattre les hérésies naissantes; on n'a pas agité dans l'Eglise une question importante qu'ils ne prissent part à la discussion. Un troisième service était l'éducation qu'ils donnaient à la jeunesse. Le grand Chrysostome, homme sans doute bien compétent dans les matières, soit d'instruction, soit d'éducation, proprement dite, établit un parallèle entre l'éducation des écoles des *moines*, et l'éducation, soit de la famille, soit des écoles ordinaires, et il ne craint pas, sous tous les rapports, d'accorder la préférence aux institutions monastiques. Il montre ailleurs des maîtres négligents; ici, des maîtres zélés, assidus et consciencieux; ailleurs, la corruption ravageant la jeunesse; ici, de jeunes hommes, soutenus dans le bien, surveillés avec sollicitude et conservés dans l'innocence; d'un côté, des parents détournés des soins qu'ils doivent à leurs enfants, tantôt par leurs affaires, tantôt par leur indolente indifférence; de l'autre, une application de tous les instants dans la culture de l'esprit et du cœur. Sous ce rapport, les monastères de femmes remplissaient aussi dignement leur difficile et noble tâche. Nous apprenons de saint Jérôme que plusieurs avaient des pensionnats nombreux, dans lesquels les jeunes personnes recevaient l'instruction qui convenait à leur sexe et à leur naissance, en même temps qu'on formait leur caractère et qu'on les exerçait à la piété (Thomassin, *part.* I, *liv.* III, *ch.* 44).

Quant aux ordres religieux de notre temps, ne faut-il pas reconnaître que d'eux sortent presque toutes les œuvres de miséricorde, toutes les œuvres qui supposent une patience héroïque, une charité à toute épreuve. Qui instruit les enfants, qui soigne les infirmes et les malades? Sur qui pèse la réparation des vices, des injustices et des malheurs de la société? Et, pour répéter la belle expression de M. de Chateaubriand, qui a posé partout des vedettes pour expier toutes les douleurs et pour leur porter remède ou soulagement? ce sont partout les congrégations religieuses.

L'ordre des bénédictins, en particulier, a rendu d'immenses services à la société. Les *moines* de cet ordre étaient en même temps des savants et des agriculteurs; ils quittaient la pioche pour prendre la plume; ils défrichaient les landes, desséchaient les marais, fertilisaient les terres et trouvaient encore du temps pour étudier, pour copier et pour enseigner. Quand on parle d'une œuvre scientifique qui demande du temps, du courage et de la patience on a coutume de dire, c'est un œuvre de bénédictin. Ce mot dit beaucoup. Les *moines* bénédictins ont conservé les monuments de la tradition et le dépôt de la littérature ancienne; ils nous ont transmis les trésors de l'antiquité qui, mille fois pour une, auraient péri sans eux dans un temps de guerre et de barbarie.

Le savant et consciencieux Hurter, remarque que l'ordre de saint Benoît a donné à l'Eglise, quarante papes, deux cents cardinaux, cinquante patriarches, seize cents archevêques, quatre mille six cents évêques et trois mille six cents religieux inscrits au catalogue des saints.

§ 4. MOINES, *habits*.

Il y avait dans les habits des anciens *moines* une grande variété, soit pour la couleur, soit pour la matière et la forme. En Orient, ils étaient plus communément de lin et de peaux; en Occident, de laine et de fourrure; dans les pays chauds, plus légers; dans les pays froids, plus pesants et plus forts. Saint Antoine, saint Pacôme, et leurs disciples portaient l'habit blanc. Les religieux de saint Basile portaient le noir. Saint Cutbert, fondateur de l'abbaye de Lindisfarn, portait, aussi bien que les religieux, des habits de la couleur naturelle des laines, sans aucune teinture. Quelques-uns portaient le noir et le blanc, d'autres le gris, d'autres le brun ou le tanné, etc. (Bocquillot, *Liturg. sacr.*, *pag.* 133) (*Voyez* HABITS, § 3.)

MOIS.

Le *mois* est environ la douzième partie de l'année. Il y a des *mois* solaires et des *mois* lunaires. Les *mois* solaires ont tous 30 ou 31 jours excepté le *mois* de février qui n'a que 28 jours dans les années communes et 29 dans les années bissextiles.

Il y a deux sortes de *mois* lunaires, l'un périodique, et l'autre synodique. Le *mois* périodique est le temps que la lune emploie à parcourir d'Occident en Orient les douze signes du Zodiaque, sa durée est de 27 jours, 7 heures 43 minutes.

Le *mois* synodique est le temps qu'il y a depuis une nouvelle lune jusqu'à la lune suivante. Ce temps est de 29 jours, 12 heures et environ 44 minutes. Dans l'usage civil, on néglige pendant un temps ces minutes, et on fait les mois synodiques alternativement de 30 et de 29 jours; les premiers se nomment *pleins* et les seconds *caves*.

Régulièrement un *mois* est censé de 30 jours, s'il n'est désigné expressément de 31, ou du mois de février (*L. Si maritus*, § *Hæc in maritis*, *ff. ad leg. Jul. de adult.*). L'on voit sous le mot CALENDRIER, comment les Romains divisaient les *mois* par Ides, Nones et Calendes pour compter les jours de l'année. Sous le mot ALTERNATIVE, l'on voit aussi quels sont les *mois* de l'ordinaire et ceux du pape pour la collation des bénéfices dans les pays où les réserves ont lieu. Chaque *mois* apostolique commence et finit à minuit.

MONASTÈRE.

On donne le nom de *monastère* à une maison occupée par une communauté de moines. *Monasterium a monachis*.

§ 1. *Origine et établissement des* MONASTÈRES.

Nous n'avons pas beaucoup à nous étendre sur l'origine des *monastères*, après ce que nous avons dit ci-dessus de l'origine des moines. La multiplication de ceux-ci fait juger de la prodigieuse multiplication des lieux qu'ils habitaient. De l'aveu de tous les historiens, saint Antoine est le premier auteur de la vie commune des moines, et par conséquent des *monastères*. Son exemple fut imité par d'autres saints fondateurs, et rien n'est si merveilleux à lire dans l'histoire que le nombre des établissements que produisaient autrefois la ferveur et le goût des fidèles pour la vie solitaire. Les évêques édifiés des vertus de ces premiers moines, leur laissaient suivre l'esprit de Dieu qui les animait, sans rien perdre des droits de leur juridiction sur eux; ils voyaient avec plaisir se former dans leurs diocèses des *monastères*, où sans acception de personnes, la vertu trouvait toujours un asile assuré. C'étaient les fondements d'un nouvel état parmi les chrétiens, où l'Eglise semblait devoir toujours puiser ses consolations et ses forces. En effet, rien de si beau que le monachisme dans son enfance. Les réformateurs que Dieu a suscités dans les différents siècles de relâchement, ne l'ont envisagé que sous ces premiers traits et par les sages règlements, moins que par ces hommes apostoliques; on a toujours vu et l'on voit encore sur la terre au milieu des abus et des vices qui ne finiront qu'avec l'humanité, un grand nombre de *monastères* où les religieux joignent à la régularité et à la pénitence d'une vie qui nous édifie, une science et des lumières qui nous éclairent.

Nous avons dit que les évêques favorisaient les établissements des religieux, sans rien perdre de leur juridiction. Cela se prouve par le canon 4 du concile de Calcédoine, et par le canon 2 du cinquième concile d'Arles, c'est-à-dire que suivant ces canons, les moines ne pouvaient s'établir dans les villes ni dans les campagnes sans le consentement de l'évêque; ils devaient même rester toujours sous la juridiction de l'évêque sous peine d'excommunication (*can.* 8, *conc. de Cal.*). Leurs *monastères* ne devaient en un mot porter aucun préjudice, non-seulement aux droits des évêques, mais même à ceux des curés et des paroisses. C'est pourquoi il leur était défendu d'admettre les laïques à leurs offices; ils pouvaient dire des messes privées ou enterrer leurs morts dans leurs *monastères*, mais il ne leur était pas permis d'y enterrer les étrangers ni d'assembler les peuples pour assister à leurs offices (*Mém. du clergé*, *t.* VI, p. 1166 et suiv.).

Le consentement de l'évêque diocésain pour l'établissement d'un nouveau *monastère* a toujours été expressément recommandé depuis le concile de Calcédoine, où il est dit : *Placuit nullum quidem usquam ædificare aut construere monasterium, vel oratorii domum præter conscientiam episcopi*. On cite un décret de Charlemagne de l'an 789, un canon du concile d'Agde inséré dans le décret, canon 12, 18, *qu.* 2, le chapitre *Nemo dist.* 1 *de consecrat.*, le chapitre 3, *de relig. domib.*, le décret du concile de Trente rapporté sous le mot ACQUISITION, les conciles provinciaux de Rouen en 1581, de Reims en 1583, de

Bordeaux en 1584, et enfin les plus nouvelles constitutions des papes Alexandre IV, Clément VIII, Grégoire XV et Urbain VIII. On cite encore les novelles de Justinien 67, *cap.* 2; 131, *cap.* 7.

Le canon 17 du concile cité de Bordeaux s'exprime ainsi touchant ce consentement : *Monasterium autem, ecclesiæ, conventus aut collegia ædificari non possunt, nec ulla congregatio sæcularis aut regularis in quibuscumque diœcesis locis instituatur et formetur sine licentia et expresso consensu episcopi.*

Le canon 12, 18, *qu.* 2, dit : *Monasterium novum, nisi episcopo permittente aut probante nullus incipere aut fundare præsumat.* Sur quoi la glose dit : *Si ergo totum monasterium sit destructum, requiritur consensus episcopi in constructione, sed in reparatione non requiritur.*

Après le consentement de l'évêque on doit requérir celui de tous les intéressés au nouvel établissement. Ces intéressés sont, suivant le droit canon, les curés et les titulaires des autres églises : *Nulla ecclesia in præjudicium alterius est construenda (cap. Intelleximus de nov. oper. ment.).* Clément VIII, en la bulle *Quoniam ad institutam* n'a permis aux religieux de s'établir en un lieu, *nisi vocatis et auditis aliorum in eisdem civitatibus et locis existentium conventuum prioribus seu procuratoribus, et aliis interesse habentibus.* Il veut qu'il soit vérifié si les nouveaux couvents qu'on veut établir peuvent se soutenir sans faire tort à d'autres : *Sine aliorum detrimento sustentari.*

Grégoire XV, en sa bulle *Cum alias* 31, étend cet intérêt et ce consentement jusqu'aux religieux qui demeurent aux environs : *Sed etiam in aliis per quatuor millia passuum circumvicinis locis, ad id vocati et auditi fuerint ac tali erectioni consenserint.* Il veut de plus qu'il y ait de quoi nourrir douze religieux dans le nouvel établissement. Enfin Urbain VIII veut encore, par sa bulle de 1624, que l'établissement soit nul et comme tel révoqué et cassé : *Si quicumque interesse habentes seu habere prætendentes, ad hoc vocati et auditi non fuerint seu consenserint.*

§ 2. MONASTÈRES *de femmes.*

Nous ne pouvons nous dispenser de parler d'une manière toute particulière des *monastères* de femmes.

Il y a dans la nature de la femme quelque chose de plus intime que celle de l'homme, il y a une profondeur de sentiments, il y a des mystères de sensibilité d'où sortent des prodiges de courage, de dévouement, de sacrifices dont la source inépuisable reste inconnue; son cœur est plus tendre et plus aimant que celui de l'homme, sa piété est plus affectueuse, ses contemplations plus vives, ses résolutions plus soudaines, ses vertus plus ineffables et plus célestes, elle est naturellement plus voisine de la perfection monastique, et elle en supporte plus facilement les rigueurs, surtout les rigueurs morales. La vie érémitique offre trop de dangers pour les femmes, aussi les exemples que nous en donne l'histoire ecclésiastique sont-ils rares et vraiment exceptionnels ; la vie religieuse commença pour elles avec les *monastères* ; mais dès que les *monastères* parurent, elles ne se firent pas attendre; les *monastères* d'hommes et les *monastères* de femmes sont de la même époque. Nous apprenons de saint Athanase que la sœur de saint Antoine, déjà avancée en âge, vint trouver son frère, dans la solitude, pour embrasser le même genre de vie que lui. Elle avait déjà réuni plusieurs vierges qui vivaient sous sa conduite, saint Antoine fut rempli de joie en apprenant qu'elle avait conservé sa virginité et qu'elle protégeait celle de plusieurs compagnes. Saint Pacôme, imitateur, et selon quelques-uns disciple de saint Antoine, construisit au delà du Nil, pour elle et pour sa propre sœur, un *monastère* peu éloigné du sien. Là se réunirent de saintes femmes qui pratiquèrent les mêmes vertus et se livrèrent aux mêmes austérités, cherchant en tout l'accomplissement des conseils évangéliques dans un haut degré de perfection. Quatre cents vierges furent bientôt réunies dans ce *monastère*, et suivant le modèle de celui-ci, plusieurs autres se formèrent rapidement (Thomassin, *part.* 1, *liv.* III, *ch.* 44. — Fleury, *Hist. tom.* V, *pag.* 26).

L'établissement des *monastères* de femmes reçut une grande impulsion de l'exemple que donnèrent deux femmes d'une naissance illustre, sainte Euphrasie et sainte Macrine. Euphrasie était mariée au sénateur Antigone, gouverneur de la Lycie ; tous deux appartenaient à la famille impériale et jouissaient d'une grande considération, d'abord par leurs richesses, par leur naissance et par leur haute position, mais autant ensuite par leur mérite personnel, par leur piété, par leurs immenses largesses envers les malheureux et par leur zèle à encourager toutes les œuvres de charité en s'y associant. Antigone, enlevé par une mort prématurée, laissa une fille nommée Euphrasie comme sa mère. Celle-ci fatiguée des obsessions dont on la poursuivait, pour la faire consentir à un second mariage qui lui répugnait, quitta tout à coup son pays et se retira en Égypte, bientôt dans la haute Thébaïde, où elle avait une terre. Là, elle s'adonna à la vie ascétique, et se mit en rapport avec les saintes femmes d'un *monastère* voisin, où se pratiquaient les plus grandes austérités. « On n'y mangeait point de viande, on ne buvait point de vin, on s'interdisait même l'usage des fruits. On n'y voyait d'autres lits que des cilices étendus sur la terre; plusieurs passaient deux ou trois jours sans manger : la clôture était complète, et nulle ne sortait du monastère » (Fleury, tom. V, pag. 26). Frappée de leur pauvreté, Euphrasie leur offrit des secours, elles l'en remercièrent, en répondant qu'il ne leur manquait rien. Elle y conduisit un jour sa jeune fille : celle-ci, comme entraînée par une divine inspiration, résolut de se consacrer à Dieu, et obtint le consentement de sa mère. Son biographe parle d'un crucifix devant lequel elle prononça son vœu. Cette jeune et délicate fille ne se laissa point effrayer par les austérités qu'on pratiquait dans le *monastère*, elle-même en devint le modèle ; elle marcha d'un pas ferme dans la voie difficile où elle était entrée; et se trouva heureuse à la mort de sa mère de renouveler au monde son dernier adieu en distribuant aux pauvres tous les biens dont elle hérita. Cet exemple, en particulier, produisit un tel effet que dans l'Égypte seulement le nombre des religieuses s'élevait vers la fin du quatrième siècle, à plus de 20,000 et celui des religieux jusqu'à 76,000 (*Fleury, Hist. ecclés.* tom. V, pag. 28. — *Histoire monastique d'Orient, pag.* 105).

L'autre femme, dont l'exemple répandit son influence dans une autre partie de l'Orient, fut sainte Macrine, sœur de saint Basile. C'était une femme d'un mérite fort distingué : le fonds naturel que lui avait départi le Créateur avait été cultivé par une éducation peu ordinaire ; l'aînée d'une nombreuse famille, elle en avait pris le gouvernement, était devenue le guide et en quelque sorte l'institutrice de ses frères, surtout de Pierre, le dixième enfant de la famille, et le plus jeune de ses frères ; elle l'avait élevé et l'avait conduit jusqu'à l'épiscopat. C'est elle qui avait combattu l'orgueilleuse présomption qu'à son retour d'Athènes son frère Basile avait conçue de lui-même et de son éloquence. Elle lui avait inspiré le mépris de la gloire humaine et lui avait donné les premières leçons d'une philosophie plus sublime que celle qu'il avait apprise dans l'école; elle avait, en un mot, été le promoteur de sa conversion.

Lorsque toute la famille fut placée et put se passer de ses soins, elle se retira avec sa mère dans une propriété qu'elles possédaient au milieu des déserts du Pont; elle y construisit un *monastère* dont saint Grégoire de Nysse, un autre de ses frères a décrit la règle en ces termes : « Elles vivaient toutes dans une parfaite égalité, sans distinction de dignité ou de rang : même table, lits pareils, toutes choses communes entre elles : leurs délices étaient l'abstinence ; leur gloire d'être inconnues ; leur richesse la pauvreté et le mépris de tous les biens matériels et sensibles ; toute leur occupation était la méditation des choses divines, la prière, la psalmodie nuit et jour, le travail était leur repos : elles s'avançaient dans la perfection de jour en jour. » A la mort de sa mère, sainte Macrine, comme sainte Euphrasie, distribua aux pauvres le prix de tous ses biens, afin de se réduire à la condition commune et naturelle, celle de vivre de son travail (Fleury, *Hist.* tom. III, pag. 541).

Les *monastères* de femmes étaient donc fondés sur la même base que les *monastères* d'hommes ; partout le but de l'institution était l'observation de tous les conseils évangéliques, non-seulement de ceux qui conviennent à tous les chrétiens, mais encore de ceux qui ne s'adressent qu'à certaines âmes privilégiées, comme la pauvreté, la continence et l'obéissance absolue. Le but ultérieur et définitif est donc la pratique des vertus chrétiennes dans leur plus haut degré de perfection. Avant saint Basile, surtout, on trouvera des nuances dans les règles, des formes différentes dans l'application des moyens ; mais on marche toujours vers la vie intérieure, la vie spirituelle, la vie ascétique. (*Voyez* RELIGIEUSES.)

§ 3. *Des Réformes des* MONASTÈRES.

L'on voit, sous le mot MOINE, comment les réformes devinrent nécessaires dans les *monastères* par le relâchement des moines. Les bornes de cet ouvrage ne nous permettent pas d'entrer à cet égard dans un détail d'histoire, qui regarderait chaque ordre de religieux en particulier ; ce que nous avons dit de l'origine, de l'ancien et du nouvel état des moines en général, doit suffire au lecteur, qui conformément à notre plan et à la nature de cet ouvrage, n'y cherche dans la partie historique, que les éclaircissements nécessaires aux principes de droit qui en font tout l'objet. Nous remarquerons donc seulement touchant les réformes des *monastères* en général, que l'Eglise a toujours ordonné le rétablissement de la discipline monastique, lorsqu'elle a eu la douleur d'en voir écarter les moines. Les plus anciens conciles ont fait à ce sujet des règlements qu'on a eu soin de renouveler de siècle en siècle. Nous comptons en France parmi ces conciles, ceux de Poitiers en 590, de Vernon en 844, de Soissons en 853, de Fismes au diocèse de Reims en 881, un autre concile de la province de Reims en 972, de Paris en 1429, de Rouen en 1581, de Reims en 1583, de Bourges en 1584 (*Mémoires du clergé,* tom. IV, pag. 719). Le concile général de Latran, tenu sous le pape Innocent III fit, sur le même sujet, le fameux décret *In singulis,* inséré dans les décrétales de Grégoire IX, et le concile de Trente n'oublia pas cet article dans le nombre de ceux qui faisaient la matière de ses réformations. Voici comment s'exprime le saint concile touchant l'obligation où sont tous les réguliers, de vivre chacun conformément à la règle dont ils ont fait profession.

« Le saint concile n'ignorant pas combien l'Eglise de Dieu tire d'éclat et d'avantage des *monastères* bien réglés et bien conduits, et voulant pourvoir à ce que la discipline ancienne et régulière soit plus aisément et plus promptement rétablie aux lieux où elle est déchue, et soit maintenue plus constamment en ceux où elle s'est conservée, a jugé nécessaire d'ordonner, comme il ordonne par le présent décret, que tous réguliers de l'un et de l'autre sexe, mènent une vie et gardent une conduite conforme à la règle dont ils ont fait profession, et surtout qu'ils observent fidèlement les choses qui regardent la perfection de leur état, comme sont les vœux d'obéissance, de pauvreté et de chasteté, et les autres soit vœux, soit préceptes et commandements, qui peuvent être particuliers à certaines règles et à certains ordres, et qui sont respectivement de leur essence, avec tout ce qui regarde l'observation de la communauté de vie dans la nourriture et dans le vêtement; et que les supérieurs appliquent tout leur soin et toute leur diligence, soit dans les chapitres généraux et provinciaux, soit dans leurs visites, auxquelles ils ne manqueront pas de satisfaire, à tenir la main qu'on ne s'écarte point de l'observation de ces choses, étant très-certain qu'il n'est pas en leur pouvoir de rien relâcher de ce qui est de l'essence de la vie régulière; car, si l'on ne maintient pas exactement les choses qui sont comme les bases et les fondements de toute la discipline régulière, il faut de nécessité que tout l'édifice tombe par terre. » (*Session* XXV, *chap.* I, *de Regul.*)

On doit mettre dans un *monastère* un nombre suffisant de religieux, pour s'acquitter décemment du service divin, et remplir l'intention des fondateurs, pourvu qu'il y ait aussi suffisamment de revenus; car il est défendu par les conciles de mettre dans un *monastère* plus de religieux que les revenus ou les aumônes ordinaires ne le comportent. Le huitième canon du sixième concile d'Arles en 813, s'exprime ainsi sur ce sujet: *Ut non amplius suscipiantur in monasterio canonicorum atque monachornm, seu etiam puellarum, nisi quantum ratio permittit, et in eodem monasterio absque necessariarum rerum penuria degere possunt.*

Ce règlement confirmé par plusieurs autres conciles, par différents textes du droit (*c. Auctoritate; c. Non amplius*) a été renouvelé par le concile de Trente, et de nouveau confirmé par les bulles des papes Pie V et Clément VIII. Voici les termes du concile de Trente.

« Le saint concile accorde permission de posséder à l'avenir des biens en fonds, à tous *monastères* et à toutes maisons, tant d'hommes que de femmes, des mendiants mêmes, et de ceux à qui par leurs constitutions il était défendu d'en avoir, ou qui jusqu'ici n'en avaient pas eu permission par privilége apostolique, excepté les maisons des religieux de saint François, capucins, et de ceux qu'on appelle mineurs de l'observance. Que si quelques-uns des lieux susdits, auxquels par autorité apostolique il avait été permis de posséder de semblables biens, en ont été dépouillés, le saint concile ordonne qu'ils leur soient tous rendus et restitués.

« Dans tous les susdits *monastères* et maisons, tant d'hommes que de femmes, soit qu'ils possèdent des biens en fonds ou qu'ils n'en possèdent point, on n'établira et on ne gardera à l'avenir que le nombre de personnes qui pourront être commodément entretenues ou des revenus propres des *monastères* ou des aumônes ordinaires et accoutumées. Et ne pourront de semblables lieux être ci-après de nouveau établis, sans en avoir auparavant obtenu la permission de l'évêque dans le diocèse duquel on voudra faire la fondation. » (*Session* XXV, *ch.* 3, *de Regul.*)

On peut consulter sur la réforme des *monastères* la bulle d'Innocent X, du 17 décembre 1649.

§ 4. *Gouvernement spirituel et temporel des* MONASTÈRES.

Il paraît, par les anciens conciles d'Epaone, d'Agde, d'Orléans, même par le second concile de Nicée et par les capitulaires des rois de France, que les évêques avaient autrefois l'administration du temporel des *monastères*, en sorte que les abbés, les prêtres et les moines ne pouvaient rien aliéner ni engager sans que l'évêque eût permis et signé les contrats d'aliénation. La discipline changea dans la suite à cet égard à tel point, que le temporel des *monastères* fut entièrement à la disposition des supérieurs réguliers, et il ne reste aujourd'hui aux évêques qu'une inspection sur le dépérissement des biens des *monastères*, par suite du droit qu'ils ont de veiller au maintien de la discipline régulière.

A l'égard du spirituel nous n'avons rien à ajouter à ce qui est dit à ce sujet sous les mots ABBÉ, APPROBATION, RELIGIEUX, VISITE.

§ 5. MONASTÈRES, *droits des curés.*

On a beaucoup agité autrefois la question de savoir si le curé de la paroisse sur laquelle un *monastère* est situé, est en droit d'administrer les sacrements et de faire l'inhumation des séculiers ou séculières demeurant dans le *monastère*. De droit commun le curé a le droit d'administrer exclusivement les sacrements à tous ceux qui demeurent dans l'étendue de sa paroisse. Les religieux et les religieuses avaient autrefois obtenu des priviléges qui, les exemptant de la juridiction même de l'évêque, les avaient à plus forte raison exemptés des droits et de la juridiction que pouvaient avoir sur eux les curés dans les paroisses desquels leurs *monastères* sont situés. Mais comme actuellement ces sortes d'exemptions n'existent plus, les curés doivent exercer sur ces personnes comme sur les autres paroissiens, les droits ou les devoirs de leurs titres de pasteurs. Le cinquième concile de Milan, titre IX, part. II, décide en ce sens à l'égard des *monastères* d'hommes, en ordonnant que ceux qui, n'étant pas religieux, y font leur demeure, soit en qualité de domestiques ou autrement, aillent faire leur communion pascale à la paroisse où ils doivent être enterrés.

Voyez sous les mots VISITE, CLOTURE, ce qui regarde la visite et l'entrée des *monastères*. Pour le noviciat et la profession, *voyez* NOVICE, PROFESSION.

MONASTIQUE (ÉTAT).

(*Voyez* ci-dessus MOINE, MONASTÈRE.)

MONIALES.

On appelle ainsi quelquefois dans notre langue les religieuses, comme on appelle moines les religieux du mot *monachus* dont nous donnons la définition et l'étymologie sous le mot MOINE.

MONITION.

Monition vient du verbe *monere*, qui signifie avertir ; ce n'est autre chose en effet qu'un avertissement de faire ou de ne pas faire certaines choses (*Voyez* ci-après MONITOIRE).

L'usage des *monitions* en matières ecclésiastiques est fondé sur la charité et la douceur qui accompagnent ou doivent toujours accompagner les jugements ecclésiastiques où il s'agit de prononcer des peines ; Jésus-Christ lui-même en a fait une leçon par ces mots : *Si Ecclesiam non audierit*, etc. (*Matth.*, XVIII). La règle n'est cependant pas générale ; mais communément, à moins que la faute ne soit si grave qu'elle mérite par elle-même une punition pour l'exemple, l'Eglise recommande d'user toujours de délai et d'avis charitables, avant d'en venir à la sévérité des jugements ; souvent les canons l'ordonnent expressément, et alors on ne peut procéder à la condamnation, que le prévenu n'ait été dûment averti : *Hic enim de causa non statim abscindit, sed ad tertium usque judicium progressus est : ut si primo non paruerit obtemperet alteri : quod si secundum etiam spreverit, tertio saltem moveatur; at si hoc etiam neglexerit, æterna supplicia tandem et judicium Dei expavescat* (*Chrys. homil.* 61 *in Matth.*). Les *monitions* tiennent en ce cas lieu de citation, ou d'une publication qui ôte aux coupables l'exception de l'ignorance, et qui les constitue dans une désobéissance ou contumace absolument condamnable : *Spiritali gladio superbi et contumaces necantur, dum de Ecclesia ejiciuntur* (*Cypr. Epist.* 62).

On distingue donc deux sortes de *monitions*, l'une de charité, l'autre de justice ; c'est de cette dernière dont il s'agit ici (*C. De presbyterorum* 17, *qu.* 4 ; *De illicita* 24, *qu.* 3).

Dans l'Eglise primitive, ces sortes de *monitions* n'étaient que verbales, et se faisaient sans formalités ; la disposition des anciens canons ne leur donnait pas moins d'effet ; il était ordonné que celui qui aurait méprisé ces *monitions*, serait privé de plein droit de son bénéfice. Il paraît par un concile tenu en 625 ou 630, dans la province de Reims, du temps de Sonnatius, qui en était archevêque, que l'on faisait des *monitions*.

Mais les formalités judiciaires, dont on accompagne ordinairement ces *monitions*, ne furent introduites que par le nouveau droit canonique. On tient que Innocent III, lequel monta sur le saint-siège en 1198, en fut l'auteur, comme il paraît par un de ses décrets adressé à l'évêque de Parnies.

Suivant le droit, ces *monitions* sont nécessaires dans les procédures par voie de dénonciation et dans les jugements d'inquisition, en matières de censures, et dans quelques autres cas particuliers marqués par les canons, comme lorsqu'un clerc fréquente de mauvais lieux, ou qu'il vit en concubinage, etc.

Les canonistes établissent ces deux principes en matière de *monitions*, que dans les cas purement extrajudiciaires, une seule *monition* suffit : *Monitio una sufficit, in mere extrajudicialibus; secus in aliis* (**Fagnan**, *in c. Tua nobis de testam.* n. 11). Il ne faut point de *monition* là où il y a une contumace manifeste, c'est-à-dire une opiniâtreté certaine dans la désobéissance : *Monitio non requiritur, ubi apparet de contumacia manifesta* (**Fagnan**, *in c. Procurationes de censib.*, n° 36). Un troisième principe en ces matières est que lorsque la loi parle en termes affirmatifs dans le temps qu'elle prononce une vacance de droit, il ne faut aucune *monition* ni sentence de privation ; mais si elle en parle en termes négatifs, il y a obligation d'en faire auparavant la privation.

Comme on ne peut prononcer de censures que contre ceux qui refusent d'obéir aux ordres de l'Eglise qui leur sont connus, elles doivent être précédées des *monitions* canoniques, qu'il faut faire en présence de témoins, soit que le supérieur ecclésiastique ordonne de faire quelque chose, soit qu'il défende quelque action mauvaise. Ces *monitions* doivent ordinairement être au nombre de trois, entre chacune desquelles on laisse un intervalle au moins de deux jours, pour donner le temps de se reconnaître à celui qui est menacé d'excommunication : *Statuimus, ut secundum Domini nostri præceptum admoneantur semel, et secundo, et tertio. Qui, si non emendaverint, anathematis vinculo feriantur, usque ad satisfactionem et emendationem congruam* (*Can. Omnes, caus.* 16, *qu.* 7). *Statuimus quoque, ut inter monitiones quas, ut canonice promulgetur excommunicationis sententia, statuunt jura præmitti, judices, sive monitionibus tribus utantur, sive una pro omnibus, observent aliquorum dierum competentia intervalla ; nisi facti necessitas aliter ea suaserit moderanda* (*Cap. Constitutionem, de sent. excommunicat.* in 6°). *Sacro approbante concilio prohibemus, ne quis in aliquem excommunicationis sententiam, nisi competenti admonitione præmissa, et personis præsentibus idoneis per quas, si necesse fuerit, possit probari monitio, promulgare præsumat.... Caveat etiam diligenter, ne ad excommunicationem cujusquam, absque manifesta et rationabili causa, procedat* (**Innocentius III**, *in concil. Lateran. cap. Sacro, extra de sent. excom.*).

Cependant, quand l'affaire est extraordinairement pressée, on peut diminuer le temps d'entre les *monitions*, n'en faire que deux, ou même qu'une seule, en avertissant dans l'acte que cette seule et unique *monition* tiendra lieu des trois *monitions* canoniques, attendu l'état de l'affaire, qui ne permet pas qu'on suive les formalités ordinaires.

Toute sentence d'excommunication, de suspense et d'interdit, doit être rédigée par écrit, contenir la cause de l'excommunication, et être signifiée à l'excommunié dans le mois : *Quisquis igitur excommunicat, excommunicationem in scriptis proferat, et causam excommunicationis expresse conscribat, propter quam excommunicato tradere .... et hæc eadem in suspensionis et interdicti sententiis volumus observari* (**Innocentius IV**, *in*

(Dix-huit.)

concil. *Lugd. cap. Cum medicinalis de sententia excommunicationis in* 6°).

Pour que la sentence d'excommunication, prononcée contre plusieurs personnes qui sont complices du même crime, soit légitime, il faut que les *monitions* canoniques aient été faites à chacun des complices, et qu'ils aient été tous nommés dans le jugement qui prononce l'excommunication (*Cap. Constitutionem, de sent. excom. in* 6°).

Le concile de Latran interdit l'entrée de l'église pendant un mois à ceux qui ont prononcé des censures sans *monitions* canoniques ; le concile de Lyon ordonne la même peine contre ceux qui ont manqué à faire rédiger par écrit la sentence d'excommunication, de suspense et d'interdit ; mais cette peine n'a pas lieu contre les évêques qui ont manqué à observer ces formalités, parce que les évêques ne sont sujets aux censures prononcées de plein droit contre ceux qui commettent quelque faute, que quand ils sont expressément nommés par la loi ; privilége qui leur a été accordé, afin que leur pouvoir qui doit toujours s'exercer sur leur diocèse, ne fût pas souvent suspendu par des censures : *Quia periculosum est episcopis et eorum superioribus, propter executionem pontificalis officii quod frequenter incumbit, ut in alio casu interdicti, vel suspensionis incurrant sententiam ipso facto ; nos deliberatione provida duximus statuendum, ut episcopi et alii superiores prælati, nullius constitutionis occasione, sententiæ, sive mandati, prædictam incurrant sententiam ullatenus ipso jure, nisi in ipsis de episcopis expressa mentio habeatur* (*Cap. Quia periculosum, de sent. excom. in* 6°).

MONITOIRE.

Le *monitoire* est une monition ou avertissement que l'Eglise fait aux fidèles, sous peine d'excommunication, de révéler ce qu'ils savent sur certains faits spécifiés dans le *monitoire*, et dont elle a de justes raisons d'être instruite.

Le *monitoire* est donc quelque chose de différent de la monition dont nous venons de parler, quoique plusieurs auteurs latins les confondent ; en effet, ces deux mots ont de commun l'étymologie, et par conséquent l'objet de leur emploi, qui est d'avertir : mais on ne se sert de la monition que pour avertir une ou plusieurs personnes connues et certaines, tandis que le *monitoire* est employé pour un avertissement général sans désignation particulière (Eveillon, *Traité des excom. et monitoires, ch.* 28).

§ 1. *Origine et nature des* MONITOIRES.

On croit communément que les *monitoires* sont en usage dans l'Eglise, depuis que le pape Alexandre III, vers l'an 1170, décida qu'on pouvait contraindre par censures ceux qui refusaient de porter témoignage dans une affaire (*c.* 1, 2, *de testibus cogendis*). En effet, si l'on a pu employer les censures contre des témoins qui refusaient de déposer, on a dû les avertir avant de les censurer, puisque la censure doit toujours être précédée de monition, ou tout au moins de citation, suivant ce qui est établi sous le mot CENSURES. Or, de ces deux manières sera venu l'usage des *monitoires* ; elles étaient adressées, au commencement, à des témoins connus et certains ; on les a ensuite adressées en général, avec menace d'excommunication, à tous ceux qui, ayant de quoi déposer, se cachent pour ne pas rendre témoignage à la vérité ; on n'a pas attendu le refus des témoins ; on l'a prévenu par les menaces d'excommunication que renferme toujours le *monitoire*.

Dans l'origine, il n'était permis de procéder par voie de censures ou de *monitoires*, que pour les affaires civiles. Les deux premières décrétales du pape Alexandre III qui introduisirent cet usage, furent publiées sur l'espèce de deux causes civiles. Bientôt après on usa des *monitoires* dans les causes criminelles, quoique le pape Honoré III les eût exceptées dans une de ses épîtres à l'abbé de saint Eugène (*Cap.* 10, *eod.*). Le pape Alexandre III avait déjà déclaré, que dans la rigueur du droit on pouvait contraindre les témoins par censures pour déposer sur toutes sortes de crimes (*Cap.* 3, *de testibus*).

Cet usage des *monitoires* contre des témoins inconnus, fit naître celui des *monitoires* pour recouvrer les choses perdues ou pour les restituer, pour réparer même les injures faites à Dieu et à ses saints.

Le *monitoire*, pour le recouvrement des choses perdues, a cela de particulier, qu'il est publié pour faire connaître à qui il faut restituer, comme pour contraindre à le faire, et à révéler ceux qui ne veulent pas restituer. Voici ce qu'en a ordonné le concile de Trente :

« Quoique le glaive de l'excommunication soit le nerf de la discipline ecclésiastique, et qu'il soit très-salutaire pour contenir les peuples dans leur devoir, il faut pourtant en user sobrement et avec grande circonspection, l'expérience faisant voir que si l'on s'en sert témérairement et pour des sujets légers, il est plus méprisé qu'il n'est redouté, et cause plus de mal que de bien. Ainsi, toutes ces excommunications qui sont précédées de *monitoires* et qui ont coutume d'être portées, pour obliger, comme on dit, de venir à révélation, ou pour des choses perdues ou soustraites, ne pourront être ordonnées que par l'évêque, et encore pour quelque occasion extraordinaire qui touche l'esprit dudit évêque, après avoir lui-même examiné la chose mûrement et avec grande application et non autrement ; sans qu'il se laisse induire à les accorder, par la considération de quelque personne séculière que ce soit, quand ce serait un officier public ; mais le tout sera entièrement remis à son jugement et à sa conscience, pour en user selon les circonstances de la chose même, du lieu, du temps et de la personne, et ainsi que lui-même le jugera à propos. » (Session XXV, ch. 3 *de Reform.*)

Il faut observer que, comme les *monitoi-*

res pour porter à révéler sont plus communs, et que les *monitoires* décernés uniquement pour obliger à satisfaire sont très-rares, on entend communément par *monitoires* ceux qui se publient à fin de révélation.

On distinguait donc autrefois quatre sortes de *monitoires* : 1° de venir à révélation de quelques faits ou de quelques meubles soustraits et détournés, ce que le concile de Trente appelle *Excommunicatio ad finem revelationis aut pro deperditis, seu subtractis rebus*; 2° afin de connaître certains malfaiteurs cachés ; ce qu'on appelle *in forma malefactorum*; 3° de faire une satisfaction, ou de payer une dette qu'on appelle *obligationes de nisi*; 4° de restituer ou certains droits, ou certains biens dont on s'est emparé ; ce que l'on appelle *in forma conquestus*, et dont on peut voir un exemple dans les décrétales sur le chapitre *Conquestus, de for. compet.*

On peut demander si aujourd'hui, que les officialités n'existent plus légalement (*Voyez* OFFICIALITÉS), on peut lancer des *monitoires* qui soient légaux. Le *monitoire* étant un acte de la juridiction gracieuse, nous n'hésitons pas à répondre qu'il n'est nullement illégal, puisqu'il ne demande point une discussion contentieuse devant le juge ecclésiastique, et que, d'autre part, il n'est que la menace d'une censure que la loi n'a ni interdite, ni pu interdire.

Une décision du 10 septembre 1806 a autorisé la publication des *monitoires*, lorsqu'il y avait de grands motifs d'y recourir : cette décision fut provoquée par un rapport du ministre des cultes, dans lequel il signale plusieurs diocèses où les grands crimes se multipliaient, sans qu'il y eût possibilité de découvrir les coupables en recourant aux voies ordinaires de la justice. Il fut résolu que les évêques pourraient employer les *monitoires*, sur l'autorisation du ministre de la justice, et qu'avant de les envoyer aux curés et desservants, ils s'entendraient avec les procureurs généraux.

§ 2. *Obtention du* MONITOIRE.

Dans la matière de cet article il faut considérer, 1° les causes pour lesquelles on accorde les *monitoires*; 2° les personnes qui peuvent se servir de la preuve par *monitoires*, et contre qui ; 3° ceux qui peuvent permettre ou accorder les *monitoires*; 4° l'expédition même des *monitoires* et leur forme.

1° L'on voit ci-dessus par le décret rapporté du concile de Trente, que les *monitoires* ne doivent être décernés que pour des matières graves et dans des cas extraordinaires et après que l'évêque en aura pesé et les raisons et les motifs. Le concile d'Avignon, en 1594, canon 54, défend d'accorder des *monitoires* pour les affaires qui n'excèdent pas vingt écus. D'autres conciles provinciaux des derniers siècles, comme ceux de Bourges, en 1528, de Mexique, en 1585, de Narbonne, en 1609, permettent de les accorder pour la moindre somme. Le pape saint Pie V fit un règlement en 1570, sur la concession des *monitoires*; mais on n'y expliqua point précisément la valeur pour laquelle il pourra être permis d'en obtenir, Fagnan dit que les choses sont laissées à cet égard à l'arbitrage du juge (*In c. Sacro, de sent. excom.; n.* 39). Cependant Fevret et plusieurs autres auteurs ont écrit qu'à Rome on ne permet point d'accorder de *monitoires* dans les instances civiles, si la chose dont il s'agit n'excède la valeur de cinquante ducats (*Mém. du clergé*, tom. VII, pag. 1076). Gibert, dit que le *monitoire* pour avoir des révélations n'est juste en lui-même que quand il s'agit de quelque péché digne d'excommunication, ou que le péché ne peut être autrement découvert, et qu'il le peut être par cette voie. *Nullus sacerdotum quemquam rectæ fidei hominem, pro parvis et levibus, a communione suspendere poterat, sed propter eas culpas, pro quibus antiqui patres arceri ab ecclesia jubebant, committentes* (*Can. Nullus*, 11, *quæst.* 3). Il faut remarquer que les *monitoires* pour cause temporelle, sans distinction de meubles et d'immeubles, ont été très-fréquents dans l'Eglise, principalement sous le pape Paul III, dont ils portaient le nom sous cette expression : *Excommunicationes Paulianæ*. On prétend même que l'usage en est très-ancien, que saint Augustin s'en est servi, suivant un passage de ce Père rapporté par Eveillon en son *Traité des excommunications*, pag. 104.

Au reste, en suivant la bulle de saint Pie V, les *monitoires* ne doivent être accordés qu'en matières civiles, conformément au quatrième concile de Milan, et Eveillon nous apprend que tel est l'usage à Rome et en plusieurs diocèses d'Italie.

2° Nul, dit Gibert, ne peut licitement demander des *monitoires* dans le for intérieur, sans ces trois conditions : 1° si l'amour de la justice ou le zèle pour la discipline de l'Eglise, ou quelque autre motif semblable ne le lui font demander; 2° que ce dont il s'agit soit important; 3° s'il peut être éclairci par cette voie, et qu'il ne puisse l'être d'une autre manière. Ces deux dernières conditions peuvent s'appliquer au for extérieur, où il faut de plus que la personne qui demande le *monitoire*, soit notablement intéressée dans le fait dont il s'agit et qu'elle soit du corps de l'Eglise.

L'intérêt de celui qui demande *monitoire* se tire du bien public ou du bien particulier; dans l'un et l'autre cas, il faut que l'intérêt soit considérable, parce que l'excommunication ne peut être lancée *pro re levi*; c'est la disposition de la bulle du pape Pie V. *Ut mandata in forma significavit, pro rerum subtractarum aut deperditarum restitutione seu revelatione expediantur, et eorum dumtaxat insiantiam quorum civiliter interest.*

3° Tout juge peut permettre d'obtenir des *monitoires*, mais tout juge ne peut pas les accorder. Ce dernier pouvoir est réservé aux gens d'église, à qui seuls il est permis de prononcer les censures. Or, suivant le concile de Trente dans le décret rapporté ci-dessus, c'est aux évêques ou à leurs officiaux d'accorder les *monitoires*. Mais cela n'ôte pas au pape le droit d'en concéder de son chef;

comme le prouve l'usage des rescrits *in forma significavit*. On demande si le grand vicaire d'un évêque peut aussi accorder des *monitoires*. Barbosa et Fagnan soutiennent l'affirmative, et Gibert est de leur avis. Ce dernier auteur remarque qu'il n'y a aucune loi qui défende à ceux qui ont droit d'accorder des *monitoires*, d'en donner sans être requis et qu'ils peuvent même avoir juste raison de le faire.

4° La bulle déjà citée de saint Pie V, de l'an 1570, contient un règlement sur la forme des lettres monitoriales apostoliques; il ordonne que ces lettres ne soient accordées qu'à la requête de ceux qui y sont intéressés; que cette requête contienne la cause dont il s'agit, *nominatim et specifice*, et la valeur de la chose, à moins qu'il ne s'agisse de biens d'Église, de lieux pieux, de communautés, ou de successions universelles, dont on ne peut avoir une connaissance certaine; auquel cas il suffit de désigner les choses dont il s'agit, pourvu que la désignation ne soit pas trop vague et pourvu que l'on fasse voir surtout que les choses ne sont pas communes et de peu d'importance. Le concile de Toulouse, en 1590, a adopté ce règlement. Selon le style approuvé par le concile de Bourges, en 1584, ceux qui accordent des *monitoires* sont obligés de les signer, et les curés ou autres personnes à qui on les présentera, n'y auront point d'égard s'ils ne sont munis du sceau de l'ordinaire. Il est aussi défendu d'en accorder dont le contenu puisse causer du scandale, diffamer nommément quelqu'un, ou autrement offenser les oreilles chastes (*Mémoires du clergé*, tom. V, pag. 990 et suiv.).

§ 3. *Exécution des* MONITOIRES.

Le *monitoire* une fois obtenu de l'official, sur la permission du juge par-devant lequel le procès est pendant, reste à l'exécuter; or, cette exécution n'est autre chose que la publication du *monitoire* et les dépositions des témoins en conséquence; s'il survient des oppositions à la publication des *monitoires*, c'est un incident dont la procédure et le jugement ont des règles particulières : nous en parlerons après avoir traité de la publication du *monitoire*; nous finirons par la matière des révélations.

Les conciles ont réglé que les *monitoires* ne pouvaient être publiés que par les curés ou par des personnes par eux commises. Celui de Narbonne, en 1609, l'ordonne expressément, et veut de plus que cette publication se fasse dans les paroisses par trois fois, c'est-à-dire par trois dimanches, *inter missarum solemnia, in prono missæ parochialis, populo congregato*; et que le curé qui l'aura faite en certifie l'évêque, en lui renvoyant le *monitoire*... *Ipsi officiales*, dit ce concile, cap. 44, *publicari jubebunt primo, secundo, tertio et peremptorie per parochum, aut ejus deputatum et non alium, exceptis casibus in quibus suspicio esset contra eumdem parochum: quo casu non, nisi tali suspicione nota, alium presbyterum ad hoc deputabunt*. Le concile de Bourges, en 1584, fit un règlement à peu près semblable.

Les lettres de *monitoires* sont un acte de juridiction de l'évêque ou de l'official, qui enjoint, sous peine d'excommunication, à tous ceux qui ont connaissance de certains faits, de les révéler. Ainsi tous ceux qui sont soumis à cette juridiction sont obligés de déclarer ce qu'ils savent, à moins qu'ils n'aient de légitimes raisons pour s'en dispenser. Ceux qui sont dispensés de cette révélation par le droit sont : 1° les personnes qui sont légitimement empêchées, comme si l'on est absent, sans fraude, du lieu où le *monitoire* a été publié et qu'on l'ignore; si l'on est malade, mais dans ce cas le curé peut se porter à la maison du malade pour recevoir sa révélation. 2° L'auteur du crime et ses complices. Il y aurait trop de dureté à forcer ces personnes à la révélation par la voie des censures; elle serait d'ailleurs toujours infructueuse. 3° Le conseil de la partie. On dispense le conseil de la partie de la révélation, parce que ce conseil n'est censé faire avec sa partie qu'une même personne. On doit mettre au rang du conseil tous ceux qui ne savent les faits du *monitoire* que par la voie du secret naturel; les médecins, les chirurgiens, les apothicaires, les sages-femmes, les domestiques, les confesseurs, tous ceux enfin qui ne pourraient aller à révélation qu'en blessant les lois sacrées de la fidélité. 4° On excepte de l'obligation de révéler les personnes qui ont juste sujet de craindre que leur révélation ne leur attire quelque dommage considérable. Nul n'est obligé d'aimer son prochain plus que soi-même. 5° Les proches parents ou alliés jusqu'aux enfants de cousins issus de germains, sont également exceptés, surtout lorsqu'il s'agit de quelque cas de mort ou d'infamie notable.

S'il y avait opposition au *monitoire*, il faudrait porter l'opposition devant le juge. Mais à qui appartient-il de s'opposer au *monitoire*, demande Mgr Affre? Évidemment ce n'est pas à celui contre lequel il est dirigé, puisque personne n'est désigné par son nom. Nous ne voyons que le magistrat civil qui pourrait faire opposition, sous prétexte que la cause ne regarde pas l'autorité ecclésiastique. Mais dans ce cas qui serait juge de l'appel? Si l'affaire devenait contentieuse, il est certain que le magistrat n'appellerait qu'au conseil d'État; et cependant, il pourrait arriver que la cause étant purement canonique, ce tribunal fût incompétent. Il y a là une difficulté dont nos lois ne donnent pas et n'ont jamais donné la solution. Du reste, elle ne se présentera jamais, selon toutes les probabilités, car les *monitoires* ne sont plus d'usage en France.

MONNAIE

C'est le nom qu'on donne aux pièces d'or, d'argent ou autre métal, qui servent au commerce et aux échanges, qui sont fabriquées par l'autorité du souverain, et ordinairement marquées au coin de ses armes, ou autre empreinte certaine.

Il y a une règle de chancellerie touchant la *monnaie* dont on se sert pour le payement des droits de cette même chancellerie. En voici les termes : C'est la vingtième ayant pour titre *De moneta* : *Item declaravit D. N. quod libra turonensium parvorum et florenus auri de camera, pro æquali valore in concernentibus litteras, et cameram apostolicam, computari et æstimari debeant.*

Pour ce qui regarde le crime de fausse *monnaie*, *voyez* FAUX MONNAYEURS.

Sous la première race de nos rois, le droit de battre *monnaie* fut d'abord accordé à quelques célèbres églises et à de grandes abbayes; sous la seconde race et à la fin de la troisième, le même privilége fut accordé, non-seulement à des églises et à des abbayes, mais à un grand nombre de seigneurs laïques. Tobiesen - Duby, dans son *Traité des monnaies des barons* (tom. 1, pag. 79), donne une très-longue liste des prélats et barons de France qui ont joui de ce droit. On trouve dans cette liste plus de cent évêchés, chapitres ou abbayes (*Voyez* le *Dictionnaire de numismatique* de cette *Encyclopédie théologique*).

MONOCULE.

On appelait ainsi autrefois, en matière bénéficiale, le bénéfice qui était à la collation ou présentation d'une personne qui n'avait à pourvoir qu'à ce seul et même bénéfice. On appelait collateur *monocule* celui qui n'avait qu'un seul bénéfice à conférer.

MONTS-DE-PIÉTÉ.

Les *monts-de-piété* consistent dans un fonds d'argent destiné à faire des prêts sur gages à ceux qui sont dans le besoin. On y exige un intérêt, non en vertu du prêt, mais à raison des frais nécessaires pour l'entretien de l'établissement. Cet intérêt n'est point usuraire.

Nous avons au sujet des *monts-de-piété* une décision du cinquième concile de Latran, tenu l'an 1515, sous Léon X, lequel déclare et définit, dans sa constitution *Inter multiplices*, qu'ils sont utiles et méritoires, pourvu toutefois que l'on n'en tire point d'autre intérêt que celui qui est nécessaire pour subvenir aux frais qu'entraînent ces mêmes établissements, défendant de percevoir aucun profit, aucun gain, au-dessus du capital : *Declaramus et definimus Montes-Pietatis,...in quibus pro eorum impensis et indemnitate aliquid moderatum ad solas ministrorum impensas et aliarum rerum ad illorum conservationem, ut præfertur, pertinentium, pro eorum indemnitatem duntaxat ultra sortem absque lucro eorumdem montium accipitur, neque speciem mali præferre, nec peccandi incentivum præstare, neque ullo pacto improbari, quin imo meritorium esse* (Labbe, *concil. tom.* XIV, *col.* 250).

Les *monts-de-piété* sont donc des établissements très-utiles aux pauvres et aux indigents, pourvu que les administrateurs se renferment dans les règles de la justice et de la charité qui doivent toujours les diriger.

Ces règles sont : 1° que l'intérêt qu'on reçoit soit aussi modique que possible ; 2° qu'on donne à ceux qui empruntent un temps suffisant pour retirer leurs gages, afin qu'ils puissent les recouvrer sans frais, ou qu'ils ne soient pas forcés de les abandonner.

Le concile de Trente parle des *monts-de-piété* de manière à en souhaiter la conservation. (Session XXII, ch. 9 *de Reform*.)

Si les *monts-de-piété*, avec le secours et la charité libérale des fidèles avaient des biens suffisants pour prêter gratuitement et satisfaire aux dépenses de la caisse, on ne pourrait rien exiger de ceux à qui l'on prêterait. C'est le désir des Pères du concile de Latran, c'est aussi le sentiment de plusieurs canonistes.

Les évêques en Italie ont sur les *monts-de-piété* la juridiction que les canons et les canonistes leur donnent sur toutes les œuvres pies. En France, leur administration est entre les mains des laïques, à peu près comme celle des hôpitaux.

Les règles générales suivies dans les *monts-de-piété*, c'est de ne prêter que sur de certaines sommes, et pour un temps limité, pour qu'il y ait toujours des fonds dans la caisse. On n'y prête non plus que sur gages, parce que, comme on n'y prête qu'à des pauvres, les fonds de ces *monts-de-piété* seraient bientôt épuisés, si l'on ne prenait ces précautions avec des gens la plupart insolvables. Quand le temps prescrit pour le payement de ce qu'on a emprunté est arrivé, si celui qui a emprunté ne paie pas, on vend les gages, et de la somme qui en revient on en prend ce qui est dû au *mont-de-piété*, et le reste se rend à qui le gage appartient.

De nombreux abus se sont introduits dans l'organisation actuelle des *monts-de-piété*, qui sont devenus non plus des établissements charitables, mais des banques sans capitaux, la plupart du temps, qui ont le monopole des prêts sur nantissement. Ils réclament instamment d'importantes réformes, si l'on veut les ramener à l'esprit de leur institution et en faire un bienfait, au lieu d'une charge pour les classes pauvres. Voici quel en fut l'origine :

Vers le milieu du quinzième siècle, le père Barnabé de Terni, de l'ordre des frères Mineurs, adressait aux riches, du haut de la chaire de Pérouse, de pressantes invitations, pour apporter, par une généreuse assistance, un remède à l'usure que les Juifs exerçaient alors sur les malheureux. Les riches répondirent à sa voix. Les offrandes accumulées formèrent un fonds à l'aide duquel on fit des prêts gratuits aux nécessiteux, en retenant seulement une légère redevance pour les frais de service. De là la dénomination du *mont-de-piété*, en italien, *monte-di-pietà*, qui signifie banque de charité.

Ainsi, les *monts-de-piété* ne furent considérés d'abord que comme des établissements de charité destinés à offrir des prêts gratuits. C'est comme tels qu'ils furent adoptés par la plupart des pays de l'Europe et par la France en particulier. Il en fut établi un à Paris par lettres patentes du 9 décembre 1777. Lorsqu'après la révolution on rétablit les *monts-de-piété*, en 1807, on déclara que de semblables établissements devant toujours être environnés de ce qui porte en soi le caractère de la bienfaisance et de l'humanité, ils ne devaient pas sortir des mains des administrations charitables.

L'indult du cardinal Caprara pour le rétablissement de l'archevêché de Paris, après le concordat de 1801, engage l'archevêque futur à fonder un *mont-de-piété*. Le cardinal légat s'exprime ainsi : *Illud etiam pro viribus sibi curandum proponat ut mons pietatis, si nondum existat, pro pauperum, quorum specialis et diligentissima debet esse cura pastorum, levamine et subsidio, quo citius fieri possit, erigatur.*

Les *monts-de-piété* sont-ils aujourd'hui des établissements de charité ? Non, sans doute, ou du moins ils n'en ont plus le caractère exclusif. Ce sont des institutions dont on tire un revenu.

Le *mont-de-piété* de Paris, par exemple, n'est autre chose qu'une banque instituée sans capital, gérée pour le compte des hôpitaux, et cherchant un bénéfice dans la différence de l'intérêt payé d'une part aux bailleurs de fonds, et de l'intérêt prélevé d'autre part sur les malheureux qui viennent lui emprunter. Pour obtenir ce bénéfice, le *mont-de-piété* de Paris prête sur le pied de 9 pour 100 : si l'on se sert d'un commissionnaire, et cela n'est guère possible autrement à cause des distances, il faut payer, en outre, 2 pour 100 sur tout l'engagement, et 1 pour 100 sur le dégagement; en tout 12 pour 100. Le mois commencé paie mois entier. Enfin, si l'objet est vendu, l'établissement perçoit un droit de 5 pour 100.

Il y a cependant des exceptions. Nous citerons, sur les quarante trois *monts-de-piété* qui sont institués en France, quelques-uns qui sont des établissements vraiment charitables et qui prêtent gratuitement aux pauvres contre dépôt, entre autres ceux de Toulouse, d'Aix, de Grenoble, de Montpellier. La société du prêt charitable et gratuit, fondée en 1828, à Toulouse, paraît surtout devoir être présentée comme modèle. Elle prête gratuitement pour trois mois aux personnes qui sont reconnues dignes de cette faveur. Car elle prend des informations exactes sur la moralité des emprunteurs. Non-seulement elle ne retient aucun intérêt, mais elle ne prélève même aucune retenue pour ses frais. La quotité des prêts varie de 3 à 150 francs. En 1836, sur 7,031 prêts faits par la société de Toulouse, il n'avait été vendu que 151 gages, faute de remboursement.

On va bien plus loin dans certains pays. A Zurich, par exemple, les prêts de confiance roulent, circulent, sans autre caution que la moralité connue de ceux qui les reçoivent, quelque pauvres qu'ils soient; et telle est leur probité, que le prêt est toujours remboursé.

MORT NATURELLE ET CIVILE.

On distingue en droit deux sortes de *mort*: la *mort* naturelle et la *mort* civile. Celle-ci consiste dans la privation que souffre un homme vivant des effets civils ; elle produit à cet égard le même effet que la *mort* naturelle.

La *mort* civile est l'état d'un individu privé, par l'effet d'une peine, de toute participation aux droits civils d'une nation. La *mort* civile n'est pas une peine par elle-même, mais l'effet d'une peine. La jouissance des droits civils compose ce que l'on appelle la *vie civile*, de manière que celui qui en est privé est réputé *mort* selon les lois, quant à la vie civile ; et cet état, opposé à la vie civile, est ce qu'on appelle *mort civile*.

Le Code civil statue, ainsi qu'il suit, relativement à la *mort* civile :

« Art. 22. Les condamnations à des peines dont l'effet est de priver celui qui est condamné, de toute participation aux droits civils ci-après exprimés, emporteront la *mort* civile.

« Art. 23. La condamnation à la *mort* naturelle emportera la *mort* civile. »

Dans le droit actuel, il y a trois sortes de peines auxquelles la loi attache la *mort* civile : celle de *mort*, celle de la déportation, et celle des travaux forcés à perpétuité (Code pénal, art. 18). Il faut remarquer que l'effet de la *mort* civile encourue par la condamnation à la *mort* naturelle, est d'ôter au condamné la faculté de disposer de ses biens par testament. Les dispositions testamentaires qu'il aurait faites, même avant l'exécution de son jugement, n'auraient aucun effet.

« Art. 24. Les autres peines afflictives perpétuelles n'emporteront la *mort* civile qu'autant que la loi y aurait attaché cet effet.

« Art. 25. Par la *mort* civile, le condamné perd la propriété de tous les biens qu'il possédait : sa succession est ouverte au profit de ses héritiers auxquels ses biens sont dévolus, de la même manière que s'il était *mort* naturellement et sans testament.

« Il ne peut plus, ni recueillir aucune succession, ni transmettre à ce titre les biens qu'il a acquis par la suite.

« Il ne peut, ni disposer de ses biens, en tout ou en partie, soit par donation entre vifs, soit par testament, ni recevoir à ce titre, si ce n'est pour cause d'aliments.

« Il ne peut être nommé tuteur, ni concourir aux opérations relatives à la tutelle.

« Il ne peut être témoin dans un acte solennel ou authentique, ni être admis à porter témoignage en justice.

« Il ne peut procéder en justice, ni en défendant, ni en demandant, que sous le nom et par le ministère d'un curateur spécial, qui lui est nommé par le tribunal où l'action est portée.

« Il est incapable de contracter un mariage qui produise aucun effet civil.

« Le mariage qu'il avait contracté précédemment est dissous, quant à tous ses effets civils.

« Son épouse et ses héritiers peuvent exercer respectivement les droits et les actions auxquels sa *mort* naturelle donnerait ouverture. »

Le condamné à la *mort* civile est privé de tous les droits civils, même de ceux qui ne sont pas compris dans l'énumération de l'article 25. La *mort* civile, considérée dans ses effets, est la privation de tous les droits qui ne sont pas rigoureusement nécessaires au soutien de la vie naturelle de l'individu qui en est frappé. Il ne peut plus disposer de ses biens immeubles, soit par donation entre vifs, soit par testament, ni en recevoir à ce titre, si ce n'est pour cause d'aliments. Mais il n'en est pas de même, suivant plusieurs jurisconsultes, des effets mobiliers qui sont l'objet des donations manuelles. Celui qui est mort civilement peut faire et recevoir de pareilles donations (Locré, *Esprit du Code civil*; Toullier, *Droit civ. franç.*).

Il est incapable de contracter un mariage qui produise aucun effet civil. Mais « il faut « remarquer, dit M. Toullier, qu'en refusant « tous les effets civils aux mariages contrac« tés depuis la *mort* civile, on reconnaissait « au conseil d'État que ces mariages sont « avoués par la loi naturelle et par la reli« gion. » (*Droit civil français*, tom. 1 n. 284.) En effet, il n'existe aucune loi canonique qui annule les mariages dont il s'agit.

M. de Maleville, l'un des rédacteurs du Code civil, dans son analyse raisonnée de la discussion du Code civil au conseil d'État, s'exprime ainsi sur le paragraphe relatif à la dissolution du mariage, quant aux effets civils :

« La décision portée dans ce paragraphe « n'a passé qu'après de vives contradictions, « et la question fut renouvelée sous diffé« rents rapports, même après la décision du « conseil.

« L'empereur disait qu'il ne concevait pas « qu'une femme, convaincue de l'innocence « de son mari, ne pût le suivre sans crime ; « qu'elle ne pût vivre avec lui sans violer « la pudeur ; que les enfants qui naîtraient « de leur union fussent déclarés bâtards, et « qu'on ne mît aucune différence entre cette « femme et l'être vil qui se prostitue ; que, « bien loin de la flétrir, on devait estimer sa « vertu, et qu'il ne fallait pas ôter à ces in« fortunés la consolation de vivre ensemble, « comme époux légitimes (*Voyez* LOI, § 5).

« Ces raisons firent d'abord impression « sur le conseil, on parut convenir assez gé« néralement que la condamnation à des « peines emportant *mort* civile, devait seule« ment être une cause de divorce ; on proposa « particulièrement, à l'égard de la dépor-« tation, d'arrêter que le mariage ne serait « dissous qu'autant que la femme ne suivrait « pas son mari dans l'année ; mais enfin, on « se détermina à passer définitivement l'ar« ticle par la considération qu'un homme « censé *mort* devant la loi, ne pouvait plus « donner de postérité légitime, ni transmettre « à ses enfants un état qu'il n'avait pas lui« même.

« Quant à moi, ajoute Maleville, je con« viens que je demeurai imperturbablement « de l'opinion de Sa Majesté Impériale, et il « y avait, ce me semble, de bonnes raisons « pour s'y tenir.

« Il était de maxime constante, avant la « révolution, que le mariage, une fois légiti« mement contracté, n'était point annulé par « une condamnation à *mort* civile survenue « depuis ; c'est ce que décident une foule de « lois du Digeste, du Code et des Novelles ; et « ce qui avait été jugé par différents arrêts : « on peut voir toutes ces autorités dans Des« peisses, *titre du mariage*, sect. 4, n. 15 ; « dans Louet et Brodeau, *lett. C. n.* 14 ; dans « Henris, etc. Le motif de cette jurisprudence « était que, dans l'intention des époux, le « mariage avait été contracté pour la vie ; « qu'il était une société de biens et de maux, « et que chacun des époux devait supporter « avec patience les malheurs qui arrivaient « à l'autre : *Quid enim tam humanum est quam « fortuitis casibus uxoris, maritum, vel uxo« rem viri participem esse*, dit la loi 22, *ff. sol. « matr.*

« Bien loin que la constance de la femme « à suivre un mari qu'elle est naturellement « portée à croire innocent, puisse être un « motif de dégradation, elle est au contraire « un sujet d'éloge, et doit exciter l'admira« tion de tout cœur vertueux. Aussi la loi « première, *cod. de repud.*, qualifie-t-elle sa « résolution de projet louable, et dit que ni « d'équité naturelle ni les lois ne peuvent « souffrir qu'il en résulte pour elle du mal ; « *indotatam esse cujus laudandum est propo« situm, nec ratio æquitatis permittunt.*

« On voulut dans la discussion attribuer « cette manière de penser à la faveur que le « sacrement donnait parmi nous au mariage ; « mais il fut aisé de répondre que les empe« reurs et les jurisconsultes romains, auteurs « des lois citées, étaient des païens, et qu'il « serait honteux que nous fussions vaincus « en maximes de morale par des hommes qui « n'étaient pas éclairés des lumières de l'É« vangile.

« Peut-être n'a-t-on pas assez distingué, « dans la discussion, les enfants nés de ma« riages contractés avant la *mort* civile de « ceux provenus de mariages contractés de« puis ; on peut dire, à l'égard des derniers, « que le mariage des condamnés étant dé« fendu par l'article 6 de l'ordonnance de « 1639, et déclaré incapable de produire au« cun effet civil, il ne peut pas donner aux « enfants qui en naissent une légitimité qu'il « n'a pas lui-même ; mais il en est autrement « des enfants nés d'un mariage contracté « avant la condamnation ; l'ordonnance de « 1639 ne parle nullement de ceux-là ; elle « n'a rien changé à leur état ; ils restent dans « la disposition des lois anciennes et demeu« rent incapables de succéder, non aux biens « que leur père avait lorsqu'il a encouru la « *mort* civile, et qui, dès ce moment, sont « dévolus à ses héritiers naturels, mais à « ceux qu'il pourrait avoir acquis depuis, à « leur mère, et à tous leurs parents, tant pa« ternels que maternels. On peut voir à ce

« sujet le *Répertoire de jurisprudence*, au mot
« MORT CIVILE, et *Lebrun, des Success, liv.* I,
« *chap.* 2, *sect.* 3, *n.* 22 *et suiv.*

« Cette opinion a acquis un nouveau degré
« de probabilité par la résolution prise de ne
« dater la *mort* civile que du jour de l'expi-
« ration des cinq ans pendant lesquels le
« contumax peut se représenter. Est-il pos-
« sible, en effet, de concevoir que, malgré la
« condamnation, la femme soit autorisée à
« suivre son mari, et que cependant tout à
« coup, après ce délai, qu'on pourra n'être
« pas fort exact à compter, la femme ne
« puisse plus demeurer avec son mari sans
« un crime légal; et que, malgré cette ha-
« bitude autorisée par la loi, et qu'il est si
« difficile de rompre, elle ne puisse plus met-
« tre au monde que des bâtards, sans état et
« étrangers à toute leur famille?

« Les cours d'appel de Toulouse, Lyon et
« Rouen avaient formellement réclamé con-
« tre cette disposition du projet de Code civil,
« et celle de Paris avait même demandé que
« le mariage fût permis aux condamnés à
« des peines emportant *mort* civile, pour
« adoucir leurs mœurs et leur état.

« Je crois donc que la disposition mainte-
« nant discutée méritera un nouvel examen,
« si jamais on fait la révision du Code. »
(*tom.* I, *pag.* 46, *édit. de* 1807.)

Le mariage qu'avait précédemment contracté le *mort* civilement est dissous quant
aux effets civils, mais non quant au lien :
Quod Deus conjunxit, homo non separet. Les
jurisconsultes le reconnaissent. « La *mort*
« civile ne dissout, dit M. Delvincourt, et ne
« peut dissoudre que le lien civil; le lien re-
« ligieux subsiste toujours, tellement que, si
« l'époux innocent venait à se remarier civi-
« lement avant la *mort* de son premier époux,
« ce ne serait point un mariage qu'il con-
« tracterait dans le for intérieur, mais un
« adultère caractérisé qu'il commettrait. »
(*Cours de Code civil, tom.* I, *pag.* 215, *édit. de*
1819.)

« ART. 26. Les condamnations contradictoires n'emportent la *mort* civile qu'à compter du jour de leur exécution, soit réelle,
soit par effigie.

« ART. 27. Les condamnations par contumace n'emporteront la *mort* civile qu'après
les cinq années qui suivront l'exécution du
jugement par effigie, et pendant lesquelles le
condamné peut se représenter.

« ART. 28. Les condamnés par contumace
seront, pendant les cinq ans, ou jusqu'à ce
qu'ils se représentent ou qu'ils soient arrêtés pendant ce délai, privés de l'exercice des
droits civils.

« Leurs biens seront administrés et leurs
droits exercés de même que ceux des absents.

« ART. 29. Lorsque le condamné par contumace se présentera volontairement dans
les cinq années, à compter du jour de l'exécution, ou lorsqu'il aura été saisi et constitué prisonnier dans ce délai, le jugement sera
anéanti de plein droit; l'accusé sera remis
en possession de ses biens : il sera jugé de
nouveau ; et si, par ce nouveau jugement, il
est condamné à la même peine ou à une
peine différente, emportant également la
mort civile, elle n'aura lieu qu'à compter du
jour de l'exécution du second jugement.

« ART. 30. Lorsque le condamné par contumace qui ne se sera représenté ou qui
n'aura été constitué prisonnier qu'après les
cinq ans, sera absous par le nouveau jugement, ou n'aura été condamné qu'à une
peine qui n'emportera pas la *mort* civile, il
rentrera dans la plénitude de ses droits
civils, pour l'avenir et à compter du jour où
il aura reparu en justice; mais le premier
jugement conservera, pour le passé, les effets que la *mort* civile avait produits dans
l'intervalle écoulé depuis l'époque de l'expiration des cinq ans jusqu'au jour de sa comparution en justice.

« ART. 31. Si le condamné par contumace
meurt dans le délai de grâce des cinq années, sans s'être représenté, ou sans avoir
été saisi ou arrêté, il sera réputé *mort* dans
l'intégrité de ses droits. Le jugement de contumace sera anéanti de plein droit, sans préjudice néanmoins de l'action de la partie
civile, laquelle ne pourra être intentée contre les héritiers du condamné que par la
voie civile.

« ART. 32. En aucun cas la prescription de
la peine ne réintégrera le condamné dans
ses droits civils pour l'avenir.

« ART. 33. Les biens acquis par le condamné, depuis la *mort* civile encourue, et
dont il se trouvera en possession au jour de
sa *mort* naturelle appartiendront à l'État par
droit de déshérence.

« Néanmoins il est loisible au roi de faire,
au profit de la veuve, des enfants ou parents
du condamné, telles dispositions que l'humanité lui suggérera.

Autrefois en France la profession religieuse emportait *mort civile* qui était encourue du moment de l'émission des vœux; et
un religieux ne recouvrait même pas la
vie civile, par l'adoption d'un bénéfice, par
la sécularisation de son monastère, ou par la
promotion à l'épiscopat. Aujourd'hui que le
gouvernement ne reconnaît plus de vœux
perpétuels, ceux qui les contractent ne peuvent être privés de leurs droits civils.

MOTU PROPRIO.

Ce sont les termes d'une clause qu'on insère à Rome dans certains rescrits et dont
nous allons voir les effets. Elle signifie que
le pape n'a été induit à faire la grâce par
aucun motif étranger, mais de son propre
mouvement, *proprio motu*. Les canonistes
ont beaucoup parlé de cette clause, et de
deux ou trois autres également favorables
à ceux qui les obtiennent, mais moins étendues dans leurs effets : telles sont les clauses
*ex certa scientia, de plenitudine potestatis, de
vivæ vocis oraculo*. Quand le pape condamne
quelque erreur, il se sert aussi des clauses
proprio motu, ex certa scientia. Nous allons
parler ici de chacune d'elles en particulier,
en commençant par la clause *proprio motu*.

1° Quand le pape veut favoriser quelqu'un

dans la dispensation de ses grâces, il use de la clause *motu proprio*, dont on vient de voir la signification. Les canonistes l'appellent la mère du repos : *Sicut papaver gignat somnum et quietem, ita et hæc clausula habentieam.*

Régulièrement les rescrits pour les bénéfices s'interprètent rigoureusement (c. *Quamvis de præb. in 6°*). Quand la clause *motu proprio* s'y trouve, la règle change et l'interprétation se fait largement. La clause dont il s'agit ne peut jamais être nulle de droit, parce qu'elle a été insérée dans le rescrit sur une fausse cause (c. *Susceptum de rescript. in 6°*). La clause *motu proprio*, en matière de dispenses les fait interpréter le plus largement possible. La prorogation *proprio motu* du temps pour la confirmation et consécration d'un prélat, empêche la privation des bénéfices après le temps expiré. Le *motu proprio* dispense de l'omission d'une réserve faite par le pape. Il dispense des défauts personnels, *tollit defectum personæ*. Cette clause a quelquefois les mêmes effets que la clause *nonobstantibus*. Le rescrit accordé *motu proprio* produit son effet quand même il serait contraire aux lois. Ce que le pape fait *motu proprio* en faveur d'un autre, est valide quoiqu'il soit contraire à ses propres décrets. Cette clause fait présumer que le pape veut user de la plénitude de sa puissance. Le privilège accordé *motu proprio* déroge aux autres privilèges accordés pour le bien public, etc.

Rebuffe qui rapporte ces différents effets de la clause *motu proprio*, parle encore de plusieurs autres qu'il nous semble inutile de rapporter, parce qu'ils ne peuvent avoir aucune application en France. Au reste, on distingue deux sortes de *motu proprio*, le naturel et le feint. Le premier n'est précédé d'aucune demande, l'autre est inséré dans le rescrit pour certaines considérations en faveur du suppliant. Ce dernier ne doit produire absolument que les effets qui sont marqués dans le droit.

2° De la clause *ex certa scientia*. Les papes usent souvent de cette clause dans leurs rescrits, et son principal effet est de dispenser l'impétrant de tous les défauts dont il pourrait être atteint, et que l'on suppose par le moyen de la clause avoir été connus du pape. Il en est de même quand le pape use de la clause *ex plenitudine potestatis*. Cette clause et la clause *nonobstantibus* produisent les mêmes effets (*Voyez* NONOBSTANCES). La clause *ex certa scientia* diffère en plusieurs choses de la clause *motu proprio*.

3° La clause *de vivæ vocis oraculo* a pour effet de donner une entière croyance à la simple parole.

MUET.

Le *muet* peut-il se marier? Est-il irrégulier? (*Voyez* FOLIE, IRRÉGULARITÉ.)

MUSIQUE.

Le concile de Trente a défendu les chants et la *musique* dans les églises quand il s'y mêle quelque chose de lascif et d'impur. Voyez-en le décret sous le mot MESSE.

MUTATION.

(*Voyez* PERMUTATION, TRANSLATION.)

MUTILATION.

(*Voyez* HOMICIDE, IRRÉGULARITÉ.)

N

NAISSANCE.

Le défaut de *naissance* rend irrégulier. (*Voyez* IRRÉGULARITÉ, BATARD.)

NAPPE.

On a appelé *nappe de communion*, le linge que celui qui s'approche de la sainte table, étend sur ses mains. Le quatrième des décrets de la congrégation de la visite apostolique émanés sous Urbain VIII, défend de présenter aux communiants au lieu de *nappe*, le voile du calice, ou le *lavabo*.

On appelle *nappe d'autel* le linge qui se met sur l'autel avant de célébrer la messe.

L'autel où l'on dit la messe doit être couvert de trois *nappes*, ou au moins de deux, dont une soit double. On exige ce nombre, afin que si le précieux sang venait à se répandre, il ne pénétrât pas jusqu'à l'autel. De ces trois *nappes*, une au moins doit couvrir tout l'autel ; les deux autres peuvent être plus courtes ; il suffit absolument qu'elles couvrent exactement la pierre sacrée, ou si c'est un autel fixe, le milieu de la table, de manière qu'en cas d'accident le précieux sang n'arrive pas jusqu'à la pierre de l'autel. Les *nappes* doivent être de lin ou de chanvre. La rubrique veut qu'elles soient bénites par l'évêque ou par un prêtre qui en a reçu la permission. Cependant, dans un cas de nécessité, si, par exemple, il fallait célébrer pour pouvoir administrer le viatique à un malade, ou pour ne pas priver une paroisse, une communauté d'une messe d'obligation, et qu'on n'eût pas de *nappes* bénites, on pourrait se servir de *nappes* ordinaires ou communes (saint Alphonse de Liguori, lib. VI, n. 375; Collet, *Traité des saints mystères*, chap. VIII, n. 11). On suppose que ces *nappes* ne sont point destinées au service de l'autel ; car, si elles devaient avoir cette destination, nous pensons que le curé ou le prêtre qui serait dans le cas de s'en servir pourrait les bénir, d'après le consentement présumé de l'évêque (Mgr Gousset, *Théologie morale*, tom. II, pag. 194).

NARRATIVE.

Narrative est un terme de chancellerie romaine, qui signifie cette partie des rescrits où, soit l'orateur, c'est-à-dire le suppliant, soit le pape, racontent les faits qui servent de motifs à la grâce : or, cette *narrative* qui dépend ainsi des faits et de leurs circonstances ne peut être uniforme ; on peut seulement établir de certain que quand elle est faite par l'orateur, elle ne doit rien contenir de faux, ni supprimer aucune des vérités par où le pape puisse être mu ou dému à accorder ce qu'on lui demande : *Et hæc narratio, qualiter fieri debeat, non potest certa constitui doctrina alia, sed cavendum est ne falsa in narratione pars inserat, aut aliquid omittat quod papam ad difficilius concedendum vel denegandum inducat, alioqui rescriptum erit nullum* (C. *Ad aures*; c. *Ex tenore*; c. *Postulastis*; c. *Super litteris de rescripto*).

Par la règle 61 de chancellerie, *de clausula, si est ita*, l'intention du pape est qu'en matière d'incompatibilité, l'impétrant vérifie toujours la *narrative*, ainsi que dans tous les autres cas où la vérification est requise : *Item, quod in litteris super beneficiis per constitutionem* Execrabilis *vacantibus, ponetur clausula si est ita : similiter de quibuscumque narratis informationemfacti requirentibus.*

La difficulté est de savoir quand est-ce que cette vérification est requise. Amydenius explique à ce sujet ces quatre propositions qu'il dit être respectivement vraies quoique contraires en apparence. *Una : omnia narranda sunt in gratia. Alia : non omnia sunt narranda in gratia, sed tantum ea quæ possunt movere, ad concedendum. Rursus alia : omnia narrata indistincte sunt justificanda. Iterum alia : non omnia præcise narrata sunt justificanda.*

Sans rapporter ici l'explication que fait cet auteur de ces quatre propositions, *in Tract. de stylo datariæ*, cap. 32, n. 23, il nous suffira d'observer qu'il paraît les concilier par cette seule distinction des faits capables ou non capables de mouvoir ou de démouvoir le pape à la grâce ; ce qui est absolument relatif aux circonstances de chaque matière, et aux règles qui établissent l'expression de telle ou telle chose en particulier. *Verior igitur et rationi magis consona opinio est, non omnem subreptionem, hoc est, veri suppressionem causare vitium, quemadmodum nec omnem expressionem falsam et non expressa tunc demum vitiare gratiam et falsa suggesta quando continent dolum, et per consequens narrativam non secundum omnes sui partes verificandam esse ad gratiæ justificationem, sed tantum secundum eas quæ papam moverunt ad concedendam gratiam* (Felin. in c. *Licet*, vers. 1 de *probat.*).

Reste à observer d'après Corradus, *in Prax dispens.* lib. III, cap. 1, n. 11, que la *narrative* si nécessaire qu'elle soit, ne conclut rien pour les effets de la grâce ; c'est l'intention du pape, c'est elle seule qui les fixe et les règle. On la connaît par les clauses dont la grâce est accompagnée, et principalement par les termes de la conclusion dans le rescrit, ce qu'on appelle sa partie dispositive.

On n'excepte de cette règle que le cas où le pape parle lui-même dans la partie narrative d'un fait qui lui est propre, ou de toute autre façon à faire connaître que sa volonté est d'accorder ce qu'on lui demande, nonobstant les clauses insérées par les officiers dans la partie dispositive ; ce qui est assez rare.

NÉGOCE.

Dans tout le cours du droit, on trouve des canons et des règlements qui défendent aux clercs le *négoce* et l'embarras des affaires séculières. Sans rappeler ici les textes du décret sur la 88e distinction, cause 14, question 4, nous nous bornerons à transcrire le chapitre 6 du titre des décrétales : *Ne clerici vel mon.* etc. *Secundum instituta prædecessorum nostrorum, sub interminatione anathematis prohibemus, ne monachi vel clerici causa lucri negocientur. Et ne monachi a clericis vel laicis suo nomine firmas habeant; neque laici ecclesias ad firmam teneant.*

Par les termes *causa lucri*, on doit entendre que généralement tous les *négoces* ou toutes les entreprises qui n'ont pour fin que le lucre ou l'intérêt, sont défendus au clerc et au moine, comme absolument contraires à leur état et à la loi même de Dieu : *Nemo militans Deo, implicat se negotiis sæcularibus* (*Voyez* OFFICE, § 1). C'est dans ce sens que saint Jérôme écrivait à Népotien : *Negotiatorem clericum, et ex inope divitem, ex ignobili gloriosum, quasi quandam pestem fuge* (C. 3, dist. 88); et saint Augustin : *Fornicari omnibus, semper non licet : negotiari vero aliquando licet, aliquando non licet : antequam enim ecclesiasticus quis sit, licet ei negotiari ; facto jam, non licet* (C. 10, ead. dist.).

Mais si le *négoce* n'a pas pour but l'intérêt, si le clerc qui y participe plus ou moins directement ne le fait que dans des vues de charité, il est évident que le *négoce* ne peut lui être défendu, car le canon ci-dessus cité ne veut atteindre que les clercs qui n'entreprennent le *négoce* que dans des vues honteuses de cupidité et d'intérêt, *causa lucri*. Mais un clerc qui, pour procurer au clergé les livres où il doit puiser la science nécessaire à son état, celle de la sainte Ecriture, de la théologie, des saints canons, de la liturgie, des saints Pères, etc., sacrifie son temps, sa fortune, sa tranquillité, sa réputation même, ce prêtre assurément ne peut être compris dans les canons qui interdisent le *négoce* au clerc. On comprendra que nous voulons parler ici du célèbre éditeur de ce *Cours de droit canon* qui a déjà si bien mérité de la religion, en dotant l'Eglise des *Cours complets d'Ecriture-Sainte et de Théologie*, et qui travaille à l'enrichir encore d'un *Cours de Patrologie*, d'orateurs sacrés, d'apologistes de la religion, d'une *Encyclopédie théologique sur chaque branche de la science religieuse*, etc., etc.

Il faut, pour que le *négoce* soit pardonné à des ecclésiastiques, que la plus grande nécessité le leur fasse faire, et même dans ce cas, ils doivent user d'un certain ménagement qui sauve les apparences de leur devoir, parce que dans le doute on ne présume pas que le *négoce* se fasse par d'autres motifs que ceux de la cupidité : *In dubio nego-*

tiatio præsumitur facta ex causa cupiditatis et lucri, nisi probetur necessitas (Ugolin, *de offic. et potest. episc., cap.* 13, § 15).

Navarre (*Cons.* 3, *n.* 3, *ne cleric., vel monach.*) établit que puisque le clerc peut user d'une certaine industrie pour s'entretenir lui et sa famille, *ut se suosque alat*; il peut, avec encore plus de justice, faire valoir, autant que la loi le lui permet, les récoltes qui proviennent de ses propriétés. Voici à cette occasion les questions qui furent adressées à la congrégation du concile et les réponses qui y furent faites :

« 1° An liceat eis terras patrimoniales et beneficiales per laicos colere ? 2° Pro necessario culturæ usu, an possint emere boves et alia animalia et fœtus illorum vendere ? 3° An ii qui ex propriis bonis habent quercus et castaneas, quarum fructibus sues vescuntur, possint sues emere eosve alere, et pro sua et familiæ sustentatione vendere ? 4° An clerici pauperes ad suam suæque familiæ sustentationem possint terras ecclesiæ conducere ? 5° An iidem clerici cum foliis suarum arborum possint in propriis ædibus artificeæ operam dare, vel idem opus dare ad medictem, seu ad quartum, et fructus inde percipiendos vendere absque reatu illicitæ negotiationis ? 6° An possint locare boves, oves et animalia, quæ habent ex successione, vel aliis debitis vel ex decimis, eorumque fructus vendere ? 7° An liceat ex olivis, vineis, quercubus et aliis arboribus existentibus in terris patrimonialibus, et beneficialibus et aliis obtentis, vendere oleum, vinum, glandes et alios fructus ad sustentationem suæ familiæ, item et granum, et frumentum hujusmodi ex bonis patrimonialibus aut beneficialibus ?

« Respons. Ad primum respondit licere clericis agros beneficiorum et bonorum patrimonialium laicorum opera colere absque metu illicitæ negotiationis. Ad secundum posse similiter clericos pro culturæ usu boves et alia animalia emere, illorumque fœtus justo pretio et honesta ratione vendere, nec ob id prohibitæ negotiationis prætextu vexari posse, aut debere. Ad tertium, item et posse clericos habentes in propriis bonis quercus et castaneas sues emere, eosque alere pro sua et familiæ sustentatione, dummodo tamen in emendis, alendis, distrahendisve, nihil sordidum aut indecens ordini clericali exequantur. Ad quartum, licere clericis folia arborum, in propriis bonis existentium, alicui laico concedere, eo pacto addito, ut lucrum ex bombicibus, inter utrumque dividatur, et pariter eisdem licere, earumdem arborum foliis per seipsos absque officii eorum detrimento, artificeæ operam dare pro sua et familiæ sustentatione, dummodo tamen in artificio hujusmodi personas non suspectas adhibeant, et quoad hoc episcopi licentia quæ gratis sit concedenda obtineatur. Ad quintum, clericos pauperes ad suam suæque familiæ sustentationem posse terras ecclesiæ conducere absque reatu illicitæ negotiotianis, bona vero laicorum non posse, nisi ex mera præcisa necessitate. Ad sextum posse retinere et locare boves, et oves ac alia animalia, quæ habent ex successione, vel ex decimis necnon fructus illorum vendere absque reatu illicitæ negotiationis. Ad septimum, eosdem posse vendere granum, hordeum et alios fructus recollectos ex bonis patrimonialibus vel ecclesiasticis pro sua et suorum sustentatione.

« R. Card. Ubaldinus, Franc. Paulucius, S. cong. conc. Trid. secret. »

Les clercs et les religieux qui, contre les défenses qu'on vient de voir, s'immiscent dans le commerce par des vues de cupidité, pèchent mortellement et peuvent être excommuniés, déposés même. Si le simple *négoce* est interdit aux clercs, il leur est encore plus expressément défendu de se procurer des profits, même leur simple entretien par des voies honteuses, et par l'exercice de certaines fonctions et professions viles et abjectes : *Ab omni quoque sordido quæstu et vili aut ignominioso artificio abstinere debent clerici; quibus vero non suppetit ex sacerdotio possunt honesto aliquo artificiolo victum quærere* (*C. Clericus* 1, 2, *distinct.* 91; *Extravag. spondent. de crim. falsi inter comm.*).

C'est donc une indécence de voir des ecclésiastiques chargés des affaires des laïques, et obligés par leurs engagements à s'occuper toute leur vie d'une administration dont les prêtres un peu jaloux de leur honneur ou de celui de leur état, s'abstiennent quelquefois pour leurs propres affaires (*C. unic. de Syndic.*).

NÉOPHYTE.

On entend par *néophyte* un homme nouvellement entré dans un état. Ce nom vient de deux mots grecs qui signifient nouvelle plante : *Sicut neophytus hinc dicebatur qui initio sanctæ fidei erat eruditione plantatus, sic modo neophytus habendus est, qui repente in religionis habitu plantatus ad ambiendos honores sacros irrepserit* (*C.* 2, *dist.* 48). Il y a autant de sortes de *néophytes* qu'il y a de divers états par rapport aux ordres (*C.* 1, 2, *ead. dist.*). 1° La première est celle des nouveaux baptisés, c'est-à-dire de ceux qui par le baptême viennent de passer de l'infidélité à la foi; ce sont là à proprement parler les vrais *néophytes* dans le sens du second canon du concile de Nicée : ce nom n'est donné à d'autres que par similitude. 2° Les laïques qui sont depuis peu entrés dans l'état religieux (*C.* 2, *dist.* 48). 3° Les hérétiques et autres grands pécheurs nouvellement convertis, ou des pénitents publics qui ont à peine achevé leur pénitence (*C.* 3, *dist.* 61). 4° Les clercs qui ne font que d'entrer dans la cléricature ou dans les ordres mineurs, sont aussi *néophytes* par rapport à la prêtrise et à l'épiscopat, parce qu'ils n'ont pas encore le temps d'épreuve et de service nécessaire à ces ordres (*C.* 1, *et seq. dist.* 61; *c.* 2, 3, 9, *dist.* 77).

Le néophytat qui s'entend communément de l'état des nouveaux convertis à la foi, produit l'irrégularité pour plusieurs raisons, dont les principales sont exprimées dans le douzième canon du premier concile général, (*cap.* 1. *dist.* 48). *Non neophytum*, dit saint

Paul, *ne in superbiam elatus in judicium incidat diaboli* (1 *Timot.* III).

Le droit canon n'a point déterminé le temps nécessaire pour l'épreuve des *néophytes* proprement dits. Cela est laissé à la prudence de l'évêque. Mais il paraît par certains canons, que quand un *néophyte* n'a pas cet orgueil dont parle le passage rapporté, et que son humilité donne lieu d'espérer qu'une prompte élévation ne l'enflera pas, on peut passer alors par-dessus les règles, et l'élever tout à coup aux ordres supérieurs, en supposant toutefois que la nécessité ou l'utilité de l'Eglise le requière (*C.* 9, *dist.* 61, *can.* 9, *dist.* 77).

NÉPOTISME.

On donne ce nom à l'affection déréglée des ecclésiastiques pour les enfants de leurs frères et sœurs.

Les Italiens ont souvent employé cette expression pour désigner le crédit et l'autorité que plusieurs papes ont accordé à leurs neveux.

NICÉE.

Cette ville de Bithynie est fort célèbre par les deux conciles généraux qui s'y tinrent, et dont l'un est le premier qui se soit tenu dans l'Eglise avec ce caractère d'œcuménicité qui en rend les décisions, sur les dogmes de notre religion, dignes de notre foi.

I. L'hérésie d'Arius troublait depuis quelque temps la paix de l'Eglise, quand l'empereur Constantin, devenu maître de tout l'Orient par la défaite de Licinius, résolut par le conseil des évêques, d'assembler un concile œcuménique, c'est-à-dire, de toute la terre habitable. La chose était alors sans exemple, et il fallait bien que les maux qui affligeaient l'Eglise fussent grands, quand on employa un remède alors si extraordinaire pour les guérir. L'empereur convoqua donc ce concile l'an 325, et choisit pour le lieu de l'assemblée la ville de *Nicée*, l'une des principales de la Bithynie, voisine de Nicomédie où il résidait; il envoya de tous côtés aux évêques des lettres respectueuses, pour les inviter à s'y rendre en diligence, il leur fournit libéralement des voitures, des chevaux, et ce que les romains appelaient la *course publique*, pour ceux qui voyageaient par ordre du prince. En conséquence, il s'assembla à *Nicée* des évêques au nombre de trois cent dix-huit, sans compter les prêtres, les diacres et les acolytes. Le pape saint Sylvestre ne pouvant y venir à cause de son grand âge, y envoya pour ses légats deux prêtres appelés Vite et Vincent. Baronius prétend que le célèbre Osius tenait la place du pape, et qu'il présida en cette qualité au concile. Gélase de Cyzique le dit expressément. Ce témoignage se justifie par la souscription de cet évêque, qui précède dans les actes du concile celle des deux légats du pape et de tous les autres évêques.

Tillemont fait ainsi le portrait des évêques qui composaient cette illustre assemblée :
« Saint Alexandre, évêque d'Alexandrie, y
« assista avec toute l'autorité due à la gran-
« deur de son siége, et à celui de son mérite;
« il avait amené avec lui saint Athanase, son
« diacre, dont il estimait le conseil quoiqu'il
« fût encore fort jeune. Saint Eustathe, évê-
« que d'Antioche, et saint Macaire de Jéru-
« salem, furent comme les chefs et les pères
« du concile. Après eux les évêques les plus
« célèbres de toute la chrétienté composaient
« cette illustre assemblée, et la rendaient
« comme une image des apôtres. On y vit les
« évêques d'Egypte et du patriarcat d'An-
« tioche parmi lesquels étaient saint Paph-
« nuce, évêque dans la haute Thébaïde,
« saint Potamon d'Héraclée, Asclepe de Gaze,
« saint Paul, évêque de Néocésarée, saint
« Jacques de Nisibe, saint Amphion d'Epi-
« phanie, Léonce, métropolitain de Césarée
« en Cappadoce, appelé l'ornement de l'Eglise
« par les auteurs contemporains, saint Hip-
« pace évêque de Gangres, dont la vie fut
« consommée par le martyre, saint Alexan-
« dre de Bysance, Protogène, évêque de
« Sardique, Alexandre de Thessalonique et
« autres.

« Dans ce grand nombre d'hommes illus-
« tres, les uns étaient remarquables par la
« sagesse de leurs discours, les autres par
« l'austérité de leur vie et par leur patience
« dans les travaux; il y en avait beaucoup
« qui étaient relevés par des grâces apostoli-
« ques; beaucoup portaient sur leur corps
« des marques des souffrances de Jésus-Christ.
« On en voyait qui avaient les deux mains
« estropiées, comme Paul de Néocésarée,
« dans la persécution de Licinius; d'autres
« à qui l'on avait brûlé le jarret; d'autres
« avaient l'œil arraché, comme saint Paph-
« nuce. On y trouvait, en un mot, un grand
« nombre de confesseurs et de martyrs; et
« Constantin, en convoquant ce concile, fit
« qu'on vit rassembler, dans une seule Eglise,
« tout ce que les Eglises de l'Europe, de l'A-
« frique et de l'Asie avaient de plus grand;
« c'était en quelque sorte comme une cou-
« ronne de paix qu'il offrait à Dieu pour ac-
« tions de grâces de tant de victoires qu'il lui
« avait accordées. »

Mais après ce grand nombre de saints, il se trouvait plusieurs évêques qui leur ressemblaient bien peu dans leur foi et dans leur conduite. On prétend qu'ils n'étaient guère plus de vingt-deux. Ceux-ci soutenaient le parti d'Arius, mais ils dissimulaient en même temps soigneusement leurs erreurs. Les plus connus sont Eusèbe de Césarée en Palestine, Théodote de Laodicée, Paulin de Tyr, Grégoire de Bérythe, Aèce de Lydde, Theognis de Nicée, Eusèbe de Nicomédie, Maris de Calcédoine, etc.

Le jour marqué pour la séance publique du concile était le 19 juin, et l'ouverture s'en fit en effet ce jour là; mais les premiers jours on se contenta de discuter les matières, pour les décider solennellement en présence de Constantin, qui n'arriva à *Nicée* que le 3 juillet. Il avait fait préparer une salle dans son palais pour la tenue du concile. Les évêques s'y rendirent le lendemain de son arrivée, l'empereur y fut aussi, revêtu de sa pourpre, mais sans gardes, et accompagné seulement de ses ministres qui étaient chrétiens, il ne s'assit sur un petit siége d'or qui lui avait été préparé, que lorsque tous les évêques l'en eurent prié par signes. Les évêques s'assirent après lui; un d'entre eux qu'on croit être Eustache d'Antioche, se leva, et adressant la parole à l'empereur rendit grâce à Dieu pour les biens dont il avait comblé ce prince. Constantin répondit à ce discours par un autre rempli de douceur, où il témoignait, selon Eusèbe, la joie qu'il avait de se trouver dans cette assemblée; il déclara ensuite qu'il n'avait voulu se trouver dans ce concile, que pour y être comme l'un des fidèles, et qu'il laissait aux évêques toute liberté de traiter des questions de foi. Nous ne rapporterons pas ici le détail de tout ce qui se passa dans ce concile, il nous suffira de dire au sujet d'Arius, que sa doctrine y fut condamnée, et qu'on fit à cette occasion la célèbre profession de foi, connue depuis sous le nom de *Symbole de Nicée*, et qu'un concile de Rome, tenu sous le pape Damase, appelle une muraille opposée à tous les efforts du démon.

Arius soutenait que le Fils de Dieu était tiré du néant; qu'il n'avait pas toujours été; qu'il était capable par sa liberté, de la vertu et du vice; qu'il était une créature et un ouvrage de Dieu. Ce blasphème, que l'hérésiarque ne rougit pas de prononcer dans une des assemblées du concile, fit jeter les hauts cris et boucher les oreilles à tous ceux qui la composaient, ils conclurent tout d'une voix à anathématiser ces opinions impies avec celui qui les soutenait.

Les Pères déclarèrent que Jésus-Christ est le vrai Fils de Dieu, égal à son Père, sa vertu, son image, subsistant en lui, et vrai Dieu comme lui; et pour être à l'abri de toutes les subtilités des ariens, le concile crut devoir exprimer par le terme *consubstantiel*, qu'il adopta en parlant du Fils de Dieu, tout ce que les saintes Ecritures nous disent, en parlant de Jésus-Christ, et cela, pour marquer l'unité indivisible de nature. Tous les évêques, à l'exception de dix-sept, embrassèrent de cœur et de bouche ce terme de *consubstantiel*, et ils en firent un décret solennel d'un consentement unanime.

Le concile fit ensuite vingt canons de discipline, indépendamment de son décret sur la pâque et de son jugement touchant les méléciens, qui depuis longtemps divisaient toute l'Egypte. Il conserva à Mélèce le nom et la qualité d'évêque dans la ville de Lycople en Egypte, mais lui interdisant toutes fonctions; et ceux qu'il avait élevés aux dignités ecclésiastiques furent admis à la communion de l'Eglise, à condition qu'ils n'auraient rang qu'après ceux qui avaient été ordonnés jusqu'alors dans l'Eglise catholique, et qui étaient dans la communion de saint Alexandre. Pour la fête de Pâques, il régla, comme nous le disons ailleurs, qu'elle serait célébrée dans toute l'Eglise le dimanche d'après le quatorze de la lune de mars, et il marqua que c'était un nouveau règlement de discipline. Les vingt canons de discipline, qui sont venus jusqu'à nous, furent faits pour conserver l'ancienne discipline qui se relâchait. Ils sont rappelés dans le cours de cet ouvrage; en voici le sujet: Le premier parle de la mutilation des membres; le second de l'ordination des néophytes; le troisième des femmes sous-introduites. C'est à l'occasion de ce troisième canon, dont il est parlé sous le mot AGAPÈTE que saint Paphnuce se leva dans l'assemblée, pour soutenir qu'il ne fallait point faire de loi qui défendît à ceux qui étaient dans les ordres sacrés, d'habiter avec les femmes qu'ils avaient épousées étant laïques. Les coutumes étaient alors différentes sur ce point; ce ne fut que dans le concile *in Trullo*, dont il est parlé sous le mot CONSTANTINOPLE, et qui fut tenu douze ans après le sixième concile général, que les Grecs firent une loi conforme à l'avis de saint Paphnuce. Le quatrième canon règle l'ordination des évêques; le cinquième regarde la juridiction des évêques par rapport aux excommunications, et ordonne la tenue des conciles provinciaux; le sixième parle aussi de l'ordination des évêques, et veut que chaque Eglise conserve ses droits, et n'empiète pas sur ceux des autres Eglises; le septième canon regarde particulièrement l'évêque de Jérusalem; le huitième, les novatiens; le neuvième, les prêtres promus sans examen; le dixième, onzième, douzième, treizième et quatorzième, regardent les apostats dans le temps des persécutions; le quinzième défend aux ecclésiastiques les courses et les voyages; le seizième fait un règlement conséquent à la défense du quinzième canon; le canon dix-septième parle de l'usure et de l'avarice des clercs; le dix-huitième condamne un certain abus de la part des diacres; le dix-neuvième regarde les pauliamistes; enfin le vingtième et dernier de ces canons regarde une simple cérémonie qui consistait à ne pas fléchir le genou le dimanche et pendant le temps pascal. Les arabes ont attribué à ce concile un grand nombre de canons inconnus à toute l'antiquité; cette compilation, visiblement apocryphe, est connue sous le nom de *Canons arabiques du concile de Nicée*.

Après que le concile fut terminé, ce qui fut le 25 juillet, Constantin en rendit grâces à Dieu par une fête solennelle, et fit un festin pour tous les évêques du concile. Il fit manger les principaux avec lui, et les autres à d'autres tables aux deux côtés de la sienne, regardant avec les yeux de la foi ceux des évêques qui portaient encore les marques de la confession qu'ils en avaient faite devant les tyrans. Il baisa les cicatrices de quelques-uns, entre autres de saint Paphnuce qui avait eu l'œil droit arraché, espérant tirer de ce saint attouchement, une bénédiction particulière; les ayant encore assemblés, il leur fit un fort beau discours, pour leur dire adieu lorsqu'ils furent prêts à se séparer.

Au reste, les Pères ont relevé par de très-grands éloges l'autorité et la majesté de ce concile (Tillemont; Eusèbe, *liv.* III, *c.* 6; Sozom. *liv.* I, *ch.* 10).

II. Le second concile général de *Nicée*,

compté pour le septième de l'Eglise, commença le 24 septembre de l'an 787, et finit le 23 octobre, sous le pape Adrien et l'empereur Constantin, fils de Léon et d'Irène.

Les événements qui ont un rapport immédiat à ce concile sont trop intéressants pour n'en pas tracer ici l'abrégé, du moins des principaux : ils ne peuvent d'ailleurs que jeter un plus grand jour sur les causes qui donnèrent lieu à la tenue de ce concile, et dont la principale fut l'hérésie des iconoclastes. Un évêque de Phrygie, nommé Constantin, fut l'origine et la cause de cette hérésie si célèbre par les persécutions qu'elle excita. Ce prélat, aveuglé par un zèle qui n'était nullement éclairé, confirma l'empereur Léon dans l'opinion qu'il avait reçue des musulmans, que l'honneur que l'on rendait aux images de Jésus-Christ et des saints était une idolâtrie. Dans cette idée, l'empereur dit publiquement qu'on ne pouvait adorer les images sans favoriser l'idolâtrie, et qu'ainsi l'on devait renoncer à une pratique contraire à l'Ecriture, qui défend de faire aucune image pour l'honorer.

Saint Germain, patriarche de Constantinople, s'éleva fortement contre cette nouvelle doctrine, et soutint que les images avaient toujours été en usage dans les églises. Il écrivit à ce sujet trois lettres, pour ramener les évêques qui étaient entrés dans les sentiments de l'empereur. Il expliqua solidement la doctrine de l'Eglise et fit voir que les chrétiens ne rendaient aux saintes images qu'un culte qui se rapporte aux originaux, de la même manière que l'on respecte la statue et le portrait de son souverain ou de toute autre personne pour qui l'on est plein de vénération. Le pape Grégoire III se déclara fortement contre cette erreur. Mais l'empereur Léon était trop peu instruit, ou d'un génie trop borné, pour comprendre la différence du culte relatif et du culte absolu : ainsi, se sentant offensé de la résistance des catholiques, qui ne voulurent point souffrir cette profanation, il fit un décret contre les images, et voulut forcer tout le monde à le recevoir. En conséquence, il fit ôter toutes les images de Jésus-Christ, de la sainte Vierge et des saints partout où il y en avait, ordonnant qu'on les brûlât; et il excita par là une persécution aussi cruelle que celle des empereurs païens.

Le pape Grégoire III écrivit à cet empereur une lettre admirable, dans laquelle il se plaint de cette entreprise, et lui parle en ces termes : «Vos prédécesseurs ornaient les églises, « et vous travaillez à les défigurer. Les pères « et les mères tenant entre leurs bras leurs « petits enfants nouveaux baptisés, leur montrent avec le doigt les histoires de la religion : on instruit de la même manière les « jeunes gens et les nouveaux convertis, et « on élève leur esprit et leur cœur à Dieu. » Ce pape ne borna pas là son zèle : et il fit tenir à ce sujet un concile à Rome, l'an 372.

Constantin Copronyme suivit les traces de son père Léon, et employa toute son autorité pour abolir les images. La persécution devint encore plus violente sous ce prince, surtout contre les moines, qu'il haïssait particulièrement. Plusieurs expirèrent sous les coups, ou par l'excès des maux qu'on leur fit souffrir. Saint Etienne, abbé de Saint-Auxence, monastère près de Nicomédie, fut un de ceux qui éprouvèrent le plus la cruauté des persécuteurs. Constantin, pour couvrir de quelque prétexte sa tyrannie, fit même tenir à Hyerie, près de Constantinople, un concile où trois cent trente-huit évêques, devenus iconoclastes par la crainte de la persécution, firent un décret contre les saintes images. Mais Dieu délivra enfin l'Eglise de ce fléau, ôtant du monde celui qui avait fait couler le sang de ses serviteurs.

Après sa mort, Taraise, patriarche de Constantinople, de concert avec l'impératrice Irène, et son fils Constantin, écrivit au pape pour le prier de concourir au projet d'un concile général, afin d'y faire confirmer la tradition de l'Eglise touchant le culte des images. En conséquence de ces arrangements, trois cent soixante-dix-sept évêques se rendirent à *Nicée* au temps indiqué. Ils étaient tous des pays de l'obéissance du jeune Constantin, empereur de Constantinople; savoir : de la Grèce, de la Thrace, de la Natolie, des îles de l'Archipel, de la Sicile et de l'Italie.

Le concile s'ouvrit le 24 septembre dans l'église de Sainte-Sophie, où deux légats représentaient le pape Adrien. Sans entrer dans le détail de toutes les sessions de ce concile, détail que l'on voit ailleurs, nous rapporterons seulement ici la définition de foi de ce concile, sur ce qui l'avait occasionné.

« Nous décidons que les saintes images,
« soit de couleur, soit de pièces de rapport,
« ou de quelque autre matière convenable,
« doivent être exposées, soit dans les égli-
« ses, sur les vases, les habits sacrés, les
« murailles, soit dans les maisons et dans
« les chemins : car, plus on voit souvent
« dans les images, Jésus-Christ, sa sainte mère
« et les saints, plus on se sent porté à se
« souvenir des originaux et à les aimer. On
« doit rendre à ces images le salut et l'ado-
« ration d'honneur, mais non le culte de
« latrie, qui ne convient qu'à la nature di-
« vine. On pourra néanmoins approcher de
« ces images l'encens et le luminaire, comme
« on en use à l'égard de la croix, des évangiles
« et des autres choses sacrées : le tout selon
« la pieuse coutume des anciens; car, l'hon-
« neur de l'image est rapporté à l'original
« qu'il représente. Telle est la doctrine des
« saints Pères et la tradition de l'Eglise
« catholique. Ceux qui osent penser ou en-
« seigner autrement, nous ordonnons qu'ils
« soient déposés s'ils sont évêques ou clercs,
« et excommuniés s'ils sont moines ou laï-
« ques. » Ce décret fut souscrit par les légats et par tous les évêques. (*Voyez* IMAGE.)

Le concile fit ensuite vingt-deux canons de discipline, et voici comment Fleury les expose en son *Histoire ecclésiastique* : Le premier recommande l'observation de tous les anciens, savoir : des canons des apôtres, de ceux des six conciles généraux, des conciles particuliers et des Pères. Celui qui est ordonné évêque, doit absolument savoir le Psautier, et le métropolitain doit l'examiner soigneusement, pour voir s'il est résolu de lire avec application les canons et l'Ecriture sainte, et d'y conformer sa vie et les instructions qu'il doit donner au peuple. C'est que la persécution des iconoclastes avait obligé les meilleurs chrétiens à se cacher et à se retirer en des lieux éloignés, ce qui les avait rendus rustiques, et leur avait ôté la commodité d'étudier. Ainsi le concile se contente qu'ils sachent le plus nécessaire, et soient disposés à s'instruire. L'examen par où commence la cérémonie de l'ordination des évêques, semble être un reste de cette discipline.

Toute élection d'évêque, de prêtre ou de diacre, faite par l'autorité du magistrat, sera nulle, selon les canons. Il est défendu aux évêques, sous quelque prétexte que ce soit, d'exiger de l'or, de l'argent ou quelque autre chose des évêques, des clercs, des moines, de leur dépendance : d'interdire quelqu'un de ses fonctions par passion, ou de fermer une église, et y interdire l'office, exerçant leur colère sur les choses insensibles ; autrement ils seront traités comme ils auront traité les autres. Le concile semble ici condamner absolument les interdits locaux, dont nous avons vu des exemples en Occident. Quelques ecclésiastiques ayant fait des libéralités à l'Eglise, à cause de leur ordination, en prenaient occasion de mépriser ceux qui avaient été ordonnés pour leur seul mérite, n'ayant rien donner. Le concile réduit ces insolents au dernier rang de leur ordre ; et en cas de récidive, les menace de plus grande peine. En même temps il renouvelle les canons contre la simonie. Il confirme aussi ceux qui ordonnent de tenir tous les ans les conciles provinciaux, et prononce excommunication contre tout magistrat qui les empêchera. Il défend au métropolitain de demander aux évêques qui viennent au concile, un cheval ou quelque autre chose de leur équipage.

Les iconoclastes, méprisant les traditions, et ennemis des reliques, n'en mettaient point dans les nouvelles églises. C'est pourquoi le concile ordonne d'en mettre avec les prières accoutumées, dans les églises qui n'en ont point, et défend aux évêques, sous peine de déposition, de consacrer une église sans reliques. Tous les livres des iconoclastes seront portés au palais épiscopal de Constantinople, pour y être gardés avec les autres livres des hérétiques ; et l'on défend à quiconque ce soit de les cacher, sous peine de déposition ou d'excommunication.

Plusieurs clercs vagabonds venaient à Constantinople, s'attachaient aux grands, et disaient la messe dans leurs oratoires. Le concile défend de les recevoir en quelque lieu ou maison que ce soit, sans la permission de leur évêque ou du patriarche de Constantinople. Et ceux qui ont permission de demeurer auprès des grands, ne doivent pas s'y charger d'affaires temporelles, mais de l'instruction des enfants ou des domestiques pour leur lire l'Ecriture sainte. Il est défendu de lire dans l'église sur l'ambon, sans avoir reçu l'imposition des mains de l'évêque, c'est-à-dire, l'ordre de lecteur, quoiqu'on ait reçu la tonsure. La même chose est ordonnée pour les moines ; mais l'abbé peut ordonner un lecteur dans son monastère, pourvu qu'il soit prêtre lui-même, et qu'il ait reçu de l'évêque l'imposition des mains, comme abbé. Les chorévêques peuvent aussi ordonner des lecteurs par permission de l'évêque. Un clerc ne sera point inscrit dans deux églises ; mais celui qui n'a pas de quoi vivre, doit choisir une profession qui lui aide à subsister. Ce règlement est pour Constantinople. Dans la campagne, on pourra permettre de servir deux églises, pour la rareté des sujets. Chaque église aura son économe : si quelqu'une en manque, le métropolitain en donnera aux évêques, et le patriarche aux métropolitains.

Les iconoclastes étendaient la haine des moines jusqu'à se moquer de tous ceux qui s'habillaient modestement, ce qui introduisit le luxe dans le clergé. Le concile défend donc à tous les clercs les habits magnifiques, les étoffes de soie bigarrées, les bordures de diverses couleurs, et l'usage des huiles parfumées. Il est ordonné de rendre les maisons épiscopales et les monastères que les iconoclastes avaient convertis à des usages profanes. La simonie est défendue pour la réception dans les monastères, comme pour les ordinations, sous peine de déposition contre l'abbé clerc, et pour l'abbesse ou l'abbé laïque, d'être chassé et mis dans un autre monastère. Mais ce que les parents donnent pour dot, ou que le religieux apporte de ses propres biens, demeurera au monastère, soit que le moine y demeure ou qu'il en sorte, si ce n'est par la faute du supérieur. Le concile ne défend donc pas absolument les présents, pour l'entrée en religion, mais seulement les actions simoniaques. Les monastères doubles d'hommes et de femmes sont défendus à l'avenir ; mais ceux qui sont déjà fondés subsisteront, suivant la règle de saint Basile. Défendu aux moines de coucher dans les monastères de femmes, ni de manger avec une religieuse ou avec aucune femme, sans grande nécessité.

Quelques Juifs faisaient semblant de se convertir, et judaïsaient en secret. Le concile défend de les recevoir à la communion, ni à la prière, ni de les laisser entrer dans l'église, ni de baptiser leurs enfants, ni de permettre qu'ils achètent des esclaves. Il faut entendre des esclaves chrétiens. C'est ce qui paraît de plus remarquable dans les canons du septième concile.

Au reste, ce concile fut quelque temps sans être reçu par les évêques de France. 1° Ils donnaient pour raison que les évêques d'Occident n'y avaient point eu de part et n'y avaient pas même été appelés, et qu'il n'y avait que les légats du pape. 2° Ils représentaient que leur usage, à la vérité, était d'avoir des images, mais non de leur rendre aucun culte. 3° Ils imputaient au concile de *Nicée* d'obliger à adorer les images. 4° Ils disaient que ce concile n'était point assemblé de toutes les parties de l'Eglise, et que sa décision n'était pas conforme à la décision de l'Eglise universelle : à quoi les Grecs répondaient que le pape y avait assisté par ses légats. Ces diverses raisons font la matière des livres appelés carolins.

Mais, touchant ces livres, le pape Adrien fit une réponse, dans laquelle on ne peut assez admirer la douceur avec laquelle il répond à un écrit si plein de mauvais raisonnements.

Cependant, malgré cette réponse du pape, on voit plus de cent ans après, Hincmar, archevêque de Reims, un des plus savants évêques de France, n'avait de ce concile d'autre idée que celle qu'il en avait prise dans les livres carolins, et qu'ainsi ce concile n'était pas encore alors reçu en France.

NIHIL TRANSEAT.

On appelle ainsi un obstacle que l'on met à Rome pour l'expédition de certaines bulles ou autres rescrits. Ce sont de véritables oppositions qui se font et se vident, dans le style de la chancellerie, devant le cardinal dataire. Ce prélat donne jour pour entendre les parties, et, sur leurs mémoires ou raisons, il prononce. Si l'expédition à laquelle on s'oppose n'a rien de contraire aux décrets du concile de Trente, ni aux règles de la chancellerie, elle se fait nonobstant toute opposition. Si non on la refuse.

NOBLES, NOBLESSE.

Jésus-Christ ne fait acception de personne dans son Eglise. *Petro successorem quærimus non Augusto*, dit la glose sur le chapitre *Quoniam*, 24, qu. 1. Le pape Grégoire IX, décidant pour la validité d'une collation que son légat avait faite à un roturier, d'un canonicat de Strasbourg, se sert de ces termes dans la fameuse décrétale *Venerabilis de præb. et dignit.* : *Non igitur attendentes quod non generis, sed virtutum nobilitas vitæque honestas gratum Deo faciunt et idoneum servitorem: ad cujus regimen, non multos secundum carnem nobiles, et potentes elegit, sed ignobiles, ac pauperes, eo quod non est personarum acceptio apud ipsum et vix ad culmina dignitatum (nedum præbendas) viri eminentes scientia valeant reperiri, exceptiones hujusmodi non duximus admittendas* (C. *Venerabilis de præbend.*). Abbas dit sur ce même chapitre : *Nobilitas sola est quæ animum moribus ornat*.

Il semble que sur ce principe on ne peut introduire, ni même conserver sans abus dans une église, la règle de n'y admettre aux charges et bénéfices que des *nobles*, et telle est en effet l'opinion de certains canonistes, comme Barbosa, Felin, etc. Ces auteurs estiment qu'on ne peut pas non plus faire des statuts qui excluent les étrangers : *Nec certæ originis clerici sunt eligendi, sed undecumque sint modo idonei existant, sunt admittendi (cap. Ad decorem, de instit.)* (*Voyez* ÉTRANGER.)

Toutefois les règlements qui attachaient autrefois des prérogatives à la condition et à la *noblesse* n'avaient rien que de légitime, d'utile même et de nécessaire. Le savant Thomassin, après avoir rappelé l'usage de l'église de Lyon, où, en 1245, il y avait soixante-quatorze chanoines, dont un fils d'empereur, neuf de rois, quatorze de ducs, trente de comtes, et vingt de barons, dit : « Il est fort vraisemblable que cette église primatiale en a attiré d'autres, par son exemple, à la même pratique, et qu'elle a peut-être suivi elle-même l'exemple de quelque autre. Mais il ne faut pas se persuader que ce soit le seul éclat de la *noblesse* qui ait ébloui les premiers auteurs de cet usage ; ce serait un motif trop humain et trop éloigné de la pureté avec laquelle l'Eglise veut qu'on entre et qu'on fasse entrer les clercs dans les dignités ecclésiastiques. On a eu égard à la protection que l'Eglise recevait des *nobles*, ou qu'elle avait déjà reçue de leurs ancêtres. On a considéré que l'éducation des *nobles* était ordinairement plus vertueuse que celle des roturiers, surtout au temps que ces statuts ou ces usages commencèrent à avoir cours : car les roturiers étaient alors presque tous serfs. Enfin, on a jugé que la piété des personnes puissantes était aussi puissante pour en attirer d'autres à leur imitation. Ainsi, ce n'a nullement été par des intérêts bas et charnels qu'on a affecté quelques églises et quelques bénéfices à la *noblesse* ; mais par des considérations religieuses et par les vues de la nécessité ou de l'utilité de l'Eglise. Car il faut bien distinguer les dispositions vicieuses de quelques particuliers, qui se jettent dans les dignités de l'Eglise avec des sentiments purement humains, d'avec les maximes saintes de l'Eglise même, qui ménage les passions terrestres des hommes charnels, pour les faire servir à l'édifice spirituel et à la cité céleste qu'elle bâtit sur la terre. »

Effectivement, pour les mêmes raisons, le concile de Latran fit des exceptions en faveur des personnes sublimes. Saint Charles fonda un collège pour des gentilshommes, dont il faisait ses plus douces complaisances. Enfin, saint Bernard disait que, sans faire une injuste acception de personnes, on ne peut s'empêcher d'avoir un peu plus de complaisance pour la vertu, quand elle est accompagnée de la *noblesse* : *Minime quidem Deus est acceptor personarum, nescio tamen quo pacto virtus in nobili plus placet.* (*Epist.* CXIII.)

Le père Thomassin remarque judicieusement sur les termes *nobilem* et *liberum* de la décrétale, contraires à ces maximes, que dans ce temps-là les roturiers étaient partout serfs, et que qui était libre était *noble*. La coutume, dit-il, en est restée en Allemagne. Elle a cessé en France depuis fort longtemps. Or, une église riche, toute composée de serfs, eût été bientôt la proie des usurpateurs. Cette dernière raison ne subsistant plus, on ne donne pas autant de faveur à la naissance dans la distribution des grâces ecclésiastiques, et elles sont devenues communes au mérite et à la vertu. (*Voyez* CHAPITRE, § 2.)

NOCES.

On donne le nom de *noces* au mariage, *voyez* pourquoi sous le mot MARIAGE. Un des points de division entre les Grecs et les Latins est que les troisièmes *noces* et par conséquent les quatrièmes sont défendues chez les premiers et permises chez les autres. Les montanistes et d'autres hérétiques blâmaient autrefois jusqu'aux secondes *noces* que saint Paul conseille aux jeunes veuves : *volo juniores viduas nubere*. C'est pourquoi le premier concile général de Nicée ordonna que quand les cathares et les novatiens voudraient revenir à l'Eglise catholique, on les obligerait de ne plus regarder comme des excommuniés, ceux qui avaient passé à de secondes *noces*. Qu'on ne m'impute pas, dit saint Jérôme, d'avoir condamné les secondes *noces*; comment pourrais-je les condamner, puisque je ne condamne pas les troisièmes, ni même les huitièmes? Il est vrai que je loue ceux qui se contentent d'un premier mariage, et que j'exhorte ceux qui sont veufs à passer le reste de leur vie dans la continence, mais je ne crois pas qu'on doive ni qu'on puisse excommunier les personnes qui se remarient.

Les mêmes raisons qui prouvent que les premières *noces* sont permises, comme pour trouver dans le mariage un remède contre la concupiscence, pour s'entr'aider dans les besoins de la vie, et pour se procurer des enfants, prouvent pareillement que les secondes, les troisièmes et au delà, sont permises.

Néanmoins dans les premiers siècles de l'Eglise, les secondes et troisièmes *noces* étaient plutôt tolérées qu'approuvées, surtout celles des veuves. Le septième canon du concile de Néocésarée défend aux prêtres d'assister aux secondes *noces*, pour n'être pas censés approuver la conduite de ceux qui s'y engagent : d'ailleurs, ajoute ce canon, il est ordonné qu'on mettra les bigames en pénitence, c'est-à-dire, comme l'explique le concile de Laodicée, qu'ils seront obligés de passer quelque temps dans les jeûnes et dans la prière, avant de leur permettre la communion.

Il reste même quelque vestige de cette ancienne sévérité; car les bigames sont encore exclus de l'entrée aux ordres (*Voyez* BIGAMIE), et le rituel romain défend qu'on bénisse les *noces* d'une veuve, quoiqu'elle épouse un homme qui n'ait jamais été marié.

Quant au mariage d'une veuve dans l'an du deuil de son premier mari, le droit canon n'a pas suivi le droit romain qui punit cette veuve de l'infamie : *Cum secundum Aposto-*

lum mulier, mortuo suo marito, ab ejus lege sit soluta, et nubendi, cui vult, tantum in Domino, liberam habeat facultatem, non debet legalis infamiæ sustinere jacturam, quæ licet post viri obitum intra tempus luctus (scilicet unius anni spatium) nubat, concessa sibi tamen ab Apostolo utitur potestate, cum in his præsertim sæculares leges non dedignentur sacros canones imitari (*C. Cum secundum; c. Super illa, de secundis nuptiis*).

Le Code civil porte, à cet égard, article 228 : « La femme ne peut contracter un nouveau mariage qu'après dix mois révolus depuis la dissolution du mariage précédent. »

Mais, d'après Locré, Merlin, Toullier, Paillet, Rogron, cette défense n'est qu'un empêchement prohibitif pour le mariage civil. Cependant Delvincourt est d'un avis contraire.

On avait ajouté à l'article, dit Maleville, que le mari ne pourrait se remarier non plus que trois mois après la mort de sa femme; mais on observa d'abord qu'il ne fallait pas afficher cette différence choquante entre les deux sexes, et ensuite que n'ayant pas de raison physique pour interdire au mari de se remarier avant une époque fixe, il fallait laisser, sur ce point, agir les mœurs.

Le concile de Trente, session XXIV renouvelle les anciennes défenses des *noces* solennelles depuis l'Avent jusqu'au jour de l'Epiphanie, et depuis le mercredi des cendres jusqu'à l'octave de Pâques inclusivement.

«Que les prêtres, dit le concile de Venise de l'an 465, les diacres, les sous-diacres, et tous ceux à qui le mariage est interdit, évitent même de se trouver aux *noces* des autres; qu'ils ne se trouvent point dans ces assemblées où l'on récite des chansons d'amour, ou toute autre chose déshonnête, où l'on tient, dans la danse et dans les chansons, des postures indécentes, de peur de souiller leurs yeux et leurs oreilles consacrés aux fonctions de leur auguste ministère, en les prêtant à regarder des spectacles indécents, et à écouter des paroles trop libres. » (*Canon* 11.)

En général un prêtre se trouve déplacé dans des festins de *noces*, aussi les statuts synodaux de la plupart des diocèses, défendent sagement, et sous peine de suspense, d'y assister.

NOMINATION.

La *nomination* est l'acte par lequel une personne est élevée à une charge ou dignité au choix d'une autre. Dans ce sens, on se sert du mot *nomination* en matière d'élection, et les canonistes en distinguent de deux sortes : la *nomination* simple et la *nomination* solennelle. La première se fait de ceux qui doivent être élus, par tous ceux qui ont un droit passif à l'élection, et l'autre se fait de deux ou trois de ces mêmes éligibles qu'on présente au pape ou à un autre supérieur, afin qu'il choisisse celui des trois qu'il lui plaira. C'est cette dernière sorte de *nomination* dont le sens a été plus communément reçu. Nous parlerons ici de la *nomination* des évêques.

(*Dix-neuf*)

L'Eglise ne pouvant se perpétuer que par le ministère pastoral, il fallait bien qu'elle eût reçu de Jésus-Christ le pouvoir de se choisir des ministres, de les consacrer, de les établir sur une portion du troupeau, d'étendre ou de borner leur juridiction, de les corriger, de leur infliger des peines spirituelles, ou même de les destituer, s'ils devenaient prévaricateurs. Et voilà bien aussi ce qu'elle a pratiqué, sans le concours de la puissance temporelle, soit dans les trois premiers siècles, soit dans des temps postérieurs, sous la domination des princes qui n'étaient pas chrétiens. Certainement, les Césars, les magistrats idolâtres, le peuple païen, n'intervenaient pas dans l'élection et la mission des évêques qui étaient préposés aux diverses églises répandues dans l'empire romain. Mais le mode d'élire les évêques, de les instituer ou de les destituer, n'est pas assez déterminé par la loi divine, pour qu'il n'ait pas subi des variations qui ont pu être également salutaires, suivant les temps et les lieux. Seulement, tout ce qui s'est fait en cette matière s'est fait de l'aveu exprès ou tacite de l'autorité compétente. Voici ce que les meilleurs auteurs nous apprennent de l'élection et de la *nomination* aux évêchés. La promotion à l'épiscopat comprend deux choses, l'élection et l'institution. Nous parlerons ici de l'une et de l'autre.

§ 1. *Histoire de l'élection ou* NOMINATION *des évêques.*

Par le Nouveau Testament, l'on sait comment furent d'abord institués les évêques. Jésus-Christ appela ses disciples, et choisit pour apôtres ceux qu'il voulut; il leur dit après sa résurrection : *Comme mon Père m'a envoyé, je vous envoie de même;* et saint Paul dit aux évêques d'Asie que le Saint-Esprit les a établis pour gouverner l'Église de Dieu, et à Tite, qu'il l'a laissé en Crète, pour établir dans les villes, des prêtres, qu'il appelle ensuite évêques. L'on voit aussi dans toute la suite de la tradition que les évêques ont toujours été établis par d'autres évêques. Quoique anciennement on n'en confirmât aucun qui n'eût été agréé de tout le clergé et du peuple, comme nous l'apprenons des écrits de saint Cyprien; on y voit que dès qu'une église était vacante, les évêques voisins s'assemblaient, et qu'ils choisissaient celui qu'ils croyaient devoir mieux remplir cette place. Après que le peuple avait approuvé leur choix, le nouvel évêque était consacré. C'est une loi, dit ce saint, que celui qui doit gouverner le diocèse, soit choisi en présence du peuple et qu'il en soit jugé digne par le témoignage et le suffrage du public. C'est, dit-il ailleurs, une tradition divine et apostolique qu'on observe presque dans toutes les provinces, que pour l'ordination d'un évêque, ceux de la province s'assemblent, et qu'on élit un prélat en présence du peuple qui connaît la vie, les mœurs et la conduite de celui qu'on propose. Le pape Corneille avait été élevé sur la chaire de saint Pierre par le choix des évêques qui s'étaient trouvés à Rome. Eusèbe rapporte que Narcisse ayant quitté Jérusalem, les évêques des églises voisines lui donnèrent Dius pour successeur. Enfin, les Pères du concile d'Antioche, après avoir déposé Paul de Samosate, élurent et consacrèrent un évêque en sa place. Le canon du concile de Laodicée, qui semble ôter au peuple le suffrage dans l'élection des évêques, ne défend que les assemblées tumultuaires; le peuple a même eu plus d'autorité dans les élections depuis Constantin, que pendant les siècles précédents (Thomassin, *part.* I, *liv.* I, *ch.* 14 *et* 15). Mais alors, le nombre des chrétiens ayant grossi, on eut égard aux suffrages des différents ordres, des nobles, des magistrats, des moines, quoiqu'on regardât toujours principalement le jugement du clergé.

Le peuple a été appelé aux élections pour deux raisons principales, dit M. l'abbé Jager, dans son *Cours d'histoire ecclésiastique*. L'Eglise a voulu montrer qu'elle ne faisait pas acception des personnes, qu'elle ne voyait, ne voulait, ne couronnait que le mérite, et, dans un temps où les fidèles se pressaient avec émulation dans la voie de la perfection, elle a dit au peuple qui toujours sera le meilleur juge quand il sera libre de passions intérieures et d'influences étrangères, elle lui a dit : Choisissez vos guides et vos surveillants, c'est-à-dire vos évêques. Il faut le dire, et plaise au ciel que cette expérience ne soit pas perdue pour les siècles à venir, les choix du peuple ont été admirables; presque tous ses choix ont été des canonisations anticipées. Le second motif qui l'a déterminée à faire un appel au peuple chrétien dans l'élection des évêques, ç'a été de lui être agréable et d'obtenir sa confiance en lui donnant la sienne. Enfants, disait la mère, hâtez-vous d'arriver devant votre père qui est dans le ciel, choisissez vos guides; vous connaissez mon amour, moi je connais votre droiture et votre zèle; choisissez *ex dignis digniorem;* faites pour le mieux, je sais que vous ferez bien, je m'en rapporte à vous. Les fidèles se réunissaient, ils priaient; l'un d'eux proposait en toute simplicité un nom, et toutes les voix et toutes les mains s'élevaient pour applaudir, et l'on élevait au siège de la paternité pontificale, non le plus noble, le plus riche, le plus illustre, le plus appuyé du pouvoir, mais celui qu'on croyait le plus saint, le plus savant, le plus ferme, le plus sage, le plus doux. On choisissait des hommes connus et éprouvés, c'est-à-dire qu'on n'allait pas chercher hors de l'enceinte de la ville épiscopale; aucun étranger n'était admis, si ce n'est lorsque le diocèse était si pauvre qu'il était obligé d'aller demander à un autre diocèse l'aumône d'un homme qui lui manquait. Ce cas était fort rare, et jusqu'au delà du douzième siècle, cette coutume, successivement altérée par des exceptions toujours plus nombreuses, a du moins été toujours conservée comme la règle.

Le peuple désignait son élu, mais l'acte constitutif de l'élection consistait dans l'assentiment des évêques voisins. Cet usage fut converti en loi par le quatrième canon du concile de Nicée, qui statue que l'élection se fera par tous les évêques de la province, et sera confirmée par le métropolitain. Il arrive même souvent que des évêques sont exaltés sans la participation du peuple et qu'on se contente, dans des circonstances difficiles, de la ratification de son silence; mais s'il n'élit pas, il accepte, et jamais on n'impose à une population un évêque qu'elle repousse. Les temps deviennent orageux, l'hérésie intrigue et s'agite, le peuple s'égare et se montre accessible à la séduction des intrigants; alors on ne le consulte pas; une nouvelle église s'établit chez une nation encore idolâtre, on institue un évêque catholique au milieu d'une population qui s'est isolée de l'Église par un schisme; encore dans ce cas là, on ne consulte pas la multitude, parce qu'on ne peut espérer d'elle un choix satisfaisant. Les évêques pourvoient dans la nécessité et conduisent leur élu dans le siège : telle est l'action de l'épiscopat.

La part des empereurs alla de jour en jour en s'élargissant, et une fois entrés, ils ne voulurent plus se retirer. Du jour où ils devinrent chrétiens, il devint fort difficile de leur fermer la porte des élections; ils se présentaient comme les chefs du peuple, ses représentants naturels; ils alléguaient que dans leur position éminente, ils avaient des vues plus étendues, des intérêts plus généraux, des intérêts de bon ordre et conséquemment plus en rapport avec les intentions de l'Église; qu'ils pouvaient lui rendre des services importants en déjouant l'intrigue, en appuyant les hommes de mérite. On fit droit à une requête qui paraissait si raisonnable, et on leur permit d'intervenir quand l'élection devenait tumultueuse et compromettait l'ordre public.

Au résumé, le droit d'intervention des empereurs dans les élections était un droit communiqué, et eux-mêmes, au moins dans les premiers siècles, n'ont jamais élevé de prétentions contraires; jamais dans ces premiers temps ils n'ont essayé de le réclamer comme leur appartenant en propre. Lorsqu'ils choisissaient seuls, leur *nomination* était sujette au contrôle des évêques et à la ratification du métropolitain. Ainsi, Théodose choisit Nectaire au concile de Constantinople, mais son choix est confirmé par le suffrage des évêques et du peuple; ainsi Arcade appelle saint Chrysostome; mais il soumet son élection à l'approbation du peuple et du clergé de Constantinople. D'une part, nous pourrions citer cent autres exemples de l'intervention impériale qui ne se produit que comme simple initiative; d'autre part, nous pourrions montrer plus de mille évêques qu'on a conduits au trône pontifical sans l'ombre de participation de la part des souverains. Ni leur présentation, ni leur consentement n'étaient nécessaires.

Le droit d'élection appartient radicalement à l'Église; elle ne peut s'en déposséder, mais elle peut appeler tantôt le peuple, tantôt le pouvoir civil, suivant qu'elle compte sur leurs dispositions droites et pacifiques, à désigner un sujet dont ensuite elle approuve et ratifie le choix avant de conférer l'ordination.

Dans les royaumes qui se formèrent des débris de l'empire romain, les princes voyant la grande autorité des évêques sur les peuples de leurs nouvelles conquêtes, étaient jaloux de ne laisser élire que ceux qu'ils croyaient leur être fidèles. Ainsi, sous la première race de nos rois, dit Fleury (*Institution au droit ecclés.*, part. I, ch. 10), et au commencement de la seconde, quoique la forme des élections s'observât toujours, les rois en étaient souvent les maîtres. Depuis Charlemagne et Louis le Débonnaire, les élections furent plus libres (*Thomassin*, part. III, liv. II, ch. 24, 25 et 26).

Une ordonnance de Charlemagne, de l'an 803, avait pour but d'assurer davantage la liberté de l'élection, en écartant toute acception de personnes. Il y est dit : « Instruits par les saints canons, et afin que l'Église puisse, au nom de Dieu, jouir plus librement des droits qui lui appartiennent, nous avons approuvé la délibération de l'ordre du clergé, et voulons en conséquence que les évêques soient nommés par le *choix du clergé et du peuple*, sans aucune considération pour les personnes ni pour les présents, mais uniquement par des motifs tirés de l'édification de leur conduite et de leurs talents pour le gouvernement de l'Église. »

L'évêché de Senlis étant vacant, Hincmar de Reims écrivit à Charles le Chauve pour le prier d'accorder à Tite le pouvoir de se choisir un pasteur, de lui indiquer l'évêque qu'il souhaitait qu'on envoyât pour visiter, afin qu'on procédât à l'élection suivant les règles prescrites par les canons; il ajoute qu'on en portera le décret à l'empereur qui approuvera, s'il le juge à propos, celui qui aura été nommé, avant qu'on passe à la consécration (*Fleury*, *Hist. ecclés.*, liv. LXXIX, n. 10).

Voici ce que nous apprennent les anciennes formules d'élections du neuvième siècle.

Aussitôt qu'un évêque était mort, le clergé et le peuple envoyaient des députés au métropolitain pour l'en avertir; le métropolitain en donnait avis au roi, et, suivant son ordre, nommait un des évêques de la province pour être visiteur. Il écrivait à cet évêque et l'envoyait dans l'Église vacante pour solliciter l'élection et y présider, afin qu'elle ne fût point différée et que les canons y fussent observés. Le métropolitain envoyait en même temps au clergé et au peuple une ample instruction de la manière dont l'élection devait se faire pour être canonique. Le visiteur étant arrivé, assemblait le clergé et le peuple. Il faisait lire les passages de saint Paul et les canons qui marquent les qualités d'un évêque, et comment il doit être élu; il exhortait tous les ordres en particulier à suivre ces règles; les prêtres, les autres clercs, les vierges, les veuves, les nobles et les autres laïques, c'est-à-dire les citoyens. Les moines avaient grande part à l'élection. On n'y appelait pas seulement les chanoines et les clercs de la ville, mais aussi les clercs de la campagne. On jeûnait trois jours avant l'élection et l'on faisait des prières publiques et des aumônes. On choisissait, autant qu'il se pouvait, un clerc du sein de la même église.

L'élection étant faite, le décret signé des principaux du clergé, des moines et du peuple, était envoyé au métropolitain; celui-ci convoquait tous les évêques de la province pour examiner l'élection à un jour certain et en un certain lieu, qui était d'ordinaire l'Eglise vacante. Tous les évêques devaient s'y trouver, et ceux qui étaient malades ou qui avaient quelque autre excuse légitime envoyaient un de leurs clercs chargé de leurs lettres pour approuver l'élection; car tous y devaient consentir, suivant la règle du concile de Nicée, et trois au moins devaient y assister. L'élu étant présenté à ce concile provincial, le métropolitain l'interrogeait sur sa naissance, sa vie passée, sa promotion aux ordres, ses emplois, pour voir s'il n'était point atteint de quelque irrégularité. Il examinait aussi sa doctrine, lui faisait faire sa profession de foi et la recevait par écrit. S'il trouvait l'élection canonique et l'élu capable, il prenait jour pour la consécration. Mais si l'élu se trouvait irrégulier ou incapable, ou si l'élection avait été faite par simonie ou par brigue, le concile la cassait et élisait un autre évêque.

La consécration se faisait à peu près comme aujourd'hui; le métropolitain donnait au nouvel évêque une instruction par écrit, où il lui expliquait en abrégé tous ses devoirs (*Voyez* cette instruction sous le mot ÉVÊQUE, § 5), car il était regardé comme le père et le docteur des évêques qu'il ordonnait. Il devait leur fournir de ses archives, des exemplaires des canons, et eux devaient avoir recours à lui dans toutes leurs difficultés. Si la confirmation se faisait hors de l'Eglise vacante, le métropolitain y envoyait des lettres pour faire recevoir le nouvel évêque. Le roi était averti de tous les actes importants de cette procédure, principalement de l'élection et de la confirmation; car il avait toujours droit d'exclure ceux qui ne lui étaient pas agréables.

Telles étaient les élections en Occident, au neuvième siècle et jusqu'à la fin du douzième, pendant lequel toutefois les chanoines des cathédrales s'efforçaient d'attirer à eux toute l'élection, comme il paraît par le canon du concile de Latran, en 1179, qui réprime leurs entreprises (Thomass., *part.* IV, *liv.* II, *ch.* 40).

Mais au commencement du treizième siècle, ces chapitres étaient déjà en possession d'élire seuls les évêques, à l'exclusion du reste du clergé et du peuple; et les métropolitains de confirmer seuls l'élection, sans appeler leurs suffragants. L'un et l'autre paraît par la manière dont les élections sont réglées dans le concile général de Latran de l'an 1215.

Dans la pragmatique sanction (*Voyez* PRAGMATIQUE), attribuée à saint Louis il est dit, article 2 : « Les églises cathédrales et autres, auront la liberté des élections, qui sortiront leur plein et entier effet. » Ce droit, acquis aux chapitres par l'usage, fut consacré par la pragmatique de Charles VII, en 1438, et suivi jusqu'au concordat de Léon X, en 1516, concordat devenu règle jusqu'à nos jours (*Voyez* CONCORDAT).

Observons ici, dit monseigneur Frayssinous dans ses *Vrais principes de l'Eglise gallicane* (pag. 125), et cette remarque est essentielle, parce qu'elle tient à la constitution même de l'Eglise catholique, qu'aux différentes époques que nous venons de parcourir, les élections, quoique faites sans l'autorisation ou la confirmation expresse du siége apostolique, n'étaient pas pour cela soustraites à son droit inviolable de surveillance universelle. Aussi son autorité y est-elle souvent intervenue, soit pour décider des points contestés, soit pour corriger ce qui avait été défectueux, soit pour donner des pasteurs à des églises qui étaient veuves depuis trop longtemps. Saint Léon écrit aux évêques de Mauritanie que la brigue et les suffrages du peuple ne devaient pas les déterminer à charger de la conduite d'une église un ecclésiastique qu'ils croient incapable de la gouverner..... L'épître 84 de ce même pape, porte que, si les suffrages du clergé et du peuple se trouvent partagés, il dépendra du métropolitain de choisir celui qui a plus de mérite..... Les papes Sirice et Innocent Ier donnent au métropolitain la même autorité. Il ne doit pas, selon le pape Hilaire, suivre les vœux du peuple, mais le gouverner (Abrégé de Thomass. *part.* II, *ch.* 11) (*Voyez* ci-après § 2).

Après avoir eu occasion de rappeler les abus qui s'étaient glissés dans les élections, Thomassin ajoute : « En voilà assez pour persuader que, si la Providence a laissé établir une autre police dans son Eglise pour la provision des évêchés et des autres prélatures, l'histoire seule des anciennes élections est capable de nous en consoler, et de nous faire trouver bon ce que le concile de Trente n'a pas désapprouvé. » (Thomassin, *part.* II, *ch.* 34.)

Monseigneur Affre, archevêque de Paris, dans le nouvel ouvrage qu'il vient de publier sur les *Appels comme d'abus*, fait voir au contraire les inconvénients de la nomination royale. Voici ses paroles :

« Avant le concordat de François Ier, dit-il, le choix des évêques était souvent imposé par les princes, par les ducs et les comtes. Les grands vassaux de la couronne dominaient également le choix des autres bénéficiers. Les chanoines, alors en possession d'élire les évêques, ayant été eux-mêmes promus sous cette influence, étaient électeurs très-souples dans la main de leurs patrons. Ainsi, d'un côté, l'origine des électeurs, de l'autre, l'action exercée sur eux, contribuaient également à altérer le choix des évêques....

« Les rois, après avoir dominé le clergé dans les élections, essaient de l'asservir par les concordats; ces traités, en les rendant maîtres du choix des chefs, les rendaient maîtres du corps entier.

« Le saint-siége eut soin d'y stipuler sans doute des avantages pour l'Eglise ; mais si, au lieu de ce droit dont le bénéfice politique n'est rien moins que démontré, les rois eussent laissé aux papes le soin de réformer les élections; si, comme on le pratique aujourd'hui en Belgique, les évêques de la province eussent été chargés du choix de leurs collègues, l'Eglise de France aurait eu un épiscopat et un clergé non moins dévoués au pouvoir politique qu'à son ministère. Le clergé belge est le meilleur ami de son roi et de son gouvernement, et ni le roi, ni le gouvernement, ne pensent à en choisir les chefs, à en agréer les principaux membres.

« François Ier avait obtenu de Léon X de nommer aux évêchés. Quand on pense aux mœurs de ce prince, si distingué sous d'autres rapports, qui ne regrette de le voir désigner au chef de l'Eglise les censeurs des mœurs, les gardiens de la vertu et de l'innocence ? Les princes de la branche de Valois, ses successeurs immédiats, et les princesses dont ils subirent l'influence, rendirent plus sensible encore cet humiliant patronage. Jusqu'en 1789, deux rois seulement, Louis XIII et Louis XVI, se distinguèrent par une austère vertu. A côté du ministre *de la Feuille*, qui exerçait cette importante prérogative de la royauté, combien d'influences dont l'homme religieux ne peut lire l'histoire secrète sans éprouver un sentiment pénible et une profonde affliction ! De grands évêques semblèrent justifier la concession faite à la couronne; toutefois, des hommes tels que Bossuet et Fénelon, n'auraient pas été repoussés par le clergé du dix-septième siècle; le premier aurait probablement occupé le siége le plus important du royaume ; le second n'aurait pas subi la disgrâce de la cour pour avoir osé penser à faire de son élève un roi moins absolu que son aïeul, plus ambitieux d'être le père de ses sujets que leur dominateur.

« Si l'Eglise de France n'eût compté tant d'hommes éminents par leurs lumières et leurs vertus, si l'opinion de ces hommes, que les rois sont plus ou moins forcés de respecter, n'eût formé un puissant contre-poids au crédit des courtisans, l'épiscopat français se serait bien plus fortement ressenti de cette influence énervante.

« Cependant elle eut des résultats très-regrettables, et assez connus pour que nous puissions les signaler sans témérité. Le premier et le plus incontestable fut la grande dépendance où les évêques furent de la cour, dépendance qui, loin d'augmenter le dévouement, on ne saurait trop le dire aux flatteurs des rois, l'affaiblit et le corrompt, ou tout au moins lui donne une fausse direction. Au lieu de servir les vrais intérêts du pouvoir, le dévouement créé par la faveur n'en sert que les fantaisies et les caprices. *Le roi, dans la pratique, est,* dit Fénelon, *plus chef de l'Eglise que le pape* (*Plans de gouv.*, § 4). Mais, dans cette position, le roi obtenait plus de complaisance que de vrais services. C'est dans ce sens qu'il faut entendre ces paroles de l'archevêque de Cambrai : *Depuis le concordat de Léon X, avec François Ier*, dit encore Fénelon, *presque tous les liens entre le pape et les évêques ont été brisés, parce que leur sort ne dépend que du roi* (*De summi Pontif. auctoritate,* cap. 44 et 45).

« Qu'on ne soit pas surpris si ce grand homme les accuse aussi de trop consulter le vent qui souffle de la cour. Ils le consultèrent surtout lorsque Louis XIV fit ses choix presque exclusivement dans la noblesse. Peu content de les convier à ses triomphes et aux pompes de Versailles, de lui livrer les commandements militaires et civils, il voulut les faire asseoir sur les siéges épiscopaux. Ces leudes du dix-septième siècle, fiers d'approcher le grand roi et de le servir, n'accoutumèrent que trop les prélats, leurs frères ou leurs enfants, à subir le même joug. Ces mœurs appartiennent à une autre société; mais voici une observation applicable à notre époque. Il n'entre dans la pensée de personne de replacer les évêques dans leur ancienne position, dans les rapports divers qui existaient dans l'épiscopat français et la couronne ; et cependant les amis dévoués de notre gouvernement verraient un grave danger à le faire renoncer au droit que lui donne le concordat. Nous n'essaierons pas de les convaincre par des arguments ou par des faits anciens dont ils pourraient récuser l'application ; il nous suffira de les inviter à examiner ce qui se passe en Belgique, et d'interroger les hommes graves qui connaissent bien ce pays. Nous les prierons d'être préoccupés d'une seule chose dans cet examen ; de l'influence que peut avoir sur le dévouement des évêques la *nomination* royale.

« Revenons à l'ancienne monarchie française.

« Un premier inconvénient fut donc d'établir sous ce régime une espèce de suprématie religieuse du souverain, c'est-à-dire, l'institution la plus funeste au christianisme, à la morale, à la liberté des peuples. C'est depuis François Ier, en qui commença le droit légal de *nomination* aux évêchés, que les rois, dans leurs ordonnances sur la discipline, se servirent de formules qui exprimaient une puissance aussi étendue sur les choses de l'Eglise que sur celles de l'Etat. En parlant des conditions requises pour être nommés aux bénéfices, des règles sur l'administration des sacrements, de l'observation des fêtes, etc., etc., ils disent : *mandons et statuons*, comme ils le disaient en faisant une ordonnance sur les eaux et forêts.

« Le clergé semblait prévoir cette innovation, lorsqu'il réclamait les élections avec de vives instances, à l'époque où il avait encore l'espoir de les obtenir (*Mémoires du clergé*; tom. X, col. 164).

« Les parlements qui avaient d'abord repoussé le concordat avec beaucoup d'énergie, finirent par l'accepter et même par le défendre avec autant de zèle qu'ils avaient défendu les élections (*Ibid.*, col. 127-159) (*Voyez* CONCORDAT de Léon X).

« En 1817, le libéralisme ayant invoqué le rétablissement des élections, plusieurs écrivains prirent la défense des concordats de 1516 et de 1801, et de celui qui venait d'être conclu. Mais il ne faut pas oublier ni la nature de l'attaque, ni celle de la défense; les concordats étaient dénoncés comme une usurpation flagrante, comme un pacte simoniaque. Leurs adversaires voulaient en outre que l'institution canonique ne fût pas donnée au pape. D'autre part, les défenseurs de ces traités ne combattirent point les élections comme mauvaises en elles-mêmes, cela était impossible; seulement ils insistèrent sur les inconvénients, ainsi que sur les heureux effets des concordats. Quoi qu'il en soit, le traité de 1516, combattu à son origine, n'était pas fort goûté par Fénelon, qui dit tout simplement que l'Église de France, privée de la liberté d'élire ses pasteurs, est un peu au-dessous de la liberté dont jouissent les calvinistes du royaume, et les catholiques sous le sceptre du Grand Turc (*Plans de Gouv.*, § 4).

« Les évêques de France de 1789, tout en réprouvant les élections telles que les avait établies la fameuse constitution civile du clergé (*Voyez ce mot*), déclaraient « que le « concordat avait toujours été combattu par « l'Église gallicane, tant qu'elle avait pu espé- « rer le faire réformer; et qu'elle ne s'était ja- « mais départie du désir le plus sincère de « revenir aux élections, mais à des élections « canoniques, et qui puissent être avouées par « l'Église. » (*Lettre de l'Évêque de Luçon*; dans la collection de Barruel, tome X, page 465.)

« L'ignorance des causes qui altérèrent et rendirent vicieuses, pendant trois ou quatre siècles, les élections, a pu seule jeter sur elles un discrédit au moins exagéré. Peut-être aussi que les effets de la *nomination* royale n'ont pas été justement appréciés, parce qu'on a fait plus d'attention à l'accroissement de pouvoir donné au roi par le concordat, qu'aux inconvénients de ce traité. Il en est un fort peu remarqué et bien digne de l'être par tout homme qui veut juger ce grand événement. Plus les évêques appartinrent au roi et plus les parlements s'efforcèrent de les abaisser. Les attaques étaient déjà fort vives, lorsque les rois, même avant le concordat, influaient si puissamment sur le choix des évêques, elles furent plus vives encore, et surtout plus persévérantes, lorsque la couronne fut exclusivement en possession de ces choix. Les appels comme d'abus (*Voyez* APPEL *comme d'abus*) furent établis d'abord par voie de fait et un peu plus tard, en 1539, d'une manière légale. N'est-il pas remarquable qu'ils soient contemporains de la *nomination* royale? N'est-on pas autorisé à penser qu'ils ne furent qu'une réaction contre le nouveau droit, que les parlements avaient d'ailleurs vu s'établir avec tant de regrets, et auquel, l'histoire l'atteste, ils opposèrent une longue et vive résistance? » (*De l'appel comme d'abus*, part. 1, ch. 5, art. 2, pag. 173.)

L'élection pour l'épiscopat a lieu en Irlande, en Belgique, en Suisse (*Voyez* SUISSE), en Allemagne, etc. On y suit la forme du chapitre *Quia propter* (*Voyez* ÉLECTION).

Quant à l'usage suivi actuellement en France, il est réglé par les articles 4 et 5 du concordat de 1801 (*Voyez* CONCORDAT de 1801). L'article 16 de la loi du 18 germinal, an X, dit qu'on ne peut être nommé évêque avant 30 ans (*Voyez* ARTICLES ORGANIQUES).

§ 2. NOMINATION, *institution canonique*.

L'évêque, en vertu même de sa consécration, reçoit le pouvoir *radical* de lier et de délier, de remettre et de retenir; mais ce pouvoir inhérent à son caractère, il ne peut l'exercer ni licitement, ni validement, sans une mission expresse, sans une juridiction proprement dite; ces fonctions supposent des sujets, des justiciables.

Comme mon Père m'a envoyé, dit Jésus-Christ aux apôtres, *je vous envoie de même*. Il faut donc être envoyé par Jésus-Christ comme l'ont été les apôtres pour prêcher, baptiser, sanctifier les nations : *Et comment prêcheront-ils*, disait saint Paul, *s'ils ne sont envoyés?* On sait avec quelle vigueur de logique Nicole a convaincu de schisme les réformateurs du seizième siècle, par cela même qu'ils n'avaient pas eu de mission pour réformer l'Église. D'où venez-vous, leur disait-il, d'après Tertullien? Qui vous a envoyés? prouvez votre mission : ainsi, dans l'ordre civil, on ne peut exercer aucune fonction publique qu'après avoir justifié de ses pouvoirs. Le gouvernement de l'Église ne serait que désordre et confusion, si chaque évêque avait le droit de commander partout, et s'il pouvait arbitrairement mettre la faux dans la moisson de son voisin.

Voyez, dans le tome Ier, col. 845, les raisonnements du cardinal de la Luzerne à cet égard.

Si l'on veut remonter au principe de la juridiction spirituelle, on voit très-clairement que Jésus-Christ a donné à son Église tous les pouvoirs qui lui étaient nécessaires, qu'elle seule les possède, et qu'elle seule peut les communiquer, en sorte que, dans les divers rangs de la hiérarchie, tout doit émaner d'elle et se faire en son nom. « C'est une maxime constante, dit Van-Espen, que celui qui a été élu ou nommé, non-seulement n'est pas pasteur ou évêque avant sa confirmation, mais qu'il ne peut s'ingérer régulièrement en aucune façon dans l'administration de son église. Il n'est considéré comme vrai pasteur et évêque d'une église vacante qu'après avoir obtenu sa confirmation. Cette règle non-seulement existait autrefois, lorsque la confirmation et la consécration étaient à peine séparées; mais elle existe encore aujourd'hui, si l'on fait attention au droit commun des décrétales. La formule même de la provision ou de la confirmation pontificale l'exprime manifestement. » (*Jus eccles. univ.*, part. I, tit. XIV, cap. 1, n. 7.)

Il a toujours été reçu que, pour donner l'institution canonique, il faut être supérieur à celui qui la reçoit. En général, dans les douze premiers siècles, l'évêque élu était confirmé par le métropolitain, et le métropolitain par le patriarche et celui-ci par le pape.

D'après le quatrième canon du concile de Nicée, l'évêque doit être ordonné, autant que possible, par tous ceux de la province; mais si cela est difficile, à cause d'une nécessité pressante ou de la longueur du chemin, il faut du moins qu'il y en ait trois pour l'ordination, et qu'ils aient le suffrage et le consentement par écrit des absents. Le métropolitain, en chaque province, doit confirmer tout ce qui a été fait. Le canon 6 déclare nulle l'élection des évêques, si elle n'est autorisée par le consentement du métropolitain.

Ainsi, d'après l'usage de la primitive Église expliqué et en quelque sorte légalisé par le canon du concile de Nicée, l'élection de l'évêque devait se faire avec le consentement du peuple par tous les évêques de la province, ensuite elle devait être ratifiée, sous peine de nullité par le métropolitain entouré de ses suffragants. Dès les premiers siècles, le métropolitain est établi chef de la province, surveillant des autres évêques, prince de l'épiscopat; il est appelé par le concile de Sardique l'exarque de la province, et, d'après le quatrième et le sixième canon du concile de Nicée que nous venons de citer, l'élection d'un évêque n'est valide qu'autant qu'il a obtenu la confirmation du métropolitain et du patriarche. Cette règle se trouve reproduite dans les conciles de la Grèce et de l'Afrique, et dans les décrétales de tous les papes depuis saint Sirice.

Il semble au premier coup d'œil que cette antiquité de la prérogative métropolitaine dépose en faveur de l'inviolabilité, de la primordialité de son droit; la réflexion conduit à une conclusion toute contraire; elle nous oblige à reconnaître qu'il dérive de l'autorité pontificale, qu'il est révocable par elle et que celui-ci seul le possède éminemment et originairement. En effet, ce droit du métropolitain n'est pas d'institution divine (*Voyez* MÉTROPOLITAIN, PROVINCE), il n'a pu venir par tradition et par succession de siège, puisque les métropoles ne sont pas d'établissement apostolique, puisqu'il n'y a pas eu de métropolitains dès qu'il y a eu des évêques. D'où est donc venue cette prérogative aux premiers métropolitains? Dira-t-on qu'ils s'en sont emparés? Ce serait une usurpation; or, l'usurpation ne peut constituer un droit. Dira-t-on qu'ils l'ont reçue? Si l'institution est ecclésiastique, il faut lui trouver une origine ecclésiastique; et si elle est universelle, il faut qu'elle procède d'une autorité qui s'étende sur toute l'Église, du pape ou d'un concile général. Elle n'a pas pris sa source dans un concile général, puisqu'elle est antérieure au premier, au concile de Nicée, qui n'a fait que la reconnaître et la proclamer? elle est donc évidemment une émanation, une dérivation, une délégation de l'autorité du pape, autorité première, principale et naturelle. Le pape exerçait donc réellement, quoique indirectement par ses métropolitains, le droit de confirmation que dans l'état actuel des choses il exerce directement sans eux. Il n'a fait que révoquer la concession essentiellement révocable qu'il leur avait faite dans des circonstances différentes de celles où nous sommes.

« On a tort, dit M. Dupin, de présenter comme une espèce de dogme l'institution canonique. Vous dites que les métropolitains instituaient du consentement du pape; *on vous défie de citer un seul texte des Pères ou des conciles à l'appui de cette assertion...* Les papes ont ravi aux métropolitains le droit primitif d'instituer les évêques. » (*Manuel du droit ecclés.*, 2ᵉ *édit.*, *pag.* 521.)

Nous ferons mieux que de citer un seul *texte des Pères ou des conciles* à l'appui de notre assertion. Nous rapporterons des faits et nous démontrerons que le pape a eu dans les premiers siècles de l'Église le droit de juger les évêques, de les instituer, d'évoquer à leur tribunal leur déposition et généralement toutes les causes majeures.

Le premier exemple qui s'offre à nous est celui de saint Pierre même, lorsqu'il fallut, peu de temps après la résurrection du Sauveur, donner au disciple qui l'avait trahi un successeur dans l'apostolat. Dans ces premiers moments où rien ne paraissait encore réglé dans le gouvernement de l'Église, où le prince des apôtres ne s'était point encore pour ainsi dire placé à leur tête, il semble qu'on doive s'attendre à les voir concourir également à l'élection de Mathias. Cependant Dieu ne permit pas qu'il en fût ainsi, remarque l'auteur de la *Tradition de l'Église sur l'institution des évêques*. Il voulut que le caractère et l'autorité du chef fussent clairement marqués dans le premier acte solennel de juridiction ecclésiastique qu'offrent les fastes du christianisme. En présence de l'Église assemblée, Pierre, rempli de cette grande idée que Jésus-Christ lui avait donnée de lui-même, dit saint Chrysostome, prend possession de la principauté qu'il doit transmettre à ses successeurs: *Videsne quomodo sublimiorem de se opinionem Petrum erigat* (*Hom.* 54, *tom.* VII, *pag.* 548)? C'est lui qui propose d'élire à la place de Judas un nouvel apôtre, qui *tient l'assemblée* où il doit être élu, qui désigne ceux entre lesquels on le peut choisir; et saint Chrysostome assure qu'il avait le plein pouvoir de le nommer seul, *licebat et quidem maxime*. « Pourquoi, demande le saint docteur, Pierre communique-t-il aux disciples son dessein? pour prévenir les contentions et les rivalités; c'est ce qu'il évite toujours et ce qui lui a fait dire d'abord : *Mes frères, il faut élire un d'entre nous*. Il remet le jugement à la multitude, afin de lui rendre vénérable celui qu'elle choisirait et pour ne pas exciter sa jalousie... Quoi donc? Pierre ne pouvait-il pas l'élire lui-même? Il le pouvait sans doute, mais il s'en abstient, de peur de favoriser quelqu'un. » *Cur enim illis hoc communicat? ut ne contentio hac de re oriretur, et ne mutuo litigarent. Nam si id ipsis accidit, multo magis illis accidisset. Hoc vero semper devitat; ideo in principio dicebat:* Viri fratres, oportet eligere ex nobis. *Multitudini permittit judicium, simul eos qui eligebantur venerandos reddens, seque liberans ab invidia quæ suboriri poterat... Quid ergo, an Petrum ipsum eligere non licebat? Licebat utique; sed ne videretur ad gratiam facere abstinet* (Hom. 3, *in* Act. apost., n. 2, tom. IX, pag. 24). Et encore : « C'est lui qui a dans cette affaire la principale autorité, comme celui sous la main de qui tous les autres ont été placés; car c'est à Pierre que le Christ a dit : *Quand tu seras converti, affermis tes frères.* » *Primus auctoritatem habet in negotio, ut qui omnes habeat in manu* (aliter : *ut cui omnes commissi fuissent*). *Huic enim Christus dixerat :* Et tu aliquando conversus, confirma fratres tuos (*Ibid.*, pag. 26).

Ces paroles sont significatives; saint Chrysostome accorde à Pierre, sans restriction, sans modification, *licebat utique*, le droit d'élire seul, et par conséquent d'instituer seul des évêques; et la raison qu'il en donne est remarquable, c'est que tous lui étaient soumis, ou, selon la force de l'original, *étaient sous sa main* comme des instruments dont on dispose avec une pleine puissance et une entière liberté, ἅτε αὐτὸς πάντας ἐγχειρισθείς, en vertu de ces paroles de Jésus-Christ : *Confirme tes frères.*

Saint Chrysostome n'est pas le seul qui ait reconnu cette prérogative du prince des apôtres. L'ancien auteur du panégyrique de saint Pierre et de saint Paul, attribué par quelques savants à saint Grégoire de Nysse, exalte en termes magnifiques le privilége que saint Pierre possédait seul de créer de nouveaux apôtres : « Cet honneur n'appartenait, dit-il, qu'à celui que Jésus-Christ avait établi chef et prince à sa place, pour gouverner, comme son vicaire, les autres disciples. » *Qualis scilicet Petrus ut et coapostolos eligat, et ad parem sibi functionem evehat, quod nulli alteri, excepto duntaxat Christo competere scimus. Hoc enim omnem excedit honoris apicem, ac sublimitatem; unique Petro ex omni mortalium numero hæc felicitas obtigit, quippe qui loco Christi dux ac princeps a Christo constitutus esset, ejusque erga reliquos vices agere* (*Biblioth. Patrum*, tom. VII, pag. 222). Les faits qui suivent vont mettre cette vérité dans tout son jour.

Saint Athanase, Paul de Constantinople et plusieurs autres évêques, tels que Marcel d'Ancyre, Asclépas de Gaze, Lucius d'Andrinople, déposés et chassés de leurs siéges, en appellent à Rome; ils recourent au saint-siége comme ayant le droit de les juger et de les rétablir. Voici comment s'exprime saint Athanase :

« Tous nos frères, dit-il au pape Jules, sont convenus unanimement qu'il fallait s'adresser à la sainte Eglise romaine, à laquelle le Seigneur lui-même a donné, par un priviλége spécial, supérieur à celui qui a été donné aux autres Eglises, le pouvoir de lier et de délier ; car elle a été établie par Dieu, le soutien de toutes les autres; elle est la tête sacrée, d'où la vie se répand dans tous les membres, et dont dépend leur conservation et leur vigueur. »

Le pape n'est pas pour saint Athanase un protecteur ordinaire ; celui-ci le reconnaît pour le chef de tous les évêques ; il proclame que l'Eglise romaine est la tête, et que les autres sont ses membres. L'on peut remarquer l'unanimité de ses frères, c'est-à-dire des autres évêques orthodoxes, à professer la même doctrine.

Les ariens recourent également au pape en le priant *d'approuver la déposition* des évêques et *l'élection* de leurs successeurs. Le pape Jules, saisi de cette affaire, avant de prononcer sa sentence, ordonne aux accusés et aux accusateurs de comparaître à son tribunal. C'est Théodoret, évêque de Cyr, qui nous l'apprend en ces termes :

« Le souverain pontife Jules, suivant la loi de l'Eglise, *ecclesiasticam legem secutus*, ordonna que les eusébiens et Athanase vinssent à Rome défendre leur cause devant lui. » Selon le même historien : « Saint Athanase obéit à l'ordre du pape. Mais les eusébiens ne voulurent pas se rendre à Rome, dans la crainte que leur mensonge ne fût découvert. »

Après les avoir attendus inutilement pendant plus d'un an, le pape, dans un concile de cinquante évêques, rétablit saint Athanase et ses collègues sur leurs siéges. Ensuite il écrivit aux évêques orientaux une longue lettre, qui est un des plus précieux monuments de l'histoire ecclésiastique. Cette lettre se trouve dans les œuvres de saint Athanase et dans la collection des conciles.

Le cœur navré d'amertume, le pontife déplore la difficulté des temps ; il se plaint avec force et avec douceur de la violence faite aux évêques, et de la violation des canons : il reproche aux évêques accusateurs de ne s'être pas rendus au concile de Rome, où il les avait appelés ; il réfute leurs vaines excuses, justifie la sentence de rétablissement qu'il vient de prononcer, confond le mensonge et la calomnie dont on avait poursuivi les accusés, et met leur innocence au grand jour. Cette lettre est un chef-d'œuvre de prudence et de pathétique : dans des circonstances aussi critiques, il s'interdit la menace ; mais il donne un libre cours à ses plaintes, à ses gémissements, à ses exhortations pacifiques et paternelles. Rien n'est si touchant que son langage. Nous regrettons de ne pouvoir citer que la fin de cette lettre :

« Oh! mes frères, nous sommes dans un siècle où les jugements de l'Eglise ne se règlent plus sur l'Evangile, mais se rendent comme des arrêts de proscription et de mort. Des évêques exposés à de pareils outrages ! et les évêques de quelles églises ? De celles que les apôtres ont gouvernées eux-mêmes. Pourquoi ne nous écrivait-on pas, principalement dans une cause qui concernait l'Eglise d'Alexandrie? Ne savez-vous donc pas que c'était la *coutume* de nous écrire d'abord, et que la *décision devait venir d'ici*? Si donc il avait pu s'élever des soupçons relativement à l'évêque de ce diocèse, c'était à notre Eglise qu'on aurait dû en faire part. Maintenant, sans nous avoir instruits, après qu'on a fait ce qu'on a voulu, on veut que nous y donnions les mains aveuglément, sans connaissance de cause. Ce ne sont point là les ordonnances de l'apôtre saint Paul; *ce n'est point la tradition de nos pères;* c'est une forme de discipline toute nouvelle, une discipline à laquelle nous ne sommes point accoutumés. Ecoutez sans murmure les paroles que le bien public nous oblige de vous adresser : *Nous ne vous signalons d'autres droits que ceux que nous avons reçus de saint Pierre. Ces droits vous sont connus,* et nous ne les aurions pas rappelés, si nous n'avions été profondément émus de ces événements. »

Voilà donc la primauté du pape proclamée devant tous les évêques d'Orient; la voilà reconnue et invoquée par les évêques de deux grands siéges, Alexandrie et Constantinople, reconnue et invoquée par les hérétiques eux-mêmes.

Veut-on d'autres témoignages encore? Nous citerons, à l'occasion de cette même affaire, ceux des trois grands historiens de l'antiquité catholique : Sozomène, Socrate et Théodoret. Sozomène dit que le pape Jules « reçut ces prélats dans sa communion et les rétablit sur leurs siéges, parce que, à cause de la majesté de la chaire apostolique, il était chargé du soin de toutes les Eglises »; Socrate, que « le pape Jules, dont l'Eglise a le gouvernement des autres, donna aux évêques réintégrés des lettres pleines de fermeté et d'autorité »; Théodoret, que « le saint-siége de Rome est préposé au gouvernement de toutes les Eglises du monde catholique. »

Voici un fait qui mérite de fixer l'attention : Saint Mélèce, évêque et patriarche d'Antioche, était en exil, et le schisme était dans son église. Lucifer, évêque de Cagliari, en Sardaigne, arrivant de la Haute-Egypte et passant par Antioche, crut pouvoir éteindre le schisme, en donnant, assisté de deux autres évêques, la consécration épiscopale à Paulin. Saint Mélèce fut rappelé d'exil, et, comme il était doux et indulgent, il ne songea point à contester l'ordination de Paulin; il lui proposa au contraire de gouverner ensemble l'église d'Antioche. Paulin ne voulut point y consentir. Les deux évêques continuèrent à gouverner, chacun séparément, une partie de l'église d'Antioche : Paulin, comme simple évêque, saint Mélèce, comme patriarche. Cette position respective des deux prélats, était difficile et présentait tous les inconvénients qu'il est aisé d'imaginer; contraire à l'usage antique et universel, elle était cependant alors tolérée.

Ce qui paraît plus étonnant, c'est l'excessive indulgence de saint Mélèce. Il semble qu'il lui était facile d'arguer de nullité l'institution de Paulin, élu, consacré et installé par un évêque étranger à la province, sans la confirmation du métropolitain. Comment, en sa qualité de patriarche, s'appuyant sur ce vice radical, ne l'a-t-il pas déposé? La mansuétude serait poussée jusqu'à la faiblesse et à la prévarication ; car son premier devoir était de mettre fin au schisme.

Saint Jérôme et Nicétas nous fournissent un renseignement qui donne la solution de la difficulté ; ils nous apprennent que Lucifer, d'ailleurs simple évêque, était légat du saint-siége; or, à ce titre, il avait pu établir Paulin dans le siége d'Antioche, et voilà pourquoi saint Mélèce avait les mains liées, quoique patriarche ; voilà pourquoi encore les évêques communiquèrent avec l'un et l'autre, jusqu'à ce que le pape eût porté sa décision. Voilà un cas de juridiction qui mérite d'être constaté. Il a donc été reconnu au quatrième siècle, et dans l'Eglise d'Orient, et par le patriarche même, et par tous les évêques de la contrée, sans qu'il fût intervenu d'aucune part une seule objection, une seule réclamation, que le pouvoir du pape, que la qualité d'un simple légat envoyé par lui, surpassait, absorbait, annulait par sa présence et son action, dans l'*institution* des évêques, non-seulement le pouvoir d'un métropolitain, mais même le pouvoir d'un patriarche.

Saint Mélèce mourut au concile de Constantinople, dont il était président. Au lieu de porter avec saint Grégoire de Nazianze, et plusieurs autres évêques, leurs voix sur Paulin, afin de terminer le schisme, le plus grand nombre des Pères choisit pour succéder à Mélèce, Flavien prêtre d'Antioche. Malgré cette élection, il ne pouvait monter au siége de cette église, sans la confirmation du pape, car le pape seul la donnait aux évêques des grand siéges. Les Pères du concile la lui demandèrent dans leur lettre synodale, mais il la refusa, ne voulant reconnaître que Paulin, établi par son légat; le schisme continua jusqu'après la mort de Paulin, arrivée en 389, car il s'était donné un successeur dans Evagrius. Les historiens ecclésiastiques ne s'accordent pas sur la durée de ce schisme. Quoi qu'il en soit, Flavien n'a été évêque légitime qu'après la confirmation du saint-siége.

« Il est certain, dit le pape Boniface écrivant aux évêques de la Grèce, que sous Mélèce et Flavien, lorsque l'Eglise d'Antioche était inquiète et qu'on recourait souvent ici, le saint-siége a été souvent consulté, et que c'est en vertu de l'autorité du siége apostolique, après tant de choses déjà faites par l'Eglise romaine, que Flavien a reçu la grâce de la communion dont il eût été à jamais privé si des écrits de ce siége ne lui eussent accordée. » Qua (*communione*) *in perpetuum caruerat, nsi hinc super hoc scripta manassent* (*Apud* Coustant, *col.* 1043).

Les évêques étaient confirmés en Orient

du consentement du patriarche, par les métropolitains, les métropolitains directement par les patriarches et les patriarches par le siége romain. C'est toujours à lui qu'on s'adresse pour la confirmation de ces premiers siéges. C'est un usage dont nous voulons mettre la pratique hors de doute en alléguant d'irrécusables témoignages. On vient de voir que le concile de Constantinople a recours au pape pour en obtenir la confirmation de Flavien, patriarche d'Antioche, et son droit est si incontestable qu'il ne craint pas de le refuser d'abord, et qu'il ne l'accorde beaucoup plus tard que lorsqu'il le juge à propos.

C'est au pape qu'on s'adresse dans l'affaire de Maxime de Cyzique, clandestinement élu patriarche de Constantinople et repoussé par l'empereur. Voici la réponse du pape Damase à Ascole, évêque de Thessalonique : « J'ai écrit à votre sainteté que l'ordination qu'on a voulu faire de je ne sais quel Egyptien nommé Maxime pour le siége de Constantinople, ne m'avait pas plu... Du reste, comme j'ai su qu'on se préparait à rassembler un concile à Constantinople, j'avertis votre sainteté de prendre soin qu'on élise, pour cette ville, un évêque à qui on ne puisse faire aucun reproche. » (*Epist.* 9, *apud* Coustant, *col.* 540.)

C'est au pape qu'on demande la confirmation de Nectaire. L'empereur envoya une ambassade solennelle à Rome. Cela nous est attesté par le pape Boniface. « Le prince Théodose, dit-il, pensant que l'ordination de Nectaire était sans solidité, parce que nous n'en avions pas connaissance, nous envoya des officiers de sa cour, avec des évêques, solliciter, *conformément aux règles*, une lettre formée qui affermît le sacerdoce de Nectaire. » (*Epist.* 15, *apud* Coustant, *col.* 1043.) C'est au pape qu'on s'était adressé pour la déposition et le rétablissement de saint Athanase, comme nous l'avons vu tout à l'heure. C'est au pape que, plus d'un siècle auparavant, on avait soumis la décision de l'affaire de Paul de Samosate, que voici en peu de mots.

Vers le milieu du troisième siècle, Paul de Samosate, patriarche d'Antioche, professa une de ces erreurs si communes aux Grecs sur l'Incarnation du Verbe. Cité à plusieurs conciles, il fut déposé, en 272, dans celui d'Antioche. Domnus fut élu pour le remplacer. Pour obtenir la confirmation de cette élection, les évêques écrivirent à Rome, au pape, une lettre synodale qu'Eusèbe nous a conservée.

Mais Paul, protégé par Zénobie, reine de Palmyre, ne voulait pas quitter son église. Les évêques profitèrent du passage de l'empereur Aurélien, en guerre avec Zénobie, pour faire expulser Paul de son siége. Les dispositions de l'empereur sont remarquables par cela même qu'il est païen ; il apparaît ici comme un témoin impartial de la primauté du siége romain. Il ordonna que la maison épiscopale serait livrée à celui avec lequel l'évêque de Rome et les autres évêques d'Italie se mettraient en communion. (*Hist. eccles.* Euseb. *lib.* VII, *cap.* 30.)

Ainsi, empereurs chrétiens ou païens, évêques accusés ou accusateurs, dépossédés ou envahisseurs, hérétiques ou orthodoxes, tout le monde unanimement, persévéramment, sans réclamation ni opposition aucune, reconnaît les droits de l'Eglise romaine. On ne la voit pas, il est vrai, intervenir continuellement ; mais pourquoi le ferait-elle ? « Tant que la barque sille tranquillement dans des eaux calmes, dit si élégamment M. l'abbé Jager dans son *Cours d'histoire ecclésiastique*, le pilote la laisse aller ; mais, aux passages difficiles, au milieu des écueils, dans la tempée, au milieu des ennemis, dès qu'il y a péril ou obstacle, il est tout de suite à son poste et saisit la barre. Telle a été, dans tous les temps, la conduite des papes, relativement à l'élection des évêques. »

Le droit de juger et de déposer les évêques, que le pape réclame comme un de ses priviléges incontestable, est essentiellement lié au pouvoir d'instituer. En effet, que le pape dépose un évêque, si une autorité quelconque peut lui en substituer un autre, le pape à son tour pourra déposer ce second évêque, et puisqu'il prononce en dernier ressort, sa sentence sera sans appel. Que devient donc alors le droit d'instituer qu'on prétend appartenir au métropolitain ? Avoir prouvé le droit de déposer, c'est avoir prouvé celui d'instituer. Les Grecs eux-mêmes reconnaissent ce droit. Socrate, Sozomène et Epiphane posent le principe sans restriction (*Hist. eccles.* Socratis, *lib.* II, *cap.* 17 ; *Hist. eccles.* Sozom., *lib.* III, *cap.* 10 ; *Hist. tripart.*, *lib.* IV, *cap.* 9).

Toute la règle des élections est mise en action dans l'histoire de l'épiscopat de saint Jean Chrysostome. Il est appelé par l'empereur au siége de Constantinople ; mais le clergé et le peuple sont appelés à approuver son choix. A peine ordonné, Chrysostome envoie à Rome une députation, pour obtenir la confirmation du pape. Cité devant un concile, il refuse d'y comparaître, avant qu'on ait éloigné ses ennemis. Déposé, il recourt à Rome ; ses ennemis l'imitent, tous reconnaissent l'autorité du saint-siége. L'empereur est excommunié, et au lieu de décliner la juridiction romaine, d'invoquer l'indépendance de l'Eglise d'Orient, il s'excuse, il se défend, il demande l'absolution. Ainsi le pouvoir du pape est reconnu par les prêtres, par les évêques et par les patriarches, par les accusés et par les accusateurs, par l'empereur d'Orient lui-même, lorsque ce pouvoir le frappe ; et quinze siècles après on vient nous dire avec une assurance étonnante, que ce pouvoir n'était pas reconnu dans la primitive Eglise.

Il résulte donc de ce que nous avons dit précédemment, que l'élection des patriarches était confirmée par le pape, celle des métropolitains par le patriarche, et celle des simples évêques par les métropolitains, avec le concours du patriarche. C'était là, du moins, la marche ordinaire ; car, s'il se présentait quelque grave difficulté, la suprême autorité du pape se présentait directement et suspendait l'ordre habituel pour la trancher. Le métropolitain ne tenait son autorité ni de son ordination, ni du privilége de son siége ; elle était communiquée et ne pouvait venir d'aucun concile général, puisqu'elle les avait tous précédés ; elle dérivait nécessairement de l'autorité du siége pontifical, dont elle était une émanation : cette transmission de pouvoirs nous donne le sens, et nous fait comprendre la valeur de l'expression des Pères, qui n'appellent pas seulement le saint-siége le centre de l'unité, mais encore *la source du sacerdoce.*

Quand la confirmation romaine intervenait, soit ordinairement, pour les siéges patriarcaux, soit extraordinairement, en cas de difficulté grave, pour les siéges inférieurs, elle se donnait sous la forme de *lettres de communion, communicatoriæ litteræ.* Le nouveau dignitaire étant admis avec son titre dans la communion universelle, ce titre lui était reconnu, il devenait légitime ; mais la reconnaissance du titre était renfermée dans les *lettres de communion :* il s'ensuivait que ceux qui persévéraient dans leurs fonctions sans obtenir ces lettres, étaient par le fait déclarés en état flagrant de schisme. Ces lettres de communion ou de confirmation étaient le plus souvent sollicitées à Rome, pour les élus des grands siéges, par une ambassade solennelle. On peut conclure de ces faits généraux, que le droit de confirmation qui appartient au siége romain n'a pas changé de nature, il a seulement changé dans l'exercice, puisqu'au lieu d'agir comme autrefois par l'intermédiaire ordinaire des métropolitains, il agit actuellement directement et par lui-même dans tous les cas.

Il y a une autre différence importante entre la position du patriarche qui recevait autrefois des lettres de communion ou de *confirmation,* et celle des évêques qui reçoivent aujourd'hui des lettres *d'institution.* Les lettres d'institution, non-seulement confèrent la juridiction, ou, si l'on aime mieux l'élection, mais elles la complètent en la ratifiant ; de sorte que si l'institution est refusée, le sujet désigné ou nommé n'est pas consacré et ne parvient pas au siége pour lequel il était présenté ; tandis que les lettres de confirmation trouvaient dans le patriarche un évêque non-seulement ordonné, mais exerçant même déjà les fonctions pontificales. Il est certain que les patriarches étaient consacrés et assis, au moins provisoirement, dans leurs siéges, quand Rome venait les reconnaître et les confirmer en les admettant à sa communion. Cette prise de possession par provision était motivée par le besoin des églises, qu'il eût été généralement dangereux alors de laisser longtemps en état de veuvage, et par la difficulté et la lenteur des députations à Rome ; elle se fondait sur une dispense des papes conférée par la coutume. Ce n'est pas là une ingénieuse explication ; c'est l'interprétation même qui nous est fournie par Innocent III : *Dispensative propter eccle-siarum necessitates et utilitates.* (*cap. Nihil est* 39, *decret. lib.* 1, *tit.* 6.) Mais il fallait qu'il y eût présomption de confirmation, qu'il n'y eût aucun doute sur la validité de l'élection, qu'elle eût été faite d'un commun consentement, *in concordia,* comme s'exprime le même pontife.

Ainsi, soit confirmation, soit institution, l'approbation du saint-siége, médiate ou immédiate, a toujours été requise. Nos évêques constitutionnels sont donc tombés dans une grossière erreur, en invoquant les prétendues règles de la primitive Eglise, pour se dispenser d'obtenir, soit l'institution, soit la confirmation du souverain pontife, et en soutenant qu'il suffisait de lui donner avis de leur installation (*Voyez* CONSTITUTION *civile du clergé*).

Qu'on ne vienne pas nous dire maintenant que : « Jamais, dans les premiers siècles du « christianisme, on n'entendit parler du re-« cours à Rome pour en recevoir l'institution « canonique ; qu'on embarrasse toujours les « ultramontains en leur demandant quel « pape avait confirmé ou institué saint Am-« broise, saint Augustin, saint Basile, saint « Chrysostome et tous les grands évêques de « l'antiquité chrétienne. » (*Manuel du droit public ecclésiastique français*, pag. 520, 2e édit.) Les ultramontains ne sont nullement embarrassés, comme on vient de le voir, quand on leur demande quel pape a confirmé tous les grands évêques de l'antiquité. Nous allons en fournir de nouvelles preuves.

On connaît les iniquités et les violences commises dans le faux concile, ou, pour employer le terme en usage, dans le brigandage d'Ephèse. Ce débordement d'erreurs, cette débauche éhontée des plus viles et des plus atroces passions fut arrêtée et punie par le grand pape qui occupait alors la chaire de saint Pierre. En apprenant ces déplorables événements, saint Léon casse toutes les décisions du concile d'Ephèse, excommunie le patriarche, tend les bras à Flavien et le reçoit dans sa communion ; il reçoit en même temps dans le giron de son Eglise-Mère tous les autres évêques déposés, et puis, prenant le ton haut et puissant qui va à sa suprême autorité, il défend sévèrement au clergé de Constantinople de recevoir d'autre évêque que celui qu'il déclare légitime. Quelles solennelles paroles ! « Quiconque osera enva-« hir le siége de Constantinople, pendant la « vie de Flavien, n'aura jamais de part à « notre communion et ne sera jamais évê-« que. » Nous ne demandons au noble et célèbre adversaire que nous réfutons, que de la bonne foi : si ce n'est pas là parler *tanquam potestatem habens,* quel langage veut-il que prenne l'autorité la plus haute, la plus incontestée et la plus absolue ? Pour nous, nous n'en imaginons pas d'autre. Léon écrit ensuite de nombreuses lettres en Orient aux évêques et aux prêtres ; il encourage les uns et félicite les autres de leur persévérance dans la foi.

Anatole avait été irrégulièrement élevé au siége de Constantinople. Le pape en conséquence ne voulait pas confirmer son élection. L'empereur Marcien et l'impératrice Pulchérie s'intéressèrent auprès du pape pour lui, qui, de son côté, envoya une légation, suivant l'usage de ses prédécesseurs, pour solliciter à Rome, comme nous l'apprend le pape Gélase (Labbe, *tom.* **IV,** *pag.* 1202 ; Fleury, *tom.* VI, *pag.* 369), la confirmation de son élection. Le pape se laissa fléchir enfin, voulant être, comme il le dit, *plutôt indulgent, que juste;* et, suivant son expression, *il raffermit l'épiscopat chancelant* d'Anatole ; mais néanmoins il exigea, comme il l'avait toujours exigé, la profession de foi, que l'élu déposa entre les mains de ses légats (*Opera S. Leonis*, tom, II, pag. 1147 ; Labbe, tom. IV, pag. 847 et 848).

Au concile de Calcédoine, nous voyons Théodoret qui avait été déposé à Ephèse, quoique absent, venir prendre sa place comme les autres Pères du concile. Les évêques égyptiens qui l'avaient déposé et qui le croyaient entaché de nestorianisme, voulurent s'y opposer. Leur opposition excita de grands murmures dans le reste de l'assemblée. Se conformant à l'expression des vœux de la majorité des Pères, les magistrats le firent asseoir à son rang « parce que, dirent-ils, le très-saint archevêque Léon l'a *rétabli dans l'épiscopat.* » (Labbe, tom. IV, pag. 102.)

Les actes du même concile de Calcédoine nous fournissent encore un fait que nous devons rappeler. Domnus, patriarche d'Antioche, avait été déposé par le faux concile d'Ephèse, et Maxime avait été élu et ordonné à sa place. Mais le pape casse et annule les actes du conciliabule d'Ephèse. Donc la puissance de Domnus reste debout et l'élection de Maxime est non avenue. Cependant Maxime siége au concile de Calcédoine et personne ne lui conteste sa dignité. Comment concilier ces choses? Le concile nous l'explique : c'est que Domnus, après sa déposition, renonce volontairement à l'épiscopat et se retire dans le monastère d'où il est sorti, et Maxime, qui s'est adressé au pape, a été confirmé dans ce siége (Labbe, tom. IV, pag. 682). L'épiscopat de Maxime n'a donc évidemment pour fondement que l'autorité du saint-siége, et c'est bien là ce que dit Anatole au concile : « Nous définissons, « dit-il, que rien de ce qui a été fait dans « cette assemblée qu'ils appellent concile, « n'aura de force, excepté ce qui regarde « Maxime, évêque de la ville d'Antioche, « parce que le très-saint archevêque de « Rome, en le recevant dans sa communion, « a décidé qu'il présiderait à l'Eglise d'An« tioche. » Voilà qui est clair. L'élection de Maxime n'est rien par les décrets du conciliabule d'Ephèse, mais le jugement seul de l'évêque de Rome lui donne toute sa force.

Il résulte donc de l'étude de l'histoire de tous ces premiers temps, aussi loin qu'on voudra remonter, que la validité de l'élection des patriarches dépendait de la confirmation de l'évêque de Rome.

Ce n'est pas sans raison que nous insistons tant sur ce sujet, car cette question est d'une importance majeure. Il faut faire disparaître jusqu'aux dernières traces de ces fausses idées, d'après lesquelles on croyait pouvoir instituer les évêques sans la participation du chef de l'Eglise, sous prétexte, ce qui a été tant de fois répété, avec tant de confiance proclamé, que, dans la primitive Eglise, la confirmation du métropolitain suffisait, et que le pape n'y intervenait en rien.

Distinguons : le pape n'instituait pas directement, immédiatement et nominativement tous les évêques, nous l'avouons ; mais qu'il ne les instituât pas principalement, radicalement, potentiellement, nous le nions, et en voici l'explication. L'évêque relevant du métropolitain, était institué par lui ; le métropolitain relevant du patriarche était institué par le patriarche, mais l'évêque par le métropolitain et le métropolitain par le patriarche qui était reconnu et établi par le pape, dépendaient du même pouvoir et, par les intermédiaires approuvés de ce même pouvoir, en son nom et par sa seule volonté suprême, recevaient leur institution ou leur confirmation. Le métropolitain, confirmant les évêques, agissait donc comme vicaire, comme autorité intermédiaire et essentiellement révocable du patriarche ; et le patriarche, confirmant les métropolitains, n'avait non plus d'autre autorité. Son autorité était communiquée, critiquable et révocable. La main haute et toute-puissante de l'évêque de Rome était toujours étendue sur tous les dignitaires de l'Eglise, les bénissant et les affermissant sur leurs siéges quand ils avaient été régulièrement installés, mais toujours capable de les frapper, de les exclure de la bergerie, s'ils n'étaient pas entrés par la porte. Alors donc comme aujourd'hui, la source de l'épiscopat était à Rome. C'est toujours le tribunal de Rome, tribunal suprême, jugeant en dernier ressort et sans appel, qui a institué et déposé les évêques. Voilà ce que prouve le concile de Calcédoine où siégeaient cinq cent vingt évêques, voilà ce qui résulte incontestablement d'une foule de monuments que nous ne pouvons tous rappeler ici tant ils sont nombreux. Voilà donc le droit du saint-siége dans la confirmation ou l'institution des évêques et des patriarches en particulier, mis dans le plus grand jour par l'histoire.

On lit à cet égard ce qui suit dans l'*Histoire du concile de Trente :* « En soutenant que la juridiction des évêques vient immédiatement de Dieu, qui la confère à son Eglise, on ne diminuait nullement l'autorité du souverain pontife, comme l'avait fort bien remarqué le cardinal Polus dans un de ses ouvrages. La juridiction du chef de l'Eglise est universelle, et à lui seul appartient le droit de l'exercer sur tout le corps et sur tous les membres, et cela en *appelant,* en *élisant,* en *déposant,* en *envoyant ;* de telle sorte que tous ceux qui sont élus et envoyés par Dieu le sont par l'*intermédiaire* du souverain pontife. Le cardinal Polus avait cité à l'appui de cette doctrine les exemples les plus frappants et les plus capables de convaincre. Ainsi, lorsqu'on apprenait que, dans des pays éloignés, un évêque était élevé à cette dignité par le métropolitain, il ne fallait jamais perdre de vue que cela se faisait, ou d'après les constitutions des apôtres, ou par un décret d'un concile légitime, ou par un privilége des papes ; mais toujours en vertu du *consentement exprès ou tacite du siége pontifical*. Autrement la notion de l'autorité serait anéantie. Ces principes avaient reçu leur application dans tous les évêques, excepté dans les apôtres, qui furent élus par Jésus-Christ seul. Et ces paroles de saint Paul que l'on objectait : *Paulus... non ab hominibus, neque per hominem*, venaient au contraire confirmer son sentiment, puisque l'Apôtre, en disant : Pour moi, je n'ai pas reçu mon pouvoir par le moyen d'un homme, donne assez à entendre que les autres sont appelés par l'*intermédiaire* d'un homme, c'est-à-dire du souverain pontife. La juridiction dérive donc de Dieu, il est vrai ; mais elle est exercée par le chef de l'Eglise sur une matière qui lui est soumise et qu'il assigne à d'autres matières, qu'il peut ôter ou restreindre, selon qu'il le juge convenable. » (Tom. III, liv. XIX, ch. 6, n. 3, col. 60, édit. Migne.)

Mais d'où peut venir dans un sujet aussi important la fausse opinion de nos auteurs modernes ? faut-il les accuser de mauvaise foi ? faut-il les taxer d'ignorance ? « Je m'interdirai l'une et l'autre accusation , répond M. l'abbé Jager, dans son *Cours d'Histoire Ecclésiastique* : il me serait trop pénible de supposer des intentions de fraude à tant d'hommes recommandables, il m'est impossible de mettre en doute la prodigieuse érudition de plusieurs. Je suis donc forcé de leur reprocher au moins de l'inattention dans leurs études, de la précipitation dans leurs jugements, une trop légère appréciation de l'importance d'un sujet aussi grave et si fécond en conséquences pratiques. Ils ont jeté sur l'histoire un coup d'œil trop vague ; ils ont laissé flotter leur pensée dans des généralités, au lieu de la définir et de la circonscrire par les faits ; ils ont aperçu de loin et négligemment la masse des monuments ; ils auraient dû s'en approcher, les compter, les scruter, les comparer, les grouper ; ensuite, ils auraient dû méditer sur ces découvertes, comprendre et faire valoir la haute portée des documents qu'ils auraient recueillis. Ils n'en ont pas pris la peine, et de là ces lacunes qu'ils ont laissées dans leurs ouvrages. Ils ont fait de cette partie de l'histoire ecclésiastique la description que pourrait faire d'un pays l'homme qui l'aurait traversé voyageant en diligence. Ainsi, ils rapportent quelquefois les lettres pontificales de confirmation, mais sans appeler l'attention du lecteur et sans paraître y attacher eux-mêmes aucune importance. Le devoir d'un historien est grave et difficile, et sa charge est lourde, car d'une seule omission peuvent résulter pour un peuple de funestes opinions,

et, telles circonstances données, de déplorables égarements. Nous en avons l'expérience ; approfondissons nos études. »

L'institution canonique des évêques est une des plus graves et des plus importantes questions qu'on puisse soulever, puisque de sa solution dépend la légitimité d'un grand nombre de pasteurs ; c'est ce qui nous a déterminé à la traiter ici avec quelque étendue. Nous avons été forcé cependant de nous limiter dans le nombre de preuves que nous aurions pu apporter en faveur du droit du souverain pontife sur l'*institution canonique* des évêques. Ce droit, du reste, est exposé et démontré jusqu'à l'évidence dans un ouvrage très-remarquable, publié en 1814, et qui a pour titre : *Tradition de l'Eglise sur l'institution des évêques* (3 vol in-8).

L'auteur de cet ouvrage donne d'abord l'histoire abrégée de l'établissement des patriarches, il montre qu'ils ont tous été institués par l'autorité de saint Pierre, et que leurs priviléges, notamment celui de *confirmer* les évêques, n'étaient qu'une émanation de la primauté du siége apostolique. Il fait voir ensuite que les patriarches eux-mêmes ont toujours été confirmés par les pontifes romains, et démontre que les métropolitains n'avaient d'autre autorité que celle qu'ils tenaient du saint-siége qui les avait établis, et dont ils étaient, à proprement parler, les vicaires ; d'où il suit que plus on relève et plus on étend leurs droits, plus aussi on étend et on relève ceux de la chaire suréminente qui les leur avait conférés.

§ 3. NOMINATION *des curés.*

L'article 10 du concordat maintient expressément le droit divin qu'ont les évêques de nommer aux cures, seulement il y met cette réserve que le choix ne pourra tomber que sur des personnes agréées par le gouvernement.

NONCE.

Le *nonce* est un prélat envoyé du pape dans les différentes cours catholiques, pour y représenter le pape et s'acquitter en son nom des fonctions d'ambassadeur. Le père Thomassin (*Discipline de l'Eglise, partie* II, *liv.* I, *ch.* 50 et 51) parle des anciens apocrisiaires et dit qu'ils étaient ce que sont aujourd'hui les *nonces*. On peut voir ce qu'étaient les anciens apocrisiaires sous les mots AGENT, APOCRISIAIRE.

Les *nonces* en France sont dans l'usage de faire les informations de vie et mœurs des ecclésiastiques nommés aux archevêchés et évêchés.

NONCIATURE.

La *nonciature* est la fonction du nonce. On le dit aussi du temps que cette fonction dure, et de la juridiction du nonce (*Voyez* ci-dessus NONCE).

NONNI.

On voit le mot *nonni* employé dans des anciens monuments pour signifier une dignité parmi les moines : *Ut qui præponuntur nonni vocentur.* Mais le père Thomassin, expliquant le vrai sens de ce terme, dit qu'il signifie seulement une qualité honorable qu'on voulait donner à toutes les dignités en les nommant, comme on donne aujourd'hui celle de *Dom* aux simples religieux et que saint Benoît voulait qu'on ne donnât qu'à l'abbé : *Abbas, quia vices Christi creditur agere, domnus et abbas vocetur* (Thomassin, *Discipl.*, partie III, liv. I, ch. 49).

NONOBSTANCES.

Les *nonobstances* sont des clauses dérogatoires (*Voyez* DÉROGATION), par lesquelles les actes émanés de la chancellerie romaine, dérogent aux règles établies par les constitutions des papes, les conciles provinciaux, quelquefois même par les conciles généraux. Ces clauses dérogatoires sont ainsi appelées, parce qu'elles commencent ordinairement par le mot *nonobstantibus*. La plus importante et la plus étendue est celle qui est conçue en ces termes : *Nonobstantibus quibusvis apostolicis, necnon provincialibus, synodalibus, universalibusque conciliis editis vel edendis, specialibus vel generalibus constitutionibus et ordinationibus.*

En matière de grâces, les *nonobstances* détruisent les dispositions contraires à la teneur du rescrit, mais ne renferment aucune dispense (Rebuffe, *in Prax. de dispens. œtat.*, n. 2).

Il n'y a que le pape qui puisse user de la clause de *nonobstance*, et dérogatoire aux constitutions canoniques.

NONOBSTANT APPEL.

Nonobstant appel, signifie que le jugement dont on appelle à un autre tribunal, s'exécutera *nonobstant*, c'est-à-dire, malgré l'appel (*Voyez* APPEL).

NOTAIRE.

Les *notaires* sont des officiers publics dont la fonction est de rédiger par écrit et dans la forme prescrite par les lois, les actes, conventions et dernières dispositions des hommes.

Quoique nous n'ayions à parler ici des *notaires* que relativement aux matières ecclésiastiques, nous ne pouvons nous dispenser de donner, suivant le plan de cet ouvrage, une idée de leur origine, commune à toutes sortes de *notaires*, royaux et apostoliques. On verra même que cette courte histoire est moins étrangère ici qu'elle ne le paraît d'abord.

§ 1. Ancien et nouvel état des NOTAIRES, leurs différentes sortes.

On ne doute point que le mot *notaire* ne vienne du mot *note*, à raison de ces écritures en notes et abrégées, dont on usait anciennement (*Voyez* ABRÉVIATIONS). Mais on remarque que les premiers *notaires*, c'est-à-dire ces écrivains en notes, n'étaient d'abord que des domestiques particuliers qui servaient de secrétaires à leurs maîtres; c'était même alors du bon ton d'en avoir toujours à sa suite ; les grands s'en servaient pour leurs dépêches, et les savants pour le dépôt de leurs idées. Le grand usage de ces sortes de *notaires* les rendit si habiles dans leurs fonctions, que, suivant le mot de Martial, leur main allait plus vite que la langue qui parlait.

Currant verba licet, manus est velocior illis:
Nondum lingua suum, dextra peregit opus.

C'est par le moyen de cette rapidité qu'on parvenait à copier, ou plutôt à voler un discours public qu'un orateur prononçait; et c'est aussi par là que ceux qui faisaient ces fonctions commencèrent à se rendre nécessaires et très-utiles ; ils devinrent bientôt greffiers des juges ; mais auparavant, ces *notaires,* qui étaient encore pour la plupart esclaves, écrivaient les actes des particuliers qui recouraient à eux, soit parce qu'ils ne savaient pas écrire, soit parce que les *notaires* écrivaient mieux qu'eux. Il n'était pas nécessaire, autrefois, chez les Romains, pour la validité d'un acte, qu'il fût écrit par la main d'une tierce personne. Cela ne fut ordonné dans la suite que pour les pupilles et les autres personnes qui ne pouvaient stipuler pour elles-mêmes; on établit à cet effet des serviteurs publics qu'on appela *tabulaires.* Cependant, quoique les *notaires* n'eussent par eux-mêmes aucun caractère qui rendît authentiques les actes qu'ils écrivaient, on avait si souvent recours à eux, qu'on ne faisait presque plus de fond sur les actes que les parties passaient entre elles, soit parce que leurs écrits n'étaient pas bien nets, soit parce que de cette imperfection naissait la difficulté d'en prouver la vérité.

L'empereur Justin ordonna donc, 1° que les contrats n'auraient de valeur qu'autant qu'ils seraient écrits au net et distingués de la première minute, ordinairement défectueuse, et qu'on appelait *sceda;* 2° que les actes passés par les *notaires* pourraient servir de comparaison, en cas que quelqu'un s'avisât de nier sa signature.

Quoique ce nouveau règlement ne donnât pas aux actes des *notaires* une autorité d'exécution parée, il servit beaucoup à les multiplier. Chacun recourait à ces *notaires ;* ils recevaient et passaient tous ces contrats. Ce fut alors que le public, considérant l'importance de cette profession, cessa d'avoir une mauvaise idée de ceux qui l'exerçaient. Déjà du temps de l'empereur Constantin ils n'étaient plus appelés *servi*, mais *conditionales quos vulgus tabellarios appellat,* dit la loi 11, *cod. Qui potiores.* Les empereurs Arcadius et Honorius déclarèrent que l'emploi des *notaires* ne dérogerait point à la liberté (*L.* 3, *cod. de tabell.*). Bientôt les *notaires,* devenus si considérables, et par la conséquence et par la nécessité de leurs fonctions, formèrent corps et collèges entre eux ; ils s'assemblaient tous dans la place publique où étaient différentes études, en latin, *statio.* Chacune de ces études était dirigée sous l'autorité impériale par des clercs qui avaient pour chef un tabellion sujet à déposition par ses prévarications. Les parties qui voulaient faire écrire un acte, s'adressaient à l'un de ces clercs, lequel mettait par écrit sur un brouillon les intentions des contractants ou le projet d'acte. Ce brouillon s'appelait *sceda, quia scindebatur a scapo*. On appelait *scapus*, ce que nous appelons aujourd'hui une main de papier, alors en rouleau de vingt feuilles. On prenait du papier de ce rouleau autant qu'on en avait besoin pour écrire le brouillon et on l'écrivait des deux côtés; mais quand il s'agissait de mettre l'acte au net, on n'en tirait que des feuilles entières, et on n'écrivait que d'un seul côté du papier. La loi *Contractus de fid. cod. de fid. instrum.* défend les actes en brouillon; elle veut que les contrats n'aient de force qu'autant qu'ils seraient mis au net et signés par les parties, et s'ils sont passés par les *notaires*, que ceux-ci les aient signés. Justinien voulut ensuite qu'il y eût à ces contrats des témoins connus des contractants.

On est surpris d'apprendre que les actes des *notaires* dans cette forme n'eussent encore aucune autorité. 1° Ils ne faisaient point foi par eux-mêmes; 2° l'on admettait contre leurs dispositions la preuve par témoins; 3° ils n'étaient point des écritures publiques; 4° enfin ils n'emportaient point hypothèque par eux-mêmes, et n'avaient point d'exécution parée. Il fallait pour produire ces différents effets, que les parties fissent enregistrer leur contrat dans les livres du magistrat. L'acte jusqu'alors n'était point en bonne forme, les *notaires* à qui l'on avait recours pour le rendre tel, n'ignoraient aucune des nouvelles lois introduites pour sa validité; mais il ne recevait le sceau de l'autorité publique, que par l'enregistrement qu'en faisait le magistrat. Ce magistrat était le *magister census;* et bientôt la multitude des actes et la nécessité de cette formalité firent passer ce pouvoir aux officiers municipaux. Ces magistrats prenaient quelquefois le titre de *notaires*, comme en effet ils mettaient leurs notes d'enregistration, et de là on a confondu les tabellions avec les *notaires*. Mais ceux-ci étaient si peu les mêmes que ceux dont nous venons de parler, que le nom de *notaire* était presque commun à tout officier de plume qui avait quelque part dans l'administration publique.

Voilà ce que nous avons cru nécessaire de dire avant d'en venir à ce qui paraît plus propre à la matière de notre ouvrage. C'est encore un problème si les personnes qui furent employées à recueillir les actes des martyrs dans les trois et quatre premiers siècles, et qu'on appelle *notaires*, étaient des clercs qui avaient l'art des notes. Les *notaires* des sept quartiers de Rome, établis par saint Clément pour recueillir les actes des martyrs, suivant le pontifical attribué au pape Damase, pouvaient être de zélés fidèles qui rendaient exactement témoignage de ce qu'ils voyaient au sujet des martyrs et des persécutions. Mais comme d'une part les savants désavouent l'autorité de ce pontifical, et que Pearson et Tillemont ont remarqué qu'il n'y a eu à Rome des actes des martyrs, que sur les traditions populaires, l'on ne peut dire que les *notaires* clercs fussent connus dans l'Eglise avant le quatrième siècle. Jusqu'alors les évêques avaient sans doute auprès d'eux de pieux clercs qui leur tenaient lieu de secrétaires, et écrivaient leurs lettres et tous leurs actes; mais ces clercs ne savaient pas encore, au moins dans l'Eglise de Rome, cet art admirable des notes dont ils se servirent dans la suite pour écrire les actes des conciles et toutes ces conférences importantes d'où l'on a tiré de si fortes armes pour défendre la vérité de notre religion. Le savant père Mabillon observe que sur la fin du quatrième siècle on envoyait à Rome les actes des martyrs pour y être enregistrés.

Les clercs ayant donc appris l'usage des notes, chaque évêque en avait à son service. Saint Évode écrivait à saint Augustin qu'il avait perdu un jeune clerc qui lui servait de lecteur et de *notaire*. En effet, la science des notes fut reconnue comme si utile qu'elle devint une préparation presque nécessaire pour les ordres supérieurs; et il y a grande apparence que le notariat faisait autrefois partie des fonctions de lecteurs. Le pape Gélase, parlant d'un moine, dit qu'il ne pourra entrer dans les ordres, si auparavant il n'a été *notaire*. On lit dans saint Grégoire, épître 34, livre III, qu'un sous-diacre de Sicile, qui n'avait pu garder la continence *usque in obitus sui tempus, notarii quidem gessit officium, et a ministerio subdiaconi cessavit*. Enfin, dans la vie de saint Césaire d'Arles, livre II, chapitre 12, on voit qu'une des fonctions des *notaires* était de porter le bâton pastoral de l'évêque; mais leurs principales et vraies fonctions étaient d'écrire les homélies des évêques à mesure qu'ils les prononçaient sans préparation, les actes des affaires ecclésiastiques comme des élections, des conférences ou disputes touchant la foi et la discipline, les actes des conciles et généralement tout ce qui se passait dans l'Eglise, le tout en forme de procès-verbal qui contenait jusqu'à la dernière circonstance (*Voyez* ACCLAMATIONS); sauf après de faire reconnaître et signer ce qui était écrit par ceux dont on avait mis ainsi les paroles sur le papier. Quelquefois dans certains conciles où les esprits étaient partagés, on se servait de *notaires* séculiers. Fleury remarque que dans ces conciles chaque évêque avait son *notaire* qui était un de ses clercs. Ce *notaire* écrivait de son côté les actes du concile comme faisait le *notaire* d'un autre évêque; en sorte qu'il y avait à la fin du concile autant de procès-verbaux de ces actes qu'il y avait d'évêques au concile. Certains de ces évêques se retiraient plus tôt que les autres, après que les points de foi avaient été discutés et jugés, c'est ce qui explique pourquoi l'on voit des exemplaires de ces anciens conciles où il y a moins de canons de discipline que dans d'autres. Ces *notaires* clercs dressaient encore et écrivaient les actes de manumission qui se faisaient dans l'église, et les contrats que l'évêque passait au nom de l'église. On prétend même que comme parmi les *notaires* séculiers il s'était formé différentes classes dont les plus anciens étaient appelés successivement *primicerius, secundicerius* etc., les ecclésiastiques imitèrent cet ordre et ces distinctions, et que c'est de là que viennent les primiciers, les archiprêtres, les archidiacres, etc. Mais, quoi qu'il en soit, vinrent dans l'Occident les siècles de barbarie et d'ignorance, les neuvième, dixième, onzième siècles, et les ecclésiastiques étaient les seuls qui sussent lire et écrire; ils étaient donc alors les seuls qui écrivissent les actes. Rien n'est plus obscur que l'histoire de ces temps en tous points et par conséquent en celui-ci. On rapporte que les *notaires*, qui étaient alors tous clercs, dépendaient d'un chancelier, que comme on n'avait pas l'usage de l'écriture familier, on se servit du sceau; or, les sceaux n'étaient qu'entre les mains des seigneurs; l'usage était donc alors : 1° que tous les actes se passassent au nom du seigneur dont les contractants dépendaient; 2° qu'il n'y eût aux actes d'autres signatures que les sceaux des personnes qui étaient en état d'en avoir; 3° que le chancelier ou garde des sceaux du seigneur se choisit un ou plusieurs écrivains qui fussent à son serment et à celui de la commune où ils servaient, lesquels dressaient les actes au lieu et place de ce chancelier et les lui portaient ensuite à sceller.

Cela introduisit en France autant de *notaires* qu'il y avait de juridictions différentes, ou plutôt qu'il y avait de personnes titrées qui avaient des sceaux et qui avaient permission d'en user. Les évêques ayant donc droit de sceau, on commença à voir des *notaires* épiscopaux et des *notaires* des seigneurs; les premiers comme plus instruits et supposés plus honnêtes gens, parce qu'ils étaient ecclésiastiques, avaient plus la confiance du peuple; d'ailleurs, l'excommunication de *Nisi* rendait l'exécution des contrats passés par-devant les *notaires* épiscopaux, plus assurée : ajoutez que les justices des seigneurs, et leurs sceaux donnés à ferme *étaient si mal administrés*, dit l'auteur de la Chronique de Saint-Denis, *que chacun citoyen se retirait sur le territoire des hauts justiciers ecclésiastiques*. Mais cette foule de pratiques que les évêques virent autour de leurs *notaires* leur offrit un moyen aisé d'en tirer avantage ; ils affermèrent leurs greffes et leur notariat ; ces fermiers, pour retirer leurs deniers, ne se contentèrent pas des anciens droits dont ils avaient coutume de rendre compte, ils se firent payer pour le papier, pour le brouillon, pour l'encre, pour la cire, etc. *Indebite*, dit le concile de Ravenne de l'an 1321, *a notariis et sigilliferis episcoporum taxantur... pro scriptura, charta, sedulla, cera et sigillo*. Les officiers de la cour romaine, selon Yves de Chartres (*Apud Baron*., *an*. 1104, *n*. 9), disaient déjà de son temps que tout cela coûtait de l'argent et qu'il était nécessaire de les indemniser : *Cum nec calamus*, *nec charta gratis*, *ut aiunt*, *habeatur*.

Les *notaires* des évêques avaient bien permission d'exiger quelque chose pour les contrats ou autres actes de juridiction, mais ils voulurent étendre leurs droits jusque sur les actes des ordinations, des collations de bénéfices ; et c'est contre cet abus et cette simonie que tous les conciles ont tonné.

Les rois et les souverains eurent aussi leurs *notaires* et dans toutes leurs juridictions, et les magistrats sous lesquels ces *notaires* travaillaient, rendaient compte au roi du gain de ces *notaires*.

C'est à saint Louis que l'on attribue l'érection des *notaires* royaux en titre d'office. Ce saint roi ayant réformé la prévôté de Paris, créa soixante *notaires*, à qui il prescrivit des règles. Cette réformation ne s'étendit pas au delà de Paris, où elle devint bientôt célèbre. Dans les autres bailliages, les greffes et tabellionages étaient encore réunis aux prévôtés et bailliages où on les donnait à ferme. Philippe le Bel fit à ce sujet une ordonnance en 1302, qui ne regardait pas les *notaires* épiscopaux, ou plutôt apostoliques, dont le nombre, les fonctions et les droits s'accrurent si fort (Thomassin, part. II, liv. III, chap. 24).

Il est parlé des tabellions dans les Décrétales, *cap. Cum tabellio* 15, *de fid. instrum*., et *cap. Sicut te accepimus* 8, *ne clerici et monachi*; mais ces deux textes font voir que les tabellions faisaient la fonction de greffier et celle de *notaire* tout à la fois. En effet, la décrétale d'Innocent III : *Sicut te accipimus*, défend aux clercs *in sacris* d'exercer *passim tabellionatus officium*, parce que, *illo utebantur officio in quacumque causa et in quocumque foro*. D'ailleurs le chapitre *Quoniam*, au titre de *Probationibus*, marque si positivement que ces personnes qu'il appelle publiques, étaient destinées à servir de greffiers dans les jugements, qu'il est inutile d'en aller chercher la preuve ailleurs.

C'est donc dans le même sens que le concile de Trente parle des *notaires*, quand il veut, en la session XXIV, chapitre 20, *de Reform.*, qu'ils expédient dans un mois, les actes dont les appelants ont besoin pour poursuivre leur cause devant le juge supérieur, à peine, en cas de négligence, la destitution de leur office au jugement de l'évêque; en cas de fraude, à peine d'une amende double de ce à quoi le fonds du procès peut monter, au profit de l'appelant et des pauvres, et en cas que le juge soit instruit ou participant de cette négligence, il est sujet à la même amende.

A Rome on distingue deux sortes de *notaires*, les *notaires* apostoliques et les protonotaires. Les premiers sont ceux dont nous venons de parler ; à l'égard des protonotaires, *voyez* PROTONOTAIRE.

Un arrêt rendu par le roi, en son conseil, le 16 décembre 1727, prescrivait le concours des *notaires* pour les baux des biens ecclésiastiques, en ces termes :

« Art. 1ᵉʳ. Conformément aux déclarations

de 1696, 1699, 1708,... il sera passé par-devant *notaires* des baux de tous les revenus dépendants de tous les bénéfices,... fabriques, etc. »

Le décret du 30 décembre 1809 ne prescrit rien à cet égard, l'article 60 porte seulement : « Les maisons et les biens ruraux appartenant à la fabrique seront affermés, régis et administrés par le bureau des marguilliers, dans la forme déterminée pour les biens des communes. »

Mais on ne doit pas en conclure que les baux puissent être consentis administrativement par le bureau; le ministère d'un *notaire* continue d'être nécessaire pour leur passation, et le décret du 30 décembre 1809 le prescrit au moins implicitement en obligeant le trésorier à indiquer dans son compte le nom du *notaire* qui a reçu le bail.

Il faut aussi considérer que le Code civil n'admet d'hypothèque que sur des actes notariés.

« Art. 2127. L'hypothèque conventionnelle ne peut être consentie que par acte passé en forme authentique de la créance, soit dans un acte authentique postérieur, devant deux *notaires*, ou devant un *notaire* et deux témoins. »

Ce qui fortifie l'opinion que les baux doivent être reçus par les *notaires*, c'est la disposition ci-après de l'ordonnance du 7 octobre 1818, relative aux biens des communes.

« Art. 4. Conformément à l'article 1ᵉʳ du décret du 12 août 1807, il sera passé acte de l'adjudication par-devant le *notaire* désigné par le préfet. »

Les *notaires* sont tenus, d'après l'art. 58 du décret du 30 décembre 1809, de donner avis au curé ou desservant de tout acte passé devant eux contenant donation entre vifs ou disposition testamentaire au profit d'une fabrique. Cette obligation leur est de nouveau imposée par l'article 5 de l'ordonnance du 2 avril 1817 (*Voyez* ACCEPTATION).

Si l'acte contenant donation entre vifs ou disposition testamentaire a lieu en faveur d'un séminaire ou d'une école secondaire ecclésiastique, le *notaire* est tenu d'en instruire l'évêque.

Les *notaires* ne peuvent se rendre adjudicataires des biens dont ils font la vente.

§ 2. NOTAIRES *de la chancellerie et de la chambre.*

Ces *notaires* sont à Rome des officiers en titres, il n'y en a qu'un seul en la chancellerie, mais il y en a douze pour la chambre, le premier reçoit les actes de consens, les procurations des résignations, révocations et autres semblables, il fait lui-même l'extension du consens, et se qualifie député : sa date est de l'année après l'Incarnation, c'est-à-dire trois mois après la Nativité; en sorte que l'année qui devrait précéder par l'ordre naturel des événements, se trouve subséquente, voici la forme de cette extension.

Anno Incarnationis Dominicæ N. die... retroscriptus Petrus per dominum N... procuratorem suum retroscriptæ resignationi ac

DROIT CANON. II.

litterarum expeditioni, concessit, juravit...... est in cancellaria N... deput.

Quand ce sont les *notaires* qui font cette extension, ainsi qu'il est libre au porteur de la procuration de les choisir, préférablement au *notaire* de la chancellerie, la signature est la même, mais la date est différente, elle serait dans l'exemple proposé: *Die...etc., est in camera apostolica..... N. secret.*

Ceux-ci prennent la qualité de secrétaire.

NOTE.

On a remarqué que le mot *note* pouvait recevoir sept différentes significations ; 1° il se prend pour une tache dans l'honneur et la réputation, il y a un titre dans le corps de droit sur cette espèce de *note*, *de his qui infamia notantur* (*Voyez* INFAMIE, PROSCRIPTION).

2° Il se prend pour un certain caractère honteux dont les Romains défiguraient le visage des mauvais esclaves. On imprimait sur leurs fronts des lettres qui marquaient la qualité de leurs fautes. C'est à cette occasion que Plaute appelait les esclaves ainsi marqués, des gens de lettres ou des lettrés.

3° Le mot *note*, se prend aussi pour un caractère en chiffres qu'on ne peut entendre que par le moyen d'une clef; telle est quelquefois la forme des lettres qu'on adresse aux ambassadeurs.

4° Les *notes* se prennent aussi pour les réflexions et les remarques des savants. Les Grecs et les Latins usaient beaucoup de ces *notes*; mais on ne les reconnaît pas uniformes, parce que chacun avait sa manière de noter ses idées.

5° Les *notes* signifiaient autrefois ce qu'elles signifient aujourd'hui dans la musique, quoique la forme en soit parmi nous différente.

6° Les *notes* s'entendent aussi des abrégés des actes ou de quelque chose dont on se contente de faire un extrait. Ce sont ces abrégés ou extraits qui ont fait appeler les notaires, gardes-notes.

7° Enfin on entendait par *notes*, certaine écriture abrégée, et c'est dans cette signification que le mot *notes* a donné la naissance à celui de notaire (*Voyez* ABRÉVIATION, NOTAIRE).

NOTOIRE, NOTORIÉTÉ.

Ces deux mots sont fréquemment employés dans l'usage, mais leur sens a souffert bien des contradictions : voici ce que nous en apprennent les jurisconsultes et les canonistes. Les uns et les autres disent qu'il y a trois sortes de *notoriétés*. Les uns disent que ces trois sortes de *notoriétés* sont *præsumptionis, juris et facti.* D'autres, comme Panorme et Navarre distinguent le *notoire*, le manifeste et le fameux, *notorium, manifestum, famosum.*

1° A commencer par la première division, le *notoire* de présomption n'est autre chose que l'évidence à laquelle une présomption violente de droit ne permet pas de se refuser, comme la paternité qu'il suffit de prouver par les conjectures légitimes du mariage.

2° La *notoriété* de droit, *notorium juris,*

(*Vingt.*

est une preuve sans réplique que produit un jugement ou une libre et claire confession en jugement.

3° La *notoriété* de fait, *notorium facti*, est celle d'un fait qui est connu de tout le peuple ou de la plus grande partie, de sorte qu'on ne peut en dérober la connaissance, ou la déguiser en quelque manière que ce soit. Cette *notoriété* reçoit son application en trois différents cas : 1° elle regarde une chose stable, continuelle, comme que le palais est dans la ville ; 2° un fait accidentel et passager, comme l'assassinat d'un homme fait en public ; 3° un fait fréquent, mais interrompu et alternatif, comme qu'un tel fait l'usure en tel lieu et tel jour.

1° Le *notorium* des canonistes se divise en *notoire* de droit et en *notoire* de fait ; ils donnent de l'un et de l'autre la définition que l'on vient de voir. Certains disputent entre eux sur le nombre de personnes requis pour former cette plus grande partie dont la connaissance à l'égard d'un fait tient lieu de *notoriété*. Collet, en son *Traité des Dispenses*, dit à cet égard : « La plupart des canonistes enseignent deux choses ; la première, que dix personnes font un peuple, une paroisse, une communauté ; la seconde, qu'une chose est *notoire* de *notoriété* de fait, quand elle est connue de la plus grande partie d'une communauté ou d'un peuple. De ces deux principes qui sont assez appuyés, Gamache, et je ne sais combien d'autres concluent : 1° que quand la communauté n'est pas composée de dix personnes, il ne peut jamais y avoir de *notoriété* de fait, quand même une chose se serait passée à la vue de tous les habitants ; 2° que s'il y a dix personnes dans le lieu, il suffira pour la *notoriété* de fait, que six personnes en aient été témoins, parce que ces six personnes font la plus grande partie de la communauté ; 3° que si la communauté est de vingt, ou de trente personnes, ces six témoins ne suffiront pas, parce qu'ils ne seront plus la plus grande partie du peuple ; enfin que si la communauté, la paroisse, la ville est très-nombreuse, il faut que la chose se soit passée devant douze ou quinze témoins. Cependant comme dix personnes ne sont presque rien dans une ville, comme celle de Rome ou de Paris, des docteurs très-versés en ces matières estiment, que quand une chose n'y est connue que d'un si petit nombre de personnes, il faut laisser à un homme sage et prudent à définir, si cela suffit pour la *notoriété*, parce que le droit n'a rien de bien précis sur ce dernier article. »

2° On appelle manifeste ce qui étant certainement connu par un nombre de personnes, a été par elles répandu dans le public : *Manifestum est id quod a pluribus prædicatur* (Abb. in c. Tuto loc. de præsumpt.). Une chose pour être manifeste n'a pas besoin d'avoir été vue par la plus grande partie de la communauté ; ce serait alors le cas de la *notoriété* ; mais il suffit que la moitié du nombre nécessaire pour la *notoriété* l'ait appris de l'autre moitié qui a vu.

Au surplus, on confond souvent le manifeste avec le *notoire*, celui-ci avec l'évident, *evidens quandoque ponitur pro notorio, quandoque pro manifesto* (C. Si forte de elect ; c. Ab eo, in 6°).

3° Enfin on appelle fameux ce qui est connu par le bruit public, *famosum id quod fama notum*. Mais tout bruit ne produit pas ce genre de publicité ; il n'y a que celui qui est fondé sur des conjectures très-fortes, ou qui ayant été répandu par une personne digne de foi, passe pour constant parmi ce qu'il y a de gens sages dans un canton. On voit, par exemple, un homme pâle et troublé sortir à grands pas d'une maison ; son épée est teinte de sang, ou il en est lui-même tout couvert : on trouve dans cette même maison un de ses ennemis assassiné ; on dit publiquement que ce mauvais coup part de la main de celui à qui on a vu prendre la fuite ; voilà ce que le droit appelle *actio famosa*. Enfin Benoît XIV, ce pape si savant, nous a enseigné dans une de ses lettres encycliques, une nouvelle et non moins sage distinction sur la même matière ; c'est en l'endroit où il dit : « En quoi cependant il ne faut pas perdre de vue la différence qui se trouve entre le *notoire* par lequel il conste d'un simple fait dont la tache consiste dans la seule action extérieure, telle qu'est la *notoriété* d'un usurier ou d'un concubinaire, et cet autre genre de *notoire* qui tombe sur des faits extérieurs dont la tache dépend principalement de la disposition intérieure de l'âme. C'est de ce genre de *notoire* qu'il s'agit ici. Le premier doit être constaté par de fortes preuves, mais le second en exige encore de plus fortes et de plus certaines. *In quo tamen præ oculis habenda est differentia quæ intercedit inter notorium illud, quo merum aliquod factum deprehenditur, cujus facti reatus in ipsa sola externa actione consistit, ut est notorietas usurarii aut concubinarii ; et aliud notorii genus, quo externa illa facta notari contingit, quorum reatus ab interna etiam animi dispositione plurimum dependet ; de quo quidem notorii genere nunc agitur. Alterum enim gravibus sane probationibus evinci debet, sed alterum gravioribus certioribusque argumentis probari oportebit*. Le reste de la lettre développe cette règle en pratique.

Nous ne sommes entré dans ce détail sur la nature et le sens des deux mots que nous traitons, que parce que la matière en est importante, soit par rapport aux dispenses des évêques et de la pénitencerie, soit par rapport à d'autres objets ; mais nous devons observer après plusieurs autres, que malgré toutes les règles que les canonistes et les jurisconsultes se sont efforcés d'établir pour rendre les questions sur la publicité ou sur l'occultation d'un fait, moins fréquentes, ou leurs décisions moins arbitraires, il restera toujours à cet égard dans toutes les occasions, bien des difficultés à résoudre (*Voyez* CAS RÉSERVÉS, PÉNITENCERIE, DISPENSE, EMPÊCHEMENT).

NOVALES.

Ce mot qui est ancien se dit des terres

nouvellement défrichées, et qui, de temps immémorial, n'avaient point été cultivées : *Novale est ager nunc primum præcisus*. On a appelé *novales* les dîmes qui se percevaient sur les fruits de ces terres (*Voyez* DIMES).

NOVELLE.

Terme de jurisprudence, qui se dit des constitutions de plusieurs empereurs, et surtout de celles de Justinien. Nous avons eu occasion de citer beaucoup de *novelles* dans le cours de droit canon. On les cite ainsi, *Nov*. (*Voyez* CITATION).

NOVICE, NOVICIAT.

On appelle *novice* une personne qui est dans le temps de sa probation, et qui n'a point encore fait ses vœux de religion. Le *noviciat* est le temps pendant lequel on éprouve la vocation et les qualités de la personne qui est entrée en religion avant de l'admettre à la profession.

§ 1. *Nécessité du* NOVICIAT ; *qualités des* NOVICES.

La profession religieuse est un de ces engagements que Dieu seul peut faire prendre, parce que Dieu seul peut en faire soutenir les obligations et les suites. Or, il n'est pas toujours aisé de distinguer à cet égard le véritable esprit de Dieu. La chair et le démon font tous les jours illusion à plusieurs, et on en a la preuve dans la conduite de certains religieux qui ne montrent de leur état que l'habit.

Il n'est point de règle qui, conformément au chapitre *Ad apostolicam; C. Non solum de regul.*, ne prescrive, tant pour le bien de l'ordre que pour celui du prosélyte, le *noviciat*, et même avant le *noviciat* une sorte d'épreuve qu'on appelle postulation. Saint Benoît dit dans sa règle, qu'après avoir reconnu dans celui qui se présente pour être reçu, une volonté telle que la résistance et même les injures n'ont pas rebuté, on doit l'admettre à la chambre des hôtes, et que si le prosélyte continue de donner des marques d'une vocation sincère, on le fasse passer au *noviciat*. La règle des ermites de saint Augustin porte : *Si quis in ordine nostro recipi petierit, non statim annuatur ei quicumque sit ille, sed probetur spiritus ejus si ex Deo est, quia desideria dilatione crescunt ; et in privatis colloquiis voluntas, mens et intentio ipsius a priore conventus, vel a magistro novitiorum, ut ab alio perfecte exploretur, quod si perseveraverit in proposito, prior cum faciat diligenter examinari a duobus examinatoribus ad hoc munus deputatis.*

Mais comme la bonne volonté ne suffit pas souvent sans les moyens nécessaires pour la suivre, on examine ensuite si celui qui se présente a toutes les qualités requises pour être admis dans l'ordre dont il s'offre à professer la règle ou s'il n'a aucune qualité exclusive. Parmi ces qualités ou exclusives ou déterminantes, il y en a qui sont marquées par le droit commun, et d'autres qui sont prescrites par la règle particulière de l'ordre. Celles-ci sont différentes, suivant les différentes constitutions des ordres religieux ; nous ne parlerons que de celles qui sont de droit commun.

On ne doit admettre les *novices* à la vêture ou prise d'habit, que quand ils ont atteint l'âge de puberté, c'est le règlement du concile de Trente (*Session* XXV, ch. 17).

On ne doit les admettre non plus qu'après les avoir suffisamment éprouvés, et que quand ils ont tout ce qui est nécessaire pour remplir dignement les devoirs de l'état auquel ils aspirent, comme la santé, la science, la vertu, etc. D'où vient que, généralement parlant, on ne doit admettre ni les vieillards décrépits, ni ceux qui sont trop faibles pour porter le poids de la règle, ni les furieux, ni les insensés. A l'égard de ces derniers, la maxime est invariable : *Quia hujusmodi nullatenus possunt profiteri, etiamsi per centum annos in religione steterint, et si de facto profiteantur, professio eorum omnino nulla* (*C. Sicut tenor. de reg.*). Quant aux impubères, ils ne peuvent s'engager par eux-mêmes ; mais, suivant le droit canon, leurs parents et tuteurs peuvent les présenter ou consentir à leur démarche (*Voyez* PROFESSION).

On ne doit admettre, dans un ordre religieux, que ceux qu'une volonté libre et constante porte à cet état, et nullement ceux qui, soit fils de famille ou autres , y seraient contraints par la force ou par la crainte (*Voyez* RÉCLAMATION).

Les personnes mariées, après la consommation du mariage, ne peuvent entrer en religion, sans le consentement de l'une des parties (*Voyez* SÉPARATION) ; ni les esclaves sans le consentement de leurs maîtres (*Voyez* ESCLAVES) ; ni les évêques sans la permission du pape (*Voyez* TRANSLATION).

Les comptables sont également exclus ; c'est la disposition expresse de la bulle *Cum de omnibus* de Sixte V, conforme au chapitre 1, *De oblig. ad ratiocin*. *Auctoritate apostolica*, dit cette bulle, *perpetuo statuimus et ordinamus, ut hujusmodi ingenti ære alieno supra vires facultatum suarum gravati vel reddendis ratiocinii obnoxiis et obligati, nullatenus recipiantur, et super hoc fiat informatio*, etc., *et nunc in contrarium factum invitamus et annulamus, viribusque et effectu carere decernimus* (*Voyez* COMPTABLE).

Les débiteurs sont encore incapables d'entrer en religion. Les termes rapportés de la bulle de Sixte V comprennent ceux-ci comme les comptables ; néanmoins plusieurs saints docteurs ont soutenu que les dettes ne doivent pas être un obstacle à la vocation d'un homme que Dieu semble décharger de toute obligation en l'appelant à lui : *Ex decreto Spiritus sancti fit liber*. Que si l'on oppose, disent-ils, les abus que cette indulgence pourrait occasionner, l'on peut répondre que les dettes purement civiles, n'obligent que les biens et non le corps du débiteur ; en sorte que si le monastère où il entre profite de quelque chose de lui, il en est tenu au *prorata* envers les créanciers. On cite pour autoriser cette opinion, le chapitre *Licet de regul.*, le canon *Duæ sunt* 19, qu. 2, et le canon *Si qua mulier*, 19, qu. 3. Le sentiment contraire est aujourd'hui le plus suivi, quand les dettes sont connues et certaines; et il n'est aucun ordre religieux qui n'ait à cet égard sa décision dans ses règlements particuliers.

Saint Thomas établit et prouve, par les autorités du droit, que ceux dont les parents sont dans un état qui demande absolument leur secours, ne peuvent entrer en religion, ni y être admis : *Quia opera præcepti, qualis est honos parentum, propter nulla opera consilii, etiam religionis, sunt prætermittenda : neque facienda mala ut inde veniant bona*, ait *Paulus ad Romanos*, cap. 3. Cela est réciproque du père à l'enfant; le premier ne peut laisser sa famille pour se faire religieux, si sa présence et ses secours lui sont absolument nécessaires : *Si quis*, dit saint Paul, *suarum et maxime domesticorum curam non habet, fidem negavit, et est infideli deterior* (I *ad Timoth.*, V). On n'excepte que le cas où l'enfant ne pourrait demeurer auprès de son père, et le père auprès de son enfant sans compromettre notablement leur salut; toutefois, la profession serait toujours valide, mais celui qui l'aurait faite, aurait péché mortellement; c'est la décision de Navarre, en ses conseils 26, *de regul*.

On ajoute encore à ces cas généraux de droit commun que le *novice* soit bon catholique et nullement suspect d'erreur; d'un caractère propre à l'observance de la règle, *animo promptus et dispositus*; qu'il soit né de légitime mariage; qu'il ne soit noté ou flétri d'aucune infamie; qu'il ne soit ni de parents juifs, mahométans ou hérétiques, ou que sa famille n'en descende pas ; enfin qu'il n'ait commis dans le monde aucun crime qui soit ou puisse être déduit en justice. Miranda rapporte différentes bulles des papes qui ont modifié et expliqué quelques-uns de ces articles, entre autres ceux des enfants illégitimes, ou nés de gens non catholiques.

§ 2. *Durée du* NOVICIAT.

Le *noviciat* était autrefois de trois ans, suivant la règle des anciens moines d'Égypte, que Justinien suivit en sa novelle V, *cap.* 2, *In veste laica per triennium maneant.* Saint Benoît le réduisit à un an, comme il paraît par le chapitre 1ᵉʳ de la cause 17, qu. 2. Gratien, au même endroit, rapporte un canon attribué par les uns au pape Boniface V, et par les autres au concile de Tolède, où il est dit que le *noviciat* sera de trois ans pour un inconnu, sur le fondement que cet inconnu peut n'être pas libre; en sorte que si dans trois ans personne ne le réclame, il est censé tel, ou il a acquis sa liberté par la faveur de l'Église (*Can.* 3, *ead. caus.*).

Ces règlements furent mal observés dans la suite; plusieurs abbés, les supérieurs même des ordres mendiants, par une suite des grands priviléges qu'ils obtinrent, dispensaient quelquefois de l'année même du *noviciat* prescrite par la règle de saint Benoît et par le pape saint Grégoire, par les décrétales même de Grégoire IX et du sexte (*c.*

Consaldus 17, qu. 2 ; *c. Ad apostolicam, de regul.*; *c. Non solum, eod.* in 6°; *c. Ad nostram, c. Cum virum; c. Postulasti, de regul.*, c. 1. *eod.* in 6°). Le concile de Trente pour rendre les choses uniformes et stables, ordonna, dans les termes qu'on va lire, qu'on ne pourrait faire profession qu'à seize ans passés, et après un an entier de *noviciat*. « En quelque religion que ce soit, tant d'hommes que de femmes, on ne fera point profession avant seize ans accomplis, et on ne recevra personne à la dite profession, à moins qu'elle n'ait passé un an entier dans le *noviciat*, après avoir pris l'habit; toute profession faite plus tôt sera nulle et ne portera aucun engagement à l'observation de quelque règle, ou ordre que ce soit, ni à aucune autre chose qui pourrait s'ensuivre. »(session XXV, ch. 15, *de Regul.*)

Le pape Clément VIII, a fait un règlement pour la réception des *novices*, et la manière de les disposer à la profession. Ce pape veut qu'on sépare les *novices* des religieux profès, et qu'on choisisse pour leur maître un ancien religieux zélé, et qui soit bien exercé dans la pratique de la règle, afin qu'il puisse en apprendre aux *novices* toutes les obligations. *Novitius veniens*, dit la règle de saint Benoît, chapitre 58, *quis ad conversionem, non ei facilis tribuatur ingressus*; *sed, sicut ait Apostolus, probare spiritus si ex Deo sunt. Ergo si veniens perseveraverit pulsans, et illatas sibi injurias et difficultatem ingressus visus fuerit patienter portare, annuatur ei ingressus*; *et sit in cella hospitum paucis diebus; postea autem sit in cella novitiorum, ubi meditetur, et manducet et dormiat, et senior ei talis deputetur, qui aptus sit ad lucrandas animas, qui super eum omnino curiose intendat, et sollicitus sit, si vere Deum credit, et si sollicitus est ad opus Dei, ad obedientiam, et ad opprobria: prædicentur ei dura, et aspera per quæ itur ad Deum et probetur in omni patientia*.

L'année de probation doit être continue et sans interruption, dans le monastère même où le *novice* a été reçu ; c'est le sens littéral du concile de Trente. Mais Fagnan (*in c. Insinuante qui cler. vel vov.*), fait cette distinction : ou il s'agit d'une profession tacite, ou d'une profession expresse.

S'il s'agit d'une profession tacite, il est certain qu'on ne peut dire qu'un homme ait eu intention de s'engager dans une religion, par cela seul qu'il en porte l'habit, s'il n'en pratique volontairement tous les exercices dans l'intérieur du cloître : *Habitus professionis extra monasterium sumptus non facit monachum, habitus extra religionem assumptus non solemnisat votum, nisi cum expresse emittitur* (*c. Statuimus, de regul.*; *c. Ut. clerici, eod.*; *glos. in clem. Eos, verb. in aliqua. eod tit.*).

Quant à la profession expresse, il faut distinguer trois cas : 1° Celui où le *novice* après avoir resté six mois dans le monastère, en sort sans la permission du supérieur pour passer trois ou quatre jours dans le siècle; après quoi continuant son *noviciat* encore six mois, fait sa profession au bout de ce terme. Panorme (*in cap. Ad apostolicam*

n. 9, de regul.) et la glose du chapitre *Cum qui certus est de regul. jur. in 6°*, tiennent pour la validité de cette profession. Fagnan soutient avec d'autres qu'elle est nulle : *Novitius autem qui infra annum per aliquot dies absque licentia prælati, in sæculo moratus est, non dicitur stetisse in probatione per annum continuum, quia tempora non conjunguntur; et in hanc sententiam*, ajoute-t-il, *sæpius respondit sacra congregatio concilii*. En effet, cette congrégation répondit au procureur général de l'ordre des minimes qu'un *novice* étant sorti du monastère où il faisait son *noviciat*, pour aller s'éprouver dans un autre monastère d'un autre ordre, était obligé de recommencer son année de probation, du moment de son retour, quoiqu'il n'eût demeuré que deux heures dans le nouveau couvent où il avait été. Que si le *novice* ne faisait que s'absenter ou se cacher dans l'enceinte même du monastère, la continuité de temps ne serait pas censée rompue par là.

2° Le second cas est celui où le *novice* après un certain temps de *noviciat*, comme de six mois ou de trois mois plus ou moins, sort du monastère avec la permission du supérieur et sous son obéissance ; et revenant ensuite dans le monastère par le même ordre, il y fait sa profession au bout de l'an, comme s'il ne fût jamais sorti. La congrégation du concile décida sur une consultation même de Navarre (*Cons. 31, de regul.*) que cette profession était bonne et valable. Fagnan en apporte les raisons : la principale est que le religieux qui agit par la vertu de la sainte obéissance, est censé toujours agir dans les termes de son devoir et par conséquent dans son monastère : *Monachus ubi vis locorum degat de licentia abbatis, fingitur degere intra claustra* (Abb. in cap. *Ex rescripto*, n. 5 de jurejur.). Il en est de même, si le *novice* tombe malade, le temps de sa maladie est compté pour l'année du *noviciat* (c. *Sicut nobis de regul.*).

3° Enfin le troisième cas est celui d'un *novice* qui ayant pris l'habit, fait son *noviciat* hors du cloître. Fagnan établit que cela ne sert de rien, et que depuis le concile de Trente, l'année de probation dans le monastère même, *intra claustra*, est de l'essence de la profession, parce qu'inutilement aurait-on exigé un *noviciat*, s'il se faisait de manière que d'un côté le *novice* ne pût s'éprouver par l'expérience de la vie régulière et commune, et que de l'autre, l'ordre ou la communauté ne pût avoir aucune connaissance du sujet, dont le caractère intéresse et les religieux et la religion : *Est de substantia professionis ut novitius per annum probet rigorem religionis, et rigor hujusmodi potissimum consistat in regulæ observatione, et in communi vita, victu, et vestitu* (Fagnan). Les canonistes établissent néanmoins que le *noviciat* peut se faire *extra claustra*, avec la permission des supérieurs, et dans les circonstances d'un exercice qui tienne lieu de l'épreuve requise, dans le monastère, comme dans l'espèce proposée par Navarre, *in consul. 42, de regul.*

Si cependant, dit Fagnan, un *novice* après avoir fait l'année entière de son *noviciat*, sort et revient ensuite dans les trois ans, il pourra faire profession sans une nouvelle année de *noviciat*, à moins que la personne ou l'état de ce *novice* n'eussent changé : *Qui certus est certiorari amplius non oportet* (c. *Cum qui de reg. in 6°*) ; *et propter hanc rationem cum olim dubitatum esset in sacra congregatione concilii, an is qui habitu regulari suscepto, annum integrum mansit in religione, eoque lapso gravi morbo correptus et propterea professione nequaquam emissa, permissu superiorum ad sæculum rediit, posset inde a triennium morbo liberatus et ad monasterium reversus protinus emittere professionem, vel potius per alium annum stare in probatione teneretur ; sacra congregatio censuit posse statim emittere professionem, non expectato alio probationis anno, nisi religionis, aut personæ conditio sit immutata* (Fagnan in c. *Ad apostolicam*, n. 43) *Idem in puella quæ finito tempore novitiatus exivit e monasterio sine licentia ordinarii* (In c. *Presbyterum de pœnit. et remiss.*, n. 117).

Au reste, le concile de Trente n'a pas entendu déroger aux statuts et règlements particuliers des ordres qui exigent une plus longue épreuve qu'une année de *noviciat*; il le dit expressément pour les jésuites dans le chapitre qui suit celui que nous avons rapporté ci-dessus. « Le temps du *noviciat* étant fini, les supérieurs recevront à la profession les *novices* en qui ils auront trouvé les qualités requises, sinon ils les mettront hors du monastère. Par cette ordonnance néanmoins, le saint concile n'a pas intention de rien changer à l'égard de la religion des clercs de la compagnie de Jésus, ni d'empêcher qu'ils ne rendent service à Notre-Seigneur, et à son Eglise : conformément à leur pieux institut approuvé par le saint-siège apostolique. » (session XXV, ch. 16, *de Regul.*)

Si le *novice* n'avait pas l'âge pour faire profession après l'année du *noviciat*, il lui serait permis de l'attendre dans cet état, parce que le concile de Trente en ordonnant de mettre hors du monastère ceux qui après leur année de probation, ne font pas profession solennelle, n'entend parler que des *novices* qui peuvent la faire.

Un *novice* qui a été injustement chassé de son monastère, et qui est reçu dans la suite, a droit de compter le temps qu'il a passé dans le monastère avant son expulsion, parce qu'il ne doit point souffrir de l'injustice des autres.

Rien n'est plus libre au *novice* que de renoncer à l'état qu'il voulait embrasser. Le *noviciat* n'est pour lui qu'une épreuve qui prépare, pour ainsi dire, les esprits à ce retour. La vocation nous paraît un mystère où les plus éclairés souvent se trompent, c'est pourquoi l'on ne doit pas être surpris de voir revenir au siècle des *novices* qui d'abord attirés par les douceurs de la solitude, y ont été avant qu'ils en connussent, ou du moins qu'ils en sentissent les ennuis et les amertumes. D'ailleurs, plutôt que d'être moine dans les regrets, à charge à soi et aux autres, il vaut beaucoup mieux rentrer dans le monde. C'est pour ces raisons que le saint concile de Trente a voulu que l'on rendît à ceux qui sortent du monastère avant de faire profession, généralement tout ce qui leur appartient. Voici comment s'exprime ce concile touchant le temporel des *novices*, c'est-à-dire la disposition de leurs biens.

« Nulle renonciation non plus, ou nulle obligation faite avant la profession, même avec serment, et en faveur de quelque œuvre pieuse que ce soit, ne sera valable si elle n'est faite avec la permission de l'évêque ou de son vicaire général, dans les deux mois précédant immédiatement la profession, et elle ne sera point entendue avoir son effet, que la profession s'en soit suivie ; autrement quand on aurait même expressément renoncé au bénéfice présent que le concile accorde, ou quand on se serait engagé par serment, le tout sera nul et sans effet.

« Avant la profession d'un *novice* ou d'une *novice*, leurs parents, leurs proches ou leurs curateurs, ne pourront donner au monastère, sous quelque prétexte que ce soit, aucune chose de leur bien que ce qui sera requis pour leur nourriture et leur vêtement, pendant le temps de leur *noviciat*, de peur que ce ne leur fût une occasion de ne pouvoir sortir, parce que le monastère tiendrait tout leur bien, ou la plus grande partie, et que s'ils sortaient ils ne pourraient pas facilement le retirer. Le saint concile défend que cela se fasse de quelque manière que ce soit, et frappe d'anathème, quiconque donnerait ou recevrait quelque chose de la sorte. Il veut et ordonne aussi qu'on rende à ceux qui sortiront du monastère avant la profession, tout ce qui leur appartenait, et que l'évêque y contraigne, s'il en est besoin, par censures ecclésiastiques, afin que cela s'exécute plus ponctuellement. »

Nous avons dit que le *novice* peut sortir du monastère dans le cours de son *noviciat*. Les canonistes exceptent quatre cas : 1° si le *novice* a pris l'habit de profession ; 2° s'il a fait profession expresse ; 3° s'il a passé son année entière dans le *noviciat*; 4° s'il a voulu entièrement changer de vie.

Avant le concile de Trente, on tenait que les *novices* qui se trouvaient dans quelqu'un des cas exceptés ci-devant, ne pouvaient plus demander, en rentrant dans le siècle, ce qu'ils avaient donné au monastère ; les termes du décret rapporté du concile de Trente ne laissent aucun doute sur le droit de cette répétition, si les donations n'ont pas été faites comme ce même concile le prescrit, avec la permission de l'évêque ou de son vicaire-général dans les deux mois précédant immédiatement la profession ; dans lequel cas elles ne sont entendues avoir leur effet, que la profession n'ait eu lieu : *Quo decreto*, dit Fagnan, *sublata est prædicta distinctio inter donationem factam expressa causa propter professionem; et factam sine causæ expressione; sublata est quoque alia distinctio, an donatio facta fuerit sub conditione, an sub modo?* Il est bon de remarquer cette abrogation, comme celle qu'a fait le concile de Trente de plusieurs autres choses de pratique, parce que rien ne retarde tant le progrès des études, dans le droit canonique, que les antiques décisions des canonistes que l'on croit infaillibles, parce qu'on les cite sans cesse. Ces auteurs, à qui leur vaste science conservera toujours une juste autorité, prononçaient de leur temps des oracles, qui sont devenus des erreurs par les variations ordinaires à la jurisprudence canonique ; c'est aux nouvelles lois qu'il faut recourir sans pourtant négliger la connaissance des anciennes. L'occasion nous a fait rappeler ici cette leçon, qu'il est important de savoir et plus encore de suivre.

Si tout doit être rendu au *novice* quand il sort avant la profession, comme nous avons dit, la dot d'une religieuse qui décéderait dans l'année de son *noviciat*, doit aussi être rendue à ses héritiers avec les fruits que le monastère en a perçus, sauf la dépense alimentaire qu'il est permis au monastère de retenir ; ainsi l'a décidé la congrégation du concile : *Si mulier ingressa monasterium intra tempus probationis decedat, dos soluta ejus hæredibus una cum fructibus, si quos monasterium percepisset, restitui debeat* (Fagnan, *in c. Statuimus de regul.*, n. 38). Ce canoniste, qui tient fortement pour la nullité des donations faites par les *novices* aux monastères autrement que dans la forme du concile de Trente, estime que, quand elles sont faites avant le *noviciat* et la prise d'habit, elles sont valables quoique faites sans ces formalités.

Au reste, le concile défend aux parents de rien donner absolument au monastère, pour prix de la réception. Nous avons traité cette matière sous le mot DOT.

Le domicile du *novice* est dans le monastère où il fait son *noviciat*.

§ 3. *Examen des* NOVICES.

Selon le droit et la pratique ordinaire des différents ordres religieux, l'examen des *novices* appartient aux supérieurs ou à ceux qu'ils députent à cet effet, et la réception à la plus grande partie des religieux du monastère. Les constitutions de l'ordre des ermites de saint Augustin et de plusieurs autres, exigent la permission du provincial pour la réception des *novices*.

Selon la disposition du concile de Trente et d'autres conciles, les *novices* religieuses doivent être examinées hors la clôture et les lieux réguliers, par l'évêque diocésain ou son vicaire, que la supérieure est obligée de faire avertir un mois ou environ avant la profession de la *novice*. Le défaut d'examen par l'évêque ne rendrait cependant pas nulle la profession de la *novice*. (*Voyez* PROFESSION.)

§ 4. NOVICE, *profession*.

(*Voyez* PROFESSION.)

NUTU ou AD NUTUM

On se sert de cette expression **pour signi-**

fier particulièrement la liberté qu'a un supérieur de révoquer les commissions dont il a favorisé quelqu'un. On dit donc, ce bénéficier, cet officier est révocable *ad nutum*, c'est-à-dire, à la volonté de celui qui a donné le bénéfice, ou au moindre signe qu'il fera dans cette intention. *Nutus* signifie *signe*. Les curés desservants, en vertu de l'article 31 des articles organiques, sont révocables *ad nutum* (*Voyez* AMOVIBLE).

OBÉDIENCE.

Obédience, du mot latin *obedire* qui signifie obéir, est un nom dont on se sert beaucoup chez les religieux. Ils appellent, par exemple, maison d'*obédience* celle où un religieux fait sa demeure ordinaire, parce qu'il y est soumis et obéissant aux ordres et aux corrections de ses supérieurs. Ils se servent encore souvent de ce nom pour celui d'obéissance et dans la même étendue de signification. Une *obédience* signifie aussi chez eux prieuré ou celle. Mais communément parmi eux on entend par *obédience*, une certaine ordonnance du provincial ou d'un autre supérieur de l'ordre, par laquelle il est permis à titre de faculté, ou enjoint en forme de commandement, de sortir d'un monastère pour aller dans un autre ou ailleurs. C'est dans cette acception que nous allons parler ici de ce terme.

En prenant le mot d'*obédience* pour cette ordonnance du supérieur, qui permet ou enjoint de sortir d'un monastère, nous devons mettre ici le règlement du concile de Trente qui rappelle à ce sujet la disposition des anciens et nouveaux canons. *C. placuit; c. Monach. ill.* 2, 16, qu. 1; *c. Quanto, de offic. ordin.; clem. Ne in agro,* § *Quia vero de stat. Monach.; c. Non magnopere ne cler. vel monach.*

« Défend le saint concile, qu'aucun régulier sous prétexte de prêcher, d'enseigner, ou d'être employé à quelque autre occupation sainte et pieuse, ne se mette au service d'aucun prélat, prince, université, communauté, ou de quelque autre personne, ou maison que ce soit, sans permission de son supérieur; nul privilège ou faculté obtenue d'ailleurs, ne lui pourra de rien servir à ce sujet; et s'il contrevient en cela, il sera châtié à la discrétion de son supérieur, comme désobéissant.

« Ne pourront non plus les réguliers, s'éloigner de leurs couvents, même sous prétexte d'aller trouver leurs supérieurs, s'ils ne sont par eux envoyés ou mandés. Et quiconque sera trouvé sans une *obédience* par écrit, sera puni par les ordinaires des lieux, comme déserteur de sa règle.

« Quant à ceux qui sont envoyés aux universités pour étudier, ils ne pourront demeurer que dans des couvents, autrement il sera procédé contre eux par les ordinaires. » (Sess. XXV, ch. 4, *de Regul.*)

L'on doit conférer ce règlement avec les principes canoniques exposés sous le mot APOSTASIE.

Les autres conciles défendent aux religieux d'aller seuls dans les villes, ou d'être seuls dans les prieurés : *Ne monachi per villas et oppida, seu etiam per ecclesias parochiales aut in prioratibus, singuli ponantur et soli* (*Mém. du clergé*, tom. IV, col. 384).

OBÉISSANCE.

L'*obéissance* est une vertu par laquelle on se soumet aux ordres de ses supérieurs en ce qu'ils commandent de juste et de raisonnable.

L'on voit sous le mot ÉVÊQUE, l'autorité qu'ont les évêques sur tous leurs diocésains, et l'*obéissance* que ceux-ci leur doivent d'une manière plus ou moins étroite selon qu'ils sont laïques ou ecclésiastiques, clercs séculiers ou réguliers.

A l'égard de l'*obéissance* dont les religieux font un vœu solennel dans leur profession, nous exposons, sous le mot ABBÉ, des principes dont on doit faire l'application à toute sorte de supérieurs de religieux. L'on y voit l'obligation où se trouve un religieux d'obéir à son supérieur, et le droit qu'a celui-ci de le corriger et de le punir.

Les religieux et religieuses font un vœu solennel d'*obéissance*, qu'on peut définir un lien spirituel qui les oblige à obéir à leurs supérieurs dans les choses qu'ils ont droit de leur commander. Il y a une *obéissance* de nécessité, et une *obéissance* de perfection. La première s'étend seulement à ce que le supérieur a droit d'ordonner, et la seconde à tout ce qui n'est point mal.

L'*obéissance* religieuse s'étend à tout ce que le supérieur ordonne de vive voix ou par écrit, conformément à la règle ou aux constitutions particulières de l'ordre; mais non pas à ce qui est au-dessus de la règle, comme de faire des abstinences que la règle ne prescrit pas; ni à ce qui est au-dessous de la règle, comme d'omettre sans raison des abstinences que la règle prescrit; ni à ce qui est outre la règle, *præter regulam* : telles que sont les choses vaines, frivoles, badines, comme de lever une paille, de regarder les oiseaux qui volent en l'air, ni à ce qui est contre la règle, etc. Ces principes généraux ont cependant leurs exceptions.

On doit obéir à un supérieur qui commande quelquefois pour de bonnes raisons des choses au-dessus de la règle, tels que des jeûnes, des abstinences ou d'autres mortifications, soit en punition de quelque faute, soit pour faire pratiquer la vertu, soit pour quelques nécessités publiques de l'Eglise ou de l'Etat.

On doit aussi obéir à un supérieur qui interdit certaines choses qui ne sont pas expressément défendues par la règle, lorsque cela est nécessaire pour le maintien de la discipline et la conservation de l'ordre.

L'*obéissance* a lieu aussi quand le supérieur juge à propos de dispenser en certaines circonstances et pour des raisons légitimes, de quelques points de la règle dont la dispense n'est contraire ni aux vœux, ni à la vie religieuse et commune quant à la substance. Telle est la dispense des jeûnes et des abstinences dans les ordres où ces choses ne sont point prescrites, sous peine de péché. (Van-Espen. *Jur. eccl.* tom. 1, pag. 302.)

Si le supérieur commandait quelque chose contre la règle même, ce serait alors une nécessité de lui désobéir, à moins qu'il n'eût le pouvoir d'en dispenser. (*C. Quid culpatur* 23, quæst. 1.) *Hic qui profitetur spondet quidem obedientiam, sed non omnimodam, sed determinate secundum regulam* (saint Bernard, epist. VII). Par où il est clair que le sacrifice de la volonté nécessaire dans la pratique de la vertu, ne doit pas exclure la faculté de l'entendement. Mais écoutons sur cette importante matière, la doctrine du grand saint Grégoire, qui dit que quelquefois l'*obéissance* ne vaut rien, parce que quelquefois elle n'est pas assez entière, et quelquefois aussi elle ne vaut pas mieux parce qu'elle l'est trop: *Sciendum summopere est quod obedientia aliquando, si de suo aliquid habeat nulla est: aliquando autem, si de suo aliquid non habuerit, minima; nam cum hujus mundi successus præcipitur, cum locus superior imperatur, is, qui ad percipienda hæc obedit, obedientiæ sibi virtutem evacuat, si ad hæc etiam ex proprio desiderio anhelat. Neque enim se sub obedientia dirigit, qui ad accipienda hujus vitæ prospera libidini propriæ ambitionis servit. Rursus, cum mundi despectus præcipitur, cum probra adipisci, et contumeliæ jubentur, nisi ex seipso animus hæc appetat, obedientia sibi meritum minuit: quia ad ea, quæ in hac vita despecta sunt, invitus nolensque descendit. Obedientia quippe victimis jure præponitur: quia per victimas aliena caro, per obedientiam vero voluntas propria mactatur. Tanto igitur quisque Deum citius placat, quanto ante ejus oculos repressa arbitrii sui superbia, gladio præcepti se immolat. Quo contra, ariolandi peccatum inobedientia dicitur, ut quanta sit virtus obedientiæ demonstretur. Ex adverso igitur melius ostenditur, quid de ejus laude sentiatur. Si enim quasi ariolandi peccatum est repugnare, et quasi scelus idololatriæ nolle acquiescere, sola est, quæ fidei meritum possidet, obedientia: sine qua quisque infidelis esse convincitur, etiamsi fidelis esse videatur.*

L'aimable saint François de Sales dit: « Quant à l'*obéissance* qui regarde les supérieurs que Dieu a établis sur nous pour nous gouverner, elle est de justice et de nécessité, et se doit rendre avec une entière soumission de notre entendement et de notre volonté: et cette *obéissance* de l'entendement se pratique lorsque nous acceptons et approuvons le commandement, et estimons et trouvons bonne la chose commandée. » (*Solide piété*, ch. 24, part. II.)

Le vœu d'*obéissance* est, suivant Miranda (*Manuel des pasteurs*, tom. 1, quest. 26), le plus important des trois vœux solennels, et le plus essentiel à l'état des religieux: les anciens moines n'en faisaient pas d'autres. *Tota religio perimitur*, dit le pape Jean XXII, in *Extravag. Quorumdam, de verb. signif., si a materia subditi obedientia subtrahantur, magna est paupertas, sed major integritas, (id est castitas), maximum autem obedientia si custodiatur illæsa: prima rebus, secunda carni, tertia vero menti dominatur et animo quos velut effrenes et liberos, dictioni alterius humilis jugo propriæ voluntatis astringit* (*C. Sciendum,* 8, qu. 1).

Régulièrement les religieux et même les autres sujets sont obligés d'obéir à leurs supérieurs en tout ce qui appartient à la supériorité, et n'est point contre Dieu ni contre le salut. *In his autem non est illis parendum, obedire oportet Deo magis quam hominibus.* Dans le doute si le commandement est ou n'est point contre Dieu, les docteurs disent qu'il faut obéir. Saint Thomas dit que le religieux est toujours astreint à l'*obéissance* en tout ce qui est ou dépend de la règle; mais que c'est de sa part une vertu de pure perfection, s'il pousse sa soumission au delà, comme s'il obéissait *in actibus interioribus, et in iis quæ pertinent ad interiorem motum voluntatis simpliciter* (2-2, qu. 104, art. 5).

Quoique les religieux doivent conformer leur conduite à la volonté de ceux qui sont préposés pour les gouverner, ils ne sont à cet égard en contravention punissable, que quand les supérieurs leur ont communiqué leurs intentions ou commandements d'une manière expresse: *Subditus de congruo, etsi teneatur conformare, suamque vitam dirigere ad intentionem sui prælati, non tamen peccat mortaliter, non id faciendo nisi sibi de re aliqua ponatur expresse obsdientiæ formale præceptum* (*Ibid.*). C'est la doctrine de presque tous les théologiens et canonistes.

Si les parents d'un religieux sont dans un état de misère si extrême qu'ils soient obligés de périr faute de secours, ce religieux peut sortir pour aller les secourir, en demandant la permission à ses supérieurs, mais sans être obligé de l'obtenir, de déférer même aux défenses contraires qu'on pourrait lui faire à ce sujet; parce que le précepte d'honorer les parents est de droit naturel et divin, antérieur par conséquent aux liens de l'*obéissance* que l'on a fait vœu. C'est aux évêques de qui dépend un religieux hors de son monastère, à le faire rentrer quand ils savent que cette raison d'hospitalité filiale a cessé, ou qu'elle n'a été même qu'un prétexte pour enfreindre la clôture.

Le religieux ne doit pas plutôt obéir à l'évêque qu'à son supérieur; cette préférence n'est due qu'au pape (*C. Per principale* 10, qu. 3). La glose du chap. 1 de la distinction 93, nous enseigne que l'*obéissance* consiste: 1° à montrer de la soumission et de la déférence; 2° à recevoir ou à exécuter un ordre; 3° à souscrire ou à se soumettre à un jugement. *In tribus consistit obedientia. Nota autem quod obedientia consistit in tribus, in reverentia exhibenda, in mandato suscipiendo, in judicio subeundo. Reverentiam debet minor ut assurgat majori et cedat ei primum locum in sedendo et eundo, nisi minori major administratio commissa sit; unde archipresbyter vel presbyter tenetur obedire diacono prælato. In mandato autem et judicio nemo tenetur obedire, nisi ei qui habet administrationem vel jurisdictionem super eum, et nisi ab eo absolvatur per appellationem vel recusationem, vel si ei controversiam moveat, si prælatus deponatur.*

OBIT.

Ce mot reçoit différentes applications, mais elles partent toutes du même principe. On entend quelquefois par *obit*, une chapelle à titre de bénéfice, quelquefois une simple fondation de messes ou de prières, et c'est le sens le plus commun et même le sens propre du mot. Quelquefois on l'entend de l'émolument même qu'il produit (*Voyez* FONDATION, et ci-après OBITUAIRE).

OBITUAIRE.

On appelle ainsi l'ecclésiastique qui acquitte un obit : *Affinis capellis et beneficiis sunt obitus, unde obituarii dicti sunt, quando per legatum vel fundatione a vivente facta, bona quædam destinantur orationibus faciendis pro aliquo qui jam obiit, vel moriturus est* (*Petrus Gregor. Sing. Jur. lib.* V, *cap.* 30).

OBLATIONS.

Les *oblations* sont des offrandes volontairement faites à l'autel ou hors de l'autel, à la quête ou au tronc, par dévotion, ou pour l'administration des sacrements, ou pour quelque cause pieuse.

§ 1. *Origine et suite des* OBLATIONS.

L'usage de faire des *oblations* à l'autel est de la plus haute antiquité ecclésiastique, saint Cyprien en parle dans son traité de l'aumône, et l'on voit par l'ancien ordre romain qu'il a subsisté pendant plusieurs siècles. Ces *oblations* consistaient surtout en pain et en vin, dont le prêtre prenait une partie pour la consécration de l'eucharistie, et distribuait le reste après l'avoir bénit (Van-Espen, *Jur. eccles.*, tom. I, pag. 489).

Les *oblations* telles qu'elles se faisaient anciennement, étaient considérées comme des sacrifices que les fidèles offraient au Seigneur, ou comme des marques de leur reconnaissance pour les prêtres, ou enfin comme des effets de leur charité pour les pauvres. Elles étaient des sacrifices, puisqu'on en prenait une partie pour la consécration de l'Agneau sans tache. La reconnaissance pouvait se rapporter à Dieu comme souverain seigneur de tous les biens, ou aux prêtres qui travaillaient pour le salut des peuples. A l'égard des pauvres, l'on voit, sous le mot BIENS D'ÉGLISE, qu'ils avaient autrefois leur part dans la distribution des *oblations* et autres revenus de l'Eglise.

Le concile de Vaison, canon 4, dit que c'est une impiété, un sacrilége et un larcin de retenir les offrandes des défunts, *oblationes defunctorum*. Le même concile, canon 2, ordonne de recevoir les offrandes pour les pénitents qui sont morts, avant de pouvoir être réconciliés à l'Eglise, c'est-à-dire, qu'on ne recevait pas les offrandes de ceux qui étaient excommuniés.

Le quatrième concile de Carthage, canon 93, veut de plus qu'on rejette les offrandes de ceux qui ont des inimitiés irréconciliables, ou qui oppriment les pauvres : *Oblationes dissidentium fratrum, neque in gazophylacio recipiantur, eorum qui pauperes opprimunt dona a sacerdotibus refutanda*. Ce concile ordonne conformément à celui de Vaison, dont il vient d'être parlé, d'excommunier ceux qui refusent ou qui tardent à rendre à l'Eglise les offrandes des défunts.

Le second concile d'Orléans veut qu'on accepte les offrandes de ceux qu'on fait mourir pour leurs crimes, pourvu qu'ils ne se soient point donné la mort à eux-mêmes. Le concile de Brague enveloppe dans la même excommunication ceux qui se sont tués eux-mêmes, et ceux que les magistrats ont condamnés à mort pour leurs crimes. Ce concile prive aussi du droit d'offrande les catéchumènes qui sont morts avant de recevoir le baptême. Toutes ces pratiques, quoique opposées entre elles, avaient chacune leur raison. Quelques églises ne voulaient point hasarder les choses saintes ; les autres espéraient bien du salut des hommes, quand on n'était point assuré de leur perte (Thomassin, *Discipline, part.* III, *liv.* II, *chap.* 2).

L'usage était de réciter dans l'église les noms de tous ceux dont on avait reçu les offrandes, et qu'on insérait dans les sacrés diptyques. Saint Jérôme nous apprend que les moines même étaient tributaires du clergé par la voie des *oblations*, et que la pauvreté dont ils faisaient profession, ne les en dispensait pas plus que la pauvre veuve de l'Evangile. Ceux qui étaient riches ne bornaient pas leur charité à l'offrande de l'autel, ils en faisaient de plus considérables au trésor ou au tronc de l'église ; car les offrandes se faisaient en deux endroits, à l'autel et au tronc, *in sacrario et in gazophylacio*. Les unes pour le sacrifice, les autres hors du sacrifice. Saint Paulin fait un dénombrement de celles-ci, où il nous enseigne qu'on offrait au tombeau du saint martyr Félix, des tapis, des tapisseries, des ouvrages d'or et d'argent, des flambeaux, des parfums ; enfin des sommes considérables d'or et d'argent pour distribuer aux pauvres. C'est à cette occasion qu'Ammien Marcellin reproche aux papes l'abondance et la somptuosité de leur table. Mais les papes, du temps où écrivait cet ennemi de la religion, vivaient si saintement que Marcellin prenait sans doute leurs charitables profusions envers les hôtes et les pauvres pour des excès d'un luxe mondain. Il résulte néanmoins de ce passage, que les richesses que l'Eglise acquérait par les offrandes, étaient très-considérables. Saint Augustin parle du tronc ou du trésor particulier où l'on faisait des offrandes qu'on destinait à l'usage du clergé, comme du linge, des habits et d'autres choses semblables. Si le testament de saint Remi, rapporté par Flodoard, était bien avéré, on pourrait y admirer aussi les richesses de l'Église de son temps, et les fondations qu'on faisait pour des offrandes perpétuelles (Thomassin, *Traité de la discipline*, part. I, liv. III, chap. 6).

La piété des fidèles s'étant refroidie, on ne présentait plus d'hosties à l'autel. Les conciles se réduisaient à ordonner aux fidèles de donner, au moins tous les dimanches, du pain et du vin pour le sacrifice. Théodulphe d'Orléans, dans ses capitulaires, veut que le pain que les prêtres offrent à l'autel, ait été fait par les prêtres mêmes, ou par les jeunes clercs, en leur présence, et que le vin et l'eau soient préparés avec la même diligence; par où l'on doit reconnaître, dit Thomassin, que les offrandes des laïques, dont il est parlé dans les capitulaires du même évêque, n'étaient plus destinées au sacrifice, mais à la nourriture du peuple et du clergé (*Part*. III, liv. III, chap. 3, n. 2).

Dès que les fidèles cessèrent d'offrir le pain et le vin pour le sacrifice, cette *oblation* fut convertie en argent. Nous ne parlons pas ici des *oblations* de fonds de terres, nous en avons dit quelque chose sous le mot ACQUISITION. Nous ajouterons seulement à ce sujet que les capitulaires de Charlemagne les condamnaient quand elles ne se pouvaient faire sans déshériter les enfants ou les proches de celui dont la piété était trop peu modérée; que si l'*oblation* se faisait sans fraude et sans injustice, elle attachait irrévocablement à l'Église le domaine des choses offertes, suivant ces mêmes capitulaires, conçus à cet égard dans les termes suivants : *Omnia quæ Domino offeruntur, procul dubio Domino consecrantur; et non solum sacrificia quæ a sacerdotibus super altare Domino consecrantur, oblationes fidelium dicuntur; sed quæcumque et a fidelibus offeruntur, sive in mancipiis, sive in agris, vineis, sylvis, pratis, aquis, aquarumque decursibus, artificiis, libris, ustensilibus, petris, ædificiis, vestimentis, pellibus, lanificiis, pecoribus, pascuis membranis, mobilibus et immobilibus, vel quæcumque de his rebus Domino Ecclesiæque offeruntur, Domino indubitanter consecrantur, et ad jus pertinent sacerdotum* (L. 6, c. 305).

Le troisième concile de Châlons en 813, condamnait, comme autrefois saint Jérôme, les ecclésiastiques qui usent d'artifice et de surprise pour porter les séculiers à donner leurs biens à l'Église : ce qui est, dit ce concile, directement contraire à la profession des ministres du Seigneur, qui doivent plutôt distribuer qu'amasser, et à la nature des offrandes qui doivent être volontaires : *Animarum quippe salutem inquirere debet sacerdos non lucra terrena, quoniam fideles ad res suas dandas non sunt cogendi, neque circumveniendi. Oblatio namque spontanea esse debet; Ecclesia vero sancta non solum fideles spoliare non debet, quin potius inopibus opem ferre, ut debiles, pauperes, viduæ, orphani et cæteri necessitatem patientes, a sancta Ecclesia, ut puta, a pia matre et omnium gubernatrice, subsidium accipiant* (Can. 6 et 7).

Dans l'Ancien Testament, remarque un auteur, la fabrique du sanctuaire fut toute faite d'aumônes et d'offrandes (*Exod*., XXXV). Mais ceux qui avaient la direction de cette œuvre, voyant que le peuple continuait encore de donner, après avoir offert tout ce qu'il fallait, ils dirent à Moïse, *le peuple donne plus qu'il n'est nécessaire;* et Moïse envoya publier un ordre de ne plus rien offrir pour le sanctuaire, parce que ce qui avait été donné suffisait, et même était surabondant (*Exod*., XXXVI). Voilà, ajoute cet auteur, une belle leçon pour les ecclésiastiques et pour les laïques, pour apprendre aux uns et aux autres qu'il suffit du nécessaire, et que Dieu ne veut rien de superflu dans son temple. Il paraît que depuis quelque temps les séculiers sont mieux instruits de cette règle, que leurs pères ou que le violement qu'ils peuvent en faire, semble aujourd'hui être le moins à craindre.

Mais pour revenir à notre histoire des *oblations* mobiliaires, quand elles furent converties en argent, après le refroidissement de la part des fidèles dont nous avons parlé, un concile de Rome, tenu en 1059, ordonna qu'on retranchât de la communion ceux qui manqueraient de les payer à l'Église. Un autre concile de la même ville, dit qu'on doit faire son offrande au Seigneur, quand on assiste à la messe, parce que le Seigneur apprend, par la bouche de Moïse, qu'il ne veut pas qu'on paraisse devant lui les mains vides.

Dans les décrétales, au titre *De excessibus prælatorum*, Grégoire IX condamne la prétention de quelques curés qui voulaient obliger les religieux mendiants à faire des *oblations* à l'église paroissiale, sur le fondement que si des séculiers occupaient leur maison, ils feraient des *oblations*. On obligeait ainsi les Juifs à payer tous les ans une certaine somme à la paroisse, en compensation de ce que l'Église aurait retiré, si leur maison avait été habitée par des fidèles. Un des articles accordés entre Raymond, comte de Toulouse, et le légat du pape, porte que chaque famille de Juifs paierait une certaine somme le jour de Pâques à l'église paroissiale (Thomassin, part. IV, liv. III, chap. 4).

Le concile de Bordeaux privait de la sépulture ceux qui ne payaient pas à leurs curés les offrandes ordinaires des fêtes solennelles, et qui ne contribuaient pas à leur entretien. Celui de Château-Gontier excommuniait ceux qui détournaient les paroissiens de faire les offrandes que la coutume et la dévotion avaient autorisées. Ces derniers mots servent à concilier les canons des conciles que nous venons de citer, avec ceux dont il est parlé sous le mot HONORAIRE, et qui défendent toute exaction pour les fonctions ecclésiastiques.

L'usage de ces offrandes en argent devint donc si commun par tous ces différents règlements qu'il était, comme l'on voit au temps de ce dernier concile, appelé louable coutume. L'honoraire des messes basses fut encore mis au rang des offrandes volontaires, et l'occasion de plusieurs abus contre lesquels les conciles ont déclamé jusqu'à ce qu'ils aient cessé (*Voyez* MESSE, § 5).

Dans les canons des premiers siècles, on ne voit pas de sommes d'argent taxées pour l'expiation des crimes; mais comme il dépendait des évêques de modérer ou d'augmenter les rigueurs de la pénitence, il se peut faire, dit Thomassin (*part.* IV, *liv.* III, *chap.* 7), que quand ils trouvaient les pénitents dans l'impuissance de pratiquer les mortifications prescrites par les lois ecclésiastiques, ils leur en ordonnassent la compensation en aumônes. Ce ne fut que vers le neuvième siècle qu'on permit plus ordinairement aux pénitents de racheter par argent les peines corporelles. Cet usage pouvait être fondé sur ces paroles de l'Ecriture : *Divitiæ hominis redemptio ejus*. Le pape Gélase II donna à l'archevêque de Saragosse, le pouvoir de remettre une partie de la pénitence des pécheurs à ceux qui contribueraient de quelque somme d'argent à l'entretien des clercs et au rétablissement de son église, qui avait été ruinée par les Sarrasins. Guillaume de Paris a fait une longue apologie de cette pratique, fort ordinaire dans l'Eglise pendant les onzième, douzième et treizième siècles, contre ceux qui l'improuvaient et qui disaient que de remettre, comme on faisait, le tiers des pénitences à ceux qui faisaient du bien à quelque lieu saint, quoiqu'ils ne donnassent pas plus de la valeur d'une obole ou d'un œuf, c'était frauder Dieu de plus de la moitié du juste prix; c'était vendre les indulgences ; c'était même les vendre à trop vil prix; enfin c'était égaler ceux qui ne donnent qu'une obole à ceux qui font des libéralités considérables. Ce savant prélat réfute toutes ces objections, en faisant voir que ce n'est pas là vendre les indulgences ou les donner pour de l'argent ; mais échanger les pénitences en des aumônes qui servaient à glorifier Dieu par les temples et les autels qui en étaient le fruit, et que Jésus-Christ a confié aux évêques la puissance des clefs, pour augmenter ou diminuer les pénitences, selon qu'ils jugent être plus avantageux pour la gloire de Dieu, pour le salut des âmes, pour le bien de l'Eglise, de la ville, du pays et de la chrétienté : *Cujus potestas est pœnitentiales satisfactiones injungere, ejusdem est eas augere, minuere et mutare, prout ad Dei honorificentiam et animarum salutem, et ad publicam et specialem utilitatem viderit expedire. Quare et pœnitentiulem afflictionem in eleemosynas, oblationes et orationes et in omne quod Deo magis acceptum viderit esse, licitum est prælato, suæque potestatis est et officii mutare, prout ipsi pœnitenti, aut Ecclesiæ, de qua est aut civitati, aut patriæ, aut toti Ecclesiæ viderit expedire* (Thomassin, part. IV, liv. III, chap. 7, n. 6).

Ce que dit ici Guillaume de Paris, auteur du treizième siècle, est indépendant des abus auxquels ces indulgences donnèrent lieu. Au reste, l'argent qu'on donnait pour obtenir la diminution des pénitences, ne devait point être appliqué au confesseur : il lui était même expressément défendu par les canons de rien exiger des pénitents. C'est la disposition expresse du concile de Londres, tenu en 1125, et de plusieurs autres qu'il serait trop long de rapporter ici.

§ 2. *A qui appartiennent les* OBLATIONS.

Les *oblations* étaient anciennement distribuées différemment qu'elles ne l'ont été dans la suite (*Voyez* BIENS D'ÉGLISE). Le concile de Londres, en 1268, adjugea à l'église matrice toutes les offrandes des églises succursales, et le synode d'Excester en 1287, ordonna que dès l'âge de quatorze ans on fût obligé de venir à l'offrande aux quatre grandes fêtes dans l'église paroissiale ; que les églises succursales ou les chapelles porteraient leurs offrandes à l'église matrice, pourvu qu'elle ne fût pas possédée par des religieux (*cap. Pastoralis, de iis quæ fiunt sine cons. prælat.*), et qu'enfin, parce que l'église cathédrale est véritablement la mère de toutes les églises du diocèse, toutes les offrandes des fêtes de la Pentecôte doivent y être portées par les curés ou envoyées par les paroissiens. Ce même synode fit arracher tous les troncs que les laïques avaient mis dans les églises ou dans les cimetières. On voit ci-dessus ce que les conciles de Bordeaux en 1255 et de Château-Gontier en 1336, ordonnèrent à ce sujet. Les conciles postérieurs au concile de Trente, ont renouvelé ces mêmes règles touchant les offrandes en faveur des curés (conciles de Cologne en 1536, en 1549 et de Milan I en 1565). Le concile de Tours en 1583, attribua aux curés au moins le tiers des *oblations* des églises paroissiales et des succursales, et il interdit aux laïques d'y rien prétendre sans qu'ils pussent colorer un abus si intolérable du prétexte et du nom de coutume. Le concile d'Aix en 1585, pour abolir le même abus qui laissait aux laïques le pouvoir de prendre les offrandes de quelques grandes fêtes, et de les employer à des usages profanes, ordonna qu'on ne ferait plus d'offrandes que pour les employer aux besoins de l'église et de ses ministres, sous peine d'excommunication : *Abusus interrepsisse audivimus in oblationibus quæ a laicis percipiuntur in quibusdam anni festivitatibus, et in profanos usus convertuntur*. Le concile de Toulouse, en 1590, voulut qu'on attirât les peuples à offrir tous les dimanches, mais sans violence, parce qu'il est également dangereux de refuser ces justes marques de piété, comme de les extorquer.

Dans certains lieux les évêques ont eu part aux offrandes, parce que différents textes du droit leur donnent la quatrième partie des *oblations* qu'on appelle pour cela *quarte canonique* ou *épiscopale*. (*Voyez* QUARTE CANONIQUE.)

Les *oblations* qui se font à l'autel appartiennent au curé de la paroisse ; mais ce qui se donne à l'église est à la fabrique de la paroisse. Voilà la règle générale : on peut y ajouter celle-ci, que bien que de droit commun les offrandes appartiennent au curé, l'on doit se déterminer par la volonté présumée des personnes qui les font, à moins qu'il y ait un titre légitime ou une possession immémoriale contraire; et même quand cette volonté paraît clairement, elle doit prévaloir à tous les titres, à toute possession quoique immémoriale, et à toutes dispositions de droit. La raison est que chacun est maître de mettre à sa libéralité telle condition qu'il juge convenable, et de l'appliquer comme il veut ; ainsi ce qui est mis dans les troncs, doit être attribué à l'usage destiné. Les *oblations* qui sont faites à quelques images ou reliques, appartiennent à la chapelle où elles se font, parce que ces *oblations* sont censées faites à l'image et à la relique. On doit en dire autant des diverses chapelles où sont érigées quelques confréries (Van-Espen, part. II, tit. 33, cap. 10, n. 9 ; Recueil de jurisprudence canonique, verb. OBLATIONS).

Mais il ne faut pas confondre ces *oblations* avec les honoraires qui se paient aux curés pour l'administration des sacrements, et dont nous parlons sous les mots HONORAIRES, CASUEL. Personne ne partage ces *oblations* avec le curé de la paroisse ; et c'est parce qu'il pourrait abuser de ce droit exclusif dans la perception des honoraires qui lui sont légitimement dus, ou parce que les fidèles refuseraient de s'acquitter de cette dette sacrée, qu'on trouve dans tous les diocèses des règlements sur cet objet approuvés par le gouvernement.

Ces règlements sont faits en vertu de l'article 69 de la loi du 18 germinal an X ainsi conçu : « Les évêques rédigeront les projets de règlements relatifs aux *oblations* que les ministres du culte sont autorisés à recevoir pour l'administration des sacrements. Les projets de règlements rédigés par les évêques ne pourront être publiés, ni autrement mis à exécution, qu'après avoir été approuvés par le gouvernement. »

Voyez dans le tome Ier de ce cours, col. 656 ce que Portalis dit à l'occasion de cet article dans son rapport des articles organiques. Voyez aussi sous le mot JURIDICTION l'article 27 de l'édit de 1695.

OBLIGATION.

Par ce terme on entend un devoir que l'on s'est imposé par une convention expresse ou tacite. Les *obligations* qui sont imposées aux clercs et aux religieux de vivre suivant leur état, sont des *obligations* qu'ils ont contractées en entrant dans l'état ecclésiastique ou en religion. Nous parlons des uns et des autres sous les mots CLERC, RELIGIEUX.

OBREPTICE.

(*Voyez* ci-après OBREPTION.)

OBREPTION, SUBREPTION.

Communément, on entend par *obreption* ce qui est exposé contre la vérité ; et par *subreption* ce qui est omis du vrai dans l'exposé.

Le premier exposé s'appelle obreptice, il est proprement faux ; l'autre est appelé subreptice, et n'est faux qu'improprement, *per consequentias.*

Nous disons que c'est là le sens le plus commun, parce qu'il n'est pas général et absolu. Amydenius dit que des auteurs ont pris ces termes dans un sens diamétralement opposé à celui que nous lui donnons ici. Et il n'est pas éloigné de les regarder lui-même comme synonymes ; ils le sont aussi dans leurs effets : *Concludo itaque*, dit cet auteur, *nullam esse in jure diversitatem inter subreptionem et obreptionem et utrumque vocabulum promiscue sumi posse tam pro tacita veritate, quam suggesta falsitate; nunquam enim, ut vidimus, jura antiqua usa sunt verbo subreptionis, sed verbo obreptionis, ad utrumque significandum ; et si grammaticos consulas, respondebunt tam subrepere, quam obrepere significare, clam et furtim subtrahere, et licet rota aliquando voluerit declarare, quid veniat nomine subreptionis et nomine obreptionis ; regulariter tamen et bene illa duo verba confundit ut sæpissime videre est præsertim apud Gregor. (De styl. datariæ, cap. 33).*

Amydenius pense que toute *obreption* ou *subreption* qui ne nuit pas au concédant, c'est-à-dire à celui à qui l'on expose les choses, et qui est faite sans dol ou fraude, n'annule ni ne vicie pas le rescrit : *Quando suppressio veri seu narrativa falsi non nocet concedenti, nec fit cum dolo narrantis, tunc non vitiat (Cap. Super litteris de rescript.).*

(*Voyez* NARRATIVE.)

Le pape Innocent III, dans le chapitre *Super litteris*, excuse les impétrants qui, sans aucune fraude ni malice, sont tombés dans le défaut de *l'obreption* ou *subreption*, en chose non essentielle : *Venia dignus est qui nec noluit, nec deliquit.*

OBSÈQUES.

On appelle ainsi les cérémonies d'un enterrement (*Voyez* SÉPULTURE). Ce mot vient d'*obsequium*, parce que les *obsèques* sont les derniers devoirs ou services qu'on rend aux défunts. Ce mot a aussi signifié en latin l'office ecclésiastique, ou le service qu'on fait dire pour les morts.

OBSERVANCE.

Ce terme se prend 1° pour une action par laquelle on observe une règle, une loi, une cérémonie ; 2° pour la règle même, la loi, le statut, l'ordonnance qu'on observe ; 3° pour les corps ou communautés religieuses, qui observent certaines règles. C'est en ce sens qu'on dit les cordeliers de *l'observance*, de la grande, de la petite *observance*.

OBSERVANT.

Quelques conciles, et notamment le troisième concile d'Orléans, chap. 5, ont donné le nom d'*observants* aux clercs qui desservent une église.

OBTENTES.

C'est un terme de chancellerie romaine qui signifie les grâces ou les bénéfices que l'on a déjà obtenus, et dont il faut ou ne faut pas faire mention dans des impétrations postérieures. On peut aussi appliquer le mot *obtente* à toute grâce quelconque obtenue du pape (Amydenius, *cap.* 22, *n.* 30).

OCCULTE.

Occulte vient du mot latin *occultare* qui signifie couvrir, cacher (*Voyez* NOTOIRE).

OECUMÉNIQUE.

OEcuménique vient d'un mot grec qui signifie universel. Ce terme n'est proprement appliqué qu'aux conciles généraux, où tous les évêques de la terre habitable ont été mandés de se rendre. Le concile de Nicée en 325, est le premier concile *œcuménique* de l'Eglise. Mais ce ne fut qu'au concile de Calcédoine tenu l'an 451, qu'on employa pour la première fois le nom d'*œcuménique*.

OFFICE.

Ce terme reçoit différentes applications. On le définit en général, un devoir dont chacun doit s'acquitter suivant les circonstances, sans faire tort à personne : *officium quasi efficium, ab efficiendo quod unicuique personæ congruit. Aut dicitur id quod unusquisque efficere debet ut nulli official servata scilicet honestate, quid loco, quid tempori, quid personis convenerit.* C'est dans le sens de cette dernière définition que Cicéron a composé son traité des *Offices*. On rapporte l'autre aux différentes espèces d'*office* particulier, *quod unicuique personæ congruit;* comme l'*office* d'un père envers ses enfants, *officium pietatis;* à l'*office* d'un magistrat, *officium etiam magistratus et jus dicentis ut prætoris*. Quelquefois on ne prend le mot d'*office* que pour une charge purement honorifique; quelquefois on l'applique aux ministres subalternes des magistrats : *Officium modo munus publicum honoremque significat, modo officiales ipsos et ministros magistratuum ac præsidum*. On trouve dans l'ancien droit civil les titres *de officio assessorum, civilium jurium*, etc., et dans le droit canonique, relativement aux choses ecclésiastiques, le titre *de officio archidiac., archipresbyt.*, etc. Nous distinguerons ici ces deux sortes d'*offices*, c'est-à-dire les civils et les ecclésiastiques. Nous parlerons des premiers respectivement à l'intérêt qu'y peuvent avoir les personnes ecclésiastiques.

§ 1. OFFICES *civils ou séculiers.*

Par *offices* civils et séculiers, nous entendons ici, ces *offices* qui sont exercés par des laïques, et qui émanent d'une autorité toute séculière. Régulièrement les ecclésiastiques sont incapables d'occuper ces sortes d'*offices* par la maxime sacrée : *Ne clerici vel monachi sæcularibus negotiis sese immisceant*. Ils ne peuvent donc être ni juges ni avocats, ni notaires, ni procureurs, ni greffiers dans les tribunaux séculiers; c'est la disposition des anciens comme des nouveaux canons : *Episcopus aut presbyter, aut diaconus nequaquam sæculares curas assumat : sin aliter dejiciatur (can. Episcopus 3, dist.* 88). *Te quidem oportet irreprehensibiliter vivere, et summo studio niti, ut omnes vitæ hujus occupationes abjicias : ne fidejussor existas : ne advocatus litium fias, neve in ulla aliqua occupatione prorsus inveniaris mundialis negotii occasione perplexus : neque enim judicem, aut cognitorem sæcularium negotiorum hodie te ordinare vult Christus, ne præfocatus præsentibus hominum curis non possis verbo Dei vacare, et secundum veritatis regulam secernere bonos a malis. Ista namque opera quæ tibi minus congruere superius exposuimus, exhibeant sibi invicem vacantes laicii, et te nemo occupet ab his studiis, per quæ salus omnibus datur.* (*Can.* 29, *caus.* 11, *qu.* 1). *Sed nec procurationes villarum, aut jurisdictiones etiam sæculares, sub aliquibus principibus et sæcularibus viris, ut justitiarius eorum fiat, clericorum quisquam exercere præsumat. Si quis autem adversus hæc venire tentaverit (qui contra doctrinam Apostoli dicentis, nemo militans Deo, implicet se sæcularibus negotiis, sæculariter agit) ab ecclesiastico fiat ministerio alienus, pro eo quod (officio clericali neglecto) fluctibus sæculi, ut potestatibus placeat, se immergit. Districtius autem decernimus puniendum, si religiosorum quisquam aliquid prædictorum ausus fuerit attentare* (*c.* 4, *ne cler. vel monach.*, etc.). *Fraternitati tuæ mandamus quatenus clericis in sacris ordinibus constitutis tabellionatus officium per beneficiorum subtractionem appellatione postposita interdicas (C. Sicut te accepimus eod. et tot. tit.; c. Eos qui semel.* 20, *quæst.* 3).

Nous bornons à ces canons et à ceux rapportés sous le mot NÉGOCE, les autorités du droit canon qui interdisent aux clercs et aux religieux, l'exercice de ces *offices*, dont les fonctions sont si contraires à leur état : *Sacerdotis est scire legem Domini et ad interrogationem respondere de hac lege* (S. Hieron. in *Agg. prophet.*). *Cui portio Deus est nihil debet curare nisi Deum, ne alterius impediatur necessitatis munere : quod enim ad alia officia confertur, hoc religionis cultui, atque huic nostro officio decerpitur* (S. Ambros. *De fuga sæculi*, *c.* 2.).

A ces défenses on oppose certains canons qui ne défendent aux ecclésiastiques qui sont juges, que la prononciation des sentences qui vont à effusion de sang, font entendre que les autres jugements quelconques leur sont permis : *Sæpe principes contra quoslibet majestatis obnoxios sacerdotibus negotia sua committunt. Quia vero a Christo ad ministerium salutis electi sunt, ibi consentiant regibus fieri judices, ubi jurejurando supplicii indulgentia permittitur, non ubi discriminis sententia præparatur* (*Can.* 29, 30, *caus.* 23, *quæst.* 8; *c. Quicumque* 2, *quæst.* 1).

Barbosa et plusieurs autres canonistes établissent comme une maxime, que rien n'empêche les ecclésiastiques de connaître et de juger les causes civiles, quand un droit de juridiction temporelle les y oblige, ou qu'ils sont choisis pour arbitres. On ne leur défend alors que les condamnations qui produisent l'irrégularité *ex defectu lenitatis*. Les défenses, disent-ils, que font les canons d'exercer des *offices* séculiers pour les princes ne regardent que la personne même des ecclésiastiques, et ne sont nullement applicables au cas où les *offices* sont attachés à leurs dignités mêmes ou prélatures (*De jure eccles., lib.* I, *cap.* 40, *n.* 109).

Le pape dispense quelquefois de l'irrégularité les ecclésiastiques qui, par les circonstances de leurs *offices* ou dignités, se trouvent obligés de prononcer des jugements en matière criminelle.

Les mêmes canonistes et d'autres après eux ont encore remarqué que la défense des canons en cette matière, ne tombe que sur ces *offices* communs, dont l'exercice n'a rien de noble ou d'ecclésiastique, comme ceux de banquiers, de négociants, de notaires, d'huissiers, de juges subalternes, etc.; mais nullement sur les *offices* d'arbitres ou de conseillers, dans un sénat où le nombre des magistrats permet aux ecclésiastiques qui y sont attachés, de s'abstenir de jugement en matière criminelle. Ainsi des ecclésiastiques, des évêques pouvaient siéger à la chambre des pairs, comme cela s'est vu sous la Restauration. L'on ne voit en effet dans les canons rapportés, que des *offices* de la première espèce pour objet de leur condamnation ; c'est à ceux-là seuls que s'appliquent ces paroles du pape Grégoire : *Quoniam ipsos viles reddidit et reverentiam sacerdotalem annihilat.* On ne pense pas sans doute qu'un prêtre s'avilisse ou anéantisse le respect dû à sa dignité, quand il remplit dans un tribunal supérieur les fonctions de la justice appelée la mère des vertus et la plus expressément ordonnée par le Décalogue. Boëtius (*de jur. sacr. lib.* I, *n.* 167) fait cette distinction des tribunaux souverains composés de plusieurs juges d'avec les tribunaux subalternes, où un juge seul ne peut subvenir à tout sans tomber dans l'irrégularité, ou dans l'embarras des choses séculières, observe que le droit civil parmi les chrétiens n'étant fondé que sur la loi naturelle divine, a aussi pour fin le salut des âmes (Domat, *Du droit public, liv.* I, *tit.* 19), ce qui en rend l'étude nécessaire, non-seulement aux ecclésiastiques qui doivent exercer un *office* de judicature dans un sénat ou ailleurs, mais à ceux dont les fonctions se bornent à la direction et à l'édification des peuples. C'est le sentiment de tous les théologiens qui donnent pour raison *ad finem intelligendi melius canones.*

Si l'on défendait autrefois l'étude de la médecine et du droit civil aux ecclésiastiques, parce qu'ils négligeaient l'étude des saintes lettres et les fonctions de leur état, pour en embrasser d'autres qui étaient incompatibles avec leur caractère, depuis longtemps ces défenses sont levées, parce que depuis longtemps aussi le mal est guéri. Saint Thomas, et les théologiens qui sont venus après lui, ont approfondi la morale, peut-être un peu trop la scolastique ; mais aucun n'a omis le traité de la justice et des lois. Ils ont su avec discernement et par forme d'accessoire, marier le code de justice avec les canons, et rien n'est plus connu ni même plus souvent pratiqué aujourd'hui par nos casuistes et par nos théologiens modernes que cette leçon de Boëtius : *Studia legum civilium ut ancillaria non prohibentur, sed ut principalia.* Rebuffe va plus loin, et soutient que le droit canonique ne peut être parfaitement compris sans le secours des lois civiles : *Imo audacter dico quod pontificium perfecte non potest intelligi sine legibus, cum sit medulla legum, et jus canonicum est practica juris civilis* (*Tract. de nomin. qu.* 5, *n.* 14). Le même auteur rapporte d'autres maximes à ce sujet pour établir la nécessité de l'étude des deux droits. *Jus canonicum et civile sunt adeo connexa, ut unum sine altero vix intelligi possit; unde dicit Bal. in proœmio decret. quod juris canonici sanctitas juris civilis sublimitate decoratur, et juris civilis majestas, canonum auctoritate firmatur, et qui non sapit in utroque, non habet tantam dulcedinem; ideo laudandus est is qui in utroque studuit ; potius quam vitio dandus; nam unum propter aliud coruscat et magis timetur* (Barb. *in rub. col.* 1, *de testam.*) Ajoutons que les lois civiles ont fait la matière de plusieurs canons, comme beaucoup de canons ont été convertis en lois civiles (*C. Clerici de judic. c.* 1, *et tit. de caus. possess. c.* 1, *de oper. nunc.*). Si donc l'étude du droit civil est nécessaire à un ecclésiastique et principalement à celui qui décide les cas de conscience, que de motifs doivent l'engager à étudier le droit canonique, surtout dans ses rapports avec le droit civil ecclésiastique (*Voyez* DROIT CANON).

§ 2. OFFICES *ecclésiastiques.*

Par *offices* ecclésiastiques, il faut entendre ici tous les *offices* en général qui sont dans l'Eglise et qui ne conviennent qu'à des ecclésiastiques. On ne saurait se former une juste idée de l'origine et de la nature de chacun de ces *offices* en particulier, sans remonter à la naissance de l'Eglise, et suivre ensuite la forme et l'état de la discipline ecclésiastique dans les différents siècles jusqu'à nous ; nous ne saurions pratiquer ici cette méthode sans rentrer dans des répétitions ennuyeuses, puisque nous avons traité en particulier, dans cet ouvrage, chaque *office* en particulier.

Nous dirons cependant après Loyseau, qu'il est certain qu'en la primitive Eglise toutes les charges ecclésiastiques étaient de purs *offices.* Les biens de l'Eglise étaient alors possédés en commun, et chaque clerc dans son rang exerçait un *office, officium ab efficiendo,* auquel il n'y avait aucun revenu attaché : *Nec cuiquam clerico pro portione sua aliquod solum Ecclesiæ deputabatur* (*c. Vobis,* 12, *qu.* 2). *Voyez* BIENS D'ÉGLISE). L'évêque avait le soin de faire la distribution du bien commun par le ministère des diacres ou des économes. A cette distribution mensuelle succéda le partage des **canons**

Concesso et *Quatuor* 12, *qu.* 1. Les possessions se formèrent insensiblement; d'abord par concession d'usufruit, et ensuite par annexe irrévocable : de là le bénéfice distingué de l'*office*. Les bénéfices une fois introduits, on perdit presque de vue l'*office* qui en était ou devait toujours en être le fondement : *Beneficium propter officium*, car tout bénéfice ecclésiastique suppose un *office* (*Voyez* BÉNÉFICE).

A l'égard des *offices* que l'on remarque dans les chapitres et dans les monastères, la nécessité les a fait naître d'abord chez les religieux, et puis dans les chapitres séculiers; mais remarquons que tous les *offices* que l'on voit dans les chapitres, n'ont pas la même origine ; les archidiacres, les archiprêtres, les pénitenciers, par exemple, sont d'un établissement plus ancien que les *offices* des monastères, ou du moins indépendants de la forme du gouvernement monastique ; la théologale, la préceptoriale sont d'un établissement nouveau, qui n'a rien de commun non plus avec ces *offices* claustraux de cellérier, de chantre, de sacristain, de prieur, de prévôt, de doyen, etc., dont on voit les traces dans les anciens chapitres.

On appelle par opposition à ceux-là les *offices* des monastères, *offices claustraux*, parce qu'ils sont exercés ou sont censés l'être dans l'intérieur d'un cloître. Nous avons fait ci-après de ces derniers un article tout particulier, ainsi que de *l'office divin*, qui est une obligation commune à tous ceux qui se trouvent dans les liens des ordres sacrés, séculiers ou réguliers indistinctement.

Quant aux *offices* que produit la juridiction ecclésiastique, prise dans l'étendue de sa signification, en la personne des évêques, ils sont différents selon la nature des choses qui en font l'objet ; la juridiction spirituelle donna lieu à l'établissement des confesseurs, des prédicateurs, des missionnaires, des grands vicaires même : nous parlons de tous ces *offices* en leur place.

Nous parlons aussi en son lieu des vicaires apostoliques, des légats, vice-légats, des pénitenciers, notaires, protonotaires apostoliques et des officiers de la chancellerie romaine.

§ 3. OFFICES *claustraux.*

On appelle *offices claustraux* ceux qui étaient exercés ou censés l'être dans l'intérieur d'un cloître ; tels étaient les *offices* de chambrier, d'aumônier, d'infirmier, de cellérier, de sacristain et autres semblables. Ces *offices* n'étaient, dans l'origine, que de simples administrations que l'on confiait par forme de commissions à des religieux du monastère. Ils sont devenus dans la suite des titres de bénéfices, au moyen des résignations faites en cour de Rome par les religieux.

Thomassin remarque, en son *Traité de la discipline* (*partie* III, *liv.* I, *ch.* 50), que du temps de saint Benoît, la charge de cellérier était dans les monastères la plus considérée après celle du prévôt et du doyen; que ce cellérier était chargé du soin des infirmes, des enfants, des hôtes et des pauvres ; et qu'il faut par conséquent reconnaître que les *offices* particuliers qui se formèrent dans la suite, d'infirmier, d'hospitalier, d'économe et de trésorier, n'ont été que des démembrements de cette charge à qui il n'est resté dans la plupart des monastères que le soin de la cave et des provisions. Ces différents emplois s'exerçaient autrefois dans les monastères par des religieux que l'abbé choisissait et révoquait à son gré. Chacun était renfermé dans les bornes de sa commission, et s'en acquittait dans la plus étroite dépendance du supérieur du monastère. Les communautés de chanoines imitaient à cet égard les communautés de moines ; on vit dans les chapitres de pareils *offices*, et même en plus grand nombre, et avec des fonctions plus étendues parce qu'elles s'étendaient au dehors ; l'hospitalier, par exemple, recevait, suivant Thomassin, les dîmes et toutes les offrandes des chapitres pour subvenir au besoin de l'hôpital que chacun de ces chapitres avait fondé pour les pauvres et pour les passants. Il y avait aussi un sacristain préposé pour avoir soin des choses nécessaires au service divin dans les églises, un chantre, sous-chantre, précenteur, scolastique, pour avoir soin de conserver l'harmonie du chant, et pour l'apprendre à ceux qui ne le savaient pas. Nous parlons de ces différents *offices* sous leurs noms. On les exerçait tous autrefois dans la plus grande exactitude. Nous nous bornons ici à parler des *offices claustraux*, purement monastiques ou réguliers ; or, à cet égard, indépendamment de ces différents *offices* intérieurs des monastères que nous avons nommés, et de quelques autres semblables, il faut nécessairement parler ici de ces prieurés réguliers, dont le sort décida ou suivit celui des *offices claustraux*, ainsi que nous allons briévement l'exposer.

L'on voit sous les mots MOINE, MONASTÈRE, BIENS D'ÉGLISE, ABBÉ, l'origine des moines, l'établissement de leurs monastères, la forme de leur gouvernement et les voies par où ils acquirent tant de biens. Ces richesses ou ces possessions, dont les premiers moines s'étaient passés par le secours de leur travail manuel, exigèrent des monastères à qui on les donna, le soin naturel de leur culture ou de leur conservation ; il fallut alors, nécessairement, ou confier ces biens à des laïques, ou commettre des religieux pour les administrer. On suivit ce dernier parti, les abbés, sans rien perdre de leurs droits, chargèrent ceux de leurs religieux en qui ils reconnurent une certaine capacité pour les affaires de l'administration et du soin des biens qu'ils possédaient à la campagne plus ou moins éloignée. Ces religieux, au nombre de deux ou trois, vivaient ainsi dans des granges, qu'on appelait aussi *celle*, *obédience*, *chaise-Dieu*, *petite abbaye*, et d'autres semblables noms, partagés entre leurs exercices spirirituels et les soins du ménage, dont ils étaient comme les intendants. Ils avaient un oratoire et pratiquaient leur règle aussi exactement que l'état des lieux et leurs affaires pouvaient le permettre. Leur commission était révocable, et au bout de six mois, plus ou moins, ils retournaient au monastère, où ils rendaient compte à l'abbé de leur gestion. Cette dépendance subsista autant de temps que les religieux qu'on envoyait à ces campagnes ne furent pas tentés de s'y soutenir contre la volonté de leurs supérieurs, ce qui ne pouvait manquer d'arriver. Le premier de ces religieux, à qui l'abbé communiquait nécessairement un droit de prééminence sur les autres, était appelé *prieur*, ou *prévôt, præpositus*. C'est de là qu'est venu le nom de prieuré par lequel on désignait ces granges devenues de petits monastères, que l'on donna même dans la suite à toutes les communautés de moines que l'on établissait sous la conduite d'un prieur claustral ou conventuel, mais dépendant de l'abbé, lequel résidait dans l'abbaye ou principal monastère.

Les prieurs de ces petits monastères ainsi formés dans les granges dont nous parlons, trouvèrent bientôt le moyen de rendre leur commission plus durable, même perpétuelle, en s'arrangeant avec les abbés tombés dans le plus grand relâchement ; au lieu de leur rendre compte et de ne prendre que l'entretien sur les revenus de ces fermes, ces prieurs payèrent aux abbés une rente en argent et restèrent continuellement dans leurs prieurés forains.

Les autres officiers du monastère, tels que ceux que nous nommés ci-dessus, dont l'*office* avait des fonds particuliers affectés à sa destination, s'approprièrent ces revenus à l'exemple des prieurs forains, et chacun fit mense à part, selon ce que nous apprend Thomassin (part. IV, liv. IV, ch. 24 et 25). Les *offices claustraux* et les prieurés obédienciers devinrent donc des titres particuliers de bénéfices, dont on se faisait pourvoir quelquefois à Rome, mais dont la collation appartenait à l'abbé ou à la communauté des religieux. Ceux qui possédaient ces bénéfices n'étaient pas tout à fait exempts des charges que l'*office* imposait ; le cellérier fournissait toujours la nourriture de la communauté, l'hôtellier la dépense des hôtes, etc. Mais la plupart des monastères se détruisant par ces divisions de biens, chaque *office* perdait sa destination, et les officiers la convertissaient à leur profit. Dans d'autres monastères, où le même partage se fit, les religieux qui n'étaient pas dans les charges, voulurent avoir leur part du bien commun, et de là les places ou portions monacales (*Voyez* BIENS *des monastères*, § 3).

Les choses n'en étaient pas encore à ce degré de décadence, lorsque le troisième concile de Latran établit pour maxime qu'aucun régulier ne pouvait avoir un pécule, si ce n'est les officiers du monastère, auxquels l'abbé aurait permis d'en avoir, non pour le posséder en propre, mais pour l'employer aux dépenses communes qu'ils étaient obligés de faire à cause de leurs *offices* ou administrations dont ils étaient chargés : *Qui vero peculum habuerit, nisi ab abbate fuerit ei pro injuncta administratione permissum, a communione removeatur altaris* (*Voyez* PÉCULE). De ce règlement, Thomassin conclut qu'au temps du troisième concile de Latran, il était d'usage d'accorder aux officiers du monastère certains revenus ou menus droits qui formaient le pécule sous ces quatre conditions : 1° Que ces officiers ne jouissaient d'un pécule qu'avec la permission de leur supérieur régulier ; 2° qu'ils étaient obligés d'employer ces revenus aux dépenses communes, *pro injuncta administratione* ; 3° qu'ils n'exerçaient leurs *offices* qu'en vertu de commissions révocables à la volonté du même supérieur ; 4° qu'ils étaient assujettis à rendre compte de leur gestion deux ou trois fois l'année, comme il fut réglé par un canon du concile d'Oxford, en 1222.

Ce sage règlement ne tint pas contre les efforts de la cupidité et de l'amour de l'indépendance. On le viola, de façon à faire des prieurés qui n'étaient que de simples obédiences, et des *offices claustraux*, révocables les uns et les autres à la volonté des abbés, de vrais bénéfices absolument indépendants, si l'on excepte la charge qui restait aux *offices claustraux* par leur nature, et celle que les abbés eurent le soin d'imposer à leur profit sur les prieurés. D'où vinrent ces redevances de la plupart des prieurés envers les abbayes dont ils ont été démembrés, et que le même concile, dont nous avons parlé, réprouve, en défendant aux collateurs d'imposer de nouveaux cens sur les églises, ni d'augmenter les anciens, ni d'appliquer à leurs propres usages une partie des revenus des mêmes églises : *Prohibemus insuper ne ab abbate, episcopis vel aliis prælatis novi census imponantur ecclesiis, nec veteres augeantur, nec partem reddituum suis usibus appropriare præsumant* (cap. 7, *de censib.*).

Le pape Innocent III condamna aussi l'abus particulier de la perpétuité des fermes, ou plutôt de la conversion des obédiences en purs bénéfices : *Tales autem ad agenda officia monasterii deputentur qui fideles fuerint et discreti, nec alicui committatur aliqua obedientia perpetuo possidenda, tanquam in sua sibi vita locetur, sed cum oportuerit amoveri, sine contradictione qualibet revocetur*. Bien loin qu'une loi si sage, dit d'Héricourt (*Lois eccl.*, ch. 3), fût exécutée, l'abus en devint en peu de temps beaucoup plus grand qu'il n'était sous le pontificat d'Innocent III, quoiqu'il le fût déjà assez. Car il paraît, par les décrétales *Ad nostram* et *Porrecta, de confirm. util. vel inutil.*, qu'on s'était adressé à ce même pape pour en surprendre des rescrits, à l'effet de posséder irrévocablement de simples administrations ; d'autre part, les abbés, pour gratifier des clercs séculiers, leur donnaient des places monacales déjà converties en bénéfices ; les religieux souffraient ce mélange, parce qu'il rendait leur état moins gênant ; cette raison leur fit même donner ces bénéfices à des laïques, comme le prouve un concile de France, tenu en 1253, *statuimus, ne abbates religiosa loca etiamsi solitaria fuerint ad tempus ad quoad vixerint laicis concedant, sed talibus conferant quod prædicta loca debito servitio non fraudentur* (Concile de Saumur, canon 18).

Le concile de Vienne ordonne aux supérieurs réguliers de conférer ces bénéfices à des séculiers ou à des réguliers, selon qu'ils ont coutume d'être possédés par les uns ou par les autres (*Clem.* 1, *de suppl. negl.*). Mais en même temps ce concile fit un règlement qui tendait à réformer tous ces abus. Après avoir défendu, conformément au dixième canon du concile de Latran, sous Alexandre III, d'envoyer des moines dans les petits prieurés, à moins que les revenus ne fussent suffisants pour nourrir et entretenir deux religieux ; il permet de les unir par l'autorité de l'ordinaire à d'autres, ou à des *offices claustraux* de la maison principale, ou de continuer l'usage de les faire desservir par des clercs séculiers. Il veut que ces mêmes prieurés, quand ils ne seraient pas même conventuels, ne soient conférés qu'à des religieux profès, âgés de vingt ans. Il enjoint à tous les prieurs de se faire ordonner prêtres, sous peine de privation du bénéfice, dès qu'ils auront atteint l'âge prescrit par les canons pour le sacerdoce. Il leur ordonne, sans avoir égard aux coutumes contraires, de résider, non dans les monastères, mais dans leurs prieurés, ne leur permettant de s'absenter que pour un temps en faveur des études, ou pour quelque autre sujet qui puisse, suivant les canons, les faire dispenser de la résidence. C'est ce que l'on voit dans la fameuse Clémentine, *Ne in agro, de stat. monach.*

Le règlement du concile de Vienne ne fut pas exactement observé par rapport à la règle *Regularia regularibus*. Les prieurés non conventuels ont été pour la plupart donnés en commende, ou sont devenus séculiers par prescription. Les *offices claustraux*, au contraire, ou sont restés de simples commissions, ou étant possédés en titre, on ne les a jamais conférés en commende, ou enfin par la voie des réformes on les a unis aux menses conventuelles.

OFFICE DIVIN.

On peut entendre par *office divin*, d'un côté, ce nombre déterminé de prières que certaines personnes ecclésiastiques sont obligées de réciter chaque jour, et qu'on appelle bréviaire ; et de l'autre, l'*office* de l'Eglise et le service divin en général.

§ 1. *Origine et histoire de* L'OFFICE DIVIN *ou du bréviaire.*

L'usage de réciter des prières à diverses heures du jour et de la nuit est aussi ancien que l'Eglise. Les besoins des premiers fidèles dans les persécutions qui les affligeaient, leur rendaient absolument nécessaire la pratique du saint exercice de la prière. Quoique l'*office divin* n'ait pas toujours été rangé comme il l'est actuellement, néanmoins nous voyons, par toutes les preuves de la tradition, qu'il y en avait un dès le commencement de l'Eglise. Aussi Tertullien, ce qui est remarquable, appelle-t-il les heures canoniales des heures apostoliques : *Horarum insigniorum exinde apostolicarum, tertiæ, sextæ, nonæ* (*De jejuniis, cap.* 11). On trouve la preuve de ces prières publiques en différents temps de la nuit et du jour, non-seulement dans Tertullien, que nous venons de nommer, mais encore dans saint Cyprien, saint Epiphane, saint Jérôme, saint Ambroise, saint Augustin, et surtout dans les Constitutions apostoliques, qui ordonnent de prier le matin, à l'heure de tierce, de sexte, de none, au soir et au chant du coq. Le matin, disent-elles, pour rendre grâces au Père des lumières qui fait luire le jour ; à tierce, parce que c'est l'heure à laquelle le Juste a été condamné à mort ; à sexte, parce que Jésus-Christ était en croix à cette heure ; à none, parce qu'alors celui qui est la vie même expira ; au soir, pour remercier l'auteur du repos ; au chant du coq, parce que le retour du jour appelle les enfants de la lumière au travail et à l'œuvre du salut. Que si l'évêque ne peut assembler les fidèles à l'église à cause des persécutions, il les assemblera dans quelques maisons ; et si l'on ne peut faire trouver ensemble les fidèles, ni dans une église, ni dans une maison, chacun s'acquittera de ce devoir en particulier (*liv.* VIII, *ch.* 36). *Precationes facite mane, tertia, nona, vespere atque ad galli cantum... Si ad ecclesiam prodire non licuerit, propter infideles, congregabis, episcope, in domo aliqua. Quod si neque in domo, neque in ecclesia congregari poterunt, psallat sibi unusquisque, legat, oret : vel duo simul aut tres. Ubi enim fuerint, inquit Dominus, duo aut tres congregati in nomine meo, ibi sum in medio eorum.*

Ce règlement était général pour toute l'Eglise ; et sans doute que les moines, qui se retirèrent dans les déserts, n'en suivaient pas d'autres dans le commencement de leur retraite. Mais bientôt réduits en corps de communauté, ils se formèrent une manière d'*office*, et plus long et plus solennel parmi eux. On lit dans la vie de saint Pacôme, qu'un ange vint l'avertir qu'il devait faire prier ses moines douze fois pendant le jour, douze fois le soir, et douze fois pendant la nuit : ce qui se trouve conforme à ce que Sozomène rapporte des disciples de cet illustre solitaire. Cassien, d'autre part, apprend dans le détail, tout ce qui se pratiquait à ce sujet dans les monastères d'Egypte, et la forme des prières qui composaient alors l'*office* des moines. Ces prières n'étaient point uniformes dans tous les monastères : elles étaient plus longues dans les uns que dans les autres ; mais, dans tous, les moines qui ne pouvaient se trouver aux heures des prières de l'Eglise, étaient obligés de les réciter dans leurs cellules (Thomassin, *Discipline de l'Eglise*, part. I, chap. 34 et suiv.).

L'*office divin* n'était pas, en ces heureux temps, borné aux religieux, ni même aux clercs et aux prêtres séculiers; les laïques se faisaient un devoir de prier et de réciter les psaumes aux heures marquées par l'Eglise. Théodoret nous apprend même que le chant des psaumes à deux chœurs doit son origine à deux laïques d'une éminente vertu, lesquels, pendant que les ariens faisaient tous leurs efforts pour corrompre la foi des fidèles à Antioche, l'apprirent au peuple, pour l'affermir dans la foi par des exercices de piété. Ces deux laïques étaient Diodore, qui fut depuis évêque de Tarse; et Flavien, qui le fut d'Antioche même. Théodoret ajoute que cette manière de chanter fut suivie dans les autres églises.

Pendant que l'impératrice Justine, mère de Valentinien le jeune, séduite par les ariens, persécutait saint Ambroise, le peuple de Milan passait les nuits dans l'église, pour défendre son évêque ou pour mourir avec lui. Alors saint Ambroise, pour empêcher l'ennui, fit chanter des hymnes et des psaumes par deux chœurs alternatifs, à l'exemple des églises d'Orient, ce qui se pratiqua ensuite dans tout l'Occident.

Si les religieux, dit le savant Thomassin, les religieuses, si les vierges qui se consacraient à Dieu par le vœu de virginité dans leurs maisons particulières, si les veuves qui s'adonnaient à la piété, si les jeunes filles qu'on destinait dès leur tendre enfance à la profession religieuse, récitaient leurs heures canoniales du jour et de la nuit, d'où provenait cette loi, cet usage universel, attesté et soutenu par les saints Pères, si ce n'est de l'ancienne piété de tous les fidèles, qui, se voyant avertis par les diverses Ecritures de s'appliquer sans cesse à la prière, s'acquittaient eux-mêmes dans les premiers siècles de ce pieux devoir autant que la nécessité le leur permettait? Ce n'était nullement le droit des distributions manuelles, ou des revenus d'un bénéfice qui faisait le juste fondement de l'obligation qu'on imposait de réciter les heures canoniales à la noble et illustre Démétriade, à Eustochie, à la jeune fille de Læta, aux religieuses que sainte Paule avait dotées, et à tant de religieux qui ne vivaient que du travail de leurs mains. Il est visible qu'il faut raisonner de la même manière des ecclésiastiques; et que leur état leur imposant une obligation infiniment plus étroite et plus indispensable de prier et de prier sans cesse, puisqu'enfin tous ceux qui ont quelque part au sacerdoce, sont les médiateurs entre Dieu et les autres hommes, ils ont donc aussi toujours été plus étroitement obligés à la récitation des heures canoniales, sans aucun égard à leur bénéfice (*Discipline de l'Eglise*, part. I, liv. I, chap. 36, n. 12).

La prière étant le plus saint et le plus indispensable de tous les devoirs, non-seulement de tous les ecclésiastiques, mais encore de tous les chrétiens, quelle apparence y a-t-il, continue le même auteur, dans le chapitre suivant, que le clergé n'y fût obligé par aucune ordonnance de Jésus-Christ, ou des apôtres, ou de l'Eglise? Jésus-Christ n'a-t-il pas recommandé la prière sans interruption aux clercs comme à tous les fidèles? N'en a-t-il pas donné l'exemple? Saint Paul les a-t-il exceptés de la loi de prier sans cesse? Saint Luc ne nous apprend-il pas que ce grand Apôtre, dans la prison même, chantait des psaumes à minuit? Ne nous assure-t-il pas que les apôtres se déchargèrent du soin du temporel, afin de s'occuper entièrement à la prière et à la prédication?

Il est donc très-apparent que l'on ne fit aucun canon qui obligeât les clercs à l'*office* canonique durant les premiers siècles, parce que l'esprit de piété et l'amour de la prière étaient encore dans la première ferveur, et qu'il n'y avait personne qui ne regardât l'obligation de prier comme la plus douce, et en même temps la plus indispensable de toutes. Comme les lois ne se font que pour remédier aux désordres, on n'a recours à l'autorité, aux lois et aux canons que lorsque cette première ardeur a commencé à se ralentir.

Ces *offices* qui attiraient les bénédictions du ciel sur les fidèles, dont ils faisaient aussi la consolation, furent réglés par le grand saint Grégoire, et pour le chant, et pour toutes les cérémonies de l'*office*, quoique l'on remarque dans la règle de saint Benoît, antérieure aux règlements de ce pape, une grande conformité sur ce sujet avec ce qui se pratique aujourd'hui. Nous ne suivrons pas ici les variations et les changements qu'a reçus l'*office divin*. Ce que nous avons dit nous paraît suffire pour donner une idée de son origine; nous remarquerons seulement qu'il était chargé de beaucoup de psaumes et d'oraisons, lorsque dans le treizième siècle, on commença à l'abréger dans la chapelle du pape, à cause des affaires dont la cour de Rome était accablée.

Les religieux de saint François et de saint Dominique, se trouvant occupés nuit et jour à de pénibles missions dans les pays les plus éloignés, donnèrent cours à ce nouvel *office* abrégé, appelé dès lors *breviarium*, ou *officium breviarium curiæ Romanæ*. Saint Raymond de Pennafort, un des généraux de l'ordre de saint François, retrancha encore quelque chose de ce bréviaire, et le mit à peu près dans l'état où il est à présent. Grégoire IX l'approuva, et Nicolas III voulut qu'on s'en servît dans toutes les églises de Rome. L'église de Latran fut la seule qui conserva et qui conserve encore, au moins en partie, son ancien *office*. Les autres églises particulières l'adoptèrent mais toutes le bréviaire des franciscains : mais celles qui ne le reçurent pas, retranchèrent quelques parties des *offices* dont elles s'étaient servies jusqu'alors, et de là vient le nom commun et général de bréviaire, *breve orarium*, qui peut signifier aussi un précis de ce qu'il y a de plus touchant et de plus instructif dans l'Ecriture et dans les saints Pères. Auparavant on se servait du nom d'*office divin*, qu'on emploie en général, parce que ces prières ont toujours fait une dette et une obligation que les clercs et les religieux ont toujours été obligés d'acquitter : *Officium id est, quod quisque debet efficere.*

On a aussi appelé quelquefois l'*office divin* du nom de cours, *cursus*, parce que c'est pour les ecclésiastiques un cours de prières dont ils doivent s'acquitter fidèlement. Saint Benoît l'a appelé tantôt *opus Dei*, tantôt *agenda*. Comme en effet c'est l'œuvre de Dieu, c'est par excellence la grande affaire qui doit occuper ses ministres. Les Grecs se sont servis pour exprimer l'*office divin* du terme de *canon*, qui signifie règle ou mesure; soit parce que l'*office* a été établi par les décrets des conciles, soit parce que, comme le disait Jean Mosch, en sa *Pratique spirituelle*, chapitre 40, il est la mesure du tribut que les ministres de l'autel doivent chaque jour payer à Dieu. C'est aussi de ce nom qu'est venu celui d'*heures canoniales*, parce que les canons de l'Eglise en ont réglé le temps et la manière, et prescrit plus formellement encore l'obligation de le dire chaque jour.

§ 2. OFFICE DIVIN, *temps et manière de le dire.*

1° Par rapport au temps, on dispute quelquefois sur le nombre des heures canoniales; il faut opter entre sept et huit. Il n'y en aura que sept, si matines et laudes n'en font qu'une, et huit, si les laudes sont aussi séparées des matines que les vêpres le sont des complies. Il est sûr que le nombre de ces heures n'a pas toujours été le même dans l'Eglise. Les Constitutions apostoliques, dont nous avons rapporté ci-dessus les dispositions, ne marquent que les six premières; saint Fructueux, dans sa règle, en marque dix, saint Colomban n'en met que neuf. Aujourd'hui le sentiment commun n'en admet que sept, et n'en admet pas davantage. Toute heure proprement dite est terminée par une collecte, c'est-à-dire, par une oraison, et il n'y en a point après matines. Il est vrai qu'on peut les séparer de laudes; mais on peut aussi séparer les nocturnes, et on le faisait autrefois aux grandes solennités. Jamais cependant on n'a regardé les trois nocturnes comme trois heures différentes. D'ailleurs, le nombre de sept est ici consacré par l'autorité du droit et des conciles : *Presbyter mane matutinali officio expleto, pensum servitutis suæ videlicet primam, tertiam, sextam, nonam, vesperamque persolvat; ita tamen ut horis competentibus juxta possibilitatem aut a se, aut a scolaribus publice compleantur, deinde peractis horis et infirmis visitatis, si voluerit, exeat ad opus rurale jejunus, ut iterum necessitatibus peregrinorum et hospitum, sive diversorum commeantium, infirmorum atque defunctorum succurrere possit usque ad statutam horam pro temporis qualitate, propheta dicente:* Septies in die laudem dixi tibi; *qui septenarius numerus a nobis impletur, si matutini, primæ, tertiæ, sextæ, nonæ, vesperæ et completorii tempore nostræ servitutis officia persolvamus. Nam de nocturnis, vigiliis, idem ipse propheta ait,* media nocte surgebam, *etc. Ergo his temporibus laudes Creatori nostro super judicia suæ justitiæ referamus* (Cap. 1 *de celeb. missar.*).

On trouve dans ce canon tiré du concile d'Agde, les règles de l'*office divin* par rapport au temps où il faut s'en acquitter. Mais reste à savoir précisément les heures du jour selon notre façon de les compter, auxquelles tombent les sept heures canoniales. Pour cela, il faut savoir que le jour et la nuit se partageaient autrefois en douze heures ou parties, qui l'hiver étaient plus longues la nuit que le jour, et l'été plus longues le jour que la nuit. La première de ces heures commençait toujours aussitôt que le soleil était couché, et ainsi, à l'exception des deux équinoxes, elle variait pour ainsi dire, tous les jours : il n'y avait de fixe que la sixième heure qui, le jour, tombait à midi, et la nuit à minuit.

L'Eglise a suivi ce partage des heures dans la célébration des *offices divins*. Les nocturnes se disaient autrefois au milieu de la nuit, et se partageaient même comme trois heures différentes dans les grandes solennités; mais cela ne s'observe plus, et on a donné le nom de matines à la partie de l'office appelée nocturnes. On a joint aussi aux matines la partie appelée laudes, d'une manière inséparable. Celles-ci, appelées aussi *vigiliæ matutinæ*, se récitaient un peu avant le lever du soleil; elles étaient suivies de prime, qu'on chantait vers le temps où le soleil paraît sur l'horizon, et par conséquent à la première heure du jour, selon ces paroles que l'on dit encore : *Jam lucis orto sidere.* Tierce se disait à la troisième heure, sexte à la sixième, none à la neuvième, vêpres à la onzième, et complies à la douzième. Dans l'usage, on tâche de se rapprocher, autant que l'on peut, de ces heures qui vont d'un minuit à l'autre. *Ita ut ultra mediam noctem sequentis diei officium præcedentis non valeat.*

Saint Thomas et plusieurs autres saints docteurs enseignent, et l'usage confirme qu'on peut dire, le soir, après les vêpres et les complies, matines et laudes, pour le lendemain, soit pour prier plus dévotement et mieux se recueillir, soit pour travailler ou étudier le lendemain avec plus de commodité, et qu'on peut aussi dire prime, tierce, sexte et none tout à la fois, deux ou trois heures après le lever du soleil, quoique régulièrement on doive réciter ou chanter matines et laudes après minuit, vers l'aurore du jour, prime avant ou après le lever du soleil, tierce quelque peu de temps après, sexte aussi peu après, none avant et proche le dîner, et enfin, vêpres et complies après le dîner. C'est ce que nous apprend Gavantus (*In Rubriq. brev.* sect. 1, *cap.* 5, *tit.* 6). Les théologiens ont beaucoup écrit sur les effets intérieurs que produit l'omission de l'*office divin* aux heures prescrites, par rapport à ceux qui sont obligés par état de le dire ou de le chanter; ce n'est pas à nous de les suivre. On peut consulter à cet égard le *Traité de l'office divin* de Collet, qui a fort bien traité cette matière.

2° Quant à la manière de réciter l'*office*, nous nous contenterons de dire que l'Eglise, en ordonnant la récitation de l'*office divin*, ordonne et l'attention de l'esprit et la dévotion du cœur. *Clericis*, dit le concile de Latran sous Innocent III, *districte præcepit*, *in virtute obedientiæ, ut divinum officium studiose celebrent et devote*. Le concile de Bordeaux, en 1583, et celui de Bourges en 1584, ordonnent expressément de réciter l'*office divin* avec attention et dévotion : *attente et devote*. Dévotion qui doit non-seulement être matérielle et extérieure, mais encore intérieure. La dévotion purement extérieure n'est qu'une hypocrisie : *hypocritæ*, dit Jésus-Christ, *bene prophetavit de vobis Isaias : Populus hic labiis me honorat, cor autem eorum longe est a me*. Car faire une chose, et ne la pas faire comme il faut, c'est comme si on ne la faisait pas du tout. *Idem est aliquid non facere recte quoad substantialia (Cap. Venient ex. de presbyt. non bapt.).* C'est pourquoi l'assemblée du clergé de France, en 1700, a condamné comme *absurde, contraire à la parole de Dieu, et introduisant l'hypocrisie condamnée par Jésus-Christ et les prophètes*, la doctrine qui dit que l'*on satisfait au précepte en priant volontairement des lèvres et non pas de l'esprit; qu'on n'est pas obligé d'avoir l'intention intérieure; qu'il est bon de l'avoir; mais qu'il n'y a pas la moindre faute à ne l'avoir pas.*

§ 3. OFFICE DIVIN, *obligation de le dire.*

Outre ce que nous avons dit de l'origine de l'*office divin*, dans le paragraphe premier, et où l'on voit que depuis les temps apostoliques, tous les clercs récitaient ou chantaient chaque jour les divins *offices*, une foule de conciles en ont prescrit aux clercs dans les ordres sacrés, l'indispensable obligation. Le concile de Vannes, en 465, punit d'une suspension de sept jours les clercs qui, étant dans la ville et n'étant point malades, manqueraient d'assister à l'*office* : *Quia ministrum sacrorum, et tempore quo non potest ab officio suo ulla necessitas occupare, fas non est a salubri devotione cessare.* Le concile d'Agde ordonne à tous les ecclésiastiques de réciter l'*office divin* : *Presbyter mane matutinali officio expleto, pensum servitutis suæ, videlicet primam, sextam, nonam, vesperamque persolvat.* Le concile d'Epaone, de l'an 517, le second de Vaison, de l'an 529, le troisième d'Orléans, de l'an 538, parlent également de l'obligation de l'*office divin*. Le second concile de Tours, en 567, fit un règlement pour quelques heures canoniales. Le concile d'Aix-la-Chapelle, en 816, ordonne aux chanoines de réciter prime, tierce, sexte, none, vêpres, complies, les vigiles et les matines. Il veut que celui qui manquera d'assister à ces *offices* soit corrigé sévèrement : *Ut et ipse emendetur, et cæteri timorem habentes hujuscemodi negligentiam caveant.* Ce devoir indispensable est encore marqué évidemment dans les Capitulaires de Charlemagne : *Ut sacerdotes non dimittant horas canonicas.* Nous omettons encore plusieurs autres monuments de l'histoire, qui nous démontrent aussi que la récitation des heures canoniales n'a point été regardée dans l'Eglise, durant les premiers siècles, comme une dévotion libre et arbitraire pour le clergé, mais qu'elle était une pratique obligatoire.

Mais les conciles tenus depuis le onzième siècle, ont parlé plus clairement encore de l'obligation où sont les ecclésiastiques de réciter l'*office divin*. Tels sont le concile de Londres, en 1200, qui ordonne de réciter les heures canoniales avec piété et sans précipitation; le concile de Latran, en 1215, qui ordonne que les *offices* de la nuit et du jour soient célébrés en leur propre temps et sans précipitation, et qui menace de la peine de suspense les ecclésiastiques qui ne s'acquitteront pas avec piété de la récitation de l'*office divin*; le concile de Cologne, en 1280, qui semble obliger plus étroitement les clercs dans les ordres sacrés, et ceux qui étaient pourvus de bénéfices, à la récitation de l'*office divin* : *Nullus horas canonicas et horas de Domina nostra hac unquam die distincte et discrete dicere prætermittat, maxime qui est in sacris ordinibus vel beneficiis constitutus.* Ainsi parle ce concile, qui n'exempte pas cependant entièrement de ce devoir les moindres clercs sans bénéfices. Le concile général de Vienne, en 1311, dit que, pour éviter l'*indignation de Dieu*, on doit réciter l'*office divin* du jour et de la nuit avec grande dévotion; ce qui prouve que ce concile regarde comme un péché considérable de manquer à cette obligation. Le concile de la province d'Auch, en 1326, dit expressément que les bénéficiers, mais surtout les curés, les clercs dans les ordres sacrés, et tous les religieux sont obligés chaque jour à la récitation de toutes les heures canoniales : *ad omnes septem horas canonicas omni die dicendas sunt ex debito obligati*, à moins que quelque maladie considérable ne les en excuse; et qu'ils doivent, pour les réciter, se rendre fréquemment à l'église aux heures et aux temps accoutumés. Le concile de Tortose, en Espagne, s'explique bien plus clairement encore : *Ne divinæ servitutis census, quem de fructu labiorum suorum afferre tenetur quilibet clericus, ecclesiasticum beneficium possidens, vel in sacris ordinibus constitutus, dum per occupationes alias conventui ecclesiæ interesse non valet, ex defectu breviarii omittatur, provide duximus statuendum, ut per locorum ordinarios ad habendum propria breviaria coguntur.* Le concile de Bâle, en 1435, marque formellement ce devoir comme étant de précepte pour les bénéficiers et pour les clercs dans les ordres sacrés : *Quoscumque beneficiatos seu in sacris constitutos, cum ad horas canonicas teneantur, admonet hæc synodus, ut sive soli, sive associati, diurnum nocturnumque officium reverenter verbisque distinctis peragant.* C'est une marque de l'antiquité immémoriale de ce devoir que les conciles qui en ont parlé le plus clairement en aient fait mention en le présupposant. Le concile général de Latran, en 1512, ajoute l'obligation pour les bénéficiers qui y auront manqué de restituer les fruits de leurs bénéfices, à proportion du temps ou des jours qu'ils auraient omis de le dire. Le concile de Sens en 1528, en renouvelant le canon du concile de Bâle, défendit à tous ceux qui assistent au chœur de réciter leurs heures en secret. Le concile de Cologne, en 1536, exprime la nécessité de l'attention et d'une attention fervente. Enfin, tous les conciles provinciaux tenus, depuis le concile de Trente, à Milan, à Reims, à Aix en Provence, à Bordeaux, à Toulouse, à Rouen, à Avignon, à Aquilée, etc., ont fait des règlements qui confirment évidemment que tous les clercs dans les ordres sacrés sont aujourd'hui obligés, sous peine de péché mortel, de réciter l'*office divin* et le bréviaire, même hors du chœur et en particulier, à moins qu'ils n'en soient empêchés par quelque excuse légitime. Ceux qui sont suspens, excommuniés, dégradés, déposés, ne sont pas pour cela dispensés de satisfaire à ce devoir.

Les canonistes et les théologiens agitent la question de savoir si les religieux et les religieuses sont obligés de réciter tous les jours, en public ou en particulier, l'*office divin*. D'abord on convient que ni les simples novices, ni les frères convers ne sont tenus à l'*office*. A l'égard des religieux profès et en même temps dans les ordres sacrés, il n'y a pas de doute sur leur obligation, quand elle ne procéderait que des ordres ; mais la difficulté est par rapport aux religieux profès de chœur, qui, n'étant plus novices, ne sont point encore dans les ordres sacrés. Nous ne nous occuperons pas de résoudre cette difficulté. Mais Collet, qui aime mieux sans doute sauver les moines que les flatter, ne balance pas à dire que les personnes de l'un et de l'autre sexe, qui ont fait profession de l'état religieux, sont, par cet état même, s'il n'y a en leur faveur une exception formelle, obligées à réciter l'*office* en public ou en particulier. Nous ne suivrons pas ce savant théologien dans ses preuves ; ceux à qui la conscience rend la question plus qu'importante, peuvent y recourir ; elles nous ont paru bien fortes.

§ 4. OFFICE DIVIN, *dispense*.

A l'égard de la récitation particulière de l'*office divin*, il n'y a, dit Collet, que l'impuissance de s'en acquitter qui en dispense ; cette impuissance est ou physique ou morale. L'impuissance physique, lorsque, par exemple, l'on n'a point de bréviaire et que l'on est dans un lieu où l'on n'en peut avoir, et qu'on ne peut dire l'*office* par mémoire. Il faut remarquer néanmoins que si en faisant un voyage, on négligeait de porter un bréviaire, prévoyant bien qu'on n'en trouvera pas dans le lieu où l'on va, on ne serait pas exempt de péché.

L'impuissance morale, c'est-à-dire lorsqu'on ne peut sans une grande difficulté ou sans danger, réciter l'*office divin*, excuse aussi l'omission de ce devoir : telle serait, par exemple, celle qu'on aurait de dire le bréviaire, étant parmi des hérétiques ou des infidèles, si l'on avait véritablement lieu de craindre d'être exposé, en le disant, à souffrir de leur part de grands tourments ou quelque supplice, parce qu'on leur ferait connaître par là qu'on est ecclésiastique ou religieux.

Le cas de maladie est encore regardé comme une impuissance morale qui dispense de cette obligation, lorsqu'on ne peut réciter l'*office divin* sans une incommodité notable et très-nuisible à la santé ; mais si l'incommodité que l'on craindrait, n'était que légère, elle ne serait pas une raison pour excuser celui qui manquerait au bréviaire. *Sacerdos clericusve sacris initiatus, aut ecclesiasticum beneficium obtinens*, dit le quatrième concile de Milan, *horarum canonicarum officio cum adstrictus sit, meminerit se febri, morbove aliquo, vel adversa valetudine leviter laborantem, non justam propterea excusationem habere quamobrem illud intermittat omittatve. Itaque, si quando corporis infirmitate affectus est, ipse pro sua conscientia recte videat quid præstare possit, ac ne omittendo, graviter peccat, et beneficii, si quod habet, fructus suos non faciat.*

Lorsqu'il est douteux si la récitation de l'*office divin* incommodera considérablement un malade, il faut s'en tenir au jugement d'un médecin sage et expérimenté, ou de personnes pieuses et droites qui auront connaissance de l'état du malade. Au reste, on doit tenir pour règle qu'une fièvre ou une maladie n'exempte point de dire le bréviaire, tandis qu'elle laisse au malade la liberté de travailler à d'autres affaires de conséquence et qui demandent de l'application, qu'elle ne dispense point de dire les heures ou la partie de l'*office* qu'on peut dire sans s'incommoder notablement, quand même on ne pourrait pas dire le reste : c'est ce qu'a décidé le pape Innocent XI, par la condamnation de cette proposition : *Qui non potest recitare matutinum et laudes, potest autem reliquas horas, ad nihil tenetur, quia major pars trahit ad se minorem*. Proposition que l'assemblée du clergé, en 1700, en la condamnant aussi, a déclarée fausse, téméraire, captieuse, et se jouant des lois ecclésiastiques. Enfin, on est obligé de satisfaire à ce précepte autant qu'on le peut. Ainsi un aveugle, qui peut réciter par cœur quelques psaumes ou quelques petites heures de l'*office*, est obligé de dire tout ce que sa mémoire lui rappelle ; ou dans le cas contraire quelques autres prières, par exemple, le chapelet.

La nécessité de vaquer à certaines œuvres de charité est encore une cause légitime qui excuse l'omission de la récitation de l'*office*, lorsqu'elles sont incompatibles avec ce devoir, ou si importantes et si pressées qu'on ne peut les remettre sans danger ou sans scandale, comme, par exemple, s'il s'agissait de confesser une personne mourante, de lui administrer le saint viatique ou l'extrême-onction, de baptiser un enfant, dans des cas où ces fonctions ôteraient le temps de réciter avant minuit ce qu'on aurait dû dire de l'*office* auparavant. La raison est que, lorsque deux obligations incompatibles se rencontrent en même temps, on doit remplir celle qui est la plus importante : or, le précepte de la charité, étant de droit naturel et divin, est certainement plus important que celui de la récitation du bréviaire.

Le pape peut accorder dispense, en certains cas, pour de justes causes, de la récitation de l'*office divin*, par exemple, s'il s'agissait de quelque prêtre devenu tellement scrupuleux, qu'il ne pût continuer à dire le bréviaire sans s'exposer à devenir fou ou qu'il ne pût s'y appliquer qu'en s'exposant à des vertiges ou à de violents maux de tête, ou à quelque autre mal considérable. Quant à l'évêque, plusieurs théologiens disent qu'il ne peut absolument dispenser de l'*office*; mais Collet dit que l'évêque peut à cet égard, par voie d'interprétation, ce qu'il ne peut par voie de dispense. Les supérieurs de communautés ont au moins le même pouvoir par rapport à leurs frères. Il en est de même des abbesses à l'égard de celles qui vivent sous leur conduite.

§ 5. OFFICE DIVIN, *rits divers.*

L'unité est l'un des plus beaux caractères de l'Eglise catholique. Une dans sa foi et dans sa doctrine, elle devrait l'être aussi dans les prières liturgiques. Le rit dans l'*office divin* devrait être partout uniforme. C'était le désir des Pères du saint concile de Trente, exprimé dans la session XXV. Il n'en est malheureusement pas ainsi. La France ne s'est que trop distinguée dans le dix-huitième et au commencement du dix-neuvième siècle, pour la variété qu'elle a introduite dans le rit de l'*office divin.* « On a voulu quelquefois absoudre du reproche de diversité les bréviaires diocésains de France, dit M. l'abbé Pascal, en disant qu'il était convenable que chaque Eglise eût son type spécial, et que cette variété d'*offices*, tous parfaitement orthodoxes, donne à l'Eglise gallicane un aspect pittoresque. Pour notre compte, nous ne voyons pas trop que le catholicisme, en France, gagne beaucoup de dignité à s'isoler de l'Eglise mère, et de celles d'Allemagne, d'Espagne, d'Italie, d'Irlande, etc., qui parlent toutes la même langue liturgique, récitent la même prière, lisent les mêmes homélies et les mêmes légendes... Cette variété ne semble-t-elle pas tendre à rompre ce lien d'unité qu'il faudrait au contraire resserrer de plus en plus au moment où l'esprit d'innovation s'efforce de le relâcher et de le briser ? Sans doute, chaque diocèse doit posséder son propre des saints et ses fêtes locales. Est-ce qu'il n'en a pas été ainsi constamment ?... Nous faisons les vœux les plus ardents et les plus sincères, pour qu'à l'avenir cette tendance à rédiger de nouveaux bréviaires rencontre une insurmontable barrière dans la sagesse de nos prélats. Le moment est venu de se rallier autour de la mère de toutes les Eglises, qui leur porte l'affection la plus tendre, et pour elles la plus salutaire. Quelques diocèses de France possèdent encore le bréviaire romain ; qu'ils le conservent précieusement comme la prunelle de l'œil. Nous ne voulons ajouter aucune foi à certains bruits d'abandon du rit romain, pour un rit plus ou moins rapproché du parisien. Ne serait-ce point rétrograder dans cette voie d'unité, dont on doit sentir plus que jamais les inappréciables avantages ? Nous avons le bonheur de signaler le diocèse de Langres, qui vient, en 1840, d'accueillir le rit romain, digne successeur des rits variés, qui actuellement se partageaient cette Eglise.» (*Liturgie catholique*, col. 169.) Citer ce passage de M. l'abbé Pascal, c'est dire que nous l'approuvons et que nous nous associons bien sincèrement à ses vœux. Pour les corroborer de la plus imposante autorité, nous allons rapporter les documents suivants qui en diront plus que toutes nos paroles.

BULLE *de Pie V pour la publication du bréviaire.*

« PIE, évêque, serviteur des serviteurs de Dieu.

« *Pour en conserver le perpétuel souvenir.*

« Le devoir de notre charge pastorale exigeant que nous mettions tous nos soins à procurer autant qu'il est en nous, et moyennant la protection divine, l'exécution des décrets du saint concile de Trente, nous sentons qu'il est d'autant plus obligatoire pour nous d'en faire l'objet de notre sollicitude, que ces décrets intéressent spécialement la gloire de Dieu et la charge qui est imposée aux personnes ecclésiastiques. Nous pensons que, parmi ces choses, doivent être placées au premier rang les prières sacrées, les louanges et les actions de grâces qui sont contenues dans le bréviaire romain. Cette forme de l'*office divin*, autrefois établie avec piété et sagesse par les souverains pontifes Gélase Ier et Grégoire Ier, puis réformée par Grégoire VII, s'étant par la suite des temps écartée de l'ancienne institution, nous a semblé devoir être ramenée à l'antique règle de la prière. En effet, les uns ont déformé l'admirable disposition du bréviaire ancien, qui en plusieurs endroits a subi des mutilations, et l'on y a inséré certaines choses incertaines et étrangères, qui l'ont altéré. Les autres, en grand nombre, flattés de l'avantage que leur offrait un *office* plus commode, ont adopté le bréviaire nouveau et abrégé, qui a pour auteur, François Guignonez, cardinal, prêtre, du titre de Sainte-Croix en Jérusalem ; en outre, dans les provinces s'était insensiblement glissée une perverse coutume, savoir : que dans les églises où dès le commencement on était dans l'usage de réciter et psalmodier les heures canoniales, selon l'antique manière de Rome, de concert avec les autres, chaque évêque se faisait un bréviaire spécial, rompant ainsi, par ces *offices* différents entre eux et particuliers à chaque diocèse, cette communion qui consiste à payer à un seul Dieu, par la même formule, le tribut de prières et de louanges. De là avait résulté, dans un grand nombre de lieux, une grande perturbation dans le culte divin ; de là dans le clergé une grande ignorance des cérémonies et des rits ecclésiastiques, en sorte que d'innombrables ministres des églises, remplissaient leurs fonctions sans décence et au grand scandale des personnes pieuses.

« Paul IV, d'heureuse mémoire, voyant avec un très-grand regret cette dissonance dans la prière publique, avait résolu d'y porter remède, et à cet effet, après avoir pris des mesures pour que l'usage du nouveau bréviaire ne fût plus permis, il entreprit de ramener à l'ancienne forme et institution tout l'ordre de réciter et de psalmodier les heures canoniales. Mais ce pontife étant sorti de cette vie avant d'avoir terminé ce qu'il avait si bien commencé, et le concile de Trente, interrompu en diverses fois, ayant été repris par Pie IV, de pieuse mémoire, les Pères assemblés pour cette réforme salutaire, jugèrent que le bréviaire devait être restitué selon le plan tracé par le même pape Paul IV. C'est pourquoi tout ce que ce pontife avait recueilli et élaboré pour cette œuvre sacrée, fut envoyé par le pape susdit Pie IV aux Pères du concile réunis à Trente. Le concile ayant confié le soin de cette affaire à plusieurs hommes savants et pieux, qui devaient adjoindre ce travail à leurs occupations habituelles, et la conclusion du concile étant prochaine, l'assemblée, par un décret, renvoya toute l'affaire à l'autorité et au jugement du pontife romain, qui, ayant appelé à Rome ceux d'entre les Pères antécédemment choisis pour cette charge, et leur ayant adjoint plusieurs hommes capables qui habitaient ladite ville, entreprit la consommation de cette œuvre. Mais ce pape étant aussi entré lui-même dans la voie de toute chair, et nous, quoique indigne, et par une disposition de la divine clémence ayant été élevé au sommet de l'apostolat, nous avons pressé avec ardeur l'achèvement de l'œuvre sacrée, et nous environnant à notre tour d'autres hommes habiles, et enfin aujourd'hui, par un effet de la bonté divine (car c'est ainsi que nous le comprenons), nous voyons enfin terminé ce bréviaire romain. Après nous être assuré plusieurs fois de la méthode suivie par ceux qui avaient été préposés à cette affaire, et après avoir reconnu qu'ils ne s'étaient point écartés des anciens bréviaires des églises célèbres de Rome et de la bibliothèque du Vatican, qu'ils avaient, en outre, suivi les auteurs les plus experts dans ce genre, et qu'en écartant les choses étrangères et incertaines, ils n'avaient rien omis de l'ensemble propre de l'ancien *office divin*, nous avons approuvé l'œuvre et avons ordonné que l'impression s'en fît à Rome, et qu'elle fût divulguée en tous lieux. Afin donc que cette œuvre divine puisse porter ses fruits, nous ôtons d'abord et abolissons, par l'autorité des présentes, le bréviaire nouveau composé par le susdit cardinal François, en quelque église, monastère, couvent, ordre, milice et lieu, soit d'hommes et de femmes, même exempt, que ce bréviaire ait été permis par ce siége, tant depuis une institution primitive, que de toute autre manière.

« Et nous abolissons aussi tous autres bréviaires même plus anciens ou munis d'un privilége quelconque, même ceux que les évêques ont publiés dans leurs diocèses, prohibant leur usage dans toutes les églises du monde, ainsi que dans les monastères, couvents, ordres militaires et autres, et lieux conventuels d'hommes et de femmes, même exempts, où l'on a tant la coutume que l'obligation de réciter *l'office divin* de l'Eglise romaine, en exceptant ceux qui jouissent d'une approbation antérieure du siége apostolique ou d'une coutume, lesquelles ont été en vigueur pendant plus de deux cents ans, et pour lesquels il est constaté qu'ils ont fait usage d'autres bréviaires. De même que nous n'enlevons pas à ces Eglises leur antique droit de réciter et de chanter leur *office*, nous leur permettons, si ce bréviaire par nous approuvé leur convient davantage, de le réciter et de le chanter dans le chœur, pourvu que l'évêque et tout le chapitre y consentent.

« Quant à toutes autres permissions quelconques, apostoliques ou autres, coutumes et statuts, même munis de serment et de confirmation apostolique, ou toute autre, ainsi que priviléges, licences et indults, de prier ou de psalmodier, soit dans le chœur, soit ailleurs, selon l'usage et le rit des bréviaires ainsi supprimés, concédés auxdites églises, monastères, couvents, milices, ordres et lieux même exempts, ou aux cardinaux de la sainte Eglise romaine, patriarches, archevêques et évêques, abbés et autres prélats des églises, enfin à toutes autres et chaque personne ecclésiastique, séculière et régulière, de l'un et de l'autre sexe, concédés pour quelque cause que ce soit, approuvés, renouvelés et revêtus de formalités quelconques, ou corroborés de décrets et de clauses, nous les révoquons entièrement, et voulons qu'à l'avenir toutes ces choses n'aient plus ni force ni effet.

« Après avoir ainsi interdit à qui que ce soit tout autre bréviaire, nous ordonnons que ce présent bréviaire et forme de prier et de psalmodier soit en usage dans toutes les églises du monde, monastères, ordres et lieux, même exempts, dans lesquels *l'office* doit ou a coutume d'être récité selon le rit et la forme de l'Eglise romaine, en exceptant la susdite institution ou la coutume dépassant deux cents ans. Nous statuons que ce bréviaire ne pourra être changé en aucun temps, soit en tout ou en partie, et qu'on ne pourra y rien ajouter ni rien en retrancher, et que tous ceux qui sont tenus, par droit ou par coutume, de dire ou de psalmodier les heures canoniales, suivant le rit et l'usage de l'Eglise romaine (les lois canoniques ayant établi des peines contre ceux qui ne s'acquitteraient pas chaque jour de ce devoir), sont entièrement obligés, à l'avenir et à perpétuité, de réciter et de psalmodier les heures nocturnes et diurnales, conformément à la prescription et au mode de ce bréviaire romain, et qu'aucun de ceux auxquels ce devoir est strictement imposé, ne peut satisfaire qu'en suivant cette seule forme.

« Nous ordonnons à tous et à chacun des patriarches, archevêques, évêques, abbés et autres prélats des Eglises, d'introduire ce bréviaire dans chacune d'elles, et, dans les monastères, couvents, ordres, milices, diocèses et lieux susnommés, en supprimant tous les autres bréviaires, même par eux spécialement établis, comme nous les avons déjà supprimés et abolis. Enjoignons aussi, tant à eux qu'aux autres prêtres, clercs séculiers et réguliers, de l'un et de l'autre sexe ; ainsi qu'aux ordres militaires et exempts, auxquels est imposée l'obligation de dire ou psalmodier l'*office*, de prendre soin de le dire ou psalmodier, tant au chœur que dehors, conformément à la forme de notre présent bréviaire. »......

Nous omettons ce qui concerne l'*office* de la sainte Vierge et celui des défunts, ainsi que les psaumes pénitentiaux dont la rubrique prescrit la récitation. Le pape dispense de l'obligation de s'y conformer, en accordant des indulgences à ceux qui voudront continuer de réciter, par dévotion, les susdits *offices*, psaumes pénitentiaux et graduels.

« Donné à Rome, dans Saint-Pierre, l'an de l'Incarnation de Notre-Seigneur mil cinq cent soixante-huit, le septième des ides de juillet, de la troisième année de notre pontificat. »

BULLE *pour la publication du missel romain.*

« PIE, évêque, serviteur des serviteurs de Dieu.

« *Pour en conserver le perpétuel souvenir.*

« Du moment que nous fûmes élevé au suprême pontificat, nous dirigeâmes avec une application empressée nos forces, notre esprit et toutes nos pensées vers le soin particulier que nous devions prendre de tout ce qui devait procurer la pureté du culte divin, et tous nos efforts, aidés du secours de Dieu, tendirent à obtenir ce résultat. Et comme entre les autres décrets du saint concile de Trente, nous devions faire observer celui qui concerne la publication et la correction des livres sacrés, du catéchisme, du missel et du bréviaire ; comme d'ailleurs, avec la grâce du Très-Haut, nous avions publié pour l'instruction du peuple le catéchisme, et corrigé le bréviaire, dans lequel nous payons à Dieu le tribut des louanges qui lui sont dues, et qu'il était convenable et même nécessaire que dans l'Eglise de Dieu il n'y eût qu'une seule manière de psalmodier, et un seul rit pour la célébration de la messe, nous devions achever ce qui nous restait à faire, en nous occupant de la publication d'un nouveau missel qui répondît au bréviaire déjà publié. C'est pourquoi nous avons jugé que ce soin devait être confié à des hommes érudits et choisis par nous ; et ceux-ci, après avoir soigneusement comparé les uns avec les autres tous les anciens manuscrits de notre bibliothèque du Vatican, après en avoir recherché un grand nombre d'autres corrigé et non altérés, ainsi qu'après avoir consulté les écrits des auteurs anciens et approuvés, qui nous ont transmis des monuments sur les rits sacrés, ont restitué le missel lui-même, en le rendant conforme à la règle et au rit des anciens Pères. Ce missel ayant été reconnu et corrigé avec le plus grand soin, pour que tout le monde puisse retirer les fruits de ce travail, nous avons ordonné qu'il fût imprimé au plus tôt possible et ensuite publié, afin que les prêtres sachent quelles prières, quels rits et quelles cérémonies ils doivent employer dans la célébration des messes. Mais afin que tous et en tous lieux embrassent et observent les traditions de la sainte Eglise romaine, mère et maîtresse des autres Eglises, nous faisons expresse défense, pour le temps à venir, et à perpétuité, que la messe soit chantée ou récitée d'une autre manière que suivant la forme du missel publié par nous, dans toutes les églises patriarcales, cathédrales, collégiales, paroissiales, tant séculières que conventuelles, de quelque ordre ou monastère que ce soit, tant d'hommes que de femmes, et même dans les églises des militaires réguliers et sans charge d'âmes, dans lesquelles la messe de communauté doit être, selon la coutume ou le droit, chantée ou dite à voix basse au chœur, conformément aux rits de l'Eglise romaine ; et cela lors même que ces Eglises, quoique exemptes, seraient en possession d'indult du siége apostolique, de coutumes, priviléges, ou toutes autres facultés confirmées par serment ou autorité apostolique ; à moins qu'en vertu d'une institution primitive, ou d'une coutume précédente et ayant une ancienneté d'au moins deux cents ans et au delà, on ait observé, dans ces Eglises, avec assiduité, une coutume particulière dans la célébration des messes ; tellement que, ne leur enlevant pas l'usage susdit de cette coutume, il leur soit permis, si cela leur convient mieux, toutefois après en avoir obtenu le consentement de l'évêque ou du prélat et du chapitre entier, de se servir du présent missel que nous publions. En ce qui regarde toutes les autres Eglises, nous abolissons et rejetons complétement et absolument l'usage des mêmes missels dont elles se servent.

« Nous statuons et ordonnons, par cette constitution, qui doit être observée à perpétuité, sous peine d'encourir notre indignation, de ne jamais rien ajouter, retrancher ni changer à ce missel par nous publié. Nous mandons et enjoignons strictement, en vertu de la sainte obéissance, à tous et à chacun des patriarches, administrateurs des Eglises susdites, et à toutes autres personnes jouissant d'une dignité ecclésiastique quelconque, même aux cardinaux de la sainte Eglise romaine, de quelque autre degré ou prééminence dont elles puissent être revêtues, de chanter et réciter à l'avenir la messe selon le rit, le mode et la règle que nous établissons en publiant ce présent missel, en omettant tout à fait et rejetant tout à fait à l'avenir toute autre formule, tout autre rit des autres missels, quelle que soit leur ancienneté, et leur faisant expresse défense d'avoir la présomption d'ajouter d'autres rits ou de réciter d'autres prières que celles qui sont contenues dans ce missel. En outre, par notre autorité apostolique, et par la teneur des présentes, nous concédons et permettons que l'on puisse user librement et licitement de ce missel, dans les messes chantées ou récitées, en quelques églises que cela puisse être, sans aucun scrupule de conscience et sans être passible d'aucune peine, sentence et censure : voulant que les prélats, administrateurs, chanoines, chapelains et tous autres prêtres de quelque titre ou dénomination qu'ils soient revêtus, ainsi que les religieux de tout ordre, ne puissent être contraints et forcés par qui que ce soit de célébrer la messe en toute autre forme que celle par nous réglée, ni de changer ce présent missel.

« Nous statuons et déclarons en même temps, que ces présentes lettres ne pourront en aucun temps être révoquées ou modifiées; mais qu'elles resteront stables et investies de toute leur validité. »

La suite contient des dispositions de temps et de lieux, pour que le dit missel devienne obligatoire; nous les omettons ainsi que les formules qui terminent chaque bulle.

Nous allons joindre à ces deux bulles de saint Pie V un bref de Sa Sainteté Grégoire XVI à Monseigneur l'archevêque de Reims (monseigneur Gousset), qui l'avait consulté sur la situation d'un grand nombre d'Eglises de France, par rapport à la liturgie. Ce document, de la plus haute importance pour la question que nous traitons, se trouve dans un opuscule qui parut en juillet 1843 et qui a pour titre : *Lettre à Monseigneur l'archevêque de Reims, sur le droit de la liturgie, par Dom Guéranger, abbé de Solesmes*.

Nous prenons la traduction de ce bref dans l'opuscule.

GRÉGOIRE XVI pape.

« Vénérable frère, salut et bénédiction.

« Nous avons reconnu le zèle d'un pieux et prudent archevêque dans les deux lettres que vous nous avez adressées, renfermant vos plaintes au sujet de la variété des livres liturgiques, qui s'est introduite dans un grand nombre d'Eglises de France, et qui s'est accrue encore depuis la nouvelle circonscription des diocèses, de manière à offenser les fidèles. Assurément nous déplorons comme vous ce malheur, vénérable frère, et rien ne nous semblerait plus désirable que de voir observer partout chez vous les constitutions de saint Pie V, notre prédécesseur d'immortelle mémoire, qui ne voulut excepter de l'obligation de recevoir le bréviaire et le missel corrigés et publiés à l'usage des Eglises du rit romain suivant l'intention du concile de Trente (session XXV), que ceux qui, depuis deux cents ans au moins, avaient coutume d'user d'un bréviaire et d'un missel différents de ceux-ci, de façon, toutefois, qu'il ne leur fût pas permis de changer et remanier, à leur volonté, ces livres particuliers, mais simplement de les conserver, si bon leur semblait (*Const. Quod a nobis, septimo idus Julii* MDLXVIII, et *Const. Quo primum, pridie idus Julii* MDLXX). Tel serait donc aussi notre désir, vénérable frère; mais, vous comprendrez parfaitement combien c'est une œuvre difficile et embarrassante de déraciner cette coutume, implantée dans votre pays depuis un temps déjà long. C'est pourquoi, redoutant les graves dissensions qui pourraient s'ensuivre, nous avons cru devoir, pour le présent, nous abstenir non-seulement de presser la chose avec plus d'étendue, mais même de donner des réponses détaillées aux questions que vous nous aviez proposées. Au reste, tout récemment, un de nos vénérables frères du même royaume, profitant avec une rare prudence d'une occasion favorable, ayant supprimé les divers livres liturgiques, qu'il avait trouvés dans son Eglise, et ramené tout son clergé à la pratique universelle des usages de l'Église romaine, nous lui avons décerné les éloges qu'il mérite, et, suivant sa demande, nous lui avons bien volontiers accordé l'indult d'un *office votif* pour plusieurs jours de l'année, afin que ce clergé, livré avec zèle aux fatigues qu'exige le soin des âmes, se trouvât moins souvent astreint aux *offices* de certaines fériés qui sont les plus longs dans le bréviaire romain. Nous avons même la confiance que, par la bénédiction de Dieu, les autres évêques de France suivront tour à tour l'exemple de leur collègue, principalement dans le but d'arrêter cette très-périlleuse facilité de changer les livres liturgiques. En attendant, rempli de la plus grande estime pour votre zèle sur cette matière, nous adressons nos supplications à Dieu, afin qu'il vous comble des plus riches dons de sa grâce, et qu'il multiplie les fruits de justice dans la portion de sa vigne que vous arrosez de vos sueurs. Enfin, comme un présage du secours d'en haut, et comme un gage de notre particulière bienveillance, nous vous accordons avec affection, pour vous, vénérable frère, et pour tous les fidèles, clercs et laïques, de votre Eglise, la bénédiction apostolique.

« Donné à Rome, à Sainte-Marie-Majeure, le sixième jour d'août 1842, la douzième de notre pontificat. »

Nous faisions ci-dessus des vœux pour le rétablissement en France de la liturgie romaine, et nous signalions avec bonheur l'exemple donné par le diocèse de Langres pour ce rétablissement si désirable. Nous sommes donc heureux de pouvoir y adjoindre celui de Périgueux. Le digne prélat qui gouverne ce diocèse, vient de publier, pendant l'impression même de notre ouvrage, le mandement suivant que nous croyons devoir rapporter en entier avec ses dispositions réglementaires. Espérons que de tels exemples seront imités par la plupart de nos pieux et vénérables prélats.

MANDEMENT *de Monseigneur l'évêque de Périgueux au sujet du rétablissement de la liturgie romaine dans son diocèse.*

« Jean-Baptiste Amédée GEORGE, par la grâce de Dieu, et l'autorité du saint-siège apostolique, au clergé de notre diocèse, salut et bénédiction en Notre-Seigneur Jésus-Christ.

« En venant proclamer le retour de notre Eglise à l'antique liturgie romaine, nous croyons, chers et bien-aimés coopérateurs, vous annoncer une nouvelle que vous accueillerez avec un empressement tout filial, dès lors qu'elle réjouira le cœur du Père commun des fidèles, Sa Sainteté Grégoire XVI.

« Vous le savez, nos bien-aimés frères, depuis le concile provincial de Bordeaux de 1583, les livres liturgiques romains de saint Pie V furent adoptés pour toute la province. L'Eglise de Périgueux les conserva jusque vers la fin du siècle dernier. Alors parurent le bréviaire dont nous nous servons encore et le missel périgourdin, qui n'est pas en usage dans un grand nombre de nos paroisses. De glorieuses persécutions et un noble exil ne permirent pas à l'un de nos prédécesseurs, vénéré confesseur de la foi, d'achever l'œuvre commencée.

« Après la tempête, le concordat, les nouvelles circonscriptions et le rétablissement du culte, chaque église reprit et conserva les anciens livres de son diocèse : aussi dans nos visites pastorales, avons-nous rencontré des livres liturgiques romains, périgourdins, sarladais, limousins, etc. Le chant romain seul s'est maintenu jusqu'à nos jours pur et intact, dans la presque totalité de nos églises.

« Combien de fois, depuis que la divine Providence nous a placé à votre tête, pieux et zélés collaborateurs, n'avons-nous pas gémi avec vous et comme vous de ces divergences liturgiques qui détruisent la beauté d'une Eglise.

« Saintement jaloux de la gloire de notre épouse, nous désirions depuis longtemps lui rendre son antique splendeur, en lui rendant une unité qui fera sa force et sa vie.

« L'unité romaine a souri à notre cœur d'évêque, en nous rappelant les vœux, les craintes et les espérances exprimées par le prince des pasteurs, dans sa lettre à notre illustre prédécesseur immédiat (monseigneur Gousset, archevêque de Reims; c'est le bref ci-dessus de Sa Sainteté Grégoire XVI, en date du 6 août 1842). Les vœux du successeur de Pierre seront accomplis, ses craintes dissipées et ses espérances réalisées dans ce beau diocèse qu'il a confié à notre sollicitude pastorale.

« Nous le devrons à nos vénérables frères les chanoines et chapitre de notre cathédrale. Nous les avons réunis, à cet effet, en assemblée capitulaire, le 14 novembre 1844, et après leur avoir exposé, avant tout, les désirs du représentant de Jésus-Christ sur la terre, puis la multiplicité des rits en usage dans notre diocèse, et la pénurie presque totale de livres liturgiques périgourdins, il a été statué, d'un commun accord, que le diocèse de Périgueux reviendrait à la liturgie romaine.

« Nous en avons béni le Seigneur, et nous en remercions nos vénérés frères, qui ont bien voulu s'en rapporter à notre prudence pour l'exécution de cette grave mesure.

« Nous concevons que ce changement ne peut être l'œuvre d'un jour, et que plusieurs années seront nécessaires pour l'accomplir entièrement dans toutes les églises de notre diocèse.

« Toutefois, en embrassant la liturgie romaine, nous ne pouvons oublier les saints qui ont illustré les antiques églises de Périgueux et de Sarlat.

« Nous ferons rechercher, recueillir et coordonner ces précieux offices, pour en composer un propre à l'usage du diocèse. Lorsque ce travail sera terminé, examiné, agréé, nous le soumettrons au souverain pontife, afin qu'après avoir été revêtu de son auguste approbation, il puisse être imprimé et annexé aux livres liturgiques romains. Alors seulement le bréviaire de saint Pie V deviendra obligatoire dans toute l'étendue de notre diocèse.

Nous connaissons, chers coopérateurs, vos occupations saintes et les travaux de votre laborieux ministère; aussi nous proposons-nous d'adresser au souverain pontife les mêmes demandes qui lui furent faites, il y a quelques années, par un de nos vénérables collègues dans l'épiscopat (monseigneur Parisis, évêque de Langres). Il obtint le changement de plusieurs féries en offices votifs, afin d'en diminuer la longueur, et nous avons la douce confiance que notre Père commun sur la terre daignera nous accorder les mêmes faveurs.

« Nos désirs sont comblés, prêtres de Jésus-Christ, et notre joie est grande, puisque notre Eglise du Périgord, toujours une dans sa foi, va bientôt le devenir dans ses prières et ses cérémonies.

« Rallions-nous toujours à ce trône de Pierre qui ne croulera pas, d'après la parole de Jésus-Christ lui-même. Dans un siècle surtout où tous les efforts tendent avec une habileté si acharnée à diviser pour détruire, enlaçons-nous plus fortement que jamais à cet arbre mystérieux de l'Eglise, que les tempêtes pourront agiter, mais qu'elles ne renverseront pas. Plus une branche est près du tronc, plus elle a de force et de vie.

« Un clergé tendrement uni à son évêque étroitement uni lui-même à la chaire pontificale, c'est la forteresse inexpugnable, c'est l'armée rangée en bataille dont parlent nos livres saints. Elle se lève et marche comme un seul homme, toujours invincible, puisqu'elle n'a qu'un cœur et qu'une âme. Les amis de l'Eglise, édifiés, fortifiés, s'en glorifieront, et ses ennemis humiliés nous respecteront.

« A ces causes, après en avoir conféré avec nos vénérables frères, les chanoines et chapitre de notre cathédrale, l'Esprit-Saint invoqué, nous avons arrêté et arrêtons ce qui suit :

« ARTICLE 1ᵉʳ. La liturgie romaine est établie dans le diocèse de Périgueux.

« ART. 2. Le chapitre, s'adjoignant MM. les supérieurs de nos séminaires et MM. les archiprêtres, s'occupera de la rédaction du propre des saints des églises de Périgueux et de Sarlat.

« ART. 3. Ce travail sera soumis à l'approbation de notre saint-père le pape.

« ART. 4. Lorsque le propre des saints du diocèse aura été imprimé, le bréviaire romain deviendra obligatoire dans toute l'étendue du diocèse.

« Art. 5. Au premier dimanche de l'avent 1845, tout autre chant que le chant romain sera interdit dans toutes les églises ou chapelles.

« Art. 6. Tout autre missel que le missel romain, périgourdin et sarladais, sera interdit au premier dimanche de l'avent 1846.

« Art. 7. Au premier dimanche de l'avent 1847, il ne sera plus permis de se servir, dans tout le diocèse de Périgueux, d'autres livres liturgiques que des livres liturgiques romains.

« Donné à Périgueux, sous notre seing, notre sceau et le contre-seing du secrétaire de notre évêché, le premier dimanche de l'avent, premier jour de décembre de l'an de grâce 1844.

« † Jean, évêque de Périgueux. »

Voyez sous le mot SERVICE DIVIN la lettre pastorale de Mgr de Gap sur ce même sujet.

OFFICIAL.

On appelle *official* le prêtre qui exerce la juridiction ecclésiastique contentieuse d'un diocèse : *Officialis ab officio quo fungitur quasi officialis ab efficiendo.*

Comme dans le droit on trouve le nom d'*official* confondu avec celui de vicaire, nous ferons une histoire commune de l'origine et de l'établissement de ces deux offices.

L'état des grands vicaires, tels qu'ils sont aujourd'hui auprès des évêques, n'a pas une origine fort ancienne. Leurs fonctions ont bien toujours été connues et pratiquées dans l'Eglise, puisqu'on peut citer entre autres exemples ceux de saint Grégoire et de saint Basile. Le premier fut arraché de la solitude par son père, qui voulut se décharger sur lui d'une partie des soins et des peines qu'il avait dans le gouvernement de son Eglise. Saint Basile s'étant réconcilié avec Eusèbe de Césarée, en devint le conseil et le guide. Le pape Damase envoya le prêtre Simplicius à saint Ambroise pour le soulager dans le commencement de l'épiscopat. Ces exemples, et d'autres cités par Thomassin (*Discipl. de l'Eglise*, part. I, *liv.* 1, *chap.* XIX), justifient bien l'établissement des grands vicaires auprès des évêques, mais ne prouvent pas que les évêques en aient toujours usé.

L'on voit, sous le mot ARCHIDIACRE, que ce ne fut que vers le treizième siècle que les évêques, pour humilier les archidiacres, ou pour affaiblir leur autorité qu'ils avaient poussée trop loin, imaginèrent de leur opposer des grands vicaires et des officiaux. En effet, il n'est parlé de ces derniers, ni dans le décret, ni dans les décrétales de Grégoire IX, à moins qu'on ne veuille dire que les archidiacres n'étaient autre chose que les vicaires de l'évêque, comme le chapitre 1 *de offic. archid.* leur en donne le nom et même les fonctions.

Le concile de Latran, tenu sous Innocent III, se contenta d'exhorter les évêques qui ne peuvent pas remplir eux-mêmes toutes les fonctions épiscopales, de choisir des aides, *viros idoneos*, pour instruire, gouverner et visiter leur diocèse à leur place : *Cum sæpe contingat quod episcopi propter suas occupationes multiplices et invaletudines corporales, aut hostiles incursus, seu occasiones alias non dicamus defectum scientiæ quod in eis reprobandum est omnino, nec de cætero tolerandum per se ipsos, non sufficiunt ministrare verbum Dei populo et alia necessaria, maxime per amplas diœceses et effusas, generali constitutione sancimus, ut episcopi viros idoneos, ad sanctæ prædicationis officium salubriter exsequendum assumant, potentes in opere, et sermone, qui plebes sibi commissas vice ipsorum (cum per se iidem nequiverint) sollicite visitantes eas verbo ædificent et exemplo : quibus ipsi cum indiguerint, congrua necessaria subministrent : ne pro necessariorum defectu compellantur desistere ab incœpto.* (*Cap.* 15, *Inter cætera, de officio judicis ordin.*) Les sages motifs de cette exhortation, soutenus par celui que fournissait le trop grand crédit des archidiacres, déterminèrent entièrement les évêques à se choisir des *officiaux* et des grands vicaires : ils en établirent autant qu'ils jugèrent à propos ; ceux qu'ils placèrent dans d'autres villes que la ville épiscopale, furent appelés *forains*.

Il paraît, par le titre du sexte *De Officio vicarii*, où il n'est parlé que des grands vicaires et des *officiaux* des évêques, que la même personne fut d'abord honorée de ces deux titres, c'est-à-dire, que la juridiction contentieuse, n'étant pas sitôt distinguée de la juridiction volontaire, l'*official* était grand vicaire, et le grand vicaire *official*, comme c'est encore l'usage en Italie. En France actuellement on donne aussi le titre d'*official* à un vicaire général. Dans le style de la chancellerie romaine, l'adresse des rescrits pour les diocèses situés au delà des Alpes, est faite aux évêques ou à leurs vicaires, tandis qu'on observe d'y mettre pour les diocèses de France, aux évêques ou à leurs *officiaux : Et quia in regnis et provinciis ultra montes alpinos vicarius episcopi vocatur officialis, ideo pro illis regionibus dataria et cancellaria committit officialibus* (*De Rosa in Tract. de executorib.* part. 1, *cap.* 3). Le vicaire général, chez les Italiens, s'entend d'un vicaire qui de droit peut autant que l'évêque, à l'exception de ces actes qui sont attachés au caractère de l'épiscopat, ou qui demandent un mandement spécial (*Voyez* VICAIRE).

Boniface VIII s'exprime ainsi dans le sexte : *Cum episcopatus in tota sua diœcesi jurisdictionem ordinariam noscatur habere : dubium non existit quin in quolibet loco ipsius diœcesis non exempto per se vel per alium possit pro tribunali sedere, causas ad ecclesiasticum forum spectantes audire, personas ecclesiasticas cum earum excessus exegerit, capere ac carceri deputare, nec non et cætera quæ ad ipsius spectant officium, libere exercere* (*cap. Cum episcopus* 7, *De Officio ordinarii* in 6°; *cap. Licet in officialem* 2, *de offic. vicarii*).

On ne peut douter, sur ces paroles et sur les autres des décrets cités du concile de

Latran, que les évêques n'aient le droit d'établir dans leurs diocèses des grands vicaires et des *officiaux*; mais l'on demande si, depuis que les évêques semblent ne pouvoir plus suffire eux seuls à toutes les affaires de leurs diocèses, ils sont obligés de faire cet établissement. Cette question fut élevée par le célèbre Panorme sur le chapitre *Quoniam de Officio ordinarii*. Il dit ne l'avoir vue traitée nulle part. Felin en dit autant; mais il décide dans un sens contraire. Selon ce dernier, l'évêque ne peut être tenu d'avoir ni grand vicaire, ni *official*, s'il lui plaît d'exercer lui seul, et par lui-même, la juridiction volontaire et la juridiction contentieuse. Cette opinion, qui a des partisans respectables, comme Jean André, Puteus, Riccius, n'est pas celle de Panorme. Celui-ci estime que l'évêque est obligé d'établir un vicaire ou *official*, qui exerce pour lui la justice épiscopale. Zérola, qui atteste en sa *Pratique épiscopale*, dans un chapitre adressé au pape, qu'il n'a recueilli dans son ouvrage que les décisions des évêques mêmes et des conciles, pense comme Panorme, et dit que l'évêque est obligé d'avoir un vicaire ou un *official*: *Quod episcopus cogitur tenere vicarium sive officialem*. Lœlius Zékius, en sa *République Écclésiastique* (c. 23, n. 3) est du même sentiment et Rebuffe aussi, et c'est l'usage général. Mais, les auteurs conviennent généralement que l'évêque est obligé d'établir un vicaire : 1° Lorsqu'il s'absente de son diocèse · *Ne Ecclesia sua per absentiam suam læderetur* (Can. *Postulasti devot. et vot. redemptione*; cap. *Petitio vestra de procurat.*); 2° lorsqu'il est malade, ou qu'il ne peut autrement subvenir aux fonctions de sa charge (cap. *Contingat*; cap. *Ad hæc.* 7, *de officio archid.*; cap. *Inter, de offic. judic.*); 3° c'est la disposition du chapitre *Quoniam de offic. judic.*, que quand il y a dans un diocèse divers idiomes et divers usages, l'évêque établisse des vicaires dans chacun des cantons où il y a un idiome ou des rits particuliers.

Cet établissement au reste doit se faire gratuitement et sans distinguer la juridiction temporelle, qui, dans un juge d'église, se trouve nécessairement jointe à la juridiction spirituelle; ce serait une simonie de vendre ou d'acheter les offices de grand vicaire ou d'*official*. Une foule d'autorités respectables défendent les doutes à ce sujet : *Si quis episcopus præbendas, archidiaconatus, præposituras, vel aliqua ecclesiastica officia vendiderit, vel aliter quam statuta sanctorum Patrum præcipiunt, ordinaverit, ab Ecclesiæ officio suspendatur. Dignum enim est, ut sicut gratis episcopatum accepit, ita membra ejusdem episcopatus distribuat* (c. 3, caus. 1, quæst. 3).

OFFICIALITÉ.

L'*officialité* est un tribunal ecclésiastique institué par les évêques ou archevêques pour exercer, en leurs noms et places, la juridiction contentieuse. Ainsi, l'*officialité* n'est en quelque sorte qu'une émanation du pouvoir juridictionnel de l'évêque qui, au lieu de décider et de punir par lui-même directement et immédiatement, juge par un tribunal dont l'institution émane de lui.

§ 1. *Origine et histoire des* OFFICIALITÉS.

Quand le Verbe éternel parut sur la terre, pour la rédemption du genre humain, il fonda une société qui ne doit avoir de terme qu'avec le monde pour le salut duquel il l'établit. Bien différente de toutes ces sociétés terrestres, dont les lois, les constitutions n'ont rien de stable, celle-ci, établie sur la pierre ferme, sur un fondement solide, résistera à tous les efforts conjurés de l'enfer, et parcourra sa course, victorieuse de tous les obstacles, jusqu'à la consommation des siècles. Son divin auteur, avant de la sceller de son sang, choisit douze hommes pour établir partout cette société nouvelle, et leur donna, pour la régir, tous les pouvoirs et toutes les instructions qui leur étaient nécessaires. « Allez, leur a-t-il dit, allez, enseignez toutes les nations, et apprenez-leur à observer tout ce que je vous ai ordonné. Ne craignez rien, je serai toujours avec vous, et j'y serai jusqu'à la consommation des siècles (*Matth.*, ch. XXVIII, v. 19 et 20). Si votre frère a péché contre vous, reprenez-le seul à seul; s'il ne vous écoute pas, appelez un ou deux témoins, s'il ne les écoute pas non plus, eh bien ! dites-le à l'Église, mais s'il n'écoute pas l'Église, qu'il soit à votre égard comme un païen et un publicain. Au reste, je vous le dis avec vérité, tout ce que vous aurez lié sur la terre sera lié dans le ciel, et tout ce que vous aurez délié sur la terre sera délié dans le ciel (*Matth.*, ch. XVIII, v. 15, 16, 17, 18). Je vous envoie comme mon Père m'a envoyé moi-même. Recevez le Saint-Esprit : les péchés seront remis à ceux à qui vous les remettrez, et ils seront retenus à ceux à qui vous les retiendrez (*Jean*, ch. XX, v. 21, 22, 23). Votre puissance égalera la mienne, et vous serez ici-bas mes représentants, de sorte que si quelqu'un vous méprise, c'est comme s'il me méprisait moi-même, et celui qui me méprise, méprise en même temps celui qui m'a envoyé. Mais celui qui vous écoute m'écoute. » (*Luc*, ch. XVII, v. 36).

C'est ainsi que le Sauveur des hommes donna à ses apôtres et à leurs successeurs, non-seulement le pouvoir d'enseigner, de juger, de lier et de délier, mais encore celui d'établir des lois et de punir ceux qui refuseraient de s'y soumettre. Voilà le principe et l'origine de la juridiction de l'Église; voilà les droits qui lui sont essentiels, droits imprescriptibles, inaliénables dont elle a joui dans tous les temps, sous les empereurs païens, comme sous les rois qui faisaient profession de christianisme. Or, cette puissance que Jésus-Christ a conférée à son Église, céleste comme son origine, est purement spirituelle; l'Église n'a d'autorité et d'empire que sur les âmes; elle n'en a point sur les corps, ni sur les biens, ni sur tout ce qui a une fin extérieure et temporelle, du moins directement, et c'est en ce sens que le Fils de Dieu dit que *son royaume n'est point de ce monde* (*Jean, ch.* XVII, v. 36). « D'où il suit, dit d'Héricourt, que la juridic- « tion qui appartient à l'Eglise de droit divin « ne consiste que dans le pouvoir d'ensei- « gner les nations, de remettre les péchés, « d'administrer aux fidèles les sacrements, et « de punir par des peines purement spiri- « tuelles ceux qui violent les lois ecclésias- « tiques. » (*Lois ecclés., ch.* I, *n.* 2, *pag.* 18.)

Mais quoique la juridiction de l'Eglise soit de droit divin purement spirituelle, néanmoins elle attira, du moins indirectement, dès le principe, une autre espèce de juridiction pour les affaires temporelles, car les apôtres ne voulaient point que les chrétiens plaidassent devant les magistrats infidèles; ils les engageaient, comme nous le voyons dans la première épître de saint Paul aux Corinthiens (*ch.* V, v. 12; *ch.* VI, v. 1), et dans les Constitutions apostoliques, à prendre des arbitres parmi eux : *Nec patiamini ut sæculares de causis vestris judicium proferant* (*Const. apost., lib.* II, *cap.* 45). « C'était « ordinairement les évêques, dit Fleury, qui « faisaient cette fonction, et si utilement, que « quand les princes et les magistrats furent « devenus chrétiens, quoiqu'il n'y eût plus « de raisons d'éviter leurs tribunaux, plu- « sieurs aimaient mieux se soumettre à l'ar- « bitrage des évêques. » (*Inst. au droit ecclés., tom.* II, *partie* III, *pag.* 4.) Saint Augustin dit, dans ses Confessions, qu'il ne pouvait s'approcher de saint Ambroise, parce que ce saint évêque était toujours environné de personnes qui avaient des procès, et qui venaient s'en rapporter à sa décision. Possidius rapporte de saint Augustin qu'il passait souvent des jours entiers à décider les contestations des fidèles d'Hippone.

La juridiction temporelle, ou si l'on aime mieux, l'arbitrage que les évêques exerçaient à l'égard de ceux qui se présentaient volontairement devant eux, fut depuis converti en juridiction contentieuse. Comme la plupart des évêques étaient d'une probité, d'une prudence et d'une charité à toute épreuve, les princes séculiers leur donnèrent autorité sur plusieurs affaires temporelles, pour l'utilité publique. Mais l'autorité qu'ils eurent d'abord dans ces sortes d'affaires consistait plutôt à veiller à l'exécution des règlements, concernant la piété et les bonnes mœurs, qu'à exercer une juridiction coactive. Plus tard, les souverains, par respect pour l'Eglise, et pour honorer les pasteurs, augmentèrent singulièrement les droits de la juridiction ecclésiastique. Ils lui attribuèrent, par privilége, un tribunal contentieux pour donner plus d'autorité à ses décisions sur les affaires spirituelles, et ils lui accordèrent par une grâce spéciale, la connaissance des affaires personnelles intentées contre les clercs, tant pour le civil que pour le criminel. De là l'origine des *officialités*. Nous allons en tracer brièvement l'historique jusqu'à l'époque de leur suppression en France, c'est-à-dire, jusqu'en 1789. La juridiction ecclésiastique contentieuse a eu plus ou moins d'étendue suivant les temps et les lieux. Ici, nous nous occuperons plus spécialement de celle qui a été exercée dans l'Eglise gallicane.

Il est certain que pendant tout le temps des persécutions des trois premiers siècles de l'Eglise, les évêques jugeaient toutes les causes civiles des chrétiens, car le recours aux tribunaux séculiers était impossible par deux motifs : la crainte de se déclarer, et la crainte d'apostasier, puisqu'on faisait jurer par le génie de l'empereur ou par celui de l'impératrice. On peut donc regarder la défense que fit saint Paul de plaider devant les tribunaux civils comme la première origine des tribunaux ecclésiastiques, appelés depuis *officialités*.

Au souffle de Constantin le feu de la persécution s'éteint; le serment n'implique plus l'apostasie, les clercs pourraient sans danger paraître devant les tribunaux de l'empire; mais les évêques se trouvent en possession de leur rendre la justice, leurs formes de procédure sont établies, leurs arrêts ne sont pas suspects de faiblesse ou de partialité; Constantin ne dérange point cet ordre; par une loi dont les titres ont été perdus, mais que mentionne Eusèbe en la jetant comme au hasard dans la vie de ce prince, il statue que les évêques et les clercs seront jugés sans appel dans une assemblée d'évêques, c'est-à-dire dans un concile provincial. Nous citons le texte, où l'on voit qu'il ne s'agit pas de matières ecclésiastiques : *Jam vero episcoporum sententias quæ in conciliis promulgatæ essent, auctoritate sua confirmavit, adeo ut provinciarum rectoribus non liceret episcoporum decreta rescindere. Cuivis enim judici præferendos esse sacerdotes Dei* (*De vita Constantini,* c. 27).

En 376 l'empereur Gratien donne une loi qui apporte une distinction entre la juridiction ecclésiastique et la juridiction laïque; en voici les termes : « La même coutume qui a lieu dans les causes civiles, doit s'observer dans les affaires ecclésiastiques. Si donc il y a des discussions et des fautes légères qui regardent l'observance de la religion, elles doivent être entendues sur les lieux et dans les synodes du diocèse. Mais s'il s'agit d'une action criminelle, elle doit être entendue par les juges ordinaires et extraordinaires, ou par les puissances illustres. » (*Cod. Theod., de episc. lib.* XVI, *tit.* 2, *l.* 23.) Par cette dernière expression, on désignait les préfets du prétoire. La distinction est formelle, mais elle ne s'applique qu'aux laïques. Ce qui le prouve, dit M. Jager, dans son *Cours d'histoire ecclésiastique*, c'est qu'on ne nomme ni évêques ni clercs, et pour déroger aux lois précédentes, il eût fallu les désigner clairement; c'est qu'on ne fait aucune distinction entre eux, et cette distinction était inévitable.

Le concile de Constantinople, tenu en 381, cinq ans après le décret de Gratien, jeta une grande lumière sur ce sujet (Labbe, *tom.* II, *pag.* 948). Il distingue très-clairement, dans son sixième canon, les causes civiles des causes ecclésiastiques. Les unes et les autres doivent être portées devant un concile provincial ; mais pour les causes ecclésiastiques, si elles exigent une plus ample information, elles sont renvoyées devant un plus grand concile, le concile du patriarcat. Défense expresse est faite d'avoir recours à l'empereur. Voici les termes de ce canon : « S'il s'agit d'un intérêt particulier et d'une plainte personnelle contre l'évêque, on n'aura égard ni à la personne de l'accusateur, ni à sa religion, parce qu'il faut rendre justice à tout le monde. Si c'est une affaire ecclésiastique, un évêque ne pourra être accusé ni par un hérétique ou un schismatique, ni par un laïque excommunié ou par un clerc déposé. Celui qui est accusé ne pourra lui-même accuser un évêque ou un clerc, qu'après s'être purgé d'abord. Pour les autres qui sont sans reproche, ils intenteront leur accusation devant tous les évêques de la province. Si le concile de la province ne suffit pas, ils s'adresseront à un plus grand concile. L'accusation ne sera reçue qu'après que l'accusateur se sera soumis par écrit à la même peine, en cas de calomnie. Celui qui, au mépris de ce décret, osera importuner l'empereur ou les tribunaux séculiers, ou troubler un concile général, ne sera point recevable en accusation, comme ayant fait injure aux canons et renversé l'ordre ecclésiastique. »

Ce canon, qui est d'une clarté à lever toute difficulté, ne pouvait qu'être conforme aux lois civiles en vigueur, puisqu'il fut fait sous les yeux de Théodose, et ensuite approuvé par lui avec toutes les décisions de ce concile. Il ne règle que la question des évêques ; mais celle-ci, dans la loi civile, était connexe de celle concernant les clercs ; il faut conclure que le décret de l'empereur Gratien n'avait pas dérogé à l'ancien ordre de choses.

L'histoire prouve du reste évidemment qu'alors les évêques et les clercs n'étaient point justiciables des tribunaux civils. Ainsi, saint Athanase est accusé de plusieurs crimes, même de meurtres ; on n'invoque point l'autorité des tribunaux qui connaissent régulièrement de ces causes. Saint Chrysostome, au concile du Chêne, est accusé de plusieurs délits et du crime de trahison, de divers actes enfin qui tombaient sous l'action de la loi civile, et il n'est pas même question de le renvoyer devant les tribunaux de l'empire. Grégoire d'Antioche est accusé d'inceste et de conjuration ; il est jugé par les évêques, à Constantinople, et absous par eux (Evagr. lib. VI, c. 7). Dioscore est accusé de divers crimes au concile de Chalcédoine ; il est jugé par le concile. Sévère, patriarche d'Antioche, est convaincu de meurtres et d'autres crimes ; il est jugé par le cinquième concile général.

Il nous est facile à présent de donner aux lois qui ont été portées dans la suite le sens qui leur appartient. Ainsi s'explique la loi d'Honorius de l'an 399 : « Toutes les fois qu'il s'agit de religion, le jugement est du ressort de l'évêque ; les autres causes qui rentrent dans celui des juges ordinaires ou qui sont du droit public, doivent être jugées d'après les lois. » (Cod. Theod. lib. XVI, tit. 2. leg. 1.) C'est donc bien gratuitement que les auteurs du dictionnaire de jurisprudence ont vu dans cette loi une distinction de causes ecclésiastiques et de causes civiles se rapportant aux clercs. Dès là qu'ils ne sont pas formellement désignés, cette distinction ne préjudicie pas au droit établi, et n'est applicable qu'aux laïques. Encore faut-il supposer qu'ils déclinent volontairement la compétence ecclésiastique ; car en Afrique comme ailleurs, les évêques étaient juges ordinaires, même en matière civile. Honorius était si éloigné de déroger aux lois existantes, qu'en 412 il fit la loi suivante : « Les clercs ne peuvent être accusés que devant les évêques. Si donc un évêque, un prêtre, un diacre ou tout autre ministre d'un rang inférieur est accusé près de l'évêque (car ailleurs cela ne peut se faire) par une personne quelconque, cette personne, de quelque rang et de quelque condition qu'elle soit, qui accuse dans une louable intention, doit s'obliger à prouver la culpabilité. S'il allègue contre de telles personnes des griefs qu'il ne peut prouver, qu'il sache, en vertu de la présente loi, qu'il sera condamné à l'infamie, afin qu'il apprenne, par la perte de son propre honneur, qu'on ne peut pas impunément attaquer la bonne réputation d'autrui. Car, comme l'évêque, le prêtre, le diacre et les autres clercs, si l'accusation vient à être démontrée vraie, doivent être exclus de l'Église, pour être livrés au mépris, sans pouvoir réclamer contre l'injure, ainsi doit être condamné au même sort, celui qui attaque injustement l'innocence. C'est pourquoi les évêques doivent entendre de pareilles causes en présence de plusieurs. » (Cod. Theod. de Episc., lib. XVI, tit. 2. leg. 41.)

Nous devons remarquer ici qu'en conférant aux évêques le pouvoir exceptionnel de juger leurs clercs, Constantin avait plusieurs motifs : 1° il voulait éviter le scandale qui pouvait être donné aux païens ; 2° il trouvait dans l'Église une législation plus sage et une répression plus sévère ; 3° obligé de maintenir en place beaucoup de juges païens, il ne pouvait décemment rendre les clercs leurs justiciables. Mais, vers le milieu du cinquième siècle, tout était changé. La loi était plus chrétienne, les juges étaient chrétiens et rendaient la justice sous la surveillance des évêques. Valentinien introduisit une modification en 453. Quand il s'élevait des démêlés entre clercs et laïques, le clerc citait devant le tribunal de l'évêque ; et quand il était actionné par un laïque, il récusait la compétence du tribunal séculier. Valentinien qui ne se montra point favorable aux priviléges ecclésiastiques, qui, au contraire, en restreignit plusieurs, régla ce cas par la loi suivante, qui porte la date de 452 : « Dans les causes qui s'élèvent entre clercs, il est permis à l'évêque de juger, si toutefois les parties, par un compromis, ont reconnu sa compétence. Les évêques peuvent aussi juger les causes des laïques, si les parties y consentent, autrement ils ne peuvent juger, car il conste que les évêques n'ont pas un *forum* légal ; et que, d'après les décrets d'Honorius et d'Arcade, renfermés dans le code Théodosien, ils ne peuvent connaître que des causes qui concernent la religion. »

Ainsi, les évêques ne peuvent juger les laïques que dans les causes religieuses ; ils peuvent les juger aussi dans les causes civiles de leur consentement ou sur leur présentation. Cette condition du consentement n'était point applicable aux ecclésiastiques ; car, suivant les lois de l'Eglise, ils ne pouvaient s'adresser qu'à l'évêque. Il leur était défendu, sous peine de déposition, de porter leurs différends devant un tribunal séculier (Labb., *tom.* II, pag. 1056). Le concile de Calcédoine en avait fait une loi formelle (Can. 9), et cette loi avait reçu la sanction de Marcien et de Valentinien.

Quant aux causes entre clercs et laïques, Valentinien les règle de la manière suivante dans la même loi : « Si un laïque se plaint d'un clerc dans une cause civile ou criminelle, il peut, s'il l'aime mieux (*si id magis eligat*), le traduire devant un tribunal séculier La même chose doit être observée à l'égard de l'évêque ; s'il est question de dommage ou de graves injures, l'évêque ou le prêtre peut se présenter par procureur, cependant sous la réserve que le jugement leur sera signifié. Voilà ce que nous permettons par respect pour la religion et pour le sacerdoce, car il est bien connu que, dans les causes criminelles, les évêques ou les prêtres doivent paraître personnellement sans procureur, et, s'ils ne paraissent pas, ils seront jugés par contumace. » Ainsi dans les causes civiles et criminelles, le laïque pouvait toujours traduire le clerc devant l'évêque, tandis que le clerc ne pouvait traduire le laïque devant cette juridiction que du consentement de celui-ci. Alors il n'y avait point de procureur ; si le laïque déclinait la juridiction de l'évêque, le clerc était obligé de poursuivre devant les tribunaux séculiers.

En résumé, depuis Valentinien III jusqu'à Justinien, pendant une période de plus de quatre-vingts ans, qui va de 452 à 534, voici toute la législation sur cette matière.

1° L'évêque jugeait toutes les causes civiles et criminelles qui s'élevaient entre les clercs, et lui-même était jugé par le métropolitain, dans le concile provincial. Depuis Constantin cette jurisprudence n'a pas varié.

2° Les laïques pouvaient aussi se faire juger par l'évêque, lorsque les deux parties y consentaient.

3° Le laïque pouvait poursuivre le clerc devant l'évêque, mais il n'y était point obligé. Cependant c'était la juridiction ordinairement adoptée, tant à cause du respect qu'on portait à l'état ecclésiastique que de la prompte et exacte justice qu'on obtenait de l'évêque. Si le laïque poursuivait le clerc devant un tribunal séculier, celui-ci pouvait se présenter par procureur, excepté en matière criminelle où il paraissait de sa personne.

4° Le clerc pouvait poursuivre le laïque, de son consentement, devant le tribunal de l'évêque. Sinon il était obligé d'aller devant les tribunaux ordinaires.

5° En matière criminelle, le clerc était justiciable des tribunaux séculiers, mais après avoir comparu devant l'évêque. La loi de Valentinien n'est pas précise sur ce sujet, mais l'histoire vient à notre secours. Voici quel était l'ordre de la procédure. Le clerc inculpé était envoyé devant l'évêque qui instruisait sa cause ; s'il était trouvé coupable, il était dépouillé de ses honneurs et dignité et livré au bras séculier (*Voyez* ABANDONNEMENT *au bras séculier*). Cette disposition est du moins implicitement renfermée dans la loi d'Honorius qui ne permet pas au juge séculier d'instruire avant que l'évêque ait examiné la cause. L'histoire nous offre un trait qui confirme cette doctrine. Théodose le Jeune, en 432, apporta quelques modifications au droit d'asile dont les clercs abusaient pour protéger les coupables et les soustraire à la justice. Théodose ordonne qu'ils soient traduits devant l'évêque, jugés et déposés par lui, ensuite livrés à la justice séculière (*Cod. Theod., lib.* IX, *tit.* 45, *leg.* 15).

Telle était partout la juridiction des évêques dans la Gaule, en Italie, en Espagne et ailleurs ; les empereurs qui suivirent l'approuvèrent et l'étendirent, quelquefois même donnèrent des privilèges particuliers à certains évêques, comme Marcien à l'évêque de Constantinople.

Justinien venant après cette législation, l'a débarrassée de certaines entraves, et a déterminé certains cas que les lois précédentes laissaient flotter dans le vague. Voici le résumé de sa législation en cette matière.

1° Toute cause ecclésiastique, y compris la négligence ou l'infidélité de l'économe, est jugée par l'évêque. Le clerc peut appeler au métropolitain, et de celui-ci au patriarche, mais non au delà (*Nov.* 79, *c.* 1 ; *Nov.* 123, *c.* 21, § 2, *c.* 23).

2° Le laïque peut poursuivre civilement le clerc devant l'évêque. Si, dans les dix jours qui suivent le jugement, la partie condamnée n'interjette point appel devant le juge séculier, le jugement est mis à exécution par le juge civil. En cas d'appel, si la sentence est confirmée, la juridiction est épuisée ; si elle est infirmée, la cause est renvoyée devant un tribunal séculier. Si l'évêque juge par délégation de l'empereur, il n'y a appel que devant l'empereur ; si c'est par délégation du juge civil, l'appel se purge devant lui. Il y a aussi appel à son tribunal quand l'évêque diffère sa décision (*Nov.* 83, *c.* 1 ; *Nov.* 123, *c.* 21 et § 2).

3° Les causes criminelles des clercs peuvent être portées devant l'évêque ou devant le tribunal séculier. Si l'évêque est appelé à juger et qu'il condamne l'accusé, il le dégrade et le livre au juge séculier. Si c'est le juge séculier, en cas de culpabilité, il remet à l'évêque l'instruction du procès; si l'évêque approuve, il dégrade le clerc et le livre au bras séculier (*Voyez* DÉGRADATION.). S'il met opposition au jugement, la cause est renvoyée à l'empereur (*Nov.* 123, c. 21; *Nov.* 83, § 2).

4° Les causes ecclésiastiques ou civiles, entre évêques, sont jugées par le métropolitain. Il y a appel au patriarche (*Nov.* 123, c. 22).

5° L'évêque ne peut être traduit devant aucun tribunal civil ou militaire pour une cause soit pécuniaire, soit criminelle. Le juge qui contrevient à cette loi perd sa dignité, et paie à l'église de l'évêque traduit vingt livres d'or. Celui qui exécute la sentence est châtié corporellement et envoyé en exil (*Nov.* 123, c. 8).

De l'examen sévère et impartial de toutes les lois qui ont été portées depuis Constantin jusqu'à Justinien, il en résulte 1° que les évêques étaient jugés par leurs pairs dans toutes les causes religieuses, civiles et criminelles; qu'ils ont été juges de leurs clercs dans ces mêmes causes, jusqu'à la loi de Valentinien, en 452; que, depuis cette époque, les causes criminelles ont été séparées des causes civiles; 2° que, dans les premières, l'évêque n'était juge qu'au cas où la cause était déférée à son tribunal; mais qu'il avait la révision du procès et le droit de suspendre l'exécution de la sentence jusqu'à la décision de l'empereur, lorsque l'affaire n'avait pas été portée devant lui; 3° qu'il était juge dans les causes civiles entre clerc et laïque, sur l'option de celui-ci. Voilà ce que Valentinien a établi, et ce que Justinien a adopté. Cette législation, sauf quelques légères modifications, va s'établir dans tout l'Occident, et durer pendant tout le moyen âge. Plusieurs de ces dispositions resteront même en vigueur chez nous jusqu'à notre grande révolution (Jager, *Cours d'hist. ecclés.*, lec. 10).

Les lois qui attribuaient aux évêques la connaissance des différends des clercs étaient au reste tout à fait conformes à la discipline de l'Eglise. Leurs fonctions sont si éminentes, leur profession si sainte, qu'on ne souffrait point, pour éviter le scandale, autant du moins qu'il était possible, qu'ils parussent devant des juges séculiers. Non que les évêques cherchassent à s'attribuer des affaires, ils n'en avaient que trop, dit Fleury, ni qu'ils fussent jaloux de faire plaider les clercs devant eux, mais ils voulaient les détourner de plaider. Aussi voyons-nous que le concile de Calcédoine, tenu en 451, ordonne à un clerc qui a quelques démêlés avec un autre clerc, de le déclarer d'abord à son évêque, pour l'en faire juge, ou de prendre, de son consentement, des arbitres, sans se pourvoir devant les juges séculiers. Quelque temps avant, un concile de Carthage avait dit : « Si un évêque, un prêtre ou un clerc poursuit une cause devant les tribunaux publics, quoiqu'il l'ait gagnée, si c'est en matière criminelle, qu'il soit déposé; si c'est en matière civile, qu'il perde le profit du jugement, s'il ne veut être déposé, parce qu'il semble avoir mauvaise opinion de l'Eglise en recourant aux jugements séculiers. » D'autres canons postérieurs ne défendent pas absolument aux clercs d'agir devant les juges séculiers, mais de s'y adresser ou d'y répondre sans la permission de l'évêque. On peut voir, à cet égard, le concile d'Agde, tenu en 506, canon 8; le troisième d'Orléans, tenu en 538, canon 32, et le quatrième de la même ville, tenu en 541, canon 20.

La juridiction contentieuse de l'Eglise alla toujours en augmentant. En 866, le pape Nicolas Ier dit dans ses réponses aux Bulgares, qu'ils ne doivent point juger les clercs. Le concile général de Latran, de l'an 1179, défend aux laïques, sous peine d'excommunication, d'obliger les ecclésiastiques à paraître en jugement devant eux; et Innocent III décide que les clercs ne peuvent renoncer à ce privilége, attendu qu'il n'est pas personnel, mais de droit public. Ainsi, à cette époque, les ecclésiastiques se trouvaient non-seulement exempts de la juridiction séculière, mais ils exerçaient eux-mêmes leur juridiction sur les laïques, dans la plupart des affaires, ce qui était venu insensiblement en France surtout, où les évêques, sous nos premiers rois, exerçaient une très-grande autorité, et jouissaient d'une haute considération. Les princes, d'ailleurs, avaient besoin des clercs dans toutes les affaires, parce qu'ils avaient conservé la tradition des formules, et qu'ils étaient presque les seuls qui sussent écrire.

Vers le dixième siècle, on se mit à étudier en France le droit romain, et les clercs s'y appliquèrent avec beaucoup de zèle. Ils introduisirent dans leurs tribunaux toutes les procédures qu'ils trouvèrent expliquées dans le Code et dans le Digeste de Justinien. Comme ils étaient beaucoup plus habiles dans le droit civil et dans le droit canon que les juges séculiers, et que d'ailleurs on avait la faculté de s'adresser indifféremment aux tribunaux ecclésiastiques, ces derniers se trouvèrent bientôt en possession de juger presque toutes les affaires. Les choses allèrent si loin, dans le treizième siècle, que les juges laïques se réveillèrent, et soutinrent que l'Eglise avait empiété sur les droits du roi. Ce fut ce qui amena cette fameuse dispute qui eut lieu en 1329, en présence de Philippe de Valois, à Vincennes, entre Pierre de Cugnères, avocat général au parlement de Paris, et Bertrand, évêque d'Autun, qui passait pour le plus savant canoniste de son siècle. Pierre de Cugnères plaida avec chaleur la cause de la justice séculière : il prétendait que l'Eglise n'avait que la juridiction purement spirituelle, et n'était point capable de juger des causes temporelles. L'évêque d'Autun soutenait, au contraire, que les ecclésiastiques étaient capables de la juridiction temporelle aussi bien que de la spirituelle, et que ces deux juridictions n'étaient point incompatibles; que, d'ailleurs, les droits qu'on attaquait étaient fondés sur la possession et sur les concessions tacites ou expresses des souverains. Pierre Bertrand fut secondé dans cette affaire par Roger, archevêque de Sens, depuis pape sous le nom de Clément VI. Le roi, satisfait de la manière dont les clercs rendaient la justice, ne voulut rien innover, et les choses en restèrent là pour lors.

Les juges ecclésiastiques, en général, faisaient un saint usage des droits qui leur étaient concédés, comme saint Yves, prêtre et official de Tréguier, qui vivait en ce même temps (Il est mort le 19 mai 1303). L'impartialité la plus exacte dictait tous ses jugements, dit Godescard; ceux mêmes qui perdaient leurs causes ne pouvaient s'empêcher de lui rendre justice. On en pourrait dire autant de la plupart des officiaux. Il n'est donc pas étonnant qu'on ait préféré le jugement des *officialités* à celui des tribunaux civils. Pour être vrai, il faut cependant bien avouer que quelques-uns abusaient de leurs droits acquis; en cherchant des prétextes pour attirer toutes sortes d'affaires à leurs tribunaux, ce que les conciles de Constance, de Bâle et de Trente, réprimèrent par la suite. De leur côté les juges royaux et les parlements allèrent beaucoup plus avant. Charles V fit une ordonnance en 1371, par laquelle il défendit à tous les juges ecclésiastiques de connaître, même par rapport aux clercs, de toutes les actions réelles ou possessoires. Cette ordonnance qui rétablit les juges royaux dans une partie de leur juridiction, les rendit plus vifs et plus attentifs à soutenir leurs droits sur d'autres chefs. Ils voulurent rappeler à leurs tribunaux, non-seulement toutes les affaires profanes, mais même une grande partie des affaires ecclésiastiques. C'est à peu près vers ce temps que les parlements commencèrent d'admettre l'appel comme d'abus, dont on attribue généralement l'invention à Pierre de Cugnères (*Voyez* APPEL COMME D'ABUS, § 1). Ils y avaient recours toutes les fois que l'official avait excédé son pouvoir, procédé contre les canons ou les lois du royaume.

Enfin, une ordonnance, émanée de François Ier, en 1539, mit l'une et l'autre juridiction dans l'état à peu près où elles furent jusqu'à la révolution. Deux ou trois autres édits, et encore plus l'usage qui a suivi, ont confirmé les bornes mises à la juridiction ecclésiastique. Les *officialités* furent donc restreintes aux affaires civiles personnelles aux clercs, au pétitoire des bénéfices, aux questions de nullité des promesses de mariage, quant au lien seulement, à tous les délits susceptibles de l'application des peines canoniques, en un mot, à la connaissance de toutes les causes purement spirituelles. Tels étaient les droits des *officialités*, quand parut la loi du 7-11 septembre 1791, qui les abolit.

§ 2. *De la suppression des anciennes* OFFICIALITÉS.

« La barbarie régnait encore dans les tribunaux civils, dit Mgr. Frayssinous, que déjà, depuis Innocent III, le premier jurisconsulte de son siècle, les tribunaux ecclésiastiques, par la forme et la régularité de leurs procédures, pouvaient servir de modèles... » (*Vrais principes de l'Eglise gallicane*, 3e édit., pag. 236.) Les *officialités* abolirent effectivement bien des abus qui existaient dans l'ancienne jurisprudence, et la perfectionnèrent singulièrement; car la plupart des juges ecclésiastiques n'étaient pas seulement des hommes d'une sainteté éminente, qui rendaient toujours la justice avec la plus parfaite équité, mais c'était encore des hommes fort instruits, et surtout très versés dans la science du droit civil et dans celle du droit canon, des hommes, nous ne craignons pas de le dire, qui feraient même honneur à notre siècle de lumières. Aussi, tels qui aujourd'hui préconisent notre jurisprudence actuelle, et qui qualifient, avec tant de suffisance, le moyen âge de temps de barbarie et d'ignorance, seraient sans doute bien étonnés, si nous leur disions que ce qu'ils admirent de plus parfait dans nos codes se trouve dans les archives des anciennes *officialités*, et dans les ouvrages que quelques-uns des juges ecclésiastiques de ces siècles de ténèbres ont bien voulu nous laisser. Roberston, dans son *Histoire de l'empereur Charles V*, le dit formellement. Voici comme s'exprime cet écrivain : « Le peu de lumières qui servait à guider les hommes dans ces siècles de ténèbres, était en dépôt chez les ecclésiastiques; ils possédaient seuls les restes de la jurisprudence ancienne... Ils formèrent un corps de lois conformes aux principes de l'équité... Plusieurs des règlements qu'on regarde comme les barrières de la sûreté personnelle ont été empruntés des règles et de la pratique des tribunaux ecclésiastiques. »

Ces tribunaux ecclésiastiques si respectables par leur antiquité, si propres à maintenir partout la discipline, à prévenir ou à réformer des abus, à conserver les bonnes mœurs et à terminer les différends des clercs, et ceux mêmes des laïques, souvent à la satisfaction des deux parties adverses, avaient déjà perdu une grande partie de leur juridiction par suite de la jalousie des parlements, ainsi que nous le remarquons ci-dessus, lorsque les principes subversifs de tout ordre, émis par les philosophes du dix-huitième siècle, prévalurent, et amenèrent cette terrible catastrophe qui bouleversa tout dans notre belle France. Les *officialités* durent subir le sort commun à toutes les institutions utiles et salutaires à la société. Aussi, après avoir spolié, par la plus inique des lois (2-4 novembre 1789), les biens ecclésiastiques qu'elle déclara nationaux (*Voyez* BIENS D'EGLISE); après avoir arraché des asiles consacrés par la religion, plus de cinquante mille religieux et religieuses de tous ordres (loi du 13-19 février 1790); après avoir proclamé une constitution civile du clergé (*Voyez* CONSTITUTION *civile du clergé*), l'assemblée constituante ne pouvait pas s'en tenir là. La logique, impitoyable dans ses conséquences, la forçait à continuer son œuvre de destruc-

(*Vingt-deux.*)

tion; car la constituante ne constitua que des ruines. Après avoir décrété l'abolition du catholicisme en France, il était donc naturel que cette assemblée fit disparaître les tribunaux que celui-ci y avait fondés, et alors parut la loi du 7-11 septembre 1790, qui eut pour objet de les abolir.

Mais cette loi a-t-elle entièrement supprimé les *officialités*, et le pouvait-elle? c'est ce que nous allons examiner.

Nous avons vu, dans le précédent paragraphe, quel était le principe et l'origine de la juridiction contentieuse de l'Eglise; nous en avons tracé rapidement l'historique; nous avons de plus remarqué que, si d'abord les droits qu'exerçaient les premiers évêques découlaient naturellement de la puissance spirituelle que Jésus-Christ a conférée à son Eglise, ces droits s'étaient insensiblement accrus par la faveur des princes chrétiens, par l'usage et par le choix des fidèles.

De là, par conséquent, deux choses à considérer dans les anciennes *officialités*; d'abord le droit imprescriptible, inaliénable des évêques; droit qu'ils exerçaient sous les princes païens et dans le fort même des persécutions, droit qu'aucune puissance terrestre ne pourra jamais leur ravir, parce qu'il est divin; et en second lieu, les priviléges qui leur furent accordés par la reconnaissance des princes chrétiens.

Ainsi, que la puissance civile qui avait concédé aux évêques une juridiction contentieuse, pour des causes civiles ou mixtes ait pu s'en ressaisir, nul doute; que les priviléges accordés autrefois par la munificence des monarques français aux évêques et à leurs *officialités* en reconnaissance des éminents services qu'ils en avaient reçus, aient cessé d'exister, nul doute encore. En un mot, que les *officialités* aient été supprimées quant aux attributions temporelles dont elles jouissaient, et qu'elles aient cessé d'avoir un caractère légal, c'est une chose incontestable, l'article 13 de la loi de septembre 1790 le dit formellement.

Mais que la juridiction contentieuse volontaire qui est inhérente à la juridiction spirituelle de l'Eglise, et qui en est une conséquence nécessaire, ait cessé d'exister, c'est ce qui ne peut être accordé; car « ce ne se« rait pas assez de reconnaître l'autorité de « l'Eglise sur les matières de foi, dit Mgr. « Frayssinous, les règles des mœurs et les « sacrements; il faut ajouter avec Fleury : « Une autre partie de la juridiction ecclé« siastique, qu'il fallait peut-être placer la « première, c'est le droit de faire des lois et « des règlements; droit essentiel à toute so« ciété. » (*Vrais principes*, pag. 13) (*Voyez* LÉGISLATION.)Or, si l'Eglise a le droit d'établir des lois, elle a, bien entendu, celui de les faire exécuter, car « que serait-ce qu'un pouvoir dont on pourrait violer les lois impunément, dit avec raison M. Henrion de Pansey! Un vain appareil, un sujet de dérision pour les méchants. Puisque l'Eglise a une puissance législative, elle a dû avoir une juridiction, ou, ce qui est la même chose, le pouvoir de faire respecter ses lois par des jugements, et d'infliger des peines à ceux qui les enfreignent.»(*De l'autorité judiciaire en France*, tom. II, ch. 27.)

Or, pour instruire un procès, pour porter des jugements, il faut des juges et des tribunaux; et l'Eglise, cesserait d'être une société si elle ne pouvait pas en établir. Elle peut donc créer des *officialités*. C'est aussi ce que reconnaît M. Henrion, avocat à la cour royale de Paris.

« Les évêques, dit-il, dans son *Code ecclésiastique* (liv. 1, tit. 3, n. 32) avaient autrefois d'autres vicaires (que les vicaires généraux) pour l'exercice de la juridiction contentieuse: ils s'appelaient officiaux et étaient chargés de prononcer les jugements et de décider les contestations ecclésiastiques pour lesquelles il y avait une procédure religieuse. Mais, quoiqu'il soit vrai que les *officialités* ont été supprimées quant aux attributions temporelles, et même pour tout ce que les affaires spirituelles mêlées de temporel auraient pu avoir de contentieux, on ne saurait défendre aux évêques d'exercer, par eux-mêmes ou par leurs officiers, le pouvoir d'absoudre des péchés, de condamner à des peines expiatoires, ou de faire tous autres actes de la juridiction purement spirituelle. Conservant dans sa plénitude la juridiction gracieuse et volontaire, ils peuvent encore la communiquer à des officiers nommés officiaux ou vicaires généraux. Aussi en existe-t-il de cette nature, quoique sans aucun caractère légal, dans la plupart des diocèses. »

Un autre avocat, M. Walker, dans un article sur la législation antérieure à 1789 restée en vigueur, s'exprime d'une manière encore plus précise, voici ses paroles :

«... Toutefois, la destruction des anciens tribunaux (les *officialités*) n'a pas été si complète qu'il n'en soit rien resté, la nécessité même a voulu que quelques-uns d'entre eux continuassent leurs fonctions, parce que leur constitution s'est trouvée bonne après comme avant la nouvelle organisation judiciaire. Ces juges ainsi conservés sont les officiaux.... On sait que les *officialités* diocésaines et métropolitaines sont des tribunaux ecclésiastiques institués par les évêques ou par les archevêques; ces prélats leur délèguent tout ou partie de la juridiction qu'ils tiennent des canons de l'Eglise, de l'édit d'avril 1695 et de plusieurs autres lois; ils ont le droit de composer les *officialités* à leur gré, et d'en destituer les membres.

« On a souvent écrit que les *officialités* n'existaient plus; c'est une erreur : la loi du 11 septembre 1790 ne leur a enlevé que la juridiction civile contentieuse, d'abord usurpée (on peut voir ci-dessus que cette juridiction ne fut nullement usurpée), puis enfin concédée de guerre lasse; mais elle ne leur a pas retiré le droit de prononcer en matière purement spirituelle, par exemple, quand il s'agit de la discipline ecclésiastique. Ainsi, de même qu'un évêque peut infliger à un prêtre les peines canoniques, dans les cas prévus, de même l'*officialité*, qui est une émanation du pouvoir juridictionnel de l'évêque, peut les prononcer. Il y a plus : c'est que, dans certains cas, la puissance civile doit prêter main forte pour l'exécution des sentences de l'*officialité*; tel est celui où un prêtre interdit ou suspendu par elle, ne voudrait pas se soumettre, malgré le rejet de son appel comme d'abus, et persisterait à exercer le saint ministère. »

M. A. Boué, avocat à la cour royale de Paris, dit dans un excellent article, inséré dans le tome III du *Journal des conseils de fabriques* que « la loi du 7-11 sept. 1790 a « complétement aboli les *officialités* sans au-« cune distinction entre les différentes parties « de leur juridiction. » Il se trompe : la loi, d'après la distinction que nous avons établie, n'a pu abolir que les priviléges accordés aux *officialités*, elle n'a pu que supprimer les attributions temporelles, et leur enlever leur caractère légal, mais elle n'a pu ôter à l'Eglise la juridiction contentieuse qui lui est propre; sa compétence n'a pu s'étendre jusque-là. La constituante n'avait pas plus mission de retirer la juridiction telle que nous l'entendons ici, qu'elle n'avait mission d'établir un schisme en France par la constitution civile du clergé. Ainsi, la puissance civile, quelle qu'elle soit, ne peut empêcher, si ce n'est par voie de fait ou par force majeure, c'est-à-dire par la persécution, que l'Eglise établisse des tribunaux pour juger ce qui regarde le personnel du clergé dans les affaires purement religieuses, la discipline, la foi; elle ne saurait empêcher par exemple, qu'un évêque ou une *officialité*, établie *ad hoc*, puisse interdire les fonctions ecclésiastiques à un prêtre qui serait convaincu d'avoir une foi peu orthodoxe ou une conduite peu digne de la sainteté de son ministère. C'est même ce que font tous les jours nos seigneurs les évêques, et ce que l'article 31 des lois organiques leur accorde le droit de faire, du moins pour les desservants et vicaires (*Voyez* INAMOVIBILITÉ). Ils peuvent donc frapper de peines canoniques tous ceux qui sont convaincus de les avoir méritées. Or, si les évêques ont le droit de juger et de punir, ce qui est incontestable, les prêtres soumis à leur juridiction, quand ceux-ci sont convaincus de culpabilité, pourquoi ne pourraient-ils conférer ce droit à des officiaux? Pourquoi ne pourraient-ils établir des tribunaux ecclésiastiques où les causes en litige pourraient être mieux examinées et mieux éclaircies, où les accusés et les accusateurs pourraient être entendus, où les innocents feraient triompher leur innocence, où les coupables seraient convaincus des faits qui leur seraient imputés? Ce droit, nul ne peut le contester à nos prélats, et jamais les lois civiles ne pourront les en dépouiller.

La loi de septembre 1790 n'a donc pu supprimer que les attributions temporelles et légales des *officialités*. Si elle a fait plus, ce n'a été que par la force majeure, et l'entière suppression des tribunaux ecclésiastiques n'a pu être que momentanée. Ils n'ont pu disparaître qu'avec l'exercice public du catholicisme en France; mais lorsque la religion rouvrit ses temples, elle put réorganiser ses anciens tribunaux.

§ 3. *Compétence des anciennes* OFFICIALITÉS.

L'*officialité* était ou diocésaine, ou métropolitaine, ou primatiale.

L'*officialité* métropolitaine jugeait les appels des sentences rendues dans les *officialités* des suffragants de la métropole. C'est pourquoi, près des métropoles, il y avait deux *officialités*, celle du diocèse et celle d'appel.

L'*officialité* primatiale, celle de Lyon, par exemple, prononçait sur les appels des jugements des *officialités* métropolitaines.

Les *officialités* siégeaient au chef-lieu de l'évêché ou de la métropole, avec tout l'appareil d'un tribunal public : *Sedens pro tribunali*.

Il y avait autrefois quelques *officialités* privilégiées pour les exempts (*Voyez* EXEMPTION). On n'avait de recours contre leurs jugements que devant le pape.

Les évêques avaient le droit de composer les *officialités* à leur gré, et d'en destituer les membres.

Le même pouvoir appartenait au chapitre pendant la vacance du siége, parce qu'alors la juridiction et l'administration du diocèse lui sont pleinement dévolues, et qu'il succède à l'évêque dans tous ses droits de juridiction.

L'official formait à lui seul ce tribunal. Quand, dans les matières difficiles, il prenait des assesseurs ou que l'évêque lui en donnait, ceux-ci n'avaient que voix consultative; ils se bornaient à aider le juge de leurs lumières, en qualité de simple conseillers, en sorte que l'*official* pouvait ne pas déférer à leurs avis.

En cas d'absence, de maladie, de récusation ou d'autre empêchement légitime, l'*official* était remplacé par le vice-gérant qui était son suppléant.

Le promoteur faisait près de ce tribunal l'office que remplissent les membres du ministère public, près des tribunaux civils, ou des cours royales. Il était chargé de veiller au bon ordre et à la répression des abus, d'instruire les procès, de poursuivre les délinquants, d'assigner et de faire comparaître les accusés et les témoins.

L'accusé avait le droit de récuser le promoteur, l'official et les témoins, quand ils étaient légitimement soupçonnés de passions ou d'intrigues. Ils pouvaient encore être récusés pour cause d'amitié, de parenté ou d'alliance avec une des parties. En cas de récusation du promoteur, de l'official et de son suppléant, l'évêque en créait un *ad litem* ou *ad hoc*.

La mise en jugement de l'accusé n'avait lieu qu'après trois monitions (*Voyez* MONITION), pour lui donner le temps de préparer ses moyens de défense.

On ne pouvait appeler de l'official à l'évêque, mais au métropolitain : *Ab officiali non appellatur ad episcopum, sed ad metropolitanum.*

Toutes les fautes touchant la foi, la morale, le culte et la discipline; tous les délits et les abus de pouvoir, commis dans les fonctions ecclésiastiques, étaient déférés à ce tribunal dont les jugements avaient même des effets civils.

§ 4. *Rétablissement des* OFFICIALITÉS.

Nous avons démontré ci-dessus, paragraphe 2, que la loi de septembre 1790 n'a pu légitimement abolir les tribunaux ecclésiastiques, qu'elle n'est applicable qu'aux attributions temporelles et légales qu'elles avaient autrefois.

En effet la loi n'a pu dépouiller nos évêques de la juridiction qu'ils tiennent de leur caractère et des saints canons, car le despotisme des lois civiles ne peut annuler en aucune façon la législation de l'Eglise (*Voyez* LÉGISLATION), bien qu'il puisse quelquefois, et dans certaines circonstances, en suspendre ou entraver l'exercice, mais l'annuler entièrement, jamais. Or, les conciles, et notamment celui de Trente, ordonnent aux prélats de s'appliquer avec prudence et avec soin à corriger tous les excès de ceux qui leur sont soumis. Ils les chargent en outre de visiter, corriger, châtier, toutes les fois qu'il se trouvera nécessaire, soit par eux seuls, *soit avec ceux qu'ils trouveront bon de prendre pour adjoints*, selon les ordonnances des canons, les ecclésiastiques séculiers ou réguliers qui pourraient tomber dans quelque faute, sans pouvoir être à couvert par quelque exemption que ce soit (session VI, ch. 3 et 4; session XXI, ch. 6).

Or, en vertu de ces dispositions canoniques, et de plusieurs autres qu'il est inutile de rapporter, quelques prélats, usant de la juridiction qui leur est propre, jugèrent convenable, après que l'exercice public de la religion catholique fut rétabli en France, de créer de nouveaux tribunaux ecclésiastiques pour éclaircir et juger les causes litigieuses de leurs diocèses respectifs, surtout celles qui regardent le personnel du clergé. Le gouvernement, dans diverses circonstances, a reconnu les *officialités* comme tribunaux capables de juger certaines causes religieuses et ecclésiastiques. En voici la preuve.

D'abord un décret du 30 septembre 1807 (art. 12 et 13) donna aux évêques le pouvoir d'exercer, en première instance, une juridiction contentieuse administrative, relativement à l'association des *sœurs de la charité*, dite du *Refuge de Saint-Michel*. Toutes réclamations d'une ou plusieurs sœurs de cette institution contre des actes d'autorité de la supérieure ou du conseil, ou contre les élections, ou autres actes capitulaires, doivent être portées devant l'évêque, lequel décide par lui-même ou par son *officialité*. Il y a recours, contre les décisions de l'évêque ou de l'*official*, devant le conseil d'Etat en la forme prescrite par le règlement sur les affaires contentieuses.

Plus tard, en 1810, l'empereur Napoléon demande à l'*officialité* de Paris la dissolution de son premier mariage (*Voyez* CAUSES matrimoniales).

Plus tard encore, le 15 avril 1819, le ministre de l'intérieur, dans une circulaire sur les dispenses sollicitées à Rome, reconnaît l'existence des *officialités*, puisque cette circulaire dispose que l'*official* doit constater la pauvreté des parties et les offres qu'elles peuvent faire.

Si l'on consulte l'*Almanach du clergé*, publié sur les documents du ministère des cultes, on y verra les *officialités* figurer parmi les autorités ecclésiastiques dans la plupart des diocèses.

Mais un fait qui a eu du retentissement, et que l'*Univers religieux* a rapporté dans son numéro du 20 juillet 1836, prouve évidemment l'existence de ces tribunaux ecclésiastiques, et en même temps que le gouvernement les reconnaît et les approuve : c'est la cause plaidée devant l'*officialité* métropolitaine de Besançon. Nous allons la rappeler ici en quelques mots.

Un prêtre du diocèse de Strasbourg, M. Lienhart, supérieur depuis vingt-cinq ans du grand séminaire qu'il avait relevé et en quelque sorte fondé, fut obligé d'en quitter la direction, d'après l'instante et formelle demande du ministre des cultes. Mgr l'évêque de Strasbourg crut devoir, dans sa sagesse, céder aux exigences ministérielles. Ce prélat, dans une lettre, en date du 30 octobre 1830, prévint donc M. Lienhart de la résolution qu'il venait de prendre à son égard. Celui-ci, pénétré de douleur, répondit à son évêque qu'il était bien triste, après vingt-cinq ans de service, de se voir éloigné d'une maison dont il avait jeté les premiers fondements et dont il était copropriétaire. Il crut en conséquence devoir se refuser aux ordres de son évêque, prétendant que ses intérêts temporels se trouvaient compromis et qu'on ne pouvait le dépouiller de ce qui était en partie sa propriété. Ces débats amenèrent l'interdit de M. Lienhart.

L'affaire fut portée devant le conseil d'Etat qui la renvoya à l'*officialité* métropolitaine de Besançon, pour qu'elle examinât la question de savoir si un évêque peut, sans monitions préalables, de sa seule autorité, et sans consulter son *officialité*, interdire un ecclésiastique de toutes ses fonctions. Car, d'après le texte des canons, une mesure d'interdit était nulle si elle n'était prononcée en *officialité*, et après trois monitions préalables (*Voyez* MONITION). C'était aussi la disposition formelle de l'édit de 1695 (*Voyez* cet édit sous le mot JURIDICTION). La cause fut débattue avec toute la liberté possible devant Mgr. l'archevêque de Besançon, qui présidait l'*officialité*. Il fut démontré que Mgr. l'évêque de Strasbourg était dans son droit en interdisant un prêtre rebelle à ses ordres. M. Lienhart se soumit au jugement de l'*officialité* et fit ses excuses à son évêque.

Celui-ci leva l'interdit, et dit à M. Lienhart qu'à l'avenir il ne voulait plus songer qu'au bonheur de le compter parmi les prêtres qui font sa consolation et l'honneur de son diocèse. C'est le 17 août 1836 que fut terminée cette affaire.

Ce fait est assez significatif, et montre évidemment que le gouvernement reconnaît les tribunaux ecclésiastiques pour les causes religieuses; il ne saurait effectivement faire autrement, sans forfaire à la loi, car les articles organiques auxquels il tient si fort, quoiqu'en certains points ils soient contraires aux droits de l'Eglise (*Voyez* ARTICLES ORGANIQUES), déclarent formellement que les curés seront immédiatement soumis aux évêques dans l'exercice de leurs fonctions (art. 30); que tout privilége portant exemption ou attribution de la juridiction ecclésiastique est aboli (art. 10), et que le culte catholique ne peut être exercé que sous la direction des archevêques et évêques (art. 9). Il résulte de ces articles que nos prélats, dans leurs diocèses respectifs, peuvent, quand les cas le demandent, juger ou faire juger par des tribunaux ecclésiastiques, c'est-à-dire par des *officialités*, les prêtres soumis à leur juridiction, autrement l'autorité que la loi civile leur reconnaît ici sur ceux à qui ils confèrent une partie de leurs fonctions, serait tout à fait illusoire. Il dépend donc uniquement de la volonté de nos premiers pasteurs, que les *officialités* s'organisent et se complètent dans tous les diocèses. Aussi, espérons-nous qu'il en sera bientôt ainsi.

« Nous serait-il permis de demander aux « ennemis des tribunaux d'exception, di- « rons-nous après M. Fayet, actuellement « évêque d'Orléans, quel est le tribunal éta- « bli en vertu de la Charte, dont la compé- » tence embrasse les questions relatives à « l'administration des sacrements, aux céré- « monies intérieures de l'Eglise, aux causes « des clercs accusés, non comme citoyens, « mais comme *clercs*, aux dispenses spiri- « tuelles, à la validité ou à la nullité du ma- « riage, quant au for intérieur? Si nous ne « craignions pas de devenir ridicule à force « d'être vrai, nous demanderions à quel tri- « bunal civil, correctionnel ou de commerce, « faut-il porter les remords de conscience « sur la nullité volontaire d'une dispense « spirituelle? Quel tribunal est chargé de « juger la scandaleuse précipitation avec la- « quelle un prêtre célébrerait les saints « mystères, l'ignorance ou la coupable faci- « lité avec laquelle il admettrait les fidèles à « la participation des sacrements? Quel tri- « bunal décidera jusqu'à quel degré d'al- « liance ou de parenté l'évêque diocésain « peut dispenser des empêchements du ma- « riage, sans qu'il soit besoin de recourir à « Rome? Il y a donc, dans le ministère ecclé- « siastique, des obligations et des fautes, des « devoirs et des délits, étrangers à vos lois, « et par conséquent étrangers à vos tribu- « naux. De là l'établissement des *officialités*, « de là l'importance de fixer leurs attribu- « tions, de là la nécessité de les reconnaître.

« Aussi furent-elles solennellement recon- « nues par l'empereur Napoléon, qu'on n'ac- « cusera pas sans doute de trop aimer les « pouvoirs rivaux. Au lieu de s'adresser au « sénat conservateur ou au tribunal civil de « la Seine pour y demander la cassation de « son premier mariage, il s'adresse à l'*offi-* « *cialité* du diocèse de Paris. On ne dit pas « qu'aucun de ses ministres ait déféré le ju- « gement de l'official au conseil d'Etat par un « appel comme d'abus. »

Si les *officialités* étaient partout en pleine activité, il en résulterait, à notre avis, d'immenses avantages pour la discipline ecclésiastique, la tranquillité de nos prélats et la sécurité du clergé du second ordre. Car bien que les curés qu'on appelle improprement desservants, soient révocables, non pas canoniquement, mais aux termes de l'article 31 de la loi du 18 germinal an X, bien qu'ils ne soient nullement fondés à se plaindre directement au conseil d'Etat, comme s'il y avait abus d'autorité de la part de leurs supérieurs, quand ceux-ci les privent de leurs fonctions, ou à recourir aux chambres par voie de pétition, ainsi que l'ont fait quelques-uns d'entre eux, avançant qu'on les condamnait sans les entendre, ne serait-ce pas leur ôter jusqu'au moindre prétexte de plainte, si on les faisait comparaître devant une *officialité* où ils auraient la faculté de faire valoir tous leurs moyens de défense, où des témoins à charge et à décharge pourraient être entendus, où l'on suivrait une procédure régulière et où les coupables ne seraient interdits de leurs fonctions qu'après que leur culpabilité serait bien et dûment démontrée? N'éviterait-on pas aussi par ce moyen les scènes scandaleuses données depuis quelques années par certaines paroisses qui, dans leurs égarements, veulent défendre et conserver à tout prix des pasteurs *injustement persécutés*, comme elles disent, refusent de recevoir des pasteurs légitimes, et autorisent les intrus dans leur schisme, leur rébellion et leur conduite odieusement sacrilége, etc.?

Ce ne sont pas là les seuls avantages que procureraient les *officialités*, si elles étaient en plein exercice dans chaque diocèse. Le bien qu'elles ont produit autrefois et celui qu'elles produisent encore dans tous les Etats où elles n'existent pas seulement de nom comme en France, se réaliserait encore aujourd'hui dans l'Eglise gallicane. Nous faisons donc des vœux pour leur prompt et parfait rétablissement.

Si nous demandons que les causes relatives au clergé du second ordre soient jugées par les *officialités*, qu'on n'aille pas croire que nous blâmions nos vénérables prélats dans la conduite qu'ils sont quelquefois obligés de tenir contre certains membres gangrénés de leurs coopérateurs dans l'œuvre du salut, contre ces loups ravissants qui se glissent dans le bercail, ces malheureux et indignes ministres des autels qui profanent un ministère redoutable aux anges mêmes par une vie basse, criminelle et dégradante, ou bien qui ont une foi suspecte et hétérodoxe. A Dieu ne plaise! Nous connaissons les précautions infinies, excessives peut-être que prend un évêque avant de se déterminer à fulminer contre un coupable une sentence d'interdit. Ce n'est qu'après des monitions préalables, des exhortations vives et pressantes de changer de conduite, ce n'est, en un mot, que quand il n'y a plus aucun espoir d'amendement et qu'on a épuisé tous les moyens que peut suggérer la charité, que lorsqu'on a les preuves convaincantes de culpabilité qu'on punit un ministre indigne. Si donc nous demandons le rétablissement plein et entier des *officialités*, c'est parce que les jugements de ces tribunaux nous semblent plus réguliers, sujets à moins d'inconvénients et plus conformes aux saints canons et à la discipline générale de l'Eglise. D'ailleurs les *officialités* entrées en fonctions allégeraient notablement le poids de la charge pastorale et l'aideraient dans les jugements des nombreux conflits qui ne peuvent manquer de s'élever dans les vastes ressorts sur lesquels s'étend la juridiction de nos évêques.

L'organisation des *officialités* mettrait à couvert la responsabilité de l'évêque. Ainsi l'on ne ferait plus remonter jusqu'à sa personne l'odieux de certaines mesures administratives ou pénales qui lui sont directement imputées.

Que l'évêque se réserve toujours le privilége de donner les places et les honneurs, de pardonner et de faire tous les actes du for gracieux; mais qu'il s'abstienne de condamner et de destituer directement et en personne, ou de faire seul et par lui-même, quoi que ce soit d'odieux, quelque juste que puisse être la mesure. C'est d'ailleurs la volonté formelle de l'Eglise. Le concile de Trente, session XIII, chapitre 4, ne veut pas que l'évêque condamne, dépose ou dégrade un clerc, sans la présence du nombre d'évêques indiqué par les canons; à défaut d'évêques, il doit se faire assister d'autant d'abbés mitrés et crossés, ou d'ecclésiastiques recommandables et constitués en dignité.

L'Eglise, qui manifeste suffisamment par sa discipline, qu'elle ne veut ni la tyrannie dans les chefs, ni la servitude dans les subordonnés, a cherché, de tout temps, à circonscrire le pouvoir absolu, en lui imposant des barrières. Elle a eu constamment à cœur d'arrêter toute tendance à la domination et de venger les abus d'autorité commis contre les inférieurs, ayant toujours soin que ceux-ci jouissent d'une sage mesure de liberté et d'indépendance. Elle n'a pas voulu qu'aucun dignitaire ecclésiastique, quel qu'il fût, se constituât souverain absolu et se plaçât au-dessus des canons, pensant au contraire, que plus la puissance est grande, plus elle a besoin de frein pour la contenir en de justes bornes. Voilà pourquoi l'Eglise a, de tout temps, limité l'autorité de ses pontifes, en la rendant dépendante de certaines règles précises qu'elle a posées. « Ce n'est pas, dit « Bossuet, diminuer la plénitude de la puis- « sance, que de la subordonner à l'observa- « tion des canons : l'Océan même a ses bornes « dans sa plénitude, et s'il les outre-passait « sans mesure aucune, sa plénitude serait « un déluge qui ravagerait tout l'univers. » (*Sermon sur l'unité de l'Eglise.*) De là l'établissement de ce code de lois nombreuses et si sages, destinées à protéger l'indépendance des prêtres et des fidèles contre les excès et les abus de pouvoir; en sorte que l'Eglise est moins gouvernée par la volonté et l'esprit particulier des évêques, que par les canons qu'a consacrés la pratique de tous les siècles. Ainsi, c'est moins aux hommes qu'obéit le chrétien ou le prêtre, qu'aux règles établies par la vénérable antiquité. C'est surtout dans les jugements ecclésiastiques qu'apparaît la sagesse de l'Eglise, toujours si attentive à prévenir l'abus de la puissance contre la faiblesse. Elle proclame un principe admirable qui a foudroyé l'arbitraire et le despotisme; tout ce qui est fait et décrété contre les saints canons, dit-elle, est nul de plein droit. Un jugement est donc anticanonique et illégitime, s'il est rendu contrairement aux règles de la discipline; et ce sont les évêques eux-mêmes qui ont été les fondateurs, les gardiens et les défenseurs de ces canons destinés à servir de protection et de sauvegarde aux membres du clergé inférieur. Par là, l'état du simple prêtre n'a rien qui sente l'humiliation et la servitude; son sort est mis à couvert de l'arbitraire et de la passion; il n'a rien à craindre de l'erreur, de la surprise et de l'injustice, défauts qui se rencontrent quelquefois jusque dans les hommes les plus haut placés. Il a l'assurance, qu'en cas de plaintes et d'accusations, il ne sera pas jugé et condamné sans être entendu; il sait enfin qu'il n'encourra une suspense, un interdit, que pour une faute grave reconnue et prouvée juridiquement. Tel est le résumé fidèle des règles de tous les siècles relativement aux jugements ecclésiastiques. Il y aurait donc bien de l'ignorance et de l'injustice à condamner comme novateurs et rebelles ceux qui se bornent à demander la restauration des franchises du clergé, sur le modèle de la discipline de tous les temps.

Un évêque, au surplus, n'aura jamais lieu de se plaindre de l'amoindrissement de sa puissance, quand on ne le limitera qu'en matière de pénalité. Rien en effet n'affecte plus douloureusement son cœur, rien ne nuit plus à l'amour qui est dû à sa personne ou au respect pour son autorité que l'obligation de prononcer des sentences de condamnation.

A l'aide de cette conduite de prudence, nos évêques n'accumuleraient jamais de haine sur leur tête; déchargés du poids de toutes les mesures odieuses qui retombent tous les jours sur eux, et n'ayant plus que la partie gracieuse de l'administration, ils seraient au contraire environnés du respect public et d'un amour universel. C'est à *l'officialité*, tribunal établi par eux, à prononcer les révocations ou destitutions, et aux vicaires généraux ou officiaux à les poursuivre et à les exécuter. Ainsi **nos évêques** deviendraient irresponsables dans leur administration, sans cesser pour cela de régner et de gouverner. Il n'y a pas d'inconvénient à envoyer au chapitre un official dépopularisé ; il y en a un immense, au contraire, pour l'évêque à perdre la confiance et l'affection de ses prêtres et de ses diocésains.

Le clergé, ainsi jugé par le tribunal de ses pairs, aurait confiance dans les sentences qui en émaneraient. Les garanties de sécurité dont il jouirait relèveraient ses espérances et retremperaient son courage. Il reprendrait une allure plus ferme, plus résolue et plus noble vis-à-vis des paroissiens turbulents et hautains, qui ne lui feraient plus subir capricieusement l'humiliation d'un changement. Par là encore il recouvrerait plus d'énergie et plus de dignité dans l'exercice de ses fonctions, plus de crédit sur l'esprit des peuples. On ne le verrait plus timide et tremblant de succomber dans une lutte avec ses ennemis, chercher des points d'appui à sa faiblesse, et acheter, au détriment de l'honneur de son caractère et de sa mission, une paix ignominieuse par des actes de faiblesse ou par des concessions coupables.

C'est là, nous le disons avec une pleine et entière conviction, basée sur une longue expérience et une connaissance parfaite de l'état du clergé, c'est là l'unique moyen de rendre respectable et respecté l'état si chancelant des curés, qui tendra de plus en plus à être discrédité dans l'opinion publique, tant qu'on ne le soustraira pas à l'arbitraire et à la servitude humiliante où il est vis-à-vis des peuples. Ce tribunal ne peut porter aucun ombrage à nos évêques, ni les alarmer relativement à la nature des éléments qui le composeraient ; car il favoriserait les vues et accueillerait avec empressement les mesures de tous nos prélats, qui se proposent d'administrer avec équité, modération et sagesse. Il serait assurément formé de l'élite du clergé, et il se montrerait jaloux de l'honneur et de la considération du corps sacerdotal. Il aurait à cœur de réprimer les désordres et les abus qui se glisseraient dans le sanctuaire, et il condamnerait avec fermeté et sans indulgence aucune, ces êtres vicieux et pervers, heureusement peu nombreux, dont la conduite deviendrait un opprobre et une flétrissure pour l'ordre ecclésiastique, qui, bien qu'irresponsable des fautes individuelles, souffre toujours des écarts de ses membres.

Telles sont les vues et les réflexions d'un prêtre qui a pu se tromper sur la justesse de quelques-uns des aperçus qu'il vient de présenter, car les voies de l'Esprit-Saint ne lui ont pas été manifestées, mais il ose du moins se flatter de ne pas s'être mépris sur le sentiment qui l'a inspiré. Il croit avoir sondé et révélé une plaie profonde et saignante qu'il importe de guérir par les moyens les plus prompts et les plus efficaces. S'il n'y a pas réussi par l'application du remède qu'il propose, il a du moins la conscience d'avoir obéi loyalement à ses convictions, et d'avoir accompli ce qu'il croyait un devoir.

Mais les *officialités* d'autrefois répondraient-elles aux désirs et aux besoins présents du clergé? C'est là une question délicate dont nous laisserions volontiers la solution à la sagesse et à la prudence de nos premiers pasteurs. Cependant comme elle est traitée avec quelques détails par un ancien vicaire général, dans une brochure ayant pour titre *De l'inamovibilité des curés*, nous donnerons ici le plan qu'il propose, bien que nous ne l'approuvions pas en tous points. Il renferme néanmoins des vues pleines de sagesse et de modération.

§ 5. *Comment doivent être organisées les nouvelles* OFFICIALITÉS.

Le rétablissement des *officialités* avec les attributions qui leur étaient jadis conférées, ne rempliraient pas les vues du clergé, parce que ce tribunal ecclésiastique ne lui offre pas des garanties suffisantes pour l'affermissement de son sort actuel.

D'abord ce tribunal n'est formé que d'un seul juge ; or, ce serait lui conférer des attributions exorbitantes, que de remettre à sa décision le jugement du personnel ecclésiastique. Lui adjoignît-on des assesseurs pour éclairer ses décisions, comme cela se pratiquait dans des cas graves, il y aurait toujours lieu de s'alarmer du jugement à intervenir, puisque ces assesseurs n'auraient que voix consultative, et qu'en dernier résultat, la sentence touchant l'honneur et la position des ecclésiastiques dépendrait de la seule conscience, du seul bon plaisir de l'official. On conçoit que l'on abandonne au discernement d'un juge unique toutes les affaires dont la solution est simple, facile ou d'une médiocre importance. Mais ce serait accroître, au delà d'une juste mesure, les attributions d'un juge, que de le rendre maître de prononcer seul sur des questions dont la solution est difficile et délicate. De même que dans l'ordre civil un tribunal devient plus nombreux, plus éclairé et plus indépendant, à mesure que s'agrandissent les causes et que s'aggrave l'importance des jugements ; ainsi doit-il en être de la justice ecclésiastique.

Un autre motif qui ne rassurerait pas le clergé relativement aux décisions de *l'officialité*, c'est que le juge et ses assesseurs ne jouiraient d'aucune indépendance. Nommés tous par l'évêque et révocables par lui, il y aurait à craindre qu'ils ne présentassent pas les garanties nécessaires pour inspirer au clergé une entière confiance dans l'impartialité de leurs jugements. On serait peut-être tenté de croire à des influences secrètes exercées sur eux par l'autorité dont ils ressortent, influences auxquelles d'ailleurs ils ne pourraient que difficilement se soustraire dans leur état de dépendance absolue. Ainsi les justiciables ne croiraient jouir d'aucune sécurité au sujet des jugements qui émaneraient de *l'officialité*.

Avant d'établir *l'officialité*, il faudrait formuler une espèce de code indiquant les divers délits pour lesquels on encourrait une révocation ou un interdit, ainsi que les causes qui pourraient motiver une translation forcée. Le droit canon a spécifié la plupart des cas entraînant la déposition, l'excommunication, l'interdit des ecclésiastiques. Ainsi l'apostasie, l'hérésie, le schisme, la simonie, la profanation des sacrements, l'abus des fonctions sacrées, la violation du secret sacramentel, le blasphème, le parjure, l'immoralité, l'usure, l'incapacité prouvée par un jugement; telles sont les principales causes indiquées dans le droit canon comme pouvant faire encourir aux titulaires ecclésiastiques la révocation ou la dégradation.

L'*officialité* pourrait être établie par l'évêque et toujours présidée par lui ou par un de ses vicaires généraux. Il conviendrait qu'elle fût composée des hommes les plus éclairés, les plus impartiaux et les plus honorables : *Personæ in ecclesiastica dignitate constitutæ, ætate graves ac juris scientia commendabiles* (Concil. de Trente, session XIII, chap. 4).

Les vicaires généraux, ou d'autres prêtres nommés par l'évêque, rempliraient, près de l'*officialité*, la fonction de promoteurs ou d'accusateurs. Ils rechercheraient et poursuivraient les crimes et les délits canoniques, et en requerraient punition en livrant les auteurs au tribunal chargé de les punir. Pour cela, ils feraient tous actes nécessaires à l'effet de constater ces délits, recevraient les rapports, plaintes et dénonciations, examineraient les circonstances de temps et de lieu, recueilleraient tous les renseignements et indices propres à servir à la manifestation de la vérité. Après avoir rassemblé toutes les preuves et pièces de conviction, ils donneraient un ordre de comparution aux individus présumés coupables, appelleraient les témoins et feraient rendre un jugement à l'exécution duquel le président serait chargé de pourvoir.

Les accusés auraient le droit de récusation d'un nombre déterminé de juges, en déclinant toutefois les motifs de récusation ou de suspicion qu'ils auraient contre eux.

Les causes seraient plaidées et jugées non dans le secret et dans l'ombre, mais contradictoirement avec l'accusé, qui serait entendu et se justifierait, s'il y avait lieu, des plaintes et accusations qui auraient provoqué sa mise en jugement.

Cependant, pour mettre plus sûrement à couvert l'honneur sacerdotal, prévenir toute indiscrétion sur ce qui se serait passé dans les jugements, les juges feraient serment de ne rien publier de tout ce qui aurait été dit et entendu dans les séances. Ainsi, tout s'y passerait en secret et à huis clos.

Pour donner à l'accusé le temps de préparer tous ses moyens de défense et de justification, on observerait les monitions canoniques (*Voyez* MONITION).

Les témoins seraient interrogés et entendus isolément, c'est-à-dire qu'ils ne déposeraient pas en présence du prévenu ou des autres témoins. Les dépositions seraient ou ne seraient pas communiquées à l'accusé, selon l'opportunité des circonstances et les règles que prescrit la prudence. Elles devraient être écrites, du moins en substance, en la présence des témoins et signées par eux.

Pour condamner l'accusé, la perpétration du délit devrait être constatée par des preuves, ou du moins établie dans l'intime conviction des juges.

La sentence serait rendue à la majorité absolue des voix, et serait signifiée à l'accusé lui-même. La prononciation vaudrait signification, s'il était présent; en cas contraire, elle lui serait notifiée par un ecclésiastique délégué par le président.

La question la plus importante comme la plus difficile à résoudre, ce serait de décider d'abord quel devrait être l'élément constitutif de ce tribunal, et ensuite son mode d'organisation. Est-ce le chapitre cathédral qui pourrait être appelé par nos évêques à former le tribunal ecclésiastique? Est-ce au contraire dans les rangs du clergé en général qu'il conviendrait de choisir les membres qui le composeraient? Dans cette dernière hypothèse, les juges seront-ils nommés par l'évêque ou élus par le clergé? Est-ce pour la vie ou pour un temps seulement? A quel âge, en quel nombre et de quelle manière? Élus tous par l'évêque ou révocables à son gré, ils ne passeraient pas pour avoir assez d'indépendance et de liberté, et par conséquent ils n'inspireraient pas assez de confiance et de sécurité. Élus tous par le clergé seul, n'alarmeraient-ils pas l'évêque et ne le domineraient-ils pas? Pour être bien institués, il faudrait que ces tribunaux ne fussent ni impuissants ni trop puissants, c'est-à-dire qu'ils ne devraient ni absorber l'évêque, ni être absorbés par lui.

Il y aurait encore différentes choses à examiner, par exemple, à déterminer l'âge et le nombre des juges, le genre et l'étendue de leurs attributions, ainsi que les diverses règles à suivre.

Nous aimerions autant, sinon mieux, l'organisation des anciennes *officialités* que celle que propose ici M. l'abbé Dieulin. Au reste, c'est à nos évêques à aviser ce qui leur paraît plus conforme au droit canonique et aux circonstances présentes. C'est ce que vient de faire monseigneur l'évêque de Nîmes (monseigneur Sibour) en rétablissant cette année même les *officialités* dans son diocèse. Voici comme s'exprime, à cet égard, ce savant et zélé prélat dans une circulaire adressée à son clergé le 23 juin 1844 : « Je serai toujours heureux lorsque je
« pourrai alléger, conformément aux règles
« canoniques, le fardeau de mon autorité,
« en la partageant avec mes fidèles coopéra-
« teurs, qui en rendent l'action d'autant
« plus sûre qu'ils l'entourent de plus de lu-
« mières. C'est cette pensée qui m'a dirigé
« dans les actes les plus importants de mon
« administration; et c'est elle encore qui m'a
« fait entreprendre, depuis plus d'un an,
« un travail difficile, qui a pour objet d'or-

« ganiser une *officialité* diocésaine, où se-
« ront appelées toutes les causes ecclésiasti-
« ques. » (*Voyez* PRIVILÈGE, § 3.)

OFFRANDE.

On entend par *offrande* ce qu'on donne à Dieu ou à l'Eglise, ou à ses ministres, pour l'entretien des temples, des autels, des ministres et le soulagement des pauvres (*Voyez* OBLATIONS).

ONCTION.

L'on voit sous le mot CHRÊME, le chapitre *Cum venisset*, *de sacra unctione* qui explique le sens mystique des diverses *onctions* (*Voyez* aussi CONSÉCRATION, SACRE).

ONDOIEMENT.

L'*ondoiement* est l'acte par lequel on rend un enfant chrétien, en lui versant de l'eau sur la tête au nom du Père, du Fils et du Saint-Esprit, jusqu'à ce que les cérémonies du baptême puissent être suppléées. Quand un enfant est en danger de mort, il peut être ondoyé par toutes sortes de personnes (*Voyez* BAPTÊME). Mais s'il n'est pas en danger, il ne peut être ondoyé que par le propre curé, avec la permission par écrit de l'évêque diocésain.

En France, remarque M. l'abbé Pascal, dans son *Dictionnaire de liturgie*, il était d'usage qu'on ondoyât les enfants des rois et des princes aussitôt après leur naissance, et que les cérémonies leur fussent suppléées plusieurs années après, et, à leur exemple, les grands seigneurs attachaient à cet usage une distinction honorifique. Une exception à cette coutume presque passée en loi, avant la révolution de 1789, fut faite par le roi Louis XVI. Ce monarque de sainte mémoire faisait baptiser ses enfants avec toutes les cérémonies, immédiatement après leur naissance. Bergier a consigné ce trait édifiant dans son *Dictionnaire de théologie*. L'exemple de ce roi martyr doit être proposé à bien des pères de famille, qui, sans nécessité, mais par des considérations, où trop souvent l'orgueil a une grande part, demandent des permissions d'*ondoiement*.

OPINION.

Le mot *opinion* se prend par opposition au mot dogme. Un dogme est pour le catholique un point de doctrine fixé par l'autorité de l'Eglise : mais il faut remarquer que le domaine de l'*opinion* est fort étendu; il y a loin de l'évidente vérité à l'évidente fausseté, il est des *opinions* certaines, des *opinions* vraisemblables, des *opinions* douteuses, des *opinions* probables. Tant qu'une chose est abandonnée aux disputes des écoles par l'Eglise enseignante, juge de la doctrine, elle est encore au rang des *opinions*. Que de points sur lesquels il a existé et il existe encore des controverses ! Des deux côtés on s'appuie de l'Ecriture, des Pères, des raisons théologiques; on oppose passage à passage, docteurs à docteurs. Depuis la dispute élevée entre saint Augustin et saint Jérôme, il y en a toujours eu de semblables ; et tant que l'Eglise les tolère, nul n'a le droit de condamner les *opinions* diverses comme des erreurs dans la foi. Elles portent bien sur des points qui tiennent plus ou moins à la révélation; mais en dispute pour savoir s'ils sont révélés ou non, ou dans quel sens ils l'ont été. On a vu de tout temps les personnages les plus éclairés et les plus vertueux partagés de sentiment sur certains points ; on n'a pas toujours pour règle de conduite un article de foi, et bien souvent on est obligé d'agir d'après l'*opinion* qu'on croit la mieux fondée.

On entend par *opinion*, dit Fagnan, la détermination de la volonté, ou le jugement dans un cas de doute ou de contradiction : *Opinio autem dicitur cum intellectus declinat in unam partem contradictionis cum formidine tamen alterius; nam si id foret cum certitudine, non esset opinio, sed fides*.

Le chapitre *Ne innitaris* 5 des décrétales, au titre *de constitutionibus*, rappelle deux passages, l'un de Salomon, l'autre de saint Jérôme, qui défendent de se trop confier en son jugement et de le préférer aux décrets des saints Pères : *Ne innitaris prudentiæ tuæ. Prudentiæ suæ innititur, qui ea, quæ sibi agenda vel dicenda videntur, Patrum decretis præponit* (*Voyez* SENTENCES DES PÈRES). C'est aussi une règle du droit que le juge doit faire céder sa propre *opinion* à l'autorité des lois : *Judex non debet judicare secundum propriam opinionem, sed secundum decreta Patrum, et aliorum habentium potestatem legis condendæ* (*Voyez* PROBABILISME).

OPPOSITION.

Nous ne prenons ici ce mot que dans le sens d'un obstacle qu'on met à la célébration d'un mariage, et qu'on appelle *opposition* à un mariage.

Les personnes qui ont droit de faire *opposition* à un mariage sont les père et mère, tuteurs et curateurs, et généralement toutes les personnes intéressées; et elles doivent faire cette *opposition* entre les mains du curé de la paroisse.

Les papes Alexandre III et Innocent III ont décidé que quand l'Eglise défend à des personnes de se marier, sur une *opposition* à leur mariage, elle ne croit pas que ce mariage soit nul précisément à cause de sa défense, à moins qu'il n'y ait quelque empêchement qui le rende nul (C. *Cum ex litteris de cons. et affin.*; c. *Litteræ*; c. *Tua nos*; c. *Ad dissolvendam eod.*; c. *Cum in apostolica de spons.*).

Le Code civil a statué comme il suit sur les *oppositions* au mariage.

« ART. 172. Le droit de former *opposition* à la célébration du mariage appartient à la personne engagée par le mariage avec l'une des deux parties contractantes.

« ART. 173. Le père, à défaut du père, la mère, et à défaut de père et mère, les aïeuls et aïeules peuvent former *opposition* au mariage de leurs enfants et descendants, encore que ceux-ci aient vingt-cinq ans accomplis.

« Art. 174. A défaut d'aucun ascendant, le frère ou la sœur, l'oncle ou la tante, le cousin ou la cousine germains, majeurs, ne peuvent former aucune *opposition* que dans les deux cas suivants :

« 1° Lorsque le consentement du conseil de famille, requis par l'article 160, n'a pas été obtenu ;

« 2° Lorsque *l'opposition* est fondée sur l'état de démence du futur époux : cette *opposition*, dont le tribunal pourra prononcer main-levée pure et simple, ne sera jamais reçue qu'à la charge, par l'opposant, de provoquer l'interdiction, et d'y faire statuer dans le délai qui sera fixé par le jugement.

« Art. 175. Dans les deux cas prévus par le précédent article, le tuteur ou curateur ne pourra, pendant la durée de la tutelle ou curatelle, former *opposition* qu'autant qu'il y aura été autorisé par un conseil de famille, qu'il pourra convoquer.

« Art. 176. Tout acte *d'opposition* énoncera la qualité qui donne à l'opposant le droit de la former, il contiendra élection de domicile dans le lieu où le mariage devra être célébré ; il devra également, à moins qu'il ne soit fait à la requête d'un ascendant, contenir les motifs de *l'opposition* : le tout à peine de nullité, et de l'interdiction de l'officier ministériel qui aurait signé l'acte contenant *opposition*.

« Art. 179. Si *l'opposition* est rejetée, les opposants autres néanmoins que les ascendants, pourront être condamnés à des dommages-intérêts. »

ORATEUR.

Terme de chancellerie romaine qui signifie la personne qui demande au pape une grâce, le suppliant : *Orator id est precator, orat enim supplicando, ut gratiam ei papa faciat* (Rebuffe). On ajoute ordinairement à ce mot, dans les suppliques qu'on adresse à Rome, celui de dévot : *Devotus illius orator, id est, deditus, addictus sanctitati papæ*. (Rebuffe, *Praxis formæ signat*.) (*Voyez* RESCRIT.)

ORATOIRE.

Un *oratoire* (*oratorium, sacellum, sacra cellula*) est proprement un lieu particulier destiné à la prière. On a commencé à appeler *oratoire* les petites chapelles qui étaient jointes aux monastères, où les moines faisaient leurs prières avant qu'ils eussent des églises, et ce mot a passé depuis aux autels ou chapelles qui étaient dans les maisons particulières, et même aux chapelles bâties à la campagne, qui n'avaient point droit de paroisse. Plusieurs conciles parlent de ces sortes *d'oratoires*, dont quelques-uns avaient un prêtre pour y célébrer la messe, quand le fondateur le désirait ou que le concours des fidèles le demandait. (Van-Espen, *Jur, eccles.*, pag. 730.) (*Voyez* CHAPELLE, § 3.)

« La loi ne reconnaît comme *oratoire* particulier que ceux qui dépendent d'une habitation particulière, ou même d'un établissement public, mais dont l'usage est particulier et exclusif aux personnes de la maison ou de l'établissement. Le public n'y doit point être admis. » (Décision minist. du 25 février 1819.)

ORDINAIRE.

Ce nom est fréquent dans le droit canonique, et se donne aux supérieurs ecclésiastiques en possession d'une juridiction ordinaire. *Ordinarius dicitur qui jure suo vel principis beneficio, universaliter jurisdictionem exercere potest* (Fagnan, *in cap. Post cessionem, de probat.* n. 5) (*Voyez* JURIDICTION.)

Régulièrement par *ordinaire* on entend l'évêque qui a de droit juridiction ordinaire dans son diocèse : *Episcopus generalis est et major ordinarius*. (*C.* 1, *de offic.*; *c. Cum episcopus, eod. tit. in* 6°.) (*Voyez* OFFICIAL.) Mais comme d'autres que l'évêque peuvent avoir, ainsi que nous le disons ailleurs (*Voyez* JURIDICTION, PAROISSE, § 3), une juridiction ordinaire par privilège ou par la coutume, le nom *d'ordinaire* se donne à d'autres qu'aux évêques : *Appellatione ordinarii, non solum comprehendit episcopum, sed etiam quemlibet alium inferiorem et specialem ordinarium ut in text. c. Ordinarii, J. G. in verb. locorum de offic. in* 6°.

On ne confond jamais *l'ordinaire* avec le diocésain. Ce dernier nom signifie distinctement, ou le sujet d'un évêque, ou l'évêque lui-même : *Diœcesani locorum sunt episcopi et eorum superiores*. (*Clem. unic. de suppl. negl. prœlat.*)

Par le mot de supérieur, il faut entendre ceux qui représentent l'évêque, en suppléant à son défaut ; car l'archevêque n'est compris sous le nom de diocésain que respectivement à son propre diocèse : *Archiepiscopus non est diœcesanus, sed episcopus* (*C. In apibus* 7, *qu.* 1). En sorte donc que l'évêque est diocésain et *ordinaire*, sans que l'ordinaire soit diocésain. Ce dernier terme ne convient qu'à celui qui préside à un diocèse, au lieu qu'on appelle *ordinaire*, comme nous l'avons dit, quiconque a une juridiction ordinaire : *Diœcesanus a pontificiis proprie appellatur episcopus et non alius, quamvis, de jure speciali, in loco ordinarium habeat : differt igitur ab ordinario, quod ordinarius is est qui ordinariam jurisdictionem habet ; diœcesanus autem, qui diœcesi prœest, quod soli episcopo convenit* (Panorme, *in c. Cum olim de major. et obed.*) (*Voyez* ÉVÊQUE, PROVINCE, ÉVÊCHÉ, VISA, DISPENSE.)

Les canonistes appellent le pape *ordinaire des ordinaires* (*Voyez* PAPE).

ORDINATION.

C'est la faculté ou l'acte même par lequel on confère les ordres. Nous avons trouvé plus convenable de traiter sans division la matière de ce mot sous celui *d'ordre* que l'on doit voir ci-après.

ORDONNANCES SYNODALES.

(*Voyez* SYNODE.)

ORDRE (SACREMENT DE L')

On entend dans l'Église catholique, par le sacrement de l'*ordre*, une action sainte et sacrée, instituée par Notre-Seigneur Jésus-Christ, par laquelle un homme baptisé est tiré du rang des laïques, et est attaché au ministère de l'Église d'une manière particulière, en recevant une augmentation de grâce, avec une puissance spirituelle pour consacrer le corps et le sang de Jésus-Christ, et exercer certaines fonctions qui regardent le service de Dieu et le salut des âmes. C'est la définition qu'a donnée de ce sacrement l'auteur des *Conférences d'Angers*. L'*ordre* est donc un sacrement. Le concile de Trente, session XXIII, explique en quatre chapitres et huit canons, la foi de l'Église touchant ce sacrement : « Si quelqu'un dit que l'*ordre* ou la « sainte ordination n'est pas véritablement « et proprement un sacrement institué par « Notre-Seigneur Jésus-Christ ; ou que « c'est une invention humaine, imaginée par « des gens ignorants des choses ecclésiasti- « ques ; ou bien que ce n'est qu'une certaine « forme et manière de choisir des ministres « de la parole de Dieu et des sacrements, « qu'il soit anathème. »

§ 1. *Nature et différentes espèces du sacrement de l'*ORDRE.

L'*ordre* a toujours été divisé dans l'Église en plusieurs espèces. Le concile de Trente dit à ce sujet : « Si quelqu'un dit qu'outre le « sacerdoce il n'y a pas dans l'Église catho- « lique d'autres *ordres* majeurs et mineurs, « par lesquels, comme par certains degrés, « on monte au sacerdoce, qu'il soit ana- « thème. » (Canon 2, session XXIII.) Ce concile, dans le second chapitre de la même session, fait le dénombrement des espèces de l'*ordre*, qu'il renferme dans le nombre de sept, en ces termes : « Or, comme la fonction « d'un sacerdoce si saint est une chose toute « divine, afin qu'elle pût être exercée avec « plus de dignité et plus de respect, il a été « bien convenable et bien à propos que pour « le bon règlement de l'Église, si sage dans « toute sa conduite, il y eût plusieurs et di- « vers *ordres* de ministres, qui par office « fussent appliqués au service de l'autel, en « sorte que, par une manière de degrés, ceux « qui auraient été premièrement marqués « de la tonsure cléricale, montassent en- « suite aux *ordres* majeurs par les moin- « dres. Car les saintes lettres ne font pas « seulement mention des prêtres, mais elles « parlent aussi très-clairement des diacres, « et enseignent en termes formels et très- « remarquables les choses à quoi on doit « particulièrement prendre garde dans leur « ordination ; et l'on voit aussi que dès le « commencement de l'Église, les noms des « *ordres* suivants étaient en usage aussi bien « que les fonctions propres de chacun d'eux ; « c'est-à-dire de l'*ordre* de sous-diacre, d'a- « colyte, d'exorciste, de lecteur et de portier, « quoiqu'en degré différent ; car le sous-dia- « conat est mis au rang des ordres majeurs « par les Pères et par les saints conciles, « dans lesquels nous voyons qu'il est aussi « souvent parlé des autres inférieurs.

§ 2. ORDRES *majeurs ou sacrés*.

Entre ces sept *ordres*, il y en a trois qu'on nomme majeurs, savoir, le sacerdoce, le diaconat et le sous-diaconat. On nomme *ordres* mineurs ou moindres, les quatre autres qui sont, suivant le rang du concile, ceux de l'acolyte, de l'exorciste, du lecteur et du portier. Les termes rapportés du concile disent que les noms et les fonctions des *ordres* mineurs, ont été connus dans l'Église latine dès les premiers siècles ; c'est une question parmi les théologiens, s'il en a été de même dans l'Église d'Orient.

On nomme les trois *ordres* majeurs, *ordres* sacrés, et les autres non sacrés. Ce n'est pas qu'on ne puisse dire que tous les *ordres* sont en quelque manière sacrés, puisqu'ils ont tous du rapport à l'eucharistie qui est le sacrement des sacrements, et qu'ils sont tous des dispositions pour arriver au sacerdoce qui est la fin et le comble de tous les *ordres*. Mais on appelle non sacrés les quatre *ordres* mineurs, et on donne le nom d'*ordres* sacrés à la prêtrise, au diaconat et au sous-diaconat, parce que, comme dit saint Thomas, la matière sur laquelle ils agissent, et qui est l'objet de leur principale action, est sacrée.

Quand on a établi, comme dogme de foi, que l'*ordre* est un sacrement institué par Jésus-Christ, on n'a pas prétendu parler de tous les sept *ordres*, car il est certain que l'Église n'a rien défini sur ce sujet. C'est de là que les théologiens sont partagés en différents sentiments. Les uns estiment que les sept *ordres* sont des sacrements proprement dits, c'est-à-dire, prenant le terme de sacrement dans la signification propre et étroite, selon laquelle on s'en sert dans l'Église pour désigner le baptême et les autres sacrements de la loi nouvelle. Les autres disent qu'il n'y a que la prêtrise et le diaconat qui soient proprement des sacrements, quelques-uns y ajoutent le sous-diaconat ; enfin d'autres veulent que le seul sacerdoce soit véritablement un sacrement.

Tous les catholiques conviennent qu'au moins le sacerdoce est proprement un véritable sacrement, suivant la définition du concile de Trente dans le canon 3 de la session XXIII : *Si quis dixerit ordinem sive sacram ordinationem non esse vere et proprie sacramentum a Christo Domino institutum*, *anathema sit*.

Il paraît plus probable qu'il n'y a que le sacerdoce et le diaconat à qui cela convienne, comprenant l'épiscopat et la prêtrise sous le nom de sacerdoce. C'est le sentiment d'un grand nombre de théologiens et de canonistes.

Remarquons qu'il n'est pas parlé ici de la tonsure, parce que les théologiens ne la regardent que comme une cérémonie sainte, qui ne fait pas par conséquent un huitième *ordre* (*Voyez* TONSURE).

§ 3. ORDRE, *ses effets*.

Le premier effet du sacrement de l'*ordre*

est une grâce sanctifiante qui est conférée à celui qui le reçoit avec de saintes dispositions.

Par cette grâce, on doit entendre, non la première grâce qui justifie, puisqu'on doit la supposer comme une disposition nécessaire dans celui qui est ordonné, mais l'augmentation de cette grâce, qui le rend capable de s'acquitter dignement de ses fonctions.

C'est la doctrine du concile de Trente, fondée sur celle de la tradition.

Le second effet est une marque spirituelle qui est imprimée dans l'âme, qu'on nomme caractère, si bien qu'encore que ceux qui s'approchent des *ordres* avec de mauvaises dispositions, c'est-à-dire, en état de péché mortel, soient privés de la grâce sanctifiante à laquelle ils mettent obstacle par leur indignité, ils reçoivent néanmoins un caractère ineffaçable qui les associe, quoiqu'indignes, au sacerdoce de Jésus-Christ, dont l'*ordre* n'est qu'une participation, et qui non-seulement les distingue d'avec les laïques, mais encore leur communique une puissance spirituelle pour exercer dans l'Eglise certaines fonctions saintes. Ce caractère est un effet si inséparable du sacrement de l'*ordre*, qu'on le reçoit même parmi les hérétiques et les schismatiques, lorsqu'on est ordonné par l'imposition de leurs mains.

Si le sacrement de l'*ordre* imprime caractère, on ne peut donc le réitérer. C'est aussi ce que rend indubitable le saint concile de Trente. « Si quelqu'un dit que le Saint-Esprit « n'est pas donné par l'ordination sacrée, et « qu'ainsi c'est vainement que les évêques « disent : *Recevez le Saint-Esprit*: ou que « par la même ordination il ne s'imprime « point de caractère; ou bien que celui qui « une fois a été prêtre peut de nouveau de- « venir laïque, qu'il soit anathème. » (Session XXIII, can. 4.)

Le sous-diaconat et les quatre *ordres* mineurs ne sont pas des sacrements, ils ne doivent par conséquent imprimer aucun caractère dans l'âme de ceux qui les reçoivent : car il n'y a que les sacrements proprement dits, et institués par Jésus-Christ, qui aient cette vertu. Ainsi le caractère ne peut être imprimé que par le sacerdoce et le diaconat, qui seuls sont véritablement et proprement des sacrements.

1° C'est une question parmi les canonistes et les théologiens, de savoir si l'épiscopat est un sacrement tout à fait distingué de la prêtrise, et qui imprime un caractère tout différent, ou si ce n'est qu'une extension du sacerdoce qui ajoute au caractère de la prêtrise une nouvelle vertu et un pouvoir plus ample (1). L'Eglise ne s'est point expliquée à ce sujet (*Voyez* ÉPISCOPAT). Cependant on convient que l'ordination de l'évêque est une cérémonie sacrée dans laquelle il reçoit exclusivement aux prêtres la puissance de conférer le sacrement de l'*ordre*, et celui de la confirmation. C'est encore une question de savoir quelle est la matière et la forme qui composent cette cérémonie, sur quoi voyez CONSÉCRATION.

2° Il n'y a pas moins de difficulté à déterminer en quoi précisément consistent la matière et la forme de la prêtrise. Tous les docteurs catholiques croient que la prêtrise est un sacrement qui, outre la grâce qu'il confère, donne la puissance de consacrer le corps et le sang de Jésus-Christ, avec celle de remettre les péchés. Mais ils disputent entre eux quelles sont les parties essentielles qui composent ce sacrement. Sans entrer dans l'examen de cette autre question, voici la cérémonie de l'ordination d'un prêtre.

L'archidiacre présente celui qui doit être ordonné prêtre, de même qu'il a présenté le diacre, comme étant demandé par l'Eglise, et rend témoignage qu'il est digne. L'évêque consulte aussi le peuple en disant que c'est un intérêt commun du pasteur et du troupeau d'avoir de saints prêtres ; parce qu'un particulier peut savoir ce que plusieurs ignorent, et que chacun obéit plus volontiers à celui qui a été ordonné de son consentement. Ensuite il s'adresse à l'ordinand, et lui dit : « Un prêtre doit offrir, bénir, présider, prê- « cher. Il faut donc monter à ce degré avec « une grande crainte et se rendre recom- « mandable par une sagesse céleste, de bon- « nes mœurs et une longue pratique de la « vertu. Les prêtres tiennent la place des « soixante-dix vieillards qui furent donnés à « Moïse pour lui aider à conduire le peuple, « et des soixante-douze disciples de Jésus- « Christ. Ils doivent aimer la mortification, « par la considération du mystère de la mort « de Jésus-Christ qu'ils célèbrent; être, par « leurs instructions, les médecins spirituels « du peuple de Dieu ; réjouir l'Eglise par l'o- « deur de leur sainte vie, et l'édifier par leur « prédication et leur exemple. »

Alors l'évêque met les deux mains sur la tête de l'ordinand, et tous les prêtres qui se trouvent présents lui imposent aussi les mains. L'évêque fait sur lui des prières, où il marque les divers degrés du sacerdoce. Les prêtres qui sont dans le second *ordre*, sont les compagnons et les aides des pontifes, comme les enfants d'Aaron aidaient leur père, et comme les apôtres accompagnaient le Fils de Dieu. Il lui donne ensuite les ornements, et ajoute une prière où il dit, entre autres choses : « Seigneur, auteur de toute « sainteté , donnez-leur votre bénédiction, « afin que, par la gravité de leurs mœurs et « la sévérité de leur vie, ils se montrent « vieillards ; qu'ils profitent des instructions « que saint Paul donnait à Tite et à Timo- « thée ; que, méditant jour et nuit votre loi, « ils croient ce qu'ils liront, ils enseignent « ce qu'ils croiront, et pratiquent ce qu'ils « enseigneront ; que l'on voie en eux la jus-

---

(1) « Mon intention, dit le cardinal de la Luzerne, n'est pas d'entrer dans la question, si l'épiscopat est un sacrement distinct de la prêtrise, ou seulement une plus ample plénitude du même sacrement. J'abandonne à l'école ces disputes, et je me contente de dire que l'épiscopat diffère essentiellement de la prêtrise, et que ces deux choses forment dans l'Eglise deux classes ou deux ordres d'ecclésiastiques. » (*Droits et devoirs des évêques et des prêtres*, col. 15, édit. Migne.)

« tice, la constance, la compassion, la force,
« et toutes les autres vertus; qu'ils en mon-
« trent l'exemple, et qu'ils y confirment par
« leurs exhortations. »

Après cela l'évêque lui consacre l'intérieur des mains avec l'huile des catéchumènes, afin que ces mains soient capables de bénir, de consacrer et de sanctifier : cependant on chante une hymne pour invoquer le Saint-Esprit. Il lui fait toucher le calice plein de vin, et la patène avec le pain, lui donnant le pouvoir d'offrir le sacrifice à Dieu; et en effet, à la même messe de l'ordination, le nouveau prêtre célèbre et consacre avec l'évêque.

Après la communion, le prélat dit ces paroles de Jésus-Christ à ses disciples : *Je ne vous appellerai pas mes serviteurs, mais mes amis*, et le reste; puis le nouveau prêtre se lève, et récite le symbole des apôtres pour professer publiquement la foi qu'il doit prêcher. Il se met à genoux devant l'évêque, qui lui impose les mains une seconde fois, en disant : *Recevez le Saint-Esprit, les péchés seront remis à ceux à qui vous les remettrez, et ils seront retenus à ceux à qui vous les retiendrez*. Il lui fait promettre obéissance, et l'avertit d'apprendre soigneusement l'ordre de la messe d'autres prêtres déjà instruits, à cause de l'importance de la chose.

A l'égard des fonctions et des pouvoirs des prêtres, voyez PRÊTRE.

3° Les diacres sont ordonnés, comme les prêtres, par l'imposition des mains et avec le consentement du peuple. D'abord l'archidiacre présente à l'évêque celui qui doit être ordonné, disant que l'Eglise le demande pour la charge du diaconat. Savez-vous qu'il en soit digne, dit l'évêque? Je le sais, et le témoigne, dit l'archidiacre, autant que la faiblesse humaine permet de le connaître. L'évêque en remercie Dieu; puis, s'adressant au clergé et au peuple, il dit : Nous élisons, avec l'aide de Dieu, ce présent sous-diacre pour *l'ordre* du diaconat. Si quelqu'un a quelque chose contre lui, qu'il s'avance hardiment pour l'amour de Dieu et qu'il le dise; mais qu'il se souvienne de sa condition. Puis il s'arrête quelque temps. Cet avertissement marque l'ancienne discipline de consulter le clergé et le peuple pour les ordinations. Car, encore que l'évêque ait tout le pouvoir d'ordonner, et que le choix ou le consentement des laïques ne soit pas nécessaire sous peine de nullité, il est néanmoins très-utile pour l'assurer du mérite des ordinands. On y pourvoit aujourd'hui par les publications qui se font au prône, les informations et les examens qui précèdent l'ordination; mais il a été fort sagement institué de présenter encore dans l'action même les ordinands à la face de toute l'Eglise, pour l'assurer que personne ne peut leur faire aucun reproche. L'évêque, adressant ensuite la parole à l'ordinand, lui dit : « Vous devez penser combien est grand le degré où vous montez dans l'Eglise. Un diacre doit servir à l'autel, baptiser et prêcher. Les diacres sont à la place des anciens lévites, ils sont la tribu et l'héritage du Seigneur, ils doivent garder et porter le tabernacle, c'est-à-dire défendre l'Eglise de ses ennemis invisibles, et l'orner par leurs prédications et leurs exemples. Ils sont obligés à une grande pureté, comme étant ministres avec les prêtres, coopérateurs du corps et du sang de Notre-Seigneur, et chargés d'annoncer l'Evangile. » L'évêque, ayant fait quelques prières sur l'ordinand, dit entre autres choses : Nous autres hommes, nous avons examiné sa vie autant qu'il nous a été possible; vous, Seigneur, qui voyez les secrets des cœurs, vous pouvez le purifier et lui donner ce qui lui manque. L'évêque met alors la main sur la tête de l'ordinand, en disant : Recevez le Saint-Esprit pour avoir la force de résister au démon et à ses tentations. Il lui donne les ornements et enfin le livre des Evangiles (*Voyez* DIACRE).

4° Le sous-diaconat, qui est le premier des *ordres* sacrés que l'on reçoit, est précédé des formalités dont il est parlé sous le mot SOUS-DIACRE. Le jour de l'ordination étant venu et les *ordres* mineurs ayant été conférés, on appelle ceux qui doivent être ordonnés sous-diacres chacun par son nom. D'abord l'évêque les avertit de considérer attentivement à quelle charge ils se soumettent. Jusqu'ici, dit-il, il vous est libre de retourner à l'état séculier; mais si vous recevez cet *ordre*, vous ne pourrez plus reculer; il faudra toujours servir Dieu, dont le service vaut mieux qu'un royaume, garder la chasteté avec son secours, et demeurer engagés à jamais au ministère de l'Eglise. Songez-y donc tandis qu'il en est encore temps, et si vous voulez persévérer dans cette sainte résolution, approchez au nom de Dieu. Ensuite on fait approcher ceux qui doivent être ordonnés sous-diacres, diacres et prêtres, et tous ensemble étant prosternés à terre, on chante les litanies et on invoque pour eux le suffrage de tous les saints. Ils se relèvent à genoux, et l'évêque instruit les sous-diacres de leurs fonctions; elles consistent à servir le diacre, préparer l'eau pour le ministère de l'autel, laver les nappes d'autel et les corporaux; les corporaux doivent être lavés séparément, et on en doit jeter l'eau dans le baptistère. Le sous-diacre doit aussi offrir au diacre le calice et la patène pour le sacrifice, et avoir soin de mettre sur l'autel autant de pains qu'il faut pour le peuple, ni plus ni moins, de peur qu'il ne demeure dans le sanctuaire quelque chose de corrompu; ce sont les fonctions marquées dans la formule du pontifical. Il faut être au moins sous-diacre pour toucher les vases sacrés et les linges qui touchent immédiatement la sainte eucharistie. L'évêque lui donne ensuite le calice vide avec la patène, et tous les ornements qui conviennent à son *ordre*. Enfin, il lui donne le livre des Epîtres avec le pouvoir de les lire dans l'Eglise. Ainsi le ministère des sous-diacres est presque réduit au service de l'autel, et à assister l'évêque ou les prêtres dans les grandes cérémonies. Autrefois ils étaient les secrétaires des évêques qui les employaient dans les voyages et les négociations ecclésiastiques : ils étaient chargés des aumônes et de l'administration du temporel; et hors de l'église ils faisaient les mêmes fonctions que les diacres (*Voyez* SOUS-DIACRE).

§ 4. ORDRES *mineurs*.

Quant aux *ordres* mineurs que l'on regarde comme des degrés par lesquels on monte aux *ordres* majeurs, ce ne sont point, comme on l'a vu, de véritables sacrements. L'ordination commence par celui de portier, *ostiarius*, dont les fonctions étaient autrefois d'ouvrir et de fermer les portes de l'église dans les temps convenables; d'en défendre l'entrée aux infidèles, et d'empêcher qu'on n'approchât trop près de l'autel pendant qu'on y célébrait le sacrifice. Ils prenaient garde aussi qu'on n'interrompît le prêtre qui l'offrait, que les femmes ne fussent point mêlées avec les hommes, et que tous observassent le silence et la modestie. Dans les anciennes ordinations, avant que l'évêque commençât celle des portiers, l'archidiacre les instruisait de ces fonctions et de toutes les autres qui les concernaient. C'est aujourd'hui l'évêque qui leur fait cette instruction. En même temps il leur recommande de sonner les cloches, pour marquer aux fidèles les heures de la prière, l'Eglise ayant dans la suite des temps donné cette commission aux portiers. L'archidiacre le leur fait exécuter dans le moment de l'ordination, leur présentant la corde d'une cloche. Ce qui n'est point marqué dans le quatrième concile de Carthage, d'où la formule des moindres *ordres* a été tirée, comme l'attouchement des clefs que l'on croit être la matière de cet *ordre*, et les paroles suivantes de l'évêque, la forme : *Gouvernez-vous comme devant rendre compte à Dieu de ce qui est renfermé sous ces clefs*. Fleury (*Inst. au droit ecclés.*) dit que cet *ordre* se donnait autrefois à des gens d'un âge assez mûr pour le pouvoir exercer, que plusieurs y demeuraient toute leur vie. Quelques-uns devenaient acolytes; quelquefois même on donnait cette charge à des laïques, et c'est actuellement l'usage le plus ordinaire de leur en laisser les fonctions.

L'*ordre* de lecteur est le second des moindres. L'évêque le confère en donnant à toucher à l'ordinand le livre qu'il doit lire à l'église, lui disant en même temps : *Recevez ce livre et soyez lecteur de la parole de Dieu, car si vous vous acquittez fidèlement de ce ministère, vous aurez part avec ceux qui auront au commencement administré avec fruit cette divine parole*. Autrefois la fonction de ces lecteurs était de lire à haute voix les livres de l'Ancien et du Nouveau Testament à l'office qui se faisait la nuit. Lorsque l'évêque devait prêcher, ils lisaient au peuple l'endroit de l'Ecriture sainte que l'évêque voulait expliquer. Ils avaient anciennement la garde des livres sacrés, dans les temps des persécutions, *Scripturas lectores habent*, répondaient les persécutés. Ces lecteurs bénissaient aussi le pain et les fruits nouveaux. C'est ce que nous apprend le pontifical romain. Fleury dit que les lecteurs étaient souvent plus jeunes que les portiers, et que c'était le premier *ordre* que l'on donnait aux enfants qui entraient dans le clergé. Ils servaient aussi de secrétaires aux évêques et aux prêtres, et s'instruisaient en lisant ou en écrivant sous eux (*Voyez* NOTAIRE). La principale fonction de ces lecteurs qui consiste à chanter les leçons, se fait aujourd'hui par toutes sortes de clercs, même par des prêtres.

Le troisième *ordre* mineur est celui de l'exorciste, établi anciennement pour chasser les démons du corps des possédés, par l'invocation qu'ils faisaient du saint nom de Dieu sur eux, conformément aux exorcismes de l'Eglise. C'est pourquoi l'évêque à leur ordination leur présente le livre des exorcismes, leur disant : *Recevez ce livre avec la puissance d'imposer les mains sur les énergumènes, tant baptisés que catéchumènes*. Ce qui s'observe encore aujourd'hui, en sorte que l'attouchement de ce livre et les paroles que l'évêque prononce sont la matière et la forme de cet *ordre*. Suivant le pontifical, les fonctions des exorcistes sont d'avertir le peuple, que ceux qui ne communient pas fassent place aux autres; de verser de l'eau pour le ministère; d'imposer les mains sur les possédés; il leur recommande d'apprendre les exorcismes par cœur; il leur attribue même la grâce de guérir les maladies. Fleury remarque que, dans les premiers temps, les possessions étaient fréquentes, surtout parmi les païens, et que pour marquer un plus grand mépris de la puissance des démons, on donnait la charge de les chasser à un des plus bas ministres de l'Eglise. C'était aussi eux qui exorcisaient les catéchumènes. Aujourd'hui toutes ces fonctions se perdent de vue, il n'y a que les prêtres à qui l'on donne commission d'exorciser les possédés (*Voyez* EXORCISME).

Le quatrième *ordre* mineur est celui des acolytes. Leurs fonctions actuellement est de porter les cierges allumés pendant qu'on célèbre le sacrifice de la messe et qu'on chante l'évangile; ils portent aussi et présentent l'encens : de là vient qu'on les appelle *céroféraires et thuriféraires*.

La matière de cet *ordre* est le chandelier et le cierge sur lequel ils portent la main, et la tradition des burettes vides. La forme est double, car lors de l'action de toucher le chandelier et le cierge, l'évêque leur dit : *Recevez au nom du Seigneur ce chandelier avec ce cierge, et sachez que vous êtes destinés à allumer les cierges de l'église*. Ensuite il leur présente une burette vide, leur adressant des paroles qui marquent l'usage qu'ils doivent en faire : *Recevez ces burettes au nom du Seigneur, pour fournir l'eau et le vin nécessaires à la consécration de l'eucharistie*.

Les saints Pères ont regardé ces fonctions comme très-importantes pour la gloire de Dieu et la décence du service divin.

Ces quatre *ordres* étaient établis dès les premiers siècles. L'auteur de la lettre aux chrétiens d'Antioche, que l'on attribue à saint Ignace, fait mention des portiers, des lecteurs et des exorcistes. Le pape saint Corneille, qui vivait au milieu du troisième, dit dans sa lettre à Fabien, évêque d'Antioche, que le clergé de Rome était composé de quarante-deux acolytes, et de cinquante-deux, tant exorcistes que portiers et lecteurs, de sept sous-diacres, sept diacres et quarante-deux prêtres. Il est à remarquer que c'était dans le fort de la persécution. Saint Cyprien, Tertullien et les autres auteurs ecclésiastiques en font mention. Le nombre de ces moindres clercs augmenta depuis Constantin; et pendant quatre ou cinq cents ans, les églises continuèrent d'être magnifiquement servies. Le partage et la dissipation des biens d'église, a fait cesser ce grand nombre d'officiers : l'usage fréquent des messes basses a fait multiplier les prêtres et les autels, sans qu'il ait été possible de multiplier à proportion les clercs nécessaires pour les servir ; ainsi on s'est accoutumé à voir les églises mal servies, et à ne regarder plus la réception des quatre *ordres* mineurs que comme une formalité nécessaire pour arriver aux *ordres* sacrés.

Toutefois le concile de Trente, session XXIII, chapitre 17, n'a pas voulu que l'on regardât les quatre *ordres* mineurs, comme de vains titres, ni leurs fonctions comme des antiquités hors d'usage. Il en a recommandé le rétablissement dans toutes les églises où il y a grande affluence de peuple, et qui auraient des revenus suffisants. Il ordonne même d'y appliquer quelque partie du revenu des fabriques, et de se servir de clercs mariés, s'il ne s'en trouve pas aisément d'autres. En effet, il était ordinaire que ces moindres clercs fussent mariés, du temps que leurs fonctions étaient le plus en vigueur. Comme dans l'usage présent, ces *ordres* ne sont le plus souvent que des degrés pour monter aux *ordres* supérieurs, le même concile veut que ceux qui les reçoivent, entendent au moins le latin, et qu'ils aient un témoignage avantageux des maîtres sous qui ils étudient. Il recommande aussi aux évêques d'observer les interstices pour les conférer, afin de donner aux clercs le loisir d'exercer les fonctions de chaque *ordre*, et d'éprouver cependant le progrès qu'ils font dans les lettres et dans la vertu. Mais il laisse aux évêques la liberté de dispenser de ces règles, et ils en dispensent souvent jusqu'à conférer tous ces *ordres* le même jour.

§ 5. *Ministre du sacrement de l'*ORDRE.

Le droit de conférer les *ordres* est la marque la plus essentielle de la juridiction épiscopale; les évêques sont seuls les ministres du sacrement de l'*ordre*. Ainsi s'exprime à ce sujet le concile de Trente : « Si quelqu'un « dit que les évêques ne sont pas supérieurs « aux prêtres, ou n'ont pas la puissance de « conférer la confirmation et les *ordres;* ou « que celle qu'ils ont leur est commune « avec les prêtres ; ou que les *ordres* qu'ils « confèrent sans le consentement, ou l'in- « tervention du peuple, ou de la puissance « séculière, sont nuls; ou que ceux qui ne « sont ni ordonnés ni commis bien et légiti- « mement par la puissance ecclésiastique et « canonique, mais qui viennent d'ailleurs, « sont pourtant de légitimes ministres de la « parole de Dieu et des sacrements, qu'il soit « anathème. » (Sess. XXIII, can. 7.)

Il est inouï, dit l'auteur des *Conférences d'Angers*, que les prêtres aient jamais conféré l'*ordre* de prêtrise ou le diaconat. Le prétendu privilège qu'on dit avoir été accordé par le pape Innocent VIII aux abbés de Cîteaux, de pouvoir conférer le diaconat à leurs religieux, est supposé, selon le sentiment de plusieurs auteurs, rapporté par le savant père Alexandre (*Théologie morale*, tom. I, liv. II, ch. 3, art. 1, prop. 2). Aussi nous ne voyons nulle part que ces abbés se soient jamais servis de ce privilège, ce qu'ils n'auraient point manqué de faire, si véritablement ils l'avaient eu.

L'exemple des chorévêques qu'on lit avoir fait de pareilles ordinations, ne tire pas à conséquence, parce que ceux qui les faisaient ne pouvaient être que ceux dont il est dit sous le mot CHORÉVÊQUE, qu'ils recevaient la consécration comme les évêques.

D'ailleurs le pouvoir d'ordonner est une puissance d'*ordre*, et non de simple juridiction ; ainsi elle ne peut être dans le simple prêtre, puisqu'il ne l'a pas reçue dans l'ordination, et conséquemment celui-ci ne peut pas la communiquer.

Mais un évêque tombé dans le schisme, l'hérésie ou l'excommunication, peut conférer validement le sacrement de l'*ordre*. Les Pères du premier concile de Nicée ont été si persuadés de cette doctrine, qu'ils ont admis dans le canon 8 les novatiens dans l'Eglise, en leur conservant les honneurs et les prérogatives de l'*ordre* qu'ils avaient reçu dans leur secte, sans en excepter même ceux de l'épiscopat, lorsque l'évêque catholique de la ville le jugeait à propos, sinon il devait procurer à l'évêque réuni un chorépiscopat ou une cure. Dans le concile d'Ephèse, on reçut dans le clergé les clercs qui avaient été ordonnés par les hérétiques messaliens, qui voulurent se réunir en renonçant à leur hérésie. Cette conduite fait voir que ces conciles croyaient que les évêques hérétiques, schismatiques et excommuniés peuvent conférer validement les *ordres*.

Néanmoins il est défendu de recevoir les *ordres* d'un évêque excommunié (*Voyez* IRRÉGULARITÉ).

Pour le sous-diaconat, comme il n'est pas proprement un sacrement, ni par conséquent d'institution divine, on avoue que l'Eglise peut accorder aux prêtres le privilège de le conférer aussi bien que les quatre *ordres* moindres et la tonsure (*Voyez* CHORÉVÊQUE).

Les cardinaux prêtres qui ont reçu la bénédiction épiscopale, sont en possession de conférer les quatre mineurs et la tonsure à leurs familiers. La coutume approuvée par le pape leur donne ce droit.

A l'égard des abbés, plusieurs textes du droit leur donnent le même privilège quand ils sont prêtres et bénits, par rapport à leurs religieux, en faisant l'ordination dans leurs monastères, et que les religieux qu'ils ordonnent soient profès et soumis à leur juridiction (*Cap. Quoniam videmus, dist.* 69). Le concile de Trente semble approuver ce privilége des abbés, en disant : *Abbatibus non liceat in posterum... cuiquam, qui regularis subditus sibi non sit, tonsuram vel minores ordines conferre* (sess. XXIII, ch. 10) (*Voyez* ce décret sous le mot DIMISSOIRE). Il ne parle pas du sous-diaconat, et de ce silence on doit conclure que le concile n'approuvait pas que les priviléges des abbés et autres s'étendissent jusque-là.

L'on voit sous le mot DIMISSOIRE, que c'est une règle inviolable dans l'Eglise qu'un évêque ne peut ordonner le sujet d'un autre sans sa permission, et l'on y voit aussi comment se donne cette permission. L'on demande quel est le propre évêque des séculiers et des réguliers, par rapport à l'ordination. Nous mettons ici les réguliers dans cette question parce qu'à l'exception de ces abbés à qui le pape a accordé le droit de conférer les *ordres* mineurs, régulièrement il n'appartient qu'à l'évêque de conférer les *ordres* dans son diocèse à qui que ce soit. D'ailleurs sous le mot DIMISSOIRE, nous avons renvoyé ici pour parler des dimissoires des réguliers.

1° D'abord à l'égard des séculiers, on répond sur la question proposée, que le pape Boniface VIII a déclaré dans le chapitre *Cum nullus, de tempore ordin. in* 6°, que le propre évêque des séculiers est ou l'évêque du lieu où l'on a reçu la naissance, ou celui du domicile. Le concile de Trente n'a ni révoqué ni changé cette règle, et le pape Innocent XII, dans la bulle *Speculatores*, de l'an 1694, insinue clairement qu'on doit la suivre dans la pratique.

Il y a deux difficultés touchant l'évêque de la naissance. La première, si, par l'évêque de la naissance, on doit entendre celui dans le diocèse duquel un homme est né selon la chair, ou celui dans le diocèse duquel il a été baptisé, quoiqu'il n'y soit pas né. La seconde si, lorsqu'un homme né par occasion dans un diocèse où ses parents n'ont pas leur domicile, on doit regarder l'évêque de ce lieu comme son évêque propre par rapport à l'ordination.

Sur la première de ces difficultés, les auteurs sont plus partagés que sur la seconde. Le chapitre *Cum nullus* dit : *De cujus diœcesi est is, qui ad ordines promoveri desiderat, oriundus*. Ce dernier mot paraît à plusieurs s'appliquer plutôt à la naissance corporelle qu'à la régénération spirituelle. Touchant la seconde question, le sentiment commun des docteurs est qu'on ne doit pas recourir à l'évêque du lieu de passage, mais à celui du domicile stable de la famille. C'est la décision expresse de la bulle citée d'Innocent XII.

Par l'évêque du domicile, on entend celui dans le diocèse duquel on a établi son habitation avec dessein d'y demeurer toujours, quand même il n'y aurait pas longtemps qu'on y demeurât. Il est à propos que les évêques usent de précaution quand quelqu'un se présente à eux pour être ordonné en qualité de domicilié dans leur diocèse ; car il arrive souvent que des personnes qui sont liées de quelque censure, ou notées de quelque défaut, qui n'auraient pu échapper à la connaissance de leur évêque de naissance, établissent leur domicile dans un autre diocèse, pour s'y faire ordonner, ainsi que l'a remarqué le pape Clément IV dans le chapitre *Sæpe contingit, de temp. ordin. in* 6°.

Il y a encore un évêque qui passe pour propre par rapport à l'ordination ; savoir, celui dont un homme a été domestique pendant trois années entières et consécutives, sans interruption, encore qu'il ne soit pas son diocésain, ni de naissance, ni de domicile, pourvu que l'évêque lui confère incessamment un bénéfice : c'est ce qui est réglé par le concile de Trente en ces termes : *Episcopus familiarem suum non subditum ordinare non possit nisi per triennum secum commoratus fuerit ; et beneficium, quacumque fraude cessante, statim reipsa illi conferat* (Sess. XXII, cap. 9). C'est aussi la disposition de la bulle d'Innocent XII, déjà citée. Mais s'il s'agit d'accorder quelque dispense à ce domestique, il faut l'obtenir de l'évêque de naissance ou de domicile, à moins qu'il n'eût déjà un bénéfice dans le diocèse ; dans lequel cas, l'évêque qu'il sert est véritablement son propre évêque, suivant ce qu'on vient de voir.

2° Quant aux réguliers, ils doivent recevoir les *ordres* de leur évêque diocésain. Mais quel est à leur égard cet évêque diocésain. Avant de décider cette question, il est nécessaire de distinguer deux sortes de réguliers : les uns qui font vœu de stabilité dans un monastère, et n'ont point accoutumé de changer de demeure, comme sont les bénédictins qui ne sont point en congrégation ; les autres qui n'ont point de demeure fixe, comme sont les mendiants et autres qui changent de maison selon la volonté de leurs supérieurs.

Les premiers doivent s'adresser à l'évêque, dans le diocèse duquel est situé leur monastère, pour en recevoir les *ordres* ou en obtenir un dimissoire, dont ils ont absolument besoin, outre les lettres testimoniales de leurs supérieurs, pour pouvoir être ordonnés par un autre évêque.

A l'égard des réguliers profès qui ne sont attachés à aucun monastère, ils ne doivent être admis aux *ordres* que par l'évêque de la maison de laquelle ils sont membres ; et quand cet évêque ne donne pas les *ordres*, ils ne peuvent être ordonnés par un autre évêque qu'en représentant une permission ou obédience de leurs supérieurs.

3° Reste à parler du temps et du lieu de l'ordination. Par rapport au temps, nous n'avons rien à ajouter à ce qui est dit sous les mots EXTRA TEMPORA, INTERSTICES.

A l'égard du lieu, voici le règlement du concile de Trente : « Les *ordres* sacrés seront conférés publiquement aux temps ordonnés par le droit et dans l'église cathédrale, en présence des chanoines qui y seront appelés; et si la cérémonie se fait en quelque autre lieu du diocèse, on choisira toujours pour cela, autant qu'on le pourra, la principale église, et l'on y appellera le clergé du lieu même. » L'auteur des *Conférences d'Angers* observe qu'on ne doit entendre ce règlement que de l'ordination des prêtres, des diacres et des sous-diacres; car le Pontifical romain approuve la coutume de quelques diocèses, où les évêques ne font point de difficulté de conférer les *ordres* moindres en d'autres lieux que dans les églises : *Minores ordines ubicumque dari possunt* (*Voyez* EXTRA TEMPORA).

L'ordination faite, on expédie des lettres d'*ordres* à ceux qui les ont reçus, et le concile de Trente recommande de les accorder gratuitement, ou sans beaucoup de frais. On trouve sous le mot REGISTRE les diverses formules de ces lettres.

§ 6. *Forme et matière du sacrement de l'*ORDRE.

Pour ce qui regarde la forme et la matière du sacrement de l'*ordre*, voyez ci-dessus à l'article de chaque ordre en particulier.

§ 7. *Sujet du sacrement de l'*ORDRE.

Les hommes seuls peuvent recevoir les *ordres*; les femmes sont absolument incapables de toute ordination; et un homme ne peut être validement ordonné qu'après avoir reçu le baptême; l'ordination même d'un catéchumène serait nulle. L'Eglise exige aussi qu'on ne donne la tonsure qu'à ceux qui ont été confirmés; mais la confirmation n'est nécessaire que de nécessité de précepte ecclésiastique; celui qui reçoit la tonsure et les *ordres* sans être confirmé, commet une faute grave; mais il n'en est pas moins validement ordonné.

Quant à ce qui regarde l'ordination des enfants qui n'ont pas encore l'usage de raison, les uns pensent qu'elle serait nulle; les autres, au contraire, enseignent qu'elle est valide, ajoutant toutefois que celui qui a été ainsi ordonné n'a point contracté les obligations qu'entraîne l'ordination. Ce second sentiment est le plus généralement reçu; et Benoît XIV le regarde comme certain. En effet, nous lisons dans l'*Instruction* de ce pape *sur les rites des Cophtes : Concordi theologorum et canonistarum suffragio definitum est validam sed illicitam censeri hanc ordinationem, dummodo nullo laboret substantiali defectu materiæ, formæ et intentionis in episcopo ordinante; non attenta contraria sententia, quæ raros habet assectas, et quæ supremis tribunalibus et congregationibus urbis nunquam arrisit. Æque tamen certum et exploratum est, per hanc ordinum collationem, non subjici promotos obligationi servandæ castitatis, nec aliis oneribus ab Ecclesia impositis; cum electio status a libera cujusque pendeat voluntate, et Altissimo nostra, non autem aliena, vota reddere teneamur.* (*Instructio super dubiis ad ritus Ecclesiæ et nationis Cophtorum.*)

DROIT CANON. II

§ 8. ORDRES *sacrés, empêchement de mariage*. (*Voyez* EMPÊCHEMENT, § 4, n. VIII.)

ORDRES RELIGIEUX.

On entend par *ordres religieux*, un corps de réguliers qui ont fait profession de vivre sous une règle approuvée par l'Eglise.

Comme la matière de ce mot est étroitement liée avec les mots MOINE et MONASTÈRE, où, en parlant de l'origine des moines et de la forme de leurs établissements, nous parlons en même temps de l'origine et de la nature des *ordres religieux*, nous ne dirons rien ici de plus particulier : nous allons seulement exposer l'époque et le nom des différents *ordres religieux*, dont l'établissement précède et suit le règlement du quatrième concile de Latran, qui défend d'en fonder de nouveaux. Durand de Maillane a donné une liste de ces différents *ordres*, avec la date de l'établissement de chacun et les noms de leurs fondateurs. Nous adoptons cette liste qui nous paraît suffisante pour cet ouvrage.

L'an 310, les moines de saint Antoine, ermite, *Antoniani*, établis dans la Thébaïde, province d'Egypte au mont Nitrie; ils se sont étendus dans la Syrie et dans le reste de l'Egypte.

L'an 320, les Tabennites, *Tabennitæ*, où les moines des monastères de Tabenne, institués par saint Pacôme, abbé dans la Thébaïde à Tabenne, lieu situé dans une île du Nil. Cette institution se fit du vivant de saint Antoine.

L'an 363, les moines de saint Basile, *Basiliani*, qu'il institua à Mataza dans le Pont; ces moines se sont fort multipliés dans l'Eglise grecque.

L'an 395, les chanoines réguliers de saint Augustin, *canonici regulares*, institués à Hippone dans la Numidie. On compte aussi les ermites de ce saint, *eremitæ Augustiniani*, institués d'abord auprès de Milan, delà transférés en Afrique, et établis à Tagaste et ensuite à Hippone, dans un jardin que l'évêque Valère donna pour ce sujet. Différents auteurs ne conviennent pas de cette dernière institution.

L'an 400, les religieux du mont Carmel, *Carmelitæ* : on dit qu'ils ont commencé dès ce temps-là, lorsqu'un essaim de moines de saint Antoine, ayant embrassé la règle de saint Basile, sous la conduite de Jean, patriarche de Jérusalem, se retirèrent sur le mont Carmel dans la Palestine.

L'an 420, les moines de Lérins, *Lirinenses*, ou les religieux de saint Honoré, évêque d'Arles. Leur règle était très-dure; ils se joignirent dans la suite avec les moines de saint Benoît.

L'an 529, les bénédictins, *Benedictini*, ou les moines noirs, tirent leur origine et leur règle de saint Benoît, leur fondateur; leur premier monastère fut celui du mont Cassin. En 595, saint Grégoire le Grand approuva leur règle dans un concile tenu à Rome : elle fut ensuite reçue par tous les moines d'Occident; Doujat dit que cet ordre s'était telle-

(*Vingt-trois.*)

ment multiplié et rendu illustre dans tout le monde chrétien, que dès le concile de Constance l'on comptait parmi ses religieux 55,460 saints, 35 papes, 200 cardinaux, 1164 archevêques et 3,512 évêques. Voyez sous le mot MONASTÈRE, § 3, le nombre de papes, d'évêques, etc., que l'ordre de saint Benoît a donné jusqu'à ce jour à l'Eglise (*Voyez* BÉNÉDICTIN).

L'an 565, les moines de saint Colomban, *Columbani*, abbé hybernois, qui après avoir converti à la foi l'Ecosse, y fonda un monastère dont l'abbé avait des prééminences sur plusieurs évêques : *Cujus abbati episcopi ipsi subessent*. Il y eut dans la suite beaucoup de monastères de cet *ordre* par toute l'Angleterre. Ce saint en établit aussi dans la Bourgogne et en Italie.

L'an 763, les clercs ou chanoines réguliers de saint Chrodegand, *clerici regulares*, réduits en communauté par ce saint sous une règle presque toute tirée de celle de saint Benoît, autant que la vie monastique pouvait convenir à des clercs servant l'Eglise. Cette règle que Fleury rapporte en son *Histoire ecclésiastique* (liv. XLIII, n. 37), fut depuis reçue par tous les chanoines, comme celle de saint Benoît par les moines. Mais on lui substitua dans la suite la règle, ou peut-être le nom de la règle de saint Augustin.

L'an 910, les moines de Cluny, *Cluniacenses*, furent institués ou réformés sous la règle de saint Benoît, par l'abbé Bernon, et sous les auspices de Guillaume, duc d'Aquitaine et comte d'Auvergne, dans le village de Cluny, en Bourgogne.

L'an 997, l'*ordre* de Camaldoli, *Camaldulenses*, fut institué par saint Romuald, abbé, qui mourut en 1027, après avoir vécu 120 ans, dont il avait passé 20 dans le monde, trois dans un monastère, et 96 dans un désert. Cet *ordre* fut approuvé en 1073 par Alexandre II.

L'an 1060, l'*ordre* des moines de Vallombreuse, *Vallis-Umbrosæ monachi*, au diocèse de Florence, dans la Toscane, institué par saint Jean Gualbert, noble florentin.

L'an 1063, diverses congrégations de chanoines réformés, *canonicorum regularium*, vivant sous la règle de saint Augustin, apportée, dit-on, de Jérusalem par Arnolfe, pour des clercs vivant en commun, et approuvée par le pape Alexandre II, dans le concile général de Latran.

L'an 1076, l'*ordre* des religieux de Grandmont, *Grandimontensium*, institué par un homme de qualité d'Auvergne, et d'une admirable sainteté. Il se nommait Etienne; il commença son établissement sur le mont Moret près de Limoges. Mais ses religieux se transportèrent, vers l'an 1130, à Grandmond. Ces ermites, dans ces premiers temps, menaient une vie très-austère. Le pape Jean XXII trouva dans la suite qu'ils s'étaient trop relâchés, et les réforma. Il donna le titre d'abbayes aux monastères qui avaient auparavant le titre de prieurés. Cet *ordre* fut supprimé en France, même avant la révolution.

L'an 1086, l'*ordre* des chartreux, *Carthusiani*, établi par saint Hugues, évêque de Grenoble, à la sollicitation de saint Bruno, natif de Cologne. Urbain II confirma l'institut de ces nouveaux solitaires, qui n'ont jamais eu besoin de réforme, parce qu'ils ont su se contenir dans la retraite et y vivre dans la prière, le silence et le travail. Cette constante et merveilleuse régularité a valu à cet *ordre* une exception qui aurait de quoi flatter les religieux qui le composent, s'ils étaient sensibles à d'autre gloire qu'à celle de Dieu. Le pape Martin IV, en défendant aux religieux mendiants de se transférer de leur ordre dans un autre, sans les dispenses nécessaires du pape, le leur permet si c'est pour se faire chartreux (*Cap.* 1, *de Regul. et trans. in commun.*).

L'an 1095, l'*ordre* des religieux de saint Antoine de Viennois, *sancti Antonii Viennensis*, fut institué par Gaston, gentilhomme du Viennois. Lui et son fils Gérin, avec huit compagnons qu'ils se choisirent, se consacrèrent au service des pauvres malades, et surtout de ceux qui étaient attaqués d'un mal alors fort commun, et qu'on nommait *le feu sacré*. Leur première maison fut fondée proche de Vienne en Dauphiné, dans un lieu où les reliques de saint Antoine avaient été apportées, d'où est venu le nom de *saint Antoine de Viennois*. Cet établissement qui avait eu pour motif la plus généreuse hospitalité, fut approuvé par le concile de Clermont sous Urbain II.

Ces hospitaliers portaient un habillement modeste et uniforme sur lequel étaient marqués un T d'émail, et la croix de chevaliers. Ce T était la figure de la béquille sur laquelle se soutenaient les malades qu'ils soignaient. Ils mirent à leur tête un grand maître, et l'on en compte jusqu'à dix-sept. Cette congrégation subsista ainsi composée de laïques pendant deux siècles. Aymar Falco, le septième grand maître, obtint du pape Honoré III la permission pour tous les frères, de faire les trois vœux de religion, et insensiblement cette compagnie devint une congrégation de chanoines réguliers de saint Augustin.

L'an 1098, les moines de Cîteaux, *Cistercienses*, furent institués par saint Robert, abbé de Molesme, dans le diocèse de Châlons, en Bourgogne, sous les auspices de Hugues, archevêque de Lyon, et de Vaultier, évêque de Châlons. Les papes ont enrichi cet *ordre* de plusieurs privilèges ; et saint Bernard, abbé de Clairvaux, en a fait la gloire et l'ornement. (*Voyez* MOINE, CITEAUX.)

L'an 1104, les hospitaliers de joannites, *hospitalarii sive joannitæ*, appelés aujourd'hui, les chevaliers de Saint-Jean de Jérusalem ou de Malte. (*Voyez* MALTE.)

L'an 1107, les chanoines réguliers de la congrégation de saint Ruf, *canonici regulares sancti Rufi*, institués sous la règle de saint Augustin, par saint Ruf, archevêque de

Lyon, dans la ville de Valence en Dauphiné.

L'an 1117, l'*ordre* de Fontevrault, *Fontis Ebraldis*, fut institué par Robert d'Arbrisselles, théologien de Paris. Cet *ordre* fut réformé par les soins du pape Sixte IV, suivant la règle de saint Benoît et les statuts de Robert.

L'an 1118, l'*ordre* des templiers, *templarii*, ou chevaliers du Temple, ainsi nommés, parce que le roi de Jérusalem les avait logés proche du lieu où était autrefois le temple du Seigneur. Ils furent institués sous le règne de Baudouin, roi de Jérusalem, afin de prendre la défense des pèlerins qui allaient visiter les saints lieux. On assigna une règle aux templiers, dans le concile de Troyes, que le pape Honoré II approuva. L'*ordre* s'accrut bientôt à tel point, que malgré les preuves que l'on a des impiétés qui en occasionnèrent l'abolition en 1311, on soupçonnera toujours que l'envie y ait eu sa part.

L'an 1120, l'*ordre* des chanoines réguliers de Prémontré, *Premonstratenses*, fut institué par saint Norbert, le plus célèbre prédicateur de son temps, et qui fut ensuite évêque de Magdebourg en Allemagne. Il les fonda dans le diocèse de Laon, sous la règle de saint Augustin.

L'an 1124, le monastère du Mont de la Vierge, *Montis Virginis*, fut fondé par Guillaume de Verceil, ermite, dans le royaume de Naples. La congrégation du Mont de la Vierge a été mise par le pape Alexandre III, sous la règle de saint Benoît.

L'an 1152, les ermites de saint Guillaume, *Guillelmitæ, seu eremitæ sancti Guillelmi*, ont été fondés par Guillaume, duc d'Aquitaine et comte de Poitou, sous la règle de saint Benoît, et approuvée par le pape Innocent IV. On les appelait à Paris *blancs-manteaux*.

L'an 1148, les gilbertins, *gilbertina congregatio*. C'est une congrégation de bénédictins instituée par Gilbert Sempingan, dans le diocèse de Lincolne et qui fut approuvée par le pape Eugène III.

L'an 1170, les béguines, *Beguinæ* ou *beghinnæ*. (*Voyez* BÉGUINES.)

L'an 1196, les humiliés, *humiliati*, furent fondés par quelques personnes de qualité de Milan, qui après avoir été chassées de leur patrie, furent rétablies par l'empereur Henri V, l'an 1196. Cette congrégation fut approuvée par le pape Innocent III en 1209, sous la règle de saint Benoît; mais saint Pie V l'abolit pour avoir été convaincue d'avoir attenté à la vie de saint Charles Borromée, en 1570. Il ne faut pas au reste confondre ces humiliés avec ceux qu'Innocent III condamna comme hérétiques.

L'an 1197, l'*ordre* des religieux de la Trinité pour la rédemption des captifs, fut institué par saint Jean de Matha, provençal, docteur en théologie de Paris, et par saint Félix de Valois, dans le diocèse de Meaux. Innocent III approuva cet *ordre* en 1209.

L'an 1198, l'*ordre* des chevaliers du Saint-Esprit de Montpellier, fut institué par Guy, fils de Guillaume, seigneur de cette ville. Le fondateur y fit bâtir un magnifique hôpital auquel il donna le nom du Saint-Esprit. Sa piété lui attira des disciples et des imitateurs. Le pape Innocent III approuva ce nouvel *ordre* d'hospitaliers, et fit même venir Guy à Rome pour lui donner la direction de l'hôpital Sainte-Marie *in Saxia*, qu'on appelle l'hôpital du Saint-Esprit. Ces deux hôpitaux de Rome et de Montpellier, servis par des chevaliers qui étaient nobles, se sont souvent disputé l'honneur de la grande maîtrise. Le pape, pour terminer ces différends, partagea la supériorité de cet *ordre*. Il y avait un grand maître à Rome et un autre à Montpellier ; mais cet *ordre* tomba ensuite dans une extrême décadence.

L'an 1203, l'*ordre* des religieux de Mont-Dieu, suivant la règle de saint Augustin, *ordo Montis Dei*, fut fondé en Allemagne dans le diocèse de Spire, par Alexandre, archevêque de Magdebourg, et confirmé par Innocent III.

L'an 1205, les carmes, *Carmelitæ sive Carmelitani fratres*, qui vivaient séparés depuis longtemps dans les solitudes du mont Carmel, se réunirent du temps d'Alexandre III. Ensuite, sous l'autorité d'Innocent III, Albert, patriarche de Jérusalem, vers l'an 1205, leur donna une règle tirée en grande partie de celle de saint Basile. Elle fut approuvée par Honorius III, mitigée ensuite par Innocent IV. Honorius IV fit aussi quelque changement dans leur manière de s'habiller. On vit de ces religieux en France, vers l'année 1264.

L'an 1208, les franciscains ou cordeliers, qu'on appelle aussi les frères mineurs, *franciscani qui et fratres minores et Cordigeri et etiam Minoritæ dicuntur*, doivent leur institution à saint François d'Assise, qui les a surtout engagés à une exacte et rigoureuse profession de pauvreté. Cet *ordre* fut approuvé dans le quatrième concile de Latran, par Innocent III, et puis par Honorius III (*Voyez* MOINE).

L'an 1212, les religieuses de sainte Claire, *Sorores moniales ordinis sancti Francisci*, furent instituées par saint François d'Assise en l'église de saint Damien, et mises ensuite, par le même saint, sous la conduite d'une fille appelée Claire, d'un mérite et d'une vertu sublime.

Les religieuses de cet *ordre* qui ont conservé la règle dans sa première austérité, ont été appelées Damiènes ou Claristes, *Claristæ, Damianæ*. Celles, au contraire qui ont accepté la mitigation que le pape Urbain VIII fit de leur règle, ont été appelées Urbanistes, *Urbanistæ*.

L'an 1212, l'*ordre* des religieux du Val-des-Ecoliers, *ordo Vallis scolarium*, dans le diocèse de Langres, fut commencé par Guillaume, qui, après avoir fort bien étudié à Paris, se retira dans la Bourgogne, où il enseigna quelque temps. Enfin, dégoûté du monde, il se confina avec quelques-uns de ses disciples dans ce désert, sous l'autorité de Guillaume, évêque de Langres.

L'an 1213, l'*ordre* des religieux de Val-des-Choux, *Vallis Canlium*, dans le diocèse de Langres. Ce monastère fut fondé par Viard, sous la règle de Cîteaux.

L'an 1215, les dominicains ou frères prêcheurs, *Dominicani sive Prædicatores*, sont venus pour le service de l'Eglise, dans le même temps que les franciscains, et même un peu auparavant (*Voyez* MOINE). Mais au moyen de leur réforme particulière à leur première apparition, on ne les a placés qu'après. Ils tirent en effet leur origine de saint Dominique, Espagnol, qui les établit à Boulogne dans leur dernier état de désappropriation absolue. On sait que ce saint fit des merveilles contre les Albigeois, et qu'il fut le premier maître du sacré palais. Innocent III confirma cet *ordre* dans le quatrième concile de Latran, en 1215. Honorius III l'honora de son approbation (*Voyez* DOMINICAINS).

L'an 1216, les religieux de Sainte-Croix, *Sanctæ Crucis*. Quelques-uns disent que ces religieux sont dans l'Eglise dès le temps du pape saint Clet; d'autres en rapportent l'origine à un Syriaque qui montra à sainte Hélène, mère de Constantin, le lieu où la croix de Notre-Seigneur était cachée. Ce qu'il y a de certain, c'est que l'on connaissait ces religieux en Italie avant l'an 1160, puisque le pape Alexandre III les a honorés de plusieurs priviléges, et qu'il s'est souvent retiré chez eux quand il se dérobait à la violence de Frédéric Barberousse. Mais ces religieux ne se sont établis en France, en Flandre et en Allemagne, que vers l'an 1216. Innocent IV confirma cet *ordre* sous la règle de saint Augustin.

L'an 1215, les ermites de saint Paul, *Eremitæ sancti Pauli*, furent institués à Bade en Hongrie, par Eusèbe, archevêque de Strigonie, sur le modèle de saint Paul, premier ermite.

L'an 1218, l'*ordre* de la merci, *Sanctæ Mariæ de Mercede*, fut institué à Barcelone, pour la délivrance des chrétiens captifs d'entre les mains des infidèles, par Jacques, roi d'Aragon, suivant le conseil de saint Raymond de Pennafort et de saint Pierre de Nolasque. Il fut approuvé en 1236, par Grégoire IX, sous la règle de saint Augustin.

L'an 1221, les religieux du Tiers-Ordre de saint François, *Tertiarii*. Cet *ordre* comprend non-seulement les religieux qui vivent dans les cloîtres de saint François d'Assise, mais encore plusieurs personnes de l'un et de l'autre sexe qui vivent dans le monde.

L'an 1231, les sylvestrins, *sylvestrini*. Le bienheureux Sylvestre Gonzolin, chanoine d'Osma, et puis ermite, commença cette congrégation sous la règle de saint Augustin.

L'an 1241, les chanoines réguliers de saint Marc, *sancti Marci*. Cette congrégation fut approuvée par Innocent III et par Grégoire IX en 1231.

L'an 1251, les augustins de la pénitence, *fratres de pœnitentia*, commencèrent à Marseille par l'ordre du pape Innocent IV. Cette congrégation, après s'être fort répandue par la France et par l'Italie, fut réunie par Alexandre IV à l'*ordre* des ermites de saint Augustin.

L'an 1271, les célestins, *Celestini*, furent institués par Pierre d'Isern, qui embrassa la vie des ermites sur le mont Murhon, proche de Sulmone. Il fut fait pape en 1294, et fut nommé Célestin. C'est de là qu'on a appelé ces religieux *Célestins*, qu'on nommait auparavant les religieux de la congrégation de saint Damien. Grégoire X confirma cette institution : ce que fit pareillement saint Pierre Célestin quand il fut devenu pape. Ils suivent la règle de saint Benoît.

L'an 1276, les augustins ou les ermites de saint Augustin, *Augustiniani seu eremitæ sancti Augustini*, rétablirent cette institution de saint Augustin qui était presque entièrement éteinte. Cela se fit sous le pontificat d'Innocent III, vers le temps du quatrième concile général de Latran. Cette entreprise fut perfectionnée vers l'an 1276, et on y remit encore la main sous le pontificat de Grégoire XII, vers l'an 1406.

L'an 1313, la congrégation du mont Olivet, *Montis Oliveti*, doit son origine à un noble Siennois nommé Bernard Ptolomée, qui recouvra la vue par l'invocation de la sainte Vierge, à laquelle il avait une singulière dévotion. Il se retira avec plusieurs de ses amis sur le mont Olivet, où il embrassa une manière de vivre très-dure et très-pénitente sous la règle de saint Benoît, que Jean XXII leur donna. Cet *ordre* fut approuvé par Urbain V en 1370.

L'an 1363, l'*ordre* des religieuses de sainte Brigite, fille du roi de Danemarck, *Brigidanorum sive sancti Salvatoris ordo*, et veuve d'Ulphon, prince suédois. Cette princesse, fort élevée par ses révélations et célèbre par ses pèlerinages, ne prit point l'habit de religieuse, mais elle fit une règle excellente qui tient beaucoup de la règle de saint Basile et de la règle de saint Augustin, et qu'on dit que Jésus-Christ lui a dictée. Urbain V approuva cette règle en 1370.

L'an 1367, Les jésuates, *Jesuati*, sont ainsi nommés, parce qu'ils faisaient profession de prononcer souvent le saint nom de Jésus. Ils furent institués à Sienne dans la Toscane, par un homme de qualité nommé Jean Colombin, vers l'an 1355. Ils suivent la règle de saint Augustin; mais cette institution ne fut approuvée qu'en 1367, par Urbain V. On leur a permis dans la suite de parvenir à la prêtrise.

L'an 1374, les jéronimites ou les moines de saint Jérôme, *Hieronymiani*, furent institués par Pierre Ferrand, Espagnol, et par son compagnon P. Romain, qui embrassèrent la règle de saint Augustin. Grégoire XI approuva cette institution en 1374.

L'an 1376, les frères de la vie commune, *fratres sive clerici vitæ communis*, furent institués par un docteur de Paris nommé Gérard, et qui était chanoine d'Utrecht et d'Aix-la-Chapelle. Grégoire XI approuva cette institution cette même année 1376. Ils avaient en Flandre et en Allemagne des écoles très-célèbres, qui furent en partie occupées par les protestants.

L'an 1380, les ermites de saint Jérôme en Italie, *Eremitæ sancti Hieronymi*, furent institués par le bienheureux Pierre Gambacurta, gentilhomme de Pise. Ils vivaient du travail de leurs mains, et du surplus ils en nourrissaient les pauvres. Ils ne faisaient point d'abord de vœux ; mais, par l'autorité de saint Pie V, ils se lièrent par des vœux et commencèrent à se livrer à l'étude et à se mêler de la prédication.

L'an 1380, la congrégation Fésulane de saint Jérôme, *congregatio fesulana*. Cette congrégation de mendiants fut commencée en 1380, par le bienheureux Charles, fils d'Antoine, comte de Mont-Gravelle dans la Romandiole, près de Florence, et approuvée en 1405 par Innocent VII.

L'an 1395, la congrégation frisonnaire ou de Latran, *frisonaria*, fut instituée par Barthélemi Colonne, noble Romain, qui rétablit à cette époque la discipline de l'*ordre* de saint Augustin dans le monastère de Sainte-Marie à Lucques, ville de la Toscane. Ce rétablissement se répandit dans toute l'Italie et ces religieux furent nommés *la Congrégation de Latran* à cause de l'église de Latran où furent rétablis ces chanoines réguliers par Eugène IV, et que Sixte V sécularisa ensuite.

L'an 1408 la congrégation de sainte Justine, *sanctæ Justinæ*, ou du mont Cassin, fut instituée à Padoue. Grégoire XII, mit à la tête de cette réformation Louis Barbe, Vénitien, qui rétablit par toute l'Italie l'*ordre* de saint Benoît extrêmement déchu. On la nomma ensuite *Reformatio Cassinensis*, parce qu'elle s'établit au mont Cassin avec plus de zèle et de pureté qu'ailleurs.

L'an 1408, la congrégation des chanoines réguliers de saint Sauveur, *sancti Salvatoris* ou des *Scopetins*, fut instituée proche de Sienne par Étienne de Sienne, de l'ordre des ermites de saint Augustin, qui, par le commandement de Grégoire XII, fut fait chanoine régulier.

L'an 1419, les observantins, *Observantini*, sont des cordeliers qui s'attachent plus étroitement à suivre l'esprit de pauvreté de saint François d'Assise. On les nomme pour ce sujet les franciscains de l'étroite observance, dont Bernardin de Sienne est l'auteur.

L'an 1425, la congrégation des religieux de saint Bernard, *sancti Bernardi*, fut formée en Espagne par Martin Vasga, moine de Citeaux qui, avec douze de ses confrères, se retira au mont de Sion, proche de Tolède, et y rétablit, avec l'approbation de Martin V, le premier esprit de l'*ordre* de saint Bernard.

L'an 1429, la congrégation des moines de Bursfeld, *Bursfeldensis ordo*, a commencé dans le monastère de saint Matthias à Trèves. Jean Rodius, abbé de ce monastère, ayant été fait, par le concile de Constance, visiteur général de l'*ordre* de saint Benoît dans l'Allemagne, fut le premier qui réforma sa maison en 1429. Les décrets de cette réformation furent mis à exécution dans le monastère de Bursfeld en 1435.

L'an 1432, les carmes mitigés ou les billettes *Billieti*. Eugène IV adoucit l'extrême austérité de leur règle. On les nommait à Paris les Billettes.

L'an 1433, la congrégation de saint Ambroise *ad nemus*, sous la règle de saint Augustin, parut à Milan, sous le pape Eugène IV.

L'an 1435, les minimes, *Minimi*, dont la vie est un carême continuel, ont pour auteur de leur *ordre* saint François de Paule, Calabrois. Le pape Eugène IV approuva cet *ordre*, sous le nom d'ermites de saint François d'Assise. Sixte IV le confirma en 1437, et Alexandre VI ordonna qu'ils seraient nommés les ermites de l'*ordre* des minimes.

L'an 1444, les augustins de la congrégation de Lombardie, *congregatio Lombardiæ*, furent institués par Grégoire Rocchius de Pavie, et par Grégoire de Crémone.

L'an 1484, les barnabites, *Barnabitæ*, ou les apostoliques, sont des clercs réguliers qui furent institués par Innocent VIII, et qui font remonter leur origine à saint Barnabé.

L'an 1493, les pénitentes ou les repenties, *Pœnitentes mulieres;* c'est-à-dire, quelques femmes de mauvaise vie de Paris commencèrent vers ce temps à se convertir et à faire une profession déclarée de pénitence et d'austérités, touchées par les puissantes exhortations du père Jean Tisserand, cordelier.

L'an 1498, les religieuses de l'annonciation de la sainte Vierge, *Annuntiatæ*, commencèrent à Bourges par les soins de la bienheureuse Jeanne, fille de Louis XI, après que son mariage avec Louis XII fut déclaré nul. Le pape Alexandre VI et plusieurs autres ont approuvé cette institution.

L'an 1524, les théatins, *Theatini*, furent institués par Jean-Pierre Carraffa, évêque de Théate ou Cièti, et qui depuis fut pape sous le nom de Paul IV. Ils furent d'abord clercs réguliers, puis ils firent les vœux ordinaires auxquels ils ajoutèrent le vœu, non-seulement de ne rien posséder, mais même de ne pas mendier, et de vivre précisément des aumônes qu'on leur présenterait volontiers.

L'an 1525, les capucins, *Capucini*, ainsi nommés à cause de leur capuce pointu, furent institués à Pise par Matthieu Bassius ou Baschi, cordelier observantin, divinement inspiré dans cette entreprise. Il joignit à l'habit de capucin la promesse de suivre la règle de l'étroite observance de saint François. Trois ans après cet *ordre* fut approuvé par le pape Clément VII.

L'an 1531, les somasques, *Somaschi*, ainsi nommés du lieu où ils furent institués par Jérôme Emilien, sénateur de Venise. On les appelle clercs réguliers. Ils s'engagent à donner une bonne éducation aux orphelins. On les nomma d'abord clercs réguliers de sainte Majole de Pavie, parce que ce fut là que cette congrégation eut son premier collège.

En 1540, Paul III approuva cette congrégation, et saint Pie V leur accorda la permission de faire les vœux monastiques.

L'an 1532, les récollets, *Recollecti*, composent une congrégation dans la règle de l'étroite observance de saint François, qui fait profession de suivre plus à la lettre que les autres congrégations réformées, la règle des observantins, selon les constitutions des papes Nicolas III et Clément V. Ils y ajoutent encore quelques règlements particuliers. En 1532, Clément VII se fit un grand plaisir d'approuver cette nouvelle institution.

L'an 1533, les Barnabites de saint Paul *Sancti Pauli decollati*, furent institués à Milan, sous le nom de congrégation des clercs réguliers, par Jacques-Antoine Morigia, à la sollicitation de Serazin Firman. Clément VII approuva cette congrégation, qui fait une particulière profession de former la vie des chrétiens sur la doctrine des Épîtres de saint Paul. C'est de l'église de saint Barnabé, de Milan, où ils furent institués, qu'ils prirent le nom de Barnabites.

L'an 1568, les carmes déchaussés, *Discalceati*, et les carmélites, doivent leur institution à sainte Thérèse, fille de qualité d'Espagne. Leur premier établissement se fit auprès d'Avila, où l'Église a vu avec joie renaître l'ancienne austérité de cet *ordre*.

L'an 1571, les Pères de la doctrine chrétienne furent établis par une constitution de saint Pie V, qui les engage particulièrement à catéchiser les enfants et les autres fidèles.

L'an 1572, les frères de la Charité, ou de saint Jean de Dieu: *Congregati fratrum Joannis a Deo*, furent institués par saint Jean de Dieu, Portugais, en 1538, à Grenade; mais cette institution ne fut confirmée qu'en 1572. Leur destination est d'avoir soin des pauvres malades, et quant au corps et quant à l'âme. Ils s'acquittent de ce devoir avec beaucoup d'édification. Paul V les mit en règle, leur fit faire des vœux, et ils en font un quatrième de prendre soin des malades.

L'an 1577, les Feuillants et les Feuillantines: *Fulientes seu congregatio beatæ Mariæ Fuliensis*, furent institués par Jean Barreria, abbé de l'*ordre* de Citeaux, dans le diocèse de Toulouse, pour faire revivre le premier esprit de saint Benoît et de saint Bernard. En 1586, le pape approuva cette congrégation.

L'an 1579, les religieux de saint Basile, en Occident, *sancti Basilii ordo in Occidente restauratus*. Ils ne sont connus qu'en Italie, en Sicile et en Espagne où Grégoire XIII a établi cette congrégation, qui a pris sa naissance en Orient dès les premiers siècles de l'Église; ce pape en a fait une congrégation sous un seul abbé.

L'an 1588, les clercs mineurs, *Clerici minorum sive congregatio presbyterorum et clericorum regularium minorum*, sont des clercs réguliers, institués par Augustin Adorne, prêtre de Gênes, et qui font les trois vœux des religieux. Le pape Sixte V approuva cette congrégation.

L'an 1595, le pape Clément VIII approuva les augustins déchaux, *Fratres reformati discalceati ordinis sancti Augustini*.

L'an 1595, les trinitaires déchaux, de la rédemption des captifs, *discalceati ordinis sancti Trinitatis de redemptione captivorum*, professent la règle primitive de leur *ordre*, et forment une congrégation que Clément VIII confirma.

L'an 1608, les jacobins réformés, ou les dominicains réformés, *Prædicatorum seu dominicanorum reformatorum congregatio*, est une congrégation commencée en France, par Jean Michaélis, et qui est séparée des autres monastères de cet *ordre* par l'autorité de Paul V. Le général des dominicains mit à la tête de cette réformation le même Jean Michaélis.

L'an 1610, les religieuses de la Visitation, *Visitationis beatæ Mariæ*, ont commencé par la piété de plusieurs saintes femmes, dont la première était sainte Jeanne-Françoise Frémiot de Chantal, et, pour honorer la visite que la sainte Vierge fit à sa cousine sainte Élisabeth, visitaient les pauvres et les malades. Saint François de Sales, évêque de Genève, mit la dernière main à ce saint ouvrage, et les établit à Annecy, où il leur donna une règle. Elles sont présentement cloîtrées, et sont obligées d'admettre dans leur *ordre* des filles délicates et même infirmes, qui ne peuvent être religieuses sous des règles plus austères.

L'an 1611, les ursulines, ou les religieuses de sainte Ursule, *Ursulinæ, sive ordo virginum et viduarum*, est un *ordre* de filles et de veuves, et qui parut d'abord à Paris, sous la règle de saint Augustin. Elles prirent pour patronne sainte Ursule. Une illustre veuve nommée Marie Lhuillier, dame de Sainte-Beuve, a formé cette sainte institution que le pape Paul V approuva. Elles s'appliquent à l'instruction des jeunes filles.

Nous ne pousserons pas plus loin cette table chronologique, parce qu'on trouvera dans le *Dictionnaire des ordres religieux*, qui fait partie de cette *Encyclopédie théologique*, tous les *ordres religieux* actuellement existants. Nous en avons omis plusieurs, parce qu'il en est parlé sous leur dénomination particulière, comme les jésuites, par exemple. D'ailleurs nous supposons qu'on cherche dans cet ouvrage des principes de droit, plutôt que des faits qui sont du domaine de l'histoire.

Les *ordres religieux* qui sont la gloire et l'ornement de la religion et de l'Église catholique, avaient été supprimés en France par le décret du 13 février 1790. Mais ce décret est abrogé par l'usage et par les chartes de 1814 et de 1830 (*Voyez* CONGRÉGATION RELIGIEUSE). Voici le texte de ce décret.

DÉCRET *du 13 février 1790 qui prohibe en France les vœux monastiques.*

« ARTICLE 1ᵉʳ. La loi constitutionnelle du royaume ne reconnaîtra plus de vœux monastiques solennels de l'un ni de l'autre sexe; en conséquence, les *ordres* et congrégations réguliers dans lesquels on fait de pareils vœux sont et demeurent supprimés en France, sans qu'il puisse en être établi de semblables à l'avenir.

« Art. 2. Tous les individus de l'un et de l'autre sexe, existant dans les monastères et maisons religieuses, pourront en sortir en faisant leur déclaration devant la municipalité du lieu, et il sera incessamment pourvu à leur sort par une pension convenable. Il sera indiqué des maisons où seront tenus de se retirer les religieux qui ne voudront pas profiter de la disposition des présentes.

« Au surplus, il ne sera rien changé, quant à présent, à l'égard des maisons chargées de l'éducation publique, et des établissements de charité, et ce, jusqu'à ce qu'il ait été pris un parti sur ces objets.

« Art. 3. Les religieuses pourront rester dans les maisons où elles sont aujourd'hui, les exceptant expressément de l'article qui oblige les religieux de réunir plusieurs maisons dans une seule. »

Pie VI, dans le bref qu'il adressa le 10 mars 1791 aux évêques signataires de l'*Exposition des principes du clergé de France sur la constitution civile du clergé*, s'exprime ainsi relativement à ce décret impie :

« Venons maintenant aux réguliers, dont l'assemblée nationale s'est réellement approprié les biens, en déclarant qu'ils sont à la disposition de la nation, expression moins odieuse que celle de *propriété*, et qui présente, en effet, un sens un peu différent. Par son décret du 13 février, sanctionné six jours après par le roi, elle a supprimé tous les *ordres* réguliers, et défendu d'en fonder aucun autre à l'avenir. Cependant l'expérience a fait voir combien ils étaient utiles à l'Eglise ; le concile de Trente leur a rendu ce témoignage ; il a déclaré « qu'il n'ignorait pas « combien de gloire et d'avantages procu- « raient à l'Eglise de Dieu, les monastères « saintement institués et sagement gouver- « nés. » (Session XXV, chap. 1er, *de Regular*.)

« Tous les Pères de l'Eglise ont comblé d'éloges les *ordres* réguliers, et saint Chrysostome, entre autres, a composé trois livres entiers contre leurs détracteurs (tom. I, pag. 44 à 118, édit. des *Bénéd*.). Saint Grégoire le Grand, après avoir averti Marinien, archevêque de Ravenne, de n'exercer aucune vexation contre les monastères ; mais, au contraire, de les protéger et de tâcher d'y réunir un grand nombre de religieux (*Ep*. 29, *tom*. II, *éd. des Bénéd*.), assembla un concile d'évêques et de prêtres, où il porta un décret qui *défend à tout évêque et à tout séculier de causer quelque dommage*, par surprise ou autrement, dans quelque circonstance que ce soit, aux revenus, biens, chartres, maisons de religieux, et d'y faire aucune incursion. Au treizième siècle, Guillaume de Saint-Amour se répandit en invectives contre eux, dans son livre intitulé : *Des dangers des derniers temps*, où il détourne les hommes de se convertir et d'entrer en religion. Mais ce livre fut condamné par le pape Alexandre IV, comme criminel, exécrable et impie (*Bull. Rom.*, tom. III, *pag*. 378, *édit. de Rome*, 1740).

« Deux docteurs de l'Eglise, saint Thomas d'Aquin et saint Bonaventure, ont aussi repoussé les calomnies de Guillaume ; et Luther, ayant adopté la même doctrine a été également condamné par le pape Léon X (Labbe, *Collect. des concil.* tom. XIX, pag. 153). Le concile de Rouen, tenu en 1581, recommande aux évêques de protéger, de chérir les réguliers qui partagent avec eux les fatigues du ministère, de les nourrir comme les coadjuteurs, et de repousser, comme si elles leur étaient personnelles, toutes les insultes faites aux religieux (Labbe, tom. XXI, pag. 651). L'histoire a consacré le souvenir des pieux projets de saint Louis, roi de France, qui avait résolu de faire élever dans un monastère, deux fils qu'il avait eus pendant le cours de son expédition d'Orient, quand ils auraient eu atteint l'âge de raison : l'un devait être confié aux dominicains, l'autre aux frères mineurs, pour qu'ils fussent formés, dans cette sainte école, à l'amour de la religion et des lettres ; et leur père désirait, de tout son cœur, que ces jeunes princes, imbus des plus salutaires préceptes, et inspirés de l'esprit de Dieu, se consacrassent tout entiers à la piété dans les mêmes monastères qui auraient servi à leur éducation (*Vie de S. Louis*, dans la *collect. des hist. de France par* Duchesne, tom. V, *pag*. 148). Dans ces derniers temps, les auteurs de l'ouvrage intitulé : *Nouveau traité de diplomatique*, réfutant les ennemis des priviléges accordés aux religieux, se sont exprimés avec beaucoup d'énergie. « Quelle at-
« tention, disent-ils, peuvent donc mériter
« les déclamations de l'historien du droit
« public ecclésiastique français, contre les
« priviléges accordés aux monastères ; privi-
« léges, dit-il, et exemptions qui n'ont pu
« être accordés sans renverser la hiérarchie,
« sans violer les droits de l'épiscopat, et qui
« sont de vrais abus, et en ont produit de
« fort considérables ? Quelle témérité de s'é-
« lever ainsi contre une discipline si ancienne
« dans l'Eglise et dans l'Etat. » (Tom. V, pag. 379, *éd. de Paris*, 1762.)

« Il est bien vrai que plusieurs *ordres religieux* se sont relâchés de leur ferveur primitive, que la sévérité de l'ancienne discipline s'y est considérablement affaiblie, et personne ne doit en être surpris. Mais faut-il pour cela les détruire ? Ecoutons ce que répondit au concile de Bâle, Jean de Polémar aux objections de Pierre Rayne, contre les réguliers. Il convint d'abord « qu'il s'était
« glissé parmi les réguliers quelques abus
« qui exigeaient une réforme. Mais en ad-
« mettant qu'on pouvait leur faire ce repro-
« che, comme à tous les autres états, il ne
« s'étendit pas moins sur les éloges qu'ils
« méritaient, par les lumières que leur doc-
« trine et leur prédication répandaient dans
« l'Eglise. Un homme raisonnable, dit-il, se
« trouvant dans un lieu obscur, éteint-il la
« lampe qui l'éclaire, parce qu'elle ne jette

« pas un assez grand éclat ? Ne prend-il pas soin plutôt de la nettoyer et de la mettre en état ? Ne vaut-il pas mieux, en effet, être un peu moins bien éclairé, que de rester absolument sans lumière ? » (Labbe, tom. XVII, pag. 1231.) Cette pensée est la même que celle de saint Augustin, qui avait dit, longtemps auparavant, « Faut-il donc abandonner l'étude de la médecine, parce qu'il y a des maladies incurables ? » (*Ep.* 93, tom. II, pag. 231, *éd. des Bénéd.*)

« Ainsi, l'assemblée nationale, empressée à favoriser les faux systèmes des hérétiques, en abolissant les *ordres religieux*, condamne la profession publique des conseils de l'Evangile ; elle blâme un genre de vie toujours approuvé dans l'Eglise, comme très-conforme à la doctrine des apôtres ; elle insulte les saints fondateurs de ces *ordres*, à qui la religion a élevé des autels, et qui n'ont établi ces sociétés que par une inspiration divine. Mais l'assemblée nationale va plus loin encore. Dans son décret du 13 février 1790, elle déclare qu'elle ne reconnaît point les vœux solennels des religieux, et, par conséquent, que les *ordres* et congrégations régulières, où l'on fait ces vœux, sont et demeurent supprimés en France, et qu'à l'avenir on ne pourra en fonder de semblables. N'est-ce pas là une atteinte portée à l'autorité du souverain pontife, qui seul a le droit de statuer sur les vœux solennels et perpétuels ? « Les grands vœux, dit saint Thomas d'Aquin, c'est-à-dire les vœux de continence, etc. sont réservés au souverain pontife. Les vœux sont des engagements solennels que nous contractons avec Dieu pour notre propre avantage. » (2, 2. *quest.* 88, *art.* 12.) C'est pour cela que le prophète a dit dans le psaume LXXV, v. 12 : « Engagez-vous par des vœux avec le Seigneur votre Dieu, et gardez-vous ensuite d'y être infidèle. » C'est pour cela encore qu'on lit dans l'Ecclésiaste : « Si vous avez fait un vœu à Dieu, ne tardez pas à l'accomplir ; une promesse vaine et sans effet est un crime à ses yeux ; soyez donc fidèle à tenir tout ce que vous lui avez promis. » (Ch. V, v. 1.)

« Aussi, lors même que le souverain pontife, croit, pour des raisons particulières, devoir accorder dispense des vœux solennels, ce n'est pas en vertu d'un pouvoir personnel et arbitraire qu'il agit ; il ne fait que manifester la volonté de Dieu, dont il est l'organe. Il ne faut pas être étonné que Luther ait enseigné qu'on n'était pas tenu d'accomplir ses vœux, puisque lui-même fut un apostat, un déserteur de son *ordre*. Les membres de l'assemblée nationale qui se piquent d'être sages et prudents, voulant se dérober aux murmures et aux reproches que la vue de tant de religieux dispersés allait exciter contre eux, ont jugé à propos d'ôter aux religieux leur habit, pour qu'il ne restât aucune trace de l'état auquel on les avait arrachés, et pour effacer même jusqu'au souvenir des *ordres* monastiques. On a donc détruit les religieux, d'abord pour s'emparer de leurs biens, ensuite pour anéantir la race de ces hommes qui pouvaient éclairer le peuple, et s'opposer à la corruption des mœurs. Ce stratagème perfide et coupable est peint avec énergie et réprouvé par le concile de Sens : « Ils accordent, dit-il, aux moines et à tous ceux qui sont liés par les vœux, la liberté de suivre leurs passions : ils leur offrent la liberté de quitter leur habit, de rentrer dans le monde ; ils les invitent à l'apostasie et leur apprennent à braver les décrets des pontifes et les canons des conciles. » (Labbe, tom. XIX, pag. 1157 et 1158.)

« Ajoutons à ce que nous venons de dire sur les vœux des réguliers, l'odieux décret porté contre les vierges saintes, et qui les chasse de leur asile, à l'exemple de Luther : car on vit aussi cet hérésiarque, suivant le langage du pape Adrien VI, « souiller ces vases consacrés au Seigneur, arracher des monastères les vierges vouées à Dieu, et les rendre au monde profane, ou plutôt à Satan qu'elles avaient abjuré. » Cependant les religieuses, cette portion si distinguée du troupeau des fidèles catholiques, ont souvent, par leurs prières, détourné de dessus les villes les plus grands fléaux. « S'il n'y avait pas eu de religieuses à Rome, dit saint Grégoire le Grand, aucun de nous, depuis tant d'années, n'eut échappé au glaive des Lombards. » Benoît XIV rend le même témoignage aux religieuses de Bologne : « Cette ville, accablée de tant de calamités depuis plusieurs années, ne subsisterait plus aujourd'hui si les prières de nos religieuses n'eussent apaisé la colère du ciel. » Notre cœur a été vivement touché des persécutions qu'éprouvent les religieuses en France ; la plupart nous ont écrit de différentes provinces de ce royaume pour nous témoigner à quel point elles étaient affligées de voir qu'on les empêchait d'observer leur règle et d'être fidèles à leurs vœux ; elles nous ont protesté qu'elles étaient déterminées à tout souffrir plutôt que de manquer à leurs engagements. Nous devons, nos très-chers fils et vénérables frères, rendre auprès de vous témoignage à leur constance et à leur courage ; nous vous prions de les soutenir encore par vos conseils et vos exhortations, et de leur donner tous les secours qui seront en votre pouvoir. »

ORGUES.

L'*orgue* est un grand instrument de musique en usage dans les églises pour célébrer l'office divin avec plus de solennité. L'on voit sous le nom *messe* un règlement du concile de Reims, en 1584, touchant l'usage de l'*orgue* à la messe.

Les *orgues* furent apportées en France à Pépin, lorsqu'il était à Compiègne, en 757, avec d'autres présents que lui envoya l'empereur Constantin.

Les *orgues*, dit le concile de Cologne, de l'an 1636, doivent plutôt exciter la dévotion qu'une joie profane (*Tit. des clercs*). Elles ne joueront que des airs pieux, ajoute le concile d'Augsbourg de l'an 1548 (*Régl.* 18).

Durant l'élévation de l'hostie et du calice,

et jusqu'à l'*agnus Dei*, les *orgues* ne doivent point jouer, et l'on ne doit rien chanter, mais il faut demeurer dans le silence, à genoux ou prosterné, pour s'occuper de la passion de Jésus-Christ et remercier Dieu des grâces qu'il nous a méritées par sa mort (Concile de Trèves de l'an 1549, chap. 9).

On ne touche point l'*orgue* au *credo*, parce que c'est une profession de foi que chacun doit faire tout entière.

Les Russes ne souffrent ni *orgues* ni autres instruments de musique dans les églises, parce qu'ils croient qu'il convient aux hommes de la nouvelle loi de n'employer que leur voix naturelle pour célébrer les louanges de Dieu. En cela nous sommes assez porté à partager leurs sentiments. L'église de Saint-Jean de Lyon n'avait, jusqu'à nos jours, ni *orgues*, ni musique, suivant sa fameuse maxime : *Ecclesia lugdunensis novitates non recipit*. Mais son éminence le cardinal de Bonald, archevêque de cette primatiale, vient tout récemment de les y introduire.

ORNEMENTS.

On appelle ainsi les habits ecclésiastiques qui servent à la célébration des saints mystères et aux offices divins dans les églises (*Voyez* HABITS, § 2).

Les *ornements* avec lesquels un prêtre dit la messe, sont l'amict, l'aube, la ceinture, le manipule, l'étole et la chasuble. Ces *ornements* sont si nécessaires de droit ecclésiastique, à la célébration de la messe, qu'on pécherait mortellement en la célébrant sans les avoir, quand même on ne le ferait que dans le cas d'une très-grande nécessité. Car les lois qui ordonnent d'entendre la messe ne sont obligatoires que lorsqu'on peut la célébrer selon les règles les plus importantes, telles que celles qui prescrivent les *ornements* sacerdotaux.

Par un règlement d'un concile de Bordeaux, approuvé par le pape Grégoire XIII, les vases sacrés et les *ornements* neufs ne peuvent être employés dans l'église, s'ils n'ont été consacrés ou bénits (*Mém. du clergé*, tom. VI, pag. 1202).

Les *ornements* sacerdotaux perdent leur bénédiction lorsqu'ils perdent la forme sous laquelle ils l'ont reçue, ou qu'on ne peut plus s'en servir décemment pour les fonctions du saint ministère.

On ne peut, sans une très-grande indécence, faire servir à des usages profanes, les vieux linges ou *ornements* d'église ; on doit les brûler et en jeter les cendres dans un lieu qui ne soit pas foulé aux pieds par les passants : *Altaris palla, canthara, candelabrum et velum, si fuerint vetustate consumpta, incendio dentur, quia non licet ea, quæ in sacrario fuerint, male tractari, sed incendio tradantur. Cineres quoque eorum in baptisterium inferantur, ubi nullus transitum habeat : aut in pariete, aut in fossis pavimentorum jactentur, ne introeuntium pedibus inquinentur* (*cap.* 39, *dist.* 1, *de consecratione*). Mais on peut convertir en *ornements* sacrés ce qui a servi à des usages profanes, comme on peut consacrer à Dieu les temples des démons. On peut aussi employer à d'autres usages les ustensiles de métal qui ont servi à l'église après les avoir fait fondre au feu parce que le feu qui les met en fusion les change tellement qu'ils ne sont plus réputés les mêmes.

On doit prendre, pour dire la messe, les *ornements* qui conviennent à l'office, et un simple prêtre ne peut les prendre à l'autel que quand il n'y a ni sacristie, ni crédence, et pour lors il doit les prendre au coin de l'autel, du côté de l'évangile. Le droit de les prendre au milieu de l'autel n'appartient qu'aux cardinaux et aux évêques.

Les *ornements* doivent être fournis par les fabriques (décret du 30 décembre 1809, article 37).

PAIN BÉNIT.

C'est un pain qui se bénit tous les dimanches à la messe paroissiale, et qui se distribue ensuite aux fidèles.

La cérémonie du *pain bénit* dans l'église, distribué aux fidèles comme un symbole de concorde et d'union, est une image des eulogies qui avaient lieu dans la primitive Église, et qui consistaient en différents mets bénits que l'on donnait aux fidèles assemblés comme une espèce de supplément de l'eucharistie, ou que l'on envoyait aux absents en signe de communion (*Voyez* EULOGIE).

L'usage du *pain bénit* aux messes paroissiales fut expressément recommandé au neuvième siècle dans l'Église latine par le pape Léon IV, par un concile de Nantes et par plusieurs évêques, et ils ordonnèrent aux fidèles de le recevoir avec le plus profond respect.

PAIX.

La *paix* ou *trêve de Dieu*, était une cessation d'armes, depuis le soir du mercredi de chaque semaine jusqu'au lundi matin, que les ecclésiastiques et les princes religieux firent observer dans les temps où il était permis aux particuliers de tuer le meurtrier de leur parent, ou de se venger par leurs mains en tel autre cas que ce fût (*Voyez* TRÊVE DE DIEU).

PALEA

Parmi les canons ou chapitres du décret de Gratien, il y en a plusieurs qu'on appelle *palea*, parce qu'ils portent ce nom pour inscription. Les auteurs se sont exercés sur la vraie signification de ce titre : les uns ont dit que l'on a donné ce nom par mépris aux canons dont on faisait peu de cas, pour les distinguer de ceux qui avaient plus d'autorité, et comme pour séparer la paille du bon grain ; les autres ont pensé que ce terme était tiré d'un mot grec qui signifie *vieux*, et qu'on avait donné cette marque aux canons qui n'étaient plus en usage. Enfin d'autres font venir aussi ce nom du grec, mais d'un autre mot qui veut dire la même chose qu'*iterum* en latin, c'est-à-dire une seconde fois ou plus d'une fois : par où l'on entendait que ces canons sont répétés et rapportés en plus d'un endroit.

Doujat combat ces trois opinions : il dit que certains de ces canons sont aussi considérables par leurs règlements et par leur usage, et ne sont pas plus anciens ni moins autorisés que beaucoup d'autres, que ni tous les canons qui se trouvent répétés et insérés plus d'une fois dans le décret, ne sont appelés *palea* ; ni tous ceux à qui on a donné ce nom ne se trouvent pas répétés, en sorte que, suivant cet auteur, l'opinion la plus probable est que ce titre a été emprunté du nom d'un homme studieux du droit canon qui s'appelait effectivement *Palea* en latin, et en italien *Paglia*, qui est le nom d'une mille noble de Crémone. Quelques-uns prétendent que ce fut un disciple de Gratien, et que l'auteur en revoyant son ouvrage, lui voulut faire cet honneur de marquer de son nom les additions qu'il y fit ; d'autres veulent que ce soit après la mort de Gratien que ces canons furent ajoutés au décret par ce *Palea*, dont on mit le nom pour distinguer ce qui venait de lui d'avec ce qui était de Gratien. Il y en a enfin qui attribuent cela à un cardinal nommé *Protopalea*.

Quoi qu'il en soit, voici deux observations sur ce mot que l'on doit tenir pour certaines : 1° il est constant que ces canons ou *palea* ne se voient que dans les plus anciens manuscrits du décret, ou du moins qu'il y en a fort peu, et que ceux qui s'y trouvent ne sont pas insérés dans le texte, mais seulement ajoutés à la marge, ce qui suffit pour montrer qu'ils avaient été omis, soit par oubli, soit à dessein ; 2° ces mêmes canons ou *palea* n'ont certainement pas plus de valeur et d'autorité que les décrets même de Gratien, qui n'en ont absolument que dans les sources d'où ils sont tirés, suivant ce qui est dit sous le mot DROIT CANON.

PALLIUM.

Le *pallium* est un ornement ecclésiastique particulier à certains prélats. Ce n'est autre chose qu'une bande de laine blanche garnie de plusieurs croix de laine noire, qui fait un tour sur les épaules du prélat, à laquelle il y a deux bouts pendants, l'un sur la poitrine et l'autre entre les deux épaules, et ces deux bouts sont garnis de plomb pour leur donner de la consistance.

§ 1. *Origine du* PALLIUM.

Quelques auteurs, comme de Marca, Baluze, etc., prétendent que le *pallium* tire son origine des empereurs romains, qui, quand ils eurent embrassé le christianisme, communiquèrent aux principaux évêques l'usage de cet ornement, dont ceux-ci firent ensuite part à ceux qui leur étaient soumis. Le cardinal Baronius rejette cette opinion comme peu honorable à l'Eglise romaine, prétendant qu'il est absurde de faire remonter l'origine d'un habillement sacré et ecclésiastique à un prince séculier (*Baron.*, tom. V *Annal.*, pag. 631).

Le fondement principal sur lequel de Marca appuie son sentiment sur l'origine du *pallium*, est qu'il paraît par plusieurs lettres des papes, qu'ils n'accordaient cette marque de distinction qu'avec la permission des empereurs. Nous avons un exemple remarquable de cette déférence des pontifes romains envers les empereurs sur ce point dans ce qu'écrit le pape Vigile, qui, répondant à Auxanius, archevêque d'Arles, qui lui avait demandé le *pallium*, lui dit qu'il ne pouvait lui faire cette grâce, qu'il n'eût appris auparavant si l'empereur le trouverait bon. Le même pape prit aussi cette précaution quand il fut question d'envoyer le *pallium* à Aurélien, successeur d'Auxanius, et le pape saint Grégoire en usa de la même manière pour accorder cette grâce à Syagrius, évêque d'Autun, comme on le voit dans sa lettre à Jean Diacre, son apocrisiaire à Constantinople, qu'il charge d'en demander la permission à Maurice qui régnait alors (Labbe, tom. V *Concil.*, c. 319).

Sur quoi Thomassin observe que le pape était sujet de l'empereur de Constantinople, qu'il ne voulait pas faire des grâces extraordinaires, et s'unir par de nouveaux liens à des Etats étrangers, sans l'avertir ; que cependant, quelque bienséance ou quelque nécessité qu'il y eût d'avoir le consentement de l'empereur et du roi, c'était de l'autorité apostolique que le pape accordait le *pallium* : *Beati Petri sancta auctoritate concedimus*. Saint Grégoire envoya aussi le *pallium* à Vigile, évêque d'Arles, mais sans consulter l'empereur, comme l'avoue de Marca lui-même, ce qui prouve que dans les circonstances ordinaires les papes n'avaient pas recours au prince pour accorder le *pallium*.

Ce qui semble le plus approcher de la vérité sur ce sujet, dit Chardon, dans son *Histoire des sacrements* (*Cours complet de théologie*, édit. Migne, tom. XX, col. 966), est que le *pallium* a une origine commune avec les autres ornements sacerdotaux dont se revêtaient les ministres de l'Eglise lorsqu'ils exerçaient les fonctions de leurs ordres, surtout dans la célébration du saint sacrifice. Car comme les ministres de divers ordres et de différents rangs étaient distingués les uns des autres par quelques marques ou habillements affectés à l'ordre et au rang qu'ils occupaient, il est raisonnable de croire que les évêques des principales Eglises auxquels plusieurs de leurs confrères étaient soumis, et qui recevaient d'eux la consécration, avaient aussi des marques distinctives par lesquelles on les reconnaissait, et que cette marque était le *pallium* que ces évêques, dont la juridiction s'étendait sur plusieurs provinces, communiquaient ensuite aux métropolitains, qui étaient les principaux évêques de chaque province ecclésiastique : au lieu que les patriarches, primats ou exarques qui étaient consacrés par les évêques de leur dépendance, prenaient d'eux-mêmes le *pallium*. Suivant ce sentiment il faudra dire que le *pallium* est aussi ancien que la division des provinces ecclésiastiques. (*Voyez* PROVINCES.)

Tout ce que nous lisons dans les monuments de l'antiquité ecclésiastique nous persuade que telle est l'origine de cet ornement célèbre. Le huitième concile général supposait que cette discipline avait été prescrite par le concile de Nicée en 325, lorsqu'il ordonna dans son dix-septième canon que tous les métropolitains convoqués par leurs patriarches, dont ils reçoivent l'imposition des mains, ou par lesquels ils sont confirmés par la concession du *pallium, sive per pallii dationem episcopalis dignitatis firmitatem accipiunt*, se rendront à leur synode, suivant l'ancienne coutume, que le premier concile universel a ordonné d'observer (Labbe, tom. VIII, col. 1136).

Chardon prétend que les patriarches d'Orient jouissaient indépendamment du pape de l'honneur du *pallium*, et qu'ils avaient le droit de l'accorder aux métropolitains soumis à leur patriarcat. Mais n'en était-il pas du *pallium*, signe de la juridiction, comme de l'institution canonique qui était donnée aux évêques par le métropolitain, au métropolitain par le patriarche, et au patriarche par la confirmation du pape : c'est ce qui nous paraît très-probable (*Voyez* NOMINATION § 2).

§ 2. *Usage et prérogatives du* PALLIUM.

Le pape Nicolas Ier assure dans sa réponse aux Bulgares, que suivant la coutume reçue par toutes les nations de la chrétienté, les archevêques ne font aucune fonction, avant d'avoir reçu le *pallium*. Saint Grégoire VII défend à l'archevêque de Rouen d'ordonner des évêques ou des prêtres, ou de consacrer des églises, sans cette marque glorieuse de dignité. Innocent III n'a fait que confirmer cette loi, en interdisant les fonctions pontificales aux métropolitains, avant la réception du *pallium : Cum id non tanquam simplex episcopus, sed tanquam archiepiscopus facere videatur*.

Le concile de Ravenne de l'an 871, porte (canon 1), que le métropolitain qui, dans les trois mois après la consécration, n'aura point envoyé à Rome pour obtenir le *pallium*, sera privé de sa dignité, et ne pourra consacrer ses suffragants, ni exercer les autres fonctions de son ministère, tant qu'il aura négligé de le demander : auquel cas, les archevêques les plus voisins, après une seconde et une troisième monition, prendront soin de l'église vacante et y consacreront les évêques qui en dépendent.

Le pape Jean VIII écrivit à Rostaing, archevêque d'Arles, deux lettres, dans lesquelles il s'exprime ainsi : « Hélas, quelle douleur « pour nous ! quand nous étions dans les « Gaules, nous y avons trouvé un abus entre « autres très-condamnable. Les métropoli- « tains avant d'avoir reçu le *pallium* du siége « apostolique, ont l'audace de faire des con- « sécrations d'évêques ; ce que nous avons « défendu, nous et nos prédécesseurs, par un « décret canonique. » (*Epist.* 93 *et* 94.) En conséquence, il ordonne à Rostaing, son vicaire dans les Gaules, de faire tout ce qui dépendra de lui pour obliger les évêques de France à se conformer en ce point à ses intentions : et, pour que la chose réussît mieux, il écrivit à tous les évêques de cette nation en général, pour qu'aucun métropolitain n'entreprît de consacrer ses suffragants, sans avoir préalablement reçu le *pallium* (*Epist.* 95).

Nous voyons qu'à cette époque la coutume de demander et de recevoir le *pallium* est si bien établie partout, qu'entre les autres lois qui font partie du corps du droit canon, il s'en trouve sous le titre *de l'Usage et de l'Autorité du Pallium*, où il est dit que personne ne doit prendre la qualité d'archevêque, qu'il n'ait reçu auparavant du siége de Rome le *pallium*, dans lequel est renfermée la plénitude de la juridiction pontificale (*Voyez* ARCHEVÊQUE, § 2, CONSÉCRATION, § 1).

Le pape peut porter tous les jours le *pallium*, et dans toutes les églises où il se trouve. Il n'en est pas de même des archevêques : il ne leur est permis de se servir de leur *pallium* qu'aux jours des fêtes solennelles et dans les églises de leurs provinces ; de sorte qu'ils ne peuvent le porter à une procession qui soit hors de leur province, quoiqu'ils y assistent vêtus pontificalement, même avec le consentement du métropolitain. *Sane solus romanus pontifex in missarum solemniis pallio semper utitur, et ubique; quoniam assumptus est in plenitudinem ecclesiasticæ potestatis, quæ per pallium significatur. Alii autem eo nec semper, nec ubique, sed in ecclesia sua, in qua jurisdictionem ecclesiasticam acceperunt, certis debent uti diebus, quoniam vocati sunt in partem sollicitudinis, non in plenitudinem potestatis* (Innocent III, *cap. Ad honorem, de auctoritate et usu pallii*). *Diebus solemnibus usum pallii (per quod plenitudo pontificii designatur), poteris liberius exercere (Cap. Cum sis, eod. tit.). Quæsivisti quomodo intelligatur quod in forma traditionis pallii continetur, videlicet, tradimus tibi pallium ut eo intra ecclesiam tuam utaris : quod ita intelligitur, videlicet, intra quamlibet ecclesiam provinciæ tibi commissæ. Si vero de sacris indutum vestibus, ecclesiam processionaliter, vel alio modo exire contigerit, tunc pallio minime uti debes* (Clement III, *cap. Cum super, eod.*).

Le Pontifical romain indique les jours où le prélat peut porter le *pallium*. Ces jours sont : Noël, saint Étienne, saint Jean l'Évangéliste, la Circoncision, l'Épiphanie, les Rameaux, le jeudi saint, le samedi saint, Pâques, le Dimanche *in albis*, l'Ascension, la Pentecôte, la Fête-Dieu, les cinq fêtes de la sainte Vierge, qui sont : la Conception, la Purification, l'Annonciation, l'Assomption et la Nativité ; saint Jean-Baptiste, la Toussaint, les fêtes de tous les saints apôtres, la dédicace des églises, les principales fêtes de son église propre, l'ordination, la consécration des évêques, les prises solennelles d'habit, l'anniversaire de la dédicace de son église et celui de sa propre ordination.

Les évêques, comme ceux d'Autun et du Puy, qui ont le privilége du *pallium*, doivent observer les mêmes règles pour l'usage de cet ornement que les archevêques, à qui il est accordé de droit commun.

Le *pallium* est tellement personnel qu'un archevêque ne peut se servir de celui d'un autre archevêque, ni de celui de son prédécesseur, il doit être enterré avec le prélat décédé. Avant de le recevoir, le nouvel archevêque doit prêter le serment d'une obéissance canonique au saint-siége; ce serment est entièrement le même que celui qui se fait lors du sacre des évêques : *Ad hoc, quia quæsitum est a nobis ex parte tua, utrum liceat tibi pallium tuum metropolitano alii commodare..... inquisitioni tuæ taliter respondemus, quod non videtur esse conveniens, ut pallium tuum alicui commodes : cum pallium personam non transeat, sed quisque cum eo debeat (sicut tua novit discretio) sepeliri* (Célestin III, cap. *Ad hoc, eod. tit.*). *Cum igitur a sede apostolica vestræ insignia dignitatis (pallium) exigitis quæ a beati Petri tantum corpore assumuntur, justum est ut vos quoque sedi apostolicæ subjectionis debita signa solvatis, quæ vos cum beato Petro tanquam membra de membro habere et catholici capitis unitatem servare declarant* (Pascal II, cap. *Significasti de elect.*). Non-seulement le *pallium* est personnel, mais il est encore propre à une église en particulier, de sorte qu'un prélat qui serait transféré d'un archevêché à un autre, ne pourrait point se servir, dans le diocèse de la translation, du *pallium* qu'il aurait obtenu pour son premier diocèse.

Autrefois les archevêques étaient obligés d'aller eux-mêmes à Rome recevoir le *pallium*. Le père Thomassin remarque que cet usage a été aboli par les dispenses fréquentes et par l'impossibilité de le suivre (*Partie* IV, *liv.* I, *chap.* 38). Il suffit aujourd'hui d'envoyer à Rome une procuration, sur laquelle le procureur fait demander le *pallium* au pape en plein consistoire par le ministère d'un avocat consistorial, et le pape commet un cardinal-diacre pour le donner. Le cardinal, accompagné de son chapelain, du maître ou du clerc des cérémonies et de celui des sous-diacres apostoliques qui est en tour pour la garde des *pallium*, étant dans l'église de Saint-Pierre ou dans sa chapelle, et après que le procureur, à genoux, lui a demandé le *pallium, instanter, instantius, instantissime*, le lui met en main; le procureur en demande acte et la bulle s'expédie.

Cette bulle contient une délégation à un prélat pour donner le *pallium* à l'archevêque, et pour recevoir le serment qu'on a coutume d'exiger en pareil cas, la forme sous laquelle on doit le donner, et l'acte non-seulement de la concession, mais encore de la tradition du *pallium* et la délégation qu'il fait d'un cardinal-diacre pour le donner, s'appelle *concession*. On appelle tradition l'acte du cardinal député qui le délivre avec les cérémonies, il doit être fait mention de l'un et de l'autre dans les bulles.

On peut voir dans une dissertation du père Brallion sur le *pallium*, comment se fait le choix des agneaux dont la laine doit servir à faire cet ornement, par quelles personnes cette laine est filée, de quelle manière le pape bénit le *pallium*, et comment on le tire de dessus les autels dédiés à saint Pierre et à saint Paul. Nous dirons seulement que tous les ans, le jour de la fête de sainte Agnès, le 21 janvier, on présente à l'offrande deux agneaux blancs qui sont bénits. Après leur bénédiction, ces agneaux sont confiés à deux sous-diacres apostoliques qui les donnent à garder dans quelque communauté religieuse jusqu'au moment où on leur enlève la toison. Les *pallium* tissus de cette laine sont déposés sur le tombeau des saints apôtres Pierre et Paul, depuis la veille de leur fête jusqu'au lendemain; le pape les envoie ensuite aux prélats qui doivent en être décorés. Isidore de Péluse, qui vivait au commencement du cinquième siècle, et cette date est à remarquer, s'exprime ainsi en parlant du *pallium* : « Parce qu'il est tissu de laine et non pas de lin, il désigne la peau de cette brebis que Notre-Seigneur a cherchée et qu'il a portée sur ses épaules, après l'avoir retrouvée. » *Repræsentari summi et optimi pastoris Jesu Christi eximiam charitatem, qua humeris suis impositam ovem, quæ aberraverat, reducit ad caulam (Lib.* I, *epist.* 136, *apud* Cabassut. Synops. concil. tom. I, pag. 307, édit. de 1838).

PANORMIE.

On appelle ainsi une des deux collections des canons, qu'on attribue à Yves de Chartres (*Voyez* DROIT CANON).

PAPAUTÉ.

La *papauté* est l'épiscopat du saint-siége (*Voyez* ci-après PAPE).

On a douté si le pape peut renoncer à la *papauté*, parce qu'il n'a point de supérieur qui puisse juger des causes de sa renonciation. Célestin V décida qu'il le pouvait, et céda effectivement (*C.* 1, *renunc. in* 6°), et son successeur, Boniface VIII, confirma la décision (*Voyez* PAPE, § 2, *in fin.*).

PAPE.

Le *pape* est le premier de tous les évêques, le chef visible de l'Eglise catholique, le successeur de saint Pierre et le vicaire de Jésus-Christ; son siége, qui est à Rome, est le centre de l'unité ecclésiastique : *Petri cathedra ejusque ecclesia, ecclesia principalis, unde unitas sacerdotalis exorta est* (S. Cyprien, *epist.* 45, *ad Cornel. pap*). *Romana quæ mundi caput est, tenet et docet Ecclesia* (S. Fulgence, *lib. de Incarn.*). On peut voir encore saint Irénée, *lib.* III, *adversus hæreses, c.* 3; saint Ambroise, *epist.* 78; saint Jérôme, *epist.* 57 *ad*

Damasum, pap.; saint Augustin, *epist.* 157 et 162, etc.

§ 1. *Des différentes qualités du* PAPE.

Le nom de *pape* n'a pas toujours été donné privativement aux successeurs de saint Pierre; il est prouvé qu'on le donnait aussi autrefois à tous les évêques. Suivant le père Thomassin, ce nom et ceux de sainteté, de saint Père, de chaire apostolique, ne sont demeurés affectés au pontife romain que vers le commencement du sixième siècle. (*Voyez* APOSTOLIQUE.) D'autres disent que ce ne fut que dans le concile de Clermont, tenu l'an 1095, que le nom de *pape* fut donné à Urbain II qui y présidait, ou bien à saint Grégoire VII, dans le synode tenu à Rome l'an 1073. Mais, quoi qu'il en soit, Didier, évêque de Cahors, ne prenait dans ses lettres que la qualité de serviteur des serviteurs de Dieu, *servus servorum Dei*, parce que les évêques ne sont élevés à ce haut degré de gloire que pour servir l'Église, comme le Fils de Dieu le dit lui-même: *Non veni ministrari, sed ministrare*. Aussi ce titre est-il demeuré au *pape* comme à celui qui est plus particulièrement que les autres le vicaire de Jésus-Christ, et qui, pour cette raison, doit être aussi particulièrement l'imitateur de son humilité, qu'il est le dépositaire de sa puissance (Thomassin, *part.* II, *liv.* I, *ch.* 1, *n.* 4). On connaît l'édifiant exemple qu'a donné saint Grégoire à tous ses successeurs, touchant ces qualités distinctives qu'on voulait lui donner (*Can. Prima*, 3, *dist.* 99; Gregor. *epist.* 30, *lib.* VII). Voici ce que l'on trouve marqué à cet égard dans le droit et chez les canonistes:

1° *Papa*. On ne s'accorde pas sur l'étymologie de ce nom; les uns disent que c'est un mot grec qui signifie enthousiasme ou chose admirable; ce qui a fait dire à un poète: *Papa stupor mundi* (*Gloss. in verb. papa, proœm. Clem.*). Les autres disent que *pape* est bien un mot grec, mais qu'il ne signifie autre chose que père des pères *pater patrum* (*Glos.*); enfin, selon d'autres, le nom de *pape* veut dire le plus grand de tous. Ce qui est vrai, dit Barbosa, quoique l'Église soit dans l'usage de représenter saint Paul à la droite de Jésus-Christ, et saint Pierre à la gauche (*De offic. et potest. episc., part.* II, *cap.* 8).

2° *Summus pontifex*. Le pape est appelé souverain pontife, parce que, disent les canonistes, il est au-dessus de toutes les dignités ecclésiastiques: *Est supremis et super omnes dignitates*.

3° *Pontifex maximus*. Ce titre est donné aux simples évêques dans le chapitre *Clericos*, vers. *Pontifex, dist.* 21; ce qui est interprété en ce sens que l'évêque est le plus grand des prêtres, puisqu'il fait lui-même les autres: *Maximus sacerdos eo quod efficit sacerdotes atque levitas, ipseque officia et ecclesiasticos ordines distribuit, et particula summum convenit quoque episcopo, quia episcopalus est major ordo quam sit in Ecclesia* (*Glos., verb. Episcopus, in proœm. sext. et verb. de episcopis, in c. Quia periculosum, de sent. excom. in* 6°; Barbosa, *de Offic. et potest. episc. part.* 1, *tit.* 1, *cap.* 2, *n.* 3).

4° *Sanctissimus*. On appelle ainsi le *pape*, parce qu'on le présume tel: *Quis enim sanctum dubitat esse quem apex tantæ dignitatis attolit, in quo si desinit bona acquisita per meritum sufficiunt, quæ a loci prædecessore præstantur* (*cap.* 1, *dist.* 4); *ac propterea adoramus et osculamur in pede* (*Glos., verb. Oscula, in extravag., c. de verb. signif., c. fin., dist.* 22).

5° *Beatissimus*. On appelle le pape bienheureux, comme on l'appelle très-saint; c'est le même terme qu'on emploie au commencement de toutes les suppliques qu'on lui adresse, *beatissime*. (Corradus, *de Disp., lib.* II, *cap.* 2.)

6° *Episcopus*. Le *pape* est appelé du simple nom d'évêque dans le canon *Dilectissimis* 12, *qu.* 1, et c'est aussi le titre qu'il prend dans ses rescrits, non-seulement comme évêque de Rome, dit Corradus, mais comme évêque universel de l'Église. Par rapport à l'ordre, il n'est rien au-dessus de l'épiscopat, et le *pape*, à cet égard, n'est pas plus qu'un évêque: *Respectu ordinis non detur ordo in ecclesiastica hierarchia, qui sit major ordine episcopali; propterea papa vocet se episcopum*. (Lotterius, *de re benefic., lib.* I, *qu.* 26, *n.* 31.)

7° *Episcopus Romæ et nonnunquam Ecclesiæ romanæ*. On voit le *pape* appelé évêque de Rome ou de l'Église romaine dans le chapitre *Statuimus, dist.* 4, *et in c. Affros, dist.* 98, *in subscript*.

8° *Episcopus universalis Ecclesiæ*. Différents canonistes, tels que Corradus, Zerola, Flaminius, Jean de Selva, etc., donnent ce titre au *pape*.

9° *Episcopus et diœcesanus totius orbis*, évêque diocésain de toute la terre. Ce titre est plus fort que le précédent, et également employé par les auteurs cités. (Barbosa, *de Offic. et potest. episc. p.* III, *all.* 80, *n.* 1; *c. Cuncta per mundum* 9, *qu.* 3.)

10° *Episcopus episcoporum*, évêque des évêques. (*C. Novatianus* 7, *qu.* 1; *c. Loquitur* 24, *qu.* 1.)

11° *Ordinarius ordinariorum*, ordinaire des ordinaires. (*C. Cuncta per mundum; c. Per principalem* 9, *qu.* 3.)

12° *Diœcesanus omnium exemptorum*, diocésain de tous les exempts (Barbosa, *de Jure eccles., lib.* 1, *c.* 2, *n.* 16).

13° *Vicarius Christi*, vicaire de Jésus-Christ (*C. Inter corporalia; c. Quanto; cap. Licet, de translat. episcop.*). Certains textes du droit appellent aussi le *pape* vicaire de Pierre, *vicarius Petri* (*C. Quoties* 1, *qu.* 7; *c. Ego Ludovicus, dist.* 63; *c. Non quales*, 1, *quæstio* 1). D'autres appellent les évêques, les prêtres mêmes, vicaires de Jésus-Christ (*C. Mulier debet* 33, *qu.* 5; *C. Inter hæc de pœnit., dist.* 3; *gloss. in c.* 2, *de translat. episcop.*). Et cela, dit Barbosa, parce que, bien que le Seigneur ait donné la primauté et la plénitude de puissance à Pierre, il dit aux apôtres et aux disciples: *Quæcumque ligaveritis super terram*, etc. *Qui vos audit me audit,* etc. *Apostolorum vero sunt successores episcopi et cæterorum discipulorum sacerdotes (C.* 2, *In novo,* 21 *dist. ; C. Quorum vices, dist.* 68). *In his igitur,* ajoute Barbosa, *tantum vicarii Christi appellantur, quæ in ipsis sunt cum Petro communia, in principali vero regimine Ecclesiæ et potestate suprema, solus vicariusChristi, summus pontifex dicitur.*

14°. Enfin, certains auteurs ont donné collectivement au *pape* les noms et titres suivants : *Papa pater patrum, christianorum pontifex, summus sacerdos, princeps apostolorum, sacerdotum, vicarius Christi, caput corporis Ecclesiæ, pastor ovilis Domini, pater et dominus omnium fidelium, rector domus Dei, custos vineæ Dei, sponsus Ecclesiæ, præsul apostolicæ sedis, episcopus universalis* (card. Bellarmin, *de Rom. pontif.,* n. 31).

On a déjà vu que saint Grégoire, rejetant tous ces titres honorables, ne voulut prendre, par humilité, que celui de serviteur des serviteurs de Dieu, ce qui a été suivi par tous ses successeurs, en sorte qu'aujourd'hui, si, dans une bulle, on ne voyait pas cette inscription, elle serait regardée comme fausse *(C. Relatum in fin. de sentent. excom.;* c. *Ex multis* 1, *qu.* 3). Mais les expressions simples dont se servent les *papes* eux-mêmes dans leurs rescrits, n'empêchent pas que les canonistes ne leur donnent, avec juste raison, toutes ces qualités dont nous venons de parler, et qu'on ne les trouve dans le texte même des canons cités, non-seulement comme des marques de vénération et de respect, mais comme des titres réels d'autorité, à cause de la primauté et de l'éminence du siége apostolique.

L'usage est que le *pape,* après son élection, quitte son nom propre, pour en prendre un nouveau. L'on ignore l'époque précise de ce changement, et quel est le *pape* qui a commencé à le faire ; cependant on dit que ce fut Sergius II, qui s'appelait auparavant *Os Porci,* nom, disent les canonistes, tout à fait indigne de la majesté pontificale.

Au reste, la papauté est un vrai bénéfice. *Summus pontificatus est beneficium ecclesiasticum (Cap.* 1, *de Maledic.).*

On a longtemps appelé, et les Grecs appellent encore le *pape* patriarche d'Occident.

§ 2. *Droits et autorité du* PAPE.

On ne doit pas s'attendre à trouver ici des dissertations théologiques, ni même un détail que l'on trouve répandu dans tout le cours de cet ouvrage, touchant l'abondante matière de cet article. Nous nous contenterons d'en exposer les principes généraux.

Le *pape* ne peut être jugé par personne, et ses jugements sont sans appel, tout le monde y doit souscrire *(C. Si papa, dist.* 40; c. 1, *de immunit. eccles. ;* Glos. *in c. In istis, dist.* 4 ; c. *Apostolica,* 35, *qu.* 9 ; c. *Hæc fides* 24, *qu.* 1; c. *Ego, de Jur. clem.* 1, *cod.;* concil. de Trente, *sess.* XXV, c. 2, *de Reform.).*

Le pape élu n'est confirmé par personne, parce que personne sur la terre n'est au-dessus de lui (Glos. *verb. dispensandi,* c. 1, *dist.* 23).

Le *pape* peut user du *pallium,* et faire porter sa croix devant soi par toute la terre, *ubique terrarum.* Le nom du *pape* est à la messe, et doit être récité par tous ceux qui la disent ; il est aussi recommandé aux prières des fidèles. Il ne peut être contraint d'assister par lui-même aux conciles, il peut se contenter d'y envoyer des légats, ce que ne peuvent faire les autres prélats *(C. Cum oportet,* 18, *dist.* 8).

Il n'est pas obligé, en rigueur, de demander le conseil des cardinaux dans ses affaires, quoiqu'il le fasse.

Les grâces que le *pape* a accordées ne sont pas révoquées par sa mort, quand même les choses seraient encore dans leur entier *(C. Si super gratia, de Offic. deleg.* in 6°; c. *Si cui, de Præb. eod.).* (*Voyez* COURONNEMENT.)

Celui qui a été ordonné par le *pape,* doit être reconnu tel par son propre évêque, et ne peut se retirer d'auprès de Sa Sainteté, sans sa permission *(Cap. Filium* 1, *qu.* 1 ; cap. *Per tuas, de major. et obed.).* (*Voyez* DIMISSOIRE.)

Le délégué par le *pape* est au-dessus de l'ordinaire dans la cause qui lui est commise. *(Cap. Sane de Offic. deleg.)*

L'ordinaire ne peut pas absoudre l'excommunié par le légat du *pape,* quand même ce dernier serait mort.

L'élu par le *pape* est préféré à tout concurrent *(Cap. Per tuas. J. G. de Major. et obed. ;* c. *Cum qui, de Præb. in* 6°). Il en est de même de son pourvu (*Voyez* DATE).

Le *pape* ne tombe point dans l'excommunication, pour communiquer avec un excommunié *(Glos. in cap. Si inimicus, dist.* 93; c. *Nulli, de sent. excom.).*

Celui qui en impose au *pape,* par un mensonge, est sacrilège *(C. Serpens, J. G. de Pœnit. dist.* 1).

Il y a plusieurs choses de pur usage, que l'on accorde par respect au *pape,* comme de porter l'habit blanc, d'être porté solennellement sur les épaules, qu'on lui baise les pieds.

Le *pape* n'a point de supérieur sur la terre; par là, dit Barbosa, on peut juger de sa puissance ; on l'appelle l'arbitre et le juge céleste. On dit qu'il a un tribunal et un consistoire avec Jésus-Christ même, dont il est le vicaire sur la terre, ce qui rend hérétique quiconque appelle du *pape* à Jésus-Christ : *Et ideo hæresim sentire videtur, qui a sententia papæ ad Christum appellat, quasi papam Christi non esse vicarium, nec cum eo idem tribunal habere credat.* On dit que le *pape* tient tous ses pouvoirs cachés dans son sein : *Omnia jura enim in scrinio pectoris sui, dicitur habere recondita (C.* 1, *de Consist. in* 6°).

Il peut tout à l'égard du droit positif, *quo fit ut valeat, id est, adæquare quadrata rotundis;* c'est-à-dire qu'il peut couper, briser, faire et défaire. Il peut disposer à son gré de tous les biens et bénéfices de l'Eglise : *Nec est qui possit ei dicere, cur ita facis?* Et c'est ce qu'a fait Pie VII, en cédant par le concordat de 1801 (art. 13) tous les biens ecclésiastiques de France qui avaient été aliénés.

La puissance du *pape* est, à l'égard de la puissance des princes temporels, ce que le soleil est à l'égard de la lune (*Cap. Solitæ, de Major. et obed.*). Elle réunit les deux glaives, et n'a point de bornes au spirituel par la vertu des clefs que saint Pierre a reçues de Jésus-Christ.

La puissance du *pape* s'exerce, ou par droit ordinaire, ou en vertu des réserves, ou par dévolution, ou enfin par sa plénitude; mais ces quatre sortes de puissances doivent se réduire à la puissance ordinaire et à la puissance absolue. La puissance ordinaire est celle qui s'exerce sur les principes du droit et de l'équité à l'égard de tous.

La puissance absolue s'exerce sans limites et sans restriction quelconque. Cette distinction paraît défectueuse à plusieurs auteurs: ils veulent que l'on dise que la puissance ordinaire du *pape* est celle qui s'exerce dans le cours ordinaire des choses que Dieu a établi, et la puissance absolue celle qui s'exerce contre et par-dessus l'ordre naturel des choses. Mais cette étendue de puissance, que l'on pourrait trouver extraordinaire, n'est jamais injuste par l'usage équitable qu'en font les souverains pontifes, ils s'attachent avant tout inviolablement aux lois de leurs prédécesseurs, et surtout aux anciens canons (*C. In canone* 25, *qu.* 1).

Le *pape* peut déroger arbitrairement à tout ce qui est attaché substantiellement à la foi, quand la nécessité et le bien de l'Église le requièrent (*Glos. in c. Sancti, dist.* 15, *glos. in proœm. decret.*).

Le *pape* n'est pas censé dans ses nouvelles constitutions déroger aux statuts et coutumes spéciales, s'il n'en est fait mention expresse; et, dans le doute, on présume qu'il n'y déroge pas; il en faut dire autant du droit du tiers dans ses constitutions (*C.* 1, *de Constit., in* 6°; *Glos. in cap. Causam, de rescript; c. Quod vero dicitis* 25, *qu.* 2; *c. Pervenit*, 11, *qu.* 1; *c. Licet de offic. ordin; c. Dilecto, de verb. signif.; Glos. in verb. intentionis; c. Super eo, de offic. deleg.; c. Si quis jam translatus* 21, *qu.* 2; *c. Si his cui, de præb. in* 6°). (*Voyez* CUI PRIUS.)

Le *pape* n'est pas censé révoquer les privilèges déjà accordés à une église, sans cause (*c. Privilegia et seq.* 25, *q.* 2; *c. Quanto, in fin., dist.* 63).

En jugement, le *pape* suit l'ordre du droit (*c. Ea quæ, de sent. excom.; c. Ex parte, de offic. deleg.*).

Le *pape* ne peut accorder des dispenses sur les choses de droit divin; mais il peut les déclarer et interpréter avec juste cause (*c. Sunt quidam* 25, *q.* 1; *c. Statuta ead.; c. Litteras, de rest. spol.; c. Cum ad monasterium, in fin., de stat. monach.; glos. in c. Non est, de vit.*) (*Voyez* DISPENSE).

Le *pape* peut dispenser de ce qu'ont établi les apôtres, en ce qui n'est pas de foi, et avec juste cause (*c. Lector*, 34, *q.* 1).

Le *pape*, sur le droit positif, peut accorder indistinctement toutes sortes de dispenses pour cause (*c. Proposuit, ubi glos. et doctores, de concess. præb.*).

Le *pape* doit garder fidèlement les constitutions de ses prédécesseurs; mais il a le droit de les changer, même les décrets des conciles généraux qui ne regardent pas la foi (*Glos., verb. Concilium, in c. Ubi periculum. de elect. in* 6°.; *c. Dudum; c. Quamvis, de præb. in* 6°).

Le *pape* seul peut dispenser: 1° Un apostat qui a reçu les ordres en son apostasie, pour qu'il puisse exercer cet ordre (*c. Fin. ubi glos. de apostol.*); 2° l'ordonné par un évêque schismatique (*cap. Quia diligentia., de elect.*); 3° celui qui a reçu les ordres par un évêque hérétique (*c. Convenientibus, q.* 7); 4° l'ordonné simoniaquement (*glos. c. Inordinationes* 1, *q.* 1); 5° l'hérétique converti pour l'exercice des ordres qu'il avait (*c. Saluberrimum* 1, *q.* 7); 6° le rebaptisé sciemment, afin qu'il puisse être ordonné (*c. Quibus et seq., de consecr. dist.* 4); 7° l'ordonné furtivement malgré une excommunication dûment publiée (*c.* 1, *De eo qui furtive*, etc.); 8° l'ordonné dans l'excommunication sciemment ou sans le savoir (*c. Cum illorum, de sent. excom.*); 9° l'homicide volontaire et illicite pour recevoir les ordres, mais difficilement (*Voyez* IRRÉGULARITÉ); 10° les bâtards pour être promus aux ordres, pour posséder des dignités, des cures et d'autres bénéfices (*Voyez* BATARD); 11° la pluralité des bénéfices incompatibles (*Voyez* INCOMPATIBILITÉ); 12° les empêchements dirimants par le seul droit canonique, le *pape* en dispense seul (*Voyez* EMPÊCHEMENT); 13° le *pape* dispense seul des cinq sortes de serments, et des vœux solennels (*Voyez* SERMENT, VOEU); 14° l'irrégularité pour cause de difformité et autres causes (*Voyez* IRRÉGULARITÉ); 15° les condamnés et convaincus de crimes, le *pape* les dispense (*Voyez* INFAMIE); 16° les suspens pour avoir pris les ordres avant l'âge. Dans tous ces cas, le *pape* dispense de droit ordinaire, et la dispense est valide.

Il y a d'autres cas où le *pape* dispense pour grande cause, par une puissance absolue ou extraordinaire, comme quand il déclare ou interprète les choses de droit divin qu'il ne peut changer: ce qui arrive dans la dispense des vœux essentiels de religion, surtout de pauvreté et de chasteté (*Voyez* VOEU).

Le *pape* seul a encore le droit d'absoudre de certains cas d'excommunication et de suspense (*Voyez* ABSOLUTION, CAS RÉSERVÉS, SUSPENSE).

Le *pape* absout du serment obligatoire, mais jamais au préjudice du tiers, si ce n'est pour grande cause, comme lorsqu'il dispense, pour de grandes raisons, les sujets du serment de fidélité qu'ils ont prêté à leur souverain (*Voyez* SERMENT).

Le *pape* est obligé lui-même par son propre serment.

Il y a plusieurs autres droits réservés au *pape*, qui ne se trouvent pas même compris dans une commission générale donnée à un légat *a latere*, s'il n'y en est fait mention (*Voyez* LÉGAT).

Le *pape* a seul le droit d'ériger une église en cathédrale, et une cathédrale en métropole (*c. Præcipimus* 16, *q.* 1) (*Voyez* ÉRECTION).

Le *pape* a seul le droit de diviser un évêché (*Voyez* UNION, ÉRECTION).

Le *pape* peut seul transférer les évêques (*Voyez* TRANSLATION, ÉVÊCHÉ).

Il appartient au *pape* seul de recevoir la renonciation à l'épiscopat (*Voyez* RÉSIGNATION).

Le *pape* seul peut juger un évêque (*Voyez* CAUSE MAJEURE).

Le *pape* peut seul accorder des coadjutoreries dans une cathédrale, avec espérance de future succession (*Voyez* COADJUTEUR).

Le *pape* peut seul unir deux évêchés (*Voyez* UNION).

Le *pape* peut seul créer de nouvelles dignités dans une cathédrale ou dans une collégiale (*Voyez* DIGNITÉS).

Il peut mettre quelquefois deux évêques sur un siége épiscopal (*c. Non autem* 7, q. 1; c. *Quoniam, de offic. ordin.*).

Le *pape* accorde seul l'administration d'une église cathédrale (c. 15, tit. 42, *de elect.* in 6°).

Il peut seul donner un curateur aux biens d'une église cathédrale (Barbosa, *de offic. et potest. episcop.* alleg. 50, n. 7).

Il peut seul envoyer un visiteur d'une église cathédrale vacante (*cap. de suppl.* in 6°).

Il peut seul conférer deux évêchés à un seul évêque (c. *Relatio* 21, q. 1).

Il peut seul restituer un dégradé (*glos.* in c. *Ideo*, 2, q. 6°).

Il peut seul conférer un bénéfice à temps et sous condition à venir (c. *Pastoralis* 7, q. 1; v. *Si gratiose, de rescript.* in 6°).

Il peut seul donner droit à la vacance future d'un bénéfice (c. 2, *de proeb.* in 6°).

Il peut seul commettre les causes des clercs à des laïques ou à des femmes, et accorder des bénéfices à ces personnes (c. *Mennam* 2, q. 4; c. *Ad minus*, 63 distinct.).

Le *pape* seul peut permettre à un simple prêtre de confirmer et de réconcilier une église consacrée (*glos.* in c. *Quanto, de consuetud.*) (*Voyez* CONFIRMATION).

Le *pape* peut accorder à un pur laïque la connaissance des causes spirituelles, et en certains cas des droits spirituels, comme de conférer des bénéfices, d'excommunier et d'absoudre de l'excommunication, etc. (*glos.*, verb. *concedimus*, in c. *Pervenit*, dist. 95).

Le *pape* seul peut accorder l'exemption de la puissance ordinaire et épiscopale (*C. Nulla ratione*, 92 dist.; *Glos.* in c. *Auctoritate de privil.* in 6°).

Le *pape* seul accorde partout des indulgences plénières (Barbosa, *de Offic. et potest. episc.*, alleg. 88).

Lui seul accorde la permission d'ordonner un clerc hors les temps fixés pour cela (*Voyez* EXTRA TEMPORA).

Il donne seul les ordres sacrés à ceux qui n'ont pas encore atteint l'âge (*Voyez* AGE).

Il peut seul créer des cardinaux (*Voyez* CARDINAL).

Le *pape* accorde seul la permission à un religieux de passer d'une règle étroite à une plus douce, *ad laxiorem* (*C.* 1, § 1, *de relig.* in 6°). (*Voyez* TRANSLATION.)

Lui seul dispense de l'irrégularité encourue par l'ordonné qui, dans la suspense, a exercé ses ordres (*Voyez* IRRÉGULARITÉ).

Le *pape* seul approuve les ordres et les instituts des ordres religieux (*C. unic. de relig. omnib.* in 6°). (*Voyez* RÈGLE.)

Lui seul approuve l'aliénation considérable des biens d'église (*Voyez* ALIÉNATION).

Le *pape* seul peut canoniser les saints (*Cap.* 1, *de reliq. et vener. sanct.*). (*Voyez* SAINT.)

A l'égard de la puissance absolue du *pape*, à laquelle rien ne peut résister, ce qu'il fait contre le droit positif, tient jusqu'à ce que ses successeurs y aient dérogé, et on doit lui obéir en ce qui paraît dur (*cap. In memoriam*, dist. 19; *Glos.* in c. *Olim, de verb. signific.*).

Le *pape* est au-dessus de toute loi humaine, mais il est soumis à la loi divine. *Non coactive sed dictamine rationis, licet omnia possit et valeat, non debet tamen præmittere clavem discretionis, quia plenitudo potestatis in executione bonitatis, non in auctoritate pravitatis consistit. Debet autem Christum Dominum, cujus vicarius est, imitari : Non veni solvere legem, sed adimplere. Tunc major es*, disait saint Bernard au *pape* Eugène, *Domino tuo, qui ait, Non veni facere voluntatem meam*, etc. *Lib. de Consideratione.* (*C. Cum omnes de const.*; c. *Justum*, 24, 25, qu. 1; *cap. Basilicas de const.* dist. 1.)

Le *pape* ne peut se lier, ni lier ses successeurs par des lois positives. C'est pourquoi les dispenses du *pape* sur les lois positives sont valides, quand même elles auraient été accordées sans cause.

Le *pape* ne peut être lié par aucune censure; de sorte que, s'il commettait un crime auquel fût attachée une excommunication, il ne l'encourrait pas (*Glos. verb. Expectare*, c. 1, dist. 93).

Le *pape*, par la même raison, ne peut s'assujettir à la juridiction de personne. Dans le doute, le *pape* n'est censé avoir usé que de sa puissance ordinaire. Ainsi le siége de Rome fut transféré à Avignon en vertu de la puissance absolue et extraordinaire (Felin, in c. 1, *de constit.*).

Le *pape* ne peut, avec toute sa puissance, effacer le caractère imprimé sur une âme par la dégradation ou autrement.

Il ne peut rien faire, ni rien commander d'injuste (*C. Inquisitionis de sent. excom.*; c. *Julianus*; c. *Si Dominus* 11, qu. 3, *cap. fin. de instit.*).

Il ne peut non plus faire qu'un fidèle ne tombe pas dans l'excommunication en communiquant avec un excommunié (c. *Nulli* 8).

La simple narrative des rescrits du *pape*, sur laquelle est fondée la grâce ou la volonté du *pape*, est digne de toute croyance; ce qui est si vrai que la preuve du contraire n'est pas reçue (c. 1, *de probat.*).

Enfin, le *pape* peut renoncer à la papauté

(*C. Quoniam* 1, *de renunc. in* 6°). Mais, comme il n'a point de supérieur, on a disputé si la renonciation produisait d'elle-même son effet avant qu'elle eût été acceptée par les cardinaux, et les auteurs en plus grand nombre tiennent pour l'affirmative (Instit. du droit canon, *Tit. de renunc.*, lib. 1).

Les principales autorités sur lesquelles on fonde la plénitude de puissance que l'on vient de voir, sont tirées originairement de la collection d'Isidore, dont il est parlé sous le mot DROIT CANON. Nous les rappelons sous différents mots de ce cours : mais, pour n'en omettre aucune, voici les canons que nous avons recueillis : *can. Ideo et seq.* 11, *qu.* 6, etc.; *can. Patet et seq.* 9, *qu.* 3; *can. Manet et seq.* 24, *qu.* 1; *can. Ita Dominus*, 7, *dist.* 19; *c.* 2, 10 *et ult. dist.* 11; *can.* 2, *dist.* 12; *can.* 5, 18; *can. de libellis*, *dist.* 20; *can.* 1, *dist.* 19; *cap.* 8, 9 *et* 14, *de rescriptis*.

§ 3. *Élection et couronnement des* PAPES.

L'élection du *pape* a toujours été retenue dans l'Église, et le choix que fit saint Pierre de son successeur, n'a rien de contraire, suivant les canonistes, aux termes du droit, qui défendent de nommer le successeur d'un *pape* encore vivant : *Si quis papa superstite pro romano pontificatu cuiquam quolibet modo favorem præstare convincitur, loci sui honore vel communione privetur* (*Can.* 2, *dist.* 79). Quelques auteurs ont avancé qu'à l'exemple de saint Pierre, il était permis, en certains cas, aux *papes* de choisir leur successeur parce que la forme de ce choix n'est que de droit positif et canonique, dont les souverains pontifes peuvent dispenser (*C. Si Petrus, cum seq.* 8, *qu.* 1). D'autres soutiennent que les *papes* n'ont jamais eu pouvoir en aucun cas, que saint Pierre, lui-même, n'en usa qu'avec le conseil et le consentement de son nouveau peuple chrétien (*Glos. in c. Apostolica*, § *His omnibus, verb. Beatus* 8, *qu.* 1, *et in c. Si transitus, verb. non possit, dist.* 79).

L'on tient que, dans les premiers siècles, l'élection du *pape* se faisait comme celle des évêques, par le clergé et le peuple; ainsi le prouvent ces autorités : *Cap. factus* 7, *qu.* 1; *cap.* 1, *dist.* 24; *cap. Reliqui, dist.* 63; *cap. Nullus invitis, dist.* 61; *cap. Si forte, dist.* 63. Dans la suite, les empereurs romains voulurent prendre part à cette élection. Dans le cinquième siècle, le *pape* n'était point consacré que son élection n'eût été confirmée par les empereurs, ou du moins que la consécration ne se fît en présence des ambassadeurs de l'empereur, comme nous l'apprend le canon *Quia sancta romana, dist.* 63, qui en donne ainsi les motifs : *Quia sancta romana Ecclesia, cui (auctore Deo) præsidemus, a pluribus patitur violentias, pontifice obeunte, quæ ob hoc inferuntur quia absque imperiali notitia pontificis fit electio et consecratio, nec canonico ritu et consuetudine ab imperatore directe intersunt nuntii, qui scandala fieri vitent; volumus ut cum instituendus est pontifex, convenientibus episcopis, et universo clero eligatur præsente senatu et populo, qui ordinandus est, et sic ab omnibus electus, præ-*

sentibus legatis imperialibus consecretur, nullusque sine periculo sui juramenta, vel promissiones aliquas nova adinventione audeat extorquere, nisi quæ antiqua exigit consuetudo, ne vel Ecclesia scandalizetur, et imperialis honorificentia minuatur. Si nous en croyons le canon *Adrianus*, qui est tenu pour apocryphe, le *pape* Adrien I*er* accorda à Charlemagne la faculté de nommer et d'élire seul le souverain pontife. *Adrianus autem papa cum universa synodo tradiderunt Carolo jus et potestatem eligendi pontificem, et ordinandi apostolicam sedem* (ead. dist.). Depuis, suivant le canon *In synodo, dist.* 63, ce même droit d'élire les *papes* fut remis l'an 963 par Léon VIII à l'empereur Othon et à ses successeurs. *In synodo congregata Romæ in ecclesia sancti Salvatoris. Ad exemplum B. Adriani apostolicæ sedis antistitis, qui domino Carolo victoriosissimo regi Francorum..... ordinationem apostolicæ sedis concessit : ego quoque Leo episcopus... cum toto clero ac romano populo constituimus et confirmamus, et corroboramus, et per nostram apostolicam auctoritatem concedimus, atque largimur domino Othoni primo, regi Teutonicorum, ejusque successoribus hujus regni Italiæ, in perpetuum facultatem eligendi successorem, atque summæ sedis apostolicæ pontificem ordinandi, etc.* Mais ces empereurs ne jouirent pas longtemps de cette concession. Nicolas II, par une constitution de l'an 1059, *in c. In nomine, dist.* 23, rétablit les choses comme elles étaient anciennement, c'est-à-dire, qu'il ordonna, pour éviter les troubles, que l'élection se fît par le clergé et par le peuple : *Salvo debito honore*, dit ce pape, *et reverentia dilecti filii nostri Henrici, qui in præsentiarum rex habetur et futurus imperator, Deo concedente speratur : sicut jam sibi concessimus et successoribus illius qui ab hac apostolica sede personaliter hoc jus impetraverint*.

Les empereurs ne s'opposèrent pas à l'exécution de ce nouveau règlement, qui leur enlevait la concession qui leur avait été faite; mais ils voulurent avoir leur part à l'élection, suivant ces paroles, *salvo debito honore*. Innocent II, élu en 1154, fit une constitution pour exclure le peuple dont les factions troublaient souvent ces élections. Enfin, la dernière réformation qui subsiste encore aujourd'hui était réservée au *pape* Alexandre III, lequel dans le concile de Latran, tenu en 1179, exclut de cette élection le peuple et le clergé, et la donna aux seuls cardinaux, en ordonnant que celui qui serait élu par les deux tiers du collège serait reconnu pour *pape*. Voici les termes de ce règlement :

Licet de vitanda discordia in electione romani pontificis, manifesta satis a prædecessore nostro constituta manaverint; quia tamen sæpe post illa per improbæ ambitionis audaciam gravem passa est Ecclesia scissuram; nos etiam ad malum hoc evitandum de consilio fratrum nostrorum, et sacri approbatione concilii, aliquid decrevimus adjungendum.

§ 1. *Statuimus ergo, ut si forte (inimico*

(*Vingt-quatre*.)

homine superseminante zizaniam) *inter cardinales de substituendo summo pontifice non poterit esse plena concordia, et duabus partibus concordantibus, pars tertia concordare noluerit, aut sibi alium præsumpserit nominare, ille absque ulla exceptione ab universali Ecclesia romanus pontifex habeatur, qui a duabus partibus concordantibus electus fuerit et receptus.*

§ 2. *Si quis autem de tertiæ partis nominatione confisus* (*quia de ratione esse non potest*) *sibi nomen episcopi usurpaverit, tam ipse, quam hi, qui eum receperint, excommunicationi subjaceant, et totius sacri ordinis privatione mulctentur, ita ut viatici etiam eis* (*nisi tantum in ultimis*) *communio denegetur: et si non resipuerint, cum Dathan et Abiron* (*quos terra vivos absorbuit*) *accipiant portionem.*

§ 3. *Præterea si a paucioribus quam a duabus partibus aliquis electus fuerit ad apostolatus officium, nisi major concordia intercesserit nullatenus assumatur, et prædictæ pœnæ subjaceat, si humiliter noluerit abstinere. Ex hoc tamen nullum canonicis constitutionibus et aliis Ecclesiis præjudicium generetur, in quibus majoris et sanioris partis debet sententia prævalere: quod quia in eis in dubium venerit, superioris poterit judicio definiri. In romana vero Ecclesia speciale aliud constituitur quia non poterit ad superiorem recursus haberi* (*cap. 6, de Electione*).

Le concile général de Lyon, sous Grégoire X, en 1274, et celui de Vienne, sous Clément V en 1312, confirment cette forme d'élection, qui, comme nous l'avons dit, se pratique encore à présent; mais ils y ajoutèrent encore de nouvelles règles. Le concile de Lyon introduisit l'usage du conclave, et celui de Vienne établit les formalités qui s'observent aujourd'hui pendant la vacance du siége de Rome et dans le conclave même. La constitution qu'on publia à ce sujet dans la cinquième session du premier de ces conciles, porte en substance, que le *pape* étant mort dans la ville où il résidait avec sa cour, les cardinaux présents attendront les absents pendant dix jours seulement, après lesquels ils s'assembleront dans le palais où logeait le *pape*, et se contenteront chacun d'un seul serviteur clerc ou laïque à leur choix. Ils logeront tous dans une même chambre, sans aucune séparation de muraille ou de rideau, ni autre issue que pour le lieu secret. D'ailleurs cette chambre commune sera tellement fermée de toutes parts, qu'on ne puisse y entrer ni en sortir. Personne ne pourra approcher des cardinaux, ni leur parler en secret, si ce n'est du consentement de tous les cardinaux présents, et pour l'affaire de l'élection.

On ne pourra leur envoyer ni message, ni écrit, le tout sous peine d'excommunication par le seul fait. Le conclave aura toutefois une fenêtre par où l'on puisse communément servir aux cardinaux la nourriture nécessaire, mais sans qu'on puisse entrer par cette fenêtre; que si, ce qu'à Dieu ne plaise! *quod absit*, trois jours après leur en-

trée dans le conclave, ils n'ont pas encore élu le *pape*, les cinq jours suivants ils se contenteront d'un seul plat, tant à dîner qu'à souper, mais après ces cinq jours, on ne leur donnera plus que du pain, du vin et de l'eau jusqu'à ce que l'élection soit faite. Pendant le conclave, ils ne recevront rien de la chambre apostolique, ni des autres revenus de l'Eglise romaine, ils ne se mêleront d'aucune autre affaire que de l'élection, sinon en cas de péril ou d'autres nécessités évidentes. Si quelqu'un des cardinaux n'entre point dans le conclave, ou en sort sans cause manifeste de maladie, il n'y sera plus admis, et on procédera sans lui à l'élection. S'il veut rentrer après être guéri, ou si d'autres absents surviennent après les dix jours, la chose étant en son entier, *re integra*, c'est-à-dire avant l'élection, ils seront admis en l'état où l'affaire se trouvera. S'il arrive que le *pape* meure hors de la ville de sa résidence, les cardinaux s'assembleront dans la ville épiscopale du territoire où il sera décédé, et y tiendront le conclave dans la maison de l'évêque ou autre qui leur sera assignée. Le seigneur ou les magistrats de la ville où se tiendra le conclave feront observer tout ce que dessus, sans y ajouter aucune rigueur plus grande contre les cardinaux : le tout sous peine d'excommunication, d'interdiction et de tout ce que l'Eglise peut imposer de plus sévère. Les cardinaux ne feront entre eux aucune convention ni serment, ni ne prendront aucun engagement, sous peine de nullité; mais ils procéderont à l'élection de bonne foi, sans préjugé et sans passion, n'ayant en vue que l'utilité de l'Eglise. On fera, dans ce temps, par toute la chrétienté, des prières publiques pour l'élection du *pape* (*cap. Ubi periculum, de electione, in* 6°).

La constitution du concile de Vienne ne changea rien à ce règlement, elle ajouta seulement que l'office des pénitenciers ne finirait pas à la mort du *pape*, et que si, pendant la vacance, ils venaient à manquer, les cardinaux assemblés pourraient y pourvoir; que quand le *pape* décéderait hors de la ville de Rome, on procéderait à l'élection du successeur, non à l'endroit même où le *pape* serait décédé, mais à celui du diocèse où était le siége de la justice ou des expéditions : *Ubi erat causarum et litterarum audientia*. Que s'il arrivait, à Dieu ne plaise! que les cardinaux sortissent du conclave sans avoir fait l'élection, les magistrats commis à l'exécution du règlement du concile de Lyon, doivent employer leur autorité et la force pour leur faire donner au plus tôt un souverain pontife à l'Eglise ; afin que, pour éviter le schisme et les dissensions, on n'oppose à aucun cardinal aucune exception de censure pour lui ôter son suffrage (*Clem. 2, de Electione*).

Plusieurs papes ont confirmé ou modifié les règlements de ces deux conciles. Clément VII, par sa constitution *Carissimus* du 26 octobre 1529 ; Paul IV par la constitution *Cum secundum* de l'an 1554; Pie IV, par la constitution *In eligendis* de l'an 1552; Grégoire XV par la constitution *Æterni* en 1621 ; et enfin Urbain VIII, par la bulle *Ad Romanum* du 5 des calendes de février en 1625. Ces nouvelles bulles défendent les gageures sur l'élection du *pape*, sous peine d'excommunication et de privation de bénéfices contre les clercs. Elles défendent sous de grièves peines le violement de la clôture et des règles établies par le concile de Lyon touchant le conclave. Elles adoucissent un peu la rigueur de ce concile, par rapport à la nourriture, et pourvoient aux nécessités naturelles des cardinaux par une désignation particulière et détaillée de toutes les personnes dont ils peuvent avoir besoin. Voyez sous le mot CONCLAVE la description de ce qu'il est aujourd'hui.

Les mêmes bulles accordent droit de suffrage aux cardinaux de nouvelle création qui n'ont pas encore reçu les ornements et les marques du cardinalat : *Insignia cardinalatus neque os clausum aut si clausum nondum apertum*. Elles le refusent aux cardinaux non diacres, mais les *papes* sont à cet égard en usage de dispenser de cette loi.

On prétend que si le plus grand nombre des cardinaux venait à décéder, les survivants, ne fussent-ils que deux, feraient l'élection : *quia unus poterit eligere alium*. Un seul pourrait élire, et même se choisir lui-même si, étant resté seul, les autres à qui il aurait demandé le pouvoir d'élire, le lui avaient donné comme à un compromissaire (Panorme *in cap. Licet in fin.*).

Mais à qui appartiendrait l'élection du *pape*, s'il n'y avait point de cardinaux ? Les uns disent qu'elle appartiendrait aux chanoines de Latran, les autres aux patriarches, et d'autres au concile général.

Régulièrement on ne doit élire et on n'élit pour *pape* qu'un cardinal (*Can. Oportebat et seq., dist.* 79). Mais l'élection d'une autre personne, même d'un laïque d'un grand mérite, ne serait cependant pas nulle (*Glos. in cap. Si quis pecunia eod. verb. Non apostolicus*). On ne pourrait jamais autoriser l'élection d'une femme (*cap. Nova, de pœnit. et remis.*). Il faut être protestant ou aveuglé par des préjugés fanatiques, pour croire à la fable de la papesse Jeanne.

Le *pape* doit être au moins âgé de trente ans (*Voyez* AGE).

Quant à la forme qu'observent les cardinaux dans l'élection du *pape*, on voit ci-dessus les termes du chapitre *Licet, Imo quocumque modo appareat duas partes consensisse in aliquem tanquam in electum jus habet, et verus papa est*. C'est-à-dire, que les deux tiers des suffrages sont toujours la condition essentiellement nécessaire de cette élection.

On a pratiqué dans l'élection du *pape*, la voie du scrutin, du compromis, de l'accès et de l'inspiration dont nous parlons ailleurs (*Voyez* ÉLECTION, ACCESSION). Mais Grégoire XV a fait à ce sujet un nouveau règlement confirmé par le *pape* Urbain VIII, que l'on suit à présent. Ce règlement porte en substance que l'élection du *pape* ne pourra se faire que dans le conclave bien fermé ou après le sacrifice de la messe, à laquelle tous les cardinaux communieront ; les suffrages seront donnés secrètement par des billets, à moins que les cardinaux conviennent unanimement de donner pouvoir à certains d'entre les cardinaux de faire au nom de tous l'élection du *pape* ; ou bien que tous, comme par inspiration, fassent unanimement le choix de tel par ce mot prononcé distinctement *eligo*, ou écrit si la voix manque. La bulle déclare toute élection faite dans une autre forme, nulle et invalide, et prononce différentes peines contre l'élu et ses électeurs. Elle veut que parmi les deux tiers des suffrages qui peuvent se former par le scrutin et par l'accession, on ne compte jamais le suffrage de l'élu lui-même, quoiqu'on doive toujours compter sa personne parmi le nombre des cardinaux élisants.

Quand donc les deux tiers de voix se rencontrent en une même personne soit par voie de scrutin ou par accession, le premier cardinal évêque déclare au nom de tout le collège des cardinaux, le *pape* élu, auquel il met son rochet après l'acceptation. Il le place sur un siège paré, lui donne l'anneau du pêcheur, et lui fait dire de quel nom il veut être appelé ; ensuite le premier des cardinaux-diacres ouvre une petite fenêtre d'où il peut voir et être vu du peuple qui attend, lui montre une croix, proférant à haute voix ces mots : *Annuntio vobis*, etc. (*Voyez* CONCLAVE.)

Après cela, le nouveau *pape* est dépouillé par les cardinaux-diacres de ses vêtements ordinaires qui appartiennent aux clercs des cérémonies, et est revêtu par ces mêmes cardinaux, de tous les habits pontificaux, qui sont alors une robe blanche de laine, des sandales rouges avec la croix d'or par-dessus, la ceinture rouge avec les agrafes d'or, la barrette rouge et le rochet blanc. A tout cela on joint l'amict, et une aube longue avec sa ceinture. On lui donne aussi l'étole ornée de perles, s'il est prêtre ou évêque ; s'il n'est que diacre, il se met l'étole en travers à la manière des diacres ; et s'il n'est que sous-diacre ou moins, il ne porte alors aucune étole avec tous ces habits. Le *pape* s'assied sur le même siège, où il signe plusieurs suppliques, après quoi l'on revêt le *pape* du pluvial rouge et de la mitre la plus précieuse. On le fait asseoir sur l'autel, où tous les cardinaux, suivant leur rang, lui vont faire la révérence, et lui baiser les pieds, la main et la bouche.

Pendant que cette cérémonie se fait, l'on ouvre toutes les portes du conclave, et l'on rompt et démolit les barrières et les murs dont les avenues, les portes et les fenêtres étaient closes et murées, et les soldats entrent dans le conclave sans ordre et confusément, prennent et pillent tout ce qu'ils trouvent appartenant au cardinal nouvellement élu *pape*, et le peuple pille sa maison. Du conclave on porte le nouveau *pape* dans l'église de Saint-Pierre, accompagné des chanoines et chantres de la dite église qui chantent dans la marche, *Ecce sacerdos ma-*

gnus; et etant arrivés dans l'église de Saint-Pierre, on chante le *Te Deum*.

Le nouveau *pape* est mis dans sa chaire pontificale en cette église de Saint-Pierre, où, en présence de tout le peuple, les cardinaux, les évêques, les prélats et autres personnes lui rendent les devoirs et hommages ordinaires. La cérémonie finie, il donne l'absolution générale et sa bénédiction à tous les assistants, et peu de temps après il est porté dans le palais de Saint-Pierre.

Après cette première et principale cérémonie qui consomme l'élection, puisqu'elle n'a pas besoin d'être confirmée, vient celle de l'ordination ou consécration du *pape*, s'il n'est pas dans les ordres ou évêque. S'il est évêque, on n'a qu'à procéder au couronnement, cérémonie indépendante de l'élection, qui regarde plutôt le *pape* comme prince temporel, que comme vicaire de Jésus-Christ (*Voyez* COURONNEMENT). C'est à ce couronnement que le maître des cérémonies mettant le feu dans des étoupes, prononce à haute voix, en se tournant vers le *pape*, ces paroles : *Pater sancte, sic transit gloria mundi, omnis caro fœnum, et omnis gloria ejus sicut flos agri*. Nous disons sous le mot COURONNEMENT que dans cette cérémonie, on va de l'église de Saint-Pierre à Saint-Jean de Latran ; nous remarquerons ici que ce trajet se fait dans une marche des plus éclatantes, processionnellement et à cheval par tous les cardinaux et prélats qui se trouvent à Rome, par tous les officiers du *pape*, et généralement par tous les seigneurs et gentilshommes qui y sont aussi. Le premier d'entre les seigneurs et gentilshommes marche à pied au côté droit du *pape*, et tient les rênes du cheval blanc sur lequel il est monté. Un autre seigneur marche au côté gauche. Quand le *pape* est parvenu dans ce passage au mont Jourdain, les Juifs viennent lui rendre hommage, le genou en terre, lui présentant leur loi écrite en langue hébraïque qu'ils louent beaucoup et exhortent Sa Sainteté à la révérer. Le *pape* leur répond : *Sanctam legem, viri hæbrei, et laudamus et veneramur, ut pote ab omnipotenti Deo per manus Moysis patribus vestris tradita est : observantiam vero vestram et vanam interpretationem damnamus atque reprobamus, quia Salvatorem, quem adhuc frustra expectatis, apostolica fides jam pridem advenisse docet et prædicat Dominum nostrum Jesum Christum, qui cum Patre et Spiritu sancto vivit et regnat Deus, per omnia sæcula sæculorum*.

Etant arrivé à Saint-Jean de Latran, les chanoines de cette église viennent recevoir le *pape* avec les cérémonies qui sont dues à sa dignité, le portent sur leurs épaules au dedans de leur église, et le placent en un siège de marbre fort bas, de manière qu'il semble être par terre, d'où les cardinaux le relevant, disent ce verset : *Suscitat de pulvere egenum, et de stercore erigit pauperem, ut sedeat cum principibus, et solium gloriæ teneat*. C'est alors que le *pape* recevant à pleines mains de la monnaie où il n'y a ni or ni argent, le répand parmi le peuple en proférant ces paroles : *Argentum et aurum non est mihi, quod autem habeo, hoc tibi do* : après quoi il se retire par un pont fait exprès pour empêcher que la multitude ne l'accable.

L'acte d'élection du *pape* est dressé par un protonotaire apostolique du nombre des participants. Quant à la profession de foi du *pape*, *voyez* PROFESSION. L'article 9 des libertés de l'Eglise gallicane de Pithou, semble regretter que les *papes* ne rendent pas compte de leur foi aux rois de France. Il aurait voulu sans doute assujettir le pasteur de l'Eglise universelle à cette humiliante formalité envers une des brebis de son troupeau, et amener le suprême gardien de la doctrine catholique à faire sa profession de foi aux genoux de la puissance séculaire. Voilà une de ces précieuses libertés que nous propose M. Dupin, dans son *Manuel de droit ecclésiastique Français* (page 13).

§ 4. *Liste des* PAPES.

Nous allons donner ici la liste des *papes* que l'on trouve partout, mais dans peu de livres par ordre alphabétique. Chacun sait le besoin que l'on a dans l'étude du droit canonique, de savoir l'époque d'un canon, et le pontificat sous lequel il a été fait. Nous suivrons la chronologie de Doujat, quoiqu'elle ne soit pas la plus commune.

A

Adéodat (S.), élu l'an 671, siégea 7 ans, 2 mois et 7 jours.

Adrien Ier, élu l'an 772, siégea 23 ans, 10 mois et 17 jours.

Adrien II, élu l'an 867, siégea 4 ans, 10 mois et 17 jours.

Adrien III, élu l'an 884, siégea 1 an, 3 mois et 19 jours.

Adrien IV, élu l'an 1154, siégea 4 ans, 8 mois et 29 jours.

Adrien V, élu l'an 1276, ne siégea que 29 jours.

Adrien VI, élu l'an 1522, siégea 1 an, 8 mois et 6 jours.

Agapet Ier (S.), élu l'an 535, siégea 10 mois et 14 ou 18 jours.

Agapet II, élu l'an 946, siégea 9 ans, 7 mois et 19 jours.

Agathon (S.), élu l'an 678, siégea 3 ans, 6 mois et 25 jours.

Alexandre Ier (S.), élu l'an 119, siégea 10 ans, 5 mois et 25 jours.

Alexandre II, élu l'an 1061, siégea 11 ans et 22 jours.

Alexandre III, élu l'an 1159, siégea 21 ans, 11 mois et 21 jours.

Alexandre IV, élu l'an 1254, siégea 6 ans, 5 mois et 4 jours.

Alexandre V, élu l'an 1409, siégea 10 mois et 8 jours.

Alexandre VI, élu l'an 1492, siégea 11 ans et 8 jours.

Alexandre VII, élu l'an 1655, siégea 12 ans, 1 mois et 15 jours.

Alexandre VIII, élu l'an 1689, siégea 1 an et 4 mois.

Anaclet Ier (S.), élu l'an 101, siégea 9 ans, 3 mois et 10 jours.

Anaclet II ou *Pierre de Léon*, antipape, l'an 1130.

Anastase Ier (S.), élu l'an 398, siégea 4 ans, 1 mois et 13 jours.

Anastase II (S.), élu l'an 396, siégea 1 an, 11 mois et 23 jours.

Anastase III, élu l'an 910, siégea 2 ans, et 2 mois.

Anastase IV, élu l'an 1153, siégea 1 an 4 mois et 24 jours.

Anicet (S.), élu l'an 165, siégea 7 ans, 8 mois et 24 jours.

Antère (S.), élu l'an 235, siégea 2 mois.

B

Benoît Ier, élu l'an 573, siégea 4 ans, 2 mois et 15 jours.

Benoît II (S.), élu l'an 684, siégea 8 mois et 17 jours.

Benoît III, élu l'an 855, siégea 2 ans, 6 mois et 10 jours.

Benoît IV, élu l'an 905, siégea pendant quelques mois.

Benoît V, élu l'an 964, siégea un an environ.

Benoît VI, élu l'an 972, siégea 1 an, 3 mois et quelques jours.

Benoît VII, élu l'an 975, siégea 9 ans.

Benoît VIII, élu l'an 1013, siégea 12 ans environ.

Benoît IX, élu l'an 1034, siégea 10 ans et quelques mois.

Benoît X, ou *Jean Mincius*, antipape, 1059.

Benoît XI, élu l'an 1303, siégea 8 mois, et 17 jours.

Benoît XII (B.), élu l'an 1334, siégea 7 ans, 4 mois et 6 jours.

Benoît XIII, élu l'an 1724, siégea 6 ans.

Benoît XIV, élu l'an 1740, siégea 18 ans moins trois mois.

Benoît XIII, antipape, dit Pierre de Lune, 1394.

Boniface Ier (S.), élu l'an 418, siégea 4 ans, 9 mois et 28 jours.

Boniface II (S.), élu l'an 530, siégea 2 ans et 2 jours.

Boniface III, élu l'an 606, siégea 8 mois, et 23 jours.

Boniface IV (S.), élu l'an 607, siégea 6 ans, 8 mois et 13 jours.

Boniface V, élu l'an 617, siégea 7 ans, 10 mois et 1 jour.

Boniface VI, antipape, 897.

Boniface VII, antipape, 974.

Boniface VIII, élu l'an 1294, siégea 8 ans, 9 mois et 18 jours.

Boniface IX, élu l'an 1389, siégea 14 ans et 11 mois.

C

Caïus (S.), élu l'an 283, siégea 12 ans, 4 mois et 5 jours.

Calixte Ier (S.), élu l'an 219, siégea 5 ans, 1 mois et 12 jours.

Calixte II, élu l'an 1119, siégea 5 ans, 10 mois et 13 jours.

Calixte III, élu l'an 1455, siégea 3 ans, 5 mois et 29 jours.

Calixte ou *Théobalde, antipape*, 1124.

Calixte III, ou *Jean, abbé de Strum, antipape*, 1162.

Célestin Ier (S.), élu l'an 427, siégea 8 ans, 5 mois et 3 jours.

Célestin II, élu l'an 1143, siégea 5 mois, et 13 jours.

Célestin III, élu l'an 1191, siégea 6 ans, 8 mois et 28 jours.

Célestin IV, élu l'an 1241, siégea 18 jours.

Célestin V (S.), élu l'an 1294, siégea 5 mois et 8 jours.

Christophe, élu l'an 906, siégea 7 mois.

Clément Ier (S.), élu l'an 91, siégea 9 ans, 6 mois et 6 jours.

Clément II, élu l'an 1046, siégea 9 mois.

Clément III, élu l'an 1188, siégea 3 ans, 2 mois et 10 jours.

Clément IV, élu l'an 1265, siégea 3 ans, 9 mois et 2 jours.

Clément V, élu l'an 1305, siégea 8 ans, 10 mois et 16 jours.

Clément VI, élu l'an 1342, siégea 10 ans, 6 mois et 29 jours.

Clément VII, élu l'an 1523, siégea 10 ans, 10 mois et 7 jours.

Clément VIII, élu l'an 1592, siégea 13 ans, 1 mois et 3 jours.

Clément IX, élu l'an 1667, siégea 2 ans.

Clément X, élu l'an 1670, siégea 6 ans.

Clément XI, élu l'an 1700, siégea 21 ans.

Clément XII, élu l'an 1730, siégea 10 ans environ.

Clément XIII, élu l'an 1758, siégea 10 ans, et 7 mois.

Clément XIV, élu l'an 1769, siégea 5 ans, et 4 mois et 3 jours.

Clément III, ou *Guibert, archevêque de Ravenne, antipape*, 1080.

Clément VII, ou *Robert, archevêque de Genève, antipape*, 1378.

Clément VIII, ou *Gilles de Munion, antipape*, 1424.

Clet (S.), élu l'an 78, siégea 12 ans, 7 mois et 2 jours.

Conon, élu l'an 686, siégea 11 mois et 23 jours.

Constantin, élu l'an 708, siégea 6 ans, 1 mois et 2 jours.

Constantin, antipape, 768.

Corneille (S.), élu l'an 251, siégea 4 ans, et 17 jours.

D

Damase Ier (S.), élu l'an 367, siégea 17 ans, 2 mois et 27 jours.

Damase II, élu l'an 1048, siégea 23 jours.

Denis (S.), élu l'an 258, siégea 12 ans, 3 mois et 13 jours.

Dieu-Donné ou *Deus-Dedit*, élu l'an 614, siégea 2 ans, 11 mois et 26 jours.

Dioscore, antipape, 530.

Donus Ier, ou *Domnus*, élu l'an 676, siégea 1 an, 5 mois et 10 jours.

Donus II, ou *Domnus*, élu l'an 972, siégea 3 mois.

E

Eleuthère (S.), élu l'an 177, siégea 15 ans et 23 jours.

Etienne Ier (S.), élu l'an 255, siégea 2 ans, 3 mois et 22 jours.

Etienne, que l'on est dans l'usage de ne pas compter, siégea 4 jours l'an 752.

Etienne II, élu l'an 752, siégea 5 ans, et 20 jours.

Etienne III, élu l'an 768, siégea 3 ans, 5 mois et 12 jours.
Etienne IV, élu l'an 816, siégea 1 an, 7 mois et 3 jours.
Etienne V, élu l'an 885, siégea 6 ans et quelques jours.
Etienne VI, élu l'an 897, siégea 3 ou 4 ans.
Etienne VII, élu l'an 929, siégea 3 ans, 4 mois et 5 jours.
Etienne VIII, élu l'an 939, siégea 3 ans, 4 mois et 5 jours.
Etienne IX, élu l'an 1057, siégea 8 mois environ.
Eugène Ier (S.), élu l'an 655, siégea 5 ou 6 mois et 23 jours.
Eugène II, élu l'an 824, siégea 3 ans, 2 mois et 23 jours.
Eugène III, élu l'an 1145, siégea 8 ans, 4 mois et 13 jours.
Eugène IV, élu l'an 1431, siégea 15 ans, 11 mois et 20 jours.
Eulalie, troisième antipape, 418.
Eusèbe (S.), élu l'an 309, siégea 2 ans, 8 mois et 21 jours.
Eutychien (S.), élu l'an 275, siégea 8 ans 6 mois et 4 jours.
Evariste (S.), élu l'an 110, siégea 9 ans et 3 mois.

F
Fabien (S.), élu l'an 236, siégea 15 ans et 5 jours.
Félix Ier (S.), élu l'an 270, siégea 4 ans, 4 mois et 29 jours.
Félix avec Libère, 356.
Félix II (S.), élu l'an 483, siégea 8 ans, 11 mois et 22 jours.
Félix III (S.), élu l'an 526, siégea 3 ans, 8 mois et 14 jours.
Félix IV ou Amédée, duc de Savoie, antipape, 1439.
Formose, élu l'an 890, siégea 6 ans et 6 mois.

G
Gélase Ier (S.), élu l'an 492, siégea 4 ans, 8 mois et 19 jours.
Gélase II, élu l'an 1118, siégea 1 an et 4 jours.
Grégoire Ier (S.), élu l'an 590, siégea 13 ans, 6 mois et 10 jours.
Grégoire II (S.), élu l'an 714, siégea 16 ans, 8 mois et 20 jours.
Grégoire III (S.), élu l'an 731, siégea 10 ans, 9 mois et 12 jours.
Grégoire IV, élu l'an 827, siégea 16 ans et 4 mois.
Grégoire V, élu l'an 996, siégea 2 ans, 8 mois et 6 jours.
Grégoire VI, élu l'an 1044, siégea 2 ans et 8 mois.
Grégoire VII (S.), élu l'an 1073, siégea 12 ans, 1 mois et 3 jours.
Grégoire VIII, élu l'an 1187, siégea environ 2 mois.
Grégoire IX, élu l'an 1227, siégea 14 ans, 5 mois et 3 jours.
Grégoire X (B.), élu l'an 1271, siégea 4 ans, 4 mois et 10 jours.
Grégoire XI, élu l'an 1371, siégea 7 ans, 2 mois et 24 jours.
Grégoire XII, élu l'an 1406, siégea 2 ans, 6 mois et 14 jours.
Grégoire XIII, élu l'an 1572, siégea 12 ans, 10 mois et 29 jours.
Grégoire XIV, élu l'an 1590, siégea 10 mois et 10 jours.
Grégoire XV, élu l'an 1621, siégea 2 ans et 5 mois.
Grégoire XVI, élu l'an 1831, glorieusement régnant.
Grégoire, antipape, en 1013

H
Hadrien, voyez Adrien.
Hilaire (S.), élu l'an 461, siégea 5 ans, 9 mois et 29 jours.
Honorius Ier, élu l'an 626, siégea 2 ans, 4 mois et 27 jours.
Honorius II, élu l'an 1124, siégea 5 ans, 1 mois et 17 jours.
Honorius III, élu l'an 1216, siégea 10 ans, et 8 mois.
Honorius IV, élu l'an 1285, siégea 2 ans, et un jour.
Honorius II, ou Cadaloüs, antipape, 1062.
Hormisdas (S.) élu l'an 514, siégea 9 ans et 10 jours.
Hygin, (S.), élu l'an 152, siégea 3 ans et 28 jours.

I
Innocent Ier (S.), élu l'an 402, siégea 15 ans, 2 mois et 10 jours.
Innocent II, élu l'an 1130, siégea 13 ans, 7 mois et 10 jours.
Innocent III, élu l'an 1198, siégea 18 ans, 6 mois et 9 jours.
Innocent IV, élu l'an 1241, siégea 11 ans, 5 mois et 14 jours.
Innocent V, élu l'an 1276, siégea 5 mois et 5 jours.
Innocent VI, élu l'an 1352, siégea 9 ans, 8 mois et 20 jours.
Innocent VII, élu l'an 1404, siégea 2 ans et 22 jours.
Innocent VIII, élu l'an 1484, siégea 7 ans, 10 mois et 27 jours.
Innocent IX, élu l'an 1591, siégea 2 mois
Innocent X, élu l'an 1644, siégea 10 ans, 3 mois et 22 jours.
Innocent XI, élu l'an 1675, siégea 13 ans.
Innocent XII, élu l'an 1691, siégea 9 ans
Innocent XIII, élu l'an 1721, siégea 3 ans.

J
Jean Ier, (S.) élu l'an 523, siégea 2 ans, 9 mois et 14 jours.
Jean II, (S.) élu l'an 532, siégea 2 ans et 8 mois.
Jean III, élu l'an 559, siégea 12 ans, 11 mois et 16 jours.
Jean IV, élu l'an 640, siégea 1 an, 9 mois et 6 jours.
Jean V, élu l'an 685, siégea 1 an, 11 jours
Jean VI, élu l'an 701, siégea 3 ans, 2 mois et 12 jours.
Jean VII, élu l'an 705, siégea 2 ans, 7 mois et 17 jours.
Jean VIII, élu l'an 872, siégea 10 ans, un jour.
Jean IX, élu l'an 901, siégea 3 ans, 15 jours.
Jean X, élu l'an 913, siégea 15 ans.
Jean XI, élu l'an 931, siégea 4 ans, 10 mois.

Jean XII, élu l'an 955, siégea 9 ou 10 ans.
Jean XIII, élu l'an 965, siégea 6 ans, 11 mois et 5 jours.
Jean XIV, élu l'an 984, siégea 1 an et quelques mois.
Jean XV, élu l'an 985, siégea 10 ans, 4 mois et 12 jours.
Jean XVI, antipape, élu l'an 997.
Jean XVII, élu l'an 1003, siégea 5 mois.
Jean XVIII, élu l'an 1003, siégea 5 ans, 7 mois et 28 jours.
Jean XIX, élu l'an 1024, siégea 9 ans, et 8 mois.
Jean XX, antipape, 1043.
Jean XXI, élu l'an 1276, siégea 6 mois et 8 jours.
Jean XXII, élu l'an 1316, siégea 18 ans, 3 mois et 28 jours.
Jean XXIII, élu l'an 1410, siégea 2 ans et 15 jours.
Jean, diacre, antipape, 844.
Jules Ier (S.), élu l'an 336, siégea 15 ans, 5 mois et 17 jours.
Jules II, élu l'an 1502, siégea 9 ans, 3 mois et 21 jours.
Jules III, élu l'an 1550, siégea 5 ans, 1 mois et 16 jours.

L

Landon, élu l'an 912, siégea quelques mois.
Laurent, quatrième antipape, 498.
Léon Ier (S.), élu l'an 440, siégea 20 ans et 11 mois.
Léon II (S.), élu l'an 683, siégea 10 mois et 14 jours.
Léon III (S.), élu l'an 795, siégea 20 ans, 5 mois et 17 jours.
Léon IV (S.), élu l'an 847, siégea 8 ans, 3 mois et 5 jours.
Léon V, élu l'an 906, siégea 40 jours.
Léon VI, élu l'an 928, siégea 6 mois et 15 jours.
Léon VII, élu l'an 938, siégea 3 et 6 mois.
Léon VIII, intrus par l'autorité de l'empereur Othon, 962.
Léon IX (S.), élu l'an 1049, siégea 5 ans, 2 mois et 7 jours.
Léon X, élu l'an 1513, siégea 8 ans et 20 jours.
Léon XI, élu l'an 1605, siégea 27 jours.
Léon XII, élu l'an 1823, siégea 5 ans, 4 mois et 16 jours.
Libère (S.), élu l'an 352, siégea 15 ans, 4 mois et 2 jours.
Lin (S.), élu l'an 67, siégea 11 ans, 2 mois et 23 jours.
Luce Ier (S.), élu l'an 253, siégea 1 an et 4 mois.
Luce II, élu l'an 1144, siégea 11 mois et 14 jours.
Luce III, élu l'an 1181, siégea 4 ans, 2 mois et 18 jours.

M

Marc (S.), élu l'an 336, siégea 8 ans et 22 jours.
Marcellin (S.), élu l'an 296, siégea 7 ans, 11 mois et 26 jours.
Marcel Ier (S.), élu l'an 304, siégea 4 ans, 1 mois et 25 jours.
Marcel II, élu l'an 1555, siégea 21 jours.
Marin Ier, élu l'an 882, siégea 1 an et 20 jours.
Marin II, élu l'an 942, siégea 3 ans, 4 mois et 13 jours.
Martin Ier (S.), élu l'an 649, siégea 5 ans, 4 mois et 10 jours.
Martin IV, confondu avec Marin, élu l'an 1281, siégea 4 ans, 1 mois et 7 jours.
Martin V, élu l'an 1417, siégea 13 ans, 3 mois et 12 jours.
Maurice Bourdain, archevêque de Brague, antipape, 1118.
Melchiade ou Miltiade (S.), élu l'an 311, siégea 2 ans, 2 mois et 7 jours.

N

Nicolas Ier (S.), élu l'an 858, siégea 9 ans, 6 mois et 20 jours.
Nicolas II, élu l'an 1059, siégea 2 ans et 6 mois.
Nicolas III, élu l'an 1277, siégea 2 ans et 9 mois.
Nicolas IV, élu l'an 1287, siégea 4 ans, 1 mois et 14 jours.
Nicolas V, élu l'an 1447, siégea 8 ans et 19 jours.
Novatien, premier antipape, 251.

P

Pascal Ier, élu l'an 817, siégea 7 ans, 3 mois et 16 jours.
Pascal II, élu l'an 1099, siégea 18 ans, 5 mois et 4 jours.
Pascal, antipape, 687.
Pascal III, ou Gui de Crême, antipape, 1160.
Paul Ier (S.), élu l'an 757, siégea 10 ans et 10 mois.
Paul II, élu l'an 1464, siégea 6 ans, 18 jours.
Paul III, élu l'an 1534, siégea 15 ans, 10 mois et 26 jours.
Paul IV, élu l'an 1555, siégea 4 ans, 2 mois et 24 jours.
Paul V, élu l'an 1605, siégea 15 ans, 8 mois et 12 jours.
Pélage Ier, élu l'an 555, siégea 3 ans, 10 mois et 18 jours.
Pélage II, élu l'an 577, siégea 12 ans, 2 mois et 27 jours.
Pierre (S.), élu l'an 43, siégea 24 ans, 5 mois et 10 jours.
Pierre, antipape, 686.
Pie Ier (S.), élu l'an 156, siégea 9 ans, 5 mois et 27 jours.
Pie II, élu l'an 1458, siégea 5 ans, 11 mois et 27 jours.
Pie III, élu l'an 1503, siégea 26 jours.
Pie IV, élu l'an 1559, siégea 5 ans, 11 mois et 15 jours.
Pie V (S.), élu l'an 1566, siégea 6 ans, 3 mois et 24 jours.
Pie VI, élu l'an 1775, siégea 24 ans, 6 mois et 14 jours.
Pie VII, élu l'an 1800, siégea 23 ans, 5 mois et 6 jours.
Pie VIII, élu l'an 1829, siégea 1 an 8 mois

Pontien (S.), élu l'an 231, siégea 4 ans et 6 jours.

R

Romain Galesin, antipape, 897.

S

Sabinien, élu l'an 604, siégea 5 mois et 19 jours.
Serge Ier (S.), élu l'an 687, siégea 13 ans, 8 mois et 14 jours.
Serge II, élu l'an 844, siégea 3 ans, 1 mois et 2 jours.
Serge III, élu l'an 907, siégea 13 ans et 4 mois.
Serge IV, élu l'an 1009, siégea 2 ans, 8 mois et 13 jours.
Serge, antipape, 890.
Séverin, élu l'an 640, siégea 2 ans et 4 jours.
Silvère (S.), élu l'an 536, siéga 4 ans.
Silvestre Ier (S.), élu l'an 314, siégea 21 ans et 11 mois.
Silvestre II, élu l'an 999, siégea 4 ans et 2 ou 3 mois.
Silvestre III, antipape, 1043.
Simplice (S.), élu l'an 467, siégea 15 ans, 5 mois et 10 jours.
Sirice (S.), élu l'an 385, siégea 13 ans, 1 mois et 14 jours.
Sisinius, élu l'an 708, siégea 20 jours.
Sixte Ier (S.), élu l'an 130, siégea 9 ans, 10 mois et 8 jours.
Sixte II (S.), élu l'an 257, siégea 11 ans et 13 jours.
Sixte III (S.), élu l'an 432, siégea 7 ans et 11 mois.
Sixte IV, élu l'an 1471, siégea 13 ans et 5 jours.
Sixte V, élu l'an 1585, siégea 5 ans, 4 mois et 3 jours.
Soter (S.), élu l'an 173, siégea 3 ans, 11 mois et 21 jours.
Symmaque (S.), élu l'an 498, siégea 15 ans, 7 mois et 27 jours.

T

Télesphore (S.), élu l'an 140, siégea 11 ans, 8 mois et 29 jours.
Théodore Ier, élu l'an 642, siégea 7 ans, 5 mois et 20 jours.
Théodore II, élu l'an 901, siégea 20 jours.
Théodore, antipape, 686 et 687.
Théophilacte, antipape, 747.

U

Urbain Ier (S.), élu l'an 224, siégea 6 ans, 7 mois et 4 jours.
Urbain II, élu l'an 1088, siégea 11 ans, 4 mois et 18 jours.
Urbain III, élu l'an 1185, siégea 1 an, 10 mois et 25 jours.
Urbain IV, élu l'an 1261, siégea 3 ans, 1 mois et 4 jours.
Urbain V, élu l'an 1362, siégea 8 ans, 1 mois et 23 jours.
Urbain VI, élu l'an 1378, siégea 11 ans, 6 mois et 6 jours.
Urbain VII, élu l'an 1590, siégea 13 jours.
Urbain VIII, élu l'an 1623, siégea 20 ans, 11 mois et 22 jours.
Urcisin ou *Ursin*, antipape, 369.

V

Valentin, élu l'an 827, siégea 40 jours.
Victor Ier (S.), élu l'an 192, siégea 9 ans, 1 mois et 28 jours.
Victor II, élu l'an 1054, siégea 2 ans et 6 mois.
Victor III, élu l'an 1086, siégea environ 10 mois.
Victor III, ou *Grégoire*, antipape, 1159.
Vigile, élu l'an 540, siégea 15 ans et 6 mois.
Vitalien (S.), élu l'an 656, siégea 13 ans, 4 mois et 27 jours.

X

Xiste, *Voyez* Sixte.

Z

Zacharie (S.), élu l'an 741, siégea 10 ans, 3 mois et 10 jours.
Zéphirin (S.), élu l'an 201, siégea 18 ans et 18 jours.
Zinzime, antipape, 824.
Zosime (S.), élu l'an 417, siégea 1 an, 4 mois et 7 jours.

§ 5. *Suprématie du* PAPE. *Son infaillibilité.*

La primauté de saint Pierre et des *papes* ses successeurs, est une primauté non-seulement d'honneur, mais de juridiction; cette proposition est de foi, et elle a été définie comme telle par les conciles œcuméniques. « Le *pape* est le vrai vicaire de Jésus-Christ, dit le concile de Florence, le chef de toute l'Eglise, le père, le docteur de tous les chrétiens, et il a reçu de Jésus-Christ, dans la personne de saint Pierre, le plein pouvoir de paître, régir et gouverner l'Eglise universelle, ainsi qu'il est marqué dans les actes des conciles œcuméniques et dans les sacrés canons. » (Labbe, *Coll. concil.*, tom XIII, col. 515) : c'est-à-dire, selon la doctrine consignée dans les canons, et consacrée par les définitions des conciles, qui ont reconnu et respecté dans le premier pontife une autorité qu'il ne tenait pas d'eux, mais immédiatement de Jésus-Christ qui a dit : *Tu es Pierre, et sur cette pierre j'édifierai mon Eglise, et les portes de l'enfer ne prévaudront point contre elle* (*Matth.* XVI, 18). Le gouvernement de la société chrétienne, l'autorité de son chef, la perpétuité de sa doctrine, l'immortalité de sa durée, tout est renfermé dans ces paroles qui réveillent de si hautes idées, et dont la force toujours vivante est telle, qu'après dix-huit siècles, en les entendant prononcer, on croit assister à la fondation de cet édifice éternel. Nous voyons le Sauveur du monde établir son Eglise sur Pierre, le premier des apôtres : nul ne lui est associé dans une circonstance si mémorable; tout repose sur lui seul. Les autres disciples concourront, comme de simples instruments, à l'édification de ce temple mystique, mais ses destinées ne sont attachées à aucun d'eux; leur chute n'entraînera pas sa chute. Les successeurs de Jacques peuvent défaillir à Jérusalem, tout l'Orient peut les imiter dans leur défection, sans que l'Eglise en soit ébranlée. Ce n'est point à André ni à Philippe, mais à Simon, fils de

Jean, qu'il fut dit : *Tu es Pierre, et sur cette pierre*, cette pierre unique, car il fallait que le fondement de l'unité fût un lui-même (*ad unum ideo ut unitatem fundaret ex uno*; S. Pacianus Barcelon. epist., 3), *j'édifierai mon Eglise* contre laquelle viendra se briser la puissance de l'enfer : et pourquoi ? sinon parce que sa base est inébranlable, parce qu'elle est éminemment cette maison *bâtie sur la pierre, et que les vents et les eaux ne peuvent renverser.* O profondeur des conseils de Dieu, qui destine ce qu'il y a de plus faible, un pauvre pêcheur, un être d'un jour, à porter cette Eglise immense pour qui tous les temps et l'univers même ont été faits.

Après cette première merveille, dit l'auteur de la *Tradition de l'Eglise sur l'institution des évêques*, de quoi pourrions-nous nous étonner? N'en suppose-t-elle pas au contraire nécessairement de nouvelles qui en montrent la réalité, les motifs, les effets ? Notre croyance n'est ni absurde, ni aveugle; elle s'élève au-dessus de la raison, mais elle ne détruit pas la raison. Or, un homme qui n'aurait, comme tous les hommes, en partage que l'erreur et la mortalité, comment serait-il le fondement d'une Eglise incorruptible ? Cependant l'Eglise est bâtie sur Pierre, *super te ædificabo Ecclesiam meam*, et ce prodige ne peut être expliqué que par d'autres prodiges. Ici tout est de l'ordre commun des choses et de nos idées, tout est surnaturel ; que le sens humain se taise donc pour écouter la sagesse divine : *Quand tu seras un jour converti, affermis tes frères; car j'ai prié pour toi, afin que ta foi ne défaille point* (Luc, XXII, v. 32). Donc la foi de Pierre, la foi de ses successeurs, ou, si on l'aime mieux ainsi, la foi de son siège, inébranlablement affermi par la prière du Christ, ne souffrira jamais d'obscurcissement; à moins qu'on ne veuille dire que Jésus-Christ a prié en vain. *Erit ergo quisquam tantæ dementiæ, qui orationem illius, cujus velle est posse, audeat in aliquo vacuam putare* (S. Leo IX, epist, 1, apud Labbe, tom. IX, col. 953). L'infaillibilité du corps des pasteurs est moins expresse dans l'Ecriture et n'est pas plus certaine par la tradition que l'indéfectibilité de la chaire du premier pasteur. Comment Pierre en effet pourrait-il *affermir ses frères*, et les *confirmer* dans la saine doctrine, s'il était possible que lui-même il la corrompît ou l'abandonnât? S'il n'était pas à l'abri d'une chute si déplorable, si, ce qu'à Dieu ne plaise, le fondement pouvait manquer, que deviendrait l'édifice élevé sur ce fondement, et que resterait-il à l'Eglise, qu'un gémissement éternel sur l'anéantissement des promesses, et une inconsolable douleur en voyant s'évanouir pour jamais des destinées si grandes et si magnifiques? Mais non, l'Eglise est immortelle comme Dieu même dont elle est l'ouvrage : La puissante main de son fondateur a mis en elle les principes et les ressorts d'une vie qui n'aura point de terme. *Voilà, je suis avec vous tous les jours jusqu'à la consommation des siècles* (Matth. XXVIII, 20) : je suis avec vous, moi *la vérité et la vie* par essence, je suis avec vous en vous soutenant, en vous éclairant par l'influence de mon esprit ; je suis avec vous dans la personne de Pierre, que j'établis à ma place pour *affermir* et guider ses *frères*. Donc. qui ne suit pas ce guide, s'égare, qui n'est pas affermi par lui, chancelle : rejeter ses décisions, c'est nier la promesse d'infaillibilité manifestement contenue dans la prière du Sauveur. Que cette promesse regarde le siège, comme l'a cru Bossuet, ou la personne qui y est assise, selon la commune doctrine de l'antiquité, l'obéissance est également du devoir, puisqu'on reconnaît de part et d'autre une assistance spéciale pour préserver de l'erreur la chaire du prince des apôtres, et qu'après tout, ce n'est pas le siège qui parle, qui décide, qui ordonne, mais le pontife qui l'occupe. Aussi les théologiens et les canonistes les moins favorables aux *papes*, confessent aujourd'hui sans balancer, que rien n'est plus futile que cette distinction, inventée dans des moments d'aigreur, pour concilier le dogme catholique avec des préjugés d'école. On n'est pas hérétique, nous le savons, pour ne point admettre l'infaillibilité personnelle du *pape*, l'Eglise n'ayant point formellement prononcé sur cette question ; mais, serait-il permis d'en dire autant de l'indéfectibilité du saint-siége ? Au moins, est-ce fort douteux, et ce qui ne l'est pas, c'est qu'on ne la pourrait nier, sans encourir les plus graves censures. Or, ces deux opinions ne diffèrent que dans les mots. Une logique rigoureuse conduit inévitablement de la seconde à la première ; et celle-ci dans le fond est si peu opposée aux vrais principes gallicans, que l'évêque de Meaux a montré que le quatrième article de la déclaration de 1682 n'y portait aucune atteinte.

Nulle autre Eglise ne partage avec l'Eglise romaine cette belle prérogative, qui fait de sa doctrine la règle invariable de la doctrine de tous les chrétiens. Sans cela l'unité eût été détruite, il y aurait eu plusieurs centres, plusieurs autorités égales, indépendantes, rivales par conséquent, et la vérité même, au lieu d'être un lien de paix, fût devenue une cause toujours renaissante de discorde. On ne saurait donc assez admirer la divine sagesse, qui, en communiquant à un simple mortel un de ses plus glorieux attributs, assure à jamais la perpétuité de la vraie foi et la consolante unité de dogme, d'espérance et d'amour dans l'Eglise dont il est le fondement.

Cependant la prévoyance du Christ s'étend encore plus loin, et ses trésors ne sont pas épuisés par ce grand don. Il savait que Pierre, sans autorité pour ramener ceux qui errent, pour redresser ceux qui s'égarent et les conduire tous dans une même voie, aurait, inutilement pour l'Eglise, possédé le privilége d'une foi immuable. Aussi ajoute-t-il sur-le-champ : *Paissez mes agneaux, paissez mes brebis* (Jean, XXII, 16 *et* 17), les mères comme les enfants, les pasteurs comme le troupeau ; et de ce moment Pierre est investi du pouvoir qui fera triompher de toutes les épreuves et de toutes les erreurs son indéfectible foi.

Pasteur universel, au-dessous du pontife romain sont tous les pasteurs qu'il dirige, régit, confirme, selon l'ordre de son Maître. Envoyés pour baptiser et enseigner, ils ne baptiseront et n'enseigneront que sous la dépendance et par l'autorité de celui qui les doit *paître* et *affermir*, qui peut toujours leur demander compte de la mission qu'il leur a donnée, et qu'il est libre de restreindre ou d'étendre, suivant les nécessités, les convenances de chaque portion de la société ou de la société entière. Les exemples viennent en foule à l'appui de ces maximes. (*Voyez* NOMINATION, § 2.)

La primauté du chef paraît clairement en vingt endroits des Actes, et les Pères (S. Cyprien, *epist.* 61; S. Augustin, *lib.* II *contr. donatistas*), en parlant de saint Paul et de la sainte liberté avec laquelle il résista à Céphas, l'appellent un apôtre inférieur, *posteriore apostolo*. « Il fallait, dit Bossuet, que « ce même apôtre, le grand Paul, Paul re« venu du troisième ciel, *le vînt voir* (*Gal.*, « I, 18); non pas Jacques, un si grand apô« tre, *frère du Seigneur*, évêque de Jérusa« lem, appelé le juste, et également respecté « par les chrétiens et par les juifs; ce n'était « pas lui que Paul devait venir voir, mais il « est venu voir Pierre, et le voir, selon la « force de l'original, comme on vient voir « une chose pleine de merveilles et digne « d'être recherchée; le contempler, l'étudier, « dit saint Chrysostome, et le voir comme « plus grand aussi bien que plus ancien que « lui, dit le même Père. » (*Serm. sur l'unité.*)

Si nous ne craignions de nous écarter du plan de cet ouvrage, nous pourrions dérouler ici toute la tradition en faveur de la primauté d'honneur et de juridiction qu'a le *pape* sur toute l'Eglise. C'est ce qu'enseignent tous les Pères, et en particulier Origène (*hom.* 5, *in Exod.*), saint Athanase (*epist. ad Felic. papam*), saint Grégoire de Nazianze (*de Moderat.*), saint Epiphane (*in Ancor.*), saint Chrysostome (*homil.* 55, *in Matth.*), saint Cyrille (*c.* 1 *in Joan.*), Théophilacte (*in cap.* II *Luc.*), Tertullien (*de Præscript., c.* 22), saint Hilaire (*c.* 16, *in Matth.*), saint Jérôme (*in cap.* XVI *Matth.*), saint Augustin (*serm.* 203), saint Maxime (*serm.* 1 *de S. Petro*), saint Paulin (*epist.* 23 *ad Sever.*), saint Léon (*Serm.* 2 *in anniv. Assumpt.*). Tous s'accordent à dire avec Tertullien, si près de la tradition apostolique, et avant sa chute si soigneux de la recueillir : « Le Seigneur a donné les clefs à Pierre, et par lui à l'Eglise. » *Si adhuc clausum putas cœlum, memento claves ejus hic Dominum Petro, et per eum Ecclesiæ reliquisse* (*pag.* 496, *edit. Rig.*); ou avec saint Optat de Milève : « Saint Pierre a reçu *seul* les clefs du royaume des cieux pour les communiquer aux autres. » *Bono unitatis, B. Petrus..., et præferri apostolis omnibus meruit, et claves regni cælorum communicandas cæteris solus accepit* (*lib.* VII *contra Parmenianum*). Saint Grégoire de Nysse, ce grand docteur de l'Eglise grecque, confesse en présence de tout l'Orient la même doctrine, sans qu'aucune réclamation s'élève. « Jésus-Christ, dit-il, a donné par Pierre aux évêques les clefs du royaume céleste. » *Per Petrum episcopis dedit (Christus) claves cœlestium bonorum* (*tom.* III, *pag.* 314, *edit. Paris.*). De siècle en siècle on entend la même voix sortir de toutes les Eglises. Jusqu'au schisme d'Occident, on ne connut point d'autre doctrine en France; mais, pour ne pas nous étendre à l'infini, nous ajouterons seulement aux passages qui précèdent les paroles d'un concile de Reims, dans la sentence qu'il porta contre les assassins de Foulques, archevêque de Reims : « Au nom de Dieu et par la vertu du Saint-Esprit, ainsi que par l'*autorité divinement conférée aux évêques par le bienheureux Pierre*, prince des apôtres, nous les séparons de la sainte Eglise. » *In nomine Domini, et in virtute Sancti Spiritus, necnon auctoritate episcopis per B. Petrum principem apostolorum divinitus conlata, ipsos a sanctæ matris Ecclesiæ gremio segregamus* (*tom.* IX *Concil., col.* 481).

Dès l'origine, et à l'origine peut-être plus qu'en aucun autre temps, le caractère et la prérogative suprême du chef se manifestent pleinement et dans les actes aussi nombreux qu'éclatants de sa puissance souveraine, et dans la vénération profonde qui abaissait au pied de son trône les fidèles et les évêques du monde entier. Partout dans les saintes Ecritures saint Pierre paraît à la tête du collège apostolique. A peine le Sauveur eut-il quitté la terre, qu'il agit et commande en son nom. C'est lui qui ordonne qu'on donnera un successeur à Judas; c'est lui qui convoque et préside l'assemblée où doit être élu le nouvel apôtre, qui désigne ceux parmi lesquels on le doit choisir, et s'il ne le nomme pas seul, comme il en avait le droit, dit saint Chrysostome, c'est qu'il voulait donner l'exemple de cet esprit de condescendance et de charité qu'il recommande avec tant de force à tous les pasteurs. C'est Pierre qui le premier annonce aux Juifs l'Evangile du salut; c'est Pierre qui répond devant les magistrats, et l'infaillible interprète de la foi en est aussi le premier confesseur. Une spéciale vocation destine Paul à être l'apôtre des gentils : ce ne sera pas lui cependant qui leur ouvrira l'entrée de l'Eglise, mais Pierre par qui tous les peuples devaient venir; si la société chrétienne à sa naissance est agitée par des dissensions, c'est encore Pierre qui les apaise dans un concile où il parle avant tous les autres, et où un seul parle après lui pour confirmer ses décisions par l'autorité des prophètes.

Ses successeurs continuent de donner des lois aux Eglises, qui les reçoivent, et s'y conforment avec une pleine soumission. Saint Clément en prescrit à l'Eglise de Corinthe dans une lettre qu'Irénée (*Contra hæreses, lib.* III, *c.* 3) appelle *très-puissante*, parce que ce saint évêque savait que *toutes les Eglises et tous les fidèles qui sont sur la terre doivent obéir à l'Eglise romaine, à cause de son éminente principauté.* C'est ainsi qu'à ces époques primitives tout concourt pour justifier et pour augmenter, s'il se pouvait, la haute idée que tout catholique conçoit de *cette chaire éternelle, d'où devait partir dans tous les temps le rayon du gouvernement,* comme s'exprime Bossuet lui-même, dans son éloquent sermon sur l'unité.

Telle est la constante doctrine de l'Eglise; et cependant nous n'ignorons pas que ces témoignages, qu'il nous serait aisé de multiplier à l'infini, feront peu d'impression sur l'esprit de quelques hommes qui se font gloire d'opposer à une tradition de dix-huit siècles les rêves sinistres d'une imagination délirante, et les jalouses passions d'un cœur malade d'orgueil et fatigué de l'obéissance. Parlez à ces hommes prévenus du consentement unanime des Pères, ils sont sourds, ils n'entendent point, ou si vous les forcez d'écouter, ils condamneront tous les Pères, comme de faibles théologiens ou de lâches adulateurs, plutôt que d'abandonner les principes qu'ils se sont formés. Mettez sous leurs yeux, cette longue suite de faits, où l'autorité du saint-siége est si vivement empreinte, ils n'y verront que le résultat d'une noire conjuration ourdie pour assujettir l'Eglise à un seul homme. Montrez leur les écrits et les lettres où les souverains pontifes, à la face de l'univers, élèvent si haut leur autorité, ils vous diront que dans ces monuments révérés de tous les chrétiens ils n'aperçoivent que des prétentions excessives, que des impostures inventées pour colorer des injustices et favoriser l'usurpation. Voilà le langage dont ils remplissent leurs livres; loin de l'envenimer, nous l'avons adouci : car aussi qui pourrait se résoudre à souiller sa plume des injures qu'ils ne rougissent point d'adresser aux vicaires de Jésus-Christ? Mais s'ils n'en croient ni les faits, ni les docteurs, ni les *papes,* qui croiront-ils? Est-ce que saint Pierre n'était pas de ceux auxquels il fut dit : *Qui vous écoute, m'écoute* (*Luc.* X, 16) · et encore : *Voilà, je suis avec vous tous les jours jusqu'à la consommation des siècles* (*Matth.,* XXVIII, 20)? Le chef n'aurait-il en aucune part dans les promesses? et la chaire de Pierre est-elle la seule d'où la vérité dût être constamment bannie? Pourquoi donc lui fut-il ordonné, et dans sa personne à ses successeurs, de confirmer ses frères? Les tromper pour les asservir, serait-ce les confirmer? Etait-ce des mensonges qu'il devait porter aux nations en vertu de ces paroles *ite et docete?* Le centre de la foi était-il destiné à être le siège de l'imposture? (*Voyez* NOMINATION, § 2).

PAQUES.

Les Eglises d'Asie, suivant une ancienne tradition, voulaient anciennement que la *pâque* fût célébrée le même jour qu'il avait été commandé aux Juifs d'immoler l'agneau, c'est-à-dire le quatorzième de la lune, en quelque jour de la semaine qu'il se rencontrât. Les autres Eglises, répandues par tout le monde, gardaient la coutume qu'elles tenaient de la tradition apostolique, de finir le jeûne, et célébrer la *pâque* le jour que le Sauveur est ressuscité, c'est-à-dire le dimanche, et non pas un autre jour. Cette question avait déjà été traitée entre saint Polycarpe et le pape saint Anicet, sans les diviser, lorsqu'elle fut fortement agitée, vers la fin du second siècle, sous le pape saint Victor. On ne put la terminer définitivement qu'au premier concile général de Nicée, où l'on fixa la *pâque* au dimanche immédiatement suivant le quatorzième de la lune, lequel a suivi de plus près l'équinoxe du printemps; parce qu'il est certain que Notre-Seigneur ressuscita le dimanche qui suivit de plus près la *pâque* des Juifs; et pour trouver plus aisément le premier jour de la lune, et par conséquent le quatorzième, le concile ordonna qu'on se servirait du cycle, de dix neuf ans, parce qu'au bout de ce terme, les nouvelles lunes reviennent aux-mêmes jours de l'année solaire. On a nommé ce cycle, depuis, nombre d'or, à cause des lettres d'or dont on marquait les nouvelles lunes dans le calendrier (*Voyez* CALENDRIER).

Quant au devoir de faire annuellement ses *pâques, voyez* CONFESSION, COMMUNION.

PARÉ.

Ce terme dont nous nous sommes quelquefois servi dans cet ouvrage, signifie tout ce qui est prêt à recevoir son exécution, et qui est exécutoire par lui-même, sans autre ordonnance de justice. Quand on dit qu'une chose n'a pas d'exécution *parée,* on veut dire qu'elle n'a aucune autorité légale.

PAREATIS.

Terme latin usité en chancellerie et en pratique, et qui veut dire *obéissez.* Un *pareatis* est une lettre de chancellerie qui s'obtient pour faire exécuter un contrat ou un jugement hors du ressort de la justice où il a été rendu. On trouve le mot *pareatis* dans plusieurs pièces rapportées dans ce COURS DE DROIT CANON, par exemple, dans l'article 44 de l'édit de 1695, sous le mot JURIDICTION.

PARENTÉ.

On distingue trois sortes de *parenté :* la *parenté* naturelle, la *parenté* spirituelle et la *parenté* légale.

La *parenté* naturelle, appelée en latin *consanguinitas,* est le lien qui unit entre elles les personnes qui descendent d'une même tige ou souche, et sont d'un même sang. *Consanguinitas est vinculum personarum ab eodem stipite propinquo descendentium, vel quarum una descendit ab alia carnali propagatione* (Institut. *de Nuptiis*). (*Voyez* AFFINITÉ.)

La *parenté* spirituelle n'est autre chose que ce que nous appelons alliance ou affinité spirituelle, dont nous parlons sous le mot AFFINITÉ.

La *parenté* légale est une alliance qui se contracte par l'adoption. (*Voyez* ADOPTION.)

On considère trois choses dans la *parenté,* la souche, la ligne et le degré : par souche et tige, ou, comme parlent les canonistes, *per truncum, stipitem et radicem*, on entend les père et mère, ou bien le père seulement, ou la mère seulement, quand il y a des enfants de différents mariages, dont les descendants tirent leur origine.

Par ligne, on entend l'ordre des personnes qui sont d'un même sang. Il y a deux sortes de lignes, la ligne directe et la ligne collatérale : la ligne directe est celle des ascendants ou descendants, c'est-à-dire de ceux qui sont tellement unis par le sang, que les uns ont reçu des autres la naissance, et les autres la leur ont donnée : ceux-ci sont le père, l'aïeul, le bisaïeul, le trisaïeul, etc., les autres sont le fils, le petit-fils, l'arrière petit-fils, et le second arrière petit-fils, etc. La ligne des premiers est appelée ascendante, et la ligne des autres descendante.

La ligne collatérale, appelée aussi transversale, est entre ceux qui viennent d'une même souche et sortent d'une même tige, mais ne sont pas nés les uns des autres ; ce sont des ruisseaux qui viennent d'une même source. Cette ligne se subdivise en égale et inégale : dans la ligne collatérale égale, sont ceux qui sont également distants de la souche commune, comme deux frères, deux cousins germains, des cousins issus de germain, etc.

Dans la ligne inégale sont ceux dont l'un est plus proche de la souche commune, l'autre en étant plus éloigné, comme l'oncle et le neveu, le cousin germain, et le cousin issu de germain.

Les parents, tant en ligne directe que collatérale, sont plus ou moins éloignés les uns des autres. Ces éloignements ou distance sont appelés degrés. (*Voyez* DEGRÉS.)

Le mariage est défendu entre parents en ligne directe jusqu'à l'infini, et il est bien peu d'auteurs aujourd'hui qui soutiennent les exceptions de cette règle en certains cas : le droit civil l'a établie avant le droit canonique. Justinien s'exprime ainsi en ses Institutes, *De nuptiis, § Non ergo : Inter eas personas quæ parentum, liberorumve locum inter se obtinent, contrahi nuptiæ non possunt, veluti inter patrem et filiam, vel avum et nepotem, et usque in infinitum, et si tales personæ inter se coierint, nefarias atque incestas contraxisse nuptias dicuntur.* Ce règlement était trop conforme à la pureté de la morale chrétienne, pour que l'Eglise ne l'adoptât pas, si elle ne l'eût déjà prévenu. Le pape Nicolas Ier, dans le chapitre 39 de sa réponse aux Bulgares, se sert presque des mêmes termes que Justinien et dit : *Inter eas personas quæ parentum, liberorumve locum inter se obtinent, nuptiæ contrahi non possunt, veluti inter patrem et filiam, vel avum et nepotem, matrem et filium, aviam et nepotem, et usque ad infinitum.*

Nous bornerons là les autorités d'un principe qui n'a jamais été violé que par des nations de mœurs monstrueuses.

En ligne collatérale, la discipline de l'Eglise a beaucoup varié. Dans les quatre premiers siècles les mariages des parents étaient permis au second degré de la ligne collatérale. *Id nec divina*, dit saint Augustin, *prohibuit et nondum prohibuerat lex humana* (*de Civit. lib.* XV, c 16).

Sur la fin du quatrième siècle, Théodose le Grand défendit les noces entre les cousins germains sous peine du feu et de la confiscation de tous les biens. On n'a pas aujourd'hui cette constitution dont Sextus Aurélius Victor fait mention en la vie de Théodose. L'empereur Arcade modéra la peine de cette loi, et peu après la révoqua, en permettant le mariage entre cousins germains (*L.* 5, *c. Theod. de incest. nupt.*). Honorius laissa subsister la défense de Théodose dans l'Occident; mais environ un siècle après, Justinien fit insérer la révocation de la loi d'Arcadius dans son code (*L. Celebrandis* 19, *c. de nuptiis*) et même dans ses institutions (*de nuptiis,* § *Duorum*), où M. de Ferrière dit en son commentaire, qu'après la mort de Justinien la constitution de Théodose le Grand, qui défendait les mariages entre les cousins germains, fut rétablie dans l'Orient. Mais l'auteur des *Conférences de Paris* dit, au contraire, qu'elle devint générale par tout l'empire, et qu'elle fut même observée jusqu'à ce que, vers le dixième siècle, elle eût été révoquée par l'empereur Léon (*Delect. leg. Leon. et const. tit.* 12).

Quoi qu'il en soit de ces différentes lois civiles, il paraît par le canon 61 du concile d'Agde de l'an 506, et par d'autres monuments ecclésiastiques, que la *parenté* en ligne collatérale était un empêchement dirimant, à quelque degré éloigné qu'elle fût, pourvu qu'on la connût (*Conférences d'Angers*). Mais Saint Grégoire le Grand limita cet empêchement au septième degré inclusivement, selon la supputation civile (*can. de affinitate* 35, *qu.* 2. *can. Nullum; can. Progenium ; can. de consanguinitate; can. Nulli, ibid.*). Charlemagne autorisa ces canons de l'Eglise par ses Capitulaires, où il défend les mariages entre parents jusqu'au septième degré.

On garda cette discipline dans l'Eglise latine jusqu'au quatrième concile de Latran, tenu sous le pape Innocent III, lequel régla qu'on pourrait se marier entre parents au delà du quatrième degré suivant la supputation du droit canon : *Prohibitiones copulæ conjugalis quartum consanguinitatis et affinitatis gradum de cætero non excedant, quoniam in ulterioribus gradibus jam non potest absque gravi dispendio hujusmodi prohibitio generaliter observari,* etc. Ce sont là les termes du fameux chapitre *Non debet, de consang.*, tiré de ce concile, et suivi constamment jusqu'à ce jour dans la pratique, au moins de l'Eglise latine : car en Orient les Grecs suivent encore, comme nous le faisions aussi avant le pontificat d'Alexandre II (*can. Ad sedem* 35, *qu.* 5), la supputation des degrés par le droit civil (*Mémoires du Clergé*, tom. V, col. 627, 637, 660).

Les parents du quatrième au cinquième degré, c'est-à-dire, dont l'un est au quatrième degré de la souche, et l'autre au cinquième, suivant la règle que nous avons établie au mot DEGRÉ, le plus éloigné l'emporte sur le plus proche, et le chapitre *Vir qui de consang.* leur permet de se marier sans dispense. Mais si ces mêmes personnes sont toutes deux au quatrième degré du côté paternel, et au cinquième du côté maternel, elles ne peuvent se marier.

Dans les Indes et la Chine, les nouveaux convertis peuvent, en vertu d'un bref de Paul III, s'y marier sans dispense dans le troisième et quatrième degré de la ligne collatérale (*Voyez* sous le mot *affinité* les art. 161, 162 et 163 du Code civil).

L'Eglise fait éclater sa sagesse et sa prudence dans toutes ces variations; elle a approuvé, étendu même l'empêchement de la *parenté*, déjà établi par le droit civil, pour étendre la charité d'une famille à l'autre et pour éviter les abus de la trop grande fréquentation nécessaire entre parents. On sent assez le motif du bref de Paul III, en faveur des fidèles Indiens et Chinois : c'est là une de ces exceptions que la prudence et la charité rendent nécessaires.

Si deux personnes infidèles s'étaient mariées dans un degré défendu seulement par le droit ecclésiastique, et que l'une des deux ou toutes les deux embrassassent la religion chrétienne, l'Eglise permet qu'elles continuent de vivre comme mari et femme, parce que, comme dit Saint Thomas sur le chapitre 4 des sentences (*dist.* 39, *qu.* 1, *art.* 3), dans le temps que ces personnes se sont mariées, elles n'étaient pas membres de l'Eglise; ainsi elles n'étaient pas tenues de se conformer à ses lois (*Voyez* EMPÊCHEMENT, DISPENSE.

PARJURE.
(*Voyez* SERMENT.)

PARLEMENT.

Le *parlement* était autrefois une cour souveraine, composée d'ecclésiastiques et de laïques, établie pour administrer la justice en dernier ressort au nom du roi, en vertu de son autorité, comme s'il y eût été présent.

Il y avait en France treize *parlements*, qui, suivant l'ordre de leur création, étaient Paris, Toulouse, Grenoble, Bordeaux, Dijon, Rouen, Aix, Rennes, Pau, Metz, Besançon, Douai et Nancy.

Les auteurs ne sont pas d'accord sur le temps de l'institution du *parlement* de Paris. Les uns prétendent qu'il est aussi ancien que la monarchie, et qu'il tire son origine des assemblées de la nation; quelques-uns en attribuent l'érection à Charles-Martel, d'autres à Pepin le Bref, d'autres encore à saint Louis, d'autres enfin à Philippe le Bel, qui sûrement ne le créa pas, mais le rendit sédentaire.

Quoi qu'il en soit, les anciens *parlements* ont porté de graves atteintes aux droits de la puissance spirituelle, et ont fait des plaies profondes à la religion et à l'Etat. Ils ne visaient à rien moins qu'à dissoudre les liens de la hiérarchie ecclésiastique et à rendre impraticables les rapports de communion qui unissent les évêques au vicaire de Jésus-Christ, chef de l'Eglise et centre de l'unité catholique. Ils disparurent dans la tempête révolutionnaire qu'ils avaient en grande partie préparée en usurpant les droits de l'Eglise et ceux de la couronne.

PARLOIR.

On nomme ainsi le lieu des maisons religieuses où sont reçues les personnes du dehors qui viennent voir les religieux ou religieuses. Cet endroit est un des objets qui méritent l'attention des évêques en visite dans les monastères de filles (*Voyez* VISITE, CLOTURE, RELIGIEUSE).

PAROISSE

On entend par *paroisse* un certain lieu limité où un curé fait les fonctions de pasteur spirituel envers ceux qui l'habitent : *Est locus in quo degit populus alicui ecclesiæ deputatus certis finibus limitatus.* On donne aussi le nom de *paroisse* à l'église paroissiale, et quelquefois ce mot se prend encore pour tous les habitants d'une paroisse pris collectivement.

L'étymologie du mot, *paroisse* n'est pas certaine. Les païens appelaient *parochus* celui qui était chargé de pourvoir aux besoins des légats et ambassadeurs des princes :

... Et parochi qui debent ligna salemque (*Horat. sat.* v.)

On a dit à ce sujet que les curés ont été appelés du même nom parce qu'ils pourvoient aux nécessités de ceux à qui ils administrent les sacrements, et distribuent le pain de la parole divine. D'autres ont cru que le mot de *paroisse* et de *parochus* venait d'un mot grec qui signifie habitant. Mais communément on croit que le mot *cure* a été donné aux paroisses à raison des soins que prend ou doit prendre celui qui en est chargé, *curatus a cura*, qui veut dire *soin* et *vigilance*. On voit sous le mot CURÉ, que le quinzième canon des apôtres recommande aux évêques de veiller sur tout ce qui regarde leur *paroisse* et les villages. Quelle était cette *paroisse* des évêques ? Le père Thomassin dit qu'en cet endroit le mot de *paroisse* signifie tout le diocèse de l'évêque, et surtout la ville capitale dont les villages dépendent. Il ajoute que cela paraît encore par un autre canon qui défend aux prêtres et à tous les autres clercs de passer de leur *paroisse* à une autre, sans le consentement de leur évêque (*Voyez* EXEAT, PROVINCES).

§1. *Origine et forme des* PAROISSES *anciennes et nouvelles.*

Sous le mot CURÉ, nous avons parlé de l'origine des cures, et de leurs premières époques en différents pays, nous ne nous répéterons pas à cet égard, nous ajouterons seulement qu'il paraît par différents textes du droit, que le pape Denys fut le premier qui, vers la fin du troisième siècle, introduisit l'usage des *paroisses* circonscrites, lorsque le nombre des chrétiens fut devenu si grand, que les évêques ne purent plus y suffire : *Ecclesias singulas singulis presbyteris dedimus parochias, et cœmeteria eis divisimus, et unicuique jus proprium habere statuimus : ita videlicet ut nullus alterius parochiæ terminos, aut jus invadat ; sed sit unusquisque suis terminis contentus, et taliter ecclesiam, et plebem sibi commissam custodiat, ut ante tribunal æterni judicis ex omnibus sibi commissis rationem reddat et non judicium, sed gloriam pro suis actibus accipiat* (can. 1, 13, qu. 1 ; *c. Pastoralis. De his quæ fiunt*, etc.).

Si ce règlement est équivoque à cause du temps où il a été fait, ou de son auteur, il ne l'est point par ses dispositions conformes à la discipline, et justifiées autant par la nature même des choses que par les faits de l'histoire. Filesac (*Traité de l'origine des paroisses, ch.* 4), rapporte les décrets de plusieurs conciles tenus en France, qui non-seulement ordonnent l'établissement des curés en titre pour gouverner les peuples par eux-mêmes dans toutes les églises, sans exception de la cathédrale, mais encore qui supposent que ces établissements avaient été faits. Ce qui se prouve particulièrement par ces paroles du second concile d'Aix-la-Chapelle : *Communi consensu insuper censuimus ubicumque possibile fuerit unicuique ecclesiæ suis provideatur ab episcopis. Presbyter , ut per se eam tenere possit, aut etiam priori presbytero , subjugatus ministerium sacerdotale perficere possit.*

Il paraît que c'est dans les campagnes, dit le savant cardinal de la Luzerne (*Droits et devoirs respectifs des évêques et des prêtres*, Diss. II, ch 2, n. 8), qu'il a commencé à y avoir des *paroisses*. Dans les villes, les évêques résidaient environnés de leur presbytère et y exerçaient les fonctions curiales. Le nombre de fidèles s'y multipliant, il n'était point nécessaire d'y placer des curés. Il suffisait de multiplier les prêtres employés sous l'évêque, et allant par ses ordres porter les secours spirituels à ceux qui en avaient besoin. Dans les campagnes, au contraire, les fidèles, devenant plus nombreux, ne pouvaient plus aussi facilement recourir à l'évêque, qui était éloigné d'eux. L'évêque lui-même ne pouvait plus suffire à pourvoir à tous les besoins de détail d'un aussi grand troupeau. Il devenait bien fatigant pour les prêtres de la ville de se transporter dans des lieux éloignés aussi souvent que les besoins des peuples, devenus très-multipliés, le demandaient. Il est donc tout simple que pour parer à cet inconvénient, on ait commencé à envoyer quelques prêtres résider dans les villages et bourgs les plus éloignés de la ville épiscopale, où le peuple fidèle s'était multiplié, et qu'on y ait bâti des églises ou des chapelles pour la commodité commune. La religion s'étendant encore davantage, et un plus grand nombre de villages ayant besoin de prêtres, on en envoya davantage ; et, par la succession des temps, les divers lieux de la campagne se trouvèrent former des *paroisses* et avoir leurs prêtres particuliers chargés de les desservir. On ne connaît pas au juste l'époque où commença cet établissement des prêtres dans les *paroisses*. Il n'existe donc point de canon qui le prescrive, et la raison en est simple. Ce n'est point par une loi générale que les prêtres ont été envoyés desservir les campagnes. Cette mission a été donnée successivement pour divers lieux et à mesure que les besoins spirituels du peuple l'ont exigé. Un évêque aura commencé à envoyer un prêtre résider dans un lieu éloigné de lui. Un autre évêque sentant l'utilité de cet arrangement, l'aura imité : et ainsi par degré il se sera universellement propagé. Il paraît par le texte de saint Justin que de son temps, c'est-à-dire au second siècle, il n'y avait pas encore de prêtres résidants dans les paroisses : « c'est dans les « campagnes, dit M. de Tillemont, que nous « trouvons les premiers curés. Je pense « qu'on en voit dans saint Cyprien ; il y en a « au moins dans l'histoire de la dispute d'Ar« chélaüs contre les manichéens. » (*Hist. Ecclés.* tom. VI, pag. 238). Ainsi, il paraît qu'il y avait déjà des *paroisses* et des curés dans les campagnes vers le milieu du troisième siècle. Le concile de Néocésarée, de l'an 314 ou 315, défendant aux prêtres des campagnes d'offrir en présence de l'évêque ou des prêtres de la ville, suppose évidemment que la résidence des prêtres dans les campagnes, était, au commencement du quatrième siècle, une chose commune, et que s'il n'en existait pas encore partout, au moins il y en avait dans un assez grand nombre d'endroits : *vicani autem presbyteri non possunt in dominico offerre præsente episcopo vel urbis presbyteris, neque panem dare precationis neque calicem. Sin autem absint et solus ad precationem vocatus fuerit, dat* (Can. 13). Les curés ont été établis plus tard dans les villes, par la raison qu'ils n'y étaient pas aussi nécessaires, l'évêque en faisant les fonctions et étant remplacé, lorsqu'il ne pouvait s'en acquitter, par un nombreux presbytère.

Il est facile de conjecturer, et les monuments anciens le montrent, que ces prêtres, soit des campagnes, soit des villes, qui sont les premiers curés, ne jouissaient pas dans le commencement de leur établissement de toutes les prérogatives dont nous les voyons jouir aujourd'hui. Ils n'étaient pas encore en titre de bénéfice, ils n'étaient pas inamovibles. Il n'était survenu d'autre changement à leur état que leur résidence à la tête d'une *paroisse* ; mais ils n'en étaient pas moins restés sous la main de l'évêque et dépendants de lui pour toutes les fonctions. Le concile de Laodicée vers l'an 320, défend à tous les prêtres, ce qui comprend ceux qui étaient dans les *paroisses*, de rien faire sans la volonté de l'évêque. *Similiter autem et presbyteros nihil agere sine mente episcopi* (Can. 57). Celui de Carthage de l'an 390 leur interdit de célébrer dans aucun lieu, sans consulter leur évêque. *Ab universis episcopis prædictum est : Quisquis presbyter inconsulto episcopo agenda in quolibet loco voluerit celebrare, ipse honori suo contrarius existit* (Can. 9). Dans les siècles postérieurs, leurs pouvoirs paraissaient s'accroître; mais ils ne jouissaient pas encore cependant de tous ceux que le droit commun a depuis attribués aux curés. Le concile de Vaison, tenu en 529, canon 2, accorde aux prêtres des villes et des paroisses comme un droit nouveau, pour l'édification de toutes les églises et pour l'utilité de tous les peuples, le pouvoir de prêcher. Celui de Vernes ou Vernon, de l'an 755, composé de presque tous les évêques de France, ordonne qu'il n'y ait de baptistère public dans aucune paroisse, excepté dans celle où l'évêque en établirait, en sorte que les prêtres des paroisses ne pouvaient baptiser sans permission de leur évêque que dans le cas de nécessité. *Ut publicum baptisterium in nulla parochia esse debeat nisi ubi episcopus constituerit, cujus parochia est. Nisi tantum si necessitas venerit pro infirmitate aut pro aliqua necessitate, illi presbyteri quos episcopus in sua parochia constituerit, in qualicumque loco evenerit, licentiam habeant baptizandi ut omnino sine baptismo non moriantur.* (Can. 7.)

Les entraves mises dans ces premiers temps au pouvoir des curés sont successivement tombées, et ils ont acquis depuis ces siècles, avec la qualité d'ordinaires, l'exercice plein et entier de toutes les fonctions pastorales. Mais ces gênes, ces réserves que l'on voit opposées à leur ministère dans le commencement de leur établissement montrent que Jésus-Christ ne les avait pas institués. Les établissements qu'il a faits sont sortis de ses mains tout entiers et dans leur perfection; ils n'ont pas eu besoin de se former par degrés. Cette marche graduelle du pouvoir des curés vers l'état où il est aujourd'hui, annonce au contraire l'ouvrage des hommes. C'est ainsi que se font successivement et lentement les changements aux institutions primitives.

Telle est l'histoire de la formation des *paroisses*. Le cardinal de la Luzerne en conclut qu'un curé étant un prêtre chargé de la desserte d'une *paroisse*, il ne peut y avoir de curés sans *paroisses*; que Jésus-Christ n'ayant pas établi les *paroisses* qui se sont formées plusieurs siècles après lui, n'a pas non plus par conséquent institué les curés.

L'origine des *paroisses*, telle que nous venons de la rapporter, prouve évidemment, contre certains canonistes, que les curés ne sont pas les successeurs des soixante-douze disciples, et que par conséquent, ils ne sont pas d'institution divine. Cette thèse, du reste, est savamment établie par le cardinal de la Luzerne, dans ses *Dissertations sur les droits et devoirs respectifs des évêques et des prêtres dans l'Eglise*, que vient de publier M. l'abbé Migne, éditeur de ce Cours de Droit Canon, et auxquelles nous renvoyons.

Il faut, au moins, dix personnes ou dix familles pour former une *paroisse*; c'est le règlement d'un concile de Tolède en 693 : *Sed et hoc necessario instituendum deligimus ut plures uni ecclesiæ nequaquam committantur presbytero; quia solus per to-* *tas ecclesias nec officium valet persolvere nec populis sacerdotali jure occurrere; sed nec rebus earum necessariam curam impendere: ea scilicet ratione, ut ecclesia quæ usque ad decem habuerit mancipia, super se habeat sacerdotem; quæ vero minus decem mancipia habuerit, aliis conjungatur ecclesiis. Si quis sane episcoporum hanc nostram constitutionem parvi penderit, spatiis duorum mensium se noverit excommunicatione mulctari* (can. Unio 10, *quæst.* 3).

Il paraît par le concile de Pavie, tenu l'an 850, qu'on distinguait autrefois deux sortes de *paroisses*, les moindres titres gouvernés par de simples prêtres, et les plèbes ou églises baptismales gouvernées par les archiprêtres, qui, outre le soin de leurs *paroisses*, avaient encore l'inspection sur les moindres cures, et rendaient compte à l'évêque qui gouvernait par lui-même l'église matrice ou cathédrale. C'est de là, sans doute, que sont venus les archiprêtres dans les diocèses (*Voyez* ARCHIPRÊTRE). On a donc laissé à chaque curé l'administration de sa *paroisse*, de telle sorte qu'une fois son territoire paroissial assigné, un curé étranger ni personne, à l'exception de l'évêque, ne peut y faire des fonctions pastorales, ni exercer aucun droit paroissial au préjudice du propre curé (cap. *Ecclesias*) , *ut per se eam tenere possit*, dit le concile d'Aix-la-Chapelle (c. *Primatus, dist.* 71). L'évêque lui-même ne peut pas se dire curé particulier d'une telle *paroisse* qui a déjà son pasteur, il peut seulement prendre cette qualité par rapport à son église cathédrale : *Cum quælibet haberet suum territorium separatum et divisum, non amplius licitum fuit alteri parochiæ in ea aliquid facere. Nec episcopus deinde dici potest rector, sive parochus totius diœcesis, sed solius ecclesiæ cathedralis prælatus super omnes suæ diœcesis rectores* (Furgole, *Des Curés primitifs*, chapitre 19; Barbosa, *De Offic. et potest. parochi*, cap. 1, n. 21) (*Voyez* CURÉ).

Le concile de Trente, session XIV, chapitre 9 du décret de réformation, s'exprime ainsi à ce sujet : « Et, parce qu'avec beaucoup de droit et de raison, les diocèses ont été distingués aussi bien que les *paroisses*, et qu'il y a des pasteurs propres commis à chaque troupeau, ainsi que des recteurs ou curés aux églises inférieures, pour avoir soin chacun de ses brebis; afin que l'ordre ecclésiastique ne soit point confondu, et qu'une même église ne devienne pas en quelque façon de deux diocèses, d'où il s'ensuivrait beaucoup d'incommodités pour ceux qui en dépendraient, ne pourront les bénéfices d'un diocèse, soit *paroisses*, vicairies perpétuelles, bénéfices simples, prestimonies ou portions prestimoniales, être unis à perpétuité à aucun autre bénéfice, monastère, collége ou lieu de dévotion d'un autre diocèse non pas même pour raison d'augmenter le service divin ou le nombre des bénéficiers, ou pour quelque autre cause que ce soit. »

Ce concile a fait encore sur la même matière le règlement suivant

« A l'égard des villes ou des lieux où les *paroisses* n'ont pas des limites réglées, et où les recteurs n'ont pas un peuple propre et particulier qu'ils gouvernent, mais administrent les sacrements indifféremment à ceux qui les demandent, le saint concile enjoint aux évêques que, pour la plus grande sûreté du salut des âmes qui leur sont commises, distinguant le peuple en certaines *paroisses* propres, ils assignent à chacune son curé particulier, et *pour toujours*, qui puisse connaître les paroissiens, et duquel seul ils reçoivent licitement les sacrements; ou qu'ils apportent remède à cet inconvénient de quelque autre manière plus commode, selon que l'état et la disposition du lieu le requerra. Ils auront pareillement soin que dans les villes et lieux où il n'y a point de *paroisses*, il en soit fait au plus tôt nonobstant tous priviléges et toutes coutumes même de temps immémorial. » (*Sess.* XXIV, c. 13, *de Reform.*)

Ces derniers mots du concile nous donnent lieu de parler ici de l'érection de nouvelles *paroisses*; et, à ce sujet, voici un autre règlement du concile de Trente :

« Dans toutes les églises paroissiales, ou qui ont des fonts de baptême, et dans lesquelles le peuple est si nombreux, qu'un seul recteur ne peut suffire pour administrer les sacrements de l'Eglise, et pour faire le service divin; les évêques, en qualité même de délégués du siége apostolique, obligeront les recteurs, ou autres que cela regardera, de prendre pour adjoints à leur emploi, autant de prêtres qu'il en sera nécessaire pour l'administration des sacrements et pour la célébration du service divin. Mais lorsque, pour la difficulté et la distance des lieux, il se trouvera que les paroissiens ne pourront, sans grande incommodité, aller à la *paroisse* recevoir les sacrements et assister au service divin, les évêques pourront en établir de nouvelles, contre la volonté même des recteurs, suivant la teneur de la constitution d'Alexandre III, qui commence par *Ad audientiam*.

« Et aux prêtres qu'il faudra préposer de nouveau pour la conduite des églises nouvellement érigées, sera assignée une portion suffisante, au jugement de l'évêque, sur les fruits et revenus qui se trouveront appartenir, de quelque manière que ce soit, à l'église mère : et même, s'il est nécessaire, il pourra contraindre le peuple à fournir jusqu'à la concurrence de ce qui sera suffisant pour la nourriture et l'entretien desdits prêtres, nonobstant toute réserve générale ou spéciale, ou affectation sur lesdites églises, sans que l'effet desdites ordonnances et érections puisse être empêché ni arrêté par aucune provision, même en vertu de résignation, par aucunes dérogations ou suspensions quelconques. » (*Sess.* XX, *cap.* 4, *de Reform.*)

Ce décret a été reçu dans plusieurs conciles provinciaux de France (*Mémoires du clergé*, tom. III, col. 2).

C'est-à-dire que, suivant ce règlement, il faut, pour ériger une nouvelle *paroisse*, être dans le cas marqué par la décrétale *Ad Audientiam de œdif. eccles.*, il faut que les paroissiens ne puissent, sans grande incommodité, aller à la *paroisse*, recevoir les sacrements et assister au service divin; que les vieillards, par exemple, les femmes grosses soient en danger de manquer de service, les infirmes, de ne pas recevoir les derniers sacrements, et les enfants nouveaux-nés le baptême, principalement quand, à cette distance, se joignent des chemins impraticables en hiver, un torrent, sujet à se déborder, une rivière sans pont, etc.

Si donc, il n'y avait qu'un accroissement de peuple, ce ne serait pas une cause suffisante de démembrement ou d'érection de nouvelle cure, mais le cas où le concile veut qu'on mette dans les *paroisses* nombre suffisant de prêtres pour les desservir. Sur quoi, voyez VICAIRE DE PAROISSE.

C'est à l'évêque qu'il appartient de faire tous ces changements : le concile lui donne, pour cela, la qualité et les pouvoirs de délégué du siége apostolique : *Tanquam apostolicæ sedis delegatus*. Mais en cette qualité, comme en la sienne propre, il peut commettre cette faculté à ses vicaires.

Il faut, pour une érection de cure, que l'évêque fait de lui-même, ou sur la réquisition des habitants, 1° que le peuple soit assez considérable. On voit ci-dessus, par le canon *Unio*, que dix personnes suffisent : *Sufficiunt decem animæ, quia decem faciunt plebem.* (Fagnan, *in cap. Ad audientiam, de œdif. eccles.*, n. 28, *Glos., in dict., cap. Unio.*) Mais il est évident que si ce nombre suffit pour prouver l'ancienne existence d'une *paroisse*, il le faut plus considérable pour la création d'une nouvelle.

2° S'il y a une chapelle construite dans un lieu commode, l'évêque doit la prendre plutôt que de faire bâtir une nouvelle église, du consentement de ceux à qui elle appartient, si la chapelle n'est pas publique.

3° Il doit informer de la commodité et incommodité, et il faut que l'information vérifie les causes de l'érection.

4° Il faut appeler les intéressés, savoir, le curé de l'église dont on fait le démembrement, les fabriciens et le conseil municipal. Le concile de Trente permet aux évêques de passer par-dessus les oppositions des anciens curés, s'ils le jugent à propos; mais cela n'empêche pas qu'ils ne doivent toujours les appeler : *Requiritur ad erectionem novæ parochiæ, ut citetur rector matricis ecclesiæ, nam etsi erectio fieri possit etiam ipso invito, tamen non potest fieri nisi eodem citato et requisito, ut cap. Multis consiliis; cap. Felix, cap. Seq.* 16, *qu.* 1, *glos fin. in c. Nulli, dist.* 99. *Debet tamen requiri nec tantum rectoris ecclesiæ, sed etiam aliorum omnium quorum interest prærequiritur citatio.* (Fagnan, lieu cité, n. 29.)

5° Il doit pourvoir à la dotation de l'église future. Voyez à ce sujet le canon 1 de la distinction 1, *De consecratione*, sous le mot ÉGLISE. La manière de pourvoir à cette dotation est toute simple, dit Fagnan, *omnia sunt plana*, quand une personne de piété s'en charge et y pourvoit de son propre bien ; mais, quand cette ressource manque, ajoute-t-il, voici comment on doit procéder. On doit prendre sur l'église matrice des revenus à proportion de ce qu'on en démembre, ou prendre sur la totalité ce qui est précisément nécessaire pour l'entretien des ministres de la nouvelle *paroisse*. La congrégation a décidé qu'on ne pouvait prendre cet entretien sur les revenus d'une autre église que de l'église matrice, fût-elle cathédrale. Que si, par cette division, on ne trouve pas suffisamment de revenus pour entretenir les ministres de l'ancienne et de la nouvelle église, alors l'abbé ou le seigneur temporel de ces *paroisses*, et, à leur défaut, le peuple y pourvoient ; et si le peuple est pauvre, ce sera l'évêque qui le prendra sur sa mense : enfin, si absolument tout cela ne pouvait avoir lieu, *si egestas omnes excuset*, alors ou les curés travailleraient de leurs mains, ou l'évêque leur donnerait des revenus pour la voie des unions.

On doit conserver à l'église matrice l'honneur et les droits qui lui sont dus. Le pape Alexandre III, auteur de la décrétale *Ad audientiam*, y avertit l'évêque à ce sujet dans ces termes : *Providens ut competens in ea honor pro facultate loci, ecclesiæ matricis servetur*.

Barbosa établit dans son *Traité de l'office et du pouvoir des curés* que, pour prouver qu'une église est paroissiale, il faut : 1° le pouvoir spirituel de lier et de délier dans le pasteur ; 2° un peuple reconnu et distingué par des limites qui bornent son habitation ; 3° que le curé exerce ses fonctions en son propre nom ; 4° qu'il les exerce seul. La rote veut encore, pour cette preuve, que, non-seulement le curé administre les sacrements à un certain peuple, mais qu'il soit aussi obligé de les administrer (*Glos., verb. Impendat, in Clem. Dudum, de sepultur.*).

De ce qu'une église est paroissiale, il s'ensuit nécessairement qu'elle est à charge d'âmes ; au lieu que tout bénéfice à charge d'âmes n'est pas une *paroisse*, *si non habet certum territorium*.

§ 2. Droits et fonctions des curés dans les PAROISSES.

Il est aisé de confondre les droits avec les fonctions, ou même les devoirs des curés dans les *paroisses* ; parce que, comme nous le disons quelque part dans cet ouvrage, telle chose qui a été imposée originairement à certains offices, comme un devoir et une charge, a tourné, par les honneurs et les prérogatives qui y sont attachés, en un droit dont les titulaires de ces offices ne voudraient pas que d'autres s'arrogeassent l'exercice.

On met au rang des fonctions du curé dans sa *paroisse*, la bénédiction des fonts baptismaux, le port du très-saint sacrement, la célébration de la messe le jeudi et le samedi saint, la bénédiction des cierges le jour de la Chandeleur, la bénédiction des cendres le premier jour de carême, la bénédiction des palmes le dimanche des Rameaux, l'aspersion des maisons avec l'eau bénite du samedi saint, les processions dans l'étendue de la *paroisse* (*Voyez* PROCESSION).

Toutes ces fonctions sont dues privativement au curé de la *paroisse* : *Inter functiones parochiales connumerantur, et ideo a parocho faciendæ* (Barbosa, *de offic. paroch.*, cap. 12. Riccius, *decis.* 306, *prax.*).

Le curé dans ses fonctions tient la place de l'évêque, disent les canonistes : *Parochus cum in actu curæ animarum gerat vices episcopi qui dicitur rector parochialis* (C. *Bonæ rei* 12, qu. 2). (Riccius, *ref.* 504. Barbosa, *de offic. paroch.*, cap. 12.) C'est de là qu'on a conclu que le curé devait avoir, dans son église, la préséance sur le chanoine et même sur tous les autres constitués en dignité ; mais Barbosa, qui rapporte à ce sujet diverses décisions de la congrégation des rits, estime que le curé ne doit jamais avoir la préséance sur les chanoines assemblés, dans les processions ou ailleurs. Voici ce qu'un canoniste dit à ce sujet de bien honorable pour les curés : *Semper igitur canonici honorent pastores, et sese coram Deo humiliter inferiores cognoscant, etsi prava quædam hujus sæculi judicia aliud acclament, est enim cura dignior canonicatu. Item habet curatus administrationem majorem, quæ præcedentium inducunt* (Cap. *Cum in illis de præbend.*). *Curæ namque exercitium continet in se magnum periculum, cum sit ars artium ; et est tanto pretiosior quanto periculosior ; nec omnis sacerdos est idoneus ad curam animarum* (Cap. *penult. de ætate et qualitate*). *Cura etiam superat canonicatum ratione scientiæ, cum in curato major quam in canonico requiratur scientia, cum teneatur confiteri, et discernere peccata, evangeliumque declarare, et demum superat ratione ordinis, cum in canonico sufficiat ordo subdiaconatus, parochus autem debet esse sacerdos, cum debeat administrare sacramenta et missas celebrare, ut muneri suo satisfaciat* (Molin, *de canon., lib.* II, c. 13).

Quand un paroissien se fait inhumer dans une autre *paroisse*, les deux curés marchent ensemble (Barbosa, *de off. paroch.*, cap. 10).

C'est aux curés à administrer les sacrements à leurs paroissiens, c'est un droit et un devoir essentiel en même temps. Le concile de Trente leur recommande d'en expliquer l'usage et la force au peuple (Sess. XXIV, *de Reform.*, c. 7) (*Voyez* PRÉDICATION).

Ils doivent prendre garde à n'administrer les sacrements que dans la forme prescrite par le rituel du diocèse. Ils doivent toujours les administrer au moins implicitement dans l'intention de l'Eglise. Ils doivent les administrer quand le besoin des paroissiens l'exige, dans des temps de péril, comme de la peste. *Bonus enim pastor animam suam dat pro ovibus*. Barbosa dit que les rois ne peuvent pas empêcher les curés de faire leurs fonctions pendant le temps de la peste, mais qu'ils peuvent seulement leur interdire toute communication avec les quartiers de santé. Le même auteur établit que, quoiqu'un curé doive s'acquitter de ses obligations contre les apparences de danger, contre les menaces même des impies, il doit cependant observer

(*Vingt-cinq.*)

dans ces circonstances toutes les précautions possibles (*De offic. paroch.*, cap. 17, n° 21).

Le curé excommunié d'une excommunication occulte ne pèche pas en administrant les sacrements à ses paroissiens malgré lui et par nécessité; mais, si l'excommunication est publique et que le curé, dans ce cas, doive être évité, les sacrements qu'il administre à la réquisition des habitants, sont valides à l'exception du sacrement de pénitence, pour lequel la puissance de l'ordre ne suffit point, sans celle de la juridiction qu'un excommunié évitable n'a pas (Barbosa, *ibid.*, n. 23; Bonacina, *Theolog. disput.* 2, *quæst.* 2, *punct.* 2, § 4).

A l'égard des sacrements administrés par celui qui passe pour curé, sans l'être légitimement, ils sont aussi valides *in foro conscientiæ*, *unde confessiones his factas iterandas non esse de tuto impedimento* (*Cap. Infames*, vers. *Verumtamen* 3, qu. 7). Mais pour cela il faut au moins un titre défectueux, en sorte que quiconque s'ingérerait dans les fonctions d'une *paroisse*, sans mission, sans institution, sans enfin aucune sorte de titre, tout ce qu'il ferait serait nul, tant au for extérieur qu'au for intérieur, sans que la commune erreur pût en ce cas servir de rien. Tel est le sentiment de la plupart des canonistes. Que si cet intrus n'était pas même prêtre, quoiqu'il eût un titre et qu'il passât pour tel, tout ce qu'il ferait serait nul et invalide, parce que la commune erreur ne sauve pas des empêchements qui sont de droit divin (*Cap. Verbum, de pœnit.*, *dist.* 1) (*Voyez* INTRUS).

Un curé peut, sauf la réserve de l'évêque, commettre, dans sa *paroisse*, l'administration des sacrements à un prêtre, à l'exception du sacrement de la pénitence, qui demande, comme nous l'avons dit, un pouvoir de juridiction que l'évêque seul peut donner (*Voyez* APPROBATION, VICAIRE).

L'on a vu ci-dessus que personne, à l'exception de l'évêque, ne peut exercer aucune fonction paroissiale sans la permission du curé de la *paroisse*.

Les religieux qui entreprennent d'administrer, dans une *paroisse*, sans le consentement du curé, certains sacrements, comme l'extrême-onction, l'eucharistie en viatique et le mariage, encourent l'excommunication réservée au pape par le seul fait (*Clem.* 1, *de privil.*). Il n'y a, à cet égard, d'exception que pour les religieux missionnaires, qui administrent les sacrements dans les Indes par indult du pape (*Mém. du clergé*, t. III, p. 862).

Le curé tomberait dans la simonie, s'il recevait de l'argent ou quoi que ce fût pour prix des sacrements ou de leur administration (*C. Quidquid*, 101, qu. 1). Il ne peut, à ce sujet, jouir que des honoraires ou des oblations à titre d'aliment et d'entretien : *Nisi tanquam stipendium sustentationis accipiat, juxta illud Christi Domini : Dignus est operarius cibo suo* (*Matth.* X) (*Voyez* CASUEL, HONORAIRES, OBLATION). Il ne commet pas non plus simonie en recevant le prix de la matière éloignée des sacrements, comme du pain, du vin, de l'huile, etc. (*C. Baptizandis*).

Que s'il arrivait qu'un curé fût assez mauvais pasteur pour refuser les sacrements à ses paroissiens, outre la perte des âmes dont il serait responsable devant Dieu, il devrait être puni sévèrement. Les canonistes ne déterminent pas la peine, parce qu'elle dépend des circonstances. Le canon *Quicumque presbyter, de consecr. dist.* 4, prononce celle de la déposition (*Voyez* le § *suivant*).

A l'égard de la messe de *paroisse*, voyez MESSE; à l'égard de la publication des monitoires et autres choses qui se rapportent à l'état et aux fonctions des curés, voyez les renvois indiqués sous le mot CURÉ.

Les curés ne doivent administrer les sacrements qu'à leurs paroissiens : c'est la disposition de quelques conciles qui exceptent le cas de nécessité (*Mémoires du clergé*, tom. VI, col. 1176). Mais aussi les curés ont le droit de les administrer à tous leurs paroissiens, sans distinction, même à ceux qui, sans être attachés par des vœux à la règle d'un ordre religieux, vivent dans l'enceinte de ses monastères (*Voyez* MONASTÈRE).

L'assemblée du clergé, en 1655, après avoir déterminé le pouvoir des curés dans les *paroisses*, déclare que les évêques ont droit d'y exercer par eux-mêmes, et sans le consentement des curés, toutes les fonctions pastorales : ce qui est conforme à la doctrine de saint Thomas, suivie par Loterius (*De re benef.*, lib. 1, qu. 20, n. 53). Celle de 1657, supprima un livre qui avait pour titre : *De l'obligation des fidèles de se confesser à leur curé*. Le dessein de ce livre était de prouver que les fidèles ne peuvent légitimement recevoir les sacrements que de leurs seuls curés, et qu'il y a entre eux et leurs paroissiens une obligation réciproque de droit divin en vertu de laquelle les fidèles ne peuvent demander qu'aux curés les sacrements et la parole de Dieu. L'assemblée en condamnant ce livre et celui du père Bagot, explique en quel sens on doit prendre la clause *de consensu parochorum*. Ces pièces sont rapportées dans les *Mémoires du clergé*, tom. I, col. 672-888.

Plusieurs canonistes, entre autres Zekius et Panorme, enseignent que l'on ne peut contester que les curés n'aient une juridiction propre, particulière et immédiate pour le for pénitentiel, le devoir de gouverner et de conduire leur troupeau, et qu'ils ne soient obligés, comme les évêques, de sacrifier leur vie pour leurs brebis : *animam suam ponere pro ovibus suis*. Mais quels que soient les droits des uns et des autres, ils doivent concourir à entretenir entre eux la paix et l'union. La principale prérogative des curés, dit un auteur, consiste dans une parfaite union avec leur évêque, au synode duquel ils sont obligés d'assister pour être instruits et recevoir les ordres nécessaires pour le régime des âmes.

§ 3. *Les curés sont pasteurs ordinaires de leurs* PAROISSES.

La qualité d'ordinaire, dit l'illustre cardinal de la Luzerne (*Droits et devoirs des évêques et des prêtres*, édit. Migne), est la contradictoire de celle de délégué : ainsi on appelle ministre ordinaire celui qui n'est pas délégué; il ne faut cependant pas entendre par là qu'il ne reçoit point son pouvoir d'une autorité supérieure. Dans toute administration bien réglée, et spécialement dans celle de l'Eglise, le pouvoir découle des supérieurs aux inférieurs ; mais le supérieur peut conférer un pouvoir, une juridiction ordinaire, ou bien un pouvoir et une juridiction déléguée. On entend par pouvoir ordinaire celui qui, par le droit commun et non pas seulement par la volonté transitoire du supérieur, est propre à un titre, qui se confère avec le titre, qui ne se perd qu'avec le titre, qui comprend l'universalité des fonctions attachées au titre. Le pouvoir délégué est celui qui n'est point affecté par le droit à un titre, mais qui est confié par le supérieur à une certaine personne, celui dont l'étendue et la durée dépendent de la volonté de celui qui le confère, celui qui est relatif à quelques fonctions particulières ou qui peut y être restreint, celui qui est susceptible de révocation et de prolongation. Les évêques sont appelés ordinaires, parce que leur juridiction, fondée sur le droit commun de l'Eglise est annexée à leur titre, et comprend l'universalité des fonctions attachées à l'état d'évêque.

Il en est de même des curés. Le droit commun de l'Eglise ordonne qu'il y ait dans toutes les *paroisses* des prêtres en titre chargés de leur desserte, que l'on appelle curés; qu'en vertu de leur titre ces prêtres exercent les fonctions pastorales dans leurs *paroisses* ; que l'universalité de ces fonctions soit tellement attachée à leur titre, qu'on ne puisse les dépouiller de toutes ou d'une partie de ces fonctions que par les moyens de droit. Les vicaires, au contraire, les habitués, les desservants n'ont qu'une juridiction déléguée (le savant cardinal ne donne pas au mot desservant le sens qu'on lui donne actuellement, voyez DESSERVANT), parce qu'elle peut être restreinte à certaines fonctions, bornée à un certain temps et qu'elle appartient plus à la personne qu'à la place. Il est vrai que le curé tient ses provisions de l'évêque et les autres aussi, mais il y a entre eux une grande différence : l'évêque institue les curés par les provisions qu'il leur donne, mais une fois institués, ils ont en propre les fonctions attachées à leur état. L'évêque leur donne l'état de curé, mais c'est cet état qui leur donne leurs fonctions et leur juridiction. Les provisions de l'évêque ne font que déterminer la personne qui exercera les fonctions que la loi attache à l'état de curé. L'évêque ne peut donc ôter aux curés le droit de remplir ces fonctions ou en limiter l'exercice, excepté dans les cas et par les moyens de droit ; en un mot, le curé n'est pas le vicaire de l'évêque ; il a droit d'exercer toutes ses fonctions dans sa *paroisse* comme l'évêque a droit d'exercer les siennes dans son diocèse, ce qui ne préjudicie pas à la légitime dépendance où il reste de son évêque : à peu près comme les tribunaux inférieurs ne sont pas moins tribunaux ordinaires, quoiqu'ils soient subordonnés aux parlements. Les ministres par délégation n'ont rien de tout cela ; comme le principe de leur pouvoir est non pas le droit général de l'Eglise, mais la volonté de l'évêque, cette volonté peut étendre ou restreindre, prolonger ou abréger leur pouvoir.

Les curés sont pasteurs ordinaires de leurs *paroisses* ; il est inutile de s'étendre davantage pour prouver cette vérité; ainsi nous nous contenterons de rapporter ici la déclaration solennelle qu'en a faite le clergé de France, dans son assemblée de 1655. « Il est important que l'on sache le pouvoir « des curés ; et afin que les fidèles soient « instruits de ce qu'ils leur doivent, qu'on « leur apprenne que les curés sont établis, « dans l'Eglise, recteurs inférieurs des égli-« ses, pasteurs ordinaires et propres prêtres « pour régir leurs *paroisses*, y administrer « les sacrements, prêcher la parole de Dieu, « sous l'autorité et par l'institution des évê-« ques, et que dans ce pouvoir, que les cu-« rés reçoivent des évêques, est compris ce-« lui d'exercer la juridiction intérieure pour « administrer le sacrement de pénitence à « leurs paroissiens. » (*Mémoires du clergé*, tom. I, *col.* 684.)

La qualité d'ordinaire et les prérogatives qui y sont attachées ne tirent pas les curés et leurs *paroisses* de la légitime dépendance de leur évêque, qui conserve toujours son autorité immédiate et sur les curés et sur les peuples qui leur sont soumis. *Salva semper immediata episcoporum in prælatos minores seu curatos et plebem subditam auctoritate*. Ce sont les expressions de la faculté de théologie de Paris et après elle de Bossuet.

§ 4. *Qualités et devoirs des Curés.*

Pour bien juger des qualités que doit avoir un curé, il faut considérer l'importance des fonctions qui lui sont confiées. Elles sont telles que le ministère ecclésiastique n'a rien de si intéressant pour les peuples. Aucun curé n'ignore qu'il est non-seulement le pasteur qui doit paître son troupeau, mais aussi un chef qui doit savoir diriger ses paroissiens par la voie étroite et périlleuse qui conduit au bonheur; qu'il est encore leur médecin, et en quelque sorte le dépositaire de leurs âmes : *Nec satis est parocho se hominum pastorem intueri, sed alia ex parte illorum quoque ducem et medicum considerare oportet... expendat quam accurata et exacta ratio ab iis exigenda sit quibus animarum cura commissa est.* Ces dernières paroles se rapportent à ce terrible dépôt des âmes dont parle l'Ecriture : *Unicuique quidem mandavit Deus de proximo suo, et ut diligatur sicut seipsum quisque diligit* (*Eccli. cap.* XVII, v. 12). *Ecce ego ipse super pastores requiram gregem meum de manu eorum* (*Ezech. cap.* XXXIV, v. 10). *Obedite præpositis vestris et subjacete eis, ipsi enim pervigilant, quasi rationem pro animabus vestris reddituri* (*Hebr. cap.* XIV, v. 17). Sur ces différents passages, saint Augustin disait dans une homélie : *Si pro se, fratres charissimi, unusquisque vix possit rationem reddere, quid de sacerdotibus futurum est a quibus sunt omnium animæ exquirendæ (Homil. 7, lib.* L).

C'est donc avec toutes sortes de raisons que les canons ordonnent de n'élire pour curés que des personnes capables, *idoneæ*, recommandables par les vertus, l'âge, la science et la prêtrise. *Inferiora etiam ministeria, ut puta decanatum, archidiaconatum et alia quæ curam animarum habent annexam nullus omnino suscipiat; sed nec parochialis ecclesiæ regimen, nisi qui jam vigesimum quintum annum ætatis attigerit, et scientia et moribus commendandus existat. Cum autem assumptus fuerit, si archidiaconus in diaconum et decanus et reliqui, admoniti non fuerint præfixo a canonibus tempore in presbyteros ordinari, et ab illo removeantur officio et aliis conferatur, qui et velint et possint illud convenienter implere, nec prosit eis appellationis refugium, si forte in constitutionis istius transgressionem, per appellationem voluerint se tueri, hoc sane non solum de promovendis, sed etiam de his qui jam promoti sunt, si canones non obstant præcipimus observari* (C. *In cunctis, de elect.*, § *Inferiora*).

Le concile de Trente ajoute : « Les autres « moindres bénéfices, principalement ceux « qui ont charge d'âmes, seront conférés à « des personnes dignes et capables, et qui « puissent résider sur les lieux et exercer « elles-mêmes leurs fonctions, suivant la « constitution d'Alexandre III, au concile de « Latran, qui commence : *Quia nonnulli;* et « l'autre de Grégoire X, au concile de Lyon, « qui commence : *Licet canon;* toute collation « ou provision de bénéfice faite autrement, « sera nulle, et que le collateur ordinaire sa- « che qu'il encourra les peines de la consti- « tution du même concile général, qui com- « mence : *Grave nimis.* » (Session VII, ch. 3, *de Reform.*)

1° Par rapport aux vertus, *morum gravitas*, c'est la première chose à laquelle on doit faire attention, quand il s'agit du choix d'un curé ou de toute autre personne pour un office à charge d'âmes. Le pastoral de saint Grégoire, dont les paroles s'appliquent également à l'état des curés élus, et de ceux qui sont encore à choisir, dit à ce sujet : *Sit rector operatione præcipuus, ut vitæ viam subditis vivendo denuntiet, et grex qui pastoris vocem moresque sequitur per exempla melius quam per verba gradiatur : qui enim loci sui necessitate compellitur summa monstrare. Illa vox namque libentius auditorum corda penetrat, quam dicentis vita commendat; quia dum quod loquendo imperat, ostendendo adjuvat ut fiat (cap.* 10). *Et talis ad regimen quisque debet venire qui ita se imitabilem cæteris, in cunctis quæ agit, insinuet, ut inter eos non habeat quod saltem de transactis mens erubescat (cap.* 3).

2° A l'égard de l'âge, voyez AGE.

3° Il faut encore qu'un curé soit savant, *scientia commendatus*. La congrégation du concile à Rome a décidé qu'il est loisible à un évêque, dans tous les temps, c'est-à-dire, en visite et hors de visite, d'examiner les curés de son diocèse sur leur science. Rien, en effet, n'est plus opposé à l'état et aux devoirs d'un curé établi pour éclairer et conduire que l'ignorance, qui, le rendant aveugle, le précipite lui et son troupeau dans la fosse. Voici les termes remarquables du pape Innocent III, dans le concile général : *Cum sit ars artium regimen animarum, districte præcipimus, ut episcopi promovendos in sacerdotes diligenter instruant et informent, vel per seipsos, vel per alios idoneos viros super divinis officiis ecclesiasticisque sacramentis, qualiter ea rite valeant celebrare. Sanctius enim est, inquit, paucos bonos quam multos malos habere ministros; quia si cæcus cæcum ducit, ambo in foveam dilabuntur* (C. *Cum sit de ætat. et qualit.*).

Boniface VIII déclare dans le chapitre *In illis de præb. in* 6°, que le mandat *de providendo*, qui ne parle que de bénéfice et de dignité, ne comprend pas les cures : *Cum in illis, inquit, quibus curata beneficia committuntur, major quam in iis, qui ad alia promoventur idoneitas requiratur.* En effet, jamais sous le nom de bénéfice ne viennent les églises paroissiales ni les autres bénéfices à charge d'âmes (C. *Si eo tempore, de rescript. in* 6°).

4° On voit ci-dessus, par les termes du canon *Cum in cunctis*, que le pourvu d'une cure doit se faire promouvoir à la prêtrise dans le temps de droit, *præfixo a canonibus tempore*. Comme cette expression était équivoque, parce qu'on pouvait l'entendre du temps des interstices, le chapitre *Licet canon de elect. in* 6°, fixe cette promotion au terme d'une année, à compter du jour de l'élection, ou même de la prise de possession (*Cap. Commissa*, 35, vers. *Annus autem de elect. in* 6°; c. 2 *de instit. in* 6°) (Rebuffe, *Praxis*, tit. *de non promotis intra annum;* Barbosa, *de offic., paroch., cap.* 5).

5° Le curé doit sur toutes choses résider dans sa paroisse (*Voyez* RÉSIDENCE). Il doit, plus scrupuleusement qu'aucun ecclésiastique, s'appliquer à lui-même ce que les canons établissent sur la vie honnête et décente des clercs en général. Nous ne rapporterons pas à ce sujet ce qui est dit sous le mot CLERC; mais pour mettre sous les yeux du lecteur tout ce que différents conciles ont réglé sur cette matière, nous rapporterons ici le canon *His igitur*, distinction 23, tiré des offices de saint Isidore : *His igitur, lege Patrum cavetur ut a vulgari vita seclusi, a mundi voluptatibus sese abstineant, non spectaculis, non pompis intersint, convivia publica fugiant, privata non tantum pudica, sed et sobria colant, usuris nequaquam incumbant, neque turpium occupationes lucrorum, fraudisque cujusquam studium appetant, amorem pecuniæ quasi materiam cunctorum criminum fugiant et sæcularia officia negotiaque abjiciant, honoris gradus per ambitiones non subeant, pro beneficiis medicinæ Dei munera non accipiant, dolos et conjurationes caveant, odium, æmulationem, obtrectationem atque invidiam fugiant, non vagis oculis, non effrena lingua aut petulanti, fluidoque gestu incedant, sed pudorem et verecundiam mentis simplici habitu incessuque ostendant, obscœnitatem etiam verborum, sicut et operum, penitus execrentur, viduarum et virginum frequentationem fugiant, contubernia extranearum fœminarum nullatenus appetant, castimoniam quoque inviolati corporis perpetuo conservare studeant, aut certe unius matrimonii vinculo fœderentur, senioribus quoque debitam obedientiam præbeant, neque ullo jactantiæ studio semetipsos attollant; postremo doctrinæ lectionibus, psalmis, hymnis, canticis exercitio jugiter incumbant. Tales enim debent esse, qui divinis cultibus se mancipandos student exhibere, sed licet ut dum scientiæ operam dant, doctrinæ gratiam populis administrent* (*Voyez* INCESTE).

Le chapitre 2 *de stat. monach.* marque les causes et la forme de la révocation d'un religieux dans un prieuré, ce qui peut s'appliquer aux églises paroissiales. *Priores autem cum in ecclesiis conventualibus per electionem capitulorum suorum canonice fuerint instituti, nisi pro manifesta et rationabili causa non mutentur : videlicet si fuerint dilapidatores, incontinenter vixerint, aut tale aliquid egerint, pro quo amovendo merito videantur, aut si etiam pro necessitate majoris officii de concilio fratrum fuerint transferendi.*

6° Rien ne sert mieux à faire comprendre combien il est important de ne mettre dans les *paroisses* que des gens capables d'exercer ces fonctions curiales appelées l'art des arts, *ars artium*, que le règlement du concile de Trente, rapporté sous le mot CONCOURS, touchant la forme de procéder à l'examen et à la nomination des curés. On peut consulter sur cette question le *Traité de l'office et du pouvoir des curés,* par Barbosa, chapitre 2.

Autrefois, en vertu du concordat de Léon X, on ne donnait les *paroisses* importantes qu'aux gradués, mais aujourd'hui qu'il n'existe plus de grades, il paraîtrait au moins convenable de ne donner ces importantes *paroisses* qu'à ceux des ecclésiastiques qui feraient preuve par le moyen du concours, de plus de science et de talent. La piété sans doute doit être prise en considération, car elle est utile à tout, *pietas ad omnia utilis est;* mais si elle est utile à toutes choses, elle ne peut néanmoins les suppléer toutes; elle ne remplacera jamais la science si indispensable dans tout pasteur des âmes. Au reste, on ne donnerait la préférence à la science, dans le concours, qu'à ceux des ecclésiastiques dont la conduite serait également sainte, régulière et édifiante. Nous ajouterons même, parce que l'expérience nous l'a démontré, qu'il faudrait plutôt donner la préférence, dans le choix d'un pasteur, à un prêtre solidement instruit, zélé et pieux, sur un autre d'une piété plus grande, mais aussi d'une science inférieure. Sainte Thérèse a dit, avec beaucoup de sens, qu'elle préférerait un directeur instruit et sans piété à un autre pieux et sans lumières; qu'avec l'un elle serait sûre de marcher dans la bonne voie, qu'avec l'autre elle courrait grand risque de s'égarer. Effectivement, nous avons eu occasion de remarquer que la piété seule, dans un pasteur, était loin d'être suffisante. Nous connaissons des *paroisses* populeuses dont les unes ont des pasteurs plus pieux et moins instruits, et d'autres, au contraire, qui ont pour curés des prêtres très-réguliers et animés de l'esprit de leur état, mais plus remarquables par leur science que par leur piété. Eh bien! nous avons été frappé de remarquer plus de foi, plus de piété solide et véritable dans les *paroisses* conduites par ces derniers que dans celles des autres. Si donc *les lèvres du prêtre,* comme dit l'Esprit-Saint, *doivent être les gardiennes de la science;* si dans tous les temps le pasteur des âmes a dû posséder l'art des arts, celui de faire connaître, aimer et pratiquer les grandes vérités du salut; cette science sublime doit aujourd'hui plus que jamais être la sienne. Le concours dont nous parlons, et qui est recommandé par les Pères du concile de Trente, serait, selon nous, un puissant moyen avec les conférences ecclésiastiques, pour faire naître dans le jeune clergé une sainte émulation pour la science de son état. Car il est bien à remarquer qu'un prêtre instruit est toujours, ou presque toujours, un prêtre régulier et édifiant, car en se livrant à l'étude de la sainte Ecriture, des saints Pères, de la théologie, des saints canons, il y trouve mille motifs d'aimer et de pratiquer les saints devoirs de son état.

Qu'on nous permette de rapporter ici le fait suivant. Le roi Robert avait prié saint Fulbert, évêque de Chartres, de donner son suffrage à Francon pour l'évêché de Paris. Ce sage prélat répondit au roi, que si Francon était bon prédicateur, et s'il soutenait sa doctrine par une vie exemplaire, puisque les évêques aussi bien que les apôtres devaient être puissants en paroles et en œuvres, il n'aurait pas de plus grande joie que de se conformer à tous les justes désirs de Sa Majesté (*Ep.* 88). Cette lettre d'un saint évêque à un saint roi, valait bien une bonne prédication, pour persuader aux électeurs des évêques de n'en point élire qui n'eussent acquis la facilité de la parole jointe à la bonne vie. Ainsi comme on ne doit élire ou nommer que des évêques habiles, de même les évêques ne doivent donner les cures qu'à des prêtres capables d'instruire les peuples.

Quelle récompense Dieu ne donnera-t-il pas au curé, qui, instruit de ses obligations, et véritablement animé de cet esprit de zèle, que l'on suppose dans un fidèle pasteur, ne rendra compte à Dieu que des peines qu'il a prises pour s'en bien acquitter? *Quæ est enim nostra spes, aut gaudium, aut corona gloriæ, nonne vos ante Dominum Jesum Christum estis in adventu ejus? Vos enim estis gloria nostra et gaudium* (Thessal. ch. II, v. 19).

§ 5. *Circonscription des* PAROISSES.

Le concordat de 1801, article 9 porte : «Les évêques feront une nouvelle circonscription des *paroisses* de leurs diocèses, qui n'aura d'effet qu'après le consentement du gouvernement. » En conséquence, dans le décret pour la circonscription des diocèces, en date du 2 avril 1802 (*Voyez* tome Ier de ce cours, col. 632.), le cardinal Caprara s'exprimait ainsi relativement à la nouvelle circonscription des *paroisses* : « Comme d'après ce qui a été réglé dans la convention mentionnée ci-dessus (le concordat), ratifiée par les lettres apostoliques précitées, il doit être fait dans tous les diocèses, par les nouveaux archevêques et évêques, une nouvelle circonscription des *paroisses* que nous avons lieu d'espérer devoir suffire pour les besoins spirituels et le nombre des fidèles de chaque diocèse, de manière qu'ils ne manquent ni du pain de la parole, ni du secours des sacrements, ni enfin de tous les moyens d'arriver au salut éternel, nous avons voulu préparer la voie à cette nouvelle circonscription des *paroisses*, de la même manière que nous avons fait pour celle des diocèces, et écarter tous les obstacles qui pourraient empêcher les évêques de donner sur ce point à la convention mentionnée, une prompte et entière exécution. En conséquence, usant de l'autorité apostolique qui nous a été donnée, nous déclarons, dès maintenant, supprimées à perpétuité, avec leurs titres, la charge d'âmes et toute espèce de juridiction, toutes les églises paroissiales comprises dans les territoires des diocèses de la nouvelle circonscription, et dans laquelle la charge d'âmes est exercée par quelque prêtre que ce soit ayant titre de curé, recteur, vicaire perpétuel, ou tout autre titre quelconque, de manière qu'à mesure qu'un curé ou recteur sera placé par l'autorité des nouveaux évêques dans chacune des églises érigées en *paroisses*, toute juridiction des anciens curés devra entièrement cesser dans le territoire assigné aux nouvelles *paroisses*, et que nul ne pourra être regardé et tenu pour curé, recteur, ou comme ayant aucun autre titre, quel qu'il soit, ni exercer aucune charge d'âmes dans ces mêmes églises ou dans leur territoire.

« Après que les évêques auront exécuté toutes ces choses, ce que nous désirons qu'ils fassent le plus tôt qu'il leur sera possible, et nous les y exhortons fortement, chacun d'eux aura soin de nous transmettre un exemplaire en forme authentique de l'acte d'érection de toutes les églises paroissiales de son diocèse, avec le titre, l'étendue, la circonscription, les limites, les revenus de chacune, ainsi que les noms des villes, villages et autres lieux dans lesquels chaque *paroisse* aura été érigée, afin que nous puissions pareillement joindre cet acte dans notre présent décret, et pour qu'il tienne lieu de l'énumération que nous aurions dû faire, suivant la coutume reçue, des *paroisses* et des lieux dont le territoire de chaque diocèse sera formé. »

En vertu de ces dispositions, toutes les anciennes *paroisses* se trouvèrent supprimées. On en érigea canoniquement de nouvelles en en réunissant souvent plusieurs en une seule, car il y avait alors des *paroisses* qui n'avaient pas plus de quinze ou vingt habitants. Mais celles qui furent érigées à cette époque, d'un commun accord avec le gouvernement, étaient loin d'être suffisantes pour subvenir aux besoins spirituels des fidèles. Aussi à diverses époques, et principalement depuis quelques années, le gouvernement a compris la nécessité de faire de nouvelles érections et de doter les titulaires.

Nous allons rapporter les divers actes législatifs intervenus sur la nouvelle circonscription des *paroisses*. Voyez d'abord les articles organiques 60, 61 et 62.

DÉCRET *du* 11 *prairial an* XII (31 *mai* 1804), *contenant règlement sur une nouvelle circonscription des succursales.*

« ART. 1er. Conformément aux articles 60 et 61 de la loi du 18 germinal an X (*Voyez* ces articles sous le mot ARTICLES ORGANIQUES), les évêques, de concert avec les préfets, procéderont à une nouvelle circonscription des succursales, de manière que leur nombre ne puisse excéder les besoins des fidèles.

« ART. 2. Les préfets demanderont l'avis des communes intéressées, à l'effet de connaître les localités et toutes les circonstances qui pourront déterminer la réunion des communes susceptibles de former un seul territoire dépendant de la même succursale.

« ART. 3. Les plans de la nouvelle circonscription seront adressés au conseiller d'État, chargé de toutes les affaires concernant les cultes, et ils ne pourront être mis à exécution qu'en vertu d'un décret impérial.

« ART. 4. Jusqu'à ce que les nouveaux plans de circonscription aient été rendus exécutoires, les desservants des succursales existantes et provisoirement approuvées jouiront, à dater du premier messidor prochain, d'un traitement annuel de 500 francs, au moyen duquel traitement ils n'auront rien à exiger des communes, si ce n'est le logement aux termes de l'article 72 de la loi du 18 germinal an X.

« ART. 5. Le montant des pensions dont jouissent les desservants sera précompté sur celui de leur traitement.

« ART. 6. Les traitements des desservants seront payés par trimestre.

« Les évêques donneront avis de la nomination des desservants au conseiller d'État chargé de toutes les affaires concernant les cultes et aux préfets.

« À compter du 1er vendémiaire an XIII, les curés et les desservants seront munis d'un brevet de traitement signé par les architrésoriers de l'empire : ils seront payés de leur traitement sur la présentation de ce brevet.

« ART. 7. Le premier jour de chaque trimestre, le conseiller d'État, chargé de toutes les affaires concernant les cultes, remettra l'état de tous les desservants qui existaient le premier jour du trimestre précédent. Cet état présentera le montant de leur traitement et celui des pensions dont ils jouissent.

« ART. 8. Le payeur de chaque département soldera le traitement des desservants sur l'état ordonnancé par le préfet, et dressé par l'évêque. »

DÉCRET *du* 5 *nivose an* XIII (26 *décembre* 1804) *relatif au mode de payement accordé aux desservants et vicaires des succursales.*

« ART. 1er. En exécution du décret du 11 prairial dernier, tous les desservants des succursales dont l'état numérique, divisé par départements et par diocèses, est annexé au présent, toucheront, à compter du 1er vendémiaire, an XIII, le traitement fixé par l'article 4, et suivant les formes prescrites par les articles 5, 6, 7 et 8 du décret précité.

« ART. 2. Le payement des desservants et vicaires des autres succursales, demeure à la charge des communes de leurs arrondissements.

« ART. 3. Sur la demande des évêques, les préfets régleront la quotité de ce payement, et détermineront les moyens de s'assurer, soit par les revenus communaux et les octrois, soit par la voie des souscriptions, abonnements et prestations volontaires, ou de toute autre manière convenable.

« Ils régleront de même le traitement des vicaires des succursales comprises au premier article du présent décret, et les augmentations que les communes de ces succursales seront dans le cas de faire au traitement de leurs desservants, et ils adresseront leurs arrêtés aux ministres de l'Intérieur et des Cultes.

DÉCRET *du* 30 *septembre* 1807 *qui augmente le nombre des succursales.*

Titre 1er. — *Des succursales.*

« ART. 1er. L'état des succursales à la charge du trésor public, tel qu'il a été fixé en vertu du décret du 5 nivose, an XIII, sera porté de 24,000 à 30,000.

« ART. 2. A cet effet, le nombre des succursales sera augmenté dans chaque département, conformément à l'état annexé au présent décret. La répartition en sera faite de manière que le nombre des succursales mis à la charge du trésor public, par notre décret du 5 nivose, an XIII, et celui qui est accordé par notre présent décret, comprennent la totalité des communes des départements.

« ART. 3. Cette répartition aura lieu à la diligence des évêques, de concert avec les préfets, dans le mois qui suivra la publication du présent décret.

« ART. 4. Les évêques et les préfets enverront sur-le-champ au ministre des cultes, les états qui seront dressés, pour être définitivement approuvés par nous, et déposés ensuite aux archives impériales.

« ART. 5. Les desservants des succursales nouvellement dotées par le trésor public, seront payés à dater du jour de l'approbation de ces succursales, pour leur diocèse, s'ils exerçaient antérieurement les fonctions de desservants dans les succursales nouvellement dotées, et à dater du jour de leur nomination, s'ils sont nommés postérieurement à l'exécution du présent décret.

« ART. 6. Les traitements des desservants continueront à être payés dans les formes prescrites par les articles 4, 5 et 6 de notre décret du 11 prairial, an XII.

« ART. 7. Les titres des succursales, tels qu'ils sont désignés dans les états approuvés par nous, conformément à l'article 4 ci-dessus, ne pourront être changés, ni transférés d'un lieu dans un autre. »

Le titre II de ce décret se trouve sous le mot CHAPELLES *vicariales* § 7.

ORDONNANCE *du* 25 *août* 1819 *qui érige* 500 *succursales nouvelles.*

« ART. 1er. Il sera érigé 500 succursales nouvelles, en faveur des diocèses où le nombre des succursales établies n'est plus proportionné aux besoins des localités.

« ART. 2. Une ordonnance spéciale désignera, pour chaque diocèse, les communes dans lesquelles les succursales nouvelles seront érigées, d'après les demandes des conseils municipaux, la proposition des évêques et l'avis des préfets.

«ART. 3. Les vicaires actuellement établis ou à établir dans les cures ou succursales trop étendues, pourront être placés dans une autre commune que celle du chef-lieu principal, et y recevoir l'indemnité de deux cent cinquante francs, accordée par l'ordonnance du 9 avril 1817, pourvu toutefois que cette commune ait pris, suivant les formes administratives, l'engagement d'entretenir son église et d'assurer au vicaire le traitement prescrit par le décret du 30 décembre 1809.

« ART. 4. Les communes, dont les églises seront ainsi desservies, jouiront de l'exemption rapportée à l'article 1er de l'avis du conseil approuvé le 14 décembre 1810.

« ART. 5. Dans les diocèses où le nombre des ecclésiastiques n'est point suffisant pour que toutes les succursales soient pourvues de pasteurs, il pourra être mis à la disposition de l'archevêque ou évêque, et sur sa demande une somme qui n'excèdera point le dixième du traitement attaché aux succursales vacantes. Cette somme sera employée à défrayer un nombre proportionné de prêtres nés ou incorporés dans le diocèse et désignés par l'archevêque ou évêque, pour aller, aux époques convenables, porter successivement les secours de la religion dans les succursales dépourvues de pasteurs. »

PARRAIN.

On appelle *parrain* celui qui a tenu un enfant sur les fonts de baptême. Il faut tenir pour certain, suivant la discipline présente de l'Église ; 1° qu'il ne faut dans le baptême qu'une personne pour faire la fonction de *parrain* ou de marraine : *Statuit ut unus tantum, sive vir, sive mulier, juxta sacrorum canonum instituta* (*non plures, de const. dist.* 4 ; *c. Veniens, de cognat. spirit.* ; *c. Quamvis eod. in* 6°), *vel ad summum unus et una baptizatum de baptismo suscipiant* (Concile de Trente, session XXIV, ch. 2, *de matrim.*). Les conciles provinciaux de France et l'assemblée de Melun se sont conformés à ce règlement.

2° On ne peut choisir pour *parrains* ou pour marraines que ceux ou celles qui ont atteint l'âge de puberté, ou du moins l'âge nécessaire pour connaître l'engagement qu'ils contractent : c'est le règlement du concile de Rouen en 1581, de celui de Tours en 1583, et de plusieurs autres tenus en France.

3° Les religieux ou les religieuses ne peuvent servir de *parrains* ou de marraines : c'est la disposition des anciens canons adoptés par l'article 9 du règlement des réguliers : *Non liceat abbatis vel monacho de baptismo suscipere filios , nec cummatres habere* (*Can.* 103, *de consecr. dist.* 4).

4° Les excommuniés, les hérétiques sont encore exclus de cette fonction : c'est le règlement du concile de Reims, en 1583, et de celui de Toulouse en 1590.

5° Le concile de Reims ne trouve pas convenable que l'évêque, dans son diocèse, le curé dans sa paroisse, le bénéficier dans son bénéfice, fassent la fonction de *parrain* (*Mém. du clergé*, tom. V, col. 19 ; tom. VI, col. 142).

A l'égard des *parrains* et des marraines dans la confirmation, voyez CONFIRMATION. Voyez aussi au mot AFFINITÉ l'empêchement de mariage qui est entre le *parrain* et l'enfant qu'il fait baptiser.

L'usage de nommer des *parrains* est ancien dans l'Eglise, puisque Tertullien, saint Chrysostome et saint Augustin en font mention. Dans les premiers siècles du christianisme, dit Bergier, il était à craindre que l'on se fût trompé par quelques-uns de ceux qui se présentaient pour recevoir le baptême, on voulut, pour sûreté, avoir le témoignage d'un chrétien bien connu, qui pût répondre de la croyance et des mœurs du prosélyte, qui se chargeât de continuer à l'instruire et à le surveiller. Et il en fut de même des marraines par rapport aux personnes du sexe. Cet usage que la prudence avait suggéré à l'égard des adultes fut jugé utile et convenable à l'égard des enfants, lorsque ce n'étaient point les pères et les mères qui les présentaient au baptême ; il fallait que quelqu'un répondît pour eux aux interrogatoires qu'on leur faisait. Telle fut l'origine des *parrains* et marraines.

PARTAGE.

Nous parlons sous le mot BIENS D'ÉGLISE, du *partage* des biens de l'Eglise en général et de la forme particulière du *partage* des biens des monastères entre les religieux et l'abbé. Nous n'avons donc à traiter ici que du *partage* des fruits entre les curés et leurs successeurs, ou leurs héritiers.

Les opinions touchant le *partage* dont il s'agit, ont été différentes, suivant les usages particuliers de plusieurs églises. Mais indépendamment de ces usages, voici deux maximes qui semblent fixer toutes les décisions en cette matière : 1° les fruits, soit qu'ils soient perçus et cueillis, ou pendants par les racines, sont distribués entre les héritiers du défunt titulaire et son successeur, au *prorata* et eu égard au temps de l'année qu'ils ont été titulaires. 2° Pour procéder à ce *partage*, suivant la règle du *prorata*, on prend l'année du premier janvier. Cette dernière règle est plus certaine que l'autre, quoique plusieurs auteurs aient fait des distinctions sur toutes les deux. Les uns prennent le commencement de l'année au temps que se cueillent les fruits ; d'autres estiment qu'il doit être pris du jour que le défunt a été mis en possession ; les autres soutiennent qu'il faut commencer l'année au mois de janvier. Cette dernière opinion était autrefois consacrée par plusieurs arrêts ; elle était même constamment suivie avant la révolution (*Mémoires du clergé*, tom. XI, col. 904).

PARTIBUS (IN).

In partibus est un terme latin que l'usage a rendu français ; on sous-entend *infidelium*, qu'on ajoute cependant quelquefois : il désigne un évêque dont le titre d'évêché est situé dans un pays occupé par les infidèles. Aujourd'hui l'on donne un titre *in partibus* à ceux à qui l'on accorde la coadjutorerie d'un évêché, par la raison qu'un coadjuteur doit avoir été sacré évêque, puisqu'il est obligé d'exercer toutes les fonctions de l'épiscopat (*Voyez* ÉVÊQUE, § 7).

Un décret du 7 janvier 1808 porte ce qui suit sur la collation d'un évêché *in partibus* :

« ART. 1er. En exécution de l'article 17 du Code civil, nul ecclésiastique français ne pourra poursuivre ni accepter la collation d'un évêché *in partibus* faite par le pape, s'il n'a été préalablement autorisé par nous, sur le rapport de notre ministre des cultes.

« ART. 2. Nul ecclésiastique français, nommé à un évêché *in partibus*, conformément aux dispositions de l'article précédent, ne pourra recevoir la consécration avant que ses bulles n'aient été examinées au conseil d'Etat, et que nous n'en ayons permis la publication. »

Remarquons avec Mgr Gousset, dans son *Code civil commenté*, que ce décret a été donné en exécution du dix-septième article du Code civil. Or, quel rapport y a-t-il entre la nomination et la consécration d'un évêque *in partibus*, et les *fonctions publiques* qui sont l'objet du dit article ? D'ailleurs, regarder l'exercice de la puissance spirituelle du chef de l'Eglise, comme un *gouvernement étranger*, et soumettre les actes du vicaire de Jésus-Christ aux ordres ou aux caprices d'un gouvernement, n'est-ce pas évidemment renouveler les prétentions impies de Henri VIII ?

PATÈNE.

Ce mot vient du latin *patere* ou *vas patens*. Bergier dit qu'il vient de *patena* qui signifie un plat. C'est un vase ouvert qui a plus de surface que de profondeur ; il sert à couvrir le calice et à recevoir les particules de l'hostie. Le concile d'Aix en 1585, et celui de Toulouse en 1590, défendent qu'à l'offrande on donne à baiser au peuple la *patène* (*Mémoires du clergé*, tom. V, col. 135). Cependant malgré la défense de ces conciles, on s'en sert dans presque toutes les paroisses. Il en est très-peu où l'on fasse usage de ce que l'on appelle le baiser de paix. Dans quelques provinces du midi on donne un crucifix à baiser aux laïques lorsqu'ils viennent à l'offrande.

Les règles établies pour la *patène* sont les mêmes que pour le calice. Elle doit être d'or ou d'argent, et dans ce dernier cas, la face intérieure doit être dorée comme la coupe du calice. On peut consulter pour d'autres détails l'article CALICE. La consécration de la *patène* doit être faite par l'évêque. Elle a lieu avant celle du calice.

Fleury dit qu'autrefois les *patènes* étaient beaucoup plus grandes qu'elles ne le sont aujourd'hui, parce qu'elles servaient à contenir les hosties pour tous ceux qui devaient communier. Anastase le bibliothécaire rapporte, d'après d'anciens monuments, que Constantin le Grand, à l'occasion des obsèques de sa mère, sainte Hélène, fit présent à l'église des saints martyrs Pierre et Marcellin, d'une *patène* d'or pesant trente-cinq livres. Comme elles pouvaient embarrasser le prêtre à l'autel, le sous-diacre tenait ce plat dans ses mains jusqu'au moment auquel on s'en servait.

PATRIARCAT, PATRIARCHE.

Le *patriarche* est un prélat qui a des droits et une espèce de juridiction plus considérable que celle des métropolitains, et à peu près semblable à celle des primats. Le *patriarcat* est l'étendue de pays sur lequel s'étend la juridiction du *patriarche*. Nous traitons assez au long la matière de ces deux mots, ainsi que celle des exarques et exarcats sous le mot PROVINCES ECCLÉSIASTIQUES.

PATRIMOINE, PATRIMONIAL.

On donnait autrefois le nom de *patrimoine* au titre sacerdotal d'un clerc, parce qu'il était composé ou censé composé des biens *patrimoniaux* de sa famille. On distingue aussi parmi les biens d'un ecclésiastique ceux qu'il tient de sa famille et ceux qu'il a de son bénéfice. Les premiers sont appelés *patrimoniaux* et les autres ecclésiastiques.

On appelait aussi autrefois *patrimoine* de l'Eglise les biens-fonds qu'elle possédait pour son entretien et pour le soulagement des pauvres. La plupart des grandes églises avaient des *patrimoines* plus ou moins considérables ; mais la plus riche en ce genre de propriété est l'Eglise romaine (Fleury, *Mœurs des Chrétiens*, n. 49) (*Voyez* BIENS D'ÉGLISE).

PATRON, PATRONAGE

On appelle *patron* celui qui a bâti, fondé ou doté une église; et *patronage* les droits que les canons lui ont conservés sur cette même église.

Suivant la définition de Panorme, le *patronage* est un droit honorifique, onéreux et utile, qui appartient à quelqu'un sur une église que lui ou ses auteurs ont fondée, dotée ou réparée du consentement de l'évêque : *Est jus honorificum, onerosum, utile, alicui competens in ecclesia, et quod de ordinarii consensu eam construxerit fundaverit vel dotaverit, aut id a suis antecessoribus fuerit factum.*

Le droit de *patronage* n'a plus lieu en France, si ce n'est de la part du gouvernement la nomination aux évêchés et aux cures, ce qui est une espèce de *patronage*; néanmoins, nous allons en parler ici avec quelque étendue parce que cette matière a beaucoup de connexité avec plusieurs articles de ce COURS *de droit canon*.

§ 1. *Origine et progrès des* PATRONAGES.

Le droit de *patronage* fut longtemps inconnu dans l'Église. En Occident, le concile d'Orange, tenu en 441, fut le premier qui accorda aux évêques, dont les libéralités élèveraient des églises dans un autre diocèse, le droit de choisir et d'y nommer des clercs ; toujours à condition cependant que ces clercs seraient ordonnés par l'évêque du lieu. Le concile d'Arles, en 452, et plusieurs témoignages des auteurs de ce siècle, prouvent que les *patronages*, même laïques, étaient communs en Occident dans le cinquième siècle. Les lois que fit ensuite Justinien dans le siècle suivant, touchant les *patronages*, ne permettent pas de douter que ce droit ne fût alors établi d'une manière générale. Quelques auteurs même ont fait de ces lois de Justinien la source et l'origine des *patronages* des églises et des oratoires.

Plus tard, tous les fondateurs d'églises, en Orient comme en Occident, eurent le droit de nomination, et déjà au sixième siècle, nous voyons par le deuxième canon du 9e concile de Tolède, ainsi que par la loi 46, § 3, chapitre *Des évêques et des clercs*, que cette concession était devenue générale. Alors cependant, cette prérogative était toute personnelle et ne passait pas aux héritiers des fondateurs, comme le fait voir manifestement le même canon du concile de Tolède. Ce ne fut que par la suite que ce droit de *patronage* devint héréditaire.

Le *patronage*, ainsi établi avec des droits honorifiques en faveur du *patron*, occasionna beaucoup de nouvelles fondations, et par conséquent de nouveaux fondateurs qui y nommaient ceux qu'ils jugeaient convenables ; cependant, il fallait que les sujets nommés fussent de bonnes mœurs et agréables aux évêques. Le sixième concile d'Arles condamna les *patrons* laïques qui donnaient ou ôtaient les cures sans la participation de l'évêque, ou qui exigeaient des présents qui tenaient lieu de mérite. Le troisième concile de Tours parle des *patrons* laïques et ecclésiastiques, et défend aux uns et aux autres de disposer des bénéfices sans le consentement de l'évêque. On laissait à la prudence des évêques de recevoir ou de rejeter ceux que présentaient les *patrons* : et même, afin de les obliger de prendre toutes les précautions possibles pour n'être pas surpris, si celui qu'ils présentaient était jugé indigne, ils ne pouvaient en présenter d'autres. Mais, lorsque les priviléges des *patrons* furent plus affermis ou plus étendus, on obligea les évêques à ne point rejeter ceux qui leur étaient présentés par un *patron* laïque, lorsqu'ils n'avaient rien à leur reprocher du côté des mœurs et de la conscience ; c'est ce qu'on voit dans les capitulaires de Charlemagne. Le sixième concile de Paris alla plus loin : car, pour remédier aux refus injustes des évêques, il ordonna qu'on ferait un examen rigoureux des raisons que l'évêque aurait eues de ne pas recevoir celui qu'on lui présentait (Thomassin, *Discipl.* part. II, *liv.* II, *ch.* 10).

Il faut remarquer que le droit de présentation et les autres distinctions qu'on accordait autrefois aux fondateurs, ne furent d'abord que pour leurs personnes. Les *patronages* perpétuels attachés aux familles ou aux possesseurs de certaines terres, ne furent introduits que tard en Orient ; les héritiers du *patron* laïque n'avaient aucune part à la disposition des bénéfices, selon la novelle 57 de Justinien, s'ils ne faisaient eux-mêmes la dépense de l'entretien de l'église et du bénéficier (*C. Decernimus* ; *c. Considerandum et seq.* 16, *qu.* 7 : *c.* 1, *et tot. tit. de Jur. patron.*).

Il est encore à remarquer que le nom de *patron*, dans le sens communément entendu par les canonistes, ne se trouve point dans les anciens auteurs ni dans les canons, ni même dans les lois. On ne se servait autrefois que du nom de fondateur ; mais, comme dans la suite l'Église accorda un droit d'inspection et de conservation aux fondateurs et à leurs héritiers sur les églises de leurs fondations, on les appela de ces différents noms de *patrons*, avoués, défenseurs et gardiens (*C. Decernimus*, 16, *qu.* 7). Dans les décrétales, on ne trouve au contraire spécialement que le nom de *patron*, parce qu'on pouvait être l'avoué, le défenseur, le vidame, l'avocat ou le gardien de l'église, sans en être le *patron*.

Voici ce que disait du droit de *patronage* l'illustre Daguesseau, dans un de ses plaidoyers :

« Quelque favorable que puisse paraître
« le droit de *patronage*, cependant c'est une
« véritable servitude qui change l'état na-
« turel, servitude non odieuse, à la vérité,
« au contraire droit fondé sur un titre favo-
« rable, reconnaissance juste de l'Église pour
« ses bienfaiteurs ; mais cependant droit qui
« ne doit pas être facilement étendu. »

§ 2. *Différentes espèces de* PATRONS *et de* PATRONAGES.

On distingue trois sortes de *patronages* : le *patronage* ecclésiastique, le *patronage* laïque et le *patronage* mixte.

Le *patronage* ecclésiastique, que l'on ne voit ni dans les anciens canons, ni dans les lois de Justinien, est celui qui appartient à un clerc, soit à raison de son bénéfice, soit à raison de sa dignité, soit parce qu'il a bâti, **fondé ou doté une église avec des biens ecclésiastiques**.

Le *patronage* laïque est celui qui appartient à un laïque, qui a fondé ou doté une église, ou à un clerc, qui a fondé ou doté une église avec des biens séculiers.

Le *patronage* mixte est celui qui appartient à une communauté ou à une confrérie, composée de clercs et de laïques.

On fait encore plusieurs autres distinctions de *patronages* dont nous ne croyons pas devoir nous occuper.

§ 3. *Manière d'acquérir le droit de* PATRONAGE.

Le droit de *patronage* s'acquiert par la voie de fondation ; mais c'est une question parmi les canonistes, s'il faut, pour la fondation, le concours de ces trois choses : fondation, construction, dotation, ou si l'une d'elles suffit. Le sentiment le plus ordinaire de ceux qui ont écrit sur cette matière, du moins avant le concile de Trente, est que le droit de *patronage* peut s'acquérir en dotant une église ou en la bâtissant, ou en donnant le fonds sur lequel on la bâtit.

Mais le concile de Trente ayant ordonné que personne n'aurait le *patronage* d'une église (session XIV, ch. 12), à moins qu'il ne l'eût fondée et dotée, on peut dire que la construction et la dotation sont nécessaires pour acquérir le droit et le titre de *patron* plein et parfait, et que, si l'on n'a fait que construire ou doter, on ne pourra être regardé que comme bienfaiteur ou *patron* en partie (*Mém. du clergé, tom.* XII, *col.* 496).

Le mot fondation, pris étroitement, ne signifie que le fonds sur lequel on doit bâtir et fonder l'église : *fundere ecclesiam stricte sumpto vocabulo nihil aliud est quam fundum dare, ubi est ecclesia construenda* (*C. Abbatem* 8, *qu.* 2 ; *C. Nobis, de jur, patron.*). Mais, dans une plus large signification, ce mot s'entend aussi de la construction ; c'est dans ce sens que l'a pris le concile de Trente. Dans une signification plus étendue encore, la fondation comprend, non-seulement la donation du fonds et la construction, mais aussi la dotation ; parce que, inutilement fonderait-on une église, si l'on n'assignait en même temps des fonds pour en entretenir le ministre ou le service. C'est la condition la plus essentielle des fondations, et tellement nécessaire que si l'évêque la négligeait en approuvant le *patronage* ou la fondation, il en serait lui-même tenu, et à son défaut le fondateur.

Le droit de *patronage* s'acquiert par un privilége du pape, à titre onéreux, c'est-à-dire à condition que celui à qui le privilége est accordé, augmentera de moitié la dot de l'église. Le pape vient d'accorder, cette année 1844, à la reine de Portugal, un droit de *patronage* sur le chapitre de la cathédrale de Lisbonne, à condition qu'elle doterait ce chapitre.

Pour les *patrons* des diocèses voyez tome Ier, col. 627.

PAUVRE, PAUVRETÉ.

Nous parlons, sous les mots AUMÔNES, BIENS D'ÉGLISE, des prétentions qu'ont les *pauvres* sur les biens d'Église. On voit, sous le mot VŒU, la nature et les effets du vœu de *pauvreté* de la part des religieux; et, sous le mot FORME, § 2, les faveurs que la *pauvreté* reçoit dans les expéditions des affaires.

Il est défendu par les conciles, de demander l'aumône dans les églises; ils permettent seulement aux mendiants de se tenir à la porte: *Curabunt custodes ecclesiarum, ne mendici per ecclesiam vagentur, aut chorum introeant, petendæ eleemosynæ prætextu, divinis officiis vel concionis tempore, sed in foribus ecclesiarum eleemosynas expectent* (Concile de Bourges, tenu en 1584; concile d'Aix, en 1585).

PÊCHE.

(*Voyez* CLERCS.)

PÉCHEUR PUBLIC.

Les théologiens regardent comme *pécheur public*, un homme dont le crime est notoire: 1° par l'évidence du fait, comme sont les voleurs publics, les usuriers, les concubinaires; 2° par une sentence ecclésiastique ou séculière; 3° par la propre confession et la jactance du criminel lui-même.

Doit-on refuser la communion aux *pécheurs publics*? (*Voyez* COMMUNION.)

Le concile de Trente parle ainsi des *pécheurs publics*: « L'Apôtre avertit que les « *pécheurs publics* doivent être corrigés pu- « bliquement (1 *Tim.*, V). Quand quelqu'un « donc aura commis quelque crime en pu- « blic et à la vue de plusieurs personnes, de « manière qu'il n'y ait point de doute que les « autres n'en aient été offensés et scandali- « sés, il faudra lui enjoindre publiquement « une pénitence proportionnée à sa faute, « afin que ceux qui ont été excités au dés- « ordre par son exemple, soient appelés à « la vie réglée par le témoignage de son « amendement. L'évêque pourra néanmoins, « quand il le jugera expédient, changer cette « manière de pénitence publique en une se- « crète. » (Sess. XXIV, ch. 8, *de Reform.*) (*Voyez* PÉNITENCE PUBLIQUE.)

PÉCULE.

Le *Pécule* est le fonds que celui qui est en puissance d'autrui, comme un fils de famille ou un esclave, peut acquérir par sa propre industrie, avec la permission de son père ou de son maître, mais sans aucun secours de sa part. Il y avait chez les Romains un *pécule* civil et un *pécule* militaire.

Le droit canon reconnaît deux espèces de *pécule*, celui des clercs et celui des moines ou religieux. Les conciles, les papes, les saints Pères et tous les bons théologiens ont toujours condamné le *pécule* des simples religieux, c'est-à-dire l'usage absolu et indépendant de quelque temporel; parce qu'un tel usage est essentiellement contraire au vœu de pauvreté. Aussi l'Eglise a constamment fait des règlements pour que les religieux ne violassent pas ce vœu, par des possessions et des *pécules* particuliers. Les anciens canons du décret ont été renouvelés par les décrétales, celles-ci par le concile de Trente, et Clément VIII, par sa bulle du 6 mai 1600, a confirmé et ordonné l'exécution des décrets du concile de Trente sur cette matière: les règles et instituts des ordres religieux sont encore plus précis à cet égard. Ce serait donc témérairement que les religieux soutiendraient que le *pécule* ne détruit point le vœu de pauvreté, parce que les besoins naturels le rendent nécessaire, ou qu'il n'est qu'une modification du vœu que l'Eglise tolère et autorise: Qu'ils jugent eux-mêmes la question sur les termes des deux règlements suivants: *Prohibemus quoque districte in virtute obedientiæ, sub obtestatione divini judicii, ne quis monachorum proprium, aliquo modo possideat, sed si quis aliquid habeat proprii, totum incontinenti resignet; si vero post hoc proprietatem aliquam fuerit deprehensus habere, regulari monitione præmissa, de monasterio expellatur, nec recipiatur ulterius nisi pæniteat, secundum monasticam disciplinam. Quod si proprietas apud quemquam inventa fuerit in morte, ipsa cum eo in signum perditionis, extra monasterium, in sterquilinio subterretur secundum quod B. Gregorius narrat in dialogo se fecisse, unde si quicquam alicui fuerit specialiter destinatum, non præsumat illud accipere, sed abbati, vel priori, vel cellerario assignetur* (cap. *Cum ad monasterium, de stat. monach.*). Ce règlement fut fait par le Pape Innocent III, sur celui qu'avait déjà publié le concile de Latran en ces termes: *Qui vero peculium habuerit, nisi ab abbate fuerit ei pro injuncta administratione permissum, a communione removeatur altari et qui in extremis cum peculio inventus fuerit, et digne non pænituerit, nec oblatio pro eo fiat, nec inter fratres accipiat sepulturam: quod etiam de universis religiosis præcipimus observari* (c. 2, *cod. tit.*).

Quelques canonistes, du nombre desquels est le célèbre Navarre, ont avancé que, par ces termes *nisi ab abbate*, etc., le concile permettait le *pécule* aux religieux qui ne le possédaient que du gré de leurs supérieurs: on a été même jusqu'à dire que la rigueur des lois qui condamnent le *pécule*, ne doit avoir lieu que pour les religieux qui sont *arctioris regulæ*, et non pour les autres à qui il est permis *conniventibus oculis*, d'avoir des réserves et des épargnes, qui sont *veluti peculium quod quisque parcimonia sua et genium fraudando comparavit* (arg. *L. Peculium, ff. de pecul.*).

Mais Fagnan (*in dist. cap. 2, de stat. monach.*), observe que la permission de l'abbé, dont parle le concile de Latran, ne s'applique qu'aux officiers administrateurs, qui sont comptables *ad nutum*. Ce qui s'accorde avec le décret du concile de Trente dont voici les termes:

« Il ne sera permis à aucun religieux de « l'un ni de l'autre sexe, de tenir ou posséder « en propre, ni même **au nom du couvent**, au- « cuns biens meubles ou immeubles, de quel- « que nature qu'ils soient, et de quelque ma- « nière qu'ils aient été par eux acquis: mais « de tels biens seront incontinent remis entre les mains du supérieur et incorporés au couvent; et ne pourront non plus dorénavant les supérieurs accorder à nul régulier aucuns biens en fonds, non pas même pour avoir simplement l'usufruit ou l'usage, ni pour en avoir l'administration. L'administration des biens des monastères ou couvents, appartiendra seulement aux officiers desdites maisons, qui seront destituables selon la volonté des supérieurs.

« A l'égard des meubles, les supérieurs en permettront l'usage aux particuliers, de telle manière que tout réponde à l'état de pauvreté qu'ils ont voué, et qu'il n'y ait rien de superflu : mais que rien du nécessaire ne leur soit non plus refusé. Que si quelqu'un est reconnu et convaincu de posséder quelque chose autrement que de cette manière, il sera privé pendant deux ans de voix active et passive, et puni de plus suivant la règle et les constitutions de son ordre. » (session XXV, chap. 2, de Regul.)

La bulle de Clément VIII, explique et ordonne l'exécution de ce décret en toute rigueur. Elle dit : *Nulla quorumcumque superiorum dispensatio, nulla licentia, quantum ad bona immobilia, vel mobilia fratres excusare possit, quominus culpæ et pœnæ ab ejusdem concilii decretis impositæ, et ipso facto incurrendæ obnoxii sint, etiamsi superiores assueverunt hujusmodi dispensationes aut licentias concedere posse : quibus in ea re fidem minime adhiberi volumus.* Les paroles de cette bulle s'accordent avec celles du pape Innocent III, in c. *Cum ad monasterium, de stat. monach. in fin. Nec æstimet abbas quod super habenda proprietate possit cum aliquo monacho dispensare, quia abaicatio proprietatis, sicut et custodia castitatis, adeo est annexa regulæ monachali, ut contra eam nec summus pontifex possit licentiam indulgere* (*Voyez* VŒU).

Rien n'empêche au surplus que les religieux en corps de communauté n'acquièrent et ne possèdent des biens (*Voyez* ACQUISITION, CONGRÉGATIONS RELIGIEUSES).

Quant au *pécule* des clercs, voyez SUCCESSIONS, TESTAMENTS.

PEINES.

On distingue dans le droit canon deux sortes de *peines*, les spirituelles et les temporelles. Les premières comprennent les censures ecclésiastiques, les irrégularités, la déposition, la dégradation, certains exercices de piété qu'on impose à un ecclésiastique pour tâcher de le faire revenir de quelque mauvaise habitude.

Les *peines* temporelles sont les aumônes, les amendes, la privation du rang dans une église, le jeûne ou quelque autre pénitence corporelle. Toutes ces diverses *peines* se nomment *peines canoniques*.

§ 1. *Pouvoir de l'Eglise en cette matière.*

On prétend que l'Eglise ayant toujours eu l'autorité d'imposer des *peines* ou pénitences, suivant la qualité des crimes et la condition des pénitents, elle n'a procédé pendant les onze premiers siècles contre les criminels et les pécheurs, que relativement au for intérieur et pénitentiel et que c'est la distinction qui se fit vers le douzième siècle du for extérieur, qui a donné lieu d'imposer par forme de *peine* et par sentence du juge ecclésiastique, pour la vengeance publique, les pénitences qui étaient imposées au for intérieur. C'est aussi de là qu'est venu par succession de temps le changement de la discipline touchant l'imposition des *peines* (Van-Espen., *Jur. eccles. part.* III, *tit.* 4, *cap.* 1).

Quand la *peine* du délit commis est prononcée par la loi ou le canon, on n'en invente pas d'autres ; mais soit que les canons n'aient pas prescrit des *peines* pour toutes les sortes de crimes, soit que les circonstances en changent l'espèce, la punition des criminels est souvent arbitraire : *Si tale fuerit negotium quod certa exinde pœna in canonibus exprimatur eumdem infligas, alioqui pro delicti qualitate punire procures* (*c. de causis,* § *Illis etiam, de offic. deleg.*).

On doit considérer dans l'imposition des *peines* : 1° la coutume du lieu ou du diocèse; 2° les statuts synodaux au défaut des lois et des canons ; 3° les statuts provinciaux ; 4° les statuts et usages des diocèses voisins ; 5° si tout cela manque, on doit observer les circonstances énoncées dans le chapitre *Sicut dignum de homicidio*, où il est dit : *In excessibus singulorum non solum quantitas et qualitas delicti sunt attendenda, sed ætas, scientia, sexus, conditio delinquentis, locus, tempus, ut pœna debeat indici, cum idem excessus sit plus in uno quam in alio puniendus* (*Can. Homo, dist* 40; *c.* Qui contra 24, *qu.* 1).

Enfin les ministres de l'Eglise quels qu'ils soient, ne doivent jamais infliger aucune *peine*, ou employer certaines voies sévères de correction, qu'après avoir lu ce que prescrit le concile de Trente, relativement à la manière dont les évêques se doivent conduire dans la correction de ceux qui leur sont soumis. Voici en quels termes s'exprime à cet égard le saint concile dans le premier chapitre de la XIII° session du décret de réformation.

« Le même saint concile de Trente, le même légat, et les mêmes nonces du saint-siége apostolique y présidant ; ayant dessein de faire quelques ordonnances touchant la juridiction des évêques, afin que, conformément au décret de la dernière session, ils se portent d'autant plus volontiers à résider dans les églises qui leur sont commises, qu'ils trouveront plus de facilité et de disposition à pouvoir gouverner les personnes qui sont sous leur charge, et à les contenir dans une manière de vie honnête et réglée; juge à propos de les avertir eux-mêmes les premiers, de se souvenir qu'ils sont établis pour être pasteurs et non persécuteurs ; et qu'ils doivent se conduire de telle sorte, à l'égard de leurs inférieurs, que leur supériorité ne dégénère pas en une domination hautaine, mais qu'ils les aiment, et les regardent comme leurs enfants et comme leurs frères, et qu'ils mettent toute leur application à tâcher de les détourner du mal, par leurs exhortations et leurs bons avis, pour n'être pas obligés d'en venir aux châtiments nécessaires, si une fois ils étaient tombés.

« S'il arrivait pourtant qu'ils se fussent laissés aller à quelque faute, par fragilité humaine, les évêques doivent à leur égard observer ce précepte de l'Apôtre, de les reprendre, les conjurer, les redresser avec toute sorte de bonté et de patience, les témoignages d'affection faisant souvent plus d'effet pour la correction des hommes que la rigueur, l'exhortation plus que la menace, et la charité plus que la force.

« Mais si la grièveté de la faute était telle que la verge fût nécessaire, alors il faut tempérer de telle manière l'austérité par la douceur, la justice par la miséricorde, et la sévérité par la bénignité, que sans faire paraître une dureté trop excessive, on ne laisse pas de maintenir, parmi les peuples, la discipline qui est si utile et si nécessaire; de sorte que ceux qui auront été châtiés aient lieu de s'amender; ou, s'ils ne le veulent pas, que les autres au moins soient détournés du vice, par l'exemple salutaire de cette punition, puisqu'en effet le devoir d'un pasteur soigneux et charitable tout ensemble, demande qu'il essaie d'abord des remèdes doux et bénins dans les maladies de ses brebis, et qu'il vienne ensuite aux remèdes plus forts et plus violents, quand la grandeur du mal l'exige ainsi; et si enfin ceux-ci même ne servent de rien, pour en arrêter le cours, il doit au moins, par la séparation, mettre à couvert toutes les autres du péril et de la contagion.

« La coutume des accusés en fait de crime, étant d'ordinaire de supposer des sujets de plaintes et de griefs, pour éviter les châtiments, et se soustraire à la juridiction des évêques, et d'arrêter ainsi le cours des procédures ordinaires par des appellations interjetées; afin d'empêcher qu'à l'avenir ils ne fassent servir, à la défense de l'iniquité, un remède qui a été établi pour la conservation de l'innocence, et pour aller par ce moyen au-devant de leurs chicanes et de leurs fuites, le saint concile déclare et ordonne ce qui suit:

« Que dans les causes qui regardent la visite et la correction, la capacité ou l'incapacité des personnes, comme aussi dans les causes criminelles, on ne pourra appeler, avant la sentence définitive, d'aucun grief, ni de la sentence interlocutoire d'un évêque, ou de son vicaire général au spirituel; et que l'évêque, ou son vicaire général, ne seront point tenus de déférer à une telle appellation, qui doit être regardée comme frivole, mais pourront passer outre, nonobstant toute défense émanée du juge devant qui on aura appelé, et tout usage ou coutume contraire même de temps immémorial; si ce n'est que le grief fût tel qu'il ne pût être réparé par la sentence définitive, ou qu'on ne pût pas appeler de ladite sentence définitive, auquel cas les ordonnances des saints et anciens canons demeureront en leur entier. » (*Voyez* HÉRÉTIQUES, § 1.)

§ 2. PEINES *monastiques*

Les *peines* monastiques s'entendent de toutes celles qui s'imposent aux religieux dans l'intérieur des cloîtres et qui sont plus ou moins sévères, selon que le délit monastique est plus ou moins grave. Elles sont aussi différentes selon la différence des règles que l'on suit dans les ordres religieux, ce qui nous dispense d'en proposer ici aucune en particulier.

PÈLERINAGE.

Les *pèlerinages* sont des voyages de dévotion que l'on fait aux tombeaux des martyrs et des autres saints, aux églises, aux chapelles et aux autres lieux de piété; ces voyages de dévotion sont très-anciens. Les chrétiens les commencèrent, selon toute apparence, sous le règne de Constantin, et ils devinrent beaucoup plus fréquents dans les siècles suivants, jusqu'au dixième, qui fut célèbre par ceux de la terre sainte, qui donnèrent naissance aux croisades.

Comme les *pèlerinages* bien réglés et faits dans l'esprit et l'intention qu'a toujours eu l'Église, quand elle les a désirés, n'ont rien que d'édifiant pour les peuples et d'utile pour ceux qui les font, on en a toujours vu quelques exemples, plus ou moins fréquents, soit à Jérusalem, à Rome, à Lorette, à Saint-Jacques de Galice, ou ailleurs. L'Église les approuve, pourvu que les pèlerins n'entreprennent ces voyages qu'avec la permission par écrit de leur évêque diocésain. C'est le règlement du concile de Bourges en 1584 (*Voyez* EXEAT).

Le concile de Châlons-sur-Saône, de l'an 813, parle ainsi des *pèlerinages*: « Il y a beaucoup d'abus dans les *pèlerinages* qui se font à Rome, à Tours et ailleurs. Des prêtres et des clercs prétendent par là se purifier de leurs péchés et devoir être rétablis dans leurs fonctions. Des laïques s'imaginent acquérir l'impunité pour leurs péchés passés ou à venir. Nous louons la dévotion de ceux qui, pour accomplir la pénitence que le prêtre leur a conseillé de faire, font ces *pèlerinages*, en les accompagnant de prières, d'aumônes et de correction de leurs mœurs.»

Voici une formule de la permission que l'évêque donne pour un *pèlerinage* à Rome ou ailleurs:

N..... universis, etc. salutem in Domino: Notum facimus, quod cum dilectus noster, N, senior parochiæ de N. Diœcesis N., nobis exposuerit suæ esse devotionis et intentionis, ecclesiam beatæ Mariæ de Loreta, nec non Romæ limina sanctorum Petri et Pauli apostolorum, ac sepulcrum Domini in Jerusalem aliaque pia loca, Deo favente, adire et visitare, ideo a nobis de sua fide et religione catholica, nec non et morum probitate, litteras testimoniales postulaverit; ejus voto et precibus annuentes litteras concessimus, quibus testamur prædictum a bonis moribus imbutum, pium, catholicum, nulla hæresis labe infectum, nec nullo excommunicationis vinculo ligatum, quominus sacramenta ecclesiastica possint illi administrari; ideoque illam omnibus et singulis reverendissimis *D.D. archiepiscopis et cæteris ecclesiarum prælatis, eorumque vicariis, nec non et illustribus quarumcumque civitatum, oppidorum et locorum dominis, rectoribus et tribunis, ad quos ipsum declinare contigerit, plurimum in Domino nostro pro suo accessu, ingressu, habitatione et recessu, et aliis piis erga eum operibus exercendis commendamus; nos ad similia et majora paratos exhibentes dignum*, etc.

PÉNITENCE.

La *pénitence* est un sacrement par lequel l'absolution des péchés commis après le baptême, est accordée à ceux qui ont un véritable repentir, et qui s'en sont confessés avec la volonté au moins d'y satisfaire.

Le concile de Trente explique en plusieurs chapitres et canons la foi et la doctrine de l'Église concernant le sacrement de *pénitence* (*Voyez* CONFESSION). Nous ne rapporterons ici que ce décret : « Si quelqu'un dit « que ces paroles de Notre-Seigneur et Sau- « veur, *Recevez le Saint-Esprit* : *les péchés* « *seront remis à ceux à qui vous les remettrez* « *et seront retenus à ceux à qui vous les re-* « *tiendrez*, ne doivent pas être entendues de « la puissance de remettre et de retenir les « péchés dans le sacrement de *pénitence*, « comme l'Eglise catholique les a toujours « entendues dès le commencement, mais con- « tre l'institution de ce sacrement, détourne le « sens de ces paroles, pour les appliquer au « pouvoir de prêcher l'Evangile : qu'il soit « anathème. » (*Sess.* XXIV

Nous observons sous le mot CONFESSION, qu'on distingue deux sortes de confession de ses péchés, l'une privée, l'autre publique. Celle-ci, qui n'est pas de précepte divin, ainsi que l'enseigne le concile de Trente, ne doit pas être confondue avec la *pénitence* canonique et publique, anciennement en usage dans l'Eglise (*Voyez* ci-après PÉNITENCE PUBLIQUE). Depuis longtemps on n'use que très rarement de cette sorte de *pénitence*. Le concile de Trente suivi par plusieurs conciles provinciaux, n'a pas laissé que d'y soumettre les pécheurs publics, avec cette restriction néanmoins que l'évêque pourra, quand il le jugera expédient, changer cette manière de pénitence publique en une secrète : *Episcopus tamen publicæ hoc pœnitentiæ genus, in aliud secretum poterit commutare quando ita magis judicaverit expedire* (*Sess.* XXIV, chap. 8, *de Reform.*) (*Mémoires du clergé*, tom. V, col. 196).

Quant à la *pénitence* privée, elle est ordonnée dans la confession secrète dont il est parlé ailleurs (*Voyez* CONFESSION, APPROBATION, CAS RÉSERVÉS).

Voici quelques formules de permission pour administrer le sacrement de *pénitence*.

PERMISSION SIMPLE DE CONFESSER.

N. damus magistro N...presbytero... diœcesi... licentiam excipiendi confessiones fidelium in parochia N. aliisque nostræ diœcesis locis (Cette clause s'omet si la permission est déterminée pour une seule paroisse), *et verbum Dei annuntiandi de consensu rectorum vel superiorum locorum : sciat vero sibi hoc instrumento non conferri facultatem excipiendi confessiones monialium aut quemquam absolvendi a casibus qui nobis sint reservati, nec a se possehorum alterutrum præstari, nisi id ipsi a nobis speciatim sit scripto concessum, præsentibus litteris ad annum vel biennium valituris. Datum*, etc.

PERMISSION DE CONFESSER LES RELIGIEUSES ET D'ABSOUDRE DES CAS RÉSERVÉS.

N., etc., *damus*, etc., *licentiam excipiendi confessiones fidelium, in parochia N. aliisque nostræ diœcesis locis, cum facultate audiendi confessiones monialium, et absolvendi a casibus nobis reservatis, et verbum Dei annuntiandi, de consensu*, etc., comme dans la permission ci-dessus.

PERMISSION DE CONFESSER ET D'ÊTRE VICAIRE DE PAROISSE.

N., etc., *damus*, etc., *licentiam excipiendi confessiones fidelium in parochia N. aliisque nostræ diœcesis locis cum facultate munus vicarii in dicta parochia exercendi, necnon audiendi confessiones monialium, et absolvendi a casibus nobis reservatis, et verbum Dei annuntiandi*, etc., comme dans la permission ci-dessus.

PÉNITENCE CANONIQUE ou PUBLIQUE.

La *pénitence publique* consistait à faire exclure les pécheurs même des prières de la liturgie et de l'assistance au saint sacrifice. On appelait *Exomologèse*, tout le corps des divers exercices de cette *pénitence*.

Dans le quatrième siècle, on rédigea des canons pénitentiaux très-étendus, qui reproduisirent les règles établies antérieurement dans l'Eglise (*Voyez* CANONS PÉNITENTIAUX). Saint Basile, qui a fait un recueil de ces canons nous apprend (*Epist. ad Amphiloq.*) qu'on ordonnait de son temps deux ans de pénitence pour le larcin, sept pour la fornication, onze pour le parjure, quinze pour l'adultère, vingt pour l'homicide, toute la vie pour l'apostasie.

Voici comment se pratiquait la *pénitence publique*. Les pécheurs à qui elle était infligée se présentaient à la porte de l'église avec toutes les marques du deuil, tel qu'il se portait dans l'antiquité, leurs habits étaient sales et déchirés, leurs cheveux négligés, leur barbe en désordre, puis ils entraient dans l'église; l'évêque leur mettait des cendres sur la tête; et leur donnait des cilices pour s'en couvrir. Ils se prosternaient ensuite humblement pendant que les fidèles faisaient pour eux des prières publiques. L'évêque leur adressait une exhortation pathétique, et les avertissait en terminant qu'il allait les chasser pour un temps de l'église, comme Dieu chassa Adam du paradis pour son péché. Alors on les conduisait hors de l'église, dont les portes étaient aussitôt refermées sur eux.

Ils passaient le temps de leur *pénitence*

dans le jeûne, dans la prière et dans la séquestration à peu près absolue (Fleury, *Mœurs des chrétiens*). Les jours de fête ou de station, ils venaient se présenter à la porte de l'église, et restaient pendant l'office exposés aux injures de l'air. On les appelait *pleurants*, et quelquefois *mendiants*, parce qu'ils imploraient en gémissant les prières des fidèles qui entraient dans le lieu saint. Au bout d'un temps déterminé on les admettait à pénétrer dans l'église pendant la lecture et les instructions, à la condition de sortir avant les prières. Plus tard, on leur permettait de prier avec les fidèles, dans l'humble posture de la prosternation. Enfin, dans la quatrième et dernière période de leur *pénitence*, ils priaient debout comme les autres, mais ils étaient placés à gauche de l'église. On distinguait donc divers ordres de pénitents que l'on classait ainsi : les *pleurants*, les *auditeurs*, les *prosternés*, et les *consistants*.

Plusieurs théologiens et canonistes disent qu'il n'était pas nécessaire autrefois qu'un péché fût public ou notoire, pour obliger les pécheurs à se soumettre à la *pénitence publique* : selon eux on l'imposait aussi pour des péchés secrets. En effet, saint Augustin, dit que non-seulement on y soumettait ceux qui étaient convaincus devant le tribunal ecclésiastique, ce qui regardait les péchés publics, mais encore ceux qui les confessaient volontairement, ce qu'on ne peut entendre que des péchés secrets (*hom.* 50. *de pœnit.*). Le canon 74 de l'épître canonique de saint Basile le dit aussi formellement.

Le célèbre de Marca, dans une dissertation sur le sacrement de *pénitence*, dit à cet égard : « L'on doit demeurer d'accord « que l'Eglise a reçu de Jésus-Christ le pou- « voir de lier les péchés par des *pénitences* « proportionnées aux crimes que les péni- « tents confessent, et qu'elle a le pouvoir de « délier et remettre les péchés ; mais le droit « divin n'a pas expliqué ni la mesure de la « *pénitence*, ni l'ordre, ni le temps pour la « pratiquer. Comme aussi il n'a pas déter- « miné le temps auquel l'absolution des pé- « chés devait être donnée. Toutes ces choses « ont été réservées à la disposition libre, et « la discrétion de l'Eglise. Elle en a ordonné « diversement suivant les occasions ; tantôt « avec plus de rigueur et d'austérité, comme « au temps de la persécution des tyrans ; tan- « tôt avec plus de douceur et de bénignité, « *reddita pace Ecclesiæ*, ainsi qu'a remarqué « le pape Innocent Ier. »

Il n'y a que l'évêque ou son pénitencier qui puisse imposer une *pénitence publique* (*Voyez* ci-après PÉNITENCERIE).

La *pénitence publique* produisait, quand elle était en usage, des effets sociaux qu'on n'a pu trouver à remplacer. Elle gardait les mœurs, elle corrigeait et réhabilitait le coupable. Ces idées ne sont guère aperçues par les hommes de notre temps, remarque M. l'abbé Jager, dans son *Cours d'histoire Ecclésiastique*, mais ce n'est pas parce qu'elles sont au-dessous d'eux, c'est bien plutôt parce qu'elles sont placées à une hauteur que ne peut atteindre leur regard.

L'usage de la *pénitence publique* n'a jamais été aboli pour les fautes publiques ; on en a vu dans ces derniers siècles même des exemples illustres ; et les lois ecclésiastiques ont toujours tendu à la conserver ou à la rétablir. Le pape Innocent III décerna une *pénitence publique* à l'Ecossais qui avait coupé la langue à un évêque, ordonnant outre la satisfaction et la discipline à la porte de l'église, plusieurs jeûnes et la croisade pour trois ans, sans pouvoir plus jamais porter les armes contre les chrétiens ; permettant cependant aux évêques de relâcher quelque chose des jeûnes qu'il lui avait prescrits. L'évêque des Orcades envoya encore ce pénitent au pape, le pape le lui renvoya avec ce règlement de *pénitence* afin qu'il la lui fît observer. En la même année, ce pape imposa une *pénitence* presque semblable à celui qui avait tué sa fille et sa femme, y étant comme forcé par les Sarrasins pendant une famine. Il y ajouta cependant ces deux ou trois points remarquables : de ne pouvoir jamais se marier, de n'assister jamais à des spectacles publics, et de dire cent fois le jour l'oraison dominicale, en faisant autant de génuflexions. Ce fut encore en cette même année que ce même pape écrivit à l'archevêque de Lyon, de renfermer dans un monastère les clercs complices d'un crime qui méritait la *pénitence publique*. L'année suivante ce pape imposa des peines encore plus sévères à ceux qui avaient tué l'évêque de Wirsbourg, de ne jamais porter les armes que contre les Sarrasins, si ce n'est pour défendre leur vie ; de n'assister jamais à des spectacles publics ; de ne pouvoir se remarier après la mort de leur femme ; de jeûner trois carêmes chaque année avant Noël, avant Pâques et après la Pentecôte, et de ne communier qu'à l'article de la mort (Rainal, *ann.* 1203, n. 45).

Comme Innocent III passe avec raison pour le père du droit canon nouveau (*Voyez* DROIT CANON) et que la plus grande partie des décrétales, qui règlent depuis 500 ans la discipline de l'Eglise, sont émanées de sa savante plume, on peut bien conclure de là que la *pénitence publique* ne peut pas avoir été effacée des mœurs, ou au moins des lois de l'Eglise, dans ces derniers siècles. Car les résolutions que nous venons de rapporter de ce pape, contiennent les points les plus importants de l'ancienne sévérité de la *pénitence* : 1° de ne pouvoir plus porter les armes ; 2° de ne pouvoir se trouver aux spectacles, aux festins ou aux divertissements publics ; 3° d'être obligé à une continence perpétuelle. Et c'est de là que sont venus ces empêchements du mariage, qui défendent de le contracter, mais qui ne le rompent pas après qu'il est contracté ; 4° de jeûner plusieurs carêmes chaque année ; ce sont ces quarante jours de *pénitence* qu'on imposait ordinairement aux pénitents, ce que les évêques et les papes mêmes remettaient plus souvent par leurs indulgences ; 5° d'être enfermé dans des monastères pour y faire *pénitence*; 6° les disciplines dont il a été parlé dans les restes de cet échange des peines canoniques qui se fit au temps de Pierre Damien et de Dominique le cuirassé; 7° ce pape renvoyant aux évêques les pénitents qu'ils lui ont envoyés, leur permet de remettre une partie des *pénitences* qu'il leur a imposées.

Il ne se peut rien ajouter à la diligence avec laquelle le père Morin a fait voir que, dans le treizième siècle, le plus grand nombre des docteurs et des pénitenciers mêmes étaient persuadés que les *pénitences* étaient arbitraires à la discrétion du confesseur, qui devait toujours proposer les *pénitences* canoniques, mais non pas y obliger ses pénitents; mais il remarque que les papes imposaient toujours les *pénitences* conformément aux canons, lorsqu'ils étaient consultés, ou que les pénitents venaient se jeter à leurs pieds, et que les plus habiles docteurs enseignaient que la doctrine des *pénitences* arbitraires ne pouvait avoir lieu que pour les péchés secrets, et non pas pour ceux qui sont publics (*De Pœnit.*, *l.* X, *c.* 26, 52). Ces deux remarques se justifient par les décrétales de Grégoire IX, qui furent publiées environ l'an 1230, pour servir de règle aux jugements ecclésiastiques, tant pour les pénitenceries que pour les officialités.

Depuis ce temps-là, il n'y a rien de plus commun que les ordonnances synodales, qui condamnaient les pécheurs publics à la *pénitence publique*, d'où il faut conclure : 1° que la *pénitence publique* a été ordonnée et pratiquée pour les crimes publics, jusque dans le quinzième siècle de l'Eglise. Ainsi le concile de Trente, qui a été tenu dans le seizième, n'a fait que confirmer un saint usage de l'Eglise, que tant de siècles avaient bien pu obscurcir, mais non pas abolir entièrement. 2° Les rituels particuliers des diocèses en ont toujours conservé le souvenir et l'obligation même présente. Nous ne rapporterons que ce qui est marqué dans le rituel romain : « Que le prêtre prenne bien garde « de ne pas absoudre ceux qui ont causé pu- « bliquement du scandale, s'ils ne font une « satisfaction publique, et ôtent le scan- « dale. » 3° La pratique si universelle de mettre en *pénitence*, le jour des cendres, les mères qui ont, par mégarde, étouffé leur enfant, et les absoudre le jeudi saint. La pratique des absoutes générales, dans la semaine sainte, qui sont plus anciennes que le concile de Trente, montre évidemment qu'au temps de ce concile, *la pénitence publique* n'était pas encore tout à fait éteinte.

Ce concile donc, confirmant cet usage autorisé par la suite de tant de siècles, ordonne expressément qu'on impose des *pénitences publiques* pour les péchés publics et scandaleux, si ce n'est que l'évêque juge qu'une *pénitence* secrète soit plus utile pour l'édification de l'Eglise (Sess. XXIV, ch. 8). Le concile ordonne ensuite l'établissement d'un pénitencier dans les cathédrales, pour nous apprendre que c'est sur lui que l'évêque se repose principalement des *pénitences* pu- *bliques*, aussi bien que des cas réservés. Saint Charles publia ce décret dans les conciles provinciaux, où il obligea les confesseurs d'imposer des *pénitences publiques* aux pécheurs publics, avec défense d'en dispenser, s'ils n'en avaient le pouvoir de l'évêque (*Acta eccl. Mediol.*). En effet, le concile de Trente, dans le chapitre cité, ne réserve point à l'évêque l'imposition des *pénitences publiques*, mais bien la dispense. Le troisième concile de Milan et le onzième synode diocésain de ce saint, tâchèrent néanmoins de renouveler l'ancien usage, où les curés déféraient à l'évêque les pécheurs publics, pour être mis en *pénitence* au commencement du carême, et réconciliés le jeudi absolu. Saint Charles renouvela toutes ces ordonnances, dans ses instructions aux confesseurs.

En France, l'assemblée de Melun, en 1579, les conciles de Reims, en 1581 et 1583, ceux de Tours et de Bordeaux, en la même année, celui de Bourges, en la suivante, et celui d'Aix, en 1585, ont confirmé et promulgué ce décret du concile de Trente. L'assemblée du clergé de France, en 1655, fit imprimer et publier les instructions de saint Charles aux confesseurs. Fagnan est d'avis, avec plusieurs auteurs qu'il cite, entre autres Suarez et Bellarmin, que les confesseurs peuvent et doivent ordonner des *pénitences publiques*, pour les crimes publics (*In l.* V, part. II, *pag.* 102). Il ajoute que la congrégation du concile, ayant une fois mis cette question en délibération, quoique la plupart des cardinaux crussent que les confesseurs, et surtout les pénitenciers, selon le droit commun, le pouvaient et le devaient faire; néanmoins ils hésitèrent si le concile de Trente les y obligeait, et aimèrent mieux ne rien résoudre, pour ne pas jeter dans le trouble la conscience des confesseurs et des pénitents.

PÉNITENCERIE.

La *pénitencerie* est un tribunal de la cour romaine auquel on doit recourir pour tout ce qui regarde le for intérieur de la conscience, soit pour l'absolution des cas réservés au pape, soit pour les censures, soit pour lever les empêchements de mariages contractés sans dispense. Benoît XI, fit de la *pénitencerie* un tribunal où les papes renvoyèrent dans la suite un grand nombre d'affaires très-importantes. Benoît XIV, dans la bulle *Pastor bonus*, de l'an 1744, explique parfaitement bien ce que c'est que le tribunal de la *pénitencerie* et les divers pouvoirs qui lui sont attribués, nous allons en conséquence rapporter une partie de cette bulle,

Præter alia pro variis causarum generibus constituta romanæ curiæ tribunalia, dit le savant pontife, *voluerunt in primis pontifices, jam inde a vetustissimis temporibus, exstare instar fontis patentis domus David in ablutionem peccatoris pœnitentiaria apostolicæ officium, ad quod universi fideles, pro suis quisque spiritualibus morbis quamlibet occultis, sive per se, sive per arcanas litteras, propriis etiam suppressis nominibus, tuto confugere possint, et convenientem vulneri-*

bus medicinam, secreta et gratuita curatione, qualis ab omnibus optanda foret, protinus consequerentur. Après avoir raconté les divers changements que le tribunal de la *pénitencerie* a subis sous plusieurs papes, il remarque que certains cas ne sont pas partie des pouvoirs accordés à la *pénitencerie* et qu'ils sont expressément réservés au pape. *Sed salva semper majoris pœnitentiarii facultate romanum pontificem consulendi in quibusvis particularibus casibus ; ita ut ipsi, de romani pontificis speciali mandato, vivæ vocis oraculo desuper sibi facto, procedere asserenti indubia fides debeat adhiberi.* Après ces observations, Benoît XIV expose ainsi les pouvoirs du grand pénitencier :

I. *Concedimus majori pœnitentiario nostro ut omnes et singulos, cujuscumque qualitatis sæculares ecclesiasticos, regulares, laicos,* etc., *ab omnibus et quibuscumque culpis et criminibus, quantumcumque atrocibus, tam publicis quam occultis ; nec non ab omnibus censuris et pœnis ecclesiasticis , etiam in casibus nedum ordinariis, sed nobis reservatis ; injuncta semper iisdem pro modo culpæ pœnitentia salutari , et aliis quæ de jure injungenda sunt, absolvere , et absolvi mandare possit ; regulares nimirum a culpis et censuris in utroque foro ; ecclesiasticos vero sæculares, nec non laicos a prædictis culpis et censuris in foro conscientiæ tantum. Eosdem vero ecclesiasticos sæculares nec non laicos tunc in utroque foro absolvere et absolvi possit mandare, quando agitur de censuris publicis latis a jure, præsertim sedi apostolicæ reservatis, etiam nominatim declaratis ; vel si agatur de latis nominatim ab homine..., quando absolutio per eosdem judices aut alios ad sanctam sedem remissa fuerit, seu quando sic censura ligati legitime impedientur, quominus præsentiam judicum, vel illorum qui eos sic ligarunt, aut alium, seu alios, quos de jure deberent, adire possint ; ita tamen ut ab ejusmodi censuris ab homine latis absoluti, in suis congruis casibus respective, judicato paruerint..., vel quam primum potuerint, pareant et satisfaciant ; alioquin in easdem censuras reincidant....*

II. *Super quacumque irregularitate et inhabilitate ex quocumque delicto.... et defectu proveniente, possit idem major pœnitentiarius in casibus tantum occultis , et in foro conscientiæ tantum, et prævia in gravioribus casibus matura discussione in signatura pœnitentiariæ agenda, dispensare vel dispensari mandare cum quibus expediens videbitur, ad hoc ut ordinibus initiari, vel in susceptis ministrare et ad superiores ascendere, ac dignitates... et beneficia... retinere, ..., nec non ejusmodi beneficia et dignitates (exceptis quando agitur de homicidio voluntario vel alio gravissimo excessu , ecclesiis cathedralibus), etiam post delictum assequi valeant...*

III. *Titulos beneficiorum cum occulto vitio male obtentorum convalidare..... A compositione et condonatione fructuum beneficialium.... quovis modo male perceptorum in casibus non occultis abstineat : in occultis vero poterit cum Gallis, Belgis, Germanis, et ulte-*

DROIT CANON. II

rioribus componere vel etiam condonare ; injuncta erogatione eleemosynæ ipsius pœnitentiarii vel confessarii ab eo deputandi arbitrio limitandæ : cum reliquis , Italis , Hispanis, etc., *discrete compositionem concedere, pecuniis inde redactis arbitrio nostro erogandis ; pauperibus autem, quorum inopia compositionem non admittit, possit condonare, injuncta pro eorum viribus eleemosyna, modo supra dicto.*

IV. *Quoad male ablata, vel retenta, quando domini incerti sunt, et casus occulti, partem aliquam delinquentibus pauperibus, ex eorum qualitate et necessitate pensatis ita videbitur, remittere seu condonare...., residuum vero pauperibus distribui, vel in pia opera erogari ; et quidem, si fieri potest, in locis, ubi illa ablata, extorta, vel usurpata sunt mandare debet....*

V. *Juramenta quæcumque, in quibus exploratum sit nullum agi cujusquam præjudicium, facultatem habeat in foro conscientiæ duntaxat relaxandi.*

Vota simplicia quæcumque, tametsi juramento confirmata, etiam religionis, castitatis, visitationis sepulcri dominici, B. B. apostolorum Petri et Pauli, aut sancti Jacobi, possit in alia pietatis opera dispensando commutare, etiam ad effectum contrahendi matrimonii ; item votorum implementum differre, et ab illorum transgressionibus absolvere, consideratis causis... et injunctis quæ injungere pœnitentiaria consuevit.

Super recitatione divini officii, propter aliquam impossibilitatem seu moralem difficultatem, dispensandi cum commutatione in alias preces, vel alia pia opera, earumque seu eorum injunctione, habeat facultatem.....

VII. *In matrimoniis* contrahendis, *possit major pœnitentiarius in foro conscientiæ tantum, super impedimentis occultis, quæ matrimonium non dirimunt, dispensare.*

At a dispensationibus concedendis super quoque impedimento, sive consanguinitatis, sive affinitatis ex copula illicita, seu ex cognatione spirituali proveniente, etiam in foro conscientiæ tantum , tametsi impedimentum sit occultum, et periculum scandalorum immineat, in eisdem matrimoniis contrahendis abstineat.

In contractis vero matrimoniis, a dispensatione seu matrimonii revalidatione in gradibus primo et secundo , seu secundo tantum consanguinitatis vel affinitatis ex copula illicita, etiam in occultis pariter abstineat, præterquam si in secundo tantum gradu prædicto impedimentum saltem per decennium duraverit occultum, et oratores simul publice contraxerint et convixerint, et uti conjuges legitimi reputati fuerint.

In tertio autem et quarto gradibus occultis, in contractis possit dispensare, atque in eisdem tertio et quarto publicis, possit revalidare matrimonia, ex causa subreptionis et obreptionis litterarum apostolicarum nulliter contracta, præterquam si falsitas consistat in narratione præcedentis copulæ, quæ non intercesserat.

Quod si aliqui oratores obtinuerint a nostra dataria dispensationem super gradu pro-

(Vingt-six)

hibito in primo et secundo, vel in secundo tantum, ac in tertio vel quarto cum reticentia copulæ inter eos secutæ, quam sine honoris detrimento detegere non valeant, et ratione hujus reticentiæ petunt dispensationem pro matrimonio contrahendo, seu revalidationem jam contracti; possit idem pœnitentiarius si copula sit adhuc secreta, hujusmodi dispensationem, seu revalidationem in foro conscientiæ tantum concedere, facta quando agitur de primo et secundo, vel secundo tantum gradu compositione 50 ducatorum auri, ad datariam transmittendorum, ad effectum erogandi in eleemosynas..... nisi prior gratia expedita fuisset in forma pauperum; quo casu etiam hæc gratia similiter absque ulla compositione expediatur.

Si qui oratores, obtenta dispensatione a dataria, super impedimento primi et secundi duntaxat gradus consanguinitatis seu affinitatis, cum expressione quidem carnalis copulæ, seu tacita, occulta et malitiosa intentione in ipsa copula habita ad facilius obtinendam dispensationem, pro revalidatione hujusmodi dispensationis ad S. pœnitentiariam recurrant, possit pœnitentiarius absolute dispensare cum miserabilibus personis; cum iis vero qui non tanquam pauperes,.... dispensati a dataria fuerint, non dispenset, nisi soluta prius in dataria... taxa definienda arbitrio pœnitentiarii, pensatis circumstantiis.

Super impedimento occulto affinitatis ex copula illicita seu ex actu fornicario, quotiescumque adsit rationabilis causa, in matrimoniis tam contractis quam contrahendis in foro conscientiæ dispensare possit.

Super occulto impedimento criminis adulterii si fuerit cum fide data duntaxat, neutro machinante, commissum, possit tam in contrahendis quam in contractis dispensare; si vere crimen fuisset utroque vel altero machinante patratum, possit in occultis dispensare, raro tamen et quando necessitas postulaverit.

Facultates præfatæ locum habent, etiamsi impedimenta multiplicia sint. Prolem, non tamen in adulterio conceptam, possit legitimam decernere.

Ulterius super casibus quibusvis occulti impedimenti ad petendum licite debitum dispensare valeat.

VIII. *Dubia omnia in materia peccatorum seu forum pœnitentiale alias quomodolibet concernentia cum concilio doctorum aut theologorum suorum valeat declarare.*

IX. Benoît XIV expose ensuite les pouvoirs qu'a la pénitencerie, lorsque le saint-siège est vacant ; elle peut absoudre des péchés et des censures, sous certaines conditions, etc. *Si quod gravius animæ periculum immineat, cui celeriter occurrendum videatur, ne in signatura diligenter examinata, majori pœnitentiario, si in conclavi degat, consulto et approbante, dispensare valeant pœnitentiariæ officiales, pro foro conscientiæ super his etiam super quibus alias vivente pontifice inhibita sit dispensandi facultas (tamen appositis clausulis necessariis). Pro foro externo, eadem sede vacante, eorum officium penitus conquiescat.*

Quand on veut obtenir de la *pénitencerie* une dispense, une absolution ou toute autre grâce, il suffit d'écrire directement au grand pénitencier à Rome. Le pénitent le peut aussi bien que le confesseur. Mais il faut avoir soin en écrivant de bien exposer l'état de la question, de sorte qu'il n'y ait rien de contraire à la vérité, surtout dans les motifs qu'on allègue (*Voyez* SUPPLIQUE).

L'article 1er des articles organiques soumettait les brefs de la *pénitencerie* à l'autorisation du gouvernement, mais comme cette disposition législative était sujette à de très-graves inconvénients, comme de divulguer les secrets des familles, elle fut rapportée par l'article 1er du décret du 28 février 1810, ainsi conçu : « Les brefs de la *pénitencerie*, pour le for intérieur seulement, pourront être exécutés sans autorisation. »

Les brefs de la *pénitencerie* sont toujours adressés à un ecclésiastique approuvé par l'évêque pour entendre les confessions, sans en désigner aucun, ni par son nom ni par son emploi : il est au choix de l'impétrant. Dans l'usage, on fait souvent adresser le bref à un simple prêtre : *Discreto viro ex approbatis ;* et cela donne choix parmi tous les prêtres approuvés. Le grand pénitencier de Rome au nom duquel le bref est expédié, lui enjoint d'absoudre du cas exprimé après avoir entendu la confession sacramentelle de celui qui l'a obtenu, en cas que le crime ou l'empêchement de mariage soit secret, et pour le for de la conscience seulement : on lui ordonne ensuite de brûler ou de déchirer le bref, aussitôt après la confession, sous peine d'excommunication, sans qu'il soit permis de la rendre à la partie.

Les brefs de la *pénitencerie* sont écrits en abrégé, ce qui donne de grandes difficultés pour les lire. On peut recourir à l'explication des abréations que nous avons mises sous le mot ABRÉVIATION.

Voici une formule de ces brefs :

Discreto viro N. confessario, theologiæ magistro (vel decretorum doctori) ex approbatis ab ordinario, per latorem, vel latricem pœnitentem eligendo, ad infra scripta specialiter deputato, salutem in Domino.

Ex parte latoris præsentium nobis oblata petitio continebat, quod ipse de matrimonio contrahendo tractavit cum muliere, quam et cujus matrem carnaliter cognovit. Cum autem sicut eadem petitio subjungebat, dicta carnalis cognitio cum præfata mulieris matre sit occulta, et nisi lator cum dicta muliere matrimonium contrahat, periculum immineat scandalorum : ideo ad dicta scandala evitanda, et pro suæ conscientiæ quiete, cupit per sedem apostolicam absolvi secumque dispensari; quare supplicavit humiliter ut sibi super hoc de opportuno remedio providere dignaremur. Nos discretioni tuæ committimus, quatenus si ita est, dictum latorem, audita prius ejus sacramentali confessione, ac sublata occasione amplius peccandi cum dicta mulieris matre, ab incestu et excessibus hujusmodi absolvas hac vice in forma Ecclesiæ consueta, injuncta et pro tam enormis libidinis excessu, gravi pœnitentia salutari, et aliis quæ de jure fuerint injungenda. Demum, dummodo impedimentum ex præmissis proveniens occultum sit, et aliud canonicum non obstet, cum eodem latore, quod, præmissis non obstantibus, matrimonium cum dicta muliere et uterque inter se publice, servata forma concilii Tridentini contrahere, et in eo postmodum remanere licite valeat, misericorditer dispenses: prolem suscipiendam exinde legitimam pronuntiando in foro conscientiæ, et in ipso actu sacramentalis confessionis tantum et non aliter neque ullo alio modo; ita quod hujusmodi absolutio et dispensatio in foro judiciario nullatenus suffragentur. Nullis super his adhibitis testibus, aut litteris datis, seu processibus confectis, sed præsentibus laceratis, quas sub pœna excommunicationis latæ sententiæ laniare tenearis, neque eas latori restituas; quod si restitueris, nihil ei præsentes litteræ suffragentur. Datum Romæ, etc.

Après l'absolution ordinaire, le prêtre continue de cette sorte :

Et insuper auctoritate apostolica, mihi specialiter delegata, dispenso tecum super impedimento primi (vel secundi, vel primi et secundi) gradus ex copula a te illicite habita cum matre, vel sorore mulieris cum qua contrahere intendis, proveniente, ut præfato impedimento non obstante, matrimonium cum dicta muliere publice, servata forma concilii Tridentini, contrahere, consummare, et in eo remanere licite possis et valeas. In nomine Patris, etc.

Insuper eadem auctoritate apostolica prolem quam ex matrimonio susceperis legitimam fore nuntio et declaro. In nomine Patris, etc. Passio Domini nostri Jesu Christi, etc.

PÉNITENCIER.

Le grand *pénitencier* est le vicaire de l'évêque pour les cas réservés : il est ordinairement établi en dignité dans la cathédrale.

L'institution des grands *pénitenciers* est fort ancienne : quelques-uns la font remonter jusqu'au temps du pape Corneille, qui siégeait en 251. Gomez tient que cet office ne fut établi à Rome que par Benoît II, qui parvint au pontificat en 684.

Thomassin (*Traité de la discipline*) parle de l'office de *pénitencier* dans un détail que nous ne pouvons suivre ; il nous suffira d'observer que, du temps des persécutions, au rapport de Socrate, les évêques qui jusque-là avaient entendu seuls les confessions des prêtres et celles des peuples, établirent dans leurs diocèses des prêtres *pénitenciers*, afin que ceux qui étaient tombés dans le crime, depuis le baptême, se confessassent à eux de leurs péchés. Il arriva sous le pontificat de Nectaire, à Constantinople, qu'une dame, après s'être confessée au prêtre *pénitencier*, se communia ensuite en public d'avoir péché avec un diacre, pendant qu'elle était dans l'église pour accomplir la pénitence qu'on lui avait imposée ; ce qui obligea Nectaire, dit le même auteur, d'abolir et la pénitence publique et le prêtre *pénitencier*. Toutes les Églises d'Orient suivirent l'exemple de celle de Constantinople ; mais ce décret ne regardait que la pénitence publique pour les péchés cachés. En Occident, cette même pénitence publique pour les péchés cachés se pratiqua jusqu'au douzième siècle (Thomass., *part*. I, *liv*. I, *ch*. 19).

Le concile de Latran, sous Innocent III, ordonne que les évêques établiront dans les églises cathédrales et les autres conventuelles, des personnes capables qui les puissent soulager, non-seulement dans le devoir de la prédication, mais encore dans celui d'entendre les confessions et d'imposer les pénitences (*Cap. Inter cætera, de offic. jud. ord.*, § *Unde*). C'est là, dit Fleury (*Institution au droit ecclésiastique, part*. I, *ch*. 19), l'origine du prêtre *pénitencier* ou confesseur général, tel qu'il est à présent, sur qui les évêques se sont déchargés ensuite des confessions qu'ils avaient accoutumé d'ouïr en personne, c'est-à-dire de toutes celles des prêtres et de celles des laïques pour les cas réservés ; car, pour les cas réservés, chacun se confessait à son curé.

Le concile de Paris, tenu en 1212, ordonnait aux clercs de se confesser à leur propre prélat et non à d'autres, *nisi de consensu prælati sui et ab eo licentia exposita*; et ce, souspeine de suspense et même d'excommunication ; mais, suivant la discipline présente de l'Église, ces dispenses ne sont plus nécessaires. Les prêtres ne sont plus obligés de se confesser à leur évêque, ni au *pénitencier*, si ce n'est pour les cas réservés, de même que les laïques (*Voyez* CONFESSEUR).

Il paraît, par un concile d'York, en 1194, que, dès avant le concile de Latran, on connaissait dans les diocèses un confesseur général, puisqu'il y est dit que, si les parjures excommuniés sont touchés d'un véritable repentir, l'évêque ou, en son absence, le confesseur général du diocèse, leur imposera la pénitence canonique (Thomass., *part*. IV, *liv*. I, *ch*. 69).

Cet usage des *pénitenciers* auxquels se confessaient particulièrement les prêtres, subsistait encore, lorsque le concile de Trente érigea la *pénitencerie* en titre de bénéfice et de dignité en ces termes : « Dans toutes les « cathédrales où il pourra se faire commo- « dément, l'évêque établira un *pénitencier*, « en unissant à cette fonction la première « prébende qui viendra à vaquer. Il choisira « pour cette place quelque maître, ou doc- « teur, ou licencié en théologie ou en droit « canon, de l'âge de quarante ans, ou telle « autre personne qu'il trouvera la plus pro- « pre à cet emploi, selon le lieu ; et pendant « que ledit *pénitencier* sera occupé à enten- « dre les confessions dans l'église, il sera « tenu présent dans le chœur. » (*Sess.* XXIV, *ch*. 8, *de Reform*.)

Les conciles de Bordeaux et de Tours en 1583, de Bourges en 1584, d'Aix en 1585, de Bordeaux en 1624, et le premier de Milan sous saint Charles, ont renouvelé ce décret du concile de Trente.

Le pape Pie VII, dans la bulle donnée à

l'occasion du concordat de 1817, pour la nouvelle circonscription des diocèses, ordonne que, dans chaque chapitre, un chanoine remplisse les fonctions de *pénitencier* : « Les « évêques auront soin, dit-il, qu'il y ait dans « chaque chapitre deux chanoines, dont l'un « remplira les fonctions de *pénitencier*, et « l'autre celle de théologal. » (*Voyez* cette bulle dans le tom. Ier, col. 740.) Le souverain pontife, dans les bulles d'institution canonique, rappelle cette prescription aux évêques.

A Rome, les *pénitenciers* ont toujours été très-considérés, et il paraît que c'est à l'exemple de ceux-là qu'on a introduit cet officier dans les autres églises d'Occident. Gomez en parle comme d'une dignité qui a reçu de grandes prérogatives : on y distingue aujourd'hui un grand *pénitencier*, qui a sous lui certains officiers. (*Voyez* ci-dessus PÉNITENCERIE.)

PÉNITENTIEL.

C'est un recueil de canons qu'on appelle pénitentiaux (*Voyez* CANONS PÉNITENTIAUX). Ces canons ne sont autre chose que des règlements faits par les anciens conciles, sur les divers genres de pénitence qu'on imposait pour certains crimes. La sévérité de ces canons subsista dans l'Eglise jusqu'au temps des croisades. Vers le onzième siècle, on commença à se relâcher sur l'imposition des pénitences canoniques, eu égard à la faiblesse des chrétiens : on les changea en des aumônes, des prières, et la récitation d'un certain nombre de psaumes, ce qui se pratique généralement à présent. Ces canons pénitentiaux sont rapportés, avec la citation des textes du droit, à la fin du décret de Gratien (*Voyez* PÉNITENCE PUBLIQUE).

PÉNITENTS.

Nous entendons ici, par ce mot, les fidèles qui, dans les provinces méridionales, se réduisent en confréries, pour remplir certains devoirs de dévotion et de charité, comme de chanter les offices divins dans une chapelle qui leur est propre, d'ensevelir les morts, d'assister les malades, de faire des processions à l'honneur de Dieu, etc. Ces *pénitents* sont revêtus d'un sac blanc, bleu, noir, violet, gris ou rouge, selon la couleur affectée à chacune de ces confréries, dont le nombre dépend de celui des habitants de chaque ville.

PENSIONS.

Les canonistes définissent ainsi le mot *pension* : *Pensio dicitur a pendeo pendes, quia pendet a beneficio a quo detrahitur sicut ususfructus a proprietate* (*C. Quicumque* 12, qu. 3; *c. fin.* 16, qu. 1; *c. fin. de pign.*; *c. Significavit de censib.*).

L'usage des *pensions* est ancien dans l'Eglise : on en cite des exemples aussi respectables par leur ancienneté que par les causes de leur premier établissement. Domnus, évêque d'Antioche, ayant été déposé, Maxime, qui fut mis à sa place, demanda lui-même au concile de Calcédoine, qu'il lui fût permis de laisser à son prédécesseur une partie des revenus de l'église d'Antioche pour son entretien. Les Pères du concile et les magistrats séculiers qui s'y trouvaient, louèrent la générosité de Maxime, et le laissèrent maître de donner à Domnus ce qu'il jugerait à propos pour sa nourriture. Le même concile, après avoir déposé les deux prétendus évêques d'Ephèse, leur laissa néanmoins la dignité épiscopale, et un honnête entretien sur cette église, qui fut taxé par les magistrats impériaux, à la somme de deux cents sous d'or : ce qui fait environ 1600 francs de notre monnaie. Enfin, ce concile garda encore le même tempérament dans le différend entre Sabinien et Athanase, pour le siége de Perrha (sess. 10, 12 et 14). Jean Diacre dit que le pape saint Grégoire faisait donner des *pensions* aux évêques, lorsque la guerre les obligeait de quitter leur église, ou quand des maladies incurables les obligeaient de demander un successeur. Le même pape ne bornait pas aux évêques la faveur de ces *pensions*. Il l'étendait aux prêtres et aux autres clercs, même dans des cas qui semblaient les en rendre indignes. Quand ces prêtres ou ces clercs étaient convaincus d'incontinence ou d'autres crimes, saint Grégoire les envoyait dans des monastères, où il leur faisait payer une *pension* pour leur entretien, par l'église d'où ils étaient sortis. Saint Perpétue, évêque de Tours, défendit par son testament de rétablir deux curés qu'il avait déposés : mais il ajouta qu'il fallait que l'église les assistât dans leur indigence (Thomass. *Discipline*, partie II. liv. IV, ch. 18; part. III, liv. IV, ch. 18; Fleury, *Histoire ecclés.*, liv. LXXXVIII, n. 31).

Ces exemples et plusieurs autres que Thomassin rapporte, prouvent que ces *pensions* n'avaient absolument pour cause que le besoin de ceux à qui on les accordait. Rien de plus juste et même de plus conforme à la destination des revenus ecclésiastiques, que de les appliquer à la nourriture des ministres de l'Eglise, soit qu'ils exercent actuellement les fonctions du ministère, soit qu'il ne tienne pas à eux de les exercer. Ce n'est point sans doute de cet usage qu'on s'est plaint dans la suite, c'est de l'abus qu'on en a fait par les voies dont nous allons parler, et qui a fait donner par les zélateurs des titres odieux aux *pensions*. *Pensio ut plaga fœtida ex percussione nervi ecclesiastici similitudinarie inflicta, beneficium sine ordinis obligatione, fructus sine labore manducatus, præmium sine opere, beneficium sine onere, medulla tritici, adeps frumenti, butyrum de armento, lac de ovibus, meracissimus sanguis uvæ, mel de petra, et oleum de saxo durissimo, videlicet de patrimonio Christi qui est petra, seges sine vomere, messis sine semine.*

Au milieu du septième siècle, lorsque les églises de la campagne commencèrent à avoir des revenus considérables, par l'établissement des dîmes, ou par la voie des oblations, les évêques en tirant les curés de ces paroisses, pour les avoir auprès d'eux dans l'église cathédrale, leur réservaient une portion des revenus qu'ils étaient obligés d'abandonner, soit comme une récompense de leur service, ou comme un supplément que leur élévation rendait convenable. Le concile de Mérida en 666, fit un règlement qui autorisa, s'il n'introduisait cet usage, dont Fleury fait la première époque des curés primitifs. Jusque-là, rien n'était encore contre les règles : mais l'abus ne tarda pas à paraître. La plupart des curés qui furent appelés à la ville, pour aider leur évêque, profitèrent de la liberté ou même du droit que ce concile leur donnait de conserver l'inspection avec les revenus de leur paroisse et la portion attachée à leur place dans l'église principale. Ils plaçaient et déplaçaient à leur gré les vicaires, et réduisirent ainsi les curés à de simples vicairies avec portion congrue. Cet exemple fut suivi plus tard par les communautés religieuses, auxquelles on donna des paroisses pour être desservies par les religieux ou par un vicaire de leur choix. Ce vicaire fut amovible, aussi longtemps que les curés primitifs purent le conserver tel. Quand ils se virent dans la nécessité de nommer des titulaires, ils s'arrangèrent avec eux sur la portion congrue. Enfin, les choses en vinrent à ce point que lors d'une vacance, plusieurs compétiteurs venaient offrir comme aux enchères une augmentation de cens. Le pape Alexandre III, instruit de ces désordres, voulut y remédier. Le troisième concile de Latran auquel il présidait, défendit aux évêques et aux abbés d'imposer aux églises de nouveaux cens, ou de s'approprier une partie de leurs revenus : *Prohibemus ne novi census ab episcopis vel abbatibus aliisve prælatis imponantur ecclesiis nec veteres augeantur, nec partem redituum suis usibus appropriare præsumant, sed libertatem quam sibi majores conservare desiderant, minoribus suis bona voluntate conservent. Si quis vero aliter fecerit, irritum, quod egerit, habeatur* (c. 7 *De censibus*).

Ce sage règlement n'eut pas l'effet qu'on en pouvait espérer ; les curés primitifs qui s'étaient réservé tous les fruits, à la charge d'entretenir les vicaires, ne s'y appliquèrent pas la disposition ; ils eurent seulement à combattre contre des décrets d'autres conciles, que faisaient rendre les pauvres vicaires, pour la juste fixation de leur congrue.

Ceux à qui les vicaires payaient le cens ou la *pension*, imaginèrent d'imiter les autres curés primitifs par la réunion des revenus à la mense capitulaire ou abbatiale ; car ces curés primitifs étaient alors presque tous des communautés séculières ou régulières ; en sorte que les vicaires devenant eux-mêmes pensionnaires par cette voie, les cens dont il est parlé dans les décrétales (*Tit. de censibus*), furent entièrement éteints.

Les résignations n'ayant plus lieu parmi nous, ces sortes de *pensions* ont aussi cessé d'exister, ce qui nous dispense, par conséquent, d'entrer ici dans de plus grands détails.

Mais nous ne pouvons nous dispenser de parler de la nécessité et de la rigoureuse justice d'établir des *pensions* en faveur de ces prêtres vénérables, qui ont vieilli et qui se sont usés dans l'exercice d'un rude et long ministère. Cependant, la législation actuelle n'accorde aucune *pension*, aucune retraite, aux prêtres que l'âge ou les infirmités obligent de renoncer aux fonctions ecclésiastiques. En 1807, des propositions furent soumises à l'empereur, pour assurer des ressources à de pauvres prêtres, qui, après une longue carrière remplie par d'utiles services, en échange desquels ils n'avaient connu que d'amères privations, se voyaient, sur la fin de leurs jours, c'est-à-dire à l'époque où les besoins s'accroissent et deviennent plus impérieux, dénués de tous moyens d'y pourvoir. Il fut répondu à cette proposition par la note suivante, que le ministre secrétaire d'Etat adressa au ministre des cultes, sous la date du 18 août : « Le conseil d'Etat, « monsieur, a délibéré, sur votre rapport, « un projet de décret tendant à accorder des « *pensions* de retraite aux ministres des « cultes avancés en âge et infirmes. Sa Majesté, à qui ce projet a été soumis, n'y a « point donné son approbation, ayant pensé « que, dans tous les temps, les titulaires de « places ecclésiastiques, ont pu conserver « leurs fonctions jusqu'à la fin de leur vie. « J'ai l'honneur de vous faire connaître « cette détermination de Sa Majesté. »

La supposition qu'un prêtre peut rester toujours à son poste jusqu'à sa mort, est vraie en théorie ; elle pouvait se réaliser à une époque où les bénéfices, richement dotés, permettaient d'assurer l'existence du titulaire et d'un coadjuteur ; mais, quand la décision fut rendue, la dotation des succursales était de 500 francs ! Admettons-la sur le pied d'aujourd'hui (800 francs) ; ce revenu n'est certes pas suffisant pour rétribuer deux personnes. Il faudrait donc, ou que l'ecclésiastique infirme souffrît que sa paroisse demeurât privée des secours religieux pendant qu'il jouirait, sans faire aucun service, du traitement attaché à son titre, ce qui ne peut se supposer, ou qu'il trouvât un aide qui voulût venir le seconder par pur dévouement. (*Voyez* TRAITEMENT.)

Le gouvernement impérial, convaincu enfin lui-même de l'impossibilité qu'il en fût ainsi, statua, par un décret du 27 novembre 1811 (*Voyez* ce décret sur le mot ABSENCE), article 15, qu'un prêtre âgé ou infirme, reconnu incapable de continuer d'exercer son ministère, pourrait demander un vicaire à la commune. Mais on comprend facilement les plaintes que soulèvent de pareilles demandes, les résistances qu'opposent les communes, auxquelles il paraît plus simple qu'on remplace un prêtre devenu invalide, par un autre en état de remplir ses fonctions ; et ces résistances, comment les vaincre par des mesures d'office, lorsque les communes sont déjà épuisées par les autres dépenses obligatoires qui leur sont imposées ?

Le prêtre invalide est donc obligé de se retirer, et, s'il ne s'y décide pas de lui-même, l'évêque, usant du droit que la loi civile, mais non les canons, lui accorde quand il s'agit de simples curés desservants, procède à son remplacement.

Pour obvier à ce grave inconvénient, les évêques ont établi dans leurs diocèses respectifs, des caisses de retraite en faveur des prêtres âgés et infirmes. Chaque ecclésiastique retranche tous les ans quelques francs du traitement modique et bien insuffisant qui lui est alloué sur le trésor public, pour entretenir ces caisses de retraite, et faire une faible *pension* à quelques-uns de ces vétérans du sacerdoce. Nous devons ajouter que le gouvernement accorde aux prêtres que leur âge ou leurs infirmités mettent dans l'impossibilité de remplir le saint ministère, un secours qui s'élève ordinairement de deux à trois cents francs; les règlements permettent d'aller même jusqu'à cinq cents francs qui est le maximum (*Voyez* TRAITEMENT).

PERCUSSION.

Ce mot est consacré, dans le droit canon, à l'acte par lequel on encourt, en frappant violemment un clerc, la censure du canon *Si quis suadente diabolo.* Nous en parlons sous le mot PRIVILÉGE. Voyez aussi le mot CAS RÉSERVÉS.

PÈRES DE L'ÉGLISE.

On nomme ainsi les saints docteurs de l'Eglise, soit grecs, soit latins, dont les ouvrages et la doctrine forment ce qu'on appelle la tradition. L'étude des saints Pères est très-recommandée aux ecclésiastiques.

« Si nous voulons nous éloigner de toute sorte d'erreurs, dit le quatrième concile général de Constantinople, et marcher toujours dans la voie divine de la vérité et de la justice, il faut que nous suivions sans cesse les décrets des saints *Pères*, et que nous les regardions comme des flambeaux qui nous éclairent incessamment, et dont la lumière ne saurait être éteinte. » (*Act.* X, *can.* 30.) *Voyez* SENTENCE DES PÈRES.)

PERINDE ET ETIAM VALERE

En termes de chancellerie, on appelle *perinde valere*, la grâce qui sert à couvrir les défauts d'une précédente. On appelle *etiam valere*, le rescrit qui revalide une autre grâce déjà révoquée expressément par le pape, ou par l'effet d'un décret irritant.

Rebuffe explique les différents cas où le *perinde valere* a lieu et les effets qu'il produit; ainsi, par exemple, une personne a reçu la tonsure d'un autre évêque que le sien, il demande au pape un *perinde valere*, c'est-à-dire, une grâce qui rende la tonsure légitime : *Ut tonsura perinde valeat;* ce qui se fait par une espèce de fiction, à laquelle le pape donne tout l'effet nécessaire : *Cum tantum debet operari fictio in casu ficto, quantum veritas in casu vero.*

Les auteurs ont soin d'observer, touchant le *perinde valere,* 1° que le pape ne peut jamais suppléer les défauts naturels; faire, par exemple, qu'un fou soit réputé sage; c'est l'observation de Rebuffe;

2° Que dans la nouvelle supplique du *perinde valere*, il faut exprimer généralement tous les défauts qui ont rendu la première grâce invalide : *Oportet exprimere omnes defectus, alioqui expressio unius non supplet alios non expressos.*

3° Les *perinde valere* ne s'expédient à Rome qu'à la daterie, et jamais par la secrétairerie où l'on dresse toujours de nouvelles lettres, comme si les premières n'existaient pas.

4° Les *perinde valere* sont différents des actes purement confirmatifs qui ne donnent rien, suivant l'axiome : *Qui confirmat, nihil dat ;* mais les confirmations précédées d'instructions et de suppliques, donnent, mais sans préjudice du droit acquis au tiers.

Si un mariage célébré est nul pour un empêchement occulte, il faut obtenir un *perinde valere* pour revalider ce mariage. Mais aujourd'hui, en France, tous les évêques ont des *perinde valere* qui les dispensent de recourir à Rome.

PERMUTATION.

On entend par *permutation*, le changement qui se faisait d'un bénéfice pour un autre, par l'autorité et la permission du supérieur.

La *permutation* des bénéfices, telle qu'elle se pratiquait en France avant la révolution, était inconnue dans l'Eglise avant le douzième siècle; et le pape Urbain III, sur la fin du même siècle, ayant écrit que l'évêque pouvait, pour des causes nécessaires, transférer un bénéficier d'un lieu à un autre, on se servit, quoique mal à propos, de cette décision pour autoriser les *permutations* (*Cap. Quæsitum* 5, *extr. de permut.*).

L'usage des *permutations* commença donc à s'introduire en conséquence de la décrétale *Quæsitum* d'Urbain III, et il est certain que cet usage était entièrement établi dès le pontificat de Boniface VIII, qui fut élu pape en 1294. Après que l'usage des *permutations* fut établi, il y eut des évêques qui prétendirent pouvoir disposer des bénéfices permutés, comme de ceux qui leur étaient remis entre les mains dans les simples démissions; et sur ce fondement, ils les conféraient à d'autres qu'aux permutants. Clément V condamna leurs prétentions, et déclara nulles les provisions expédiées sur résignation pour cause de *permutation* en faveur d'autres personnes que des permutants. Son décret est rapporté comme ayant été fait dans le concile de Vienne. Cette disposition de Clément V a donné occasion de considérer l'admission des *permutations* comme forcée et nécessaire.

Les derniers schismes n'ont pas peu contribué à rendre plus tard les *permutations* communes et même indépendantes des évêques (*Mémoires du clergé,* tom. X, col. 1714).

Les canonistes s'occupent beaucoup de la

forme et des effets des *permutations*. Ils examinent quels sont les bénéfices qui peuvent être permutés, les causes des *permutations*, les supérieurs qui peuvent les admettre, les formalités qu'on doit observer devant chacun de ces supérieurs, etc. Comme les *permutations* proprement dites n'existent plus parmi nous, nous croyons inutile d'entrer à cet égard dans aucun détail. Il n'y a plus aujourd'hui que des démissions pures et simples (*Voyez* DÉMISSION).

PER OBITUM.

C'est un terme de chancellerie romaine qui s'applique aux vacances des bénéfices par la mort des titulaires. Nous parlons sous le mot DATAIRE, des fonctions d'un officier qu'on appelle à Rome dataire ou réviseur *per obitum*.

PERPÉTUITÉ.

En terme de droit canon, le mot *perpétuité* signifie la qualité d'un bénéfice concédé irrévocablement, ou dont on ne saurait priver celui qui en est pourvu, excepté en certains cas déterminés par le droit.

Plusieurs auteurs prétendent, avec raison, que la *perpétuité* des bénéfices est établie par les anciens canons (*Voyez* INAMOVIBILITÉ), et que les prêtres sont inséparablement attachés à leurs églises par un mariage spirituel; il est vrai que la corruption s'étant introduite avec le temps, et les prêtres séculiers étant tombés dans un grand désordre, et même dans un grand mépris, les évêques furent obligés de se faire aider dans l'administration de leurs diocèses, par des moines à qui ils confiaient le soin des âmes et le gouvernement des paroisses, se réservant le droit de renvoyer ces moines dans leurs monastères quand ils le jugeraient à propos, et de les révoquer ainsi dès qu'il leur en prenait envie.

Mais cette administration vague et incertaine n'a duré que jusqu'au douzième siècle, après quoi, les bénéfices sont revenus à leur première et ancienne *perpétuité*. Il a fallu que les articles organiques vinssent en France renverser cette antique et précieuse discipline; car il n'y a pas aujourd'hui un seul curé *canoniquement* inamovible (*Voyez* INAMOVIBILITÉ), les curés dits de première ou de seconde classe ne le sont que *civilement*.

PERQUIRATUR.

On appelle ainsi dans la daterie de Rome, un ordre ou commission que donne le dataire pour voir si dans les registres il n'a pas été retenu telle ou telle date dans un tel temps. Cette commission que les parties intéressées demandent au dataire est conçue en ces termes :

Perquiratur in libris eminentissimi domini prodatarii, si le dataire est cardinal, et *illustrissimi datarii*, quand il ne l'est pas, *a die.... usque et per totum mensem, vel per totum annum*, etc., *qui et quot sunt impetrantes canonicatum, et præbendam ecclesiæ N. per resignationem sive per obitum N. aut alias quovismodo vacantis, et annotentur nomina et cognomina impetrantium, genera vacationum modi et datæ.*

Cet ordre est remis à l'officier ou préfet des petites dates (*Voyez* DATE), lequel en conséquence ou son commis cherche dans le mémoire des petites dates, si celle contenue au *perquiratur* a été prise. L'ayant trouvée, il examine si elle a été étendue ; ce qui se connaît par le mot *expedita* (*Voyez* DATE). Dans ce cas il répond en cette forme :

N. Super canonicatu et præbenda prædictis per resignationem, sive obitum N. aut alias quovis modo vacantibus. Il met ensuite au bas du papier, *nihil amplius reperitur expeditum per supra dictum tempus.* Si dans le mémoire, la date qui est entre ses mains, le mot *expedita* n'y est pas, c'est-à-dire, que la date n'ait pas été étendue, ni la signature expédiée ; en ce cas l'officier des petites dates répond : *Nihil reperitur expeditum per supradictum tempus.* Il répond la même chose, quand la petite date n'a pas été levée ou poussée au registre, parce qu'à Rome les dates sont toujours secrètes jusqu'au registre, comme nous l'avons dit ailleurs. Cet officier ne donne donc des attestations que des dates dont on a expédié les signatures.

PERRUQUE, CALOTTE.

Il n'est pas permis de célébrer la messe en *perruque*. La permission que le pape ou les évêques accordent à ce sujet, marque : 1° que la permission ne tombe que sur la célébration de la messe, car, hors de là, les prêtres peuvent sans permission porter la *perruque*; 2° que la *perruque* soit modeste ; 3° que cette permission s'accorde seulement pour les besoins et les infirmités du prêtre qui la demande.

Excepté le pape, dit Collet, personne ne peut dispenser un prêtre à l'effet de porter la *calotte* pendant la messe, ni se le permettre à soi-même dans ses infirmités. On ne veut pas dire cependant qu'un prêtre attaqué subitement d'un gros rhume, ne puisse sans dispense porter la calotte à l'autel, Sylvius et Gibert pensent qu'il le peut; mais, il s'agit ici, d'une dispense habituelle et qui s'accorde hors du cas d'un besoin pressant, voici les raisons sur lesquelles se fonde Collet : elles nous semblent très-concluantes.

1° Un concile tenu à Rome sous le pape Zacharie, en 743, cité par Burchard, par Yves de Chartres et par Gratien (*dist. 1, de consecrat, cap. 57*), défend à qui que ce soit et très-expressément, de monter à l'autel la tête couverte : *Nullus episcopus, presbyter, aut diaconus ad solemnia missarum celebranda præsumat... velato capite, altari Dei assistere, et qui temere præsumpserit, communione privetur.* Or, cette défense de célébrer, *velato capite*, s'est toujours entendue comme un ordre de ne célébrer que *capite penitus detecto.* C'est le sens qui est donné par tous ceux qui ont écrit sur cette matière.

2° La congrégation des évêques et celle des rits ont plusieurs fois décidé qu'il n'y a que le pape qui puisse permettre l'usage de la *perruque* ou de la *calotte* : *facultas concedendi usum pileoli in missa spectat ad papam ;* c'est la réponse que donna la dernière de ces congrégations, le 4 avril 1626 ; et elle l'a répétée en plusieurs autres occasions. C'est pourquoi Gavantus dit en général (*in part.* II, *tit.* 2, *n.* 2) ; *Sedi apostolicæ reservata est facultas concedendi pileoli usum, tum ex decreto Zachariæ, quod est papale et in concilio romano ; tum ex praxi romana : nam sacra congregatio cardinalium super negotia episcoporum... respondit archiepiscopo Urbinati eo non posse uti sine licentia sedis apostolicæ. Idem sensit sacra Rituum congregatio,* etc.

Un décret d'Urbain VIII porte : *Omnibus prohibetur sacrificare cum pileolo sine dispensatione apostolica,* et le missel romain : *Nemo audeat uti pileolo in celebratione missæ, sine expressa licentia sedis apostolicæ.*

Saint Alphonse de Liguori ajoute avec d'autres théologiens : *Senectus sacerdotis et loci humor, aut hiemale tempus vel etiam notabile incommodum, non cessent rationes celebrandi in loco publico sine dispensatione.*

Quelques auteurs, comme Marchini, Zérola, Navarre, etc. disent que l'évêque peut dispenser de porter la *calotte* jusqu'au canon ou au moins jusqu'à la secrète, et après la communion ; et le pape depuis le canon jusqu'à la communion inclusivement. (*Voyez* AUTEL.)

PERSONNAT.

Le *personnat* était un bénéfice qui donnait quelque prérogative, séance ou prééminence dans une église ou dans un chapitre, mais sans juridiction (*C.* 1, *de consuetud. in* 6°). Les mots *personnat* et dignité, pris en un sens étendu, sont synonymes. Mais le *personnat* est quelque chose de moins que dignité (*C.* 2, *Dudum de elect.*), et néanmoins quelque chose de plus que simple office (*Voyez* DIGNITÉ, OFFICE). Ainsi la place de chantre dans une église cathédrale, est ordinairement un *personnat*, parce qu'elle n'a qu'une simple prééminence sans juridiction ; si le chantre a juridiction dans le chœur, alors c'est une dignité.

PETITE ÉGLISE.

On appelle *petite Eglise* la secte de ceux qui n'ont pas voulu reconnaître le concordat de 1801, et qui ont formé un schisme qui, depuis plus de quarante ans, exerce encore des ravages dans l'ouest de la France.

Le souverain pontife Pie VII, après avoir conclu le concordat avec le premier consul Bonaparte, demanda à tous les anciens titulaires des évêchés, par le bref *Tam multos,* qu'ils donnassent la démission de leurs siéges. Sur quatre-vingt-un évêques, reste vénérable de cent quarante-deux que possédait l'Eglise de France avant la révolution, trente-six n'adhérèrent pas d'abord au bref *Tam multos.* Treize d'entre eux, réunis en Angleterre, ayant à leur tête l'archevêque de Narbonne, s'y refusèrent même positivement. L'évêque de Blois, monseigneur de Thémi-nes, alors en Espagne, fut le plus persistant de tous dans son refus : c'est autour de lui que se groupa ce schisme dont nous parlons, connu sous le nom de la *petite Eglise.*

PÉTITOIRE.

Autrefois en matière bénéficiale, le *pétitoire* était la demande que l'on faisait de la propriété d'une chose. Ainsi le *pétitoire* des bénéfices appartenait aux juges d'Eglise, et le possessoire ou la complainte dans les causes de spoliation aux juges royaux.

PIE (CAUSE).

Pie est un terme ancien, dont on se sert encore aujourd'hui pour signifier quelque chose de pieux, comme cause *pie,* ou pieuse, donation *pie,* legs *pie.*

Dans les principes du droit canon, la *cause pie* doit recevoir de grandes faveurs en justice. On voit sous le mot LEGS, ce que décident les canons ou les canonistes touchant l'exécution favorable des legs pieux.

PISCINE.

La *piscine* est une fosse d'une certaine profondeur, revêtue de maconnerie, couverte d'une cuvette de pierre de taille de figure ronde ou ovale, et percée par le milieu. Il doit y avoir, dans chaque église, au moins une *piscine* destinée à recevoir l'eau qui a servi, soit au baptême, soit à purifier les vases et les linges sacrés. On y jette aussi les cendres des ornements et linges d'autel, et les choses sacrées qu'on doit brûler, quand elles sont hors de service. C'est encore là qu'on jette l'eau bénite, qu'on ôte des bénitiers, et en général, toutes les choses qui, ne pouvant plus servir au culte, doivent être soustraites à la profanation.

PISE.

On tint dans cette ville de Toscane deux conciles dont l'histoire est étroitement liée avec celle des conciles de Constance et le cinquième de Latran.

I. L'objet de ce concile fut de parvenir à l'extinction du schisme. Les cardinaux des deux obédiences de Benoît XIII et de Grégoire XII, s'étant adressés au roi de France, Charles VI, pour l'exhorter à concourir avec eux de tout son pouvoir à cet important dessein, il fut conclu unanimement que, dans le cas présent, les cardinaux étaient en droit d'assembler un concile qui jugeât les deux concurrents à la papauté, et fît l'élection d'un pape ; que les deux colléges des cardinaux étant réunis, pouvaient faire cette convocation du consentement de la plus grande partie des princes et des prélats.

L'ouverture du concile se fit le 25 mars de l'an 1409, et l'assemblée fut une des plus augustes et des plus nombreuses qu'on eût jamais vue dans l'Eglise. Il s'y trouva vingt-deux cardinaux, dix archevêques, soixante ou quatre-vingts évêques, un grand nombre de procureurs ou députés, et quatre-vingt-sept abbés. Sans entrer dans le détail de ce qui se passa dans les différentes sessions de ce concile, et des procédures qu'on y observa pour mettre fin au schisme, ce qui se voit dans plusieurs histoires particulières, il nous suffira de dire qu'on y déposa Grégoire XII et Benoît XIII, et qu'après cette déposition, les cardinaux élurent en conclave le cardinal Pierre de Caudie, grec de nation, qui prit le nom d'Alexandre V. Le nouveau pape présida à la dix-neuvième session, qui se tint le premier juillet; et le concile finit à la vingt-unième, qui se tint le sept août. Le cardinal de Chalant y lut, de la part du pape, un décret qui ordonnait que tous les biens de l'église de Rome et des autres églises ne pourraient être aliénés ni hypothéqués par le pape ni par les autres prélats; que les métropolitains tiendraient des conciles provinciaux, et les religieux leurs chapitres, où il y aurait des présidents de la part du pape. Et enfin qu'on traiterait au prochain concile de la réformation du chef et des membres de l'Eglise.

Ce prochain concile fut celui de Constance, que convoqua Balthazar Cossa, successeur d'Alexandre V, décédé le 3 mai 1410 (*Voyez* CONSTANCE).

Plusieurs auteurs, sans parler des deux papes déposés, ni de ceux de leurs partis, ont refusé de mettre le concile de *Pise* au rang des conciles généraux. Saint Antonin ne l'a pas même cru légitime, le cardinal de la Tour brûlée a dit que du moins il n'était pas assuré qu'il le fût, parce qu'il avait été célébré sans l'autorité du pape. Enfin plusieurs l'ont traité de *conciliabule*.

Mais ce qui prouve en faveur de l'autorité du concile de *Pise*, c'est que non-seulement les Eglises de France, d'Angleterre, de Portugal, d'Allemagne, de Bohême, de Hongrie, de Pologne et des royaumes du Nord et de la plus grande partie de l'Italie, ont reconnu sa validité; mais que Rome même s'y est soumise, et l'a regardé comme très-légitime en reconnaissant Alexandre V et son successeur Jean XXII. Il y a plus: l'Eglise universelle, dans le concile général de Constance, a approuvé celui de *Pise*, dont il était comme une suite et une continuation. En France, on l'a toujours regardé comme très-légitime, sur cette raison que, comme dans un schisme on ne peut savoir, avec certitude, lequel, entre plusieurs contendants, est le vrai pape, l'Eglise a le pouvoir de s'assembler et d'élire un pape que tous les fidèles doivent reconnaître. Ce concile, dit Bossuet, tenait son autorité de l'Eglise universelle qu'il représentait, et du Saint-Esprit qui par sa vertu toute-puissante, réunissait en un seul corps tant de membres épars: et l'Eglise, réduite au triste état où elle se trouvait, était dans le cas de l'absolue nécessité: ainsi, il fallait qu'elle s'assemblât de quelque manière que ce fût. Mais ce concile n'est pas général.

On peut voir plus amplement traitée cette matière dans l'*Histoire du concile de Pise*, par Lenfant.

II. Le second concile de *Pise*, dont nous avons parlé, fut tenu l'an 1511, et donna lieu au cinquième concile de Latran, que le pape Jules II voulut opposer à celui de *Pise*. Les motifs de celui-ci étaient la réformation de l'Eglise dans son chef et dans ses membres, et la punition des divers crimes qui scandalisaient l'Eglise. Ces causes étaient marquées dans la bulle de convocation qu'on afficha. On publia même une apologie pour justifier cette convocation faite par trois cardinaux; et le concile s'ouvrit en conséquence le premier novembre: le cardinal de Sainte-Croix y présidait. Il fut transféré à Milan, où la quatrième session se tint le 4 janvier 1512. On déclara le pape Jules II suspens par contumace dans la huitième session, tenue le 21 avril. La division s'étant mise ensuite entre l'Empereur et Louis XII, qui étaient les protecteurs ou les auteurs de ce concile, il fut de nouveau transféré à Lyon pour être continué; mais ce fut sans succès. Néanmoins Louis XII accepta ce concile, et fit défense à ses sujets d'impétrer aucune provision en cour de Rome, ni d'avoir égard aux bulles que le pape pourrait expédier. Ce que le pape Jules ayant appris, il mit le royaume de France en interdit (*Voyez* PRAGMATIQUE).

PLAIN-CHANT.

Le chant ecclésiastique était autrefois bien plus cultivé qu'il ne l'est aujourd'hui; l'office de chantre dans les chapitres est une preuve du soin qu'on prenait anciennement d'élever les clercs au chant (*Voyez* CHANTRE). Tout le monde connaît l'invention de Gui d'Arezo sous le pape Jean XIX. Le concile de Cologne en 1536 se plaignait de ce qu'autrefois les chanoines des grandes églises faisaient pratiquer la gamme de ce musicien à de jeunes élèves qui faisaient les offices pour eux. « C'est se tromper lourdement, dit ce concile, de croire que l'Eglise n'impose aucune charge ni aucune fonction à ceux qui ont l'honore de la dignité de chanoine, et qu'elle entend qu'ils vivent dans le repos et l'inaction; comme s'il convenait de confier en entier la célébration de l'office divin à un petit nombre de clercs ignares, qu'on attache à une église pour un vil honoraire. » L'empereur Justinien avait déjà fait un semblable règlement qu'on trouve dans le code (*tit. de episcop. et cleric. l.* 42, § 10). Il est ainsi conçu : « Nous ordonnons que tous les ecclésiastiques, dans chaque église, chantent eux-mêmes dans l'office de la nuit, celui du matin et celui du soir. Ceux qui ne s'acquittent pas de ce devoir, ne conservent de leur état que le droit de partager les revenus de l'église. Ils retiennent le nom de clercs; mais ils ne remplissent pas les obligations que cette qualité leur impose dans la célébration de l'office divin. N'est-il pas honteux, en effet, qu'ils substituent des gens à leur place pour s'acquitter de leur ministère? Si l'on voit les laïques courir en foule aux églises pour y chanter les louanges du Seigneur, quelle indécence que des clercs qui y sont obligés d'une manière particulière, négligent ainsi leur devoir? Nous ordonnons donc qu'ils chanteront eux-mêmes, etc. »

PLEIN DROIT (DE).

De plein Droit, ipso jure, est une expression qui marque que la peine, prononcée par le canon, sera encourue par la seule disposition du droit, sans qu'il soit nécessaire de porter une sentence (*Voyez* CENSURES, EXCOMMUNICATION).

PLOMB.

On a établi en principe dans la chancellerie, que les bulles ne sont censées expédiées que quand elles sont plombées. Il y a à cet effet un moulinet, et un officier qu'on appelle le caissier du *plomb*, auquel on paie certains droits. Cet officier n'est pas le seul institué pour la formalité du *plomb*, c'est une espèce de tribunal composé de divers officiers qui forment deux classes. Les uns sont officiers du *plomb*, les autres du registre. Les officiers du *plomb* sont le président, les collecteurs, les maîtres du confalon, lesquels reçoivent un droit destiné pour le rachat des captifs, le receveur ou caissier du *plomb* et le plombateur qui porte la soutane violette et dépend du président.

On distingue à Rome le *plomb* de la chambre d'avec celui de la chancellerie. Le premier est ordonné et bénit par le pape; l'autre par le vice-chancelier ou le régent, et coûte plus que le précédent. Ces *plombs* représentent d'un côté les images de saint Pierre et de saint Paul; de l'autre, celui du pape qui accorde la grâce : *Pontificis concedentis sine quo plumbo bulla non dicitur expedita* (Amydenius, *De stylo datariæ*, cap. 15, n. 32. Mendosa; *Reg.* 8 *cancel.*, qu. 3, n. 3; Rebuffe, *Praxis, in* III *part. sign.* n. 3). (*Voyez* BULLE.)

PLURALITÉ DES BÉNÉFICES.

(*Voyez* INCOMPATIBILITÉ.)

POLICE ECCLÉSIASTIQUE.

Nous entendons par ce mot la forme extérieure du gouvernement de l'Église. C'est un terme fréquemment employé en ce sens dans les décrets, lois et ordonnances rapportés dans ce COURS DE DROIT CANON (*Voyez* DISCIPLINE, CANON).

La *police* intérieure de l'église appartient exclusivement à l'autorité ecclésiastique. C'est au curé, par conséquent, de prendre toutes les mesures et de donner tous les ordres convenables pour y maintenir le bon ordre, la décence et le respect dû à la sainteté du lieu. C'est ce que porte formellement une décision du gouvernement, du 21 pluviôse an XIII (10 février 1805). Cette décision comprend non-seulement l'intérieur de l'église proprement dite, mais encore ses dépendances, comme la sacristie, etc.

POLLUTION.

Pollution signifie *souillure;* la *pollution* d'une église arrive, lorsqu'on y a commis quelque profanation, comme quand il y a eu effusion de sang en abondance. En cas de *pollution* des églises, les évêques avaient coutume autrefois de les consacrer de nouveau; mais présentement la simple réconciliation suffit (*Voyez* RÉCONCILIATION).

POLYGAMIE.

La *polygamie* est le mariage d'un homme avec plusieurs femmes ou d'une femme avec plusieurs hommes en même temps.

Nous établissons sous les mots EMPÊCHEMENT, LIEN, que la *polygamie* est défendue par toutes les lois divines et humaines. Nous ne traiterons pas ici la question de savoir si le nombre des femmes qu'avaient anciennement les Juifs, les mettait au cas de la *polygamie*, que la loi nouvelle réprouve. On trouve à ce sujet tous les éclaircissements qu'on peut désirer dans les *Conférences de Paris*, tom. III, liv. V. Le savant auteur de cet ouvrage explique aussi le véritable état des concubines, dont parle le canon *Is qui*, *dist.* 34, et qui n'était nullement criminel. Ces sortes de concubines étaient devant Dieu de véritables épouses. On ne pouvait en avoir deux à la fois (*Voyez* CONCUBINAGE). L'Église a toujours condamné la *polygamie*, de même qu'elle a toujours condamné l'adultère et la simple fornication. *Si quis dixerit*, dit le concile de Trente, *licere christianis plures simul habere uxores, et hoc nulla lege divina esse prohibitum, anathema sit* (sess. XXIV, can. 2).

On voit sous le mot ABSENT les formalités que l'on doit observer avant de marier la veuve d'un homme absent depuis longtemps; on y voit aussi l'effet que produit dans un pareil cas la bonne foi de l'un des conjoints en faveur des enfants, cette bonne foi les rend également légitimes dans plusieurs autres cas pareils (*Voyez* LÉGITIMATION).

La *polygamie* produit la même irrégularité que la bigamie, parce qu'en consommant deux mariages invalidement contractés, soit qu'ils soient contractés l'un pendant l'autre, soit qu'ils le soient l'un après l'autre, on est alors bigame, sinon de droit, au moins de fait (*Cap.* 4, *de bigam. non ordin.*) (*Voyez* BIGAMIE.)

Quand deux parties contestent devant le juge de la validité ou invalidité de leur mariage, l'une d'elles ne peut contracter avec une autre un second mariage, sans se rendre coupable de *polygamie*. Mais touchant les questions de la *polygamie* et de la dissolution du mariage contracté du vivant par un homme ou une femme déjà mariés, voyez ABSENT, SÉPARATION, LÉGITIMATION.

PONTIFE.

Nous disons, sous le mot PAPE, qu'on donne au chef de l'Église, le nom de souvrain *pontife*, *summus pontifex*. On appelle aussi les évêques *pontifes*, *pontifices*.

PONTIFICAL.

On appelle ainsi le livre où sont prescrites toutes les fonctions épiscopales. C'est le rituel du pape et des évêques. Quelques auteurs ont écrit que le *pontifical* romain était l'ouvrage de saint Grégoire, ils se sont trompés; ce saint pape peut y avoir retouché ou ajouté quelque chose, mais le pape Gélase y avait déjà travaillé plus d'un siècle auparavant.

PORTION CANONIQUE.

La *portion canonique* est plus connue sous le nom de *quarte canonique* ou *funéraire* (*Voyez* QUARTE CANONIQUE).

PORTION CONGRUE.

On entend ordinairement par *portion congrue* (*pensio congrua*), une certaine rétribution qui se payait à un curé ou vicaire pour son honnête entretien. Ce nom vient de ce que les papes et les conciles l'ont employé dans leurs décrets. *In ipsa ecclesia parochiali idoneum et perpetuum studeat habere vicarium canonice institutum, qui congruentem habeat de ipsius ecclesiæ proventibus portionem* (C. *Extirpandæ, de præb.* § *Qui vero*). On comprend par les termes du décret que la *portion congrue* des curés et vicaires avait comme une espèce d'hypothèque sur les fruits, et revenus des curés.

§ 1. *Origine de la* PORTION CONGRUE.

La *portion congrue* doit son origine aux causes qui ont introduit la division des fonctions pastorales d'avec l'émolument qui y était anciennement attaché. Originairement le soin du troupeau d'un diocèse était confié à la vigilance d'un prêtre ordonné à cet effet par l'évêque, et que nous appelons aujourd'hui curé. Ce prêtre était nourri d'abord de la *portion* des biens de l'Eglise que l'évêque ou l'archidiacre lui en faisait (*Voyez* BIENS D'ÉGLISE). Dans la suite il trouva sa subsistance dans la *portion* de ces mêmes biens qui lui furent accordés pour sa vie et enfin dans les dîmes qui lui appartenaient entièrement (*Voyez* DIMES). Mais les religieux de saint Benoît et les chanoines réguliers de saint Augustin ayant été appelés au secours de l'Eglise, à cause de l'ignorance du clergé, et étant ensuite rentrés dans leur cloître, ont, en abandonnant les fonctions de curés aux prêtres séculiers, conservé les domaines et les dîmes de ces cures. Les moines, comme curés primitifs et gros décimateurs nommèrent d'abord des prêtres amovibles pour desservir les paroisses. Ces curés amovibles ou desservants recevaient un salaire réglé par l'évêque. Plus tard on leur substitua des curés ou vicaires perpétuels, à qui on assigna une *portion* suffisante ou *congrue*.

Les curés des paroisses se virent presque tous privés des dîmes et dans la dépendance de quelque curé primitif à qui il fallait demander de quoi vivre. Le mal eût été tolérable, si les moines et les autres communautés, possesseurs des dîmes des paroisses, en eussent départi cette modique *portion* que les curés leur demandaient pour leur entretien. L'avarice de la plupart des curés primitifs était telle, que les conciles furent obligés de faire des règlements pour en arracher le payement du droit le plus légitime. Voici comment s'exprime à cet égard le chapitre *Extirpandæ de præb.* tiré du concile général en 1215. *Extirpandæ consuetudinis vitium in quibusdam partibus inolevit, quod scilicet parochialium ecclesiarum patroni et aliæ quædam personæ proventus ipsarum sibi penitus vindicantes, presbyteris earumdem servitiis deputatis, relinquunt adeo exiguam portionem, quod ex ea nequeant congrue sustentari. Nam (ut pro certo didicimus) in quibusdam regionibus parochiales presbyteri pro sua sustentatione non obtinent, nisi quartam quartæ, id est, sextam decimam decimarum. Unde fit ut in his regionibus pene nullus inveniatur sacerdos parochialis, qui ullam vel modicam habeat peritiam litterarum.*

Cum igitur os bovis ligari non debeat triturantis, sed qui altari servit, de altari vivere debeat, statuimus, ut (consuetudine qualibet episcopi vel patroni, seu cujuslibet alterius, nonobstante) portio presbyteris ipsis sufficiens assignetur.

Ce règlement tout sage qu'il était, avait cet inconvénient que ne fixant pas précisément quelle était cette *portion* suffisante, les décimateurs ou patrons étaient toujours les maîtres de régler la suffisance au taux que bon leur semblait; si d'autres conciles faisaient cette fixation, ou elle était bien modique, ou les décimateurs ne la suivaient pas, ou l'éludaient par le moyen qu'ils avaient de la rendre inutile, soit en révoquant les vicaires qui osaient réclamer en leur faveur l'exécution des canons, soit en y imputant des revenus qui ne leur appartenaient point. Toutes ces raisons servaient donc à tenir sans cesse les curés dans un silence oppressif, souvent plus nuisible à leur église et à leurs paroissiens que les plaintes qu'ils formaient et qui leur valaient quelquefois une honteuse destitution. Tous les conciles, sans excepter celui de Trente et ceux tenus dans ce royaume, ont fait des règlements contre ces abus; mais comme ils n'en ont point fait de nouveaux, et qu'en ordonnant seulement qu'il fût payé, au jugement des évêques, une légitime et suffisante *congrue* aux curés, ils n'ont pas sapé le mal par ses fondements. Nos rois firent bien quelques ordonnances qui ont eu pour but de corriger les graves inconvénients de l'amovibilité des curés et de fixer la *portion congrue* due aux curés et vicaires par les curés primitifs ou autres décimateurs, mais il y avait toujours quelques abus qui disparurent sans retour dans la tempête révolutionnaire qui engloutit tous les biens ecclésiastiques.

§ 2. *Fixation de la* PORTION CONGRUE.

La quotité de la *portion congrue* a d'abord été indéfinie et déterminée en particulier à chaque curé par l'évêque, eu égard aux circonstances des temps, des lieux et des personnes. Quand on fixa la quotité des *portions congrues*, les lois et la jurisprudence du royaume varièrent souvent à ce sujet. Elles furent fixées sous le règne de Charles IX à la somme de cent vingt livres, les charges déduites. Ensuite elles furent portées à cent cinquante et à deux cents; les déclarations du 29 janvier 1686 et 30 juin 1690, les fixèrent à trois cents livres pour toute l'étendue du royaume. Enfin, l'édit du 13 mai 1768 les éleva à la somme de cinq cents livres. Voici les premiers articles de cet édit qui fut en vigueur jusqu'à la suppression des dîmes :

« ART. 1ᵉʳ. La *portion congrue* des curés et vicaires perpétuels, tant ceux qui sont établis à présent, que ceux qui pourraient l'être à l'avenir, sera fixée à perpétuité à la valeur en argent de vingt-cinq setiers de blé froment, mesure de Paris.

« ART. 2. La *portion congrue* des vicaires, tant ceux qui sont établis à présent que ceux qui pourraient l'être à l'avenir dans la forme prescrite par les ordonnances, sera aussi fixée à perpétuité à la valeur en argent de dix setiers de blé froment, mesure de Paris.

« ART. 3. La valeur en argent des dites *portions congrues*, sera et demeurera fixée, quant à présent : savoir, celle desdits curés et vicaires perpétuels à cinq cents livres, et celle desdits vicaires à deux cents livres ; nous réservant, dans le cas où il arriverait un changement considérable dans le prix des grains, de fixer de nouveau, en la forme ordinaire, les sommes auxquelles lesdites *portions congrues* devront être portées pour être toujours équivalentes aux quantités de grains déterminées par les articles 1 et 2 de notre présent édit.

« ART. 4. Les curés et vicaires perpétuels jouiront, outre ladite *portion congrue*, des maisons et des bâtiments composant le presbytère, cours et jardins en dépendanst, si aucuns il y a, ensemble des oblations, honoraires, offrandes ou casuel en tout ou en partie, suivant l'usage des lieux ; comme aussi des fonds et rentes données aux curés pour acquitter des obits et fondations pour le service divin.

« ART. 9. Les *portions congrues* seront payées de quartier en quartier, et par avance, franches et quittes de toutes impositions et charges que supportent ceux qui en sont tenus, sans préjudice des décimes que lesdits curés et vicaires perpétuels continueront de payer en proportion du revenu de leurs bénéfices, etc. »

La *portion congrue* n'était due qu'aux curés dont les revenus fixes et certains n'allaient pas au-dessus de la somme de trois cents livres. Quand il y avait deux curés en titre dans une même cure, ce qui était rare, il était dû double *portion congrue*. La *portion congrue* était due aussi aux curés réguliers qui étaient véritablement titulaires, mais non pas aux autres, qui étaient commis par leurs supérieurs pour desservir des cures unies aux monastères, et quelquefois fondées dans les églises mêmes des monastères.

POSITIF (DROIT).

(*Voyez* DROIT CANON, DISPENSE, PAPE.)

POSSESSION.

La *possession* est la détention d'une chose corporelle : *Possessio, quasi pedum positio, est jus utendi re corporea pro domino* (*Glos* in c. Monasterium, *de reb. eccles. non al. in clem.*).

Les jurisconsultes distinguent plusieurs sortes de *possessions*, mais nous ne les suivrons pas dans leurs distinctions, parce que nous n'avons à parler ici de ce mot que relativement aux choses ecclésiastiques : nous ne ferons donc que les distinctions qui conviennent à cette matière, après avoir observé avec Rebuffe qu'en matière profane le terme de *possession* convient mieux qu'en matière de bénéfice où il ne s'agit proprement que du droit : *In causis profanis principaliter agitur de possessione, in beneficiis de jure* (*C. Licet causam, de probat. in Clem. unic. de caus. possess.*).

§ 1. Prise de POSSESSION.

Il ne suffit pas qu'un bénéfice soit conféré, il faut encore qu'il soit accepté et qu'on en prenne possession (*Voyez* ACCEPTATION § 1). Certains conciles ont désiré que le pourvu d'un bénéfice en prît *possession* dans l'espace de six mois au plus tard, à peine de privation du droit acquis par la provision ; les canonistes disent qu'il n'y a à cet égard aucun temps fixé par le **droit** pour prendre *possession* : *Non invenitur a jure tempus praefixum ad capiendam possessionem beneficii*.

Régulièrement on ne peut prendre *possession* d'un bénéfice, sans avoir une institution canonique, c'est-à-dire des provisions d'un supérieur ecclésiastique. *Beneficium ecclesiasticum non potest licite sine canonica institutione obtineri* (*Cap.* 1, *de reg. jur. in* 6°). Ceux qui violent cette règle, sont de vrais intrus (*Voyez* INTRUS).

Communément, par rapport aux cures, les symboles de la *possession* sont l'entrée de l'église, l'aspersion de l'eau bénite, le baiser du maître autel, l'attouchement du missel, de l'antiphonaire, ou de quelques autres livres des sacrements. (*Voyez* CURÉ, 3.)

Quant aux canonicats, c'est l'assignation d'une place dans le chapitre et d'une stalle au chœur, etc.

§ 2. POSSESSION *paisible ou triennale*.

Il y a longtemps que l'on a établi dans l'Eglise le principe qu'une *possession* triennale mettait le possesseur à l'abri de toute recherche. Un ancien concile d'Afrique s'exprime ainsi au sujet d'une *possession* semblable : *Placuit ut si quispiam aliquem locum ad catholicam unitatem converterit, si eum per triennium nemine reclamante tenuerit, ulterius ab eo non repetatur.*

Le concile de Bâle fit un décret que la pragmatique et le concordat de 1516 avaient adopté (*Voyez* PRAGMATIQUE, CONCORDAT *de Léon X*), par lequel celui qui a possédé paisiblement et sans trouble pendant trois ans une prélature, une dignité, un office, un bénéfice ne peut être inquiété par personne, pourvu que ce possesseur ait joui en vertu d'un titre qui soit au moins coloré, qu'il ne soit ni simoniaque, ni intrus, et que sa *possession* ne soit point fondée sur la force et sur la violence.

Un si sage règlement qui avait pour objet la cessation des procès ne pouvait être que bien reçu; les papes l'adoptèrent et en firent une règle de chancellerie, connue sous le nom de *regula triennali*. Elle est conçue en ces termes : *Item statuit et ordinavit idem dominus noster quod si quis quæcumque beneficia, qualiacumque sint, absque simoniaco ingressu, ex quovis titulo, apostolica vel ordinaria collatione aut electione, et electionis hujusmodi confirmatione, seu præsentatione et institutione illorum, ad quos beneficiorum hujusmodi collatio, provisio, electio et præsentatio, seu quævis alia dispositio pertinet, per triennium pacifice possiderit (dummodo in beneficiis hujusmodi, si dispositioni apostolicæ ex reservatione generali in corpore juris clausula reservata fuerint, se non intruserit), super iisdem beneficiis taliter possessis molestari nequeat, ac impetrationes quælibet de beneficiis ipsis sic possessis factas, irritas et inanes censeri debere decrevit antiquitas, lites super illis motas penitus extinguendo.*

Durand de Maillane dit qu'il ne faut pas confondre la paisible *possession* d'un bénéfice avec la *possession* triennale qui met le titulaire à l'abri de toute recherche. On est paisible possesseur d'une chose, disent les canonistes, quand on la possède sans aucune sorte de trouble de fait ou de droit, en et hors jugement : *Quis dicitur pacifice possidere, quando nullam patitur controversiam juris vel facti, nec in judicio, nec extra judicium* (Rebuffe, *in tract. de pacific. Possess.*). Il ne faut pas trois ans pour former ce que les canonistes appellent *possessio pacifica*; car certains docteurs pensent qu'un ou deux mois de *possession* sans procès caractérisent ce qu'on appelle la paisible *possession*.

Les canonistes ont beaucoup écrit sur la *possession* pacifique et triennale, relativement aux anciens bénéfices, mais cette question n'a plus d'application parmi nous.

Quant à la *possession* qu'on peut acquérir par la prescription, voyez PRESCRIPTION.

POSSESSOIRE.

C'est une action personnelle intentée par celui qui se prétend troublé dans la possession d'une chose. Cette question, sur laquelle les canonistes ont beaucoup écrit, regardait la possession des bénéfices. Il est inutile aujourd'hui de s'en occuper, puisqu'il n'existe plus parmi nous de bénéfices proprement dits.

POSTULATION.

La *postulation* consiste à demander au supérieur à qui appartient le droit de confirmer l'élection, la grâce de pourvoir de la dignité élective une personne qu'on lui nomme, et qui, pour quelque défaut, comme d'âge, d'ordre ou de naissance, ne peut être élue : *Postulatio est ejus qui eligi non potest in prælatum concors capituli facta petitio*. Cette définition de Lancelot (*Inst. lib.* 1, *tit.* 8), s'applique à l'élection d'un évêque par le chapitre; mais on doit l'entendre de toute dignité élective. La *postulation* a été introduite pour faciliter une élection dans certains cas.

Les canonistes distinguent deux sortes de *postulations*, la *postulation* solennelle et la *postulation* simple. La première est celle que nous venons de définir : *Quæ ad prælatum ipsum recta intenditur, qui potest omne postulati impedimentum removere.*

L'autre est celle qui se fait auprès d'une personne intéressée en l'élection pour avoir son consentement, comme dans le cas où, pour élever un religieux à quelque prélature, on doit postuler le consentement de l'abbé.

Cette sorte de *postulation*, bien différente de l'autre, comme on le voit, n'est proprement qu'une simple demande de ce consentement : *Veritus pro nuda petitione accipienda videtur*. En effet, après qu'on a obtenu ce consentement, ou avant, on doit procéder à l'élection et à la confirmation de l'élection, comme dans les cas naturels et ordinaires. Cependant on ne doit pas rejeter le mot de *postulation* dans cette acception, parce qu'indépendamment de ce qu'il est pris en divers sens, comme il paraît par le titre au code *de postulando*, il s'agit ici d'un obstacle à l'élection ou à l'acceptation, que les électeurs ne peuvent ôter d'eux-mêmes : *Postulatio non solemnis est petitio facta superiori ut tollat obstaculum eligendi et ad beneficium acceptandi.*

On voit, par ce qui est dit sous le mot SUFFRAGE, que la pragmatique, en autorisant ou rétablissant les élections, avait admis la *postulation* comme une voie légitime pour y parvenir. Les concordats de Léon X et de 1801 l'ont rendue parfaitement inutile pour toutes les églises où l'ancien droit d'élection, suivant le chapitre *Quia propter*, n'a pas été conservé.

PRAGMATIQUE SANCTION.

On entend en général par ce mot un rescrit ou un acte en forme d'édit et de constitution sur des matières importantes et publiques : *Pragmaticæ sanctiones sunt edicta vel rescripta generalia, de certis causis negotiisve publicis edita*. *Pragma* est un mot grec qui signifie *affaire*, *negotium*; et, selon Justinien, le mot *sanction* signifie cette partie des lois qui contient les peines prononcées contre ceux qui les violent : *Sanctiones vocamus eas legum partes quibus pœnas constituimus adversus eos qui contra leges fecerint* (*Instit. de rer. divis.*, § 8). Cette étymologie du mot *pragmatique sanction* est la plus littérale, mais elle ne répond pas tout à fait à sa définition; aussi plusieurs auteurs en donnent une différente. Parmi nous, l'usage a donné ce nom aux ordonnances qui concernent les grandes affaires de l'État ou de l'Eglise, ou au moins les affaires de quelques communautés.

Nous avons en France deux célèbres ordonnances sous le nom de *pragmatique sanction*. La première fut faite par le roi saint Louis en 1268, lorsqu'il se préparait à son voyage d'outre-mer. Elle est divisée en six articles, et porte ce qui suit :

« Art. 1ᵉʳ. Les églises de notre royaume, les prélats, les patrons et les collateurs de bénéfices jouiront pleinement de leur droit, et à chacun sera conservée sa juridiction.

« Art. 2. Les églises cathédrales et autres de notre royaume auront la liberté des élections, qui sortiront leur plein et entier effet.

« Art. 3. Nous voulons et ordonnons que la simonie, ce crime si pernicieux à l'Eglise, soit entièrement bannie de notre royaume.

« Art. 4. Nous voulons également et ordonnons que les promotions, collations, provisions et dispositions des prélatures, dignités et autres bénéfices quelconques ou offices ecclésiastiques de notre royaume, se fassent suivant la disposition, ordination et détermination du droit commun, des saints conciles et des saints Pères.

« Art. 5. Nous ne voulons aucunement qu'on lève ou qu'on recueille les exactions pécuniaires et les charges très-pesantes que la cour de Rome a imposées ou pourrait imposer à l'Eglise de France, et par lesquelles notre royaume est misérablement appauvri, si ce n'est pour une cause raisonnable, pieuse et très-urgente, ou pour une inévitable nécessité, et du consentement libre et exprès de nous et de l'Eglise.

« Art. 6. Enfin, nous renouvelons et approuvons par les présentes lettres les libertés, franchises, immunités, droits et privilèges accordés par les rois nos prédécesseurs et par nous aux églises, monastères et autres lieux de piété, aussi bien qu'aux personnes ecclésiastiques. »

Quelques exemplaires ne renferment point l'article contre les exactions de Rome. Néanmoins le célèbre d'Héricourt et plusieurs autres ont révoqué en doute l'authenticité de la pièce elle-même, dont les expressions nous paraissent effectivement bien étranges de la part d'un roi tel que saint Louis. Si cette pièce eût réellement existé dès le temps de ce saint roi, il en eût été certainement fait mention dans les démêlés de Philippe le Bel avec Boniface VIII ; et Charles VII, dans celle qu'il publia sur le même sujet, n'aurait pas manqué de s'autoriser de l'exemple de saint Louis. Nous croyons donc, avec Mgr l'archevêque de Paris, que cette *pragmatique* est l'œuvre d'un faussaire et non une loi émanée d'un saint roi. Voici ce qu'en dit le savant prélat dans son livre de l'*Appel comme d'abus, page* 52 :

« Nous avions déjà la persuasion que la *pragmatique* était un acte supposé, lorsque nous avons été confirmé dans notre conviction par les arguments d'un jeune savant, M. Thomassy, qui a traité avec beaucoup de soin ce point important de notre histoire ecclésiastique.

« Trois raisons nous rendaient très-suspecte l'authenticité de la *pragmatique*. La première était tirée du silence que gardent à son sujet tous les historiens depuis saint Louis jusqu'à Charles VII. Est-il possible, disions-nous, qu'une loi pratique qui touchait aux intérêts du saint-siège, des évêques, des bénéficiers, des patrons et jusqu'à un certain point de tous les Français, soit demeurée ensevelie pendant deux siècles dans un silence complet ? A ce premier argument qui, bien que négatif, nous semblait invincible, nous en ajoutions un second.

« Comment cette même loi pratique n'a-t-elle laissé aucune trace après elle dans la jurisprudence, et comment le silence des tribunaux vient-il confirmer celui des historiens ? La *pragmatique* de Charles VII eut un immense retentissement. Est-il possible que celle de saint Louis n'ait pas été même mentionnée ? La première produit immédiatement des résistances, et est suivie d'un commencement de réforme. Après l'acte de saint Louis, les expectatives et les réserves augmentent considérablement, en particulier sous le pontificat de Jean XXII. Ces réserves n'excitent pas de réclamation jusqu'au moment où le grand schisme les rendit intolérables ; personne du moins ne pense à leur opposer l'autorité de la *pragmatique*.

« L'époque où celle-ci est invoquée, est le troisième argument que nous faisions contre son authenticité. Elle apparaît au moment même où son autorité était utile pour triompher des résistances que rencontrait la *pragmatique* de Bourges.

« Cette coïncidence nous semble très-défavorable à l'authenticité de l'acte attribué à saint Louis. Mais à ces arguments M. Thomassy en ajoute plusieurs autres non moins concluants.

« On lit en tête de la *pragmatique* ces mots : *Ad futuram rei memoriam* ; formule sans exemple dans l'intitulé des lois et ordonnances françaises.

« La supposition de la *pragmatique* se trahit autant par ce qu'elle dit, que par ce qu'elle omet de dire.

« Ainsi, elle parle des empiétements des papes sur les élections, dont personne ne se plaignait au treizième siècle, mais qui excitèrent plus tard des plaintes fort vives.

« Elle parle des taxes de la cour de Rome, réclamation parfaitement opportune pendant le grand schisme, et surtout sous Charles VII, mais qui était absurde quand saint Louis demandait des taxes au clergé de France pour la guerre sainte, et sollicitait le pape de contraindre ce même clergé à les payer.

« La *pragmatique* ne parle pas des régales, et le droit de régale était la plus grande, la plus fréquente difficulté de l'Eglise au treizième siècle. »

M. Thomassy donne de ces diverses assertions des preuves très-décisives dans le *Nouveau correspondant* (octobre 1844).

Voilà, certes, bien des raisons pour rendre plus que suspecte l'authenticité de la *pragmatique* de saint Louis et ruiner complètement son autorité.

La seconde *pragmatique* est celle de Charles VII. Mais pour bien entendre les matières dont elle traite, il faut se rappeler ici ce qui est dit sous d'autres mots de cet ouvrage, et particulièrement sous le mot CONCORDAT de Léon X.

Sous les mots CONSTANCE et BALE, on voit que l'Eglise déchirée par la division des antipapes, n'oubliait rien de tout ce qui pouvait faire cesser le schisme et les maux qu'il causait. Le concile de Constance y réussit heureusement par l'élection de Martin V; et ce nouveau pape n'avait convoqué le concile à Sienne en Toscane et de là à Bâle, que pour achever le grand œuvre de la réformation, de la discipline et des mœurs; c'était la loi du concile de Constance et le vœu de toute l'Eglise. Eugène IV, successeur de Martin V, s'y préta d'abord avec beaucoup de zèle et confirma la légation du cardinal Julien, qui fut à Bâle et ouvrit le concile; mais voyant qu'on soutenait en ce concile des propositions qui diminuaient son autorité, il voulut le dissoudre; sur quoi le concile fit en la troisième session le décret qui porte *dissolutionem concilii nullatenus fieri posse*.

Cette première division entre les Pères du concile de Bâle et le pape Eugène cessa en la neuvième session en 1433, par les soins de l'empereur Sigismond; mais elle recommença en 1437, comme il est dit sous le mot BALE. Dans ce même temps l'Eglise de France était assemblée à Bourges depuis l'an 1431, d'où elle avait envoyé des députés au concile. Les Pères qui le composaient envoyèrent cinq ambassadeurs au roi Charles VII pour recevoir et accepter les décrets du concile dans son royaume. Le roi fit assembler en conséquence les plus grands personnages des deux Etats dans la sainte chapelle de Bourges et présida lui-même à l'assemblée, assisté du Dauphin, depuis Louis XI. Les articles envoyés du concile de Bâle furent mûrement pesés et reçus, les uns purement et simplement, les autres sous modification. Cette révision dura jusqu'au 7 juillet, jour auquel le roi publia l'édit solennel appelé *pragmatique sanction*; c'est à proprement parler un recueil des règlements dressés par les Pères de Bâle, auxquels on ajouta quelques modifications relatives aux usages du royaume, et aux circonstances actuelles. Voici la substance de cette pièce divisée en vingt-trois titres. Elle est précédée d'une préface dont le commencement explique le dessein de Dieu dans l'institution de la puissance temporelle; on y établit qu'une des principales obligations des souverains est de protéger l'Eglise, et d'employer leur autorité pour faire observer la religion de Jésus-Christ dans les pays soumis à leur obéissance.

TITRE I. *De auctoritate et potestate sacrorum generalium conciliorum temporibusque et modis eadem convocandi et celebrandi*. « Les « conciles généraux seront célébrés tous les « dix ans, et le pape, de l'avis du concile fi- « nissant, doit désigner le lieu de l'autre « concile, lequel ne pourra être changé que « par de grandes raisons, et par le conseil « des cardinaux. Quant à l'autorité du con- « cile général, on renouvelle les décrets pu- « bliés à Constance, par lesquels il est dit « que cette sainte assemblée tient sa puis- « sance immédiatement de Jésus-Christ; que « toute personne, mêm de dignité papale, « y est soumise en ce qui regarde la foi, « l'extirpation du schisme, et la réformation « de l'Eglise dans le chef et dans les mem- « bres, et que tous y doivent obéir, même « le pape, qui est punissable s'il y contre- « vient. En conséquence, le concile de Bâle « définit qu'il est légitimement assemblé, « et que personne, pas même le pape, ne « peut le dissoudre, le transférer ni le pro- « roger sans le consentement des Pères de « ce concile. »

TITRE II. *De electionibus*. « Il sera pourvu « désormais aux dignités des églises cathé- « drales, collégiales et monastiques, par la « voie des élections, et le pape, au jour de « son exaltation, jurera d'observer ce décret. « Les électeurs se comporteront en tout selon « les vues de leur conscience; ils n'auront « égard ni aux prières, ni aux promesses, ni « aux menaces de personne; ils recomman- « deront l'affaire à Dieu; ils se confesseront et « communieront le jour de l'élection; ils feront « le serment de choisir celui qui leur paraîtra « le plus digne. La confirmation se fera par « le supérieur; on y évitera tout soupçon de « simonie, et le pape même ne recevra rien « pour celles qui seront portées à son tri- « bunal. Quand une élection canonique, « mais sujette à des inconvénients, aura été « cassée à Rome, le pape renverra par de- « vant le chapitre ou le monastère pour « qu'on y procède à un autre choix, dans « l'espace de temps marqué par le droit. »

La *pragmatique*, en adoptant ce décret du concile de Bâle, y ajoute : 1° que celui dont l'élection aura été confirmée par le pape, sera renvoyé à son supérieur immédiat, pour être consacré ou bénit, à moins qu'il ne veuille l'être *in curia*, et que dans ce cas là même, aussitôt après sa consécration, il faudra le renvoyer à son supérieur immédiat pour le serment d'obéissance; 2° qu'il n'est point contre les règles canoniques que le roi ou les grands du royaume recommandent des sujets dignes de leur protection; en quoi elle modère les défenses que fait le concile de Bâle, par rapport aux prières ou recommandations en faveur des sujets à élire dans les chapitres ou monastères.

TITRE III. *De reservationibus*. « Toutes ré- « serves de bénéfices, tant générales que « particulières, sont et demeureront abolies, « excepté celles dont il est parlé dans le corps « du droit, ou quand il sera question des « terres immédiatement soumises à l'Eglise « romaine. »

TITRE IV. *De collationibus*. « Il sera établi « dans chaque église des ministres savants « et vertueux. Les expectatives faisant sou- « haiter la mort d'autrui, et donnant lieu à « une infinité de procès, les papes n'en ac- « corderont plus dans la suite; seulement il « sera permis à chaque pape, durant son « pontificat, de pourvoir à un bénéfice sur

« un collateur qui en aura dix, et à deux
« bénéfices sur un collateur qui en aura cin-
« quante et au-dessus, sans qu'il puisse néan-
« moins conférer deux prébendes dans la
« même église pendant sa vie. On n'entend
« pas non plus priver le pape du droit de
« prévention » Mais le décret touchant la
réserve d'un ou de deux bénéfices, quoique
rapporté dans la *pragmatique*, n'a point été
approuvé par l'Eglise gallicane, non plus
que le décret touchant la prévention. Afin
d'obliger les collateurs ordinaires à donner
des bénéfices aux gens de lettres, voici l'ordre de discipline qu'on prescrit à cet égard :
« Dans chaque cathédrale, il y aura une
« prébende destinée pour un licencié ou un
« bachelier en théologie, lequel aura étudié
« dix ans dans une université. Cet ecclésias-
« tique sera tenu de faire des leçons au moins
« une fois la semaine; s'il y manque, il sera
« puni par la soustraction des distributions
« de la semaine; et s'il abandonne la rési-
« dence, on donnera son bénéfice à un autre.
« Cependant, pour lui laisser le temps d'é-
« tudier, ses absences du chœur ne lui se-
« ront point comptées.
« Outre cette prébende théologale, le tiers
« des bénéfices, dans les cathédrales et les
« collégiales, sera pour les gradués, c'est-à-
« dire, les docteurs, licenciés, bacheliers qui
« auront étudié dix ans en théologie, ou les
« docteurs et licenciés en droit ou en méde-
« cine qui auront étudié sept ans dans ces fa-
« cultés ; ou bien, les maîtres ès-arts qui
« auront étudié cinq ans, depuis la logique,
« tout cela dans une université privilégiée.
« On accorde aux nobles *ex antiquo genere*,
« quelque diminution par rapport au temps
« de leurs études : on les réduit à six ans
« pour la théologie, et à trois pour les autres
« facultés inférieures; mais il faudra que les
« preuves de noblesse, du côté de père et de
« mère, soient constatées.
« Les gradués, déjà pourvus d'un bénéfice
« qui demande résidence, et dont la valeur
« monte à deux cents florins, ou bien qui
« posséderont deux prébendes dans des
« églises cathédrales, ne pourront plus jouir
« du privilége de leurs grades.
« On aura soin de ne donner les cures
« des villes murées qu'à des gradués, ou
« du moins à des maîtres ès-arts. On oblige
« tous les gradués à notifier chaque année
« leurs noms aux collateurs, ou à leurs vi-
« caires, dans le temps du carême; s'ils y
« manquent, la collation faite à un non
« gradué ne sera pas censée nulle. » L'assemblée de Bourges ajouta quelques explications à ces règlements. Par exemple, elle
consentit à ce que les expectatives déjà accordées eussent leur exécution jusqu'à la
fête de Pâques de l'année suivante, et que
le pape pût disposer, pendant le reste de
son pontificat, des bénéfices qui viendraient
à vaquer par la promotion des titulaires à
d'autres bénéfices incompatibles. A l'égard
des grades, elle voulut que les cures et les
chapelles entrassent dans l'ordre des bénéfices affectés aux gradués. Elle permit aux
universités de nommer aux collateurs un
certain nombre de sujets, laissant toutefois
à ces collateurs la liberté de choisir dans ce
nombre. Enfin, la même assemblée recommande fort aux universités de ne conférer
les bénéfices qu'à des ecclésiastiques recommandables par leur vertu et par leur science.
Nam, ajoute le texte, *ut omnibus notum est
et ridiculosum, multi magistrorum nomen
obtinent, quos adhuc discipulos magis esse
deceret.*

Titre V. *De causis.* « Toutes les causes
« ecclésiastiques des provinces à quatre jour-
« nées de Rome, seront terminées dans le lieu
« même, hors les causes majeures et celles
« des églises qui dépendent immédiatement
« du saint-siége. Dans les appels, on gardera
« l'ordre des tribunaux ; jamais on n'appel-
« lera au pape, sans passer auparavant par
« le tribunal intermédiaire. Si quelqu'un se
« croyant lésé par un tribunal immédiatement
« sujet au pape, porte son appel au saint-
« siége, le pape nommera des juges *in parti-
« bus* sur les lieux mêmes, à moins qu'il n'y
« ait de grandes raisons d'évoquer entière-
« ment les causes à Rome. Enfin, on ne
« pourra appeler d'une sentence interlocu-
« toire, à moins que les griefs ne soient ir-
« réparables en définitive. »

Titre VI. *De frivolis appellationibus.* « Ce-
« lui qui appellera avant la définitive sans ti-
« tre bien fondé dans son appel, payera à la
« partie une amende de quinze florins d'or
« outre les dépens, dommages et intérêts. »

Titre VII. *De pacificis possessoribus.*
« Ceux qui auront possédé sans troubles
« pendant trois ans, avec un titre coloré,
« seront maintenus dans leurs bénéfices ; les
« ordinaires seront tenus de s'enquérir s'il y
« a des intrus, des incapables. »

Titre VIII. *De numero et qualitate cardinalium.* « Le nombre des cardinaux n'excé-
« dera pas vingt-quatre ; ils auront trente
« ans au moins, et seront docteurs ou licen-
« ciés. » Les évêques de France jugèrent
qu'il fallait modifier les décrets du concile de
Bâle, en ce qu'ils excluaient les neveux des
papes du cardinalat, et voulurent qu'on pût
décorer de la pourpre tous ceux qui en seraient dignes par leurs vertus et par leurs
talents.

Titre IX. *De annatis.* « On n'exigera plus
« rien désormais, soit en cour de Rome, soit
« ailleurs, pour la confirmation des élec-
« tions, ni pour toute autre disposition en
« matière de bénéfices, d'ordres, de béné-
« dictions, de droits de *pallium*, et cela sous
« quelque prétexte que ce soit, de bulles, de
« sceau, d'annates, de menus services, de
« premiers fruits et de déports. On se con-
« tentera de donner un salaire convenable
« aux scribes, abréviateurs et copistes des
« expéditions. Si quelqu'un contrevient à ce
« décret, il sera soumis aux peines portées
« contre les simoniaques ; et si le pape ve-
« nait à scandaliser l'Eglise, en se permet-
« tant quelque chose contre cette ordon-
« nance, il faudra le déférer au concile gé-
« néral. »

L'assemblée de Bourges modéra ce décret en faveur du pape Eugène : elle lui laissa pour tout le reste de sa vie la cinquième partie de la taxe imposée avant le concile de Constance, à condition que le payement se ferait en monnaie de France ; que si le même bénéfice venait à vaquer plusieurs fois dans une année, on ne payerait toujours que ce cinquième, et que toute autre espèce de subside cesserait.

TITRE X. *Quomodo divinum officium sit celebrandum*. « L'office divin sera célébré « avec décence, gravité, la médiante obser- « vée ; on se lèvera à chaque *Gloria Patri ;* « on inclinera la tête au nom de Jésus ; on ne « s'entretiendra point avec son voisin, etc. »

TITRE XI. *Quo tempore quisque debeat esse in choro.*

TITRE XII. *Qualiter horæ canonicæ sunt dicendæ extra chorum.*

TITRE XIII. *De his qui tempore divinorum officiorum vagantur per ecclesiam.*

TITRE XIV. *De tabula pendente in choro.*

TITRE XV. *De his qui in missa non complent credo, vel cantant cantilenas, vel nimis basse missam legunt, præter secretas orationes, aut sine ministro.*

TITRE XVI. *De pignorantibus cultum divinum.*

TITRE XVII. *De tenentibus capitula tempore missæ.* Tous ces articles parlent de l'office divin.

TITRE XVIII. Cet article condamne la fête des fous et tout autre spectacle dans l'église. (*Voyez* FÊTES, § 2, *in fin.*)

TITRE XIX. *De concubinariis*. « Tout con- « cubinaire public sera suspens *ipso facto* « et privé pendant trois mois des fruits de « ses bénéfices au profit de l'église dont ils « proviennent. Il perdra ses bénéfices en en- « tier après la monition du supérieur ; s'il « reprend sa mauvaise habitude, après avoir « été puni par le supérieur et rétabli dans « son premier état, il sera déclaré inhabile à « tout office, dignité ou bénéfice ; si les or- « dinaires négligent de sévir contre les cou- « pables, il y sera pourvu par les supérieurs, « par les conciles provinciaux, par le pape « même, s'il est nécessaire. » Au reste, on appelle *concubinaires publics*, non-seulement ceux dont le délit est constaté par sentence ou par l'aveu des accusés ou par la notoriété du fait, mais encore quiconque retient dans sa maison une femme suspecte, et qui ne la renvoie pas après en avoir été averti par son supérieur. On ajoute que les prélats auront soin d'implorer le bras séculier pour séparer les personnes de mauvaise réputation de la compagnie de leurs ecclésiastiques, et qu'ils ne permettront pas que les enfants nés d'un commerce illicite habitent dans la maison de leurs pères.

TITRE XX. *De excommunicatis non vitandis.* Ce titre lève la défense d'éviter ceux qui ont été frappés de censures, à moins qu'il n'y ait une sentence publiée contre eux, ou bien que la censure ne soit si notoire qu'on ne puisse ni la nier ni l'excuser.

TITRE XXI. *De interdictis indifferenter non ponendis.* Ce titre condamne les interdits jetés trop légèrement sur tout un canton. Il est dit qu'on ne procédera de cette manière que quand la faute aura été commise par le seigneur ou le gouverneur du lieu ou leurs officiers, et qu'après avoir publié la sentence d'excommunication contre eux.

TITRE XXII. *De sublatione Clementinæ litteris, tit. de probat.* Ce titre supprime une décrétale qui se trouve parmi les Clémentines et dit que de simples énonciations dans les lettres apostoliques, portant qu'un tel est privé de son bénéfice ou autre droit, ou qu'il y a renoncé, n'est pas suffisante, et qu'il faut des preuves.

TITRE XXIII. *De conclusione Ecclesiæ gallicanæ.* Ce titre contient la conclusion de l'Eglise gallicane pour la réception des décrets du concile de Bâle, qui y sont énoncés, avec les modifications dont nous avons parlé. Les évêques prient le roi, en finissant, d'agréer tout ce corps de discipline, de le faire publier dans son royaume, et d'obliger les officiers de son parlement et des autres tribunaux à s'y conformer ponctuellement. Le roi entra dans ces vues, et envoya la *pragmatique sanction* au parlement de Paris, qui l'enregistra le 13 de juillet de l'année suivante 1439. Mais, par une déclaration du 7 août 1441, il ordonna que les décrets du concile de Bâle, rapportés dans la *pragmatique*, n'auraient leur exécution qu'à compter du jour de la date de cette ordonnance, sans avoir égard à la date des décrets du concile.

Le pape Eugène témoigna beaucoup d'opposition contre ce règlement, et n'oublia rien auprès du roi Charles VII pour le lui faire abolir ; mais ses efforts furent inutiles. Le roi fit seulement une ordonnance en 1455, pour remédier à certains abus qui s'étaient glissés dans l'exécution de sa loi. Pie II, successeur d'Eugène, se déclara encore plus ouvertement contre la *pragmatique*, et en sollicita vivement l'abolition. Dans ces circonstances, Charles VII mourut, et Louis XI lui succéda en 1461. Ce prince ne tint pas contre les pressantes sollicitations de Pie II ; il condescendit à l'abolition de la *pragmatique*. Ses lettres patentes furent expédiées à cet effet le 27 novembre 1461. Les ambassadeurs les remirent au pape avec la charte même de la *pragmatique*.

« La pragmatique, dit Pie II, était une « tache qui défigurait l'Eglise de France, un « décret qu'aucun concile général n'avait « porté, qu'aucun pape n'avait reçu ; un « principe de confusion dans la hiérarchie « ecclésiastique, puisqu'on voyait depuis ce « temps-là que les laïques étaient devenus « maîtres et juges du clergé ; que la puis- « sance du glaive spirituel ne s'exerçait plus « que sous le bon plaisir de l'autorité sécu- « lière ; que le pouvoir romain, malgré la « plénitude de juridiction attachée à sa di- « gnité, n'avait plus de pouvoir en France « qu'autant qu'il plaisait au parlement de « lui en laisser. »

Louis XI écrivit au pape une lettre en

(*Vingt-sept.*)

date du 7 novembre 1461, dans laquelle il reconnaît que « la *pragmatique* a été faite « dans un temps de schisme et de sédition ; « qu'elle ne peut causer que le renverse-« ment des lois et du bon ordre ; qu'elle « rompt l'uniformité qui doit régner entre « tous les Etats chrétiens ; qu'il casse dès « à présent cette ordonnance, et que si « quelques prélats osent le contredire, il « saura les réduire au parti de la soumis-« sion. »

Le parlement de Paris refusa d'enregistrer les lettres du roi. Celui de Toulouse ne les vérifia qu'au mois d'avril 1462, qu'en protestant que c'était par ordre précis du roi ; ce qui faisait toujours regarder la *pragmatique* comme un sage règlement que l'on devait suivre. Le pape Paul II, successeur de Pie II, instruit de l'état des choses à cet égard, demanda au roi Louis XI de nouvelles et plus fortes lettres d'abolition, et les obtint ; mais ce tut encore avec aussi peu de succès auprès du parlement.

Dans ce même temps, le recteur de l'université de Paris déclara au légat, ainsi qu'au châtelet, son appel au futur concile, de tout ce qui serait fait contre la *pragmatique*. Mais tout cela ébranla si peu Louis XI, qu'il fit, par ses ambassadeurs, un traité avec Sixte IV, l'an 1472, où l'on réduisit les choses à peu près dans le même état où elles étaient en Allemagne par les concordats germaniques, touchant les bénéfices ; c'est ce traité dont parle le chapitre 1 *de Treuga et pace, in communib*. Il ne fut pas plus reçu des parlements que les lettres d'abolition. Louis XI mourut donc en 1483, sans avoir pu terminer cette affaire d'une manière satisfaisante. Dès le commencement du règne de Charles VIII, son successeur, on assembla les trois états du royaume en la ville de Tours. Là, s'émut une dispute entre les évêques nommés par Louis XI et quelques-uns du tiers état. Le procureur général, Saint-Romain, y prit la parole, et déclara que si les commissaires du roi n'avaient égard à ses remontrances, il en appelait au parlement : sur quoi il faut remarquer que sous le roi Charles VIII, l'on procéda aux élections des évêques, et quand il y arrivait des débats, le parlement en décidait.

Dans ces circonstances, Innocent VIII et Alexandre VI, firent de vains efforts auprès du roi Charles VIII, lequel mourut en 1497. Louis XII, qui lui succéda, fit perdre aux souverains pontifes toute espérance de rien obtenir. Le roi ordonna, dès l'année 1499, que la *pragmatique* de Bourges serait inviolablement observée dans le royaume ; et l'on voit en effet des arrêts qui condamnèrent en conséquence quelques particuliers, pour avoir obtenu des bulles en cour de Rome. Les choses restèrent en cet état jusqu'au cinquième concile de Latran, convoqué par Jules II, en 1512, comme il est dit sous les mots LATRAN et PISE.

Le pape cassa dans ce concile, tout ce qu'avaient fait les cardinaux assemblés à Pise, Milan et Lyon ; il renouvela, dans la troisième session, les bulles qui mettaient le roi et son royaume en interdit, à cause des secours qu'il avait prêtés à ce concile de Pise, et ordonna dans la quatrième session, tenue le 12 décembre 1512, sur les réquisitions du procureur général du concile, que tous les fauteurs de la *pragmatique*, quels qu'ils pussent être, rois et autres, seraient cités à comparaître dans soixante jours.

Le concile approuva ce monitoire ; mais le pape Jules étant mort le 26 février 1513, Léon X, son successeur, prorogea le délai de soixante jours, en faveur de ceux qui défendaient la *pragmatique*. Dans ce même temps, le roi Louis XII envoya ses ambassadeurs pour déclarer au concile de Latran, qu'il y adhérait, et qu'il abandonnait celui de Pise, depuis le décès de Jules II. Les prélats français imitèrent l'exemple du roi ; et Léon X suspendit l'effet des censures. Louis XII mourut le 1ᵉʳ janvier 1514, et eut pour successeur le roi François Iᵉʳ.

Ce prince jeune et plein de courage passa en Italie, où il faisait la guerre ; il avait déjà vaincu ses ennemis, lorsqu'il reçut à Pavie avis par le sieur de Soliers, son ambassadeur à Rome, que le pape et le concile avaient décerné une citation péremptoire et finale contre Sa Majesté et l'Eglise gallicane, pour venir alléguer les raisons pourquoi la *pragmatique* ne devait pas être abrogée. Le roi manda que dans peu de jours il enverrait vers le pape pour satisfaire à cette citation, ou bien qu'il se ferait quelque proposition d'un concordat pour le bien de l'Eglise de France. Ce dernier parti qui faisait tout espérer au pape dans une négociation, fut suivi ; on se rendit de part et d'autre dans la ville de Boulogne. Le roi demanda au pape la confirmation de la *pragmatique*, mais inutilement. Le pape voulait un traité, et François Iᵉʳ y consentit ; les cardinaux d'Ancône et Sanctiquarto, furent commis à cet effet par Léon X, et le chancelier Duprat par François Iᵉʳ ; en conséquence, tout fut réglé dans peu de jours. Le roi signa le concordat à Milan, et, après quelques difficultés sur quelques articles, le pape le ratifia le 16 août 1516. On cita dès lors, par un dernier délai péremptoire, les défenseurs de la *pragmatique*. On lut dans la onzième session la bulle de Léon X, du 19 décembre 1516, portant révocation de la *pragmatique*, et le traité fait à Boulogne entre ce pape et le saint-siège apostolique d'une part, et le roi et le royaume de France de l'autre. Le concile approuva tout, et mit dans ses actes, comme une pièce qui en faisait partie essentielle, le traité de Boulogne, appelé parmi nous le *concordat français*. Ce concordat fut dressé sur les décrets de la *pragmatique* et dans le même ordre (*Voyez* le texte de ce concordat sous le mot CONCORDAT de Léon X). Voici les changements qu'on y re marque :

1° Au lieu du titre *de concil. general. auct.*, etc., contenu en la *pragmatique*, le concordat renferme une préface et un titre, *de Constitutionibus*, qui prépare à la matière du traité et à sa confirmation.

2° Au titre *de electionibus* de la *pragmatique*, le concordat a substitué le titre *de electionis et postulat. derogat.* et le titre *de regia ad prœlaturas*, etc.

3° Le titre IV du concordat répond au titre III de la *pragmatique de reserv. sublat.*, mais avec moins de précision.

4° Le titre V du concordat est le même que le titre IV de la *pragmatique de collationibus*, avec cette différence que le premier explique mieux les droits des gradués.

5° Les titres VI, VII, VIII, IX, du concordat *de mandatis apostolicis*, sont une exception du titre IV de la *pragmatique de reserv. subl.* où il est parlé aussi de ces mandats.

6° Les titres VI et VII du concordat *de causis et frivolis appellationibus*, sont à peu près les mêmes que ceux de la *pragmatique*.

7° Il n'est fait aucune mention dans le concordat des titres VIII, IX, X, et suivants jusqu'au XVIII de la *pragmatique* : savoir, du nombre et de la qualité des cardinaux, des annates, et de ce qui regarde le service divin.

8° Les titres *de concubinariis, de excommunicatis non vitandis, de interdictis non leviter ponendis, de sublatione et mentione litteris*, sont semblables dans la *pragmatique* et le concordat. (*Voyez* CONCORDAT.)

PRÉBENDE, SEMI-PRÉBENDE.

On appelle *prébende* une portion des biens d'une église cathédrale ou collégiale, assignée à un ecclésiastique, à la charge par lui de remplir certaines fonctions.

Quoique l'on confonde pour l'ordinaire le mot de *prébende* avec canonical ou chanoinie ; il y a cependant cette différence, que la *prébende* est un droit qu'a un ecclésiastique de percevoir certains revenus dans une église cathédrale ou collégiale ; au lieu que le canonicat est un titre spirituel, indépendant du revenu temporel : en sorte que la *prébende* peut subsister sans le canonicat, et que le canonicat au contraire est inséparable de la *prébende*. Ce n'est pas à la *prébende* que le droit de suffrage et les autres droits spirituels sont attachés, mais au canonicat : *Proprie ad hoc spectat status in choro et vox in capitulo* (*Glos. in pragm. de Collat.* § *Item censuit*) ; lorsque la *prébende* est jointe au canonicat, elle devient spirituelle à cause du canonicat auquel elle est annexée. Celle-ci est appelée par quelques-uns *prébende canoniale* ; l'autre *prébende* simple (*Voyez* CANONICAT).

Le mot de *prébende* signifiait dans le moyen âge les distributions des vivres qui se faisaient aux soldats ; d'où il a passé aux distributions qui se faisaient aux chanoines et aux moines ; puis aux portions des revenus des biens de l'Eglise qu'eurent les ecclésiastiques, après le partage qui fut fait de ces biens (Thomassin).

La *prébende* ainsi distincte du canonicat pouvait être divisée et conférée même à des laïques, et de là les *semi-prébendes*, que l'on voyait dans la plupart des chapitres affectées à des chapelains ; les *prébendes* laïcales en certains chapitres.

Les *semi-prébendes* possédées par des ecclésiastiques formaient titre de bénéfice irrévocable ou amovible, selon les différents usages des chapitres. Dans plusieurs, les chapelains semi-prébendés ne pouvaient pas être révoqués par le chapitre qui les avait nommés, et pouvaient même quelquefois résigner leur *semi-prébende*.

On ne parle de *prébendes* que dans les chapitres ou églises conventuelles : *Nomen autem prœbendœ cum de beneficiis loquimur, proprie solum locum habet in ecclesiis collegiatis ubi adsunt canonicatus, personatus et dignitates* (*Tot. tit. de Prœb.*). Régulièrement les *prébendes* viennent sous le nom de bénéfice (*C. Dilectus de Prœb.; c. Si quis ductor ; c. Si quis episcopus* 1. *qu.* 3). L'on voit sous le mot BIENS D'ÉGLISE, l'origine des *prébendes* par le partage qui se fit des chapitres dans le onzième siècle.

On distingue encore la *prébende* en théologale et préceptoriale.

On appelait aussi pléni-prébendé le chanoine qui possédait une *prébende* entière pour le distinguer de celui qui ne possédait qu'une *demi-prébende*.

PRÉCAIRE.

Le *précaire* est un espèce de contrat fort commun autrefois dans l'Eglise. Il consistait en une donation que les particuliers faisaient de leurs biens aux églises ou aux monastères, ensuite de laquelle ils obtenaient de ces mêmes églises ou monastères, sur des lettres qu'ils appelaient *precarias* ou *precatorias*, les mêmes biens pour les posséder par une espèce de bail emphytéotique, pendant cinq, six ou sept générations, à condition de donner à l'église ou aux monastères un certain revenu tous les ans. Le bail fini, les biens passaient en propre aux églises ou aux monastères. Les anciens cartulaires sont remplis de ces sortes de contrats.

Bien que le *précaire* ne soit plus connu ni pratiqué dans l'usage, nous en distinguerons de trois espèces selon qu'on en a usé autrefois : 1° quand on donnait un fonds à l'église, à condition qu'on jouirait de l'usufruit de ce fonds, et d'un autre de même valeur ; tel est le *précaire* dont parle le canon *Precariœ, qu.* 2 ; 2° quand on donnait à l'église un fonds dont on se réservait l'usufruit, à condition de payer un cens pour marque de reconnaissance ; 3° quand l'Eglise donnait pour un certain temps à un particulier l'usufruit de quelque terre, à condition de rendre certains services, ou pour récompense de ceux qui avaient été rendus (*C. Sæpe*, 12, *qu.* 2, *extr. de Precar.*).

Cette dernière sorte de *précaire* est appelée *precarium*, et non *precaria*, dans les Décrétales. Elle était plus préjudiciable à l'Eglise que les deux autres, quoique, suivant Yves de Chartres, il n'y eût aucun *précaire* qui lui fût avantageux. Fra Paolo et Jérôme Acosta prétendent le contraire, car ils font des deux premières espèces de *précaire* la principale source des richesses de l'Eglise. Quoi qu'il en soit, tous ces différents *précaires* dont on peut voir la vraie nature dans le *Traité de la discipline*, du père Thomassin (Partie IV, *liv.* II, ch. 65), ont été défendus, et la crainte que les laïques ne s'emparassent des biens ecclésiastiques, comme ils avaient déjà fait dans les derniers siècles, alla à un tel point, qu'on défendit dans quelques conciles de leur donner à ferme les biens d'Eglise. De là étaient venues les défenses de baux à longues années (*Voyez* BAIL).

PRÉCENTEUR.

(*Voyez* CHANTRE.)

PRÉCEPTEUR, PRÉCEPTORIALE.

L'Eglise, comme nous avons eu plusieurs fois occasion de l'observer dans le cours de cet ouvrage, a toujours regardé l'ignorance comme la source d'une infinité de maux et d'une infinité de désordres. Elle a cherché à y remédier, en favorisant l'éducation publique, surtout dans ces temps où les universités n'étaient pas multipliées, où les colléges étaient rares, et où les séminaires n'étaient pas encore établis. Les pauvres clercs et les jeunes écoliers furent l'objet de ses soins. Des évêques se firent un devoir de former des écoles destinées à leur instruction (*Voyez* ÉCOLE). Les conciles le leur prescrivirent comme une loi. On établit des maîtres d'école dans les monastères et les chapitres; un Capitulaire de Charlemagne (*lib.* II, *cap.* 72) est à cet égard très-formel. Le concile de Latran, tenu sous Alexandre III, ordonna (*c.* 1, *de Magistris*), qu'on établirait un maître d'école dans chaque église cathédrale, auquel on assignerait le revenu de quelque bénéfice. Le concile tenu sous Innocent III, renouvela ce règlement (*in c. Quia nonnullis*), et l'étendit à toutes les églises dont les revenus permettraient cet établissement.

Enfin le concile de Trente, se référant à ces anciennes constitutions, a ordonné que dans les églises dont le revenu annuel est faible, et où il y a un si petit nombre d'ecclésiastiques et de fidèles, qu'on ne peut pas y entretenir commodément des leçons de théologie, il y aura au moins un maître choisi par l'évêque, avec l'avis du chapitre, qui enseigne gratuitement la grammaire aux clercs et aux autres pauvres écoliers, pour les mettre en état de passer ensuite à l'étude des saintes lettres, si Dieu les y appelle; et pour cela on assignera à ce maître de grammaire le revenu de quelque bénéfice simple, dont il jouira tant qu'effectivement il continuera d'enseigner; en sorte néanmoins que les charges et fonctions dudit bénéfice ne manquent pas d'être remplies, ou bien on lui fera quelques appointements honnêtes et raisonnables de la mense de l'évêque ou du chapitre; ou l'évêque enfin trouvera quelque autre moyen convenable à son église et à son diocèse, pour empêcher que, sous quelque prétexte que ce soit, un établissement si saint, si utile et si profitable ne soit négligé, et ne demeure sans exécution (Session V, ch. 1. *de Reform.*).

Le maître d'école ou de grammaire, dont parlent ces conciles, a reçu parmi nous le nom de *précepteur*, et la prébende qui était affectée à son entretien a été appelée *préceptoriale*.

PRÉCHANTRE.

Dans certaines églises on donne le nom de *préchantre, qui præest choro*, à la dignité de chantre (*Voyez* CHANTRE).

PRÉCHANTRERIE.

On donne ce nom à la dignité de préchantre ou premier chantre qu'on appelle en d'autres églises grand chantre, ou chantre simplement, et ailleurs précenteur (*Voyez* CHANTRE).

PRÉCONISATION.

On appelle *préconisation* la proposition qui se fait à Rome dans le consistoire, d'un nommé à un bénéfice consistorial : *Præco dicitur dum aliquid palam promulgatur*.

La *préconisation* n'est proprement qu'une annonce que, dans le prochain consistoire, le cardinal proposera à Sa Sainteté l'église qui est vacante, à laquelle le roi a nommé N. (Nous parlons ici pour ce qui regarde la France), qu'il désire être préposé pour évêque et pasteur de cette Eglise. Il est ajouté dans l'acte de *préconisation*, que les qualités et autres choses requises seront expliquées plus amplement dans le consistoire. On donne ce délai afin que les cardinaux puissent s'informer de la dignité ou indignité du nommé.

Un évêque qui s'est démis de son évêché, n'en est dépouillé qu'après que sa démission a été admise par le pape, et qu'on fixe à la *préconisation* qui est faite de son successeur en plein consistoire. Celui-ci n'a cependant dès lors aucune fonction à exercer dans le diocèse; il ne peut y exercer les fonctions spirituelles qu'après sa consécration et sa prise de possession (*Instit. du droit can., liv.* I, *tit. de consecratione*).

La *préconisation* se fait en ces termes : *Beatissime pater, ego N. cardinalis, in proximo consistorio, si Sanctitati vestræ placuerit, proponam ecclesiam N. quæ vacat per obitum N. ultimi illius episcopi : ad eam nominat rex christianissimus, D. N..... ut illi ecclesiæ præficiatur in episcopum et pastorem; illius autem qualitates et alia requisita latius in eodem consistorio declarabuntur.* Cet acte de *préconisation* est suivi de plusieurs autres formalités, en conséquence desquelles, si le sujet nommé est jugé digne, on lui expédie ses bulles.

PRÉDICATEUR, PRÉDICATION.

§ 1. *Nécessité de la* PRÉDICATION.

La *prédication (pro aperte dicere)*, qui n'est autre chose qu'une dispensation légitime de la parole de Dieu, est aussi ancienne que la religion, et ne finira qu'avec elle, parce que c'est un des moyens nécessaires pour la conserver dans sa pureté. C'est par la *prédication* que la foi s'est établie, qu'elle a passé de génération en génération, qu'elle subsistera jusqu'à la fin des siècles; et de là cette succession continuelle de la *prédication*, dont Jésus-Christ a confié le ministère aux évêques, en la personne des apôtres : *Euntes docete omnes gentes* (Matth., ch. XXVIII, v. 19). L'établissement des premiers diacres prouve évidemment que les apôtres s'en faisaient un devoir personnel qu'ils voulaient remplir autant qu'il était en eux : *Non est æquum nos derelinquere verbum Dei, et ministrare mensis* (Act., ch. VI). (*Voyez* DOCTRINE, ÉVÊQUE.)

Sur cet exemple, les canons et les conciles de tous les siècles ont constamment chargé les évêques du ministère de la parole, et ne leur ont permis de le communiquer à d'autres que quand ils ne pourraient point s'en acquitter eux-mêmes. De là aussi est venue la maxime qu'on ne saurait prêcher dans un diocèse sans le consentement et l'approbation de l'évêque. Saint Augustin, dit-on, fut le premier prêtre dans l'Occident, et saint Jean Chrysostome dans l'Orient, qui aient exercé ce ministère. On remarque aussi qu'en France, le concile de Vaison, tenu en 529, est le premier qui ait permis aux curés de prêcher; tant il est vrai qu'on regardait autrefois les évêques comme les seuls à qui le ministère de la parole appartenait. Cependant, l'historien Socrate dit que c'était à Alexandrie seulement, où, à l'occasion de l'hérésiarque Arius, la *prédication* fut défendue aux prêtres; et il assure au même endroit que les évêques et les prêtres interprétaient les Écritures à Césarée en Cappadoce et dans l'île de Chypre, tous les jours de samedi et le dimanche à l'heure de vêpres (*Lib.* V, c. 21). Sozomène dit aussi que l'évêque seul prêchait à Alexandrie, et que cette coutume s'introduisit lorsqu'Arius publia ses impiétés (*Lib.* VII, c. 19). Les prêtres prêchaient donc avant cette époque. Nous ne rappellerons pas ici cette foule d'autorités qui font de la *prédication* un devoir essentiel des évêques, on les voit dans toute leur étendue dans les *Mémoires du clergé*, tome VI, col. 1468. Il nous suffira de rapporter ici les règlements du concile de Trente sur cette matière. On n'en suit pas d'autres dans la discipline présente : il est très-important d'en lire le texte, après celui de saint Paul, écrivant aux Romains, chapitre X: *Quomodo credent ei quem non audierunt? Quomodo autem audient sine prædicante?*

« De même qu'il n'est pas moins nécessaire pour l'avantage du christianisme de prêcher l'Evangile, que d'en faire des leçons publiques et que même c'est la fonction principale des évêques, le saint concile a déclaré et ordonné que tous les évêques, archevêques, primats et tous autres préposés à la conduite des églises, seront tenus et obligés de prêcher eux-mêmes le saint Evangile de Jésus-Christ, s'ils n'en sont légitimement empêchés. Mais s'il arrive qu'ils aient en effet quelque empêchement légitime, ils seront obligés, selon la forme prescrite au concile général de Latran, de choisir et mettre en leur place des personnes capables de s'acquitter utilement pour le salut des âmes de cet emploi de la *prédication*; et si quelqu'un méprise d'y donner ordre, qu'il en attende un châtiment rigoureux.

« Les archiprêtres également, les curés, et tous ceux qui ont à gouverner des églises paroissiales, ou autres ayant charge d'âmes, de quelque manière que ce soit, auront soin, du moins tous les dimanches et toutes les fêtes solennelles, de pourvoir par eux-mêmes, ou par autres personnes capables, s'ils n'en sont légitimement empêchés, à la nourriture spirituelle des peuples qui leur sont soumis, selon la portée des esprits et selon leurs propres talents, leur enseignant ce qui est nécessaire à tout chrétien de savoir pour être sauvé et leur faisant connaître en peu de paroles et en termes faciles à comprendre les vices qu'ils doivent éviter et les vertus qu'ils doivent suivre pour se garantir des peines éternelles, et pour obtenir la gloire céleste. Que si quelqu'un néglige de s'en acquitter, quand il prétendrait par quelque raison que ce soit être exempt de la juridiction de l'évêque, et quand les églises même seraient dites exemptes de quelque manière que ce puisse être, en qualité d'annexes, si l'on veut, ou comme unies à quelque monastère qui serait même hors du diocèse, pourvu qu'en effet les églises se trouvent dans le diocèse, les évêques ne doivent pas laisser d'y étendre leur soin et leur vigilance pastorale, pour ne pas donner lieu à la vérification de ce mot (*Thren.* IV, 4) : *Les petits enfants ont demandé du pain, et il n'y avait personne pour leur en rompre*. Si donc, après avoir été avertis par l'évêque, ils manquent pendant trois mois à s'acquitter de leur devoir, ils y seront contraints par censure ecclésiastique ou par quelque autre voie, selon la prudence de l'évêque; de sorte même que s'il le juge à propos, il soit pris sur le revenu des bénéfices quelque somme honnête pour être donnée à quelqu'un qui en fasse la fonction, jusqu'à ce que le titulaire lui-même se reconnaissant, s'acquitte de son propre devoir.....

« Les réguliers, de quelque ordre qu'ils soient, ne pourront prêcher même dans les églises de leur ordre, sans l'approbation et la permission de leurs supérieurs, et sans avoir été par eux dûment examinés sur leur conduite, leurs mœurs et leur capacité; mais avec cette permission ils seront encore obligés, avant de commencer à prêcher, de se présenter en personne aux évêques, et de leur demander la bénédiction. Dans les églises qui ne sont point de leur ordre, outre la permission de leurs supérieurs, ils seront encore tenus d'avoir celle de l'évêque, sans laquelle ils ne pourront en aucune façon prêcher dans les églises qui ne sont point de leur ordre, et, cette permission sera donnée gratuitement par les évêques.

« S'il arrivait, ce qu'à Dieu ne plaise, que

quelque *prédicateur* semât parmi le peuple des erreurs ou des choses scandaleuses, soit qu'il prêchât dans un monastère de son ordre, ou de quelque autre ordre que ce soit, l'évêque lui interdira la *prédication*, et, s'il prêchait des hérésies, l'évêque procédera contre lui suivant la disposition du droit, ou la coutume du lieu, quand même ce *prédicateur* se prétendrait exempt, par quelque privilége général ou particulier, auquel cas l'évêque procédera en vertu de l'autorité apostolique, et comme délégué du saint-siége. Les évêques auront aussi soin, de leur côté, qu'aucuns *prédicateurs* ne soient inquiétés à tort, ni exposés à la calomnie, par de fausses informations, ou autrement, et feront en sorte de ne leur donner aucun juste sujet de se plaindre d'eux. » (Session V, chap. 2, *de Reform*.)

« Le saint concile, souhaitant que l'exercice de la *prédication* de la parole de Dieu, qui est la principale fonction des évêques, soit continué le plus souvent qu'il se pourra pour le salut des fidèles, et accommodé encore plus convenablement à l'état présent des temps les canons autrefois publiés à ce sujet sous Paul III d'heureuse mémoire, ordonne que les évêques eux-mêmes, dans leur propre église, expliqueront les saintes Ecritures, et prêcheront la parole de Dieu; ou, s'ils en sont légitimement empêchés, qu'ils auront soin que ceux à qui ils en auront confié l'emploi s'en acquittent dans leurs cathédrales, ainsi que les curés dans leurs paroisses, ou par eux-mêmes, ou, à leur défaut, par d'autres qui seront nommés par les évêques, soit dans les villes, ou en tel autre lieu du diocèse où ils jugeront à propos de faire prêcher, aux frais et dépens de ceux qui y sont tenus, qui ont accoutumé d'y fournir; et cela au moins tous les dimanches et toutes les fêtes solennelles; dans le temps des jeûnes du carême et de l'avent, tous les jours; ou du moins trois fois la semaine, s'ils l'estiment nécessaire, et, aux autres temps, toutes les fois qu'il paraîtra expédient.

« L'évêque avertira souvent le peuple que chacun est obligé d'assister à sa paroisse, si cela se peut faire commodément, pour y entendre la parole de Dieu; et nul, soit séculier, soit régulier, n'entreprendra de prêcher, même dans les églises de son ordre, contre la volonté de l'évêque.

« Les évêques auront soin pareillement, qu'au moins les dimanches et les fêtes, les enfants soient instruits dans chaque paroisse des principes de la foi, et de l'obéissance qu'ils doivent à Dieu et à leurs parents; et, s'il en est besoin, ils contraindront, même par censures ecclésiastiques, ceux qui sont chargés de cet emploi à s'en acquitter fidèlement, nonobstant privilége et coutume contraires. A l'égard de tout le reste, ce qui a été ordonné sous le même Paul III, touchant l'emploi de la *prédication*, demeurera dans sa force et vigueur. » (Session XXIV, chap. 4, *de Reform*.)

« Afin que le peuple fidèle s'approche des sacrements avec plus de respect et plus de dévotion, le saint concile enjoint à tous les évêques, non-seulement d'en expliquer eux-mêmes l'usage et la vertu, selon la portée de ceux qui se présenteront à les recevoir, quand ils feront eux-mêmes la fonction de les administrer au peuple; mais aussi de tenir la main que tous les curés observent la même chose, et s'attachent avec zèle et prudence à cette explication, qu'ils feront même en langage du pays, s'il en est besoin, et si cela se peut faire commodément, suivant la forme qui sera prescrite par le saint concile, sur chaque sacrement, dans le catéchisme qui sera dressé, et que les évêques auront soin de faire traduire fidèlement en langue vulgaire, et de faire expliquer au peuple par tous les curés : lesquels, au milieu de la grand'messe ou du service divin, expliqueront aussi en langage du pays, tous les jours de fêtes ou solennels, le texte sacré, et les avertissements salutaires qui y sont contenus; tâchant de les imprimer dans les cœurs de tous les fidèles, et de les instruire solidement dans la loi de Notre-Seigneur, laissant à part toutes sortes de questions inutiles. » (Même session, chapitre 7.)

Saint François de Sales apprend aussi en général à tout *prédicateur*, comment il doit s'y prendre pour prêcher avec fruit (*Voyez* lettre 31, et la fin de celle qui est rapportée sous le mot ÉVÊQUE, § 5).

La congrégation des cardinaux a décidé en 1580, conformément au concile de Latran, sous Léon X, que l'on pouvait permettre la *prédication* à un clerc, quoiqu'il ne fût pas dans les ordres sacrés, mais jamais à des laïques. Nos conciles provinciaux sont plus sévères à cet égard, ils ne permettent la *prédication* qu'aux diacres ou aux sous-diacres; et recommandent de ne pas la confier légèrement aux nouveaux convertis (*Mém. du clergé*, tom. III, col. 867).

§ 2. *Approbation et nomination des* PRÉDICATEURS.

Nous avons établi sous le mot APPROBATION la nécessité d'obtenir de l'évêque l'approbation ou la mission pour prêcher ou pour confesser dans son diocèse. Rien n'est plus expressément défendu aux clercs séculiers et réguliers, que de prêcher sans la mission de l'évêque : *Quomodo prædicabunt nisi mittantur*. Il faut voir à ce sujet toutes les autorités anciennes et nouvelles qui sont rapportées dans les *Mémoires du clergé*, tom. III, col. 870, tom. VI, col. 1472.

Voici deux formules d'approbation pour la chaire. Cette approbation s'accorde ou pour prêcher indistinctement dans toutes les églises du diocèse, ou dans une église particulière. La première de ces permissions contient trois choses remarquables : 1° la limitation du temps pendant lequel on peut prêcher; 2° l'exclusion de l'avent et du carême, pour lesquels il faut une permission particulière ; 3° le consentement du curé ou supérieur des lieux.

PERMISSION GÉNÉRALE DE PRÊCHER.

N. miseratione divina et sanctæ sedis apo-

stolicæ gratia, episcopus N. licentiam damus... verbum Dei annuntiandi in nostra diœcesi, de consensu rectorum, vel superiorum locorum, non tamen concionandi adventus aut quadragesimæ tempore, sive dominicis, sive singulis diebus in eodem loco, sine speciali mandato nostro, præsentibus litteris ad.... valituris. Datum N. in palatio nostro episcopali, anno Domini, etc.

PERMISSION DE PRÊCHER L'AVENT ET LE CARÊME DANS LA VILLE.

N., etc., rectori ecclesiæ N... salutem et benedictionem : mandamus vobis quatenus benigne recipiatis N.... juxta locorum consuetudinem designatum, atque a nobis missum ad prædicandum verbum Dei in vestra ecclesia proximo tempore... omnia autem sub iis conditionibus atque legibus: prima, ut aut parochum, aut rectorem loci quamprimum conveniat, mandatum suum expositurus; cumque de disciplinæ evangelicæ regula conferat, ne in persuasibilibus humanæ sapientiæ verbis potius quam in virtute missionis ac traditi verbi et œdificatione Dei, quæ est in fide, regnum Dei evangelizet. Secunda, ut ex pastoralibus libris lectionem evangelii atque epistolæ populo Dei fideliter integreque interpretetur, ac contra hæreses doctrinam veritatis inviolabiliter commendet : duas item sermonum partes faciat, doctrinalem atque moralem, in quibus assidue cum doctore nostro beatissimo Augustino, Ecclesiæ unitatem, congregationem, communionem mentibus fidelium inspiret; eadem etiam quæ didicerit ita doceat, ut cum dicat nove non dicat nova. Tertia clerum populumque ad habendas pro rege, regia familia et exercitibus suis assiduas apud Deum orationes, animose invitet. Quarta denique ac postrema, ut post perfectum præsentis mandati laborem, rationem suæ villicationis sedi episcopali confestim reddat. Datum. N., etc.

Le droit d'approuver les *prédicateurs* n'appartient qu'aux évêques dans leurs diocèses. C'est une suite de leur qualité de premiers pasteurs. Ils peuvent refuser la permission de prêcher à qui bon leur semble sans qu'on puisse les forcer à l'accorder ni à déclarer les raisons de leur refus.

Les lois civiles reconnaissent ce droit de l'évêque. L'article 50 des articles organiques porte: «Les *prédications* solennelles appelées « *sermons*, et celles connues sous le nom de « *stations* de l'avent et du carême, ne seront « faites que par des prêtres qui en auront « obtenu une autorisation spéciale de l'é« vêque. »

L'article 32 du décret du 30 décembre 1809, ajoute: « Les *prédicateurs* seront nommés « par les marguilliers, à la pluralité des suf« frages, sur la présentation faite par le curé « ou desservant et à la charge par lesdits « *prédicateurs* d'obtenir l'autorisation de « l'ordinaire. »

Et l'article 37 du même décret met au nombre des charges de la fabrique « de payer « l'honoraire des *prédicateurs* de l'avent, du « carême et autres solennités. »

Les curés n'ont pas besoin de l'approbation de l'évêque pour prêcher dans leurs paroisses, parce que la *prédication* est une fonction attachée à leur titre même.

Il y a longtemps qu'a lieu l'usage de *prédications* spéciales pendant l'avent et le carême, car nous lisons dans le concile de Meaux de l'an 815, canon 28, que les Pères de ce concile demandaient avec instance au roi Charles le Chauve qu'on laissât la liberté aux évêques de résider dans leur église, pendant l'avent et le carême, afin qu'ils pussent employer ce temps de piété à la *prédication* et à la correction des vices publics.

Nous croyons qu'il ne sera pas inutile de faire ici quelques remarques sur le droit de nommer les *prédicateurs*, et sur l'obligation de les défrayer. Comme la fonction de prêcher n'est proprement attachée qu'aux évêques, en qualité de successeurs des apôtres; et aux curés qui ne peuvent être faits pasteurs sans le pouvoir et l'obligation de paître leur troupeau, ainsi qu'on peut le remarquer dans le concile de Trente (Session XXIII, c. 1); aussi les conciles provinciaux ont obligé les réguliers nommés par l'évêque pour prêcher, de céder au curé, quand il voudra prêcher, comme au *prédicateur*-né de sa paroisse. On demande à qui appartient le droit de nommer les autres *prédicateurs*. S'il s'agit de l'église cathédrale, où nulle coutume certaine n'a approprié ce droit à d'autres, c'est à l'évêque à les nommer, et à fournir à leur dépense. Telle a été la résolution de la congrégation du concile, selon Fagnan (*In lib.*] *decret. part.* II, *pag.* 458). La chose est encore bien plus certaine si l'évêque seul est en possession de nommer et de défrayer. Ou bien ça été la coutume que l'évêque nommât, et que d'autres défrayassent les *prédicateurs*; et si cette coutume est immémoriale, le concile de Trente ne l'a point abolie, et il faut l'observer (Sess. XXIV, c. 4). Si elle n'est pas immémoriale, le concile l'a ôtée, et l'évêque qui nomme doit aussi donner l'honoraire des *prédicateurs*. C'est aussi ce qu'a décidé la congrégation. Si la coutume avait été que l'évêque nourrît le *prédicateur* et que quelque autre le nommât, la congrégation a jugé que l'évêque continuerait de le nommer, puisqu'il s'agit de son église cathédrale, où l'évêque seul doit pourvoir de *prédicateurs*, sans avoir égard aux coutumes contraires, quoiqu'immémoriales, par lesquelles cette nomination appartenait au chapitre ou à l'évêque et au chapitre ensemble. Enfin si la coutume est que le peuple ou autre que l'évêque nomme et nourrisse le *prédicateur*, si cette coutume n'est pas immémoriale, le concile de Trente veut qu'on l'abolisse, et que l'évêque seul nomme le *prédicateur* : mais aussi le peuple ne pourra plus être obligé à le nourrir, et ce sera à l'évêque de fournir à cette dépense. Mais si la coutume est immémoriale que le peuple ou un autre élise et nourrisse le *prédicateur*, la congrégation du concile a résolu qu'il était alors au choix de l'évêque, ou de conserver cette coutume immémoriale, ou de reprendre le droit de nommer, en s'engageant en même temps à nourrir le *prédicateur*. Voilà pour l'église cathédrale.

Pour les autres églises, si c'est la coutume que l'évêque nomme et que d'autres fournissent à la dépense, elle doit être exactement observée, selon le concile de Trente. (*Sess*. XXIV, *c*. 4). Si la coutume est que l'évêque nomme et nourrisse le *prédicateur*, cet usage est encore confirmé par le concile de Trente au même endroit. Si la coutume est que le peuple ou un autre nomme sans être obligé à la dépense, l'évêque peut abolir cette coutume et s'attribuer le droit de nommer, si elle n'est pas immémoriale; mais si elle est immémoriale, la congrégation du concile a souvent répondu que le concile de Trente ne l'avait point changée, et que l'évêque ne pouvait point l'abolir. Si le peuple nourrit et nomme le *prédicateur* par une coutume immémoriale, l'évêque ne peut rien changer à cet usage, selon la congrégation. Que si cette coutume n'est pas immémoriale, la congrégation a souvent répondu que l'évêque pouvait bien alors se remettre en droit de nommer; mais il ne peut plus obliger à nourrir le *prédicateur* ceux qui le nommaient et le nourrissaient auparavant. Enfin la congrégation a répondu qu'il était bien plus juste que les *prédicateurs* des églises des réguliers fussent du même ordre; mais que si la coutume était que l'évêque en pût nommer d'autres, il fallait l'observer.

Fagnan, de qui ces réponses de la congrégation du concile sont empruntées, propose ensuite un autre doute, savoir: si les curés sont obligés de faire des *prédications* en forme dans leur église, ou s'il suffit qu'ils y fassent des instructions familières. Il dit que la congrégation agita cette question sans la décider, et il ajoute que le chapitre *Quod Dei timorem*, et, dans les Clémentines, le chapitre *Dudum, de Sepulturis*, semblent obliger les curés à la *prédication*. Mais après tout, il semble que la congrégation du concile eut beaucoup de raison de ne rien décider sur ce sujet ; car ni dans les décrétales, ni dans le concile de Trente, il n'y a rien d'assez clair et d'assez convaincant pour les *prédications* en forme, et l'on pourrait, sans beaucoup de violence les expliquer des instructions familières qui sont ordinairement plus utiles.

Le même Fagnan propose ailleurs un autre doute : si l'office de la *prédication* peut être commis à d'autres qu'à des prêtres et des évêques. Les canonistes répondent que le chapitre *Perlectis* (*dist*. XXV, *c*. 1), donne aux diacres le pouvoir de prêcher, *prædicare Evangelium et Apostolum; nam sicut lectoribus vetus Testamentum, ita diaconis novum prædicare præceptum est*. Cependant, quelques auteurs disent que ce texte signifie seulement que le diacre récite à haute voix l'épître et l'évangile pendant la messe, ce qui peut passer pour une espèce de *prédication*. Le chapitre *In sanctis*, qui est de saint Grégoire le Grand, est un peu plus formel, quand il donne aux diacres *prædicationis officium*. Quoi qu'il en soit de ces décrétales anciennes, les canonistes en ont inféré que l'office de la *prédication* pouvait être confié aux diacres. Divers conciles rendent cette vérité incontestable. D'ailleurs, on ne peut douter que saint Etienne et les autres premiers diacres n'aient été de très-illustres et très-zélés *prédicateurs*.

§ 3. *Qualités et devoirs des* PRÉDICATEURS.

Les *prédicateurs* étant par leur ministère la lumière du monde, le sel de la terre, les docteurs des peuples, les dispensateurs des vérités divines, les héros et les ambassadeurs de Dieu même, ils doivent participer aux qualités de celui dont ils exercent les fonctions, à sa science, à sa pureté, à sa sainteté ; n'avoir en vue que sa gloire et le salut des âmes, soutenir leurs discours par une vie exemplaire et par la pratique de toutes les vertus.

Ils doivent s'abstenir dans leurs *prédications* des questions subtiles, vaines, abstraites, des histoires fabuleuses, des faits apocryphes, des faux miracles, des citations de lois, de poëtes et d'autres auteurs profanes, de toute doctrine suspecte ou erronée, de tout discours scandaleux, schismatique, indécent, emporté et peu propre à instruire, à corriger, à édifier et à toucher (Concile de Sens de l'an 1528; règlement des régul., art. 13; *Mém. du clergé*, tom. III, col. 864 ; tom. VI, col. 1454).

Le cinquième concile de Latran tenu en 1514, sous Léon X, s'exprime en ces termes sur les qualités des *prédicateurs*, dans la onzième session : « D'autant que plusieurs n'enseignent point en prêchant la voie du Seigneur, et n'expliquent point l'Evangile, mais plutôt inventent beaucoup de choses par ostentation, accompagnent ce qu'ils disent de grands mouvements en criant beaucoup, hasardent en chaire des miracles feints, des histoires apocryphes et tout à fait scandaleuses, qui ne sont revêtues d'aucune autorité, et qui n'ont rien d'édifiant, jusque-là même que quelques-uns décrient les prélats, et déclament hardiment contre leurs personnes et leur conduite; nous ordonnons, dit le pape, sous peine d'excommunication, qu'à l'avenir aucun clerc séculier ou régulier, ne soit admis aux fonctions de *prédicateur*, quelque privilège qu'il prétende avoir, qu'il n'ait été auparavant examiné sur ses mœurs, son âge, sa doctrine, sa prudence et sa probité; qu'on ne prouve qu'il mène une vie exemplaire, et qu'il n'ait l'approbation de ses supérieurs en due forme et par écrit. Après avoir été ainsi approuvés, qu'ils expliquent dans leurs sermons les vérités de l'Evangile, suivant le sentiment des saints Pères; que leurs discours soient remplis de la sainte Ecriture; qu'ils s'appliquent à inspirer l'horreur du vice, à faire aimer la vertu, à inspirer la charité les uns envers les autres, et à ne rien dire de contraire ou véritable sens de l'Ecriture et à l'interprétation des docteurs catholiques. »

Le concile de Cologne, de l'an 1536, au titre des qualités des *prédicateurs*, dit, dans le même sens : « Le prophète Ezéchiel rapporte le sommaire des vérités qu'il doit annoncer aux peuples. Il faut qu'il accommode ses discours à la portée des auditeurs ; qu'il n'y mêle ni fables, ni contes qui n'aient aucune autorité. Il doit éviter tout ce qui est profane, et cette fausse éloquence qui ne consiste que dans les mots, de même que les mauvaises plaisanteries : il doit s'abstenir des paroles injurieuses qui puissent choquer ou irriter les puissances ecclésiastiques et séculières : se comporter avec prudence en reprenant les vices, ménager les ecclésiastiques et les magistrats. » Le concile d'Augsbourg, de l'an 1548, règl. 33, et celui de Trèves, de l'an 1549, art. 4, parlent dans le même sens.

Si l'on veut devenir de véritables *prédicateurs* de l'Évangile, il faut, selon le onzième concile de Tolède, canon 2, se remplir continuellement par la lecture des livres saints, de cette divine sagesse que les *prédicateurs* doivent répandre sur les peuples, puisque ce n'est que de leur abondance qu'ils peuvent enrichir les autres. Saint Isidore, évêque de Séville, a découvert les sources d'où les *prédicateurs* doivent puiser ces eaux salutaires, qui doivent donner la fécondité au champ de l'Église. Ce sont les Écritures, les canons, les écrits et les vies des saints Pères, mais surtout les jeûnes, les veilles et la prière.

Nous ne pouvons mieux conclure cette matière, qu'en proposant à tous les pasteurs des âmes l'exemple du grand saint Charles, lequel étant pleinement instruit des intentions et rempli de l'esprit du concile de Trente, et par conséquent bien persuadé de l'obligation de prêcher, surmonta enfin tous les empêchements qui l'en éloignaient, qui étaient effectivement très-grands, et qui eussent été insurmontables à tout autre qu'à lui. Il s'exerça premièrement à Rome dans des lieux fort écartés ; après ces essais il fit quelques discours à Milan, étant assis devant l'autel ; enfin le temps de la peste, qui fut celui du triomphe de sa charité pastorale, lui fit faire les derniers efforts ; il monta en chaire et prêcha avec solennité : ce qu'il continua depuis, se rendant facile, par le zèle et par l'habitude, ce qui aurait paru impossible à une âme moins ferme et à une vertu moins achevée que la sienne.

PRÉFET.

Il y a à Rome, dans la chancellerie, trois officiers à qui l'on donne le nom de *préfet* : l'un est appelé *préfet* de la daterie (*Voyez* DATERIE) ; l'autre *préfet* de la signature de grâce, et l'autre *préfet* de la signature de justice (*Voyez* SIGNATURE).

Il y a aussi un *préfet* des petites dates, un *préfet* de la componende, et un *préfet* des vacances *per obitum* (*Voyez* DATE, COMPONENDE).

Le *préfet* des brefs est le cardinal chargé de revoir et de signer les minutes des brefs sujets à la taxe (*Voyez* BREF).

PRÉLAT, PRÉLATURE.

On appelle *prélat*, *prælatus*, *quasi præ aliis latus*, tous ceux qui ont une juridiction ordinaire : *Prælati proprie dicuntur illi tantum qui habent jurisdictionem fori contentiosi*.

Dans une signification étendue on peut appeler *prélats* ceux qui sont chargés de la conduite des âmes et même de quelque administration honorable : *Lata appellatione curatus potest dici prælatus. Prælatura dicitur omnis honor qui propter administrationem alicui tribuitur* (*C. Quæ episcopatum* 7, *qu.* 1 ; *c. Cum ab ecclesiarum de offic. ord.* ; *c. De rectoribus in fin.* ; *c. Tua de cler ægrot.*).

Les supérieurs réguliers, comme prieurs et gardiens peuvent aussi être appelés *prélats* (*C. Nullus de elect. in* 6°).

Mais par ces mots : *Prælatus ecclesiæ*, on n'entend que l'évêque (Fagnan, *in c. Cum contingat de for. compet.*).

On distingue donc les grands *prélats* des moindres. Dans l'usage on ne donne guère ce nom qu'aux cardinaux, archevêques, évêques et autres supérieurs séculiers et réguliers, revêtus de charges éminentes, ou jouissant des droits comme épiscopaux. C'est aussi à ceux-là, comme aux plus élevés en dignité, qu'il faut appliquer ces paroles du canon *Miramur*, *dist.* 61. *Prælatorum integritas salus est subditorum. Hi prælati*, dit Rebuffe, *debent habere sex alas, id est notitiam sex legum, videlicet naturalis, mosaicæ, propheticæ, evangelicæ, apostolicæ et canonicæ ; et si volare melius volunt, addam aliam ex urbanitate, videlicet legalis scientiæ quæ etiam valde poterit conferre iisdem. Sunt tamen qui nullas habent, ideo in terra remanent et terreni sunt.*

Les qualités, les devoirs et les obligations des *prélats* font la matière de plusieurs titres du droit canonique, dont il serait trop long d'entreprendre ici l'analyse ; il vaut mieux renvoyer à ces titres que les *prélats* ne peuvent trop consulter.

PRÉMICES.

On peut voir la nature et l'origine des *prémices* sous les mots DIME, OBLATIONS. La lettre du nom fait assez entendre que c'était un droit que les fidèles prenaient sur les premiers fruits de leurs champs pour en faire une offrande à Dieu dans la personne de ses ministres. Cette espèce d'oblation s'est confondue en général dans le tribut de la dîme. Dans certaines paroisses, ce droit consistait dans une portion de fruits convenus entre le curé et les habitants ; dans d'autres, c'était un certain nombre de gerbes que les paroissiens donnaient à leur pasteur et, enfin, dans d'autres, ce n'était autre chose qu'une portion de la dîme.

PRÉNOM.

(*Voyez* BAPTÊME. § 5.)

PRESBYTÈRE.

On entend, dans l'usage, par *presbytère* le logement des curés dans les paroisses. Chaque église paroissiale doit avoir un *presbytère* pour loger le curé, aux dépens des habitants des paroisses. C'est la disposition des conciles anciens et nouveaux et, en particulier, du concile de Trente (session VII, ch. 8, et session XXI, ch. 8).

Suivant les canons des conciles tenus jusque dans le treizième siècle, l'entretien et la construction des *presbytères* étaient à la charge des curés, lorsqu'ils avaient des revenus suffisants; les vicaires perpétuels à portion congrue avaient droit de les faire réparer par les curés primitifs, et les décimateurs y étaient obligés lorsque la cure n'avait point de fonds. C'est ce que prescrivent les conciles de Rouen, en 1231; de Londres, en 1268, et d'Arles, en 1274. Mais cette discipline a changé dans le seizième siècle; les conciles de Rouen, en 1581 et de Bourges, en 1584, chargent les évêques de faire construire et réparer les *presbytères* aux dépens des paroissiens.

La première loi positive qui oblige les paroissiens à la construction des *presbytères*, est l'édit de Melun, qui y contraint également les marguilliers, les paroissiens et même les curés, pour les parts et portions qui seront arbitrées par les évêques. L'édit de 1695 imposait cette charge aux habitants des paroisses.

Aujourd'hui, d'après le décret du 30 décembre 1809, article 92, les communes sont encore obligées de fournir au curé ou desservant un *presbytère*, ou, à défaut de *presbytère*, un logement, ou, à défaut de *presbytère* et de logement, une indemnité pécuniaire.

Les anciens *presbytères* qui avaient été spoliés pendant la révolution et qui n'avaient pas été vendus, ont été remis au culte catholique par l'article 72 de la loi du 18 germinal an X.

Il n'était question, dans la loi organique, que des *presbytères* des cures et succursales rétablies, et le domaine restait en possession des *presbytères* ayant appartenu aux paroisses supprimées et réunies pour le culte. Le gouvernement restitua aux fabriques les *presbytères* de ces anciennes paroisses par le décret suivant :

Décret du 30 mai 1806 *qui réunit aux biens des fabriques les églises et presbytères supprimés.*

« Art. 1er. Les églises et *presbytères* qui, par suite de l'organisation ecclésiastique, seront supprimés, font partie des biens restitués aux fabriques et sont réunis à celles des cures et succursales dans l'arrondissement desquelles ils sont situés. Ils pourront être échangés, loués, ou aliénés au profit des églises et des *presbytères* des chefs-lieux.

« Art. 2. Ces échanges ou aliénations n'auront lieu qu'en vertu des décrets de Sa Majesté.

« Art. 3. Les baux à loyer devront être approuvés par les préfets.

« Art. 4. Les produits des locations ou aliénations des églises et les revenus des biens pris en échange seront employés, soit à l'acquisition des *presbytères*, ou de toute autre manière, aux dépenses de logement des curés et des desservants dans les chefs-lieux des cures ou succursales où il n'existe pas de *presbytère*.

« Art. 5. Les réparations à faire aux églises et aux *presbytères* seront constatées par des devis estimatifs ordonnés par les préfets à la diligence des marguilliers, nommés en vertu de l'arrêté du 7 thermidor an XI.

« Art. 6. Les préfets enverront aux ministres de l'intérieur et des cultes, l'état estimatif des églises et *presbytères* supprimés dans chaque arrondissement de cure ou succursale, en même temps que l'état des réparations à faire aux églises et *presbytères* conservés. »

Un autre décret du 31 juillet 1806 est venu fortifier l'arrêté du 7 thermidor an XI et expliquer celui du 30 mai. Il convient de le transcrire ici avec ses considérants.

Décret du 31 *juillet* 1806, *relatif aux biens des fabriques.*

« Vu l'article 2 de l'arrêté du gouvernement du 7 thermidor an XI, portant que les biens des fabriques des églises supprimées, sont réunis à ceux des églises conservées et dans l'arrondissement desquelles ils se trouvent ;

« Considérant que la réunion des églises est le seul motif de la concession des biens des fabriques de ces églises ; que c'est une mesure de justice que le gouvernement a adoptée pour que le service des églises supprimées fût continué dans les églises conservées et, pour que les intentions des donateurs ou fondateurs fussent remplies ; que, par conséquent, il ne suffit pas qu'un bien de fabrique soit situé dans le territoire d'une paroisse ou succursale pour qu'il appartienne à celle-ci, qu'il faut encore que l'église à laquelle ce bien a appartenu soit réunie à cette paroisse ou succursale ;

« Notre conseil d'État entendu,

« Nous avons décrété et décrétons ce qui suit :

« Art. 1er. Les biens des fabriques des églises supprimées appartiennent aux fabriques des églises auxquelles les églises supprimées sont réunies, quand même ces biens seraient situés dans des communes étrangères. »

Un autre décret du 17 mars 1809 a rendu aussi aux fabriques les biens rentrés dans la main du domaine, par suite de déchéance, en déclarant applicables à ces biens les dispositions des articles 72 et 75 de la loi du 18 germinal an X ; en voici le texte :

Décret du 17 *mars* 1809 *qui restitue aux fabriques les biens aliénés et rentrés au domaine par suite de déchéance.*

« Vu les articles 72 et 75 de la loi du 18 germinal an X, portant :

« Art. 72. Les *presbytères* et les jardins
« attenant non aliénés, seront rendus
« aux curés et aux desservants des succur-
« sales.

« Art. 75. Les édifices anciennement des-
« tinés au culte catholique, actuellement
« dans les mains de la nation, à raison d'un

« édifice par cure et par succursale, seront
« mis à la disposition des évêques par arrêté
« des préfets ;
« Vu l'article 1er du décret du 30 mai (ci-dessus, col. 859);
« Vu le rapport de notre ministre des cultes.
« Nous avons décrété et décrétons ce qui suit :

« Art. 1er. Les dispositions des articles ci-dessus de la loi du 18 germinal an X, sont applicables aux églises et aux *presbytères* qui, ayant été aliénés, sont rentrés dans les mains du domaine pour cause de déchéance.

« Art. 2. Néanmoins, dans le cas de cédules souscrites par les acquéreurs déchus, à raison du prix de leur adjudication, le remboursement du prix de cette cédule sera à la charge de la paroisse à laquelle l'église ou le *presbytère* sera remis.

« Comme aussi, dans le cas où les acquéreurs déchus auraient commis des dégradations par l'enlèvement de quelques matériaux, ils seront tenus de verser la valeur de ces dégradations dans la caisse de la fabrique, qui, à cet effet, est mise à la place du domaine.

« Art. 3. Les dispositions du décret du 30 mai 1806, pourront être appliquées aux chapelles de congrégations et aux églises de monastères non aliénés ni concédés pour un service public et actuellement disponibles. »

Il a pu s'élever des doutes sur la possibilité de restituer aux fabriques des biens mis en vente et rentrés dans les mains du domaine, parce que les instructions de l'administration de l'enregistrement portent en termes généraux, que ces biens doivent être réadjugés ; mais le décret du 17 mars est positif et le ministre des finances a rendu le 26 septembre 1822, la décision suivante :

« Les biens de fabrique aliénés, réunis au domaine de l'Etat par suite de la déchéance des acquéreurs et encore disponibles seront restitués à ces établissements, nonobstant toutes décisions contraires qui demeureront comme non avenues, à la charge expresse par les fabriques de verser dans la caisse du domaine, pour être remis à l'acquéreur déchu, les à-comptes qu'il aurait payés. »

PRESBYTERIUM.

On appelait ainsi, dans les premiers siècles de l'Eglise, ce qui formait l'assemblée du clergé supérieur, dont l'évêque prenait ordinairement l'avis dans les affaires tant soit peu importantes. Le père Thomassin dit que le clergé de l'Eglise romaine, composé de prêtres et de diacres cardinaux, ou titulaires des anciennes paroisses de Rome, est encore aujourd'hui l'image du clergé ancien des villes épiscopales, puisqu'il concourt sous le pape et avec le pape dans le consistoire, pour la résolution des affaires qui sont portées à Rome (*Discipline de l'Eglise*, partie I, liv. 1, chap. 42). *Voyez* sous le mot CHAPITRE, § 1, comment les chanoines ont cessé de former le *presbyterium* auprès des évêques.

PRESCRIPTION.

La *prescription* est un moyen d'acquérir ou de se libérer par un certain laps de temps, et sous les conditions déterminées par la loi. Telle est la définition que le Code civil, article 2219, donne de la *prescription*. Nous ne nous en occuperons guère ici que dans ce qui peut intéresser les biens de l'Eglise et la conscience.

La *prescription* est un moyen légitime d'acquérir le bien d'un autre ; en sorte qu'on peut le retenir en conscience, lorsqu'on l'a possédé avec toutes les conditions requises. C'est pour assurer l'état des familles, lever l'incertitude des possessions, finir les contestations, et établir la paix entre les citoyens, que la *prescription* a été introduite et approuvée par le droit civil et par le droit canon.

Les canonistes exigent cinq conditions pour que la *prescription* soit légitime; savoir, 1° la matière prescriptible, 2° la possession, 3° le titre, 4° la bonne foi, 5° le temps marqué par la loi.

§ 1. *Des choses prescriptibles.*

On connaîtra les choses qui se peuvent prescrire, par celles dont on n'admet pas la *prescription*. 1° On ne saurait prescrire contre le droit naturel. Toute *prescription* ou coutume qui y serait contraire, devrait être rejetée : *Nemo sanæ mentis intelligit naturali juri, quacumque consuetudine posse aliquatenus derogari* (*Cap. Cum tanto de consuetud.*). Il en est de même de tout ce qui induit au péché, ou est contraire aux bonnes mœurs. Il est des choses qui sont essentiellement imprescriptibles. Tels sont la liberté, la puissance paternelle, l'indépendance réciproque du pouvoir temporel et du pouvoir spirituel, l'air, la lumière, etc.

2° L'abus est imprescriptible : *Abusus enim perpetuo clamat : Hoc exigit veritas*, dit Tertullien (*de Velam. virg. in princ.*), *cui nemo præscribere potest, non spatium temporum, non patrocinia personarum, non privilegium regionum.*

3° On ne peut se soustraire par la *prescription*, quelque longue qu'elle soit, à l'obéissance que l'on doit à ses supérieurs (*Voyez* OBÉISSANCE). De même, bien qu'un prélat puisse prescrire contre un autre, le droit de visiter et de corriger certains inférieurs, ceux-ci, ne peuvent pas acquérir par le secours du temps le droit de n'être visités ni corrigés par aucun supérieur (*C. Cum non liceat, de præscript.*).

4° Les choses purement spirituelles ne pouvant être possédées, ne sont pas prescriptibles : *Nullius autem sunt res sacræ, religiosæ et sanctæ, quod enim divini juris est, id nullius in bonis est*. Mais celles qui sont attachées aux spirituelles, *spiritualibus annexæ*, peuvent être prescrites par les ecclésiastiques et non par les laïques, à moins qu'il ne s'agisse de choses qu'ils peuvent posséder par un privilège particulier, comme le droit de patronage, etc. (*C. Sacrosancta ; c. Massana de elect.*).

S'il arrivait qu'une chose sacrée cessât d'avoir sa première destination, toutes sortes de personnes pourraient la prescrire, comme les autres biens profanes de l'Eglise, par un laps de temps qui pût faire présumer le titre intervenu, avec les formalités nécessaires pour lever la consécration : *In antiquis rite præsumuntur acta.* Il en est de même des choses saintes et religieuses. Les droits même épiscopaux qui dérivent de la juridiction dont il est parlé dans le chapitre *Conquerente, de offic. ord.*, et le chapitre *Auditis, depræscript.*, sont susceptibles de *prescription.*

On ne peut prescrire que les choses qui sont dans le commerce, c'est-à-dire qui sont susceptibles d'être possédées par des particuliers. Ainsi les églises, les cimetières, les places publiques, les rues, etc., ne peuvent s'acquérir par *prescription : Nec usucapiuntur res sacræ, sanctæ, publicæ* (*L.* 9, *de Usurp. et Usucap.*). Le Code civil dit à cet égard :

« Art. 2226. On ne peut prescrire le domaine des choses qui ne sont point dans le commerce. »

Dans le droit romain, la seule consécration religieuse rendait un objet imprescriptible. Aujourd'hui ce principe ne serait pas admis. Une église particulière, quoique consacrée selon les rits catholiques, ne serait pas hors du commerce ; il faut que le culte y soit publiquement célébré (Arrêt de la cour de cassation, du 4 juin 1835). Une église, même consacrée au culte public, deviendrait prescriptible comme les biens profanes, si elle cessait d'avoir sa destination première, parce qu'elle perdrait le caractère qui la mettait hors du commerce.

D'Argentré, dans son *Traité des présomptions, n.* 4, met au rang de choses imprescriptibles, non-seulement les églises et les chapelles, mais encore les vases sacrés, etc. : *Cum sacras dicimus, eas intelligimus quæ per pontifices rite consecrantur et sacris usibus applicantur, cujusmodi ædes ipsæ sacræ sunt, cœmeteria, donaria, anathemata perpetuo vota, instrumentum sacrorum omne, vestes, auleæ, quæ consecrantur lintea, vela conditoria sanctorum cinerum, martyrum memoriæ et reliquiæ, vasa.*

M. Troplong doute que cette décision soit admissible sous notre législation, et il en donne pour raison, que ces objets ne sont pas publics, qu'ils ne sont pas à l'usage des habitants, qu'ils sont la propriété de la fabrique, selon le gré de laquelle ils peuvent être vendus, échangés, etc. A la vérité, répond M. l'abbé Corbière (*Droit privé*, t. II, p. 234), les paroissiens n'ont pas l'usage immédiat des vases sacrés, des ornements, et des autres objets qui font l'accessoire du culte ; mais il n'est pas moins vrai qu'ils servent pour les paroissiens, puisque c'est pour eux que se font les cérémonies religieuses et qu'est offert le sacrifice de la messe. D'un autre côté, il importe peu que ces objets appartiennent à la fabrique, s'ils ne sont pas possédés par elle, *nomine proprio*, mais seulement au nom de la paroisse. Or, il n'est jamais entré dans l'esprit de personne, que les membres du conseil de fabrique soient propriétaires des biens dont ils ont la régie. Ils ne sont que les administrateurs des propriétés de la paroisse, comme les conseillers municipaux ne sont que les administrateurs de celles de la commune.

§ 2. *De la possession en matière de* PRESCRIPTION.

« La possession est la détention ou la jouissance d'une chose ou d'un droit que nous tenons, ou que nous exerçons par nous-mêmes ou par un autre, qui la tient ou qui l'exerce en notre nom. » (Code civil, art. 2228.)

« Pour pouvoir prescrire, il faut une possession continue et non interrompue, paisible, publique, non équivoque, et à titre de propriétaire. » (Art. 2229.)

Il ne faut pas confondre la possession avec la propriété ; on peut avoir la possession d'une chose sans en avoir la propriété. *Nihil commune habet proprietas cum possessione* (*L.* 12, § 1, *ff. de Acquir. vel amitt. posses.*).

On distingue deux sortes de possessions : la possession naturelle et la possession civile. La possession naturelle est la simple détention d'une chose avec l'intention d'en jouir comme maître. La possession civile est celle par laquelle quelqu'un possède une chose comme propriétaire, soit qu'il le soit en effet, soit qu'il ait des raisons de croire qu'il l'est réellement.

1° La possession doit être continue ; mais elle ne peut être réputée telle, si elle se borne à quelques actes qui ne supposent pas la jouissance de la chose : un seul fait ne serait pas suffisant pour l'établir ; il faut une suite d'actes qui présentent le caractère d'une possession véritable.

2° La possession est non interrompue lorsque le prescrivant ne l'a pas perdue, soit par le fait du véritable propriétaire, soit par le fait d'une tierce personne, soit enfin par un acte judiciaire.

3° La possession est paisible, lorsqu'elle est exempte de faits de violence, de contrainte. Quand elle n'a pas été paisible à son origine, elle a formé un obstacle qui empêche la *prescription* ; mais dès que la violence cesse, l'obstacle est levé et la possession utile commence de ce moment (art. 2233).

4° La possession doit être publique, c'est-à-dire non clandestine. C'est en conséquence de ce principe que l'article 691 du Code civil décide que les servitudes non apparentes ne peuvent pas s'acquérir par *prescription* ; mais seulement par titres.

5° La possession doit être à titre de propriétaire ; par conséquent, une possession précaire, un titre constituant une simple garde, *meram custodiam*, des actes facultatifs de la part du propriétaire, ou qu'un tiers exerce par pure tolérance de la part du propriétaire, ne pourraient servir de fondement à la *prescription*. Ainsi, on a une possession précaire, quand on possède pour autrui : telle est celle du fermier, du dépositaire, de l'usufruitier (art. 2236 du Code civil). Ces possesseurs, ni leurs héritiers, ni leurs légataires universels ou à titre universel, ne peuvent prescrire, tant qu'ils détiennent, sans autre titre, la chose reçue précairement (art. 2237). « On ne peut prescrire contre son titre en ce sens que l'on ne peut point se changer à soi-même la cause et le principe de sa possession. » (art. 2240.) « On peut prescrire contre son titre en ce sens que l'on prescrit la libération que l'on a contractée. » (art. 2241.)

Pour bien comprendre ces deux dispositions, il faut distinguer entre la *prescription* à l'effet d'acquérir, et la *prescription* à l'effet de se libérer. Dans la première, tant que le titre n'a pas été interverti, celui qui a commencé sa possession à titre précaire, quelque déclaration qu'il fasse, quelque temps qui s'écoule, ne pourra jamais se prévaloir que de ce titre précaire ; car on doit posséder au titre qu'on a accepté et répondre à la confiance de celui qui l'a donnée. Ainsi le fermier aurait beau dire qu'il a possédé *animo domini*, et qu'il a eu cette intention pendant trente ans, il ne prescrira pas la propriété. Dans le second cas, on peut prescrire, parce que, dans le fond, on prescrit plutôt contre le titre du créancier que contre le sien propre. Ainsi l'on s'est engagé par écrit à payer une certaine somme ; mais à force de différer de la solder, on laisse écouler trente ans : on aura prescrit, aux yeux de la loi, la libération de son engagement.

« On est toujours présumé posséder pour soi, et à titre de propriétaire, s'il n'est prouvé qu'on a commencé à posséder pour un autre. » (art. 2230.)

« Quand on a commencé à posséder pour autrui, on est toujours présumé posséder au même titre, s'il n'y avait preuve du contraire. » (art. 2231.)

6° La possession est non équivoque, lorsqu'il est manifeste qu'elle est revêtue de toutes les conditions requises. S'il est douteux qu'elle ait été continue, paisible, publique, à titre de propriétaire, de bonne foi, elle ne peut servir de base à la *prescription*. Comme la *prescription* dépouille le véritable propriétaire, qu'elle est une peine infligée à sa négligence, il est juste que la possession, qui est une de ses conditions essentielles ne soit pas équivoque.

§ 3. *Titre valable pour la* PRESCRIPTION.

On appelle titre de possession tout contrat ou tout acte en conséquence duquel on possède la chose. Le titre vrai est celui qui a toutes les conditions requises pour transférer la propriété; il n'est pas nécessaire pour la *prescription*, puisque par lui-même, il transfère le domaine de la chose. On donne le nom de titre putatif à celui qui n'existe pas, mais que le possesseur, par une opinion erronée, croit avoir. Le juste titre est celui qui est de nature à transférer la propriété de manière que, lorsque la translation n'est pas effectuée, ce n'est pas par le vice du titre, mais par le défaut de droit dans la personne qui fait la transmission. On l'appelle juste titre, parce qu'il transfère la propriété, ou parce qu'il donne un juste motif de croire que la propriété est transférée (Pothier, n. 57).

Le titre peut être encore ou nul ou vicieux. Le titre nul est celui qui n'est pas fait selon les formes requises, ou qui est entaché d'erreur, de dol, d'une violation des lois d'ordre public ou de bonnes mœurs. Il ne peut servir de base à la *prescription*; mais aussi il ne l'empêche pas : il est considéré comme n'existant pas. Or, comme aucun titre n'est requis pour la *prescription* trentenaire, un titre nul ne saurait mettre obstacle à sa formation. Le titre vicieux est celui qui s'oppose toujours à la *prescription* : telle est celui des fermiers, usufruitiers, etc. Il ne peut être couvert par aucun laps de temps, et empêche aussi bien la *prescription* trentenaire, que celle de dix et vingt ans.

On peut ranger parmi les justes titres : 1° le contrat de vente, lequel peut faire acquérir à l'acheteur de bonne foi le bien que lui vend un tiers qui n'en était pas propriétaire ; 2° la donation par acte entre vifs ou testamentaire ; 3° l'échange ; 4° la transaction, par laquelle celui avec lequel on transige a cédé, comme lui appartenant, la chose d'autrui ; 5° la donation en payement que le débiteur fait d'une chose qui ne lui appartenait pas, etc. Tous ces contrats sont des titres translatifs de propriété, parce que dans les cas où ils ne transfèrent pas la propriété, ce n'est pas par le vice du titre, mais par le défaut de droit de la part du vendeur, du donateur, etc.

§ 4. *De la bonne foi requise pour la* PRESCRIPTION.

La bonne foi est en général une opinion consciencieuse ; appliquée à la *prescription*, elle est l'opinion qu'on exerce son droit, ou qu'on ne viole pas le droit d'autrui.

Les canonistes et les théologiens distinguent deux sortes de bonne foi : l'une nécessaire pour acquérir, et l'autre nécessaire pour se libérer. Relativement à la première, les uns exigent la croyance qu'on est propriétaire de la chose : dans leur opinion, il ne suffirait pas de penser qu'on peut la retenir sans se rendre coupable de péché. Les autres enseignent que la bonne foi qui exclut le péché est suffisante pour légitimer la *prescription* : *Quod non est ex fide, peccatum est, id est, quod non fit ex bona fide; ergo, quod peccatum non est, non est ex mala fide, sed ex bona* (Lugo, *disp*. 7, *sect*. 3, n. 43). Quant à la bonne foi requise dans la *prescription* à l'effet de se libérer, les canonistes et les théologiens sont encore partagés. Les uns enseignent qu'il faut ignorer la dette dont on veut se libérer. D'autres prétendent que l'ignorance de la dette n'est pas de rigueur, parce qu'il peut se faire qu'on ne paye pas une dette sans, pour cela, qu'on soit de mauvaise foi.

Le droit canon exige la bonne foi dans toutes les *prescriptions*, et pendant tout le temps de leur durée. C'est la disposition du chapitre *Quoniam de Præscriptionibus*, tiré du concile général de Latran, sous Innocent III. En voici les termes : *Quoniam omne quod non est ex fide, peccatum est, synodali judicio definimus, ut nulla valeat absque bona fide præscriptio, tam canonica, quam civilis, cum generaliter sit omni constitutioni atque consuetudini derogandum, quæ absque mortali peccato non potest observari. Unde oportet, ut, qui præscribit, in nulla temporis parte rei habeat conscientiam alienæ* (*Cap.* 20). Alexandre III, dans le chapitre *Vigilanti* 5, *eod. titul.*, dit que le possesseur de mauvaise foi ne peut pas prescrire : *Vigilanti studio cavendum est, ne malæ fidei possessores simus in prædiis alienis : quoniam nulla antiqua dierum possessio juvat aliquem malæ fidei possessorum, nisi resipuerit, postquam se noverit aliena possidere : cum bonæ fidei possessor dici non possit.* La seconde règle du droit aux décrétales, ajoute : *Possessor malæ fidei ullo tempore non præscribit.* Dynus explique sur cette règle quels sont les possesseurs de bonne ou de mauvaise foi : *Malæ fidei autem possessor dicitur, qui sciens contra canonum vel legum interdicta mercatur, qui emit contradicente domino, qui ad vendendum venditorem induxit dolo, qui emit ab eo quem sciebat vendere non posse, ut a pupillo sine tutoris auctoritate, vel falso tutore quem sciebat tutorem non esse,* etc. *Bonæ fidei vero e contra dicitur, qui fraude qualibet et fraudis suspicione caret, ut quia emit, vel alio titulo accipit ab eo quem credebat dominum esse, vel putavit eum qui vendidit jus vendendi habere.*

La bonne foi requise par le Code civil à l'effet d'acquérir, exige que le prescrivant « possède comme propriétaire, en vertu d'un titre translatif de propriété dont il ignore les vices. Il cesse d'être de bonne foi du moment où ces vices lui sont connus. » (Art. 550).

Pour prescrire par dix ou vingt ans, la bonne foi est requise ; mais elle est toujours présumée ; c'est donc à celui qui allègue la mauvaise foi à la prouver (art. 2268). Il suffit même que la bonne foi existe au moment de l'acquisition (art. 2269)

§ 5. *Temps requis pour prescrire.*

« La *prescription* se compte par jour, et non par heure. » (Code civil, art. 2260.)

« Elle est acquise, lorsque le dernier jour du terme est accompli. » (Art. 2261.) Ainsi, si la *prescription* commençait le 31 décembre 1875 à 8 heures du matin, elle ne finirait que le 31 décembre 1845 à minuit. Les mois doivent être comptés d'après la durée que leur donne le calendrier grégorien, et non d'après une durée uniforme de trente jours.

« Les règles de la *prescription* sur d'autres objets que ceux mentionnés dans le présent titre, sont expliquées dans les titres qui leur sont propres. » (Art. 2264.)

(*Voyez* les articles 32, 181, 328, 330, 559, 617, 619, 642, 690, 706, 789, 809, 880, 886, 957, 966, 1047, 1212, 1304, 1622, 1648, 1676, 1854, 2180, etc, du Code civil.)

« Toutes les actions que l'on pourrait exercer pour revendiquer un immeuble, sont prescrites par trente ans, sans que celui qui allègue cette *prescription* soit obligé d'en rapporter un titre, ou qu'on puisse lui opposer l'exception déduite de la mauvaise foi (art. 2262).

La *prescription* de trente ans s'étend à toutes les choses qui sont prescriptibles. Mais cette *prescription* ne peut éteindre l'obligation naturelle, à moins qu'elle ne soit accompagnée de la bonne foi. Le droit canonique déroge sur cette matière aux lois civiles, soit parce qu'il exige la bonne foi dans toutes les *prescriptions*, soit parce qu'il exige que la bonne foi dure tout le temps nécessaire pour prescrire (*cap. Quoniam; c. Vigilanti* rapportés ci-dessus).

Sur ce point, les jurisconsultes s'accordent avec les canonistes. « Quant à la mauvaise « foi, dit M. Bigot de Préameneu, qui peut « survenir pendant la *prescription*, c'est un « fait personnel à celui qui prescrit, la con- « science le condamne ; aucun motif ne peut, « dans le for intérieur, couvrir son usurpa- « tion. Les lois religieuses ont dû employer « toute leur force pour prévenir l'abus que « l'on pourrait faire de la loi civile. » (*Motifs du projet de loi sur la prescription.*)

« Au for intérieur, dit M. Delvincourt, on « ne peut invoquer ou opposer la *prescrip- « tion*, qu'autant qu'on a été de bonne foi « pendant tout le temps requis pour la *pres- « cription*. » (*Cours de Code civil*, tom. II, pag. 204, édit. de 1819.) « Dans le for inté- « rieur, dit M. Maleville, il est bien con- « stant que celui qui sait que la chose ne lui « appartient pas, ne peut la prescrire par « quelque temps que ce soit. » (*Analyse de la discussion du Code civil*, art. 2269.)

« ART. 2265. Celui qui acquiert de bonne foi et par un juste titre un immeuble, en prescrit la propriété par dix ans, si le véritable propriétaire habite dans le ressort de la cour royale dans l'étendue de laquelle l'immeuble est situé ; et par vingt ans, s'il est domicilié hors dudit ressort.

« ART. 2266. Si le véritable propriétaire a eu son domicile, en différents temps, dans le ressort et hors du ressort, il faut, pour compléter la *prescription*, ajouter à ce qui manque aux dix ans de présence, un nombre d'années d'absence double de celui qui manque, pour compléter les dix ans de présence.

« ART. 2279. En fait de meubles, la possession vaut titre.

« Néanmoins celui qui a perdu ou auquel il a été volé une chose, peut la revendiquer pendant trois ans, à compter du jour de la perte ou du vol, contre celui dans les mains duquel il la trouve ; sauf à celui-ci son recours contre celui duquel il la tient.

« ART. 2280. Si le possesseur actuel de la chose volée ou perdue l'a achetée dans une foire, ou dans un marché, ou dans une vente publique, ou d'un marchand vendant des choses pareilles, le propriétaire originaire ne peut se la faire rendre qu'en remboursant au possesseur le prix qu'elle lui a coûté. »

Les théologiens agitent la question de savoir par quel laps de temps on peut prescrire les biens meubles. M. Carrière exige trente ans (*de Justitia*, n. 455, 1038); Mgr. Gousset se contente de trois ans (*Code civil comm.*); d'autres s'en tiennent à la disposition des art. 2279, 2280. Nous ne voyons pas pourquoi, dit M. Corbière (*Droit privé*, tom. II, pag. 219) on ne suivrait pas le sentiment de ces derniers. Les articles 2279 et 2280 reposant sur des raisons d'intérêt général, sont un titre légitime pour celui qu'ils favorisent. On objecte que la *prescription*, pour être acquise, doit durer pendant un certain délai : cela est vrai dans les *prescriptions* ordinaires ; mais la loi peut disposer autrement. Le principe de la *prescription* n'est pas essentiellement dans le temps : *Tempus non est modus constituendi vel dissolvendi juris;* mais il est dans la possession. Le temps n'est qu'une condition accessoire que la loi peut requérir, ou dont elle peut dispenser selon que le réclament le bien public, la sécurité et la facilité du commerce.

PRÉSÉANCE.

Dans tous les cas où les ecclésiastiques exercent les fonctions spirituelles de leur ministère comme pour le service divin dans les églises, pour l'administration des sacrements, ils ont rang au-dessus de tous les laïques.

Les ecclésiastiques ont rang entre eux, selon leur caractère et la dignité de leurs fonctions de cardinaux, patriarches, primats, archevêques, évêques et autres prélats; ou selon leurs ordres sacrés de prêtres, diacres, sous-diacres et les autres ordres mineurs.

C'est une grande règle, introduite par l'ancien droit canonique, que la *préséance* doit toujours être accordée au plus ancien par l'ordination : *Data meritorum paritate præferendus et promovendus est primo ordinatus* (*C. fin.*, dist. 17; c. 1, *de major. et obed.*).

Suivant les conciles, l'évêque est le juge des contestations sur la *préséance*, qui surviennent entre les ecclésiastiques dans le service divin, les processions, les enterrements, etc. Le concile de Trente (session XXV, chapitre 13, *de Reform.*) en fait l'évêque juge sans appel; et le concile de Narbonne, en 1609, ordonna la même chose. La congrégation des rits a décidé également que l'évêque pourrait terminer, *summarie et de plano*, toutes les questions de *préséance* qui surviennent dans les convois et processions.

Voyez sous le mot DROITS HONORIFIQUES le décret du 13 juillet 1804, sur les *préséances*.

PRÉSENT.

En prenant ici le mot *présent* pour un don, tout juge doit avoir sans cesse dans l'esprit ces passages de l'Écriture : *Nec accipies munera, quæ etiam excæcant prudentes, et subvertunt verba justorum* (Exod., c. XXIII,

v. 8 ; Deut., c. XVI, v. 19; Eccles., c. XX, v. 31).

Pour ce qui regarde la présence au chapitre, etc., voyez ABSENCE.

PRÉSENTATION.

On appelait autrefois *présentation*, en matière bénéficiale, la nomination que le patron d'un bénéfice faisait d'une personne capable, à l'évêque ou au collateur pour en obtenir la provision.

PRÉSOMPTION.

La *présomption*, en matière de droit, est une conjecture appuyée sur la vraisemblance qui résulte de certains signes ou circonstances. Il y a des *présomptions* de droit *juris et de jure, judicis sive hominis*. La *présomption* de droit est un indice approuvé par la loi, qui veut qu'un tel indice soit une preuve d'un fait, jusqu'à ce qu'on ait prouvé le contraire. C'est ainsi que la possession est une preuve qu'une chose nous appartient, jusqu'à ce que le contraire soit prouvé.

La *présomption juris et de jure* est lorsque la loi veut tellement qu'un indice soit la preuve d'un fait, qu'elle établit un droit certain sur cette *présomption*, sans admettre de preuve contraire. Cette sorte de *présomption* doit cependant céder à la vérité connue.

La *présomption, judicis sive hominis*, est l'opinion conçue par un juge sur quelque indice ou conjecture. On l'appelle *présomption judicis sive hominis*, du juge ou de l'homme, parce que c'est l'homme qui se la forme lui-même, et que la loi ne dit point qu'on doit la former sur un tel fait (Van-Espen, *Jur. eccles.* tom. II, pag. 1425).

PRESTIMONIE.

On appelait de ce nom plusieurs bénéfices simples. La véritable nature des *prestimonies*, selon leur première institution, est de n'avoir aucun service à acquitter, mais de fournir seulement de quoi vivre à de pauvres étudiants, ou à ceux qui combattaient contre les infidèles et les hérétiques. Aussi la plupart étaient-elles laïcales, et l'on en pouvait posséder plusieurs sans dispense. Par la suite elles furent, pour la plus grande partie, spiritualisées et converties en bénéfices ecclésiastiques (*Voyez* BÉNÉFICE).

Telle est l'idée que Durand de Maillane donne des *prestimonies;* mais d'autres auteurs en parlent différemment. Quelques-uns, dit Denisard, ont appelé *prestimonies* des chapelles presbytérales, qui ne peuvent être possédées que par des prêtres ; mais la plus vraie signification de ce mot est la desserte d'une chapelle sans titre ni collation, comme sont la plupart de celles qui sont dans les châteaux où l'on dit la messe, qui sont de simples oratoires non dotés.

Gohard (tome I, page 69) donne la véritable idée des *prestimonies*, lorsqu'il dit : Ce sont presque toujours de pieuses fondations que les évêques n'ont jamais érigées en titre, dont les familles des fondateurs disposent à leur gré, et qui ont été faites, soit en faveur des pauvres étudiants, soit plutôt en faveur de quelques prêtres qu'on charge à perpétuité de célébrer certain nombre de messes chaque année ou chaque semaine ; car c'est en ce sens qu'on les prend communément.

Nous entendrons donc ici par *prestimonie* une fondation faite sans le concours de la puissance ecclésiastique, par laquelle un clerc était chargé de remplir certaines fonctions spirituelles ou qui ont quelque chose de spirituel, comme de dire des messes, de réciter des prières, d'enseigner aux pauvres enfants les premiers éléments de la religion.

On distinguait deux sortes de *prestimonies:* les unes amovibles et révocables *ad nutum*, les autres inamovibles et dont on ne pouvait être privé sans un jugement qui en déclarait déchu. Les premières étaient des *prestimonies* improprement dites, on ne devait les regarder que comme des commissions passagères et momentanées. Les secondes étaient de véritables *prestimonies*. On les appelait encore *bénéfices profanes* (*Voyez* BÉNÉFICES)

PRÊT.

Il y a deux sortes de *prêt*, l'un qu'on appelle en latin *mutuum*, et l'autre *commodatum*. Le *prêt* qu'on appelle *mutuum* est un contrat par lequel on transfère à quelqu'un le domaine d'une chose qui se consume par l'usage, à condition qu'il en rendra une autre de même espèce et de même nature au temps marqué.

Le *prêt* qu'on nomme *commodatum* est un contrat par lequel on donne gratuitement à quelqu'un une chose qui ne se consume point par l'usage pour s'en servir pendant un certain temps, à condition qu'il rendra cette même chose prêtée dans le temps marqué. Cette sorte de *prêt* diffère du premier, qu'on appelle *mutuum*, en ce que le *mutuum* transfère le domaine de la chose prêtée, au lieu que le *commodatum* n'en accorde que l'usage. Il diffère du contrat de louage, en ce qu'il est purement gratuit ; au lieu que dans le contrat de louage on exige un certain prix pour l'usage de la chose qu'on a louée. (*Voyez* USURE.)

PRÊTRE.

Le mot *prêtre*, *presbyter*, signifie ancien ; c'est pour cela que les *prêtres* sont aussi nommés *seniores* dans les actes des apôtres. Fleury remarque que lorsque les apôtres établirent les sept premiers diacres à Jérusalem, il ne paraît point qu'ils y eussent ordonné de *prêtres*, au contraire ils se réservèrent à eux seuls les fonctions depuis communiquées aux *prêtres*. Saint Paul donnant ses ordres à Tite et à Timothée, pour le règlement des nouvelles églises, ne parle que d'évêques et de diacres.

Il résulterait de ces paroles de Fleury que le sacerdoce n'a point été établi par Jésus-Christ et qu'il ne serait pas d'institution apostolique, ce qui est contraire à la saine doctrine. Car, dit le cardinal de la Luzerne, c'est dans sa dernière cène au moment même où il instituait le sacrifice de la nouvelle loi, que Jésus-Christ établit le sacerdoce destiné à l'offrir. Le commun des docteurs pense que les paroles : *Hoc facite in meam commemorationem*, forment l'institution du sacerdoce de la loi nouvelle. Jésus-Christ commença donc par faire *prêtres* ses apôtres ; il les établit ensuite évêques. Le savant cardinal pense que l'épiscopat fut institué par Jésus-Christ lorsque, près de monter dans les cieux, il donna à ses apôtres leur dernière mission. Ce sentiment du reste est enseigné dans l'Eglise par le plus grand nombre des docteurs. C'est particulièrement la doctrine de saint Isidore de Séville, dont l'autorité est très-grande sur cette matière, parce qu'il avait approfondi plus qu'un autre les antiquités de l'Eglise, et surtout ce qui concerne le saint ministère, ayant fait un ouvrage sur les *origines*, et un autre sur les *offices ecclésiastiques*.

Les *prêtres* ne sont pas les successeurs des soixante et douze disciples, comme l'ont enseigné certains auteurs ; ils succèdent aux apôtres, non pas dans la totalité, mais seulement dans une partie de leur pouvoir. Les apôtres ne leur ont pas transmis, comme aux évêques, la plénitude de l'ordre sacré et les siéges qu'ils occupaient, mais ils leur ont conféré cet ordre dans une mesure moindre. Ils leur succèdent dans la prêtrise que les apôtres avaient reçue dans la dernière cène. Ils succèdent à l'état où étaient les apôtres entre cette cène et leur dernière mission. On ne peut cependant pas dire des *prêtres* purement et simplement, comme on dit des évêques, qu'ils sont les successeurs des apôtres. Ce titre de successeur suppose un remplacement, une même place, une identité de ministère, une égalité de pouvoirs qu'on ne peut pas trouver dans les *prêtres* comme dans les évêques. (La Luzerne, *Droits et devoirs des évêques et des prêtres*, diss. 1.)

On voit sous les mots ORDRE, ÉPISCOPAT, quel est l'ordre de la prêtrise et son rang : nous ne parlerons ici que des fonctions qui y sont attachées. Le pontifical les a renfermées dans ce peu de paroles : *Sacerdotem oportet offerre, benedicere, praeesse, praedicare et baptizare*.

Par le mot *offerre*, on entend la fonction qui regarde le corps naturel de Jésus-Christ. *Fateri oportet*, dit le concile de Trente, session XXIII, chapitre 1er, *ab eodem Domino apostolis eorumque successoribus in sacerdotio potestatem traditam consecrandi, offerendi, et ministrandi corpus et sanguinem ejus;* pouvoir qui, selon le langage des Pères, excède celui des anges et de toutes les créatures, jusqu'à un point que les *prêtres* donnent, par les paroles de la consécration, comme une seconde naissance, sous les espèces du pain et du vin, à ce corps et à ce sang que le Saint-Esprit avait formés dans le sein de la bienheureuse vierge Marie.

Les quatre autres fonctions s'exercent sur le corps mystique de Jésus-Christ, qui est son Eglise. *Benedicere :* Tous les jours les *prêtres* bénissent le peuple dans le sacrifice de la messe, dans les prières solennelles et dans l'administration des sacrements, afin d'attirer sur lui les grâces dont il a besoin ; il y a encore plusieurs autres bénédictions que les *prêtres* font et qu'on trouve marquées dans les rituels et dans les missels (*Voyez* BÉNÉDICTION).

Prœesse, marque que les *prêtres* doivent présider aux assemblées qui se tiennent dans l'Eglise pour rendre à Dieu le culte qui lui est dû.

Baptizare, signifie en cet endroit l'administration des sacrements qui peuvent tous être administrés par les *prêtres*, excepté la confirmation et l'ordre qui sont réservés aux évêques.

Prœdicare. Saint Paul, première Epître à Timothée, veut que les *prêtres* qui gouvernent bien, soient doublement honorés, principalement ceux qui travaillent à la prédication de la parole de Dieu et à l'instruction. Mais on ne doit pas regarder cette fonction comme inséparable du sacerdoce. On peut être *prêtre* sans prêcher, car le sacerdoce n'est pas une pure commission pour prêcher l'Evangile. Son essence consiste dans la puissance d'offrir le sacrifice du corps et du sang de Jésus-Christ, et en celui de remettre ou retenir les péchés, comme l'enseigne le concile de Trente dans le premier canon de la session XXIII : « Si quelqu'un dit que dans
« le nouveau Testament il n'y a point de sa« cerdoce visible et extérieur ; ou qu'il n'y a
« pas une certaine puissance de consacrer et
« d'offrir le vrai corps et le vrai sang de Notre-« Seigneur, et de remettre et retenir les péchés ;
« mais que tout se réduit à la commission et
« au simple ministère de prêcher l'Evangile ;
« ou bien que ceux qui ne prêchent pas ne
« sont aucunement *prêtres*: qu'il soit anathè-« me. » (*Voyez* APPROBATION.)

§ 2. *Infériorité des* PRÊTRES *à l'égard des évêques.*

Cette question se trouve traitée sous le mot ÉVÊQUE, § 8. Ceux qui voudraient l'étudier à fond peuvent consulter le savant ouvrage du cardinal de la Luzerne, intitulé *Droits et devoirs respectifs des évêques et des prêtres*, surtout la première dissertation. Cet ouvrage vient d'être édité par M. l'abbé Migne.

§ 3. *Propre* PRÊTRE.

Les termes du fameux canon *Omnis utriusque sexus* dont il est parlé sous le mot CONFESSION, ont donné lieu à la question de savoir ce que l'on doit entendre par *propre prêtre* dans le sens de ce règlement.

Les canonistes disent que régulièrement le *proprius sacerdos* signifie le curé de la paroisse, dans l'esprit de ce concile : *Dicitur autem proprius sacerdos, cui parochialis ecclesia est commissa sive sit rector sive vicarius* (c. 1. *et fin de offic. vic ; c. Quia nonnulli, de cler. non resid.*); mais que par une juste interprétation on a compris sous ce nom, le pape, son légat, son pénitencier, l'évêque, son vicaire et l'archiprêtre de la grande Eglise ; d'autres disent le grand pénitencier;

DROIT CANON. II.

en sorte qu'on se confesse comme au propre *prêtre* quand on se confesse dans la quinzaine de pâques à l'une de ces personnes en dignité ou même à quelque autre de leur aveu.

Fagnan remarque que depuis que le concile de Trente (session XXIII, ch. 5), a défendu la confession à tout *prêtre* même régulier, s'il n'a charge d'âmes et n'est approuvé de l'évêque, la permission du curé dont parle le canon cité, ne suffit plus, mais qu'il faut de plus celle de l'évêque et son approbation (*Voyez* CONFESSION).

§ 4. PRÊTRE, *adoption*.

Nous avons dit sous le mot ADOPTION, d'après M. Delvincourt, que le *prêtre* qui, aux termes de la loi civile, ne peut se marier, ne peut pas davantage adopter. Nous allons ajouter à l'autorité de M. Delvincourt celle de M. de Cormenin qui traite ainsi cette importante question :

« On me demande mon avis sur la question suivante :

« Un *prêtre* peut-il adopter ? »

« Cette question est pendante devant la cour de cassation.

« En première instance et en appel, on a soutenu que ce qui n'est pas défendu est permis ;

« Que l'incapacité du *prêtre* adoptant ne résultait pas d'une disposition formelle de la loi ;

« Qu'il n'y avait pas énonciation de la qualité de *prêtre* dans l'acte d'adoption ;

« Qu'il s'agit d'un *prêtre* éloigné depuis longtemps des fonctions du sacerdoce.

« Nettoyons, en passant, ces quatre objections, qui sont tout le fond du jugement et de l'arrêt.

« Je réponds au premier argument, que si l'adoption doit être permise parce qu'elle n'est pas défendue par la loi, le mariage des *prêtres* doit être aussi permis, parce qu'il n'est pas défendu par la loi ; la conclusion de l'adoption mènerait tout droit à la conclusion du mariage. Est-ce là qu'on en veut venir ? Qu'on le dise.

« Je réponds au second argument qui rentre dans le premier : que les articles 161, 162, 163 du Code civil n'établissent pas, par voie dirimante, l'incapacité conjugale du *prêtre*. D'où vient donc que les juges qui en veulent faire un père ne voudraient pas en faire un époux ? La raison ?

« Je réponds au troisième argument, qu'il n'importe que le *prêtre* n'ait pas déclaré dans l'acte d'adoption qu'il fût *prêtre*. Est-ce que la qualité ne subsiste pas, indépendamment de l'énonciation ? Un homme engagé dans les liens du mariage civil pourrait-il convoler à d'autres noces, sous prétexte qu'il n'a pas énoncé dans l'acte sa qualité d'époux ? Pourrait-il, lorsqu'il est engagé dans les liens d'un mariage avec l'Eglise, simuler la paternité légale de l'adoption, sous prétexte qu'il n'a pas énoncé son engagement religieux ? Ainsi on deviendrait époux ou père par prétérition de qualité. C'est commode.

(*Vingt-huit.*)

« Je réponds au quatrième argument, qu'il se fonde uniquement sur les décisions du ministre des cultes de 1806 et de 1807, qui défendaient le mariage aux *prêtres* remis en communion depuis le concordat, et qui le permettaient à ceux restés en dehors.

« Mais cette interprétation ministérielle était contraire aux saints canons : il n'y a pas lieu ici à distinguer, à circonstancier, à équivoquer, à biaiser. On est *prêtre*, ou on ne l'est pas : tous les concordats du monde ne font rien à l'affaire.

« J'arrive aux principes de la matière.

« L'adoption procède du mariage, où il y a empêchement de mariage, il y a empêchement d'adoption, or, le mariage du *prêtre* catholique est-il prohibé?

« C'est la réponse affirmative des saints canons (voyez loi 45 au Code, nov. VI, chap. 5 ; nov. XXII, chap. 42 ; conciles de Latran et de Trente, de 1123, 1137, 1524, et saints canons, *passim*);

« Des Pères de l'Eglise (voyez saint Augustin);

« Des jurisconsultes anciens et nouveaux (voyez Soefve, Févret, Domat, Pothier, Massillon, Montesquieu);

« Du concordat de Léon X (voyez articles 6 et 26);

« De la jurisprudence des cours royales (voyez arrêts de Bordeaux, du 20 juillet 1806, et de la cour de cassation, du 21 février 1833).

« Tout se tient dans l'admirable organisation de l'Eglise catholique. Si la vérité de la religion est dans le dogme, sa force est dans la discipline.

« A un Dieu éternel, il fallait des ministres perpétuellement consacrés ; l'ordre de prêtrise est donc un sacrement perpétuel ; il suit le *prêtre* dans le crime, dans la suspense, dans les bagnes, à l'échafaud ; il entre avec lui dans la tombe.

« Ne dites pas que vous gênez la liberté du *prêtre*, lorsque sa liberté a été d'être gênée ; ne dites pas qu'il peut renoncer à être *prêtre*, lorsqu'il ne dépend pas de lui qu'il ne le soit plus ; ne dites pas qu'il peut prendre femme, lorsqu'il a promis à Dieu et devant Dieu qu'il ne se marierait pas ; ne dites pas qu'il n'est pas lié sur la terre, lorsqu'il est lié dans le ciel.

« L'ordre de prêtrise est un célibat. Si l'ordre est perpétuel, le célibat est perpétuel ; si le célibat est perpétuel, il n'implique en aucun cas le mariage, il n'implique pas les enfants par nature ; s'il n'implique pas les enfants par nature, il ne les implique pas par imitation de la nature. Or, qu'est-ce que l'adoption, si ce n'est l'imitation de la nature ? Qu'est-ce que la fiction de la paternité adoptive, si ce n'est la suppléance de la paternité réelle ? Qu'est-ce encore que l'adoption, si ce n'est la consolation d'un mariage sans postérité ? Qu'est-ce que l'adoption, si ce n'est la procréation légale d'un héritier ? Qu'est-ce que l'adoption, si ce n'est l'introduction d'un autre fils légitime parmi des enfants légitimes ? Eh bien ! le *prêtre* catholique ne peut se consoler par le mariage ; le *prêtre* catholique ne peut procréer d'enfants fictifs ou naturels ; le *prêtre* catholique ne peut ni perpétuer, ni accroître, ni constituer une famille.

« Quelle est sa femme? l'Eglise? Quelle est sa famille? l'humanité? Quels sont ses enfants? les pauvres. Qui les aimera, les pauvres ; qui les aimera plus que son sang, plus que sa vie, plus que son âme, si ce n'est le *prêtre*? Si le cœur du *prêtre* pouvait porter et contenir à la fois un fils et les pauvres, alors pourquoi lui avoir interdit le mariage? Mais la religion, par une inspiration sublime de sa charité, prend le *prêtre* par la main, et dit : Voici votre père, pauvres qui n'avez ni pères, ni mères, ni frères, ni sœurs, ni famille ; voici votre consolateur, affligés qui êtes sans consolation ; voici votre époux, Eglise de Dieu, votre époux qui doit vous fêter jour et nuit, enseigner vos dogmes, organiser vos pompes, et distribuer vos sacrements.

« Comment veut-on faire entrer dans la maison et le cœur du prêtre, avec l'adoption d'un fils ou d'une fille, les soucis de l'ambition, l'orgueil du rang, l'amour du lucre, l'esprit d'épargne, les plaisirs et les affaires?

« S'il adopte, et s'il n'amasse point pour son fils, il manque à ses devoirs prévoyants de père ; s'il adopte et s'il amasse pour soi, pour son fils, pour ses petits-enfants, il manque à ses devoirs aumôniers de *prêtre*.

« Le *prêtre*, en un mot, sous quelque point de vue qu'on l'envisage, *prêtre* ancien ou *prêtre* nouveau, *prêtre* fidèle ou *prêtre* apostat, *prêtre* vertueux ou *prêtre* criminel, *prêtre* avec charge d'âmes ou sans charge d'âmes, mais *prêtre* toujours, *prêtre* imprimé sur le front par le saint toucher du pontife et en son âme par le sceau vivant de la foi, ne peut devenir naturellement ni adoptivement père et chef de famille.

« Nous traitons ici la question à la fois pour le *prêtre* et pour le juge ; car, si l'adoption n'est qu'un écoulement du mariage, l'empêchement canonique du mariage est une loi que, d'après son serment, le *prêtre* est tenu de suivre, et que, d'après le concordat, le juge est tenu d'appliquer.

« Il ne faut donc pas, dans la haute sphère de juridiction où la question vient de monter, se cramponner, comme en première instance aux circonstances extérieures et singulières d'un fait transitoire ; il ne faut pas se loger étroitement dans les cases d'une distinction ; il ne faut pas dire que les espèces se jugent d'après les espèces, et qu'on ne s'embarrasse pas des conséquences. Le public, lui, plus logicien que vous ne l'êtes, s'en embarrassera beaucoup ; il détachera ici le droit du fait ; il n'apercevra ici que l'adoption permise aux *prêtres*, aux *prêtres* en thèse générale, et non par circonstance, aux *prêtres* de toutes les dates, et non d'une seule date. Et pourquoi les *prêtres* de juin 1844 n'adopteraient-ils pas aussi bien que les *prêtres* de juin 1793? Que signifie cette distinction arbitraire? où est-elle écrite? qu'est-ce qui la justifie? qui oblige-t-elle? Pourquoi les *pré-*

tres n'adopteraient-ils pas non plus des enfants naturels, à l'exemple des laïques, qui ne se servent d'une si complaisante loi que pour cela? N'est-ce pas d'ailleurs une fausse adoption, une adoption imparfaite, que celle d'un célibataire? Ne transporte-t-on pas ainsi la fiction dans la fiction? Si le *prêtre* peut adopter un garçon, il peut adopter une fille, une fille de vingt et un an, qui vivra avec lui, côte à côte, sous le même toit, et presque sur ses genoux, et ce ne sera seulement qu'un peu plus scandaleux que le mariage. Le public ne verra bientôt plus dans l'adopté que le fils d'un *prêtre*, la fille d'un *prêtre*. L'adopté l'appellera mon père, l'adoptée l'appellera mon père. Le *prêtre* adoptant aura un fils, il aura une fille, il aura des petits enfants. De là au mariage des *prêtres*, combien de pas y a-t-il à faire? je le demande.

« La cour de cassation, personne d'une si grande sagesse, gardienne austère et prude de la religion, de la discipline et des mœurs, ne voudra point porter atteinte aux règles sacramentelles de l'Eglise; elle ne permettra pas que le souffle des passions ternisse l'éclat de la chasteté catholique; elle craindra que le désordre des sens ne s'introduise dans le foyer du presbytère, sous les causes simulées d'adoption; que ces adoptions, une fois souffertes, ne se multiplient avec le relâchement de la foi, et ne se substituent frauduleusement aux mariages prohibés; que le célibat virginal et perpétuel du *prêtre*, qui fait la force et le prestige du catholicisme, en assurant le secret de la confession et le service exact des autels, ne soit d'abord altéré par l'adoption, pour être ensuite corrompu et dissous par le mariage; qu'il n'y ait qu'un pas de l'un à l'autre, et des indiscrétions du père aux confidences de l'époux. Elle sait que l'adoption, telle qu'elle est constituée par le Code civil, n'a eu originairement pour but que de perpétuer dans l'aristocratie des grands et des rois, les rangs et les fortunes, et que le *prêtre* catholique, célibataire indélébile et perpétuel, ne peut s'employer à ces deux fins; que sa mission, en effet, n'est pas de continuer les races par la filiation naturelle ou adoptive, ni de transmettre les fortunes par la thésaurisation des capitaux, des maisons et des terres; que si ses mains, à la fin d'une carrière d'abnégation et de charité, ne se sont pas toutes vidées dans les mains des pauvres, et qu'il lui reste encore quelques parcelles d'or entre les doigts, il n'a pas besoin, pour en disposer comme il lui plaira, de violer les règles de la discipline catholique qu'il a fait vœu d'observer, puisque le Code civil lui laisse la faculté d'épuiser collatéralement, par donation ou par testament, la totalité de ses biens.

« Le *prêtre* est comme le roi, dans nos sociétés catholiques, un personnage exceptionnel; tous deux vivent d'une vie consacrée, sous une législation à part. Encore faut-il dire que si le sceau de la royauté peut s'effacer sur le front des rois, le sceau de l'ordre ne peut s'effacer sur le front du *prêtre*. Il y a entre eux la différence de ce qui est terrestre à ce qui est divin, de ce qui est passager à ce qui est éternel. »

On ne peut assurément rien dire de plus logique et de plus sensé pour prouver que le *prêtre* n'est pas plus capable d'adopter que de contracter mariage.

§ 5. PRÊTRE, *obligations*.

Les obligations d'un *prêtre* sont plus ou moins grandes, suivant les charges plus ou moins élevées qu'il remplit. Nous n'entrerons ici dans aucun détail; car on trouvera les diverses obligations du *prêtre* sous les mots de rapport, comme CÉLIBAT, CLERC, CURÉ, PRÉDICATION, MESSE, etc., etc.

Nous nous contenterons d'ajouter ici ce canon d'un concile de Tolède : « Les *prêtres* doi« vent savoir l'Ecriture sainte, et méditer les « saints canons, afin de pouvoir se livrer « tout entiers à prêcher et à enseigner la pa« role de Dieu, et à édifier autant les fidèles « par la science de la foi, que par la prati« que des bonnes œuvres. » (*Concile de Tolède de l'an 633, canon 25.*)

PRÊTRISE.

(*Voyez* ORDRE.)

PRÉVENTION.

En jurisprudence canonique, la *prévention* se dit du droit qu'a le pape de prévenir les collateurs ordinaires, en nommant aux bénéfices avant eux.

Dans nos principes, toute la juridiction ecclésiastique dérive du pape; par conséquent il peut, comme ordinaire des ordinaires, conférer tous les bénéfices par préférence aux collateurs ordinaires : *Beneficiorum collatio generaliter spectat ad papam, qui est ordinarius ordinariorum et dominus omnium beneficiorum* (*c.* 2, *de præb.*, *in* 6°).

Comme la *prévention* n'a pas lieu en France, nous n'en dirons rien autre chose, sinon que les canonistes ont beaucoup écrit sur cette matière; quelques-uns l'ont fait d'une manière peu favorable au pape. Cependant l'un d'eux qui n'est pas suspect, car il était avocat au parlement, s'exprime ainsi : « Au reste, quelque odieuse que la *prévention* paraisse, on ne peut nier qu'elle remédie à plusieurs abus qui viennent assez souvent de la part des ordinaires mêmes, qui négligent les petits bénéfices et les laisseraient vaquer des années entières, s'ils n'appréhendaient d'être prévenus. Dumoulin assure que de son temps, ils allaient encore bien plus loin, et que les exactions qu'ils faisaient sur leurs collataires, étaient si grandes, qu'on aimait mieux avoir affaire aux officiers de la cour de Rome qu'à eux. » (*Encyclopédie méthodique, jurisprudence, art.* PRÉVENTION.)

PRÉVOT.

Nous parlons sous le mot ABBÉ, § 4, de l'origine des *prévôts* et *prévôtés*. On a conservé, dans plusieurs monastères et chapitres, le nom de *prévôt*, à la première dignité, préférablement à celui de doyen, et de cette différence viennent dans plusieurs diocèses le nom de *prévôté* plutôt que celui de doyenné; le nom de doyen est néanmoins le plus ordinaire.

Les *prévôts*, dit Fleury (*Inst. au droit ecclés.*), ont été abolis en la plupart des chapitres, parce qu'ayant l'administration du temporel, ils étaient trop puissants, et faisaient souvent souffrir les chanoines. On s'est mieux accommodé des doyens qui ne se mêlaient que du spirituel.

Les *prévôts* de plusieurs cathédrales jouissent des mêmes droits honorifiques que les abbés. Presque tous les *prévôts* de l'Allemagne sont crossés et mitrés. La congrégation des rits a fait à ce sujet une déclaration en 1610, par laquelle elle reconnaît cette coutume : *Præpositi ecclesiarum cathedralium in Germania solent habere usum mitræ et baculi*.

Plusieurs des nouveaux chapitres ont rétabli l'ancienne dignité de *prévôt*.

PREUVES.

On entend par ce mot ce qu'il signifie dans sa généralité. Les *preuves* servent à découvrir et à établir avec certitude la vérité d'un fait contesté. Il y a deux sortes de *preuves*, savoir : celles que les canons veulent qu'on tienne pour sûres, et celles dont ils laissent l'effet à la prudence des juges. Les canons veulent, par exemple, qu'on prenne, pour une *preuve* sûre d'un crime ou d'un autre fait, les dépositions conformes des témoins contre lesquels on n'a pas fourni de reproches valables, et qui sont au nombre qu'ils ont réglé. Mais lorsqu'il n'y a que des présomptions, des indices, des conjectures, des témoignages imparfaits ou d'autres sortes de *preuves* que les canons n'ont pas ordonné que l'on tînt pour sûres, ils laissent à la prudence des juges de discerner ce qui peut tenir lieu de *preuves*, et ce qui ne doit pas avoir cet effet.

Nous devons rappeler ici que c'est des canonistes et des anciennes officialités qu'on tient toutes les formes de la procédure civile; il est par conséquent difficile d'en bien juger sans remonter jusqu'à leur origine. On peut voir ce qui en est dit dans les principes du droit, au titre quatorzième du second livre des *Institutes du droit canon* de Lancelot. On y trouvera développées avec méthode toutes les différentes sortes de *preuves* qu'on a voulu exprimer par ces deux vers :

Aspectus, sculptum, testis, notoria, scriptum.
Jurans, confessus, præsumptio, fama probabunt.

PRIÈRES.

On peut voir sous le mot OFFICE DIVIN ce que nous disons de la nécessité de la *prière* pour les clercs. Ici nous parlerons des *prières* publiques et des *prières* pour les morts.

§ 1. PRIÈRES *publiques*.

Les droits des évêques touchant l'indication des *prières* et processions publiques, la préséance qu'ils doivent avoir, etc., sont confirmés par le concile de Trente (session XXV, ch. 6, *de Reform.*), et par tous les conciles provinciaux tenus après en Italie et en France.

La congrégation des rits a décidé plusieurs fois qu'il n'appartenait qu'à l'évêque d'indiquer et diriger les processions : *Processiones publicas et solemnes indicere, dirigere et ordinare non ad cantorem, sed ad episcopum primative quoad alios spectat* (Barbosa, *in bull. verb. Processio*).

La congrégation des rits a encore décidé sur cette matière : 1° qu'en l'absence de l'évêque c'est à son vicaire à régler les processions comme les aurait réglées l'évêque étant présent; 2° que les processions introduites par dévotion, et même celles des confréries, peuvent être défendues pour causes par l'évêque; 3° que les *prières* pour la pluie ou autres causes semblables, ne doivent jamais se faire *intra missarum solemnia*; 4° que les processions doivent se faire avec ordre et sans interruption, soit que l'on s'arrête, soit que l'on marche : *Ordinatim et successive, tam quando incedit, quam quando stat*; 5° les processions de la cinquième et sixième férie de la grande semaine ne doivent pas se faire de nuit avec le très-saint sacrement, à moins que l'évêque n'eût jugé à propos de le permettre : ce qui est laissé à sa prudence; 6° la procession du très-saint sacrement doit se faire dans chaque ville et village particulier; 7° cette procession doit partir dans les villes, de l'église cathédrale, s'il y en a, et s'y terminer; elle doit au surplus se faire, partout, suivant la forme du livre des cérémonies, *juxta formam libri cœremonialis*; 8° les chanoines de la cathédrale peuvent faire des processions sur l'étendue des paroisses, sans qu'ils soient tenus de demander la permission aux curés; 9° les réguliers ne peuvent faire des processions *extra clausulam propriorum monasteriorum*; ils ne peuvent pas en faire hors de leurs églises le jeudi saint ni le jour de la Fête-Dieu; 10° l'évêque n'est tenu que de demander et non de suivre le conseil du chapitre pour l'ordonnance et l'ordre des processions; 11° l'évêque peut contraindre les confréries d'assister aux processions; 12° chacun doit se rendre exactement au temps et au lieu marqué par l'évêque pour la procession; 13° la direction des processions qui est une chose de fait, appartient toujours aux évêques, nonobstant toute possession contraire; 14° quand il y a plusieurs croix dans une procession, chaque corps doit se ranger sous sa croix à la place qui lui revient; s'il n'y a qu'une croix, le corps à qui cette croix appartient doit avoir la place la plus honorable; 15° on ne doit point permettre deux processions en même temps et en même lieu. Ceux qui sont en possession de faire la leur un tel jour, sont fondés à s'opposer qu'il s'en fasse une autre le même jour.

Les articles organiques portent, article 49 : « Lorsque le gouvernement ordonnera des *prières* publiques, les évêques se concerteront avec le préfet et le commandant militaire du lieu, pour le jour, l'heure et le mode d'exécution de ces ordonnances. »

L'article 8 du concordat porte : « La formule de *prière* suivante sera récitée à la fin de l'office divin, dans toutes les églises catholiques de France: *Domine, salvam fac rempublicam; Domine, salvos fac consules.* » Et l'article organique 51 ajoute : « Les curés, aux prônes des messes paroissiales, prieront et feront prier pour la prospérité de la république française et pour les consuls. »

Monseigneur l'évêque de Langres fait à cette occasion la réflexion suivante : « Une circulaire du 25 février 1831 enjoignit aux évêques de faire ajouter le nom du roi régnant au chant du verset *Domine, salvum fac regem.* Les évêques s'y conformèrent, parce que sans doute ils crurent que la prudence l'exigeait; mais ils savent très-bien que l'Etat n'a pas le droit de régler les paroles liturgiques; il ne le peut pas même par une loi qu'aurait votée les trois pouvoirs, il le peut bien moins encore par une ordonnance royale, et bien moins surtout par une circulaire de ministre. Le roi peut demander des *prières* publiques, mais il ne peut pas lui-même en déterminer la forme : ce droit est exclusivement du domaine de la religion. » (*Des Empiétements*, pag. 40.)

§ 2. PRIÈRES *pour les morts.*

On doit prier, faire offrir le saint sacrifice, jeûner et faire des aumônes pour les morts, pourvu qu'ils soient décédés dans la communion de l'Eglise: *Sancta sic tenet Ecclesia, ut quisque pro suis mortuis vere christianis offerat oblationes, atque presbyter eorum memoriam faciat* (*Can. Pro obeuntibus, caus.* 13, qu. 2). *Animæ defunctorum quatuor modis solvuntur, aut oblationibus sacerdotum, aut precibus sanctorum, aut charorum eleemosynis, aut jejunio cognatorum* (*Can. Animæ, ead. caus.*).

PRIEUR, PRIEURÉ.

Un *prieur* est le possesseur d'un *prieuré.* Ce nom a été donné à celui qui avait la priorité sur plusieurs religieux. *Prior quasi primus inter alios.*

Les *prieurés* n'étaient pour la plupart, dans l'origine, que de simples fermes dépendantes des abbayes : l'abbé envoyait un certain nombre de religieux dans une ferme pour la faire valoir : ces religieux n'en avaient que l'administration, et rendaient compte à l'abbé tous les ans : ils ne formaient point une communauté distincte et séparée de celle de l'abbaye, et l'abbé pouvait les rappeler dans le cloître, quand il le jugeait à propos. Ces fermes s'appelaient alors obédiences ou *prieurés*, et celui des religieux qui avait le commandement sur les autres, s'appelait prévôt ou *prieur.* Au commencement du treizième siècle, les religieux envoyés dans les fermes dépendantes des abbayes, commencèrent à s'y établir; et à la faveur de ces demeures perpétuelles, ils s'accoutumèrent à se regarder comme usufruitiers des biens dont leurs prédécesseurs n'avaient eu qu'une administration momentanée. L'abus augmenta de manière qu'au commencement du quatorzième siècle les *prieurés* furent regardés et réglés comme de véritables bénéfices : telle est l'origine des *prieurés* simples (*Voyez* OFFICES CLAUSTRAUX).

Les *prieurés* cures qui sont aussi devenus des bénéfices, de simples administrations qu'ils étaient auparavant, ne se sont pas formés de la même manière : les uns étaient des paroisses avant qu'ils tombassent entre les mains des religieux; les autres ne le sont devenus que depuis que les monastères en ont été les maîtres. Cette seconde espèce de *prieurés* cures n'était d'abord que la chapelle particulière de la ferme qu'on nommait grange dans l'ordre de Prémontré; les religieux y célébraient le service, et les domestiques y assistaient les dimanches et fêtes. On permit ensuite au *prieur* d'administrer les sacrements à ceux qui demeuraient dans la ferme : on étendit depuis ce droit sur les personnes qui s'établirent aux environs de la grange, sous prétexte qu'elles en étaient en quelque manière les domestiques. Par là on vit la plupart des chapelles qui étaient dans les fermes, devenir des églises paroissiales, et ensuite des titres perpétuels de bénéfices (D'Héricourt, *Lois ecclésiastiques*).

PRIMAT, PRIMATIE.

On appelle *primat* un archevêque qui a une supériorité de juridiction sur plusieurs archevêchés ou évêchés. La *primatie* peut s'entendre ou de la dignité même du *primat*, ou du ressort de la juridiction primatiale (*Voyez* PROVINCE).

Le nom de *primat* et de premier siège qui sont donnés dans les plus anciens monuments, soit aux évêques, soit à de certaines églises des Gaules, ne signifiaient pas autrefois ce que nous entendons aujourd'hui par ces noms, et ne désignaient que l'ancienneté de l'ordination des évêques, et l'antiquité des églises. C'est ainsi que, selon la coutume d'Afrique, l'on voit quelquefois le nom de *primat* donné à l'évêque d'une bourgade. On prétend qu'avant saint Grégoire VII, qui fut élu pape le 22 avril 1073, on ne connaissait dans les Gaules l'autorité d'aucun *primat*, et qu'il accorda le droit de *primatie* à l'archevêque de Lyon sur les quatre provinces lyonnaises, qui sont celles de Lyon, de Rouen, de Tours et de Sens. L'antiquité de l'Eglise de Lyon, que l'on peut regarder comme la première des Eglises de France qui ait eu un siége épiscopal, semblait mériter cette distinction. Il paraît même que saint Grégoire VII crut moins accorder un droit nouveau à cette Eglise, que la remettre en possession d'anciens droits que le défaut d'usage avait, en quelque sorte, fait oublier.

Ces motifs n'en eurent pas plus de force sur deux des métropolitains que le pape assujettissait à la *primatie* de Lyon. L'archevêque de Tours fut le seul qui la reconnut volontairement et s'y soumit de gré. Robert, archevêque de Sens, y opposa la plus vive résistance, et fut privé, par le pape, de l'**usage** du *pallium* dans sa province, en punition de cette désobéissance. D'Aimbert qui lui succéda, ne montra pas la même résistance, et se soumit à la *primatie* de Lyon. Ses successeurs regardèrent cette conduite comme une faiblesse de sa part, qui n'avait pu préjudicier à leurs droits, disaient-ils, et ne s'en opposèrent pas moins fortement à l'autorité que les archevêques de Lyon voulaient prendre dans leur province.

Lorsqu'en 1622 l'évêché de Paris fut distrait de la métropole de Sens et érigé en archevêché, ce ne fut qu'à condition que la nouvelle métropole relèverait immédiatement de la *primatie* de Lyon à laquelle elle demeurerait soumise : c'est ce qui est stipulé dans les bulles et lettres patentes données à ce sujet. *Ita tamen*, porte la bulle, *quod ecclesia ipsa Parisiensis, ecclesiæ primatiali Lugdunensi, et illius archiepiscopo, ad instar dictæ ecclesiæ Senonensis, subjacere debeat.*

La province de Tours a fait des tentatives, le siècle dernier, pour se soustraire à la *primatie* de Lyon ; mais elle n'a pas réussi.

Quant à la métropole de Rouen, elle n'a jamais supporté que fort impatiemment les droits ou prétentions de celle de Lyon.

L'archevêque de Bourges jouit aussi du droit de *primatie*. Ce droit, attaché depuis longtemps à son siége, lui fut confirmé par les papes Eugène III et Grégoire IX. Sa *primatie* paraît s'être autrefois étendue sur la province de Bordeaux : d'anciens monuments attestent que les archevêques de Bourges y ont fait des visites, et que les archevêques de Bordeaux ont reconnu cette *primatie*. Mais depuis longtemps ces derniers prennent eux-mêmes la qualité de *primat* d'Aquitaine. Ce privilége leur fut accordé en 1306, par le pape Clément V, Français de nation, et qui, avant sa promotion au souverain pontificat, avait rempli le siége de Bordeaux. Il exempta en même temps cette province de la juridiction de l'archevêque de Bourges ; ce qui confirme que la *primatie* de ce dernier s'étendait anciennement, comme nous venons de le dire, sur la province ecclésiastique de Bordeaux ; et ce qui prouve le droit qu'ont les souverains pontifes de soumettre ou de soustraire les métropoles à la juridiction les unes des autres.

Ainsi, comme on vient de le dire, l'archevêque de Bordeaux s'intitule *primat* d'Aquitaine ; celui de Sens, quoique soumis à la *primatie* de Lyon, ne s'en qualifie pas moins de *primat* des Gaules et de Germanie ; l'archevêque de Reims prend aussi le titre de *primat* de la Gaule belgique ; celui de Rouen a le titre de *primat* de Normandie ; l'archevêque de Vienne, dont le siége est réuni à celui de Lyon, prenait la qualification de *primat* des *primats* ; cependant il n'avait de juridiction sur aucun *primat*, ni même sur aucun métropolitain : l'archevêque d'Arles lui contestait la qualité de *primat* de la Gaule narbonaise, qui était en même temps revendiquée par l'archevêque de Narbonne.

Au reste, les droits et pouvoirs des *primats* ne répondent point, parmi nous, à la magnificence du titre, qui aujourd'hui est purement honorifique. Les prélats qui en jouissent ne peuvent ni faire des visites dans les métropoles des archevêques qui relèvent d'eux, ni faire porter devant eux la croix, ni se servir du *pallium*, ni officier pontificalement dans les mêmes métropoles.

PRIMAUTÉ.

La primauté est le droit d'occuper la première place. Au mot PAPE, § 5, nous avons prouvé que le souverain pontife, en qualité de successeur de saint Pierre sur le siége de Rome, a dans l'Eglise universelle une *primauté*, non-seulement d'honneur et de préséance, mais d'autorité et de juridiction.

PRIMICIER.

On donna particulièrement le nom de *primicier* (*primicerius*), à ceux qui présidaient aux finances, et ensuite aux premiers officiers dans chaque ordre. Il passa depuis aux ecclésiastiques ; on appelait *primicier* de la chapelle du palais, le premier officier de la chapelle impériale. Dans les églises cathédrales, c'était celui qui avait soin de l'ordre de l'office public, et qui présidait au chœur, où il faisait la fonction de ceux que nous appelons chantres. Autrefois le préchantre ou premier chantre s'appelait *primicier*, parce qu'il était marqué le premier sur la tablette enduite de cire, qui contenait les noms des chantres, *primus in cera* (*Voyez* CHEFECIER).

Le *primicier* était anciennement le chef du clergé inférieur, comme l'archiprêtre et l'archidiacre étaient les chefs des prêtres et des diacres. Fleury remarque qu'on voit souvent écrit *primicier des notaires*, parce qu'autrefois la fonction la plus considérable des clercs inférieurs était d'être les secrétaires et les écrivains de l'évêque ou de l'église (*Voyez* NOTAIRES).

Dans les anciens conciles d'Espagne, on se servait du nom de *primiclerc*, *primiclerus*, comme en effet ce nom paraît mieux convenir à l'office qui constituait le premier des clercs inférieurs.

On ne peut douter que, dès le septième siècle, le *primicier* ne tînt dans l'Eglise un des premiers rangs. On le voit souscrire aux actes du concile de Tolède, tenu en 688, immédiatement avant l'archidiacre ; son office était regardé comme un des principaux emplois de l'église. Pendant la vacance du siége épiscopal, ou dans l'absence de l'évêque, il en faisait toutes les affaires conjointement avec l'archidiacre et l'archiprêtre. La quinzième lettre du pape saint Martin, écrite vers le milieu du sixième siècle, porte : *In absentia pontificis, archidiaconus, archipresbyter et primicerius, locum præsentant pontificis.*

On trouve dans une lettre de saint Isidore de Séville, insérée dans les décrétales de Grégoire IX, le détail des fonctions du *primicier*. *Ad primicerium pertinent acolythi, exorcistæ, psalmistæ, atque lectores, signum quoque dandi pro officio clericorum, et pro vitæ honestate : et officium meditandi, et peragendi sollicitudo : lectiones, benedictiones, psalmum, laudes, offertorium, et responsoria, quis clericorum dicere debeat : ordo quoque et modus psallendi pro solemnitate et tempore, ordinatio pro luminariis deportandis. Si quid etiam necessarium pro reparatione basilicarum quæ sunt in urbe, ipse denuntiet sacerdoti, epistolas episcopi pro diebus jejuniorum parochianis per ostiarios ipse dirigit; basilicarios ipse constituit et matricularios disponit.* Le soin du luminaire dont le *primicier* était alors chargé, a été depuis laissé au chevecier (*Voyez* CHEVECIER).

Le nom et l'office de *primicier* ne se sont conservés que dans un très-petit nombre de chapitres. On dit encore le *primicier* de Saint-Denis.

PRISE DE POSSESSION.

(*Voyez* POSSESSION.)

PRISE D'HABIT.

La *prise d'habit* est lorsqu'une personne qui postule pour entrer dans une maison religieuse est admise à prendre l'habit qui est propre à l'ordre dont dépend cette maison; c'est ce que l'on appelle aussi vêture (*Voyez* VÊTURE).

PRISON.

C'était anciennement l'usage le plus ordinaire de condamner les clercs coupables de crimes graves, à être renfermés dans des monastères pour y pleurer leurs péchés et faire pénitence (*c.* 7, *dist.* 50 : *c.* 6, § *fin. de homicid.*) (*Voyez* DÉGRADATION, EMPRISONNEMENT).

Par le droit des décrétales (*ex c.* 35 *de Sent. excom.* 27, *de verb. signif.; c.* 3, *de Pœnit. in* 6°), la *prison* pour un temps, ou même perpétuelle, est considérée comme une peine ecclésiastique, à laquelle on peut condamner les clercs coupables de crimes graves.

Le concile de Toulouse, en 1590, recommande aux évêques de ne proposer à la garde des *prisons* épiscopales que les gens qu'ils connaîtront être *ad omne munus paratissimos, vigilantissimosque, et vera pietate charitateque commendabiles, et qui reorum commoditati et curiæ securitati consulant.* Le même concile leur ordonne de visiter très-souvent par eux-mêmes, ou par d'autres, non-seulement leurs propres *prisons*, mais encore celles des cours séculières. Il ajoute : *Carceratorum religioni et vitæ alimentis sedulo consulant, sacramentaque illis opportunis temporibus administrari curent* (*Mém. du clergé*, tom. VII, col. 1323).

La *prison* ne porte aucune note d'infamie, suivant le droit civil et canonique, parce qu'elle n'est établie que pour l'assurance, et non pour la condamnation des accusés : *Carcer enim ad continendos homines, non ad puniendos haberi solet* (*l.* 8, § 9, *de Pœnis*).

L'Eglise, comme on le voit, avait autrefois ses *prisons* de même que l'Etat a les siennes, moins pour punir les clercs coupables que pour leur donner le moyen de faire pénitence. Tel était le but de ces *prisons* si connues dans les anciennes constitutions ecclésiastiques, sous le titre de *decania*, et que plusieurs auteurs ont confondues mal à propos avec le *diaconium*, qui n'était autre que ce que nous appelons maintenant la sacristie. Le concile de Verneuil de l'an 844, ordonne que les moines apostats que l'on reprendrait de force, seraient enfermés dans des *prisons.* Dans la suite, on inventa une espèce de *prison* affreuse où l'on ne voyait point le jour; et comme ceux que l'on y renfermait devaient ordinairement y finir leurs jours, on l'appela pour ce sujet *vade in pace*. Pierre le Vénérable nous fait entendre que Matthieu, prieur de Saint-Martin-des-Champs, à Paris, est le premier qui ait inventé cette sorte de *prison*, où il condamna pour le reste de ses jours un misérable qui lui paraissait incorrigible.

L'Eglise a toujours regardé la visite des *prisons* comme une œuvre de miséricorde. Le cinquième concile d'Orléans, canon 20, s'exprime ainsi à cet égard : « Ceux qui seront en *prison* pour crime, seront visités tous les dimanches par l'archidiacre ou le prévôt de l'église pour connaître leurs besoins, et leur fournir la nourriture et les choses nécessaires aux dépens de l'église. »

Les aumôniers des *prisons* sont nommés par l'autorité administrative; ils ne sont mis en fonctions qu'autant que l'évêque diocésain leur a conféré les pouvoirs nécessaires. Leur traitement est payé sur les fonds affectés au service des établissements.

PRIVATION.

Les canonistes appliquent ce mot à la *privation* d'un bénéfice (*Voyez* INTERDIT, CENSURES), et à la *privation* de l'exercice des ordres (*Voyez* DÉPOSITION).

PRIVILÉGE.

Le *privilége* est une loi particulière qui accorde une grâce à celui en faveur de qui elle est faite : *Est lex privata, aliquod speciale beneficium concedens. Dicitur lex, non quia privilegium proprie est lex, sed quia quamdiu durat, instar legis observari debet, aliisque necessitatem imponit, ne privilegiato usum privilegii impediant; dicitur privata, quia non facit jus quoad omnes, sed tantum quoad illum cui concessum est privilegium; dicitur beneficium, quia benefacit iis quibus conceditur contra legem communem* (*C.* 2, *dist.* 4).

§ 1. *Des* PRIVILÉGES *en général*.

On a beaucoup écrit sur la nature et les effets des *priviléges* en général. Nous n'avons à parler ici que de ceux qui peuvent regarder les ecclésiastiques. Mais, comme à cet égard la matière ne laisse pas que d'être importante et même fort étendue, nous dirons ici quelque chose des différentes sortes de *priviléges* en général, avant de marquer en particulier les *priviléges* dont jouissent les ecclésiastiques.

On distingue les *priviléges* écrits et non écrits, réels et personnels, odieux et favorables, gracieux et rémunératoires, purs et conventionnels, momentanés et perpétuels, affirmatifs et négatifs, *motu proprio aut super instantiam*; ceux qui sont exprimés dans le droit, et ceux qui n'y sont pas exprimés; ceux qui regardent le for intérieur, et ceux qui regardent le for extérieur, le bien commun ou le bien particulier.

Le *privilége* écrit est celui que l'on justifie par un rescrit authentique que l'on produit; celui qui n'est pas écrit a été accordé de vive voix, ou a été prescrit par la coutume. Régulièrement le *privilége* non écrit ne peut servir qu'au for intérieur de la conscience, si l'on ne prouve au moins par écrit la coutume qui l'a fait prescrire.

Le *privilége* réel est celui qui est accordé à quelque lieu, dignité, office, monastère, église, ordre, ou à quelques personnes en considération de ces choses; le personnel, au contraire, est accordé à une personne en considération d'elle-même; en sorte que, comme le *privilége* réel ne finit qu'avec la chose à laquelle il est attaché, le *privilége* personnel finit avec la personne à qui il a été accordé. On peut renoncer à celui-ci, et non à l'autre.

Un *privilége* est odieux quand les tiers en souffrent; il est favorable quand le tiers n'en souffre point, comme le *privilége* d'entendre la messe pendant un temps d'interdit.

On appelle *privilége* gratuit ou gracieux, *privilegium gratiosum*, celui qui est accordé gratuitement, *non habita ratione meritorum*. Le rémunératoire est celui qui est accordé *ratione meritorum, sive ipsius privilegiati, sive aliorum*.

Le *privilége* est conventionnel ou même conditionnel, quand il est intervenu quelque pacte dans sa concession; et il est simple, quand il a été accordé absolument sans pacte ni condition.

Le *privilége* est perpétuel, quand il est accordé sans limitation de temps, ou qu'il est attaché à une chose qui, de sa nature, est perpétuelle, comme à un monastère; il est temporel et momentané, quand il est personnel, ou qu'il est accordé sous quelque condition, dont l'accomplissement doit le rendre inutile.

Le *privilége* affirmatif est celui qui donne la faculté de faire quelque chose; il est négatif, quand il accorde la permission de ne point faire quelque chose; il est accordé sur l'instance, quand le *privilégié* l'a demandé, et *motu proprio*, quand il n'a fait aucune demande.

Le *privilége* qu'exprime le droit est celui qui est renfermé dans quelques canons du droit ancien et nouveau; ceux que renferment des bulles et autres écrits particuliers, sont les *priviléges* qu'on appelle *extra jus insertum*.

Le *privilége* qui regarde le bien commun est tel, qu'une communauté de personnes en reçoit un avantage prochain, comme le *privilége* du canon *Si quis suadente*. Le *privilége* qui n'a que l'intérêt du privilégié pour objet, ne peut regarder le public qu'en ce qu'il lui importe que les *priviléges* soient accordés aux personnes qui les méritent, ou qui en ont besoin.

Quant aux *priviléges* qui regardent le for intérieur, ils ne peuvent servir au for extérieur.

§ 2. *Des* PRIVILÉGES *des ecclésiastiques.*

Le premier et principal *privilége* des clercs est celui que les canonistes appellent *du for et du canon*, ou *privilége clérical*, et qui a deux objets; l'un de ne pouvoir être maltraités *manu violenta*, sans que l'auteur des mauvais traitements n'encoure une censure *ipso facto*, dont l'absolution est réservée au pape; l'autre, de ne pouvoir être jugés en aucuns cas par le juge laïque (*Voyez* OFFICIALITÉ).

Nous avons parlé du premier de ces *priviléges* sous le mot CAS RÉSERVÉS. On l'appelle *privilége* du canon, à cause du canon *Si quis suadente*. Un clerc qui porte des habits que les canons défendent aux ecclésiastiques, ne peut en jouir (*c.* 9, *de vit. et hon.*; *c.* 25, 45, *de Sent. excom.*). Il en est de même de celui qui se fait une occupation de la chasse ou des jeux de hasard (*Ibid.*), et si le clerc excite lui-même aux coups dont il est maltraité (*c.* 23, *de Sent. excom.*). Telles sont les exceptions marquées par le droit; mais on y peut joindre toutes celles qui leur ressemblent.

Quant au *privilége* du for qui exempte, tant en défendant qu'en demandant, les ecclésiastiques de toute juridiction séculière, et qui a été aboli en France, on le trouve expressément établi par le canon *Si imperator* 96, *dist.*; *c. Et si clerici, de Jud.*; *c. Si diligenti de For. compet.*, etc. Les anciens conciles étendent ce *privilége* à tous les clercs sans distinction; mais le concile de Trente a fait à ce sujet le décret suivant :

« Nul clerc tonsuré, quand même il aurait les quatre moindres, ne pourra tenir aucun bénéfice avant l'âge de quatorze ans; il ne pourra non plus jouir du *privilége* de la juridiction, s'il n'est pourvu de quelque bénéfice ecclésiastique; ou que, portant l'habit clérical et la tonsure, il ne serve dans quelque église par ordre de l'évêque; ou s'il ne fait sa demeure dans quelque séminaire ecclésiastique, ou dans quelque école ou université, où il soit avec permission de l'évêque, pour recevoir les ordres majeurs.

« A l'égard des clercs mariés, on observera la constitution de Boniface VIII, *Clerici qui cum unicis*, à condition que ces mêmes clercs destinés par l'évêque à quelque service ou fonction de quelque église, y rendent actuellement service et y fassent ladite fonction, portant l'habit clérical et la tonsure, sans qu'aucun *privilége* ou coutume contraire, même de temps immémorial, puisse avoir lieu en faveur de qui que ce soit. » (*Session* XXIII, *ch.* 6, *de Reform.*)

Le premier concile de Mâcon condamne à trente-neuf coups de fouet les ecclésiastiques d'un rang inférieur, et à la prison ceux d'un rang supérieur, s'ils portent leurs différends avec d'autres clercs devant les cours séculières. Les derniers conciles provinciaux, sans prononcer ces peines, font la même défense.

Voyez, sous le mot IMMUNITÉS, les autres *priviléges* dont iouissaient autrefois les ecclésiastiques.

§ 3. *De l'abolition des* PRIVILÉGES *du clergé.*

Nous disons sous le mot ABANDONNEMENT *au bras séculier* que l'Eglise avait autrefois reçu des princes chrétiens divers *priviléges*, mais que la loi du mois de septembre 1790 les a entièrement supprimés. On a beaucoup décrié ces anciennes prérogatives et immunités du clergé. On se glorifie aujourd'hui d'avoir aboli les *priviléges*; on crut même un moment avoir égalé tous les rangs, nivelé toute la vie humaine. Mais cela est aussi impossible que d'assigner à tous les hommes une identique parité de stature, de force, de facultés, de travail. La nature n'est que variété; la société n'est que l'alliance des aptitudes diverses, ce qui rend utile autant qu'inévitable l'inégalité des rangs qui ne consiste que dans les *priviléges* ou distinctions lucratives et honorifiques. Certains *priviléges* furent autrefois des abus; certains abus aujourd'hui ne sont pas moins des *priviléges*, et il y a aujourd'hui comme autrefois des *priviléges* légitimes. Qu'est-ce, par exemple, que cette immunité des deux chambres législatives, qui ne permet de poursuivre ni pour opinion politique, ni pour affaires personnelles, pas même pour dettes, aucun de leurs membres durant une session? Qu'est-ce que cette inamovibilité de certaines fonctions, et ces hautes payes, assez souvent en proportion inverse du travail et de la fatigue? Qu'est-ce que tout cela, sinon des *priviléges*? Et ce ne sont pas les seuls. Si on ne manque pas de raisons pour les défendre, quelles plaintes, d'autre part, ne retentissent pas journellement sur les accumulations de fonctions incompatibles, sur des offices multipliés au delà du besoin, et retribués au delà de leur utilité; enfin sur les offices inutiles, appelés vulgairement *sinécures* pour cette cause? Et dans cette légère esquisse ne figure pas tout ce qui est uniquement donné à la vanité.

Puisque tous les *priviléges* ne sont point abusifs, puisque les distinctions et les avantages de plusieurs sont convenables et profitables à l'ordre général, quoi de plus légitime et de plus utile que de faire particulièrement honneur au sacerdoce, aux hommes que la loi nous désigne comme les médiateurs entre Dieu et nous? Et qui pourrait sensément refuser ou disputer le premier rang de dignité extérieure à la seule dignité réelle, comme la seule ineffaçable? D'où vient que partout, jusque chez les nations qui ont le plus honoré les armes, on en a toujours écarté avec soin les ministres de la religion, non par interdiction ou condescendance, mais par une respectueuse réserve. Et partout où une noblesse s'est formée, le sacerdoce en a été la sommité. Maintenant encore on considère les ministres de la religion comme ne devant pas être compris dans le service militaire (*Voyez* ECCLÉSIASTIQUE), et la plus noble idée que les plus hautes, les plus utiles fonctions prétendent donner d'elles-mêmes, cela s'entend tous les jours, c'est de se comparer au sacerdoce. Peut-on mieux justifier les anciennes prérogatives de ce clergé que par cette apologie involontaire?

Comment nier, après de si claires notions, la convenance de la juridiction spéciale pour le clergé? Un des deux corps législatifs n'a-t-il pas la sienne? En quoi donc la dignité d'une pairie quelconque importerait-elle plus à l'Etat que celle du sacerdoce? Si l'on estime irrévérent pour les *nobles* pairs, ainsi que ces messieurs veulent bien s'appeler, malgré la Charte de 1830, qui a biffé l'hérédité et dédaigné toute *noblesse*, si l'on estime irrévérent pour eux de comparaître devant les tribunaux ordinaires, c'est-à-dire devant des hommes comme eux, aussi honorables qu'eux, qui ne leur sont pas subordonnés, et parmi lesquels siégent des membres de la même pairie, n'est-il pas incomparablement plus irrévérent d'y citer un prêtre, revêtu d'un caractère sacré; et que, peut-être demain, frappé d'un symptôme mortel, celui qui l'aura interrogé, jugé, condamné, appellera avec angoisse pour lui faire l'aveu de ses péchés et lui demander le pardon du ciel? Il y a un parallèle bien plus choquant encore. On a doublé la sauvegarde pour l'honneur militaire en ajoutant à la juridiction spéciale du conseil de guerre une pénalité spéciale; et cela n'est point blâmable, cela est bien. Ainsi, le dernier des citoyens, un enfant même que la loi n'a point encore fait citoyen, un mercenaire, un vagabond, que le recrutement aura mis sous la discipline du clairon ou du tambour, dès qu'une fois couvert du bonnet de police, il balayera la poussière d'une caserne, ou pansera un cheval à chabraque, il est affranchi de la justice ordinaire; il paraîtra devant ses chefs et ses égaux sur un siège honnête. S'il n'a point commis un délit capital, on prendra la précaution de le dégrader avant de le livrer au châtiment commun. Et s'il a mérité la mort, il ne la subira pas par le coup vulgaire comme un simple citoyen, ni même comme un magistrat ou un pair qui aurait conspiré; il tombera noblement sous le feu de ces mêmes armes qui ont défendu la patrie; tandis qu'on obligera le prêtre de paraître, comme prêtre, à la place occupée chaque jour par les meurtriers, les larrons, et les courtisanes. Et, si malheureusement une condamnation est prononcée, nous la supposons juste, elle exposera à l'opprobre public la dignité sacrée que porte le condamné, et dont la seule autorité, qui la lui a conférée, peut du moins le dégrader, sinon en effacer le caractère. Encore autrefois abandonnait-on très-rarement le prêtre coupable à la vindicte séculière (*Voyez* ABANDONNEMENT). Toute nation, tout gouvernement qui admettent officiellement une religion, et qui ne respectent pas officiellement ses ministres, l'avilissent et l'annulent, autant qu'il est en eux. Tout autre que le sacerdoce catholique succomberait à cette indépendance légale. Il vaudrait beaucoup mieux ne pas reconnaître une religion que de ne pas lui rendre, dans ses ministres, tous les égards qu'elle a droit de demander. On éviterait ainsi deux dangers au lieu d'un.

Car il n'y a pas de moyen plus certain de ruiner l'autorité judiciaire que de la mettre aux prises avec la religion. La judicature a contre la religion une passion innée de rivalité. Pour peu qu'elle trouve jour à s'ingérer dans les affaires religieuses, et jusque dans les questions de conscience, elle s'y porte hardiment pour tout attirer sous son examen et sa décision. Ce fut son unique grief contre l'inquisition, à laquelle elle ne pardonnera jamais d'avoir arrêté autrefois cette manie d'envahir et de soumettre à ses idées et à ses formes les lois spirituelles (*Voyez* INQUISITION). Quelque cause qui amène devant la justice séculière le ministre d'un culte, un prêtre surtout, elle ne résistera pas au secret plaisir d'en triompher. Et malheur à elle, si les circonstances, si l'opinion la favorisent; elle se complaira dans le succès, elle croira diriger les applaudissements d'un siècle impie, et elle ne sera maîtrisée. Elle sortira insensiblement de la voie droite; elle sophistiquera la vengeance; elle s'enivrera d'orgueil et d'iniquité, jusqu'à ce que, perdant toute pudeur et toute raison, elle subisse, méprisée, la complicité de toutes les factions, qui, pour dernière ignominie la mettront au service du bourreau.

Triste chute, que le fameux Pasquier ne prévoyait guère quand il affirmait sérieusement, à la fin du seizième siècle, que *Dieu était au milieu des juges pour les inspirer* (Ed. Dumont, *Cours d'histoire de France*, 32ᵐᵉ lec.).

PROBABILITÉ.

On définit la *probabilité*, ou l'opinion probable, une opinion fondée sur quelque raison apparente, soit que l'esprit l'embrasse comme vraie, soit qu'il la rejette comme fausse.

On peut établir : 1° qu'une opinion probable ne peut pas exempter de péché, lorsqu'il s'agit du droit naturel, et que cette opinion est fausse; car l'ignorance du droit naturel ne peut jamais exempter de péché ceux qui le violent, parce que cette ignorance n'excuse jamais; 2° une opinion probable, qui n'est contraire qu'au droit positif humain, peut être suivie sans péché; 3° entre une opinion moins probable et moins sûre, et une opinion plus probable et plus sûre, c'est-à-dire, celle qu'on peut suivre certainement sans péché, on doit suivre cette dernière, suivant cette règle du droit canonique : *In dubiis tutior pars eligenda*; 4° on peut suivre ce qui est certain d'une certitude morale, quoique le contraire paraisse plus sûr : par exemple, s'il est question d'un contrat condamné par quelques théologiens, mais autorisé par les plus habiles et par la raison, on peut dire qu'il est moralement certain que ce contrat est légitime, quoiqu'il parût plus sûr de ne pas s'en servir, à cause de ce peu de théologiens qui le condamnent : néanmoins, s'il y a de bonnes raisons qui portent à s'en servir, on ne doit pas se priver de cette liberté (*Voyez* OPINION).

PROBATION.

La *probation* ou épreuve, est l'année de noviciat que l'on fait faire à un religieux ou à une religieuse pour éprouver sa vocation (*Voyez* NOVICE, PROFESSION).

Le temps de la *probation* est le temps du noviciat.

PROCÉDURE.

Dans les premiers siècles de l'Eglise, dit Fleury dans son *Institution au droit ecclésiastique* (part. III, ch. 6), les jugements ecclésiastiques n'étant que des arbitrages, pour les matières temporelles; et dans les spirituelles, des jugements de charité, on n'y suivait point les formules des tribunaux séculiers, mais seulement les règles de l'Ecriture sainte et des canons. Cette distinction entre les jugements ecclésiastiques et les jugements séculiers, se voit manifestement dans la conférence de Carthage (art. I, n. 40), et en plusieurs conciles. Les clercs depuis plusieurs siècles en possession de rendre presque tous les jugements, y introduisirent plusieurs formes judiciaires, dont on peut attribuer l'établissement au droit canon même, et de là tant de décrets et de décrétales des papes sur cette matière. Ainsi, les juges ecclésiastiques ont commencé à procéder à la rigueur, et suivant toutes les formes du droit, dans un temps où les juges séculiers en observaient peu, parce que c'étaient des nobles et des gens de guerre, qui, la plupart, n'avaient point de lettres, et ne suivaient dans leurs jugements que les anciennes coutumes. Depuis, ils se firent assister par des clercs, à qui ils ont enfin laissé l'exercice de la justice; et les clercs ont introduit leurs formules en tous les tribunaux, principalement dans les parlements; en sorte que toute la *procédure* moderne des cours séculières, vient des canonistes; et qui voudra l'étudier curieusement, doit en chercher les origines dans les décrétales (*C. Quoniam* 11, *de Probat.*). On peut voir les *procédures* qui étaient le plus en usage, au commencement du treizième siècle, par le décret du concile de Latran, qui oblige le juge à se faire assister d'une personne publique, pour rédiger par écrit toute la *procédure*.

Les ordonnances qui furent faites en France depuis deux à trois cents ans pour l'abréviation des procès, et qui se réglant sur les formes du droit canon, rejeté les mauvaises, n'ont pas été sitôt pratiquées dans les officialités, et l'on y a plus longtemps gardé la langue latine et les anciennes *procédures*, mais on s'en est insensiblement débarrassé. La plupart des actes s'y faisaient en français, et les ordonnances de Louis XIV y étaient exactement observées, surtout celle de 1667 pour la *procédure* civile, et celle de 1670, pour la *procédure* criminelle. L'ordonnance de 1667 voulait que cette ordonnance et toutes celles qui seraient faites dans la suite, fussent observées dans les officialités comme dans les tribunaux civils, et qu'il n'y eût à cet égard aucune distinction entre le juge séculier et le juge d'Eglise. L'article 1er du titre premier de cette ordonnance le prescrivait en effet en ces termes : « Voulons que la présente « ordonnance, et celles que nous ferons ci-« après, ensemble les édits et déclarations « que nous pourrons faire à l'avenir, soient « gardées et observées par toutes nos cours « de parlement, grand conseil, chambre des « comptes, cours des aides et autres nos « cours, juges, magistrats, officiers, tant de « nous que des seigneurs, et par tous nos « autres sujets, même dans les officiali-« tés. »

Il est vrai que la *procédure* n'était pas uniforme dans toutes les officialités ; chacune avait quelques usages particuliers, et chaque official y apportait quelque différence. Les uns étaient plus attachés à la rigueur des règles, et les autres allaient plus à la décision et à la diminution des affaires.

Pour terminer un différend, il fallait que les parties parussent devant le juge, qu'elles lui explicassent leurs prétentions et qu'il prononçât son jugement. De là trois parties essentielles à toute *procédure*, la comparution, la contestation, le jugement, et toutes les *procédures* particulières se rapportaient à quelqu'un de ces trois chefs.

Nous n'expliquerons pas les diverses parties de l'ancienne *procédure* qui était à peu près la même dans les tribunaux civils et dans les tribunaux ecclésiastiques jusqu'à la suppression de ceux-ci par la loi de septembre 1790 (*Voyez* OFFICIALITÉ) ; nous dirons seulement que les officialités n'ont plus aucun caractère légal, et que les tribunaux séculiers n'ont d'autres règles à suivre que celles prescrites par le Code de *procédure* civile et par le Code d'instruction criminelle. Il nous suffit de rappeler ici que ces deux codes ont leur source dans les *procédures* des anciennes officialités.

PROCESSION

Une *procession* est une cérémonie ecclésiastique que le peuple fait à la suite du clergé, soit en partant d'un lieu saint pour y retourner, soit en faisant le tour d'une église au dedans ou au dehors, soit en allant visiter quelque église, et toujours en chantant les louanges de Dieu.

Les *processions* étaient en usage chez les païens et les Juifs. On prétend qu'elles furent introduites dans l'Eglise sous le règne du grand Constantin, et saint Ambroise en fait mention. C'est à l'évêque à indiquer et à régler les *processions* et les autres prières publiques, comme l'a décidé le concile de Trente (Session XXV ch. 6, *de Reform.*). La même autorité qui ordonne aux ecclésiastiques d'assister aux *processions* générales, leur défend de faire des *processions* solennelles sans l'ordre exprès de l'évêque (*Mémoires du clergé*, tom. VI, col. 1502) (*Voyez* PRIÈRES).

L'on trouve le mot *processio* employé en différents canons du décret (*C. Presbyteri, dist.* 34 ; *C. Frigentius* 16, *qu.* 7 ; *C. Præcepta, de cons., dist.* 1), dans le sens du mot *frequentatio*, qui, relativement aux églises, signifie, suivant les interprètes, l'assemblée des fidèles.

Relativement aux *processions extérieures*, l'article organique 45 porte : « Aucune céré-« monie religieuse n'aura lieu hors des édifi-« ces consacrés au culte catholique, dans les « villes où il y a des temples destinés à dif-« férents cultes. » (*Voyez* SACREMENT.)

Mais une lettre ministérielle du 30 germinal, an XI, porte que cette disposition légale ne doit s'appliquer qu'aux communes où il existe une Eglise consistoriale approuvée par le gouvernement. Il faut six mille âmes de la même communion pour l'établissement d'une pareille Eglise.

PROCLAMATION.

Proclamation se dit des publications qui se font solennellement, soit pour les ordres, soit pour les mariages, soit pour les monitoires (*Voyez* ORDRES, BANS, MONITOIRE). Il se dit aussi parmi les religieux de l'accusation qu'ils font de leurs fautes en chapitre.

PROCUPIENTE PROFITERI.

Ces mots latins font partie d'une clause insérée dans les rescrits de cour de Rome, par lesquels le pape accorde à un ecclésiastique séculier un bénéfice régulier, sous la condition expresse de faire profession dans l'ordre ou la maison d'où dépend le bénéfice.

PROCURATION.

Nous prenons ici ce mot en deux sens : 1° pour un droit utile qui se paie aux évêques en visite sous le nom de *procuration* ; 2° pour l'acte qui constitue quelqu'un procureur ou mandataire, ce qui fera la matière des deux paragraphes suivants.

§ 1. *Droit de* PROCURATION.

On appelle droit de *procuration* une certaine somme d'argent, ou une quantité de vivres que les églises fournissent aux évêques ou autres supérieurs dans leurs visites : *procurationes quasi ecclesiæ ipsæ episcopum procurent, alant, tueantur*. On reconnaît dans l'histoire ecclésiastique beaucoup de variation dans l'exercice de ce droit (Thomassin, *part.* II, *liv.* II, *ch.* 66 ; *part.* III, *liv.* II, *ch.* 68 ; *part.* IV, *liv.* II, *ch.* 94). L'origine en est fondée sur la reconnaissance que les églises du diocèse doivent à leur pasteur, quand il prend la peine de les aller visiter (*C. Placuit*, 10, *qu.* 1). Quelques auteurs ont dit que les évêques des premiers siècles du christianisme, quoique maîtres des revenus de leurs églises, ne les employaient si bien, qu'ils se réservaient à peine de quoi vivre ; de sorte qu'il fallait les défrayer quand ils allaient visiter leurs diocèses, et après leur mort, les enterrer aux dépens du public ; mais quoi qu'il en soit, il est parlé de ce droit dans le chapitre *Conquerente, de Offic. ord. ; c. Cum ex officii, de Præscript.*, et dans plusieurs chapitres du titre aux décretales, *de Censibus*, où se trouvent rapportés ces sages règlements des troisième et quatrième conciles de Latran, touchant l'exaction de ce droit, de la part des évêques et autres supérieurs (*C. Cum apostolus*, *eod.*). Le pape Benoît XII en fit dans la suite un plus étendu, qui fixait le droit de *procuration* et le subside caritatif dans tous les pays de la chrétienté. C'est l'extravagante *Vas electionis*, *de Censibus*, *Exactionibus et Procur*. Les légats participaient aussi au droit de *procuration*, et les provinces où ils étaient envoyés, étaient obligées de les défrayer : cet usage subsiste encore dans certains endroits (*Voyez* LÉGAT).

Voici le règlement du concile de Trente sur cette matière :

« Mais afin que toutes ces choses aient un succès plus facile et plus heureux, toutes les personnes dont nous venons de parler, à qui il appartient de faire la visite, sont averties, en général et en particulier, de faire paraître pour tout le monde une charité paternelle et un zèle vraiment chrétien ; et que, se contentant d'un train et d'une suite médiocres, ils tâchent de terminer la visite le plus promptement qu'il sera possible, y apportant néanmoins tout le soin et toute l'exactitude requise. Qu'ils prennent garde, pendant la visite de n'être incommodes, ni à charge à personne, par des dépenses inutiles ; et qu'eux, ni aucun de leur suite, sous prétexte de vacations pour la visite, ou de testaments, dans lesquels il y a des sommes laissées pour des usages pieux, à la réserve de ce qui est dû de droit sur les legs pieux, ou sous quelque titre que ce soit, ne prennent rien, soit argent, soit présent, quel qu'il puisse être, et de quelque manière qu'il soit offert ; nonobstant toute coutume, même de temps immémorial, excepté seulement la nourriture qui leur sera fournie à eux et aux leurs, honnêtement et frugalement, autant qu'ils en auront besoin pour le temps de leur séjour, et non au delà. Il sera pourtant à la liberté de ceux qui seront visités, de payer en argent, s'ils l'aiment mieux, suivant la taxe ancienne, ce qu'ils avaient coutume de payer, ou de fournir ladite nourriture ; sauf néanmoins en tout ceci, le droit acquis par les anciennes conventions, passées avec les monastères et autres lieux de dévotion, ou églises qui ne sont point paroissiales, auquel droit on ne touchera point. Et quant aux lieux ou provinces où la coutume est que les visiteurs ne prennent ni la nourriture, ni argent, ni aucune autre chose, mais fassent tout gratuitement, le même usage y sera toujours observé. Que si quelqu'un, ce qu'à Dieu ne plaise, prenait quelque chose de plus que ce qui est prescrit dans tous les susdits cas ; outre la restitution du double, qu'il sera tenu de faire dans le mois, il sera encore soumis, sans espoir de rémission, à toutes les autres peines portées par la constitution *Exigit* du concile général de Lyon ; ensemble toutes les autres qui seront ordonnées par le synode provincial, suivant qu'il le jugera à propos.» (Session XXIV, ch. 3, *de Reformat.*)

Ce règlement a été renouvelé par les conciles provinciaux du royaume.

§ 2. PROCURATION, *mandat*.

On peut régulièrement agir par soi, ou par procureur, dans toutes les affaires où le droit n'exige pas la présence des parties mêmes que les affaires intéressent directement.

On peut contracter mariage par procureur, sous ces trois conditions : 1° que le procureur soit fondé spécialement pour épouser la personne marquée dans la *procuration*; 2° que ce procureur contracte lui-même, à moins qu'on ne lui ait donné une faculté de pouvoir constituer un autre procureur ; 3° qu'il n'ait point été révoqué avant la célébration du mariage. Car la révocation de la *procuration* empêche la validité du mariage, quoiqu'elle ne fût connue ni du procureur, ni de la personne avec qui il devait contracter. Le procureur ne doit pas non plus excéder les bornes de son pouvoir, autrement tout ce qu'il ferait serait absolument nul (*C*. 9, *de Procur*., *in* 6°). Ces mariages par procureur ne sont pas connus en Orient, et ils ne l'ont été dans l'Eglise latine qu'au temps où l'on y a toléré les mariages clandestins. Les théologiens ne sont pas d'accord sur la nature de ces mariages ; les uns les regardent comme de véritables mariages, avant même la ratification en personne, qu'ils disent tous être toujours nécessaire ; les autres ne regardent ces mariages comme sacrements qu'après la ratification des parties (*Voyez* MARIAGE, § 3).

PROCUREUR.

En général un *procureur* est celui qui gère les affaires de celui qui l'a constitué (*Voyez* ci-dessus PROCURATION). Mais comme les affaires contentieuses sont plus difficiles que les autres, on a créé dans les juridictions des offices de *procureurs*, afin que toutes sortes de personnes ne s'ingérassent pas à diriger bien ou mal les affaires des autres, ou même les leurs propres d'une manière inconvenante (*Voyez* le titre II du livre III des Institutes du droit canon)

PROFÈS.

On appelle *profès* celui qui a fait ses vœux de religion (*Voyez* ci-dessous PROFESSION, § 2).

PROFESSION.

Nous n'avons pas d'autre application à faire de ce mot qu'à la matière des deux paragraphes suivants.

§ 1. PROFESSION *de foi*.

Le concile de Trente a ordonné, session XXIV, chapitre 12, du décret de réformation, que tous les pourvus de bénéfices à charge d'âmes seraient tenus de faire *profession* publique de leur foi entre les mains de l'évêque, ou de son grand vicaire s'il est absent, dans deux mois, à compter du jour de leur prise de possession, sous peine d'être privés du revenu desdits bénéfices ; ce qui doit avoir lieu, suivant le même concile, à l'égard des chanoines ou dignitaires dans les églises cathédrales, lesquels sont tenus de faire cette *profession* non-seulement en présence de l'évêque ou de son vicaire, mais aussi dans le chapitre.

Le pape Pie IV a réglé la forme de cette *profession* et en a étendu l'obligation aux prélats réguliers. Grégoire XIV, par sa bulle de l'an 1564, a soumis aussi les évêques à cette *profession de foi*. Voici les propres termes de la bulle du pape Pie IV.

BULLE *de Pie* IV *sur la forme du serment de* PROFESSION *de foi*.

« PIE, évêque, serviteur des serviteurs de Dieu.

« *Pour en conserver le perpétuel souvenir.*

« Le devoir de la servitude apostolique qui nous a été imposée exige qu'à l'honneur et à la gloire de Dieu tout-puissant, nous nous appliquions incessamment et avec soin à l'exécution des choses qu'il a daigné divinement inspirer aux saints Pères assemblés en son nom, pour la bonne conduite de son Eglise. Tous ceux donc qui seront à l'avenir élevés aux églises cathédrales et supérieures, ou qui seront promus aux dignités desdites églises, canonicats ou quelques autres bénéfices ecclésiastiques que ce soit ayant charge d'âmes, étant obligés, selon la disposition du concile de Trente, de faire une *profession* publique de la foi orthodoxe, et de jurer et promettre qu'ils demeureront dans l'obéissance de l'Eglise romaine, nous, voulant aussi que la même chose soit observée par tous ceux qui, sous quelque nom ou titre que ce puisse être, seront préposés aux monastères, couvents, maisons et autres lieux de quelques ordres réguliers que ce soit, et même de chevalerie, et que rien ne puisse être désiré par personne de ce qui peut dépendre de notre soin, pour faire en sorte qu'une même *profession de foi* soit faite par tous de la même manière, et que la même formule, unique et certaine, vienne à la connaissance d'un chacun; ordonnons en vertu des présentes, et enjoignons très-étroitement par autorité apostolique que la formule même ci-après insérée dans ces présentes soit publiée, et par toute la terre reçue et observée par ceux qui y sont obligés, selon les décrets dudit concile et par les autres sus-mentionnés, et que, sous les peines portées par ledit concile contre les contrevenants, ladite *profession de foi* soit par eux faite solennellement, conformément à ladite formule, selon la teneur suivante et non autrement :

« Je, N., crois d'une ferme foi et fais *profession* de toutes les choses qui sont contenues, tant en général qu'en particulier, dans le symbole de foi dont l'Eglise se sert, savoir : Je crois en un seul Dieu, Père tout-puissant, qui a fait le ciel et la terre, et toutes les choses visibles et invisibles ; et en un seul Seigneur Jésus-Christ, Fils unique de Dieu, né du Père avant tous les siècles, Dieu de Dieu, lumière de lumière, vrai Dieu du vrai Dieu; qui a été engendré et non pas fait, qui est consubstantiel au Père, par qui toutes choses ont été faites, qui, pour l'amour de nous autres hommes et de notre salut, est descendu des cieux, a pris chair dans la vierge Marie par l'opération du Saint-Esprit, et a été fait homme; qui aussi a été crucifié pour nous, a souffert sous Ponce-Pilate; a été enseveli; est ressuscité le troisième jour, selon les Ecritures; est monté au ciel, où il est assis à la droite du Père; d'où il viendra de nouveau avec gloire pour juger les vivants et les morts; le règne duquel n'aura point de fin. Je crois au Saint-Esprit, pareillement Seigneur et vivifiant, qui procède du Père et du Fils, qu'on adore et qu'on glorifie conjointement avec le Père et le Fils; qui a parlé par la bouche des prophètes. Je crois en une sainte Eglise catholique et apostolique. Je confesse un baptême pour la rémission des péchés, et j'attends la résurrection des morts et la vie du siècle à venir. Ainsi soit-il.

« J'admets et j'embrasse fermement toutes les traditions apostoliques et ecclésiastiques, et toutes les autres observations et constitutions de la même Eglise. J'admets de même l'Ecriture sainte dans le sens que tient et a toujours tenu notre mère, la sainte Eglise, à qui il appartient de juger du véritable sens et de la véritable interprétation des saintes Ecritures; je l'admets et je ne la prendrai et ne l'interpréterai jamais que selon le consentement unanime des Pères de l'Eglise. Je professe aussi qu'il y a véritablement et proprement sept sacrements de la nouvelle loi, institués par Notre-Seigneur Jésus-Christ, et qu'ils sont nécessaires au salut à chacun des hommes, quoique tous n'y soient pas nécessaires; que ces sacrements sont le baptême, la confirmation, l'eucharistie, la pénitence, l'extrême-onction, l'ordre et le mariage, et qu'ils confèrent la grâce; et qu'entre ces sacrements le baptême, la confirmation et l'ordre ne peuvent se réitérer sans sacrilège. Je reçois aussi et j'admets les cérémonies reçues et approuvées par l'Eglise catholique dans l'administration solennelle de tous les sacrements. J'embrasse et je reçois tout ce qui a été déclaré et défini touchant le péché originel et la justification.

« Je professe également que dans la sainte messe, on offre à Dieu un sacrifice véritable, propre et propitiatoire pour les vivants et les morts; que dans le très-saint sacrement de l'eucharistie, est véritablement, réellement et substantiellement le corps et le sang de Jésus-Christ, avec son âme et sa divinité, et qu'il se fait un changement de toute la substance du pain en corps, et de toute la substance du vin en sang, et que c'est ce changement que l'Eglise catholique appelle transsubstantiation. Je confesse aussi que l'on reçoit sous une de ces espèces Jésus-Christ tout entier, et que c'est un véritable sacrement.

« Je crois fermement qu'il y a un purgatoire, et que les âmes qui y sont détenues,

« sont soulagées par les prières des fidèles ;
« qu'il faut également honorer et invoquer
« les saints qui règnent avec Jésus-Christ ;
« qu'ils offrent leurs oraisons à Dieu pour
« nous, et qu'il faut honorer leurs reliques.
« Je soutiens fermement qu'il faut conserver
« les images de Jésus-Christ, de la Vierge,
« Mère de Dieu, et des autres saints, et qu'il
« leur faut rendre l'honneur et la révérence
« qui leur est due. Je soutiens aussi que Jé-
« sus-Christ a laissé à son Eglise le pouvoir
« de donner des indulgences, et que l'usage
« en est très-salutaire au peuple de Dieu. Je
« reconnais que l'Eglise catholique, aposto-
« lique et romaine est la mère et la maîtresse
« de toutes les Eglises ; et je promets et jure
« au pontife romain, successeur de saint
« Pierre, prince des apôtres et vicaire de Jé-
« sus-Christ, une véritable obéissance. Je
« reçois et je professe, sans aucun doute,
« toutes les autres choses qui ont été ensei-
« gnées, définies, déclarées par les saints
« canons et les conciles œcuméniques, et
« principalement par le saint concile de
« Trente. Je condamne et j'anathématise tout
« ce qui leur est contraire, et toutes les hé-
« résies condamnées, rejetées et anathémati-
« sées par l'Eglise.

« Je N.... promets, voue et jure que cette
« foi, dont je fais maintenant une *profession*
« volontaire et que je tiens, en vérité, est la
« vraie foi catholique, hors de laquelle il n'y
« a point de salut ; que je la tiendrai et pro-
« fesserai constamment, Dieu aidant, jus-
« qu'au dernier soupir de ma vie, et que
« j'obligerai, autant que je pourrai, ceux qui
« dépendront de moi, ou qui en relèveront,
« à cause de mon ministère, de la tenir, de
« l'enseigner et de la prêcher. Ainsi Dieu me
« soit en aide et ses saints Evangiles. »

« Voulons que ces présentes lettres soient lues, selon la coutume, dans notre chancellerie apostolique ; et, afin qu'elles soient plus facilement connues de tout le monde, qu'elles soient transcrites dans le tableau, et même qu'elles soient imprimées. Qu'aucune personne donc ne se donne la licence d'enfreindre ou de violer cet exposé de notre volonté et commandement, ou d'y contrevenir par un attentat téméraire ; et si quelqu'un était assez osé pour l'entreprendre, qu'il sache qu'il encourra l'indignation de Dieu tout-puissant et des bienheureux apôtres saint Pierre et saint Paul.

« Donné à Rome, dans Saint-Pierre, le treizième de novembre, l'an de l'Incarnation de Notre-Seigneur mil cinq cent soixante-quatre, de notre pontificat l'an cinquième.

« Fr. cardinal CÆSIUS.
« CÆS. GLORIERIUS. »

« Telle est, dit Bossuet, la foi des enfants de l'Eglise et de ceux qu'on élève aux dignités ecclésiastiques et à l'épiscopat ; telle est la foi que l'Eglise propose à ses enfants égarés et qu'elle leur montre comme un étendard par lequel elle les rappelle dans son camp. Or, si cette *profession* n'exprime pas suffisamment tout ce qu'il faut croire comme de foi, il s'ensuit qu'on trompe l'Eglise ; que tous les jours, on en impose aux hérétiques, qui se flattent en embrassant cette même foi, d'être réunis au corps des fidèles ; et par conséquent que la vérité catholique est trahie par les pontifes catholiques eux-mêmes. Mais non, il ne peut y avoir de dispute sur ce point entre les catholiques, tous étant d'accord sur le dogme, le reste n'appartient point à la foi et doit être mis au nombre de ces questions sur lesquelles il est permis à tout fidèle de disputer, pourvu qu'il le fasse dans un esprit de paix et de charité. » (*Défense de la déclaration de 1682.*)

§ 2. PROFESSION *religieuse.*

On entend par *profession religieuse* l'émission des vœux simples ou solennels qui lient celui qui la fait à une religion approuvée, *ut religionis vinculum*. Cette sorte de *profession* peut se faire tacitement ou expressément, suivant le droit canonique. Les chapitres 22 et 23, *de Regul.*, mais encore mieux le chapitre 1, *cod. in* 6°, marquent les différentes voies par où l'on peut se trouver engagé à un ordre sans avoir fait une *profession* expresse.

« Celui qui est entré dans un monastère avant l'âge de quatorze ans, dit Boniface VIII, à dessein de se faire religieux, n'est pas pour cela engagé, si étant parvenu à l'âge de puberté, il ne fait alors une *profession* expresse, ou ne prend l'habit que l'on a accoutumé de donner aux profès, ou bien qu'il ne ratifie la *profession* qu'il a déjà faite. Que s'il passe dans le monastère toute l'année suivante avec l'habit commun aux profès et aux novices, ou qu'il ratifie autrement sa *profession* précédente, il sera véritablement religieux ; pourvu toutefois que l'habit qu'il a pris et par lequel on juge qu'il a voulu devenir tel, ne soit pas porté par d'autres que par les religieux et les novices, ou que dans ce cas l'habit des profès n'étant pas distingué de celui des novices, quoique commun à d'autres qui vivent avec eux, le prosélyte l'ait porté une année entière dans les exercices de la religion, dans le monastère ; parce que connaissant à cet âge tout ce qu'il fait, et après une année entière d'épreuve, il est censé avoir confirmé son engagement avec choix et discrétion ; ce qu'on ne peut dire de celui qui prend l'habit religieux avant l'âge de raison.

« Nous entendons, au reste, par habits distincts, soit qu'on les donne tels aux profès et aux novices, soit qu'on les bénisse à la *profession*, ou qu'on fasse enfin autre chose par où l'habillement des profès et des novices soit distingué. »

Is qui monasterium ante 14 annum ut monachus efficiatur ingreditur, nisi eo completo professionem faciat in sequente vel habitum religionis suscipiat qui dari profitentibus consuevit, seu professionem a se prius factam ratam expresse habeat, libere potest intra sequentem annum ad sæculum remeare. Quod si per totum sequentem annum in monasterio permanserit ; ubi professorum et novitiorum sunt habitus indistincte, professionem per hoc fecisse, vel si quam prius fecerat, ratam habuisse videtur : nisi tanta indistinctio ibi ha-

bitus habeatur, quod et professi et novitii, ac etiam alii communem vitam cum eis ducentes simili penitus habitu induantur.

Qui vero post quartum decimum annum habitum religionis assumpserit, per annum illum gestaverit, ex tunc religione assumpta præsumitur veraciter esse professus : ubi professi a novitiis dissimilitudine habitus minime distinguatur etiamsi alii degentes cum eis similibus vestibus coutantur : quoniam cum jam hic ad discretionis annos pervenerit quid agat agnoscit : et ideo susceptum discretionis tempore ordinem (postquam hunc anni probaverit spatio) intelligitur firmiter approbasse. Secus autem in illo qui ante discretionis annos habitum induit regularem; cum eorum quæ tunc agit plenum non habeat intellectum.

Distinctos quoque seu dissimiles intelligimus esse habitus, sive novitiis sive professis dissimiles vestes dentur : sive benedicantur cum profitentibus concedantur, sive etiam aliquid aliud fiat per quod novitiorum a professorum habitus discernatur (Cap. 1 de Regul., in 6°).

Tel était l'usage des *professions* tacites au temps de Boniface VIII, qui nous en apprend ainsi la forme. Nous avons été bien aise de rapporter son règlement dans toute sa teneur, et de l'éclaircir même par une version : car il est assez obscur de lui-même. Il ne paraît point qu'il ait été changé, encore moins révoqué par une constitution plus nouvelle. Le Concile de Trente ne l'autorise point expressément, mais ne l'abrége point non plus. De son silence on a conclu qu'il n'avait point improuvé les anciens usages en matière de *profession*, car ce qu'il dit de l'âge des novices et de la nécessité de leur probation, ne touche point à l'engagement des *professions* tacites, en tant qu'elles sont faites à l'âge et après les épreuves requises. C'est aussi dans ce sens que les canonistes en ont parlé.

Fagnan rappelant les exceptions marquées sous le mot NOVICE, touchant la faculté qu'ont les novices de sortir du monastère et de quitter l'habit religieux dans l'année de leur noviciat, observe que n'étant fondées que sur le droit des décrétales, le concile de Trente doit servir d'unique règle en cette matière.

Quant à la *profession* expresse, il y a certaines cérémonies affectées. On voit sous le mot NOVICE, tout ce qui doit la précéder, et à quel âge on peut la faire. Reste à savoir qui doit l'admettre.

Navarre dit que, suivant la pratique ordinaire de toutes les religions de son temps, le choix et la réception des novices dépendent des supérieurs particuliers des monastères avec le consentement de la plus grande partie des religieux. Il paraît que ce devrait être là une règle uniforme, soit pour l'approbation ou la *profession*, puisqu'on ne saurait faire un choix qu'avec connaissance de cause, et que ceux-là seuls ont cette connaissance, qui voient le sujet qui se présente, ou qui l'ont vu pendant tout le cours de son noviciat, avec l'attention nécessaire pour découvrir en lui les qualités requises.

L'usage de tenir des registres de la *profession* religieuse, est très ancien dans l'Eglise. C'est un des articles de la règle de saint Benoît, et de celle de saint Isidore. Les lettres même de saint Basile prouvent cet usage. Le canon *Vidua* 20, qu. 1, tiré du dixième concile de Tolède en 656, en parle aussi formellement, mais les canonistes expliquent ce canon de telle sorte qu'il ne fait point obstacle à la *profession* tacite : *Scriptis hoc non ideo dicitur quod necessaria sit scriptura, sed ut propria scriptura obviet ei, quo contravenit, ut cap. Saluberrimum* 1, qu. 7 ; *C. Omnes fœminæ* 27, qu. 1.

Les *professions* qui n'ont pas été faites suivant les règles prescrites par l'Eglise sont nulles, et comme telles on peut réclamer (*Voyez* RÉCLAMATION).

PROFANATION.

(*Voyez* RÉCONCILIATION.)

PROHIBÉ, PROHIBITION

Prohibé se dit de ce qui est défendu par les canons, ou par quelqu'un qui a autorité. *Prohibition* signifie la défense de faire quelque chose.

Il y a diverses sortes de *prohibitions* prononcées par les canons ou par les lois ; les unes relativement au mariage, d'autres pour empêcher de donner certains biens, ou de les donner à certaines personnes, ou, en général, de les aliéner (*Voyez* DONATION, ALIÉNATION, TESTAMENT, MARIAGE, EMPÊCHEMENT).

PROMOTEUR.

Le *promoteur* est le procureur fiscal des officialités ; on ne lui donnait pas autrefois d'autre nom ; mais comme l'Eglise n'a point de fisc, on a estimé dans la suite qu'il convenait de l'appeler plutôt promoteur, *promotor, a promovendo*, à raison de ce qu'il est comme l'œil de l'évêque dans son diocèse pour y découvrir les désordres et les abus qui s'y commettent. Il ne peut même prendre d'autre qualité (*Mém. du Clergé*, tom. VII, col. 1263). Le *promoteur* est nommé par l'évêque, pour être la partie publique dans le tribunal contentieux ; c'est lui qui fait informer d'office contre les ecclésiastiques qui sont en faute, et pour faire maintenir la discipline (*Voyez* OFFICIALITÉS).

L'établissement des *promoteurs* est fort ancien ; ils ont été institués pour faire toutes les réquisitions, qui concernent l'ordre et l'intérêt publics ; pour maintenir les droits, libertés et immunités de l'Eglise, conserver la discipline ecclésiastique, et faire informer contre les clercs qui ont de mauvaises mœurs, afin qu'on les corrige. Ils sont obligés de poursuivre tous les délits dont se rendent coupables les ecclésiastiques qui fréquentent les cabarets ou les lieux de débauche, qui mènent une vie déréglée, ou qui négligent de se conformer à ce que prescrivent les rituels du diocèse pour l'instruction des peuples, l'administration des sacrements et la célébration de l'office divin.

Dans les métropoles, il doit y avoir deux *promoteurs* ; l'un pour l'officialité ordinaire, l'autre pour l'officialité métropolitaine : et si le métropolitain est primat, il doit y en avoir un troisième pour l'officialité primatiale.

Les *promoteurs* peuvent être destitués *ad nutum*. Un décret du concile de Tours, tenu en 1583, a décidé qu'il fallait qu'ils fussent prêtres; l'usage y est conforme, et il semble que la nature de leurs fonctions demande qu'elles ne soient pas confiées à des laïques.

Un *promoteur* d'officialité doit être intègre dans ses mœurs et dans sa conduite : *Qui clericorum spiritualia vulnera valeat investigare et suo prælato ejusque vicariis ea revelare, ignavia non differat aut perfidia dissimulet.*

PROVISION DU PROMOTEUR.

N. etc. *dilecto nostro, N. presbytero diœcesis,* etc., *salutem in Domino. De tua probitate, sufficientia et idoneitate plurimum in Domino confidentes, te in promotorem generalem curiæ jurisdictionis nostræ ecclesiasticæ et spiritualis, harum serie litterarum constituimus et creavimus, constituimus et creamus per præsentes, dantes tibi facultatem omnes et singulas causas ad forum nostrum et jurisdictionem nostram ecclesiasticam et spiritualem spectantes agendi, promovendi, interessendi et concludendi sententias, et jus super iis a domino officiali dictæ nostræ curiæ ecclesiasticæ et spiritualis fori, ipsasque debitæ executioni demandari, instandi, ecclesiasticos et alios nobis subditos delinquentes, seu in crimine deprehensos in culpa, ac alios quos convenerit citari, evocari, corrigi, puniri, mulctari, sententiari, condemnari, absolvi, prout æquitas et juris ordo postulaverit curandi; et generaliter omnia alia et singula faciendi, gerendi et exercendi quæ ad hujusmodi promotoris munus et officium de jure, usu, vel consuetudine spectant et pertinent, et quæ circa præmissa necessaria et opportuna fuerint; mandantes dicto domino officiali curiæ nostræ archiepiscopalis, et metropolitanæ, quatenus te ad hujusmodi officium, recepto prius juramento in talibus assueto, recipiat et admittat, omnibusque, singulis nobis subditis, quatenus tibi, in iis quæ ad dictum officium spectant, pareant et intendant. Datum* etc.

PROMOTION

La *promotion* aux ordres n'est rien autre chose que l'ordination (*Voyez* ORDRE). La *promotion* à l'épiscopat, ou à une dignité quelconque est l'élection ou la nomination (*Voyez* NOMINATION, ÉLECTION, ABBÉ).

On appelle *promotion per saltum* celle qui a été faite d'un ordre ou d'un degré supérieur, sans avoir pris auparavant le degré ou l'ordre inférieur, par où il fallait nécessairement passer pour être revêtu de l'autre. Dans un sens étendu, on dit encore qu'on a été promu par saut, *per saltum*, quand on a obtenu certains ordres sans avoir rempli le temps prescrit pour les interstices : *Per saltum casum appetit qui ad summi loci fastigia postpositis gradibus, per abrupta quærit assensum (C. Sicut, dist.* 48; *c. Legimus, dist.* 92, *tot. titul. de cleric. per saltum promot.*).

Les canons ont prononcé diverses peines contre ceux qui ont été promus *per saltum*, en usant d'indulgence envers ceux qui ne sont tombés dans ce cas que par ignorance (*C.* 1, *de cleric. per salt. promot.*, *tit. de eo qui furtiv. ord. suscept., per tot.* Instit. du dr. can., tit. 24, 25, liv. I).

Une règle de chancellerie intitulée, *de male promotis*, réclame l'exécution de la bulle *Cum ex sacrorum* de Pie II, contre ceux qui se font ordonner hors le temps prescrit par le droit avant l'âge requis, ou sans dimissoires : *Item de clericis extra tempora a jure statuta, sive ante ætatem legitimam, aut absque dimissoriis litteris ad sacros ordines se promoveri facientibus pro tempore etiam voluit, constitutionem piæ memoriæ Pii II, similiter prædecessoris sui desuper editam, et in dicto cancellariæ apostolicæ libro descriptam, quæ incipit :* Cum ex sacrorum ordinum, etc., *pari modo observari*.

Pour la *promotion* aux dignités supérieures, VOYEZ NOMINATION, ABBÉ, ÉVÊQUE, etc.

PROMULGATION.

La *promulgation* est la même chose que la publication. Le terme de *promulgation* est principalement usité en parlant de la publication des lois nouvelles. On dit qu'une loi a été promulguée, c'est-à-dire qu'elle a été publiée.(*Voyez* LOI § 2 *et* PULICATION).

PRONE.

On donne particulièrement ce nom dans l'usage, à l'instruction que font les curés à leurs paroissiens les jours de dimanche (*Voyez* CATÉCHISME, MESSE PAROISSIALE, PRÉDICATION, PUBLICATION).

PROPRIO MOTU
(*Voyez* MOTU PROPRIO.)

PROROGATION.

C'est l'usage en chancellerie d'accorder à titre de seconde grâce, une *prorogation* de temps, lorsque le premier délai fixé par la première grâce se trouve trop court. Amydénius nous apprend que cette *prorogation* ne s'accorde ordinairement que deux fois, et toujours pour un temps plus court de la moitié que le premier. Elle a lieu en plusieurs cas, mais principalement pour la promotion aux ordres ou aux grades; dans lequel cas l'impétrant est obligé d'exprimer la cause de la *prorogation* qu'il demande, et l'effet de cette expression, qui n'est pas nécessaire lorsqu'il ne s'agit que d'un règlement de style, est tel, que le tiers ne peut s'y opposer, *etiam lite pendente*. Cette *prorogation*, ajoute le même auteur, s'accorde contre la disposition du droit, non-seulement pour acquérir, mais encore pour ne pas perdre un droit acquis.

PROTECTEUR, PROTECTION.

Le concile de Trente a fait un décret (sess. XX, ch. 20) où la *protection* des droits et immunités de l'Église est fortement recommandée à tous les princes chrétiens, ce qui n'est qu'un renouvellement de ce que l'Église a toujours fait de siècle en siècle. Voici les ca-

nons que l'on trouve dans le droit a ce sujet :
C. Boni, dist. 96; *c. Principes* 23, qu. 5 ; *c. Concilia, sacerdotum* dist. 17; *c. Quis dubitet*; *c. Duo sunt*, dist. 96; *c. fin. de constit.*; *c. Pervenit*, dist. 86; *c. Si quis suadente*, 17, qu. 1, *tot. de immunit. eccles.*; *concil. Lateran. sub Leone*, sess. IX et X ; *c. Valentinianus*, dist. 63. ; *c. Ecclesiæ, in fin.*, dist. 97 ; *c. Constantinus, et cap. ult.* dist. 96; *c. fin de reb. eccles.*, etc.

Les rois de France se sont presque tous montrés de dignes *protecteurs* de la religion catholique, qui était seule reconnue dans le royaume. Aujourd'hui, la Charte de 1830 se contente de dire, art. 5 : « Chacun professe sa religion avec une égale liberté, et obtient pour son culte la même *protection*.» (*Voyez* CHARTE.)

PROTESTANT.

On a d'abord donné ce nom aux luthériens d'Allemagne, parce qu'ils avaient protesté d'appeler d'un décret de l'Empereur au concile général, puis on l'a étendu aux calvinistes et aux anglicans.

Ce n'est pas ici le lieu de faire l'histoire du protestantisme, non plus que des autres hérésies qui ont affligé l'Eglise de France et toutes les autres. Ce qui se trouve sous les mots HÉRÉTIQUE, INQUISITION, nous a paru suffire à cet égard.

L'exercice public de la religion prétendue réformée était autrefois défendu en France par le célèbre édit du mois d'octobre 1685. Mais, depuis longtemps, les *protestants* y jouissent de la liberté de conscience à l'égal des catholiques. La Charte de 1830, art. 5, en a de nouveau consacré le principe, en déclarant que « chacun professe sa religion avec une égale liberté, et obtient pour son culte la même protection.» En conséquence, les ministres de la religion *protestante*, reçoivent comme ceux du culte catholique des traitements du trésor public.

Les articles organiques des cultes *protestants* devraient naturellement trouver place ici, cependant nous avons cru plus convenable de les laisser à la suite des articles organiques du culte catholique, avec lesquels ils ne font qu'une seule et même loi, la loi du 18 germinal an X. Nous en avons fait un article spécial sous le titre d'ARTICLES ORGANIQUES. Voyez tom. Ier, col. 213. Voyez aussi, dans ce même tome, colonne 658, le rapport de Portalis au conseil d'Etat, sur les articles organiques des cultes *protestants*, le discours du même au corps législatif, sur l'organisation des cultes, et spécialement ce qui concerne les cultes *protestants*, colonne 692, le discours de Lucien Bonaparte, colonne 718, celui de Bassaget, colonne 720, et la proclamation du 27 germinal, colonne 723. Dans ces diverses pièces il est beaucoup parlé de la révocation de l'édit de Nantes, nous allons, en conséquence, en donner le texte, afin qu'on puisse juger cet important document avec connaissance de cause, et comparer l'ancien état des *protestants* en France avec leur état actuel.

DROIT CANON. II.

ÉDIT *du mois d'octobre* 1685 *qui révoque celui de Nantes.*

« LOUIS, par la grâce de Dieu, roi de France et de Navarre; à tous présents et à venir, salut. Le roi Henri le Grand, notre aïeul, de glorieuse mémoire, voulant empêcher que la paix qu'il avait procurée à ses sujets, après les grandes pertes qu'ils avaient souffertes par la durée des guerres civiles et étrangères, ne fût troublée à l'occasion de la religion prétendue réformée, comme il était arrivé sous les règnes des rois ses prédécesseurs, aurait, par son édit donné à Nantes au mois d'avril 1598, réglé la conduite qui serait à tenir à l'égard de ceux de ladite religion, les lieux dans lesquels ils en pourraient faire l'exercice, établi des juges extraordinaires pour leur administrer la justice, et, enfin, pourvu même, par des articles particuliers, à tout ce qu'il aurait jugé nécessaire pour maintenir la tranquillité de son royaume, et pour diminuer l'aversion qui était entre ceux de l'une et l'autre religion, afin d'être plus en état de travailler, comme il avait résolu de faire, pour réunir à l'Eglise ceux qui s'en étaient si facilement éloignés; et, comme l'intention du roi notre dit aïeul ne put être effectuée, à cause de sa mort précipitée, et que l'exécution dudit édit fut même interrompue pendant la minorité du feu roi notre très-honoré seigneur et père, de glorieuse mémoire, par de nouvelles entreprises desdits de la religion prétendue réformée, elles donnèrent occasion de les priver de divers avantages qui leur avaient été accordés par ledit édit; néanmoins, le roi notre dit feu seigneur et père, usant de sa clémence ordinaire, leur accorda encore un nouvel édit à Nîmes, au mois de juillet 1629, au moyen duquel la tranquillité ayant été de nouveau rétablie, ledit feu roi, animé du même esprit et du même zèle pour la religion, que le roi notre dit aïeul, avait résolu de profiter de ce repos pour essayer de mettre son pieux dessein à exécution ; mais les guerres avec les étrangers étant survenues peu d'années après, en sorte que depuis 1635, jusqu'à la trève conclue en l'année 1684 avec les princes de l'Europe, le royaume ayant été peu de temps sans agitation, il n'a pas été possible de faire autre chose pour l'avantage de la religion, que de diminuer le nombre des exercices de la religion prétendue réformée, par l'interdiction de ceux qui se sont trouvés établis au préjudice de la disposition des édits, et par la suppression des chambres mi-parties, dont l'érection n'avait été faite que par provision. Dieu ayant enfin permis que nos peuples, jouissant d'un parfait repos, et que nous-même, n'étant pas occupé des soins de les protéger contre nos ennemis, ayons pu profiter de cette trève que nous avons facilitée, à l'effet de donner notre entière application à rechercher des moyens de parvenir au succès du dessein des rois nos dits aïeul et père, dans lesquels nous sommes entré dès notre avènement à la couronne, nous voyons présentement, avec

(*Vingt-neuf.*)

la juste reconnaissance que nous devons à Dieu, que nos soins ont eu la fin que nous nous sommes proposée, puisque la meilleure et la plus grande partie de nos sujets de ladite religion prétendue réformée ont embrassé la catholique. Et d'autant qu'au moyen de ce, l'exécution de l'édit de Nantes, et de tout ce qui a été ordonné en faveur de ladite religion prétendue réformée, demeure inutile, nous avons jugé que nous ne pouvions rien faire de mieux, pour effacer entièrement la mémoire des troubles, de la confusion et des maux que le progrès de cette fausse religion a causés dans notre royaume, et qui ont donné lieu audit édit et à tant d'autres édits et déclarations qui l'ont précédé, ou ont été faits en conséquence, que de révoquer entièrement l'édit de Nantes, et les articles particuliers qui ont été accordés ensuite d'icelui, et tout ce qui a été fait depuis en faveur de ladite religion.

« Art. 1er. Savoir faisons que nous, pour ces causes et autres à ce nous mouvant, et de notre certaine science, pleine puissance et autorité royale, avons, par ce présent édit perpétuel et irrévocable, supprimé et révoqué, supprimons et révoquons l'édit du roi notre aïeul, donné à Nantes au mois d'avril 1598, en toute son étendue, ensemble les articles particuliers arrêtés le 2 mai ensuivant, et les lettres patentes expédiées sur icelui, et l'édit donné à Nîmes au mois de juillet 1629, les déclarons nuls et comme non avenus : et, en conséquence, voulons et nous plaît que tous les temples de ceux de ladite religion prétendue réformée, situés dans notre royaume, pays, terres et seigneuries de notre obéissance, soient incessamment démolis.

« Art. 2. Défendons à nosdits sujets de la religion prétendue réformée, de ne plus s'assembler pour faire l'exercice de ladite religion en aucun lieu ou maison particulière, sous quelque prétexte que ce puisse être, même d'exercice réel ou de bailliage, quand bien cesdits exercices auraient été maintenus par des arrêts de notre conseil.

« Art. 3. Défendons pareillement à tous seigneurs, de quelque condition qu'ils soient, de faire l'exercice dans leurs maisons et fiefs, de quelque qualité que soient lesdits fiefs, le tout à peine, contre nosdits sujets qui feraient ledit exercice, de confiscation de corps et de biens.

« Art. 4. Enjoignons à tous ministres de ladite religion prétendue réformée, qui ne voudront pas se convertir et embrasser la religion catholique, apostolique et romaine, de sortir de notre royaume et terres de notre obéissance, quinze jours après la publication de notre présent édit, sans y pouvoir séjourner au delà, ni pendant ledit temps de quinzaine faire aucun prêche, exhortation ni autre fonction, à peine de galères.

« Art. 5. Voulons que ceux desdits ministres qui se convertiront, continuent à jouir leur vie durant, et leurs veuves après leur décès, tandis qu'elles seront en viduité, des mêmes exemptions de tailles et logement des gens de guerre, dont ils ont joui pendant qu'ils faisaient la fonction de ministres ; et, en outre, nous ferons payer auxdits ministres, aussi leur vie durant, une pension qui sera d'un tiers plus forte que les appointements qu'ils recevaient en qualité de ministres, de la moitié de laquelle pension leurs femmes jouiront aussi après leur mort, tant qu'elles demeureront en viduité.

« Art. 6. Que si aucuns desdits ministres désirent se faire avocats ou prendre les degrés de docteurs ès-lois, nous voulons et entendons qu'ils soient dispensés des trois années d'études prescrites par nos déclarations ; et qu'après avoir subi les examens ordinaires, et par iceux avoir été jugés capables, ils soient reçus docteurs, en payant seulement la moitié des droits que l'on a accoutumé de percevoir pour cette fin en chacune université.

« Art. 7. Défendons les écoles particulières pour l'instruction des enfants de ladite religion prétendue réformée, et toutes les choses généralement quelconques qui peuvent marquer une concession, quelle que ce puisse être, en faveur de ladite religion.

« Art. 8. A l'égard des enfants qui naîtront de ceux de ladite religion prétendue réformée, voulons qu'ils soient dorénavant baptisés par les curés des paroisses : Enjoignons aux pères et mères de les envoyer aux églises à cet effet, à peine de cinq cents livres d'amende, et de plus grande s'il y échet ; et seront ensuite les enfants élevés en la religion catholique, apostolique et romaine ; à quoi nous enjoignons bien expressément aux juges des lieux de tenir la main.

« Art. 9. Et pour user de notre clémence envers ceux de nos sujets de ladite religion prétendue réformée qui se seront retirés de notre royaume, pays et terres de notre obéissance, avant la publication de notre présent édit, nous voulons et entendons qu'en cas qu'ils y reviennent dans le temps de quatre mois du jour de ladite publication, ils puissent et leur soit loisible de rentrer dans la possession de leurs biens et en jouir tout ainsi et comme ils auraient pu faire s'ils y étaient toujours demeurés ; au contraire, que les biens de ceux qui, dans ce temps-là de quatre mois, ne reviendraient pas dans notre royaume, pays et terres de notre obéissance qu'ils auraient abandonné, demeurent et soient confisqués en conséquence de notre déclaration du vingtième du mois d'août dernier.

« Art. 10. Faisons très-expresses et itératives défenses à tous nos sujets de ladite religion prétendue réformée, de sortir, eux, leurs femmes et enfants, de notre dit royaume, pays et terres de notre obéissance, ni d'y transporter leurs biens et effets, sous peine, pour les hommes, des galères, et de confiscation de corps et de biens pour les femmes.

« Art. 11. Voulons et entendons que les déclarations rendues contre les relaps soient exécutées selon leur forme et teneur.

« Art. 12. Pourront, au surplus, lesdits de la religion prétendue réformée, en attendant qu'il plaise à Dieu les éclairer comme les autres, demeurer dans les villes et lieux de notre royaume, pays et terres de notre obéissance, et y continuer leur commerce et jouir de leurs biens, sans pouvoir être troublés ni empêchés, sous prétexte de la religion prétendue réformée, à condition, comme dit est, de ne point faire d'exercice ni de s'assembler sous prétexte de prières ou de culte de ladite religion, de quelque nature qu'il soit, sous la peine ci-dessus de confiscation de corps et de biens. Si donnons, etc. »

PROTONOTAIRE.

Le *protonotaire* est un notaire apostolique d'un rang supérieur au commun de ces officiers, quoiqu'il n'ait pas d'autre origine (*Voyez* NOTAIRE). On distingue deux sortes de *protonotaires*, ceux qui sont du nombre des participants, et les *protonotaires* ordinaires. Les premiers ont été au nombre de sept, par représentation de ces sept anciens notaires qui recueillaient les actes des martyrs, jusqu'au temps de Sixte V, lequel par sa constitution *Romanus pontifex*, du 1ᵉʳ septembre 1585, ajouta à ce nombre cinq autres *protonotaires* avec attribution d'un certain revenu du fonds de la Chambre, d'où leur vient le nom de participants. Ces douze *protonotaires* forment un collège qui n'est composé que des plus nobles familles. Les sept premiers sont distingués par certaines prérogatives particulières. La même bulle renouvela et confirma tous les anciens priviléges de ces *protonotaires* que Léon X avait exemptés de la juridiction des ordinaires pour toutes sortes d'affaires, avec préséance sur tous autres, après les cardinaux et les évêques; avant Pie II, ces *protonotaires* précédaient les évêques. Sixte V, par ladite bulle, leur accorda le droit de donner le bonnet de docteur, de légitimer les *bâtards* et une foule d'autres droits qu'il est inutile de rapporter ici. Nous remarquerons seulement que les *protonotaires* participants ont divers droits, et même certaines fonctions dans les expéditions qui passent, soit par le consistoire, soit par la chambre apostolique. Ils reçoivent ou écrivent tous les actes les plus importants qui se font à Rome, comme ceux de l'élection du pape et des procès de canonisation. Un *protonotaire* écrit ces procès conjointement avec un des auditeurs des causes du palais apostolique.

Quant aux *protonotaires* extraordinaires ou non participants, Sachetti, qui en parle fort au long, leur donne un grand nombre de priviléges et d'exemptions, que les papes modifient ou restreignent dans le bref de protonotariat.

Les *protonotaires* portent le violet; ils sont mis au nombre des prélats et précèdent tous ceux qui ne sont point consacrés. Ils assistent à quelques consistoires et à la canonisation des saints (*Sachetti*, *Tractatus de privil. proton. apost.*).

PROTOSYNCELLE.

Nom grec de dignité qui est le titre des vicaires du patriarche et des **évêques** de l'Eglise grecque.

PROVINCES ECCLÉSIASTIQUES.

On appelle *province ecclésiastique*, le ressort d'une métropole ou siége d'un archevêque, consistant en différents diocèses.

Pour bien comprendre la matière de ce mot, il faut entrer dans un certain détail, qui, en nous faisant voir l'origine des diocèses et des *provinces ecclésiastiques*, nous apprenne aussi celle des patriarcats, exarcats, vicariats et primaties. Il semble qu'on ne peut parler séparément de chacun de ces objets, sans tomber dans la répétition ou dans l'obscurité, et c'est ce que nous avons cherché à éviter dans cet ouvrage.

L'on voit sous le mot ÉVÊCHÉ comment se formèrent les évêchés dans la naissance de l'Eglise. Nous ne parlons là que du siége même, ou de la dignité de l'épiscopat; il s'agit ici du diocèse, qui est autre chose, puisqu'on n'entend par ce mot qu'une certaine étendue de pays plus ou moins grande, suivant les différentes acceptions du terme.

Dans le commencement de l'Eglise, on ne voyait point encore de temples ou d'églises à l'honneur de Jésus-Christ, que dans les villes où résidaient les prêtres et les évêques. Ce ne fut que lorsque la prédication de l'Evangile eut fait un grand nombre de chrétiens, que l'on en construisit, autant que les persécutions pouvaient le permettre, dans les bourgs et villages. L'évêque de la ville plus voisine y envoyait un de ses prêtres pour enseigner et administrer les saints mystères (*C. Episcopi*, dist. 80). Les besoins spirituels de ces nouveaux chrétiens rendirent sans doute nécessaire le séjour de ces prêtres envoyés, et de là l'origine de ces paroisses, qui, suivant le canon du pape saint Denis, rapporté sous le mot PAROISSE, il n'était pas permis à des prêtres étrangers de faire aucune fonction curiale, *nullus alterius parochiæ terminos, aut jus invadat* (*Voyez* PAROISSE).

Le nombre de ces villages et bourgs formèrent respectivement le diocèse de l'évêque qui avait donné la mission canonique à ceux qui en étaient curés. Mais on n'était point encore dans l'usage de donner le nom de diocèse au ressort d'un évêché; car alors le mot grec *dioicesis* signifiait un grand gouvernement où étaient comprises plusieurs *provinces* dont chacune avait sa métropole. On donnait donc plutôt au territoire soumis à la juridiction d'un seul évêque le nom de *paroicia*, c'est-à-dire, *voisinage*, dont nous avons fait le mot paroisse. Le trente-troisième canon des apôtres ne désigne le métropolitain que par la qualité de premier et de chef dans la *province* : *Episcopus uniuscujusque gentis nosse oportet eum, qui in eis est primus et existimans ut caput*.

Le concile d'Antioche, renouvelant ce canon, donne le nom de métropolitain au premier évêque de chaque *province*.

Parmi les Latins, on le nommait aussi, avec la même simplicité, l'évêque du premier siége. En effet, le père Thomassin dit que le titre de métropolitain, *a metropoli*, qui veut dire, *mère, ville*, fut le premier qu'on ajouta à celui d'évêque, comme étant le plus simple et le plus modeste pour désigner l'évêque de la ville qui était la métropole, et la première de la *province* selon la disposition civile réglée par les empereurs : c'est-à-dire que la métropole civile fut aussi honorée d'une pareille primauté dans la police ecclésiastique, à cause de la plus grande faculté qu'il y avait pour les évêques de la *province*, de s'assembler et de conférer souvent avec celui qui était comme leur chef et supérieur (Thomass., *part.* 1, *liv.* 1, *ch.* 3).

Ces grandes villes furent aussi choisies pour pouvoir mieux répandre de là les lumières de l'Évangile : d'où il résulte, dit encore l'auteur cité, que si les métropoles civiles sont devenues aussi les métropoles ecclésiastiques, c'est principalement que l'église de la ville *métropole* a été effectivement la mère et la fondatrice de toutes les autres églises de la *province*, de même que l'église cathédrale de chaque cité a donné naissance à toutes les autres églises des villages voisins, et s'est acquis par là un juste titre d'une domination paternelle.

Le concile de Nicée confirma aux métropolitains tous leurs pouvoirs, sans nommer aucun titre d'une dignité supérieure, quoiqu'il parle des évêques de Rome, d'Alexandrie, d'Antioche et de Jérusalem. Ce qui prouve que ceux qu'on appela depuis, ou archevêques, ou exarques, ou patriarches, n'étaient encore nommés que métropolitains, quoiqu'ils eussent alors les mêmes droits; car ce métropolitain d'Afrique à qui le concile de Nicée donna, suivant l'ancienne coutume, à l'exemple de l'évêque de Rome, les mêmes pouvoirs sur les églises de l'Egypte, de la Libye et de la Pentapole, avait d'autres métropolitains sous lui. Le père Thomassin remarque que, comme ce furent les évêques d'Alexandrie dont les pouvoirs furent les plus contestés par les métropolitains de leur ressort, ou par les évêques de chaque *province* qui voulaient avoir un métropolitain particulier, ils affectèrent aussi les premiers de se distinguer des autres métropolitains par le titre d'archevêque : titre qui fit dire à saint Augustin, dans le troisième concile de Carthage, que le nom d'archevêque ou de prince des évêques et de souverain prêtre, ressentait plus le faste et la domination du siècle, que l'humilité et la modestie ecclésiastique. Mais comme ce n'est que la nouveauté qui fait naître les fâcheuses interprétations des noms, les idées de saint Augustin ne furent pas longtemps retenues, et le titre d'archevêque ne parut pas plus signifier que celui d'évêque du premier siège, ou de pape qui se donnait alors à tous les évêques. Celui d'exarque signifiait davantage : on n'appela de ce nom que les évêques des principales villes d'Orient, qui avaient sous leur juridiction plusieurs moindres métropolitains et plusieurs *provinces* dont l'assemblage sous un même chef formait un grand gouvernement qui, comme nous l'avons dit, s'appelait *diocèse*.

L'empereur Constantin avait réglé ces gouvernements d'une manière que le concile de Nicée ne suivit point; mais celui de Constantinople, en 381, les imita, ou les supposa établis dans la police ecclésiastique. Il fit un canon où il ajouta trois diocèses nouvelles aux trois anciennes (Le père Thomassin fait ici ces diocèses féminins, pour les distinguer du territoire des évêques, que nous appelons aussi diocèses). Ces trois anciennes diocèses étaient donc Rome, Alexandrie et Antioche, les trois nouvelles furent l'Asie, le Pont et la Thrace (*can.* 2; *can. Provinciæ, dist.* 99).

Quoique ce canon n'exprime pas le diocèse de Rome, le suivant le fait assez entendre, lorsqu'il donne à l'église de Constantinople la préséance sur les autres, après celle de l'ancienne Rome (*can. Mos antiquus, dist.* 65; *c. fin. dist.* 64) (*Voyez* CONSTANTINOPLE).

Jusqu'au concile de Nicée toutes les affaires ecclésiastiques s'étaient terminées dans les conciles de chaque *province*; ce qui fait que ce concile ne parle que des conciles provinciaux, où il veut que toutes les affaires se décident. Ayant été reconnu dans la suite, que ces conciles ne suffisaient pas pour terminer les grandes contestations, et qu'on avait recours dans les cas d'indécision et d'opposition à l'autorité des empereurs, le concile d'Antioche ordonna que les évêques, les prêtres et les diacres qui auraient été condamnés par le concile de la *province*, pourraient recourir à un plus grand concile d'évêques, que convoquerait le métropolitain. Le concile de Sardique, tenu vers le même temps en Occident, renvoya ces appels au pape comme à celui à qui Jésus-Christ avait confié toute l'autorité nécessaire pour mettre la paix et l'union dans l'Eglise.

Le concile de Calcédoine ne suivit ni l'un ni l'autre de ces règlements, lorsqu'il ordonna que si un ecclésiastique, ou un évêque même, avait quelque différend avec son métropolitain, il pourrait le faire juger à l'exarque de la diocèse : *Petat exarchum diœceseos*. Quel était cet exarque? Le même auteur que nous suivons dit que, dans la division de l'empire par diocèses, du temps de Constantin, on distinguait les métropoles, et parmi celles-ci les villes encore plus considérables. Les évêques de ces dernières villes, qui étaient aussi métropolitains, tenaient un rang distingué, et on leur donna une certaine juridiction sur toute la *province*, avec le titre d'exarque, qu'on avait d'abord donné à ceux qu'on a depuis nommés patriarches. Le premier de ces exarques résidait à Ephèse, et les deux autres à Césarée en Cappadoce et à Héraclée en Thrace.

L'autorité des patriarches fit disparaître ces trois exarcats, c'est-à-dire, que les métropolitains d'Antioche, d'Alexandrie, de Constantinople, de Jérusalem, sans parler du pape, s'arrogèrent en Orient tous les droits de supériorité et de primatie sur les autres évêques, qu'ils prétendaient être dus à leur siége. On vit dans la suite en Occident plusieurs évêques de grands siéges réclamer les mêmes droits, ou les obtenir par privilége du pape, à qui, indépendamment de la primauté et de la qualité de chef de toute l'Eglise, on donna encore la qualité de patriarche d'Occident.

Or, suivant ce qui vient d'être rapporté, l'empire d'Orient était divisé en cinq ou six diocèses ou grands gouvernements. Les métropolitains, qui, dans l'ordre ecclésiastique présidaient à chaque *province*, étaient eux-mêmes sous la juridiction de l'évêque de la ville capitale de l'un de ces diocèses, qui avait le nom d'exarque ou de partiarche.

L'empire d'Occident était aussi divisé en sept ou huit diorèses ou grands gouvernements : savoir, l'Italie, l'Illyrie, l'Afrique, les Gaules, l'Espagne et les deux Bretagnes. Ces diocèses ou gouvernements étaient gouvernés dans l'ordre civil par les préfets d'Italie et des Gaules, et quelques-uns reconnaissaient l'évêque de Rome pour patriarche.

Le père Thomassin (*Partie* II, *liv.* I, *chap.* 4) dit que les rois d'Italie, Goths et Lombards, donnaient la qualité de patriarche aux métropolitains de leurs Etats ; et que c'est de là qu'est venu ce titre d'honneur aux évêques d'Aquilée, dont il est tant parlé dans l'histoire. Quelques évêques de l'Eglise de France furent aussi honorés de ce titre. Il fut donné à Priscus et à Nicétius, archevêques de Lyon, ancienne capitale du royaume de Gontran ; à Rodolphe, archevêque de Bourges, capitale des trois Aquitaines. Ces patriarcats disparurent avec les royaumes dont les métropoles qui y étaient soumises furent démembrées, mais ce ne fut point sans quelques oppositions de la part de ces nouveaux patriarches.

On vit à peu près dans le même temps les titres de primats et vicaires apostoliques donnés par le pape à différents métropolitains de l'Occident. Simplicius donna le vicariat du saint-siège à l'évêque de Séville en Espagne, avec la qualité de primat catholique et orthodoxe, ce qui passa dans la suite à l'évêque de Tolède. L'évêque d'Arles et celui de Vienne ont longtemps disputé sur la qualité de métropolitain ; le pape Zozime se déclara pour l'archevêque d'Arles ; mais Calixte II, qui était de la maison de Bourgogne, et qui avait été archevêque de Vienne, soumit à ce dernier les métropoles de Bourges, de Bordeaux, d'Auch, de Narbonne, d'Aix et d'Embrun ; l'archevêque de Vienne se donna même la qualité de primat des primats, parce qu'il était au-dessus de l'archevêque de Bourges, primat d'Aquitaine, et de celui de Narbonne, à qui Urbain II avait donné la primatie sur l'archevêché d'Aix. Le pape Jean VIII avait déjà donné le vicariat apostolique sur les Gaules et l'Allemagne à Anségise, archevêque de Sens ; mais l'on ne voit pas dans l'histoire que tous ces titres aient eu leurs effets ; il n'en reste à ceux à qui ils furent donnés qu'une stérile qualification (*Voyez* PRIMAT).

On a vu ce que c'était autrefois que diocèse et métropole, patriarcat, exarcat, primatie et même paroisse. On n'entend aujourd'hui par *province ecclésiastique*, que cette étendue de pays où se trouvent des évêchés soumis à un métropolitain. Par diocèse, on entend le ressort d'un évêque particulier, à qui sont soumises les églises des curés qu'on appelle paroisses.

Pour la circonscription des anciennes et des nouvelles *provinces*; voyez CIRCONSCRIPTION.

PROVINCIAL.

On appelle ainsi le supérieur d'une province de religieux. Environ vers le treizième siècle, les ordres religieux dont les établissements s'étendaient en se multipliant, commencèrent à se diviser par provinces auxquelles ils donnèrent pour titre, ou le nom d'un saint qu'ils prirent pour patron, ou celui de la province séculière ou même ecclésiastique ; d'où est venu le nom de *provincial* au supérieur établi au-dessus des supérieurs particuliers des monastères qui forment une de ces provinces. Ce *provincial* a plus ou moins d'autorité, selon les dispositions particulières des statuts et des règlements de chaque ordre ; ce qui ne permet pas d'établir à ce sujet des règles générales touchant l'élection, l'état et les fonctions de ces supérieurs (*Voyez* ABBÉ, GÉNÉRAL).

PROVISIONS.

On entend par *provisions* les lettres ou le titre qu'accorde le supérieur légitime à un ecclésiastique capable ; ces lettres ou *provisions* attestent que tel ecclésiastique a été institué et promu à tel office.

Il y a une *provision* libre, une *provision* forcée, et une *provision* colorée. La *provision* libre est celle qui dépend de la seule volonté du collateur. La forcée est celle que le collateur ne peut refuser. La colorée est celle qui n'a que la couleur et l'apparence d'un titre légitime, quoiqu'il y ait des nullités et des défauts couverts par une possession paisible de trois ans, pourvu qu'elle n'ait point été prise et retenue par force et par violence.

Les *provisions* sont invalides, quand celui qui les accorde n'en est pas le collateur légitime, ou que celui à qui elles sont accordées est inhabile aux bénéfices, ou qu'il y a simonie ou confidence dans les *provisions*.

Les *provisions* que les ecclésiastiques nommés aux évêchés reçoivent de Rome, consistent en six bulles.

La première, qui est la principale, est la bulle des *provisions*.

La seconde est une commission pour consacrer le pourvu : on l'appelle *munus consecrationis*. Cette commission est quelquefois adressée à certains prélats en particulier. Le plus souvent, ou presque toujours, elle laisse au pourvu la liberté de se choisir un consécrateur et les évêques assistants. La même bulle contient une délégation pour recevoir le serment de fidélité au pape. La forme de ce serment se trouve dans le pontifical. Il y est parlé de la visite triennale, *ad limina apostolorum*, qui ne s'observe guère : cependant, dans ces dernières années, plusieurs de nos prélats sont allés à Rome. Quant à la cérémonie de la consécration, nous en avons parlé assez au long sous le mot CONSÉCRATION.

La troisième bulle oblige le pourvu de se transporter chez le nonce ou chez un autre délégué par lesdites bulles pour y renouveler sa profession de foi, de quoi il dresse procès-verbal.

La quatrième bulle n'est qu'une recommandation que fait au roi le souverain pontife, pour qu'il assiste le nouvel évêque de sa protection royale.

La cinquième est adressée au métropolitain, si la *provision* est d'un évêché, et aux suffragants, si c'est d'une métropole. Dans ce dernier cas le pape mande par cette bulle aux suffragants d'obéir au nouveau métropolitain, comme les membres à leur chef; et si elle est adressée au métropolitain pour un suffragant, elle n'est autre chose qu'une recommandation du nouveau suffragant au métropolitain.

La sixième qui est adressée au chapitre, au clergé et au peuple du diocèse, n'a rien non plus de particulier. Le chapitre est exhorté à porter à l'évêque obéissance et révérence, à être uni avec lui; le clergé est engagé de recevoir le nouvel évêque pour l'honneur du pape et du saint-siège, de le traiter honorablement, de recevoir avec humilité et d'accomplir avec fidélité les instructions et les mandements de l'évêque. Le peuple enfin est porté à reconnaître le nouvel évêque pour le pasteur de leurs âmes, et, comme tel, de le recevoir avec dévotion et avec honneur, d'écouter ses avertissements et ses préceptes salutaires.

Quelquefois cette bulle est partagée en plusieurs, et alors il y en a plus de six.

PUBERTÉ.

On entend communément par la *puberté* cet âge auquel on est réputé capable de se marier, c'est-à-dire l'âge de 14 ans pour les garçons et de 12 ans pour les filles. Comme les questions sur l'âge des personnes peuvent s'élever fréquemment, soit par rapport au mariage, à la promotion des ordres et autres objets dont il est parlé dans ce cours, nous exposerons ici certains principes généraux que l'on appliquera à la matière des mots AGE, IMPUISSANCE, BAPTÊME, LÉGITIMATION, FIANÇAILLES, NOVICE, FILS DE FAMILLE.

On tient que l'enfant mâle est formé à 30 jours et l'enfant femelle à 42; que le premier est animé à 40 jours et l'autre à 60 (*Voyez* BAPTÊME, § 4). L'accouchement naturel est depuis le commencement du 9° mois de la grossesse jusqu'à la fin du 10°; celui qui arrive plus tôt ou plus tard est causé par des maladies ou par accident. Des auteurs pensent que l'enfant qui naît avant le 7° mois commencé ne vit pas; et celui qui vit, étant né avant le septième mois depuis le mariage, n'est pas censé conçu dans le mariage. Zachias estime, après Hippocrate et Aristote, que l'enfant qui naît dans le 11° mois, depuis la mort ou l'absence du mari, est légitime, pourvu qu'il n'y ait que quelques jours au delà de 10 mois, ce qu'il fixe à 10 jours; d'autres n'en mettent que 2. L'enfance dure jusqu'à 7 ans complets, et l'âge puéril ou de pupillarité, depuis 7 ans jusqu'à la *puberté*, laquelle est à 12 ans complets pour les filles, et à 14 pour les garçons. La pleine *puberté* est, à l'égard des femmes, à 14 ans complets, et des hommes à 18. Il y en a encore une plus pleine, *plenior pubertas, firma ætas*, qui est à 18 ans pour les femmes et à 20 ans pour les hommes. C'est le temps auquel on obtient ordinairement des lettres de bénéfice d'âge et d'émancipation.

La majorité, *plenissima pubertas*, est à 25 ans complets, tant pour les femmes que pour les hommes. Alors commence l'âge viril, qui est censé parfait à 30 ans et qui dure jusqu'à 50, après lesquels arrive la vieillesse, dont la fin est appelée décrépitude, que quelques-uns croient devoir se compter depuis 70 ans.

Ce n'est, ni de la conception, ni du baptême que l'âge se compte, mais depuis la naissance (Fagnan, *in cap. Cum in cunctis de Elect.*). Cette naissance se prouve régulièrement par les registres des baptêmes. Quand il n'y a point eu de registre ou qu'il est perdu, l'âge peut être prouvé par les notes des parents sur le temps de la naissance de leurs enfants, ou par d'autres actes qui en font mention, même par témoins; la parenté, en ce cas, n'est pas un sujet de reproche. On peut encore se servir, dans ces occasions, de l'aspect de la personne et d'autres semblables indices et conjectures qui peuvent faire connaître l'âge.

Pour juger si l'âge prescrit doit être accompli jusqu'au dernier moment, ou s'il suffit que l'année soit commencée, on consulte les termes de la loi. Si elle dit que pour obtenir telle grâce il faut être dans la 25° année, il suffit alors qu'elle soit commencée; mais si elle porte qu'on ne l'aura qu'à 25 ans ou après 25 ans, il faut qu'ils soient complets.

Si la loi n'est pas claire, on se règle sur cette distinction : 1° L'année commencée est censée finie quand la faveur de la chose ou de la personne le demande sans préjudice du tiers; comme s'il s'agit de procurer un avantage ou un honneur à une personne sans qu'une autre personne ni le public en souffrent. 2° S'il y a eu du désavantage pour la chose ou pour la personne, que l'année soit réputée complète, quoiqu'elle ne soit que commencée ou que le bien public demande qu'elle soit finie; comme s'il s'agit d'obliger un mineur de faire profession religieuse, de donner un office, un bénéfice, dont les fonctions demandent une grande maturité; alors il faut que le temps soit complet et entièrement fini. Et quand il y a en même temps de la faveur et du désavantage, il est toujours plus sûr d'exiger que le temps soit accompli.

PUBLIC, PUBLICATION.

Une chose peut être *publique* sans être notoire (*Voyez* NOTOIRE). La *publication* est l'acte par lequel on rend une chose *publique*. Régulièrement, une loi civile ou ecclésiastique n'oblige qu'après sa *publication*. C'est un principe que l'on autorise du texte même de l'Évangile de saint Jean, chapitre XV, où Notre-Seigneur dit que la loi nouvelle qu'il était venu établir n'aurait point obligé les Juifs, s'il ne la leur avait prêchée hautement, et il le fit d'une manière très-publique : *Si non venissem et locutus fuissem, peccatum non haberent*. En effet, les lois sont des règles de conduite que les hommes doivent suivre. Ce serait leur tendre des pièges que de vouloir qu'ils s'y conformassent sans les leur avoir fait connaître par les voies légitimes et ordinaires : *Leges instituuntur cum promulgantur* (Gratien, *in cap*. 3, *distinct*. 4; *Nov*. 66).

Quant à la forme de cette *publication*, elle n'est pas déterminée d'une manière générale; l'usage sert, à cet égard, de règle. La nature de la loi exige seulement qu'elle soit notifiée, non pas à tous les membres de la société, cela ne serait pas praticable, mais à la société même en général, et en telle sorte que chacun de ceux qui la composent puissent en avoir connaissance, soit par des affiches, soit par la *publication* d'un héraut, soit de quelque autre manière. L'usage de France est, par rapport aux lois civiles, qu'elles soient insérées au Bulletin des lois. Quand, après cette *publication*, un particulier tombe dans la contravention de la loi publiée, par pure ignorance, il peut être excusé devant Dieu pour le péché, mais il n'essuie pas moins la peine temporelle prononcée par la loi qu'il a violée. C'est le cas de la règle : *Ignorantia juris non excusat* (de *Reg. jur. in* 6°) (*Voyez* LOI, § 2).

A l'égard des lois ecclésiastiques, la *publication* en est également nécessaire; on distingue les décrets qui regardent la foi d'avec ceux qui n'ont pour objet que la discipline. Les premiers sont d'un concile général ou du pape. Dans ce cas, il suffit que les fidèles en aient connaissance pour qu'ils se trouvent obligés d'y souscrire, parce que cette décision, émanée d'une autorité infaillible, ne fait que déclarer ce qui est de foi : *non introducit jus novum, sed ipsum declarat*. C'est ainsi que le concile de Trente a reçu en France, quant au dogme, quoiqu'il n'y ait jamais été publié.

A l'égard des bulles dogmatiques du pape, nous pensons qu'elles obligent universellement dès qu'elles ont été publiées à Rome, quoiqu'elles ne l'aient point été ailleurs (*Voyez* encore LOI, § 2).

On voit sous le mot CANON l'autorité et la forme de *publication* des canons sur la discipline, soit qu'ils émanent d'un concile général ou particulier, soit qu'il s'agisse des décrets et bulles des papes.

Lorsque les lois ecclésiastiques ont pour objet des choses qui regardent les simples fidèles, il est d'usage de les publier aux prônes des messes paroissiales sur le mandement des évêques. On les affiche aussi ordinairement aux portes des églises. On les publie encore dans les synodes lorsque les évêques en assemblent, et l'on se contente même quelquefois de cette *publication* quand les lois ne concernent que les ministres de l'Eglise.

Suivant les saints décrets, on ne doit publier au prône des paroisses, pendant le service divin, aucunes choses profanes. C'est le règlement du concile de Rouen, en 1581, et de celui de Bordeaux en 1624 (*Voyez* AFFAIRES PROFANES).

PUISSANCE

Nous avons traité sous les mots INDÉPENDANCE et LÉGISLATION, l'importante matière de ce mot; répétons seulement que la distinction et l'indépendance réciproque des deux *puissances* spirituelle et temporelle, sont de droit divin; en sorte que comme les princes et les magistrats doivent rendre hommage à l'autorité de l'Eglise, en tout ce qui lui appartient, de même les prélats et tous les autres ecclésiastiques sont soumis a la *puissance* temporelle, dans tout ce qui est de son ressort, tandis qu'ils doivent tous se réunir et agir de concert, lorsqu'il s'agit du bien de l'une ou de l'autre, *et erit inter illas duas concilium pacis* (Zacharie, ch. VI, v. 13).

Cependant, remarque un de nos savants prélats : « Il semble au premier abord qu'une « alliance entre l'Eglise et l'Etat devrait se « formuler en deux mots : tout le spirituel « à l'une et tout le matériel à l'autre. Sans « doute on devrait se borner à cette simple « formule, si ce partage pouvait être de la « sorte exclusif et rigoureux, au point qu'il « n'y eût rien que du matériel dans l'Etat « et rien que du spirituel, c'est-à-dire, de « l'invisible dans l'Eglise. Mais il est évident « que cette division absolue est une pure abs- « traction tout à fait impossible dans la pra- « tique. La réunion des citoyens forme l'Etat, « la réunion des chrétiens catholiques forme « l'Eglise; mais les citoyens ont une âme et « les chrétiens un corps. La société civile se- « rait un chaos si elle ne s'appuyait pas sur le « moral de l'homme; la société religieuse serait « une chimère impalpable si elle n'avait pas « une organisation sensible et ne se révélait « pas par des formes extérieures. C'est pour « cela et sur cela que, sans se confondre, ces « deux sociétés convinrent de se prêter une « mutuelle assistance : L'Etat dit à l'Eglise : « J'ai besoin de votre *puissance* morale, car « vous savez mieux que moi agir sur les con- « sciences, et la conscience c'est tout l'homme. « L'Eglise dit à l'Etat : Votre *puissance* maté- « rielle me sera utile, car il est bon que je « sois en paix dans mon exercice extérieur, « et vous seul maintenant avez la force ar- « mée pour me défendre au besoin. Alors « on prit de part et d'autre des arrangements, « on s'échangea réciproquement quelques « droits, etc. » (*Liberté de l'Eglise*, premier examen, par monseigneur Parisis, évêque de Langres, pag. 18.)

C'est l'ordre de Dieu même que les deux *puissances* soient unies pour leur avantage réciproque et pour le bonheur de la société en général : rien par conséquent de plus utile et de plus convenable : *Nec dulcius, nec amicabilius, sed nec arctius omnino regnum, sacerdotiumque conjungi seu complantari invicem potuerant, quam ut in persona Domini ambo hæc pariter convenirent, ut pote, qui factus est nobis ex utraque tribu secundum carnem summus et sacerdos et rex. Non solum autem, sed et commiscuit eu nihilominus ac confederavit in suo corpore, quod est populus christianus, ipse caput illius : ita ut hoc genus hominum apostolica voce genus electum, regale sacerdotium appelletur. In alia quoque scriptura quotquot sunt prædestinati ad vitam, nonne omnes reges et sacerdotes nominantur? Ergo quæ Deus conjunxit, homo non separet. Magis autem quod divina sanxit auctoritas, humana studeat adimplere voluntas : et jungant se animis, qui juncti sunt institutis. Invicem se foveant, invicem se defendant, invicem onera sua portent. Ait Sapiens : Frater adjuvans fratrem, ambo consolabuntur. Quod si alterutrum se (quod absit) corroserint et momorderint, nonne ambo desolabuntur? Non veniat anima mea in consilium eorum qui dicunt, vel imperio pacem et libertatem ecclesiarum, vel ecclesiis prosperitatem et exaltationem imperii nocituram; non enim utriusque institutor Deus in destructionem ea connexuit, sed in ædificationem* (saint Bernard, *Epist. ad Conrard, regem*).

Mais pour que les deux *puissances* soient toujours unies, il ne faut pas que l'une empiète sur les droits de l'autre. Nous devons le dire à la louange de l'Eglise de France, elle sut constamment opposer une glorieuse résistance à toutes les entreprises tentées par la *puissance* séculière contre l'autorité du ministère sacré ; et les évêques français dans les temps modernes, jusqu'à la révolution qui renversa tout, et ceux de nos jours, n'ont pas cessé de marcher sur les traces de leurs prédécesseurs. Avec quelle noble liberté ces illustres prélats de notre France osaient, sous le monarque le plus absolu, marquer aux rois les limites de leur autorité ! Qu'on se représente Fénelon dans la chaire chrétienne, adressant au prince qu'il venait de sacrer ces paroles remplies d'une instruction si sage : « Il est « vrai que le prince pieux et zélé est nommé « l'évêque du dehors et le protecteur des ca- « nons..... Mais l'évêque du dehors ne doit ja- « mais entreprendre sur les fonctions de celui « du dedans ; il se tient, le glaive à la main, « à la porte du sanctuaire ; mais il prend « garde de n'y entrer pas. Il protège les dé- « cisions, mais il n'en fait aucune...... Sa « protection ne serait pas un secours, elle se- « rait un joug déguisé, s'il voulait détermi- « ner l'Eglise, au lieu de se laisser détermi- « ner par elle. » (*Discours au sacre de l'électeur de Cologne, en* 1707.)

PURGATION

On appelle ainsi une manière de justification introduite par le droit canon pour se justifier d'un crime dont on est soupçonné coupable. *Est autem purgatio, demonstratio innocentiæ super objecto crimine* (Lancelot, *Instit., lib.* IV, *tit.* 2).

La *purgation* a lieu quand un homme que l'on ne peut convaincre ni par témoins, ni par sa propre confession, a néanmoins contre lui le bruit infamant de la renommée. On en distingue de deux sortes, la *purgation* vulgaire et la *purgation* canonique. La première est ainsi appelée, parce qu'elle a été inventée ou suivie par le vulgaire. Elle se fait par l'eau froide, le fer chaud, le jugement de la croix, le duel et autres manières de reconnaître la vérité, que le nouveau droit a réprouvées, parce qu'elles tentent Dieu : *Quæ cum Deus in ea tentari videatur, merito jussa est sacris canonibus exulare* (cap. 1 *de purg. can.; concil. Triden., sess.* XXV, *cap.* 19 *de Reform.*). Il est beaucoup parlé de ces anciennes formes de justification dans les histoires (Fleury, *liv.* CXVIII, *n.* 28). On les voit dans ces textes du droit : *c. Monomachiam* 2, *qu.* 4; *c. Quod est cavendum* 23, *qu.* 8; *c. Si nulla urget* 22, *qu.* 2; *c.* 1, *c. Ex tuarum; c. ult. de Purg. can.*).

La *purgation* canonique est celle que les canons autorisent; elle se fait par le serment du diffamé qui se dit innocent, et par celui d'un certain nombre de témoins irréprochables et non suspects, qui jurent aussi en leur conscience le croire et tenir pour tel (*Tot. tit. de purg. can., tot. caus.* 2, *quæst.* 4).

On tient pour règles en cette matière : 1° que celui qui succombe dans une *purgation* canonique est réputé pour convaincu, et peut être puni comme tel, si l'équité ne demande en sa faveur un jugement moins sévère. 2° On n'admet aucune sorte de *purgation* dans le cas de notoriété (*C. Inter, de purg. can.; c. Cum dilectus, eod.*)

Q

QUALITÉ.

Nous prenons ici le mot de *qualité* pour ce qui forme en général l'aptitude des ecclésiastiques aux ordres et aux divers offices. Pour les *qualités* nécessaires aux religieux, la matière est traitée sous le mot NOVICE.

Les *qualités* pour les ordres sont différentes selon l'espèce d'ordre dont il s'agit; on doit voir à ce sujet les mots ORDRE, AGE, et observer en même temps que l'irrégularité est un vice exclusif de tous les ordres, ou du moins de toutes les fonctions des ordres en général, selon qu'elle est survenue avant ou après l'ordination (*Voyez* IRRÉGULARITÉ).

Pour connaître les *qualités* requises pour les offices ecclésiastiques, l'on n'a qu'à lire l'article des offices ecclésiastiques sous le mot OFFICE, et suivre les distinctions et les renvois qui s'y trouvent.

On donne, dans les actes ecclésiastiques ou même dans le langage, aux divers dignitaires des *qualités* particulières. Ainsi, quand on parle au pape on dit : *Beatissime pater...*, *Sanctitatis vestræ pedibus provolutus*, ou *supplicat Sanctitati vestræ*.

Quand on parle du pape, on met à Rome : *Sanctissimus dominus noster, dominus Gregorius divinæ providentiæ papa* XVI, parce que le pape y est aussi prince temporel. En France on met : *Sanctissimus in Christo pater et dominus Gregorius*, etc.; quand on en a déjà parlé, on met tout court : *S. P. N.* ou *S. D. N.* Quand on parle d'un pape défunt, on met, avant cette formule, *felicis recordationis*; ainsi on écrit : *Felicis recordationis sanctissimus in Christo pater et dominus Pius, divina providentia papa VII.*

En français on écrit : *Très-saint père; Votre Sainteté; notre très-saint père le pape Grégoire XVI; le feu pape Léon XII, d'heureuse mémoire.*

Quand on parle d'un cardinal légat, on met : *Eminentissimus et reverendissimus dominus Joannes Baptista tituli sancti Onuphrii, sanctæ Ecclesiæ romanæ cardinalis*, etc., *et sanctæ sedis apostolicæ in regno Franciæ de latere legatus.* Cette longue énumération ne se met qu'une seule fois ; on met dans la suite : *Præfatus eminentissimus dominus cardinalis legatus*; en français on écrit : *Eminentissime et révérendissime père en Dieu monseigneur le cardinal* CAPRARA, *cardinal-prêtre de la sainte Église romaine, du titre de Saint-Onuphre, légat a latere de notre saint-père le pape dans le royaume de France.* Et dans la suite de l'acte : *Ledit seigneur cardinal légat.*

Pour un nonce on met : *Excellentissimus et reverendissimus in Christo pater Raphael* FORNARI, *archiepiscopus Nicæni sanctissimique P. N. Gregorii divina providentia papæ XVI, ad christianissimum D. N. D. Ludovicum Philippum Francorum regem, nuncius.*

On voit dans cette formule qu'il faut nommer et le pape duquel est le nonce, et le roi auquel il est envoyé.

Si c'est un légat-né, on lui donne aussi le titre d'*excellence*; mais on ne nomme ni le pape ni le roi, parce qu'un légat-né est perpétuel ; on mettrait donc comme dans cet exemple : *Excellentissimus et reverendissimus in Christo pater Thomas M. J. Gousset, archiepiscopus Rhemensis, sanctæ sedis apostolicæ legatus natus.*

Dans la suite du discours on met : *Præfatus dominus legatus*, ou : *Præfatus dominus nuncius*. A l'égard des légats-nés, comme c'est *beneficio dignitatis et non personæ* qu'ils tiennent ce titre, dans la suite du discours on ne met que : *Præfatus dominus archiepiscopus.*

Dans les actes français on se sert des mêmes formules sans y rien changer.

Les cardinaux ont le titre d'*éminence*; s'ils sont princes, on ajoute la *qualité d'altesse*, qui précède toujours celle d'*éminence*. Cela cependant n'a pas lieu à Rome, parce que Innocent X a ordonné dans une de ses bulles que, quand les cardinaux seraient à Rome, on les traiterait d'*éminence* et non d'*altesse*, et cela afin de les rendre tous égaux. Ainsi l'on dit: *Eminentissimus in Christo pater dominus N. cardinalis*, etc.; et s'il est prince : *Serenissimus et eminentissimus*, etc.; ou bien : *Celsissimus et serenissimus princeps, et reverendissimus in Christo pater*, etc. On emploie aussi les termes de *serenitas sua, celsitudo serenissima.*

On fait toujours précéder, dans l'énumération des titres, la *qualité* de cardinal à celle d'archevêque ou d'évêque ; cela vient sans doute de ce qu'aujourd'hui les cardinaux ont le pas sur les évêques.

Toutes les dignités ecclésiastiques de patriarches, primats, archevêques et évêques ont la même *qualité* tant en français qu'en latin, qui est celle d'*illustrissime et révérendissime père en Dieu*; ainsi l'on écrit : *Illustrissimus et reverendissimus in Christo pater et Deo*, etc. ; en français : *Illustrissime et révérendissime père en Dieu, monseigneur*, etc.

Les abbés réguliers et les supérieurs généraux d'ordre sont qualifiés de *très-révérend père en Dieu; reverendissimus admodum pater, frater*, etc. Les abbés séculiers sont traités d'*illustres et révérends; illustris et reverendus D.*

Les abbesses sont qualifiées d'*illustre et révérende dame, sœur*, etc.

Dans les actes, le roi est qualifié de *très-haut, très-puissant et très-excellent prince, Louis-Philippe, roi des Français.* En latin on met : *Celsissimus, potentissimus et excellentissimus princeps Ludovicus Philippus, Francorum rex christianissimus.* Si l'on parle seulement de lui dans l'acte, on met simplement *rex christianissimus.* Dans un acte français fait en France, on met simplement *le roi.*

Personne n'ignore que l'épithète du roi des Français ne soit celle de *très-chrétien*, de même que le roi d'Espagne est appelé *catholique.* Ainsi l'on met : *Sa majesté très-chrétienne* pour le roi de France, *sa majesté catholique* pour le roi ou la reine d'Espagne, comme autrefois l'on disait aussi, quand la malheureuse et catholique Pologne avait un roi : *Sa majesté orthodoxe.*

Les princes sont qualifiés de *très-haut, très-puissant et très-excellent prince.* Ceux qui sont de la branche royale sont traités d'*altesse royale*, les autres d'*altesse sérénissime.* Les autres princes sont simplement traités d'*altesse.*

QUARTE CANONIQUE.

On distingue deux sortes de *quarte canonique*: celle qui est due à l'évêque, et que les canonistes appellent portion canonique épiscopale, et celle qui est due au curé, appelée portion canonique paroissiale. On donne à l'une et à l'autre de ces portions canoniques le nom de *quarte*, parce que tant à l'égard de l'évêque qu'à l'égard du curé, la portion canonique n'est autre chose que la quatrième partie de certains biens délaissés à l'Église par chaque défunt. D'où est venue la dénomination générale de *quarte funéraire*

§ 1. QUARTE CANONIQUE *épiscopale*.

La portion canonique épiscopale, prise dans le sens que nous venons de lui donner, n'est pas le seul droit utile que les canons attribuent à l'évêque ; il leur est dû encore le cens cathédratique ou synodatique, la *quarte* des oblations que plusieurs confondent avec la *quarte funéraire*, parce qu'elle est appelée aussi, dans plusieurs canons, portion canonique et même légitime, le subside caritatif et le droit de procuration.

On entend donc par *quarte canonique épiscopale*, une certaine portion de tous les legs et biens qui sont laissés à l'église et lieux pieux du diocèse pour le bien de l'âme du défunt : *Canonica portio episcopalis debetur episcopo ex omnibus legatis, quæ fiunt quibuscumque ecclesiis aut piis locis suæ diœcesis, nec non ex decimis et ex iis quæ occasione funeris obveniunt ecclesiis, et denique de omnibus quæ pro anima relinquuntur* (*C.* 1, *cum seq.* 10, *qu.* 3 ; *c. De his et cap. Decernimus*, 10, *qu.* 1 ; *c. Constitutum* 16, *qu.* 1 ; *Clem. Dudum, de sepult.* ; *c. Conquerente, de offic. ordin. J. G.* ; *c. Pontifices* 12, *qu.* 3).

Tous ces textes du droit fondent cette rétribution de l'évêque sur la supériorité de l'épiscopat, l'affinité de l'église épiscopale avec les autres églises du diocèse, et la reconnaissance que l'on doit aux soins de l'évêque. Il est surprenant qu'avec de si bons fondements, ce droit puisse être prescrit par la coutume ou un privilége contraire, suivant les mêmes canons qui l'établissent (*C. De Quarta, de Præscript.*).

Le droit n'a point déterminé précisément la valeur de cette portion ; la coutume sert de règle à cet égard. Mais communément on la fixe à la quatrième portion, sur l'exemple des anciens partages : d'où vient le nom de *quarte*.

Ce droit n'a pas lieu dans les pays où on l'a prescrit par le non-usage. La France est un de ces pays, où la *quarte canonique épiscopale*, telle que nous l'entendons ici, ne se paye point à l'évêque.

§ 2. QUARTE CANONIQUE *funéraire ou paroissiale*.

La *quarte canonique, funéraire ou paroissiale* est la portion qui est due au curé quand son paroissien meurt sur sa paroisse et se fait enterrer ailleurs. On l'appelle *quarte*, parce qu'on l'a établie sur le modèle de la quatrième portion qui est due à la mère sur l'héritage de son fils. On l'appelle *canonique*, parce qu'elle a été réglée par les canons (*cap.* 8, *de Sepultur.*) ; et quoiqu'elle soit plus ou moins grande, selon les lois ou les coutumes des différents pays, et qu'elle surpasse quelquefois la quatrième partie des frais funéraires, et que d'autres fois elle est beaucoup moindre, elle retient toujours le nom de *quarte* (Van-Espen, *Jur. eccles. univ.* t. II, p. 1262).

La *quarte paroissiale* se paye par les paroissiens à la paroisse ou au curé, en considération des sacrements et autres choses spirituelles qu'ils en reçoivent : *Canonica portio inducta est jure canonico, propter sacramenta quæ ministrat parochus suis parochianis, id est, propter onus, quod in eorum administratione subit* (*C. Nos* ; *c. Relictum* ; *c. De his, de Sepult.*). Sur ce principe, la *quarte paroissiale* est due, *ex causa onerosa*, à l'église où le paroissien décédé avait coutume d'entendre la parole divine, et de recevoir les sacrements (*C. Cum quis, de Sepult.*, *in* 6°). Sur quoi les canonistes font ces hypothèses : si le paroissien entendait la parole divine dans une église, et recevait les sacrements dans une autre, celle-ci aurait la *quarte*. Si le défunt était mort sur une autre paroisse que celle où il a son domicile ordinaire, par un accident qui l'eût obligé d'en sortir, dans le dessein d'y revenir, *cessante obstaculo*, la *quarte* est toujours due à l'ancienne paroisse (Abbas, *in c. De his, de Sepult.*). De même si dans la maladie dont il est mort, il s'est donné à un monastère avec tous ses biens (*C. De his, de Sepult.*) ; si le défunt a choisi sa sépulture ailleurs que dans sa paroisse (*C.* 2, *de Sepult.* in 6°), à moins que l'église que le défunt a choisie pour sa sépulture n'ait pas prescrit l'exemption du payement de cette *quarte* par privilège expressément dérogatoire à la clémentine *Dudum de Sepult.* Voici ce que le concile de Trente a ordonné à ce sujet : « Le saint concile ordonne que dans tous les lieux, où la quatrième portion qu'on appelle des funérailles avait coutume, il y a quarante ans, d'être payée à l'église cathédrale ou paroissiale ; et où depuis, par quelque privilège que ce soit, elle a été appliquée à d'autres monastères, hôpitaux ou autres lieux de dévotion ; ladite part ou portion tout entière, et avec tous ses droits tels qu'auparavant, soit désormais payée à ladite église cathédrale ou paroissiale, nonobstant toutes concessions, grâces, priviléges, ceux mêmes qu'on appelle *Mare magnum*, et autres quels qu'ils puissent être. » (Session XXV, chap. 13, *de Reform.*)

Les canonistes ont voulu éclaircir le vrai sens du mot *quarte funéraire*, pour savoir en quoi consistait le droit du curé, et sur quelle sorte de biens il devait être perçu ; et l'opinion commune, fondée sur les textes du droit, et principalement sur les décisions de la congrégation des évêques et des réguliers, est que la portion canonique paroissiale ne peut être réglée que par l'usage des lieux (*C. Antiquos* 10, *qu.* 1 ; *c. Certificari, de Sepultur.*), mais que régulièrement la *quarte funéraire* doit comprendre la quatrième portion de tout ce qui est délaissé et offert le jour de l'enterrement ou à son occasion : *Quarta funeralis, seu canonica portio debetur de omnibus quæ obveniunt ratione funeris, scilicet in die funeris. Funeralia igitur dicuntur, quæ ratione sepulturæ obveniunt* (*C. Cum liberum* ; *c. Nostra, de Sepult.*). Ce jour des funérailles que Pie V a marqué dans sa bulle *Si mendicantium*, a été interprété en telle sorte, que tous les services pieux qui se font en mémoire du défunt dans l'espace de trente jours, et même au delà, donnent lieu à la *quarte* en faveur du curé : *Sive antequam corpus sit in terra conditum, sive post et usque ad trigesimum diem, et quamdiu fit memoria de funere* (Covarruvias, *in c. ult. de Testam. n.* 6).

La *quarte* ne se paie point des cierges que portent chacun de ceux qui assistent au convoi : *Has enim deferentes sibi quærunt;* mais elle est due des cierges qui brûlent à l'entour du corps, de ceux qui sont offerts, ainsi que de tous les autres legs et oblations faits à l'église où le testateur a choisi sa sépulture; ce qui, soit par les priviléges, la prescription, les transactions, ou autres voies, dont parlent les canonistes, et particulièrement Barbosa (*De Jur. eccles. lib.* III, *cap.* 29, *n.* 37), se réduit presque partout aux cierges ou à quelque chose de plus, suivant l'usage et la possession.

Tout ce que nous venons de dire ne détruit pas la disposition des conciles et des anciennes ordonnances des églises chrétiens, qui défendent d'exiger de l'argent pour le lieu de la sépulture, et qui permettent seulement aux parents ou héritiers du défunt d'en donner volontairement (*C. Abolendæ de sepult.*). Ces présents volontaires sont néanmoins devenus des droits établis par une louable coutume. Il fallut que le concile de Reims en 1583, ordonnât aux curés d'enterrer les pauvres *gratis* (*Voyez* OBLATIONS, CASUEL).

La *quarte funéraire* des curés semble réduite, particulièrement en France, aux cierges et flambeaux des convois ; et à cet égard, dit l'auteur des *Mémoires du clergé*, « on distingue trois sortes de cierges ou flambeaux dans les convois et enterrements ; il y en a qui sont posés sur l'autel, d'autres sont à l'entour du corps en représentation, et les autres sont portés par des pauvres ou autres personnes, selon l'usage des lieux. Les règlements et l'usage sont différents sur ces trois sortes de cierges ou de flambeaux, et les droits des curés n'y sont pas également étendus. C'est un usage presque général dans toutes les églises du royaume, de laisser aux curés les cierges qui sont posés sur l'autel : à l'égard des autres, dans la plupart des églises, ils appartiennent aux curés, dans quelques lieux ils sont réservés pour la fabrique, et dans d'autres ils sont partagés entre les curés et les fabriques : il y a eu même d'anciennes coutumes où les cierges et les flambeaux des pompes funèbres restaient aux héritiers; l'usage des églises est la règle la plus certaine sur cette matière. » (Tome III, col. 493.)

C'est une discipline reçue presque généralement dans les églises de France, dit encore l'auteur des *Mémoires du clergé*, que les curés qui ont conduit dans l'église d'un monastère les corps des habitants de leurs paroisses qui y ont élu leur sépulture, partagent par moitié avec les religieux les flambeaux et autre luminaire; il y a néanmoins des églises où l'on n'en donne que la quatrième partie aux curés; cette discipline est ancienne et autorisée par des conciles généraux. Le chapitre *Dudum* 2, *de Sepulturis*, aux Clémentines, qui est un décret du concile de Vienne, confirme la décrétale du pape Boniface VIII, qui ordonne que l'église de la paroisse des défunts ne sera point privée de la *quarte funéraire*, dans les convois et enterrements qui se feront dans les églises des monastères. Le concile de Trente, session XXV, chapitre 13, *de Reformat.*, a pareillement conservé ce droit à ces églises (*Ibid.*, col. 496).

L'autorité civile a réglé ce qui concerne le partage des cierges par le décret suivant :

DÉCRET *du* 26 *novembre* 1813, *relatif aux cierges des enterrements et des services*

« Napoléon, etc.

« Vu les articles 76 du règlement des fabriques, etc. :

« ART. 1er. Dans toutes les paroisses de l'empire, les cierges qui, aux enterrements et services funèbres, seront portés par les membres du clergé, leur appartiendront; les autres cierges placés autour du corps et à l'autel, aux chapelles ou autres parties de l'église, appartiendront, savoir : une moitié à la fabrique, et l'autre moitié à ceux du clergé qui y ont droit ; ce partage sera fait en raison du poids de la totalité des cierges.

« ART. 2. Il n'est rien innové à l'égard des curés, qui, à raison de leur dotation, sont chargés des frais du culte. »

QUATRE-TEMPS.

Les *quatre-temps* sont des jeûnes commandés par l'Eglise aux quatre saisons de l'année, où l'on est obligé de jeûner le mercredi, le vendredi et le samedi de la semaine. Le jeûne des *quatre-temps* était établi dans l'Eglise romaine du temps de saint Léon, pape, qui mourut en 461, puisqu'il distingue nettement dans ses sermons les jeûnes qui se pratiquaient pendant les trois jours nommés ci-dessus aux *quatre-temps* de l'année, savoir; celui du printemps, de l'été, de l'automne et de l'hiver. Ce jeûne des *quatre-temps* a passé de l'Eglise romaine dans les autres Eglises d'Occident, mais il n'y a pas toujours été uniforme pour le temps et les jours de jeûne. Le jeûne des *quatre-temps* s'observait, celui du printemps, la première semaine du mois de mars ; celui de l'été, en la seconde semaine du mois de juin ; celui de l'automne, en la troisième semaine du mois de septembre; et celui d'hiver, en la quatrième semaine du mois de décembre. Le pape S. Grégoire VII, vers la fin du onzième siècle, ordonna que le jeûne de mars serait observé en la première semaine de carême ; celui de juin, dans l'octave de la Pentecôte ; ceux de septembre et de décembre demeurant aux jours qu'ils se faisaient auparavant. Le concile de Mayence, de l'an 813, parle des *quatre-temps* comme d'un établissement nouveau qui se faisait en France, à l'imitation de l'Eglise romaine. Les jeûnes des *quatre-temps* ont été institués pour consacrer à Dieu les quatre parties de l'année par la pénitence, pour obtenir sa bénédiction dans ces **quatre** saisons, et pour implorer la grâce du Saint-Esprit dans les ordinations des prêtres et des diacres, qui se faisaient le samedi des *quatre-temps*, comme on le voit par l'Epître du pape Gélase, vers la fin du cinquième siècle (Thomassin, *Traité historique et dogmatique des jeûnes de l'Eglise*). (*Voyez* JEUNE.)

QUESTION.

En prenant ici ce mot pour la torture que l'on donne aux accusés, pour en arracher l'aveu des crimes dont on les soupçonne violemment, il est clairement décidé par le droit canon que le juge d'Eglise peut condamner un clerc à cette peine, pourvu qu'un autre clerc en soit l'exécuteur : *Judicibus dedimus in mandatis; ut illum iniquum, sub quæstionibus ad rationem ponant, etiam, si oportuerit, vinculis alligatum* (*C. Gravis, de Deposit.; c. Si res*, 14, *qu.* 6; *c. Fraternitas*, 12, *qu.* 2; *c.* 1, 23, *qu.* 1; *c. Illi qui* 5, *qu.* 5).

Quelques auteurs ont avancé que la pratique de donner la *question* aux clercs, par le ministère d'autres clercs, était en usage autrefois dans les officialités de France, et que cet usage avait commencé dès le quatorzième siècle. Brodeau assure qu'il a été jugé, par plusieurs arrêts du parlement de Paris, que les juges d'Eglise peuvent condamner à la *question*, et qu'il a vu, dans la chapelle de l'officialité de Paris, les boucles et les anneaux de fer dont on se servait pour cela ; mais quelle qu'ait été la discipline de France sur ce point, il est constant que cet usage était entièrement abrogé longtemps même avant la révolution de 1789.

QUÊTE, QUÊTEUR.

Lorsque le pape Urbain II eut établi la guerre sainte, sur la fin du onzième siècle, il y eut un grand nombre de *quêteurs* en titre d'office, et envoyés par les papes et par les évêques, pour prêcher partout les indulgences et recueillir les aumônes des fidèles qui voulaient contribuer à la guerre ou à quelques autres bonnes œuvres, telles que la réparation des églises ou des hôpitaux. Ces *quêteurs* commirent bientôt des excès, qui les firent abolir par le concile de Trente (Session XXI, c. 5, *de Reform.*). (*Voyez* INDULGENCE, PRÉDICATION.)

R

RAPT.

Le *rapt* est un genre de crime par lequel on ravit ou on enlève une personne, soit par violence et contre son gré, ou celui de ses parents ou tuteurs, soit par la voie de la séduction et dans la vue du mariage. Le *rapt* considéré relativement au mariage est un empêchement dirimant dont l'origine est très-ancienne.

Les canonistes disent que quand le concile de Trente a déterminé que le *rapt* serait un empêchement dirimant, il n'a fait que renouveler les canons de l'Eglise (*Glos., in c. Accedens, de Raptoribus*). Car l'Eglise a varié dans l'Occident au sujet du *rapt* et de sa discipline, à trois époques bien différentes. La première commence du temps de Constantin, et finit vers le onzième siècle. Il ne paraît pas que l'Eglise ait fait aucun canon au sujet du *rapt* avant cet empereur. Le canon 66 des apôtres qui en parle, est du nombre des 35 non avoués en Occident. (*Voyez* DROIT CANON.) Or, durant cette première époque, on a regardé le *rapt*, dans l'Eglise et dans l'Etat, comme un empêchement dirimant (*concil. Ancyr.* 11 ; *can. de Raptoribus* 56, *qu.* 1. *Novell.* 143, 150 ; *Capitul., lib.* VII, *cap.* 395).

La seconde époque commença sur la fin du dixième siècle en Occident, lorsque l'Eglise latine se relâcha de son ancienne vigueur, c'est-à-dire que dès lors on ne regarda plus le *rapt* que comme un empêchement qui dépendait des circonstances, et régulièrement on ne le déclarait dirimant qu'autant que la personne ravie n'avait pas consenti à l'enlèvement : *Raptor dici non debet, cum mulieris habuerit assensum* (*C. Cum causa de Raptorib.; c. Accedens. eod.*).

La troisième époque commence au concile de Trente, où se fit, sur les instances des ambassadeurs de Charles IX, le décret suivant, lequel a remis le *rapt* au nombre des empêchements dirimants, et a ordonné des peines, non-seulement contre les ravisseurs, mais aussi contre leurs complices : « Le saint concile ordonne et prononce qu'il ne peut y avoir de mariage entre celui qui a commis un enlèvement et la personne qui a été enlevée, tant qu'elle demeure en la puissance du ravisseur. Que si en étant séparée et mise en lieu sûr et libre, elle consent de l'avoir pour mari, il la retiendra pour femme ; mais, cependant ledit ravisseur, et tous ceux qui lui auront prêté conseil, aide et assistance, seront de droit même excommuniés, perpétuellement infâmes, et incapables de toutes charges et dignités ; et s'ils sont clercs, ils seront déchus de leur grade. Le ravisseur sera de plus obligé, soit qu'il épouse la femme qu'il aura enlevée, ou qu'il ne l'épouse pas, de la doter honnêtement, à la discrétion du juge. » (*Session* XXIV, chapitre 6, *de matrim.*)

Le même concile dit dans le chapitre premier de la même session : « Quoiqu'il ne faille pas douter que les mariages clandestins, contractés au consentement libre et volontaire des parties, ne soient valides et de véritables mariages, tant que l'Eglise ne les a pas rendus nuls, et qu'il faille par conséquent condamner, comme le saint concile les condamne, d'anathème, ceux qui nient que tels mariages soient vrais et valides, et qui soutiennent faussement que les mariages contractés par les enfants de famille sans le consentement de leurs parents sont nuls, et que les pères et mères les peuvent rendre bons : la sainte Eglise, néanmoins, les a toujours eus en horreur, et toujours défendus, pour de très-justes raisons. »

Ces paroles du concile de Trente doivent être conférées avec les principes exposés sous le mot CLANDESTIN. Les mariages des enfants de famille, contractés sans le consentement de leurs parents, ne sont pas nuls par cela même que les parents n'y ont pas consenti, s'ils ont été d'ailleurs revêtus de toutes les formalités qui excluent la clandestinité et le *rapt*, seuls empêchements dirimants prononcés par le concile de Trente. Ce concile déclare néanmoins qu'il a en horreur de tels mariages, défendus anciennement par toutes les lois.

L'on a, indépendamment de tous les anciens monuments que l'on rapporte, les canons de plusieurs papes dans le décret où les mariages des enfants de famille contractés sans le consentement des parents sont déclarés nuls (*Can. Videtur* 31, *qu.* 6 ; *c. Unico* 3, 2, *qu.* 3 ; *Respons. Nicol.* 1, *ad. Bulgar.*, c. 2). Les anciens Capitulaires de nos rois sont également exprès là-dessus (*Caus.* 30, *q.* 5 ; *Capitul., liv.* VII, *c.* 3, 63). Ce fut vers le onzième siècle que l'Eglise changea sa discipline dans l'Occident. On commença à n'y plus regarder comme nuls les mariages que les enfants de famille contractaient sans le consentement de leurs parents; on ne regarda comme essentiel que le consentement des parties elles-mêmes (*C. Cum locum; c. Licet; c. Tuæ, de Spons.*) ; ce qui dura jusqu'au concile de Trente, où l'on fit des décrets sur les empêchements de la clandestinité et du *rapt*, sans oser toucher aux mariages contractés par les fils de famille sans le consentement de leurs parents, autrement que comme l'on a vu par les paroles rapportées du chapitre 1er de la XXIVme session. Les historiens de ce concile rapportent que cette matière y fut fort agitée, et qu'on était résolu de la terminer au désir de la France ; mais qu'après que le père Lainez eut représenté au concile que si l'on décidait que les mariages des enfants de famille, contractés sans le consentement des parents, étaient nuls, on serait persuadé dans le monde que la doctrine de Calvin, qui les croyait nuls de droit naturel et divin, aurait prévalu; on se contenta de déclarer que l'Eglise les désapprouvait.

On distingue deux sortes de *rapt*, le *rapt de violence*, lorsqu'une femme est enlevée par force et contre sa volonté, et qu'elle est placée dans un lieu où elle se trouve sous la puissance de son ravisseur, le *rapt de séduction*, lorsqu'une jeune personne mineure de vingt-cinq ans et de bonne réputation, séduite par des caresses, par des présents, ou par divers artifices, quitte de son plein gré, malgré toutefois ses parents ou ses tuteurs, la maison qu'elle habite pour suivre son ravisseur, et contracter mariage avec lui.

Le *rapt* de séduction n'est point un empêchement dirimant, parce que le texte du concile de Trente ne s'applique qu'au *rapt* de violence : *Decernit sancta synodus inter raptorem et raptam, quamdiu ipsa in potestate raptoris manserit, nullum posse fieri matrimonium.* C'est ici une loi pénale, et une loi pénale doit être prise dans l'acception précise et rigoureuse des termes qui la formulent. Or, ces expressions, *inter raptorem et raptam*, désignent un *rapt* de violence ; car, peut-on dire qu'une femme soit ravie, enlevée du lieu où elle se trouve, lorsqu'elle suit son ravisseur de son plein consentement. Le concile de Trente, dans ce décret, n'a eu pour but que d'assurer le libre consentement au mariage. Or, quand une fille consent à son enlèvement, cette liberté subsiste. Le *rapt* de séduction fait injure, il est vrai, aux parents et aux tuteurs de la personne enlevée, mais cette violence faite aux parents et aux tuteurs n'est point un empêchement dirimant, puisque le mariage des enfants mineurs ne laisse pas d'être valide, quoique leurs pères et mères n'y aient pas consenti. L'Eglise, répondit Pie VII à Napoléon, qui voulait faire annuler le mariage de son frère Jérôme, l'Eglise, bien loin de déclarer nuls, quant au lien, les mariages faits sans le consentement des parents et des tuteurs, les a, même en les blâmant, déclarés valides dans tous les temps, et surtout dans le concile de Trente. Le *rapt* de séduction n'est donc point un empêchement dirimant ; il n'y a que le *rapt* de violence qui puisse annuler le mariage ; et encore cet empêchement du *rapt* n'a lieu que lorsque le mariage est contracté entre le ravisseur et la personne enlevée, avant que celle-ci soit remise en sa pleine liberté.

Ainsi, pour constituer cet empêchement, introduit ou plutôt, comme nous l'avons dit, renouvelé par le concile de Trente ; il faut 1° qu'il y ait *rapt;* c'est-à-dire, il faut que la femme enlevée soit emmenée d'un lieu dans un autre, d'une maison dans une autre maison ; il ne suffit pas qu'elle soit transférée d'une chambre dans une autre chambre de la même habitation ; mais il faut qu'elle soit transportée dans un endroit séparé, où elle se trouve sous la puissance du ravisseur, et que cet enlèvement ait pour but le mariage ; car, si le ravisseur avait seulement dessein de satisfaire sa passion, le *rapt* ne serait point un empêchement dirimant, comme l'a décidé en 1586, la congrégation interprète du concile de Trente. Enfin, il faut que ce soit un homme qui ravisse une femme, car si une femme faisait enlever un homme, le *rapt*, dans ce cas, n'annulerait pas le mariage, parce que le concile de Trente ne parle que d'un homme qui enlève, et ne dit pas un mot de la femme qui serait dans le même cas. Tel est le sentiment de plusieurs canonistes et théologiens.

En second lieu, l'empêchement du *rapt* n'existe qu'entre le ravisseur et la personne enlevée, de sorte que si une femme, même pendant qu'elle est sous la puissance de son ravisseur, épousait un homme étranger à son enlèvement, ce mariage serait valide.

Enfin, l'empêchement de *rapt* est perpétuel, pendant que la personne ravie est dans la possession du ravisseur, mais il finit quand elle est mise en liberté. Ainsi, le mariage auquel une personne, qui aurait été enlevée par force et contre son gré, aurait depuis consenti volontairement, serait nul et invalide, si avant la célébration du mariage, elle n'avait été mise dans un lieu de sûreté pour elle, et hors de la possession du ravisseur : *Decernit sancta synodus inter raptorem et raptam, quamdiu ipsa in potestate raptoris manserit, nullum posse fieri matrimonium.* Mais si la personne enlevée a été mise en liberté avant la célébration du mariage, dès lors l'empêchement de *rapt* a cessé, et le ravisseur peut se marier avec celle qu'il avait ravie, si elle consent à l'épouser. C'est ce qu'a déclaré le concile de Trente par ces paroles : *Quod si rapta a raptore separata, et in loco tuto et libero constituta, illum in virum habere consenserit, eam raptor in uxorem habeat.*

Outre l'empêchement de *rapt*, le ravisseur et ses complices encourent la peine d'excommunication prononcée par le décret rapporté du concile de Trente, et conforme en ce point aux plus anciens règlements (*C. Consanguineorum* 3. qu. 4; *c. Constituimus* 3; qu. 5).

Comme l'excommunication prononcée par le concile s'encourt *ipso facto*, les ravisseurs s'en doivent faire absoudre, quand ils ont mis en liberté les personnes qu'ils avaient enlevées. L'Ancien Testament condamnait le ravisseur à la dotation et au mariage : *Si seduxerit quis virginem necdum desponsatam dormieritque cum ea, dotabit eam et habebit eam uxorem; si pater virginis dare noluerit, reddet pecuniam juxta modum dotis quam virgines accipere consueverint* (Exod. XXII, vers. 16; Deut. XXII, v. 28).

RATIFICATION.

En prenant ce terme relativement à la chancellerie de Rome, on doit plutôt se servir du mot de révalidation ou de réhabilitation, ou même de confirmation qu'Amydenius appelle *gratia revalidatoria.* Il y a cette différence entre la révalidation et la confirmation, que celle-ci n'a effet que du jour qu'elle est faite, au lieu que la révalidation se rapporte au premier temps de l'acte révalidé : *Oculos habet retro ad principium actus invalidi.* Il en est de même de la ratification (*De stylo datar., cap.* 15).

RATIONI CONGRUIT.

Expression de chancellerie romaine dont on voit l'explication sous le mot COURONNEMENT.

REATU.

(*Voyez* IN REATU.)

RÉAGGRAVE.

(*Voyez* AGGRAVE.)

RÉCEPTION.

Le mot de *réception* pris pour cet acte qui rend le récipiendaire, c'est-à-dire, celui qui est reçu, membre du corps où on le reçoit, trouve son application aux mots NOVICE, CHANOINE, POSSESSION, PRÉSÉANCE. Si on le prend pour les honneurs qu'on fait à une personne en dignité quand elle arrive dans un lieu, *voyez* CONSÉCRATION, CHAPITRE, ÉVÊQUE, LÉGAT, PAPE.

RÉCLAMATION

Quand un religieux se plaint que sa profession est nulle, et demande à rentrer dans le siècle, on appelle sa demande *réclamation*, parce qu'il réclame en effet sa liberté contre les liens de son état où il prétend ne s'être pas engagé suivant les formalités prescrites. Il en est de même d'un ecclésiastique qui réclame contre les ordres sacrés qu'il a reçus.

§ 1. RÉCLAMATION *des vœux solennels.*

L'on voit sous le mot VOEU, la force des vœux solennels. Si celui qui les a prononcés librement et suivant toutes les formalités prescrites par l'Eglise, est obligé d'en remplir les devoirs, il en est autrement lorsque la profession religieuse n'a pas été faite avec liberté; dans ce cas, elle est nulle et, comme telle, incapable de produire le moindre effet. Le sujet qui est ainsi devenu religieux, peut réclamer sa liberté sur ce seul fondement, et sa demande sera bien accueillie; mais, de peur qu'on abuse de ce secours que la loi prête à ceux qui, sous l'apparence d'un engagement valable, gémissent sous le poids des vœux qu'ils soient, que leur cœur n'a jamais formés, on a marqué exactement les cas et même la forme de la *réclamation* qui tend à les rendre nuls.

Les causes de *réclamation* se tirent de tous les différents cas où la profession religieuse se trouve nulle. Or, elle est telle, 1° quand on a été forcé de la faire; c'est la disposition du droit canon *in c. Præsens clericus*, 20, qu. 3; *c. Perlatum de iis quæ vi metuve fiunt*, et particulièrement du concile de Trente, dont nous allons rapporter en français les deux règlements sur cette matière.

« Le saint concile prononce anathème contre tous et un chacun, de quelque qualité et condition qu'ils soient, tant ecclésiastiques que laïques, séculiers ou réguliers, même de quelque manière que ce soit, qui contraindraient une fille, ou une veuve, ou quelque autre femme que ce soit, hors les cas exprimés par le droit, à entrer dans un monastère, ou à prendre l'habit de quelque religion que ce soit, ou à faire profession, ou qui donneraient conseil et assistance pour cela, ou qui, sachant que ce n'est pas librement qu'elle entre dans le monastère ou qu'elle en prend l'habit ou fait profession, assisteraient à une telle action et y interposeraient, de quelque façon que ce fût, leur consentement ou leur autorité.

« Déclare également sujets au même anathème ceux qui, sans juste sujet, mettraient, de quelque manière que ce soit, empêchement au saint désir des filles ou autres femmes de prendre le voile ou de faire vœu.

« Or, toutes les choses susdites qui se doivent observer avant la profession ou dans la profession même, seront gardées non-seulement dans les monastères soumis à l'évêque, mais aussi dans tous les autres quels qu'ils soient. Les femmes que l'on nomme pénitentes ou converties demeureront toutefois exceptées, et à leur égard leurs constitutions seront observées. » (Session XV, ch. 18 *du décret de réformation touchant les réguliers et les religieuses.*)

« Nul régulier que ce soit, ajoute le chapitre 19, qui prétendra être entré par force ou par crainte en religion, ou qui dira même qu'il a fait profession avant l'âge requis, ou quelque autre chose semblable, ou qui voudra quitter l'habit pour quelque cause que ce soit ou s'en aller avec l'habit sans la permission des supérieurs, ne sera aucunement écouté, s'il n'allègue ces choses dans les cinq premières années du jour de sa profession, et si encore alors il n'a déduit ses prétendues raisons devant son supérieur et l'ordinaire et non autrement.

« Que si, de lui-même, il a quitté l'habit auparavant, il ne sera, en quelque façon que ce soit, reçu à alléguer aucune raison; mais il sera contraint de retourner à son monastère et sera puni comme apostat, sans pouvoir cependant se prévaloir d'aucun privilége de sa religion.

« Nul régulier ne pourra non plus, en vertu de quelque pouvoir et faculté que ce soit, être transféré dans une religion moins étroite et ne sera accordé permission à aucun régulier de porter en secret l'habit de sa religion. »

2° La profession est nulle quand elle est faite avant l'âge prescrit (*Voyez* AGE).

3° Elle est nulle quand elle est faite avant que l'année du noviciat soit finie, à moins que l'on n'ait obtenu dispense du pape pour abréger ce temps, ce qui ne s'accorde qu'à des religieux transférés d'un ordre à un autre, ou à des personnes âgées qui se veulent faire religieuses. Cette année de noviciat, au reste, doit être continue (*Voyez* NOVICE, VOEU).

4° Une profession est nulle quand la personne est incapable de faire profession, ou de la faire dans un tel monastère; par exemple, une personne mariée ne peut se faire religieuse malgré son époux. Un homme ne peut faire profession dans un monastère de filles, ni une fille dans un monastère d'hommes. Un hermaphrodite ne la peut faire dans aucun monastère d'hommes ni de filles (*Voyez* HERMAPHRODITE).

5° Une profession est nulle quand on la fait entre les mains d'un supérieur qui n'est pas légitime ou qui n'a point un titre coloré pour exercer la charge de supérieur.

Les religieux qui réclament contre leurs vœux, sont dans l'usage de recourir à Rome pour obtenir du pape un bref de *réclamation*, adressé à l'official du diocèse où se trouve le monastère de la profession. Mais l'opinion commune est que ce rescrit n'est pas nécessaire, même quand on a laissé passer les cinq ans prescrits par le concile de Trente, et qu'il suffit de se pourvoir directement devant l'official de l'ordinaire qui est juge compétent (*Mémoires du clergé*, tom. IV, col. 160).

§ 2. RÉCLAMATION *contre les ordres sacrés.*

On n'a pas établi les mêmes règles pour réclamer contre les ordres sacrés que l'on a reçus que pour la *réclamation* contre les vœux solennels dont on a fait profession. Il n'y a, à cet égard, ni prescription, ni même des causes bien déterminées. Mais quoiqu'il n'y ait point de loi écrite à cet égard, il est certain que, quand un ecclésiastique se plaint d'avoir été contraint de recevoir les ordres sacrés, on l'écoute s'il n'est pas encore prêtre, quoique difficilement (Fagnan, *in c. Significatum de Regul.*) (*Voyez* CÉLIBAT). En ce cas l'on ne procède pas devant l'ordinaire, mais l'on a recours au pape par voie de dispense. Il en est de cette procédure comme de celle qu'on fait pour la fulmination des rescrits contre la profession religieuse. Il s'y agit de prouver devant l'official la force et la violence qui ont été faites à l'impétrant. Il faut ajourner tous ceux qui peuvent y avoir intérêt, les père et mère, de la violence desquels on se plaint, et, s'ils sont morts, il faut assigner les plus proches parents et, auparavant, il faut que l'impétrant soit interrogé sur les fonctions qu'il a faites de ces ordres sacrés, combien de fois il les a exercées, si ça été par force ou de son propre mouvement, et s'il connaissait, ou non, qu'autant de fois qu'il exerçait les fonctions, il ratifiait les engagements qu'il avait pris.

RÉCONCILIATION.

Par *réconciliation* on entend une certaine cérémonie ecclésiastique qui se fait quand une église est polluée, pour la remettre dans l'état où elle était avant la pollution, c'est-à-dire, telle que l'on puisse y faire l'office divin.

Pour bien entrer dans le sens de ce mot, il faut savoir que, du moment qu'une église ou autre lieu saint, est pollué ou violé, on ne peut plus y faire l'office divin, ni y célébrer les saints mystères (*C. Ecclesiæ* 1, 2, *de Cons. dist.* 1; *c. fin. de consecr. eccles.*). On ne peut non plus consacrer une église qui a souffert une *pollution* après avoir été bénite, qu'on ne l'ait auparavant réconciliée : *Ecclesia Christi gloriosa est non habens maculam neque rugam, aut aliquid hujusmodi.* Or, on estime qu'une église peut être polluée ou violée en cinq manières : 1° Par une effusion notable de sang humain, faite injurieusement : *Quando in ecclesia sanguis humanus in quantitate notabili ex injuria effunditur* (*C. Proposuisti; cap. ult. de Consecr. eccles. vel alt.*). Tous ces mots sont remarquables. Il n'y a point de pollution par l'effusion du sang des animaux, ni par l'effusion peu considérable du sang humain, ou occasionnée accidentellement par jeu ou raillerie (Barbosa, *de Offic. et Potest. episc. part.* II, *alleg.* 28, *n.* 30).

2° Une église est violée par un meurtre qui

s'y commet, quoiqu'il n'y ait point d'effusion de sang et quoiqu'il ne soit fait qu'en exécution d'une sentence juridique. L'assassinat ou le martyre d'un fidèle serait même capable de produire cette pollution, si on le fait dans l'église même ; on dit alors : *Actio displicuit, passio grata fuit.* La pollution aurait également lieu si le meurtre n'avait pas été consommé dans l'église et que le patient eût expiré dehors. Mais il en serait autrement si la blessure ayant été faite hors de l'église, le blessé y venait mourir.

3° *Quando humanum semen in ecclesia criminose et notorie est effusum* (*Cap. fin. de Consecr. eccles.*). Ces termes de *criminose, notorie*, caractérisent les cas où l'on peut dire qu'une église est polluée : *Propter effusionem seminis*, sur quoi les théologiens et les canonistes disputent si le devoir conjugal, *intra ecclesiam*, produit le même effet.

4° La sépulture d'un excommunié dénoncé, d'un hérétique ou d'un infidèle quelconque, viole le lieu saint où elle est faite et rend nécessaire la *réconciliation* de l'église et même l'exhumation du corps, si elle est possible (*Cap. Consuluisti*, *de Consecr. eccles.; c. Sacris de Sepult.*).

Suivant le sentiment le plus commun, le lieu saint n'est pas profané par la sépulture d'un catéchumène. En effet, celui qui se prépare au baptême ne peut plus être regardé comme un infidèle, un païen. Mais l'église sera-t-elle profanée par la sépulture d'un enfant mort sans baptême? Elle le sera, de l'aveu de tous, s'il s'agit d'un enfant dont les parents sont infidèles. L'enfant suit la condition de ses père et mère. Le plus grand nombre des canonistes veut encore qu'elle soit profanée par la sépulture d'un enfant non baptisé, quoique les parents soient chrétiens. Néanmoins, il nous paraît difficile d'appliquer les mots *infidelis* et *paganus*, dont se sert le législateur, à un enfant qui vient de naître. D'ailleurs, comme les parents désirent le baptême pour cet enfant, ne peut-on pas le regarder, jusqu'à un certain point, comme catéchumène? Aussi Pichler, dont nous adoptons le sentiment, dit qu'il est plus probable que l'église n'est point profanée par la sépulture d'un enfant de parents chrétiens, mort sans baptême (*Jus canonicum, lib.* III, *tit.* 40). (*Voyez* SÉPULTURE.)

L'église n'est point polluée par la sépulture d'un excommunié qui n'est point nommément dénoncé, ni par celle d'un suicide, d'un duelliste, ou de tout autre pécheur public, mort dans l'impénitence finale. Autre chose, remarque avec raison Mgr Gousset, est d'être indigne des honneurs de la sépulture, autre chose que la sépulture de celui qui en est indigne profane le lieu saint. On doit, dans ces matières, s'en tenir à la lettre de la loi. Aussi, quoique nous pensions que l'église ou le cimetière ne soient point profanés par la sépulture d'un enfant de parents chrétiens, mort avant d'avoir reçu le baptême, nous reconnaissons avec tous les canonistes qu'on ne doit point l'inhumer dans le lieu destiné aux sépultures des fidèles.

5° Le cinquième et dernier cas où la *réconciliation* d'une église est nécessaire, c'est, lorsqu'elle a été consacrée par un évêque excommunié, dénoncé ou notoire, suivant les canonistes Nicolas de Tudeschis, Jean André et Henri de Suse.

Ce sont là les seuls cas où l'on estime qu'une église soit polluée, et qu'elle a besoin d'être réconciliée ; mais comme la matière n'est pas favorable, on doit plutôt restreindre qu'étendre la disposition des canons à cet égard, en sorte que la pollution n'a lieu que lorsque ce qu'on vient de voir est arrivé dans l'église même : *Intra ecclesiam*, ou dans le cimetière contigu. Tout ce qui ne fait pas l'église, ou en est séparé, ne peut souffrir aucune pollution, ni la communiquer à l'église même : *Non pollui dicitur ecclesia*, disent les canonistes, *nisi hæc omnia intra ipsam ecclesiam vere contingant ; extra portam vero etsi prope ecclesiam, imo et in ipsa porta, sed extra clausuram ostii, aliquod furtum commissum non intelligitur ecclesiam violare; unde si sanguinis aut seminis effusio accidat supra tectum, vel infra ecclesiam in aliqua caverna, aut spelunca vel in aliqua camera, aut cella, vel in choro, sacristia, turri cymbalorum, tribuna, aut confessionariis extra ecclesiam, non polluitur ecclesia, quia illis omnibus et similibus casibus dicitur extra ecclesiam contigisse* (Barbosa, *de Jure eccles.*, *lib.* II, *cap.* 14, *n.* 26). Tout cela souffre une exception à l'égard du cimetière (*Voyez* CIMETIÈRE).

On trouve dans le pontifical, les cérémonies et les prières de la *réconciliation* des églises et des cimetières pollués ou violés. Elle est une des fonctions épiscopales que l'évêque peut cependant commettre, quoiqu'on doute s'il peut donner cette commission à un simple prêtre (*C. Aqua; c. Proposuisti de Consecr. alt.* Barbosa, *de Offic. et potest. episc. dist. alleg.* 28). Plusieurs réguliers ont obtenu des papes, parmi leurs autres priviléges, de réconcilier leurs églises violées quand l'évêque serait éloigné *ultra duas dietas*. Du reste, en attendant la *réconciliation*, l'évêque peut permettre la célébration des offices et des saints mystères dans l'église polluée, quoiqu'il soit plus convenable qu'il la transfère ailleurs, même sur des autels portatifs (Barbosa, *loc. cit.*). Une église non consacrée, mais seulement bénite, peut être réconciliée par un simple prêtre, *per solam aquæ lustralis aspersionem* (*C. Si Ecclesia*, J. G. *verb. Lavetur, de consecr. eccles.*).

RECTEUR.

Recteur du mot latin *regere*, signifie régir, gouverner. Ce nom est donné aux supérieurs dans différentes congrégations, mais particulièrement aux curés dans certains pays, comme en Bretagne et en quelques diocèses du midi (*Voyez* CURÉ).

RÉDUCTION DES MESSES.

Le concile de Trente, session XXV, chapitre 4, *de Reform.*, donne pouvoir aux évêques de faire, dans leur synode diocésain, la *réduction* des messes, c'est-à-dire de diminuer le nombre des messes qu'on est obligé d'acquitter pour une fondation, lorsque les fondations ont péri, ou que ce qui faisait un honoraire compétent, parce que l'argent était rare et que tout se donnait à bon compte, ne fait plus qu'une partie de la rétribution taxée par les supérieurs. L'usage en France est néanmoins que les évêques fassent ces sortes de *réductions* de leur propre autorité, et sans synode diocésain.

RÉFÉRENDAIRES.

Les *référendaires* sont des officiers de la daterie, à Rome, établis pour examiner les suppliques présentées au pape, et juger du mérite des grâces qui lui sont demandées. Ces officiers sont de deux sortes : les uns sont *référendaires* de la signature de justice, et les autres de la signature de grâce ; ils font corps et collège ; il faut qu'ils soient docteurs en droit civil et en droit canon ; ils vont en habit de prélat, et portent la soutane et le mantelet noir seulement, à l'exception des douze anciens, qui portent le mantelet couleur de paon, c'est-à-dire entre violet et noir. Leur nombre était autrefois plus grand ; mais Sixte V, par sa bulle de l'an 1586, les réduisit à cent. *Ne referendariorum dignitas ob eorum multitudinem vilescat.* Autrefois la fonction des *référendaires* était exactement employée aux signatures qui passaient par le *concessum* ; ils mettaient leur nom au plus haut de la signature du côté gauche, quand ils jugeaient que la grâce pouvait être accordée ; mais on ne voit plus de supplique référendée, tant signée par *fiat* que par *concessum*.

RÉFORME.

Nous prenons ici ce mot en deux sens : 1° pour la *réforme* des ordres religieux ou des monastères, sur quoi nous n'avons rien à dire, après ce que l'on voit sous le mot MONASTÈRE ; 2° pour la correction des rescrits apostoliques dans les principes de la chancellerie, et c'est de quoi nous allons parler en prenant le terme de *réformation* dans le sens le plus étendu.

La *réformation* des rescrits et provisions est du nombre des secondes grâces qu'on accorde en la chancellerie de Rome ; elle sert à suppléer ce qui a été omis, ou à redresser ce qui a été mal écrit ou mal exprimé : *Reformatio gratia ad hoc tendit, ut omissum suppleat, vel male expressum corrigat, seu emendet* (Mendosa, *de Signat.*).

C'est une règle de chancellerie, que les grâces de *réformation* sont toujours de date courante, pour ne pas nuire au tiers ; il n'y a à cet égard d'exception que pour les *réformations* où il plaît au pape de mettre *fiat sub prima data*, au lieu de mettre simplement *fiat*, comme il fait ordinairement.

Quand on doute de la validité des provisions qu'on a reçues de l'ordinaire, on a recours à Rome, pour en obtenir ce qu'on appelle une nouvelle provision, et que Rebuffe définit ainsi : *Itaque nova provisio est prima papæ provisio ad alterius jam factæ ab alio confirmationem.* Cette nouvelle provision diffère de la provision qu'on appelle, par opposition, simple, en ce que celle-ci ne se rapporte point, comme l'autre, à une grâce précédente. Les *perinde valere* et *etiam valere* sont aussi des grâces de *réformations*, comme les appellent les officiers de la cour de Rome, qui approchent beaucoup de la nouvelle provision (*Voyez* PERINDE VALERE).

Quand le solliciteur des expéditions, à Rome, s'aperçoit de quelque faute ou omission dans la supplique déjà enregistrée, mais non encore expédiée, il présente à cet effet une nouvelle supplique avec copie de la date, attachée à la précédente, et demande que tel et tel défaut qu'il certifie y soient réformés ; si l'expédition est déjà faite, et qu'il soit encore dans le temps favorable du *cui prius* il en use (*Voyez* CUI PRIUS).

REFUS.

(*Voyez* SACREMENTS, SÉPULTURE.)

RÉGALE.

La *régale*, en latin *regalia*, est le droit qu'avait autrefois le roi de jouir des revenus des évêchés vacants dans ses Etats et de disposer des bénéfices sans charge d'âmes qui en dépendaient, jusqu'à ce que le nouvel évêque eût pris possession de l'évêché, prêté le serment de fidélité et satisfait aux autres formalités qui étaient requises pour la clôture de la *régale*.

§ 1. *Origine de la* RÉGALE.

L'origine du droit de *régale* a paru si obscur à quelques auteurs qu'ils ont cru qu'il fallait s'abstenir de traiter cette matière. On ne doit donc pas s'étonner du partage des sentiments de ceux qui en ont écrit. On peut les distribuer en deux classes.

Les uns soutiennent que le droit de *régale* n'appartenait au roi que par la concession de l'Eglise, et les autres prétendaient que ce droit était uni et incorporé au lui-même à la couronne. Les premiers apportent pour fondement principal de leur sentiment que la collation des bénéfices étant un exercice de l'autorité spirituelle, elle n'est point du ressort de la puissance temporelle. Les seconds se fondent sur la souveraineté du roi, sur sa qualité de fondateur des églises, celle de gardien, avocat et défenseur des droits et prérogatives des églises de ses Etats.

A l'égard de l'ancienneté de l'exercice du droit de *régale* en France, les uns croient le trouver pour la première fois dans le septième canon du premier concile d'Orléans, tenu en 507 ou 511 ; les autres prétendent que le pape Adrien Ier, qui mourut l'an 795, en est l'auteur et qu'il accorda ce droit à Charlemagne ; d'autres soutiennent que ce droit a été inconnu sous les deux premières races de nos rois, et que ceux de la troisième n'en ont pas joui avant le douzième siècle, savoir l'an 1122, sous le pontificat de Calixte II ; que cette preuve n'est même que pour les provinces de la dépendance de l'empire, et que le plus ancien titre qui fait mention en France du droit de *régale*, est de 1161, dans lequel le roi Louis le Jeune, parlant de l'évêché de Paris, dit : *Episcopatus et regale in manum nostram venit;* c'est le sentiment de de Marca dans un mémoire qu'il composa à la prière de l'assemblée du clergé de 1655. Depuis le douzième siècle, les bulles des papes qui ont approuvé ou reconnu le droit de *régale* des rois de France, ne sont point rares. Telles sont, entre autres, la bulle d'Innocent III du 15 août 1210, adressée au roi Philippe Auguste; celle de Clément IV du 13 septembre 1267, adressée à saint Louis; celle de Grégoire X du mois de juillet 1271, adressée à l'abbé et au prieur de Saint-Denis, en France, etc.

Pour ce qui est des autres pays, des auteurs célèbres ont écrit que l'usage de la *régale* est ancien en Angleterre et en Hongrie; quelques-uns ajoutent que l'empereur Phocas, qui régnait au commencement du septième siècle, en jouissait dans les églises d'Orient (Van-Espen, *jur. eccl. univ.*, tom. II, pag. 916 et suiv.).

La *régale* se divisait en spirituelle et en temporelle. La spirituelle qu'on nomme aussi honoraire, consistait dans le droit qu'avait le roi de conférer les bénéfices pendant la vacance des évêchés; la temporelle, qu'on nomme aussi utile, est le droit qu'avait le roi de jouir des revenus de l'évêché vacant.

§ 2. *Ouverture et clôture de la* RÉGALE.

L'ouverture de la *régale* se faisait par la vacance de l'archevêché ou évêché, et cette vacance pouvait arriver par mort, démission, résignation, translation, promotion de l'évêque à la papauté ou au cardinalat, même sans titre et *sub expectatione tituli*, pourvu que l'évêque eût accepté (Ruzé, *privil.* 13, *n.* 1).

La mort du prélat, *in curia*, n'empêchait point l'ouverture de la *régale*. La translation de l'évêque ne donnait ouverture à la *régale* de l'évêché dont il était transféré, que du jour de sa prestation du serment de fidélité pour le nouvel évêché. La démission simple d'un évêché donnait ouverture à la *régale*, du jour que le roi l'avait acceptée par la nomination d'un successeur (*Mémoires du clergé*, tom II, col. 386 ; tom. XI, col. 662).

La *régale* n'était fermée que du jour que le successeur à l'archevêché ou évêché avait fait signifier à l'économe et au substitut du procureur général sur les lieux, l'arrêt d'enregistrement de son serment de fidélité à la chambre des comptes de Paris avec les lettres patentes de main-levée de la *régale*, et qu'il avait pris possession personnelle de l'archevêché ou évêché (*Arrêt de règlement du* 15 *mars* 1677).

RÉGIONNAIRE.

Titre que l'on a donné dans l'Eglise depuis le cinquième siècle à ceux à qui l'on confiait le soin de quelque région ou l'administration de quelque affaire dans un certain district. Il y avait des évêques, des diacres, des sous-diacres, des notaires, des défenseurs *régionnaires*. Les évêques *régionnaires* étaient des missionnaires qui avaient le caractère épiscopal, mais qui n'étaient attachés à aucun siége particulier, afin qu'ils pussent aller exercer le saint ministère partout où l'esprit de Dieu et le besoin des peuples le demanderaient.

RÉGISTRATEURS.

Les *régistrateurs* sont des officiers de la chancellerie romaine dont on ne comprendra bien les fonctions qu'en se rappelant ce qui est dit sous le mot DATERIE, du nombre et de l'espèce de registres qu'on tient dans la daterie. Ceux où les supplications apostoliques sont enregistrées dépendent des différents officiers qui en sont chargés, et qu'on divise en trois classes, savoir : le collège des clercs, celui des *régistrateurs* et celui des maîtres du registre (Amydenius, *de Styl. datar.*, *lib.* I, *cap.* 36).

Les clercs des registres sont en titre d'office au nombre de six ; deux exercent chaque mois, et leur fonction consiste à distribuer également toutes les signatures qui doivent être registrées par chacun des *régistrateurs* en cet ordre. Ils ont un livret dans lequel les noms de tous les *régistrateurs* sont écrits pour distribuer à chacun d'eux les signatures également : au moment de cette distribution, ils marquent au dos de la signature le jour qu'elle est faite par un simple chiffre qui sert de numéro, et qui tient lieu du *missa* anciennement établi, lequel n'est plus en usage. Lorsque la signature est registrée, ces officiers mettent au dos de la signature le jour du *registrata* et le nom du *régistrateur*. Tous les quinze jours, ou environ, les clercs du registre donnent à chaque *régistrateur* un cahier de huit feuilles de papier marqué chacun d'un numéro; et comme il y a vingt régistrateurs, il y a aussi vingt cahiers qui composent un livre de l'office du registre. Ce premier livre est commencé dès le premier jour du pontificat, et se trouve à peu près rempli dans la quinzaine, auquel temps on recommence un second livre en la même manière que le premier; et, de cette sorte, on continue jusqu'à la fin de l'année, en sorte que tous les ans, il y a vingt-quatre livres ou environ.

Les *régistrateurs* sont aussi en titre et au nombre de vingt, comme on l'a vu : toute leur fonction consiste à transcrire *de verbo ad verbum* dans les cahiers qui leur sont donnés les supplications distribuées, au dos desquelles ils mettent *lib. tali, fol. tali.*

A l'égard des maîtres des registres, ils sont quatre en titre d'office, et leur fonction est de collationner, ou comme ils appellent, osculter le registre avec les supplices, et mettre au dos un R majuscule qui tient toute la page avec la première lettre du nom et le surnom entier; et à la marge de chaque matière collationnée, ils mettent aussi le surnom; c'est à ces officiers que l'on s'adresse pour l'expédition des *sumptum* (*Voyez* SUMPTUM).

REGISTRE.

Un *registre* est un livre public qui sert à garder des mémoires, ou des actes ou minutes pour la justification de plusieurs faits dont on a besoin dans la suite.

L'Eglise a sagement prescrit de tenir des *registres* de baptêmes, de mariages, de sépultures, d'ordres, de vêtures, etc.

Suivant le concile de Rouen de 1581, et celui de Bordeaux de 1583, les curés doivent tenir chez eux quatre *registres*. Le premier pour les baptêmes, le second pour ceux qui se confesseront et qui communieront au temps prescrit par l'Eglise ; le troisième pour les mariages ; le quatrième pour les sépultures.

Autrefois les *registres* religieux de baptêmes, de mariages et de sépultures tenaient lieu de *registres* de l'état civil, et étaient confiés aux curés des paroisses. Mais depuis que tout a été sécularisé en France, il n'en est plus ainsi (*Voyez* ÉTAT CIVIL).

Les secrétariats des archevêchés et évêchés tiennent un *registre* où se trouvent en double toutes les lettres d'ordination. Voici une formule de chacune de ces lettres :

LETTRES DE TONSURE.

N., miseratione divina ac sanctæ sedis apostolicæ gratia episcopus, notum facimus universis, quod anno Domini millesimo octogentesimo, etc., *die.... in Ecclesia N.... nostræ diœcesis, dilectum nostrum N. filium N. et N., conjugum nostræ diœcesis, idoneum et capacem repertum ad primam clericalem tonsuram rite et canonice in Domino promovendum duximus et promovimus.*

Datum sub signo nostro, subscriptione secretarii nostri episcopatus, ac sigillo cameræ nostræ, anno et die prædictis.

LETTRES DE TONSURE ET DE CONFIRMATION.

N., miseratione divina et sanctæ sedis apostolicæ gratia, N. archiepiscopus vel episcopus... notum facimus universis, quod nos die datæ præsentium in superiori sacello domus nostræ archiepiscopalis N., dilecto nostro N. nostræ diœcesis, filio N., et N. conjugum, examinato sufficienti et idoneo reperto, ac in et de legitimo matrimonio procreato, sacramentum confirmationis et tonsuram in Domino contulimus clericalem. Datum N., sub *sigillo cameræ nostræ, anno Domini*, etc., *die*, etc.

LETTRES DES ORDRES MINEURS.

N., etc., *notum facimus universis, quod nos die datæ præsentium in superiori sacello domus nostræ episcopalis N., missam in pontificalibus celebrantes, dilectum nostrum clericum nostræ N. diœcesis ad acolytatus cæterosque minores ordines rite et canonice Domino concedente, duximus promovendum et promovimus. Datum*, etc.

LETTRES DE SOUS-DIACONAT.

N., etc., *notum facimus, quod nos anno Domini N. die vero sabbati quatuor temporum.... mensis*, etc., *in superiori sacello domus nostræ archiepiscopalis N.., sacros et generales ordines et missam in pontificalibus celebrantes, dilectum nostrum N., acolytum N., mediante sub titulo matrimonii, de quo nobis constitit, idoneum et capacem repertum ad sacrum subdiaconatus ordinem infra missarum solemnia rite et canonice Domino concedente, duximus promovendum et promovimus. Datum*, etc.

LETTRES DE DIACONAT.

N., etc., *notum facimus, quod nos anno Domini*, etc., *die vero sabbati ante dominicam passionis, 22 mensis martii in superiori sacello domus nostræ archiepiscopalis N., sacros et generales ordines et missam in pontificalibus celebrantes, dilectum nostrum N. subdiaconum N. idoneum et capacem repertum ad sacrum diaconatus ordinem intra missarum solemnia rite et canonice Domino concedente, duximus promovendum et promovimus. Datum*, etc.

LETTRES DE PRÊTRISE.

N., etc., *notum facimus, quod nos anno Domini*, etc., *die vero sabbati quatuor temporum ante dominicam quartam adventus vigesima mensis decembris, in superiori sacello domus nostræ episcopalis N. sacros et generales ordines et missam in pontificalibus celebrantes, dilectum nostrum N., diaconum N., idoneum et capacem repertum ad sacrum presbyteratus ordinem intra missarum solemnia rite et canonice Domino concedente, duximus ad promovendum et promovimus. Datum*, etc.

RÈGLE.

On peut prendre ici ce mot sous trois différentes acceptions : on peut l'appliquer aux *règles* d'ordres religieux, aux *règles* de chancellerie, et aux *règles* du droit canon.

§ 1. RÈGLES *d'ordres religieux.*

Les *règles* monastiques sont les lois qui s'observent dans les différents ordres religieux. La plupart des anciennes *règles* monastiques n'étaient autre chose que des instructions particulières que les fondateurs des monastères donnaient à leurs disciples, et qui se communiquaient aux autres avec le temps et par tradition ; car, dans le commencement, on ne les écrivait presque jamais. De là les divers changements arrivés dans ces *règles*, et l'usage d'observer quelquefois différentes *règles* dans un même monastère. Le Père Mabillon croit que ce fut saint Benoît qui arrêta le premier ces changements de *règles*, en en donnant une particulière qu'il ne fut pas permis de changer. On ne distinguait pas autrefois entre *règles* et constitutions monastiques. Voici les différences que l'on y met aujourd'hui : 1° Les *règles* sont des lois qui ont été prescrites par les fondateurs d'ordres ou les anciens évêques, et qu'on a coutume de renfermer dans la formule de la profession sous le nom de *règles*. Les constitutions sont les statuts qui ont été faits en différents temps par les chapitres généraux ou les congrégations des ordres religieux. 2° La *règle* ne change jamais, ou presque jamais ; les constitutions changent souvent selon les circonstances des temps et des lieux. 3° La *règle* oblige plus étroitement que les constitutions (Mabillon, in *præf. ord.* 1 part. *sæcul.* 4, bened., n. 35).

On voit sous le mot MOINE la manière de vivre des anciens religieux, avant qu'ils fussent réduits en conventualité ou astreints à l'observation d'une *règle* écrite; l'on y voit même l'origine et la forme des premières *règles* monastiques, modèles de toutes celles qu'on a faites dans la suite. On en distingue aujourd'hui quatre principales, dont les autres ne sont que des modifications, en sorte qu'il n'est point d'ordres religieux, point de *règles* particulières que l'on ne puisse rapporter à l'une de ces quatre *règles* fondamentales, savoir : la *règle* de saint Basile, celle de saint Augustin, celle de saint Benoît, et enfin celle de saint François.

Autrefois, comme nous le disons ailleurs, chaque monastère était indépendant l'un de l'autre, et, dans cet état, l'évêque seul approuvait leur régime en en permettant l'établissement dans son diocèse : *Monachi non erigant monasteria sine auctoritate et licentia episcopi* (*C. quidam* 18, *qu.* 2). Mais lorsque les religieux pensèrent à se réunir en congrégation, sous l'autorité d'un supérieur général, et dans une forme de gouvernement comme monarchique, ainsi que nous l'expliquons sous le mot MOINE, ce fut une nécessité de recourir au pape, pour l'approbation de la *règle*, parce que devant être observée dans tous les diocèses d'un royaume, et même dans tous les Etats du monde chrétien, elle devenait ainsi un objet de discipline générale, sur lequel l'Eglise seule avait droit de prononcer ou par elle-même, ou par son chef. De là l'usage constant et la nécessité de l'approbation des papes pour l'établissement des nouveaux ordres religieux, ou des nouvelles *règles* de religion.

§ 2. RÈGLES *de chancellerie.*

Les *règles* de la chancellerie romaine sont des anciens règlements que chaque pape confirme, renouvelle ou change même à son élévation au pontificat.

Les *règles* de la chancellerie doivent leur origine aux mandats et aux réserves, qui, en occasionnant de fréquentes expéditions, donnèrent lieu à quelques règlements que le pape Jean XXII trouva bon de recueillir dans un certain ordre, mais qui ne furent à peu près dans l'état où nous les voyons que sous le pontificat de Nicolas V. Depuis ce temps, les *règles* de chancellerie n'ont reçu que de légers changements. L'usage est que chaque pape, après son élection, les renouvelle et confirme, comme s'il les créait lui-même. Cette formalité est absolument nécessaire, parce qu'on tient à Rome que ces *règles* cessent par la mort des papes, et même par leur renonciation à la papauté. En y procédant, le pape se fait assister de deux abréviateurs du grand parquet, des deux plus anciens auditeurs de Rote, deux avocats, deux procureurs, et de plusieurs praticiens de la chancellerie. L'opération finie, le pape déclare que les *règles* qu'il établit, et que l'on publie dans la chancellerie apostolique, n'auront lieu que pendant le temps de son pontificat, ce qui est exprimé dans la préface en ces termes : *S. D. N. GREGORIUS XVI, normam et ordinem rebus gerendis dare volens, in crastinum assumptionis suæ ad summi apostolatus apicem reservationes, constitutiones et regulas infra scriptas fecit, quas etiam ex tunc suo tempore duraturas observari voluit.*

Les *règles* de chancellerie ont pour objet la disposition des bénéfices, la forme de leurs provisions, et la procédure des jugements ecclésiastiques : elles sont au nombre de soixante-neuf.

La plupart de ces *règles* se trouvent rapportées dans le corps de cet ouvrage, chacune à la place qui lui convient. Il nous paraît, par conséquent, inutile d'en faire ici l'énumération.

§ 3. RÈGLES *du droit.*

Les *règles* du droit sont exprimées en forme de sentences ou de maximes, et composées avec précision, sur les dispositions les plus communes et les moins incertaines du droit. Il y en a quatre-vingt-huit dans la collection du sexte au dernier titre *de Regulis juris*, et onze seulement dans la collection des décrétales. C'est un avantage pour tous de ne les point ignorer ; mais c'est une nécessité pour ceux qui étudient le droit canon. Voici le texte de ces règles :

RÈGLES *du droit canon de Boniface* VIII, *in sexto*, titre *de Regulis juris.*

REGULA *prima. Beneficium ecclesiasticum non potest licite sine institutione canonica obtineri.*

REG. 2. *Possessor malæ fidei ullo tempore non præscribit.*

REG. 3. *Sine possessione præscriptio non procedit.*

REG. 4. *Peccatum non dimittitur, nisi restituatur ablatum.*

REG. 5. *Peccati venia non datur nisi correcto.*

REG. 6. *Nemo potest ad impossibile obligari.*

REG. 7. *Privilegium personale personam sequitur et extinguitur cum persona.*

REG. 8. *Semel malus, semper præsumitur esse malus.*

REG. 9. *Ratum quis habere non potest, quod ipsius nomine non est gestum.*

REG. 10. *Ratihabitionem retrotrahi, et mandato non est dubium comparari.*

REG. 11. *Cum sint partium jura obscura, reo favendum est potius quam actori.*

REG. 12. *In judiciis non est acceptio personarum habenda.*

REG. 13. *Ignorantia facti non juris excusat.*

REG. 14. *Cum quis in jus succedit alterius, justam ignorantiæ causam censetur habere.*

Reg. 15. *Odia restringi, et favores convenit ampliari.*

Reg. 16. *Decet concessum a principe beneficium esse mansurum.*

Reg. 17. *Indultum a jure beneficium, non est alicui auferendum.*

Reg. 18. *Non firmatur tractu temporis, quod de jure ab initio non subsistit.*

Reg. 19. *Non est sine culpa, qui rei, quæ ad eum non pertinet, se immiscet.*

Reg. 20. *Nullus pluribus uti defensionibus prohibetur.*

Reg. 21. *Quod semel placuit, amplius displicere non potest.*

Reg. 22. *Non debet aliquis alterius odio prægravari.*

Reg. 23. *Sine culpa, nisi subsit causa, non est aliquis puniendus.*

Reg. 24. *Quod quis mandato facit judicis, dolo facere non videtur, cum habeat parere necesse.*

Reg. 25. *Mora sua cuilibet est nociva.*

Reg. 26. *Ea quæ fiunt a judice, si ad ejus non expectant officium, viribus non subsistunt.*

Reg. 27. *Scienti et consentienti non fit injuria, neque dolus.*

Reg. 28. *Quæ a jure communi exorbitant nequaquam ad consequentiam sunt trahenda.*

Reg. 29. *Quod omnes tangit, debet ab omnibus approbari.*

Reg. 30. *In obscuris minimum est sequendum.*

Reg. 31. *Eum, qui certus est, certiorari ulterius non oportet.*

Reg. 32. *Non licet actori, quod reo licitum non existit.*

Reg. 33. *Mutare consilium quis non potest in alterius detrimentum.*

Reg. 34. *Generi per speciem derogatur.*

Reg. 35. *Plus semper in se continet, quod est minus.*

Reg. 36. *Pro possessore habetur, qui dolo desiit possidere.*

Reg. 37. *Utile non debet per inutile vitiari.*

Reg. 38. *Ex eo non debet quis fructum consequi, quod nisus extitit impugnare.*

Reg. 39. *Cum quid prohibetur, prohibentur omnia quæ sequuntur ex illo.*

Reg. 40. *Pluralis locutio, duorum numero est contenta.*

Reg. 41. *Imputari non debet ei, per quem non stat, si non faciat, quod per eum fuerat faciendum.*

Reg. 42. *Accessorium naturam sequi congruit principalis.*

Reg. 43. *Qui tacet, consentire videtur.*

Reg. 44. *Is qui tacet, non fatetur; sed nec utique negare videtur.*

Reg. 45. *Inspicimus in obscuris, quod est verisimilius, vel quod plerumque fieri consuevit.*

Reg. 46. *Is qui in jus succedit alterius, eo jure, quo ille uti debebit.*

Reg. 47. *Præsumitur ignorantia, ubi scientia non probatur.*

Reg. 48. *Locupletari non debet aliquis cum alterius injuria vel jactura.*

Reg. 49. *In pœnis benignior est interpretatio facienda.*

Reg. 50. *Actus legitimi conditionem non recipiunt neque diem.*

Reg. 51. *Semel Deo dicatum, non est ad usus humanos ulterius transferendum.*

Reg. 52. *Non præstat impedimentum, quod de jure non sortitur effectum.*

Reg. 53. *Cui licet, quod est plus, licet utique, quod est minus.*

Reg. 54. *Qui prior est tempore, potior est jure.*

Reg. 55. *Qui sentit onus, sentire debet commodum, et e contra.*

Reg. 56. *In re communi potior est conditio prohibentis.*

Reg. 57. *Contra eum, qui legem dicere potuit apertius, est interpretatio facienda.*

Reg. 58. *Non est obligatorium, contra bonos mores præstitum juramentum.*

Reg. 59. *Dolo facit, qui petit, quod restituere oportet eumdem.*

Reg. 60. *Non est in mora qui potest exceptione legitima se tueri.*

Reg. 61. *Quod ob gratiam alicujus conceditur, non est in ejus dispendium retorquendum.*

Reg. 62. *Nullus ex consilio, dummode fraudulentum non fuerit, obligatur.*

Reg. 63. *Exceptionem objiciens, non videtur de intentione adversarii confiteri.*

Reg. 64. *Quæ contra jus fiunt, debent utique pro infectis haberi.*

Reg. 65. *In pari delicto vel causa, potior est conditio possidentis.*

Reg. 66. *Cum non stat per eum ad quem pertinet, quominus conditio impleatur, haberi debet perinde ac si impleta fuisset.*

Reg. 67. *Quod alicui suo non licet nomine, nec alieno licebit.*

Reg. 68. *Potest quis per alium, quod potest facere per seipsum.*

Reg. 69. *In malis promissis, fidem non expedit observari.*

Reg. 70. *In alternativis electoris est electio, et sufficit alterum adimpleri.*

Reg. 71. *Qui ad agendum admittitur, est ad excipiendum multo magis admittendus.*

Reg. 72. *Qui facit per alium, est perinde ac si faciat per seipsum.*

Reg. 73. *Factum legitime retractari non debet, licet casus postea veniat, a quo non potuit inchoari.*

Reg. 74. *Quod alicui gratiose conceditur trahi non debet aliis in exemplum.*

Reg. 75. *Frustra sibi fidem quis postulat ab eo servari, cui fidem a se præstitam servare recusat.*

Reg. 76. *Delictum personæ, non debet in detrimentum ecclesiæ redundare.*

Reg. 77. *Rationi congruit, ut succedat in onere, qui substituitur in honore.*

Reg. 78. *In argumentum trahi nequeunt, quæ propter necessitatem aliquando sunt concessa.*

Reg. 79. *Nemo potest plus juris transferre in alium, quam sibi competere dignoscatur.*

Reg. 80. *In toto partem, non est dubium contineri.*

REG. 81. *In generali concessione non veniunt ea quæ quis non esset verisimiliter in specie concessurus.*

REG. 82. *Qui contra jura mercatur, bonam fidem præsumitur non habere.*

REG. 83. *Bona fides non patitur, ut semel exactum iterum exigatur.*

REG. 84. *Cum quid una via prohibetur alicui, ad id alia non debet admitti.*

REG. 85. *Contractus ex conventione, legem accipere dignoscuntur.*

REG. 86. *Damnum quod quis sua culpa sentit sibi, debet, non aliis imputare.*

REG. 87. *Infamibus portæ non pateant dignitatum.*

REG. 88. *Certum est quod is committit in legem, qui legis verba complectens, contra legis nititur voluntatem.*

Data Romæ apud Sanctum Petrum, quinque nonas martii, pontificatus nostri anno quarto (1298).

Ces *règles* du droit sont de Boniface VIII, l'homme de son temps qui connaissait le mieux les lois, et qui se servit le plus heureusement du droit civil pour la résolution d'un grand nombre de difficultés canoniques. Elles sont d'un grand usage, mais il arrive souvent qu'on en abuse, soit par la mauvaise interprétation qu'on leur donne, soit en les appliquant à des espèces qui ne doivent pas être décidées par ces principes généraux. Les règles les plus générales souffrent beaucoup d'exceptions. Nous avions eu intention d'abord, pour cette raison, d'en faire ici un commentaire; mais pour ne pas nous répéter inutilement, car ces *règles* se trouvent commentées pour la plupart dans le cours de ce dictionnaire, nous nous contenterons d'en donner la traduction. On trouvera dans la plupart de ces *règles* une précision, une force qui les met en parallèle avec les plus beaux morceaux du Digeste et du Code. J. B. Dantoine, avocat au parlement, les a expliquées dans un fort volume in 4°. On en trouve un abrégé fort bien fait dans le *Traité des dispenses*, par Collet, édition de M. Compans, tom. II, pag. 424 à 481. On peut s'en servir très-utilement.

RÈGLES du droit canon.

« RÈGLE 1re. On ne peut posséder licitement des bénéfices sans une institution canonique.

« RÈG. 2. Un possesseur de mauvaise foi ne peut acquérir la prescription.

« RÈG. 3. Il n'y a point de prescription sans possession.

« RÈG. 4. On n'obtient la rémission des péchés qu'en réparant le tort qu'on a fait.

« RÈG. 5. On n'obtient la rémission des péchés qu'en se corrigeant.

« RÈG. 6. Personne n'est obligé à l'impossible.

« RÈG. 7. Le privilége personnel suit la personne et il est éteint par la mort du privilégié.

« RÈG. 8. On a droit de présumer que celui qui a été convaincu d'un crime peut en avoir commis un autre.

« RÈG. 9. Un homme peut ratifier ce qu'on a fait en son nom.

« RÈG. 10. La ratification a un effet rétroactif, et n'a pas moins de force qu'aurait eu une procuration.

« RÈG. 11. Dans le doute, il faut plutôt se déterminer pour le défendeur que pour le demandeur.

« RÈG. 12. En justice il ne doit point y avoir d'acception de personnes.

« RÈG. 13. L'ignorance de fait excuse, mais non celle de droit.

« RÈG. 14. Celui qui succède au droit d'autrui, peut avoir un prétexte légitime d'ignorance.

« RÈG. 15. Il faut restreindre tout ce qui est odieux, et étendre tout ce qui est favorable.

« RÈG. 16. La grâce que le prince accorde doit être fixe et stable.

« RÈG. 17. On ne doit priver personne des droits que la loi lui accorde.

« RÈG. 18. Ce qui est nul dans le principe ne devient point valable dans la suite.

« RÈG. 19. Il y a toujours de la faute de la part de celui qui se mêle des affaires d'autrui, sans en avoir un ordre.

« RÈG. 20. Il est permis d'employer différents moyens de défenses.

« RÈG. 21. On ne peut désapprouver ce qu'on a une fois approuvé.

« RÈG. 22. Il n'est point permis de faire retomber sur une personne ce qu'il y a d'odieux dans l'action d'une autre.

« RÈG. 23. Il faut qu'une personne ait commis un crime pour pouvoir la punir.

« RÈG. 24. Ce qu'on fait par ordre du juge ne peut jamais être regardé comme dol, parce qu'on est obligé de lui obéir.

« RÈG. 25. Le retardement nuit à celui qui est en demeure.

« RÈG. 26. Ce que fait un juge au delà des fonctions de sa charge est nul.

« RÈG. 27. On ne peut se plaindre de ce qu'on a su et approuvé, ni dire qu'il y a eu dol.

« RÈG. 28. On ne doit point tirer à conséquence ce qui est contre le droit commun.

« RÈG. 29. Ce qui concerne plusieurs personnes doit être approuvé par tous ceux qui y ont quelque intérêt.

« RÈG. 30. Dans les choses obscures, il faut prendre le parti le moins sévère.

« RÈG. 31. Celui qui est assuré d'un fait, ne peut en exiger de nouvelles preuves.

« RÈG. 32. Ce qui n'est point permis au défendeur, ne l'est point non plus au demandeur.

« RÈG. 33. Il n'est point permis de changer de résolution au préjudice d'un tiers.

« RÈG. 34. Les *règles* particulières dérogent aux *règles* générales.

« RÈG. 35. Le plus contient toujours le moins.

« RÈG. 36. Celui qui cesse par fraude de posséder est toujours regardé comme possesseur.

« RÈG. 37. Les clauses inutiles ne vicient point ce qui est valable.

« Règ. 38. Celui qui attaque ne doit point en tirer avantage.

« Règ. 39. La loi, en défendant une action est censée défendre tout ce qui est une suite de l'action.

« Règ. 40. Le nombre de deux suffit pour qu'on puisse se servir du pluriel.

« Règ. 41. On ne doit imputer à une personne de n'avoir pas fait ce qu'elle devait faire, quand cela n'a point dépendu d'elle.

« Règ. 42. L'accessoire suit le principal.

« Règ. 43. Celui qui se tait est censé consentir.

« Règ. 44. Celui qui se tait, n'avoue point les faits, mais il ne les dénie point.

« Règ. 45. Dans les choses obscures, il faut examiner ce qui est plus vraisemblable, ou ce qu'on a coutume de pratiquer.

« Règ. 46. Celui qui exerce les droits d'un autre doit se conduire comme l'aurait dû faire la personne à laquelle il succède.

« Règ. 47. Quand on ne prouve pas qu'une personne a su un fait, on présume qu'elle l'a ignoré.

« Règ. 48. Personne ne doit s'enrichir aux dépens d'autrui.

« Règ. 49. Dès qu'il s'agit de prononcer des peines, il faut suivre l'interprétation la plus douce.

« Règ. 50. Les actes approuvés par la loi ne dépendent, ni du jour, ni de la condition.

« Règ. 51. Il n'est point permis d'employer à des usages profanes ce qui est consacré au Seigneur.

« Règ. 52. Ce qui est nul de plein droit ne peut former aucun empêchement.

« Règ. 53. Qui peut le plus, peut le moins.

« Règ. 54. Il y a des matières sur lesquelles le premier en date a le meilleur droit.

« Règ. 55. Celui qui porte les charges doit avoir les profits.

« Règ. 56. Dans les choses communes, celui qui s'oppose aux changements est le plus favorable.

« Règ. 57. On doit se déterminer contre celui qui a pu s'expliquer d'une manière plus claire.

« Règ. 58. Le serment qui est contre les bonnes mœurs n'oblige point.

« Règ. 59. C'est un dol de demander ce qu'on est obligé de restituer.

« Règ. 60. Celui qui a une excuse légitime n'est point en demeure.

« Règ. 61. Ce qui est accordé par grâce à une personne ne doit point tourner à son préjudice.

« Règ. 62. Le simple conseil n'oblige point, pourvu qu'il ne soit point donné en fraude.

« Règ. 63. En proposant une exception, on n'est point censé renoncer aux moyens qu'on a pour le fond.

« Règ. 64. On doit regarder comme non fait tout ce qui s'est fait contre le droit.

« Règ. 65. Quand tout est égal, la condition du possesseur est la meilleure.

« Règ. 66. Lorsqu'il ne dépend point d'une partie qu'une condition ne soit exécutée, on doit agir comme si elle avait été exécutée.

« Règ. 67. Il n'est point permis de faire sous le nom d'autrui ce qu'on ne peut faire sous son nom.

« Règ. 68. On peut ordinairement faire par un autre ce qu'on peut faire soi-même.

« Règ. 69. On ne doit point tenir les promesses qui sont contre les bonnes mœurs.

« Règ. 70. Lorsqu'il y a une alternative, le choix dépend du débiteur, et il suffit de satisfaire à l'une des choses qui sont proposées.

« Règ. 71. Celui qui est recevable à intenter une action doit à plus forte raison être admis à proposer des exceptions.

« Règ. 72. C'est la même chose de faire par un autre que de faire par soi-même.

« Règ. 73. Ce qui est valable dans son principe ne peut devenir nul dans la suite, quoiqu'il soit depuis arrivé des choses qui auraient rendu nul ce qui a été fait.

« Règ. 74. Ce qu'on accorde à une personne par une faveur particulière, ne doit pas servir d'exemple aux autres, pour demander la même grâce.

« Règ. 75. Celui qui ne veut pas tenir ce qu'il a promis à une personne ne doit pas demander que cette personne exécute ce qu'elle lui a promis.

« Règ. 76. Le délit d'un bénéficier ne doit pas retomber sur son église.

« Règ. 77. Quand on succède à l'honneur et au profit, on doit succéder aux charges.

« Règ. 78. Ce qu'on accorde par nécessité ne doit point être tiré à conséquence.

« Règ. 79. On ne peut donner à un autre plus de droit qu'on n'en a soi-même.

« Règ. 80. La partie est contenue dans le tout.

« Règ. 81. On ne comprend pas dans les clauses générales ce qu'il paraît qu'on n'aurait point accordé en particulier.

« Règ. 82. On ne présume point de bonne foi de la part de celui qui fait un traité contre les lois.

« Règ. 83. Il n'y a point de bonne foi à exiger deux fois la même chose.

« Règ. 84. Il n'est pas permis de faire indirectement ce que la loi a défendu d'une manière directe.

« Règ. 85. Les contrats se règlent sur les conventions, qui font une loi entre les parties qui ont contracté.

« Règ. 86. On doit s'imputer à soi-même, et non aux autres, la perte qu'on fait par sa propre faute.

« Règ. 87. Les infâmes sont exclus des dignités.

« Règ. 88. C'est pécher contre la loi que d'en suivre la lettre, et d'agir contre l'esprit de la loi. »

Nous remarquerons ici, avec un canoniste, que Boniface VIII, tant calomnié par certains auteurs, publia ses *règles* du droit le 3 mars 1298, un peu plus de cinq ans avant sa mort. Bien des gens à qui la mémoire de ce savant pontife n'était pas infiniment chère, ont écrit qu'il était mort comme un chien enragé, et qu'il s'était mangé les bras de désespoir, pour la honte qu'il avait essuyée dans son château d'Anagni. Par malheur, son tombeau ayant été ouvert trois cents ans après sa mort, on trouva son corps tout entier, et qui plus est, ses habits parfaitement sains. Ce phénomène dérouta un peu la fable et les fabulistes. Baillet, qui ne s'étonne pas aisément, dit tout simplement que cette découverte servit *à faire connaître l'excellente complexion du corps de Boniface, lequel se conserva entier tant de siècles dans le tombeau.* Mais un autre auteur réplique que cela ne servit pas moins à faire connaître que son aube était de bonne toile, et ses ornements d'une étoffe admirable. Car enfin tout se trouva également sans corruption.

Il y a aussi dans les décrétales un titre des *règles* du droit divisé en onze chapitres dont il suffira de transcrire ici les rubriques.

Cap. 1. *Omnis res, per quascumque causas nascitur, per easdem dissolvitur.*

Cap. 2. *Dubia in meliorem partem interpretari debent.*

Cap. 3. *Propter scandalum evitandum, veritas non omittenda.*

Cap. 4. *Propter necessitatem illicitum efficitur licitum.*

Cap. 5. *Illicite factum obligationem non inducit.*

Cap. 6. *Tormenta indiciis non præcedentibus inferenda non sunt.*

Cap. 7. *Sacrilegus est offendens rem vel personam ecclesiasticam.*

Cap. 8. *Qui facit aliter quam debet facere non dicitur.*

Cap. 9. *Committens unum peccatum reus est omnium, quoad vitam æternam.*

Cap. 10. *Ignorantia non excusat prælatum in peccatis subditorum.*

Cap. 11. *Pro spiritualibus homagium non præstatur.*

Voici la traduction et le sens de ces *règles* :

« Quand les actions ne sont pas mauvaises en elles-mêmes, et qu'on peut douter de l'intention, il faut toujours les prendre en bonne part (*Cap. Estote*).

« Il vaut mieux s'exposer à cause du scandale que d'abandonner la vérité (*Cap. Qui*).

« La nécessité rend quelquefois licite ce qui est défendu, comme de ne point observer le jeûne commandé par l'Eglise, lorsqu'on est malade (*Cap. Quod non est*).

« On n'est point obligé d'exécuter les conventions illicites, ou qui sont l'effet de la violence ou de la fraude (*Cap. Quod latenter*).

« Il faut qu'il y ait des commencements de preuves, avant de condamner à la question (*Cap. Cum in*).

« C'est un sacrilége de s'emparer des droits et des biens de l'Eglise (*Cap. Quæ multoties*).

« Celui qui n'accomplit un précepte que par une crainte servile est regardé de même que s'il ne l'accomplissait pas (*Cap. Qui ex timore*).

« Le pasteur qui ne veille pas sur son troupeau est responsable du mal qui y arrive (*Cap. Quamvis*).

« Il n'est pas permis de faire la foi et hommage pour les choses spirituelles (*Cav. Indignum*). »

RÉGRADATION.

Régradation d'après l'étymologie du latin, est le vrai mot dont nous avons fait DÉGRADATION. *Régradation* semble en effet mieux exprimer l'état d'un dégradé, qui, sans perdre le caractère de l'ordre, est néanmoins rejeté comme indigne d'en exercer les fonctions (*Bibliothèque canonique*, au mot RÉGRADATION).

REGRÈS.

Le *regrès* était la révocation de la renonciation que l'on avait faite d'un bénéfice, c'est à dire le retour à un bénéfice que l'on avait résigné ou permuté : *Regressus nihil aliud est quam reversio ad beneficium cessum seu dimissum* (Flamin. *de resignat*, lib. VI, qu. 5).

C'est un principe de droit canonique, que quand une renonciation a été une fois faite dans les formes requises, il n'y a plus de *regrès* au bénéfice : *Qui renunciavit beneficio suo, illud repetere non potest* (Cap. *Ex transmissa* ; c. *Super hoc de Renunc.*; c. *Quam periculosum*, 7, qu. 1).

Les résignations eussent bientôt éludé cette règle, en stipulant le *regrès* dans leurs résignations, s'il n'eût été établi par une autre règle de droit (*cap.* 5 *de Reg. jur. in* 6°), que la renonciation à un bénéfice étant un acte légitime, qui ne reçoit ni jour, ni condition, on ne peut y rien stipuler qui gêne la liberté du supérieur, pour conférer le bénéfice (*C. Cum pridem, extr. de pactis; c. Nisi de præbend.*). On trouve dans le droit quelques textes favorables au *regrès* (c. 1, 17, qu. 2 ; c. 4, *de regul. in* 6° ; c. 5, *de Renunc.*).

Mais voici comme parle sur cette matière le concile de Trente : « Tout ce qui a l'ap-
« parence d'une succession héréditaire dans
« les bénéfices ecclésiastiques, étant odieux
« aux saints canons, et contraire aux décrets
« des Pères, on n'accordera dorénavant à qui
« que ce soit, même d'un consentement com-
« mun, faute d'accès, ou *regrès*, à aucun bé-
« néfice ecclésiastique, de quelque qualité
« qu'il soit, et celles qui, jusqu'à présent
« auront été accordées, ne pourront être
« suspendues, étendues ni transférées. Le
« présent décret aura lieu en tous bénéfices
« ecclésiastiques, et à l'égard de toutes sor-
« tes de personnes, quand elles seraient ho-
« norées du titre de cardinal. » (Session XXV, ch. 7, *de Reform.*)

Toutes ces lois n'empêchent pas que, suivant les canonistes, le pape ne puisse approuver la stipulation du *regrès* de la part du résignant, et ne puisse encore mieux accorder, *motu proprio* le *regrès* même : *Regressus conceduntur duntaxat a papa, et sunt introducti ex ejus plenaria potestate, quam in beneficialibus habet ; unde in his regressibus judicari debet prout ex litteris apostolicis, concedentibus regressum apparet, et ex verbis signatura, ita quod nihil addatur sed forma præscripta observetur.* Ce sont les termes de Flaminius, dans lesquels Rebuffe même écrivait autrefois (*Prax. de Regressibus*), et dont il résulte que les *regrès* doivent se traiter devant le pape et par le pape seul.

On voit, au reste, la différence qu'il y a entre accès, ingrès et *regrès* sous le mot ACCÈS. Les accès et ingrès tels qu'ils sont définis sous ce mot, sont en usage dans les pays d'obédience, où le pape *plena potestate* autorise les *custodinos*, coadjutoreries, commendes temporelles et autres choses inconnues en France, et défendues même par le concile de Trente et par la constitution de saint Pie V, citée sous le mot ACCÈS.

REGULARIA REGULARIBUS.

Ces mots *regularia regularibus, sæcularia sæcularibus* signifient qu'il faut être régulier pour pouvoir posséder un bénéfice régulier, et séculier pour posséder un bénéfice séculier. Cette règle qui est ancienne et qui avait autrefois de l'importance, est devenue inutile pour nous, depuis la suppression des bénéfices.

RÉGULIER.

Ce terme est générique; il convient à tout ecclésiastique qui a fait vœu de vivre sous une règle dans un ordre approuvé : il diffère du mot religieux, en ce que celui-ci s'applique plus particulièrement aux moines, et en ce qu'il ne déroge pas à la cléricature. On cite ordinairement, pour faire sentir la différence qui règne entre l'un et l'autre, le passage de Fleury, où cet historien dit : « qu'il y a deux sortes de religieux, les uns clercs et les autres laïques. Les clercs vivant en commun, imitaient la vie monastique, pour se précautionner contre la tentation de la vie active et la fréquentation des séculiers. » (*Voyez* RELIGIEUX.)

RÉHABILITATION

On applique ordinairement ce mot à l'état d'une personne que l'on remet dans l'honneur et les droits qu'elle avait perdus : l'on s'en sert surtout en parlant d'un mariage nul, que l'on rend valide. C'est dans ces deux acceptions que nous le prenons ici.

1° Pour ce qui est de la *réhabilitation* d'un infâme ou d'un condamné, *voyez* INFAMIE, ABSOLUTION, RESCRIT. Il y a encore des *réhabilitations* pour les ordres, mais elles se rapportent plutôt à la matière des dispenses et des irrégularités (*Voyez* DISPENSE, IRRÉGULARITÉ, INTRUS, SIMONIE).

2° Réhabiliter un mariage, c'est rendre bon et valide un mariage qui était nul, et qui, néanmoins avait été contracté ou de bonne foi ou de mauvaise foi par les parties. Il y a quatre moyens de remédier à la nullité d'un mariage : 1° la *réhabilitation;* 2° la cassation; 3° une vie de frère et sœur; 4° l'éloignement des parties. Nous ne parlons ici que du premier de ces moyens (*Voyez* SÉPARATION).

On peut réhabiliter un mariage nul, dans tous les cas où la nullité n'est point de droit naturel ou divin; on le peut même sans dispense, quand la nullité ne provient point d'un empêchement que l'Eglise seule peut lever, comme la parenté, ainsi quand le mariage est nul par défaut de consentement, ou à cause d'une erreur. Quant à la personne, on n'a pas besoin de dispense ; il suffit que les parties consentent librement et avec connaissance, à se prendre pour mari et femme. On n'est pas même obligé de recourir aux dispenses de l'Eglise, si ce n'est pour les bans, quand on réhabilite devant le propre curé un mariage bénit par un prêtre qui n'avait pas les pouvoirs.

Quand la nullité du mariage est publique, la *réhabilitation* doit se faire en face de l'Eglise. C'est le style des dispenses qu'on obtient à Rome pour cela, elles portent que l'official vérifiera et fulminera les brefs ou bulles qui permettent aux parties qui se sont mariées avec des empêchements dirimants publics, de réhabiliter leur mariage; après quoi la célébration s'en fera de nouveau à l'Eglise en présence du propre curé et des témoins. En conséquence l'acte de la célébration du mariage est écrit de nouveau sur les registres du curé, avec mention expresse de la dispense obtenue en cour de Rome.

Quand, au contraire, un mariage contracté en face de l'Eglise se trouve nul à cause d'un empêchement secret, il n'est pas nécessaire de célébrer une seconde fois le mariage d'une manière publique et solennelle; les parties en ce cas, après avoir obtenu dispense ou de Rome à la pénitencerie, ou de l'évêque, n'ont qu'à se donner l'une à l'autre un nouveau consentement. On a prétendu même que ce nouveau consentement n'était pas nécessaire; mais on a décidé le contraire à la pénitencerie de Rome; et Navarre dit qu'on doit le prêter même à la personne qui ignore l'empêchement, après le lui avoir appris prudemment d'une manière générale (*De Spons., cons.* 4, n. 14). La raison pour laquelle on n'exige pas une seconde célébration solennelle de mariage, quand l'empêchement est secret, c'est que la première a suffi pour le faire passer pour valide, dans le for extérieur, et que rien n'ayant détrompé le public de cette idée, on ne doit pas lui donner connaissance d'un mal auquel on peut remédier légitimement à son insu.

On trouve à la fin du tome II, du *Traité des dispenses* de Collet, corrigé et augmenté par M. Compans, une excellente dissertation de M. Carrière sur la *réhabilitation* des mariages nuls.

Le cardinal Caprara a adressé aux évêques de France, le 22 mai 1803, une instruction sur la *réhabilitation* des mariages nuls contractés pendant la révolution : c'est le document le plus complet qui soit émané de l'autorité apostolique sur cette matière. En voici le texte:

INSTRUCTIO *Joannis Baptistæ cardinalis* CAPRARA, *in Galliis a latere legati, de matrimoniorum irritorum revalidatione.*

« Undique accepimus innumera prope connubia existere nulliter inita, partemque unam sæpe sæpius renuere in faciem Ecclesiæ sese sistere ad copulationem suam ratam validamque coram Deo reddendam, quamvis pars altera recte disposita id velit et satagat. Animadvertentes quot mala quotque discrimina tum fidelium animabus, tum familiarum tranquillitati ex hoc irreligioso renuentium ingenio agendique ratione immineant, in amaritudine animi nostri lacrymas fundere cogimur, et miserrimo innocentium compartium statui, in quo ægre versari coguntur, merito compatimur. Jamdiu officii nostri sollicitudo premitur, et plurium episcoporum consultationes et innocentium postulata ad nos undique perveniunt. Verum res difficultatibus obnoxia est; pertimescimus enim ne dum bonum operari nitimur, aliquid mali exoriatur. Sed ut bonum assequamur et imminentia mala præcaveantur, hanc instructionem emittendam ducimus, qua ordinarius in casibus particularibus hujusmodi se haud difficile expedire et opportune providere poterit.

PRIMA INSTRUCTIONIS PARS.

Quoad matrimonii renovationem, si uterque contrahens recte disponatur.

« 1° Qui civiliter, sive coram quocumque extraneo sacerdote duobus saltem testibus præsentibus, ut duntaxat coram duobus testibus, consensum mutuum de præsenti exprimentes, matrimonium inierunt, tunc temporis, cum ad proprium parochum seu superiorem legitimum, aut ad alium sacerdotem specialiter et notorie ab alterutro licentiam habentem, quique a catholica unitate non recesserant, aut nullatenus aut nonnisi difficillime seu periculosissime recursum habere potuerant, moneantur sic contrahentes de hujusmodi matrimonii validitate, et tantummodo hortentur ut nuptialem benedictionem a proprio parocho recipiant.

« 2° Qui vero ita contraxerunt, sed tunc temporis, cum absque gravissima difficultate seu periculo recursus patebat ad unum ex sacerdotibus præfatis, quique matrimonium quomodocumque inierunt cum aliquo dirimente impedimento absque legitima dispensatione, aut cum dispensatione defectu legitimæ potestatis irrita matrimonium servata forma sancti concilii Tridentini denuo contrahant.

« 3° Si contrahentes communiter habeantur pro legitimis conjugibus, et ipsimet, fortasse ex ignorantia invincibili sint in bona fide, et absque gravis scandali seu perturbationis periculo certiorari nequeant de nullitate matrimonii, hisce in circumstantiis in bona fide relinquendi sunt, quemadmodum per sacros canones disponitur.

« 4° Si contrahentes in mala vel dubia fide versentur, aut si in bona fide existentes, de nullitate matrimonii certiorari possint absque gravis scandali seu perturbationis periculo, unde locus detur matrimonii renovationi, eorum matrimonium in facie Ecclesiæ celebrandum est juxta modum inferius præscriptum.

« 5° Si præter clandestinitatis aliud ecclesiastici juris obstet impedimentum, dispensatio præmittatur juxta indultum inferius exaratum.

« 6° Si nullitas matrimonii occulta sit, seu communiter ignoretur, matrimonium coram proprio parocho, adhibitis saltem duobus testibus confidentibus, secreto ad vitanda scandala contrahendum est; adnotata deinde particula in secretorum matrimoniorum libro.

« 7° Si vero nullitas publica sit, ad scandalum removendum matrimonium publice, servata forma sancti concilii Tridentini, celebrandum est: quod si ordinarius, ob peculiares circumstantias, expedire judicaverit ut secreto coram proprio parocho et duobus testibus potius celebretur, secreto celebrari poterit, dummodo tamen publicum scandalum alia ratione removeri possit et quamprimum removeatur.

ALTERA INSTRUCTIONIS PARS.

Quoad rationem convalidandi matrimonium, si ejusdem convalidationem pars una petat, et altera renuat.

« 8° Si hujusmodi renuentia proveniat ex indispositione ad sacramentorum pœnitentiæ et eucharistiæ susceptionem, paternis monitis curandum est ut renuens rite disponatur.

« 9° Quatenus pars indisposita ad sacramentorum susceptionem ita adduci non possit, et aliunde matrimonii renovationi assentiatur, non erit illicitum ad matrimonii celebrationem procedere, non obstante illius indispositione. Pars enim innocens et instans, attentis circumstantiis, licite utitur jure suo: Ecclesiæ minister eidem innocenti directe ac licite reddit jus suum, et indigna renuentis susceptio ejus duntaxat indispositioni tribuenda est.

« 10° Si renuentia oriatur ex ignorantia vel aliquo errore contra leges aut doctrinam Ecclesiæ circa impedimenta matrimonium irritantia, renuens debita cum prudentia et in charitate instruatur. Et quatenus adhuc renuat matrimonium suum in facie Ecclesiæ convalidare, tunc

« 11° Satagendum est ut specialem procuratorem constituat qui ejus nomine matrimonium contrahat de more: aut saltem expresso consensu de præsenti per epistolam directam proprio parocho, vel alteri sacerdoti ordinarii aut parochi licentiam habenti, matrimonium renovetur.

« 12° In hujusmodi matrimonii celebratione, ratio quoque habenda est tum existentiæ alicujus impedimenti, tum matrimonii nullitatis sive publicæ, sive occultæ, et servandæ sunt regulæ superius traditæ numeris 5°, 6° et 7°.

TERTIA INSTRUCTIONIS PARS.

« Si hactenus præscripta obtineri nullatenus possint, et pars una ad celebrationem matrimonii juxta superius tradita faciendam adduci nequeat: dummodo de præsenti exhibeat consensum remanendi in matrimonio, mature perpensis urgentibus circumstantiis, et attentis servatisque conditionibus et forma inferius præscriptis (nec obstet publicitas fornicariæ copulationis et non justi matrimonii) ad dispensationem in radice matrimonii, seu ad matrimonii sanationem in radice, in casibus particularibus, deveniri posse judicamus, ita ut saltem innocentis partis animæ saluti, prolis legitimitati et familiarum tranquillitati omnino consultum sit, et quamprimum etiam renuentis animæ saluti provideri possit.

« 13° Ordinarius uti poterit facultate apostolica auctoritate inferius demandanda, dispensandi scilicet in radice matrimonii, seu matrimonium in radice sanandi postquam tamen per indubias duorum saltem testium depositiones, aut per renuentis testimonium in scriptis exaratum, aut per ejusdem assertionem etiam ore tenus factam ipsi ordinario sive alteri ecclesiasticæ personæ ab eo specialiter deputatæ, et in scriptis redigendam, constiterit non solum renuentem in consensu de præsenti permanere, sed etiam hujusmodi renuentiam ab extrinseca causa ita manare, ut nihil unquam ex ea deduci aut præsumi possit contra ipsius actualis consensus permanentiam.

« 14° Si matrimonii nullitas occulta sit, ordinarius ad sanationem seu dispensationem in radice ad evitanda scandala secreto deveniat.

« 15° Si vero nullitas publica sit, ad publicum scandalum removendum ejusmodi dispensatio seu sanatio notorie perficiatur : aut etiam secreto, si ad aliquam præcavendam perturbationem ita ordinario in Domino visum fuerit; dummodo tamen locus sit evulgationi peractæ matrimonii sanationis seu dispensationis, qua publicum scandalum congrue removeatur.

« 16° Si evulgationi ejusmodi dispensationis locus non sit, ob imminentis gravis scandali aut perturbationis periculum, prælaudatus ordinarius per ejusmodi secretam matrimonii sanationem seu dispensationem, innocentis compartis animæ saluti provideat, onerata ejusdem ordinarii conscientia, ut perpensis circumstantiis et pro sua prudentia modum exquirat quo etiam publicum scandalum ex matrimonii nullitatis publica notitia existens, quamprimum removeatur, monitis interim parochis ut donec ejusmodi publicum scandalum sublatum sit, in admittendis innocentibus conjugibus ad sacramenta, ne ulla scandali præbeatur occasio, iis utantur circumspectionis regulis quæ cuique exploratæ sunt.

« 17° Si præter clandestinitatis impedimentum, aliud juris ecclesiastici forsitan obstet, legitima super eo præmittatur dispensatio, prout etiam cautum est n° 5°.

« 18° Si unus vel uterque contrahens per divortium separatus sit a respectivo conjuge adhuc vivente, tradita instructio et sequens facultatum decretum executioni nullatenus demandentur, nisi prius et prout de jure constiterit de nullitate respectivi primi matrimonii proveniente ex aliquo canonico impedimento, et nisi prius ejusdem nullitatis declaratoria sententia ab ordinario lata fuerit.

« 19° Serventur tandem cætera de jure servanda quæ præsenti instructioni non adversantur.

DECRETUM

quo apostolicæ facultates demandantur

« De speciali gratia, et apostolica auctoritate a sanctissimo domino nostro papa Pio VII nobis benigne concessa : venerabili in Christo patri episcopo..., sive ejus vicario in spiritualibus generali, infra scriptas facultates communicamus, quibus etiam per aliam personam ecclesiasticam, in casibus particularibus specialiter deputandam, uti valeant in utroque foro, et ad annum duntaxat a die datæ præsentis computandum, cum omnibus et singulis Christi fidelibus in propria diœcesi degentibus ; et quando agitur de matrimoniis nulliter quomodocumque contractis, usque ad diem decimam quartam Augusti anni millesimi octogentesimi primi, servatis forma et tenore præcedentis instructionis, et facta expressa mentione apostolici indulti :

« 1° Absolvendi a censuris et pœnis ecclesiasticis, tam a jure quam ab homine latis, ad effectum duntaxat apostolicæ gratiæ consequendum ;

« 2° Absolvendi pariter a censuris et pœnis ecclesiasticis ob matrimonii attentatum et incestus reatum incursis, et ab attentatibus ut incestus reatibus, et culpis hujusmodi, cum gravi pœnitentia salutari ;

« 3° Dispensandi super quibuscumque impedimentis juris ecclesiastici, etiam primi affinitatis gradus in linea collaterali, et secundi primum attingentis consanguinitatis gradus, exceptis impedimentis ex sacro ordine, et castitatis voto solemniter emisso, et ex crimine machinationis in mortem conjugis cum effectu, provenientibus; et quatenus mulier rapta fuerit, dummodo extra potestatem raptoris in loco tuto consistat : servatis in singulis casibus conditionibus de jure servandis ;

« 4° Dispensandi in radice matrimonii, seu matrimonium in radice sanandi, perinde ac si contrahentes, qui ad matrimonium ineundum inhabiles fuerant, et consensum illegitime præstiterant, ab initio habiles fuissent, et consensum legitime præstitissent ;

« 5° Prolem sive susceptam sive suscipiendam, legitimam decernendi et nuntiandi.

« Præsentes denique et cætera documenta ab ordinario aut præsentium executore exquirenda et habenda, ut supra præscriptum est, necnon dispensationis decreta et commissiones ab ordinario emittendæ, in episcopali archivio diligenter asserventur. Insuper quatenus matrimonii celebrationi locus detur, juxta regulas superius traditas, matrimonii particula in parochiali libro de more referatur, facta expressa mentione apostolicæ dispensationis, ut pro omni et quocumque futuro eventu constare possit de matrimonii validitate et prolis legitimitate.

« Datum Parisiis, ex ædibus residentiæ nostræ, die 26 maii 1803.
« *Sign.* J. B. Card. Legat.
« *Et infra :*
« Vincentius Ducci,
a secretis in ecclesiasticis. »

RÉINCIDENCE.

(*Voyez* ABSOLUTION, § 2.)

RÉITÉRATION.

Il est des sacrements qu'on ne saurait réitérer sans pécher grièvement, tels sont ceux qui impriment caractère. Voici à ce sujet le décret du concile de Trente : « Si quelqu'un dit que par les trois sacrements du baptême, de la confirmation et de l'ordre, il ne s'imprime point dans l'âme de caractère, c'est-à-dire, une certaine marque spirituelle et ineffacable, d'où vient que ces sacrements ne peuvent être réitérés, qu'il soit anathème. »

RELAPS.

On donne ce nom, en général, à quiconque est tombé deux fois dans le même crime; mais il s'applique particulièrement, en matière de religion, à ceux qui ont changé deux fois d'état, ou qui sont tombés de nouveau dans l'erreur d'où ils étaient sortis.

Les canonistes disent qu'on peut tenir principalement pour *relaps*, un homme qui se trouve dans l'un de ces deux cas : 1° s'il est revenu à l'hérésie qu'il avait une fois abjurée (*C. Ad abolendam, de hæretic.*); 2° si étant soupçonné violemment d'hérésie, il y retombe évidemment après s'être purgé des soupçons (*C. Accusatus, de hæretic. in* 6°).

RELEVAILLES.

Cérémonie pieuse à laquelle se soumet une femme chrétienne, lorsqu'elle entre pour la première fois à l'église après ses couches. Cette cérémonie n'est point de précepte, mais seulement de conseil et de dévotion; elle a été introduite dans l'Eglise pour imiter la sainte Vierge, qui alla se purifier et présenter son fils au temple, et afin que les femmes nouvellement accouchées rendent grâces à Dieu de leurs heureux accouchements (*Voyez* COUCHE).

RELIGIEUSE.

On appelle *religieuse*, *monialis*, une fille ou une veuve qui a fait vœu de vivre suivant une des règles monastiques approuvées par l'Eglise.

§ 1. RELIGIEUSES, *Origine*.

L'origine des *religieuses* n'est pas différente de celle des religieux. A l'imitation de ceux-ci, la sœur de saint Basile, et principalement sainte Scholastique, la sœur de saint Benoît, fondèrent des communautés de filles dont l'état n'était point encore tel que nous le voyons, soit par rapport aux vœux, soit par rapport à la clôture, car dans ces premiers temps, les vierges, même consacrées solennellement par l'évêque, ne laissaient pas de vivre dans des maisons particulières. Dans la suite, les *religieuses* ont suivi la police et le gouvernement des religieux dont elles ont embrassé la règle, autant que la diversité du sexe le leur a permis. Les principales différences sont la clôture, et la nécessité d'être gouvernées par des hommes.

Le président Hénault, en son *Abrégé chronologique de l'histoire de France*, année 1321, fait les observations suivantes sur l'ancien état des *religieuses* en France : « On voit, dit-il, par des lettres patentes, données par Philippe le Long, l'an 1317, un usage qui paraît bien singulier : on donnait alors le voile de religion à des filles de l'âge de huit ans, et peut-être plutôt; quoiqu'on ne leur donnât pas la bénédiction solennelle, et qu'elles ne prononçassent pas de vœux, il semble cependant que si, après cette cérémonie, elles sortaient du cloître pour se marier, il leur fallait des lettres de légitimation pour leurs enfants, afin de les rendre habiles à succéder; ce qui fait croire qu'ils auraient été traités comme bâtards sans ces lettres (Registre 53 du trésor des chartres, pièce 190). Un fait bien différent, ajoute le même auteur, c'est que plus de deux cents ans auparavant, vers l'an 1109, saint Hugues, abbé de Cluny, dans une supplique pour ses successeurs, où il leur recommande l'abbaye de filles de Marcigny qu'il avait fondée, leur enjoint de ne point souffrir aucun sujet au-dessous de l'âge de vingt ans, faisant de cette injonction un point irrévocable, comme étant appuyée de l'autorité de toute l'Eglise. On ne doit pas non plus, par rapport aux *religieuses*, omettre un usage qui remonte jusqu'au douzième siècle : on exigeait d'elles qu'elles apprissent la langue latine, qui avait cessé d'être vulgaire; cet usage dura jusqu'au quatorzième siècle, et n'aurait jamais dû finir. »

§ 2. RELIGIEUSES, *clôture*.

La matière de cet article se rapporte à ces quatre chefs, dont il est parlé sous le mot CLÔTURE : 1° l'obligation des *religieuses* d'être cloîtrées; 2° le droit des évêques de visiter la clôture des couvents de *religieuses*, de celles même qui se prétendent exemptes de leur juridiction; 3° les permissions et les causes nécessaires aux *religieuses* pour sortir de leurs monastères; 4° en quels cas et par quelle autorité les personnes séculières peuvent y entrer.

§ 3. RELIGIEUSES, *supérieure, temporel*.

Les *religieuses*, avons-nous dit, diffèrent des religieux, en ce qu'elles ne peuvent être gouvernées que par des hommes; cela doit s'entendre pour le spirituel et pour toutes les fonctions qui sont interdites aux femmes (*Voyez* FEMMES). Car pour ce qui regarde la discipline intérieure du cloître, la supérieure y exerce une autorité à peu près semblable à celle qui est accordée, en général, aux supérieurs des religieux. Ce principe est établi sous le mot ABBESSE, où l'on trouve les règlements du concile de Trente, touchant l'élection des abbesses et supérieures des *religieuses*, les qualités requises pour être élevé à cette charge, et les devoirs et obligations de celles qui y sont parvenues.

Nous remarquerons ici que les canons exhortent les évêques et leur font un devoir de veiller sur le temporel des *religieuses*, ce qui se rapporte à la manière de faire les baux des terres et autres dépendances, à l'emploi des revenus, à l'examen des comptes et à la sûreté pour la conservation des deniers. Saint Charles a donné des règles très-sages sur tous ces articles dans le premier concile de Milan, en 1565, et le quatrième en 1576.

Nous trouvons dans Durand de Maillane, un règlement très-sage que fit, sur ce sujet, un archevêque d'Aix, en 1739, pour les *religieuses* de son diocèse. L'article 18 de ce règlement porte : « Quoique ce qui regarde l'administration des biens et revenus appartenant aux communautés de *religieuses*, ne puisse point entrer en comparaison avec ce qui concerne la piété, la ferveur et la régularité qui doivent régner dans ces saintes retraites, le soin temporel est cependant un devoir qu'il n'est pas permis de négliger. Les supérieures sont obligées de veiller à ce que les biens de leurs communautés soient régis et ménagés avec une sage et convenable économie, non pour accumuler des richesses vaines et méprisables, mais dans la vue de mettre leurs maisons en état de subsister et de se soutenir. Mais comme des filles renfermées dans un cloître, n'étant point à portée de tout savoir, encore moins de tout faire par elles-mêmes, se trouvent dans la nécessité de s'en rapporter, sur bien des choses, à des personnes étrangères, quelquefois, ou peu intelligentes, ou peu attentives, peut-être même peu fidèles; il est à craindre que le temporel des monastères ne tombe peu à peu dans un grand dérangement. Pour prévenir un pareil inconvénient, nous ordonnons aux supérieures et autres *religieuses*, qu'il appartiendra, de tenir prêt tous les ans, un état de tout le temporel de leurs maisons, et un compte exact de toute la recette et de toute la dépense de l'année entière, pour être représentés, examinés et arrêtés par tel député de notre part que nous jugerons à propos de nommer pour cet effet. Défendons, en même temps, à toutes supérieures; discrètes, conseillères, économes, et autres *religieuses*, de faire aucune dépense considérable, telles que sont, achats de maisons, ou autres fonds, constructions de bâtiment, réparations importantes, et autres dépenses semblables, sans avoir auparavant obtenu notre permission expresse. »

§ 4. RELIGIEUSES, *novices, profession*.

Les règles générales établies pour le noviciat et la profession religieuse, regardent les religieux comme les *religieuses;* il n'y a à cet égard aucune différence, ainsi qu'on peut le remarquer sous les mots NOVICE, PROFESSION. Mais pour certaines considérations, on a établi des règles particulières touchant la profession religieuse des filles.

D'abord, on voit sous le mot RÉCLAMATION, le règlement du concile de Trente, qui défend de mettre obstacle à la vocation des *religieuses*. Autrefois, avant qu'elles fussent toutes réduites en communauté et cloîtrées, l'évêque avait exclusivement le droit de les consacrer et de leur donner le voile, ce qui ne différait pas de la profession qui se fait aujourd'hui avec les solennités prescrites. Un concile de Paris tenu en 829, réserve expressément à l'évêque le droit de donner le voile aux veuves et aux vierges qui se consacraient à Dieu, et condamne trois abus qui s'étaient glissés de son temps : 1° l'entreprise de quelques prêtres, qui, sans avoir consulté l'évêque, donnaient le voile aux veuves, et consacraient à Dieu les vierges; 2° celle de quelques femmes qui s'imposaient le voile; 3° celle de quelques abbesses et *religieuses*, qui s'attribuaient cette autorité à l'égard des veuves et des vierges qui voulaient se retirer du monde.

Le concile de Trente a confirmé expressément ce droit aux évêques, en rendant nécessaire l'examen des filles qui veulent entrer en religion. Voici comme parle à ce sujet ce saint concile, conformément aux canons *Puellæ; Sicut* 20, qu. 1; *Puella*, 20, qu. 2, etc. :

« Le saint concile de Trente voulant pourvoir à la liberté de la profession des vierges qui doivent être consacrées à Dieu, établit et ordonne qu'une fille qui voudra prendre l'habit, ayant plus de douze ans ne le prendra point, et que ni elle ensuite, ni telle autre que ce soit, ne fera point profession, qu'auparavant l'évêque, ou s'il est absent ou empêché, son vicaire général, ou quelque autre par eux commis et à leurs dépens, n'ait soigneusement examiné la volonté de la fille, si elle n'a point été contrainte ou séduite, et si elle sait bien ce qu'elle fait; et après qu'on aura reconnu son pieux désir et que sa volonté est libre, que du reste elle a les qualités et les conditions requises, conformément à l'ordre et à la règle du monastère, et enfin que la maison lui est propre et convenable, il lui sera permis de faire librement sa profession; et, afin que l'évêque n'en puisse ignorer le temps, la supérieure du monastère sera tenue de l'en avertir un mois auparavant, et si elle manque de le faire, elle sera interdite de la fonction de sa charge, aussi longtemps qu'il plaira à l'évêque. » (Session XXV, chap. 17, *de Regul.*).

Tous les conciles provinciaux se sont conformés à ce règlement.

§ 5. RELIGIEUSES, *discipline, visite.*

Le premier concile de Milan en 1565, explique avec étendue ce qui regarde la conduite des *religieuses*, leurs emplois et ce qui concerne leur gouvernement spirituel (*Mém. du clergé*, tom. IV, page 1796 jusq. 1828).

La fréquentation des parloirs de *religieuses* est expressément défendue, et les évêques doivent y veiller comme à un abus qui blesse l'esprit des règlements touchant la clôture. Le chapitre *Monasteria, de vit. et honest. cleric.*, veut qu'on punisse les ecclésiastiques de suspense et les laïques d'excommunication, lorsque, contre la défense de l'évêque, ils continuent leur fréquentation. Cette décrétale a été appliquée aux religieux que la congrégation des cardinaux a déclarés privés *ipso facto*, de voix active et passive, par les visites des *religieuses, per accessum ad monasteria*, sans permission de lui de droit (Barbosa *de Jure ecclesiast. cap.* 44. *n.* 133). Les proches parents ne sont point compris dans ces défenses.

Le règlement de l'archevêque d'Aix dont nous avons cité un article dans le paragraphe 2 ci-dessus, s'exprime, à l'occasion du parloir, dans des termes qui méritent d'avoir place ici, l'article 13 est ainsi conçu.

« C'est dans la retraite et le silence que l'âme s'élève à Dieu. Une *religieuse* pour peu qu'elle ait de zèle pour sa perfection, et qu'elle soit attentive sur elle-même, s'aperçoit aisément que lorsqu'elle s'est livrée à quelque dissipation inutile, elle ne retourne aux saints exercices de son état qu'avec une conscience agitée et un cœur desséché. Le parloir est souvent une occasion à cette dissipation si funeste. Une *religieuse* y perd quelquefois dans l'espace de quelques heures, tout cet esprit intérieur qui est si nécessaire à son état, et qu'elle avait acquis par le travail de plusieurs années. C'est pourquoi nous exhortons au nom du Seigneur, toute *religieuse*, d'éviter les parloirs autant qu'il leur sera possible et de n'y demeurer qu'autant que la nécessité, la charité ou une bienséance indispensable le demandera. »

Barbosa établit que les *religieuses* ne doivent point admettre de pensionnaires dans leurs monastères, qu'avec la permission de la sainte congrégation, et sous certaines conditions : comme, que la réception de ces pensionnaires se fasse capitulairement, ou que du moins on ait égard à l'opposition des *religieuses* qui ne le voudraient pas; que le monastère soit dans l'usage d'en recevoir et qu'elles y soient gardées *actu retineat*; qu'il y ait un quartier affecté aux pensionnaires pour le dortoir et le réfectoire où les professes et les novices ne soient point mêlées ; qu'elles soient au-dessus de sept ans, et au-dessous de vingt-cinq ; qu'elles n'excèdent jamais le nombre permis; que les pensionnaires entrent seules, vêtues modestement, et qu'étant une fois entrées et admises dans le monastère, elles observent la clôture, et qu'elles y paient d'avance les frais de leur entretien et de leur éducation, et qu'enfin étant une fois sorties du monastère, elles n'y rentrent plus sans la permission des supérieurs. Barbosa s'étend ensuite sur la discipline intérieure et les mœurs des *religieuses*, qui doivent faire l'objet principal des visites de l'évêque.

§ 6. RELIGIEUSES, *translation*.

Nous n'entendons point parler ici de la sortie des *religieuses* qui doivent rentrer dans leur monastère; cette matière est traitée sous le mot CLÔTURE. Il ne s'agit que de la translation des *religieuses* d'un monastère qui, soit pour cause de pauvreté, soit pour d'autres raisons, on ne doit pas subsister. Il est parlé sous le mot TRANSLATION, de la translation personnelle d'une *religieuse*, de son couvent dans un autre.

Nous rappelons sous le mot CLÔTURE, le décret du concile de Trente, session XXV, chapitre 5 qui ordonne la translation des monastères de filles situés à la campagne ou hors les murs des villes, selon que l'évêque le jugera convenable. Le concile de Milan en 1565, fit un autre règlement par lequel il est dit que les monastères pauvres où il n'y a pas suffisamment de revenus pour douze *religieuses*, doivent être supprimés et les religieuses transférées avec leurs revenus dans d'autres plus anciens (*Mém. du clergé*, tom. IV, col. 1799).

On a décidé que les *religieuses* peuvent être transférées de leurs couvents dans d'autres, par leur évêque, quand elles croient ne pouvoir pas faire leur salut dans le couvent où elles ont fait profession, et ce couvent est alors obligé de leur payer la pension qui est ordonnée par l'évêque (*Mémoires du clergé*, tom. VI, col. 635).

§ 7. RELIGIEUSES, *confesseurs*.

Les confesseurs des *religieuses* sont choisis par les évêques, ou par les supérieurs réguliers, selon qu'elles sont ou ne sont pas exemptes; mais tous doivent recevoir la commission et l'approbation de l'évêque diocésain. Voici ce que dit à cet égard le concile de Trente, session XXV, chapitre 10, *de Regul.* : « Les évêques et autres supérieurs des maisons religieuses, auront un soin particulier que dans la constitution des dites *religieuses* elles soient averties de se confesser et de recevoir la très-sainte eucharistie au moins tous les mois, afin que munies de cette sauvegarde salutaire, elles puissent surmonter courageusement toutes les attaques du démon.

« Outre le confesseur ordinaire, l'évêque ou les autres supérieurs en présenteront, deux ou trois fois l'année, un autre extraordinaire pour entendre les confessions de toutes les *religieuses*.

« Quant à ce qui est de garder le très-saint sacrement dans le chœur du dedans, ou l'enclos du monastère, au lieu de le mettre dans l'église publique du dehors, le saint concile le défend nonobstant quelque indult, ou privilége que ce soit. »

Aucun prêtre ne peut confesser des *religieuses* sans un pouvoir spécial de l'évêque ou du souverain pontife. Le curé même n'a pas droit, en vertu de son titre, de confesser les personnes du sexe consacrées à Dieu par des vœux solennels; mais leurs confesseurs, lors même qu'elles seraient exemptes de la juridiction de l'ordinaire, ont besoin de l'approbation de l'évêque, ainsi que l'ont réglé les papes Grégoire XVI et Benoît XIII. Les évêques et les prélats des monastères sont tenus de donner aux *religieuses* qui leur sont soumises, deux ou trois fois l'année, un confesseur extraordinaire, comme l'ont spécialement établi Innocent XII, Benoît XIII et Benoît XIV. Ce dernier pape, dans sa bulle *Pastoralis*, qui est du 5 août 1748, ordonne à toute *religieuse* de se présenter au confesseur extraordinaire, lors même qu'elle ne voudrait pas se confesser à lui. De plus, il enjoint de donner un confesseur particulier à toute *religieuse* qui le demande à l'article de la mort. Enfin, il veut que, si une *religieuse* refuse de s'adresser au confesseur ordinaire, on en députe un autre pour entendre sa confession, *pro certis vicibus;* et il exhorte les évêques à se montrer faciles à cet égard. Il ne convient pas que l'évêque remplace le confesseur extraordinaire, qui doit entendre les confessions des *religieuses* deux ou trois fois par an : Benoît XIV le défend expressément.

Ce que nous avons dit des *religieuses* proprement dites, *de monialibus*, ne s'applique point aux personnes qui se consacrent à Dieu pour soigner les malades ou s'occuper de l'éducation de la jeunesse, sans faire des vœux solennels. On doit néanmoins, pour ce qui concerne la confession et la direction de ces personnes pieuses, se conformer aux règlements de chaque diocèse, quoique les évêques, en leur assignant des confesseurs ordinaires et extraordinaires, ne paraissent pas avoir l'intention d'ôter aux curés le pouvoir qu'ils ont, en vertu de leur titre, d'entendre en confession celles qui sont fixées dans leur paroisse. Quant à celles qui, de l'agrément de leur supérieure, sont en voyage ou se trouvent hors de la communauté, elles peuvent se confesser à tout prêtre approuvé, sauf à se conformer, pour ce qui les concerne, aux institutions de leur congrégation (Mgr Gousset, *Théologie morale*, tom. II, pag. 311).

Saint Charles a fait de beaux règlements sur le choix et la conduite des confesseurs des *religieuses*, dans son premier concile de Milan.

On voit sous les mots APPROBATION, PRÉDICATION, PÉNITENCE, la nécessité d'avoir l'approbation des évêques pour confesser et prêcher dans leur diocèse; cette nécessité est encore plus grande lorsqu'il s'agit de confesser des *religieuses*, et de leur annoncer la parole de Dieu; cet article n'est jamais censé compris dans les lettres d'approbation, si elles ne le disent expressément (*Voyez* PÉNITENCE). C'est là une pratique générale, et ce qu'en a ordonné l'archevêque d'Aix dans le règlement que nous avons cité ci-dessus, peut presque servir de règle, ou tout au moins de modèle dont on ne s'écarte guère dans les autres diocèses. Nous rapportons en conséquence trois articles de ce règlement.

« ART. 14. Les supérieures ne permettront point qu'aucune *religieuse* se confesse, ni communique de sa conscience avec quelque prêtre, soit séculier, soit régulier, ailleurs que dans le confessionnal, si ce n'est que par nécessité, ou par quelque raison très-importante, elles fussent obligées de permettre que ce fût au parloir, auquel cas les volets ou châssis dont il a été fait mention ci-dessus, dans l'article 2, demeureront fermés.

« ART. 15. Nous défendons à toutes *religieuses* de se confesser à aucun prêtre, soit séculier, soit régulier, si elles ne sont assurées qu'il a notre approbation expresse pour entendre les confessions des *religieuses* dans notre diocèse. Déclarons que le pouvoir d'entendre les confessions des *religieuses* n'est point compris dans l'approbation pour entendre les confessions des fidèles, à moins qu'il n'y soit nommément exprimé : n'entendons toutefois que les *religieuses* puissent s'adresser à leur gré et indistinctement pour se confesser à tel prêtre séculier ou régulier, qu'elles voudraient choisir parmi ceux qui sont approuvés expressément pour les entendre. Chaque communauté ayant un confesseur ordinaire, c'est à lui que les *religieuses* doivent communément s'adresser ; la multiplicité des confesseurs donnant lieu assez souvent ainsi que l'expérience l'a fait connaître, à des inconvénients considérables ; mais elles pourront quatre fois dans l'année s'adresser pour se confesser à des confesseurs expressément approuvés de nous pour entendre les confessions des *religieuses*. Enjoignons pour cet effet à chaque supérieure de procurer à toute sa communauté quatre fois l'année, quatre ou cinq confesseurs extraordinaires à l'un desquels voulons que toutes les *religieuses*, à leur choix, soient tenues de se présenter, soit pour se confesser, soit au moins pour lui demander sa bénédiction. Permettons en même temps à chaque supérieure d'accorder quelquefois des confesseurs extraordinaires aux *religieuses* particulières, qu'elle saura en avoir un véritable besoin. Déclarons néanmoins que les supérieurs ne doivent pas avoir trop souvent cette condescendance ; et que si elles se rendaient trop faciles sur ce point, nous nous croirions obligés pour prévenir les inconvénients qui naîtraient d'une trop grande complaisance de leur part, de restreindre la permission que nous leur donnons à cet égard.

« ART. 16. Défendons à toutes supérieures des monastères de *religieuses*, de permettre qu'aucun prédicateur, soit séculier, soit régulier, prêche dans leurs églises, chapelles ou parloirs, si elles ne sont bien assurées qu'il est approuvé de nous pour prêcher. Déclarons que ce serait contrevenir à notre défense, si, pour l'éluder, on permettait seulement à un prêtre ou autre, soit séculier, soit régulier, de débiter à la grille du chœur, dans quelque parloir ou ailleurs, un simple discours en forme d'homélie, de conférence ou d'entretien, sous prétexte que celui qui parlerait ainsi, ou n'aurait point été revêtu d'un surplis, ou n'aurait paru qu'avec son habit ordinaire, ou enfin n'aurait fait que lire à voix haute et intelligible un sermon ou discours tel qu'on vient de le désigner et que lui ou quelque autre aurait composé. »

§ 8. RELIGIEUSES, dot.

Nous avons traité la matière des vœts et dotations des religieuses sous les mots DOT, NOVICE, RÉCLAMATION.

Voyez sous le mot CONGRÉGATIONS RELIGIEUSES, § 2, les lois civiles qui concernent les *religieuses*.

Voyez aussi sous le mot ORDRES RELIGIEUX ce que Pie VI dit des *religieuses* et de la suppression de leurs monastères.

RELIGIEUX.

On appelle *religieux* celui qui s'est engagé par un vœu solennel à mener la vie monastique selon la règle de tel ou tel ordre. L'état religieux consiste essentiellement dans la pratique des trois vœux de pauvreté, de chasteté et d'obéissance. La règle de chaque ordre doit être approuvée par l'Eglise (*Cap. Cum ad monasterium, de Stat. monach.; c. Unic. de Voto in* 6°). Le nom de *religieux* reçoit dans l'usage une signification fort étendue. Sous le nom de moine on comprend tous les *religieux* en général, et sous le nom de *religieux* ou réguliers, on comprend aussi les moines, *verum hodie monachorum appellatione indefinite veniunt omnes religiosi cujuscumque generis* (*Cap. Quod Dei timorem, de Stat. regul.*). Mais, malgré cette corruption des termes que l'usage semble autoriser, il sera toujours utile, soit pour l'intelligence des canons, soit pour la clarté et l'ordre des idées, de ne pas confondre les *religieux* et les moines (*Voyez* ORDRES RELIGIEUX, MONASTÈRE, MOINE).

§ 1. RELIGIEUX, *obligations, vie et mœurs.*

Il semble qu'après l'émission des trois vœux solennels, on n'ait plus rien à prescrire aux *religieux* sur les obligations morales de leur état, et encore moins après les règlements particuliers de chaque ordre. Cependant les canons ont établi, à leur égard, des règles générales de conduite qui rendent leur contravention encore plus répréhensible.

Il faut observer que tout ce qui a été ordonné touchant la vie et les mœurs des clercs séculiers (*in tit. Ne cleric. vel monach.*), s'applique à plus forte raison, aux *religieux*, à qui il est encore plus expressément ordonné de tendre à la perfection, et d'éviter une foule de choses permises aux simples clercs.

Il leur est par conséquent défendu de chasser (*clem. in agro, § Porro, de Stat. monach.*);

De s'adonner à des jeux profanes (*C. 1, ne cleric.*);

De porter des armes (*clem. in agro § Quia vero*);

De laisser entrer dans leur monastère d'autres femmes que des reines ou princesses et les dames de leur suite (*Voyez* CLÔTURE);

De sortir sans la permission des supérieurs (*C. Qui vero; c. Quidam 16, qu. 1; clem. in agro § Quia vero*);

D'exercer des offices publics (*C. Monachi, 16, qu. 2; c. Monachi; c. 2, de postulando; clem. religiosus de Stat. monach.*);

De faire profession de médecin ou de chirurgien, si ce n'est dans un cas de nécessité ou de charité (*Cap. Tua nos de Homic.*);

D'être tuteurs ou exécuteurs testamentaire (*C. fin. dist. 86; c. 2, c. ult. de testam. in* 6°; *clem. unic. eod. tit.*);

De cautionner (*c. Penult. de fidej.*);

De posséder quoi que ce soit en propre (*Voyez* PÉCULE);

De prendre des grades en droit ou en médecine (*C. Magnopere; c. Super specula ne cleric. vel monach.*);

De choisir leur sépulture, à moins qu'ils ne fussent extrêmement éloignés de leurs monastères (*glos. verb. Sepulturam, in c. fin. de Sepult. in* 6°);

De quitter l'habit de leur ordre sous peine d'excommunication *ipso jure*, prononcée par le chapitre *Ut periculosa, ne cler. vel monach. in* 6° contre ceux qui contreviennent témérairement, *temerarie*, à cette défense. Ce terme *temerarie* a donné lieu à plusieurs exceptions, parmi lesquelles on ne comprend point le cas où un *religieux* cacherait son habit uniquement pour n'être point connu, *ut vivat tanquam laicus*. On a douté si le *religieux*, devenu évêque, encourait cette excommunication, quand il ne portait point l'habit de son ordre; mais on a décidé que non, parce que bien que cet évêque soit toujours obligé de porter quelque marque de son habit de religion, la décrétale de Boniface VIII n'entend parler que des *religieux* astreints à toutes les rigueurs de la règle sous l'autorité d'un supérieur régulier et non de ceux que l'épiscopat a sécularisés (*Voyez* le § suivant et le règlement du concile de Trente rapporté sous le mot RÉCLAMATION.

Il est encore défendu aux *religieux*, sous peine d'excommunication, de se rendre à la cour des princes sans permission de leurs supérieurs (*Clem. in agro de Stat. monach.*).

Les *religieux* doivent obéir à leurs supérieurs et l'on ne doit pas écouter facilement les plaintes qu'ils font à ce sujet (*C. Cum in ecclesiis de Major. et Obed.; c. Cum ad monasterium de Stat. monach.; c. Reprehensibilis; c. De priore de appellat.; c. Licet de Offic. ordin.* (*Voyez* OBÉISSANCE).

Ils doivent garder le silence dans le cloître à certaines heures (*C. Cum ad monasterium de Stat. monach.*).

Ils doivent s'abstenir de la viande autant qu'ils peuvent (*C. Carnes de Consec. dist.*).

Ils doivent enfin observer exactement la règle et les statuts particuliers de leur ordre (*C. Juxta et seq. 16, qu. 1; c. Recolentes de Stat. monach.; c. Cum ad monast. de Stat. monach.; c. Exiit de Verb. signif.*).

Il n'y a rien que de conforme à la bonne discipline dans ce qu'on vient de lire.

Les *religieux* ne peuvent se confesser à d'autres prêtres qui ne sont pas de leur ordre sans la permission de leur supérieur. Si le *religieux* qui voyage est accompagné d'un prêtre de son ordre qui soit approuvé, il doit se confesser à lui; s'il n'est accompagné d'aucun prêtre du même ordre, ou si le prétre qui l'accompagne n'est point approuvé, il peut se confesser à tout autre approuvé, soit régulier, soit séculier (Sixte IV et Innocent VIII).

§ 2. RELIGIEUX, évêque, curé.

Le fameux canon *Statutum* 18, *qu.* 1, *J. G.*, décide que la promotion d'un *religieux* à l'épiscopat le délivre du joug de la règle monastique, et qu'il est rendu dès ce jour habile à succéder aux siens, comme ceux-ci peuvent réciproquement lui succéder. *Absolvitur enim*, dit la Glose, *ab obedientia cum fit de filio pater*. C'est une question parmi les théologiens, dans laquelle nous n'entrerons point, si le *religieux* fait évêque n'est pas toujours obligé au for intérieur de pratiquer ce qui est de l'essence des vœux. La Glose du chapitre *de Monachis*, 16, *qu.* 1, dit : *Si monachus transit ad episcopatum, ex toto absolvitur a jurisdictione abbatis*. L'auteur de cette glose paraît en dire autant des *religieux* devenus curés, dans des paroisses où l'abbé n'a aucun droit ; mais cela ne s'entend que de l'exemption de l'autorité de l'abbé, pour devenir soumis à celle de l'évêque dans les fonctions du ministère : *Non debet regere ecclesiam secundum officium monachale*. Car quoiqu'un curé *religieux* puisse donner entre-vifs par forme d'administration, s'il meurt *religieux*, il demeure soumis à l'obéissance envers son supérieur ; tout ce qu'il acquiert, il l'acquiert au profit du monastère dans lequel il a fait profession.

On cite différentes épîtres des papes qui exhortent les *religieux* faits évêques d'allier les pratiques de la vie religieuse avec les fonctions sublimes de l'épiscopat.

RELIGION.

Religion est un terme qui a différentes applications. Les théologiens entendent par le seul mot de *religion* une vertu annexée à la justice et qui prescrit le culte dû à Dieu. La *religion* chrétienne est la seule *religion* véritable ; Jésus-Christ lui-même en est l'auteur.

On donne aussi un autre sens au mot *religion* ; ainsi l'on dit entrer en *religion*, pour dire embrasser la vie religieuse.

RELIQUES.

On appelle ainsi ce qui nous reste d'un saint, et qu'on garde avec respect pour honorer sa mémoire, *Reliquiæ sanctorum ossa*. L'on voit sous le mot IMAGE le décret du concile de Trente où la doctrine de l'Eglise est enseignée touchant la vénération des *reliques*. Le chapitre *Cum ex eo de reliq.* défend de les vendre et d'en exposer de nouvelles qui ne sont point autorisées par le pape, et enjoint aux évêques de ne permettre cette exposition qu'après avoir reconnu par les marques légitimes l'approbation du saint-siège. C'est en conséquence de cette injonction que, lorsqu'on obtient de Rome quelque *relique*, il se fait par l'évêque ou par quelqu'un qu'il commet un procès-verbal de visite et de vérification, sans lequel on ne saurait s'en servir : *Cum ex eo quod quidam sanctorum reliquias exponunt venales, et eas passim ostendunt christianæ religioni detractum sit sæpius : Ne in posterum detrahatur præsenti decreto statuimus, ut antiquæ reliquiæ amodo extra capsam nullatenus ostendantur, nec exponantur venales. Inventas autem de novo nemo publice venerari præsumat, nisi prius auctoritate romani pontificis fuerint approbatæ. Prælati vero non permittant eos qui ad eorum ecclesias causa venerationis accedunt, variis figmentis, aut falsis documentis decipi, sicut in plerisque locis occasione quæstus fieri consuevit* (Innocent III, *cap. Cum ex eo*, 2).

On ne défend point de vendre les calices et les tableaux, parce que la matière du calice et l'industrie du peintre sont estimables à prix d'argent ; mais dans les *reliques* des saints il n'y a rien qui puisse être estimé.

Le culte d'une *relique* établi dans une église, et autorisé par des miracles, y attire les fidèles, même des pays éloignés, c'est ce qu'on appelle pèlerinage (*Voyez* PÈLERINAGE).

Le culte ou la vénération des *reliques* a toujours été pratiqué unanimement dans l'Eglise : tous les Pères l'ont regardé comme très-ancien : ils en ont parlé comme d'une pratique qui leur était venue par tradition. On voit par les actes du martyre de saint Ignace, que l'Eglise honore comme un de ses anciens martyrs, que les fidèles reçurent ses *reliques* avec un respect religieux (*Voyez* SAINT).

« Qu'on dépose dans les églises et dans les monastères, disent d'anciennes constitutions de l'Eglise d'Orient, les corps des saints martyrs, et de tous ceux qui ont combattu avec succès pour la défense de la foi de Jésus-Christ, afin que leurs précieuses *reliques* procurent du soulagement aux malades, aux infirmes, aux languissants, et à tous ceux qui ont besoin de quelques secours. Qu'on en fasse tous les ans parmi les chrétiens la commémoration, et qu'on ne les regarde pas comme des morts ordinaires, mais qu'on les honore avec un profond respect, comme les amis de Dieu, et comme le diadème et la couronne de l'Eglise, puisque, par l'effusion de leur généreux sang, ils ont relevé la vigueur et l'éclat de la foi chrétienne au-dessus de toutes les religions étrangères.» (Labbe, tom. II, col. 330.)

RENONCIATION.

Nous expliquons la nature, la forme et les effets de la *renonciation* en matière de bénéfice sous les mots DÉMISSION, RÉSIGNATION.

RENTES.

On appelle *rentes* obituaires, celles qui se payent à l'église en raison de quelque obit ou fondation.

RENVOI.

On entend ici par ce mot l'ordonnance du juge laïque, par laquelle il renvoyait au juge d'Eglise ou une cause civile entre ecclésiastiques, ou le procès d'un clerc accusé,

(Trente et une.)

soit d'un délit commun dont il ne devait point connaître, soit d'un délit privilégié dont la procédure devait être faite avec l'official conformément aux règles établies alors.

Les clercs accusés de quelque crime que ce fût, suivant l'ancienne jurisprudence canonique et civile, devaient être renvoyés aux juges d'Eglise, lors même qu'ils ne l'auraient pas demandé, car il ne dépendait pas d'eux d'y renoncer. La jurisprudence actuelle est totalement changée, les clercs criminels sont comme les autres citoyens justiciables des tribunaux civils (*Voyez* OFFICIALITÉS).

RÉORDINATION.

C'est l'action de conférer de nouveau les ordres à un homme qui les a déjà reçus, mais dont l'ordination a été jugée nulle.

Le sacrement de l'ordre imprime un caractère ineffaçable, par conséquent il ne peut être réitéré; mais il y a dans l'histoire ecclésiastique plusieurs exemples d'ordinations dont la validité pouvait seulement paraître douteuse, et qui ont été réitérées. Ainsi, au huitième siècle, le pape Etienne III réordonna les évêques qui avaient été sacrés par l'antipape Constantin, son prédécesseur, et réduisit à l'état de laïques les prêtres et les diacres que celui-ci avait ordonnés; il prétendit que cette ordination était nulle. Quelques théologiens ont cependant cru que le pape Etienne n'avait fait autre chose que réhabiliter les évêques dans leurs fonctions, ce qui nous paraît plus probable.

Quant aux ordinations faites par des évêques schismatiques, intrus, excommuniés, simoniaques, il est de principe, parmi les canonistes, qu'on ne les a jamais regardées comme nulles, mais seulement comme illégitimes et irrégulières, de manière que l'on ne pouvait légitimement en faire les fonctions. Conséquemment, l'Eglise d'Afrique condamna la conduite des donatistes qui réordonnaient les ecclésiastiques en les admettant dans leur société, mais elle n'en fit point de même à leur égard; les évêques donatistes qui se réunirent à l'Eglise furent conservés dans leurs fonctions et dans leurs sièges.

L'usage de l'Eglise romaine est de réordonner les anglicans, parce qu'elle regarde leur ordination comme nulle et que la forme en est insuffisante

RÉPARATIONS.

Le concile de Trente (session VII, chap. 8 et session XXI, ch. 8 *de Reform.*) attribue aux évêques un pouvoir très-étendu pour ordonner les *réparations* des églises et des presbytères (*Voyez* FABRIQUE).

Peckius, auteur allemand, a fait un traité *De ecclesiis reparandis ac reficiendis*, où il comprend parmi ceux qui sont tenus des *réparations* des églises, généralement tous ceux qui leur causent du dommage, tant les laïques que les ecclésiastiques; et il établit en conséquence en quarante questions de très-bons principes, mais qui ne peuvent avoir d'application dans notre jurisprudence actuelle.

Le décret du 30 décembre 1809, article 92, met les grosses *réparations* des édifices consacrés au culte à la charge des communes. L'article 41 du même décret prescrit aux marguilliers et spécialement au trésorier de veiller à ce que toutes les *réparations* soient bien et promptement faites. Voyez cet article et les suivants dans ce décret qui est inséré sous le mot FABRIQUE; *voyez* aussi l'article 37.

RESCRIT.

Les rescrits sont des lettres apostoliques, par lesquelles le pape ordonne de faire certaines choses en faveur d'une personne qui lui a demandé quelque grâce. Les *rescrits* sont qualifiés de bulles ou de brefs, selon la forme et le style dans lesquels ils sont rédigés (*Voyez* BULLE).

Nous prenons ici le mot *rescrit* dans la signification générale des lettres apostoliques qui émanent de Rome, sous quelque forme qu'elles soient expédiées et de quelque matière qu'elles traitent : *Rescripta quasi recte scripta ad observantiam juris.*

Dans l'usage, on les prend pour des réponses du pape sur papier : *rescripta bis scripta.* Cette seconde écriture s'entend ordinairement de la concession sur la supplique ou demande.

On n'appelle point du nom de *rescrit* les concessions faites par des inférieurs au pape (*C. Olim. de Rescript.*).

§ 1. *Nature et forme des* RESCRITS *en général.*

Quoique sous le nom de *rescrits* on comprenne généralement toutes les différentes sortes d'expéditions qui se font à Rome, on les distingue par rapport à leur nature en *rescrits* de justice, et en *rescrits* de grâce : on y ajoute les *rescrits* communs ou mixtes qui participent de la nature des deux précédents.

Le *rescrit* de justice est celui qui tend à l'administration de la justice : *Quando concessa continent justum et honestum et jus commune.* Cette sorte de *rescrit* a lieu régulièrement pour la décision de quelques procès, ou d'une chose dont la contestation doit être portée au saint-siège. Dans ce cas le pape nomme des juges délégués, et leur commet la décision ou le jugement de l'affaire en question, par un acte qu'on appelle avec raison *rescrit* de justice, s'agissant de faire rendre la justice à ceux qui la demandent (*Cap. Sciscitatus; cap. Pastoralis; cap. Super litteris de Rescript.*) (*Voyez* DÉLÉGUÉ).

Le *rescrit* de grâce est lorsque le pape donne et accorde quelque chose par sa pure libéralité. On l'appelle, selon la nature et l'objet de ses dispositions, privilège, indulgence, dispense, exemption, grâce ou bénéfice (*C. Gratia de Rescript; c. Si gratiose eod*, in 6°).

Le *rescrit* mixte est celui qui n'est proprement ni de justice ni de grâce, mais participe à la nature de ces deux *rescrits*. Tels sont les *rescrits* pour les dispenses de mariage, pour les réclamations de vœux ; ces *rescrits* sont de grâce dans leur principe. Mais comme ils ne peuvent être exécutés *de plano*, sans une procédure, qui tient du contentieux et de l'administration de la justice, on peut dire aussi qu'ils sont de justice : et delà le nom de mixte.

Certains canonistes appellent encore *rescrits* communs ceux qui sont accordés à un ecclésiastique par le pape, d'un côté, pour raison du spirituel, et de l'autre par son souverain pour le temporel ; de cette espèce seraient les *rescrits* du pape pour la légitimation des bâtards, pour la réhabilitation des criminels ou infâmes, etc.

On a marqué plusieurs différences entre le *rescrit* de justice et le *rescrit* de grâce. Nous rappellerons ici les principales.

1° La subreption même par ignorance annulle le *rescrit* de grâce et tout ce qui s'ensuit, et n'annule point le *rescrit* de justice, parce que ce dernier ne donne aucun droit qui puisse nuire au tiers (*C. Cum nostris de concess. præb.*).

2° La grâce subreptice est nulle, quand même l'adversaire de l'impétrant consentirait à son exécution, parce qu'il n'est pas au pouvoir des particuliers de réparer une omission sans laquelle le pape n'eût pas accordé la grâce. Mais dans les *rescrits* de justice ou mixtes, où il ne s'agit que de l'intérêt particulier de ceux qui plaident, ils peuvent sans difficulté convenir et transiger entre eux (*C. Si diligenti de for. compet.*).

3° Le *rescrit* mixte en général est annulé par la subreption, parce qu'il contient toujours quelque grâce ou privilège ; mais on doit excepter le cas où il s'agirait que de la subreption d'une disposition particulière de quelque statut ; ce qui ne saurait avoir lieu pour les *rescrits* de grâce où tout est de droit étroit (*C. Quamvis de præb. in* 6°).

4° La signature de grâce est signée par le pape par le mot *fiat*, elle l'est par le mot *concessum* quand c'est le vice-chancelier qui signe ; la signature de justice n'est signée que par le mot *placet*.

5° Le *rescrit* de grâce peut être impétré par un tiers sans mandement spécial, même par un laïque (*C. Accedens de præb.*) ; les *rescrits* de justice, au contraire, ne peuvent être demandés par autres que par les parties mêmes, sans pouvoir spécial (*C. Nonnulli, § Sunt, et alii de rescript.*).

6° Les *rescrits* de grâce doivent faire mention des privilèges auxquels ils sont contraires, sans quoi les privilégiés n'en sauraient souffrir du préjudice (*Cap. Constitutus de rescript.*). Il en est autrement des *rescrits* de justice, qui ne laissent pas d'être valables, quoiqu'il n'y soit fait aucune mention du privilège de la partie adverse, à moins que ce privilège ne fournit une exception dilatoire, ou ne dût servir de règle à la teneur du *rescrit* (*C. Cum ordinem de rescript.*).

7° Aux *rescrits* de grâce est attaché un cordon de soie ; aux *rescrits* de justice pend un cordon de chanvre plombé (*C. Licet ad regimen*, etc. ; *cap. Quam gravi de crim. fals.*) (*Voyez* FAUX).

8° On obtient plus difficilement les *rescrits* de grâce que les *rescrits* de justice. Les premiers sont plutôt présumés faux (*C. Ad falsariorum de crim. fals.*) (*Voyez* FAUX).

9° Les *rescrits* de grâce passent sans contradiction, mais non sans examen ; au lieu que les *rescrits* de justice ne sont point examinés, mais seulement contredits (*C. Apostolicæ*, 35, qu. 9).

10° Les lettres de justice ne sont adressées qu'à des dignitaires ou des chanoines de cathédrale (*C. Statutum de rescript. in* 6°). Mais les *rescrits* de grâce sont adressés à ceux-là mêmes à qui ils sont accordés, mais l'exécution en est toujours commise à des dignitaires.

11° Dans les *rescrits in forma pauperum*, qu'on appelle de justice, on doit faire mention de l'état des biens de l'impétrant, *secus* dans les *rescrits* de grâce (*Cap. Tuis* ; *cap. Episcopus* ; *cap. Non liceat de præb.* ; *cap. Postulat. de rescript.*).

12° Les *rescrits* de grâce, comme suspects d'ambition, doivent être accordés et interprétés étroitement, et non point les *rescrits* de justice (*Cap. Quamvis de præb. in* 6°).

13° Les *rescrits* de grâce, *rebus adhuc integris*, n'expirent point par la mort de celui qui les a accordés, comme les *rescrits* de justice (*C. Si cui de præb. in* 6° ; *c. Gratum* ; *c. Relatum de offic. deleg.*).

14° Un laïque ne peut impétrer pour lui des *rescrits* de grâce, parce qu'il est incapable de bénéfices ; mais il peut obtenir des *rescrits* de justice ou mixtes (*C. Cum a Deo de rescript.* ; *c. Nonnulli, § fin. de rescript.*).

15° Dans les *rescrits* de grâce, on insère la clause des nonobstances, et non dans les *rescrits* de justice ; on la voit cependant quelquefois dans les uns et dans les autres.

16° Les lettres de grâce sont perpétuelles, les lettres de justice ne servent que pour un an (*Cap. Si autem* ; *cap. Plerumque de rescript.*).

17° Les *rescrits* de justice n'attribuent aucun nouveau droit, ils n'ont pour objet que de commettre la connaissance ou le jugement du droit qui est acquis, au lieu que les *rescrits* de grâce donnent droit à la chose, même avant la vacance de la part du pape.

18° On n'enregistre point les *rescrits* de justice, comme les *rescrits* de grâce.

19° Les *rescrits* de grâce expirent plus difficilement que les *rescrits* de justice.

20° L'omission d'une exception péremptoire ne peut être opposée à l'effet de retarder les *rescrits* de justice ; c'est le contraire à l'égard des *rescrits* de grâce (*C. Cum ordinem de rescript.*).

21° Pour l'effet des *rescrits* de justice, on considère le temps qu'ils ont été présentés, parce que ce n'est que du jour de la présentation que le juge délégué est fondé en juridiction (*C. Ut debitus de appel.*). A l'égard des *rescrits* de grâce, où il n'y a point de condition, on considère le temps de leur date (*C. Eam te, de rescript.; c. Tibi qui ; c. Duobus, de rescript. in* 6°).

22° Dans les *rescrits* de justice, on insère la clause *si preces veritate nitantur*, ou bien elle y est toujours sous-entendue (*C. de rescriptis*). Cette clause n'est point nécessaire dans les *rescrits* de grâce, quoique ce soit assez l'usage de l'y insérer, ou celle-ci : *vocatis vocandis*; la forme sous laquelle l'expédition se fait, décide de cette vérification. La soixante-unième règle de chancellerie porte : *Item, quod in litteris super beneficiis, per constitutionem Execrabilis vacantibus, ponatur clausula*, SI ITA EST, *similiter de quibuscumque narratis informationem facti requirentibus.*

En matière de *rescrits*, le droit canon décide : 1° que le dernier *rescrit* où il n'est pas fait mention du précédent, ne fait rien perdre à celui-ci de sa valeur (*C. Ex parte de offic. et potest. judic. deleg.; c. Cæterum de rescript.*).

2° Celui qui obtient deux *rescrits* pour le même sujet, sans faire mention du premier dans le second, est privé de l'effet de l'un et de l'autre (*C. Ex tenore de rescript.*). Que si le second parle du premier, celui-ci doit être exhibé, sans quoi le second est nul (*C. Ex insinuatione*). Mais il n'est pas nécessaire de faire mention du premier *rescrit*, si le sujet est différent, si le premier *rescrit* est resté inconnu sans signification; si le premier n'étant que général, le second est spécial, *generali enim per speciale derogatur*; si enfin le premier était suranné quand le second a été impétré.

3° Le second *rescrit* en révoquant le premier, ne détruit rien de ce qui a été légitimement fait pour son exécution(*Cap.Causam*). De deux *rescrits* sur le même sujet et à deux différentes personnes, celui qui est le plus tôt présenté l'emporte (*Cap. Capitulum eod; cap. Duobus de rescript. in* 6°).

4° C'est une grande règle en matière de *rescrits*, qu'on doit faire rapporter tout ce qu'ils contiennent à ce qui en fait le principal objet.

Quant à la forme des *rescrits*, elle est différente, selon la différente nature des causes qui en font la matière. Nous remarquerons en général qu'on expédie à Rome les *rescrits* ou lettres apostoliques par bulles, brefs ou signatures. L'on voit sous chacun de ces mots la forme de ces trois sortes d'expéditions, et l'on voit aussi dans quel cas elles ont lieu. Il y a ensuite de certaines expéditions particulières, dont il est parlé dans le cours de l'ouvrage sous les mots de rapport, tels sont les mandats, les rescrits *In forma pauperum, Perinde valere, Rationi congruit, Si neutri*, etc. A l'égard des clauses qu'on insère, le nombre en serait presque infini, à les rappeler dans le détail ; il suffit de connaître les principales, telles que les nonobstances dérogatoires, *Motu proprio, Si ita est*, etc., et de lire ce que nous disons à ce sujet sous les mots BULLE, CLAUSE, MOTU PROPRIO, DÉROGATOIRE.

§ 2. RESCRITS, *autorité, exécution.*

Il n'est point de *rescrit* qui n'ait son adresse et où le pape ne commette quelqu'un pour son exécution. Celui à qui l'exécution est commise, s'appelle en terme de chancellerie *exécuteur*.

Les canonistes nous apprennent qu'on distingue à Rome deux sortes d'exécuteurs de *rescrits*, le simple et le mixte, *merus et mixtus*.

Le premier est celui à qui le pape commet une commission qui doit être exécutée *de plano* sans information, sans contradiction : *ubi nullus prorsus adest contradictor ;* tels sont les *rescrits In forma gratiosa*.

Quand il y a des informations à prendre, des contradicteurs à combattre ou à appeler, l'exécuteur est mixte, parce que sa commission participe alors du gracieux et du contentieux. Tels sont les brefs de dispense, les provisions *In forma dignum* dans les pays d'obédience, et enfin tous les *rescrits* où sont exprimées ou sous-entendues les clauses *Vocatis vocandis, Si ita est, Dummodo non sit alteri quæsitum*, etc., *Sine præjudicio juris tertii*.

Dans les *rescrits* adressés aux exécuteurs simples, sont les clauses *Remota appellatione, Contradictores compescendo,* et *Amoto exinde quolibet illicito detentore*. Ce qui donnant quelquefois lieu à des contestations, fait que l'exécuteur devient mixte, quoiqu'il n'ait d'abord procédé que comme exécuteur simple.

Quand le pape adresse ses *rescrits* aux cardinaux ou évêques, il les qualifie de frères : *Venerabili fratri nostro*. Mais dans les adresses particulières à des cardinaux qui ne sont point évêques, il ne leur donne que la qualité de fils, *Dilecto filio*, ainsi qu'à toutes les autres personnes, soit clercs, prêtres, religieux, religieuses, ou laïques, princes ou princesses ; il y a seulement de plus à l'égard des rois ou reines, les mots *Carissimo* ou *Carissima in Christo filia* : à l'égard des religieuses, *Dilecta in Christo filia*.

Quand le pape désigne dans le *rescrit* l'exécuteur par son propre nom, en parlant de sa dignité, s'il en a une, l'exécution ne passe point aux successeurs ou à d'autres, par subdélégation. L'exécuteur est obligé de remplir sa commission par lui-même, *quia tunc videtur papam elegisse industriam et fidem personæ*. C'est la disposition expresse de la 48ᵉ règle de chancellerie, conforme au chapitre *fin.*, § *Is autem de offic. jur. deleg.*

Item, voluit, statuit et ordinavit quod quotiescumque per signaturam suam, vel de ejus mandato factam, super exequendis aliquibus, cum adjectione proprii nominis vel dignitatis cujusvis judex datur, litteræ desuper expediantur, cum expressione quod idem judex executionem faciat per seipsum. Les canonistes décident que l'on n'est point au cas de cette règle par la clause, *Super quo conscientiam tuam oneramus*.

L'article 1ᵉʳ de la loi du 18 germinal an X, (*Voyez* ARTICLES ORGANIQUES) porte : « Aucune bulle, bref, *rescrit*, décret, mandat, provision, signature servant de provision, ni autres expéditions de la cour de Rome, même ne concernant que les particuliers, ne pourront être reçus, publiés, imprimés, ni autrement mis à exécution, sans l'autorisation du gouvernement. »

Rome s'empressa de réclamer contre de telles entraves. Le parlement lui-même ne les admettait pas, dit le cardinal Caprara, car il exceptait de la vérification les *provisions*, les *brefs de la Pénitencerie et autres expéditions concernant les affaires des particuliers*.

Effectivement les défenses faites aux évêques de mettre à exécution aucun décret ou constitution de Rome, sans autorisation du roi, ne s'appliquaient pas d'abord aux *rescrits* expédiés à Rome pour l'intérêt ou les affaires des particuliers; il n'y avait que quelques provinces, dit Durand de Maillane, où il fallait nécessairement des lettres d'attache ou d'annexe avant l'exécution de toute sorte de *rescrits* publics ou privés, indistinctement. Le parlement de Paris, dans le ressort duquel cette pratique n'avait pas lieu, l'y introduisit par un arrêt du 26 février 1768, qui donna lieu à quelques difficultés dans son exécution, elle fut même sursise par des lettres patentes du roi, du 18 janvier 1772, mais la matière étant plus approfondie dans le conseil du roi, où l'on rapporta l'avis du clergé, on publia la déclaration suivante.

DÉCLARATION *du roi, concernant les bulles, brefs,* rescrits *et autres expéditions venant de cour de Rome, donnée à Versailles le* 8 *mars* 1772. *Registrée en parlement le* 30 *des dits mois et an.*

« Louis, par la grâce de Dieu, roi de France, etc.

« Par nos lettres patentes du 18 janvier dernier, nous avons sursis à l'exécution de l'arrêt de notre parlement du 26 février 1768, en ce qu'il fait inhibition et défenses à tous archevêques, évêques, officiaux et autres, comme aussi à toutes personnes de quelque qualité et condition qu'elles soient, de recevoir, faire lire, publier et imprimer, ni autrement mettre à exécution aucunes bulles, brefs, *rescrits*, décrets, mandats, provisions, signatures servant de provisions, et autres expéditions venant de cour de Rome, même ne concernant que les particuliers, à *l'exception néanmoins des brefs de pénitencerie pour le for intérieur seulement*, sans avoir été présentés à la cour, vus et visités par icelle, à peine de nullité desdites expéditions et de tout ce qui s'en serait ensuivi, et ce jusqu'à ce qu'il en ait été autrement par nous ordonné, et qu'il en soit usé à l'avenir, à cet égard, comme il en a été usé avant ledit arrêt : et voulant aujourd'hui expliquer nos intentions, après nous être fait rendre compte en notre conseil des représentations de la dernière assemblée du clergé, nous avons cru qu'en maintenant l'exécution des lois, maximes et usages de notre royaume, qui ne permettent pas de publier en icelui, ni exécuter aucunes bulles, brefs, *rescrits*, constitutions, décrets et autres expéditions de cour de Rome, sans qu'elles aient été revêtues de nos lettres patentes, registrées en nos cours de parlement, ou vues et examinées par icelles, il était de notre sagesse d'en excepter les bulles, brefs et autres expéditions de cour de Rome qui concernent le for intérieur seulement, même les dispenses de mariages.

« A ces causes et autres à ce nous mouvant, de l'avis de notre conseil et de notre certaine science, pleine puissance et autorité royale, nous avons dit, déclaré et ordonné, et par ces présentes, signées de notre main, disons, déclarons et ordonnons, voulons et nous plaît : Qu'aucunes bulles, brefs, *rescrits*, constitutions, décrets et autres expéditions de cour de Rome ne puissent être publiés ou exécutés dans nos États, sans être revêtus de nos lettres patentes enregistrées en nos cours; et en ce qui touche les provisions de bénéfices et autres expéditions concernant les particuliers, voulons qu'elles ne puissent être exécutées sans avoir été vues et visitées par nos cours de parlement, sans frais, si ce n'est ceux du greffe, que nous avons fixés à quatre livres seulement; voulons qu'il en soit usé de la même manière pour l'enregistrement des lettres patentes qui seront obtenues en exécution de l'édit du mois de novembre 1719, et que les frais d'expéditions de l'arrêt d'enregistrement d'icelles, qui sera délivré à l'impétrant, ne puissent excéder ladite somme de quatre livres. Exceptons néanmoins de ladite visite toutes bulles, brefs ou indults concernant le for intérieur seulement, même les dispenses de mariages, toutes lesquelles expéditions pourront être exécutées sans lettres patentes émanées de nous, ou *visa* préalable de nos cours de parlement; sans préjudice des appels comme d'abus qui pourraient en être interjetés, et sur lesquels il sera statué en la manière accoutumée. Exhortons les archevêques et évêques, et néanmoins leur enjoignons de nous avertir des clauses contraires aux lois, maximes et usages de notre royaume, qui pourraient être insérées auxdites dispenses de mariage; n'entendons au surplus rien innover à ce qui se pratique dans nos provinces de Flandre et d'Artois. Si donnons en mandement à nos amés et féaux conseillers, les gens tenant notre cour de parlement à Paris, que ces présentes ils fassent lire, publier et enregistrer, et le contenu en icelles, garder, observer et exécuter selon la forme et teneur : car tel est notre plaisir; en témoin de quoi nous avons fait mettre notre sceau à cesdites présentes. Donné à Versailles le huitième jour du mois de mars, l'an de grâce mil sept cent soixante douze, et de notre règne le cinquante-septième, etc. »

RÉSERVE

On appelle *réserves* ou *réservations* apostoliques des rescrits ou mandats par lesquels les papes se réservent la nomination et la collation de certains bénéfices, lorsqu'ils viendront à vaquer, avec défense aux électeurs ou collateurs de procéder à l'élection ou collation de ces bénéfices quand ils vaqueront, sous peine de nullité.

§ 1. Origine des RÉSERVES.

On ignore le temps précis où les *réserves* ont commencé; mais l'on sait que Clément IV, qui fut élevé au pontificat l'an 1265, fit le premier une *réserve* générale et absolue de tous les bénéfices qui viendraient à vaquer en cour de Rome : *Licet ecclesiarum personatuum, dignitatum, aliorumque beneficiorum ecclesiasticorum plenaria dispositio ad Romanum noscatur pontificem pertinere, ita quod non solum ipsa, cum vacant, potest de jure conferre, verum etiam jus in ipsis tribuere vacaturis; collationem tamen ecclesiarum personatuum, dignitatum et beneficiorum apud sedem apostolicam vacantium, specialius cæteris antiqua consuetudo romanis pontificibus reservavit* (*C*. 2, *de præbend*. in 6°).

Cette *réserve* déplut aux collateurs : on la restreignit à un mois dans le concile général de Lyon, tenu l'an 1274, d'où a été tiré le chapitre *Statutum eod. tit. in* 6°, c'est-à-dire, que ce concile ordonna que, si le pape ne conférait pas, dans le mois de la vacance, les bénéfices vacants *in curia*, les collateurs ordinaires pourraient les conférer.

Boniface VIII et Clément V renouvelèrent cette *réserve* absolue des bénéfices vacants *in curia* (*Extravag. comm.; c. Piæ* 1, *c*. 3, *de præbend.*).

Le pape Jean XXII, par sa constitution *Execrabilis*, se réserva la collation de tous les bénéfices dont seraient obligés de se démettre ceux qui seraient pourvus d'autres bénéfices incompatibles.

Benoît XII, successeur de Jean XXII, autorisé par tous ces exemples, particulièrement par la doctrine de Clément IV, dans la décrétale rapportée ci-dessus, se réserva (*in cap. Ad regimen* 12, *de præb. in extrav. commun*.), non-seulement la provision de tous les bénéfices qui vaqueraient *in curia*, mais encore de tous ceux qui viendraient à vaquer par la privation des bénéficiers, ou par leurs translations à d'autres bénéfices; de tous ceux qui seraient remis entre les mains du pape; de tous les bénéfices des cardinaux, légats, nonces, trésoriers des terres de l'Eglise romaine, et des clercs qui, allant à Rome, pour affaires, mourraient, soit en allant ou en revenant, ou à deux journées environ de cette cour; et, enfin, de tous les bénéfices qui vaqueraient à cause que leur possesseur en aurait reçu quelque autre.

Les *réserves* ont été abolies en France par le concordat fait entre Léon X et François Ier (*Voyez* CONCORDAT de Léon X, rub. 2).

§ 2. Diverses sortes de RÉSERVES.

Les *réserves* sont ou générales ou spéciales. Les *réserves* générales sont celles qui tombent sur tous les bénéfices d'un royaume ou d'un certain lieu, ou sur certaines dignités. Les *réserves* spéciales sont celles qui ne regardent qu'un certain bénéfice en particulier. Les canonistes rapportent à quatre chefs les bénéfices dont les papes se sont réservés la disposition. 1° La *réserve* à raison du lieu où ces bénéfices ont vaqué, c'est l'espèce de la *réserve* fondée sur la vacance *in curia*; 2° la *réserve* fondée sur le temps dans lequel la vacance de certains bénéfices est arrivée : cette *réserve* a lieu dans les églises où l'on suit la règle *de reservatione mensium et alternativa* (*Voyez* ALTERNATIVE); 3° la *réserve* fondée sur la qualité des personnes qui possédaient les bénéfices qui ont vaqué : elle comprend les premières dignités des cathédrales et les principales dignités des collégiales, dont le revenu excède la valeur de dix florins d'or (Van-Espen, *Jur. eccles. univ.* tom. II, pag. 844 et suiv.).

Il y a encore des *réserves* qu'on appelle mentales ou tacites; c'est lorsque le pape marque dans une bulle ou bref qu'il veut disposer d'un tel bénéfice en faveur d'une personne qu'il ne nomme point. On dit aussi qu'un bénéfice est réservé au pape d'une manière tacite, par la voie de l'affectation, *affectione* (*Voyez* AFFECTATION).

RÉSIDENCE.

On appelle *résidence* la demeure continuelle que fait un bénéficier dans le lieu où est situé son bénéfice, afin qu'il soit toujours prêt à le desservir.

La stabilité des clercs, attachés anciennement dans les églises où ils avaient été placés par leur ordination, emportait nécessairement l'obligation d'y résider. Les canons des anciens conciles sont, à cet égard, très-formels; nous ne rapporterons que le seizième du concile de Nicée, après avoir renvoyé à ceux qui se voient sur la même matière, sous les mots EXEAT, TITRE, STABILITÉ.

Quicumque ac periculose neque timorem Dei præ oculis habentes, nec ecclesiasticam regulam agnoscentes discedunt ab ecclesia, presbyteri, aut diaconi, vel quicumque sub regula prorsus existunt : hi nequaquam debent in aliam ecclesiam recipi, sed omnem necessitatem convenit illis imponi, ut ad suas parochias revertantur; quod si non fecerint, oportet eos communione privari. Si quis autem ad alium pertinentem audacter invadere, et in sua ecclesia ordinare tentaverit non consentiente episcopo, a quo discessit is qui regulæ mancipatur, ordinatione hujuscemodi irrita comprobetur (Can. 16).

Les conciles, jusqu'à celui de Trente, ont fait des règlements en conséquence; mais comme ils n'ont rien de plus particulier que ceux du concile de Trente même, nous nous bornerons à rapporter ces derniers, en les appliquant à chaque espèce de bénéfices qui, selon la discipline présente de l'Eglise, demandent *résidence*.

Ces bénéfices sont d'abord tous ceux auxquels est attachée la charge des âmes, et de ce nombre sont les archevêchés et évêchés, dont les prélats sont chargés des âmes de tout le diocèse;

Les curés, dont les pasteurs, députés pour soulager l'évêque, veillent immédiatement sur la conduite des âmes de chaque paroisse;

Les abbayes et prieurés conventuels et réguliers, dont les possesseurs sont nommés prélats dans l'Eglise, et sont chargés du soin de leurs communautés;

Les chanoines sont aussi obligés à la *résidence*.

1° Pour ce qui concerne la *résidence* des archevêques et évêques, elle a toujours été très-expressément recommandée par les canons, dans tous les siècles (*Tit. de Cleric. non resid.*). On peut voir, à cet égard, Thomassin, *part.* I, *liv.* II, *ch.* 31; *part.* II, *liv.* II, *ch.* 46; *part.* III, *liv.* II, *ch.* 50; *part.* IV, *liv.* II, *ch.* 70. Mais la *résidence* était beaucoup négligée au temps du concile de Trente, dont voici le règlement à l'égard des prélats supérieurs (session XXIII, ch. 1, *de Reform.*) :

« Étant commandé, de précepte divin, à tous ceux qui sont chargés du soin des âmes, de reconnaître leurs brebis, d'offrir pour elles le sacrifice, et de les repaître par la prédication de la parole de Dieu, par l'administration des sacrements et par l'exemple de toutes sortes de bonnes œuvres, comme aussi d'avoir un soin paternel des pauvres et de toutes les autres personnes affligées, et de s'appliquer incessamment à toutes les autres fonctions pastorales, et n'étant pas possible que ceux qui ne sont pas auprès de leur troupeau, et qui n'y veillent pas continuellement, mais qui l'abandonnent comme des mercenaires, puissent remplir toutes ces obligations, et s'en acquitter comme ils doivent, le saint concile les avertit et les exhorte que, se ressouvenant de ce qui leur est commandé de la part de Dieu, et se rendant eux-mêmes l'exemple et le modèle de leur troupeau, ils le repaissent et le conduisent selon la conscience et la vérité. Et de peur que les choses qui ont été ci-devant saintement et utilement ordonnées, sous Paul III, d'heureuse mémoire, touchant la *résidence*, ne soient tirées à des sens éloignés de l'esprit du saint concile, comme si, en vertu de ce décret, il était permis d'être absent cinq mois de suite et continus, le saint concile, suivant et conformément à ce qui a déjà été ordonné, déclare que tous ceux qui, sous quelque nom et quelque titre que ce soit, sont préposés à la conduite des églises patriarcales, primatiales, métropolitaines et cathédrales, quelles qu'elles puissent être, quand ils seraient même cardinaux de la sainte Eglise romaine, sont tenus et obligés de résider en personne dans leurs églises et diocèses, et d'y satisfaire à tous les devoirs de leurs charges, et qu'ils ne s'en peuvent absenter que pour les causes et aux conditions ci-après; car, comme il arrive quelquefois que les devoirs de la charité chrétienne, quelque pressante nécessité, l'obéissance qu'on est obligé de rendre, et même l'utilité manifeste de l'Eglise ou de l'Etat, exigent et demandent que quelques-uns soient absents; en ce cas, le même saint concile ordonne que ces causes de légitime absence seront par écrit reconnues pour telles par le très-saint père ou par le métropolitain, ou, en son absence, par le plus ancien évêque suffragant qui sera sur les lieux, auquel appartiendra aussi d'approuver l'absence du métropolitain, si ce n'est lorsque ces absences arriveront à l'occasion de quelque emploi ou fonction dans l'Etat, attachée aux évêchés mêmes; car ces causes étant notoires à tout le monde, et les occasions survenant quelquefois inopinément, il ne sera pas nécessaire d'en donner avis au métropolitain, qui d'ailleurs aura soin lui-même de juger avec le concile provincial des permissions qui auront été accordées par lui ou par ledit suffragant, et de prendre garde que personne n'abuse de cette liberté, et que ceux qui tomberont en faute soient punis des peines portées par les canons.

« A l'égard de ceux qui seront obligés de s'absenter, ils se souviendront de pourvoir si bien à leur troupeau, avant de le quitter, qu'autant qu'il sera possible, il ne souffre aucun dommage de leur absence. Mais parce que ceux qui ne sont absents que pour peu de temps, ne sont pas estimés comme être absents, dans le sens des anciens canons, à cause qu'ils doivent être incontinent de retour, le saint concile veut et entend que, hors les cas marqués ci-dessus, cette absence n'excède jamais, chaque année, le temps de deux mois ou trois, tout au plus, soit qu'on les compte de suite ou à diverses reprises, et qu'on y ait égard que cela n'arrive que pour quelque sujet juste et raisonnable, et sans aucun détriment du troupeau. En quoi le saint concile se remet à la conscience de ceux qui s'absentent, espérant qu'ils auront timorée et sensible à la piété et à la religion, puisqu'ils savent que Dieu pénètre le secret des cœurs, et que, par le danger qu'ils courraient eux-mêmes, ils sont obligés de faire son œuvre sans fraude ni dissimulation. Il les avertit cependant et les exhorte, au nom de Notre-Seigneur, que si leurs devoirs épiscopaux ne les appellent en quelque autre lieu de leur diocèse, ils ne s'absentent jamais de leur église cathédrale pendant l'Avent ni le Carême, non plus qu'aux jours de la naissance et de la résurrection de Notre-Seigneur, de la Pentecôte et de la fête du Saint-Sacrement, auxquels jours particulièrement les brebis doivent être repues et être récréées en Notre-Seigneur de la présence de leur pasteur.

« Que si quelqu'un (et Dieu veuille pourtant que cela n'arrive jamais!) s'absentait contre la disposition du présent décret, le saint concile, outre les autres peines établies et renouvelées sous Paul III, contre ceux qui ne résident pas, et outre l'offense du péché mortel qu'il encourrait, déclare qu'il n'acquiert point la propriété des fruits de son revenu échus, pendant son absence, et qu'il ne peut les retenir en sûreté de conscience sans qu'il soit besoin d'autre déclaration que la présente; mais qu'il est obligé de les distribuer à la fabrique des églises ou aux pauvres du lieu, et s'il y manque, son supérieur ecclésiastique y tiendra la main, avec défense expresse de faire ni passer aucun accord, ni composition qu'on appelle en ces cas ordinairement une convention, pour les fruits mal perçus, par le moyen de laquelle tous lesdits fruits ou partie d'iceux lui seraient remis, nonobstant tous priviléges accordés à quelque collége ou fabrique que ce soit. »

Les règlements faits sous Paul III, dont parle ce décret, sont à la sixième session, chapitre 1 et 2, du décret de réformation. Le concile, après avoir représenté en cet endroit la sollicitude avec laquelle le Saint-Esprit oblige les évêques de gouverner l'Eglise de Dieu, ne punit leur absence par la privation de la quatrième partie des fruits qu'après qu'elle a duré six mois, et n'ordonne la même peine qu'après six autres mois, ce qui était susceptible de l'abus dont parle ce décret, et auquel il a voulu obvier.

2° La *résidence* est également, et même plus expressément enjointe aux curés qu'aux évêques, par les lois ecclésiastiques; sans rappeler d'autres autorités, voici la continuation du décret du concile de Trente, qui regarde non-seulement les curés, mais aussi tous ceux qui possèdent des bénéfices à charge d'âmes.

« Déclare et ordonne, le même saint concile, que toutes les mêmes choses, en ce qui concerne le péché, la perte des fruits et les peines, doivent avoir lieu à l'égard des pasteurs inférieurs, et de tous autres qui possèdent quelques bénéfices ecclésiastiques que ce soit, ayant charge d'âmes; en sorte, néanmoins, que lorsqu'il arrivera qu'ils s'absenteront pour quelque cause dont l'évêque aura été informé, et qu'il aura approuvée auparavant, ils soient obligés de mettre en leur place un vicaire capable, approuvé pour tel par l'ordinaire même, auquel ils assigneront un salaire raisonnable et suffisant. Cette permission d'être absent leur sera donnée par écrit et gratuitement, et ils ne la pourront obtenir que pour l'espace de deux mois, si ce n'est pour quelque occasion importante.

« Que si étant cités par ordonnance à comparaître, quoique ce ne fût pas personnellement, ils se rendaient rebelles à la justice; veut et entend, le saint concile, qu'il soit permis aux ordinaires de les contraindre et procéder contre eux par censures ecclésiastiques, et par séquestre et soustraction de fruits, et par autres voies de droit, même jusqu'à la privation de leurs bénéfices, sans que l'exécution de la présente ordonnance puisse être suspendue par quelque privilége que ce soit, permission, droit de domestique ni exemption, même à raison de la qualité de quelque bénéfice que ce soit, non plus que par aucun pacte ni statut, quand il serait confirmé par serment ou par quelque autorité que ce puisse être, ni par aucune coutume même de temps immémorial, laquelle en ces cas doit plutôt être regardée comme un abus, et sans égard à aucune appellation ni défense, même de la cour de Rome, ou en vertu de la constitution d'Eugène. Enfin, le saint concile ordonne que tant le présent décret que celui qui a été rendu sous Paul III, soient publiés dans les conciles provinciaux et épiscopaux; car il souhaite extrêmement que les choses qui regardent si fort le devoir des pasteurs et le salut des âmes, soient souvent répétées et profondément gravées dans l'esprit de tout le monde, afin que, moyennant l'assistance de Dieu, elles ne puissent jamais être abolies à l'avenir par l'injure du temps, par l'oubli des hommes ou par le non usage. »

Voyez sous le mot ABSENCE, ce que la loi civile a statué relativement aux curés qui ne résident pas dans leurs paroisses, ou qui s'en absentent pour cause de maladie, ou qui en sont éloignés pour cause de mauvaise conduite.

3° Les abbés et autres prélats réguliers sont compris dans le règlement ci-dessus du concile de Trente, qui, comme il y est dit expressément, regarde tous les bénéficiers ayant charge d'âmes. C'est à l'évêque à juger des causes légitimes d'absence, à l'égard des abbés et autres supérieurs religieux (Session VI, ch. 2, *de Reform.*).

4° Quant aux chanoines, il faut distinguer l'absence momentanée du chœur ou des offices, d'avec une longue absence.

« Il ne sera permis, dit le concile de Trente, (session XXIV, ch. 12, *de Reform.*) en vertu d'aucuns statuts ou coutumes, à ceux qui possèdent dans lesdites cathédrales ou collégiales, soit dignités, canonicats, prébendes ou portions, d'être absents desdites églises plus de trois mois par chaque année, sans préjudice, pourtant des constitutions des églises qui demandent un plus long service: autrement, chacun des contrevenants sera privé la première fois de la moitié des fruits qu'il aura faits siens, à raison même de sa prébende et de sa résidence; que s'il retombe une seconde fois dans une pareille négligence de son devoir, il sera privé de tous les fruits qu'il aurait acquis cette année-là, et s'il y en avait qui persévérassent dans leur contumace, on procédera contre eux suivant les constitutions des saints canons.

« A l'égard des distributions, ceux qui se trouveront aux heures prescrites les recevront, et tous les autres, sans collusion, ni remise, en seront privés suivant le décret de Boniface VIII, qui commence par le mot *Consuetudinem*, que le saint concile remet en usage, nonobstant tous autres statuts et coutumes. » (*Voyez* DISTRIBUTION.)

On a remarqué que les trois mois de vacance que donne le concile aux chanoines pour gagner les gros fruits, ne sont pas pour s'absenter *ad libitum*, et sans cause; mais seulement pour le faire sans avoir besoin d'obtenir à cet effet la permission du supérieur, et pour cause raisonnable, jugée telle en leur conscience; c'est-à-dire, que le concile ne leur donne pas trois mois de vacance, mais défend de s'absenter plus de trois mois; de sorte que c'est plutôt une tolérance qu'une permission (Van-Espen, *de jure eccles. part.* I, *tit.* 1, *cap.* 9, *n.* 5). C'était donc bien aller contre l'esprit de cette loi, que de prétendre y satisfaire, sous prétexte que chacune des absences n'était jamais de trois mois entiers. Le concile de Bordeaux en 1624, condamna cet artifice, et ordonna que dans les trois mois pendant lesquels les chanoines peuvent s'absenter sans encourir aucune peine, on comprendra toutes les absences de l'année, quoique séparées, et que l'on punira, selon la rigueur des canons, les violateurs du précepte de la *résidence* (Thomassin, *part.* IV, *liv.* II, chap. 71).

Quand l'absence est considérable, on procède alors par monitions à l'égard de toutes sortes de bénéficiers obligés à la *résidence*. Le pape Innocent III écrivait à l'archevêque de Palerme que ceux qui s'absentent de leurs églises pendant six mois, en doivent être privés, lorsqu'après trois monitions canoniques, ils ne sont pas revenus pour les desservir (*Cap.* 11, *Ex tuo, de cleric. non residentib.; c. Ex parte eod.*). Les canonistes disent que les monitions doivent être faites de deux en deux mois, en sorte qu'après l'expiration de l'année, le bénéfice de l'absent est vacant et impétrable; tel est le style de la chancellerie. Dans les provisions qui s'y accordent sur ce genre de vacance, on omet cette clause: *Ex eo quod spretis ordinarii loci monitionibus, ab anno et ultra residere negligit.* Ces termes font clairement entendre que la vacance par désertion ne peut avoir lieu, si les monitions n'ont pas été faites, et que c'est à l'ordinaire du lieu à les faire. C'est la disposition des chapitres 8 et 10 du titre *de Clericis non resid.*

Au surplus, les canonistes distinguent trois sortes de *résidence:* la précise, la causative, et la momentanée.

La *résidence* précise est celle qui est requise précisément, sous peine de la privation du titre du bénéfice.

La *résidence* causative est celle qui n'est requise que sous peine de la perte des fruits.

Enfin, la *résidence* momentanée s'entend de celle qui n'est pas continuelle, mais dont on peut s'acquitter par intervalle de temps à autre: *Quandoque requiritur continua residentia præcisa, sub privatione tituli; quandoque requiritur residentia non continua, sed in certis temporibus; et quandoque requiritur residentia continua, non tamen simpliciter, sed causative et solum respectu privationis fructuum, ita quod licet non residendo privetur fructibus, titulo tamen privari non possit* (Navarre, *cons.* IV, *n.* 1). Ces mêmes canonistes prétendent que la vacance pour cause d'incompatibilité n'a lieu que dans le premier cas.

La congrégation du concile a déclaré relativement à la *résidence*, 1° que les curés sont obligés à résider si la maladie les surprend dans leur paroisse; 2° s'il est nécessaire, pour leur guérison, de les transporter ailleurs, l'évêque peut le leur permettre pour trois ou quatre mois. 3° La vieillesse n'excuse point les curés de la *résidence*. 4° Les chanoines, dans leur extrême vieillesse, gagnent les distributions, même quoique absents, s'ils avaient accoutumé de résider. 5° L'évêque peut dispenser de la *résidence* les chanoines mais non pas les curés, pour les employer aux visites, aux séminaires, et à la conduite des religieuses. 6° L'évêque ne doit donner qu'un an de dispense à un curé qui ne peut résider qu'avec un danger évident de sa vie, à cause de ses ennemis. Si ces inimitiés doivent durer, il doit le porter à se défaire de sa cure, puisque le concile de Trente a révoqué tous les indults perpétuels de ne point résider, même pour des causes justes. 7° Les curés sont obligés à la *résidence* nonobstant la malignité de l'air (Fagnan *in lib.* III *decret., part.* I, pag. 78).

RÉSIGNATION.

On distingue trois sortes de *résignations*, les démissions simples, les démissions pour cause de permutation et les démissions en faveur, que l'on appelle ordinairement *résignations*. Nous avons parlé des deux premières aux articles DÉMISSION, PERMUTATION. Celui-ci sera consacré aux *résignations* en faveur.

On appelle *résignation* en faveur l'acte par lequel un titulaire renonce à son bénéfice entre les mains du supérieur, à la charge qu'il en disposera au profit de celui qu'il lui nomme, faute de quoi il entend que sa renonciation demeure nulle et sans effet.

On trouve dans l'histoire ecclésiastique des exemples de plusieurs grands et saints personnages qui ont désigné leurs successeurs dans les évêchés que leur grand âge ou leurs infirmités ne leur permettaient plus d'occuper. C'est ainsi que saint Alexandre nomma saint Athanase pour son successeur dans le siège d'Alexandrie, et que saint Athanase choisit saint Pierre pour remplir le même siège après lui. Saint Augustin fut choisi par l'évêque Valère, non-seulement pour lui succéder, mais même pour gouverner conjointement avec lui l'église d'Hippone. Saint Augustin lui-même dit à son peuple assemblé avec son clergé: Je veux que le prêtre Eraclius soit mon successeur; les notaires de l'église écrivent comme vous voyez; en un mot, nous faisons un acte ecclésiastique. Car je veux que cela soit assuré, autant qu'il se peut, devant les hommes. Je ne veux cependant pas qu'on fasse pour lui ce qu'on a fait pour moi, ce que le concile de Nicée a défendu. Mon père Valère vivait encore lorsque je fus ordonné évêque, et je tins ce siège avec lui. Mais nous ne savions pas ni lui ni moi là-dessus la défense du concile. Je ne veux donc pas qu'on reprenne dans Eraclius ce qu'on a repris dans moi. Il demeurera prêtre comme il est, et sera évêque quand il plaira à Dieu.

Ce langage de saint Augustin à son clergé et à son peuple paraîtrait étonnant, si l'on n'en connaissait les motifs. Je sais, dit-il, combien les églises sont ordinairement troublées après la mort des évêques, et autant que je puis, je dois empêcher que ce malheur n'arrive à celle-ci; je vous déclare donc à tous ma volonté que je crois être celle de Dieu.

Si tous les évêques eussent été comme saint Augustin, il n'y aurait sans doute point eu d'inconvénients à leur laisser le libre choix de leurs successeurs. Cela eût prévenu les brigues dans les élections; mais d'un autre côté, on eût donné aux évêques ambitieux la facilité de transmettre leur siège, comme par droit héréditaire, à ceux qu'ils affectionnent, et particulièrement à leurs neveux. Pour parer à cet abus, et maintenir la liberté des élections, le concile d'Antioche de l'an 341, défendit aux évêques, par son vingt-troisième canon, de se donner des successeurs. *Episcopo non licet post se alterum successorem sibi constituere, licet ad exitum vitæ perveniat. Quod si tale aliquid factum fuerit, irrita sit hujusmodi ordinatio. Custodiri autem oportet ecclesiastica constituta, quæ se ita continent non posse aliter episcopum fieri nisi in concilio, et consensu episcoporum eorum duntaxat, qui post obitum ejus qui præcessit habuerint potestatem cum qui dignus fuerit provehendi.*

On voit que dès le cinquième siècle, les simples prêtres s'efforçaient de transmettre leurs bénéfices à des personnes de leur choix. Dans un concile tenu à Rome en 465, le pape Hilaire se plaignit de ce que, *plerique sacerdotes in mortis confinio constituti, in locum suum alios designatis nominibus subrogant, ut scilicet non legitima expectetur electio, sed defuncti gratificatio pro populi habeatur assensu, credentes sacerdotium sicut res caducas atque mortales legali aut testamentario jure posse dimitti.* Tous les Pères du concile s'écrièrent unanimement: *Hæc præsumptio nunquam fiat: quæ Dei sunt, ab homine dari non possunt.*

L'Eglise s'est toujours fortement opposée à ce que les bénéfices devinssent héréditaires. Il serait trop long de rapporter ici toutes les lois qu'elle a portées à ce sujet. Nous nous contenterons de citer le premier concile général de Latran. *Auctoritate prohibemus apostolica ne quis ecclesias, præposituras capellanias, aut aliqua ecclesiastica officia hæreditario jure valeat vindicare, aut expostulare præsumat; quod si quis improbus, aut ambitionis reus attentare præsumpserit, debita pœna mulctabitur et postulatis carebit.*

On ne doit donc pas être étonné de ne trouver dans le corps du droit canon, rien qui ait un rapport direct avec les *résignations* en faveur. En effet ce n'est qu'à la fin du quatorzième siècle, ou au commencement du quinzième, que l'on a commencé d'insérer dans les démissions des prières ou des recommandations en faveur de celui que le résignant affectionnait. Jusqu'en 1520, ou environ, dit Piales, la *résignation* avait été pure et simple quant à la forme: elle était seulement accompagnée d'une prière en faveur du résignataire.

En 1549, on retrancha tout ce qui pouvait caractériser une démission pure et simple: on n'employa plus les prières; on se contenta de mettre dans les procurations, *ad resignandum in manus*, etc. *in favorem tamen.*

Les *résignations* ne sont donc pas bien anciennes dans l'Eglise. Elles sont même contraires à l'esprit et à la lettre des lois canoniques. Le concile de Bourges, tenu en 1584, les défend expressément. Ce qui s'est passé à ce sujet dans le concile de Rome en 1538, sous Paul III, et au concile de Trente suivant les instructions des ambassadeurs de Charles IX en est une preuve.

Quoi qu'il en soit de l'origine des *résignations* et des inconvénients qu'on y trouvait, elles n'existent plus aujourd'hui: ce qui nous dispense d'examiner avec les canonistes quels sont les bénéficiers qui pouvaient résigner, quels bénéfices étaient sujets à la *résignation*, en faveur de qui les *résignations* pouvaient être faites, quels supérieurs pouvaient les admettre, leur forme, leurs effets, etc.; on peut voir dans les Mémoires du clergé, ou dans Durand de Maillane toutes ces questions fort bien traitées, d'après les principes de l'ancienne discipline relative aux bénéfices.

RESTITUTION.

On entend par ce mot la *restitution* du bien mal acquis; ce qui s'applique aux obligations intérieures de la conscience. Elle n'est point, par conséquent, de notre ressort. Voyez cependant le mot OFFICE DIVIN.

RÉTRIBUTION.

(*Voyez* BIENS D'ÉGLISE, OBLATIONS, CASUEL.)

REVALIDATION.

En termes de chancellerie, c'est une seconde grâce que le pape accorde pour revalider, c'est-à-dire pour donner force et valeur à une grâce précédente rendue sans effet par quelque nullité ou autrement (*Voyez* RÉFORMATION, COURONNEMENT, PERINDE VALERE, RATIFICATION).

RÉVÉLATION.

Révéler une chose c'est la déclarer publiquement ou secrètement. Nous appliquons ici ce mot à trois objets: 1° à la *révélation* de la confession sacramentelle; 2° à la *révélation* sur monitoire; 3° à la *révélation* des empêchements de mariage. Sur ces trois objets, voyez CONFESSEUR, MONITOIRE, BAN.

RÉVISEURS.

Les *réviseurs* sont des officiers de la chancellerie romaine, d'une expérience consommée, et commis par le dataire pour recevoir les suppliques et les réduire aux termes de droit, des règles de chancellerie, et suivant les intentions du pape. Ils mettent *expediantur litteræ* au bas des suppliques, lorsqu'il faut des bulles, et un C majuscule quand ce sont des matières sujettes à componende.

Après que les *réviseurs* ont revu et corrigé les suppliques, ils mettent la première lettre de leur nom à la marge de la supplique, en bas, à l'extrémité à gauche. Ces suppliques, ainsi revues et corrigées, sont déposées à l'audience du dataire entre les mains de l'officier *de missis*, où chaque expéditionnaire peut les faire arrêter s'il trouve que les *réviseurs* y aient ajouté ou diminué quelque chose contre l'intention du commettant. On paie à cet officier la copie desdites suppliques, que l'on est obligé de prendre souvent, pour être plus assuré des restrictions qui y peuvent avoir été mises; et quand on ne la prendrait pas, on paie toujours le droit de copie. L'office *de missis* est ainsi appelé parce que de là les suppliques sont envoyées au registre par une petite note qu'un clerc du registre met au dos de la supplique, ce qui tient lieu de *missa* (*Voyez* REGISTRATEUR, PROVISIONS).

Quant aux *réviseurs per obitum* et des matrimoniales, voyez DATERIE.

RÉVOCATION.

Ce mot s'applique proprement à l'acte par lequel on retire les pouvoirs qu'on avait donnés à une personne comme mandataire ou procureur.

On se sert du mot DESTITUTION quand il s'agit d'ôter à quelqu'un une charge ou dignité.

On se sert aussi dans ce cas du mot PRIVATION; quelquefois même on emploie le mot DÉPOSITION, bien que, dans le vrai sens des canons, ce dernier mot ne dût s'appliquer qu'à cette peine qui prive un ecclésiastique de l'exercice des ordres qu'il a reçus.

RIT, RITUEL.

Le *rit* ou *rite* est la manière de célébrer le service divin et de faire les cérémonies de l'Eglise, ce qui n'entre point dans le plan de cet ouvrage. Le *rituel* est le livre où se trouvent ces cérémonies. Chaque diocèse a le sien, et il s'en trouve où les évêques ne laissent rien à désirer, non-seulement sur les offices, mais encore sur la manière d'administrer les sacrements (*Voyez* SACREMENTS, SCIENCE).

Il y a à Rome une congrégation de cardinaux qu'on appelle la congrégation des *rites*, établie pour régler et décider les difficultés qui peuvent naître sur cette matière (*Voyez* CONGRÉGATION). On distingue le *rit* grec d'avec le *rit* romain.

ROCHET.

Le *rochet* est un ornement d'évêque ou d'abbé, en forme de surplis, à manches étroites comme celles d'une aube. Tous les prêtres, dans beaucoup de diocèses, s'en servent actuellement, à l'exclusion du surplis (*Voyez* HABIT, ABBÉ).

ROTE.

La *rote* est une cour ou juridiction particulière composée de douze membres, recevant la dénomination d'auditeurs de *rote*. Le tribunal de la *rote* est fort ancien dans Rome; il fut établi pour soulager le pape dans le jugement des affaires qui, n'étant point consistoriales, se traitaient dans le sacré palais, devant Sa Sainteté et ses chapelains, d'où vient le nom d'auditeurs à ceux qui représentent ces anciens chapelains. Le nom de *rote* fut donné au tribunal, soit parce que les juges y servent tour à tour, soit parce que toutes les affaires, et les plus importantes, y roulent successivement, soit enfin, comme dit Ducange, parce que le pavé de la chambre était autrefois de porphyre et taillé en forme de roue.

Dans les premiers temps, la *rote* avait été composée presque uniquement d'Italiens; mais, comme beaucoup d'affaires ecclésiastiques allemandes, espagnoles et françaises ressortissaient à ce tribunal et se trouvaient ainsi jugées exclusivement par des Italiens, il fut convenu que l'Allemagne nommerait un auditeur allemand, l'Espagne un auditeur aragonais et un auditeur castillan, et la France un auditeur français, et que les huit autres places seraient dévolues à huit Italiens, savoir: trois Romains, un Toscan ou un Pérugin à tour de rôle, un Milanais, un Bolonais, un Ferrarais et un Vénitien. Les quatre juges étrangers à l'Italie sont présentés par leurs nations respectives, institués par le pape et déclarés inamovibles. Chaque auditeur a quatre clercs ou notaires sous lui. Ils jugent de toutes les causes bénéficiales et profanes, tant de Rome que des provinces de l'État ecclésiastique, en cas d'appel, et de tous les procès des États du pape, au-dessus de cinq cents écus. Les décisions de la *rote* sont exactement recueillies, mais elles n'ont parmi nous qu'une autorité semblable à des déclarations des cardinaux, dont il est parlé sous le mot CONGRÉGATION.

Le juge des confidences de la *rote* porte l'habit violet de prélat, avec le rochet, et il a place dans la chapelle papale, sous les protonotaires participants. Il a droit de connaître si, dans les résignations et permutations de bénéfices, il y a quelque confidence, c'est-à-dire quelque pacte simoniaque, et de punir les coupables par la confiscation de leurs bénéfices.

RUBRIQUE.

On donne ce nom au titre d'un livre ou d'un chapitre, ou même d'un paragraphe, dans le corps du droit canon, à raison de ce que ces sommaires étaient autrefois écrits en lettres rouges. On entend aussi par ce mot l'ordre et les règles pour bien célébrer l'office divin, d'où viennent les *rubriques* générales en forme de préface au commencement des bréviaires. On appelle aussi de ce nom certaines petites règles qui étaient ordinairement imprimées en rouge dans le corps du bréviaire pour marquer ce qu'il faut dire dans les divers temps de l'année à chacune des heures canoniales. Gavantus a fait un traité de toutes ces choses, que l'on a commenté et beaucoup étendu dans la suite.

Burcard, maître des cérémonies sous les papes Innocent VIII et Alexandre VI, sur la fin du quinzième siècle, est le premier qui ait mis au long l'ordre et les cérémonies de la messe dans le pontifical imprimé à Rome en 1485, et dans le sacerdotal publié quelques années après. On joignit ces *rubriques* à l'ordinaire de la messe dans quelques missels; le pape saint Pie V les fit mettre dans l'ordre et sous les titres qu'elles portent encore aujourd'hui. Dès lors on a placé dans les missels les *rubriques* que l'on doit observer en célébrant la messe, dans les rituels celles qu'il faut suivre en administrant les sacrements, etc., et dans les bréviaires celles qu'il faut garder dans la récitation ou dans le chant de l'office divin.

S

SACERDOCE.

(*Voyez* ORDRE, PRÊTRE.)

SACERDOTAL.

Ce mot s'applique à un bénéfice auquel est attaché l'ordre de prêtrise, ou même un autre ordre; c'est-à-dire, que celui qu'on en pourvoit, doit être prêtre nécessairement; delà vient qu'on le nomme *bénéfice sacerdotal*.

On appelle aussi titre *sacerdotal* le patrimoine que l'on avait coutume d'affecter à l'ordination des prêtres.

SACRE.

Il est parlé du *sacre* des rois sous le mot CONSÉCRATION. Celui du roi de France se faisait en l'église de Reims, avec l'huile de la sainte ampoule, que l'on dit avoir été envoyée du ciel à saint Remi pour cet effet. On remarque que Pépin, dit le Bref, est le premier roi de France qui se soit fait couronner et sacrer avec les cérémonies de l'Eglise. Charles X est le dernier roi qui ait été sacré.

L'empereur Napoléon se fit sacrer dans la cathédrale de Paris, par le pape Pie VII, le 2 décembre 1804.

Quant au *sacre* des évêques, voyez CONSÉCRATION.

SACRÉ.

(*Voyez* CHOSES, CONSÉCRATION.)

SACREMENTS.

Le mot de *sacrement*, en général, est employé dans les saintes Ecritures pour signifier une chose secrète et sacrée. Dans le livre de la Sagesse, il est dit que les méchants n'ont pas connu les secrets de Dieu : *Nescierunt sacramenta Dei* (Chap. II). Ce mot, pris dans une signification moins étendue, signifie une chose sainte et sacrée, en tant qu'elle dévoue les hommes à Dieu, et en ce sens il a la même signification que celui de mystère, mot grec qui veut dire le signe extérieur d'une chose sacrée et secrète. Ainsi saint Paul, en parlant du mystère de l'Incarnation dit : *Manifeste magnum est pietatis sacramentum, quod manifestatum est in carne*.

Le mot de *sacrement* a été mis en usage dès les premiers siècles de l'Eglise, pour signifier les *sacrements* que Jésus-Christ a institués. En effet, les saints Pères ont attribué les mêmes significations à ces deux mots de mystère et de *sacrement*.

Les *sacrements* de la nouvelle loi, selon la définition du catéchisme du concile de Trente, sont des signes sensibles qui, par l'institution divine, ont la vertu de signifier et de produire la sainteté et la justice : ils ont tous été institués par Jésus-Christ, et le saint concile de Trente prononce anathème contre ceux qui soutiennent le contraire : *Si quis sacramenta novæ legis*, etc., *non fuisse omnia a Jesu-Christo Domino nostro instituta, anathema sit* (Sess. XXI, c. 2). Et en effet, il n'y a que Dieu seul qui ait pu donner aux *sacrements*, par sa puissance souveraine, la vertu et la force qu'ils ont.

§ 1. SACREMENTS *en général*.

Il y a sept *sacrements* dans l'Eglise. Le concile de Trente frappe d'anathème ceux qui disent le contraire : *Si quis dixerit sacramenta esse plura vel pauciora quam septem : videlicet, baptismum, confirmationem, eucharistiam, pœnitentiam, extremam unctionem, ordinem et matrimonium... anathema sit*. Ce concile explique en treize canons la foi et le dogme de l'Eglise, sur les *sacrements* considérés en général (*Sess.* VII). Nous avons parlé, dans le cours de cet ouvrage, de chaque espèce de *sacrement* en particulier, à l'exception de l'eucharistie, dont nous n'avons parlé que relativement à certains objets de police extérieure sous les mots COMMUNION, CONFESSION, RELIGIEUSE, PAROISSE. L'on voit sous les mots ÉVÊQUE, VISITE, les droits ou le devoir des évêques touchant l'administration des *sacrements*; ceux des curés, sous le mot PAROISSE; et comment ils doivent être expliqués au peuple, sous les mots PRÉDICATION, DOCTRINE, CATÉCHISME. L'on voit, sous les mots OBLATIONS, HONORAIRES, CASUEL, ce que peuvent recevoir les ecclésiastiques de l'administration des *sacrements*.

Quant à la matière, la forme, le ministre, l'intention du ministre, les effets, le caractère et les *sacrements* en général, nous n'en dirons que peu de mots, parce que ces questions sont plutôt du ressort de la théologie que de celui du droit canon.

La matière des *sacrements* en général, est la chose sensible qui se rencontre dans chaque *sacrement* (*Voyez* FORME).

Les paroles qui sont jointes avec ces choses sensibles, en sont la forme. Le pouvoir de conférer les *sacrements* n'appartient qu'aux ministres de l'Eglise, et non aux chrétiens laïques.

L'intention du ministre dans l'administration des *sacrements*, est une action de sa volonté, par laquelle il se propose de conférer un *sacrement*, c'est-à-dire de faire ce que fait l'Eglise.

Les *sacrements* de la nouvelle loi, confèrent la grâce sanctifiante.

Parmi les *sacrements*, les théologiens distinguent les *sacrements* des vivants, et les *sacrements* des morts.

Les *sacrements* des vivants sont pour les fidèles qui sont en état de grâce, afin de les perfectionner et d'augmenter la grâce qu'ils ont reçue : et ce sont les *sacrements* de la confirmation, de l'eucharistie, de l'ordre, de l'extrême-onction et du mariage.

Les *sacrements* des morts sont institués pour donner la vie spirituelle aux personnes qui sont mortes à la grâce, et qui ont besoin d'être justifiées par la grâce : tels sont les *sacrements*; de baptême et de pénitence.

Il se fait encore une distinction des *sacrements;* les uns impriment caractère, et les autres ne l'impriment pas. Les premiers sont les *sacrements* de baptême, de la confirmation et de l'ordre.

Enfin, l'Eglise a toujours observé certaines cérémonies dans l'administration des *sacrements;* elle les a même rendues publiques et solennelles pour de solides raisons rapportées dans le concile de Trente : 1° elles servent à imprimer le respect dû aux saints mystères; 2° elles font connaître distinctement, et mettent comme devant les yeux les effets que produisent les *sacrements*, dont elles font éclater la sainteté; 3° elles élèvent l'esprit de ceux qui les observent avec attention, et excitent en eux des sentiments de foi et de charité : *Si quis dixerit receptos et approbatos Ecclesiæ catholicæ ritus, in solemni sacramentorum administratione adhiberi consuetos, aut contemni, aut sine peccato a ministris pro libito omitti, aut in novos alios per quemcumque ecclesiarum pastorem mutari posse; anathema sit* (Concile de Trente, *Session* VII, can. 13).

§ 2. Refus des SACREMENTS.

Il est établi sous le mot PAROISSE, que les curés sont tenus par un devoir de justice, d'administrer les *sacrements* à leurs paroissiens, même dans les occasions où il y aurait du danger pour leur propre vie (*Thom.*, 2-2, qu. 185, art. 5). Mais l'on demande s'il n'est point de cas où ils peuvent légitimement refuser cette administration? On doit appliquer cette question à chaque espèce de *sacrement* en particulier, parce qu'indépendamment de ce que les curés ne les administrent pas tous, chacun de ces *sacrements* a des règles particulières qu'il faut voir sous les mots BAPTÊME, CONFIRMATION, PÉNITENCE, EXTRÊME-ONCTION, ORDRE, MARIAGE. Nous ne parlerons ici que du refus de la communion, ou du corps de Notre-Seigneur Jésus-Christ.

Les théologiens et les canonistes enseignent que l'on doit refuser la sainte eucharistie à ceux qui n'ont absolument aucun usage de la raison, et aux pécheurs publics et notoires : *Nolite sanctum dare canibus, neque mittatis margaritas ante porcos* (Matth. c. VII). *Hic jam quæritur inter dispensatores, ut fidelis quis inveniatur* (I Cor. c. IV). (*Can. Pro dilectione, de cons. dist.* 2; *cap. Quia, de usur.; Thom. q.* 80, *art.* 9; Barbosa, *de offic. et potest. paroch. cap.* 20, *n.* 19 *et* 20.)

Ceux qui n'ont aucun usage de la raison, *qui nullum prorsus habent rationis usum*, ne s'entendent pas toujours des malades à qui l'excès de la maladie a ôté pour un temps la connaissance. Les rituels marquent à ce sujet la conduite que doit tenir un curé, et les précautions qu'il doit prendre.

A l'égard des pécheurs publics et scandaleux, voyez PÉCHEURS PUBLICS.

SACREMENT (SAINT).

On appelle ainsi par excellence le *sacrement* de l'eucharistie, ou le corps adorable de Notre-Seigneur. On célèbre dans l'Eglise la fête du très-saint *sacrement* par une procession générale, qui marque le triomphe que l'Eglise a remporté sur les hérétiques qui ont osé attaquer ce saint mystère (*Voyez* PROCESSION).

Ces processions ont donné lieu aux expositions solennelles du saint *sacrement* au culte et à l'adoration des fidèles (Concile de Trente, session XIII, can. 6). Mais ces expositions et les bénédictions qui les accompagnent ne doivent pas être réitérées trop souvent, de peur que le respect ne diminue et que la piété ne se refroidisse. C'est pourquoi on ne doit l'exposer qu'aux jours marqués par l'Eglise, et, dans d'autres temps, que par ordre, ou du moins du consentement de l'évêque.

« On ne doit faire les processions solennelles du saint *sacrement*, dit le concile d'Augsbourg, de l'an 1548, que selon les règles de l'Eglise, et pour des causes graves, et on en retranchera tout ce qui est profane. » Le concile de Cologne, de l'an 1549, ajoute qu'il faut en bannir tout ce qui n'est pas propre à exciter la dévotion.

Saint Charles, dans le troisième concile de Milan, défend de porter le saint *sacrement* sur le bord de la mer, sous prétexte de la tempête, ce qui s'applique également au cas d'un incendie. En effet, dit d'Héricourt, si la présence du corps de Jésus-Christ, qui n'est point obligé de faire des miracles toutes les fois que les hommes en demandent ne faisait point cesser la tempête ou l'incendie, cette circonstance pourrait diminuer le respect qu'on doit à l'eucharistie, et devenir un sujet de raillerie pour les hérétiques et pour les impies (*Lois ecclésiastiques, part.* III, *ch.* 2).

L'eucharistie doit être conservée dans un endroit décent et fermé à clef. Voici le règlement d'Honoré III à cet égard : *Ne propter incuriam sacerdotum divina indignatio gravius exardescat, districte præcipiendo mandamus, quatenus a sacerdotibus eucharistia in loco singulari, mundo et signato semper honorifice collocata, devote ac fideliter conservetur, sacerdos vero quilibet frequenter doceat plebem suam, ut, cum in celebratione missarum elevatur hostia salutaris, se reverenter inclinet, idem faciens cum eam defert presbyter ad infirmum. Quam in decenti habitu superposito mundo velamine ferat, et referat manifeste ac honorifice ante pectus cum omni reverentia et timore, semper lumine præcedente, cum sit candor lucis æternæ, ut ex hoc apud omnes fides et devotio augeatur. Prælati autem hujusmodi mandati graviter punire non différant transgressores : si et ipsi divinam et nostram volunt effugere ultionem (Cap. Sane, de celebrat. missarum).*

Voyez sous le mot DROITS HONORIFIQUES, la seconde partie du décret du 13 juillet 1804, relative aux honneurs dus au saint sacrement.

SACRILÉGE.

Le *sacrilége* est l'abus que l'on fait des choses saintes ou sacrées en les profanant : *Sacrilegium est violatio rei sacræ.* On appelle aussi quelquefois *sacrilége* celui qui se rend coupable du crime de *sacrilége*.

Il se fait sur le crime de *sacrilége* plusieurs distinctions. Lancelot le fait rapporter ou aux choses ou aux personnes (*Inst. lib. IV, tit. 5*).

Le *sacrilége ratione rerum* se commet en trois manières : 1° en dérobant une chose sacrée, dans un lieu aussi sacré, *sacrum de sacro*, comme seraient les vases sacrés dans une église ; 2° une chose non sacrée dans un lieu sacré, *non sacrum de sacro*, comme la montre d'une personne dans l'église ; 3° une chose sacrée dans un lieu non sacré, *sacrum de non sacro*, comme le saint ciboire, dans la maison d'un malade. *Sacrilegium committitur, auferendo sacrum de sacro, vel non sacrum de sacro, sive sacrum de non sacro (Cap. 21, caus. 17, qu. 4).*

Le *sacrilége ratione personarum* se commet en maltraitant une personne consacrée à Dieu, contre la disposition du canon *Si quis suadente*, et par un commerce illicite avec ces mêmes personnes.

Le crime de *sacrilége* se commet aussi par l'incendie et le violement des lieux sacrés ; par la détention injuste et l'usurpation des biens de l'Église.

Enfin, dans un sens étendu, il n'est point de crimes qu'on appelle ecclésiastiques, où il n'entre du *sacrilége*, comme s'agissant toujours du violement des choses qui appartiennent à Dieu ou à la religion. Ces crimes sont la simonie, l'hérésie, le schisme, l'apostasie, le sortilége, le blasphême, le *sacrilége* proprement dit.

Les crimes qu'on appelle civils, parce qu'ils ne regardent directement que les hommes ou la société civile, sont l'homicide, l'adultère, le stupre, le vol, l'usure, le faux, les injures .(Lancelot, *bc. cit.* lib. III, tit. 2).

C'est aussi une espèce de *sacrilége* lorsqu'on abuse des paroles de la sainte Ecriture, et que l'on s'en sert, comme il est dit dans le concile de Trente, pour des usages profanes (*Voyez* ABUS *des paroles de l'Ecriture sainte*).

Les canons punissent ceux qui se sont rendus coupables du crime de *sacrilége* et leurs complices, de différentes peines, selon que le *sacrilége* est plus ou moins énorme : *Pro modo sceleris admissi, facinorisque perpetrati, nisi plene satisfecerint, aut de satisfaciendo plenam securitatem exhibuerint, nunc pœnitentiæ beneficium sacrilego penitus denegatur, nunc anathemate vincitur, nunc perpetua damnatus infamia corceri traditur, aut exilio perpetuæ deportationis et depositionis animadversione coercetur, aliquando etiam pecuniaria pœna mulctabitur* (Lancelot, *tit.* 3). (*C. Super eo, de rapt.; cap. Conquestus, de for. comp.; C. Quisvis* 17, *qu.* 4; *c. Nulli; c. Prædia* 12, *qu.* 2; *c. Omnes, c.* 17, *c.* 4.)

Dans les principes du droit canon, en matière de *sacrilége*, les complices font entière foi les uns contre les autres (*C. Imprimis* 12, *qu.* 1; *c. Qui autem* 17, *qu.* 4).

Voyez sous le mot DÉLIT la loi du 20 avril 1825 sur le *sacrilége*. Cette loi a été abrogée au mois d'octobre 1830.

SACRISTAIN, SACRISTIE.

Nous entendons par le premier de ces mots un officier ecclésiastique qui a le soin et la garde des vases et ornements sacrés, déposés dans un lieu qu'on appelle *sacristie, a sacris tenente, vel tuente.* Le chapitre premier, du livre premier, du titre 26 des décrétales, *de officio sacristæ*, extrait d'un concile de Tolède de l'an 633, marque le rang du *sacristain* et ses fonctions dans ces termes : *Ut sciat se sacrista subjectum archidiacono, et ad ejus curam pertinere custodiam sacrorum vasorum, vestimentorum ecclesiasticorum, seu totius thesauri ecclesiastici, nec non quæ ad luminaria pertinent, sive in cera, sive in oleo.*

Voyez sous les mots CUSTODE, TRÉSORIER, noms souvent confondus avec celui de *sacristain*, ce qui est dit de l'état et des fonctions communes à ces trois offices.

Le curé, dans les paroisses où il en est établi, désigne le *sacristain-prêtre* (art. 30 du décret du 30 décembre 1809).

La nomination et la révocation du *sacristain* appartient aux marguilliers, sur la proposition du curé ou desservant (art. 33 du même décret).

Mais ce dernier article a été modifié par l'art. 7 de l'ordonnance du 12 janvier 1825, d'après lequel, dans les communes rurales, la nomination et la révocation du *sacristain*, seront faites par le curé desservant ou vicaire, leur traitement du reste continue à être réglé par le conseil de fabrique, et payé par qui de droit.

L'article 37 du décret du 30 décembre 1809 met le payement du *sacristain* à la charge de la fabrique.

SACRISTAIN DU PAPE.

Le *sacristain* du pape qui prend le titre de préfet, est toujours un religieux de l'ordre des ermites de saint Augustin ; et l'on trouve un augustin *Novelli*, qui exerçait cet office dès l'an 1287. Le pape Alexandre VI, donna une bulle en 1497, par laquelle il ordonna que cet office serait toujours conféré à un augustin, quand même il ne serait pas dans la prélature; mais depuis longtemps les sacristains du pape sont évêques *in partibus*. Ils ont en leur garde tous les ornements, les vases d'or et d'argent, croix, encensoirs, calices, reliquaires et autres choses précieuses de la sacristie du pape.

Lorsque le pape célèbre la messe pontificalement ou en particulier, le *sacristain* fait en sa présence l'essai du pain et du vin en cette manière : si le pape célèbre pontificalement, le cardinal, qui lui sert de diacre, présente au *sacristain* trois hosties, dont il en mange deux. Si le pape célèbre en particulier, avant l'offertoire, il lui présente deux hosties, dont le *sacristain* en mange une, et un camérier lui verse dans une tasse de vermeil de l'eau et du vin des burettes. Il a soin d'entretenir et de renouveler tous les septièmes jours une grande hostie consacrée pour la donner en viatique au pape à l'article de la mort : il lui donne aussi l'extrême-onction, comme étant son curé.

Lorsque le pape voyage, le *sacristain* exerce une espèce de juridiction sur tous ceux qui l'accompagnent; et pour marque de sa juridiction, il tient un bâton à la main. Il distribue aussi aux cardinaux les messes qu'ils doivent célébrer solennellement, après avoir fait voir au premier cardinal-prêtre la distribution qu'il en a faite. Il distribue aussi aux prélats assistants les messes qu'ils doivent dire dans la chapelle du pape. Il distribue également les reliques, et signe les mémoriaux des indulgences que les pèlerins demandent pour eux ou pour leurs parents.

S'il est évêque ou constitué en dignité, il tient rang dans la chapelle, et en présence du pape, parmi les prélats assistants; si le pape n'y est pas, il a séance parmi les prélats, selon son antiquité, sans avoir égard à sa qualité de prélat assistant. S'il n'est pas évêque, il prend son rang après le dernier évêque ou après le dernier abbé mitré. Après la mort du pape, il entre dans le conclave en qualité de premier conclaviste, dit tous les jours la messe aux cardinaux, et leur administre les sacrements comme aux conclavistes (Héliot, tom. III, *ch.* 3).

SAGE-FEMME.

Les *sages-femmes* sont destinées à assister les femmes grosses et à leur aider à se délivrer de leur fruit.

Les conciles ont réglé trois choses par rapport aux *sages-femmes* : 1° qu'elles auront un témoignage de catholicité, ou du curé ou de l'évêque; 2° qu'elles seront approuvées par l'évêque ou son vicaire ; 3° qu'elles auront soin qu'il se trouve au moins deux personnes qui soient témoins du baptême qu'elles administreront, que le curé pourra interroger, lorsque l'enfant sera porté à l'Eglise. Ces sages dispositions des conciles ne sont plus suivies dans la pratique.

Les mêmes conciles ordonnent aux curés de veiller à l'instruction des *sages-femmes*, en ce qui regarde l'administration du baptême.

Voici une formule du serment que devaient prêter les *sages-femmes;* elle est à peu près uniforme dans tous les rituels des diocèses :

« Je N. jure et promets à Dieu, le créateur, en votre présence, monsieur, de vivre et de mourir en la foi catholique, apostolique et romaine et de m'acquitter, avec le plus de fidélité et de diligence qu'il me sera possible, de la charge que j'entreprends d'assister les femmes dans leurs couches, et de ne permettre jamais que ni la mère, ni l'enfant n'encourent aucun accident par ma faute.

« Et où je verrai quelque péril imminent, d'user de conseil et de l'aide des médecins et des chirurgiens, et des autres femmes que je reconnaîtrai entendues et expérimentées en cette fonction. Je promets aussi de ne point révéler les secrets des familles, ni des personnes que j'assisterai ;

« Et de n'user d'aucun moyen illicite, sous quelque couleur ou prétexte que ce soit, par vengeance ou mauvaise affection, et de n'omettre rien de ce qui sera de mon devoir à l'endroit de qui que ce soit, mais de procurer de tout mon pouvoir le salut corporel et spirituel, tant de la mère que de l'enfant.

« Ainsi Dieu me soit en aide, et ses saints Evangiles. »

Voici ce que le droit civil a statué relativement aux *sages-femmes* dans la loi du 19 ventôse, an XI (10 mars 1803) :

Titre V.— *De l'instruction et de la réception des sages-femmes.*

« Art. 30. Outre l'instruction donnée dans les écoles de médecine, il sera établi dans l'hospice le plus fréquenté de chaque département un cours annuel et gratuit d'accouchement théorique et pratique destiné particulièrement à l'instruction des *sages-femmes*.

« Art. 31. Les élèves *sages-femmes* devront avoir suivi au moins deux de ces cours, et vu pratiquer pendant neuf mois, ou pratiqué elles-mêmes les accouchements pendant six mois dans un hospice, ou sous la surveillance du professeur, avant de se présenter à l'examen.

« Art. 32. Elles seront examinées par les jurys sur la théorie et la pratique des accouchements, sur les accidents qui peuvent les précéder, les accompagner et les suivre, et sur les moyens d'y remédier.

« Lorsqu'elles auront satisfait à leur examen, on leur délivrera gratuitement un diplôme.

« Art. 33. Les *sages-femmes* ne pourront employer les instruments dans les cas d'accouchements laborieux, sans appeler un docteur ou un médecin ou un chirurgien anciennement reçu.

« Art. 34. Les *sages-femmes* feront enregistrer leur diplôme au tribunal de première instance et à la sous-préfecture de l'arrondissement où elles s'établiront et où elles auront été reçues.

« Art. 35. Six mois après la publication de la présente loi, tout individu qui continuerait.., de pratiquer l'art des accouchements.., sans avoir de diplôme, de certificat, de lettres de réception, sera poursuivi et condamné à une amende pécuniaire envers les hospices.

« Art. 36. Ce délit sera dénoncé aux tribunaux de police correctionnelle, à la diligence du commissaire du gouvernement près ces tribunaux.

« L'amende pourra être portée..... à cent francs pour les femmes qui pratiqueraient illicitement l'art des accouchements.

« L'amende sera double en cas de récidive, et les délinquants pourront, en outre, être condamnés à un emprisonnement qui n'excédera pas six mois. »

L'exercice de la profession de *sage-femme*, sans autorisation légale, constitue par lui-même un délit. Peu importe d'ailleurs que la personne qui se livre à cet exercice, excipe de sa bonne foi (Arrêt de la cour de cassation, du 6 juillet 1827).

SAINT.

Nous entendons par ce mot un fidèle que Dieu a admis à la participation de sa gloire dans le ciel (*Voyez* CANONISATION, IMAGES). Nous remarquerons ici que la béatification diffère de la canonisation d'un *saint*, non en la manière de procéder à la vérification des vertus et des miracles, mais en ce que, par la béatification, le pape permet seulement de faire l'office d'un *saint* dans un ordre religieux, dans un diocèse ou dans une église particulière; au lieu que, par la canonisation, le pape permet d'en faire la fête dans toutes les églises catholiques. Le pape Benoît XIV a beaucoup écrit sur la canonisation des *saints*; nous allons extraire ici quelque chose de son savant ouvrage.

§ 1. *Origine de la canonisation des* SAINTS.

Dans les jours de persécution, les combats des martyrs fournissaient aux chrétiens des spectacles de religion. Ils accouraient en foule, pour être les témoins de ces victoires. Ils recueillaient les restes vénérables de ces victimes avec une avidité qui les décelait quelquefois aux tyrans. On s'assemblait dans la suite autour de ces dépôts sacrés, pour célébrer le jour de leur triomphe. On y lisait l'histoire de leur confession et de leurs souffrances. Les actes qu'on en avait dressés entretenaient un commerce d'édification entre les églises éloignées. Les monuments les plus authentiques et les plus vénérables par leur antiquité, nous instruisent de ce détail. On le trouve tout entier dans la lettre des fidèles de Smyrne aux Philadelphiens, sur la mort de saint Polycarpe, leur évêque, disciple de saint Jean l'évangéliste.

« Les juifs, » disent-ils, après le récit de sa détention et de sa mort, « inspirèrent à Nicétas, de prier le proconsul qu'on ne donnât point de sépulture à Polycarpe, de peur que les chrétiens ne quittassent le crucifié pour honorer le corps du bienheureux martyr Ils ne savaient pas que nous ne pouvions jamais quitter Jésus-Christ, qui a souffert pour le salut de tous ceux qui se sauvent par tout le monde, ni en honorer un autre en sa place; car nous l'adorons parce qu'il est le Fils de Dieu. Mais nous regardons les martyrs comme ses disciples et ses imitateurs, et nous les honorons avec justice, à cause de leur affection invincible pour leur maître et leur roi... Pour nous, » ajoutent-ils, quand ils ont raconté comment on brûla le corps de saint Polycarpe, « nous retirâmes *ses os plus précieux que des pierreries*, et nous les mîmes où il était convenable, où le Seigneur nous fera la grâce de nous assembler comme il nous sera possible, pour célébrer avec joie la *fête* de son martyre... » Que ne pouvons-nous pas conclure d'un langage si clair! On croyait donc déjà, dans les plus beaux jours de l'Eglise naissante, qu'on devait honorer les *saints* : on conservait donc alors leurs reliques comme des trésors. On s'assemblait donc déjà pour célébrer des fêtes le jour de leur mort : tout ce qui nous reste de monuments des trois premiers siècles, atteste de même le culte des saints martyrs. On pourrait compiler des volumes immenses de ces témoignages.

Le nom de confesseur se donnait alors aux chrétiens, quand ils avaient fait une profession publique de la foi devant les persécuteurs. C'étaient des soldats de Jésus-Christ éprouvés par les supplices, à qui souvent il ne manquait que le dernier coup de la mort. On a étendu ce titre, depuis la paix de l'Eglise, aux fidèles qui s'endorment dans le sein du Seigneur, après une vie passée dans la persévérance de toute justice, ou l'exercice d'une pénitence laborieuse. Ces saints confesseurs sont entrés plus tard en partage des honneurs que la religion accorde à ses héros. Saint Martin de Tours paraît en avoir joui le premier, du moins en Occident. On peut rapporter au commencement du cinquième siècle l'établissement de sa fête. Elle était ancienne dans son église quand on y célébra le premier concile, l'an 461. « Cet « illustre pontife ne donna point son sang « pour la foi, » dit Sulpice-Sévère, son historien et son disciple, « mais il ne lui manqua « rien que l'occasion de le répandre; il « eut toutes les vertus, et par conséquent, « il mérita toute la gloire des martyrs. »

C'est sur le même principe que l'Eglise entière s'est appuyée pour faire honorer la mémoire de ses enfants les plus illustres, lorsque Dieu lui-même a pris plaisir à les glorifier dans le monde par des miracles éclatants. C'est aussi dans ces maximes de la plus ancienne doctrine, qu'il faut chercher l'esprit des formalités qu'on observe dans la canonisation des *saints*.

§ 2. *De l'autorité du pape dans la canonisation des* SAINTS.

Le culte des anciens martyrs fut comme la

premier cri de la religion dans les témoins oculaires de leurs combats. L'Église vit avec joie ces transports d'admiration, source d'une sainte jalousie qui multiplia souvent ses triomphes : mais toujours attentive à mettre un frein au zèle indiscret, elle ne permit jamais à la multitude des fidèles de donner à son gré des objets à la vénération publique. La confession la plus éclatante et la mort la plus glorieuse ne suffirent point alors pour consacrer authentiquement la mémoire d'un athlète de la foi chrétienne. On attendait qu'il eût été proclamé par la voie des premiers pasteurs ; il leur appartenait de brûler le premier encens sur son cercueil, et c'était de leur main que son nom devait être inscrit dans les fastes ecclésiastiques. De là ce titre distinctif de martyrs approuvés, *martyres vindicati*, pour désigner ceux que l'autorité légitime vengeait de l'ignominie de leur supplice, en les mettant en possession des honneurs qu'on doit aux *saints*. De là ces diacres chargés par état de noter le jour de leur mort, d'en recueillir les actes, et d'en faire le rapport à l'évêque diocésain. Saint Cyprien semble faire allusion à ces usages de l'ancienne discipline dans quelques-unes de ses lettres.

On reconnaît l'exercice et l'usage de cette puissance pontificale dans ce trait fameux du grand saint Martin. Un tombeau, dans le voisinage de Tours, était devenu l'objet d'une dévotion populaire, et quelqu'un même des anciens évêques l'avait accréditée par la consécration d'un autel. Le lieu n'en parut pas moins suspect au saint prélat. Il interroge les premiers du clergé ; leur silence et celui de toute l'antiquité sur le nom du prétendu martyr et sur l'histoire de sa mort, confirme ses premiers soupçons. Mais il n'ose encore prononcer ; il s'abstient seulement d'approuver ce culte mal éclairé. Bientôt une révélation vient à son secours, et dans ce fameux sépulcre, il découvre aux yeux de tout son peuple les cendres d'un brigand supplicié pour ses crimes.

C'est pour éviter de semblables profanations que les évêques se réservèrent le droit de préconiser les martyrs, et qu'ils se firent un devoir d'examiner leurs titres, avant d'ordonner ou de permettre que la fête en fût célébrée. Prévenir le jugement épiscopal par des hommages prématurés, ce fut toujours une faute grièvre dans les premiers siècles de l'Église, qu'on punissait avec sévérité. Nous en trouvons un exemple bien marqué dans Optat de Milève ; Lucille, dont tout le monde sait l'histoire, fut traitée sans ménagement, comme coupable d'un péché scandaleux, parce qu'elle s'opiniâtrait à rendre même publiquement les honneurs du culte aux reliques d'un martyr véritable, mais qui n'était pas encore approuvé. Rien de plus formel que le témoignage de cet ancien écrivain, pour constater la différence que mettait entre les martyrs l'approbation solennelle des prélats, si semblable par les caractères essentiels aux jugements de canonisation que l'Église prononce aujourd'hui.

DROIT CANON. II.

Le culte des saints confesseurs, plus récent dans son origine, et moins appuyé des preuves incontestables de leur sainteté, plus sujet par conséquent à l'illusion, devait encore moins être livré à la discrétion du vulgaire que celui des martyrs. Aussi voyons nous un grand nombre d'anciennes lois ecclésiastiques, pour réprimer les dévotions arbitraires. Un concile de Cologne, cité par Yves de Chartres dans son décret, interdit aux fidèles toute marque publique de vénération pour des *saints* nouveaux, avant qu'on se fût assuré de l'agrément de l'évêque diocésain. Les empereurs chrétiens usèrent en cette occasion de leur autorité, pour soutenir celle de l'Église : témoin le Capitulaire de Charlemagne de l'an 801, qui contient la même défense.

On n'a jamais pu méconnaître la sagesse de ces règlements : aussi trouvons-nous partout une fidélité inviolable à les observer. Des fêtes ordonnées par les prélats, des reliques exposées par eux à la vénération des fidèles, des translations qu'ils en ont faites eux-mêmes, ou qu'ils en ont permises ; ce sont toujours les premières époques dans l'histoire du culte des *saints*, jusqu'aux temps postérieurs, où le droit de l'établir fut attribué sans partage au saint-siège apostolique de Rome.

Il serait assez difficile de fixer à cet usage une date certaine. La plupart des canonisations faites par l'autorité du pape, qui remontent avant le dixième siècle, souffrent de grandes contestations. Tout le monde convient que dans le concile de Latran, l'an 993, Jean XV mit au nombre des *saints* le bienheureux Udalric, évêque d'Augsbourg, à la prière de Luitolphe, un de ses successeurs. Mais on trouve encore depuis cette époque une foule de *saints* universellement honorés, quoique leurs noms n'eussent été consacrés que par des prélats particuliers.

Alexandre III, qui vivait en 1170, est donc reconnu communément pour l'auteur de cette réserve. On cite une de ses décrétales, comme la première loi solennelle en cette matière. « N'ayez pas à l'avenir, dit ce pontife, la présomption de décerner à cet homme un culte religieux. Quand il aurait fait une multitude de miracles, il ne vous est pas permis de l'honorer sans l'agrément de l'Église romaine. » *Audivimus quod quidam inter vos diabolica fraude decepti, hominem quemdam in potatione et ebrietate occisum, quasi sanctum (more infidelium) venerantur : cum vix pro talibus in ebrietatibus peremptis, Ecclesia permittat orare. Dicit enim Apostolus : ebriosi regnum Dei non possidebunt. Illum ergo non præsumatis de cetero colere, cum etiamsi per eum miracula fierent, non liceret vobis ipsum pro sancto absque auctoritate romanæ Ecclesiæ venerari* (Cap. Audivimus, 1, de Relig. et Vener. sanctorum). Les canonistes français et plusieurs italiens, entre autres Bellarmin, ont vu dans ces paroles, l'établissement d'un droit nouveau, qui pa-

(*Trente-deux.*)

rait même n'avoir été généralement adopté que longtemps après.

Quoi qu'il en soit, cette réserve a depuis des siècles entiers la force d'un usage universel ; quelques provinces de l'Eglise gallicane, aussi jalouses de maintenir les prérogatives de l'épiscopat, que zélées pour la gloire du premier siége apostolique, déclarèrent même expressément dans un concile de Vienne, en demandant au pape Grégoire IX la canonisation de saint Etienne de Die : « Que l'excellence des mérites connus dans les serviteurs de Dieu, n'autorise pas les fidèles à les honorer publiquement après leur mort ; mais qu'il faut à leur culte l'approbation du souverain pontife. »

C'est pour des raisons importantes que nulle Eglise n'a réclamé contre ce changement de discipline. La sainteté de ceux qu'on donne pour objets à la vénération publique, ne pouvant jamais être trop assurée, c'est un avantage pour la religion que la sentence de l'évêque diocésain reçoive par les enquêtes des commissaires apostoliques, par les discussions du tribunal romain, et par le jugement du saint-siége, promulgué dans tout le monde catholique, une authenticité qui ne laisse rien à désirer. D'ailleurs un décret solennel émané de l'autorité supérieure, et qui s'étend à tout l'univers, annonce d'une manière plus éclatante et plus uniforme la gloire des bienheureux. Les fidèles répandus dans le monde entier apprennent plus tôt à profiter de leurs exemples et de leur intercession.

On attendait autrefois la célébration d'un concile pour canoniser les *saints*. Udalric le fut par Jean XV dans celui de Latran ; saint Gérard par Léon IX, dans un concile romain ; et saint Sturme par Innocent II dans le second de Latran. Cet usage avait alors force de loi. Le pape Urbain II déclare dans une de ses lettres, qu'il faut des miracles attestés par des témoins oculaires, et le consentement d'un synode général ; mais cette coutume est abolie. Le pape prononce seul la sentence. Il est vrai que le consistoire général tient en quelque sorte lieu des anciens conciles, puisqu'on y prend les avis de tous les évêques qui se trouvent dans la capitale du monde chrétien.

On a réduit à sept articles tous les honneurs que l'Eglise fait rendre aux *saints* canonisés : 1° Leurs noms sont inscrits dans les calendriers ecclésiastiques, les martyrologes, les litanies, et les autres diptyques sacrés. 2° On les invoque publiquement dans les prières et dans les offices solennels. 3° On dédie sous leur invocation des temples et des autels. 4° On offre en leur honneur le sacrifice adorable du corps et du sang de Jésus-Christ. 5° On célèbre le jour de leur fête, c'est-à-dire l'anniversaire de leur mort. 6° On expose leurs images dans les églises, et ils y sont représentés la tête environnée d'une couronne de lumière, qu'on appelle *auréole*. 7° Enfin, leurs reliques sont offertes à la vénération du peuple, et portées avec pompe dans les processions solennelles.

C'est dans tout l'univers chrétien que ce culte est autorisé par le décret de leur canonisation. Quand le souverain pontife a déclaré leur sainteté, c'est un devoir pour tous les fidèles de la reconnaître, et de leur payer le juste tribut de respects dus à cette qualité sublime.

La béatification au contraire n'est regardée que comme le préliminaire d'une canonisation. C'est une espèce de permission provisoire, restreinte par sa nature à l'étendue des lieux, ou à la qualité des personnes. Les serviteurs de Dieu reçoivent, en conséquence de ce jugement, le titre de bienheureux. Une ville, une province, un ordre, un diocèse peuvent alors les honorer sous ce nom. Quelquefois on approuve un office particulier, qui ne se récite qu'en secret, sans préjudicier à celui du jour. Mais il faut un indult du pape pour ériger des autels en leur nom, et même pour exposer dans une église ou leurs portraits ou leurs reliques.

Un décret du pape Alexandre VII, de l'année 1659, défend absolument d'étendre aux béatifiés les honneurs qu'on rend légitimement aux *saints* canonisés.

Le pape Urbain VIII, dans son décret du 13 mars 1625, envoyé à tous les évêques, défend 1° de peindre les personnes mortes en odeur de sainteté, la tête couronnée du cercle de lumière, qu'on appelle *auréole*, d'exposer leurs tableaux dans les lieux saints, autels, églises et chapelles ; 2° de publier les histoires de leur vie, des relations de leurs vertus et de leurs miracles, sans l'approbation de l'évêque diocésain, assisté de personnes doctes et pieuses. S'il arrive, dans le cours de ces ouvrages, qu'on donne à son héros le titre de *saint* ou de *bienheureux*, il ne faut l'entendre que de la perfection et de l'excellence de ses mérites, sans vouloir prévenir le jugement de l'Eglise, qui peut seule donner un véritable éclat à sa gloire et à sa sainteté. Les auteurs de pareils écrits doivent mettre à la tête et à la fin de leur livre une protestation, dont la forme est prescrite à cet effet, telle que nous la donnons ci-après. 3° Enfin, il est défendu d'orner leurs tombeaux comme ceux des vrais *saints*, d'y suspendre des lampes allumées, des images et des offrandes.

Protestations prescrites par notre saint-père le pape Urbain VIII, pour être mises à la tête et à la fin des livres qu'on fait imprimer sur la vie, les vertus et les miracles des serviteurs de Dieu, qui ne sont ni béatifiés, ni canonisés.

Première protestation, qui se met à la tête du livre.

« Notre saint-père le pape Urbain VIII ayant défendu, par ses décrets des 13 mars 1625, et 5 juillet 1634, d'imprimer sans l'examen et l'approbation de l'évêque diocésain, aucuns livres contenant les actions, les miracles et les révélations des personnes mortes en odeur de sainteté, ou regardées comme martyrs : ayant en outre statué par son décret du 5 juin 1631, que dans le cas où l'on donnerait à ces personnes le nom de *saint* ou de bienheureux, on serait tenu de déclarer qu'on n'emploie ce titre que pour exprimer l'innocence de leur vie et l'excellence de leur vertu, sans nul préjudice de l'autorité de l'Eglise catholique, à laquelle seule appartient le droit de déclarer les *saints*, et de les proposer à la vénération des fidèles : en conséquence de ces décrets auxquels je suis sincèrement et inviolablement soumis ; je proteste ici que je ne reconnais pour *saints*, pour bienheureux, ou pour vrais martyrs, que ceux auxquels le saint-siége apostolique accorde ces titres ; et je déclare que tous les faits rapportés dans ce livre n'ont qu'une autorité privée, et qu'ils ne peuvent acquérir une véritable authenticité, qu'après avoir été approuvés par le jugement du souverain pontife. »

Seconde protestation, qui se met à la fin du livre.

« Je prie le lecteur d'observer que dans ce livre j'ai rapporté beaucoup de traits qui prouvent la sainteté de la personne dont j'ai fait l'histoire. J'y ai raconté des choses qui passent la nature et qu'on pourrait regarder comme de vrais miracles. Mon intention n'est pas de donner ces faits comme approuvés par la sainte Eglise romaine, mais seulement comme certifiés par des témoignages privés. En conséquence donc des décrets de notre saint-père le pape Urbain VIII, je proteste ici que je n'entends attribuer à la personne dont j'ai fait l'histoire, ni la qualité de bienheureux, ni celle de *saint*, reconnaissant l'autorité de l'Eglise romaine, à laquelle seule appartient le droit de déclarer ceux qui sont *saints* ; j'attends avec respect son jugement, auquel je me soumets de cœur et d'esprit, comme un enfant très-obéissant. »

SAINT-LOUIS-DES-FRANÇAIS.

La communauté de *Saint-Louis-des-Français*, à Rome, a été instituée, il y a trois siècles, pour l'acquit des pieuses fondations faites par les rois de France et par leurs sujets à Rome.

Cette communauté avait subsisté dans un état plus ou moins florissant jusqu'à la révolution de 1789. Le malheur des temps avait dispersé les prêtres qui en faisaient partie. Elle fut rétablie après l'orage, mais elle n'avait pu encore se rasseoir sur des bases régulières. L'ambassadeur de France, désirant concilier le haut patronage de la France avec les droits du saint-siége sur les fondations ecclésiastiques, a provoqué la nomination d'un visiteur apostolique, chargé spécialement de reviser les statuts de la communauté. Après un sérieux examen qui a donné lieu à quelques modifications, le cardinal visiteur, nommé par Sa Sainteté, a approuvé ces statuts par un décret solennel, et le souverain pontife lui-même a approuvé ce décret par un bref, en date du 10 mars de cette présente année 1843. La communauté de *Saint-Louis-des-Français* a reçu ainsi son institution canonique en tout ce qui concerne sa direction spirituelle.

L'administration temporelle du pieux établissement demeure entre les mains d'une commission dont les membres sont nommés par l'ambassadeur de France. La communauté se compose, en partie, de chapelains chargés d'acquitter les fondations de *Saint-Louis* et d'exercer les fonctions du saint ministère en faveur des Français à Rome et, en partie, de pensionnaires qui viennent dans cette ville étudier les sciences ecclésiastiques.

SAINT-GALL.

(*Voyez* SUISSE.)

SALAIRE.

(*Voyez* CASUEL, HONORAIRE, TRAITEMENT.)

SALUT.

Exercice de piété qui se fait dans les paroisses.

SALUTATION.

La *salutation* est de la forme et du style de tous les rescrits (*Voyez* BULLE, RESCRITS).

SANCTUAIRE.

On entend par ce mot le lieu où se font les offices divins, ou même celui où l'on célèbre nos plus redoutables mystères.

Dans l'ancienne loi, comme on sait, chaque partie du temple avait sa destination et ses attributs. Il en est autrement dans la loi nouvelle qui nous fait servir Dieu en esprit et en vérité ; mais le culte extérieur, avec le respect qui en est inséparable, fait toujours une partie essentielle de nos devoirs, c'est même la preuve la plus sensible, comme aussi la plus consolante de notre sainte religion ; de sorte que, sans être asservis aux anciennes pratiques des Juifs, nous en avons qui demandent de nous encore plus de vénération, telle est la célébration de nos saints mystères et tout ce qui en dépend ; le lieu surtout où elle se fait et d'où l'Eglise a voulu tenir écartés les profanes, c'est-à-dire les laïques, sans distinction de sexe, les femmes cependant encore plus que les hommes. Certains statuts synodaux défendent aux femmes et aux filles de quelque qualité qu'elles soient, d'entrer dans les sanctuaires et même dans les chœurs des églises.

SATISFACTION.

On peut distinguer la *satisfaction* du prochain à qui l'on a causé quelque dommage, ou en son honneur, ou en ses biens, ou en sa personne, et la *satisfaction* due à Dieu que l'on a offensé.

Pour ce qui regarde la *satisfaction* du prochain, elle se mesure dans le for extérieur selon la nature du dommage et des preuves qu'on en rapporte (*Voyez* AMENDE, INJURES).

A l'égard de la *satisfaction* due à Dieu pour nos péchés, nous remarquerons seulement que le concile de Trente, session XIV, canon 14, détermine ce dogme de la *satisfaction* contre les hérétiques.

Quant à la *satisfaction* en matière de censure et d'hérésie, voyez CENSURES, INQUISITION.

SAULT

(*Voyez* PROMOTION PER SALTUM.)

SCANDALE.

Le *scandale* est une parole ou une action qui donne occasion à un autre de tomber dans le péché : *Quod græce scandalum dicitur, offensionem, vel injuriam, vel impactionem pedis dicere possumus* (S. Thomas, 2, 2, *qu.* 43). On en distingue de deux sortes, l'actif et le passif. Le premier est celui dont nous nous rendons nous-mêmes coupables par nos mauvaises actions ou par celles qui n'en ont que l'apparence et que nous devons éviter par charité pour le prochain : *Propter proximi charitatem.* Le *scandale* passif est celui dont nous sommes la cause, sans en être coupables; comme, lorsque notre fortune, notre état excitent certaines personnes à l'envie : *Per accidens autem aliquod verbum vel factum unius est alteri causa peccandi, quando etiam præter intentionem operantis, et præter conditionem operis, aliquis male dispositus ex hujusmodi opere inducitur ad peccandum* (S. Thomas, *loc. cit.*).

Les canonistes établissent ces différentes maximes en matière de *scandale* : *Propter scandalum fit quod alias non fieret... Ecclesia tolerat multa propter scandalum... Scandali ratione remittitur rigor juris... Scandalum utilius nasci permittitur, quam quod veritas relinquatur... Propter scandalum evitandum, non debet quis committere malum... Cum scandalo populi non debet quis præfici etiam interveniente electione collegii* (Alberic a Rosate, *Diction.* verbo SCANDALUM. Felin, *in cap. Super eo, de Sent. excom. Doct. in c. Qui scandalizaverit, de Regul. juris.* Panorm. *in c.* 1, *n.* 4, *de Elect.*).

C'est pour éviter le *scandale* qu'on a exclu des ordres les irréguliers *ex defectu corporis* (C. *Hinc etenim, dist.* 49) (*Voyez* IRRÉGULARITÉ).

Il est rare qu'un des cas privilégiés ne soit accompagné de *scandale*; mais le *scandale* seul ne fait pas que le délit soit privilégié, parce qu'il peut être plus ou moins grand, comme il peut également se rapporter à une action plus ou moins criminelle. Mais le *scandale* sert de règle pour distinguer dans le for pénitentiel et gracieux, les cas réservés au saint-siége, et ceux dont l'évêque peut absoudre, suivant les décrets du concile de Trente, rapportés sous les mots CAS RÉSERVÉS, DISPENSES (*Voyez* aussi NOTORIÉTÉ).

SCEAU.

Nous appliquons ici ce mot au *sceau* des expéditions de Rome et au *sceau* des évêques.

1° Les *sceaux* des expéditions qui émanent de la chancellerie de Rome ne sont pas uniformes. On se sert du plomb pour les bulles, et de l'anneau du pêcheur sur cire rouge pour les brefs. On ne met aucun *sceau* aux simples signatures (*Voyez* BREF, BULLE, FAUX, ANNEAU).

2° Le chapitre *Pervenit, de fidejuss.* sert à prouver que le *sceau* des évêques rendait autrefois authentique la pièce où il était apposé : ce qui s'accorde avec ce qui est dit des anciens notaires épiscopaux, sous le mot NOTAIRE. Ce même *sceau* a encore aujourd'hui en France la même valeur pour l'authenticité d'un acte (*Voyez* FAUX, § 2).

On en use pour les lettres d'ordre, de *visa*, pour les attestations et autres actes semblables ; et à cette occasion, les secrétaires des évêques prennent un droit qu'on appelle *droit de sceau*, en partie pour leur salaire, et en partie sous le nom des évêques, comme une reconnaissance de leur autorité (*Voyez* SECRÉTAIRE).

SCHISMATIQUE, SCHISME.

Le mot *schisme*, qui vient du grec, veut dire, en général, division, séparation, rupture.

Le *schismatique* diffère de l'hérétique en ce que celui-ci soutient des dogmes condamnés par l'Eglise, tandis que le *schismatique* se sépare des pasteurs légitimes et du corps de l'Eglise : *Hæresis græce ab electione vocatur, quod scilicet unusquisque sibi eligat quod melius sibi esse videtur, ut philosophi, peripatetici, academici, etc. Schisma a scissura animorum nomen accepit* (C. Schisma 24, qu. 1). *Eodem enim cultu, eodemque ritu credit ut cæteri ; solo congregationis delectatur dissidio. Superstitio dicta eo quod superflua aut superstatuta observatio* (S. Isidore, *de Etym. lib.* VIII, c. 3).

On tenait pour *schismatiques*, dans le troisième siècle, ceux qui se constituaient pasteurs, sans ordination, et qui prenaient le nom d'évêques sans avoir reçu l'épiscopat. *Non licebat*, dit saint Cyprien, *communicare schismaticis, et qui negaverunt Christum, et sacrificaverunt, et excommunicatis ab aliis.*

Voici, à ce sujet, la doctrine de ce saint docteur touchant l'unité de l'Eglise : *Loquitur Dominus ad Petrum*, ego dico tibi, *inquit*, quia tu es Petrus, et super istam petram ædificabo Ecclesiam meam. Super unum ædificat Ecclesiam, et quamvis apostolis omnibus post resurrectionem suam parem potestatem tribuat et dicat : Sicut misit me Pater et ego mitto vos, accipite Spiritum Sanctum ; tamen ut unitatem manifestaret, unitatis ejusdem originem ab uno incipientem sua auctoritate disposuit. Hoc erant utique et cæteri apostoli quod fuit et Petrus pari consortio prædicti et honoris et potestatis. Sed exordium ab unitate proficiscitur ut una Ecclesia monstretur; quam unam Ecclesiam etiam in Cantico canticorum Spiritus Sanctus ex persona Domini designat*, dicit : Una est columba mea, perfecta mea, una est matri suæ electa genitrici suæ. Hanc Ecclesiæ unitatem quæ non tenet, tenere se fidem credit, qui Ecclesiæ renititur et resistit in Ecclesia se esse confidit, quando et beatus apostolus Paulus hoc idem doceat et sacramentum unitatis ostendat, dicens : Unum corpus et unus spiritus, una spes vocationis vestræ, unus Dominus, una fides, unum baptisma, unus Deus. Quam unitatem tenere firmiter et vendicare debemus ; maxime episcopi qui in Ecclesia præsidemus* *ut episcopatum ipsum unum atque indivisum probemus; nemo fraternitatem mendacio fallat, nemo fidei veritatem perfida prævaricatione corrumpat. Episcopatus unus est, cujus a singulis in solidum pars tenetur; Ecclesia una est, quæ in multitudinem latius incremento fecunditatis extenditur, quomodo solis multi radii, sed lumen unum, et rami arboris multi, sed robur unum tenaci radice fundatum, et cum de fonte uno rivi plurimi defluunt, numerositas licet diffusa videatur, exundantis copiæ largitate, unitas tamen servatur in origine. Avelle radium solis a corpore, divisionem locis unitas non capit; ab arbore frange ramum, fructus germinare non poterit; a fonte præcide rivum, præcisus arescet, sic et Ecclesia Domini, luce perfusa, per orbem totum radios suos porrigit; unum tamen lumen est quod ubique diffunditur, nec unitas corporis separatur. Ramos suos in universalem terram copia ubertatis extendit, profluentes largiter rivos latius pandit, unum tamen caput est et origo una, et una mater est fecunditatis successibus copiosa. Illius fœtu nascimur, illius lacte nutrimur, spiritu ejus animamur, adulterari non potest sponsa Christi, incorrupta est et pudica, unam domum novit, unius cubiculi sanctitatem casto pudore custodit* (Can. 18, caus. 24, qu. 1).

L'Eglise de Rome, à cause de sa primauté, étant le centre d'unité, et le prélat de cette Eglise étant établi le chef de tous les autres, c'est un grand argument pour ôter tout soupçon de *schisme*, dit l'auteur du *Recueil de jurisprudence canonique*, d'être uni de communion à ce chef; au contraire, c'est un grand argument de *schisme* que de se séparer de sa communion : *Qui communione non consociatur, alienus est; qui extra hanc domum agnum comederit, profanus est; qui extra hanc arcam fuerit, peribit regnante diluvio, et quicumque cum Romano pontifice non colligit, spargit* (S. Hieronym.).

Les deux grands *schismes* qui ont affligé l'Eglise sont le *schisme* des Grecs et celui qu'on appelle le grand *schisme* d'Occident. L'on voit sous les noms des conciles de CONSTANCE et de BALE comment ce dernier a cessé. L'autre a pour principal auteur Michel Cérullaire, patriarche de Constantinople, dans le onzième siècle. L'Eglise grecque observait déjà des rits différents de ceux de l'Eglise latine, comme il se voit sous le mot CONSTANTINOPLE, et les patriarches de cette ville avaient déjà témoigné plusieurs fois un certain penchant au *schisme*, lorsque celui-ci, Michel Cérullaire, leva, pour ainsi dire, le masque, et entreprit d'accuser d'erreur l'Eglise latine, et de faire un crime aux Latins de consacrer avec le pain sans levain, de manger des viandes suffoquées, de se raser la barbe, d'avoir ajouté au symbole de Nicée le mot *Filioque* (ce qu'il taxait d'erreur), qu'on se donnait le baiser de paix à la messe, avant la communion, qu'on n'honorait pas les reliques des saints et des images, etc. Il est constant que ce sont ces différents articles qui ont servi de prétexte aux Grecs, de ne plus reconnaître le pape pour leur chef et pour celui de l'Eglise. Léon IX fit de vains efforts pour ramener Cérullaire à la vérité et à l'union; on fut obligé de l'excommunier. L'empereur Constantin Monomaque le chassa même du siége de Constantinople, mais tout cela n'empêcha pas que le *schisme* ne fit de grands progrès dans l'Orient; de sorte que, dans les siècles suivants, la plupart des Eglises grecques se trouvèrent séparées de l'Eglise romaine, soit par l'hérésie des Nestoriens, soit par celle des Eutichéens et autres.

La conquête que les Latins firent de la Palestine n'y remédia pas; les Grecs nommèrent toujours un patriarche qui résidait à Nicée, et après que les Turcs se furent de nouveau rendus maîtres de Constantinople, ce patriarche rentra dans son ancien séjour. Les Latins, qui n'avaient point perdu l'espérance de leur conquête, continuèrent cependant de nommer des patriarches, non-seulement pour Constantinople, mais aussi pour les autres grands siéges d'Orient, et c'est ce qui donna lieu, dans le concile de Florence, à régler que celui des deux patriarches de Constantinople qui survivrait, demeurerait seul possesseur de la dignité patriarchale pour l'une et l'autre nation; ce qui s'exécuta en effet, sous le pape Nicolas V, en faveur de Grégoire, qui était Grec, demeuré seul patriarche de Constantinople. Mais, comme la réunion qui se fit dans ce concile ne fut pas stable, on nomma encore pendant quelque temps des patriarches latins pour les grands siéges d'Orient. Les différents partis que le *schisme* occasionna dans ce pays ont donné aussi lieu à de nouveaux patriarcats, parmi lesquels on compte celui des Maronites, réunis sincèrement à l'Eglise romaine, et dont le prélat qui prend la qualité de patriarche d'Antioche, réside à Canobin, ceux des Arméniens, des Nestoriens, des Eutichéens, des Moscovites et autres dont parle Thomassin en son *Traité de la discipline*, part. IV, liv. I, chap. 4, 5, 6 (*Voyez* ANTIPAPE, FLORENCE).

Quand le *schisme* est accompagné de l'hérésie, ce qui est ordinaire, suivant le canon 26, cause 24, question 3, il produit l'irrégularité (*Voyez* IRRÉGULARITÉ).

SCIENCE.

Nous ne prenons ici ce terme que relativement à ce que doivent savoir les ecclésiastiques, et à l'irrégularité que produit l'ignorance ou le défaut de *science* nécessaire.

Les canons ont marqué, après la nécessité de la *science* pour les ecclésiastiques, les choses qu'ils doivent savoir et ignorer; les moyens qui leur sont fournis pour apprendre la *science* nécessaire pour chaque ordre, pour chaque charge ou dignité, les peines que méritent les ignorants qui les reçoivent et ceux qui les leur donnent, comment finit ou cesse l'irrégularité du défaut de *science*.

1° Il ne faut pas beaucoup s'étendre pour faire sentir la nécessité de la *science* dans ceux qui sont préposés pour enseigner les autres; les ministres de l'Eglise sont tous obligés, en général, de savoir ce qui appartient à leurs fonctions pour les bien exercer, mais l'obligation est plus grande et en même temps plus difficile pour ceux qui sont chargés d'instruire les peuples. *Vilissimus computandus est, nisi præcellat scientia et sanctitate, qui est honore præstantior (Can. 45, caus. 1, qu. 1). Si sacerdos est, sciat legem Domini; si ignoret, ipse se arguit non esse Domini sacerdotem. Sacerdos enim est, scire legem, et ad interrogationem de lege respondere* (S. Hieronym. *in Agg.*). *Sancta rusticitas solum sibi prodest et quantum ædificat ex vitæ merito Ecclesiam Christi, tantum nocet si destruentibus non resistat. Daniel in fine sacratissimæ visionis, justos, ait, fulgere sicut stellas ex intelligentia, hoc est doctores, quasi firmamentum; vides quantum inter se distant justa rusticitas et docta justitia* (Hieron. *Epist. ad Paulin.*). Nous ne joindrons à ces paroles que les citations des textes du droit, où la *science* est expressément recommandée aux ecclésiastiques.

Illiteratos, aut aliqua parte corporis vitiatos, vel imminutos nullus præsumat ad clericatus ordinem promovere; quia litteris carens sacris non potest esse aptus officiis : et vitiosum nihil Deo prorsus offerri legalia præcepta sanxerunt (C. 1, dist. 36).

Si in laicis vix tolerabilis videtur inscitia, quanto magis in iis, qui præsunt, nec excusatione digna est, nec venia (C. 3, dist. 38).

Beaucoup d'autres canons déclarent irréguliers les gens sans lettres, comme inaptes pour les fonctions sacrées (C. 2, dist. 49; c. 5, dist. 51; c. 4, dist. 55; c. 7, de Elect.; c. 14, de Ætat. et Qualit.; c. 34, de Elect. in 6°; c. 4, de Temp. ord. in 6°).

2° Les canons ont marqué ce que les ecclésiastiques, en général, doivent savoir et ce qu'ils doivent ignorer. Il leur est expressément ordonné de savoir les saintes Ecritures et la bonne manière de les interpréter. Voyez le chapitre 6 et les chapitres suivants de la distinction 38, et le chapitre 14 de la distinction 37.

Ils doivent connaître également la théologie et les canons.

Ignorantia mater cunctorum errorum, maxime in sacerdotibus Dei vitanda est, qui docendi officium in populis susceperunt. Sacerdotes enim legere sanctas Scripturas frequenter admonet Paulus apostolus, dicens ad Timotheum: Attende lectioni, exhortationi et doctrinæ; et semper permane in his. Sciant igitur sacerdotes Scripturas sanctas, et canones, ut omne opus eorum in prædicatione et doctrina consistat : atque ædificent cunctos tam fidei scientia, quam operum disciplina (C. 1, dist. 38).

Nulli sacerdotum liceat canones ignorare, nec quicquam facere, quod Patrum possit regulis obviare. Quæ enim a nobis res digne servabitur si decretalium norma constitutorum, pro aliquorum libitu, licentia populis permissa frangatur (C. 4, ead. dist.).

L'Ecriture sainte, la théologie et les canons sont trois choses tellement liées, qu'on ne doit pas les séparer dans l'étude que les ecclésiastiques en font ; ils doivent seulement considérer que les divines Ecritures sont appelées la base du sacerdoce, et, comme nous le disons sous le mot ÉCRITURE, la base aussi du droit canonique.

Les ecclésiastiques doivent encore apprendre la grammaire, les humanités, la rhétorique, la philosophie, autant qu'ils en ont besoin pour la science de l'Ecriture, de la théologie et des canons.

Si quis artem grammaticam noverit, vel dialecticam, ut rationem recte loquendi habeat et inter falsa et vera judicet, non improbamus.

§ 1. *Geometria quoque et arithmetica, et musica habent in sua scientia veritatem : sed non est scientia illa, scientia pietatis est, nosse legem, intelligere prophetas, Evangelio credere, apostolos non ignorare.*

§ 2. *Grammaticorum autem doctrina etiam potest proficere ad vitam, dum fuerit in meliores usus assumpta* (Cap. 10, dist. 37).

Les quatre chapitres suivants de la même distinction parlent dans le même sens. Le concile de Trente (session XXIII, ch. 18), ajoute que les ecclésiastiques doivent encore connaître le chant, la manière de compter les fêtes mobiles, les bissextes, les jours des mois, selon l'usage des Romains, suivi dans le martyrologe et le calendrier, les cérémonies employées dans les offices divins et l'administration des sacrements.

Les canons défendent aux ecclésiastiques la lecture ou l'étude des poésies, des vaines subtilités de la dialectique, les inutiles curiosités de la physique, et généralement tous les livres des gentils qui ne servent point, ou à réfuter leurs erreurs et leurs superstitions, ou à apprendre les *sciences ecclésiastiques*: *Episcopus gentilium libros non legat ; hæreticorum autem pro necessitate, aut tempore* (c. 1, dist. 37). *Sacerdotes Dei omissis evangeliis et prophetis, videmus comœdias legere, amatoria bucolicorum versuum verba canere, Virgilium tenere, et id, quod in pueris necessitatis est, crimen in se facere voluptatis* (c. 2, ead. dist. Hieronym. *ad Damasum epist.*). *Ideo prohibetur christianis figmenta legere poetarum, quia per oblectamenta inanium fabularum mentem excitant ad incentiva libidinum. Non enim solum thura offerendo, dæmonibus immolatur, sed etiam eorum dicta libentius capiendo* (Isidorus, c. 15, ead. distinct.).

En matière de science et d'étude, les ecclésiastiques doivent savoir qu'il y a des choses que nous lisons pour les pratiquer, telles sont celles qui regardent les mœurs; qu'il y en a d'autres que nous lisons pour ne les pas ignorer, telles sont celles qui regardent la foi, et qu'on est obligé de croire; d'autres enfin que nous lisons pour les rejeter ou les combattre, comme les choses qui corrompent l'esprit ou le cœur, les vices et les erreurs.

3° Les moyens que l'Eglise emploie dans le droit canon, pour avoir des ministres savants, sont, premièrement, l'établissement des collèges pour les langues nécessaires à l'intelligence de l'Ecriture et des conciles, et qu'il y ait, dans chaque collège, deux professeurs entretenus pour enseigner ces langues (Clém. 2, de Magist.). Elle veut, en second lieu, qu'il y ait des séminaires pour les clercs, où ils doivent apprendre l'Ecriture sainte, la théologie et les canons (*Voyez* SÉMINAIRES).

Elle défend d'exiger quoi que ce soit pour la permission d'enseigner (*C.* 1, 2, 3, *de Magistr.*). Elle ordonne que ceux qui se présentent aux ordres soient examinés sur leur *science* par des personnes qui sachent bien la loi de Dieu et celles de l'Eglise (*C.* 5, *dist.* 24; concile de Trente, sess. XXIII, ch. 7, *de Reformat.*). Elle veut enfin que les bénéfices à charge d'âmes ne soient donnés qu'au concours (*Voyez* CONCOURS).

Le concours n'a pas lieu en France, et nous croyons que c'est à tort, comme nous le disons sous le mot PAROISSE, § 4, n. 6; car il a lieu en Italie et partout où la discipline du concile de Trente a été reçue sans difficulté. Voici comme il se pratique : l'évêque commence par nommer un desservant, c'est-à-dire un curé provisoire, pour faire le service jusqu'à ce que la cure soit conférée. Dans dix ou vingt jours au plus, il présente les sujets qui doivent être examinés, après avoir fait publier le concours, s'il le juge à propos. Les sujets sont examinés par trois examinateurs synodaux, au choix de l'évêque ou du grand vicaire, lequel assiste aussi à l'examen. Les examinateurs jurent sur les saints Evangiles de n'avoir en vue que le bien de l'Eglise. S'ils reçoivent des présents, ils sont excommuniés par le seul fait, de même que ceux qui les leur donnent. Les uns et les autres ne peuvent être absous qu'après s'être démis des bénéfices ou charges qu'ils avaient avant de commettre la simonie, et demeurent inhabiles à en acquérir d'autres. Le jugement des examinateurs est exécuté nonobstant appel.

4° Pour ce qui est de la *science* nécessaire à chaque ordre, le droit canon établit qu'il ne faut pas donner la tonsure à un homme sans lettres, et qui ne sait pas au moins lire et écrire, et les principaux mystères de la foi (*C.* 4, *de Temp. ordin. in 6°*). (*Voyez* TONSURE.)

Les ordres mineurs ne doivent être conférés qu'à ceux qui entendent du moins la langue latine, qui savent quelles sont les fonctions de ces ordres, qui aient crû en *science* comme en âge, supposé qu'ils soient conférés l'un après l'autre; qui donnent enfin lieu d'espérer qu'ils acquerront assez de capacité pour les ordres supérieurs (Concile de Trente, sess. XXIII, ch. 11 et 13, *de Reform.*).

Le sous-diaconat et le diaconat demandent qu'on sache les choses nécessaires pour l'exercice de ces ordres, c'est-à-dire qu'ils soient instruits des sacrements, surtout de celui de l'ordination, et qu'ils sachent réciter l'office avec intelligence.

Pour recevoir la prêtrise, il faut qu'on soit jugé capable d'enseigner au peuple les choses nécessaires au salut, et de lui administrer comme il faut les sacrements. A l'égard de l'épiscopat, voyez ÉVÊQUE.

La *science* des curés doit s'étendre, suivant les canons, sur les Ecritures et principalement le psautier (*C.* 1, 5, *dist.* 38), les canons et surtout les pénitentiaux (*Ibid.*), le Rituel et le Missel compris sous ces mots: *Officialis liber, sacramentorum liber, baptisterium* (*C.* 2, *dist.* 38); le Bréviaire et l'ordinaire compris sous ces mots : *Lectionarius, Antiphonarius, Computus, Homiliæ, per circulum anni* (*C.* 5, *dist.* 38). Toute cette *science* s'entend par ce que dit le chapitre 14, *de Ætat. et Qualit.*, que les curés doivent être instruits de tout ce qui concerne les offices et les sacrements.

5° On trouve décidé dans les canons, que l'évêque qui a ordonné des gens sans lettres, doit détruire lui-même son propre ouvrage, c'est-à-dire déposer ceux qu'il a ordonnés (*C.* 5, *dist.* 55). Ceux qui sacrent des évêques illettrés, doivent être déposés avec ceux qu'ils sacrent (*C.* 5, *dist.* 51; *c.* 15, *de Ætate et Qualit.*). Il en est de même des examinateurs qui ont admis, par grâce, des ignorants à l'ordination (*C.* 1, *dist.* 24). Les évêques mêmes, qui font des prêtres ignorants, doivent être sévèrement punis avec ceux qu'ils ont ordonnés (*C.* 14. *de Ætate et Qualit.*). Le chapitre 4, *de Tempore ordin, in 6°*, déclare l'évêque qui confère la tonsure à un illettré, suspens un an de la collation de la tonsure.

6° L'irrégularité du défaut de *science* cesse par la dispense et par la *science* acquise.

Régulièrement, on ne peut dispenser de l'irrégularité du défaut de *science* pour l'exercice des fonctions des ordres ou des bénéfices, qu'un ignorant ne peut faire sans danger de péché. Il n'y a même, dans tout le corps du droit canon, aucun exemple de dispense touchant l'irrégularité de l'ignorance, ni aucun canon qui la permette expressément; on conclut seulement que le pape peut en dispenser, de ce qu'elle n'est que de droit ecclésiastique. On infère même du chapitre 34, *de Elect. in 6°*, que l'évêque peut admettre à une cure un ecclésiastique qui n'a pas toute la capacité requise, en l'obligeant d'aller étudier. Mais, de quelque part que vienne la dispense, il faut, dit Gibert, qu'elle ait quatre conditions : 1° que le défaut de *science* ne soit pas extrême, et que le sujet soit capable d'acquérir la *science* qui lui manque ; 2° qu'il ne fasse pas de fonctions qui requièrent plus de *science* qu'il n'a pas ; 3° qu'il ait beaucoup de piété ; 4° qu'il y ait disette de sujets (*C.* 15, *de Ætat. et Qualit.; c.* 11, *de Renunc.; c.* 10, *de Renunc.; c.* 1, *dist.; c.* 1, *dist.* 57).

Si un ignorant, par la voie de l'étude et du travail, devient savant, il cesse d'être incapable (*c.* 11, *de Renunc.*). Il peut aussi faire cesser cette incapacité, en passant d'un bénéfice supérieur ou charge d'âmes à un bénéfice simple.

SCRIPTEUR.

On donne ce nom, dans la chancellerie romaine, aux officiers qui dressent les bulles et autres rescrits. On ne se sert en France que du mot de *secrétaire*. Il y a cent *scripteurs* ou écrivains apostoliques.

SCRUTATEURS.

Dans les élections des prélats ou autres supérieurs, on appelle *scrutateurs* ceux qui sont commis pour tenir les vases où se jettent les billets ou suffrages, quand les élections se font par scrutin, c'est-à-dire en donnant son suffrage secrètement par des billets fermés, qui se jettent dans un vase quelconque. Le concile de Latran, tenu sous le pape Innocent III, exige, pour les élections qui se font par scrutin, trois *scrutateurs* qui soient du corps des électeurs, et qui, après avoir reçu secrètement les suffrages, les rédigent par écrit, les comparent nombre à nombre, et les publient ensuite devant les électeurs (Van-Espen, *Jur. eccles.*, tom. II, pag. 826).

SCRUTIN.

Mot tiré du latin, qui, dans son origine, signifie recherche. Ainsi, le *scrutin* est la manière de recueillir les voix secrètement, et sans qu'on sache les noms de ceux qui ont donné leurs suffrages. Par exemple, s'il s'agit d'une élection, on donne aux suffragants autant de billets qu'il y a de personnes qui peuvent être élues, et chacun jette dans un vase le billet qui contient le nom de la personne qu'il veut élire (*Voyez* ÉLECTION, SUFFRAGE).

Il y a, dans les Décrétales, un titre qui a pour rubrique : *de Scrutinio in ordine faciendo*, ce qui signifie l'examen et la recherche que l'on doit faire des qualités de ceux qui aspirent aux saints ordres (*Voyez* ORDRES). Le chapitre unique de ce titre semble décider que l'on peut assurer qu'un ordinand ou un éligible est digne des ordres ou de la charge dont il s'agit dans l'élection, quand on juge en conscience qu'il n'en est pas indigne (*Voyez* ACCEPTION).

SECOURS ou SUCCURSALE.

(*Voyez* SUCCURSALE.)

SECRET.

On distingue trois sortes de *secrets* : le *secret* de la confession, celui de conseil et de confidence, et le *secret* de la conversation ordinaire, sur quoi voyez CONFESSEUR, MONITOIRE, RÉVÉLATION.

SECRÉTAIRE.

On nomme *secrétaire* un officier qui expédie par le commandement de son maître, des lettres, des provisions, des brevets, et qui les rend authentiques par sa signature. Le concile de Trente (session XXI, chap. 1, *de Reform.*) a réglé ce que peuvent prendre les *secrétaires* d'évêchés pour les actes du secrétariat, et ils ne peuvent prendre davantage sans péché et même sans se rendre suspects de simonie, en exigeant une chose temporelle à l'occasion d'une chose spirituelle. Lorsqu'ils n'ont point assez des droits légitimes du secrétariat, c'est à l'évêque à les gager de son propre revenu, et l'évêque lui-même ne doit tirer aucun profit particulier de son secrétariat, ni l'affermer à personne (*Voyez* GREFFIER).

SECTION DES BÉNÉFICES.

On entend par *section des bénéfices*, la division d'un seul titre de bénéfice en deux.

Si une paroisse est trop étendue pour pouvoir être desservie par un seul titulaire, on divise non le titre, mais le territoire. Il n'arrive jamais qu'on donne au même peuple deux pasteurs en titre, avec une autorité égale pour exercer les mêmes fonctions dans la même église. Cet abus qui s'était introduit en bien des endroits dans le seizième siècle, a été corrigé dans ces derniers temps.

SÆCULARIA SÆCULARIBUS.

(*Voyez* REGULARIA REGULARIBUS.)

SÉCULARISATION

On appelle *sécularisation* l'acte par lequel un bénéfice régulier devient séculier, ou un religieux est mis au rang des clercs, ou même des laïques.

On distingue donc deux sortes de *sécularisation*, les personnelles et les réelles.

Les premières s'appliquent aux personnes des religieux, et les autres aux bénéfices. A quoi l'on pourrait ajouter une troisième espèce de *sécularisation* qui est mixte, quand on sécularise un monastère avec les religieux qui y ont fait profession religieuse.

1° Pour ce qui est des *sécularisations* personnelles, il faut distinguer celle qui se fait expressément par dispense du pape, d'avec celle que produit l'assécution d'un bénéfice dont les fonctions sont toutes séculières.

A l'égard de la *sécularisation* par dispense, ce qui comprend les translations, voyez VOEU, TRANSLATION, RÉCLAMATION.

Aucun autre bénéfice que l'épiscopat ne sécularise un religieux (*Voyez* RELIGIEUX, ÉVÊQUE).

2° La *sécularisation* réelle d'un bénéfice peut avoir lieu pour certaines causes d'utilité ou de nécessité pour l'Église, car la *sécularisation* n'est jamais permise, si elle n'est nécessaire ou utile pour le bien des âmes. Nécessaire, comme lorsque la situation du monastère l'empêche d'y observer la régularité, ou que pour d'autres raisons il est impossible de le réformer; utile, comme lorsque le peuple ou le clergé a plus de confiance dans les séculiers que dans les réguliers; ou qu'il y a juste espérance de remplir les places de personnes qui auront plus de talents et d'amour pour le travail.

3° Régulièrement le changement d'état dans un monastère n'est point regardé comme favorable. Il faut, suivant les conciles, de grandes raisons pour l'autoriser et le rendre légitime. Ces raisons peuvent être, que la règle primitive n'y est plus observée depuis longtemps : qu'au lieu d'observer la pauvreté, les moines ont des propriétés, et qu'il n'y a pas lieu d'espérer qu'accoutumés à ces propriétés qu'on a tolérées dans leurs prédécesseurs, ils veuillent tout mettre en commun, et observer en toutes choses la sévérité des règles et constitutions qui n'étaient déjà plus en usage du temps de leurs prédécesseurs ; et qu'ainsi le changement de l'état régulier en celui de séculier leur sera salutaire, et qu'ils le souhaitent. A ces causes de *sécularisation* on peut en ajouter d'autres, que fournissent les circonstances, et qui sont terminées dans la bulle de *sécularisation* par cette clause ordinaire : *Ad laudem omnipotentis Dei et exaltationem fidei catholicæ et divini cultus augmentum ac EcclesiæN. statum prosperum, honorificum et tranquillum* (Rebuffe, *Praxis, de Rectione Ecclesiæ, n.* 8).

C'est une question parmi les canonistes, si l'on peut procéder à la *sécularisation* d'un monastère par l'autorité de l'évêque en certains cas; mais quoi que décident le chapitre *Inter quatuor de Relig.* et la glose du chapitre *Si episcopus de Paroch.*, il y a longtemps qu'on a recours au pape (Rebuffe, *loc. cit.* n. 11). C'est seulement une nécessité indispensable d'appeler les évêques des lieux, ainsi que tous les intéressés à ce changement d'état.

Par les bulles de *sécularisation*, le pape supprime et éteint l'ordre de la règle que professait le monastère, tout état et essence régulière dans le couvent, cloître, églises, offices claustraux et autres portions monacales, prieurés et bénéfices; en sorte qu'ils cessent d'être réguliers, et veut que toutes ces choses et tous les biens qui dépendent de l'église ainsi changée deviennent séculiers.

Le pape exempte les moines, soit qu'ils aient fait profession expresse, ou bien tacite, de tout engagement de l'observation des constitutions, définitions, règlements, instituts, statuts, coutumes et usages de la règle de saint N. et de tous vœux qu'ils pourraient avoir faits, à la réserve de celui de chasteté. Veut qu'ils puissent porter l'habit séculier, et quitter les marques régulières, sans encourir pour cela les peines d'apostasie et d'inhabilité, la note d'infamie, ou autres, portées par les constitutions : *De cætero sæculares sint, et pro sæcularibus habeantur et reputentur.*

Il est une autre sorte de *sécularisation* dont ne parlent pas les canonistes, c'est celle par laquelle le pape rend à la communion laïque un clerc engagé dans les ordres sacrés et l'autorise même à contracter mariage. Nous en avons de nos jours un exemple bien remarquable; c'est le bref de *sécularisation* par lequel Pie VII rendit à la vie purement séculière Charles-Maurice de Talleyrand-Périgord, ancien évêque d'Autun. On sait que nommé pendant la révolution de 1789 député aux états-généraux, il se déclara pour la constitution civile du clergé, et fit le serment. Ce fut lui qui, le 24 février 1791, sacra les premiers évêques constitutionnels. Il prétendit leur donner l'institution canonique, puis donna sa démission, et se jeta entièrement dans les emplois civils. Pie VI déplora sa conduite dans son bref du 10 mars 1791, et dans celui du 13 avril suivant, il le déclara suspens de toutes fonctions épiscopales. Dans celui du 19 mars 1792, il lui adressa ainsi qu'aux autres évêques constitutionnels de nouvelles monitions canoniques, les avertissant qu'il les excommunierait au bout de cent vingt jours s'ils ne revenaient à résipiscence. Le pape ne prononça pas néanmoins la sentence d'excommunication, et les choses restèrent en cet état jusque sous Pie VII. M. de Talleyrand était devenu ministre, d'abord sous le Directoire, puis sous le Consulat .Ce fut alors qu'il fit la démarche dont il est parlé dans le bref donc voici la teneur :

A notre très-cher fils Charles-Maurice de Talleyrand.

« Pie VII, pape.

« Notre cher fils , salut. Au milieu des accablantes sollicitudes de notre charge apostolique, nous avons été rempli de joie, quand nous avons appris l'ardent désir que vous avez de vous réconcilier avec nous et avec l'Eglise catholique. Nous avons aussi été très-touché de tout ce que nous a écrit, en votre nom et à votre sujet, notre cher fils le cardinal Jean-Baptiste Caprara, notre légat près le premier consul. Les sentiments de votre cœur, qui sont tels que nous les désirions, et que maintenant vous nous découvrez, comme il est convenable de le faire; la soumission et la pleine obéissance, dont vous faites profession pour le siège apostolique; votre application constante à faire ce qui dépend de vous pour achever le grand ouvrage du rétablissement de la religion catholique en France; le témoignage qu'ont rendu de votre zèle pour la défense et pour les progrès de cette même religion, nos vénérables frères qui sont partis de l'Italie, et qui ont assisté à l'assemblée de Lyon (1); la résolution que vous avez prise d'employer tous les moyens qui seront en votre pouvoir pour obtenir des dispositions favorables à la religion et à l'Eglise, non-seulement sont pour nous des motifs de nous réjouir dans le Seigneur, mais nous déterminent encore à vous traiter favorablement, et à user envers vous d'une indulgence particulière.

« Dilatant donc à votre égard les entrailles de notre charité paternelle, nous vous dégageons par la plénitude de notre puissance, du lien de toutes les excommunications que vous avez pu encourir jusqu'à ce jour, et , après vous avoir ainsi absous, nous vous rétablissons dans notre communion et dans celle du siège apostolique. De plus, vous vous imposons, par suite de votre réconciliation avec nous et avec l'Eglise, des distributions d'aumônes pour le soulagement surtout des pauvres de l'église d'Autun que vous avez gouvernée. Mais nous nous abstenons

(1) Il y avait eu l'hiver précédent à Lyon une consulte où avaient été appelés des députés du Nord et de l'Italie, entre autres quarante-sept prélats et ecclésiastiques, avec lesquels M. de Talleyrand, alors ministre des relations extérieures, avait pu souvent conférer.

d'en fixer la quantité, ne doutant pas que vous ne subveniez à leurs nécessités avec une abondance proportionnée à votre religion et à votre générosité; et comme votre démission de l'évêché d'Autun (démission que nous avons acceptée), et le renoncement que vous avez fait depuis plusieurs années à toute fonction épiscopale, et même à toute fonction ecclésiastique, vous ont amené au point de nous demander d'être réduit à la simple communion laïque; nous vous ordonnons, après vous avoir ainsi réconcilié avec nous et avec l'Eglise, de vous abstenir de toute fonction tant épiscopale qu'ecclésiastique, et de vous contenter de la communion laïque. Nous vous accordons aussi le pouvoir de porter l'habit séculier, et de gérer toutes les affaires civiles, soit qu'il vous plaise de demeurer dans la charge que vous exercez maintenant, soit que vous passiez à une autre à laquelle votre gouvernement pourra vous appeler.

« Mais, notre cher fils, au milieu des affaires politiques, vous devez songer combien vous êtes obligé de travailler à la gloire de Dieu, ainsi qu'au bien de la religion catholique, et vous devez avoir toujours devant les yeux les moyens qui peuvent contribuer au succès d'une si grande œuvre. Pour vous y exciter plus puissamment, nous nous servirons de ces paroles de saint Léon, un de nos prédécesseurs : « Il me reste à vous ex-
« horter d'unir vos travaux à ceux du siège
« apostolique ; car la victoire que Jésus-
« Christ Notre-Seigneur a accordée à son
« Eglise, en augmentant notre confiance, ne
« nous exempte pas pourtant de toute solli-
« citude. Cette victoire nou a été donnée,
« non afin que nous nous livrions au som-
« meil, mais afin que nos travaux soient plus
« doux. Ainsi, nous réclamons encore, dans
« l'état actuel des choses, le concours de vo-
« tre vigilance et de votre sollicitude. »

« Excitez donc votre zèle, déployez et mettez en action toutes les forces de votre esprit pour que la religion catholique pousse de jour en jour plus profondément ses racines dans vos contrées, et que votre puissante nation recouvre cet ancien éclat qui la distingua toujours si glorieusement des autres peuples. Si vous réalisez nos espérances, vous procurerez à cette république une paix et une tranquillité véritables, et vous attirerez sur vous, d'une manière spéciale, la miséricorde divine.

« En attendant, nous présenterons sans cesse à Dieu nos instantes prières, afin qu'il vous accorde la lumière de sa grâce, et nous vous donnons, de la manière la plus affectueuse, la bénédiction apostolique, comme un gage de la bénédiction céleste.

« Donné à Saint-Pierre de Rome, sous l'anneau du pêcheur, le 29 juin 1802, la troisième année de notre pontificat. »

SÉCULIERS.

On prend ce mot dans l'usage en deux significations.

1° On entend par *séculiers* les ministres de l'Eglise, qui, ne faisant profession d'aucune règle monastique, vivent dans le monde par opposition aux religieux que l'on dit être éloignés du siècle, et qu'on appelle réguliers, à cause de la règle qu'ils professent : ceux-ci sont clercs depuis que, contre leur premier état, on les a admis à la participation des ordres et aux fonctions du ministère; mais cette qualité ne leur est, pour ainsi dire, qu'accidentelle : c'est pour cela qu'on ne les comprend pas sous le nom simple de clercs, ni sous ces termes des canons : *Domini sacerdos, ad officium aut militiam clericatus, ad sacerdotium eligi, aliquod ministerium ecclesiasticum agere, ecclesiæ sæculari inservire.*

2° On donne aussi le nom de *séculiers* respectivement aux personnes ecclésiastiques, aux laïques dont l'état est de vivre dans le siècle : on dit dans ce sens juge *séculier*, tribunal *séculier*, cours *séculières*, par opposition aux juges d'églises et aux cours ecclésiastiques qui existaient autrefois.

SÉMINAIRE.

Un *séminaire* est une maison ou communauté où l'on instruit les jeunes ecclésiastiqui se destinent aux ordres sacrés.

§ 1. *Origine et établissement des* SÉMINAIRES.

L'établissement des *séminaires* n'est pas nouveau dans l'Eglise : on peut en rapporter l'origine, ou à ces communautés de clercs que les anciens évêques formaient auprès d'eux et qu'on renouvela, suivant Thomassin (*part.* I, *lib.* 1, *ch.* 41) dans le neuvième siècle, ou à ces écoles tant recommandées par les anciens canons. On regarde saint Augustin comme le premier instituteur des *séminaires*, ainsi qu'on le voit dans sa vie écrite par Possidius.

La forme de ces établissements a varié selon les mœurs et les usages des différents siècles : il est parlé des plus anciens dans le canon du second concile de Bazas, tenu en 529, dans le canon 2 du concile de Tolède en 633, dans les Capitulaires de Charlemagne et de Louis le Débonnaire (*liv.* II, *ch.* 5) et dans le canon 2 du concile de Paris de l'an 829. Fleury observe (*Inst. au droit eccl., part.* I, *chap.* 20) que, depuis l'établissement des collèges et des universités, les évêques se sont reposés sur les docteurs des universités, de l'instruction des clercs pour la théologie et les canons et sur les régents des collèges pour les études inférieures : ce qui a ôté au théologal et au précepteur les fonctions qu'ils exerçaient autrefois. Mais si d'un côté, ajoute Fleury, les universités et les collèges ont rendu les études plus faciles et augmenté la science, les mœurs et la discipline en ont notablement souffert : tant de jeunesse assemblée n'a pu être si aisément contenue par des maîtres étrangers que les clercs d'une ville par un primicier ou un archidiacre sous l'œil de l'évêque. L'étude a été séparée des fonctions des ordres mineurs; cependant les clercs qui étudiaient dans les universités étaient sans fonction et vivaient mêlés avec les écoliers laïques; enfin on a vu qu'il était nécessaire de les en séparer, pour les former à l'état ecclésiastique.

De là est venue l'institution des *séminaires*. Comme on élève les jeunes arbres dans les pépinières, d'où ensuite on les transplante où l'on veut : ainsi l'on a jugé à propos de former les jeunes clercs dans des colléges particuliers, pour les rendre capables de recevoir les ordres et d'être appliqués aux fonctions ecclésiastiques : ce sont ces colléges qu'on appelle *séminaires*. Voici le règlement que le concile de Trente fit sur cette matière (Session XXIII, chap. 18, *de Reform.*).

« Les jeunes gens, s'ils ne sont bien élevés et bien instruits, se laissant aisément aller à suivre les plaisirs et les divertissements du siècle, et n'étant pas possible, sans une toute-puissante et spéciale protection de Dieu, qu'ils se perfectionnent et persévèrent dans la discipline ecclésiastique, s'ils n'ont été formés à la piété et à la religion dès leur tendre jeunesse, avant que les habitudes des vices les possèdent entièrement, le saint concile ordonne que toutes les églises cathédrales, métropolitaines et autres supérieures à celles-ci, chacune, selon la mesure de ses facultés et l'étendue de son diocèse, seront tenues et obligées de nourrir et élever dans la piété et d'instruire dans la profession et la discipline ecclésiastique un certain nombre d'enfants de leur ville et diocèse ou de leur province, si dans le lieu il ne s'en trouve pas suffisamment, en un collége que l'évêque choisira proche des églises mêmes, ou en quelque autre endroit commode pour cela.

« On n'en recevra aucun dans ce collége qui n'ait au moins douze ans, qui ne soit né de légitime mariage, et qui ne sache passablement lire et écrire, et dont le bon naturel et les bonnes inclinations ne donnent espérance qu'il sera pour s'engager à servir toute sa vie dans les fonctions ecclésiastiques. Veut le saint concile qu'on choisisse principalement des enfants de familles pauvres; mais il n'en exclut pas pourtant ceux des familles riches, pourvu qu'ils y soient nourris et entretenus à leurs dépens et qu'ils témoignent désir et affection pour le service de Dieu et de l'Eglise.

« L'évêque, après avoir divisé ces enfants en autant de classes qu'il trouvera bon, suivant leur nombre, leur âge et leur progrès dans la discipline ecclésiastique, en appliquera ensuite une partie au service des églises, lorsqu'il le jugera à propos, et retiendra les autres pour continuer d'être instruits dans le collége, ayant toujours soin d'en remettre d'autres en la place de ceux qu'il en aura tirés; de manière que ce collége soit un perpétuel *séminaire* de ministres pour le service de Dieu.

« Et afin qu'ils soient plus aisément élevés dans la discipline ecclésiastique, on leur donnera tout d'abord, en entrant, la tonsure, et ils porteront toujours l'habit clérical; ils y apprendront la grammaire, le chant, le calcul ecclésiastique et tout ce qui regarde les bonnes lettres et s'appliqueront à l'étude de l'Ecriture sainte, des livres qui traitent des matières ecclésiastiques, des homélies des saints et à ce qui concerne la manière d'administrer les sacrements, et surtout à ce qu'on jugera à propos de leur enseigner pour les rendre capables d'entendre les confessions: enfin ils s'y instruiront de toutes les cérémonies et usages de l'Eglise. L'évêque aura soin encore qu'ils assistent tous les jours au sacrifice de la messe, qu'ils se confessent au moins tous les mois, et qu'ils reçoivent le corps de Notre-Seigneur Jésus-Christ, selon que leur confesseur le trouvera à propos, rendant service les jours de fêtes dans l'église cathédrale, ou dans les autres du lieu.

« Toutes ces choses et toutes les autres qu'il sera nécessaire et à propos d'établir pour le succès de cet ouvrage seront réglées par les évêques assistés du conseil de deux chanoines des plus anciens et des plus expérimentés, et choisis par les évêques mêmes, selon que le Saint-Esprit le leur inspirera; et ils tiendront la main, par leurs fréquentes visites, desdits colléges, que ce qu'ils auront une fois établi soit toujours observé. Ils châtieront sévèrement les mutins, les dissolus et rebelles, les incorrigibles, et ceux qui sèmeront parmi les autres le vice et le déréglement, les chassant même de la maison, s'il en est besoin; enfin ils auront en une singulière recommandation tout ce qu'ils jugeront qui pourra contribuer à conserver et à affermir un établissement si saint et si pieux, et éloigneront tout ce qui pourrait y apporter obstacle.

« Et d'autant qu'il sera nécessaire de faire fonds de quelques revenus certains pour le bâtiment du collége, pour les gages des maîtres et des domestiques, pour la nourriture et l'entretien de la jeunesse, et pour toutes les autres dépenses; outre les revenus déjà destinés, en certaines églises et autres lieux, à l'instruction et à l'entretien des enfants qui seront censés dès là même réellement appliqués au nouveau *séminaire*, par le soin et à la diligence de l'évêque du lieu; les mêmes évêques, assistés du conseil de deux ecclésiastiques du chapitre, dont l'un sera choisi par l'évêque, et l'autre par le chapitre même, et de deux autres ecclésiastiques de la ville, dont l'un sera pareillement nommé par l'évêque, et l'autre par le clergé du lieu, feront distraction d'une certaine partie ou portion de tous les revenus de la mense épiscopale et du chapitre, et de toutes les dignités, personnats, offices, prébendes, portions, abbayes et prieurés, de quelque ordre, même régulier, ou de quelque nature et qualité qu'ils soient, des hôpitaux qui sont donnés en titre ou régie, suivant la constitution du concile de Vienne qui commence ainsi : *Quia contingit*, et généralement de tous les bénéfices, même réguliers, de quelque patronage qu'ils soient même exempts, même qui ne seraient d'aucun diocèse, et qui seraient annexés à autres églises, monastères, hôpitaux ou autres lieux de dévotion, exempts même, quels qu'ils puissent être; ensemble des fabriques des églises et autres lieux, et de tous autres revenus ecclésiastiques, même des autres colléges, dans lesquels toutefois il n'y aura pas actuellement de *séminaires* d'écoliers, ou des maîtres appliqués à l'avancement du bien commun de l'Église; car le saint concile veut et entend que ceux-là soient exempts, excepté à l'égard des revenus qui se trouveront superflus, après l'entretien honnête déduit de ceux qui composent lesdits *séminaires* ou lesdites sociétés et communautés, qui, en quelques lieux s'appellent écoles; comme aussi des revenus de tous les monastères, à la réserve des mendiants; même des dîmes possédées de quelque manière que ce soit par des laïques, et sur lesquelles on ait coutume de tirer la contribution pour les subsides ecclésiastiques, ou appartenant à des chevaliers, de quelque ordre ou milice que ce soit, excepté seulement aux frères de Saint-Jean de Jérusalem. Et sera appliquée et incorporée audit collège ladite part et portion de tous les susdits revenus, ainsi distraite; et même on y pourra joindre et unir quelques bénéfices simples, de quelque qualité et dignité qu'ils soient, aussi bien que des prestimonies ou portions prestimoniales, ainsi qu'on les appelle, avant même qu'elles viennent à vaquer, sans préjudice pourtant du service divin et des intérêts de ceux qui les posséderont : ce qui ne laissera pas d'avoir lieu et de s'exécuter, encore que lesdits bénéfices soient réservés et affectés à d'autres usages, sans que l'effet desdites unions et applications desdits bénéfices puisse être empêché ou retardé par la résignation qui en pourrait être faite, ni par quelque autre voie que ce soit; mais elles subsisteront et auront lieu de quelque manière que les bénéfices puissent vaquer, même en cour de Rome, nonobstant toute constitution contraire.

« Pourra l'évêque du lieu, par censures ecclésiastiques et autres voies de droit, et en appelant même, s'il le juge à propos, le secours du bras séculier, contraindre au payement de ladite part et portion de contribution les possesseurs de tous et chacun des bénéfices, dignités, personnats et autres susmentionnés, non-seulement pour ce qui les regarde, mais pour la part de contribution qui devra être prise sur les pensions qu'ils auront peut-être à payer sur le revenu; leur laissant pourtant entre les mains tout le fonds desdites pensions, à la réserve de ladite portion de contribution, dont ils videront leurs mains, nonobstant, à l'égard de tout ce que dessus, tous priviléges et exemptions, quand elles seraient telles, qu'elles dussent requérir une dérogation spéciale, toute coutume, même de temps immémorial, appellation ou allégation quelconque, qui peut être mise en avant pour empêcher l'exécution.

« En cas que, par le moyen desdites unions, qui seraient pleinement exécutées, ou par d'autres voies, le *séminaire* se trouvât totalement doté, ou en partie, alors la portion de chaque bénéfice qui aura été distraite et incorporée par l'évêque, en la manière ci-dessus, sera remise totalement ou en partie, selon que l'état des choses le requerra.

« Que si les prélats des églises cathédrales et autres supérieurs se rendaient négligents à l'établissement et au maintien de tels *séminaires*, ou refusaient de payer leur portion, il sera du devoir de l'archevêque de reprendre vivement l'évêque; et ce sera au synode provincial à reprendre l'archevêque ou autres supérieurs en degré, et à les obliger à tenir la main à tout ce que dessus, et enfin à avoir un soin particulier de procurer et avancer au plus tôt, et partout où il se pourra, un ouvrage si saint et si pieux. A l'égard du compte des revenus dudit *séminaire*, ce sera à l'évêque à le recevoir, tous les ans, en présence de deux députés du chapitre et de deux autres du clergé de la ville.

« De plus, afin qu'avec moins de dépense on puisse pourvoir à l'établissement de telles écoles, le saint concile ordonne que les évêques, archevêques, primats et autres ordinaires des lieux, obligeront ceux qui possèdent des scolastiques, et tous autres qui tiennent des places ou prébendes auxquelles est attachée l'obligation de faire des leçons et enseigner, et les contraindront même, par la soustraction de leurs fruits et revenus, d'en faire les fonctions dans lesdites écoles, et d'y instruire par eux-mêmes, s'ils en sont capables, les enfants qui y seront, sinon de mettre en leur place des gens qui s'en acquittent comme il faut, qu'ils choisiront eux-mêmes, et qui seront approuvés par les ordinaires. Que si ceux qu'ils auront choisis ne sont pas jugés capables par l'évêque, ils en nommeront quelque autre qui le soit, sans qu'il y ait lieu à aucune appellation; et s'ils négligent de le faire, l'évêque même y pourvoira.

« Il appartiendra aussi à l'évêque de leur prescrire ce qu'ils devront enseigner dans lesdites écoles, selon qu'il le jugera à propos : et à l'avenir ces sortes d'offices ou dignités que l'on nomme scolastiques ne seront données qu'à des docteurs ou maîtres, ou à des licenciés en théologie ou en droit canon, ou à d'autres personnes capables qui puissent s'acquitter par eux-mêmes de cet emploi ; autrement la provision sera nulle et sans effet, nonobstant priviléges, et coutumes quelconques, même de temps immémorial.

« Que si dans quelque province les églises se trouvent en une si grande pauvreté que l'on ne puisse établir des colléges en toutes, alors le synode provincial, ou le métropolitain, avec deux de ses plus anciens suffragants, aura soin d'établir dans son église métropolitaine, ou dans quelque autre église de la province plus commode, un ou plusieurs colléges, selon qu'il le jugera à propos, du revenu de deux ou de plusieurs desdites églises qui ne sont pas suffisantes pour entretenir aisément chacune un collége ; et là seront instruits les enfants desdites églises.

« Au contraire, dans les églises qui ont de

grands et puissants diocèses, l'évêque pourra avoir en divers lieux un ou plusieurs pareils *séminaires*, selon qu'il le jugera à propos ; mais ils seront tous entièrement dépendants de celui qui sera érigé et établi dans la ville épiscopale.

« Enfin, si au sujet desdites unions, ou de la taxe, assignation et incorporation desdites parts et portions de contribution, ou par quelque autre occasion que ce soit, il survenait quelque difficulté qui empêchât l'établissement dudit *séminaire*, ou qui le troublât dans la suite, l'évêque, avec les députés ci-dessus marqués, ou le synode provincial, selon l'usage du pays, pourra, suivant l'état des églises et des bénéfices, régler et ordonner toutes les choses en général et en particulier qui paraîtront nécessaires et utiles pour l'heureux progrès du *séminaire*, et modérer même et augmenter, s'il en est besoin, ce qui a été dit ci-dessus. »

Telle est l'institution des *séminaires* suivant le concile de Trente. On en voit l'exécution parfaite dans l'histoire et les actes de saint Charles. Les conciles provinciaux de France ont reçu et amplement expliqué le règlement que nous venons de rapporter sans en rien retrancher. Voyez à ce sujet les *Mémoires du clergé*, tom. II, pag. 596 et suiv. jusq. 687. On y voit aussi que l'assemblée de Melun, en 1579, a ajouté audit règlement plusieurs articles touchant le gouvernement des *séminaires*.

Les *séminaires* avaient disparu dans la tourmente révolutionaire, avec toutes les autres institutions religieuses ; mais lorsque la paix fut rendue à l'Eglise de France, le souverain pontife demanda leur rétablissement. Il fut en conséquence statué ce qui suit dans le concordat, article 11 : « Les évê- « ques pourront avoir un chapitre dans leur « cathédrale et un *séminaire* pour leur dio- « cèse, sans que le gouvernement s'oblige à « les doter. »

Conséquemment à cette disposition, le cardinal Caprara, dans son décret du 9 avril 1802, pour la circonscription des nouveaux diocèses, prescrivit en ces termes le rétablissement des *séminaires* : « Tous les archevê- « ques et évêques qui seront préposés aux « églises de la nouvelle circonscription, de- « vront, conformément à la dite convention, « travailler, suivant leurs moyens et leurs « facultés, à établir, en conformité des saints « canons et des saints conciles, des *séminaires* « où la jeunesse qui veut s'engager dans le « service clérical, puisse être formée à la piété, « aux belles-lettres, à la discipline ecclésiasti- « que. Ils doivent donner à ces *séminaires*, ainsi « érigés et établis (selon qu'ils jugeront de- « vant Dieu, être le plus convenable et le « plus utile à leurs églises), des règlements « qui fassent prospérer l'étude de leurs « sciences, et qui insinuent en toute manière « la piété et la bonne discipline. » (*Voyez* ci-dessus, tom. 1er, col. 633.)

De son côté, le gouvernement fit les règlements qui suivent.

Il reconnaît d'abord, conformément au concordat, que les archevêques et évêques peuvent, avec *son autorisation* établir des *séminaires* dans leurs diocèses (art. organique 11). Cette autorisation, exigée par cet article, est une entrave apportée à la liberté des évêques ; car elle était reconnue de droit par l'article du concordat. L'article organique 23 ajoute : « Les évêques seront chargés de l'organisation de leurs *séminaires*, et les règlements de cette organisation seront soumis à l'approbation du premier consul. » Deux ans plus tard on fit la loi suivante :

Loi *du 23 ventôse an* XII (14 *mars* 1804) *relative à l'établissement de séminaires métropolitains.*

« Article 1er. Il y aura, par chaque arrondissement métropolitain, et sous le nom de *séminaire*, une maison d'instruction pour ceux qui se destinent à l'état ecclésiastique.

« Art. 2. On y enseignera la morale, le dogme, l'histoire ecclésiastique et les maximes de l'Eglise gallicane. On y donnera les règles de l'éloquence sacrée.

« Art. 3. Il y aura des examens ou exercices publics sur les différentes parties de l'enseignement.

« Art. 4. A l'avenir, on ne pourra être nommé évêque, vicaire général, chanoine, ou curé de première classe, sans avoir soutenu un exercice public, et rapporté un certificat de capacité, sur tous les objets énoncés en l'article 2.

« Art. 5. Pour toutes les autres places et fonctions ecclésiastiques, il suffira d'avoir soutenu un exercice public sur la morale et sur le dogme, et d'avoir obtenu, sur ces objets, un certificat de capacité.

« Art. 6. Les directeurs et professeurs seront nommés par le premier consul, sur les indications qui seront données par l'archevêque et les évêques suffragants.

« Art. 7. Il sera accordé une maison nationale, et une bibliothèque, pour chacun des établissements dont il s'agit, et il sera assigné une somme convenable pour l'entretien et les frais desdits établissements.

« Art. 8. Il sera pourvu, par des règlements d'administration publique, à l'exécution de la présente loi. »

Cette loi fut précédée d'un rapport de M. Portalis au conseil d'Etat. On y voit les motifs de la loi et les tendances du gouvernement. Nous allons le rapporter ici, bien entendu sans en approuver tous les principes.

Exposé *des motifs du projet de loi relatif à l'organisation des séminaires métropolitains, lu au corps législatif le* 12 *ventôse an* XII, *par M. Portalis, conseiller d'Etat.*

« Citoyens législateurs, la convention passée le 26 messidor an IX entre le gouvernement français et le pape Pie VII, porte en l'article 11, que les évêques pourront avoir un *séminaire* pour leur diocèse, sans que le gouvernement s'oblige à le doter.

« Les articles organiques de cette convention autorisent également les *séminaires* par plusieurs dispositions formelles, et ils exigent que les règlements qui pourront être faits par les évêques pour cet objet, soient soumis à l'approbation du premier consul.

« Les *séminaires* sont des établissements destinés à former des ecclésiastiques. On fait remonter l'origine de ces établissements aux communautés des clercs, que les évêques réunissaient auprès d'eux dans les premiers âges du christianisme. Les clercs n'étaient point alors obligés d'étudier les sciences humaines : ils n'apprenaient que les choses qui appartiennent à la religion. Si nous voyons dans ces premiers siècles des évêques et des prêtres très-versés dans la philosophie, dans la littérature, et dans les sciences qu'on appelait profanes ou sciences du dehors, c'est que ces évêques et ces prêtres avaient apporté dans l'Église les connaissances qu'ils avaient acquises avant leur conversion.

« L'invasion des barbares changea la face de l'Europe civilisée. Telle est la condition de notre malheureuse espèce, dont le but se trouve subordonné à tant d'événements et de révolutions diverses. De grandes nations, dit un auteur célèbre, croupissent des siècles entiers dans l'ignorance. On voit ensuite poindre une faible aurore, enfin le jour paraît, après lequel on ne voit plus qu'un long et triste crépuscule.

« On s'aperçut de la décadence des études dans les Gaules dès la fin du sixième siècle, c'est-à-dire environ cent ans après l'établissement des Francs.

« Les études et les connaissances auraient disparu partout après la chute de l'empire romain si elles n'avaient été conservées par les clercs. Elles trouvèrent heureusement un asile dans les communautés religieuses et dans les temples. Les ouvrages des historiens, des philosophes, des poètes et des orateurs romains, étaient comme en dépôt dans les monastères. Le latin banni du commerce habituel de la société, s'était réfugié dans les chants de l'Église et dans les livres de la religion.

« On vit dans son siècle, et on est toujours plus ou moins dépendant des circonstances dans lesquelles on vit. Il était impossible que les clercs fissent de bonnes études, quand il n'y avait plus qu'eux qui eussent le loisir et la volonté d'étudier.

« La longue minorité du genre humain dura jusqu'au règne de Charlemagne. Ce prince fonda un vaste empire par ses conquêtes et par ses lois, et avec les matériaux de la religion il construisit l'Europe.

« Il amena des grammairiens de Rome. Il ordonna à tous les évêques et à tous les abbés de ses États d'établir des écoles pour l'enseignement des lettres humaines, dont il présenta la connaissance comme infiniment utile et favorable à l'intelligence des divines Écritures. Il voulut ainsi propager la religion par les sciences et les beaux-arts, et assurer la stabilité et le progrès des beaux-arts et des sciences, par les progrès et la stabilité de la religion même.

« Le mouvement fut donné; tous les conciles du temps sanctionnèrent par leurs décisions les grandes vues que Charlemagne avait manifestées dans ses ordonnances.

« Quel spectacle plus étonnant au milieu de l'ignorance et de la barbarie, que celui de l'alliance sacrée de la religion et des sciences, alliance si heureusement conçue et consommée par le génie de ce grand homme !

« De là on vit sortir toutes les écoles connues sous le nom d'*universités*, dans lesquelles on se proposa d'enseigner toutes les choses divines et humaines. La première et la plus célèbre de toutes fut l'université de Paris, dont l'abbé Fleury fixe l'établissement à la fin du douzième siècle (*Voyez* UNIVERSITÉ).

« Les divers peuples cessèrent d'être étrangers les uns aux autres. On accourait de toutes parts pour recevoir le même enseignement et la même doctrine. Les mœurs s'adoucirent, les relations se multiplièrent ; et insensiblement l'Europe, en s'éclairant, ne fut plus qu'une grande famille composée de diverses nations, qui, continuant à être divisées par le territoire, se trouvèrent unies par la religion, les sciences et les mœurs.

« On sait quelle était la constitution des universités. Elles étaient composées de quatre facultés : les arts, la médecine, le droit et la théologie.

« On ne pouvait presque parvenir à aucune place sans avoir étudié dans ces écoles, et sans y avoir pris des degrés qui étaient un témoignage public et légal de la capacité des étudiants.

« On s'aperçut bientôt que les personnes qui se destinaient à la cléricature perdaient l'esprit de leur état par leur commerce avec cette foule de compagnons d'étude qui se destinaient aux différentes professions de la vie civile.

« On établit alors les *séminaires* tels que nous les connaissons. Ils eurent une grande influence sur le retour et le maintien de la discipline. Les *séminaires* étaient moins des maisons d'étude que des maisons de retraite et de probation ; car nous trouvons que les universités s'étaient constamment opposées à ce qu'on fondât des écoles de théologie dans les *séminaires*.

« L'université de Paris avait à cet égard obtenu divers arrêts qui avaient fait droit à sa réclamation.

« Nous savons que des universités moins privilégiées n'avaient point eu le même succès. Celle de Rennes succomba dans une contestation qu'elle eut à soutenir contre l'évêque de Nantes, pour une école de théologie, établie dans le *séminaire* de cet évêque.

« Mais il n'est pas moins certain que l'enseignement des universités était le véritable enseignement national ; que les citoyens qui se destinaient à certaines professions ne pouvaient y parvenir, s'ils n'avaient étudié et pris des grades dans quelques-unes des universités autorisées, et que les ecclésiastiques eux-mêmes ne pouvaient posséder de grands bénéfices, ni même une cure, dans une ville murée, s'ils n'étaient gradués.

« Les universités n'existent plus ; elles ont

cédé aux révolutions et au temps, comme les autres ouvrages des hommes.

« Quelle est même l'institution civile, politique ou religieuse, qui ait pu résister à l'esprit de délire et de faction qui a si longtemps désolé la France?

« Nos maux sont oubliés, un génie vaste et puissant les répare.

« Déjà, citoyens législateurs, on s'est occupé des lycées et des écoles spéciales pour la propagation des sciences humaines ; il s'agit aujourd'hui de la religion qui prêta jadis un si grand secours aux sciences et aux lettres, et qui est un auxiliaire si utile de la puissance dans les affaires de la société.

« En rendant à la grande majorité des citoyens français le culte de leurs pères, et en rendant à tous la liberté de conscience et l'exercice de leurs différents cultes, vous avez contracté l'engagement de leur assurer les moyens d'avoir constamment des pasteurs et des ministres dignes de leur confiance.

« La loi du 18 germinal an X a pourvu aux académies ou *séminaires* des communions protestantes.

« Dans le projet de loi qui vous est soumis, on s'est occupé des *séminaires* pour les catholiques.

« Le gouvernement, en reconnaissant, par le concordat, la liberté qu'a chaque évêque d'établir un *séminaire* dans son diocèse, n'a fait que rendre hommage au droit naturel d'inspection qu'ont les évêques sur la vocation, les principes et les mœurs des personnes qui se destinent à la cléricature. Sous ce point de vue, les *séminaires* ne sont pour ainsi dire que le régime intérieur ; aussi le gouvernement a déclaré qu'il ne s'engageait point à les doter.

« Mais il a paru nécessaire de remplacer l'enseignement public et national des universités : des écoles spéciales remplissent cet enseignement pour la jurisprudence et la médecine. Sur le modèle de ces écoles spéciales, le projet de loi établit par chaque arrondissement métropolitain une maison d'instruction pour ceux qui se proposent d'embrasser l'état ecclésiastique.

« Il y a dix métropoles. Les maisons dont nous parlons seront donc au nombre de dix. On a toujours observé que la multitude des petits collèges nuisait au progrès des bonnes études. Les professeurs habiles sont rares, les moyens d'exciter l'émulation sont plus difficiles dans de petits établissements qui échappent à l'attention publique : quelques grandes écoles, placées à certaines distances et sous la protection du gouvernement, appellent davantage l'émulation et le talent, et sont plus assurées de produire de grands effets.

« L'Etat ne pouvait demeurer indifférent sur l'éducation des ecclésiastiques ; il lui importe que les ministres de la religion soient tous citoyens, il lui importe que chacun remplisse fidèlement les devoirs de la profession qu'il embrasse ; mais pour bien remplir ces devoirs, il faut les connaître :

l'ignorance n'est bonne à rien, elle nuit à tout ; elle serait surtout dangereuse dans une classe d'hommes qui doivent être d'autant plus instruits qu'ils sont chargés d'instruire les autres.

« Mais les circonstances ne permettaient point à l'Etat de doter soixante *séminaires*; et il n'eût pu, dans aucun temps, se promettre de faire prospérer un tel nombre d'établissements, dont la multiplicité seule eût empêché la bonne organisation.

« Le projet de loi porte que, dans les maisons d'instruction dont il s'agit, on enseignera la morale, le dogme, l'histoire ecclésiastique, les maximes de l'Eglise gallicane, et qu'on y donnera les règles de l'éloquence sacrée.

« Les anciens s'étaient attachés plus particulièrement que nous à l'étude de la morale. La raison en est que leur religion n'avait que des rits, et qu'elle ne se mêlait en aucune manière de l'enseignement public. Chez eux, la morale était confiée aux législateurs et aux philosophes : les prêtres conservaient le dépôt des pratiques et des anciennes traditions ; mais c'étaient les philosophes et les législateurs qui prêchaient la vertu et la règle des mœurs. Le célèbre *Panœtius* recommandait la sagesse et les devoirs, tandis que l'augure *Scævola* ordonnait les sacrifices et les cérémonies du culte.

« Depuis l'établissement du christianisme, il existe un sacerdoce, chargé d'annoncer toute vérité, de recommander tout ce qui est bon, tout ce qui est saint, tout ce qui est juste, tout ce qui est aimable ; de donner des conseils aux parfaits et des préceptes à tous.

« Dans les premiers siècles de l'Eglise, les règles des mœurs, prêchées et développées par les Lactance, les Chrysostome, les Augustin, les Jérôme, les Ambroise, conservèrent ce caractère d'évidence, de grandeur et de dignité, que le génie et la piété de ces grands hommes imprimaient à tout ce qui sortait de leur bouche ou de leur plume.

« Nous savons que dans la suite on n'eut, pour professeurs de morale, que des scolastiques, amis des abstractions, que des esprits subtils, qui, dans les siècles d'ignorance, sont les beaux esprits ; mais il ne serait pas juste de faire un reproche particulier aux ecclésiastiques de ce qui ne fut que la suite du malheur des temps. Alors, sans doute, on se perdit en vaines questions sur le libre et le volontaire, sur la béatitude formelle ou intuitive, et sur mille autres points de controverse, qui fatiguaient la raison sans l'éclairer.

« Mais le beau siècle de Louis XIV n'a-t-il pas produit les admirables Essais de Nicole et les excellents Traités des Bossuet et des Fénélon ?

« L'enseignement d'une morale religieuse importe plus que l'on ne pense au bien de l'humanité ; elle fixe les incertitudes parce qu'elle consiste en maximes positives ; elle règle le sentiment en s'emparant du cœur ; elle console la raison en lui laissant entrevoir toutes les jouissances que l'on ne peut avoir que par le sentiment.

« En développant la morale évangélique dans son auguste simplicité, en prêchant la fidélité aux lois, l'amour du prochain et toutes les vertus sociales, en écartant la prétendue science des opinions probables, qui n'était que le fruit d'une fausse métaphysique, les ministres de la religion deviendront les vrais bienfaiteurs de l'humanité.

« Dans l'enseignement du dogme, on cherchera surtout à donner un appui à la morale.

« La morale suppose un Dieu législateur, comme la physique suppose un Dieu créateur et premier moteur de toutes les causes secondes.

« On ne bâtira pas de systèmes contentieux sur des objets qui n'ont jamais été définis par l'Eglise.

« On ne cherchera que dans les Ecritures et la tradition, qui sont les uniques fondements de la foi, les vérités sacrées qui nous découvrent les desseins impénétrables de l'auteur de la nature sur les enfants des hommes.

« L'étude de l'histoire ecclésiastique est nécessaire à ceux qui se donnent au ministère des âmes. Cette histoire nous offre toute la suite du christianisme depuis son établissement. On y voit la succession constante de la doctrine, les variations de la discipline dans les choses qui ne sont point fondamentales, et le tableau des mœurs dans les différents siècles.

« L'histoire est un cours de sagesse pratique, dans lequel on apprend à se dégager de toutes les aspérités d'une vaine théorie.

« On distinguera dans les princes qui ont professé la foi catholique, ce qu'ils ont fait comme chrétiens, d'avec ce qu'ils ont fait comme princes; et, depuis que les papes et les évêques ont possédé des seigneuries et ont eu tant de part aux affaires temporelles, on ne confondra point ce qu'ils ont pu faire en qualité de seigneurs temporels, avec ce qu'ils pouvaient et devaient faire comme évêques et comme chrétiens.

« Les opinions qui ont prévalu dans certains siècles et qui ont disparu dans d'autres, nous apprennent à distinguer la vérité d'avec ce qui n'est qu'opinion.

« Le spectacle de nos controverses, si souvent occasionnées par des abus de mots ou par des futilités inintelligibles, nous invite à nous méfier de nous-mêmes, à être moins précipités dans nos jugements, moins jaloux de nos propres pensées, enfin à nous tenir en garde contre des disputes qui ont si souvent dégradé l'esprit humain et désolé le monde.

« Le grand avantage de l'histoire est de nous présenter, non de simples faits isolés, comme ceux qui nous sont fournis par l'expérience journalière, mais des exemples complets, c'est-à-dire, des faits dont on puisse voir à la fois le principe et les suites. Ainsi, un schisme éclate, on voit par les dissensions qui ont autrefois déchiré l'Eglise, la cause qui produit ces sortes de désordres et de scandales, les effets terribles qu'ils ont produits et les sages mesures qui les ont terminés. On devient, en considérant le passé, moins entêté et plus conciliant sur les affaires présentes; on est plus disposé à tous les sacrifices qui, sans altérer la substance de la religion, peuvent conserver le grand principe de l'unité ecclésiastique.

« En général, les maximes et les préceptes ne nous suffisent pas, il faut des exemples. Peu de gens, dit Tacite, distinguent, par la seule force du raisonnement, ce qui est bon de ce qui est mauvais, ce qui est juste de ce qui ne l'est pas. La plupart ne s'instruisent que par les choses qu'ils voient arriver aux autres. L'exemple parle aux passions et les engage dans le parti de la sagesse. Selon l'expression d'un écrivain, la science et le génie, sans les leçons de l'expérience et de l'histoire, sont ce qu'on croyait autrefois qu'étaient les comètes, des météores éclatants, irréguliers dans leurs cours et dangereux dans leurs approches, qui ne peuvent servir aucun système et qui sont capables de les détruire tous.

« L'Eglise est une dans tout ce qui est de foi et de discipline fondamentale; mais chaque portion de cette Eglise peut avoir ses maximes et des coutumes particulières. Tout ecclésiastique français doit donc chercher à connaître les maximes de l'Eglise gallicane (*Voyez* LIBERTÉS DE L'ÉGLISE GALLICANE).

« Le principe de l'indépendance de la puissance publique dans le gouvernement temporel des Etats, celui qui réduit les droits du sacerdoce aux choses purement spirituelles, et qui ne reconnaît dans les chefs de l'Eglise et dans les autres ministres du culte, qu'une autorité réglée par les canons et les saints décrets, appartiennent sans doute au droit public de toutes les nations chrétiennes. Mais ces principes ont été moins obscurcis en France; ils y ont reçu moins d'atteinte qu'ailleurs (*Voyez* INDÉPENDANCE, LÉGISLATION).

« Les Français ont également conservé avec plus de fidélité toutes les maximes sur les droits des évêques et des curés; ils ont toujours été moins favorables aux priviléges et aux exemptions.

« On ne doit pas se contenter dans les *séminaires* d'enseigner tout ce qui regarde le fond de la science ecclésiastique; on doit encore y donner les règles de l'éloquence sacrée.

« L'éloquence est un grand moyen de présenter au cœur et à l'esprit ce que l'on peut peindre à l'œil.

« Comment les ministres de la religion, dont la mission est de prêcher et d'enseigner, pourraient-ils négliger l'art de la parole, le plus étendu, le plus beau et le plus puissant de tous les arts?

« C'est avec le ministère de la parole que les apôtres ont conquis le monde. Saint Paul étonna l'Aréopage en annonçant aux membres de ce sénat auguste le Dieu inconnu qu'ils adoraient et qu'ils ne connaissaient pas.

« Ce sont les grands intérêts de la patrie qui avaient produit les orateurs de l'ancienne Grèce et de l'ancienne Rome. L'éloquence est née dans nos temps modernes avec les grands intérêts de la religion.

« Quel effet ne produisit pas la peinture éloquente du jugement dernier, faite par Massillon dans son sermon sur le petit nombre des élus! A la voix de cet orateur, une grande assemblée se lève par un mouvement spontané et frissonne.

« La voix de Bossuet retentissait dans toutes les capitales et dans toutes les cours, quand ce ministre de l'Evangile représentait l'incertitude des choses humaines et peignait le bruyant fracas de la chute des empires.

« Aucune nation ne peut rivaliser avec la nôtre pour l'éloquence de la chaire. Ce genre de supériorité est une propriété nationale que nous devons être jaloux de conserver.

« Après avoir fixé l'enseignement des *séminaires*, nous avons voulu constater dans le projet de loi les bons effets de cet enseignement. Les aspirants à la cléricature seront obligés de soutenir des exercices publics et de rapporter des certificats de capacité. Ces certificats sont le supplément des anciens grades.

« La garantie exigée pour s'assurer de la capacité des aspirants est même mieux organisée qu'elle ne l'était autrefois; car, sous l'ancien régime, on était dirigé par des lois qui remontaient à des époques éloignées et qui, voulant uniquement bannir l'ignorance et la barbarie, ne s'étaient proposé que la propagation des sciences en général. On était parti du principe que toutes les sciences sont sœurs et qu'il suffisait d'avoir fait quelques progrès dans une science quelconque pour avoir droit à des places et à des fonctions étrangères à cette science. Ainsi, les canonistes enseignaient qu'un gradué en médecine avait toute la capacité requise pour occuper une cure dans une ville murée, ou une dignité dans un chapitre. L'opinion des canonistes avait été adoptée par la jurisprudence.

« Aujourd'hui tout rentre dans l'ordre. Les études et les grades dans une science ne rendront capables que des fonctions pour lesquelles cette science est requise. Il faudra avoir étudié le droit et non la médecine, pour remplir les fonctions judiciaires, et un ecclésiastique, s'il n'a les connaissances de son état, ne sera point jugé capable de remplir les fonctions importantes du sacerdoce.

« On n'exige pas les mêmes preuves de capacité pour toutes les fonctions sacerdotales. Il suffira à un curé de seconde classe, à un desservant, à un simple vicaire, d'avoir soutenu un exercice public sur la morale et sur le dogme. Ce sont là des choses dont la connaissance est indispensable pour tous les ministres de la religion, parce qu'elles tiennent à la substance de la religion même. Mais l'étude de l'histoire ecclésiastique, celle des maximes de l'Eglise gallicane et des rè-

DROIT CANON. II.

gles de l'éloquence sacrée, seront nécessaires aux évêques, aux vicaires généraux, aux chanoines, aux curés de première classe, c'est-à-dire, à tous ceux qui administrent en chef les diocèses ou qui participent plus ou moins à cette administration, ainsi qu'aux pasteurs qui exercent le ministère curial dans les villes importantes qui exigent une plus grande connaissance des choses et des hommes (*Voyez* BACHELIER).

« Nous avons dit que l'enseignement des maisons d'instruction établies par le projet de loi, doit remplacer l'enseignement national des universités. Il doit donc être sous la surveillance du magistrat politique, comme l'était celui des universités, qu'il remplace. En conséquence, les directeurs et professeurs seront nommés par le premier consul.

« Cependant, l'enseignement dont il s'agit devant être à la fois national et ecclésiastique, il ne saurait être étranger à la sollicitude des évêques. Le choix du premier consul sera donc éclairé par l'indication qu'ils feront des sujets à choisir.

« Quoiqu'il soit porté par le projet de loi qu'il y aura une maison d'instruction ou un *séminaire* par chaque arrondissement métropolitain, il est évident que ces établissements ne sont point particuliers à chaque métropole, mais qu'ils sont institués pour le bien et pour l'utilité de l'Eglise de France en général. En conséquence, on ne s'en rapporte pas uniquement, pour le choix des directeurs et des professeurs, à la désignation qui pourra être faite par l'archevêque; on fait concourir tous les évêques suffragants. Par cette mesure, le vrai talent ne sera pas exposé au danger d'être oublié, méconnu, ou d'être repoussé par la prévention particulière d'un seul homme.

« Aucun établissement ne peut exister sans dotation. Autrefois les lois de l'Etat autorisaient les évêques et leur enjoignaient même de doter ces établissements en y unissant des bénéfices. C'était la disposition formelle de l'article 24 de l'ordonnance de Blois, de l'article 1er de l'édit de Melun, et de l'article 6 de l'ordonnance de 1629. Dans le moment actuel, cette ressource manque puisqu'il n'y a plus de bénéfices. La dotation des *séminaires* ne peut donc être qu'à la charge de l'Etat. Mais, de toutes les dépenses publiques, cette dépense ne saurait être ni la moins utile, ni la moins favorable. Les lois romaines plaçaient tout ce qui regarde le culte dans la classe des choses qui appartiennent essentiellement au droit public et qui intéressent d'une manière particulière les mœurs d'une nation et le bonheur des hommes.

« Nous ajouterons ici que la circonstance de la dotation fournie par l'Etat est un nouveau motif de mettre les établissements dont il s'agit sous la surveillance du gouvernement (*Voyez* FACULTÉ) et de confier au magistrat politique la nomination des directeurs et professeurs; car, dès lors, l'Etat est vrai fondateur de ces établissements. Or, l'Eglise a toujours applaudi avec reconnaissance aux droits que se réservait un fonda-

(*Trente-trois.*)

teur dans l'acte par lequel il signalait quelque libéralité ou quelque bienfait. C'est de là que sont nés tous les droits de patronage (*Voyez* PATRONAGE), et tous ceux que nos anciens souverains exerçaient sur les églises cathédrales et sur une foule d'autres bénéfices.

« Il n'a pas été possible de fixer d'avance la dotation de chaque *séminaire;* cette dotation est subordonnée à une multitude de circonstances qui ne sont pas susceptibles d'être calculées avec précision; elle doit donc être laissée, ainsi que plusieurs autres objets secondaires, à l'arbitrage du gouvernement, qui peut plus facilement, par la connaissance que lui donnent les détails journaliers de l'administration, combiner les ressources avec les besoins. L'office de la loi est de donner le premier être à une institution et de fixer les grandes maximes qui doivent la régir. Mais, après avoir donné le mouvement et la vie à un établissement, le pouvoir créateur se repose et laisse agir le pouvoir qui exécute.

« Vous avez actuellement sous les yeux, citoyens législateurs, toute l'économie du projet de loi sur les *séminaires.* Si la religion est utile et nécessaire à l'État, ces établissements sont nécessaires à la religion. Comment pourrait-elle subsister, si on ne lui ménageait pas les moyens de perpétuer la succession de ses ministres?

« En donnant à ceux qui se destinent à la cléricature la facilité de s'instruire, vous les préparez à être aussi bons citoyens que pasteurs vertueux et aimables, vous écartez d'avance la superstition et le fanatisme qui sont le produit ordinaire de l'ignorance.

« Achevez donc, citoyens législateurs, le grand ouvrage du rétablissement du culte; ouvrage admirable qui a été comme le terme de nos tempêtes politiques, qui a réconcilié la patrie avec tous ses enfants, et qui semble avoir fait une seconde fois descendre du ciel les vertus destinées à décorer et à consoler la terre. »

DÉCRET *du 30 septembre 1807, portant établissement de bourses et demi-bourses, dans les séminaires diocésains.*

« NAPOLÉON, etc.;
« Voulant faire prospérer l'établissement des *séminaires* diocésains, favoriser l'éducation de ceux de nos sujets qui se destinent à l'état ecclésiastique, et assurer aux pasteurs des églises de notre empire des successeurs qui imitent leur zèle, et qui, par leurs mœurs, et l'instruction qu'ils auront reçue, méritent également la confiance de nos peuples, nous avons décrété, etc.

« ART. 1er. A dater du premier janvier prochain, il sera entretenu à nos frais, dans chaque *séminaire* diocésain, un nombre de bourses et demi-bourses, conformément au tableau ci-joint.

« ART. 2. Les bourses et demi-bourses seront accordées par nous sur la présentation des évêques.

« ART. 3. Notre trésor public paiera annuellement, pour cet objet, 400 francs par bourse et 200 francs par demi-bourse. »

DÉCRET *du 9 avril 1809 concernant les élèves des séminaires.*

« ART. 1er. Pour être admis dans les *séminaires,* maintenus par l'article 3 de notre décret du 14 mars, comme écoles spéciales de théologie, les élèves devront justifier qu'ils ont reçu le grade de bachelier dans la faculté des lettres.

« ART. 2. Les élèves actuellement existants dans lesdits *séminaires,* pourront y continuer leurs études, quoiqu'ils n'aient pas rempli la condition ci-dessus.

« ART. 3. Aucune autre école, sous quelque dénomination que ce puisse être, ne peut exister en France, si elle n'est régie par des membres de l'université impériale et soumise à sa règle.

« ART. 4. Le grand maître de notre université impériale et son conseil accorderont un intérêt spécial aux écoles secondaires que les départements, les villes, les évêques, ou les particuliers voudront établir, pour être consacrées plus spécialement aux élèves qui se destinent à l'état ecclésiastique.

« ART. 5. La permission de porter l'habit ecclésiastique pourra être accordée aux élèves desdites écoles, dont les prospectus et les règlements seront approuvés par le grand maître et le conseil de l'université, toutes les fois qu'ils ne contiendront rien de contraire aux principes généraux de l'institution.

« ART. 6. Le grand maître pourra autoriser, dans nos écoles secondaires ou lycées, des fondations de bourses, demi-bourses, ou toutes autres dotations, pour des élèves destinés à l'état ecclésiastique. »

On peut consulter comme document historique le décret du 15 novembre 1811. Voyez sous le mot FABRIQUE, l'article 113 du décret du 30 décembre 1809, et sous le mot BIENS D'ÉGLISE, le titre IV du décret du 6 novembre 1813 sur l'administration des biens des *séminaires.*

ORDONNANCE *du 5 octobre 1814 qui autorise les archevêques et évêques à établir des écoles ecclésiastiques.*

« LOUIS, etc.
« Ayant égard à la nécessité où sont les archevêques et évêques de notre royaume, dans les circonstances difficiles où se trouve l'Église de France, de faire instruire, dès l'enfance, des jeunes gens qui puissent ensuite entrer avec fruit dans les grands *séminaires,* et désirant leur procurer les moyens de remplir avec facilité cette pieuse intention; ne voulant pas toutefois que les écoles de ce genre se multiplient sans raison légitime.

« Sur le rapport de notre ministre secrétaire d'État de l'intérieur;

« Nous avons ordonné et ordonnons ce qui suit:

« ART. 1er. Les archevêques et évêques de notre royaume pourront avoir, dans chaque département, une école ecclésiastique dont ils nommeront les chefs et les instituteurs.

et où ils feront élever et instruire dans les lettres des jeunes gens destinés à entrer dans les grands *séminaires*.

« Art. 2. Ces écoles pourront être placées à la campagne et dans les lieux où il n'y aura ni lycée, ni collége communal.

« Art. 3. Lorsqu'elles seront placées dans des villes où il y aura un lycée ou un collége communal, les élèves, après deux ans d'étude, seront tenus de prendre l'habit ecclésiastique.

« Ils seront dispensés de fréquenter les leçons desdits lycées et colléges.

« Art. 4. Pour diminuer autant qu'il sera possible les dépenses de ces établissements, les élèves seront exempts de la rétribution due à l'université par les élèves des lycées, colléges, institutions et pensionnats.

« Art. 5. Les élèves qui auront terminé leurs cours d'études, pourront se présenter à l'examen de l'université, pour obtenir le grade de bachelier ès-lettres ; ce grade leur sera conféré gratuitement.

« Art. 6. Il ne pourra être érigé, dans un département, une seconde école ecclésiastique qu'en vertu de notre autorisation, donnée sur le rapport de notre ministre secrétaire d'Etat de l'intérieur, après qu'il aura entendu l'évêque et le grand maître de l'université.

« Art. 7. Les écoles ecclésiastiques sont susceptibles de recevoir des legs et des donations, en se conformant aux lois existantes sur cette matière.

« Art. 8. Il n'est, au surplus, en rien dérogé à notre ordonnance du 22 juin dernier, qui maintient provisoirement les décrets et règlements relatifs à l'université.

« Sont seulement rapportés tous les articles desdits décrets et règlements contraires à la présente. »

Ordonnance *du 5 juin 1816, contenant répartition des fonds destinés à l'amélioration du sort du clergé, et qui comprend dans cette répartition la dépense à laquelle donnera lieu la création, dans les séminaires, de 1000 bourses nouvelles, destinées à l'éducation des ecclésiastiques.*

« Louis, etc. Un des grands objets de notre sollicitude a toujours été de venir au secours du clergé, et de faire cesser la détresse affligeante où il se trouve réduit, particulièrement dans les campagnes, etc.

Art. 1er. Il sera créé dans les *séminaires* 1000 bourses nouvelles, destinées à l'éducation des ecclésiastiques. Le montant de ces bourses et la dépense de la répartition ou de l'augmentation des bâtiments et des mobiliers, seront pris sur un crédit d'un million, qui sera porté au budget de l'intérieur, exercice 1816, chapitre *Du clergé*, et qui à cet effet sera prélevé, etc. »

Le reste de l'ordonnance n'a pas de rapport aux *séminaires*.

Voyez, sous le mot JÉSUITE, la première ordonnance du 16 juin 1828, sur les petits *séminaires*. Voici la seconde :

Ordonnance *du 16 juin 1828, sur les écoles secondaires ecclésiastiques.*

« Charles, etc.

« Sur le rapport de notre ministre secrétaire d'Etat des affaires ecclésiastiques ;

« Notre conseil des ministres entendu ;

« Nous avons ordonné et ordonnons ce qui suit :

« Art. 1er. Le nombre des élèves des écoles secondaires ecclésiastiques, instituées par l'ordonnance du 5 octobre 1814, sera limité dans chaque diocèse, conformément au tableau que, dans le délai de trois mois, à dater de ce jour, notre ministre secrétaire d'Etat des affaires ecclésiastiques soumettra à notre approbation.

« Ce tableau sera inséré au *Bulletin des lois*, ainsi que les changements qui pourraient être ultérieurement réclamés, et que nous nous réservons d'approuver, s'il devient nécessaire de modifier la première répartition.

« Toutefois, le nombre des élèves placés dans les écoles secondaires ecclésiastiques ne pourra excéder vingt mille.

« Art. 2. Le nombre de ces écoles et la désignation des communes où elles seront établies seront déterminés par nous, d'après la demande des archevêques et évêques, et sur la proposition de notre ministre des affaires ecclésiastiques.

« Art. 3. Aucun externe ne pourra être reçu dans lesdites écoles. Sont considérés comme externes les élèves n'étant pas logés et nourris dans l'établissement même.

« Art. 4. Après l'âge de quatorze ans, tous les élèves admis depuis deux ans dans lesdites écoles seront tenus de porter un habit ecclésiastique.

« Art. 5. Les élèves qui se présenteront pour obtenir le grade de bachelier ès-lettres, ne pourront, avant leur entrée dans les ordres sacrés, recevoir qu'un diplome spécial, lequel sera susceptible d'être échangé contre un diplome ordinaire de bachelier ès-lettres, après que les élèves seront engagés dans les ordres sacrés.

« Art. 6. Les supérieurs ou directeurs des écoles secondaires ecclésiastiques, seront nommés par les archevêques et évêques, et agréés par nous.

« Art. 7. Les archevêques et évêques adresseront, avant le premier octobre prochain, les noms des supérieurs et directeurs actuellement en exercice à notre ministre des affaires ecclésiastiques, à l'effet d'obtenir notre agrément.

« Art. 8. Les écoles secondaires ecclésiastiques, dans lesquelles les dispositions de la présente ordonnance, en date de ce jour, ne seraient pas exécutées, cesseront d'être considérées comme telles, et rentreront dans le régime de l'université. »

Ordonnance *du roi du 21 octobre 1839, qui fixe le nombre des élèves ecclésiastiques, de chacun des quatrevingts diocèses du royaume.*

« Vu l'article 1er de l'ordonnance **royale**

du 16 juin 1828, concernant les écoles secondaires ecclésiastiques ;

« Vu l'ordonnance du 26 novembre de la même année, et les ordonnances postérieures qui ont réparti entre les quatre-vingts diocèses, les 20,000 élèves qui peuvent être admis dans lesdites écoles ;

« Vu les réclamations formées par plusieurs archevêques et évêques, à l'effet d'obtenir que cette première répartition soit modifiée ;

« Nous avons ordonné et ordonnons ce qui suit :

« Art. 1er. Le nombre des élèves ecclésiastiques de chacun des quatre-vingts diocèses du royaume, est, et demeure fixé conformément au tableau ci-après : »

DIOCÈSES.	NOMBRE DES ÉLÈVES.	DIOCÈSES.	NOMBRE DES ÉLÈVES.	DIOCÈSES.	NOMBRE DES ÉLÈVES.
		Report.	6,400	Report.	12,875
Agen.	200	Digne.	120	Poitiers.	300
Aire.	150	Dijon.	220	Le Puy.	520
Aix.	120	Evreux.	160	Quimper.	300
Ajaccio.	200	Fréjus.	180	Reims.	280
Alby.	300	Gap.	160	Rennes.	300
Amiens.	350	Grenoble.	350	La Rochelle.	200
Angers.	400	Langres.	220	Rodez.	250
Angoulême.	100	Limoges.	400	Rouen.	270
Arras.	240	Luçon.	260	Saint-Brieuc.	180
Auch.	210	Lyon.	600	Saint-Claude.	260
Autun.	360	Le Mans.	300	Saint-Dié.	200
Avignon.	200	Marseille.	150	Saint-Flour.	200
Bayeux.	500	Meaux.	250	Séez.	200
Bayonne.	160	Metz.	260	Sens.	200
Beauvais.	340	Mende.	140	Soissons.	340
Belley.	300	Montauban.	200	Strasbourg.	330
Besançon.	400	Montpellier.	240	Tarbes.	220
Blois.	140	Moulins.	250	Toulouse.	450
Bordeaux.	350	Nancy.	250	Tours.	200
Bourges.	260	Nantes.	400	Troyes.	200
Cahors.	220	Nevers.	185	Tulle.	250
Cambrai.	150	Nîmes.	200	Valence.	200
Carcassonne.	260	Orléans.	900	Vannes.	180
Châlons.	170	Pamiers.	160	Verdun.	190
Chartres.	Pas d'école.	Paris.	250	Versailles.	180
Clermont.	200	Périgueux.	250	Viviers.	210
Coutances.	320	Perpignan.	120		
A reporter.	6,400	A reporter.	12,875	Total.	19,585

Par une nouvelle ordonnance du 19 avril 1841, le contingent du diocèse d'Angoulême a été porté à 150, celui d'Autun à 380, celui de Cambrai à 220, celui de Metz à 300, celui de Pamiers à 200 et celui de Versailles à 200. Il reste encore 195 élèves à répartir sur les diocèses qui en auraient le plus besoin.

L'apparition des deux ordonnances du 16 juin 1828, provoqua, de la part des évêques, un *Mémoire au roi*, qui réclamait contre la nécessité de l'agrément, l'affirmation par écrit, et la limitation arbitraire du nombre des élèves. Quant à l'injonction d'affirmer qu'on est étranger à toute congrégation religieuse non légalement établie en France, elle était une violation manifeste de l'article 8 de la Charte de 1814, et elle viole l'article 5 de la Charte de 1830. Ces deux ordonnances sont donc actuellement plus que jamais souverainement illégales, et surtout en opposition formelle avec les saints canons. Voici le texte du *Mémoire* au roi, document trop important pour ne pas trouver place ici.

Mémoire *présenté au roi par les évêques de France au sujet des ordonnances du 16 juin 1828, relatives aux écoles secondaires ecclésiastiques.*

Sire,

« Le temps ne calme pas la douleur que les évêques de votre royaume ont éprouvée à l'occasion des ordonnances du 16 juin; au contraire, ils sentent qu'elle devient plus vive et plus profonde à mesure qu'ils voient s'approcher le terme fatal de leur exécution. Les alarmes de la conscience viennent encore se joindre à cette douleur pour la rendre insupportable. Si les évêques ne devaient, en effet, que demeurer spectateurs passifs des choses qui se préparent, ils espéreraient du moins dans l'acceptation de cette cruelle épreuve, un adoucissement que la résignation et la patience leur rendraient méritoire; mais frappés des coups les plus sensibles par une main qu'ils sont accoutumés à bénir, il ne leur sera pas permis de se contenter de gémir en secret, et d'attendre en silence l'accomplissement des mesures qui doivent les désoler et affliger leurs églises. On leur demande de coopérer eux-mêmes directement à des actes qu'ils ne peuvent s'empêcher de regarder comme humiliants pour la religion, durs pour le sacerdoce, gênants et vexatoires pour l'autorité spirituelle, dont ils ne doivent compte qu'à Dieu parce que lui seul leur en a confié l'exercice

On veut que, par un concours direct et immédiat de leur part, ils paraissent approuver ce que les principes leur semblent condamner, et qu'ils travaillent eux-mêmes à serrer des entraves que la liberté évangélique leur interdit de souffrir; placé ainsi entre les plus chères affections et les devoirs les plus sacrés, l'épiscopat français ne sait comment satisfaire à la fois au sentiment du cœur et au cri de la conscience. Pleins d'une inquiétude que des ennemis même n'oseraient leur reprocher, les évêques tournent leurs regards tour à tour vers le ciel où préside la Majesté suprême dont ils doivent respecter les ordres, et vers le trône où est assise la *seconde Majesté* dont ils voudraient contenter jusqu'au moindre désir.

« Dans leur anxiété, sire, après avoir invoqué par de longues supplications les lumières et les secours qui viennent d'en haut, les évêques ne croient pas s'écarter des bornes du respect et de la soumission dont il leur appartient plus qu'au reste des fidèles de donner l'exemple, s'ils essaient de déposer aux pieds du roi, comme ils savent que quelques-uns de leurs collègues réunis à Paris l'ont déjà fait par l'organe d'un d'entre eux avant la publication des ordonnances, leurs inquiétudes et leurs craintes, en suppliant sa bonté d'apporter à ces ordonnances des modifications qui les arrachent à la cruelle alternative où elles vont les placer; ils n'obéissent point à l'exigence des passions, ils n'empruntent pas leur langage; ce n'est même qu'après avoir maîtrisé le premier mouvement de la douleur, qu'ils viennent faire entendre au roi très-chrétien la voix plaintive de la religion et les douloureux accents de l'Église à celui qu'elle aime à nommer le *premier-né de ses fils*.

« Les évêques n'ignorent pas qu'on leur conteste le droit d'examen et de discussion sur les ordonnances du 16 juin, qu'on affecte de ne les regarder que comme des règlements d'ordre légal qui appartiennent à la puissance séculière; on ne cesse de leur rappeler que ces ordonnances ne blessent en aucune manière les intérêts de la religion ni le pouvoir ecclésiastique, ils ne doivent intervenir que pour se soumettre et seconder l'action du gouvernement. Plût à Dieu qu'il en fût ainsi! On les verrait ce qu'ils sont toujours, zélés et fidèles, commander le respect et l'obéissance autant par leur exemple que par leurs discours; mais il est au contraire trop manifeste que les ordonnances sont de nature à porter l'atteinte la plus déplorable à la prospérité de la religion catholique en France, et qu'elles attaquent dans plusieurs de leurs dispositions l'honneur et l'autorité de l'épiscopat. Ces motifs sont plus que suffisants pour légitimer, nous ne dirons pas les *résistances*, mais l'inaction des évêques, qui peuvent bien supporter un joug onéreux, mais qui ne sauraient se l'imposer eux-mêmes. C'est ce qui résulte de l'examen approfondi des deux ordonnances sous quelque point de vue qu'on les envisage, soit dans l'ensemble, soit dans les détails.

« L'une et l'autre ordonnances semblent reposer sur ce principe bien contraire aux droits de l'épiscopat dans une matière évidemment spirituelle, puisqu'il regarde la perpétuité même du sacerdoce, savoir, que les écoles secondaires ecclésiastiques, autrement appelées petits *séminaires*, seraient tellement du ressort et sous la dépendance de l'autorité civile, qu'elle seule peut les instituer et y introduire la forme et les modifications qu'elle jugerait à propos, les créer, les détruire, les confier à son gré à des supérieurs de son choix, en transporter la direction, en changer le régime comme elle le voudra, sans le concours des évêques, même contre leur volonté, et cela sous prétexte que, les lettres humaines étant enseignées dans ces écoles, cet enseignement est du ressort exclusif de la puissance séculière.

« C'est en vertu de ce principe que huit écoles secondaires ecclésiastiques ont été tout d'un coup, sans avertissement, sans ces admonitions préalables qui conviennent si bien à une administration paternelle, arrachées au gouvernement des évêques sous lequel elles prospéraient, pour être soumises au régime de l'université. C'est encore par une conséquence de ce principe qu'il est ordonné qu'à *l'avenir*, sans avoir égard à l'institution de l'évêque, non plus qu'à sa responsabilité devant Dieu et devant les hommes, *nul ne pourra demeurer chargé, soit de la direction, soit de l'enseignement dans une des écoles secondaires ecclésiastiques, s'il n'a affirmé par écrit qu'il n'appartient à aucune congrégation religieuse non légalement établie en France*. C'est toujours de ce principe que découlent les autres dispositions qui limitent au gré de l'autorité laïque le nombre des élèves qui doivent recevoir dans ces mêmes écoles l'éducation ecclésiastique, qui déterminent les conditions sans lesquelles ils ne peuvent la recevoir, et qui, enfin, statuent que désormais cette éducation ne sera donnée, que la vocation au sacerdoce ne pourra être reconnue et dirigée dès son commencement sans l'intervention de cette même autorité laïque; car les supérieurs ou directeurs doivent obtenir l'agrément du roi avant de s'ingérer après la mission des évêques, dans la connaissance et dans la direction de cette vocation.

« Voilà jusqu'où conduit un principe fondé sur une prétention exhorbitante, un principe mal conçu, faussement appliqué, et trop largement étendu à des objets devant lesquels la raison, la justice et la conscience le forcent à s'arrêter; voilà aussi comme il provoque des réclamations, des froissements, des luttes très-pénibles, que l'on aurait évitées, si l'on avait su se renfermer dans ces bornes en deçà desquelles il n'y a qu'hésitation et que faiblesse, comme il n'y a au delà que violence et que collision.

« Que le principe donc de l'autorité de la puissance civile à l'égard des petits *séminaires* soit réduit à ses justes limites, et tout alors rentrera naturellement dans l'ordre.

parce que rien ne sera compromis. Essayons de les déterminer avec précision.

« Que le prince doive avoir et qu'il ait en effet sur les écoles ecclésiastiques, destinées à perpétuer le sacerdoce, l'inspection et la surveillance nécessaires pour assurer l'ordre public, empêcher la transgression des lois, maintenir les droits et l'honneur de la souveraineté; qu'il puisse exiger, exécuter par lui-même la réforme des abus qui intéressent l'ordre civil; qu'il doive même, en qualité d'*évêque du dehors*, provoquer la réforme des abus dans l'ordre spirituel, et prêter l'appui du bras séculier pour le maintien des règles canoniques, on en convient; qu'il soit libre d'accorder ou de refuser à ces établissements une protection, des priviléges, des bienfaits, dans l'intention de favoriser les progrès de la foi, en contribuant à perpétuer les ministres de l'Evangile, la religion n'est pas ingrate et lui rendra au centuple, pour prix de sa munificence, non-seulement la reconnaissance et l'affection, mais encore le dévouement et les services; qu'ainsi les écoles ecclésiastiques reçoivent une sanction qui les fasse jouir de tous les avantages dont sont en possession tous les autres établissements légalement reconnus; qu'elles aient la capacité d'acquérir, de vendre, de posséder, etc.; que ces avantages même ne leur soient accordés qu'à de certaines conditions, sans l'accomplissement desquelles elles ne pourraient en jouir : rien dans tout cela qui excède le pouvoir politique, qui envahisse le pouvoir spirituel; mais au-delà l'usurpation est à craindre, elle est bien prochaine.

« Prétendre, par exemple, qu'aucune école destinée à former à la piété, à la science et aux vertus sacerdotales, ne peut exister sans l'autorité du prince; que les évêques, soumis d'ailleurs à toutes les lois, ne puissent réunir les jeunes Samuels que le Seigneur appelle dès l'enfance au saint ministère, afin de les rendre plus propres à desservir l'autel et le tabernacle; qu'ils n'aient pas la liberté de confier l'éducation, la direction, l'enseignement de cette chère et précieuse tribu, aux maîtres qu'ils jugeront les plus habiles, les plus capables de la diriger à travers mille dangers jusqu'au terme de sa vocation; qu'ils ne puissent bénir et *multiplier cette moisson de prophètes*, c'est vouloir asservir l'Eglise dans ce qu'elle a de plus indépendant, c'est porter atteinte aux droits de sa mission divine; c'est contredire témérairement ces paroles qui regardent tous les temps . *Allez et enseignez;* c'est s'inscrire en faux contre l'histoire de l'Eglise. Au sein de la persécution, elle était libre de former des clercs dans les prisons et dans les catacombes; en lui donnant la paix, les empereurs n'ont pas assujetti à leurs règlements les écoles et les monastères où elle recueillait l'espérance de son sacerdoce; et s'ils sont quelquefois intervenus, ce n'est que par leur protection, leur libéralité, ou dans les choses purement temporelles. Depuis, l'Eglise n'a pu se dessaisir des droits que lui a confiés son divin fondateur.

« Si elle accepte les faveurs des princes à la condition de quelques priviléges qui touchent au spirituel, comme les droits de nomination, de patronage, etc. (*Voyez* NOMINATION, PATRONAGE), elle peut prendre des engagements avec eux, elle se les impose, mais elle ne les reçoit pas; elle les remplit, mais en cela elle n'obéit qu'à elle-même.

« Et qu'on ne dise pas qu'il ne s'agit ici que de l'enseignement des lettres humaines, qui est du ressort de la puissance civile; qu'on remarque qu'il est question d'écoles ecclésiastiques où cet enseignement n'est qu'un accessoire dont, après tout, la religion pourrait se passer, et que le principal, qui emporte tout le reste, est évidemment du ressort de l'autorité spirituelle. Les ordonnances elles-mêmes établissent cette différence. La première statue, article 2, que, « nul ne pourra demeurer chargé soit de la « direction, soit de l'enseignement, *dans une* « *des maisons d'éducation dépendantes de l'u-* « *niversité,* » et elle ajoute : « *ou dans une des* « *écoles secondaires ecclésiastiques.* » La distinction est formelle, et cependant tout y est compris, tout y est placé sous la même autorité.

« La seconde ordonnance va plus loin encore et d'une manière plus expresse; on n'a pas même eu la précaution d'y laisser un moyen de défense contre les reproches d'une usurpation évidente; on n'y invoque pas même le prétexte tiré de l'enseignement des lettres humaines, car l'article 6 de cette ordonnance n'exige pas l'agrément de la puissance civile pour les professeurs qui enseignent les lettres humaines dans ces écoles, mais pour les supérieurs ou directeurs, eux qui sont spécialement chargés de la connaissance, de la culture et de l'examen approfondi de la vocation ecclésiastique, et de former les élèves à la piété, la doctrine, la science et toutes les vertus nécessaires à cette vocation sainte; d'où il s'ensuit que c'est l'essentiel même des écoles ecclésiastiques, et ce qui appartient en propre aux évêques, que l'on semble vouloir partager avec eux.

« Ce n'est pas l'intention sans doute, nous croyons même que les facilités qui seront données pour l'agrément, réduiront à presque rien cette formalité; mais cette formalité peut devenir dangereuse du moment qu'elle est commandée : les systèmes changent avec les hommes, et celui qui a pour but l'asservissement de l'Eglise, qui a déjà obtenu depuis peu sur elle d'importants avantages, en prévaudrait un jour, et pourrait exiger d'autres concessions, si d'avance on ne se mettait en garde contre des prétentions exagérées.

« D'après cet exposé, il résulte en premier lieu, que les ordonnances qui ont prononcé sur les petits *séminaires* ont bien pu leur communiquer l'existence légale, et leur accorder tous les avantages temporels et civils qui l'accompagnent, qu'elles peuvent aussi leur accorder des secours, des donations, des maisons pour s'établir; mais qu'elles ne peuvent rien sur leur existence *proprement dite*, puisque c'est une conséquence de la mission divine que les évêques, en se conformant d'ailleurs aux lois du pays sur tout le reste, aient le droit d'assurer et de perpétuer la prédication de l'Evangile, l'administration des sacrements et les bienfaits d'un ministère qui a pour objet le salut des âmes. La manière d'user de ce droit, ou plutôt de remplir ce devoir, peut être différente suivant les temps et les besoins; mais l'exercice n'en appartient pas moins aux évêques, il ne saurait leur être contesté.

« Il ne servirait de rien de dire qu'autrefois il n'y avait pas de petits *séminaires*, ou s'il y en avait, qu'ils n'étaient pas semblables à ceux qui existent actuellement. Quand cela serait vrai, le droit des évêques ne peut avoir été infirmé par le non exercice, et l'on ne saurait invoquer ici la prescription; mais on est loin d'admettre qu'il n'y eût pas de petits *séminaires;* on prouverait, au contraire, par les monuments les plus authentiques, que l'Eglise et l'Etat en ont formellement reconnu et même recommandé l'établissement (*Voir* concile de Trente, session XXIII, chap. 18; édit de Blois; ordonnances de Louis XIV; Fleury, cinquième *Discours sur l'histoire ecclésiastique*).

« Il résulte, en second lieu, de ce principe, que la forme des écoles où les aspirants au saint ministère doivent être reçus, examinés, élevés, dirigés dans leur vocation; que leur nombre, leurs qualités, celles des maîtres qui les enseignent et qui les conduisent dans cette route céleste, sont aussi du ressort de l'autorité spirituelle : c'est porter atteinte à son indépendance, c'est lui mettre des entraves que de lui imposer des conditions qui lui ôteraient ou qui gêneraient sa liberté dans le choix de ceux qu'elle est chargée de séparer pour l'œuvre du Seigneur, et des conducteurs qu'elle reconnaît être les plus habiles pour amener cette œuvre à sa perfection.

« Il s'ensuit encore que, si la puissance séculière croit pouvoir refuser ou retirer ses faveurs, ses priviléges, et tous les avantages de *l'existence légale*, même la faculté d'enseigner les lettres humaines, à des prêtres qui, individuellement ou collectivement, suivent, pour leur régime intérieur, la règle d'une congrégation ou d'un ordre dont la loi ne reconnaît pas l'*existence*, elle ne peut exclure ces prêtres de l'enseignement des écoles ecclésiastiques pour ce seul fait, du moment où, appelés par les évêques, soumis en tout à la juridiction de l'ordinaire comme tous les autres prêtres des diocèses, où ils sont préposés à cet enseignement et à cette direction.

« Les évêques sont donc en droit de conclure, et ils le concluent presque à l'unanimité, qu'il leur paraît répugner à la conscience de soumettre à la sanction du roi la nomination des supérieurs et directeurs de leurs petits *séminaires*, parce que cette obligation est contraire à la pleine et entière liberté dont les évêques doivent jouir dans la direction de ces établissements, en raison de leur nature et de leur destination. Est-il rien qui appartienne plus à l'autorité spirituelle, que le droit d'examiner la vocation des sujets qui aspirent au sacerdoce, de former ces sujets aux vertus sacerdotales, ce qui renferme évidemment celui de choisir des hommes chargés de faire cet examen, de juger ces vocations, de former à ces vertus? Comment donc les évêques pourraient-ils reconnaître dans l'autorité civile, le pouvoir d'agréer ou de rejeter les hommes qu'ils auraient chargés de cette mission toute spirituelle? et ne serait-ce pas reconnaître ce pouvoir, que de contribuer à mettre à exécution l'article 6 de la seconde de ces ordonnances?

« Si l'on objecte que les évêques sont déjà soumis à des formalités semblables, pour ce qui concerne la nomination des vicaires généraux, chanoines et curés, il est facile de répondre que, quant aux curés, c'est en vertu d'une clause formelle du concordat de 1801, et par suite avec le consentement exprès du souverain pontife, lequel, lorsque le bien de la religion l'exige, peut restreindre l'usage de cette pleine et entière liberté que Jésus-Christ a donnée à son Eglise, ce qui excède le pouvoir d'un évêque à l'égard de ces droits sacrés dont il n'est que le dépositaire. Quant aux vicaires généraux et aux chanoines, on sait que cet *approuvé*, imposé plus tard sous un régime despotique et par une puissance soupçonneuse, n'est regardé que comme une simple formalité qui n'influe en rien sur l'institution canonique, non plus que sur l'exercice des pouvoirs qu'elle confère ; tandis que la nécessité de l'agrément royal pour les supérieurs ou directeurs d'un petit *séminaire* une fois admise, le refus de cet agrément pourrait jeter le désordre dans cet établissement précieux, et peut-être même en entraîner la ruine.

« Les évêques concluent, secondement, qu'il ne leur paraît pas non plus possible de concilier avec cette sainte et pleine indépendance dont ils doivent jouir dans l'organisation de leurs écoles ecclésiastiques, l'obligation de fournir des déclarations individuelles de la part des directeurs ou supérieurs qu'ils y appelleraient. Un évêque ne peut s'interdire la faculté de donner une règle spéciale aux directeurs et professeurs de ses petits *séminaires*, de les assujettir même à des vœux au for intérieur, d'établir ainsi une espèce de congrégation, afin de faire régner et plus de piété et plus d'harmonie entre des prêtres destinés à former de jeunes clercs à la perfection sacerdotale, à faire observer à leurs élèves une règle sévère, à les édifier par toutes sortes de bons exemples, à leur inspirer, à leur rendre familier l'amour du détachement de soi-même, de l'obéissance, de la pauvreté et des autres conseils évangéliques, dont la pratique, dans un certain degré, est si propre à assurer les fruits du sacré ministère. Est-il rien de plus spirituel de sa nature, qu'une congrégation religieuse et séparée de toute *existence légale?* Si des évêques peuvent reconnaître dans l'autorité séculière le droit de donner ou de refuser à une congrégation religieuse cette *existence légale*, ils ne peuvent lui reconnaître le droit de défendre à l'autorité spirituelle d'approuver, d'établir, de diriger ces congrégations toutes spirituelles, d'en employer les membres à des fonctions également spirituelles, et conséquemment à former les jeunes clercs à la science et aux vertus ecclésiastiques. Or, ce serait reconnaître ce droit dans l'autorité civile, que d'exécuter l'article 2 de la première ordonnance, qui défend généralement, sans aucune distinction, d'employer à la direction de l'enseignement dans les écoles secondaires ecclésiastiques, tout homme qui appartiendrait à une congrégation non légalement établie en France.

« En troisième lieu, les évêques concluent que la conscience ne leur permet pas davantage de coopérer d'une manière active aux articles 1 et 3 de la seconde ordonnance, qui limite le nombre des élèves dans les écoles secondaires ecclésiastiques, et qui en exclut les externes, parce que ce serait vouloir en quelque sorte limiter les vocations, et mettre des obstacles à une grâce dont ils doivent au contraire, autant qu'il est en eux, favoriser les progrès et assurer la fin. Qu'ils se soumettent d'une manière passive, aux mesures qui interdiraient aux jeunes gens appelés au sacerdoce, l'entrée de leurs écoles secondaires, c'est tout ce qu'on peut exiger d'eux; mais il serait indigne de leur caractère de s'engager à les repousser du sanctuaire, ou à les écarter du chemin qui peut les y conduire, sous le prétexte que le nombre en est trop grand, ou que, n'ayant pas les moyens de payer une pension exigée, ils ne peuvent suivre des écoles que comme externes; il serait également contraire aux devoirs des évêques de reconnaître, par une coopération positive, un droit funeste à la religion, à une époque surtout où la rareté des prêtres est la grande plaie de l'Église, et où il faut en convenir, l'éducation donnée dans les institutions laïques est telle, en général, que les vocations ecclésiastiques s'y perdent loin de s'y développer. La puissance séculière n'est pas d'ailleurs juge compétente pour connaître jusqu'où s'étendent les besoins de l'Église, et où doivent s'arrêter les secours qui lui sont nécessaires.

« Sire, à l'appui des motifs que les évêques ont l'honneur d'exposer à Votre Majesté, pour justifier une conduite qu'on ne manquera pas, peut-être, de lui présenter comme une révolte contre son autorité, ils pourraient invoquer cette liberté civile et cette tolérance religieuse, consacrées par les institutions que nous devons à votre auguste frère, et que Votre Majesté a juré aussi de maintenir; mais ils ne veulent point entrer dans une question de droit public, dont les maximes et les conséquences ne sont pas encore bien fixées, sur laquelle les plus habiles eux-mêmes sont divisés d'opinion, et qui les jetterait dans une discussion susceptible de s'étendre et de se resserrer, selon les temps et les systèmes toujours mobiles, toujours variables.

« Ils ont examiné dans le secret du sanctuaire, en présence du souverain juge, avec la *prudence et la simplicité* qui leur ont été recommandées par leur divin maître, ce *qu'ils devaient à César comme ce qu'ils devaient à Dieu* : leur conscience leur a répondu qu'*il valait mieux obéir à Dieu qu'aux hommes*, lorsque cette obéissance qu'ils doivent premièrement à Dieu, ne saurait s'allier avec celle que les hommes leur demandent. Ils ne résistent point, ils ne profèrent pas tumultueusement des paroles hardies, ils n'expriment pas d'impérieuses volontés; ils se contentent de dire avec respect, comme les apôtres, *non possumus*, nous ne pouvons pas, et ils conjurent Votre Majesté de lever une impossibilité toujours si douloureuse pour le cœur d'un sujet fidèle vis-à-vis d'un roi si tendrement aimé.

« Jusqu'ici nous n'avons considéré, dans les nouvelles ordonnances, que ce qu'elles nous paraissent avoir de contraire à la liberté du ministère ecclésiastique, relativement à l'éducation des clercs et à la perpétuité du sacerdoce; mais, sire, nous n'aurions pas satisfait à l'un des devoirs que Votre Majesté aime toujours que nous remplissions auprès d'elle, celui de lui faire connaître la vérité sans déguisement, si nous lui taisions les autres funestes conséquences que ces ordonnances peuvent avoir pour la religion. Pasteurs du troupeau de Jésus-Christ, notre sollicitude ne doit pas se borner à former les guides qui seront destinés à le conduire, sous notre direction, aux pâturages de la vie éternelle; le soin du bercail tout entier nous regarde, et ce serait pour nous une illusion et une erreur impardonnables si nous croyions avoir acquitté tout ce que demande la charge pastorale, du moment où nous n'avons rien négligé pour assurer de bons prêtres à nos églises. C'est sans doute la première et la plus essentielle de nos obligations, pour laquelle nous ne saurions faire trop de sacrifices; mais, tout ce qui peut avoir quelque influence sur la sanctification des âmes, réclame aussi de nous une vigilance, une attention et des efforts continuels.

Or, il n'est que trop manifeste que les dispositions des ordonnances qui tendent à interdire rigoureusement l'accès de nos écoles ecclésiastiques, à une certaine classe de fidèles qui ne se destineraient pas au sacerdoce, seront très-fatales à la foi et aux mœurs. Nous le disons sans orgueil et sans vouloir déprécier les institutions publiques, dans nos *séminaires* le lait de la plus saine doctrine coule toujours pur et abondant; les précautions pour conserver sans tache l'innocence du jeune âge sont portées d'autant plus loin que nous aspirons à ne présenter au service des saints autels qu'une virginité sacerdotale : le respect pour les lois, l'amour pour le monarque et la fidélité à tous les autres devoirs de la vie sociale y sont enseignés, développés, inculqués avec d'autant plus de force dans les esprits et dans les cœurs, que nous avons à former des hommes qui seront obligés, par état, de prêcher toute leur vie la connaissance de ces devoirs et d'en commander la pratique au nom du ciel; les vertus auxquelles on y exerce les élèves sont d'autant plus solides qu'ils doivent en soutenir l'honneur par les plus courageux exemples. De quel effroi la religion n'a-t-elle donc pas dû être saisie! que de larmes n'a-t-elle pas dû répandre en entendant l'arrêt qui exclut à jamais, de la perfection de ses enseignements, les enfants de tant de familles honorables qui auraient voulu confier à une vigilance plus maternelle ce qu'elles ont de plus cher, et souvent ce que l'État a de plus précieux! Mais combien cet effroi a-t-il augmenté, combien ces larmes sont-elles devenues plus amères lorsqu'elle a vu répudier de l'instruction publique les maîtres les plus capables de former la jeunesse aux vertus du christianisme, quand même ils ne seraient pas reconnus comme les plus habiles pour leur enseigner les lettres humaines! Déjà elle n'avait pu voir, sans pousser de profonds soupirs, l'usage de l'autorité qu'elle doit exercer sur l'éducation de l'enfance, affaibli, restreint et presque réduit à une simple voix consultative; elle n'avait pu que s'affliger de la nouvelle humiliation qu'on lui a fait subir en lui retirant la confiance que lui avait témoignée le feu roi quelques années auparavant; ses alarmes redoublent avec sa douleur depuis qu'elle voit écarter avec tant de précautions, d'auprès des générations qui s'élèvent, ces infatigables et zélés précepteurs de l'adolescence qu'elle a comptés, dans tous les temps, au nombre de ses plus puissants auxiliaires.

« Sire, nous ne poussons pas plus loin nos considérations, quoiqu'elles se présentent en foule; Français, nous ne voulons pas récriminer contre notre siècle ni contre le système d'éducation organisé dans notre patrie; évêques, nous devons être attentifs aux périls qui environnent la jeunesse, espérance de l'Église et de l'État. S'il ne nous est pas donné de la préserver entièrement de tous les dangers qui la menacent, nous devons désirer et demander avec instance qu'on ne repousse pas, du moins, les moyens salutaires qui peuvent en diminuer le nombre et en affaiblir l'excès.

« Sire, quelque profonde que soit l'affliction des évêques de se trouver dans la pénible nécessité de contrister peut-être Votre Majesté en lui demandant d'apporter aux mesures qu'elle a ordonnées des tempéraments qui dissipent leurs alarmes, ils se consolent cependant et se rassurent par la pensée que ces mesures n'ont été prises qu'à regret, et dans cette persuasion que, si elles pouvaient s'allier avec les devoirs du christianisme, elles devenaient indispensables à cause de la rigueur des temps. Ils ne s'abusent donc pas en espérant que les conseils de Votre Majesté, plus éclairés par les observations de l'épiscopat, s'empresseront de lui proposer des modifications capables de satisfaire à la fois à ce qu'exigent la dignité souveraine et l'autorité de la conscience, la paix publique et les trop longues douleurs de la religion. Oui, sire, ce sont tous les évêques de France qui sollicitent de Votre Majesté le remède des maux dont ils portent tous ensemble le poids accablant, et non plus seulement les évêques isolés qui cherchent à détourner un malheur prochain. S'il en est parmi eux, quoique en très-petit nombre, qui diffèrent d'opinion sur la conduite à tenir dans ces circonstances difficiles, il n'en est pas un seul qui ne partage les sentiments de l'affliction commune et qui ne croie fermement que la piété du fils de saint Louis ne repoussera pas les respectueuses doléances que l'épiscopat tout entier ose prendre la confiance de lui adresser.

« Plus d'une fois, sire, les évêques de votre royaume se sont vus obligés de défendre ainsi, par leurs supplications aux pieds du trône, la cause sacrée de leurs Églises contre les envahissements de la puissance séculière, déposée entre les mains de ces corps antiques si respectables et si utiles à la monarchie, mais qui, malheureusement pour la religion et pour l'État, se croyaient quelquefois obligés à soumettre à leur juridiction l'autorité du prince et celle des pontifes, réunissant ainsi en une seule main le glaive de la justice, la houlette du pasteur et le sceptre des rois. L'épiscopat, alors protégé par ses priviléges, soutenu par son crédit, placé, par sa situation sociale, dans une parfaite indépendance, luttait, en quelque sorte, à force égale avec la magistrature; il lui était donné de réunir dans une seule et même action tous ses moyens, et de soutenir avec avantage les attaques livrées à l'indépendance de son ministère. Alors, sire, il suppliait, il implorait l'assistance de l'autorité souveraine; il lui parlait toujours avec une dignité pleine de mesure; toujours il en était écouté avec bienveillance et souvent avec succès. Aujourd'hui, privé de ses anciennes ressources, dispersé sans pouvoir se concerter d'une manière facile, mais, toutefois, investi des mêmes droits spirituels et responsable de l'atteinte qu'il y laisserait porter par négligence ou par faiblesse, il supplie encore; et la voix de ses prières et de ses larmes sera d'autant plus puissante sur le roi très-chrétien, qu'il n'existe plus aucun prétexte qui puisse faire soupçonner les évêques de vouloir employer d'autres moyens pour le fléchir.

« Si, malgré cette situation humble et respectueuse, capable de *réduire au silence les langues les plus imprudentes*, il se trouvait encore des hommes qui osassent prêter à notre zèle et à nos instances les couleurs de la révolte, et nous traduire devant la France et devant Votre Majesté comme des sujets rebelles, relevant alors nos fronts humiliés, nous repousserions avec une juste indignation d'aussi odieuses calomnies; tous ensemble nous répéterions avec assurance ces expressions de fidélité que nos prédécesseurs portèrent autrefois au pied du trône de votre auguste aïeul, à la suite d'une de ces assemblées générales dont la discipline ecclésiastique et les plus chers intérêts de la religion appellent si impérieusement le retour ; nous vous dirions, sire, « qu'au milieu « des maux qui nous affligent, votre prospérité et votre gloire sont le sujet de nos « plus tendres et de nos plus vives acclama« tions ; que soutenir et défendre les droits « sacrés de votre couronne sera toujours « pour nous l'objet d'une noble et sainte ja« lousie ; que plus nous sommes obligés de « chercher à conserver la liberté d'un mi« nistère qu'on ne saurait essentiellement « nous ravir, plus nous nous croyons enga« gés à donner l'exemple de la soumission ; « que cette obligation ne nous servira jamais « que pour porter plus loin notre obéis« sance et lui donner plus de mérite ; que « nul ne peut nous dispenser des moindres « devoirs de véritables Français, et qu'enfin, « dans ce royaume, où Votre Majesté est « partout chérie et révérée, nous ne lui con« naissons d'autres ennemis que ceux qui « nous accusent de l'être et qui n'oublient « rien pour décrier auprès d'elle nos res« pects, notre amour et notre inébranlable « fidélité. » (*Harangue au roi pour la clôture de l'assemblée de* 1730).

« Nous sommes avec respect, sire,
de Votre Majesté,

Les très-humbles, très-obéissants et fidèles sujets et serviteurs,

« Les cardinaux, archevêques et évêques de l'Eglise de France,

A. J. CARDINAL DE CLERMONT-TONNERRE,
Archevêque de Toulouse, doyen des évêques de France ,

« *Au nom de l'épiscopat Français.*
« Paris, le 1ᵉʳ août 1828. »

SÉMI-PRÉBENDE.
(*Voyez* PRÉBENDE.)

SENTENCE.

En matière canonique, une *sentence* est un jugement rendu sur quelque différend par des juges inférieurs, et dont on peut appeler. Il y a une *sentence* définitive, une *sentence* interlocutoire, une *sentence* provisionnelle. La *sentence* définitive est celle par laquelle le juge termine, autant qu'il est en lui, le différend principal des partis. La *sentence* interlocutoire est celle par laquelle le juge prononce sur quelques incidents, sans terminer le différend principal. La *sentence* provisionnelle est celle par laquelle le juge pourvoit à certains besoins, tels que le culte divin, la subsistance d'une personne, etc., en attendant que le différend principal soit terminé (*Cap. Etsi* 5, *de Sentent.*, in 6°).

Selon le droit commun, on doit écrire toutes les *sentences*, et on ne peut ni les prononcer, ni les exécuter les jours de dimanches et de fêtes, sous peine de nullité. Dans la juridiction ecclésiastique, il faut trois *sentences* conformes avant que les *sentences* des juges d'Eglise aient force de chose jugée, et on peut appeler trois fois (Van-Espen, *Jur. eccles. univ.*, tom. II, pag. 1467 ; *Mémoires du clergé*, tom. VII, pag. 1445).

SENTENCE DES PÈRES.

Les *sentences* des saints Pères et des docteurs de l'Eglise, *dicta sanctorum Patrum,* ont beaucoup d'autorité dans le droit canon, en ce qui regarde la religion ; elles font la matière d'un très-grand nombre de canons dans le décret : *Ne inniteris prudentiæ tuæ. Prudentiæ suæ innititur qui , ea quæ sibi agenda vel dicenda videntur, Patrum decretis, præponit* (C. 4, *de Constit.*).

Voyez, sous le mot DOCTEUR, quels sont les docteurs de l'Eglise.

SÉPARATION.

Nous prenons ici ce mot relativement au mariage dans la signification la plus étendue : 1° pour la dissolution du contrat de mariage ; 2° pour la simple *séparation a toro* entre les mariés. Dans ces deux cas on peut se servir du mot *divorce* : *Divortium est dissolutio matrimonii, quæ utroque vivente conjuge contingit. Sed et simplicem tori separationem divortium non male appellamus* (Lancelot, *Inst. can.* lib. II, tit. 16). Comme le nom de divorce rappelle à l'esprit certains usages des Romains que l'Eglise n'a point adoptés , on n'use communément parmi nous que des noms de dissolution, *séparation.*

§ 1. SÉPARATION, *dissolution du mariage.*

Nous établissons sous le mot MARIAGE, le principe de l'indissolubilité du mariage que Jésus-Christ même a canonisé ; ce qui s'entend d'un mariage contracté sans aucun empêchement dirimant, et avec les formalités dont l'omission l'aurait rendu nul ou non valablement contracté. Or, un tel mariage ne peut être dissous que par la mort naturelle de l'un des conjoints, ou par la profession religieuse de tous les deux avant la consommation du mariage. On ajoute une troisième cause de dissolution, qui est la conversion d'un infidèle marié à la foi catholique (*Concile de Trente, Sess.* XXIV, *du sacrem. de mariage*).

1° La mort civile ne rompt pas le lien du sacrement de mariage, elle rend seulement celui des mariés qui est mort civilement, incapable des actes civils et du droit qu'il aurait aux conventions matrimoniales, ou aux successions qui, sans cette mort civile, lui appartiendraient (*Voyez* MORT CIVILE).

Il n'en est pas de même de la mort spirituelle, c'est-à-dire, de la profession religieuse ; car des théologiens ont été jusqu'à soutenir qu'il est de foi que la profession des vœux solennels rompt le lien d'un mariage qui n'a pas été consommé, et qu'il est permis à la partie qui reste dans le siècle de se marier légitimement à un autre.

La raison qu'ils en donnent, c'est qu'on a toujours reconnu cet usage dans toute l'Eglise, et qu'en remontant jusqu'aux apôtres, on ne voit pas quand cet usage de l'Eglise universelle a commencé. Quoi qu'il en soit, le concile de Trente l'a renouvelé et confirmé par ce canon : *Si quis dixerit, matrimonium ratum non consummatum per solemnem religionis professionem alterius conjugum non dirimi : anathema sit* (*Sess.* XXIV, can. 6).

(*Can. Scripsit nobis* 37, qu. 2. ; *c. Verum; c. Ex publico de Convers. conjug.; c. Commissum, de Spons.*). Le mariage considéré comme une simple promesse par paroles de présents en face de l'Eglise, s'appelle *matrimonium ratum*. Quand cette promesse a été suivie de l'usage des droits que donne le mariage, on l'appelle *consummatum*; et on appelle *legitimum et non ratum* le mariage de deux infidèles contracté suivant les lois de leur pays.

Pour que la profession religieuse de l'un des mariés rompe le mariage non consommé, il faut : 1° qu'elle soit faite de vœux solennels, et non de vœux simples (*Cap. Ex parte, de Conv. conjug.*); 2° que toutes les formalités prescrites y soient observées (*Voyez* PROFESSION); 3° que le mariage n'ait point été consommé; car s'il l'a été, la profession religieuse ne le dissout point, au moins dans l'Eglise latine, où l'on ne suit pas, comme dans l'Orient, la novelle 22 de Justinien, suivant laquelle les vœux solennels rompent le lien du mariage même consommé. Dans l'Eglise latine une personne mariée peut bien se faire religieuse après avoir consommé son mariage, mais en observant certaines règles et sans que le mariage soit pour cela dissous. Il faut : 1° que les deux époux y consentent (*C. Quidam intravit, de Convers. conjug.; can. Si quis conjugatus* 27, qu. 2); 2° que les deux mariés, chacun de son côté, fassent solennellement profession dans un ordre religieux approuvé, ou au moins que l'un d'eux se faisant religieux, l'autre qui demeure dans le siècle, s'engage à la chasteté par le vœu de continence perpétuelle (*C. Cum sit prædictus, de Conv. conjug.*).

Si la femme n'avait consenti que par violence à l'entrée de son mari dans le monastère, elle est en droit de le redemander, et, en ce cas, on doit obliger le mari de retourner avec son épouse (*Cap. Accedens, de Conv. conjug.*). Que si, après être ainsi sorti du monastère, la femme venait à décéder, on n'obligerait pas le mari à rentrer dans le cloître : il serait seulement tenu de s'abstenir de mariage, parce que, s'il n'a pu sans le consentement de sa femme se faire religieux, il était en son pouvoir de renoncer aux droits et à l'usage du mariage (*C. Quidam eod.*).

Quoique la profession religieuse suffise pour dissoudre un mariage qui n'a point été consommé, la réception des ordres sacrés n'a pas la même force : de sorte que celui qui, après s'être marié, a reçu les ordres sacrés avant la consommation du mariage, doit entrer dans un monastère ou retourner avec sa femme (*C. unic, de Voto et vot. redempt.*).

2° Nous disons, sous le mot EMPÊCHEMENT, § 4, n. VI, que si deux infidèles déjà mariés, l'un des deux vient à se convertir à la foi, leur mariage n'est pas pour cela dissous. Les canonistes n'appliquent point cette décision au cas où le conjoint qui reste dans l'infidélité ne veut pas cohabiter avec l'autre, ou n'y cohabiter qu'avec danger pour la foi du converti : *Item si alter infidelium conjugum ad fidem catholicam convertatur, et alter, qui in infidelitate remansit, vel nullo pacto, vel non sine blasphemia divini nominis, vel ut catholicum ad mortale peccatum protrahat, ei cohabitare voluerit; conversus quasi priore matrimonio dissoluto, licite ad secunda vota convolare poterit, et communis proles ipsi converso assignabitur : quod si conversum ad fidem et uxor conversa sequatur, antequam propter causas prædictas legitimam maritus ducat uxorem, eam recipere compelletur.* Ce sont là les termes de Lancelot, fondés sur les chapitres *Quanto* et *Gaudemus de Divort.*, auxquels il est bon d'opposer ces paroles du glossateur : *Sed contra videtur : nam inter fideles matrimonium est verum* (*Dict.*, cap. *Quanto et sup. de Sacram. matr.*, § 1). *Unde videtur quod non possint separari ob defectum baptismi. Nam Christus interrogatus a Judæis qui non habebant baptismum, respondit, quod Deus conjunxit, homo non separat* (*C. de infidelibus, de Consang. et affin.*). *Item matrimonium fuit institutum longe ante baptismum, scilicet in statu innocentiæ in paradiso, et ibi recepit indissolubilitatem suam, cum fuit dictum : Et erunt duo in carne una, ut habetur in* c. 1, *de Voto in* 6°, *et in c. Fraternitatis* 35, qu. 10.

3° Les Grecs regardent l'adultère de l'une des parties unies par le sacrement de mariage comme un moyen de dissolution, après laquelle les parties peuvent passer à de secondes noces, comme s'il n'y avait point eu de premier mariage. L'Eglise latine, au contraire, a toujours décidé que l'adultère ne peut donner lieu qu'à une *séparation* d'habitation, sans dissoudre le lien formé par le sacrement (Canon 7 du concile de Trente, session XXIV). Cette diversité entre l'Eglise d'Orient et celle d'Occident, sur un point aussi important, vient des différents sens qu'on a donnés à ces paroles de Jésus-Christ : *Quicumque dimiserit uxorem suam, nisi ob fornicationem, et aliam duxerit, mœchatur; et qui dimissam duxerit, mœchatur* (Luc, ch. XVI, v. 18).

4° Il est dit, sous le mot RÉHABILITATION, qu'il y a quatre moyens pour remédier à la nullité d'un mariage. Le moyen de cassation se pratique dans les cas où le mariage, étant nul, ne peut être réhabilité. Casser un mariage, ce n'est pas annuler un mariage valide, parce que le mariage est indissoluble de droit divin, et que l'Eglise ne le peut rompre. Casser un mariage nul, c'est déclarer qu'il n'a pas été valablement contracté : *Non valuit, non tenuit*.

Il est décidé que le laps de temps ne rend pas valable un mariage contracté au préjudice d'un empêchement dirimant (*C. Non debet de Consang. et Affin.*).

Pour dissoudre un mariage, il faut avoir des preuves claires et constantes que l'empêchement subsistait dans le temps de la célébration (*C. De illo; c. Super eo, de eo qui cognovit, etc.; c. Relatum qui matrim. accus. possunt*).

Lorsque deux personnes dont le mariage est nul ne peuvent ni le faire réhabiliter, parce que l'Eglise n'accorde point de dispense pour l'empêchement qui le rend nul; ni le faire casser, parce qu'elles ne peuvent donner à l'Eglise des preuves de sa nullité, elles doivent prendre le parti de vivre ensemble comme frère et sœur, et, si cela ne se peut, de s'éloigner l'un de l'autre (*C. Consultationi; c. Laudabilem, de Frigid.*).

§ 2. SÉPARATION *de corps et de biens.*

Pour ce qui est de la simple *séparation* des mariés, qu'on appelle aussi du nom de divorce, on en distingue de deux sortes : l'une de corps, *quoad torum;* l'autre de biens, *quoad mensam et habitationem.* Celle-ci se fait toujours d'une manière authentique. L'autre se fait aussi authentiquement en justice; mais elle se peut faire secrètement, par le droit qu'a l'un des époux de refuser, en certains cas, le devoir à l'autre, avec qui il consent cependant d'habiter pour éviter le scandale. Il ne s'agit ici que des *séparations* authentiques.

Les causes de *séparation* de corps sont :
1° le danger du salut, *judicio Ecclesiæ, propter alterius conjugum in hæresim aut apostasiam lapsum* (*C. Quando et de illa, de Divort.*).

2° Le danger de la vie, si un époux a attenté sur la vie de l'autre époux, ou par le fer, ou par le poison, ou par quelque autre violence (*C. Litteras, de Restit. spol.*). Le pape Alexandre III, sur les chap. 1 et 2, *de Conjug. lepros.*, ne veut pas que la lèpre survenue à l'un des époux serve de cause à l'autre pour demander la *séparation.*

3° La mauvaise conduite d'un époux, qui, par ses désordres, pourrait porter l'autre au péché (*C. Quæsivit, de Divort.*).

4° L'adultère. Mais cette cause, ainsi que la précédente, ne doivent être proposées qu'avec les preuves les plus claires; et il faut que la personne qui en fait le fondement de sa demande en *séparation* ne soit en aucun de ces cas qui la rendent, suivant le droit, non recevable dans une pareille plainte : comme si elle est dans le même cas, si elle a elle-même prostitué son conjoint, ou lui a pardonné expressément ou tacitement, si l'adultère n'a été commis que par force, etc.

5° Enfin les mauvais traitements, et tout ce qui excède les bornes d'une correction domestique et maritale, sont aussi une juste cause de *séparation.* Quoique souvent les mauvais traitements ne mettent pas la femme en péril de sa vie, il suffit qu'ils soient considérables, eu égard à la qualité des personnes; car ce qui n'est point une cause de *séparation* raisonnable entre des personnes de basse naissance, pourra l'être entre des personnes d'une condition différente : cela dépend beaucoup de la prudence des juges et des circonstances.

6° Quand l'un des époux est atteint de folie furieuse, et qu'il y a, par conséquent, de fâcheux accidents à craindre.

7° Lorsque l'époux a volontairement et sciemment infecté son épouse d'une maladie honteuse.

La loi civile ne reconnaît pas toutes ces causes de *séparation* de corps; elle n'admet que : 1° l'adultère de l'un des époux; 2° les excès, sévices ou injures graves; 3° la condamnation à une peine infamante (Code civil, art. 229, 231, 232).

Régulièrement, c'est aux juges d'Eglise à connaître des *séparations a toro* (*Can. Sæculares, qu.* 2); mais cette compétence est nulle dans la pratique.

Si le mari obtient en justice d'être séparé de sa femme, *quoad torum et habitationem,* il n'est plus obligé de lui rendre le devoir : il en est dispensé pour le reste de ses jours. Il n'est pas même obligé, en conscience, de la reprendre, à moins que, la cause de la *séparation* ayant cessé, celle des parties qui n'avait pas demandé la *séparation* ne veuille être réintégrée dans son premier état. Il faut remarquer que toutes les raisons que les époux peuvent alléguer pour demander leur *séparation* n'autorisent pas une *séparation* perpétuelle, mais seulement pour le temps qu'elles subsistent; car, dès qu'elles cessent, il faut que les personnes mariées se remettent ensemble, parce que le lien du mariage, qui est indissoluble, les oblige alors à rentrer sous le joug où il les a mises en se mariant.

Lorsque les causes de *séparation* sont secrètes, il n'est pas permis aux époux de se séparer avant la sentence du juge, à moins qu'il n'y ait péril dans le délai, parce qu'autrement ils se sépareraient souvent pour les motifs les plus frivoles et ils rempliraient la société de troubles et de scandales; mais quand les causes de *séparation* sont de notoriété publique, la plupart des canonistes enseignent que les parties peuvent se séparer de leur autorité privée et sans attendre la sentence du juge, parce que dans ce cas, l'époux qui se retire, ne donne point sujet de trouble, de scandale et de diffamation. *Si notorium est mulierem ipsam adulterium commisisse, ad eam recipiendam, vir, qui illam dimiserat, cogi non debet* (*Cap. Significat. de Divortiis*).

Lorsque la *séparation* se fait de gré à gré, elle peut avoir lieu pour toutes les causes admises par le droit canon, mais lorsqu'elle se fait contre le gré de l'un des époux, par exemple, lorsque la femme veut se retirer malgré son mari, régulièrement parlant, elle ne peut le faire que pour une cause admise par le droit civil; autrement son mari pourrait la faire rentrer sous le toit conjugal. On a dit régulièrement parlant ; car lorsqu'il y a danger, par exemple, qu'un mari entraîne sa femme dans l'hérésie, dans l'infidélité, dans quelques crimes, elle peut se séparer même malgré son époux, parce que selon le droit naturel et divin, rien ne doit nous empêcher de nous garantir du danger de pécher et de nous damner.

L'on voit sous le mot ADHÉSION, les cas où la demande en adhésion peut avoir lieu.

Le Code civil a statué ainsi qu'il suit, relativement à la *séparation* de corps.

« ART. 306. Dans le cas où il y a lieu à la demande en divorce pour cause déterminée, il sera libre aux époux de former demande en *séparation* de corps.

« Art. 307. Elle sera intentée, instruite et jugée de la même manière que toute action civile; elle ne pourra avoir lieu par le consentement mutuel des époux.

« Art. 308. La femme contre laquelle la *séparation* de corps sera prononcée pour cause d'adultère, sera condamnée par le même jugement, et sur la réquisition du ministère public, à la réclusion dans une maison de correction pendant un temps déterminé, qui ne pourra être moindre de trois mois, ni excéder deux années.

« Art. 309. Le mari restera le maître d'arrêter l'effet de cette condamnation, en consentant à reprendre sa femme.,

« Art. 311. La *séparation* de corps emportera toujours *séparation* de biens. »

Quant à la simple *séparation* de biens, qui n'a rien de commun avec la *séparation* de corps, elle ne produit d'effets que par rapport aux intérêts civils, et ne change en rien l'état des conjoints par rapport au devoir conjugal. Voici ce que le Code civil a statué sur la *séparation* de biens :

« Art. 1443. La *séparation* de biens ne peut être poursuivie qu'en justice par la femme dont la dot est mise en péril, et lorsque le désordre des affaires du mari donne lieu de craindre que les biens de celui-ci ne soient point suffisants pour remplir les droits et reprises de la femme.

« Toute *séparation* volontaire est nulle.

« Art. 1444. La *séparation* de biens, quoique prononcée en justice, est nulle, si elle n'a point été exécutée par le payement réel des droits et reprises de la femme, effectué par acte authentique jusqu'à concurrence des biens du mari, ou au moins par des poursuites commencées dans la quinzaine qui a suivi le jugement, et non interrompues depuis.

« Art. 1445. Toute *séparation* de biens, doit, avant son exécution, être rendue publique par l'affiche sur un tableau à ce destiné, dans la principale salle du tribunal de première instance, et de plus, si le mari est marchand, banquier ou commerçant, dans celle du tribunal de commerce du lieu de son domicile, et ce, à peine de nullité de l'exécution.

« Le jugement qui prononce la *séparation* de biens remonte, quant à ses effets, au jour de la demande.

« Art. 1446. Les créanciers personnels de la femme ne peuvent, sans son consentement, demander la *séparation* de biens.

« Néanmoins en cas de faillite ou de déconfiture du mari, ils peuvent exercer les droits de leur débitrice jusqu'à concurrence du montant de leurs créances.

« Art. 1447. Les créanciers du mari peuvent se pourvoir contre la *séparation* de biens prononcée et même exécutée en fraude de leurs droits; ils peuvent même intervenir dans l'instance sur la demande en *séparation* pour la contester.

« Art. 1448. La femme qui a obtenu la *séparation* de biens, doit contribuer, proportionnellement à ses facultés et à celles du mari, tant aux frais du ménage qu'à ceux d'éducation des enfants communs.

« Elle doit supporter entièrement ces frais, s'il ne reste rien au mari.

« Art. 1449. La femme séparée, soit de corps et de biens, soit de biens seulement, en reprend la libre administration.

« Elle peut disposer de son mobilier, l'aliéner.

« Elle ne peut aliéner ses immeubles sans le consentement du mari, ou sans être autorisée en justice, à son refus...

« Art. 1451. La communauté dissoute par la *séparation*, soit de corps et de biens, soit de biens seulement, peut être rétablie du consentement des deux parties.

« Elle ne peut l'être que par un acte passé devant notaire, et avec minute, dont une expédition doit être affichée dans la forme de l'article 1445.

« En ce cas, la communauté rétablie reprend son effet du jour du mariage; les choses sont remises au même état que s'il n'y avait point eu de *séparation*, sans préjudice néanmoins de l'exécution des actes qui, dans cet intervalle, ont pu être faits par la femme en conformité de l'article 1449.

« Toute convention par laquelle les époux rétabliraient leur communauté sous des conditions différentes de celles qui la réglaient antérieurement, est nulle. »

SÉPULTURE.

Nous appliquerons ici ce mot, 1° au lieu où la *sépulture* doit être faite; 2° à qui elle doit être donnée; 3° à la forme des enterrements; 4° à la violation de *sépulture*.

§ 1. Lieu de la SÉPULTURE.

Les Juifs, les Romains et les chrétiens se sont toujours fait un devoir de donner aux morts une *sépulture* honorable. Il n'y avait cependant autrefois que les corps des martyrs qui fussent enterrés dans les églises. On inhumait les autres dans les cimetières seulement, et l'empereur Constantin fut le premier qui se fit enterrer sous le portique du temple des apôtres à Constantinople. L'empereur Honorius, à son imitation, fit dresser son tombeau dans le porche de l'église de Saint-Pierre à Rome. Ces exemples furent bientôt suivis. Sous le pape Léon, l'usage de se faire enterrer aux porches et à l'entrée des églises était presque général. Dans la suite, on obtint la *sépulture* dans l'intérieur même des temples; mais les évêques étaient attentifs à n'accorder cette grâce qu'à ceux qui avaient été pendant leur vie d'une piété distinguée. C'est ce que prouvent le concile de Meaux, canon 72, et le concile de Tibur, canon 17.

Cette discipline fut négligée dans les siècles de relâchement, à tel point que les personnes illustres, pour se distinguer du commun des fidèles qu'on enterrait pour certains droits pécuniaires dans les églises, recherchèrent à être enterrés dans des lieux particuliers et surtout dans le chœur.

Cette prérogative fut accordée d'abord aux personnes de la première considération, et dans la suite elle fut donnée aux patrons et fondateurs; ce qui était déjà établi dans le treizième siècle (*Cap. Nullus* 13, qu. 3; c. *Ecclesiam, de Consecrat., dist.* 1).

C'est là l'origine du droit honorifique des fondateurs des églises touchant leur *sépulture;* il ne fut dans son principe qu'une grâce que l'Eglise voulait bien leur accorder; ils en ont fait ensuite un droit de rigueur. Pour ce qui est des particuliers, ils ont obtenu des *sépultures* dans l'église paroissiale par certaines rétributions, à peu près comme des places pour les bancs.

L'Eglise a toujours désapprouvé les *sépultures* dans les temples chrétiens; elle a souvent fait des efforts pour les empêcher. Tantôt elle a, par les défenses les plus expresses, repoussé des lieux saints ceux à qui la sainteté de leur vie n'avait pas acquis le droit d'y être ensevelis : *Nemo in ecclesia sepeliatur, nisi forte talis sit persona sacerdotis, aut cujuslibet justi hominis, qui per vitæ meritum talem vivendo suo corpori defuncto locum acquisivit* (Theodul. Aurelian., cap. 9). Tantôt elle a voulu, par des ménagements en faveur des prétentions qui paraissaient établies, proscrire celles qui cherchaient à s'élever; mais, lors même qu'elle use de condescendance, on la voit rappeler scrupuleusement les fidèles à l'observation des règles. Si elle permet d'enterrer sous les porches et portiques des églises, c'est pour empêcher qu'aucune *sépulture* n'ait lieu dans les églises mêmes : *Prohibendum etiam, secundum majorum instituta, ut in ecclesia nullatenus sepeliantur* (mortui), *sed in atrio aut in portico, aut extra ecclesiam; infra ecclesiam vero aut prope altare ubi corpus Domini et sanguis conficitur, nullatenus habeat licentiam sepeliendi* (Concile de Nantes de l'an 900, can. 6). Si elle y admet tous les ecclésiastiques sans distinction, c'est qu'elle les suppose tous saints, comme leur vocation les y engage : *Nullus mortuus infra ecclesiam sepeliatur, nisi episcopi, aut abbates, aut digni presbyteri, vel fideles laici* (Concile de Mayence de l'an 813, can. 52). Si elle leur associe quelquefois les fondateurs et même les bienfaiteurs, c'est que par là le plus grand nombre est exclu. Elle ne permet d'exemptions qu'autant qu'elles ne pourront être héréditaires : *Nemo christianorum præsumat quasi hæreditario jure de sepultura contendere* (Labbe, tom. VIII, col 1125). Elle ne tolère un titre suspect que pour en donner un véritable à ses ministres contre ceux qu'elle doit éloigner : *Prohibemus ne corpora defunctorum in ecclesiis sepeliantur, nisi sit fundator, vel patronus, vel capellanus ecclesiæ, nisi de licentia episcopi* (Labbe, ibid., col. 752).

Le zèle de l'Eglise de France est particulièrement remarquable sur cette partie de la discipline ancienne : les enterrements dans l'église sont proscrits par beaucoup de conciles du royaume. Les Capitulaires, qui présentent la réunion des deux autorités, s'énoncent en ces termes : *Nullus deinceps in ecclesia mortuus sepeliatur.* Presque tous les rituels et statuts synodaux les défendent également.

Voyez, sous le mot CIMETIÈRE, le décret du 12 juin 1804 sur les *sépultures*.

§ 2. *A qui est due la* SÉPULTURE *ecclésiastique*.

La *sépulture*, en général, est du droit des gens; les nations les plus barbares ensevelissent les morts, ou par religion, ou par humanité (*Voyez* CIMETIÈRE). Les chrétiens, dont les corps sont comme les temples du Saint-Esprit, le font par piété ou par charité; c'est une œuvre de miséricorde. Voici sur ce sujet les belles paroles de saint Augustin : *Jacet corpus exanime ac gelidum, homo sine homine, cadaver sine spiritu; acclamatar, nec respondet; vocatur, et non exaudit; deperditis vitalibus functionibus, qui fuit non est, nemo suorum adjuvat, nec ipse auxilium postulare potest; quam ob causam nos eo magis commoveri æquum est : potest enim qui fame aut siti laborat, vel ex puteo, vel ex profluente recreari; qui nudus est foliis vestes contexere, qui ægrotat majorem in aliis miseriam cogitando se consolari, et captivus in captivitate, et peregrinus sub frigido cœlo respirat : at mortuus, cum anima sensuque careat, nec quo se vertat, nec quid imploret amplius, nec vim habet implorandi; nihil mirum igitur si insit a natura in humanis pectoribus singularis erga defunctos pietas ac miseratio*.

C'est un devoir de la part des curés, et en même temps un droit, de faire ensevelir tous leurs paroissiens dans l'église ou le cimetière de la paroisse, quand les paroissiens décédés n'ont pas choisi leur *sépulture* ailleurs, ou qu'ils ne sont pas dans quelqu'un des cas pour raison desquels l'Eglise défend de les ensevelir, ou solennellement ou dans un lieu saint. Voici les cas d'interdit de la *sépulture* :

Le premier de ces interdits ne prive que de l'accompagnement et des cérémonies de l'enterrement, et il n'a lieu, suivant le droit, que dans trois cas : 1° lorsque le défunt a été exécuté pour ses crimes (*C.* 12, *caus.* 24, qu. 5). La raison est que la *sépulture* solennelle est un honneur dont ces personnes, dont le genre de mort rend infâmes, sont manifestement indignes. Il est cependant des pays où l'on ne suit pas cet interdit, et où un prêtre accompagne les suppliciés, revêtu du surplis et de la chappe, sans néanmoins chanter.

2° Les clercs d'une église interdite, qui meurent pendant l'interdit qu'ils ont exactement gardé, sont dans le cas d'être enterrés dans le cimetière sans sonner les cloches, et sans employer les autres solennités (*C.* 11, *de Pœnit. et remis.*). Le temps d'interdit est un temps de silence et d'humiliation.

3° Ceux qui étant coupables de rapine ou de profanation des églises, n'ont voulu satisfaire qu'à leur mort, lorsqu'ils ne le pouvaient plus (*C.* 2, *de Rapt.*). Le refus de satisfaire, quand on le pouvait, n'est pas excusé par la volonté de le faire quand on ne le peut plus.

La seconde espèce d'interdit renferme la première, et on la refuse à tous ceux à qui on ne doit donner les sacrements qu'à l'heure de la mort, ou a qui on doit les refuser : tels que sont ceux qui veulent mourir dans un péché public, ou qui meurent dans un péché connu, sans avoir témoigné le désir d'en vouloir sortir. Il n'y a que trois cas dans le droit où la *sépulture* en terre sainte soit refusée à des gens qui ont reçu les sacrements.

1° Ceux qui étant allés au tournois pour se battre avec des armes, et faire ainsi ostentation de leurs forces, meurent, après qu'on leur a administré les sacrements, de la blessure qu'ils ont reçue dans le combat (*C.* 1 *de Torneam*).

2° Les duellistes qui meurent dans le duel, après même avoir donné des marques de pénitence, et reçu quelque sacrement (*Concile de Trente*, sess. XXV, *ch.* 19 *de Reform.*).

3° Ceux qui excommuniés par leurs crimes énormes, sont absous à la mort, sur la promesse des satisfactions auxquelles ils sont obligés, et dont les parents ne veulent pas s'acquitter après leur mort. Ce cas est exprimé dans le chapitre 7, *tit. de Rapt. et incend.*

La raison pour laquelle dans ces cas on donne les sacrements, et on refuse la *sépulture*, est que les sacrements qu'on donne à la mort, sont nécessaires et utiles pour le salut, au lieu que la *sépulture* dans un lieu saint, est quelquefois nuisible au défunt, suivant ce qui est dit dans les canons 16 et 17 de la cause 13, question 2. *Cum gravia peccata non deprimunt, hoc prodest mortuis, si in ecclesia sepeliantur, quod eorum proximi, quoties ad eadem sacra loca veniunt, suorum quorum sepulchra aspiciunt, recordantur, et pro eis Domino preces fundunt, nam quos peccata gravia deprimunt, non ad absolutionem potius, quam ad majorem damnationis cumulum, eorum corpora in ecclesiis ponantur.*

Le droit canon n'interdit expressément la *sépulture* ecclésiastique, à cause de la mort dans le péché qu'aux personnes qui suivent les hérétiques et ceux qui les favorisent en quelque manière que ce soit (*C.* 8, *c.* 13, *de hæret.*; *c.* 2, *de hæret. in* 6°.).

Ceux qui sont coupables de rapine, et qui ne veulent pas restituer avant leur mort, quoiqu'ils le puissent (*C.* 2, *de Rapt.*).

Il en est de même de l'incendiaire qui meurt sans vouloir réparer le dommage causé (*C.* 32, *caus.* 23, *qu.* 5).

Ceux qui ayant l'âge de la raison, se tuent par désespoir ou par quelque autre passion (*C.* 11, *de Sepult. c.* 12, 22, *qu.* 5).

Les excommuniés qui meurent sans demander l'absolution de l'excommunication dont ils se connaissent liés, et qui est d'ailleurs publique (*C.* 12, *de Sepult.*).

Les religieux à qui l'on trouve du pécule au temps de leur mort (*C.* 2, 4, *de Stat. monach.*) (*Voyez* PÉCULE).

Les usuriers manifestes qui ne veulent pas renoncer à leur usure manifeste, ni restituer les intérêts usuraires qu'ils ont injustement perçus (*C.* 3, 5, *de usur.*).

Ceux qui n'ayant pas satisfait à leur devoir pascal, meurent sans donner des marques de repentir (*C.* 12, *de Pœnit. et remiss.*).

Ceux à qui l'entrée de l'église est interdite s'ils meurent pendant ces interdits sans aucun signe de pénitence (*C.* 10, *de Excom. in* 6°).

On ajoute à ces personnes à qui le droit refuse la *sépulture* ecclésiastique, parce qu'ils meurent dans le péché, les enfants morts sans baptême, s'ils sont hors du sein de leur mère, à cause du péché originel; les infidèles, les schismatiques, les apostats. Ces derniers sont exclus par l'excommunication qui les affecte; et les infidèles n'étant point dans l'Église, on n'a pas cru même nécessaire de marquer qu'ils ne devaient pas y être inhumés (*C.* 12, *de Sepultur.*; *c.* 7, *de Cons. eccles.*) (*Mémoires du clergé*, tom. V, col. 1643).

Suivant le droit, le cimetière est pollué par l'enterrement qu'on y fait d'un excommunié; et il est interdit pour toujours, quand on y enterre un hérétique, ou quelqu'un de ceux qui favorisent les hérétiques (*C.* 7, *de Consecr. eccles.*; *c.* 2, *de Hæret. in* 6°) (*Voyez* POLLUTION).

Les clercs qui enterrent en terre sainte les fauteurs des hérétiques, doivent être déposés pour toujours (*C.* 13, *de Hæret.*), et s'ils y enterrent ceux dont parle le chapitre 2, *de Raptoribus et incendiariis*, c'est-à-dire, le voleur et l'incendiaire des églises qui refusent de satisfaire, ils doivent être privés de leur office et de leur bénéfice, *deponuntur ab officio et beneficio*. S'ils y enterrent un usurier manifeste, mort dans son péché, ils sont déclarés suspens par le chapitre 3, *de Usur.* Ils encourent en outre l'excommunication par la *sépulture* qu'ils accordent aux hérétiques, ou à ceux qui les favorisent en quelque façon; aux excommuniés et interdits nommément, aux usuriers manifestes, et au temps d'un interdit (*C.* 2, *de Hæret. in* 6°; *Clem.* 1, *de Sepult.*).

Parmi les cas de refus de *sépulture* que nous venons de rapporter, d'après le droit canon, il en est plusieurs qui ne sont plus suivis dans la discipline actuelle de France, par exemple, pour ce qui regarde l'obligation de satisfaire au devoir pascal. Chacun doit, à cet égard, se conformer aux ordonnances de son diocèse.

Pour ne pas s'écarter des lois canoniques, un pasteur ne doit, généralement parlant, refuser son ministère qu'à ceux qui meurent dans l'impénitence, et lorsque l'impénitence est tellement publique, tellement scandaleuse, que ce serait un nouveau scandale que de rendre à ceux qui ont été, jusqu'au dernier moment, rebelles à l'Église et à Dieu, les honneurs qui sont réservés à ceux qui meurent dans la communion des saints. Et comme il s'agit d'infliger une espèce de peine, dans le doute si elle est applicable dans tel cas particulier, le parti le plus sûr, et le seul équitable, est de se déclarer pour l'indulgence : *In dubiis odiosa sunt restringenda.*

Il est à propos de remarquer que les décédés doivent être enterrés dans le cimetière affecté au lieu qu'ils ont habité. Ainsi, lorsqu'il y a plusieurs communes dans une paroisse, et que chaque commune a un cimetière, le défunt doit être enterré dans celui de sa commune, quand même il ne serait pas situé dans le chef-lieu de la paroisse. S'il y a plusieurs paroisses dans une seule commune, c'est dans le cimetière paroissial qu'il doit être enterré. Enfin, si une fraction de paroisse ou de commune possède un lieu consacré aux *sépultures*, c'est dans ce dernier que doit se faire l'inhumation du décédé habitant cette fraction de paroisse ou de commune (Décision du ministre de l'intérieur, du 26 thermidor an XII—14 août 1804) (*Voyez* CIMETIÈRE).

Quoique les registres de la paroisse soient moins nécessaires pour les *sépultures* que pour les baptêmes et les mariages, les curés ne doivent pas négliger de faire inscrire les actes de *sépulture*. Les registres sont des espèces de diptyques qui renferment les noms de ceux qui sont morts dans la communion de l'Église.

§ 3. *Forme des enterrements.*

Les rituels des diocèses marquent le temps que l'on peut ou que l'on doit laisser les corps défunts sur terre. La congrégation des rites a décidé que les héritiers peuvent rendre le convoi ou l'enterrement de leurs parents décédés aussi pompeux que bon leur semble pour le nombre des personnes, clercs ou laïques, qui y assistent processionnellement, et pour le luminaire; et dans ce cas c'est à ceux qui font les frais à faire le choix des personnes; le curé ne le peut faire qu'à leur défaut.

La même congrégation a décidé que les confréries ne peuvent assister aux convois sans y être expressément appelées, et dans ce cas elles ne doivent point porter de croix.

Tous ceux qui ont été appelés pour assister aux funérailles doivent se rendre à l'église paroissiale du défunt. Si le corps est déposé dans une église particulière, c'est à cette église que l'on se rend; mais c'est toujours au curé qu'il appartient à lever le corps pour le porter et le conduire dans l'église de la paroisse où il doit être inhumé, après toutefois l'avoir présenté dans l'église de la paroisse pour y recevoir sa bénédiction.

C'est au curé qu'il appartient de régler l'heure de l'enterrement et d'indiquer le chemin que l'on doit prendre pour parvenir à l'église où le défunt a choisi sa *sépulture*. Le curé est obligé de conduire le corps de son paroissien jusqu'à la porte de l'église. Il peut y entrer avec son clergé, mais sans chanter aucun office.

Les curés ne doivent pas exiger une plus forte rétribution pour la *sépulture* des étrangers que pour celle des habitants, et ils doivent s'acquitter gratuitement de ce devoir envers les pauvres. Ce sont là les décisions de la congrégation des rites que Barbosa rappelle exactement dans son traité *de Officio et Potestate parochi*, ch. 20.

Suivant le concile d'Aix en 1585, et celui de Bordeaux en 1624, on ne peut faire l'oraison funèbre de personne, sans la permission de l'évêque (*Mémoires du clergé*, tom. V, col. 1653).

Par le canon *Nullus, dist.* 79, il est défendu de procéder à l'élection des papes et des évêques qu'après l'enterrement du prédécesseur; et dans le chapitre *Bonæ memoriæ*, § *Electionem, de Elect.*, le pape casse l'élection d'un archiprêtre faite avant l'enterrement du défunt.

§ 4. *Violation de* SÉPULTURE.

La violation de *sépulture* chez les Romains était réputée pour l'un des plus grands crimes, comme on en juge par les lois, au code *tit. de Sepult. violat.* Il l'est aussi encore aujourd'hui parmi les chrétiens. Le concile de Reims, tenu l'an 1583, exige une permission expresse de l'évêque pour l'exhumation des corps enterrés, et l'extravagante *Detestandæ feritatis, de Sepult.*, prononce excommunication, *ipso facto*, contre tous les violateurs de *sépulture*.

SERMENT.

Le *serment* est un acte de religion par lequel celui qui jure, prend Dieu pour témoin de sa sincérité et de sa fidélité, ou pour juge et vengeur, s'il est infidèle : *Juramentum est divini nominis attestatio* (*C. fin. de jurament.*).

§ 1. *Différentes espèces de* SERMENT.

Le *serment* qui se rapporte à un fait présent ou passé s'appelle assertoire, et celui qui a droit à l'avenir, est appelé promissoire.

Quand on jure en prenant Dieu à témoin, le *serment* se fait alors, comme disent les théologiens, *per simplicem Dei contestationem* : mais si, attestant un fait, on s'impose seulement à soi-même une peine, au cas qu'il ne soit point véritable, le *serment* est alors exécratoire ; *fit per execrationem.*

Quand on affirme par un *serment* une chose fausse, on commet proprement le crime de *parjure* ; mais, dans un sens étendu, on le commet aussi quand on viole le *serment* promissoire, c'est-à-dire, quand on n'accomplit point les promesses que l'on a faites avec *serment*.

Le parjure est une espèce de blasphème, parce qu'on peut en inférer que son auteur ne croit point en Dieu qu'il a pris pour témoin de sa parole (*Voyez* BLASPHÈME).

On établit en matière de *serment*, comme autant de règles fondées sur le droit : 1° Que le *serment* se peut faire de vive voix, par écrit ou par signe, en levant la main droite comme font les séculiers, ou la mettant sur la poitrine, comme font les ecclésiastiques, ou en touchant le livre de l'Évangile, le crucifix, ou des reliques.

2° Que le *serment* en soi est licite, bon de sa nature, et un acte de religion, quand il est fait avec nécessité avec vérité avec prudence, et avec justice : *Animadvertendum est quod jusjurandum hos habeat comites, veritatem, judicium atque justitiam; si ista defuerint, nequaquam erit juramentum, sed perjurium* (*C.* 2, *caus.* 11, *qu.* 2). Jésus-Christ n'a condamné dans l'Évangile que les *serments* exécratoires, sans nécessité et par mauvaise habitude (*C. Si Christus, de jurejur.*).

3° Celui qui affirme avec *serment* une chose fausse, la croyant véritable, n'est point parjure; mais le jurement est téméraire, lorsqu'on ne s'est pas suffisamment instruit du fait (*C. Is autem* 22, *qu.* 2).

Le *serment* de faire une chose illicite ou injuste n'oblige point, non plus que celui qui a été extorqué par force, violence et crainte (*Tot. caus.* 22, *qu.* 4; *c. Pervenit; c. Cum quidam; c. Sicut; c. Quanto personam; c. Abbas; c. Ad audientiam, de jurejur. Non est obligatorium contra bonos mores præstitum juramentum* (*Reg.* 58, *juris in* 6°).

Il en est de même du *serment* inconsidéré dont l'accomplissement jetterait dans un plus grand mal, ou exposerait au danger de perdre son salut (*C. Si aliquid* 22, *qu.* 4; *c. Si vero, de jurejur.*).

La promesse faite avec serment sous une condition expresse ou implicite, ne lie point, si cette condition manque (*C. Quemadmodum, de jurejur.*).

Enfin, quand deux personnes se sont engagées réciproquement par *serment* à faire certaine chose, si l'une des deux manque à exécuter ce qu'elle a promis, l'autre est déliée de son serment (*C. Sicut, de jurejur.*).

4° On punissait autrefois les ecclésiastiques convaincus de parjure, avec la même rigueur que les fornicateurs et les adultères, c'est-à-dire qu'ils étaient déposés (*C. Quærelam, de jurejur.*). Le pape Luce III prononce que la suspense (*In c.* 2, *de Fidejuss.*).

5° Les *serments* faits à Dieu et pour Dieu peuvent finir par les mêmes voies que le vœu (*Voyez* VOEU). Ceux qui sont faits au profit du prochain, peuvent finir par la remise de ce dernier, par l'irritation et par la dispense dans le cas où le *serment* n'a pas été fait légitimement.

On n'est point obligé d'exécuter les ordres d'une personne, quoiqu'on s'y soit engagé par un *serment* solennel, quand cette personne ordonne quelque chose qui est contraire aux bonnes mœurs. Lorsqu'un *serment* est conçu en termes généraux, il faut l'expliquer de manière qu'il ne contienne rien de contraire aux bonnes mœurs et aux règles de droit (*Cap. Veniens, extra*). C'est pourquoi s'il arrivait que celui qui s'est engagé par *serment* à obéir à tous les ordres d'une autre personne, en reçut qui l'obligeassent à faire quelque chose qui fût contraire à un *serment* précédent, cette personne ne serait point tenue de l'exécuter, parce qu'on présume qu'elle n'aurait point fait le dernier *serment*, si elle avait cru qu'on lui ordonnât quelque chose qui fût contraire au premier (*Cap. Quia personam, ibid*).

Les *serments* qu'on fait de ne point obéir au supérieur légitime, ou qui peuvent indirectement donner atteinte à l'obéissance qui lui est due, ne doivent point être observés (*Cap. Si vero*).

Les prélats ou les chanoines qui ont juré à leur réception d'observer les statuts et les coutumes du chapitre, ne sont point obligés d'observer ces statuts, quand ils prescrivent des choses impossibles, illicites, ou contraires aux libertés de l'Église (*Cap. Contingit*).

§ 2. SERMENT *de fidélité des évêques.*

On voit dans une lettre d'Yves de Chartres au pape Pascal II, que de son temps, l'usage du *serment de fidélité* des évêques de France fait au roi, était regardé comme très-ancien, et qu'on était persuadé que les évêques l'ont toujours prêté.

Il nous reste peu de chose du *serment de fidélité* prêté par les évêques de France aux rois de la première race, soit que ce qui s'est passé à cet égard n'ait pas été recueilli, ou que cette cérémonie n'ait pas été observée exactement, l'Église ne possédant point alors de domaines considérables qui aient donné lieu à cette précaution.

Cet usage sous les rois de la seconde race, est plus expliqué; on en a même conservé plusieurs formules, qui ont été différentes, suivant les circonstances des temps et les conjonctures des affaires qui ont obligé de les exiger. Par l'une de ces formules, il paraît que le roi recevait le *serment de fidélité* des évêques qui n'étaient pas sacrés. Dans la même formule, l'évêque jure et promet de faire résidence personnelle en son diocèse, selon que le droit et les saints canons l'ont ordonné.

La formule du *serment de fidélité* qui est en usage présentement se trouve dans l'article 6 du concordat (*Voyez* CONCORDAT).

Le *serment de fidélité* usité sous le concordat de Léon X était conçu en ces termes : « Je jure le très-saint et sacré nom de Dieu, « sire, et promets à Votre Majesté, que je lui « serai, tant que je vivrai, fidèle sujet et ser- « viteur, et que je procurerai son service et « le bien de son État de tout mon pouvoir; « que je ne me trouverai en aucun conseil, « dessein ni entreprise d'iceux : et s'il en « vient quelque chose à ma connaissance, « je le ferai savoir à Votre Majesté. Ainsi me « soit Dieu en aide et ses saints Évangiles. » (*Voyez* BREVET *de serment de fidélité*).

SERVICE DIVIN.

Ce sont les prières, le saint sacrifice, les offices et les cérémonies qui se célèbrent dans l'Église, et dans lesquelles consiste le culte extérieur.

Sous le mot OFFICE DIVIN on voit en quoi consiste l'office divin, par rapport aux prières qui le composent, l'obligation de ceux qui doivent le réciter et la manière dont il doit être récité en particulier et chanté en public.

Nous avons dit sous le même mot, § 5, en parlant des divers rits qui sont adoptés en France, que nos seigneurs les évêques de

DROIT CANON. II.

(*Trente-quatre.*)

Langres et de Périgueux avaient rétabli dans leurs diocèses, suivant les désirs du souverain pontife, la liturgie romaine, et nous avons rapporté le mandement que ce dernier prélat a publié à cette occasion. Mgr l'évêque de Gap vient de publier une lettre pastorale sur le même sujet. Elle exprime si bien la nécessité de s'attacher à l'unité dans la liturgie, comme dans tout le reste, que nous croyons devoir la rapporter ici en entier.

LETTRE PASTORALE *de Mgr l'évêque de Gap, au sujet du rétablissement de la liturgie romaine dans son diocèse.*

« Jean-Irénée Depéry, par la miséricorde de Dieu et la grâce du saint-siége apostolique, évêque de Gap.

« Au clergé de notre diocèse, salut et bénédiction en N. S. J. C.

« Messieurs et frères bien-aimés,

« Quelques personnes en ce siècle, dit un « des plus savants défenseurs de la liturgie « romaine, ont fait la remarque que le cœur « des catholiques français était devenu plus « tendre pour Rome; que cette mère com« mune, qui naguère était pour eux sim« plement l'objet d'une vénération plus ou « moins froide, devenait de jour en jour le « cente de plus vives affections; que les « pèlerinages vers cette cité sainte se multi« pliaient dans une progression qui nous re« portera bientôt aux jours les plus fervents « du moyen-âge; que l'amour toujours crois« sant des fidèles pour le saint-siége aposto« lique s'épanchait sans cesse, par les cent « bouches de la presse, en protestations, en « hommages, en vœux, en désirs plus cha« leureux les uns que les autres. Oui, cer« tes, il en est ainsi, et c'est là le grand fait « religieux qui s'accomplit aujourd'hui en « France. Mais qu'est-ce à dire, sinon que, « dans la détresse où se trouve la foi dans « notre patrie, nous recourons au foyer de « la lumière et de la vie, pour obéir à l'in« stinct même de la conservation?

« Hâtons-nous donc de chercher la seule « vraie solidité sur la Pierre, la seule vraie « sécurité à l'ombre de la chaire apostoli« que; aspirons la vie qui nous échappe de « toutes parts, en nous rapprochant plus « encore de ce centre unique où elle est im« mortelle, et revenons avec franchise toutes « autres maximes, tous autres usages que « ceux qui s'accordent avec la pleine et en« tière obéissance dans laquelle nous devons « précéder les autres églises, nous Français, « initiés à la foi par les pontifes romains dès « les premiers siècles, et tout récemment « rappelés de la mort à la vie par leur toute « puissante sollicitude. » (Dom Guéranger, *Défense des institutions liturgiques.*)

« C'est, vénérables collaborateurs, pour répondre à la manifestation de ces besoins; c'est pour nous fortifier davantage au milieu des tempêtes que soulève, plus violentes que jamais, le vent des variations humaines; c'est pour nous conformer aux bulles si pressantes de plusieurs saints pontifes, et donner un éclatant témoignage de notre attachement au saint-siége; c'est pour obéir à la voix de notre conscience d'évêque que nous avons cru devoir resserrer encore les liens déjà si étroits qui attachent l'antique Eglise de Gap à l'Eglise mère et maîtresse, en lui rendant cette forme liturgique dont elle fut dépouillée en 1764, malgré les hautes et unanimes réclamations du chapitre de sa cathédrale et de tout son clergé. (Ces protestations, fondées sur le droit et formulées avec une respectueuse énergie, existent encore dans les archives du chapitre.)

« A côté de ces considérations générales il en existe d'autres particulières à notre diocèse. Renfermant dans sa nouvelle circonscription la métropole d'Embrun, illustre entre toutes, par son antiquité, par ses conciles, par une succession de grands et saints pontifes, par sa fidélité à conserver religieusement la liturgie romaine, le diocèse de Gap, uni dans une même foi, dut se trouver divisé dans la forme; il ne présente plus cette unité qui fait la beauté, la force et la vie de l'Eglise. Bien souvent l'œil du fidèle fut offensé de ses divergences, et sa foi simple ne sut pas toujours les accepter sans scandale. De là encore durent naître parmi les membres du clergé des vues moins uniformes; ils purent se considérer comme n'appartenant plus à une seule et même famille, et nécessairement les rapports en devinrent moins étroits et moins fraternels. De là enfin des entraves pour l'administration, qui souvent fut arrêtée dans ses projets et obligée plus d'une fois de tenir compte, dans le placement des curés, de la liturgie suivie par la paroisse, du bréviaire récité par le prêtre.

« Mu par tous ces motifs, et voulant donner au saint pontife qui règne avec tant de gloire et qui gouverne avec une si haute sagesse l'Eglise de Dieu, une marque de notre filial dévouement, réjouir son cœur de père, dissiper ses craintes, réaliser ses espérances; voulant répondre aux vœux et aux désirs empressés de nos vénérables frères, les chanoines de notre cathédrale, vœux et désirs manifestés dans leur assemblée capitulaire du 8 décembre 1844, nous avons statué, le 17 mars dernier, et le chapitre y a adhéré, que la liturgie romaine serait remise en vigueur à dater du saint jour de Pâque de cette année, dans la cathédrale, et que, dès lors, elle devenait celle de tout le diocèse. Nous laissons toutefois à la prudence et au zèle de MM. les curés le choix des moyens les plus propres à procurer l'entier accomplissement de cette mesure dans leurs paroisses respectives.

« Nous avions compris, nos très-chers coopérateurs, que de graves et nombreuses occupations de votre laborieux ministère pourraient être, dans l'esprit de quelques-uns, un obstacle à la récitation d'un bréviaire plus long que le bréviaire gallican. Nous nous sommes donc adressé avec confiance au chef de l'Eglise; nous lui avons exposé vos travaux, que multiplient, outre mesure, la piété des peuples et la difficulté des lieux; et, avec sa condescendance habituelle, il est entré dans notre pensée. Par un bref en date du 3 mars 1845, il autorise les prêtres du diocèse de Gap à remplacer l'office de la férie, le jeudi, par celui du Saint-Sacrement et celui *de sancta Maria in sabbato* par celui de la Conception de la sainte Vierge. Ces deux offices sont placés sous le rit semi-double. Sont exceptées les féries du carême, de l'avent, les vigiles et féries privilégiées. Par ce même bref, le souverain pontife nous accorde encore le pouvoir de dispenser d'une partie de l'office les prêtres occupés *au salut des âmes*, les jours seulement où le ministère pastoral leur laisse peu de moments pour le saint exercice de la prière. En vertu de ce pouvoir, nous permettons à tous les prêtres employés au soin des paroisses de ne réciter au premier nocturne des matines du dimanche que trois psaumes, depuis le dimanche de la Passion *inclusivement* jusqu'à l'Ascension, et, en outre, pendant les missions, les retraites et les quarante heures, là où elles sont établies. Ceux qui, à raison de grands travaux continuels ou accidentels, désireraient que cette concession fût étendue à d'autres dimanches, nous le demanderont par écrit.

« Ainsi modifié, le bréviaire romain ne dépasse plus en longueur le bréviaire gapenais; les offices doubles et semi-doubles, qui prennent les deux tiers de l'année, en sont même plus courts. Celui du dimanche ne revenant que rarement, n'en peut allonger que de quelques minutes au plus la récitation. Or, quel est le prêtre qui voudrait compter avec Dieu pour si peu? Quel est celui qui, sans remords, ne dépense journellement un temps plus considérable en paroles vaines, en conversations inutiles?

« Nous ne nous arrêtons pas, messieurs et chers collaborateurs, à cette autre objection qui n'en est pas une, tirée de la comparaison que l'on établit pour le choix des prières, des hymnes, des leçons de l'Ecriture sainte et des saints Pères, entre le bréviaire romain et le bréviaire gallican. Nous n'admettons pas d'abord ces éloges outrés que l'on fait tout en faveur de l'un au détriment de l'autre. Les nouveaux offices composés depuis Urbain VIII ne cèdent en rien aux plus beaux de la liturgie parisienne; en général, les légendes des saints ont plus d'onction, elles exhalent un parfum de piété plus tendre, qui dédommage de ces leçons à la latinité classique, sèche et froide, qui remplissent les nouveaux bréviaires. Ces formules si respectables et par leurs auteurs et par leur antiquité, cachent souvent, dans la simplicité de leur diction, la profondeur et la richesse de la pensée. Et puis, au résumé, la poésie, la belle latinité, sont-elles donc une partie et une condition essentielle de la prière? Les apôtres tenaient-ils à ce beau langage lorsqu'ils disaient ; *Non veni ad vos in sublimitate sermonis, non in persuasibilibus humanæ sapientiæ verbis* (I *ad Corinth.*, XI, 4). Les évêques, leurs dignes successeurs qui nous ont laissé les leçons, les légendes et les prières conservées au romain, connaissaient Horace, Cicéron, leur belle langue, et, cependant ont-ils voulu de leur style? Non, messieurs, et nous n'avons pas le droit de nous montrer plus difficiles.

« A ces graves considérations, permettez-nous d'en ajouter une, d'un ordre inférieur, il est vrai, mais que des fabriques, des paroisses et des curés pauvres comprendront fort bien, c'est que les livres de la liturgie romaine, par la modicité de leurs prix, seront toujours plus en rapport avec les ressources si faibles, si minimes des églises de notre diocèse. Ainsi, on évitera encore les frais énormes que nécessiterait la réimpression des bréviaires et missels gapenais, qui ne peuvent être remplacés par aucuns autres sans enfreindre la bulle de saint Pie V : *Quo primum tempore*, 1570 (*Voyez* cette bulle sous le mot OFFICE DIVIN).

« Vous avez sans doute saisi, messieurs et chers coopérateurs, toute notre pensée. Nous avons dit les motifs de nécessité et de haute convenance qui nous ont déterminé, vous en apprécierez toute la justesse, vous verrez dans cette démarche nos désirs les plus ardents, et, ces désirs manifestés, vous vous empresserez d'y conformer votre conduite; car, nous aimons à le répéter, auprès de vous les ordres deviennent inutiles. « Ce n'est « donc pas en commandant, mais en deman- « dant que nous vous parlons, et encore en « demandant au nom et pour l'amour de Dieu, « qui, suivant la belle pensée de saint Fran- « çois de Sales, est et sera toujours le grand « mot de notre commerce avec vous. » (*Esprit de saint François de Sales*, tom. I, c. 27; édit. donnée par nous en 1840). Et, assurément, nous n'aurons pas besoin d'employer les moyens sévères qui furent mis en usage pour proscrire, il y a quatre-vingts ans, la liturgie romaine qui, toujours, a été celle du diocèse de Gap, comme il est facile de s'en convaincre par les monuments les plus anciens que nous avons eus sous les yeux et par tous ceux qui sont restés dans vos églises (On demeure étonné en voyant les mesures outrées et extra-canoniques qui furent prises pour faire adopter la nouvelle liturgie, que repoussaient le clergé et les fidèles par attachement à l'Eglise romaine. Si ces liens se sont relâchés, à qui le doit-on?...).

« Toutefois, en embrassant la liturgie romaine, nous ne voulons oublier aucune des gloires religieuses de ce pays; nous nous étudierons à faire revivre le culte des saints qui illustrèrent les antiques églises de Gap et d'Embrun. Déjà nous avons recueilli avec le plus grand soin les pieuses et saintes traditions des premiers jours de ces églises; nous n'avons rien négligé pour coordonner ces offices, pour leur donner toute l'authenticité désirable et les mettre à l'abri de la plus sévère critique. Un propre à l'usage du diocèse paraîtra donc bientôt adapté au bréviaire romain et sera mis en usage le 1er janvier 1846.

« Ainsi, frères chéris, nous entrerons

véritablement en communion de prières avec l'Eglise catholique. Chaque jour elles remonteront vers le ciel, ces prières, unies et mêlées avec celles du chef des pasteurs, avec celles de tant de saints prêtres, de tant de fervents religieux, de tant de courageux missionnaires qui, de tous les points de l'univers, ne forment qu'un seul chœur d'invocations, de louanges, de cantiques et d'actions de grâces. Quelle consolante pensée pour votre religion et votre foi.

« Dans un siècle, messieurs, où l'impiété cherche à diviser pour détruire ensuite, attachons-nous plus étroitement à cette pierre, à ce roc contre lequel les vents se déchaîneront, il est vrai, que les torrents viendront battre avec fureur, que les vagues amoncelées voudront couvrir, mais qui, inébranlable sur sa base immortelle, bravera leurs vains efforts! Unis par la foi, rallions-nous encore par l'unité des formes à cette Eglise, seule indéfectible. Les moments sont graves, les temps mauvais; déjà nous sommes remués, et peut-être le serons-nous plus profondément encore. L'unité seule, acceptée dans toutes ses applications, fera notre force, assurera notre triomphe et nous préservera de ces fluctuations, de ces divergences trop communes à l'esprit humain, qui, souvent, viennent déparer l'ordre parfait et la merveilleuse beauté de l'Eglise de Dieu.

« *Obsecro vos ut digne ambuletis vocatione qua vocati estis... solliciti servare unitatem spiritus in vinculo pacis... ut jam non simus parvuli fluctuantes, et circumferamur omni vento doctrinæ* (Ad Eph., cap. 4).

« Recevez, messieurs et bien chers frères en Jésus-Christ, l'assurance de notre affectueux dévouement.

† Irénée, évêque de Gap.

« Par mandement :
« L'abbé James, ch. hon., secr. gén. »

SEXTE.

Le *sexte* est la collection des décrétales que le pape Boniface VIII fit faire, l'an 1298, par trois docteurs que nous nommons sous le mot DROIT CANON, où nous parlons aussi de la forme et de l'étymologie du *sexte*.

SIÉGE.

On entend en général par *siége*, la chaire sur laquelle sont assis les pasteurs de l'Eglise pour enseigner les peuples (*Voyez* CATHÉDRALE). On ne s'en sert ordinairement que pour exprimer le *siége* apostolique, le *siége* épiscopal et le *siége* abbatial; et c'est aussi dans ces trois acceptions que nous en parlerons.

On peut voir sous le mot PROVINCES ce que nous avons dit des différents *siéges* de patriarches et de primats.

§ 1. SIÉGE *apostolique*

Le *siége apostolique* est le *siége* épiscopal de la ville de Rome, que l'on nomme par excellence le *siége apostolique* ou le *saint-siége*, à cause de la primauté et de la dignité du chef des pasteurs, qui y est assis (*Voyez* APOSTOLIQUE).

Le *saint-siége*, le pape, l'Eglise romaine, la cour de Rome, le *siége* apostolique, sont des expressions que les canonistes font presque toujours synonymes, quoique certains de ces termes paraissent demander une application particulière.

Nous n'avons donc rien dit sous le mot PAPE qui ne soit applicable à celui-ci; nous ne nous répèterons point. Nous observerons seulement; 1° que, par le terme de *saint-siége* on se forme une idée de stabilité et de succession que n'emporte pas le simple mot de pape; de là vient que tout ce qui émane du *saint-siége*, n'est point révoqué par la mort du pape, comme le sont les simples grâces qui, ayant été accordées par le pape même, n'ont pas été exécutées de son vivant. Sur quoi les nouveaux papes ont cru nécessaire de s'expliquer par différentes règles de chancellerie (*Voyez* COURONNEMENT, CUI PRIUS, LÉGAT). Voici ce que porte la quatorzième, *de Revocatione facultatum quibusvis concessarum.*

Item revocavit quascumque facultates et litteras desuper confectas, per quas quicumque sui prædecessores romani pontifices, quibusvis personis ordinariam collationem, seu aliam dispositivnem beneficiorum ecclesiasticorum, de jure vel consuetudine habentibus, et quavis etiam patriarchali, archiepiscopali, aut alia dignitate, vel alio, non tamen cardinalatus honore fungentibus, quavis consideratione, vel intuitu, etiam motu proprio, et ex certa scientia, ac de apostolicæ potestatis plenitudine concesserant, aut quamdiu vixerint, vel suis ecclesiis seu monasteriis præessent, aut ad aliud tempus, de beneficiis ecclesiasticis generaliter reservatis seu affectis, ad eorum collationem, provisionem, præsentationem, electionem, et quamvis aliam dispositionem, communiter vel divisim spectantibus, disponere libere et licite valerent, aut etiam ad id per eosdem prædecessores vicarii perpetui, vel ad tempus constituti forent.

La règle 63 révoque toutes les facultés accordées pour des décimes, des indulgences et le choix d'un confesseur. La soixante-quatrième révoque aussi les facultés de percevoir les émoluments des offices de la cour de Rome pendant le temps de certaines vacances; ce qui a été ainsi établi, disent les canonistes, *ut sic reiteratur obedientia sedi apostolicæ debita.*

Ce ne sera point se répéter que de rappeler ici, comme nous fait sous certains mots, les textes du droit qui établissent quelques principes généraux à l'égard du *saint-siége* : *Sedes apostolica prima auctoritate et dignitate, licet Antiochena sit prior tempore* (C. *Nunc autem, dist.* 21; c. *Rogamus* 24, qu. 1; c. *Nemo* 10, qu. 3).

Ipsius est major auctoritas in judiciis (C. *Patet*; c. *Ipsi sunt* 9, qu. 3).

Constitutiones ipsius sedis ab omnibus sunt servandæ (C. *Sequens, dist.* 11).

Nulli permittitur de ejus judicio judicars

(*C. Nemini* 18, *qu.* 4; *c. Nunc autem, dist.* 21).

Peccatum infidelitatis incurrit qui sedi apostolicæ obedire contemnit (*C. Si qui, in fin. dist.* 81; *c. Qui cathedram, dist.* 23).

In Dubiis arduis ad eam est recurrendum (*C. Non licuit et seq. dist.* 17; *c. Frater; c. Post medium* 16, *qu.* 22; *c. Rogamus* 2, *qu.* 1).

In libris sive opusculis quidquid approbat sedes apostolica est tenendum (*C. Si romanorum et seq. dist.* 19).

Sine ejus auctoritate non debet generale concilium celebrari (*Dist.* 18. *Per tot.*).

Ipsi immediate subjecti maxime propinqui se debent annue præsentari (*C. Juxta, dist.* 23).

Sine ejus judicio episcopi condemnari non possunt (*C. Accusatus et seq.* 3, *qu.* 6; *c. Antiquis* 9, *qu.* 3).

Male damnati restituuntur per ipsam (*C. Fuit; c. Fratres* 9, *qu.* 3).

Sine ejus auctoritate nullus episcopus potest sedem mutare (*C. Mutationes* 7, *qu.* 1).

Romana Ecclesia nunquam a tramite apostolicæ traditionis errasse probatur (*C.* 9, 10, 11, *caus.* 24, *qu.* 1). Cette dernière vérité est de foi (*Voyez* PAPE).

On voit sous le mot CARDINAL la part qu'ont les cardinaux qui sont à Rome au gouvernement de l'Église quand le *siége* apostolique est rempli. Mais pour le temps de la vacance, voyez PAPE, ÉLECTION, COURONNEMENT.

§ 2. SIÉGE *épiscopal.*

Le *siége* épiscopal signifie ici le *siége* d'un évêque ou archevêque. Voyez ce qui en est dit, relativement à son origine et son établissement, sous les mots ÉVÊCHÉ, PROVINCE.

On voit, sous le mot CHAPITRE, la part qu'avaient autrefois et qu'ont aujourd'hui les chanoines de la cathédrale au gouvernement du diocèse quand le *siége* épiscopal est rempli. Nous ne parlerons ici que de la part qu'ils y ont quand le *siége* est vacant.

Le droit canon et ses interprètes nous enseignent : 1° que, dès qu'un évêque est dépouillé du titre de son évêché, soit par la mort naturelle, soit par toute autre voie marquée par les canons, il n'a plus aucune autorité, et sa juridiction passe au chapitre avec tout ce qui en dépend (*C. Ei; c. Cum olim de majorit. et obed.*). On n'excepte que le cas de force majeure où le pasteur ne serait ravi à son troupeau que pour un temps, ou par des infidèles entre les mains desquels on doit toujours le considérer comme présent dans son église. Les grands vicaires et officiaux de l'évêque, en pareille conjoncture, continueraient de gouverner le diocèse en son nom et même sous ses ordres.

2° Le *siége* une fois vacant, le chapitre est de droit en possession de la juridiction épiscopale (*C. Charitatem*, 12, *qu.* 12).

3° Le chapitre doit, dans les huit jours de la vacance, établir un official ou grand vicaire, ou confirmer celui qui est déjà établi : c'est la disposition expresse du concile de Trente. Ces huit jours commencent *a die scientiæ vacationis.* « Quand le *siége* sera vacant, le chapitre, dans les lieux où il est chargé de la recette des revenus, établira un ou plusieurs économes fidèles et vigilants, qui aient soin des affaires et du bien de l'église pour en rendre compte à qui il appartiendra. Sera tenu aussi expressément, dans huit jours après le décès de l'évêque, de nommer un official ou vicaire, ou de confirmer celui qui se trouvera remplir la place, qui soit au moins docteur ou licencié en droit canon, ou qui soit enfin capable de cette fonction, autant qu'il se pourra faire. Si on en use autrement, la faculté d'y pourvoir sera dévolue au métropolitain ; et si cette église est elle-même métropolitaine, ou bien qu'elle soit exempte, et que le chapitre ait été négligent, comme il a été dit, alors le plus ancien évêque entre les suffragants, à l'égard de l'église métropolitaine, et l'évêque le plus proche à l'égard de celle qui se trouvera exempte, auront le pouvoir d'établir un économe et un vicaire capable desdits emplois. L'évêque qui sera ensuite choisi pour la conduite de ladite église vacante, se fera rendre compte par lesdits économe et vicaire, et par tous autres officiers et administrateurs, qui, pendant le *siége* vacant auront été établis par le chapitre ou par autres en sa place, quand ils seraient même du corps du chapitre, de toutes les choses qui le regardent et de toutes leurs fonctions, emplois, juridictions, gestions et administrations quelconques, et aura faculté de punir ceux qui y auront fait faute, et malversé, encore que les dits officiers eussent déjà rendu leur compte, et obtenu quittance et décharge du chapitre, ou des commissaires par lui députés. Sera pareillement tenu ledit chapitre de rendre compte au même évêque des papiers appartenant à l'église, s'il en est tombé quelques-uns entre les mains dudit chapitre. » (*Sess.* XXIV, *ch.* 16, *de Reform.*)

Le nombre des vicaires que le chapitre doit nommer n'est point déterminé ; il dépend de l'état et de la grandeur du diocèse, et même de l'usage (Barbosa, *de Offic. et potest. episc. part.* III *alleg.* 54, n. 165). En France l'usage est de nommer deux vicaires généraux pour les évêchés et trois pour les archevêchés. Le chapitre peut nommer pour vicaire qui bon lui semble, pourvu qu'il ait les qualités requises par le concile ; mais, *cæteris paribus*, s'il y a des chanoines capables dans le chapitre, ils doivent être préférés. Régulièrement le vicaire du chapitre doit être établi sans condition ni limitation de temps, quoique rien n'empêche que le chapitre ne limite ses pouvoirs, et pour le temps et pour les fonctions. Mais la congrégation des évêques et des réguliers a décidé que le chapitre ne pouvait le révoquer *ad nutum, nisi ex causa benevisa.*

4° Suivant la plupart des canonistes, le chapitre est pendant la vacance du *siége* dans tous les droits de l'évêque par rapport à la juridiction. On n'excepte que ce qui lui est expressément interdit par le droit (*Glos. et DD. in c. His quæ in c. Cum olim de major.*

et obed. in c. Illa ne sede vacante. Glos. verb. sede vacante in c. Ad abolendam de hæret. Glos. eod. verb. in clem eod. tit. Glos. verb. Reservari, in c. Quia sæpe, de elect. in 6°).

Quelques auteurs ont cru, sur le fondement du chapitre 2 *Ne sedes*, que le siége vacant, les pouvoirs des chapitres ne s'étendent qu'à certains cas déterminés par le droit, pour les besoins de l'église vacante. De ce nombre sont Panorme et plusieurs autres canonistes, mais suivant l'éditeur des *Mémoires du clergé* (tom. II, col. 527; tom. X, col. 1721), il paraît que l'opinion contraire a prévalu en France. Quoi qu'il en soit, voici, d'après les canonistes, ce que le chapitre peut ou ne peut pas faire.

Le chapitre peut absoudre de l'excommunication comme en pouvait absoudre l'évêque (Rebuffe).

Il peut de même, comme l'évêque, approuver les confesseurs, corriger et punir les ecclésiastiques délinquants, *quatenus episcopus poterat* (C. *Ad abolendam*; Barbosa, *de Offic. et potest. episc.*, part. III, alleg. 72, n. 183).

Le chapitre a aussi les mêmes droits qu'avait l'évêque, pour connaître du crime d'hérésie (C. *Ad abolendam*); pour visiter le diocèse après l'année de la dernière visite (*Abbas in c. Cum olim, de major. et obed.*); pour faire des statuts dont les évêques successeurs ne puissent empêcher l'exécution, *dummodo sint capitulariter facta, justa et salubria ad augmentum cultus divini, non vero in prejudicium Ecclesiæ*. (Zerola, *in prax. episc.*), pour les exécutions testamentaires (Covarruvias, *in c. Joannes, de Testam.*); pour les redditions de comptes de la part des administrateurs des lieux pieux (Barbosa, *alleg.* 82); pour le droit d'établir un vicaire, soit pour le spirituel, soit pour le temporel (Zerula, *loc. cit.*); pour le droit de déposer et d'interdire (C. *His qui, in fin. de major. et obed.*; c. *unic. eod. in* 6°); pour la dispense de naissance illégitime, pour un bénéfice simple (Navarre, *de tempor. ordin. cons.* 28); pour toutes les dispenses, et absolutions que le concile de Trente accorde aux évêques (*Sess. XXIV, ch. 6, de Reform.*; Garcias, *de Benef. part.* V, *cap.* 7, n. 41); pour tout ce qui est de la juridiction volontaire et la connaissance des causes en première instance, dont parle le concile dans la session XXIV, chapitre 20, *de Reform.* (Barbosa, alleg. 6, n. 6); pour le droit d'assister à la célébration des mariages, et de donner à des prêtres la permission d'y assister, selon la forme du concile de Trente, session XXIV, chapitre 1er *de Reform.* (Barbosa, alleg. 32, n. 123); pour la concession des indulgences, qui est plutôt un acte de juridiction que de l'ordre (C. *Accedentibus, de excess. prælat.*); pour l'établissement d'économes (C. *Cum vos, de offic. ordin.*).

5° Tous ces différents droits passent aux grands vicaires établis par le chapitre, et même suivant plusieurs canonistes, en ce qui requiert un pouvoir spécial (Garcias, part. V, *cap.* 7, n. 28). Mais remarquons que comme le chapitre n'a tant de pouvoir, pendant la vacance du siége, que parce qu'il a succédé à l'évêque en tout ce qui est de la juridiction, il ne peut exercer aucun des droits qui sont attribués à l'évêque par voie extraordinaire, comme par délégation, *a lege aut ab homine* (C. *Pastoralis, § Præterea, de offic. ordin.*). Il se fait cependant à cet égard la distinction des délégations qui tournent en droit commun, d'avec les autres (Barbosa, *alleg.* 73, n. 25).

Le chapitre ne peut pas conférer les bénéfices dont l'évêque seul a la collation, quand le siége est rempli (C. 2, *Ne sede vacante*; c. 1, *ebd. in* 6°).

6° En ce qui est de l'ordre, le chapitre a le droit de faire exercer par d'autres évêques toutes les fonctions épiscopales: *pontificalia, ut ordines conferendi, chrisma conficiendi, consecrandi basilicas et hujusmodi* (Glos. *in cap. His quæ, et in c. Si episcopus, de suppl negl. præl. in* 6°). Le concile de Trente (Session VII, ch. 10 et session XXIII, ch. 10 *de Reform.*) a corrigé la décrétale de Boniface VIII, sur le chapitre *Cum nullus de tempor. ordin. in* 6° en ce qu'il permit au chapitre d'accorder des dimissoires aux clercs du diocèse, qu'après l'année de la vacance du siége, à l'exception des ecclésiastiques, qui, à raison des bénéfices dont ils ont été pourvus, sont obligés de se faire promouvoir aux ordres. Le chapitre qui contrevient à ce règlement du concile de Trente, encourt l'interdit, et l'ordinand est privé de tout privilége clérical.

Après l'année, c'est le vicaire établi par le chapitre qui doit accorder les dimissoires, pourvu toutefois qu'il en ait reçu expressément les pouvoirs (Rebuffe, *in prax. de form. vic.*, n. 47). Le chapitre peut, comme le vicaire, accorder après l'année des dispenses pour les interstices; et quand une fois les dispenses ou les dimissoires sont accordés, l'avènement du nouvel évêque au siége ne les fait pas expirer (Gonzalez, *ad regul.* 8 *cancel.*).

7° Enfin le chapitre doit exercer les droits de l'évêque pendant la vacance du siége, de manière qu'il ne résulte de son administration ni innovation, ni préjudice pour l'église vacante, *cum non sit qui episcopale jus tueatur*. C'est l'avis que donnent les canons et les canonistes, et qu'on applique à toutes les communautés, dont le chef a laissé par sa mort son église veuve (*Cap.* 1, *Ne sede vacante*; c. *Si qua de rebus* 12, qu. 2, *sanctorum dist.* 70; c. *Cum clerici, de verb. signif.*).

Les chapitres, en France, pendant la vacance du siége, n'ont que des grands vicaires à établir, et non des administrateurs, puisque les évêchés n'ont plus de biens à administrer, et que le mobilier des palais épiscopaux n'est pas la propriété des évêques. *Voyez* du reste le mot BIENS D'ÉGLISE, le titre II du décret du 6 novembre 1813, sur l'administration des biens des menses épiscopales.

C'était autrefois une question, en France,

si les chapitres pouvaient destituer les officiaux de l'évêque, *sede vacante*; mais elle a été décidée en faveur des chapitres, qui peuvent aussi révoquer, même sans en expliquer la cause, les grands vicaires qu'ils ont nommés pour gouverner les diocèses.

L'opinion la plus commune parmi les auteurs français, est que les chapitres entrent dans tous les droits qui ne sont pas personnels à l'évêque, mais qui regardent la juridiction épiscopale, si bien que la défense que le concile de Trente fait aux chapitres de donner des dimissoires dans l'année de la vacance, n'est regardée, en France, que comme une simple exhortation à laquelle la plupart des chapitres se sont conformés, parce qu'il n'y a point, ordinairement, de nécessité absolue d'ordonner de nouveaux ministres pendant la première année de la vacance du *siége*.

D'Héricourt, dans ses *Lois ecclésiastiques*, est du sentiment de ceux qui estiment que la concession des indulgences n'étant qu'un acte de juridiction, peut être faite par le chapitre, le *siége* vacant. Plusieurs auteurs, et entr'autres, le Père Thomassin, pensent le contraire (*Traité de la discipline*, part. I, liv. III, ch. 10). Dans le doute, nous croyons que les chapitres feraient mieux de s'abstenir.

§ 3. SIÉGE *abbatial*.

Le *siége* abbatial est le *siége* d'un abbé prélat, qui, par sa mort, rend son église veuve.

Nous n'avons rien autre chose à dire ici, sinon que la communauté succède à l'abbé pendant la vacance du *siége* abbatial, comme le chapitre succède à l'évêque (*Voyez* ABBÉ).

SIGNATURE.

La *signature* est une sorte de rescrit expédié en papier, sans aucun sceau, contenant la supplication, la *signature* du pape ou de son délégué, et la concession de la grâce: *Signatura est scriptura in papyro conscripta a papa vel ejus delegato absque sigillo, in medio scripta, partes supplicationum, papæque concessionem breviter continens* (Rebuffe *in Prax. de signat.*).

§ 1. SIGNATURE, *assemblée*.

La *signature* est ainsi appelée de sa partie la plus noble, qui est le seing du pape. On en distingue de deux sortes: la *signature* de justice, et la *signature* de grâce.

La première a lieu dans les matières contentieuses; l'autre, dans les matières bénéficiales.

Chacune s'entend d'une espèce de bureau dans la chancellerie qui a son préfet, c'est-à-dire, un officier député pour présider à l'assemblée où se traitent les matières, soit de grâce, soit de justice.

L'officier de l'assemblée où sont proposées les matières de grâce, s'appelle préfet de la *signature* de grâce: c'est ordinairement un prélat, et quelquefois un cardinal, député par commission.

Ce préfet signe toutes les grâces qui sont *ad ordinariam*, c'est-à-dire, qui ne doivent pas être signées par le pape. Mais comme c'est toujours le pape qui fait la grâce, et que cet officier n'est que l'interprète de ses volontés, ce dernier ne signe point, qu'il ne mette, *in præsentia D. N. P. P.*

L'assemblée de la *signature* de grâce est composée des mêmes prélats référendaires de ladite *signature*, qui ont également voix dans la *signature* de justice, et de plusieurs autres qui sont députés par Sa Sainteté; mais ils ne sont jamais moins de douze. Il y a aussi l'auditeur de la chambre, un auditeur de rote, un protonotaire du nombre des participants, un clerc de chambre, un abréviateur du grand parquet, et le régent de la chancellerie, lesquels s'y trouvent pour conserver et défendre leurs droits.

Quant à la *signature* de justice, le pape commet pareillement un cardinal ou quelqu'autre prélat de la cour de Rome, des mieux versés dans le droit civil et canonique, pour présider aux assemblées où se trouvent les référendaires de ladite *signature*, pour rapporter les affaires dont ils ont été chargés par les parties. C'est là que s'expédient les commissions, délégations, rescrits, et autres affaires portées aux tribunaux où s'exercent la justice et la juridiction contentieuse (*Voyez* RESCRIT).

§ 2. SIGNATURE, *rescrit, forme*.

Pour ce qui est de la forme de la *signature*, comme rescrit, on la divise ordinairement en trois parties; savoir: la supplique, le seing du pape et la concession.

1°. La première partie de la *signature*, qui est la supplique, se trouve suffisamment expliquée sous le mot SUPPLIQUE.

2°. La seconde partie, qui est le seing du pape, doit être expliquée en cet endroit. Nous avons observé que le préfet de la *signature* de grâce signe parmi les matières bénéficiales celles qui sont *ad ordinariam*, c'est-à-dire, qui ne doivent pas être signées par le pape. Ces matières sont toutes celles qui n'ont rien d'extraordinaire, soit par rapport aux dispenses qu'il faut obtenir, soit à cause de l'importance du bénéfice. Ainsi, toutes les *signatures* qui portent dispense, ou qui sont pour dignités *in cathedrali vel collegiata*, prieurés conventuels, canonicats *in cathedrali*, sont signées par le pape; les autres sont signées par le préfet de la *signature*.

Quand c'est le pape qui signe, son seing se fait en trois manières: 1° par *fiat ut petitur*; 2° par *fiat*, et la première lettre de son nom ensuite; 3° par *fiat motu proprio*, sans ajouter *ut petitur*.

Le pape emploie le *fiat ut petitur* pour toutes les premières grâces.

Il emploie la seconde manière de signer pour les grâces réformées.

Enfin, le *motu proprio* est mis en faveur des cardinaux et des personnes à qui Sa Sainteté veut témoigner de l'affection.

Quand c'est le vice-chancelier, ou un autre commis du pape, qui signe, il met *concessum est petitur in præsentia D. N. P. P.*, et après, les lettres initiales de son nom.

Quand le pape n'est pas présent, le commis ne met pas quelquefois *in præsentia*, et d'autres fois aussi, il met *concessum in forma*, quand il veut marquer que la grâce soit en la forme de droit; ce que le pape fait de même par le *fiat in forma*.

Enfin, aux grâces réformées, le commis met simplement *concessum* et les premières lettres de son nom.

Dans les commissions non adressées aux parties, le pape met *placet*; et si l'affaire regarde la chambre, il met *videat camera*: si elle touche la religion, il met *videat protector*.

Les grâces qui sont signées par *fiat* sont toujours préférées aux provisions par *concessum*, quand même le pourvu en cette dernière forme serait en possession (*Voyez* DATE).

Personne autre que le pape, la chancellerie même, et les légats *a latere*, ne peuvent signer les grâces qu'il leur est permis d'accorder par *fiat*, mais seulement par *concessum*. On n'excepte que le pénitencier, à qui il est permis de signer par *fiat in forma*, *fiat in speciali*, *fiat de expresso*, mais non par *fiat motu proprio*, parce que son office ne se rapporte qu'aux absolutions que les pécheurs doivent demander, suivant ces paroles de l'Évangile, *petite et accipietis*.

Aujourd'hui l'on signe par double *fiat* et par double *concessum*, pour obvier aux faussetés; l'un est à la place ordinaire, entre la demande et la concession; et l'autre à la marge des clauses ou de la disposition.

C'est une règle que la concession du pape se rapporte toujours aux qualités exprimées dans la supplique, quand les clauses de la concession n'en retranchent rien.

C'en est une autre que les *signatures*, suivant le sens littéral du mot, doivent être par écrit, et qu'on n'en admettrait la preuve par témoins qu'en trois cas: 1° s'il ne s'agissait que de prouver la qualité et la nature de la grâce accordée; 2° pour la décharge de la conscience au for intérieur; 3° pour prouver la teneur de la *signature* égarée, dans lequel cas on a plutôt recours aux registres de la chancellerie (Rebuffe, *Praxis de signat.*).

C'est encore une maxime de chancellerie, que la *signature* signée du prédécesseur n'est jamais changée par le successeur. On obtient dans ces cas des lettres de *perinde valere*, avec la clause *rationi congruit*, si l'on doute de la première impétration (*Voyez* PERINDE VALERE, COURONNEMENT).

On ajoute foi à la *signature* sans la bulle, quand elle est approuvée et vérifiée par le registre des *signatures*, où un abréviateur a soin de les transcrire ou de les extraire, ce qui s'appelle *sumptum* (*Voyez* SUMPTUM, BULLE).

3° La troisième partie de la *signature* se trouve expliquée sous le mot CONCESSION.

On ajoute à ces trois parties de la *signa-* *ture*, le *committatur* et la date; le *committatur* est expliqué sous le mot FORME et la date sous le mot DATE. Sous le mot PROVISION on voit les diverses formalités à observer pour rendre la *signature* parfaite.

SIGNIFICATION

La *signification* est un acte par lequel on notifie quelque chose à une autre personne. Cette formalité était autrefois essentielle en matière bénéficiale.

SI ITA EST.

C'est la clause familière dans les rescrits, et dont l'effet est de les rendre nuls, si l'exécuteur ne trouve pas que les choses soient telles qu'elles ont été exposées au pape (*Voyez* RESCRIT, OBREPTION).

SIMONIAQUE.

On donne ce nom à une personne qui s'est rendue coupable du crime de simonie, ou à l'acte même qui en est infecté.

SIMONIE.

On définit la *simonie*, une volonté réfléchie d'acheter ou de vendre les choses spirituelles ou qui tiennent au spirituel. *Simonia est studiosa voluntas sive cupiditas emendi vel vendendi aliquid spirituale, vel spirituali annexum* (Lancelot, *Instit.*, can. lib. III, tit. 3).

§ 1. *Etymologie et division de la* SIMONIE.

On sait que la *simonie* tire son nom de Simon le Magicien, qui proposa aux apôtres de lui vendre les dons du Saint-Esprit pour de l'argent: *Obtulit eis pecuniam dicens: Date et mihi hanc potestatem, ut cuicumque imposuero manus, accipiat Spiritum Sanctum* (Act. Apost., c. VIII). Le prophète Balaam et Giézi, serviteur d'Élysée, avaient déjà donné deux célèbres exemples de la simonie, dans l'ancienne loi; mais, suivant la remarque des docteurs, ils n'avaient pas fait, des sacrements et des dons du Saint-Esprit, la matière de leur cupidité, comme Simon, d'où vient que le crime de la *simonie* a plutôt tiré sa dénomination de ce dernier que des autres. C'est aussi sur le fondement de ce passage remarquable du Nouveau Testament que l'on n'a pas ajouté à la définition de la *simonie* ces mots de la glose du chapitre *Qui studet* 1, qu. 1, suivie par plusieurs canonistes, *cum opere subsecuto*, parce que Simon le Magicien ne fut pas maudit par saint Pierre, comme simoniaque, pour avoir acheté ou voulu acheter le Saint-Esprit, que saint Pierre savait bien ne pouvoir être vendu; mais à cause de la volonté déterminée que Simon avait de l'acheter, et de son ambition ou avarice. De là aussi la *simonie* qu'on appelle mentale, et qui ne pourrait avoir lieu, si l'on admettait la définition de la susdite glose: *Simonia est voluntas emendi vel vendendi res sacras cum effectu*.

On distingue deux sortes de *simonie*: l'une défendue de droit divin, l'autre par le droit ecclésiastique.

La première a lieu quand on donne une

chose temporelle pour en acquérir une qui, de sa nature, est spirituelle, comme les sacrements, ou qui est jointe à une chose spirituelle, comme les bénéfices et les vases sacrés.

La simonie de droit ecclésiastique est, suivant les canonistes, celle qui n'est défendue que par les canons, et qui n'est point proprement une simonie : *Sunt autem ex simoniæ de jure tantum positivo, quæ committuntur in emptione et venditione officiorum temporalium ecclesiasticorum. Item ex quæ fiunt in commutationibus beneficiorum alias licitis, sine tamen auctoritate pontificis, aut episcopi, alteriusque prælati ad quem de jure, aut consuetudine spectat auctoritatem consensumque præbere. Item renunciationes beneficiorum alias licitæ, cum nihil temporale intercedat, prohibitæ tamen ab Ecclesia, ut ego renuntio beneficium in favorem Joannis, ut Joannes quod possidet, resignet alteri*, etc.

Une autre division, plus généralement reçue, de la simonie, est celle qu'on en fait en mentale, conventionnelle et réelle.

La simonie mentale est celle qui est conçue par l'imagination, avec l'adhésion de la volonté, sans aucun pacte, ni tacite ni exprès. On en distingue de deux sortes : celle qui est purement mentale, c'est-à-dire qui se commet par le désir, sans aucun acte extérieur; telle est la simonie d'un ecclésiastique qui veut acheter un bénéfice, sans s'en expliquer. L'autre simonie mentale est celle où la volonté est suivie d'un acte qui ne se fait cependant point connaître, comme lorsqu'un collateur préfère, sur deux concurrents, celui de qui il attend plus d'avantages.

La simonie conventionnelle est celle où il est entré quelque pacte exprès ou tacite, sous quelque forme que ce soit. On en distingue encore de deux sortes : celle qui se commet par la seule convention des parties, sans qu'il soit donné ni reçu aucune chose de part et d'autre : on l'appelle purement conventionnelle; et l'autre, qu'on appelle mixte, consiste, outre la convention de la tradition de la chose convenue, au moins par l'une des deux parties ; de la simonie purement conventionnelle par la mutuelle convention, et de la simonie réelle par l'une des deux parties contractantes.

La simonie réelle est l'exécution de la convention faite par les deux parties, c'est-à-dire par le payement effectif, en tout ou en partie, de la chose promise, soit que le don précède ou suive l'acte simoniaque.

Il s'est formé, dans ces derniers temps, une sorte de simonie qui participe de la nature de celles que nous venons de définir, quoiqu'elle paraisse singulière dans son espèce. C'est la confidence dont il est parlé sous le mot CONFIDENCE. Le pape saint Pie V, par la constitution *Intolerabilis*, a condamné cette espèce de simonie.

La simonie est, de sa nature, un péché mortel et un énorme sacrilège. Le chapitre *Audivimus* 1, caus. 1, qu. 3, la nomme expressément sacrilège, *a sacrilegio quoque hoc facinus non dispar dixerim*; car, par la simonie, on traite indignement et sans aucun respect les choses saintes ou spirituelles, ce qui est toujours un sacrilège. Que ce soit un péché mortel, on le voit clairement par les actes des apôtres (ch. VIII), où saint Pierre menace de la damnation éternelle Simon le Magicien, en lui disant : *Pecunia tua tecum sit in perditionem, quoniam donum Dei existimasti pecunia possideri*. Sur quoi le pape Urbain II, dans le chapitre *Salvator* 8, caus. 1, qu. 3, dit : *Nec apostolus emptionem Spiritus Sancti, quam bene fieri non posse noverat, sed ambitionem quæstus talis et avaritiam, quæ est idolorum servitus, exhorruit, et tum maledictionis jaculo percussit*. On voit encore, dans plusieurs autres canons, combien est énorme le crime de simonie. Ainsi, dans le chapitre *Quisquis* 5, caus. 1, qu. 1, la simonie est appelée *piaculare flagitium*; dans le chap. *Reperiuntur* 7, caus. et qu. ead. *execrabile flagitium*. Le chapitre *Eos qui*, 21, caus. et qu. ead, compare les simoniaques au traître Judas, *qui Judæis Dei occisoribus Christum vendidit*. Le pape Pascal, voulant exprimer en peu de mots toute la malice que renferme la simonie, dit en propres termes : *Patet simoniacos, veluti primos et præcipuos hæreticos, ab omnibus fidelibus respuendos... Omnia enim crimina ad comparationem simoniacæ hæresis quasi pro nihilo reputantur* (Cap. Patet 27, caus. 1, qu. 7).

§ 2. *Comment la* SIMONIE *se commet, et les cas où elle a lieu.*

Les auteurs remarquent que, depuis que l'Eglise a commencé à augmenter ses revenus, la simonie s'est introduite partout; d'abord pour l'ordination, ensuite pour les bénéfices : ce qui a obligé dans tous les temps les Pères et les conciles de s'élever contre cette lèpre si universellement répandue. (Van-Espen., part. II, tit. 30, cap. 2).

Le canon *Salvator*, du pape Urbain II, caus. 1, qu. 3, nous apprend comment on se rend coupable du crime de la simonie, par ces paroles: *Quisquis igitur res ecclesiasticas, (quæ dona Dei sunt, quoniam a Deo fidelibus et a fidelibus Deo donantur, quæ ab eodem gratis accipiuntur et ideo gratis dari debent), propter sua lucra vendit vel emit, cum eodem Simone donum Dei possideri pecunia existimat. Ideo qui eusdem res non ad hoc, ad quod institutæ sunt, sed ad propria lucra munere linguæ, vel indebiti obsequii, vel pecuniæ largitur, vel adipiscitur, simoniacus est : cum principalis intentio Simonis fuerit sola pecuniæ avaritia, id est, idololatria, ut ait apostolus Paulus.*

Le pape saint Grégoire avait aussi déjà établi, dans le chapitre 114, cause 1, question 1, que l'on commettait le crime de simonie par *munus a manu, ab obsequio et a lingua. Munus quippe ab obsequio est subjectio indebite impensa. Munus a manu, pecunia est. Munus a lingua, favor.* Le canon *Totum* 1, qu. 3, dit précisément sur la même matière, que sous le mot d'argent on comprend toutes les choses qui entrent dans le domaine des hommes : *Totum quidquid homines possident in terra, omnia quorum domini sunt pecunia vocatur; servus sit, vas, arbor, ager, pecus, quidquid horum est pecunia dicitur. Ideo autem pecunia vocata est, quia antiqui totum, quod habebant, in pecoribus habebant.*

A ces trois manières de commettre la *simonie*, les canonistes en ajoutent quelques autres qu'ils expriment par ce distique :

*Munus, lingua, timor, caro, cum fama populari,
Non faciunt gratis spirituale dari.*

Mais pour ne point trop étendre les occasions ou les cas de *simonie*, on doit se borner à la règle de saint Grégoire, assez sévère pour faire craindre qu'il n'y ait dans l'Eglise plus de simoniaques qu'on ne croit.

Le *munus a manu* se fait expressément ou tacitement, en remettant une dette, ou en recevant de l'argent, ou autre chose; l'aumône même, qui est une œuvre pieuse, mais qui renferme une chose temporelle, ne peut faire la matière d'une stipulation pour parvenir à un bénéfice (*C. Non est* 1, qu. 1; *c. Ex multis* 1, qu. 3). Les présents qui sont si modiques qu'ils ne peuvent pas être censés capables de porter l'évêque à conférer les ordres, ou le collateur à conférer le bénéfice, ne sont point condamnés comme simoniaques; *secus*, s'ils ont pu déterminer la volonté du collateur (*C. Etsi quæstiones de Sim.; c. Judiciis* 1, quæst. 1).

Le chapitre *Jacobus, de Sim.*, condamne les droits d'entrée dans les églises comme simoniaque. Et les chapitres 8 et 9, *de Simonia* décident qu'il y a *simonie* d'exiger de l'argent pour l'entrée en religion, pour la concession des prieurés et chapelles, pour l'institution des prélats, pour la concession de sépulture, pour le chrême, pour l'huile sainte, pour la bénédiction de ceux qui se marient, ou pour les autres sacrements, et ce nonobstant toute coutume contraire : *Quia diuturnitas temporis non diminuit peccata, sed auget*. Mais voyez à ce sujet les mots HONORAIRES, OBLATIONS, CASUEL. Suivant le concile de Trente (session XXIV, ch. 18, *de Reform.*), les examinateurs préposés par l'évêque, ne peuvent rien recevoir pour l'examen, à peine de *simonie* contre eux, et contre celui qui est examiné qui leur donne.

Quand un ecclésiastique a un droit acquis et certain à un bénéfice, et non simplement un droit à acquérir ou incertain, *jus ad rem aut incertum*, il peut, sans aucune *simonie*, payer une somme qu'on exige de lui pour se rédimer d'une vexation injuste qu'on lui fait, en l'empêchant d'en prendre possession, et d'en faire les fonctions; parce qu'alors il ne s'agit plus de chose temporelle donnée pour une chose spirituelle, puisqu'on en avait le droit entièrement acquis (*Glos. in cap. Matthæus, de Simon.*).

Munus ab obsequio. On commet *simonie* lorsqu'on rend un service temporel pour avoir une chose spirituelle, comme un bénéfice; ou que le collateur confère un bénéfice en récompense d'un tel service, même d'un service spirituel dont le collateur était tenu, et non d'un service spirituel rendu directement à l'Eglise et pour l'Eglise (*Can. Cum essent, de sim.; can. Ecclesiasticis* 12, qu. 2). Le pape Célestin 1er écrivant aux évêques de la Pouille et de la Calabre, dit dans le chapitre *Quid proderit dist.* 61, qu'il est permis aux ecclésiastiques de servir Dieu dans les églises, avec espérance de parvenir aux dignités qui y sont établies. Le pape Gélase dans le chapitre *Consuluit* 9, *dist.* 74, veut qu'on engage les clercs à bien s'acquitter de leurs fonctions spirituelles, par l'espérance de quelque utilité temporelle. Enfin, saint Grégoire le Grand dit, dans le chapitre *Ecclesiasticis* 12, qu. 2, que ceux qui travaillent utilement pour l'Eglise, méritent d'en être récompensés. Ainsi, quoiqu'un chanoine qui ne va au chœur uniquement que pour sa rétribution, soit coupable de la *simonie* mentale, s'il rectifie ses intentions, et que prenant pour fin principale de remplir ses devoirs, il ait aussi en vue par ses assiduités de parvenir à un meilleur bénéfice, il n'est alors coupable d'aucune *simonie* sur le fondement des canons cités.

La fin principale d'une action en détermine donc le caractère en cette matière. Si elle consiste à obtenir un bénéfice, l'action est simoniaque; si c'est au contraire pour remplir les devoirs de la religion ou de la société civile, quoique l'on ait en conséquence quelque dessein sur un bénéfice, l'action est licite (*Glos. cap. Cum essent, de simon.*).

A l'égard de ceux qui n'entrent dans l'état ecclésiastique et ne prennent les ordres que pour obtenir des bénéfices d'un parent ou d'un ami, ou pour vivre plus à leur aise, ils commettent au moins une *simonie* mentale. Cette espèce de *simonie*, dit un auteur, est bien commune (*Recueil de jurisprudence canonique, verbo* SIMONIE).

Munus a lingua. On tombe dans la *simonie* quand on confère un bénéfice, non eu égard au mérite du sujet, mais à la prière d'un tiers (*C. Nonnulli* 1, q. 1).

Les auteurs font plusieurs distinctions touchant les prières en matière de bénéfices, par rapport à la conscience. Nous ne devons pas entrer dans ce détail, non plus que dans cette foule de cas particuliers que proposent et décident les casuistes touchant la *simonie*; il nous suffit de remarquer, après ce que nous avons dit, que toute convention, quelle qu'elle soit, pour parvenir à un bénéfice, est réputée *simonie* par les canons (*C. Quam pio*, 2, caus. 1, quæst. 2; *cap. Constitutus; cap. Super; c. Præterea; c. Fonctiones, de pact.; c. Quæsitum, de rer. permut.; c. Tua nos.; c. De hoc* 11, *de Simon.; cap. Cum essent eod.*).

§ 3. *Preuve de la* SIMONIE.

Les canonistes établissent que le crime de *simonie* se prouve de la même manière que les autres crimes, c'est-à-dire, par tous les moyens qui expriment les deux vers écrits sous le mot PREUVE.

La présomption et les conjectures sont

admises contre cette espèce de crime, parce que ceux qui le commettent, prennent toutes les précautions possibles pour en dérober la connaissance (*C. Sicut de Simonia*). Mais comme il y aurait du danger à se décider sur de simples présomptions dans une matière si grave, on exige que les présomptions soient fortes et convaincantes (*Gloss. in c. Insinuatum, de Simonia*).

Par les mêmes raisons, les canonistes prétendent que l'on doit admettre, dans les informations de ce crime, toutes sortes de témoins comme s'agissant d'un crime caché : *Testes alias inhabiles admittuntur etiam ad probandum crimen simoniæ*. Ils ne paraissent excepter que l'ennemi capital, le parjure, et ceux contre qui on a plusieurs objets à proposer. Le témoignage même du complice est admis, pourvu qu'il n'ait pas participé au présent ou à la matière du crime (*Gloss. in cap. Veniens, de Testib.*).

C'est néanmoins une règle établie par le chapitre *Per tuas*, *de Simonia*, de ne jamais admettre la preuve d'une simonie réelle, que contre les personnes que l'on peut vraisemblablement soupçonner de ce crime.

§ 4. Peines des SIMONIAQUES.

La *simonie* a été condamnée dans l'Eglise dès qu'elle y a paru; elle n'a pu, dans la suite, s'y introduire sans que les conciles et les canons n'aient tonné contre elle, sous quelque forme qu'elle se soit montrée. Mais ce vice, enfant de la cupidité, se reproduisant comme l'hydre à cent têtes ne finira vraisemblablement qu'avec les biens de ce monde, et l'on aura toujours à exercer la rigueur des lois, tant qu'il y aura dans les divers emplois ecclésiastiques autre chose que des devoirs à remplir.

Autrefois, les ordres faisaient l'objet de la *simonie*, parce qu'ils procuraient les biens et les honneurs que l'on a attachés dans la suite aux bénéfices; et delà la nullité des ordinations, ou du moins la déposition des clercs ordonnés par *simonie*, dans les anciens canons des décrets (*Caus. 1, quæst. 1 et 3*), et la nullité des collations ou provisions des bénéfices, prononcée dans les textes du nouveau droit (*tit. de Simon. Extravag. Cum detestabile, de Simon.*).

Lorsque les bénéfices furent détachés des ordres, on ne paya plus pour se faire ordonner, mais seulement pour devenir bénéficier. Aujourd'hui encore, on emploie des moyens simoniaques pour obtenir des paroisses plus ou moins lucratives.

Les peines que l'on voit écrites contre ceux qui se font ordonner, ou ceux qui confèrent les ordres, ne reçoivent plus guère leur application dans le temps où nous vivons, parce que la *simonie*, sans rien perdre de ses droits, encore moins de l'horreur qu'elle mérite, n'a fait que changer d'objet dans l'emploi de ces moyens. C'est aux biens et aux avantages temporels attachés aux divers emplois ecclésiastiques, qu'on en veut. Or, à cet égard, l'extravagante de Paul II déclare celui qui s'est rendu coupable d'une *simonie* réelle, *in ordine aut in beneficiis* atteint d'excommunication réservée au pape. A quoi sont conformes les conciles de Constance et de Bâle, et la constitution *Simoniacæ* de saint Pie V.

Cette excommunication a lieu contre ceux qui participent au crime de *simonie* occulte ou manifeste, de quelque état ou condition qu'ils soient; les clercs sont suspens *ipso jure*, quand ils ont été ordonnés par *simonie* (*C. Sane 5, qu, 1; c. Inquisitionis, de accus.*).

On n'a imposé des peines si sévères contre les simoniaques, que parce que la *simonie* est considérée dans l'Eglise comme le plus grand crime. On en jugera par ce que nous avons dit ci-dessus, § 1, et par ces canons : *Simonia pestis est quæ sua magnitudine alios morbos vincit* (*C. Sicut, de simon.*). *Sicut enim pestis inficit hominem, ita simonia inficit, quia ipsum inhabilitat ad officii executionem* (*C. Omnis, de simon.*).

Il paraît clairement par divers textes du droit canon (*c. 26 de Simonia : c. 36. Ex insinuatione, eod. J. G.*), que la *simonie* commise par un autre que le pourvu, et à son insu, opère la vacance du bénéfice, parce que ce vice s'attache toujours à la provision de quelque part qu'il vienne; et d'ailleurs, personne ne doit profiter d'un pacte criminel : *Beneficia non pactis sed justis titulis quærantur*. On n'excepte que le cas où la *simonie* aurait été commise en fraude du pourvu, et dans le dessein de lui nuire (*Cap. 37, de Simon.*).

Le chapitre 33, *eod.* marque une autre exception dans le cas d'un abbé élu canoniquement, dont quelques moines, non-seulement à son insu, mais contre sa volonté expresse, avaient donné de l'argent à l'évêque, pour obtenir sa confirmation.

La glose des règles du droit applique à la *simonie* la dix-huitième de ces règles : *Non firmatur tractu temporis, quod ab initio subsistit*. En sorte que les provisions obtenues par *simonie* étant nulles *ab initio* (règle 36 de chancellerie) le laps du temps ne peut couvrir cette nullité, même dans le cas dont il vient d'être parlé ; lorsqu'un tiers aurait commis la *simonie*, à l'insu et sans la participation du pourvu.

Certains canonistes ont cru sur le fondement du chapitre *Cum super, de confes.* et de l'extravagante *Cum detestabile* de Paul II, que le simoniaque perdait non-seulement le bénéfice dont il a été pourvu par *simonie*, mais tous les autres qu'il possède au temps de la *simonie*. Cette décision n'est point cependant clairement établie dans les textes cités : d'où l'on doit conclure par la règle *Odia restringenda*, que si le coupable de *simonie* est devenu par ce crime incapable d'obtenir de nouveaux bénéfices, comme étant tombé dans l'irrégularité, il n'est point privé de ceux qu'il possédait auparavant.

On prétend que l'extravagante *Cum detestabile*, n'a pas lieu pour *simonie* en ingression de religion, ni contre les religieux qui ont acheté les suffrages pour être élus supérieurs ; cette opinion est néanmoins combattue d'une manière qui paraît la plus conforme à la saine doctrine.

On n'encourt point les peines de l'extravagante *Cum detestabile*, par la *simonie* mentale, ni même par la *simonie* conventionnelle au for extérieur, quand elle est occulte: *solum Deum habet tutorem* (C. 13, *de Simon.*).

Celui qui a reçu quelque chose par *simonie*, doit en faire la restitution, non à celui qui l'a donnée, mais à l'Eglise ou aux pauvres, ou bien elle doit être employée en œuvres pies (S. Thomas, 2, qu. 32, art. 7).

§ 5. *Dispense, absolution de la* SIMONIE.

Parmi les peines qu'on a attachées à la *simonie*, sont des censures qui rendent irréguliers les ecclésiastiques qui s'en sont rendus coupables. C'est pourquoi l'évêque peut dispenser de toutes les censures produites par la *simonie* occulte, ainsi que le grand pénitencier de Rome, suivant les principes établis ailleurs (*Voyez* DISPENSE, IRRÉGULARITÉ, PÉNITENCERIE), et que pour la *simonie* volontaire et notoire, il faut se pourvoir en cour de Rome à la daterie.

De ce que l'évêque ne peut dispenser ou absoudre que de la *simonie* occulte, il s'ensuit que sa dispense ou son absolution ne produit aucun effet au for extérieur, si ce n'est dans le cas où il dispense de la *simonie* commise à l'insu du pourvu, et après une démission entre les mains de la part de ce dernier (*C. Præsentium*, 1, *quæst* 5). Mais ordinairement on a recours au pape dans ce cas, comme dans tous ceux où l'on veut se munir d'une nouvelle provision de bénéfices. On fait une démission entre les mains de Sa Sainteté, et soit que le pourvu ait eu part à la *simonie*, soit qu'il y ait participé, ce que l'on ne manque pas d'exprimer, ainsi que les fruits perçus, le pape, après la formalité de la componende observée, confère de nouveau le bénéfice au pourvu, en le dispensant de toute *simonie* (Rebuffe).

SI NEUTRI, SI NULLI, SI ALTERI.

Termes de chancellerie qui s'appliquent à certaines provisions de bénéfices dont nous expliquons la forme ou le cas sous le mot CONCESSION.

SI PER DILIGENTEM.

C'est une clause que l'on insère dans les provisions de cour de Rome, sur permutation, lorsque l'impétrant obtient avec ses provisions quelque dispense. Elle est marquée ainsi dans les signatures : *Committatur archiepiscopo N. sive ejus officiali*, avec la clause *si per diligentem*. Elle est étendue en ces termes dans les bulles : *Si per diligentem examinationem dictum N. idoneum esse repereris, super quo conscientiam tuam oneramus prioratum prædictum.* etc.

SOCIÉTÉS BIBLIQUES

(*Voyez* LIVRES.)

SOCIETES SECRETES.

(*Voyez* FRANCS-MAÇONS.)

SODOMIE.

Les anciens canons ordonnent de déposer les clercs qui seront convaincus du crime de *sodomie*, ce qui est confirmé par le troisième concile de Latran, *in cap.* 4, *de Excess. prælat.* Le pape Pie IV, a attaché expressément par sa bulle de l'an 1568, à ce crime abominable, la peine de privation de plein droit contre les bénéficiers qui s'en sont rendus coupables. *Tam dirum nefas sceleris quo civitates igne conflagrarum exercentes, omni privilegio clericali, officio, dignitate ac beneficio ecclesiastico præsentis canonis auctoritate privamus. Sodomia est infandum contra naturam peccatum, sic dictum ab urbe Sodoma quæ igne de cælo absumpta fuit, in vindictam immanissimi hujusce sceleris. Consistit in coitu libidinoso cum persona indebita, seu ejusdem sexus : vel debita quidem, sed in vase indebito. Hinc sodomia duplex, perfecta una, altera imperfecta. Prior, est concubitus masculi cum masculo, feminæ cum femina, sive mares inter se coeant in vase præpostero, sive in ore ; sive feminæ anteriori vase utantur, aut posteriori. Posterior est concubitus viri cum femina extra vas naturale.*

Les lois civiles condamnaient autrefois les sodomites à être brûlés vifs (*Cod. Theod. liv.* IX, tit. 17).

SOLDAT.

(*Voyez* ARMES, IRRÉGULARITÉ.)

SOMMISTE.

C'est le nom qu'on donne dans la chancellerie romaine à un officier dont les fonctions sont de faire faire les minutes, et de les faire plomber.

Autrefois le *sommiste* était un des clercs de la chambre, mais le pape Pie V l'en démembra et l'érigea en office séparé, que possède le cardinal chancelier.

Le *sommiste* admet dans les bulles des clauses qu'il n'est pas permis aux abréviateurs de recevoir, par les règles de la chancellerie.

SORBONNE.

Nom du premier et du plus célèbre collége de Paris, fondé par Robert Sorbon, sous le règne de saint Louis (*Voyez* FACULTÉ).

On essaya en vain, en 1825, de rétablir l'ancienne *Sorbonne*, sous le nom de *Hautes études ecclésiastiques* (*Voyez* FACULTÉ). Voici l'ordonnance qui fut publiée à cette occasion.

ORDONNANCE *du roi du 20 juillet 1825 relative à l'établissement à Paris d'une maison centrale de hautes études ecclésiastiques.*

« CHARLES, etc.

« Considérant combien il importe de perpétuer, dans l'Eglise gallicane, cette tradition de savoir et de lumières qui l'ont illustrée sous les règnes de nos prédécesseurs ;

« Sur le rapport de notre ministre secrétaire d'Etat des affaires ecclésiastiques et de l'instruction publique;

« Nous avons ordonné et ordonnons ce qui suit :

« Article 1ᵉʳ. Il sera établi à Paris une maison centrale de hautes études ecclésiastiques.

« Art. 2. Cette maison sera composée de sujets d'élite désignés par les évêques diocésains. Nul ne pourra y être admis sans être engagé dans les ordres sacrés, et sans avoir terminé le cours ordinaire de philosophie et de théologie de Paris.

« Tous devront soutenir des thèses publiques en *Sorbonne* en présence des professeurs et docteurs de la théologie de Paris.

« Art. 3. Les chefs de l'établissement seront nommés par nous, sur la présentation d'une commission ecclésiastique de notre choix, dont les archevêques de Paris feront partie, et sur le rapport de notre ministre des affaires ecclésiastiques et de l'instruction publique.

« Art. 4. La même commission sera chargée de rédiger les statuts et règlements dudit établissement, lesquels seront soumis à notre approbation.

« Art. 5. Notre ministre des affaires ecclésiastiques et de l'instruction publique est chargé de l'exécution de la présente ordonnance. »

Circulaire *de Monseigneur l'évêque d'Hermopolis à MM. les évêques et autres membres composant la commission créée par ordonnance royale du 20 juillet 1825, au sujet de l'établissement à Paris d'une école des hautes études ecclésiastiques.*

Monseigneur,

« Héritier de la foi comme du trône de saint Louis, persuadé que la religion n'est jamais plus vénérable aux yeux des peuples, plus utile aux familles et à l'Etat, que lorsque le zèle de ses ministres est dirigé par la science, le roi dès les commencements de son règne, forma le dessein de faire revivre les *hautes études ecclésiastiques* de cette ancienne Sorbonne d'où sont sortis tant de docteurs et de pontifes illustres qui ont fait la gloire de l'Eglise gallicane.

« Quand cette royale pensée a été manifestée par l'ordonnance du 20 juillet 1825, la France religieuse a tressailli d'espérance. Et quels services n'a pas rendus, dans les âges passés, cette école célèbre ! Chargée de l'enseignement de la science divine, sous l'autorité de l'épiscopat, qui en est le vrai dépositaire, jamais elle n'a manqué de signaler, de combattre l'erreur à sa naissance, et de prémunir les fidèles contre les dangers de la séduction. Dans le dernier siècle en particulier, ne l'a-t-on pas vu s'élever avec courage contre ces productions de mensonge et d'impiété, qui menaçaient tout ensemble l'autel et le trône, et qui devaient être si fécondes en désordres et en calamités?

« Rempart de la foi contre les attaques de tous les novateurs, au point d'avoir mérité le surnom de *concile permanent des Gaules;* elle était encore la gardienne de ces maximes françaises, auxquelles Bossuet donne tout le poids de son savoir et de son génie : elle les professait avec liberté, mais aussi avec cette sagesse qui en prévient les abus, qui concilie tous les droits et tous les devoirs, et s'éloigne également de la servitude et de la licence.

« Centre de lumière, elle entretenait dans notre Eglise cette unité de doctrine, de vues, de règle de conduite, qui a fait sa beauté aux jours de sa prospérité, et sa force aux jours de ses malheurs.

« Qui ne sent combien il importe pour l'avantage de la religion et de l'Etat, de rétablir cette institution si salutaire? C'est par son heureuse influence que le clergé de France se montrera plus que jamais semblable à lui-même, toujours prêt à rendre à César ce qui est à César, et à Dieu ce qui est à Dieu.

« Vous êtes appelé, monseigneur, à concourir à cette glorieuse restauration : vous appartenez à la commission ecclésiastique qui doit s'occuper de rédiger les statuts, de régler la discipline et les études de l'établissement, de l'approprier à nos besoins et à notre situation présente, de le rendre digne, en un mot, et du prince qui l'a conçu et de la grande Eglise à laquelle il prépare le plus consolant avenir.

« Le moment est venu pour vous, monseigneur, de répondre à ce que la confiance du roi attend de vos lumières, de votre expérience et de votre dévouement. Sa Majesté m'ordonne de vous annoncer que les membres de la commission seront convoqués à Paris pour le 16 janvier 1826.

« Agréez, monseigneur, l'expression de mon attachement respectueux.

« Le ministre, etc.

† Denis, *évêque d*'Hermopolis. »

SORCIER, SORCELLERIE, SORT, SORTILÈGE.

On appelle *sorcier*, celui qui s'efforce de faire quelque chose par la puissance du démon et par les moyens diaboliques, en se servant d'enchantements, de maléfices, de *sortiléges*.

Nous entendons ici par tous ces différents mots, l'art de la magie, dont l'exercice est réprouvé par les canons. Lancelot, en son Institute du droit canon, liv. IV, tit. 5, définit ainsi les *sorciers*, d'après les canons *Sortilegi*, 26. qu, 1: *c. Aliquanti ead. quæst.* 5 : *Sunt autem sortilegi qui prætextu religionis, per quosdam sorte divinationis scientiam profitentur aut quarumcumque scripturarum inspectione facta futura promittunt.* Les laïques, ajoute cet auteur, qui pratiquent ces sortes de divinations et de *sortiléges*, doivent être frappés d'un anathème perpétuel, et les clercs dégradés, conformément à ces différents textes du droit : *c. Illud sane in fin*, 26, qu. 2 ; *c. Aliquanti* 26 , qu. 5 ; *c. Si quis ariolos; c. Admoneunt* 25, qu. 7.

Le fameux canon *Si per sortiarias caus*. 33, qu. 1, *cap*. 4, permet la dissolution du mariage, qui ne peut se consommer après beaucoup de prières, à cause du maléfice appelé *nouement d'aiguillettes*. Les derniers conciles provinciaux de Tours en 1583, de Narbonne en 1609, frappent d'anathème ceux qui pratiquent cette sorte de maléfice (*Mém. du clergé*, tom. V, page 670, 682). Ce qui fait penser que dans tous les temps l'Eglise a reconnu que Dieu peut permettre que le démon exerce sur la terre par lui-même, ou par le ministère des méchants, une puissance dont les effets ne servent qu'à mieux faire éclater celle de Jésus-Christ, ou à remplir des desseins impénétrables aux hommes. La glose du dit canon *Si per sortiarias*, remarque expressément que l'impuissance de maléfice n'a rien de commun avec celle dont parle les décrétales au titre *de Frigidis*. Mais voyez à ce sujet le mot IMPUISSANCE.

On ne saurait douter qu'il n'y ait eu en effet des *sorciers* qui ont fait un pacte avec le démon, pour opérer par son moyen des choses extraordinaires qu'ils n'auraient pu faire sans cela. L'Ecriture, les Pères, les conciles, les rituels, le consentement des différentes nations qui ont fait des lois contre les *sorciers*, les différents arrêts qui les ont condamnés, et les témoignages d'un grand nombre de personnes dignes de foi; tout cela est une preuve convaincante de la possibilité et de la réalité des *sorciers*.

Denisart en sa Collection de jurisprudence, rapporte un arrêt du parlement de Paris, du 9 mai 1597, par lequel un nommé Jean Belon, prêtre curé de saint Pierre-de-Lampes, diocèse de Bourges, fut condamné pour crime de *sorcellerie* à être pendu et étranglé, et ensuite brûlé.

SORT DES SAINTS.

On appelle *sort* ou *sorts des saints*, en latin, *sortes sanctorum*, une espèce de divination usitée autrefois parmi les chrétiens. Elle consistait à ouvrir quelque livre de l'Ecriture sainte, et à prendre le premier verset qu'on rencontrait pour un pronostic de ce qui devait arriver. Le concile d'Agde en 506 condamna cette superstition qui était fort commune en Orient et en Occident.

SORT OU SORTILÉGE.

(*Voyez* SORCIER.)

SOUS-DIACONAT, SOUS-DIACRE

Le *sous-diaconat* est un des trois ordres majeurs. Celui qui en est revêtu, s'appelle *sous-diacre*. Le *sous-diaconat* n'a pas toujours été au nombre des ordres majeurs ou sacrés. Il n'imposait point autrefois la nécessité du célibat, et les chorévêques pouvaient le conférer. Voyez à ce sujet les mots CÉLIBAT, ORDRES. L'on voit sous ce dernier mot la forme que l'on observe dans l'ordination des *sous-diacres*.

SOURD.

Le *sourd* peut se marier, s'il peut faire connaître sa volonté (*Voyez* MUET).

SOUS-INTRODUITES.

On nommait autrefois *femmes introduites*, en latin, *subintroductæ*, celles que les ecclésiastiques tenaient dans leurs maisons, ou par charité, ou pour avoir soin de leurs affaires domestiques. Le troisième canon du premier concile général de Nicée, défend à tout évêque, prêtre, diacre, ou autre clerc, d'avoir aucune femme *sous-introduite*, si ce n'est la mère, la tante, la sœur et les autres personnes qui sont hors de tout soupçon (*Voyez* AGAPÈTES).

Le concile d'Elvire, le premier concile de Carthage et beaucoup d'autres défendent la même chose.

SOUTANE.

(*Voyez* HABITS, § 1.)

SOUVERAIN.

Le pape qu'on appelle *souverain* pontife, parce qu'il est le premier de tous les évêques et le chef de l'Eglise, est en même temps *souverain* temporel des Etats romains. Cette souveraineté, soit qu'on la fonde sur la donation des empereurs ou sur une longue prescription, n'en est pas moins d'une légitimité si évidente qu'aucun *souverain* temporel ne peut en avoir de plus sûre.

« Il n'y a pas en Europe de souveraineté plus justiciable, dit le comte de Maistre, s'il est permis de s'exprimer ainsi, que celle des *souverains* pontifes. Elle est comme la loi divine : *Justificata in semetipsa*. Mais ce qu'il y a de véritablement étonnant, c'est de voir les papes devenir *souverains*, sans s'en apercevoir, et même à parler exactement malgré eux, une loi invisible élevait le siège de Rome, et l'on peut dire que le chef de l'Eglise universelle naquit *souverain*. De l'échafaud des martyrs, il monta sur un trône qu'on n'apercevait pas d'abord, mais qui se consolidait insensiblement comme toutes les grandes choses, et qui s'annonçait dès son premier âge par je ne sais quelle atmosphère de grandeur qui l'environnait sans aucune cause humaine assignable. » (*Du pape*.)

C'est une chose extrêmement remarquable, mais nullement ou pas assez remarquée, que jamais les papes ne se sont servis de l'immense pouvoir dont ils sont en possession pour agrandir leur Etat. Qu'y avait-il de plus naturel, par exemple, et de plus tentatif pour la nature humaine, que de se réserver une portion des provinces conquises sur les Sarrasins et qu'ils donnaient au premier occupant pour repousser le croissant qui ne cessait de s'avancer? Cependant jamais ils ne l'ont fait, pas même à l'égard des terres qui les touchaient, comme le royaume des Deux-Siciles, sur lequel ils avaient des droits incontestables, au moins selon les idées d'alors, et pour lequel néanmoins ils se contentèrent d'une vaine suzeraineté, qui finit bientôt par la *haquenée*, tribut léger et purement nominal, que le mauvais goût du siècle leur dispute encore.

On affecte de donner au pape le titre de *souverain* étranger, même lorsqu'il parle et qu'il agit comme chef de l'Eglise. Rien n'est plus faux ni plus injuste. Sans doute le pape, comme prince purement temporel et *souverain* des Etats romains, est un étranger pour les Français qui, dans les choses temporelles, ne dépendent nullement de lui et ne peuvent lui être soumis en aucune manière. Mais le pape, comme chef de l'Eglise, comme vicaire de Jésus-Christ, n'est pas plus un prince étranger pour les catholiques français que pour tous les catholiques du monde entier, il en est le père en même temps que le chef suprême : *Pater patrum* (*Concil. Calc. sess.* III); or, un père n'est jamais étranger au sein de sa famille, et il n'y a que des enfants dénaturés qui regardent comme un étranger celui qu'ils doivent aimer, respecter et vénérer comme un père. Les vrais catholiques se feront toujours un devoir d'appeler du doux nom de père celui qui veut bien les appeler ses fils chéris et bien aimés.

On appelle le pape du nom de Père, *Pater*, parce qu'il est le vicaire de Dieu même, qui est le Père et le Créateur de tous. De là vient aussi que le pape appelle tous les chrétiens ses enfants, et que ceux-ci l'appellent leur père : *Videte*, dit saint Jean, *qualem charitatem dedit nobis pater, ut filii nominemur et simus* (*Cap. Quam gravi de crim. fals.; cap. ult. de pact. in* 6e).

SPECTACLES.

On entend sous ce nom toutes les assemblées profanes, mais particulièrement les lieux destinés à des représentations de pièces de théâtre.

Les *spectacles* sont défendus aux clercs dans les églises et les jours de fêtes et de dimanches, pendant le service divin (*Voyez* CLERC, COMÉDIE, FÊTES).

Le troisième concile de Carthage, de l'an 397, canon 11, parle ainsi des *spectacles* : « Que les ecclésiastiques ne donnent point de *spectacles* mondains, qu'ils n'y assistent même pas; car on ne le permettrait pas à de simples laïques, parce qu'il n'a jamais été permis à des chrétiens de se trouver dans des lieux où le nom de Dieu est déshonoré. »

Le quatrième concile de la même ville de Carthage, de l'an 398, canon 88, ajoute : « Celui qui, en un jour solennel, va aux *spectacles*, au lieu d'aller à l'office de l'Eglise, sera excommunié. »

SPIRITUEL.

(*Voyez* INDÉPENDANCE.)

SPOLIATION.

L'Eglise de France possédait, à l'époque de la révolution de 1789, d'immenses richesses qu'elle avait acquises de la manière la plus légitime (*Voyez* ACQUISITION, BIENS D'ÉGLISE). Mais, par la plus inique de toutes les *spoliations*, l'Etat, de sa propre autorité et par le seul droit de la force, s'appropria tous les biens de l'Eglise, dont la valeur s'élevait à plus de trois milliards, et les revenus à plus de cent cinquante millions. Elle consomma cette *spoliation* sacrilége par le décret du 2 novembre 1789, ainsi conçu :

« L'assemblée nationale décrète : 1° que tous les biens des ecclésiastiques sont à la disposition de la nation, à la charge de pourvoir d'une manière convenable aux frais du culte, à l'entretien de ses ministres et au soulagement des pauvres, sous la surveillance et d'après les instructions des administrateurs de provinces.

« 2° Que dans les dispositions à faire pour subvenir à l'entretien des ministres de la religion, il ne pourra être assuré à la dotation d'aucune cure, moins de 1,200 livres par année, non compris le logement et les jardins en dépendant. »

Par ce décret, l'Etat spolia non-seulement toutes les abbayes avec leurs immenses dépendances, mais encore des milliers d'édifices de toutes sortes : communautés, colléges, hôtels-Dieu, cathédrales, presbytères, séminaires, etc, édifices, pour la plupart, vastes, solides, imposants, dont l'Eglise avait orné la France, et dont l'Etat s'est emparé pour en faire des casernes et des prisons, ou pour y établir des institutions anti-catholiques. Un décret du 28 octobre et 5 novembre 1790 statua sur ceux de ces édifices qui devaient être conservés, et ordonna la vente de tous les autres au profit de la nation, ainsi que celle de tous les biens fonds dont l'Eglise retirait son revenu pour l'entretien de ses ministres, la nourriture des pauvres, la conservation et l'ornement de ses temples.

De ce que l'Etat avait la force matérielle en main, il ne s'ensuit pas qu'il ait agi selon la justice ; car s'il en était ainsi, il n'y aurait aucune différence entre la force et le droit, et alors il faudrait effacer le mot de morale du code des nations. Quand un peuple est soulevé par la révolte et désorganisé par l'anarchie, dit monseigneur Parisis, évêque de Langres, il se livre à des actes violents, qu'il faut bien subir en fait, comme on subit un orage, mais qu'il serait souverainement imprudent et faux de reconnaître ensuite en droit comme des actes réguliers. La *confiscation* des biens ecclésiastiques eut absolument le même principe que le pillage des églises, l'anarchie : or, qui oserait dire que de nos jours la dévastation de Saint-Germain-l'Auxerrois et la démolition de l'archevêché aient été des opérations régulières et légitimes ? Un gouvernement qui consacrerait un pareil principe inviterait le peuple à venir, au premier accès de colère, dévaster et démolir le château des Tuileries. Dire que cette confiscation est un acte malheureusement consommé et d'une réparation difficile, cela peut se soutenir; mais dire que l'on a fait une action légitime en mettant la main sur le bien d'autrui en disant tout seul ce bien est à moi, c'est abjurer toute justice et toute raison. Aussi M. Dupin lui-même déclare qu'*il n'approuve en aucune façon l'emparement total effectué en 1791 de la dotation immobilière du clergé* (*Manuel du droit ecclésiastique, pag.* 45).

La *spoliation* des biens ecclésiastiques n'eut donc jamais pu devenir pour l'Etat un titre suffisant de propriété. La société eut éprouvé d'énormes et interminables déchirements, si la honte et le discrédit, qui toujours s'attachent à une *spoliation*, fussent restés empreints sur ces biens usurpés à l'Eglise. Aucune puissance humaine, aucune combinaison législative n'eût pu, à moins d'une réparation entière, remédier au malaise social qui en fût résulté. Cette double tache de rapine et de sacrilège eût apparu sans cesse aux sciences chrétiennes, comme un reproche importun jetant l'inquiétude dans les contrats, l'amertume dans les alliances, le trouble au sein des familles.

Le premier consul qui voulait faire cesser l'anarchie qui désolait l'État, et y rétablir la paix intérieure, le comprit parfaitement. Aussi demanda-t-il au chef de l'Église, dans le concordat qu'il stipula avec lui, l'abandon de tous les biens ecclésiastiques *aliénés*. Le souverain pontife y consentit, et l'article 13 du concordat porte : « Sa Sainteté... déclare qui ni elle, ni ses successeurs ne troubleront en aucune manière les acquéreurs des biens ecclésiastiques aliénés. » Il est à remarquer que la nécessité sociale n'avait lieu que pour ceux des biens ecclésiastiques qui avaient été *aliénés* et nullement pour ceux qui étaient encore entre les mains de la nation. Ceux-ci restaient dans le domaine de l'Église, attendu qu'aucune des raisons qui réclamaient l'abandon des uns ne demandait la cession des autres. On connaît ce principe de droit : *Qui de uno affirmat negat de altero*. Parmi les biens ecclésiastiques, les uns étaient aliénés, les autres ne l'étaient pas : l'Église dit : Je fais abandon des premiers; puisqu'elle ne dit rien des seconds, il est clair qu'elle se les conserve. Cette distinction si frappante, si incontestable, si textuellement exprimée, a toujours été maintenue par le saint-siège. D'un côté jamais il ne permit qu'on inquiétât les acquéreurs des biens aliénés, quelque modique, quelque dérisoire même que fût la somme pour laquelle avaient été faites ces aliénations révolutionnaires : mais aussi jamais il ne reconnut à l'État le droit de posséder les biens ecclésiastiques non aliénés. Et le gouvernement paraît l'avoir reconnu lui-même, puisque par arrêté du 26 juillet 1803 (7 thermidor an XI), il décréta : « Article 1er. Les biens des fabriques non aliénés, « les rentes dont elles jouissaient, et dont le « transfert n'a pas été fait, sont rendus à leur « destination. »

Maintenant comment se fait-il que l'État se soit néanmoins attribué et les rentes et la propriété des biens ecclésiastiques non compris dans la concession du souverain pontife, puisqu'ils n'étaient pas *aliénés*? Pour échapper à ce redoutable reproche, nos jurisconsultes gallicans n'ont pas rougi d'avancer que la loi toute seule, en déclarant les biens ecclésiastiques propriété de l'État, les avait *aliénés*? N'est-ce pas dire que toutes les fois qu'on peut s'approprier impunément le bien d'autrui, il est permis de le faire? Heureusement que cette interprétation inouïe, sanctionnée pourtant par le conseil d'État (avis du 12 juin 1829), est formellement démentie par le concordat, puisqu'il n'entend faire d'abandon qu'à des *acquéreurs*.

Mais voilà que l'État, s'appuyant sur les paroles mêmes qui l'excluent de cette concession, l'État d'étenteur d'une énorme portion de biens ecclésiastiques *non aliénés*, l'État, qui n'en est à aucun titre l'*acquéreur*, ose se les attribuer cependant de sa seule autorité, et en dispose absolument comme si ses droits de propriété n'étaient pas contestables ! n'est-ce pas une excessive modération de langage que de qualifier de simple empiètement une telle façon d'agir?

Cependant on ne se contenta pas de consommer cette *spoliation*, ajoute Mgr de Langres, on en fit un principe d'après lequel tout se régla dans la suite. Ainsi le conseil d'État, sans prendre aucunement l'avis de l'Église, sans s'occuper des conventions sacrées et tout inviolables prises avec elle, décide tantôt que, « si les curés de certaines « communes ont été autorisés à rester en « possession des objets qui faisaient autre- « fois partie des cures, c'est *par exception* » (avis du 25 janvier 1807); tantôt que les églises métropolitaines ou diocésaines sont restées la propriété de l'État; tantôt que les églises paroissiales et les presbytères ont été remis par l'État, non au diocèse ou aux paroisses, non pas même aux fabriques qui sont des établissements mixtes, mais aux communes dont ils sont, disent les jurisconsultes de l'État, devenus la propriété définitive; ils enseignent que les fabriques sont chargées en premier lieu de l'entretien, de la réparation et même au besoin de la reconstruction de ces édifices, mais que néanmoins la propriété en appartient toujours exclusivement à la commune, tellement que la fabrique est sans qualité pour réclamer en cas de contestation l'interprétation de la vente d'une église ou d'un presbytère. C'est ce qui résulte de nombreux avis du conseil d'État et surtout de celui qui fut donné par les comités réunis de législation et de l'intérieur le 10 octobre 1836.

Et pour qu'il ne restât pas le moindre doute sur cette *spoliation* anticoncordataire de l'Église au profit de l'État, le ministre des cultes qui, sinon de droit, au moins de fait, appartient beaucoup plus à l'État qu'à l'Église, retranche complaisamment, tous les jours, quelques attributions de son département pour les glisser peu à peu dans celui du ministre de l'intérieur.

Aujourd'hui c'est par les préfectures seules que se règle tout ce qui a rapport à ces bâtiments si essentiellement ecclésiastiques. Ainsi chaque année des fonds sont affectés par le gouvernement à titre de secours pour aider à la réparation des églises et presbytères dans chaque diocèse. Et bien, ces fonds sont envoyés directement aux préfets qui en font l'application comme ils l'entendent, sans que l'évêque soit obligé à donner son avis, sans même qu'il reçoive communication ni de l'envoi de la somme ni de sa quotité.

Mais au moins quand il s'agit de construire ou de modifier notablement ces édifices exclusivement destinés au culte catholique, le clergé qui doit plus que tous en avoir l'usage est-il admis à diriger les plans, à surveiller l'exécution, y a-t-il un droit de participation quelconque? Non, l'Etat ne lui en attribue aucun. Il est bien sûr cependant qu'on ne voudrait pas faire construire un tribunal sans avoir l'avis de la magistrature, pas une caserne sans celui des chefs militaires, pas une halle même sans celui de quelques personnes livrées au commerce : cependant tous les jours on construit des presbytères, des églises, des autels, des tabernacles sur le seul avis d'un conseil municipal, sans que ni le premier pasteur, ni le pasteur immédiat soient ni consultés ni même écoutés.

Nous ne dirons pas tout ce que ce système produit d'énormités et de fausses dépenses dans des constructions que ne peuvent diriger précisément ceux qui doivent le plus s'en servir; mais nous demandons s'il était possible de pousser plus loin et la *spoliation* de l'Eglise et son humiliation, et pour ainsi dire son expulsion de son propre domaine (*Des empiètements*, IIe partie, ch. 4).

STABILITÉ.

Les clercs étaient autrefois soumis à la *stabilité* dans les églises où on les attachait à leur ordination. Nous rapportons ailleurs les canons qui établissent cette loi de *stabilité* (*Voyez* EXEAT, INAMOVIBILITÉ).

STATUTS.

Les *statuts* sont des règlements de discipline ecclésiastique. On en distingue de trois sortes ; les statuts des ordres religieux, ceux des évêques et les *statuts* des chapitres.

I. Touchant les *statuts* et constitutions des ordres religieux, nous n'avons rien à dire de plus que ce qui se voit sous les mots RÈGLE, GÉNÉRAL, OBÉISSANCE, MONASTÈRE.

II. Les statuts et mandements des évêques doivent être exécutés dans toute l'étendue du diocèse; ceux qui ne sont que de police extérieure ecclésiastique doivent être observés par tous les corps séculiers et réguliers (*Voyez* SYNODE, MANDEMENT).

III. Pour les *statuts* et règlements qui regardent les chapitres cathédraux, nous examinerons 1° si ces chapitres peuvent en faire; 2° s'il est nécessaire que ces *statuts* soient autorisés et confirmés par l'évêque ; 3° si, sans cette autorisation, ces *statuts* obligent les successeurs de ceux qui les ont faits.

1° D'après la glose *Ni verbum constituendum* (distinct. 18), chaque communauté, chaque église peut se donner quelque droit, s'imposer quelque obligation : *Potest aliquod jus statuere*; et d'après saint Augustin : *Unaquæque ecclesia privatis conventionibus, et propriis informationibus, pro locorum varietate, prout cuique visum est, et subsistit, et regitur* (In lib. de fide Christ.). Tel est le droit commun, tous les canonistes en conviennent. Ainsi les chapitres ont le droit de faire des *statuts* obligatoires tant pour les membres du chapitre que pour les titulaires du bas chœur.

DROIT CANON. II.

Or, sur quelles matières le chapitre peut-il faire de semblables *statuts* sans l'approbation de l'évêque ? Le glossateur du chapitre *Constitutionum*, § *Statutum, de verborum significatione* in 6°, en fait le détail. Ces matières se réduisent à ce qui concerne l'intérêt seul et l'utilité particulière du corps. Par exemple, le chapitre peut régler ce qui concerne l'heure et le jour où les capitulants doivent s'assembler pour traiter les affaires qui les concernent, et statuer sur toutes ces affaires dans lesquelles l'évêque n'a nul intérêt. Barbosa, dans le dernier chapitre de son *Traité des chanoines et des dignités*, n. 16, remarque que pour que ces *statuts* soient légitimes, 1° ils doivent être faits dans le lieu destiné aux assemblées capitulaires ; 2° la moitié des capitulants au moins doivent y assister ; 3° tous ont dû y être appelés en la manière accoutumée ; 4° le *statut* a dû être conforme à l'avis de la plus grande et plus saine partie. En outre, il ne faut pas que ces *statuts* soient contraires aux canons, ni aux anciennes coutumes de ces églises. Ainsi Innocent III (*Cap. 6 de Constitutionibus*) et Honorius III (*Cap. Cum consuetudinis*), annulent des *statuts* des chanoines de Troyes et de Paris qui changeaient d'anciens et honorables usages sans le consentement de l'évêque.

2° L'on voit par ce qui précède que dès qu'il s'agit de choses importantes ou qui peuvent concerner l'autorité de l'évêque, les chapitres ne peuvent rien ordonner sans l'autorisation de leur prélat. Cela est fondé sur la discipline générale : *Ut presbyteri sine conscientia episcoporum nihil faciant* (concil. d'Arles, can. 19). De là vient que dans tout ce qui concerne le service divin, la réduction ou l'augmentation de certains titulaires du chœur, dont l'institution cependant dépend du chapitre, ledit chapitre ne peut rien statuer sans l'approbation de l'évêque, parce que ces matières tiennent à l'état de l'église, dont les intérêts sont confiés à l'évêque de droit divin.

3° Ceux qui ont fait des *statuts* n'y sont obligés qu'autant qu'ils s'y sont légitimement assujettis; et il est constant qu'ils peuvent, quand ils le jugeront convenable, prendre une délibération différente ou contraire. A plus forte raison, ces *statuts* n'obligent-ils leurs successeurs qu'autant qu'ils s'y soumettent, soit par un consentement tacite, soit par une nouvelle adhésion, suivant cette maxime de droit : *Par in parem non habet imperium*. Ceci s'entend du chapitre en corps; car chaque chanoine en particulier doit soumission et obéissance à l'autorité et aux décisions du corps. Ainsi donc, si l'on veut que ces *statuts* soient invariables et obligatoires à perpétuité pour les chapitres, il est nécessaire qu'ils soient revêtus de l'autorisation de l'évêque.

Dans le décret de ratification du concordat (*Voyez ce décret*, tom. 1er. col. 631), le cardinal Caprara dit que : « Dans l'établisse-
« ment des *statuts* des chapitres, comme aussi
« dans les changements qu'on y voudra faire,

(*Trente-cinq*.)

« on se conformera religieusement à ce que
« prescrivent les saints canons, et on aura
« égard aux usages et aux louables coutumes
« autrefois en vigueur, en les accommodant
« à ce qu'exigeront les circonstances. La
« faculté sera néanmoins laissée à leurs suc-
« cesseurs de changer ces *statuts*, si les cir-
« constances le leur font juger utile et con-
« venable, après avoir pris l'avis de leurs
« chapitres respectifs. »

C'est une maxime en matière de *statuts* que; *non fit extensio ad similia, omissum in statutis habendum pro omisso*. Les canonistes établissent encore : 1° que le serment de garder les *statuts* d'un corps quel qu'il soit, ne regarde que ceux qui sont déjà faits, et non ceux qui pourront se faire dans la suite, à moins que celui qui a prêté ce serment n'ait eu intention de l'étendre aux *statuts* présents et futurs, ou que la formule du serment ne renferme les uns et les autres ; 2° le serment de garder les *statuts* n'oblige que quand les *statuts* eux-mêmes obligent, c'est-à-dire, quand ils n'ont rien d'injuste : *Juramentum non est vinculum iniquitatis*.

STÉRILITÉ.

La *stérilité* n'est pas un empêchement dirimant de mariage, dans les personnes qui peuvent user du droit qu'il donne. Elle peut servir de prétexte, selon quelques jurisconsultes, aux princes et aux souverains, de faire casser leur mariage, mais il est constant que ce n'est pas par ce défaut qu'ils en obtiennent la cassation : c'est sur la raison d'impuissance exposée au pape, qu'ils sont cassés lorsque les papes accordent cette demande. La raison de cette règle est que la *stérilité* peut cesser avec le temps.

STYLE.

Suivant la définition de Balde, le *style* en matière de droit, est une coutume générale. Décius distingue : le *style*, dit-il, ne peut s'appeler coutume que respectivement à l'écriture, *in scribendo*, et l'on n'applique le nom de coutume qu'aux actions, *in actibus*. L'opinion de Balde a paru plus juste aux auteurs qui ont écrit sur le *style* de la chancellerie de Rome. *Consideratur stylus*, dit Amydenius, *primo modo, pro ordine scribendi, verbi gratia, in litteris apostolicis*. Innocentius episcopus, servus servorum Dei, etc. *Alio modo accipitur stylus pro observantia consueta in aliquo loco et pro jure non scripto ; et propterea stylus consuetudo mos et observantia ut plurimum confunduntur licet revera inter se differant*. Cet auteur dit que le *style*, pris dans ce sens, tient lieu de loi dans tous les tribunaux de la cour romaine, ainsi que l'attestent une foule de canonistes : *stylus hoc modo definitus, sive sit palatii sive datariæ, sive cancellariæ, sive signaturæ, sive denique totius curiæ, servandus est pro lege* (Mandosa, *regul*. 8. qu. 4.).

Régulièrement en matière de grâce, les défauts contre le *style* rendent le rescrit suspect de fausseté.

C'est une règle en fait de *style*, que comme il est susceptible de variation, on doit suivre le plus récent. *Stylus curiæ (modo albus, modo niger), est sui natura mutabilis, et propterea probandus est posterior*. Amydenius observe que cette règle ne peut s'appliquer au *style* de la daterie, que par rapport à la différente nature des grâces qui s'accordent dans un temps, et sont refusées dans un autre : *Et stylus quoque tempore conformatur concessioni gratiarum*.

SUBREPTION.

(*Voyez* OBREPTION.)

SUBSIDE CARITATIF.

On appelait autrefois *subsides caritatifs*, certains droits perçus par des évêques qui allaient à des conciles, ou qui faisaient d'autres voyages pour l'utilité de leurs églises ; on leur donnait le nom de *caritatifs*, parce que le payement en était fait à titre de charité. Ce droit a été abrogé dans l'Eglise de France.

Barbosa et plusieurs autres canonistes établissent sur les différentes autorités du droit : 1° que l'évêque et les prélats supérieurs, avec l'avis de leur chapitre, sont fondés à exiger dans leurs nécessités le *subside caritatif* de la part de ceux qui leur sont soumis : *Quia in his quæ ad charitatem spectant prout est hujusmodi, illis tenemur obnoxii quibus beneficia recipimus* (C. Conquerente, *in fin. de offic. ordin.* ; c. *Cum apostolus, vero sustinemus, de Censib.* ; c. *Cum in officiis, de Testam.*) ;

2° Que ce *subside* n'est point taxé, mais qu'il dépend des circonstances (Navarre, *cons*. 5, *de Censib.*) ;

3° Que le pape peut exiger ce *subside* de tous les ecclésiastiques et de toutes les églises (*Cap.* 1, *de præb. in* 6° ; *clem.* 1, *ut lite pend.*) ;

4° Que les cardinaux ont le même droit dans l'étendue de leurs titres, et les légats dans leurs provinces, *cum habent plenæ legationis officium ;*

5° Que les patriarches, les primats et les archevêques n'ont point ce privilége dans l'étendue de leur ressort, parce qu'ils n'y ont qu'une manière de juridiction extraordinaire et limitée par le droit ;

6° Que la cause de ce *subside* doit être une nécessité évidente et pressante, telle que pour les frais des bulles, ou de la consécration, pour les dettes que l'évêque a contractées légitimement pour la défense de son église, ou pour la cause commune du diocèse ;

7° Que ce *subside* ne doit être payé que par les ecclésiastiques possédant des bénéfices.

SUBURBICAIRE.

On donnait autrefois ce nom aux provinces d'Italie qui composaient le diocèse de Rome, *suburbicariæ regiones*. On en comptait ordinairement dix, dont six étaient nommées urbicaires, et quatre suburbicaires ; *suburbicariæ regiones ac provinciæ sic dictæ in Italia quod urbis vicarii jurisdictioni subditæ essent, ut urbicariæ quæ a præfecto urbis administrabantur* (Ducange, *glos. concil. Nicæn.*).

SUCCESSEUR.

On appelle *successeur* celui qui succède à un autre dans une charge ou dans ses biens (*Voyez* ci-après SUCCESSION).

SUCCESSION.

Pour la *succession* des ecclésiastiques, le droit canon distingue leur pécule patrimonial d'avec celui de l'Eglise, c'est-à-dire les biens qu'ils tiennent de leur famille, d'avec ceux qu'ils ont acquis des fruits de leurs bénéfices. L'Eglise doit succéder à ces derniers et les parents aux autres. Et afin que les ecclésiastiques n'éludent pas cette loi par des dispositions testamentaires et même entre vifs, on a établi qu'ils ne pourraient pas disposer par testament des biens acquis des deniers de l'Eglise, et qu'ils ne pourraient en disposer entre vifs que jusqu'à la concurrence d'une somme modique en faveur des pauvres (*C. Cum in officiis; c. Ad hæc præsentibus, de Testam.; cap. penul. et ult. de Pecul. cler.; can. Episcopi* 12, *qu.* 1). Il ne paraît pas que les clercs soient déclarés incapables de succéder à leurs parents par aucun canon ; et en effet ils ne font aucun vœu particulier de pauvreté pour être exclus des *successions*.

En France les ecclésiastiques succèdent à leurs parents, et ceux-ci leur succèdent, sans faire aucune distinction des biens acquis des biens de l'Eglise, ou non (*Voyez* TRAITEMENT, § 4 *in fin*.).

Le Code civil parle des *successions* depuis l'article 718 jusqu'à l'article 892.

Pour la *succession* des religieux voyez NOVICE, PROFESSION, PÉCULE ; voyez aussi CONGRÉGATIONS RELIGIEUSES.

SUCCURSALE.

Une *succursale* est une église dans laquelle on fait le service paroissial, ou parce que les habitants sont trop éloignés de la paroisse, ou parce que les paroissiens sont en trop grand nombre. On a employé le mot de *succursale*, parce que cette nouvelle église est d'un grand secours pour la paroisse, ou plutôt pour les habitants. On établit ordinairement une *succursale* lorsque l'on n'est pas précisément au cas de l'érection d'une nouvelle paroisse. Les mêmes canons qui permettent aux évêques d'ériger des cures, leur laissent le droit de juger s'il n'est besoin que de simples *succursales*. La *succursale* n'est point un titre de bénéfice ; elle est régie par un vicaire amovible (Lacombe, *Jurisprud. canoniq.* au mot *érection*, art. 10). C'est donc bien à tort qu'on appelle aujourd'hui *succursales* les paroisses rurales, dont plusieurs ont des annexes ou *succursales*, c'est-à-dire des églises de secours, car le mot *succursale*, qu'on le remarque bien, dérive du mot secours, tellement que quelques canonistes appellent indifféremment *secours* ou *succursales*, les églises dont nous parlons (*Voyez* PAROISSE).

Pour l'établissement d'une *succursale*, l'évêque n'est point obligé d'observer les formalités qu'on observe pour l'érection des cures, parce qu'en effet ce n'est point une nouvelle paroisse. Le vicaire qui dessert la *succursale*, n'est pas différent du vicaire qui travaille dans la paroisse même. Il est amovible. La cire, les oblations et le reste du casuel dans la *succursale* appartiennent de droit au curé, comme celles de la paroisse même. Le saint sacrement et l'huile des infirmes y sont gardés, parce que c'est principalement par rapport aux enfants nouvellement nés et aux malades, que cet éloignement est préjudiciable. Il n'est pas ordinaire qu'on y marie et qu'on y enterre, parce que cela se peut faire à la paroisse, sans inconvénients. A l'égard des offices divins, la grand'messe de paroisse, le prône, les instructions de paroisses, tout cela se fait dans la *succursale* les dimanches et fêtes ; on doit en excepter les quatre grandes fêtes de l'année, et celle du patron où tout le peuple doit aller à la paroisse ; la communion pascale doit aussi s'y faire.

SUCCURSALISTE.

(*Voyez* DESSERVANT.)

SUFFRAGANT.

C'est le nom qu'on donne à un évêque ou à son évêché, respectivement à l'archevêque dans la province duquel il se trouve : *Suffraganeus dicitur episcopus uno archiepiscopo subditus* (*Cap. Pastoralis, in princip. de offic. ordin. cap.*; 1, *de for. compet. in* 6°).

Ce nom vient, ou de ce que les évêques de la province élisaient l'archevêque ou confirmaient autrefois son élection, ou de ce qu'ils portaient leur suffrage dans le concile provincial. On appelle donc un évêque *diocésain* relativement à son propre diocèse ; *ordinaire* par rapport à sa juridiction ; et *suffragant*, dans le sens qu'on vient de voir. On appelle aussi quelquefois de ce dernier nom, le simple coadjuteur d'un évêque (*Voyez* EVÊQUE *in partibus*).

L'on voit, sous le mot ARCHEVÊQUE, les droits qu'ont les archevêques sur leurs *suffragants*. Voyez aussi PROVINCE. On donne souvent le nom de *suffragant* à celui qui a droit de porter son suffrage dans une assemblée (*Voyez* le mot suivant).

SUFFRAGE.

Le *suffrage* est la voix ou l'avis que l'on donne dans une assemblée où l'on délibère de quelque chose, où l'on élit quelqu'un pour une charge, un bénéfice, etc. Ce mot de *suffrage* vient du latin *suffragium*, qui signifiait de l'argent, comme il paraît par la huitième novelle de Justinien, *ut judices sine suffragio fiant* ; et par la sixième novelle *qui emerit præsulatum per suffragium, episcopatu et ordine ecclesiastico excidat*.

L'on voit sous le mot ÉLECTION, les trois différentes manières de porter son *suffrage* dans une élection, suivant le chapitre *Quia propter*, par scrutin, par compromis, par inspiration. La voie du scrutin est celle dont on use le plus communément. Le chapitre *Quia propter* dit que celui qui aura en sa faveur la plus grande et la plus saine partie des *suffrages*, sera canoniquement élu; et les canonistes établissent sur ce chapitre que le plus grand nombre des *suffrages* se compte par rapport à ceux qui ont droit à l'élection, et non par rapport à ceux qui y assistent.

Quant à cette partie que l'on appelle la plus saine, qui peut l'emporter sur celle qui n'est supérieure que par le nombre, on en juge par le mérite et le zèle des suffragants. Mais comme on a reconnu que ce jugement sur la plus saine partie des *suffrages*, était une source de procès et de comparaisons odieuses, dans presque toutes les communautés, on se sert de scrutins secrets, et l'on ne choisit les scrutateurs que pour empêcher les abus. C'est la forme prescrite par le concile de Trente pour des réguliers (*Voyez* ÉLECTION).

Voici l'ordre que l'on doit garder dans les élections par une briève exposition du procès-verbal que l'on y doit faire.

Le procès-verbal doit contenir la date du jour, et même de l'heure de l'assemblée, et du lieu où on la tient (*Can.* 2, *dist.* 79).

On y doit faire mention de la convocation et de tous ceux qui sont présents, ainsi que des absents, et de leur appel ou opposition (*C.* 3, 28, 36, *de Elect.*) (*Voyez* ABSENT).

Si parmi les électeurs il n'y en a aucun qui de droit préside à l'assemblée, il faut le commencer par l'élection d'un président. On abhorre dans l'Eglise les corps acéphales, c'est-à-dire sans chef (*Voyez* ACÉPHALE).

Il est nécessaire de faire mention des cérémonies, prières et autres formalités qui ont précédé l'élection, s'il y en a de prescrites soit par le droit, soit par l'usage : *In electionibus, tantum quod de jure, sed quid de consuetudine obtineat, inspiciendum.*

La pragmatique avait réglé pour l'élection des prélats, que les électeurs s'assembleraient à l'église pour y entendre la messe du Saint-Esprit ; que s'étant confessés, ils y communieraient ; et qu'ensuite assemblés dans le chapitre, ils feraient tous entre les mains du président, et le président entre les mains de celui qui le suit, le serment dont voici la formule (*Voyez* PRAGMATIQUE).

Ego N. juro et promitto omnipotenti Deo et sancto N. vel sanctæ N. sub cujus vocabulo dedicata est ecclesia, eum eligere quem credam futurum esse in spiritualibus et temporalibus utiliorem, nec illi vocem dare, quem verisimiliter scivero promissione aut datione alicujus rei temporalis, seu prece per se aut per alium interposita, aut alias qualitercumque directe, aut indirecte per se electionem procurare.

Les électeurs qui donnaient leur *suffrage* par procureurs, et les compromissaires étaient aussi tenus de se confesser, de communier et de prêter le même serment.

On distingue dans les élections la voix active et la voix passive : la première est le *suffrage* même de chaque électeur, considéré par rapport à celui qui le donne, et en tant qu'il a le droit de le donner ; la voix passive est ce même *suffrage* considéré par rapport à celui en faveur duquel il est donné. Il y a des capitulants qui ont voix active et passive, c'est-à-dire qui peuvent élire et être élus ; d'autres qui ont voix active seulement, sans pouvoir être élus, tels que ceux qui ont passé par certaines places auxquelles ils ne peuvent être promus de nouveau, ou du moins seulement après un certain temps ; enfin, ceux qui sont de la maison, sans être capitulants, n'ont point voix active ni passive ; ceux qui sont suspens ne peuvent pareillement élire ni être élus.

Ceux qui ont voix active doivent tous donner leurs *suffrages* en même temps et dans le même lieu.

Les *suffrages* doivent être purs et simples ; on ne reçoit point ceux qui seraient donnés sans condition, ou avec quelque alternative ou autre clause qui les rendraient incertains.

L'élection doit être publiée en la forme ordinaire, aussitôt que tous les capitulants ont donné leurs *suffrages*, afin d'éviter toutes les brigues et les fraudes, et ce serait une nullité de différer la publication pour obtenir préalablement le consentement de celui qui est élu.

Reste à traiter ici la question de savoir s'il est plus utile de donner les *suffrages* en secret qu'en public dans les délibérations communes.

On ne trouve dans le droit aucune décision, suivant laquelle on soit obligé d'opiner plutôt en public qu'en particulier, si l'on ne veut dire que le chapitre *Quia propter* suppose que le tout se passera en secret, par la voix du scrutin qu'il propose comme la première et principale voie d'élection. Mais le concile de Trente s'en est expliqué formellement par rapport aux élections parmi les religieux, et cela pour éviter les suites fâcheuses du ressentiment même entre des gens obligés de vivre en commun. Pour cette même raison le décret du concile de Trente qui est à cet égard suivi par tous les réguliers, ne s'applique point aux élections dans les corps séculiers dont les membres ne mènent point une vie commune. Les titres et les usages font règle pour ces derniers ; mais le secret n'y serait-il pas plus utile en certains cas, et doit-il être également observé par les religieux en toute sorte d'élection ? Voici les distinctions que nous avons cru devoir faire à cet égard.

Dans les élections aux charges des corps mêmes séculiers, où l'on ne peut guères décemment louer les membres que l'on veut élire en présence des autres éligibles, encore moins alléguer des motifs particuliers pour l'exclusion de ceux-ci, le secret nous paraît non-seulement utile, mais nécessaire.

Mais là où il ne s'agit que de l'élection à quelque office ou bénéfice vacant, dont le titulaire n'existe point encore, il n'y a aucun de ces inconvénients, et c'est souvent un bien qu'un électeur pose les raisons qui le déterminent à son choix devant ceux qui n'en ont pas de si avantageuses à l'Eglise pour faire le leur. Cela peut et doit même procurer une réunion de volontés en faveur du plus digne.

Nous en disons autant des délibérations qui ont pour objet quelque changement ou quelque réforme dans les statuts, usage ou discipline du corps. Dans celles-ci, où il n'entre aucune personnalité, les délibérants ne sauraient trop bien se communiquer réciproquement leurs idées pour le mieux, outre que de pareilles résolutions ont besoin d'être autorisées par les supérieurs à qui par conséquent il est nécessaire de démontrer la sagesse et la légitimité de leurs causes (*Voyez* STATUTS).

Au surplus toutes ces raisons sont ou doivent être inutiles pour les délibérations, dont l'unanimité est si évidemment libre et agréable à tous, qu'on peut les regarder avec quelque fondement, comme l'ouvrage de Dieu.

SUISSE.

Nous croyons devoir placer, sous ce mot, le concordat passé entre le gouvernement du canton de Saint-Gall et le souverain pontife, pour l'érection d'un évêché, parce qu'il est question, dans cet important document, de plusieurs choses qui étaient autrefois en usage en France, et qui n'y sont plus actuellement, comme l'alternative, les prébendes, les élections.

CONVENTION *relative à l'érection d'un nouvel évêché à Saint-Gall, en Suisse.*

« ART. 1er Par suite de la dissolution du lien qui l'adjoignait à l'évêché de Coire, le diocèse de Saint-Gall sera réorganisé en évêché indépendant et renfermé dans les limites politiques du canton.

« ART. 2. L'évêque aura sa résidence à l'église catholique principale actuelle du canton, laquelle, en conservant sa qualité d'église paroissiale, prendra le nom de cathédrale de Saint-Gall.

« ART. 3. Le nouveau chapitre de la cathédrale de Saint-Gall sera composé de cinq chanoines capitulaires résidants, savoir : d'un doyen, unique dignitaire, et de quatre chanoines, puis de huit ruraux ou titulaires et de trois coadjuteurs ou vicaires.

« ART. 4. La charge d'âmes et la juridiction habituelle sur les paroissiens de la principale église appartiendront au chapitre résidant qui l'exercera de la manière habituelle avec le concours des trois coadjuteurs. Les trois vicaires capitulaires seront employés aux cérémonies du culte, ainsi qu'aux fonctions spirituelles de la paroisse.

« ART. 5. Les chanoines résidants formeront le conseil ecclésiastique ordinaire de l'évêque; ils l'assisteront dans l'administration du diocèse aussi bien que dans la direction et surveillance du séminaire épiscopal, et ils exerceront les fonctions sacrées dans la cathédrale. Conformément aux prescriptions canoniques, l'un d'eux sera désigné par l'évêque pour les fonctions de *pénitencier*, et un autre pour celles de *théologal*, chargé, à jours fixes, de l'instruction religieuse (*Voyez* PÉNITENCIER, THÉOLOGAL).

« ART. 6. Pour le premier choix de l'évêque, le collége catholique du grand-conseil présentera au saint-siège une liste de cinq ecclésiastiques éligibles, sur lesquels le saint père choisira un sujet auquel Sa Sainteté accordera l'institution canonique.

« ART. 7. A chaque future vacance du siége épiscopal, le droit d'élection de l'évêque appartiendra au chapitre de la cathédrale ; il sera exercé en commun par les chanoines résidants et les chanoines non résidants, dans les premiers trois mois, à compter du jour de la vacance. Toutefois, il ne faudra pas que la personne de l'élu soit désagréable au collége catholique du grand-conseil.

« ART. 8. L'évêque nommé recevra du saint père l'institution canonique, aussitôt que son élection aura été reconnue conforme aux prescriptions canoniques, et dès que les qualités de l'élu auront été également reconnues conformes aux prescriptions canoniques, en suivant la pratique usitée en pareils cas dans les autres églises de la *Suisse*.

« ART. 9. Il est exigé, pour l'éligibilité d'un sujet, outre les qualités spécifiées par les canons, qu'il soit prêtre séculier, et qu'il soit ressortissant du canton de Saint-Gall ; ou qu'au moins il y ait exercé, pendant un certain temps, des fonctions ecclésiastiques ; et, dans les deux cas, qu'il se soit, pendant quelques années, occupé avec mérite et distinction du ministère pastoral, de l'enseignement public ou de l'administration du diocèse.

« ART. 10. L'évêque de Saint-Gall, prêtera aux mains des délégués du gouvernement cantonnal, le serment suivant. « Je jure et « promets sur le saint Évangile, fidélité et « obéissance au gouvernement du canton. « Je promets, en outre, de n'entretenir, ni « en *Suisse* ni au dehors, des relations sus- « pectes, ni d'entrer en participation de pro- « jets ou de liaisons qui pourraient mettre « en péril le repos public. »

« ART. 11. La première composition du chapitre cathédral, se fera de la manière suivante : L'évêque étant institué par l'autorité du saint-siége, il recevra du saint père l'autorisation de nommer, *au nom de Sa Sainteté*, le doyen et les chanoines résidants et non résidants, ainsi que les vicaires, en les choisissant parmi les ecclésiastiques, non désagréables au conseil d'administration catholique, et de leur conférer l'institution canonique.

« ART. 12. Dans les cas de vacances futures, le doyen du chapitre sera toujours nommé par l'évêque. Avant de prendre possession de sa prébende et d'en toucher le revenu, il faudra qu'il ait reçu son institution canonique du saint-siége.

« ART. 13. Quant au décanat, et à tous les autres canonicats, chaque fois qu'ils viendront à vaquer, il sera remis au conseil d'administration catholique, dans le terme de six semaines, à dater du jour de la vacance, une liste de sept candidats doués des qualités requises, du nombre desquels il pourra, s'il le veut, effacer dans le même terme de six semaines ceux des candidats qui, pour cette fois, lui seraient moins agréables ; mais en tout cas, il faudra toujours que, sur les autres candidats proposés, trois restent maintenus sur la liste des éligibles pour un choix libre, et de ce nombre le nouveau chanoine devra être élu, dans le terme d'un mois, de la manière suivante.

« Pour les canonicats qui viendront à vaquer dans les mois de janvier, mars, mai, juillet, septembre, le chapitre intégral, c'est-à-dire les chanoines résidants et non résidants réunis, présenteront au conseil d'administration les propositions ci-dessus désignées ; et sur les candidats maintenus sur la liste capitulaire, l'évêque choisira le nouveau chanoine, auquel il conférera en même temps l'institution canonique. Pour les canonicats, au contraire, qui tomberont en vacance dans les autres mois de l'année, l'évêque formera et remettra aux mains du conseil d'administration catholique, la liste électorale, et sur les sujets qui y seront demeurés au libre choix du chapitre, celui-ci, dans sa réunion complète, conférera le canonicat vacant. Les chanoines, ainsi nommés par le chapitre, recevront l'institution canonique du saint-siége. Les trois vicaires capitulaires sont toujours librement nommés et canoniquement institués par l'évêque, qui les choisira parmi tous les ecclésiastiques éligibles du canton (*Voyez* ALTERNATIVE).

« ART. 14. Ne sont éligibles au chapitre que des prêtres séculiers, réunissant les qualités canoniques en général, et qui, spécialement, appartiennent au diocèse de Saint-Gall, ou qui y auront exercé un temps assez long, avec zèle et prudence, le ministère pastoral, ou quelques autres fonctions ecclésiastiques, ou qui se seront particulièrement distingués et rendus recommandables dans l'administration paroissiale, dans la direction du séminaire ou dans l'instruction publique.

« ART. 15. Le séminaire du diocèse de Saint-Gall, institué pour l'éducation des candidats du sacerdoce, sera placé, suivant les prescriptions ecclésiastiques, sous la direction de l'évêque. Le conseil d'administration catholique lui assignera les localités et les fonds nécessaires à sa situation actuelle.

« ART. 16. Le revenu épiscopal est fixé à 4,000 florins ; celui du doyen à 1,200 florins ; ceux des chanoines capitulaires à 1,000 florins ; et ceux des vicaires capitulaires à 350 florins chacun. Les chanoines non résidants, toutes les fois qu'ils seront convoqués au chapitre, auront droit à une indemnité de voyage ou de vacation. Les émoluments de celui des chanoines qui sera chargé du rectorat de la paroisse de Saint-Gall, seront portés à 1,200 florins.

« ART. 17. Outre les émoluments ci-dessus fixés, il sera assigné à l'évêque, au doyen et à chacun des chanoines résidants, des demeures décentes et gratuites ; les localités jugées nécessaires seront convenablement entretenues par les soins du conseil d'administration catholique. Il sera de même assigné à l'évêque et à sa cour, par l'administration des affaires diocésaines, pour sa chancellerie et pour ses archives, ainsi que pour le séminaire, des localités convenables.

« ART. 18. L'évêque aura à s'entendre avec le conseil d'administration catholique, pour la fixation des taxes de chancellerie, par exemple : pour affaires matrimoniales, pour séances du conseil ecclésiastique, et tout autre titre auquel elles pourront être exigées.

« ART. 19. Sur les revenus de la mense épiscopale, pendant la vacance du siége, une moitié sera allouée à l'évêque nouvellement élu, pour l'aider à former son nouvel établissement ; l'autre moitié restera à la disposition de l'administrateur du diocèse.

« ART. 20. Pour fonder et assurer à tout jamais l'entretien de la cathédrale et du séminaire épiscopal, ainsi que les revenus fixés à l'évêque et à son chapitre, sont alloués, en forme de dotation perpétuelle, les capitaux suivants : pour l'église cathédrale et les prébendes qui y sont annexées, 200,000 florins ; pour le séminaire et les prébendes y annexées, 75,000 ; pour la mense épiscopale et les prébendes du chapitre, 160,000 florins. Ces sommes seront distraites du reste des fonds généraux de la corporation catholique, pour être, au moment de l'érection de l'évêché, affectées auxdits instituts, en titres d'obligations dûment hypothéquées ; elles seront assurées et déclarées *biens de fondation* inaliénables, et séparément administrées. Pour garantir la recette libre et régulière des rentes, et pour assurer l'inaliénable possession, ainsi que le service des revenus, les titres de la dernière partie de la dotation générale de l'évêché seront déposés aux archives du diocèse, ou en tout autre lieu sûr, désigné par l'évêque et par le conseil d'administration.

« ART. 21. Il est expressément spécifié et garanti, que l'église cathédrale et le séminaire épiscopal seront à jamais et dans tous les cas, maintenus dans leurs dotations respectives.

« ART. 22. Pour faciliter l'administration de l'évêché de Saint-Gall, tous les documents relatifs au diocèse, de quelque espèce qu'ils puissent être, seront retirés des anciennes archives épiscopales, et remis à la nouvelle chancellerie épiscopale de Saint-Gall.

« ART. 23. Pour le cas où d'autres cantons, avec leurs populations catholiques, voudraient à l'avenir s'agréger au diocèse de Saint-Gall, les arrangements relatifs à cette accession sont réservés à des négociations ultérieures. »

SUJET.

Les canons emploient le nom de *sujets* pour signifier une personne, ou même une église soumise à l'autorité d'une autre :

Subjecti archiepiscopo dicuntur episcopi ipsius suffraganei (*C. Quod sedes de offic. ordin.*).

SULPICE (SAINT-).

C'est le nom d'une célèbre société de prêtres séculiers, dont l'établissement, à Paris, en 1642, a pour objet l'instruction et l'éducation des jeunes ecclésiastiques dans les séminaires. L'état de ces prêtres est tout libre. Ils ne font aucun vœu, ni simple, ni solennel. Ils ne sont liés entre eux que par un noble zèle qu'ils accompagnent de toute la science nécessaire pour remplir l'Eglise de bons et saints ministres des autels (*Voyez* COMMUNAUTÉ ECCLÉSIASTIQUE).

SUMPTUM.

En termes de chancellerie romaine, *sumptum* signifie l'extrait ou copie de la signature, pris dans le registre où elle a été transcrite. Ce *sumptum* a lieu principalement en deux cas, quand l'expédition levée s'est égarée ou qu'elle est impugnée de fausseté. Régulièrement dans ces cas on a recours à la signature qui fait plus de foi que l'expédition, quand elles sont contraires (*Voyez* BULLE). Le maître du registre en tire une copie dûment collationnée, au bas de laquelle il met de sa main ces mots : *Sumptum ex registro supplicationum apostolicarum collationatum per me ejusdem registri magistrum.* Après quoi cet officier plie le bas de la feuille de cette copie, pour y appliquer le sceau du registre en cire rouge. Cette copie ainsi dressée s'appelle *sumptum*. Elle est intitulée du nom du pape, sous lequel la signature a été expédiée; elle ne contient point en haut le diocèse, ni la nature de la grâce à la marge ; elle est écrite en large, au lieu que les signatures sont écrites du long de la demi-feuille.

Les canonistes qui ont traité des usages de la chancellerie, ne sont pas d'accord entre eux sur l'autorité des *sumptum* (Amydenius, *de styl. datar. lib.* 1, *cap.* 37. Gomez, *ad regul. de non judic. qu.* 1. Rebuffe, *praxis ad tertiam partem signat.*).

SUPÉRIEUR.

Le nom de *supérieur* est dû à quiconque exerce une autorité qui lui donne des droits de juridiction sur les autres; tels sont les évêques, les *supérieurs* des juges ordinaires, et particulièrement les *supérieurs* de religieux. Nous parlons de ces derniers, et par rapport à leur élection, et par rapport à leur autorité, sous les mots ABBÉ, GÉNÉRAL, SUFFRAGE, OBÉISSANCE.

SUPERSTITION.

Saint Isidore, en son Traité des étymologies, définit ainsi la *superstition : Superstitio dicta eo quod sit superflua aut superstatuta observatio. Alii dicunt a senibus; quia multis annis superstites pietatem delirant et errant superstitione quadam ; nescientes quæ vetera colant, aut quod veterum ignari assuescunt.* La *superstition* est prise dans un plus mauvais sens dans les canons *Quia æstimat.* 25, *qu. ult.; Illud* 26, *qu.* 2*; Quisquis dist.* 50 (*Voyez* SCHISME).

Les évêques doivent veiller à ce qu'il ne s'introduise aucune pratique superstitieuse dans leurs diocèses.

SUPPLIQUE.

Une *supplique* est une requête que l'on présente aux supérieurs ecclésiastiques, et surtout au pape, pour en obtenir quelque grâce. On distingue dans les *suppliques* ce qui est essentiel et de la substance de la demande, de ce qui n'est que de style ou purement accidentel. C'est une règle générale pour toutes *suppliques*, que tous les faits essentiels qui y sont énoncés seront véritables, sinon la grâce est nulle.

La *supplique* est ainsi appelée du mot *supplicat*, employé par l'impétrant dans le mémoire qu'il fait présenter au pape pour obtenir ce qu'il désire.

SUPPLIQUE *pour demander à Rome dispense d'un vœu de chasteté ou d'entrée en religion, afin de pouvoir se marier.*

« Eminentissime et Reverendissime Domine,

« Puella quædam annos quindecim (*vel...*) circiter nata, scienter et libere votum emisit perpetuæ castitatis servandæ (*vel* amplectendi statum religiosum); nunc vero confessarii judicio in certum discrimen salutis veniret, nisi nuberet. Quapropter, humiliter et enixe supplicat votum sibi commutari ad effectum contrahendi matrimonium. Dignetur Eminentia vestra responsum dirigere ad me, infra scriptum. » (*Il faut mettre ici le lieu, le diocèse et le royaume où demeure celui qui écrit, et ses qualités*).

On adresse la lettre, par la voie de l'évêché, à S. Em. Mgr le Grand-Pénitencier, à Rome.

SUPPLIQUE *pour demander à Rome dispense de l'empêchement de disparité de culte qui existe entre catholique et hérétique.*

« Eminentissime, etc.

« N. e parochia vulgo N. diœcesis N, in Gallia, suppliciter expetit dispensationem disparitati cultus ut matrimonium licite inire posset cum N. religionis pseudo reformatæ, quæ scripto consentit ut futura sponsa libere religionem catholicam profiteatur, et in ejus sinu proles futura instituatur. Causæ sunt : 1° amor mutuus qui virtutem et famam N. exponit; 2° ætas; 3° paupertas; 4° angustia loci ; 5° multitudo hæreticorum loci illius. Dignetur etc. »

SUPPRESSION.

On peut appliquer ce mot à la *suppression* d'un monastère (*Voyez* ORDRES RELIGIEUX, TRANSLATION).

SUSPENS.

On appelle ainsi celui qui a encouru la suspense, ou qui est dans les liens de cette censure.

SUSPENSE.

La *suspense* est une censure ecclésiastique, par laquelle on défend à un clerc d'exercer le pouvoir qui lui a été confié par l'Eglise à cause de son ordre ou de son office ou bénéfice ecclésiastique : *Suspensio est inhabilitas quædam ordinum vel officiorum executionem impediens* (Anton. *in tract. de Suspens.*).

Quoique le nom de *suspense*, dit Gibert, ne paraisse pas dans les canons avant la fin du quatrième siècle, la chose qu'il signifie se voit dans ceux qui contiennent la discipline des premiers siècles.

La *suspense* est une censure très anciennement usitée dans l'Eglise. On en trouve des vestiges, dit le cardinal de la Luzerne, dans des conciles du sixième siècle. Elle suppose, comme toutes les censures, une faute grave. Nous voyons cependant, dans le droit, des exemples de *suspenses* infligées pour la faute d'autrui : entre autres le pape Honoré III ordonna qu'un jeune homme qui avait été fait diacre à l'âge de treize ans, resterait à la honte de l'évêque qui l'avait ordonné, suspens de son ordre jusqu'à ce qu'il eût atteint l'âge porté par les canons (*Cap. vel non est compos. de tempor. ordin.*). Le sujet ordonné ne subissait pas à proprement parler une peine, puisqu'en le supposant innocent, il n'aurait pas dû exercer avant l'âge canonique, si l'âge pour la réception des ordres eût été exigé.

On distingue trois sortes de *suspenses*, la première *ab ordine*, des saints ordres, c'est-à-dire, que l'ecclésiastique n'en peut pas faire les fonctions. La seconde, *ab officio*, c'est-à-dire, qu'elle suspend des fonctions qui appartiennent à un clerc, à cause d'un bénéfice ou d'une charge qu'il occupe dans l'Eglise. La troisième *a beneficio*, c'est-à-dire, de l'office et de la juridiction ecclésiastique, qui appartiennent à un bénéficier, à raison de son bénéfice.

Celui qui est suspens, conserve néanmoins son ordre, son bénéfice, son rang; en quoi la *suspense* est différente de la dégradation qui fait perdre tous les droits aux ordres et aux bénéfices. Il est aisé de confondre la *suspense* avec la déposition, et même avec l'irrégularité. Cela arrive dans tous les cas où la déposition est prononcée par les canons, pour en être relevé après la pénitence par le seul évêque. Cela arrive encore quand on met parmi les cas de *suspense* ceux où le droit exclut de la promotion aux ordres non reçus, en même temps qu'il prive de l'exercice des ordres reçus; ce qui est proprement l'irrégularité. On confond aussi la *suspense* avec l'interdit, quand on mêle parmi les cas de *suspense* ceux où l'entrée de l'église est défendue pour quelque temps.

La *suspense* est ou totale, ou partielle, et elle peut être considérée comme telle en deux sens. Elle est totale, quand elle comprend tous les ordres et tous les bénéfices de celui contre qui elle est prononcée, elle est aussi totale *quoad totum in parte*, quand elle comprend ou tous les ordres ou tous les bénéfices. Elle peut être aussi appelée dans ce cas, partielle, *quoad pars in toto*. Mais elle est proprement telle, quand elle ne comprend que certains ordres, ou l'office séparément du bénéfice. Or, c'est une règle que la *suspense* des ordres supérieurs ne renferme pas celle des ordres inférieurs ; et que la *suspense* des ordres ne comprend pas celle des bénéfices, et *vice versa*. Mais toute faute qui suspend des ordres reçus, suspend aussi de la réception des autres; quoique, quand le canon suspend d'une fonction inférieure pour une faute commise touchant cette fonction, il ne suspend pas pour celle des fonctions supérieures. La *suspense*, comme l'on dit, sans queue ou addition, s'entend de la *suspense* totale; et quiconque est suspens des fonctions des ordres dans une église, l'est aussi dans toutes les autres (Gibert, *Traité des usages de l'Eglise gallicane*).

Or, dans cette acception, la *suspense* est ou prononcée par le droit, ou de sentence à prononcer par le juge : *Alia canonis, alia judicis, sicut excommunicatio et interdictum* (Lancelot, *Inst. can., lib. IV, tit. 15*). Les cas où la *suspense* est prononcée par le droit sont presque infinis. Gibert les a réunis en grande partie dans l'ouvage cité ci-dessus, nous ne le suivrons pas dans ses détails, mais nous remarquerons à ce sujet, 1° que la *suspense* ne regarde que les fautes qu'on peut expier par une pénitence de quelque temps ; car si elles méritent une pénitence plus longue, c'est le cas de la déposition (*Voyez* DÉPOSITION) ; 2° qu'il n'y a point de mépris de la *suspense* ou d'abus des fonctions ecclésiastiques, tant soit peu considérable, qui ne soit puni de quelque *suspense* convenable à la qualité de la faute; 3° que tout homme qui a eu les ordres, ou quelque charge ecclésiastique, ou bénéfice, peut être frappé de *suspense*; 4° que tout homme à qui le bruit public attribue un crime digne de déposition, doit être suspendu jusqu'à ce qu'il se soit justifié, et que sa justification soit connue : il n'en est pas de même s'il en est seulement accusé, et qu'il ne soit pas contumace à paraître.

A l'égard de la *suspense ab homine*, tous ceux qui ont le pouvoir d'excommunier peuvent suspendre.

Par rapport à la forme de la *suspense*, elle doit être précédée de monitions, non-seulement quand le droit l'ordonne expressément, mais encore toutes les fois que la faute, séparée de la contumace, ne mérite pas la *suspense*; que si c'est une *suspense* prononcée par sentence, les preuves de la faute doivent être certaines, et l'on doit faire mention de cette certitude dans la sentence qui l'ordonne : *Quia constat te commisisse... Ideo ab officio et executione ordinum tuorum suspendimus* (Pontifical). A l'égard de la *suspense* par le seul fait, la monition n'est jamais requise si elle n'est expressément ordonnée par le droit.

Le mépris de la *suspense*, marqué par la continuation à faire, pendant la *suspense*, les fonctions dont elle exclut, doit être puni de l'excommunication majeure, et l'est quelquefois *ipso jure*; mais il produit toujours l'irrégularité contre le coupable (*Clem. 3, de Pænit., c. 2, dist. 55; c. 2, de Cler. excom., c. 9, eod.; c. 1, de Sent. excom. in 6°*). Mais on dispute si cette irrégularité est encourue par le clerc qui viole la *suspense* dans les ordres mineurs. Le plus grand nombre des auteurs est pour la négative.

A ces peines, on peut ajouter la nullité des actes de juridiction faits pendant la *suspense* : tels sont l'approbation pour l'administration des sacrements, les dispenses, les statuts, l'absolution, quelquefois la privation du bénéfice, si la *suspense* porte sur le bénéfice, etc. Mais pour que les actes faits pendant la *suspense* de l'office soient nuls dans le for extérieur, il faut que la *suspense* ait été dûment dénoncée et publiée.

On demande si les actes faits et les fonctions exercées contre la *suspense*, par les ecclésiastiques qui l'ont encourue, sont valides ? Il faut distinguer, à cet égard, ceux qui sont nommément dénoncés de ceux qui ne le sont pas ; il faut distinguer aussi les actes qui exigent la juridiction de ceux qui ne la supposent pas. Les fonctions qu'exerce un suspens qui n'est point dénoncé, sont valides quoique illicites : ainsi le décide la bulle de Martin V, *Ad evitanda scandala*. Le suspens dénoncé exerce aussi validement les fonctions qui n'exigent pas de juridiction. Le baptême, l'eucharistie conférés par lui, sont valides, quoiqu'il se charge d'un péché ; mais si l'ecclésiastique est suspens et dénoncé nommément, les fonctions qui supposent juridiction sont radicalement nulles : Telle serait l'absolution donnée par un prêtre qui aurait subi une sentence de *suspense* dûment publiée.

La *suspense* finit par l'absolution qui s'accorde sur la satisfaction de la part du suspens, par le laps du temps pour lequel la *suspense* a été portée, par la cessation et par la révocation, même par la dispense.

Toutes les fois que la durée de la *suspense*, qui s'encourt par le seul fait, est laissée à la volonté du supérieur, la *suspense* finit quand il permet les fonctions défendues par la *suspense* (C. 2, de non ord.).

Il y a plusieurs *suspenses* réservées au pape, telles sont celles contenues dans les textes suivants : C. 33, *de Testib. et attest.*; c. 8, *de tempor. ord.*; c. 13, *eod.*; c. 1 et 2, *de ordin. ab episcop.*; c. *de tempor. ordin.* in 6°; c. 45, *de simon.*; c. 1, *de cler. prom. per saltum*; *Concil. Trident. sess.* XXIII, cap. 14; c. 32, *de excom.*, c. 1, 2, 3, *de eo qui furtive*, etc.; *Extravag. unic. de vot.*; *Extrav.* 3, *de privil.*; *Extrag.* 1, *de elect.*; *Extravag.* 1, *de sim.*; *Concil. Trident.*, sess. XXIV, *deRef*.14; c. 10, *de apostatis*: c. 2, *de cler., vel monach.*

Les cas ordinaires qui font encourir la *suspense* sont, 1° de recevoir les ordres avant l'âge compétent ; 2° de les recevoir d'un autre évêque que du sien propre, sans dimissoire et lettres testimoniales de vie et mœurs (*Voyez* DIMISSOIRE) ; 3° de recevoir un ordre supérieur sans avoir reçu l'inférieur ; 4° de recevoir les ordres hors des temps destinés à l'ordination ; 5° de recevoir plusieurs ordres en un même jour ; 6° de les recevoir pour de l'argent ; 7° d'être concubinaire public ;

8° d'avoir violé les ordonnances du diocèse auxquelles la *censure* est attachée.

SYNCELLE.

Autrefois les évêques, pour prévenir tout mauvais soupçon sur leur conduite, s'étaient imposé la loi d'avoir toujours auprès d'eux, la nuit comme le jour, un ecclésiastique d'une vertu reconnue. On appelait cet ecclésiastique *syncelle*, à raison de ce qu'il couchait dans la chambre du prélat (*Voyez* ACOLYTE).

L'emploi des *syncelles* devint, dans la suite, si considérable en Orient, que, suivant la remarque du père Thomassin, les frères et les enfants des empereurs le recherchèrent ; et à leur exemple les évêques, même les métropolitains, se firent un honneur de la qualité de *syncelles*. C'est de là que les *syncelles* prirent occasion de faire entendre que leur dignité les élevait au-dessus des évêques et des métropolitains.

Dans le synode tenu à Constantinople en 1624, contre le patriarche Cyrille Lucar, qui voulait répandre dans l'Orient les erreurs de Calvin, le *proto-syncelle* paraît comme la seconde dignité de l'église de Constantinople.

SYNODAL.

Synodal se dit de ce qui est relatif au synode, comme un statut *synodal*, une ordonnance *synodale*, c'est-à-dire qui est émanée du synode (*Voyez* SYNODE).

SYNODATIQUE.

(*Voyez* CATHÉDRATIQUE.)

SYNODE.

Le terme de *synode* s'applique à toute sorte de conciles (*Voyez* CONCILE). Mais nous ne le prenons ici que pour l'assemblée diocésaine, où se rendent tous les curés du diocèse, sur la convocation de leur évêque, pour y faire quelques règlements ou quelques corrections sur la discipline et la pureté des mœurs, c'est ce qu'on appelle concile diocésain, mais plus communément aujourd'hui *synode*.

Anciennement les *synodes* ou conciles diocésains se tenaient fréquemment et à peu près comme les conciles provinciaux, lorsque les affaires le requéraient (*Dist*, 18, *per totum*). Il n'y avait pour cela aucun temps déterminé ; on les convoquadans la suite deux fois l'an, jusqu'au temps du concile de Latran sous Innocent III, qui ordonna, *in c. Sicut olim de Accus.*, de convoquer tous les ans les synodes diocésains, de même que les *synodes* provinciaux. Le concile de Bâle, session XXV, ordonna de les tenir deux fois l'an. Sur quoi le concile de Trente, session XXIV, (*de Reform. c.* 2) a fait le règlement suivant :

« Les *synodes* de chaque diocèse se tiendront aussi tous les ans ; et seront obligés de s'y rendre, même tous les exempts, qui, sans leurs exemptions, y devraient assister ; et qui ne sont pas soumis à des chapitres généraux · bien entendu, toutefois, que c'est à raison des églises paroissiales, ou autres séculières, même annexes, que tous ceux qui en ont le soin quelsqu'ils soient, sont obligés de se trouver au *synode*. Que si les métropolitains ou les évêques, ou quelques-uns des autres susmentionnés, se rendent négligents en ce qui est ici prescrit, ils encourront les peines portées par les saints canons. »

Il n'y a donc que les curés qui soient tenus d'aller au *synode;* à moins, comme dit Panorme in c. *Quod super de major. et obed.*, que l'évêque ne voulût y procéder à la réformation générale des mœurs, ou sur d'autres objets qui intéressent tout le clergé en général. *Tunc omnes venire tenentur ita tamen quod non subtrahere divinum officium (fin. dist. 18); omnes etiam tenentur servare statuta synodalia.* (*C.* 1, *c. fin. de constit. in* 6°).

Benoît XIV a fait un traité fort détaillé et très-savant, où rien n'est omis de tout ce qui peut regarder les matières des *synodes* diocésains, et la manière de les tenir. Ce traité qui a pour titre *De synodo diœcesana* se trouve dans le cours complet *de théologie* édité par M. l'abbé Migne, tom. XXV.

Les évêques font quelquefois approuver dans leurs *synodes*, mais trop rarement, selon nous, les règles de conduite et de discipline ecclésiastique qu'ils veulent proposer à ceux dont l'Eglise leur a confié la conduite. Cette approbation générale du clergé, dit d'Héricourt (*Lois ecclésiastiques*, part. 1), leur donne plus de force et plus d'autorité, nous ajoutons, et plus de stabilité, car elles ne sont ordinairement en vigueur que durant le règne de l'évêque qui les a faites, et nous avons vu dans un diocèse, en moins de vingt ans, quatre ordonnances diocésaines différentes. C'est là un inconvénient qui porte quelquefois les prêtres à ne plus attacher aucune importance à ces sortes d'ordonnances, bien que cependant elles obligent en conscience, car les évêques ont droit de faire des ordonnances pour la police ecclésiastique de leur diocèse, hors des assemblées synodales et sans le concours de leur clergé; elles doivent être suivies comme des lois, même après la mort de l'évêque qui les a faites, à moins qu'elles n'aient été révoquées par quelqu'un de ses successeurs (Thomassin, *Discipline de l'Eglise,part.*IV.*lib.*I, *ch.*84et85).

« Il est certain que les *synodes* ne sont pas absolument nécessaires, dit le cardinal de la Luzerne, qu'ils ne sont pas nécessaires en ce sens que, d'après l'institution de Jésus-Christ, les diocèses ne puissent être régulièrement et légitimement gouvernés que par la réunion des évêques et des prêtres. Mais les *synodes* sont infiniment utiles pour le bon gouvernement des diocèses, pour le maintien et l'accroissement du bien, pour la réforme du mal. A raison des grands objets d'utilité que présente le *synode*, l'Eglise a imposé aux évêques l'obligation de le tenir : et c'est en ce sens seulement qu'on peut dire qu'il est nécessaire. Mais en ordonnant aux évêques de tenir leurs *synodes*, l'Eglise ne leur a pas enjoint de régler toutes les affaires de leurs diocèses dans le *synode* : elle ne leur a pas défendu de faire hors du *synode* des règlements et des ordonnances même générales. Ces ordonnances faites par l'évêque solitairement ne sont pas moins obligatoires dans leur principe, que les statuts qu'il fait en *synode*. Mais les *statuts synodaux se conciliant plus de confiance et de respect, ont un effet plus certain, une obéissance plus prompte et plus facile* (Droits et devoirs des évêques et des prêtres, *édit.* Migne, *col.* 1446).

SYNODIQUE

Synodique se dit de ce qui est émané du synode, comme une lettre *synodique*, ou lettre circulaire qu'un concile écrivait aux prélats absents, aux églises, ou en général aux fidèles, pour les instruire de ce qui s'était passé dans le concile, et le leur notifier. On trouve de ces lettres *synodiques* dans la collection des conciles.

T

TALION.

C'est le nom de la peine qu'on infligeait autrefois aux calomniateurs. Elle est établie dans l'Ancien Testament et par les lois des douze tables (Exod. ch. XXI, Deut. ch. XIX). *De pœna syncophante et calumniæ: non misereberis ejus, sed animam pro anima, oculum pro oculo, dentem pro dente exiges.* C'est-à-dire que le calomniateur doit être puni de la même peine que méritait le crime qu'il avait malicieusement imputé à l'innocent, ou du même dommage qu'il lui avait causé : *Damnum illatum simili damno pensabatur. Veluti si oculus eruatur ei, qui oculum excusserit alteri; unde retaliare dicimus cum par pari refertur* (Barb.).

Jésus-Christ a aboli le *talion* par son Evangile. Les Romains le modifièrent par le droit prétorien, en sorte que par le droit civil et canonique, on ne punit plus les calomniateurs que selon les circonstances plus ou moins aggravantes de leur calomnie. Les jurisconsultes observent que la rigueur du *talion* occasionnait l'impunité des crimes.

TAXE

Les différentes expéditions de la cour de Rome sont taxées d'après la nature des dispenses ou grâces accordées.

Le produit de ces *taxes* est employé à payer les dépenses de la chancellerie romaine, l'agent des affaires ecclésiastiques, qui reste à Rome, et les frais de correspondance ; le reste est employé en œuvres pies.

Amydénius, en son Traité du style et de la daterie, défend la cour de Rome de toutes les imputations d'avarice qu'ont allégué ses ennemis en différents temps. Il nous apprend (*lib.* I, *cap.* 35) que le pape Innocent X ordonna, par un règlement du 1er novembre 1645, que tout le produit des componendes sur les dispenses matrimoniales serait déposé au Mont-de-Piété, pour y être employé en des aumônes et autres bonnes œuvres.

Par la soixante-septième règle de la chancellerie, il est défendu aux officiers de ladite chancellerie de rien exiger au delà de leurs droits : *Item, idem D. N. exactionibus quas sanctitas sua, non sine displicentia plerumque fieri intellexit per officiales romanæ curiæ, qui constitutis sibi emolumentis pro exercitio officiorum quæ obtinent non contenti, ultrà, a prosequentibus negotiorum quorumdam expeditionem in eadem, exigere non verentur, obviare volens, districte præcipiendo inhibuit, omnibus et singulis quævis officia in eadem curia obtinentibus, ne de cætero quicquam prætextu officiorum quæ obtinent, quovis colore, etiam celerioris expeditionis, ultra emolumenta hujusmodi exigere, seu ad hunc effectum expeditionem eorum quæ eis incumbunt, malitiose differre, sub excommunicationis et præter illam suspensionis a perceptione emolumentorum hujusmodi pro prima ad semestre, et pro secunda ad annum, et pro tertia vicibus quibus sic excederint privationis officiorum per eos obtentorum, in quibus sic excesserint pœnis. Ac voluit, quod sanctæ Romanæ Ecclesiæ vicecancellarius et camerarius, excedentes ipsos respective prout eis subsunt per subtractionem emolumentorum eorumdem, ac alias, ut præmittitur compellant ab hujusmodi illicitis exactionibus abstinere et contra eos per prædictas pœnas; et alias prout melius expedire viderint, procedant.*

Les lettres par lesquelles les évêques correspondent avec les prêtres de leur diocèse ne sont pas soumises à la taxe (*Voyez* FRANCHISE).

TÉMOINS.

Le droit canon établit différentes choses fort utiles sur les qualités, le nombre et l'examen des *témoins*.

1° On n'admet pas comme *témoins* les impubères, les furieux, les aliénés, les infâmes; ceux-ci cependant sont admis quelquefois en certaines causes graves, comme de simonie : on n'admet pas non plus les parents, les alliés, les domestiques, les complices; mais dans les mariages, où il s'agit surtout de parenté, on admet de préférence les parents qui la connaissent mieux que tout autre : *Qui melius recipi debent quam illi qui melius sciunt et quorum est interesse* (*Cap. Videtur,* 3, *qui matrim. accus. possunt*) (*Voyez* MARIAGE).

On ne peut pas être *témoin* dans sa propre cause et dans toutes les choses où l'on peut avoir quelque intérêt. Ainsi, le dénonciateur, l'accusateur, le juge, ne peuvent être *témoins* : *Nullus unquam præsumat esse simul accusator, et judex, vel testis* (*Cap. Nullus,* 1, *caus.* 4, *qu.* 1).

2° Relativement au nombre des *témoins,* on admet généralement qu'il doit y en avoir au moins deux. *Licet quædam causæ sint quæ plures quam duos exigant testes, nulla est tamen causa, quæ unius testimonio, quamvis legitimo, terminetur* (*Cap. Licet* 23, *de Testibus*). Cependant, à cause de la qualité de la personne et dans certaines choses, un seul *témoin* suffit; ainsi, par exemple, un prêtre peut attester qu'il a baptisé un enfant; quand il s'agit d'un mariage incestueux, qui doit être contracté entre parents, le témoignage seul de la mère suffit (*Cap. Super eo,* 22, *de Testibus*). Il en est de même dans les choses qui n'apportent de préjudice à personne, comme quand il s'agit de la consécration d'une église, de la volonté d'un mourant qui demande les sacrements.

Il y a néanmoins des causes où, d'un autre côté, deux *témoins* ne peuvent suffire. Le droit canon en demande trois pour les *testaments* (*Voyez* TESTAMENTS). Dans la cause des évêques, le chapitre *Nullam* porte ce qui suit : *Nullam unquam damnationem episcoporum esse censemus, nisi aut ante legitimum numerum episcoporum, qui fit per duodecim episcopos, aut certe probata sententia per* 71 *testes, qui et accusare possint* (*Cap. Nullam* 3, *caus.* 2, *qu.* 5). Après avoir rapporté ce canon, Gratien fait la réflexion suivante, qui est remarquable : *Quorum vita adeo laudabilis ut omnibus imitanda appareat, de quorum assertione nulla dubitatio nasci poterit, eorum testimonio duorum aut trium, quilibet jure convinci et damnari poterit.*

Les *témoins* doivent être interrogés personnellement, à moins qu'ils ne soient malades ou autrement empêchés. *Si qui testium valetudinarii sunt et senes, aut paupertate depressi, ita quod non possint ad vestram præsentiam adduci, ad ipsos recipiendos, mittatis personas idoneas et discretas* (*Cap. Si qui,* 8, *de Testibus*).

Les *témoins* doivent prêter serment de dire la vérité. *Nullius testimonio, quantumcumque religiosus existat, nisi juratus deposuerit, in alterius præjudicium debet credi* (*Cap. Nuper,* 51, *de Testibus*). Le serment prêté, les *témoins* doivent être examinés séparément, et interrogés sur tout ce qui peut faire connaître la vérité : leurs dépositions doivent être écrites. *Cum causam quæ inter archiepiscopum Ravennatensem ac commune Favent. Diversis judicibus duxerimus committendam... Mandamus, quatenus recipias testes, quos utraque pars duxerit producendos; de singulis circumstantiis diligenter inquirens, de causis videlicet, personis, loco, tempore, visu, auditu, scientia, credulitate, fama et certitudine, cuncta plena conscribas* (*Cap. Causam,* 37, *de Testibus*). Les *témoins* ne doivent dire que ce qu'ils savent d'eux-mêmes, et non ce qu'ils ont appris des autres. On doit leur lire la déposition qu'ils ont faite, afin de savoir s'ils y persévèrent ou s'ils ont quelque chose à ajouter ou à retrancher.

On doit publier les dépositions, afin que les parties intéressées puissent, s'il y a lieu, opposer des exceptions contre les personnes ou les choses déposées. *Super dictis testium, eum fuerint publicata, publice potest disputari* (*Cap. In causis*, 15, *de Testibus*)

Le Code de procédure civile statue à cet égard ce qui suit :

« Art. 260. Les *témoins* seront assignés à personne ou à domicile...

« Art. 262. Les *témoins* seront entendus séparément, tant en présence qu'en l'absence des parties.

« Chaque *témoin*, avant d'être entendu, déclarera ses nom, profession, âge et demeure, s'il est parent ou allié de l'une des parties, à quel degré, s'il est serviteur ou domestique de l'une d'elles ; il fera serment de dire la vérité : le tout à peine de nullité.

« Art. 268. Nul ne pourra être assigné comme *témoin*, s'il est parent ou allié en ligne directe de l'une des parties, ou son conjoint, même divorcé.

« Art. 271. Le *témoin* déposera, sans qu'il lui soit permis de lire aucun projet écrit. Sa déposition sera consignée sur le procès-verbal ; elle lui sera lue, et il lui sera demandé s'il y persiste ; le tout à peine de nullité : il lui sera demandé aussi s'il requiert taxe.

« Art. 272. Lors de la lecture de sa déposition, le *témoin* pourra faire tels changements et additions que bon lui semblera ; ils seront écrits à la suite ou à la marge de sa déposition ; il lui en sera donné lecture, ainsi que de la déposition, et mention en sera faite, le tout à peine de nullité.

« Art. 273. Le juge commissaire pourra, soit d'office, soit sur la réquisition des parties ou de l'une d'elles, faire au *témoin* les interpellations qu'il croira convenables pour éclaircir sa déposition ; les réponses du *témoin* seront signées de lui, après lui avoir été lues, ou mention sera faite s'il ne veut ou ne peut signer ; elles seront également signées du juge et du greffier, le tout à peine de nullité.

« Art. 274. La déposition du *témoin*, ainsi que les changements et additions qu'il pourra y faire, seront signés par lui, le juge et le greffier ; et si le *témoin* ne veut ou ne peut signer, il en sera fait mention ; le tout à peine de nullité. Il sera fait mention de la taxe, s'il la requiert, ou de son refus. »

TEMPOREL.

Il est très-important, en plusieurs occasions, de distinguer le *temporel* du spirituel en matières ecclésiastiques (*Voyez* MATIÈRE).

TESTAMENT.

Le *testament* est un acte par lequel un homme déclare sa dernière volonté pour la disposition de ses biens. Le *testament* est ainsi appelé, pour marquer que c'est une déclaration de notre volonté faite devant des témoins. Il contient une disposition de dernière volonté, qui ne commence par conséquent à avoir son effet qu'après la mort du testateur, et qui peut toujours être par lui révoquée jusqu'au dernier moment de sa vie. Le Code civil définit ainsi le *testament* :

« Art. 895. Le *testament* est un acte par lequel le testateur dispose, pour le temps où il n'existera plus, de tout ou partie de ses biens, et qu'il peut révoquer. »

Le pape Alexandre III décide (*Cap. Cum esses* et *cap. Relatum de testam.*) que les curés peuvent recevoir les *testaments* de leurs paroissiens, en présence de deux ou trois témoins ; et que les dispositions de dernière volonté en faveur de l'Eglise ou des pauvres, *intuitu Ecclesiæ*, sont valables pourvu qu'elles aient été prononcées en présence de deux ou trois témoins. La glose de ces deux décrétales tient qu'elles ne doivent s'entendre que pour les legs pieux en ce qu'elles ordonnent, touchant le nombre de deux ou trois témoins, et que lorsque le *testament* contiendra d'autres dispositions, il faudra y observer les formalités du droit civil. Quoi qu'il en soit, il faut en France, pour la validité des *testaments*, se conformer exactement aux prescriptions du Code civil. Cependant il faut bien remarquer que les canons exigent que l'on se conforme à l'intention du défunt, lors même que le *testament* ne serait pas selon les formes prescrites par les lois civiles. Sans parler des décrets d'Alexandre III et de Grégoire IX, cités par tous les canonistes, nous ferons remarquer que le second concile de Lyon, de l'an 567, et le cinquième concile de Paris, de l'an 614, défendent, sous peine d'excommunication, de faire casser les donations ou *testaments* faits par des clercs ou des religieux en faveur des églises ou de qui que ce soit. Ils ordonnent expressément qu'on exécute la volonté du défunt, quoique, soit par nécessité, soit par ignorance, il ait omis dans son *testament* quelqu'une des formalités requises par la loi : *Quia multæ tergiversationes infidelium Ecclesiam Dei quærunt collatis privare denariis, secundum constitutionem præcedentium pontificum, id convenit inviolabiliter observari, ut testamento quæ episcopi, presbyteri, seu inferioris ordinis clerici, vel donationes, aut quæcumque instrumenta propria voluntate confecerint, quibus aliquid ecclesiæ, aut quibuscumque personis, conferre videantur, omni stabilitate subsistant. Specialiter statuentes, ut etiam si quorumcumque religiosorum voluntas, aut necessitate, aut simplicitate faciente, aliquid a legum sæcularium ordine visa fuerit discrepare, voluntas tamen defunctorum debeat inconvulsa manere, et in omnibus, Deo auspice, custodiri. De quibus rebus si quis animæ suæ contemptor aliquid alienare præsumpserit usque ad emendationis suæ, vel restitutionis rei ablatæ tempus, a consortio ecclesiastico, vel a christianorum convivio habeatur alienus* (Labbe, *Concil.* tom. V, col. 848).

Voici quelques-unes des dispositions du Code civil, relatives aux *testaments*. Il en distingue de trois sortes : 1° le *testament* olographe ; 2° le *testament* par acte public ; 3° le *testament* mystique.

§ 1. TESTAMENT *olographe.*

« Art. 967. Toute personne pourra disposer par *testament*, soit sous le titre d'institution d'héritier, soit sous le titre de legs, soit sous toute autre dénomination propre à manifester sa volonté.

« Art. 968. Un *testament* ne pourra être fait dans le même acte par deux ou plusieurs personnes, soit au profit d'un tiers, soit à titre de disposition réciproque et mutuelle.

« Art. 969. Un *testament* pourra être olographe, ou fait par acte public ou dans la forme mystique.

« Art. 970. Le *testament* olographe ne sera point valable, s'il n'est écrit en entier, daté et signé de la main du testateur : il n'est assujetti à aucune autre forme. »

Le *testament* olographe est le plus commode et le plus sûr. 1° Il doit être écrit *en entier* de la main du testateur. Un seul mot écrit d'une main étrangère dans le corps du *testament* le rendrait nul ; mais il peut être écrit sur papier non marqué : il n'est pas nécessaire pour la validité de cet acte qu'il soit écrit sur papier timbré. 2° Le *testament* olographe doit être daté sous peine de nullité. La date consiste dans l'énonciation de l'an, du mois et du jour où l'acte a été passé : elle peut se mettre en chiffres ; sa place n'est point déterminée ; il suffit qu'elle soit avant la signature. L'obligation de dater un *testament* olographe, n'emporte pas celle d'indiquer le lieu où il a été fait, puisqu'il peut être fait dans une province comme dans une autre. 3° Le *testament* doit être signé ; sans signature, la disposition ne peut être regardée que comme le projet d'un *testament* : mais la loi n'exige pas qu'il soit fait mention de la signature dans le texte de l'acte, comme elle l'exige pour le *testament* solennel. La place de la signature n'est pas indifférente comme celle de la date ; elle doit être placée à la fin de l'acte : tout ce qui est après la signature n'est pas censé être dans l'acte, et doit être regardé comme non avenu. Cependant la cour royale de Rennes a jugé valable un *testament* ainsi conçu : « Fait et écrit en entier, après mûres réflexions, par moi Pauline d'Espinosse, veuve Guyot, qui ai signé après lecture et méditation, fait au Croisic, le 20 janvier 1806. » L'arrêt a été confirmé par la cour de cassation, le 20 avril 1813.

La signature doit être celle du nom de famille, et non pas celle d'une terre ou d'un sobriquet. Cependant elle serait valable, si elle était conforme à la manière de signer dont le testateur se sert habituellement : la foi publique l'exige ainsi. Les évêques ayant l'usage, dans les écrits de leurs fonctions pastorales, de signer seulement par une croix, par les initiales de leurs prénoms, et en indiquant leur diocèse, l'ont quelquefois suivi dans leurs *testaments*. Selon la jurisprudence, ce mode de signer n'annule point les dispositions. Mais il faut remarquer, dit M. l'abbé Corbière, dans son *Droit privé* (tom. II, pag. 409), que si la cour suprême a maintenu le *testament* de M. Loison, évêque de Bayonne, signé † J.-J., c'est parce que ce prélat, depuis sa promotion, avait adopté cette manière de signer ; que c'était par cette signature qu'il était reconnu, et qu'il certifiait habituellement les actes civils et ceux de son ministère. Il serait donc à craindre que le *testament* d'un évêque, mort peu de temps après son élévation à l'épiscopal, ne fût annulé, s'il n'avait qu'une telle souscription.

Si un *testament* contenait plusieurs dispositions dont les unes fussent datées et les autres non datées ou non signées, celles-ci seraient nulles et les autres valables. On peut les regarder comme autant de *testaments* différents, la nullité des uns n'entraînant pas la nullité des autres ; *utile per inutile non vitiatur.*

FORMULES DE TESTAMENTS OLOGRAPHES.

I.

Ceci est mon *testament.*

Je donne tous mes biens, meubles et immeubles, et généralement tout ce que je laisserai à ma mort à (*nom, prénoms et profession du légataire*).

Je casse et révoque tous les *testaments* que je pourrais avoir faits précédemment, voulant que celui-ci soit le seul exécuté, comme contenant seul ma dernière volonté.

Fait à (*nom du lieu*), par moi (*nom, prénoms, profession et domicile du testateur*), le (*date du jour, du mois et de l'année*), et ai signé.

(*La signature du testateur en toutes lettres*).

II.

Je donne et lègue à Jean-Baptiste N., prêtre, domicilié à N., tous les biens, meubles et immeubles, qui se trouveront à mon décès dans la maison que j'habite à N., sans en rien excepter ni réserver. Je nomme pour légataire universel, Pierre N., horloger à N. pour recueillir tous mes biens, meubles et immeubles, excepté ceux dont je viens de disposer.

Je le charge de mes honneurs funèbres, selon sa discrétion et sa volonté. Je le charge de donner cent francs aux pauvres de la paroisse à laquelle j'appartiens actuellement, et de récompenser mes domestiques et les autres personnes qui m'auront rendu des services dans ma dernière maladie.

Fait à N. le quatre mai mil huit cent quarante cinq.   (*Signature du testateur*).

III.

Je soussigné, Théophile-Auguste N., propriétaire à N., déclare que le présent écrit est mon *testament*, que je veux être fidèlement et ponctuellement exécuté après ma mort. Je charge pour cet effet Louis N., demeurant à N., d'y veiller exactement, et d'en prendre soin comme pour lui-même.

Je donne et lègue à (*mettre les dispositions qu'on veut faire*).

Je veux que mon corps soit enterré à N., et qu'on fasse célébrer cent messes pour le repos de mon âme.

Fait à N. le, etc. (*Signature du testateur*).

Au reste, le testateur peut adopter telle formule qu'il voudra. Nous avons eu moins en vue de donner des modèles à suivre, que de faire connaître la manière dont on peut rédiger son *testament*. Il faut avoir soin surtout de faire connaître clairement ses volontés.

On peut garder son *testament* olographe sans en donner connaissance à personne, ou le déposer cacheté, soit chez un ami, soit chez un notaire. Ce dépôt ne demande aucune solennité : il suffit que le *testament* se trouve à la mort du testateur.

§ 2. TESTAMENT *par acte public.*

« ART. 971. Le *testament* par acte public est celui qui est reçu par deux notaires, en présence de deux témoins, ou par un notaire, en présence de quatre témoins.

« ART. 972. Si le *testament* est reçu par deux notaires, il leur est dicté par le testateur, et il doit être écrit par l'un de ces notaires tel qu'il est dicté.

« S'il n'y a qu'un notaire, il doit également être dicté par le testateur, et écrit par ce notaire.

« Dans l'un et l'autre cas, il doit en être donné lecture au testateur en présence des témoins.

« Il est fait du tout mention expresse.

« ART. 973. Ce *testament* doit être signé par le testateur : s'il déclare qu'il ne sait ou ne peut signer, il sera fait dans l'acte mention expresse de sa déclaration, ainsi que de la cause qui l'empêche de signer.

« ART. 974. Le *testament* devra être signé par les témoins : et néanmoins, dans les campagnes, il suffira qu'un des deux témoins signe, si le *testament* est reçu par deux notaires, et que deux des quatre témoins signent s'il est reçu par un notaire.

« ART. 975. Ne pourront être pris pour témoins du *testament* par acte public, ni les légataires, à quelque titre qu'ils soient, ni leurs parents ou alliés jusqu'au quatrième degré inclusivement, ni les clercs de notaires par lesquels les actes seront reçus. »

Un ecclésiastique peut être témoin dans le *testament* qui contient un legs en faveur de la paroisse à laquelle il est attaché, même lorsque le *testament* ordonne la célébration de messes dans l'église de cette paroisse. Cet ecclésiastique ne peut être regardé comme légataire. Ainsi jugé par un arrêt de la cour de cassation, du 11 septembre 1809. De même, le mari peut être témoin au *testament* de sa femme, car ce n'est pas lui qui est légataire.

Si l'un des témoins n'avait pas les qualités requises, le *testament* serait nul. Mais s'il y avait plus de témoins que la loi n'en exige, l'incapacité de ceux dont la présence n'est point nécessaire, ne rendrait pas le *testament* nul : *Utile per inutile non vitiatur.*

§ 3. TESTAMENT *mystique.*

Le *testament* mystique est un acte de dernière volonté que le testateur écrit lui-même ou qu'il fait écrire par une autre personne, et qui est ensuite présenté, clos et scellé à un notaire : on l'appelle *mystique* parce qu'il est destiné à demeurer secret. Le Code civil en parle comme il suit :

« ART. 976. Lorsque le testateur voudra faire un *testament* mystique ou secret, il sera tenu de signer ses dispositions, soit qu'il les ait écrites lui-même, ou qu'il les ait fait écrire par un autre, sera le papier qui contiendra ses dispositions, ou le papier qui servira d'enveloppe, s'il y en a une, clos et scellé. Le testateur le présentera ainsi clos et scellé au notaire et à six témoins au moins, ou il le fera clore et sceller en leur présence, et il déclarera que le contenu en ce papier est son *testament* écrit et signé de lui, ou écrit par un autre et signé de lui : le notaire en dressera l'acte de suscription, qui sera écrit sur ce papier ou sur la feuille qui servira d'enveloppe ; cet acte sera signé tant par le testateur que par le notaire, ensemble par les témoins. Tout ce que dessus sera fait de suite, et sans divertir à autres actes, et, en cas que le testateur, par un empêchement survenu depuis la signature du *testament*, ne puisse signer l'acte de suscription, il sera fait mention de la déclaration qu'il en aura faite, sans qu'il soit besoin, en ce cas, d'augmenter le nombre des témoins. »

Tous les témoins doivent signer ; mais ici, il importe peu qu'ils soient légataires et parents du testateur ou des légataires. Les dispositions du *testament* mystique étant inconnues, le motif qui a dicté l'article 975, n'est point applicable à l'article 976.

« ART. 977. Si le testateur ne sait signer, ou s'il n'a pu le faire, lorsqu'il a fait écrire ses dispositions, il sera appelé à l'acte de suscription un témoin, outre le nombre porté par l'article précédent, lequel signera l'acte avec les autres témoins ; et il y sera fait mention de la cause pour laquelle ce témoin aura été appelé.

« ART. 978. Ceux qui ne savent ou ne peuvent lire, ne pourront faire de dispositions dans la forme du *testament* mystique.

« ART. 979. En cas que le testateur ne puisse parler, mais qu'il puisse écrire, il pourra faire un *testament* mystique, à la charge que le *testament* sera entièrement écrit, daté et signé de sa main, qu'il le présentera au notaire et aux témoins, et qu'au haut de l'acte de suscription, il écrira en leur présence, que le papier qu'il présente est son *testament* : après quoi, le notaire écrira l'acte de suscription, dans lequel il sera fait mention que le testateur a écrit ces mots en présence du notaire et des témoins ; et sera, au surplus, observé tout ce qui est prescrit par l'article 976.

« ART. 980. Les témoins appelés pour être présents aux *testaments* devront être mâles, majeurs, sujets du roi, jouissant des droits civils. »

THÉOLOGAL.

Théologal est le nom d'une dignité dans les églises cathédrales dont nous allons exposer l'établissement, ainsi que les qualités, les droits et les devoirs de celui qui l'exerce.

§ 1. THÉOLOGAL., *origine, 'établissement*.

En distinguant l'office de précepteur de celui de *théologal*, on croit trouver les plus anciens vestiges de ce dernier dans le commentaire de Balsamon, qui observe *in c.* 19, *concil. Trull.*, qu'entre les dignitaires de l'église de Constantinople, il y en avait un qu'on appelait le *docteur*, qui avait sa place dans l'église auprès du patriarche; mais cet auteur n'a pas remarqué le temps de l'établissement de ce docteur.

D'autres cherchent l'origine des *théologaux* dans les anciennes écoles d'Alexandrie.

Ce qu'il y a de certain, c'est que la discipline qui consiste à affecter une prébende dans les chapitres, pour la subsistance du *théologal*, a commencé dans l'Eglise de France. On cite divers Capitulaires confirmés par le second concile de Châlons-sur-Saône, en 813, et par les conciles de Meaux et de Langres en 845. Le troisième concile de Latran, sous Alexandre III, et le quatrième sous Innocent III, adoptèrent cette discipline, et en firent un règlement général, que le pape Honoré III renouvela (*Tot. tit. de Magistris*).

Le quatrième concile de Latran, *in c. Nonnulli eod.*, ordonne l'établissement d'un maître dans chaque église cathédrale, et borne aux métropoles l'établissement d'un *théologal*, pour enseigner aux prêtres l'Ecriture Sainte, et principalement ce qui concerne le gouvernement des âmes, avec assignation du revenu d'une prébende, sans que pour cela ce *théologal* devienne chanoine.

Le concile de Bâle, session V, étendit cet établissement dans les cathédrales, et ordonna que le *théologal* serait un chanoine, prêtre, licencié, ou bachelier formé en théologie.

Enfin, le concile de Trente, session XXV, chapitre 1er du décret de réformation, après avoir déclaré s'en tenir à toutes les précédentes constitutions des souverains pontifes, et des conciles approuvés, s'y attachant avec affection, et y ajoutant même quelque chose de nouveau, dit: « Dans les églises métropolitaines ou cathédrales, si la ville est grande et peuplée;... le saint concile ordonne que la première prébende qui viendra à vaquer de quelque manière que ce soit, excepté par résignation, soit et demeure réellement, et de fait, dès ce moment là, et à perpétuité, destinée et affectée à cet emploi, pourvu néanmoins que cette prébende ne soit chargée d'aucune autre fonction incompatible avec celle-ci. Et en cas que dans lesdites églises, il n'y eut point de prébende, ou aucune au moins qui fût suffisante, le métropolitain lui-même, ou l'évêque, avec l'avis du chapitre, y pourvoira, de sorte qu'il y soit fait leçon de théologie; soit par l'assignation du revenu de quelque bénéfice simple, après néanmoins avoir donné ordre à l'acquit des charges, pour la contribution des bénéficiers de sa ville ou de son diocèse, soit de quelque autre manière qu'il sera jugé le plus commode, sans que pour cela, néanmoins, on omette en aucune façon les autres leçons qui se trouveront déjà établies, ou par la coutume ou autrement. »

Le quatrième concile de Latran, *in dict. cap. Nonnulli*, attribue au métropolitain le droit de choisir le *théologal*; mais cet office n'était point alors en titre. Le concile de Trente n'a rien déterminé précisément sur cette question; on rapporte seulement une réponse de la congrégation du concile, qui a déclaré que la collation de la prébende *théologale* appartient à ceux à qui elle appartenait; d'où l'on conclut que le choix du *théologal* appartient à l'évêque (Fagnan, *in cap. Nonnulli, de Magistris*, n. 38 *et seq.; Mém. du Clergé*, tom. III, col. 1083).

La bulle donnée pour la nouvelle circonscription des diocèses établis en 1817, ordonne qu'il y ait un *théologal* en chaque chapitre (*Voyez* tom. 1er, col. 740).

§ 2. *Qualités, devoirs et droits des* THÉOLOGAUX.

Les conciles de Latran et de Trente n'ont rien déterminé d'une manière précise sur les qualités du *théologal*. On en conclut seulement que les Pères du concile de Trente ont souhaité que les fonctions de cet office fussent exercées par un gradué, ou par une personne autrement capable. Il n'y a plus de gradué en France.

C'est une opinion commune que les termes de *theologus* et *magister*, qui semblent signifier un docteur en théologie, ont été employés par Innocent III, *in dict. cap. Nonnulli*, moins dans le sens des degrés que des fonctions (*Mémoires du Clergé*, tom. III, col. 1083; tom X, col. 216).

Les mêmes conciles bornent les fonctions du *théologal*, à l'explication et aux leçons de la théologie; mais le concile de Bâle les soumet à l'obligation de résider, de prêcher et de faire des leçons deux fois, ou au moins une, pendant la semaine. Barbosa dit que pour le temps, l'heure et la matière des leçons de théologie, le règlement en appartient à l'évêque; que le *théologal* a trois mois de vacance, juillet, août, septembre, et que pendant les leçons, il est censé présent au chœur pour les fruits et distributions.

Le *théologal* doit être prêtre, par la nature même de ses fonctions.

THÉOLOGIE.

La *théologie* est la science qui traite de Dieu, *sermo de Deo*. Dans un sens plus étendu, la *théologie* s'entend de cette science par laquelle on arrive à la connaissance des choses divines, par le moyen de celles qui nous sont révélées (*Voyez* SCIENCE).

Pour les facultés de *théologie*, voyez FACULTÉ, UNIVERSITÉ.

TIARE.

La *tiare* est la triple couronne du pape qu'on appelle autrement le règne, *regnum*. La *tiare* et les clefs sont les marques de la dignité papale. La *tiare* est la marque de son rang, et les clefs celle de sa juridiction. Dès que le pape est mort, on représente ses armes avec la *tiare* seulement, sans les clefs.

L'ancienne *tiare* était un bonnet rond, élevé et entouré d'une couronne. Boniface VIII y en ajouta une autre et Benoît XII une troisième. C'est donc seulement au quatorzième siècle que la *tiare* reçut la forme qu'elle a aujourd'hui, et qui n'a plus varié. Quelques auteurs disent que le premier pape qui porta la *tiare* à trois couronnes fut Urbain V, qui régna dans le même siècle.

TITRE.

Ce terme signifie tout acte qui établit quelque droit, quelque qualité, et il se prend aussi pour la cause en vertu de laquelle on possède ou on réclame une chose.

§ 1. TITRES *des églises.*

Les archevêchés, évêchés, chapitres, paroisses, fabriques et tous autres établissements religieux doivent conserver tous les *titres* qui les concernent.

Après le concordat qui a supprimé tous les anciens diocèses et qui en a fait une nouvelle circonscription, des *titres* émanés du saint-siège ont établi de nouveaux diocèses avec la délimitation de leur territoire, leurs droits, leurs prérogatives, etc. Nous allons donner ici, comme modèle, un de ces *titres*, généralement peu connus, parce que, renfermés dans les archives des évêchés, peu de personnes sont à même d'en prendre connaissance. Voici le texte même du *titre* d'érection de l'archevêché de Paris, dont l'original, signé de la propre main du cardinal Caprara, est sous nos yeux.

Nos Joannes Baptista, tituli sancti Honuphrii, S. R. E. presbyter cardinalis CAPRARA, *archiepiscopus, episcopus Æsinus SS. DD. nostri* PII *papæ* VII, *et sanctæ sedis apostolicæ ad primum Galliarum reipublicæ consulem, universamque gallicanam nationem a latere legatus.*

« Universis præsentes litteras inspecturis salutem in Domino.

« Inter cæteras archiepiscopales ecclesias quas sanctissimus dominus noster Pius PP. VII in adimplementum conventionis a plenipotentiariis S.S. et gubernii gallicanæ reipublicæ Parisiis initæ (*Voyez* ce CONCORDAT, tom. 1er, col. 604), et per apostolicas sub plumbo litteras incipientes *Ecclesia Christi* (*Voyez* cette bulle, tome 1er, col. 608), sub datum Romæ apud sanctam Mariam Majorem, anno Incarnationis dominicæ 1801, 18° calendas septembris, anno pontificatus ejus secundo, confirmatæ de potestatis apostolicæ plenitudine erexit per suas pariter sub plumbo litteras quarum initium *Qui Christi Domini* (*Voyez* cette bulle tom. 1er, col. 618), sub datum Romæ apud sanctam Mariam Majorem eodem anno tertio calendas decembris, locum habet Parisiensis Ecclesia, quam pro uno archiepiscopo sic in archiepiscopalem constitutam et erectam ei octo episcopales Ecclesias Versalliensem, Meldensem, Ambianensem, Atrebatensem, Cameracensem, Suessionensem, Aurelianensem et Trecensem in suffraganeas assignavit (*Cette circonscription métropolitaine a été changée par le concordat de 1817 et par l'érection en métropole de l'évêché de Cambrai ; voyez* CAMBRAI *et* CONCORDAT *de* 1817). Cum vero Sanctitas Sua iisdem apostolicis litteris mandarit nobis qui apud inclytum Naupoleonem Bonaparte primum Galliarum reipublicæ consulem, gallicanamque nationem ejusdem Sanctitatis Suæ et sanctæ sedis apostolicæ de latere legati munere fungimur, ut juxta hanc ejus prædictæ archiepiscopalis ecclesiæ erectionem ad eam constituendam procedentes cum congrua ejusdem archiepiscopo præstanda assignatione decerneremus tum sanctum titularem patronum sub cujus invocatione in ea metropolitana ecclesia templum majus sit appellandum, tum dignitates et canonicos ejus capituli juxta præscriptum sancti concilii Tridentini efformandi, tum ejusdem diœcesis circuitum, novosque fines, quæ quidem omnia per peculiare decretum a nobis emittendum fieri præceperit. Hinc nos mandatis sanctissimi domini obtemperantes, ejusque facultatibus nobis clementissime elargitis utentes, ad omnipotentis Dei laudem, et beatæ Mariæ virginis in cœlum assumptæ honorem, civitatem prædictam ad archiepiscopalis civitatis gradum redintegramus, et, quatenus opus sit, de novo erigimus, et ecclesiam sub invocatione beatæ Mariæ virginis in cœlum assumptæ in metropolitanam erigimus pariter et instituimus cum omnibus et singulis juribus, prærogativis, exemptionibus et privilegiis, quibus aliæ metropolitanæ de jure vel consuetudine gaudere solent, in eaque capitulum ex dignitatibus et canonicis secundum numerum, ut infra, postmodum præfiniendum, erigimus et instituimus ; ita ut dignitates et canonicatus in numero, ut infra, præfiniendo metropolitanæ Ecclesiæ Parisiensis capitulum existant et constituant, atque in ea dignitates et canonicatus pro tempore obtinentes chori servitium, divina officia, sacrasque functiones persolvere, et pœnitentiarii ac theologi adimplere numera insigniis quoque convenientibus decorati, eo modo et forma de quibus relate ad hæc omnia peculiariter inferius disponemus omnimodo teneantur.

« Et quoniam duabus Ecclesiis Rhemensi scilicet et Senonensi temporum difficultates et circumstantiæ locorum minime passæ sunt, ut sanctissimus dominus noster vehementer optaret, archiepiscopalis cathedræ honorem conservari, ut tamen tam illustrium ecclesiarum, quæ in novo hoc rerum ordine suppressæ sunt atque extinctæ, memoria et nomen aliquo pacto retineatur, de præfata apostolica auctoritate tum generatim in apostolicis sub plumbo litteris *Qui Christi Domini,* tum in specialibus sub annulo piscatoris die 29 novembris anni 1801 a Sanctitate Sua nobis tributis, titulum et denominationem earumdem Ecclesiarum Rhemensis et Senonensis quarum, ut præfertur, saltem pars diœcesis aliqua intra Parisiensis metropolis fines continetur, Parisiensi Ecclesiæ adjungimus et applicamus, ita ut primo futurus, et pro tempore existens Parisiensis antistes, appellari semper debeat archiepiscopus Parisiensis, Rhemensis et Senonensis; non intendentes tamen per hanc nostram Parisiensi Ecclesiæ factam titulorum adjunctionem et applicationem ullam, aliam Parisiensi antistiti, præter eam quam hujus decreti nostri tenore eidem expresse tribuimus, jurisdictionem adscribere.

« Parisiensi vero ecclesiæ sic ut præfertur erectæ et constitutæ octo episcopales ecclesias nempe Versalliensem, Meldensem, Ambianensem, Atrebatensem, Cameracensem, Suessionensem, Aurelianensem et Trecensem tanquam suffraganeas de supra dicta apostolica auctoritate perpetuo subjicimus et supponimus, ita ut tam primo futurus quam pro tempore existens archiepiscopus Parisiensis pleno metropolitico jure in easdem octo Ecclesias potiri debeat et possit, eodem prorsus modo quo cæteri metropolitani in suffraganeas ecclesias eorumque episcopos utuntur, potiuntur et gaudent.

« Pro diœcesi vero Parisiensis ecclesiæ assignamus civitatem ipsam Parisiensem, nec non integrum territorium unius provinciæ, seu regionis, nimirum Sequanæ cum omnibus et singulis civitatibus oppidis, pagis et vicis juxta enumerationem, ut infra dicemus faciendam in ipsa provincia seu regione existentibus, ita ut civitas Parisiensis et territorium provinciæ seu regionis hujusmodi novo et pro tempore existenti archiepiscopo Parisiensi subjecta sint; in ipsa autem civitate Parisiensi et diœcesi, ut præfertur præscripta novus et pro tempore existens Parisiensis archiepiscopus omnem jurisdictionem sive ordinariam, sive delegatam in personas tam sæculares quam ecclesiasticas et loca pia quæcumque prout aliis archiepiscopis competit libere et absolute exercere valeat ac exerceat ad formam tamen decretorum concilii Tridentini, et apostolicarum constitutionum.

« Cum vero juxta receptam et constantissime servatam ab apostolica sede praxim et consuetudinem illud hoc loco præstandum esset, ut singulorum *locorum* et *parœciarum* ex quibus Parisiensis diœcesis coalescere debebit, diligens hoc loco enumeratio perficeretur, ne ullo unquam tempore de ipsis limitibus, et super exercitio spiritualis jurisdictionis a Parisiensi antistite exercendæ oriri dubium possit, utque omnis inter eumdem antistitem, conterminosque episcopos controversiarum præcidatur occasio, quod ad *loca* quidem nempe civitates, pagos et vicos quæ diœcesim Parisiensem constituere debebunt, eorumdem distincte numerandorum loco tabulam topographicam authentica forma exaratam huic nostro decreto adjungimus in qua circuitus et fines ejusdem Parisiensis diœcesis diligentissime descripti sunt quod vero ad parœcias pertinet, cum earum erectio et divisio, ut infra disponemus, peragi debeat a primo in eadem ecclesia archiepiscopo constituendo, de apostolica potestate præcipimus et mandamus, ut postquam novan

parœciarum in tota diœcesi Parisiensi circumscriptionem et erectionem perfecerit, hujusmodi erectionis et circumscriptionis decretum (descriptis in eo cujusque parœciæ titulo, invocatione, qualitate, extensione, terminatione, limitibus, congrua, adnotatisque nominibus civitatum, pagorum et locorum in quibus singulas parœcias erexerit) authentica forma ac duplici exemplo curet quam citissime exarandum quorum quidem exemplarium alterum una cum hoc authentico pariter decreto nostro, et ei adjuncta tabula topographica in ecclesiæ Parisiensis archivo ad perpetuam rei memoriam caute asservandum erit, cæterum vero exemplar nobis mature reddendum erit, ut decreto nostro generali novæ omnium gallicanarum ecclesiarum circumscriptionis ad perpetuam quoque memoriam in apostolicæ sedis archivo custodiendo adjungere valeamus.

« Ad ejus porro archiepiscopalis ecclesiæ dotationem seu congruos redditus pro futuro et pro tempore existente ejusdem archiepiscopo constituendos animum nostrum adjicientes, cum eam ipsam dotationem gallicanum gubernium, memoratæ conventionis vigore in se susceperit, eamque ejus statui respondentem, ut inde archiepiscopalem dignitatem decenter tenere, et onera eidem imposita sustinere valeat, eos proinde redditus, obventionesque perpetuas Parisiensi ecclesiæ ejusque archiepiscopo primo futuro et pro tempore existenti adscribimus et assignamus qui ad præfatæ conventionis ad implementum quamprimum decernendi et constituendi erunt.

« Eidem præterea archiepiscopo suisque successoribus pro tempore existentibus ædem seu archiepiscopium pro decenti et commoda ejus habitatione sufficiens effective assignandum, in quo idem residentiam suam facere debebit perpetuo concedimus et addicimus.

« Hisce omnibus constitutis, ad cætera gradum facientes quæ pertinent ad eamdem Parisiensem ecclesiam ordinandam, postulat rerum ordo ut ab ejusdem ecclesiæ capitulo ducamus exordium, inter cætera enim quæ nobis a sanctissimo Domino nostro in sæpe laudatis apostolicis litteris mandata sunt, alterum est ut suppressis jam a S. S. antiquis omnibus gallicani territorii capitulis, novos in singulis metropolitanis, et cathedralibus ecclesiis constitueremus; quod quidem jam superius peregimus, ecclesiam beatæ Mariæ virginis in cœlum assumptæ in metropolitanam instituentes, dum in ea capitulum quoque cum dignitatibus et canonicis uno eodemque tempore ereximus. Sed cum eo loci dignitatum ipsarum et canonicatuum numerum minime designaverimus eam ob causam quod nobis exploratum non sit quot potissimum in ea constituere expediens sit, idque primo futurus ejusdem ecclesiæ archiepiscopus tutius et facilius judicare possit, ideo attenta facultate subdelegandi a S. S. per memoratas apostolicas litteras nobis concessa eidem primo futuro archiepiscopo, de præfata apostolica auctoritate committimus, facultatemque concedimus, ut posteaquam canonice institutus ejusdem ecclesiæ

(Trente-six.)

regimen actu consecutus erit, cum dignitatum et canonicatuum numerum quem ad ejusdem necessitatem, utilitatem atque decorem magis expedire judicabit, ad Tridentini concilii præscriptum præfiniat pro totidem ecclesiasticis viris futuris dictæ metropolitanæ ecclesiæ dignitatibus et canonicis, qui illius capitulum a nobis, ut supra, erectum constituant, et apud eam personaliter resideant, certisque ab eodem futuro archiepiscopo, in statutis ut infra vel condendis vel moderandis, præfiniendis diebus et temporibus horas canonicas tam diurnas quam nocturnas, cæteraque divina officia, servata ecclesiæ disciplina ad instar aliarum metropolitanarum ecclesiarum recitare, decantare et psallere, eidem ecclesiæ laudabiliter deservire debeant et teneantur archiepiscopo in pontificalibus peragendis juxta receptas consuetudines ministrent et inserviant, eumdemque in diœcesis, prout in jure constitutum, est adjuvent administratione.

« Potissimum vero duos ex canonicatibus constituat, quibus juxta ejusdem Tridentini concilii leges adnexum sit theologi ac pœnitentiarii munus a canonicis qui ad eos promoti fuerint secundum canonicas sanctiones fideliter adimplendum.

« Prælatis vero dignitatibus et canonicis ut primo idem futurus archiepiscopus ea insignia, et choralia indumenta concedere valeat quæ antiquæ ecclesiæ Parisiensis usui magis respondeant, de specialissima gratia, pari apostolica auctoritate facultatem indulgemus.

« Volumus tamen ut præfatus primo futurus archiepiscopus Parisiensis, postquam hæc omnia, quoad capitulum metropolitanæ suæ peregit, actuum a se perfectorum exemplaria duo, authentica forma exarata nobis reddenda curet, ut utrique nostram approbationem adjungamus, perpetuum apostolicæ sanctionis delegatæ auctoritatis nostræ vi factæ argumentum futurum ; quorum exemplarium alterum, eidem apposita confirmatione nostra remittemus in Parisiensis ecclesiæ archivo custodiendum, alterum vero una cum generali decreto nostro Litterarum apostolicarum executoriali in apostolicæ sedis archiviis ad perpetuam memoriam asservabitur.

« Ut vero Parisiensis metropolitana ecclesia capituli erectione peracta, tam salutaris institutionis utilitatem et ornamentum celerius valeat percipere, primo futuro itidem archiepiscopo, de specialissima gratia eadem auctoritate apostolica indulgemus, ut dignitates omnes etiam principales et canonicatus a primæva earum erectione vacantes pro prima hac vice idoneis ecclesiasticis viris libere et licite conferre possit.

« Cæterum ut in eadem metropolitana ecclesia in iis, quæ illius capitulum concernunt, ecclesiastica disciplina servetur, eidem primo futuro ejus archiepiscopo curæ erit ut antiqua ejus ecclesiæ jam apostolica auctoritate suppressæ ac de novo nunc erectæ statuta, ordinationes, capitula, decreta, in quibus opportune ea omnia sancita sunt quæ pertinent ad ejus prosperum et felicem statum, regimen, gubernium, et directionem ad divinorum officiorum, animarumque ecclesiasticarum functionum, anniversariorum et suffragiorum celebrationem, servitium chori præstandum, cæremonias ac ritus in prædicta ecclesia, ejusque choro, capitulo, functionibus et aliis actibus capitularibus hujusmodi servandos, officiales et ministros dictæ ecclesiæ necessarios deputandos et amovendos, ac ministeria per ipsos obeunda, ac quascumque alias res in præmissis et circa præmissa quomodolibet necessarias et opportunas ; ea omnia, uti dicebamus, antiqua statuta, ordinationes, capitula, decreta, quantum ejusdem metropolitanæ ecclesiæ nunc de novo erectæ, et capituli in ea constituti vel constituendi rationes patientur, et in iis in quibus locum habere poterunt, pro suo arbitrio et prudentia, collatisque cum eodem capitulo consiliis restituat, sequatur et revocet in observantiam ; ita ut eidem archiepiscopo, prævio capituli suffragio, non solum liceat eadem statuta, ordinationes, capitula decreta reformare, interpretari, in meliorem formam redigere, sed etiam alia de novo et ex integro, licita tamen et honesta, ac sacris canonibus minime adversantia per eos ad quos pertinet et pro tempore spectabit observanda sub pœnis in contravenientes infligendis, condere, et præscribere, quemadmodum nos depræfata apostolica auctoritate plenam eidem, liberam et omnimodam facultatem, potestatem et auctoritatem concedimus et impertimur.

« Deinde parochialibus ecclesiis omnibus universi gallicani territorii a nobis in supra memorato generali decreto nostro litterarum apostolicarum executoriali, apostolica auctoritate suppressis, de eadem auctoritate primo futuro archiepiscopo Parisiensi tenore præsentis decreti injungimus et mandamus, ut secundum ea quæ in supradictæ conventionis approbatione a sanctissimo Domino nostro sancita sunt apostolicis litteris *Ecclesia Christi* tot in Parisiensi diœcesi novo circuitu finibusque, ut supra a nobis circumscripta ecclesias eligat, easque in parochiales quam citissime erigat, quot necessariæ ipsi videbuntur, diligentissima ratione habita tum copiæ tum necessitatis fidelium curæ suæ subjectorum, ne illis doctrinæ pabula, sacramentorum subsidia, atque ad æternam salutem assequendam adjumenta ullo pacto deesse possint. Eos vero redditus qui, ut in supradicta conventione statutum est, assignandi erunt singulis parochialibus ecclesiis sic erigendis pro congrua rectorum sustentatione idem archiepiscopus prædictis parochialibus ecclesiis earumque rectoribus pro tempore futuris perpetuo attribuat atque constituat.

« Iisdem ecclesiis ita in parochiales erectis archiepiscopus ipse rectores dabit iis dotibus et prærogativis instructos, quas sancti ecclesiæ canones requirunt, atque, ut tranquillitas eo magis in tuto sit, gubernio acceptos, qui in stato territorio ab eodem archiepiscopo certis limitibus præfiniendo curam animarum exerceant, omniumque hanc in rem ab se peractorum acta eo modo et forma qua supra expositum est duplici exemplo conficiat, quorum alterum in ecclesiæ Parisiensis archivo custodiendum erit, alterum vero nobis quamprimum reddendum.

« Futuris etiam et pro tempore existentibus archiepiscopis Parisiensibus ad supradictas parochiales ecclesias, dum illas in posterum vacare contigerit, idoneas pariter personas ecclesiasticas juxta ea de quibus in sæpe laudata conventione statutum est promovendi et instituendi de præfata apostolica auctoritate facultatem indulgemus.

« Seminarium præterea, ut in eadem conventione statutum est, ad erudiendam in pietate, litteris, omnique ecclesiastica disciplina juventutem quæ clericalis militiæ est viam ingressura quibus poterit modis ac temporalibus adjumentis ad sacrorum canonum, et Tridentini concilii sanctiones primo futurus Parisiensis archiepiscopus in civitate prædicta Parisiensi curet instituendum, eique sic erecto et constituto eas leges præscribat tum quoad scientiarum studia, tum quoad omnem pietatis et disciplinæ rationem quæ magis accommodatæ ejusdem ecclesiæ utilitati, temporumque circumstantiis ei in Domino videbuntur.

« Illud etiam pro viribus sibi curandum proponat, ut montes pietatis, si nondum existat, pro pauperum, quorum specialis et diligentissima debet esse cura pastorum, levamine et subsidio, quo citius fieri possit, erigatur. (*Voyez* MONT-DE-PIÉTÉ.)

« In id demum sedulo incumbat ut Parisiensis metropolitana ecclesia, si reparatione aliqua indigeat, vel sacris supellectilibus pro decenti pontificalium usu, divinique cultus exercitio vel omnino, vel non satis instructa sit, ad utramque rem ei necessaria subsidia comparentur.

« Hac itaque Parisiensi metropolitana ecclesia, ut supra erecta, finibus ejusdem designatis, cæterisque statutis quæ capituli parœciarum, seminariique institutionem, totamque ejus ordinationem respiciunt, nos de speciali et expressa apostolica auctoritate, civitatem Parisiensem in archiepiscopalem, ut præfertur erectam, itemque memoratam atque attributam provinciam seu regionem, et in ea contentos utriusque sexus habitatores et incolas tam laicos quam clericos et presbyteros novæ prædictæ Parisiensi ecclesiæ ejusque futuris omnibus pro tempore præsulibus pro suis civitate, territorio, diœcesi, clero et populo perpetuo assignamus et respective supponimus atque subjicimus, ita ut liceat personæ metropolitanæ Parisiensi præfatæ ecclesiæ sic erectæ et institutæ in archiepiscopum tam pro prima hac vice quam aliis futuris temporibus apostolica auctoritate præfiniendæ (quemadmodum eidem de simili auctoritate præcipimus et mandamus) per seipsum vel per alios ejus nomine veram, realem, actualem et corporalem possessionem seu quasi regiminis, administrationis, et omnimodi juris diœcesani in prædicta civitate et ejus ecclesia et diœcesi ac mensa archiepiscopali assignata vel assignanda, vigore litterarum apostolicarum provisionis de sua persona libere apprehendere, apprehen-samque perpetuo retinere, eidemque futuro ac pro tempore existenti archiepiscopo Parisiensi, ut præter collationem parœciarum eo modo qui in supra memorata conventione ac in præsenti decreto statutus est, quæcumque alia cum cura et sine cura ecclesiastica beneficia quomodolibet nuncupata juxta formas relate ad Gallias ante regiminis immutationem statutas, ac salvis reservationibus et limitationibus tunc temporis vigentibus, personis idoneis pleno jure conferendi et de illis providendi de eadem speciali apostolica auctoritate potestatem omnem concedimus et impertimur.

« Tali pacto provisum Nobis fuisse videtur iis rebus omnibus quæ ad Parisiensis ecclesiæ statutum in omne reliquum tempus firmandum et componendum conducant ut cuicumque dubio, quæstionibusque aditus sit occlusus.

« Quod si forte aliquæ excitentur controversiæ, aut super intelligentia sensu executione hujus decreti nostri dubium aliquod exoriatur, quoniam sanctissimo Domino nostro visum est iisdem in litteris ad controversias hujusmodi dijudicandas, et ad ea generatim perficienda omnia quæ per se ipsa Sanctitas Sua efficere posset, amplissimis facultatibus nos instruere, declaramus ea dubia quæstionesque, nullis excitatis contentionibus quæ ecclesiæ non minus quam reipublicæ tranquillitatem perturbare possent, confestim ad nos deferri debere, ut eas explicare, dissolvere componere et respective interpretari, de præfata apostolica auctoritate, possimus.

« Hæc autem omnia in præsenti decreto contenta ab iis ad quos spectat inviolabiliter observari volumus, non obstantibus quibuscumque in contrarium facientibus etiam speciali et individua mentione dignis, cæterisque quæ Sanctitas Sua in dictis Litteris voluit non obstare.

« In fidem quorum præsentes manu nostra signatas, secretarii nostræ apostolicæ Legationis subscriptione, nostroque sigillo muniri mandavimus.

« Datum Parisiis, ex ædibus nostræ residentiæ, hac die 10 aprilis 1802.

« J. B. Card. Legat.

Place du ✝ grand sceau.

Place du ✝ petit sceau.

« Gratis etiam scriptura.

Reg. 61.

« J. A. Sala apostolicæ legationis secretarius. »

§ 2. TITRE *clérical ou sacerdotal.*

On appelle ainsi le *titre* que les ecclésiastiques étaient autrefois obligés de se constituer quand ils recevaient les premiers ordres sacrés, afin que, s'ils ne parvenaient pas à posséder des bénéfices, ils eussent de quoi subsister.

Les articles organiques, voulant faire revivre ces anciens *titres cléricaux*, avaient statué (art. 26), qu'aucun ecclésiastique ne pourrait être ordonné s'il ne justifiait d'une propriété produisant au moins 300 francs de revenu annuel. Mais le cardinal Caprara dit, dans ses réclamations contre les articles organiques, que si l'on exigeait, pour les ordinands, un *titre clérical* de 300 francs de revenu, il était indubitable que cette clause ferait déserter partout les ordinations et les séminaires. Le décret du 28 février 1810, art. 2, a rapporté cette disposition; en conséquence, on n'exige plus aujourd'hui de *titre clérical* (*Voyez* ARTICLES ORGANIQUES).

Ce *titre*, cependant, est prescrit par le concile de Trente (Sess. XXI, ch. 2, *de Reform*.). Ainsi un évêque, pour ne pas s'écarter de l'esprit de l'Eglise, ne doit admettre aux ordres sacrés que les sujets nécessaires ou utiles à son diocèse; il ne doit pas en ordonner d'autres, à moins qu'ils n'aient un *titre clérical*.

Le droit canon distingue trois sortes de *titres*, sans l'un desquels il n'est pas permis d'élever un clerc à l'ordre du sous-diaconat : savoir le *titre* de bénéfice, le *titre* de pauvreté religieuse, et le *titre* de patrimoine. Pour qu'un clerc puisse être ordonné sous-diacre sur un *titre* de bénéfice, il faut qu'il soit constant qu'il en est canoniquement pourvu, qu'il en jouit paisiblement, et que le revenu en est suffisant pour un honnête entretien, *quod sibi ad victum honeste sufficit*. A défaut d'un bénéfice, on peut être promu aux ordres sacrés sous le *titre* de profession religieuse ; mais il faut que l'évêque s'assure que ceux qui se présentent pour recevoir les ordres sur le *titre* de pauvreté religieuse, en ont véritablement fait profession; il ne peut ordonner, sous ce *titre*, que les réguliers profès. Quant au clerc, qui n'a ni le *titre* de bénéfice, ni le *titre* de pauvreté religieuse, il peut être ordonné avec un *titre* patrimonial. Mais ce *titre* doit être fondé sur un immeuble ou sur une rente perpétuelle ou viagère; l'argent comptant, les biens meubles, le revenu que l'on ne posséderait que pour un temps, ne pourraient servir de *titre*. Il faut, de plus, que le clerc jouisse actuellement et paisiblement du revenu patrimonial; les espérances les mieux fondées ne suffisent pas : et il en est de même d'un revenu contesté. Enfin, le revenu doit être suffisant pour la subsistance d'un clerc, ou au moins de la quotité fixée par les règlements du diocèse.

Le droit, pour ce qui regarde le *titre* de bénéfice, n'a plus d'application parmi nous, puisqu'il n'existe plus de bénéfices. Si l'on n'ordonnait que ceux des clercs qui peuvent se procurer un *titre* patrimonial, il faudrait laisser le plus grand nombre des paroisses sans prêtre et sans culte. Nous avons néanmoins rappelé l'ancienne discipline, afin qu'on la connaisse et qu'on puisse la suivre quand il n'existe pas de raisons d'en dispenser.

3. TITRE *canonique*.

Le *titre canonique* est le droit d'exercer une juridiction ecclésiastique. Ceux qui remplissent quelque dignité ou quelque emploi dans l'Eglise doivent avoir reçu leur mission des supérieurs ecclésiastiques; on ne peut y posséder aucune dignité ou office sans un *titre canonique*, de sorte que la possession la plus longue n'empêche pas que l'ordinaire ne puisse disposer de la dignité ou de l'office, si le possesseur n'a pas un *titre* légitime (*Reg.* 1, *Juris.*, in 6°). Celui qui exercerait sans *titre canonique* serait un intrus (*Voyez* INTRUS).

Le *titre* légitime est celui qui a toutes les conditions requises; on nomme *titre coloré*, au contraire, le *titre* émané de celui qui est en droit de nommer, quoiqu'il y ait quelque défaut de la part de celui-ci, ou bien de la part du pourvu, ou enfin dans la forme des provisions; ainsi, par exemple, quand un supérieur légitime donne juridiction à un excommunié, cette concession est invalide à cause du défaut qui est en celui qui la reçoit, mais qui n'est pas connu publiquement; le *titre* de cet excommunié est un *titre coloré*. Le *titre* feint est celui qu'on suppose faussement avoir été concédé par celui qui en a le droit, et qui, effectivement, ne l'a pas concédé.

TITULAIRE

On appelle *titulaire* le possesseur d'un bénéfice en titre. On donne aussi le nom de *titulaire* à un évêque *in partibus*, parce qu'il n'a que le titre de l'évêché sans diocèse (*Voyez* ÉVÊQUES, § 7).

TOMBE.

Voyez CIMETIÈRE, SÉPULTURE.)

TONSURE.

La *tonsure* n'est autre chose qu'une cérémonie sainte, établie par l'Eglise, pour faire entrer dans l'état ecclésiastique, ceux qui la reçoivent et les disposer aux saints ordres. On l'appelle *tonsure* parceque la principale action de cette cérémonie est de couper les cheveux ; ce qui signifie que les clercs en entrant dans l'état ecclésiastique, ne doivent travailler désormais qu'à se dépouiller du vieil homme pour se revêtir du nouveau, dont le surplis qu'on leur met est le symbole.

C'est une opinion commune que la couronne des clercs doit son origine au zèle des anciens moines, qui se rasaient la tête pour se rendre plus méprisables aux hommes.

La *tonsure* n'est point un ordre (*Voyez* ORDRE, DIMISSOIRE). Elle met seulement au rang des clercs ceux qui la reçoivent : *Filii charissimi*, dit l'évêque, en finissant l'ordination des tonsurés, *animadvertere debetis, quod hodie de foro Ecclesiæ facti estis, et privilegia clericalia sortiti estis; cavete igitur ne propter culpas vestras illa perdatis, et habitu honesto, bonisque moribus atque operibus, Deo placere studeatis, quod ipse concedat per Spiritum Sanctum suum*.

Soit que la *tonsure* ait été en usage dès les premiers siècles, dit l'auteur des *Conférences d'Angers*, soit qu'elle n'ait commencé à y être que vers la fin du cinquième, soit qu'autrefois on la conférât séparément, soit qu'elle ne fût qu'une partie de la cérémonie qu'on observait dans la collation du premier des ordres, il est hors de doute que l'usage en est si généralement établi depuis plusieurs siècles, que tous ceux qui ont été élevés aux ordres, ont commencé par la *tonsure;* il faut donc dire qu'il est nécessaire de la recevoir avant de recevoir les ordres. *Ut qui jam clericali tonsura insigniti essent, per minores, ad majores ascenderunt* (Concile de Trente, session XXIII, ch. 2, *de Reform.*).

Le chapitre suivant du même concile dit qu'on ne recevra point à la première *tonsure* ceux qui n'auront pas reçu le sacrement de confirmation, et qui n'auront pas été instruits des premiers principes de la foi, ni ceux qui ne sauront pas lire ou écrire, et de qui on n'aura pas une conjecture probable qu'ils aient choisi ce genre de vie, pour rendre à Dieu un service fidèle, et non pour se soustraire par fraude à la juridiction séculière.

Quant à l'âge requis pour recevoir la *tonsure*, voyez AGE.

TRADITEUR.

Autrefois, dans le temps des persécutions, on donnait ce nom à ceux qui, pour éviter le martyre, livraient aux persécuteurs les saintes Écritures. Le concile d'Arles de l'an 314, ordonna que ceux qui seraient coupables d'avoir livré les Ecritures ou les vases sacrés, ou déféré leurs frères, seraient déposés de l'ordre du clergé.

TRADITION.

On entend par *tradition* la parole de Dieu émanée ou de la bouche de Jésus-Christ même, ou recueillie par les apôtres inspirés du Saint-Esprit, ou transmise de vive voix par les premiers fidèles à leurs successeurs; elle est comme consignée dans les conciles, dans les écrits des Pères, et dans l'uniformité de croyance de toutes les Eglises.

La *tradition* divine est ce que Dieu nous a révélé, ou par Jésus-Christ, ou par ses apôtres inspirés du Saint-Esprit. On ne met au nombre des *traditions* apostoliques, suivant la règle de saint Augustin (*L.* 5, *de Bapt.* contra *Donat.* c. 23), que ce qui est généralement enseigné et pratiqué par toute l'Eglise, sans qu'on en sache le commencement(*C. Ecclesiasticarum, can.* 7, 8 et 9, *dist.* 11).

Le concile de Trente, session IV, dit touchant les *traditions* de l'Eglise : « Le saint concile, suivant l'exemple des Pères orthodoxes, reçoit tous les livres, tant de l'Ancien que du NouveauTestament, puisque le même Dieu est auteur de l'un et de l'autre, aussi bien que les *traditions*, soit qu'elles regardent la foi ou les mœurs, comme dictées de la bouche même de Jésus-Christ ou par le Saint-Esprit, et conservées dans l'Eglise catholique par une succession continue, et les embrasse avec un pareil respect et une égale piété. »

La *tradition* a pour objet les dogmes de foi et les règles des mœurs. Car les règles des mœurs font partie de la foi, aussi bien que les dogmes : ainsi c'est un article de foi que les fornicateurs, les impudiques, les avares, les parjures, etc., n'auront point de part dans le royaume de Dieu, et ainsi des autres vérités de l'Evangile. La *tradition* humaine tire sa force de l'autorité de l'Eglise : elle regarde la discipline, le culte extérieur ou les pratiques de religion.

Il y a des règles pour discerner la *tradition* divine de la *tradition* humaine : 1° la *tradition* n'est pas divine, lorsqu'on trouve son commencement dans les conciles, ou dans quelques règlements humains, ou bien lorsque c'est une croyance particulière à une Eglise; cette *tradition* s'appelle aussi ecclésiastique; au lieu qu'un dogme embrassé par toute l'Eglise, doit être regardé comme étant de *tradition* divine. Ainsi le consentement unanime des Pères sur un dogme est un témoignage sûr que le dogme est de *tradition* divine. Le concile de Trente défend même qu'on donne à l'Ecriture une interprétation contraire au sentiment unanime des Pères.

On ne met au nombre des *traditions* apostoliques que ce qui est généralement enseigné et pratiqué par toute l'Eglise, sans qu'on en sache le commencement. C'est la règle que donne saint Augustin (*l.* 5. *de Baptis. contr. Donat. c.* 23) et Vincent de Lérins (1 *avertis. c.* 3).

TRAFIC.

Les canons interdisent aux clercs tout *trafic*, tout négoce, tout commerce, tout gain sordide ou indigne de leur état (conciles de Carthage, en 397; de Calcédoine, en 451; d'Aquilée, en 791; de Paris, en 829; de Londres, en 1102, de Latran, en 1179; d'Avignon, en 1368; de Reims, en 1583; de Bordeaux, de la même année ; de Bourges, en 1584; constitution de Benoît XIV, *Apostolicæ servituti*. (*Voyez* NÉGOCE.)

TRAITEMENTS ECCLÉSIASTIQUES.

On appelle *traitement* l'émolument accordé par l'Etat aux fonctionnaires publics. De là on a donné le nom de *traitement* à l'indemnité due au clergé pour la spoliation de ses biens; c'est à tort sans doute, mais ce mot est consacré par la Section III du titre IV des articles organiques; nous devons donc l'employer ici dans ce sens.

Le *traitement* est la récompense d'un service rendu. De là il suit : 1° qu'il est dû du jour de la prise de possession régulièrement constatée : or, la prise de possession est constatée, pour les vicaires généraux et pour les chanoines, par le chapitre; pour les curés desservants et vicaires, par le bureau des marguilliers (*Voyez* sous le mot BÉNÉFICE, § 4, une ordonnance royale relative à cette prise de possession). Les grands vicaires capitulaires sont rétribués à dater de leur élection, mais seulement après que leur nomination a été agréée par le roi ; 2° que le *traitement* n'est pas dû s'il n'y a pas eu de service fait·

cependant l'absence temporaire pour cause légitime, peut être autorisée par l'évêque, sans qu'il en résulte décompte sur le *traitement* (*Voyez* l'article 4 de l'ordonnance citée ci-dessus). 3° Que si, en cas de démission, le démissionnaire a continué l'exercice de ses fonctions, même postérieurement à la date de la nomination de son successeur, il est réputé avoir continué d'exercer par suite de son ancien titre; et, en conséquence, le *traitement* lui est payé pendant le temps qu'il a continué d'exercer (Circulaire ministérielle du 11 juillet 1809). 4° Que, ni le préfet, ni le ministre, ne peuvent retenir le mandat d'un curé, si ce n'est dans les cas prévus par la loi, et jamais arbitrairement, ou par forme de punition. En effet, le curé a acquis, en remplissant le service paroissial, un droit rigoureux sur son *traitement*, l'en priver, ce serait retenir un bien dû à titre onéreux et prononcer une confiscation.

Les *traitements* ecclésiastiques sont insaisissables dans leur totalité (Arrêt du 18 nivôse an XI).

Le cumul ou la réunion de deux *traitements* ou indemnités, est généralement défendu par les lois; cependant la loi du 15 mai 1818, art. 12, permet de cumuler les pensions de vicaire général, chanoine, curé de canton septuagénaire, avec un *traitement* d'activité, jusqu'à concurrence de 2,500 francs, et un curé ou vicaire peut, pour double service, recevoir une indemnité de 200 francs.

§ 1. *Quotité des* TRAITEMENTS *ecclésiastiques.*

Sous le mot BÉNÉFICE, § 4, en parlant de la suppression des bénéfices, nous avons naturellement dit un mot de la quotité des *traitements* ecclésiastiques, néanmoins nous en parlerons encore ici, mais avec plus de détail.

1° Le *traitement* de l'archevêque de Paris est de 40,000 francs; celui des autres archevêques est de 15,000; celui des évêques est de 10,000 francs (Art. organ. 64 et 65). Il est alloué, en outre, aux archevêques, pour frais d'établissement, une somme de 10,000 francs; aux évêques une somme de 8,000; à un évêque nommé archevêque, 2,000 francs. Les cardinaux reçoivent une indemnité de 10,000 francs. Les archevêques ou évêques reçoivent, en indemnité des visites diocésaines, 1,000 francs, quand leur diocèse est composé d'un seul département; 1,500 francs quand il est composé de deux départements. Les archevêques de Reims et d'Aix, et les évêques de Châlons et de Marseille, qui n'ont qu'une partie de département, ne reçoivent chacun que 750 francs.

2° Le premier vicaire général de Paris a 4,000 francs; quinze vicaires généraux de métropole ont 3,000 francs; les autres ont 2,000 francs.

3° Les chanoines de Paris ont 2,400; ceux des provinces ont 1,500 francs.

4° Les curés de première classe septuagénaires et pensionnés ont 1,500 francs et leur pension; les septuagénaires non pensionnés ont 1,600 francs; les non septuagénaires, pensionnés ou non, ont 1,500 francs. Les curés de seconde classe septuagénaires ont 1,200 francs, et, en outre, leur pension; les non septuagénaires, pensionnés ou non, ont 1,200 francs. Les desservants septuagénaires ont 1,000 francs; les sexagénaires ont 900 francs; et les non sexagénaires ont 800; les prêtres employés dans les colonies reçoivent, outre les frais de route, 2,000 francs par an.

5° Les vicaires reçoivent des fabriques, et subsidiairement des communes, un *traitement* de 500 francs au plus, et de 300 francs au moins. L'État leur donne, en outre, un secours ou indemnité de 350 francs, quand ils sont placés dans une ville dont la population est au dessous de 5,000 âmes. Il s'est élevé la question de savoir si, depuis que l'État a porté l'indemnité qu'il accorde aux vicaires, de 300 francs à 350 francs, le *minimum* dont sont tenues les communes, en cas d'insuffisance des revenus des fabriques, peut être diminué de 50 francs, et être réduit à 250 francs? Le gouvernement a décidé en faveur des communes, se fondant sur ce qu'il résulte des explications données à l'époque de la discussion du budget de 1830, devenu la loi du 2 août 1829, que l'augmentation a été votée afin de procurer aux communes un dégrèvement. Mais cette assertion est inexacte. L'intention d'opérer un soulagement ne portait point sur le supplément des vicaires, mais sur celui des desservants. Il ne suffirait pas d'ailleurs de quelques paroles jetées dans la discussion pour déroger au décret de 1809. Des explications, quand même elles auraient été données dans le sens entendu par l'administration, ne pourraient avoir un tel effet, à moins qu'elles n'eussent été catégoriques, et renouvelées dans l'autre chambre : or, il n'en fut nullement question à la chambre des Pairs (*Journal des Conseils de fabriques*, tom. III, pag. 274).

6° Les prêtres qui furent dépossédés de leurs fonctions en 1790, reçoivent, en vertu de la loi du 9 vendémiaire an VI (30 septembre 1797), une pension de 266 francs 66 cent.

7° Une indemnité de 200 francs est accordée aux prêtres qui font un double service (*Voyez* BINAGE).

8° Les curés en retraite reçoivent un secours dont la distribution est confiée à l'évêque; ce secours ne peut dépasser 500 francs. Les vicaires généraux dépossédés reçoivent, quand ils ont exercé pendant trois ans, un secours de 1,500 francs, jusqu'à ce qu'ils soient pourvus d'un canonicat. Les prêtres en activité de service reçoivent des secours variables, lorsqu'ils se trouvent dans un grave besoin provenant d'un accident, tel qu'une longue maladie, un incendie.

9° Les religieuses qui furent anciennement expulsées de leurs couvents reçoivent annuellement une pension de 166 francs 66 cent.

§ 2. *Réduction du* TRAITEMENT.

Pour la réduction du *traitement* des curés absents pour cause d'inconduite ou de maladie, voyez sous le mot ABSENCE, le décret du 17 novembre 1811.

§ 3. *Acquit du* TRAITEMENT.

Les *traitements* sont payés par trimestre, et les mois se comptent, non par trente jours, mais selon le calendrier grégorien.

Ils sont payés par les receveurs d'arrondissement, si ce n'est quand les prêtres se trouvent dans l'arrondissement du chef lieu, auquel cas l'acquit est fait par le payeur du département. Ils sont aussi soldés par les percepteurs. Le préfet peut cependant faire payer les mandats à domicile, en indiquant, à la marge des mandats, la caisse où le payement doit être fait. Le payeur revêt les pièces de son vu, *bon à payer*, dans les communes, lorsqu'elles lui sont communiquées avant d'être distribuées aux parties prenantes (Circulaire ministérielle du 10 janvier 1826).

Il n'est besoin d'autre formalité, pour être payé, que de présenter le mandat. L'acquit doit être donné par le titulaire ou par un fondé de pouvoir. Si, au lieu de donner une procuration, le prêtre veut faire recevoir son *traitement* par une personne de confiance, il apposera son acquit sur le mandat, et fera légaliser sa signature par le maire de la commune.

Les directeurs des séminaires ne reçoivent le montant des bourses, qu'en présentant, avec l'acquit du mandat, un état par eux certifié des élèves titulaires des bourses en vertu d'ordonnances royales, et présents au séminaire.

Quand un mandat est égaré, le propriétaire fait une déclaration indiquant la date et le montant du mandat, le ministère d'où il émane, le numéro et le montant de l'ordonnance sur laquelle il est imputé. Il prend l'engagement, dans le cas où le mandat aurait été payé d'une manière quelconque, d'en rembourser le prix. Cette déclaration est présentée au payeur qui certifie que le mandat n'a pas été payé. Le tout est adressé au préfet, qui délivre un mandat par *duplicata* (Instruction ministérielle de 1823).

Si un ecclésiastique a reçu plus qu'il ne lui est dû, le remboursement doit s'opérer, soit en retenant son *traitement*, à moins qu'il ne préfère reverser; soit en l'obligeant à reverser, s'il n'a pas de *traitement* à recevoir (même instruction).

Les héritiers peuvent réclamer le montant du *traitement* qui était dû au prêtre auquel ils succèdent. Il leur suffit de présenter un extrait de l'acte de décès, et un acte authentique prouvant leur qualité d'héritiers.

§ 4. *Nature des* TRAITEMENTS *ecclésiastiques et obligations qu'ils imposent*.

Cette question, qui est d'une haute importance, a été fort bien traitée par M. l'abbé Mathieu, dans une dissertation insérée dans le tom III des DEVOIRS *du sacerdoce*, qu'il a publiés en 1838. Cet ecclésiastique aussi savant que modeste a bien voulu nous permettre de profiter de son travail. Nous allons en conséquence le rapporter ici en grande partie.

I. Les *traitements* ecclésiastiques représentent-ils et remplacent-ils les bénéfices aliénés par l'Etat? Cette question, répond notre digne ami, dépend évidemment des conditions que l'Etat s'est imposées en aliénant ces bénéfices et en fondant les *traitements* ecclésiastiques; et de celles que le pouvoir ecclésiastique a exigées ou acceptées en sanctionnant la vente des biens du clergé, et en instituant de nouveaux titres à la place des anciens bénéfices. La réponse à cette question doit se trouver tout entière dans les lois d'appropriation et de vente par l'Etat des biens du clergé; dans les bulles, brefs, etc. du pape sanctionnant cette aliénation; dans les lois et décrets sur l'érection de nouveaux titres ecclésiastiques, et dans la fondation de ces titres par le pouvoir ecclésiastique.

1° En saisissant et en aliénant les biens du clergé, l'Etat s'est imposé la condition et l'obligation de pourvoir autrement aux fins auxquelles ils étaient employés par l'Eglise. Nous allons citer en preuve de cette assertion quelques-unes des principales lois sur la matière.

La loi du 2 novembre 1789 porte:

« ART. 1er Tous les biens ecclésiastiques sont à la disposition de la nation, à la charge de pourvoir, d'une manière convenable, aux frais du culte, à l'entretien de ses ministres et au soulagement des pauvres, sous la surveillance et d'après les instructions des administrateurs des provinces.

« ART. 2. Dans les dispositions à faire pour subvenir à l'entretien des ministres de la religion, il ne pourra être assuré à la dotation d'aucune cure moins de 1,200 livres par année, non compris le logement et les jardins en dépendant. »

L'Etat s'impose les mêmes obligations en abolissant les dîmes; la loi du 21 septembre 1789 porte:

« ART. 5. Les dîmes de toute nature et les redevances qui en tiennent lieu... sont abolies, sauf à aviser aux moyens de subvenir d'une autre manière, à la dépense du culte divin, à l'entretien des ministres des autels, au soulagement des pauvres, aux réparations et reconstructions des églises et presbytères, etc.

« ART. 13. Les déports, droits de côte-morte, dépouilles, *vacat*, droits censéaux, deniers de saint Pierre et autres du même genre établis en faveur des évêques, archidiacres, archiprêtres, chapitres, curés primitifs et tous autres.... sont abolis, sauf à pourvoir ainsi qu'il appartiendra, à la dotation des archidiacres et des archiprêtres qui ne seraient pas suffisamment dotés. »

Il s'impose également les mêmes conditions et obligations en décrétant la saisie et vente des immeubles affectés à l'acquit des fondations; la loi du 10 février 1791 porte:

« ART. 1er Les immeubles réels affectés à l'acquit des fondations, des menses et autres services.... seront vendus dès à présent, dans la même forme et aux mêmes conditions que les biens nationaux.

« Art. 2. Pour tenir lieu, aux curés et autres, attachés auxdites églises.... de la jouissance qui leur avait été laissée provisoirement pour l'acquit desdites fonctions, il leur sera payé, jusqu'à ce qu'il en soit autrement ordonné, sur le trésor public, par les receveurs des districts, l'intérêt à quatre pour cent, sans retenue, du produit net de la vente desdits biens.

« Art. 3. Toute vente d'immeubles réels desdites fondations faites jusqu'à présent dans les formes.... sont validées.... à la charge de l'intérêt à quatre pour cent, payable sur le trésor public.... »

La loi du 19 juillet 1792 ordonne la vente des palais épiscopaux, en mettant également le logement des évêques à la charge de l'Etat (art. 1, 2 et 3).

L'Etat s'impose la même obligation, en décrétant la vente des immeubles affectés aux fabriques des églises; la loi du 19 août 1792 porte :

« Art. 1er. Les immeubles réels affectés aux fabriques des églises cathédrales, paroissiales et succursales.... seront vendus dès à présent

« Pour tenir lieu aux fabriques.... de la jouissance qui leur avait été laissée provisoirement...., il leur sera payé sur le trésor public.... l'intérêt à quatre pour cent, sans retenue, du produit net de la vente d'iceux. »

Nous pourrions citer beaucoup d'autres dispositions de notre législation qui imposent à l'Etat les mêmes obligations, mais celles-ci suffiront bien, ce nous semble, pour prouver, avec la dernière évidence, qu'en s'appropriant et en aliénant les biens du clergé, l'Etat s'est imposé la condition, ou s'est reconnu l'obligation de pourvoir autrement aux fins auxquelles ces biens de toute nature étaient consacrés, c'est-à-dire, aux frais du culte, à l'entretien de ses ministres, au soulagement des pauvres, aux réparations et reconstructions des églises et des presbytères, etc., ainsi qu'il est formellement spécifié dans les lois que nous avons citées.

2°. Mais l'autorité ecclésiastique compétente a-t-elle ratifié ces aliénations et agréé les conditions auxquelles elles furent faites par l'Etat ? oui. En effet, ces aliénations sont ratifiées par l'article 13 du concordat (*Voyez* CONCORDAT de 1801); elles sont, en outre, spécialement ratifiées par la bulle de Pie VII, du 18 des calendes de septembre 1801, portée pour la ratification du concordat (*Voyez* cette bulle sous le mot CONCORDAT, col. 608 du tom. Ier de ce cours). Et les conditions que l'Etat s'était imposées, les obligations qu'il s'était reconnues de pourvoir autrement aux fins auxquelles les biens du clergé étaient consacrés, non-seulement ont été acceptées par l'Eglise, mais elles ont été exigées et plus ou moins formellement stipulées. Il est dit, dans la bulle sus-mentionnée : « Quoique nous eussions vivement
« désiré que tous les temples fussent rendus
« aux catholiques pour la célébration de
« nos divins mystères, néanmoins, comme
« nous voyons clairement qu'une telle con-
« dition ne peut s'exécuter, nous avons cru
« qu'il suffisait d'obtenir du gouvernement
« que toutes les églises métropolitaines, ca-
« thédrales, paroissiales, et autres, non
« aliénées, nécessaires au culte, fussent re-
« mises à la disposition des évêques.... Mais
« les églises de France étant par là même
« dépouillées de leurs biens, il fallait trou-
« ver un moyen de pourvoir à l'honnête en-
« tretien des évêques et des curés. Aussi le
« gouvernement a-t-il déclaré qu'il pren-
« drait des mesures pour que les évêques et
« les curés de la nouvelle circonscription
« eussent une subsistance convenable à leur
« état. Il a également promis de prendre des
« mesures convenables pour qu'il fût permis
« aux catholiques français de faire, s'ils le
« voulaient, des fondations en faveur des
« églises.... » (*Voyez* FONDATIONS.) Les articles 12, 14 et 15 du concordat, formulent ces divers engagements de l'Etat envers l'Eglise.

Du reste, il ne peut venir en pensée à personne, qu'en ratifiant l'aliénation de ses biens par l'Etat, l'Eglise n'eut pas voulu ratifier les conditions que l'Etat s'était imposées, les obligations qu'il s'était reconnues, de subvenir autrement aux besoins que ces biens étaient destinés à satisfaire. Donc, et par les lois qui ont déclaré *biens nationaux* les biens du clergé, et par celles qui les ont aliénés, et par le concordat, etc., l'Etat est resté avec l'obligation de satisfaire, par des moyens quelconques, aux besoins que les biens du clergé étaient destinés à satisfaire : donc les moyens quelconques, par lesquels l'Etat pourvoit aux frais du culte, à l'entretien de ses ministres, au soulagement des pauvres, aux réparations et reconstructions des églises, etc., représentent non les bénéfices ecclésiastiques, mais les revenus de ces bénéfices.

Cette dernière conclusion nous semble pleinement évidente; mais il n'est pas inutile de l'environner de nouvelles lumières. L'assemblée nationale en déclarant dans son décret du 2 novembre 1789, rapporté plus haut, que *tous les biens ecclésiastiques sont à la disposition de la nation, à la charge d'être pourvu par elle, d'une manière convenable, aux frais du culte, à l'entretien de ses ministres, et au soulagement des pauvres*, montre l'intention bien positive de rester détentrice du fonds, et de ne fournir que ce qui sera nécessaire pour représenter les revenus de ce fonds. Cela est tellement clair, qu'elle décrète qu'*il ne pourra être assuré moins de 1200 livres par an, non compris le logement et les jardins, à la dotation d'aucune cure*. Les conditions que l'Etat s'impose par le décret d'abolition des dîmes, porte évidemment le même caractère; mais cet esprit se montre surtout dans les décrets des 10 février 1791 et 19 août 1792, qui assurent aux fabriques et aux prêtres attachés au service des églises, *l'intérêt à quatre pour cent du produit net de la vente des immeubles réels qui étaient affectés aux fabriques et à des fondations*.

Sans doute le législateur n'a pas dit formellement, toutes les fois qu'il a pourvu, par des moyens quelconques, aux frais du culte, à l'entretien de ses ministres, au soulagement des pauvres, aux réparations et reconstructions des églises et des presbytères, etc., qu'il voulait par là satisfaire à l'obligation qu'il s'en était reconnue en aliénant les fonds du clergé, et que, détenteur de ces fonds, il en représenterait ainsi les revenus; mais aussi cela n'était nullement nécessaire; et, puisqu'il s'était si souvent et si formellement imposé ces conditions et reconnu ces obligations, il est bien évident que par tout ce qu'il décrète et statue, pour y pourvoir, il satifait à ses obligations antérieures : or, il s'est déclaré détenteur des fonds, et ne vouloir représenter que les revenus.

L'exception confirme la règle ; or, il y a toute une législation exceptionnelle pour restituer, soit aux hôpitaux, soit aux fabriques, tous les anciens biens, dits nationaux, qui, à une certaine époque, n'ont pas été aliénés, ou pour le recouvrement desquels il n'aurait été fait aucune démarche juridique. Les lois, décrets et arrêtés des 4 ventôse, 7 messidor, an VII, et 27 frimaire, an XI, etc., cèdent toutes les rentes de cette nature aux hospices, et par là l'Etat satisfait à l'une des obligations qu'il s'est reconnues, celle du soulagement des pauvres.

L'arrêté du 7 thermidor, porte :

« Art. 1er. Les biens des fabriques, non aliénés, ainsi que les rentes dont elles jouissaient, et dont le transfert n'a pas été fait, sont rendus à leur destination.

« Art. 2. Les biens des fabriques des églises supprimées seront réunis à ceux des églises conservées, et dans l'arrondissement desquelles ils se trouveront. »

Les décrets du 15 ventôse, an XIII, du 31 juillet 1806, etc., etc., sont dans le même esprit, et satisfont de même à certains besoins matériels des églises. Cette intention se montre surtout d'une manière frappante, dans l'un des considérants de ce dernier décret qui est inséré sous le mot PRESBYTÈRE.

Ainsi, des quatre obligations que l'Etat s'est reconnu obligé de remplir, par le fait de l'aliénation des biens du clergé, il en est trois auxquelles il a satisfait par de nouvelles fondations, acceptées ou exigées par le pouvoir ecclésiastique, soit en restituant les biens non aliénés, soit en dotant les hôpitaux, en fondant des bureaux de charité, soit en imposant certaines charges aux communes, pour l'entretien, réparations et reconstructions des églises, des presbytères, et les frais du culte, etc. Toutefois, ces fondations ne font plus une masse identique dont les revenus doivent être divisés en quatre parties ; chacune a sa destination propre. Par conséquent, il n'est point satisfait par là aux besoins personnels du clergé, et il n'a rien à prétendre sur ces fondations.

D'ailleurs, aucune fondation n'a été faite pour l'entretien des ministres du culte ; l'Etat a pourvu à ses besoins par un *traitement* annuel, qui, comme nous l'avons déjà vu, représente le revenu, et non le capital, des anciens bénéfices. Il suit de ceci, que ce *traitement* non-seulement ne représente que le revenu, mais encore qu'il ne représente que la part du revenu qui était destinée à l'entretien des ministres du culte.

3° En érigeant de nouveaux titres, l'Eglise a accepté non-seulement les fondations susdites, mais aussi le *traitement* fait au clergé, comme représentant la part des revenus des anciens bénéfices qui étaient destinés à l'entretien des ministres du culte.

Nous avons cité plus haut la bulle de Pie VII ; voici maintenant comment s'exprime le cardinal légat *a latere*, dans le décret d'érection des nouveaux diocèses, etc. : « Après
« avoir érigé les églises métropolitaines et
« cathédrales, il nous resterait encore à ré-
« gler ce qui regarde leur dotation et leurs
« revenus, suivant la pratique observée par
« le saint-siège ; mais, attendu que le gou-
« vernement français, en vertu de la con-
« vention mentionnée, a pris sur lui le soin
« de cette dotation, pour nous conformer,
« néanmoins, autant qu'il est possible, à
« cette coutume dont nous venons de parler,
« nous déclarons que la dotation de ces mê-
« mes églises sera formée des revenus qui
« vont être assignés par le gouvernement à
« tous les archevêques et évêques, et qui,
« comme nous l'espérons, seront suffisants
« pour leur donner les moyens de soutenir
« décemment les charges attachées à leur di-
« gnité, et d'en remplir dignement les fonc-
« tions.... Les mêmes archevêques et évêques
« déclareront que les revenus qui devront être
« assignés à chaque église paroissiale, con-
« formément à ce qui a été réglé par la con-
« vention ci-dessus mentionnée, tiendront
« lieu à ces églises de dotation. » Voilà le commentaire bien clair et bien formel de cette stipulation du concordat : « Art. 14. Le gouvernement assurera un *traitement* convenable aux évêques et aux curés, dont les diocèses et les cures seront compris dans la circonscription nouvelle. » Ainsi, aux yeux de l'Eglise, et elle l'a formellement et solennellement déclaré dans le décret d'érection des nouvelles églises et des nouveaux titres, les *traitements* ecclésiastiques non-seulement représentent et remplacent la partie des revenus des anciens bénéfices qui étaient destinés au clergé, mais *ils sont la dotation en revenus des nouvelles églises métropolitaines, cathédrales et paroissiales ; dotation destinée au soutien des charges épiscopales et curiales*, ou à l'entretien des ministres du culte.

Il nous semble donc que la nature des *traitements* ecclésiastiques ne peut être plus claire : ils sont une indemnité due par le gouvernement, stipulée par l'Eglise, et qui représente une des quatre parties des revenus des anciens bénéfices (*Voyez* BÉNÉFICES).

II. La nature des *traitements* ecclésiastiques n'a-t-elle pas changé? l'État n'en a-t-il pas fait un simple salaire?

Nous avons ouï dire que divers arrêts des cours royales et de la cour de cassation, ont jugé en ce sens, et que le budget ecclésiastique est annuellement voté en ce même sens par les chambres. Nous étions dans l'intention d'examiner ceci avec quelque détail, mais les simples questions préjudicielles que nous allons poser, nous ont fait juger cet examen complètement inutile. En effet, une loi, et à plus forte raison toute une législation comme celle par laquelle l'État s'est reconnu l'obligation, en conséquence de l'aliénation des biens du clergé, de subvenir aux frais du culte, à l'entretien de ses ministres, etc., ne peut être révoquée que par une loi postérieure qui ait une égale autorité, et qui formule expressément la révocation ; or, nous ne connaissons, et l'on ne cite aucune loi de cette nature. Aussi la législation susdite, sauf des particularités modifiées par des lois postérieures, est toujours dans le même sens, est en pleine vigueur.

Mais l'État peut-il changer la nature des obligations qu'il s'est reconnues envers le clergé? Non; car la nature de ces obligations résulte d'actes irrévocablement accomplis, et non d'une charge que l'État se soit librement imposée.

En outre, l'État peut-il changer la nature d'obligations formellement et solennellement stipulées par un tiers, et sans le concours de ce tiers?.... Poser cette question, c'est la résoudre.

Sans doute, l'État peut tout cela matériellement et nominativement, puisqu'il est dépositaire de la force; mais nous parlons pour d'autres que pour ceux qui ne voient que la lettre, qui tue ; nous parlons pour ceux aux yeux de qui il n'y a que l'esprit qui vivifie.

Pourrions-nous, d'ailleurs, accepter le *traitement* ecclésiastique comme un salaire de l'État, et ne plus y voir une indemnité bénéficiaire? Qu'on y prenne garde; demander cela, c'est demander si nous pouvons administrer au nom de l'État. Si nous pouvons nous regarder comme ministres d'une religion nationale, dont le pouvoir politique serait le chef suprême.... Tout cela nous semble trop clair pour qu'il ne soit pas superflu d'entrer dans l'examen dont nous parlions.

III. Les *traitements* ecclésiastiques imposent-ils les obligations qu'imposait la partie des revenus qu'ils représentent, en sorte que les lois canoniques sur la matière leur soient applicables?

Oui, et d'abord par conclusion. En effet, puisqu'en aliénant les biens du clergé, l'État s'est reconnu l'obligation d'indemniser l'Église, en représentant les revenus des bénéfices pour subvenir aux frais du culte, à l'entretien de ses ministres, au soulagement des pauvres, aux réparations et reconstructions des édifices, etc; puisque l'Église a ratifié cette aliénation, accepté et stipulé ces *traitements* qui représentent les revenus des bénéfices aliénés, puisqu'elle a solennellement déclaré que ces *traitements* forment la dotation des nouvelles églises; il nous semble de toute évidence que ces *traitements* imposent les mêmes obligations que les revenus des bénéfices qu'ils représentent, en sorte que les lois canoniques sur la matière, leur sont tout à fait applicables.

Mais entrons dans les détails de quelques preuves directes. La bulle de ratification du concordat porte : « Comme il faut dans l'É-
« glise veiller à l'instruction des ecclésias-
« tiques, et donner à l'évêque un conseil
« qui lui aide à supporter le fardeau de l'ad-
« ministration spirituelle, nous n'avons pas
« omis de stipuler qu'il existerait dans cha-
« que cathédrale conservée, un chapitre, et
« dans chaque diocèse un séminaire. » Le décret d'érection du cardinal légat porte à cet égard ce qui suit : « Parmi les autres
« choses que notre très-saint père nous a
« ordonnées dans les lettres apostoliques...,
« il nous a recommandé en particulier, de
« prendre les moyens que les circonstances
« pourront permettre, pour qu'il soit établi
« de nouveaux chapitres..., et nous avons
« reçu à cet effet... la faculté de subdélé-
« guer pour tout ce qui concerne cet objet.
« Usant donc de cette faculté qui nous a
« été donnée, nous accordons aux archevê-
« ques et évêques qui vont être nommés, le
« pouvoir d'ériger un chapitre dans leurs
« métropoles et cathédrales respectives, dès
« qu'ils auront reçu l'institution canonique
« et pris en main le gouvernement de leur
« diocèse, y établissant le nombre de digni-
« tés et d'offices qu'ils jugeront convena-
« bles dans les circonstances, pour l'hon-
« neur et l'utilité de leurs métropoles et ca-
« thédrales, *en se conformant en tout à ce qui
« est prescrit par les conciles et les saints ca-
« nons*, et à ce qui a été constamment ob-
« servé dans l'Église. Nous exhortons les
« archevêques et évêques, d'user le plus tôt
« qu'il leur sera possible de cette faculté
« pour le bien de leur diocèse, l'honneur de
« leurs églises... pour la gloire de la reli-
« gion, et pour se procurer à eux-mêmes un
« secours dans les soins de leur administra-
« tion, se souvenant de ce que l'Église pres-
« crit touchant l'érection et l'utilité des
« chapitres... Or, afin que la discipline ec-
« clésiastique, sur ce qui concerne les cha-
« pitres, soit observé dans ces mêmes égli-
« ses métropolitaines et cathédrales, les ar-
« chevêques et les évêques qui vont être
« nommés, auront soin d'établir et d'ordon-
« ner ce qu'ils jugeront dans leur sagesse
« être utile au bien de leur chapitre, à leur
« administration, gouvernement et direc-
« tion, à la célébration des offices, à l'ob-
« servance des rites et cérémonies, soit dans
« l'Église, soit au chœur, et à l'exercice de
« toutes les fonctions qui devront être rem-
« plies par ceux qui en posséderont les offi-
« ces et les dignités. La faculté sera néan-
« moins laissée à leurs successeurs de chan-
« ger ces statuts, si les circonstances le
« leur font juger utile et convenable, après

« avoir pris l'avis de leurs chapitres respec-
« tifs. Dans l'établissement de ces statuts,
« comme aussi dans les changements qu'on
« y voudra faire, *on se conformera religieu-*
« *sement à ce que prescrivent les saints ca-*
« *nons*, et on aura égard aux usages et aux
« louables coutumes autrefois en vigueur,
« en les accommodant à ce qu'exigeront les
« circonstances. »

Il nous semble qu'on ne peut rien désirer de plus clair sur l'article des chapitres, pour lesquels cependant, il n'avait pas été stipulé de *traitement*, et dont le souverain pontife confiait l'entretien aux évêques, puisque leur *traitement* est déclaré dotation de leurs églises. Les pièces authentiques ne sont peut-être pas aussi satisfaisantes sur l'article des curés, citons les cependant. Le concordat porte : « Art. 9. Les évêques feront une nouvelle circonscription des paroisses de leur diocèse... art. 10, les évêques nommeront aux cures..., art. 14, le gouvernement assurera un *traitement* aux curés... dont les cures seront comprises dans la circonscription nouvelle. » « Après avoir éta-
« bli les nouveaux diocèses, » dit la bulle de ratification; « comme il est nécessaire que
« les limites des paroisses le soient égale-
« ment, nous voulons que les évêques en
« fassent une nouvelle distribution. Le droit
« de nommer les curés appartiendra aux
« évêques, qui ne pourront choisir que des
« personnes douées des qualités requises
« par les saints canons. »

Enfin dans le décret d'érection (*Voyez* ce décret dans le tome Ier, col. 618). Le cardinal légat établit plusieurs choses qui nous semblent fort claires : 1° que les curés ont remplacé tous les anciens titulaires de bénéfices à charge d'âmes, quel que fût leur nom ou leur titre; 2° qu'ils ont tous les mêmes offices, les mêmes obligations, les mêmes droits et devoirs qu'avaient les anciens titulaires de bénéfices à charge d'âmes; 3° qu'ils sont soumis aux lois ecclésiastiques qui règlent la matière, comme l'étaient les anciens titulaires. Or, il nous semble qu'il n'en faut pas davantage pour décider la question que nous avons posée. Si cependant on désire quelque chose de plus explicite et de plus formel, voici deux décisions authentiques de la sacrée pénitencerie, qui en mentionne une précédente du saint-siège, et qui devront satisfaire à toutes les exigences.

« On a demandé souvent, dit monseigneur Devie (*Rituel de Belley*, tome I, part. IV, tit. 2, § 8, 2e édit. 1834), si le *traitement* que les ecclésiastiques reçoivent du gouvernement, devait être regardé comme un revenu de bénéfice, et était grevé des mêmes obligations de conscience. Nous répondons affirmativement, et nous appuyons cette réponse sur une décision de la pénitencerie, adressée au supérieur du séminaire de Namur, et à d'autres prêtres, dont la teneur suit :

DECRETUM SACRÆ POENITENTIARIÆ.

An salaria quæ in Belgio solvuntur a gubernio pastoribus et canonicis induant naturam beneficiorum seu bonorum ecclesiasticorum, et annexam habeant obligationem inhærentem his bonis, scilicet strictam et canonicam obligationem expendendi superflua pauperibus seu piis causis et residentiæ, sub pœna non faciendi fructus suos?

Sacra pœnitentiaria, perpensis expositis, respondit jam a sancta sede, de concilio secreto congregationis, responsum fecisse affirmative
Datum Romæ, die 19 *januarii* 1819.

Sacra pœnitentiaria, consulta an illa responsio applicari debeat salariis quæ pastoribus et canonicis regni Galliarum a gubernio solvuntur, respondendum censuit affirmative.

Datum Romæ, in sacra pœnitentiaria, die 19 *augusti* 1821.

Monseigneur de Belley, qui rapporte ces deux décisions, ajoute ce qui suit :

« Tous les ecclésiastiques qui tirent un *traitement* du gouvernement et qui remplissent des emplois équivalents à ceux qui étaient regardés comme bénéfices, tels que les évêques, les chanoines, les curés, les succursaux, sont donc obligés, par justice, à la résidence et à l'accomplissement des devoirs attachés à la place qu'ils occupent; ils sont encore obligés à verser leur superflu dans le sein des pauvres, ou à faire d'autres bonnes œuvres, comme l'étaient les anciens bénéficiers. Qu'on lise attentivement les théologiens et les casuistes sur cet important article, et on se tracera une conduite différente de celle qu'on suit malheureusement trop souvent pendant la vie, et à l'article de la mort. »

Cette conclusion du très-digne évêque de Belley, nous semble conçue en termes trop généraux, trop peu explicites, et par conséquent capables d'inquiéter certaines consciences. Après avoir posé les principes incontestables sur la matière, nous croyons très-important d'entrer dans quelques détails pratiques. C'est surtout ici qu'il faut être réservé, ne tirer des principes que ce qui y est réellement contenu, et ne pas imposer certains devoirs que des conditions de position nouvelle rendent ou impossibles ou onéreux, au delà de ce que peut l'homme. Il faut reconnaître les conséquences des principes, mais ne pas imposer des fardeaux qu'on ne voudrait pas toucher du bout du doigt!

IV. Quelle est la mesure exacte des devoirs que le *traitement* ecclésiastique impose au clergé?

Nous avons démontré précédemment que le *traitement* ecclésiastique est une indemnité bénéficiale qui représente la partie des revenus des bénéfices, laquelle était destinée à l'honnête entretien des bénéficiers ; d'où il suit que les *traitements* ecclésiastiques imposent aux titulaires les mêmes obligations que les revenus des bénéfices imposaient aux bénéficiers, pourvu d'ailleurs que la position et la conduite des titulaires actuels soit ce qu'étaient celles des bénéficiers. Il serait donc important de savoir quelles obligations les revenus bénéficiaux imposaient aux bénéficiers ; mais comme l'enseignement commun sur la matière se trouve dans toutes les théologies, nous nous contentons d'y renvoyer. Tout le monde sait que les bénéficiers étaient obligés *sub gravi* et même *ex justitia*, d'employer le superflu des revenus de leurs bénéfices en œuvres pies (Liguori, *Theol. moral. lib.* III, n. 490); donc la même obligation incombe aux titulaires actuels. Mais il est nécessaire de savoir en quoi consistent les *traitements* ecclésiastiques, parce qu'on pourra nous dire qu'il est impossible qu'aucun titulaire ait du superflu de son *traitement*.

Le *traitement* du clergé se compose : 1° de la somme votée annuellement au budget de l'Etat, et payée trimestriellement aux titulaires, conformément aux articles organiques et les lois subséquentes; 2° du logement des évêques et des curés, et des jardins qui en dépendent (Voyez les articles organiques 71 et 72); 3° des suppléments de *traitement* faits aux titulaires par les départements ou par les communes (art. org. 67; arrêté du 18 germinal an XI); 4° des fondations qui ont pour objet l'entretien des ministres du culte (art. org. 73); 5° enfin ce *traitement* se compose de toute espèce de casuel connu sous le nom d'oblations (art. org. 68 et 69).

Ainsi, et pour nous résumer, le *traitement* ecclésiastique se compose de tout ce dont jouissent, de tout ce que touchent et de tout ce à quoi ont droit les ecclésiastiques, légalement, en leur qualité d'évêque, de chanoine, de vicaire général, de curé, ou de vicaire. C'est ainsi que le gouvernement a satisfait à l'obligation qu'il s'était reconnue et à l'engagement qu'il avait pris dans le concordat, de faire aux membres du clergé un *traitement* suffisant et convenable; tout le monde voit bien que le gouvernement n'aurait pas satisfait à ce devoir en assurant un *traitement* qui, pour le clergé du second ordre, est de 300, 800, 1,200 et 1,500 francs. L'autorité ecclésiastique qui stipulait pour le clergé de France, ayant laissé au gouvernement le soin de régler ce *traitement* comme il l'entendrait, il lui était parfaitement loisible de l'assurer de telle manière ou de telle autre. La constitution civile du clergé et le décret du 24 juillet 1790, interdisaient toute espèce de casuel, de quête ou passion; mais aussi ils portaient le *traitement* en argent, pour le clergé du second ordre, depuis le premier vicaire épiscopal et les premiers curés, jusqu'au dernier vicaire de campagne de 700 livres à 6,000 livres, somme qui vaudrait bien aujourd'hui de 1,200 francs à 10,000 francs.

Nous pouvons donc dire en général que le *traitement* ecclésiastique tel qu'il est maintenant est suffisant, sauf quelques exceptions, et que plusieurs titulaires ont du superflu.

Mais le superflu des titulaires actuels peut-il être le même que celui des anciens bénéficiers? Non; car les positions et les conditions ne sont plus les mêmes. Tous les bénéficiers étaient inamovibles, et ne pouvaient être dépossédés que par un jugement canonique dont les formalités rendaient les cas extrêmement rares (*Voyez* INAMOVIBILITÉ). Par conséquent, les bénéficiers avaient leur avenir assuré, et un cas de maladie, d'infirmité ou de vieillesse, ne les dépossédait pas. Leur superflu par conséquent était facile à compter, comme il peut l'être encore pour les curés de canton, et pour tous ceux qui, à l'article de la mort, ont à faire des dispositions testamentaires pour des fonds d'origine ecclésiastique.

Mais il n'en va pas ainsi pour le pauvre recteur de succursale. Outre qu'il est très-rare qu'il ait du superflu d'une année à l'autre, rien ne lui est moins assuré que son titre, et il ne peut compter sur aucun avenir. S'il parvenait à se créer du superflu annuel de son *traitement*, une rente qui pût représenter l'inamovibilité des anciens bénéficiers, et lui assurer son existence; nous dirions que ce qui est au delà est du superflu, jusque-là nous n'oserions pas même dire qu'il a le suffisant.

Cela posé, il est facile de voir ce que peut être le superflu d'un chanoine, d'un curé de canton, et enfin d'un recteur. Or, nous disons que pour tous, dès qu'il y a superflu, soit pendant la vie, soit à l'article de la mort, l'enseignement théologique, le droit canon et les décisions de la sacrée pénitencerie sont applicables aux ecclésiastiques à *traitement* comme ils l'étaient aux bénéficiers.

TRANSACTION.

En matières ecclésiastiques, les *transactions* peuvent avoir lieu, même sur les choses spirituelles. Les canons ne réprouvent que les actes simoniaques, où le spirituel est donné en considération du temporel; ils permettent le transport ou la cession mutuelle de deux droits ou deux choses spirituelles, et c'est par le moyen de cette distinction que la glose sur le chapitre *Statuimus*, *de Transact.* concilie ces autorités opposées en apparence sur la question, si indistinctement on ne peut transiger sur les choses spirituelles. Les canons *Generalis, dist.* 54 ; *Ex antiquis*, 10, *qu.* 2 ; *Casellas* ; *Si illic* 23, *qu.* 4 ; *Ad quæstiones, de Rer. permut.*, sont pour l'affirmative ; ceux qui suivent sont pour la négative : *Quam pio* 1, *qu.* 2 ; *Cum pridem* ; *Pactiones, de pact* ; *Constitutus de transact.* ; *Decimas quas* 13, *qu.* 2 ; *In Ecclesiastico* 1, *qu.* 1 ; *Super eo, de Transact.*

TRANSLATION.

C'est l'acte par lequel on transfère une chose ou une personne d'un lieu à un autre. Ce mot reçoit ici trois applications particulières, c'est-à-dire qu'il doit y être parlé de la *translation*, 1° des bénéfices, 2° des bénéficiers, 3° des religieux.

§ 1. TRANSLATION, BÉNÉFICE

On distingue deux sortes de *translations* de bénéfices : les *translations* perpétuelles, et celles qui ne sont qu'à temps.

Les *translations* à temps n'apportent ordinairement aucun changement au titre des bénéfices; ce n'est plutôt qu'une *translation* de la desserte du bénéfice que du bénéfice même, comme si une église paroissiale était, soit à cause de la ruine de l'édifice, soit à cause de la disette d'habitants, transférée à une église voisine ou à une succursale de la même paroisse (*Voyez* SUCCURSALE). Cette *translation*, qui se fait par l'autorité de l'évêque, n'érigerait point en cure l'église voisine ou la succursale, et ne changerait rien par conséquent au titre de la paroisse qui serait abandonnée.

Il n'en est pas de même des *translations* perpétuelles. Comme elles se font par la suppression du titre de l'église que l'on veut quitter, et par la nouvelle création de ce même titre dans l'église que l'on veut occuper, elles changent l'état du bénéfice transféré, et lui font perdre ses priviléges : *Translata ecclesia, omnia jura ad eam pertinentia transeunt in ecclesiam ad quam facta est translatio* (Fagnan, *in c. Extirpanda,* § *Qui vero de Præb.*, n. 6). Mais ces formalités ne peuvent se faire sans grande cause et sans les formalités nécessaires.

Les causes pour les *translations* d'évêchés sont : la petitesse du lieu, son état ruiné, le petit nombre du clergé séculier et régulier, le peu de population, les habitants avec lesquels l'évêque ne saurait vivre.

Pour les *translations* des abbayes et autres bénéfices, le voisinage des hérétiques qui empêcheraient le service divin, le mauvais air du lieu, la difficulté des chemins pour y arriver, les voleurs répandus, lorsqu'on ne peut les expulser, le plus grand bien du bénéfice, et enfin la commune utilité de l'Eglise: c'est sur toutes ces choses qu'on doit dresser le procès-verbal *de commodo et incommodo*.

Les *translations* des évêchés ne se font que par l'autorité du pape; celles des autres bénéfices peuvent être faites par les ordinaires, avec les mêmes formalités que pour les érections (*Voyez* ÉRECTION).

Le concile de Mayence et quelques capitulaires de nos rois ordonnent aux évêques de visiter les monastères, et de voir s'ils sont dans un lieu et dans un état convenable, et s'ils doivent être transférés dans un autre lieu. Un décret du pape Boniface, rapporté par Yves de Chartres, défend qu'un monastère soit transféré, si ce n'est de l'avis et du consentement de l'évêque (*Mémoires du Clergé*, tom. IV, pag. 995).

A l'égard de la *translation* des monastères des religieuses, voyez RELIGIEUSES.

Sur le fondement de cette règle de droit, *semel Deo dicatum, de Reg. jur. in 6°*, on ne peut mettre, dans un décret de *translation*, que l'église abandonnée devienne un lieu séculier et profane; on y laisse, selon l'exigence des cas, des prêtres pour y faire le service divin. Une église, d'où l'on transfère le siège épiscopal, est érigée ordinairement en cure. Il ne s'agit point ici des succursales ou annexes démembrées des paroisses matrices (*Voyez* PAROISSE, SUCCURSALE).

§ 2. TRANSLATION *des évêques.*

Les canons n'ont jamais permis les *translations* des évêques que lorsque la nécessité ou l'utilité des églises l'ont demandé. La nécessité, quand le siège épiscopal a été détruit ou qu'il a passé entre les mains des infidèles, ou que quelque semblable raison a mis l'évêque dans l'impuissance de faire ses fonctions dans son église; l'utilité, lorsque l'évêque, qui a des talents extraordinaires, se trouve dans un petit évêché, où il y a peu de bien à faire, par rapport à ses talents, et qu'on a lieu de croire qu'il fera de grands biens dans un siège plus élevé. L'utilité des Eglises peut encore requérir la *translation*, lorsque l'évêque a le malheur de déplaire au peuple qu'il gouverne par la faute du peuple, et qu'il est désiré par un autre peuple qui promet de profiter de ses peines (c. 13, *de Ap.*). C'est encore à cause de la même obligation de demeurer dans le titre de son ordination, que les canons ont ordonné des peines très-sévères contre ceux qui se font transférer (c. 2, *de Elect.*). Il y en a qui ont voulu qu'on leur refusât la communion même laïque à la mort; les autres ont voulu qu'ils fussent privés de l'évêché qu'ils avaient, en punition de ce qu'ils l'avaient méprisé, et de celui qu'ils avaient voulu avoir, pour les punir de leur ambition (c. 3, *de Translat.*). Ces règles, étant jugées très-justes et très-importantes, ont été insérées dans le corps du droit.

La rigueur des canons contre les *translations* des évêques, fondée sur leur étroite obligation de demeurer dans le titre de leur ordination, l'élévation de la dignité épiscopale, et l'importance de juger sainement des justes causes des *translations*, et d'être ferme à refuser la dispense, lorsque la nécessité et l'utilité des Eglises ne la demandent pas; toutes ces raisons ont fait réserver au saint-siège l'autorité de transférer les évêques (c. 2, *de Translat.*).

Le droit qu'avaient les souverains pontifes de transférer un évêque d'un siège à l'autre, semblait contestable à plusieurs canonistes, dans les derniers siècles; craignant de décider cette grave question, ils en appelaient, pour son éclaircissement, à l'expérience des siècles à venir. Le temps a marché, et les évènements ont montré que le pape pouvait non-seulement transférer des évêques, mais qu'il avait en lui la puissance de changer la circonscription des diocèses de tout un royaume, de priver les évêques de leur ancien siège, et de placer de nouveaux évêques sur les sièges anciens et nouveaux. C'est là ce qui eut lieu en France, en 1801, lors du rétablissement du culte. Le concordat de 1801 et les bulles de ratification et de circonscription, publiées à cette occasion (*Voyez*, tom. I^{r}, col. 604 et suivantes), constatent un pouvoir qui existait, sans avoir été exercé depuis dix-huit siècles. Nous y ajouterons les documents suivants, qui n'ont pas besoin de commentaire.

Lettre de quatorze évêques, exilés à Londres.

« Très-saint père,

« Nous ne dissimulons pas à votre béatitude la grave douleur qui affecta nos âmes, aussitôt que nous reçûmes les lettres de Votre Sainteté, en date du 15 août 1801, l'an second de son pontificat. Cette douleur est si profonde, que, bien qu'il n'y ait pour nous aucun devoir plus cher et plus élevé que d'écouter autant qu'il est en notre puissance, avec une déférence entière, les conseils de votre paternité, cependant cette même douleur nous laisse non-seulement incertains et flottants, mais encore nous contraint, malgré nous, à tempérer notre obéissance.

« La force de ces lettres est telle, que si elles obtenaient jamais ce qu'elles mescrivent, en un seul instant, toutes les églises épiscopales qui existent en France deviendront veuves. Votre Sainteté ne nous apprend pas, et pour avouer librement la vérité, nous-mêmes nous ne concevons pas, comment la viduité subite de toutes les églises de ce vaste empire produira l'effet salutaire de la conservation de l'unité et du rétablissement en France de la religion catholique.

« Certainement l'expérience de toutes les calamités qui depuis beaucoup d'années déchirent la patrie, montre assez tout ce que nous devons craindre des maux et des malheurs qui résulteront pour la chose catholique, de cette viduité simultanée et universelle : la voie à suivre pour éviter ces maux ne peut être ouverte à Votre Sainteté que par une assemblée de tous les évêques de l'Église gallicane.

« Nous ne voulons pas parler ainsi, pour faire entendre qu'il nous est pénible et désagréable de faire un pas en arrière, à travers ces temps de douleurs et de deuil ; au contraire, dans notre faiblesse, nous éprouverions une consolation pour chacun de nous, et un bonheur ineffable pour tous, en nous voyant déchargés d'un si grand fardeau (si toutefois il était permis de penser à quelque *consolation* et à quelque *bonheur*, après que nos esprits ont été brisés sous le poids de tant de maux).

« Mais le droit de notre ministère semble nous demander de ne pas souffrir que l'on rompe jamais facilement ce lien qui nous a unis aux églises immédiatement confiées à notre sollicitude, par la Providence de Dieu, très-bon et très-haut.

« Nous conjurons ardemment Votre Sainteté, de consentir à ce que dans un écrit qui sera transmis incessamment, il nous soit permis d'expliquer et de développer plus au long les arguments sur lesquels nous appuyons notre sentiment. Cependant, remplis de confiance dans l'affection véritablement paternelle de Votre Sainteté à notre égard , nous espérons qu'elle ne déterminera rien de plus sur cette affaire, jusqu'à ce qu'elle ait pesé avec toute l'équité et toute la prudence dont elle est capable, les motifs que des fils allégueront devant un père si pieux.

« Prosternés aux genoux de votre béatitude, nous implorons de toute la force de notre âme la bénédiction apostolique ; nous sommes les très-dévots et très-obéissants fils de Votre Sainteté. »

Londres, 27 septembre 1801.

Lettre de M. Bernier au ministre des relations extérieures sur les démissions.
25 septembre 1801.

« A peine les anciens évêques résidant en France ont-ils connu les dispositions du bref de Sa Sainteté le pape Pie VII, du 15 août dernier, qu'ils se sont empressés d'y obéir ; rien n'est plus expressif et plus conforme à l'esprit de paix qui doit caractériser les ministres de la religion, que les dispositions qu'ils ont manifestées.

« Leur doyen d'âge, l'évêque de Marseille, vieillard de quatre-vingt-douze ans, fait pour donner l'exemple à ses collègues, a écrit le 21 septembre à monseigneur Spina : « Je reçois avec respect et soumission filiale, « le bref que vous m'adressez de la part « de notre saint père le pape ; plein de « vénération et d'obéissance pour ses dé- « crets, et voulant toujours lui être uni « de cœur et d'esprit, je n'hésite pas à remet- « tre entre les mains de Sa Sainteté ma démis- « sion de l'évêché de Marseille. Il suffit qu'elle « l'estime nécessaire à la conservation de « la religion en France, pour que je m'y « résigne. »

« Par attachement pour la religion, » écrivait le même jour l'évêque de Senlis, ci-devant premier aumônier de Louis XVI, « pour conserver l'unité catholique, pour « procurer l'avantage et le bien des fidèles et « seconder les paternelles invitations de Sa « Sainteté, j'abandonne volontairement et de « plein gré le siège épiscopal de Senlis, et « j'en fais la libre démission entre les mains « de Sa Sainteté. »

« L'évêque de Saint-Claude l'avait précédé. Il écrivait dès le 16 du même mois : « Je « respecte trop les ordres de Sa Sainteté « pour ne pas m'y conformer. Aucun sacri- « fice ne me coûtera, lorsqu'il s'agira du ré- « tablissement de la religion et de la gloire de « son divin auteur. »

« Évêque pour le bien des peuples, » a dit l'évêque de Saint-Papoul, « je cesserai de « l'être pour que rien ne s'oppose à leur « union future, trop heureux de pouvoir, à « ce prix, contribuer à la tranquillité de « l'Église et à la prospérité des Français. »

« Je me regarde comme heureux, » a dit, dans le même esprit l'évêque d'Alais, « de « pouvoir concourir par ma démission, au- « tant qu'il est en moi, aux vues de sagesse, « de paix et de conciliation que Sa Sainteté « s'est proposées. Je prie Dieu de bénir ses « pieuses intentions et de lui épargner les « contradictions qui pourraient affliger son « cœur paternel. »

« Les démissions des évêques de Saint-Malo et d'Angers respirent les mêmes sentiments, le même esprit de paix, de déférence et de soumission.

Extrait d'une lettre du cardinal Consalvi en réponse à une note du gouvernement français.

« Le soussigné cardinal secrétaire d'État chargé de faire connaître les intentions de Sa Sainteté, relativement à une lettre à lui communiquée et contenant des demandes du conseiller d'Etat Portalis, a l'honneur de vous exposer ce qui suit, afin que vous vouliez bien le transmettre à cette personne respectable.

« Le saint père n'a rien de plus à cœur que la prompte et entière exécution de la convention signée à Paris le 15 juillet 1801....

« Sa Sainteté a reçu jusqu'ici les réponses de vingt-sept évêques. Elles sont conformes à ses désirs. Ils ont résigné librement leurs diocèses. Sa Sainteté est prévenue qu'elle en recevra d'autres encore. Les évêques résidant à Londres se sont tous refusés, excepté cinq. Les réponses des autres ne sont pas arrivées, et on ne sait pas si, dans leur dispersion actuelle, tous ont reçu le bref, quoiqu'on sache que la transmission a eu lieu. On n'a pas la réponse des autres évêques auxquels, par un bref transmis en même temps que celui qui est relatif aux démissions, on a dû demander le consentement pour le démembrement de leur église et de leur diocèse, qui sont incorporés dans la nouvelle circonscription du diocèse de France.

« Les règles de l'Eglise et l'usage constant du saint-siége apostolique dans ces circonstances, exigeaient que Sa Sainteté attendît les réponses aux brefs transmis. Cet égard est exigé encore dans l'intérêt du corps nombreux et respectable des titulaires français. Cela ôte d'ailleurs tout prétexte de plainte à un grand nombre d'entre eux, frappés du coup inattendu de la demande et de leur démission.

« Il serait utile, pour l'union pacifique du concordat, qu'ils ne vinssent pas se plaindre de n'avoir pas même été entendus, puisqu'ils s'offensent tant de n'avoir pas été entendus auparavant et réclament contre la brièveté du temps assigné de dix jours qu'ils appellent *indiscret et excessif*. Mais, dans une affaire de cette importance, et dans l'état actuel et extraordinaire des choses, dans des circonstances si impérieuses, Sa Sainteté ne veut voir que la religion elle-même et s'apprête à passer sur toutes les règles canoniques, *sauf le dogme*. Sa Sainteté veut faire, en cette circonstance extraordinaire, *tout ce qui ne lui est pas impossible*.

« En conséquence, quoique procéder à la destitution de toute juridiction des titulaires (ce qui est nécessairement une suite d'une suppression d'anciens siéges et d'une création de nouveaux); quoique procéder au démembrement de diocèses qui, appartiennent à d'autres évêques, seront compris dans la nouvelle circonscription, *quoique cette action soit un pas si fort, surtout fait sans le consentement ou l'interpellation des évêques; quoiqu'il n'y en ait aucun exemple dans les dix-huit siècles de l'Eglise*, Sa Sainteté s'est déterminée, pour obtenir le rétablissement de la religion en France et témoigner au premier consul sa condescendance *en tout ce qui ne lui est pas impossible*, à envoyer, comme elle le fait, sa bulle concernant la nouvelle circonscription des diocèses français, telle qu'elle lui est demandée.

« Indépendamment de cette demande, le gouvernement en adresse une seconde, comme l'annonce la note de M. le conseiller Portalis, et la lettre du cardinal légat qui marque les intentions qu'on lui a manifestées dans une audience du premier consul.

« En nommant aux nouveaux diocèses, après l'arrivée de la bulle de la circonscription, il veut que les sujets nommés soient immédiatement institués au nom du saint-siège, et prennent le gouvernement de leurs églises.

« A cet effet, on a demandé à Son Eminence, dans le quatrième article du mémoire présenté, conformément aux ordres du premier consul, par M. l'abbé Bernier, si Son Eminence était autorisée à conférer dans le moment la juridiction aux nouveaux évêques nommés, de manière qu'on pût les consacrer le plus tôt possible, après leur nomination.

« Le pape seul, suivant la discipline établie depuis tant de siècles, doit donner aux évêques l'institution canonique; il n'est pas d'usage que le pape commette à d'autres l'exercice d'un droit si considérable. *Cela s'est toujours fait ainsi*, et directement par le saint-siège.

« On a constamment suivi les formes accoutumées et nécessaires pour connaître l'aptitude du sujet. On faisait dresser par les légats et par les nonces le procès d'information ordinaire; ils les adressaient à Sa Sainteté; on procédait à l'instruction des sujets nommés, en plein consistoire; successivement on expédiait les bulles.

« L'article 4 de la convention a expressément confirmé ce droit, il dit : « Sa « Sainteté conférera l'institution canoni- « que, selon les formes établies par rapport « à la France avant le changement de gou- « vernement. »

« Ces formes étaient celles qui sont précitées, on les lit dans le concordat entre Léon X et François 1er (*Voyez* CONCORDAT de Léon X).

« Nonobstant tout ceci, Sa Sainteté, ferme dans le projet de faire, en ce cas extraordinaire, pour assurer l'avantage de la religion et pour être agréable au premier consul, *tout ce qui ne lui est pas impossible*, s'est déterminée à transgresser des règles si universellement prescrites, ainsi que l'usage constant de l'Eglise et la convention elle-même qui a été signée avec le gouvernement français.

« Sa Sainteté envoie un bref au cardinal légat, et l'autorise, lorsque la nomination du premier consul aura été terminée, et lorsqu'il aura fait dresser les actes accoutumés dans une forme sommaire pour plus de célérité, enfin, lorsqu'il se sera assuré lui-même de l'aptitude des sujets, à les instituer sur-le-champ au nom de Sa Sainteté, et à leur conférer, par le moyen de lettres patentes, la juridiction canonique d'autorité de Sa Sainteté. Ils pourront donc sur-le-champ être consacrés, et aller vaquer à la direction de leurs églises. Ensuite, dans un terme de six mois, ils recevront les bulles du saint-siége. Sa Sainteté annoncera leur nomination dans un consistoire selon le style, et fera part de l'institution qui leur aura été conférée, en cas extraordinaire, par le cardinal légat, au nom de Sa Sainteté..... »

Nous ne rapportons pas le reste de cette lettre qui a rapport aux évêques constitutionnels. On la trouvera en entier dans l'*Histoire du pape Pie* VII, par M. Artaud, tom. 1er pag. 184, édit. in-12).

§ 3. TRANSLATION *des bénéficiers.*

Anciennement, lorsque chaque clerc était attaché pour toujours à l'église où l'évêque l'avait placé, à son ordination, il était défendu aux ecclésiastiques en général de passer d'une église à une autre (*Voyez* EXEAT, INAMOVIBILITÉ); mais cette défense n'empêchait pas, sans doute, que l'évêque ne pût, pour le besoin de son église et pour d'autres causes, ordonner des *translations*, et faire passer les clercs à de nouvelles églises, où leur ministère était plus nécessaire; rien ne prouve mieux cet usage que l'origine des permutations, devenues par la suite de vraies *translations*.

Ce n'est donc point principalement contre les *translations* des clercs inférieurs que tous les Pères se sont élevés; c'est contre les évêques qui, ayant été une fois donnés et consacrés à une certaine église, en sont les pasteurs perpétuels et les époux. De sorte que, suivant le langage de ces mêmes Pères, un évêque qui quitte facilement son église et en épouse une autre, commet une espèce d'adultère spirituel, pernicieux à l'Eglise, scandaleux au peuple, et qui ne procède que d'avarice et d'ambition. C'est là l'idée que donnèrent de ces *translations* les ariens, à qui le canon 15 du concile de Nicée, rapporté sous le mot EXEAT, ne faisait aucune impression; ils passaient fréquemment d'une église à une autre, et toujours d'une moindre à une plus riche. A quoi l'on voulut obvier, dans le concile de Sardique, par les deux premiers canons, où, sur la proposition d'Osius, on régla que les évêques qui passeraient de cette manière d'une église à une autre, seraient privés de la communion laïque, même à la mort: *Ita ut nec laicam in fine communionem talis accipiat, si vero omnibus placet, statuit, synodus respondit, placet.*

La rigueur de ces canons ne tombait que sur les *translations* irrégulières et ambitieuses. Dans ce même temps, comme aujourd'hui, on ne croyait pas qu'un évêque fut tellement obligé de rester sur le siége où il avait été consacré, qu'on ne pût l'en tirer, même pour l'utilité de l'Eglise. Cette dernière raison n'a jamais connu de règle, ou elle en a toujours fait l'exception (*Can. Apostolorum; c. Mutationes, can.* 19 *et seq. caus.* 7, *qu.* 1).

Il paraît, par ces canons et plusieurs autres monuments anciens, que c'était au concile provincial, qu'on appelait *perfectum synodum*, à déterminer la nécessité et l'utilité de la *translation*. Il n'est point permis à un évêque, dit le premier des canons attribués aux apôtres, de quitter son diocèse pour passer à un autre évêché, à moins qu'il n'y ait quelque cause juste, raisonnable, et pour le plus grand bien de l'Eglise; c'est aux évêques de la province, assemblés dans le concile, à examiner si les raisons qu'on propose suffisent pour autoriser la *translation*. C'est ainsi qu'Alexandre fut transféré de l'église de Cappadoce à celle de Jérusalem.

Dans la suite, les *translations* des évêques ont été mises au nombre des causes majeures réservées au pape (*Tit. de Translat. episc.*) (*Voyez* ÉVÊQUE, CAUSES MAJEURES).

Dans le concile de Pise, tenu en 1499, Alexandre V promit qu'il ne transférerait point d'évêques malgré eux, sans de justes causes, et qu'avec le consentement de la plus grande partie des cardinaux. Le concile de Constance renouvela ce décret, et le concile de Bâle le confirma. C'est sur ces autorités, dit le père Thomassin, que Fagnan se fonde pour soutenir, contre le sentiment de plusieurs canonistes, que le pape peut transférer un évêque, même malgré lui (Fagnan, *in c. Cum ex illo n.* 8, *de Translat. episc.* — Thomassin, *Discipl. part.* IV, *liv.* II, *ch.* 56; *part.* III, *liv.* II, 40; *part.* II, *liv.* II, *ch.* 44; *part.* I, *liv.* II, *ch.* 24 *et* 25). (*Voyez* ci-dessus.)

En France, en vertu du concordat de 1801, les *translations* ne se peuvent faire que du consentement du roi et sur sa nomination.

§ 4. TRANSLATION, *religieux.*

On distingue, à l'égard des religieux, deux sortes de *translations*: les unes sont simples *de ordine ad ordinem*, les autres sont *ad effectum beneficii.*

1° Les *translations* simples d'un ordre à un autre appelées *translations ad perpetuum et in fratrem*, se font *ad strictiorem, ad œqualem*, ou *ad laxiorem ordinem.*

Par *translation ad strictiorem*, on entend le passage d'un religieux à un ordre plus étroit, ou à une discipline plus austère; *ad œqualem*, à un ordre d'une égale austérité; *ad laxiorem* ou *mitiorem*, à un ordre plus mitigé, à une discipline plus douce et à une observance de la règle moins étroite (*C. Cum singula, de prœb. in* 6°).

C'est une règle générale fondée sur le chapitre *Licet, de Regularib. et transeuntib.* que tout religieux qui se sent porté par un mouvement de pur zèle à l'observance d'une règle plus austère pour parvenir à une plus grande perfection, peut passer de son ordre à un autre, après avoir demandé la permission de son supérieur; mais sans être obligé de l'obtenir.

Sur quoi les canonistes établissent que pour qu'une pareille *translation* se fasse régulièrement dans l'esprit de cette décrétale et des bulles suivies, il faut 1° que la règle du second ordre soit réellement plus austère que celle du premier, ce qui se décide, non par ce que ces règles prescrivent dès leur première institution, mais par ce qui se pratique au temps de la *translation*.

Les uns prétendent que la règle plus austère est celle où il y a plus de prières, de méditations, où l'on travaille plus au salut des âmes ; les autres, celles où la vie est plus dure et plus austère.

2° Il faut que l'ordre d'où le religieux veut sortir n'ait pas obtenu un privilége dérogatoire au chapitre *Licet*, c'est-à-dire, qu'aucun religieux ne puisse sortir pour passer *ad strictiorem*, sans la permission de ses supérieurs. Les jésuites ont obtenu des papes Pie IV et Pie V le même privilége, avec l'exception de l'ordre des chartreux où les membres de la société peuvent se rendre, *licentia petita, etsi non obtenta*, ce que le pape Pie IV a étendu à tous les mendiants *per communicationem*, après l'extravagante de Martin IV *Viam ambitiosæ, de Regularibus*, que Fagnan, auteur d'une grande expérience, dit être reçue dans l'usage.

3° Il ne faut pas que cette *translation* tourne à la perte ou au déshonneur de la première religion. *Quis non debet esse lapis offensionis, vel causa scandali* (c. 2, *de Præscript.; c. Nisi cum pridem. § Pro gravi, renunc.*).

4° Il faut que le religieux soit véritablement animé de l'esprit de Dieu, *et non moveatur ex temeritate seu levitate;* on présume toujours les meilleures intentions jusqu'à ce que le contraire soit prouvé.

5° Le religieux doit demander la permission pour cette *translation* à son supérieur immédiat ; c'est l'opinion de Fagnan qui dit que ce supérieur n'est ni le général ni le provincial, mais le supérieur du monastère.

6° Le religieux doit être profès ; s'il n'était que novice, il pourrait sortir librement, sans observer ces formalités.

7° Il doit être aussi sujet à un supérieur ; car s'il était exempt, et qu'il ne dépendît que du pape, comme un évêque, un abbé, un général, il faudrait non-seulement qu'il demandât, mais qu'il obtînt la permission du pape (*C. Dilectus de Renunc.*).

8° Cette permission doit être demandée par le religieux avant de sortir du monastère, avec humilité, et en exprimant la cause de la *translation*, qui ne peut être que le désir bien ordonné d'une vie plus pénitente.

9° Après que le religieux a demandé cette permission, quoiqu'il ne soit pas obligé de l'obtenir, il faut qu'il donne à son supérieur un temps convenable pour répondre.

10° Le supérieur n'est tenu de donner cette permission, qu'étant assuré de la réception bénévole du religieux qui la demande, c'est-à-dire, que le monastère du second ordre où le religieux veut passer, est prêt à le recevoir.

11° Ce dernier monastère ne doit recevoir le religieux que muni des lettres dimissoires de son supérieur, ou des actes juridiques qui constatent son refus injuste, *ne detur religioso occasio vagandi seu apostatandi* (Innoc. *inc. fin. n. 2, de Renunc.*). On doute cependant si un religieux qui a été directement au monastère de l'ordre plus étroit, sans observer ces formalités, peut être revendiqué par ses supérieurs ; certains textes du droit canon paraissent autoriser la négative sur ce principe divin, *Qui Spiritu Dei aguntur, non sunt sub lege*. Mais, par rapport aux inconvénients, il vaut mieux tenir le contraire.

12° Le religieux qui a observé toutes les formalités requises n'est censé véritablement transféré et déchargé des obligations de sa première règle que quand il a fini son noviciat d'une année et fait nouvelle profession dans le second ordre où il a passé (Fagnan, *in cap. Licet, de Regularib.*).

Les religieuses peuvent être également transférées *ad strictiorem*. *Virgines sacræ, si pro lucro animæ suæ propter districtiorem vitam ad aliud monasterium pergere disposuerint, ibique commorare decreverunt, synodus concedit* (Can. 1, caus. 2, quæst. 4). Les canonistes disent que, depuis la décrétale *Periculoso*, et particulièrement depuis la bulle de saint Pie V, il faut, pour cette *translation*, le consentement du pape (Fagnan, *loc. cit. n.* 61 et 62).

2° Les *translations ad æqualem* ne peuvent avoir lieu par le même motif qui justifie les *translations au austeriorem*; les causes ordinaires sont les mauvais traitements faits au suppliant, dans son monastère, pour avoir voulu y vivre régulièrement et y établir la réforme ; la calomnie ou la perte de sa réputation dans l'ordre ou dans le monastère ; la mauvaise situation du lieu, la pauvreté des parents. Cette dernière cause ne donne lieu qu'à la sécularisation *ad tempus*, c'est-à-dire, qu'après la mort des parents, le religieux est obligé de retourner dans son cloître (*Voyez* OBÉISSANCE). Fagnan établit que, pour la *translation ad æqualem*, et fondée sur une de ces causes, il faut, non-seulement demander le consentement de son supérieur, mais l'obtenir avec celui de la communauté (*Glos. in c. Cum singula, verb. Canonice, in* 6°). Et si le monastère n'est pas exempt, il faut, de plus, le consentement de l'évêque, à moins que la *translation* ne se fît dans un monastère du même diocèse, également soumis à la juridiction de l'évêque, dans lequel cas la *translation*, se faisant sans préjudice des droits de l'évêque, son consentement n'est point nécessaire.

À l'égard de pareilles *translations*, qui ne sont fondées sur aucune des causes ci-dessus ou équivalentes, le pape seul peut les permettre et les autoriser puisqu'ils sont contraires au droit (*Cap. Proposuit, de concess. J. G.*).

3° Les *translations ad laxiorem* sont sans doute moins favorables que les *translations in æqualem*; le concile de Trente les a défendues dans le décret rapporté sous le mot RÉCLAMATION (Session XXV, *ch.* 19, *de Regul.*). Cependant on les autorise par les mêmes causes, quoique Fagnan soutienne qu'on ne peut absolument admettre, pour cause de celles-là, que les infirmités des religieux ; il dit que les causes rapportées dans le nombre précédent ne peuvent servir que pour les *translations ad æqualem*, et que ce

(*Trente-sept.*)

n'est que par le relâchement des auteurs modernes qu'on s'en est servi pour les autres. Il ajoute que, dans les *translations ad laxiorem*, il faut obtenir le consentement du supérieur et de la communauté, mais que plusieurs estiment que c'est au pape seul à accorder les *translations ad majorem ordinem vel etiam ad parem ex causa, sed non ad minorem* (*Glos. in c. Non est vobis, verb. Permittatis, de Regul.*).

Les auteurs sont partagés sur la question de savoir si le religieux transféré *ad æqualem* ou *ad laxiorem* est obligé de faire une nouvelle profession après un noviciat (Rebuffe *Prax. de translat. monach.*), tient que, dans un cas de *translation*, le religieux transféré n'est point obligé de faire une nouvelle profession parce qu'il en a déjà fait une dans l'ordre qu'il quitte, et que toutes les religions étant semblables dans ce qu'elles ont d'essentiel, c'est-à-dire dans les trois vœux, celui qui en a professé une les a professées toutes; mais cette opinion n'est pas la plus commune; elle est contraire à la pratique de la daterie, où l'on ne dispense du second noviciat et de la nouvelle profession que quand la *translation* se fait d'un monastère à un autre, dans la même congrégation ou dans le même ordre, et que l'observance y est égale ou plus étroite, *par aut arctior* (Amydénius, *de Styl. datar.*, cap. 15, qu. 18).

On ne reconnaît guère en France les *translations ad æqualem* parce qu'elles paraissent ne pouvoir être fondées sur aucune cause légitime, mais on y admet les *translations ad strictiorem*, comme aussi *ad laxiorem*, pour les mêmes causes que Fagnan dit être de nouvelle invention.

II. Régulièrement par le chapitre *Singula de Præb. in 6°*, le religieux d'un monastère ne peut posséder un bénéfice dans un autre monastère sans y avoir été transféré par permission du pape, et c'est ce qu'on appelle *translation ad effectum beneficii*, parce qu'elle se fait dans la vue de posséder un bénéfice.

Voici une règle de chancellerie que Rebuffe, en ses additions, a expliquée par le sens et l'exemple d'une formule. Elle est la cinquante-neuvième, et la soixante-neuvième suivant cet auteur : *De clausulis ponendis in litteris religiosorum.*

Item voluit, quod si petatur aliquem in religiosum recipi, et sibi de quovis beneficio ecclesiastico provideri, per simplicem signaturam fiat : receptio hujusmodi duntaxat detur, adjecto, si petens idoneus sit, aut aliud canonicum non obsistat : et exprimatur si certus numerus regularium sit ibidem, cui etiam non derogetur, nisi expresse concedatur, et si numerus iste non existat, ponatur dummodo receptionis locus hujusmodi nimium propterea non gravetur. Possintque executores provisionis hujusmodi, ad receptionem emissionis provisionis, non expectato probationis anno, procedere.

Lorsqu'un religieux d'un ordre où l'on peut tenir des bénéfices se fait transférer dans un autre où l'on possède des bénéfices, s'il se fait pourvoir en même temps d'un bénéfice de l'ordre où il passe, les provisions peuvent porter la *translation in ipso actu provisionis de consensu superiorum utriusque ordinis.*

TRAPPISTES.

Nous avons rapporté sous le mot ABBÉ, § 2, un décret de la congrégation des réguliers qui concerne ces religieux (*Voyez* CONGRÉGATIONS RELIGIEUSES).

TRENTE.

Cette ville, capitale du Trentin en Italie, est célèbre par le dernier concile général dont nous allons parler assez succinctement.

Les progrès de l'hérésie de Luther, de Zuingle et de Calvin, indépendamment du relâchement de la discipline, firent sentir à tout le monde la nécessité pressante d'un concile pour remédier à tous les maux qui affligeaient l'Eglise. L'empereur Charles-Quint le sollicita lui-même pendant longtemps, et le pape Paul III donna une bulle pour la convocation d'un concile général à Mantoue, le 23 mai 1537. Il y exposa qu'ayant toujours désiré de purger l'Eglise des nouvelles hérésies, et d'y rétablir l'ancienne discipline, il n'avait pas trouvé d'autre moyen que d'assembler un concile général, et il fit en même temps notifier sa bulle à tous les princes. La réponse des princes protestants fut, en substance, qu'ils ne voulaient point d'un concile où le pape et les évêques assisteraient comme juges. Luther s'emporta même, en cette occasion, avec une audace extrême contre l'autorité du pape. D'un autre côté, le duc de Mantoue, n'ayant pas voulu accorder sa ville pour la tenue du concile, le pape prorogea jusqu'en novembre l'ouverture du concile, sans désigner le lieu. Ensuite, par une autre bulle, il la prorogea jusqu'en mai 1538 et désigna la ville de Vicence. Il nomma quelques cardinaux et quelques prélats pour travailler à la réforme : en conséquence, ils firent un long mémoire où ils exposaient les abus à réformer; 1° ceux qui regardaient l'Eglise en général ; 2° ceux qui étaient particuliers à l'Eglise de Rome. Le pape Paul III proposa lui-même la réforme en plein consistoire, mais les sentiments étant partagés, on le renvoya au jugement du concile.

Aucun évêque ne s'étant rendu à Vicence, le pape prorogea le concile jusqu'à Pâques 1539; et sur un nouveau partage d'avis en consistoire, le pape suspendit le concile convoqué jusqu'au temps qu'il lui plairait de le tenir.

Enfin, au bout de trois ans, et en 1542, après bien des contestations entre le pape, l'empereur et les princes catholiques sur le lieu du concile (car ceux-ci voulaient qu'il se tînt en Allemagne, comme à Ratisbonne ou à Cologne, et le pape Paul III exigeait qu'il se tînt en Italie), la ville de *Trente*, proposée par le pape, fut acceptée par les princes catholiques.

En conséquence, le pape indiqua par une

bulle le concile de Trente pour le 15 mars de l'année suivante 1543, et nomma pour ses légats les cardinaux del Monte, évêque de Palestrine, Marcel Corvin, prêtre, et Polus, diacre. Mais les contestations qui survenaient tous les jours firent différer encore plus de deux ans l'ouverture du concile, qui ne se fit qu'au 13 décembre 1545.

En 1547, la ville de *Trente* ayant été menacée d'une maladie contagieuse, on lut, dans la huitième session, le 11 mars 1547, le décret de la translation du concile à Boulogne, contre l'opposition des Espagnols et autres sujets de l'Empereur, ce qui excita de grandes contestations et donna lieu à ce formulaire de foi que l'Empereur fit dresser par trois théologiens, en vingt-six articles, sous le nom d'*interim*.

Sur ces entrefaites, le pape Paul III mourut l'an 1549, et le cardinal del Monte lui succéda sous le nom de Jules III. Le nouveau pape rétablit bientôt le concile à *Trente*, par une bulle du 4 mars 1550. Le cardinal Marcel Crescentio, président du concile, fit lire dans la onzième session, le 1er mai 1551, un décret portant que le concile était commencé de nouveau et qu'il indiquait la session suivante au 1er septembre.

De nouvelles disputes survenues entre les ambassadeurs de l'Empereur et les légats du pape, produisirent, après la quinzième session, le 25 janvier 1552, une nouvelle inaction dans le concile; la plupart des évêques se retirèrent, même de *Trente*, au bruit de la guerre entre l'Empereur et Maurice, électeur de Saxe.

Cette retraite donna lieu à la seizième session, le 28 mai 1552. On y lut un décret qui suspendait le concile jusqu'à ce que la paix et la sûreté eussent été rétablies; en sorte qu'il demeura suspendu près de dix ans, c'est-à-dire jusqu'à l'an 1562, qu'il fut convoqué de nouveau par le pape Paul IV, successeur de Jules III, mort en 1555.

Ce pape nomma pour son premier légat au concile, Gonzale, cardinal de Mantoue. Il se trouva, en conséquence, dans la dix-septième session, le 18 janvier 1562, cent douze prélats et plusieurs théologiens; on y lut la bulle de convocation et un décret pour la continuation du concile, avec la clause *proponentibus legatis*, qui passa malgré l'opposition de quatre évêques espagnols, qui représentèrent que cette clause, étant nouvelle, ne devait point être admise, et que, d'ailleurs, elle était injurieuse aux conciles œcuméniques.

On avait déjà arrêté, dans les premières congrégations, qu'on déciderait à la pluraralité des suffrages particuliers, comme on avait fait au dernier concile de Latran, et non par le suffrage des nations, comme on avait fait au concile de Constance; et que ceux qui étaient chargés de procuration n'auraient point voix délibérative dans le concile.

On lut dans la dix-neuvième session, le 14 mai 1562, les lettres de créance contenant les pouvoirs des ambassadeurs de France.

C'étaient les sieurs Saint-Gelais de Lansac, Arnaud du Ferrier et du Faur, seigneur de Pibrac, président au parlement de Toulouse, et depuis, avocat général au parlement de Paris. Ces deux derniers arrivèrent à *Trente* quelques jours après de Lansac et furent reçus avec lui dans une congrégation tenue à cet effet le 26 mai. C'est là que le sieur de Pibrac fit, au nom du roi, ce célèbre discours, où l'on remarque plus que de la franchise. Le promoteur du concile répondit au discours du sieur de Pibrac en disant, que les artifices de satan, si ingénieusement découverts dans ce discours, ne prévaudraient jamais contre le saint concile, parce que Jésus-Christ, qui y présidait et en qui ils mettaient leur confiance, saurait bien renverser tous les efforts du démon.

Dans l'intervalle de la vingt-deuxième session à la vingt-troisième, les ambassadeurs de France présentèrent aux légats les articles de réformation qu'ils avaient dressés; ils étaient au nombre de trente-deux : voici principalement ce qu'on y demandait :

Que l'on ne fît point d'évêques qui ne fussent vertueux et capables d'instruire;

Qu'on abolît la pluralité des bénéfices sans s'arrêter à la distinction des compatibles et incompatibles;

Qu'on fît en sorte que chaque curé eût assez de revenu pour entretenir deux clercs et exercer l'hospitalité;

Qu'on expliquât, à la messe, l'Evangile au peuple et la vertu des sacrements, avant de les administrer;

Que les bénéfices ne fussent donnés, ni à des étrangers, ni à des indignes;

Qu'on abolît, comme contraires aux canons, les expectatives, les regrès, les résignations et les commendes;

Qu'on réunît les prieurés simples aux bénéfices à charge d'âmes dont ils auraient été démembrés;

Que les évêques ne fissent rien d'important sans l'avis de leur chapitre;

Que les chanoines résidassent continuellement dans leurs églises;

Qu'on n'excommuniât qu'après trois monitions, et seulement pour de grands péchés;

Qu'il fût ordonné aux évêques de donner les bénéfices à ceux qui les fuyaient et non à ceux qui les demandaient, et qui, par cette raison, s'en déclaraient indignes;

Que les synodes diocésains s'assemblassent au moins une fois tous les ans, les provinciaux tous les trois ans et les généraux tous les dix ans.

On peut reconnaître dans le cours de cet ouvrage, par les différents décrets du concile, qui y sont rapportés, que toutes ces demandes n'eurent pas leur effet.

Le concile de *Trente* fut souscrit par quatre légats, deux cardinaux, trois patriarches, vingt-cinq archevêques, cent soixante-huit évêques, trente-neuf procureurs pour les absents, sept abbés et sept généraux d'ordre. Le pape Pie IV le confirma par la bulle suivante, du 26 janvier 1564.

Bulle de Pie IV *pour la confirmation du concile œcuménique et général de Trente.*

« Pie, évêque, serviteur des serviteurs de Dieu.

« *Pour en conserver le perpétuel souvenir.*

« Béni soit Dieu, père de Notre-Seigneur Jésus-Christ, le père des miséricordes et le Dieu de toute consolation, qui a daigné jeter les yeux sur sa sainte Église, battue et agitée de tant d'orages et de tant de tempêtes, et qui a donné, enfin, aux maux qui la travaillaient tous les jours de plus en plus, le remède dont elle avait besoin et qu'elle attendait depuis si longtemps. Paul III, de pieuse mémoire, notre prédécesseur, dans le désir d'extirper plusieurs hérésies pernicieuses, de corriger les mœurs, de rétablir la discipline ecclésiastique et de procurer la paix et la concorde entre les chrétiens, aurait, il y a longtemps, convoqué, dans la ville de *Trente*, le concile œcuménique et général, qui, dès lors, aurait été ouvert, et où il se serait tenu quelques sessions. Le même concile depuis, ayant été convoqué de nouveau dans la même ville par Jules, son successeur, après quelques autres sessions qui s'y seraient tenues, n'aurait pu encore être pour lors achevé à cause de divers obstacles et embarras qui seraient survenus : de sorte qu'au grand déplaisir de tous les gens de bien, il aurait été discontinué, pendant que tous les jours de plus en plus l'Église implorait ce remède. Mais aussitôt que nous serions entré au gouvernement du siège apostolique, nous aurions incontinent commencé, sur l'assurance en la miséricorde de Dieu, et par le zèle pastoral que notre devoir nous inspirait, de travailler à la conclusion de cet ouvrage si saint et si nécessaire, et favorisé des pieuses inclinations de notre très-cher fils en Jésus-Christ, Ferdinand, empereur élu des Romains, et de tous les autres rois, républiques et princes de la chrétienté ; nous aurions enfin obtenu ce que nous avions tâché sans cesse de procurer par nos soins et par nos veilles continuelles, et ce que nous avions tant demandé par nos prières jour et nuit au Père des lumières. De manière que plusieurs évêques et autres prélats considérables, sur nos lettres de convocation et par leur propre zèle, s'étant rendus, de toutes les nations de la chrétienté, dans ladite ville, en un nombre très-grand et digne d'un concile œcuménique, outre plusieurs autres grands personnages recommandables par leur piété, par leur science dans les saintes lettres et par leur connaissance des lois divines et humaines ; les légats du siège apostolique présidant audit concile, et nous, de notre part, favorisant encore la liberté de l'assemblée, jusque-là que par nos lettres écrites à nos légats, nous lui aurions laissé volontiers l'entière liberté de ses sentiments dans les choses mêmes qui sont proprement réservées au siège apostolique, tout ce qui restait à traiter, définir et ordonner touchant les sacrements et autres choses qui avaient paru nécessaires pour détruire les hérésies, ôter les abus et corriger les mœurs, aurait été discuté avec tout le soin possible et dans une entière liberté par le saint concile, et défini, expliqué et ordonné avec toute l'exactitude et toute la circonspection qui s'y pouvaient apporter. Toutes ces choses étant ainsi achevées, le concile aurait été clos et terminé dans une si grande concorde et union de tous ceux qui y assistaient, qu'il aurait paru visiblement qu'un consentement si unanime était l'ouvrage du Seigneur dont nos propres yeux et ceux de tout le monde étaient avec nous dans l'admiration. Aussitôt, nous aurions ordonné des processions publiques dans cette ville où le clergé et le peuple auraient assisté solennellement avec beaucoup de dévotion ; et nous nous serions appliqué à faire rendre grâces à Dieu et à lui témoigner nos justes reconnaissances par une faveur si singulière et pour un si grand bienfait de sa divine majesté, puisqu'en effet le succès si favorable du concile nous donne une espérance très-grande et presque certaine que de jour en jour l'Église tirera encore de plus grands avantages de ses décrets et de ses ordonnances.

« Cependant, ledit concile, par le respect qu'il a eu pour le siége apostolique, et suivant les traces des anciens conciles, nous ayant demandé, par un décret rendu à ce sujet dans une session publique, la confirmation de tous ses décrets, qui ont été rendus sous notre pontificat et du temps de nos prédécesseurs ; nous, ayant été informé de la demande dudit concile, premièrement par lettres de nos légats, et ensuite depuis leur retour par ce qu'ils nous ont fidèlement rapporté de la part dudit concile : après une mûre délibération à ce sujet avec nos vénérables frères, les cardinaux de la sainte Église romaine, et après avoir, avant toutes choses invoqué l'assistance du Saint-Esprit ; ayant reconnu tous lesdits décrets être catholiques, utiles et salutaires au peuple chrétien ; à la gloire de Dieu tout-puissant, de l'avis et du consentement de nos dits frères aurions de l'autorité apostolique confirmé aujourd'hui, dans notre consistoire secret, tous et chacun lesdits décrets, et ordonné qu'ils seraient reçus et gardés par tous les fidèles, comme par la teneur des présentes, et pour un plus ample éclaircissement, nous les confirmons et ordonnons qu'ils soient reçus et observés.

« Mandons en vertu de la sainte obéissance et sous les peines établies par les saints canons et autres plus grièves, même de privation, et telles qu'il nous plaira de les décerner, à tous et à chacun nos vénérables frères, les patriarches, archevêques, évêques, et quelques autres prélats de l'Église que ce soit, de quelque état, rang et dignité qu'ils soient, quand ils seraient honorés de la qualité de cardinal ; qu'ils aient à observer exactement lesdits décrets et statuts dans leurs églises, villes et diocèses, soit en jugement ou hors de jugement ; et qu'ils aient soin de les faire observer inviolablement, chacun par ceux qui leur sont soumis, en ce qui les pourra regarder; y contraignant les rebelles, et tous ceux qui y contreviendront, par sentences, censures et autres peines ecclésiastiques, suivant même qu'elles sont portées dans lesdits décrets; sans égard à appellation, et implorant même pour cela, s'il en est besoin, l'assistance du bras séculier.

« Avertissons pareillement, et conjurons par les entrailles de la miséricorde de Notre-Seigneur Jésus-Christ, notre très-cher fils l'empereur élu, et tous les autres rois, républiques et princes de la chrétienté, qu'avec la même piété avec laquelle ils ont favorisé le concile, par la présence de leurs ambassadeurs, et avec la même affection, pour la gloire de Dieu et pour le salut de leurs peuples; par le respect aussi qui est dû au siége apostolique et au saint concile, ils veuillent appuyer de leurs secours et assistance les prélats qui en auront besoin pour exécuter et faire observer les décrets dudit concile, sans permettre que les opinions contraires à la doctrine saine et salutaire du concile aient entrée parmi les peuples de leurs provinces, mais les défendant et interdisant absolument.

« Au reste, pour éviter le désordre et la confusion qui pourrait naître, s'il était permis à chacun de mettre au jour des commentaires et des interprétations telles qu'il lui plairait sur les décrets du concile; faisons expresse défense de l'autorité apostolique, à toutes personnes, tant ecclésiastiques, de quelque rang, dignité et condition qu'elles soient, que séculières, de quelque puissance et autorité qu'elles puissent être; aux prélats, sous peine de l'interdit de l'entrée de l'église, et à tous les autres quels qu'ils soient, sous peine d'excommunication encourue dès là même, d'entreprendre sans notre autorité, de mettre en lumière, de quelque manière que ce soit, aucun commentaire, glose, annotation, remarque, ni généralement aucune sorte d'interprétation sur les décrets dudit concile, ni de rien avancer à ce sujet, à quelque titre que ce soit, quand ce serait sous prétexte de donner plus de force auxdits décrets, de favoriser leur exécution, ou sous quelque autre couleur que ce soit.

« Que s'il y a quelque chose qui paraisse obscur à quelqu'un, soit dans les termes, soit dans le sens des ordonnances, et qui lui semble pour cela avoir besoin de quelque interprétation ou décision; qu'il ait recours au lieu que le Seigneur a choisi, c'est-à-dire au siége apostolique, d'où tous les fidèles doivent tirer leur instruction, et dont le saint concile même a reconnu avec tant de respect l'autorité. Si donc, au sujet desdits décrets il s'élève quelques difficultés et quelques questions, nous nous en réservons l'éclaircissement et la décision, ainsi que le saint concile l'a lui-même ordonné; et nous sommes prêt, comme il se l'est promis de nous avec justice, à pourvoir au besoin de toutes les provinces, en la manière qui nous paraîtra la plus commode, déclarant nul et de nul effet tout ce qui pourrait être fait et entrepris contre la teneur des présentes, par qui que ce soit et par quelque autorité que ce puisse être, avec connaissance ou par ignorance. Et afin qu'elles puissent venir à la connaissance de tout le monde, et que personne ne puisse alléguer pour excuse qu'il les a ignorées, voulons et ordonnons, que dans l'église du prince des apôtres, au Vatican, et dans celle de Saint-Jean de Latran, au temps que le peuple a coutume de s'y assembler pour y assister à la grand'messe, les présentes soient lues publiquement et à haute voix, par les huissiers de notre cour. Et qu'après que lecture en aura été faite, elles soient affichées aux portes desdites églises, à celles de la chancellerie apostolique, et au lieu ordinaire du Champ-de-Flore; et que là elles soient laissées quelque peu de temps, afin qu'elles puissent être lues et connues d'un chacun; et lorsqu'elles en seront ôtées, y laissant des copies selon la coutume, qu'elles soient données à imprimer dans cette sainte ville de Rome, afin quelles puissent être plus commodément portées par toutes les provinces et royaumes de la chrétienté. Enjoignons et ordonnons qu'aux copies écrites ou signées de la main de quelque notaire public, et autorisées du sceau et de la signature de quelque personne ecclésiastique constituée en dignité, il soit ajouté foi sans aucune difficulté. Que nul donc ne soit assez hardi, pour enfreindre aucunement ces présentes de confirmation, d'avertissement, de défense, de réserve et de déclaration de notre volonté touchant les susdites ordonnances et décrets; ou pour y contrevenir par une entreprise téméraire. Et si quelqu'un ose commettre cet attentat, qu'il sache qu'il encourra l'indignation de Dieu tout-puissant et de ses bienheureux apôtres saint Pierre et saint Paul.

« Donné à Rome, dans Saint-Pierre, le 26 de janvier, l'an de l'Incarnation de Notre-Seigneur mil cinq cent soixante-quatre, le cinquième de notre pontificat.

« PIE, évêque de l'Église universelle.

« F. cardinal de Pise, évêque d'Ostie, doyen, etc. »

Pour bien connaître le concile de *Trente*, il faut en lire l'histoire par Pallavicini, dont M. l'abbé Migne vient de donner une excellente traduction, précédée du texte même du concile et accompagnée de plusieurs dissertations et autres documents fort importants sur ce célèbre concile.

TRÉSORIER.

C'est le nom d'un office dans les églises cathédrales, et dont les fonctions sont à peu près les mêmes que celles du sacristain ou custode. La différence la plus essentielle qu'il semble y avoir entre le *trésorier* et le sacristain, c'est que suivant le droit canon, le sacristain est une fonction et non une dignité, au lieu que, suivant l'usage de plusieurs chapitres, le chanoine *trésorier* est regardé comme un dignitaire. Il a la garde du trésor, des reliques, des vases sacrés, des ornements et habits ecclésiastiques.

Pour le *trésorier* des fabriques, voyez sous le mot FABRIQUE le décret du 30 décembre 1809.

TRÊVE DE DIEU

Il est beaucoup parlé dans l'histoire ecclésiastique, de la paix que les évêques voulaient établir, autrefois, pour empêcher les désordres que commettaient les seigneurs dans leurs guerres particulières. Cette paix n'ayant pu être établie en France, dit Fleury (*Histoire ecclésiastique*, livre LIX, n. 41), on se réduisit à une *trêve* pour certains jours, c'est-à-dire, que depuis le mercredi au soir jusqu'au lundi matin, personne ne prendrait rien par force, ne tirerait vengeance d'aucune injure, et n'exigerait point de gage d'une caution. Quiconque y contreviendrait, paierait la composition des lois, comme ayant mérité la mort, ou serait excommunié ou banni du pays. On nomma cette convention la *trêve de Dieu*, et l'on crut qu'il l'avait approuvée, par un grand nombre de punitions exemplaires sur ceux qui l'avaient violée. On y consacra les derniers jours de la semaine plutôt que les autres, en vue des mystères qui y furent accomplis, la cène de Notre-Seigneur, sa passion, sa sépulture et sa résurrection. Cet établissement fut confirmé dans divers conciles, et notamment dans le troisième concile de Latran, d'où ont été tirés les deux chapitres du titre IX des décrétales *de Treuga et pace*, *extravag. comm.*

L'époque la plus ancienne à laquelle on puisse rapporter cette institution, est l'an 1032 ou 1034. Peu à peu elle fut adoptée en France et en Angleterre, mais non sans résistance, surtout de la part des Normands. Elle fut confirmée par le pape Urbain II, au concile tenu à Clermont, l'an 1095.

TRIBUNAUX ECCLÉSIASTIQUES.

(*Voyez* OFFICIALITÉS.)

TUTELLE, TUTEUR

Par le canon *Generaliter* 16, qu. 1, les ecclésiastiques séculiers et réguliers sont déclarés exempts de *tutelle*, comme d'une charge dont les fonctions les divertiraient de celles de leur état : *Generaliter sancimus, omnes viros reverendissimos episcopos, nec non presbyteros, sive diaconos sive subdiaconos et præcipue monachos, licet non sint clerici, immunitatem ipso jure omnes habere tutelæ, sive testamentariæ, sive dativæ, sive legitimæ : et non solum tutelæ esse eos expertes, sed etiam curæ : non solum pupillorum et adultorum, sed et furiosi, et surdi et muti, et aliarum personarum, quibus tutores vel curatores a veteribus legibus dantur, eos tamen clericos et monachos hujusmodi habere beneficium sancimus, qui apud sacrosanctas ecclesias vel monasteria permanent, non divagantes, neque circa divina ministeria desides : cum propter hoc ipsum beneficium eis indulgemus, ut, aliis omnibus derelictis, Dei omnipotentis ministeriis inhæreant.* Le chapitre *Pervenit*, dist. 86, leur défend même de se charger de quelque gestion que ce soit, dans des vues d'intérêt; il leur permet seulement d'administrer, par un principe de charité, les biens des pupilles et des orphelins, quand ils jugeront que d'autres s'en acquitteraient à leur préjudice : *Nisi forte qui legibus minorum ætatum tutelas, sine curationes inexcusabiles attrahuntur aut qui civitatis ipsius episcopus ecclesiasticarum rerum commiser et gubernacula vel orphanorum, ac viduarum quæ indefensæ sunt, et earum personarum quæ maxime ecclesiastico indigent adminiculo, propter timorem Dei. Si quis vero transgressus fuerit hæc præcepta, correctioni ecclesiasticæ subjaceat.*

L'article 427 du Code civil dispense de la *tutelle*...

« Les présidents et conseillers à la cour de cassation, le procureur général et les avocats généraux en la même cour :

« Les préfets ;

« Tous citoyens exerçant une fonction publique dans un département autre que celui où la *tutelle* s'établit. »

Un avis du conseil d'Etat, du 20 novembre 1806, rend cet article applicable aux curés, vicaires, et à toutes personnes qui exercent les fonctions religieuses. Cet avis du conseil d'Etat est ainsi conçu :

« Le conseil d'Etat qui, d'après le renvoi ordonné par Sa Majesté, a entendu le rapport de la section de législation sur celui du ministre des cultes, tendant à savoir si les ecclésiastiques desservant des cures ou des succursales peuvent réclamer l'application de l'article 427 du Code Napoléon.

« Est d'avis que la dispense accordée par cet article à tout citoyen exerçant une fonction publique dans un département autre que celui où la *tutelle* s'établit, est applicable, non-seulement aux ecclésiastiques desservant des cures ou des succursales, mais à toutes personnes exerçant pour les cultes des fonctions qui exigent résidence, dans lesquelles ils sont agréés par Sa Majesté, pour lesquelles ils prêtent serment. »

TYRAN.

Le concile de Constance a fait un décret contre ceux qui enseignent qu'il est permis d'ôter la vie à un *tyran*. Le concile condamna cette doctrine comme hérétique, scandaleuse et introductive de trahison, sédition et perfidie, et tous ceux qui, opiniâtrément la soutiennent, hérétiques, et comme tels, punissables suivant les saints décrets.

U

UNION.

On entend par *union* la jonction d'un bénéfice ou d'une église, faite par l'autorité de l'évêque ou du supérieur ecclésiastique.

Il s'est passé plusieurs siècles avant qu'il

fût question d'unir des Eglises ou des offices ecclésiastiques. En effet, tant que les Eglises ne furent point entièrement formées, et que le nombre des fidèles s'accrut, loin de diminuer le nombre des ministres de l'autel, il fallut au contraire le multiplier, et il paraît que ce sont les malheurs qu'éprouvèrent les Eglises vers le septième siècle, qui ont donné lieu aux premières *unions* de bénéfices.

Les inondations successives des barbares qui désolèrent alternativement les Gaules, l'Espagne, l'Italie et l'Afrique, avaient détruit plusieurs villes autrefois très-considérables. Les églises étaient abattues, les biens du clergé dissipés, le peuple dispersé. Il devint souvent nécessaire de réunir deux évêchés voisins, afin que l'évêque eût un peuple suffisant pour former une église, et assez de biens pour subsister lui et son clergé.

Les *unions* d'évêchés sont plus fréquentes en Italie vers ce temps que partout ailleurs. De toutes les provinces de l'empire, c'était elle qui avait le plus souffert. Les ravages successifs des Huns, des Erules, des Vandales, des Goths et des Lombards, pendant près de deux cents ans, en avaient entièrement changé la face : Rome, cette capitale du monde, et Milan, si florissante depuis que les derniers empereurs y avaient fixé leur résidence, étaient déchues de leur ancienne splendeur. Un grand nombre de villes de moindre importance étaient entièrement ruinées, de sorte qu'elles n'étaient plus qu'une solitude, et que leurs évêques se trouvaient sans peuple. Saint Grégoire fut obligé d'unir plusieurs évêchés. La ville de Minturnes avait été détruite, et l'évêque voisin de Formie demandait que cet évêché fût uni au sien. Le saint pape consentit à une demande si juste. Il unit les deux évêchés de Cumes et de Misènes pour les raisons du voisinage de ces deux villes, de la solitude où elles étaient réduites, et de la pauvreté de leurs églises.

Dans la suite, il a toujours été nécessaire de faire des *unions* de bénéfices. Les guerres qui détruisent les villes et les compagnes, les vicissitudes du commerce, qui prend un autre cours et porte ailleurs la population et l'abondance, les autres changements qui sont une suite ordinaire des choses, et qui arrivent toujours dans l'état des villes et des paroisses, ont obligé d'unir des évêchés et des cures.

§ 1. *Différentes espèces d'*UNIONS.

Les canonistes ont coutume de distinguer deux espèces d'*unions*; l'une qu'ils appellent réelle, et celle qu'ils nomment personnelle. L'*union* réelle est celle par laquelle deux bénéfices sont unis pour toujours. Les *unions* personnelles ou *ad vitam*, étaient celles par lesquelles on unissait à un bénéfice dont un ecclésiastique était revêtu les autres bénéfices dont il se trouvait, ou dont il pouvait être pourvu dans la suite, de quelque qualité qu'ils fussent. Les *unions* personnelles ou temporelles sont faites pour un temps seulement, ou en faveur d'une certaine personne : *Temporalis unio, quando ad tempus fit utpote ad vitam ejus cui conceditur, et sic fit, contemplatione personæ et per ejus mortem expirat* (*Cap. Novit. vers. Ne plus caruisset ne sede vacante; cap. Quoniam abbas, de Offic. deleg.;* Rebuffe, *de Union. benefic. in prax. n.* 9).

Fleury (*Histoire ecclésiastique,* l. LXXVI, n. 25), rapporte une lettre du pape Innocent III, écrivant l'an 1206, au patriarche de Constantinople, où il est dit : « Vous nous demandez encore la permission de diminuer le nombre des évêchés trop grand en vos quartiers. Nous donnerons pouvoir au légat de le faire, quand la nécessité ou l'utilité le demandera ; mais avec votre consentement, sans toutefois unir les évêchés ; mais en en conférant plusieurs à une même personne, afin que s'il faut en user autrement dans un autre temps, on puisse changer plus aisément ce que l'on aura fait. » Voilà, dit l'historien, le commencement des *unions* personnelles de bénéfices pour la vie du titulaire, dont on a beaucoup abusé depuis. Car, ajouterons-nous, les *unions* personnelles furent un moyen inventé par la cupidité pour éluder les canons et faire rentrer sous un nouveau nom, dans l'Eglise, la pluralité des bénéfices qui en avait été bannie par les conciles (*Voyez* INCOMPATIBILITÉ).

L'*union* réelle, selon tous les canonistes, peut se faire de trois manières différentes. La première consiste à unir tellement les deux bénéfices, qu'il n'y ait plus qu'un titre ; ce qui peut se faire, ou en éteignant le titre du bénéfice que l'on veut unir, et en unissant ses biens, droits et revenus à celui auquel on veut faire l'*union*, ou en incorporant les deux titres, de sorte qu'ils n'en forment plus qu'un.

La seconde est de laisser subsister le bénéfice uni, mais de sorte qu'il devienne un accessoire et une dépendance de celui auquel il est uni. C'est pourquoi les canonistes l'appellent *unio accessoria, seu adjectiva,* ou *minus principalis.* Dans le cas d'une union de cette espèce, le titulaire perçoit les fruits des deux bénéfices ; il doit desservir le principal en personne, et commettre un vicaire pour l'autre, s'il ne peut le desservir lui-même, et s'il est chargé de quelque service personnel pour la conduite des âmes (*C. Recolentes, in fin. de Stat. monach.*).

Enfin, on unit deux bénéfices de la troisième manière, en les laissant dans l'état où ils étaient auparavant, sans aucune dépendance de l'un de l'autre, quoiqu'ils ne doivent avoir qu'un titulaire, et que ce titulaire doive en percevoir les revenus. C'est cette espèce d'*union* que les canonistes appellent unir *æque principaliter.* C'est ainsi que saint Grégoire unit les deux évêchés de Cumes et de Misènes, ceux de Vélitres et des trois Tavernes. L'*union* des évêchés de Tournai et de Noyon, avant la révolution, était de cette espèce, ainsi que celle de l'archevêché de Vienne et de l'évêché de Roman, de Sisteron et de Forcalquier, de Vence et de Grasse, etc. (*C. Quia monasterium, de Relig. domib.*).

Aujourd'hui, depuis la nouvelle circonscription des diocèses faite en vertu des concordats de 1801 et de 1817, plusieurs évêchés et archevêchés se trouvent unis ensemble, ainsi l'archevêque de Lyon est en même temps archevêque de Vienne, celui de Sens est aussi évêque d'Auxerre, etc. (*Voyez* CIRCONSCRIPTION, CONCORDAT).

Les *unions* de bénéfices faites par le pape s'exécutent en vertu de bulles données ou en forme gracieuse, ou en forme commissoire. Une bulle en forme gracieuse est celle où le pape fait l'*union* de son propre mouvement, et suppose qu'elle sera exécutée sans les procédures nécessaires pour vérifier son utilité ou sa nécessité. Une bulle en forme commissoire est celle par laquelle le pape nomme un commissaire *in partibus*, pour la fulminer selon la forme prescrite par les canons et les ordonnances, c'est-à-dire lorsqu'il se sera assuré par la procédure ordinaire, qu'il y a utilité ou nécessité de faire l'*union*.

Les cures peuvent être unies entre elles comme les évêchés; c'est un des moyens que fournit le concile de Trente pour pourvoir à la pauvreté des curés. *Possunt episcopi facere uniones perpetuas quarumcumque ecclesiarum parochialium, et aliorum beneficiorum curatorum, vel non curatorum cum curatis, propter eorum paupertatem, et in cæteris casibus a jure permissis* (Sess. XXI, ch. 5, *de Reform.*).

Les *unions* des cures à d'autres bénéfices, peuvent se faire de deux manières différentes; les unes qui sont à l'avantage de la cure, et par lesquelles le curé gagne de la considération et de l'aisance; les autres qui se font aux dépens de la cure, pour subvenir aux besoins d'un établissement ou d'un bénéfice. Les *unions* de cures de la première espèce sont certainement très-favorables : ainsi, rien n'empêche qu'on n'unisse une cure à un canonicat de cathédrale, si la cure et la prébende sont dans la même ville, et surtout dans la même église. Aussi la plupart des cures des cathédrales sont unies aux chapitres (*Voyez l'arrêt du conseil d'Etat à la suite du paragraphe suivant*).

Les *unions* de cures de la seconde espèce sont au contraire très-défavorables. Les cures sont des bénéfices si nécessaires à l'Eglise, il est si intéressant pour une paroisse que son pasteur jouisse de tous les revenus qui forment sa dotation, qu'il est étonnant qu'on se soit jamais déterminé à prendre les biens d'une cure pour les unir à d'autres bénéfices, ou à d'autres établissements souvent moins importants et moins nécessaires. L'Eglise a toujours réprouvé ces *unions*. Avant le concile de Latran, les évêques unissaient des cures aux prébendes de leur cathédrale, pour suppléer à leur pauvreté; ce concile défendit à l'avenir de pareilles *unions*. Le concile de Trente proscrivit absolument toute *union* de cures à d'autres bénéfices en ces termes : « Dans toutes les *unions* qui se feront, soit pour les causes que nous venons de dire, ou autres, les églises paroissiales ne seront jamais unies à aucuns monastères, ni à aucunes abbayes, dignités ou prébendes d'églises cathédrales, ou collégiales, ni à aucuns autres bénéfices simples...; et celles qui s'y trouveront unies, seront revues par les ordinaires, suivant le décret déjà rendu dans ce même concile sous Paul III, d'heureuse mémoire, qui s'observera aussi pareillement dans les *unions* qui auront été faites depuis qu'il a été rendu jusqu'à présent, nonobstant quelques termes que ce soit sous lesquels elles puissent avoir été conçues, qui seront tenus pour être ici suffisamment exprimés. » (Session XXIV, ch. 13, *de Reform.*)

§ 2. *Des désunions de bénéfices*

Les *désunions* de bénéfices ne sont autre chose que le rétablissement des bénéfices unis dans leur premier état, lorsque le bien de l'Eglise le demande. Autant les *unions* sont défavorables, autant les *désunions* doivent être favorables. L'Eglise est ennemie de la destruction; elle ne se porte que difficilement à supprimer des établissements qui n'ont été formés que pour son service. Elle doit donc voir volontiers cesser les causes qui les avaient fait détruire, et se prêter aisément à les rétablir dans leur premier état. L'Eglise permet seulement et tolère les *unions*; c'est une conséquence nécessaire qu'elle approuve et désire les *désunions*.

Le pouvoir de désunir les bénéfices appartient à celui qui a le droit de les unir : *Qui unire potest, potest et dissolvere* (Rebuffe, *Praxis benef. de Unio. revoc.* n. 15). C'est donc le pape seul qui peut désunir les bénéfices consistoriaux, les évêchés, les monastères, puisque c'est à lui qu'appartient le pouvoir exclusif de les unir.

Comme l'évêque a le pouvoir d'unir tous les bénéfices ou offices de son diocèse, excepté dans quelques cas particuliers où le droit et l'usage l'ont réservé au pape; de même, hors de ces cas particuliers, le pouvoir d'unir ou de désunir les cures ou autres offices de son diocèse, doit lui appartenir. En France, l'évêque unit ou désunit les paroisses, mais il ne peut le faire sans le concours du gouvernement à cause du traitement que celui-ci se charge de faire pour le titulaire de la paroisse désunie (*Voyez* ARTICLES ORGANIQUES).

Les causes des *désunions* sont, comme celles des *unions*, la nécessité ou l'utilité de l'Eglise. En général, dit Rebuffe, les mêmes causes qui suffisent pour opérer l'*union*, suffisent aussi pour la *désunion*.

Une *désunion* est nécessaire, lorsque l'*union* est devenue nuisible et préjudiciable à l'Eglise. La paroisse d'une ville détruite et réduite en solitude, a été unie à celle d'un village voisin. La ville s'est repeuplée dans la suite, et est devenue considérable. C'est un mal qu'une ville considérable n'ait pas son église et son pasteur au dedans de ses murs : la *désunion* doit être regardée comme nécessaire.

Une *désunion* est utile, quand les causes de

l'*union* cessent, ou lorsqu'une *union*, utile dans son origine, est devenue inutile par la suite. Dans l'un et l'autre de ces cas, il est avantageux pour l'Eglise que le bénéfice soit rétabli dans son ancien état, ou que ses biens soient réunis à quelque autre établissement plus utile que celui auquel ils étaient unis précédemment.

Les causes de l'*union* cessent, quand elle n'a été faite que pour procurer à l'Eglise un nouvel établissement, si cet établissement parvient dans la suite à être suffisamment doté : il en est de même quand cet établissement a été supprimé. Une *union* devient inutile à l'Eglise lorsque la fin pour laquelle elle a été faite ne peut plus être remplie.

Si l'*union* n'est qu'une *union* de fait, et qu'il n'y ait eu ni formalités préalablement observées, ni décret rendu, il est évident qu'elle n'existe point.

Sous la législation actuelle, un évêque peut, sans abus, opérer l'*union* d'une cure au chapitre de son diocèse. Cette *union* peut avoir lieu du vivant du titulaire de sa cure et sans son consentement et l'évêque peut ordonner que les fonctions curiales seront exercées par un vicaire amovible. C'est ce qui résulte de l'arrêt du conseil d'Etat suivant :

Arrêt du conseil d'Etat du 14 juillet 1824, lequel, en statuant sur l'appel comme d'abus dirigé par un curé contre un évêque, décide que le principe d'inamovibilité des pasteurs du second ordre n'est pas applicable aux curés des églises cathédrales, et que le pouvoir disciplinaire des évêques peut s'exercer sur les prêtres discrétionnairement, hors les cas prévus par les canons, sans avoir entendu l'inculpé.

« Louis, etc.

« Sur le rapport de notre ministre de l'intérieur ;

« Vu le mémoire adressé à notre ministre par le sieur Pierre-Claude Chasles, prêtre chanoine du chapitre cathédral de la même ville : ledit mémoire tendant à faire déclarer abusivement rendues trois ordonnances de M. l'évêque de Chartres, en date des 8 novembre 1821, 19 janvier et 3 décembre 1823.

« Savoir, la première, parce que dans cette ordonnance, M. l'évêque de Chartres aurait agi en vertu de pouvoirs à lui conférés par une bulle du pape, non reçue dans le royaume, et ce, au mépris des dispositions des articles 1 et 3 de la loi du 8 avril 1802 (*Voyez* ARTICLES ORGANIQUES), et autres lois du royaume ; la deuxième et la troisième, en tant que, par ces deux ordonnances, M. l'évêque de Chartres aurait privé le réclamant des fonctions du titre de curé inamovible, en contravention aux dispositions de ladite loi de 1802, des règles de droit canonique reçues en France, des dispositions expresses de l'édit du 29 janvier 1686, de l'article 20 de celui du mois d'avril 1695 (*Voyez* cet édit sous le mot JURIDICTION), et de la déclaration donnée à Marly, le 15 janvier 1731 ; la troisième, seulement en ce que la sentence d'interdit qu'elle contient aurait été fulminée contre les formes et les règles canoniques ;

« Vu les ordonnances rendues par M. l'évêque de Chartres, les 8 novembre 1821 et 7 janvier 1822, portant érection et contenant les statuts du chapitre de sa cathédrale ; ensemble notre ordonnance du 30 du même mois de janvier 1822, portant approbation de la dernière de ces ordonnances épiscopales ;

« Vu la lettre adressée le 6 décembre 1822, par notre ministre de l'intérieur à M. l'évêque de Chartres, dans l'intention de lui faciliter les moyens de mettre les établissements ecclésiastiques de son diocèse en harmonie avec ceux des autres sièges du royaume et, notamment, de lui faire connaître que l'expérience avait démontré les inconvénients inséparables de l'existence en une même église cathédrale, d'une cure distincte et indépendante du corps du chapitre ; que, pour y remédier et pour faire cesser les divisions interminables entre le corps capitulaire et le curé, soit à l'occasion de la célébration des offices, de l'administration des deux fabriques, de l'exercice des diverses fonctions religieuses, soit pour l'ordre des préséances, feu M. le cardinal du Belloy, avait proposé, dès 1807, la réunion de la cure de Notre-Dame de Paris au chapitre métropolitain et la délégation des fonctions curiales, en l'acquit du chapitre, à un archi-maître chanoine, choisi par l'archevêque et révocable par lui, et que, cette mesure, consacrée dans ce temps par un décret du dernier gouvernement, avait depuis été adoptée par un grand nombre d'évêques, et consacrée de nouveau par plusieurs de nos ordonnances ;

« Vu l'ordonnance rendue par M. l'évêque de Chartres, le 19 janvier 1823, portant *réunion* à perpétuité du titre curial de son église cathédrale au chapitre de ce diocèse, et statuant que le chapitre en corps sera chargé des offices divins et que les autres fonctions curiales seront confiées à un ecclésiastique choisi par l'évêque entre les chanoines, qui portera le titre de curé de Notre-Dame, sera révocable à la volonté dudit évêque et n'aura de compte à rendre de l'exercice de ses fonctions qu'à lui ou à ses vicaires généraux ; ensemble notre ordonnance du 9 juillet suivant, portant approbation de ladite ordonnance d'*union* ;

« Vu l'ordonnance rendue par M. l'évêque de Chartres, le 3 décembre 1823, portant que M. Chasles cessera de jouir du titre et des émoluments de curé de la paroisse de Notre-Dame de Chartres, qu'il s'abstiendra d'en faire les fonctions, qu'il lui retire tout pouvoir d'entendre les confessions et d'annoncer la parole de Dieu ;

« Vu les diverses consultations à l'appui du recours du sieur Chasles, les lettres en réponse de M. l'évêque de Chartres et toutes les pièces produites ;

« Vu la loi du 9 avril 1802 ;

« Sur le moyen d'abus proposé contre l'ordonnance épiscopale du 8 novembre 1821 ;

« Considérant que le recours en cas d'abus, contre les actes émanés des supérieurs ecclésiastiques, ne compte, aux termes de l'article 8 de la loi du 8 avril 1802, qu'aux personnes intéressées ;

« Que l'ordonnance rendue le 8 novembre 1821, par M. l'évêque de Chartres, portait seulement que le curé de la cathédrale prendrait rang et séance au chapitre diocésain et qu'il aurait le titre de chanoine.

« Que dès lors le réclamant était sans intérêt et, par conséquent, non recevable à en poursuivre la réformation ;

« Considérant en outre que cette ordonnance a d'ailleurs été annulée par l'ordonnance postérieure du 7 janvier 1822, revêtue de notre approbation royale du 30 du même mois et dans laquelle il n'est fait mention d'aucun acte du saint-siège qui n'aurait pas été reçu et publié dans le royaume ; d'où il suit que, dans toutes les suppositions, le recours comme d'abus serait sans fondement ;

« Sur le moyen d'abus proposé contre les ordonnances épiscopales des 19 janvier et 3 décembre 1823, en tant qu'elles auraient dépouillé le réclamant des fonctions et du titre de curé inamovible ;

« Considérant que, s'il est hors de doute qu'un curé ne peut être privé de ses fonctions et de son titre que par une sentence de déposition rendue selon les formes, communiquée et confirmée par nous, l'inamovibilité du titulaire n'emporte pas la perpétuité de l'office ; qu'il est également hors de doute qu'une cure peut être supprimée par son *union* à une autre cure ou à tout autre établissement ecclésiastique, dans les formes prescrites par les lois, lorsque l'utilité des fidèles, ou les nécessités du service religieux le commandent ;

« Considérant que, dans l'espèce, la cure de Notre-Dame a été unie, par l'évêque de ce diocèse, avec notre approbation, au chapitre cathédral ;

« Qu'une *union* semblable, qui n'a jamais été considérée comme abusive, lorsqu'elle était justifiée par les circonstances, ainsi qu'il résulte de l'ancienne jurisprudence de nos cours, est devenue indispensable à cause de la destruction d'un grand nombre d'églises qui a nécessité dans presque tous les diocèses, l'établissement simultané, dans une même église, d'un chapitre cathédral et d'une paroisse, ainsi que le prouvent plusieurs décrets rendus successivement, à dater de l'année 1807, et plusieurs ordonnances par nous rendues ; lesdits décrets et ordonnances portant approbation de trente-trois *unions* de cette nature, opérées par trente-trois archevêques ou évêques de notre royaume, dans leurs diocèses respectifs ;

« Considérant que, si les canons de l'Église ont prescrit aux chapitres-curés de faire exercer les fonctions curiales en leur acquit, par des vicaires perpétuels, c'est toutefois, sous la condition que les évêques ne jugeront pas, sans quelque raison particulière, tirée de l'intérêt de la bonne administration de leur diocèse, *bono ecclesiarum regimine*, que le contraire doive être plus avantageux ;

« Considérant que, si les anciennes lois du royaume prescrivent pareillement l'établissement des vicaires perpétuels, ces lois étaient relatives à un état de choses qui n'existe plus ;

« Qu'alors, d'une part, les *unions* de l'espèce de celle dont il s'agit, avaient le plus souvent pour but unique d'augmenter la dotation du chapitre ;

« Et que les vicaires en chapitre étaient destituables et amovibles à leur volonté ;

« Qu'aujourd'hui, au contraire, les vicaires chargés d'une partie des fonctions curiales, en l'acquit du chapitre, ne sont nommés et révocables que par l'évêque ; que les *unions* des cures aux chapitres ont exclusivement pour objet, ou de maintenir le bon ordre dans les églises ou métropoles, ou de prévenir les dissentions du clergé et le scandale des fidèles, d'où il suit que les dispositions des lois anciennes sont sans application dans l'espèce ;

« Considérant enfin que l'*union* de la cure de Notre-Dame de Chartres, a eu lieu à l'époque du nouvel évêché de Chartres, en exécution de la nouvelle circonscription du royaume ;

« Que, par suite de l'établissement de cet évêché, l'église de Notre-Dame a été érigée en cathédrale et que cette érection a rendu l'*union* nécessaire ;

« Que la cause même de l'*union* ne permettait aucun délai dans son exécution ;

« Et que, dès lors, l'ancien curé, dont le titre était éteint par l'*union*, et qui ne pouvait plus en exercer les fonctions, ne pouvait, dans le cas d'exception où il se trouvait placé, se prévaloir des anciennes règles qui prescrivent que le titulaire d'un bénéfice continue à en recueillir les fruits jusqu'à sa mort, même après l'union de ce bénéfice à un autre ;

« Sur le moyen d'abus proposé contre la sentence d'interdiction contenue dans l'ordonnance épiscopale du 3 décembre 1823 ;

« Considérant qu'à l'époque où cette interdiction a été prononcée, l'*union* de la cure au chapitre étant consommée, le réclamant n'était plus que chanoine et que, dès lors, son évêque a pu en tout état de cause, ainsi qu'il l'a fait, lui retirer, sans jugement préalable, des pouvoirs qu'un simple prêtre ne peut conserver qu'aussi longtemps que son évêque le juge convenable.

« Sur le rapport du comité du contentieux, notre conseil d'État entendu, nous avons ordonné et ordonnons ce qui suit :

« ART. 1er. Le recours comme d'abus dirigé par le sieur Chasles, contre trois ordonnances rendues par Mgr l'évêque de Chartres, les 8 novembre 1821, 19 janvier et 3 décembre 1823, est rejeté. »

UNIVERSITÉ.

On donne ce nom en Europe, depuis le douzième siècle, à quelques écoles célèbres et privilégiées.

L'inondation des Barbares qui s'établirent sur les ruines de l'empire romain en Occident, avait fait tomber les études; et s'il y resta quelque étincelle de lumière dans le sixième et le septième siècle, nos pères en ont eu l'obligation aux monastères et aux maisons épiscopales. On y enseignait la grammaire, la dialectique et l'écriture, et tous les hommes qui se distinguèrent jusqu'au huitième siècle, sortirent de ces écoles.

Charlemagne, appelé à juste titre le restaurateur des lettres, mit tout en œuvre pour les rétablir : il ordonna, par un capitulaire fait à Aix-la-Chapelle, en 789, qu'on établît des écoles dans les maisons des évêques et dans les monastères, pour enseigner les psaumes, le plain-chant, l'épacte, la grammaire, et qu'on pourvût ces écoles de livres catholiques très corrects. Il en établit une dans son palais, qui fut très célèbre jusqu'au règne de Charles-le-Chauve. Il honora les savants, les combla de biens, les attira chez lui : et c'est à ses bienfaits que la France est redevable du fameux Alcuin, l'honneur de son siècle (*Voyez* SÉMINAIRE).

La plupart des écrivains ont voulu faire remonter à ces écoles, l'établissement de l'*Université* de Paris, et attribuer à Charlemagne la gloire de sa fondation : mais ce sentiment n'est pas fondé; les écoles de Paris ne prirent le nom d'*université* que vers la fin du douzième siècle, ou au commencement du treizième.

Sous les rois de la troisième race, Paris était devenu la capitale du royaume; les grands et les gens d'affaires, qui accompagnent toujours la cour des princes, y établirent leur résidence, et y attirèrent après eux les artisans du luxe et les marchands. Les maîtres, s'y rendaient de toutes parts, parce que cette ville était la plus riche du royaume, et qu'ils y trouvaient plus de gens en état de connaître leur mérite : le nombre et la célébrité des maîtres y attirèrent un grand nombre d'écoliers de l'Angleterre, de l'Allemagne, de tout le Nord, de l'Italie et de l'Espagne.

C'est à cette époque qu'on y voit briller Guillaume de Champeaux et ses disciples, Pierre Abailard, Albéric de Reims, Pierre Lombard, Hildebert de Tours, Robert Palla, l'abbé Rupert et Hugues de Saint-Victor. C'est alors que ces écoles prirent la dénomination d'*université d'études*, *universitas studiorum*, parce qu'on y enseignait toutes les sciences qu'il fallait aller apprendre en divers lieux.

Les maîtres de ces écoles n'avaient pas formé de corps jusque-là, et n'étaient pas soumis à des règlements particuliers. Ils convinrent d'en former un, et ils dressèrent entre eux des statuts qu'ils furent tenus de suivre. On ignore quels ils étaient; mais on les trouve confirmés par une bulle d'Innocent III, donnée en 1209. Quelques années après, Philippe Auguste leur donna des règlements, qu'on ne connaît pas non plus, mais qui se trouvent référés dans quelques édits, déclarations et statuts particuliers postérieurs.

L'*université* de Bologne date à peu près du même temps. En 1220, le pape Honorius témoignait, par une bulle, que l'étude des bonnes lettres avait rendu la ville de Bologne célèbre par tout le monde. Successivement il en a été établi, sur leur modèle, dans tous les différents États qui composent l'Europe.

On comptait, en France, à l'époque de la révolution, vingt *universités*, en y comprenant celles d'Orange et d'Avignon; savoir celles de Paris, Orléans, Toulouse, Bordeaux, Bourges, Caen, Angers, Poitiers, Nantes, Reims, Valence, Aix, Montpellier, Besançon, Douai, Strasbourg, Dijon et Nancy.

Toutes les *universités* avaient été établies par l'autorité réunie des papes et des souverains ; aussi presque toutes avaient-elles un conservateur des priviléges royaux, et un autre des priviléges apostoliques. Les priviléges dont les *universités* de France jouissaient, leur avaient été accordés à l'instar de ceux de l'*université* de Paris ; elles étaient composées du même nombre de facultés, et elles enseignaient les mêmes sciences.

Un des principaux priviléges de l'*université* de Paris, était autrefois l'exercice des fonctions du conservateur apostolique. Il connaissait de toutes les difficultés qui s'élevaient sur les priviléges de l'*université* et sur leur exécution. Les conservateurs apostoliques s'étaient érigé un tribunal ; ils tenaient leur audience au chapitre des Mathurins. Ce tribunal était composé du conservateur, comme président, de son vice-président, d'un greffier, d'un promoteur, de deux notaires et d'un greffier particulier des appellations interjetées du conservateur.

Les appels des sentences de la conservation étaient relevés en cour de Rome, ou au concile général. Pour les relever, il fallait prendre des lettres qu'on appelait *apostolos*, ou lettres dimissoires. Mais il n'était jamais permis de citer aucun suppôt de l'*université*, sans l'avoir préalablement cité devant le conservateur.

Le juge conservateur des priviléges apostoliques était au choix de l'*université*, qui a toujours pris un des évêques de Senlis, de Beauvais ou de Meaux. Il connaissait de toutes les matières dont la connaissance appartenait de droit commun à l'évêque de Paris ou à son official. Toutes sortes de personnes, sans excepter les évêques, même celui de Paris, étaient obligés d'obéir à ses citations.

L'*université* jouissait de l'exemption des tailles, du logement des gens de guerre, des tutelles, curatelles et autres charges publiques. Elle avait encore d'autres priviléges ; elle avait aussi plusieurs droits : les plus importants étaient de donner des degrés et d'accorder des lettres de nomination sur certains collateurs à ceux qui avaient étudié dans l'une ou l'autre des quatre facultés et qui avaient obtenu un degré, soit celui de maître ès-arts, soit celui de bachelier en théologie, en droit ou en médecine.

Les personnes chargées de l'enseignement dans les *universités*, sont partagées en quatre facultés, savoir de théologie, de droit, de médecine et des arts. On comptait dans quelques-unes cinq facultés, parce qu'on divisait celle de droit, en deux : l'une appelée la *faculté de droit civil*, l'autre, la *faculté de décret* ou de *droit canon*.

La première faculté était celle de théologie. Dans l'origine de l'*université* de Paris, tous les docteurs de la faculté de théologie enseignaient. On leur avait accordé le droit d'enseigner publiquement, en leur conférant la qualité de docteur. Ils ouvraient donc, quand ils le jugeaient à propos, une école, et recevaient tous les écoliers que leur réputation leur attirait. Il y avait alors presque autant d'écoles que de docteurs particuliers.

Il se forma dans la faculté de théologie de Paris, vers le treizième et le quatorzième siècle, différentes sociétés particulières, dont les plus fameuses étaient celles de Sorbonne et de Navarre. Les fondateurs de ces sociétés y instituèrent des chaires de théologie permanentes qui devaient être remplies par ceux de leurs membres qu'elles jugeraient plus en état d'enseigner.

Ces professeurs étant choisis dans un plus grand nombre de docteurs, et ayant nécessairement pour auditeurs tous les jeunes gens qui composaient leur maison, devinrent bientôt plus célèbres, et eurent un plus grand nombre d'écoliers que les docteurs qui enseignaient dans les différents endroits de la ville. Insensiblement l'usage des écoles particulières se perdit, et il ne resta plus de chaires destinées à l'enseignement de la théologie, que dans les maisons de Sorbonne et de Navarre. La maison de Sorbonne avait six professeurs, dont deux étaient de fondation royale, et celle de Navarre en avait quatre, qui étaient tous de fondation royale.

La seconde faculté des *universités* est celle de droit civil et canonique. On voit l'origine de cette faculté dès le commencement de l'*université* de Paris. On y a longtemps professé le droit civil et canonique, comme dans toutes les autres *universités* du royaume, avec moins de réputation cependant que dans quelques autres villes, où le mérite extraordinaire de quelques professeurs avait attiré un concours prodigieux d'étudiants de toutes les provinces de France et des pays étrangers.

Nous ne dirons rien des deux autres facultés de médecine et des arts qui ont moins de rapport au plan de notre ouvrage.

On ne sera peut-être pas fâché de trouver ici le nom de toutes les anciennes *universités* catholiques de l'Europe, avec l'année de leur fondation. Nous allons en conséquence en donner la liste par ordre alphabétique.

Années de la fondation des universités de l'Europe.

Aberde en	1494	Avignon	1303
Abo	1740	Avila	1445
Aix	1409	Baeca	1533
Alcala	1517	Bâle	1459
Altorf	1579	Besançon	1594
Angers	1398	Bologne	1388
Bordeaux	1473	Moscou	1754
Bourges	1464	Nantes	1460
Breslaw	1702	Onate	1543
Caen	1452	Orange	1365
Cahors	1332	Origuela	1555
Cambridge	1140	Orléans	1302
Cervera	1717	Ossune	1549
Coimbre	1541	Oviedo	1535
Cologne	1358	Oxford	895
Compostelle	1532	Paderborn	1592
Copenhague	1497	Palencia	1179
Cracovie	1364	Padoue	1190
Derpt	1632	Pampelune	1608
Dijon	1722	Paris vers l'an	900
Dillinghen	1549	Parme	1509
Dole	1426	Pau	1722
Douai	1563	Pavie	1361
Duysbourg	1656	Pérouse	1307
Elbing	1542	Perpignan	1349
Erford	1392	Pise	1560
Evora	1579	Poitiers	1431
Florence	1321	Pont-à-Mousson	1573
Francfort sur l'Oder	1506	Prague	1348
		Quito	1586
Franker	1585	Reggio	1752
Fribourg en Brisgaw	1460	Reims	1548
		Rome ann. incertaine,	
Gandie	1549	— collége de la Sapience	1303
Genève	1365		
Giessen	1607	Rostock	1419
Girone	1710	Saint-André	1411
Glascow	1454	Saint-Domingue	1558
Goettingue	1734	S.-Pétersbourg	1747
Gratz	1585	Salamanque	1200
Grenade	1537	Saltzbourg	1623
Gripswalde	1456	Saragosse	1474
Groningue	1614	Séville	1531
Guatimala	1628	Sienne	1387
Halle	1694	Sigen	1589
Harderswick	1648	Strasbourg	1588
Heidelberg	1346	Tarragone	1570
Helmstad	1576	Tolède	1475
Herda	1549	Tortose	1540
Ingolstad	1410	Toulouse	1228
Inspruch	1677	Trèves	1473
Jène	1549	Tubinque	1477
Kiel	1669	Turin	1405
Konisberg	1544	Valence en Dauphiné	1452
Leipsick	1408		
Leide	1575	Valence en Espagne	1470
Lima	1614		
Louvain	1425	Valladolid	
Lunden	1606	Vienne en Autriche	1365
Macerata	1540		
Marpourg	1526	Vilna	1579
Mayence	1482	Wirtsbourg	1403
Messine	1548	Wittemberg	1502
Mexico	1551	Upsal	1477
Montpellier	1289	Utrecht	1636

L'*université* actuelle de Paris n'a que le nom de commun avec les *universités* dont nous venons de parler et qui florissaient dans l'ancienne France. Celles-ci avaient disparu, comme tant d'autres établissements utiles, dans la tempête révolutionnaire, lorsque Napoléon, profitant des circonstances qui lui parurent favorables, fonda l'*université* actuelle, d'abord par les lois du 11 floréal an

X et du 10 mai 1806, puis par le décret du 17 mars 1808 en 144 articles qui l'organisa, et enfin par deux autres décrets du 17 septembre de la même année et du 15 novembre 1811, qui complétèrent l'œuvre.

Décret *du 17 mars 1808, portant organisation de l'université.*

Titre Ier. — *Organisation générale de l'université.*

« Art. 1er. L'enseignement public dans tout l'empire, est confié exclusivement à l'*université*.

« Art. 2. Aucune école, aucun établissement quelconque d'instruction ne peut être formé hors de l'*université* impériale, sans l'autorisation de son chef.

« Art. 3. Nul ne peut ouvrir d'école ni enseigner publiquement, sans être membre de l'*université* impériale et gradué par l'une de ses facultés. Néanmoins l'instruction dans les séminaires dépend des archevêques et évêques, chacun dans son diocèse. Ils en nomment et révoquent les directeurs et professeurs. Ils sont seulement tenus de se conformer aux règlements pour les séminaires par nous approuvés. »

Voyez sous le mot facultés quelques articles des titres II et III de ce décret que nous rapporterons intégralement, avec tous les documents législatifs relatifs à l'*université*, dans notre cours *théorique et pratique de la législation religieuse*.

Nous aurions beaucoup de choses à dire de l'*université*, ou plutôt contre le monopole universitaire qui est contraire à la Charte, et qui fait craindre pour l'avenir du catholicisme en France, mais outre que nos évêques en ont fait voir l'année dernière, tous les dangers, nous nous éloignerions trop du but de cet ouvrage (*Voyez* liberté *d'enseignement* école, séminaires).

USAGE.

C'est une grande règle en matière ecclésiastique, que les anciens *usages* particuliers des églises doivent être conservés lorsqu'ils n'ont rien de contraire aux mœurs ni aux lois générales de l'Eglise (*Can. Galliarum* 25, *qu.* 2).

L'évêque ne peut que corriger les *usages* abusifs ou superstitieux dans le service divin.

L'unité des rits et de discipline serait sans doute plus convenable; et il paraît par diverses constitutions des papes, que tel est le vœu de l'Eglise. Mais cette bonne mère, qui connait le cœur de ses enfants, et la différence de leurs mœurs selon le pays qu'ils habitent, et la forme de gouvernement qu'on y suit, a toujours vu et souffert quelque variété dans la discipline ecclésiastique, dans le culte même de Jésus-Christ, quand on en reçoit d'ailleurs la morale, et que l'on en professe uniformément le dogme : *Habentes sub una fide varios ritus et mores* (*C. Quoniam* 14, *de offic. jud. ord.*) (*Voyez* coutume, canon).

USURE.

L'*usure* est un gain ou un profit, quel qu'il soit, qu'on prétend tirer du prêt que l'on fait de quelque chose qui se consume par l'usage : *Usura est quidquid ultra sortem mutuatam percipitur, dicta ab usu, quia scilicet pro usu pecuniæ recipitur* (Lancelot, *Inst. lib., tit.* 7). Le droit canon s'exprime dans le même sens (*C. Usura; c. Plerique* 14, *qu.* 3; *c. Si quis clericus, ead. caus., qu.* 4).

Suivant le droit canonique, le mot *usure* n'est pas distingué du mot *fœnus*, dont parlent les jurisconsultes. Le droit canon n'entend parler de l'*usure* ou intérêt qu'à l'égard du prêt appelé *mutuum* seulement, et dans ce sens il la réprouve comme contraire à la charité et aux textes sacrés de l'Ecriture. Nous ne citerons que celui-ci : *Mutuum date, nihil inde sperantes* (Luc., cap. VI). *Si fœneraveris homini, id est mutuam pecuniam tuam dederis, a quo aliquid plus quam dedisti expectes accipere, non pecuniam solam, sed aliquid plus quam dedisti, sive aliud triticum sit, sive vinum, sive oleum, sive quodlibet aliud, si plus quam dedisti expectas accipere, fœnerator es, et in hoc improbandus, non laudandus* (*C.* 1, *caus.* 14, *qu.* 3).

On distingue plusieurs espèces d'*usures*, l'*usure* réelle et l'*usure* mentale, l'*usure* expresse et l'*usure* palliée, l'*usure* du sort principal, et celle du gain usuraire, l'*usure* suivant le taux de la loi et celle qui le surpasse, l'*usure* active et l'*usure* passive.

L'*usure* réelle est lorsqu'il y a quelque pacte exprès ou tacite de se faire donner quelque chose au-dessus du capital qu'on prête. L'*usure* mentale est lorsque celui qui prête a pour intention principale de tirer de l'emprunteur quelque profit ou quelque service : *Spes facit hominem usurarium sicut simoniacum* (Glos. *in sum. Quod autem*). Mais il faut remarquer, avec la glose du chapitre *Consuluit, de Usur.*, qu'il n'est pas défendu à celui qui prête d'espérer du débiteur quelque reconnaissance, si sa principale intention est de faire plaisir à son ami et de lui donner des marques de son affection. Ce qui se comprend, suivant l'observation de saint Antonin, lorsque le prêteur prêterait également son argent quand même il n'attendrait aucune reconnaissance de la part de celui qui le reçoit.

L'*usure* expresse et explicite consiste en ce qu'on tire quelque profit du prêt en vertu du prêt. L'*usure* palliée est celle qui se rencontre dans les autres contrats où l'on s'efforce de cacher le vice de l'*usure*.

L'*usure* du sort principal est lorsqu'on tire des intérêts de l'argent prêté, à cause de la somme prêtée. L'*usure* du gain usuraire est ce qu'on appelle anatocisme, c'est-à-dire l'intérêt de l'intérêt.

L'*usure* suivant le taux de la loi est, en France, le cinq pour cent. Celle qui est plus forte est au delà du taux (*Voyez* ci-après).

L'*usure* active est celle du créancier qui prête à *usure* et qui exige quelque chose au delà de ce qu'il a prêté. L'*usure* passive est celle du débiteur qui paie l'*usure* à son créancier.

Autrefois l'*usure* fut défendue par les ordonnances de nos rois, comme une chose condamnée par l'Écriture sainte, et par les décrets des conciles et des papes. On cite à ce sujet divers capitulaires, et successivement l'ordonnance de saint Louis, faite à Melun l'an 1211, et renouvelée en 1254; l'ordonnance de Philippe le Bel, donnée à Poissy le 8 décembre 1312, et qui porte : « Nous « déclarons que nous avons réprimé et dé-« fendu, et encore réprimons et défendons « toutes manières d'*usure*, de quelque quan-« tité qu'elles soient causées, comme étant « de Dieu et des saints Pères défendues; mais « la peine de corps nous ne mettons mie, « fors contre ceux qui les plus grosses *usu-*« *res* recevront...; mais pour ce, nous ne « recevons mie expressément *usures* de mê-« me quantité; ains voulons être donnée sim-« plement et de pleine barre défense à tous « ceux à qui seront demandées, afin qu'ils « ne les soient tenus de payer, et répétition « de ceux qui les auront payées, de quelque « manière ou quantité soient icelles *usures*.»

On trouve la même défense dans l'ordonnance de Louis XI de 1442, de Louis XII en 1510, de Henri III en l'ordonnance de Blois. L'article 202 de cette dernière ordonnance est ainsi conçu : « Faisons défense à toutes « personnes, de quelque sexe ou condition « qu'elles soient, d'exercer aucune *usure*, « prêt de deniers à profit ou intérêts..., en-« core que ce fût sous prétexte de commerce « public. »

Ces ordonnances ont été abrogées; l'assemblée constituante permit d'abord l'intérêt du prêt, en réglant qu'on ne pourrait excéder le taux fixé par la loi. La convention alla plus loin; laissant aux parties la liberté de fixer la quotité des intérêts, elle déclara, par son décret du 6 floréal an III, l'argent purement marchandise. Mais la cupidité se porta tout de suite à de si grands excès, et l'*usure* prit un tel accroissement, que la convention fut obligée de rapporter ce décret par un autre du 2 prairial suivant.

Tel était l'état des choses, lorsque le Code civil a paru. Il continua de permettre l'intérêt du prêt et permit de plus aux parties d'excéder l'intérêt légal, c'est-à-dire l'intérêt fixé par la loi, toutes les fois que la loi ne le prohibait pas. Voici les dispositions du Code civil sur cette matière :

« Art. 1905. Il est permis de stipuler des intérêts pour simple prêt, soit d'argent, soit de denrées ou autres choses mobilières.

« Art. 1906. L'emprunteur qui a payé des intérêts qui n'étaient pas stipulés ne peut ni les répéter, ni les imputer sur le capital.

« Art. 1907. L'intérêt est légal ou conventionnel. L'intérêt légal est fixé par la loi. L'intérêt conventionnel peut excéder celui de la loi, toutes les fois que la loi ne le prohibe pas.

« Le taux de l'intérêt conventionnel doit être fixé par écrit. »

Mais la loi du 3 septembre 1807, qui est en vigueur, déroge à cet article 1907. Cette loi porte :

« Art. 1er. L'intérêt conventionnel ne pourra excéder, en matière civile, cinq pour cent, ni, en matière de commerce, six pour cent, le tout sans retenue.

« Art. 2. L'intérêt légal sera, en matière civile, de cinq pour cent, et, en matière de commerce, six pour cent aussi sans retenue.

« Art. 3. Lorsqu'il sera prouvé que le prêt conventionnel a été fait à un taux excédant celui qui est fixé par l'article premier, le prêteur sera condamné, par le tribunal saisi de la contestation, à restituer cet excédent, s'il l'a reçu, ou à souffrir la réduction sur le principal de la créance, et pourra même être renvoyé, s'il y a lieu, devant le tribunal correctionnel, pour y être jugé conformément à l'article suivant.

« Art. 4. Tout individu qui sera prévenu de se livrer habituellement à l'*usure*, sera traduit devant le tribunal correctionnel, et, en cas de conviction, condamné à une amende, qui ne pourra excéder la moitié des capitaux qu'il aura prêtés à *usure*.

« S'il résulte de la procédure qu'il y a eu escroquerie de la part du prêteur, il sera condamné, outre la peine ci-dessus, à un emprisonnement qui ne pourra excéder deux ans.

« Art. 5. Il n'est rien innové aux stipulations d'intérêts par contrat ou autres actes faits jusqu'au jour de la publication de la présente loi. »

Les théologiens ont expliqué les conditions qu'on exige pour les différents titres en vertu desquels il est permis de percevoir quelque intérêt du prêt. Craignant de nous trop écarter du but que nous nous sommes proposé dans cet ouvrage, nous nous contenterons de consigner ici diverses décisions émanées de Rome sur cette matière.

Benoît XIV dit que : « Ç'a toujours été, et « que c'est encore la doctrine de l'Église ca-« tholique, établie sur l'accord unanime de « tous les conciles des Pères et des théolo-« giens, que tout profit tiré du prêt, c'est-à-« dire, suivant le langage de l'école, sans « que le prêteur ait le titre du lucre cessant « ou du dommage naissant, ou un autre ti-« tre extrinsèque au prêt, est usuraire et « défendu par le droit naturel, divin et ec-« clésiastique » (*de Synod. diœc. lib.* VII, « c. 47).

Ce grand pape enseigne la même doctrine dans l'encyclique *Vix pervenit*, adressée aux patriarches, archevêques et évêques d'Italie. Il y approuve et confirme les principes suivants :

« 1° L'espèce de péché qui se nomme *usure*, et qui a son siège propre dans le contrat de prêt, consiste en ce que celui qui prête, veut qu'en vertu du prêt même, qui, de sa nature, demande qu'on rende seulement autant qu'on a reçu, on lui rende plus qu'il n'a prêté, et prétend, en conséquence, qu'outre son capital, il lui est dû un profit à raison du prêt. C'est pourquoi tout profit de cette nature est illicite et usuraire : *Omne propterea hujusmodi lucrum quod sortem superat, illicitum et usurarium est.*

« 2° Pour excuser cette tache d'*usure*, on

alléguerait en vain que ce profit n'est pas excessif, mais modéré ; qu'il n'est pas grand, mais petit ; que celui de qui on l'exige à raison du prêt n'est pas pauvre, mais riche ; qu'il ne laissera pas la somme prêtée oisive, mais qu'il l'emploiera très-utilement, soit à améliorer sa fortune, soit à l'acquisition de nouveaux domaines, soit à un commerce lucratif ; puisque l'essence du prêt consistant nécessairement dans l'égalité entre ce qui est fourni et ce qui est rendu, cette égalité une fois rétablie par la restitution du capital, celui qui prétend exiger de qui que ce soit quelque chose de plus, à raison du prêt, s'oppose à la nature même de ce contrat, qui est déjà pleinement acquitté par le remboursement d'une somme équivalente. Par conséquent, si le prêteur reçoit quelque chose au delà du capital, il sera tenu de le restituer, par une obligation de cette justice qu'on appelle commutative, et qui ordonne de garder inviolablement dans les contrats l'égalité propre à chacun, et de le réparer exactement, si elle a été violée.

« 3° Mais, en établissant ces principes, on ne prétend pas nier que certains titres qui ne sont pas intrinsèques au prêt, ni intimement unis à sa nature, ne puissent quelquefois concourir fortuitement avec lui, et donner un droit juste et légitime d'exiger quelque chose en sus du capital. On ne nie pas non plus qu'il n'y ait plusieurs autres contrats d'une nature entièrement différente de celle du prêt, par lesquels on peut placer et employer son argent, soit pour se procurer des revenus annuels, soit pour faire un commerce, un trafic licite, et en retirer un profit honnête.

« 4° Or, comme dans cette multitude de divers genres de contrats, si l'égalité n'y est pas observée, tout ce que l'un des contractants reçoit de trop, produit, non l'*usure* (n'y ayant pas de prêt ni exprès, ni pallié), mais une autre espèce d'injustice qui n'est pas moins réelle et qui emporte également l'obligation de restituer. Au contraire, si tout y est réglé selon l'exacte justice, il n'est pas douteux que ces divers genres de contrats ne fournissent plusieurs moyens licites d'entretenir et d'étendre le commerce pour le bien public. Mais à Dieu ne plaise que des chrétiens pensent que ce soient les *usures*, ou de semblables injustices, qui puissent faire fleurir les commerces utiles, puisque les oracles sacrés nous apprennent que *c'est la justice qui élève les nations, et que le péché rend les peuples misérables* (Prov., ch. XIV, v. 34).

« 5° Mais il faut observer avec soin que ce serait faussement et témérairement qu'on se persuaderait qu'il se trouve toujours, ou avec le prêt, d'autres titres légitimes, ou même séparément du prêt, d'autres contrats justes, par le moyen desquels toutes les fois qu'on prête à un autre, quel qu'il soit, de l'argent, du blé, ou quelque autre chose du même genre, il soit toujours permis de recevoir quelque profit modéré, au delà du sort principal assuré en entier. Si quelqu'un pensait ainsi, son opinion serait certainement contraire, non-seulement aux divines Écritures et au jugement de l'Église catholique sur l'*usure*, mais au sens commun et à la raison naturelle. Personne ne peut ignorer qu'on soit tenu, en plusieurs cas, de secourir son prochain par le prêt pur et simple, conformément à ces paroles de Jésus-Christ : *Ne rejetez pas celui qui veut emprunter de vous* (Matth., ch. V, v. 42) ; et qu'il y ait bien des circonstances où l'on ne peut faire d'autre contrat juste et licite que le prêt. Ainsi, quiconque veut veiller à la sûreté de sa conscience, doit, avant toutes choses, examiner avec soin s'il a véritablement, avec le prêt, un titre légitime ou un contrat différent du prêt, qui puisse justifier et rendre exempt de toute tache d'*usure* l'intérêt qu'il cherche à se procurer....

« Que ceux qui se croient assez de lumières et de prudence pour oser décider sur ces matières qui demandent une grande connaissance de la théologie et des sacrés canons, évitent les deux extrêmes, qui sont toujours vicieux ; car quelques-uns jugent des choses avec tant de sévérité, qu'ils condamnent tout profit qu'on tire de son argent, comme illicite et usuraire : quelques autres, au contraire, sont si indulgents et si relâchés, qu'ils se persuadent que tout profit est exempt d'*usure ;* qu'ils ne s'attachent pas trop à leurs opinions particulières ; qu'avant de donner des décisions, ils consultent plusieurs auteurs renommés ; et qu'ils suivent les sentiments les plus conformes à la raison et à l'autorité. S'il s'élève des contestations sur la légitimité de quelques contrats particuliers, on doit s'abstenir de toute censure et de toute qualification injurieuse à l'égard des opinions contraires, surtout si ces opinions sont appuyées sur la raison et les suffrages de célèbres auteurs ; car les injures et les invectives blessent la charité, et sont un sujet de scandale pour les peuples. »

Il a paru depuis quelque temps un grand nombre de décisions de la sacrée pénitencerie et du saint office, sur le prêt de commerce et l'intérêt légal. Il suffira d'en rapporter ici quelques-unes, pour faire connaître l'esprit du saint-siège.

Consultation de Mgr. l'évêque de Rennes

« Episcopus Rhedonensis in Gallia exponit
« sacræ congregationi inquisitionis, non eam-
« dem esse confessariorum suæ diœcesis sen-
« tentiam de lucro percepto ex pecunia ne-
« gotiatoribus mutuo data ut ea ditescant.
« De sensu epistolæ encyclicæ *Vix pervenit*
« acriter disputatur. Ex utraque parte mo-
« menta afferuntur ad tuendam eam quam
« quisque amplexus est sententiam, tali lu-
« cro faventem aut contrariam. Inde quere-
« læ, dissentiones, denegatio sacramento-
« rum plerisque negotiatoribus isti dites-
« cendi modo inhærentibus, et innumera
« damna animarum.

« Ut animarum damnis occurrant nonnulli

« confessarii mediam inter utramque senten-
« tiam viam se posse tenere arbitrantur. Si
« quis ipsos consulat de istiusmodi lucro, il-
« lum ab eo deterrere conantur. Si pœni-
« tens perseveret in consilio pecuniam mu-
« tuo dandi negotiatoribus, et objiciat sen-
« tentiam tali mutuo faventem multos habere
« patronos, et insuper non fuisse damnatam
« a sancta sede non semel ea de re consulta ;
« tunc isti confessarii exigunt ut pœnitens
« promittat se filiali obedientia obtempera-
« turum judicio summi pontificis, si interce-
« dat, qualecumque sit ; nec, hac promissione
« obtenta, absolutionem denegant, quamvis
« *probabiliorem* credant opinionem contra-
« riam tali mutuo. Si pœnitens non confitea-
« tur de lucro ex pecunia sic mutuo data, et
« videatur in bona fide, isti confessarii, etiamsi
« nunc percipi istiusmodi lucrum, eum ab-
« solvunt, nulla ea de re interrogatione facta,
« quando timent ne pœnitens admonitus res-
« tituere aut a tali lucro abstinere recuset.
   « Inquirit ergo dictus episcopus Rhedo-
« nensis :
   « 1° Utrum possit horum posteriorum con-
« fessariorum agendi rationem probare?
   « 2° Utrum alios confessarios rigidiores
« ipsum adeuntes consulendi causa possit
« hortari, ut istorum agendi rationem se-
« quantur, donec sancta sedes expressum ea
« de quæstione judicium ferat ? »
   † C. L. episcopus Rhedonensis.

Réponse du pape Pie VIII, du 16 août 1830.

   « Sanctissimus dominus noster Pius, divina
« providentia papa VIII, in solita audientia
« R. P. D. assessori sancti officii impertita,
« audita relatione superiorum dubiorum una
« cum voto eminentissimorum DD. cardina-
« lium inquisitorum generalium respondit :
   « Ad primum : non esse inquietandos ;
   « Ad secundum : provisum in primo. »

*Consultation de M. Gousset, professeur de
théologie au séminaire de Besançon.*

   « 1° An confessarius ille possit absolvi,
« qui licet Benedicti XIV et aliorum summo-
« rum pontificum de usura definitiones no-
« verit, *docet* ex mutuo divitibus aut negotia-
« toribus præstito percipi posse, præter sortem,
« lucrum quinque pro centum, etiam ab iis
« qui nullum omnino alium quam legem ci-
« vilem titulum habent, mutuo extrinse-
« cum ?
   « 2° An peccet confessarius, qui dimittit in
« bona fide pœnitentem qui ex mutuo exigit
« lucrum lege civili statutum absque extrin-
« seco lucri cessantis, aut damni emergentis,
« aut periculi extraordinarii titulo ? »

*Réponse de la sacrée pénitencerie, du 16 sep-
tembre 1830.*

   « Sacra pœnitentiaria, diligenter mature-
« que perpensis propositis dubiis, respon-
« dendum censuit.
   « Ad primum : Confessarium de quo in
« dubio non esse inquietandum, quousque
« sancta sedes definitivam decisionem emise-
« rit, cui paratus sit se subjicere, ideoque

« nihil obstare ejus absolutioni in sacra-
« mento pœnitentiæ.
   « Ad secundum : Provisum in præcedenti,
« dummodo pœnitentes parati sint stare man-
« datis sanctæ sedis. »
   Les décisions que nous venons de rapporter ont été renouvelées et envoyées officiellement à diverses époques, savoir : par la sacrée pénitencerie, à Mgr. l'évêque de Vérone,
le 31 août 1831 ; par le saint office, avec l'approbation du pape Grégoire XVI à Mgr. l'évêque de Viviers, le 31 août 1831 ; par la sacrée
pénitencerie, au docteur Awaro, professeur
de théologie à Pignerol, le 11 février 1832 ;
par le même tribunal, à Mgr. l'évêque d'Ac-
qui, le 22 novembre 1832 ; et à Mgr. l'évêque
d'Arras, le 8 juin 1834.

*Consultation de M. Denavit, professeur de
théologie au séminaire de Lyon.*

   « Quando sacræ pœnitentiariæ dubia circa
« materiam usuræ proponuntur, semper re-
« mittit ad doctrinam S. P. Benedicti XIV,
« quæ revera sat clara et perspicua est pro
« iis qui bona fide eam perscrutari volunt.
   « Attamen sunt quidam presbyteri qui con-
« tendunt licitum esse percipere auctarium
« quinque pro centum solius vi legis princi-
« pis, absque alio titulo vel damni emergen-
« tis vel lucri cessantis ; quia, inquiunt, lex
« principis est titulus legitimus, cum trans-
« ferat dominium auctarii sicut transferet do-
« minium in præscriptione, et sic prorsus
« annihilat legem divinam et legem ecclesias-
« ticam quæ usuras prohibent.
   « Cum hæc ita se habeant, orator infra
« scriptus, existimans nullo pacto esse lici-
« tum recedere a doctrina Benedicti XIV,
« denegat absolutionem sacramentalem pres-
« byteris qui contendunt legem principis esse
« titulum sufficientem percipiendi aliquid
« ultra sortem absque titulo vel lucri ces-
« santis vel damni emergentis.
   « Quare infra scriptus orator humiliter
« supplicat ut sequentia dubia solvantur :
   « 1° Utrum possit in conscientia denegare
« presbyteris præfatis ?
   « 2° Utrum debeat ? »

*Réponse de la sacrée Pénitencerie, du 16
septembre 1830.*

   « Sacra Pœnitentiaria diligenter ac mature
« perpensis dubiis propositis, respondendum
« esse censuit : Presbyteros de quibus agitur
« non esse inquietandos, quousque sancta
« sedes *definitivam* decisionem emiserit, cui
« parati sint se subjicere, ideoque nihil ob-
« stare eorum absolutioni in sacramento pœ-
« nitentiæ. »

Autre consultation de M. Denavit.

   « Ex responso sacræ Pœnitentiariæ ad ora-
« torem infra scriptum directo die 16 sep-
« tembris 1830, absolvendi sunt presbyteri,
« qui contendunt legem principis esse titu-
« lum sufficientem et legitimum aliquid per-
« cipiendi ultra sortem in mutuo, absque
« alio titulo a theologis communiter admisso,
« donec sancta sedes definitivam decisionem

« emisserit cui parati sint se subjicere : et huic
« responso humiliter et libenter acquiesco.
  « Attamen, salvo sacræ Pœnitentiariæ res-
« ponso præfato, consultis auctoribus pro-
« batis, et attenta doctrina omnium fere se-
« minariorum Galliæ ac præsertim eorum
« quæ a presbyteris congregationis sancti
« sulpicii diriguntur, sententia quæ rejicit
« titulum legis civilis tanquam insufficien-
« tem, videtur longe probabilior, securior,
« et sola in praxi tenenda, donec sancta se-
« des definierit : quapropter fidelibus, qui
« a me consilium petunt utrum possint auc-
« tarium percipere ex mutuo, et qui nullum
« habent titulum a theologis communiter
« admissum præter titulum legis civilis, res-
« pondeo eos non posse præfatum auctarium
« exigere, et denego absolutionem sacra-
« mentalem, si exigant. Pariter denego ab-
« solutionem iis qui, præceptis hujuscemodi
« usuris, id est vi solius tituli legis, nolunt
« restituere.
  « Quæritur 1° utrum durius et severius
« me habeam erga hujuscemodi fideles?
  « 2° Quæ agendi ratio in praxi tenenda
« erga fideles, donec sancta sedes definitivam
« sententiam emiserit? »

Réponse de la sacrée Pénitencerie, du 11 novembre 1831.

  « Sacra Pœnitentiaria, perpensis dubiis
« quæ ab oratore proponuntur, respondet :
  « Ad primum : affirmative ; quando qui-
« dam ex dato a sacra Pœnitentiaria responso
« liquet fideles hujusmodi, qui bona fide ita
« se gerunt, non esse inquietandos.
  « Ad secundum : provisum in primo ; unde
« orator priori sacræ Pœnitentiariæ responso
« sub die 16 septembris 1830, sese in praxi
« conformare studeat. »

Consultation du chapitre de Locarno.

  Très-saint Père,
  « Le chapitre de la collégiale de Locarno, diocèse de Côme, territoire suisse, possède la plus grande partie de ses prébendes en numéraire, provenant principalement de l'abolition des dîmes opérée par un décret du gouvernement. Les revenus de cet argent doivent être employés à fournir à la subsistance des chanoines, et à faire face aux charges des bénéficiers.
  « D'après les circonstances des temps et des lieux on ne trouve pas à placer son argent en immeubles productifs ; d'abord il arrive très-rarement que des biens-fonds soient mis dans le commerce, et, d'autre part, la concurrence, à raison de la population, les rend tellement chers, qu'ils ne rapportent annuellement que le deux et demi pour cent, ce qui diminuerait excessivement les prébendes déjà par elles-mêmes bien minces.
  « Les baux à cens ou à rente perpétuelle sont défendus par les lois du pays, et n'offrent point de sûreté, parce qu'il n'y a pas de bureaux d'hypothèques qui assurent que les fonds ne sont pas grevés et qu'ils présentent une garantie suffisante. D'ailleurs, ceux qui demandent à emprunter pour subvenir à leurs affaires, refusent ordinairement de grever leurs biens de cens, aimant mieux payer annuellement des intérêts à raison du quatre ou du cinq pour cent.
  « Cela posé, on demande : 1° si la subsistance honnête et nécessaire des bénéficiers, qui ne peut provenir que du produit des capitaux de ces prébendes, est, dans une telle circonstance, un titre suffisant et équivalent aux autres titres approuvés par l'Église, pour qu'il leur soit permis de prêter l'argent qui forme la dotation desdites prébendes, moyennant l'intérêt de quatre ou cinq pour cent, avec hypothèque sur des immeubles, et caution de personnes notoirement solvables, afin d'assurer la perpétuité des prébendes.
  « 2° Si, dans l'hypothèse que ce titre soit reconnu admissible, on peut l'étendre en faveur des églises, monastères, établissements religieux, et même des pupilles et autres personnes qui se trouvent dans les mêmes circonstances, et ont besoin de faire fructifier leurs propres deniers, afin de se procurer un honnête entretien.
  « 3° Si les lois et procédures civiles, qui maintenant approuvent généralement de semblables contrats et les font exécuter, de même que le commun et tacite consentement des peuples qui, par l'usage établi depuis des siècles, semble, à raison de la plus grande facilité qu'ils offrent, les avoir substitués aux autres contrats plus compliqués et plus difficiles, suffisent à les justifier.
  « 4° Si, à cet égard, on peut s'en rapporter à l'autorité de l'ordinaire et de plusieurs ecclésiastiques pieux et prudents, qui, à raison des susdites circonstances, opinent en faveur de semblables contrats et les approuvent.
  « 5° Quel poids peuvent avoir, dans le cas présent, les raisons que donne Scipion Maffei, dans ses trois livres *sur l'emploi de l'argent*, dédiés à Benoît XIV, et approuvés par l'inquisiteur de Padoue, en 1744.
  « 6° Si la bulle *de Usuris*, donnée par Benoît XIV, d'heureuse mémoire, en 1745, probablement à la suite de l'ouvrage de Maffei, peut, au n° 3 et à l'article *de Contractu autem*, s'interpréter en faveur de pareils contrats.
  « 7° En supposant ces contrats illicites, quel parti faut-il prendre à l'égard de ceux qui sont déjà passés et des intérêts qu'on a déjà perçus?
  « 8° Si, dans tous les cas, on ne pourrait pas rendre ces sortes de contrats licites par la cession qu'on se ferait faire de l'immeuble affecté à la garantie du capital, à la charge par le cédant à qui on en laisserait la jouissance, de servir la prébende, sauf aux bénéficiers à courir les chances d'une semblable convention, dans laquelle on insérerait les clauses usitées dans les baux à rente.
  « Les suppliants osent demander très-humblement à Votre Sainteté une décision précise sur les doutes ci-dessus exposés, laquelle leur servirait de règle pour la tranquillité de leur conscience et celle de leurs frères en Jésus-Christ, généralement troublée à ce sujet. »
  Locarno, 13 août 1831.

DROIT CANON. II

(*Trente-huit.*)

Réponse du saint office, du 31 mai 1831.

« Propositis superioribus capituli colle-
« giatæ Locarni precibus, quæ jam per ma-
« nus una cum DD. consultorum suffragiis
« distributæ fuerant, Em. et Rev. DD. dixerunt.
« Ad 1, 2, 3, 4, non esse inquietandos, et
« acquiescant dummodo parati sint stare
« mandatis sanctæ sedis.
« Ad 5, 6, 7, 8, consulant encyclicam Be-
« nedicti XIV, *Vix pervenit*, et probatos au-
« ctores. »

Le 7 septembre 1831, N. S. P. le pape Grégoire XVI, a approuvé la réponse des cardinaux.

« Sanctissimus D. N. Gregorius XVI, in
« sola audientia R. P. D. assessori S. Officio
« impertita, eminentissimorum resolutiones
« approbavit. »

Consultation de monseigneur l'évêque de Nice.

« In fasciculis quorum titulus, *Annali*
« *delle scienze religiose*, vol. I, n. 1, pag. 128,
« et *l'Ami de la Religion*, 2 avril 1835, legi-
« tur responsum, quod eminentissimus car-
« dinalis pœnitentiarius major dedit die
« 7 martii 1835, illustrissimo ac reveren-
« dissimo episcopo Vivariensi in quæstione
« ab ipso circa usuram proposita. Exposue-
« rat enim præsul nonnullos verbi Dei præ-
« cones docere, in publicis concionibus,
« licitum esse lucrum ex mutuo percipere ti-
« tulo legis civilis, quin ullum verbum fa-
« ceret de illa conditione responsis a S.
« pœnitentiaria nuper satis apposita, qua cau-
« tum est ut pœnitentes lucrum ex mutuo
« legis civilis titulo percipientes *parati esse*
« *debeant stare mandatis sanctæ sedis*, ac postu-
« laverat an illi sacerdotes essent improbandi.

« Cujus precibus benigne annuens emi-
« nentissimus pœnitentiarias major respon-
« dit, S. pœnitentiarium haud quaquam
« voluisse responsis illis quæstionem a theolo-
« gis de titulo ex lege principis desumpto
« definire, sed solummodo normam propo-
« suisse, quam confessarii tuto sequeren-
« tur erga pœnitentes qui moderatum lu-
« crum lege principis statutum acciperent
« *bona fide, paratique essent stare mandatis*
« *sanctæ sedis*, ac proinde *minima probari*
« *posse* illorum concionatorum agendi ratio-
« nem, qui absolute docent in sacris concio-
« nibus licitum esse lucrum ex mutuo perci-
« pere titulo legis civilis, reticitis enuntiatis
« conditionibus.

« Quidam attendentes ad illa verba in res-
« ponso apposita, *bona fide*, contendunt
« juxta normam a S. Pœnitentiaria confes-
« sariis pluries propositam, illos tantum
« sacramentaliter absolvi posse, nullo impo-
« sito restitutionis onere, qui lucrum enun-
« tiatum bona fide percepissent; alii e contra
« asserunt etiam illos, qui dubia vel mala
« fide dictum lucrum percepissent absolvi
« posse, nullo imposito restitutionis onere,
« dummodo parati sint stare mandatis sanctæ
« sedis; et aiunt hanc clausulam, *bona fide*,
« non respicere onus restitutionis, sed po-
« tius honestatem agentis et absolutionem
« quam confessarii impertiri nequeunt pœ-
« nitentibus in mala fide constitutis, nisi
« prius de patrato in mala fide pœniteant : et
« hoc deducunt ex ipsa postulatione episcopi
« Vivariensis. Non petierat episcopus, aiunt,
« utrum pœnitentes dubia vel mala fide
« constituti obligandi essent ad restitutio-
« nem, sed tantum utrum improbandi
« essent concionatores illi qui, nulla enun-
« tiata conditione, licitum esse usum mutui præ-
« dicti prædicabant : cumque sancta sedes
« nondum quæstionem definierit, et patratum
« in mala fide, licet per se non inducat onus
« restitutionis, semper tamen inducit culpæ
« reatum, hinc eminentissimum improbasse
« aiunt istorum agendi rationem, qui retici-
« tis conditionibus, *bona fide et standi man-*
« *datis sanctæ sedis*, licitum usum dicti mutui
« absolute prædicabant, quin loqueretur
« eminentissimus de obligatione restitutio-
« nis, de qua non postulabat præsul. Dedu-
« cunt quoque ex conditione a sacra pœni-
« tentiaria requisita in pœnitentibus standi
« mandatis sanctæ sedis, quæ dispositio du-
« bium necessario aut supponit aut excitat
« de honestate mutui prædicti.

« Cumque hinc et inde sint viri summæ
« pietatis, et non spernendæ auctoritatis,
« ut animarum quieti in re tam frequenti
« et seria provideatur, per humiliter petitur :

« An pœnitentes qui moderatum lucrum,
« solo legis titulo ex mutuo, dubia vel mala
« fide perceperunt, absolvi sacramentaliter
« possent nullo imposito restitutionis onere,
« dummodo de patrato ob dubiam vel ma-
« lam fidem peccatum sincere doleant, et
« filiali obedientia parati sint stare mandatis
« sanctæ sedis. »

Réponse du saint office, du 17 janvier 1838.

« In congregatione generali sanctæ ro-
« manæ et universalis inquisitionis habita
« in conventu sanctæ Mariæ supra Mi-
« nervam, coram eminentissimis et reve-
« rendissimis DD. S. E. L. cardinalibus contra
« hæreticam pravitatem generalibus inquisi-
« toribus proposito supra dicto dubio, iidem
« Eminentissimi et Reverendissimi DD. dixe-
« runt.

« Affirmative, dummodo parati sint stare
« mandatis sanctæ sedis. »

USURIER.

L'*usurier* est celui qui se rend ou s'est rendu coupable du crime d'usure.

On peut juger du mal que font les *usuriers* dans la société civile, indépendamment de celui qu'ils se font à eux-mêmes, par tout ce que les lois de toutes les nations ont établi contre eux. Les païens mêmes ont regardé l'usure comme un vice contraire à la loi naturelle : on trouve dans les ouvrages de Plutarque, un petit traité *de vitando ære alieno*, composé exprès pour faire connaître l'injustice de l'usure. Il dit que les ravages qu'elle fait dans la société doivent détourner les hommes d'emprunter à intérêt, parce que l'usure est comme la rouille qui ronge et consume tout: *Quid dicam de usuris*, s'écrie saint Augustin (*ad Maced. epist.* 54), *quas etiam ipse leges, et judices reddi jubent? An crudelior est qui subtrahit aliquid, vel eripit diviti, quam qui trucidat pauperem fœnore? hæc atque hujusmodi male utique possidentur, et vellem ut restituerentur, sed non est quo judice repetantur. Jam vero, si prudenter intueamur quod scriptum est : fidelis hominis totus mundus divitiæ sunt ; infidelis autem, nec obolus. Nonne omnes, qui sibi videntur gaudere licite conquisitis, eisque uti nesciunt, aliena possidere convincimus? Hoc enim certe alienum non est, quod jure possidetur. Hoc autem jure quod juste; et hoc juste quod bene. Omne igitur, quod male possidetur, alienum est male; male autem possidet, qui male utitur* (C. 1, *Causa* 14, *q.* 3).

Le droit canon punit les *usuriers* de l'infamie, de l'excommunication, de la privation des offices et bénéfices, et même de la sépulture ecclésiastique. Il défend aussi de leur arrenter ou louer des maisons : *Multiplicibus autem pœnis sacri canones usurarios insequuntur; nam præter inustam infamiam nec ad christianam, nec ad communionem admittuntur altaris, nec quisquam de manu eorum oblationes accipiet. Et si clerici fuerint, tam officii, quam beneficii ecclesiastici periculum patientur. Nullus quoque sub pœnis in Gregoriana constitutione comprehensis manifestis usurariis, aut locabit dum aut conductas habere permittet. Sed et si in hoc scelere decesserint, ecclesiastica carebunt sepultura* (Lancelot, *Instit.*, lib. XXXIV, tit. 7 ; *c. Quia ex omnibus cum tit. de Usur.*; *c. Pia, de Excom. in* 6°).

Voici quelques dispositions des anciens canons, relatives aux *usuriers* : « Les clercs *usuriers*, dit le concile d'Arles, de l'an 314, canon 12, doivent être excommuniés, suivant la loi de Dieu. »

« Parce que plusieurs ecclésiastiques, s'adonnant à l'avarice et à l'intérêt sordide, oublient l'Ecriture divine qui dit : *Il n'a point donné son argent à usure*, et prêtent à douze pour cent, le saint et grand concile a ordonné, que si après ce règlement, il se trouve quelqu'un qui prenne des *usures* d'un prêt, qui fasse quelque trafic semblable, qui exige une moitié au delà du principal, ou qui use de quelque autre invention pour faire un gain sordide, il sera déposé et mis hors du clergé. » (1er concile général de Nicée, an 325, can. 17.)

« Il est défendu aux clercs de prêter à *usure*, comme étant un péché condamnable, même dans les laïques, et contraire aux prophètes et à l'Evangile. » (1er concil. de Carthage, an 348, can. 13.)

« Si l'on découvre que quelqu'un des clercs ait pris des *usures*, il sera dégradé et excommunié. Si un laïque en est convaincu, et qu'il se corrige, on lui pardonnera ; s'il persévère dans cette iniquité, on le chassera de l'Eglise. » (*Concile d'Elvire*, troisième siècle, can. 20.) (*Voyez* ci-dessus USURE.)

USURPATEURS, USURPATION.

L'Eglise a souvent réclamé contre les *usurpateurs* de ses biens, et elle a considéré comme tels les bénéficiers mêmes qui les aliènent sans juste cause (*Caus.* 12, *qu.* 2). (*Voyez* ALIÉNATION.)

A l'égard de ceux qui s'en emparent, les canons les punissent de l'excommunication (*Caus.* 12, *qu.* 2). Voici le décret qu'a fait à ce sujet le concile de Trente, session XXII, chapitre 11 *de Reformatione :*

« Si quelque ecclésiastique ou laïque, de quelque dignité qu'il soit, fût-il même empereur ou roi, a le cœur assez rempli d'avarice, qui est la racine de tous les maux, pour oser convertir à son propre usage, et usurper soi-même ou par autrui, par force ou par menaces, même par le moyen de personnes interposées, soit ecclésiastiques, soit laïques, par quelque artifice que ce puisse être, les juridictions, biens, cens et droits, même féodaux et emphytéotiques, les fruits, émoluments, et quelques revenus que ce soit, de quelque église ou bénéfice séculier ou régulier, mont de piété, et de quelques autres lieux de dévotion que ce puisse être, qui doivent être employés aux nécessités des pauvres et de ceux qui desservent, ou pour empêcher par les mêmes voies que lesdits biens ne soient perçus par ceux auxquels de droit ils appartiennent; qu'il soit soumis à l'anathème, jusqu'à ce qu'il ait entièrement rendu et restitué à l'église et à son administrateur ou au bénéficier, lesdites juridictions, biens, effets, droits, fruits et revenus dont il se sera emparé, ou qui lui seront avenus de quelque manière que ce soit, même par donation de personne supposée ; et qu'il en ait ensuite obtenu l'absolution du souverain pontife. Que s'il est patron de ladite église, outre les susdites peines, il sera privé dès là même du droit de patronage. Et tout ecclésiastique qui aura consenti ou adhéré à telles sortes d'*usurpations* et entreprises exécrables, sera soumis aux mêmes peines, privé de tous bénéfices et rendu inhabile à quelques autres que ce soit, et même après l'entière satisfaction et absolution, sera supendu de la fonction de ses ordres, tant qu'il plaira à son ordinaire. » (*Voyez* SPOLIATION.)

V

VACANCE.

La *vacance* est l'état d'une chose qui n'est pas remplie ou occupée. Cette qualification s'applique particulièrement aux offices, bénéfices et dignités. Ainsi, la *vacance* du siège d'un prélat, de la paroisse d'un curé, est lorsque personne n'est pourvu de la prélature ou de la paroisse.

Nous avons parlé, sous le mot SIÉGE, de ce qui se fait pendant la *vacance* du siége apostolique et du siége épiscopal. Nous allons parler ici des *vacances* de plein droit et des *vacances* après jugement; mais, auparavant, nous établirons des principes généraux sur la nature des *vacances*.

§ 1. *Principes généraux sur la nature des* VACANCES.

Les bénéfices vaquent, en général, de trois manières : de fait et de droit; de droit et non de fait ; de fait et non de droit. Nous entendons ici par bénéfices les siéges épiscopaux, les canonicats et les paroisses.

Un bénéfice vaque de fait et non de droit, lorsque personne n'a droit au bénéfice, et que personne ne le possède, tel est le cas de la *vacance* par mort, et de la démission (*C. Susceptum, de rescript. in* 6°; *c. Quamvis tibi, de præb. eod.; c. fin. de verb. signif. in* 6°).

Un bénéfice vaque de droit et non de fait, lorsque le bénéficier, privé du droit qu'il a sur son bénéfice , le détient et le possède ; tel est le cas d'un intrus, ou d'un ecclésiastique qui, nonobstant la *vacance* de droit encourue, possèderait toujours son bénéfice (*C. Cum nostris, de Concess. præb. J. G.; c. Licet episcopus de præb. in* 6°).

Un bénéfice vaque de fait, non de droit, lorsqu'un titulaire légitime ne possède pas son bénéfice, comme au cas d'une longue absence, qu'on peut prendre pour une désertion ou un abandonnement tacite (*C.* 1, *de cler. non resid.*).

Le bénéfice est toujours censé appartenir à celui qui y a droit, préférablement à celui qui ne le possède que de fait, et ce droit est acquis par la seule collation, quoique le collataire ou le pourvu n'ait pas pris possession, quoique même la collation n'ait pas été expédiée : *Per solam collationem acquiritur jus plenum et perfectum in beneficio* (*C. Si tibi absenti, de præb. in* 6°, *J. G.*, verb. *Habueris; c. Cum inter canonicos, vers. Discretioni, de Elect.; c. fin. de Concess. præb. in* 6°).

Un bénéfice n'est pas censé vaquer par la mort ou la résignation de celui qui ne le possédait que de fait : *Ejus qui non habebat jus* (*C. Si gratiose de Rescript. in* 6°; *c. unic. J. G. de eo qui mitt. in poss.*).

Régulièrement, par le simple mot de *vacance*, on peut comprendre toutes les différentes sortes de *vacances* (*C. Cum in nostris, de Concess. præb.*); mais les canonistes établissent qu'on doit entendre celle de fait et celle de droit.

§ 2. VACANCE *de plein droit.*

Un bénéfice est dit vaquer de plein droit dans les cas déterminés par la loi : *Beneficium amittitur ipso jure, quando jus statuit ob aliquam causam criminis, forte vel aliam justam beneficium amittendum* (Rebuffe, *de mod. amit. benef.*).

Dans les premiers siècles, lorsqu'un ecclésiastique avait été élevé à un degré supérieur, ou appliqué à un emploi différent de celui qu'il remplissait auparavant, il n'était pas nécessaire qu'il donnât une démission de celui qu'il quittait, l'évêque en disposait *de plano*, sans autre formalité. Cette règle paraît avoir été suivie jusqu'à l'abus de la pluralité des bénéfices, dont on voit l'histoire ailleurs (*Voyez* INCOMPATIBILITÉ), et qui donna lieu aux premiers décrets du troisième concile de Latran, auquel le quatrième, tenu sous Innocent III, ajouta que quiconque ayant un bénéfice à charge d'âmes, en recevrait un second de même espèce, serait privé du premier *de plein droit*, et même serait dépouillé du second, s'il s'efforçait de les retenir tous deux (*C.* 28 *Multa, de præb.*).

Le second concile de Lyon, tenu sous le pontificat de Grégoire X, confirmant le décret du troisième concile de Latran, qui enjoignait aux pourvus des bénéfices-cures de prendre les ordres convenables, ne se contenta pas de décerner la peine de privation *ipso jure* du bénéfice, il ajouta la clause *nulla etiam præmissa monitione*, c'est-à-dire que le collateur ordinaire pouvait conférer librement le bénéfice vacant *ob defectum promotionis*, sans être assujetti à faire au possesseur aucune monition canonique.

Ce sont là les premiers exemples d'une *vacance ipso jure* ou *ipso facto*, expressément marquée dans le droit. A leur imitation, on en établit dans la suite plusieurs autres.

Le premier genre de *vacance* sur lequel on peut, de droit, conférer le bénéfice, est celui qu'opère la mort naturelle du pourvu (*C. Susceptum in* 6°).

Les bénéfices vaquent de droit par la démission (*tot. tit de Renunc.*).

Les bénéfices deviennent vacants de plein droit pour cause d'incompatibilité (*C. Referente* 7; *c. Præterea* 14; *c. de multa* 28, *de præb.; c. Quia non nulli, de cler. non resid.; extrav. Execrabilis,* § *Qui vero, de præb.; concil. Trid. sess.* VII, *c.* 4). (*Voyez* INCOMPATIBILITÉ.)

La translation d'un prélat à une autre église, donne lieu à la vacance de la première, laquelle s'ouvre quand l'autre cesse, suivant les canonistes (*C. In apibus,* § *Translatus* 7, *qu.* 1; *c. Quanto, de translat. episc.; c. Cum singula,* § *Prohibemus, de præb. in* 6°). (*Voyez* TRANSLATION.)

Le droit prive un élu de tous ses droits, lorsqu'il s'ingère, par lui ou par d'autres, dans l'administration du bénéfice auquel il a été élu (*C. Ut elect., de Electione in* 6°). Le bénéfice vaque par la cassation de l'élection, ou par le refus de la postulation (*C. Consideravimus; c. Super eo; c. Cum similibus, de elect.; extrav. Ex debito,* § *Hujusmodi, de elect. inter commun.*). Il n'y a à la vérité aucune *vacance* dans ces cas, puisque l'élection sert plutôt à la faire cesser; mais c'est toujours, dans le fond, une privation de droit, que l'on peut considérer en quelque sorte comme une nouvelle *vacance*.

La promotion à l'épiscopat fait vaquer de plein droit les bénéfices du nouvel évêque :

Post adoptionem possessionis et consecrationem secutam (C. *Cum in cunctis*, § *Cum vero*, *de Elect.*; *concil. Trid. sess.* VII, c. 9; *sess.* XXVI, *de Ref.* c. 2). (*Voyez* INCOMPATIBILITÉ.)

La profession des armes fait vaquer les bénéfices (C. *ult. de cleric. non resid.*). Il n'en est pas de même du simple port d'habits séculiers et laïques, lequel ne fait encourir que la suspense suivant le droit (*Clem* 2, *de vita et honest. cleric.*; *concil. Trid.*, *sess.* XIV, *de Reform.* c. 6). (*Voyez* ARMES, HABIT.)

L'hérésie, l'apostasie et le schisme font vaquer les bénéfices de plein droit des hérétiques et de leurs complices (C. *Ad abolendam, J. G. de Hæret.*). Il en est de même de la simonie (*Voyez* SIMONIE.)

Le crime de faux fait vaquer le bénéfice de plein droit (*Voyez* FAUX). L'assassinat également (C. 1, *de Homicid.*). *in* 6°), mais non le simple homicide (*Voyez* HOMICIDE).

Le violement de la suspense fait vaquer les bénéfices (C. 1, § *finali*; c. *Cupientes*, § *Cæterum*, *de Elect. in* 6°) (*Voyez* SUSPENSE).

Le crime de sodomie fait vaquer les bénéfices de plein droit (*Voyez* SODOMIE), ainsi que l'inceste (*Voyez* INCESTE).

Le crime de confidence fait aussi vaquer les bénéfices de plein droit (*Voyez* CONFIDENCE).

Un bénéfice vaque par la déposition ou privation prononcée de plein droit, ou par jugement (C. *Ex litteris*; c. *Grave, de Excess. prælat.* (*Voyez* DÉPOSITION).

Il est à remarquer que la vacance de plein droit n'a lieu que dans les cas expressément marqués par le droit; en sorte que dans tous les autres cas, et pour les autres crimes, quelques graves qu'ils soient, il faut un jugement qui déclare le bénéfice vacant (Rebuffe, *de mod. amittend. benef.*).

On dit qu'un bénéfice vaque *in curia*, c'est-à-dire en cour de Rome, quand celui dont la mort donne lieu à la *vacance* est décédé où le pape tient sa cour, ou à deux diètes, *ultra duas dietas*, c'est-à-dire à vingt lieues autour du lieu où le pape réside actuellement.

VAGABOND.

On a fait de sages règlements, 1° contre les ecclésiastiques et prêtres errants et *vagabonds* (*Voyez* EXEAT, MESSES); 2° sur le mariage des *vagabonds* (*Voyez* DOMICILE); 3° contre les pauvres errants d'un lieu à un autre (*Voyez* PAUVRES).

Les *vagabonds* et gens sans aveu, sont en général ceux qui n'ont ni domicile, ni profession, ni métier, ni biens, ni certificat de bonnes vie et mœurs, par personne digne de foi.

Les *vagabonds* sont obligés d'observer les lois des lieux par où ils passent, telles que les lois des jeûnes, des abstinences, des fêtes, etc., sans cela ils ne seraient soumis à aucunes lois, n'étant pas sujets à celles de leur patrie.

VASES SACRÉS.

Les *vases sacrés* sont les vaisseaux destinés à la célébration des saints mystères, comme le calice et la patène qui doivent être consacrés par l'évêque. On place encore parmi les *vases sacrés*, le ciboire, l'ostensoir et les *vases* des saintes huiles. Ceux-ci n'ont pas besoin de consécration, on se contente de les bénir, et ils peuvent l'être par un prêtre avec l'autorisation de l'évêque.

Nous remarquerons ici que les *vases sacrés* peuvent faire matière de simonie, et qu'on ne peut les aliéner pour être employés à des usages profanes, qu'après leur avoir fait changer entièrement de nature : *Quia ob ecclesiæ necessitatem possunt hujusmodi vendi quantum ad temporalia, modo non carius vendantur ob consecrationem vel benedictionem; non debent tamen vendi, nisi alteri ecclesiæ ad usum sacrum. Quando autem calix aut alia ornamenta vendenda forent ob instantem necessitatem laico, tum prius essent confringenda, et in aliam formam mutanda; si tamen laicus sacra vasa emeret ad usum sacrum, non essent confringenda, sed in sacra integritate relinquenda, Ita communiter sentiunt S. Thomas, in* 4, *dist.* 25; *Sylvius, verb. Simonia, qu.* 12.

Parmi les *vases* que nous pouvons nommer simplement *ecclésiastiques*, trouvent leur place: les burettes, le bénitier portatif, l'encensoir, la navette, le bassin du *lavabo*, la lampe, etc. Plusieurs auteurs placent dans ce dernier rang les *vases* des saintes huiles qui, en effet, ne sont point l'objet d'une bénédiction particulière, comme le ciboire et le croissant de l'ostensoir. Le pontifical romain n'a même aucune formule spéciale de bénédiction pour ces *vases*. On désigne ordinairement ces derniers *vases* sous le nom d'argenterie de l'église en y ajoutant les chandeliers, les croix, etc.

Les seuls ministres de l'eucharistie, c'est-à-dire l'évêque, le prêtre et le diacre pouvaient anciennement toucher les *vases sacrés*, qui se réduisaient au calice et à la patène. Un décret du concile de Laodicée, tenu sous le pape saint Sylvestre, défendait même aux sous-diacres de les toucher. C'est le concile de Brague, sous Jean III, qui leur en accorda la permission. Il est prouvé par les ordres romains que les acolytes avaient cette prérogative. Chez les Grecs, il existait un gardien spécial des *vases sacrés* auquel on donnait le nom de *savophilax* ou de *cémétiarque*. A Rome, le diacre saint Laurent remplissait cette charge.

Il est certain, dit M. l'abbé Pascal, dans ses *Origines liturgiques*, et nous sommes complètement de son avis, qu'avec un peu de bonne volonté, dans les campagnes, même les plus pauvres, on pourrait avoir des *vases* d'argent, du moins en ce qui regarde le calice tout entier avec sa patène, le ciboire, et les boîtes ou *vases* des saintes huiles. Un prêtre zélé vient facilement à bout de ces dépenses, quand il en a la ferme volonté. N'arrive-t-il pas assez souvent qu'on a, dans ces églises, plusieurs objets secondaires qui semblent dépasser les moyens ordinaires tandis que le calice et la patène sont du plus vil prix ? s'il peut y avoir, dans une église, quelque magnificence supérieure à ses ressources habituelles et connues, ne doit-on pas surtout l'employer à l'égard de ces deux *vases sacrés* ?

VÊTURE.

On appelle ainsi la cérémonie de la prise d'habit de religion par un novice ; sur quoi, voyez PROFESSION, RELIGIEUSE, VOEU, NOVICE. Les prières qui accompagnent cette cérémonie sont différentes dans les divers ordres ou congrégations religieuses, mais en général elles sont instructives et édifiantes ; elles font souvenir ceux qui prennent l'habit monastique des obligations qu'il leur impose, et des vertus par lesquelles ils doivent l'honorer.

VIATIQUE.

Voyez, touchant l'administration du saint *viatique*, les mots SACREMENTS, MALADE, PAROISSE.

VICAIRE.

Vicaire est un nom générique qui signifie une personne qui n'exerce qu'en second les fonctions d'un office : *vicarius a vice vulgo dicitur, estque is qui vicem alterius obtinet, et in locum ejus succedit* (c. 1, 2, *de Offic. vicar.*). Nous avons à parler ici des différentes sortes de *vicaires*, que l'on remarquera par les articles suivants.

§ 1. VICAIRES *généraux*

Le grand *vicaire* ou *vicaire* général représente l'évêque dans l'administration de la juridiction volontaire et gracieuse, car la contentieuse est exercée par l'official. Cependant les canonistes ne gardent pas exactement cette distinction ; car dans le droit canonique le *vicaire* général de l'évêque est appelé tantôt *vicarius*, tantôt *missus*, ou *missus dominicus*, et tantôt *officialis* (*Cap. Quoniam* 14 *extr. de Offic. jud. ordinar.* ; *cap.* 2 *extra de Regul.* ; *Clem.* 9, *de Rescrip.* ; *c. Ab isto* 35, *qu.* 6).

Nous avons parlé ailleurs de l'établissement, ou au moins de l'origine des grands *vicaires* (*Voyez* OFFICIAL).

Les droits des grands *vicaires* sont honorifiques ou utiles. Les droits honorifiques consistent dans la préséance sur toutes les autres dignités ecclésiastiques, dans les assemblées publiques où ils ont droit de paraître en qualité de grands *vicaires*, parce qu'ils représentent l'évêque.

Un grand *vicaire* a une juridiction ordinaire attachée à sa dignité, et non déléguée, laquelle il exerce comme l'évêque (*Cap.* 2 *de Consuetud. in* 6° ; *cap. Romana, de Appellat. in* 6°). Il ne peut cependant point exercer les fonctions qui concernent l'ordre épiscopal, ni conférer les bénéfices sans commission expresse et particulière, ni substituer un autre *vicaire* pour lui communiquer dans toute son étendue le même pouvoir qu'il a par ses lettres, quoiqu'il puisse commettre, en cas de besoin, certaines fonctions de son ministère à des ecclésiastiques (*Gloss. in cap.* 2, *de Offic. vicar. in* 6°).

Les pouvoirs du grand *vicaire* se règlent d'un côté sur les dispositions générales du droit, et de l'autre, sur le contenu de sa commission, qui supplée à ce que le droit n'exprime point et quelquefois retranche de ce qu'il exprime ; car l'évêque peut dans la commission limiter le pouvoir de grand *vicaire*, et lui défendre de prendre connaissance de certaines affaires qui sont d'ailleurs censées comprises dans les commissions générales. Voici la liste des matières sur lesquelles les évêques donnent ordinairement juridiction à leurs grands *vicaires généraux*.

1° De régir, administrer et gouverner tout le diocèse, ses églises et lieux quelconques, tant au spirituel qu'au temporel.

2° De visiter et réformer les paroisses, les collégiales et chapelles quelconques, les congrégations, confréries, monastères, colléges, hospices et autres lieux pies quelconques ; ainsi que de faire tout ce qui tient à ce droit de visite, et de statuer et décider tout ce qui lui paraîtra utile ou nécessaire, soit dans ses visites, soit à toute autre occasion.

3° De donner, en l'absence de l'évêque, des lettres dimissoires pour la tonsure, les ordres mineurs et sacrés, ainsi que d'examiner les ordinands et leurs titres, et de les approuver.

4° De prêcher et faire prêcher ; d'examiner, approuver, déléguer et révoquer les prédicateurs.

5° De convoquer le synode diocésain, d'y corriger et réformer tout ce qui regarde la discipline cléricale, et d'exécuter tout ce qui est nécessaire à cette fin.

6° D'entendre les confessions sacramentelles de toutes sortes de pénitents et de les absoudre ; d'examiner et approuver tous confesseurs ; de les déléguer pour entendre les confessions, comme de révoquer les approbations et facultés qui leur ont été accordées.

7° De réserver des cas épiscopaux, d'infliger des censures et peines ecclésiastiques ; d'absoudre des cas quelconques réservés à l'évêque, de quelque manière que ce soit, ainsi que des censures portées par lui ou par quiconque en avait le droit de par lui.

8° D'administrer tous les sacrements, excepté la confirmation et l'ordre ; de donner toute permission et tout pouvoir de les administrer, et de faire toutes fonctions épiscopales ou pastorales (sauf celles qui dépendent du caractère épiscopal).

9° De dispenser des vœux et des serments, lorsqu'il y a cause juste de dispense ; de dispenser des jeûnes, des fêtes et autres lois ecclésiastiques, ainsi que de toute irrégularité provenant d'un délit occulte, et de tous cas dans lesquels l'évêque peut dispenser.

10° De bénir les églises, les chapelles, les oratoires, les cimetières et autres lieux dédiés au culte, ainsi que de réconcilier ceux qui auraient été pollués ou profanés après la bénédiction.

11° De bénir les cloches, les ornements et linges qui doivent servir à de saints usages ou au saint sacrifice de l'autel.

12° De substituer à sa place un ou plusieurs *vicaires* pour cause d'absence, ou tout autre empêchement, et de leur déléguer et commettre à eux ou à tout autre les facultés susmentionnées, ou quelqu'une d'elles.

13° Enfin de décider, de faire, de régir, de décerner et d'exécuter toutes autres choses quelconques qui peuvent, de quelque manière que ce soit, appartenir à l'office de *vicaire* général, quand même elles seraient de telle nature qu'elles auraient besoin d'une délégation toute spéciale.

Si le *vicaire* général avait le caractère épiscopal, l'évêque pourrait de plus lui déléguer tout ce qui ne peut être fait que par l'évêque, l'administration de la confirmation, l'ordination, la dédicace des églises, la consécration des autels et des calices, la bénédiction solennelle du chrême et des saintes huiles, la concession d'indulgences, et toutes autres fonctions propres aux évêques.

Les qualités requises dans un *vicaire* général sont : 1° d'avoir au moins vingt-cinq ans, comme l'enseignent communément les canonistes ; 2° il doit être au moins clerc (*Cap. In nona* 16, *qu.* 7). De plus, il a passé en usage, en France, qu'un évêque ne puisse prendre pour *vicaire* général que des clercs ayant le caractère sacerdotal ; 3° il doit être habile dans les sciences qui lui enseignent à bien remplir ses fonctions, autrement comment serait-il un secours à l'évêque, et comment mériterait-il la confiance du clergé ? C'est pourquoi il devait autrefois avoir pris des degrés en théologie ou en droit canon ; aujourd'hui au moins doit-il être versé dans l'une et l'autre de ces sciences, et bien connaître ce qui concerne les fonctions cléricales, sacerdotales et pastorales, puisqu'il doit juger dans ces matières, suppléer les défauts, corriger les excès ; en un mot il doit avoir les qualités de l'évêque, puisqu'il doit au besoin le remplacer en tout. Cependant nous avons connu et nous connaissons encore des *vicaires* généraux qui ont tout au plus la science nécessaire pour gouverner convenablement une médiocre paroisse de campagne. Les évêques ne doivent appeler à ces éminentes fonctions que des hommes recommandables par la science, la prudence et la piété. 4° Le *vicaire* général doit avoir aussi une haute probité de vie et de mœurs ; « car, dit saint Pierre Chrysologue, si c'est la science qui fait le maitre, c'est la bonne vie qui soutient l'autorité du magistrat, et quand on pratique ce qu'on enseigne, on dispose les sujets à la soumission. » (*Serm.* 207.) Il doit prendre garde, dans son administration, de n'être ni trop indulgent ni trop relâché, ni trop rigide ni trop sévère. « Car, dit saint Grégoire, l'administrateur doit savoir si bien se modérer qu'il soit craint et respecté dans ses caresses, aimé et révéré dans ses réprimandes ; en sorte qu'il ne s'avilisse jamais par de lâches complaisances, qu'il ne se rende jamais odieux par une inconvenante dureté. » (*Lib.* XX *Moral.*, c. 3.)

L'article 36 de la loi du 18 germinal an X qui portait que les *vicaires* généraux des diocèses vacants, continueraient leurs fonctions après la mort de l'évêque, ce qui était contraire aux canons, a été rapporté par l'article 5 du décret du 28 février 1810 (*Voyez* ARTICLES ORGANIQUES).

DÉCRET *du* 26 *février* 1810 *relatif aux vicaires généraux*.

« ART. 1er. Tout ecclésiastique qui, ayant pendant trois ans consécutifs rempli les fonctions de *vicaire* général, perdrait cette place soit par suite d'un changement d'évêque, soit à raison de son âge ou de ses infirmités, aura le premier canonicat ..... nt dans le chapitre du diocèse.

« ART. 2. En attendant cette vacance, il continuera de siéger dans ce chapitre avec le titre de chanoine honoraire.

« ART. 3. Son temps de vicariat général lui sera compté pour son rang dans le chapitre.

« ART. 4. Il recevra, jusqu'à l'époque de la nomination de chanoine titulaire un traitement annuel de 1,500 francs. »

Une ordonnance du 29 septembre 1824 statue la même chose, dans les termes suivants.

ORDONNANCE *du* 29 *septembre* 1824 *relative aux vicaires généraux*.

« Lorsqu'un *vicaire* général, jouissant, en cette qualité, d'un traitement sur notre trésor, aura perdu sa place, après trois ans consécutifs d'exercice, soit par suite d'un changement d'évêque, soit en raison de son âge et de ses infirmités, nous nous réservons d'accorder audit *vicaire* général, hors d'exercice, s'il n'est pas pourvu d'un canonicat, un secours de 1,500 francs par an ; jusqu'à sa nomination au premier canonicat vacant dans le chapitre diocésain, soit à un autre titre ecclésiastique susceptible d'être présenté à notre agrément, ou jusqu'à ce qu'il nous plaise de lui conférer, dans tout autre diocèse, une chanoinie à nous due, à cause du serment de fidélité, de joyeux avènement ou de droit de régale, et qu'il en ait été mis en possession. »

ORDONNANCE *du* 29 *juin* 1816 *relative au traitement des vicaires généraux et des chanoines*.

« LOUIS, etc.

« ART. 1er. Les *vicaires* généraux et chanoines nommés par les évêques et agréés par nous depuis le premier avril 1814, ou qui obtiendront cet agrément à l'avenir, recevront leur traitement à compter du jour de leur nomination. »

Les pouvoirs d'un grand *vicaire* finissent par différentes voies. Ils cessent, dit Rebuffe, d'une manière expresse ou tacite : expresse par la révocation, tacite, par la mort, par la démission, par l'interdiction du prélat constituant.

C'est une opinion commune que l'évêque ayant choisi librement ses grands *vicaires* pour les associer à ses travaux et les rendre ainsi coopérateurs de son ministère, il peut, avec la même liberté, ne point les employer quand bon lui semble : *Et sic potest episcopus pro libito revocare vicarium, seu officia-*

lem destituere (*C. em. Et si principalis, ubi glos. de Rescript.*). Il le peut, dit Rebuffe, quand même il aurait juré de ne le point faire, quoique dans ce cas il ait besoin d'absolution pour son parjure. De quelque manière que la révocation soit parvenue, il doit s'abstenir de toute fonction relative à sa commission révoquée; cependant s'il faisait quelques actes avant la signification de sa révocation, ces actes seraient valables : *Cum circa factum error communis facit jus* (*Can. Infamis* 3, qu. 7, J. G.).

Les pouvoirs des grands *vicaires* finissent d'une manière tacite par la mort des prélats qui les ont établis et avec qui, dans le droit, ils ne faisaient qu'une même personne et n'avaient qu'une même juridiction; c'est pour cette raison que les *vicaires* généraux ne peuvent plus alors continuer d'exercer aucune fonction, pas même pour juger une affaire dont ils auraient pris connaissance, leur juridiction meurt entièrement avec celui qui en était la source; à la différence des juges délégués qui, suivant la décision d'Urbain III (*Cap. Gratum, de offic et potest. jud. deleg.*), peuvent remplir leur commission, même après la mort de leur commettant. Nous devons observer que les actes faits par les grands *vicaires* avant la signification de leur révocation, sont déclarés valables, ainsi que nous venons de le dire; de même, si les prélats étaient décédés loin de leurs diocèses, les actes faits par les grands *vicaires* avant la nouvelle de leur mort, seraient également valables par un effet de la même erreur commune.

Les pouvoirs des grands *vicaires* sont révoqués tacitement par la démission des prélats qui les ont constitués; mais on demande si cette révocation s'opère aussi tacitement par la simple démission du prélat entre les mains du roi, ou seulement par l'admission du pape; il a été décidé qu'il était nécessaire que la démission fut admise par le pape pour produire cet effet; ce qui est fondé sur les raisons exprimées dans le chapitre *Inter corporalia de translat. episc.*, et qui se réduisent toutes à celle-ci, savoir : que le lien ou le mariage spirituel de l'évêque ne peut être dissous que de la même manière qu'il a été contracté : *Eodem genere unumquodque dissolvitur, quo colligatum fecit*.

Quand il arrive que le prélat constituant est excommunié, suspens ou interdit, les pouvoirs de ses grands *vicaires* sont suspendus comme les siens, si bien qu'ils ne peuvent les exercer sous peine d'irrégularité. On n'excepte que le cas où, tant le prélat que les grands *vicaires*, ignoreraient lesdites censures.

L'usage du royaume est que l'évêque peut constituer plusieurs grands *vicaires* qui ont tous solidairement le droit d'exercer la juridiction volontaire; en sorte que l'évêque en nommant un nouveau grand *vicaire*, n'est point censé avoir voulu révoquer ceux qui étaient honorés de cet emploi, quand même il n'en ferait aucune mention dans les lettres.

L'évêque ne peut établir de grand *vicaire*, qu'après avoir obtenu ses bulles et avoir pris possession; mais il n'est pas nécessaire qu'il soit déjà sacré.

§ 2. VICAIRE *forain*.

Le *vicaire* forain, appelé quelquefois doyen rural, est celui que l'évêque établit sur certaines parties du diocèse, et qui exerce hors de la ville où est le siége épiscopal, la juridiction qui lui est déléguée. Sa juridiction, au reste, est telle que l'évêque veut bien la lui donner, d'où il suit que, dans certains diocèses ils ont plus d'autorité que dans d'autres.

Le *vicaire* forain est spécialement chargé de surveiller les curés et autres prêtres de son district, de visiter les églises et autres lieux pies, selon l'ordre de l'évêque; de notifier aux curés et recteurs des églises les lettres pastorales et autres mandements de l'évêque et de veiller à ce qu'elles soient publiées et exécutées; de visiter les curés malades, de leur administrer les sacrements, de faire célébrer leurs funérailles, de prendre soin des paroisses qui seraient vacantes et d'avoir d'autres soins semblables selon qu'il lui est prescrit par son évêque. Ce sont à peu près les fonctions dont les évêques chargent aujourd'hui les archiprêtres et les doyens ruraux (*Voyez* DOYENS).

Le *vicaire* forain diffère du *vicaire* général, 1° en ce que l'évêque ne lui soumet qu'un certain district du diocèse, et ne lui délègue qu'une certaine autorité, restreinte et déterminée; tandis qu'il délègue sa juridiction générale sur tout le diocèse au *vicaire* général; 2° ils diffèrent, en ce qu'on appelle du *vicaire* forain, soit au *vicaire* général, soit à l'évêque, parce qu'ils sont censés le même tribunal; or, l'appel doit être porté de l'inférieur au supérieur et non d'égal à égal; 3° ils diffèrent en ce que les causes graves, telles que l'hérésie, etc., ne se commettent point au *vicaire* forain, mais bien au *vicaire* général; 4° ils diffèrent en ce que le *vicaire* forain n'a aucune préséance sur le clergé et ne peut précéder les curés ou recteurs plus anciens d'ordre ou d'institution, sauf dans les congrégations ou conférences dont l'évêque le nomme président; tandis que l'office de *vicaire* général est censé conférer la dignité et, par cette raison, donne la préséance.

§ 3. VICAIRE *apostolique*.

Le *vicaire apostolique* est constitué par le pape pour exercer certaines fonctions dont Sa Sainteté peut seule commettre l'exercice; les exemples des vicariats apostoliques étaient autrefois plus fréquents. Voyez à ce sujet les mots PROVINCE, ÉVÊQUE *in partibus*, MISSION, LÉGAT.

Sous ces différents mots il est parlé du *vicaire apostolique*, dont les fonctions s'exercent indéfiniment dans une certaine partie d'une province ou d'un royaume. Benoît XIV, dans son traité *de Synodo diœcesana* (lib. 1, cap. 9, n. 7), nous apprend que le pape nomme souvent des *vicaires apostoliques* pour le gouvernement d'un diocèse particulier, soit que le siége épiscopal soit vacant, ou qu'étant rempli, le prélat titulaire ne puisse faire ses fonctions. Cela a été ainsi réglé par une bulle de Sixte V, et les pouvoirs de ce *vicaire apostolique* sont réglés et modifiés par la congrégation des évêques et des réguliers ; ils sont ordinairement très-amples et l'on doit toujours y supposer le pouvoir de convoquer le synode diocésain.

Le pape donne le titre de *vicaire apostolique* aux évêques qu'il envoie dans les missions orientales, tels que les évêques français qui sont présentement établis dans les royaumes de Tonquin, de la Cochinchine, Siam et autres (*Voyez* MISSION).

§ 4. VICAIRES *de paroisse.*

Nous entendons ici par *vicaires* de paroisse, les prêtres qui aident les curés dans leurs fonctions paroissiales : ces prêtres qu'on appelle aussi secondaires sont amovibles et n'ont pour tout titre que la mission ou l'approbation de l'évêque.

Suivant l'article organique 31, en cela assez conforme au droit canon, les *vicaires* sont nommés et révoqués par l'évêque.

Quelques canonistes, comme Van-Espen (*Part.* II, *tit.* 6, *cap.* 6), prétendent que les *vicaires* des curés étant destinés à travailler sous eux, et à les soulager dans les fonctions de leur ministère, c'est aux curés qu'appartient le droit de les choisir.

Quoiqu'il en soit de ce sentiment admis par les frères Allignol (*De l'état actuel du clergé en France*, pag. 12) (1), il se réduit à rien dans la pratique, car l'évêque a le droit de continuer ou de retirer les pouvoirs des ouvriers qui travaillent dans son diocèse ; il peut les limiter pour le temps et pour le lieu, et les *vicaires* qui n'ont pas à cet égard l'approbation nécessaire comme les curés, ne peuvent mépriser la révocation de leurs pouvoirs, sans encourir les peines de ceux qui les exercent sans approbation.

Si le curé a droit de choisir ses *vicaires*, dit Durand de Maillane, il doit avoir aussi la faculté de les renvoyer. La conséquence paraît juste; cependant on ne peut s'empêcher de dire que tant d'autorité de la part des curés sur leurs *vicaires*, serait souvent désavantageuse aux paroissiens et surtout aux *vicaires* eux-mêmes, à qui il faudrait demander s'ils n'aiment pas mieux travailler dans la dépendance de leur évêque qui les protège, que celle des curés qui ne les respectent pas toujours assez.

C'est aux évêques à juger de la nécessité qu'il peut y avoir d'établir des *vicaires* dans les paroisses. Le concile de Trente leur attribue ce pouvoir (Sess. XXI, ch. 4, *deReform.*).

« Il ne faut pas confondre un *vicaire* avec un *délégué*, dit Bergier, celui-ci n'a le pouvoir de faire légitimement que la fonction pour laquelle il est député nommément, il ne peut pas déléguer un autre pour la remplir à sa place. Un *vicaire* n'est pas député à une seule fonction, mais à toutes choses : *Ad omnes causas*, selon l'expression des canons; il peut donc déléguer un autre prêtre pour administrer le sacrement de mariage, etc. Nous faisons cette remarque, parce que nous avons vu plus d'une fois élever sur ce point des doutes mal fondés. » (*Dict. de théologie*, art. VICAIRE).

Ce sentiment est enseigné par Barbosa, par Mgr Gousset, *Théologie morale*, par le cardinal de la Luzerne, par Mgr Bouvier, etc.

Outre les *vicaires*, il y a, dans certaines paroisses, des prêtres que l'on appelle habitués; leurs fonctions sont de dire la messe, de chanter l'office, etc. (*Voyez* HABITUÉS).

§ 5. VICAIRES *perpétuels.*

On appelle ainsi les curés des paroisses où de gros décimateurs, en qualité de curés primitifs ou autrement, étaient obligés de nommer un *vicaire* en titre irrévocable.

Autrefois, toutes les cures étaient en titre et possédées par des prêtres séculiers. Vint ce temps d'ignorance, où, comme nous le disons ailleurs, les moines s'emparèrent des paroisses. Obligés dans la suite de rentrer dans leurs cloîtres, ces religieux retinrent les dîmes et le droit de nommer un *vicaire* en qualité de curé primitif, ce qui fut imité par les chapitres et autres communautés, à qui, soit par union ou autrement, les paroisses furent confiées.

Ce *vicaire* à qui les détenteurs donnaient une modique congrue, était amovible, exposé tous les jours à une révocation préjudiciable au bien de sa paroisse. A quoi les conciles voulurent obvier en ordonnant que les *vicaires* choisis pour gouverner les paroisses, seraient perpétuels et ne pourraient être institués et destitués que par l'évêque.

§ 6. VICAIRE *de chœur.*

On appelle ainsi celui qui supplée l'hebdomadier (*Voyez* HEBDOMADIER)

VICAIRIE.

C'est l'état ou la charge d'un *vicaire*. Il y en a donc d'autant de sortes qu'il y a de *vicaires*. On distingue les *vicairies* apostoliques, épiscopales, paroissiales; voyez à cet égard les différents articles du mot VICAIRE.

VICARIAT.

On peut prendre ce mot dans le même sens que le précédent, c'est-à-dire, pour l'état ou commission d'un *vicaire*, comme en effet on l'emploie communément dans cette acception; car on appelle lettres de *vicariat*, la commission d'un évêque à son grand vicaire.

VICE-CHANCELIER

(*Voyez* CHANCELIER.)

---

(1) Les respectables frères Allignol se plaignent, dans une note, de ce qu'on aurait supprimé dans toutes les nouvelles éditions du *Dictionnaire théologique* de Bergier, l'article *vicaire*, dans lequel ce savant théologien établirait le sentiment qu'ils ont embrassé. Or nous avons sous les yeux la première édition du Dictionnaire de Bergier, inséré dans l'*Encyclopédie méthodique*, et nous certifions que l'article *vicaire* est tout semblable à celui de l'édition publiée à Besançon en 1827 ; seulement Bergier renvoie au *Dictionnaire de jurisprudence*, où se trouve effectivement l'article dont on parle ; mais cet article n'est nullement de Bergier et est signé par les initiales G. B. C., et nous devons ajouter que les articles de ce dictionnaire, auquel renvoie souvent Bergier, sont écrits, la plupart, dans un mauvais esprit.

VICE-GÉRANT.

Dans les anciennes officialités, on donnait ce nom à un officier ecclésiastique établi par l'évêque pour être le lieutenant de l'official, lui servir de conseil et le remplacer en cas d'absence, maladie, récusation ou autre légitime empêchement (*Voyez* OFFICIALITÉS).

VICE-LÉGAT.

Un *vice-légat* est un officier que le pape envoie dans quelque ville pour y faire la fonction de gouverneur spirituel et temporel, quand il n'y a point de légat ou de cardinal qui y commande (*Voyez* LÉGAT).

VIDAME.

Le *vidame* était autrefois l'administrateur des affaires temporelles d'un prélat : *Vicedominus qui vice domini res ipsius administrat* (C. *Diaconum*; c. seq. dist. 89; c. *Consulere de Simon.*) (*Voyez* ADMINISTRATEUR).

Les abbayes avaient aussi leurs *vidames*. Il est question dans plusieurs titres et dans l'histoire, de ceux des abbayes de Saint-Denis, de Saint-Maur des fossés, etc. Les comtes du Vexin n'avaient pas dédaigné d'être les *vidames* de Saint-Denis, et c'était en cette qualité qu'ils portaient l'oriflamme.

VIE ET MOEURS.

(*Voyez* ATTESTATION, CLERC, RELIGIEUX, ÉVÊQUE).

VIEILLARDS.

Les *vieillards* peuvent se marier validement. L'Eglise a toujours été dans l'usage de leur permettre le mariage comme un secours pour la faiblesse attachée à leur âge : *Nuptiarum bonum semper est quidem bonum, sed in populo Dei fuit aliquando legis obsequium, nunc est infirmitatis solatium. Filiorum quippe procreationi operam dare, non canino more per usum promiscuum fœminarum, sed honesto ordine conjugali, non est in homine improbandus affectus : et ipsum tamen laudabilius transcendit et vincit cœlestia cogitans animus christianus. Sed quoniam, sicut ait Dominus : Non omnes capiunt verbum hoc, quæ potest capere, capiat : quæ se non continet nubat ; quæ non cœpit, deliberet ; quæ aggressa est, perseveret : nulla adversario detur occasio : nulla Christo subtrahatur oblatio* (*Causa* 27, *quæst.* 1, *cap.* 41). Tous les *vieillards* ne sont pas impuissants. Mais l'Eglise désapprouve la conduite insensée de quelques-uns d'entre eux qui, dans un âge avancé, se marient à de jeunes personnes. C'est au confesseur à les en détourner, cependant on ne peut pas absolument refuser de les marier, puisque l'Eglise n'a rien décidé sur ce sujet.

VIENNE

Le quinzième concile général fut assemblé à *Vienne* en Dauphiné, par ordre du pape Clément V, l'an 1311. Les causes de ce concile étaient l'extinction de l'ordre des templiers, et le rétablissement de la discipline. Il s'y trouva trois cents évêques, les deux patriarches d'Antioche et d'Alexandrie, plusieurs abbés et prieurs, et trois rois, Philippe le Bel, roi de France, Edouard II, roi d'Angleterre, et Jacques II, roi d'Aragon.

L'ouverture de ce concile se fit le 13 octobre 1311, par une première session où le pape fit un sermon, dans lequel il exposa les causes de la convocation du concile. Il se passa ensuite un an jusqu'à la seconde session. On l'employa en conférences sur l'affaire des templiers, dont l'ordre fut aboli par sentence provisoire, le 22 mars de l'année 1312. Dans la seconde session tenue le 3 avril 1312, on en publia définitivement la suppression en présence du roi Philippe le Bel, de son frère et de ses trois fils.

Le pape Clément V, avait mandé à tous les évêques d'apporter au concile de *Vienne* des mémoires de tout ce qu'il convenait d'y régler pour le bien de l'Eglise. Nous avons deux de ces mémoires, l'un de Guillaume Durand, évêque de Mende, et l'autre d'un prélat dont on ignore le nom, mais qui est un ouvrage digne d'un grand évêque. Ce dernier propose divers moyens pour le rétablissement de la discipline et le retranchement de plusieurs abus, entre autres, la quantité des excommunications sur des sujets légers ; les voyages fréquents des ecclésiastiques à Rome, etc.

Le mémoire de l'évêque de Mende n'est pas moins remarquable : il désire qu'on rappelle l'antiquité, et dit que de parler contre les anciens canons, c'est blasphémer contre le Saint-Esprit qui les a inspirés : il veut qu'on réduise les dispenses à de justes bornes : il recommande la tenue des conciles provinciaux : il demande une sérieuse réforme dans la cour de Rome, dans les évêques, dans tout le clergé, etc.

On termina dans ce concile le célèbre différend de Philippe le Bel avec le pape Boniface VIII. Le concile déclara que le pape Boniface avait été catholique, et n'avait rien fait qui le rendît coupable d'hérésie, comme on le prétendait. Mais pour contenter le roi, le pape fit un décret portant qu'on ne pourrait jamais reprocher au roi, ni à ses successeurs, ce qu'il avait fait contre Boniface. Le concile condamna quelques erreurs attribuées à Jean d'Olive, frère mineur, et en même temps les bégards et béguines ou fratricelles, ses sectaires (*Voyez* BÉGUINES). Le pape voulut aussi réunir entre eux les frères mineurs, et lever les scrupules de ceux qui se plaignaient que le corps de l'ordre n'observait pas fidèlement la règle de saint François ; il fit à cet effet une grande constitution qui n'eut pas le succès désiré. Elle fut cependant approuvée en consistoire secret le 5 mai, et publiée le lendemain à la troisième et dernière session du concile.

Le concile de *Vienne* fit plusieurs autres constitutions touchant les réguliers, qu'on a insérées dans le recueil des Clémentines. (Clem. 1, de Regul.; Clem. Dudum, de Sepult. in agro 1, de Stat. monach. 1, de relig. dom.). Il fit aussi un décret concernant les hôpitaux, in c. Contigit, de relig. dom. Clem.

Enfin, le concile de *Vienne* pour résoudre

les longues contestations élevées entre les évêques et les réguliers, touchant les exemptions, et vivement agitées dans cette assemblée, fit deux constitutions touchant les priviléges des religieux et les autres exempts, l'une pour les soutenir contre les vexations des prélats, l'autre pour réprimer l'abus (*Clem. Frequentes, de excess. prælat.*; *Clem. Religiosi, de privil.*; *Clem. Eos, qui de sepult.*; *Clem.* 1, *de l'estam.*). Les autres constitutions regardent les mœurs et la conduite du clergé (*Clem. Diæces. de vit, et honest c.* 2, *eod. c.* 3, *de ætat. et qualit. c.* 2, *cod.*).

Le concile révoqua la fameuse bulle *Clericis laïcos* de Boniface VIII, avec ses déclarations sur l'immunité des clercs (*Clem. unic. de immun.* Ce même concile renouvela la fête du saint sacrement instituée quarante huit ans auparavant par le pape Urbain IV, mais dont la bulle n'avait point eu d'exécution (*Clem. Si demon. dereliq.*). Enfin pour faciliter la conversion des infidèles, le concile établit l'étude des langues orientales. Il ordonna qu'en cour de Rome, et dans les universités de Paris, d'Oxford, de Boulogne, et de Salamanque, on établirait des maîtres pour enseigner les trois langues, hébraïque, arabique et chaldéenne, deux maîtres pour chacune, qui seraient stipendiés et entretenus en cour de Rome par le pape : enfin on ordonna la levée d'une décime pour la croisade, c'est-à-dire, le recouvrement de la terre sainte. (Baluze.)

VILLE.

On observe exactement dans la chancellerie romaine la distinction du mot *ville*, *civitas*, d'avec le mot *diocèse*, *diæcesis*, sur le fondement du chapitre *Rodulphus, de Rescript.*

Par le premier, on entend, selon le style de Rome, le lieu où est le siége épiscopal, quoiqu'un évêché n'érige point une *ville* en cité, en sorte que lorsque le bénéfice dont on accorde des provisions, se trouve situé dans la ville épiscopale, on se contente d'exprimer le nom de cette *ville*, comme *Parisiensis, Senonensis*; au lieu que quand le bénéfice est situé hors de cette *ville*, mais dans le diocèse on écrit *Parisiensis diæcesis, Senonensis diæcesis*; c'est la remarque de Pérard Castel, en sa pratique de la cour de Rome, tom. I. page 270, où il est dit : 1° qu'en matière odieuse, *vox diæcesis, vox civitas*, sont pris étroitement; 2° que l'erreur du diocèse dans l'expression d'un impétrant ne lui nuit en rigueur que quand il y a du dol.

Le concile de Bâle, session XXXI, chapitre 3, ordonne que nul ne pourra être pourvu d'une cure dans une *ville* murée, s'il n'est gradué dans l'une des quatre facultés, ou s'il n'a étudié pendant l'espace de trois ans en théologie dans une université. Ce décret fut adopté par la pragmatique et ensuite par le concordat de Léon X, mais il ne l'a pas été par le concordat de 1801, de sorte que depuis cette époque il n'est plus question de gradués.

VIOLATION.

En prenant ce mot dans le sens de pollution, voyez RÉCONCILIATION ; en le prenant pour le violement d'une censure que l'on n'observe point, voyez INTERDIT, SUSPENSE, EXCOMMUNICATION, CENSURE.

VIOLENCE.

La *violence* est un empêchement de mariage (*Voyez* EMPÊCHEMENT, § 4, n° VII).

VISA.

On appelait ainsi les lettres d'attache de l'évêque ou de son grand vicaire, par lesquelles après avoir vu les provisions de cour de Rome, il déclarait qu'il avait trouvé l'impétrant capable pour le bénéfice dont il s'agissait, les lettres étaient appelées *visa*, parce qu'elles commençaient par ces termes : *visa apostolica signatura*.

C'est aux évêques à qui de droit commun il appartient d'accorder le *visa*, ou l'institution ecclésiastique soit pour les cures, soit pour tout autre office.

VISITE.

Nous prenons ici ce mot pour la *visite* que l'évêque fait dans les églises de son diocèse, et par similitude l'archevêque dans sa province, l'archidiacre dans son archidiaconé, et le supérieur régulier dans les monastères soumis à son gouvernement.

§ 1. VISITE *archiépiscopale.*

Il paraît que les *visites* des archevêques dans les diocèses de leurs suffragants, étaient fréquentes, même en France, dans les siècles qui ont précédé le concile de Trente, lequel par le décret rapporté ci-dessous, reconnaît ce droit des archevêques sous ces deux conditions : 1° qu'ils aient visité leur diocèse; 2° que le sujet de la *visite* ait été approuvé par le concile provincial, sur quoi les canonistes établissent que l'archevêque a les mêmes pouvoirs dans la *visite* de sa province, qu'il avait de droit commun avant le concile de Trente, et de plus, ceux que le concile provincial peut lui attribuer (*Cap. Cum apostolus J. G. verb. Archiepiscopi; c. Sopitæ, super eo, de Censib.*).

L'usage des *visites* provinciales de la part des archevêques a cessé en France, sans aucune loi expresse, même avant la révolution. L'assemblée générale du clergé convoquée à Melun, avait cependant reconnu ce droit des archevêques, sans faire mention des conditions requises par le concile de Trente. Elle avait même réglé dans un assez grand détail ce qui concerne les droits des archevêques dans la *visite* des diocèses de leur province (*Mém. du clergé, tom.* VII, pag. 61 ; *tom.* II, pag. 213 *et suiv.*)

§ 2. VISITE *épiscopale.*

La *visite* épiscopale est un droit et un devoir indispensable de l'évêque. Ce droit et ce devoir sont essentiellement attachés à son caractère et fondée sur sa qualité de premier pasteur. Ils sont donc imprescriptibles et d'institution divine. C'est pour cela que les conciles tant anciens que nouveaux, recommandent si souvent la *visite* épiscopale. *Decrevimus ut antiquæ consuetudinis ordo servetur, et annuis vicibus diœcesis ab episcopo visitetur* (*C. Decrevimus* 10, qu. 2; *c. Placuit* ; *c. Episcopis, eod.* ; *c. Inter cœtera, de offic. ordin.*; *c. Romana; c. Procurationes* ; *c. Cum venerabilis, de Censib.* in 6°). Le concile de Meaux, de l'an 845, canon 19, après avoir rapporté la nécessité de faire cette *visite*, par l'exemple même des apôtres, appelle répréhensible et damnable la coutume de certains évêques, qui ne visitent jamais ou qui visitent rarement par eux-mêmes les peuples qui leur sont confiés. Les conciles de Paris, de l'an 831 et de Valence en 855, parlent dans le même sens. Charlemagne dans son capitulaire de l'an 769, enjoint aux évêques de s'acquitter de ce devoir par eux-mêmes tous les ans dans chaque paroisse de leur diocèse. Le second concile de Cologne en 1449, attribue à la négligence des évêques sur ce point, la naissance des hérésies du seizième siècle. Celui d'Aquilée de l'an 1596, réduit à l'obligation de la *visite* la principale partie du gouvernement des évêques.

Les Pères du concile de Trente n'avaient sans doute pas d'autres idées, quand ils firent sur cette matière le décret suivant, renouvelé par les conciles provinciaux de France, d'Aix, de Bordeaux, de Reims, etc.

« Tous patriarches, primats, métropolitains et évêques, ne manqueront pas tous les ans, de faire eux-mêmes la *visite*, chacun de leur propre diocèse, ou de la faire faire par leur vicaire général, ou par un autre visiteur particulier, s'ils ont quelque empêchement légitime de la faire en personne. Et si l'étendue de leur diocèse ne leur permet pas de la faire tous les ans, ils en visiteront au moins, chaque année, la plus grande partie ; en sorte que la *visite* de tout leur diocèse soit entièrement faite dans l'espace de deux ans, ou par eux-mêmes, ou par leurs visiteurs.

« Les métropolitains, après avoir achevé tout à fait la *visite* de leur propre diocèse, ne visiteront point les églises cathédrales, ni les diocèses des évêques de leur province, si ce n'est pour cause dont le concile provincial ait pris connaissance, et qu'il ait approuvée.

« Les archidiacres, doyens et autres inférieurs, qui jusqu'ici ont accoutumé de faire légitimement la *visite* en certaines églises, pourront à l'avenir continuer de la faire, mais par eux-mêmes seulement, du consentement de l'évêque, et assisté d'un greffier. Les visiteurs pareillement qui seront députés par un chapitre qui aura droit de *visite*, seront auparavant approuvés par l'évêque; mais pour cela l'évêque ne pourra être empêché de faire séparément de son côté la *visite* des mêmes églises, ou de la faire faire par son visiteur, s'il est occupé ailleurs. Au contraire lesdits archidiacres et autres inférieurs seront tenus de lui rendre compte dans le mois, de la *visite* qu'ils auront faite,

et de lui représenter les dépositions des témoins, et tous les actes en original, nonobstant toutes coutumes, même de temps immémorial, exemptions et priviléges quelconques.

« Or, la fin de toutes les *visites* sera d'établir une doctrine sainte et orthodoxe, en bannissant toutes les hérésies ; de maintenir les bonnes mœurs, de corriger les mauvaises, d'animer le peuple au service de Dieu, à la paix et à l'innocence de la vie, par des remontrances et des exhortations pressantes ; et d'ordonner toutes les autres choses que la prudence de ceux qui feront la *visite* jugera utiles et nécessaires pour l'avancement des fidèles, selon que le temps, le lieu et l'occasion le pourront permettre.

« Mais afin que toutes ces choses aient un succès plus facile et plus heureux, toutes les personnes dont nous venons de parler, à qui il appartient de faire la *visite* sont averties, en général et en particulier, de faire paraître pour tout le monde une charité paternelle et un zèle vraiment chrétien ; et que, se contentant d'un train et d'une suite médiocre, ils tâchent de terminer la *visite* le plus promptement qu'il sera possible, y apportant néanmoins tout le soin et toute l'exactitude requise. Qu'ils prennent garde pendant la *visite*, de n'être incommodes ni à charge à personne par des dépenses inutiles. »

L'on voit dans ce règlement à qui il appartient de faire des *visites*, pourquoi elles doivent être faites, et dans quel temps on doit les faire. Comme nous ne pouvons transcrire de même ici les autres décrets de ce concile, que les évêques ou autres visiteurs ne manquent jamais de consulter dans toutes ses parties, quand ils vont faire leurs *visites*, nous les citerons tous par ordre successif (session VI, ch. 3 et 4 ; session VII, ch. 7 et 8 ; session XII, ch. 8 et 9 ; session XIII, ch. 1er ; session XIV, ch. 4 ; session XXI, ch. 8 ; session XXIV, ch. 3, 9 et 10 ; session XXV, ch. 6 et 11).

Suivant l'ancienne discipline de l'Eglise, il n'y avait rien d'exempt de la correction et *visite* de l'évêque ; tout était soumis à sa juridiction. Mais les exemptions s'étant depuis introduites, il y a des exceptions à cet égard ; mais malgré ces exceptions, c'est une discipline établie sur les décrets du concile de Trente, sur les conciles de Milan, etc., et sur les décisions des papes, que toutes sortes de cures ou églises paroissiales possédées par des séculiers ou réguliers, dépendantes des corps exempts ou non exempts, situées dans les monastères ou abbayes, même chefs-d'ordre, sont sujettes à la *visite* de l'évêque diocésain (concile de Trente, sess. VII, ch. 7 et 8 ; sess. XXI, ch. 8, *de Reform.* ; Constitution *Inscrutabili* de Grégoire XV).

Quant aux personnes, tous les ecclésiastiques en général sont soumis aux *visites* et à la correction ou de l'évêque, ou d'autres supérieurs.

Gavantus (*Praxis comped, verb. visitatio*) a marqué dans le détail tout ce qui doit précéder, accompagner et suivre la *visite* épiscopale; il recommande aux prélats de porter dans leurs *visites* sa pratique abrégée sur cette matière, avec le concile de Trente, le pontifical, le rituel, les statuts synodaux et provinciaux, l'état des lieux et des personnes qui sont à visiter, et enfin les procès-verbaux des dernières *visites*.

L'évêque doit faire avertir de sa *visite* chaque curé quelque temps auparavant, afin que le peuple se prépare à le recevoir, que les enfants se disposent à la confirmation, et que les marguilliers mettent leurs comptes en état. L'évêque peut aussi, selon le besoin, envoyer sur les lieux des ecclésiastiques, pour rendre la *visite* plus facile et plus heureuse; les cloches doivent annoncer cette *visite*, principalement la veille, et tout doit être prêt le jour de l'arrivée du pasteur, pour le recevoir dans la forme prescrite dans le pontifical, pour la réception des prélats ou légats; c'est-à-dire, que le clergé doit se rendre processionnellement au delà des portes de la ville, dans un lieu tapissé; d'où le prélat après avoir baisé la croix, se rend à l'église sous le dais ou baldaquin qu'on lui offre aux portes de la ville.

La description de ce qui fait la matière ou l'objet de la *visite*, doit être prêt, quand l'évêque arrive sur les lieux. Voici ce qu'un curé doit être exact à représenter au prélat qui visite sa paroisse. Il doit d'abord sortir et exposer dans la sacristie tous les meubles, ornements et vases sacrés de son église, et en présenter l'état ou inventaire. Il y doit joindre les livres qui sont à l'usage de l'église, comme le misel, l'antiphonaire et le rituel.

Il doit représenter aussi l'état des reliquaires, avec leurs attestations; les titres des indulgences et autels privilégiés; l'inventaire des droits, priviléges, et en même temps des charges et des bornes de sa paroisse; les statuts et les usages particuliers dans le service divin, s'il y en a dans son église; l'état ou l'inventaire des biens fonds et des revenus de son église; l'état des églises, chapelles et oratoires qui sont situés dans l'étendue de sa paroisse, avec leurs charges, un pareil état des sociétés, confréries, congrégations et autres corps pieux qui sont dans sa paroisse, des monastères, tant d'hommes que de filles, avec leurs propres titres, et le nombre des religieux ou religieuses, de prêtres, diacres, sous-diacres et autres clercs qui y habitent, etc.

Il doit ensuite présenter tous ses registres de baptêmes, mariages, sépultures, etc., les décrets synodaux et autres règlements du diocèse.

A l'égard des ecclésiastiques en particulier, que l'évêque doit visiter, ils doivent se tenir prêts à fournir leurs lettres d'ordre, leur pouvoir pour confesser, pour célébrer la messe dans un tel lieu, et pour les autres fonctions sacerdotales dont ils s'acquittent, les livres ecclésiastiques dont ils doivent faire usage, tels que le missel, le bréviaire, etc.

C'est sur tous ces différents objets, et sur d'autres qui regardent les bâtiments mêmes des églises, et les choses qui y servent à l'administration des sacrements et au service divin, que le prélat en *visite*, fixe ses attentions. Le concile d'Aix en 1585, est entré particulièrement dans le détail à ce sujet.

L'évêque en *visite* doit ordonner sur le champ ce qui ne demande pas une plus longue délibération, et renvoyer à son conseil les ordonnances qu'il serait imprudent de publier sitôt.

L'évêque doit commencer sa *visite* par la ville, par son église cathédrale, avant de venir aux paroisses; c'est le règlement d'Innocent IV dans le concile de Lyon, et des conciles provinciaux de France. Les canons obligent les évêques de visiter chaque paroisse en particulier, et à ne pas mander plusieurs curés en un même lieu pour les visiter.

Fagnan remarque sur le chapitre *Ut juxta, de offic. ordin.*, que l'évêque doit suivre dans la *visite* des religieuses la clémentine *Attendentes de Stat. monach.*; dans la *visite* de l'église cathédrale, l'extravagante *Debent de offic. ordin.*, et enfin dans la *visite* des autres églises, la décrétale citée *Ut juxta, de offic.*

L'évêque en *visite* doit se souvenir qu'il procède en père et en pasteur plutôt qu'en juge : il doit agir avec beaucoup de prudence : *Omnia exquirat, caute audiat, ita tamen quæ auferuntur recipiat, ut nec fidem habeat, nec fidem deneget duce vero christiana prudentia probet, quæ vera, quæ commentitia.* Ce sont les termes du concile d'Aquilée en 1596. Il ne doit rien statuer dans sa *visite* que de ce qui peut se juger *de plano et sine forma et strepitu judicii.* Suivant les maximes des décrétales, rappelées par Fagnan, l'évêque visite pour corriger plutôt que pour punir; il ordonne des remèdes salutaires, au lieu d'infliger des peines graves, à moins que l'honneur de Dieu et le salut des peuples ne l'exigent.

Les évêques doivent pourvoir dans leurs *visites*, à ce que les églises soient fournies de livres, croix, calices, ornements, et autres choses nécessaires pour la célébration du service divin, à l'exécution des fondations, à la réduction des bancs qui empêcheraient le service divin, et donner tous les ordres qu'ils estimeront nécessaires pour la célébration, pour l'administration des sacrements, et la bonne conduite des curés et autres ecclésiastiques (*Voyez* BANCS, FABRIQUES, FONDATIONS etc.).

§ 3. VISITE, *religieux*.

(*Voyez* CHAPITRE, § 5.)

VISITEUR.

Le *visiteur* est celui qui a le droit de visiter les églises ou monastères dans les termes que l'on vient de voir.

VOCATION.

Les marques de la *vocation* à l'état ecclésiastique sont d'y entrer avec une intention droite, c'est-à-dire, de n'y chercher ni la gloire du monde, ni les revenus, ni une vie douce et sensuelle, mais de s'y proposer le travail et la peine, pour procurer la gloire de Dieu, le salut des âmes et sa propre sanctification. C'est la disposition que le concile de Trente requiert de ceux qui doivent recevoir la tonsure (sess. XXIII, ch. 1. *de Reformat.*).

Pour la *vocation* religieuse, voyez NOVICE.

VOEU.

Le *vœu* est une promesse faite à Dieu de quelque bonne œuvre à laquelle on n'est pas obligé : *votum est promissio deliberati Deo facta de meliori bono.* C'est la définition que donnent du *vœu* les théologiens, lesquels ajoutent que pour former un véritable *vœu*, il faut le concours de ces trois choses : *Deliberatio, propositum voluntatis, et promissio in qua perficitur ratio voti.*

§ 1. Nature et division des VOEUX.

On distingue plusieurs espèces de *vœux*; la principale division qui s'en fait et qu'on attribue à Alexandre II (*C. Consuluit qui Cler. vel. vov.*) est en simples ou solennels.

Le *vœu* simple est une promesse faite à Dieu, sans solennité ou sans un certain genre de solennité : tels sont les *vœux* que l'on fait, non-seulement dans le monde, mais encore dans certaines communautés séculières, en particulier ou en public.

Le *vœu* solennel est celui qui se fait avec certaines formalités dans un corps de religion approuvée par l'Eglise. Ce *vœu* est exprès et explicite, quand il est fait avec les solennités requises. Ces solennités sont, selon l'opinion commune, la profession publique des trois *vœux* de pauvreté, de chasteté et d'obéissance entre les mains d'un supérieur légitime qui l'accepte. La formule des *vœux* solennels n'est pas la même dans toutes les communautés; mais quelle qu'elle soit, elle produit toujours le même effet par rapport aux nouveaux engagements que contractent ceux qui font des *vœux* de religion. Le *vœu* solennel tacite est celui qui opère la prise d'habits religieux dans certaines circonstances (*Voyez* PROFESSION). Le *vœu* solennel implicite est celui de continence que l'Eglise a attaché à la réception des ordres sacrés.

On divise encore les *vœux* en absolus ou conditionnels, en réels ou personnels, et en réels et personnels tout ensemble.

Le *vœu* absolu est celui qu'on fait sans aucune condition et qu'on est obligé d'exécuter aussitôt qu'il a été fait. Il peut être perpétuel ou pour un temps, affirmatif ou négatif.

Le *vœu* conditionnel est celui qu'on fait sans condition; ce *vœu* n'oblige qu'après l'exécution de la condition. Il est pénal, quand on s'oblige en cas qu'on revienne en convalescence, ou autre semblable.

Le *vœu* réel est celui qui a pour objet une chose qui est en dehors de la personne qui le fait, comme quand on promet à Dieu de donner une certaine somme aux pauvres.

Le *vœu* personnel se prend dans la personne même ou dans ses actions, comme quand on promet de se faire religieux, de faire un tel pèlerinage, un tel jeûne, etc.

Le *vœu* réel et personnel tout ensemble, qu'on appelle *vœu* mixte, est celui dont la matière consiste tant dans la personne ou dans les actions, que dans les biens de celui qui le fait, comme quand on fait *vœu* d'aller en pèlerinage à une église, et d'y faire tel don ou telle aumône.

Un *vœu* pour être valide, doit être fait librement, d'une chose possible, bonne et plus agréable à Dieu que son contraire.

Le *vœu* doit être libre : chacun sent la nécessité de cette condition. Pour être obligé de remplir cette promesse, il faut avoir fait cette promesse volontairement, sans contrainte, et avec la connaissance de cause nécessaire. D'où il suit que le *vœu* fait par un homme qui n'a pas l'usage de sa raison, soit pour cause d'ivresse, de folie, de violence, ou par défaut d'âge est absolument nul.

Les théologiens et les canonistes disputent beaucoup sur le degré de raison requis pour valider un *vœu*, et particulièrement celui d'un enfant qui n'a pas atteint l'âge de puberté. Nous n'entrons point ici dans cette discussion qui regarde plus spécialement les théologiens

§ 2. VOEU, *forme*.

Nous venons de voir quelle est la nature des *vœux*, et leurs différentes espèces : s'agissant ici des *vœux* de religion, dans un ordre légitimement approuvé, nous observerons qu'on ne sait pas bien quand l'usage de les faire comme on les fait aujourd'hui a commencé; il est certain que dans les premiers monastères de saint Antoine et des abbés ses successeurs, il n'y avait aucune formule de profession; on ne faisait pas même de *vœux* particuliers; on s'engageait simplement à suivre la vie monastique, et cet engagement n'avait pas pour objet déterminé une règle particulière : ceux qui le contractaient se soumettaient à l'observance de celle qui, au jugement de leurs supérieurs, était la plus parfaite ou la plus convenable à leur vocation. D'où il arrivait, comme l'observe le père Mabillon en son histoire des Bénédictins, qu'il y avait quelquefois plusieurs règles dans un seul monastère. Ce savant auteur ajoute que la règle de saint Benoît est la première qui prescrive la forme de profession par laquelle on s'engage à l'observer. Elle est telle qu'elle s'observe encore chez les Bénédictins. On y trouve ces trois engagements qui comprennent tous les autres dans l'état de la vie religieuse ou cénobitique. 1° La stabilité, la pureté des mœurs et l'obéissance, ce qui vaut autant dire que les trois *vœux* d'obéissance, de pauvreté, de chasteté, que l'on prononce dans les autres ordres religieux. Car, bien que les franciscains s'engagent d'une manière plus particulière à la pratique de la pauvreté, elle est essentielle à la vie monastique. Saint Benoît lui-même, qui n'en parle point dans sa formule de profession, au moins d'une manière expresse, en a fait un précepte dans sa règle au chapitre 33. *Ne quis præsumat, aliquid habere proprium nullam omnino rem, neque codicem, neque tabulas, neque graphium, sed nihil omnino.* Voyez ce que nous avons dit de ces trois espèces de vœux sous les mots OBÉISSANCE, PÉCULE, CÉLIBAT.

Nous avons parlé suffisamment de la forme de la profession religieuse sous les mots NOVICE, PROFESSION, RÉCLAMATION. On y voit que, suivant le droit des décrétales (*Cap.* 22, *de Regul.; cap.* 1, *de Regul. in* 6°), il n'est pas nécessaire que la profession religieuse se fasse avec solennité pour produire son effet, et que de simples actes extérieurs suffisent pour opérer l'engagement d'un religieux. D'où vient la distinction des professions tacites et des professions expresses. Dans les premiers siècles de l'Eglise, il suffisait de prendre l'habit monacal pour être réputé moine : mais alors la profession religieuse n'emportait pas un engagement irrévocable comme aujourd'hui. Il paraît par la novelle de Justinien, que la profession religieuse n'était accompagnée, du temps de cet empereur, d'aucune solennité particulière. Saint Basile témoigne désirer dans sa lettre à Amphiloque, que l'on n'admette ni témérairement ni en secret les professions des vierges et même des religieux. Voici quelle était la forme particulière des professions dans l'ordre de saint Benoît, suivant la teneur même de la règle de ce saint fondateur. *Cap* 58, *de disciplina suscipiendorum fratrum.*

Suscipiendus autem in oratorio, coram omnibus, promittat de stabilitate sua, et conversione morum suorum et obedientia, coram Deo et sanctis ejus; ut si aliquando aliter fuerit, ab eo se damnandum sciat quem irridet, de qua promissione sua faciat petitionem ad nomen sanctorum quorum reliquiæ ibi sunt et abbatis præsentis. Quam petitionem manu sua scribat, aut certe si non scit litteras, alter ab eo rogatus scribat : et ille novitius signum faciat, et manu sua eam super altare ponat. Quam dum posuerit incipiat ipse novitius mox hunc versum. suscipe me, Domine, secundum eloquium tuum, et vivam, et non confundas me ab expectatione mea : quem versum omnis congregatio tertio respondeat, adjungentes : Gloria Patri. Tunc ipse frater novitius prosternatur singulorum pedibus, ut orent pro eo : et jam ex illa die in congregatione reputetur.

C'est sur ce modèle que la congrégation de Saint-Maur a ordonné dans ses constitutions, partie 1, section 1, chapitre 15, *de admittendis novitiis ad professionem et solemni votorum emissione*, n, 6 et 7.

Post offertorium missæ, novitius stans ante gradus altaris, clara et intelligibili voce pronuntiabit suam professionem sub hac forma quam leget ex schedula propria manuscripta.

« In nomine Domini nostri Jesu-Christi, amen. Anno a nativitate ejusdem, millesimo N... die vero N... mense N... ego frater N... de loco N... diœcesis N... promitto stabilitatem et conversionem morum meorum, et obedientiam secundum regulam sancti Benedicti, prout in constitutionibus congregationis sancti Mauri declaratur observanda, coram Deo et sanctis ejus, quorum reliquiæ habentur in hoc monasterio N... in diœcesi N... in præsentia reverendi patris Domini N... qui recepit professionem, et monachorum ejusdem monasterii ; ad cujus rei fidem, hanc schedulam seu petitionem manu propria scripsi et subsignavi, die et anno quibus supra. »

§ 3. *Effets des* VOEUX

Ruina hominis post vota retractare (Prov. XX, 25). La pratique des *vœux* est aussi ancienne que la religion ; et quoique la forme en soit différente, il ne peut jamais y avoir de différence entre eux par rapport à la promesse, c'est-à-dire que le *vœu* simple et le *vœu* solennel ne diffèrent point entre eux quant à la matière et à la raison du *vœu*, mais seulement par la loi positive de l'Eglise qui a introduit la solennité de l'engagement, comme le dit Boniface VIII *in cap.* 1, *de vot. et voti redempt. in* 6°.

Le *vœu* solennel opère un empêchement dirimant de mariage : c'est la discipline de l'Eglise latine, depuis environ le sixième siècle. Le concile de Trente a fait à ce sujet le décret suivant : *Si quis dixerit regulares castitatem solemniter professos posse matrimonium contrahere, contractumque validum esse nonobstante voto; anathema sit* (Sess. XXIV, c. 9; c *Meminimus qui cler. vel vov.; cap. unic. de vot. et voti redempt. in* 6°).

Le *vœu* simple ne produit pas le même effet : il empêche de contracter mariage, et le rend criminel, mais il ne l'annule pas : *Cum votum simplex matrimonium impediat contrahendum, non tamen dirimat jam contractum* (C. 6, *Qui clerici vel vov.*).

Les *vœux* solennels de religion, qui sont à présent des empêchements dirimants de mariage dans l'Eglise latine sont, dit saint Thomas (2, 2, qu. 88. n. 7), ou les *vœux* solennels de religion qu'on fait dans un corps de religieux approuvé par le pape, ou les *vœux* solennels de chasteté que les sous-diacres promettent de garder en recevant le sous-diaconat. Les *vœux* simples qui sont des empêchements dirimants, sont, celui de chasteté perpétuelle, celui d'entrer en religion ou de ne se jamais marier. Tous ces différents *vœux* sont absolument incompatibles avec l'état du mariage.

On a demandé si les *vœux* simples qu'on fait publiquement et d'une manière solennelle dans les communautés ou congrégations séculières, ne sont que des empêchements de mariage prohibitifs. La raison de douter est que ces congrégations ressemblent beaucoup aux ordres religieux où l'on professe une règle approuvée par l'Eglise, et que les supérieurs y reçoivent aussi les engagements de ceux qui s'y font recevoir : mais on tient le contraire parce qu'il n'y a de véritables *vœux* solennels que dans les corps proprement religieux, et l'Eglise reçoit ces congrégations comme des corps séculiers.

Le vœu de stabilité n'est pas d'une autre nature que le vœu simple.

Pour donner une juste idée, dit l'auteur des *Conférences de Paris sur le mariage* (tom. II, liv. III, conf. 1, § 2), des *vœux* de certaines communautés séculières auxquels on ajoute un serment de perpétuelle stabilité, on peut dire 1° qu'ils sont des empêchements prohibitifs pour ceux qui n'en sont pas dispensés ; 2° qu'ils n'en sont plus pour ceux qui le sont ; 3° qu'ils ne sont pas des empêchements dirimants pour ceux qui les ont faits, quand même ils n'en seraient pas dispensés, parceque, comme nous l'avons dit, après Alexandre III, le vœu simple n'est pas un empêchement dirimant, et que le *vœu* de ces communautés séculières est simple ; 4° le serment de stabilité que l'on joint aux *vœux*, est de même nature que les *vœux* mêmes ; ce serment n'y change rien, et de quelque manière qu'il soit conçu, il n'est pas plus absolu que les *vœux*. Les supérieurs à qui le pape accorde le pouvoir de dispenser des *vœux*, ont aussi le droit de dispenser du serment de stabilité. Il n'en résulte donc pas un empêchement dirimant pour ceux qui se marient sans en être dispensés.

A l'égard des jésuites, le pape Grégoire XIII a déclaré, par sa bulle *Ascendente*, que les *vœux* simples des jésuites seraient des empêchements dirimants à l'égard de ceux qui demeurent dans la société et qui ne sont pas dispensés, quoiqu'ils n'y aient pas encore fait de *vœux* solennels ; mais qu'ils ne seraient plus des empêchements dirimants pour ceux qui sortiraient de la société avec une dispense du pape ou du général.

§ 4. *Dispense des* VŒUX.

Le vœu cesse : 1° par l'accomplissement.

2° Par la mort, à moins que le vœu ne fut réel ; dans lequel cas, l'obligation passe aux héritiers du défunt qui l'a fait (*C. Ex parte, de Censib.*).

3° Par la cessation de sa cause : par exemple si l'on avait fait vœu de donner une somme quelconque, tous les mois à un pauvre, et que ce pauvre fut devenu riche.

4° Par l'irritation : nous entendons par ce mot l'acte par lequel un supérieur annule le vœu de ceux qui dépendent de lui, ou en suspend l'exécution. Le droit d'irriter ainsi les *vœux* d'autrui ne peut convenir qu'aux pères, par rapport à leurs enfants (*Cap. Mulier*, 14 *qu.* 6) ; aux supérieurs de communauté par rapport à leurs religieux ; aux époux par rapport à leurs conjoints, et enfin aux maîtres par rapport à leurs domestiques. Les théologiens entrent à cet égard dans un détail d'exemples et d'hypothèses qui ne peuvent trouver place ici. On peut consulter à cet égard le *Traité des dispenses*, édition de M. Compans, tom. II.

5° Par la dispense : régulièrement, pour dispenser d'un vœu, il faut avoir juridiction dans l'Eglise. Un prêtre ne le peut, quelque étendus que soient ses pouvoirs pour l'absolution des péchés et même des censures.

Les évêques sont en possession de dispenser de toutes sortes de *vœux*, excepté ceux de chasteté perpétuelle, de religion et des trois pèlerinages de Jérusalem, de Saint-Jacques de Galice, et du tombeau des apôtres saint Pierre et saint Paul à Rome, dont la dispense a été réservée au pape, moins par le droit que par la coutume. Ces *vœux* ne sont même réservés au saint-siège que quand ils sont certains, parfaits et absolus, et qu'ils ont pour objet une matière qui y est expressément réservée : car, s'ils ne sont pas tels, l'évêque peut en dispenser.

Le pape peut dispenser de toutes sortes de *vœux*; les canonistes romains n'exceptent pas même les *vœux* solennels. Quelques autres canonistes prétendent que les *vœux* solennels de religion sont indispensables de droit naturel et divin, et que l'Eglise ne peut jamais permettre que des religieux se marient. Cependant saint Thomas a enseigné une doctrine opposée dans ses Commentaires sur le maître des sentences, et celle-ci a prévalu. On la fonde sur des anciens canons qui tolèrent les mariages des moines, et sur la décrétale citée de Boniface VIII, qui a décidé positivement que la solennité des *vœux* de religion n'a été établie que par l'Eglise, et qu'elle en peut dispenser.

Fagnan (*in cap. Cum ad monasterium, de Stat. monach.*) rappelle les trois opinions des théologiens et des canonistes sur cette célèbre question : la première, que le pape ne peut absolument dispenser des *vœux* solennels ; la seconde, qu'il le peut par la plénitude de sa puissance ; et la troisième, que les grandes raisons de la dispense règlent à cet égard les pouvoirs du pape. Sur quoi il dit : *Quæ istarum trium opinionum sit verior, fateor me nescire, et satis potest quælibet sustineri ; ideo nullam assero.* La vérité est que le pape use quelquefois de cette dispense pour de grandes causes, mais toujours en tirant le religieux de son état : car tous les canonistes conviennent que le pape ne saurait dispenser des *vœux* solennels un religieux qui resterait toujours religieux : *Quia implicat contradictionem,* dit Fagnan, *ut quis remaneat monachus, et non habeat essentiam monachatus, quæ consistit in tribus votis substantialibus.* Si le pape dispense des *vœux* solennels, il peut à plus forte raison dispenser pour de fortes et légitimes raisons de l'engagement à la chasteté qui est attaché aux ordres sacrés, parce que le concile de Trente ne fonde ce vœu implicite de continence que sur une loi ecclésiastique : *Non obstante lege ecclesiastica* (Sess. XXIV, ch. 9). Dans ces derniers temps, le pape Pie VII a dispensé de leurs *vœux* plusieurs prêtres et religieux qui avaient déjà contracté des mariages civils (*Voyez* CÉLIBAT).

Le cardinal Caprara publia à cet égard un indult où se trouvent les conditions suivantes : « *Ex una parte oratoris N. oblata petitio continebat quod ipse impetu superiorum tempestatum abreptus nuptias cum N. ante diem 15 augusti 1801, nulliter attentavit. Nos de apostolica, speciali et expressa auctoritate, proprio oratoris ordinario facultatem* communicamus sive per se, sive per aliam ecclesiasticam personam ab eo specialiter deputandam, memoratos oratorem et mulierem, dummodo indubia pœnitentiæ signa exhibeant, a censuris et pœnis ecclesiasticis ob præmissa incursis, a sacrilegiis, attentatibus et excessibus hujusmodi auctoritate apostolica in utroque foro hac vice respective absolvendi, in forma Ecclesiæ consueta, injuncta utrisque pro modo culparum pœnitentiæ salutari, aliisque injunctis de jure injungendis; firmis quoad oratorem manentibus tam irregularitate, præmissis contracta, quam inhabilitate ad quodcumque sacrorum ordinum exercitium, ad quævis ecclesiastica officia et beneficia sive obtenta, sive obtinenda.

« Nos insuper, paternæ obsequentes clementiæ SS. DD. NN. qui ob Ecclesiæ pacem et alias gravissimas causas, e re christiana duxit ad ampliora descendere indulgentiæ et benignitatis exempla, laudato ordinario facultatem impertimur, cum eodem oratore, quem ad simplicem laicorum communionem hoc ipso traductum, nec non omnibus juribus et privilegiis clericalibus prorsus spoliatum remanere apostolica auctoritate declaramus, quatenus... super recensito sancti ordinis impedimento matrimonium cum eadem duntaxat muliere, servata forma concilii Tridentini, denuo contrahere, vel publice, præmissis solemnitatibus ab Ecclesia præscriptis, vel private, illis prætermissis solemnitatibus, coram prælaudato ordinario, aut proprio oratoris parocho canonice instituto et duobus testibus confidentibus, prout idem ordinarius ad reparanda, sive ad vitanda scandala magis expediri pro sua prudentia judicaverit... simili auctoritate apostolica expressa, in utroque pariter foro, misericorditer et gratis dispenset, prolemque sic susceptam, sive suscipiendam, legitimam declarando; ita quod hujusmodi dispensatio ad remanendum tantum in matrimonio jam cum prædicta muliere contracto, non vero ad contrahendum cum alia neque ad secundas nuptias ineundas oratori suffragetur; et si, quod absit, extra licitum matrimonii usum deliquerit, sciat se contra sextum præceptum *sacrilege* facturum, præsentibus una cum executionis decreto inter curiæ episcopalis registra diligenter assignatis, atque in parochiali libro, in quo hujusmodi matrimonii particula referri debet, accurate annotatis, ut pro quocumque eventu futuro de illius validitate ac prolis legitimitate constare valeat. »

6° Par la commutation : le *vœu* ne finit pas proprement par la commutation, mais la matière en est changée en une autre, ou meilleure, ou égale, ou d'un moindre prix. C'est l'opinion commune des docteurs que chacun peut changer de lui-même la matière de son *vœu* en quelque chose qui soit évidemment meilleure, et ce n'est dans les cas des cinq *vœux* réservés au pape. Régulièrement tous ceux qui ont le pouvoir ordinaire ou délégué de dispenser d'un *vœu*, ont aussi le pouvoir de le commuer : la commutation, ainsi que la dispense, est du ressort de la juridiction. Un simple confesseur ne peut commuer les *vœux*, s'il n'en a reçu le pouvoir du pape ou de l'évêque. Les évêques eux-mêmes ne peuvent commuer les *vœux* réservés au pape que dans des cas à peu près semblables à ceux où ils en peuvent dispenser. Mais les confesseurs approuvés par les supérieurs légitimes, tels que sont les évêques, et, selon plusieurs théologiens, les prélats réguliers à l'égard de leurs inférieurs, peuvent ordinairement, en vertu des bulles de jubilé, commuer en œuvres pies tous les *vœux*, excepté ceux de religion et de chasteté perpétuelle, totale et absolue : car ils pourraient commuer un *vœu* conditionnel de chasteté, aussi bien que le *vœu* de ne point se marier, de garder la chasteté conjugale, et autres de pareille nature qui ne sont pas réservés au saint-siège. (Compans, *Traité des dispenses*).

7° Enfin le *vœu* cesse par une juste réclamation (*Voyez* RÉCLAMATION).

L'assemblée nationale a prohibé les *vœux* solennels par le décret du 13 février 1790, qui se trouve sous le mot ORDRES RELIGIEUX, ci-dessus, col. 724.

Pour bien comprendre le sens du décret de février 1790, il faut remarquer qu'autrefois la profession des *vœux* solennels emportait mort civile (*Voyez* MORT CIVILE), de sorte que celui qui faisait de tels *vœux*, ne pouvait plus succéder à ses parents; l'assemblée nationale n'a fait que déclarer que la loi ne prendrait plus ces sortes de *vœux* sous sa protection et que désormais elle ne les reconnaîtrait plus.

Mais de ce que la loi civile ne reconnaît plus et ne protége plus les *vœux* solennels, il ne s'ensuit nullement qu'on ne puisse en faire en France. L'Eglise les autorise aujourd'hui comme par le passé; de sorte qu'en France, comme ailleurs, les ordres religieux d'hommes et de femmes reçoivent les *vœux* solennels prescrits par leurs statuts. Ceux qui les ont émis peuvent y être infidèles, rentrer dans le siècle et contracter même des mariages civils, sans que l'Etat ait à s'en occuper. Tel est le sens de la loi de février 1790. Vouloir lui en donner un autre, surtout sous l'empire de la Charte de 1830, qui garantit la liberté de culte et de conscience, et qui, de plus, ne reconnaît aucune religion, ce serait tomber dans l'absurde et porter atteinte à la Charte elle-même.

Voyez, sous le mot ORDRES RELIGIEUX, ce que Pie VI dit des *vœux* solennels, et en particulier du décret du 13 février 1790; *voyez* aussi, sous le mot CONGRÉGATIONS RELIGIEUSES, le décret du 18 février 1809, et même l'article en entier.

VOIE CANONIQUE.

Cette expression signifie qu'on n'emploie que des formes et des moyens légitimes et autorisés par les canons, pour faire quelque élection, ou quelque autre acte ecclésiastique.

VOILE.

Le droit canon distingue six espèces de *voiles* : 1° le *voile* de probation, qu'on donne encore aujourd'hui aux novices, et qui est ordinairement blanc; 2° le *voile* de profession, qu'on donne aux religieuses lorsqu'elles font leurs vœux; 3° le *voile* de consécration, que l'évêque seul donnait aux vierges à certains jours, suivant les rits solennels prescrits par le pontifical, et qui n'est plus en usage. C'est ainsi que s'explique le canon suivant : *Devotis virginibus, nisi aut epiphaniorum die, aut in albis paschalibus, aut in apostolorum natalitiis, sacrum velamen imponatur, nisi forsan gravi languore correptis. Viduas autem velare nullus pontificum attentet* (*Cap. Devotis, caus.* 20, *qu.* 1). Thomassin remarque que l'évêque donnait le *voile* aux vierges, et le prêtre aux veuves (*Discipl., part.* III, liv. I, chap. 40, n. 5 et 6); 4° le *voile* d'ordination, dont on ornait autrefois les diaconesses; 5° le *voile* de prélature, qu'on donne aux abbesses; 6° le *voile* d'observation, qu'on donnait autrefois aux veuves, et qui était distinct de celui des vierges (Barbosa, *Jus universum, lib.* I, c. 44, n. 15).

Prendre le *voile*, c'est se faire religieuse, parce que c'est une marque distinctive de cet état ; et cet usage est ancien, il date au moins de la fin du quatrième siècle. Dans l'*Histoire de l'académie des inscriptions,* tom. V, p. 173, il y a un mémoire dans lequel il est prouvé que la réception du *voile* n'était jamais séparée de la profession religieuse, qu'aucune fille n'en était revêtue qu'au moment où elle prononçait ses vœux, et que c'était l'évêque qui faisait cette cérémonie (*voyez* PROFESSION).

VOIX.

Voix est un terme que l'on fait synonyme de suffrage (*Voyez* SUFFRAGE).

On distingue la *voix* active et la *voix* passive dans une élection ; une personne a l'une et l'autre, lorsqu'elle a droit de donner sa *voix* pour l'élection, et qu'elle peut être élue elle-même.

Il y a encore *voix* délibérative et *voix* prépondérante ou conclusive.

On a *voix* délibérative dans une assemblée lorsque le suffrage qu'on y porte est compté.

La *voix* prépondérante ou conclusive est celle d'un président de compagnie, qui, dans un partage de *voix*, fait pencher la balance du côté qu'il se range, même dans un cas d'égalité : c'est-à-dire, que le président, après avoir recueilli onze différentes *voix,* dont six d'un côté et cinq de l'autre, peut se ranger du côté des cinq, et l'emporter ainsi sur les six autres.

Dans plusieurs compagnies, le président ne jouit pas de ce droit ; dès qu'il y a une *voix* de plus d'un côté que d'un autre quand son tour vient d'opiner, il faut qu'il se joigne au plus grand nombre; et dans d'autres, il peut n'avoir que la liberté de se ranger du côté que bon lui semble, sans que sa *voix* soit prépondérante et conclusive ; cela dépend des usages.

Mais de droit commun, fondé sur divers textes du droit, et particulièrement sur la glose du chapitre *Si Genesi, de Elect.*, les doyens et autres présidents en dignité des chapitres ont la *voix* prépondérante.

On dit qu'une personne a *voix* excitative, quand elle peut agir pour en faire élire une autre ; et *voix* consultative, quand elle n'a que des raisons et des remontrances à alléguer.

VULGATE.

On appelle ainsi la version des saintes Ecritures dont l'Eglise se sert. *Voyez*, sous le mot LIVRE, le décret du concile de Trente, session IV, qui la déclare authentique.

Par cette décision, dit Bellarmin, l'Eglise nous a assuré que, dans tout ce qui concerne la foi et les mœurs, la *Vulgate* n'a aucune erreur, et que les fidèles peuvent y ajouter une foi entière. Mais les Pères du concile, ajoute ce savant cardinal, n'ont pas prétendu par là préférer la *Vulgate* aux originaux, c'est-à-dire au texte hébreu.

En effet, la langue hébraïque étant la langue originale des livres saints, il n'est pas douteux que, lus dans leur source, ils paraissent encore plus dignes de l'Esprit-Saint qui les a dictés ; car leur noblesse et leur simplicité, connues de plus près, les font révérer davantage. Ainsi, sans rien perdre du respect qui est dû à la *Vulgate*, ni rien diminuer de l'authenticité que le concile de Trente lui a pour toujours assurée, on doit reconnaître que la connaissance du texte original est infiniment utile à l'Eglise pour appuyer sa foi et fermer la bouche aux hérétiques. Le cardinal Cajétan avait coutume de dire : qu'entendre seulement le texte latin, ce n'était pas entendre la parole de Dieu, mais celle du traducteur, qui pouvait faillir ; et saint Jérôme avait raison de dire que prophétiser et écrire des livres sacrés était l'effet du Saint-Esprit, au lieu que les traduire était l'ouvrage de l'esprit humain

FIN.

NOTICES BIOGRAPHIQUES ET BIBLIOGRAPHIQUES

SUR LES CANONISTES ET AUTRES AUTEURS CITÉS DANS CET OUVRAGE. (1)

A

ACOSTA.
(*Voyez* SIMON.)

AGIER.

Pierre-Jean *Agier*, né le 28 décembre 1748 à Paris, y mourut le 22 septembre 1823, président de chambre à la cour royale de Paris. Il embrassa avec chaleur la cause de l'Eglise constitutionnelle, et il l'a soutenue jusqu'à la fin de sa carrière franchement et sans détour. Le président *Agier* ne se borna pas, pendant sa vie, à la carrière de la magistrature; il ambitionna celle d'écrivain, et a publié, sur différentes matières, vingt-deux volumes, sans compter les brochures de circonstance et divers articles fournis à la nouvelle édition de Denizart et à la *Chronique Religieuse*. Nous ne citerons que les deux qui suivent : *Traité sur le mariage dans ses rapports avec la religion et les lois nouvelles de France*, 1800, 2 vol. in-8°; *Justification de Fra-Paolo Sarpi*, 1811, 1 vol. in-8°. Dans ces deux ouvrages, comme dans tous les autres sortis de sa plume, *Agier* a été défenseur du jansénisme. Il dit en propres termes, dans son *Traité du mariage*, où il attaque le concile de Trente, que cette assemblée *est dépourvue de tout caractère d'œcuménicité*.

AMYDÉNIUS.

Nous avons de Théodore *Amydénius* un ouvrage intitulé : *Tractatus de officio et jurisdictione datarii, et de Stylo datariæ*, Venise, 1654, 1 vol. in-fol. Nous avons cité *Amydénius* dans toutes les matières qu'il a traitées.

AVRIGNY.

Hyacinthe-Robillard d'Avrigny, né en 1675 à Caen, jésuite en 1691, mourut l'an 1719. Il est auteur des *Mémoires chronologiques et dogmatiques pour servir à l'histoire ecclésiastique, depuis 1600 jusqu'en 1716, avec des réflexions et des remarques critiques*, 4 vol. in-12. On s'est plaint que dans cet ouvrage, estimable par l'exactitude des dates et par plusieurs faits très bien développés, les remarques critiques sont poussées quelquefois jusqu'à la satire; et c'est sans doute ce qui l'a fait supprimer à Rome par un décret du 2 septembre 1727. Mais ce défaut est réparé par des avantages qu'on trouve rarement réunis dans les ouvrages de ce genre.

(1) Nous avons parlé, dans ces notices, de plusieurs canonistes qui ne sont pas cités dans cet ouvrage; notre but a été de les faire connaître afin de prémunir le lecteur contre les mauvaises doctrines qu'ils enseignent. Quelques détails de ces notices ont été empruntés au *Dictionnaire historique* de **Feller**.

B

BALSAMON

Théodore *Balsamon* fut d'abord diacre et garde des chartes de l'église de Constantinople, et ensuite patriarche d'Antioche pour les Grecs. Il commenta le *Nomocanon* de Photius, dont Bévéridge donna une édition avec des notes imprimées à Oxford, en 1672, in-folio. Il fit un *Recueil d'ordonnances ecclésiastiques et des réponses* à plusieurs questions du droit canon, dans lesquelles il s'emporte beaucoup contre l'Eglise latine. Il mourut vers 1214. La *Bibliothèque du droit canonique* de Justel renferme les deux premiers ouvrages, et le droit grec et romain de Leunclavius contient le dernier (*Voyez* JUSTEL).

BARBOSA.

Augustin *Barbosa* était très-habile dans la science du droit civil et canonique. Philippe IV lui donna l'évêché d'Ugento, dans la terre d'Otrante, en 1648. Il mourut l'année d'après. Nous avons de lui un traité *de Officio episcopi*. On croit que *Barbosa* ne fit que corriger ce livre. Feller raconte que son domestique lui apporta du poisson dans une feuille de papier manuscrit; que *Barbosa* courut tout de suite au marché pour acheter les cahiers d'où on avait tiré cette feuille, et que le manuscrit contenait le livre *De officio episcopi*. L'ouvrage intitulé *Remissiones doctorum super varia loca concilii Tridentini*, etc., a été mis à l'index, parce que la bulle de Pie IV défend de publier aucun commentaire sur le concile de Trente. Les ouvrages de *Barbosa* sont très-nombreux; ils ont été souvent imprimés en France, en Italie, en Espagne, dans les Pays-Bas, et recueillis à Lyon sous le titre de *Opera omnia*, 1716 et années suivantes, 16 vol. in-folio. Il y en a une autre édition, également de Lyon, imprimée en 1545, sous le titre de *Augustini Barbosæ collectanea doctorum in jus pontificium, et tractatus varii*.

BERGIER.

Tout le monde connaît le mérite de ce savant apologiste de la religion. Nous avons emprunté quelques passages à son *Dictionnaire de théologie*; nous nous sommes servi de l'édition même qui fait partie de l'*Encyclopédie méthodique*. Feller lui reproche d'avoir travaillé à ce pernicieux ouvrage, vaste magasin d'erreurs de tous les genres, répertoire monstrueux où l'art le plus infernal a partout adroitement mêlé le mensonge, l'impiété et le vice avec l'histoire, les sciences et les arts. Mais M. Pérennès justifie complètement *Bergier*. Il montre que son association aux encyclopédistes avait des motifs plausibles, et qu'il y avait été encouragé par les hommes les plus religieux, et en particulier par l'archevêque de Paris, de la métropole duquel il était chanoine.

Pour ce qui regarde le droit canonique, *Bergier* renvoie ordinairement au *Dictionnaire de jurisprudence de l'Encyclopédie méthodique*, ce qui a fait croire à quelques-uns que ces articles émanaient de la plume de notre savant apologiste. Mais il n'en est rien, et plusieurs de ces articles sont écrits dans des principes tout opposés à ceux de *Bergier*, c'est-à-dire contraires à la saine doctrine.

BÉVÉRIDGE.

Guillaume *Bévéridge*, évêque anglican de Saint-Asaph, en Angleterre, mort en 1708, à 71 ans, mérite l'estime des savants de sa patrie et des pays étrangers. Bossuet était en commerce de lettres avec lui. Ses principaux ouvrages sont : *Pandectæ canonum apostolorum et conciliorum*, 1672, 2 vol. in-folio. Ce livre, qui n'est pas commun, est enrichi de remarques fort estimées. *Codex canonum Ecclesiæ primitivæ vindicatæ*, Londres, 1678, in-4°. *Voyez*, sous le mot DROIT CANON, ce que nous disons de cet ouvrage.

Bévéridge est encore auteur de *Réflexions sur la religion*, et d'*Institutions* chronologiques. Tous ces ouvrages sont pleins d'érudition ; le style en est noble, et l'auteur y fait paraître beaucoup de modestie. Il est à regretter, remarque Feller, qu'avec tant de lumières, *Bévéridge* n'ait pas eu celle de la vraie foi, qui les affermit toutes, et que ce défaut l'ait entraîné dans des inconséquences et des préventions contre les catholiques.

BLONDE.

Cet avocat canoniste s'associa avec Maultrot, Camus, Mey, Aubry, etc., pour faire des mémoires en faveur des pasteurs du second ordre contre ceux du premier. Laborieux, érudit, et plein de bonne foi, *Blonde* manquait d'impartialité et d'esprit.

BLONDEAU.

Claude *Blondeau*, avocat au parlement de Paris, a donné, en 1689, sous le nom de *Bibliothèque canonique*, la *Somme* bénéficiale de Bouchel, enrichie de beaucoup de notes et d'arrêts. Il mourut au commencement du dix-huitième siècle (*Voyez* BOUCHEL).

BOEHMER.

Juste-Henning *Boehmer*, né en Hanovre en 1674, fut chancelier de l'Université de Halle et doyen de la Faculté de droit : On a de lui : *Institutiones juris canonici, ad methodum decretalium*, Halle, 1738, in-4°. *Boehmer*, protestant modéré, plus juste envers les catholiques que la plupart des auteurs de sa communion, dédia son ouvrage à Benoît XIV, qui le reçut avec bonté. Son *Jus parochiale*, in-4°, fut réfuté par le cardinal Gerdil. *Boehmer* mourut en 1748.

Georges-Louis *Boehmer* son fils, né à Halle le 18 février 1715, est mort à Gottingue le 17 août 1797. Il s'occupa aussi de droit canonique et de droit féodal. On a de lui : *Principia juris canonici*, Gottingue, 1762, in-8°; *Observationes juris canonici*, Gottingue, 1767, in-8°, et quelques ouvrages de droit féodal.

BOILEAU.

Jacques *Boileau* naquit à Paris, en 1635, et y mourut, en 1716, doyen de la faculté de théologie. Il fut d'abord vicaire général de Sens, et ensuite chanoine de la Sainte-Chapelle en 1694. Il était frère de Despréaux, et avait, comme lui, l'esprit porté à la satire et à la plaisanterie. Ses ouvrages roulent sur des matières singulières, qu'il rend encore plus piquantes par un style dur et mordant, et par mille traits curieux. Il les écrivait toujours en latin, *de crainte*, disait-il assez mal à propos, *que les évêques ne les censurassent*. Les principaux sont : *De antiquo Jure presbyterorum in regimine ecclesiastico*, 1678, in-8°, sous le nom supposé de Claude Fonteius. *De antiquis et majoribus episcoporum causis*, 1678, in-4°. *De re beneficiaria*, 1710, in-8°. *De residentia canonicorum*, Paris, 1695, in-8°. *Traité des empêchements du mariage*, à Sens, sous le titre de Cologne, 1691, in-12 : l'auteur, pour de bonnes raisons, ayant déguisé le lieu de l'impression. *Boileau* est encore auteur d'autres ouvrages, tels que *Historia confessionis auricularia*; *Historia flagellantium*, etc. Il y a bien des choses fausses et hasardées dans les ouvrages de Jacques *Boileau*, qui était partisan du richérisme (*Voyez* RICHER). Il y établit des paradoxes révoltants, tels que cette proposition : *Maintenant que l'Église est sur son déclin et qu'elle vieillit, il arrive rarement que les mauvaises pensées soient des péchés mortels*. Après de telles assertions, on ne doit pas être surpris de la morale qui se trouve dans son *Histoire des flagellants* et le traité *De tactibus impudicis*. Qu'il sied bien, dit Feller, à de tels docteurs d'afficher le rigorisme !

BOUCHEL.

Laurent *Bouchel* ou *Bochel*, avocat au parlement de Paris, mort dans un âge avancé, en 1629, était de Crépi en Valois. On a de lui plusieurs ouvrages pleins d'érudition. *Les décrets de l'église gallicane*, Paris, 1609, in-folio. *Bibliothèque du droit français*, Paris, 1671, 3 vol. in-folio. *Bibliothèque canonique*, Paris, 1689, 2 vol. in-folio. Ces ouvrages sont dirigés par les bons principes et bien éloignés des fausses maximes qui, depuis, se sont introduites dans le droit civil et canonique.

BRUNET.

Jean-Louis *Brunet*, né à Arles en 1688, et mort à Paris en 1747, fut reçu avocat au parlement de Paris en 1717, et donna plusieurs ouvrages sur les matières canoniques : *Le Parfait Notaire apostolique et procureur des officialités*, 2 vol. in-4°, Paris, 1730 ; livre qui n'était pas commun, mais on l'a réimprimé à Lyon en 1775 ; on y trouve toutes les formules des diverses pièces ecclésiastiques. *Les Maximes du droit canonique de France*, par Louis Dubois, qu'il a revues, corrigées et beaucoup augmentées. *Histoire* du droit canonique et du gouvernement de l'Eglise, Paris, 1720, 1 vol. in-12. Des *Notes sur le Traité de l'abus* de Févret. Une nouvelle édition des *Droits et libertés de l'Eglise gallicane*, augmentée de différentes pièces et de notes, Paris, 1731, 4 vol. in-folio.

Tous ces ouvrages marquent beaucoup d'érudition ; mais les opinions de l'auteur ne sont pas toujours d'accord avec celles des canonistes les plus estimés, ni, par conséquent, avec la saine doctrine. Cependant l'auteur ne donne pas ses opinions, qui étaient celles des canonistes parlementaires, comme incontestables, car il termine son *Histoire du droit* canonique par ces paroles : « Je n'ai garde de proposer mes décisions « comme des règles indubitables. Je les sou-« mets très-respestueusement, aussi bien que « tout ce petit ouvrage, au jugement et à la « censure de l'Eglise. » (Pag. 405.)

BURCHARD.

Il était évêque de Worms, au commencement du onzième siècle, et mourut le 20 août 1025. Il a fait un *Recueil de canons*, dont nous parlons sous le mot DROIT CANON, tom. Ier, col. 1048. Ce recueil en 20 livres a été imprimé en 1 vol. in-folio, en 1549.

C

CABASSUT.

Jean *Cabassut*, prêtre de l'oratoire, professeur de droit canon à Avignon, est né en 1604 à Aix, où il mourut en 1685. Il est auteur du *Juris canonici theoria et praxis*, qui est souvent cité dans le cours de cet ouvrage. Gibert en a donné une édition in-folio en 1738 avec des notes qui ne s'accordent pas toujours avec les principes de l'auteur, dont l'ouvrage ne gagne rien à ce commentaire. On a aussi de ce canoniste un *Traité de l'usure* et un ouvrage in-folio, imprimé à Lyon en 1685, et qui a pour titre : *Notitia ecclesiastica conciliorum, canonum, veterumque Ecclesiæ rituum* : on y trouve une notice des conciles, l'explication des canons, une introduction à la connaissance des rits anciens et nouveaux de l'Eglise et des principales parties de l'histoire ecclésiastique. On en a donné un bon abrégé à Louvain, en 1776, un vol. in-8°, et un meilleur encore à Paris, en 1838, en 3 vol. in-8°. C'est cette édition que nous avons citée de préférence.

Cabassut était un homme d'un esprit droit; d'un caractère doux, d'un jugement solide, d'une prudence consommée, d'une vertu sans tache. Il écrit avec élégance et avec dignité ; son latin est pur, coulant, harmonieux ; ses décisions sont sages et sévèrement orthodoxes.

CAPRARA

Les diverses pièces émanées du cardinal *Caprara*, et insérées dans ce *Cours de droit canon*, nous obligent à en donner ici une notice.

Jean-Baptiste *Caprara*, cardinal-prêtre du titre de Saint-Onuphre, né à Bologne le 29 mai 1733, était fils du comte de Montecuculli ; mais il prit le nom de sa mère, Marie-Victoire *Caprara*, dernier rejeton de cette maison. Ses connaissances en droit politique fixèrent sur lui l'attention de Benoît XIV, qui l'envoya à Ravenne, à l'âge de 25 ans, en qualité de vice-légat. *Caprara* devint nonce, en 1767 à Cologne, en 1775 à Lucerne, en 1785 à Vienne, reçut du pape Pie VI le chapeau de cardinal le 18 juin 1792, et en 1800 fut fait évêque d'Iési. En 1801, Pie VII le nomma légat *a latere* auprès du gouvernement français, et il présida la magnifique cérémonie du 18 avril 1802, dans l'église de Notre-Dame, cérémonie qui avait pour objet le rétablissement du culte. Il fut nommé en 1803 archevêque de Milan. Mais il continua d'habiter à Paris, où il est mort le 21 juin 1810. Les pouvoirs de légat lui avaient été retirés lorsque le pape fut emmené prisonnier en France. Il fut inhumé au Panthéon par décret impérial.

On a reproché au cardinal *Caprara* son dévouement à Bonaparte, et quelques décisions qui ont paru peu conformes aux principes d'une saine théologie, entr'autres sur la légitimité de la vente des biens nationaux.

CARRÉ.

Guillaume-Louis-Julien *Carré*, jurisconsulte, professeur de procédure civile à l'école de droit de Rennes, naquit dans cette ville le 21 octobre 1777, et y est mort subitement dans le mois d'avril 1832, au moment où il allait faire son cours. On a de lui un grand nombre d'ouvrages de jurisprudence. Nous avons consulté son *Traité du gouvernement des paroisses*, un gros vol. in-8°, édition de 1833. Cet ouvrage est très-méthodique ; l'auteur y examine tout ce qui concerne les paroisses dans leur rapport avec les lois et les règlements d'administration publique.

CASTEL.

François-Pérard *Castel*, de Vire, en Normandie, avocat au grand conseil, banquier expéditionnaire en cour de Rome, mourut en 1687. Il laissa plusieurs ouvrages où la théorie et la pratique des matières de bénéfices sont exposées savamment. Les plus recherchées sont : *Définitions du droit canon*, Paris, 1700, in-fol., avec les remarques de Du Noyer ; *Règles de la chancellerie romaine*, 1685, in-folio. Nous avons cité ces deux ouvrages. On a encore de lui : *Questions notables sur les matières bénéficiales*, Paris, 1689, 2 vol. in-folio. Cet ouvrage ne peut guère avoir d'utilité aujourd'hui.

CHANUT.

Pierre *Chanut* fut abbé d'Issoire, et ensuite aumônier de la reine Anne d'Autriche. Il a fait plusieurs traductions, entr'autres celle du *Concile de Trente*. Paris, 1686, in-12. Le style de cette traduction est faible et languissant, mais elle est fort exacte. C'est ce qui nous a déterminé à nous en servir dans les diverses citations que nous avons faites du concile de Trente. M. l'abbé Migne, dans l'*Histoire* de ce concile par Pallavicini, qu'il vient d'éditer en trois volumes, a reproduit cette traduction. Chanut mourut en 1695.

CHOKIER.

Jean-Ernest de *Chokier-Surlet* naquit à Liége d'une famille noble, le 14 janvier 1571. Il fit bâtir dans sa ville natale une maison pour les pauvres incurables, et une autre pour les filles pénitentes ou repenties. Il se distingua par sa sagesse, ses lumières, son zèle pour les lettres et son application à l'étude, particulièrement de la jurisprudence et des antiquités romaines. Il mourut à Liége dans la 79e année de son âge, en 1650. Il fut d'abord chanoine de Saint-Paul à Liége, puis chanoine de la cathédrale, abbé séculier de Visé, et enfin vicaire-général de Ferdinand de Bavière, évêque et prince de Liége. On a de lui un grand nombre d'ouvrages. *De permutatione beneficiorum*, Rome, 1700, in-folio. *Vindiciæ libertatis Ecclesiæ*, 1630, in-4°. *Commentaria in regulas cancellariæ Alphonsi Soto*, imprimé à Liége en 1658, 1 vol. in-4°.

Son frère, Erasme de CHOKIER, est auteur de l'ouvrage qui a pour titre *De Jurisdictione ordinarii in exemptos et horum ab ordinario exemptione*, Cologne, 1629, 2 vol. in-4°.

COLLET.

Pierre *Collet*, prêtre de la congrégation de la Mission, docteur et ancien professeur de théologie, né à Ternay dans le Vendômois, le 6 septembre 1693, et mort le 6 octobre 1770, s'est fait un nom distingué parmi les théologiens, et a mérité l'estime des personnes pieuses, par ses écrits et par ses mœurs. Ses ouvrages sont en grand nombre. Nous ne nous sommes servi que du *Traité des dispenses*, qu'il publia en 1753, en 3 vol. in-12. Il en a paru, en 1788, une édition corrigée et augmentée par M. Compans, 2 vol. in-8°; puis une autre en 1827, augmentée d'une dissertation de M. Carrière, sur les mariages nuls. Cette édition a de grands avantages sur les deux premières.

COMBE.

Guy du Rousseaud de la *Combe*, avocat au parlement de Paris, et mort en 1749, a donné, entr'autres ouvrages, un *Recueil de jurisprudence canonique bénéficiale*, pris sur les Mémoires de Fuet, 1 vol. in-folio, 1748.

Il ne faut pas confondre Rousseaud de la *Combe* avec Pierre de COMBES, qui publia un *Recueil tiré des procédures civiles faites en l'officialité de Paris, et autres officialités du royaume*, Paris, 1705, in-folio.

COQUILLE.

Guy *Coquille*, né à Decize dans le Nivernais, en 1523, seigneur de Romenai et avocat au parlement de Paris, mort en 1603, à 80 ans, conserva jusqu'au dernier moment la mémoire la plus fidèle et l'esprit le plus sain. Henri IV lui offrit une place de conseiller d'Etat, s'il voulait quitter la province ; mais il la refusa. A des lumières très-étendues sur le droit coutumier, *Coquille* joignait un cœur très-modeste et plein de probité. Ses ouvrages ont été recueillis à Bordeaux en 1703, en 2 vol. in-folio. Son *Traité des libertés de l'Eglise gallicane*, composé en 1594, la même année où parurent les articles de P. Pithou, en contient les développements et les principes.

CORRADUS.

Pyrrhus *Corradus*, de Terra-Nuova, diocèse de Rossano dans la Calabre, protonotaire apostolique, chanoine de Naples, et grand inquisiteur à Rome, vivait dans le dix-septième siècle. Nous avons de lui : *Praxis beneficiaria*, Cologne, 1679, un vol. in-folio, et *Praxis dispensationum apostolicarum*, Venise, 1656, in-folio. Ce dernier ouvrage est justement estimé des canonistes. Nous avons eu occasion de le citer assez souvent. On le trouve dans le *Cours complet de théologie* de M. l'abbé Migne, tom. XIX, col. 9.

CORVIN.

Arnold *Corvin* est auteur d'un excellent traité intitulé : *Jus canonicum per aphorismos explicatum*. Doujat en a donné une édition en un vol. in-12, Paris, 1671. M. P. J. Carle, docteur en théologie, vient d'en publier une traduction qui a pour titre : *Code du droit canon d'après les aphorismes d'Arnold Corvin*, Paris, 1841, 1 vol. in-18. C'est cette traduction que nous avons citée.

D

DEVOTI.

Jean *Devoti*, prélat et jurisconsulte italien, né à Rome, en 1744, devint professeur de droit canon au collège de la Sapience, en 1764, évêque d'Anagny, en 1789, archevêque de Carthage *in partibus*, camérier secret du pape Pie VII, secrétaire des brefs aux princes, consulteur des congrégations de l'*Immunité* et de l'*Index*. Nous avons de lui : *Institutiones canonicæ*, 4 vol. in-8°, réimprimés plusieurs fois, et en 1814 avec des additions ; *Jus canonicum universum*, 3 vol. : cet ouvrage n'a pas été terminé ; *De novissimis in jure legibus*. *Devoti* est mort à Rome en 1820.

DOMAT.

Jean *Domat*, avocat du roi au siége présidial de Clermont, naquit dans cette ville le 30 novembre 1625. Il mourut à Paris le 14 mars 1696, à l'âge de 70 ans. Il devint l'arbitre de sa province par son savoir, par son intégrité, par sa doctrine. Les solitaires de Port-Royal, avec lesquels il était très-lié, prenaient ses avis, même sur les matières de théologie. On a de lui un excellent ouvrage intitulé : *Lois civiles dans leur ordre naturel*, avec un ample *Traité du droit public*. Nous avons consulté l'édition imprimée à Paris en 2 vol. in-fol., 1777.

DOMINIS.

Marc-Antoine de *Dominis*, ex-jésuite, né en 1566, à Arbe, capitale de l'île de ce nom, sur la côte de Dalmatie, était de la famille du pape Grégoire X. Il quitta la société pour être évêque de Segnia en Dalmatie, et obtint ensuite l'archevêché de Spalatro. Les caresses des protestants et l'espérance d'un grand repos et de la liberté l'attirèrent en Angleterre en 1616. Ce voyage était, à ce qu'il disait, pour travailler à la réunion des religions; mais réellement pour habiter un pays où il pût faire imprimer ses ouvrages, sans craindre le ressentiment des catholiques. Durant son séjour en cette île, il publia en 1619 l'*Histoire du concile de Trente* par Fra-Paolo, sous le nom de *Pierre Soavo Polano*, anagramme de *Paul Sarpi de Venise*.

Ce prélat inquiet et entreprenant ne fut pas inutile au roi Jacques Ier, dont la passion dominante était celle de paraître docteur. Au milieu des témoignages d'amitié, de respect et d'estime, dont le roi et le clergé anglais le comblaient, il sentit des remords. Ils augmentèrent, lorsque sa présomption, sa vanité et son avarice, qu'il avait cachées d'abord, et qu'il développa trop ensuite, lui eurent fait perdre tout crédit en Angleterre. Grégoire XV, son ami et son condisciple, en ayant été averti, lui fit dire par l'ambassadeur d'Espagne, qu'il pouvait revenir sans aucune crainte. *Dominis*, avant de partir, voulut signaler son retour à la foi de l'Eglise par une action d'éclat, propre à réparer le scandale de sa désertion. Il monta en chaire à Londres, et rétracta tout ce qu'il avait dit ou écrit contre l'Eglise. Jacques Ier, irrité de ce coup d'éclat, lui ordonna de sortir de ses Etats sous trois jours. L'archevêque, arrivé à Rome, abjura publiquement ses erreurs et demanda pardon dans un consistoire public de son apostasie. Son humeur inconstante et bizarre ne lui permit pas de jouir en paix des charmes de son nouveau séjour. Des lettres interceptées firent juger qu'il se repentait de sa conversion dès 1624, c'est-à-dire six mois après son retour. Urbain VIII le fit enfermer au château Saint-Ange, où il mourut en 1624. On a de lui un grand traité *De Republica ecclesiastica*, en 3 vol. in-folio, Londres, 1617 et 1620, Francfort, 1658. « Cet ouvrage, dit un critique, fait non-seulement pour détruire la monarchie de l'Eglise et la primauté du pape, mais encore la nécessité d'un chef visible, ne pouvait manquer de plaire aux puritains d'Angleterre; mais il est étonnant que Jacques Ier l'ait souffert, et qu'il n'ait pas vu qu'un homme qui ne veut pas de chef dans l'Eglise, n'en veut point dans l'Etat. » L'ouvrage fut censuré le 15 décembre 1617 par la faculté de théologie de Paris, réfuté savamment par Nicolas Coeffeteau, et brûlé avec le corps de son auteur au champ de Flore, par sentence de l'inquisition.

DOUJAT.

Jean *Doujat*, doyen des docteurs de la faculté de droit en l'université de Paris, et premier professeur royal en droit canon, naquit à Toulouse d'une famille de distinction, et mourut à Paris, le 27 octobre 1688, âgé de 79 ans. *Doujat* est auteur de plusieurs ouvrages d'histoire, de géographie, de droit civil et de droit canon. Son meilleur est *Prænotiones canonicæ*, en cinq livres, un vol. in-4°, Paris, 1687. *Histoire du droit canonique, avec la chronologie des papes*, que nous lui avons empruntée (*Voy.* PAPE, § 4). Cette histoire en un volume in-12, a eu plusieurs éditions. Paris, 1677, 1685 et 1698. On a aussi de cet auteur une édition latine des *Institutes du droit canonique* de Lancelot, Paris, 1685, 2 vol. in-12, avec beaucoup de notes. Nous nous proposons de donner nous-même une traduction de ces *Institutes* avec notes et commentaire. Le premier ouvrage qu'il publia sur le droit canonique est *Specimen juris ecclesiastici apud Gallos recepti*. Paris, 1684, 2 vol. in-12. *Doujat* possédait un grand nombre de langues : le grec, le latin, l'hébreu, le turc, l'anglais, l'italien et l'espagnol.

DRAPPIER.

Guy *Drappier*, né en 1624, était curé de Saint-Sauveur de Beauvais, paroisse qu'il gouverna pendant cinquante-neuf ans, et où il mourut le 3 décembre 1716, âgé de quatre-vingt-douze ans. Les principaux ouvrages qui nous restent de lui sont : *Traité des oblations*, Paris, 1685, 1 vol. in-12; *Tradition de l'Eglise touchant l'extrême-onction*, où l'on fait voir que les curés en sont les ministres ordinaires, Lyon, 1699, in-12; *Traité du gouvernement des diocèses en commun, par les évêques et les curés*, Basle (Rouen) 1707, 2 vol. in-12; *Défense des abbés commendataires et des curés primitifs*, 1685. C'est une invective continuelle contre les uns et les autres, quoique le titre promette autre chose. L'auteur combat le droit des curés primitifs avec plus d'érudition que de solidité. *Drappier*, contempteur de la bulle *Unigenitus*, publia plusieurs écrits en faveur de Quesnel, son ami.

Roch DRAPPIER, avocat au parlement de Paris, né à Verdun en 1685, mort à Paris en 1734, laissa un *Recueil de décisions sur les matières bénéficiales*, dont la meilleure édition est en 2 vol. in-12, Paris, 1732, et un *Recueil de décisions sur les dîmes*, etc., réimprimé en 1741, in-12, augmenté par Brunet d'un *Traité de champart*.

DUCASSE.

François *Ducasse*, natif de l'ancien diocèse de Lectourne, était grand vicaire et official de Carcassonne, puis archidiacre et official de Condom, où il termina ses jours en 1706. Il donna au public deux traités fort estimés : l'un de la *Juridiction ecclésiastique* à Agen, in-8°, 1695, et l'autre de la *Juridiction volontaire*, imprimé aussi à Agen, in-8°, 1697. Ils furent réimprimés à Paris en 1702, d'abord séparément en 2 vol. in-8°, puis en un seul vol. in-4°, à Toulouse, en 1706, sous le titre de *Pratique de la juridiction ecclésiastique volontaire, gracieuse et contentieuse*. Il paraît que cet ouvrage eut au moins six éditions. On a aussi de cet auteur un *Traité des droits et des obligations des chapitres des églises cathédrales*, Toulouse, 1706, un vol. in-12.

Ducasse était profondément versé dans l'Ecriture, les saints Pères et les canonistes anciens et modernes. Ses mœurs, dit Feller, étaient dignes d'un homme de son état. On lira ses ouvrages avec fruit.

DUPERRAI.

Michel *Duperrai*, avocat du parlement de

Paris en 1661, bâtonnier de son corps en 1715, mourut à Paris, doyen des avocats, en 1730, âgé d'environ 90 ans. Il était fort versé dans la jurisprudence civile et canonique. Ses ouvrages sont remplis de recherches; mais ils manquent de méthode, de style, et renferment plus de doutes que de décisions. Les principaux sont : *Traité des portions congrues des curés et vicaires perpétuels*, Paris, 1720, 1 vol. in-12; *Traité des dispenses de mariage et de leur validité ou invalidité*, Paris, 1719, 1 vol. in-12; *Traité de l'état et de la capacité des ecclésiastiques pour les ordres et les bénéfices*, Paris, 1703, in-4°, ou 2 vol. in-12; *Traité des moyens canoniques, pour acquérir et conserver les bénéfices et biens ecclésiastiques*, Paris, 1726, 4 vol. in-12; *Traité sur le partage des fruits des bénéces entre les bénéficiers et leurs prédécesseurs ou leurs héritiers, et les charges dont ils sont tenus*, Paris, 1722, 1 vol. in-12; *Traité historique et chronologique des dîmes*, Paris, 1720, 1 vol. in-12; autre édition augmentée par Brunet, en 2 vol. in-12; *Traité des droits honorifiques et utiles des patrons et curés primitifs, de leurs charges et de celles des décimateurs*, Paris, 1710, 1 vol. in-12; *Notes et Observations sur l'édit de 1695, concernant la juridiction ecclésiastique*, Paris, 1723, 2 vol. in-12; *Observations sur le concordat fait entre Léon X et François Ier*, Paris, 1722, 1 vol. in-12; *Questions sur le concordat*, Paris 1723, 2 vol. in-12.

DUPIN.

Louis Ellies *Dupin*, né à Paris, en 1657, d'une famille ancienne, originaire de Normandie. Il fit paraître dès son enfance beaucoup d'inclination pour les belles-lettres et pour les sciences. Il embrassa l'état ecclésiastique, et reçut le bonnet de docteur de Sorbonne en 1684. Il avait déjà préparé des matériaux pour sa bibliothèque universelle des auteurs ecclésiastiques, dont le premier volume parut in-8° en 1686. La liberté avec laquelle il portait son jugement sur le style, la doctrine et les autres qualités des écrivains ecclésiastiques éveilla l'attention de Bossuet qui en porta des plaintes à Harlay, archevêque de Paris. Ce prélat obligea *Dupin* à rétracter un grand nombre de propositions. L'auteur, en se soumettant à tout ce qu'on voulut, espérait son ouvrage ne serait pas supprimé. Il le fut cependant par un décret du prélat, le 16 avril 1693. Son repos fut encore troublé par l'affaire du cas de conscience ; il fut l'un des docteurs qui le signèrent. Cette décision lui fit perdre sa chaire et le força de quitter la capitale ; exilé à Chatellerault en 1703, en se rétractant il obtint son rappel ; mais il ne put recouvrer sa place de professeur royal. Clément XI remercia Louis XIV de ce châtiment, et dans le bref qu'il accorda à ce monarque, il appela ce docteur *un homme d'une très-mauvaise doctrine, et coupable de plusieurs excès envers le siége apostolique*. *Dupin* ne fut pas plus heureux sous la régence ; il était dans une étroite liaison avec Guillaume Wake, archevêque de Cantorbéry, et était même avec lui dans une relation continuelle. On soupçonna du mystère dans ce commerce, et le 10 février 1719, on fit enlever ses papiers. « Je « me trouvai au Palais-Royal, » dit Lafiteau, évêque de Sisteron, « il y était dit que « les principes de notre foi peuvent s'accor- « der avec les principes de la religion angli- « cane. On y avançait que, sans altérer l'in- « tégrité des dogmes, on peut abolir la « confession auriculaire, et ne plus parler « de la transsubstantiation dans le sacre- « ment de l'eucharistie ; anéantir les vœux « de religion, retrancher le jeûne et l'absti- « nence du carême, se passer du pape et « permettre le mariage des prêtres. » Des gens qui se croient bien instruits assurent que sa conduite était conforme à sa doctrine, qu'il était marié, et que sa veuve se présenta pour recueillir sa succession. Si ce docteur était tel qu'on nous le représente, le pape devait paraître modéré dans les qualifications dont il le charge. Voici le portrait qu'en trace le duc de Saint-Simon, dans ses *Mémoires*, ch. 53 : « Il fut réduit à imprimer « pour vivre ; c'est ce qui a rendu ses ou- « vrages si précipités, peu corrects, et qui « enfin le blasa de travail et d'eau-de-vie, « qu'il prenait en écrivant, pour se ranimer, « et pour épargner d'autant sa nourriture ; « bel et bon esprit ; *judicieux quand il avait* « *le temps de l'être*, et un puits de science et « de doctrine avec de la droiture et des « mœurs. »

Dupin était partisan de Richer (*Voyez* RICHER), dont il prenait le démocratique système, totalement destructif de la hiérarchie et de l'unité de l'Eglise. Du reste, quelque idée que l'on se fasse de sa façon de penser et de sa conduite, on ne peut lui refuser un esprit net, précis, méthodique, une lecture immense, une mémoire heureuse, un style à la vérité peu correct, mais facile et assez noble, et un caractère moins ardent que celui qu'on attribue d'ordinaire aux écrivains du parti avec lequel il était lié. Il mourut à Paris, en 1719, à 62 ans.

Ses principaux ouvrages, outre sa *Bibliothèque ecclésiastique*, sont : *Histoire de l'Eglise en abrégé*, Paris, 1712, 4 vol. in-12. *Essai historique sur la puissance temporelle des papes ; sur l'abus qu'ils ont fait de leur ministère spirituel et sur les guerres qu'ils ont déclarées aux souverains*, spécialement à ceux qui avaient la prépondérance en Italie, 3e édit., Paris, 1811, 2 vol. in-8°. M. Dupin, dans son *Manuel du droit ecclésiastique*, ne craint pas de recommander ces deux ouvrages. *Traité historique des excommunications, etc*.

DUPUY.

Pierre *Dupuy*, né à Paris, en 1582, travailla avec ardeur à la recherche des droits du roi et à l'inventaire du trésor des chartres. Il fut reçu conseiller au parlement et garde de la bibliothèque du roi ; et se signala dans ces deux charges par son amour pour les lettres. Il mourut à Paris en 1651, à 69 ans. Il publia un grand nombre d'ouvrages, parmi lesquels nous remarquerons les *Preuves des libertés de l'Eglise gallicane*. Cet ouvrage ne déplut pas seulement à Rome, mais vingt-deux évêques ou archevêques de l'Eglise de France, le censurèrent avec autant de force que de raison. *Dupuy* s'est appliqué dans presque tous ses ouvrages à déprimer l'autorité ecclésiastique; mais il faut avouer aussi que la force de la vérité lui a arraché des témoignages d'autant plus précieux, qu'il s'en était montré grand adversaire. Tel est celui-ci : « Ce qui regarde la religion et « les affaires de l'Église, doit être examiné « et décidé par les ecclésiastiques, et non « par les séculiers ; ce principe est reconnu « des deux partis. » Il a apporté en preuve le concile de Sardique, les paroles d'Osius à Constance (*Voyez* INDÉPENDANCE), et les plaintes de saint Hilaire au même empereur. Il poursuit : « Comme il y a deux sortes d'é- « tats dans le monde, celui des ecclésiasti- « ques ou des prêtres, et celui des séculiers, « il y a aussi deux puissances qui ont droit « de faire des lois et de punir ceux qui les « violent, l'ecclésiastique et la séculière. » (*Libertés de l'Eglise gallicane*, tome I, page 13 et 21, édition de 1731.) (*Voyez* LÉGISLATION.)

DURAND.

Guillaume *Durand* est né à Puimoisson, en Provence. Il enseigna le droit canon à Modène. Clément IV le prit pour son chapelain et lui donna la charge d'auditeur du palais. Grégoire X le nomma légat au concile de Lyon, tenu l'an 1274, et enfin évêque de Mende en 1287. Son habileté dans les affaires lui fit donner le surnom de *Père de la pratique*. On a de lui différents ouvrages. Son *Speculum juris*, Rome, 1474, in-fol., lui mérita le nom de *Speculator*, et c'est ainsi que le désignent ordinairement les canonistes. *Repertorium juris*, Venise, 1496, in-fol., moins connu que le précédent. *Rationale divinorum officiorum*, qui fut imprimé pour la première fois à Mayence, en 1453. Cette édition est très-rare et fort recherchée des connaisseurs. M. l'abbé Pascal, dans son *Dictionnaire de liturgie* (pag. 17), dit en avoir vu un exemplaire qui a coûté 2,700 francs. Cet ouvrage est en un seul vol. in-4°. On a encore de Guillaume *Durand* : *Commentaria in canones concilii Lugdunensis*. Ce savant évêque mourut à Rome le 1er novembre 1296, à l'âge de 64 ans.

DURAND DE MAILLANE.

Pierre-Toussaint *Durand de Maillane*, avocat, né à Saint-Remy en Provence, fut élu député du Tiers-Etat de la sénéchaussée d'Arles aux états-généraux, ensuite à la convention nationale par le département des Bouches-du-Rhône, puis au conseil des anciens. Il se montra toujours opposé aux jacobins et favorable aux émigrés. En 1797, il fut mis au Temple, comme ayant favorisé leur rentrée; mais il fut acquitté par le tribunal criminel de la Seine, et recouvra sa liberté dans le mois de février 1789. Il devint, après la révolution du 18 brumaire, juge à la cour d'appel d'Aix, et mourut à la fin de 1814. *Durand de Maillane* était un profond casuiste et un canoniste fort habile; mais il n'a point assez respecté les droits du saint siège, en favorisant les libertés de l'Eglise gallicane (*Voyez* ce que nous en disons dans l'avertissement du tome Ier de ce cours). Ses principaux ouvrages sont : 1° *Dictionnaire du droit canonique*, Lyon, 1761, 2 vol. in-4°; nouvelle édition, 1770, 4 vol. in-4° et 1776, 5 vol. et une en 6 vol. in-8° en 1787. Nous nous sommes servi de toutes ces éditions. 2° *Les Libertés de l'Eglise gallicane*, Lyon, 1770 et 1776, 5 vol. in-4°; 3° *Institutes du droit canonique*, traduites de Lancelot, Lyon, 1770, 10 vol. in-12, avec l'*Histoire du droit canon*, qui forme un vol. ; 4° *Le Parfait notaire apostolique*, 1779, 2 vol. in-4°; 5° *Histoire du comité ecclésiastique de l'assemblée constituante*, 1791, in-8°.

E

ÉMERY.

Jacques-André *Emery*, supérieur général de la congrégation de Saint-Sulpice, né à Gex, le 26 août 1732, est mort à Paris, le 28 avril 1811. *Emery* est auteur de plusieurs ouvrages : nous avons consulté les suivants : *Conduite de l'Eglise dans la réception des ministres de la religion qui reviennent de l'hérésie et du schisme*, 1797 et 1801, in-12 ; *Nouveaux opuscules de Fleury*, Paris, 1807, in-12. *Des nouveaux chapitres cathédraux*.

ÉVEILLON.

Jacques *Eveillon*, né à Angers l'an 1572 ou l'an 1582. Il fut, fort jeune, professeur de rhétorique à Nantes, curé ensuite à Soulerre pendant 13 ans, puis de la paroisse Saint-Michel à Angers, chanoine en 1620, et enfin vicaire général sous quatre évêques différents. Nous avons de ce pieux et savant auteur un *Traité des excommunications et des monitoires*, dans lequel il réfute l'opinion assez commune, que l'excommunication ne s'encourt qu'après la fulmination de l'aggrave (*Voyez* AGGRAVE). Il y traite aussi à fond des excommunications et des monitoires en 36 chapitres, qui composent un volume in-4° imprimé à Angers en 1631 et à Paris en 1672. Il y en a aussi une édition en 2 vol. in-12. Ce traité, auquel nous avons emprunté plusieurs choses, est ce que nous avons de mieux sur cette matière. Il nous a été spécialement recommandé par un de nos plus savants prélats (Mgr. C. Villecourt, évêque de la Rochelle). Cependant l'auteur a trop négligé dans cet ouvrage ce qui regarde l'ancien droit et l'usage de l'Eglise des premiers siècles. Nous avons encore de lui un traité latin intitulé: *De processionibus ecclesiasticis*, imprimé à Paris en 1641, un vol. in-8°. L'auteur remonte, dans ce savant traité, à l'origine des processions : il en examine ensuite le but, l'ordre et les cérémonies. *De recta psallendi ratione*, un vol. in-4°, La Flèche, 1646. Ce devrait être le manuel des chanoines.

Eveillon était très-studieux, et il avait

une grande connaissance des conciles, des Pères, du droit canon et de la langue grecque. Il avait aussi beaucoup de charité pour les pauvres, qu'il regardait comme ses enfants, et pour lesquels il s'est dépouillé de toutes sortes de commodités. Comme on lui reprochait un jour qu'il n'avait point de tapisseries chez lui, il répondit: « Lorsqu'en hiver j'entre « dans ma maison, les murs ne me disent « pas qu'ils ont froid; mais les pauvres qui « se trouvent à ma porte, tout tremblants, « me disent qu'ils ont besoin de vêtements. » Aussi mourut-il amèrement regretté des pauvres, ce qui arriva au mois de décembre 1651. La seule richesse qu'il possédait était sa bibliothèque qu'il légua aux jésuites de La Flèche.

F

FAGNAN.

Prosper *Fagnan* ou *Fagnani*, célèbre canoniste du dix-septième siècle, fut pendant près de 15 ans secrétaire de la sacrée congrégation. On le regardait, à Rome, comme un oracle, et plusieurs papes l'honorèrent de leur estime. Il devint aveugle à l'âge de 44 ans, ce qui ne l'empêcha pas de dicter souvent des écrits sur les matières qu'on lui proposait, ou qu'il voulait traiter lui-même. Ce fut après être tombé dans cet état, qu'il composa son grand commentaire sur les décrétales, intitulé *Jus canonicum, sive commentaria in libros decretalium*. Il le dédia au pape Alexandre VII, par l'ordre duquel il l'avait composé. Il fut imprimé à Rome en 4 vol. in-folio, qui se relient en trois, en 1661; à Cologne en 1679, 1681, 1686 et 1704, et à Venise en 1697. La préface est un chef-d'œuvre en ce genre; il en est de même de la table qui vaut seule autant que le commentaire. Ce qu'il y a de plus extraordinaire, c'est qu'un homme aveugle ait pu faire cette préface et dresser cette table, surtout d'une manière si exacte.

Fagnan avait une mémoire si heureuse qu'il n'avait presque rien oublié des poëtes mêmes qu'il avait lus dans sa jeunesse, et qu'il citait des passages sans nombre des auteurs de droit sur toutes sortes de questions, avec autant de facilité que s'il les eût lus. Il mourut vers l'an 1678, âgé de plus de 80 ans.

FERRARIS.

Lucius *Ferraris*, de l'ordre de Saint François, consulteur du Saint-Office, est auteur d'un excellent ouvrage et que nous avons souvent consulté : il a pour titre : *Prompta bibliotheca canonica, juridica, moralis, theologica, nec non ascetica, polemica, rubristica, historica*, etc., *ordine alphabetico congesta*. Francfort, 1783, 8 vol. in-4°. Les bénédictins du Mont-Cassin en préparent actuellement une nouvelle édition dans laquelle ils inséreront toutes les bulles et autres documents émanés de la cour de Rome, depuis l'édition de 1783. Ces documents, qui compléteront ce remarquable et savant ouvrage, se trouvent en grande partie dans notre *Cours de droit canon*.

FERRIÈRES.

Claude-Joseph de *Ferrières*, doyen des professeurs en droit dans l'université de Paris, est auteur de l'ouvrage intitulé : *Tractatio institutionum juris canonici, sive paratilla in quinque libros decretalium Gregorii IX*, Paris 1711, in-12, et du *Dictionnaire de droit*, 1771, 2 vol. in-4°. On a de son père Claude de *Ferrières* qui mourut à Reims, en 1715, à 77 ans, beaucoup d'ouvrages de jurisprudence, puis un *Traité du droit de patronage*, Paris, 1686, in-12.

FÉVRET.

Charles *Févret*, né à Semur en 1583, fut avocat au parlement de Dijon, dès l'âge de 19 ans, et mourut dans cette ville en 1681. On a de lui un *Traité de l'abus, et du vrai sujet des appellations qualifiées du nom d'abus*, Lyon, 1736, 2 vol. in-folio, avec des notes du célèbre Gibert et de Brunet, avocat. Cet ouvrage fut composé à la prière de Louis II, prince de Condé. *Févret* a approfondi la matière des abus, et son ouvrage est le fruit des plus longues recherches. Mais ses principes sont loin d'être à l'abri de tout reproche. Haute-Serrre l'a réfuté par ordre du clergé (*Voyez* HAUTE-SERRE); ce traité compromet les droits de l'Église. Le meilleur ouvrage que nous ayons sur cette matière et qui réfute indirectement *Févret*, c'est sans contredit le savant travail que vient de publier, en un vol. in-8°, Mgr. l'archevêque de Paris, sur *l'Origine, les progrès et l'état présent de l'appel comme d'abus*.

FILESAC.

Jean *Filesac*, docteur de Sorbonne et curé de Saint-Jean-en-Grève, mourut à Paris, sa patrie, doyen de la faculté de théologie, en 1638. Il a composé plusieurs ouvrages sur des matières ecclésiastiques et profanes; entre autres un *Traité de l'autorité des évêques*, Paris, 1606, in-8°, et un *Traité de l'origine des paroisses*. Il y a de l'érudition dans ces ouvrages, mais trop de digressions.

FLEURY.

Claude *Fleury*, originaire de Normandie, né à Paris, le 6 décembre 1640, d'un avocat au conseil, suivit le barreau pendant neuf ans avec succès. L'amour de la retraite et de l'étude lui donnèrent du goût pour l'état ecclésiastique. Il l'embrassa et il en eut les vertus. Nous ne parlerons pas des ouvrages de *Fleury* connus de tout le monde ; nous dirons seulement que nous avons cité les *Mœurs des chrétiens, l'Histoire ecclésiastique*, édit. in-12 et surtout l'*Institution au droit ecclésiastique*, en 2 vol. in-12 : ouvrage fort abrégé, mais plein de bonnes choses, quoiqu'il y en ait quelques-unes répréhensibles qui l'ont fait mettre à l'index à Rome. Boucher d'Argis en donna une nouvelle édition en 1764, enrichie de notes et réimprimée en 1767 : c'est cette dernière édition que nous avons toujours citée ; la première, publiée en 1676 sous le nom de Charles Bonel, docteur en droit canon à Langres, n'avait qu'un volume. Fleury le fit imprimer sous son nom en 1687, en 2 vol. in 12. M. Emery a publié en 1807, sous le titre de *Nouveaux opuscules*, in-12, quelques pièces inédites de Fleury, et surtout le manuscrit autographe du *Discours sur les libertés de l'Eglise gallicane* qui avait été imprimé après la mort de l'auteur, avec des notes violentes et erronées, attribuées à Débonnaire.

FORGET.

Germain *Forget*, avocat au bailliage d'Evreux, est auteur d'un *Traité des personnes et des choses ecclésiastiques et décimales* Rouen, 1625 in-8°.

FURGOLE.

Jean-Baptiste *Furgole*, avocat au parlement de Toulouse, né en 1690 à Castel-Ferrus, diocèse de Montauban, joignit à la science la plus profonde des lois de la jurisprudence française, des usages, des coutumes, la connaissance de cette partie de l'histoire qui est relative à la législation de tous les temps et de tous les pays. *Furgole* a écrit de nombreux ouvrages de droit plusieurs fois réimprimés, tant séparément qu'en collection ; nous ne citerons ici que celui que nous avons consulté, le *Traité des curés primitifs*, Toulouse 1736, un vol. in-4°. Ce savant jurisconsulte est mort en mai 1761, selon Feller, et 1771, selon M. Dupin.

G

GERBAIS.

Jean *Gerbais*, né en 1629 à Rupois, village du diocèse de Reims, docteur de Sorbonne en 1661, mort en 1699 à 70 ans, avait un esprit vif et pénétrant. On a de lui plusieurs ouvrages en latin et en français. Les premiers sont mieux écrits que les seconds. Les principaux sont : *Dissertatio de causis majoribus*, Paris, 1679, in-4° ; pour prouver que les causes des évêques doivent être jugées en première instance par le métropolitain et par les évêques de la province (*Voyez* CAUSES MAJEURES). Ce traité déplut à Rome, non-seulement par les assertions qu'il contenait sur les libertés de l'Eglise gallicane, mais aussi par la manière dure dont elles étaient exprimées. Innocent XI le condamna en 1680. *Traité du pouvoir de l'Eglise et des princes, sur les empêchements de mariage;* Paris, 1690, in-4°. L'auteur y prouve contre Launoy, que l'Eglise a toujours usé du pouvoir d'établir des empêchements dirimants (*Voyez* EMPÊCHEMENT). *Dissertation sur le pécule des religieux curés, sur leur dépendance du supérieur régulier, et sur l'antiquité de leurs cures;* Paris, 1697, 2 vol. in-12. *Trois lettres touchant le pécule des religieux curés ou évêques;* Paris, 1699; in-8°.

GIBERT.

Jean-Pierre *Gibert*, docteur en théologie et en droit, naquit à Aix en Provence, au mois d'octobre 1660. Il enseigna la théologie dans les séminaires de Toulouse et d'Aix ; vint à Paris en 1703, et il y a toujours vécu dans l'étude et dans la retraite jusqu'à sa mort, arrivée le 2 décembre 1736. Sa nourriture était simple et frugale ; toutes ses actions respiraient la candeur et la simplicité évangélique : il refusa constamment tous les bénéfices qu'on lui offrit. C'était un des plus renommés canonistes de son temps ; il a laissé un grand nombre d'ouvrages. Les principaux sont : *Institutions ecclésiastiques, suivant les principes du droit commun et les usages de France*. La seconde édition, augmentée d'observations importantes, puisées dans les *Mémoires du clergé*, est de 1736, 2 vol. in-4°. Nous avons fait usage d'une édition plus récente, celle de 1750. *Consultations canoniques sur les Sacrements en général et en particulier*, 12 vol. in-12, imprimés à Paris, en 1721 et 1725. *Usages de l'Eglise gallicane, concernant les censures et l'irrégularité, considérées en général et en particulier, expliquées par des règles du droit reçu*, Paris, 1724, 1 vol. in-4°. *Tradition ou Histoire de l'Eglise sur le sacrement de mariage*, 1725, 3 vol. in-4°. L'auteur y démontre, par une suite non interrompue de monuments les plus authentiques, tant de l'Orient que de l'Occident, que cette matière a toujours été soumise à la juridiction de l'Eglise. Cet ouvrage serait tout à fait de circonstance aujourd'hui contre certains légistes qui prétendent que le mariage est exclusivement de la compétence du pouvoir civil (*Voyez* MARIAGE). *Corpus juris canonici per regulas naturali ordine dispositas*, 1735, 3 vol. in-fol. Cette compilation, assez bien digérée, a été recherchée, et l'est encore.

GOHARD.

Gohard, archidiacre et grand vicaire de Noyon est auteur d'un *Traité des bénéfices ecclésiastiques, dans lequel on concilie la discipline de l'Eglise avec les usages du royaume de France*, Paris, 1765, 7 vol. in-4°. Nous avons quelquefois cité cet ouvrage qui n'est pas d'une grande utilité aujourd'hui, puisque les bénéfices proprement dits n'existent plus, et que les usages du royaume ont beaucoup changé depuis 1801.

GOMEZ.

Louis *Gomez* naquit à Orihuela, en 1484, dans le royaume de Valence, où il enseigna le droit avec réputation ; il fut surnommé le Docteur subtil. Après avoir exercé divers emplois dans la chancellerie de Rome, où il avait été appelé et fait auditeur de Rote, il devint évêque de Sarno, dans le royaume de Naples, en 1543, et il y mourut en 1550. Plusieurs auteurs ont fait l'éloge de sa piété et de son érudition. On a de lui : 1° *In Regulas cancellariæ apostolicæ commentaria*, 1 vol. in-8°, Paris, 1554. 2° *Decisionum rotæ*; 3° *De Potestate et Stylo officii sacræ pœnitentiariæ*; 4° *De Litteris gratiæ*; 5° *Compendium utriusque signaturæ*; 6° *Elenchi omnium scriptorum in jure*; 7° *Clementinæ cum glossa*; 8°. *De Nobilitate*; 9° *Des Commentaires sur quelques titres du sixième livre des Décrétales*.

GRATIEN.

(*Voyez* DROIT CANON, tom. Ier, col. 1050.)

GUÉRET.

Louis-Gabriel *Guéret*, docteur de Sorbonne, vicaire général de Rodez, né à Paris en 1678, mort le 9 septembre 1759, âgé de 81 ans, s'est fait connaître par quelques brochures en faveur des réfractaires aux décrets de l'Eglise, et par l'ouvrage intitulé : *Droits des curés pour commettre leurs vicaires et les confesseurs dans leurs paroisses*, Paris, 1759, 1 vol. in-12 (*Voyez* VICAIRE de paroisse). *Guéret* était un janséniste déclaré.

H
HALLIER.

François *Hallier*, né à Chartres vers 1595, docteur et professeur de Sorbonne, fut successivement archidiacre de Dinan, théologal de Chartres, syndic de la faculté de théologie de Paris, enfin évêque de Cavaillon en 1656. Il ne garda pas longtemps ce siége, étant mort en 1658, à 64 ans, d'une paralysie qui lui fit oublier tout ce qu'il avait su, jusqu'à l'oraison dominicale. *Hallier* fit plusieurs voyages dans la Grèce, en Angleterre, en Italie, et partout il fit admirer ses talents. Urbain VIII l'aurait fait cardinal, si une forte brigue et des raisons d'Etat n'avaient fait passer le chapeau qui lui était destiné sur la tête du commandeur de Valency. Dans son second voyage de Rome, en 1652, il fit éclater beaucoup de zèle contre les cinq propositions de Jansénius, dont il sollicita et obtint la condamnation. De là tout le mal que les jansénistes ont dit de lui, ce qui n'a pas empêché les gens impartiaux de reconnaître dans ses ouvrages de la force dans les raisonnements, et de l'érudition dans les recherches. Les principaux sont : *De hierarchia ecclesiastica*, Paris, 1656, in-folio. *Des commentaires sur les règlements du clergé de France, touchant les réguliers*, qui l'engagèrent dans les disputes avec les jésuites et divers autres religieux. *Tractatus de sacris electionibus et de ordinationibus ex antiquo et novo ecclesiæ usu*, 1636, in-fol. C'est son chef-d'œuvre. Cet ouvrage lui valut une pension de la part du clergé de France; il est clair et méthodique. M. l'abbé Migne l'a inséré dans le tome XXIV, pag. 139 de son *Cours complet de théologie*.

HAUTE-SERRE.

Antoine-Dadin de *Haute-Serre* ou *Alte-Serra*, professeur en droit à Toulouse, naquit dans le diocèse de Cahors, et mourut en 1682, à l'âge de 80 ans, regardé comme un des plus habiles jurisconsultes de France. On a de lui : *Origines rei monasticæ*, Paris, 1674, in-4°. *Commentaria in decretales Innocentii III*, Paris, 1666, in-fol. *Ecclesiasticæ jurisdictionis vindiciæ*, Orléans, 1702, in-4°. C'est une réfutation du *Traité de l'abus* de *Févret* (*Voyez* FÉVRET). L'auteur l'entreprit à l'âge de soixante-dix ans par ordre du clergé. Des *Notes* pleines d'érudition, *sur les vies des papes*, par Anastase, et plusieurs autres ouvrages étrangers au droit canonique. Peu d'hommes ont possédé le droit canon, la discipline de l'Eglise et les libertés gallicanes plus à fond que lui, et ont enseigné avec autant de méthode.

HENRI DE SUZE.

Henri de Suze, surnommé dans son temps *la source et la splendeur du droit*, était cardinal et évêque d'Ostie, d'où lui est venu le nom d'*Hostiensis* (*Voyez* CITATION, *in fin.*). Il avait été archevêque d'Embrun, et il mourut en 1271. On a de lui une *Somme du droit canonique et civil*, connue sous le nom de *Somme dorée*, qu'il composa par ordre du pape Alexandre IV. On en a trois éditions. Rome, 1473, 2 tom. in-fol. en un seul vol.; Bâle, 1576, et Lyon, 1597. Les canonistes la consultent utilement.

HÉRICOURT.

Louis de *Héricourt*, célèbre avocat au parlement, né à Soissons, le 20 août 1687, passait pour le meilleur canoniste de son siècle. Il mourut à Paris, le 18 octobre 1752, aussi regretté pour son savoir que pour sa probité. Il est auteur des *Lois ecclésiastiques de France, dans leur ordre naturel, et une analyse des livres du droit canonique, conférées avec les usages de l'Eglise gallicane*, 1 vol. in-fol., imprimé à Paris, en 1729, et réimprimé en 1756 et 1771. C'est l'édition de 1756 que nous avons citée. Cet ouvrage est écrit avec beaucoup de méthode et de clarté ; mais en général il est peu favorable à la puissance ecclésiastique, et l'on y trouve des principes très-dangereux. Néanmoins nous nous sommes beaucoup servi de cet ouvrage, parce qu'il est plein d'érudition. Ce savant canoniste fit aussi un abrégé très-estimé de la *Discipline de l'Eglise*, du Père Thomassin (*Voyez* THOMASSIN), ainsi que plusieurs autres ouvrages.

I
ISIDORE DE SÉVILLE.

Saint *Isidore* de Séville naquit vers 570 et mourut l'an 636. Le concile de Tolède, tenu l'an 653, l'appelle le *docteur de son siècle et le nouvel ornement de l'Eglise*. *Isidore* avait présidé à un grand nombre de conciles assemblés de son temps, et en avait fait faire les règlements les plus utiles. On a de lui plusieurs ouvrages qui décèlent beaucoup de savoir ; les principaux sont : *Des origines ou étymologies*. Saint *Isidore* n'avait pas mis la dernière main à cet ouvrage ; Branlion, évêque de Saragosse, le retoucha et lui donna la forme dans laquelle il est aujourd'hui. Cet ouvrage, qui est cité dans le corps du droit canon et par les canonistes, traite de presque toutes les sciences divines et humaines. *Traité des offices ecclésiastiques*. Une *Collection de décrétales*, encore manuscrite, examinée et vérifiée par le savant père Burriel. La collection la plus complète des œuvres de saint *Isidore* de Séville est celle de Madrid, 1778, 2 vol. in-fol.; on estime aussi celle qu'a publiée Fauste Arevali, Rome, 1797-1805, 7 vol. in-4°.

ISIDORE MERCATOR.

(*Voyez* DÉCRÉTALES.)

J

JOUSSE.

Daniel *Jousse*, conseiller au présidial d'Orléans, né dans cette ville le 10 février 1704, mort le 21 août 1781, s'est fait une réputation distinguée par ses travaux et ses lumières en matière de jurisprudence. Il fut l'émule et l'ami de Pothier. Il est auteur de plusieurs ouvrages estimés ; nous ne mentionnerons que les suivants dont nous avons fait usage. *Traité du gouvernement spirituel et temporel des paroisses*, 1 vol. in-12, Paris, 1769. *Commentaire sur l'édit du mois d'avril 1695, concernant la juridiction ecclésiastique*, 2 vol. in-12, Paris, 1764. *Traité de la juridiction volontaire et contentieuse des officiaux et autres juges d'Église, tant en matière civile que criminelle*, 1 vol. in-12, Paris, 1769. Cet ouvrage fait suite au précédent dont il peut servir de supplément.

JUSTEL.

Christophe *Justel*, né à Paris, en 1580, mort en 1649, était l'homme, de son temps, le plus versé dans l'histoire du moyen âge. Il possédait parfaitement celle de l'Église et des conciles. C'est sur les recueils de ce savant homme que Henri *Justel*, son fils, non moins savant, mort à Londres, en 1693, et Guillaume Voël, publièrent la *Bibliotheca juris canonici veteris*, en 2 vol. in-folio, Paris, 1661. C'est une collection très-bien faite de pièces fort rares, sur le droit canon ancien. On y trouve plusieurs canons grecs et latins, tirés de manuscrits inconnus jusqu'à lui. On a de Christophe *Justel* le *Code des canons de l'Église universelle*, ouvrage justement estimé.

L

LACOMBE.

(*Voyez* COMBE.)

LANCELOT.

Jean-Paul *Lancelot* ou *Lancelloti*, jurisconsulte célèbre de Pérouse, mort dans sa patrie, en 1591, à quatre-vingts ans, composa divers ouvrages, entre autres celui des *Institutes du droit canon*, en latin, à l'imitation de celles que l'empereur Justinien avait fait dresser pour servir d'introduction au droit civil. Il dit, dans la préface de cet ouvrage, qu'il y avait travaillé par ordre du pape Paul IV, et que ces *Institutes* furent approuvées par des commissaires députés pour les examiner. Nous en avons diverses éditions avec des notes. La meilleure est celle de Doujat, en 2 vol. in-12. Durand de Maillane en a donné une traduction en français, avec des remarques, en 10 vol. in-12, Lyon, 1770. Nous avons déjà dit que nous nous proposions de donner une nouvelle édition de ces *Institutes*, avec des notes, pour les mettre en rapport avec nos lois et notre discipline actuelle.

LUPI.

Marius *Lupus* ou *Lupi*, camérier du pape Pie VI, et chanoine de Bergame, est mort en 1789. On a de lui d'excellentes dissertations sur les antiquités. Son ouvrage intitulé *De Parochis, onte annum Christi millesimum*, imprimé à Bergame en 1788, 1 vol. in-4°, est très-estimé. Il y attaque les prétentions des curés de Pistoie, qui voulurent s'ériger en évêques dans le conventicule qu'ils tinrent en 1786, pour renverser la hiérarchie et la discipline de l'Église. Il prouve que les cures et les curés sont d'institution moderne ; qu'il n'y avait anciennement aucune paroisse dans les villes épiscopales, si l'on excepte Rome et Alexandrie ; expose les raisons pour lesquelles il y en avait dans ces deux villes, et réfute ceux qui, de là, ont conclu qu'il y en avait dans les autres (*Voyez* CURÉS, PAROISSES). Il prouve ensuite qu'il n'y a pas eu de paroisses dans les villes avant l'an mille. Louis Nardi, archiprêtre de Rimini, établit le même sentiment.

M

MAIMBOURG.

Louis *Maimbourg*, jésuite, né à Nancy, en 1610, est auteur de plusieurs ouvrages qui méritent le jugement qu'un savant a porté de l'un d'eux : *Peu d'étoffe, beaucoup de broderie*. Nous avons cité le *Traité historique de l'établissement des prerogatives de Rome ;* mais, bien entendu, sans approuver les opinions outrées de son auteur. C'est ce que craignait un de nos prélats qui a bien voulu nous en faire l'observation. Mais si nous avons quelquefois consulté des auteurs dont nous condamnons les doctrines, c'est que, dans la plupart, il se trouve des choses excellentes, que nous avons voulu opposer aux mauvaises tendances de certains canonistes parlementaires. *Maimbourg* sortit, par ordre du pape Innocent XI, de la société des jésuites, dont il était membre, pour avoir écrit contre Rome. Il n'en faut pas davantage pour que tout catholique s'abstienne de lire ses ouvrages, du reste assez peu estimables. *Maimbourg* mourut d'une attaque d'apoplexie, le 13 août 1686.

MARCA.

Pierre de *Marca*, né à Gand, en Béarn, le 24 janvier 1594, fut d'abord engagé dans le mariage ; mais après la mort de son épouse, il entra dans l'état ecclésiastique. Il fut nommé en 1642 à l'évêché de Conserans ; il passa à l'archevêché de Toulouse en 1652, et dix ans après on lui donna l'archevêché de Paris, pour le récompenser du zèle qu'il avait montré contre l'*Augustinus* de Jansénius ; mais il mourut le jour même que ses bulles arrivèrent, en 1662, âgé de 68 ans. Ce prélat réunissait plusieurs talents différents : l'érudition, la critique, la jurisprudence. Son style est ferme et mâle, assez pur, sans affectation et sans embarras. Son principal ouvrage est : *De concordia sacerdotii et imperii et de libertatibus Ecclesiæ gallicanæ*, dont la meilleure édition est celle qui fut donnée après sa mort, par Baluze, Paris, 1704, in-fol. Cet ouvrage est l'un des plus savants que nous ayons sur la matière, mais il porte atteinte aux prérogatives du saint-siège ; c'est ce qui obligea Rome à refuser longtemps à l'auteur ses bulles d'institution canonique pour l'évêché de Conserans. Il ne les obtint qu'après avoir promis de faire les corrections nécessaires. De *Marca* est encore auteur de plusieurs autres ouvrages.

MAULTROT.

Gabriel-Nicolas *Maultrot*, jurisconsulte, né à Paris, en 1714, mort le 12 mars 1803, fut reçu avocat au parlement, en 1733. Quoique versé dans les questions de droit civil, il s'attacha presque tout entier au droit canon, et se dévoua au parti appelant. Le spectacle de la révolution le ramena à d'autres sentiments. Cet avocat zélé du *second ordre* devint tout à coup un ardent défenseur des droits de l'épiscopat, et fut un de ceux de son parti qui se prononcèrent avec le plus de force contre la constitution civile du clergé. On a lieu d'être surpris du nombre de ses ouvrages, d'autant plus qu'il en composa une plus grande partie dans un état de cécité dont il avait été frappé à l'âge de 50 ans. *Maultrot* aurait pu être utile à l'Eglise, s'il avait écrit dans un autre sens. Il a laissé un grand nombre d'ouvrages dont on trouvera la nomenclature dans la réfutation qu'en a faite le cardinal de la Luzerne, et qui a pour titre : *Dissertations des droits et devoirs respectifs des évêques et des prêtres dans l'Eglise*, publiées par M. l'abbé Migne.

MERRE (LE).

Pierre le *Merre*, avocat du clergé de France, et professeur royal en droit canon, mort le 7 octobre 1728, est auteur de la collection intitulée : *Recueil des actes, titres et mémoires concernant le clergé de France*. C'est l'ouvrage connu sous le nom de *Mémoires du clergé*, dans lequel nous avons puisé beaucoup de documents. Nous avons cité l'édition en 14 vol. in-4°, imprimée à Paris, en 1771.

MEY.

Claude *Mey*, avocat au parlement de Paris et canoniste, né à Lyon le 15 janvier 1712, embrassa l'état ecclésiastique, mais resta simple tonsuré. Très-versé dans le droit canonique, il était consulté de tous côtés pour cette partie, et publia un grand nombre de *Mémoires* qui ne sont pas tous dictés par une sévère impartialité. On le regardait avec Piales (*Voyez* PIALES) comme les colonnes du *parti appelant*; Mey était cependant plus théologien. Il se déclara contre la constitution civile du clergé, et signala la consultation dressée par Jabineau le 15 mars 1790. Lors de la terreur il se retira à Sens, et y mourut en 1796. Il présidait aux *Nouvelles ecclésiastiques*, et eut part à plusieurs actes de l'administration de M. de Montazet, archevêque de Lyon. Ses principaux ouvrages sont : *Apologie des jugements rendus en France par les tribunaux séculiers contre le schisme*, 1752, 2 vol. in-12; la première partie seulement est de *Mey*, la deuxième est de Maultrot. Cet ouvrage fut supprimé par arrêt du parlement, et condamné par un bref de Benoît XIV, du 20 novembre 1752. *Consultation pour les bénédictins contre la commission des réguliers*, 2 vol. in-4°. *Maximes du droit public français*, 1772, 2 vol. in-12. Maultrot et Blonde en donnèrent une deuxième édition en 1775. *Mey* concourut à plusieurs écrits sur les contestations du temps.

MOINE.

Jean le *Moine*, doyen de Bayeux, et ensuite cardinal, né à Cressi en Ponthieux, fut aimé et estimé du pape Boniface VIII. Ce pontife l'envoya légat en France, en 1303, pendant son démêlé avec le roi Philippe-le-Bel. Le cardinal le *Moine* mourut à Avignon en 1313. Son corps fut rapporté à Paris et enterré dans l'église du collège qu'il avait fondé. C'est à tort qu'on a dit qu'il avait été évêque de Meaux. On a de lui un *Commentaire sur les Décrétales*, matière qu'il possédait à fond. Les canonistes le citent ordinairement sous le nom de *Cardinalis antiqua*.

P

PANORME.

(*Voyez* TUDESCHI.)

PECKIUS.

Pierre *Peckius*, conseiller de Malines, puis chancelier de Brabant et conseiller d'Etat, se distingua par sa science, sa piété et un grand zèle pour l'orthodoxie. Ses talents pour les négociations éclatèrent surtout à la cour de France, en Allemagne et en Hollande, où il fut envoyé en qualité d'ambassadeur. Il est mort à Bruxelles, en 1625. Nous avons de lui : *Commentaria ad regulas juris canonici; edente Wattero Gymnico*, Cologne, 1680, in-8°.

PETAU.

Denis *Petau*, savant jésuite, né à Orléans, en 1583, étudia en philosophie dans sa patrie, et en théologie à Paris. Il n'était âgé que de 20 ans, quand il obtint au concours une chaire de philosophie, à Bourges. Il était sous-diacre et chanoine d'Orléans, lorsqu'il entra, en 1605, au noviciat des jésuites, à Nanci. Il professa la théologie dogmatique, à Paris, pendant vingt-deux ans, avec une réputation extraordinaire. Les langues savantes, les sciences, les beaux-arts, n'eurent rien de caché pour lui. Il s'appliqua surtout à la chronologie, et se fit dans ce genre un nom qui éclipsa celui de presque tous les savants de l'Europe. Il mourut au collège de Clermont, en 1652, à 69 ans. Un nombre infini d'ouvrages sont sortis de la plume de ce savant jésuite. Les canonistes lui doivent : *De ecclesiastica hierarchia*, 1645, in-folio; ouvrage savant, bien propre à réfuter des erreurs que quelques faux canonistes tâchent d'accréditer de nos jours. *Dissertationum ecclesiasticarum libri II; in quibus de episcoporum dignitate ac potestate disputatur*, Paris, 1641, in-8°

PETIT-DIDIER.

Matthieu *Petit-Didier*, bénédictin de la congrégation de Saint-Vannes, né à Saint-Nicolas en Lorraine, en 1659, enseigna la philosophie et la théologie dans l'abbaye de Saint-Mihiel ; devint abbé de Sénones, en 1715, et évêque de Macra *in partibus*, en 1725, et, l'année d'après, assistant du trône pontifical. Benoît XIII fit lui-même la cérémonie de son sacre, et lui fit présent d'une mitre précieuse. On a de lui un grand nombre d'ouvrages pleins d'érudition. Nous avons consulté les deux suivants : *Traité théologique sur l'autorité et l'infaillibilité des papes*, Luxembourg, 1724, in-12. M. l'abbé Migne a inséré ce traité dans son *Cours complet de théologie*, tome IV, col. 1139. *Dissertation historique et théologique, dans laquelle on examine quel a été le sentiment du concile de Constance sur l'autorité des papes et sur leur infaillibilité*, etc., Luxembourg, 1725, in-12. L'auteur y soutient avec raison que les Pères ne décidèrent la supériorité du concile sur le pape, que relativement au temps de trouble et de schisme où se trouvait l'Eglise (*Voyez* CONSTANCE)

PEY.

Jean *Pey*, né le 2 mars 1720 à Solliès, diocèse de Toulon, appartenait à une famille honnête, et montra dès sa jeunesse beaucoup d'ardeur pour la piété et pour le travail. Il fit ses études à Toulon et à Aix, et, en 1744, fut licencié en droit canon. Son goût l'aurait porté à la prédication, mais sa santé le força de renoncer à la chaire. Il fut d'abord vicaire à Ollioules, puis dans la cathédrale même de Toulon. M. de Choin, évêque de cette ville, ayant connu son mérite, le nomma chanoine de sa cathédrale et vice-gérant de l'officialité. L'abbé *Pey* se prononça fortement pour les droits de l'Eglise dans les disputes qui eurent lieu, vers 1754 et 1755, entre les magistrats et le clergé ; disputes qui s'étendirent aussi en Provence, et qui firent exiler M. de Brancas, archevêque d'Aix, à Lambesc. Sous M. de Lascaris, qui, en 1759, succéda dans le siège de Toulon à M. de Choin, l'abbé *Pey* devint official, et se trouva en cette qualité en opposition avec le parlement. Il venait de paraître un ouvrage anonyme sur les disputes du temps et contre les prétentions de la magistrature. Le parlement d'Aix ordonna de publier des monitoires pour en découvrir l'auteur. L'abbé *Pey* devait, comme official, transcrire l'arrêt sur ses registres, il s'y refusa : on voulut l'y contraindre, mais il aima mieux donner sa démission que de prendre part à un acte qu'il regardait comme fort injuste. Il se retira dans sa famille à Solliès, puis vint à Paris, où M. de Beaumont l'accueillit. Le prélat le plaça d'abord comme chapelain chez les dames du Saint-Sacrement, et lui donna, en 1771, un canonicat de la métropole. L'abbé *Pey* venait de publier un ouvrage de controverse contre les philosophes ; c'est la *Vérité de la religion chrétienne prouvée à un déiste*, 1770, 2 vol. in-12. Cet ouvrage valut à l'auteur d'être du nombre des écrivains que l'assemblée du clergé de 1775 encouragea à travailler pour la défense de la religion. *Pey* remplit les intentions du clergé, et publia sous ce titre : *Le Philosophe catéchiste, ou Entretiens sur la religion, entre le comte de*** et le chevalier de***, Paris, 1779, in-12. Cet ouvrage est solide et bien écrit. M. Dulau, archevêque d'Aix, dans un rapport qu'il fit à l'assemblée de 1780, cita honorablement le travail de l'abbé *Pey* ; et l'assemblée du clergé de 1782 lui accorda une pension de mille francs. On voulut sans doute le récompenser d'un ouvrage important qu'il venait de publier sous ce titre : *De l'autorité des deux puissances*, Strasbourg, 1780, 3 vol, in-8°. L'auteur y prenait la défense des droits de l'Eglise contre les théologiens et canonistes modernes. Le parti janséniste et parlementaire attaqua vigoureusement l'ouvrage et n'épargna point à l'auteur les accusations banales de molinisme et d'ultramontanisme. Son livre fut mieux apprécié dans le *Journal historique et littéraire* de Feller, et il en parut plusieurs éditions en 1788 et 1790. Il est effectivement très-précieux, et il serait aujourd'hui un ouvrage de circonstance ; cependant un peu de gallicanisme le dépare ; mais l'auteur, dans ses dernières années, se reprochait lui-même d'avoir cédé quelquefois aux idées accréditées en France par les jurisconsultes, et il voulait y faire quelques changements, quoique cet ouvrage eût fort déplu aux gens de parti. On trouva effectivement, après sa mort, dans ses manuscrits, des *Additions au traité des deux puissances*. Quand *Pey* rencontrait des magistrats exilés et errants comme lui, il ne manquait pas de leur faire remarquer où avaient abouti leur esprit d'opposition et leurs préventions contre l'autorité de l'Eglise. Nous avons fait plusieurs emprunts à l'*Autorité des deux puissances*, notamment dans les articles INDÉPENDANCE et LÉGISLATION. Nous avons toujours cité la première édition de 1780. Cet ouvrage a été traduit en italien. *Pey* est encore auteur de plusieurs autres ouvrages, entre autres des *Vrais principes de la constitution de l'Eglise catholique*, qu'il opposa, au commencement de la révolution, au goût d'innovations qui prévalait alors.

L'abbé *Pey* n'était pas seulement un écrivain laborieux, il joignait à ses travaux les pratiques de piété, s'intéressait à tout ce qui était du bien de la religion, exerçait les bonnes œuvres, dirigeait les consciences, et montrait dans toute sa conduite autant de zèle que de régularité. Quand la révolution éclata, il se retira dans les Pays-Bas. Il résida d'abord à Liége, puis à Louvain. Une nouvelle invasion des Pays-Bas le força de se retirer à Vanloo ; puis, obligé de fuir encore, il traversa l'Allemagne et se rendit à Ferrare, avec le projet de passer jusqu'à Rome. Sa piété et son attachement au saint-siège lui faisaient désirer vivement de finir ses jours dans cette capitale du monde chrétien : les circonstances où se trouvait l'Italie et les progrès des Français, le décidèrent à se retirer à Venise, où il espérait jouir de plus de tranquillité, sous un gouvernement qui était en paix avec la nouvelle république ; mais la révolution devait aussi s'étendre dans cette partie : les Français pénétrèrent dans l'Etat de Venise et y excitèrent des révoltes. La vieillesse et les infirmités empêchèrent l'abbé *Pey* de chercher un autre asile, il vivait dans une retraite profonde, ne s'occupant qu'à revoir ses ouvrages, et à se préparer à la mort, qui le frappa le 15 septembre 1797, après une longue maladie.

PIALES.

Jean-Jacques *Piales*, savant canoniste ; né vers 1720, au Mur-de-Barrès, dans le Rouergue, fut reçu avocat au parlement de Paris le 4 décembre 1747. Il se lia avec les hommes d'un parti qui avait alors une grande influence, et devint l'intime ami de l'avocat Mey, regardé comme la colonne du jansénisme. Ils donnèrent l'un et l'autre un grand nombre de consultations, et prirent une part très-active aux affaires du parti. *Piales* perdit la vue vers 1763, mais cet accident ne lui ôta rien de son zèle pour la cause qu'il soutenait. Il est mort le 4 août 1789. M. Dupin qui loue sa piété, sa modestie, sa frugalité et sa bienfaisance, le fait mourir le 4 août 1785. Les ouvrages de *Piales*, que les changements survenus dans les matières ecclésiastiques rendent inutiles, sont au nombre de six : *Traité des collations des bénéfices*, 8 vol. in-12 ; *De la provision de la cour de Rome à titre de prévention*, 2 vol. in-12 ; *De la dévolution, du dévolu et des vacances de plein droit*, 3 vol. in-12 ; *De l'expectative des gradués*, 6 vol. in-12 ; *Des commendes et des réserves*, 3 vol. in-12 ; *Des réparations et reconstructions des églises*, 4 vol. et 5 dans l'édition donnée par Camus. M. Picot, dans une note du quatrième tome de ses *Mémoires ecclésiastiques*, attribue à *Piales* le premier vol. (le seul qui ait paru) de l'*Histoire de la fête de la Conception*.

PITHOU.

Pierre *Pithou* naquit, en 1539, à Troyes en Champagne, d'une famille distinguée. Après son éducation domestique, il vint puiser à Paris le goût de l'antiquité. De Paris il passa à Bourges, et y acquit, sous le célèbre Cujas, toutes les connaissances nécessaires à un magistrat. Ses premiers pas dans la carrière du barreau ne furent pas bien assurés. La timidité glaçant son esprit, il fut obligé de renoncer à une profession qui demande de la hardiesse. Le calvinisme faisait alors des ravages sanglants en France : *Pithou*, imbu des erreurs de cette secte, faillit perdre la vie à la Saint-Barthélemy. Devenu catholique l'année d'après, quoique toujours prévenu pour les protestants et estimé d'eux, il fut substitut du procureur général, puis procureur général, en 1581, dans la chambre de justice de Guyenne. Il occupait la première place lorsque Grégoire XIII lança un bref contre l'ordonnance de Henri III, rendue au sujet du concile de Trente. *Pithou* publia un *Mémoire* où il défendit l'ordonnance du roi ; car il était toujours prompt à suivre son ancienne ardeur contre le siége de Rome : il était de la société des beaux-esprits qui composèrent contre la ligue la satire connue sous le nom de *Catholicon d'Espagne*, ce qui tenait un peu de l'inconséquence, dit Feller, car, étant devenu catholique, il était naturel qu'il tournât son génie caustique contre la ligue huguenote, formellement rebelle et sacrilége, plutôt que contre la ligue catholique. Il mourut le jour anniversaire de sa naissance, à Nogent-sur-Seine, le premier novembre 1596, à 57 ans. On a de lui un *Traité des libertés de l'Eglise gallicane*, où l'on trouve plus d'un reste de la religion que l'auteur avait abandonnée, Paris, 1609, in-8°. On en fit depuis plusieurs éditions avec des preuves, commentaires, notes, etc. Tout le monde sait que M. Dupin aîné s'est avisé d'en donner une nouvelle édition dans son *Manuel de droit civil ecclésiastique* qui vient d'être condamné par les évêques de France et la cour de Rome. Pierre *Pithou* publia encore d'autres ouvrages et un grand nombre d'opuscules.

François *Pithou*, son frère puîné, né aussi à Troyes en 1543, où il mourut en 1621, eut part à la plupart des ouvrages de son frère, et il s'appliqua particulièrement à éclaircir le corps du droit canonique, imprimé à Paris en 1687, 2 vol. in-folio, avec leurs corrections, par les soins de Claude Le Pelletier.

PORTALIS.

Le nom de *Portalis* est cité trop souvent dans cet ouvrage, les articles organiques dont il est le rédacteur, et les rapports qui les ont précédés, ont eu trop d'influence sur la discipline de l'Eglise de France, pour que nous ne consacrions pas ici une notice à cet homme d'Etat si célèbre.

Jean-Etienne-Marie *Portalis* né le 1er avril 1746, au Beausset en Provence, fut reçu, à l'âge de 21 ans, au parlement d'Aix, et dès son début, il se plaça parmi les jurisconsultes et les orateurs les plus distingués de cette époque. Plusieurs *mémoires* contribuèrent à établir sa réputation, entre autres sa *Consultation sur la validité des mariages des protestants en France*, Paris, 1770, in-12. Au commencement de la révolution, la modération de *Portalis* l'éloigna du rôle auquel auraient pu l'appeler ses talents, et dès 1790 il se retira à la campagne. Les troubles du midi et les préambules des persécutions révolutionnaires lui firent chercher un asile à Lyon, qu'il fut encore obligé de quitter. *Portalis* se rendit à Paris dans les derniers mois de 1793 ; il ne tarda pas à y être arrêté, et il ne recouvra sa liberté que plusieurs mois après la chute de Robespierre. Nommé en 1795 député du département de la Seine au conseil des anciens, il y développa un caractère plein de modération, et se montra constamment opposé au parti directorial.

Portalis fut inscrit dans la liste de déportation du 18 fructidor an V (4 septembre 1797), après avoir voté contre les sociétés populaires; il se réfugia en Allemagne. Rappelé en France après la révolution du 18 brumaire (9 novembre 1799), il y arriva le 15 février 1800. Le 3 avril, on le nomma commissaire du gouvernement près du conseil des prises, et il entra dans le conseil d'Etat vers la fin de la même année. Il présenta plusieurs projets de loi au corps législatif, et défendit plus particulièrement le projet relatif à l'établissement des tribunaux spéciaux, qui éprouva une forte opposition. Peu de temps après, il présenta le projet du Code civil. Il fut chargé dans le mois d'août 1801 de toutes les affaires concernant les cultes. Il fit reconduire à Rome le corps de Pie VI, resté jusque là à Valence. Il ordonna d'effacer les inscriptions païennes qui restaient sur le frontispice des temples. Il rappela dans leur patrie les évêques démissionnaires qui en étaient exilés depuis tant d'années; mesure qui fut le prélude d'un autre acte que réclamaient depuis longtemps la justice et l'humanité, le rappel des émigrés.

Le 5 avril 1802 il prononça devant le nouveau corps législatif que l'on venait de convoquer pour cet effet, un *Discours sur l'organisation des cultes et exposé des motifs du projet de loi relatif à la convention faite entre le saint-siège et le gouvernement français* (*Voyez* ce discours dans le tome Ier, col. 660). *Portalis* établit dans ce discours des principes fort sages; mais on voit qu'il craignait de paraître trop favorable à la religion catholique, qu'il redoutait les sarcasmes de la philosophie, et qu'il avait été nourri dans les maximes exagérées des anciens parlements. On dit aussi, pour l'excuser, qu'il voulait ménager les préventions que l'esprit révolutionnaire avait encore laissées chez beaucoup de gens en place contre la religion; préventions telles, que le gouvernement pouvait craindre que le concordat ne fût pas adopté, si l'on heurtait trop les opinions. Le discours de *Portalis* d'ailleurs était grave, décent, et contrastait avec le langage révolutionnaire, inhumain et farouche dont cette même tribune avait retenti tant de fois. Quoi qu'il en soit des motifs qui ont guidé cet homme d'Etat, un catholique ne peut admettre tous les principes de ce discours et du rapport qui le précède. Ainsi, par exemple, on lit dans le rapport ces mots : *Le magistrat politique peut et doit intervenir dans tout ce qui concerne l'administration extérieure des choses sacrées* (tom. Ier, col. 648). *Il est quelquefois nécessaire à la tranquillité publique que les matières de l'instruction et de la prédication solennelle soient circonscrites par le magistrat; que l'Etat a intérêt d'examiner la forme des décisions dogmatiques; de commander le silence sur des points dont la discussion pourrait agiter les esprits; et d'empêcher même, dans certaines occurrences, que les consciences ne soient arbitrairement alarmées* (col. 649). Ces principes conduiraient directement au schisme.

M. Dupin, dans son *Manuel de droit ecclésiastique*, a retranché de ce discours ce qu'il a trouvé de favorable à la liberté d'enseignement (Voyez ci-dessus, tom. Ier, col. 667 et 668).

En 1803, *Portalis* fut élu candidat au sénat conservateur, et au mois de juillet 1804 il fut définitivement nommé ministre des cultes. Le 1er février 1805, il fut créé grand officier de la Légion-d'Honneur. Il mourut le 25 août 1807. Bonaparte fit élever à ce ministre une statue dans le conseil d'Etat.

En 1820, son fils a publié un ouvrage posthume intitulé : *Traité sur l'usage et l'abus de l'esprit philosophique pendant le dix-huitième siècle*, précédé d'une notice fort intéressante sur l'auteur, Paris, 2 vol. in-8°. C'est un livre très-remarquable par la philosophie religieuse qui y règne, par l'esprit de méthode, d'analyse et d'impartialité qui a présidé à sa composition, et par un style noble et élégant.

Son petit-fils vient de publier cette année 1845, *Discours, rapports et travaux inédits sur le concordat de 1801, les articles organiques publiés en même temps que ce concordat, et sur diverses questions de droit public, concernant la liberté des cultes* etc., 1 vol. in-8°.

R

REBUFFE.

Pierre *Rebuffe* ou *Rebuffi*, savant jurisconsulte, naquit à Baillargues, à deux lieues de Montpellier, en 1500 (Feller dit en 1487). Il enseigna le droit avec beaucoup de réputation à Montpellier, à Toulouse, à Cahors, à Bourges, et enfin à Paris. Le pape Paul III lui offrit une place d'auditeur de rote (*Voyez* ROTE) à Rome. On lui offrit aussi, en France, plusieurs places importantes qu'il refusa, se contentant de celle de professeur qu'il avait. Il embrassa l'état ecclésiastique en 1547; Feller, qui le fait naître en 1487, dit qu'il avait alors 60 ans. Il mourut à Paris, le 2 novembre 1557 : il possédait le latin, le grec, l'hébreu; sa modestie relevait son savoir. On a recueilli ses ouvrages à Lyon, en 5 vol. in-folio, 1586 et années suivantes. Les principaux sont : *Praxis beneficiorum*; il explique dans cet ouvrage, avec beaucoup de méthode, les dispositions qu'il faut avoir pour parvenir aux bénéfices, ce qu'il faut pour les conserver, et la manière dont on peut les perdre; des *Notes* sur les *Règles de la chancellerie*; un Traité sur la bulle *In Cœna Domini*; *Commentaires sur les Pandectes*; *les Edits des rois de France*, etc. Tous ces ouvrages sont en latin, fort savants et sagement écrits, dans les bons principes de jurisprudence et de morale chrétienne.

REIFFENSTUEL.

Anaclet *Reiffenstuel*, savant théologien allemand, était de l'Ordre des frères mineurs réformés de saint François, et florissait au commencement du dix-huitième siècle. Le principal ouvrage du père *Reiffenstuel* a pour titre : *Jus canonicum universum, cum trac-*

tatu de regulis juris et repertoris generali, 6 vol. in-folio. Cet ouvrage, que les canonistes et les théologiens estiment et dont ils font beaucoup d'usage, eut un grand nombre d'éditions en Allemagne et en Italie. M. l'abbé Migne a inséré dans son *Cours complet de théologie*, tom. XVIII, col. 690, les traités *De beneficiis ecclesiasticis jure patronatus et decimis; De immunitatibus ecclesiasticis*, extraits de cet ouvrage.

REYMOND.

Henri *Reymond*, évêque constitutionnel de l'Isère, puis évêque de Dijon, naquit le 21 novembre 1737, à Vienne en Dauphiné. Il était curé de Saint-Georges dans cette ville, lorsqu'il publia divers écrits qui le mirent en opposition avec le haut clergé. Ayant embrassé, à l'époque de la révolution, les opinions nouvelles, il fut élu second évêque de l'Isère et sacré à Grenoble le 15 janvier 1793. A l'époque du concordat, il fut nommé à l'évêché de Dijon et signa la formule de rétractation demandée par le saint-père aux évêques constitutionnels. Cependant on a prétendu qu'il ne l'avait pas fait, et sa conduite postérieure n'a pas démenti cette assertion. Son administration se ressentit constamment des opinions qu'il professait; et dans des temps plus heureux, on n'eût pas souffert qu'un évêque fît enseigner dans son séminaire des doctrines condamnées, et s'écartât de la discipline reçue de l'Eglise. En 1818, il fit paraître une *Circulaire* pour permettre de faire gras tous les samedis et même le vendredi pendant la vendange. On se tut sur une licence et sur un abus aussi énorme; et Reymond, qui avait vécu sans mériter l'estime, mourut sans exciter de regret le 20 février 1820, frappé de mort subite. Il a publié les ouvrages suivants : *Droits des curés des paroisses, sous leur double rapport spirituel et temporel*, Paris, 1776, in-8°; Paris (Nancy), 1780, 1 vol. in-8°; Constance, 1791, 3 vol. in-12. M. Dupin recommande cet ouvrage, dans sa *Bibliothèque choisie*, comme un ouvrage *estimé* sur le droit canonique. Nous disons, au contraire, nous, qu'il est très-mauvais : il fut même supprimé par arrêt du parlement de Grenoble; *Mémoire à consulter pour les curés à portion congrue du Dauphiné*, 1780; *Analyse des principes constitutifs des deux puissances, avec une adresse aux curés*, etc.

RICHER.

Edmond *Richer*, syndic de la faculté de théologie de Paris, né à Chaource, ancien diocèse de Langres, en 1560, vint achever ses études dans la capitale, et y fit sa licence avec distinction. Né avec un génie impétueux, il se distingua beaucoup dans le parti de la Ligue. Il prit le bonnet de docteur en 1590, devint grand-maître du collége du cardinal Le Moine, puis syndic de la faculté de théologie de Paris, le 2 janvier 1608. Il s'éleva avec force, en 1611, contre la thèse d'un dominicain qui soutenait l'infaillibilité du pape et sa supériorité sur le concile. Il publia la même année, in-4°, un petit écrit intitulé : *De la puissance ecclésiastique et politique*, pour établir les principes sur lesquels il prétendait que la doctrine de l'Eglise de France et de la Sorbonne, touchant l'autorité du concile général et du pape, était fondée. Mais il ne se borna pas là; il y établit presque tous les principes de Marc-Antoine de Dominis (*Voyez* DOMINIS). Sous prétexte d'attaquer la puissance du pape, il établait des principes qui renversaient la puissance royale aussi bien que celle du souverain pontife et des évêques. Tel est celui-ci : « Chaque communauté a droit immédiate- « ment et essentiellement de se gouverner « elle-même, c'est à elle et non à aucun par- « ticulier que la puissance et la juridiction « a été donnée. » Il ajoute : « Ni le temps, « ni les lieux, ni la dignité des personnes ne « peuvent prescrire contre ce droit, fondé dans « la loi divine et naturelle. » Ce petit livre souleva contre lui le nonce, les évêques et plusieurs docteurs. On voulut faire déposer *Richer* du syndicat, et faire anathématiser son livre par la faculté de théologie; mais le premier président du parlement eut assez de crédit pour parer ce coup. Le cardinal du Perron, archevêque de Sens, assembla tous les évêques de sa province, et, après plusieurs conférences, l'ouvrage de *Richer* fut condamné le 13 mars 1612; son livre, proscrit à Rome, le fut encore par l'archevêque d'Aix et par les évêques de sa province, le 24 mai de la même année. Et l'on vit alors paraître de tous côtés une foule d'écrits pour le réfuter. « Cet ouvrage, dit le cardinal du « Perron, est un levain de vieille doctrine « qu'il a couvée et soutenue dès longtemps, « en laquelle, encore qu'il ait changé de pro- « cédure pour le fait de l'Eglise, néanmoins « il a conservé les mêmes maximes qu'il « tenait alors pour le fait de l'Etat. Car « l'an 1591, au mois d'octobre, il soutint « publiquement en Sorbonne, que les Etats « du royaume étaient indubitablement par- « dessus le roi, etc. » Effectivement, lors de la révolution de 1789, on vit l'Assemblée nationale, composée dans sa partie dominante de richéristes, régler sur le système du vieux syndic toutes ses opérations, tant à l'égard de la constitution civile qu'à l'égard de la constitution ecclésiastique. La cour défendit à *Richer* de rien écrire pour sa justification, et ordonna à la faculté de le dépouiller du syndicat. Il cessa d'aller aux assemblées de la faculté, et se renferma dans la solitude, uniquement appliqué à l'étude; mais on l'accusait de continuer à dogmatiser. Il fut enlevé et mis dans les prisons de Saint-Victor. Il donna, en 1620, une déclaration par laquelle il protestait qu'il était prêt à rendre raison des propositions de son livre *De la puissance ecclésiastique et politique*. Il en donna une seconde, où il reconnaît l'Eglise romaine pour *mère et maîtresse de toutes les Eglises*, et déclare que ce qu'il avait écrit *était contraire à la doctrine catholique, exposée fidèlement par les saints Pères, faux, hérétique, impie, et pris des écrits empoisonnés de Luther et de Calvin*.

Enfin, pour ne laisser aucun doute sur la sincérité de ses rétractations, il en donna une troisième en 1630. Il mourut le 29 novembre 1631. Richer était un homme qui, à l'obstination des gens de son état, joignait une inflexibilité d'esprit particulière. Vieilli sur les bancs, au milieu de la chicane, endurci dès l'enfance à la misère, il brava la cour, parce qu'il ne lui demandait rien, et qu'il pouvait se passer de tout. Nous avons de lui un grand nombre d'ouvrages, dont les principaux sont : *Vindiciæ doctrinæ majorum scholæ Parisiensis contra defensores monarchiæ et curiæ romanæ*, Cologne, 1683, in-4°; *De potestate Ecclesiæ in rebus temporalibus*, 1692, in-4°; une *Histoire des conciles généraux*, en latin, 3 vol. in-4°. Son plus fameux ouvrage est intitulé : *De potestate ecclesiastica*, avec une défense de sa doctrine et de sa conduite, Cologne, 1701, 2 vol. in-4°. *Traité des appellations comme d'abus; que c'est un remède conforme à la loi de Dieu, lequel a donné aux rois et princes chrétiens, l'Eglise en protection*, etc., Paris, 1764 2. vol. in-12.

ROCABERTI.

Jean-Jacques de *Rocaberti*, né vers 1624, à Perelada, d'une maison illustre, entra jeune dans l'ordre de Saint-Dominique. Il fut nommé archevêque de Valence en 1676, et grand inquisiteur de la foi en 1695. Il s'acquit l'estime du roi d'Espagne, qui le fit deux fois vice-roi de Valence. Il employa le temps que lui laissaient ces places à composer plusieurs ouvrages. Les plus remarquables sont : *De romani pontificis Auctoritate*, en 3 vol. in-folio, Valence, 1691 à 1693. Cet ouvrage eut l'honneur d'être condamné par arrêt du parlement de Paris, le 20 décembre 1695. *Bibliotheca maxima pontificia, in qua auctores melioris notæ qui hactenus pro sancta romana sede scripserunt fere omnes continentur*, Rome, 1697-1699, 21 vol. in-folio.

ROSAT.

Albéric de *Rosat*, *Rosate* ou *Roxiati*, de Bergame, était un des plus savants jurisconsultes du seizième siècle. On a de lui un *Dictionnaire de Droit*, un traité *De Statutis*, des *Commentaires sur le code de Justinien et sur les Pandectes* et un *Commentaire sur le seizième livre des Décrétales*.

ROYE.

François de *Roye*, professeur de jurisprudence à Angers, sa patrie, mourut en 1686. Les ouvrages que nous avons de lui prouvent beaucoup de recherches et de savoir. *Institutiones juris canonici*, Paris, 1681, in-12. *De jure patronatus*, Angers, 1667, in-4°. *De missis dominicis eorumque officio et potestate*, Angers, 1672, in-4°, Leipsick, 1744, Venise, 1772, in-8°. Traité sur le chapitre *Super specula de privilegiis*, Angers, in-4°. Non-seulement *Roye* se distingua comme écrivain, mais il contribua encore par son zèle à faire fleurir l'université d'Angers.

SALLÉ

Jacques-Antoine *Sallé*, avocat au parlement, né à Paris le 4 juin 1712, fut reçu avocat en 1736. Une trop grande timidité, provenant, non du sentiment de sa faiblesse, mais de sa modestie naturelle et de l'étendue de ses connaissances, lui fit abandonner la plaidoirie, et s'adonna dans le silence du cabinet à l'étude des lois. A peine âgé de 26 ans, il avait déjà mis la dernière main aux commentaires des ordonnances de 1731 et 1735 sur les donations et les testaments qui donnèrent naissance et mirent le sceau à sa réputation. Il s'occupait en outre de travaux littéraires. Il mourut d'une hydropisie, le 14 octobre 1778. Nous avons de lui entre autres ouvrages, le *Nouveau code des curés*, Paris, 1780, 4 vol. in-12; dans le 4° (page 413) se trouve une notice de la vie et des ouvrages de *Sallé*, par Forestier, son gendre, qui acheva cet ouvrage. On trouve dans ce recueil des tables fort commodes. *Sallé* a encore donné, sans se faire connaître, des éditions nouvelles de plusieurs ouvrages de droit qu'il a enrichis de ses observations, entre autres du *Recueil de jurisprudence tant civile que canonique* de Guy du Rousseaud de la Combe.

S
SIMON.

Richard *Simon* naquit à Dieppe, le 13 mai 1638, et y mourut le 11 avril 1712. Il entra dans la congrégation de l'Oratoire, et fut curé à Belleville, paroisse du pays de Caux. Il eut des démêlés assez vifs avec plusieurs savants de son temps. Il est auteur d'un grand nombre d'ouvrages. Nous avons consulté son *Histoire de l'origine et du progrès des revenus ecclésiastiques*, imprimée en 1709, en 2. vol. in-12, sous le nom de Jérôme Acosta. C'est, dit-on, le résultat d'un mécontentement de *Simon* contre une communauté de bénédictins : or, on sait que la colère n'est pas propre à conduire à la vérité, ni à répandre des lumières sur un objet quelconque.

On remarque dans les ouvrages de Richard *Simon* beaucoup de critique et d'érudition ; mais, assez souvent, peu d'exactitude dans les citations, et presque toujours des opinions singulières et extraordinaires, trop de hardiesse et de vivacité.

T
TABARAUD.

Mathieu-Mathurin *Tabaraud*, théologien janséniste, né à Limoges, en 1744, entra à Saint-Sulpice après avoir terminé ses études de collége, et fut admis dans la congrégation de l'oratoire en 1764. Lorsque la révolution éclata, *Tabaraud* appela l'attention des novateurs sur les nombreux abus qui, selon lui, se seraient introduits dans l'Eglise par suite de la négligence des gouvernants à y faire intervenir leur juridiction. La révolution ayant dépassé de beaucoup les limites qu'il aurait voulu lui voir respecter, *Tabaraud* renonça momentanément à l'attaque, et s'éleva même avec force contre la persécution dont le clergé était l'objet. Deux *lettres* qu'il adressa à l'évêque constitutionnel Gayvernon, et des *observations* sur une lettre pastorale du même, attirèrent sur lui la proscription, et il se retira, après les massacres de septembre, en Angleterre, où il demeura dix ans. On croit qu'il avait été un des signataires de la lettre adressée à Pie VI par environ soixante oratoriens, et qu'on trouve insérée dans son *Histoire du cardinal de Bérulle*. Lorsque *Tabaraud* quitta la France, il était, depuis quelques années, supérieur dans la maison de l'oratoire de Limoges. Durant son séjour à Londres, il s'occupa de travaux littéraires, historiques et théologiques. Il paraît qu'il aida son confrère, le père Mandar, dans la rédaction de la lettre de condoléance écrite à Pie VI, en 1798, par plusieurs évêques français.

De retour en France, en 1802, *Tabaraud* fut porté, par une attention de Fouché, son ancien confrère, sur une liste pour l'épiscopat. Mais cette dignité lui aurait d'autant moins convenu qu'il n'exerçait point les fonctions du ministère. Nommé, en 1811, censeur de la librairie, il profita de sa position pour entraver la publication des livres contraires à ses idées jansénistes. Louis XVIII le nomma, en 1814, censeur honoraire, et l'abbé de Montesquiou lui fit avoir sa pension de retraite.

Les *Principes sur la distinction du contrat et du sacrement de mariage*, qu'il publia en 1816, le jetèrent dans des controverses assez vives avec son évêque et quelques théologiens, et furent réfutés par M. Boyer, de Saint-Sulpice. L'écrit fut condamné dans un manifeste du 18 février 1818, donné par l'évêque de Limoges, dont la décision fut confirmée par le souverain pontife. L'auteur fit paraître plusieurs répliques où l'on rencontre des expressions trop peu respectueuses pour le prélat et pour le saint-siège, une entre autres sous ce titre : *De la puissance temporelle sur le mariage*, ou *Réfutation* du décret de monseigneur l'évêque de Limoges, Paris, 1818, in-8°. En 1825 parut une nouvelle édition du livre des *Principes*. Le sens des paroles du concile de Trente, qui attribue aux juges ecclésiastiques les causes matrimoniales, ayant été clairement défini par plusieurs brefs des souverains pontifes, il semblait que cette question était dès-lors sans objet, l'Eglise seule pouvant opposer des empêchements dirimants au mariage (*Voyez* EMPÊCHEMENTS). Du reste, l'attachement de *Tabaraud* pour ses opinions et son zèle à les défendre, ne se démentirent pas un instant dans sa longue carrière. Affligé d'une cataracte depuis 1814, il dictait à un secrétaire les ouvrages qu'il composait. Il recouvra la vue dans les derniers temps de sa vie, et mourut à Limoges le 9 janvier 1832. Son testament olographe, dicté le 5 janvier 1831, renfermait les paroles suivantes : « Je rends « grâce à Dieu de m'avoir fait naître dans le « sein de l'Eglise catholique, apostolique et « romaine ; de m'avoir inspiré la bonne « croyance de toutes les vérités qu'elle enseigne et préservé de toutes les erreurs « qu'elle condamne. J'espère de sa divine « miséricorde qu'il me conservera dans ces « sentiments jusqu'à ce qu'il lui plaise de « m'appeler à lui. Si, dans les ouvrages que « j'ai publiés, il se trouvait quelque chose « qui ne fut pas conforme à ces dispositions, « je le soumets au jugement de ladite Eglise « et je demande pardon à Dieu de tout ce « qui, dans mes ouvrages, aurait offensé les « personnes, etc. » Cette profession de foi catholique n'est guère en harmonie avec les ouvrages de l'auteur. Puisse-t-elle avoir été sincère!

Outre les productions de *Tabaraud*, que nous avons déjà indiquées, nous citerons les suivantes : *Traité historique et critique de l'élection des évêques*, Paris, 1792, 2 vol. in-8°. L'auteur a pour but de montrer que l'élection des évêques appartenait au clergé, et que le peuple n'y prenait part qu'en manifestant ses vœux. *De l'importance d'une religion de l'Etat*, 1803, in-18; seconde édition, considérablement augmentée, 1814, in-8°. L'auteur examine principalement le discours que prononça Portalis, lors de la présentation du concordat (*Voyez* ce discours sous le mot CONCORDAT, tom. 1er, col. 660). *Des interdits arbitraires de la célébration de la messe*, 1809, in-8°, réimprimé à Paris, en 1820, avec *l'appel comme d'abus*. *Questions sur l'habit clérical*. Ce petit écrit était dirigé contre une ordonnance de monseigneur l'évêque de Limoges. *Essai historique et critique sur l'institution des évêques*, 1811, in-8°. Dans cet écrit, publié à l'époque où Pie VII était prisonnier à Savone, l'auteur essayait de prouver que lorsque le pape refuse des bulles à une grande Eglise, elle avait le droit de revenir à l'ancienne discipline et de faire instituer les évêques par les métropolitains (*Voyez*, sous le mot NOMINATION, § 2, ce que nous disons de l'institution canonique des évêques). *Observation d'un ancien canoniste sur la convention du 11 juin 1817*, in-8°, écrit d'un janséniste chagrin qui blâme tout et tout le monde. *Examen de l'opinion de M. le cardinal de la Luzerne sur la publication du concordat*, 1821, in-8°. *De l'inamovibilité des pasteurs du second ordre*, 1821, in-8°. L'auteur plaide en faveur de tous les prêtres qui sont mal avec leurs supérieurs et qui ont été frappés d'interdit (*Voyez*, sous le mot INAMOVIBILITÉ, ce que nous pensons de cette question). *Réflexions sur l'engagement exigé des professeurs de théologie, d'enseigner la doctrine contenue dans la déclaration de 1682*, Paris, 1824, in-8°. Ces *Réflexions* sont principalement dirigées contre M. de Clermont-Tonnerre, archevêque de Toulouse, qui refusait au gouvernement le droit de s'immiscer dans l'enseignement des séminaires. *Histoire critique de l'assemblée de 1682*, 1826, in-8°. Cette histoire est vide de faits. *Essai historique et critique sur l'état des jésuites* en France, 1828, in-8°. Cet essai parut en même temps que l'ordonnance du 16 juin 1828. *Tabaraud* est encore auteur de plusieurs ouvrages littéraires et historiques.

TAMBURIN.

Ascanius *Tamburin* ou *Tamburini*, de Marradio, était moine de Vallombreuse, dans le dix-septième siècle. Nous avons de lui un traité *de jure abbatum et aliorum prælatorum, tam regularium quam sæcularium, episcopis inferiorum*, 1698, 3 vol. in-folio.

TANCREDE.

Tancrède, archidiacre de Bologne, au troisième siècle, est auteur d'une *Collection de canons*. Ciron l'a donnée au public avec des notes utiles. Les canonistes le citent ainsi en abrégé : *Tanc*.

THOMASSIN.

Louis *Thomassin*, prêtre de l'oratoire, naquit à Aix, en Provence, le 28 août 1619, d'une famille ancienne et distinguée dans l'Eglise et dans la robe. Il fut reçu, à l'âge de 14 ans, dans la congrégation de l'oratoire, où il avait été élevé. Il s'y rendit habile, surtout dans la théologie et les matières ecclésiastiques. Il fut appelé à Paris en 1654, et il y commença, dans le séminaire de Saint-Magloire, des conférences de théologie positive, qu'il continua, avec un applaudissement universel, jusqu'en 1668. Sa réputation fut si grande que le pape Innocent XI voulut l'attirer à Rome, dans le dessein de le faire cardinal et de se servir de lui; mais Louis XIV s'y opposa, en disant qu'un tel sujet ne devait pas sortir du royaume. Il mourut le 25 décembre 1695, à 77 ans.

Ce savant avait la modestie d'un homme qui unit de grandes connaissances à de grandes vertus et à un esprit parfaitement détrompé de la vanité des louanges humaines; son esprit était sage et son caractère modéré. Il parut, pendant quelque temps, s'attacher à la secte janséniste; mais il ne tarda pas à en revenir et s'attacher inviolablement à la mère de toutes les Eglises. Sa charité était si grande, qu'il donnait aux pauvres la moitié de la pension de mille livres que lui faisait le clergé. On ne peut lui refuser beaucoup d'érudition ; mais il la puise moins dans les sources que dans les auteurs qui ont copié les originaux. Il lisait et recueillait beaucoup, mais il ne méditait pas assez. Son style est un peu pesant; il n'arrange pas toujours ses matériaux d'une manière agréable. Il écrivait avec plus de facilité que d'élégance, et, en général, il est trop diffus. Il possédait mieux le latin que le français.

On a de *Thomassin* un grand nombre d'ouvrages. Le plus considérable, et dans lequel il traite de tous les ordres, dignités, fonctions et devoirs ecclésiastiques, est intitulé : *Ancienne et nouvelle discipline de l'Eglise, touchant les bénéfices et les bénéficiers*. Il est imprimé en 3 vol. in-folio : le Ier en 1678, le IIe en 1679, le IIIe en 1681. Cet ouvrage, le plus estimé de ceux du père *Thomassin*, nous a été d'un très-grand secours pour le nôtre : nous avons profité de l'immense érudition qu'il renferme. Le pape Innocent XI témoigna quelque désir de se servir de cet ouvrage, pour le gouvernement de l'Eglise : c'est ce qui détermina l'auteur, pour témoigner sa gratitude et son zèle au souverain pontife, à le traduire en latin, 3 vol. in-folio, 1706. L'édition française fut réimprimée en 1725, d'Héricourt a donné un abrégé. *Thomassin* a donné ensuite divers traités sur les sujets particuliers de la discipline de l'Eglise et de la morale chrétienne : de *l'office divin*, in-8°; *des fêtes*, in-8°; *des jeûnes*, in-8°; *de la vérité et du mensonge*, in-8°; *de l'aumône*, in-8°; *du négoce et de l'usure*, in-8°.

Nous avons encore de *Thomassin* quelques autres ouvrages, entre autres des *Remarques sur les canons apostoliques et sur les conciles*, remarques qui sont restées inédites et dont le manuscrit est entre nos mains. Cet ouvrage, qui n'est pas le moins précieux du savant oratorien, sera prochainement édité par M. l'abbé Migne. Les conciles sur lesquels a travaillé *Thomassin* sont ceux d'Elvire, d'Ancyre, de Néocésarée, de Laodicée, de Nicée, de Sardique et quelques uns des plus célèbres de France, tels que ceux de Riez, d'Orange, d'Arles, d'Agde, d'Orléans, etc; plusieurs d'Espagne ont eu aussi cet avantage. Cet ouvrage est en tout digne de l'auteur de la *Discipline de l'Eglise*, et l'on y trouve la même érudition et la même connaissance de l'antiquité ecclésiastique.

TRAVERS.

Nicolas *Travers*, prêtre du diocèse de Nantes, né dans cette ville, en 1586, publia, en 1734 : *Consultation sur la juridiction et sur l'approbation nécessaire pour confesser*, etc., où il renverse la juridiction épiscopale et soutient des principes qui conduisent à une véritable anarchie. Cet ouvrage ayant été censuré par la Sorbonne, en 1735, et par plusieurs évêques, l'auteur publia une défense, en 1736, pleine des mêmes erreurs ; mais c'est surtout dans les *Pouvoirs légitimes du premier et du second ordre dans l'administration des sacrements, et le gouvernement de l'Eglise*, Paris, 1744, in-4°, qu'il développe ses principes et qu'il se livre à des emportements incroyables contre les papes, les évêques et tout ce qu'il y a de plus respectable dans l'Eglise, les accable d'injures atroces, révoque en doute l'authenticité du concile de Trente (pag. 173), et ramasse ce qu'on a dit de plus calomnieux contre cette grande assemblée. Ce livre fut condamné, en 1745, par l'assemblée du clergé de France, et vingt-sept propositions furent notées d'hérésies. *Travers*, qui, selon la remarque de M. Boyer, de Saint-Sulpice, ne se recommande pas plus par sa doctrine que par son nom, mourut le 15 octobre 1750.

TUDESCHI.

Nicolas *Tudeschi* ou *Tedeschi*, plus connu sous le nom de *Panorme*, et aussi appelé *Nicolas de Sicile*, l'abbé de Palerme et l'abbé *Panormitain*, était de Catane en Sicile, où il naquit vers 1370. Il se rendit si habile dans le droit canonique qu'il fut surnommé *Lucerna juris*. Son mérite lui valut l'abbaye de Sainte-Agathe, de l'ordre de Saint-Benoît, puis l'archevêché de Palerme. Il assista au concile de Bâle et à la création de l'antipape Félix, qui le fit cardinal en 1440 et son légat *a latere* en Allemagne. Il persista quelque temps dans le schisme; mais y ayant renoncé, il se retira à Palerme en 1443 et y mourut en 1445. On a de lui un grand nombre d'ouvrages, principalement sur le droit canon, dont l'édition la plus recherchée est celle de Venise en 1617, 9 vol. in-fol.

U
UGOLIN.

Barthélemi *Ugolini*, savant canoniste italien, né en Toscane vers 1540, demeura longtemps à Rome et fut protégé par plusieurs cardinaux. Il publia différents ouvrages latins qui eurent beaucoup de succès, surtout son traité *de Officio et potestate episcopi*, Rome, 1617, in-fol., et son *Traité sur les Sacrements*, Rimini, 1587, in-fol. Il présenta ce dernier ouvrage au pape Sixte V, qui récompensa largement l'auteur et lui confia, dit-on, plusieurs places importantes que *Ugolini* remplit avec distinction. Il mourut à Rome dans un âge très-avancé et montra, pendant toute sa vie, un grand attachement à la religion.

V
VAN-ESPEN.

Zeger-Bernard *Van-Espen*, savant jurisconsulte et célèbre canoniste, naquit à Louvain, le 9 juillet 1646, et mourut à Amersfort, le 2 octobre 1728, à 83 ans. Le plus considérable de ses ouvrages est son *Jus ecclesiasticum universum, hodiernæ disciplinæ præsertim Belgii, Galliæ et vicinarum provinciarum accommodatum*, Louvain, 1700, 2 vol. in-fol., qui ne manque pas de mérite et dans lequel il fait paraître une grande connaissance de la discipline ecclésiastique ancienne et moderne. Mais nous devons dire qu'il a puisé abondamment dans le savant ouvrage de Thomassin. Toutes les œuvres de *Van-Espen* ont été imprimées en 4 vol. in-folio, Paris, 1753. On doit les lire avec précaution, car l'auteur, qui était janséniste, attaqua avec ardeur la bulle *Unigenitus* et fut suspendu de ses fonctions ecclésiastiques le 7 février 1728.

VOEL.

Voyez JUSTEL.)

Y
YVES DE CHARTRES.

(*Voyez* DROIT CANON, tom. Ier, col. 1049.)

Z
ZABARELLA.

François *Zabarella*, ou *Zabarellis*, plus connu sous le nom de *cardinal de Florence*, étudia à Bologne le droit canonique, qu'il professa à Padoue, sa patrie. De Padoue il passa à Florence. Jean XXII l'appela à sa cour, lui donna l'archevêché de Florence, l'honora de la pourpre, et l'envoya, en 1413, vers l'empereur Sigismond, qui demandait la convocation d'un concile. On convint qu'il se tiendrait à Constance. Le cardinal de Florence signala son zèle et ses lumières dans cette assemblée, et mourut, dans le cours du concile, en 1417, à 78 ans, un mois et demi avant l'élection de Martin V. L'empereur et tout le concile assistèrent à ses funérailles, et le Pogge prononça son oraison funèbre. On a de *Zabarella* plusieurs ouvrages, entre autres : *Commentaria in Decretales et Clementinas*, Venise, 3 vol. in-fol. *De horis canonicis*, et un *Traité du Schisme*, 1565, in-fol. Les protestants, dit Bergier, ont souvent fait imprimer ce traité, parce que *Zabarella* y parle avec beaucoup de liberté des papes et de la cour de Rome; et c'est aussi pour cette raison que ce livre a été mis à *l'index*. Il attribue tous les maux de l'Église de son temps à la cessation des conciles, et ce dernier désordre au pape (*Voyez* CITATION, *in fin.*).

Barthélemy *Zabarella*, son neveu, professa le droit canon à Padoue, fut ensuite archevêque de Florence, sous le pape Eugène IV. Il mourut en 1445, à 46 ans, avec une grande réputation de savoir et de piété.

ZECCHI.

Lelio *Zecchi*, savant Italien, né à Bidiccioli, territoire de Brescia, florissait vers 1590. Il devint chanoine et pénitencier de Brescia. On a de lui les ouvrages suivants : *De beneficiis et pensionibus*; *Casus episcopo reservati*; *De instructione clericorum*; *De munere episcopali*; *De civili et christiana institutione*; *De principis administratione*; *Summa theologiæ*; *Tractatus de indulgentiis et jubilæo*; *Tractatus de privilegiis ecclesiasticis*; *Tractatus de sacramentis*; *Tractatus de usuris*; *De Republica ecclesiastica*, etc. Quelques-uns de ses ouvrages sont dédiés à Clément VIII, d'autres à Henri IV ou à des cardinaux. On ne dit point en quelle année *Zecchi* mourut.

ZÉROLA.

Thomas *Zérola*, évêque de Minori, ville et siége suffragant d'Amalfi, au royaume de Naples, dans la principauté citérieure, naquit à Bénévent, en 1448. C'était un prélat savant et attaché à ses devoirs. Il a publié les ouvrages suivants : *Praxis sacramenti pœnitentiæ. De sancto jubilæo ac indulgentiis. Commentarium super bulla indictionis ejusdem anni. Praxis episcoporum*, 1597, in-4°, etc.

FIN DES NOTICES.

ADDITIONS, CORRECTIONS ET SUPPLÉMENT.

APPEL COMME D'ABUS.

Les *appels comme d'abus*, qui étaient injustes et une source de désordres, sous l'ancienne monarchie, sont devenus une institution étrange, sous l'empire de nos lois actuelles. Ils sont en opposition avec le principe de la liberté des cultes ; ils produisent des résultats absurdes, et notamment celui de nous donner pour interprètes et gardiens des règles de l'Église catholique des hommes qui peuvent ne point appartenir à l'Église catholique, et dont plusieurs, par le fait, ne lui appartiennent pas. Un résultat plus absurde encore, c'est que de tels juges ont pour justiciables les vrais interprètes des règles de l'Église, c'est-à-dire les prêtres et les évêques.

Le recours a aujourd'hui, comme autrefois, un caractère fort odieux : c'est un moyen dépourvu de franchise. Depuis le concordat, tous les recours formés sous le prétexte de l'ordre public, n'ont eu qu'un motif politique, celui de calmer la mauvaise humeur des hommes ennemis du gouvernement.

L'État ne peut y gagner autre chose que de froisser inutilement le clergé par des censures inutiles ; de diminuer le respect dont ce corps devrait être entouré, dans l'intérêt de son ministère, aussi bien que dans l'intérêt de la société ; d'affaiblir la confiance et le respect qu'il doit lui-même porter aux lois de l'État, lorsqu'il se sent frappé par des dispositions qu'aucun motif sérieux, puisé dans l'ordre moral, religieux ou politique, ne saurait justifier.

Nous avons dit, sous le mot APPEL COMME D'ABUS, tout ce que nous en pensions ; nous avons en même temps rapporté tous les *appels comme d'abus* qui ont frappé nos évêques en diverses circonstances, nous devons rapporter aussi le suivant, plus remarquable encore que les autres, par l'absurdité qui s'attache à de tels actes.

Cet *appel comme d'abus* a été motivé par la publication d'un mandement de S. Em. le cardinal de Bonald, archevêque de Lyon, donné dans cette ville, le 21 novembre 1844, et imprimé le 4 février 1845. Dans ce mandement, portant condamnation du *Manuel de Droit ecclésiastique français*, par M. Dupin, monseigneur le cardinal archevêque se livre à l'examen de ce *Manuel* ; il en déplore le ton général ; il fait connaître l'esprit des canonistes principaux, aux écrits desquels M. Dupin emprunte ses principes et le peu de confiance qui leur est dû ; il discute différents points de la doctrine développée dans le *Manuel* ; enfin il expose les erreurs et les dangers de divers ouvrages que l'auteur de ce livre recommande comme les plus utiles et les plus estimés.

Nous avons rapporté, sous le mot LIVRE, § 2, le dispositif de ce mandement, par lequel le prélat défend à tout ecclésiastique de son diocèse de lire ou retenir ledit *Manuel*.

Le 16 février, M. le ministre de la justice et des cultes a cru devoir présenter au conseil d'État un recours comme *d'abus* contre ce mandement.

Le conseil d'État a, en effet, déclaré, par l'arrêté ci-après, qu'il y avait abus.

« LOUIS-PHILIPPE, roi des Français,

« Sur le rapport de notre garde-des-sceaux, ministre secrétaire d'État au département de la justice et des cultes ;

« Vu le recours comme d'abus à nous présenté en notre conseil d'État, par notre garde-des-sceaux, ministre secrétaire d'État au département de la justice et des cultes, contre le mandement donné à Lyon, le 21 novembre 1844, par le cardinal de Bonald, archevêque de Lyon et de Vienne, etc.

« Vu ledit mandement, imprimé à Lyon, chez Antoine Périsse, et publié le 4 février 1845 ;

« Vu la lettre, en date du 16 février 1845, par laquelle notre garde-des-sceaux informe le cardinal de Bonald du recours précité, et à laquelle il n'a pas été répondu ;

« Vu la déclaration de l'assemblée générale du clergé de France, du 19 mars 1682, l'édit du même mois, l'article 24 de la loi du 18 germinal an X, et le décret du 15 février 1810 (*Voyez* ARTICLES ORGANIQUES) ;

« Vu le concordat du 26 messidor an IX (*Voyez* CONCORDAT *de* 1801) ;

« Vu les articles 1, 4 et 6 de la loi du 18 germinal an X ;

« Considérant que, dans le mandement ci-dessus visé, le cardinal archevêque de Lyon, en attaquant l'autorité de l'édit du mois de mars 1682 (*Voyez* cet édit, sous le mot LIBERTÉS *de l'Église gallicane*), de l'article 24 de la loi du 18 germinal an X, du décret du 25 février 1810 (*Voyez* aussi ce décret, sous le mot LIBERTÉS), a commis un attentat aux libertés, franchises et coutumes de l'Église gallicane, consacrées par ces actes de la puissance publique ;

« Considérant que, dans le même mandement, le cardinal de Bonald donne autorité et exécution à la bulle pontificale *Auctorem fidei*, du 28 août 1794, laquelle n'a jamais été ni vérifiée ni reçue en France, ce qui constitue une contravention à l'article 1er de la loi du 18 germinal an X ;

« Considérant enfin que, dans ledit mandement, le cardinal de Bonald se livre à la censure de la loi organique du concordat, du 18 germinal an X, dont plusieurs dispositions sont par lui signalées comme violant les véritables libertés de l'Église de France ;

« Qu'il conteste à la puissance royale le droit de vérifier les bulles, rescrits et autres actes du saint-siège, avant qu'ils soient reçus en France

« Qu'il conteste également le droit qui nous appartient en notre conseil d'Etat de statuer sur les *appels comme d'abus*;

« Qu'il refuse, aux articles de la loi du 18 germinal an X, la force obligatoire qui s'attache à leurs dispositions ;

« Qu'il a ainsi commis un excès de pouvoir ;

« Notre conseil d'Etat entendu,

« Nous avons ordonné et ordonnons ce qui suit :

« Art. 1er. Il y a abus dans le mandement donné, à Lyon, le 22 novembre 1844, par le cardinal archevêque de Lyon ;

« Ledit mandement est et demeure supprimé.

« Art. 2. Notre garde des sceaux, ministre de la justice et des cultes, est chargé de l'exécution de la présente ordonnance, qui sera insérée au Bulletin des lois. »

Arrêt du conseil d'Etat, du 9 mars 1845.

La déclaration d'abus qui précède n'a pas empêché plus de soixante archevêques et évêques du royaume de donner au mandement de Son Em. le cardinal archevêque de Lyon des adhésions qui ont été rendues publiques ; plusieurs d'entre eux ont en même temps protesté contre l'acte par lequel le gouvernement a déféré ce mandement au conseil d'Etat. Monseigneur l'archevêque de Reims a également donné et publié un mandement portant condamnation de l'ouvrage de M. Dupin. Toutefois, il n'a été intenté nulle poursuite contre aucun de ces prélats.

Son Em. Monseigneur le cardinal archevêque de Lyon s'empressa d'adresser la lettre suivante à M. le ministre des cultes, qui lui avait envoyé l'arrêt du conseil d'Etat contre son mandement. Cette lettre, si belle et si logique, suffit seule pour montrer l'incompétence du conseil d'Etat en semblable matière.

Lyon, le 11 mars 1845.

« Monsieur le ministre,

« J'ai reçu l'ordonnance royale du 9 mars, que Votre Excellence a cru devoir m'envoyer. Je l'ai reçue dans un temps de l'année où l'Eglise retrace à notre souvenir les *appels comme d'abus*, qui frappent la doctrine du Sauveur, et les sentences du conseil d'Etat de l'époque contre cette doctrine. Je l'ai reçue avec les dispositions qu'il était facile de prévoir.

« Si j'avais composé un *Manuel* de droit judiciaire, administratif ou commercial, à l'usage de messieurs les procureurs généraux, procureurs du roi, et pour l'instruction des avocats stagiaires, et que, dans ce livre élémentaire, tout empreint de mon ignorance en jurisprudence, j'eusse attaqué les droits ou la nation, ou du roi, ou des chambres ; que j'eusse mis le privilége à la place du droit commun, que j'eusse confondu les ordonnances avec les lois, et la liberté avec la servitude ; si ce livre eût été déféré aux magistrats et condamné par eux, mon devoir eût été de reconnaître la justice de la sentence et d'accepter, dans un silence respectueux, la double flétrissure du ridicule et des tribunaux. Mais, quand je reste dans les limites du pouvoir spirituel, et qu'assis sur mon siége pontifical je cite devant moi les doctrines opposées à la doctrine catholique pour les juger, je ne reconnais sur la terre d'autre autorité doctrinale qui puisse réviser mon jugement que le pontife romain et les conciles. Le conseil d'Etat ne m'a pas été donné pour juge, dans ces matières, par Jésus-Christ.

« On rappelle souvent au clergé la distinction des deux puissances, afin de prévenir les envahissements ; on a raison. Et voyez, monsieur le ministre, dans quelle confusion d'idées fait tomber l'oubli de cette doctrine si vraie (*Voyez* INDÉPENDANCE).

« J'invoque la bulle *Auctorem fidei* (voyez ci-après col. 1295, un extrait de cette bulle) pour m'élever contre une erreur du *Manuel* de M. Dupin. Le conseil d'Etat me consume, mais, pour m'atteindre, il faut qu'il passe sur les maximes gallicanes les plus certaines, et qu'il continue cette suite d'attentats commis contre ces maximes depuis cinquante ans. Messieurs les conseillers d'Etat ne savent donc pas qu'il est admis en France, comme ailleurs, qu'*une bulle adressée aux fidèles pour leur servir de règle de croyance, acceptée par le consentement exprès ou tacite du corps épiscopal, doit être regardée comme le jugement irréformable de l'Eglise*? Or, il en est ainsi de la bulle *Auctorem fidei*. Donc, même d'après nos maximes, il n'est pas permis à un catholique de la rejeter. Elle n'est pas enregistrée : la question n'est pas là. C'est la règle de ma foi, c'est la règle de foi de tout catholique véritable. Nous sommes bien obligés d'admettre comme règle de notre foi les canons dogmatiques du concile de Trente ; ils n'ont cependant pas été enregistrés. Et les divines constitutions de Notre-Seigneur lui-même, qui établissent Pierre le chef de l'Eglise, et qui promettent l'infaillibilité au corps des pasteurs, sont-elles donc enregistrées ? faut-il les rejeter parce que l'homologation leur manque ? J'ai donc pu citer à l'appui des censures la bulle *Auctorem fidei*, parce qu'elle émane du chef de l'Eglise, et qu'elle a reçu la sanction du corps des pasteurs. Plus de six cents évêques l'ont acceptée formellement. Ne pas y adhérer, ce serait abjurer la religion catholique. Une ordonnance royale ne pourra jamais obtenir le sacrifice de ma foi. Une étude bien approfondie de la religion préviendrait bien des difficultés et des embarras.

« Je dois remarquer en passant que la bulle *Auctorem fidei* ne condamne pas les quatre articles, mais elle condamne à cet égard le synode de Pistoie, parce qu'il voulait faire de la déclaration du clergé de France un décret de foi. S'il était vrai que la bulle condamnât cette déclaration, ma conscience m'obligerait alors de la condamner aussi, cette bulle étant un jugement irréformable de l'Eglise ; mais depuis le synode de Pistoie, les maximes ultramontaines opposées aux quatre articles sont des opinions comme avant le synode, puisque le saint-siége les abandonne aux disputes de l'école.

« J'ai dit dans mon mandement qu'une loi de l'Etat ne pouvait pas m'obliger d'enseigner que *le pape est inférieur au concile; que le pontife romain parlant*, ex cathedra, *est faillible*, et qu'il *est* soumis aux canons comme les autres évêques. Le conseil d'Etat me condamne, et, pour me frapper, il faut qu'il foule aux pieds l'article 7 de la Charte, qui déclare que je suis libre d'imprimer, de publier, d'enseigner mon opinion. Ainsi, une loi de l'Etat interprétera ce texte de l'Evangile : *J'ai prié pour toi, afin que ta foi ne défaille pas*; et moi, évêque de l'Eglise catholique, je ne pourrai pas imprimer, publier, enseigner dans mon diocèse une autre interprétation de ces paroles sacrées! Il faudra que je donne aux jeunes lévites de mon séminaire celle qui émanera de l'autorité temporelle. Nous voilà donc revenus aux disputes théologiques du Bas-Empire! Si le conseil d'Etat me condamne parce que j'interprète les paroles de Jésus-Christ à Pierre dans le sens de l'infaillibilité, il se met donc à la place de l'Eglise, et il m'enseigne la religion.

« J'ai dit dans mon mandement que j'enseignerais dans mon séminaire ce qui me paraîtrait plus conforme à l'Ecriture et à la tradition au sujet de la puissance de l'Eglise, et que, protégé par la Charte, qui maintient la liberté des opinions, je ne prendrais point d'engagement au sujet de la déclaration de 1682. Le conseil d'Etat me condamne; et pour me foudroyer, il a vu dans mon mandement ce qui ne s'y trouve pas. Je n'ai point dit que je rejetais les quatre articles; je n'ai pas dit non plus que je les admettais. Je ne prononce pas entre les ultramontains et les gallicans. J'use de la liberté que me laisse l'Eglise. Mais ce que j'ai écrit, c'est qu'il n'appartient pas à l'autorité temporelle de m'imposer ce que je dois croire sur la puissance spirituelle du pape. Mais ce que je soutiendrai, c'est qu'un évêque doit repousser une opinion théologique, par cela seul que l'autorité temporelle a la prétention de la lui imposer. M. Dupin a-t-il donc découvert un *dogme légal*, comme il reconnaît une *discipline légale?* La faillibilité du pontife romain sera-t-elle ce *dogme légal* que nous soyons contraints de professer, sous peine d'encourir les peines portées par les lois?

« Il n'est pas inutile, Monsieur le Ministre, de rappeler au conseil d'Etat que Louis XIV, qui n'avait, du reste, aucun droit non plus de statuer sur les choses spirituelles, écrivit au pape Innocent XII, pour lui dire qu'il ne donnerait aucune suite à son édit royal sur les quatre articles. Voici ses paroles : « Je suis bien aise de faire sa-
« voir à Votre Sainteté que j'ai donné les
« ordres nécessaires, afin que les affaires
« contenues dans mon édit du 23 mars 1682,
« concernant la déclaration faite par le
« clergé de mon royaume (à quoi les con-
« jonctures d'alors m'avaient obligé), n'au-
« raient point de suite. » (*Histoire de Bossuet par le cardinal de Bausset*, tom. II, pag. 212.)

« Mais voici d'autres paroles du grand roi qui s'accordent assez avec l'article 7 de notre Charte. Elles doivent trouver ici leur place. Louis XIV, écrivant au cardinal de la Trémoille, lui disait au sujet de sa lettre au pape : « On lui a supposé, contre la vérité,
« que j'ai contrevenu à l'engagement pris
« par la lettre que j'écrivis à son prédéces-
« seur; car je n'ai obligé personne à soute-
« nir, contre sa propre opinion, les proposi-
« tions du clergé de France. Mais il n'est pas
« juste que j'empêche mes sujets de dire et
« de *soutenir de part et d'autre*, comme plu-
« sieurs autres questions de théologie, sans
« donner la moindre atteinte à aucun des
« articles de foi. » (*Hist. de Bossuet, ibid.*)

« On ne doit pas s'exagérer l'importance de la déclaration de 1682. Elle n'a point la force d'un jugement épiscopal. L'assemblée des évêques qui l'a rédigée n'était point un concile. Bossuet lui-même n'en parlait pas toujours avec toute la révérence possible. Il ne craignait pas d'avancer que M. Colbert, ministre et secrétaire d'Etat, *était véritablement l'auteur* du dessein de rédiger les quatre articles, *et que lui seul y avait déterminé le roi* (*Ibid.* pag. 161).

« Je conclurai de tout ce que je viens de dire, qu'une loi de l'Etat ne peut pas m'obliger à renoncer à cette opinion pour en enseigner une autre.

« J'ai répété dans mon mandement l'éloge que M. Dupin fait avec tant de raison du concordat de 1801. Mais quant aux articles organiques, j'ai dit, ce qu'il est impossible de contester, que la puissance civile n'avait pas le droit de régler des points de discipline, qui doivent être laissés à la décision de l'autorité ecclésiastique. J'ai affirmé, ce qu'il est impossible de nier, que ces articles organiques n'avaient point été concertés par le pape et approuvés par lui. Le conseil d'Etat me condamne; il me condamne au mépris de la constitution de l'Eglise et des règles canoniques. Car enfin ces articles organiques, tels qu'ils sont sortis des mains du premier consul et du sénat, qu'étaient-ils, après tout, qu'un abrégé de la constitution civile du clergé, avec son esprit schismatique et ses erreurs? Cette loi de germinal an X, qu'est-elle autre chose qu'un changement profond dans la discipline générale de l'Eglise? Or, il n'appartenait qu'au pontife suprême d'opérer ce changement.

« Toutes ces vérités, le *Manuel* de M. Dupin les conteste : j'ai dû le condamner. Vous avez reconnu à cet égard, Monsieur le Ministre, mon droit et mon devoir. Que veut dire M. le procureur général, quand il parle de *discipline légale?* S'il entend par ces expressions la défense que fait l'autorité temporelle, soit de donner la bénédiction nuptiale à ceux qui ne se sont pas présentés devant l'officier civil, soit d'enterrer sans avoir fait constater le décès, soit de sonner les cloches pendant l'orage, soit de continuer les travaux publics le dimanche, ou de fermer les cabarets pendant les offices, je comprendrai cette discipline légale, et je laisserai à l'autorité civile le soin de la régler. Mais quand on vient affirmer que le mariage est un contrat *essentiellement civil*, quand on déclare que *les fidèles ne sont justiciables de l'autorité ecclésiastique qu'au tribunal de la pénitence*, quand on conteste au pape le droit de prendre le titre d'*évêque universel*, quand on excite à la désobéissance aux conciles généraux reçus en France, et qui prescrivent la tenue régulière des conciles provinciaux, sont-ce là des objets qui tiennent à la *discipline légale*? Quoi! de grossières erreurs sur le dogme et la discipline générale de l'Eglise seraient transformées en certains articles de je ne sais quelle *discipline légale*, et un évêque devrait les respecter et les laisser passer sans faire entendre un cri d'alarme! Pour moi, je ne le pouvais pas. Tous mes saints prédécesseurs, tous les illustres martyrs de mon Eglise se seraient levés pour me reprocher mon silence et mon sommeil; les pierres de leurs glorieux sépulcres auraient crié contre moi.

« En jugeant et condamnant le *Manuel de droit ecclésiastique* de M. Dupin, je n'ai pas prétendu m'attribuer l'infaillibilité. Je soumets au pape la condamnation que j'ai portée, comme je lui soumettrai tous les actes de mon ministère. C'est à lui qu'il appartient de reprendre ses frères dans l'épiscopat, et de casser ou de confirmer les sentences qu'ils prononcent. Si le pasteur suprême, si l'évêque des évêques reconnaît que j'ai mal jugé et que jai condamné à tort le *Manuel*, aussitôt je prendrai la plume pour dire à mes diocésains que leur archevêque s'est trompé, et que le jugement qu'il a porté a été réformé par le vicaire de Jésus-Christ sur la terre. Je courberai la tête sous une sentence si vénérable, et je proclamerai, en présence des fidèles, la justice du coup qui m'aura frappé. Jusque-là, un *appel comme d'abus* ne peut pas même effleurer mon âme. Et puis, que peut-on contre un évêque qui, grâces à Dieu, ne tient à rien et qui se renferme dans sa conscience? J'ai pour moi la religion, la logique et la Charte. Je dois me consoler. Et quand, sur des points de doctrine catholique, le conseil d'Etat *a parlé, la cause n'est pas finie.*

« Agréez, Monsieur le Ministre, l'assurance de ma haute considération.
« † .L. J. M. card. de BONALD,
« arch. de Lyon. »

BREVET DE JOYEUX AVÉNEMENT.

Nous croyons devoir ajouter à cet article, inséré dans le tome Ier, col. 337, le rapport suivant, qui fait connaître les raisons sur lesquelles le gouvernement se base pour user du droit de *brevet de joyeux avénement*.

RAPPORT *de M. Portalis à Sa Majesté impériale et royale, sur le droit de joyeux avénement.*

6 ventôse an XIII.

Sire,

« Par l'article 16 du concordat passé entre Votre Majesté et le saint-siège, il est formellement déclaré que *Sa Sainteté reconnaît dans Votre Majesté les mêmes droits et prérogatives dont jouissait l'ancien gouvernement.*

« Or, l'ancien gouvernement, c'est-à-dire le roi, jouissait, sous le nom de droit de *joyeux avénement*, de la prérogative de nommer au premier canonicat de chaque église cathédrale qui vaquait après son avénement au trône.

« Ce droit était établi par la possession la plus ancienne et la plus constante. Cette possession, dont M. d'Aguesseau rapporte les preuves depuis la page 344 jusqu'à la page 408 du tome V de ses œuvres, avait son principe dans les deux qualités de souverain et de fondateur que l'on ne pouvait contester au roi.

« Le roi, en qualité de souverain, dit « M. d'Aguesseau, est le défenseur et le di« recteur des églises. Les évêques n'ont pas « cru devoir lui refuser une distinction que « l'Eglise accorde à des particuliers qui ont « fondé ou doté ses temples ou ses ministres, « et dont elle ne peut espérer d'aussi grands « secours que ceux qu'elle attend et qu'elle « reçoit tous les jours du roi.

« La nomination à laquelle elle défère est « donc d'autant plus favorable qu'elle vient « de la part d'un bienfaiteur et même d'un « fondateur; la plupart des églises cathé« drales ayant été fondées et dotées par le « roi ou par ceux qui le représentent, ce qui « fait que, par l'argument du plus grand « nombre, le roi est présumé de fait le fon« dateur de toutes ces églises; en sorte que, « dès l'année 1353, le parlement a déclaré « que toutes les églises cathédrales étaient « dans la garde du roi. »

« C'est ainsi qu'en reconnaissant les qualités de souverain et de fondateur, on trouve dans la prérogative du *joyeux avénement* un droit que le souverain exerce à titre de gratitude.

« Aussi le droit de *joyeux avénement* a été rangé par tous les jurisconsultes dans la classe des droits royaux; il a toujours été présenté sous la dénomination de *Jus regium, jus proprium regis.*

« M. d'Aguesseau observe très-judicieusement qu'on ne doit pas aller jusqu'à dire que c'est un droit essentiellement attaché à la couronne et un apanage inséparable de la souveraineté, puisque, quoique le souverain seul puisse en jouir, il faut avouer néanmoins que tout souverain n'en jouit pas.

« Mais, comme le remarque le même magistrat, tout ce que l'on peut conclure de cette observation est qu'il y a deux sortes de droits royaux ou de prérogatives attachées à la couronne; les unes absolument essentielles qui appartiennent au seul souverain et à tout souverain; les autres accidentelles qui, à la vérité, ne peuvent convenir qu'au souverain, dans toute leur étendue, mais qui n'appartiennent pas pour cela à tout souverain.

« C'est ainsi que la régale et la nomination aux bénéfices consistoriaux sont certainement des droits de la couronne, sans néanmoins être de l'essence de la souveraineté. Nos rois ont été souverains avant que de les exercer, et ils ne le sont pas plus depuis qu'ils les *exercent* ; mais dès le moment qu'ils en jouissent comme rois, ils ne peuvent être regardés que comme des droits royaux qui sont devenus à leur égard un accessoire de la couronne et une dépendance de leur souveraineté.

« Sire, il est certainement incontestable que Votre Majesté peut réclamer tous les droits que les anciens rois exerçaient en leur qualité de souverain; car c'est la nation elle-même qui, en vous choisissant pour chef auguste de l'État, vous a nécessairement transmis tout ce qui est une dépendance et un accessoire de la souveraineté.

« D'autre part, il n'est pas moins évident que tous les droits qui étaient exercés par les mêmes rois, en leur qualité de fondateurs des églises, ont passé dans vos mains; car les anciens rois n'étaient que fondateurs présumés des églises qu'ils avaient sous leur garde, la plupart de ces églises avaient été créées et dotées par d'autres qu'eux. Mais c'est un fait notoire que Votre Majesté n'a pas besoin de se prévaloir de simples présomptions, toutes les églises de France avaient été ruinées et détruites. C'est la main généreuse et toute-puissante de Votre Majesté qui les a rétablies et dotées. Qui mieux donc que Votre Majesté peut et doit jouir des droits sacrés que la reconnaissance et la gratitude garantissent aux fondateurs ?

« Les titres ecclésiastiques n'offrent pas aujourd'hui de grandes richesses à ceux qui les obtiennent, mais tout est relatif. Ces titres donnent des moyens de subsister et de conserver une existence honorable. Votre Majesté aura donc, en les distribuant, un nouveau moyen de faire des heureux; sous ce point de vue, le droit de *joyeux avénement* continue d'être précieux et utile : il offre des ressources à des ecclésiastiques souvent abandonnés, qui tiendront de la bienfaisance impériale ce qu'ils n'auraient pu se promettre de recevoir d'ailleurs. Rien n'est à négliger par les ministres de Votre Majesté dans tout ce qui peut offrir à son auguste personne des occasions d'exercer sa bienveillance.

« En conséquence, j'ai l'honneur de proposer à Votre Majesté trois modèles de *brevets*, l'un pour la métropole de Paris, le deuxième pour la cathédrale de Versailles, et le troisième pour la cathédrale de Montpellier. Je joins ces projets de *brevets* à mon rapport. »

CATÉCHISME.

On sait que sous l'empire il n'y avait qu'un seul *catéchisme* pour toute l'Église catholique de France, et que *catéchisme* avait été prescrit par un décret, en vertu de l'article 39 de la loi du 18 germinal an X. Nous pensons qu'on sera bien aise de trouver ici toutes les pièces relatives à la publication de ce *catéchisme*, c'est ce qui nous engage à les rapporter dans ce supplément.

RAPPORT *sur un projet de catéchisme* **uniforme** *pour tout l'empire.*
11 mars 1806.

« Sire,

« Je me suis empressé de remplir les intentions que Votre Majesté m'a manifestées relativement au *catéchisme*, et je puis assurer que cet ouvrage sera entièrement achevé et approuvé dans le présent mois de mars...

« Comme Bossuet est l'homme le plus distingué que l'Église gallicane puisse compter parmi ses évêques, j'ai proposé de prendre pour modèle le *catéchisme* de cet homme supérieur. Le nom de Bossuet fixe toutes les opinions dans le clergé, et il en impose même aux philosophes. La proposition a été acceptée.

« En conséquence, on travaille d'après le *catéchisme* de Bossuet. Il n'a été question que de mettre un plus grand ordre dans la distribution des matières, parce que, du temps de Bossuet, l'esprit de méthode n'était peut-être pas encore porté au point de perfection où il est arrivé de nos jours; on a retranché quelques expressions vieillies ; on a mis à l'écart quelques questions utiles dans leur temps, mais qui ne le seraient plus aujourd'hui. On ajoute d'autres matières dont les circonstances exigent aujourd'hui le développement, et dont on ne parlait pas alors. Votre Majesté a un exemple de ces matières dans le développement des devoirs des sujets.

« L'ouvrage de Bossuet est d'ailleurs conservé dans les expressions et dans le fond des choses pour tout ce qu'il y a d'essentiel, parce que les évêques eux-mêmes qu'il leur serait difficile de faire mieux que n'a fait ce prélat, dont les lumières et les talents ont si fort honoré l'épiscopat français.

« Le mois de mars ne passera pas sans que j'aie l'honneur de présenter à Votre Majesté un travail complet.

« La loi du 18 germinal an X ordonne également un rituel uniforme dans tout l'empire. J'ose me promettre que, dans le mois d'avril et de mai, cet autre ouvrage sera fini. Il est d'autant plus essentiel, qu'il doit régler la discipline des diocèses, et réformer dans les anciens rituels les règles de police ecclésiastique sur les sépultures, sur les mariages, les sacrements et la célébration des fêtes, qui ne vont plus avec nos mœurs, ni avec nos lois. Le dogme et la morale ne peuvent changer, mais la discipline change avec les temps et avec les mœurs.

« Votre Majesté peut être convaincue que tout mon temps et tous mes soins seront consacrés à terminer des objets qui ont des rapports essentiels avec le bien du service. » Plusieurs fois les anciens souverains avaient projeté et avaient annoncé des changements qu'ils n'ont jamais pu opérer. Dans les

Etats voisins, on ne peut même venir à bout de changer une liturgie. Il n'appartenait qu'au génie de Votre Majesté de tout entreprendre et de tout exécuter, pour la gloire et le bonheur de la nation soumise à son empire et à ses lois.

DÉCRET *du cardinal légat a latere, pour approuver le catéchisme de l'empire.*

« Nous, Jean-Baptiste CAPRARA, cardinal-prêtre de la sainte Eglise romaine, du titre de Saint-Honuphre, archevêque de Milan, légat *a latere* du saint-siége apostolique près Sa Majesté l'empereur des Français et roi d'Italie.

« Tout le monde sait que nos Pères ont pensé avec raison qu'il serait très-utile pour l'instruction des fidèles, principalement des enfants, de suivre une règle commune et invariable dans l'enseignement de la doctrine chrétienne. Que peut-on en effet concevoir de plus utile et de plus convenable qu'une semblable uniformité? Les chrétiens, qui doivent n'avoir tous qu'une même foi, n'ayant plus qu'un même esprit et un même langage, n'en seraient que plus parfaitement unis dans les mêmes sentiments et la même croyance. Aussi les souverains pontifes, pressés par leur sollicitude pour toutes les Eglises, ont-ils souvent et fortement exhorté ceux qui sont chargés d'instruire les peuples à n'avoir qu'une seule et même méthode d'enseignement. Néanmoins les différences des lieux et certaines circonstances particulières ont été cause qu'au lieu de cette uniformité désirable, il s'est introduit dans la forme des *catéchismes* une grande variété.

« Mais Napoléon Iᵉʳ, empereur des Français et roi d'Italie, s'étant proposé de lever tous les obstacles, et ayant ardemment désiré que l'on rédigeât et que l'on publiât un *catéchisme* pour être seul enseigné et mis entre les mains des fidèles dans tous les diocèses de l'empire français; et, à cet effet, un *catéchisme*, tiré principalement de celui de l'illustre évêque de Meaux, Jacques-Benigne Bossuet, et de ceux de plusieurs autres Eglises nous ayant été présenté pour être revêtu de notre approbation.

« Nous, après avoir examiné soigneusement cet ouvrage, ayant pour titre : *Catéchisme à l'usage de toutes les Eglises de l'empire français*, et après avoir reconnu que les principaux points de la religion chrétienne y sont exposés d'une manière entièrement conforme à la doctrine de l'Eglise catholique, nous avons cru devoir non-seulement l'approuver, mais encore en proposer et en recommander l'usage aux révérends évêques de l'empire français, comme par le présent décret en vertu de l'autorité apostolique dont nous sommes revêtu en qualité de légat *a latere* du saint-siége et de notre saint père le pape Pie VII, nous l'approuvons et nous en proposons et recommandons l'usage, pénétré de cette pensée que la *foi étant une*, il est très-avantageux qu'il n'y ait qu'une seule et même manière d'en exposer les dogmes et d'en instruire les peuples.

« Les révérends évêques que Notre-Seigneur Jésus-Christ, auteur de la foi, a établis pour en conserver le dépôt et pour paître le troupeau qui leur est confié, veilleront avec soin à ce que les curés et les autres prêtres qui expliqueront ce *catéchisme*, le fassent avec suite, montrant les rapports des leçons entre elles et l'accord de toutes les parties, et à ce qu'ils enseignent les vérités qui y sont contenues *avec intégrité et gravité*, comme dit l'Apôtre, et d'une manière *digne en tout de la saine doctrine.*

« Donné à Paris, en notre palais, le 30 mars 1806.

L. † S.   J. B., cardinal légat.

« VINCENT DUCIS, secrétaire ecclésiastique. »

EXPOSÉ *des motifs du décret du 4 avril 1806, ordonnant la promulgation d'un catéchisme uniforme pour tout l'empire, en exécution de l'article 39 de la loi du 18 germinal an X.*

Sire,

« La loi du 18 germinal an X ordonne qu'il n'y aura qu'un *catéchisme* pour tous les diocèses de l'empire français. Cette disposition légale est dans le véritable esprit de la religion; elle réalise le vœu des conciles généraux. Il n'y a qu'une foi et qu'un baptême, il ne doit y avoir qu'un enseignement (1).

Les vérités chrétiennes ne se propagèrent d'abord que par le ministère de la parole; dans la suite on publia des écrits pour fixer les principaux objets de l'instruction religieuse. Ces écrits se multiplièrent. Dans le seizième siècle il existait en Europe autant de *catéchismes* qu'il y avait de provinces et même de villes (2). On s'aperçut que leur nombre excessif et leur grande diversité apportaient de la confusion dans l'Eglise, et que la pureté de la doctrine se trouvait altérée dans plusieurs (3). Les Pères du concile de Trente voulant remédier à cet abus, décrétèrent la rédaction en latin d'un *catéchisme* général, destiné à devenir le témoignage solennel et permanent de la vérité dans le monde chrétien (4).

« Si l'on considère l'étendue de ce *catéchisme* et les langues dans lesquelles il fut rédigé, on demeure convaincu que les Pères du concile s'étaient encore moins proposé l'instruc-

(1) Ut quemadmodum unus est Dominus, una fides, ita etiam una sit tradendæ fidei, ad omniaque pietatis officia populum christianum erudiendi, communis regula atque præscriptio (*Catech. Trid. præf.* n. x).
(2) Tot catechismi quot provinciæ sunt in Europa, imo fere quot urbes circumferebantur (*Appar. Catech. Trid. art.* 1).
(3) Qui omnes scatebant hæresibus quibusque simplicium animi ubique decipiebantur, visque ullus erat in fine bene tersus (*Ibid.*).
(4) Quamobrem patres œcumenicæ Tridentinæ synodi, cum tanto et tam pernicioso huic malo salutarem aliquam medicinam adhibere maxime cuperent, non satis esse putarunt, graviora catholicæ doctrinæ capita contra nostri temporis hæreses decernere; sed illud præterea sibi faciendum censuerunt, ut certam aliquam formam et rationem christiani populi ab ipsis fidei rudimentis instituendi traderent (*Catech. Trid. præf.* n. xi).

tion directe et immédiate des simples fidèles que celle même des évêques et des prêtres, par qui les fidèles doivent être instruits (1).

« Après la tenue du concile, on s'occupa, dans les divers États catholiques, à rédiger en langue vulgaire des *catéchismes* particuliers sur le modèle de celui de Trente. En France, comme ailleurs, chaque évêque publia le sien. De nos jours, il n'était pas rare de voir dans le même diocèse chaque nouvel évêque promulguer un *catéchisme* nouveau.

« La religion chrétienne est répandue sur tout le globe. Comment concevoir l'idée d'un seul *catéchisme* à l'usage de tant de peuples divers? Il faudrait préalablement exécuter le projet si souvent entrepris et si souvent abandonné d'une langue universelle entre les hommes. Le concile de Trente avait fait, à cet égard, tout ce qui était possible ; il avait choisi, pour la rédaction d'un *catéchisme* général, la langue qui était alors commune à toutes les écoles, qui était celle des théologiens, des jurisconsultes et des savants ; c'est-à-dire de tous ceux qui, dans chaque pays, étaient établis pour instruire les autres. Dans la vue de rendre inaltérable le dépôt précieux de la doctrine, il avait choisi une langue morte, qui n'était plus susceptible de variations ; car, selon l'ingénieuse observation d'un écrivain distingué, ce n'est que quand elles sont mortes que les langues deviennent immortelles.

« Mais si l'idée d'un *catéchisme* unique pour toutes les nations et pour tous les empires est impraticable, les motifs les plus puissants auraient dû engager chaque Église nationale à consacrer un mode uniforme d'enseignement pour des hommes qui parlent la même langue, qui vivent sous le même empire et qui ne forment entre eux qu'une même nation.

« Qu'est-il nécessaire que chez le même peuple il y ait tant de *catéchismes* différents, et que tous les jours on en fasse de nouveaux ? Dans les sciences humaines, on a sans cesse d'anciennes erreurs à corriger, et des vérités nouvelles à découvrir ; conséquemment, il importe que chacun puisse concourir, par son travail et par ses recherches particulières, au progrès des connaissances communes, mais en matière de religion, il ne faut offrir aux fidèles que ce qui a été enseigné toujours, partout et par tous (2) ; toute nouveauté est profane.

La multiplicité et la diversité des *catéchismes* ne sauraient toujours être sans quelques dangers pour le fond de la doctrine. Il est souvent des objets qui sont développés dans un *catéchisme* et qui sont omis dans un autre. Cette différence peut donner aux fidèles de fausses idées, et sur les choses dont on parle, et sur celles que l'on tait. Des controverses, des guerres théologiques surviennent. Il n'est pas sans exemple que l'on ait cherché, en pareil cas, à faire prévaloir ses opinions personnelles ; et l'expérience prouve que ces opinions sont quelquefois erronées : car les promesses ont été faites au corps général de l'Église, et non à chaque pasteur en particulier.

« Indépendamment de ces inconvénients, l'instruction des peuples souffre et languit quand il existe tant de rédactions différentes pour exprimer les mêmes choses. Les émigrations d'un diocèse dans un autre sont fréquentes. Or, en changeant de diocèse, on a besoin de se livrer à un nouveau travail, comme si l'on avait à changer de croyance ; tout cela déconcerte la mémoire et peut égarer la raison.

« Il était réservé à la haute sagesse de Votre Majesté d'étendre sa sollicitude impériale sur tout ce qui peut perfectionner la marche de l'enseignement religieux.

« Cet enseignement n'importe pas moins à l'État qu'à la religion même ; il enveloppe, pour ainsi dire, l'homme dès sa plus tendre enfance. Il met les plus grandes vérités à la portée de tous les âges et de toutes les classes, en s'adressant, non à l'esprit, qui est la partie la plus bornée et la plus contentieuse de nous-même, mais au cœur dont il ne faut que diriger les affections, et qui peut saisir, sans effort, tout ce qui est bon, tout ce qui est aimable. Si les vertus les plus nobles et les plus élevées habitent la chaumière du pauvre comme le palais des rois, si les hommes les plus simples et les plus grossiers sont aujourd'hui plus affermis sur la spiritualité et l'immortalité de l'âme, sur l'existence et l'unité de Dieu, sur les principales questions de morale, que l'étaient les sages de l'antiquité, nous en sommes redevables au christianisme, qui, en ordonnant les bonnes œuvres et en commandant la foi, épargne au commun des hommes, les circuits, les incertitudes et les sinuosités de la science humaine.

« Ceux qui pensent qu'on ne devrait point parler de religion et de morale aux enfants, et qu'on devrait attendre un âge plus avancé, méconnaissent la vivacité des premières impressions et la force des premières habitudes. Ils ignorent que l'enfance est plus susceptible qu'on ne croit d'acquérir des connaissances utiles ; que l'homme dans aucun temps ne peut, sans danger, être abandonné à lui-même ; que s'il ne s'occupe pas du bien, il se préoccupera du mal ; que l'esprit et le cœur ne peuvent demeurer vides.

« Tout ce qui est moral n'est jamais recommandé inutilement dans un âge qui est celui du sentiment, de la confiance et de la bonne foi. Il importe que les premières notions de nos devoirs puissent naître et se fortifier avec les premiers développements de nos facultés, et que nous acquérions des forces pour le moment où nous avons besoin de nous essayer et de nous mesurer avec les charges et les devoirs de la société civile. Les instructions reçues dans la jeunesse ne s'ef-

(1) Patribus visum est maxime referre, si liber sanctæ synodi auctoritate aderetur, ex quo parochi, vel omnes alii, quibus docendi munus impositum est, certa præcepta potere, atque depromere ad fidelium ædificationem possunt (*ibid.* n. x).
(2) Quod semper, quod ubique, quod ab omnibus. (*Maxime des Pères*.)

facent jamais et ne s'affaiblissent que très-difficilement; elles deviennent, en quelque sorte, une seconde nature.

« Pour inculquer de bons principes, il serait dangereux d'attendre que l'on eût à combattre des habitudes vicieuses. On voudrait que les enfants fussent insensiblement éclairés par l'expérience; mais l'expérience est presque toujours perdue pour nous; elle ne réussit souvent qu'à nous rendre plus malheureux, sans nous rendre meilleurs.

« Il est donc essentiel de protéger un enseignement qui, dès les premiers pas que nous faisons dans le chemin de la vie, dispose l'âme à toutes les actions louables et à toutes les vertus.

« Nous avons vu que la nécessité d'un mode uniforme pour cet enseignement a été reconnue par la loi. Des circonstances impérieuses ne permettaient pas de différer plus longtemps l'exécution de cette mesure législative. Par la nouvelle organisation ecclésiastique, chaque diocèse est aujourd'hui plus vaste et embrasse un territoire sur lequel il en existait autrefois plusieurs. Chacun des anciens diocèses avait son *catéchisme* particulier: il suit de là qu'il y a quelquefois sept ou huit *catéchismes* différents dans le même diocèse. D'autre part, nous sommes averti que dans quelques parties de l'empire les exemplaires de ces livres élémentaires sont entièrement épuisés; la rédaction d'un *catéchisme* à l'usage de tout l'empire français devenait donc indispensable.

« Cette rédaction est achevée; elle a été faite sous les yeux et par les soins de M. le cardinal légat, muni de tous les pouvoirs du saint-siége.

« L'Eglise de France s'est toujours distinguée par ses lumières et par son zèle: elle compte des prélats illustres qui ont commandé le respect dans tout l'univers chrétien. On n'a pas eu la prétention de vouloir faire mieux et autrement que ces prélats qui ont exposé avec pureté, clarté, et précision la doctrine catholique, dans les instructions qu'ils publiaient pour les fidèles confiés à leur surveillance pastorale. Le *catéchisme* de Bossuet a principalement dirigé le travail des rédacteurs, et l'ouvrage de ceux-ci n'est, à proprement parler, qu'un exemplaire de ce *catéchisme*, et j'ose dire, l'ouvrage même de l'Eglise gallicane, dont ce prélat a été si souvent l'éloquent interprète. Le nom de Bossuet, dont la science, les talents et le génie ont servi l'Eglise et honoré la nation, ne s'effacera jamais de la mémoire des Français, et la justice que tous les évêques de la chrétienté ont rendue à la doctrine de ce grand homme nous en garantit suffisamment l'exactitude et l'autorité.

« Par ces considérations, j'ai l'honneur de proposer à Votre Majesté d'ordonner la publication, dans toute l'étendue de l'empire, du *catéchisme* que je joins à mon présent rapport, qui a pour titre: *Catéchisme à l'usage de toutes les Eglises de l'empire français*, et qui est revêtu de l'approbation du représentant du saint-siége.

« Je suis, etc.

Signé: PORTALIS. »

DÉCRET *rendu, le 4 avril 1806, en exécution de l'article 39 de la loi du 18 germinal an X, et ordonnant la publication d'un catéchisme uniforme pour toutes les Eglises de l'empire français.*

« ART. 1er. En exécution de l'article 39, de la loi du 18 germinal an X, le *catéchisme* annexé au présent décret approuvé par son éminence le cardinal légat, sera publié et seul en usage dans toutes les Eglises catholiques de l'empire.

« ART. 2. Notre ministre des cultes surveillera l'impression de ce *catéchisme*, et pendant l'espace de dix années il est spécialement autorisé à prendre à cet effet toutes les précautions qu'il croira nécessaires.

« ART. 3. Le présent décret sera imprimé en tête de chaque exemplaire du *catéchisme*, et inséré au bulletin des lois. »

CONGRÉGATIONS ROMAINES.

En parlant dans l'article CONGRÉGATION (tom. Ier, col. 771) des *congrégations* romaines, nous en avons omis une, c'est celle des *affaires extraordinaires*, dont nous allons nous occuper ici.

La congrégation des *affaires extraordinaires*, est, comparativement aux autres, d'une date toute récente. Quelques-unes des anciennes *congrégations* existaient avant Sixte-Quint, quelques autres ont été établies depuis, mais la plupart ont été constituées par ce grand pape, et ce fut lui qui leur donna la forme qu'elles ont conservée jusqu'à nos jours. Sous Pie VI, pendant les orages de la révolution française, une commission fut établie pour s'occuper des affaires alors si épineuses de l'Eglise avec la France. Sous Pie VII, les affaires des autres royaumes furent également soumises à son examen, et cette commission devint ainsi une *congrégation*; depuis, le monde chrétien a été continuellement dans une telle agitation, qu'elle a eu toujours beaucoup à faire, bien que le souverain pontife ne la consulte et ne l'appelle à délibérer que sur les questions délicates et *extraordinaires* qui naissent des rapports de l'Eglise avec les divers gouvernements. C'est dans le sein de cette *congrégation* que sont discutés et préparés les concordats, etc. Elle traite donc non-seulement de matières théologiques, mais encore de matières canoniques et politiques.

Les autres *congrégations* ont des attributions déterminées et des réunions périodiques; il n'en est pas ainsi de celle qui nous occupe, les *affaires extraordinaires* étant de leur nature indéterminées, et ne survenant pas à des époques fixes, il faut que le souverain pontife la convoque pour qu'elle puisse se réunir, et qu'il la saisisse d'une affaire pour qu'elle puisse l'examiner; mais elle n'en est pas moins une *congrégation* permanente.

Les *congrégations* ont à leur tête un préfet. Cependant quelques-unes, celle du saint-office, par exemple, n'ont d'autre préfet que le pape lui-même; la *congrégation des affaires extraordinaires* n'a point non plus de préfet.

Les décisions des *congrégations* ne sont que consultatives; ces décisions ne prennent le titre de décrets et n'ont de force et de valeur qu'après qu'elles ont reçu l'approbation et la sanction du souverain pontife. La *congrégation des affaires extraordinaires* n'a pas proprement de décrets à rendre, elle est plutôt un conseil du pape qu'une *congrégation* établie dans la forme de celles de Sixte-Quint.

Les décisions des *congrégations* romaines, approuvées et sanctionnées par le pape, tantôt sont publiées officiellement, tantôt ne le sont pas. Le plus souvent on se contente de les envoyer aux personnes qui ont consulté, et la publication n'a lieu qu'au bout d'un laps de temps plus ou moins long, dans des recueils ou collections. Ainsi, il y a la collection des décisions de la *congrégation* du concile, la collection des décisions de la *congrégation* des rites, etc. Il est des *congrégations*, celle des évêques et réguliers, par exemple, dont les décisions ne sont jamais publiées. La *congrégation de l'index*, au contraire, publie les décisions contre les mauvais livres à mesure qu'elles sont approuvées par le souverain pontife (*Voyez* INDEX). Le saint-office ne publie que lorsque la publication paraît utile et opportune. La *congrégation des affaires extraordinaires* est de celles qui ne publient pas, et la raison en est simple; lorsque le pape, comme il arrive presque toujours, adopte l'avis de la *congrégation*, il le fait sien, et les parties intéressées en ont bientôt connaissance.

Le secret le plus inviolable est imposé aux membres des *congrégations* romaines pour tout ce qui se passe dans leur sein; ils y sont tenus par un serment spécial, et cette obligation est aussi rigoureuse pour la *congrégation des affaires extraordinaires* que pour toutes les autres. Mais lorsque la décision est prise et que l'explication doit avoir lieu dans le for extérieur, l'obligation du secret cesse naturellement. Chaque membre peut, sans violer son serment, dire quelle a été cette décision, il est des circonstances telles, que la sagesse et une véritable prudence conseillent de la publier.

INAMOVIBILITÉ.

Nous avons traité ci-dessus, col. 212, avec quelque étendue cette importante question; nous avons établi contre le journal *Le Bien social*, que Mgr. l'archevêque de Paris vient de frapper de censure, 1° que l'*inamovibilité* n'est pas de droit divin, mais seulement de droit ecclésiastique, et qu'elle a pu cesser d'être en usage, comme tout ce qui est de discipline, en raison des temps et des circonstances difficiles où nous nous trouvons depuis le rétablissement public du culte catholique en France; 2° que l'*inamovibilité* civile pourrait devenir une cause d'anarchie, de schisme et de révolte dans l'Eglise; 3° que le rétablissement de l'*inamovibilité* canonique avec les officialités obvierait à une foule d'inconvénients, etc. Nous ajoutions, en parlant aux nouveaux presbytériens: « Adressez-vous au souverain pontife, recourez humblement à vos pères dans la foi..., puis attendez avec patience et avec une humble soumission la décision que prendra leur sagesse; vous serez alors dans la voie canonique. » Cette question en effet est une cause majeure, suivant la remarque du R. P. Dom Guéranger, abbé de Solesmes, elle ressort par conséquent immédiatement du siége apostolique. Mgr. l'évêque de Liége l'a compris, car il a sollicité de la sacrée congrégation du concile de vouloir bien s'occuper d'une affaire qui intéresse à la fois les Eglises de France et celles de Belgique, et notre saint père le pape a prononcé une décision que nous sommes heureux de pouvoir consigner ici. En voici le texte avec celui de la notification authentique que Mgr. l'évêque de Liége en a faite à son diocèse.

« Cornelius miseratione divina et sanctæ sedis apostolicæ gratia episcopus Leodiensis, universo diœcesis nostræ clero, salutem in Domino.

« Ad vos, dilectissimi in Christo fratres, ut munus est, transmittimus responsum sedis apostolicæ vobis communicandum, cujus tenor est, ut sequitur:

« BEATISSIME PATER,

« Infrascriptus episcopus Leodiensis omni qua decet veneratione humillime petit, ut examinetur sequens dubium, sibique pro conservanda in sua diœcesi unitate inter clericos, et Ecclesiæ pace communicetur solutio.

« An, attentis præsentium rerum circumstantiis, in regionibus in quibus, ut in Belgio, sufficiens, legum civilium fieri non potuit immutatio valeat et in conscientia obliget, usque ad aliam sanctæ sedis dispositionem, disciplina inducta olim concordatum anni 1801, ex qua episcopi rectoribus ecclesiarum, quæ vocantur succursales, jurisdictionem pro cura animarum conferre solent ad mutum revocabilem, et illi si revocentur vel alio mittantur, teneantur obedire.

« Cæterum episcopi hac rectores revocandi vel transferendi auctoritate haud frequenter et non nisi prudenter hac paterne uti solent, adeo ut sacri ministerii stabilitate, quantum fieri potest, ex hisce rerum adjunctis, satis consultum videatur.

(*Sign.*) † CORNELIUS, *episcopus Leodiensis.*»

« Ex audientia Sanctissimi die prima maii
« 1845. Sanctissimus Dominus, noster uni-
« versa rei de qua in precibus, ratione ma-
« ture perpensa, gravibusque ex causis ani-
« mum suum moventibus, referente infra
« scripto cardinali sacræ congregationis con-
« cilii præfecto, benigne annuit, ut in regi-

« mine ecclesiarum succursalium, de quibus
« agitur, nulla immutatio fiat, donec aliter
« a sancta apostolica sede statutum fuerit.
(*Sign.*) P. Card. POLIDORIUS, *præf.*
« A. TOMASSETTI, *sub-secret.* »
« In cujus fidem et conformitatem cum originali.
« Leodii, hac die 26 maii 1845.
« H. NEVEN, *vic. gen.*.
« H. J. JACQUEMOTTE, *vic. gen.*
« *De mandato*, F. E. BREMANS, *secret.* »

« Corneille, par la miséricorde divine et la grâce du saint-siége apostolique, évêque de Liége, salut en Notre-Seigneur.

« Nous vous transmettons, comme c'est notre devoir, nos très-chers frères en Jésus-Christ, une réponse du siége apostolique, que nous devons vous communiquer, et dont la teneur est comme il suit :

« TRÈS-SAINT PÈRE,

« Le soussigné, évêque de Liége, avec tout le respect qui convient, demande humblement que le doute suivant soit examiné et que la solution lui en soit communiquée, pour conserver dans son diocèse l'unité parmi les clercs et la paix de l'Eglise.

« Si, vu les circonstances présentes, dans les contrées, comme celle de Belgique, où n'a pu s'accomplir un changement suffisant dans les lois civiles, la discipline introduite après le concordat de l'année 1801, d'après laquelle les évêques confèrent pour le soin des âmes une juridiction révocable à volonté aux recteurs des églises dites succursales, est en vigueur et oblige en conscience jusqu'à une autre disposition du saint-siége, et si, lorsqu'ils sont révoqués ou envoyés ailleurs, les recteurs sont tenus d'obéir.

« Au reste, les évêques n'ont pas coutume d'user souvent de ce pouvoir de révoquer et de transférer les recteurs, et n'en usent qu'avec prudence et d'une façon paternelle, de sorte qu'avec de telles précautions, il est suffisamment pourvu, autant que faire se peut, à la stabilité du saint ministère.

Signé : CORNEILLE, évêque de Liége. »

« De l'audience du saint père du 1er mai
« 1845. Sa Sainteté, toute raison mûrement
« pesée sur la question dont il s'agit en la
« supplique précédente, et d'après les graves
« motifs qui ont déterminé son esprit, sur le
« rapport du cardinal soussigné préfet de la
« sacrée congrégation du concile, a daigné
« consentir à ce qu'aucun changement n'ait
« lieu dans le régime des églises succursales
« dont il s'agit, jusqu'à ce qu'il en ait été
« autrement statué par le saint-siége aposto-
« lique.

« Signé : P. cardinal POLIDORI, *Préfet.*

« A. TOMASSETTI, *sous-secrétaire.* »

« En foi de quoi, et pour conformité avec l'original, nous avons souscrit.

« A Liége, ce 26 mai 1845.

« H. NEVEN, vic. gén.

« H. JACQUEMOTTE, vic. gén.

« *Par ordre* : F. E. BREMANS, *secrétaire.* »

La portée de cette décision apostolique est fort grave dans les circonstances présentes. D'abord, le souverain pontife est maintenant saisi de la cause : son autorité seule la fera avancer désormais. Par là sont détruites les dangereuses illusions de ceux qui pensaient obtenir par voie de recours à l'autorité civile le redressement des griefs qu'ils aimaient à faire valoir.

Il est étrange, remarque le R. P. Guéranger, de rencontrer encore des ecclésiastiques qui ne reculent pas devant la pensée d'invoquer l'intervention du pouvoir séculier dans des causes cléricales. Ce recours, cependant, est un délit ecclésiastique au premier chef, un délit frappé des censures canoniques, soit que le magistrat laïque le forme lui-même, soit qu'il le reçoive de la part d'un clerc. Les intentions qui ont été manifestées plusieurs fois à ce sujet, dans ces dernières années, auraient dû inspirer plus de défiance. Désormais, nous n'avons plus rien de semblable à craindre; la solution de la question est aux mains du siége apostolique; et la bonne foi des appelants au tribunal séculier, que l'ignorance seule avait pu jusqu'ici rendre excusables, n'est plus possible.

Nous remarquerons, en second lieu, que le souverain pontife, par là même qu'il veut bien accorder dispense temporaire pour la continuation de l'état de choses actuel, établit formellement que cet état de choses n'est pas régulier. Nous l'avons nous-même prouvé fort au long en rapportant les canons relatifs à cette matière. Quelques personnes ont donc eu tort d'attribuer aux tendances de l'esprit presbytérien, que nous réprouvons, toutes les réclamations qui ont eu lieu. La plus légère teinture du droit canonique, suffisait pour comprendre toute l'irrégularité de la position actuelle, et ses inconvénients pour la stabilité du ministère ecclésiastique, sont après tout d'une rare évidence, comme nous l'avons démontré.

Nous avons donc été fort surpris de trouver dans M. de Cormenin, ordinairement si logique, le passage suivant : « *L'inamovibilité* des desservants entraverait à la fois l'administration civile des campagnes et l'exercice de l'autorité épiscopale. Dans l'état actuel de l'Eglise, les prêtres modestes et vrais ne la demandent point. *L'inamovibilité* briserait les liens si nécessaires de la discipline et de la hiérarchie, laissant d'un côté les évêques paralysés de la langue et de la main, et de l'autre côté les prêtres marchant au hasard et sans guide dans les voies désordonnées d'une indépendance anarchique. »
(Feu ! Feu ! pag. 104.)

De semblables paroles ne seraient jamais tombées de la plume du célèbre Timon s'il connaissait aussi bien les lois de l'Eglise qu'il connaît les lois civiles, et s'il savait quel esprit anime le clergé des campagnes. *L'inamovibilité* ne peut nullement entraver l'exercice de l'autorité épiscopale, au contraire, elle le faciliterait singulièrement, comme nous l'avons fait voir ailleurs (*Voyez* OFFICIALITÉS, INAMOVIBILITÉ). Mais, dit-on, elle entraverait l'administration civile des campagnes, c'est-à-dire que l'administration civile des communes rurales, ordinairement peu religieuse, ne se plaît que trop souvent à tracasser les prêtres chargés du soin des paroisses; et, pour peu que ceux-ci refusent d'accorder ce qui est incompatible avec leur honneur, leur devoir et leur conscience, l'autorité civile demande et obtient leur changement. Les prêtres modestes et vrais sont donc au contraire ceux qui désirent le plus vivement l'*inamovibilité* avec les garanties suffisantes pour l'autorité épiscopale, parce qu'ils sont le plus ordinairement victimes de l'état actuel des choses. Nous pourrions citer une foule de faits à l'appui de ce que nous disons ici, mais il suffit de jeter un coup d'œil sur les paroisses de la campagne, et de voir l'esprit qui anime un assez grand nombre d'autorités municipales. Quelque temps après 1830, un vénérable prélat, à qui nous faisions des observations sur les changements qu'il opérait, nous répondit : « Je suis moins à plaindre qu'un de mes collègues à qui M. le ministre des cultes vient d'imposer l'obligation de changer soixante prêtres. » Un autre prélat fit, dans une seule semaine, trente cinq changements : voilà les funestes conséquences du système d'amovibilité, qui ôte souvent au pasteur pieux et zélé toute influence et toute autorité dans sa paroisse.

Quoi qu'il en soit du passé, dirons-nous, avec Dom Guéranger (*Auxiliaire*, n° 2), ceux-là même qui ont soutenu, avec la plus grande droiture d'intention et la plus sérieuse connaissance des principes et des choses, les droits des prêtres désignés sous le nom de desservants, se feront un devoir de rendre hommage à la sagesse du pontife romain que Dieu a établi *sur la montagne*, afin qu'il puisse dominer toutes choses par l'étendue et la profondeur de son regard aussi bien que par l'immensité de sa puissance. Un seul pouvoir dans l'Eglise est au-dessus des canons, et c'est le moyen que Dieu a choisi pour que les canons soient appliqués avec prudence et avec vigueur.

Nous dirons, en troisième lieu, que la décision romaine n'est pas moins salutaire aux intérêts temporels des desservants, intérêts qu'on a d'ailleurs trop fait valoir dans cette controverse où il s'agissait bien plus de la dignité du saint ministère et de sa fécondité dans les paroisses. En effet, le souverain pontife se détermine à confirmer pour un temps le système de l'amovibilité; mais il ne se porte à cet acte d'indulgence apostolique qu'en tenant compte de certaines conditions à l'aide desquelles l'usage actuel est garanti d'un grand nombre d'inconvénients. La supplique de monseigneur l'évêque de Liége déclare que les changements de desservants auront lieu rarement, prudemment et paternellement. Les desservants qui exercent leurs fonctions avec zèle et d'une manière conforme aux règles, ne doivent donc plus craindre d'être traversés dans leurs œuvres apostoliques par des déplacements douloureux et arbitraires.

Monseigneur l'archevêque de Paris a publié, le 26 mai dernier, une censure solennelle des erreurs qui avaient été professées, dans le journal *Le Bien Social*, à l'occasion de la controverse à laquelle le saint-siége vient de mettre fin. Voici en quels termes le savant et illustre prélat fulmine sa censure :

« A ces causes, le saint nom de Dieu invoqué, nous avons condamné et condamnons le journal intitulé *Le Bien Social*, qui se publie à Paris depuis le commencement de 1844, comme renfermant plusieurs propositions qui sont respectivement téméraires, fausses, injurieuses au saint-siége et à l'épiscopat, scandaleuses, attentatoires à la constitution de l'Eglise et à ses droits, contraires à son enseignement et à ses traditions, suspectes de schisme et d'hérésie, et plusieurs fois condamnées soit par les conciles, soit par le clergé de France, soit par le saint-siége. »

Monseigneur l'archevêque de Paris condamne ensuite spécialement les propositions extraites de la même feuille.

Dans une lettre pastorale du 2 juin 1845, monseigneur l'évêque de Viviers fait connaître au clergé de son diocèse la réponse de Sa Sainteté à monseigneur l'évêque de Liége. Après avoir donné le texte de cette décision, monseigneur l'évêque de Viviers en fait ressortir toute la portée, et dit :

« Ainsi, toute difficulté est levée sur la canonicité de la situation amovible des prêtres placés à la tête des succursales. La sanction du saint-siége est formellement donnée à un état de choses, exceptionnel si l'on veut, mais qui ne peut canoniquement être changé que par une décision nouvelle émanée du chef de l'Eglise. Cela ne regarde pas seulement la Belgique, mais *tous les pays où, comme en Belgique, il n'a pas été possible de faire des changements suffisants dans les lois civiles*; et c'est tellement ainsi que l'a compris le saint-siége, que son éminence le cardinal Lambruschini, secrétaire d'Etat, en nous transmettant le rescrit adressé à monseigneur l'évêque de Liége, nous renvoie à ce document pour la solution de la question dont il s'agit, et nous dit que *nous y trouverons l'expression de l'intention du saint père*. Nous sommes donc en droit de nous prévaloir de ce rescrit comme appartenant au domaine de l'Eglise tout aussi bien que les canons, dont on a si souvent invoqué l'autorité : c'est un texte fort clair qui, bien qu'adressé primitivement pour un évêque étranger à la France, a toute autorité pour la conscience, et doit mettre fin à une controverse déplorable. Aussi, est-ce à la conscience catholique que nous l'offrons sans craindre qu'elle le repousse.

« La décision du souverain pontife ne saurait affaiblir en aucune manière les droits des prêtres amovibles à notre confiance, à notre estime et à notre tendre sollicitude. Ils conserveront tous les privilèges que nos prédécesseurs et nous-même leur avons accordés. Ils seront toujours à nos yeux de véritables curés investis de toutes les prérogatives attachées à la charge des âmes et indépendants de tous les autres chefs de paroisse; nous voulons même que le nom de *desservant*, réservé pour les rapports officiels avec l'autorité temporelle, soit remplacé parmi nous par celui de *curé*, plus propre à désigner leurs fonctions pastorales, et plus conforme au langage de l'Eglise. Nous assurerons, autant qu'il sera possible, la stabilité de leur ministère, selon les expressions mêmes de la supplique, et les changements dont ils pourront être quelquefois l'objet, ne s'opéreront jamais, comme cela s'est fait jusqu'ici, que d'une manière aussi *peu fréquente que prudente et paternelle*.

« Nous éprouvions le besoin de vous dire ces choses, nos très-chers coopérateurs, tandis que la parole descendue du trône du prince des apôtres va terminer une controverse dans laquelle nous avons eu à remplir un ministère si pénible..... »

Dans sa lettre *pastorale* du 1ᵉʳ mai 1845 (pag. 41), Mgr l'évêque de Montpellier s'exprime ainsi sur l'importante question qui nous occupe.

« Sans doute, dans toutes les lois positives et surtout dans celles de l'Eglise, l'on découvre quelques rayons du droit naturel qui est éternel et immuable. La loi de l'*inamovibilité*, longtemps établie, porte éminemment ce caractère. Une loi qui remonte aux temps les plus reculés, qui n'a été suspendue que par la nécessité des circonstances à diverses époques ; que les conciles et la pratique des évêques, sur tous les points du monde catholique et dans tous les siècles, ont plus ou moins expressément sanctionnée, une telle loi doit être fondée sur quelque chose de plus grand que de simples convenances. C'est la dignité du ministère pastoral, c'est le bien surnaturel des peuples que l'Eglise a considéré, raisons supérieures en elles-mêmes à tous les faits transitoires, parce qu'elles rentrent dans l'ordre absolu de la loi éternelle. »

Plus loin (page 51) le même prélat ajoute :

« Que si l'on veut établir un certain droit à l'*inamovibilité* sur les règlements des anciens conciles, confirmés par un long usage, disons mieux, par une pratique chère à l'Eglise, nous n'aurons garde de nous y opposer ; car, c'est reconnaître que ce droit a son fondement dans l'esprit de modération qui anime les premiers pasteurs dans leur tendre sollicitude pour leurs coopérateurs que le ciel leur associe dans leur constante application à relever la dignité des fonctions pastorales, et qu'il est fondé sur le vœu de l'épiscopat. Pour nous, nos très-chers coopérateurs, nous n'hésitons pas à vous dire que ce vœu est le nôtre ; que nous souhaitons avec ardeur de voir arriver l'heureux moment où la situation de l'Eglise, au dedans et au dehors, permettra d'approprier au temps actuel l'antique organisation du corps sacerdotal, et que, sans attendre le rétablissement authentique et légal de la discipline ancienne, les pasteurs du second ordre, dans notre diocèse, demeurent à nos yeux revêtus d'*inamovibilité*, avec cette réserve que le droit nous impose, et que la conscience d'un évêque lui prescrit impérieusement dans certains cas particuliers : *Nisi pro bono ecclesiarum regimine aliter expedire videbitur*. » (Concil. de Trente, sess. VII, ch. 7, *de Reform.*)

Monseigneur l'évêque de Digne, l'un des hommes de France les plus versés dans la science du droit canon, en faisant connaître à son clergé, dans une *circulaire*, qu'il adhère au mandement de monseigneur l'archevêque de Paris contre *Le Bien social*, déclare qu'il est *partisan d'une véritable réforme disciplinaire faite par le souverain pontife et les évêques*. Voici comment s'exprime à cet égard le docte prélat.

« .... Sans doute, nous ne pensons pas que tout soit parfait dans le régime qui est résulté pour l'Eglise de France de circonstances tout à fait exceptionnelles. Mais les réformes ecclésiastiques ne peuvent se faire que par l'autorité ecclésiastique elle-même. En affaiblissant ou en méconnaissant cette autorité, on les paralyse au lieu de les hâter. Pour nous, nous l'avouons, nous aurions depuis longtemps complété et publié les mesures réglementaires que nous avons adoptées pour la bonne administration de notre diocèse, sans les funestes égarements que nous signalons. En cédant à toutes les inspirations de cet esprit de douceur et d'équité, qui est l'âme du gouvernement ecclésiastique, nous avons pu craindre quelquefois de paraître céder à la révolte, et favoriser des théories aussi fausses que dangereuses.

« C'est pourquoi, très-chers coopérateurs, partisan d'une véritable réforme disciplinaire faite par le souverain pontife et les évêques, d'accord avec le gouvernement en tout ce qui peut être d'ordre public, désireux d'ailleurs de prendre toutes les mesures qui, en maintenant la subordination hiérarchique et les principes de la discipline, seront de nature à améliorer le sort du clergé du second ordre, à diminuer un peu l'effrayante responsabilité qui, dans l'état actuel des choses, pèse sur nous, nous n'en étions que plus porté à condamner des tentatives qui ne pouvaient avoir pour résultat que d'empêcher toute amélioration, en jetant le trouble et la confusion dans le sanctuaire. »

Monseigneur l'évêque de Digne dit ensuite qu'il a eu la pensée d'élever la première la voix pour censurer des écarts si dangereux, qu'il les a signalés au souverain pontife et que Sa Sainteté, dans un bref rempli pour sa personne des sentiments les plus paternels et les plus affectueux, daigna l'informer le 3 avril dernier qu'on saurait bientôt clairement combien le saint-siège réprouvait de telles doctrines : *jam vero quod attinet ad res in folio tuis litteris adjecto affirmatas, quam primum istic palam publiceque constabit quam longe a veritate sint alienæ*. Quelque temps après parut en effet, la décision du vicaire de Jésus-Christ, adressée à monseigneur l'évêque de Liége, et rapportée ci-dessus. Puis monseigneur l'évêque de Digne termine en annonçant la prochaine publication du *règlement de son officialité diocésaine*, en ces termes :

« Au reste, messieurs et chers coopéraleurs, nous aurons bientôt occasion, en publiant le règlement de notre officialité diocésaine et les motifs sur lesquels s'appuient les détails de son organisation, de mettre dans tout leur jour les véritables principes de l'autorité des évêques et de leur juridiction. » (*Voyez* OFFICIALITÉ.)

De son côté, monseigneur l'archevêque de Paris, qui reconnaît qu'un prêtre peut examiner, avec la modération convenable, ainsi que nous l'avons fait dans cet ouvrage, les avantages du rétablissement de l'*inamovibilité*, nous promet de le faire prochainement lui-même dans un travail spécial. Nous voyons donc avec satisfaction que nos plus savants évêques s'occupent de cette question ; nous espérons que tout en réfutant et repoussant les exagérations de l'esprit de parti, ils la feront avancer et l'amèneront avec le souverain pontife à un heureux résultat pour le plus grand bien de l'Eglise de France. Nous nous estimerions heureux si notre travail pouvait être pour cela de quelque utilité. C'est du moins le seul motif qui nous ait déterminé à parler sur cette matière.

INTERDIT.

Un des prélats à qui nous avons soumis notre travail, nous fait observer que nous avons dit à tort, sous le mot INTERDIT, col. 298, qu'*on ne peut interdire à un prêtre, dans son diocèse, le pouvoir d'offrir le saint sacrifice de la messe, sans lui faire son procès, et prouver que sa conduite l'en rend indigne*, que par là nous semblons refuser à l'évêque un droit de censure, judiciaire, et de juridiction qui lui est propre. Nous sommes bien éloigné de contester un tel pouvoir à nos évêques, nous avons au contraire établi en plusieurs endroits de cet ouvrage ce droit incontestable. Nous avons seulement voulu dire qu'autrefois un prêtre n'était jamais frappé d'interdit, surtout *a sacris*, que par la juridiction contentieuse de l'évêque, c'est-à-dire après le jugement de l'officialité ; or la juridiction contentieuse de l'évêque n'est rien autre chose que son pouvoir même judiciaire, puisqu'au résumé c'est l'évêque lui-même qui juge par l'entremise de son officialité, laquelle n'a de pouvoir qu'autant que l'évêque veut bien lui en donner. C'est tellement dans ce sens qu'il faut entendre nos expressions que nous disons dans la même colonne : *Cependant, d'après la discipline qu'ont introduite en France les articles organiques, on n'y observe plus ces formalités canoniques.*

LIBERTÉS de l'Eglise gallicane.

En parlant de la déclaration de 1682, nous avons cité les bulles *Inter multiplices* et *Auctorem fidei* contre cette déclaration ; nous croyons devoir ajouter ici ces deux importants documents.

BULLE Inter multiplices d'*Alexandre* VIII, *du 4 août 1690, qui condamne tant la concession de la régale que la déclaration de 1682.*

« ALEXANDRE, serviteur des serviteurs de Dieu ;

« *Pour en conserver le perpétuel souvenir.*

« Au milieu des soins multipliés qui partagent notre devoir pastoral, comme notre plus grand zèle et notre plus grande activité ont sans cesse pour objet de veiller à la conservation entière de tous les droits et privilèges de l'Eglise universelle et des sociétés particulières, ainsi que des lieux sacrés et des personnes du clergé ; de là vient que nous avons, et avec raison, rappelé, d'une manière particulière, à notre attention les actes que se sont permis, contre les droits des Eglises de leur nation et l'autorité du siége même apostolique, nos vénérables frères les archevêques et évêques, ainsi que plusieurs autres membres du clergé de France, dans une assemblée d'Etats tenue il y a plus de neuf ans ; d'autant plus qu'ils ont porté les choses jusqu'à consentir à l'extension de la régale dans toutes les églises de France, jusqu'à donner en outre de la publicité à la déclaration qu'ils ont alléguée, et, le dirons-nous ? jusqu'à soutenir ou publier ces attentats encore aujourd'hui avec toutes leurs suites, n'ayant compté pour rien, ou assurément pour peu de chose, tous les avertissements qui leur ont été donnés et plusieurs fois répétés inutilement, pour les engager à se désister de leurs entreprises criminelles et de leurs injustes procédés.

« Bien plus, afin de pourvoir le mieux qu'il est possible, pour le présent et pour l'avenir, par une déclaration opposée, et par une constitution, aux intérêts du siége pontifical de l'Eglise universelle, de chaque société particulière et de toutes personnes du clergé ; enfin, après l'examen le plus exact des cardinaux et d'autres personnages très-savants, nous nous sommes déterminé à porter un décret, en vertu de l'autorité qui nous a été donnée d'en haut, et cela, à l'exemple d'Innocent XI, notre prédécesseur de sainte mémoire, qui, dans sa réponse, en forme de bref, du 11 avril 1682, à la lettre du clergé de France, a annulé, cassé et déclaré nuls à perpétuité les actes qu'il s'était permis dans son assemblée de Paris.

« Nous déclarons donc aussi par les présentes, et de notre libre et propre mouvement, que toutes les choses qui ont été faites dans cette fameuse assemblée du clergé de France, tant dans l'affaire de l'extension de la régale, que dans celle de la déclaration sur la puissance et la juridiction ecclésiastique, au préjudice de l'état et de l'ordre du clergé, ainsi que du siége pontifical, et tout ce qui en est suivi, par la volonté des personnes laïques, et même ce qui pourra peut-être par la suite être attenté à cet égard : nous déclarons que toutes ces choses ont été, sont et seront à perpétuité nulles de plein droit, invalides, sans effet, injustes, *condamnées, réprouvées, illusoires*, entièrement destituées de force et d'effet. Voulons aussi, et ordonnons : Que tous les regardent maintenant et toujours comme nulles et sans effet ; que personne ne soit tenu de les observer, ni qu'en vertu de ces choses il ait été acquis, il soit, encore moins qu'en aucun temps il puisse être acquis et appartenir à qui que ce soit, aucun droit ou action, ou titre coloré, ou cause de prescription ; fût-elle suivie de la plus longue possession. Nous statuons même et ordonnons : qu'on doit les tenir à jamais pour non existantes et non avenues, comme si elles n'eussent point été mises au jour.

« Et néanmoins, pour surabondance de précautions, de notre mouvement, sérieuse délibération, et de la plénitude de la puissance pontificale, nous *condamnons* de rechef, nous *réprouvons* et dépouillons de leurs forces et de leur effet les articles susdits et les autres choses préjudiciables, et nous protestons contre elles et de leur nullité devant Dieu; défendant toutes exceptions quelconques contre cette bulle, surtout le prétexte de subreption et d'obreption, de nullité ou d'invalidité; décernant au contraire que les présentes sont et seront à jamais valides et efficaces, et qu'elles sortent et obtiennent leurs pleins et entiers effets ; qu'il doit être partout jugé et défini de la sorte par les juges ordinaires et délégués, quels qu'ils soient, leur ôtant à chacun d'eux toute faculté et autorité de juger et d'interpréter autrement; que ce qui pourra être attenté à l'encontre sur ces choses, avec ou sans connaissance, par quelques personnes, ou en vertu de quelque autorité que ce soit, est sans effet et illusoire; qu'aucuns décrets des conciles, soit qu'ils aient été allégués, soit qu'ils le soient dans la suite par quelques personnes, n'auront aucune valeur contre la teneur des présentes, non plus que les autres prétentions, coutumes, droits, constitutions, privilèges, lettres, indults des empereurs, princes sages, sous quelque nom qu'ils paraissent; car nous voulons ôter à tous et à chacun de ces titres, et de plus, nous leur ôtons publiquement tout effet par notre diplome, avec cette seule addition, qu'aux copies des présentes, même imprimées, souscrites de la main d'un notaire public, et munies du sceau de quelque personne constituée en dignité ecclésiastique, il soit ajouté la même foi qu'à l'original même, s'il était exhibé ou présenté. »

Extrait de la bulle Auctorem fidei, *contre le synode de Pistoie, en date du 28 août 1794.*

« Et l'on ne doit pas passer sous silence cette insigne et frauduleuse témérité du synode, qui non-seulement a osé prodiguer les plus grands éloges à la déclaration de l'assemblée gallicane de 1682, depuis longtemps improuvée par le siège apostolique, mais s'est permis, pour lui donner plus d'autorité, de la renfermer insidieusement dans un article intitulé : *De la Foi* ; d'adopter ouvertement les articles qu'elle contient, et de mettre le sceau, par la profession publique et solennelle de ces articles, aux choses qui sont présentées par tout le contenu de ce même décret. En quoi non-seulement nous avons beaucoup plus de sujet de nous plaindre de ce synode que nos prédécesseurs n'ont eu à se plaindre de cette assemblée, mais ce synode fait à l'Église gallicane elle-même une grande injure, en la croyant digne que son autorité soit invoquée pour servir d'appui et de défense aux erreurs dont ce décret est souillé. C'est pourquoi notre prédécesseur, le vénérable Innocent XI, par ses lettres en forme de bref, du 11 avril 1682, et plus expressément ensuite Alexandre VIII par la constitution *Inter multiplices*, du 4 août 1690, ayant, pour satisfaire à leur charge apostolique, improuvé, cassé et déclaré nuls et sans effet les actes de l'assemblée gallicane dès qu'ils ont paru, à plus forte raison la sollicitude pastorale exige-t-elle de nous que nous réprouvions et condamnions l'adoption récente, et accompagnée de tant de vices, qui en a été faite dans le synode de Pistoie, comme téméraire scandaleuse, et surtout après les décrets portés par nos prédécesseurs, comme grandement injurieuse à ce siège apostolique, ainsi que nous la *réprouvons* et *condamnons* par notre présente constitution, et voulons qu'elle soit regardée comme réprouvée et condamnée. » (*Collect. des brefs de Pie* VII, part. II. *pag.* 198.)

LOUAGE.

Les ecclésiastiques peuvent louer les biens de l'Église dont ils ont l'administration, pourvu que ce contrat ne soit point une aliénation du fonds (*Cap. Vestra*). On doit faire quelque diminution aux fermiers, à cause des stérilités extraordinaires, à moins que ce malheur ne soit compensé par une abondance extraordinaire des années qui ont précédé, ou qui ont suivi la stérilité dans le cours du bail (*Cap. Propter*). Grégoire IX permet d'expulser l'emphitéote, ou le censitaire de l'Église, qui a passé deux années sans payer la censive, à moins qu'il ne paie aussitôt après que les deux années sont expirées (*Cap. Potuit*). Les sommations n'étaient point nécessaires en ce cas, parce que le jour marqué dans l'acte produisait le même effet que la sommation. Aujourd'hui il faut suivre les formalités prescrites par les lois civiles.

PACTE.

Ceux qui sont cités à comparaître devant le tribunal compétent, quelquefois dans la crainte du jugement, en viennent à des *pactes* et à des transactions, ou choisissent des arbitres. Le *pacte* est appelé ici la convention passée entre deux parties dans l'intérêt de la paix, selon les coutumes et les lois reçues.

Peuvent faire des *pactes* sur les affaires ecclésiastiques ceux à qui il avait été permis de les aliéner sans le consentement du chapitre ou du prélat supérieur. On pourra encore faire des *pactes* sur les bénéfices soit ou non curiaux, de même que pour tout commerce de la vie, soit que ces choses soient ou non présentes : pourvu cependant que de la convention qui a été faite il ne naisse ni un danger pour l'âme, ni rien de honteux, ni d'impossible, ni de préjudiciable à l'Eglise. Alors les *pactes* seraient non avenus.

Il y a danger pour l'âme, lorsque par convention on résigne un bénéfice pour de l'argent; alors il y aurait simonie (*C. Comprehendere*, 4), ou encore quand c'est pour succéder, après la mort d'un prélat, dans son église (*C. Accepimus*, 5, *eod.*), ou pour obtenir d'autres faveurs spirituelles.

Il y a turpitude, quand promesse est faite de commettre un crime, ou de ne pas poursuivre celui qui a été commis.

Il y a impossibilité, lorsqu'il est impossible, d'après les choses ordinaires de la vie, d'accomplir la convention.

Il y a dommage pour l'Eglise, lorsqu'on lui enlève de ses revenus, ou qu'on la grève de quelque nouvelle charge, ou qu'on lui cause quelque préjudice. Toutes les autres conventions, même simples, qui ne sont pas entachées de quelqu'une des notes précitées, obligent dans ce droit, et sont suffisantes pour agir et poursuivre; à moins que le *pacte* manque des conditions qui lui ont été opposées, ou que le pontife, pour quelque raison, dégage de la promesse (*Ut in c.* 2, *Auctoritatem*; *c.* 3, *Alius*; *c.* 4, *Nos sanctorum*, 15, *qu.* 6, *c.* 2, *de Voto*), ou que celui qui veut que le *pacte* soit rempli par les autres, ne l'ait pas fait de son côté.

Les *pactes* peuvent être abrogés par des privilèges et indults apostoliques en faveur des pacificateurs et de ceux qui renoncent (*C. Ex multiplici*, 3, *de Decimis*; *c. Clem. Dudum*, 2, *de Sepult.*). Ils préjudicient seulement aux pacificateurs et ne font rien au préjudice des supérieurs. Toujours, dans chaque *pacte* et chaque serment, l'autorité des supérieurs est aussi exceptée (*C. Venientes*, 19, *ex te credimus*, 22, *de jurejur.*; *c. Constitutus*, 19, *de Rescript.*).

PAYEMENT.

Un bénéficier n'est tenu de payer les dettes de son prédécesseur que quand elles ont été contractées pour le bien et l'avantage de l'Eglise, en cas de nécessité ou d'une utilité évidente (*Cap. Ad hoc*). Grégoire IX défend d'excommunier un clerc qui n'a point payé ses dettes, quand il a été hors d'état de le faire, en l'obligeant à s'engager par serment à les acquitter dès qu'il le pourra (*Cap. Odoardus*).

Celui qui prétend qu'il ne devait pas ce qu'il a payé, ne peut le répéter qu'en justifiant qu'il n'était point débiteur de la somme qu'il a payée; mais si celui qui a reçu la somme l'avait désirée, on présumerait qu'il y a de la mauvaise foi de sa part, et on l'obligerait à prouver qu'elle lui était véritablement due (*Cap. Is qui*).

TRANSACTION.

La *transaction* est la décision convenue d'une chose incertaine et d'un procès incertain, après avoir donné ou fait une remise quelconque. Ceux qui peuvent pacifier, comme les prélats, ont droit à transiger sur les choses ecclésiastiques, mais avec le consentement du chapitre ou du supérieur (*C. Contingit*, 3; *c. De cætero*, 5; *c. Veniens*, 8). On peut transiger sur des choses temporelles et spirituelles, lorsqu'elles sont en litige ou que l'on craint un procès, ce qu'il faut cependant entendre de celles qui regardent les propriétés en litige, mais non si pour des choses spirituelles on donne des biens temporels (*C. Præterea* 10; *c. Super ea*, 7, *eod.*); ou comme spirituelles si l'on s'en servait pour obtenir un bénéfice (*C. Ex frequentibus*, 3, *de instit.*; *c. Admonet*, 4, *de rerum*; *c.* 11 *Nullus omnino*, 16, *qu.* 7); l'une et l'autre seront entachées de crime de simonie. Dans ce droit la *transaction* a la même force que le pacte (*Voyez* ci-dessus col. 1152).

VIOL.

Le *viol*, que l'honnêteté de notre langue ne permet pas de désigner sous les différentes acceptions qu'il reçoit en latin, est le commerce charnel illicite avec une vierge, ou une veuve vivant honnêtement. Dans le sens propre et strict, il est pris pour la cessation de la virginité (*C. Lex illa*, § *Stuprum*, 36, *qu.* 1). S'il a été commis avec une veuve vivant honnêtement, le coupable sera soumis à une pénitence et puni d'une amende : si c'est avec une vierge, il doit la doter selon sa condition, et la prendre pour son épouse, à moins que le père ne veuille pas y consentir; dans ce cas, il suffit de la doter. Si le père consent, et que lui-même refuse de l'épouser, il pourra être poursuivi corporellement et excommunié, et renfermé dans un monastère pour y faire pénitence (*C.* 1 *et* 2, *de adult.*). Le clerc qui a déshonoré une vierge, ne pouvant pas l'épouser s'il est dans les ordres sacrés, il sera déposé dans le for contentieux (*Panorm. in c. Etsi clerici judic.*; *c. Si quis clericis dist.* 3, *c. Latus*, 2, *qu.* 7). Celui qui a déshonoré des vierges consacrées à Dieu sera déposé, s'il est clerc, et excommunié, s'il est laïque : autrefois le droit civil l'aurait condamné à la peine capitale. Le prêtre qui a forniqué avec sa fille spirituelle ou pénitente, sera déposé, fera pénitence pendant douze ans, entrera ensuite dans un monastère. Si la femme aussi est laïque, après avoir distribué ses biens aux pauvres, elle se renfermera aussi dans un monastère (*C.* 9 *Si quis sacerdos*, 30, *qu.* 1 ; *c. Omnes quos*, 40, *qu.* 1).

FIN DU SUPPLÉMENT.

TABLE MÉTHODIQUE

POUR DIRIGER LES LECTEURS DANS L'ÉTUDE DU DROIT CANON.

INTRODUCTION.

Histoire du droit canon, tom. I, col. 1035
Règles du droit canon, II, 944
Manière de citer les canons et les autorités du droit, I, 506
Ce qu'on entend par glose du droit canon, II, 149
Par distinction, I, 1010
Par palea, II, 750
Notices sur les canonistes, II, 1229
Concordat de 1801, I, 605
Bulle pour la ratification du concordat, I, 607
Bulle pour la circonscription des diocèses, I, 618
Articles organiques du concordat, I, 203
Réclamations du saint-siège contre ces articles, I, 217 et 676
Rapports des articles organiques, par Portalis, I, 646
Concordat de 1817, I, 729
Bulle pour la nouvelle circonscription des diocèses, I, 733
Bulle pour l'érection de l'évêché d'Alger, I, 120
Bulle pour l'érection de Cambrai en archevêché, I, 363
Pragmatique sanction, II, 834
Concordat de Léon X, I, 583

PREMIERE PARTIE.

DES PERSONNES.
CHAPITRE PREMIER.

Du clergé en général, I, 523 et 1071
Immunités des personnes ecclésiastiques, II, 197
Privilèges du clergé, II, 886
Franchise des lettres, II, 121
Exemption de tutelle, II, 1171
De l'abolition des privilèges du clergé, II, 889
Des clercs, I, 318
Leurs obligations, I, 519

CHAPITRE II.

Du pape, II, 736
Ses différentes qualités, II, 737
Ses droits et son autorité, II, 739
Sa suprématie, son infaillibilité, II, 760
Élection et couronnement du pape, II, 745, I, 874
Conclave, I, 581
Sacristain du pape, II, 996
Des antipapes, I, 154
Souveraineté temporelle du pape, II, 1092
Siège apostolique, I, 158, II, 1071
Cour de Rome, I, 873

CHAPITRE III.

Des cardinaux, leur origine, I, 376
Leur nombre et leurs titres, I, 379
Qualités requises pour être cardinal, forme de leur promotion, I, 381
Privilèges honorifiques des cardinaux, I, 384
Leurs devoirs et obligations, I, 386
Age requis pour être cardinal, I, 111
Serment des cardinaux, I, 387

CHAPITRE IV.

Des légats, II, 583
Autorité et pouvoirs des légats, II, 587
Leurs privilèges, II, 593
Des vice-légats, II, 1211
Des nonces, II, 610
Des internonces, II, 299
Des ambassadeurs, I, 136

CHAPITRE V.

Des exarques, I, 1211
Des patriarches, II, 793 et 912
Des primats, II, 882
Des métropolitains, II, 524
Des archevêques, I, 184
Leur autorité et leurs droits, I, 185
De l'usage du pallium, II, 753
Des provinces ecclésiastiques, II, 910

CHAPITRE VI.

Des évêques, I, 871
Qualités nécessaires pour être évêque, I, 1184
Age requis pour être évêque, I, 111
Élection des évêques, I, 1124
Nomination des évêques, II, 587
Leur serment de fidélité, II, 1066
Institution canonique des évêques, II, 596
Consécration des évêques, I, 801
Autorité, droits et fonctions des évêques, I, 1186
Devoirs et obligations des évêques, I, 1194
Résidence des évêques, II, 981
Visites épiscopales, II, 1214
Supériorité des évêques sur les prêtres, I, 1204
Droits honorifiques des évêques, I, 1211
Translation des évêques, II, 1153
Familles des évêques, II, 67 et 69
Des évêques in partibus, I, 1203 et 340, II, 792
Des coadjuteurs, I, 557
Des chorévêques, I, 479

CHAPITRE VII.

Autorité et droits des évêques sur les clercs séculiers et réguliers de leurs diocèses, I, 1237
Origine et progrès des exemptions, I, 1239
Titres des exemptions, I, 1241
Comment finissent les exemptions, I, 1242

CHAPITRE VIII.

Du vicaire général, II, 1203
Lois relatives aux vicaires généraux, II, 1205
Comment finissent les pouvoirs des vicaires généraux, II, 1207
Des vicaires apostoliques, II, 1208
Des missionnaires apostoliques, II, 529
Des régionnaires, II, 939

CHAPITRE IX.

Des chapitres, leur origine, I, 460
Des chapitres collégiaux, I, 1239
Des chanoines, I, 438
Leur origine, I, 439
Leurs qualités et leurs droits, I, 442
Leurs obligations, I, 443
Des fonctions et de la puissance du chapitre, le siège vacant, I, 461
Des prévôts, II, 778
Des dignités, I, 957
Des doyens du chapitre, I, 1034
Du chanoine théologal, II, 1125
Qualités et devoirs du théologal, II, 1126
Du pénitencier, II, 813
De l'écolâtre, I, 1074
Du capiscol, I, 375
Du primicier, II, 884
Du chevecier, I, 476
Des chantres, I, 449, II, 826
Du bâton cantoral, I, 287
Du trésorier, II, 1170
Des chanoines honoraires, I, 445
Des prébendes, II, 845
Des personnats, II, 825
Des chanoinesses, I, 445
Des archicolytes, I, 190

CHAPITRE X.

Des prêtres, II, 871
De l'archidiacre, I, 191
Des archiprêtres, I, 194
Des vicaires forains, II, 1208
Des doyens ruraux, I, 1035
Des curés, I, 890
Des curés dits desservants, I, 950
Origine des curés, I, 890
Leurs devoirs et leurs fonctions, I, 896, II, 777
Leurs qualités, II, 872
Exemptions des curés, I, 243

CHAPITRE XI.

De l'inamovibilité des curés, II, 212
De la perpétuité et de la stabilité, II, 82 et 1097
Translation des bénéficiers, II, 1159
Inconvénients de l'inamovibilité civile, II, 221
Nécessité de rétablir l'inamovibilité canonique, II, 225
Réponse aux objections faites contre l'inamovibilité, II, 256

TABLE MÉTHODIQUE.

Des crent,	I, 1233
Des vicaires perpétue—,	II, 1210
Des vicaires de paroisse,	II, 1209
Des prêtres habitués,	II, 161

CHAPITRE XI

Des diacres,	I, 195
Des sous-diacres,	II, 1091
Des acolytes,	I, 83
Des ⁂ orcistes,	I, 1213
Des lecteurs,	II, 584
Des syncelles,	II, 1114

CHAPITRE XIII.

Des diaconesses,	I, 933
Des agapètes,	I, 108
Des apocrisiaires,	I, 155
Des mansionnaires,	II, 498

CHAPITRE XIV.

Du chapelain,	I, 450
Du grand chapelain,	I, 450
De l'aumônier,	I, 237
Du grand aumônier de France,	I, 239

CHAPITRE XV

Du custode,	I, 899
Du sacristain,	II, 996
Du bedeau,	I, 287

CHAPITRE XVI.

Des ordres religieux,	II, 714
Des ordres mendiants,	II, 513
Des moines,	II, 533
Origine et histoire de la vie monastique,	II, 533
Des acémètes,	I, 80
Des abbés,	I, 14
Des archimandrites,	I, 194
Election, confirmation et bénédiction des abbés,	I, 16
Abbés réguliers, leur autorité et leur gouvernement,	I, 24
Leurs droits et leurs prérogatives,	I, 27
Leurs charges et leurs obligations,	I, 29
Abbés commendataires,	I, 30
Chefs d'ordre,	I, 477
Généraux d'ordre,	II, 143
Provincial,	II, 914
Religieux, leurs obligations,	II, 967
Translation des religieux,	II, 1160
Clôture des monastères d'hommes,	I, 876
Des frères laïs,	II, 142, 373
Des convers,	I, 867

CHAPITRE XVII.

Des Jésuites, leur institution et suppression,	II, 353
Rétablissement des jésuites,	II, 353
Régime de la société des jésuites,	II, 344
Des bénédictins,	I, 289
Des franciscains,	II, 126
Des dominicains,	I, 1023, II, 353
Des ordres de chevalerie,	I, 477
De l'ordre de Malte,	I, 492

CHAPITRE XVIII.

Des religieuses, leur origine,	II, 989, 517
Clôture des religieuses,	II, 760, I, 551
Du parloir,	II, 770
Novices et profession des religieuses,	II, 961
Visite des religieuses,	II, 963
Confesseurs des religieuses,	II, 966
Des abbesses,	I, 51
Leur autorité, leurs droits et leurs obligations,	I, 55
Des béguines,	I, 288
Des jésuitesses,	II, 545

CHAPITRE XIX.

De la vêture ou prise d'habit,	II, 1203
De la profession religieuse,	II, 800
Age requis pour la profession religieuse,	I, 118
Des novices,	II, 621
Durée du noviciat,	II, 625
Examen des novices,	II, 628
Dotation religieuse,	I, 1051
Voile des religieuses,	II, 1226

CHAPITRE XX.

Des vœux, leur nature,	II, 1219
Forme des vœux,	II, 1220
Effets des vœux,	II, 1221
Dispense des vœux,	II, 1223
Réclamations contre les vœux,	II, 952
De la chasteté,	I, 475
Du célibat,	I, 445

CHAPITRE XXI.

Des congrégations religieuses d'hommes,	I, 773
Des congrégations religieuses non reconnues par la loi,	I, 773
Des congrégations religieuses de femmes,	I, 779
Des communautés ecclésiastiques,	I, 552
De la congrégation de Saint-Sulpice,	I, 1109
Des prêtres de la mission,	II, 528

CHAPITRE XXII.

Des chapitres de religieux,	I, 470
De l'obédience,	II, 629
De l'obéissance,	II, 650
Règles d'ordres religieux,	II, 942
De la conventualité,	I, 866

CHAPITRE XXIII.

Des prélats,	II, 857
De l'ordinaire,	II, 700
Des supérieurs,	II, 1109
Des acéphales et autocéphales,	I, 81 et 244

CHAPITRE XXIV.

Des prédicateurs et de la prédication,	II, 852
Approbation et nomination des prédicateurs,	II, 848
Qualités et devoirs des prédicateurs,	II, 856
Des catéchistes et du catéchisme,	I, 403, II, 1277
De la doctrine,	I, 1018

CHAPITRE XXV.

Chancelier,	I, 438
Bibliothécaire,	I, 304
Cartophilax,	I, 389

CHAPITRE XXVI.

Des séculiers,	II, 1019
Des laïques,	II, 577
Des étrangers,	I, 1179
De l'idiome,	II, 187
Aubain,	I, 235
Des infidèles,	II, 271

CHAPITRE XXVII.

Des préséances,	II, 867
De l'ancienneté,	I, 146

SECONDE PARTIE.

DES CHOSES.

CHAPITRE PREMIER.

Des choses ecclésiastiques,	I, 481
Des sacrements en général,	II, 992
Leur forme, etc.,	II, 118
De l'intention en matière de sacrements,	II, 993
Refus des sacrements,	II, 995

CHAPITRE II.

Du baptême, ses différentes sortes,	I, 269
Baptême par immersion,	II, 195
Matière du baptême,	I, 269
Eau pour le baptême,	I, 1070
Forme, ministre et sujet du baptême,	I, 271
Cérémonies du baptême,	I, 276
De l'exorcisme,	I, 1344
Parrain,	II, 730
Marraine,	II, 361
Filleul,	II, 100
Ondoiement,	II, 697
Des sages-femmes,	II, 997

CHAPITRE III

Du baptistère,	I, 278
Des fonts baptismaux,	II, 113
De la piscine,	II, 824
Registre baptistaire,	I, 278

CHAPITRE IV.

De la confirmation,	I, 765
Ministre de ce sacrement,	I, 765

CHAPITRE V.

De l'eucharistie,	II, 994
De la communion,	I, 553
Si les illusions nocturnes empêchent de communier ou de célébrer,	II, 190
Du saint viatique,	II, 492
De la coutume de le porter aux malades,	II, 492
Du Saint-Sacrement,	II, 994
Echarpe pour la bénédiction du Saint-Sacrement,	I, 1073
Honneurs rendus au Saint-Sacrement,	I, 1064

CHAPITRE VI.

Institution du saint sacrifice de la messe,	II, 513
Eau pour la messe,	I, 1069
Célébration de la sainte messe,	I, 414; II, 516
— par des prêtres étrangers,	II, 523
Du célébret,	I, 414
Messe paroissiale,	II, 519
Messes privées,	II, 520
Messe conventuelle,	II, 523
Honoraire des messes,	II, 521
Binage,	I, 329
Si l'on peut célébrer la messe en perruque ou en calotte,	II 633

TABLE METHODIQUE.

Chapitre VII.
De la pénitence,	II, 801
Confession,	I, 760
Qualités et devoirs des confesseurs,	I, 756
Choix des confesseurs,	I, 758
Confesseurs du clergé,	I, 758
Approbation pour confesser,	I, 179
Absolution sacramentelle,	I, 57
Satisfaction,	II, 1006
Pénitence canonique ou publique,	II, 804
Pénitentiel,	II, 815
Canons pénitentiaux,	I, 373

Chapitre VIII.
Des cas réservés,	I, 390
Cas réservés au pape,	I, 591
— aux évêques,	I, 593
Absolution des cas réservés,	I, 594
Cas réservés à des supérieurs ecclésiastiques,	I, 594
Différence entre les cas réservés et les censures,	I, 598
Du scandale,	II, 1007

Chapitre IX.
Des indulgences. Pouvoir de les accorder,	II, 259
Division des indulgences,	II, 263
Du jubilé,	II, 330
Jubilé extraordinaire,	II, 331
Privilèges du jubilé,	II, 332
Des autels privilégiés,	I, 242

Chapitre X.
De l'extrême-onction,	I, 1233

Chapitre XI.
De l'ordre. Nature de ce sacrement,	II, 701
Effets du sacrement de l'ordre,	II, 702
Ministre du sacrement de l'ordre,	II, 709
Sujet du sacrement de l'ordre,	II, 713
De la tonsure,	II, 1136
Des ordres mineurs,	II, 707
Des ordres majeurs ou sacrés,	II, 702
Age requis pour les divers ordres,	I, 109
Réordination,	II, 971

Chapitre XII.
Des irrégularités en général,	II, 314
Des irrégularités en particulier,	II, 318
Des irrégularités *ex defectu*,	II, 319
Du défaut d'âge,	I, 114
Des bâtards,	I, 280
Des enfants exposés,	I, 1162
Causes qui font cesser l'irrégularité des bâtards,	I, 283
De la légitimation,	II, 409
Des abstèmes,	I, 65
De l'épilepsie,	I, 1166
Des énergumènes,	I, 1162
Des néophytes,	II, 574
Des eunuques,	I, 1180
Des hermaphrodites,	II, 163
Des comptables,	I, 557
De la chirurgie,	I, 478
Du port des armes,	I, 199
De la bigamie,	I, 327
Si l'on peut dispenser de l'irrégularité de la bigamie,	I, 329
De l'infamie,	II, 267
Des irrégularités *ex delicto*,	II, 327
Par quelles voies finit l'irrégularité,	II, 332
Irrégularités abrogées,	II, 533

Chapitre XIII.
Des dimissoires pour les ordres,	I, 971
Des interstices,	II, 304
Des ordinations *extra tempora*,	I, 1249
De l'imposition des mains,	II, 208
Du titre clérical,	II, 1134
Du patrimoine,	II, 793

Chapitre XIV
Du mariage. Sa nature,	II, 500
Formalités du mariage,	II, 503
Effets du mariage,	II, 508
Du contrat de mariage,	I, 889
De la bénédiction nuptiale,	I, 293
Mariages par procureur,	II, 507
Mariage de conscience,	II, 507
Mariage des vieillards,	II, 1211
Mariage à la gamine,	II, 149
Du charivari,	I, 473
Des noces,	II, 583
Du domicile pour le mariage,	I, 1019

Chapitre XV.
Des bans de mariage, leur nécessité	I, 260
Forme de publication de bans,	I, 262
Effets de la publication des bans,	I, 264
Dispenses des bans de mariage,	I, 264

Chapitre XVI.
Des fiançailles; de leur nature,	II, 93
Leur forme,	II, 94
Leurs effets,	II, 96
Dissolution des fiançailles,	II, 97

Chapitre XVII.
Des empêchements de mariage : leur origine,	I, 1131
Nombre des empêchements,	I, 1134
Empêchements prohibitifs et dirimants,	I, 1137
Empêchement de l'erreur,	I, 1138
— De la condition,	I, 1139 et 1173
— Du vœu	II, 1219
— De la parenté,	II, 766 ; I, 738
— Du crime,	I, 1140
— De la diversité de religion,	I, 1141
— De la force ou violence,	I, 1144
— De l'ordre,	I, 1146
— Du lien,	I, 1147
— De l'honnêteté publique,	I, 1148
— De la folie,	I, 1148 ; II, 104
— De l'affinité,	I, 103
— De la clandestinité,	I, 506
— De l'impuissance,	II, 209 et 143
— Du rapt,	II, 927
Si la stérilité est un empêchement de mariage,	II, 1099
Si l'adoption est un empêchement,	I, 93 ; II, 877

Chapitre XVIII.
Des dispenses de mariage,	I, 1149
Qui peut les accorder,	I, 1150
Causes des dispenses de mariage,	I, 1151
Forme, obtention et exécution de ces dispenses,	I, 1157
Des dispenses *in forma pauperum*,	II, 117
Des causes de dispenses,	I, 1008
Des dispenses *in radice*,	I, 1006
Demande de dispense en cour de Rome,	I, 1009
De la taxe des dispenses,	II, 1116

Chapitre XIX.
Des mariages nuls ; réhabilitation.	II, 953
Instruction du cardinal Caprara sur la réhabilitation des mariages nuls,	II, 954
Du mariage des impubères,	II, 209
De l'âge de puberté,	II, 913
Opposition au mariage,	II, 698
Séparation,	II, 1032
Dissolution du mariage,	II, 1032
Si l'adultère dissout le mariage,	II, 99
De la mort civile relativement au mariage,	II, 564
Du divorce,	I, 1014
Séparation de corps et de biens,	II, 1033
De l'absence relativement au mariage,	I, 53
Adhésion,	I, 92
Causes matrimoniales des princes,	I, 411
De la bigamie,	I, 326
De la polygamie,	II, 828

Chapitre XX.
Consécration du saint-chrême,	I, 482
Des saintes huiles,	I, 799 ; II, 182
De l'eau bénite,	I, 1069
Du pain bénit,	II, 729
Des eulogies,	I, 1180
Des agapes,	I, 107

Chapitre XXI.
Des vases sacrés,	II, 1201
Du calice,	I, 361
De la patène,	II, 792
Du ciboire,	I, 487
De la custode,	I, 899
De l'autel et de sa consécration,	I, 239
Du corporal,	I, 869
Des nappes d'autel,	II, 589
De l'antimense,	I, 154

Chapitre XXII.
Des saints. De leur béatification,	I, 287
De la canonisation,	I, 374
Origine de la canonisation,	II, 939
De l'autorité du pape dans la canonisation des saints,	II, 1009
Des miracles,	II, 530
Des reliques des saints,	II, 969
Des saintes images,	II, 193
De l'invocation des saints,	II, 514
Des pèlerinages,	II, 802

Chapitre XXIII.
De l'année,	I, 149
Du mois,	II, 575
Du jour,	II, 349
Du calendrier,	I, 544

Son origine et sa forme,	I, 552
Du jour où l'on célèbre la pâque,	II, 765
De l'ère,	II, 1169
De la chronologie,	I, 485
Des dates,	I, 902

Chapitre XXIV.

De l'avent,	I, 245
Du jeûne du carême,	II, 547
Des quatre-temps,	II, 926
De l'abstinence,	I, 66

Chapitre XXV.

Du dimanche,	I, 959
Etablissement des fêtes,	II, 81
Indult du cardinal Caprara pour la réduction des fêtes,	II, 83
Circulaires ministérielles à cette occasion,	II, 85
Décisions de Rome sur les fêtes supprimées,	II, 89
Fêtes mobiles et immobiles,	I, 92
Sanctification des dimanches et des fêtes,	II, 90
Des féries,	II, 80
Des anniversaires,	I, 151
Des confréries	I, 767

Chapitre XXVI.

De l'office divin, ce que c'est,	II, 649
Origine et histoire de l'office divin.	II, 649
Temps et manière de le dire,	II, 653
Obligation de le dire,	II, 655
Des raisons qui en dispensent,	II, 657
Divers rits de l'office divin,	II, 959
Bulle de Pie V pour le bréviaire,	II, 660
Bulle du même pape pour le missel romain,	II, 663
Bref de Grégoire XVI sur la liturgie,	II, 663
Mandement de Mgr l'évêque de Périgueux pour le rétablissement de la liturgie romaine,	II, 666
Lettre pastorale de Mgr l'évêque de Gap pour le même sujet.	II, 1067
Des prières publiques,	I, 879
Des processions,	II, 893
Des prières pour les morts,	II, 881

Chapitre XXVII.

Du pontifical,	II, 829
Du rituel,	II, 989
Des rubriques,	II, 990

Chapitre XXVIII.

Du costume ecclésiastique,	I, 870
Des habits civils des clercs,	II, 133
Des habits ecclésiastiques,	II, 157
De l'étole,	II, 1177
De l'aube, du manipule, etc.,	II, 157
Habits des religieux,	II, 160
Des ornements,	II, 729
De l'anneau de l'évêque,	I, 147
De sa croix pectorale,	I, 885
De sa crosse,	I, 285
Des gants,	II, 145
De sa mitre,	II, 532
Camail,	I, 563
Rochet,	II, 989
Tiare du pape,	II, 1126

Chapitre XXIX.

Des universités.	II, 1180
Des facultés,	II, 61
De la Sorbonne,	II, 1088
Degrés d'étude,	I, 923
Des gradués,	II, 150
Des bacheliers,	I, 249
Des collèges,	I, 543
Des écoles,	I, 1073
De la préceptoriale,	II, 847
Des écoles chrétiennes,	I, 1084
Des écoles primaires de garçons,	I, 1086
Des écoles primaires de filles,	I, 1101
De la liberté d'enseignement,	II, 451

Chapitre XXX.

Des séminaires. Leur origine et établissement,	II, 1020
Loi relative aux séminaires,	II, 1026
Rapport de Portalis sur les séminaires,	II, 1026
Ordonnances du 16 juin relatives aux séminaires.	II, 1038
Mémoire des évêques au sujet de ces ordonnances,	II, 1039
Séminaire des missions étrangères,	II, 528
Bourse des séminaires,	I, 535

Chapitre XXXI.

Des églises,	I, 1113
Du chœur,	I, 478
Du sanctuaire,	II, 1006
Des cloches et du clocher,	I, 526
Des bancs des églises,	I, 263
Des métropoles,	II, 524
Des cathédrales,	I, 404
Des basiliques,	I, 279
Des chapelles,	I, 453
Des oratoires,	II, 699

Chapitre XXXII.

Constructions et forme des églises,	I, 1116
Leur consécration,	I, 1119
Leur dédicace,	I, 917
Respect qui leur est dû,	I, 1119
Pollution et réconciliation des églises,	II, 954
Des réparations des églises,	II, 971
De l'union des églises,	II, 1171
Différentes espèces d'unions,	II, 1173
Des érections,	I, 1172

Chapitre XXXIII.

Des titres des églises,	II, 1127
Des archives,	I, 197
Des registres,	II, 941
Des diplômes,	I, 993
Des cartulaires,	I, 389

Chapitre XXXIV.

Des biens ecclésiastiques; leur origine,	I, 303
Leur usage et leur distribution,	I, 307
Partage des biens ecclésiastiques,	II, 791
Sort des biens ecclésiastiques dans les temps modernes,	I, 314
Usurpation des biens ecclésiastiques,	II, 1198
Spoliation des biens ecclésiastiques,	II, 1093
Aliénation des biens d'église,	I, 126
Causes légitimes d'aliénation	I, 127
Formalités des aliénations,	I, 129
De l'échange,	I, 1072
Acceptation des biens,	I, 70
Certificats nécessaires,	I, 478
Acquisition de biens,	I, 84
Des meubles,	II, 525
Des donations,	I, 1023
Du précaire,	II, 846
Des dons manuels,	I, 1050
Des legs,	II, 412
Des termes,	II, 81
Du bail,	I, 250
De l'emphytéose,	I, 1160
Du louage des biens d'église,	II, 1296
Des hypothèques,	II, 186
Des arrérages,	I, 291
De la caution,	I, 412
Immunités des églises et des biens ecclésiastiques,	II, 194 et 199

Chapitre XXXV.

De la prescription,	II, 862
Des choses prescriptibles,	II, 862
De la possession en matière de prescription,	II, 864
Titre valable pour la prescription,	II, 865
De la bonne foi requise pour la prescription,	II, 866
Temps requis pour prescrire,	II, 867

Chapitre XXXVI.

Des distributions, ce que c'est,	I, 1010
Leur origine,	I, 1011
Division des distributions,	I, 1012
Distributions, règles générales,	I, 1013

Chapitre XXXVII.

Des archevêchés,	I, 184
Des évêchés,	II, 1181
Des presbytères,	II, 858
Du logement des curés.	II, 473

Chapitre XXXVIII.

Du siége épiscopal,	II, 1073
Des diocèses,	I, 978
Circonscription des diocèses,	I, 497

Chapitre XXXIX.

Des paroisses, leur origine,	II, 770
Circonscription des paroisses,	II, 788
Des succursales,	II, 1101
Des annexes,	I, 150

Chapitre XL.

Des hôpitaux,	II, 174
Leur origine,	II, 175
Leur administration,	II, 176
Des monts de piété,	II, 561

Chapitre XLI.

Des fondations,	II, 103
Exécution des fondations,	II, 106
Réduction des fondations,	II, 109
Des nouvelles fondations,	II, 111

TABLE MÉTHODIQUE.

Chapitre XLII.
De la dîme, sa nature et son origine, etc.	I, 964
De la portion congrue, son origine et sa fixation,	II, 839
Des prémices,	II, 858
Des oblations, leur origine,	II, 633
A qui elles appartiennent,	II, 679
Du casuel,	I, 400
Des annuelles,	I, 152
Des honoraires,	II, 175
De l'autel,	I, 243

Chapitre XLIII.
Du cens,	I, 420 et 403
Du subside caritatif,	II, 1100
De la quarte canonique,	II, 922
Des annates,	I, 147
Du déport,	I, 942
Du droit de procuration,	II, 894
Ce qu'on entend par *circata*,	I, 495
Du droit des calendes,	I, 552

Chapitre XLIV.
Des traitements ecclésiastiques,	II, 1138
Quotité des traitements,	II, 1139
Nature des traitements ecclésiastiques,	II, 1141
Des obligations qu'ils imposent,	II, 1147
Décisions de Rome à cet égard.	II, 1149

Chapitre XLV.
Du pécule,	II, 797
Des successions,	II, 1101
Des testaments,	II, 1119
Du testament olographe,	II, 1120
Du testament par acte public,	II, 1123
Du testament mystique,	II, 1125
Du droit de dépouille,	I, 949

Chapitre XLVI.
Des sépultures,	II, 1058
A qui est due la sépulture ecclésiastique,	II, 1060
Forme des enterrements,	II, 1068
Des obsèques,	II, 645
Exhumation,	I, 1240
Violation de sépulture,	II, 1065
Frais funéraires,	II, 1214
Des cimetières,	I, 487
Des catacombes,	I, 402

Chapitre XLVII.
Des fabriques des églises.	II, 9
Origine et progrès de l'administration des fabriques,	II, 10
Etat des fabriques en France avant la révolution.	II, 19
Etat actuel des fabriques,	II, 38
Décret de 1809 sur les fabriques,	II, 58
De l'économe,	I, 1109
Administrateurs des biens d'église,	I, 92
Des marguilliers,	II, 499

Chapitre XLVIII.
Des bénéfices ; leur origine,	I, 294
Division des bénéfices,	I, 293
Abandonnement de bénéfices,	I, 11
Incompatibilité des bénéfices,	II, 240
Incapacité de les posséder,	II, 253
Bénéfices consistoriaux,	I, 814
Bénéfices amovibles,	I, 143
De l'affectation de bénéfices,	I, 101
Des prestimonies,	II, 870
Suppression des bénéfices,	I, 300
Translation de bénéfices,	II, 1152
Section des bénéfices,	II, 1016
Age requis pour posséder des bénéfices,	I, 111
Du concours pour les bénéfices,	I, 749

Chapitre XLIX.
Des monastères,	II, 545
Origine et partage des biens des monastères,	I, 312
Des abbayes,	I, 12
Filiation des abbayes,	II, 99
Droits des curés sur les monastères,	II, 552
Droits spirituel et temporel des monastères,	II, 552
Réforme des monastères,	II, 550
De la sécularisation des monastères,	II, 1016

Chapitre L.
De l'élection,	I, 1124
De l'origine des élections,	I, 1125
De la forme des élections,	I, 1126
Qualité des électeurs et des éligibles,	I, 1129
Acceptation, confirmation de l'élection,	I, 1131
De la postulation,	II, 833
Suffrages,	II, 1102
Voix,	II, 1227
Scrutin,	II, 1013
De l'accession,	I, 76
Des acclamations,	I, 77

Chapitre LI.
Des réserves des bénéfices,	II, 978
Origine des réserves,	II, 979
Diverses sortes de réserves,	II, 979
De l'alternative,	I, 132
De la prévention,	II, 878
Des résignations,	II, 986
De l'accès,	I, 76
Du regrès,	II, 932
Des permutations,	II, 820
De la démission,	I, 953
Origine et cause des démissions,	I, 956
Forme des démissions	I, 957
Effets des démissions,	I, 958
Des pensions,	II, 815

Chapitre LII.
De l'acceptation des bénéfices,	I, 70
Des provisions,	II, 914
Forme des provisions,	II, 114
Institution canonique,	II, 289
Titre canonique,	II, 1135
De l'installation,	II, 288
De la prise de possession,	II, 832
Des vacances de bénéfices,	II, 1197
De la dévolution des bénéfices,	I, 952

Chapitre LIII
Des collations de bénéfices,	I, 843
Des patronages,	II, 795
Origine et progrès des patronages,	II, 794
Différentes espèces de patronages,	II, 795
Manière d'acquérir le droit de patronage,	II, 796
De la régale, son origine,	II, 953
Ouverture et clôture de la régale,	II, 939
Du brevet de joyeux avénement,	I, 337, II, 1275

Chapitre LIV.
Des offices,	II, 641
Des offices civils ou séculiers,	II, 641
Du négoce,	II, 572 et 1158
De la fonction d'avocat,	I, 246
Des offices ecclésiastiques,	II, 644
Du ministère,	II, 526
Des offices claustraux,	II, 645

Chapitre LV.
De l'investiture,	II, 310
De l'inféodation,	II, 270

Chapitre LVI.
De la hiérarchie,	II, 165
De la discipline,	I, 996
De la police ecclésiastique,	II, 827
Du culte,	I, 886
Des cérémonies,	I, 431
De l'encens,	I, 1162

Chapitre LVII.
Des spectacles,	II, 1093
De la comédie,	I, 545
Des farceurs,	II, 69
De la danse,	I, 893

Chapitre LVIII.
De l'Eglise,	I, 1114
Son infaillibilité,	II, 266
De la tradition,	II, 1157
Foi chrétienne.	II, 103
Profession de foi,	II, 697
De l'opinion,	II, 697
De la probabilité,	II, 894
De la superstition,	II, 1109

TROISIÈME PARTIE.
DES JUGEMENTS.

Chapitre Premier.
De la juridiction ecclésiastique.	II, 337
Différentes sortes de juridictions,	II, 361
Loi diocésaine et de juridiction,	II, 482
Juridiction des prêtres,	II, 502
Juridiction comme épiscopale,	II, 363
Edit du mois d'avril concernant la juridiction ecclésiastique,	II, 363

Chapitre II.
Indépendance de l'Eglise,	II, 250
Liberté de l'Eglise,	II, 420
Pouvoir de législation dans l'Eglise,	II, 596
Indépendance de l'Eglise quant au pouvoir de législation,	II, 403
Indépendance des deux puissances,	II, 218
Liberté de l'Eglise,	II, 420

TABLE MÉTHODIQUE.

Des rapports de l'Eglise avec l'Etat,	I, 1121
CHAPITRE III.	
Des lois ecclésiastiques,	II, 477
Des canons,	I, 368
Origine et autorité des canons,	I, 369
Des constitutions ecclésiastiques,	I, 828
Des décrétales,	I, 910
Des coutumes,	I, 877
Des usages,	II, 1183
Différentes espèces de lois,	II, 474
Promulgation des lois,	II, 474
De l'interprétation des lois,	II, 299
De l'abrogation,	I, 48
Des lois civiles,	II, 479
Si la loi civile est athée,	II, 479
Décisions,	I, 910
Sentence des Pères,	II, 1052
CHAPITRE IV.	
Des conciles,	I, 560
Matière, forme et autorité des conciles généraux,	I, 566
Matière, forme et autorité des conciles particuliers,	I, 573
Respect dû aux conciles, leur utilité,	I, 578
CHAPITRE V.	
Conciles généraux; Ier de Nicée,	II, 575
Concile général de Constantinople Ier,	I, 821
— d'Ephèse,	I, 1166
— de Calcédoine,	I, 343
— de Constantinople, IIe,	I, 822
— de Constantinople, IIIe,	I, 824
— de Nicée, IIe,	II, 578
— de Constantinople, IVe,	I, 824
— de Latran, Ier,	II, 577
— de Latran, IIe,	II, 578
— de Latran, IIIe,	II, 579
— de Latran, IVe,	II, 580
— de Lyon, Ier,	II, 483
— de Lyon, IIe,	II, 485
— de Vienne,	II, 1211
— de Constance,	I, 815
— de Bâle,	I, 258
— de Florence,	II, 100
— de Latran, V[e],	II, 583
— de Trente,	II, 1164
CHAPITRE VI.	
Assemblées des Etats,	I, 227
Des capitulaires,	I, 575
CHAPITRE VII.	
Assemblées du clergé,	I, 228
Forme de la convocation des assemblées,	I, 229
Des présidents,	I, 250
Des promoteurs et secrétaires,	I, 230
Ordre, cérémonies et formalités de l'assemblée,	I, 231
Agents généraux du clergé,	I, 116
CHAPITRE VIII.	
Des libertés de l'Eglise gallicane,	II, 422
Déclaration de 1682,	II, 493
Edit de Louis XIV sur cette déclaration,	II, 427
Déclaration de 1826,	II, 450
Les libertés de l'Eglise gallicane, coutumes,	II, 432
La déclaration de 1682 n'a aucune autorité canonique,	II, 433
Du premier article de la déclaration de 1682,	II, 438
Des trois derniers articles de la déclaration,	II, 443
Bulles *Inter multiplices et auctorem fidei*,	II, 1293
CHAPITRE IX.	
Du synode,	II, 1114
Des statuts,	II, 1097
Des mandements,	II, 498
CHAPITRE X.	
Des juges ecclésiastiques,	II, 354
De l'official,	II, 669
Du promoteur,	II, 902
Des appariteurs,	I, 160
Des officialités,	II, 671
Leur origine et leur histoire,	II, 672
De la suppression des anciennes officialités,	II, 681
Leur compétence,	II, 686
Rétablissement des officialités,	II, 687
Manière de les organiser,	II, 694
CHAPITRE XI.	
Du for ou tribunal,	II, 114
De l'audience,	I, 255
De la procédure,	II, 892
Jugement des affaires ecclésiastiques,	I, 99
De la dénonciation,	I, 940
De l'accusation,	I, 78
De l'assignation,	I, 232
De la citation,	I, 499
De l'ajournement,	I, 119
De l'annotation,	I, 152
De l'enquête,	I, 1163
Du renvoi,	II, 970
De la sentence,	II, 1031
CHAPITRE XII.	
De l'appel ecclésiastique,	I, 160
Ordre des appellations ou des jugements,	I, 164
Procédure des appels,	I, 166
Effets des appels,	I, 166
De l'appel au pape et du pape,	I, 167
Des causes majeures,	I, 407
Des causes mineures,	I, 411
CHAPITRE XIII.	
De l'abus,	I, 67
De l'appel comme d'abus,	I, 168
De l'ancien appel comme d'abus,	I, 169
Des nouveaux appels comme d'abus,	I, 172, II, 1269
Du conseil d'Etat,	I, 805
Son incompétence en matière spirituelle,	I, 807
CHAPITRE XIV.	
Des causes ou procès,	I, 406
Des parties,	II, 1296
Des transactions,	II, 1152 et 1297
Du concordat entre les bénéficiers,	I, 747
De la cession,	I, 433
Des arbitres,	I, 182
Du libelle,	II, 419
Des lettres appelées apôtres,	I, 159
Du déni de justice,	I, 940
De la contestation en cause,	I, 858
De la contumace,	I, 861
Du défaut,	I, 918
De la purgation canonique,	II, 920
CHAPITRE XV.	
Des preuves,	II, 879
Des témoins,	II, 1117
De leur confrontation,	I, 771
CHAPITRE XVI.	
Des délits,	I, 925
De l'homicide,	II, 169
De l'assassinat,	I, 127
Du duel,	I, 1067
Des incendiaires,	II, 237
De la calomnie,	I, 363
CHAPITRE XVII.	
De l'adultère,	I, 97
De l'inceste,	II, 257
De la fornication,	II, 119
Du concubinage,	I, 752
Du viol,	II, 1298
De la sodomie,	II, 1088
CHAPITRE XVIII.	
Du sacrilége,	II, 995
Du blasphème,	I, 332
Du serment et du parjure,	II, 1064
De l'usure,	II, 1183
De l'antichrèse,	I, 155
De l'ivrognerie,	II, 334
Du crime de faux,	II, 69
Peines du crime de faux,	II, 72
Du sortilége,	II, 1090
De la divination,	I, 931
De la chiromancie,	I, 478
De l'astrologie,	I, 235
Du magnétisme,	II, 487
CHAPITRE XIX.	
De l'hérésie,	II, 162
Du protestantisme,	II, 905
De l'absolution du crime d'hérésie,	II, 164
De l'abjuration,	I, 35
Du schisme,	II, 1008
Constitution civile du clergé,	I, 829
De l'intrusion,	II, 307
De la petite Eglise,	II, 823
De l'apostasie,	I, 156
De la franc-maçonnerie,	II, 127
Des anabaptistes,	I, 144
CHAPITRE XX.	
De l'inquisition,	II, 273
Origine et établissement de ce tribunal,	II, 275
Compétence de ce tribunal,	II, 286
Des peines contre les hérétiques,	II, 163
Des peines portées contre les Juifs,	II, 354
CHAPITRE XXI.	
De l'emprisonnement,	I, 1161
De la prison,	II, 883

Des galères,	II, 145
Du fouet,	II, 120
Du bannissement,	I, 268
De l'amende,	I, 139
De l'amende honorable,	I, 140

Chapitre XXII

De la simonie,	II, 1080
Comment elle se commet,	II, 1082
Preuve de la simonie,	II, 1084
Peine des simoniaques,	II, 1085
Absolution du crime de simonie,	II, 1087
De la confidence,	I, 764
De l'acception de personnes,	I, 75

Chapitre XXIII

Des peines canoniques,	II, 799
Pouvoir qu'a l'Église d'en infliger,	II, 799

Chapitre XXIV

Des censures,	I, 420
Origine et cause des censures,	I, 420
Division des censures,	I, 423
Forme des censures,	I, 426
Absolution des censures,	I, 429
Censures doctrinales,	I, 430

Chapitre XXV

De l'abandonnement au bras séculier,	I, 10
De la déposition,	I, 913
De la dégradation,	I, 920
De la suspense,	II, 1109
De l'interdit,	II, 293 et 1213
De l'abstention,	I, 66
De la cessation des offices divins,	I, 433

Chapitre XXVI

De l'excommunication,	I, 1212
Nature et division de l'excommunication,	I, 1212
Son autorité,	I, 1214
Ses causes,	I, 1226
Ses effets,	I, 1230
Formule d'excommunication,	I, 1229
De l'anathème,	I, 145
Fulmination de l'excommunication,	II, 144
De l'aggrave,	I, 117
Absolution de l'excommunication,	I, 1231

Chapitre XXVII

De l'Écriture sainte,	I, 1112
Abus des paroles de l'Écriture sainte,	I, 69
Vulgate,	II, 1228
Des livres canoniques,	II, 454
Livres défendus et censurés,	II, 463
De l'Index,	II, 258
Règles de la congrégation de l'Index,	II, 466
Jugement doctrinal,	II, 354
De la liberté de la presse,	II, 449
Livres d'église, droits des évêques,	II, 471

Chapitre XXVIII

Des monitions canoniques,	II, 555
Des monitoires, leur origine,	II, 555
Obtention du monitoire,	II, 557
Exécution des monitoires,	II, 559

Chapitre XXIX

De la trêve de Dieu,	II, 1171
De la paix,	II, 750
Des parlements,	II, 769

Chapitre XXX

Des actes, leurs qualités,	I, 89
Formalités des actes,	I, 90
Qualités des parties contractantes,	II, 919

Chapitre XXXI

De la notoriété,	II, 618
De la publication,	II, 916
Des affiches,	I, 102

QUATRIÈME PARTIE

USAGES ET PRATIQUE DE LA COUR DE ROME

Chapitre premier

Consistoire,	I, 812
Chambre apostolique,	I, 434
Chancellerie romaine,	I, 436

Chapitre II

Règles de la chancellerie,	II, 943

Nous avons omis les 9 premières, qui traitent des réserves (*Voyez* RÉSERVE).

Règle 10, sous le mot COURONNEMENT,	I, 875
Règle 11, encore sur les réserves.	
Règle 12, sous le mot COURONNEMENT,	I, 876
Règle 13, DE REVOCATIONE UNIONUM, omise.	
Règle 14, sous le mot SIÉGE APOSTOLIQUE,	II, 1072
Règle 15. Elle concerne encore les réserves.	
Règle 16, sous le mot CALENDES,	I, 545
Règle 17, DE CONCURRENTIBUS IN DATA, omise.	
Règle 18, sous le mot CUI PRIUS,	I, 886
Règle 19, sous le mot INFIRME,	II, 273
Règle 20, sous le mot ID-OME,	II, 189
Règle 21, sous le mot AMBITION,	I, 137
Règles 22 et 23, omises.	
Règle 24, sous le mot PROMOTION,	II, 904
Règle 25, sous le mot MONNAIE,	I, 561
Règle 26, sous le mot INCOMPATIBILITÉ,	II, 249
Règle 27, sous le mot EXPÉDITION,	I, 1247
Règles 28 et 29, omises.	
Règle 30, sous le mot AMBITION,	I, 138
Règle 31, sous le mot EXPÉDITION,	I, 1248
Règle 32 et 33, omises (*Voyez* FAMILIER).	
Règles 34 et 35, omises.	
Règle 36, sous le mot POSSESSION,	II, 833
Règle 37, omise.	
Règle 38, sous le mot CONTESTATION EN CAUSE,	I, 858
Règles 39 et 40, omises.	
Règle 41, sous le mot EXPRESSION,	I, 1249
Règle 42 et 43, omises	
Règle 44, sous le mot CUI PRIUS,	I, 886
Règle 45, sous le mot CONSENS,	I, 809
Règles 46 et 47, omises.	
Règle 48, sous le mot RESCRIT,	II, 976
Règles 49, 50 et 51, omises.	
Règle 52 ; elle s'accorde avec la 27e.	
Règles 53, 54, 55, 56, 57, 58, 59 et 60, omises.	
Règle 61, sous le mot RESCRIT,	II, 973
Règles 62, 63, 64 et 65, omises.	
Règle 66, sous le mot ABSOLUTION,	I, 63
Règles 67, 68 et 69, omises.	

Chapitre III

Termes de chancellerie :

Per obitum,	II, 821
Perinde et etiam valere,	II, 819
Si neutri, si nulli, si alteri,	II, 1087
Si per diligentem,	II, 1087
Perquiratur,	II, 821
Amoto quolibet illicito detentore	I, 142
Appellatione remota,	I, 179
Cui prius,	I, 885
Anteferri,	I, 152
Concessum,	I, 560
Nihil transeat,	I, 583
Procipiente proferri,	II, 894
Stumptum,	II, 1109
Rationi congruit,	II, 951
Motu proprio,	II, 568
Parentis,	II, 766
Des nonobstances,	II, 611
Des obtentes,	II, 640
De la narrative,	II, 570
De l'orateur d'une grâce,	II, 699

Chapitre IV

De la pénitencerie	II, 806
De la daterie,	I, 906
De la rote,	II, 990

Chapitre V

Congrégations des cardinaux	I, 772 ; II, 1284
Chancelier de Rome,	I, 435
Dataire,	I, 900
Sous-dataire,	I, 901
Notaires de la chancellerie,	II, 618
Protonotaires,	II, 909
Componende,	I, 557
Registrateurs,	II, 940
Scripteurs,	II, 1015
Réviseurs,	II, 988
Sommiste,	II, 1088
Abréviateurs ou prélats *de parco*,	I, 37
Officiers du plomb,	II, 827
Auditeurs,	I, 255
Référendaires,	II, 937
Conservateurs,	I, 810

Chapitre VI

Bulles,	I, 335
Brefs,	I, 338
Lettres encycliques,	II, 419
Des rescrits,	II, 972
Leur autorité et leur exécution,	II, 976
Des clauses des rescrits,	II, 516
Réformation des rescrits,	II, 937
Dérogation,	I, 949
Révalidation,	II, 988
Des faux rescrits,	II, 70
Des induits,	II, 265
Des divers sceaux,	II, 1007
Anneau du pêcheur,	I, 148

CHAPITRE VII.		Forme des expéditions,	I, 1248
Des mandats,	II, 497	Obreption et subreption,	II, 639
De l'expectative,	I, 1246	Adresse,	I, 97
Signature,	II, 1077	CHAPITRE IX.	
Concession,	I. 558	Du style,	II, 1090
Forme de la signature,	II, 1078	Des villes,	II, 1213
Consens,	I. 809	Des cités,	I, 505
Supplique,	II, 1110	De l'année grasse,	I, 149
Expression,	I, 1249	De la bénédiction apostolique,	I, 292
De la prorogation,	II, 904	De la cédule,	I, 414
CHAPITRE VIII.		Des commissions,	I, 532
Des expéditions, leur nécessité,	I, 1246	De la préconisation,	II, 848

TABLE CHRONOLOGIQUE

DES DIVERS ACTES LÉGISLATIFS INSÉRÉS OU CITÉS DANS CET OUVRAGE.

Mois. Années.

1681. *Ordonnance* (art. 1, 3 et 4) sous le mot *aumônier*, T. Ier, col. 258
23 mars 1682. *Edit* touchant la puissance ecclésiastique et la déclaration du clergé de France sur ce sujet, sous le mot *Libertés de l'Eglise gallicane*, II, 427
Octob. 1685. *Edit* qui révoque celui de Nantes, sous le mot *Protestant*, II, 906
Avril 1695. *Edit* concernant la juridiction ecclésiastique, sous le mot *juridiction*, II, 565
Art. 14 de cet édit, voyez *Affaires ecclésiastiques*, I, 100
Mars 1697. *Edit* concernant les mariages clandestins, sous le mot *clandestin*, I, 512
1708. *Déclaration* contre l'avortement, sous le mot *femme*, II, 76
Février 1731. *Edit* de main morte (art. 5 et 8), sous le mot *acceptation*, I. 71
2 avril 1757. *Arrêt* de la cour du parlement, portant règlement pour la fabrique de la paroisse de Saint-Jean-en-Grève, sous le mot *fabrique*, II, 20
Août 1749. *Edit* de main morte (art. 14), sous le mot *acquisition*, tom. I, 87, et sous le mot *donation*, I, 1027
15 mai 1768. *Edit* relatif aux portions congrues, sous le mot *portion congrue*, II. 831
30 mars 1772. *Déclaration* concernant les bulles, brefs, rescrits, etc., sous le mot *rescrit*, II, 977
2 nov. 1789. *Loi* citée sous le mot *biens d'église*, I, 314
15 fév. 1790. *Décret*, art. 1er sous le mot *abbé*, I, 22
24 août *Constitution* civile du clergé, I, 831
12 sept. *Loi*, art. 13, sous le mot *abandonnement*, I, 10
25 octob. *Loi* contenant des articles additionnels sur la constitution civile du clergé, I, 842
26 janv. 1791. *Loi* relative à la constitution civile du clergé, sous le mot *constitution*, I, 852
20 avril *Loi*, art. 18, sous le mot *Droits honorifiques*, I, 1060
6 octob. *Loi* sur la police rurale, sous le mot *domestique*, I, 1019
18 août 1792. *Loi*, art. 1er, sous le mot *congrégations religieuses*, I, 775
22 nov. 1793. *Loi* du 2 frimaire an II, sous le mot *bénéfices*, I, 301
24 nov. *Décret* du 4 frimaire, an II, sous le mot *ère*, I, 1170
24 août 1795. *Décret* du 7 fructidor, an III, sous le mot *ère*, I, 1172
30 sept. 1797. *Loi* du 9 vendémiaire, an VI, sous le mot *bénéfice*, I, 301
8 avril 1802. *Loi* du 18 germinal, an X, sous le mot *articles organiques*, I, 205
Art. 4, sous le mot *civile*, I, 575
Art. 6, sous le mot *abus*, I, 68
Art. 6, 7 et 8, sous le mot *appel comme d'abus*, I, 172
Art. 10, sous le mot *exemption*, I, 1242
Art. 11, sous le mot *congrégations*, I, 775

Mois. Années.

Art. 16 et 26, sous le mot *âge*, I, 110 et 111
Art. 33 et 34, sous le mot *acéphale et exeat*, I, 81 et 1236
Art. 37 et 38, sous le mot *chapitre*, I, 466 et 467
Art. 39, sous le mot *catéchisme*, I, 404
Art. 42, sous le mot *costume*, I, 570
Art. 45, sous le mot *cérémonie*, I, 432 et sous le mot *procession*, II, 894
Art. 47, sous le mot *droits honorifiques*, I, 1065
Art. 48, sous le mot *cloches*, I, 528
Art. 53, sous le mot *affaires profanes*, I, 160
Art. 62 et 66, sous le mot *cure*, I, 881
Art. 69, sous le mot *casuel*, I, 400
10 avril 1802. *Arrêté* du 18 germinal an X, sous le mot *légal*, II, 394
19 avril *Arrêté* du 29 germinal an X, sous le mot *fêtes*, II, 85
10 mars 1803. *Loi* du 19 ventôse, an XI, sous le mot *sages femmes*, II, 998
15 mars 1803. *Code civil*, Art. 6, sous le mot *dérogation*, I, 950
Art. 22, 23, 24, 25, 26, 27, 28, 29, 30, 31, 23, 33, sous le mot *mort civile*, II, 564, 567 et 568
Art. 25, sous le mot *contrat*, I, 861
Art. 34, 37, 38, 39, 48, 47, 48, sous le mot *état civil*, I, 1176 et 1177
Art. 74, 102, 106, 107, 108, 109, sous le mot *domicile*, 1020 et 1021
Art. 139, sous le mot *absent*, I, 57
Art. 144, sous le mot *contrat*, I, 861
Art. 145, sous le mot *dispense*, I, 1010
Art. 148, sous le mot *âge*, I, 108
— sous le mot *ban*, I, 263
— sous le mot *contrat*, I, 861
Art. 160, sous le mot *dispense*, I, 1019
Art. 161, 162, 163, 164, sous le mot *empêchement*, I, 1137
Art. 163, sous le mot *consanguinité*, I, 798
Art. 164, sous le mot *dispense*, I, 1010
Art. 165, sous le mot *contrat*, I, 861
Art. 168, 169, sous le mot *ban*, I, 263 et 265
Art. 227, sous le mot *divorce*, I, 1013
Art. 228, sous le mot *noces*, II, 586
Art. 229, 231, 232, sous le mot *séparation*, II, 1036
Art. 306, 307, 308, 309, 311, sous le mot *séparation*, II, 1056 et 1057
Art. 312, sous le mot *absent*, I, 57
Art. 331, 352, 353, sous le mot *légitimation*, II, 440
Art. 343, 345, 347, 348, sous le mot *adoption*, I, 95 et 96
Art. 427, sous le mot *dispense*, I, 1010
Art. 550, sous le mot *emphythéose*, I, 1161
Art. 550, sous le mot *prescription*, II, 868
Art. 581, sous le mot *accession*, I, 71

TABLE CHRONOLOGIQUE.

Mois. Années.

15 mars 1803. Art. 590, sous le mot *bois*, I, 334
Art. 595, sous le mot *bail*, I, 257
Art. 601, sous le mot *caution*, I, 414
Art. 675, 676, 677, 678, 679, 680, sous le mot *feiêtre*, II, 79
Art. 718 et suiv., sous le mot *succession*, II, 1101
Art. 757, 758, 759, sous le mot *degré*, I, 924 et 925
Art. 762, sous le mot *aliments*, I, 151
Art. 893, sous le mot *abandon*, I, 9
Art. 894, sous le mot *acceptation*, I, 70
Art. 895, sous le mot *testament*, II, 1119
Art. 908, sous le mot *adoption*, I, 93
Art. 910, sous le mot *acceptation*, I, 71
— sous le mot *donation*, I, 1026 et 1027
Art. 939, sous le mot *acceptation*, I, 70
Art. 937, sous le mot *dons manuels*, I, 1040
Art. 967, 968, 969, 970, 971, 972, 973, 974, 975, 976, 977, 978, 979, 980, sous le mot *testament*, II, 1120 à 1124
Art. 1014, 1015, 1016, 1017, 1018, 1019, 1020, 1021, 1022, 1023, 1024, sous le mot *legs*, II, 415 et 416
Art. 1016, sous le mot *enregistrement*, I, 1165
Art. 1075, 1076, sous le mot *abandon*, I, 9
Art. 1123, 1124, 1125, sous le mot *incapable*, II, 236
Art. 1155, sous le mot *arrérages*, II, 203
Art. 1202, sous le mot *caution*, I, 414
Art. 1275, 1276, sous le mot *délégation*, I, 925 et 926
Art. 1317, 1318, 1320, sous le mot *acte*, I, 90
Art. 1384, sous le mot *domestique*, I, 1019
Art. 1429, 1430, sous le mot *bail*, I, 256 et 257
Art. 1443, 1444, 1445, 1446, 1447, 1448, 1449, 1450, 1451, sous le mot *séparation*, II, 1057 et 1058
Art. 1593, sous le mot *acquisition*, I, 89
Art. 1596, sous le mot *achat*, I, 82
Art. 1702, 1703, 1704, 1705, 1707, sous le mot *échange*, I, 1072 et 1073
Art. 1712, 1718, sous le mot *bail*, I, 254 et 257
Art. 1905, 1906, 1907, sous le mot *usure*, II, 1187
Art. 1915, 1927, 1932, 1957, 1959, 1947, 948, sous le mot *dépôt*, I, 947 et 948
Art. 1965, 1966, 1967, sous le mot *jeu*, II, 347
Art. 2011, 2020, 2021, sous le mot *caution*, I, 414
Art. 2064, 2065, 2066, 2067, 2070, sous le mot *contrainte*, I, 859
Art. 2073, 2078, 2079, 2083, sous le mot *gage*, II, 145 et 146
Art. 2085, sous le mot *antichrèse*, I, 153
Art. 2127, sous le mot *notaire*, II, 617
Art. 2201, sous le mot *franchise*, II, 121
Art. 2219, 2226, sous le mot *prescription*, II, 862
Art. 2227, sous le mot *établissement*, II, 1173
Art. 2228, 2229, 2230, 2231, 2235, 2236, 2237, 2240, 2260, 2262, 2264, 2265, 2266, 2268, 2269, sous le mot *prescription*, II, 865 à 868
Art. 2277, sous le mot *arrérages*, I, 203
Art. 2279, 2280, sous le mot *prescription*, II, 868

1er avril 1803. Loi du 11 germinal an XI, sous le mot *baptême*, I, 277
8 janv. 1804. Décret du 17 nivôse an XII, sous le mot *costume*, I, 870
14 mars. Loi du 23 ventôse an XII, relative à l'établissement de séminaires métropolitains, sous le mot *séminaires*, II, 1026
21 mars. Loi du 30 ventôse an XII, sous le mot *coutume*, I, 880
31 mai. Décret du 2 prairial, contenant règlement sur une nouvelle circonscription des succursales, sous le mot *paroisse*, II, 788
12 juin. Décret du 23 prairial an XII, sur les sépultures, sous le mot *cimetière*, I, 490

Mois. Années.

15 juill. 1804. Décret du 24 messidor an XII, relatif aux préséances, etc., sous le mot *droits honorifiques*, I, 1061
26 déc. Décret du 5 nivôse an XIII, relatif au mode de payement accordé aux desservants et vicaires des succursales, sous le mot *paroisse*, II, 789
28 mars 1805. Décret du 7 germinal an XIII, concernant l'impression des livres d'Église, etc., sous le mot *livre*, II, 471
17 juill. Décret du 28 messidor an XIII, qui attribue aux fabriques les biens des anciennes confréries, sous le mot *confrérie*, I, 770
9 sept. Décret du 22 fructidor an XIII, sous le mot *ère*, I, 1172
4 avril 1806. Décret relatif à la publication d'un catéchisme, II, 284
24 avril 1806. Code de procédure civile. Art. 1er, sous le mot *citation*, I, 499
Art. 8, sous le mot *dimanche*, I, 963
Art. 260, 262, 268, 271, 272, 273, 274, sous le mot *témoins*, II, 1119
Art. 617, 632, sous le mot *dimanche*, I, 963
Art. 781, sous le mot *débiteur*, I, 907
Art. 961, sous le mot *dimanche*, I, 963
Art. 1005, sous le mot *arbitres*, I, 184
Art. 1057, sous le mot *dimanche*, I, 963
18 mai 1806. Décret, art. 4, sous le mot *curé*, I, 898
30 mai. Décret qui réunit aux biens des fabriques les églises et presbytères supprimés, sous le mot *presbytère*, I, 859
31 juill. Décret relatif aux biens des fabriques, sous le mot *presbytère*, I, 860
25 déc. Avis du conseil d'État, sous le mot *envoi*, I, 1165
2 juil. 1807. Avis du conseil d'État, sous le mot *état*, I, 1177
12 août. Décret, sous le mot *bail*, I, 234
3 sept. Loi, sous le mot *usure*, II, 1187
30 sept. Décret qui augmente le nombre des succursales, titre II, sous le mot *chapelle*, I, 458
30 sept. 1807. Titre 1er, sous le mot *paroisse*, II, 789
Décret portant établissement de bourses sous le mot *séminaire*, II, 1035
7 janv. 1808. Décret sur la collation d'un évêché *in partibus*, sous le mot *partibus*, II, 792
7 mars. Décret fixant une distance pour les constructions dans le voisinage des cimetières, I, 494
17 mars. Décret portant organisation de l'université, titre 1er, sous le mot *séminaire*, II, 1183
Titres II et III, sous le mot *faculté*, II, 61
Art. 109, sous le mot *école*, I, 1035
7 mai. Avis du conseil d'État, sous le mot *empêchement*, II, 1187
18 nov. Arrêt de la cour de cassation, sous le mot *dîme*, I, 971
27 nov. 1808. Code d'instruction criminelle.
Art. 255, sous le mot *dimanche*, I, 964
Art. 463, 466, 467, 468, 489, 470, 471, 472, 473, 474, 475, 576, 477, 478, sous le mot *contumace*, I, 864
2 fév. 1809. Avis du conseil d'État, sous le mot *emphytéose*, I, 1161
18 fév. Décret relatif aux congrégations des maisons hospitalières de femmes, sous le mot *congrégations*, I, 783
11 mars. Circulaire, sous le mot *annexe*, I, 150
17 mars. Décret qui restitue aux fabriques les biens aliénés et rentrés au domaine par suite de déchéance, sous le mot *presbytère*, II, 860
9 avril. Décret concernant les élèves des séminaires, sous le mot *séminaire*, II, 1056
28 août. Avis du conseil d'État, sous le mot *confrérie*, I, 770
30 déc. Décret concernant les fabriques, sous le mot *fabriques*, I, 58
Art. 26, 29 et 31, sous le mot *fondations*, II, 107
Art. 30, sous le mot *droits honorifiques*, I, 1066
Art. 50, 53 et 57, sous le mot *sacristain*, II, 936
Art. 31, sous le mot *annuelles*, I, 132
Art. 55, sous le mot *bedeau*, I, 284

TABLE CHRONOLOGIQUE.

Mois. Années.

	Art. 38, sous le mot *fabrique*, II, 38
	Art. 41, sous le mot *bâtiments*, I, 285
	Art. 50, sous le mot *legs*, II, 416
	Art. 62, sous le mot *bail* et *emphytéose*, I, 255 et 1161
	Art. 66, 68, 69, 70, 71 et 72, sous le mot *banc*, I, 267
	Art. 72, sous le mot *droits honorifiques*, I, 1069
	Art. 92, sous le mot *réparations*, II, 972
22 fév. 1810.	*Code pénal*, art. 7 et 8, sous le mot *école*, I, 1089
	Art. 7 et 8, sous le mot *infamie*, II, 269
	Art. 23, sous le mot *dimanche*, I, 964
	Art. 42, sous le mot *école*, I, 1089
	Art. 145, 146, 147, 148, 149, 150, 151, sous le mot *faux*, I, 75
	Art. 199, sous le mot *articles organiques*, I, 210
	Art. 200, sous le mot *bénédiction*, I, 293, et sous le mot *emprisonnement*, I, 1161
	Art. 201, 202, 203, 204, 205, 206, sous le mot *délit*, I, 993 et 934
	Art. 237, sous le mot *délit*, I, 932
	Art. 259, sous le mot *costume*, I, 871, et sous le mot *emprisonnement*, I, 1161
	Art. 260, 261, 262, 263, 264, sous le mot *délit*, I, 953
	Art. 291, 292, 293, 294, sous le mot *congrégations religieuses*, I, 775 et 778
	Art. 360, sous le mot *exhumation*, I, 1243
	Art. 380, 381, 401, sous le mot *délit*, I, 930, 932 et 953
25 févr.	*Décret* qui déclare loi générale de l'empire l'édit du mois de mars 1682, sur la déclaration faite par le clergé de France sur les libertés de l'Eglise gallicane, sous le mot *libertés*, II, 429
26 fév.	*Décret* relatif aux vicaires généraux, sous le mot *vicaire*, II, 1206
28 févr.	*Décret*, sous le mot *articles organiques*, I, 208
30 nov.	*Arrêt* de la cour de cassation, sous le mot *confession*, I, 732
31 mars 1811.	*Avis* du conseil d'Etat, sous le mot *exhumation*, I, 1243
17 nov.	*Décret* relatif au remplacement des titulaires de cure en cas d'absence ou de maladie, sous le mot *absence*, I, 51
22 déc. 1812.	*Décret* relatif au mode d'autorisation de chapelles domestiques et oratoires particuliers, sous le mot *chapelle*, I, 454
25 mars 1813.	*Décret* relatif à l'exécution du concordat de Fontainebleau, sous le mot *concordat*, I, 727
6 nov.	*Avis* du conseil d'Etat, sous le mot *chapelle*, I, 458
	Décret sur l'administration des biens du clergé, sous le mot *biens*, I, 317
	Art. 9, sous le mot *bail*, I, 256
	Art. 12, sous le mot *bois*, I, 334
	Art. 29, sous le mot *bail*, I, 256
	Art. 30 et 32, sous le mot *archives*, I, 199
	Art. 49, 57, 61 et 69, sous le mot *bail*, I, 256 et 257
20 nov.	*Décret* relatif aux cierges des enterrements et des services, sous le mot *quarte canonique*, II, 926
5 oct. 1814.	*Ordonnance* qui autorise les archevêques et évêques à établir des écoles ecclésiastiques, sous le mot *séminaire*, I, 1056
6 nov.	*Ordonnance* sur les binages, sous le mot *binage*, I, 351
18 nov.	*Loi* relative à la célébration des fêtes et dimanches, sous le mot *dimanche*, I, 960
9 janv. 1815.	*Ordonnance*, sous le mot *état civil*, I, 1176
14 nov.	*Arrêt* de la cour de cassation, sous le mot *adoption*, I, 96
11 déc.	*Arrêt* de la cour de cassation, sous le mot *échange*, I, 1073
23 févr. 1816.	*Ordonnance*, art. 34, sous le mot *école*, I, 1091
5 juin	*Ordonnance*, sous le mot *séminaires*, I, 1037
20 juin	*Ordonnance* relative au traitement des vicaires généraux, sous le mot *vicaire*, II, 1206

Mois. Années.

2 janv. 1817.	*Loi* sur les donations et legs aux établissements ecclésiastiques, sous le mot *acceptation*, I, 72
2 avril	*Ordonnance* qui détermine les voies à suivre pour l'acceptation et l'emploi des dons et legs faits aux établissements ecclésiastiques, sous le mot *acceptation*, I, 72
15 mai 1818.	*Loi*, art. 78, 79 et 80, sous le mot *enregistrement*, I, 1164
17 mai 1819.	*Loi* sur les délits de la presse, sous le mot *délit*, I, 934
12 avril	*Circulaire* sur l'interprétation de la loi du 2 janvier 1817, sous le mot *donation*, I, 1028
14 juill.	*Loi*, sous le mot *aubain*, I, 235
25 août	*Ordonnance* qui érige 500 succursales, sous le mot *paroisses*, II, 790
28 déc.	*Avis* du conseil d'Etat, sous le mot *chapelle*, I, 458
25 juin 1820.	*Ordonnance*, sous le mot *école*, I, 1085
4 juill. 1821.	*Loi*, sous le mot *concordat*, I, 732
8 nov.	*Ordonnance*, art. 18, sous le mot *aumônier*, I, 238
5 déc.	*Ordonnance*, sous le mot *école*, I, 1085
25 mars 1822.	*Loi* relative aux délits de presse, sous le mot *délit*, I, 953
1er mai	*Ordonnance*, sous le mot *école*, I, 1085
17 juill.	*Ordonnance*, sous le mot *école*, I, 1085
31 oct.	*Ordonnance* relative au concordat de 1817, sous le mot *concordat*, I, 732
11 juin 1823.	*Ordonnance*, sous le mot *école*, I, 1085
26 nov.	*Ordonnance*, sous le mot *école*, I, 1085
5 déc.	*Ordonnance*, sous le mot *école*, I, 1085
17 déc.	*Ordonnance*, sous le mot *école*, I, 1085
8 avril 1824.	*Ordonnance*, sous le mot *école*, I, 1085
29 sept.	*Ordonnance* relative aux vicaires généraux, sous le mot *vicaire*, II, 1206
12 janv. 1825.	*Ordonnance* relative aux conseils de fabrique, sous le mot *fabrique*, II, 58
30 janv.	*Circulaire*, sous le mot *fabrique*, II, 60
30 mars	*Ordonnance*, sous le mot *bail*, I, 256
25 avril	*Loi* sur le sacrilège sous le mot *délit*, I, 330
24 mai	*Loi* relative à l'autorisation et à l'existence légale des congrégations religieuses de femmes, sous le mot *congrégations*, I, 779
17 juill.	*Instruction* du ministre sur cette loi, I, 781
20 juill.	*Ordonnance* relative à l'établissement à Paris d'une maison centrale de hautes études ecclésiastiques, sous le mot *Sorbonne*, II, 1088
14 déc.	*Circulaire* sur cette ordonnance, II, 1089
	Ordonnance concernant les franchises, sous le mot *franchise*, II, 122
7 mai 1826.	*Ordonnance* concernant les donations et legs, sous le mot *acceptation*, I, 73
16 juin 1828.	*Ordonnance* contenant diverses mesures relatives aux écoles ecclésiastiques, sous le mot *jésuites*, II, 1058
6 juin 1830.	*Ordonnance* relative à l'administration et à la comptabilité des hospices, sous le mot *hôpital*, II, 179
9 août	*Charte*, art. 5 et 6 sous les mots *charte* et *congrégations*, I, 475 et 775
11 oct.	*Loi*, sous le mot *délit*, I, 950
21 oct.	*Ordonnance*, sous le mot *bourse*, I, 355
20 nov.	*Ordonnance*, sous le mot *aumônier*, I, 238
30 nov.	*Circulaire* au sujet des fêtes supprimées, sous le mot *fêtes*, II, 85
25 déc.	*Ordonnance* qui détermine les conditions d'admission aux fonctions d'évêques, vicaire général, chanoine, curé et de professeur dans les facultés de théologie, sous le mot *bachelier*, I, 250
14 janv. 1831.	*Ordonnance* relative aux legs et donations, sous le mot *acceptation*, I, 73
21 mars	*Loi*, art. 6 et 18, sous le mot *ecclésiastique*, I, 1072 et sous le mot *incompatibilité*, II, 249
22 mars	*Loi*, art. 12, sous le mot *ecclésiastique*, I, 1072
1er mai 1832.	*Ordonnance*, sous le mot *bénéfice*, I, 502
21 fév. 1833.	*Arrêt* de la cour de cassation, sous le mot *empêchement*, I, 1116
23 avril	*Loi* sur l'instruction primaire, sous le mot *école*, I, 1087
2 août	*Circulaire*, sous le mot *binage*, I, 351
24 juin 1835.	*Circulaire* au sujet des fêtes supprimées, sous le mot *fêtes*, II 87
23 déc.	*Avis* du conseil d'Etat sur l'interprétation

Mois. Années.		Mois. Années.	
	des articles 3 et 4 de la loi du 24 mai 1825, sous le mot *congrégations*, I, 785		l'évêché d'Alger, sous le mot *Alger*, I, 125
17 janv. 1836.	*Ordonnance*, sous le mot *congrégations*, I, 786	14 sept. 1839.	*Circulaire*, sous le mot *donation*, I, 1024
23 avril	*Arrêt* du conseil d'État, sous le mot *immunités*, II, 208	26 sept.	*Circulaire* relative aux traités à passer entre les administrations charitables et les congrégations religieuses, sous le mot *congrégations*, I, 790
23 juin	*Ordonnance* relative aux écoles de filles, sous le mot *école*, I, 1101	21 oct.	*Ordonnance* qui fixe le nombre des élèves ecclésiastiques de chacun des quatre-vingt diocèses du royaume, sous le mot *séminaires*, II, 1058
13 août	*Circulaire*, sous le mot *école*, I, 1102 à 1108		
18 sept.	*Arrêt* de la cour de cassation, sur le mot *abus*, I, 69	17 juin 1840.	*Avis* du conseil d'État, sous le mot *cloche*, I, 327
18 juill. 1837.	*Loi* sur les attributions municipales, art. 50, sous le mot *cimetière*, I, 490	29 août	*Arrêt* de la cour de cassation, sous le mot *faux*, II, 75
4 mars 1838.	*Ordonnance*, sous le mot *congrégations*, I, 786	14 sept.	*Ordonnance*, sous le mot *congrégations*, I, 787
23 juin	*Arrêt* de la cour de cassation, sous le mot *dimanche*, I, 961	1er oct. 1841.	*Circulaire*, sous le mot *franchise*, II, 124
24 août	*Ordonnance* autorisant le ministre de l'instruction publique à nommer les professeurs des facultés de théologie, etc., sous le mot *facultés*, II, 66	9 juin 1843.	*Arrêt* de la cour de cassation, sous le mot *livres*, II, 472
		21 juill.	*Circulaire*, sous le mot *franchise*, II, 125
		22 mars 1844.	*Loi*, art. 14, sous le mot *ecclésiastique*, I, 1672
25 août	*Ordonnance* relative à l'établissement de	20 mai.	*Circulaire*, sous le mot *franchise*, II, 126

FIN DES TABLES.

www.ingramcontent.com/pod-product-compliance
Lightning Source LLC
Chambersburg PA
CBHW050324240426
43673CB00042B/1519